Reihe
Germanistische
Linguistik   136 Kollegbuch

Herausgegeben von Helmut Henne, Horst Sitta
und Herbert Ernst Wiegand

Hans Glinz

Grammatiken im Vergleich

Deutsch – Französisch – Englisch – Latein
Formen – Bedeutungen – Verstehen

Max Niemeyer Verlag
Tübingen 1994

Meiner lieben Frau

im einundfünfzigsten Jahr unseres Zusammengehörens

Die Deutsche Bibliothek – CIP-Einheitsaufnahme

Glinz, Hans:
Grammatiken im Vergleich : Deutsch – Französisch – Englisch – Latein ; Formen – Bedeutungen – Verstehen / Hans Glinz. – Tübingen : Niemeyer, 1994
  (Reihe Germanistische Linguistik ; 136 : Kollegbuch)
NE: GT

ISBN 3-484-31136-3   ISSN 0344-6778

5 4 3 2 1

© Max Niemeyer Verlag GmbH & Co. KG, Tübingen 1994
Das Werk einschließlich aller seiner Teile ist urheberrechtlich geschützt. Jede Verwertung außerhalb der engen Grenzen des Urheberrechtsgesetzes ist ohne Zustimmung des Verlages unzulässig und strafbar. Das gilt insbesondere für Vervielfältigungen, Übersetzungen, Mikroverfilmungen und die Einspeicherung und Verarbeitung in elektronischen Systemen.
Printed in Germany.
Satz: ScreenArt GmbH & Co.KG, Wannweil.
Druck: Gulde-Druck GmbH, Tübingen.
Buchbinder: Heinr. Koch, Tübingen.

Inhaltsverzeichnis

Persönliches Vorwort, Dank an viele Helfer XI

Die Grundlinien der Darstellung – ganz knapp XV

Einleitung, Lesehinweise, Sinn von Grammatiken, methodische Grundlagen 1

1   Die Wortarten in den vier Sprachen 9
    1/I   Verben – Nomen – Adjektive, samt Adjektiv-Adverbien (1.01–1.10) 11
    1/II   Pronomen – déterminants et pronoms – determiners and pronouns
            (1.11–1.23) 19
    1/III   Partikeln: Adverbien – Präpositionen – Konjunktionen – Interjektionen
            (1.24–1.31) 27
    1/IV   Übergangszonen; was nützt die Unterscheidung der Wortarten?
            (1.32–1.34) 32

2   Sätze und Propositionen, Satzlänge und Stil, Satzzeichen 35
    2/I   Aufbau von Texten aus Propositionen, Einteilung in Sätze;
            Auswirkungen beim Lesen und Schreiben (2.01–2.07) 36
    2/II   Satzzeichen innerhalb von Sätzen; Kommaregeln im Deutschen
            (2.08–2.16) 42
    2/III   Kommaregeln im Französischen und im Englischen (2.17–2.18) 49
    2/IV   Sätze, Propositionen und Satzzeichen im Lateinischen (2.19–2.21) 51

3   Verb-Teile – Satzglieder – Subjekte – ihre verschiedenen Stellungen 55
    3/I   Verben und Satzglieder in den Propositionen (clauses) (3.01–3.07) 57
    3/II   Verbale Wortketten, als fertige Propositionen und in Wörterbüchern
            (3.08–3.11) 62
    3/III   Die Subjekte als besondere Satzglieder (3.12–3.24) 65
    3/IV   Die Stellungen der Verb-Teile und der Satzglieder im Deutschen
            (3.25–3.30) 73
    3/V   Verb-Teile, Subjekte und weitere Satzglieder im Französischen
            (3.31–3.36) 77
    3/VI   Subjekte, Verb-Teile und weitere Satzglieder im Englischen
            (3.37–3.40) 82
    3/VII   Verben, Subjekte und weitere Satzglieder im Lateinischen (3.41–3.42) 84

4	Grammatische Formen der Nomen, Pronomen und Adjektive	87
4/I	Singular und Plural bei den Nomen, Pronomen und Adjektiven (4.01–4.07)	89
4/II	Die grammatischen Geschlechter und die zwei natürlichen Geschlechter (4.08–4.14)	95
4/III	Die vier Fälle (Kasus) im Deutschen, auch mit Präpositionen (4.15–4.31)	99
4/IV	Fälle und Präpositionen im Französischen und Englischen (4.32–4.33)	108
4/V	Fälle und Präpositionen im Lateinischen (4.34–4.38)	111
4/VI	Die Vergleichsformen (Komparation, «Steigerung») (4.39–4.43)	117
5	Die grammatischen Formen der Verben, Tempussysteme, Konjunktive	123
5/I	Grammatische Zeiten, generell und im Deutschen; Konjunktiv I und II; Imperativ (5.01–5.10)	127
5/II	Die Lautungen aller Verbformen im Deutschen (5.11–5.19)	135
5/III	Grammatische Zeiten, conditionnel, subjonctif, impératif im Französischen (5.20–5.26)	142
5/IV	Lautungen und Schreibungen der französischen Verbformen – mit Lernhilfen (5.27–5.37)	152
5/V	Grammatische Zeiten, simple und progressive, im Englischen; subjunctive (5.38–5.44)	160
5/VI	Nur Gedachtes und nur Beabsichtigtes; die englischen Modalverben; Imperativ (5.45–5.48)	168
5/VII	Die Lautungen der englischen Verbformen, unregelmäßige Verben, Lernhilfen (5.49–5.53)	171
5/VIII	Die Lautungen der infiniten und finiten Verbformen im Lateinischen (5.54–5.62)	175
5/IX	Grammatische Zeiten (Tempora) im Indikativ im Lateinischen; Bedeutungen, Stil (5.63–5.68)	187
5/X	Verwendungsweisen des Konjunktivs, zeitliche Verhältnisse dabei; Imperativ (5.69–5.78)	197
6	Satzglieder neben dem Subjekt; Passivformen, reflexive Verben; Valenz	205
6/I	Die formalen Satzgliedtypen neben dem Subjekt im Deutschen (6.01–6.11)	208
6/II	Verben, Subjekte und weitere Satzglieder im Französischen (6.12–6.16)	221
6/III	Die Satzglieder neben dem Subjekt im Englischen (6.17–6.20)	225
6/IV	Die Satzglieder neben dem Subjekt im Lateinischen; Kasussyntax (6.21–6.28)	228
6/V	Besondere Formen bei manchen Verben: ein Passiv neben dem «Aktiv» (6.29–6.38)	244
6/VI	Reflexivkonstruktionen; Bedeutungsbeziehungen dabei (6.39–6.46)	252
6/VII	Verschiedene Satzglied-Kombinationen für sachlich Gleiches (6.47–6.49)	261
6/VIII	Einstieg in die höhere Grammatik: verbale Semanteme, «Valenz» (6.50–6.60)	264

7 Nichtverbale Gefüge, Formalstrukturen, Bedeutungsaufbau ... 275

- 7/I   Überblick über die Möglichkeiten, am Beispiel des Deutschen (7.01–7.08) ... 278
- 7/II   Gefügebildung im Französischen und die dafür vorhandenen Begriffe (7.09–7.14) ... 285
- 7/III   Gefügebildung im Englischen und dafür vorhandene Begriffe (7.15–7.21) ... 291
- 7/IV   Bedeutungsaufbau in Begleitgefügen, Beiträge der verschiedenen Teile, speziell der Begleitpronomen (7.22–7.28) ... 298
- 7/V   Bedeutungsbeziehungen in Anschlußgefügen, Bedeutungsbeiträge der Anschlußteile (7.29–7.37) ... 306
- 7/VI   Bedeutungsaufbau in Vorschaltgefügen, Beiträge von Vorschaltteil und Kern (7.38–7.40) ... 312
- 7/VII   Begleitgefüge, Anschlußgefüge und Vorschaltgefüge im Lateinischen; formale Möglichkeiten, Freiheit der Wortstellung, Bedeutungsbeziehungen (7.41–7.47) ... 316
- 7/VIII   Gesamtanalyse eines kurzen Sachtextes Englisch – Deutsch – Französisch (7.48–7.52) ... 324

8 Formalstrukturen für ganze Folgen und spezielle Paare von Propositionen/clauses, Reihung und Hauptsatz-Nebensatz-Fügung ... 331

- 8/I   Formalstrukturen für die Verknüpfung von Propositionen im Deutschen (8.01–8.11) ... 334
- 8/II   Formalstrukturen für die Verknüpfung von Propositionen im Französischen (8.12–8.19) ... 341
- 8/III   Formalstrukturen für die Verknüpfung von clauses im Englischen (8.20–8.27) ... 348
- 8/IV   Formalstrukturen für die Verknüpfung von Propositionen im Lateinischen (8.28–8.37) ... 353
- 8/V   Verknüpfung von Propositionen durch Weitergeltung von Bestandteilen aus vorhergehenden oder Vorausnahme aus erst kommenden Propositionen (8.38–8.45) ... 367

9 Fragen – Verneinungen – Alternativen – parallele Geltung, gleichgewichtig, gegensätzlich, zusätzlich, neutral signalisiert ... 377

- 9/I   Fragendes Darstellen: Grundphänomen – Arten von Fragen und ihre Zwecke – verschiedene Formen, innerhalb von Sprachen und je nach Sprache (9.01–9.09) ... 379
- 9/II   Verneinungen, total oder partiell; Einschränkungen (9.10–9.23) ... 390
- 9/III   Alternativen, zwingend oder frei – parallele Geltung, gleichgewichtig oder gegensätzlich oder betont zusätzlich oder einfach betontes Verknüpfen (9.24–9.34) ... 407

10 Bedeutungsbeziehungen, vor allem zwischen ganzen Propositionen,
auf verschiedener oder auf gleicher gedanklicher Ebene 425

    10/I   Verteilung auf zwei verschiedene gedankliche Ebenen, dominante Teile und inhaltliche Teile, Überblicks-Tafel (10.01–10.04) 429

    10/II   Angeführte Rede, angeführte Gedanken und Gefühle, direkt präsentiert oder indirekt, mit Anpassung an die Wiedergabe-Situation (10.05–10.12) 434

    10/III Zur Markierung von direkter und indirekter Rede, besondere Probleme im Deutschen («gemischter Konjunktiv») (10.13–10.20) 445

    10/IV Unmittelbare Wahrnehmung und ihre Inhalte – Sicherheitsgrade von Information – «Modalpartikeln» – Angst, Hoffnung, Mut (10.21–10.33) 457

    10/V   Annahme/Voraussetzung und daran Gebundenes oder davon betont Unabhängiges – Beurteilen auf Annehmlichkeit, Wert usw. – Zuordnung zwecks Vergleich, kombiniert mit Annahme oder generell – Offenheit von Nennungen, beliebige Erstreckung (10.34–10.57) 477

    10/VI Handlungsantriebe – Durchführbarkeit – Handlungsmodalitäten, Stadien, Aspekte, Erfolg, Risiko (10.58–10.74) 507

    10/VII Grund-Folge-Zusammenhänge, in verschiedener Perspektive gesehen: Zwecke, Folgen, Ursachen – Steuerungshandeln und spezielleres Handeln – Abweichungen vom Erwartbaren; Erprobung an literarischem Text Deutsch – Französisch – Englisch (10.75–10.92) 523

11 Freier einfügbare Bedeutungsbeiträge, auf gleicher gedanklicher Ebene 551

    11/I   Einbettung in den Fluß der Zeit – Reihenfolgen – speziellere zeitliche Zusammenhänge – Einmaligkeit, Wiederholung, Häufigkeit – Zuweisung zu Vergangenheit, Gegenwart, Zukunft (11.01–11.22) 555

    11/II   Situierung im Raum, Lagen und Bewegungen – besondere Raumqualitäten, besondere Perspektiven, verwurzelt in der Körperlichkeit des Menschen (11.23–11.38) 581

    11/III Von anschaulichen zu abstrakten Räumen – Räumliches als Bildhintergrund beim Darstellen von Wissen, Gestimmtheit, Absichten, sozialen Positionen und ihren Veränderungen – Räumliches in der Herkunft von heute ganz «abstrakten» Wörtern (11.39–11.58) 600

    11/IV Weitere je nach Semantem einfügbare Bedeutungsbeiträge: Ablauftempo – Intensität – Vollständigkeit – Genauigkeitsgrad – Arten des Vorgehens Einsatz von Organen, Hilfsmitteln – gemeinsam oder allein handeln – personale Verfassung beim Handeln – Haltung gegenüber anderen – Auffälligkeit – ausdrückliches Bewerten (11.59–11.84) 623

12 Bedeutungsaufbau im Kernbestand der Propositionen, Semanteme –
Einbau von Relativsätzen, eng oder locker – Kognitives hinter der Grammatik –
Textaufbau, Textkohärenz 653

    12/I   Semanteme für Sprachverwendung, direktes Wahrnehmen, Informationsbesitz, Sicherheitsgrade dabei, personale Gestimmtheiten, Bewertungen (12.01–12.07) 657

12/II	Semanteme für Antriebe, Durchführbarkeit von Handlungen, Handlungsmodalitäten, Folgebeziehungen, Einbettung in den Zeitablauf, räumliche Situierung (12.08–12.25)	668
12/III	Semanteme für speziellere Handlungs- und Verhaltensweisen und Zustände: etwas herstellen, verändern – jemandem etwas geben oder nehmen – etwas fassen, ergreifen, halten – jemanden/etwas haben (12.26–12.36)	689
12/IV	Semanteme mit «sein/être/be/esse» für die Darstellung grundlegender Denkakte – «sein/haben/werden, être/avoir, be/have, esse» als Gefügeverben – Namen-Gebung und Wort-Schaffung an sich (12.37–12.49)	712
12/V	Darstellung von Personen oder andern Entitäten durch ganze Propositionen, Relativsätze als grammatische Elementarstruktur (12.50–12.63)	735
12/VI	Blick auf die hinter den Bedeutungsbeziehungen und vielen Erscheinungen der Elementargrammatik stehenden gedanklichen Verhaltensweisen, kognitive Grundlagen der Grammatik (12.64–12.72)	756
12/VII	Anteile von Grammatik und «Weltwissen» am Aufbau von Textzusammenhängen und dem nachvollziehenden Erfassen von «Textkohärenz» beim Hören/Lesen (12.73–12.81)	768

A Abschlußteil: Sprachen lernen, sie im Kopf speichern, mehrere Sprachen im gleichen Kopf – Sprachverwendung, Handeln, Stabilisieren des «Ich» 781

A/I	Annahmen über die Speicherung von Sprachbesitz im Gehirn, Abläufe beim Sprechen und beim Hörverstehen (A.01–A.30)	785
A/II	Sprache und Schrift, Speicherung von Wortbildern – Abläufe beim Schreiben und beim Lesen (A.31–A.42)	814
A/III	Sprachen lernen, Erstsprache und Fremdsprachen – was wird getrennt eingelagert, was ineinander verzahnt, was gilt gleicherweise für alle Sprachen – wörtliches und übertragenes Verstehen, «Metaphern» (A.43–A.64)	834
A/IV	Sprachverwendung und Kommunikation, Arten von Kommunikation – Ziele bei der Sprachverwendung – relative Wichtigkeit von Teilbereichen, je nach Ziel – Wahrheitsansprüche, auch bei fiktionalen Texten – Komponenten beim Textverstehen – Sprachverwendung und Person-Identität – abschließende Beispiel-Analyse (A.65–A.80)	871

Systematisches Register 931

Persönliches Vorwort, Dank an viele Helfer

Wer der Fachwelt in Wissenschaft und Schulpraxis ein Buch von fast tausend Seiten vorlegt, hat die Pflicht, diesen ungewöhnlichen Umfang gegenüber den Lesern, auf deren Interesse und Geduld er hofft, zu begründen.

Das Bedürfnis, die in den deutschsprachigen Schulen gelehrten Sprachen systematisch aufeinander zu beziehen, mindestens die häufigsten unter ihnen, und die besten Wege für ihre Erlernung und bewußte Handhabung zu zeigen, fühlte ich vom Beginn meiner Lehrertätigkeit an (und schon seinerzeit als Schüler). Es wurde besonders groß, als ich nach dem Erscheinen des Buches «Die innere Form des Deutschen, Eine neue deutsche Grammatik» (1952) immer wieder den Vorwurf hören mußte, meine Neuordnung wichtiger Bereiche der deutschen Grammatik, erarbeitet auf der Basis der von Saussure entwickelten radikal historisch-soziologischen Sprach- und Zeichentheorie, zerschneide das Band zwischen den verschiedenen europäischen Sprachen und erschwere den entsprechend geschulten deutschsprachigen Schülern das Erlernen von Fremdsprachen. Der Vorwurf kam noch viel häufiger, als 1956 und 1958 die schulpraktische Präsentation im «Deutschen Sprachspiegel» (Schwann, Düsseldorf) vorgelegt wurde und von 1959 an zunehmend mehr von meinen Begriffsfassungen, wenn auch manchmal durch andere Fachausdrücke benannt, in die Duden-Grammatiken aufgenommen wurde. So legte ich schon 1961 und dann in neuer Auflage 1965 ein Büchlein von 128 Seiten vor «Die Sprachen in der Schule, Skizze einer vergleichenden Satzlehre für Latein, Deutsch, Französisch und Englisch» (Schwann, Düsseldorf).

Dieses Büchlein war aber wirklich nur eine «Skizze». Es beleuchtete vor allem die Einteilung aller Wörter in die Wortarten und den Aufbau der Sätze/Teilsätze (der Propositionen, der clauses) aus Verb + Satzgliedern. So wichtige Bereiche wie die Formen der Verben, die verschiedenen Tempus- und Modussysteme und die gesamte Verknüpfung von Propositionen (clauses) waren noch nicht behandelt, und insgesamt fehlte die (damals auch in der Linguistik sich erst langsam entwickelnde) grundsätzliche Unterscheidung zwischen Formalstrukturen und Bedeutungsstrukturen – und damit fehlte die Einbettung der Elementargrammatik in den Rahmen einer «höheren», einer semantisch-pragmatischen Grammatik.

So begann ich vor jetzt dreizehn Jahren, das vorliegende Buch zu entwickeln, und ich hoffte zunächst mit vielleicht 250 Seiten auszukommen. Das Buch sollte einen Überblick über die deutsche Grammatik bieten, mit Ausblick auf die Parallelen bzw. die Verschiedenheiten, Andersartigkeiten der drei anderen Sprachen. Dabei benützte ich dankbar alles, was an begrifflicher Fassung in der Geschichte der europäischen Grammatiken schon entwickelt worden war, gleichgültig ob über 2000 Jahre alt (wie die Unterscheidung von Verb und Nomen, von Nominativ, Akkusativ usw.) oder erst in den letzten

Jahrzehnten geschaffen (z. B. die Satzgliedbegriffe «Satzadjektiv» und «Satzpartikel» oder der Begriff «dominant» für eine Darstellung mit Verteilung von Aussagen auf verschiedene gedankliche Ebenen). Ich mußte aber auch rücksichtslos alle schon vorhandenen Begriffe überprüfen auf ihre Brauchbarkeit und Angemessenheit für die jeweilige Sprache – moralisch gestützt durch das Urteil eines so profunden Kenners wie Saussure über die Benutzung der ihm damals (1911) vorliegenden grammatischen Begriffe für die Klärung des Aufbaus und der Entwicklung von Sprachen (Cours de linguistique générale, erstmals publiziert auf Grund von Vorlesungsnachschriften 1916, S. 153, und noch schärfer S. 154):

Ainsi la linguistique travaille sans cesse sur des concepts forgés par les grammairiens, et dont on ne sait s'ils correspondent réellement à des facteurs constitutifs du système de la langue. ... En matière de langue, on s'est toujours contenté d'opérer sur des unités mal définies.	So arbeitet die Sprachwissenschaft immer wieder mit Begriffen, die von den Grammatikern geschaffen wurden und von denen man nicht weiß, ob sie wirklich den grundlegenden Faktoren im Aufbau der Sprache entsprechen. ... Bei der Beschäftigung mit Sprache hat man sich immer damit zufrieden gegeben, mit schlecht definierten Einheiten zu arbeiten.

Je weiter ich nun aber mit meiner Arbeit kam, umso mehr zeigte sich, daß eine wirklich brauchbare und genügend fundierte Darstellung mehr Raum beanspruchte – auch wenn ich allen wissenschaftlichen Apparat, Auseinandersetzung mit vorhandenen Darstellungen, Literaturhinweise usw. auf ein äußerstes Minimum beschränkte und möglichst nur die reine Darstellung für einen breiteren Leserkreis gab. Das galt zunächst für den gerade in der deutschen Grammatik sehr mangelhaft berücksichtigten Bereich des Aufbaus nichtverbaler Gefüge (Teil 7, die «Nominalgruppen» und «Adjektivgruppen» oder «Nominal- und Adjektivphrasen», wie sie heute von manchen genannt werden, mit einer aus dem Englischen übernommenen Bedeutung des Wortes «Phrase» als «Wortgruppe»). Es zeigte sich im Bereich der sehr verschiedenen möglichen Bedeutungsbeiträge gleicher formaler Satzgliedtypen («Valenz», eine sehr viel größere Zahl von «Satzbauplänen», als sie bisher in den deutschen Grammatiken angenommen worden waren), und es zeigte sich vor allem im gesamten Bereich des Aufbaus komplexer Sätze, d. h. der Verknüpfungen der Propositionen/clauses in den Texten und, davon gar nicht scharf abgrenzbar, der Verknüpfungen zwischen größeren, oft aus vielen Sätzen bestehenden Einheiten in den Texten (Probleme der «Textkohärenz»).

Ich suchte also für die vier behandelten Sprachen das Programm zu verwirklichen, das Saussure in einer seiner letzten Vorlesungen (Cours, S. 154) folgendermaßen formuliert hatte:

Au point de vue pratique, il serait intéressant de commencer par les unités, de les déterminer et de rendre compte de leur diversité en les classant. Il faudrait chercher sur quoi se fonde la division en mots – car le mot, malgré la difficulté qu'on a à le définir, est une unité qui s'impose à l'esprit, quelque chose de central dans le mécanisme de la langue; – mais c'est là un sujet qui remplirait	Von der Praxis her gesehen wäre es reizvoll, mit den Einheiten anzufangen, diese zu bestimmen und Rechenschaft zu geben von ihrer Verschiedenheit, indem man sie in Klassen einteilt. Man müßte untersuchen, worauf sich die Abgrenzung von Wörtern stützt – denn das Wort, trotz der Schwierigkeit, die man mit seiner Definition hat, ist eine Einheit, die sich bei jedem Nachdenken aufdrängt, etwas Zentrales beim Funktionieren der Sprache; – aber das ist ein Gegenstand, der für sich allein einen Band füllen würde. Dann müßte man die Unter-Einheiten ordnen, dann die umfangreicheren Einheiten usw. Indem sie in dieser Weise die grundlegenden Einheiten bestimmt, mit

> à lui seul un volume. Ensuite on aurait à classer les sous-unités, puis les unités plus larges, etc. En déterminant ainsi les éléments qu'elle manie, notre science remplirait sa tâche tout entière, car elle aurait ramené tous les phénomènes de son ordre à leur premier principe.
>
> denen sie umgeht, würde unsere Wissenschaft ihre Aufgabe wirklich erfüllen, denn sie hätte dann alle Erscheinungen in ihrem Bereich zurückgeführt auf ihre erste Grundlage, ihr Prinzip.

«Déterminer les unités» etc.: Begriffe finden (aus der Tradition entnehmen oder wo nötig selber entwickeln), die möglichst gut den *Kernbereich* der betreffenden Phänomene erfassen. An den Rändern ist immer mit kleineren oder größeren Unschärfen und Übergangszonen zu rechnen – weil eben die Sprachen keine algebraisch-geometrisch konstruierten Gebilde sind, sondern Ergebnisse sozialer Kooperation in den vielen Situationen des Alltags (in welchen durchaus auch wissenschaftlich entwickelte, scharf abgegrenzte Begriffe ihre Rolle spielen). Solche konstitutiven Unschärfen zeigen sich umso mehr, je mehr man von der Elementargrammatik zur höheren, semantisch-pragmatischen Grammatik kommt. Das ist auch die Begründung dafür, daß ich in diesem Bereich alle Ergebnisse in alltagssprachlichen Beschreibungen zu erfassen suche und keine fixen Einzel-Termini verwende, weil solche immer dazu verleiten, daß man auch die durch sie benannten Erscheinungen in zu starrer Abgrenzung zu sehen geneigt ist.

Für diese ganze Darstellung brauchte ich aber viel mehr Zeit und Raum, als ich im Anfang veranschlagt hatte. Aus den sieben oder acht Teilen, die mir ursprünglich vorgeschwebt hatten, wurden zwölf, und diese wurden, je mehr es in die «höhere Grammatik» hineinging, immer länger. Schließlich mußte ich mir sagen, daß der Stellenwert von Grammatiken und damit alles in diesen zwölf Teilen Vorgelegte erst richtig beurteilbar werde, wenn es im Rahmen einer umfassenden Sprachtheorie gesehen werden könne: mit einer Diskussion der Speicherung von Sprache im Gehirn, speziell des Nebeneinanders der verschiedenen Sprachen im gleichen Kopf, mit einem Blick auf die Verhältnisse von gesprochener und geschriebener Sprache, und mit einer Skizze der Prozesse bei der Spracherlernung und der Ziele, die man überhaupt durch Sprachverwendung erreichen will und kann. So wurde noch ein recht umfangreicher Abschlußteil erforderlich.

Aus allen diesen Gründen bekam das Buch am Ende den Umfang, den es nun eben hat und den ich zu entschuldigen bitte. Der Umfang verbot auch – was ich als Schweizer gern getan hätte und wozu ich einige Vorarbeiten hatte – das Italienische in gleicher Weise zu behandeln und einen wenn auch kurzen Blick auf das Rätoromanische zu werfen. An sich hätte sich das problemlos anfügen lassen.

Zum Schluß dieses knappen «Rechenschaftsberichts» möchte ich nun allen denen danken, die mir in verschiedener Weise bei der Ausarbeitung geholfen haben. Eine vergleichende Darstellung dieser Art kann grundsätzlich niemand liefern, wenn er nicht von Fachkollegen aus allen behandelten Sprachen tatkräftig unterstützt wird. Gerade wenn man Struktur-Entsprechungen aufweisen möchte, schleichen sich allzugern Beispiele ein, die zwar vielleicht rein grammatisch möglich, aber nicht üblich, nicht idiomatisch sind. Ich habe daher immer wieder meine Beispiele – soweit sie nicht aus Originaltexten oder aus vorhandenen Grammatiken stammen – zu überprüfen versucht, und dabei halfen mir für Französisch Pierre Tamborini, Thalwil, für Englisch Ernst Leisi, Zürich, Richard Martin, Aachen, Richard M. Müller-Hauser, Wädenswil, und für Lateinisch

Verena Brüschweiler, Zürich, und Marta Röthlisberger-Schavernoch, Wil bei Rafz/Zürich. Wenn trotz aller dieser Hilfe irgendwo Beispiele stehen geblieben sein sollten, die zu irgend einer Beanstandung Anlaß geben, so bitte ich, diese Versehen nicht meinen Helfern und Beratern, sondern allein mir selbst zur Last zu legen.

Eine große Hilfe und Ermutigung war mir seit je der Zuspruch von Horst Sitta, Zürich. Für kritische Lektüre erster Fassungen und darauf gestützte Anregungen danke ich Markus Diebold, Hitzkirch, Anton Bieri, Zofingen, und Anton Näf, Neuchâtel.

Für Beratung und Hilfe bei der technischen Herstellung habe ich vielen zu danken: meinem Sohn Martin Glinz, Oberrohrdorf bei Baden, Peter Gallmann und Christian Mazzei, Zürich, Ursula Weismann, Aarau, Bettina Lüber Gnani und Heinrich Zweifel, Zürich, vor allem aber Birgitta Zeller, Wolfgang Herbst und Bettina Gade im Niemeyer-Verlag sowie der von ihnen mit der Ausführung betrauten Setzerei ScreenArt in Wannweil.

In einer ganz besonderen Weise möchte ich meiner Frau danken, Elly Glinz-Schumacher. Sie hat neben ihrer eigenen Arbeit an den «Schweizer Sprachbüchern» und in der Lehrerfortbildung meine jahrelange Konzentration auf dieses Buch geduldig mitgetragen und mich dadurch immer wieder gestützt – auch in Momenten, wo wir beide nicht mehr wußten, ob ich überhaupt je zu einem guten Ende kommen würde.

Schließlich danke ich im voraus allen, welche das Buch trotz seines Umfangs zur Hand nehmen, darin lesen, kleinere oder größere Stücke (das dürfte bei einem Buch dieser Art die wohl häufigste Benutzungsweise sein) und die dabei das Vorgelegte im Licht der eigenen Erfahrungen überprüfen und ggf. dies oder jenes daraus nutzbar machen in ihrer eigenen Praxis des Lehrens, des Lernens und der Verwendung der Sprachen überhaupt.

Wädenswil, im März 1994   Hans Glinz

Die Grundlinien der Darstellung – ganz knapp

Teil 1: Die Wortarten in den vier Sprachen

Die Einteilung aller Wörter in die verschiedenen *Wortarten* ist in den vier Sprachen großenteils gleich, stellenweise aber auch markant verschieden:
– Unterscheidung von *Adjektiv* und *Adjektiv-Adverb* im Französischen, Englischen und Lateinischen, im Gegensatz zum Deutschen.
– Andere Definition von *Nomen* und *Adjektiv* im Lateinischen.
– *Pronoms et déterminants* im Französischen, *pronouns and determiners* im Englischen, gegenüber den deutschen und lateinischen Pronomen.

Generell wichtig: den *Stellenwert* und den *Eindeutigkeitsgrad* der Einteilung in Wortarten richtig sehen (Übergangsstreifen, wo man so oder so einordnen kann).

Teil 2: Sätze und Propositionen, Satzlänge und Stil, Satzzeichen

Texte bestehen aus *Propositionen*, und diese enthalten meistens ein *Verb* als Struktur-Kern, daneben gibt es Propositionen ohne Verb.

In *schriftlichen* Texten ist die Folge von Propositionen in der Regel in *Sätze* abgeteilt, durch Großbuchstaben am Anfang und Punkt/Ausrufezeichen/Fragezeichen am Ende. Diese Einteilung entspricht im groben der Gliederung, die sich beim Sprechen mehr oder weniger von selbst durch die *Stimmführung* und die Pausen ergibt.

Eine Proposition kann als *einfacher Satz* gesetzt sein, z. B. «Sie ging». Meistens ist aber die einzelne Proposition als *Teilsatz* gesetzt, in einem Satz aus mehreren Propositionen, z. B. «Sie ging, er blieb, so war es».

Die *Länge* der Sätze kann man verschieden wählen (einfache Sätze – Sätze mit vielen Teilsätzen), oft auch bei den gleichen Propositionen. Das ist oft wichtig für den Stil.

Die deutschen *Kommaregeln* beruhen großenteils auf dem Aufbau der Texte aus Propositionen. Im Französischen und Englischen ist das viel weniger der Fall.

Teil 3: Verb-Teile – Satzglieder – Subjekte – ihre verschiedenen Stellungen

Die verbalen Propositionen bestehen aus einem *Verb* und aus *Satzgliedern* in verschiedener Zahl. Das Verb kann zwei oder mehr Verb-Teile umfassen (Personalform, Partizip/Infinitiv, Verbzusatz im Deutschen, verbal particle im Englischen). Diese Verb-Teile stehen nicht immer direkt hintereinander und nicht immer in gleicher Reihenfolge.

Ein besonderes Satzglied ist das *Subjekt*. Es muß mit der Verb-Personalform übereinstimmen (Kongruenz). Man findet das Subjekt am sichersten, wenn man das Verb der Proposition in den Infinitiv umwandelt (die verbale Wortkette herauslöst).

Die Regeln für die *Stellung* der Verb-Teile, der Subjekte und der weiteren Satzglieder sind im Französischen und Englischen markant anders als im Deutschen. Im Lateinischen gibt es gar keine festen Stellungen von Verb-Teilen, Subjekten und weiteren Satzgliedern. Dazu können die zu einem Satzglied zusammengehörenden Wörter auch weit voneinander getrennt stehen, und beim Lesen muß man oft zuerst überhaupt erkennen, was jeweils näher zusammengehört.

Teil 4: Grammatische Formen der Nomen, Pronomen und Adjektive

In allen vier Sprachen gibt es für die meisten Nomen, Pronomen und Adjektive neben dem *Singular* einen *Plural* («Land – Länder»).

Grammatische Geschlechter gibt es im Deutschen und Lateinischen *drei* (Maskulin – Feminin – Neutrum), im Französischen *zwei* (masculin – féminin). Im Englischen unterscheidet man nur die zwei natürlichen, biologischen Geschlechter («*She* knows and *he* knows, Sie weiß Bescheid und er weiß Bescheid»), aber man hat genau gleich «a new book, a new story» gegenüber «ein neues Buch, eine neue Geschichte».

In allen vier Sprachen gibt es *Präpositionen*, die man mit einem Nomen, Pronomen, Adjektiv oder auch einer Partikel verbinden kann: «*mit* dir – *avec* toi – *with* you – te*cum*» oder «*bis* jetzt – *until* now». Sehr verschieden ist aber der Bestand und Gebrauch der Wortformen, die man *Fälle, Kasus* nennt: im Deutschen Nominativ – Akkusativ – Dativ – Genitiv, im Lateinischen dazu noch Ablativ und Vokativ, im Französischen und Englischen nur Restbestände («*elle* entre – je *la* vois» bzw. «*she* comes – I see *her*») und der englische «possessive case» (nur vorangestellt: «*his neighbour's* house»).

Teil 5: Die grammatischen Formen der Verben, Tempussysteme, Konjunktive

In allen vier Sprachen kann man die Verben in einer *Personalform* brauchen (1., 2., 3. Person, für Singular oder Plural des Subjekts) oder in einer *infiniten Form* (Infinitiv, zwei Partizipien, dazu im Lateinischen noch weitere Formen).

Das System der *grammatischen Zeiten* (Tempussystem) ist in allen vier Sprachen im Grundsatz ähnlich, aber es ist im einzelnen verschieden ausgebaut. Im *Französischen* gibt es mehr Vergangenheitszeiten (passé simple neben passé composé, passé antérieur neben plus-que-parfait). Im *Englischen* hat man neben dem simple present, past usw. ein present progressive, past progressive usw. («he *goes* – he's *going*»). Das *Lateinische* hat gleich viel grammatische Zeiten wie das Deutsche, aber der Gebrauch von Perfekt und Imperfekt ist grundsätzlich anders als der Gebrauch des deutschen Perfekts und Präteritums.

Besonders verschieden ist der Bestand und Gebrauch der Formen, die man im Deutschen und Lateinischen «*Konjunktiv*», im Französischen «*subjonctif*», im Englischen «*subjunctive*» nennt. Der *Imperativ* steht in allen vier Sprachen am Rande des Systems.

Teil 6: Satzglieder neben dem Subjekt; Passivformen, reflexive Verben; Valenz

Die begriffliche Fassung der *Satzglieder neben dem Subjekt* ist besonders anspruchsvoll, und sie war daher seit jeher umstritten. Die deutsche Schul-Satzgliederlehre erweist sich hier als besonders ungenügend, weil in ihr Kriterien der *Form* und des *Bedeutungsaufbaus* unkontrolliert durcheinandergehen – und die traditionellen deutschen Begriffe stimmen auch, entgegen einer oft gehegten Meinung, gar nicht richtig zusammen mit den Satzgliedbegriffen, die für das Französische, Englische und Lateinische entwickelt wurden. Eine zureichende Fassung mit nützlicher Vergleichbarkeit erhält man, wenn man den *formalen Aufbau* und die *Bedeutungsbeiträge* sorgfältig *unterscheidet*.

In dieser Perspektive sind auch die bei manchen Verben möglichen *Passivformen* zu sehen, in allen vier Sprachen, und ebenso der *reflexive Gebrauch* von Verben.

Die letzten zwei Kapitel zeigen den Übergang zur «höheren Grammatik», zur Rechenschaft vom *Bedeutungsaufbau* in den Propositionen. Dabei wird der Begriff «Valenz» diskutiert und der neue Begriff «*verbales Semantem*» eingeführt: Semantem = eine Verbbedeutung mit den durch sie konstituierten Bedeutungsstellen für nichtverbale Ausdrücke und, davon nicht scharf abgrenzbar, den Möglichkeiten für freier einfügbare Bedeutungsbeiträge.

Teil 7: Nichtverbale Gefüge, Formalstrukturen, Bedeutungsaufbau

Die Nomen, Pronomen und Adjektive werden sehr oft gar nicht als Einzelwörter gesetzt, sondern als *Teile mehrwortiger Gefüge*, und diese Gefüge werden dann *als Ganze* in die Bedeutungsstellen in den Propositionen eingesetzt. Man kann drei Typen unterscheiden:

Begleitgefüge: Begleitpronomen (+ Adjektiv) + Nomen			
dieses Problem	*ce* problème	*this* problem	*haec* quaestio
eine neue Methode	*une nouvelle* méthode	*a new* method	methodus *nova*

Anschlußgefüge: Grundteil + Anschlußteil (im Genitiv oder mit Präposition)	
die Ansichten *der Philosophen*	the opinions *of the philosophers*
les avis *des philosophes*	sententiae *philosophorum*

Im Lateinischen sind solche Gefügeteile oft durch andere Wörter voneinander getrennt («*rerum* cognoscere *causas* – die Ursprünge/Gründe der Dinge erkennen»).

Vorschaltgefüge: Vorschaltteil (Partikel, Adverb usw.) + Kern			
sehr lang	*très* long	*very* long	*valde* longus (-a/-um)

Nach der Beschreibung dieser Formalstrukturen werden die *Bedeutungsbeiträge* untersucht, die durch die verschiedenen Gefügeteile signalisiert werden können, und die verschiedenen möglichen Bedeutungsbeziehungen werden übersichtlich zusammengestellt. Am Schluß wird an einem Stück eines gleichzeitig englisch, französisch und deutsch erschienenen Sachtextes eine Gesamtanalyse durchgeführt, vom vorschwebenden Inhalt über die Fassung in Propositionen bis zu den einzelnen Wörtern innerhalb der oft vielwortig besetzten Satzgliedstellen.

Teil 8: Formalstrukturen für ganze Folgen und spezielle Paare von Propositionen/clauses, Reihung und Hauptsatz-Nebensatz-Fügung

Sehr oft kommt man für das, was man sagen will, *nicht mit einer einzigen* Proposition aus. Man setzt vielmehr *zwei, drei*, ja viele Propositionen hintereinander, und meistens grenzt man nicht jede von ihnen als einen einfachen Satz ab, sondern man macht Sätze mit zwei oder mehr *Teilsätzen*. Dabei sind zwei Arten des Hinsetzens zu unterscheiden:

einfaches Hintereinander	speziellere Verknüpfung
⌒Es ist schwer⌒, ⌒das weißt du⌒	⌒Es ist schwer⌒ ᴴ, ⌒wie du weißt⌒ ᴺ
	⌒Daß es schwer ist⌒ ᴺ, ⌒weißt du⌒ ᴴ
⌒Mut fassen⌒, ⌒nicht aufgeben⌒	⌒Mut fassen⌒ ᴴ ⌒anstatt aufzugeben⌒ ᴺ
zwei (oder mehr) *gereihte Teilsätze*	die eine Proposition als *Hauptsatz*, die andere als *Nebensatz* geformt

Diese *Formal*strukturen sind weitgehend unabhängig vom *Bedeutungs*aufbau – sie müssen sorgfältig herausgearbeitet werden, damit man dann die *Bedeutungsbeziehungen selbst* richtig in den Blick bekommen kann.

Teil 9: Fragen – Verneinungen – Alternativen – parallele Geltung, gleichgewichtig, gegensätzlich, zusätzlich, neutral signalisiert

Es gehört zu den grundlegenden Möglichkeiten bei aller Sprachverwendung, daß man nach etwas *fragen* kann, mit einer *Ja-Nein-Frage* («Ist das wirklich so?») oder mit einer *Ausfüllfrage* («Was meinst denn du dazu?»).

Man kann etwas *indirekt* darstellen, statt direkt, indem man das *Gegenteil* davon *verneint* (also statt «Das ist *ganz hübsch*» die Verneinung des Gegenteils: «Das ist *nicht schlecht*»). Als eine partielle Verneinung läßt sich auch jede Einschränkung auffassen: «Ich will ja *nur das, nichts anderes als* das».

Mit der Haltung des Fragens hängt es zusammen, daß man zwei oder mehr Möglichkeiten als *alternativ* hinstellen kann, mit Notwendigkeit der Wahl («So oder so? Heute oder erst morgen?»). Oft will man auch betonen, daß zwei oder mehr Textbestandstücke *gleicherweise* gelten sollen, *gegensätzlich* zueinander («aber»), *betont gleichgewichtig* («sowohl ... als ...»), *betont zusätzlich* («auch, sogar») oder einfach *neutral verbunden* («und, sowie»).

Teil 10: Bedeutungsbeziehungen, vor allem zwischen ganzen Propositionen, auf verschiedener oder auf gleicher gedanklicher Ebene

Für die *Bedeutungsbeziehungen* zwischen Propositionen ist oft die Unterscheidung wichtig, ob Darstellung auf *verschiedener gedanklicher Ebene* vorliegt oder Darstellung auf *gleicher gedanklicher Ebene*:

Die Grundlagen der Darstellung – ganz knapp XIX

⌒A geht⌒, ⌒B bleibt⌒, *gleiche* gedankliche Ebene	⌒B sagte schon gestern⌒ : ⌒A geht⌒, ⌒ich bleibe⌒. *dominanter* Teil *inhaltliche* Teile *verschiedene* gedankliche Ebene

Bei verschiedener gedanklicher Ebene ist oft der Unterschied zwischen *direkter* und *indirekter* Anführung wichtig:

⌒Ich bin dabei⌒, ⌒erklärte sie⌒. *direkt* angeführt	⌒Sie sei dabei⌒, ⌒erklärte sie⌒. *indirekt* angeführt

Wichtige Bedeutungsbeziehungen auf *verschiedener* gedanklicher Ebene:
- Akte des Sprechens/Denkens/Wollens und das jeweils Gesagte/Gedachte/Gewollte
- Akte des Wahrnehmens und das jeweils Wahrgenommene, Sicherheitsgrade von Information
- Hoffen/Fürchten und das Erhoffte/Gefürchtete
- Beurteilungen und das jeweils Beurteilte.

Wichtige Bedeutungsbeziehungen auf *gleicher* gedanklicher Ebene:
- Annahme/Voraussetzung und daran Gebundenes oder betont nicht Gebundenes
- Vergleiche verschiedener Art
- Grund-Folge-Beziehungen: Zweck – einfache Folge – erkannte Ursache – Steuerungshandeln und Gesteuertes – Fehlen von erwarteten Folge-Beziehungen.

Zum Abschluß dieses Teils wird an einem Stück klassischer deutscher Prosa (G. Keller, dazu eine französische und eine englische Übersetzung) das *Zusammenwirken* der verschiedenen Bedeutungsbeziehungen im Textaufbau gezeigt.

Teil 11: Freier einfügbare Bedeutungsbeiträge, auf gleicher gedanklicher Ebene

Neben den besonders eng mit der Entwicklung von *logischem Denken* verbundenen Bedeutungsbeziehungen in den Bereichen «Annahme/Voraussetzung und daran Gebundenes oder eben nicht Gebundenes» und «Grund-Folge-Beziehungen» sowie der generellen Möglichkeit «Vergleichen» gibt es auf gleicher gedanklicher Ebene eine Reihe von Bedeutungsbeziehungen – oft nicht zwischen ganzen Propositionen, sondern innerhalb von Propositionen spielend – die man als «*noch unmittelbarer* auf *alltägliches Handeln* und seine Charakteristiken bezogen» einstufen kann:
- Einbettung in den *Zeitablauf*, über das schon durch die grammatischen Zeiten Signalisierte hinaus
- Situierung in *Räumen*, anschaulich oder abstrakt, Lagen und Bewegungen, mit ihren Zielen und Ausgangspunkten, in Oppositionen wie «außen-innen – oben-unten – hinauf-hinab» usw.
- *speziellere Bedeutungsbeiträge*, je nach den verwendeten Semantemen einfügbar, wie Ablaufstempo, Intensität, Vollständigkeit, Genauigkeitsgrad, Arten des Vorgehens, verwendete Mittel, Werkzeuge usw., Krafteinsatz, Bewußtheitsgrad, personale Gestimmtheit, Einstellung zu andern, Auffälligkeit, generelles Bewerten ohne Unterscheidung von Urteils*akt* und *Inhalt* des Urteils.

Teil 12: Bedeutungsaufbau im Kernbestand der Propositionen, Semanteme – Einbau von Relativsätzen, eng oder locker – Kognitives hinter der Grammatik – Textaufbau, Textkohärenz

Man muß mit einer fünfstelligen Zahl von verbalen Semantemen rechnen, ihre Behandlung ist Sache der großen Wörterbücher. Hier kann daher nur eine exemplarische Demonstration gegeben werden, an besonders repräsentativen und häufigen Beispielen:
– Semanteme für *Sprachverwendung*, dabei Unterscheidung von *Funktionsstellen* («pragmatischen Rollen») und *Bedeutungsstellen*; Semanteme für *Beurteilungen, Handlungsantriebe, Handlungsmodalitäten* usw.
– Semanteme für *räumliches und zeitliches Situieren*, häufiges Ineinander dabei
– Überblick über die Semanteme mit *besonders häufigen* Verben als Kern, von «kommen, gehen – venir, aller – come, go – venire, ire» über «machen/tun – faire – make/do – facere» bis zu «haben – avoir – have – habere» und «sein – être – be – esse».

In diesem Rahmen ist nun auch die oft genutzte Möglichkeit zu behandeln, daß eine an einer Semantemstelle zu nennende Person oder andere Entität *nicht* durch einen nichtverbalen Ausdruck dargestellt wird, sondern durch eine *ganze Proposition*, die an eine erste, globale Besetzung der Semantemstelle anschließt oder allein die Semantemstelle ausfüllt: die *Relativsätze*, eng oder lose angeschlossen, und das Grund-Phänomen «Wieder-Aufrufen einer einmal genannten Person oder andern Entität».

Zum Abschluß wird versucht, die *gedanklichen Verfahrensweisen*, die man als *kognitive Grundlagen* für alle aufgewiesenen Bedeutungsbeziehungen und schon für zentrale Begriffe der Elementargrammatik annehmen muß, übersichtlich zusammenzustellen, und es werden die wichtigsten Wege für den Aufbau und den hörenden/lesenden Nachvollzug von «*Text-Kohärenz*» gezeigt und an Beispielen illustriert.

Abschlußteil: Sprachen lernen, sie im Kopf speichern – mehrere Sprachen im gleichen Kopf – Sprachverwendung, Handeln, Stabilisieren des «Ich»

Wenn man den *Stellenwert von Grammatiken* beurteilen will, sollte man sich die folgenden Fragen stellen und sie, wenn auch nur in Annäherung, zu beantworten suchen:
– Wie kann man sich die *Speicherung* von Sprachen im Kopf, und vor allem von *zwei und mehr* Sprachen im *gleichen Kopf* überhaupt vorstellen? Was ist *getrennt*, was ineinander *verzahnt*, und was ist *identisch*?
– Wie kommt man vom *gespeicherten* Sprachbesitz zu den *gesprochenen und geschriebenen* Sätzen und ganzen Texten, und von den *gehörten* bzw. *gelesenen* Sätzen und Texten zum *Verstehen* dessen, was damit gemeint ist?
– Wie *lernt* man überhaupt Sprachen, im Kleinkindalter und später, und wie kann sich der Besitz der Erstsprache *auswirken* auf das Lernen von *Fremdsprachen*?
– *Was will man erreichen*, wenn man etwas sagt oder schreibt, jemandem zuhört (direkt oder über Medien), etwas zum Lesen zur Hand nimmt? *Welche Teilbereiche* innerhalb der Sprachen sind für das Erreichen des jeweiligen Ziels *wichtig*, welche sind weniger wichtig oder spielen überhaupt keine Rolle?

Die Grundlagen der Darstellung – ganz knapp XXI

– Was ist *für alle Sprachen gemeinsam* und *gleich*, und wie hängt der Besitz und die Verwendung von Sprachen zusammen mit dem *Person-Kern* des betreffenden Menschen, mit seinem «*Ich*»? Das wird am Schluß anschaulich zu zeigen versucht in einer vergleichenden Analyse eines zentralen Gesprächsausschnitts aus «Don Juan oder die Liebe zur Geometrie», von Max Frisch, mit zwei französischen und drei englischen Übersetzungen und einer italienischen Fassung.

Einleitung, Lesehinweise, Sinn von Grammatiken, methodische Grundlagen

E.1 Die Ziele

Das vorliegende Buch möchte ein Angebot und eine Hilfe sein:
- für alle *Lehrer*, die an deutschsprachigen Schulen Deutsch-, Französisch-, Englisch- und/oder Lateinunterricht erteilen;
- für alle *Studierenden* dieser vier Sprachen und Literaturen;
- für diejenigen *Eltern* von Schülern der Sekundarstufen, die sich für die heutigen Auffassungen in der Grammatik des Deutschen und der Fremdsprachen interessieren;
- in den ersten sechs Teilen auch für besonders interessierte *Schüler*, etwa vom 10. Schuljahr an, die in ihrem gesamten Sprachunterricht einen Durchblick gewinnen möchten.

E.2 Zu Inhalt und Aufbau

Das Buch bietet einen vollständigen Durchgang durch die Grammatik aller vier Sprachen, indem es vom Deutschen als Erstsprache ausgeht und dann die entsprechenden Erscheinungen (und die besonderen grammatischen Begriffe) in den andern drei Sprachen vorführt, so daß Gleichartigkeit und Andersartigkeit möglichst deutlich hervortreten. Dieser Gang führt vom Elementaren und leicht Faßlichen, das schon in den Primarschulen gelehrt und gelernt wird, über den grammatischen Stoff der Sekundarschulen und Untergymnasien bis zu einer Rechenschaft von dem komplexen Gebiet der Bedeutungsbeziehungen, des Aufbaus von Texten und der gedanklichen Abläufe beim Textschaffen und Textverstehen sowie der Speicherung der Sprachen in den Köpfen der Menschen – so wie es jeder Lehrer einer Sprache und Literatur einigermaßen durchschauen können sollte.

E.3 Selektives Lesen

Das Buch ist gegliedert in zwölf Teile und einen Abschlußteil, und es ist so angelegt, daß ein Benutzer je nach seinen Bedürfnissen ganze Teile durchlesen oder nur einzelne Kapitel oder Abschnitte herausgreifen kann, ausgehend vom Gesamt-Inhaltsverzeichnis auf S. V–IX, von der gerafften Darstellung der Grundlinien des Ganzen auf S. XV–XXI, von den ausführlichen Inhaltsübersichten am Anfang jedes Teils oder vom systematischen Register auf S. 931–962.

Die Abschnitte über Französisch, Englisch und Latein bieten gelegentlich auch Winke, wie man in den betreffenden Bereichen rationell lernen bzw. das Lernen der Schüler erleichtern kann – sie erheben aber nicht den Anspruch, eine detaillierte französische, englische oder lateinische Grammatik zu ersetzen.

E.4 Verschiedene Schwierigkeitsgrade, gestufte Ansprüche

Es ergibt sich aus der Sache, daß bei einem solchen Gang der Umfang der Teile und die Ansprüche an das Verstehen zunehmen, je weiter man nach oben kommt. Das Durchschauen des Aufbaus von Sprachen und die bewußte Entwicklung von Verstehens-Strategien für Texte erfordert nicht weniger intellektuelle Anstrengung als der Erwerb von Begriffen und Verfahren in der Mathematik, der Einblick in Lebensprozesse bei Pflanzen, Tieren und Menschen in der Biologie, der Einblick in die politischen, wirtschaftlichen und kulturellen Entwicklungen in der Geschichte.

E.5 Die Rolle der Grammatik beim Erlernen der Erstsprache, als Mundart und als Standardsprache

Seine *Erstsprache* lernt man, als kleines Kind, durch *genaues Aufmerken* auf alles, was die andern um einen herum zu einem und unter sich sagen, und durch zuerst tastendes (und vor allem lautlich sehr ungenaues), dann immer sicherer werdendes *eigenes Sprechen*, mit ständigem Beobachten der *Wirkungen*, die man dadurch bei den andern erreicht. Dabei lernt man nicht nur Tausende von Wortbedeutungen, mit den zugehörigen Lautungen, sondern man baut in seinem Kopf auch Hunderte von grammatischen Strukturen auf – Strukturen sehr verschiedener Reichweite und auf verschiedenen Ebenen. Das alles macht man sich aber *nicht systematisch bewußt*, abgesehen von einzelnen «Aha-Erlebnissen», wie sie schon in den ersten Lebensjahren bei allem Lernen von Neuem auftreten. Ein bewußtes Auffassen (genauer: ein bewußtes *Ändern* dessen, was man im Kopf gespeichert und bisher als richtig betrachtet hat) gibt es gelegentlich, wenn man von andern korrigiert worden ist oder von ihnen falsch verstanden wurde und daraufhin über die betreffende Ausdrucksweise spricht. Aber auch solche bewußt erworbene Bestandstücke im Sprachbesitz *sinken bald ins Unbewußte hinab*, sie werden zu einem zwar sehr wirksamen, aber unbewußten Besitz – es baut sich «*Sprachgefühl*» auf (genauere Darstellung der Prozesse beim Sprachen-Lernen in Ziff. A.44–A.56).

Mit dem Erlernen des *Lesens und Schreibens* (und dem damit oft verbundenen Übergang von einer Mundart oder Lokalsprache zur Standardform der betreffenden Sprache) wird auch das *bewußte* Fassen sprachlicher Gesetzmäßigkeiten, das Bilden *grammatischer Begriffe* immer wichtiger und nützlicher: die Begriffe «Satz» und «Teilsatz» für ein sinnfassendes *Lesen* und ein verständliches *eigenes Schreiben* – die Einteilung aller Wörter in die *Wortarten* und damit ein gewisser Überblick – Singular und Plural und die grammatischen Geschlechter bei den Nomen, Pronomen und Adjektiven – die verschiedenen Formen der Verben und ihr richtiger und wirkungsvoller Gebrauch. Für die Beherrschung der deutschen *Kommaregeln* ist der Begriff «Proposition» (aus dem Französischen übernommen und etwas erweitert, siehe Ziff. 2.03–2.04, 2.08–2.11 und 2.14) sehr hilfreich.

E.6 Die Rolle der Grammatik beim ersten Erlernen von Fremdsprachen

Besonders komplizierte Prozesse der Einprägung (Speicherung im Gehirn) von sprachlichen Einheiten und Verknüpfungsmöglichkeiten aller Art beginnen mit dem Erlernen einer *Fremdsprache*. Bei diesem Lernen *aktiviert* man nämlich – auch wenn man das nicht bewußt tut – viele Grund-Erfahrungen, die man beim Erwerb und Gebrauch seiner Erstsprache schon gemacht hat, und man wendet das alles auf die neue Sprache an.

Eine solche Übertragung ist auch grundsätzlich, im großen und ganzen, *sachgerecht* und *hilfreich*. Jede neue Sprache, die ein Mensch lernt, muß sich nämlich in seinem Kopf in gewissem Maß *verbinden* mit der Sprache (bzw. den Sprachen), die der betreffende Mensch schon gelernt hat – denn jede Sprache dient zum Ausdruck und zur Mitteilung menschlicher Erfahrungen, Wünsche, Gedanken, Gefühle, und jede Sprache hat daher gewisse Ähnlichkeiten, gewisse Entsprechungen mit jeder andern Sprache. Solche Entsprechungen sind besonders groß bei den modernen europäischen Sprachen wie Deutsch, Französisch und Englisch, die sich nebeneinander und in Berührung miteinander entwickelt haben und die dabei alle mehr oder weniger stark vom Lateinischen beeinflußt wurden.

Jede Sprache hat aber auch ihre *eigene Prägung*: nicht nur andere Lautungen («Aussprache») und andere Schreibungen für die Wörter, wie man als Anfänger hie und da denkt, sondern auch andere Abgrenzungen von *Bedeutungen*, andere Möglichkeiten und andere Grenzen für die *Kombinationen* der Wörter, Wortkomplexe usw. in den (beim Sprechen und Schreiben) zu schaffenden bzw. den (beim Hören und Lesen) zu verstehenden Texten.

Das grundsätzlich richtige Ausgehen vom schon vorhandenen Sprachbesitz, das (oft unbewußte) Bauen auf die Ähnlichkeit des Neuen mit dem schon Vertrauten kann daher auch zu *Fehlübertragungen* führen – nämlich überall dort, wo die zu lernende neue Sprache *anders* aufgebaut ist als die schon vertrauten Sprachen. Es kann daher eine große Hilfe sein, wenn man sich möglichst frühzeitig bewußt macht, *wo* die neu zu lernende Sprache *gleich* aufgebaut ist wie die schon vertrauten Sprachen und man daher ohne weiteres Übertragungen vornehmen und dadurch rationeller lernen kann – und wo die neue Sprache *anders* aufgebaut ist, *eigene* Möglichkeiten und Grenzen hat und man daher *nicht einfach übertragen* darf, wenn man nicht Fehler machen und sich das Lernen erschweren statt erleichtern will.

Darum spielt ein geeignetes Bewußtmachen von grammatischen Erscheinungen beim Lernen von *Fremdsprachen* oft eine besonders große Rolle, und zwar umso mehr, je tiefer man in die Fremdsprache eindringt. Besonders eine gewisse Gewöhnung an das Erkennen der Verben und das Erfassen des Umfangs verbaler Propositionen kann sich beim Lernen der Fremdsprachen als sehr hilfreich erweisen. Zugleich kann sich durch den bewußten Vergleich *auch* der Aufbau der *eigenen* Sprache, der Erstsprache klarer herausstellen – so daß man durch richtiges Lernen von Fremdsprachen auch die Beherrschung seiner Erstsprache nicht etwa gefährdet, sondern im Gegenteil erst recht entwickelt und festigt (Genaueres dazu in Ziff. A.57–A.63).

E.7 Grammatiken beruhen auf Operationen (Probier-Verfahren)

Alle grammatischen Begriffe beruhen auf *Operationen*, d. h. auf einem systematischen *Ausprobieren* der Möglichkeiten zur Veränderung eines gegebenen Textstücks, indem man z. B. erprobt, auf wie viele verschiedene Arten ein geschriebenes Stück Text *vorgelesen* werden kann, wo jeder Hörer ein volles Senken der Stimme und eine Pause akzeptiert oder nicht (*Klang*proben) oder wie sich die Teile einer kleinsten durch Anwendung von Klangproben gewonnenen Texteinheit *umstellen* lassen (*Verschiebe*probe, Kommutation) oder wie man bestimmte durch die Verschiebeprobe erhaltene Bestandteile einer solchen Texteinheit durch andere Wörter oder Wortkomplexe *ersetzen* kann (*Ersatz*probe, Substitution).

Ein ganz einfaches Beispiel. Gegeben sei das Textstück «Morgen nachmittag werden wir sicher soweit sein, ich hoffe es jedenfalls».

Eine *Klangprobe* ergibt, daß zwei *deutlich* voneinander *abgrenzbare* Einheiten vorliegen:

Morgen nachmittag werden wir sicher soweit sein   ich hoffe es jedenfalls

Verschiebeproben ergeben, daß die erste Texteinheit insgesamt sechs Bestandteile umfaßt (obwohl es sieben Wörter sind):

Morgen nachmittag werden wir sicher soweit sein
Wir werden morgen nachmittag sicher soweit sein
Sicher werden wir soweit sein morgen nachmittag
Soweit werden wir morgen nachmittag sicher sein

Die Bestandteile sind also: *morgen nachmittag – werden – wir – sicher – soweit – sein*; der Bestandteil «*werden*» bleibt immer an der gleichen Stelle, wenn man auf die Bestandteile und nicht auf die Wörter sieht.

Ersatzproben ergeben, daß «morgen nachmittag – wir – sicher – soweit – sein» auch durch Ausdrücke mit anderer Wörterzahl ersetzt werden können – dagegen ist der Bestandteil «werden» hier immer nur durch ein einziges Wort ersetzbar:

morgen nachmittag	werden	wir	sicher	soweit	sein
in kurzer Zeit	können	alle	ohne Zweifel	an diesem Punkt	anlangen
bald	dürften	die drei Gruppen		dort	angelangt sein
	sollten				

Bei einer entsprechenden französischen Texteinheit ergeben die Verschiebeproben ein anderes Resultat:

Demain après-midi nous y serons certainement
Certainement nous y serons demain après-midi
Nous y serons certainement demain après-midi

Die drei Wörter «*nous – y – serons*» erweisen sich durch andere Proben als je eigene Bestandteile, aber hier bleiben sie immer in der gleichen Reihenfolge und lassen sich nicht untereinander verschieben wie im Deutschen.

Auch die Ersatzproben ergeben ein anderes Resultat: Wenn man «*nous*» ersetzt durch «*les trois groupes*», muß man auch «*serons*» (= 1. Person Plural) ersetzen durch «*seront*» (= 3. Person Plural). Die zwei Formen «serons – seront» des Verbs «être» werden zwar genau gleich ausgesprochen, sie müssen aber *verschieden geschrieben* werden, weil sie grammatisch verschieden sind.

E.8 Übernahme von grammatischen Begriffen ohne Überprüfung durch Operationen

Die Durchführung von Operationen, von Probier-Verfahren (vor allem: Ersatzproben) war die Grundlage für die Entwicklung der ersten Grammatiken, von denen wir wissen – vor bald zweieinhalb Jahrtausenden, im vierten oder fünften Jahrhundert vor Christus, etwa gleichzeitig für das Sanskrit in Indien und für das Altgriechische in Griechenland. Diese Grammatiker schrieben aber die Operationen und ihre einzelnen Ergebnisse nicht auf, sie führten das alles nur im Kopf durch, und in ihren Büchern hielten sie nur die *Begriffe* fest, die sie durch solche Operationen gewonnen hatten, z. B. «Verb» oder «Nomen» oder «Singular gegenüber Plural» oder «3. Person» usw.

Später *vergaß* man aber nicht selten diese Begründung der grammatischen Begriffe durch Operationen, und man übernahm *nur die fertigen Begriffe*, ohne sie immer wieder durch neues Durchführen von Operationen zu überprüfen. Das hatte besonders ungünstige Folgen, wenn man *von einer Sprache zur andern* überging und z. B. für die französische, englische und deutsche Grammatik zunächst unbesehen die grammatischen Begriffe des Lateinischen verwendete, auch wo diese gar nicht auf die Struktur der drei modernen Sprachen paßten. Die Entwicklung eigenständiger grammatischer Begriffe – mit Hilfe von Operationen, die man aber auch nicht immer aufschrieb – begann für das Französische und das Englische etwa in der zweiten Hälfte des 18. Jahrhunderts. Für das Deutsche erfolgte das zum Teil erst in den letzten Jahrzehnten, und auch für das Französische und Englische wurden in dieser Zeit und noch bis heute fühlbare Korrekturen an den grammatischen Begriffen vorgenommen.

Heute besteht bei allen wissenschaftlichen Grammatikern Einigkeit, daß grammatische Begriffe sich auf *systematisch geführte Operationen* stützen müssen und daß sich daher für verschiedene *Sprachen* an manchen Stellen auch *verschiedene grammatische Begriffe* – oder jedenfalls verschiedene Ausformungen von im Grund verwandten Begriffen – ergeben können.

E.9 Die Operationen und die Lernenden von heute

Wer heute die Grammatik einer Sprache kennenlernen und handhaben möchte, braucht keineswegs alle Operationen zu wiederholen, die (schon vor mehr als zweitausend Jahren oder erst in den letzten Jahrzehnten) für die Entwicklung der gerade für diese Sprache geeigneten grammatischen Begriffe verwendet worden sind. Wichtig ist aber, daß man grundsätzlich weiß: alle grammatischen Begriffe sind *Ergebnisse von Operationen*, sie können daher von Sprache zu Sprache *verschieden* sein, nämlich überall dort, wo *die Sprachen selber* verschieden aufgebaut sind. Grammatische Begriffe sind keineswegs durch eine universale Logik vorgegeben und daher notwendigerweise für alle Sprachen gleich. Es ist auch nützlich, wenn man von Zeit zu Zeit *selber* mit solchen Operationen arbeitet, z. B. wenn man bestimmen will, was in einer Proposition als *Subjekt* zu betrachten ist (siehe Ziff. 3.13 und 3.14, Infinitivprobe) oder wenn man feststellen will, ob ein bestimmtes Wort oder eine Wortgruppe im *Nominativ* oder im *Akkusativ* steht (Ziff. 4.17, Ersatzprobe), usw.

E.10 Sorgfältig unterscheiden zwischen Begriff und Fachausdruck

Die Operationen erleichtern es auch, immer eine klare Unterscheidung zu machen zwischen einem grammatischen *Begriff* und dem dafür verwendeten *Fachausdruck*, so daß man die Überschätzung von Fachausdrücken vermeidet (eine solche Überschätzung hat sich in der Geschichte der Grammatik viel zu oft gezeigt, bis in die höchsten wissenschaftlichen Ränge hinauf, und immer mit fatalen Folgen). Gefährlich sind in dieser Richtung vor allem die Fachausdrücke, die eine Art *Erklärung* oder *Beleuchtung* des Begriffs enthalten. An sich ist eine solche Beleuchtung des Begriffs-Gehalts durch einen geeigneten, griffigen Fachausdruck oft sehr praktisch – aber man muß den *Fachausdruck* von der *genauen Beschreibung des Begriffs* her sehen und nicht etwa den *Begriff* vom *Fachausdruck* her definieren wollen.

Ein besonders deutliches Beispiel dafür bietet der Begriff «*Verb*» (d. h.: Wörter, die man konjugieren kann, die man in verschiedenen grammatischen Zeiten verwenden und meistens auch nach 1., 2. und 3. Person und nach Singular und Plural verändern kann). Für diesen Begriff wurden in der Geschichte der deutschen Grammatik immer wieder erklärende Fachausdrücke entwickelt und vor allem den Schülern beigebracht, nämlich «Tuwort/Tunwort – Tätigkeitswort – Tatwort – Zeitwort» und noch andere.

Wenn nun ein Schüler in seinem ersten Grammatikunterricht von einem solchen Fachausdruck *ausgeht* und ihn *wörtlich* versteht, wird er Mühe haben, z. B. die Wörter «ist, bleibt, hört auf» als Verben zu erkennen (weil hier ja «nichts getan wird»). Dafür wird er vielleicht in einem Ausdruck «bei Spiel und Tanz» die beiden Nomen «Spiel – Tanz» als Verben betrachten, weil diese Wörter ja eine Tätigkeit darstellen.

Wenn der Schüler aber *ausprobieren* gelernt hat, ob sich die fraglichen Wörter *verändern* lassen nach dem Muster «macht/machte – kommt/kam», wird ihm die Wortart sogleich klar: man kann nämlich sagen «ist/war – bleibt/blieb – hört auf/hörte auf», die drei Wörter sind also Verben. Dagegen kann man den Ausdruck «bei Spiel und Tanz» verändern zu «bei Spielen und Tänzen», und wenn man weiter von Spiel und Tanz reden will, muß man sagen «*das* Spiel – *es*», aber «*der* Tanz – *er*». Damit ist bewiesen, daß «Spiel» und «Tanz» keine Verben sind, sondern Nomen (Substantive), obwohl sie eine Tätigkeit darstellen.

Es hat aber auch schon gelehrte Leute und Sprachkritiker gegeben, die aus dem Fachausdruck «*Perfekt*» herauslesen wollten, mit dieser grammatischen Zeit stelle man immer etwas *Abgeschlossenes* dar (etwas, das «*perfekt*» sei), wogegen man durch ein «*Imperfekt*» etwas *noch nicht* Abgeschlossenes darstelle. Aus einer derartigen Überschätzung des Fachausdrucks heraus wollten sie dann nicht wahr haben, daß man je nach stilistischem Willen mit genau gleicher Bedeutung sagen kann «Das *sah* er leider zeit seines Lebens nie *ein*» (also «Imperfekt», heute sagt man allgemein «Präteritum») wie auch «Das *hat* er leider zeit seines Lebens nie *eingesehen*» (also «Perfekt»).

E.11 Grad der Eindeutigkeit bei der Anwendung der grammatischen Begriffe

Die Operationen führen oft zu ganz eindeutigen Ergebnissen, unabhängig davon, wer sie durchführt; z. B. kann man meistens mit 100%iger Sicherheit entscheiden, ob ein bestimmtes Wort an einer bestimmten Stelle im Text eine Verb-Personalform ist oder nicht.

Es kann aber auch sein, daß *zwei verschiedene* Ergebnisse *gleicherweise* möglich und richtig sind, so daß man z. B. ein bestimmtes Wort an einer bestimmten Textstelle ebensogut der einen wie der andern Wortart zuweisen kann. Wenn ein Arzt von einem Patienten sagt «Es ist nicht *ausgeschlossen*, daß seine Störungen rein nervöser Natur sind», so kann man das Wort «ausgeschlossen» verändern nach der für die *Adjektive* typischen Art, nämlich «eine nicht *ausgeschlossene* Möglichkeit», man kann daher «ausgeschlossen» als ein Adjektiv bezeichnen. Man kann aber auch Umformungen vornehmen, die typisch sind für *Verben*, nämlich «ich kann es nicht *ausschließen* – ich *schließe* es nicht *aus*», und auf Grund dieser Umformungen kann man «ausgeschlossen» als eine *Verbform* betrachten, nämlich Partizip II zu «ausschließen». Tatsächlich gibt es bei den Partizipien fast immer die Möglichkeit, sie als Verbformen oder als Adjektive einzuordnen (Ziff. 1.33).

Es muß daher bei vielen grammatischen Begriffen eigens angegeben werden, *welcher Grad* von Eindeutigkeit bei ihrer Anwendung möglich ist – und wie weit es überhaupt *sinnvoll* ist, solche Eindeutigkeit *anzustreben*. Das gilt z. B. für die Begriffe der Wortarten (Genaueres in Ziff. 1.33) oder beim Begriff «Proposition» (erste Beschreibung Ziff. 2.04, Relativierung laufend bei der Anwendung, grundsätzlich zusammengefaßt in Ziff. 8.45).

Solches ausdrückliches Angeben der jeweiligen Zonen von Nicht-Eindeutigkeit darf keineswegs als eine Schwäche der hier vorgelegten Grammatik betrachtet werden – ganz im Gegenteil. Die Verhältnisse in der Grammatik erweisen sich genau so als *teilweise* völlig eindeutig und *teilweise nicht*, wie es in den mathematischen Wissenschaften ist, wo oft auch keine absolute Eindeutigkeit und Genauigkeit möglich ist und daher von den Wissenschaftern immer *angegeben* wird, welcher Eindeutigkeits- und Genauigkeitsgrad jeweils *sinnvoll* und daher anzustreben ist. In der heutigen Zeit, wo in der Logik ein Rechnen mit unscharf abgegrenzten Größen als möglich und nützlich anerkannt wird («fuzzy logic», übersetzbar als «Logik der Größen mit ausgefransten Rändern») dürfte ein Anerkennen solcher konstitutiver Unschärfe-Zonen in den Sprachen sehr gut in die wissenschaftliche Gesamtentwicklung passen.

E.12 Insgesamt: den Stellenwert der Grammatik und aller ihrer Bereiche richtig einschätzen

Wer irgend etwas wissenschaftlich untersucht, der muß auch den *Stellenwert* und die *Grenzen* der betreffenden Wissenschaft nüchtern sehen. Das gilt auch für die Untersuchung des Aufbaus von Sprachen, das Nachweisen der sprachlichen Einheiten und Strukturen, auf allen ihren Ebenen, und ihrer verschiedenartigen Kombinationen in Texten. Die Grammatik ist kein Selbstzweck – auch wenn man sich nicht beschränkt auf die Elementargrammatik, sondern die höhere Grammatik ausdrücklich einbezieht. Darum endet das Buch nicht mit der Darstellung der höheren Grammatik – so spannend für das Verständnis menschlichen Denkens diese auch ist –, sondern es endet mit einer Ausweitung des Blicks auf den ganzen Umgang von Menschen mit ihren Sprachen: plausible Annahmen über das Nebeneinander verschiedener Sprachen im gleichen Kopf – genauere Analyse der Beziehungen zwischen Sprachen und Schriften – Arten der Kommunikation, Kommunikation auch ohne Sprache und Sprachverwendung auch ohne Kommunikation – Ziele bei der gesamten Sprachverwendung und relative Wichtigkeit verschiedener Teilbereiche je nach dem erstrebten Ziel – die Wichtigkeit der Sprachverwendung für den Aufbau der Person-Identität, für die Stabilisierung des «Ich» jedes Menschen.

1 Die Wortarten in den vier Sprachen

1/I   Verben – Nomen – Adjektive, samt Adjektiv-Adverbien

        1.01   Überblick, Zahlenverhältnisse, Häufigkeit des Auftretens 11
        1.02   Die Verben, konjugierbare Wörter, im Deutschen 11
        1.03   Die Verben im Französischen 12
        1.04   Die Verben im Englischen 12
        1.05   Die Verben im Lateinischen 13
        1.06   Die Nomen/Substantive im Deutschen 13
        1.07   Die Adjektive im Deutschen, dekliniert und undekliniert 14
        1.08   Nomen und Adjektive im Französischen; adverbes de manière 15
        1.09   Englisch: nouns – adjectives – adverbs of manner 16
        1.10   Lateinisch: Nomen/Substantive, Adjektive, Adjektiv-Adverbien . . . 17

1/II   Pronomen – déterminants et pronoms – determiners and pronouns

        1.11   Übersicht über alle Pronomen des Deutschen 19
        1.12   Zu den Fachausdrücken 20
        1.13   Generelles zur Einteilung in Untergruppen 20
        1.14   Personalpronomen, mit Einschluß der Reflexivpronomen 20
        1.15   Possessivpronomen 21
        1.16   Bestimmte Artikel, Relative «d», Demonstrative 21
        1.17   Interrogative, Relative «w» 22
        1.18   Unbestimmte Artikel und Indefinitpronomen 22
        1.19   Zahlpronomen 23
        1.20   «Artikel» und «Zahlwörter» als eigene Wortarten? 23
        1.21   Französisch: déterminants et pronoms 24
        1.22   Englisch: determiners and pronouns 25
        1.23   Die Pronomen im Lateinischen – erster Überblick 26

1/III   Partikeln: Adverbien – Präpositionen – Konjunktionen – Interjektionen

        1.24   Die Partikeln, eine Rest- und Sammelklasse, im Deutschen 27
        1.25   Untergruppe A, «Adverbien» 27
        1.26   Untergruppe B, Präpositionen, vor oder hinter dem Kern
              stehend 28
        1.27   Untergruppe C, Konjunktionen 28
        1.28   Untergruppe D, Interjektionen 29
        1.29   Was entspricht den deutschen Partikeln im Französischen?
              Les mots invariables 29

	1.30 Die Partikeln im Englischen	30
	1.31 Die Partikeln im Lateinischen – erster Überblick	31

1/IV Übergangszonen; was nützt die Unterscheidung der Wortarten?

	1.32 Verwendung beliebiger Wörter als Nomen	32
	1.33 Übergangszonen zwischen allen Wortarten	32
	1.34 Was nützt es, wenn man die Wortarten unterscheiden kann?	33

1/I   Verben – Nomen – Adjektive, samt Adjektiv-Adverbien

1.01   Überblick, Zahlenverhältnisse, Häufigkeit des Auftretens

Man schätzt die Gesamtzahl der Wörter, die es in einer Sprache wie dem Deutschen, Französischen, Englischen usw. gibt, auf mehrere Hunderttausend. Die Hauptmasse dieser Wörter verteilt sich auf die drei großen Wortarten Verb – Nomen/Substantiv – Adjektiv (in den andern Sprachen dazu die besondere Gruppe der Adjektiv-Adverbien). In diesen Wortarten werden in jeder lebenden Sprache auch immer wieder neue Wörter geschaffen.

Eine abgeschlossene Wortart (im Deutschen etwa 70 Wörter) bilden die Pronomen, im Französischen die déterminants et pronoms, im Englischen die determiners and pronouns. Neue Wörter entstehen hier überhaupt nicht. Mehr oder weniger abgeschlossen ist auch die fünfte Wortart, die Sammelgruppe «Partikeln». Es gibt im Deutschen etwa 600 Partikeln, hie und da werden auch noch neue gebildet.

Die Wörter dieser zwei «kleinen Wortarten» werden aber sehr häufig gebraucht. Im Schnitt ist jedes dritte Wort eines Textes ein Pronomen (bzw. ein déterminant oder pronom, ein determiner oder pronoun) oder eine Partikel (in den verschiedenen Funktionen, auch als Präposition oder Konjunktion), obwohl der Bestand an Wörtern in diesen beiden Wortarten weniger als ein Tausendstel des Gesamtbestandes an Wörtern ausmacht.

1.02   Die Verben, konjugierbare Wörter, im Deutschen

Am wichtigsten für den Aufbau und das Verständnis der Sätze und Teilsätze in den Texten, im Deutschen wie in den andern Sprachen, sind die *Verben*.

Verben sind die Wörter, die man *konjugieren* kann.
Konjugieren: die besonderen Wortformen für die *1., 2. und 3. Person* bilden, in *Singular* und *Plural* (Einzahl und Mehrzahl), für die verschiedenen *grammatischen Zeiten* «bin – bist – ist – war» usw.. Zur Konjugation gehört auch die Bildung des *Konjunktivs* («sei, wäre»), die Bildung des *Imperativs* («komm») und die Bildung der beiden *Passivformen* («wird getan – ist getan»). Für Genaueres über alle deutschen Verbformen und ihre Bedeutung siehe Ziff. 5.02–5.19, für die Passivformen Ziff. 6.30–6.32, reflexive Verben Ziff. 6.39–6.42 und 6.45–6.46.

Grundlegend für alle Verben ist das Vorhandensein von *Grundformen* und *Personalformen:*

Grundformen (infinite Formen)	Personalformen (finite Formen)			
		SINGULAR		PLURAL
INFINITIV: sprechen, hören	1. PERSON:	(ich) spreche, höre	(wir)	sprechen, hören
PARTIZIP II: gesprochen, gehört	2. PERSON:	(du) sprichst, hörst	(ihr)	sprecht, hört
PARTIZIP I: sprechend, hörend	3. PERSON:	(einer) spricht, hört	(mehrere)	sprechen, hören

Eine Besonderheit des Deutschen sind die sogenannten «trennbaren Verben», d. h. die Verben, die neben einem Grundbestandteil einen *Verbzusatz* enthalten. Wenn ein solches Verb in Personalform an zweiter oder erster Stelle in einer Proposition (einem Satz oder Teilsatz) zu stehen kommt, löst sich der Verbzusatz ab und rückt an den Schluß der Proposition:

immer zusammen: Infinitiv und Partizip II	getrennt, weil Personalform vor Verbzusatz	zusammen, weil Personalform hinter Verbzusatz
aufhören, aufgehört	Wann *hört* er endlich *auf*? *Hör* doch jetzt damit *auf*!	Warum er damit nicht *aufhört*?
einsehen, eingesehen	Das *sieht* er sicher *ein*. *Sieht* er es wirklich *ein*?	Ob er es jetzt doch *einsieht*?

1.03 Die Verben im Französischen

Es gibt drei Grundformen, wie im Deutschen; sie sind, in der Reihenfolge der Häufigkeit:

INFINITIV: être sein	PARTICIPE PASSÉ: été gewesen	PARTICIPE PRÉSENT: étant seiend

Die Personalformen unterscheiden sich klarer als im Deutschen vom Infinitiv und voneinander, jedenfalls in der Schreibung. Es ist vorteilhaft, wenn man sich zusammen mit dem Infinitiv immer sofort auch das participe passé einprägt:

être/été sein/gewesen	(je) suis bin	(tu) es bist	(il) est ist	(nous) sommes sind	(vous) êtes seid	(ils) sont sind
parler/parlé reden/geredet	(je) parle rede	(tu) parles redest	(il) parle redet	(nous) parlons reden	(vous) parlez redet	(ils) parlent reden
finir/fini beenden/beendet	(je) finis beende	(tu) finis beendest	(il) finit beendet	(nous) finissons beenden	(vous) finissez beendet	(ils) finissent beenden

Es gibt keine Verben mit Verbzusatz: Il *accepte* tout − Er *nimmt* alles *an*

Für Genaueres über die Bedeutungen und Lautungen siehe Ziff. 5.20−5.37, 6.33, 6.39−6.42.

1.04 Die Verben im Englischen

Es gibt drei Grundformen, wie im Deutschen; sie sind (Reihenfolge der Häufigkeit):

INFINITIVE: (to) be, (to) go	PRESENT PARTICIPLE: being, going	PAST PARTICIPLE: been, gone

Das System der Personalformen ist sehr einfach. Man unterscheidet für die 3. und 1. Person den Singular und den Plural, aber für die 2. Person gibt es eine Einheitsform, die für Singular und Plural und als Höflichkeitsform dient. Für die Verben «to be» (sein), «to have» (haben) und für «will, shall» (will/wollen, soll/sollen) braucht man häufig Kurzformen (in der Tabelle in Klammern angegeben).

he/she/it	is ('s), has ('s) / comes / goes	I	am ('m), have ('ve) / come / go	you	are ('re), have ('ve) / come / go
they	are ('re), have ('ve) / come / go	we	are ('re), have ('ve) / come / go		

Die alte Form für die 2. Person Singular (lautlich dem Deutschen entsprechend) gibt es noch in der Bibelsprache und in Dialekten. Beispiel aus der Bibel: «If *thou wilt* be perfect, go and sell what *thou hast* ...» (Wenn du vollkommen sein willst, geh und verkauf, was du hast).

Einige Personalformen werden oft mit «not» zusammen in einem Wort geschrieben, und das «o» in «not» wird durch Apostroph ersetzt: «(I) don't – (we) aren't – (they) haven't – isn't (it) – (he) won't [er will nicht] usw.

Für Genaueres über Bedeutungen und Lautungen siehe Ziff. 5.38–5.53, 6.34, 6.43.

1.05 Die Verben im Lateinischen

Es gibt mehr Grundformen (infinite Formen) als im Deutschen (Ziff. 5.55–5.56). Am wichtigsten und häufigsten sind Infinitiv und Partizip Perfekt (dieses entspricht dem deutschen Partizip II): amare (lieben) – amatus/amata/amatum (geliebt).

Die Endungen der Personalformen sind viel deutlicher als im Deutschen, daher wird meistens ein «ich – du – er/sie/es – wir – ihr – sie» gar nicht gesetzt, man entnimmt es aus dem Verb:

INFINITIV	1. SG	2. SG	3. SG	1. PL	2. PL	3. PL
amāre / lieben	amo / ich liebe	amas / du liebst	amat / er/sie liebt	amāmus / wir lieben	amātis / ihr liebt	amant / sie lieben
monēre, mahnen	moneo	mones	monet	monēmus	monētis	monent
agĕre, handeln	ago	agis	agit	agĭmus	agĭtis	agunt
audīre, hören	audio	audis	audit	audīmus	audītis	audiunt

Wichtig für die Aussprache: zweitletzte Silbe betont, wenn sie einen langen Vokal hat (z. B. «am**ā**re») – aber drittletzte Silbe betont, wenn der Vokal der zweitletzten kurz ist («**a**gĕre»).

Für Genaueres über Lautungen und Bedeutungen siehe Ziff. 5.54–5.78, 6.35–6.37, 6.44.

1.06 Die Nomen / Substantive im Deutschen

Die umfangreichste Wortart bilden die *Nomen* (auch «Substantive» genannt); die Zahl der Nomen ist wohl ebenso groß wie die Zahl der Verben und Adjektive zusammen, im Deutschen wie in den Fremdsprachen.

Nomen sind im Deutschen die Wörter, für welche die folgenden formalen Bedingungen erfüllt sind (durch Anwendung von Probierverfahren nachweisbar):

A Das Wort hat ein *grammatisches Geschlecht*. Es ist ein Maskulin, ein Feminin oder ein Neutrum, und die mit dem Wort zu verbindenden Adjektive oder Pronomen müssen dieses grammatische Geschlecht annehmen:

MASKULIN («männlich»)	FEMININ («weiblich»)	NEUTRUM («sächlich»)
Jubel, *großer* Jubel	Freude, *große* Freude	Vergnügen, *großes* Vergnügen
der dieser } Jubel; dieser, er solcher	die diese } Freude; diese, sie solche	das dieses } Vergnügen; dieses, es solches

B Das Wort steht entweder im *Singular* (Einzahl) oder im *Plural* (Mehrzahl). Die meisten Nomen können sowohl im Singular wie im Plural gebraucht werden (z. B. «eine Freude – viele Freuden»); einige Nomen kommen nur im Singular vor (z. B. «Jubel, Verdruß»), und einige gibt es nur im Plural (z. B. «Einkünfte, Unkosten, Spesen»).

Für Genaueres über Singular–Plural und die grammatischen Geschlechter siehe Ziff. 4.01–4.14.

1.07 Die Adjektive im Deutschen, dekliniert und undekliniert

Ein geringere Zahl von Wörtern als bei den Nomen und Verben (aber immer noch Tausende, gegenüber einigen hundert Partikeln und etwa siebzig Pronomen) gibt es bei den *Adjektiven*.

Adjektive sind im Deutschen die Wörter, für welche die folgenden formalen Bedingungen erfüllt sind:

A Das Wort kann in Kombination mit einem Nomen (einem Substantiv) *alle drei* grammatischen Geschlechter annehmen, und es bekommt dabei je nach dem gewählten Begleitpronomen («ein, mein, kein» oder «der/dieser/jeder» usw.) eine etwas verschiedene Endung. Man nennt diese Formveränderung der Adjektive (wie auch die Formveränderung der Nomen) *Deklination*:

ein sein kein usw. } *großer* Jubel, *großes* Vergnügen	der/das dieser/dieses jeder/jedes usw. } *große* Jubel, *große* Vergnügen

B Meistens (aber nicht immer) ist neben den verschiedenen deklinierten Formen eine *undeklinierte Form* vorhanden:

deklinierte Formen	undeklinierte Formen
lauter Jubel, mit *lautem* Jubel der *laute* Jubel, den *lauten* Jubel	der Jubel war *laut*, sie jubelten *laut*

Ein Adjektiv ohne undeklinierte Form ist z. B. «mittlere»; man kann sagen «ein *mittleres* Stück – das *mittlere* Stück», aber nicht «*Das Stück war *mittler*».

Anmerkung zu «Adjektiv-Adverb»: Früher übertrug man die Unterscheidung von Adjektiv und Adjektiv-Adverb, die es im Lateinischen, Französischen, Englischen und andern Sprachen gibt (Ziff. 1.08–1.10) auch auf das Deutsche. Man bezeichnete daher ein Wort wie «laut» nur dann als Adjektiv, wenn es hieß «Der Jubel war *laut*», dagegen nannte man es ein Adverb, wenn es hieß «Sie jubelten *laut*». Diese Unterscheidung, die der Sprachstruktur des Deutschen nicht gerecht wird, wurde aber von den führenden deutschen Grammatiken schon vor mehr als einem Vierteljahrhundert aufgegeben.

1/I Verben – Nomen – Adjektive, samt Adjektiv-Adverbien

1.08 Nomen und Adjektive im Französischen; adverbes de manière

A Die Nomen (les noms)

Auch im Französischen können die meisten Nomen (le nom, les noms) im Singular (le singulier) oder im Plural (le pluriel) verwendet werden:

SINGULAR (SINGULIER), SG			PLURAL (PLURIEL), PL		
un livre	*le* jeu	*cette* idée	*des* livres	*les* jeux	*ces* idées
Buch	Spiel	Idee	Bücher	Spiele	Ideen

Es gibt aber nicht drei, sondern nur zwei grammatische Geschlechter:

MASKULIN, LE MASULIN, M				FEMININ, LE FÉMININ, F			
un / *le* / *ce*	village	*celui-ci*	*il...*	*une* / *la* / *cette*	ville	*celle-ci*	*elle...*
		dieses	es...			diese	sie...
ein/das/dieses Dorf				eine/die/diese Stadt			

Das grammatische Geschlecht ist oft anders als bei den in der Bedeutung entsprechenden deutschen Nomen:

le soleil (MASCULIN) – *die* Sonne (FEMININ)	*la* lune (FÉMININ) – *der* Mond (MASKULIN)

Für Genaueres über singulier-pluriel und masculin-féminin siehe Ziff. 4.02 und 4.13.

B Die Adjektive (adjectifs qualificatifs) und die zugehörigen Adverbien

Grundsätzlich anders als im Deutschen ist der Begriff «*Adjektiv*» (l'adjectif qualificatif).

B 1 Es gibt *kein* für Maskulin und Feminin, Singular und Plural gleiches, undekliniertes Adjektiv – auch nicht, wenn das Adjektiv nicht direkt mit einem Nomen verbunden, sondern als eigenes Satzglied gesetzt ist (französischer Fachausdruck: «l'adjectif attribut»; deutscher Fachausdruck, erst seit kurzer Zeit geläufig: «Satzadjektiv»):

Französisch «*prudent*» als ADJECTIF ATTRIBUT			Deutsch «*klug/vorsichtig*» als SATZADJEKTIV, unveränderlich		
Il / Elle	est	*prudent* / *prudente*	Er / Sie	ist	*klug/vorsichtig*
Les hommes / Les femmes	sont	*prudents* / *prudentes*	Die Männer / Die Frauen	sind	
Je la trouve très *prudente*			Ich finde sie sehr *klug/vorsichtig*		
Il trouve ces femmes très *prudentes*			Er findet diese Frauen sehr *klug/vorsichtig*		

B 2 Wenn man nicht darstellen will, wie jemand oder etwas *ist* (oder wird oder scheint), sondern wie jemand etwas *tut*, wie er *handelt*, wie etwas sich *bewegt*, kann man nicht wie im Deutschen ein unverändertes Adjektiv (als Satzadjektiv) brauchen, sondern man muß meistens (allerdings nicht immer) eine *besondere Wortform* verwenden, die man «*adverbe de manière*» nennt und die meistens die Endung «-ment» hat:

ADJECTIF ATTRIBUT	ADVERBE DE MANIÈRE	in beiden Gebrauchsweisen gleicherweise SATZADJEKTIV
Il *est prudent*	Il *agit prudemment*	Er *ist* und *handelt klug/vorsichtig*
Cette auto *est lente*	elle *marche lentement*	Dieses Auto *ist langsam*, es *fährt langsam*

Einige wenige, aber häufige Adjektive kann man auch ohne die Endung «-ment» als adverbes de manière brauchen, z. B. in Verbindung mit Verben wie «parler» die Adjektive «haut – bas» (laut – leise) in «Il parle à *haute* voix – Sa voix est si *haute* – Il parle si *haut*».

Wenn man die französischen Adjektive lernt, sollte man sich immer sogleich die Formen für das masculin und das féminin und dazu (falls vorhanden) die Form für das adverbe de manière einprägen, also z. B. «gentil/gentille/gentiment» (für deutsch «hübsch, nett, liebenswürdig») oder «bruyant/bruyante/bruyamment (lärmig)».

1.09 Englisch: nouns – adjectives – adverbs of manner

Im *Englischen* gibt es keine grammatischen Geschlechter der Nomen und damit auch keine deklinierten Formen der Adjektive. Bei den Nomen gibt es den Unterschied von Singular und Plural, die Adjektive sind für Singular und Plural gleich:

| a nice boy – a nice girl – nice boys – nice girls |
| He was very nice – She was very nice – They were all very nice |

Man kann daher auch nicht wie im Deutschen sagen «Zwei Bücher, ein großes und ein kleines», sondern muß nach dem Adjektiv das Pronomen «one» einfügen: «Two books, a big *one* and a small *one*».

Wie im Französischen (und im Lateinischen) gibt es zu manchen Adjektiven ein *Adjektiv-Adverb* (adverb of manner). Man braucht es, wenn man nicht sagen will, wie jemand oder etwas ist, wird, scheint usw., sondern wie jemand handelt, wie etwas sich bewegt usw.:

ADJECTIVE	ADVERB OF MANNER
a *soft voice* Her voice *was soft*	She *spoke softly*

Es gibt aber auch einige Adjektive, die man in unveränderter Form als adverbs of manner verwenden kann:

| *hard work*, a very *fast run* | to *work hard*, to *run fast* |

Die Endung «-ly» signalisiert auch nicht immer ein adverb of manner, sie kann zu einem Adjektiv gehören. Es gibt ein Adjektiv «weak» (schwach), mit dem adverb of manner «weakly», aber es gibt daneben ein Adjektiv «weakly», z. B. in «a weakly child» (ein schwächliches Kind). Es gibt ein Adjektiv «dead» (tot) und ein Adjektiv «deadly» (tödlich), usw.

Insgesamt sind im Englischen die Wörter viel weniger klar und eindeutig auf die verschiedenen Wortarten verteilt als in den andern Sprachen. Viele Wörter können sowohl als Verben wie als Nomen dienen, und manchmal kann man das gleiche Wort als Adjektiv, als Nomen und als Verb brauchen, oft noch mit verschiedenen Bedeutungen:

| «look» als *Verb* in «to *look*, sehen» (vgl. schweizerdeutsch «luege») oder «We *looked*, but saw nothing./ Wir sahen hin, erblickten aber nichts.» |
| «look» als *Nomen* in «Let me have *a look* at your new car./Lassen Sie mich einen Blick auf Ihren neuen Wagen werfen.» oder «*A look* of pleasure came to her face./Ein Ausdruck des Vergnügens zeigte sich auf ihrem Gesicht.» |
| «run» als *Verb*: «The dog *was running* behind its master./Der Hund rannte hinter seinem Meister her.» oder «Don't *run* across the road until you're sure it's safe./Rennt nicht über die Straße, bis ihr sicher seid, daß sie frei ist.» |

«run» als *Nomen*: «He's *on the run* from the police./Er ist auf der Flucht («beim Rennen») vor der Polizei.» oder «I've been *on the run* ever since I got up./Ich war in Bewegung («im Rennen») die ganze Zeit seit dem Aufstehen.»

«light» als *Adjektiv*, mit den Bedeutungen «leicht» und «hell»: «A *light* room / Ein heller Raum» oder «It's beginning to *get light*./Es wird allmählich hell.» oder «A *light* fall of snow/Ein leichter Schneefall» oder «as *light* as a feather/so leicht wie eine Feder»

«light» als *Nomen*: «The *light* of the sun/Das Licht der Sonne» oder «Read by the *light* of a candle/ Beim Licht einer Kerze lesen»

«light» als *Verb*: «To *light* a fire / Ein Feuer anzünden» oder «The burning building *lit* up the whole district./Das brennende Gebäude erhellte die ganze Gegend.»

1.10 Lateinisch: Nomen/Substantive, Adjektive, Adjektiv-Adverbien

Im Lateinischen sind die Deklinationsformen besonders deutlich und wichtig, auch bei den Adjektiven. Man meint daher mit den Fachausdrücken «Substantiv» und «Adjektiv» nicht zwei so klar unterschiedliche Wortarten wie im Deutschen oder im Französischen mit «Nomen (nom)» und «Adjektiv (adjectif qualificatif)», sondern man meint *zwei Untergruppen* einer Wortart «Nomen». Man spricht daher, wenn man genau sein will, von «nomen substantivum» und «nomen adiectivum» (wörtlich übersetzbar als «eigenständiges Nomen – hinzugefügtes Nomen»). Der Unterschied liegt darin, daß ein *Substantiv* (nomen substantivum) ein grammatisches Geschlecht *hat*, während ein *Adjektiv* (nomen adiectivum) je nach Bedarf eines der drei grammatischen Geschlechter *annimmt*. Dazu gibt es zu manchen (nicht zu allen) Adjektiven die besondere Wortform «Adjektiv-Adverb».

Es ist sehr nützlich, wenn man sich im Lateinunterricht diese Andersartigkeit gegenüber dem Deutschen von Anfang an klar macht, auch im Blick auf die verschiedenen Fälle, die sich im Lateinischen viel klarer unterscheiden als im Deutschen, im Singular und im Plural. Beispiel für Nominativ und Akkusativ:

		SUBSTANTIVE (NOMINA SUBSTANTIVA), z.B. dominus Herr, domina Herrin, consilium Ratschlag, rex König, mulier Frau, tempus Zeit			ADJEKTIVE (NOMINA ADIECTIVA), z.B. iustus/iusta/iustum gerechter/gerechte/ gerechtes, prudens kluger/kluge/kluges		
NOMINATIV	SG	dominus	domina	consilium	iustus	iusta	iustum
	PL	domini	dominae	consilia	iusti	iustae	iusta
	SG	rex	mulier	tempus	prudens	prudens	prudens
	PL	reges	mulieres	tempora	prudentes	prudentes	prudentia
AKKUSATIV	SG	dominum	dominam	consilium	iustum	iustam	iustum
	PL	dominos	dominas	consilia	iustos	iustas	iusta
	SG	regem	mulierem	tempus	prudentem	prudentem	prudens
	PL	reges	mulieres	tempora	prudentes	prudentes	prudentia

Für die weiteren Fälle (Genitiv, Dativ, Ablativ, Vokativ, Ziff. 4.34–4.38).

Es gibt also im Lateinischen gar keine Sätze oder Teilsätze mit Satzadjektiv, wie im Deutschen. Man kann nicht sagen «Der Herr sei gerecht, die Herrin sei gerecht» usw., sondern nur «Der Herr sei *ein gerechter*, die Herrin sei *eine gerechte*» usw.:

Lateinisch: SUBJEKT + PRÄDIKATSNOMINATIV	Deutsch: SUBJEKT + SATZADJEKTIV
Dominus *iustus* esto, domina *iusta* esto	Der Herr (Die Herrin) sei *gerecht*
Domini *iusti*, dominae *iustae* sunto	Die Herren und Herrinnen seien *gerecht*
Mulier *prudens* est, mulieres *prudentes* sunt	Die Frau ist *klug*, die Frauen sind *klug*

Dazu gibt es wie im Französischen und im Englischen zu vielen Adjektiven ein Adverb (Adjektiv-Adverb), durch das man nicht darstellt, wie jemand (etwas) *ist* oder *wird*, sondern wie jemand *handelt*:

ADJEKTIV	ADJEKTIV-ADVERB
Prudens est, *prudentes* sunt Er/sie ist klug, sie sind klug	*Prudenter* agit, *prudenter* agunt Er/sie handelt klug, sie handeln klug, «auf kluge Weise»
Iusta est, *iustae* sunt Sie ist gerecht, sind gerecht	*Iuste* iudicat, *iuste* iudicant Er/sie urteilt gerecht, sie urteilen gerecht

Bei Adjektiven wie «laetus» (fröhlich) oder «invitus» (unwillig) kann man aber auch eine Handlungsweise durch die Adjektiv-Form charakterisieren, nicht nur durch das Adverb: *Laetus* cantat, *laetae* cantant (Er singt fröhlich, die Frauen singen fröhlich) oder *Invitus* fecit, *invita* fecit (Er tat es unwillig, sie tat es unwillig, wörtlich wiedergebbar «... als unwilliger, als unwillige»). Ein Adjektiv in diesem Gebrauch nennt man in der lateinischen Grammatik «praedicativum». Man kann sagen, daß hier die betreffende Handlung nicht direkt charakterisiert wird, sondern auf dem Weg über eine Charakterisierung der handelnden Person.

1/II Pronomen – déterminants et pronoms – determiners and pronouns

1.11 Übersicht über alle Pronomen des Deutschen

Pronomen sind die (ungefähr 70, je nach Zählweise) meistens kurzen und unauffälligen Wörter, die grundsätzlich zu den deklinierten Wörtern gehören – mit Unterscheidung von Singular und Plural, grammatischen Geschlechtern, verschiedenen Fällen –, die sich aber nicht bei den zwei großen Wortarten «Nomen» und «Adjektiv» einordnen lassen.

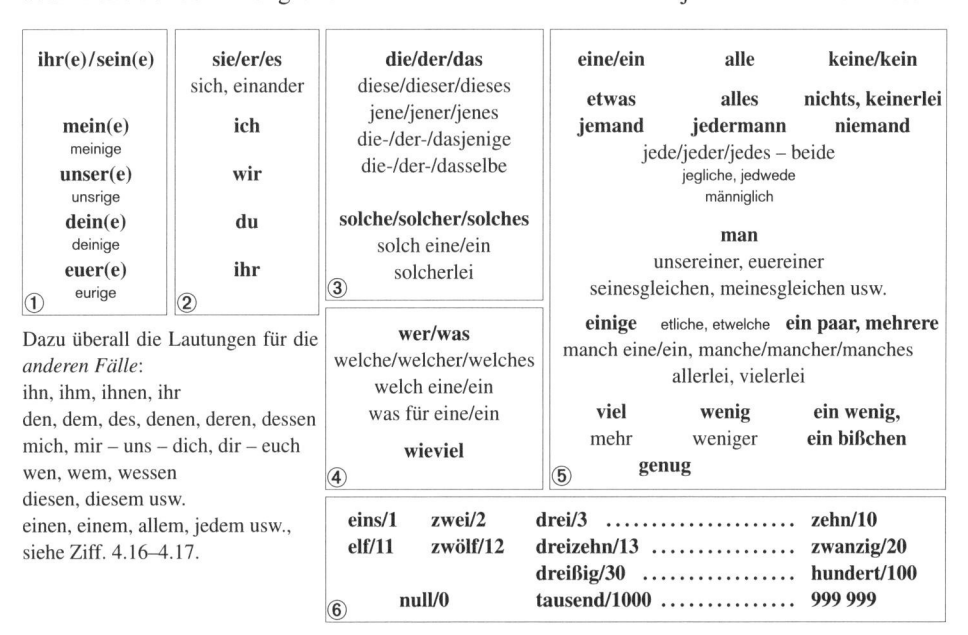

ihr(e)/sein(e)	**sie/er/es**	**die/der/das**	eine/ein alle keine/kein
	sich, einander	diese/dieser/dieses	etwas alles nichts, keinerlei
mein(e)	**ich**	jene/jener/jenes	jemand jedermann niemand
meinige		die-/der-/dasjenige	jede/jeder/jedes – beide
unser(e)	**wir**	die-/der-/dasselbe	jegliche, jedwede
unsrige			männiglich
dein(e)	**du**	**solche/solcher/solches**	**man**
deinige		solch eine/ein	unsereiner, euereiner
euer(e)	**ihr**	solcherlei	seinesgleichen, meinesgleichen usw.
eurige ①	②	③	

	wer/was	einige etliche, etwelche **ein paar, mehrere**
	welche/welcher/welches	manch eine/ein, manche/mancher/manches
	welch eine/ein	allerlei, vielerlei
	was für eine/ein	**viel wenig ein wenig,**
	wieviel	mehr weniger **ein bißchen**
	④	⑤ **genug**

Dazu überall die Lautungen für die *anderen Fälle*:
ihn, ihm, ihnen, ihr
den, dem, des, denen, deren, dessen
mich, mir – uns – dich, dir – euch
wen, wem, wessen
diesen, diesem usw.
einen, einem, allem, jedem usw.,
siehe Ziff. 4.16–4.17.

eins/1	**zwei/2**	**drei/3**	**zehn/10**
elf/11	**zwölf/12**	**dreizehn/13**	**zwanzig/20**
		dreißig/30	**hundert/100**
⑥	**null/0**	**tausend/1000**	**999 999**

Zur Anordnung der Wörter in den sechs Feldern: die Reihenfolge «*sie/er/es*» und «*die/der/das*» (also Feminin voraus und dann Maskulin und Neutrum) ist gewählt, in Abweichung vom traditionellen «m – f – n», weil «sie» und «die» die häufigsten Formen sind (gleich lautend für das Feminin und den Plural), weil man dann bei «ein, mein, kein» usw. mit nur zwei Formen auskommt (nicht «ein/eine/ein») und weil der Dativ auf «-m» dem Maskulin und dem Neutrum gemeinsam ist. Die Anordnung der Personalpronomen (dritte Person zuerst, dann erste, dann zweite) entspricht der Häufigkeit; dazu hat man dann die drei grundlegenden Gruppen «sie/er/es – die/der/das» und «eine/ein» direkt nebeneinander, und das lautlich und inhaltlich dem «die/der/das» entsprechende «wer/was» steht genau unterhalb von «die/der/das».

1.12 Zu den Fachausdrücken

Lateinisch «pro» bedeutet «für, anstatt», aber auch «vor». Der Fachausdruck «Pronomen» ist also nicht nur verstehbar als «für ein Nomen», sondern auch als «vor einem Nomen». Der deutsche Fachausdruck «Fürwörter» kann irreführen, weil er die sehr häufige Funktion vieler Pronomen, als *Begleitpronomen* zu dienen (also als «Einleitewörter in festen Wortgruppen mit Nomen, Adjektiv oder anderem Pronomen als Kern») nicht mitumfaßt.

In manchen deutschen Grammatiken wird für den Plural die lateinische Lautung «Pronomina» verwendet.

1.13 Generelles zur Einteilung in Untergruppen

Die Einteilung der Pronomen in Untergruppen ist zum Teil leicht faßlich, zum Teil beruht sie auf komplizierteren grammatischen Überlegungen und Operationen. Man behandelt sie daher heute nicht mehr (wie man es früher meistens tat) schon in der Primarschule, sondern erst auf der Oberstufe, wo man auch Fremdsprachen lernt.

Für die richtige Einschätzung ist es manchmal nützlich, daß man fragt: Dient das betreffende Pronomen *nur als Einleitewort* für ein Nomen (oder ein dekliniertes Adjektiv oder ein anderes Pronomen) – oder dient das Pronomen *als eigenes Satzglied* oder macht jedenfalls den Kern eines Satzglieds aus?

Pronomen als *bloßes Einleitewort* «*Begleitpronomen*»	Pronomen als *eigenes Satzglied* oder Kern darin «*eigenständiges Pronomen*»
ͺDieses Gefühlͺ kennt ͺjeder Menschͺ	ͺDasͺ kennt ͺjederͺ, ͺSo etwasͺ gibt ͺesͺͺbei jedemͺ

1.14 Personalpronomen, mit Einschluß der Reflexivpronomen

| sie / er / es
sich, einander
ich – wir
du – ihr | Nur eigenständig gebraucht, mit den Fallformen «ihn, ihm, ihr, ihnen, seiner, ihrer – mich, mir, meiner – uns – dich, dir deiner – euch» | Man verwendet «ich – wir – du – ihr» nur für Personen, dagegen «sie/er/es» für Personen wie für Nichtpersonales: «Da ist *er*, dein Freund – Da ist *er*, der Schlüssel». Man darf also den Fachausdruck «*Personal*pronomen» nicht wörtlich nehmen |

Wenn die Fallformen «mich, mir» in Kombination mit «ich» gebraucht werden (wenn mit beiden die gleiche Person gemeint ist), dienen diese Personalpronomen als *Reflexive*: «Ich besinne *mich* – Ich denke *mir* etwas». Dasselbe gilt für «dich, dir» in Kombination mit «du», für «uns» und «euch» in Kombination mit «wir – ihr». In der dritten Person hat das Reflexiv die besondere Lautung «sich» (für Akkusativ und Dativ). Das Reflexiv «einander» bezeichnet man auch als «Reziprokpronomen».

Für Genaueres über Reflexive siehe Ziff. 6.39–6.46.

1.15 Possessivpronomen

sein/seine
ihr/ihre
mein/meine
unser/unsre
dein/deine
euer/eure
ihrige, seinige usw.

Als Begleitpronomen und eigenständig gebraucht – dann lautet der Nominativ «seine/seiner/seines» usw.; die Form «seinige» dient nur eigenständig in Kombination mit «die/der/das».

Die Possessivpronomen (oder kurz «Possessive») kennzeichnen eine *Zugehörigkeit* von jemand/etwas zu jemand/etwas anderem; es handelt sich keineswegs immer um «Besitz», z. B. bei «mein Freund» oder «unser Betrieb» für den Betrieb, in welchem man arbeitet. Man darf also «Possessiv» nicht nur als «besitzanzeigend» verstehen.

1.16 Bestimmte Artikel, Relative «d», Demonstrative

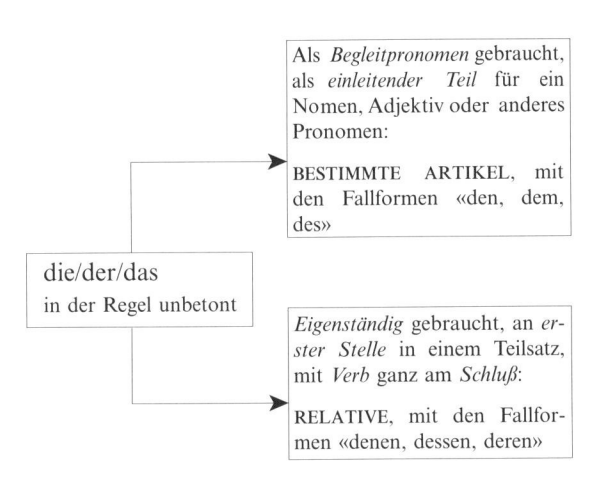

die/der/das
in der Regel unbetont

Als *Begleitpronomen* gebraucht, als *einleitender Teil* für ein Nomen, Adjektiv oder anderes Pronomen:

BESTIMMTE ARTIKEL, mit den Fallformen «den, dem, des»

Man stellt das durch das Nomen (oder Adjektiv oder andere Pronomen) Genannte als *schon bekannt* hin, als genügend eindeutig *festgelegt* für individuelle Identifikation, z. B. in «Gib mir *das* Messer» (gegenüber «Gib mir *ein* Messer») oder «Das tun *die meisten*» (gegenüber «Das tun *viele*»); siehe auch Ziff. 7.24'C und 7.25.

Eigenständig gebraucht, an *erster Stelle* in einem Teilsatz, mit *Verb* ganz am *Schluß*:

RELATIVE, mit den Fallformen «denen, dessen, deren»

Man *schließt* den ganzen Teilsatz (als Relativsatz) an ein Nomen usw. im vorhergehenden Teilsatz (dem Hauptsatz) *an*, enger oder lockerer, wie z. B. «Das sind *die Probleme, die* er hat, mit *denen* er kämpft»; für Genaueres siehe Ziff. 8.03'A1, ferner 12.52–12.55.

die/der/das
(betont)
diese/-er/-es
jene/-er/-es
diejenige usw.
dieselbe usw.

Gleicherweise als Begleitpronomen und eigenständig, mit beliebigem Platz in den Sätzen/Teilsätzen (im Gegensatz zu den Relativen):

DEMONSTRATIVE, mit den Fallformen «denen, dessen, deren, derer»

Man weist auf etwas vor Augen Liegendes hin, z. B. «Nimm diese Nadel – nein, nimm diese, *die* Nadel mußt du nehmen, *die* ist richtig» oder man greift auf etwas vorher Dargestelltes zurück, z. B. «Daß er kam, das war lieb von ihm» oder man weist auf etwas Kommendes voraus, z. B. «Das weiß ich, daß er gerne kommt» oder «Ich warte auf denjenigen, der das wirklich kann».

Manchmal kann man frei wählen, ob man ein Personalpronomen (der 3. Person) oder ein Demonstrativ setzen will: «Ich meine *ihn* – ich meine *den* da» oder «*Es* ist klar – *Das* ist klar».

solche/solcher/ solches derlei, solcherlei	Gleicherweise als Begleitpronomen und eigenständig verwendbar, eine besondere Art von Demonstrativen, man könnte von «Qualitätspronomen» sprechen	Man weist nicht nur auf jemand oder etwas hin, sondern man weist zugleich auf eine besondere *Art*, eine besondere *Qualität* dieses «jemand/etwas» hin («*solche* Probleme = Probleme *von dieser Art*»), auch als Kombination «so ein» auffaßbar.

1.17 Interrogative, Relative «w»

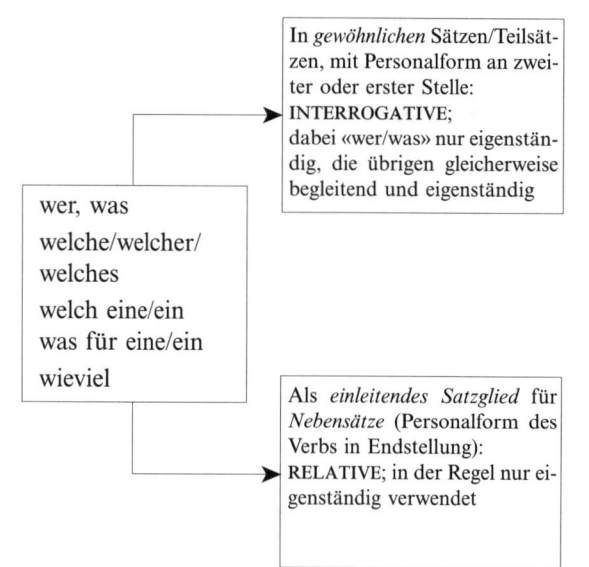

wer, was welche/welcher/ welches welch eine/ein was für eine/ein wieviel	In *gewöhnlichen* Sätzen/Teilsätzen, mit Personalform an zweiter oder erster Stelle: ▶ INTERROGATIVE; dabei «wer/was» nur eigenständig, die übrigen gleicherweise begleitend und eigenständig	Man stellt eine *Frage*, und zwar nach einer *Person* («*Wer* kommt?»), nach etwas Nichtpersonalem («*Was* tust du, *was* ist das?»), nach einer zu treffenden Wahl («*Welches* Stück willst du?»), nach einer Qualität («*Was für eines* willst du?»), nach einer Menge oder Zahl («*Wieviel* willst du?»).
	Als *einleitendes Satzglied* für *Nebensätze* (Personalform des Verbs in Endstellung): ▶ RELATIVE; in der Regel nur eigenständig verwendet	Man *schließt* den Relativsatz an ein Nomen usw. im vorhergehenden Hauptsatz *an* (genau gleich wie bei d-Relativen, oben Ziff. 1.16), also «die *Probleme, welche* er hat, mit *welchen* er kämpft» oder «Das ist *alles, was* ich weiß»; mit «wer/was» kann man aber auch eine Stelle im Relativsatz *offen halten*, und ein solcher Relativsatz kann dem Hauptsatz vorausgehen: «*Wer* das kennt, wird mir zustimmen» oder «*Was* ich habe, das habe ich» (Ziff. 12.56–12.61).

1.18 Unbestimmte Artikel und Indefinitpronomen

eine/ein (unbetont)	Als Begleitpronomen verwendet, nur im Singular: UNBESTIMMTER ARTIKEL	Man stellt nur den *Typ*, die *Klasse* dar, zu welcher die im Nomen genannte Person, Sache usw. gehört, und es bleibt offen, *welches* einzelne Exemplar sich die Zuhörenden/Lesenden vorstellen sollen: «Ich sah *eine* Frau mit *einem* braunen Mantel» usw. (siehe auch Ziff. 7.24'A und Ziff. 12.37, «Sein 2», sowie grundsätzlich Ziff. 12.49, Namen-Gebung und Benutzung der einmal gegebenen Namen).

eine/einer/eines jemand/etwas	«Eine/einer/eines» eigenständig verwendet, ferner (nur oder doch primär) eigenständig «jemand, etwas, niemand, nichts, jedermann, männiglich, man, unsereiner, genug»; gleicherweise begleitend und eigenständig: «all-, kein/keine, jede/jeder/jedes usw., seinesgleichen usw., manch ein, manche/mancher/manches, mancherlei, vielerlei, allerlei, viel-wenig usw. Sammelname für diese alle: INDEFINITPRONOMEN	Die Indefinitpronomen bilden, wie schon die Beispielreihen zeigen, eine formal sehr heterogene Gruppe – aber ihre *Bedeutung* hat immer etwas mit einer *Mengen-Angabe* zu tun:
alle, jedermann, jede/jeder/jedes jegliche usw. männiglich, man		– ein *beliebiges Element* einer Menge («eine/einer/eines, jemand, etwas»)
keine/kein, nichts keinerlei, niemand		– die *Gesamtheit* der Elemente («all-, jedermann, jede» usw., auch «man»)
unsereiner usw. seinesgleichen usw.		– die *Negation* des Vorhandenseins irgend eines Elementes («kein» usw., «niemand, nichts»)
einige, etliche, ein paar, mehrere manche/mancher/ manches, manch ein(e), mancherlei, vielerlei, allerlei		– eine *unbestimmte Mehrzahl* von Elementen, nicht genauer bestimmbar («einige» usw., «manche» usw.)
		– eine unbestimmte Mehrzahl von Elementen *verschiedener Art* («mancherlei, vielerlei, allerlei»)
viel – wenig, ein wenig, ein bißchen genug		– eine Menge und *zugleich eine Art Bewertung*, im Blick auf eine bestimmte Situation («viel – wenig» usw., und vor allem «genug»).

Natürlich verwendet man für Mengenangaben sehr oft auch Wörter anderer Wortarten, also z. B. neben «viele Besucher» auch «zahlreiche Besucher» (Adjektiv + Nomen) oder «eine Menge von Besuchern, eine große Zahl von Besuchern» oder knapp «eine Menge Besucher» (zu diesen Möglichkeiten siehe Ziff. 7.31).

1.19 Zahlpronomen

null, eins, zwei, drei ... zehn, elf, zwölf ... zwanzig, dreißig ... hundert, tausend – 999 999	Alle Wörter für die natürlichen ganzen Zahlen von null bis 999 999; gleicherweise begleitend und eigenständig verwendbar	Man darf den Begriff «Zahl*pronomen*» nicht verwechseln mit «Zahl*wörtern*»; sehr viele Wörter für Zahlen sind Nomen: «Million/Millionen, Milliarde/Milliarden»; die Bruchzahlen sind Kombinationen von Zahlpronomen und Zahl-Nomen: «zwei Drittel, sieben Achtel» usw.

1.20 «Artikel» und «Zahlwörter» als eigene Wortarten?

In der traditionellen deutschen Grammatik betrachtete man die *Artikel* (den bestimmten und den unbestimmten) nicht als besondere Verwendungsweise von Pronomen, sondern als eine eigene Wortart. Man mußte dann die gleichen Wörter «die/der/das» und «eine/ein» je nach Verwendung zu verschiedenen Wortarten rechnen, während die Verschiedenheit der Verwendung etwa bei «mein, alle, jede/jeder/jedes» innerhalb der gleichen Wortart blieb.

Ferner betrachtete man alle Wörter, die etwas mit den natürlichen Zahlen zu tun hatten, als eine besondere Wortart, die «Zahlwörter». Dazu gehörten dann gleicherweise die

Zahlpronomen «zwei, drei», die Zahladjektive «zweite, dritte», die Partikeln «zweimal, dreimal» und oft auch noch «zweitens, drittens». Die Wortart «Zahlwörter» war also nach einem ganz andern Kriterium bestimmt und abgegrenzt als alle andern Wortarten.

1.21 Französisch: déterminants et pronoms

Im Französischen ist die Unterscheidung «begleitend gebraucht, ein Nomen, dekliniertes Adjektiv oder anderes Pronomen einleitend» und «eigenständig gebraucht, als eigenes Satzglied oder Kern eines Satzglieds» viel klarer ausgeprägt als im Deutschen. Man kann meistens gar nicht die gleichen Wörter für beide Funktionen gebrauchen, sondern hat besondere Wörter. Man unterscheidet daher zwischen *adjectifs* possessifs, démonstratifs usw. und *pronoms* possessifs, démonstratifs usw.:

ADJECTIFS POSSESSIFS	PRONOMS POSSESSIFS
son frère – *sa* sœur – *ses* frères et sœurs sein/ihr Bruder, seine/ihre Schwester usw.	le *sien* – la *sienne* – les *siens/siennes* der seine/ihre, der seinige/ihrige usw.

Es gibt also, im Gegensatz zum Deutschen und Englischen, keinen Unterschied zwischen Zugehörigkeit zu etwas durch ein *Maskulin* und etwas durch ein *Feminin* Dargestelltem.

ADJECTIFS DÉMONSTRATIFS	PRONOMS DÉMONSTRATIFS
ce cas – *cet* évènement – *cette* sorte *ces* cas – *ces* évènements – *ces* sortes dieser Fall, dieses Ereignis, diese Sorte usw.	*celui-ci/là*, *celui* de/à *celle-ci/là*, … de/à *ceux-ci* etc. *celles-ci* etc. dieser/diese/dieses

Beim *pronom* démonstratif ist die Kombination mit «-ci/-là» oder mit «de…, à…» usw. *obligatorisch*; der Bedeutungsunterschied von «-ci» und «-là» entspricht etwa demjenigen zwischen «dieser» und «jener». Man kann aber auch ein *adjectif* démonstratif mit «-ci/-là» kombinieren, indem man dieses «-ci/-là» *hinter dem Nomen* anfügt: «*Ce* cas-*ci*, dieser Fall hier/da».

ADJECTIFS INTERROGATIFS ET RELATIFS	PRONOMS INTERROGATIFS ET RELATIFS
quel mot, *quelle* phrase, *quels* mots, *quelles* phrases welches Wort, welcher Satz usw.	lequel, laquelle, lesquels, lesquelles welcher, welche, welches *qui* wer *que, quoi* was

Für Genaueres zum Gebrauch von «qui» und «que» siehe Ziff. 3.33'A, unterer Teil

ADJECTIFS INDÉFINIS	PRONOMS INDÉFINIS
chaque homme, *chaque* femme jeder Mann, jede Frau *plusieurs* hommes, *plusieurs* femmes mehrere	*chacun, chacune* jeder, jede J'en ai vu *plusieurs*

(hier also gleiche Lautung und Schreibung für adjectif und pronom und für masculin und féminin)

Bei den *Personalpronomen* gibt es eine im Deutschen nicht vorhandene Zweiteilung im eigenständigen Gebrauch: die eng mit Verben verbundenen Personalpronomen oder «*pronoms personnels conjoints*» und die freier stehenden, betonten Personalpronomen oder «*pronoms personnels absolus*»:

moi, je pars	*toi, tu* restes	*lui, il* est d'accord	*eux, ils* protestent
ich, ich gehe	du, du bleibst	er, er ist einverstanden	sie, sie protestieren

Das System der *Artikel* ist konsequenter aufgebaut als im Deutschen, indem es auch einen unbestimmten Artikel im *Plural* gibt:

| ARTICLE INDÉFINI | *un* homme | – *une* femme | *des* hommes | – *des* femmes | «Männer, Frauen» |
| ARTICLE DÉFINI | *l'*homme | – *la* femme | *les* hommes | – *les* femmes | «die Männer usw. |

Früher behandelte man die Artikel auch im Französischen als eine besondere Wortart. In der modernen französischen Grammatik werden sie mit den adjectifs démonstratifs usw. zu *einer* Wortart zusammengefaßt, mit dem Fachausdruck «*les déterminants*», also:

DÉTERMINANTS		PRONOMS	
un exemple ein Beispiel	*une* possibilité eine Möglichkeit	Il y en a *un* Es gibt eines	j'en vois *une* ich sehe eine
le mot das Wort	*la* phrase der Satz	Je *le* comprends Ich verstehe es	il *la* lit er liest ihn
ce livre dieses Buch	*cette* page-là diese Seite dort	*celui-ci* dieses	*celle-là* dieses dort/jenes
son appartement seine/ihre Wohnung	*sa* maison sein/ihr Haus	le *sien* seine/ihre	la *sienne* das seinige/ihrige

Für Genaueres zum Gebrauch der déterminants siehe Ziff. 7.25–7.27

1.22 Englisch: determiners and pronouns

Auch im Englischen ist die Unterscheidung zwischen *begleitendem* Gebrauch und *eigenständigem* Gebrauch klarer als im Deutschen, vor allem bei den Artikeln; den französischen Fachausdrücken «déterminants et pronoms» entsprechen die Fachausdrücke «determiners and pronouns». Die Artikel, früher als eigene Wortart betrachtet, werden heute als Untergruppe der determiners eingeordnet:

DETERMINERS	PRONOUNS
a boy, *some* boys – *the* boy(s)	he/she, it, one, they, some of them
this word, *these* words	*This (one)* is the right *one* – *these* aren't
that function, *those* functions	*That* is *it* – *Those* will do
That's *my* book – that's *your* book	That's *mine* – that's *yours*

Die *Personalpronomen* sind schon in Ziff. 1.04 zusammengestellt, bei den Verb-Personalformen. Für die *Reflexivpronomen* siehe Ziff. 6.43. Wichtig ist, daß man «he/she» *nur für Personen* oder für etwas wie eine Person Betrachtetes verwendet, und «it» für alles Nicht-Personale, also «my friend – *he/she*» aber «my pencil, my pen – *it* (gegenüber «mein Bleistift – *er*» usw.)

Nicht einfach vom Deutschen ausgehen darf man beim Gebrauch der *Indefinitpronomen* wie «any – some – many – much» (trotz der lautlichen Ähnlichkeit von «any – einige» und «many – manche»). Für Genaueres siehe Ziff. 7.15.

Als *Interrogative* dienen «who – what – which», als *Relative* «who – which – that». Zur Möglichkeit von Relativsätzen ohne Relativpronomen («contact clauses») siehe Ziff. 8.21'B.

Ein Beispiel für Entsprechungen und Nicht-Entsprechungen im Setzen von Begleitpronomen (determiners) in einem englischen Originaltext und einer französischen und deutschen Übersetzung bietet Ziff. 7.25, S. 303.

1.23 Die Pronomen im Lateinischen – erster Überblick

Der Bestand der lateinischen Pronomen entspricht grob dem Bestand im Deutschen, an einigen wichtigen Stellen ist er anders. Man verwendet *keine* Begleitpronomen als bestimmte und unbestimmte Artikel; «mulier formosa» kann also heissen «*die schöne* Frau – *eine schöne* Frau – *schöne* Frau». Ein Originalbeispiel findet sich in Ziff. 7.42.

Die *Personalpronomen* der 1. und 2. Person sind: «*ego – tu – nos – vos*» (Formen für die anderen Fälle in Ziff. 4.37), und die zugehörigen Possessivpronomen: *meus/mea/meum – tuus/tua/tuum – noster/nostra/nostrum – vester/vestra/vestrum*».

Ein besonderes Personalpronomen für die 3. Person gibt es nicht, man verwendet das neutralste Demonstrativ «*is/ea/id*» (Fallformen in Ziff. 4.37).

Als Possessiv für 3. Person gibt es «*suus/sua/suum*»; aber dieses verwendet man nur, wenn Zugehörigkeit zum im *Subjekt* Genannten vorliegt. Bei Zugehörigkeit zu einer nicht im Subjekt genannten Person oder Sache verwendet man ein Gefüge mit «*eius*» (= Genitiv von «is/ea/id»). Man sagt also «Puer vidit patrem *suum* – der Junge sah seinen Vater», wenn man den Vater des als Subjekt genannten «puer» meint – aber «Puer vidit Paulum et patrem *eius*» für deutsches «... Paul und seinen Vater» (auch deutsch möglich: «Paul und dessen Vater»).

Weitere Demonstrative neben «is/ea/id» sind «*hic/haec/hoc – ille/illa/illud – iste/ista/istud*». Sie werden gleicherweise begleitend und eigenständig gebraucht, Fallformen in Ziff. 4.37

Was man im Deutschen durch die Partikel «selbst» darstellt, wird im Lateinischen durch das Pronomen «*ipse/ipsa/ipsum*» genannt – Originalbeispiele dazu in Ziff. 11.76.

Als *Interrogative* und *Relative* dienen, ebenfalls eigenständig und begleitend, die Wörter «*quis/quid*» und «*qui/quae/quod*» (Fallformen in Ziff. 4.37). Den vielfältigen Gebrauch dieser «qu-Wörter» zeigt die Analyse von 34 Versen von Terenz, Ziff. 12.62 – sie dienen nicht nur als Interrogative und Relative, sondern auch als Indefinitpronomen. Daneben gibt es eine ganze Reihe von zusammengesetzten Indefinitpronomen: *aliquis/aliquid* (irgend ein...) – *quiddam/quaedam/quoddam* (ein gewisser, eine gewisse usw.) – *quivis/quidvis* usw. («wer/was du willst») – *quisque/quidque* und *quique/quaeque/quodque* (jeder, wörtlich «wer auch ...»).

Besonders prägnant und für die modernen Sprachen wegweisend geworden sind die drei Paare der «pronomina correlativa», nämlich «*quantus – tantus* (wieviel – soviel), *qualis – talis* (wie beschaffen, so beschaffen, «welch – solch») und «*quot – tot*» (wieviel – soviel), siehe Ziff. 7.43.

Quer zu allen andern Wortartbegriffen steht die in den lateinischen Grammatiken (noch) übliche Zusammenfassung aller Wörter für und mit *Zahlen* zur Wortart «*numeralia*», also für «zwei, zweite, zweimal» usw.: «duo/dua, tres/tria, quatuor, quinque – secundus/-a/-um, tertius/-a/-um, quartus/-a/-um, quintus/-a/-um – bis, ter, quater, quinquies» usw., und noch andere.

1/III Partikeln: Adverbien – Präpositionen – Konjunktionen – Interjektionen

1.24 Die Partikeln, eine Rest- und Sammelklasse, im Deutschen

Alle Wörter, die *weder* Verben *noch* Nomen *noch* Adjektive *noch* Pronomen sind, gehören nach heutiger Auffassung zu einer Sammel- und Restwortart, man nennt sie «*Partikeln*».

Da es Hunderte von Partikeln gibt, ist hier keine vollständige Zusammenstellung möglich wie bei den Pronomen. Die 100 häufigsten deutschen Partikeln sind, in der Reihenfolge der Häufigkeit:

1–10	11–20	21–30	31–40	41–50	51–60	61–70	71–80	81–90	91–100
und	auch	nur	nun	wo	einmal	zwar	dabei	hin	gern
in	als	noch	unter	ohne	allein	dort	bereits	je	kaum
zu	nach	oder	sehr	ja	während	vielleicht	seit	jedoch	deshalb
von	wie	um	schon	jetzt	nie(mals)	dazu	zurück	darin	wenigstens
nicht	für	über	hier	wohl	damit	oft	neben	überhaupt	indem
mit	aber	da	bis	sondern	gar	ab	davon	ebenso	fort
daß	bei	doch	dann	weil	zwischen	daher	etwa	gegenüber	zugleich
auf	aus	vor	wieder	also	darauf	dadurch	irgend	darüber	daran
an	durch	selbst/selber	gegen	ob	heute	fast	sonst	nein	sowie
so	wenn	denn	immer/stets	erst	bald	besonders	nachdem	dagegen	dahin

Die Partikeln sind, mit den Pronomen zusammen, die am häufigsten gebrauchten Wörter, sie machen zusammen in laufenden Texten ca. 30% aller Wörter aus, d.h. jedes dritte Wort ist ein Pronomen oder eine Partikel.

Man unterscheidet vier Untergruppen, sie lassen sich aber nicht scharf voneinander abgrenzen. Einige sehr häufige Partikeln muß man je nach Verwendungsweise bald zur einen, bald zur andern Untergruppe rechnen.

1.25 Untergruppe A, «Adverbien»

ADVERB nennt man eine Partikel, die in einer der drei folgenden Funktionen verwendet wird:

A 1 Satzpartikeln (Genaueres siehe Ziff. 6.05'F und Ziff. 6.06'B1):

⌈Er⌉ kommt ⌊*auch*⌋ ⌈Dann⌉ geht ⌊sie⌋ ⌈Weißt ⌊du⌊das⌊*nicht*⌋?	Die Partikel ist *eigenständig* gesetzt, als
⌈Wir⌉ sind ⌊*hier*⌋ ⌈Für *jetzt*⌋ reicht ⌊es⌋ ⌈Er⌉ ist ⌊*dabei*⌋	Satzglied oder Kern eines Satzglieds, mit direkter Beziehung zum Verb.

Sehr viele Partikeln sind ausschließlich in dieser Funktion, als Satzpartikeln, verwendbar.

A 2 Partikeln als Anschlußteile (Genaueres siehe Ziff. 7.06):

⌈Die Ereignisse *dort*⌉ erschütterten ⌈ihn⌉
⌈Das Gespräch *darüber*⌉ war ⌈hart⌉

Die Partikel ist *nicht eigenständig* gesetzt, sie ist als genauere Bestimmung an den *Kern* eines Satzglieds *angehängt*.

Für die Funktion «Anschlußteil» verwendet man oft zweiteilige Partikeln wie «dabei, darüber, vorher, nachher», aber auch einteilige wie «hier, dort, oben, links» usw.

A 3 Partikeln als Vorschaltteile (Genaueres siehe Ziff. 7.01'C):

⌈Er⌉ weiß es ⌈*sehr* gut⌉	⌈Das⌉ war *zu* wenig⌉
⌈Er⌉ fehlt ⌈*allzu* oft⌉	⌈Das⌉ ist ⌈die *weitaus* beste Lösung⌉

Die Partikel ist *nicht eigenständig* gesetzt, sie steht als genauere Bestimmung *vor* einem Adjektiv, einem Pronomen, einer andern Partikel.

Für die Funktion «Vorschaltteil» gibt es nur wenige Partikeln; man verwendet oft auch undeklinierte Adjektive, z. B. «Das war *enorm* viel» oder «Sie ging *unerwartet* früh».

1.26 Untergruppe B, Präpositionen, vor oder hinter dem Kern stehend

PRÄPOSITION nennt man eine Partikel, die fest mit einem Wort oder Wortblock in einem bestimmten Fall (Dativ, Akkusativ, Genitiv) verbunden ist. Die Präposition kann vor oder hinter dem deklinierten Wort bzw. Wortblock stehen, sie kann auch eine Klammer bilden:

von dir	*auf* diesem Platz	*an* jenen Punkt	*wegen* des großen Lärms
meiner Meinung *nach*		*von* Anfang *an*	*um* dieses Erfolgs *willen*

Gelegentlich wird eine Präposition auch mit einem undeklinierten Wort verbunden, z. B. «*nach* oben, *auf* ewig». Einige häufige Präpositionen können sich mit «dem, das, der» zu einem einzigen Wort verschmelzen: «*im* Haus – *ans* Ende – *zur* Hälfte» usw.

Für Genaueres über Präpositionen und die dabei zu setzenden Fälle (Kasus) siehe Ziff. 4.24–4.30.

1.27 Untergruppe C, Konjunktionen, beiordnend und unterordnend

Als KONJUNKTION bezeichnet man eine Partikel, die *rein als Verbindungsteil* dient (für Wörter, Satzglieder, Infinitive, ganze Teilsätze oder Sätze). Man kann im Deutschen vier Arten von Konjunktionen unterscheiden:

C 1 Beiordnende Konjunktionen (genauere Analysen, auch vergleichend, in Ziff. 9.24–9.30):

Die Beschäftigung mit A *und* B	Er *oder* ich
⌈*Und* es ist doch wahr⌉ ⌈*denn* ich kenne ihn⌉	
Sowohl der eine *wie auch* der andere	

Die Partikel kann *Beliebiges* verbinden; wenn sie Sätze oder Teilsätze einleitet, spielt sie bei der Verschiebeprobe keine Rolle

C 2 Unterordnende Konjunktionen (Genaueres in Ziff. 8.03'A2):

⌈*Daß* er das sagt⌉!	⌈*Wenn* sie sich nur nicht täuscht⌉!
…, ⌈*weil* er nicht wartete⌉	⌈*bis* es Zeit war⌉

Die Partikel leitet einen Teilsatz mit *Endstellung* der Verb-Personalform ein (einen *Nebensatz*)

C 3 Infinitivkonjunktionen (Genaueres in Ziff. 8.03'B):

Er tat es *um* ihr *zu* helfen Er versuchte *zu* helfen *Ohne* etwas *zu* riskieren kommst du hier nicht durch	Die Partikel knüpft einen *Infinitiv* an etwas Vorhergehendes oder Folgendes an

C 4 Satzgliedkonjunktionen (Genaueres in Ziff. 6.06'A5 und 6.06'B3):

Er ist so tüchtig *wie* ich Sie verlangte hier viel mehr *als* ihr Kollege	Die Partikel «wie» oder «als» leitet nicht einen ganzen Teilsatz, sondern *nur ein Satzglied* ein

1.28 Untergruppe D, Interjektionen

Partikeln wie «*ach, oh, psst, hm, he, hallo*» und auch «*ja – nein*» nennt man *Interjektionen*. Sie dienen grundsätzlich nicht als Bestandteile in grammatisch strukturierten Sätzen oder Teilsätzen (Propositionen, siehe Ziff. 2.04), sondern werden als eigene Propositionen gesetzt. Man kann sie natürlich als grammatisch geprägte Bestandteile einbauen, indem man sie als Nomen verwendet («sein ewiges *Oh* und *Ach*») oder indem man sie – als eine Art direkte Rede – mit Verben wie «sagen, rufen» verbindet («Jetzt sagte er ja».)

Im Gespräch, für Begrüßung, Abschied, Gefühlsausdruck usw. können die Interjektionen sehr wichtig sein – aber im Rahmen der Grammatik braucht man sich nur am Rande mit ihnen zu befassen.

1.29 Was entspricht den deutschen Partikeln im Französischen? Les mots invariables

Im Französischen hat man den Fachausdruck «*les mots invariables* – die unveränderlichen Wörter». Es gibt viel mehr solche Wörter als im Deutschen, weil auch alle aus Adjektiven gebildeten Adverbien dazugehören (siehe Ziff. 1.08'B): «prudemment» (zu prudent/prudente, klug, vorsichtig) – «lentement» (zu lent/lente, langsam) usw.

Die Untergruppen entsprechen grundsätzlich den im Deutschen vorhandenen:

ADVERBES	Il arrivera *bientôt* Er kommt bald	Elle est partie *hier* Sie ging gestern	Nous étions *là-bas* Wir waren dort unten	
PRÉPOSITIONS	*de* Paris von Paris	*à* Genève in/nach Genf	*pour* lui für ihn	*avant* les autres vor den andern
CONJONCTIONS – DE COORDINATION	toi *et* moi du und ich	l'un *ou* l'autre der eine oder der andere	(Genaueres in Ziff. 9.24–9.31)	
– DE SUBORDINATION	*Si* tu le veux Wenn du das willst	J'espère *que* tu seras d'accord Ich hoffe, dass du zufrieden bist	(siehe auch Ziff. 8.12'B)	
INTERJECTIONS	Bah, ce n'est pas la peine Ach, das ist nicht der Mühe wert	Chut! Pssst!	Aïe ça fait mal Au, das tut weh.	

Man darf aber nicht etwa an eine Übereinstimmung für jedes einzelne Wort denken. Einem deutschen Adjektiv kann ein französisches adverbe entsprechen, und umgekehrt:

Du kommst *spät* – Tu viens *tard*		Sie ist *allein* – Elle est *seule*	
Adjektiv	adverbe	Partikel	adjectif

Die Wörter «combien, beaucoup, peu, un peu, assez», die den deutschen Indefinitpronomen entsprechen («wieviel, viel, wenig, ein wenig, genug») werden im Französischen zu den mots invariables gerechnet und als *adverbes de quantité* bezeichnet.

Sehr nützlich für das Lernen ist es, wenn man genau auf die *Präpositionen* (prépositions) achtet. Die häufigsten prépositions sind «de» und «à»; sie sind auch enthalten in «du, des» und «au, aux» (in Gedanken aufzulösen in «de le, de les, à le, à les»).

Zum Teil kann das gleiche Wort als préposition und als adverbe dienen:

Après le repas, nous allons jouer.	*Après*, nous allons jouer.
Nach dem Essen gehen wir spielen	Nachher gehen wir spielen

Eine große Erleichterung gegenüber dem Deutschen (und eine große Schwierigkeit für jeden Französischsprachigen beim Deutschlernen) liegt darin, daß es bei den französischen Präpositionen *keine* Unterscheidung von verschiedenen *Fällen* gibt:

sans cet accident	*après* cet accident	*à cause de* cet accident
ohne diesen Unfall	nach diesem Unfall	wegen dieses Unfalls
Akkusativ	Dativ	Genitiv

Mit Präpositionen wie «de, à, pour, avant» kann man auch *Infinitive* anschließen (wie durch die deutschen Infinitivkonjunktionen «zu, um … zu» usw.):

Il se met *à* rire.	Elle a décidé *de* partir tout de suite *pour* y arriver à temps.
Er beginnt zu lachen.	Sie entschloß sich, sofort wegzufahren, um rechtzeitig dort anzukommen.

Insgesamt kommt es beim Lernen dieser Wörter sehr wenig auf die grammatische Einordnung an, wichtig ist das Einprägen des korrekten Gebrauchs (z. B. daß man sagt «*au* printemps, im Frühling», aber «*en* été, *en* automne, *en* hiver, im Sommer, Herbst, Winter»).

1.30 Die Partikeln im Englischen

Die Untergruppen entsprechen den im Deutschen vorhandenen:

ADVERBS	*here, there, now, always, perhaps* etc.
PREPOSITIONS	*with* me or *without* me *for* some time *for* ever *according to* the Bible
CONJUNCTIONS	
– OF COORDINATION	A *and* B P *or* Q (Genaueres in Ziff. 9.24–9.31)
– OF SUBORDINATION	*If* you want. The trouble is *that* we are short of money. (Ziff. 8.21'A)
INTERJECTIONS	*ah* *oh* *alas* *ugh* *phew* (auch hier eine Randgruppe)

Noch mehr als im Deutschen dienen oft die gleichen Wörter in verschiedenen Funktionen (und dann ist oft das gleiche englische Wort durch verschiedene deutsche wiederzugeben):

in the house («in» Präposition, deutsch «in»)
Is there anyone *in*? («in» adverb, particle, deutsch «drin»)
for some time («for» Präposition, «für»)
I invited her *for* I had something to tell her. («for» Konjunktion, «denn, weil»)

Eine Präposition kann auch *allein* stehen und sich auf ein weiter vorn stehendes Nomen beziehen:

| ⁀I looked⁀ *for* a ⁀book⁀ – ⁀the book⁀ ⁀I looked⁀ *for* | ⁀the things⁀ ⁀they spoke⁀ *about*⁀ |

Den deutschen trennbaren Verben entsprechen die «phrasal verbs», die festen Verbindungen von Verb + Partikel, z. B. «to get *away* (entwischen) – to get *on* (vorwärtskommen) – to get *through* (durchkommen, beim Telefonieren)» usw.

Die Partikel «to» dient sowohl als Präposition («He went *to* London, er ging nach London») wie als Markierung eines Infinitivs («*to* be, *to* have» etc.) und zum Anschluß einer Proposition mit Infinitiv als Kern («He did it *to* help me – Er tat es, um mir zu helfen»).

1.31 Die Partikeln im Lateinischen – erster Überblick

Den Fachausdruck «Partikeln» («particulae») für alle Wörter, die man weder konjugieren noch deklinieren kann, gibt es im Lateinischen seit alter Zeit.

Die Untergruppe «*Adverbien*» ist sehr viel umfangreicher als im Deutschen, weil auch alle aus Adjektiven gebildeten Adverbien dazugehören (siehe Ziff. 1.10), also «prudenter, klug» (zu «prudens») oder «perniciose, verderblich» zu «perniciosus/-a/-um» usw.

Beispiele für Adverbien, die nicht zu Adjektiven gehören (zum Teil aus Nomen/Substantiven entstanden, zum Teil auch einfach durch Zusammenschreibung von Präposition und Pronomen oder Nomen): *cito* (schnell) – *subito* (plötzlich) – *hodie* (heute) – *gratis* (unentgeltlich) – *satis* (genug) – *partim* (teilweise) – *admodum* (sehr) – *paene* (beinahe, fast).

Bei den *Präpositionen* spielen die *Fälle* eine noch viel größere Rolle als im Deutschen (weil sich die Verschiedenheit des Falls in den Endungen viel deutlicher zeigt). Man muß sich daher bei jeder Präposition einprägen, ob sie mit dem Akkusativ oder mit dem Ablativ zu verbinden ist, oder mit beidem, in verschiedener Bedeutung: «*in montem*» (auf den Berg, «in» + Akkusativ) gegenüber «*in monte*» (auf dem Berg, «in» + Ablativ). Eine Zusammenstellung findet sich in Ziff. 4.35, im Kapitel «Fälle und Präpositionen im Lateinischen».

Wie in den andern Sprachen dienen auch im Lateinischen nicht selten die gleichen Wörter einmal als Präposition, einmal als Adverb: «*post* multos annos» (nach vielen Jahren, «post» Präposition mit Akkusativ) gegenüber «paulo *post*» (kurz nachher, «post» als Adverb). Anderes Beispiel: «*extra* portam» (außerhalb des Tores, «extra» Präposition mit Akkusativ) gegenüber «in corpore et *extra*» (im Körper und außerhalb, «extra» Adverb).

Auch zwischen *Konjunktionen* und Adverbien gibt es keine scharfen Grenzen, z. B. kann «et» sowohl als beiordnende Konjunktion dienen, deutsch «und», wie als Adverb, im Sinne von «auch». Wörter wie «quando, ubi» können als Adverbien dienen (für Fragen) wie als unterordnende Konjunktionen. Für Genaueres zu den unterordnenden Konjunktionen siehe Ziff. 8.28'B.

Zu den lateinischen Wörtern für deutsch «*oder*» siehe Ziff. 9.24–9.25, zu den Wörtern für «*und*» (nämlich sowohl «et» wie «atque/ac» wie einfach angehängtes «-que») siehe Ziff. 9.33.

Die *Interjektionen* sind auch hier eine Randgruppe: «*O* fortunate adulescens (O glücklicher Jüngling) – *Heu* me miserum (Ach ich Armer) *Vae* victis (Wehe den Besiegten)».

1/IV Übergangszonen; was nützt die Unterscheidung der Wortarten?

1.32 Verwendung beliebiger Wörter als Nomen

Man kann grundsätzlich jedes Wort, ohne Rücksicht auf seine Wortart, als Nomen verwenden, indem man es mit einem Begleitpronomen versieht oder einfach indem man es groß schreibt:

laufen	–	⌊sein ständiges *Laufen*⌋ ⌊Durch *Laufen*⌋ holst du ihn vielleicht ein
groß	–	⌊etwas *Großes*⌋ ⌊die beiden *Großen*⌋
beeindruckend	–	⌊das *Beeindruckende* an ihm⌋
ich, du	–	Löse dich ⌊von deinem *Ich*⌋, öffne dich ⌊für ein *Du*⌋
wenn, aber	–	⌊sein ewiges *Wenn* und *Aber*⌋

Bei Adjektiven und Partizipien muß man aufpassen, ob das Wort hier wirklich als Nomen gebraucht ist oder ob es sich auf ein vorhergehendes Nomen bezieht: Man sah *Junge* und *Alte* – Man sah viele Leute, *junge* und *alte*.

1.33 Übergangszonen zwischen allen Wortarten

Die fünf verschiedenen Wortarten sind in ihrem *Kernbestand* ziemlich deutlich voneinander abgehoben, und man kann daher schon rein gefühlsmäßig die meisten Wörter leicht der einen oder andern Wortart zuweisen.

An den *Rändern* gibt es aber oft keine scharfen Grenzen, sondern mehr oder weniger breite *Übergangszonen*. In diesen Zonen läßt sich nicht entscheiden, ob ein Wort zur einen Wortart oder zur andern zu rechnen ist.

A Partizipien und Adjektive

Grundsätzlich kann man jedes Partizip sowohl als Verbform wie als Adjektiv betrachten.
Eindeutig Verbform:

⌈Sie ist *gegangen*⌉	⌈Ich hatte noch *geschlafen*⌉	⌈*erwacht* bin ich erst nachher⌉

Grund: Partizip II zur Bildung einer besonderen grammatischen Zeit benützt (Perfekt oder Plusquamperfekt)

Einordnung als *Verbform liegt nahe*:

⌈In seine Gedanken *eingesponnen*⌉	⌈von allem nichts *ahnend*⌉	⌈so saß er da⌉

Grund: Partizip II oder I dient als Kern einer eigenen Proposition

Einordnung als *Adjektiv liegt nahe*:

| Die Leute waren *reizend* | Aber ich fühle mich heute so *abgespannt* |

Grund: Partizip I oder II hat andere Bedeutung als die übrigen Verbformen

B Pronomen und Adjektive

Die Grenzziehung ist in gewissem Maß willkürlich; manche Grammatiker rechnen «viel, wenig» zu den Adjektiven. Grammatiker, die mehr von der Rechtschreibung ausgehen als von den mit dem Wort möglichen Operationen, betrachten «ander-» als Indefinitpronomen, weil man es immer klein schreibt («etwas *anderes*» gegenüber «etwas *Auffälliges*»).

C Partikel als eigenes Wort oder als Teil eines trennbaren Verbs

| Ihr Blick *schweifte* über die Felder *hin* — über die Felder *hin,* schweifen / über die Felder, *hinschweifen* |

Zur Erklärung: Die trennbaren Verben sind großenteils durch Zusammenschreibung einer Partikel mit dem einfachen Verb entstanden.

Durch graphische Darstellung verdeutlicht, wenn auch mit sehr starker Vergröberung:

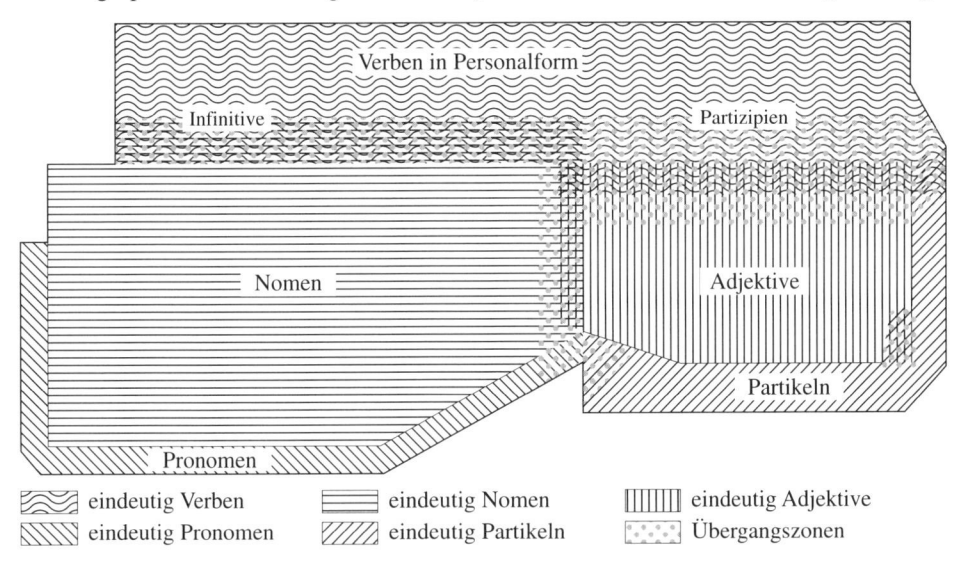

[Diagramm mit Bereichen: Verben in Personalform, Infinitive, Partizipien, Nomen, Adjektive, Partikeln, Pronomen]

Legende:
- eindeutig Verben
- eindeutig Nomen
- eindeutig Adjektive
- eindeutig Pronomen
- eindeutig Partikeln
- Übergangszonen

1.34 Was nützt es, wenn man die Wortarten unterscheiden kann?

Durch das Unterscheiden der Wortarten gewinnt man einen gewissen *Überblick*, wenn auch nur einen groben, über den gesamten Wortbestand einer Sprache. Ein solcher Überblick erleichtert zugleich das Verstehen (und beim Fremdsprachlernen: das Einprägen) der verschiedenen Wort*formen*, die es bei den Verben, den Nomen, den Adjektiven und den Pronomen gibt (z. B. «weiß–wußte» oder «Feld– Felder» oder «groß–größer» oder «der–den–dem–des» usw.).

Man sollte aber alle Wortart-Unterscheidungen in ihrem *richtigen Stellenwert* sehen und sie nicht überschätzen – auch in den Bereichen, in denen eindeutige Unterscheidungen möglich sind, und noch viel mehr bei den Übergangszonen.

Sehr nützlich ist es, daß man das Erkennen der *Verben* ins Gefühl bekommt, und dabei speziell auch die Unterscheidung der verschiedenen *Personalformen* von den *Grundformen*. Das stützt das schnelle Auffassen und Verstehen beim Lesen; es ist eine große Hilfe für das Erlernen der deutschen Kommaregeln (weil diese Regeln auf der Einteilung der Texte in Propositionen beruhen und die meisten Propositionen um ein Verb herum aufgebaut sind, Ziff. 3.08–3.13).

Ein Gefühl für die Verben, in Personalformen und Grundformen, ist auch sehr hilfreich für das Erlernen der Fremdsprachen. Besonders englische und lateinische Texte versteht man oft erst, wenn man gemerkt hat, welches die Verben sind.

Das Gefühl für die *Nomen* ist teilweise nützlich für die Rechtschreibung, weil man die Nomen ja groß schreiben muß. Die Hauptschwierigkeiten bei der Groß- und Kleinschreibung liegen allerdings gar nicht bei den Nomen, sondern bei den Infinitiven und Adjektiven sowie Partizipien, die man als Nomen braucht. Dazu darf man manche Nomen in bestimmten Verwendungsweisen nicht (mehr) groß schreiben, z. B. «diesen *Abend* – heute *abend*».

Eine genügend sichere Kenntnis der *Pronomen* und der häufigen *Partikeln* (mit ihren verschiedenen Funktionen, soweit deren Unterscheidung etwas für die Praxis nützt) ergibt sich sozusagen von selbst, wenn man die grammatischen Formen der deklinierten Wörter genauer untersucht (vor allem die vier Fälle) und den Aufbau und die Verknüpfung der Propositionen studiert.

2 Sätze und Propositionen, Satzlänge und Stil, Satzzeichen

2/I   Aufbau von Texten aus Propositionen, Einteilung in Sätze; Auswirkungen beim Lesen und Schreiben

     2.01   Zur Einleitung dieses Kapitels: Wörter und Sätze 36
     2.02   Mehrdeutigkeit des Fachausdrucks «Satz» im Deutschen 36
     2.03   Französisch, Englisch, Italienisch: je ein besonderer Fachausdruck . 37
     2.04   Entsprechendes Paar von Fachausdrücken für das Deutsche 37
     2.05   Propositionen als einfache Sätze und als Teilsätze 38
     2.06   Einteilung in Sätze – Wirkung auf die Lesenden 39
     2.07   Sätze und Propositionen beim Schreiben 40

2/II   Satzzeichen innerhalb von Sätzen; die Kommaregeln im Deutschen

     2.08   Wege zur korrekten Setzung der Kommas 42
     2.09   Das Komma zwischen Propositionen, Grundregel und Spezialregeln 42
     2.10   Komma auch bei Propositionen ohne Verb 43
     2.11   Übergangszonen und Freiheitsbereiche bei zu-Infinitiven 43
     2.12   Das Komma innerhalb von Propositionen 44
     2.13   Verschiedene grammatische Bewertung – aber jedenfalls Komma . . 45
     2.14   Komma und Betonung 46
     2.15   Komma für Hervorhebung innerhalb einer Proposition, fakultativ . 46
     2.16   Andere Satzzeichen innerhalb von Sätzen 47

2/III   Kommaregeln im Französischen und im Englischen

     2.17   Die Kommas im Französischen 49
     2.18   Die Kommas im Englischen 50

2/IV   Sätze, Propositionen und Satzzeichen im Lateinischen

     2.19   Im klassischen Altertum schrieb man meistens gar keine Satzzeichen 51
     2.20   Gab es für die lateinischen Dichter und Redner keine Sätze? Die Aufgabe der Lesenden 52
     2.21   Heute: einheitliche Einteilung in Sätze, sogar numeriert – aber verschiedene Komma-Setzung 52

2/I Aufbau von Texten aus Propositionen, Einteilung in Sätze; Auswirkungen beim Lesen und Schreiben

2.01 Zur Einleitung dieses Kapitels: Wörter und Sätze

Wenn man *Wortarten* unterscheidet und ein Wort als Verb, als Nomen, als Adjektiv, als Pronomen oder als Partikel bestimmt, betrachtet man das betreffende Wort mehr oder weniger *isoliert*, als einzelnes Stück, das man aus einem großen Zusammenhang herausgelöst hat. Man erkennt zwar mit der Wortart einen gewissen Grund-Charakter und damit auch wichtige besondere Verwendungsmöglichkeiten des betreffenden Wortes – für ein genaueres Verstehen des Aufbaus von Texten, in der eigenen Sprache und in den Fremdsprachen, reicht das aber noch nicht.

Ein Wort wird nämlich nur selten als einzelnes, für sich allein verstehbares Stück in einem Text gesetzt und verstanden. Beispiele dafür sind etwa: «Komm! Wer? Ich? Nein, Fred.»

Allermeistens dienen die Wörter aber nicht in dieser Art, sondern sie sind Teile von *Sätzen*. Man *setzt* sie als Teile von Sätzen, beim Sprechen und Schreiben, und man *versteht* sie als Teile von Sätzen, beim Hören und Lesen.

Es ist daher wichtig, daß man sich vor der genaueren Untersuchung der verschiedenen grammatischen Wortformen und der verschiedenen Kombinationsmöglichkeiten klar macht, was ein *Satz* ist.

2.02 Mehrdeutigkeit des Fachausdrucks «Satz» im Deutschen

Mit dem Fachausdruck «Satz» werden in den allermeisten deutschen Grammatiken zwei grundsätzlich verschiedene Begriffe bezeichnet:
A Eine Einheit für das *Hören* bzw. *Lesen*, beim Sprechen abgegrenzt durch die *Satzmelodie*, beim Schreiben gekennzeichnet durch *Großbuchstaben* am Anfang und *Punkt* oder *Ausrufezeichen* oder *Fragezeichen* am *Ende*.
Dieser Begriff «Satz» ist gemeint, wenn jemand sagt «Unterbrich mich doch nicht mitten im *Satz*» oder «Ich will nur noch den *Satz* fertig schreiben», oder wenn in einem Text über einen Schriftsteller steht «Er schreibt sehr lange *Sätze*» oder wenn ein Leser klagt «Das sind so lange *Sätze*, ich habe Mühe beim Lesen».
B Eine Einheit der *grammatischen Struktur*, meistens aufgebaut aus einem Verb (dieses kann auch mehrteilig sein) und zugehörigen Satzgliedern; hie und da besteht eine solche Einheit auch aus einem Verb allein (z. B. «Komm!»), und manchmal stehen Wörter und Wortblöcke als eigene grammatische Einheiten *neben* den Einheiten, die um ein Verb herum aufgebaut sind (z. B. «*Heute aber ohne mich*, sagte sie»).

2/I Aufbau von Texten aus Propositionen, Einteilung in Sätze

Solche Einheiten der grammatischen Struktur (gleichgültig ob um ein Verb herum gebaut oder ohne Verb) werden in diesem Buch, wenn das für das schnelle Erfassen der Beispiele dienlich ist, durch Klammer-Stücke vorn und hinten graphisch gekennzeichnet. Zur Kennzeichnung der Sätze dienen die üblichen Satzzeichen, außerhalb der Klammern gesetzt:

⌜Geh⌝, ⌜das wußte er doch⌝, ⌜klare Sache⌝. ⌜Er hielt es nur nicht für nötig⌝, ⌜es uns zu sagen⌝.

Dieser Begriff «Satz» ist gemeint (hier durch die Klammern markiert), wenn man von «Satzbau» und von «Satzgliedern» spricht. Er ist gemeint, wenn man in einem Satz «Sie weiß doch, daß ich nicht ihrer Meinung bin» die Einheit «Sie weiß doch» als *Hauptsatz* und die Einheit «daß ich nicht ihrer Meinung bin» als *Nebensatz* bezeichnet.

Es kommt daher sehr häufig vor, daß ein «Satz» (im Sinn der Definition A, Einheit für das Hören/Lesen) aus zwei oder mehr «Sätzen» besteht (im Sinn der Definition B, Einheiten der grammatischen Struktur, meistens um ein Verb herum aufgebaut):

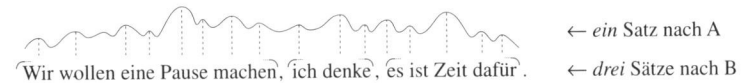

⌜Wir wollen eine Pause machen⌝, ⌜ich denke⌝, ⌜es ist Zeit dafür⌝. ← *ein* Satz nach A
  ← *drei* Sätze nach B

2.03 Französisch, Englisch, Italienisch: je ein besonderer Fachausdruck

In der französischen, englischen und italienischen Grammatik besteht die im Deutschen bisher vorhandene Doppeldeutigkeit des Fachausdrucks nicht, weil man in den Grammatiken dieser Sprachen für die «Sätze» nach A und die «Sätze» nach B je einen besonderen Fachausdruck hat:

	französisch:	englisch:	italienisch:
A Einheit für das *Hören/Lesen*, gekennzeichnet durch die Satzmelodie bzw. durch Großbuchstaben am Anfang und Punkt/Ausrufezeichen/Fragezeichen am Ende	une PHRASE	a SENTENCE	una FRASE un PERIODO
B Einheit der *grammatischen Struktur*, meistens aus einem Verb und zugehörigen Satzgliedern bestehend (manchmal aber auch nur aus einem Verb oder ohne ein Verb)	une PROPOSITION	a CLAUSE	una PROPOSIZIONE

⌜Je crois⌝ ⌜que tu as raison⌝.	une PHRASE, deux PROPOSITIONS
⌜I think⌝ ⌜you are right⌝.	one SENTENCE, two CLAUSES
⌜Credo⌝ ⌜che hai ragione⌝.	una FRASE / un PERIODO, due PROPOSIZIONI

2.04 Entsprechendes Paar von Fachausdrücken für das Deutsche

Es dient nun der Klarheit, wenn man auch im Deutschen die störende Doppeldeutigkeit im Gebrauch von «Satz» als Fachausdruck vermeidet und zu diesem Zweck den in der französischen und italienischen Grammatik seit langem üblichen Fachausdruck

«*Proposition*» übernimmt, so daß man das Paar «Satz – Proposition» hat, entsprechend «phrase – proposition» bzw. «sentence – clause» bzw. «periodo – proposizione».

Beispiel, durch Bezifferung verdeutlicht (links nur die Einteilung in *Sätze*, rechts auch der Aufbau aus *Propositionen* und damit der Aufbau mancher Sätze aus *Teilsätzen*, darunter möglichst knapp die zugehörigen Definitionen):

1 Diese Technik ist sehr praktisch.	1 ⌢Diese Technik *ist* sehr praktisch⌢.
2 Du hast noch nichts davon gehört?	2 ⌢Du *hast* noch nichts davon *gehört*⌢?
3 Nein?	3 ⌢Nein⌢?
4 Dann rate ich dir, sie dir anzueignen, damit du nicht immer wieder diese Schwierigkeiten hast.	4.1 ⌢Dann *rate* ich dir⌢,
	4.2 ⌢sie dir *anzueignen*⌢,
	4.3 ⌢damit du nicht immer wieder diese Schwierigkeiten *hast*⌢.
5 Du, das empfehle ich dir dringend.	5.1 ⌢Du⌢,
	5.2 ⌢das *empfehle* ich dir dringend⌢.
6 Ich habe es – ganz ehrlich gestanden – auch erst spät gelernt.	6.1a ⌢Ich *habe* es –⌢
	6.2 ⌢ganz ehrlich *gestanden*⌢ –
	6.1b ⌢auch erst spät *gelernt*⌢.

Was im *geschriebenen/gelesenen* Text mit *Großbuchstaben* anfängt und durch *Punkt/Ausrufezeichen/Fragezeichen* abgeschlossen ist (nachher wieder Großbuchstabe, wenn noch etwas kommt)

beziehungsweise:

was im *gesprochenen/gehörten* Text unter *einem einzigen Melodiebogen* steht und entsprechend als eine (oft recht lange) *Einheit für das Zuhören* wirkt.

Was auf *einer einzigen Verbal-Struktur beruht* (um ein Verb oder Verbgefüge herum aufgebaut ist) und daher oft die gegebene *Verstehenseinheit* für alle darin verwendeten Wörter darstellt oder was als *eigene Einheit ohne Verb* dasteht (nicht einfach als Satzglied in eine benachbarte Einheit mit Verb gehört) und damit eine *eigene kleine Verstehenseinheit* ist.

2.05 Propositionen als einfache Sätze und als Teilsätze

Jeder Text besteht aus Propositionen. Im Grenzfall kann das eine einzige Proposition sein (z. B. in einer Aufschrift «Vor Gebrauch zu schütteln»), meistens ist es aber eine *ganze Folge* von oft sehr vielen Propositionen. Bei lebhaftem Sprechen kann schon ein Gesprächsbeitrag von etwa 15 Sekunden eine zweistellige Zahl von Propositionen umfassen.

Diese Folge von Propositionen wird nun *zugleich* in *Sätze* eingeteilt: beim Sprechen durch die Melodieführung, durch Senken der Stimme am Satzschluß, und beim Schreiben durch Großschreibung des Satzanfangs und Punkt oder Ausrufezeichen oder Fragezeichen am Satzschluß.

Dabei kann eine Proposition *zugleich* als ein Satz abgegrenzt werden – dann hat man einen *einfachen Satz*. Die folgenden drei Propositionen sind zugleich einfache Sätze:

⌢Er mußte zurückstecken⌢. ⌢Er war zu weit gegangen⌢. ⌢Und das ertrugen die andern nicht⌢.

Meistens grenzt man aber nicht jede einzelne Proposition zugleich als einen Satz ab, sondern man nimmt zwei oder mehr Propositionen *zu einem einzigen Satz* zusammen und setzt erst hinter der *letzten* Proposition ein Satzschlußzeichen. Dann hat man einen *Satz mit Teilsätzen*, jede darin enthaltene Proposition ist als ein Teilsatz gesetzt. Die drei oben als einfache Sätze hingesetzten Propositionen können auch als drei Teilsätze in einem einzigen Satz hingesetzt werden:

> ⌒Er mußte zurückstecken⌒, ⌒er war zu weit gegangen⌒; ⌒und das ertrugen die andern nicht⌒.

Propositionen, die schon von ihrer Form und Bedeutung her eng zusammengehören, nimmt man immer als Teilsätze zu einem Satz zusammen:

> ⌒Sie warfen ihm vor⌒, ⌒er sei hochmütig⌒. ⌒Wenn er das hörte⌒, ⌒wurde er traurig⌒.

Die Zusammenfassung zu einem einzigen Satz ist besonders eindeutig, wenn man eine Proposition in eine andere einschiebt:

> ⌒Der Vorwurf, ⌒den er hier hörte⌒, schmerzte ihn⌒. ⌒Er war, ⌒das wußte er⌒, nicht begründet⌒.

Zusammenfassung zu einem Satz mit Teilsätzen ist auch gegeben, wenn ein Bestandteil aus einer Proposition auch noch für eine nächste Proposition (oder für mehrere folgende) gelten soll und dort nicht mehr neu gesetzt wird (Genaueres in Ziff. 8.38–8.41):

> ⌒Sie zerbrach sich den Kopf⌒, ⌒drehte die Sache hin und her⌒, ⌒fand aber keine andere Lösung⌒.
> ⌒Das eine *war* für sie *eine Zumutung*⌒, ⌒das andere für ihn⌒.
> ⌒So etwas geht⌒, ⌒*wenn jeder* ein Stück weit nachgibt⌒ ⌒und nicht einfach auf stur schaltet⌒.

Für solche Kombinationen, in denen in einer Proposition ein Bestandteil aus einer vorhergehenden Proposition mitbenützt (und nicht neu eingesetzt) wird, hat man in manchen Grammatikbüchern den besonderen Fachausdruck «zusammengezogene Sätze».

Bei besonderer Ausdrucksabsicht wird hie und da eine Proposition, für die ein Bestandteil aus einer vorhergehenden Proposition zu entnehmen ist, als eigener Satz anstatt als Teilsatz gesetzt:

> ⌒So etwas geht⌒, ⌒wenn jeder ein Stück weit nachgibt⌒. ⌒Und nicht einfach auf stur schaltet⌒.

Man hört und spricht, liest und schreibt oft Sätze mit Teilsätzen. Einfache Sätze bekommen dann nicht selten ein besonderes Gewicht. Längere Folgen von lauter einfachen Sätzen sind eher selten, sie können eintönig wirken.

2.06 Einteilung in Sätze – Wirkung auf die Lesenden

Die Einteilung in Sätze ist wichtig für die *Verständlichkeit* eines Textes.

Wer beim *Sprechen* alles aneinanderhängt, ohne deutliche Einschnitte in der Stimmführung, der strapaziert oft seine Zuhörer. Wenn jemand in ein Gespräch eingreifen möchte, wartet er höflicherweise eine kleine Pause am Ende eines Satzes ab – und wenn der Sprecher nie erkennen läßt, wo ein Satz zu Ende sein soll, hat sein Partner gar nicht die Möglichkeit, ohne Unhöflichkeit einzugreifen.

Auch in einem *geschriebenen/gedruckten Text* können Sätze, die aus vielen Teilsätzen bestehen, das Verständnis beim Lesen erschweren – vor allem bei wenig geübten Lesenden oder solchen, denen das betreffende Sachgebiet fremd ist.

Die Wahl der Satzlänge – kurze Sätze, mit wenig Teilsätzen, oder Sätze mit sehr vielen Teilsätzen – kann aber auch ein *Stilmittel* sein, mit dem ein Autor / eine Autorin eine besondere Wirkung bei den Lesenden erzielen will. Zwei Beispiele dazu, aus Büchern des gleichen Schriftstellers, die aber etwa 20 Jahre auseinanderliegen:

1 Eine Stelle aus dem Roman «Jürg Reinhart. Eine sommerliche Schicksalsfahrt», von Max Frisch, 1934. Es sind 11 Propositionen (man könnte auch in 13 Propositionen einteilen, weil bei den Propositionen ohne Verb die Einteilung nicht eindeutig ist (siehe Ziff. 8.45)), und diese Propositionen sind von Frisch in 9 Sätzen präsentiert; der Text steht in der Erstausgabe des Romans auf S. 55–56. Daneben zum Vergleich: die genau gleiche Folge von Propositionen, kein einziges Wort geändert, aber die ganze Folge in nur 2 Sätzen präsentiert:

Jürg blickte in sein Glas. Man schwieg. Jürg verlor sich immer. Wenn er zusammengewesen war mit Leuten, hatte er ihnen immer etwas gegeben in Gesprächen. Irgend etwas von seinem Denken oder Hoffen hatten sie ihm entlockt. Und was er von ihnen wußte: ihren Namen, vielleicht ihr Alter. Dann fühlte man sich so ausgeliefert. Und wenn sie vorüber waren, blieb man zurück wie ausgeraubt. Jedesmal.	Jürg blickte in sein Glas, man schwieg, Jürg verlor sich immer. Wenn er zusammengewesen war mit Leuten, hatte er ihnen immer etwas gegeben in Gesprächen, irgend etwas von seinem Denken oder Hoffen hatten sie ihm entlockt, und was er von ihnen wußte: ihren Namen, vielleicht ihr Alter; dann fühlte man sich so ausgeliefert, und wenn sie vorüber waren, blieb man zurück wie ausgeraubt, jedesmal.

2 Eine Stelle aus dem Roman «Stiller», ebenfalls von Max Frisch, erschienen 1954. Die Stelle steht in der Erstausgabe des Romans auf S. 462. Daneben zum Vergleich: die genau gleiche Folge von 17 (bei anderer Einteilung: 18 oder 19) Propositionen nun in 18 Sätzen präsentiert – ohne Änderung eines einzigen Wortes, nur durch Setzen von Punkten an Stelle von Komma oder Strichpunkt):

… Das ist der Herbst hier, und ich sehe auch den Frühling. Ich sehe ein ziemlich junges Paar: sie stapfen querfeldein, und die Felder, vom Schmelzwasser getränkt, schmatzen unter ihren Schritten, weich, dunkel wie ein nasser Schwamm, Föhn geht darüberhin, und die Sonne gibt warm, sie gehen ganz den verlockenden Zufällen des Geländes entlang und stets in einem kameradschaftlichen Abstand, allenthalben riecht es nach verzetteltem Mist, es gurgeln die Quellen, sie kämmen das Gras der Böschungen, und die laublosen Wälder stehen voll märzlichem Himmel zwischen ihren Stämmen; zwei braune Ackergäule, die dampfen, ziehen den Pflug über gelassene Hügel, in schwarzen Schollen klafft die Erde nach Licht.	Das ist der Herbst hier. Und ich sehe auch den Frühling. Ich sehe ein ziemlich junges Paar. Sie stapfen querfeldein. Und die Felder, vom Schmelzwasser getränkt, schmatzen unter ihren Schritten. Weich. Dunkel. Wie ein nasser Schwamm. Föhn geht darüber hin. Und die Sonne gibt warm. Sie gehen ganz den verlockenden Zufällen des Geländes entlang. Und stets in einem kameradschaftlichen Abstand. Allenthalben riecht es nach verzetteltem Mist. Es gurgeln die Quellen. Sie kämmen das Gras der Böschungen. Und die laublosen Wälder stehen voll märzlichem Himmel zwischen ihren Stämmen. Zwei braune Ackergäule, die dampfen, ziehen den Pflug über gelassene Hügel. In schwarzen Schollen klafft die Erde nach Licht.

2.07 Sätze und Propositionen beim Schreiben

Wenn man einen Text *schreibt*, hält man in erster Linie die *Propositionen* fest, aus denen der Text bestehen soll – indem man die *Wörter*, aus denen sich die Propositionen aufbauen, eins nach dem andern auf das Papier setzt.

Die *Einteilung in Sätze* braucht noch nicht im gleichen Arbeitsgang festgelegt zu werden. In den untern Primarklassen kommt es nicht selten vor, daß ein Schüler eine halbe oder ganze Seite ohne ein einziges Satzzeichen herunterschreibt und erst nachher (evtl. unter Anleitung des Lehrers) die geeigneten Satzzeichen einsetzt.

Geübtere Schreibende setzen meistens schon im ersten Zug des Schreibens auch die Punkte (Ausrufezeichen, Fragezeichen) hin, mit denen sie das Ende von Sätzen markieren wollen, und oft fügen sie in Sätzen, die aus mehreren Propositionen bestehen, auch schon die nötigen Kommas oder weiteren Satzzeichen ein.

Dabei vergißt man allerdings nicht selten ein Komma, oder man setzt eines zuviel. Das merkt man dann meistens erst, wenn man das Geschriebene kritisch durchliest und überprüft.

Wenn man den Text *direkt* ins reine geschrieben hat (z. B. eine Klassenarbeit in der Schule oder einen Brief), wird man sich beim Durchlesen darauf beschränken, daß man die nötigen Kommas einsetzt und die überflüssigen tilgt (durch Durchstreichen, ggf. durch Überkleben); ebenso wird man wo nötig ein fehlendes Wort noch einsetzen oder ein überflüssiges tilgen.

Wenn man einen *Entwurf* gemacht hat, den man nachher ins reine schreiben will, kann man noch viel mehr Änderungen vornehmen: nicht nur Wörter oder Wendungen durch geeignetere ersetzen, sondern manchmal auch einen langen Satz in zwei Sätze auflösen, indem man ein Komma durch einen Punkt ersetzt und das nächste Wort groß schreibt.

Präsentation im Entwurf (ein einziger langer Satz, sieben Propositionen umfassend):

Präsentation in der Reinschrift (zwei Sätze, von denen einer drei, der andere vier Propositionen umfaßt):

Manchmal ändert man in umgekehrter Richtung: man hat einige ganz kurze Sätze geschrieben und findet nun beim Durchlesen, die Punkte seien zu starke Abschlüsse. Man ersetzt daher zwei oder mehr Punkte durch Komma oder Strichpunkt, man präsentiert also die gleichen Propositionen in einem einzigen längeren Satz anstatt in mehreren kürzeren Sätzen.

Im Entwurf (drei Propositionen, jede als einfacher Satz präsentiert):

In der Reinschrift (die gleichen drei Propositionen als Teilsätze in einem einzigen Satz präsentiert):

2/II Satzzeichen innerhalb von Sätzen; die Kommaregeln im Deutschen

2.08 Wege zur korrekten Setzung der Kommas

Wer viel und aufmerksam *liest*, der bekommt die Setzung der nötigen Kommas bald ins Gefühl, auch ohne daß er sich die dabei angewendeten Regeln bewußtmacht.

Beim *zügigen Schreiben* (als Entwurf oder direkt ins reine) sollte man ohnehin an nichts anderes denken als an den darzustellenden Inhalt, die dafür zu findenden Wörter und Wendungen und die beste Reihenfolge der daraus aufzubauenden Propositionen. Es wäre verkehrt, wenn man den Zug des Schreibens unterbrechen wollte wegen einer momentanen Unsicherheit in der Setzung der Kommas.

Beim *nachherigen Überprüfen* des Geschriebenen kann es aber hilfreich sein, daß man sich an die Regeln erinnert (und sie wenn nötig nachschlägt). Dabei ist zu unterscheiden zwischen den Stellen, wo ein Komma gesetzt werden *muß* (auch wenn an einer solchen Stelle gar nicht immer eine Lesepause gemacht wird), und den Stellen, an denen man durch das Setzen eines Kommas oder das Einschließen in zwei Kommas etwas besonders abheben, besonders hervorheben *kann* (fakultatives Komma).

2.09 Das Komma zwischen Propositionen, Grundregel und Spezialregeln

Gut zwei Drittel aller erforderlichen Kommas setzt man richtig, wenn man die folgende Grundregel anwendet (im Deutschen – in andern Sprachen ist es anders, Ziff. 2.17–2.18):

- Überall dort, wo innerhalb eines Satzes eine *Proposition aufhört* oder unterbrochen wird und eine *neue Proposition* beginnt (oder die unterbrochene wieder aufgenommen wird), gehört *ein Satzzeichen* hin – und das ist ein Komma, wenn nicht aus andern Gründen ein stärkeres Satzzeichen (Doppelpunkt, Strichpunkt, Gedankenstrich) am Platz ist.

> ⌒Sie hat sofort gemerkt⌒, ⌒was wir wollten⌒, ⌒das weiß ich⌒, ⌒ich kenne sie doch seit langem⌒.

Wenn eine Proposition in eine andere *eingeschoben* ist, sind daher *zwei* Kommas zu setzen, eines am Anfang und eines am Schluß der eingeschobenen Proposition:

> ⌒Ihr Entschluß, ⌒das weiß ich⌒, ist endgültig⌒, ⌒und niemand, ⌒der sie kennt⌒, wird daran zweifeln⌒.

Man kann die Grundregel auch so formulieren:

2/II   Satzzeichen innerhalb von Sätzen; Kommaregeln im Deutschen

- Wenn ein Satz *mehr als eine* Proposition umfaßt, markiert man *jede Übergangsstelle* von einer Proposition zu einer andern Proposition durch ein *Satzzeichen*, also mindestens durch ein Komma.

Diese Grundregel wird *eingeschränkt* und teilweise aufgehoben durch zwei Spezialregeln für die beiordnenden Konjunktionen «und» sowie «oder».

- Spezialregel 1: Wenn die neue Proposition durch *«und/oder»* angeknüpft wird und *kein* neues Subjekt kommt (also das Subjekt der vorhergehenden Proposition weiterhin gilt), darf man *kein* Komma setzen − außer wenn das Komma durch einen vor dem «und/oder» eingeschobenen Nebensatz bedingt ist.

> ⌐Du mußt hier warten⌐ und darfst erst nach Eintreffen einer neuen Meldung weitergehen⌐.
> ⌐Er hat ihn vermutlich dort getroffen⌐ oder hat jedenfalls auf irgend einem Weg von ihm gehört⌐.

- Spezialregel 2: Wenn zwei Propositionen als Nebensätze zum gleichen Hauptsatz gehören (zu Hauptsatz und Nebensatz siehe Ziff. 8.02), darf man vor «und/oder» *überhaupt nie* ein Komma setzen, auch wenn die zweite Proposition ein eigenes Subjekt hat.

> ⌐Er hat mir geschrieben ᴴ⌐, ⌐daß du ihn getroffen hast ᴺ⌐ und daß alles gut abgelaufen ist ᴺ⌐.

2.10   Komma auch bei Propositionen ohne Verb

Eigene Propositionen, obgleich ohne Verb, sind auch Anreden, Ausrufe, Bejahungen, Verneinungen, wenn sie nicht einfach als Satzglieder in eine Proposition mit Verb einbezogen sind. Man grenzt daher auch diese Propositionen durch ein Komma ab, oder, wenn sie eingeschoben sind, durch zwei Kommas:

> ⌐Hier, ⌐liebe Freunde⌐, haben wir noch große Möglichkeiten⌐. ⌐Das ist doch richtig, ⌐mein Herr⌐.
> ⌐Nein,⌐ so geht es nicht⌐. ⌐Au⌐, es tut weh⌐. ⌐Ja,⌐ ich habe doch nein gesagt⌐.

2.11   Übergangszonen und Freiheitsbereiche bei zu-Infinitiven

Eine verbale Wortkette mit einem Infinitiv als Kern und mit der Infinitivkonjunktion «zu» kann als Bestandteil einer Proposition dienen oder als eigene Proposition gesetzt sein − sie kann also ohne Komma angeschlossen oder durch Komma abgegrenzt sein. Eine scharfe Grenze läßt sich nicht ziehen, es bleibt manchmal den Schreibenden überlassen, ob sie ein Komma setzen wollen oder nicht (Rechtschreib-Duden 1991, S. 42−43). Man findet dort auch eine Reihe von Spezialregeln − aber eine Abweichung davon wird von den meisten Lesenden überhaupt nicht bemerkt). Für die Praxis kann man sich merken:

A   *Immer eigene* Proposition und daher durch *Komma abzugrenzen*, wenn das «zu» als Bestandteil einer *zweiwortigen* Infinitivkonjunktion gesetzt ist, also bei *«um ... zu − ohne ... zu − anstatt ... zu − als ... zu»*:

> ⌐Er ging⌐, ⌐ohne uns zu benachrichtigen⌐.   ⌐Sie hat, ⌐um uns zu entlasten⌐, sich selbst belastet⌐.
> ⌐Anstatt auszuruhen⌐, hat er weiter gearbeitet⌐.   ⌐Das war klüger⌐, ⌐als lange zu warten⌐.

B *Eigene Proposition* und daher Komma, wenn der zu-Infinitiv mit seinen Satzgliedern einen gewissen *Umfang* hat oder wenn er als *gewichtig* vom Vorhergehenden abgesetzt werden soll:

> Einer versuchte plötzlich, den Gitterzaun mit einer Drahtschere *zu durchschneiden*.
> Ich erinnere mich ganz deutlich, *widersprochen zu haben*. Der Arzt riet ihr, *nachzugeben*.
> Jetzt *aufzuhören*, das brächte Nachteile. Die Absicht, uns *zu helfen*, war sicher vorhanden.

C *Nur Bestandteil* einer Proposition, also *ohne* Komma, wenn *glatt einbeziehbar* (vor allem auch: wenn an der ersten Satzgliedstelle, vor der Verb-Personalform, gesetzt):

> Er versuchte sie *zu überzeugen*. Sie begann seine Probleme *zu verstehen*.
> Jetzt einfach *aufzuhören* halte ich nicht für gut. Hör doch auf *zu weinen*.

2.12 Das Komma innerhalb von Propositionen

Etwa ein Drittel aller Kommas steht *innerhalb* von Propositionen (d. h. innerhalb von Teilsätzen oder einfachen Sätzen). Hier kann man keine so leicht faßliche Grundregel formulieren wie für das Komma an den Übergangsstellen zwischen Propositionen. Für das *genaue Verstehen* sind aber die Kommas innerhalb von Propositionen oft wichtiger als die Kommas zwischen den Propositionen.

A *Nachtrag/Einschub*: Komma *davor*, bei Fortsetzung der Proposition auch Komma *dahinter*

Man kann als Abschluß einer Proposition oder im Innern einer Proposition etwas als *Nachtrag*, als *erklärenden Zusatz* einfügen. Den *Übergang* vom Grundbestand der Proposition zu einem solchen Nachtrag signalisiert man durch ein *Komma*. Wenn die Proposition nachher noch weiter geht, setzt man *hinter* dem Nachtrag/Einschub *wieder* ein Komma – dadurch signalisiert man den Lesenden, daß der Nachtrag hier abgeschlossen ist und jetzt der Grundbestand der Proposition weitergeht:

> Sie traf in der Stadt ihre Schwester, *eine immer sehr beschäftigte Ärztin*.
> Er ließ sich von seinem Nachbarn, *einem Rechtsanwalt und Bankfachmann*, alles erklären.
> Den Erwerb dieses Bildes, *eines Spätwerks von Segantini*, ermöglichte uns die Firma XY.

B Übergang zu etwas Gegensätzlichem: Komma davor, aber nicht dahinter

Man kann von einem schon gesetzten Teil einer Proposition zu etwas *Gegensätzlichem* übergehen; eine Fortsetzung der Proposition schließt dann nicht an den zuerst gesetzten Teil, sondern an das angefügte Gegensätzliche an – man setzt daher nur *ein* Komma, nicht zwei:

> Die Wohnung ist klein, *aber sehr bequem*. Er hat sie einfach, *doch sehr behaglich* eingerichtet.
> Es war eine schöne, *allerdings auch sehr anstrengende* Zeit.

C Zwei oder mehr gleichrangige Elemente, Aufzählung: Komma dazwischen

Wenn man an einer Stelle in einer Proposition *zwei oder mehr gleichrangige* Elemente (Wörter, Wortkomplexe) einsetzen will, kennzeichnet man den *Übergang* vom einen Element zum nächsten durch *Komma*; das Komma *fällt weg*, wenn man eine *beiordnende Konjunktion* («und, sowie, oder» usw.) verwendet:

> ⌐Dieser Anblick weckt sehr verschiedene *Gefühle, Gedanken, Erinnerungen, auch Ängste*⌐.
> ⌐*Zuneigung, Anhänglichkeit, Liebe* kann man nicht erzwingen⌐.
> ⌐Für die Kleinen gab es *rote, blaue, gelbe, braune, grüne und weiße* Mützen⌐.

D Komma für betonte Gleichrangigkeit von zwei begleitenden Adjektiven

Wenn man *zwei begleitende Adjektive hintereinander* hat, kann man durch Einsetzen eines Kommas betonen, daß das *vor* dem Komma stehende Adjektiv *ebenso* eng mit dem Nomen verbunden sein soll wie das hinter dem Komma, direkt vor dem Nomen stehende:

| ⌐ein sehr wertvolles *altes Schmuckstück*⌐ | ⌐ein *wertvolles, altes* Schmuckstück⌐ |
| [altes Schmuckstück, dazu sehr wertvoll] | [Schmuckstück, zugleich alt und sehr wertvoll] |

E Vorausnahme und darauf folgender Neu-Einsatz, durch Komma markiert

Man kann etwas *vorausnehmen* (ein Satzglied, manchmal auch zwei, oder einen Infinitiv) und dann mit der Proposition, in die das Vorausgenommene gehört, wieder neu einsetzen. Einen solchen Neu-Einsatz markiert man durch Komma:

| ⌐*Den Mann auf dem Bild*, den kenne ich⌐. | ⌐*Kritisieren*, das kann er immer am besten⌐. |
| ⌐*Tatsächlich*, sie ist heute gekommen⌐. | ⌐*Im Keller*, da haben wir doch noch so etwas⌐. |

2.13 Verschiedene grammatische Bewertung – aber jedenfalls Komma

Bei der Vorausnahme von Wörtern und Wortkomplexen ist oft nicht sofort zu entscheiden, ob das Vorausgenommene nur ein Bestandteil der nachher neu einsetzenden Proposition sein soll oder ob man es als eine eigene Proposition auffassen soll.

Meistens kann man einen eindeutigen Entscheid gewinnen, indem man prüft, ob das Vorausgenommene in gleicher Form auch im Innern der Proposition (als erstes Satzglied oder später) stehen könnte:

| ⌐*In der Tat*, sie ist gekommen⌐. | Man kann sagen «In der Tat ist sie gekommen – Sie ist in der Tat gekommen», also ist das Ganze als eine einzige Proposition aufzufassen. |

| ⌐*Sonderbar*, er hat zugestimmt⌐. | Man kann nicht sagen «Sonderbar hat er zugestimmt», sondern nur «Sonderbarerweise hat er zugestimmt»; also ist *sonderbar* hier eine eigene Proposition ohne Verb. Man kann verdeutlichen «Es ist sonderbar, er hat zugestimmt» oder «Sonderbar, daß er zugestimmt hat». |

Eine solche genaue Unterscheidung ist aber für die *Praxis gar nicht nötig*. Man setzt *auf jeden Fall* ein Komma, entweder nach der Regel «Komma zwischen Propositionen» (Ziff. 2.09) oder nach der Teilregel «Komma nach Vorausgenommenem» (Ziff. 2.12'E).

Entsprechendes gilt für *Nachträge*: man setzt auf jeden Fall ein Komma, ob man nun das Nachgetragene noch als Bestandteil der vorhergehenden Proposition betrachtet oder als eine eigene, neue Proposition, für die das Verb aus der vorhergehenden Proposition auch gelten soll:

> ⌐Es gab wieder Lärm, großen Lärm⌐.
> ⌐Es gab wieder Lärm⌐, ⌐und zwar diesmal einen ganz fürchterlichen Lärm⌐.

Grundsätzlich läßt sich eben *nicht immer eindeutig sagen*, ob an einer bestimmten Stelle eine neue Proposition anfängt oder die vorhergehende Proposition noch weitergeht (auf 100 Propositionen gibt es etwa 5 solche unentscheidbare Fälle). Genaueres darüber und über die Wichtigkeit oder Unwichtigkeit der Einteilung in Propositionen für das Verstehen läßt sich erst sagen, wenn der Aufbau der Propositionen aus Verb und Satzgliedern geklärt ist (Ziff. 8.45).

2.14 Komma und Betonung

Das Komma wird im Deutschen nach *streng grammatischen* Gesichtspunkten gesetzt, nämlich an *jeder Übergangsstelle* von einer Proposition zur andern, auch wenn die beiden Propositionen sehr eng zusammenhängen und die Proposition vor dem Komma ohne diejenige nach dem Komma sinnlos ist (im Französischen und Englischen ist das grundsätzlich anders geregelt, siehe Ziff. 2.17–2.18). Man darf daher beim Setzen der Kommas *nicht* etwa auf die *Betonung* beim Sprechen oder beim lauten Lesen abstellen wollen, sondern man muß den *Aufbau aus Propositionen* beachten.

Man macht z. B. nach einem langen ersten Satzglied oft eine recht deutliche Sprechpause, um dann erst mit der Verb-Personalform weiterzufahren – aber ein Komma darf man trotz der Pause an dieser Stelle *nicht* setzen:

> Wegen der Überlastung aller Leitungen bis zum späten Abend konnte ich ihn nicht erreichen.

Umgekehrt sollte man beim Vorlesen eines geschriebenen/gedruckten Textes nicht bei jedem Komma eine Sprechpause machen, sondern eng zusammengehörige Teilsätze auch in einem Zug sprechen. Beispiele für Sätze, in denen eine Pause beim Komma meistens stört:

> Sie weiß, ich bin bereit. Als er ankam, war ich schon weg. Das war, was ich wollte.

2.15 Komma für Hervorhebung innerhalb einer Proposition, fakultativ

Satzglieder, die nicht ganz eng mit dem Verb verbunden sind, kann man durch Einschließen in Kommas besonders hervorheben oder auch als zusätzlich kennzeichnen:

Gewöhnlich:	Hervorgehoben:
Er hat nach meinem Urteil versagt.	Er hat, nach meinem Urteil, versagt.
Sie will nächstes Jahr wieder antreten.	Sie will, nächstes Jahr, wieder antreten.

Man kann auch durch Komma ein am Schluß einer Proposition stehendes, nicht so eng zum Verb gehöriges Satzglied etwas stärker abheben.

Wir gehen jetzt unverzüglich.	Wir gehen jetzt, unverzüglich.
Es wäre jetzt zu gefährlich dort unten.	Es wäre jetzt zu gefährlich, dort unten.

2.16 Andere Satzeichen innerhalb von Sätzen

A Einen *Doppelpunkt* setzt man, wenn ein anführender Teilsatz vorausgeht und die direkte Rede als weiterer Teilsatz folgt (und oft auch noch weitere Sätze umfaßt):

> Sie schrie ihn an: 'Mit dir will ich nichts mehr zu tun haben. Das ist vorbei. Es ist aus.

Man kann aber durch einen Doppelpunkt auch einfach eine *stärkere Spannung* auf das Nachfolgende hin erzeugen, und nach dem Doppelpunkt kann ein Grund, ein Gegensatz, eine Beurteilung usw. oder auch eine Aufzählung kommen. Dann fährt man *klein* weiter:

> Sie hat abgesagt: sie ist erkältet. Er hat sich übernommen: das hat sich nun gerächt.
> Wir haben billig abzugeben: eine Eckbank, einen Eßtisch, vier Stühle, eine Lampe.

Wichtiger Hinweis: Wenn ein anführender Teilsatz in die direkte Rede *eingeschoben* ist, setzt man keinen Doppelpunkt, sondern *Komma*: «Ich muß gehen», sagte er, «es ist schon spät». Wenn die direkte Rede durch Ausrufezeichen oder Fragezeichen abgeschlossen ist und nachher noch ein anführender Teilsatz kommt, fährt man nach dem Ausrufezeichen bzw. Fragezeichen *klein* weiter: «Ihr macht es falsch!» rief er. «Warum?» fragten sie.

B Einen *Strichpunkt* kann man überall dort setzen, wo auch ein Punkt möglich wäre. Man signalisiert durch den Strichpunkt eine weniger starke Abgrenzung als durch einen Punkt, aber eine stärkere als durch ein Komma:

> So ist es. Ich verstehe.   So ist es; ich verstehe.   So ist es, ich verstehe.
>
> *starke* Abgrenzung   *mittlere* Abgrenzung   *schwache* Abgrenzung
> *zwei* einfache Sätze
>   jeweils *ein* Satz mit zwei Teilsätzen

C Der *Gedankenstrich* ist ein Satzzeichen, das man sehr vielfältig verwenden kann – es gibt dafür keine festen Regeln wie für das Komma.

Man kann ein Komma zwischen zwei Propositionen durch einen Gedankenstrich ersetzen und dadurch eine stärkere Spannung erzeugen:

> Er wirkte sehr verlegen – es war ja auch sein erster öffentlicher Auftritt.

Man kann aber auch einen Gedankenstrich vor einer Proposition mit «und» ohne neues Subjekt setzen, wo man kein Komma setzen dürfte:

> Er setzte alles auf eine Karte – und verlor alles.

Man kann durch einen Gedankenstrich irgendwo *innerhalb* einer Proposition unterbrechen, um Spannung zu erzeugen:

> Auf einmal sah sie – ihren Sohn.   Wir haben alles – völlig vergessen.

Durch *Einschließen* in *zwei* Gedankenstriche kann man etwas hervorheben oder als Zusatz kennzeichnen (wie durch Einschließen in zwei Kommas, Ziff. 2.15), und mit Gedankenstrichen kann man das auch innerhalb eines Satzglieds tun:

> Sie hat – nach meiner Meinung – richtig gehandelt. Dort stand ein – mir unbekannter – Mann.

D Die *Anführungszeichen* setzt man immer paarweise: zu jedem einleitenden Anführungszeichen gehört auch ein abschließendes Anführungszeichen (Schlußzeichen). Man kann dadurch ein Wort oder eine Wortgruppe, ein Zitat, ein kürzeres oder längeres Stück direkte Rede vom Vorhergehenden und Nachfolgenden abheben:

> Sie spielten das Stück «Die Räuber» von Schiller. Einer rief: «So hört doch auf.»

Zur Stellung: Das *eröffnende* Anführungszeichen kommt *hinter* dem eröffnenden Satzzeichen (Doppelpunkt, Komma); das *schließende* Anführungszeichen steht *hinter* dem abschließenden Punkt, Ausrufezeichen oder Fragezeichen, aber *vor* einem ein Stück direkte Rede abschließenden Komma:

> Er sagte: «So ist es.» «Kommt doch mit!» rief einer. «Warum eigentlich?» fragte ich.
> «Das ist doch alles gar nicht so wichtig», sagten die Schüler.

Wenn man die direkte Rede oder ein Zitat durch Einrücken, kleinere Schrift usw. abhebt, setzt man meistens keine Anführungszeichen. Manche Schriftsteller verwenden heute die Anführungszeichen nur noch selten oder gar nicht.

2/III Kommaregeln im Französischen und im Englischen

2.17 Die Kommas im Französischen

Die Regeln für das Komma *innerhalb* von Propositionen sind praktisch dieselben wie im Deutschen. Beispiele dafür:

> Lui, il sait tout. Jacqueline, amie de sa sœur, me l'a dit, hier soir.
> Vorausnahme   Einschub   Nachtrag
> Il en a parlé à Paul, à Michel, à Jean-Jacques, à tout le monde.
>   Aufzählung

Dagegen sind die Regeln für das Komma *zwischen* Propositionen grundlegend *anders*. Das Komma ist nur obligatorisch, wenn in einem Satz *mehrere gleichrangige* Propositionen aufeinander folgen:

> Le premier va à gauche, le deuxième va à droite, le troisième reste sur place.

Wenn man aber eine Proposition durch ein *Relativ* an das Vorhergehende anschließt, setzt man nicht schematisch ein Komma (oder zwei Kommas) wie im Deutschen; zum Vergleich:

> ... cet examen de la fin de l'année qui devait être désormais ma seule préoccupation.
> ... dieses Jahresschlußexamen, das von jetzt an mein einziger Lebensinhalt sein sollte.
>
> Chose étrange: à cet ennui qui me désolait se mêlait comme une sensation de liberté.
> Seltsam: in diese Verdrossenheit, die mich betrübte, mischte sich wie ein Gefühl der Freiheit.

Anschluß *ohne Komma* gilt auch, wenn eine Proposition durch eine *unterordnende Konjunktion* mit dem Vorhergehenden verbunden ist, zum Vergleich:

> Ils se marieront quand elle aura fait son examen. Ils disent qu'ils vivront à Paris.
> Sie werden heiraten, wenn sie ihr Examen gemacht hat. Sie sagen, daß sie in Paris leben werden.

Ohne Komma schließt man auch die (sehr häufigen) Propositionen mit einem *Infinitiv als Kern* an:

> Elle est partie sans nous dire un mot.   Ils ont tout fait pour nous tromper.
> Sie ging, ohne uns ein Wort zu sagen.   Sie taten alles, um uns zu täuschen.
> J'ai eu la plus grande peine à me débarrasser de toutes ces idés confuses.
> Ich hatte die größte Mühe, mich von allen diesen konfusen Ideen zu befreien.

Man *kann* aber Kommas setzen (bei Einschub einer Proposition: zwei Kommas), um die betreffende Proposition stärker vom Vorhergehenden *abzuheben*, sie als Darstellung von etwas Zusätzlichem, Neuem zu kennzeichnen:

> Cet examen, qu'il passera l'année prochaine, ne sera certainement pas facile.
> Dieses Examen – das er nächstes Jahr ablegen will – wird sicher nicht leicht sein.
> Il s'y préparera soigneusement, pour ne pas échouer par sa propre faute.
> Er wird sich sorgfältig darauf vorbereiten, um nicht etwa durch eigene Schuld durchzufallen.

2.18 Die Kommas im Englischen

Im Englischen ist der Gebrauch des Kommas noch freier als im Französischen, und noch sparsamer. Man setzt *kein Komma* vor Propositionen, die eine angeführte (indirekte) Aussage, einen angeführten Gedanken, ein angeführtes Gefühl enthalten («reported speech»), auch wenn keine unterordnende Konjunktion als Einleitung vorhanden ist; zum Vergleich:

> I think I shall come tomorrow.   He said he knew nothing about it.
> Ich denke, ich werde morgen kommen.   Er sagte, daß er nichts darüber wußte.

Bei den Propositionen mit Relativ (relative clauses) macht man eine scharfe Unterscheidung zwischen «*defining* relative clauses» (eng zum Vorhergehenden gehörig, *ohne* Komma) und «*non-defining*» (als zusätzlich zu verstehen, *mit* Komma; Genaueres zu dieser Unterscheidung in Ziff. 12.52):

> *defining*:   The young man whose car was stolen went to the police.
> *non-defining*: The Grants, whose house has been burgled six times, never go on holiday now.

Propositionen mit *Infinitiv* als Kern (non-finite clauses) werden *nicht* durch Komma vom Vorhergehenden abgegrenzt (das Beispiel bezieht sich auf einen Psychiater, der neue Wege in der Behandlung geistesgestörter Patienten suchte); zum Vergleich:

> He tried to understand a category of people who had never been understood before.
> Er bemühte sich, eine Art von Menschen zu verstehen, die bisher noch nie verstanden worden war.

Bemerkenswert für die Schmiegsamkeit des Komma-Gebrauchs im Englischen ist die Möglichkeit, vor «and» ein Komma zu setzen ohne Rücksicht darauf, ob eine vollständige Proposition folgt oder das Subjekt aus der vorhergehenden Proposition zu entnehmen ist (sogenannte «zusammengezogene Sätze» der traditionellen deutschen Grammatik, in denen man vor «und» kein Komma setzen darf); zum Vergleich:

> *She* passed a very uneasy tea-time, and at once went up to her room.
> *Sie* verbrachte eine sehr unbehagliche Teestunde und ging auf einmal hinauf auf ihr Zimmer.

2/IV Sätze, Propositionen und Satzzeichen im Lateinischen

2.19 Im klassischen Altertum schrieb man meistens gar keine Satzzeichen

Die klassischen lateinischen Texte sind, mit verschwindenden Ausnahmen, *ohne Satzzeichen* überliefert, und auch die Wörter wurden alle hintereinandergeschrieben (Fachausdruck dafür: scriptura continua – fortlaufende Schreibung).

Beispiel: Eine Frage und eine Antwort aus der Komödie «Phormio» von Terenz (verfaßt und aufgeführt um 170–160 vor Christus; die älteste erhaltene Handschrift, aus der hier ein Ausschnitt reproduziert ist, wurde im 2. oder 3. Jahrhundert nach Christus hergestellt).

Eine Einteilung in *Sätze* ist hier leicht zu fassen, weil die Sprecher schnell wechseln (jeder sagt nur einen Satz). Der Buchstabe A markiert Geta, der Buchstabe Γ Antipho (die Wahl der Buchstaben richtete sich offensichtlich nicht nach den Namen, sondern war willkürlich). Der Haken oben am Ende der ersten Zeile ist kein Fragezeichen, sondern eine zusätzliche Markierung für den Sprecherwechsel.

Situation der beiden Sprecher: Der junge Antipho hat, während sein Vater auf einer längeren Reise war, die von ihm geliebte Phanium geheiratet. Jetzt kommt der Vater heim, und Antipho zittert davor, daß er alles gestehen muß und der Vater ihm Phanium vielleicht wieder wegnimmt. Der Sklave Geta will dem verzweifelten Antipho Mut machen, und er malt ihm zu diesem Zweck aus, man könnte sich ja noch weit schlimmere Situationen denken.

Die beiden Sätze in heutigen Druckbuchstaben:
QUIDFACERESSIALIVDGRAVIVSTIBINUNCFACIUNDUMFORET
CUMHOCNONPOSSUMILLUDMINUSPOSSEM

Die beiden Sätze in heutiger Schreibweise für lateinische Texte, darüber die Markierung der Propositionen, darunter eine möglichst wörtliche Übersetzung:

> Quid faceres, si aliud gravius tibi faciundum foret?
> Was tätest (du) wenn andres Schwereres dir zu tun wäre (sein würde)?
> Cum hoc non possum, illud minus possem.
> Da dies nicht (ich) kann jenes (noch) weniger könnte (ich).

In fließender deutscher Übersetzung: «Was tätest du denn, wenn du jetzt noch etwas Schwereres tun müßtest?» – «Da ich schon das nicht kann, könnte ich jenes noch viel weniger».

Vom Beispiel zum Grundsätzlichen: Die Satzzeichen in den heutigen Ausgaben lateinischer Texte stammen zum allergrößten Teil nicht von den Verfassern, sondern von den späteren Bearbeitern und Herausgebern. Das gilt für alle lateinischen Texte, die vor etwa 1400 geschrieben wurden, denn ein regelmäßiges Setzen von Satzzeichen wurde erst etwa in dieser Zeit eingeführt und dann durch die Erfindung der Buchdruckerkunst allgemein üblich.

2.20 Gab es für die lateinischen Dichter und Redner keine Sätze? Die Aufgabe der Lesenden

Natürlich wollten auch die antiken Autoren ihre Texte in Sätze eingeteilt wissen – nicht nur in den Theaterstücken, wo es durch den Wechsel der Sprecher oft besonders deutlich wird, sondern auch in den Texten ohne Sprecherwechsel. Beim Vorlesen und beim freien Sprechen (z. B. in den Reden vor Gericht) teilten sie daher durch die Stimmführung (Satzmelodie, Pausen, Abstufungen der Stimmstärke) ihre oft langen und komplizierten Folgen von Propositionen sehr plastisch in Sätze ein. Insgesamt sind die alten lateinischen Texte viel mehr für eine Aufnahme durch die *Ohren* als für eine bloße Aufnahme durch die Augen bestimmt. Auch schon beim Schreiben und beim Überarbeiten der Texte stellte sich wohl jeder Textverfasser eine bestimmte *Einteilung* seines Textes in *Sätze* und Teilsätze vor.

Aber diese Einteilung, so grundlegend sie schon damals war, konnten die antiken Lesenden *nicht direkt* aus dem geschriebenen Text entnehmen. Sie mußten aus ihrem Verständnis des Sinns heraus *selber* eine Einteilung in Sätze vornehmen, und sie mußten *selber* merken wo etwas als Frage gemeint war (das ist vielleicht auch ein Grund dafür, warum im Lateinischen die Verwendung besonderer Fragepartikeln üblich war – dazu Ziff. 9.07). Man las wohl allgemein *nicht still*, wie heute, sondern *laut* oder mindestens *halblaut* – auch wenn man ganz allein war –, denn das laufende Einbetten der gelesenen Wörter in Stimmführungsgestalten *erleichterte* das *Verständnis* (zur Wichtigkeit des lauten Lesens bei Kindern und Lese-Anfängern und manchmal auch bei Erwachsenen siehe Ziff. A.39).

2.21 Heute: einheitliche Einteilung in Sätze, sogar numeriert – aber verschiedene Komma-Setzung

Für eine Einteilung in Sätze hat sich bei allen wichtigen Texten schon früh eine internationale Übereinstimmung herausgebildet, als Erleichterung für das Zitieren (dabei wurde manchmal auch ein Stück indirekte Rede als eigener Satz abgegrenzt). Man findet daher auch in vielen modernen Ausgaben der klassischen Texte eine Bezifferung der Sätze, z. T. durch hochgestellte kleine Ziffern im Text, zum Teil durch Ziffern am Rand.

Dagegen ist die Setzung der *Kommas* in den Sätzen bei einem französisch- oder englischsprachigen Herausgeber oft anders als bei einem deutschsprachigen Herausgeber – weil für die Kommas jeder Herausgeber ganz selbstverständlich von den Regeln seiner eigenen Sprache ausgeht (und an Lesende denkt, die an diese Regeln der eigenen Sprache gewöhnt sind).

Beispiel: Caesar, Bellum Gallicum, verfaßt im Jahr 58 vor Christus, Buch 1, Kapitel 5, Satz 1. Berichtet wird vom Handeln der Helvetier nach dem Tod von Orgetorix (58 vor

Christus). Der Text lautet (mit Markierung der Propositionen und der Verben und mit möglichst strukturgleicher Übersetzung, einer «Interlinearversion»):

Post eius mortem	nihilo minus	Helvetii	id	quod constituerant	facere conantur
Nach dessen Tod	nichtsdestoweniger	(die) Helvetier	das was	sie beschlossen hatten	zu tun versuchen
ut	e finibus suis	exeant.			
daß	aus (den) Grenzen ihren	(sie) ausziehen wollen			

In diesem Satz finden sich beim *deutschsprachigen* Herausgeber drei Kommas, weil nach den deutschen Kommaregeln die eingeschobene Proposition «quod constituerant» in Kommas eingeschlossen wird:

> 5. Post eius mortem nihilo minus Helvetii id, quod constituerant, facere conantur, ut e finibus suis exeant.

Dagegen findet sich im gleichen Satz beim *französischsprachigen* Herausgeber nur ein einziges Komma, weil nach den französischen Kommaregeln eine eng angeschlossene Proposition mit Relativ nicht durch Komma abgegrenzt bzw. eingeschlossen wird:

> V. Post eius mortem nihilo minus Heluetii id quod constituerant facere conantur, ut e finibus suis exeant.

Die *Tatsache*, daß auch alle lateinischen Texte *aus Propositionen aufgebaut* sind, wird *gar nicht berührt* von der Frage, wie weit die Grenzen dieser Propositionen *durch Satzzeichen* markiert sind. Es wird daher in allen Latein-Kapiteln der Teile 3 bis 12 immer der erste Schritt der Analyse sein, den Aufbau der betreffenden Textstücke aus Propositionen zu klären und die Abgrenzungen, soweit das dienlich erscheint, auch graphisch zu markieren.

3 Verb-Teile – Satzglieder – Subjekte – ihre verschiedenen Stellungen

3/I Verben und Satzglieder in den Propositionen (clauses)
    3.01 Verb einteilig oder mehrteilig – verschiedene Verb-Teile 57
    3.02 Verb-Teile und Satzglieder 58
    3.03 Im Deutschen besonders leicht: Abgrenzen der Satzglieder durch Verschiebeproben 58
    3.04 Hinweise für die Durchführung von Verschiebeproben im Deutschen 58
    3.05 Propositionen und Satzglieder in klassischen deutschen Versen ... 59
    3.06 Wieviel Eindeutigkeit beim Abgrenzen von Satzgliedern? 60
    3.07 Lesehemmungen durch falsches Zusammennehmen von Wörtern zu mehrwortigen Satzgliedern 60

3/II Verbale Wortketten, als fertige Propositionen und in Wörterbüchern
    3.08 Infinitive mit zugehörigen Satzgliedern: verbale Wortketten 62
    3.09 Propositionen aus verbalen Wortketten auch in den Fremdsprachen 62
    3.10 Verbale Wortketten in Wörterbüchern 63
    3.11 Verben nicht allein lernen, sondern in ganzen verbalen Wortketten und finiten Propositionen 64

3/III Die Subjekte als besondere Satzglieder
    3.12 Propositionen mit Verb-Personalform und mit Subjekt 65
    3.13 Wie findet man im Zweifelsfall das Subjekt? Die Infinitivprobe ... 65
    3.14 Sinnvolle Genauigkeit bei der Infinitivprobe 66
    3.15 Subjekt nicht als Satzglied gesetzt, sondern nur aus der Verb-Personalform zu entnehmen 66
    3.16 Die verschiedenen Funktionen von «es» 67
    3.17 Blick auf frühere Verfahren der Subjektbestimmung 68
    3.18 Übereinstimmung von Verb-Personalform und Subjekt: Kongruenz 69
    3.19 Mögliche Schwierigkeiten bei der Kongruenz 69
    3.20 Kongruenz zwischen Subjekt und einem Satzglied aus der verbalen Wortkette 69
    3.21 Ganze Propositionen als Subjekte für andere Propositionen; Infinitive als Subjekte 70
    3.22 Direkte Rede, indirekte Rede und Ähnliches an der Stelle eines Subjekts 71

	3.23	Direkte Kombination von Subjekt und verbaler Wortkette im Infinitiv 71
	3.24	Das Subjekt als erster Typ eines fallbestimmten Satzglieds 71
3/IV	Die Stellungen der Verb-Teile und der Satzglieder im Deutschen	
	3.25	Erstes Stellungsprinzip: Verb-Personalform am zweiten, letzten oder ersten Platz 73
	3.26	Die VP-Endstellung und die Funktion «Nebensatz» 74
	3.27	Aufforderungen, Ja-Nein-Fragen und Ausfüllfragen – nicht an Verbstellung gebunden 74
	3.28	Zweites Stellungsprinzip: infinite Verb-Teile am Schluß, mit interner Rangordnung 75
	3.29	Ein Spezialfall: Partizip mit der Lautung des Infinitivs, besondere Stellungsregeln 75
	3.30	Klammerbildung und Herausnahme aus der Klammer 76
3/V	Verb-Teile, Subjekte und weitere Satzglieder im Französischen	
	3.31	Verb-Teile immer in gleicher Reihenfolge, weniger Klammerbildung 77
	3.32	Subjekt und Verb-Personalform als fester Zentralkomplex 77
	3.33	Wann steht auch im Französischen das Subjekt hinter der Verb-Personalform? 78
	3.34	Stellungsregeln für «le/la/les/lui/leur/se – me/nous – te/vous – y – en» 79
	3.35	Stellung der Bestandteile bei verneinten Propositionen 80
	3.36	«Il» und «ce» als rein formale Subjekte («sujets apparents»); Vergleich mit deutschem «es/das» 81
3/VI	Subjekte, Verb-Teile und weitere Satzglieder im Englischen	
	3.37	Zentrale Struktur «Subjekt + Verb-Personalform» 82
	3.38	Subjekt hinter der Verb-Personalform bei Fragen – aber nur bei wenigen Verben möglich 82
	3.39	Nachstellung des Subjekts bei «There is ..., there are ...» 82
	3.40	Einfügen kurzer Satzglieder zwischen die Verb-Teile bzw. in den Subjekt-Verb-Komplex 83
3/VII	Verben, Subjekte und weitere Satzglieder im Lateinischen	
	3.41	Keine festen Plätze für Verben und Subjekte – ein Problem für das Verstehen 84
	3.42	Konsequenz: auf alle an den Wörtern erkennbaren grammatischen Signale achten 85

3/I   Verben und Satzglieder in den Propositionen (clauses)

3.01   Verb einteilig oder mehrteilig – verschiedene Verb-Teile

80–90% aller Propositionen enthalten ein Verb als grammatischen Kern. Dieses Verb kann einteilig sein, oder es können zwei oder mehr Formen von verschiedenen Verben miteinander verbunden sein. Wenn man die Propositionen schnell und sicher erfassen will, muß man daher in erster Linie das Verb bzw. die verschiedenen Verb-Teile erkennen.

Die Verb-Teile im *Deutschen* sind:

A   Die *Verb-Personalformen* (auch «finite Verbformen» genannt); sie stehen im Singular oder Plural und in einer der drei Personen (siehe Übersicht in Ziff. 1.02).

B   Die zwei häufigen *Grundformen*, nämlich der Infinitiv und das Partizip II, die man mit Personalformen aller drei Personen, im Singular wie im Plural, kombinieren kann:

| INFINITIV | [man *soll* – ihr *müßt* – ich *werde* etc.] | *kommen – anfangen – erzählen* etc. |
| PARTIZIP II | [er *ist/hat* – wir *sind/haben* etc.] | *gekommen – angefangen – erzählt* etc. |

Für ein Partizip als Kern einer infiniten verbalen Proposition siehe Ziff. 8.04'A.

C   Die *Verbzusätze*, d.h. das, was man bei Voranstellung mit dem Verb *zusammenschreibt*, bei Nachstellung dagegen *als eigenes Wort*, oft weit von der Verb-Personalform getrennt:

| *anfangen, angefangen* – [sobald er] *anfängt* – er *fängt* immer wieder von dieser Sache *an* |

Im *Französischen und Lateinischen* gibt es keine Verben mit Verbzusatz; dem zweiteiligen deutschen «er *geht weg*» entsprechen die einteiligen französischen und lateinischen Formen «il *part* – *abit*».

Im *Englischen* gibt es die «phrasal verbs», die grundsätzlich den deutschen Verben mit Verbzusatz entsprechen: to *break down* (zusammenbrechen) – to *bring up* children (Kinder aufziehen) – to *find out* the right way (den richtigen Weg herausfinden) – to *get off* (loskommen) – to *give in* (a: nachgeben, b: einreichen «Please give in your examination papers now») usw.
Die in dieser Weise zu Verben gehörigen Partikeln stehen, anders als im Deutschen, immer *nach* der Verb-Personalform bzw. dem Infinitiv oder Partizip, und sie werden nie mit dem Verb zusammengeschrieben. Sie sind klar zu unterscheiden von den an ein Verb anschließenden Präpositionen («to *look out*» = phrasal verb, ausblicken – «to *look* for something», Verb mit Präposition, für etwas sorgen). Statt «phrasal verbs» ist auch der Fachausdruck «particled verbs» im Gebrauch, und für die so gebrauchten Partikeln der Fachausdruck «adverbial particles».

3.02 Verb-Teile und Satzglieder

Die Verb-Teile bilden einen Kern (und im Deutschen oft einen Rahmen) für alle Propositionen mit Verb. Die für den *Inhalt* der Propositionen wichtigsten Wörter sind aber oft gar nicht die Verben (und jedenfalls nicht nur die Verben), sondern die mit den Verb-Teilen verknüpften nichtverbalen Wörter, die Nomen, Pronomen, Adjektive und Partikeln.

Diese *nichtverbalen Wörter* bilden, als einzelne Wörter oder als ganze Wortblöcke, die eigentlichen *Bausteine* für die Propositionen. Solche Bausteine – manchmal aus einem einzigen Wort bestehend, oft aber aus mehreren, ja vielen Wörtern – nennt man «*Satzglieder*».

Beispiele: Zwei Propositionen mit je vier Satzgliedern des genau gleichen Typs, aber in der ersten Proposition alle Satzglieder aus je einem einzigen Wort bestehend, in der zweiten Proposition aus zwei bis acht Wörtern:

> ⌈Sie⌋ *wird* ⌊euch⌋⌊sicher⌋⌊Material⌋ *liefern können*.
>
> ⌈Die Auskunftsstelle beim Verkehrsverein⌋ *wird* ⌊eurer Gruppe⌋⌊ohne jeden Zweifel⌋⌊das für die Vorbereitung eurer Reise nötige Material⌋ *liefern können*.

3.03 Im Deutschen besonders leicht: Abgrenzen der Satzglieder durch Verschiebeproben

Durch Anwendung von Verschiebeproben erhält man im Deutschen für 90–95% aller Propositionen eine zutreffende Abgrenzung der Satzglieder. Nur gelegentlich liefert die Verschiebeprobe noch kein genügendes Ergebnis, und man muß feinere Proben zu Hilfe nehmen (siehe Hinweis in Ziff. 3.04 Schluß und ausführlich Ziff. 11.65).

Erstes Beispiel, Proposition aus Verb und drei Satzgliedern, jedes Satzglied aus einem einzigen Wort bestehend:

> ⌈Das⌋ *kennt* ⌊er⌋⌊bestimmt⌋.
>
> Verschiebeprobe dazu: ⌊Er⌋ *kennt* ⌊das⌋⌊bestimmt⌋.
>
> ⌊Bestimmt⌋ *kennt* ⌊er⌋⌊das⌋.

Zweites Beispiel, in der gleichen Situation möglich wie das erste, ebenfalls Verb und drei Satzglieder, aber diese bestehen aus 6, 2 und 14 Wörtern:

> ⌈Dieses sehr wirksame und gar nicht teure Mittel gegen eine so häufige Erkrankung⌋ *kennt* ⌊ein so erfahrener Arzt wie er⌋ ⌊ganz bestimmt⌋.
>
> Verschiebeprobe dazu: ⌊Ein so erfahrener Arzt wie er⌋ *kennt* ⌊ganz bestimmt⌋ dieses ...
>
> ⌊Ganz bestimmt⌋ *kennt* ⌊ein so erfahrener Arzt wie er⌋ dieses ...

3.04 Hinweise für die Durchführung von Verschiebeproben im Deutschen

Die Verschiebeproben lassen sich nicht immer so einfach durchführen wie in den obenstehenden Beispielen.

3/I   Verben und Satzglieder in den Propositionen (clauses)

Es ist vorteilhaft, wenn man immer zuerst die Propositionen abgrenzt und innerhalb der Propositionen die Verb-Teile bestimmt und ggf. markiert. Wenn bei der im Text gegebenen Stellung der Verb-Teile keine Verschiebung von Satzgliedern möglich ist, kann man auch mit anderer Verbstellung probieren:

War das hier *richtig*?	Das *war* hier *richtig*.	hier *war* das *richtig*.
Wenn Sie daran *gedacht hat*, ...	Sie *hat* daran *gedacht*	daran *hat* sie *gedacht*

Wörter vom Typ «wer, was, wie, wo» usw. in einer Proposition mit Endstellung der Verb-Personalform (Relative, siehe schon Ziff. 1.17, unten) sind eigene Satzglieder, obwohl man sie nicht verschieben kann. Das wird deutlich, wenn man umformt und «wer» durch «der» oder «wie» durch «so» ersetzt:

Wie ich es immer *gewollt hatte*	So *hatte* ich es immer *gewollt*	Ich *hatte* es immer so ...
		Immer *hatte* ich es so ...

Dagegen sind Wörter vom Typ «daß, wenn, weil» usw. (mit Endstellung der Verb-Personalform, unterordnende Konjunktionen, siehe schon Ziff. 1.27'C2) keine Satzglieder, sie gehören zur Proposition als ganzer. Dasselbe gilt für «zu, um ... zu, ohne ... zu, anstatt ... zu, als ... zu» in Propositionen mit Infinitiv als Kern:

Daß er *versucht hat* diese Abfahrt *zu machen* ohne an die Lawinengefahr *zu denken* ...

Wörter vom Typ «und, oder» (beiordnende Konjunktionen, siehe schon Ziff. 1.27'C1) zählen bei der Verschiebeprobe nicht mit – man kann sie ja auch bei Spitzenstellung der Verb-Personalform noch voranstellen:

Und *will* sie das wirklich?	Oder *will* sie am Ende etwas ganz anderes?

Zum Spezialfall «trennbare Satzglieder», bei denen die Verschiebeprobe nicht auf Satzglieder, sondern nur auf Teile von solchen führt, siehe Ziff. 11.65 (Typ: «Angst hatte ich keine – Zuschauer waren viele da»).

3.05 Propositionen und Satzglieder in klassischen deutschen Versen

1 *Wär's* möglich? 2.1 *Könnt'* ich nicht mehr? 2.2 wie ich *wollte*?
3.1 Nicht mehr zurück, 3.2 wie mir's *beliebt*? 4.1 Ich *müßte*
die Tat *vollbringen*, 4.2 weil ich sie *gedacht*,
4.3 Nicht die Versuchung von mir *wies* – 4.4 das Herz
Genährt mit diesem Traum, 4.5 auf ungewisse
Erfüllung hin die Mittel mir *gespart*,
4.6 Die Wege bloß mir offen *hab' gehalten*?
5 Beim großen Gott des Himmels! 6.1 Es *war* nicht
Mein Ernst 6.2 *beschloßne* Sache *war* es nie,
6.3 In dem Gedanken bloß *gefiel* ich mir;
6.4 Die Freiheit *reizte* mich und das Vermögen ...

(Schiller, Wallenstein, 139–149)

zu 1: Es *wäre* möglich?
zu 2.1: Ich *könnte* nicht mehr ...?
zu 2.2: Wie *wollte* ich es?
zu 3.1: Zurück *könnte* ich nicht mehr?
zu 3.2: wie es mir *beliebt*
zu 4.2: ich *dachte* sie (die Tat), ich *habe* sie *gedacht*
zu 4.3: [weil ich] die Versuchung nicht von mir *wies*
zu 4.6: «bloß» als eigenes Satzglied, weil man verschieben kann «bloß habe ich mir die Wege offengehalten»; man kann aber auch als ein einziges Satzglied zusammennehmen «die Wege bloß ...»
zu 6.3: «bloß» wie in 4.6

3.06 Wieviel Eindeutigkeit beim Abgrenzen von Satzgliedern?

Das Beispiel in Ziff. 3.05 zeigt schon, daß man nicht immer zu eindeutigen Resultaten kommt, vor allem bei Wörtern wie «bloß, nur, dagegen, aber» usw.

Die sehr häufig gebrauchte Partikel «aber» kann man bei Zweitstellung der Verb-Personalform sowohl an die Spitze stellen wie an das erste Satzglied anhängen wie als eigenes Satzglied hinter der Verb-Personalform bringen:

| ⌜Aber eines⌝ *wird bleiben*⌝ | ⌜Eines aber⌝ *wird bleiben*⌝ | ⌜Eines⌝ *wird* ⌜aber⌝ *bleiben*⌝ |

Partikeln wie «dagegen, jedoch» können dazu auch als eigene Satzglieder den Platz vor der Verb-Personalform ausfüllen:

| ⌜Seine Eltern⌝ *sahen* ⌜das⌝ ⌜dagegen⌝ ⌜nicht⌝. | ⌜Seine Eltern dagegen⌝ *sahen* ...⌝ | ⌜Dagegen⌝ *sahen* ...⌝ |

Es ist daher manchmal gar nicht entscheidbar, ob der Sprecher/Schreiber eine solche Partikel als einen Teil des ersten Satzglieds oder als Einleitung zur ganzen Proposition hingesetzt hat – und diese Entscheidung ist auch nicht wichtig, sondern es ist den Hörenden/Lesenden überlassen, welche Einteilung sie annehmen:

| ⌜Und das⌝ *müssen* ⌜wir⌝ ⌜von dir⌝ *hören*⌝. | ⌜Und ⌜das⌝ *müssen* ⌜wir⌝ ⌜von dir⌝ *hören*⌝. |

Die Einteilung in Satzglieder – im allgemeinen eindeutig – ist also an einigen Stellen offen, so daß die Hörenden/Lesenden je individuell die eine oder die andere Einteilung annehmen können, ohne daß eine wesentliche Bedeutungsveränderung eintritt. Für Weiteres dazu siehe Teil 6, die Satzglieder neben dem Subjekt, und Teil 7, mehrwortige nicht-verbale Ausdrücke, feste Gefüge und/oder gleichrangiges Nebeneinander.

3.07 Lesehemmungen durch falsches Zusammennehmen von Wörtern zu mehrwortigen Satzgliedern

Eine geeignete Abgrenzung der Satzglieder (das richtige Zusammennehmen der gelesenen Wörter zu Satzgliedern) ist oft für das Verständnis beim *Lesen* grundlegend.

Dieses Zusammennehmen erfolgt allerdings größtenteils ganz unbewußt; es ist völlig automatisiert, so wie auch das Entnehmen der Wortbedeutungen aus den geschriebenen Wortgestalten und das Erfassen der verwendeten Satzgliedtypen und der dadurch signalisierten Bedeutungsbeziehungen insgesamt (ein Beispiel dafür in Ziff. A.29).

Es kommt aber vor, daß man zuerst falsch abgrenzt und dadurch den Text zunächst nicht recht oder gar nicht versteht. Man «stolpert» dann, man hält einen Augenblick mit dem Lesen inne und greift evtl. etwas zurück, bis man erfaßt, wie hier gemäß der Absicht des Textverfassers die Wörter zu Satzgliedern zusammenzunehmen oder als gesonderte Satzglieder zu verstehen und auf das jeweilige Verb zu beziehen sind.

1 Deutscher wissenschaftlicher Text

Im Manuskript einer Untersuchung über die Rolle von Sprachbüchern im Deutschunterricht stand:

| ... ⌜vorgegebene Texte *werden* als Beispiele dafür,⌝ ⌜wie andere Schreibsituationen schriftlich *bewältigt haben*⌝, *aufgegriffen*⌝ und ... |

Hier stolperte einer der Leser des Manuskripts. Er faßte nämlich zunächst die beiden Wörter «andere Schreibsituationen» als *ein* Satzglied auf:

3/I   Verben und Satzglieder in den Propositionen (clauses)

> ... ˌwieˌandereˌSchreibsituationenˌschriftlichˌ *bewältigt haben* ...

Das ergab aber kein befriedigendes Verständnis. Der Leser mußte kurz überlegen, dann merkte er erst, daß hier die Satzglieder folgendermaßen einzuteilen waren:

> ... ˌwieˌandereˌSchreibsituationenˌschriftlichˌ *bewältigt haben* ...

Es ging also hier nicht um «andere Schreibsituationen», sondern darum, wie andere (Leute) die Schreibsituationen, vor denen sie standen, schriftlich zu bewältigen vermochten. Der Leser ergänzte für sich: «wie andere *Leute ihre* Schreibsituationen ... bewältigen konnten».

In einem Gespräch mit dem Manuskriptverfasser (es ging natürlich in der Hauptsache um den Inhalt des Manuskripts) erzählte der Leser auch von seiner Verstehenshemmung an dieser Stelle, der Verfasser korrigierte die Stelle, und im gedruckten Buch liest man jetzt:

> ⌐Vorgegebene Texte *werden* als Beispiele dafür, ⌐wie man Schreibsituationen sprachlich *bewältigen kann*,⌐ *aufgegriffen*⌐ und ...

Hier ist das oben beschriebene Mißverständnis nicht mehr möglich, weil das Wort «man» immer nur als eigenes Satzglied verstanden werden kann, nicht mit «Schreibsituationen» zu einem zweiwortigen Satzglied zusammengenommen, wie das für «andere» möglich war. Zugleich verdeutlichte der Verfasser das von ihm Gemeinte, indem er schrieb «*sprachlich* bewältigt haben» statt «*schriftlich* bewältigt haben».

2   Englischer wissenschaftlicher Text

In einer Abhandlung über Aphasie (Sprachstörungen) stand:

> More specifically, building on the notion that perceptual and functional information structures the conceptual domains in which words and their meanings are embedded, we attempt ...

Hier nahm ein Leser in der mit «that» beginnenden Proposition (clause) zuerst die ersten fünf Wörter der Proposition zu einem Satzglied zusammen «*perceptional and functional information structures*», und er verstand «perzeptionelle und funktionale Informationsstrukturen» (perzeptionell: was sich auf den Bewußtmachungsprozeß im Gehirn bezieht; funktional: was die Zusammenhänge in einem System betrifft).

Damit stolperte der Leser aber. Er kam erst zu einem Verständnis, als er «*structures*» nicht mehr als Nomen in einem langen Satzglied, sondern als *Verb-Personalform* erfaßte. Gemeint ist nämlich: «die perzeptionelle und funktionale Information *strukturiert* (gliedert) die begrifflichen Bereiche, in welchen Wörter und ihre Bedeutungen eingebettet sind».

3/II Verbale Wortketten, als fertige Propositionen und in Wörterbüchern

3.08 Infinitive mit zugehörigen Satzgliedern: verbale Wortketten

Wenn man eine Handlung, eine Verhaltensweise, einen bestimmten Zustand für sich selber lebhaft vorstellen (sich in Gedanken ausmalen) oder für andere beschreiben will, tut man das oft nicht durch eine Proposition mit Verb-Personalform, sondern durch eine Proposition mit einem Verb im Infinitiv als Kern:

> ⌈Acht Tage⌋Ferien⌋ *machen*⌉.
> ⌈Am Morgen⌋ *ausschlafen*⌉, ⌈dann⌋in Ruhe⌋auf der Terrasse⌋Tee⌋ *trinken*⌉,
> ⌈am Nachmittag⌋zum Vergnügen⌋in die Stadt⌋ *gehen*⌉ ⌈und die Schaufenster⌋ *ansehen*⌉.

Bei Bedarf fügt man auch hier eine Proposition mit Verb-Personalform ein:

> ⌈Vielleicht⌋etwas⌋ *kaufen*⌉, ⌈was⌋einem⌋besonders gut⌋ *gefällt*⌉.

Solche Kombinationen von Infinitiven und Satzgliedern nennt man *verbale Wortketten*.

3.09 Propositionen aus verbalen Wortketten auch in den Fremdsprachen

In Anleitungen aller Art liest man oft ganze Folgen von Propositionen, die nur aus verbalen Wortketten im Infinitiv bestehen. Das gilt nicht nur für das Deutsche, sondern auch für die modernen Fremdsprachen – nur steht dort der Infinitiv *am Anfang* oder fast am Anfang der Wortkette, nicht am Schluß wie im Deutschen.

Beispiel: Das Einstellen des automatischen Weckdienstes bis zum Warten auf den Quittierungstext der Telefonzentrale ist in den Schweizer Telefonbüchern in fünf Propositionen aus verbalen Wortketten im Infinitiv beschrieben, und diese sind in drei Sätzen präsentiert, im Deutschen, im Französischen und im Italienischen.

Deutsch: Infinitiv am Schluß der verbalen Wortkette (mit Ausnahme von Ausgeklammertem):

> ⌈Hörer⌋ *abheben*⌉, ⌈Nummer 150⌋ *wählen*⌉.
> ⌈Ohne ⌋eine Antwort⌋ *abzuwarten*⌉ ⌈die gewünschte Weckzeit⌋vierstellig⌋ *eingeben*⌉.
> ⌈Hörer⌋nicht⌋ *auflegen*⌉.

Französisch: Infinitiv *am Anfang* der verbalen Wortkette, vorher nur Präposition/Infinitivkonjunktion «sans» und Verneinung «ne pas»:

> *Décrocher* le combiné, *composer* le numéro 150.
> Sans *attendre* de réponse, *sélectionner* l'heure de réveil désirée, à quatre chiffres.
> Ne pas *raccrocher* le combiné.

Italienisch: Infinitiv *am Anfang*, vorher nur beiordnende Konjunktion «e», Präposition/Infinitivkonjunktion «senza» und Verneinungspartikel «non»:

> *Staccare* il microtelefono e *selezionare* il numero 150.
> Senza *attendere* una risposta, *selezionare* quindi l'ora di sveglia desiderata (quatro cifre).
> Non *riattacare* il microtelefono.

3.10 Verbale Wortketten in Wörterbüchern

Wenn man in einem Wörterbuch etwas nachschlägt, trifft man sehr oft auf verbale Wortketten im Infinitiv.

Beispiel französisch–deutsch: Man hat in einer Szene von «César» von Marcel Pagnol die Regieanweisung gelesen (Marius und Césariot sind auf einem Motorboot): «Il prend la barre. Il *embraye*. Le bateau recule, vire, se dirige vers la passe et sort du port.»

Man hat nicht präsent, was «embrayer» heißt, und man sieht zuerst in einem französisch-deutschen Wörterbuch nach (hier: Weis/Matuttat, Klett, 1977) und dann zur Kontrolle in einem einsprachigen Wörterbuch (hier: Larousse élémentaire). Die Einträge sind:

Man sieht sogleich, wie wenig hilfreich es ist, wenn dem französischen Verb einfach eine Folge deutscher Verben zugeordnet wird, ohne genauere Hinweise auf die dabei möglichen Satzglieder (oberes Beispiel, Weis-Mattutat); durch die vollständige verbale Wortkette im «Larousse élémentaire» (unteres Beispiel) wird die Bedeutung von «embrayer» viel schneller und leichter erfaßbar.

Beispiel deutsch-französisch: Man sollte wissen, welche französischen Verben man für deutsch «sich bewerben» verwenden kann. Man schlägt im deutsch-französischen Wörterbuch nach (hier: Pons, Globalwörterbuch, Klett, 1985) und man findet:

Mit Auflösung der Abkürzungen: sich bei jemandem um etwas *bewerben* – *demander* quelque chose à quelqu'un — sich um ein Amt, eine Stelle *bewerben* – *offrir* ses services — sich um etwas bewerben – *postuler* quelque chose — (kandidieren) – *présenter* sa candidature, se *porter* candidat au poste de ... usw.

Beispiel deutsch-englisch: Man sucht auch hier nach Wiedergabemöglichkeiten für «sich bewerben» und findet (hier: aus Duden Oxford Großwörterbuch Englisch, 1990):

> **bewerben** *unr. refl. V.* apply (um for); sich bei einer Firma *usw.* ~: apply to a company *etc.* [for a job]; sich als Buchhalter *usw.* ~: apply for a job as a bookkeeper *etc.;* **die Firma bewarb sich um den Auftrag** the firm competed for the contract

Hier findet man also überhaupt keine einzelnen Verben, sondern nur ganze verbale Wortketten und ganze sich entsprechende finite Propositionen.

Die *Häufigkeit* der Verwendung verbaler Wortketten in den Wörterbüchern erklärt sich aus der Tatsache, daß die meisten Verb-Bedeutungen gar nicht mit einem *Verb allein* verknüpft sind, sondern mit einem *Verb samt bestimmten Stellen für Satzglieder*, also mit einem verbalen *Semantem* (zu diesem Begriff siehe Ziff. 6.50–6.52). Die angegebenen verbalen Wortketten – besonders auch diejenigen mit den abgekürzt angegebenen Kombinationsmöglichkeiten («qc à qn – quelque chose à quelqu'un») – sind hier die Repräsentanten der betreffenden verbalen Semanteme.

3.11 Verben nicht allein lernen, sondern in ganzen verbalen Wortketten und finiten Propositionen

Wer rationell lernen will, der prägt sich nicht isolierte Verben ein, sondern ganze verbale Wortketten, d. h. die Verben in Verbindung mit für sie typischen Satzgliedern, in für sie typischen Konstruktionen.

Also nicht einfach «*demander* heißt *fragen*» oder «*finir* heißt *beenden*», sondern: *demander quelque chose, etwas verlangen – demander* quelque chose *à quelqu'un, von jemandem* etwas *verlangen,* ihn (nach, um) etwas *fragen*» oder «*finir* sa tâche, seine Aufgabe *beenden* – cela *finira* mal, das *wird* schlecht *enden*». Oft ist es wichtig, sich auch die *Verbindung mit andern Verben* einzuprägen: je *demande à* y *participer,* ich *verlange* daran *teilzuhaben* – je lui *demande de faire* cela, ich *bitte* ihn, *das zu tun* – il *finit de parler,* er *hört auf zu sprechen* – elle *finit par avoir raison*, sie *hat* schließlich *recht* («sie *endet* damit, daß sie *recht hat*»).

Das alles lernt man meistens am besten in direktem Anschluß an gelesene Texte, an dabei gelaufene Gespräche und Erklärungen, an Korrekturen von Lehrern oder andern, die die betreffende Fremdsprache schon beherrschen.

3/III   Die Subjekte als besondere Satzglieder

3.12   Propositionen mit Verb-Personalform und mit Subjekt

In den meisten Propositionen mit Verb findet sich nicht nur ein Verb im Infinitiv, wie in den Propositionen aus reinen verbalen Wortketten (Ziff. 3.09), sondern es ist eine *Verb-Personalform* (ein finites Verb) vorhanden; die Verb-Personalform kann als einziger Verb-Teil gesetzt sein, oder sie kann kombiniert sein mit einem Infinitiv oder einem Partizip II. Für Propositionen mit Verb-Personalform hat man den Fachausdruck «*finite Propositionen*».

In den finiten Propositionen ist sehr oft ein *besonderes Satzglied* vorhanden, das sich in der verbalen Wortkette *nicht findet* und das *festlegt*, ob die Verb-Personalform im *Singular* oder im *Plural* und in der *1., 2. oder 3.* Person (siehe Ziff. 1.02) stehen muß.

Das besondere Satzglied, das zu den in der verbalen Wortkette enthaltenen Satzgliedern hinzutritt und nach welchem sich Zahl und Person der Verb-Personalform richten, ist das *Subjekt*:

Propositionen aus *verbalen Wortketten im Infinitiv*	Propositionen *mit Verb-Personalform* (auch kombiniert mit Infinitiv oder Partizip II) und *mit Subjekt*
⟨Am besten⎵gar nicht⎵auf ihn⎵ *achten*⟩.	⟨Am besten⎵ *achtest* ⎵du⎵gar nicht⎵auf ihn⎵⟩.
⟨Gerade jetzt⎵ganz ruhig⎵ *bleiben*⟩,	⟨Gerade jetzt⎵ *mußt* ⎵du⎵ganz ruhig⎵ bleiben⟩,
⟨sich⎵auf keinen Fall⎵ *provoziert fühlen*⟩.	⟨auf keinen Fall⎵ *darfst* ⎵du⎵dich⎵ provoziert fühlen⟩.
Man *läßt offen* (ein Hörer/Leser muß es aus der Situation entnehmen), *für wen* (oder für was) das in der Proposition Dargestellte gelten soll.	Man *gibt an*, nämlich durch das Subjekt und z. T. durch die Endung der Verb-Personalform, *für wen* (oder für was) das durch das Verb und die Satzglieder aus der verbalen Wortkette Dargestellte gelten soll.

3.13   Wie findet man im Zweifelsfall das Subjekt? Die Infinitivprobe

Sehr oft erkennt man ohne weiteres gefühlsmäßig, welches Satzglied als Subjekt zu verstehen ist – vor allem wenn das betreffende Verb ein *Verhalten* oder *Handeln* einer *Person* darstellt und wenn das Subjekt die Person *nennt*, die hier etwas tut oder sich so oder so verhält.

Wenn das nicht der Fall ist und man aus irgend einem Grund das Subjekt bestimmen muß (z. B. für eine Übersetzung in eine Fremdsprache), kann man eine *Infinitivprobe* durchführen: man *verwandelt* die Verb-Personalform in den *Infinitiv* und *prüft*, welche als Subjekt überhaupt in Frage kommenden Satzglieder *beim Infinitiv bleiben* (mit diesem die verbale Wortkette bilden). Das *Subjekt* kann nämlich *nicht* in die verbale Wortkette im Infinitiv einbezogen werden. Beispiel:

3.13 Wie findet man im Zweifelsfall das Subjekt? Die Infinitivprobe

⌈In diesem Fall˩ ist ˌnatürlich˪das˪die einzige richtige Lösung⌉	
Herausgelöste verbale Wortkette im Infinitiv:	Herausgelöstes Subjekt:
ˌin diesem Fall˪natürlich˪die einzige richtige Lösung˩ sein	// das

Dabei muß man immer den *Sinn* der ganzen Proposition *im Textzusammenhang* im Auge behalten. Hie und da ergibt sich nämlich bei gleichem Aufbau aus Wörtern ein verschiedenes Verständnis der Proposition und damit eine verschiedene Bestimmung des Subjekts:

⌈Dabei˩ war ˌder Täter˪unser Nachbar⌉	ˌder Täter˩ *(gewesen) sein* // ˌunser Nachbar˩
	ˌunser Nachbar˩ *(gewesen) sein* // ˌder Täter˩

Im einen Fall war die Frage, wer etwas getan habe, und man stellt fest, daß es der Nachbar war: «*Unser Nachbar* war der Täter, er hat es getan». Im andern Fall hat man schon vom Täter gesprochen, seine Identität ist bekannt, und man stellt nun fest, daß dieser Täter in der Nachbarschaft wohnt (oder gewohnt hat): «*Der Täter* ist unser Nachbar (gewesen), er wohnt (wohnte) ganz in unserer Nähe».

3.14 Sinnvolle Genauigkeit bei der Infinitivprobe

Wie alle Proben, so darf man auch die Infinitivprobe nicht rein mechanisch durchführen, sondern muß immer an die *Bedeutung* der betreffenden Proposition im Textzusammenhang denken. Dabei kann man den Umfang der herausgelösten verbalen Wortkette im Infinitiv oft verschieden wählen; man kann in der Wortkette Satzglieder weglassen, die ohnehin nicht als Subjekte in Frage kommen:

⌈Natürlich˩ *weiß* ˌsie˪das˪alles˪ganz genau⌉.	(natürlich)˪das˪alles˪(ganz) genau˪ *wissen* // ˌsie˩
⌈Begreiflicherweise˩ *ärgert* ˌsie˪das˪sehr⌉.	jemanden˪ (begreiflicherweise)˪(sehr)˪*ärgern* // ˌdas˩

Bei Propositionen, deren Verb in einer Vergangenheitsform steht, bildet man die verbalen Wortketten, die diesen Propositionen generell zugrunde liegen; spezielle Zeitangaben wie «gestern, vor einem Jahr» kann man durch neutrale Angaben wie «dann» ersetzen:

⌈Gestern˩ *gelang* ˌes˪ihr˪endlich˪doch⌉.	jemandem˪dann˪endlich˪doch˩ *gelingen* // ˌes˩
⌈Wie˪sie˪das˩ *gefreut hat*⌉!	jemanden˪so (sehr)˪*freuen* // ˌdas˩

Ein Pronomen der 1. oder 2. Person kann man durch das entsprechende (neutralere) Pronomen der 3. Person ersetzen:

⌈Da˩ *habt* ˌihr˪euch˪natürlich˪diese Frage˪ *stellen müssen*⌉.	ˌsich˪diese Frage˩ *stellen müssen* // ˌihr˩
⌈Dort˩ *passierte* ˌmir˪etwas Seltsames⌉.	jemandem˩ *passiert sein / passieren* // ˌetwas Seltsames˩

3.15 Subjekt nicht als Satzglied gesetzt, sondern nur aus der Verb-Personalform zu entnehmen

Nicht in allen finiten Propositionen (Propositionen mit Verb-Personalform) ist das Subjekt als besonderes Satzglied gesetzt. Hie und da muß man als Hörer/Leser aus der Endung der Verb-Personalform entnehmen, was als Subjekt für die Proposition zu verstehen ist.

3/III Die Subjekte als besondere Satzglieder

Das ist besonders oft der Fall bei Verben im *Imperativ* (zur Verbform «Imperativ» siehe die Tabelle in Ziff. 5.12). Zum Vergleich:

Mach jetzt nur etwas anderes.	*Mach du* jetzt nur etwas anderes.
Fangt doch schon einmal damit *an*!	*Fangt ihr* doch schon einmal damit *an*.

Nicht-Setzen des Subjekts kommt aber auch bei gewöhnlichen Verb-Personalformen (im Indikativ, Ziff. 5.02) vor, besonders in lockerer Sprechweise:

Ist in Ordnung, *bin* einverstanden.	*Das ist* in Ordnung, *ich bin* einverstanden.

Bei einer Folge von mehreren Propositionen mit gleichem Subjekt wird sehr oft dieses Subjekt nur in der ersten Proposition gesetzt, und es gilt dann auch für die folgenden Propositionen («zusammengezogene Sätze», siehe Ziff. 8.38):

Sie sprangen von den Stühlen, *klatschten*, *schrien* durcheinander, *waren* ganz außer sich.

Im Lateinischen (auch im Italienischen) ist solches Nicht-Setzen des Subjekts «ich, du» usw. die Regel, gerade auch für sehr gepflegten Sprachgebrauch. Die Endungen der Verb-Personalformen sind eben so deutlich, daß das Setzen eines nur aus einem Pronomen bestehenden Subjekts als überflüssig erscheint. Also für deutsch «*Wir sind hier*»: Hic *sumus* – Siamo qui. Für Deutsch «*Sie sind* dumm, *sie sind* Toren»: Stulti sunt – Sono pazzi. Für deutsch «*Es regnet*»: Pluit – Piove. Für deutsch «*Es/das ist* sicher»: Constat – E certo.

Entsprechendes war bis ins 16. Jahrhundert auch im Französischen möglich. Ein Gedicht von Clément Marot (1496–1544) beginnt: «Plus ne *suis* ce que *j'ai été* / Et plus ne *saurais* jamais l'*être*» (Ich bin nicht mehr, was ich gewesen bin, und ich könnte es nie mehr sein»). Ein anderes Gedicht von Marot beginnt: «Tant que *vivrai* en âge fleurissant / *Je servirai* Amour» (So lange ich leben werde in blühendem Alter, werde ich der Liebe dienen).

3.16 Die verschiedenen Funktionen von «es»

Das Pronomen «es» kann besonders viele verschiedene Funktionen haben. Es kann *im Rahmen* einer *verbalen Wortkette* als Satzglied stehen, in Ersatzreihe mit «ihn/sie» und oft in Ersatzreihe mit «das». Beispiele: «(Man muß) *es/das* noch heute *tun*» oder «(Ich will) *es* (das Kind) am Bahnhof *abholen*».

Außerhalb der verbalen Wortkette – wo man gewöhnlich nur das Subjekt hat – kann ein «es» in *vier verschiedenen* Funktionen stehen. Man kann diese Funktionen klar unterscheiden, wenn man Verschiebe- und Ersatzproben durchführt.

A Ein «es» kann als *gewöhnliches Subjekt* dienen und entsprechend zur Bedeutung der ganzen Proposition beitragen; dieses «es» ist bei Bedarf beliebig ersetzbar durch ein genauer nennendes Satzglied:

Es ist gekommen, jetzt ist *es* da. Hier steht *es*.	Verbale Wortketten: gekommen sein – jetzt da sein – hier stehen; Subjekt ist also immer «*es*». Satzglieder, die das mit «*es*» Gemeinte genauer nennen: *das Telegramm – dein Geschenk – unser Kind* usw.

B Ein «es» kann als *rein formales Subjekt* dienen, ohne eigenen Bedeutungsbeitrag. Es bleibt bei der Verschiebeprobe bestehen, aber es ist nicht ersetzbar durch ein genauer nennendes Satzglied (nur gelegentlich kann man es ersetzen durch «das»):

⌐Es⌐ wird kalt, sicher gibt ⌐es⌐ Regen. Wie ⌐es⌐ schon dunkel ist! Wie ⌐es⌐ regnet!
                                                       das   das

Verben und verbale Wortketten dieser Art nennt man oft «unpersönliche Verben», z. B. «dunkeln – regnen – schneien – blitzen» usw. Ein solches als Subjekt dienendes, aber nicht ersetzbares «es» gibt es auch in altertümlichen Wendungen, es ist dann oft weglassbar: «Mich hungert *(es)* – Es hungerte ihn – ihn dürstete *(es)* so sehr».

C Ein «es» kann als *Voraussignal* dienen für eine noch kommende Proposition, die als inhaltlicher Teil gesetzt ist (Genaueres zur Bedeutungsstruktur «dominanter Teil + inhaltlicher Teil» in Ziff. 10.01–10.02). Das «es» kann dann als Subjekt in der dominanten Proposition dienen, es bleibt bei der Verschiebeprobe bestehen. Dagegen fällt es weg oder wird durch «das» ersetzt, wenn die als inhaltlicher Teil gesetzte Proposition vorausgeht, und die als dominanter Teil gesetzte Proposition folgt:

⌐Es⌐ ist nicht so leicht ⌐das zu verstehen⌐	Verbale Wortkette «nicht so leicht sein», das «*es*» ist also Subjekt; mögliche Verschiebeprobe: «Leider ist *es* nicht so leicht, das zu verstehen» («es» bleibt also bestehen).
dominanter Teil inhaltlicher Teil	
⌐Das zu verstehen⌐ ⌐das⌐ ist nicht so leicht	
inhaltlicher Teil dominanter Teil	

D Ein «es» kann *rein als Besetzung der ersten Stelle*, vor der Verb-Personalform, gesetzt sein. Es ist dann nicht Subjekt, sondern kann durch ganz verschiedene genauer nennende Satzglieder ersetzt werden. Bei Verschiebung fällt es ersatzlos weg. Man kann dieses «es» als «*Platzhalter* vor der Verb-Personalform» bezeichnen:

| ⌐Es kamen ⌐dann⌐ doch noch ⌐einige Leute⌐ | Ersatz: «*Schließlich* kamen … *Zum Glück* kamen …» Verschiebeprobe: «Dann *kamen* doch noch … (das «*es*» ist weggefallen). Verbale Wortkette: «dann doch noch *kommen*», Subjekt: «*einige Leute*». |

Früher nannte man ein solches rein als Platzhalter dienendes «es» auch «das *grammatische* Subjekt», und das richtige Subjekt nannte man dann «das *logische* Subjekt». Diese Unterscheidung beruhte auf der (heute allgemein aufgegebenen) Annahme, daß das Subjekt einen festen Platz in der Proposition habe, nämlich den Platz vor der Verb-Personalform. Zu den Plätzen der Subjekte und der verschiedenen Verb-Teile siehe Ziff. 3.25–3.39.

3.17 Blick auf frühere Verfahren der Subjektbestimmung

Früher empfahl man für die Bestimmung der Subjekte, einfach eine Frage mit «wer oder was» zu stellen. Dieses Verfahren funktioniert gut, wenn das Verb eine *Handlung* oder ein *Verhalten* darstellt und als Subjekt ein Lebewesen oder ein Gegenstand genannt wird. Bei einer Proposition «Gestern *schlief* sie bis weit in den Morgen hinein» kann man fragen «*Wer* schlief …», und die Antwort ergibt das Subjekt «*sie*». Aber bei Propositionen wie «Gestern *regnete* es ununterbrochen» wirkt die Frage «Wer oder was regnete gestern ununterbrochen» ziemlich läppisch, und die Bildung einer verbalen

Wortkette «einen ganzen Tag ununterbrochen *regnen*» (mit Ersatz von «gestern» durch «einen ganzen Tag») ist viel sachgerechter.

Insgesamt erweist sich die Subjektsbestimmung durch Herauslösen der verbalen Wortkette im Infinitiv zwar als etwas aufwendiger, aber als viel sicherer und sprachgerechter als die manchmal kaum sinnvoll mögliche «Wer-oder-was»-Frage.

3.18 Übereinstimmung von Verb-Personalform und Subjekt: Kongruenz

Die Verb-Personalform muß in Zahl und Person mit dem Subjekt *übereinstimmen*. Man hat dafür den Fachausdruck «Kongruenz» (nicht zu verwechseln mit dem ganz andern Gebrauch dieses Wortes in der Geometrie, wo man von «Kongruenz zwischen Dreiecken» usw. spricht). Die Forderung nach Kongruenz gilt für das Deutsche wie für die Fremdsprachen gleicherweise:

	3. SG	3. PL	1. SG	2. SG
D	⌊Die Frau⌋ singt	⌊Die Frauen⌋ singen	⌊Ich⌋ singe	⌊Du⌋ singst
L	⌊Mulier⌋ cantat	⌊Mulieres⌋ cantant	⌊(Ego)⌋ canto*	⌊(Tu)⌋ cantas*
It	⌊La donna⌋ canta	⌊Le donne⌋ cantano	⌊(Io)⌋ canto*	⌊(Tu)⌋ canti*
F	⌊La femme⌋ chante	⌊Les femmes⌋ chantent	⌊Je⌋ chante	⌊Tu⌋ chantes
E	⌊The woman⌋ sings	⌊The women⌋ sing	⌊I⌋ sing	⌊You⌋ sing

* Subjekt meist weggelassen, siehe Ziff. 3.15

3.19 Mögliche Schwierigkeiten bei der Kongruenz

Schwierigkeiten mit der Kongruenz gibt es gelegentlich bei Nomen, die im Singular stehen, aber eine Mehrzahl von Personen oder Sachen darstellen. Dann richtet man sich manchmal nach der Form des Subjekts und setzt eine Verb-Personalform im Singular, und manchmal richtet man sich nach dem Sinn und setzt eine Verb-Personalform im Plural.

Man kann bei sehr gepflegten Schriftstellern lesen: «Es *war* eine Menge Leute da – Eine Menge Freundschaften *wurden* geschlossen – Die Hälfte meiner Gedanken *waren* immer bei ihr».

Wenn man auf jeden Fall den Eindruck eines Fehlers vermeiden will, hält man sich an die *Form* des Subjekts und wählt für die Verb-Personalform den Singular, auch wenn mit dem im Singular stehenden Subjekt eine Vielzahl von Personen oder Sachen gemeint ist.

3.20 Kongruenz zwischen Subjekt und einem Satzglied aus der verbalen Wortkette

Manchmal wird auch für ein Satzglied aus der verbalen Wortkette Kongruenz mit dem Subjekt gefordert, und zwar in erster Linie im grammatischen Geschlecht:

| ⌈Er war *mein Freund*⌉ | ⌈Sie war *meine Freundin*⌉ | ⌈Diese Leute waren *meine Freunde*⌉ |

Solche Kongruenz – im Deutschen meistens kaum ein Problem – muß man sehr sorgfältig beachten im Französischen, Lateinischen und auch Italienischen. Dort ist jedes Adjektiv in verbalen Wortketten mit «sein, werden, bleiben» und ähnlichen Wörtern im grammatischen Geschlecht und im Plural dem Subjekt anzupassen (Ziff. 1.08 und 1.10). Dasselbe gilt für ein Partizip II, das mit «être» konjugiert ist:

| *Il* est *parti* – *Elle* est *partie* | *Ils* sont *partis* – *Elles* sont *parties* – *Elle* s'est *assise* etc. |

Gegenüber deutsch «Er/sie ist abgereist – sie sind abgereist – er/sie hat sich gesetzt».

3.21 Ganze Propositionen als Subjekte für andere Propositionen; Infinitive als Subjekte

Nicht selten wird die Stelle des Subjekts für eine Proposition gar nicht durch einen nichtverbalen Ausdruck innerhalb dieser Proposition, d. h. durch ein Satzglied besetzt, sondern durch eine ganze andere Proposition, die auch in sich ein Subjekt und ein Verb hat. Als prototypisch dafür kann die Kombination eines Nebensatzes mit «wer» und eines anschließenden Hauptsatzes gelten, sie ist sehr häufig in Sprichwörtern oder auch generell in Beurteilungen von Handlungen oder Verhaltensweisen:

| Wer zuletzt lacht, lacht am besten | *Nebensatz* «wer zuletzt lacht», mit «wer» als Subjekt (Infinitivprobe «zuletzt lachen // wer, er, einer). *Hauptsatz* «... lacht am besten», mit dem *ganzen Nebensatz* als Subjekt (Infinitivprobe: «am besten lachen, gut lachen können // der zuletzt Lachende, die zuletzt lachende Person») |

Mit anderer (ungewöhnlicherer) Reihenfolge, nämlich Hauptsatz ohne Subjekt voraus und der als Subjekt dienende Nebensatz anschließend, ist das Sprichwort im Französischen üblich:

| Rira bien, qui rira le dernier | Wird gut lachen, wer als letzter lachen wird |

In der gleichen Reihenfolge wie beim deutschen Sprichwort:

| Qui rira le dernier, rira bien. | Wird gut lachen, wer als letzter lachen wird |

Ein lateinisches Beispiel:

| Bis dat qui cito dat | Doppelt gibt/schenkt, wer schnell gibt/schenkt |

Auch hier wäre die umgekehrte Reihenfolge ebenso gut möglich:

| Qui cito dat bis dat | Wer schnell gibt, gibt doppelt |

Als Übergangserscheinung kann man es betrachten, wenn die Sujektsstelle durch einen Infinitiv ausgefüllt ist, oft auch durch einen Infinitiv mit Satzgliedern, d. h. durch eine ganze verbale Wortkette:

| Widersprechen, Ihr widersprechen, Ihr widersprechen zu wollen } hat keinen Sinn | Infinitivprobe: keinen Sinn haben // widersprechen, ihr widersprechen zu wollen |

Man steht bei solchen Formulierungen oft vor der Frage, ob man den Infinitiv groß schreiben, d. h. als ein Nomen betrachten soll, so in der bekannten Bewertung von Reden und Schweigen durch zwei knappe gereihte Teilsätze:

3/III Die Subjekte als besondere Satzglieder

> ⌢Reden⌣ ist ⌢Silber⌣, ⌢schweigen/Schweigen⌣ ist ⌢Gold⌣.

Infinitivprobe: Silber sein, wertvoll sein, Gold sein, noch wertvoller sein // reden, schweigen

Ebenso bleibt oft offen, ob man eine einzige Proposition annehmen soll oder eine Kombination aus zwei Propositionen:

> ⌢Etwas sagen⌣ ist ⌢gefährlich⌣ ⌢Etwas⌣ zu sagen⌣ ist ⌢gefährlich⌣
> ⌢Es⌣ ist ⌢gefährlich⌣ ⌢hier⌣etwas⌣ zu sagen⌣ ⌢Es⌣ ist ⌢gefährlich⌣ wenn ⌢du⌣hier⌣etwas⌣ sagst⌣

Für Genaueres zum ganzen Problem «verbale Propositionen als Bestandeile anderer Propositionen – Reichweite eines verbalen Semantems» siehe Ziff. 12.56–12.60.

3.22 Direkte Rede, indirekte Rede und Ähnliches an der Stelle eines Subjekts

Bei Propositionen, die als dominante Teile dienen, kann die Stelle des Subjekts durch den zugehörigen inhaltlichen Teil ausgefüllt werden, und dieser kann eine beliebige Form haben und braucht keineswegs als Nebensatz gesetzt zu sein:

> «⌢Laßt⌣mich⌣doch⌣ gehen⌣, ⌢ich⌣ will ⌢heim⌣», ⌢war⌣ihre ständige Bitte⌣.

Die beiden gereihten Propositionen «laßt mich doch gehen, ich will heim» nehmen die Stelle des Subjekts ein für die dominante Proposition «war ihre ständige Bitte», verbale Wortkette «ihre ständige Bitte sein – die ständige Bitte von jemand sein». Oft setzt man im dominanten Teil noch ein besonderes aufgreifendes Pronomen, und dann ist auch formal eine nichtverbale Ausfüllung der Subjektsstelle gegeben: «Laßt mich doch gehen, ich will heim, *das* war ihre ständige Bitte».

Beispiel für indirekte Rede (nicht in Nebensatz-Form) an der Stelle des Subjekts:

> ⌢Die einzige Antwort⌣ war⌣, ⌢sie⌣ solle ⌢sich⌣doch⌣nicht⌣so⌣ aufregen.

Die Proposition «sie solle sich doch nicht so aufregen» (mit Zweitstellung der Verb-Personalform, also nicht als Nebensatz geformt) nimmt die Stelle des Subjekts ein für die dominante Proposition «Die einzige Antwort war» (Infinitivprobe: «die einzige Antwort sein»; das Satzglied «die einzige Antwort» ist also hier nicht Subjekt, sondern Satzglied in der verbalen Wortkette, nämlich Prädikativ, siehe Ziff. 6.06'A2). Man könnte die Reihenfolge der zwei Propositionen ändern und dann im dominanten Teil auch eine formale Besetzung der Subjektsstelle einfügen: «Sie solle sich doch nicht so aufregen, ⌢das⌣ war die einzige Antwort».

3.23 Direkte Kombination von Subjekt und verbaler Wortkette im Infinitiv

Hie und da, besonders bei sehr nachdrücklichem Sprechen oder wenn man aufgeregt ist, setzt man das Verb gar nicht in die normalerweise erforderliche Personalform (mit Kongruenz mit dem Subjekt, Ziff. 3.18), sondern läßt auf das Subjekt einfach eine verbale Wortkette im Infinitiv folgen:

> ⌢Was⌣? ⌢Ich⌣ hier⌣nachgeben⌣? ⌢Ich⌣ und ⌢vor einem solchen Burschen⌣einfach⌣ davonlaufen⌣?

Zwei Beispiele aus klassischer Verssprache (Schiller, Tell, Vers 1300−1303, Rütliszene):

Reding	⌒Ruhig⌒! ⌒Eidgenossen⌒!
Sewa	⌊Wir⌊Oestreich⌋ huldigen ⌊nach solcher Schmach⌋,
von der Flüe	⌊Wir⌊uns⌋ abtrotzen lassen ⌊durch Gewalt⌋,
	⌊Was⌊wir⌊der Güte⌋ *weigerten*⌒?

Im *Lateinischen* braucht man diese Möglichkeit bei besonders lebhaftem Erzählen (Fachausdruck dafür: infinitivus historicus). Ein Beispiel:

⌊Interea⌊Catilina⌊Romae⌊multa⌊simul⌋ *moliri*⌒, ⌊insidias⌋ *tendere*⌒, *parare* ⌊incendias⌋
⌊opportuna loca⌊armatis hominibus⌋ *obsidere*⌒ ⌊ipse⌊cum telo⌋ *esse*⌒, ⌊item⌊alios⌋ *iubere*⌒ ...
Möglichst wörtliche Wiedergabe:
«Unterdessen *Catilina* in Rom: vieles zugleich *unternehmen*, Fallen *stellen*, Brände *anlegen*, geeignete Orte mit bewaffneten Männern *besetzen*, selber mit Waffe *sein*, dasselbe anderen *befehlen* ...»

3.24 Das Subjekt als erster Typ eines fallbestimmten Satzglieds

Im Deutschen spielen die *vier Fälle* (Nominativ − Akkusativ − Dativ − Genitiv, Ziff. 4.15−4.31) eine sehr wichtige, aber nicht immer leicht durchschaubare Rolle für die Kennzeichnung der Beziehungen zwischen den Satzgliedern und dem jeweiligen Verb. Das gilt für die Satzglieder innerhalb der verbalen Wortkette wie für die Subjekte.

Zu den *Kennzeichen des Subjekts* gehört es nämlich, daß es (wenn überhaupt durch einen nichtverbalen Ausdruck dargestellt und nicht durch einen Infinitiv oder eine ganze Proposition) immer *im Nominativ* steht.

Diese Feststellung darf man aber *nicht umdrehen*. Nicht jedes Satzglied im Nominativ ist auch Subjekt; in verbalen Wortketten mit den häufigen Verben «sein − werden − bleiben − scheinen − heißen − genannt werden» sind Satzglieder im Nominativ enthalten, nämlich die *Prädikative* (Genaueres dazu bei der Behandlung der Satzgliedtypen neben dem Subjekt, Ziff. 6.05−6.06, für das Lateinische speziell Ziff. 6.23; zu den Bedeutungsbeziehungen in solchen Propositionen siehe Ziff. 12.37−12.41, Semanteme mit «sein» als Kern, mit «werden» usw.).

3/IV Die Stellungen der Verb-Teile und der Satzglieder im Deutschen

3.25 Erstes Stellungsprinzip: Verb-Personalform am zweiten, letzten oder ersten Platz

Für die Verb-Personalform gibt es *drei* Stellungen, nämlich VP-*Zweitstellung*, VP-*Endstellung* und VP-*Spitzenstellung*.

A VP-Zweitstellung (die bei weitem häufigste Stellung, «Normal-Stellung»)

Man *beginnt* mit *irgend einem Satzglied* (gleichgültig ob Subjekt oder nicht) oder mit dem Platzhalter «es» – dann setzt man die *Verb-Personalform* und *dahinter*, soweit vorhanden, alle weiteren Satzglieder. *Am Schluß* kommen, wenn erforderlich, die weiteren Verb-Teile, also Verbzusatz oder Partizip II oder Infinitiv:

Die Sache	läuft	
Es	zeichnet	sich ein Erfolg ab
Eigentlich	habe	ich gar nicht so viel Zeit gebraucht
Mit dieser Entwicklung der Dinge	kann	ich nun wirklich zufrieden sein

Statt mit einem Satzglied kann man auch mit einem Partizip, einem Infinitiv (evtl. mit Satzglied) oder einer eigenen (als Nebensatz gesetzten) Proposition anfangen und dann die Verb-Personalform und alles übrige setzen:

Auf morgen verschieben	kann	ich es nicht
Verschoben	wird	jetzt nichts mehr
Sobald ich zurück bin,	fange	ich mit der Ausarbeitung der Stücke an

Das Prinzip ist also: *irgend etwas*, was als eröffnende Einheit gelten kann, *dann* die Verb-Personalform, *dann* alles andere, infinite Verb-Teile *am Schluß*.

B VP-Endstellung (etwas weniger häufig; typisch für Nebensätze)

Man beginnt mit einer *unterordnenden* Konjunktion («daß, wenn» usw.) oder mit einem *Relativ* («der/die/das, wo, wie» usw., oft anschließend an einen Bestandteil der vorhergehenden Proposition), dann kommen alle (weiteren) Satzglieder, nach ihnen die infiniten Verb-Teile und *ganz am Schluß* die Verb-Personalform:

[Das war]	was er in dieser neuen Situation von seinem Partner etwa erwarten konnte
[Ich freue mich]	daß sich jetzt der Gegensatz zwischen den beiden etwas relativiert hat
	Ob diese Wendung zum Besseren von einiger Dauer ist?
[Das fragt jeder]	der das Verhältnis zwischen den beiden etwas genauer beobachtet hat

C VP-Spitzenstellung (Ja-Nein-Fragen, Propositionen mit Imperativ, gewisse Nebensätze)

Man fängt *direkt mit der Verb-Personalform* an (evtl. eingeleitet durch eine beiordnende Konjunktion wie «und, oder, aber»), dann kommen alle Satzglieder, und ganz am Schluß kommen die infiniten Verb-Teile:

> ⁀Und *hast* ͵du͵das͵von ihm selber͵ *gehört*͡?
> ⁀*Mach* ͵dir͵nur͵keine Illusionen͡!
> ⁀Aber͵ *ist* ͵einmal͵soviel͵ *erreicht*͡ (so wird sich nachher auch anderes erreichen lassen)

3.26 Die VP-Endstellung und die Funktion «Nebensatz»

Man hat früher oft versucht, jede der drei möglichen Stellungen der Verb-Personalform mit einer *bestimmten grammatischen Funktion* zu verbinden, und man hat daher die besonders auffällige VP-Endstellung auch «*Nebensatz*-Stellung» oder «*Gliedsatz*-Stellung» genannt.

Tatsächlich hängt die VP-Endstellung in den allermeisten Fällen damit zusammen, daß die betreffende Proposition als ein *Nebensatz* gesetzt ist und daher besonders eng zu einer andern Proposition, dem Hauptsatz, gehört.

Diese Feststellung darf man aber *nicht verabsolutieren* und *nicht umdrehen*. Eine Proposition mit VP-Endstellung kann auch als einfacher Satz gesetzt sein, und man denkt dann gar nicht an einen zugehörigen Hauptsatz: «Was du nicht *sagst*! Wenn er sich nur nicht *täuscht*.» Eine Proposition kann auch durch VP-Spitzenstellung als Nebensatz gekennzeichnet sein, z. B. «*Ist* das wahr, so *gebe* ich mich geschlagen». Ferner kann eine Proposition mit VP-Zweitstellung ebenso eng zu einer andern Proposition gehören wie ein Nebensatz zu einem Hauptsatz, z. B. in «Er weiß genau, *ich bin dagegen*» (Umformung: «Er weiß genau, *daß ich dagegen bin*» – siehe die Übersichten in Ziff. 8.03 und 10.07).

3.27 Aufforderungen, Ja-Nein-Fragen und Ausfüllfragen – nicht an Verbstellung gebunden

Beim Versuch, jeder Stellung der Verb-Personalform auch eine feste Bedeutung zuzuschreiben, hat man oft gesagt, eine Proposition mit VP-Zweitstellung sei ein «*Aussagesatz*», und eine Proposition mit VP-Spitzenstellung sei ein «*Aufforderungs- oder Wunschsatz*» oder auch ein «*Fragesatz*».

Das erweist sich aber bei genauerer Beobachtung als unzutreffend. Als «Aussagen» kann man Propositionen mit allen drei Verbstellungen verwenden, z. B. «Ich *bin* beeindruckt» (VP-Zweitstellung) – «*Ist* das schön!» (VP-Spitzenstellung) – «Wie sie das gemacht *hat*». (VP-Endstellung).

Dasselbe gilt für *Aufforderungen*: «Das *tust* du mir kein zweites Mal!» (VP-Zweitstellung) – «Daß du mir das kein zweites Mal *tust*!» (VP-Endstellung) – «*Tu* mir das kein zweites Mal!» (VP-Spitzenstellung).

Als *Ja-Nein-Frage* («Entscheidungsfrage», Ziff. 9.01'A) kann man *jede* Proposition hinstellen, rein durch eine fragende Stimmführung, ohne Rücksicht auf die Stellung der

Verb-Personalform: «Du *kommst* also morgen? – *Kommst* du also morgen? – Ob du nun morgen *kommst*?»

Für eine *Ausfüllfrage* («Ergänzungsfrage») verwendet man ein w-Pronomen oder w-Relativ, und damit ergibt sich gewöhnlich VP-Zweitstellung, hie und da aber auch VP-Endstellung: «Wen *meint* er damit? Und warum *hat* er vorher nichts gesagt?» oder «Wen er damit wohl *meint*? Und warum er vorher nichts davon *gesagt hat*?»

Man muß also klar sehen, daß die drei möglichen Stellungen der Verb-Personalform *nicht fest* mit bestimmten grammatischen Funktionen oder Bedeutungen verbunden sind.

3.28 Zweites Stellungsprinzip: infinite Verb-Teile am Schluß, mit interner Rangordnung

Die *infiniten* Verb-Teile (Verbzusatz, Partizip II, Infinitiv) stehen grundsätzlich *am Schluß*: bei VP-Spitzenstellung immer, bei VP-Zweitstellung meistens (wenn man sie nicht aus besonderen Gründen vor die Verb-Personalform nimmt), und bei VP-Endstellung *direkt vor* der Verb-Personalform. Dabei gilt für die *interne* Reihenfolge, wenn mehrere infinite Teile vorhanden sind: *je enger* ein Verb-Teil in der *Bedeutung* zur Verb-Personalform gehört, desto *stärker* ist sein *Anspruch* auf den *Endplatz* – und desto *weiter* ist er daher bei VP-Zweitstellung und VP-Spitzenstellung rein räumlich von der Verb-Personalform *entfernt*. Man kann sich das am besten durch einen Vergleich mit dem Französischen klar machen:

VP und infinite Verb-Teile *weit voneinander entfernt*	VP und infinite Verb-Teile *direkt hintereinander*
Sie *reist* meistens sehr früh *ab*.	Elle *part* très tôt, en général.
Diesmal *ist* sie um 8 Uhr morgens *abgereist*.	Cette fois, elle *est partie* à 8 heures du matin.
Eigentlich *hätte* sie schon um 7 Uhr *abreisen sollen*.	Au fond, elle *aurait dû partir* à 7 heures déjà.

3.29 Ein Spezialfall: Partizip mit der Lautung des Infinitivs, besondere Stellungsregeln

Bei einigen Verben, die man oft mit einem Infinitiv verbindet, sieht das Partizip II in Verbindung mit einem solchen Infinitiv selber wie ein Infinitiv aus:

Er *konnte* das nicht *leisten*. Er *hat* das nicht *leisten können*. Er *hat* es nicht *gekonnt*.

Diese Besonderheit gilt für die Verben «wollen – sollen – müssen – können – dürfen – mögen» und «lassen – sehen – hören». Es heißt also «Ich habe ihn *gehört*», aber «Ich habe ihn *kommen hören*»; es heißt «Sie hat ihn allein *gelassen*», aber «Sie hat ihn allein *arbeiten lassen*» usw.

Mit dieser Besonderheit der Lautung ist eine Besonderheit der Stellung verbunden: Wenn bei derartigen Propositionen VP-Endstellung erforderlich wird, steht die Verb-Personalform *nicht ganz am Ende*, sondern *vor* dem Komplex aus Infinitiv + Partizip II. Beispiel:

normale Endstellung der VP	Wenn er diese Gefahr nur schon früher *gesehen hätte*!
VP-Endstellung, aber VP vor den zwei infiniten Teilen	Wenn er das alles nur schon früher *hätte* kommen *sehen*!

Die Besonderheit der Lautung erklärt sich aus der Sprachgeschichte: bei den Verben «wollen, können» usw. diente früher einmal die genau gleiche Lautung als Infinitiv und als Partizip II. In den schweizerdeutschen Mundarten ist es heute noch so: «Man muß nur wollen» heißt «Me mues nu *wele*» – und «Er hat das ja gewollt» heißt «Er hät das ja *wele*». In den schweizerdeutschen Mundarten findet sich auch eine Reihenfolge der infiniten Verb-Teile, die nicht dem Hochdeutschen, sondern dem Französischen entspricht. «Ich habe *schlafen gehen wollen*» heißt «Ich ha *wele ga schlaafe*» – und mit VP-Endstellung «Wän ich doch ha *wele ga schlaafe*» (für «Wenn ich doch *habe schlafen gehen wollen*»).

3.30 Klammerbildung und Herausnahme aus der Klammer

Die Regeln für die Stellung der Verb-Teile im Deutschen führen dazu, daß in der Bedeutung eng zusammenhängende Bestandteile oft weit voneinander getrennt sind und sich dadurch eine Klammer bildet, in die man oft eine ganze Reihe anderer Bestandteile hineinnimmt.

Klammer zwischen Verb-Personalform und infinitem Verb-Teil:

> *Hat* er eigentlich in dieser Angelegenheit vorher nie mit seinem Rechtsanwalt *gesprochen*?
> Verb-Klammer über 10 Wörter hinweg
>
> *Sie fangen* noch heute mit dem Aufstellen des Gerüsts für die Renovation der Fassade *an*.
> Verb-Klammer über 12 Wörter hinweg

Klammer zwischen unterordnender Konjunktion bzw. Relativ und Verb-Personalform:

> *Wenn* von den schweren Vorwürfen an seine Adresse auch nur ein ganz kleiner Teil wahr *ist* ...
> Verb-Klammer über 14 Wörter hinweg

Dieser Klammerbau kann deutsche Texte umständlich machen und das Verständnis behindern (ein Französischsprachiger ruft oft verzweifelt aus «J'attends le verbe – Ich warte auf das Verb»).

Man sollte daher den Klammerbau, auch wenn er vollständig korrekt ist, nicht überziehen, sondern alle vorhandenen Möglichkeiten zur *Herausnahme* eines Satzglieds («Ausklammerung») ausnützen.

Alle drei obigen Beispiele bleiben grammatisch genau so korrekt, wirken aber viel gefälliger und sind leichter verständlich, wenn man die Satzglieder «in dieser Angelegenheit – mit dem Aufstellen des Gerüsts für die Renovierung der Fassade – von den Vorwürfen an seine Adresse» *hinter* die abschließenden Verbteile setzt:

> *Hat* er eigentlich vorher nie mit seinem Rechtsanwalt *gesprochen* in dieser Angelegenheit?
> *Sie fangen* noch heute *an* mit dem Aufstellen des Gerüsts für die Renovation der Fassade.
> *Wenn* auch nur ein ganz kleiner Teil wahr *ist* von den Vorwürfen an seine Adresse, ...

3/V Verb-Teile, Subjekte und weitere Satzglieder im Französischen

3.31 Verb-Teile immer in gleicher Reihenfolge, weniger Klammerbildung

Im Französischen gibt es für die Verb-Personalform (le verbe conjugué) *keine Endstellung* wie im Deutschen. Es gibt daher auch zwischen der unterordnenden Konjunktion bzw. dem Relativ und der Verb-Personalform keine so weite Klammer. Die infiniten Verb-Teile stehen immer *nach* der Verb-Personalform; als solche Verb-Teile dienen nur das Partizip II (le participe passé) und der Infinitiv (l'infinitif); einen Verbzusatz gibt es nicht. Zum Vergleich:

Si ˌtuˌ avais accepté ˌl'invitationˌ ˌqueˌtuˌ as reçue ˌl'année passéeˌ ...
Wenn ˌduˌdie Einladungˌ *angenommen hättest* ˌdieˌduˌletztes Jahrˌ *erhalten hast* ...

ˌJeˌ sais ˌqu'ilˌ va faire ˌde son mieuxˌ
ˌIchˌ weiß ˌdaßˌ ˌerˌsein Bestesˌ tun wird

Zwischen Verb-Personalform und Partizip II bzw. Infinitiv kann etwas *eingeschoben* werden. Es besteht aber keine so weit gespannte Möglichkeit (oder sogar Notwendigkeit) für eine Umklammerung wie im Deutschen. *Immer* einzuschieben ist der zweite Teil der Negation (Verneinung); oft schiebt man auch kurze Angaben der Zeit, des Sicherheitsgrades, der Intensität usw. ein.

ˌIlˌ ne *pouvait* ˌjamaisˌ résister ˌà de telles tentationsˌ | ˌNousˌ avons ˌsouventˌ regretté ˌcette faiblesseˌ
ˌErˌ konnte ˌsolchen Versuchungenˌnieˌ *widerstehen* | ˌWirˌ haben ˌdiese Schwächeˌoftˌ bedauert

3.32 Subjekt und Verb-Personalform als fester Zentralkomplex

Die Stellung der *Satzglieder* ist im Französischen *grundsätzlich anders* geregelt als im Deutschen. *Subjekt* und *Verb-Personalform* bilden meistens einen *festen Zentral-Komplex*. Alle andern Satzglieder stehen *hinter* der Verb-Personalform (bzw. hinter dem an die Verb-Personalform anschließenden Infinitiv oder participe passé) – und ein dazu geeignetes Satzglied nimmt man gerne *vor* den ganzen Zentral-Komplex; man grenzt es dann meistens durch ein Komma ab vom Subjekt, mit dem der Zentral-Komplex beginnt. Entsprechendes gilt für einen vorangehenden Nebensatz (une proposition subordonnée, Ziff. 8.12); zum Vergleich:

ˌDans ce livre,ˌ ˌl'auteurˌ décrit ˌpour la première foisˌl'évolution de ses idées fondamentalesˌ.
ˌSans ˌseˌ perdre ˌdans les détailsˌ ˌilˌ arrive à donner ˌun tableau très nuancéˌ.

ˌIn diesem Buchˌ *beschreibt* ˌder Verfasserˌzum ersten Malˌdie Entwicklung seiner Grundideenˌ.
ˌOhne ˌsichˌin Detailsˌ *zu verlieren*, *vermag* ˌerˌein nuanciertes Gesamtbildˌ *zu geben*.

Also Französisch: *Feste Verbindung* von *Subjekt* und *Verb-Personalform*, in *fester* Reihenfolge, als Dreh-und Angelpunkt für die ganze Proposition bzw. die zwei eng verbundenen Propositionen; das Subjekt bleibt vor der Verb-Personalform.

Dagegen Deutsch: *Nur Verb-Personalform* als Dreh- und Angelpunkt für die ganze Proposition bzw. die zwei eng verbundenen Propositionen; wenn der Platz *vor* der Verb-Personalform durch ein anderes Satzglied bzw. durch einen Nebensatz besetzt wird, schiebt man das *Subjekt* einfach *hinter* die Personalform.

3.33 Wann steht auch im Französischen das Subjekt hinter der Verb-Personalform?

Das Subjekt kann auch im Französischen hinter der Verb-Personalform stehen. Aber diese Stellung ist seltener als im Deutschen, und sie ist häufiger mit einer besonderen Bedeutung oder einer besonderen stilistischen Wirkung verbunden.

A Nachstellung des Subjekts in Propositionen, die als Fragen gesetzt sind

Durch das Nachstellen des Subjekts kann man eine Proposition als *Frage* (Ja-Nein-Frage) kennzeichnen. Man tut das allerdings fast nur dann, wenn als Subjekt ein *unbetontes Pronomen* dient, und man hängt dann dieses Pronomen durch *Bindestrich* an die Verb-Personalform an:

As- tu toi-même écrit cette lettre?	*Et as-tu déjà reçu sa réponse?*
Hast du diesen Brief selbst geschrieben?	Und hast du seine Antwort schon bekommen?

Bei allen andern Subjekten setzt man das Subjekt an die *Spitze* und *greift* es mit dem nachgestellten Pronomen «il/elle/ils/elles» *wieder auf*:

Ton frère a-t-il lui-même écrit cette lettre?	*Et la réponse est-elle déjà arrivée?*
Hat dein Bruder diesen Brief selbst geschrieben?	Und ist die Antwort schon gekommen?

Wenn an der Spitze der Proposition ein *besonderes fragendes Wort* vorhanden ist (bei Ausfüll-Fragen) wird durch die Nachstellung des Subjekts der Frage-Charaker unterstrichen – außer wenn das fragende Wort selbst als Subjekt dient und dann natürlich nicht nachgestellt wird:

Où est ton ami?	*Que fait-il là-bas?*	*Quelles sont ses intentions?*
Wo ist dein Freund?	Was macht er dort unten?	Welches sind seine Absichten?

Aber mit fragendem Wort als *Subjekt*:

Qui est venu? Wer kam?

Man vermeidet aber oft die Änderung des Ablaufs innerhalb der Proposition und setzt dafür die Frageformel «*Est-ce que*» an die Spitze (wörtlich: «Ist es so, daß ...»).

Est-ce qu'il est parti tout seul?	*Et où est-ce qu'il habite maintenant?*
Ist er ganz allein gegangen?	Und wo wohnt er jetzt?

Besonders aufpassen muß man bei den Formeln für «wer/was?» und «wen/was?», nämlich «*qui est-ce qui – qu'est-ce qui – qui est-ce que – qu'est-ce que*». In diesen Formeln richtet sich das *erste* «qui» oder «que» danach, ob man eine *Person* oder etwas Nichtpersonales meint – und das *zweite* «qui/que» richtet sich danach, ob die ganze

3/V Verb-Teile, Subjekte und weitere Satzglieder im Französischen 79

Formel in der Proposition *als Subjekt* oder als anderes Satzglied (complément d'objet direct, Ziff. 6.14) dient:

Qui est-ce qui vient?	*Qui est-ce que tu attends?*
Wer kommt?	Wen erwartest du?
Qu'est-ce qui te frappe?	*Qu'est-ce que tu penses?*
Was fällt dir auf?	Was denkst du?

B Subjekt nachgestellt wegen vorausgehender wörtlicher Rede

Wenn eine Proposition als anführender Teilsatz (als dominanter Teil) auf ein Stück wörtliche Rede (den inhaltlichen Teil) folgt, setzt man das Subjekt hinter die Verb-Personalform – das entspricht den Stellungsregeln für das Deutsche:

| *Je ne céderai pas dit Denise,* | *Cela me ferait honte, ajoute-t-elle,* |
| Ich gebe nicht nach, sagt Denise, | Das wäre beschämend für mich, fügt sie hinzu |

C Nachgestelltes Subjekt bei bestimmten Einleitungswörtern oder für Hervorhebung

Nach einigen Einleitungswörtern («aussi, encore, peut-être» und andere) setzt man das Subjekt *hinter* die Verb-Personalform:

| *Peut-être réussira-t-elle,* |
| «Vielleicht wird sie Erfolg haben» – aber auch möglich: «Peut-être elle réussira» und «Peut-être qu'elle réussira» |

Hie und da wählt man die Nachstellung eines Subjekts, um das in diesem Subjekt Genannte besonders hervorzuheben:

| *Dans sa tête germaient des idées folles,* | [Cette place] *qu'occupe maintenant son rival*... |
| In seinem Kopf stiegen tolle Ideen auf | [Dieser Platz] den jetzt sein Rivale einnimmt... |

3.34 Stellungsregeln für «le/la/les/lui/leur/se – me/nous – te/vous – y – en»

Einen besonders starken Gegensatz zum Deutschen gibt es bei den sehr häufigen Pronomen und Partikeln «le/la/les/lui/leur/se – me/nous – te/vous – y – en». Diese Wörter werden *zwischen* Subjekt und Verb-Personalform *eingeschoben*; wenn das Subjekt nachgestellt wird, bleiben sie an ihrem Platz *vor* der Verb-Personalform, oft bilden sie dann den Anfang der Proposition:

Je vous connais bien,	*Me connaissez-vous vraiment?*	*J'en doute souvent,*
Ich kenne Sie gut	Kennen Sie mich wirklich?	Ich zweifle oft daran
Il leur pardonne tout, lui a-t-il dit	*Il n'en parlera plus, il n'y pensera plus*	
Er verzeiht ihnen alles, sagte er ihr	Er spricht nicht mehr davon, er denkt nicht mehr daran	
Vous a-t-elle téléphoné?	*Vous a-t-elle avertis à temps?*	
Hat sie euch telephoniert?	Hat Sie euch rechtzeitig benachrichtigt?	

Die *lautliche Gleichheit* zwischen «nous, vous» als Subjekt und «nous, vous» als Satzglied neben dem Subjekt (als complément direct oder indirect, siehe Ziff. 6.14) kann den Anfänger verwirren. Es ist daher gut, wenn man sich von Anfang an die ganze Reihe einprägt: «me/nous – te/vous – le/la/les – lui/leur (für masculin und féminin gleich!) – y – en».

Einprägen muß man sich auch die *verschiedene Reihenfolge*, wenn zwei solche Wörter zusammen gebraucht werden:

| Ils Elles Les.. | ⎧ me ⎨ nous ⎪ te ⎪ vous ⎨ le ⎩ la les ⎭ | ⎧ le ⎨ la ⎩ les ⎫ ⎧ lui ⎨ leur ⎭ | montrent [Sie/Die... zeigen es mir usw.] | Ils Elles Les... | ⎧ m' ⎨ nous ⎪ t' ⎪ vous ⎨ l' ⎩ les ⎭ | y accompagnent [begleiten mich usw. dorthin] en avertissent [informieren mich usw. darüber] |

Einprägen muß man sich auch die *verschiedene Stellung* bei anschließenden *infiniten Teilen*:

VP von *«avoir, être»* mit participe passé oder von *«faire, laisser, voir, entendre»* mit Infinitiv	VP von *andern Verben* mit Infinitiv kombiniert
Nous vous l'avons dit *Il la fait descendre* Wir haben es euch gesagt Er läßt sie herunterkommen *Elle s'y est reposée* *On les a vu descendre* Sie hat sich dort ausgeruht Man hat sie herunterkommen gesehen	*Il veut la voir* *Elle va le lui dire* Er will sie sehen Sie wird es ihm sagen *Tu pourrais m'y accompagner* Du könntest mich dort hin begleiten
«me/nous, te/vous» etc. *vor* der Verb-Personalform	«me/nous, te/vous» etc. *nach* der Verb-Personalform, direkt vor dem Infinitiv

3.35 Stellung der Bestandteile bei verneinten Propositionen

Die Verneinung (Negation) ist im Französischen nicht einteilig wie meistens im Deutschen, sondern sie ist grundsätzlich zweiteilig: ne...pas – ne...jamais – ne...rien usw.

Bei *Voranstellung* des Subjekts kommt das «ne» *direkt hinter* dem Subjekt, der zweite Negations-Bestandteil kommt hinter der Verb-Personalform; die Negation bildet also eine *Klammer*, und in dieser Klammer steht die Verb-Personalform, oft zusammen mit dem ihr vorausgehenden «le/la/les/lui/leur/se – me/nous – te/vous – en – y»:

| *Elle n'est pas contente* Sie ist nicht zufrieden | *Il ne le lui dira pas* Er sagt es ihr nicht | *Nous n'en savons absolument rien* Wir wissen davon absolut nichts |

Bei *Nachstellung* des Subjekts umfaßt die Negations-Klammer *zusätzlich* das an die Verb-Personalform angehängte Subjekt:

| *Pourquoi, n'est-elle pas contente?* Warum ist sie nicht zufrieden? | *Son père ne le lui dira-t-il pas?* Wird ihr Vater es ihr nicht sagen? | *Ne parlera-t-il pas?* Wird er nicht sprechen? |

«Rien, personne, aucun/aucune» können auch als Subjekt gesetzt werden, dann *folgt* ihnen das «ne»:

| *Hier, rien ne s'est passé* Gestern ist nichts passiert | *Personne n'en parle* Niemand spricht davon | *Aucun n'y croit* Keiner glaubt daran |

In lockerer Alltagssprache wird das «ne» oft weggelassen, z. B. bei Propositionen mit Imperativ: «*Touche pas* le chien – Berühr den Hund nicht».

Die Wörter «rien, personne» haben in gewissen Kombinationen noch ihren ursprünglichen positiven Sinn («Je connais une personne, ich kenne eine Person» oder «Je lui ai acheté un petit rien, ich habe ihm eine Kleinigkeit gekauft»). Beide Wörter können aber auch ohne «ne» die Bedeutung «niemand, nichts» haben:

Et qui a vu ça? Personne.	Rien, rien.
Und wer hat das gesehen? Niemand.	Nichts, nichts.

3.36 «Il» und «ce» als rein formale Subjekte («sujets apparents»); Vergleich mit deutschem «es/das»

Man kann den Gebrauch des Personalpronomens «il» und des Demonstrativs «ce» mit «être» und mit den sogenannten «unpersönlichen Verben» weitgehend mit dem Gebrauch von «es/das» im Deutschen vergleichen (Ziff. 3.16). Es gibt aber auch wichtige Unterschiede.

Das «il» dient als rein formales Subjekt (nicht als Hinweis auf irgend eine Person oder Sache) in Propositionen wie «*Il pleut*, Es regnet – *Il fait* jour, Es wird Tag, wird hell – *Il faut* y rester, Es ist nötig, dort zu bleiben – *Il y avait* de gros nuages, Es hatte dicke Wolken, Es waren da dicke Wolken.»

Entsprechend dient «ce» als rein formales Subjekt in Propositionen wie «*C'est* moi, Das bin ich, Ich bin es – *Ce sont* des gens très polis, Das sind sehr höfliche Leute – *C'est* difficile, Es/das ist schwierig.»

Manche Grammatiker bezeichnen ein solches «il, ce» als «*sujet apparent* – scheinbares Subjekt», und das, was der Verb-Personalform folgt, ist dann das «*sujet réel* – wirkliches Subjekt».

Für die Praxis hat aber diese Unterscheidung in der grammatischen Analyse wenig Gewicht. Nach «*il*» steht die Verb-Personalform *immer im Singular*, auch wenn als «sujet réel» ein Plural folgt, z. B. «Il *est* des gens, qui ... (Es gibt/Da sind Leute, die...)» oder «Il me *manque* des preuves (Mir fehlen Beweise)».

Für «*c'est, c'était, ce sera – ce sont, c'étaient, ce seront*» kann man sich merken:
– *Immer Singular* mit den Pronomen «nous, vous», obwohl mit «nous» ein Plural gemeint ist und mit «vous» ein Plural gemeint sein kann, also «*C'est nous, c'est vous*».
– *Immer Plural*, wenn ein Ausdruck im Plural folgt, der mehr als ein Pronomen umfaßt, also z. B. «*Ce sont les livres* de mon père – *C'étaient des moments* très dangereux».
– *Singular oder Plural möglich*, wenn «eux, elles» folgt, also als Antwort auf eine Frage «Qui a fait cela» gleicherweise «*C'est* eux, *ce sont* eux, *c'est* elles, *ce sont* elles».

3/VI Subjekte, Verb-Teile und weitere Satzglieder im Englischen

3.37 Zentrale Struktur «Subjekt + Verb-Personalform»

Subjekt und Verb-Personalform bilden einen festen Zentral-Komplex, wie im Französischen. Wenn man ein Satzglied vorausnimmt, oder einen ganzen Nebensatz, bleibt das Subjekt an seinem Platz – sehr oft grenzt man das Vorausgenommene gar nicht durch ein Komma ab:

| Today, *that style* is becoming out of date. | For me, *this* is clear. |
| In the second scene, *we* have another situation. | Now, *he* was here. *He* felt much better. |

Im Gegensatz zum Französischen kann das Subjekt auch vor der Verb-Personalform bleiben, wenn ein Stück direkte Rede vorangeht:

| «But *I* don't want it», *she* murmured. |

3.38 Subjekt hinter der Verb-Personalform bei Fragen – aber nur bei wenigen Verben möglich

Wie im Deutschen und Französischen, so steht auch im Englischen in einer Frage oft das Subjekt hinter der Verb-Personalform. Im Gegensatz zu den beiden andern Sprachen ist dieses Nachstellen des Subjekts aber nur bei sehr wenigen, häufigen Verben möglich, vor allem bei «be – have – will – shall – do», Beispiele:

| Is *it* true? | Have *you* got the money? | Will *you* go, will *you*? | Why should *we*? |

Bei allen andern Verben (den «ordinary verbs») bildet man die fragende Form der clause nicht durch Nachstellen des Subjekts, sondern durch *Voranstellen* eines *fragenden* «do/does» bzw. «did» vor die verbale Wortkette im Infinitiv:

| Did *she* meet him? | What did *he* tell her? |
| Why do *you* give him so much money? | Does *he* want it, does *he*? |

3.39 Nachstellung des Subjekts bei «There is..., there are...»

Regelmäßige Nachstellung des Subjekts außerhalb von Fragen gibt es in den Kombinationen «There is..., there are...», die dem deutschen «Es gibt...», dem französischen «Il y a» entsprechen. Das «there» hat hier nicht die Bedeutung «da, dort», sondern markiert nur ein *Vorhandensein* von etwas (Semantem «Sein 6», Ziff. 12.37):

| There is a man at the door. | There can be no doubt about it. | There was a long silence. |

3.40 Einfügen kurzer Satzglieder zwischen die Verb-Teile bzw. in den Subjekt-Verb-Komplex

Kurze Satzglieder werden zwischen Verb-Personalform und Infinitiv bzw. Partizip eingefügt. Das gilt vor allem für die Verneinungspartikel «not», die dann oft zu «n't» verkürzt und mit der Personalform zusammengeschrieben wird:

| I haven't seen him for months. | He's even taken me down to Southampton. |
| It's all gone. | It's all over. | I have already waited an hour. |

Die Einklammerung geht aber lange nicht so weit wie im Französischen oder gar im Deutschen. Die Personalpronomen werden nie eingefügt, sondern immer nachgestellt:

| I didn't see her. |

Dagegen setzt man nicht selten kurze Adverbien *zwischen* das Subjekt und die Verb-Personalform:

| I never even gleaned. | I never suspected. | They honestly admire her courage. |
| I simply don't believe it. | He never made a call. | I just don't understand. |

Für eine genauere Behandlung der möglichen Feinheiten beim Verwenden dieser Stellung fehlt hier der Raum.

3/VII Verben, Subjekte und weitere Satzglieder im Lateinischen

3.41 Keine festen Plätze für Verben und Subjekte – ein Problem für das Verstehen

Ein Hauptziel des Lateinunterrichts ist es, daß man die originalen lateinischen Texte lesen und verstehen lernt. Dafür muß man nicht nur die Bedeutungen aller verwendeten Wörter genügend kennen, sondern man muß auch immer wieder erfassen, wo eine *Verb-Personalform* vorliegt, was als *Subjekt* dazugehört (als Satzglied gesetzt oder aus dem Verb zu entnehmen), welche Wörter als *weitere Satzglieder* zu diesem Verb zu nehmen sind, und in welchen *Bedeutungsbeziehungen*. Dazu muß man immer erfassen, wo ein *infinites Verb* vorliegt (ein Infinitiv, besonders oft ein Partizip), im Rahmen der gleichen Proposition oder als Kern einer eigenen Proposition, was als Satzglied dazugehört und was als Subjekt zu denken ist.

Dieses Erfassen der Propositionen und ihres Aufbaus aus Verb + Subjekt + weiteren Satzgliedern ist im Lateinischen oft *schwerer* als im Deutschen und in den modernen Fremdsprachen, weil es *keine festen Plätze* für die Verbformen, die Subjekte und die weiteren Satzglieder gibt.

In den Lateinbüchern für die Anfänger findet man zwar sehr oft die Verb-Personalform am Schluß der Propositionen und das Subjekt (wenn es überhaupt als Satzglied gesetzt ist und nicht einfach aus der Verb-Personalform entnommen werden muß) am Anfang. Aber auch in diesen Büchern gibt es schon andere Stellungen, wie die folgenden ersten vier Sätze aus zwei modernen Lateinbüchern für Anfänger belegen («Cursus novus», Lektion 1, und «Lingua Latina», Lektion 1):

Marcus hodie in Colosseo *est*.	Markus ist heute im Kolosseum.
Sed ubi *est* Cornelia?	Aber wo ist Cornelia?
Marcus diu *sedet* et *exspectat*.	Markus sitzt lange dort und schaut sich um.
Subito *videt*: Ibi Cornelia *stat*!	Auf einmal sieht er: Dort steht Cornelia!
Populus Romanus Italiam *incolebat*.	Das römische Volk wohnte in Italien.
Ibi multa oppida multos agros vicosque *habebat*.	Dort besaß es viele Städte, Landstriche und Gehöfte.
Romani et Galliae imperium *obtinebant*.	Die Römer hatten auch die Herrschaft über Gallien inne.
Nam Gallia *erat* finitima Italiae.	Denn Gallien war Italien benachbart.

Wie frei die Stellung aller einzelnen Wörter sein kann, zeigt eine Analyse der folgenden vier Verse von Ovid (geschrieben um die Zeit von Christi Geburt), hier zuerst der lateinische Text mit grammatischer Markierung, darunter eine Wort-für-Wort-Erklärung (eine «Interlinearversion») und dann je zwei mögliche sinngemäße Übersetzungen:

Omnia	sunt	hominum	tenui	pendentia	filo
sämtliche	sind	den Menschen	an dünnem	hängende	an Faden

«Alle Dinge von Menschen sind wie an einem dünnen Faden hängend» oder «Alles Menschliche, das ganze Menschenleben hängt an einem dünnen Faden»

Et	subito	casu	quae	valuere	ruunt
und	in plötzlichem	Fall	welche	kraftvoll waren	stürzen

«und in plötzlichem Fall stürzen alle Dinge, die vorher in Kraft gewesen waren» oder «und plötzlich stürzt alles zusammen, was vorher gegolten hatte»

Divitis	audita est	cui	non	opulentia	Croesi?
Des reichen	gehört worden ist	wem	nicht	Überfluß	des Krösus

«Wem ist nicht bekannt des reichen Krösus Überfluß?» oder «Wer hat noch nie gehört vom Überfluß des reichen Krösus?»

Nempe	tamen	vitam	captus	a hoste	tulit.
doch	trotzdem	das Leben	gefangen(er)	vom Feind	hingab (er)

«Und trotzdem gab er, gefangen vom Feind, sein Leben dahin» oder «Und dennoch hat er, gefangen von einem Feind, sein Leben verloren».

Ein Beispiel aus mittelalterlichem Latein, geschrieben um 1165, wohl in Frankreich (hier je zwei der acht Kurzverse, um den grammatischen Bau deutlich zu machen, auf einer Zeile):

Aestuans intrinsecus / ira vehementi
kochend innerlich von Zorn, von heftigem

In amaritudine / loquar meae menti:
in Bitterkeit sage (ich) (zu) meinem Geist/Gemüt

Factus de materia / levis elementi
gemacht aus (dem) Stoff (eines) leichten Elementes

Folio sum similis / de quo ludent venti
(dem) Blatt bin ich ähnlich mit welchem spielen die Winde

Eine fließendere Übersetzung und doch möglichst nahe am Original:

Kochend innerlich / in heftigem Zorn
Will ich in Bitterkeit / sagen zu meinem Herzen:
Gemacht aus dem Stoffe / eines flüchtigen Elementes –
Einem Blatt bin ich ähnlich / mit dem spielen die Winde.

3.42 Konsequenz: auf alle an den Wörtern erkennbaren grammatischen Signale achten

Die Konsequenz aus der so freien, individuell beweglichen lateinischen Wortstellung: Man muß *noch viel sorgfältiger* als im Deutschen und den modernen Fremdsprachen auf *alle grammatischen Signale* achten, die man den Lautungen der Wörter (vor allem: den Endungen) entnehmen kann.

Diese grammatischen Signale sind allerdings sehr oft *nicht eindeutig*, weil gleiche Lautungen eine verschiedene grammatische Funktion signalisieren können und umgekehrt die gleiche grammatische Funktion oft durch verschiedene Lautungen signalisiert wird. Es ist daher nicht selten eine *bewußte Analyse* und ein gedankliches Durchprobieren verschiedener Verstehensmöglichkeiten erforderlich (früher nannte man das im Lateinunterricht oft: «das Konstruieren»).

Für Genaueres siehe die betreffenden Abschnitte in den Teilen 4, 5 und 6 (Ziff. 4.04, 4.14, 4.34–4.38, 5.54–5.77, 6.21–6.28, 6.35–6.37).

4 Grammatische Formen der Nomen, Pronomen und Adjektive

4/I Singular und Plural bei den Nomen, Pronomen und Adjektiven
    4.01 Die lautlichen Kennzeichnungen des Plurals im Deutschen 89
    4.02 Die Kennzeichnung des Plurals im Französischen 90
    4.03 Die lautliche Kennzeichnung des Plurals im Englischen 91
    4.04 Lateinisch: Pluralkennzeichnung sehr unterschiedlich, je nach Wort und je nach Fall 92
    4.05 Verschiedene Pluralkennzeichnung mit verschiedener Bedeutungs-Schattierung 92
    4.06 Kollektiver Singular: eine Mehrzahl oder Vielheit als Einheit 93
    4.07 Wichtigkeit der Unterscheidung – Wichtigkeit der Lautungen dafür? 93

4/II Die grammatischen Geschlechter und die zwei natürlichen Geschlechter
    4.08 Verschiedener Bestand in den verschiedenen Sprachen 95
    4.09 Grammatisches Geschlecht und natürliches (biologisches) Geschlecht 95
    4.10 Die Wörter für soziale Rollen, Berufe usw. von Männern und Frauen 96
    4.11 Gleiche Lautung, aber verschiedenes Wort und verschiedenes grammatisches Geschlecht 97
    4.12 Gleiches Nomen – verschiedenes grammatisches Geschlecht 97
    4.13 Die Wichtigkeit des grammatischen Geschlechts im Deutschen und im Französischen 97
    4.14 Deutlichkeit und Wichtigkeit des grammatischen Geschlechts im Lateinischen 98

4/III Die vier Fälle (Kasus) im Deutschen, auch mit Präpositionen
    4.15 Überblick an deutlichen Beispielen; zur Reihenfolge der Fälle 99
    4.16 Eindeutige lautliche Kennzeichen für die Fälle 99
    4.17 Gleiche Lautung für zwei oder mehr Fälle; Ersatzproben zur Fallbestimmung 100
    4.18 Die Lautungen für die vier Fälle bei den deklinierten Adjektiven .. 101
    4.19 Mögliche Erklärungen für die komplizierte Verteilung der Fall-Kennzeichnungen 102
    4.20 Besondere Möglichkeiten bei einigen Begleitpronomen 102
    4.21 Schwankungen in der Lautung und Schreibung bei «unser/euer/andere» 103

4.22 Bis in klassische Zeit: auch undeklinierte Adjektive
direkt mit Nomen verbindbar 103
4.23 Was heißt das alles für die Praxis? 103
4.24 Bindung von Dativ, Akkusativ oder Genitiv an eine Präposition;
«Rektion» von Präpositionen 104
4.25 Verschmelzung von Präposition und Begleitpronomen 104
4.26 Bedeutungsverschiedenheiten bei gleicher Präposition mit
Akkusativ und mit Dativ 104
4.27 Wörter anderer Wortarten als Präpositionen oder auch als Kerne
präpositionaler Ausdrücke 105
4.28 Stellung der Präposition; zweiteilige Präpositionen; Verdeutlichung
durch Zusatzpartikeln 105
4.29 Pronomen + Präposition als geschlossenes Wort, komplexe
Partikeln, «Pronominaladverbien» 106
4.30 Präpositionen mit schwankender Rektion 106
4.31 Wie wichtig ist das korrekte Setzen und das genaue Erkennen
der Fälle? 107

4/IV Fälle und Präpositionen im Französischen und Englischen

4.32 Französisch: Wichtigkeit der Stellung und der Präpositionen,
nur Restbestand von Fällen 108
4.33 Englisch: «possessive case» bei Nomen, «subjective case –
objective case» bei Pronomen 109

4/V Fälle und Präpositionen im Lateinischen

4.34 Größerer Bestand an Fällen (Kasus) –Wichtigkeit für das Verstehen . 111
4.35 Präpositionen mit Akkusativ oder mit Ablativ 111
4.36 Möglichkeiten für das rationelle Lernen der verschiedenen
Kasus-Kennzeichnungen 112
4.37 Besondere Lautungen für die Kasus bei manchen Pronomen 114
4.38 Mögliche Störstellen in Zusammenhang mit dem Erfassen der Kasus 115

4/VI Die Vergleichsformen (Komparation, «Steigerung»)

4.39 Grundsätzliches, Überblick 117
4.40 Die Lautungen für die Vergleichsformen im Deutschen 117
4.41 Die Vergleichsformen im Französischen 118
4.42 Die Vergleichsformen im Englischen 119
4.43 Die Vergleichsformen im Lateinischen 120

4/I   Singular und Plural bei den Nomen, Pronomen und Adjektiven

4.01   Die lautlichen Kennzeichnungen des Plurals im Deutschen

Die Unterscheidung zwischen *Singular* und *Plural* («eines» gegenüber «zwei und mehr») gibt es mit gleicher Bedeutung bei den Nomen, den Pronomen und den deklinierten Adjektiven. Die *Lautungen* zur Kennzeichnung des Plurals sind aber sehr verschieden, nicht nur von einer Sprache zur andern, sondern vor allem im Deutschen und Lateinischen auch innerhalb ein und derselben Sprache.

Bei der lautlichen Signalisierung des Plurals an den deutschen *Nomen* kann man die folgenden acht Typen unterscheiden:

	SINGULAR (Einzahl), SG	PLURAL (Mehrzahl), PL	Pluralkennzeichen
1	Jahr – Tag – Brief – Verhältnis – Zweck usw.	Jahre – Tage – Briefe – Verhältnisse – Zwecke usw.	Endung «-e»
2	Hand – Hut – Fall – Stadt – Sohn usw.	Hände – Hüte – Fälle – Städte – Söhne usw.	Endung «-e» und *Umlaut* (d. h.: a wird ä, u wird ü, o wird ö)
3	Kind – Geist – Bild – Regiment usw.	Kinder – Geister – Bilder – Regimenter usw.	Endung «-er»
4	Mann – Land – Volk – Gott – Mund usw.	Männer – Länder – Völker – Götter – Münder usw.	Endung «-er» und Umlaut (a zu ä, o zu ö, u zu ü)
5	Zeit – Gestalt – Frau – Fels – Partnerin usw.	Zeiten – Gestalten – Frauen – Felsen – Partnerinnen usw.	Endung «-en»
6	Name – Frage – Auge – Gedanke – Interesse usw.	Namen – Fragen – Augen – Gedanken – Interessen usw.	Endung «-n»
7	Uhu – Deck – Chef – Team usw.	Uhus – Decks – Chefs – Teams usw.	Endung «-s»
8	Vater – Mutter – Bruder – Kasten usw.	Väter – Mütter – Brüder – Kästen usw.	*Nur Umlaut* (a zu ä, u zu ü), keine Endung
9	Balken – Artikel – Mittel – Lehrer – Reiter usw.	Balken – Artikel – Mittel – Lehrer – Reiter – usw.	*Gar keine* lautliche Kennzeichnung des Plurals

Wichtig für die Rechtschreibung: Die Nomen auf «-is» (z. B. «Verhältnis», Typ 1) und auf «-in» (z. B. «Partnerin», Typ 5) verdoppeln den Buchstaben für den Endkonsonanten, also «Verhältnisse, Partnerinnen».

Für die Typen 1, 2, 3, 4, 7, 8 und 9 verwendet man auch den Fachausdruck «starke Deklination» (die Begründung dafür liegt in den Lautungen, wie sie vor etwa 1000 Jahren bestanden, der Fachausdruck wurde von Jacob Grimm um 1820 eingeführt, heute wird er nicht mehr häufig gebraucht). Für Typ 5 verwendet man entsprechend den Fachausdruck «schwache Deklination» und für Typ 6 «gemischte Deklination» (wegen der Bildung des Genitivs «des Namens»).

Bei den meisten *Pronomen* lautet der Plural genau gleich wie der Singular des Feminins: «der/*die*/das – *die*» und «er/*sie*/es – *sie*». Für «mein – dein – sein – ihr – unser – euer – kein – wenig – viel» entspricht das genau dem Typ 1 bei den Nomen.

Bei den zweiteiligen Pronomen «derjenige, derselbe» und der Kombination «der eine» wird das «der» zu «die-», und am Schluß wird ein -n angehängt, wie bei Typ 6 der Nomen.

Bei den Personalpronomen der 1. und 2. Person sind Singular und Plural lautlich völlig verschieden: «*ich–wir*» und «*du–ihr*».

Die Lautungen des Plurals bei den *Adjektiven* sind abhängig vom Vorhandensein eines Begleitpronomens und der Art dieses Begleitpronomens: «neu*e* Ergebnisse – einige neu*e* Ergebnisse – diese neu*en* Ergebnisse». Für Genaueres siehe Ziff. 4.18.

4.02 Die Kennzeichnung des Plurals im Französischen

Im Französischen ist die Kennzeichnung des Plurals insgesamt einheitlicher und klarer als im Deutschen – aber es gibt auch hier manche Sonderregeln, Ausnahmen und Einzelfälle.

Dazu betrifft die ganze Plural-Kennzeichnung in erster Linie die *geschriebene* Form der Wörter, sie gilt für das *Auge*. Anders als bei den meisten andern Sprachen muß man sich daher im Französischen auch beim *Hören* oft die geschriebene Form der betreffenden Texte vorstellen, damit man richtig versteht (siehe dazu auch Ziff. A.41).

Hörbar wird der Unterschied von Singular und Plural in erster Linie bei den meisten Pronomen und déterminants (zu «déterminant» siehe Ziff. 1.21): «je» und «nous» – «tu» und «vous» – «le/la/l'» und «les» – «ce/cet/cette» und «ces» – «mon/ma» und «mes» usw. Bei den Adjektiven und Nomen wird der Unterschied nur gelegentlich hörbar, z. B. in «de bon*s* élèves» (gute Schüler), weil das Plural-s von «bons» vor dem mit Vokal beginnenden Nomen «élève» ausgesprochen wird. Hörbare Unterschiede gibt es auch bei «un œil – les yeux» (Auge, Augen) und bei «madame, monsieur – mesdames, messieurs» (weil hier, trotz der andern Aussprache bei «monsieur», die Zusammensetzung mit «mon/ma – mes» noch fühlbar ist).

Zum allergrößten Teil ist aber die Kennzeichnung des Plurals an den Nomen und Adjektiven eine Sache der *geschriebenen* Sprache – und dort für die Verständlichkeit wie für den Korrektheitseindruck sehr wichtig.

Das häufigste Plural-Kennzeichen ist die Endung «-s», und zwar gleicherweise für die Nomen wie für die Adjektive:

SINGULAR (SINGULIER)		PLURAL (PLURIEL)	
une *belle femme*	eine schöne Frau	de *belles femmes*	schöne Frauen
un *enfant pauvre*	ein armes Kind	des *enfants pauvres*	arme Kinder

Nomen und Adjektive, die auf «-s», auf «-x» oder auf «-z» enden, erhalten kein Plural-Signal, sie sehen also in Singular und Plural genau gleich aus:

son *gros nez*	seine/ihre dicke Nase	leurs *gros nez*	ihre dicken Nasen
un *pays heureux*	ein glückliches Land	des *pays heureux*	glückliche Länder

Bei Wörtern, die auf «-au, eu» enden, tritt oft (aber nicht immer) an Stelle eines «-s» ein «-x» als Pluralzeichen:

4/I Singular und Plural bei den Nomen, Pronomen und Adjektiven 91

| un *jeu nouveau*   ein neues Spiel | des *jeux nouveaux*   neue Spiele |
| le *bijou*   Schmuckstück – *le trou*   Loch | les *bijoux*   Schmuckstücke – les *trous*   Löcher |

Bei manchen Wörtern wird die Endung «-al, -ail» im Plural durch «-aux» ersetzt:

| un *tribunal normal*   gewöhnliches Gericht | des *tribunaux normaux*   gewöhnliche Gerichte |
| ce *beau vitrail*   schöne gemalte Scheibe | ces *beaux vitraux*   diese schönen gemalten Scheiben |

Es gibt aber auch Wörter auf «-al, ail», die im Plural ein «-s» bekommen:

le *gouvernail* das Steuerruder	les *gouvernails* die Steuerruder
au *festival*: un discours *magistral*	aux *festivals*: des discours *magistrals*
am Fest: eine meisterliche Rede	an den Festen: meisterliche Reden

Bei *zweiteiligen* Nomen erhalten teilweise beide Teile ein «-s», teilweise nur einer, teilweise gibt es gar keine Pluralkennzeichnung:

le *chef-lieu* Hauptort	les *chefs-lieux* Hauptorte
un *chef-d'œuvre* ein Meisterwerk	des *chefs-d'œuvre* Meisterwerke
un *porte-avions* ein Flugzeugträger	des *porte-avions* Flugzeugträger, pl
un *porte-bonheur* ein Glücksbringer	des *porte-bonheur* Glücksbringer, pl

Man kann also auch im Französischen nicht einfach eine durchgehende Regel anwenden, sondern muß bei manchen Nomen und Adjektiven die Schreibweisen des Plurals gesondert lernen.

4.03 Die lautliche Kennzeichnung des Plurals im Englischen

Im Englischen ist die Kennzeichnung des Plurals erheblich ökonomischer und einfacher geregelt als im Französischen und im Deutschen.

Der Plural wird *nur bei den Nomen* regelmäßig signalisiert, und zwar fast immer durch die Endung «-s», zu der manchmal eine weitere Veränderung am Wortende tritt:

SINGULAR	PLURAL
this *room*, this *wall*, this *window*	these *rooms*, these *walls*, these *windows*
a *class*, a *box*, a *watch*	two *classes*, two *boxes*, two *watches*
a *baby*, this *country*, my *hobby*	many *babies*, these *countries*, my *hobbies*
a *wolf*, this *life*	three *wolves*, these *lives*

Nur bei wenigen Nomen wird der Plural durch eine Veränderung im *Wortinnern* gekennzeichnet (man kann das mit dem Umlaut im Deutschen vergleichen):

| man, woman, foot, mouse | men, women, feet, mice |

Bei den *pronouns* und den *determiners* (vgl. Ziff. 1.22) gibt es zum Teil die Endung «-s», zum Teil stärkere Veränderungen des Wortes, zum Teil wird das Wort in genau gleicher Form für Singular und Plural gebraucht (und man erkennt dann erst am Nomen, ob eines oder mehrere gemeint sind):

(a right answer and) a wrong *one*	(right answers and) wrong *ones*
this evening, *that* day	*these* evenings, *those* days
the man, *my* neighbour, *his* friend	*the* men, *my* neighbours, *his* friends

Bei den *Adjektiven* gibt es *überhaupt keine* Unterscheidung von Singular und Plural:

this *new* book, his *old* story	these *new* books, his *old* stories

4.04 Lateinisch: Pluralkennzeichnung sehr unterschiedlich, je nach Wort und je nach Fall

Im Lateinischen ist die lautliche Kennzeichnung des Plurals viel verschiedener als im Englischen und Französischen, auch viel verschiedener als im Deutschen; zum Teil gibt es für jeden der fünf Fälle eine besondere Pluralkennzeichnung.

Als Beispiel sind hier die Lautungen für Nominativ und Akkusativ (die zwei einfachsten Fälle) im Singular und Plural dargestellt; wo ein Wort nur einmal steht, gilt die gleiche Lautung für Nominativ und Akkusativ (das ist z. B. im Neutrum immer der Fall):

vir, virum − virī, virōs Mann Männer	*fabula, fabulam − fabulae, fabulās* Geschichte Geschichten	*consilium − consilia* Rat Räte
bonus, bonum − bonī, bonōs guter, guten gute	*bona, bonam − bonae, bonās* (eine) gute gute	*bonum − bona* gutes gute
pater, patrem − patres Vater Väter	*lex, legem − leges* | *res, rem − res* Gesetz Gesetze | Sache Sachen	*cornu − cornua* Horn Hörner
casus, casum − casūs Fall Fälle	*potens, potentem − potentes* mächtige(n) mächtige	*ingens opus − ingentia opera* riesiges Werk riesige Werke

Aus den lateinischen Plural-Lautungen auf -s («-es, -os, -as») ist der s-Plural im Französischen, Englischen und bei einigen Wörtern des Deutschen entstanden.

Für die Plural-Lautungen in den andern Fällen des Lateinischen siehe Ziff. 4.36.

4.05 Verschiedene Pluralkennzeichnung mit verschiedener Bedeutungs-Schattierung

Zu einigen Nomen gibt es zwei verschiedene lautliche Kennzeichnungen des Plurals, und diese werden meistens in etwas verschiedenem Sinn gebraucht, auch wenn die Grundbedeutung des betreffenden Nomens dieselbe bleibt.

Wort   *Wörter* (Einzelwörter): «Hast du jetzt gelernt, wie man diese *Wörter* schreibt?»
   Worte (ganze Aussagen): «Er sagte nur wenige *Worte* − aber *Worte* von Gewicht».

Mann   *Männer* (die übliche Form): «Vor der Tür standen zwei *Männer*».
   Mannen (altertümlich): «Der König versammelte seine *Mannen*».
   Daneben wird bei Zahlen auch die Lautung des Singulars für den Plural verwendet, z.B. «sieben *Mann*, tausend *Mann*» für die Stärke von Truppenteilen.

Ding   *Dinge* (gewöhnliche Form): «Seltsame *Dinge* haben sich hier ereignet».
   Dinger (abschätzig, auch für Personen, vor allem Mädchen): «Schau diese jungen *Dinger* da!»

Die Unterscheidungen sind aber im Deutschen oft nicht konsequent durchgehalten. Man kann sagen «die Stichwörter» wie «die Stichworte», mit minimem Bedeutungsunterschied. Zum Nomen «Sprichwort» gibt es nur die Plural-Lautung «Sprichwörter»,

4/I Singular und Plural bei den Nomen, Pronomen und Adjektive

obwohl damit nicht Einzelwörter, sondern ganze Aussagen gemeint sind. Man kann auch in einer altertümlich klingenden Erzählung sagen «Der König versammelte seine Männer» statt «... seine Mannen».

Ein Beispiel mit sehr klarer Bedeutungsunterscheidung von zwei Plural-Kennzeichnungen im Französischen:

l'aïeul/l'aïeule Großvater, Großmutter, Vorfahr, Vorfahrin — *les aïeuls* die Großeltern / *les aïeux* die Vorfahren, die Ahnen

Im Lateinischen gibt es keine solchen lautlichen Doppelformen, die für die Bedeutungsunterscheidung ausgenützt werden; es gibt aber Wörter, bei denen der Plural eine andere Bedeutung hat als der Singular – man könnte hier statt von Singular und Plural auch von verschiedenen Wörtern sprechen, von denen eines nur im Plural vorkommt:

aqua sg. Wasser	*aquae* pl. Heilquellen
copia sg. Vorrat	*copiae* pl. Truppen
littera sg. Buchstabe	*litterae* pl. Brief, Wissenschaft
auxilium sg. Hilfe	*auxilia* pl. Hilfstruppen
castrum sg. Kastell	*castra* pl. Militärlager

Wörter, die *nur* im Plural vorkommen: *arma* (Waffen) – *insidiae* (Nachstellungen). Entsprechend im Deutschen: *Leute* – *Kosten* – *Unkosten*.

4.06 Kollektiver Singular: eine Mehrzahl oder Vielheit als Einheit

Nicht selten stellt ein Nomen im Singular eine Mehrzahl, ja eine Vielheit von Personen, von Tieren oder überhaupt von Elementen dar, und diese Mehrzahl oder Vielheit wird zugleich als eine Einheit betrachtet. Man spricht dann von einem «kollektiven Singular»:

Deutsch	Französisch	Englisch	Lateinisch
eine *Menge*	un *ensemble* Menge, Satz von Zusammengehörigem	a *set* Menge, Satz von Zusammengehörigem	*multitudo, magnus numerus* Vielzahl
eine *Gruppe*	une *multitude* Vielzahl von Personen oder Sachen	a *group* Gruppe	*turma* Gruppe, Schar
eine *Schar*	un *groupe* Gruppe	a *troup* Schar	*grex* Herde
eine *Herde*	une *troupe* Truppe, Schar	a *herd* Herde	*civitas* Gesamtheit der cives, der Bürger
ein *Volk*	un *troupeau* Herde	etc.	etc.
usw.	un *peuple* Volk		
	etc.		

Wenn ein solcher kollektiver Singular als *Subjekt* dient und zugleich im gleichen Wortblock die Elemente genannt sind, schwankt man oft bei der Kongruenz der Verb-Personalform mit dem Subjekt:

eine Menge von Leuten — *war* beisammen / *waren* beisammen   siehe auch Ziff. 3.19

4.07 Wichtigkeit der Unterscheidung – Wichtigkeit der Lautungen dafür?

Für das *genaue Verstehen* ist es oft wichtig, ob von *nur einer* Person, *einem* Gegenstand, *einem* Ereignis usw. die Rede ist oder ob *mehrere* Personen, *mehrere* Gegenstände, Ereignisse usw. gemeint sind. Es gibt daher die Unterscheidung von Singular und Plural in den meisten Sprachen. Die für das *Verständnis* wichtigen Angaben über die Zahl der Personen, Gegenstände usw. werden aber größtenteils *nicht* durch die besonderen Lautungen des Plurals an den Nomen geliefert, sondern durch die Begleitpronomen aller Art oder besondere Nomen:

der Verteidiger	*die* Verteidiger	Mehrzahl signalisiert durch die Form des bestimmten Artikels
sein Partner	*seine* Partner	Mehrzahl signalisiert durch die Form des Possessivpronomens
ein Läufer	*hundert* Läufer	Mehrzahl signalisiert durch das Zahlpronomen

Man könnte also, wenn man die Sprachen rationalisieren wollte, auf die grammatische Kennzeichnung einer Mehrzahl durch Plural-Formen verzichten, nicht nur bei den Adjektiven, wie heute schon im Englischen, sondern auch bei allen Nomen. Bei einzelnen Nomen tut man das ja im Deutschen heute schon, z. B. «ein *Stück* – sieben *Stück* – hundert *Stück*» oder «ein Bautrupp von drei *Mann*, von sieben *Mann*» usw.

Aber oft messen die Hörenden/Lesenden die *Korrektheit* des Sprachgebrauchs gerade daran, ob bei allen Nomen und (mit Ausnahme des Englischen) bei allen Adjektiven die in den betreffenden Sprachen gültigen Kennzeichnungen für den Plural richtig gesetzt sind. Wenn jemand sagt «Ich und meine Geschwist*eren*» oder «Hier ist ein Sack und hier sind nochmals zwei *Sacker*», so denkt jedermann: «Der kann nicht Deutsch».

Es ist daher nötig, daß man sich die korrekten Pluralformen aller Wörter in den verschiedenen Sprachen gut einprägt – auch wenn das *rein für das Verstanden-Werden* nicht so wichtig wäre.

4/II Die grammatischen Geschlechter und die zwei natürlichen Geschlechter

4.08 Verschiedener Bestand in den verschiedenen Sprachen

Die Einteilung aller Nomen in verschiedene grammatische Geschlechter und die Anpassung der Adjektive und Pronomen an das grammatische Geschlecht des jeweiligen Nomens sind Erbstücke aus alter Zeit. Sie bestanden schon in der rekonstruierten Sprache «Indogermanisch» oder «Indoeuropäisch», die man für die Zeit vor etwa 4–5000 Jahren ansetzt und auf die man nicht nur Deutsch und Englisch (und insgesamt die germanischen Sprachen) sowie Lateinisch und Französisch (und insgesamt die romanischen Sprachen) zurückführt, sondern auch das Altgriechische, die slawischen Sprachen, das Sanskrit und das heutige Hindi in Indien und noch andere Sprachen.

Im *Lateinischen* und auch im *Deutschen* gibt es (noch) alle drei grammatischen Geschlechter, die es damals gab und noch heute auch im Russischen, Polnischen und andern Sprachen gibt: ein *Maskulin*, ein *Feminin* und ein *Neutrum*.

Das *Französische* hat (wie auch das Italienische und das Spanische) diesen Bestand reduziert, indem Maskulin und Neutrum zusammenfielen und es daher heute nur noch ein Maskulin und ein Feminin gibt (*le masculin – le féminin*).

Im *Englischen* wurde die Unterscheidung von grammatischen Geschlechtern, die es dort einst auch gab, überhaupt aufgegeben (und ebenso in den nordischen Sprachen). Natürlich macht man bei den Personalpronomen den Unterschied «*he/him – she/her – it*», und bei den zugehörigen Possessiven hat man «*his – her – its*». Das bezieht sich aber nur auf das verschiedene Geschlecht bei *Personen*, also das natürliche, das biologische Geschlecht, und demgegenüber auf *alles, was nicht Person* ist; also «*he* and *his* ideas – *she* and *her* ideas» (er und seine Ideen – sie und ihre Ideen) gegenüber «the body and *its* parts, this machine and *its* functions», wo es im Deutschen heißt «der Körper und *seine* Teile, diese Maschine und *ihre* Funktionen». Nur bei Ländern, Schiffen und (neuerdings) Autos verwendet man nicht «it, its», sondern «she, her», also «Scotland lost many of *her* bravest men in two great rebellions» (gegenüber deutsch «manche *seiner* tapfersten Männer») oder «My car – *she* runs fast» (Mein Wagen – *der* läuft schnell).

4.09 Grammatisches Geschlecht und natürliches (biologisches) Geschlecht

Es liegt natürlich sehr nahe, daß man in den Sprachen, die eine Unterscheidung verschiedener grammatischer Geschlechter haben, das *grammatische* Geschlecht eines Wortes in Verbindung bringt mit dem *natürlichen Geschlecht* (bzw. der Geschlechtslosigkeit) des Wesens, das durch das betreffende Wort dargestellt wird.

Zu einer solchen Verbindung verführen schon die Fachausdrücke «Maskulin, masculin, männlich – Feminin, féminin, weiblich – Neutrum (wörtlich: keines von beiden), sächlich». Man denkt sich dann, daß diese sprachliche Unterscheidung sich deckt mit der sachlichen Unterscheidung «ein männliches Wesen – ein weibliches Wesen – ein Wesen, bei dem die Geschlechtszugehörigkeit keine Rolle spielt, nicht von Interesse ist».

Eine solche Deckung von grammatischem Geschlecht und natürlichem Geschlecht gibt es tatsächlich bei den alleinstehenden *Personalpronomen* der 3. Person. Wenn ein Werbeslogan lautet «Für *sie* und *ihn* – Pour *elle* et pour *lui*», so ist damit eindeutig gemeint «Für den Mann und für die Frau».

Bei den allermeisten *Nomen* ist es aber gar nicht so. Das Wort «*Löffel*» stellt gar nicht einen besonders «männlichen» Gegenstand dar, obwohl es Maskulin ist; und ebensowenig stellt «die *Gabel*» (Feminin) etwas besonders Weibliches dar. Das Gewässer, das man mit lateinisch «*lacus*», deutsch «*See*» bezeichnet, ist nicht «männlicher» als das Gewässer, das man mit «*mare, Meer*» bezeichnet – obwohl «lacus, See» Maskulin ist und «mare, Meer» Neutrum.

Bei Personenbezeichnungen gibt es hie und da einen klaren *Widerspruch* zwischen grammatischem Geschlecht und natürlichem Geschlecht. Das lateinische Nomen «*nauta*, Schiffer» bezeichnet einen Beruf, den damals (wie meistens noch heute) nur Männer ausübten. Das französische Nomen «*la recrue*, der Rekrut» bezeichnet in 99% aller Fälle einen Mann, nicht eine Frau. Die deutschen Nomen «*Mädchen, Fräulein*» bezeichnen ein weibliches Wesen, sind aber grammatisch Neutrum.

4.10 Die Wörter für soziale Rollen, Berufe usw. von Männern und Frauen

Manche Frauen regen sich heute darüber auf, daß sehr oft nur gesagt wird «die Politiker, Ärzte, Lehrer, Studenten» usw., obwohl gemeint ist «die Politiker und Politikerinnen, Ärzte und Ärztinnen, Lehrer und Lehrerinnen, Studenten und Studentinnen» usw. Einige nehmen sogar am Indefinitpronomen «man» Anstoß, weil sie dahinter das Nomen «Mann» sehen, und sie schreiben daher etwa «Das sollte man/frau sich merken» oder ähnlich.

In dieser Beziehung ist das Deutsche tatsächlich besonders unpraktisch und umständlich. Im *Englischen* gibt es für die meisten sozialen Rollen, Berufe, Ämter usw. ein Nomen, das man gleicherweise für Männer und für Frauen verwenden kann:

my *friend* { mein *Freund* / meine *Freundin*	her *neighbour* { ihr *Nachbar* / ihre *Nachbarin*	a *physician* { ein *Arzt* / eine *Ärztin*
this new *author* { dieser neue *Autor* / diese neue *Autorin*	a great *artist* { ein großer *Künstler* / eine große *Künstlerin*	usw.

Im *Französischen* kann man «enfant» und «élève» in gleicher Form für männliche und weibliche Kinder bzw. Schüler verwenden, und der Unterschied tritt nur in der Form des Begleitpronomens (déterminant) und evtl. in der Form des Adjektivs hervor:

cet / cette } enfant { *gâté* dieser verwöhnte Junge / *gâtée* dieses verwöhnte Mädchen	un *très bon* / une *très bonne* } élève	un / une } enfant pauvre

Im *Lateinischen* bedeutet das Nomen «civis» sowohl «Bürger» wie «Bürgerin», z. B. in «civis Romanus, ein römischer Bürger» und «civis Romana, eine römische Bürgerin, Bürgerstochter» gegenüber «perergrinus, ein Fremder – peregrina, eine Fremde».

Man kann sich nun für den Sprachgebrauch *im Deutschen* fragen: Soll man die Gleichberechtigung von Mann und Frau betonen und dafür eine umständlichere Ausdrucksweise in Kauf nehmen, indem man nicht nur in der Anrede sagt «Meine Damen und Herren, liebe Kolleginnen und Kollegen» usw., sondern auch immer «Es ist die Aufgabe der Bürger und Bürgerinnen – Das gilt besonders für alle Lehrer und Lehrerinnen, für alle Ärzte und Ärztinnen, alle Physiker und Physikerinnen» usw.? Oder soll man auf das ständige rein sprachliche Dokumentieren der Gleichberechtigung verzichten, im Interesse einer knapperen, weniger umständlichen Ausdrucksweise, und von vornherein davon ausgehen, daß mit «Politikern» sowohl männliche wie weibliche Politiker gemeint sind, mit «Lehrer» immer auch die Lehrerinnen, usw.?

Wissenschaftlich sind ja die drei grammatischen Geschlechter als eine Einteilung zu betrachten, die *grundsätzlich rein formal* ist und sich nur gelegentlich auch mit einer sachlichen Einteilung deckt – und die daher grundsätzlich auch nicht zu einer Wertung führt und führen soll.

4.11 Gleiche Lautung, aber verschiedenes Wort und verschiedenes grammatisches Geschlecht

Es gibt im Deutschen einige Nomen, die die genau gleiche Lautung haben, sich aber durch das verschiedene grammatische Geschlecht doch klar als verschiedene Wörter erweisen:

der / das	Band	der erste Band dieser Buchreihe / das innige Band zwischen uns	der / das	Gehalt	Sein Text hat wenig Gehalt / Sie bezieht ein hohes Gehalt

Im Französischen werden solche verschiedene Wörter mit gleicher Lautung meistens durch besondere Schreibung unterschieden: cette fois (dieses Mal) – cette foi (dieser Glaube) – le foie (die Leber).

4.12 Gleiches Nomen – verschiedenes grammatisches Geschlecht

Es gibt im Deutschen eine Reihe von Nomen, die in verschiedenen Gegenden mit verschiedenem grammatischem Geschlecht gebraucht werden, ohne jede Bedeutungsverschiedenheit:

der Meter (in der Schweiz nur so gebraucht) – *das* Meter
der Pflichtteil – *das* Pflichtteil (österreichisch nur so)
der Raster – in der Fernsehtechnik: *das* Raster
der Biotop – *das* Biotop
der Liter – *das* Liter
der Spachtel – *die* Spachtel
der Kalkül – *das* Kalkül
der Filter – *das* Filter
(insgesamt etwa 100 solche Nomen)

4.13 Die Wichtigkeit des grammatischen Geschlechts im Deutschen und im Französischen

Für das *Verstehen* ist die Kenntnis des grammatischen Geschlechts eines Nomens nur dann wichtig, wenn ein nachfolgendes Pronomen auf dieses Nomen zu beziehen ist.

Beispiel: «Man sah ein Bauernhaus mit einer großen Scheune; *dieses* war ...» oder «... *diese* war ...». Wird die neue Proposition durch «dieses» angeschlossen, so kommt jetzt etwas weiteres über «Bauernhaus» – bei Anschluß mit «diese» kommt etwas Neues über «Scheune».

Allermeistens wird aber der jeweils gemeinte Anschluß nicht nur durch diese formalen Unterschiede erkannt, sondern er ergibt sich aus dem ganzen Zusammenhang.

Für die *Korrektheit* eines Textes ist aber das sorgfältige Beachten der grammatischen Geschlechter unerläßlich, auch wenn es für das Verständnis gar nicht so wichtig wäre. Wenn jemand nicht jedem Pronomen und deklinierten Adjektiv die Form gibt, die nach dem grammatischen Geschlecht des jeweiligen Nomens erforderlich ist (wenn er also z. B. sagt: «dies*er* Buch und dies*es* Zeitung»), so denkt man sofort von ihm «Der kann ja nicht Deutsch». Und entsprechend reagiert ein Französischsprachiger, wenn jemand zu ihm sagt: «*Ce* maison» statt «cette maison» oder *cette* journal» statt «ce journal.»

4.14 Deutlichkeit und Wichtigkeit des grammatischen Geschlechts im Lateinischen

Im Lateinischen ist es besonders wichtig, daß man sorgfältig auf die grammatischen Geschlechter aller deklinierten Wörter achtet – nicht nur wenn man deutsche Übungssätze korrekt ins Lateinische übersetzen will/soll, sondern wenn man einigermaßen anspruchsvolle lateinische Texte verstehen will. Die *Gleichheit* des grammatischen Geschlechts ist nämlich oft ein Signal dafür, daß zwei Wörter, die manchmal recht weit voneinander entfernt stehen, *gedanklich zusammenzunehmen* sind, daß man sie als eine *Einheit* zu betrachten hat wie im Deutschen, Französischen oder Englischen ein Satzglied, dessen Wörter direkt beisammen stehen. Einige Beispiele dazu stehen in Ziff. 7.47.

Die Verschiedenheit des grammatischen Geschlechts ist im Lateinischen auch viel deutlicher an den Lautungen der Wörter *ablesbar* – auch wenn es keinerlei eindeutige Zuordnung einer bestimmten Endung zu einem bestimmten grammatischen Geschlecht gibt.

Besonders klar zeigt sich das grammatische Geschlecht bei den zahlreichen Adjektiven, Partizipien und Pronomen auf «-us/-a/-um», z. B. an den folgenden Entsprechungen zu deutsch «gut, neu, angenehm – gemacht, gehört, gefangen – mein, dein, allein»:

(GENUS) MASCULINUM			(GENUS) FEMININUM			(GENUS) NEUTRUM		
bon*us*	nov*us*	iucund*us*	bon*a*	nov*a*	iucund*a*	bon*um*	nov*um*	iucund*um*
fact*us*	audit*us*	capt*us*	fact*a*	audit*a*	capt*a*	fact*um*	audit*um*	capt*um*
me*us*	tu*us*	sol*us*	me*a*	tu*a*	sol*a*	me*um*	tu*um*	sol*um*

Man darf aber nun nicht etwa «-us» gefühlsmäßig mit «Maskulin» gleichsetzen. Für Genaueres siehe Ziff. 4.36 über die Lautungen der lateinischen Kasus und Ziff 4.38 über mögliche Störstellen dabei.

4/III Die vier Fälle (Kasus) im Deutschen, auch mit Präpositionen

4.15 Überblick an deutlichen Beispielen; zur Reihenfolge der Fälle

Die vier *Fälle* oder *Kasus* bilden ein besonders kompliziertes und schwieriges Kapitel der deutschen Grammatik – vor allem auch deswegen, weil die *Lautungen* oft gar nicht eindeutig sind und man daher nicht selten zuerst eine Ersatzprobe durchführen muß, wenn man den Fall eines Wortes oder Wortblocks bestimmen will. Es ist daher nützlich, wenn man sich zuerst an Beispielen mit eindeutiger Fall-Kennzeichnung einen Überblick verschafft.

NOMINATIV («Werfall»)	AKKUSATIV («Wenfall»)	DATIV («Wemfall»)	GENITIV («Wesfall»)
wer?	*wen?*	*wem?*	*wessen?*
der Mann	*den* Mann	*dem* Mann(e)	*des* Mann(e)s
sein Freund	*seinen* Freund	*seinem* Freund(e)	*seines* Freund(e)s
er – ich – du	*ihn – mich – dich*	*ihm – mir – dir*	*seiner – meiner – deiner*
harter Frost	*harten* Frost	*hartem* Frost	*harten* Frost(e)s
der harte Frost	*den* harten Frost	*dem* harten Frost	*des* harten Frost(e)s

Zur Reihenfolge der Fälle: Man präsentiert die Fälle oft in der Reihenfolge «Nominativ – Genitiv – Dativ – Akkusativ». Der Lautähnlichkeit, den Funktionen und der Häufigkeit wird aber die hier verwendete Ordnung «Nominativ – Akkusativ – Dativ – Genitiv» viel besser gerecht, sie tritt daher heute mehr und mehr an die Stelle der traditionellen Reihenfolge.

Zu den deutschen Fachausdrücken «erster Fall, zweiter Fall» usw.: In deutschen Schulen war es früher teilweise üblich, die Fälle nach ihrer Reihenfolge im traditionellen Schema zu benennen, und man sagte daher «erster Fall» statt «Nominativ, Werfall» und «zweiter Fall» statt «Genitiv, Wesfall» usw. Diese Benennungsweise war aber sehr unpraktisch, weil die traditionelle Reihenfolge der Fälle gar nicht von der Sache her einleuchtend ist, im Gegensatz zur Reihenfolge «1., 2., 3. Person» bei den Verb-Personalformen. Man verwendet daher heute allgemein die lateinischen Fachausdrücke «Nominativ, Akkusativ, Dativ, Genitiv».

4.16 Eindeutige lautliche Kennzeichen für die Fälle

Eine eindeutige lautliche Kennzeichnung des Falls (des Kasus) gibt es bei den Pronomen in der folgenden Tabelle und generell beim Dativ Singular Maskulin und Neutrum der Adjektive:

NOMINATIV	AKKUSATIV	DATIV	GENITIV
wer er	wen ihn	wem ihm	wessen dessen, deren, derer
ich du wir man	mich dich	dem denen einem generell «-em»	wes des

Dazu gibt es bei vielen Nomen im Maskulin und Neutrum als eindeutiges Genitiv-Zeichen ein «-s»: Zeichen – Zeichens / Auge – Auges / Mann – Mannes / Gedanke – Gedankens.

Im *Dativ Plural* der Nomen steht immer am Schluß ein «-n» – aber manche Nomen haben auch in andern Fällen schon ein «-n», wie die folgende Tabelle zeigt:

	NOMINATIV	AKKUSATIV	DATIV	GENITIV
PLURAL	die { Männer / Frauen / Gedanken	die { Männer / Frauen / Gedanken	den { Männern / Frauen / Gedanken	der { Männer / Frauen / Gedanken
SINGULAR	der { Gedanke / Mensch	den { Gedanken / Menschen	dem { Gedanken / Menschen	des { Gedankens / Menschen

4.17 Gleiche Lautung für zwei oder mehr Fälle; Ersatzproben zur Fallbestimmung

Nicht nur bei den meisten Nomen, sondern auch bei einigen sehr häufigen Begleitpronomen dient die gleiche Lautung für zwei oder mehr verschiedene Fälle.

Das gilt schon bei den d-Pronomen «der» und «den», die man oft naiv als Kennzeichen für den Nominativ bzw. den Akkusativ betrachtet.

Ein «*der*» kann Nominativ Singular Maskulin, Genitiv und Dativ Singular Feminin und Genitiv Plural bei allen grammatischen Geschlechtern sein:

der Begleiter	*der* Frau	mit *der* Liste	*der* Eingeladenen
Nom sg m	Gen sg f	Dat sg f	Gen pl m/f/n

Ein «*den*» kann Akkusativ Singular sein, als Begleitpronomen oder Relativ oder Demonstrativ, und es kann Dativ Plural sein:

den ersten	*den* wir antreffen	*den* fragen wir	nach *den* neuesten Resultaten
Akk sg m	Akk sg m	Akk sg m	Dat pl m/f/n

Das Personalpronomen «uns» kann Akkusativ oder Dativ sein:

AKKUSATIV	Er informiert *uns* (wie «Er informiert *mich*»)
DATIV	Er zeigt *uns* alles (wie «Er zeigt *mir* alles»)

Besonders vieldeutig ist das Pronomen «ihr». Es kann als Personalpronomen oder als Possessivpronomen dienen, und zwar für folgende Fälle:

NOMINATIV	Wenn *ihr* einverstanden seid	Pers.pron. 2. P. pl
DATIV	Wenn *ihr* das passt	Pers.pron. 3. P. sg f
NOMINATIV / AKKUSATIV	Das ist *ihr* Hut / Sie näht *ihr* Kleid	Poss. pron. f. Nomen im sg m oder n

Eine Übersicht über die Verteilung der Endungen «-e, -em, -en, -er, -es» bei den Pronomen «dieser, jener, welcher, mancher, jeder» bietet die folgende Tabelle für «dies-» als Begleitpronomen mit «Arzt, Patient, Spital, Behandlung»:

4/III Die vier Fälle (Kasus) im Deutschen, auch mit Präpositionen

		NOMINATIV	AKKUSATIV	DATIV	GENITIV
SG	m	dies*er* { Arzt / Patient }	dies*en* { Arzt / Patienten }	dies*em* { Arzt / Patienten }	dies*es* { Arztes / Patienten }
SG	n	dies*es* Spital	dies*es* Spital	dies*em* Spital	dies*es* Spitals
SG	f	dies*e* Behandlung	dies*e* Behandlung	dies*er* Behandlung	dies*er* Behandlung
PL		dies*e* Ärzte, Patienten, Spitäler, Behandlungen	dies*e* Ärzte, Patienten, Spitäler, Behandlungen	dies*en* Ärzten, Patienten, Behandlungen	dies*er* Ärzte, Patienten, Behandlungen

Man muß daher, wenn man den Fall bestimmen will, oft eine *Ersatzprobe* durchführen. Diese besteht darin, daß man ein Nomen oder Adjektiv im Maskulin Singular sucht, das einigermaßen in den Zusammenhang paßt, und daß man dann dieses Nomen oder Adjektiv samt Begleitpronomen probeweise einsetzt und aus ihm den Fall erkennt. Hie und da kann man auch direkt ein geeignetes eindeutiges Personalpronomen einsetzen:

⌈Sie⌉ hat jetzt ⌈das Ergebnis⌉	⌈Das⌉ ist	⌈das richtige Wort⌉ bei	dieser Lage der Dinge⌉
er den Befund	Dieser Ausdruck	der richtige	diesem Stand des Unternehmens
NOMINATIV AKKUSATIV	NOMINATIV	NOMINATIV	DATIV GENITIV

4.18 Die Lautungen für die vier Fälle bei den deklinierten Adjektiven

Besonders kompliziert sind die Lautungen für die vier Fälle bei den deklinierten Adjektiven und bei einigen Pronomen. Dort kann nämlich das genau gleiche Wort bei genau gleichem Fall und grammatischem Geschlecht verschiedene Lautungen bekommen, je nach dem Vorhandensein oder Fehlen eines Begleitpronomens. Man kann drei Typen unterscheiden:

A *Kein* Begleitpronomen oder eines, das *keine Fallkennzeichnung* annimmt, z. B. «viel – wenig – genug»;

B Begleitpronomen, das *nur für Dativ und Genitiv* immer eine Fallkennzeichnung annimmt, dazu für den Akkusativ Maskulin Singular, wie «ein – sein – ihr – mein – unser – dein – euer – kein – einige» und weitere;

C Begleitpronomen, das *am meisten* Fallkennzeichnungen aufweist, nämlich «der – des – dem – den» usw. – «dieser – jener – jeder» und weitere.

		NOMINATIV	AKKUSATIV	DATIV	GENITIV
SG m		A viel B sein } *neuer* Stoff C der *neue*	viel seinen } *neuen* Stoff den	viel *neuem* seinem } Stoff dem *neuen*	viel seines } *neuen* Stoffs des
SG n		A viel B sein } *neues* Gerät C das *neue*	viel sein } *neues* Gerät das *neue*	viel *neuem* seinem } Gerät dem *neuen*	viel seines } *neuen* Geräts des
SG f		A viel B seine } *neue* Form C die	viel seine } *neue* Form die	viel *neuer* seiner } Form der *neuen*	viel *neuer* seiner } Form der *neuen*
PL		A viel(e) *neue* Stoffe B seine } *neuen* { Geräte C die Formen	viel(e) *neue* Stoffe seine } *neuen* { Geräte die Formen	viel(en) { Stoffen seinen } *neuen* { Geräten den Formen	viel(er) *neuer* Stoffe seiner } *neuen* { Geräte der Formen

Also: Bei Typ A *fünf* verschiedene Endungen: -e -en -er -es -em
      Bei Typ B *vier* verschiedene Endungen: -e -en -er -es
      Bei Typ C *zwei* verschiedene Endungen: -e -en

Dabei dienen sämtliche Endungen außer «-em» für mehr als einen Fall.

4.19 Mögliche Erklärungen für die komplizierte Verteilung der Fall-Kennzeichnungen

Die komplizierte Verteilung der Fall-Endungen, die in der Tabelle sichtbar gemacht ist, hat sich in einer langen geschichtlichen Entwicklung herausgebildet – über viele Jahrhunderte hin. Dabei kann neben bewußten Absichten von Sprechern, Schreibern und Grammatikverfassern auch der Zufall eine Rolle gespielt haben. Man kann aber doch einen gewissen Sinn in der Verteilung sehen, und zwar so:

1 Ein *Signal* für den Fall und das grammatische Geschlecht soll in der Kombination an *mindestens einer Stelle*, aber in der Regel auch *nur an einer* Stelle auftreten (darum: «sein gut*es* Ergebnis – dies*es* gut*e* Ergebnis»).

2 Es soll ein Unterschied deutlich werden zwischen dem *Begleitpronomen* (das nur die Wählbarkeit, die Menge oder das selbstverständliche Vorhandensein angibt, vgl. Ziff. 7.24) und den *eigentlich nennenden* Wörtern. Das zeigt sich vor allem, wenn mehrere Adjektive aufeinander folgen:

> bei heiß*em*, drückend*em*, sehr unangenehm*em* Wetter
> jedes der drei Adjektive mit «-em», gleichgewichtig
>
> bei dies*em* heiß*en*, drückend*en*, sehr unangenehm*en* Wetter
> nur Begleitpronomen mit «-em», die Adjektive durch ihr «-en» davon abgehoben

Darum erhält auch bei einer Kombination von zwei Pronomen nur das erste, als Begleitpronomen dienende im Dativ ein «-em», das zweite erhält ein «-en»: «bei *einem solchen* Vorgehen» gegenüber «bei *solchem* Vorgehen» oder «in *diesem einen* Fall» gegenüber «in *einem* Fall».

4.20 Besondere Möglichkeiten bei einigen Begleitpronomen

Neben der ganzen komplizierten Verteilung der Endungen gibt es erst noch einige besondere Möglichkeiten.

Die drei Pronomen «welch-, manch-, solch-» können *auch in undeklinierter* Form gebraucht und dann mit einem weiteren Begleitpronomen kombiniert werden:

welch	*ein schöner* Roman *eine schöne* Geschichte *ein schönes* Gedicht	manch	*ein armer* Mann *eine arme* Frau *ein armes* Kind	solch (so)	*ein großer* Spaß *eine große* Freude *ein großes* Vergnügen

Auch das Pronomen «all» kann undekliniert gebraucht und dann mit «der, dieser, jener» kombiniert werden: «*all der* Ärger, *all die* Aufregungen, *all jene* schlimmen Nachrichten».

Daneben sind überall auch die gewöhnlichen Kombinationen möglich: «*welcher schöne* Roman – *manche arme* Frau – *manches große* Vergnügen – *alle diese* Aufregungen» usw.

Nach den Indefinitpronomen «einige, mehrere, manche, viele, wenige» und nach dem qualifizierenden Demonstrativ «solche» im Plural kann ein Adjektiv nach Typ C, Ziff. 4.18 («die neuen...») oder nach Typ A, Ziff. 4.18 («viele neue...») dekliniert werden:

| einige/mehrere/manche/viele/wenige/solche { *neue* / *neuen* } Funde | (wie «*zahlreiche neue* Funde») (wie «*alle neuen* Funde») |

Nach dem Singular «solcher/solche/solches» setzt man meistens die vollen Endungen (Typ A, Ziff. 4.18 ein *solcher neuer* Ansatz – mit *solchem großem* Eifer». Man kann das dadurch erklären, daß bei «solcher» eine Art Übergang von der Wortart «Pronomen» zur Wortart «Adjektiv» vorliegt (Ziff. 1.16 Schluß).

4.21 Schwankungen in der Lautung und Schreibung bei «unser/euer/andere»

Die Lautungen (und die Schreibungen) sind überhaupt im Deutschen nicht überall so einheitlich wie in den meisten andern modernen Sprachen. Es gibt nebeneinander: *unsere/unsre* Leute – die Fähigkeiten *unserer/unsrer* Leute – bei *unsern/unseren* Leuten *eure/euere* Ankunft – *andere/andre* Meinungen usw.

4.22 Bis in klassische Zeit: auch undeklinierte Adjektive direkt mit Nomen verbindbar

In früheren Jahrhunderten, noch in der klassischen Zeit der deutschen Literatur, gab es in der Kombination von Adjektiven mit Nomen noch mehr Wahlmöglichkeiten als heute. Man konnte auch ein undekliniertes Adjektiv direkt mit einem nachfolgenden Nomen verbinden, vor allem im Neutrum. So liest man am Anfang der Abteilung «Lieder» in Goethes gesammelten Gedichten die Verse:

> Wie nimmt ein *leidenschaftlich* Stammeln
> Geschrieben sich so seltsam aus!
> [heute müßte es heißen: «ein leidenschaftl*iches* Stammeln»]

Das Gedicht «Lebensregel» (von Goethe im Alter geschrieben) beginnt mit den Versen:

> Willst du dir ein *hübsch* Leben zimmern,
> Mußt dich um's Vergangne nicht bekümmern;
> Das wenigste muß dich verdriessen
> ...
> [heute müßte es heißen: «ein hübsch*es* Leben»]

4.23 Was heißt das alles für die Praxis?

Die komplizierten Lautungsregeln für die Adjektive wendet jeder, der Deutsch als seine Erstsprache schreibt und spricht, gefühlsmäßig sozusagen fehlerfrei an. Es gibt sie z. T. auch in den Mundarten («es *guets* Brot – das *guete* Brot» = «dieses gute Brot»). Kleine Abweichungen fallen kaum ins Gewicht. Der Blick auf alle diese Verschiedenheiten – und überhaupt die Untersuchung der Lautungen für die vier Fälle – kann aber das vorhandene Sprachgefühl klären, und er kann zugleich *Verständnis* wecken für die *Schwierigkeiten Anderssprachiger*, die Deutsch lernen.

4.24 Bindung von Dativ, Akkusativ oder Genitiv an eine Präposition; «Rektion» von Präpositionen

Dativ, Akkusativ und Genitiv können an eine *Präposition* gebunden sein (siehe schon Ziff. 1.26). Man spricht dann von einem präpositionalen Dativ, präpositionalen Akkusativ, präpositionalen Genitiv oder zusammenfassend von einem Präpositionalkasus oder Präpokasus.

Für die Beziehung zwischen Präposition und Fall (Kasus) braucht man auch den Fachausdruck «Rektion»; man sagt, die Präposition «regiere» den Dativ, den Akkusativ, den Genitiv.

DATIV mit Präposition, präpositionaler Dativ (häufigster Fall):

in diesem Haus – vor einer Woche – mit dem Besitzer – aus heiterem Himmel – von ihr

AKKUSATIV mit Präposition, präpositionaler Akkusativ:

in dieses Haus – vor den Eingang – um den Garten – durch diesen Plan – für ihn – ohne mich

GENITIV mit Präposition, präpositionaler Genitiv (nicht so häufig):

angesichts dieses Unfalls – infolge des Gewitters – anstatt eines Briefes – wegen des Geldes

4.25 Verschmelzung von Präposition und Begleitpronomen

Einige Präpositionen werden häufig mit einem Begleitpronomen, das als bestimmter Artikel dient, zu einem einzigen Wort verschmolzen:

Präpositionen	+ «das» (als AKKUSATIV)	+ «dem» (als DATIV)	+ «der» (als DATIV)
in, an vor, hinter über, unter	*ins, ans* *vors, hinters* } Bett *übers, unters*	*im, am* *vorm, hinterm* } Bett *überm, unterm*	–
zu	–	*zum* Spiel	*zur* Arbeit
bei, von	–	*beim/vom* Spiel	–
auf, um für, durch	*aufs, ums* } Haus *fürs, durchs*	–	–

4.26 Bedeutungsverschiedenheiten bei gleicher Präposition mit Akkusativ und mit Dativ

Die neun Partikeln «in – an – auf – über – unter – vor – hinter – neben – zwischen» können als Präpositionen sowohl mit dem Akkusativ wie mit dem Dativ verbunden werden und zeigen dann oft eine typische Bedeutungsverschiedenheit.

«in, an, auf» usw. mit AKKUSATIV: Bewegung *auf etwas hin* oder *über etwas hin*	«in, an, auf» usw. mit DATIV: Verweilen oder Bewegung *innerhalb eines Raums*
etwas auf *den* Boden legen	auf *dem* Boden liegen
sich an *einen* Tisch setzen	an *einem* Tisch sitzen
sich zwischen *die* beiden Parteien stellen	zwischen *den* beiden Parteien stehen
vor *den* Hauseingang treten	vor *dem* Hauseingang auf- und abgehen
in *einen* Wirbel geraten	sich in *einem* Wirbel abmühen
über *den* Fluß schweben	über *dem* Fluß schweben (kreisen)

Es gibt aber nicht immer so deutliche Paare, und gelegentlich liegt nur eine Bedeutungsnuance oder gar keine Bedeutungsverschiedenheit vor:

über *den* See blicken	über *dem* See die Berge erblicken
über *ein* Problem nachdenken	über *einem* Problem brüten
sich über *einen* Menschen ärgern	[keine Entsprechung mit Dativ]

Der Bedeutungsunterschied zwischen Akkusativ und Dativ bei gleicher Präposition ist ein Erbstück aus alter Zeit; es gibt ihn auch im Lateinischen (dort steht anstelle des deutschen Dativs der Ablativ, siehe Ziff. 4.35). Im Französischen und Englischen gibt es den Unterschied nicht.

4.27 Wörter anderer Wortarten als Präpositionen oder auch als Kerne präpositionaler Ausdrücke

Als Präpositionen dienen nicht nur Partikeln, sondern auch einige undeklinierte Adjektive und gelegentlich ein Partizip I:

| *nördlich* des Rheins | *nahe* dem Ufer | *gemäß* seinem Bericht | *entsprechend* dem Antrag |
| Adjektiv als Präposition | Adjektiv als Präposition | Adjektiv als Präposition | Partizip I als Präposition |

Einige Präpositionen kann man auch mit einem *undeklinierten* Wort (einer andern Partikel, einem undeklinierten Adjektiv) verbinden. Dann liegt natürlich kein Präpositionalkasus vor, sondern ein fallfremder präpositionaler Ausdruck.

| *nach* oben, *gegen* links, *von* unten | *auf* ewig, *auf* französisch, *für* gewöhnlich |
| Präpositionalgefüge mit Partikel als Kern | Präpositionalgefüge mit undekliniertem Adjektiv als Kern |

4.28 Stellung der Präposition; zweiteilige Präpositionen; Verdeutlichung durch Zusatzpartikeln

Die Präpositionen stehen meistens *vor* den fallbestimmten oder gelegentlich fallfremden Wörtern, die den Kern des präpositionalen Ausdrucks bilden (von dieser häufigsten Stellung kommt der Fachausdruck: «Prä-position» heißt wörtlich «Voran-stellung»).

Einige Präpositionen können aber auch *hinter* den als Kern gesetzten fallbestimmten Wörtern stehen oder müssen es sogar:

| dem Ende *zu* | den Tag *hindurch* | diesen Weg *entlang* | dem Vernehmen *nach* |

Das Adjektiv «gemäß» und das Partizip I «entsprechend» kann, wenn es als Präposition gesetzt ist, vor oder nach dem Kern stehen:

| *entsprechend* diesem Beschluß | diesem Beschluß *entsprechend* |
| *gemäß* der Vorschrift | der Vorschrift *gemäß* |

Einige Präpositionen bestehen aus zwei Teilen, die den Kern umklammern:

| *von* diesem entscheidenden Augenblick *an* | *um* der Gesundheit *willen* | *von* Rechtes *wegen* |

Eine Besonderheit des Deutschen ist es, daß man gerne zur Verstärkung an ein Präpositionalgefüge noch eine *Zusatzpartikel* mit gleicher Bedeutung anfügt oder eine

4.28 Stellung der Präposition; zweiteilige Präpositionen; Zusatzpartikeln

solche Partikel voranstellt. Man tut das vor allem, wenn man ganz deutlich machen will, wo etwas ist, wohin etwas führt, woher etwas kommt:

in dem Kästchen *drin*	*auf* den Berg *hinauf*	*aus* dem Haus *heraus*	*mitten auf* dem Platz

Es ist manchmal nicht leicht zu entscheiden (und auch gar nicht wichtig), ob eine feste zweiteilige Präposition vorliegt oder eine einteilige vorausgehende Präposition mit Zusatzpartikel.

4.29 Pronomen + Präposition als geschlossenes Wort, komplexe Partikeln, «Pronominal-Adverbien»

Es ist ebenfalls eine Besonderheit des Deutschen, daß für die Kombination einfacher Pronomen mit einer Anzahl häufiger Präpositionen eine Reihe geschlossener Wörter zur Verfügung steht, nämlich die Reihe der sogenannten «Pronominaladverbien» (nur für Sachliches, nicht für Personen):

mit dem	damit	mit diesem	hie(r)mit	mit welchem, mit was	womit
auf das/dem	darauf/drauf	auf dieses/-em	hierauf	auf welches/-em, auf was	worauf
zu dem	dazu	zu diesem	hie(r)zu	zu welchem, zu was	wozu
an das/dem	daran/dran	an dieses/-em	hieran	an welches/-em, an was	woran
usw.		usw.		usw.	

4.30 Präpositionen mit schwankender Rektion

Bei einigen Präpositionen kann man zwei oder sogar drei verschiedene Fälle setzen, ohne regelmäßige Bedeutungsverschiedenheit.

wegen trotz während	{ *des* Gewitters GENITIV *dem* Gewitter DATIV	Die Verbindung mit dem Genitiv wird von manchen Leuten als gepflegter betrachtet, die Verbindung mit dem Dativ hält man für alltagssprachlich; das gilt aber nicht allgemein.

innert (nur schweizerisch) } { *zwei Jahren* DATIV
binnen   *zweier Jahre* GENITIV

dank { *seinem* Fleiß DATIV
       seines Fleißes GENITIV

außer: Ich will das außer *allen* Zweifel setzen AKKUSATIV – ähnlich wie bei «in, an» usw.
       Das steht für mich außer *allem* Zweifel DATIV, am häufigsten
       Er wollte außer *Landes* gehen GENITIV, formelhaft

Manchmal spielt auch die Stellung der Präposition eine Rolle:

entlang *dem* Fluß DATIV – *den* Weg entlang AKKUSATIV
zufolge *seines* Befehls GENITIV – *seinem* Befehl zufolge DATIV

4.31 Wie wichtig ist das korrekte Setzen und das genaue Erkennen der Fälle?

Bei fallbestimmten Ausdrücken *ohne Präposition* kann das richtige Erkennen des Falls ausschlaggebend sein für das Verständnis:

Da sah *der Mann* auf einmal *eine Frau*	Da sah *den Mann* auf einmal *eine Frau*
Nominativ Akkusativ	Akkusativ Nominativ
also: er sieht sie	also: sie sieht ihn

Meistens erkennt man aber schon aus dem ganzen Zusammenhang, *wer* hier handelt und *auf wen* sich die Handlung richtet (d. h. grammatisch: welches Satzglied als *Subjekt* zu verstehen ist und welches als Satzglied in der verbalen Wortkette, nämlich als Akkusativobjekt, siehe Ziff. 6.05–6.06). Man achtet dann gar nicht mehr besonders auf die Fälle.

Bei Präpositionalgefügen mit «in – an – auf – über – unter – vor – hinter – neben – zwischen» kann die geeignete Wahl von Akkusativ oder Dativ beitragen zur präziseren Darstellung dessen, was man beschreiben will (siehe Ziff. 4.26, Bewegung in bestimmter Richtung – Verweilen in einem Raum):

Der Ballon schwebte über den Fluß	Der Ballon schwebte über dem Fluß
Akkusativ, Richtung	Dativ, Verweilen

Es gibt allerdings auch Wendungen, in denen auch für diese Präpositionen der Gebrauch von Akkusativ oder Dativ festgelegt ist – und dann ist das Setzen des richtigen Falls nur noch eine Formsache, ohne Einfluß auf die Bedeutung. Beispiele: «sich *über einen Menschen* ärgern» («über» mit Akkusativ) oder «*über dem* Lesen alles *vergessen*» («über» mit Dativ).

Bei allen andern Präpositionen, außer den neun oben angeführten, ist das Setzen des richtigen Falls ohnehin nur eine Formsache, ohne Auswirkung auf die sachliche Präzision des Dargestellten und auf das genaue Verstehen.

Insgesamt gilt aber gerade das Beherrschen dieser Formsache als ein *Beleg* für die *Beherrschung der Sprache überhaupt*. Wenn jemand sagt «mit *dich* oder ohne *dir*», so versteht man zwar mühelos, was gemeint ist – doch stellt man zugleich sozusagen automatisch fest: «Dieser Sprecher (diese Sprecherin) kann nicht Deutsch».

Man sollte daher *selber* sorgfältig auf das Setzen des richtigen Falls achten, gegenüber andern Sprechern/Schreibern aber *tolerant* sein.

4/IV Fälle und Präpositionen im Französischen und Englischen

4.32 Französisch: Wichtigkeit der Stellung und der Präpositionen, nur Restbestand von Fällen

Im Französischen bestehen in bezug auf Fälle und Präpositionen völlig andere Verhältnisse als im Deutschen.

Bei allen Nomen, allen Adjektiven, allen déterminants (Artikel, Possessive, Demonstrative etc., siehe Ziff. 1.21) sowie bei den betonten Pronomen gibt es überhaupt nichts, was den deutschen Fällen oder den lateinischen Kasus entspricht. Man verbindet die Präpositionen immer mit der *gleichen* Form der Nomen, Adjektive, déterminants und pronoms, es gibt keine «Rektion». Zum Vergleich:

–	ce grand succès	dieser große Erfolg		avec	moi, lui	mit mir, ihm
pour	ce grand succès	für diesen großen } Erfolg		sans		ohne mich, ihn
après		nach diesem großen				
à cause de		wegen dieses großen Erfolgs				

Das *Subjekt* erkennt man aus seiner Stellung (siehe Ziff. 3.31–3.32), es bekommt keine besondere Form, die dem Nominativ im Deutschen und Lateinischen entspricht; zum Vergleich:

Tu parles *de cet accident*?	En effet, *cet accident* m'a fait peur.
Du sprichst *von diesem Unfall*?	Tatsächlich hat mir *dieser Unfall* Angst gemacht.

Für den Satzgliedtyp in der verbalen Wortkette, den man im Deutschen durch den *Dativ* kennzeichnet (Dativobjekt, siehe Ziff. 6.05'C1 und 6.06'A1), verwendet man im Französischen, die Präposition «*à*», oft verschmolzen mit «le, les» zu «*au, aux*»; zum Vergleich:

Il faut expliquer ça	*à mon* maître	Man muß das	*meinem* Lehrer	erklären
	au chef		*dem* Chef	
	aux autres		*den* andern	

Für den Anschluß eines Nomens an ein vorhergehendes, für den man im Deutschen den Genitiv verwenden kann (Genaueres in Ziff. 7.01), hat man im Französischen die Präposition «de», oft mit «le, les» verschmolzen zu «du, des»; zum Vergleich:

la réponse	*de mon* maître	die Antwort	*meines* Lehrers	
	du chef		*des* Chefs	
	des autres		*der* andern	

Die Präpositionen «de» und «à» werden aber auch in Funktionen verwendet, die mit dem deutschen Dativ bzw. Genitiv wenig oder gar nichts zu tun haben: «*à* Paris – *in* Paris, *nach* Paris» – «Il est sorti *de la* pénombre – Er ist *aus der* Verborgenheit herausgetreten» usw.

Nur bei den *pronoms personnels conjoints* gibt es eine Unterscheidung, die man mit dem Nominativ, Akkusativ und Dativ im Deutschen vergleichen (aber keineswegs gleichsetzen) kann; zum Vergleich:

je	me		ich	mich	mir
tu	te		du	dich	dir
il/elle	le/la	lui	er/sie/es	ihn/sie/es	ihm/ihr
ils/elles	les	leur	sie	sie	ihnen
Sujet	Complément Direct	Complément Indirect	Nom.	Akk.	Dat.

Der Fachausdruck «cas» (gleiches Wort wie das lateinische «Kasus») kommt daher in den französischen Grammatiken nur am Rande oder gar nicht vor. Die Fachausdrücke «nominatif, accusatif, datif» etc. gibt es in französisch geschriebenen Latein-Grammatiken, aber nicht in Französisch-Grammatiken.

Zum Gesamtsystem der formalen Satzgliedtypen im Französischen siehe Ziff. 6.12–6.16.

4.33 Englisch: «possessive case» bei Nomen, «subjective case – objective case» bei Pronomen

Das Englische hat in bezug auf Fälle und Präpositionen etwas mehr Berührungspunkte mit dem Deutschen, aber das System der Fälle («case», gleiches Wort wie lateinisch «Kasus» und französisch «cas») ist sehr viel einfacher.

Ein Subjekt aus einem Nomen wird an der *Stellung* erkannt, wie im Französischen, und nicht an einer besonderen Form der Begleitpronomen, wie im Deutschen.

Ein Ausdruck wie «his master» bleibt genau gleich, ob er als *Subjekt* gesetzt ist oder als *subject complement* (entspricht dem deutschen Prädikativ) oder als *direct object* (entspricht dem deutschen Akkusativobjekt) oder als *indirect object* mit Voranstellung vor einem direct object (entspricht dem deutschen Dativobjekt); zum Vergleich:

Then, *his master* came.	Dann kam *sein Herr*.
This was *his master*.	Das war *sein Herr*.
Paul saw *his master*.	Paul sah *seinen Herrn*.
He showed *his master* the way in.	Er zeigte *seinem Herrn* den Weg hinein.

Wenn das indirect object dem direct object *folgt*, kennzeichnet man es durch die Präposition «to»:

| He showed the way in *to his master* |

Eine Zugehörigkeit zu einer Person kann man signalisieren, indem man die Nennung der Person voranstellt und ein «s» anhängt – dieses entspricht dem «s» im deutschen Genitiv:

| ⌐*His master's* voice⌐ | ⌐*seines Herrn* Stimme⌐ |

Man nennt das in manchen Grammatiken «possessive case», in andern wird auch der Fachausdruck «genitive» benützt. Wenn die Nennung der Person aber *hinter* dem zu ihr Gehörenden steht, muß man die Präposition «of» verwenden: «the voice *of his master*». Nachstellung eines solchen possessive case ist möglich, wenn bei einem Vergleich das zugehörige Nomen weggelassen wird:

4.33 Englisch: «possessive case» bei Nomen, «subjective case – objective case» bei Pronomen

| My car is faster than *John's* |

vollständig «... faster than *John's car*»; im Deutschen kann man hier nicht den Genitiv setzen, sondern muß auf Präpositionalgefüge mit «von» ausweichen: «schneller als der *von John*»

Die Personalpronomen «I – we – he/she – they» dienen in dieser Form nur als Subjekte. Für die Funktion als direct oder indirect object lauten sie «me – us – him/her – them»:

She saw	him / her / us / them		She showed	him / her / us / them	the way out
Sie sah	ihn / sie / uns / sie		Sie zeigte	ihm / ihr / uns / ihnen	den Weg hinaus

Auch in Verbindung mit Präpositionen braucht man diese Formen, aber da es dabei keinen Unterschied von Akkusativ und Dativ gibt, muß man nicht auf eine besondere «Kasus-Rektion bei Präpositionen» achten wie im Deutschen:

| *with me* or *without me* | *mit mir* oder *ohne mich* |

«mit» verlangt den Dativ «mir», dagegen «ohne» den Akkusativ «mich»

Es gibt englische Grammatiken, die hier die Fachausdrücke «nominative, accusative, dative» benützen. In den meisten englischen Grammatiken kommen aber diese Fachausdrücke gar nicht vor, und wenn überhaupt von «case» mit Ausnahme des «possessive case» die Rede ist, unterscheidet man «subjective case» und «objective case».

Ein Schwanken zwischen Zwei-Kasus-System und Einheitskasus findet man bei «who – whom» für «wer – wen». Korrekt für die Funktion als Objekt ist «whom», aber in gesprochener Sprache verwendet man meistens einfach «who»:

| *Whom* / *Who* did you see yesterday? | *Wen* sahen Sie gestern? |

4/V Fälle und Präpositionen im Lateinischen

4.34 Größerer Bestand an Fällen (Kasus) – Wichtigkeit für das Verstehen der Texte

Im Lateinischen sind die Fälle (Kasus) noch viel wichtiger und meistens auch klarer an jedem Wort ablesbar als im Deutschen. Es ist aber auch unerläßlich, daß man praktisch bei *jedem einzelnen* Nomen/Substantiv, Adjektiv und Pronomen – und vor allem auch bei jedem Partizip – neben dem grammatischen Geschlecht und der Zahl (Singular oder Plural) den jeweiligen Fall (Kasus) identifiziert. Das ist oft die einzige Grundlage für das Erfassen der Bedeutungsbeziehungen zwischen den Wörtern – weil bei der freien lateinischen Wortstellung (siehe die Beispiele in Ziff. 3.41) oft auch zwei gedanklich eng zusammengehörige Wörter weit voneinander entfernt stehen.

Das Lateinische hat *sechs Kasus*, gegenüber den vier Fällen des Deutschen. Es sind:

NOMINATIV	GENITIV	DATIV	AKKUSATIV	ABLATIV	VOKATIV
nominativus	genetivus	dativus	accusativus	ablativus	vocativus
domin*us* (der) Herr	domin*ī* (des) Herrn	domin*ō* (dem) Herrn	domin*um* (den) Herrn	domin*ō* (von dem) Herrn	domin*e* o Herr
domin*ī* (die) Herren	domin*ōrum* (der) Herren	domin*īs* (den) Herren	domin*ōs* (die) Herren	domin*īs* (von den) Herren	Keine besondere Lautung; für die Anrede wird der Nominativ gebraucht, wie in den modernen Sprachen
mat*er* (die) Mutter	mat*ris* (der) Mutter	mat*rī* (der) Mutter	mat*rem* (die) Mutter	mat*re* (von der) Mutter	
mat*rēs* (die) Mütter	mat*rum* (der) Mütter	mat*ribus* (den) Müttern	mat*rēs* (die) Mütter	mat*ribus* (von den) Müttern	
op*us* (das) Werk	op*eris* (des) Werks	op*erī* (dem) Werk	op*us* (das) Werk	op*ere* (von dem) Werk	
op*era* (die) Werke	op*erum* (der) Werke	op*eribus* (den) Werken	op*era* (die) Werke	op*eribus* (von den) Werken	

Der *Vokativ* steht außerhalb des eigentlichen Kasussystems. Er hat nur bei den Wörtern im Maskulin auf «-us» eine besondere Endung, nämlich «-e»; beim Nominativ auf «-ius» und dem Possessivpronomen «meus» lautet der Vokativ «-i», z. B. «mi fili, du mein Sohn», gegenüber «filius meus, mein Sohn» im Nominativ. Der Vokativ hat auch keine Funktion im Rahmen der verbalen Propositionen, er bildet eine eigene Proposition ohne Verb, wie die Anrede in allen Sprachen.

4.35 Präpositionen mit Akkusativ oder mit Ablativ

Die Präpositionen verbinden sich mit dem Akkusativ oder dem Ablativ. Dabei umfaßt der Ablativ auch die Rest-Formen eines früher gesonderten Kasus, des Lokativs. Er ist noch vorhanden (und könnte mit dem Dativ oder Genitiv verwechselt werden) in den Ortsangaben «ruri» (auf dem Lande) und «Romae» (in Rom).

Die beiden Präpositionen «in» und «sub» kann man mit Akkusativ oder mit Ablativ verwenden, und dadurch ergibt sich meistens der gleiche Bedeutungsunterschied wie im Deutschen bei Verbindung mit Akkusativ oder Dativ (siehe Ziff. 4.26):

in montem auf den Berg hinauf — *in monte* auf dem Berg oben
in urbem convenire in die Stadt gehen und dort zusammenkommen — *in urbe* vivere in der Stadt leben

Nur mit dem *Ablativ* verbinden sich die Präpositionen «a/ab — e/ex — de — cum — sine — pro — prae — coram». In Beispielen: *a principio*, von Anfang an — *ex urbe*, aus der Stadt — *de legibus disserere*, über die Gesetze diskutieren — *vobiscum*, mit euch — *sine ira et studio*, ohne Leidenschaft, ohne vorgefaßte Meinung gegen etwas oder für etwas — *pro castris*, vor dem Lager — *prae dolore* loqui non posse, vor Schmerz nicht sprechen können — *coram publico*, vor der Öffentlichkeit.

Alle andern Präpositionen verbinden sich mit dem Akkusativ, eine Zusammenstellung findet sich in Ziff. 6.24'F.

4.36 Möglichkeiten für das rationelle Lernen der verschiedenen Kasus-Kennzeichnungen

Man teilt die Nomen/Substantive und Adjektive je nach der lautlichen Kennzeichnung der Kasus in *fünf Deklinationen* ein. Nun lassen sich die Kasus-Kennzeichnungen besser überblicken und dadurch auch rationeller lernen, wenn man eine *andere Reihenfolge* der Kasus wählt: den Akkusativ direkt hinter dem Nominativ, dann Ablativ und Dativ und am Schluß der Genitiv, der meistens auch lautlich die größte Verschiedenheit von den übrigen Kasus zeigt. Diese Reihenfolge wurde schon von dem dänischen Linguisten Rasmus Rask (1787–1832) empfohlen und teilweise in die Lateinbücher im englischen Sprachgebiet übernommen.

Am leichtesten ist die Übersicht für die *1., 2., 4. und 5. Deklination*:

	Nomen/Substantive	Adjektive	NOMINATIV	AKKUSATIV	ABLATIV	DATIV	GENITIV
1. Dekl. -*a*	domina f Herrin	magna f große	sg -a pl -ae	sg -am pl -ās	sg -ā pl -īs	sg -ae pl -īs	sg -ae pl -ārum
2. Dekl. -*o*	dominus Herr m vir Mann m puer Knabe m	magnus m groß	sg -us / — pl -i	sg -um pl -ōs	sg -ō pl -īs	sg -ō pl -īs	sg -ī pl -ōrum
	donum n Geschenk	magnum n großes	sg -um pl -a				
4. Dekl. -*u*	currus m Wagen	—	sg -us pl -ūs	sg -um pl -ūs	sg -ū pl -ibus	sg -ui pl -ibus	sg -ūs pl -uum
	cornu n Horn		sg -ū pl -ua				
5. Dekl. -*e*	dies m/f Tag res f Sache	—	sg -ēs pl -ēs	sg -em pl -ēs	sg -ē pl -ēbus	sg -ē pl -ēbus	sg -eī pl -ērum

4/V Fälle und Propositionen im Lateinischen

Die *3. Deklination* umfaßt besonders viele Untergruppen mit besonderen Lautungen für alle oder für einzelne Kasus, sie bietet daher für das Lernen meistens die größten Schwierigkeiten. Die Endungen können sein:

	NOMINATIV	AKKUSATIV	ABLATIV	DATIV	GENITIV
Maskulin, Feminin	sg *siehe unten*	sg -em / -im	sg -e / -ī	sg -ī	sg -is
	pl -es		pl -ibus		pl -um / -ium
Neutrum	sg *siehe unten*				
	pl -a / -ia				

Für den Zusammenhang mit der *Lautung des Nominativs Singular* sind drei verschiedene Möglichkeiten zu unterscheiden:

A Der Nominativ Singular hat *gar keine* Endung, und die Endungen für die andern Kasus und den Plural lassen sich einfach an die Lautung des Nominativs Singular anhängen:

Caesar Cäsar – *Caesares* Cäsaren — *orator* bonus guter Redner – *oratores* boni — *soror* mea meine Schwester – *sorores* meae — *arbor* robusta kräftiger Baum – *arbores* robustae — *consul* designatus gewählter, zukünftiger Konsul – *consules* designati — *animal* n Lebewesen – *animālia* — *cadaver* toter Körper – *cadavera* — *vās* n Gefäß) – *vāsa* — *pauper* armer/arme/armes – *pauperes, paupera*.

B Der Nominativ Singular endet auf *-is* oder *-es* (für Maskulin und Feminin) bzw. auf *-e* (für das Neutrum), und die Endungen für die übrigen Kasus treten *an die Stelle* des im Nominativ vorhandenen -is, -es, -e (dadurch hat dann oft der Genitiv Singular die gleiche Lautung wie der Nominativ Singular, was es sonst nicht gibt):

navis f Schiff, des Schiffes – *navēs* Schiffe — *civis* Bürger, Bürgerin – *civēs* — *gravis/grave* schwer – *gravēs/gravia* schwere... — *mare* n Meer, Ablativ *mari*, auf dem Meer – *maria* Meere — *rēte* Netz – *retia* — *turris* Turm, Akk. *turrim*, Abl. *turrī* – *turres* — *sedēs* Sitz – *aliae sedēs* andere Wohnsitze — *vulpēs* Fuchs – *vulpēs* Füchse, Gen. pl. *vulpium*.

Es gibt aber auch Nomen/Substantive auf -is und -es (mit Kurzvokal und mit Langvokal), die unter die Gruppe C gehören, mit stärkerer Änderung des Wortes.

C Der Nominativ Singular des Wortes hat eine Lautung, die *nur für ihn* (und beim Neutrum für den *Akkusativ Singular*) gültig ist. Für die übrigen Kasus des Singulars und für alle Kasus des Plurals muß man die Endungen *an eine andere Lautung* des betreffenden Wortes anschließen:

Zu **-ŏ** gehört	→ -ōn-	*rēgiŏ* amoena angenehme Gegend – *rēgiōnēs* amoenae
	→ -n-	*carŏ* Fleisch – *carne* vivere von Fleisch leben
Zu **-ŏ** gehört	→ -in-	*homŏ* m Mensch – *hominēs* — *consuetudŏ* f Gewohnheit – *consuetudinēs*
Zu **-ōs** gehört	→ -r-	*flōs* rarus seltene Blume – *florēs* rari
Zu **-ās** gehört	→ -āt-	*potestās* f Macht – *potestātēs* Mächte

4.36 Möglichkeiten für das rationelle Lernen der verschiedenen Kasus-Kennzeichnungen

Zu -ēs gehört	-ĭt- -ēt- -ĕd-	*milēs* m Soldat —*milĭtēs* — *divēs* reich — *divĭtēs, divĭta* *quiēs* f Ruhe — *quiētem petere* Ruhe begehren *pēs* m Fuß — *pĕdēs*
Zu -ĕs gehört	-ĕt-	*seges alta* hohe Saat — *segetēs altae* hohe Saaten
Zu -ĭs gehört	-id- -in-	*lapis* Stein — *lapidēs magni* große Steine *sanguis* m Blut — *sanguinem effundere* Blut vergießen
Zu -ūs gehört	-ūt- -ūd- -ūr-	*virtūs magna* große Tüchtigkeit — *virtūtēs magnae* *palūs* f Sumpf — *palūdēs* *iūs* n Recht — *iūra communia* gleiche, gemeinsame Rechte
Zu -ŭs gehört	-ĕr- -ŏr- -ōr-	*munus* n Geschenk — *munera* — *vetus* alt — *veteres, vetera* *tempus* n Zeit — *tempora* *altius* (Komparativ Neutrum zu *altus,* hoch, *altior,* höher) — *altiōra*
Zu -en gehört	-in-	*nomen* n Name — *nomina*
Zu -bs gehört	-b-	*urbs magna* große Stadt — *urbēs magnae*
Zu -ns gehört	-nt-	*mens sana* gesunder Geist — *mentēs sanae;* nach diesem Muster dekliniert man auch immer das Partizip Präsens: *patiens* (zu *pati,* leiden, leidendes Wesen — *patientēs, patientia* leidende Wesen)
Zu -rs gehört	-rt-	*pars* Teil f, *duae partēs* zwei Drittteile
Zu -eps gehört	-ip-	*princeps* Fürst — *principēs*
Zu -ter gehört	-tr- -tin-	*pater* Vater — *patrēs* *iter* n Reise, Marsch — *itinera*
Zu -ber gehört	-br-	*imber* m Reguß — *imbrēs*
Zu -cer gehört	-cr-	*acer/acris/acre* scharfer/scharfe/scharfes — *acrēs, acria*
Zu -x gehört	-g- -c- -ct-	*lex bona* gutes Gesetz — *legēs bonae* *arx* f Burg — *arcēs* — *felīx* glückliches Wesen — *felīcēs,* felicia glückliche Wesen; *atrōx* gräßliches Wesen — *atrōcēs, atrōcia* *nŏx* Nacht — *septem nŏctēs* sieben Nächte
Zu -ŭt gehört	-it-	*caput* n Kopf — *capita*
Zu -or gehört	-ord-	*cor* n Herz — *corda fortissima* tapferste Herzen

Anmerkung zum Wechsel von s und r, s und t, o und n im gleichen Wort: Der Wechsel des Konsonanten in «ius – iuris — genus – generis» — flos – floris» usw. erklärt sich aus einem älteren Sprachzustand. Diese Wörter hatten einmal einen Konsonanten, der zwischen «s» und «r» in der Mitte lag (man kann die damalige Aussprache nur vermuten, nicht genau rekonstruieren), und dieser Konsonant wurde nun *am Ende* des Wortes zu einem «-s», im *Wortinneren* zu einem «-r».

Wechsel wie «quies – quietis» erklären sich aus dem Ausfall eines -t- vor dem «-s», und «homo» (zum Wortstamm «homin-») ist entstanden durch Veränderung des abschließenden «-n» in «-o».

4.37 Besondere Lautungen für die Kasus bei manchen Pronomen

Sehr wichtig ist das Erkennen der Kasus oft auch bei den Pronomen; dabei gibt es zum Teil andere lautliche Kasus-Kennzeichnungen als bei den Nomen/Substantiven und den Adjektiven.

4/V Fälle und Präpositionen im Lateinischen

	NOMINATIV	AKKUSATIV	ABLATIV	DATIV	GENITIV
1. SG	ego	me	me	mihī	meī
2. SG	tu	te	te	tibī	tuī
1. PL	nos	nos	nobis	nobis	nostrī, nostrum
2. PL	vos	vos	vobis	vobis	vestrī, vestrum
3. SG m, f	is / ea	eum / eam	eō / eā	ei	eius
3. SG n	is / ea	id	eō	ei	eius
3. PL m, f	iī / eae	eōs / eās	eīs (iīs, īs)	eīs (iīs, īs)	eōrum / eārum
3. PL n	iī / eae	ea	eīs (iīs, īs)	eīs (iīs, īs)	eōrum
m, f	hic / haec (dies-)	hunc / hanc	hōc / hac	huic	huius
n	hic / haec	hoc	hōc	huic	huius
PL	hi / hae	hos / has	hīs	hīs	hōrum / hārum
PL n	haec	haec	hīs	hīs	hōrum
m, f	ille / illa (jen-)	illum / illam	illō / illā	illī	illīus
n	ille / illa	illud	illō	illī	illīus
PL	illi / illae	illos / illas	illīs	illīs	illōrum / illārum
PL n	illa	illa	illīs	illīs	illōrum

Die Demonstrativpronomen «iste / ista / istud, der da / die da / das da» und «ipse / ipsa / ipsum» (entspricht der deutschen Partikel «selbst, selber») bilden den Akkusativ usw. in gleicher Weise wie «ille / illa / illud».

Das Demonstrativ- bzw. Personalpronomen «is/ea/id» kann durch «-dem» verstärkt sein, dann lautet der Nominativ Neutrum «idem», der Akkusativ Maskulin und Feminin «eundem, eandem».

Besondere Lautungen zeigen die Pronomen mit «qu-», die den deutschen w-Pronomen entsprechen und als Interrogative und Relative dienen (zur vielfältigen Verwendung dieser Pronomen siehe Ziff. 12.62):

	NOMINATIV	AKKUSATIV	ABLATIV	DATIV	GENITIV
wer?	quis (m, f)	quem / quam	quo / qua	cui	cuius
was?	quis (m, f)	quid	quo / qua	cui	cuius
welch-	qui / quae	quem / quam	quo	cui	cuius
welch- n	qui / quae	quod	quo	cui	cuius
PL m, f	qui / quae	quos / quas	quibus	quibus	quorum / quarum
PL n	qui / quae	quae	quibus	quibus	quorum

Diese Lautungen für die verschiedenen Kasus gelten auch für die vielen Zusammensetzungen mit qu-Pronomen, z.B. quisque (jeder) – quivis (jeder beliebige) usw.

4.38 Mögliche Störstellen im Zusammenhang mit dem Erfassen der Kasus

Das genaue Achten auf die Kasus in ihrer verschiedenen lautlichen Signalisierung darf nicht dazu führen, daß man nun am falschen Ort einen Kasus zu sehen glaubt.

Es gibt eine Reihe von *Partikeln* (Adverbien), die genau gleich aussehen wie manche Kasusformen von Pronomen, die aber eine andere, besondere Bedeutung haben (obwohl sie einst aus Kasusformen von Pronomen entstanden sein können).

> «*Quō*» ist nicht nur Ablativ von «quis/quid» oder «qui/quae/quod» (also: mit wem, von wem, von welchem), sondern bedeutet *wohin*. «*Eo*» ist nicht nur Ablativ zu «is/id», also «mit ihm, von ihm», sondern bedeutet *dahin* (als Gegenstück zu «quo, wohin»).
>
> «*Hic*» ist nicht nur der Nominativ des Demonstrativpronomens «hic/haec/hoc», sondern auch Partikel (Adverb) mit der Bedeutung «*hier*».
>
> «*Quā*» und «*eā*» ist nicht nur Ablativ Feminin zu «quis/quae» bzw. zu «eā», sondern bedeutet «*auf welchem Weg – auf diesem Weg*». Hier läßt sich die Bedeutungsentwicklung sehr leicht fassen: das «quā, eā» ist eine Abkürzung für «quā viā – eā viā», also «auf welchem Weg – auf diesem Weg».
>
> «*Quam*» ist nicht nur Akkusativ Feminin und gehört zu «quis, quae», sondern es heißt auch «*wie (sehr)*» und gehört zusammen mit «tam», z. B. in einem Satz aus drei Propositionen: «*Tam* vehemens fui, *quam* cogebar, non *quam* volebam – *So* heftig war ich, *wie* ich gezwungen wurde, nicht *wie* ich wollte».
>
> «*Alias*» ist nicht nur Akkusativ Plural Feminin zu «alius/alia/aliud – anderer/andere/anderes», sondern heißt auch als Partikel/Adverb «*ein anderes Mal, zu anderer Zeit, sonst*»; doppelt gesetzt kann es heißen «*bald..., bald...*».

Dazu gibt es eine Reihe von Partikeln/Adverbien, die auf «*-us*» enden, die man aber nicht als Nominative wie «dominus, Herr» oder als Nominative/Akkusative wie «vetus, alt» auffassen darf:

intus innen, inwendig	*penitus* bis ins Innerste, ganz und gar
rursus rückwärts, wieder, nochmals	*prorsus* vorwärts, geradewegs
humanitus auf menschliche Art	*antiquitus* von Alters her, vor alter Zeit
radicitus von Grund aus, ganz	

In älterem Latein und dann auch bei Dichtern der klassischen Epoche, die altertümlich schreiben wollen, wird an Stelle der Endung «*-ēs*» für Akkusativ Plural Maskulin und Feminin auch «*-īs*» geschrieben – und weil in der Schrift die Länge des Vokals nicht bezeichnet wird, sieht dieses «*-īs*» dann genau gleich aus wie die allgemeine Genitiv-Endung «*-is*» in der 3. Deklination und wie die Endung von Nominativ und Genitiv Singular bei Wörtern wie «civis, navis».

Man muß also gleichzeitig *sehr genau* auf alle Endungen achten, die einen Kasus anzeigen können – und man darf sich *nicht* an einer *einzelnen Endung festbeißen*, sondern muß immer auch aus dem Sinnzusammenhang zu erschließen versuchen, welcher Kasus hier gemeint ist und welche Bedeutungsbeziehung in der Proposition er signalisiert.

Ein Beispiel aus einer Komödie von Terenz (geschrieben um 170–160 vor Christus), der junge Clitipho beklagt sich in einem Monolog über die Ungerechtigkeit seines Vaters:

Quam	iniqui	sunt	patres	in omnis	adulescentis	iudices
Nom	Nom		?	?		Nom?
				Genitiv passt nicht!	nein, Akk, mit «in» zu verbinden	

Mit anderer Wortstellung, die man im Deutschen direkt nachvollziehen kann, und mit Ersatz der altertümlichen Endung «-is» durch das damit gemeinte «-es»:

Quam	iniqui	iudices	sunt	patres	in omnes adulescentes
Nom		Nom		Nom	Präposition + Akkusativ

Wie ungerechte Richter sind (die) Väter gegenüber allen Jugendlichen

Zu den *Bedeutungsbeziehungen*, die durch die Kasus außerhalb des Subjekts dargestellt werden, siehe die Ziff. 6.23–6.28.

4/VI Die Vergleichsformen (Komparation, «Steigerung»)

4.39 Grundsätzliches, Überblick

Zu den Adjektiven und Pronomen, die etwas als *abstufbar*, als *graduierbar* Gedachtes darstellen, kann man *Vergleichsformen* bilden. Man unterscheidet dabei einen *höheren* Grad von einem als «normal» angenommenen Grad und einen *höchsten* Grad (d.h. einen gegenüber allem Vergleichbaren höheren Grad).

NORMALFORM «POSITIV» «Grundstufe»	KOMPARATIV Höherstufe	SUPERLATIV Höchststufe
groß	größer	am größten, der/die/das größte...
grand/grande	plus grand/grande	le plus grand, la plus grande
great	greater	the greatest
magnus/-a/-um	maior/maius	maximus/-a/-um

Die Vergleichsformen sind das gegebene Darstellungsmittel, wenn man Mengenverhältnisse, Größenverhältnisse usw. vergleichen, gegeneinander abwägen will. Dabei ist bei den meisten Adjektiven der Komparativ häufiger als der Superlativ; im Schnitt kommt ein Adjektiv etwa zu 80% in der Normalform vor, etwa zu 13% im Komparativ und etwa zu 7% im Superlativ. Zur sprachlichen Möglichkeit «Vergleichen» generell siehe Ziff. 10.49–10.54.

Dabei bedeutet der Komparativ keineswegs immer einen höheren Grad, ein «mehr» gegenüber der Normalform. Eine «*größere* Summe» ist meistens nicht so groß wie eine «*große* Summe», und ein «*älterer* Herr» ist noch nicht so alt wie ein «*alter* Herr».

Auch der Superlativ bezieht sich keineswegs immer auf eine ausdrücklich genannte Menge von Vergleichbarem. Ein Ausdruck «mit *größter* Sorgfalt» kann gleichbedeutend sein mit einem Ausdruck «mit *sehr großer*, mit *besonders großer* Sorgfalt».

4.40 Die Lautungen für die Vergleichsformen im Deutschen

Der *Komparativ* wird signalisiert durch den Wortbestandteil «*-er-*», der *Superlativ* durch «*-st-*» oder «*-est-*». An diese Wortbestandteile werden dann bei Bedarf die Endungen für die verschiedenen Fälle in den verschiedenen grammatischen Geschlechtern angefügt (siehe Ziff. 4.18).

Bei manchen Adjektiven tritt zu den Wortbestandteilen «*-er-*» und «*-st-, -est-*» noch der *Umlaut* im Vokal der Stammsilbe, d.h. *a* wird ersetzt durch *ä*, *o* durch *ö*, *u* durch *ü*:

lang – länger – längste	hoch – höher – höchste	klug – klüger – klügste

Die genau gleiche Lautung «-er» kann also bei Adjektiven zwei ganz verschiedene Funktionen haben. Sie kann den *Komparativ* kennzeichnen wie in «*größ-er*» oder «*klein-er*» oder sie kann einfach den Singular Maskulin der *Normalform* nach einem Begleitpronomen «ein, sein, kein» usw. darstellen: «ein *kleiner* Teil».

Wenn der Komparativ zugleich Umlaut zeigt, sind keine Verwechslungen möglich: «Das ist ein *großer*, dieser da ist noch *größer*». Wo es aber keinen Umlaut gibt, lauten die beiden verschiedenen grammatischen Formen genau gleich: «Das ist ein *kleiner*, er ist *kleiner*».

Aus dem Zusammenhang wird natürlich sozusagen immer klar, was jeweils gemeint ist – aber man kann diese genau gleiche Lautung für zwei in ihrer Bedeutung so klar unterschiedene grammatische Formen doch als einen Nachteil des Deutschen betrachten.

Wenn gleichzeitig der Komparativ und der Singular Maskulin signalisiert werden soll, treten *zwei* «-er» hintereinander: «ein *kleinerer* Betrag». Bei einem Adjektiv, das schon in der Normalform auf «-er» endet, folgen also sogar *drei* «-er» aufeinander. Beispiel: «Der Verlust war *bitter* – Es war ein *bitterer* Verlust – Nachher kam ein noch *bittererer* Verlust».

Bei Adjektiven auf «*-el*» wird im Komparativ das «*-e-*» weggelassen: «*dunkel – dunkler – dunkelste*». Bei «groß» wird das «-st» des Superlativs mit dem «-ß» zusammengenommen («der *größte*»), aber bei «naß, heiß» usw. wird «-est» gesetzt: «der *nasseste* Sommer – die *heißeste* Zeit».

Beim Adjektiv «gut» und dem Indefinitpronomen «viel» treten für den Komparativ und Superlativ andere Wortstämme ein, dagegen werden die Vergleichsformen zum Indefinitpronomen «wenig» ganz regulär gebildet:

gut – besser – beste	viel – mehr – meiste	wenig – weniger – wenigste

Das Wort «mehr» dient nicht nur als Komparativ zu «viel», sondern auch als Partikel, besonders in Verbindung mit «nicht, kein, kaum» und ähnlichen Verneinungswörtern:

Das geht *nicht mehr*	Er weiß es *kaum mehr*	Ich kenne dort *niemand mehr*

Man kann die beiden «mehr» auch nebeneinander verwenden:

Er verlangt jetzt *nicht mehr mehr*	(= verlangt jetzt nicht mehr einen größeren Betrag)

4.41 Die Vergleichsformen im Französischen

Im Französischen ist der ganze Bereich von Vergleichsformen und Grad-Abstufung anders gestaltet als im Deutschen. Man verwendet die Fachausdrücke «comparatif, superlatif» in einem erheblich weiteren Sinn als «Komparativ, Superlativ» im Deutschen und Lateinischen, nämlich für alle Abstufungen von Adjektiven oder Adverbien durch davorgesetzte Wörter. Man unterscheidet dabei:

Le comparatif de *superiorité*: Cet enfant est *plus ordonné* que son frère dieses Kind ist ordentlicher als sein Bruder
Ce film m'interesse *plus* que l'autre ... mehr als der andere
Le comparatif *d'égalité*: Il est *aussi ordonné* que son frère ebenso ordentlich
Ce film m'interesse *autant* que l'autre ebenso, ebensosehr wie der andere
Le comparatif *d'inferiorité*: Ce garçon est *moins ordonné* que sa sœur weniger ordentlich als seine Schwester
Ce film m'interesse *moins* que l'autre weniger als der andere

4/VI   Die Vergleichsformen (Komparation, «Steigerung»)

> Superlatif *relatif de supériorité* (= comparatif + «le/la/les» oder Possessiv): Cet enfant est *le plus ordonné*
> ... das ordnungsliebendste − C'est *sa plus grande qualité* sein/ihr größter Vorzug
> Superlatif *relatif d'infériorité*: Il est *le moins ordonné* der am wenigsten ordnungsliebende, der Unordentlichste
>
> Superlatif *absolu* (hoher Grad ohne Gedanken an Vergleichbares): Je le trouve *très beau* ich finde es sehr schön
> − Elle est *bien malade* ... sehr krank, recht krank − Je suis *fort inquiet* ich bin sehr unruhig − un temps
> *extrêmement long* eine äußerst lange Zeit − Elle est *remarquablement jolie* bemerkenswert hübsch − une
> région *excessivement laide* «eine über alle Massen häßliche Gegend».

Einwortige Formen für den comparatif de superiorité (wie im Deutschen und Lateinischen durchgehend und im Englischen zu großen Teilen) gibt es nur wenige:

bon/bonne − meilleur/meilleure	bien − mieux	gut − besser
mauvais/mauvaise − pire	mal − pis	schlecht − schlechter
petit/petite − moindre	−	klein − weniger, «geringste»
beaucoup − plus	−	viel − mehr
peu − moins	−	wenig − weniger

Davon werden aber neben den sehr häufigen «plus − moins» nur «meilleur/meilleure, mieux, moindre» allgemein gebraucht, und neben «moindre» auch «plus petit, plus petite». Zu «bon/bonne» kann man auch sagen «plus ou moins bon». Der Komparativ «pire» bedeutet «moralisch schlechter», sonst braucht man «plus mauvais», z. B. «Cette étoffe est de plus mauvaise qualité», dieser Stoff ist von schlechterer (oder: schlechtester) Qualität.

4.42 Die Vergleichsformen im Englischen

Im Englischen gibt es sowohl die einwortige wie die zweiwortige Bildung von Komparativ und Superlativ; die einwortige entspricht lautlich ziemlich genau dem Deutschen.

Bei den *einsilbigen* Adjektiven bildet man den Komparativ und Superlativ durch Anfügen von «-er» bzw. «-est»:

new − newer − newest	big − bigger − biggest	bright − brighter − brightest

Bei den Adjektiven mit *drei oder mehr* Silben setzt man «more» bzw. «most» vor das Wort (ursprünglich die gleichen Wörter wie deutsch «mehr − meist»):

intelligent − more intelligent − most intelligent	difficult − more difficult − most difficult

Bei *zweisilbigen* Adjektiven kommt beides vor, zum Teil nur das eine oder das andere, zum Teil beim gleichen Wort beides möglich:

gentle − gentler/more gentle − gentlest/most gentle
narrow − narrower/more narrow − narrowest/most narrow
happy, pretty − happier, prettier − happiest, prettiest
clever − cleverer − cleverest

Es gibt auch *unregelmäßige* Vergleichsformen:

good/well − better − best	bad − worse − worst	little − less, lesser − least (nur selten «littler, littlest»)

Ferner gibt es *Doppelformen*, mit teilweise verschiedener Bedeutung:

old	*older – oldest*	neutral, für Personen und Sachen, «She is *older* than me – the *oldest* house»
	elder – eldest	nur begleitendes Adjektiv, meistens für Altersverhältnisse in der Familie «my *elder* brother, his *eldest* child»
late	*later – latest*	«his *later* life – the *latest* fashion»
	latter – last	«in former times, in *latter* times – his *last* word»
far	*farther – farthest*	beides möglich, wenn es um Distanz geht: «I can't walk any *farther/further*»; aber nur
	further – furthest	«*further*» für «zusätzlich, weiterhin», z.B. «Are there some *further* questions?»

Der korrekte Gebrauch der verschiedenen Komparativ- und Superlativ-Lautungen erfordert also ziemlich viel Lernen von einzelnen Verwendungsweisen.

4.43 Die Vergleichsformen im Lateinischen

Die Vergleichsformen sind größtenteils einwortig, wie im Deutschen; nur bei einigen Adjektiven auf *-eus, -ius, -uus* sind sie zweiwortig, wie im Französischen:

idoneus geeignet – *magis idoneus* «mehr geeignet» – *maxime idoneus* «höchst geeignet»; ebenso:
noxius schädlich – *magis noxius* – *maxime noxius;* arduus steil – *magis arduus* – *maxime arduus*.

Die Wortausgänge für den *einwortigen Komparativ* sind «*-ior/-ior/-ius*», für den *einwortigen Superlativ* «*-issimus/-issima/-issimum*» bzw. für Adjektive auf -il- «*-illimus/-illima/-illimum*» und für Adjektive auf -er «*-errimus/-errima/-errimum*». Beispiele:

longus/longa/longum lang	– longior/longior/longius	– longissimus/-issima/-issimum
facilis/facilis/facile leicht	– facilior/facilior/facilius	– facillimus/facillima/facillimum
celer/celeris/celere schnell	– celerior/celerior/celerius	– celerrimus/celerrima/celerrimum
vetus/vetus/vetus schnell	– vetustior/vetustius	– veterrimus/-a/-um Sonderfall bei diesem Wort

Für die *Bildung der Kasus* außerhalb des Nominativs/Akkusativs Neutrum ist zu beachten, daß «*-ius*» nur für Nominativ und Akkusativ gilt und sonst wie im Maskulin und Feminin die Endungen an «*-ior-*» angehängt werden. In der schon in Ziff. 4.36 begründeten Reihenfolge der Kasus, für das Adjektiv «altus/-a/-um, hoch»:

	NOMINATIV	AKKUSATIV	ABLATIV	DATIV	GENITIV
m/f SG	altior	altiorem			
m/f PL	altiores		altiore	altiori	altioris
n SG	altius		altioribus	altioribus	altiorum
n PL	altiora				

Die Kasus des *Superlativs* werden nach dem Muster «*-us/-a/-um*» gebildet (1. und 2. Deklination, siehe Ziff. 4.36).

Das *Adverb* zum *Superlativ* bekommt die Endung «*-e*», wie in der Normalform der Adjektive auf -us/-a/-um:

altissime am höchsten – longissime am längsten – facillime am leichtesten – celerrime am schnellsten usw.

Als *Adverbform für den Komparativ* dient der Nominativ Neutrum auf -ius: «*celerius, facilius*» usw.

4/VI Die Vergleichsformen (Komparation, «Steigerung»)

Unregelmäßige Bildung der Vergleichsformen gibt es bei fünf Adjektiven:

bonus/bona/bonum gut	melior/melior/melius	optimus/optima/optimum
malus/mala/malum schlecht	{ peior/peior/peius { deterior/-ior/-ius	pessimus/pessima/pessimum deterrimus/-a/-um
magnus/magna/magnum groß	maior/maior/maius	maximus/maxima/maximum
parvus/parva/parvum klein	minor/minor/minus	minimus/minima/minimum
multum/ multi/multae/multa	plus plures/plures/plura	plurimum plurimi/plurimae/plurima

Für eine Reihe von Komparativen und Superlativen gibt es als Normalform kein Adjektiv, sondern nur eine Partikel (ein Adverb) – vgl. deutsch «vorn, hinten – vordere, hintere»):

intra innerhalb	interior/interior/interius innere	intimus/intima/intimum
extra außerhalb	exterior/-ior/-ius äußere	extremus/extrema/extremum
infra unterhalb	inferior/-ior/-ius untere	infimus/-a/-um der/die/das unterste imus/ima/imum
supra oberhalb	superior/-ior/-ius obere	supremus/suprema/supremum oberste, letzte summus/summa/summum
ultra jenseits	ulterior/-ior/-ius jenseitige	ultimus/ultima/ultimum äußerste, letzte
prae vor	prior/prior/prius früher, vorherige	primus/prima/primum erste
post nach	posterior/-ior/-ius spätere	postremus/-a/-um letzter postumus/-a/-um nachgeborener
prope nahe bei	propior/-ior/-ius nähere	proximus/-a/-um nächste

Zu den beiden Nomen/Substantiven «iuvenis, senex» (m und f, «Jugendlicher/-e» und «Bejahrter/-e») gibt es die Komparative «iunior» und «senior».

Die Kenntnis dieser Komparative und Superlative ist auch für diejenigen nützlich, die nicht lateinisch lernen wollen, denn sehr viele im Deutschen gebräuchliche Fremdwörter gehen auf diese Komparative und Superlative zurück.

5 Die grammatischen Formen der Verben, Tempussysteme, Konjunktive

5/I Grammatische Zeiten, generell und im Deutschen; Konjunktiv I und II; Imperativ

    5.01 Immer unterscheiden: grammatische Zeit des Verbs – mit der Proposition gemeinte Zeit 127

    5.02 Die grammatischen Zeiten im Deutschen, im Indikativ und den beiden Konjunktiven 127

    5.03 Perfekt und Plusquamperfekt ohne Personalform «hat/ist» bzw. «hatte/war» 128

    5.04 Bedeutungen und Gebrauch der grammatischen Zeiten des Indikativs im Deutschen 129

    5.05 Präteritum und Perfekt beim Erzählen 130

    5.06 Bedeutungen und Gebrauchsweisen der Konjunktive im Deutschen 131

    5.07 Einwortform oder Zweiwortform für den Konjunktiv II 132

    5.08 Kein Präteritum in manchen Mundarten; Perfekt und Präteritum im Spracherwerb; «Doppelperfekt» 132

    5.09 Der Imperativ 133

    5.10 Hauptverb und Hilfsverben; Modalverben, weitere Gefügeverben .. 134

5/II Die Lautungen aller Verbformen im Deutschen

    5.11 Die Lautungen der Grundformen 135

    5.12 Die Lautungen der Verb-Personalformen 136

    5.13 Die Einteilung der deutschen Verben nach ihren Lautungen (nach Konjugationstypen) 137

    5.14 Ablaut, Umlaut, Brechung 138

    5.15 Gleiche Lautung für verschiedene grammatische Werte – verschiedene Folgen daraus 139

    5.16 Lautungen mit und ohne «-e»; verschiedene stilistische Wirkung .. 140

    5.17 Häufige Lautungsfehler bei Verb-Personalformen 140

    5.18 Gleicher Infinitiv für verschiedene Verben 141

    5.19 Verschiedene Konjugation ohne Bedeutungsverschiedenheit; Schwankungen 141

5/III Grammatische Zeiten, conditionnel, subjonctif, impératif im Französischen

- 5.20 Überblick über die grammatischen Zeiten und ihre Verwendung .. 142
- 5.21 Imparfait und passé composé oder passé simple beim Erzählen von Vergangenem 143
- 5.22 Die grammatischen Zeiten in der indirekten Rede 146
- 5.23 Imparfait + conditionnel für die Darstellung von unwahrscheinlicher Annahme und daran Gebundenem 147
- 5.24 Weitere grammatische Zeiten des Französischen 148
- 5.25 Der subjonctif in den verschiedenen grammatischen Zeiten 149
- 5.26 Der Imperativ (l'impératif) 150

5/IV Lautungen und Schreibungen der französischen Verbformen – mit Lernhilfen

- 5.27 Verschiedenheiten der Lautungen und Schreibungen 152
- 5.28 Die Endungen für die drei Personen Singular und Plural im présent . 153
- 5.29 Die Lautungen für das participe présent 154
- 5.30 Unterscheidung von présent und passé composé beim Infinitiv und beim participe présent 154
- 5.31 Verschiedene Form des Stamms oder verschiedene Rechtschreibung beim gleichen Verb 155
- 5.32 Die Lautungen für das imparfait, Stamm und Endungen 155
- 5.33 Die Lautungen für das futur und das conditionnel bei den Verben auf -er 156
- 5.34 Die Lautungen für das futur und das conditionnel bei den Verben auf -re, auf -ir und auf -oir 156
- 5.35 Die Lautungen für das passé composé und das passé simple 157
- 5.36 Die Lautungen für den subjonctif 158
- 5.37 Die Lautungen für den Imperativ 159

5/V Grammatische Zeiten, simple und progressive, im Englischen; subjunctive

- 5.38 Allgemeines: Nebeneinander von simple tenses und progressive (continuous) tenses 160
- 5.39 Present tense und future tense, «simple» und «progressive» 160
- 5.40 Past – perfect – future perfect – past perfect 162
- 5.41 Zum Gebrauch von past und perfect; durch perfect mehr Gegenwartsbezug und mehr Nachdruck 163
- 5.42 Past progressive und perfect progressive 165
- 5.43 Selten: future perfect; ziemlich häufig: past perfect, auch progressive . 166
- 5.44 Der subjunctive: Erkennbarkeit – Gebrauchsweisen – geringe Häufigkeit 166

5/VI Nur Gedachtes und nur Beabsichtigtes; die englischen Modalverben; Imperativ

- 5.45 «Would – could – should» und die Darstellung von nur Gedachtem bzw. denkbar Gewesenem 168

Inhaltsübersicht zu Teil 5

	5.46	«Conditional tenses»	169
	5.47	«He is going to do it»	169
	5.48	Der Imperativ	170

5/VII Die Lautungen der englischen Verbformen, unregelmäßige Verben, Lernhilfen

	5.49	Grundsätzlich: sehr einfaches und rationelles System	171
	5.50	Verben mit gleicher Lautung für alle drei grundlegenden Formen	172
	5.51	Modalverben, modals: kein -s in der 3. Sg., keine ing-Form, kein past participle	172
	5.52	Unregelmäßige Verben mit gemeinsamer Lautung für Past-Form und Partizip-Form	172
	5.53	Unregelmäßige Verben mit besonderen Lautungen für Past-Form und Partizip-Form	173

5/VIII Die Lautungen der infiniten und finiten Verbformen im Lateinischen

	5.54	Überblick über die grammatischen Zeiten, mit ersten Hinweisen zum Gebrauch	175
	5.55	Partizipien und Infinitive für Präsens, Futur und Perfekt; Akkusativ mit Infinitiv	176
	5.56	Supinum I und II, Gerundium, Gerundiv	178
	5.57	Die grammatischen Werte bei den Verben und die dafür vorhandenen Lautungen, grundsätzlich	179
	5.58	Die Lautungen aller Personalformen im Präsens	179
	5.59	Die Lautungen aller Personalformen im Futur und im Imperfekt	181
	5.60	Die Lautungen aller Personalformen für Perfekt, Futur II und Plusquamperfekt	182
	5.61	Die Lautungen des Perfektstamms und des Supinstamms; Lautungen der Partizipien	183
	5.62	Der Imperativ	186

5/IX Grammatische Zeiten (Tempora) im Indikativ im Lateinischen; Bedeutungen, Stil

	5.63	Darstellung von Vergangenem durch Perfekt und Imperfekt – Imperfekt als Stilmittel	187
	5.64	Präsens für Vergangenes, neben Perfekt und Imperfekt	190
	5.65	Lateinischer Stil der klassischen Zeit: häufigere Verwendung des Imperfekts	191
	5.66	Der Gebrauch des Plusquamperfekts	193
	5.67	Futur und Futur II («futurum exactum»), selbständig und in Kombination miteinander	194
	5.68	Vier verschiedene grammatische Zeiten in nur sechs Gedichtversen	195

5/X Verwendungsweisen des Konjunktivs, zeitliche Verhältnisse dabei; Imperativ

- 5.69 Häufigkeit des Konjunktivgebrauchs; Konjunktiv Imperfekt oft für Gegenwart oder Zukunft 197
- 5.70 Konjunktiv Plusquamperfekt oft äquivalent mit verneintem Perfekt 197
- 5.71 Konjunktiv Imperfekt für Vergangenes 198
- 5.72 Zwei Gruppen von grammatischen Zeiten im Konjunktiv – weitgehend parallel zueinander 198
- 5.73 Verschiedene Gebrauchsweisen und darin faßbare Bedeutungsbeiträge des Konjunktivs 200
- 5.74 Konjunktiv und Imperativ 202
- 5.75 Konjunktiv und Futur 202
- 5.76 Gleiche Konjunktiv-Form – oft mit ganz verschiedenem Bedeutungsbeitrag 203
- 5.77 Zur Wiedergabe lateinischer Konjunktive bei der Übersetzung ins Deutsche 203
- 5.78 Verbform oft gar nicht vom Sachverhalt aus festgelegt, sondern von der Darstellungsabsicht 204

5/I Grammatische Zeiten, generell und im Deutschen; Konjunktiv I und II; Imperativ

5.01 Immer unterscheiden: grammatische Zeit des Verbs – mit der Proposition gemeinte Zeit

In allen vier Sprachen spielen die *grammatischen Zeiten* eine große Rolle (das Tempus, die Tempora – les temps – the tenses). Der Bestand an grammatischen Zeiten ist teilweise von Sprache zu Sprache verschieden, und noch verschiedener sind die lautlichen Kennzeichnungen. Gemeinsam ist aber, daß man immer sorgfältig unterscheiden muß zwischen der *grammatischen Zeit* des Verbs (z. B. Präsens, Präteritum, Perfekt) und der mit der betreffenden Proposition *gemeinten* Zeit – der (wirklichen oder nur vorgestellten) Zeit, für welche das in der Proposition Dargestellte *gelten soll*.

Beispiel: Mögliche Verwendung verschiedener grammatischer Zeiten für die Darstellung eines einzigen historischen Faktums, nämlich der Überschreitung des Flusses Rubikon durch Caesar im Jahr 49 vor Christus, mit dem der Kampf gegen Pompeius und die Eroberung der Macht über das römische Reich begann. Hier sind – z. B. in einem Geschichtsbuch – Propositionen der folgenden Formen möglich:

⌐Nun *überschreitet* Caesar den Rubikon¬	⌐Nun *überschritt* Caesar den Rubikon¬
⌐Maintenant, César *passe* le Rubicon¬	⌐Maintenant, César *passa* le Rubicon¬
⌐Now, Caesar *crosses* the Rubicon¬	⌐Now, Caesar *crossed* the Rubicon¬
⌐Nunc Caesar *transit* Rubiconem flumen¬	⌐Nunc Caesar *transiit* Rubiconem flumen¬
Verben im *Präsens – présent – simple present – praesens*; oft als «*historisches* Präsens, praesens historicum» bezeichnet	Verben im *Präteritum* (früher oft Imperfekt genannt) – *passé simple – past tense* (simple past, preterite) – *perfectum*

Die gemeinte Zeit (und hier auch, anders als oft in Romanen, die damals wirkliche Zeit) ist für beide Reihen genau gleich, nämlich das Jahr 49 vor Christus.

5.02 Die grammatischen Zeiten im Deutschen, im Indikativ und den beiden Konjunktiven

Es gibt für den Indikativ *sechs* verschiedene grammatische Zeiten: das Präsens – das Futur – das Präteritum (früher oft «Imperfekt» genannt) – das Perfekt – das Futur zum Perfekt (oft «Futur II» genannt, früher «Futurum exactum») – das Plusquamperfekt.

Dagegen gibt es für den *Konjunktiv I* nur *vier* verschiedene grammatische Zeiten (weil die formal dem Präteritum ähnliche, früher «Konjunktiv Imperfekt» genannte Form nichts mit «Vergangenheit» zu tun hat und daher heute als Konjunktiv II Präsens neben den Konjunktiv I Präsens und den Indikativ Präsens gestellt wird); man hat daher keinen Konjunktiv Präteritum und keinen Konjunktiv Plusquamperfekt.

Für den *Konjunktiv II* schließlich gibt es *nur zwei* grammatische Zeiten, den Konjunktiv II Präsens und den Konjunktiv II Perfekt (weil die einwortigen Formen «täte, geschähe» usw. praktisch gleichbedeutend sind wie die zweiwortigen Formen «würde tun, würde geschehen», so daß man nicht mehr wie beim Konjunktiv I und beim Indikativ ein Futur von einem Präsens unterscheiden kann). Für den Gebrauch von Einwortform und Zweiwortform des Konjunktivs II siehe Ziff. 5.07.

Anmerkung: Systematisch vollständige Benennungen und praktische Kurz-Namen

Wenn man eine finite Verbform des Deutschen vollständig kennzeichnen will, muß man nicht weniger als *fünf* verschiedene Werte angeben:
- Die *Person*, nämlich 1., 2. und 3. Person, und die *Zahl*, nämlich Singular und Plural (Ziff. 1.02).
- die *Geschehensart* (das «genus verbi»), nämlich Aktiv – Werden-Passiv – Sein-Passiv (Ziff. 6.30)
- die *Aussageweise* (den Modus), nämlich Indikativ – Konjunktiv I – Konjunktiv II – Imperativ
- die *grammatische Zeit* (das Tempus), nämlich Präsens – Futur – Präteritum – Perfekt – Futur zum Perfekt (oder Futur II) – Plusquamperfekt.

In der Praxis kommt man mit viel kürzeren Namen aus, indem man das *Aktiv*, den *Indikativ* und das *Präsens* als die *«Normalformen»* (oder «die unmarkierten Formen») betrachtet und entsprechend in den mehrteiligen Namen diese Namensbestandteile wegläßt, also:

- *Präsens:* Präsens Indikativ Aktiv, und entsprechend *Futur, Präteritum, Perfekt, Futur zum Perfekt, Plusquamperfekt* für den ganzen Indikativ Aktiv;
- *Konjunktiv I:* Konjunktiv I Präsens Aktiv, und entsprechend *Konjunktiv I Futur, Konjunktiv I Perfekt, Konjunktiv I Futur zum Perfekt* für das ganze Aktiv;
- *Konjunktiv II:* Konjunktiv II Präsens Aktiv, und entsprechend *Konjunktiv II Perfekt* für das Aktiv.

Dazu gibt man bei Bedarf an «*Werden-Passiv*» oder «*Sein-Passiv*». Person und Zahl notiert man meistens in abgekürzter Form als *1. Sg., 3. Pl.* usw. (siehe schon Ziff. 1.02).

Eine Zusammenstellung der Formen für die Verben «tun» und «geschehen» im Aktiv ist in Ziff. 5.04, S. 129 unten eingefügt. Für die Formen der beiden Passive siehe Ziff. 6.30.

5.03 Perfekt und Plusquamperfekt ohne Personalform «hat/ist» bzw. «hatte/war»

In Propositionen mit Endstellung der Verb-Personalform (Ziff. 3.25'B) wird gelegentlich im Perfekt und Plusquamperfekt das abschließende «hat/ist» bzw. «hatte/war» weggelassen. Man findet das nicht selten in Gedichten, z. B. in den folgenden Gedichtanfängen von Goethe (1749–1832) und Eugen Roth (1895–1976):

Nach dem Gesetz, wonach du *angetreten*	(= angetreten bist)
So mußt du sein, dir kannst du nicht entfliehn	
Ein Mensch, der sich für stark *gehalten*	(= gehalten hatte)
Versuchte, einen Klotz zu spalten.	

Ein Prosa-Beispiel aus einem Brief von Goethe von 1779:

> Was ich seit Genf *aufgezeichnet* (= aufgezeichnet *habe*) will ich Philippen sobald ich ihn wieder treffe dicktiren.

Diese Möglichkeit wird aber heute kaum mehr benutzt – obwohl sie eine oft wünschbare Verknappung des Ausdrucks bieten würde – weil die meisten Leser sie als altertümlich empfinden.

5.04 Bedeutungen und Gebrauch der grammatischen Zeiten des Indikativs im Deutschen

Das *Präsens* ist eine Normal- und Universalform, es kommt daher auch weitaus am häufigsten vor. Man braucht es nicht nur für etwas Gegenwärtiges («Ja, jetzt *sehe* ich es auch»), sondern auch für erst Kommendes, Zukünftiges («Nächstes Jahr *ziehen* wir *um*») und für alles, was gar nicht zeitlich festgelegt ist, sondern immer gilt («Zweimal zwei *ist* vier» oder «Wer *wagt, gewinnt*»). In Verbindung mit einer ausdrücklichen Zeitangabe braucht man es manchmal auch für längst Vergangenes («Im Jahr 1291 *schließen* Uri, Schwyz und Unterwalden ihren ersten Bund»).

Das *Futur* kann man für etwas verwenden, was erst kommt und *ausdrücklich* vom Gegenwärtigen *abgehoben* werden soll («Das *wirst* du später *erfahren*»). Man kann es aber auch verwenden, wenn man etwas als eine bloße *Vermutung* kennzeichnen will («Er *wird* noch in den Ferien *sein*, daß er nicht antwortet»). Das Futur ist also keineswegs obligatorisch für die Darstellung von etwas Zukünftigem, man kann dafür auch das Präsens brauchen («Das *erfährst* du dann noch früh genug»). Das Futur ist daher auch ziemlich selten – von 1000 Propositionen stehen nur etwa 15 im Futur.

PRÄSENS (Indikativ)	KONJUNKTIV I (Präsens)	KONJUNKTIV II (Präsens)
man tut es	man tue es	man täte es, würde es tun
es geschieht	es geschehe	es geschähe, würde geschehen
FUTUR (Indikativ)	KONJUNKTIV I FUTUR	
man wird es tun	man werde es tun	
es wird geschehen	es werde geschehen	
PRÄTERITUM (Indikativ)		
man tat es		
es geschah		
PERFEKT (Indikativ)	KONJUNKTIV I PERFEKT	KONJUNKTIV II PERFEKT
man hat es getan	man habe es getan	man hätte es getan (würde es getan haben)
es ist geschehen	es sei geschehen	es wäre geschehen (würde geschehen sein)
FUTUR ZUM PERFEKT (Indikativ)	KONJUNKTIV I FUTUR ZUM PERFEKT	
man wird es getan haben	man werde es getan haben	
es wird geschehen sein	es werde geschehen sein	
PLUSQUAMPERFEKT (Indik.)		
man hatte es getan		
es war geschehen		

Mit dem *Präteritum* kennzeichnet man etwas als *vergangen*, als *früher passiert* und jetzt schon vorbei, als *früher vorhanden* und jetzt nicht mehr. Das Präteritum ist daher die weitaus häufigste grammatische Zeit in *Erzählungen* aller Art. Dabei kommt es nicht darauf an, ob man von vergangenen *Zuständen* oder von vergangenen *Ereignissen* erzählt: «Es *war* noch dunkel (Zustand), es *regnete* (Zustand), da *hörte* ich auf einmal einen Lärm (Ereignis); ich *stand auf* (Ereignis, Handlung) und *ging* vor die Tür (Handlung)» usw. Für den grundsätzlich anderen Gebrauch von imparfait und passé simple bzw. passé composé im Französischen siehe Ziff. 5.20–5.23, für imperfectum und perfectum im Lateinischen siehe Ziff. 5.54 und 5.63. Insgesamt kommt es dabei *nicht* darauf an, ob man von etwas wirklich Geschehenem erzählt («1939 *löste* Hitler den Zweiten Weltkrieg *aus*») oder ob man etwas Erfundenes so darstellt, als habe es sich früher einmal ereignet («Es *war* einmal eine Fee, die *kam* zu den Kindern», usw.). Für Grundsätzliches zu «Vergangenheit – Gegenwart – Zukunft» (diese Wörter im allgemeinsprachlichen Gebrauch verstanden, nicht als Fachausdrücke der alten deutschen Schulgrammatik) siehe Ziff. 11.19–11.20.

Mit dem *Perfekt* stellt man ebenfalls fast immer etwas *Vergangenes* dar, man kann daher auch im Perfekt erzählen: «Es *ist* kalt *gewesen*, daher *bin* ich dann *umgekehrt*» usw. Man kann aber durch das Perfekt auch etwas darstellen, was erst kommt («Jetzt *hast* du es dann bald *erreicht*»).

Das *Futur zum Perfekt* ist sehr selten (es kommt nur in etwa 3 von 10000 Propositionen vor); man kennzeichnet damit fast immer eine Vermutung über etwas Vergangenes: «Er *wird* es *vergessen haben*», im Sinn von «Er hat es vermutlich vergessen».

Mit dem *Plusquamperfekt* macht man eine *Abstufung innerhalb* von Vergangenem deutlich. Das im Plusquamperfekt Dargestellte war schon vorbei, als das im Präteritum oder Perfekt Dargestellte eintrat: «Er *hatte* lange *gezögert*, jetzt *faßte* er einen Entschluß» oder «Ich *hatte* mich dagegen *gewehrt*, aber dann *hat* es mich doch *erwischt*». Man kann aber mit dem Plusquamperfekt auch etwas darstellen, das eine Reihe vergangener Handlungen *abschloß*: «Er legte seine Gründe immer wieder dar, bis er mich *überzeugt hatte*».

5.05 Präteritum und Perfekt beim Erzählen

Zwischen Präteritum und Perfekt besteht also *kein* fester *Bedeutungs*unterschied, wohl aber ein *wichtiger stilistischer* Unterschied; oft kann man daher beim Erzählen zwischen Präteritum und Perfekt (und manchmal auch Präsens) *wählen*.

Das *Perfekt* kann *gewichtiger* wirken (weil es immer aus mindestens zwei Wörtern besteht), man braucht es daher vor allem für einzelne Feststellungen oder Fragen, für den ersten Satz beim Erzählen, für einen besonders hervorzuhebenden Satz im Erzählablauf, auch für den letzten Satz. Das *Präteritum* wirkt dagegen *knapper* (es ist oft einwortig, und auch bei mehrwortigen Formen braucht es ein Wort weniger als das Perfekt, z. B. «Er *wollte antworten* – Er *hat antworten wollen*» oder «Das *wurde* sofort *getan* – Das *ist* sofort *getan worden*»). Wenn man *eine Reihe* von vergangenen Ereignissen oder Zuständen darstellen möchte, tut man das meistens mit dem Präteritum, weil eine Folge von Propositionen im Perfekt umständlich, ja unbeholfen klingen kann.

Beispiel für das mögliche Nebeneinander von Perfekt und Präteritum im Rahmen eines einheitlichen erzählten Ablaufs:

> Ich *bin* gestern schon *gefahren*. Ich *startete* am Morgen früh und *kam* daher zuerst gut durch, aber dann *gab* es immer mehr Verkehr, und ich *geriet* in eine Stauung, die sich erst nach einiger Zeit wieder *auflöste*. So *bin* ich eben doch erst am Abend *angekommen*.

5.06 Bedeutungen und Gebrauchsweisen der Konjunktive im Deutschen

A Mit dem KONJUNKTIV II stellt man in erster Linie etwas dar, das man sich *nur vorstellt*, nur *in Gedanken ausmalt*.

> Es *ginge* natürlich auch anders. Du *könntest* das vordere Zimmer *nehmen*, ich *nähme* das hintere; so *kämen* wir besser aneinander *vorbei* …

B Mit dem KONJUNKTIV II PERFEKT stellt man etwas dar, was man sich *gedacht hat*, was aber dann *nicht eingetreten* ist, nur *Gedanke geblieben* ist, auf den man jetzt zurückblickt.

> *Hätte* er das gleich von Anfang an *gesagt*, so *wäre* alles viel einfacher *gewesen*, wir *hätten* nicht so lange umsonst *probieren müssen* (Tatsache ist, daß sie lange umsonst probieren *mußten*).

C Man braucht den KONJUNKTIV II (auch Kjv. II Perfekt) oft für eine *höfliche Bitte*, eine *vorsichtige Anfrage*. Dann stellt der KONJUNKTIV II gar nicht etwas nur Gedachtes dar, sondern eine tatsächliche Frage oder Bitte.

> (In einer Bibliothek:) «*Hätten* Sie vielleicht ein Buch über die Indianer in Nordamerika? Ich *müßte* für einen Vortrag so etwas *haben*.» (Dann etwas später:) «Ich *hätte* auch noch gerne etwas anderes *gefragt* …» (Er *hätte* nicht nur gerne gefragt, sondern er *fragt tatsächlich*).

D Den KONJUNKTIV I braucht man vor allem, um eine oder mehrere Aussagen als *indirekte Rede* zu kennzeichnen (z. B. in Nachrichtensendungen).

> Bisher *habe* man nichts *gefunden*, die Suche *gehe* aber noch weiter; es *gebe* immer noch Hoffnung, man *habe* jetzt noch eine zusätzliche Equipe *aufgeboten* (erklärte der Polizeisprecher).

Man braucht aber in der indirekten Rede den KONJUNKTIV II, wenn der KONJUNKTIV I sich in seiner Lautung *nicht* vom Indikativ *unterscheidet*. Man verwendet also je nach Person und Zahl der Verbform den KONJUNKTIV I und II hier in genau gleicher Funktion (Genaueres Ziff. 10.15–10.16)

> (Er sagte,) seine Eltern *wüßten* noch nichts, nur seine Schwester *wisse* es schon. Sie *müßten* darum sehr vorsichtig *vorgehen*, alles *müsse* geheim *bleiben*, sie *dürften* niemandem etwas *verraten*. Nur so *könnten* sie Erfolg haben, nur so *könne* es gut herauskommen. (In direkter Rede: «Sie *wissen* noch nichts … meine Schwester *weiß* … wir *müssen* usw.).

E Hie und da braucht man den KONJUNKTIV II für eine *Untertreibung*, wenn man etwas tatsächlich Erreichtes darstellt.

> So, das *hätten* wir, das *wäre* jetzt endlich *geschafft* (damit sagt man, daß man es tatsächlich *hat*, daß es wirklich geschafft *ist*).

F Hie und da drückt man durch den KONJUNKTIV II einen *Wunsch* aus, den man für kaum oder gar nicht erfüllbar hält.

> *Käme* er doch noch heute! Wenn er nur schon da *wäre*. Und *hättest* du ihm doch schon vorher *geschrieben*!

G In *Fachtexten* stellt man durch KONJUNKTIV I manchmal eine *gedankliche Annahme* dar.

> *Gegeben sei* ein Bereich V von Elementen a, b, c, ferner *seien* zwei Operationen ... *vorgegeben*. Durch diese *werde* jeweils ein Element einem weiteren Element des Bereichs *zugeordnet*.

Zur Häufigkeit insgesamt: von 1 000 Propositionen stehen etwa 46 im Konjunktiv II und etwa 30 im Konjunktiv I.

5.07 Einwortform oder Zweiwortform für den Konjunktiv II

Die Wahl von Einwortform oder Zweiwortform für den Konjunktiv II («käme – würde kommen» usw.) hängt von verschiedenen Faktoren ab.

1 Wenn die Einwortform des Konjunktivs II *lautgleich ist* mit dem *Präteritum* (bei allen regulären t-Verben, z. B. «*machte*»), wählt man wegen der Deutlichkeit meistens die Zweiwortform; das gilt (entgegen den früheren Regel-Vorstellungen mancher Stilkritiker) auch für Propositionen, die mit «wenn» eingeleitet sind («Wenn natürlich du das selber *machen würdest*, das *wäre* gut»).

2 Wenn die Einwortform zwar deutlich ist, aber irgendwie *ungewöhnlich* erscheint, nimmt man dafür meistens die Zweiwortform, z. B. «Es *würde* sich *empfehlen*» statt «Es *empfähle/empföhle* sich» oder «Die *würden* doch *fliehen*» statt «Die *flöhen* doch» usw.

3 Hie und da wählt man die Zweiwortform auch aus rein rhythmischen Gründen oder weil man einen besonderen Anklang an das Futur haben möchte, bei der Darstellung von etwas Zukünftigem («Ich erklärte ihm, wir *würden* morgen sicher auch *teilnehmen*» anstatt «..., wir *nähmen* morgen sicher auch *teil*»).

Eine fixe Regelung besteht nicht, man hat als Schreibender oft eine gewisse Wahlfreiheit. Beim Sprechen überlegt man ohnehin nicht lang und braucht meistens die Zweiwortform, weil sie leichter aus dem Gedächtnis abzurufen bzw. neu zu bilden ist.

In der Mundart braucht man oft die Kombination «Ich *tät* en halt *frage*», und auch in hochdeutscher Alltagssprache in Süddeutschland kann man hören «Da *tät* ich auch *helfen*» usw.

Für eine «Zukunft in der Vergangenheit» verwendet man ausschließlich die Zweiwortform: «Er *malte* sich *aus*, wie sie ihn *empfangen würde*, was er zu ihr *sagen würde*, wie alles *sein würde*» (vgl. auch Ziff. 5.22 Schluß, futur dans le passé im Französischen).

5.08 Kein Präteritum in manchen Mundarten; Perfekt und Präteritum im Spracherwerb; «Doppelperfekt»

In den schweizerdeutschen Mundarten gibt es kein Präteritum, und auch in vielen süddeutschen Mundarten verwendet man das Präteritum nur für relativ wenige Verben (z. B. «war, wollte»), und man benützt als Vergangenheitstempus für das Erzählen in erster Linie oder ausschließlich das Perfekt.

Aber auch in den Gegenden, in denen das Präteritum auch in der Umgangssprache allgemein üblich ist, kommt beim *Spracherwerb der Kinder* in den ersten Lebensjahren das Perfekt lange vor dem Präteritum. Die ersten Verbformen der Kinder sind Infinitiv und Partizip II, wenn auch oft in unüblicher, selbstentwickelter Lautung (z. B. «essen – gegeßt»). Die Kinder müssen dann nur noch die Kombination mit «sein» und «haben» erfassen, um alle Verben im Perfekt brauchen zu können – die Lautungen des Präteritums sind oft viel anspruchsvoller für das Lernen und Behalten (z. B. «er geht – er ging» oder «er ißt – er *aß*» oder «sie denkt – sie *dachte*», siehe Ziff. 5.13). Durch einen gehäuften Gebrauch des Perfekts anstatt des Präteritums beim Erzählen kann man daher auch einen Eindruck von Schlichtheit, Volkstümlichkeit, Kindertümlichkeit erreichen.

Bei der indirekten Rede im *Konjunktiv* hat man ohnehin nur das Perfekt als eindeutiges Vergangenheitstempus (wenn man nicht Präsens verwenden will, was man oft auch tut), gegenüber Präteritum, Perfekt und Plusquamperfekt im Indikativ:

		(Er sagte,)	
Sie *ist* soeben *heimgekommen*	PERFEKT	sie *sei* soeben *heimgekommen*	
Sie *war* acht Tage in Köln	PRÄTERITUM	sie *sei* acht Tage in Köln *gewesen*	PERFEKT
Maja *hatte* sie *eingeladen*	PLUSQUAMPERFEKT	Maja *habe* sie *eingeladen*	

Gelegentlich verwendet man in solchen Situationen zur Verdeutlichung ein «Doppelperfekt», also in der dritten Proposition des obigen Beispiels «Maja *habe* sie *eingeladen gehabt*». In lockerer Umgangssprache braucht man gelegentlich auch im Indikativ ein solches Doppelperfekt anstatt eines Plusquamperfekts:

Er *hat* es eben *vergessen gehabt*	DOPPELPERFEKT, dreiwortig
Er *hatte* es eben *vergessen*	PLUSQUAMPERFEKT, zweiwortig

5.09 Der Imperativ

Als *Imperativ* bezeichnet man diejenigen Verb-Personalformen, die *spezialisiert* sind für die Darstellung von *Bitten, Aufforderungen, Anweisungen* und die nicht (was bei allen andern Personalformen möglich ist) auch für Fragen und für gewöhnliche Aussagen verwendet werden können. Sie können auch nicht an letzter Stelle in der Proposition stehen, sondern nur an erster oder zweiter Stelle (und der Unterschied der Wirkung dieser beiden Stellungen ist bei ihnen viel geringer als bei den gewöhnlichen Verb-Personalformen).

Es gibt im Deutschen nur vier solche Formen; zwei davon gehören zum ältesten Bestand der Sprache, zwei sind viel später entstanden (man erkennt das daran, daß sie nur zusammen mit Subjekten möglich sind: «*Gehen Sie! Gehen wir* jetzt!»), während bei den zwei alten Formen Subjekte möglich, aber nicht nötig sind (wie im Lateinischen, Ziff. 5.62): «*Geh* jetzt – *Geh du* jetzt» oder «*Fangt* jetzt *an* – *Fangt ihr* jetzt sofort *an*». Der gesamte Imperativ steht auch außerhalb des Systems der grammatischen Zeiten.

	IMPERATIV:	
Für *einen einzelnen* Angesprochenen	*Komm, tritt ein, fang an*	2. P. SG
Für *mehrere* Angesprochene	*Kommt, tretet ein, fangt an*	2. P. PL
Bei *höflicher Anrede* (gleichgültig ob für einen Angesprochenen oder für mehrere)	*Kommen,* Sie, *treten* Sie *ein, fangen* Sie *an*	(= 3. P. PL)
Für eine *Gruppe, zu welcher der Sprechende selbst gehört* (nicht bei allen Verben sinnvoll)	*Treten* wir *ein, fangen* wir *an*	1. P. PL

Zur Setzung der *Satzzeichen*: Es wird manchmal gesagt, nach einem Satz mit einem Imperativ müsse man immer ein Ausrufezeichen setzen. Das trifft aber nicht zu. In den Satzzeichen-Regeln im «Duden» steht ausdrücklich, daß nach Aufforderungen, die ohne Nachdruck gesprochen werden, ein gewöhnlicher Punkt gesetzt werden kann.

Bitten, Aufforderungen usw. *ohne Imperativ*: Die Feststellung, der Imperativ sei die besondere Verbform für Bitten, Aufforderungen usw., darf man *nicht umdrehen*. Sehr oft drückt man Bitten, Aufforderungen usw. *ohne* Imperativ aus – manchmal sogar in noch härterer Art. Zum Vergleich: «*Fang* nur gleich *an*» (Imperativ) – «Sofort *anfangen* jetzt» (Infinitiv) – «Jetzt aber sofort *angefangen*» (Partizip II).

5.10 Hauptverb und Hilfsverben; Modalverben, weitere Gefügeverben

Die Tabellen in Ziff. 5.04 und 6.30 zeigen, daß für die verschiedenen grammatischen Zeiten nur zum kleineren Teil *einfache* Verbformen vorhanden sind, nämlich für das Präsens, das Präteritum, den Konjunktiv I und den (einwortigen) Konjunktiv II. Für alle andern grammatischen Zeiten im Aktiv und für das ganze Passiv verwendet man *Kombinationen* aus den Personalformen von «sein – haben – werden» mit dem Partizip II bzw. dem Infinitiv des jeweiligen Hauptverbs. Entsprechend bildet man Infinitive für das Perfekt und die beiden Passive: «gekommen sein – getan haben – gean werden – getan worden sein – getan sein».

Man bezeichnet daher «sein – haben – werden» auch als *Hilfsverben*. Mit diesem Begriff «Hilfsverben» meint man aber *nicht* diese drei Verben *an sich*, sondern nur ihren Gebrauch in Kombination mit einem Infinitiv oder einem Partizip II. In einem Satz wie «Das *wird* gut, es *ist* alles bereit, ich *habe* das nötige Material» sind alle drei Verben nicht als «Hilfsverben», sondern als «Vollverben» gebraucht. Man sollte also beim Gebrauch des Fachausdrucks «Hilfsverben» immer im Kopf behalten, daß damit *nicht* eine *feste Untergruppe* von Verben gemeint ist, sondern nur eine bestimmte *Gebrauchsweise* der drei Verben «sein – haben – werden» und daß alle drei «Hilfsverben» auch als Hauptverben (oder «Vollverben») gebraucht werden können.

Entsprechendes gilt für den Begriff «*Modalverben*»; man versteht darunter die sechs Verben «wollen – können – dürfen – müssen – sollen – mögen», wenn sie mit einem Infinitiv kombiniert sind. Kombinationen mit Infinitiv gibt es aber auch bei weiteren Verben (z. B. «Ich *sah* das *kommen*»), sehr oft mit Infinitivkonjunktion «zu» (z. B. «Sie *versuchte zu vermitteln*»). Für eine ausführliche Behandlung aller dieser Kombinationsmöglichkeiten siehe Ziff. 12.08, 12.10 und 12.42–12.48.

5/II Die Lautungen aller Verbformen im Deutschen

5.11 Die Lautungen der Grundformen

Im *Infinitiv* und im *Partizip I* sind die Lautungen bei allen deutschen Verben sehr einheitlich: der *Infinitiv* hat die Endung «*-en*» (bei einigen Verben auch nur «*-n*», z. B. «*sein, dauern*») und das *Partizip I* hat die Endung «*-end*» (manchmal nur «*-nd*», z. B. «*dauernd*»).

Dagegen gibt es für das *Partizip II*, welches das eigentliche Gegenstück zum Infinitiv ist und für die Bildung des Perfekts und Plusquamperfekts und der beiden Passive dient, je nach dem Verb *ganz verschiedene* lautliche Veränderungen gegenüber dem Infinitiv:
- bei sehr vielen Verben die *Endung* «*-t*» oder «*-et*», z. B. «suchen/gesucht, arbeiten/gearbeitet»
- bei sehr vielen Verben die Vorsilbe «*ge-*», z. B. «fragen/gefragt, antworten/geantwortet»
- bei manchen Verben *Bestehenbleiben* der Endung «*-en*» oder «*-n*» und dazu oft eine kleinere oder größere *Änderung im Innern* des Verbs, z. B. «lesen/gelesen, finden/gefunden, tun/getan»
- bei einigen Verben die Endung «*-t*» *mit Änderung im Innern* des Verbs, z. B. «rennen/gerannt, denken/gedacht»
- bei einigen Verben, die mit «er-, über-, unter-» und ähnlich beginnen, lautet das Partizip II *genau gleich* wie der Infinitiv, z. B. «ertragen/ertragen, übersehen/übersehen, unterhalten/unterhalten, vertreten/vertreten»
- beim Verb «*sein*» (dem häufigsten deutschen Verb) tritt eine ganz andere Wortform ein, die mit dem «w-» in «war, wäre» verwandt ist: «sein/*gewesen*».

In einer Tabelle zusammengestellt (ohne Anspruch auf Vollständigkeit, nur als Überblick über die Vielfalt):

INFINITIV	PARTIZIP II	PARTIZIP I
suchen	gesucht	suchend
arbeiten	gearbeitet	arbeitend
handeln	gehandelt	handelnd
denken	gedacht	denkend
tun	getan	(tuend)
finden	gefunden	findend
beschreiben	beschrieben	beschreibend
anziehen	angezogen	anziehend
vertreten	vertreten	vertretend
durchlaufen («laufen» betont)	durchlaufen	durchlaufend
sein	gewesen	(seiend)

Bemerkungen: Für die Verben, die ein Partizip II auf «-en, -n» haben, braucht man auch den Fachausdruck «*starke* Verben»; alle andern Verben, die ihr Partizip auf «-t, -et» bilden, heißen dann «*schwache* Verben». Heute spricht man aber eher von «regelmäßigen» und «unregelmäßigen» Verben, und als «regelmäßig» betrachtet man die Verben mit dem Partizip II auf «-t, -et», wenn *keine* Veränderungen im Innern des Verbs auftreten; «unregelmäßig» sind alle Verben *mit Veränderung»* im Innern des Verbs (diese tritt oft nur im Präteritum und im Konjunktiv II auf, z. B., «*vertreten/*ver*trat/*ver*träte*»), gleichgültig ob mit Partizip II auf «-t» (z. B. «senden/*gesandt*») oder auf «-en, -n» (z. B. «finden/*gefunden*, tun/*getan*» usw.). «Unregelmäßig» sind also alle «starken» Verben und einige wenige «schwache» Verben, und «regelmäßig» ist die Großzahl der «schwachen Verben». Weiteres über solche Veränderungen in Ziff. 5.14.

Bei einigen häufigen Verben gibt es *zwei verschiedene Lautungen* für das Partizip II, eine bei Kombination mit einem Infinitiv und eine außerhalb von solchen Kombinationen: «(Er hat nicht) *gehen wollen* – (Er hat es nicht) *gewollt*» oder «(Ich habe das) *kommen sehen* – (Ich habe das) *gesehen*». Die Erklärung dafür steht in Ziff. 3.29.

5.12 Die Lautungen der Verb-Personalformen

Die Lautungen für die Verb-Personalformen sind im Deutschen insgesamt *viel weniger deutlich* als im Lateinischen und im (geschriebenen) Französischen. Dazu sind die vorhandenen lautlichen Unterschiede *sehr ungleich* auf die verschiedenen grammatischen Werte *verteilt*: manchmal muß die gleiche Lautung für zwei oder mehr verschiedene grammatische Werte dienen (Beispiele in Ziff. 5.15), und manchmal stehen für ein und denselben grammatischen Wert zwei verschiedene Lautungen zur Verfügung (eine mit «-e» und eine ohne dieses, siehe Ziff. 5.16).

Zur Veranschaulichung: Die Konjugation des Verbs «sein» (hier sind die Unterscheidungen weitaus am deutlichsten, es liegen z. T. ganz verschiedene Wortstämme vor), dann die Konjugation von «tragen» (als Beispiel für ein Verb mit Veränderungen im Wortinneren, nämlich Ablaut «trage/trug» und Umlaut «trage/trägst») und die Konjugation von «hören» als Beispiel für ein vollständig regelmäßiges Verb.

sein – gewesen

	IMPERATIV		PRÄSENS (Indikativ)		KONJUNKTIV I		KONJUNKTIV II	
	Singular	Plural	Singular	Plural	Singular	Plural	Singular	Plural
3. P.	–	seien Sie	ist	sind	sei	seien	wäre	wären
1. P.	–	seien wir	bin					
2. P.	sei	seid	bist	seid	sei(e)st	seiet	wär(e)st	wär(e)t

	PRÄTERITUM (Ind.)	
	Singular	Plural
3. P.	war	waren
1. P.		
2. P.	war(e)st	war(e)t

tragen – getragen

	IMPERATIV			PRÄSENS (Indikativ)		KONJUNKTIV I		KONJUNKTIV II	
	Singular	Plural	Singular	Plural	Singular	Plural	Singular	Plural
3. P.	–	tragen Sie	trägt	tragen	trage	tragen	trüge	trügen
1. P.	–	tragen wir	trag(e)		trage		trüge	
2. P.	trag(e)	trag(e)t	trägst	trag(e)t	tragest	traget	trüg(e)st	trüg(e)t

PRÄTERITUM (Ind.)		
	Singular	Plural
3. P.	trug	trugen
1. P.		
2. P.	trug(e)st	trug(e)t

(wegen der Lautgleichheit von «trage» für 1. Sg. Indikativ und Konjunktiv I und von «tragen» für 1. und 3. Pl. Indikativ und Konjunktiv I weicht man in der indirekten Rede auf den Konjunktiv II aus, siehe Ziff. 5.06'D und 10.15–10.17)

hören – gehört

	IMPERATIV			PRÄSENS (Indikativ)		KONJUNKTIV I		KONJUNKTIV II	
	Singular	Plural	Singular	Plural	Singular	Plural	Singular	Plural
3. P.	–	hören Sie	hört	hören	höre	hören	hörte	hörten
1. P.	–	hören wir	hör(e)		höre		hörte	
2. P.	hör(e)	hör(e)t	hör(e)st	hör(e)t	hörest	höret	hörtest	hörtet

PRÄTERITUM (Ind.)		
	Singular	Plural
3. P.	hörte	hörten
1. P.		
2. P.	hörtest	hörtet

(wegen der Lautgleichheit mit dem Präteritum weicht man für den Konjunktiv II oft auf die Zweiwortform aus: würde hören, würdest hören, würden hören, würdet hören, Ziff. 5.07)

5.13 Die Einteilung der deutschen Verben nach ihren Lautungen (nach Konjugationstypen)

Nach der Art, wie sich die Lautungen des Partizips II und der Personalformen von der Lautung des Infinitivs unterscheiden, kann man alle deutschen Verben in die folgenden drei Gruppen einteilen:

A reguläre t-Verben (auch «schwache Verben» genannt):

> hören – handeln – begleiten – verzieren – überzeugen usw.

Konjugation: Mit der Lautung des Infinitivs sind die Lautungen aller Personalformen gegeben, wenn man an Stelle des «-en» oder «-n» des Infinitivs die Endungen der Personalformen setzt, die in der Tabelle für «hören» in Ziff. 5.12 gegeben sind; die 3. und 1. Person Plural ist ja bei allen Verben außer «sein» ohnehin lautgleich mit dem Infinitiv. Einzige Besonderheit bei den Verben dieses Typs: wenn der Verbstamm auf -l endet, wird in der 1. Person Singular das im Infinitiv vorhandene -e- weggelassen («wech*seln* – ich wech*sle*», aber «er wech*selt*»).

Anzahl, Häufigkeit: Zu dieser Gruppe gehört die große Masse aller deutschen Verben. Wenn neue Verben gebildet werden, folgen sie immer diesem Konjugationsmuster.

B   spezielle t-Verben (auch «unregelmäßige schwache Verben» genannt):

haben/gehabt – wollen/gewollt – können/gekonnt – erkennen/erkannt – denken/gedacht.

Konjugation: Partizip II und Präteritum mit «-t», dabei aber oft Vokalwechsel oder Vokal- und Konsonantenwechsel, z. T. auch innerhalb des Präsens: «haben/hat/hast – wollen/will – wissen/weiß/wußte – können/kann/konnte – denken/gedacht – bringen/gebracht». Partizip II auf «-en» und nicht auf «-t» bei den Modalverben in Kombination mit Infinitiv («... hat gehen wollen», vgl. Ziff. 3.29); ferner Partizip II auf «-en» bei «... hat das Korn gemahlen, das Holz gespalten, das Fleisch gesalzen».

Anzahl, Häufigkeit: Die Gruppe umfaßt nur ein gutes Dutzend Verben, aber die meisten von ihnen werden sehr häufig gebraucht.

C   Ablautverben (auch «starke Verben» genannt):

sein/gewesen/war – werden/geworden/wurde – lassen/gelassen/ließ – gehen/gegangen/ging – stehen/gestanden/stand – nehmen/genommen/nahm – bleiben/geblieben/blieb – ziehen/gezogen/zog – tragen/getragen/trug – stoßen/gestoßen/stieß

Konjugation: Partizip II mit «-en», manchmal mit Vokalwechsel oder Vokal- und Konsonantenwechsel («werden/geworden – stehen/gestanden – ziehen/gezogen»); Präteritum ohne «-t», dafür immer mit Vokalwechsel und manchmal auch mit Konsonantenwechsel («geben/gab – ziehen/zog – stehen/stand»); manchmal auch Vokalwechsel innerhalb des Präsens Singular («geben/er gibt/ihr gebt – tragen, er trägt, ihr tragt – stoßen, er stößt, ihr stoßt»); die Regeln für alle diese Wechsel («Ablaut» und «Umlaut» und «Brechung») sind kompliziert und können hier nicht im einzelnen dargestellt werden.

Anzahl, Häufigkeit: Die Gruppe umfaßt über 150 Verben, darunter sehr häufige, aber auch einige ziemlich selten gebrauchte (die Zahlen beziehen sich auf die einfachen Verben – wenn man zu «geben» auch «ergeben, vergeben, übergeben, abgeben» usw. nimmt, kommt man sofort auf mehrere Tausend solcher Verben).

5.14   Ablaut, Umlaut, Brechung

Die Vokalwechsel «e-o-u, a-i» usw. (vom Infinitiv zum Partizip II und vor allem zum Präteritum) nennt man «*Ablaut*»; die Entstehung dieser Verschiedenheiten innerhalb des gleichen Verbs geht wohl auf verschiedene Betonungsverhältnisse vor mehreren Jahrtausenden zurück. Die Vokalwechsel «a-ä, o-ö» (z. B. in «tragen/trägt, stoßen/stößt») nennt man «*Umlaut*», dieser Wechsel ist vor etwa einem Jahrtausend entstanden. Den Vokalwechsel «e-i» (in «geben/gibt» usw.) nennen die Fachleute nicht «Umlaut», sondern «*Brechung*», weil man hier die Formen mit «-i» als älter erkannt hat und das «-e» aus «-i» entstanden ist. Der Umlaut spielt bei der Konjugation nur eine kleine Rolle, dagegen ist er oft wichtig für die Pluralformen der Nomen («Bach/Bäche») und die Vergleichsformen der Adjektive («groß/größer»), vgl. Ziff. 4.01 und Ziff. 4.40.

Das Vorhandensein von Verben mit Ablaut wurde von manchen älteren Grammatikern als ein besonderer Vorzug des Deutschen betrachtet, daher nannten sie die Ablautverben «stark» und die t-Verben «schwach». Man darf aber diese Fachausdrücke nicht etwa überschätzen und wörtlich nehmen; das «schwache» Verb «handeln» ist in seinem Inhalt sicher nicht weniger «stark» als das Verb «tun/getan», das nach seiner Lautung zu den «starken Verben» gehört.

5.15 Gleiche Lautung für verschiedene grammatische Werte – verschiedene Folgen daraus

Wie die Konjugationsmuster in Ziff. 5.11 und 5.12 zeigen, gibt es an verschiedenen Stellen für zwei oder mehr klar zu unterscheidende grammatische Werte nur eine einzige Lautung. Das hat z. T. gar keine Folgen, ja es wird meistens gar nicht bemerkt – z. T. hat es aber auch sehr auffällige Folgen.

Beschreibung	Folgen
A Bei *allen* Verben außer «sein» lautet die 3. und 1. P. PL. genau gleich wie der INFINITIV, und man merkt den Unterschied nur bei den trennbaren Verben: «Ich muß *gehen* (Infinitiv) – Die andern *gehen* (3. Pl.) – Wir alle *gehen*» (1. Pl.). Aber: «Ich muß *weggehen* (Inf.) – Die andern *gehen weg* (3. Pl.)»	Die Lautungsgleichheit wird meistens gar nicht bemerkt und stört innerhalb des Deutschen gar nicht, weil man aus dem Zusammenhang klar genug merkt, was gemeint ist; dagegen muß man hier aufpassen beim Übergang zu Fremdsprachen.
B Im IMPERATIV hat nur die 2. P. SG. eine eigene Lautung, für die übrigen werden die Lautungen des Präsens (Indikativ) verwendet: «Jetzt *gehen* Sie – *Gehen* Sie jetzt!»	Keine Störung, meistens wird die Gleichheit der Lautung kaum bemerkt; ähnlich ist es auch im Französischen, durchwegs besondere Lautungen bestehen im Lateinischen.
C Bei *regulären t-Verben mit Vorsilben* dient für das PARTIZIP II, die 3. P. SG. PRÄSENS und die 2. P. PL. PRÄSENS die gleiche Lautung: «Er hat uns das *erspart* (Partizip II) – Er *erspart* uns das (3. Sg.) – Ihr *erspart* uns das doch (2. Pl.)»	Innerhalb des Deutschen nicht störend, da meistens gar nicht bemerkt; aber mögliche Störstelle beim Übergang zu Fremdsprachen.
D Auch bei *Ablautverben mit Vorsilben* gilt oft die gleiche Lautung für INFINITIV und PARTIZIP II: «Das wird sich noch *ergeben* (Infinitiv) – Das hat sich gestern *ergeben* (Partizip II)» oder «Ihr müßt euch *vertragen* (Inf.) – Wir haben uns immer gut *vertragen* (Ptz. II)»	Hie und da mögliche Verstehensschwierigkeiten oder Doppeldeutigkeit, aber meistens nicht von Gewicht; dagegen mögliche Störstelle beim Übergang zu Fremdsprachen.
E Bei allen Verben außer «sein» lauten die 3. und 1. P. PL. für das PRÄSENS (Indikativ) und den KONJUNKTIV I genau gleich; ferner gilt gleiche Lautung für Indikativ und Konjunktiv I für die 1. P. SG. aller Verben außer «sein, wollen, können, dürfen, müssen, wissen». Zum Vergleich:	Bei der *indirekten Rede* wird oft die Markierung des Konjunktivs als unerläßlich betrachtet, und wenn der Konjunktiv I sich nicht vom Indikativ unterscheidet, setzt man daher an Stelle eines Konjunktivs I den Konjunktiv II:

INDIKATIV		KONJUNKTIV I
Ich *bin* da		ich *sei* da
Ich *weiß* es	Ich sagte	ich *wisse* es
Ich *fange an*		ich *fange* an

Man glaubte	er *wisse* es	KJV. I
	alle *wüßten* es	KJV. II
	einer *komme*	KJV. I
	alle *kämen*	KJV. II

Für Genaueres und für die Gründe dieser komplizierten Regelung siehe Ziff. 10.15–10.17.

F Bei allen regulären t-Verben lautet der gesamte KONJUNKTIV II genau *gleich* wie das PRÄTERITUM: «Gestern *machte* (Präteritum) er keine Schwierigkeiten – wenn er nur morgen auch keine *machte* (Konjunktiv II)»

Wenn nicht aus dem Zusammenhang ganz leicht ersichtlich ist, daß Konjunktiv II vorliegen soll, *ersetzt* man die nicht eindeutige Einwortform durch die immer eindeutige *Zweiwortform* (auch nach «wenn»): «... wenn er nur morgen auch keine Schwierigkeiten *machen würde*».

Genaueres zum ganzen Gebrauch des Konjunktivs II in Ziff. 10.15–10.17.

5.16 Lautungen mit und ohne «-e»; verschiedene stilistische Wirkung

Es ist kennzeichnend für das Deutsche, daß es für manche grammatischen Formen der Verben sowohl eine Lautung *mit* «-e» wie *ohne* «-e» gibt. Die beiden sind aber nicht immer gleichwertig.

Für den *Singular* (Präsens, beide Konjunktive, bei t-Verben auch Präteritum) gelten die Lautungen mit «-e» als das Normale. In der 1. P. Singular Präsens spricht und hört man allerdings gar nicht selten «Dagegen *hab* ich nichts, ich *trag* dir nichts nach, ich *komm* schon mit dir»; in geschriebener Sprache ist das seltener. Im Konjunktiv II und im Präteritum der t-Verben wirken die Lautungen ohne «-e» (1. und 3. P.) gehoben, oft altertümlich, man denkt an Gedichte; daher wird hier meistens das wegfallende «-e» durch einen Apostroph ersetzt: «Ich *hatt'* einen Kameraden – Sie *konnt'* es nicht mehr ertragen – Da *käm'* wohl niemand mehr».

Für die *2. Person Plural* wirken die Lautungen mit «-e» insgesamt gehoben, feierlich, altertümlich: «*Höret* ihr das? – Ihr *kommet* doch mit – *Waret* ihr denn nicht zufrieden?» Das hängt wohl auch damit zusammen, daß die 2. Person Plural ziemlich selten gebraucht wird, speziell im Präteritum und im Konjunktiv II. Statt zu sagen «Wie *ertrug(e)t* ihr das alles, und *ertrüg(e)t* ihr es nochmals?» weicht man meistens auf das Perfekt bzw. auf die Zweiwortform des Konjunktivs II aus und sagt: «Wie *habt* ihr das alles *ertragen*, und *würdet* ihr es nochmals *ertragen*?»

Für den *Imperativ Singular* gelten die Lautungen ohne «-e» als das Normale, aber auch die Lautungen mit «-e» sind häufig und fallen nicht besonders auf: «*Hör(e)* doch zu – *Mach(e)* das nicht». Bei Verben mit Vokalwechsel (Brechung) im Imperativ Singular gibt es jedoch nie ein «-e»: geben/*gib*, lesen/*lies*, befehlen/*befiehl*, entwerfen/*entwirf*» usw.

5.17 Häufige Lautungsfehler bei Verb-Personalformen

Nicht selten hört und liest man «Ihr *erhält* hier die erste Sendung» statt «Ihr *erhaltet*», oder «Ihr *fährt*» statt «Ihr *fahrt*». Oft hört und liest man bei Ablautverben für den Imperativ Singular die Lautung mit dem Vokal des Infinitivs und der Endung «-e», z. B. «*lese*» statt «*lies*» oder «*entwerfe*» statt «*entwirf*» oder «*nehme*» statt «*nimm*». Solche Unkorrektheiten der Lautung beeinträchtigen das Verstehen nicht und werden daher oft kaum bemerkt, aber man sollte sie doch vermeiden; im Zweifelsfall bleibt manchmal nichts anderes übrig, als die Lautungen des betreffenden Verbs in einem Wörterbuch nachzuschlagen.

5.18 Gleicher Infinitiv für verschiedene Verben

Hie und da dient die gleiche Lautung eines Infinitivs für zwei verschiedene Verben, mit verschiedener Konjugationsweise und verschiedener Bedeutung:

jemanden *erschrecken*	– Das hat ihn *erschreckt*, das *erschreckte* ihn
(selber) *erschrecken*	– Er *erschrickt*, er *erschrak*, er ist *erschrocken*
etwas *bewegen*, sich *bewegen*	– Er hat sich *bewegt*, er *bewegte* seine Lippen
jemanden zu etwas *bewegen*	– Sie hat ihn *bewogen* (sie *bewog* ihn) mitzukommen
etwas *schaffen* (erreichen)	– Wir haben es geschafft, er *schaffte* es nicht mehr
etwas *schaffen* (hervorbringen)	– Er hat große Werke *geschaffen*, er *schuf* dieses Bild

5.19 Verschiedene Konjugation ohne Bedeutungsverschiedenheit; Schwankungen

Bei einigen Verben schwankt die Konjugation, dabei wirken z. T. die Lautungen mit Ablaut veraltet, z. T. die Lautungen mit -t:

backen: gebacken, er bäckt, er buk	«er backte» gilt als veraltet
fragen: gefragt, er fragt, er fragte	«er frägt» und «er frug» sind veraltet
schmelzen: geschmolzen, schmolz	«Man *schmolz* das Metall» wie «Der Schnee *schmolz*»; die Lautung «Man *schmelzte* das Metall» ist veraltet
wägen: gewogen, wog	(also gleich wie zu «wiegen»); «Man hat das Paket *gewogen*, man *wog* es»; die Lautung mit -t («Man *wägte* ab») ist veraltet.

5/III Grammatische Zeiten, conditionnel, subjonctif, impératif im Französischen

5.20 Überblick über die grammatischen Zeiten und ihre Verwendung

Das Französische hat mehr grammatische Zeiten als das Deutsche (vier einwortige und vier zweiwortige im Aktiv), hier gezeigt an «être/sein, avoir/haben, finir/beenden, arriver/ankommen»:

	INDICATIF	CONDITIONNEL	SUBJONCTIF
PRÉSENT	il *est*, il *a* il *finit*, il *arrive*	il *serait*, il *aurait* il *finirait*, il *arriverait*	qu'il *soit*, qu'il *ait* qu'il *finisse*, qu'il *arrive*

Das *présent* entspricht weitgehend dem deutschen Präsens. Es wird auch oft zum lebhaften Erzählen benützt («historisches Präsens»), besonders auch in der Literatursprache. Gelegentlich (aber nicht so oft wie im Deutschen) verwendet man es auch für etwas erst Kommendes, Zukünftiges, anstatt des futur: «Il *arrive* demain, Er kommt morgen».

Das *conditionnel* entspricht dem deutschen Konjunktiv II. Für den Gebrauch der gleichen Lautungen als «futur dans le passé» (in der indirekten Rede) siehe Ziff. 5.22.

Über den gesamten *subjonctif* (ganz anders als der deutsche Konjunktiv) siehe Ziff. 5.25.

	INDICATIF	CONDITIONNEL	SUBJONCTIF
FUTUR	il *sera*, il *aura* il *finira*, il *arrivera*	–	–

Das *futur* braucht man häufiger als das deutsche Futur. Für die häufige zweiwortige Form «Il va arriver, er wird kommen» (das «futur proche») siehe Ziff. 5.24.

	INDICATIF	CONDITIONNEL	SUBJONCTIF
IMPARFAIT	Il *était*, il *avait* il *finissait*, il *arrivait*	–	qu'il *fût*, qu'il *eût* qu'il *finît*, qu'il *arrivât*

Das *imparfait* hat ganz verschiedene Verwendungsweisen, die sich nur zum kleineren Teil mit denen des deutschen Präteritums decken. Man braucht es:
A für vergangene Zustände, vergangene wiederholte Handlungen. Genaueres in Ziff. 5.21
B nach «si = wenn» für etwas nur Gedachtes, z. B. «si elle *venait*, wenn sie käme», entsprechend dem deutschen Konjunktiv II, Ziff. 5.23
C in der indirekten Rede: «Il a dit que Paul *était* malade, Er sagte, Paul sei krank», Ziff. 5.22

	INDICATIF	CONDITIONNEL	SUBJONCTIF
PASSÉ SIMPLE	il *fut*, il *eut* il *finit*, il *arriva*	–	–

Das *passé simple* dient für das Erzählen vergangener Ereignisse, Handlungen usw. im *geschriebenen* Französisch oder auch in formellem gesprochenem Französisch. In der Alltagssprache erzählt man Handlungen, Ereignisse usw. im *passé composé*.

	INDICATIF	CONDITIONNEL	SUBJONCTIF
PASSÉ COMPOSÉ	il *a été*, il *a eu* il *a fini*, il *est arrivé*	il *aurait été*, il *aurait eu* il *aurait fini*, il *serait arrivé*	qu'il *ait été*, qu'il *ait eu* qu'il *ait fini*, qu'il *soit arrivé*

Das *passé composé* entspricht grundsätzlich dem deutschen Perfekt, es wird aber häufiger gebraucht als dieses, weil man es in der gesprochenen Sprache für das Erzählen braucht, wo man im Deutschen das Präteritum hat. Für das «passé immédiat» siehe Ziff. 5.24. Das *conditionnel passé* entspricht ziemlich genau dem deutschen Konjunktiv II Perfekt.

	INDICATIF	CONDITIONNEL	SUBJONCTIF
FUTUR ANTÉRIEUR	il *aura été*, il *aura eu* il *aura fini*, il *sera arrivé*	–	–

Das *futur antérieur* entspricht dem deutschen Futur zum Perfekt, ist aber häufiger als dieses.

	INDICATIF	CONDITIONNEL	SUBJONCTIF
PLUS-QUE-PARFAIT	il *avait été*, il *avait eu* il *avait fini*, il *était arrivé*	–	qu'il *eût été*, qu'il *eût eu* qu'il *eût fini*, qu'il *fût arrivé*
PASSÉ ANTÉRIEUR	il *eut été*, il *eut eu* il *eut fini*, il *fut arrivé*	–	–

Plus-que-parfait und *passé antérieur* entsprechen *zusammen* dem deutschen Plusquamperfekt; das passé antérieur ist aber sehr selten (literarisch); für «passé surcomposé» siehe Ziff. 5.24.

5.21 Imparfait und passé composé oder passé simple beim Erzählen von Vergangenem

Mit dem *Imparfait* stellt man die *Situation* dar, die Begleitumstände, auch wiederholte Handlungen, dauernde Handlungen oder als beiläufig hingestellte Handlungen, Ereignisse usw.

Dagegen stellt man die wichtigen *Ereignisse*, den *Ablauf* der zentralen Handlungszüge usw. durch passé composé dar (in gesprochenem Französisch) bzw durch passé simple (in geschriebener, literarischer Sprache).

Ein Beispiel aus dem Roman «La Chartreuse de Parme» von Stendhal (Henri Beyle, 1783–1842), einem Meisterwerk französischer Prosa. Fabrice, der junge Held des Romans, der mit seiner Mutter und seiner Tante (Gräfin Pietranera) im Schloß Grianta am Comersee wohnt, hat von der Rückkehr des nach Elba verbannten Napoleon an die Macht gehört (1814) und sofort den Entschluß gefaßt, sich der Armee des Kaisers anzuschließen. Er spricht darüber mit seiner Mutter und seiner Tante, die ebenfalls eine leidenschaftliche Anhängerin Napoleons ist:

Situation, Zustände, als *beiläufig* betrachtete Ereignisse und Handlungen, durch IMPARFAIT dargestellt	*Zentrale Ereignisse* und Handlungen, vom *Romanautor* durch PASSÉ SIMPLE, von den *Personen* in ihrem Gespräch durch PASSÉ COMPOSÉ dargestellt
1 *C'était* avec l'accent de l'émotion la plus vive que la comtesse *parlait* à Fabrice des futurs destinées de Napoléon. Mit einem Ton, der die lebhafteste innere Bewegung *ausdrückte*, *sprach* die Gräfin zu Fabrice über die zukünftigen Schicksale von Napoleon.	
2 En te permettant d'aller le rejoindre, je lui sacrifie ce que j'ai de plus cher au monde, *disait*-elle. Indem ich dir erlaube, dich ihm anzuschließen, opfere ich ihm das Liebste, was ich auf der Welt habe, *sagte* sie.	
	3 Les yeux de Fabrice se *mouillèrent*, il *répandit* des larmes en embrassant la comtesse, mais sa résolution de partir ne *fut* pas un instant *ebranlée*. Die Augen von Fabrice *wurden* feucht, er *vergoß* Tränen, als er die Gräfin küßte, aber sein Entschluß zu gehen *war (wurde)* keinen Augenblick erschüttert.
4 Il *expliquait* avec effusion à cette amie si chère toutes les raisons qui le *déterminaient*. Er *erklärte* aus strömendem Herzen heraus dieser so teuren Freundin alle Gründe, die ihn *bestimmten*.	
5 Hier soir, il *était* six heures moins sept minutes, nous nous *promenions*, comme tu sais, sur le bord du lac dans l'allée de platanes, au-dessous de la Casa Sommariva, et nous *marchions* vers le sud. Gestern abend, es *war* sieben Minuten vor sechs, *spazierten* wir, wie du weißt, am Ufer des Sees auf der Platanen-Allee, unterhalb der Casa Sommariva, und wir *gingen* gegen Süden.	

Situation, Zustände, Beiläufiges	Zentrale Ereignisse und Handlungen
	6.1 Là, pour la première fois, j'*ai remarqué* au loin le bateau ….
	Dort, zum ersten Mal, *bemerkte* ich das Schiff, ….
6.2 … qui *venait* de Côme, porteur d'une si grande nouvelle.	
… das von Como *kam*, Träger einer so bedeutenden Nachricht.	
7.1 Comme je *regardais* le bateau sans songer à l'Empereur, et seulement enviant le sort de ceux qui peuvent voyager ….	
Als ich das Schiff *betrachtete*, ohne an den Kaiser zu denken, und nur auf diejenigen neidisch war, die reisen können ….	
	7.2 tout à coup j'*ai été saisi* d'une émotion profonde.
	… wurde ich plötzlich von einer tiefen Erregung erfaßt.
	8 Le bateau *a pris* terre, l'agent *a parlé* bas à mon père, qui *a changé* de couleur et nous *a pris* à part pour nous annoncer la terrible nouvelle.
	Das Schiff *kam* an Land, der Bote *sprach* leise zu meinem Vater, dieser *wechselte* die Gesichtsfarbe und *zog* uns beiseite, um uns die schreckliche Botschaft mitzuteilen.
9 Je me *tournais* vers le lac sans autre but que de cacher les larmes de joie dont mes yeux *étaient inondés*.	
Ich *stand* gegen den See gewandt ohne anderen Zweck als um die Tränen zu verbergen, mit denen meine Augen *überschwemmt waren*.	
	10.1 Tout à coup à une hauteur immense et à ma droite j'*ai vu* un aigle, l'oiseau de Napoléon;
	Plötzlich, in einer unermeßlichen Höhe und zu meiner Rechten, *sah* ich einen Adler, den Vogel von Napoleon;
10.2 il *volait* majestueusement se dirigeant vers la Suisse, et par conséquent vers Paris.	
er *flog* majestätisch, indem er sich gegen die Schweiz wendete, und demgemäß nachher gegen Paris.	

Hie und da erscheint das gleiche Verb in der einen Proposition im imparfait und in der andern im passé simple. Beispiel aus einer Fabel von La Fontaine (1621–1695):

Maître Corbeau, sur un arbre perché, *Tenait* en son bec un fromage. Meister Rabe, auf einem Baum festgekrallt. *Hielt* in seinem Schnabel einen Käse.	Maître renard, par l'odeur alléché, Lui *tint* à peu près ce langage: … Meister Fuchs, durch den Geruch angezogen, *Hielt* ihm etwa folgende Rede: …

Prosa-Beispiel aus einem 1983 erschienenen Roman (die Heldin dieses Ich-Romans, eine Schauspielerin, hat einen Brief von ihrem Vater bekommen und unerörtnet liegen lassen; sie telefoniert mit einem Regisseur, der ihr eine Rolle anbietet, und wie sie den Hörer wieder aufhängt, fällt ihr Blick auf den Brief, zuerst einmal und dann wohl längere Zeit):

De la cuisine, de la chambre, je la *voyais*. Von der Küche her, aus dem Zimmer sah ich ihn	Mais en me retournant, je *vis* la lettre. Aber als ich mich umdrehte, sah ich den Brief.

Alltagsbeispiel für passé composé und imparfait:

Ils *trompaient* toujours, ces messieurs. Sie *betrogen* immer, diese Herren.	Ils l'*ont trompée*, la pauvre femme. Sie *haben* sie *betrogen*, die arme Frau.

5.22 Die grammatischen Zeiten in der indirekten Rede

Die Kennzeichnung der indirekten Rede (angeführte Rede, angeführte Gedanken und Gefühle, siehe auch Ziff. 10.05) ist im Französischen *grundsätzlich anders* geregelt als im Deutschen. Es kommt nämlich immer darauf an, ob der *Akt* des Redens, Denkens, Fühlens (dargestellt in der Proposition, von der die indirekte Rede abhängt) als *nichtvergangen* (gegenwärtig oder zukünftig) oder als *vergangen* dargestellt wird.

A Der *Akt* des Redens/Denkens usw. (im Hauptsatz, la principale) ist als *nichtvergangen* dargestellt, durch *présent* oder durch *futur*:

In der *indirekten Rede* (im Nebensatz, la subordonnée) sind alle grammatischen Zeiten möglich, je nach der zeitlichen Lage der darzustellenden Handlungen, Zustände, Ereignisse usw.:

Il affirme Er bestätigt Il vous affirmera Er wird Ihnen bestätigen	que cette femme daß diese Frau	*travaille* en ce moment zur Zeit arbeitet *a travaillé* hier gestern arbeitete/gearbeitet hat *travaillait* au moment de l'accident im Zeitpunkt des Unfalls arbeitete *avait travaillé* avant cet accident vor diesem Unfall gearbeitet hatte *travailla* la semaine dernière letzte Woche arbeitete *travaillera* la semaine prochaine nächste Woche arbeiten wird

B Der Akt des Redens/Denkens usw. (im Hauptsatz) ist als *vergangen* dargestellt, durch *passé composé, passé simple, imparfait, plus-que-parfait*, je nach Bedarf:

In der *indirekten* Rede (im Nebensatz) setzt man *imparfait* oder *plus-que-parfait* oder *futur dans le passé* – je nach dem zeitlichen Verhältnis des hier Dargestellten zum im Hauptsatz Dargestellten:

Il a affirmé Er hat bestätigt Il affirma encore hier Er bestätigte noch gestern Il affirmait toujours Er bestätigte immer Il avait affirmé a plusieurs reprises Er hatte mehrmals bestätigt	que cette femme daß diese Frau	*travaillait* en ce moment zu dieser Zeit arbeitete – das im Hauptsatz und im Nebensatz Dargestellte ist gleicherweise vergangen *avait travaillé* avant cet accident vor diesem Unfall gearbeitet hatte – das im Nebensatz Dargestellte ist früher geschehen als die im Hauptsatz dargestellte Aussage darüber *travaillerait* la semaine prochaine nächste Woche arbeiten werde/würde – das im Nebensatz Dargestellte erfolgte später als die im Hauptsatz darüber gemachte Aussage

Wenn das im Nebensatz Dargestellte ausdrücklich *auch für die Gegenwart* oder in der *Zukunft* gelten soll, kann man *auch* nach einer Vergangenheitszeit des Hauptsatzes im Nebensatz ein présent oder futur setzen: «J'*ai déclaré* qu'il *est* actuellement à Paris et qu'il y *restera* jusqu'à la Pentecôte (Ich erklärte, daß er zur Zeit in Paris ist und bis Pfingsten dort bleiben wird)».

Futur dans le passé *außerhalb* der indirekten Rede: Wenn man sich an eine *vergangene Zeit* erinnert und von dort aus in eine (damalige) *Zukunft* blickt, die unterdessen in Wirklichkeit auch vergangen ist, verwendet man oft das futur dans le passé: «Elle m'avait quittée. Elle ne *reviendrait* plus, je *serais* seul dorénavant ... (Sie hatte mich verlassen. Sie würde nicht mehr zurückkehren, ich würde allein sein von jetzt an ...)». Man kann hier überall dazudenken: «C'est ce que je pensais, ce que je m'imaginais (Das war, was ich dachte, was ich mir vorstellte)».

5.23 Imparfait + conditionnel für die Darstellung von unwahrscheinlicher Annahme und daran Gebundenem

Eine besondere Rolle spielen imparfait und plus-que-parfait (anders als im Deutschen Präteritum und Plusquamperfekt) für die Darstellung einer *unwahrscheinlichen Annahme* (durch einen Nebensatz mit «si») in Kombination mit der Darstellung des an diese unwahrscheinliche Annahme Gebundenen (durch den zugehörigen Hauptsatz im conditionnel bzw. conditionnel passé). Man kann hier *drei Stufen* unterscheiden:

1 si tu me *donnes* A je te *donne*/*donnerai* B Wenn du mir A *gibst*, *gebe*/*werde* ich dir B *geben*	*neutral*, kein Hinweis auf Wahrscheinlichkeit und Unwahrscheinlichkeit der Verwirklichung

> **2** ⁀si tu me *donnais* A,⁀ ⁀je te *donnerais* B⁀
> Wenn du mir A gäbest, gäbe ich dir B

die Verwirklichung wird als *denkbar*, aber als eher unwahrscheinlich gesehen (es liegt aber keineswegs von vornherein «Irrealität» vor)

> **3** ⁀si tu m'*avais donné* A,⁀ ⁀je t'*aurais donné* B⁀
> Wenn du mir A gegeben hättest, hätte ich dir B gegeben

die Verwirklichung *war einmal* denkbar, wenn auch unwahrscheinlich – sie ist aber dann *nicht erfolgt*, so daß praktisch eine *Verneinung* vorliegt («Du hast mir A *nicht* gegeben, darum habe ich dir B nicht gegeben»)

In literarischem Französisch wird gelegentlich statt des conditionnel das *imparfait du subjonctif* gesetzt bzw. statt des conditionnel passé das *plus-que-parfait du subjonctif*. Dann kann im Nebensatz mit «si» wie im zugehörigen Hauptsatz die *gleiche* grammatische Form des Verbs stehen (also wie im Deutschen), vor allem wenn die Verwirklichung nicht erfolgt ist, bei Stufe III der oben dargestellten drei Stufen:

> ⁀S'il *eût réfléchi*,⁀ ⁀il *eût hésité*⁀.
> Wenn er nachgedacht hätte, hätte er gezögert, nicht so schnell gehandelt.

Aber auch: «S'il *avait réfléchi*, il *eût hésité*» und «S'il *eût réfléchi*, il *aurait hésité*».

5.24 Weitere grammatische Zeiten des Französischen

Neben den in Ziff. 5.20 vorgeführten Möglichkeiten gibt es noch weitere Kombinationen, die man zu den grammatischen Zeiten rechnen kann:

A Sehr häufig ist die Kombination von «aller» + Infinitiv für etwas erst Kommendes, Zukünftiges: «Il *va sortir*, Er wird ausgehen – Elle *va rester* au lit, Sie wird im Bett bleiben» usw. Der Fachausdruck dafür ist *«futur proche»*; das einwortige Futur (mit -r- gebildet) nennt man zur Unterscheidung oft *«futur simple»*.

B Etwas vor kurzem Vergangenes stellt man oft durch die Kombination «venir de» + Infinitiv dar: «Il *vient de sortir*, Er ist eben ausgegangen» usw.; Fachausdruck: *passé immédiat*.

C In Konkurrenz zu plus-que-parfait (und dem literarischen passé antérieur) gibt es ein *passé surcomposé*, das dem deutschen Doppelperfekt entspricht. Man braucht es vor allem in Propositionen, die durch die unterordnenden Konjunktionen «quand, après que, aussitôt que, dès que» eingeleitet werden (deutsch «als, nachdem, sobald»): «Quand vous m'*avez eu chassé*, j'ai erré, Nachdem Sie mich fortgejagt gehabt haben, bin ich umhergeirrt» (Beispiel aus Paul Claudel, Tête d'or) oder «Dès qu'il *a eu été guéri*, il s'est remis au travail, Sobald er geheilt gewesen ist, hat er sich wieder an die Arbeit gemacht». Zwei gereihte Propositionen, die erste im passé composé, die zweite im passé surcomposé: «On a donné au chien une assiette de soupe et il l'*a eu vite nettoyée*, Man gab dem Hund einen Teller Suppe und er hat ihn schnell völlig leer gefressen gehabt».

5.25 Der subjonctif in den verschiedenen grammatischen Zeiten

Der *subjonctif* entspricht nur zu einem ganz kleinen Teil dem deutschen Konjunktiv, z. B. in «Ainsi *soit*-il [so *sei* es]».

Das *présent* und das *passé composé* des subjonctif ist auch im gesprochenen Französisch des Alltags nicht ganz selten (z. B. in «Il faut que tu le *saches* – Es ist unerläßlich daß du es weißt, du mußt es wissen»). Dagegen gehören das *imparfait* du subjonctif und noch mehr das plus-que-parfait du subjonctif ausschließlich dem geschriebenen, literarischen Französisch an.

Der subjonctif steht vor allem in Propositionen mit «*que*» als unterordnender Konjunktion (ein «que» ist oft auch Bestandteil mehrwortiger Konjunktionen wie «pour que, afin que, damit» oder «jusqu'à ce que, bis»); daher wird in den Verbentabellen der subjonctif immer in Verbindung mit «que» aufgeführt. Hie und da steht aber auch ein subjonctif in Propositionen mit «qui – que» als Relativ, z. B. «La seule chose qu'il *puisse* faire (Das einzige, was er machen kann)».

Dabei wird das Setzen des subjonctif meistens gewissermaßen automatisch ausgelöst, durch bestimmte unterordnende Konjunktionen oder durch Verben mit bestimmten Bedeutungen im Hauptsatz. Nur gelegentlich kann man zwischen indicatif und subjonctif wählen und dadurch verschiedene Bedeutungsnuancen darstellen.

Man kann die verschiedenen Regeln für obligatorischen (automatisch ausgelösten) und möglichen (vom jeweiligen Aussagewillen ausgelösten) subjonctif in der folgenden Weise zusammenstellen:

A   Notwendigkeit, Wille, Wunsch, Absicht, gewollte Folge

A 1   Subjonctif durch *Verb* oder *Nomen* des Hauptsatzes festgelegt:

Il *faut* que tu *dormes*	Es ist nötig, daß du schläfst
Je *voudrais* qu'il le *sente*	Ich möchte, daß er es fühlt
Il est *temps* que tu le *saches*	Es ist Zeit, daß du es weißt

A 2   Subjonctif durch *unterordnende Konjunktion* ausgelöst:

| ... pour qu'il le *fasse* | ... damit er es tut |
| ... afin qu'elle le *voie* | ... damit sie es sieht |

A 3   Subjonctif durch *Bedeutung* des Relativsatzes ausgelöst:

| Il cherche un médecin qui *puisse* le guérir | Er sucht einen Arzt, der ihn heilen kann/soll |

B   Unwirksame Gegen-Voraussetzung («Irrelevanz», siehe auch Ziff. 10.38)

B 1   Subjonctif durch *unterordnende Konjunktion* ausgelöst:

| Il le fera, *bien que* tu ne *sois* pas d'accord | Er wird es tun, obwohl du nicht einverstanden bist |

B 2   Subjonctif durch die Bedeutung des Nebensatzes ausgelöst:

| Nous partons demain *quoi qu'il en dise* | Wir verreisen morgen, was er auch dazu sagen mag |

C Eingeschränkte Dauer, Einschränkung überhaupt

C 1 Subjonctif durch *unterordnende Konjunktion* ausgelöst:

Cueillez quelques fleurs *avant qu'il fasse* nuit	Pflückt einige Blumen, bevor es Nacht wird
Je resterai ici *jusqu'à ce qu'il revienne*	Ich werde hier bleiben, bis er zurückkommt
Cela change *sans qu'*on s'en *aperçoive*	Das ändert sich, ohne daß man es bemerkt

C 2 Subjonctif durch Bedeutung des *Hauptsatzes* ausgelöst:

Il n'y a *personne* qui *puisse* le faire	Es gibt niemand, der das tun könnte
C'est *la seule chose* qu'il *ait comprise* jusqu'ici	Das ist das einzige, was er bisher begriffen hat

D Nicht-Glauben, Frage, Zweifel:

Je *ne m'imaginais pas* qu'elle le *fasse*	Ich konnte mir nicht vorstellen, daß sie es tun würde
Nous *ne croyons pas* qu'il *vienne*	Wir glauben nicht, daß er kommt
Est-il *certain que* la paix *soit* durable?	Ist es sicher, daß der Friede dauerhaft ist?

E Gefühl, persönliche Stellungnahme:

Il se *plaint* souvent que son père *soit* autoritaire.	Er beklagt sich oft, sein Vater sei so autoritär
Je *suis étonné* que tu me *connaisses* si peu	Ich bin erstaunt, daß du mich so wenig kennst
Elle se tut *de peur* qu'on ne la comprenne pas	Sie schwieg plötzlich aus Angst, man verstehe sie nicht

Es gibt noch einige weitere, speziellere Verwendungsweisen. Der subjonctif ist aber insgesamt nicht sehr häufig. In einem 1976 erschienenen Roman, mit sehr gepflegter, literarischer Sprache, findet sich auf den ersten 40 Seiten unter insgesamt 918 Verbformen nur 23 mal ein subjonctif, und zwar 18 mal subjonctif présent (davon allein 4 mal nach «il faut/fallait/faudra»), 4 mal imparfait du subjonctif, 1 mal plus-que-parfait du subjonctif. Ohnehin lautet bei *allen Verben auf -er* im ganzen Singular das présent du subjonctif *genau gleich* wie das présent de l'indicatif, und dort muß man sich daher überhaupt nicht um die Frage «subjonctif oder nicht» kümmern: «Tu le *touches* – Il faut que tu le *touches* (Du berührst ihn – Es ist nötig, daß du ihn berührst)»

5.26 Der Imperativ (l'impératif)

Wie im Deutschen, so stehen auch im Französischen die Formen des Imperativs außerhalb der Systematik aller übrigen Verb-Personalformen: es gibt nur *drei* Formen (nämlich 2. Sg., 1. Pl. und 2. Pl.) gegenüber den sonstigen *sechs* Formen – man kann diese Formen *nicht* in Nebensätzen verwenden (was man bei allen gewöhnlichen Personalformen kann) – der Imperativ ist *weder* dem Präsens noch dem Futur zuzuordnen, denn der *Bedeutung* nach gehört er zum Futur (man verlangt ja eine zukünftige Handlung, ein zukünftiges Verhalten), in der *Lautung* deckt er sich aber weithin mit den Formen des Präsens. Es gibt auch keine Vergangenheitszeiten dazu, abgesehen von dem seltenen «impératif du passé composé».

2. P. SINGULAR	va	commence	écris	etc.
	geh	fang an	schreib	
1. P. PLURAL	allons	commençons	écrivons	etc.
	gehn wir	fangen wir an	schreiben wir	
2. P. PLURAL (zugleich Höflichkeitsform)	allez	commencez	écrivez	etc.
	geht, gehen Sie	fangt an, fangen Sie an	schreibt, schreiben Sie	

Gemäß den Grammatiken gibt es auch einen impératif im passé composé: «*Soyez arrivé* à 20 heures juste» oder «*Ayez fini* pour ce soir» (= «Sorgen Sie dafür, daß Sie um 20 Uhr hier sind – diesen Abend fertig sind»). Die Grammatik von Mauger (1968) sagt, daß man statt «Ayez fini pour ce soir» in geläufigem Französisch eher sagt «Tâchez d'avoir fini ce soir».

Ein markanter Unterschied zu den gewöhnlichen Verb-Personalformen liegt darin, daß beim Imperativ die pronoms personnels conjoints als compléments directs ou indirects *nicht vor* dem Verb, sondern *hinter* dem Verb stehen, durch Bindestrich mit dem Verb verbunden und in der 1. und 2. Person Singular mit voller Lautung:

Nous *y allons* – *Allons-y*	Vous *lui écrivez* – *Écrivez-lui*	Tu *te lèves* – *Leve-toi* etc.

Zur Häufigkeit: In dem oben (Ziff. 5.25) erwähnten Roman von 1976, in dem auch viele Gespräche vorkommen, findet sich unter den insgesamt 917 Verbformen 23 mal der impératif.

5/IV Lautungen und Schreibungen der französischen Verbformen – mit Lernhilfen

5.27 Verschiedenheiten der Lautungen und Schreibungen

Es gibt im Französischen wie in jeder Sprache für die grundsätzlich gleichen Verbformen verschiedene Lautungen, je nach Verbtyp und z. T. je nach einzelnem Verb. Dazu kommt die besondere Schwierigkeit, daß wichtige grammatische Unterscheidungen oft gar nicht hörbar sind, sondern nur an der geschriebenen Verbform erkannt werden können, z. B. «il parle – ils parlent» oder «parler – parlé – parlez».

Insgesamt kann man sich das Lernen erleichtern (und damit vor allem auch das korrekte Schreiben), wenn man die Verben nicht nur einzeln nimmt, je nach ihren Bedeutungen, sondern sie für die Bildung der Lautungen auch sogleich in größeren und kleineren Gruppen sieht, nach den verschiedenen Typen der Lautungen. Es ist auch praktisch, wenn man sich von Anfang an nicht nur den jeweiligen Infinitiv einprägt, sondern sogleich auch das participe passé (aus diesen beiden Grundformen und den Personalformen von «être – avoir» sind ja auch alle zusammengesetzten grammatischen Zeiten und das gesamte Passiv aufgebaut). Wenn man dazu noch die 1. Person Singular sowie die 1. und 3. Person Plural nimmt, kann man durch Veränderung der jeweiligen Endungen bei sehr vielen Verben sämtliche gewünschten Personalformen bilden und braucht sie nicht eigens zu lernen.

INFINITIV und PARTICIPE PASSÉ		Kennformen für das PRÉSENT
A -er und é	– par*ler* –par*lé* sprechen gesprochen	je *parle*, nous *parlons*, ils *parlent*

Zu diesem Typ «parler – parlé» gehört die Großzahl aller französischen Verben. Für die vollständigen Reihen der Endungen bei den Personalformen siehe Ziff. 5.28 und 5.32–5.33. Für Wechsel des Stamms («appeler – j'appelle» usw.) siehe Ziff. 5.31.

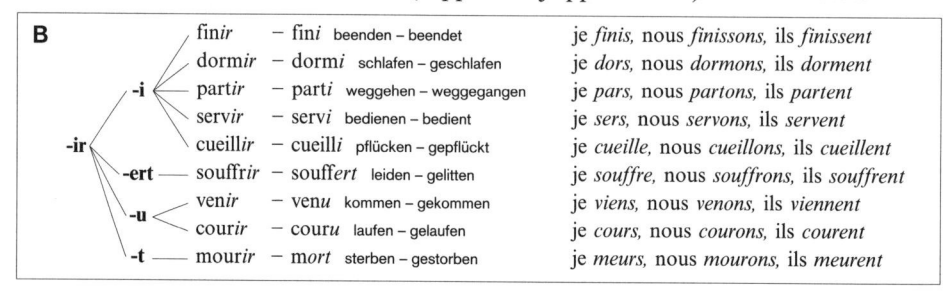

B				
		fin*ir*	– fin*i* beenden – beendet	je *finis*, nous *finissons*, ils *finissent*
		dorm*ir*	– dorm*i* schlafen – geschlafen	je *dors*, nous *dormons*, ils *dorment*
	-i	part*ir*	– part*i* weggehen – weggegangen	je *pars*, nous *partons*, ils *partent*
		serv*ir*	– serv*i* bedienen – bedient	je *sers*, nous *servons*, ils *servent*
-ir		cueill*ir*	– cueill*i* pflücken – gepflückt	je *cueille*, nous *cueillons*, ils *cueillent*
	-ert	souffr*ir*	– souff*ert* leiden – gelitten	je *souffre*, nous *souffrons*, ils *souffrent*
		ven*ir*	– ven*u* kommen – gekommen	je *viens*, nous *venons*, ils *viennent*
	-u	cour*ir*	– cour*u* laufen – gelaufen	je *cours*, nous *courons*, ils *courent*
	-t	mour*ir*	– m*ort* sterben – gestorben	je *meurs*, nous *mourons*, ils *meurent*

Den Typ «finir – fini – nous finissons» bezeichnet man zusammen mit dem Typ «parler – parlé» als «*conjugaison vivante*, lebende Konjugation», weil nach diesen Mustern

5/IV Lautungen und Schreibungen der französischen Verformen – mit Lernhilfen   153

noch neue Verben geschaffen werden. Alle anderen Typen mit dem Infinitiv «-ir» und alle Typen mit Infinitiv «-oir» und «-re» nennt man «*conjugaison morte*, tote Konjugation», weil sie nicht mehr als Muster für neu zu schaffende Verben dienen. Zu dieser «conjugaison morte» gehören natürlich viele der allerhäufigsten Verben.

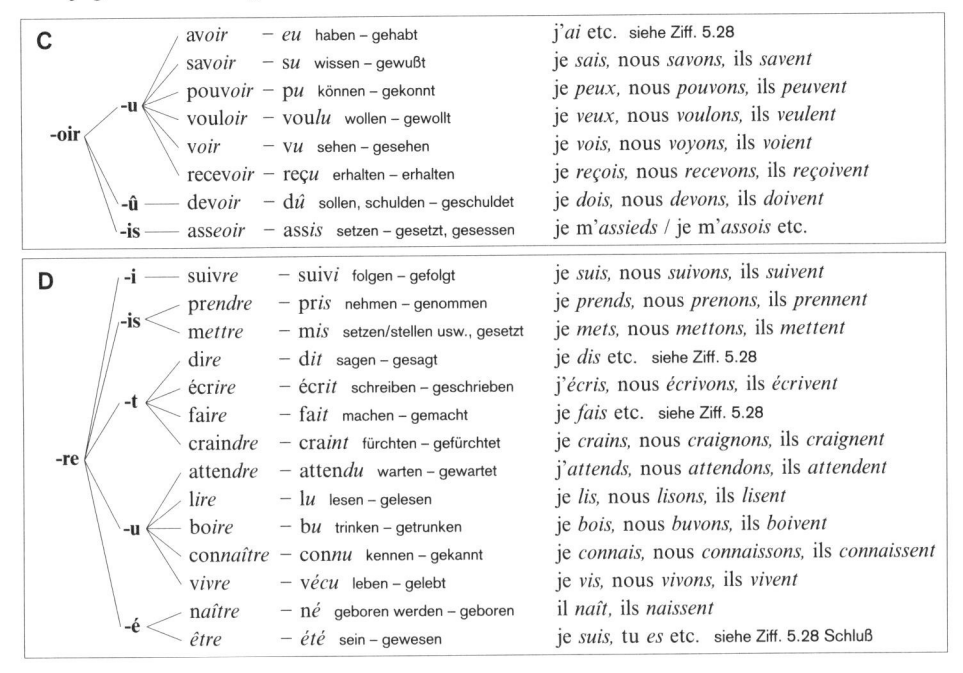

C					
-oir	-u	avoir	– eu	haben – gehabt	j'*ai* etc. siehe Ziff. 5.28
		savoir	– su	wissen – gewußt	je *sais*, nous *savons*, ils *savent*
		pouvoir	– pu	können – gekonnt	je *peux*, nous *pouvons*, ils *peuvent*
		vouloir	– voulu	wollen – gewollt	je *veux*, nous *voulons*, ils *veulent*
		voir	– vu	sehen – gesehen	je *vois*, nous *voyons*, ils *voient*
		recevoir	– reçu	erhalten – erhalten	je *reçois*, nous *recevons*, ils *reçoivent*
	-û	devoir	– dû	sollen, schulden – geschuldet	je *dois*, nous *devons*, ils *doivent*
	-is	asseoir	– assis	setzen – gesetzt, gesessen	je m'*assieds* / je m'*assois* etc.

D					
-re	-i	suivre	– suivi	folgen – gefolgt	je *suis*, nous *suivons*, ils *suivent*
	-is	prendre	– pris	nehmen – genommen	je *prends*, nous *prenons*, ils *prennent*
		mettre	– mis	setzen/stellen usw., gesetzt	je *mets*, nous *mettons*, ils *mettent*
	-t	dire	– dit	sagen – gesagt	je *dis* etc. siehe Ziff. 5.28
		écrire	– écrit	schreiben – geschrieben	j'*écris*, nous *écrivons*, ils *écrivent*
		faire	– fait	machen – gemacht	je *fais* etc. siehe Ziff. 5.28
		craindre	– craint	fürchten – gefürchtet	je *crains*, nous *craignons*, ils *craignent*
		attendre	– attendu	warten – gewartet	j'*attends*, nous *attendons*, ils *attendent*
	-u	lire	– lu	lesen – gelesen	je *lis*, nous *lisons*, ils *lisent*
		boire	– bu	trinken – getrunken	je *bois*, nous *buvons*, ils *boivent*
		connaître	– connu	kennen – gekannt	je *connais*, nous *connaissons*, ils *connaissent*
		vivre	– vécu	leben – gelebt	je *vis*, nous *vivons*, ils *vivent*
	-é	naître	– né	geboren werden – geboren	il *naît*, ils *naissent*
		être	– été	sein – gewesen	je *suis*, tu *es* etc. siehe Ziff. 5.28 Schluß

5.28 Die Endungen für die drei Personen Singular und Plural im présent

Für den *Singular* gibt es grundsätzlich *zwei Reihen* von Endungen, im Plural dagegen sind die Endungen einheitlich (außer bei den acht Verben auf S. 154 oben):

	je ... -e je ... -s	tu ... -es tu ... -s	il ... -e il ... -t	nous ... -ons	vous ... -ez	ils ... -ent
parler sprechen	je *parle*	tu *parles*	il *parle*	nous *parlons*	vous *parlez*	ils *parlent*
souffrir leiden	je *souffre*	tu *souffres*	il *souffre*	nous *souffrons*	vous *souffrez*	ils *souffrent*
finir beenden	je *finis*	tu *finis*	il *finit*	nous *finissons*	vous *finissez*	ils *finissent*

Bei Verben, deren Stamm auf -d endet, wird in der 3. Person Singular kein -t gesetzt:

attendre warten	j'*attends*	tu *attends*	il *attend*	nous *attendons* etc. (auch: il s'*assied*)
aber: *rompre* brechen	je *romps*	tu *romps*	il *rompt*	nous *rompons* etc.

Besonders viele eigens zu lernende Lautungen und Schreibungen für das présent haben die folgenden sehr häufigen Verben (bei «peux/puis»: zwei Lautungen für gleiche grammatische Form):

être sein	je suis	tu es	il est	nous sommes	vous êtes	ils sont
avoir haben	j'ai	tu as	il a	nous avons	vous avez	ils ont
aller gehen	je vais	tu vas	il va	nous allons	vous allez	ils vont
dire sagen	je dis	tu dis	il dit	nous disons	vous dites	ils disent
faire machen	je fais	tu fais	il fait	nous faisons	vous faites	ils font
prendre nehmen	je prends	tu prends	il prend	nous prenons	vous prenez	ils prennent
vouloir wollen	je veux	tu veux	il veut	nous voulons	vous voulez	ils veulent
pouvoir können	je peux/puis	tu peux	il peut	nous pouvons	vous pouvez	ils peuvent

5.29 Die Lautungen für das participe présent

Die Lautungen für das participe présent sind viel einheitlicher als diejenigen für das participe passé. Die Endung ist immer «-ant», und sie wird an die Form angefügt, die das Verb auch in der 1. Person Plural hat:

parler sprechen − parlant sprechend		finir beenden − finissant beendend	
vouloir wollen − voulant wollend		voir sehen − voyant sehend	
suivre folgen − suivant folgend		prendre nehmen − prenant nehmend	
usw.			

Unregelmäßige Lautungen des participe présent gibt es nur für die drei Verben «être, avoir, savoir»:

être sein, *étant* seiend − avoir haben, *ayant* habend − savoir wissen, *sachant* wissend

Diese letzte Ausnahme kann man darauf zurückführen, daß «savant» als Nomen oder als adjectif qualificatif heißt «der Weise, weise».

Über den Gebrauch eines participe présent als Kern einer infiniten Proposition und über die Kombination mit «en» (z. B. «*en venant*, en *passant*» usw., das «gérondif») siehe Ziff. 8.17.

5.30 Unterscheidung von présent und passé composé beim Infinitiv und beim participe présent

Wie im Deutschen einen Infinitiv Perfekt, gibt es im Französischen einen Infinitiv für das passé composé, zusammengesetzt aus «avoir» bzw. «être» und participe passé.

Anders als im Deutschen gibt es auch für das participe présent eine entsprechende Zusammensetzung, nämlich «ayant/étant» + participe passé, und diese Zusammensetzung wird nicht selten gebraucht (Genaueres in Ziff. 8.17'B2).

Zusammenstellung in einer Tabelle:

	INFINITIF		PARTICIPE PRÉSENT	
zum PRÉSENT	vivre leben	souffrir leiden	vivant lebend	souffrant leidend
	partir abreisen	entrer eintreten	partant abreisend	entrant eintretend
zum PASSÉ COMPOSÉ	avoir vécu gelebt haben	avoir souffert gelitten haben	ayant vécu «gelebt habend»	ayant souffert «gelitten habend»
	être parti abgereist sein	être entré eingetreten sein	étant parti «abgereist seiend»	étant entré «eingetreten seiend»

Im Deutschen übersetzt man durch finite Proposition: «Etant parti hier ... Da er gestern abgereist war ...» Genaueres siehe Ziff. 8.17.

5.31 Verschiedene Form des Stamms oder verschiedene Rechtschreibung beim gleichen Verb

Es gibt vier Sub-Typen der Verben auf -er, bei denen die Personalformen des Singulars und der 3. Person Plural im présent anders gesprochen und geschrieben werden als im Infinitiv.

1 -é- wird zu -è-:

| céder nachgeben | je cède – nous cédons – ils cèdent |
| espérer hoffen | j'espère – nous espérons – ils espèrent |

2 -e- wird zu -è-:

lever heben	je lève – nous levons – ils lèvent
peser wägen	je pèse – nous pesons – ils pèsent
acheter kaufen	j'achète – nous achetons ils achètent

3 Konsonant hinter -e- verdoppelt, dadurch andere Aussprache:

| appeler rufen | j'appelle – nous appelons – ils appellent |
| jeter werfen | je jette – nous jetons – ils jettent |

4 -ay-, -oy-, -uy- wird zu -ai-, -oi-, -ui-:

balayer fegen	je balaie – nous balayons – ils balaient
nettoyer reinigen	je nettoie – nous nettoyons – ils nettoient
essuyer abtrocknen	j'essuie – nous essuyons – ils essuient

Umgekehrt muß bei allen Verben, deren Stamm auf -*c* oder auf -*g* endet, zur Erhaltung der gleichen Aussprache für alle Verbformen vor allen Endungen, die mit -a oder -o oder -u beginnen (oder aus diesen Vokalen bestehen), die Rechtschreibung angepaßt werden.

Verben mit **-c-**:	commencer anfangen – nous commençons – commençant
	recevoir erhalten – il reçoit – reçu etc.
Verben mit **-g-**:	obliger verpflichten – nous obligeons – obligeant
	ranger ordnen – nous rangeons – rangeant etc.

5.32 Die Lautungen für das imparfait, Stamm und Endungen

Für das *imparfait* hat man eine *einheitliche Reihe* von Endungen (anders als für das présent), und man hängt diese Endungen an die Form des Stamms an, die in der *1. Person Plural* vorliegt:

parler sprechen	je parlais ich sprach	tu parlais	il parlait	nous parlions	vous parliez	ils parlaient
ranger ordnen	je rangeais ich ordnete	tu rangeais	il rangeait	nous rangions	vous rangiez	ils rangeaient
lire lesen	je lisais ich las	tu lisais	il lisait	nous lisions	vous lisiez	ils lisaient
devoir sollen	je devais ich sollte	tu devais	il devait	nous devions	vous deviez	ils devaient
voir sehen	je voyais ich sah	tu voyais	il voyait	nous voyions	vous voyiez	ils voyaient

Die einzige Ausnahme bilden die Lautungen des imparfait für das häufigste französische Verb:

être	j'étais	tu étais	il était	nous étions	vous étiez	ils étaient
sein	ich war					

5.33 Die Lautungen für das futur und das conditionnel bei den Verben auf -er

Auch die Lautungen für das futur und für das conditionnel sind völlig einheitlich, mindestens im Wortausgang: sie enthalten immer ein «-r-» (man kann es aus dem -r- des Infinitivs herleiten), und hinter diesem -r- stehen für das *futur* die Endungen des *présent* von «*avoir*» und für das *conditionnel* die Endungen, die man auch im *imparfait* hat. Das ist auch eine rein lautliche Stütze für die Tatsache, daß man das conditionnel in der indirekten Rede als ein «futur dans le passé» braucht (Ziff. 5.22 Schluß):

FUTUR	je parlerai	tu parleras	il parlera	nous parlerons	vous parlerez	ils parleront
	ich werde sprechen, du wirst sprechen usw.					
CONDI-TIONNEL	je parlerais	tu parlerais	il parlerait	nous parlerions	vous parleriez	ils parleraient
	ich spräche/würde sprechen, du sprächest/würdest sprechen usw.					

Verschieden und nicht immer aus dem Infinitiv zu entnehmen ist aber die Form des *Stamms*, an den diese Endungen anzuschließen sind. Wichtigster und häufigster Spezialfall: zum Verb «*aller*» gehört das futur «j'*irai*, tu *iras* (ich werde gehen, du wirst gehen)» usw. und das conditionnel «j'*irais*, tu *irais* (ich ginge, du gingest)» usw.

Merken muß man sich ferner die verschiedene Lautung und Schreibung von futur und conditionnel bei den Verben mit *zwei Stämmen* (Ziff. 5.31, Subtypen 1 bis 4).

Bei *Subtyp 1* (-é- und -è-) bleibt das -é- des Infinitivs erhalten (obwohl man es oft als -è- ausspricht), also:

céder, je *cède*:	je *céderai*, je *céderais* ich werde nachgeben, würde nachgeben

Bei *Subtyp 2, 3 und 4* geht man dagegen von der *1. Person Singular* aus, also:

lever, je *lève*:	je *lèverai*, je *lèverais* ich werde/würde heben
jeter, je *jette*:	je *jetterai*, je *jetterais* ich werde/würde werfen
balayer, je *balaie*:	je *balaierai*, je *balaierais* ich werde/würde wischen, fegen
nettoyer, je *nettoie*:	je *nettoierai*, je *nettoierais* ich werde/würde reinigen
essuyer, j'*essuie*:	j'*essuierai*, j'*essuierais* ich werde/würde abtrocknen

5.34 Die Lautungen für das futur und das conditionnel bei den Verben auf -re, auf -ir und auf -oir

Bei allen Typen der Verben auf -re (Ziff. 5.27'D) mit Ausnahme von «faire» und «être» sind die Lautungen leicht zu behalten: das -e am Schluß des Infinitivs wird weggelassen, das -r- bleibt, und daran werden die Endungen angeschlossen:

suivre:	je *suivrai*, je *suivrais* ich werde/würde folgen
prendre:	je *prendrai*, je *prendrais* ich werde nehmen, ich nähme
mettre:	je *mettrai*, je *mettrais* ich werde/würde setzen/stellen/legen
dire:	je *dirai*, je *dirais* ich werde sagen, würde sagen

5/IV Lautungen und Schreibungen der französischen Verbformen – mit Lernhilfen   157

Bei «*faire*» hat man einen verkürzten Stamm:

faire:	je *ferai*, je *ferais* ich werde/würde machen

Die Lautungen von futur und conditionnel bei «*être*» kann man an das s- von «je *suis*, nous *sommes*, ils *sont*» anschließen: je *serai*, je *serais* (ich werde sein, ich wäre) usw.

Bei den Verbtypen auf -*ir* (Ziff. 5.27'B) muß man sich besondere Lautungen merken für die vier Verben *venir, cueillir, courir, mourir*:

venir:	je *viendrai*, je *viendrais* ich werde kommen, käme, anschließbar an «je *viens*», mit -d-
cueillir:	je *cueillerai*, je *cueillerais* ich werde/würde pflücken, also -e- und nicht -i-
courir, mourir:	je *courrai*, je *courrais*, je *mourrai*, je *mourrais* ich werde/würde laufen, werde/würde sterben, also Verdoppelung des -r- (so auch bei pouvoir – pourrai, voir – verrai)

Bei allen andern Verbtypen auf -ir fügt man die Endungen einfach an den *Infinitiv* an:

finir:	je fini*rai*, je fini*rais* ich werde/würde beenden
dormir:	je dormi*rai*, je dormi*rais* ich werde schlafen, ich schliefe
partir:	je parti*rai*, je parti*rais* ich werde weggehen, ginge weg usw.

Bei den Verbtypen auf -*oir* (Ziff. 5.27'C) kann man gar nicht vom Infinitiv ausgehen:

avoir, savoir:	j'au*rai*, j'au*rais*, je sau*rai*, je sau*rais* ich werde haben, ich hätte – ich werde wissen, ich wüßte also Umwandlung des -v- des Infinitivs in ein -u-.
pouvoir, voir:	je pou*rrai*, je pou*rrais*, je ve*rrai*, je ve*rrais* ich werde können, könnte – ich werde sehen, sähe also Verdoppelung des -r- und bei «voir – verrai» anderer Vokal.
vouloir:	je vou*drai*, je vou*drais* ich werde wollen, würde wollen; das futur ist eher selten, da man bei «wollen» ohnehin an eine Zukunft denkt; sehr häufig ist aber «voudrais», das man oft am besten durch das deutsche «möchte» übersetzt.
recevoir, devoir:	je *recevrai*, je *recevrais* etc., je *devrai*, je *devrais* etc. ich werde/würde erhalten, werde müssen, müßte.
s'asseoir:	je m'ass*iérai*, je m'ass*iérais* oder je m'ass*oirai*, je m'ass*oirais* ich werde/würde mich setzen – eines der wenigen französischen Verben mit zwei Lautungen für die gleiche grammatische Form im présent, imparfait, futur, conditionnel.

5.35 Die Lautungen für das passé composé und das passé simple

Die Lautungen für das *passé composé* machen überhaupt keine Probleme: man muß nur die Personalformen von «avoir» und «être» beherrschen und das participe passé des jeweiligen Verbs kennen. Vom Deutschen her muß man ferner beachten, daß es heißt «j'ai été, j'ai couru» gegenüber deutschem «ich *bin* gewesen, *bin* gelaufen» usw. Zum Problem des «accord du participe passé» siehe Ziff. 6.14, drittletzter Absatz.

Für das *passé simple* gibt es je nach Verbtyp (oft je nach einzelnem Verb) *drei verschiedene* Lautungen:

j'all*ai*	tu all*as*	il all*a*	nous all*âmes*	vous all*âtes*	ils all*èrent* ich ging, du gingst etc.
je part*is*	tu part*is*	il part*it*	nous part*îmes*	vous part*îtes*	ils part*irent* ich ging weg etc.
je reç*us*	tu reç*us*	il reç*ut*	nous reç*ûmes*	vous reç*ûtes*	ils reç*urent* ich erhielt etc.

Für die Verben auf -*er* gilt immer die Endungsreihe auf -*ai, as, -a* usw., und zwar immer mit dem Stamm des Infinitivs:

jeter:	il *jeta* er warf	nettoyer:	ils *nettoyèrent* sie reinigten

Dagegen kann man bei den Verben auf «-ir», auf «-oir» und auf «-re» *nicht aus dem Infinitiv* entnehmen, welche Form des Verbstamms und welche Endungsreihe für das jeweilige Verb gilt. Zwei Beispielpaare dazu, mit gleicher Infinitiv-Endung, aber verschiedenem passé simple:

voir sehen – je *vis* ich sah	*apercevoir* bemerken – j'*aperçus* ich bemerkte	
lire lesen – il *lut* er las	*écrire* schreiben – il *écrivit* er schrieb	

Man muß daher die Lautungen für das passé simple für jede Verbgruppe und oft für jedes Verb gesondert lernen. Zusammenstellung für einige häufige und einige sehr auffällige Verben:

être – je *fus* ich war	*faire* – je *fis* ich machte	*craindre* – je *craignis* ich fürchtete
avoir – j'*eus* ich hatte	*venir* – je *vins* ich kam	*vivre* – je *vécus* ich lebte
savoir – je *sus* ich wußte	*prendre* – je *pris* ich nahm	*résoudre* – je *résolus* ich beschloß
pouvoir – je *pus* ich konnte	*mettre* – je *mis* ich stellte	*naître* – il *naquit* er wurde geboren
vouloir – je *voulus* ich wollte	*rendre* – je *rendis* gab zurück	*mourir* – il *mourut* er starb

Für das genaue Verstehen muß man beachten, daß die Verben vom Typ «finir» und «dire, rire» im passé simple *genau gleich* lauten wie im présent. «Je *finis*» kann also bedeuten «ich beende» und «ich beendete», und «il *dit*, il *rit*» kann bedeuten «er sagt, er lacht» oder «er sagte, er lachte».

5.36 Die Lautungen für den subjonctif

Für den *subjonctif présent* geht man von der Lautung der 3. Person Plural aus und setzt die Endungen «-e, -es, -e, -ions, -iez, -ent». Bei allen Verben auf «-*er*» lauten daher im Singular und in der 3. Person Plural Indikativ und subjonctif *genau gleich*. Dagegen ergibt sich bei den Verben auf -*ir*, -*oir* und -*re* überall eine klare Unterscheidung außer in der 3. Person Plural:

je *finis*, tu *finis* etc. – que je *finisse*, que tu *finisses* etc.
je *viens* – que je *vienne*
je *dors* – que je *dorme*
je *dois* – que je *doive*
je *dis* – que je *dise*
j'*écris* – que j'*écrive*
j'*attends* – que j'*attende*
je *crains* – que je *craigne* etc.

Unregelmäßige Lautungen für den subjonctif présent (sehr häufige Verben):

être:	que je *sois* sei – que tu *sois* – qu'il *soit* – que nous *soyons* – que vous *soyez* – qu'ils *soient*
avoir:	que j'*aie* – que tu *aies* – qu'il *ait* er habe – que nous *ayons* – que vous *ayez*, – qu'ils *aient*
aller:	que j'*aille* – que tu *ailles* – qu'il *aille* er gehe – que nous *allions* – que vous *alliez* – qu'ils *aillent*
vouloir:	que je *veuille* wolle – que nous *voulions* – qu'ils *veuillent*
pouvoir:	que je *puisse* könne
savoir:	que je *sache* wisse
faire:	que je *fasse* mache

Für das *imparfait du subjonctif* geht man von den Lautungen des passé simple aus und setzt die Endungsreihen: «*-asse -asses -ât -assions -assiez -assent*» bzw. «*-isse -isses -ît -issions -issiez -issent*» bzw. «*-usse -usses -ût -ussions -ussiez -ussent*»

Das ergibt für «aller – partir – avoir – être» die folgenden Reihen:

> que j'*allasse* daß ich ginge, que tu *allasses*, qu'il *allât*, que nous *allassions*, que vous *allassiez*, qu'ils *allassent*
>
> que je *partisse* daß ich wegginge, que tu *partisses*, qu'il *partît*, que nous *partissions*, que vous *partissiez*, qu'ils *partissent*
>
> que j'*eusse* daß ich hätte, que tu *eusses*, qu'il *eût*, que nous *eussions*, que vous *eussiez*, qu'ils *eussent*
>
> que je *fusse* daß ich wäre, que tu *fusses*, qu'il *fût*, que nous *fussions*, que vous *fussiez*, qu'ils *fussent*

Man braucht heute im allgemeinen das imparfait du subjonctif nur noch in der 3. Person (wohl nicht zuletzt wegen der seltsam klingenden Lautungen der 1. und 2. Person) und auch das eher selten.

5.37 Die Lautungen für den Imperativ

Unregelmäßige Imperative (dafür mit dem subjonctif lautgleich) gibt es für «être – avoir – vouloir»:

> sois – soyons – soyez   sei – seien wir – seid
> aie – ayons – ayez   hab – haben wir – habt
> veuille – veuillez   wolle – wollen Sie bitte, für höfliche Aufforderung

Bei den Verben auf -*er* hat der Imperativ Singular *kein -s*, im Gegensatz zur 2. Person Singular des Indikativs: «Tu *ouvres* la porte – *ouvre*-la (du machst die Tür auf, mach sie auf). Für «*va* (geh)» gibt es zwei Schreibungen: gewöhnlich «*va*», aber «*vas-y* (geh dorthin)».

Im Plural und bei allen Verben mit der Endungsreihe «-s, -s, -t» sind alle Lautungen des Imperativs genau gleich wie die entsprechenden Lautungen des Indikativs, nur setzt man kein sujet und stellt die pronoms conjoints als compléments *hinter* das Verb und nicht davor:

> Tu *les regardes* – *regarde-les*   nous *en prenons* – *prenons-en*   vous *y allez* – *allez-y*

5/V Grammatische Zeiten, simple und progressive, im Englischen; subjunctive

5.38 Allgemeines: Nebeneinander von simple tenses und progressive (continuous) tenses

Das System der grammatischen Zeiten ist im Englischen einerseits einfacher als in den andern drei Sprachen, anderseits ist es feiner ausgebaut.

Das System ist *einfacher* als im Französischen und im Lateinischen, weil *nur zwei einwortige* grammatische Zeiten vorhanden sind und man für die Darstellung von Vergangenem einheitlich und durchgehend «past tense» verwenden kann, gegenüber der Differenzierung zwischen passé simple (bzw. passé composé) und imparfait im Französischen oder zwischen perfectum und imperfectum im Lateinischen. Es ist auch einfacher als im Deutschen, weil der Unterschied zwischen simple past und perfect (der im Grundsatz dem deutschen Unterschied zwischen Präteritum und Perfekt entspricht) lautlich viel weniger hervortritt als im Deutschen und daher diese beiden grammatischen Zeiten auch stilistisch näher beisammenliegen.

Ein *feinerer Ausbau* des Systems liegt vor, weil es für viele (nicht für alle) Verben in fünf von den sechs vorhandenen grammatischen Zeiten neben den einfachen Formen auch die Kombination von «to be»+ing-form (present participle) gibt. Damit stehen für die betreffenden grammatischen Zeiten jeweils *zwei Varianten* zur Verfügung, eine *neutrale* und eine mit der besonderen Bedeutungs-Nuance «Handlung *eben im Gang*, als *Ablauf*, als *Zustand* gesehen». Im Deutschen muß man für eine solche Bedeutungs-Nuance spezielle Umschreibungen verwenden, z. B. «Er spricht – Er ist am Sprechen» oder «sie denkt nach – sie ist daran, nachzudenken, sie ist mit Nachdenken beschäftigt». Als Fachausdruck für die Kombination «am/is/are etc. + ing-form» verwenden die meisten Grammatiken das Wort «progressive» (also: «fortschreitend, im Gang, unabgeschlossen»), andere verwenden das Wort «continuous» (also: «fortlaufend, dauernd»); gelegentlich sagt man auch «expanded tenses» (also: «erweiterte grammatische Zeiten»).

5.39 Present tense und future tense, «simple» und «progressive»

Übersicht für die sechs sehr häufigen Verben *have – do – go – think – work – stop*; die Lautungen für das allerhäufigste Verb «to *be*» brauchen nicht gesondert aufgeführt zu werden, da sie in den beiden progressive forms enthalten sind.

	SIMPLE	PROGRESSIVE (CONTINUOUS)
PRESENT	he/she/it etc. } *has('s) – does – goes* / *thinks – works – stops* we/you/they etc. } *have('ve) – do – go* / *think – work – stop*	he/she/it etc. *is('s)* I *am('m)* we/you/they etc. *are('re)* } *having / doing / going / thinking / working / stopping*
FUTURE	I/we he/she/it/ you/they } *shall('ll) / will('ll)* } *have – do / go – think / work – stop*	I/we he/she/it/ you/they } *shall('ll) / will('ll)* } be { *having – doing / going – thinking / working – stopping*

Das *Nebeneinander* von «*shall*» (1. P., Singular und Plural) und «*will*» (alle andern Formen) kann man mit einem gewissen Streben nach Höflichkeit und Zurücknahme des «ich» erklären. Es besteht ohnehin nur im britischen Englisch, vor allem im südlichen Teil des englischen Sprachgebiets, wo sich insgesamt (mit London als Zentrum) die englische Standardsprache entwickelt hat. Im amerikanischen Englisch (und auch in andern Teilen von England) wird durchlaufend «*will*» verwendet.

Bei Verwendung der sehr häufigen Kurzformen verschwindet der Unterschied ohnehin völlig: *I'll = I will* oder *I shall*; *you'll = you will* oder *you shall* etc.

Das Modalverb «*will*» kann man auch mit vollem Sinn verwenden, nicht nur zur Bildung des future tense (dieses wird dann gelegentlich zwecks Unterscheidung als «pure future – reines Futur» gekennzeichnet):

| I *will have* it | We *won't go* there |

Das *simple present* ist die wohl am häufigsten verwendete Verbform, wie das deutsche Präsens. Man kann damit auch Vergangenes darstellen («historisches Präsens», Ziff. 5.01) oder gelegentlich auch erst Kommendes, Zukünftiges, jetzt Geplantes, z.B. für eine beabsichtigte Reise:

| We *leave* London next Thursday and arrive in Paris at 1.00 o'clock; we *spend* three days there. |

Durch *present progressive* (present continuous) betont man, daß die betreffende Handlung *im Gang* ist, weder erst eintretend noch sogleich abgeschlossen. Das ist auch für Verben möglich, die grundsätzlich nicht eine dauernde Handlung, sondern ein momentanes Handeln/Verhalten darstellen, z.B. «stop – aufhören, anhalten».

She *stops* her car.	She's *stopping* her car.
Sie hält ihren Wagen an.	Sie ist im Begriff, ist daran, den Wagen anzuhalten.

Man kann daher im gleichen Zusammenang das gleiche Verb sowohl im present progressive wie im simple present brauchen, z.B. das Verb «sit» in folgender Szenen-Beschreibung:

Emma *is sitting* at the corner table.	Jerry *approaches* with drinks.	He *sits*.
Sie sitzt, Zustand	Handlung	Er setzt sich, Handlung

Present progressive als Ausdruck der *Höflichkeit*, der *Offenheit*:

Are you *going* to sit down?	What *are you trying* to say by that?	I'm *trying* to...
Wollen Sie sich nicht setzen?	Was wollen/möchten sie damit sagen?	Ich möchte versuchen, zu

Present progressive zur Betonung, daß etwas *allmählich* ändert:

> (Do you still have bad nights, with the baby)? No, it's *getting* better.
> Nein, es wird allmählich besser.

Present progressive für *Hervorhebung, Betonung,* für *besonders nachhaltige* Aussage (im Beispiel geht es um ein Manuskript, das einem Verleger unaufgefordert eingesandt wurde; der Verleger fragt seine Frau nach ihrer Meinung darüber):

> You *think* it's good, *do* you? – Yes, I do I'*m enjoying* it.
> Ich schätze es ausgesprochen.

Present progressive für erst *Kommendes, Zukünftiges* (jetzt Geplantes):

> (Can you just do it please)? I'*m picking up* Sheila from school. I'*m taking* her *shopping*.
> Ich *bin im Begriff*, Sheila von der Schule abzuholen. Ich *will* sie mitnehmen zum Einkaufen.

Insgesamt wird aber viel mehr als im Deutschen für die Darstellung von erst Kommendem nicht present, sondern *future tense* verwendet – der Unterschied ist ja auch lautlich viel geringer als im Deutschen, vor allem bei Verwendung der Kurzformen.

Future tense kann – wie häufig das deutsche Futur und gelegentlich das französische futur – nicht nur für Zukünftiges, sondern auch für *in der Gegenwart Vermutetes* verwendet werden:

> That *will* be Susan ringing now. That *won't* be Susan – she's away.
> Das *wird* Susan *sein, ist wohl* Susan. Das *ist bestimmt nicht* Susan – sie *ist* ja auswärts.

Nicht selten verwendet man future tense für die Darstellung von etwas, das *gemäß Gewohnheit* und Lebenserfahrung immer eintritt, daher auch weiterhin zu erwarten ist:

> Children *will do* these things. This signal *will do* the job of *reducing* antagonism.
> Kinder *tun ja oft* so etwas. Dieses Signal *bewirkt regelmäßig*, daß der feindselige Antrieb geringer wird.

Das *future progressive* wird nicht so häufig verwendet; es kann signalisieren, daß etwas Zukünftiges nicht beabsichtigt ist, sondern sich einfach ergeben wird:

> I'*m seeing* Tom tomorrow. I'll *be seeing* Tom tomorrow.
> Es wird so kommen, daß ich ihn sehe.

Aber auch gleichwertig nebeneinander:

> He'll *be taking* his exam next week – he's *taking* his exam next week.

5.40 Past – perfect – future perfect – past perfect

Zu den Fachausdrücken: Statt «past» verwenden einige Grammatiker «preterite», und statt «past perfect» sagt man auch «pluperfect». Für «perfect» sagen einige «present perfect» (in Analogie zu «future perfect – past perfect»). Das hat aber den Nachteil, daß man zuerst überhaupt an «present» denkt, und es suggeriert einen besonders engen Bedeutungszusammenhang zwischen perfect und present; ein solcher Bedeutungszusammenhang besteht aber gar nicht immer.

	SIMPLE			PROGRESSIVE (CONTINUOUS)		
PAST	I he/she/it we/you they	}	had('d) – did went – thought worked – stopped	I he/she/it we/you they	} was } were	{ having – doing going – thinking working – stopping
PERFECT	he/she/it has('s) I/we/ have('ve) you/they	}	{ had done gone thought worked stopped	he/she/it has('s) I/we/ have('ve) you/they	} been	{ having doing going thinking working stopping
FUTURE PERFECT	I/we he/she/it/ you/they	} shall('ll) will('ll) } have	{ had done gone thought worked stopped	—		
PAST PERFECT	he/she/it I/we you/they	} had('d)	{ had – done gone – thought worked – stopped	he/she/it I/we you/they	} had('d) been	{ having – doing going – thinking working – stopping

5.41 Zum Gebrauch von past und perfect; durch perfect mehr Gegenwartsbezug und mehr Nachdruck

Das simple past kann man als die *Normalform*, die *neutrale Form* für die Darstellung von Vergangenem betrachten; es wird oft auch in längeren Serien verwendet, in gesprochener wie in geschriebener Sprache.

Beispiel für gesprochene Sprache (aus dem Konversationsstück «Betrayal» von Harold Pinter, 1978); Emma erzählt ihrem Liebhaber von einem nächtlichen Gespräch mit ihrem Mann:

> He *told* me everything. I *told* him everything. We *were up* all night.
> Then I *went down* again. I *think* it *was* the voices *woke* him *up*.

Also 9mal past, für die Handlungen wie für Zustände («we were up») und einmal present für den beleuchtenden dominanten Teil «I think».

Beispiel für geschriebene Sprache (aus einem Zeitschriftenartikel über das Verhältnis zwischen dem französischen Regierungschef Chirac und Präsident Mitterrand, 1987):

> Chirac *swept away* price controls, *made* new company starts-up easier
> *allowed* firms to lay off workers at will and *created* a second, over-the-counter stock market

Also viermal past, für die vier Handlungen.

Man *kann* aber etwas Vergangenes auch durch *perfect* darstellen, und zwar auch *ohne* daß dadurch notwendigerweise eine besondere Beziehung zur Gegenwart geschaffen wird.

Eine solche besondere Beziehung des im perfect Dargestellten *kann* bestehen, wie im folgenden Beispiel (die Sekretärin, von der hier die Rede ist, arbeitete im Moment des Erzählens noch in dem betreffenden Büro):

> After school she *attended* secretarial college and *has* since *worked* in our office

Also einmal past «attended» und einmal perfect «has worked».

Ein perfect – oder eine ganze Serie davon – kann aber auch einfach gewählt werden, um den betreffenden Aussagen einen *größeren Nachdruck* zu verleihen, bei genau gleicher Einbettung in den Zeitablauf, genau gleicher Beziehung auf die Gegenwart des Sprechers/Hörers. Das zeigen die folgenden drei Beispiele, für gesprochene wie für geschriebene Sprache, wo die selben vergangenen Ereignisse, oft in direkt aufeinander folgenden Propositionen, einmal durch past und einmal durch perfect dargestellt sind.

1 (aus «Betrayal», von Pinter; der Verleger Jerry sagt über einen Romanautor namens Casey):

> I'm his agent. I *discovered* him when he *was* a poet. [also wohl: «ein unbekannter Lyriker war»]
> (nach einer Pause) He's even *taken* me *down* to Southampton to *meet* his Mum and Dad.

In diesen Aussagen hat sicher «discovered» den stärksten Bezug auf die Gegenwart des Sprechers: seit Jerry den Autor Casey entdeckt hat, kennt er ihn und ist sein Verleger. Trotzdem sagt Jerry nicht «I *have* discovered» oder «I've discovered», sondern mit simple past «I *discovered*». Umgekehrt verwendet er für das vergangene Ereignis «mitgenommen werden nach Southampton» (das er als Beweis für seine Vertrautheit mit Casey anführt) das perfect «*has taken*», obwohl dieses vergangene Ereignis sicher keinen direkten Bezug zur Gegenwart mehr hat.

2 (ebenfalls aus «Betrayal», Emma erzählt Jerry von dem Gespräch, das sie in der letzten Nacht mit ihrem Mann geführt hat und das sie sehr betroffen gemacht hat):

> You *know* what I *found out* ... last night? He's *betrayed* me for years.
> Darauf Jerry: But we *betrayed* him for years. Und Emma: And he *betrayed* me for years.

Hier wird also die gleiche vergangene Tatsache «betrogen haben» einmal im perfect («*has betrayed*») und zweimal im simple past dargestellt – obwohl ihre Auswirkung auf die Gegenwart von Jerry und Emma zweifellos immer dieselbe ist. Umgekehrt wird die vergangene Tatsache «herausgefunden haben», die doch die Gegenwart von Emma so stark beeinflußt hat, nicht im perfect dargestellt, sondern im simple past: «I *found out*».

3 (aus dem Artikel über Chirac und Mitterrand, es handelt sich um die Schwankungen in der Beliebtheit der beiden, gemäß Meinungsumfragen):

> From a 48% approval rating last July, the Premier *climbed* to 51% in October
> *plummeted* to 39% in February and *has* since *recovered* to 43%
> Mitterrands popularity *has blossomed*:
> from 48% last March, it *soared* to 57% in October and still *flourishes* at 53%.

Hier *kann* man in den beiden Propositionen im *perfect* eine besondere Beziehung zur Gegenwart sehen («Chirac *has recovered* ... Mitterrands popularity *has blossomed*»); aber man kann bei beidem auch einfach einen etwas stärkeren Nachdruck sehen – und darum steht in der genaueren Erläuterung zu dem «has blossomed» von Mitterrands Popularität nicht nochmals ein perfect, sondern das simple past «*soared*», obwohl dieses ja zur Gegenwart («*flourishes*», present) überleitet.

Zur *Häufigkeit* von past und perfect, zwei Stichproben: In der ersten Szene von «Betrayal» findet sich in insgesamt 294 finiten Propositionen 116mal past und 15mal perfect – das perfect ist also hier seltener, daher wirkungsvoller. Im Leitartikel über Chirac und Mitterrand steht in insgesamt 141 finiten Propositionen (diese sind insgesamt erheblich länger als in der gesprochenen Sprache von «Betrayal») 55mal past und 28mal perfect; das perfect ist hier also verhältnismäßig häufig, aber insgesamt doch deutlich weniger häufig als das simple past.

5.42 Past progressive und perfect progressive

Durch past progressive oder (etwas seltener) perfect progressive betont man, daß das dargestellte Vergangene einige Zeit dauerte – oft ist es dann als Hintergrund für andere vergangene Handlungen zu betrachten oder als Ausgangspunkt für einen neuen Teil der Darstellung. Dazu vier Beispiele.

1 (aus «Betrayal», Jerry erzählt, wie er durch den Ort fuhr, in dem er mit Emma zusammen heimlich eine Wohnung hatte):

| I *was driving* through Kilburn. Suddenly I *saw* where I *was* |

Also past progressive und dann zweimal simple past: «Ich war auf der Durchfahrt, plötzlich sah ich, wo ich war».

2 (aus dem Artikel über Chirac und Mitterrand):

| At the same time the UDF *has been distancing* itself from Chirac |

Hier betont das perfect progressive, daß diese Distanzierung als ein *sich allmählich entwickelnder Prozeß* in der dargestellten Vergangenheit zu sehen ist (der Satz geht weiter «... to the point of being accused by Gaullist loyalists of flirting with the Socialists»).

3 past progressive zur Darstellung einer *bloßen Absicht in der Vergangenheit* (Emma erzählt Jerry von einem Aufenthalt in Venedig, bei welchem sie und ihr Mann einen geplanten Ausflug nach Torcello nicht machen konnten):

| The speedboats were on strike just on the day we *were going* |
| zu gehen im Begriff waren |

4 perfect progressive zum Abschluß einer Darstellungseinheit und als Überleitung zu einem neuen Thema, in einem Buch über Verhaltensforschung:

| Up to this point we *have been considering* ways in which this behaviour *has been improved* |

Der Unterschied zwischen simple perfect und perfect progressive *kann* aber auch nur in einer *Nuance* bestehen (beim perfect progressive liegt größerer Nachdruck auf der Erstreckung des betreffenden vergangenen Zustandes):

| He *has lived* here for six weeks   He *has been living* here for six weeks |

5.43 Selten: future perfect; ziemlich häufig: past perfect, auch progressive

Das *future perfect* ist selten, und man hat keine progressive form dazu. Man betont durch ein future perfect, daß etwas nicht einfach erfolgen wird, in der Zukunft, sondern daß es zu einem bestimmten Zeitpunkt in der Zukunft *abgeschlossen* sein wird. Beispiel (aus einer Grammatik):

> I *shall have finished* this by dinner time.
> Ich *werde* das *abgeschlossen haben* bis zum Nachtessen

Man verwendet aber bei gleicher Bedeutung auch simple perfect, vor allem in Nebensätzen:

> When I *have finished* I'll *tell* you.

Relativ häufig ist dagegen das *past perfect*, sein Gebrauch entspricht ziemlich genau dem Gebrauch des Plusquamperfekts im Deutschen. Beispiele aus dem Anfang des Romans «The Judges Story» von Charles Morgan (der Roman erschien erstmals 1947):

> Severidge *had swum* four lengths and *eaten* four sandwiches.
> This energetic and frugal process *had been* accurately *timed*.
> Gaskony's voice *was* as firm as it *had been* when he *had told* her stories in her childhood.
> His first home *had had* a little dusty lawn, but there *had been* evergreens in the midst of it.

Man kann durch past perfect, wie im Deutschen durch Plusquamperfekt, auch eine Reihe von vorher erzählten Ereignissen, Handlungen usw. *zusammenfassen* – Ereignisse usw., die ihrerseits im past oder im perfect erzählt wurden; so beginnt in dem Roman «The Judges Story» ein Abschnitt, der das vorher auf mehreren Seiten Erzählte zusammenfaßt:

> So it *had happened* two years ago, in the early summer of Thirty-Two.

Durch *past perfect progressive* betont man die *Dauer* des vergangenen (schon vor etwas anderem vergangenen) Vorgangs, Zustandes etc., oder man stellt es als *Hintergrund* für etwas anderes Vergangenes dar (Beispiele aus «The Judges Story»):

> He *had* a book to write that *was* true. All his life he *had been waiting* to write it.
> Sein ganzes Leben hatte er verbracht mit Warten, bis er es schreiben könne.

5.44 Der subjunctive: Erkennbarkeit – Gebrauchsweisen – geringe Häufigkeit

Von *subjunctive* sprechen die englischen Grammatiker, wenn eine der folgenden Verbformen in den folgenden Funktionen vorliegt:
A «*be*» als Verb-Personalform (nicht als Infinitiv) anstelle des gewöhnlichen «am/is/are» oder ein Verb, das in der 3. Person Singular ein -s hat, als 3. P. Singular *ohne* dieses -s, in einem durch selbständige Proposition dargestellten Wunsch oder einer Annahme, oder in einem Nebensatz mit «that», wenn der Hauptsatz eine Aufforderung, einen Wunsch, einen Vorschlag darstellt:

> *Come* what *may* we *will go* ahead   *Suffice* it to *say* that ...   So *be* it then

Der subjunctive dient also hier in ganz ähnlicher Funktion wie der Konjunktiv I im Deutschen («*Komme* was will – So *sei* es denn»).

> It *is/was necessary* that every member *inform* himself (Hauptsatz: Notwendigkeit)
> They *proposed* that she *continue* (Hauptsatz: Vorschlag)

B «were» für den Singular anstelle des gewöhnlichen «was», vor allem in Nebensätzen mit «if» [wenn] oder «as if» [wie, wenn, als ob] oder in Wünschen:

> If he *were* here ...   It *was* as if it *were* night   I *wished* I *were* with him

Das entspricht ziemlich genau dem deutschen Konjunktiv II: «Wenn er hier *wäre* – Es war als *wäre/sei* es Nacht – Ich wünschte ich *wäre* bei ihm».

Der subjunctive wird nur selten gebraucht. Man kann oft viele Seiten lesen, bis man auf ein Verb im subjunctive trifft. Im ganzen Theaterstück «Betrayal» mit seinen gepflegten, sehr intensiven, manchmal geradezu bohrenden Gesprächen kommt kein einziger subjunctive vor. In einem Interview mit Chirac, in der Zeitschrift «Time» findet man in 209 finiten Propositionen gerade zwei im subjunctive, nämlich (Chirac sprach von den Abrüstungsverhandlungen und ihren Erfolgschancen):

> That *could be* positive if it *were accompanied* by a solution regarding short-range missiles

Also: Gruppe B, entsprechend dem deutschen Konjunktiv II nach «wenn».

> I also *suggested* last december that a European defense charter *be created*...

Also: Gruppe A, etwas wird als bloßer Vorschlag hingestellt.

5/VI Nur Gedachtes und nur Beabsichtigtes; die englischen Modalverben; Imperativ

5.45 «Would – could – should» und die Darstellung von nur Gedachtem bzw. denkbar Gewesenem

Viel wichtiger und häufiger als der selten gebrauchte subjunctive – und weithin als das englische Gegenstück zu deutschem Konjunktiv II (einwortig und zweiwortig) aufzufassen – ist der Gebrauch von «would – could – should» mit Infinitiv (oder auch eines andern Verbs in der Lautung des simple past, z. B. «had») für die Darstellung einer *bloßen Annahme*, und zwar für Gegenwart und Zukunft, nicht für die Vergangenheit:

> He *could do* it if he *would* and he *should do* it I *think*

Alle drei Verben können nach ihrer *Lautung* als past tense zu «will – can – shall» gestellt werden (vgl. deutsch «wollte» und «sollte», die in gleicher Lautung Präteritum oder Konjunktiv II sein können). Für «would» und «could» ist der Gebrauch mit der Bedeutung «vergangen» noch allgemein möglich, für «should» dagegen gar nicht mehr, und auch «could, would» werden viel häufiger für etwas Gedachtes, Angenommenes, Mögliches in Gegenwart und Zukunft gebraucht als für etwas Vergangenes. Man darf sich daher hier in keiner Weise auf die Lautung verlassen, sondern muß aus dem Zusammenhang entnehmen, ob jeweils Vergangenheit oder Gegenwart/Zukunft gemeint ist, und welche Bedeutungsnuance in Gegenwart/Zukunft.

PAST	NON-PAST
I *could* not *see* him yesterday Ich konnte ihn gestern nicht treffen	Perhaps we *could see* him tomorrow Vielleicht könnten wir ihn morgen treffen
She *would* always *help* him	*Would* you *help* me please?
	Children *should help* their parents
	Fred *should be* in London by now
	He *would do* it *had* he the money

Nicht selten verwendet man «would», um Gedanken, Pläne usw. darzustellen, die man früher für eine damals noch vor einem liegende Zeit («Zukunft in der Vergangenheit») hatte. Das ist auch häufig in Romanen; so wird in «The Judges Story» dargestellt, wie der Großunternehmer Severidge sich bei seinem Frühstück den vor ihm liegenden Tageslauf vorstellt:

> At a quarter past, he *would be* on the steps of Rodd's. He *would drink* a glass of brown sherry. From three-fifteen his car *would be waiting* for him...

In Kombination mit «if» oder «as if» [wenn, wie wenn] oder bei Spitzenstellung der Verb-Personalform kann man auch durch ein gewöhnliches Verb im simple past nicht etwas

Vergangenes, sondern etwas für Gegenwart/Zukunft *Gedachtes, Denkmögliches* darstellen:

| *If* I *had* the money - I *would buy* this house   *He talks as if* he *knew* all about it |

In diesen Kombinationen ist für das Verb «be» neben dem subjunctive «were» auch das gewöhnliche «was» möglich, vor allem in alltäglicher Umgangssprache («less formal style»):

| He *spoke* to me *as if* I { was / were } deaf.   *If* she { were / was } to *do* something like that ... |

Entsprechend kann man durch *past perfect* darstellen, daß etwas *seinerzeit gedacht* werden konnte, dann aber *nicht eingetreten* ist:

| *If* he *had done* it ...   *Had* he *done* it ...
| Also wie im Deutschen «Hätte er es getan» |

Die genau gleiche Verbform «past perfect» kann daher ganz verschieden zu verstehen sein, je nach der *Einbettung* der betreffenden Proposition in eine übergreifende Bedeutungsstruktur (diese wird oft, aber nicht immer, durch unterordnende Konjunktionen wie «if – as if – as though» signalisiert):

| *I knew* she *had told* him something   It *was as if/as though* she *had told* him something
| *He did* it. *didn't he*? *No, he didn't* – but *if* he *did* it we all *would help* him |

Wenn man vom Deutschen herkommt, muß man also immer beachten, daß die im Deutschen durch den Gegensatz von Präteritum und Konjunktiv II bzw. von Plusquamperfekt und Konjunktiv II Perfekt darstellbaren Bedeutungsunterschiede «wirklich geschehen – nur gedacht oder nur damals gedacht» im Englischen *nicht aus den Verbformen* entnehmbar sind (mit einziger Ausnahme des subjunctive «were» für Singular gegenüber «was», siehe Ziff. 5.44), sondern aus dem Zusammenhang erschlossen werden müssen.

5.46 «Conditional tenses»

Es gibt englische Grammatiken, in denen die Kombinationen «should/would + Infinitiv» bzw. «should/would have + past participle» als ein Bestandteil des Systems der grammatischen Zeiten betrachtet und als «conditional tenses» bezeichnet werden:

| I/we *should do* it – he/she, you, they *would do* it | PRESENT CONDITIONAL |
| I/we *should have done* it – he/she, you, they *would have done* it | PERFECT CONDITIONAL |

In den meisten englischen Grammatiken aus dem englischen Sprachgebiet findet man aber nur die Fachausdrücke «conditional clause» und keine «conditional tenses».

5.47 «He is going to do it»

Eine häufig benützte Möglichkeit der Bedeutungsschattierung bei der Einbettung darzustellender Handlungen in den Zeitablauf ist die Kombination der progressive form von «go» mit einem durch «to» angeschlossenen Infinitiv. Man kann die ganze Kombination als ein einziges Verbgefüge betrachten (während man sonst bei einem to-Infinitiv eher eine eigene, infinite Proposition ansetzt, eine «infinitive clause»). Beispiele aus «Betrayal», von Pinter:

Are you going to sit down?	*I was going to go* mad
Möchten Sie sich nicht setzen?	Ich war nahe daran, verrückt zu werden

Hier tritt also «go» zweimal auf, und einen Augenblick später wiederholt Jerry seine Aussage in anderer Form «I thought I'd go mad – Ich dachte, ich würde verrückt».

Für die Darstellung einer dann nicht verwirklichten Absicht, in der Vergangenheit:

JERRY	*It's* pretty cold now.
EMMA	*We were going to get* an electric fire.
	Wir *wollten doch* einen Strahler besorgen.
JERRY	Yes, *I never got* that.
	Ja, ich habe den nie besorgt.

5.48 Der Imperativ

Da es nur eine einzige Verbform für die 2. Person Singular und Plural gibt, gibt es auch nur einen einzigen *Imperativ*, und dieser ist identisch mit der Basis-Form der Verben, die auch als Infinitiv und für das ganze Präsens außer der 3. Person Singular gilt. Es ist daher nicht entscheidbar, ob man eine Aufforderung durch Imperativ oder durch Infinitiv vor sich hat: *come in* = «komm herein – kommt herein – hereinkommen».

Wenn man einen Imperativ für die 1. oder 3. Person haben möchte, verwendet man eine Kombination mit «let»:

Let's go	Aber auch: *Let* him *go*	*Let* them *do* it
Laß uns gehen, gehen wir	Laß(t) ihn gehen	Laß(t) sie das tun
	Er soll/mag gehen	Sie mögen/sollen das tun

5/VII Die Lautungen der englischen Verbformen, unregelmäßige Verben, Lernhilfen

5.49 Grundsätzlich: sehr einfaches und rationelles System

Die *lautliche Kennzeichnung* der grammatischen Zeiten im Englischen ist einerseits sehr einfach und rationell, andererseits kann sie einen ziemlich hohen Lern-Aufwand erfordern (unregelmäßige Verben).

Die Kennzeichnung ist sehr einfach und ökonomisch, indem man aus *nur drei* (bei den regelmäßigen Verben sogar aus nur zwei) Lautungen in Kombination mit «have – has – had», mit «shall – will» und (für die progressive forms) mit «am – is – are – was – were» sämtliche grammatische Zeiten aufbauen kann, wie aus den Tabellen in Ziff. 5.39–5.40 ersichtlich ist:

Basis-Form	für den *Infinitiv*, für das ganze *Präsens* außer der 3. P. Singular und für *Imperativ*
Basis-Form + «-s»	(nach -ss als «-es», z. B. «he kisses her») für die 3. P. Singular
Basis-Form + «-ing»	für das present participle bzw. gerund (daher meistens nach seiner Lautung «-ing-form» genannt)
Past-Form	für das ganze *simple past* (das weitgehend dem deutschen Präteritum entspricht)
Partizip-Form	für das *past participle* (das weitgehend dem deutschen Partizip II entspricht)

Dazu lautet für alle regelmäßigen Verben die Past-Form und die Partizip-Form gleich, nämlich «...-ed», und auch für viele unregelmäßige Verben gilt für beide Formen die gleiche Lautung.

Für die *Schreibung* muß man sich merken, daß bei manchen Verben der Endkonsonant vor «-ing» und «-ed» verdoppelt wird:

> stop: *stopping, stopped* – nod: *nodding, nodded* – bar: *barring, barred* – permit: *permitting, permitted*

Zum Teil gilt im britischen Englisch Verdoppelung, im amerikanischen Englisch nicht:

> travel: britisch *travelling, travelled* – amerikanisch *traveling, traveled*

Es gibt aber auch im britischen Englisch viele Verben, die den Endkonsonanten nicht verdoppeln:

> develop: *developing, developed* – gallop: *galloping, galloped*

Bei Verben auf -y wird das -ing einfach angehängt, dagegen wird vor -ed statt des y ein i geschrieben, und oft ändert sich dann auch die Aussprache:

> carry: *carrying, carried* – apply: *applying, applied*

Mit anderer Aussprache:

> say: *saying, said* – pay: *paying, paid* – lay: *laying, laid*

Bei Verben, die schon in der Basis-Form auf -e enden, wird dieses -e weggelassen (bzw. wird identisch mit dem -e von -ed):

> shave: *shaving, shaved* – share: *sharing, shared* etc.

5.50 Verben mit gleicher Lautung für alle drei grundlegenden Formen

Es gibt eine Reihe sehr häufiger Verben, die für alle drei grundlegenden Formen (Basis-Form, Past-Form, Partizip-Form) *die gleiche Lautung* haben; bei ihnen gibt es besondere Lautungen nur für die 3. Person Singular (to *put* – he *puts*) und oft die Verdopplung des Endkonsonanten vor der ing-Form:

let (letting)	shut (shutting)	put (putting)	burst
set (setting)	thrust	cut (cutting)	cast
hit (hitting)	shed (shedding)	slit (slitting)	spread
split (splitting)	cost	hurt	rid

Bei einigen Verben auf -t und -d gibt es nebeneinander die Einheitsform und die reguläre Form:

> bet: *bet/betted* – wet: *wet/wetted* – quit: *quit/quitted* – sweat: *sweat/sweated*

5.51 Modalverben, modals: kein -s in der 3. Sg., keine ing-Form, kein past participle

Als *modal verbs* oder *modals* bezeichnet man die Verben «*will/would – shall/should – can/could – may/might – must – ought to – used to*». Sie werden in der Regel mit einem Infinitiv verbunden. Sie nehmen in der 3. P. Sg. kein -s an und haben weder ing-Form noch past participle. Zu den häufigen Kurzformen, vor allem in Kombination mit «not» siehe Ziff. 5.40, zu den Bedeutungen siehe Ziff. 5.45. Die Verben «*dare*» und «*need*» kann man als Modalverben wie als gewöhnliche Verben brauchen: He *dare* not *go*, I've never *dared to ask* him, she *needs* help.

5.52 Unregelmäßige Verben mit gemeinsamer Lautung für Past-Form und Partizip-Form

Bei einer ziemlich großen Zahl von unregelmäßigen Verben dient die *gleiche* Lautung als Past-Form und als Partizip-Form (wie bei den regelmäßigen Verben). Die Unterschiede in den Lautungen sind zum Teil sehr gering, zum Teil sehr groß. Man kann sich das Einprägen erleichtern, indem man Gruppen bildet – und zwar diese primär an den Lautungen für Past-Form/Partizip orientiert und erst von hier aus an den Bedeutungen (für diese hier absichtlich nur grobe Hinweise, um jede Gefahr von reinen «Wort-Gleichungen» zu vermeiden):

5/VII Die Lautungen der englischen Verbformen, unregelmäßige Verben, Lernhilfen

have – had	hatte, gehabt	dig – dug	grub, gegraben
make – made	machte, gemacht	stick – stuck	steckte, gesteckt
		strike – struck	schlug, geschlagen
get – got	kriegte, gekriegt		
sell – sold	verkaufte, verkauft	bend – bent	beugte, gebeugt
tell – told	erzählte, erzählt	send – sent	sandte, gesandt
win – won	gewann, gewonnen	spend – spent	gab aus, ausgegeben
		build – built	baute, gebaut
loose – lost	verlor, verloren		
shoot – shot	schoß, geschossen	breed – bred	brütete, gebrütet
		feed – fed	fütterte, gefüttert
hold – held	hielt, gehalten	flee – fled	floh, geflohen
sit – sat	saß, gesessen		
stand – stood	stand, gestanden	creep – crept	kroch, gekrochen
shine – shone	schien, geschienen	feel – felt	fühlte, gefühlt
		keep – kept	kriegte, gekriegt
bring – brought	brachte, gebracht	kneel – knelt	kniete, gekniet
buy – bought	kaufte, gekauft	meet – met	traf an, angetroffen
fight – fought	focht, gefochten	sleep – slept	schlief, geschlafen
seek – sought	suchte, gesucht	sweep – swept	fegte, gefegt
think – thought	dachte, gedacht	weep – wept	weinte, geweint
work – worked/wrought	arbeitete, gearbeitet		
		cleave – cleft	spaltete, gespalten
catch – caught	packte, gepackt	deal – dealt	handelte, gehandelt
teach – taught	lehrte, gelehrt	lead – led	leitete, geleitet
		leave – left	verließ, verlassen
bind – bound	band, gebunden		
find – found	fand, gefunden	burn – burnt	brannte, gebrannt
grind – ground	mahlte, gemahlen	smell – smelt	roch, gerochen
wind – wound	wand, gewunden	spell – spelt	buchstabieren, buchstabierte
		spoil – spoilt	raubte, geraubt
cling – clung	haften, gehaftet		
fling – flung	warf, geworfen	learn – learnt	lernte, gelernt
hang – hung	hängte, gehängt	(mit anderer Aussprache):	
spin – spun	spann, gesponnen	hear – heard	hörte, gehört
string – strang	spannte, gespannt	mean – meant	meinte, gemeint
swing – swung	schwang, geschwungen	read – read	las, gelesen
wring – wrung	wrang, gewrungen		

5.53 Unregelmäßige Verben mit besonderen Lautungen für Past-Form und Partizip-Form

begin – began – begun	begann, begonnen	drive – drove – driven	fuhr, gefahren
drink – drank – drunk	trank, getrunken	rise – rose – risen	stand auf, aufgestanden
sing – sang – sung	sang, gesungen	strive – strove – striven	strebte, gestrebt
spring – sprang – sprung	sprang, gesprungen	thrive – throve – thriven	gedieh, gediehen
stink – stank – stunk	stank, gestunken	write – wrote – written	schrieb, geschrieben
swim – swam – swum	schwamm, geschwommen	stride – strode – stridden	schritt, geschritten
run – ran – run	rannte, gerannt	forget – forgot – forgotten	vergaß, vergessen
		tread – trod – trodden	schritt, geschritten

5.53 Unregelmäßige Verben mit besonderen Lautungen für Past-Form und Partizip-Form

bear – bore – born	trug, getragen	speak – spoke – spoken	sprach, gesprochen
wear – wore – worn	nützte ab, abgenützt	steal – stole – stolen	stahl, gestohlen
tear – tore – torn	zerriß, zerrissen	weave – wove – woven	wob, gewoben
swear – swore – sworn	schwur, geschworen	freeze – froze – frozen	fror, gefroren
		break – broke – broken	brach, gebrochen
know – knew – known	wußte, gewußt		
grow – grew – grown	wuchs, gewachsen	shake – shook – shaken	schüttelte, geschüttelt
blow – blew – blown	schlug, geschlagen	take – took – taken	hielt, gehalten
throw – threw – thrown	warf, geworfen	choose – chose – chosen	wählte, gewählt
fly – flew – flown	flog, geflogen		
show – showed – shown	zeigte, gezeigt	bite – bit – bitten	biß, gebissen
draw – drew – drawn	zog, gezogen	hide – hit – hidden	versteckte, versteckt
		give – gave – given	gab, gegeben
		eat – ate – eaten	aß, gegessen
		beat – beat – beaten	schlug, geschlagen

Die folgenden 6 sehr häufigen Verben lernt man am besten je einzeln:

be – was/were – been	war, gewesen	do – did – done	tat, getan
come – came – come	kam, gekommen	go – went – gone	ging, gegangen
see – saw – seen	sah, gesehen	fall – fell – fallen	fiel, gefallen

5/VIII Die Lautungen der infiniten und finiten Verbformen im Lateinischen

5.54 Überblick über die grammatischen Zeiten, mit ersten Hinweisen zum Gebrauch

Das Lateinische hat sechs grammatische Zeiten wie das Deutsche, aber teilweise mit anderen Bedeutungsschattierungen.

Tabelle mit zwölf Verben, die für die gleichen grammatischen Werte sehr verschiedene Lautungen zeigen:

esse sein	habēre haben	facĕre machen	dicĕre sagen
putāre meinen, denken	delēre zerstören	agĕre handeln	sentīre fühlen, denken
conāri versuchen	verēri fürchten	loqui sprechen	metīri messen

Die letzten vier Verben sind Deponentien (Lautungen des Passivs, aber keine Passiv-Bedeutung, siehe Ziff. 6.37).

	INDIKATIV				KONJUNKTIV			
PRÄSENS	est	habet	facit	dicit	sit	habeat	faciat	dicat
	putat	delet	agit	sentit	putet	deleat	agat	sentiat
	conatur	veretur	loquitur	metitur	conetur	vereatur	loquatur	metiatur
FUTUR	erit	habebit	faciet	dicet				
	putabit	delebit	aget	sentiet		—		
	conabitur	verebitur	loquetur	metietur				

Der Gebrauch des lateinischen *Präsens* entspricht grundsätzlich demjenigen des deutschen Präsens: für jetzt Gültiges – für immer Gültiges, Zeitloses – auch für Vergangenes (historisches Präsens, Ziff. 5.01, auch 5.64). Für etwas *erst Kommendes* verwendet man aber (viel konsequenter als im Deutschen) nicht das Präsens, sondern das *Futur* («Cras hic eris – Morgen *bist* du da, *wirst* du da *sein*»).

Der *Konjunktiv* wird insgesamt im Lateinischen häufiger und mit verschiedenartigeren Bedeutungsschattierungen gebraucht als im Deutschen; für Genaueres siehe Ziff. 5.69–5.76.

IMPERFEKT INDIKATIV				IMPERFEKT KONJUNKTIV			
erat	habebat	faciebat	dicebat	esset	habēret	faceret	diceret
putabat	delebat	agebat	sentiebat	putāret	delēret	ageret	sentiret
conabatur	verebatur	loquebatur	metiebatur	conerētur	vererētur	loquerētur	metierētur
PERFEKT INDIKATIV				PERFEKT KONJUNKTIV			
fuit	habuit	fecit	dixit	fuerit	habuerit	fecerit	dixerit
putavit	delevit	egit	sensit	putaverit	deleverit	egerit	senserit
conatus/-a est	veritus/-a est	locutus/-a est	metitus/-a est	conatus/-a sit	veritus/-a sit	locutus/-a sit	metitus/-a sit
FUTUR II INDIKATIV				FUTUR II KONJUNKTIV			
fuerit	habuerit	fecerit	dixerit	—			
putaverit	deleverit	egerit	senserit				
conatus/-a erit	veritus/-a erit	locutus/-a erit	metitus/-a erit				

Das *lateinische Perfekt* (sprachgeschichtlich mit dem deutschen Präteritum gleichzusetzen) entspricht in Bedeutung und Gebrauch sowohl dem deutschen Präteritum wie dem deutschen Perfekt. Das *Imperfekt* ist dagegen etwas grundsätzlich anderes als das deutsche Präteritum (das man früher auch Imperfekt nannte). Für die Bedeutungen und Gebrauchsbedingungen siehe Ziff. 5.63–5.65.

Der *Konjunktiv Imperfekt* bezeichnet meistens gar nicht etwas Vergangenes, sondern etwas nur in Gedanken (für jetzt oder später) Ausgemaltes, wie der deutsche Konjunktiv II (Ziff. 5.69).

Das *Futur II* bezeichnet etwas *vor etwas anderem* (Zukünftigem) in der Zukunft Erfolgendes (nicht etwas für die Vergangenheit Vermutetes wie das deutsche Futur zum Perfekt).

PLUSQUAMPERFEKT INDIKATIV				PLUSQUAMPERFEKT KONJUNKTIV			
fuerat	habuerat	fecerat	dixerat	fuisset	habuisset	fecisset	dixisset
putaverat	deleverat	egerat	senserat	putavisset	delevisset	egisset	sensisset
conatus/-a erat	veritus/-a erat	locutus/-a erat	metitus/-a erat	conatus/-a esset	veritus/-a esset	locutus/-a esset	metitus/-a esset

Das lateinische *Plusquamperfekt* entspricht ziemlich genau dem deutschen Plusquamperfekt. Man macht dadurch deutlich, daß etwas schon *vor etwas anderem* (jetzt auch schon Vergangenem) vergangen ist: «Eo die non *fecit* quod antea *fecerat* – An jenem Tage tat er nicht, was er vorher getan hatte».

Der *Konjunktiv Plusquamperfekt* entspricht dem deutschen Konjunktiv II Perfekt, man stellt dadurch etwas damals Denkmögliches, aber dann nicht Eingetretenes dar (Genaueres Ziff. 5.70).

5.55 Partizipien und Infinitive für Präsens, Futur und Perfekt; Akkusativ mit Infinitiv

Im Lateinischen hat man mehr infinite Verbformen – vor allem auch mehr einwortige – zur Verfügung als im Deutschen, Französischen und Englischen.

Es gibt nicht nur zwei, sondern drei Partizipien; sie sind immer dekliniert (zu verändern nach Maskulin/Feminin/Neutrum und nach Singular/Plural). In Beispielen für die Verben «rogare – fragen, erfragen, bitten» und «mori – sterben, den Tod erleiden»:

PARTIZIP PRÄSENS } AKTIV	rogans ein fragender, eine fragende	moriens sterbender, sterbende
PARTIZIP FUTUR	rogaturus/-a ein fragen werdender etc.	moriturus/-a ein sterben werdender etc.
PARTIZIP PERFEKT PASSIV (bei Deponentien aber mit dem Sinn des Aktiv)	rogatus/-a/-um ein gefragter, etwas erfragtes etc.	mortuus/-a ein gestorbener, eine gestorbene etc.

Das lateinische Partizip Präsens entspricht dem deutschen Partizip I, das lateinische Partizip Perfekt Passiv dem deutschen Partizip II. Die Bezeichnung «Partizip Perfekt» (die man früher auch im Deutschen für das jetzt «Partizip II» Genannte hatte) ist insofern treffender, als dieses Partizip nicht (wie im Deutschen, Französischen und Englischen) auch zur Bildung des Präsens Passiv, sondern nur zur Bildung des Perfekts (im Passiv und für Deponentien) dient. Bei den Deponentien kann aber der Namensbestandteil «Passiv» stören, und auch das Partizip Präsens kann mit einem Perfekt kombiniert sein («*Nolens fecit* – Er tat es gegen seinen Willen»). Ein modernes Lateinbuch für deutschsprachige Schüler verwendet daher auch für die zwei lateinischen Partizipien die Fachausdrücke «*Partizip I*» und «*Partizip II*». Dazu hat ein Fachmann für Lateinunterricht angeregt, man könnte das Partizip Futur «*Partizip III*» nennen.

Es gibt *Infinitivformen* für das *Präsens*, das *Futur* und das *Perfekt*, im *Aktiv* und im *Passiv*:

	Formen des AKTIVS		Formen des PASSIVS (UND DEPONENTIEN)	
INFINITIV PRÄSENS	rogare fragen	facere machen	rogari gefragt werden	mori sterben
INFINITIV FUTUR	rogaturus/-a esse «jemand sein, der fragen wird,	facturus/-a esse der machen wird»	rogatum iri «zum erfragt werden gelangen»	(moriturus esse) «ein sterben werdender sein»
INFINITIV PERFEKT	rogavisse gefragt haben	fecisse gemacht haben	rogatus/-a esse «jemand sein, der gefragt worden ist»	mortuus/-a esse «gestorben sein; jemand sein, der gestorben ist»

Alle diese Infinitive, auch die zweiwortigen, werden oft verwendet in der Konstruktion, die man «Akkusativ mit Infinitiv» nennt und die im Lateinischen sehr beliebt ist, wenn man den Inhalt eines Redens oder Denkens darstellen will (siehe Ziff. 8.30'D):

| dicunt
profiteor
etc. | eum
me
te
etc. | suscipere
suscepturum esse
suscepisse | magnum
onus | sie sagen
ich gestehe
etc. | er/ich übernehme
du übernehmest
er/ich werde übernehmen
du werdest übernehmen
er/ich habe übernommen
du habest übernommen | eine
große
Last |

Versuch einer wörtlichen Nachbildung, um die lateinische Struktur zu verdeutlichen (ohne Anspruch auf gutes Deutsch): «Sie sagen/ich gestehe etc. *im Blick auf ihn, auf mich, auf dich* etc.: eine große Last *übernehmen – ein eine große Last übernehmen werdender sein – eine große Last übernommen haben*».

Dabei ist das Partizip des Infinitivs Futur Aktiv in Geschlecht und Zahl dem vorhergehenden Akkusativ *anzupassen*:

dicunt *eum* hoc *acturum* esse *eam* hoc *acturam* esse	credo *eos* hoc *acturos* esse
sie sagen, er werde das betreiben sie sagen, sie werde das betreiben	ich glaube, sie werden das betreiben

Unveränderlich ist dagegen der Infinitiv Futur Passiv; das «rogatum» in «rogatum iri – zum erfragt werden gelangen» ist nicht Partizip, sondern Supinum, siehe Ziff. 5.56.

5.56 Supinum I und II, Gerundium, Gerundiv

In der Bedeutung gleichwertig wie ein Infinitiv, aber in der Lautung und Konstruktion anders sind die Verbformen, die man *Supinum I*, *Supinum II* und *Gerundium* nennt.

Das *Supinum I* hat die genau gleiche Lautung wie das Partizip Perfekt (Passiv) im Neutrum Singular; es gehört aber nicht zum Passiv und bedeutet gar nichts Vergangenes, sondern stellt *rein die betreffende Tätigkeit* dar. Man verwendet es in Kombination mit Verben wie ire (gehen) – venire (kommen) – mittere (senden):

salutare grüßen:	Veniunt *salutatum* sie kommen grüßen, sie kommen zur Begrüßung
postulare fordern:	Auxilium *postulatum* venio um Hilfe zu fordern komme ich
cubare liegen, schlafen:	*Cubitum* ire schlafen gehen
furare stehlen:	Iste noctu domum vicini venit *furatum* der da kam nachts ins Haus des Nachbarn um zu stehlen

Der Infinitiv Futur Passiv (siehe Ziff. 5.55) ist eine Kombination von Supinum I mit dem Infinitiv Passiv von «ire, gehen»; das «iri» in diesem Infinitiv ist also zu verstehen als «irgendwohin gebracht werden, irgendwohin gelangen». Daher ist dieser Infinitiv unveränderlich, z. B. in den folgenden Konstruktionen (Akkusativ mit Infinitiv):

spero	{ librum tabellam litteras }	*missum* iri	ich hoffe	{ das Buch die Tafel der Brief } wird geschickt

Das *Supinum II* (vom Partizip Perfekt Passiv klar abgehoben, da ohne -m am Schluß) steht vor allem in Kombination mit bestimmten Adjektiven, und nur von wenigen Verben:

intellegere verstehen:	hoc facile est *intellectu* das ist leicht zu verstehen
dicere sagen:	horribile erat *dictu* es war schrecklich zu sagen

Wichtig und praktisch für alle Verben gebräuchlich ist das *Gerundium*; man benützt es, wenn man den Infinitiv Präsens Aktiv wie ein Nomen brauchen will, und zwar in einem andern Fall als dem Nominativ:

amare ars est zu lieben ist eine Kunst	ars *amandi* die Kunst des Liebens; Kunst zu lieben
docere possumus wir können lehren	*docendo* discimur durch Lehren lernen wir
vix *scribere* possum ich kann kaum schreiben	metus me in *scribendo* impedit die Furcht hindert mich beim Schreiben

Sehr praktisch und beliebt, wenn man eine *Forderung*, eine *Verpflichtung* usw. darzustellen hat, ist das *Gerundiv*. Es hat die gleiche Lautung wie das Gerundium, wird aber nicht wie dieses als nomen *substantivum* gebraucht, sondern als nomen *adiectivum*:

> haec domus *delenda* est dieses Haus ist zu zerstören
> tibi dabo librum *legendum* ich werde dir das zu lesende Buch geben
> rei *gerendae* diem dicat «er soll für die zu betreibende Sache einen Tag sagen» = er soll dafür einen Termin festsetzen

5.57 Die grammatischen Werte bei den Verben und die dafür vorhandenen Lautungen, grundsätzlich

Wie schon die Beispiele in der Tabelle von Ziff. 5.54 zeigen, gibt es im Lateinischen für den *jeweils gleichen* grammatischen Wert besonders viele *verschiedene Lautungen*, je nach dem Verbtyp und hie und da je nach dem einzelnen Verb.

Die *Infinitive* enden auf -āre (putāre, denken), auf -ēre (delēre, zerstören), auf -ĕre, mit kurzem, unbetontem -e- (agere, handeln), auf -īre (sentīre, empfinden), auf -āri (conāri, versuchen), auf -ēri (verēri, scheuen), auf -ī (loquī, sprechen), auf -īri (metīri, messen), auf -se (esse, sein).

Die 3. Person Singular Konjunktiv Präsens lautet zu diesen Verben: *putet* (er/sie denke) – *deleat* (er/sie zerstöre) – *agat* (er/sie handle) – *sentiat* (er/sie empfinde) – *conetur* (er/sie versuche) – *vereatur* (er/sie scheue) – *loquatur* (er/sie spreche) – *metiatur* (er/sie messe) – *sit* (er/sie/es sei).

Die 3. Person Singular Futur lautet für die gleichen Verben: *putābit* (er/sie wird denken) – *delēbit* (er/sie wird zerstören) – *aget* (er/sie wird handeln) – *sentiet* (er/sie wird empfinden) – *conabitur* (er/sie wird versuchen) – *verebitur* (er/sie wird scheuen) – *loquētur* (er/sie wird sprechen) – *metiētur* (er/sie wird messen) – *erit* (er/sie wird sein).

Die Vielfalt der Lautungen für ein und denselben grammatischen Wert eines Verbs tritt noch viel mehr hervor, wenn man neben dem Infinitiv und der 3. Person Singular auch die andern Personalformen im Singular und Plural in den Blick nimmt.

Nun ist es für ein zügiges Lesen und genaues Verstehen der lateinischen Texte sehr wichtig, daß man *nicht nur* die Verben *als solche* erkennt und aus den oft verschiedenen vorhandenen Bedeutungen jedes Verbs die für die jeweilige Textstelle zutreffende (oder mindestens wahrscheinliche, mögliche) Bedeutung auswählt, sondern daß man auch die *grammatische Form* des jeweiligen Verbs sicher genug identifiziert: Person und Zahl (für das Erfassen der Zusammenhänge mit den Satzgliedern, innerhalb der Proposition) und grammatische Zeit, Indikativ oder Konjunktiv, ggf. Imperativ (dazu Ziff. 5.62) für das Erfassen der Gesamtbedeutung der Proposition und den Zusammenhang mit vorausgehenden oder folgenden Propositionen.

Daher spielt im Lateinunterricht das Erlernen der verschiedenen *Konjugationen* (d. h. der Lautungen für die verschiedenen Verbtypen und Einzelverben) eine große Rolle. Die in Ziff. 5.58–5.61 zusammengestellten Hinweise zu den Lautungen der Verben sind dazu bestimmt, dieses Lernen zu erleichtern und dabei das Gedächtnis soweit wie möglich zu entlasten.

5.58 Die Lautungen aller Personalformen im Präsens

Man beginnt am besten mit den *unregelmäßigen* Verben, die zugleich die *häufigsten* sind. Dabei muß man immer auf die *Betonung* achten (zweitletzte Silbe betont, wenn lang

– sonst die drittletzte Silbe; daher häufig Betonungswechsel, vor allem auch zwischen Indikativ und Konjunktiv).

esse (sein; also: bin/sei – bist/seist – ist/sei – wir sind/seien – seid/seiet – sie sind/seien), und entsprechend *posse* (können) und *prodesse* (nützen):

sum/sim	es/sis	est/sit	sumus/sīmus	estis/sītis	sunt/sint
possum/possim	potes/possis	potest/possit	possumus/possīmus	potestis/possītis	possunt/possint
prosum/prosim	prodes/prosis	prodest/prosit	prosumus/prosīmus	prodestis/prosītis	prosunt/prosint

velle (wollen; also: will/wolle – willst/wollest usw), und entsprechend *nolle* (nicht wollen) und *malle* (lieber wollen):

volo/velim	vis/velis	vult/velit	volumus/velimus	vultis/velitis	volunt/velint
nolo/nolim	non vis/nolis	non vult/nolit	nolumus/nolīmus	non vultis/nolītis	nolunt/nolint
malo/malim	mavis/malis	mavult/malit	malumus/malīmus	mavultis/malitis	malunt/malint

ire (gehen; also: ich gehe – du gehst/gehest – er geht/gehe usw), und entsprechend die vielen Zusammensetzungen wie *adire* (hinzugehen), *abire* (weggehen), *prodire* (hervor/vorangehen) usw.:

eo/eam	īs/eas	it/eat	īmus/eāmus	ītis/eātis	eunt/eant

ferre-ferri (tragen – getragen werden; also: trägst/tragest – wirst/werdest getragen usw.):

fero/feram	fers/feras	fert/ferat	ferīmus/ferāmus	fertis/ferātis	ferunt/ferant
feror/ferar	ferris/feraris	fertur/feratur	ferimur/ferāmur	ferimini/-āmini	feruntur/-antur

Für die *regelmäßigen* Verben muß man sich nur die *Endungen* merken und die *Art ihres Anschlusses* an den Stamm (dazu oft Betonungswechsel zweitletzte Silbe – drittletzte und umgekehrt).

amāre – amāri (lieben – geliebt werden; also: er/sie liebt/liebe – wird/werde geliebt):

amo/amem	amas/amēs	amat/amet	amāmus/-ēmus	amātis/-ētis	amant/ament
amor/amer	amaris/amēris/-re	amātur/-ētur	amāmur/-ēmur	amāmini/-ēmini	amantur/-entur

vidēre – vidēri (sehen – gesehen werden, scheinen; also: er sieht/sehe – wird/werde gesehen):

video/videam	vidēs/videās	videt/videat	vidēmus/-eāmus	vidētis/-eātis	vident/-eant
videor/videar	vidēris/videāris/-re	vidētur/-eātur	vidēmur/-eāmur	videmini/-eāmini	videntur/videantur

finire – finiri (beenden – beendet werden; also: er/sie beendet/beende – wird/werde beendet):

finio/finiam	finis/finias	finit/finiat	finīmus/-iāmus	finītis/-iātis	finiunt/-iant
finior/finiar	finīris/finīaris/-re	finitur/finiatur	finīmur/-iāmur	finimini/-iāmini	finiuntur/-iantur

capere – capī (nehmen – genommen werden; also: er/sie nimmt/nehme – wird/werde genommen):

capio/capiam	capis/capiās	capit/capiat	capimus/-iāmus	capitis/-iātis	capiunt/-iant
capior/capiar	caperis/capiaris/-re	capitur/-iātur	capimur/-iāmur	capimini/-iāmini	capiuntur/-iantur

regĕre – regī (richten, regieren; also: er/sie regiert/regiere – wird/werde regiert):

| rego/regam | regis/regās | regit/regat | regimus/-āmus | regitis/regātis | regunt/regant |
| rogor/regar | regeris/regāris/-re | regitur/regātur | regimur/-āmur | regimini/-āmini | reguntur/-antur |

5.59 Die Lautungen aller Personalformen im Futur und im Imperfekt

Für das *Futur* bestehen *zwei* Reihen von Wortausgängen: eine *mit* -b- und eine *ohne* -b- und dafür mit -e- (in der 1. Person Singular -*am*, also gleich lautend wie der Konjunktiv Präsens). Die Reihe mit -b- gilt für die Verben auf -*are* (im Passiv -*ari*) und -*ēre* (im Passiv -*ēri*), die Reihe mit -e- bzw. -am gilt für alle andern Verben. Für das Verb «esse» werden die Endungen direkt an den Stamm «er-» angefügt:

| *esse* | ero | eris | erit | erimus | eritis | erunt |
| | werde sein usw. | | | | | |

Im Altlateinischen gab es zu «esse» auch einen Konjunktiv Futur, nämlich *forem* (werde/würde sein) – *fores* – *foret* und dazu einen Infinitiv Futur «*fore*». Dieses «fore» kommt gelegentlich auch im klassischen Latein vor; für «forem» etc. verwendet man, wenn man einen Konjunktiv Futur haben möchte, die Umschreibungen «*futurus/-a sim, futurus/-a sis*» etc.; *posse* (können) und *prodesse* (nützen) wie esse: potero, poteris – prodero, proderis etc.

velle	volam	volēs	volet	volēmus	volētis	volent
	«werde, wirst, wird wollen» usw., und entsprechend für «nolle, nicht wollen – malle, lieber wollen»					
ire	ībo	ībis	ībit	ībimus	ībitis	ībunt
	werde, wirst, wird gehen usw.					
ferre	feram	ferēs	feret	ferēmus	ferētis	ferent
ferri	ferar	ferēris	ferētur	ferēmur	ferēmini	ferentur
	er/sie wird/werde tragen – er/sie wird/werde getragen werden usw.					
amare	amābo	amābis	amābit	amābimus	amābitis	amābunt
amari	amābor	amāberis	amābitur	amābimur	amābimini	amābuntur
	werde lieben – werde geliebt werden etc.					
videre	vidēbo	vidēbis	vidēbit	vidēbimus	vidēbitis	vidēbunt
videri	vidēbor	vidēberis	vidēbitur	vidēbimur	vidēbimini	vidēbuntur
	werde, wirst, wird sehen – werde, wirst, wird gesehen werden					
finire	finiam	finiēs	finiet	finiēmus	finiētis	finient
finiri	finiar	finiēris	finiētur	finiēmur	finiēmini	finiēntur
	werde, wirst, wird beenden – werde, wirst, wird beendet werden etc.					
capere	capiam	capiēs	capiet	capiēmus	capiētis	capient
capi	capiar	capiēris/-re	capiētur	capiēmur	capiēmini	capientur
	werde, wirst, wird nehmen usw., werde, wirst, wird genommen werden usw.					
regere	regam	regēs	reget	regēmus	regētis	regent
regi	regar	regēris	regētur	regēmur	regēmini	regentur
	werde, wirst, wird lenken/gelenkt werden usw.					

Die Lautungen für das *Imperfekt* sind viel *einheitlicher* als diejenigen für das Futur. Bemerkenswert ist der starke *lautliche Unterschied* zwischen dem Indikativ («*videbam, videbas*», sah, sahst) und dem Konjunktiv («*viderem, videres*», sähe, sähest) und damit die direkte Ableitbarkeit der Lautungen für den Konjunktiv Imperfekt aus dem *Infinitiv* des Verbs.

Merken muß man sich hier nur die *sämtlichen Wortausgänge* sowie für «esse» und «ire» und alle Verben der Typen «finire, finio» und «capere, capio» die Lautung des Stamms, an den die Endungen anzufügen sind:

esse	eram/essem war/wäre	eras/esses warst/wärest	erat/esset war/wäre	erāmus/essēmus waren/wären	erātis/essētis waret/wäret	erant/essent waren/wären
ire	ibam/irem ging/ginge	ibas/ires gingst/gingest	ibat/iret ging/ginge	ibāmus/irēmus etc.	ibātis/irētis	ibant/irent

Die Lautungen für *«posse»* und *«prodesse»* entsprechen denen von «esse»:

| poteram/possem konnte/könnte, poteras/posses konntest/könntest etc. |
| proderam/prodessem nützte/würde nützen etc. |

Für *«velle, nolle, malle»* geht man im Indikativ von der 1. Person Singular Präsens aus, im Konjunktiv dagegen vom Infinitiv:

| volēbam/vellem ich wollte/würde wollen, volēbas/vellēs wolltest/würdest wollen etc. |
| nolēbam/nollem wollte nicht/würde nicht wollen etc. |
| malēbam/mallem wollte lieber, zog vor/würde lieber wollen, zöge vor etc. |

Für alle andern Verben kann man das System der Lautungen des Imperfekts, im Aktiv und Passiv, im Indikativ und Konjunktiv durch das folgende Schema darstellen, hier ausgeführt für ferre, fero (tragen) – amare, amo (lieben) – videre, video (sehen) – finire, finio (beenden) – capere, capio (nehmen) – regere, rego (lenken, regieren). Dabei treten oft Betonungswechsel ein (zweitletzte Silbe betont, wenn sie lang ist, sonst drittletzte Silbe), z. B. *caperēs* (nähmest), aber *caperēris* (würdest genommen) oder *regĕret* (er würde lenken), aber *regerētis* (ihr würdet lenken):

IMPERFEKT INDIKATIV trug – wurde getragen			IMPERFEKT KONJUNKTIV trüge – würde getragen		
fereb-	-am	-ar	ferr-	-em	-ēr
amab-	-as	-aris(-are)	amar-	-ēs	-ēris(-ēre)
videb-	-at	-ātur	vider-	-et	-ētur
finieb-	-āmus	-āmur	finir-	-ēmus	-ēmur
capieb-	-ātis	-āmini	capĕr-	-ētis	-ēmini
regeb-	-ant	-antur	regĕr-	-ent	-entur

5.60 Die Lautungen aller Personalformen für Perfekt, Futur II und Plusquamperfekt

Für Perfekt, Futur II und Plusquamperfekt besteht eine völlig einheitliche Reihe von Endungen, für sämtliche Verbtypen. Dagegen ist der *Stamm*, an den diese Endungen angefügt sind, von Verbtyp zu Verbtyp und manchmal von einem Verb zum andern oft stark verschieden. Es gibt nämlich für jedes Verb im Lateinischen mindestens zwei, oft drei teilweise recht verschiedene Stämme: den *Präsensstamm* (vorhanden im Infinitiv und allen Personalformen des Präsens, Futur und Imperfekt), den *Perfektstamm* (vorhanden im Perfekt, Futur II und Plusquamperfekt) und dazu meistens noch den *Supinstamm* (vorhanden im Partizip Perfekt, Partizip Futur und im Supinum I und II).

5/VIII Die Lautungen der infiniten und finiten Verformen im Lateinischen

PERFEKT Indikativ/Konjunktiv, für *esse, ferre, amare* (also: ist/sei gewesen, hat/habe getragen, hat/habe geliebt; Indikativ oft viel mehr dem deutschen «war, trug, liebte» entsprechend):

esse	fu-i	fu-ĕrim	fu-isti	fu-ĕris	fu-it	fu-ĕrit
	fu-imus	fu-erimus	fu-istis	fu-eritis	fu-ērunt(-ēre)	fu-erint
ferre	tul-i	tul-ĕrim	tul-isti	tul-ĕris	tul-it	tul-ĕrit
	tul-imus	tul-erimus	tul-istis	tul-eritis	tul-ērunt(-ēre)	tul-erint
amare	amāv-i	amāv-erim	amav-īsti	amav-ĕris	amāv-it	amāv-ĕrit
	amav-imus	amav-erimus	amav-īstis	amav-eritis	amav-ērunt(-ēre)	amav-erint

FUTUR II nur Indikativ, und dieser mit Ausnahme der 1. P. Sg. lautgleich mit Konjunktiv Perfekt (deutsch: werde, wirst, wird usw. gewesen sein, getragen haben, geliebt haben):

esse	fu-ero	fu-erimus	fu-eris	fu-eritis	fu-erit	fu-erint
ferre	tul-ero	tul-erimus	tul-eris	tul-eritis	tul-erit	tul-erint
amare	amav-ero	amav-erimus	amav-eris	amav-eritis	amav-erit	amav-erint

PLUSQUAMPERFEKT Indikativ/Konjunktiv (also: er wird/ werde gewesen sein, getragen haben, geliebt haben und entsprechend für die andern Personen):

esse	fu-eram	fu-issem	fu-eras	fu-isses	fu-erat	fu-isset
	fu-erāmus	fu-issēmus	fu-erātis	fu-issētis	fu-erant	fu-issent
ferre	tul-eram	tul-issem	tul-eras	tul-isses	tul-erat	tul-isset
	tul-erāmus	tul-issēmus	tul-erātis	tul-issētis	tul-erant	tul-issent
amare	amav-eram	amav-issem	amav-eras	amav-isses	amav-erat	amav-isset
	amav-erāmus	amav-issēmus	amav-erātis	amav-issētis	amav-erant	amav-issent

5.61 Die Lautungen des Perfektstamms und des Supinstamms; Lautungen der Partizipien

Bei den regelmäßigen Verben auf *-are* und auf *-ire* ist die Lautung des Perfektstamms (für Perfekt, Futur II und Plusquamperfekt) sowie die Lautung des Supinstamms (für Partizip Perfekt und Partizip Futur) leicht aus dem Präsensstamm zu gewinnen: für den Perfektstamm tritt hinter das -a- bzw. das -i- ein -v-, für den Supinstamm ein -t-:

Präsensstamm	Perfektstamm	Supinstamm
rogāre bitten *rogat, rogabit*	*rogāvit, rogaverat*	*rogātus/-a/-um, rogatūrus/-a*
audīre hören *audit, audiet*	*audīvit, audiverat*	*audītus/-a/-um, auditūrus/-a*

Bei den regelmäßigen Verben auf *-ēre* bilden die einen den Perfektstamm auch mit *-v-* und behalten für den Supinstamm das *-e-*, die andern haben einen Perfektstamm mit *-u-* und einen Supinstamm mit *-i-*:

Präsensstamm	Perfektstamm	Supinstamm
explēre ausfüllen *explet, explebit*	*explevit, expleverat*	*expletus/-a/-um, expleturus/-a*
habēre haben *habet, habebit*	*habuit, habuerat*	*habitus/-a/-um, habiturus/-a*

Bei den Verben mit Perfekt auf -v- werden die Lautungen für vielsilbiges Perfekt und Plusquamperfekt (vor allem auch: Konjunktiv Plusquamperfekt) oft gekürzt, z. B. «*portasti*» aus «*portavisti*» (trugst, hast getragen) oder «*portaram*» aus «*portaveram*» (ich hatte getragen) oder «*superassent*» statt «*superavissent*» (sie hätten übertroffen) oder der Infinitiv Perfekt «*audisse*» statt «*audivisse*» (gehört haben). Solche verkürzte Lautungen galten keineswegs als nur alltagssprachlich, Cicero verwendet sie z. B. nicht nur in seinen Briefen, sondern auch in seinen formvollendeten Reden vor Gericht.

Neben dieser Bildung des Perfektstamms durch -v- oder -u- und des Supinstamms durch -t- mit Beibehaltung des Stammvokals (man kann das als «regelmäßige Konjugation» bezeichnen) gibt es eine ganze Reihe anderer lautlicher Verschiedenheiten zwischen Präsensstamm, Perfektstamm und Supinstamm. Wenn man vor allem auf den Perfektstamm achtet, kann man die folgenden Möglichkeiten unterscheiden:

A Perfekt mit -s- (oft verschmolzen mit dem Konsonanten des Präsensstamms):

sentire empfinden − sensi − sensum
iubere befehlen − iussi − iussum
conspicere ansehen − conspexi − conspectum

B Perfekt mit *langem Vokal* gegenüber Kurzvokal im Präsensstamm:

vĭdēre sehen − vīdi − vīsum
venire kommen − vēni − ventum
facere machen − fēci − factum

C Perfekt mit *Wegfall eines -n-* aus dem Präsensstamm und dafür langem Vokal:

vincere siegen, besiegen − vīci − victum
relinquere zurücklassen − relīqui − relictum
rumpere brechen − rūpi − ruptum

D Perfekt mit *Reduplikation* (Verdoppelung der Wortwurzel):

currere laufen − cucurri − cursum
pendere wägen, zahlen, Grundbedeutung: aufhängen an der Waage − pependi − pensum

E Wegfall von -sc- des Präsensstamms:

pascere weiden − pavi − pastum
crescere wachsen − crevi − (kein Partizip Perfekt)
cognoscere erkennen cognovi − cognitum

F Perfekt *ohne Veränderung* des Präsensstamms, nur an den Endungen unterscheidbar:

defendere verteidigen − defendi habe verteidigt, verteidigte − defensum
statuere festsetzen − statui − statutum

Die Verben mit allen diesen unregelmäßigen Lautverhältnissen zwischen Präsensstamm, Perfektstamm und Supinstamm sind auch *ganz ungleich* auf die vier Infinitiv-Typen (die vier Konjugationen, auf -āre, auf -ēre, auf -īre und auf -ĕre) verteilt.

Von den außerordentlich vielen *Verben auf -are* («1. Konjugation») sind nur etwa 14 unregelmäßig (d. h. nicht mit Perfekt auf -v-), Beispiele:

dare geben − dedi − datum
adiuvare helfen, unterstützen − adiuvi − adiutum
secare schneiden − secui − sectum

Von den *Verben mit -ire* («4. Konjugation») sind etwa 20 unregelmäßig (d. h. Perfekt nicht mit -v- gebildet), Beispiele:

> *aperire* öffnen – aperui – apertum
> *haurire* schöpfen – hausi – haustum
> (dazu die schon oben aufgeführten *sentire* – sensi – sensum, *venire* – veni – ventum und weitere)

Von den *Verben auf -ēre* («2. Konjugation») haben etwa 28 nicht die regulären Lautungen mit Perfekt auf -*v*- bzw. -*u*- und Partizip auf -*ētum* bzw. -*ĭtum*, Beispiele:

> *docēre* lehren – docui – doctum
> *censēre* einschätzen – censui – censum
> *augēre* vermehren – auxi – auctum
> *suadēre* raten, zureden – suasi – suasum, dazu das sehr häufige *vidēre* sehen – vīdi – vīsum

Den eigentlichen Bereich der unregelmäßigen Lautungen für Perfektstamm und Supinstamm bilden die Verben auf -ĕre («3. Konjugation»), Beispiele:

> *agĕre, ago* ich handle
> *facĕre, facio* ich mache

Von allen zu dieser Konjugation gehörigen Verben bilden etwa 12 ihr Perfekt mit -*v*-, Beispiel:

> *petere* verlangen – petīvi – petītum

und etwa 14 haben (wie regulär bei vielen Verben auf -ēre, 2. Konjugation) das Perfekt mit -*u*- und das Partizip auf -*itum*, Beispiele:

> *molĕre* mahlen – molui – molitum
> *rapere* rauben – rapui – raptum

Etwa 25 Verben haben einen Perfektstamm mit *gedehntem Vokal*, z. T. mit Wegfall eines -*n*- des Präsensstamms, Beispiele:

> *agĕre* handeln – ēgi – actum
> *capere* nehmen – cēpi – captum
> *frangĕre* brechen – frēgi – fractum
> *fugere* fliehen – fūgi

Etwa 16 Verben haben Reduplikation, Beispiele:

> *tradere* überliefern – tradidi – traditum
> *pellere* vertreiben – pepuli – pulsum
> *fallere* täuschen – fefelli, dazu das Adjektiv *falsus/-a/-um*

Etwa 20 Verben haben im Präsensstamm ein -*sc*-, das im Perfektstamm wegfällt, Beispiele:

> *concupiscere* heftig begehren – concupivi
> *convalescere* erstarken – convalui

Bei etwa 20 Verben lautet der Perfektstamm genau wie der Präsensstamm (oben Gruppe F), Beispiele:

> *ruere* stürzen – rui
> *metuere* fürchten – metui
> *vertere* wenden – verti – versum

Insgesamt ergibt sich: Es genügt nicht, daß man die Bildung der Lautungen für die verschiedenen grammatischen Zeiten im Indikativ und Konjunktiv lernt, im Rahmen der vier Konjugationen, mit den verschiedenen Endungen. Man muß sich für alle nicht vollkommen regelmäßigen Verben nicht nur den Präsensstamm und die Bedeutung (oft: die verschiedenen Bedeutungen eines einzigen Verbs) genügend einprägen, sondern auch die jeweiligen besonderen Lautungen des Perfektstamms und des Supinstamms, damit man beim Lesen der Texte alle Verben richtig erkennen und ihre grammatischen Formen zureichend identifizieren kann.

5.62 Der Imperativ

Der Imperativ steht, nicht anders als im Deutschen, außerhalb oder jedenfalls ganz am Rand des Systems der grammatischen Zeiten. Man unterscheidet den Imperativ I, mit ganz einfachen Lautungen, und den Imperativ II, mit der Endung «*-to*». Der Imperativ II ist nachdrücklicher als der Imperativ I, wegen seiner volleren Lautung. Er wird besonders oft in der Gesetzessprache gebraucht, z. B. «Si in ius vocat, *ito*» (wenn jemand dich bzw. jemanden vor Gericht ruft, sollst du/soll er gehen). Die Lautungen für die beiden Imperative sind:

	IMPERATIV I		IMPERATIV II		
	2. P. SINGULAR	2. P. PLURAL	2. u. 3. P. SG	2. P. PL	3. P. PL
ire	ī geh	īte geht	īto du sollst gehen, er soll gehen	ītōte geht	eunto sie sollen gehen
ferre	fer trag, bring	ferte	ferto	fertōte	ferunto
esse	es, esto sei	este	esto	estōte	sunto
nolle	noli «wage nicht!»	nolīte	nolīto	nolitōte	nolunto
facere	fac mach	facite	facīto	facitōte	faciunto
rogāre	roga frag	rogāte	rogāto	rogatōte	roganto
vidēre	vide sieh	vidēte	vidēto	vidētōte	vidento
audīre	audi hör	audīte	audīto	audītōte	audiunto
regĕre	rege lenk	regĭte	regīto	regitōte	regunto
conāri	conāre versuch	conāmini	–	–	–
verēri	verēre fürchte	verēmini	–	–	–
metīri	metīre miß	metīmini	–	–	–
loqui	loquĕre sprich	loquīmini	–	–	–

5/IX Grammatische Zeiten (Tempora) im Indikativ im Lateinischen; Bedeutungen, Stil

5.63 Darstellung von Vergangenem durch Perfekt und Imperfekt – Imperfekt als Stilmittel

Das neutrale und generelle Tempus für die Darstellung von Vergangenem ist im Lateinischen das *Perfekt*. Dabei kommt es zunächst noch gar nicht darauf an, ob ein vergangenes *Ereignis* (also etwas Momentanes) darzustellen ist oder ein vergangener *Zustand,* ein Stück Vergangenheit von einiger Dauer.

Als erstes Beispiel hierfür eignet sich der berühmte Ausspruch von Caesar «*vēnī – vīdī – vīcī*» (deutsch etwa «kam ich – sah ich – siegte ich»). Hier kann «kommen, venire» als momentan, als punktuell gesehen werden: Caesar kam in einem bestimmten Moment, er war vorher an diesem Feldzug noch nicht beteiligt gewesen. Man kann also sagen, das Perfekt «veni» (ich kam, ich traf ein) stehe hier, um den Ereignis-Charakter zu betonen.

Aber «sehen, videre» ist an sich etwas länger Dauerndes; Caesar betrachtete die Lage, untersuchte die Situation, und das war eine Handlung von einer gewissen (wenn auch wohl nur kurzen) Dauer. Trotzdem wird diese vergangene Handlung nicht durch Imperfekt wiedergegeben («videbam»), sondern durch Perfekt «vidi», das die ganze Handlung als *Einheit* faßt und zugleich zu «veni» paßt, auch rhythmisch.

Schließlich ist «siegen» wohl auch eher als ein Vorgang von einer gewissen Dauer und nicht nur als ein momentaner Akt aufzufassen, obwohl der Sieg sich natürlich in einem gewissen Moment zeigt; Caesar sieht also diese Dauer des Kampfes und den krönenden Abschluß als eine Einheit, daher ist das Perfekt «vici» am Platz, und der ganze Text erhält seine Knappheit und Eleganz: drei gewichtige Verben im Perfekt, alle drei aus je zwei Silben bestehend, alle mit «v» beginnend, mit lauter langen Vokalen.

Es ist aber nun nützlich, für eine genauere Analyse nicht nur so kurze Texte heranzuziehen, sondern etwas größere Textzusammenhänge, und dabei sowohl auf die Textsorte und den Stil wie auf die jeweiligen Absichten der Sprecher (oder ggf. Schreiber) einzugehen.

Textgrundlage für die zwei ersten Abschnitte dieses Kapitels ist die erste Szene aus der Komödie «Der Selbst-Bestrafer» von Terenz. Man kann die Redeweise der hier auftretenden Personen als gepflegte lateinische Umgangssprache um 170 vor Christus betrachten. In der klassischen Zeit wirkte der Text wohl etwas altertümlich (vor allem wegen Schreibweisen wie «quom» statt «cum» oder «suom» statt «suum») – aber die Grundzüge der Grammatik dürften durchaus gleich geblieben sein.

Die Komödie beginnt mit einem Gespräch der beiden älteren Gutsbesitzer Chremes und Menedemus. Chremes hat beobachtet, daß sein Nachbar Menedemus von früh bis spät selber hart auf seinem Gut arbeitet, anstatt nur die Arbeit seiner Sklaven zu organisieren und zu beaufsichtigen. Chremes eröffnet nun das Gespräch mit einer Art Entschuldigung (Verse 53–60; die Verse 1 bis 52 enthalten den Prolog):

> Quamquam haec inter nos nuper notitia admodum *est* ᵖʳᵃˢ⁾
> Obwohl die Bekanntschaft zwischen uns erst seit recht kurzer Zeit besteht
>
> Inde adeo quom agrum in proxumo hic *mercatus es* ᵖᵉʳᶠ⁾
> von da an, als du das Gut hier neben meinem gekauft hast
>
> nec rei fere sane amplius quicquam *fuit* ᵖᵉʳᶠ⁾
> und im übrigen kaum etwas Weiteres zwischen uns bestand
>
> tamen vel virtus tua me vel vicinitas ... *facit* ᵖʳᵃˢ⁾
> dennoch: deine Tüchtigkeit oder die Nachbarschaft ... macht
>
> ut te audacter *moneam* et familiariter ᴷʲᵛ ᵖʳᵃˢ⁾ (siehe Ziff. 5.72)
> daß ich dich ohne Hemmung ermahne, nachbarschaftlich
>
> quod mihi *videre* (= *videris*) praeter aetatem tuam facere ᵖʳᵃˢ⁾
> denn du scheinst mir über dein Alter hinaus (zuviel für dein Alter) zu arbeiten
>
> et praeter quam res te *adhortatur* tua ᵖʳᵃˢ⁾
> und über das hinaus, was deine Verhältnisse von dir verlangen

Chremes stellt in den ersten 7 Propositionen dieser entschuldigenden Einleitungsrede die *Situation* dar, in welcher er sich gegenüber Menedemus sieht und die ihn veranlaßt, dieses Gespräch überhaupt zu beginnen. In einer solchen Situationsschilderung geht es natürlich in erster Linie um *jetzt gegebene*, jetzt geltende Faktoren in dieser Situation, daher verwendet Chremes in 4 Propositionen das *Präsens* und in einer (Folge aus einem Handeln) den *Konjunktiv Präsens*. Daneben spielt aber auch eine *früher erfolgte*, jetzt also klar in der Vergangenheit liegende Handlung eine Rolle, nämlich daß Menedemus das Gut neben dem Gut von Chremes gekauft hat, diese vergangene Handlung wird durch *Perfekt* dargestellt. Dazu wird ein früher vorhandener *Zustand* angesprochen, nämlich daß zwischen den beiden Nachbarn kaum eine Beziehung außer der reinen Nachbarschaft bestand – und auch dieser vergangene *Zustand* wird durch eine Proposition im *Perfekt* dargestellt.

Chremes fragt nun, *warum* denn Menedemus sich so anstrenge und sich nichts gönne; das geht über 14 Verse hin, und in den 18 finiten Propositionen ist 11mal Präsens verwendet, 5mal Konjunktiv Präsens, 1mal Futur und *1mal Perfekt* – und zwar dieses eindeutig für einen *Zustand*, der allerdings durch ein lange vergangenes Ereignis begründet wurde:

> Quid *quaeris* ᵖʳᵃˢ⁾?   Annos sexaginta *natus es* ᵖᵉʳᶠ⁾
> Was willst du?   Du bist sechzig Jahre alt («sechzig Jahre seit du geboren worden bist»)

Menedemus weist das Gesprächsangebot immer wieder zurück, Chremes insistiert immer wieder, und dabei braucht er neben auch hier vorwiegendem Präsens im folgenden Zusammenhang ein Perfekt:

> (82–83)   quid istuc mali *est* ᵖʳᵃˢ⁾   *quaeso* ᵖʳᵃˢ⁾   Quid de te tantum *meruisti* ᵖᵉʳᶠ⁾?
>   Worin besteht das Unglück,   frage ich   Wieso hast du ein solches Schicksal verdient?

Auch hier wird also durch die Proposition im Perfekt eine *lange Strecke* vergangenen Lebens als eine *Einheit* zusammengefaßt. Menedemus antwortet nur durch die seufzende Interjektion «Eheu». Chremes tröstet ihn und bietet konkrete Hilfe an, aber dazu müsse er wissen, was denn passiert sei. An diesem Punkt läßt sich Menedemus endlich auf das Angebot ein, indem er fragt, ob Chremes das wirklich wissen wolle. Dieser bestätigt, und er verwendet dafür ein Perfekt:

MENEDEMUS ⌜Scire hoc vis ᵖʳᵃˢ⁺ⁱⁿᶠ⌝?	CHREMES ⌜Hac quidem causa (scire volo)⌝ ⌜qua dixi tibi ᵖᵉʳᶠ⌝
Du willst das wissen?	Genau aus dem Grund, von dem ich dir eben gesprochen habe

Die *Funktion des Perfekts* hier: Verweis auf den eben erfolgten, also seit einigen Augenblicken in der Vergangenheit liegenden Gesprächsbeitrag von Chremes.

Nach einer nochmaligen Verzögerung (er will wegen des Gesprächs die Arbeit nicht unterbrechen, Chremes bewegt ihn dann dazu) beginnt nun Menedemus (der «sich selbst Plagende, sich selbst Bestrafende», wie ihn der Titel des Stücks nennt) endlich zu *erzählen* (V. 93ff.), und hier verwendet er nun in einer Selbstkorrektur seines ersten, im Präsens gegebenen Erzählzuges an markanter Stelle *zweimal ein Perfekt*:

⌜Filium unicum adulescentulum habeo ᵖʳᵃˢ⌝	⌜at quid dixi ᵖᵉʳᶠ⌝	⌜habere me ⁱⁿᶠ ᵖʳᵈˢ⌝
Einen Sohn, einen einzigen, jungen habe ich	aber was habe ich gesagt «haben, ich»?	
⌜Immo habui ᵖᵉʳᶠ⌝	⌜Chreme⌝	⌜Nunc habeam necne ᴷʲᵛ ᵖʳᵃˢ⌝ ⌜incertum est ᵖʳᵃˢ⌝
Vielmehr: hatte ich	Chremes	Ob ich ihn jetzt (noch) habe das ist unsicher.

Hier ist also viermal das gleiche Verb «habere» verwendet, zuerst im Präsens «*habeo*» für einen *unzweifelhaft vorhandenen* Zustand, für ein Stück Gegenwart – dann als Infinitiv «*habere*» für die Thematisierung der *Fraglichkeit* dieser eben gemachten Aussage – dann im Perfekt «*habui*» für die *korrigierende, traurige* Feststellung, daß dieser Zustand einmal *gegeben war*, aber heute vielleicht nicht mehr – dann im Konjunktiv Präsens «*habeam*» für die ausdrückliche Darstellung der *Unsicherheit* der ersten, spontanen Aussage (ob das zuerst fraglos dargestellte «Haben» *noch Gegenwart* oder schon *Vergangenheit*, nicht mehr zurückholbarer *vergangener* Zustand ist).

Chremes treibt den endlich in Gang kommenden Bericht (die «Beichte» des Menedemus) weiter, indem er fragt «Quid ita istuc – Wie denn das?», und Menedemus verweist auf sein noch kommendes Erzählen durch die knappe Proposition im Futur «*Scies – Du wirst es gleich erfahren, bald wissen*». Dann kommt die Erzählung, zuerst mit einer erklärenden Proposition im Präsens und dann durch vier Propositionen im Perfekt (Verse 96–101):

⌜Est e Corintho hic advena anus paupercula ᵖʳᵃˢ⌝
Es ist hier aus Korinth als Zugewanderte eine arme alte Frau
⌜eius filiam ille amare coepit perdite ᵖᵉʳᶠ⁺ⁱⁿᶠ⌝
deren Tochter begann er (mein Sohn) heillos zu lieben
⌜prope iam ut pro uxore haberet ᴷʲᵛ ⁱᵐᵖᶠ⌝ ⌜haec clam me omnia⌝
schon fast so daß er sie als seine Frau betrachtete – das alles geheim vor mir (ohne mein Wissen)
⌜Ubi rem rescivi ᵖᵉʳᶠ⌝
Als ich die Sache erfuhr
⌜coepi non humanitus ⌝⌜neque ut animum decuit aegrotum adulescentuli ᵖᵉʳᶠ⌝ ⌜tractare ᵖᵉʳᶠ⁺ⁱⁿᶠ⌝
begann ich nicht menschlich und wie es für den kranken Sinn des jungen Sohnes richtig war zu handeln
⌜sed vi et via pervolgata patrum⌝
sondern mit (der väterlichen) Gewalt und in der bei unsern Vorvätern üblichen (harten) Art

Erst an dieser Stelle (nach 50 Versen Gespräch, in welchen 44mal Präsens verwendet wurde, 13mal Konjunktiv Präsens, 2mal Konjunktiv Imperfekt, 4mal Futur, 8mal Imperativ und für die Darstellungen von Vergangenem *10mal Perfekt*) kommt nun die erste Proposition im *Imperfekt*. Menedemus will nämlich nun wiedergeben, in wörtlicher Rede, wie er seinem Sohn zugesetzt hat, und er leitet diese wörtliche Rede ein durch das Verb «*accusare*, anklagen»:

> Cottidie *accusabam* `impf` «Hem` Tibi haec diutius *licere speras facere* `präs+inf+inf`
> Täglich klagte ich an «Aha, du hoffst für dich so handeln zu dürfen
> me vivo patre` *amicam ut habeas* prope iam in uxoris loco `Kjv präs`
> zu meinen Lebzeiten daß du eine Freundin haben könntest fast wie eine Ehefrau
> *Erras* `präs` si id *credis* `präs` et me *ignoras* `präs` Clinia`.
> Du irrst wenn du das glaubst und kennst mich nicht (weißt nicht, wer ich bin), Clinia

Man kann die stilistische Wirkung dieses Imperfekts «*accusabam*» (durch welches die ganze, noch weitergehende direkte Rede gedanklich und emotional situiert wird) durch eine etwas umfangreichere Übersetzung verdeutlichen: «*Täglich war ich damit beschäftigt*, meinen Sohn hart zu tadeln ...»

Am Schluß seiner Tadelsrede (Verse 110–112) streicht Menedemus dann *seine eigene* ganz andere Haltung als junger Mann heraus, und hier verwendet er *Imperfekt* für seine *Haltung* in dieser vergangenen Zeit und *Perfekt* für ein aus dieser Haltung hervorgehendes damaliges *Handeln* und für das *Ergebnis* dieses Handelns:

> Ego istuc aetatis non amori operam *dabam* `impf`
> Ich, in diesem Alter, befaßte mich nicht mit der Liebe («hatte nicht die Gewohnheit, mich mit Liebe zu befassen»)
> sed in Asiam hinc *abii* propter paupertatem `perf`
> sondern ging von hier weg nach Asien, wegen meiner Armut
> atque ibi simul rem et gloriam armis belli *repperi* `perf`
> und dort erwarb ich zugleich Vermögen und Ruhm im Krieg («durch die Waffen des Krieges»)

Der ganze Schluß der wörtlichen Rede wird nun wieder im *Perfekt* gegeben:

> Postremo adeo res *rediit* `perf` adulescentulus saepe eadem et graviter *audiendo victus est* `perf pass`
> Schließlich kam es so: der junge Mann, oft und mit Gewicht dasselbe hörend, wurde überzeugt
> *Putavit* me et aetate et benevolentia plus *scire* et *providere* quam se ipsum sibi `perf+inf`
> Er glaubte, daß ich durch mein Alter wie durch meine Zuwendung zu ihm mehr wisse und voraussehe als er selbst
> In Asiam ad regem *militatum abiit* `perf+supinum` Chreme`!
> Nach Asien zum König ging er, um Kriegsdienst zu leisten, Chremes!

Die ganze Analyse dieser 65 Verse bestätigt also die gleich zu Beginn des Abschnitts gegebene Charakteristik: das *neutrale* und *generelle* Tempus für die Darstellung von Vergangenem ist das *Perfekt* – das *Imperfekt* hat demgegenüber einen *besonderen stilistischen Wert*. In der klassischen lateinischen Prosa wird dann das Imperfekt erheblich *häufiger* verwendet als hier bei Terenz, aber auch dort für ganz bestimmte *stilistische Zwecke*. Das wird in Ziff. 5.65 an einem Stück aus einer Rede von Cicero gezeigt – aber vorher ist noch die Verwendung des *Präsens* für die Darstellung von Vergangenem genauer ins Auge zu fassen.

5.64 Präsens für Vergangenes, neben Perfekt und Imperfekt

Nicht selten stellt man auch im Lateinischen, wie in den modernen Sprachen, etwas *Vergangenes* durch eine Proposition im *Präsens* dar (siehe schon Ziff. 5.01). Beispiele liefert gleich der Fortgang der Erzählung von Menedemus (nach dem Abschluß des in wörtlicher Rede Dargestellten und nach einem kurzen Kommentar von Chremes zum eben Gehörten):

> Ubi *comperi* ex iis ᵖᵉʳᶠ qui ei *fuere* conscii ᵖᵉʳᶠ
> Als ich es erfuhr von denen, die mit ihm vertraut (gewesen) waren
> domum *revortor* maestus atque animo fere *perturbato* atque incerto prae aegritudine ᵖʳᵃˢ
> kehre ich nach Hause zurück, traurig, mit verwirrtem und unsicherem Kopf vor Schmerz
> *Adsido* ᵖʳᵃˢ *accurrunt* servi ᵖʳᵃˢ *soccos detrahunt* ᵖʳᵃˢ
> Ich setze mich, die Sklaven eilen herbei, ziehen mir die Schuhe aus
> *video* alios *festinare* lectos *sternere* cenam *adparare* ᵖʳᵃˢ⁺ⁱⁿᶠ, ᵈʳᵉⁱᵐᵃˡ
> Ich sehe andere eilen, Liegebetten (für die Mahlzeit) aufstellen, das Essen zubereiten

Hier läßt also Menedemus auf das *Perfekt* «comperi» vier Propositionen im *Präsens* folgen, durch welche er alle die (jetzt, im Zeitpunkt der Erzählung, ja schon lang vergangenen) Handlungen seiner Sklaven bei seiner Heimkehr sehr plastisch schildert. Er faßt dann alle diese Tätigkeiten, die ihn sehr beeindruckt haben in einer Proposition zusammen und verwendet für diese ein *Imperfekt*, als Signal für die Gewichtigkeit, dann fügt er in einer Proposition im Konjunktiv Imperfekt die Nennung der *Motivation* an, die er hinter diesen Handlungen sieht (und die ihn sehr beeindruckt):

> Pro se quisque sedulo *faciebant* ⁱᵐᵖᶠ quo illam mihi *lenirent* miseriam ᴷʲᵛ ⁱᵐᵖᶠ
> Für sich, jeder, waren sie fleißig tätig, wodurch sie mir mein Elend lindern könnten

Dann geht der Bericht wieder im Präsens und darauf im Perfekt weiter:

> Ubi *video* ᵖʳᵃˢ haec *coepi cogitare* ᵖᵉʳᶠ⁺ⁱⁿᶠ: ...
> Als ich das sehe, begann ich Folgendes zu denken: ...

Den Inhalt dieses «Denkens» stellt er in direkter Rede dar, daher ohne Vergangenheitssignale: er hat ein schlechtes Gewissen, daß er das alles, das doch seinem Sohn gleicherweise gehört wie ihm, allein genießen soll. Er beschließt, als Buße für sein verständnisloses Handeln gegenüber seinem Sohn von jetzt an auf allen Luxus zu verzichten, persönlich hart zu arbeiten und sich keine Ruhe zu gönnen, bis sein Sohn wieder daheim sein wird. Die *Verwirklichung* dieser Vorsätze stellt er nun wieder als *Bericht* über *Vergangenes* dar, zuerst in *zwei* Propositionen im *Präsens*, dann in *sechs* Propositionen im *Perfekt*: «Id *facio* prorsus (Das tue ich geradewegs) – nil *relinquo* in aedibus (ich lasse nichts im Haus zurück) – *conrasi* omnia (ich raffte alles zusammen) – ancillas, servos ... *produxi* et *vendidi* (Mägde, Sklaven, nämlich alle «unproduktiven Arbeitskräfte», führte ich auf den Markt und verkaufte sie) – *inscripsi* ilico aedis mercede (ich schrieb sogleich das Haus zum Verkauf aus) – quasi talenta ad quindecim *coegi* (etwa 15 Talente löste ich dafür) – agrum hunc *mercatus sum* (dieses Gut hier kaufte ich)». Damit ist er wieder in der Gegenwart des Gesprächs mit Chremes angelangt, und er bekräftigt seine jetzige Lage durch eine Proposition im Präsens: «Hic me *exerceo* – Hier mühe ich mich ab» (bis mein Sohn zurückgenommen sein wird, als Teilhaber alles meines Vermögens).

5.65 Lateinischer Stil der klassischen Zeit: häufigere Verwendung des Imperfekts

In der Literatursprache der klassischen Zeit wird das Imperfekt viel häufiger verwendet als in den Komödien des Terenz. Welche Ereignisse sollen *hervortreten* – diese stellt man im *Perfekt* dar – und welche Handlungen und Zustände sollen eher als (aber gleichermaßen wichtiger) *Hintergrund* gesehen werden, als *Folie*, vor welcher sich die im Perfekt dargestellten Handlungszüge abspielen.

Beispiel: Absatz 25 aus *Ciceros* Verteidigungsrede für *Milo*, gehalten 52 vor Chr., nachher von Cicero noch stilistisch überarbeitet und publiziert. Milo hatte durch seine Fechtsklaven den Clodius, dessen Sklaven auf einer Reise die seinen angriffen, töten lassen. Cicero will nun die – von Milo nicht bestrittene – Tötung als Notwehr (und damit zu entschuldigen) hinstellen, indem er die Ränke des Clodius und seine Mordabsicht gegenüber Milo schildert. Clodius hatte sich um das Amt des Prätors beworben, dann aber seine Bewerbung um ein Jahr hinausgeschoben, weil Milo Aussicht hatte, als Konsul gewählt zu werden (und damit die Amtsführung des Clodius als Prätor behindern zu können). Cicero schildert nun Gedanken und Handlungen des Clodius:

> *Occurrebat* ei [impf] mancam et debilem praeturam futuram (esse) suam [inf fut] *consule Milone*
> Ihm war klar, daß seine Prätur gelähmt und schwach sein würde unter Milo als Konsul
> *Eum porro summo consensu populi Romani consulem fieri videbat* [impf+inf]
> Daß dieser mit vollster Zustimmung des römischen Volkes Konsul werden würde, (das) sah er

Also: *Einsichten* des Clodius im *Imperfekt* dargestellt, als *Folie* für das (kommende) Handeln.

> *Contulit* se ad eius competitores [perf] *sed ita* totam ut petitionem ipse solus ... *gubernaret* [Kjv impf]
> Er schlug sich zu dessen Mitbewerbern, aber so, daß er die ganze Bewerbung allein organisierte
> tota ut comitia suis *ut dictitabat* [impf] umeris *sustineret* [Kjv impf]
> daß er die ganzen Wahlversammlungen, wie er immer wieder sagte, auf seinen Schultern trug

Also: *Handlung* des Clodius im *Perfekt* («contulit»), sein *Kommentar* zu dieser Handlung, den man immer wieder hörte, im *Imperfekt* («dictitabat»), als Hintergrund, und die *Charakteristik des Vorgehens* («ita, ut ... gubernaret ... sustineret») im *Konjunktiv Imperfekt*.

> *Convocabat* tribus [impf] *se interponebat* [impf]
> Er berief (mehrmals) die Tribus (d. h. ihre Versammlungen) ein, schaltete sich überall ein,
> *Collinam novam dilectu perditissimorum civium conscribebat* [impf]
> eine neue Collinische Tribus durch eine Auswahl der schlimmsten Bürger bildete er.

Also: Weitere, als *sich wiederholend gesehene* Handlungen des Clodius, im *Imperfekt* dargestellt, als *Folie* für die kommende *Hauptaussage*, nämlich den Entschluß zur Tötung Milos.

> *Ubi vidit* homo ad omne facinus paratissimus fortissimum virum, inimicissimum suum certissimum consulem [perf]
> Als dieser zu jedem Verbrechen erzbereite Mensch den so tapferen Mann (Milo), seinen Erzfeind, als völlig sicheren Konsul sah,
> *Idque intellexit* [perf]
> und als er erkannte
> non solum sermonibus, sed etiam suffragiis populi Romani saepe *esse declaratum* [inf perf pass]
> daß das (Milos Wahl) nicht nur durch Reden, sondern auch durch Abstimmungen des römischen Volkes oft klar gemacht worden war
> palam *agere coepit* [perf] et aperte *dicere* [inf] *occidendum* Milonem [Gerundiv]
> begann er öffentlich zu agieren und offen zu sagen, Milo sei zu töten («sei ein zu Tötender»)

Also: Die drei *Haupt*aussagen («*vidit*, sah – *intellexit*, erkannte – *palam agere* et aperte *dicere coepit*, öffentlich zu agieren und zu sagen begann») im *Perfekt*, und dazu der Inhalt des «intellexit» durch eine Proposition mit *Infinitiv* als Kern und der Inhalt des «dicere», nämlich die Absicht zur Tötung Milos, durch ein *Gerundiv* dargestellt. Auch für diese infiniten Propositionen gilt aber die zeitliche Einbettung als «vergangen» durch das *Perfekt* in den Hauptsätzen (dominanten Teilsätzen), und damit die Charakteristik «Bestandstück der als zentral hingestellten Handlungen».

Die Beispiele zeigen insgesamt, daß die *Wahl* von Perfekt oder Imperfekt *nicht* von der *absoluten Qualität* der darzustellenden Handlung, des darzustellenden Vorgangs abhängt – und noch weniger von der Bedeutung des jeweils gewählten Verbs. Insofern können die in manchen Grammatiken verwendeten Begriffe «punktuelle Aktionsart – durative Aktionsart» und «punktuelle Verben – durative Verben» eher verwirren als helfen. So ist z. B. in einer größeren lateinischen Grammatik das Verb «dare» als typisches «punktuelles Verb» aufgeführt – gerade dieses Verb ist aber eines der wenigen, die bei Terenz im Imperfekt stehen.

Man kann formulieren: Durch Imperfekt *kann* der *Vorgangs-Charakter*, die *Dauer* (hie und da auch: der bloße Versuch – englisch, «we were going to …») *besonders betont* werden, wie bei den Beispielen aus Terenz. Das Imperfekt *kann* aber auch primär zur *Gliederung* der dargestellten Folge von Handlungen, Ereignissen usw. im Rahmen ganzer Textstücke dienen und sagt dann kaum etwas aus über eine besondere Aktionsart (z. B. «*occurrebat* ei» – ihm war/wurde klar»).

Man könnte im Rückblick auf diesen ganzen Absatz 25 von Ciceros Rede für Milo noch auf ein stilistisches Detail hinweisen, das mit der Verwendung von Perfekt und Imperfekt nichts zu tun hat, aber doch einiges zur Charakteristik von Clodius (als Bösewicht) und von Milo (als unschuldigem Opfer) beiträgt: die Verwendung von nicht weniger als sechs *Superlativen*, nämlich «*summo* consensu populi Romani – dilectu *perditissimorum* civium (durch Clodius) – und die ganze Proposition «Ubi vidit homo ad omne facinus *paratissimus fortissimum* virum, *inimicissimum* suum, *certissimum* consulem (esse).

5.66 Der Gebrauch des Plusquamperfekts

Für den Gebrauch des *Plusquamperfekts* sind kaum besondere Erklärungen erforderlich, weil dieses Tempus im Lateinischen weitgehend gleich gebraucht wird wie im Deutschen – allermeistens nicht durch eine grammatische Kombination bedingt, sondern zur Verdeutlichung, daß etwas schon vor etwas anderem, früher in der Vergangenheit erfolgte. Ein Beispiel aus Terenz (4. Akt, 1. Szene): Es geht um ein Mädchen, das Sostrata, die Frau von Chremes, seinerzeit einer anderen Frau zur Aussetzung übergeben hatte, weil Chremes es nicht anerkennen wollte; aus einem seinerzeit mitgegebenen Ring wird klar, daß die Freundin des Sohnes von Menedemus, wegen deren alle Probleme des Menedemus ihren Anfang genommen hatten, niemand anderes ist als diese seinerzeit ausgesetzte Tochter von Sostrata und Chremes.

CHREMES fragt: *Vivitne* illa [präs] quoi tu *dederas* [plqp]	SOSTRATA darauf: *Nescio* [präs]
Lebt jene noch, dem du (sie) gegeben hattest	Ich weiß nicht
CHREMES weiter: Quid *renuntiavit* olim [perf]	SOSTRATA: *Fecisse* id [inf perf] quod *iusseram* [plqp]
Welche Vollzugsmeldung gab sie damals?	Getan zu haben, was ich befohlen hatte

5.67 Futur und Futur II («futurum exactum»), selbständig und in Kombination miteinander

Das Futur (zur Unterscheidung oft auch «Futur I» genannt) wird im Lateinischen häufiger gebraucht als im Deutschen, und das Futur II («futurum exactum») ist viel häufiger und signalisiert andere Bedeutungsanteile als das deutsche Futur zum Perfekt (das ja meistens eine Vermutung über Vergangenes darstellt).

Wenn man etwas in die Zukunft Hineinreichendes darstellt oder ein überhaupt erst kommendes Handeln ankündigt, kann man im Deutschen ebensogut Präsens wie Futur verwenden, im Lateinischen aber nur das Futur.

Ein Beispiel aus Terenz (Menedemus spricht über die Dauer seiner Selbst-Bestrafung wegen der zu harten Behandlung seines Sohnes, Vers 136–137):

> usque dum ille vitam illam *colet* ᶠᵘᵗ interea usque illi de me supplicium *dabo* ᶠᵘᵗ
> solange er dieses Leben (in der Fremde) führt, so lange werde ich ihm von mir aus Buße leisten

Ein weiteres Beispiel findet sich am Ende der ersten Szene, deren Anfang in Ziff. 5.63–5.64 als Text für Perfekt, Präteritum und Präsens für Vergangenes analysiert wurde. Chremes, der einen Nachbarn zum Abendessen eingeladen hat, will in sein Haus gehen und nachsehen, ob der Eingeladene wirklich kommt. Er verwendet dafür drei kurze Propositionen:

> *ibo* ᶠᵘᵗ *visam* ᶠᵘᵗ si domi *est* ᵖʳᵃ̈ˢ
> ich gehe (will gehen), ich sehe nach (werde nachsehen), ob er zu Hause ist.

Ein Beispiel von Cicero. Cicero betont in seiner Rede für Milo, er werde die von Milo für den Staat erbrachten Leistungen nicht als einen Entschuldigungsgrund für die Tötung von Clodius heranziehen:

> Omnibus pro salute rei publicae gestis ad huius defensionem non *abutemur* ᶠᵘᵗ
> Alle für das Heil des Staates getanen Taten werden wir nicht zur Entschuldigung des Verbrechens mißbrauchen

Das *Futur II* dient in Kombination mit dem Futur I dazu, die *Reihenfolge* von zwei erst kommenden Handlungen, Ereignissen usw. deutlich zu machen. Dabei steht dasjenige, was *zuerst* geschehen muß (oder wird) im *Futur II* (während man im Deutschen dafür einfach das Perfekt verwendet); dasjenige, das *nach* dem im Futur II Dargestellten eintreten wird, steht im *Futur I* (im Deutschen: im Futur oder im Präsens). Als Beispiel kann ein römisches Sprichwort dienen:

> Ut sementem *feceris* ᶠᵘᵗ ᴵᴵ ita *metes* ᶠᵘᵗ
> Wie du die Saat gemacht hast («gemacht haben wirst»), so wirst du (die Furcht) mähen, ernten

Ein Beispiel aus Ciceros Rede für Milo (Aufforderung an die Richter, sich nicht durch den eventuell auftretenden Lärm der Anhänger des Clodius gegen Milo einnehmen zu lassen):

> Quorum clamor si qui forte *fuerit* ᶠᵘᵗ ᴵᴵ *admonere* vos *debebit* ᶠᵘᵗ⁺ⁱⁿᶠ ... ut ...
> Wenn deren Lärm irgendwie zu laut werden sollte, wird er (der Lärm) euch gerade daran mahnen, daß ...

Das Futur II kann aber auch *ohne* eine im Futur I stehende benachbarte Proposition gesetzt werden, wenn man das Eintreten von etwas Kommendem *besonders nachdrücklich* darstellen will.

Ein Beispiel findet sich im in Ziff. 5.63 nicht analysierten Teil der Rede des Chremes an Menedemus. Chremes will dem gehemmten Menedemus Mut machen, seinen Kummer doch endlich mitzuteilen, und er tut das mit den folgenden 9 Propositionen (Vers 84–86):

⌈Ne *lacruma* ⁱᵐᵖ⌉ ⌈atque istuc *quidquid est* ᵖʳäˢ⌉ ⌈*fac* me ⁱᵐᵖ⌉ ⌈ut *sciam* ᴷʲᵛ ᵖʳäˢ⌉
weine nicht und das was es auch ist mach daß ich es weiß
⌈Ne *retice* ⁱᵐᵖ⌉ ⌈ne *verere* ⁱᵐᵖ⌉ ⌈*crede* ⌉ ⌈*inquam* ᵖʳäˢ⌉ mihi ⁱᵐᵖ⌉.
Schweig nicht fürchte dich nicht glaub sage ich mir.
⌈Aut consolando aut consilio aut re *iuvero* ᶠᵘᵗ ᴵᴵ⌉
Durch Trösten oder Beratung oder materiell werde ich bald geholfen haben

Ein weiteres Beispiel findet sich in der Tadelsrede des Menedemus an seinen Sohn, die diesen dann schließlich veranlaßt, den Vater zu verlassen und nach Kleinasien in den Krieg zu ziehen. Menedemus hatte gedroht, er werde Clinia nur so lange als seinen Sohn anerkennen, wie dieser tue, was sich für ihn als Sohn gehöre («dum quod te dignum est facies». Dann fährt er weiter (Verse 107–108):

⌈Sed si id non *facis* ᵖʳäˢ⌉ ⌈ego⌉ ⌈quod me in te *facere sit* dignum ᴷʲᵛ ᵖʳäˢ⁺ᴵⁿᶠ⌉ ⌈*invenero* ᶠᵘᵗ ᴵᴵ⌉
Tust du es aber nicht –   ich,   was für mich dir gegenüber zu tun angemessen ist   das werde ich bald gefunden haben

Es ist aber auch *zweimal Futur* möglich für Ereignisse, von denen eines *vor* dem andern eintreten wird.

Beispiel aus Terenz (Chremes vermutet, Menedemus werde wegen der großen Kosten, welche die in seinem Haus wohnende Kurtisane verursacht, seinen Sohn wieder wegwünschen – die Kurtisane ist in Wirklichkeit die Freundin von Clitipho, sie wurde aber als Freundin von Clinia ausgegeben und darum in das Haus von Menedemus aufgenommen, V. 754–755):

⌈Verum ubi *videbit* ᶠᵘᵗ⌉ … ⌈*optabit* ᶠᵘᵗ⌉ ⌈rursus ut abeat filius ab se ᴷʲᵛ ᵖʳäˢ⌉
Sicher, wenn er sieht, …   wünscht er,   daß sein Sohn (den er so entbehrt hatte) wieder weggeht

Möglich ist auch *zweimal Futur II* für «etwas wird vor etwas anderem geschehen» (Syrus über Clitipho, der vor den Augen seines Vaters seine als Freundin von Clinia ausgegebene Kurtisane liebkost und sich dadurch zu verraten droht, V. 583):

⌈Hic prius se *indicarit* (= indicaverit) ᶠᵘᵗ ᴵᴵ⌉ ⌈quam ego argentum *effecero* ᶠᵘᵗ ᴵᴵ⌉
Der wird sich verraten haben, bevor ich das Geld herbeigeschafft haben werde

5.68 Vier verschiedene grammatische Zeiten in nur sechs Gedichtversen

In den folgenden Versen von *Catull* (er lebte von etwa 84 bis etwa 54 vor Christus und gilt als einer der großen römischen Lyriker) sind in 10 Propositionen, die zusammen 6 Verse ausmachen, die vier häufigen von den sechs grammatischen Zeiten des Lateinischen verwendet (Gedicht 8; in den ersten zwei Versen beklagt Catull seine jetzige miserable Lage, nachdem ihn seine Freundin verlassen hat; er spricht sich selbst an, 2. P. Sg., Personalpronomen «tibi, tu»):

5.68 Vier verschiedene grammatische Zeiten in nur sechs Gedichtversen

Fulsere quondam candidi tibi soles *perf*
Es leuchteten einst hell dir die Sonnen,
Cum ventitabas impf *quo puella ducebat* impf
Als du so oft dahin *kamst*, wohin das Mädchen dich *führte*
Amata nobis part. perf *quantum amabitur* nulla fut pass
Die von uns (= mir) Geliebte wie keine mehr *geliebt werden wird*
Ibi illa multa tam iocosa *fiebant* impf
Dort *spielten* sich *ab* jene vielen so fröhlichen Scherze
Quae tu volebas impf *nec puella nolebat* impf
Die du *wolltest* und die das Mädchen nicht *ablehnte* («... nicht nicht wollte»)
Fulsere vere candidi tibi soles perf
Es *leuchteten* wahrlich hell dir die Sonnen
Nunc iam illa non vult präs ...
Jetzt will jene nicht mehr ...

Man kann das so auffassen, daß hier die fünf Propositionen im *Imperfekt* die *Dauer* und zugleich die *Intensität* der Liebesspiele Catulls mit seiner Freundin betonen, während die zwei (inhaltlich wie formal fast gleichen) Propositionen im *Perfekt* diese vergangene Dauer als *Gesamtereignis in der Vergangenheit* präsentieren (und diese Vergangenheit dadurch auch stärker von der traurigen Gegenwart abrücken). Man könnte auch an rein Klang-ästhetische Wirkungen denken, das Imperfekt ist nämlich das *rein lautlich-rhythmisch einheitlichste* lateinische Tempus. Das zeigt sich sogleich, wenn man die fünf hier verwendeten Imperfekt-Lautungen mit den entsprechenden Perfekt-Lautungen vergleicht:

| ventitabas – ventitavisti | fiebant – facta sunt | nolebat – noluit |
| ducebat – duxit | volebas – voluisti | |

Jedenfalls zeigt sich, wie souverän Catull nicht nur mit den Wörtern und mit dem Versmaß, sondern auch mit den grammatischen Formen, speziell dem Imperfekt und dem Perfekt *zu spielen* versteht.

5/X Verwendungsweisen des Konjunktivs, zeitliche Verhältnisse dabei; Imperativ

5.69 Häufigkeit des Konjunktivgebrauchs; Konjunktiv Imperfekt oft für Gegenwart oder Zukunft

Der lateinische Konjunktiv (modus coniunctivus, wörtlich «verbindende Redeweise», vom Verb conjungere, verbinden) hat eine *viel größere Verwendungsbreite* und Bedeutungsvielfalt als der deutsche Konjunktiv (siehe Ziff. 5.06). Der Konjunktiv wird daher auch im Lateinischen *viel häufiger* gebraucht als im Deutschen: in manchen Texten stehen 25 bis 30% aller Verb-Personalformen im Konjunktiv, gegenüber 5% oder weniger im Deutschen.

Dabei ist insbesondere zu beachten, daß der lateinische Konjunktiv *Imperfekt* sehr oft gar nicht etwas *Vergangenes* darstellt (wie das beim Imperfekt des Indikativs immer der Fa llst), sondern etwas für die *Gegenwart* oder *Zukunft Gedachtes*, in Gedanken Ausgemaltes, sehr oft auch etwas *Gewolltes*, Gefordertes, Gewünschtes.

Beispiel dazu, mit Situation: In der Komödie «Phormio» des Terenz fragt der (erfahrene und überlegene) Sklave Geta den jungen Herrn Antipho, der sich über seine schlimme Lage seinem Vater gegenüber beklagt, was er denn tun würde, wenn eine noch schlimmere Situation an ihn herankommen sollte. Das formuliert Geta so (Faksimile-Wiedergabe der Stelle in Ziff. 2.19):

> Quid *faceres*, si aliud gravius tibi nunc *faciundum foret*?
> Was *tätest* du denn, wenn dir jetzt etwas noch Schwereres *zu tun aufgetragen würde*

Durch den Konjunktiv Imperfekt «faceres» wird hier *nicht* ein *vergangenes Handeln*, sondern ein *jetzt oder in Zukunft* erfolgendes Handeln dargestellt. Dasselbe gibt für die ebenso ehrliche wie hilflose Antwort des Antipho:

> Cum hoc non *possum*, illud minus *possem*
> Da ich schon das nicht *kann*, *würde* ich jenes noch viel weniger *können*

Hier liegt das durch «*possum*» (Präsens Indikativ) Dargestellte in der *unmittelbaren Gegenwart*, das durch «*possem*» (Konjunktiv Imperfekt) Dargestellte aber nicht etwa in der Vergangenheit, sondern in der (näheren oder ferneren) *Zukunft*.

5.70 Konjunktiv Plusquamperfekt oft äquivalent mit verneintem Perfekt

Der Konjunktiv Plusquamperfekt entspricht oft nicht einem Plusquamperfekt des Indikativs (nämlich Darstellung von etwas «schon vorher Vergangenem»), sondern er zeigt (vor allem in einem Hauptsatz + Nebensatz mit «si, wenn»), daß etwas *seinerzeit gedacht* werden konnte, mit mehr oder weniger Wahrscheinlichkeit der Verwirklichung, daß es aber dann *nicht verwirklicht* wurde; der Konjunktiv Plusquamperfekt entspricht also in dieser Gebrauchsweise einem *verneinten Perfekt* des *Indikativs*.

Ein Beispiel bietet der bekannte Tadel gegenüber einem Menschen, der zuviel (oder im falschen Moment) gesprochen hat:

> Si *tacuisses*, philosophus *fuisses*
> Wenn du geschwiegen hättest, wärest du ein Philosoph, d. h. ein kluger, weiser Mensch gewesen

Der Betreffende *konnte* ja in jenem Moment schweigen, aber er *tat* es nicht – daher kann man mit verneintem Perfekt fortfahren:

> *Non tacuisti*, ergo philosophus *non fuisti*
> Nun hast du nicht geschwiegen, daher bist du kein Philosoph gewesen, nicht klug gewesen

5.71 Konjunktiv Imperfekt für Vergangenes

Man *kann* aber mit dem Konjunktiv Imperfekt in bestimmten Rede-Zusammenhängen auch etwas *eindeutig Vergangenes* darstellen (was man mit dem deutschen Konjunktiv II nicht kann, außer wenn die Vergangenheitsbedeutung durch eine übergeordnete Proposition signalisiert wird, z. B. «Er *hoffte*, sie *würde* ihn *verstehen*, aber sie *verstand* ihn nicht» — Genaueres in Ziff. 5.72).

Im «Selbst-Bestrafer» von Terenz erzählt Clitipho seinem Vater Chremes (der es aber schon weiß, aus dem Gespräch mit Menedemus), daß Clinia seinen Vater Menedemus wegen dessen harter Haltung verlassen habe. Chremes findet dieses Verhalten von Clinia gar nicht richtig, und er formuliert seine Auffassung durch eine Proposition, die nur aus dem Verb «pati» (Deponens, Bedeutung «aushalten, erdulden») besteht: «*Pateretur*». Damit ist eindeutig etwas Vergangenes dargestellt: «Er *hätte* (diese Behandlung von Seiten seines Vaters) eben *erdulden müssen*» oder «Das *mußte* er eben *aushalten*»; ein französischer Übersetzer formuliert: «Il *devait* se résigner».

Dagegen kann man die anschließende rhetorische Frage des Chremes, in der dieser zweimal hintereinander den Konjunktiv Imperfekt von «ferre» verwendet, ebenso als Darstellung von *damals* Gültigem wie von *jetzt und generell* Gültigem verstehen, also als Vergangenheit wie als Gegenwart: «Nam quem *ferret*, si parentem non *ferret* suom?» (also: «Denn wen *hätte* er *ertragen sollen*, mit wem *hätte* er *auskommen sollen*, wenn er mit dem eigenen Vater nicht *auskam*» – oder: «Denn mit wem *käme* er denn *aus*, wenn er nicht mit seinem eigenen Vater *auskäme*?»).

5.72 Zwei Gruppen von grammatischen Zeiten im Konjunktiv – weitgehend parallel zueinander

Die vier grammatischen Zeiten, die im Konjunktiv vorhanden sind (gegenüber den sechs grammatischen Zeiten des Indikativs) bilden *zwei Gruppen*, die sich im Gebrauch als weitgehend *parallel* erweisen:

KONJUNKTIV PRÄSENS	KONJUNKTIV PERFEKT	KONJUNKTIV IMPERFEKT	KONJUNKTIV PLUSQUAMPERFEKT
sit, faciat	fuerit, fecerit	esset, faceret	fuisset, fecisset
er sei, er tue	er sei gewesen, habe getan	er wäre, täte	er wäre gewesen, hätte getan

5/X Verwendungsweisen des Konjunktivs, zeitliche Verhältnisse dabei; Imperativ

Die Wahl *innerhalb* der beiden Gruppen hängt davon ab, ob das in der Proposition Dargestellte für *Gegenwart und Zukunft* gelten soll oder für einen *Zeitpunkt in der Vergangenheit*.

Die Wahl *zwischen* den Gruppen kann durch die *Bedeutung* bedingt sein, vor allem dadurch, welchen *Sicherheitsgrad* (Wahrscheinlichkeits- oder Unwahrscheinlichkeitsgrad) man der betreffenden Aussage geben will. Solche Bedingtheit der Wahl durch die Bedeutung gibt es vor allem bei selbständigen Propositionen (Beispielreihe 1 A) und bei Propositionen, die als Nebensatz mit «si (wenn)» und zugehöriger Hauptsatz gesetzt sind (Beispielreihe 1 B).

Die Wahl kann aber auch rein durch den *Zusammenhang mit einer übergeordneten Proposition* bedingt sein; diese übergeordnete Proposition kann ein Hauptsatz sein, zu dem die Proposition im Konjunktiv als Nebensatz gehört, oder es kann eine rein gedankliche Über- und Unterordnung vorliegen, ohne daß die beiden Propositionen formal als Hauptsatz und Nebensatz gekennzeichnet sind (Beispielreihe 2 B).

1 A Wahl durch die *Bedeutung* bedingt, *selbständige Propositionen*:

INDIKATIV oder IMPERATIV	KONJUNKTIV PRÄSENS/PERFEKT	KONJUNKTIV IMPERFEKT/ PLUSQUAMPERFEKT
Vales *Vale* Du bist gesund Bleib gesund	*Valeas* Mögest Du gesund sein	Utinam *valeres* Wärest du doch gesund
Vere *auguravi*? Habe ich richtig voraus gesagt?	Utinam vere *auguraverim* Möchte ich doch richtig vorausgesagt haben	Utinam vere *auguravissem* Hätte ich doch richtig vorausgesagt

1 B Wahl durch die *Bedeutung* bedingt, *Nebensatz* mit «*si (wenn)*» + *Hauptsatz*:

INDIKATIV	KONJUNKTIV PRÄSENS/PERFEKT	KONJUNKTIV IMPERFEKT/ PLUSQUAMPERFEKT
Si hoc *dicis mentiris* Wenn du das sagst, lügst du	Si hoc *dicas mentiaris* Wenn du das etwa sagst, sagst du wohl eine Lüge	Si hoc *diceres mentireris* Wenn du das sagen würdest, würdest du lügen
Si hoc *dixisti, mentitus es* Hast du das gesagt, so hast du gelogen	Si hoc *dixeris, mentitus sis* Solltest du das gesagt haben, so hast (hättest) du gelogen	Si hoc *dixisses, mentitus esses* Wenn du das gesagt hättest, hättest du gelogen

2 A Wahl durch *übergeordnete Proposition* bedingt, *Hauptsatz + Nebensatz*:

Hauptsatz gilt für *Gegenwart*: Nebensatz KONJUNKTIV PRÄSENS/PERFEKT	Hauptsatz gilt für *Zeitpunkt in der Vergangenheit*: Nebensatz KONJUNKTIV IMPERFEKT/PLUSQUAMPERFEKT
Quaerit Er fragt { num nuntius *adsit* ob der Bote da sei num nuntius *advenerit* ob der Bote gekommen sei	*Quaesivit* Er fragte { num nuntius *adesset* ob der Bote da sei num nuntius *advenisset* ob der Bote gekommen sei

2 B Wahl durch *übergeordnete Proposition* bedingt, *gereihte Teilsätze*:

Übergeordneter KONJUNKTIV PRÄSENS darauf KONJUNKTIV PRÄSENS/PERFEKT	Übergeordneter KONJUNKTIV IMPERFEKT darauf KONJUNKTIV IMPERFEKT/PLUSQUAMPERFEKT
Velim Ich wünsche { *adsis* daß du dabei seist *adfueris* daß du dabei gewesen sein möchtest	*Vellem* Ich würde wünschen { *adesses* du wärest dabei *adfuisses* du wärest dabeigewesen

5.73 Verschiedene Gebrauchsweisen und darin faßbare Bedeutungsbeiträge des Konjunktivs

Die Gebrauchsweisen des lateinischen Konjunktivs in seinen vier grammatischen Zeiten und die dabei faßbaren Bedeutungsbeiträge sind recht verschieden. Man kann sich den Überblick erleichtern, wenn man nach dem folgenden Raster 4 Gruppen bildet (A, B, C, D).

A Präsentation als **gefordert, gewünscht**, von jemandem **zugestanden oder abgelehnt**, als durch irgend ein Handeln **bezweckt** oder dadurch zu **vermeiden**, als **Folge (Auswirkung)** irgend eines Handelns oder Zustands

A 1 Verbunden mit *ausdrücklicher Nennung* des Aktes des Wollens, Wünschens, Zugestehens usw. in einer übergeordneten Proposition:

Visne locum *mutemus*?
Willst du nicht, daß wir den Ort wechseln sollen?

Admonere reliquos *potuit* ut accuratius *scriberent*
Er konnte die andern ermahnen, daß sie sorgfältiger schreiben sollten

Vereor committere ut non bene provisa principia *ponantur*
Ich scheue mich zuzulassen, daß nicht genau überlegte Grundsätze aufgestellt werden

A 2 *Ohne Nennung eines Aktes* des Wollens, Wünschens, Zugestehens usw., oft als «globales Zugeständnis» auffaßbar, oft auch als Aufforderung an sich selbst oder als Frage nach einem in der gegebenen Situation geeigneten Handeln:

Audiatur et altera *pars*		*Sit* ita *sane*
Angehört werden soll auch die andere Partei		Es sei also so («Zugestanden»)
Dicat quis	*Diceret* quis	*Sunt* qui *dicant*
Es mag einer sagen	Es könnte einer sagen	Es gibt Leute, die mögen sagen …
Eamus	Quid *faciamus*?	Quid *facerent*?
Gehen wir jetzt also	Was sollen/können wir nun tun?	Was sollten sie nun tun, hätten sie nun tun sollen?

A 3 Als Nennung von etwas, das durch das im Hauptsatz Dargestellte *erreicht werden* oder *vermieden werden* soll («Finalsätze»):

Legatos misit
Er sandte Bevollmächtigte
   ut pacem *peterent* damit sie um Frieden bitten sollten
   qui pacem *peterent* welche um Frieden bitten sollten
   ne bellum in hiemem *produceretur* damit nicht der Krieg in den Winter hinein verlängert werde

A 4 Als Nennung einer *Folge*, einer *Auswirkung* aus einem im Hauptsatz dargestellten Zustand, einer Situation, dem Charakter von jemand, dem Fehlen von etwas («Konsekutivsätze»):

Tanta vis probitatis *est,* ut eam et in hoste *diligamus*
So groß ist die Macht der Rechtlichkeit, daß wir sie auch bei einem Feind hochschätzen

Nemo est quin hoc *videat*
Es gibt niemanden, der das nicht sieht/sähe («daß er das nicht einsähe»)

Non multum afuit quin *caderem*
Nicht viel fehlte, so wäre ich gestürzt (also: zum Glück nicht eingetretene Folge)

5/X Verwendungsweisen des Konjunktivs, zeitliche Verhältnisse dabei; Imperativ 201

> Non is es quem metus a periculo *revocet*
> Du bist nicht der, welchen die Angst vor der Gefahr (vom Handeln) abhielte
>
> Latet in animo meo quo me plus hic locus fortasse *delectet*
> Es ist etwas in mir, aus dem heraus dieser Ort mich wohl mehr (besonders) erfreuen mag
>
> Nihil *habebam* quod ei *darem*
> Ich hatte nichts, was ich ihr hätte geben können (also: Folge aus einer Mangelsituation)

A 5 Als *Zugeständnis beliebiger Ausdehnung, beliebiger Intensität* von etwas, *ohne daß* dadurch eine (normalerweise erwartbare) Folge eintritt («Konzessivsätze»):

Quantum hic operis *fiat* paenitet Soviel hier geleistet werden mag, es ist zu wenig	Ut *desint* vires tamen *est* laudanda voluntas Wie sehr auch die Kräfte fehlen mögen, so ist doch der Wille zu loben
Prudens *fueris* amicus non *fuisti* Klug magst du gewesen sein, ein Freund warst du nicht	Quamvis pauper *esset* maxima *fuit* auctoritate So arm er war, genoß er doch sehr hohes Ansehen

B Präsentation als **Inhalt von Sehen, Denken, Fragen, Mitteilen**, als Inhalt von **Erwartung**, als Gegenstand von **Unsicherheit**, als Inhalt einer **Befürchtung**, einer **Angst**

B 1 Inhalt von *Sehen, Denken, Erwarten, Reden* (der *Akt* des Sehens, Denkens usw. ist dabei meistens durch eine eigene Proposition dargestellt):

Iter huius sermonis quod *sit* vides Wie der Gang dieser Darlegung sein soll (sein wird), siehst du	Quaeris ego quid *exspectem* Du fragst, was ich denn erwarte (erwarten mag)
Dic cur *veneris* Sag warum du denn gekommen sein magst	Exspecto quorsus *pertineat* quod tibi *concessi* Ich erwarte gespannt, wohin das führen soll, was ich dir zugestanden habe
Haec comoedia qualis *esset* ostendi Was für eine Komödie das sei, habe ich gezeigt	

B 2 *Unsicherheit, Fehlen* eines (erforderlichen, gewünschten) *Wissens*:

Filium nunc *habeam* necne incertum *est* Ob ich meinen Sohn noch habe oder nicht, das ist ungewiß	*Nesciebam* quid *faceret* amicus eius Ich wußte nicht, was sein Freund tun würde

B 3 *Inhalt* einer *Befürchtung* (Anschluß durch «ne» als unterordnende Konjunktion):

Timeo ne *noceat* Ich fürchte, es schade	Periculum *est* ne amittenda *sint* omnia Die Gefahr besteht, daß alles verloren gehe

C Präsentation als **bloße Denkmöglichkeit**, bis zu reinem Gedankenspiel, vor allem in Kombinationen mit Nebensätzen mit «si (wenn)» und «quasi (als ob)»

C 1 In Bedeutungsstruktur «*Annahme und daran Gebundenes*» («Konditionalsätze»), siehe auch schon die Beispiele in Ziff. 5.69, 5.70, 5.72'1B:

(«Ausgangslage», im INDIKATIV) Quod in opere faciundo operae *consumis* tuae Im Blick auf das, was du bei dieser Arbeit an Mühe aufwendest:	si *sumas* in illis exercendis plus *agas* wenn du es darin investierst, jene (deine Sklaven) anzuleiten, hast du wohl mehr Ertrag si *sumeres* in illis exercendis, plus *ageres* wenn du es ... investiertest, hättest du mehr ...

C 2 In der Bedeutungsstruktur «*zu Erläuterndes + dafür herangezogenes Vergleichbares*»:

Te amo quasi *sis* frater meus Ich liebe dich als seist du mein Bruder	Negotium *suscepi* quasi meum *fuisset* Ich übernahm das Geschäft als wäre es meines

D Hinweis auf eine **besondere**, oft vom Hörer/Leser selbst herzustellende **gedankliche Beziehung** zwischen dem im Hauptsatz und dem im Nebensatz Dargestellten, im Bereich der Einbettung in **Zeitablauf** und **Kausalitätszusammenhang**

D 1 Zur *Hervorhebung eines subjektiven Anteils* bei unterordnenden Konjunktionen wie «antequam, priusquam, dum»:

⌐*Videamus* rursus⌐ ⌐priusquam *aggrediamus* ad leges singulas⌐
Wir wollen zurückblicken, bevor wir uns an die Klärung der einzelnen Gesetze machen
⌐*Oderint*⌐ ⌐dum *metuant*⌐
Sie mögen hassen, solange sie (uns) nur fürchten

D 2 Als «*Mahnung* zu *besonderer Aufmerksamkeit* auf die *gemeinte gedankliche Beziehung*» bei dem vieldeutigen «*cum*» (temporal – kausal – konzessiv):

⌐Hoc ipso in loco ⌐*cum* avus *viveret*⌐ et antiquo more parva *esset* villa⌐ me *scito* ⌐*esse natum*⌐
An diesem Ort, als mein Großvater noch lebte und die Villa nach alter Sitte klein war, mußt du wissen, bin ich geboren
⌐Pater meus ⌐*cum esset* infirma valetudine⌐ hic fere aetatem *egit* in litteris⌐
Mein Vater, weil er von schwacher Gesundheit war, verbrachte hier sein Alter mit Büchern
⌐Cato ⌐*cum esset* Tusculi *natus*⌐ in populi Romani civitatem *susceptus est*⌐
Cato, obwohl er in Tusculum geboren wurde, wurde ins Bürgerrecht Roms aufgenommen

5.74 Konjunktiv und Imperativ

Der *Konjunktiv* und der *Imperativ* liegen in ihrer Bedeutung oft sehr nahe beisammen (Ziff. 5.73'A2, Konjunktiv für Aufforderungen). Ein *Verbot* (eine «Aufforderung, etwas *nicht* zu tun») formuliert man meistens nicht mit Hilfe eines Imperativs, sondern durch einen Konjunktiv. So sagt Chremes zu seinem Sklaven Syrus, dessen Vorschlag ihm nicht behagt:

⌐Tu istaec tua *misceto* imp II⌐ ⌐ne me *admisceas* Kjv präs⌐
Befaß du dich mit dem Deinen, mich misch nicht hinein («daß du mich nicht hineinmischst!»)

Man kann für ein Verbot auch den *Konjunktiv Perfekt* verwenden – dieser gilt dann für die jeweilige Gegenwart, nicht für eine Vergangenheit:

| ⌐Ne *dubitaveris*⌐ | ⌐ne *sis commotus*⌐ | ⌐Ne *mentitus sis*⌐ |
| Zweifle nicht | Reg dich nicht auf | Lüg nicht |

[wörtlich wäre das verstehbar: «Daß du mir nicht gezweifelt habest – daß du nicht bewegt seist – daß du nicht ein Lügner gewesen seist»]

Für ein *höflicheres* Verbot verwendet man anstatt «ne» mit Konjunktiv Perfekt den Imperativ von *nolle*, nichtwollen, mit dem Infinitiv des jeweiligen Verbs:

| ⌐*Noli vereri*⌐ | ⌐*Noli* me *tangere*⌐ | ⌐*Nolite arbitrari* ...⌐ |
| Fürchte dich nicht | Berühr mich nicht | Meint nicht etwa, daß ... |

[wörtlich: wolle dich nicht fürchten – wolle mich nicht berühren – wollt nicht etwa meinen]

5.75 Konjunktiv und Futur

Besondere Berührungspunkte gibt es auch zwischen Konjunktiv und *Futur*. Man kann sagen, daß sich das Futur (Indikativ) in ähnlicher Weise vom Präsens (Indikativ) abhebt wie der Konjunktiv Präsens, und daß entsprechend das Futur II sich ähnlich vom Perfekt abhebt wie der Konjunktiv Perfekt. Es gibt ja auch weder zum Futur I noch zum Futur II einen Konjunktiv.

Die *Lautungen* sind zum Teil *gemeinsam*: für alle Verben der 3. und 4. Konjugation lautet die 1. Person Singular im Konjunktiv Präsens gleich wie im Futur, und der Konjunktiv Perfekt lautet in allen Personen mit Ausnahme der 1. P. Singular genau gleich wie das Futur II.

Man kann daher bei einer Frage an sich selbst in der 1. P. Sg., z. B. «Quid faciam?» gelegentlich schwanken, ob man einen Konjunktiv Präsens annehmen soll («Was *kann/soll* ich machen?») oder ob ein Futur vorliegt («Was *werde* ich jetzt machen?»).

5.76 Gleiche Konjunktiv-Form – oft mit ganz verschiedenem Bedeutungsbeitrag

Insgesamt muß man sich davor hüten, dem Konjunktiv einer bestimmten grammatischen Zeit (oder gar dem Konjunktiv generell) einen festen, einheitlichen Bedeutungsbeitrag zuordnen zu wollen. Der Bedeutungsbeitrag, den der Konjunktiv jeweils liefert, hängt sehr stark vom *gesamten jeweiligen Zusammenhang* ab – in erster Linie von den verwendeten Bedeutungsstrukturen für die Verknüpfung von Propositionen (speziell von Nebensätzen mit Hauptsätzen), aber auch vom Textaufbau und Textablauf insgesamt:

KONJUNKTIV IMPERFEKT

⌈Saepe mihi *dixit*⌉: ⌈Utinam avus *viveret*⌉
Er sagte oft zu mir: Daß doch mein Großvater noch am Leben wäre (im hier gemeinten Zeitpunkt lebte der Großvater nicht mehr)

⌈Hoc ipso in loco ⌈cum avus *viveret*⌉ ego natus sum⌉
Genau an diesem Ort, als mein Großvater noch lebte, bin ich geboren (im hier gemeinten Zeitpunkt lebte der Großvater noch)

KONJUNKTIV PLUSQUAMPERFEKT

⌈Si ad suos *redisset*⌉ ⌈proditionis *insimulatus esset*⌉
Wenn er zu den seinen zurückgekehrt wäre, wäre er des Verrats bezichtigt worden (er ist nicht zurückgekehrt)

⌈Cum ad suos *redisset*⌉, ⌈proditionis *insimulatus est*⌉
Als er zu den seinen zurückgekehrt war, wurde er des Verrats angeklagt (er ist zurückgekehrt)

Insgesamt sind im Lateinischen die Bedeutungsstrukturen für die Kombination von Propositionen (speziell als Hauptsatz und Nebensatz, aber auch weit darüber hinaus) *viel enger* mit dem Gebrauch des Konjunktivs oder des Indikativs (als der «neutralen Form») verknüpft als etwa im Deutschen.

5.77 Zur Wiedergabe lateinischer Konjunktive bei der Übersetzung ins Deutsche

Wie die Zusammenstellung in Ziff. 5.73 zeigt, gibt es eine ganze Reihe von Gebrauchsweisen des lateinischen Konjunktivs, die man im Deutschen *nicht* durch Verwendung eines Konjunktivs nachbilden kann. Das gilt besonders für den Konjunktiv Präsens und Perfekt, aber auch für den Konjunktiv Imperfekt und Plusquamperfekt in Verbindung mit der unterordnenden Konjunktion «cum». Man darf daher beim Übersetzen nie von den *einzelnen* lateinischen Verbformen ausgehen und diese durch die ihnen generell entsprechenden deutschen Verbformen ersetzen wollen. Man muß vielmehr zu allererst die *Bedeutungsstrukturen* erfassen, zu deren Signalisierung (oder Verdeutlichung, Intensivierung) der Konjunktiv jeweils gewählt worden ist, und demgemäß muß man dann im Deutschen formulieren.

Insbesondere muß man beachten, daß im Deutschen die Wahl von Konjunktiv I oder II in der indirekten Rede *nicht* von der grammatischen Zeit des jeweiligen Hauptsatzes (der anführenden Proposition) abhängt, wie im Lateinischen (für Genaueres siehe Ziff. 10.15). Ein Beispiel-Paar für viele:

> *Quaeris* präs *quanti pretii sit* Kjv präs
> Du fragst, wie teuer es sei («welchen Wertes es sei»)
>
> *Quaesivisti* perf *quanti pretii esset* Kjv impf
> Du fragtest/hast gefragt, wie teuer es sei (ein Konjunktiv II «wie teuer es wäre» würde hier altertümlich oder umgangssprachlich klingen, korrekt ist der Konjunktiv I «sei» – Ziff. 10.15–10.16)

Manchmal kann man das Besondere eines lateinischen Konjunktivs im Deutschen durch Verwendung von *Satzpartikeln* verdeutlichen:

> *Quaeris* quid *sentiam*   *Quaero* quid *sentiat*
> Du fragst, was ich *denn* davon halte   Ich frage, was er *wohl* davon hält

Manchmal kann man das mit einem lateinischen Konjunktiv Präsens Gemeinte im Deutschen durch Kombination mit dem Modalverb «mögen» oder «sollen» verdeutlichen, z. B. wenn Cicero sagt, daß die römischen Frauen nach römischer und nicht nach griechischer Sitte in den Ritus der Ceres eingeweiht werden sollen:

> *Ut mulieres initientur eo ritu Cereri* Kjv präs *quo Romae initiantur* präs
> Daß die Frauen in denjenigen Ritus der Ceres eingeweiht werden mögen (sollen), in welchen sie in Rom eingeweiht werden

5.78 Verbform oft gar nicht vom Sachverhalt aus festgelegt, sondern von der Darstellungsabsicht

Im Lateinischen zeigt sich besonders deutlich, was grundsätzlich für alle vier Sprachen gilt: die *Wahl der Verbform* (grammatische Zeit, Konjunktiv oder nicht) ist oft gar nicht abhängig von den darzustellenden *Sachverhalten*, sondern von der *Art*, wie die Sprechenden/Schreibenden diese Sachverhalte *sehen* und von den Hörenden/Lesenden *gesehen haben wollen*.

Das gilt ganz besonders für die Darstellung von *Vergangenem*. So sind alle Handlungen und Ereignisse, die Cicero in seiner Verteidigungsrede für Milo aufführt (Ziff. 5.65) in genau gleicher Weise vergangen. Aber Cicero verwendet für die Darstellung bald Perfekt, bald Imperfekt, bald Konjunktiv Imperfekt.

Ganz Entsprechendes gilt für den Gebrauch der *Konjunktiv-Formen*. Man darf daher nicht einfach feststellen «Konjunktiv Präsens – Konjunktiv Imperfekt» usw., sondern man muß aus dem Textzusammenhang und der Situation entnehmen, was genau gemeint wird: Will der Sprecher/Schreiber etwas als *nur gedacht, nur in Gedanken ausgemalt* darstellen? Will er etwas als *gewollt, beabsichtigt* hervorheben? Oder als einen *Wunsch*, der wohl kaum in Erfüllung gehen kann? Oder als eine höfliche Einkleidung einer *Bitte*, ja eines *Befehls*?

Das *Ziel* aller Grammatik ist ja nicht, daß man eine Reihe von Begriffen für Wortarten, Wortformen, Verknüpfungsmöglichkeiten usw. hersagen kann, sondern daß man einen *Einblick in den Aufbau* der Sprache gewinnt und dadurch auch alles, was jemand sagt oder geschrieben hat, besser und sicherer verstehen kann.

6 Satzglieder neben dem Subjekt; Passivformen, reflexive Verben; Valenz

6/I   Die formalen Satzgliedtypen neben dem Subjekt im Deutschen
- 6.01   Vorbemerkung: Formalstrukturen und Bedeutungsbeziehungen ... 208
- 6.02   Anderer Satzgliedbegriff als in der traditionellen deutschen Grammatik ... 208
- 6.03   Fallbestimmte und fallfremde Satzglieder ... 209
- 6.04   Übergangszonen zwischen fallbestimmten und fallfremden Satzgliedern ... 209
- 6.05   Die Satzgliedtypen neben dem Subjekt, nach den Fällen bzw. deren Fehlen geordnet ... 210
- 6.06   Die Satzglieder neben dem Subjekt, nach Erkennungsmerkmalen geordnet ... 211
- 6.07   Zur heutigen Geltung dieser Satzgliedbegriffe ... 214
- 6.08   «Anredenominativ» und «absoluter Nominativ»: eigene Propositionen ohne Verb ... 215
- 6.09   Die traditionellen Satzgliedbegriffe «präpositionales Objekt» und «Adverbiale» ... 215
- 6.10   Zum Stellenwert einer Analyse nach Satzgliedern ... 216
- 6.11   Formaler Aufbau von Propositionen – Bedeutungsaufbau – logische Struktur ... 219

6/II   Verben, Subjekte und weitere Satzglieder im Französischen
- 6.12   Überblick: le verbe – le sujet – les attributs – les compléments du verbe ... 221
- 6.13   Les attributs ... 221
- 6.14   Complément d'objet direct und complément d'objet indirect ... 222
- 6.15   Complément d'agent ... 223
- 6.16   Compléments circonstanciels ... 223

6/III   Die Satzglieder neben dem Subjekt im Englischen
- 6.17   Direct object – indirect object ... 225
- 6.18   Subject complement und object complement ... 225
- 6.19   Verschiedener Gebrauch gleicher Fachausdrücke bei verschiedenen Grammatikern ... 226
- 6.20   Adverbials: adjuncts, disjuncts, conjuncts ... 227

6/IV Die Satzglieder neben dem Subjekt im Lateinischen; Kasussyntax

    6.21   Andere Behandlungsweise als in den modernen Sprachen 228
    6.22   Fachausdrücke teilweise verschieden, je nach der Sprache des
            Grammatik-Verfassers 229
    6.23   Satzglieder im Nominativ, die nicht Subjekt sind 229
    6.24   Satzglieder im Akkusativ: reiner Akkusativ und an eine
            Präposition gebundener Akkusativ 230
    6.25   Satzglieder im Dativ 234
    6.26   Satzglieder im Ablativ, direkt auf das Verb bezogen oder mit
            Hilfe einer Präposition 236
    6.27   Die Verwendungsweisen des Genitivs, als Teil eines Satzglieds
            und als eigenes Satzglied 240
    6.28   Abschlußbeispiel: Satzglieder in allen fünf Kasus in einem
            Textstück von nur vierzehn Wörtern 242

6/V   Besondere Formen bei manchen Verben: ein Passiv neben dem «Aktiv»

    6.29   Grundsätzliches 244
    6.30   Deutsch: werden-Passiv («Vorgangspassiv») und sein-Passiv
            («Zustandspassiv») 244
    6.31   Verwendung der beiden Passiv-Formen als Stilmittel 245
    6.32   Übergänge von sein-Passiv zu «sein» mit Satzadjektiv oder
            andern Satzgliedern 246
    6.33   Das Passiv im Französischen: «être» + participe passé; «la voix
            passive, le passif» 246
    6.34   Das Passiv im Englischen 247
    6.35   Das Passiv im Lateinischen: teils einwortige Formen, teils «esse»
            + Partizip Perfekt 248
    6.36   Zum stilistischen Wert des Passivs im Lateinischen; verschiedene
            Übersetzungsmöglichkeiten 249
    6.37   Die Formen des Passivs, aber die Verwendungsweisen des Aktivs:
            die Deponentien 250
    6.38   Die Begriffe «transitiv − intransitiv» 251

6/VI Reflexivkonstruktionen; Bedeutungsbeziehungen dabei

    6.39   Reflexive Verben im Deutschen − verbes pronominaux im
            Französischen 252
    6.40   Verb nur reflexiv verwendbar − Verb ebenso gut reflexiv wie
            nicht-reflexiv verwendbar 253
    6.41   Reflexiv − Passiv − Aktiv mit «man» − Darstellung durch
            Satzadjektiv mit «-bar» 254
    6.42   «Es − il» als formales Subjekt in Propositionen mit Reflexiv −
            oder als bloßer Platzhalter 254
    6.43   Reflexive Verben im Englischen 255
    6.44   Reflexive Verben im Lateinischen 256
    6.45   Bedeutungsbeiträge verschiedener Bestandteile in Propositionen mit
            Reflexivkonstruktion 257

Inhaltsübersicht zu Teil 6

6.46 Lebensbereiche, für deren Darstellung man besonders häufig
reflexive Verben verwendet 258

6/VII Verschiedene Satzglied-Kombinationen für sachlich gleiche Aussagen
6.47 Verschiedene Darstellung gleicher physikalischer Abläufe 261
6.48 Erfolgsaussichten bei einem Handeln – Verpflichtung zu einem
Handeln 261
6.49 Generelle Verschiedenheit der Kriterien für die Satzgliedbegriffe in
den vier Sprachen 262

6/VIII Einstieg in die höhere Grammatik: verbale Semanteme, «Valenz»
6.50 Es gibt viel mehr Verbbedeutungen als lautlich unterscheidbare
Verben 264
6.51 Verschiedene Bedeutung – verschiedene Kombinierbarkeit mit
Satzgliedern; «Valenz» 265
6.52 Der Begriff «verbales Semantem» 266
6.53 Zur Speicherung der verbalen Semanteme im Gehirn – infinit
oder schon finit 266
6.54 Propositionen verstehen: die ihnen zugrundeliegenden verbalen
Semanteme erfassen 267
6.55 Verben und verbale Semanteme beim Lernen von Fremdsprachen . 267
6.56 Besetzbarkeit von Semantemstellen durch Satzglieder oder durch
ganze verbale Propositionen 269
6.57 Verbale Semanteme mit festen nichtverbalen Bestandteilen 269
6.58 Bedeutungsstelle immer zu besetzen oder nur bei besonderem
Bedarf 271
6.59 Feste Bedeutungsstellen und freier einfügbare Bedeutungsbeiträge . 272
6.60 Wie wichtig ist das Erkennen des jeweiligen formalen Satzgliedtyps
für die Sprachpraxis? 273

6/I Die formalen Satzgliedtypen neben dem Subjekt im Deutschen

6.01 Vorbemerkung: Formalstrukturen und Bedeutungsbeziehungen

Im Bereich der formalen Satzgliedtypen neben dem Subjekt hat es in der deutschen Grammatik in den letzten Jahrzehnten eine besonders starke Entwicklung gegeben, so daß man heute ein wesentlich anderes System von Begriffen und Fachausdrücken hat, als es wohl manche (vor allem ältere) Leser dieses Buches in ihrer Schulzeit gelernt haben.

Es ist hier besonders wichtig, die Formalstrukturen und die von ihnen signalisierten Bedeutungsbeziehungen sorgfältig zu unterscheiden. Das ist auch grundlegend für den Vergleich mit den andern Sprachen, denn gerade bei den zentralen Satzgliedern neben dem Subjekt (den Satzgliedern, die den Kernbestand der verbalen Wortketten ausmachen, siehe schon Ziff. 3.02–3.04), sind in den verschiedenen Sprachen zwar weitgehend gleiche Bedeutungsbeziehungen vorhanden, aber sie werden durch recht unterschiedliche Formalstrukturen signalisiert; dazu verwendet man in den verschiedenen Sprachen großenteils auch unterschiedliche Fachausdrücke.

6.02 Anderer Satzgliedbegriff als in der traditionellen deutschen Grammatik

In der traditionellen deutschen Grammatik betrachtete man auch das Verb als ein Satzglied, im gleichen Rang wie das Subjekt und die Satzglieder neben dem Subjekt. Man hatte den Satzgliedbegriff «Prädikat», und dieser war sehr inkonsequent gefaßt, denn bei den Verben «sein, werden bleiben» usw. betrachtete man auch einen zugehörigen Nominativ oder ein zugehöriges undekliniertes Adjektiv als Teil des Prädikats. Man nannte dann das Verb «Kopula» und das Wort bzw. den Wortkomplex im Nominativ sowie das undeklinierte Adjektiv «Prädikativ». Erst Kopula und Prädikativ zusammen wurden dann «Prädikat» genannt:

Er machte einen Fehler.	Er handelte falsch.	Das war ein Fehler.	Das war falsch.
Prädikat Akk.-Objekt	Prädikat Adverbiale	Prädikat	Prädikat

Dazu betrachtete man die Verbindung von Subjekt + Prädikat als die Kernstruktur (man nannte das «nackter Satz»), und alle weiteren Satzglieder sah man als «Ergänzungen», die zu diesem «nackten Satz» hinzutraten, so daß ein «bekleideter Satz» entstand. Die beiden Propositionen «Das war ein Fehler – Das war falsch» waren also «nackte Sätze», dagegen war «Er machte einen Fehler» ein «bekleideter Satz», und ebenso «Er war sich dessen bewußt».

Heute ist dieser Prädikatsbegriff allgemein aufgegeben. Auch wo man den Fachausdruck «Prädikat» (noch) verwendet, versteht man darunter *nur das Verb* in seinen verschiedenen Teilen. Alle Bestandteile, einwortig oder mehrwortig, die *neben* dem Verb vorhanden sind und sich meistens um das Verb herum verschieben lassen, nennt man «Satzglieder». Diese Satzglieder bestimmt man nun streng nach ihren grammatischen Formen, vor allem mit Hilfe von Ersatzproben. Erst nach dieser Bestimmung gemäß den grammatischen Formen kann man dann fruchtbar nach den Bedeutungsbeziehungen fragen und z. B. feststellen, wo gleichartige Bedeutungsbeziehungen durch Satzglieder von verschiedenem formalem Typ dargestellt werden können, wie z. B. in den zwei folgenden Propositionen:

₍Das₎ war ₍ein schwerer Fehler₎	₍Das₎ bedeutete ₍einen schweren Fehler₎
Subj. Prädikativ	Subj. Akkusativobjekt

Oder auch:

₍Diese Aussage₎ ist ₍besonders wichtig₎	₍Diese Aussage₎ ist ₍von besonderer Wichtigkeit₎
Subjekt Satzadjektiv, mit Vorschaltteil	Subjekt Präpokasus, Präposition + begleitendes Adjektiv + Kern

Auf diese Weise ergibt sich für den formalen Aufbau der verbalen Propositionen im Deutschen das gegenüber den früheren Auffassungen etwas kompliziertere, aber in sich schlüssige Gesamtbild, das im folgenden dargestellt wird (Ziff. 6.03–6.06). Davon können dann die *Bedeutungsbeziehungen* viel klarer und konsequenter abgehoben werden, als es früher möglich war (siehe Ziff. 6.11, 6.50–6.60, 12.01–12.41, für Deutsch und Fremdsprachen).

6.03 Fallbestimmte und fallfremde Satzglieder

Ein erster Schritt für die Bestimmung der formalen Satzgliedtypen im Deutschen besteht darin, daß man die *fallbestimmten* und die *fallfremden* Satzglieder unterscheidet.

Der Unterschied ist meistens aus den verwendeten Wörtern und deren grammatischen Formen ohne weiteres zu entnehmen:

fallbestimmte Satzglieder	*fallfremde* Satzglieder
₍an diesem Punkt₎ ansetzen Dativ	₍hier₎ ansetzen
₍einen Augenblick₎ überlegen Akkusativ	₍kurz₎ überlegen
₍keinen Fehler₎ riskieren Akkusativ	₍gut₎ aufpassen
₍mit hoher Geschwindigkeit₎ fahren Dativ	₍sehr schnell₎ fahren
₍der Gesellschaft₎₍den Rücken₎ kehren Dativ Akkusativ	₍ganz allein₎ leben wollen
₍ein Einsamer₎ sein und bleiben Nominativ	₍einsam₎ sein und bleiben

6.04 Übergangszonen zwischen fallbestimmten und fallfremden Satzgliedern

Übergangszonen, in welchen eine scharfe Unterscheidung zwischen «fallbestimmt» und «fallfremd» nicht immer möglich (und oft auch gar nicht wichtig) ist, gibt es bei den Indefinitpronomen «etwas – ein bißchen – ein wenig – wenig – viel» (samt den Vergleichsformen «weniger – mehr»). Diese Wörter können sowohl als fallbestimmte wie als fallfremde Satzglieder verwendet werden:

viel wollen	*viel* erzählen		*viel* lachen		*etwas* essen	*etwas* zögern
vieles	vieles	oft	oft			leicht
manches	manches	häufig	häufig		einen Bissen	stärker
Akkusativ	Akkusativ	fallfremd	fallfremd		Akkusativ	fallfremd

Es handelt sich insgesamt bei der Unterscheidung «fallbestimmt – fallfremd» um eine *formale* Einteilung, und diese kann durch die Bedeutungen immer überspielt werden. Es gibt z. B. ganze Reihen von Adjektiven, die als Bestandteil ein fallbestimmtes Wort enthalten und die man daher als Kurzfassungen für fallbestimmte Ausdrücke verstehen kann, obwohl sie formal eindeutig zu den fallfremden Satzgliedern gehören:

absichtlich	= mit Absicht	risikolos	= ohne jedes Risiko	usw.
fallfremd	Präposition + Dativ	fallfremd	Präposition + Akkusativ	

6.05 Die Satzgliedtypen neben dem Subjekt, nach den Fällen bzw. deren Fehlen geordnet

Man kann die Satzgliedtypen neben dem Subjekt nach verschiedenen Prinzipien zusammenstellen. Hier werden sie zuerst präsentiert nach der Unterscheidung «fallbestimmt – fallfremd», und zwar innerhalb der fallbestimmten Satzglieder nach dem verwendeten Fall, bei den fallfremden Satzgliedern nach der Wortart der für den betreffenden Satzgliedtyp verwendeten Wörter (bei Vorschaltgefügen: nach der Wortart des als Kern gesetzten Wortes). Zur leichteren Vergleichbarkeit sind als Beispiele lauter verbale Wortketten gewählt, zu denen man als Subjekt ein menschliches, denkendes Wesen setzen kann. Für eine andere mögliche Zusammenstellung (nach speziellen Erkennungsmerkmalen) siehe Ziff. 6.06.

A   Satzglieder im Nominativ:

1	*Prädikativ* («Gleichsetzungsnominativ»)	₎ein Träumer₍ sein, ₎ein Träumer₍ bleiben
2	*Zuordnungsnominativ* («als, wie»)	₎als ein Träumer₍ erscheinen, ₎wie ein Träumer₍ herumgehen

B   Satzglieder im Akkusativ:

1	*Akkusativobjekt*	₎einen Traum₍ haben, ₎den Traum₍ erzählen
2	*Präpositionalakkusativ*	₎in einen Traum₍ versinken, ₎ohne Bewußtsein₍ sein
3	*Adverbialakkusativ*	₎den ganzen Tag₍ über *etwas* nachdenken
4	*Zuordnungsakkusativ* («als/wie», auch mit Präposition)	₎etwas₍ ₎als einen Traum₍ betrachten, ₎es₍ ₎wie einen Traum₍ erleben, ₎wie in einen Traum₍ versinken
5	*Prädikativer Akkusativ* (sehr selten)	₎eine solche Vorstellung₍ ₎einen Traum₍ nennen

C Satzglieder im Dativ:

1	*Dativobjekt*	ˌeinem Traumˌ nachhängen, ˌeinem Traumbildˌ folgen
2	*Präpositionaldativ*	ˌin einem Traumˌ leben, ˌmit niemandemˌ sprechen wollen
3	*Zuordnungsdativ* («als/wie», auch mit Präposition)	ˌeinem Traumˌmehrˌals der Wirklichkeitˌ vertrauen, ˌin seinen TräumenˌwieˌinˌeinemˌGehäuseˌ leben

D Satzglieder im Genitiv (insgesamt selten):

1	*Genitivobjekt*	ˌsichˌeines Traumesˌ erinnern
2	*Präpositionalgenitiv*	ˌangesichts dieses Traumesˌ bekümmert sein
3	*Adverbialgenitiv*	ˌeines Tagesˌ erwachen
4	*Zuordnungsgenitiv* («als/wie»)	ˌsolcher Träumeˌwie (als) eines Trostesˌ bedürfen

E Satzglieder aus undeklinierten Adjektiven/Partizipien (bzw. mit solchem Wort als Kern):

1	*Satzadjektiv*	ˌwachˌ sein, ˌbesonnenˌ handeln, ˌetwasˌvorteilhaftˌ finden
2	*Präpositionales Satzadjektiv*	ˌfür gewöhnlichˌ zustimmen, ˌvon fern(e)ˌ zusehen
3	*Zuordnungs-Satzadjektiv* («als/wie»)	ˌetwasˌals gutˌ ansehen, ˌwie früherˌ vorgehen

F Satzglieder aus Partikeln (bzw. mit Partikel als Kern):

1	*Satzpartikel* (sehr häufig)	ˌheuteˌ anfangen, ˌdabeiˌ bleiben, ˌdochˌnichtˌ aufhören
2	*Präpositionale Satzpartikel*	ˌfür einmalˌ abschließen, ˌbis morgenˌ warten
3	*Zuordnungs-Satzpartikel* («als/wie»)	ˌwie gesternˌ arbeiten, ˌlieberˌhierˌals dortˌ leben

6.06 Die Satzglieder neben dem Subjekt, nach Erkennungsmerkmalen geordnet

Man kann die Satzgliedtypen neben dem Subjekt auch so anordnen, daß man zuerst auf die speziellen Erkennungsmerkmale achtet (vor allem: möglicher Ersatz, Bindung an bestimmte Verben) und erst in zweiter Linie auf den verwendeten Fall bzw. auf die Wortart-Zugehörigkeit bei den fallfremden Satzgliedern. Man erhält dann die folgenden acht Gruppen – dabei stehen allerdings sehr selten gebrauchte Satzgliedtypen in der selben Gruppe wie sehr häufig gebrauchte Typen.

A Fallbestimmte Satzglieder (neben dem Subjekt als dem häufigsten fallbestimmten Satzglied)

A1 Objektskasus

an bestimmte Verben gebunden, mit ihnen besonders enge verbale Wortketten bildend; mit Akkusativobjekt sehr viele Verben, mit Dativobjekt ziemlich viele, mit Genitivobjekt nur sehr wenige Verben:

Akkusativobjekt (oft einfach «Objekt» genannt):

⌊einen Widerstand⌋ – ⌊ein Problem⌋ – ⌊eine Gefahr⌋ sehen
ihn   es, das   sie

Dativobjekt:

⌊dem Widerstand⌋ – ⌊dem Problem⌋ – ⌊der Gefahr⌋ begegnen
ihm   ihm   ihr

Genitivobjekt:

⌊eines Raumes⌋ – ⌊eines Hauses⌋ – ⌊einer Unterkunft⌋ bedürfen
seiner   seiner   ihrer

Bei Ersatz durch anderes fallbestimmtes Wort immer der gleiche Fall; Pronomen «ihn/es/sie» bzw. «ihm/ihr» bzw. «seiner/ihrer» möglich; hie und da auch Präpokasus, z. B. «jemanden suchen – nach ihm suchen»

A2 Prädikativkasus

an bestimmte Verben gebunden, mit ihnen besonders enge verbale Wortketten bildend; für Prädikativ zum Subjekt die sechs sehr häufig gebrauchten Verben «sein – werden – bleiben – scheinen – heißen – genannt werden»; für Objektsprädikativ nur «heißen, nennen, schimpfen» mit Akkusativobjekt:

Prädikativ (man kann verdeutlichend hinzufügen «zum Subjekt»):

⌊ein Trost⌋ – ⌊ein Glück⌋ – ⌊eine Freude⌋ sein
tröstlich   gut   erfreulich
das, so

Objektsprädikativ (immer neben Akkusativobjekt):

⌊so etwas⌋ ⌊einen Hohn⌋ – ⌊ein Unglück⌋ – ⌊eine Schande⌋ nennen
schmählich   verheerend   schändlich

Nominativ bei «sein, werden» usw., der *nicht* Subjekt ist – bzw. bei «nennen/heißen» Akkusativ *neben* einem Akkusativobjekt; oft ersetzbar durch unveränderliches Adjektiv

A3 Adverbialkasus

meistens nicht an bestimmte Verben gebunden, aber nur möglich für eine sehr begrenzte Reihe von Nomen bzw. Begleitgefügen mit Nomen als Kern:

Adverbialakkusativ:

⌊einen Monat⌋ – ⌊eine Woche⌋ – ⌊ein Weilchen⌋ warten
lang(e), so lang(e), etwas

Adverbialgenitiv:

⌊eines Tages⌋ kommen – ⌊guter Stimmung⌋ sein
einmal   in guter Stimmung, vergnügt

Kein Ersatz durch «ihn/sie/es» bzw. «seiner/ihrer»; dafür Ersatz durch Satzadjektiv möglich, wobei der Adverbialakkusativ als Vorschaltteil dienen kann («einen Tag / einen Tag lang warten»)

A4 Präpositionalkasus, kurz «Präpokasus»

teilweise mit bestimmten Präpositionen an bestimmte Verben oder Verbgruppen gebunden (z. B. «*auf* jemand/etwas *achten* – *auf* jemand *aufpassen*»), teilweise (manchmal mit den gleichen Präpositionen, aber mit anderer Bedeutung) bei beliebigen Verben möglich (z. B. «*auf* seltsame Weise erscheinen/verschwinden»); oft mehrfach in der gleichen Proposition, auch mit gleicher Präposition («*in* diesem Fall *für* einige Zeit *in* der gleichen Lage verharren»):

Präpositionalakkusativ:

₍auf einen Trost₎ – ₍auf sein Verständnis₎ – ₍auf eine Hilfe₎ warten
auf ihn   auf das/es   auf sie
darauf

Präpositionaldativ:

₍mit einem Problem₎ – ₍mit einer Schwierigkeit₎ rechnen
mit ihm   mit ihr

Präpositionalgenitiv:

₍wegen des Problems₎ – ₍wegen dieser Schwierigkeit₎ zögern
wegen dessen   wegen ihrer

Präposition vorhanden. Bei Ersatz *innerhalb* des Satzglieds wieder gleicher Fall, bei Ersatz *des ganzen* Satzglieds aber auch anderer Fall und z. T. fallfremder Ausdruck («mit dieser Tatsache rechnen – damit rechnen»). Aber *kein* fallfremder Ersatz, wenn von *Personen* die Rede ist («mit ihm sprechen» nicht ersetzbar durch *«damit sprechen»). Manchmal ist der Fall kaum erkennbar («*nach Paris* reisen – *mit René* sprechen»).

A5   Zuordnungskasus

teilweise (nur bei Satzgliedkonjunktion «als») fest an bestimmte Verben gebunden (z. B. «*als das und das gelten* – etwas *als dieses oder jenes anerkennen*»); großenteils aber zu beliebigen verbalen Wortketten möglich, vor allem für Vergleiche («so groß sein *wie…*, größer sein *als…*», auch ohne ein Bezugswort («handeln *wie im Traum*»):

Zuordnungsnominativ (zum Subjekt):

₍wie/als ein Trost₎ – ₍wie/als ein Glück₎ – ₍wie/als eine Hilfe₎ erscheinen

Zuordnungsakkusativ (zu Akk.obj. oder Präpo-Akk.):

₍etwas₎₍wie/als einen Trost₎ empfinden
₍auf etwas₎₍wie/als (auf) einen Angriff₎ reagieren

Zuordnungsdativ (zu Dativobjekt oder Präpo-Dativ):

jemandem₍als einem Fachmann₎ vertrauen
₍mit ihm₎₍wie (mit) einem Freund₎ umgehen

Zuordnungsgenitiv (möglich, aber selten):

₍dieses Tages₎₍als eines Entscheidungstages₎ gedenken

Erkennungsmerkmal ist generell das Vorhandensein der *Satzgliedkonjunktion* «wie» oder «als». Das richtige Setzen des Falls (je nach dem Bezugswort) ist manchmal wichtig für das genaue Verstehen und sozusagen immer wichtig für den Korrektheitseindruck. Vor Zuordnungs-Satzgliedern setzt man in der Regel *kein Komma*; das Komma tritt erst ein, wenn das «wie/als» eine ganze verbale Proposition einleitet («so groß wie du – so groß, wie du bist»).

B   Fallfremde Satzglieder

B1   Satzadjektive und Satzpartikeln

teilweise eng an bestimmte Verben gebunden («etwas neu machen, etwas gut finden»), großenteils aber bei so gut wie allen Verben möglich, auch mehrfach in der gleichen Proposition (z. B. «jetzt sofort auch wieder intensiv mitarbeiten»):

Satzadjektiv:

₍zufrieden₎ sein – ₍gut₎ funktionieren – ₍etwas₎₍neu₎ machen
so, das   so   so
₍einen Tag lang₎ arbeiten – ₍ganz erschrocken₎ aufhören
so lang

Satzglied aus undekliniertem Adjektiv bzw. Partizip (oder aus Gefüge mit solchem Wort als Kern); oft durch «so» ersetzbar

Satzpartikel:

₁auch₁ kommen − ₁jetzt₁ anfangen − ₁ganz oben₁ stehen −	Satzglied aus Partikel (oder aus Gefüge mit Partikel als Kern)
ebenfalls bald dort	
₁nicht₁ zögern	
doch	

B2 Präpositionale Satzadjektive und Satzpartikeln (ziemlich selten)

Präpositionales Satzadjektiv:

₁bis spät₁ bleiben − ₁auf später₁ hoffen − ₁etwas₁für gut₁ halten	*Präposition* vorhanden; das ganze Satzglied oft ersetzbar durch Präpokasus («auf später hoffen − auf spätere Zeit hoffen») oder «für heute genug haben − für dieses Mal genug haben»)
so lange auf spätere Zeit für einen Vorteil	

Präpositionale Satzpartikel:

₁bis jetzt₁ genügen − ₁auf morgen₁ warten − ₁für immer₁ verzichten	
so lange noch etwas endgültig	

B3 Zuordnungs-Satzadjektive und -Satzpartikeln

Zuordnungs-Satzadjektiv:

₁wie früher₁ arbeiten − ₁als tüchtig₁ gelten −	*Satzgliedkonjunktion «als/wie»* vorhanden, kombiniert mit Adjektiv bzw. Partizip oder mit Partikel; oft durch Zuordnungs-Präpokasus ersetzbar («wie damals leben − wie in alter Zeit leben»)
₁etwas₁als ausgeschlossen₁ betrachten	

Zuordnungs-Satzpartikel:

₁wie einst₁ leben − ₁anders₁als sonst₁ sein	

6.07 Zur heutigen Geltung dieser Satzgliedbegriffe

Die in Ziff. 6.05 und 6.06 zusammengestellten Satzgliedbegriffe sind sehr verschieden alt, und die heutige Geltung und Verbreitung der Begriffe ist sehr verschieden.

Seit langem üblich und allgemein anerkannt sind die Begriffe für die *drei Objektskasus*, ohne Präposition: Akkusativobjekt, Dativobjekt, Genitivobjekt. Weitgehend anerkannt sind auch die Begriffe für die *zwei Adverbialkasus*: Adverbialakkusativ und Adverbialgenitiv. Weiterum anerkannt und gebraucht werden heute auch die Begriffe für die *Prädikativkasus*. Allerdings braucht man dafür in manchen Grammatikbüchern nicht die hier verwendeten Fachausdrücke «Prädikativ − Objektsprädikativ», sondern «Gleichsetzungsnominativ, Gleichsetzungsakkusativ» oder «prädikativer Nominativ, prädikativer Akkusativ».

Umstritten ist die Zusammenfassung aller Satzglieder aus *Präposition + Fall* unter einem einzigen Begriff (Präpokasus, Präpositionalkasus). In manchen Büchern werden diese Satzglieder aufgeteilt in die «präpositionalen Objekte» (eng zu bestimmten Verben gehörig) und die «Adverbialien», siehe Ziff. 6.09.

Heute noch wenig verbreitet (obwohl in der Duden-Grammatik 1984 und den daran anschließenden Schulgrammatiken verwendet) sind die Begriffe «*Satzadjektiv*» und «*Satzpartikel*» sowie «präpositionales Satzadjektiv, präpositionale Satzpartikel» und «Zuordnungs-Satzadjektiv, Zuordnungs-Satzpartikel». Die Duden-Grammatik 1984 hat die Fachausdrücke «zugeordnetes Satzadjektiv, zugeordnete Satzpartikel»; andere Grammatiken haben «Konjunktional-Satzadjektiv, Konjunktional-Satzpartikel», weil diese Glieder eine Satzgliedkonjunktion enthalten.

6.08 «Anredenominativ» und «absoluter Nominativ»: eigene Propositionen ohne Verb

In der Duden-Grammatik 1984 wird auch der Nominativ für eine Anrede als Satzglied aufgeführt («Kommen Sie, *mein Herr*») und ein Nominativ, der als Kommentar angefügt wird («Sie kam schon am Vormittag – *eine freudige Überraschung*»). Es wird aber zugleich gesagt, daß diese Satzglieder nur «in losem Bezug zum Satzverband» stehen und daß sie als Erscheinungsformen des Übergangs zum zusammengesetzten Satz zu sehen sind. In diesem Buch werden diese beiden Möglichkeiten daher konsequent als eigene Propositionen ohne Verb behandelt:

| Kommen Sie, ⌒mein Herr⌒. | Du bist schon da, ⌒eine freudige Überraschung⌒. |

6.09 Die traditionellen Satzgliedbegriffe «präpositionales Objekt» und «Adverbiale»

Man unterschied bisher in den meisten deutschen Grammatiken nicht nur *drei*, sondern *vier* Arten von Objekten, nämlich neben dem Akkusativobjekt, dem Dativobjekt und dem Genitivobjekt noch das «*präpositionale Objekt*», z. B. «sich *um seinen Nachbarn* kümmern» oder «*nach einem besseren Kontakt* streben».

Alle Präpokasus, die man *nicht* als präpositionale Objekte auffaßte, nahm man dann mit den fallfremden Satzgliedern (mit Ausnahme des «prädikativen Adjektivs») zusammen zu einer einzigen und vielgestaltigen Gruppe von Satzgliedtypen, nämlich dem «*Adverbiale*». *Innerhalb* der Adverbialien unterschied man die folgenden vier Typen:

Adverbiale des *Ortes*	Adverbiale der *Zeit*
ˌdortˌ stehen	ˌjetztˌ anfangen
ˌan dieser Stelleˌ eingreifen	ˌbis zum Abendˌ arbeiten
ˌeine längere Streckeˌ fahren	ˌeinen Augenblickˌ ausruhen
ˌnaheˌ hinzutreten	ˌfrühˌ kommen

Adverbiale des *Grundes*	Adverbiale der *Art und Weise*
ˌdeshalbˌ unterbrechen	ˌandersˌ ansetzen
ˌwegen der Ermüdungˌ aufhören	ˌin anderer Artˌ fortfahren
–	ˌfröhlicher Stimmungˌ heimgehen
–	ˌausgelassenˌ tanzen

Begriff und Fachausdruck «Adverbiale» und die Einteilung in (nur) vier Klassen sind eine Spezialität der deutschen Grammatik, eingeführt um 1830, und dann oft aus der deutschen Grammatik auch in die lateinische Grammatik übernommen.

Die Einteilung wirkt auf den ersten Blick durchaus plausibel – aber sie betrifft gar nicht die Satzgliedtypen, die *Satzglieder* als *formal bestimmbare* Einheiten, sondern sie betrifft die *Bedeutungsbeziehungen* einer Reihe von formal unterschiedlichen Satzgliedern zum übrigen Bestand der Proposition. In der obigen Tabelle stehen in der ersten Zeile lauter Satzpartikeln, in der zweiten Zeile lauter Präpokasus, in der dritten Zeile lauter Adverbialkasus, in der vierten Zeile lauter Satzadjektive (in der Gruppe «Adverbiale des Grundes» sind nicht alle diese Möglichkeiten gegeben).

6.09 Die traditionellen Satzgliedbegriffe «präpositionales Objekt» und «Adverbiale»

Wenn man nun *wirklich nach den Bedeutungsbeiträgen* einteilen will, welche von den Satzgliedern dieser Art für die Propositionen als ganze geliefert werden, erweist sich das System von nur vier Klassen als *viel zu eng*. Nicht befriedigend einordnen lassen sich z. B. die Präpokasus, Satzadjektive und Satzpartikeln in den folgenden Propositionen:

⌜Nach meiner Meinung⌝ geht ⌜das⌝	⌜In der Regel⌝ klappt ⌜es⌝	⌜Sie⌝ kennt ⌜ihn⌝ ⌜ohne Zweifel⌝
⌜Ich⌝ sah ⌜ihn⌝ ⌜tatsächlich⌝	⌜Er⌝ kommt ⌜vermutlich⌝	⌜Das⌝ ist ⌜doch⌝ ⌜eine Zumutung⌝

Aber schon die zugrundeliegende Zweiteilung «präpositionales Objekt – Adverbiale» ist oft zweifelhaft, wie die folgenden Beispiele zeigen:

Präpokasus als *präpositionales Objekt*	Gleicher Präpokasus als *Adverbiale*
⌜Er⌝ verteidigte ⌜sich⌝ ⌜*mit guten Argumenten*⌝	⌜Er⌝ verteidigte ⌜sich⌝ ⌜*mit gutem Erfolg*⌝
(womit? damit, mit ihnen)	(wie gut? erfolgreich)
⌜Sie⌝ arbeitet ⌜*an einem Wandbehang*⌝	⌜Sie⌝ arbeitet ⌜*an einem Webstuhl*⌝
(woran? an welchem Gegenstand?)	(wo? an welchem Gerät?)
⌜Das⌝ gilt ⌜*für alle Angestellten*⌝	⌜Das⌝ gilt ⌜*für den ganzen Zeitraum*⌝
(für wen? für sie!)	(für welche Zeit? wie lange? so lange)
⌜Er⌝ hat ⌜das⌝ ⌜natürlich⌝ ⌜*von seinem Lehrer*⌝	⌜Er⌝ kommt ⌜soeben⌝ ⌜*von seinem Lehrer*⌝
(von wem? von ihm)	(woher? von wem? von dort, dorther)

Auch diese Unterscheidung betrifft also etwas Wichtiges, aber sie gehört *nicht* auf die Ebene der *formalen Satzgliedtypen*, sondern auf die Ebene der *Bedeutungsbeziehungen* im Rahmen der verbalen Propositionen – und dort kann man dann keine so einfache Zweiteilung ansetzen, sondern muß mit sozusagen stufenlosen Übergängen rechnen (siehe die Teile 10, 11 und 12).

6.10 Zum Stellenwert einer Analyse nach Satzgliedern

Die in Ziff. 6.05 und 6.06 vorgestellten Satzgliedbegriffe, zusammen mit dem schon in 3.12–3.24 vorgeführten Begriff «Subjekt» gestatten eine zusammenhängende, lückenlose Analyse des formalen Aufbaus aller verbalen Propositionen in einem Text. «Lückenlos» heißt dabei, daß alle *direkten Bestandteile* solcher Propositionen erfaßt werden – noch nicht erfaßt ist damit der innere Aufbau mehrteiliger Satzglieder, der in Teil 7 gesondert zu beschreiben ist.

Die Abgrenzungsschärfe ist ziemlich hoch. Nur gelegentlich kann man schwanken, welches von zwei Satzgliedern im Nominativ als Subjekt und welches als Prädikativ zu betrachten ist (z. B. in «*Das* war *es*»). Hie und da kann man schwanken, ob ein Satzglied im Akkusativ als Akkusativobjekt oder als Adverbialakkusativ einzuordnen ist (z. B. in «Er läuft *einen Kilometer* in einer Rekordzeit»).

Die Analyse kann auch schon gewisse Aufschlüsse über den Stil eines Textes liefern. Sie kann daher gelegentlich fruchtbar sein für kurze, besonders prägnant formulierte Prosatexte oder Gedichte. Die drei folgenden Beispiele (zwei «Geschichten von Herrn Keuner», von Brecht, und ein Gedicht von Heissenbüttel) sind zuerst im normalen Druckbild präsentiert und dann jede Proposition auf einer eigenen Zeile, mit grammatischem Kommentar (Sbj = Subjekt, AObj = Akkusativobjekt, DObj = Dativobjekt, Prädkv = Prädikativ, PräpoA = Präpositionalakkusativ, PräpoD = Präpositionaldativ, AdverbialA = Adverbialakkusativ, SAdj = Satzadjektiv, SPtk = Satzpartikel):

> Warten
>
> Herr K. wartete auf etwas einen Tag, dann eine Woche, dann noch einen Monat. Am Schlusse sagte er: «Einen Monat hätte ich ganz gut warten können, aber nicht diesen Tag und diese Woche.»
>
> **Analyse**
>
> 1.1 ⌈Herr K.⌉ *wartete* ⌈auf etwas⌉⌈einen Tag⌉
>   Sbj   PräpoA   AdverbialA
>
> 1.2 ⌈dann⌉⌈eine Woche⌉   ⎫
>   SPtk   AdverbialA   ⎬ Weitergeltung des Subjekts «Herr K.» und des Verbs
> 1.3 ⌈dann⌉⌈noch⌉⌈einen Monat⌉⎭ «wartete» aus der Proposition 1.1 (Genaueres dazu
>   SPtk   SPtk   AdverbialA   in Ziff. 8.38)
>
> 2.1 ⌈Am Schlusse⌉ *sagte* ⌈er⌉:
>   PräpoD   Sbj
>
> 2.2 ⌈Einen Monat⌉ *hätte* ⌈ich⌉⌈ganz gut⌉ *warten können*, Weitergeltung des Subjekts «ich» und des Verbgefü-
>   AdverbialA   Sbj SAdj   ges «hätte warten können», dieses jetzt aber nicht
> 2.3 ⌈aber⌉⌈nicht⌉⌈diesen Tag und diese Woche⌉.   mehr als Kjv II Perfekt, sondern als Perfekt oder
>   SPtk   SPtk   AdverbialA, doppelt   Präteritum zu denken: «aber diesen Tag und diese
>   Woche *konnte* ich nicht mehr warten»

Was sofort auffällt, ist die *Einfachheit* des Aufbaus. Die verbalen Wortketten sind: «lange Zeit auf etwas warten – am Schluß etwas sagen – eine bestimmte Zeit ganz gut warten können – eine andere Zeit nicht mehr warten können». Die Propositionen 2.2 und 2.3, direkte Rede, können zugleich als Ausfüllung der Objektsstelle zu «sagen» gesehen werden.

Verwendete Satzglieder:

3mal ein *Subjekt*, mit dem immer die gleiche Person gemeint ist (zuerst genannt, dann durch «er» aufgenommen, dann in der direkten Rede durch «ich»)

2mal ein *Präpokasus*, beidemale mit sehr einfachen Präpositionen mit Akkusativ und mit Dativ, nämlich «auf etwas – am Schluß»

4mal ein *Adverbialakkusativ*, das vierte Mal mit zwei Kernen (auch als zwei Satzglieder auffaßbar), nämlich «einen Tag – eine Woche – einen Monat (zweimal) – diesen Tag und diese Woche»

1mal ein *Satzadjektiv*, zweiwortig (mit Vorschaltteil, Ziff. 7.01), nämlich «ganz gut»

5mal eine *Satzpartikel*, nämlich «dann (zweimal) – noch – aber – nicht».

Auffällig ist die Häufigkeit der Adverbialakkusative für die Verdeutlichung der Dauer des Wartens. Hier zeigt sich durch die Satzgliedanalyse zugleich ein Stück Stilwille des Autors.

> Wenn Herr K. einen Menschen liebte
>
> «Was tun Sie», wurde Herr K. gefragt, «wenn Sie einen Menschen lieben?» «Ich mache einen Entwurf von ihm», sagte Herr K., «und sorge, daß er ihm ähnlich wird.» «Wer? Der Entwurf?» «Nein», sagte Herr K., «der Mensch.»
>
> **Analyse**
>
> (Überschrift) ⌈Wenn ⌈Herr K.⌉ einen Menschen⌉ *liebte*
>
> 1.1 «⌈Was⌉ *tun* ⌈Sie⌉»,
>   AObj   Sbj
>
> 1.2 *wurde* ⌈Herr K.⌉ *gefragt*,
>   Sbj
>
> 1.3 *wenn* ⌈Sie⌉⌈einen Menschen⌉ *lieben*?
>   Sbj   AObj

2.1 «⌈Ich⌉ mache ⌊einen Entwurf⌋ ⌊von ihm⌋
     Sbj   AObj   PräpoD

«von ihm» könnte auch als angefügter (attributiver) Präpokasus aufgefaßt werden (Ziff. 7.01'B). Argument für Auffassung als eigenes Satzglied: «*Von einem solchen Menschen* mache ich zuerst einen Entwurf» (also «von einem solchen Menschen» allein vor dem Verb)

2.2 ⌈sagte ⌊Herr K.⌋
            Sbj

2.3 ⌈und *sorge*⌉

Weitergeltung von «ich» aus Prop. 2.1

2.4 ⌈daß ⌊er⌋ ⌊ihm⌋ ⌊ähnlich⌋ *wird*.»
         Sbj DObj SAdj

3 «⌈Wer⌉?
   Sbj

4 ⌈Der Entwurf⌉?»
     Sbj

zwei Propositionen ohne eigenes Verb, als zwei fragende Sätze gesetzt; aus 2.4 ist aber als Muster zu entnehmen «jemand wird jemandem/etwas ähnlich», und man versteht daher sowohl «wer» wie «der Entwurf» als Subjekte, indem man in Gedanken vervollständigt: «Wer soll wem ähnlich werden – der Entwurf dem wirklichen Menschen, oder anders?»

5.1 ⌈Nein,⌉

reine nichtverbale Proposition, keine Satzgliedbeziehungen enthaltend

5.2 ⌈sagte ⌊Herr K.⌋
             Sbj

5.3 ⌈der Mensch⌉
     Sbj

nochmaliger Rückgriff auf die Struktur von 2.4 «jemand wird jemandem/etwas ähnlich»; zu verstehen also «Der Mensch soll meinem Entwurf ähnlich werden». Der Grund dafür ist vom Leser selbst zu finden: «Wenn er so wird, wie ich ihn haben möchte, kann ich ihn erst wirklich lieben».

Die verbalen Wortketten sind: «einen Menschen lieben» (zweimal) – «etwas tun» – «gefragt werden» (Passiv, zurückführbar auf das Aktiv «jemanden fragen») – «von jemand/etwas einen Entwurf machen» – «etwas sagen» (die Stelle des Akkusativobjekts «etwas» wird durch die direkte Rede ausgefüllt) – «für etwas sorgen» (die Bedeutungsstelle «für etwas, dafür» wird durch die Proposition 2.4 ausgefüllt) – «jemandem/etwas ähnlich werden».

Verwendete Satzglieder (einschließlich der als Überschrift gesetzten Proposition):
11mal *Subjekt* (4mal «Herr K.», 2mal «Sie», 1mal «ich», 1mal «er», 1mal «wer», 1mal «der Entwurf», 1mal «der Mensch»)
4mal *Akkusativobjekt* («einen Menschen», 2mal «was» und «einen Entwurf»
1mal *Präpositionaldativ* («von ihm» für «von dem Menschen»)
1mal *Dativobjekt* (das zunächst doppeldeutige «ihm») ⎫ Dativobjekte und Satzadjektive auch
1mal *Satzadjektiv* («ähnlich») ⎭ in dem, was die Lesenden ergänzen

Der besondere stilistische Reiz liegt in der Doppeldeutigkeit des Dativobjekts «ihm» in 2.4 und in der knappen Fassung der zur Auflösung der Doppeldeutigkeit einsetzenden Folge von Frage und Antwort, die jeden Leser/jede Leserin zu eigener Ergänzung herausfordert.

	Analyse
Helmut Heissenbüttel einfache Sätze	‿während ⌊ich⌋ stehe‿ 　　　　　Sbj
während ich stehe fällt der Schatten hin Morgensonne entwirft die erste Zeichnung Blühn ist ein tödliches Geschäft ich habe mich einverstanden erklärt ich lebe	‿fällt ⌊der Schatten⌋ hin‿ 　　　　Sbj ⌊Morgensonne⌋ entwirft ⌊die erste Zeichnung⌋ 　Sbj　　　　　　　　AObj ⌊Blühn⌋ ist ⌊ein tödliches Geschäft⌋ 　Sbj　　　　Prädikativ ⌊ich⌋ habe ⌊mich⌋ ⌊einverstanden⌋ erklärt 　Sbj　　AObjrefl　SAdjektiv ⌊ich⌋ lebe 　Sbj

Es sind nur *die allereinfachsten und elementarsten* Satzgliedtypen verwendet:
6mal Subjekt (dreimal «ich», dazu «der Schatten – die Morgensonne – Blühn»)
2mal Akkusativobjekt («die erste Zeichnung» und das reflexiv gebrauchte «mich»)
1mal Prädikativ («ein tödliches Geschäft»)
1mal Satzadjektiv («einverstanden»)

Aus diesen ganz einfach aufgebauten Propositionen sollen die Lesenden sich einen Gedankenzusammenhang bilden, der etwa so laufen kann: «Schatten ist überall – er beginnt mit der Morgensonne, die als Weckerin des Lebens betrachtet werden kann – alles Blühn führt auch zu Verwelken und Tod – ich bin einverstanden mit meinem Schicksal, nämlich zu leben («zu blühn») und dann auch zu welken und vom Tod weggenommen zu werden».

6.11 Formaler Aufbau von Propositionen – Bedeutungsaufbau – logische Struktur

Zwei Ansprüche darf man an eine Analyse nach Satzgliedern *nicht* stellen: daß diese Analyse immer zugleich den *Bedeutungsaufbau* in der betreffenden Proposition zeigt und daß durch sie immer auch die *logische Struktur* der betreffenden Aussagen hervortritt. Der *Bedeutungsaufbau* kann mit dem formalen Aufbau parallel laufen, aber das ist keineswegs immer der Fall. Noch weniger gibt es eine 1:1-Beziehung zwischen formalem Aufbau und logischer Struktur, wie die drei folgenden Beispiele zeigen:

1 Drei Propositionen mit dem Verb «werden», in welchen Satzglieder gleichen Typs sowohl an der einen wie an der andern Bedeutungsstelle auftreten:

⌊Sein früherer Feind⌋ Subjekt	wurde	⌊sein bester Freund⌋ Prädikativ
⌊Sein früherer Feind⌋ Subjekt	wurde	⌊zu seinem besten Freund⌋ Präpositionaldativ «zu»
⌊Aus seinem früheren Feind⌋ Präpositionaldativ «aus»	wurde	⌊sein bester Freund⌋ Subjekt
irgend ein Wesen (Person, Erscheinung, Sache, noch anderes) in einem *Ausgangszustand*, vor der jetzt beschriebenen Änderung	*Akt* der Umwandlung in etwas anderes	dasselbe Wesen (Person, Erscheinung, Sache, noch anderes) *im geänderten, neuen Zustand* (mit dem geänderten, neuen Wert)

2 und 3   Je zwei Propositionen mit ganz verschiedenem formalem Aufbau, aber genau gleicher logischer Struktur:

⌐Das⌐ ist ⌐ein grober Fehler⌐	logische Struktur:	
Sbj Prädikativ		
⌐Das⌐ bedeutet ⌐einen groben Fehler⌐	etwas zu Beurteilendes +	Beurteilung, Einordnung (hier als «Fehler»)
Sbj Akkusativobjekt		

⌐Er⌐ informierte ⌐seinen Partner⌐vollständig⌐	logische Struktur:	
Sbj Akkusativobjekt Satzadjektiv		
⌐Er⌐ gab ⌐seinem Partner⌐alle nötigen Informationen⌐	Lieferant der Informationen +	Empfänger der Informationen
Sbj Dativobjekt Akkusativobjekt		

Für weitere Beispiele siehe Ziff. 6.47 und 6.48, für Genaueres zum Bedeutungsaufbau Ziff. 6.50–6.60 sowie die ganzen Teile 10, 11 und 12.

6/II Verben, Subjekte und weitere Satzglieder im Französischen

6.12 Überblick: le verbe – le sujet – les attributs – les compléments du verbe

Im Französischen hat man seit langem ein System von Satzgliedbegriffen, das der französischen Sprache viel besser angepaßt ist, als es das traditionelle deutsche System mit seinem inkonsequenten Prädikatsbegriff (siehe Ziff. 6.02) für das Deutsche war. Man spricht nicht von «prédicat», sondern sagt einfach «le verbe». Wo (gelegentlich) der Fachausdruck «prédicat» verwendet wird, meint man damit nicht das Verb allein, sondern «le groupe du verbe», d. h. das Verb zusammen mit den Satzgliedern, die nicht Subjekt sind.

Die *Subjekte* (les sujets) sind schon in Teil 3 behandelt (Ziff. 3.31–3.36). Grundlegend für die Satzglieder *neben* dem Subjekt ist die Unterscheidung zwischen den *attributs* und den *compléments du verbe*.

Ein *attribut* muß *angepaßt* werden an das Satzglied, auf das es zu beziehen ist, nämlich entweder an das Subjekt oder an das complément d'objet direct. Diese Anpassung betrifft grundsätzlich die Kennzeichnung von singulier oder pluriel und von masculin oder féminin im attribut. Diese Kennzeichnung ist sehr oft nur in der Schrift sichtbar (dort aber sehr wichtig für die Korrektheit); hie und da wird die besondere Form des féminin auch hörbar. Dagegen gibt es für die *compléments* du verbe *keine* solche Anpassung.

6.13 Les attributs

Vorbemerkung zum Fachausdruck: Man muß sich hier völlig lösen von den manchenorts üblichen deutschen Fachausdrücken «attributives Adjektiv» und «prädikatives Adjektiv». Dem «prädikativen Adjektiv» entspricht im Französischen das adjectif *attribut*, und dem «attributiven Adjektiv» entspricht das adjectif *épithète*.

ATTRIBUT DU SUJET			
Paul est *mon ami*	Paul et René sont *mes amis*	Il est *gentil*	Ils sont *gentils*
Anne est *mon amie*	Anne et Renée sont *mes amies*	Elle est *gentille*	Elles sont *gentilles*
Ce procès paraît *très lent*	Ces évolutions paraissent *très lentes*		

Entsprechende deutsche Beispiele, zum Vergleich: «Er ist *mein Freund* – Sie sind *meine Freunde* – Er ist/Sie ist/Sie sind *freundlich*» und «Dieser Ablauf/Diese Entwicklung scheint sehr *langsam*, Diese Abläufe/Diese Entwicklungen scheinen sehr *langsam*».

Andere Beispiele mit attribut du sujet: La question *demeure indécise* (Die Frage bleibt unentschieden) – Ils *sont restés fidèles* (Sie sind treu geblieben) – Elle *semble fatiguée* (Sie scheint müde) – Claude et René *seront nommés membres honoraires* (Sie werden zu Ehrenmitgliedern ernannt werden).

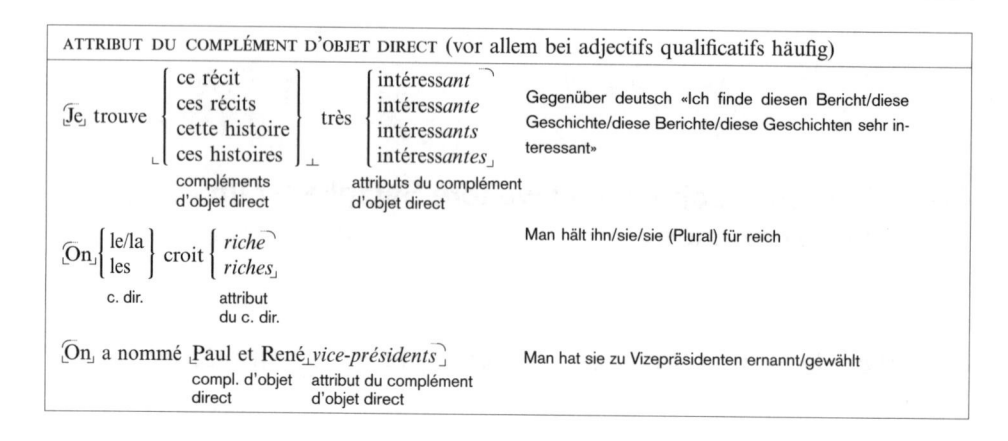

ATTRIBUT DU COMPLÉMENT D'OBJET DIRECT (vor allem bei adjectifs qualificatifs häufig)

Je trouve { ce récit / ces récits / cette histoire / ces histoires } très { intéress*ant* / intéress*ante* / intéress*ants* / intéress*antes* }   Gegenüber deutsch «Ich finde diesen Bericht/diese Geschichte/diese Berichte/diese Geschichten sehr interessant»

compléments d'objet direct — attributs du complément d'objet direct

On { le/la / les } croit { riche / riches }   Man hält ihn/sie/sie (Plural) für reich

c. dir. — attribut du c. dir.

On a nommé Paul et René *vice-présidents*.   Man hat sie zu Vizepräsidenten ernannt/gewählt

compl. d'objet direct — attribut du complément d'objet direct

6.14 Complément d'objet direct und complément d'objet indirect

Die compléments d'objet directs entsprechen grundsätzlich den deutschen Akkusativobjekten, sie sind etwa gleich häufig wie diese. Sie haben aber weder im déterminant noch im begleitenden Adjektiv (adjectif épithète) noch im Nomen eine andere Form, als man sie auch für sujet und attribut braucht. Typisch ist dagegen der Ersatz durch die pronoms conjoints «le – la – les»:

Je connais { le nouveau président / la nouvelle société / les nouveaux présidents / les nouvelles sociétés }   Je { le / la / les } connais   Gegenüber deutsch: «Ich kenne den neuen Präsidenten – Das ist der neue Präsident – Hier steht der neue Präsident»

Kennzeichnend für ein complément d'objet *indirect* ist das Vorhandensein der *Präposition «à»* oder *«de»*, aber zugleich eine *enge Bindung* an das jeweilige Verb. Als Ersatz für «à ...» dient bei Personen «lui» und «leur» (und zwar gleicherweise für masculin und féminin), bei Erscheinungen, Sachen usw. dagegen «y». Als Ersatz für «de ...» dient «en»:

Il parle { à son ami / à ses amis }   Il { lui / leur } parle   Il répond { à sa question / à ses questions }   Il y répond

Il parle { de son fils / des ses enfants }   Il en parle   Il raconte { de son travail / de ses travaux }   Il en raconte

Häufig verwendet man eine *Kombination* von complément d'objet direct und complément d'objet indirect «à» für die Bedeutungsbeziehung, die im Deutschen durch die Kombination von Akkusativobjekt und Dativobjekt dargestellt wird:

Il { lui / leur } montre { son appartement / sa maison / ses collections }   Il { le / la / les } { lui / leur } montre

c. indir. — c. direct   c. dir — c. indir

Das *Unterscheiden* von complément d'objet direct und complément d'objet indirect kann wichtig sein für korrektes Schreiben, nämlich für die Anpassung des *participe passé* an ein vorhergehendes complément *direct*. Das gilt vor allem bei den Pronomen «me – te – nous – vous», die gleicherweise als complément direct und indirect dienen können. Ein Mann sagt «Ils m'ont *vu*», eine Frau sagt «Ils m'ont *vue*»: Zwei Mädchen sagen «Ils nous ont *vues*». Dagegen schreibt man mit unverändertem participe passé: «Ils m'ont *parlé*, ils nous ont *parlé*». In Verbindung mit «*voir*» dienen eben «me – te – nous – vous» als compléments *directs*, dagegen dienen sie in Verbindung mit «*parler*» als compléments *indirects*.

Ausdrücke mit *article partitif* («manger *du pain*, boire *de l'eau*») werden von den einen Grammatikern zu den compléments directs, von den andern zu den compléments indirects gerechnet.

Ausdrücke mit «à» und «de» und die dafür eintretenden «y» und «en» können aber auch compléments *circonstanciels* sein (siehe Ziff. 6.16): «aller *à Lausanne*, *y* aller – sortir *du* jardin, *en* sortir».

6.15 Complément d'agent

Mit einem *complément d'agent* stellt man den *Handelnden* dar, wenn das Verb in der besonderen Form steht, die man «Passiv» nennt (Genaueres in Ziff. 6.33). Kennzeichen ist die Präposition «*par*», hie und da auch «*de*»:

L'accusé est interrogé par le juge	Elle etait admirée de ses élèves
Der Angeklagte wird vom Richter befragt	Sie wurde von ihren Schülern bewundert

Kombination von complément d'agent und complément d'objet indirect «à»:

Ce cadeau vous est offert par la direction
c. indir   c. d'agent
Dieses Geschenk wird Ihnen von der Direktion angeboten

6.16 Compléments circonstanciels

Alle Satzglieder, die *weder* als Subjekt *noch* als attribut *noch* als complément d'objet direct oder indirect *noch* als complément d'agent einzuordnen sind, faßt man zusammen unter dem Sammelbegriff «*compléments circonstanciels*».

Die compléments circonstanciels werden oft nach Bedeutungen unterteilt – aber in einer sehr viel differenzierteren Weise als die deutschen Adverbialien mit ihren nur vier Klassen (siehe Ziff. 6.09). Eine weit verbreitete Elementargrammatik (Grevisse, Précis de Grammaire française, 28ième édition, 1969, p. 38–39) bietet eine Einteilung in 21 Typen, und zwar ausdrücklich als eine offene Reihe, ohne Vollständigkeitsanspruch (das läßt sich aus dem Einleitungssatz für die Tabelle entnehmen: «Les *principales* circonstances marquées par le complément circonstanciel sont»):

La *cause*:	Agir *par jalousie*. Aus Eifersucht handeln.
Le *temps (époque)*:	Nous partirons *dans trois jours*. Wir werden *in drei Tagen* abreisen.
Le *temps (durée)*:	Il a travaillé *toute sa vie*. Er hat *sein ganzes Leben lang* gearbeitet.
	Il resta *trois mois*. Er blieb *drei Monate*.
Le *lieu (situation)*:	Vivre *dans un désert*. In *einer Wüste* leben.
Le *lieu (direction)*:	Je vais *aux champs*. Ich gehe *aufs Feld*.

Le *lieu (origine)*:	Je viens *de la ville*.	Ich komme *aus der Stadt*.
Le *lieu (passage)*:	Il s'est introduit *par le soupirail*.	Er ist *durch das Kellerfenster* eingedrungen.
La *manière*:	Il marche *à pas pressés*.	Er geht *mit schnellen Schritten*.
Le *but*:	Travailler *pour la gloire*	*Für den Ruhm* arbeiten
	Etudier *pour s'instruire*	Studieren, *um sich zu bilden*
L'*instrument*:	Il le perça *de sa lance*.	Er durchbohrte ihn *mit seiner Lanze*.
La *distance*:	Se tenir *à trois pas* de quelqu'un.	Sich *drei Schritte* von jemandem entfernt halten.
Le *prix*:	Ce bijou coûte *mille francs*.	Dieses Schmuckstück kostet *1000 Francs*.
Le *poids*:	Ce coli pèse *cinq kilos*	Dieses Paket wiegt *fünf Kilo*.
La *mesure*:	Allonger sa robe *de deux centimètres*	Sein Kleid *um zwei Zentimeter* verlängern
La *partie*:	Saisir un poisson *par les oules*	Einen Fisch *bei den Kiemen* fassen
L'*accompagnement*:	Il part *avec un guide*.	Er geht *mit einem Führer*.
La *matière*:	Bâtir *en briques*	*Mit Backsteinen* bauen
L'*opposition*:	Je te reconnais *malgré l'obscurité*.	Ich erkenne dich *trotz des Dunkels*.
Le *point de vue*:	Egaler quelqu'un *en courage*	Jemandem *an Mut* gleichkommen
Le *propos*:	Parler, discourir *d'une affaire*	Sich *über eine Angelegenheit* unterhalten
Le *résultat*:	Il changea l'eau *en vin*.	Er verwandelte das Wasser *in Wein*.

Man darf natürlich auch hier den Fachausdruck «complément circonstanciel» *nicht* als *Definition* mißverstehen und aus dem Wort «circonstanciel» schließen wollen, es müsse sich immer um «circonstances», um «begleitende Umstände» handeln. Ein complément circonstanciel ist nicht selten als ein zentraler Bestandteil der betreffenden verbalen Wortkette zu betrachten, nicht weniger zentral als ein complément d'objet direct ou indirect, z. B. in «changer l'eau *en vin*» oder «coûter *mille francs*» usw.

Die Tabelle enthält nur compléments circonstanciels mit einem Nomen als Kern, meistens eingeleitet durch ein déterminant («trois jours, un désert, la ville»), oft mit einer Präposition («par jalousie – dans trois jours – aux champs» usw.), aber auch ohne Präposition, entsprechend den deutschen Adverbialakkusativen («travailler *toute sa vie*, sein ganzes Leben arbeiten – rester *trois mois*, drei Monate bleiben – coûter *mille francs*, tausend Franken kosten – peser *cinq kilos*, fünf Kilo wiegen»). Man müßte aber, wenn man eine vollständige Analyse haben will, auch alle als Satzglieder dienenden *adverbes* dazunehmen, z. B. «*déjà – après – ensuite – assurément – mal – vite – soigneusement*», und dann müßte wohl die obige Tabelle noch um einige Typen erweitert werden. Zum ganzen Problem «Bedeutungsbeiträge von Satzgliedern (in allen vier Sprachen) siehe die «höhere Grammatik», die in den Teilen 10, 11 und 12 entwickelt ist.

Man muß ferner beachten, daß der Fachausdruck «complément» nicht nur zur Kennzeichnung von Satzgliedtypen verwendet wird, sondern auch zur Beschreibung des inneren Aufbaus von Satzgliedern, z. B. als «complément de nom» in «la valeur *de ce livre*, l'importance *de cette pensée*» usw. Diese Strukturen, die den deutschen Anschlußgefügen entsprechen, sind in Teil 7 behandelt, speziell in Ziff. 7.11.

6/III Die Satzglieder neben dem Subjekt im Englischen

6.17 Direct object – indirect object

Das Auffälligste für Lernende, die vom Deutschen und Französischen herkommen, ist die Signalisierung der Bedeutungsbeziehung, die man im Deutschen durch Akkusativobjekt und Dativobjekt, im Französischen durch complément d'objet direct und complément d'objet indirect «à …, lui/leur» darstellt. Man spricht in der englischen Grammatik von «*direct object*» und «*indirect object*». Aber das indirect object wird nur teilweise durch ein Signal im Satzglied selbst gekennzeichnet (nämlich durch die Präposition «to»); oft muß der Unterschied rein aus der Stellung entnommen werden oder aus dem Sinnzusammenhang:

She gave her brother the book	She gave it to her brother	
indirect obj direct obj	dir obj indirect object	
She gave the book to her brother	She gave him the book	She gave it him
direct obj indirect object	indir obj dir obj	d. o. ind obj

Die Pronomen «him – her – them – me» (d. h. die Personalpronomen im «objective case», vgl. Ziff. 4.33) entsprechen also bald den deutschen Akkusativen «ihn – sie – sie (Pl.) – mich», bald den deutschen Dativen «ihm – ihr – ihnen – mir». Daneben dient «her» auch als Possessiv («*her* brother»). Das Pronomen «you» kann ohnehin in gleicher Lautung als Subjekt, als direct object oder als indirect object dienen:

Here you are	I'll present you to my friends	I'll tell you the whole story
Subj	dir obj	indir obj

6.18 Subject complement und object complement

Für die Bedeutungsbeziehungen, die man im Deutschen durch Prädikativ oder durch Satzadjektiv zum Subjekt oder zum Akkusativobjekt darstellt (und im Französischen durch attribut du sujet und attribut du complément d'objet direct) hat man in neueren englischen Grammatiken den Begriff «*complement*», und zwar als «*subject complement*» (d. h. Prädikativ/Satzadjektiv zum Subjekt) und als «*object complement*» (Objektsprädikativ oder Satzadjektiv zum Objekt). Dabei ist ein object complement auch bei Verben möglich, bei denen im Deutschen ein Präpokasus mit «zu» oder ein Zuordnungsakkusativ erforderlich ist:

He became professor	They made him chancellor	I was happy	That made me happy
subj compl	obj compl	subj compl	obj compl

Es gibt auch *viel mehr Verben*, die man mit einem Adjektiv als subject complement verbinden kann, als es entsprechende deutsche Verben gibt:

to *grow old* – «grow» entspricht sonst dem deutschen «wachsen»   alt werden
to *turn grey* – «turn» entspricht sonst dem deutschen «drehen, wenden»   grau werden
to *go mad* – «go» entspricht sonst grob dem deutschen «gehen»; hier ähnlich wie in «verloren   toll werden, verrückt werden   gehen, kaputt gehen»
to *feel hungry* – deutsch mit Reflexiv: «*sich* hungrig fühlen»

Das Verb «to feel» wird sonst mit direct object gebraucht:

The doctor felt my pulse	Just feel the weight of this box

Man kann auch das Universalverb «to *get*» (gröbste Bedeutungsumschreibung: «irgendwohin gelangen, zu irgend etwas gelangen) mit einem Adjektiv als subject complement verbinden:

The days *are getting* shorter and shorter

6.19 Verschiedener Gebrauch gleicher Fachausdrücke bei verschiedenen Grammatikern

Es gibt auch englische Grammatiker, die statt «object» den Fachausdruck «extensive complement» verwenden, und dann für das gemäß Ziff. 6.18 «complement» Genannte den Fachausdruck «intensive complement». Das Verb wird dann «predicator» genannt:

The party needed a leader predicator extensive complement	He became leader of the party predicate intensive complement
She seemed very angry predicator intensive complement	They considered him a fool predicator extensive intensive compl compl

Für die Unterscheidung des indirect object vom direct object brauchen diese Grammatiker dann die Fachausdrücke «complement E 1» und «complement E 2», abgekürzt mit hochgestelltem «E 1–E 2»:

They sent me some flowers C^{E1} C^{E2}

Das gilt aber nur bei Voranstellung des indirect object. Ein nachgestelltes Satzglied mit der gleichen Bedeutungsbeziehung wird von diesen Grammatikern gar nicht mehr zu den «extensive complements», sondern zu den «adjuncts» gezählt (wegen des Vorhandenseins der Präposition «to»):

We send these flowers to our friend   extens. compl.   adjunct

(Alle diese Fachausdrücke und Beispiele aus «Scott/Bowley/Brockett/Brown/Goddard, English Grammar, A Linguistic Study of its Classes and Structures, London und Auckland, 1968, speziell S. 45–46)

6.20 Adverbials: adjuncts, disjuncts, conjuncts

Für alle Satzglieder neben dem Subjekt, die weder objects noch complements sind, hat man allgemein den Begriff «adverbials». Als adverbial kann ein Adverb, ein nominaler Ausdruck ohne Präposition oder ein nominaler Ausdruck mit Präposition dienen:

| I met Jim *last night*. | We went *to a pub*. | She came *very early*. |

Führende englische Grammatiker der Gegenwart unterteilen die adverbials in drei Klassen: *adjuncts, conjuncts, disjuncts*.

Die *adjuncts* sind mehr oder weniger glatt in die Propositionen eingebaut und liefern verschiedene Angaben im Rahmen der Propositionen:

Zeitpunkt:	He will come *tomorrow*
Dauer:	She *always* loved him
Ort:	He lives *in a small village*
Richtung:	He went *from Rome to London*
Intensität, Vollständigkeit:	I can *perfectly* see it
Mittel, Instrument:	He goes to school *by car*
Qualität, positiv oder negativ:	They treated me *badly*
und vieles andere	

Die *disjuncts* liefern nicht einen Beitrag zum Aufbau der Proposition in sich, sondern sie beleuchten die Proposition *als ganze* (siehe Ziff. 10.47, verschiedene gedankliche Ebenen):

| *Seriously*, do you intend to resign? | *Strictly speaking* nobody is allowed here |
| *Frankly* he hasn't a chance. | He is *wisely* staying at home today. etc. |

Die *conjuncts* dienen für den Einbau der Propositionen in den *Textzusammenhang*, sie berühren sich mit den beiordnenden Konjunktionen:

| *First*, phone the office and tell them I'll be late. *Secondly*, order a taxi ... |
| It was a very difficult examination. *Nevertheless*, he passed it with distinction. |

Es geht hier also in erster Linie um die *Bedeutungsbeiträge* von Satzgliedern, die in den Teilen 10, 11 und 12 das Thema sind.

6/IV Die Satzglieder neben dem Subjekt im Lateinischen; Kasussyntax

6.21 Andere Behandlungsweise als in den modernen Sprachen

Die Aufstellung eines vollständigen Systems von Satzgliedbegriffen, hinausgehend über die Begriffe für die Wortarten (z. B. «Adverb») und von Wortformen (vor allem: Kasus) erfolgte im wesentlichen im Zug der Entwicklung der *französischen* Grammatik, von etwa 1750 an, und dann – teils durch Übernahme von im Französischen entwickelten Begriffen, teils in oft recht spekulativer Eigenentwicklung – in der deutschen Grammatik. Das traditionelle deutsche System der Satzglieder neben dem Subjekt (der in Ziff. 6.02 dargestellte in sich widersprüchliche Prädikatsbegriff, die vier Typen von Objekten und die Adverbialien mit ihren nur vier Klassen, Ziff. 6.09) stammt aus der Zeit um 1830. Die moderne Auffassung von formalen Satzgliedtypen (Ziff. 6.05 und 6.06) wurde erst im Lauf der letzten vier Jahrzehnte aufgebaut.

Im *Lateinischen* sah man aber kaum Anlaß, ein vollständiges System formaler Satzgliedtypen neben dem Subjekt aufzustellen. Man übernahm aus den Grammatiken der modernen Sprachen die Begriffe «Akkusativobjekt – Dativobjekt – Genitivobjekt» bzw. «complément à l'accusatif, complément au datif, complément au génitif». Französische Latein-Grammatiken sprechen auch von «complément à l'ablatif», während Latein-Grammatiken aus dem deutschen Sprachgebiet nur bestimmte Gebrauchsweisen von Akkusativ, Dativ und Genitiv als «Objekte» ansprechen (wohl weil es im Deutschen kein «Ablativobjekt» geben kann).

In den Übersichten über die Satzglieder wird oft auch ein «*präpositionales Objekt*» vorgeführt (zum Teil erklärt als «Präpositionalgefüge, das vom Prädikat notwendig gefordert wird», das man also nicht weglassen kann). Bei der genaueren Behandlung der einzelnen Kasus wird aber der Begriff «präpositionales Objekt» meistens gar nicht mehr verwendet.

Sehr ungleich ist die Verwendung des Begriffs «*Adverbiale*». Dieser Begriff wurde um 1840 aus der deutschen Grammatik in die deutschsprachigen Latein-Grammatiken übernommen. Heute findet man ihn meistens nur noch in Lehrbüchern für Anfänger, weil die Verfasser dieser Lehrbücher davon ausgehen, daß die Schüler von der deutschen Grammatik her die Begriffe «Objekt» und «Adverbiale» beherrschen. Bei der konkreten Darstellung der Funktionen der einzelnen Kasus wird der Begriff aber meistens nur beiläufig oder gar nicht benützt. In wissenschaftlichen Latein-Grammatiken spricht man wohl von «Adverbien», auch von «Adverbial*sätzen*» (Sammelbegriff für eine Reihe von Nebensatz-Typen), aber «Adverbiale» als *Satzglied-Begriff* kommt kaum vor.

Für die Behandlung der *einzelnen Möglichkeiten* geht man nicht von übergeordneten Satzgliedbegriffen aus (indem man z. B. alle Objekte hintereinander vorführt), sondern von den *verwendeten Kasus*. Dabei benennt man zum Teil *direkt* die jeweilige *Bedeutungsbeziehung*, z. B. wenn man vom «Akkusativ der Richtung oder des Zieles bei Verben der Bewegung» spricht. Daneben arbeitet man mit Begriffen, die den deutschen formalen Satzgliedtypen entsprechen und die eine Reihe von verschiedenen Bedeutungsbeziehungen umfassen, z. B. «Objektsakkusativ». Beispiele für die sehr verschiedenen Bedeutungsbeziehungen, die man mit einem Objektsakkusativ darstellen kann, sind in Ziff. 6.24 gegeben.

6.22 Fachausdrücke teilweise verschieden, je nach der Sprache des Grammatik-Verfassers

Auch wo die *Begriffe* genau gleich gefaßt sind, werden zum Teil *verschiedene Fachausdrücke* gebraucht, je nach der Muttersprache des Grammatik-Verfassers.

Was in einer deutschsprachigen Latein-Grammatik «*Attribut, attributives Adjektiv*» heißt, führt in der französischsprachigen Latein-Grammatik den Namen «*épithète, adjectif épithète*». Was in der deutschsprachigen Lateingrammatik «*Prädikatsnomen, prädikatives Adjektiv*» heißt, ist in der französischen Latein-Grammatik «*nom attribut, adjectif attribut*». Ein *attributiver Genitiv* der deutschsprachigen Latein-Grammatik ist in der französischen Latein-Grammatik ein *complément du nom* (bzw. du pronom).

Gemeinsam ist der Fachausdruck «*Apposition* – apposition» für ein Nomen/Substantiv im gleichen Kasus, das einem andern Nomen/Substantiv folgt – sei es als Bestandteil eines festen Gefüges («fluvius *Rhenus*, der Fluß *Rhein*»), sei es als Nachtrag, oft mit angeschlossenem Genitiv («Romani, *domini orbis terrarum*, die Römer, Herren des Kreises der Länder»). Dieser Fachausdruck wurde eben schon für das Lateinische entwickelt, nicht erst bei der Entwicklung der Grammatiken für die modernen Sprachen, die zu wichtigen Teilen für die verschiedenen Sprachen verschieden verlief.

6.23 Satzglieder im Nominativ, die nicht Subjekt sind

A Prädikatsnomen, bei Verben des Seins, Werdens, Bleibens

Bei Verben wie «*esse*, sein – *manēre*, bleiben – *fieri*, werden – *creāri*, ernannt werden» steht sehr oft ein *Nominativ* als *Prädikatsnomen*. Das Prädikatsnomen entspricht grundsätzlich einem deutschen Prädikativ oder einem deutschen Satzadjektiv, das sich auf das Subjekt bezieht. Es kann aber auch einem deutschen Präpokasus entsprechen, z. B. «Ille *consul* creabitur – Er wird *zum Konsul* gewählt werden».

Das Prädikatsnomen muß mit dem *Subjekt übereinstimmen*, in Singular bzw. Plural und im grammatischen Geschlecht. Das muß man sich, wenn man als Deutschsprachiger Lateinisch lernt, besonders für die *Adjektive* einprägen, weil man in entsprechenden deutschen Propositionen ein undekliniertes Adjektiv setzt:

Ille beatus est	*Illa beata est*	*Illi beati sunt*	*Illae beatae sunt*
… ist ein Glücklicher	… ist eine Glückliche	… sind glückliche	… sind glückliche Frauen

Besonders auffällig ist diese Konstruktion, wenn gar kein Subjekt gesetzt ist und man aus der Verb-Personalform und der Endung des Adjektivs entnehmen muß, was als Subjekt zu denken ist (manchmal kann man das nur aus dem weiteren Textzusammenhang erschließen):

⌈Incolumis, manebat⌉	⌈Incolumes, manebant⌉	⌈Beatae, eritis⌉
Er/Sie blieb unverletzt	Sie blieben unverletzt	Ihr werdet glückliche Frauen sein

B Prädikativum («prädikatives Zustandsattribut»), bei vielen Tätigkeitsverben

Man kann bei vielen Verben, die eine Tätigkeit darstellen, neben dem Subjekt und ggf. weiteren mit dem Verb verbundenen Satzgliedern *zusätzlich* ein geeignetes Adjektiv oder Nomen/Substantiv im Nominativ hinzufügen, und man kann dadurch angeben, in welcher *Weise*, in welcher *Stellung* oder *Rolle*, in welchem äußeren oder inneren *Zustand* die als Subjekt genannte oder zu denkende Person die durch das Verb dargestellte Tätigkeit vollzieht.

Ein solches zusätzliches Adjektiv oder Nomen/Substantiv im Nominativ heißt *Prädikativum*. Es gibt auch Grammatiker, die dafür den Fachausdruck «*prädikatives Zustandsattribut*» verwenden. Das Prädikativum ist, nicht anders als das Prädikatsnomen, dem *Subjekt* immer *anzupassen* (in Singular/Plural und im grammatischen Geschlecht):

⌈Galli, nudi, pugnabant⌉
Die Gallier kämpften *nackt* («*als unbekleidete*»)
⌈Cato, senex, historiam, scribere instituit⌉
Cato beschloß *als alter Mann* (oder: *im Greisenalter*), Geschichte zu schreiben
⌈Invitae, fecerunt⌉
Die Frauen taten es *ungern* («*als Unwillige*»)
⌈Istud argentum unciatim *compersit miser*⌉
Dieses Geld sparte er (der vorher genannte Sklave Geta) sich Unze für Unze *elend* (als *ein geplagter, elender Mann*) zusammen

Man kann daher manchmal nur aus dem Textzusammenhang entnehmen, ob ein Adjektiv oder Nomen/Substantiv im Nominativ als *Prädikativum* aufzufassen ist, zu einem im vorhergehenden Text gesetzten Subjekt, oder ob dieser Nominativ als ein *eigenes, neues Subjekt* zu verstehen ist. Das obige Beispiel «Istud argentum unciatim compersit miser» ist eine Aussage über den im vorherigen Text genannten Sklaven Geta, daher kann man für die Übersetzung aus dem Verb «compersit» das Subjekt «er» (für «Geta») entnehmen. Man kann aber auch «miser» als Subjekt betrachten (mit dem dann Geta zugleich genannt und charakterisiert ist) und übersetzen «Dieses Geld sparte sich *der arme Kerl* Unze für Unze zusammen».

Im Beispiel «*Cato senex* historiam scribere instituit» könnte man den Nominativ «senex» auch als Apposition *direkt* mit «Cato» verbinden und als ein zweiwortiges Subjekt übersetzen: «*Der alte Cato* beschloß, Geschichte zu schreiben», oder noch deutlicher «Den Entschluß, Geschichte zu schreiben, faßte *erst der alte Cato* – nicht Cato in jüngeren Jahren».

6.24 Satzglieder im Akkusativ: reiner Akkusativ und an eine Präposition gebundener Akkusativ

Die Verwendungsweisen des lateinischen Akkusativs lassen sich großenteils recht gut von den deutschen Satzgliedtypen her sehen und lernen, bei manchen Verben bestehen aber auch markante Verschiedenheiten.

A Objekt im Akkusativ, Objektsakkusativ

Durch *reinen Akkusativ* stellt man oft die Person, Erscheinung, Sache usw. dar, *auf welche* sich das *richtet*, was im Verb dargestellt ist: eine Tätigkeit, ein Gefühl, eine Wahrnehmung, eine Wirkungsweise, eine Art der inneren oder äußeren Beziehung. Dabei wird im Subjekt oft eine Person dargestellt, als deren Handlung, Verhalten, Einstellung usw. man die betreffende Tätigkeit, die Wahrnehmung, das Gefühl usw. sieht. Es kann aber durch das Subjekt auch eine Erscheinung, Sache usw. dargestellt werden, die man einfach als Ausgangspunkt für die im Verb dargestellte Aussage betrachtet:

Mulier *equitem* videt	Die Frau sieht einen Reiter
Maritum suum cognoscit	Sie erkennt ihren Mann
Manus tollit	Sie hebt die Hände, schlägt die Hände über dem Kopf zusammen
Maritum alloquitur	Sie spricht ihren Mann an
Maritum amat	Sie liebt ihren Mann
Vires *eam* deficiunt	Ihre Kräfte verlassen sie

Ein solcher Akkusativ entspricht grundsätzlich dem deutschen Akkusativobjekt; man verwendet aber meistens nicht diesen Fachausdruck, sondern spricht vom «*Akkusativ als Objekt*» oder «*Objektsakkusativ*».

Einen Objektsakkusativ gibt es auch bei Verben, deren deutsche Entsprechungen man mit einem Dativobjekt oder einem Präpokasus verbindet:

sequi aliquem, jemandem folgen:

| *Imperatorem* secuti sunt | Sie folgtem dem Befehlshaber |

fugere, effugere aliquem/aliquid, jemandem/etwas entfliehen:

| *Mortem* effugere nemo potest | Dem Tod kann niemand entfliehen, vor dem Tod kann niemand fliehen |

iuvare/adiuvare aliquem, jemandem helfen:

| *Fortes* fortuna *adiuvat* | den Tapferen hilft das Glück |
| deutsch auch mit Akkusativobjekt möglich: | Die Tapferen unterstützt, fördert das Geschick, der Zufall |

Das durch den Akkusativ Genannte kann auch in der Bedeutung des Verbs schon enthalten sein; es wird dann durch die Nennung besonders hervorgehoben:

magnam *pugnam* pugnare	einen großen *Kampf* kämpfen
vitam miseram *vivere*	ein elendes *Leben* leben
Mirum *somnium somniavi*	Ich habe einen wunderbaren *Traum* geträumt

Man spricht hier von «innerem Objekt» oder «Akkusativ des Inhalts». Man kann aber eine ganz ähnliche Bedeutungsbeziehung auch sehen, wenn Verb und Objektsakkusativ nicht den gleichen Wortstamm haben, wohl aber mit dem Verb schon bestimmte Inhalte der Tätigkeit festgelegt sind, z. B. *legere* (lesen) – *librum* legere (ein Buch lesen) oder *scribere* (schreiben) – *litteras* scribere (einen Brief schreiben). Hier wird durch das Akkusativobjekt spezifiziert, von welcher Art das in «Lesen» und «Schreiben» Betrachtete bzw. Geschaffene ist.

B   Objektsakkusativ kombiniert mit einem prädikativen Akkusativ

Bei einigen wichtigen und häufigen Verben, die ein gedankliches, sprachliches oder auch materiales Handeln (und oft: seine Auswirkungen) darstellen, kann man einen *Objekts*akkusativ und einen *prädikativen* Akkusativ (ein Prädikatsnomen im Akkusativ) *kombinieren*:

Caesar *Brutum amicum* putabat	Caesar hielt Brutus für seinen Freund
Noli *superbum te* praebere	Hüte dich, dich als hochmütig zu erweisen
Eum felicem dicunt	Jenen nennen sie einen Glücklichen
Pompeius *mare tutum* reddidit	Pompeius machte das Meer (wieder) sicher
Isti *malitiam sapientiam* iudicant	Diese Leute halten die Schlechtigkeit für Klugheit

Dieser Kombination entspricht bei Passiv-Form des Verbs die Kombination von Subjekt und Prädikatsnomen:

Ab istis *malitia sapientia* iudicatur	Von denen wird Bosheit als Klugheit betrachtet
Is felix dicitur	Dieser wird ein Glücklicher (glücklich) genannt

C Akkusativ für Handlungsinhalt und Akkusativ für berührte, beeinflußte Person

Bei einigen Verben, die ein zwischenmenschliches Handeln darstellen, kann man durch einen Akkusativ den speziellen Handlungsinhalt und durch einen zweiten Akkusativ die von der Handlung berührte, durch sie beeinflußte (oder zu beeinflussende) Person nennen:

docere, lehren:

Cato ipse *filium litteras* docuit
Cato unterwies persönlich seinen Sohn in den Wissenschaften

celare, verheimlichen:

Cur *sententiam tuam me* celavisti?
Warum hast du mir deine Meinung verheimlicht (nicht gesagt)?

flagitare, ungestüm fordern:

Caesar *frumentum Haeduos* cottidie flagitavit
Caesar verlangte täglich von den Häduern das (versprochene) Getreide

rogare, bitten:

Ciceronem sententiam rogavit,
Er fragte Cicero nach seiner Meinung (speziell auch: erkundigte sich, wie Cicero abgestimmt habe)

Diese Konstruktion liegt besonders nahe, wenn die betreffende Sache, Erscheinung usw. oder auch die Person nur durch ein Pronomen dargestellt ist:

Hoc te oro	Das bitte ich dich, darum bitte ich dich
Id eum interrogabo	Das werde ich ihn fragen, danach werde ich ihn fragen

Bei sehr vielen Verben werden derartige Bedeutungsbeziehungen durch Kombination von Objektsakkusativ und Objektsdativ dargestellt («dare *aliquid alicui*, jemandem etwas geben»), siehe Ziff. 6.25'A.

D Akkusativ für Angabe von Erstreckung (räumlich/zeitlich) und Grad (Intensität)

Durch reinen Akkusativ kann man eine *Erstreckung* in Raum oder Zeit oder ein *Maß* von etwas darstellen, ganz ähnlich wie durch den deutschen Adverbialakkusativ:

Fossa erat *sex pedes* alta	Ille regnavit *decem annos*
Der Graben war sechs Fuß tief	Jener regierte zehn Jahre
A recta conscientia non oportet *digitum* discedere	
Von dem als richtig Erkannten soll man keinen Finger breit abweichen	
Illae gentes *maximam partem* lacte atque pecore vivunt	
Jene Volksstämme leben zum größten Teil von Milch und vom Vieh	

E Akkusativ, rein oder mit Präposition verbunden, zur Nennung eines Bewegungsziels

Bei den Nomen/Substantiven «domus» (Haus) und «rus» (Land, im Gegensatz zur Stadt) und bei Namen von Städten und kleinen Inseln kann man das *Ziel einer Bewegung* durch *reinen Akkusativ* darstellen:

Domum redeamus	*Rus* proficiscamur	Dux *Romam* iter fecit
Gehen wir doch heim	Wir wollen aufs Land ziehen	Der Feldherr trat den Marsch nach Rom an, zog nach Rom

Mit diesen Gebrauchsweisen kann man auch Kombinationen der folgenden Art zusammenbringen, bei den Verben «traicere, traducere, transportare» (etwa «über etwas hinwegbringen»): Caesar *exercitum Rhenum* traduxit, Caesar führte das Heer über den Rhein. Man kann das erklären aus einer früheren Ausdrucksweise, bei welcher «trans» als Präposition diente und nicht als Verb-Bestandteil: «Exercitum trans Tiberim duxit, Er führte das Heer über den Tiber».

Insgesamt muß man diese Gebrauchsweisen des reinen Akkusativs als *Spezialfälle* verstehen, und wenn *nicht* die oben genannten besonderen Bedingungen bestehen, verwendet man die Kombination von *Präposition* + Akkusativ:

In Graeciam profectus est	*Sub tectum* eamus
Er ist nach Griechenland abgereist	Gehen wir unter das Dach

Dabei kann bei den Präpositionen «in» und «sub» durch Kombination mit dem *Akkusativ* ein Bewegungs*ziel*, dagegen durch Kombination mit dem *Ablativ* ein *Aufenthaltsbereich* genannt werden (wie im Deutschen bei «in, an» usw. mit Akkusativ oder mit Dativ, Ziff. 4.26):

sub montem succedere	*sub terra* habitare	*in urbem* redire	*in senatu* dicere
an den Fuß des Berges rücken	unter der Erde wohnen	in die Stadt zurückkehren	im Senat sprechen

F Akkusativ mit Präpositionen, für ganz verschiedene Bedeutungsbeiträge

Eine ganze Reihe von Präpositionen kann man *nur* mit einem Nomen/Substantiv, Pronomen oder Adjektiv im *Akkusativ* verbinden. Damit signalisiert man zum Teil Angaben von Raum und Zeit, oft aber auch speziellere Bedeutungsbeziehungen. Der Bedeutungsbeitrag solcher Satzglieder zum Ganzen der verbalen Proposition hängt an der *Bedeutung des Verbs* und am *festen Komplex* von Präposition + Fall. Er hängt also *nicht* daran, daß bei diesen Präpositionen gerade ein Akkusativ verwendet ist und nicht ein Ablativ. Der Bedeutungsbeitrag kann bei der gleichen Präposition recht verschieden sein:

ad	caelum *tendere*, zum Himmel streben	*adversus*	Gades *incolere*, bei Cadiz wohnen
	aram *stare*, am Altar stehen		parentes impius *esse*, gegen die Eltern rücksichtslos sein
apud	exercitum *esse*, beim Heer sein	*super*	Sunium *navigare*, über Sunium hinaus segeln
	iudices *dicere*, vor den Richtern sprechen		
ante	domum *versari*, vor dem Haus sein	*post*	longum tempus, nach langer Zeit
	noctem *venire*, vor der Nacht ankommen		memoriam hominum, seit Menschengedenken
erga	deos, gegenüber den Göttern	*contra*	naturam *vivere*, wider die Natur leben
per	terras ac maria, durch Länder und Meere	*prope*	ripam *stare*, nahe beim Ufer stehen
	legatos *nuntiare*, durch Boten melden		
ob	eam rem wegen dieser Angelegenheit	*propter*	metum, aus Angst, wegen der Angst

iuxta Pompeium castra *ponere*, neben Pompeius das Lager aufschlagen		*trans*	Rhenum *incolere* jenseits des Rheins wohnen Alpes *ducere*, über die Alpen führen
inter	montem et flumen, zwischen Berg und Fluß omnes *eminēre*, unter allen hervorragen	*praeter*	moenia, an den Mauern vorbei Catonem omnes *aderant*, außer Cato waren alle da
intra *extra* } muros	innerhalb außerhalb } der Mauern	*citra* *ultra* } fines	diesseits jenseits } der Grenzen
supra *infra* } eum locum	oberhalb unterhalb } dieser Stelle	*secundum*	flumen, dem Fluß entlang («ihm folgend») naturam, gemäß der Natur
circa	domos *ire*, von Haus zu Haus gehen eandem horam, um die selbe Zeit	*circum se habere*, um sich herum haben *circiter* meridiem, etwa um Mittag	

Zu den zwei Präpositionen «in» und «sub», die man mit Akkusativ und mit Ablativ verbinden kann, siehe schon Ziff. 4.35; zu den 8 Präpositionen mit Ablativ («a/ab – de – e/ex – cum – sine –prae – pro – coram») siehe Ziff. 6.26.

G   Akkusativ in Ausrufen

In einem Ausruf der Verwunderung oder des Schmerzes setzt man oft einen Akkusativ, ohne daß eine Beziehung zu einem Verb sichtbar wird:

heu *me miserum* o ich Unglücklicher	o *incredibilem audaciam* welch unglaubliche Frechheit

H   Satzglieder im Akkusativ in Propositionen mit einem Infinitiv als Kern

Eine sehr große Rolle spielen Satzglieder im Akkusativ in den Propositionen mit einem *Infinitiv* als Kern, die man «*Akkusativ mit Infinitiv*» oder «a.c.i.» nennt. In diesen Propositionen ist aus dem *Satzglied im Akkusativ* zu entnehmen, was man als *Subjekt* zum Infinitiv denken soll:

videbat *suos* accurrere Er sah die Seinen herbeieilen (sah, wie *sie* herbeieilten)

Daneben kann zum Infinitiv noch ein eigener Objektsakkusativ und auch noch ein weiterer Akkusativ gehören (für Genaueres siehe Ziff. 8.30'D und 8.33):

Nuntiaverunt Caesarem exercitum Rhenum traduxisse Sie meldeten, Caesar habe sein Heer über den Rhein geführt

6.25 Satzglieder im Dativ

A   Dativ als Objekt, Objektsdativ

Durch ein *Satzglied im Dativ* (nur reiner Dativ, keine Präposition möglich!) kann man eine Person, Erscheinung usw. darstellen, auf die sich eine Haltung, eine Tätigkeit, ein Ereignis usw. *auswirkt*, die davon berührt wird, der die Haltung, Tätigkeit usw. *zugutekommt* oder *abträglich* ist, *schädlich* ist.

Das entspricht grundsätzlich dem deutschen Dativobjekt, man spricht vom «Dativ als Objekt» oder «Objektsdativ»:

Vir bonus *nemini* nocet Ein guter Mann schadet niemandem (mit Absicht)	Respondebo *tibi* sed non antequam *mihi* tu ipse respondēris Ich werde dir antworten, aber nicht bevor du mir geantwortet hast

6/IV Die Satzglieder neben dem Subjekt im Lateinischen; Kasussyntax

Typische verbale Wortketten mit einem solchen Objektsdativ:

	servire	jemandem dienen, gefällig sein
alicui	*prodesse*	jemandem nützen, zum Nutzen gereichen
	favere	jemandem wohlgesinnt sein, günstig sein

Ebenso bei Verben, die man im Deutschen nicht mit einem Dativobjekt verbinden kann:

	parcēre	jemanden schonen («ihm nichts antun»)
alicui	*invidēre*	jemanden beneiden
	persuadēre	jemanden überreden, überzeugen («ihm etwas plausibel machen»)
	maledicere	jemanden schmähen («ihm Übles nachreden»)

Der Dativ kann speziell zu einem in der verbalen Wortkette enthaltenen Adjektiv gehören:

	salutaris/-e esse	jemandem zum Wohl gereichen, für ihn heilsam sein
alicui	*perniciosus/-a/-um esse*	jemandem schädlich sein, zum Schaden gereichen

Die Bedeutungsbeziehung ist besonders gut zu erkennen, wenn Objekts*dativ* und Objekts*akkusativ* kombiniert werden:

⌐Cui˥ dono ⌐hunc librum˥	⌐Honorem pecuniae˥ anteposuit
Wem gebe ich dieses Buch?	Die Ehre zog er (sie) dem Gelde vor
⌐Per alium mihi ostendit suam sententiam˥	⌐Mihi˥ narravit ⌐sua facinora˥
Durch Vergleich mit einem andern zeigte er mir seine wahre Meinung	Er erzählte mir seine Übeltaten

B Speziellere Bedeutungsbeziehungen, besondere Fachausdrücke dafür

Bei spezielleren Bedeutungsbeziehungen spricht man nicht vom Objektsdativ (im Gegensatz zum Deutschen, wo «Dativobjekt» als einheitlicher formaler Satzgliedtyp definiert ist), sondern man verwendet besondere Fachausdrücke:

Dativus commodi/incommodi, Dativ des *Nutzens* oder *Schadens*:

Praedia *aliis* coluit, non *sibi*
Er bewirtschaftete die Güter *für andere*, zum Nutzen anderer, nicht *für sich selbst*

(Die Abgrenzung dieses Dativs vom Objektsdativ ist keineswegs scharf – auch mit dem Objektsdativ nennt man oft jemanden, dem etwas nützt oder schadet, siehe oben)

Dativus possessivus, nennt denjenigen, dem etwas *gehört*:

Opes *mihi* sunt	*Ei* filius est
Mir gehören Reichtümer, ich habe Vermögen	Er hat einen Sohn [«ihm ist ein Sohn gegeben»]

Dativus auctoris, nennt denjenigen, dem etwas zu tun obliegt:

Hoc *mihi* faciundum est
Das muß ich tun [«Das bleibt mir zu tun»]

Dativus finalis, mit *Objektsdativ* zusammen, nennt das, was sich *für jemand ergeben* wird:

Mihi saluti est	*Eis* detrimento erit
Es dient mir zum Heil, ist für mich von Vorteil	Es wird ihnen zum Schaden gereichen, ihnen schaden

Dativus iudicantis (oder «*dativus ethicus*»), nennt eine *die Aussage beurteilende Person*, meistens den Sprechenden selbst:

Hic *mihi* verus philosophus est
Dieser ist *mir* (für mich, nach meiner Meinung) ein wirklicher Philosoph

6.26 Satzglieder im Ablativ, direkt auf das Verb bezogen oder mit Hilfe einer Präposition

Durch Satzglieder im *Ablativ*, ohne Präposition, können besonders viele verschiedene Bedeutungsbeiträge geliefert werden. Im Deutschen braucht man für die gleichen Bedeutungsbeiträge meistens ein Satzglied mit Präposition (einen Präpokasus), vor allem mit den Präpositionen «mit, bei, in, an, von»; hie und da entspricht ein lateinischer Ablativ auch einem deutschen Zuordnungskasus (Satzglied mit «als/wie»), oder man muß das im Ablativ Dargestellte im Deutschen durch eine ganze Proposition darstellen, meist als Nebensatz angefügt («Catone Consule, unter Cato als Konsul, als Cato Konsul war»).

Diese Vieldeutigkeit eines einzigen Kasus hängt damit zusammen, daß im lateinischen Ablativ *drei* in früheren Sprachstufen unterschiedene Kasus zusammengefallen sind: ein *Lokativ* (Kasus für Angaben von Ort und Zeit, für eine generelle «Situierung» des im Grundbestand der Proposition Dargestellten) – ein *Instrumentalis* (für die Nennung besonderer beteiligter Gegenstände, Erscheinungen, Personen, also für Angaben des «womit, wodurch») – ein *Separativ* (Kasus für die Darstellung der Herkunft von etwas, also für «woher, wovon, woraus»).

Die Bedeutungsbeiträge von Satzgliedern aus *Präposition + Ablativ* sind oft ähnlich, ja manchmal genau gleich wie diejenigen von Satzgliedern aus reinem Ablativ. Die Tatsache, daß eine Präposition mit dem Ablativ verbunden ist, trägt daher oft mehr zur Gesamtbedeutung bei, als das bei den mit Akkusativ verbundenen Präpositionen das Vorhandensein des Akkusativs tut. Das hängt auch damit zusammen, daß es neben den 26 Präpositionen mit Akkusativ (Ziff. 6.24'F) und den mit Akkusativ wie mit Ablativ verbindbaren «in» und «sub» (Ziff. 4.35) nur 8 Präpositionen mit Ablativ gibt: «a/ab – de – e/ex – cum –sine – prae – pro – coram».

Man kann die verschiedenen Verwendungsweisen des Ablativs, rein und mit Präposition, folgendermaßen ordnen:

A Das Setzen des Ablativs ist bedingt durch bestimmte Verben oder bestimmte Adjektive

– *Teilhabe* an etwas, *Verfügungsgewalt* über etwas – oder das Fehlen solcher Teilhabe, ein Mangel:

libertate frui	die Freiheit genießen [«an der Freiheit Anteil haben» auch im Deutschen sagte man noch zu Goethes Zeit «der Freiheit genießen», mit Genitivobjekt]
armis uti, *medico* uti	von den Waffen Gebrauch machen, sich von einem Arzt behandeln lassen
castris potiri, *mari* potiri	sich des Lagers bemächtigen, die Seeherrschaft erreichen/besitzen
lacte et carne vesci, *piscibus* vivere	sich von Milch und Fleisch ernähren, von Fischen leben
Terra abundat *lacte et melli*	Die Gegend ist reich an Milch und Honig [«überfließt von …»]
dignus/-a *honore* esse	einer Ehre würdig sein
labore assuetus/-a esse	an mühsame Arbeit gewöhnt sein
navis onusta *frumento*	ein mit Getreide beladenes Schiff
munere fungi, *officio* fungi	ein Amt verwalten [«Funktionieren als Inhaber einer Stelle»]
honore carere	keine Ehrenstellung haben, «der Ehre ermangeln»
auctoritate egere	keine Autorität haben, nicht im Besitz von Autorität sein

Entsprechendes ist möglich mit einer Nennung der betroffenen (begünstigten oder geschädigten) Person oder einer mit etwas zu versehenden Sache durch einen Objektsakkusativ:

aliquem munere afficere – eum dolore afficere	jemanden mit einer Gabe beschenken – ihn mit Schmerz erfüllen, ihm Schmerz bereiten
aliquem somno privare – eum libertate privare	jemanden des Schlafs berauben – ihm die Freiheit rauben [«ihn von der Freiheit trennen»]
navem militibus complere	ein Schiff mit Soldaten bemannen [«voll machen»]
parietes ornamentis nudare	die Wände von Verzierungen entblößen
aliquem ab urbe prohibere	jemanden von der Stadt fernhalten

– Sich *auszeichnen* durch etwas, *prahlen* mit etwas, sich *freuen* oder *traurig* sein über etwas:

virtute excellere	durch Tapferkeit hervorragen
Iumentis Galli maxime delectantur	An Pferden freuen sich die Gallier am meisten
rebus gestis gloriari, beneficiis suis gloriari	mit seinen Leistungen prahlen, sich seiner Wohltaten rühmen
tanta calamitate dolere	über das so große Unglück betrübt sein
correctione gaudere	sich über die Berichtigung, Verbesserung freuen

B Das Setzen des Ablativs ist rein durch den darzustellenden Inhalt bedingt

B 1 Positionen in Zeit und Raum; Zustände, in denen jemand/etwas sich befindet

– *Zeitpunkt* oder Zeit*bereich*, in dem oder seit dem etwas geschieht, etwas gilt (ablativus *temporis*):

aestate	im Sommer
hoc anno	in diesem Jahr
tempore idoneo	zu passendem Zeitpunkt
prima pueritia	in der ersten Kinderzeit
in pueritia	in der Kinderzeit
a pueritia	von der Kinderzeit an
ab origine	von Anfang an
ex eo tempore	seit jener Zeit

– *Zustand*, in dem sich etwas befindet, etwas getan wird:

Res publica *maximo in discrimine* est	Das Staatswesen ist in sehr großer Bedrängnis
Leges quae decretae sunt *hoc tumultu*	Die Beschlüsse, die in dieser verwirrten Zeit gefaßt wurden

– *Stelle im Raum*, an der etwas ist oder geschieht (ablativus *loci*, Ablativ der Raumangabe):

Carthagine versari	sich in Karthago aufhalten
Athenibus moratur	Er/Sie lebt in Athen
in urbe manere	in der Stadt bleiben
in via habitare	an der Landstraße wohnen
pro oppido copias collocare	vor der Stadt Truppen aufstellen
Hostes nostros a tergo aggressi sunt	Die Feinde griffen die Unsrigen vom Rücken her an
Dona prae se fert	Er/Sie trägt Geschenke vor sich her (bringt Geschenke mit)

Anmerkung: Bei Ortsnamen auf «-a» und auf «-us» wie «Roma, Corinthus (Korinth), Cyprus (Zypern)» sowie bei den Nomen/Substantiven «domus (Haus)» und «rus (Land, im Gegensatz zur Stadt)» verwendet man Lautungen auf -ae bzw. auf -i. Diese Lautungen bezeichnen hier nicht einen Genitiv (oder Dativ), wie sonst, sondern sind alte Lokative, die sich nur hier erhalten haben; man sagt also «*Romae* habitare, in Rom wohnen – *domi* manere, zu Hause bleiben – *ruri* morari, sich auf dem Land aufhalten – *Corinthi* vitam degere, in Korinth leben».

- *Spezielle Rolle*, in der jemand handelt:

se *pro cive* gerere	sich als Bürger benehmen, als Bürger handeln
Viri erant *pro muris*	Männer standen an Stelle von Mauern («bildeten lebendige Mauern»)

- Stelle, an der ein Leiden auftritt (oder das Leiden selbst):

altero pede claudus/-a esse	am einen Fuß gelähmt sein
ex capite laborare	an Kopfweh leiden («aus dem Kopf»)
morbo laborare	an einer Krankheit leiden

B 2 Beteiligung von jemand/etwas, auch betonte Nicht-Beteiligung

cum amico ambulare, *cum eo* colloqui	mit einem Freund spazieren gehen, mit ihm sprechen
se *cum paribus* collocare	sich mit Gleichartigen zusammentun
secum vivere	für sich allein leben («nur mit sich selbst leben»)
cum hostibus pugnare	mit den Feinden kämpfen
sine pennis volare	ohne Flügel fliegen (wollen), Redensart für: Unmögliches wollen/tun
exercitus *sine duce*	ein Heer ohne Anführer
sine dubio	ohne Zweifel, zweifellos

- *Speziell Betroffenes, Ziel mit einer Handlung* (oder auch: an jemandem Erfolgtes):

pro libertate pugnare	für die Freiheit kämpfen
pro reo dicere	für den Angeklagten (zugunsten des Angeklagten) reden
oratio *pro Milone*	Verteidigungsrede für Milo
de me actum est	um mich ist es geschehen, mit mir ist es aus

- *Verwendete Mittel*, beteiligte *Gliedmaßen* (ablativus *instrumenti*):

pedibus ire	zu Fuß («mit den Füßen») gehen
flumen *navibus* transire	den Fluß mit Schiffen überqueren
omnia *paucis verbis* dicere	alles mit wenig Worten («durch wenige Worte») sagen

B 3 Die Art, wie man etwas tut, wie etwas geschieht (ablativus modi)

aliquem *summo (cum) studio* defendere	jemanden mit größtem Eifer verteidigen
aequo animo agere	in ausgeglichenem Gemütszustand handeln
aliquid *cum voluptate* audire	etwas mit Vergnügen hören
aliquid *nullo modo* distinguere posse	etwas auf keine Art unterscheiden können
consensu omnium agere	mit Zustimmung aller handeln
hoc vestitu incedere	in dieser Kleidung gehen
cum toga venire	in der Toga kommen

B 4 Ausgangspunkt, Herkunft, Grundlage, Ursache

- *Stelle* im Raum, *von der aus* man etwas *tut*:

de muro colloqui,	sich von der Mauer herab mit jemandem (draußen) besprechen

- Stelle, *von der* man sich oder jemand anderen/etwas anderes *entfernt* (ablativus *separativus*):

Roma discedere, *ab urbe* discedere	von Rom, aus der Stadt weggehen
aliquem *de civitate* eicere	jemanden verbannen («aus dem Bürgerverband hinauswerfen»)
alicui arma *ex manibus* extorquere	jemandem die Waffen aus den Händen reißen

- Stelle, *von der her Gefahr droht* (vor der man sich/jemand schützen muß):

| defendere/tueri aliquem *a periculo* | jemanden vor einer Gefahr schützen |
| se armis a *latrone* defendere | sich durch die Waffen vor dem Räuber schützen |

- *Person*, von der *etwas kommt*, von der man *etwas erwartet*, etwas *haben will*:

Tristes litterae *de Bruto* nostro afferebantur	Traurige Nachrichten kamen von Brutus
aliquid *ex nuntio* quaerere	etwas von einem Boten erfragen («aus ihm herausholen»)
aliquid *a patre* petere	etwas von seinem Vater verlangen, erbitten
Oppida *ab hostibus* deleta sunt	Die Städte wurden von den Feinden zerstört

- *Familiäre Herkunft*:

| *humilibus parentibus* natus esse | von Eltern niederen Standes abstammen |
| Hic vir *e cive Romana* natus est | Dieser Mann wurde von einer römischen Bürgerin geboren |

- Stelle, *von der aus* man etwas *mißt*, etwas *rechnet*:

| procul *a castris* | fern vom Lager |
| quartus philosophus *ab Aristotele* | der vierte Philosoph nach Aristoteles (in der Reihe) |

- *Ausgangsmaterial, Stoff*:

| poculum *ex auro* | ein Pokal aus Gold, von Gold |

- Erscheinung, Tatsache, aus deren Vorhandensein man sich etwas *erklärt*; Grund, Ursache:

Scelere et amentia huius viri id accidit	Aus/wegen der Untat und dem Wahnsinn dieses Mannes ist [das passiert]
Gravi de causa fecimus	Aus gewichtigem Grund haben wir es getan
Haec me non conturbant *exercitibus ducibusque* quos habemus	Das beunruhigt mich nicht bei den (wegen der) guten Armeen und Anführer, die wir haben
Prae lacrimis loqui non potest	Vor Tränen kann er nicht sprechen
Metu poenae ille aufugit	Aus Angst vor Strafe entfloh jener
Tuo iussu id fecimus	Wegen deines Befehls, auf Grund deines Befehls taten wir es

- *Herkunft* einer *Beurteilung*:

| *Meo iudicio* id optimum est | Nach meiner Einschätzung ist das das beste |
| *Sententia iudicum* illae culpa vacuae sunt | Nach dem Urteil der Richter sind jene (Frauen) ohne Schuld («von Schuld leer, nicht betroffen») |

B 5 Speziellere Bedeutungsbeziehungen, vor allem bei Feststellung von Unterschieden

- Person oder Sache, *von der eine andere verschieden* ist (ablativus *comparationis*):

Minor sum *fratre*	Ich bin kleiner als mein Bruder
Quis *me* miserior est?	Wer ist ärmer als ich?
Quid est in homine *ratione* divinius?	Was ist im Menschen göttlicher als die Vernunft?

- Erscheinung, *im Blick auf welche* eine Verschiedenheit besteht:

| Hi omnes *lingua, institutis, legibus* differunt | Alle diese (Volksstämme) unterscheiden sich in ihrer Sprache, in ihren Einrichtungen, in ihren Gesetzen |

- *Betrag*, Ausmaß eines *Unterschieds* (ablativus *mensurae*):

| *duobus digitis* longior | um zwei Finger(breiten) länger |
| *bidui spatio* abesse | eine Strecke von zwei Tagereisen entfernt sein |

– *Preis* von etwas (ablativus *pretii*):

| aliquid *grandi pecunia* emere | etwas um teures Geld kaufen |
| *triginta milibus* habitare | für den Preis von 30.000 Sesterzen wohnen (zur Miete) |

C Ablativus absolutus

Vom Gebrauch des Ablativs als Satzglied her kann man auch den «*ablativus absolutus*» verstehen, nämlich zwei oder mehr Wörter im Ablativ, die als eigene Proposition dienen (die aus dem Verband der verbalen Proposition herausgelöst sind):

| Hoc fecit *patre invito* | Das tat er gegen den Willen des Vaters, «gegenüber einem nicht wollenden Vater», obwohl sein Vater es nicht wollte. |

Für Genaueres siehe Ziff. 8.35'C und 8.36'B.

6.27 Die Verwendungsweisen des Genitivs, als Teil eines Satzglieds und als eigenes Satzglied

A Genitiv angeschlossen an ein Nomen/Substantiv, das den Grundteil eines Satzglieds ausmacht

Der *Genitiv* bezieht sich in den meisten Propositionen, in denen er vorkommt, *nicht direkt* auf das Verb, sondern gehört zu einem Nomen/Substantiv und bildet *mit diesem zusammen* ein Satzglied. Die Beziehung zum Verb hängt vom Kasus und der Bedeutung dieses Nomen/Substantivs ab, nicht vom Genitiv. Das wirkt sich aber im Lateinischen, anders als im Deutschen, *nicht* auf die *Stellung* des Genitivs aus. Auch ein Genitiv, der nicht als eigenes Satzglied, sondern als angeschlossener Teil in einem Satzglied dient, ist in der Proposition ziemlich frei verschiebbar. Er steht sehr oft *vor* dem Nomen/Substantiv, das den Grundteil bildet, oft steht er aber auch hinter ihm oder durch andere Wörter von ihm getrennt. Beispiele mit dem gleichen Nomen (dem Genitiv Plural von «res», nämlich «rerum», aus dem Lehrgedicht «De rerum natura» von Lukrez und aus den «Georgica» von Vergil):

De *rerum* natura von der Natur der Dinge («von der Dinge Natur»)	als Grundteil dient der Ablativ «natura», verbunden mit der Präposition «de»; der angeschlossene Genitiv ist zwischen Präposition und Nomen des Grundteils eingeschoben
(Tu) *rerum* naturam sola gubernas Du allein (Anrede an die Göttin Venus) regierst die Natur der Dinge	Grundteil «naturam» als Objektsakkusativ, angeschlossener Genitiv vorangestellt.
Felix qui potuit *rerum* cognoscere causas Glücklich, wer die Ursachen der Dinge zu erkennen vermochte	Grundteil «causas», als Objektsakkusativ, Anschlußgenitiv «rerum» und Grundteil «causas» voneinander getrennt durch das Verb «cognoscere».

Die *Bedeutungsbeziehungen* hängen von der Bedeutung des als Grundteil gesetzten Nomen/Substantivs und von der Bedeutung des angeschlossenen Genitivs ab. In den obigen Beispielen: «die Natur, die die Dinge haben, die den Dingen zukommt, von der die Entwicklung der Dinge bestimmt ist» und «die Ursachen, aus denen sich die Dinge, Erscheinungen usw. in der Welt entwickeln, durch die sie bedingt sind».

Zum Teil hat man für solche Bedeutungsbeziehungen besondere Fachausdrücke:

- *Genetivus partitivus* (Verhältnis von Ganzem und Teil oder von Maß und Stoff):

pars *hominum*	magna copia *frumenti*	paulum *lucri*
ein Teil der Leute (von den Leuten)	ein großer Vorrat von (an) Getreide	wenig (an) Gewinn, kleiner Gewinn

- *Genetivus possessivus* (Genitiv der Zugehörigkeit zu jemandem):

domus *patris mei*
das Haus meines Vaters

Die gleiche Bedeutungsbeziehung gibt es aber auch für einen Genitiv, der als eigenes Satzglied anzusprechen ist:

Duri hominis est periculum capitis inferre multis
Es ist kennzeichnend für einen harten Menschen, viele in Lebensgefahr zu bringen
in «periculum *capitis*» ist die Bedeutungsbeziehung «Gefahr des Lebens (wörtlich: des Kopfes)»

- *Genetivus definitivus* (auch «Genetivus explicativus» genannt), nennt den genaueren Inhalt des im Grundteil generell Genannten:

poena *mortis*	die Strafe des Todes, die Todesstrafe (die Strafe besteht im Erleiden des Todes)
virtus *iustitiae*	die Tugend der Gerechtigkeit (die Gerechtigkeit ist eine Tugend, die Tugend besteht in der Gerechtigkeit)
vox *libertatis*	das Wort «Freiheit» (das Wort ist/heißt «Freiheit»)

- *Genetivus subiectivus* und *obiectivus* (der Genitiv nennt denjenigen, der für eine im Grundteil genannte Tätigkeit als Subjekt oder als Objektsakkusativ zu denken ist):

victoria *Romanorum*	der Sieg *der Römer*
	die *Römer* haben gesiegt, genetivus *subiectivus*
	der Sieg *über die Römer*
	andere haben *die Römer* besiegt, genetivus *obiectivus*

Der Entscheid, welche Bedeutungsbeziehung vorliegt, kann nur aus dem Textzusammenhang gewonnen werden.

- *Genetivus qualitatis* (nennt eine Eigenschaft oder Beschaffenheit des im Grundteil Genannten):

vir *summae audaciae*	ein Mann von größter Kühnheit/Verwegenheit
classis *septuaginta navium*	eine Flotte aus 70 Schiffen

Gleiche Bedeutungsbeziehung auch bei Genitiv als eigenes Satzglied:

Xerxis classis *mille et ducentarum navium* fuit	die Flotte des Xerxes bestand aus 1200 Schiffen

Ein Genitiv, der mit einem *Adjektiv* zu verbinden ist, kann als eigenes Satzglied oder als Anschlußteil dienen (und dann das Adjektiv als Grundteil). Für das Erfassen der Bedeutungsbeziehung macht das nichts aus:

Athenienses *cupidi novarum rerum* erant
Die Athener *waren erpicht auf Neuigkeiten*
Athenienses cupidi novarum rerum Paulum apostolum *allocuti sunt*
Die *auf Neuigkeiten erpichten Athener* sprachen den Apostel Paulus an

B Genitiv direkt auf ein Verb bezogen, Objektsgenitiv

Ein Genitiv als *Objekt* steht oft (aber nicht durchgehend) bei Verben des Erinnerns, Erwähnens, Vergessens:

> Memini neque umquam obliviscar *noctis illius*
> Ich erinnere mich jener Nacht und werde sie («ihrer») nie vergessen
>
> Est proprium stultitiae aliorum vitia cernere, oblivisci *suorum*
> Es ist das Kennzeichnende der Dummheit, daß man die Fehler anderer bemerkt, die eigenen aber vergißt

proprium stultitiae: Nominativ, als Subjekt, mit angeschlossenem Genitiv, genetivus possesivus: «aliorum» ist Anschlußgenitiv zu «vitia», dem Akkusativobjekt zu «cernere»

Bei Verben der *Gerichtssprache* nennt man im Objektsakkusativ den Angeklagten, im Objektsgenitiv den Anklagepunkt, bzw. den Verurteilungsgrund:

> aliquem *ambitūs* accusare
> jemanden der unlauteren Amtsbewerbung bezichtigen/anklagen («ambitus»: das Herumgehen mit Geld, zwecks Bestechung der Wähler)
>
> aliquem *peculatūs* damnare/condemnare
> jemanden wegen Unterschlagung verurteilen
>
> aliquem *proditionis* absolvere
> jemanden von der Anklage des Hochverrats freisprechen

Der Anklage- bzw. Verurteilungsgrund kann aber auch durch «de» + *Ablativ* genannt werden: aliquem de vi accusare, condemnare, jemanden wegen Gewaltanwendung anklagen, verurteilen

Bei Verben des *Geltens* und *Wertens* kann man durch Objektsgenitiv das *Maß* der Geltung angeben (genetivus pretii):

> *Quanti* quisque se ipse facit, *tanti* fit ab amicis
> Wie hoch ein jeder sich selber einschätzt, so hoch («desgleichen») wird er auch von seinen Freunden eingeschätzt

Bei *unpersönlichen Verben* der *Empfindung* kann man die Person, die etwas empfindet, durch Objektsakkusativ nennen und die Sache oder Person, auf die sich die Empfindung bezieht, durch Genitiv:

> Pudet me *deorum hominumque* Ich schäme mich vor Göttern und Menschen («Es faßt mich Scham vor ..., in bezug auf ...»)
> Me miseret *eorum* Es erbarmt mich ihrer

Bei «interest» kann man durch Genitiv denjenigen darstellen, dem etwas *wichtig* ist (Genitiv des Interesses):

> Interest *omnium* recte facere Es liegt im Interesse von allen, richtig zu handeln

6.28 Abschlußbeispiel: Satzglieder in allen fünf Kasus in einem Textstück von nur vierzehn Wörtern

Cicero empfiehlt in einem Brief (Juni 43 vor Chr.) dem Marcus Brutus, daß dieser einem Mann namens Gaius Nasennius eine führende Stelle in seinem Heer in Makedonien anbieten solle. Er rühmt die Fähigkeiten und die Tapferkeit des Empfohlenen sehr und schließt seinen Brief mit den folgenden drei Propositionen, in denen Satzglieder in allen fünf Fällen vorkommen:

6/IV Die Satzglieder neben dem Subjekt im Lateinischen; Kasussyntax

1	Pergratum	Nom. neutr. Sg. zu «pergratus», Prädikatsnomen zu Prop. 2+3 als Subjekt, «etwas sehr Liebes»;
	mihi	Dat. zu «ego», Objektsdativ/dativus commodi «mir»,
	erit	3. sg. Futur zu «esse»: «wird sein»
2	si	unterordnende Konjunktion «wenn»
	eum	Akk. zu «is», hier als Objektsakkusativ «ihn»
	ita	Adverb «so, derart»
	tractaris	Kurzform von «tractaveris», zu «tractare», Futur II, «du wirst ... behandelt haben»
3	ut	Partikel als unterordnende Konjunktion «daß»
	merito tuo	Ablativ zu «meritum tuum, dein Verdienst»; ablativus instrumenti, «durch dein Verdienst»
	mihi	Dat. zu «ego», Objektsdativ/dativus commodi «mir»,
	gratias	Akk. Pl. zu «gratia»; Objektsakkusativ; gratias agere: «danken, Dank bekunden»
	agere	Inf.
	possit	3. Sg. Kjv. Präs. zu «posse»: «er könne»

Möglichst wörtlich nachkonstruiert: «Etwas sehr Liebes mir wird (es) sein, wenn du ihn so wirst behandelt haben, daß er durch dein Verdienst mir Danksagungen bringen wird».

In zwei gedruckten Übersetzungen werden die drei Propositionen so wiedergegeben: (Deutsch von Marion Giebel, Reclam-Bibliothek; Englisch von Mary Henderson, Loeb Classical Library):

> Es wäre mir sehr lieb, wenn du so mit ihm umgingest, daß er wegen deines wohlwollenden Verhaltens Grund hat, mir dankbar zu sein.
>
> I shall be deeply obliged, if you give him such treatment that he may be able to thank me on the strength of your good deed.

6/V Besondere Formen bei manchen Verben: ein Passiv neben dem «Aktiv»

6.29 Grundsätzliches

In allen vier Sprachen gibt es für manche Verben die Möglichkeit, anstatt der gewöhnlichen Form (sie wird dann «Aktiv» genannt) ein *Passiv* zu verwenden. Dabei ändern sich in erster Linie die Verwendungsweisen der Satzglieder «Akkusativobjekt» und «Subjekt»: was man im *Aktiv* durch ein *Akkusativobjekt* nennt, kann man im *Passiv* durch das *Subjekt* nennen. Was im Aktiv durch ein Subjekt genannt wird, kann ungenannt bleiben oder durch ein Satzglied mit Präposition dargestellt werden (das französische «complément d'agent», Ziff. 6.15).

6.30 Deutsch: werden-Passiv («Vorgangspassiv») und sein-Passiv («Zustandspassiv»)

Im Deutschen gibt es nicht *ein* Passiv, wie in den drei anderen Sprachen, sondern zwei Passive mit deutlich unterscheidbaren Bedeutungsbeiträgen:

	AKTIV
PRÄSENS	sie *lädt/lade/lüde* ihn *ein*
FUTUR	sie *wird/werde/(würde)* ihn *einladen*
PRÄTERITUM	sie *lud* ihn *ein*
PERFEKT	sie *hat/habe/hätte* ihn *eingeladen*
FUTUR ZUM PERFEKT	sie *wird/werde/(würde)* ihn *eingeladen haben*
PLUSQUAMPERFEKT	sie *hatte* ihn *eingeladen*

	WERDEN-PASSIV
PRÄSENS	er *wird/werde/würde eingeladen*
FUTUR	er *wird/werde/(würde) eingeladen werden*
PRÄTERITUM	er *wurde eingeladen*
PERFEKT	er *ist/sei/wäre eingeladen worden*
FUTUR ZUM PERFEKT	er *wird/werde/(würde) eingeladen worden sein*
PLUSQUAMPERFEKT	er *war eingeladen worden*

	SEIN-PASSIV
PRÄSENS	er *ist/sei/wäre eingeladen*
FUTUR	er *wird/werde/(würde) eingeladen sein*
PRÄTERITUM	er *war eingeladen*
PERFEKT	er *ist/sei/wäre eingeladen gewesen*
FUTUR ZUM PERFEKT	er *wird/werde/(würde) eingeladen gewesen sein*
PLUSQUAMPERFEKT	er *war eingeladen gewesen*

In allen Futur-Formen des werden-Passivs kommt also «werden» zweimal vor, einmal als Signalisierung des Futurs und einmal als Signalisierung des Passivs.

Zu den Fachausdrücken: Man muß sich davor hüten, daß man die beiden Fachausdrücke mit der Bedeutung der Wörter «aktiv» und «passiv» in der *allgemeinen* Sprache in Verbindung bringt und darin eine Beschreibung der *Bedeutungsbeiträge* der beiden Gruppen von Verbformen sieht. In einem Satz «Rings um ihn *wurde getrunken und gelacht*, aber er *saß* nur stumm und teilnahmslos da» steht die erste Proposition im Passiv, sie stellt aber etwas sehr «Aktives» dar, und die zweite Proposition steht im Aktiv, stellt aber etwas vollkommen «Passives» dar.

Zur Häufigkeit: Von 1000 finiten Propositionen stehen durchschnittlich etwa 55 im werden-Passiv, etwa 25 im sein-Passiv und die große Mehrzahl von etwa 920 im Aktiv. Die Häufigkeit ist recht verschieden je nach Textsorte; in amtlichen Texten, auch in wissenschaftlichen Texten verwendet man meistens mehr Passiv-Formen als in Erzählungen oder im lockeren Gespräch.

6.31 Verwendung der beiden Passiv-Formen als Stilmittel

Durch das werden-Passiv kann man die von einer Handlung betroffene Person oder Sache in den Mittelpunkt rücken und braucht keinen Handelnden anzugeben. Das ist oft praktisch für neutrale Feststellungen, daher verwendet man das Passiv nicht selten in Protokollen usw. Zum Vergleich:

⌐Als Präsidenten⌐ *wählten* ⌐die Mitglieder⌐ ⌐Werner Frey⌐ / *wählte* ⌐man⌐	Verb im *Aktiv*, man muß angeben, *wer* die Wahl vollzogen hat, mindestens durch das unpersönliche Pronomen «man»
⌐Als Präsident⌐ *wurde* ⌐Werner Frey⌐ *gewählt*	Verb im *werden-Passiv*, man kann sich rein auf die *Tatsache der Wahl* konzentrieren

Durch ein Passiv *ohne Subjekt* (nur ggf. mit «es» als Platzhalter an erster Stelle, siehe Ziff. 3.16'D) kann man eine *Tätigkeit*, eine *Handlung* in den Mittelpunkt der Aufmerksamkeit rücken und auf die Nennung der Handelnden verzichten:

⌐Es⌐ *wurde* ⌐lange⌐⌐darüber⌐ *diskutiert*	⌐Bis um sieben Uhr⌐ *wird gearbeitet* [als Feststellung oder Aufforderung]	⌐Jetzt⌐ *wird geschlafen* [als Aufforderung]

Die *Wahlmöglichkeit* zwischen werden-Passiv und sein-Passiv kann als Mittel der Verdeutlichung willkommen sein, wenn es um Zusage von Handlungen oder Bericht über Handlungen geht:

⌐Das *wird* jetzt *gemacht*⌐	werden-Passiv, als Zusage «Das machen wir, verlaß dich drauf» oder als beruhigende Feststellung «Wir sind daran, es zu machen» oder als generelle Aussage «Das macht man jetzt/heute so»
⌐Das *ist* jetzt *gemacht*⌐	sein-Passiv, als betonte Feststellung, daß die Handlung abgeschlossen ist und man sich zu etwas Neuem wenden kann
⌐Das *ist* bald *gemacht*⌐	sein-Passiv, als Bekräftigung, daß die gewünschte (vorgesehene) Handlung leicht durchführbar ist und bald abgeschlossen sein wird

6.32 Übergänge von sein-Passiv zu «sein» mit Satzadjektiv oder andern Satzgliedern

Es gibt hier keine scharfen Grenzen, sondern fließende Übergänge. Ein Beispiel (aus einer Diskussion darüber, ob eine Einladung rückgängig zu machen sei): «Wir *haben* ihn doch *eingeladen*» (Aktiv, Perfekt) – «Er *wurde* doch in aller Form *eingeladen*» (werden-Passiv, Präteritum) – «Er *ist* doch *eingeladen*» (sein-Passiv, Präsens) – «Er *ist und bleibt eingeladen*» (zwei einwortige Verben im Aktiv, Präsens, «eingeladen» als Satzadjektiv) – «Er *ist und bleibt* auf der Liste der Eingeladenen» (gleiche zwei Verben wie vorher, also Präsens Aktiv, aber jetzt kombiniert mit zweiteiligem Präpokasus, in welchem das aus «einladen» entstandene Nomen «die Eingeladenen» als angeschlossener Genitiv zum Grundteil «auf der Liste» erscheint).

6.33 Das Passiv im Französischen: «être» + participe passé; «la voix passive, le passif»

Im Französischen gibt es nur *ein* Passiv, im Gegensatz zum Deutschen – obwohl man dem Sinne nach manchmal auch zwischen «passif d'action» und «passif du résultat» unterscheiden kann, entsprechend dem deutschen werden-Passiv und sein-Passiv.

Man bildet das Passiv durch Kombination von «être» mit dem participe passé – wobei bei einem sujet im féminin oder im pluriel dieses participe passé entsprechend anzupassen ist. Die Formen sind:

	LA VOIX ACTIVE	LA VOIX PASSIVE
PRESENT (indicatif et subjonctif)	(qu') elle les *invite*	(qu') ils *sont/soient invités*
FUTUR	elle les *invitera*	ils *seront invités*
CONDITIONNEL	elle les *inviterait*	ils *seraient invités*
IMPARFAIT (et subjonctif)	(qu') elles les *invitait/invitât*	(qu') ils *étaient/fussent invités*
PASSÉ SIMPLE	elle les *invita*	ils *furent invités*
PASSÉ COMPOSÉ (et subjonctif)	(qu') elle les *a/ait invités*	(qu') ils *ont/aient été invités*

Für die weiteren zusammengesetzten Zeiten (futur antérieur, conditionnel passé, plusque-parfait, passé antérieur) werden «avoir» bzw. «être» entsprechend verändert, also «elle les aura invités – ils auront été invités» und «elle les aurait invités – ils auraient été invités» etc.

Wenn man den *Handelnden* bei einer durch das Passiv dargestellten Tätigkeit angeben will, verwendet man ein «complément d'agent», mit der Präposition «par» oder seltener «de» (siehe auch schon Ziff. 6.15):

VOIX ACTIVE Handelnder durch das *sujet* genannt	VOIX PASSIVE Handelnder durch das *complément d'agent* genannt
⌐Elle₁ les *invite*⌐ Sie lädt sie ein	⌐Ils₁ *sont invités* ₁par elle₁⌐ Sie werden/sind von ihr eingeladen
⌐Tous leurs camarades₁ les₂ *aiment*⌐ Alle ihre Kameraden lieben sie	⌐Ils₁ *sont aimés* ₁de tous leurs camarades₁⌐ Sie werden (sind) geliebt von allen ihren Kameraden

Man unterscheidet manchmal ein «passif d'action» (es entspricht dem deutschen werden-Passiv) und ein «passif de résultat (es entspricht dem deutschen sein-Passiv). Die beiden sind aber nur in der Bedeutung unterschieden (gemäß dem Zusammenhang) und nicht durch ihre Form:

Passif *d'action*	Passif *de résultat*
Cette maison *est construite* par deux ouvriers seulement ... wird von nur zwei Arbeitern gebaut	La maison *est construite* (la construction en est achevée) Das Haus ist gebaut, Bau abgeschlossen
Cette maison *sera construite* en dix jours Dieses Haus wird in zehn Tagen gebaut werden	Demain la maison *sera construite* (sera achevée) ... wird gebaut sein, wird vollendet sein

Ein auch in der Form klarer Unterschied ergibt sich bei der Darstellung von Vergangenem mit Hilfe von *imparfait* oder *passé simple*:

Passif *d'action*	Passif *de résultat*
La maison *fut construite* en 1909 Das Haus *wurde* 1909 gebaut	La maison *était* [déjà] *construite* en 1909 Das Haus *war* 1909 [schon] gebaut

Eine Entsprechung zum deutschen Passiv ohne Subjekt, (z. B. «Jetzt wird gearbeitet, es wird nicht geschlafen») gibt es im Französischen nicht; man verwendet «on» und sagt etwa «Maintenant on travaille, on ne dort pas».

Dagegen gibt es ein «passif impersonnel», allerdings nur in geschriebenem Französisch, vor allem in der Verwaltungssprache: «Il fut procédé au vote – Es wurde zur Abstimmung geschritten» oder «Il sera mis fin à de tels agissements – Es wird Schluß gemacht werden mit solchen Machenschaften».

6.34 Das Passiv im Englischen

Im Englischen gibt es, wie im Französischen, nur eine einzige Bildungsmöglichkeit für das Passiv. Die Formen sind (zu den verschiedenen üblichen Namen für die grammatischen Zeiten siehe Ziff. 5.40):

	ACTIVE VOICE	PASSIVE VOICE
PRESENT, SIMPLE PRESENT	he *does* it	it *is done*
FUTURE	he *will do* it	it *will be done*
(SIMPLE) PAST, PRETERITE	he *did* it	it *was done*
(PRESENT) PERFECT	he *has done* it	it *has been done*
PAST PERFECT, PLUPERFECT	he *had done* it	it *had been done*

Dazu ist grundsätzlich auch die progressive form möglich, wenn man besonders betonen will, daß die betreffende Handlung, der Vorgang, eben abläuft:

PRESENT PROGRESSIVE	They *are repairing* the bridge Sie sind an der Reparatur ...	The bridge *is being repaired* Die Brücke ist in Reparatur
PAST PROGRESSIVE	They *were carrying* him to the ambulance Sie waren daran, ihn zum Krankenauto zu bringen	*He was being carried* to the ambulance Er war daran, zum Krankenauto gebracht zu werden

In den zusammengesetzten grammatischen Zeiten (perfect und past perfect) verwendet man kaum eine progressive form im Passiv.

Wenn zum Passiv *der Handelnde* genannt werden soll, verwendet man die Präposition «by»:

The queen opened the exhibition	The exhibition was opened by the queen

Im Gegensatz zu den drei andern Sprachen setzt man bei Verben mit direct object und indirect object (zu diesen Begriffen siehe schon Ziff. 6.17) oft das *indirect object* ins Passiv:

ACTIVE VOICE	PASSIVE VOICE
⌈Someone⌉ *gave* ⌈her⌉ ⌈a bulldog⌉	⌈She⌉ *was given* ⌈a bulldog⌉
	Sie wurde mit einer Bulldogge beschenkt

So konnte in einer amerikanischen Zeitung über einer Meldung über Führerscheinentzug der Titel stehen «*Motorist refused a licence*» – und das wurde problemlos verstanden als «einem Fahrer wurde der Führerschein entzogen» und nicht etwa, wie man wörtlich meinen könnte «Ein Fahrer wies den Führerschein zurück»

Besonders auffällig ist auch, daß ein *präpositionaler Ausdruck* aus einer Proposition im Aktiv bei der Umformung ins Passiv als *Subjekt* gesetzt werden kann, wobei die Präposition allein hinter dem Verb stehen bleibt:

ACTIVE VOICE	PASSIVE VOICE
⌈We⌉ must ⌈*write*⌉ ⌈*to him*⌉	⌈He⌉ must *be written to*
	[«Er muß angeschrieben, mit einem Brief angesprochen werden»]
⌈You⌉ should *look* ⌈*after the children*⌉	⌈The children⌉ should be *looked after*

Wie im Französischen, kann hie und da die gleiche Passiv-Form je nach Textzusammenhang einem deutschen werden-Passiv oder einem deutschen sein-Passiv entsprechen. Man spricht dann von «actional passive» oder «actual interpretation» und von «statal passive, statal interpretation»:

⌈They⌉ *were married* ⌈in church⌉ ⌈yesterday⌉	Sie wurden gestern in der Kirche getraut
⌈when ⌈I⌉ last heard ⌈about them⌉	Sie *waren* verheiratet, als ich das letzte Mal von ihnen hörte
⌈The wall *is whitewashed*⌉ every year («actional»)	
⌈The wall *is whitewashed*⌉ («statal»)	

6.35 Das Passiv im Lateinischen: teils einwortige Formen, teils «esse» + Partizip Perfekt

Im Lateinischen sind, im Gegensatz zu den drei modernen Sprachen, für Präsens, Futur und Imperfekt einwortige Passiv-Formen vorhanden, und nur die Passiv-Formen für Perfekt, Futur II und Plusquamperfekt werden durch Kombination von «esse» (sein, être, to be) mit dem Partizip Perfekt gebildet. Dabei ist das Partizip Perfekt immer *dem Subjekt anzupassen*. Die Formen sind (jeweils der Konjunktiv hinter dem Indikativ, vgl. schon Ziff. 5.54):

	AKTIV: *vocare* – rufen, einladen	PASSIV: *vocari* – gerufen werden, eingeladen werden
PRÄSENS	(aliquis) *vocat/vocet* eam jemand ruft/rufe sie	(ea) *vocatur/vocetur* sie wird/werde gerufen
FUTUR	(aliquis) *vocabit* eam jemand wird sie rufen	(ea) *vocabitur* sie wird gerufen werden
IMPERFEKT	(aliquis) *vocabat/vocaret* eam jemand rief/riefe sie	(ea) *vocabatur/vocaretur* sie wurde/würde gerufen

PERFEKT	(aliquis) *vocavit/vocaverit* eam jemand hat/habe sie gerufen	(ea) *vocata est/sit* sie ist/sei gerufen worden
FUTUR	(aliquis) *vocaverit* eam jemand wird sie gerufen haben	(ea) *vocata erit* sie wird gerufen worden sein
PLUSQUAMPERFEKT	(aliquis) *vocaverat/vocavisset* eam jemand hatte/hätte sie gerufen	(ea) *vocata erat/esset* sie war/wäre gerufen worden

6.36 Zum stilistischen Wert des Passivs im Lateinischen; verschiedene Übersetzungsmöglichkeiten

Der stilistische Wert des Passivs als Alternative zum Aktiv ist im Lateinischen etwas anders als in den modernen Sprachen, weil man ohnehin jede Verb-Personalform auch im Aktiv ohne ein Subjekt setzen kann. Man kann daher, wenn man nur eine Handlung und die davon betroffene Person oder Sache darstellen und gar keinen Handelnden nennen will, im Aktiv wie im Passiv ebenso knapp formulieren:

| ⌈Nuntium₁ *mittunt*⌉
Sie schicken einen Boten | Verb im Aktiv, «nuntium» ist Objektsakkusativ |

| ⌈Nuntius₁ *mittitur*⌉
Ein Bote wird geschickt | Verb im Passiv, «nuntius» ist Subjekt |

Will man den *Handelnden* auch bei Formulierung mit Passiv nennen, so verwendet man die Präposition «*a/ab*» mit Ablativ (Ziff. 6.26'B4):

| ⌈Imperator₁ nuntium₁ *misit*⌉
Der Befehlshaber sandte einen Boten | ⌈Ab imperatore₁ nuntius₁ *missus est*⌉
Vom Befehlshaber wurde ein Bote gesandt |

Nicht selten verwendet man ein unpersönliches Passiv:

| ⌈*Pugnabatur*⌉
Es wurde gekämpft, es war ein Kampf im Gange |

Besonders häufig und wichtig ist das Passiv bei «videre, sehen», so daß in allen größeren Wörterbüchern nach dem Stichwort «video, ich sehe», ein eigenes Stichwort «videor» vorhanden ist, mit den Bedeutungsangaben «gesehen werden, sichtbar werden oder sein, erscheinen, sich zeigen, offenbar werden, scheinen, für etwas gehalten werden». Ein berühmter Vers von Catull lautet: «Ille mi par esse deo *videtur* – Jener *scheint* mir gleich zu sein einem Gott».

Manchmal ist es gut, wenn man auch andere lateinische Verben im Passiv nicht einfach durch ein deutsches werden-Passiv übersetzt, sondern andere Kombinationen von Verb + Satzgliedern sucht oder auch eine ganz freie Wiedergabe wählt:

⌈Tua res₁ *agitur*⌉	Deine Angelegenheit *wird behandelt*	werden-Passiv
	Deine Angelegenheit *kommt zur Sprache*	Aktiv «kommt ... zu»
	Es geht um deine Angelegenheit	Aktiv «es geht um ...»
	Du bist hier *betroffen*	sein-Passiv

Man kann auf diese Weise auch eine zu schematische Auffassung des Gegensatzpaares «Aktiv-Passiv» korrigieren, wenn sich aus den Konjugationstabellen in den Anfängerbüchern eine solche zu enge Auffassung gebildet haben sollte.

6.37 Die Formen des Passivs, aber die Verwendungsweisen des Aktivs: die Deponentien

Wenn man den *Stellenwert* des lateinischen Passivs und seiner Lautungen richtig sehen will, muß man sogleich auch die Verben in den Blick nehmen, die zwar die *Formen* des Passivs haben, zu denen es aber kein Aktiv gibt und die trotz ihrer dem Passiv entsprechenden Formen *wie Verben im Aktiv* funktionieren: die im *Subjekt* genannte Person oder Sache ist der *Ausgangspunkt* des betreffenden Verhaltens/Handelns, und oft ist die Nennung der vom Handeln betroffenen Person oder Sache durch einen Objektsakkusativ möglich. Ein solches Verb nennt man «*Deponens*» – der Fachausdruck kommt von der bei den antiken Grammatikern herrschenden Vorstellung, daß diese Verben die ihnen eigentlich zukommende Passiv-Bedeutung «abgelegt haben» (lateinisch: deponere, ablegen»).

Es gibt über 100 Deponentien, und sie werden zum Teil sehr häufig gebraucht. In manchen Texten ist jedes zweite oder dritte Verb mit den Formen des Passivs gar kein Passiv, sondern eben ein Deponens, mit der Bedeutung und Konstruktionsweise der Verben im Aktiv, Beispiele:

hortari	Pater filium *hortatus est*
ermahnen, zu etwas antreiben	der Vater ermahnte den Sohn
consolari	Filius patrem *consolatur*
trösten	Der Sohn tröstet seinen Vater
vereri	Homo deos *vereatur*
verehren, fürchten	Der Mensch fürchte (soll fürchten) die Götter
experiri	illa vires suos *experta est*
versuchen, erproben («Experiment»)	jene erprobte ihre Kräfte
sequi	Feminae ducem *sequuntur*
folgen, hinterhergehen	Die Frauen folgen ihrer Führerin
loqui	Caesar *locutus est*
sprechen («Kolloquium, Gespräch»)	Caesar hat gesprochen

Das Vorhandensein dieser Verben, die nicht in das sonst geltende Schema von Aktiv und Passiv passen, ist ein Erbstück aus vor-lateinischer Zeit. Im Altgriechischen, das hier ältere Sprachzustände bewahrt hat, gibt es nicht nur ein Aktiv und ein Passiv, sondern auch eine zwischen beiden liegende Handlungsrichtung, die man «Medium (Mittleres)» nennt. Die Formen für Medium und Passiv sind allerdings nur für bestimmte grammatische Zeiten verschieden, für andere grammatische Zeiten sind sie genau gleich. Beispiel für das Verb «paideuein, erziehen», im Aorist (der Erzähl-Vergangenheit des Altgriechischen):

AKTIV AORIST	ˌHe métērˌ epaideusen ˌton paidaˌ
	die Mutter erzog das Kind
MEDIUM AORIST	ˌHe meterˌ epaideusato ˌton paidaˌ
	die Mutter erzog sich (in ihrem eigenen Interesse, im Blick auf sich selbst) das Kind
PASSIV AORIST	ˌHo paisˌ epaideuthen ˌ(hypo tes metros)ˌ
	das Kind wurde erzogen (von der Mutter)

Im *Präsens* dient nun für das Medium und für das Passiv die genau gleiche Lautung, so daß es von den vorhandenen Satzgliedern abhängt, ob man diese Lautung als *Medium* (also ein «auf sich selbst bezogenes Aktiv») oder als *Passiv* zu verstehen hat:

AKTIV, PRÄSENS	MEDIUM, PRÄSENS	PASSIV, PRÄSENS
paideuei ˌton paidaˌ	*paideuetai* ˌton paidaˌ	ˌho paisˌ *paideuetai*
sie *erzieht* das Kind	sie *erzieht sich* ihr Kind	das Kind *wird erzogen*

Man spricht daher, wo die Lautungen für Medium und Passiv gleich sind, auch von einem «Mediopassiv».

Ergebnis generell: die *klare Unterscheidung* von *Aktiv* («Handeln vom Subjekt her») und *Passiv* (Handeln, das auf das Subjekt zukommt) ist *nichts so Selbstverständliches*, sondern hat sich erst im Lauf der Sprachgeschichte herausgebildet – und die lateinischen Deponentien sind gewissermaßen als Zeugen eines früheren Sprachzustandes stehengeblieben.

Wenn man sich nun beim Lernen diese Deponentien nicht einfach mechanisch einprägen will, sondern eine Gedächtnisstütze für ihre passive Form sucht, kann man manchmal Umschreibungen der folgenden Art zu Hilfe nehmen:

pati	*patitur*	*passus est*
leiden	«er wird von Schmerz betroffen»	«er ist ein von Schmerz Betroffener gewesen»
mori	*moritur*	*mortuus est*
sterben	«er wird vom Tod ergriffen»	«er ist ein vom Tod Ergriffener geworden»

Hie und da entspricht einem lateinischen Deponens ohnehin ein deutsches Verb im werden-Passiv, z. B. «*nasci*, geboren werden – *natus est*, er ist geboren worden» (für das aktive «gebären» gibt es ein besonderes Verb, nämlich «parere», z. B. «illa filium peperit – Jene gebar einen Sohn»).

6.38 Die Begriffe «transitiv – intransitiv»

In vielen Grammatiken werden alle Verben in die beiden Gruppen «transitive Verben – intransitive Verben» eingeteilt, je nachdem, ob sie mit einem Akkusativobjekt verbunden werden können oder nicht.

TRANSITIV, mit Akkusativobjekt, v. t., tr.	INTRANSITIV, kein Akkusativobjekt möglich, v. i., itr.
jemanden *antreffen*, ich *treffe ihn an*	jemandem *begegnen*, ich *begegne ihm*

Es handelt sich aber eigentlich gar nicht um *Gruppen* von Verben, sondern um *verschiedene Gebrauchsweisen* von Verben. Oft kann nämlich das gleiche Verb sowohl transitiv wie intransitiv gebraucht werden, und zwar in den andern Sprachen noch mehr als im Deutschen:

TRANSITIV, mit Akkusativobjekt	INTRANSITIV, kein Akkusativobjekt
schreiben: Er schreibt *einen Bericht*	Er schreibt *an einem Bericht*
sortir: sortir *un cheval de l'écurie* ein Pferd aus dem Stall nehmen/holen	sortir *de l'écurie* aus dem Stall heraustreten, herausgehen
to *start*: He started *the engine*	He started *in time*
metuere: Metuit *insidias* Er/Sie fürchtet *eine Falle*	Metuit *sine causa* Er/Sie fürchtet sich ohne Grund

Dabei muß man bei *französischen* Wörterbüchern beachten, daß in der französischen Grammatik auch die Kombination eines Verbs mit einem complément d'objet *indirect* als «*transitif*» bezeichnet wird, nämlich «transitif indirect». So wird in einem französischen Wörterbuch aus Frankreich z. B. das Verb «*adhérer*» (haften an, kleben an, einer Partei anhängen) als *v. t. ind.* (= verbe transitif indirect) gekennzeichnet.

6/VI Reflexivkonstruktionen; Bedeutungsbeziehungen dabei

6.39 Reflexive Verben im Deutschen – verbes pronominaux im Französischen

Man kann die durch das Subjekt dargestellte (bzw. zum Verb hinzuzudenkende) Person, Sache, Erscheinung usw. in der gleichen Proposition *noch einmal aufrufen*, und zwar durch ein entsprechendes Pronomen, das als Akkusativobjekt oder Dativobjekt (bzw. als complément d'objet direct ou indirect) gesetzt wird. Dann liegt ein *reflexives Verb* vor (un *verbe pronominal*). Diese Möglichkeit verwendet man vor allem im Deutschen und im Französischen.

Man darf dabei den Fachausdruck «reflexives *Verb, verbe* pronominal» nicht eng und wörtlich verstehen wollen. Gemeint sind nicht die Verben als Wortart, sondern *ganze verbale Wortketten* mit einem Reflexivpronomen als Akkusativobjekt oder Dativobjekt (avec un pronom réfléchi comme complément d'objet direct ou indirect).

Der Unterschied zwischen den beiden Satzgliedern, welche durch Reflexivpronomen gebildet werden können, ist oft sehr unauffällig, denn das Reflexivpronomen der 3. Person (deutsch «sich», französisch «se») ist für beide Satzgliedtypen sowie für Singular und Plural gleich:

REFLEXIV ALS AKKUSATIVOBJEKT (complément d'objet direct)	REFLEXIV ALS DATIVOBJEKT (complément d'objet indirect)
Er strengt sich an	Er gibt sich viel Mühe
Il s'efforce (de ...)	Il se donne beaucoup de peine

Der Unterschied kann aber wichtig werden für die korrekte grammatische Form: im Deutschen muß man bei der 1. und 2. Person Singular entweder «mich, dich» oder «mir, dir» setzen:

REFLEXIV ALS AKKUSATIVOBJEKT	REFLEXIV ALS DATIVOBJEKT
Ich strenge mich an / du strengst dich an	Ich gebe mir Mühe / du gibst dir Mühe

Im Französischen ergibt sich ein Unterschied in der *Schreibung des participe passé* (im passé composé und den übrigen mit participe passé gebildeten grammatischen Zeiten); bei complément d'objet direct muß man nämlich das participe passé diesem complément (und zugleich dem sujet) *anpassen*, bei complément indirect dagegen *nicht*:

REFLEXIV ALS AKKUSATIVOBJEKT (complément d'objet direct)	REFLEXIV ALS DATIVOBJEKT (complément d'objet indirect)
Elle s'est *efforcée* (de ...)	Elle s'est *donné* beaucoup de peine

Die Verwendung von «être» für das passé composé etc. der verbes pronominaux ist ohnehin etwas, das einem besonders fremdartig erscheint, wenn man vom Deutschen herkommt – ganz ähnlich wie «esse» im Perfekt usw. der lateinischen Deponentien, z. B. «locutus est» gegenüber deutsch «er *hat* gesprochen».

Durch eine Proposition mit «sich, se» als Akkusativ- oder Dativobjekt (bzw. als complément direct ou indirect) kann man auch darstellen, daß bei einer Mehrzahl von Handelnden *jeder/jede* Beteiligte das betreffende Handeln *auf jeden anderen/jede andere* richtet:

REFLEXIV ALS AKKUSATIVOBJEKT (complément d'objet direct)	REFLEXIV ALS DATIVOBJEKT (complément d'objet indirect)
Die Frauen sahen *sich* jeden Tag	Sie machten *sich* Vorwürfe wegen ihrer Schwäche
Les femmes *se* voyaient chaque jour	Elles *se* reprochaient leur faiblesse
Jede sah jede andere jeden Tag	jede jeder anderen – und evtl. auch sich selbst

Man spricht hier auch von «reziproker» Beziehung, und im Deutschen kann man ein so gebrauchtes «sich» durch «einander» ersetzen und kann die Beziehung durch das Satzadjektiv «gegenseitig» verdeutlichen: «Sie machten *einander* Vorwürfe, sie machten *sich gegenseitig* Vorwürfe».

Man muß aber zwischen «reziprok» und «einfach reflexiv» fließende Übergänge anerkennen. Wenn man sagt «Die beiden machten sich Vorwürfe», kann das nicht nur heißen «jeder/jede gegenüber jedem/jeder anderen», sondern auch «jeder/jede sich selbst». Ein «sich» ist ersetzbar durch «einander» in Propositionen wie «Die Kinder *sahen* sich jeden Tag, sie *trafen* sich jeden Tag», aber nicht in «Die Kinder *versammelten* sich jeden Tag» – dabei stellen alle drei Propositionen praktisch dasselbe Verhalten dieser Kinder dar.

6.40 Verb nur reflexiv verwendbar – Verb ebenso gut reflexiv wie nicht-reflexiv verwendbar

Im Deutschen wie im Französischen gibt es Verben, die man *nur reflexiv* verwenden kann (d. h. nur in verbalen Wortketten mit einem Reflexivpronomen als Akkusativ- oder Dativobjekt bzw. als complément d'objet direct ou indirect), und es gibt Verben, die man *ebensogut* reflexiv wie nicht-reflexiv verwenden kann:

nur *reflexiv* verwendbar	beides möglich	
	Beispiel für *reflexiv*	Beispiel für *nicht-reflexiv*
Sie erholt *sich*	Sie pflegt *sich*	Sie pflegt *ihr Kind*
*«jemand/etwas erholen» ist unmöglich		
Il se repent	Il s'excuse	Il excuse son fils
Er bereut	Er entschuldigt sich	Er entschuldigt seinen Sohn
*«repentir quelqu'un ou quelque chose» ist unmöglich		

Es gibt Grammatiker, die hier von «echten» und «unechten» reflexiven Verben reden. Man sollte aber solche Fachausdrücke, die eine Wertung nahelegen, nach Möglichkeit vermeiden.

Weitere nur-reflexive Verben bzw. verbale Wortketten im Deutschen:

6.40 Verb nur reflexiv verwendbar – Verb reflexiv wie nicht-reflexiv verwendbar

sich *abmühen*	sich *bewähren*	sich *sehnen*	sich *etwas anmassen*
sich *auskennen*	sich *bewerben*	sich *umblicken/umsehen*	sich *etwas aneignen*
sich *bedanken*	sich *brüsten*	sich *verbeugen*	sich *etwas ausbedingen*
sich *beeilen*	sich *eignen*	sich *verirren*	sich *etwas ausbitten*
sich *dorthin begeben*	sich *entschließen*	sich *verlieben*	sich *etwas verbitten*
sich *dort befinden*	sich *erfrechen*	sich *verspäten*	
sich *begnügen*	sich *gedulden*	sich *verzählen*	
sich *besinnen*	sich *getrauen*	sich *weigern*	
sich *betrinken*	sich *räuspern*	sich *zufriedengeben*	

Nur reflexiv verwendbare Verben im Französischen – verbes qui ne s'emploient qu'à la forme pronominale:

s'*abstenir*	sich enthalten	s'*évertuer à ...*	sich anstrengen
s'*accouder*	sich mit dem Ellbogen aufstützen	s'*extasier*	in Entzücken ausbrechen
s'*accroupir*	sich ducken, niederkauern	se *gargariser*	gurgeln, Mund spülen
s'*adonner à ...*	sich einer Sache widmen, hingeben	se *gendarmer*	sich aufregen, sich er eifern
s'*agenouiller*	sich auf die Knie niederlassen	s'*ingénier*	sich um die Lösung eines Problems bemühen
s'*arroger*	sich anmaßen, sich etwas herausnehmen		
se *blottir*	sich ducken, sich anschmiegen	se *méfier de ...*	mißtrauen
se *cabrer*	sich aufbäumen	se *méprendre*	sich täuschen
se *démener*	sich lebhaft und rücksichtslos bewegen	se *moquer de ...*	sich lustig machen über ...
se *désister*	verzichten	s'*obstiner*	sich versteifen
s'*écrier*	ausrufen	se *parjurer*	einen Meineid schwören
s'*écrouler*	zusammenbrechen, einstürzen	se *ratatiner*	einschrumpfen, faltig werden
s'*emparer de ...*	sich dessen bemächtigen	se *raviser*	sich eines Bessern besinnen
s'*empresser*	Eifer zeigen, sich beeilen	se *rébeller*	sich auflehnen
s'*en aller*	weggehen	se *récrier*	in Ausrufe ausbrechen
s'*enquérir*	sich erkundigen	se *réfugier*	sich zurückziehen, flüchten
s'*éprendre de ...*	sich verlieben in	se *rengorger*	sich in die Brust werfen
s'*évader*	entwischen	se *soucier de ...*	sich kümmern um ...
s'*évanouir*	ohnmächtig werden, sich verflüchtigen	se *souvenir de ...*	sich erinnern an ...

6.41 Reflexiv – Passiv – Aktiv mit «man» – Darstellung durch Satzadjektiv mit «-bar»

Nicht selten kann man dasselbe durch verschiedene grammatische Konstruktionen darstellen. Gelegentlich muß man auch beim Übersetzen die Konstruktion ändern.

Das *sagt sich leicht*	reflexiv	} aber es ist schwer durchzuführen	Cela *ne se dit pas*
Das *ist leicht gesagt*	sein-Passiv		Das sagt man nicht, das kann man nicht sagen, es wird nicht gesagt

Ce verbe *ne s'emploie qu'à la forme pronominale*
Dieses Verb wird nur reflexiv gebraucht, man braucht es nur reflexiv, es ist nur reflexiv verwendbar.

6.42 «Es – il» als formales Subjekt in Propositionen mit Reflexiv – oder als bloßer Platzhalter

Reflexive Verben können auch unpersönlich gebraucht werden, mit «es» bzw. «il» als Subjekt:

Es handelt sich ausschließlich um Sie.   Il ne s'agit que de vous.

Das als Subjekt gesetzte «es» liefert hier überhaupt keinen Bedeutungsbeitrag, sondern nur eine Art formalen Ansatzpunkt für die im Verb + Reflexiv dargestellte generelle Aussage. Daß aber auch ein solches «es – il» als Subjekt zu betrachten ist, geht aus der Verschiebeprobe hervor: «*Es* handelt sich um ... – Hier handelt *es* sich um ...» oder «*Il s'agit de ...* – *De quoi s'agit-il?*»

Dabei gibt es fließende Übergänge zu spezieller nennenden Subjekten. Bei der verbalen Wortkette «sich um etwas handeln» ist ausschließlich das «es» als Subjekt möglich, nicht einmal das ihm sonst so ähnliche «das». Aber aus der verbalen Wortkette «sich drehen um ...» kann man nicht nur die Proposition bilden «*Es dreht sich* um den Hauskauf», sondern auch «*Das Gespräch drehte sich* um den Hauskauf, *Die Verhandlungen drehten sich* um den Preis».

Ein in dieser Art als formales Subjekt dienendes «es» bzw. «il» ist zu unterscheiden von einem rein als Platzhalter dienenden «es» oder «il»:

Es stellt sich hier die Frage	*Hier stellt sich* die Frage
Es war von etwas anderem die Rede	*Zuerst war* von etwas anderem die Rede
Il s'est passé une histoire amusante	*Alors* une histoire amusante *s'est passée*

6.43 Reflexive Verben im Englischen

Die Reihe der englischen Reflexivpronomen läßt sich auffassen als Kombination eines Possessivpronomens oder eines Personalpronomens mit «-self»:

| myself – yourself – himself – herself – itself – ourselves – yourselves – themselves – oneself |

Diese Pronomen signalisieren in erster Linie, daß jemand etwas *selber* tut; sie heben die Eigentätigkeit hervor und werden daher gelegentlich auch «emphasizing pronouns» (besonders betonende Pronomen) genannt: «I did it *myself* – Ich tat es *selbst*, persönlich».

Wenn man diese Pronomen als Objekte (direct oder indirect objects) setzt, ergeben sich clauses, die den deutschen und französischen Propositionen mit reflexivem Verb entsprechen:

| *I cut myself* on a rusty nail | *Help yourself* |

Meistens ist aber bei solchen Verwendungen der Pronomen mit «-self/selves» nicht nur das Reflexiv-Verhältnis gemeint, sondern zugleich eine besondere Betonung der Eigentätigkeit. Wenn man feststellt «It is not always easy to *amuse oneself* on holiday», meint man nicht einfach «Es ist nicht immer leicht, *sich* an Feiertagen *zu vergnügen*», sondern «... sich allein (ohne Gesellschaft anderer) an Feiertagen zu vergnügen».

Das einzige in den Grammatiken genannte Verb, das man nur reflexiv verwendet, ist «to *pride oneself* on something – sich brüsten mit etwas, sich einer Sache rühmen».

Für so gut wie alles, was man im Deutschen und Französischen ausschließlich oder vorwiegend durch reflexive Verben darstellt, gibt es im Englischen Verben und ganze verbale Wortketten ohne Reflexiv:

| Worum *handelt es sich*? | De quoi *s'agit-il*? | What *is* the question? |
| *sich ärgern* über ... | *se fâcher* de ... | to *be angry/annoyed/irritated* with/at ... |

Ein sehr klares Bild ergibt sich, wenn man englische Texte mit ihren französischen und deutschen Entsprechungen vergleicht. So findet sich z. B. in dem Erfolgsbuch des englischen Zoologen und Verhaltensforschers Desmond Morris mit dem aufreizenden Titel «The Naked Ape – Le singe nu – Der nackte Affe» (1967) in den ersten 21 Zeilen des ersten Kapitels ein einziges reflexives Verb, nämlich «*they established themselves*» – in der französischen Übersetzung sind es aber volle sechs reflexive Verben, und in der deutschen Übersetzung sind es immerhin drei:

Englisches Original (1967)	Französische Fassung (1968)	Deutsche Fassung (1968)
Inside the cage there sits a small squirrel	Dans la cage *se trouve* un petit écureil	Im Käfig sieht man ein kleines Hörnchen sitzen
How does it differ from ...?	En quoi diffère-t-il ...?	Wie *unterscheidet sich* dieses ...?
... the ancestors of this animal must have split off from the rest and *established themselves* as an independent breeding population	... les ancêtres de cet animal ont dû *se séparer* de leurs congénères pour constituer une population indépendante qui *se reproduisait*	... müssen *sich* die Ahnen unseres Tieres von den übrigen Angehörigen der Familie *getrennt* und eine eigene, selbständige Fortpflanzungsgruppe gebildet haben
The new trend must have started out in a small way	La nouvelle tendance a dû *se manifester* sous une forme modeste	Der Weg, der dorthin führte, muß am Anfang ganz schmal gewesen sein
... a group of squirrels becoming lightly changed and better adapted to ...	... un groupe d'écureuils ... *se trouve* mieux adapté aux conditions...	Eine kleine Gruppe ... wurde ein wenig abgewandelt und dadurch besser ... angepaßt
But at this stage they would still be able to inter-breed with their relatives nearby	A ce stade, pourtant, ils pouvaient encore *se croiser* avec leurs parents du voisinage	... waren diese Hörnchen noch durchaus in der Lage, *sich* mit ihren Verwandten in den angrenzenden Gebieten zu *paaren*

6.44 Reflexive Verben im Lateinischen

Verben, die man reflexiv verwenden kann, gibt es auch im Lateinischen. Man braucht sie aber nicht so häufig. Verben für nur-reflexive Verwendung gibt es nicht. Einige Beispiele:

se dedere	sich einem Feind ergeben – sich einer Sache hingeben	Superbus *se laudat*	Ein Hochmütiger lobt sich selbst
se recipere	sich zurückziehen	Tibi noces, sibi nocent	Du schadest dir, sie schaden sich
se virum praebere	sich als Mann erweisen	Quid *sibi vult* haec oratio?	Was soll diese Rede, wörtlich: «Was will sie sich?»

Für manche Handlungen und Verhaltensweisen, die man im Deutschen und Französischen durch reflexive Verben darstellt, verwendet man im Lateinischen *Deponentien* (siehe Ziff. 6.37):

laetari, laetatus/-a est	*sich* freuen, er/sie hat *sich* gefreut	*se réjouir* il/elle *s'est réjoui(e)*
gloriari, gloriatus est	*sich* rühmen, er rühmte *sich*	*se vanter*, il *s'est vanté*
indignari, indignata est	*sich* entrüsten, sie entrüstete *sich*	*s'indigner*, elle *s'est indignée*
potiri, potitus est hac re	*sich* bemächtigen, er bemächtigte sich dieser Sache	*s'emparer*, il *s'en est emparé*
misereri, miseritus est eius	*sich* erbarmen, er erbarmte *sich* seiner/ihrer	*avoir* pitié, il eut pitié de lui/d'elle
niti, nisus/nixus est	*sich* stützen, er stützte *sich* ...	*s'appuyer*, il *s'est appuyé*

Auch ein *Passiv* kann dasselbe bedeuten wie ein deutsches Reflexiv, z. B. «lavor» nicht nur «ich werde gewaschen» (von jemand anderem), sondern auch «ich wasche mich» (neben «me lavo»).

Eine Besonderheit des Lateinischen ist, daß man bei «innerlich abhängigen» Nebensätzen ein Reflexivpronomen setzt, wo man im Deutschen (und Französischen) ein gewöhnliches Personalpronomen oder Demonstrativ setzen würde:

> Deiotarus ad Caesarem venit oratum ut *sibi* ignosceret
> Deiotarus kam zu Caesar, um ihn zu bitten, daß er *ihm* verzeihe

Deutsch «ihm», aber lateinisch «*sibi (sich)*», nicht «*eo (ihm)*», weil man als denjenigen, von dem die ganze erzählte Handlung ausgeht, immer noch das *Subjekt* des *Hauptsatzes*, nämlich *Deiotarus*, im Kopf hat.

6.45 Bedeutungsbeiträge verschiedener Bestandteile in Propositionen mit Reflexivkonstruktion

Die Bedeutungsbeiträge der einzelnen Bestandteile sind bei Propositionen mit Reflexivkonstruktion verschiedenartiger als bei Propositionen mit Verb im Passiv.

Bei einem Verb im *Passiv* gilt allermeistens, daß das im Subjekt Dargestellte von einer Aktivität, einer Wirkung «*von außen*» berührt, betroffen wird, positiv oder negativ. «Du wirst/bist eingeladen» wird verstanden als «jemand lädt dich ein, hat dich eingeladen».

Dagegen findet man bei *reflexiven* Verben (gleichgültig, ob sie nur-reflexiv oder auch nicht-reflexiv verwendbar sind) sehr verschiedene Bedeutungsbeiträge der Subjekte.

Die im *Subjekt* genannte Person kann als *Ausgangspunkt*, als *Urheber* der Tätigkeit gesehen sein:

> Er richtete sich hoch auf, dann warf er sich plötzlich zu Boden

Das kann auch für ein im Subjekt genanntes unbelebtes Wesen gelten:

> Die Fluten ergossen sich über alle Wiesen und Äcker, sie bahnten sich neue Wege

Die im Subjekt dargestellte Person, Erscheinung usw. kann aber auch gesehen werden als etwas, das nicht selbst handelt, sondern *an dem* (ja: *in dem*) sich das im Verb genannte Geschehen vollzieht, in dem z. B. das im Verb genannte Gefühl aufsteigt, Raum gewinnt:

> Die Fluten verliefen sich   Die Spannung löste sich   Ich freute mich

Besonders unterschiedlich kann der Bedeutungsbeitrag sein, der durch das *als Objekt gesetzte Reflexivpronomen* erbracht wird (d. h. durch das nochmalige Aufrufen des schon im Subjekt Genannten zustandekommt).

> Er stellte *sich* immer in den Mittelpunkt

Durch das «sich» wird der durch «Er» bezeichnete Mensch *nochmals voll herausgestellt*, man kann ein solches «sich» durch ein Begleitgefüge mit Nomen ersetzen: «Er stellte *seine eigene Person* immer in den Mittelpunkt»

> Er ärgerte *sich* über diesen Brief

Das «sich» ist *nicht* ersetzbar durch «seine eigene Person»; es *verstärkt* nur den Eindruck, daß der Ärger in dem «Er» aufstieg, verursacht durch den Brief; möglicher Ersatz: «Er *empfand Ärger* über den Brief – der Brief *ärgerte ihn*».

Zwei Beispiele mit gleichem Verb-Stamm, aber sehr verschiedener Bedeutung und demgemäß sehr verschiedenem Bedeutungsbeitrag des «sich» wie des Subjekts («sich etwas einhandeln – Es handelt sich um ...»):

Es (das Kind) handelte sich einen kleinen Vorteil ein	Es handelte sich um eine Kleinigkeit
Für das Kind *ergab sich* ein kleiner Vorteil – durch das nochmalige Aufrufen des hier aktiven Wesens «Kind» durch das «sich» wird die *Beteiligung* des Kindes *am Erfolg* seines Handelns besonders betont	Es war nur eine Kleinigkeit, es ging nur um eine Kleinigkeit – das «sich» hat *nur eine rein formale* Funktion, genauso wie das «es»; das Verb «handeln» signalisiert hier rein das Thematisieren eines Sachverhalts

6.46 Lebensbereiche, für deren Darstellung man besonders häufig reflexive Verben verwendet

Man kann die Verschiedenheit der möglichen Bedeutungsbeiträge von Reflexivpronomen (und Subjekten) gut erkennen, wenn man die Lebensbereiche durchgeht, für deren Darstellung besonders oft reflexive Verben gebraucht werden.

A Körperkontakte, Haltungen; Körperpflege, sich bedecken/entblößen; sich nähern/entfernen:

Sie hält sich aufrecht	Er *klammert sich* an sie
Sie *schmiegt sich* an ihn	Er *rasiert sich*
Er *putzt sich* die Zähne	Sie *pflegt sich*
Sie *kämmt sich* das Haar	Ich *hüllte mich ein*
Ich *zog mir* einen Mantel *über*	Sie *entfernte sich*

Hier signalisiert das «sich» die besondere Beziehung zur eigenen Person, zum eigenen Körper insgesamt oder zu den jeweils genannten Teilen des Körpers. Mit dem Subjekt nennt man die handelnde Person. Auch wenn Bewegungen unbelebter Wesen auf diese Art dargestellt werden, kann man darin eine besondere Betonung der Selbsttätigkeit sehen:

Das Gewitter *nähert sich*

Das «sich» kann man fast immer frei setzen oder weglassen, wenn es als *Dativobjekt* dient:

Er *putzt (sich)* die Zähne – Sie *zog (sich)* ihre Stiefel *an*

Man erkennt hinter diesen Beispielen die generelle, oft durch Akkusativobjekt + Dativobjekt signalisierte Bedeutungsbeziehung «jemand tut etwas, das jemandem zugutekommt». Das gilt gleicherweise für den reflexiven wie für den nicht-reflexiven Gebrauch:

Sie *zog* dem Kind die Handschuhe *an* – Sie *zog sich* die Handschuhe *an*

B Abwehr, Widerstand – Anpassung, Gewöhnung:

Er *verteidigte sich*	Er *strengte sich an*	Einige Zeit konnte er *sich behaupten*
Dann *paßte* er *sich an*	Er *gewöhnte sich* an dieses Leben	Er *ergab sich* darein

Auch hier lenkt man durch das «sich» nochmals auf die Wichtigkeit des betreffenden Handelns/Verhaltens für das im Subjekt genannte Wesen zurück; gelegentlich sind statt «sich» genauer nennende Ausdrücke als Akkusativobjekte möglich:

⌜Er behauptete sich/*seinen Willen*⌝
⌜Er unterwarf sich/*seinen Willen* den Forderungen der andern⌝

C   Erwerb, Ausrüstung, Aufbewahrung:

⌜Man *verschafft sich* etwas⌝   ⌜Man *versieht sich* damit⌝   ⌜Man *spart* es *sich auf*⌝

Auch hier nennt man durch das Subjekt den Handelnden und betont durch das (oft weglaßbare) als Dativobjekt gesetzte Reflexiv, daß dieses Handeln wieder dem im Subjekt Genannten zugutekommen soll:

⌜Ich *kaufe (mir)* etwas, *spare (mir)* etwas für morgen⌝

D   Sinnes- und Geistestätigkeiten; Informationsbeschaffung und -speicherung:

⌜Ich *sehe mir* das *an*⌝   ⌜Ich *überlege* es *mir*⌝   ⌜Ich *besinne mich*⌝   ⌜Ich *merke* es *mir*⌝

Man nennt durch das Subjekt das Wesen, das die betreffende Sinnes- oder Geistestätigkeit ausübt; durch das Reflexiv kann man besonders betonen, daß diese Tätigkeit einen Ertrag für dieses handelnde Wesen selbst erbringt. Man kann hier das als Dativobjekt gesetzte «sich» als «dativus commodi/incommodi» auffassen oder als «dativus iudicantis» bzw. «dativus ethicus» (Ziff. 6.25'B):

⌜Ich höre *mir* ein Konzert *an*⌝ – ⌜Die Musik ist *mir* zu laut⌝

E   Gefühlszustände und ihre Veränderungen (auch rein körperlich bedingt):

⌜Ich *fühle mich* besser⌝   ⌜Ich *erhole mich*⌝   ⌜Ich *freue mich*⌝   ⌜Er *schämt sich*⌝

Hier nennt man durch das Subjekt *nicht ein handelndes* Wesen, sondern das Wesen, das die betreffenden Gefühle *erfährt*, sie in sich feststellt, ggf. von ihnen überfallen, überwältigt wird. Das Reflexiv kann man als besondere Verdeutlichung dieses Gefühlsablaufs im durch das Subjekt dargestellten Wesen auffassen.

In dieser Gruppe stehen allerdings oft reflexive und nicht-reflexive Verben sozusagen gleichwertig nebeneinander, z. B. «sich erholen – gesund werden – gesunden» oder «sich etwas erhoffen – auf etwas hoffen». Dem deutschen Reflexiv «sich schämen» steht französisch «avoir honte» gegenüber (wörtlich: «Schande haben/empfinden»), und umgekehrt steht dem französischen verbe pronominal «se repentir» das nicht-reflexive deutsche Verb «bereuen» gegenüber.

F   Vorhandensein, Auftreten, Zusammenhang – Zustand – Verpflichtung – Fehlleistungen:

Neben den fünf ziemlich klaren Gruppen kann man die folgende, letzte Gruppe als eine Sammel- und Restgruppe betrachten:

⌜Es *handelt sich* um ...⌝
⌜Etwas *zeigt sich*⌝, ⌜*befindet sich* irgendwo⌝, ⌜*ergibt sich* aus etwas⌝, ⌜*bezieht sich* auf etwas⌝
⌜Jemand/etwas *verändert sich*⌝ / ⌜*hält sich* unverändert⌝
⌜Etwas *gehört sich*⌝
⌜Es *ziemt sich*⌝
⌜Es *versteht sich* von selbst⌝
⌜Jemand *vergreift sich*⌝
⌜Er *verheddert sich*⌝
⌜Er *verirrt sich*⌝

Auch hier gibt es gleichwertige nicht-reflexive Verben:

⌜Ein Phänomen *zeigt sich*⌝ – ⌜Es *tritt auf*⌝
⌜Etwas *begibt sich*⌝ – ⌜Etwas *geschieht*⌝
⌜Etwas *versteht sich* von selbst⌝ – ⌜Es *ist* selbstverständlich⌝

Als Bedeutungsbeitrag des Subjekts ist bei der Untergruppe «Fehlleistungen, jemand verirrt sich» usw. zu fassen «Person, der bei ihrem Handeln eine Fehlleistung passiert». Bei den übrigen Untergruppen läßt sich nur sagen: das Subjekt nennt dasjenige, was hier thematisiert wird, oder es bleibt rein formal (wie in «*es handelt sich* um ...»).

6/VII Verschiedene Satzglied-Kombinationen für sachlich gleiche Aussagen

6.47 Verschiedene Darstellung gleicher physikalischer Abläufe

Wenn man darstellen will, daß ein Prozeß irgendwie *aus sich selbst heraus* abläuft, verwendet man oft reflexive Verben wie «sich bilden, sich entwickeln, sich verändern, sich vergrößern, sich vermindern, sich auflösen, sich verflüchtigen» – man kann aber auch aktiv-intransitive Verben wählen wie «entstehen, so und so werden, zunehmen, abnehmen, vergehen, verschwinden»:

Der Stoff *löst sich* im Wasser auf	Es { *bildet sich* / *entsteht* } eine Mischung	Die Dichte { *vergrößert sich* / *nimmt zu* }

Wenn man dazu angeben will (und überhaupt kann), was als Ursache des betreffenden Prozesses zu betrachten ist, kann man zwischen noch mehr Möglichkeiten wählen:

Infolge der Erwärmung / Durch die Erwärmung / usw.	*erhöht sich* der Druck	aktiv reflexiv
	nimmt der Druck *zu* / *steigt* der Druck	aktiv intransitiv
	wird der Druck höher	«werden» aktiv intransitiv + Satzadjektiv
	wird der Druck *erhöht*	werden-Passiv

Wenn man mehr das Resultat als den Prozeß hervortreten lassen will, kann man auch das häufigste aktiv-intransitive Verb verwenden, nämlich «sein» + Satzadjektiv (oder als Bestandteil des sein-Passivs), oder man kann das (oft dem Präsens des sein-Passivs entsprechende) Perfekt des aktiv-reflexiven Verbs wählen:

Infolge der Erwärmung	*ist* der Druck jetzt { höher	«sein» + Satzadjektiv
	erhöht	«sein» in sein-Passiv
	hat sich der Druck jetzt *erhöht*	aktiv-reflexiv, im Perfekt

Man erkennt hier auch die Ähnlichkeit, ja oft Gleichartigkeit des Bedeutungsbeitrags von «werden» in Verbindung mit Satzadjektiv (also als «Vollverb») und als Verbteil in einem Passiv (also als «Hilfsverb»), und entsprechend die Ähnlichkeit des Bedeutungsbeitrags von «sein» bei der Bildung des sein-Passivs und in der Kombination mit Satzadjektiv (Weiteres dazu in Ziff. 12.37–12.44).

6.48 Erfolgsaussichten bei einem Handeln – Verpflichtung zu einem Handeln

Die Möglichkeit zur Durchführung eines Handelns (die Aussicht auf einen Erfolg dabei) kann man durch recht verschiedene grammatische Formalstrukturen darstellen:

Auf solche Weise Mit diesem Verfahren usw.	*kann* man die Aufgabe *lösen*	«können» + Inf. akt. transitiv, dabei «Aufgabe» als Akk. Obj.	
	kann die Aufgabe *gelöst werden*	«können» + Inf. werden-Passiv	
	läßt sich die Aufgabe *lösen*	«lassen» reflexiv, + Inf. akt. trans.	«Aufgabe» als Subjekt
	ist/wird die Aufgabe *lösbar*	«sein/werden» + Satzadjektiv mit «-bar»	
	ist die Aufgabe *zu lösen*	«sein» + zu-Inf., kann aber auch verstanden werden als Aufforderung, Verpflichtung	

Wenn man die *Verpflichtung* zu einem Handeln darstellen will, kann man die folgenden vier Formalstrukturen benutzen (zwei mit obligatorischer Nennung eines Handelnden, zwei ohne solche Nennung):

Bis dahin Auf jeden Fall usw.	*muß* einer diese Aufgabe *lösen*	«müssen» + Infinitiv aktiv-transitiv	Nennung eines Handelnden im Subjekt nötig, «Aufgabe» als Akkusativobjekt
	hat einer diese Aufgabe *zu lösen*	«haben» + zu-Infinitiv	
	muß diese Aufgabe *gelöst werden*	«müssen» + Infinitiv des werden-Passivs	kein Handelnder anzugeben, «Aufgabe» als Subjekt
	ist diese Aufgabe *zu lösen*	«sein» + zu-Infinitiv transitiv aktiv	

Manchmal ist an Stelle des werden-Passivs auch ein sein-Passiv möglich:

Bis dahin muß diese Aufgabe *gelöst sein*

Grundsätzlich ist auch «hat zu» + Infinitiv des werden-Passivs oder des sein-Passivs möglich, aber man verwendet es eher selten:

Bis dahin *hat* diese Aufgabe *gelöst zu werden*
Bis dahin *hat* das alles *erledigt zu sein*

Für Weiteres in diesem Bereich siehe Ziff. 12.45.

6.49 Generelle Verschiedenheit der Kriterien für die Satzgliedbegriffe in den vier Sprachen

Die Kapitel 6/I bis 6/VII sollten ein einigermaßen deutliches Bild geliefert haben von den *Gleichheiten*, den *Ähnlichkeiten* und den markanten *Verschiedenheiten* im Aufbau von Propositionen aus Verb + Satzgliedern in den vier Sprachen – mit Einschluß der teilweise verschiedenen Verwendung gleicher Fachausdrücke je nach Sprache.

Vom *methodischen* Gesichtspunkt her fällt auf, *wie verschieden* für die Satzgliedtypen neben dem Subjekt der Anteil der *operational-formalen* Kriterien und der rein aus der *Bedeutung* genommenen, *semantischen* Kriterien ist.

Im *Deutschen* ist man von der traditionellen Satzgliederlehre (begründet um 1830) zu einer auf Operationen gestützten, konsequent auf die formal faßbaren Strukturen gerichteten Auffassung gekommen.

In der *französischen Grammatik* beruhen die Begriffe «complément direct et indirect, attribut du sujet et du complément direct» und auch «complément d'agent» auf formal-operationalen Kriterien. Für den ganzen Rest, die «compléments circonstanciels» hat man eine offene Liste der Bedeutungsbeiträge, die durch solche Satzglieder erbracht werden können. Der Begriff «complément» wird nicht nur für die Beziehungen von Satzgliedern zum Verb, sondern auch für Beziehungen *innerhalb* eines Satzglieds verwendet («complément du nom, du pronom»).

Die *englische Grammatik* stützt ihre Begriffe «direct object, indirect object, subject complement, object complement» auf Operationen. Im Bereich der weiteren Satzglieder – als «adverbials» zusammengenommen – bahnt sich eine Unterscheidung nach großen Bedeutungsgruppen an, mit den Begriffen «adjunct, disjunct, conjunct» (Ziff. 6.20).

Die *lateinische Grammatik* hat als formale, operational begründete Satzgliedtypen die Begriffe Prädikatsnomen, Prädikativum, Objektsakkusativ, Objektsdativ, Objektsgenitiv. Daneben findet man hier den bisher am weitesten entwickelten Versuch, von den *Bedeutungsbeiträgen* Rechenschaft zu geben, vor allem für das durch den Gebrauch von Dativ, Ablativ und Genitiv Darstellbare (Ziff. 6.25–6.27). Dieser Versuch beschränkt sich aber auf die fallbestimmten Satzglieder. Für die fallfremden Satzglieder wird einfach mit dem Wortartbegriff «Adverb» gearbeitet – so wie auch in der englischen Grammatik die Fachausdrücke «adverbial – adverb» zum Teil nebeneinander gebraucht und in der französischen Grammatik die «adverbes» kaum konsequent in den Rahmen der «circonstanciels» eingeordnet werden.

Es soll daher in einem gleicherweise abschließenden und überleitenden Kapitel versucht werden, einen Begriff zu entwickeln, der eine klare Unterscheidung des *formalen* Aufbaus von verbalen Propositionen und des *Bedeutungsaufbaus* in ihnen (und durch sie) ermöglicht und der damit die in den Kapiteln 6/I bis 6/VII vorgeführten und kritisch erprobten Begriffe von einem höheren Gesichtspunkt her einzuordnen und zu beurteilen gestattet. Dadurch kann dann auch deutlich werden, *wie wichtig* (oder auch: *wie wenig wichtig*) das Erkennen des jeweiligen formalen Satzgliedtyps für das Verstehen und insgesamt für die Sprachpraxis ist.

Das kann vor allem auch Konsequenzen für die Schule haben: der *Stellenwert* einer durchgehenden Analyse nach formalen Satzgliedtypen *neben* dem Subjekt dürfte sich als erheblich *geringer* erweisen, als er bisher oft eingeschätzt worden ist, und die Unterscheidungen dürften, soweit sie überhaupt anzubieten sind (je nach Schultyp) in späteren Schuljahren ihren Platz bekommen, als es in der heutigen Praxis oft der Fall ist.

6/VIII Einstieg in die höhere Grammatik: verbale Semanteme, «Valenz»

6.50 Es gibt viel mehr Verbbedeutungen als lautlich unterscheidbare Verben

Zu vielen und wichtigen Verben gibt es – in allen Sprachen – nicht nur *je eine* Bedeutung; das gleiche Verb dient oft als Signalisierung von zwei oder mehr Bedeutungen, und diese sind manchmal benachbart und ähnlich, manchmal aber auch fühlbar verschieden. Beispiel: das Verb «finden» (gehört zu den 20 häufigsten deutschen Verben):

1 jemand oder etwas *sehen*, auf jemand oder etwas *stoßen*, durch Suchen und eigene Anstrengung oder zufällig

> Aktiv: Er *fand* den richtigen Mitarbeiter. Sie *fand* einen Weg. Wir *fanden* dort ein verlassenes Haus.
>
> Reflexiv (nicht immer möglich): Endlich *fand sich* der richtige Mitarbeiter. Der Weg *findet sich* leicht.
>
> Passiv (nicht immer möglich): Endlich *wurde* ein Mitarbeiter *gefunden*. Der Weg *ist* jetzt *gefunden*

2 einer Reaktion (von außen oder von innen) *begegnen*, etwas *erhalten*, erfahren, erleben

> Aktiv: Hilfe *finden*, Anerkennung *finden*, Gefallen an etwas *finden* – wenig Gegenliebe *finden*, starken Widerstand *finden*
>
> Reflexiv und Passiv nur beschränkt möglich: «Hier *fand sich* die nötige Hilfe, *wurde* die nötige Hilfe *gefunden*», aber nicht *«Es wurde Anerkennung gefunden» usw.

Es gibt auch Kombinationen von «finden» mit Akkusativobjekt, die als ganze durch ein Verb im Passiv ersetzbar sind: «Beachtung finden = beachtet werden» oder «Berücksichtigung finden, Verwendung finden = berücksichtigt werden, verwendet werden»; für Genaueres siehe Ziff. 6.57, «Funktionsverbgefüge».

3 (nicht im ganzen deutschen Sprachgebiet gleicherweise üblich): irgendwohin *gelangen*, den Weg finden

> nur Aktiv: Endlich *fand* er nach Hause. Durch diese Erlebnisse *fand* sie erst richtig zu sich selbst

4 etwas in einem bestimmten Zustand *antreffen*

> nur Aktiv: Wir *fanden* ihn in großer Bedrängnis. Sie *fand* das Kind allein auf der Straße

5 jemand oder etwas *für etwas halten*, in bestimmter Art *einschätzen*; denken, der Meinung sein

> Aktiv: Ich *finde* das gut. Sie *findet* diese Lösung annehmbar. Dieses Vorgehen *finden* alle in Ordnung. Das geht, *finde* ich
>
> Passiv nur selten: Das *wird* allgemein gut *gefunden*

| 6 | etwas *akzeptieren*, sich in etwas *schicken* | nur Reflexiv, mit Präpokasus «in ...»: Er kann *sich* nur mit Mühe in seine neue Rolle *finden* |

Die verschiedenen Bedeutungen des gleichen Verbs «finden» sind manchmal nicht scharf voneinander abgrenzbar, z.B. könnte man «Hilfe finden» auch zu *Bedeutung (1)* rechnen.

6.51 Verschiedene Bedeutung – verschiedene Kombinierbarkeit mit Satzgliedern; «Valenz»

Die Verschiedenheit der Bedeutung eines Verbs kann verbunden sein mit verschiedenen Möglichkeiten für das Setzen eines Subjekts oder eines weiteren Satzglieds, und sie kann fest gebunden sein an das Vorhandensein eines bestimmten Satzglieds oder mehrerer Satzglieder.

Manche Grammatiker haben für die verschiedene Fähigkeit der Verben, sich mit Subjekten und mit weiteren Satzgliedern verschiedener Art zu verbinden, den in der Chemie entwickelten Begriff und Fachausdruck «*Valenz*» übernommen und eine «*Valenzgrammatik*» gefordert.

Dabei ist nicht nur zu fragen, mit welchen *formalen* Satzgliedtypen sich das betreffende Verb verbinden läßt, sondern auch, aus welchen *Bedeutungsbereichen* das an den verschiedenen Satzgliedstellen Einsetzbare zu nehmen ist.

So ist bei *Bedeutung (3)* von «finden» als Subjekt nur ein Lebewesen möglich, das von sich aus einen Weg finden kann (z. B. «Die Katze fand immer wieder nach Hause»). Dazu ist die Nennung eines *Ziels* erforderlich, durch Präpokasus («*nach Hause* finden, *zum Hotel* finden»), oder durch Satzpartikel («*dorthin* finden, *heim* finden»).

Bei *Bedeutung (4)* ist ein Akkusativobjekt und dazu die Nennung irgend eines Zustands erforderlich, sei es durch Präpokasus («jemanden *in großer Bedrängnis* finden»), sei es durch Satzadjektiv oder Partizip («jemanden *gesund, ausgeruht* finden»), sei es durch Satzpartikel («jemanden *wohlauf* finden, ihn *allein* finden»).

Bei *Bedeutung (5)* ist als Subjekt nur ein Wesen möglich, dem man eine gewisse Beurteilungsfähigkeit zutraut, also ein Mensch oder auch ein Tier («Die Katze fand dieses Futter offenbar ausgezeichnet», = «fand, daß es ausgezeichnet war»). Dazu ist durch das Akkusativobjekt irgend etwas zu nennen, das hier beurteilt wird, und es ist der Inhalt dieser Beurteilung zu geben, durch Objektsprädikativ («Ich finde das *einen Skandal*»), oder durch Präpokasus («Ich finde es *in Ordnung*»), oder durch Satzadjektiv («Ich finde es *gut*, ich finde es *gelungen*»).

Für *Bedeutung (6)* muß ein Reflexiv (im Akkusativ) und ein Präpokasus mit «in» oder die Satzpartikel «darein» vorhanden sein («Ich finde mich *in diese Situation*, ich finde mich *darein*»).

Man sollte aber die Analogie zum chemischen Begriff «Valenz» nicht so weit treiben, daß man dem Verb eine gewisse «Anziehungskraft» für Satzglieder dieses oder jenes Typs, mit dieser oder jener Bedeutung zuschreibt (daß das Verb eine gewisse «Fähigkeit» hat, um sich herum «Leerstellen für Satzglieder» zu schaffen) und daß man daher den ganzen Aufbau verbaler Propositionen *nur* vom Verb her zu sehen hätte. Wenn man irgend etwas sprachlich fassen, durch verbale Propositionen darstellen will, sucht man meistens gar nicht zuerst nach einem geeigneten Verb. Man hat in erster Linie einen *Menschen*, eine *Sache*, eine *Erscheinung* vor sich (oder im Kopf), und man sucht zu allererst dafür eine geeignete *Benennung* (durch Nomen, Pronomen, ganzes Begleitgefüge usw.); dann erst sucht man ein Verb oder eine verbale Wortkette, mit der man nun das Handeln, das Verhalten, die besondere Art dieses Menschen, dieser Sache, dieser Erscheinung darstellen kann − und man verbindet nun die zuerst gefundene Benennung als Subjekt mit dieser verbalen Wortkette oder fügt sie als Satzglied an eine geeignete Stelle der verbalen Wortkette ein und sucht ein passendes Subjekt dazu.

6.52 Der Begriff «verbales Semantem»

Es ist nun nützlich, wenn man im Blick auf die verschiedenen Bedeutungen und die verschiedenen Erfordernisse für das Setzen von Satzgliedern aus bestimmten Bedeutungsbereichen nicht mehr einfach von «Verb» oder «verbaler Wortkette» redet, sondern hier einen neuen Begriff und Fachausdruck einführt, nämlich *«verbales Semantem»* (also «Bedeutungsstruktur aus einem Verb und mit ihm gegebenen Satzgliedstellen», man könnte auch sagen «spezieller Bauplan für verbale Propositionen»).

Unter einem verbalen Semantem wird also in diesem Buch verstanden: eine *durch ein Verb* (oder ein Verb + festes nichtverbales Wort, z. B. «Verwendung finden») signalisierte *Bedeutung* (gleichgültig ob das betreffende Verb nur diese eine Bedeutung oder auch andere Bedeutungen signalisiert) *und* die durch das Verb in dieser Bedeutung gegebenen *Anforderungen und Möglichkeiten* für das Setzen von *Satzgliedern*, mit beliebigen Bedeutungen oder aus bestimmten festgelegten Bedeutungsbereichen, und für die von diesen Satzgliedern an dieser Stelle jeweils gelieferten *Bedeutungsbeiträge*.

Diese Definition ist zugegebenermaßen etwas umständlich, aber sie läßt sich nicht einfacher geben. Sie wird wohl besser handhabbar durch die Beispiele. Die sechs in Ziff. 6.50 vorgeführten und in Ziff. 6.51 im Blick auf die dabei erforderlichen Satzglieder kommentierten Bedeutungen von «finden» sind *sechs verschiedene Semanteme*. Das Verb «finden» dient in allen sechs als verbaler Kern. Die verbale Wortkette «sich in etwas schicken» wäre ein weiteres verbales Semantem, praktisch gleichwertig mit «sich in etwas finden», aber eben mit einem andern Verb als formalem Kern und darum ein eigenes verbales Semantem.

Es gibt offensichtlich *sehr viele* verbale Semanteme − man muß mit einer fünfstelligen, wenn nicht mit einer sechsstelligen Zahl rechnen. Die Semanteme sind gewissermaßen «verallgemeinerte verbale Wortketten», oder schon finite Propositions-Muster.

6.53 Zur Speicherung der verbalen Semanteme im Gehirn − infinit oder schon finit

Man kann annehmen, daß die Großzahl der verbalen Semanteme *in infiniter Form* im Gehirn gespeichert ist, zusammen mit den Bedingungen für ein einzusetzendes Subjekt. Beispiele: «*sich Mühe geben*» (als Subjekt nur möglich: ein willensfähiges Lebewesen oder eine Gruppe oder Institution: «*die Klasse* gab sich Mühe − *die Behörde* gab sich Mühe») − «jemandem einen *Wink geben*» (Subjekt: Mensch) − jemandem einen *Hinweis geben* (als Subjekt auch möglich «*Dieser Vorfall* gab mir einen Hinweis, daß ...»).

Für einige verbale Semanteme ist aber anzunehmen, daß sie *schon in finiter Form* gespeichert sind, wobei meistens das Subjekt schon festliegt: «*Es gab etwas*» − nämlich «*Es gab* gebackenen Fisch − *Es gab* Ärger − *Es gab* schlechtes Wetter» usw. Ähnlich «*Es hungert jemanden* − ihn hungerte» oder «*Es handelt sich um ...*». Hier liegen also schon fertige Muster für Propositionen vor, wobei nur die noch offenen Stellen durch geeignete Ausdrücke besetzt werden und das Verb in die jeweilige grammatische Zeit usw. gesetzt wird (und dabei kann es auch in den Infinitiv treten: «Es *wird* wohl ein Gewitter *geben*»).

6.54 Propositionen verstehen: die ihnen zugrundeliegenden verbalen Semanteme erfassen

Die Wirksamkeit des jeweils verwendeten verbalen Semantems läßt sich besonders deutlich zeigen, wenn man Propositionen betrachtet, die bei gleicher Form auf zwei oder sogar drei verschiedenen verbalen Semantemen beruhen:

|Ich fand ihn krank|
– Ich fand, er sei krank (er selber hielt sich vielleicht nicht für krank); Semantem (5) von Ziff. 6.50, «jemand/etwas für etwas halten»
– Als ich zu ihm kam, war er krank; Semantem (4) von Ziff. 6.50, «jemand in einem Zustand antreffen»

|Er fand sie glücklich|
– Er fand, sie sei glücklich; Semantem (5) von Ziff. 6.50, «jemand/etwas für etwas halten»
– Als er zu ihr kam, war sie in einem glücklichen Zustand; Semantem (4) von Ziff. 6.50, «jemand/etwas in einem Zustand antreffen»
– Er fand sie schließlich, obwohl das nicht so leicht war; Semantem (1) von Ziff. 6.50, das Satzadjektiv «glücklich» als zusätzliche Kennzeichnung des ganzen Ablaufs von «finden» eingefügt, oft mit besonderer Stimmführung

|Du mußt ihm das nachsehen|
– Du mußt ihm das *verzeihen*, darfst es ihm nicht übelnehmen; verbales Semantem «jemandem etwas nachsehen» = «über das daran Störende hinwegsehen», Dativobjekt im Grundbestand des Semantems
– Du mußt ihm das (dieses Schriftstück) *durchsehen*, um eventuelle Fehler zu beseitigen; verbales Semantem «etwas nachsehen» = «etwas überprüfen», das Dativobjekt gehört nicht zum Grundbestand des Semantems, sondern ist hier freier hinzugefügt, um den von der Handlung «etwas nachsehen» Begünstigten darzustellen

Man kann leicht weitere solche Beispiele konstruieren, indem man mehrdeutige Verben nimmt und die Satzgliedstellen nur durch Pronomen oder Partikeln besetzt, die sich je nach Zusammenhang auf Verschiedenes beziehen können:

|Das kann ich dir nicht abnehmen|
dir nicht *abkaufen*
nicht für dich *tun*
dir nicht einfach *glauben*

|Er hat sich darum bemüht|
Er hat sich *um diese Angelegenheit* bemüht (verbales Semantem «*sich um etwas bemühen*»)

Er hat sich *aus diesem Grunde* bemüht (verbales Semantem «*sich bemühen*» + Nennung eines Grundes)

6.55 Verben und verbale Semanteme beim Lernen von Fremdsprachen

Beim Erlernen einer *Fremdsprache* liegt eine Hauptaufgabe darin, daß man sich nicht nur *andere Wörter* einprägen muß (mit anderer Aussprache, andern Schreibkonventionen usw.), sondern daß man auch *andere verbale Semanteme* lernen (d. h. genauer: erfassen und im eigenen Kopf nachbauen) muß.

Dabei kommt es oft vor, daß man in der einen Sprache eine Reihe von verbalen Semantemen mit *gleichem* Kern hat, während die in der Bedeutung entsprechenden verbalen Semanteme der andern Sprache *verschiedene Verben* als Kerne haben.

Beispiel deutsch – französisch – englisch Gleiche Verben und verschiedene Verben, gleiche und verschiedene Konstruktionen in den französischen und englischen Gegenstücken zu den sechs deutschen verbalen Semantemen mit «finden» als Kern, die in Ziff. 6.50 vorgeführt sind (in gleicher Numerierung):

1	Er *findet* seinen Weg	Il *trouve* son chemin	He *finds* his way
	Er *findet* ein Hindernis (auf seinem Weg)	Il *trouve* (rencontre) un obstacle	He *runs* into an obstacle
2	Er *findet* Gefallen daran …	Il se *plaît à* …	He *finds* (takes) pleasure in …
	Er *findet* keine Anerkennung	Il n'*a* pas de succès	He doesn't *win* recognition
3	Er *fand* gut dorthin	Il *trouva* son chemin sans peine	He *found* his way very well
4	Er *fand* sie krank	Il la *trouva* malade	He *found* her ill
5	Sie *findet* dieses Buch hervorragend	Elle *trouve* ce livre excellent	She *finds* this book admirable
6	Er *findet* sich ins Unabänderliche	Il se *résigne* à l'irrémédiable	He *resigns* (*bows himself* to the inevitable) – He *accepts* (with good grace) what cannot be changed

Beispiel englisch – deutsch Acht verschiedene deutsche Verben in den deutschen Entsprechungen zu acht verschiedenen Gebrauchsweisen des englischen Verbs «to run» (d. h.: zu acht verbalen Semantemen des Englischen mit dem gleichen Verb als Kern):

1	to *run* three miles drei Meilen *laufen*	5	to *run* a business ein Geschäft *betreiben* (*führen*)
2	to *run to help* someone jemandem *zu Hilfe eilen*	6	to *run for president* sich *um die Präsidentschaft bewerben*
3	The children *run the streets* Die Kinder *spielen auf den Straßen*	7	The busses *run* every ten minutes Die Busse *fahren* alle zehn Minuten
4	The disease *ran its course* Die Krankheit *nahm ihren Lauf*	8	Still waters *run deep* Stille Wasser *sind tief*

Zwei wichtige Konsequenzen aus diesen Befunden:

A Man sollte *nie isolierte* Verben lernen (so wie sie z. B. in den ganz kleinen zweisprachigen Wörterverzeichnissen nebeneinanderstehen), sondern man sollte sich die fremdsprachlichen Verben sofort im Rahmen *ganzer verbaler Wortketten* oder *ganzer fertiger* verbaler Propositionen einprägen, mit möglichst typischen Besetzungen der verschiedenen Bedeutungsstellen des jeweiligen verbalen Semantems.

B Wenn man die Verwendungsbreite eines bestimmten fremdsprachlichen Verbs erfassen will (d. h. die verbalen Semanteme überblicken, in welchen es als Kern dient), sollte man möglichst bald zur Arbeit mit ausführlichen *einsprachigen* Wörterbüchern der betreffenden Sprache übergehen, z. B. für das Französische mit dem «Nouveau Larousse élémentaire» oder für das Englische mit dem «Oxford Advanced Learner's Dictionary of Current English».

6.56 Besetzbarkeit von Semantemstellen durch Satzglieder oder durch ganze verbale Propositionen

Die verbalen Semanteme sind die – außerordentlich plastischen, vielfältig ausnützbaren – *Strukturkerne*, aus denen man die oft *vielstufigen Bedeutungskomplexe* aufbaut, die man dann als finite oder infinite Propositionen oder als ganze Komplexe von Propositionen für das Hören/Lesen hinstellt.

Man kann nämlich manche Semantemstellen nicht nur durch mehr oder weniger einfache oder vielwortige Satzglieder besetzen, sondern auch durch ganze verbale Propositionen, z. B. beim verbalen Semantem «etwas tun»:

> ⌈Sie⌉ *tat* ⌈das⌉
> ⌈Die kluge Frau⌉ *tat* ⌈alles Nötige⌉
> ⌈Die in solchen Dingen erfahrene Frau⌉ *tat* ⌈was ⌈in diesem Augenblick⌉ erforderlich war⌉

Hier dient im dritten Beispiel eine ganze verbale Proposition als Besetzung der Semantemstelle, die sonst durch ein Akkusativobjekt ausgefüllt wird; für Genaueres über solche an Satzgliedstellen eingefügte verbale Propositionen siehe Ziff. 12.56–12.60.

Bei den verbalen Semantemen, die ein Sprechen/Denken darstellen, ist es die Regel, daß die Stelle für das Gesagte/Gedachte nicht durch ein Satzglied, sondern durch eine ganze verbale Proposition oder eine Folge verbaler Propositionen ausgefüllt wird, z. B. für das Semantem «sich etwas überlegen»:

> ⌈Sie⌉ *überlegte* ⌈sich⌉ ⌈ihr Vorgehen⌉ ⌈genau⌉
> ⌈Sie⌉ *überlegte* ⌈sich⌉ ⌈genau⌉ ⌈wie ⌈sie⌉ ⌈hier⌉ *vorgehen wollte*⌉
> ⌈Sie⌉ *überlegte* ⌈sich⌉: ⌈Wie *gehe* ⌈ich⌉ ⌈hier⌉ *vor*, ⌈um ⌈das Ziel⌉ *zu erreichen*, ⌈das ⌈mir⌉ *vorschwebt*⌉?

Die Bedeutungsstelle «Gegenstand des Überlegens, Inhalt der Gedanken» ist im ersten Beispiel besetzt durch das Akkusativobjekt «ihr Vorgehen», im zweiten Beispiel durch die verbale Proposition «wie sie hier vorgehen wollte», im dritten Beispiel durch eine Folge von drei verbalen Propositionen (die zweite davon infinit), nämlich «Wie gehe ich hier vor, um das Ziel zu erreichen, das mir vorschwebt».

Für Genaueres über solche Semanteme des Sprechens/Denkens und ihnen ähnliche und über die dabei möglichen Kombinationen von Propositionen verschiedener Art siehe Ziff. 10.05–10.09 und 12.03.

6.57 Verbale Semanteme mit festen nichtverbalen Bestandteilen

Bei den meisten verbalen Semantemen dient nur das Verb als fester Kern (im Deutschen sehr oft: Verb mit Verbzusatz, z. B. «fängt ... an, tritt ... auf»), und alle Stellen für nichtverbale Ausdrücke sind mehr oder weniger frei besetzbar durch Satzglieder mit geeigneter Bedeutung in der jeweils erforderlichen Form oder durch ganze verbale Propositionen. Es gibt aber auch verbale Semanteme, in denen ein nichtverbaler Ausdruck (d. h. ein Satzglied) genau so zum festen formalen Kern gehört wie das Verb. Man könnte sagen, daß hier ein Satzglied zum festen Bestandteil eines Verbs geworden ist und keinen eigenen Bedeutungsbeitrag mehr erbringt.

Das ist besonders oft der Fall beim Reflexivpronomen (als Akkusativobjekt oder Dativobjekt gesetzt) bei den nur reflexiv verwendbaren Verben, z. B. «sich erfrechen – sich etwas anmaßen» usw., siehe Ziff. 6.39, 6.40 und 6.45.

Als feste nichtverbale Bestandteile verbaler Semanteme (und nicht als Besetzung von auch anders besetzbaren Bedeutungsstellen) dienen aber nicht selten auch Akkusativobjekte und Präpokasus mit einem Nomen als Kern:

> *Verwendung* finden (= verwendet werden)
>
> *zur Anwendung* kommen/gelangen (= angewendet werden)
>
> ein Stück *zur Aufführung* bringen (= ein Stück aufführen)
>
> jemandem etwas *zum Geschenk* machen (= es ihm schenken)
>
> etwas *in Anschlag* bringen (= etwas berücksichtigen, in die Überlegung einbeziehen)

Entsprechendes gibt es auch in den andern Sprachen, z. B. «*rendre compte de ...*» (von etwas Rechenschaft geben) oder «*faire état de ...*» (etwas hervorheben, es besonders betonen).

Anmerkung: «Funktionsverbgefüge»

Man hat für solche Verbindungen im Deutschen den Fachausdruck «Funktionsverbgefüge» geprägt. In Stilschulen wird nicht selten vor der Verwendung solcher Funktionsverbgefüge gewarnt (also nur «ein Stück aufführen», aber nicht «ein Stück zur Aufführung bringen» usw.).

Dabei ist aber immer zu bedenken, daß durch solche Funktionsverbgefüge ein *anderer rhythmischer Ablauf* in der betreffenden Proposition erreicht werden kann; insbesondere kann man auf diese Weise ein *größeres Gewicht* auf den betreffenden Vorgang legen, als es ohne diese Konstruktionen erreicht wird. Zum Vergleich:

> ⌈Er⌉ *führte* ⌊dieses umstrittene Theaterstück⌋erstmals⌊in Basel⌋ *auf*
>
> ⌈Er⌉ *brachte* ⌊dieses umstrittene Theaterstück⌋erstmals⌊in Basel⌋*zur Aufführung*

Es gibt auch keinerlei scharfe Grenzen zwischen solchen Funktionsverbgefügen und freieren Kombinationen. Man kann z. B. die verbale Wortkette «jemandem etwas zum Vorwurf machen» als Funktionsverbgefüge betrachten, weil daneben möglich ist «jemandem etwas vorwerfen». Man kann aber die gleiche verbale Wortkette auch aus dem generelleren verbalen Semantem herleiten «etwas zu etwas machen», etwa in «das Leben zur Hölle machen» oder «jeden Tag zu einem Festtag machen».

Sogar die *Subjektsstelle* – normalerweise die am freiesten besetzbare Stelle in einem verbalen Semantem – kann fester, nicht ersetzbarer Bestandteil eines Semantems sein (und damit ohne eigenen, ablösbaren Bedeutungsbeitrag). Das gibt es vor allem im Deutschen und im Französischen:

⌈Es⌉ *gibt* ⌊hier⌋einen gefährlichen Punkt⌉	= «ist vorhanden»; diese Bedeutung von «es gibt ...» ist nicht ableitbar aus «jemand gibt etwas» usw.
⌈Il⌋*y a* ⌊là⌋un point dangereux⌉	Bedeutung von «il y a» nicht ableitbar aus «quelqu'un a quelque chose»

Im Englischen entspricht dem deutschen «es gibt» und dem französischen «il y a» die Konstruktion mit einem «there», das immer an erster Stelle steht, so daß dann das Subjekt erst hinter der Verb-Personalform erscheint:

> ⌈There *is* a difficulty⌉   ⌈There *are* some difficulties⌉

Man kann in diese Konstruktion auch noch ein «there» mit seiner gewöhnlichen Bedeutung einfügen:

> *There was* a little house *there*.

Im Deutschen wie im Französischen gibt es ein verbales Semantem mit festem Reflexiv «sich, se» und festem Subjekt «es/il», so daß nur die Stelle für einen Präpokasus mit «um ...» (bzw. für ein complément mit «de ...») frei besetzbar ist (vgl. schon Ziff. 6.42):

> ⌈Es⌉ handelt ⌈sich⌉ ⌈um deinen Brief von gestern⌉   ⌈Il⌉ s'⌈agit⌉ ⌈de ta lettre d'hier⌉

Auch hier gibt es aber Übergänge. Bei «*es geht um ...*», das man als ganz parallel zu «es handelt sich um ...» auffassen könnte, ist die Subjektsstelle freier besetzbar, z. B. in «*Das Gespräch ging um* deinen Brief von gestern» und ebenso bei «*Es drehte sich* alles um dich – Die ganze Unterhaltung drehte sich um dich».

6.58 Bedeutungsstelle immer zu besetzen oder nur bei besonderem Bedarf

Manche verbalen Semanteme kann man nur richtig verwenden, wenn man die neben dem Subjekt vorhandene Bedeutungsstelle (bzw. alle kennzeichnenden Bedeutungsstellen) durch geeignete Satzglieder ausfüllt. Beispiele: die verbalen Semanteme «jemanden kennen – an einem bestimmten Ort leben – jemandem etwas/jemanden zusprechen».

⌈Wir⌉ *kannten* ⌈ihn⌉ ⌈gut⌉	Eine Proposition «wir kannten» oder «wir kannten gut» wäre sinnlos
⌈Er⌉ *lebte* ⌈damals⌉ ⌈noch⌉ ⌈in Bern⌉	Eine Proposition «Er lebte damals noch» würde das Semantem aufrufen «leben» = «am Leben sein» und nicht das hier verwendete Semantem «an einem bestimmten Ort leben, dort wohnen»
⌈Der Richter⌉ *sprach* ⌈ihr⌉ ⌈das Kind⌉ ⌈zu⌉	Die Propositionen «Der Richter sprach zu» oder «Der Richter sprach das Kind zu» wären sinnlos; eine Proposition «Der Richter sprach ihr zu» beruht auf dem verbalen Semantem «jemandem zusprechen», im Sinn von «ihm zureden, ihm etwas Tröstliches sagen» – also eine ganz andere Bedeutung von «zusprechen» als in «Der Richter sprach ihr das Kind zu»; ein nochmals ganz anderes verbales Semantem mit dem gleichen Verb und auch mit Dativobjekt: «einem Getränk zusprechen» = «viel davon trinken, gern davon trinken»

Es gibt aber auch verbale Semanteme, bei denen eine kennzeichnende (nach Bedeutung und Form im jeweiligen Semantem festgelegte) Stelle *auch unbesetzt* bleiben kann. So ist die Bedeutung von «lesen» genau gleich in den drei folgenden Propositionen mit verschiedener Stellenbesetzung bzw. mit offener Stelle:

⌈Er⌉ *liest*	Verbales Semantem «etwas lesen / in etwas lesen», also die Stelle für «Gegenstand des Lesens» besetzbar durch Akkusativobjekt oder Präpokasus «in» oder offen bleibend; bei Besetzung durch Präpokasus «in ...» kann zugleich signalisiert sein, daß sich das Lesen auch nur auf einzelne Stellen in dem betreffenden Druckerzeugnis beziehen kann
⌈Er⌉ *liest* ⌈den Lokalanzeiger⌉	
⌈Er⌉ *liest* ⌈im Lokalanzeiger⌉	

Dagegen ist ein eigenes verbales Semantem anzusetzen für «über ein bestimmtes Gebiet lesen» im Sinn von «Vorlesungen darüber halten», z. B. «Professor X liest über internationales Handelsrecht» (oder auch mit Akkusativobjekt «Er liest im Wintersemester internationales Handelsrecht»). Die Bedeutungsstelle «Gegenstand der Vorlesung» kann auch unbesetzt bleiben, z. B. in «Er liest im Auditorium maximum» oder «Er liest in diesem Semester nicht».

Man muß insgesamt bei den verbalen Semantemen mit oft *sehr feinen Abstufungen* und *Bedeutungsnuancen* und mit *vielfachen Übergängen* rechnen. So liegt sicher das gleiche verbale Semantem vor bei «schreiben – ein paar Worte schreiben – einen Brief schreiben». Aber bei «Er schreibt *ein Buch*» oder «Er schreibt *an einem Buch*» hat «schreiben» nicht nur die Bedeutung «Buchstaben auf das Papier setzen, von Hand oder mit der Schreibmaschine», sondern man meint dann mehr die gedankliche Erarbeitung des herzustellenden Textes, die Auswahl und Anordnung des darin Darzustellenden (wie mit den eindeutigeren verbalen Semantemen «ein Buch *verfassen* – an einem Buch *arbeiten*» – man kann daher wohl eine Notiz *schreiben*, aber kaum «eine Notiz *verfassen*»).

6.59 Feste Bedeutungsstellen und freier einfügbare Bedeutungsbeiträge

Sehr oft ist das, was durch die Besetzung der in dem betreffenden verbalen Semantem *festgelegten* Stellen dargestellt werden kann, *gar nicht die Hauptsache* – und das Wichtige in der betreffenden Proposition ist z. B. eine *Zeitangabe* für das durch die Besetzung der festen Semantemstellen Dargestellte, oder eine Angabe der *Lage im Raum*, eine Angabe von *Ausmaß* und *Fixpunkten* bei Haltungen und Bewegungen, eine Angabe der *Intensität* von etwas oder der *Art seines Eintretens*, die Nennung einer erforderlichen *Voraussetzung* oder einer sonst störenden, hier aber als unwirksam zu betrachtenden *Gegen-Voraussetzung*, die Nennung einer *Person*, für *deren Situation* und aus *deren Blickwinkel* das in der Proposition Dargestellte gesehen werden soll – und noch viele weitere mögliche Bedeutungsbeiträge.

Derartige Bedeutungsstellen können bei vielen *verschiedenen* Semantemen in *gleicher Weise* eingefügt und durch Satzglieder (manchmal auch durch ganze *verbale* Propositionen) besetzt werden, siehe die Teile 10, 11, 12:

nur die *im Semantem festgelegten* Stellen besetzt	*weitere Stellen* eingefügt und durch Satzglieder besetzt
⌈Solche Ereignisse⌉ *treten auf*	⌈Sie⌉ *treten* ⌈heute⌉ in diesem Bereich⌉ recht oft⌉ *auf*
	Zeit Raum Häufigkeit
⌈Die Enten⌉ *schwimmen*	⌈Sie⌉ *schwimmen* ⌈über den See⌉ bis ans andere Ufer⌉
	Ausmaß, Strecke Ziel, Endpunkt
⌈Sein Verhalten⌉ *veränderte* ⌈die Situation⌉	⌈Es⌉ *veränderte* ⌈die Situation⌉ allmählich ⌈sehr stark⌉
	Eintretensweise Intensität
⌈Wir⌉ *führen* ⌈das Rennen⌉ *durch*	⌈Wir⌉ *führen* ⌈es⌉ bei genügender Beteiligung⌉
	Voraussetzung
	⌈auch bei schlechtem Wetter⌉ *durch*
	unwirksame Gegenvoraussetzung

Man darf aber nicht etwa annehmen, daß *bestimmte* Bedeutungsbeiträge *immer* durch *freier eingefügte* Stellen geliefert würden. Nicht selten dient für den *gleichen* Bedeutungsbeitrag bei vielen Semantemen eine freier eingefügte Stelle und bei einem spezielleren Semantem eine in diesem Semantem festgelegte Stelle:

6/VIII   Einstieg in die höhere Grammatik: verbale Semanteme, «Valenz» 273

Bedeutungs-beitrag	durch *freier, einfügbare* Stelle geliefert	durch *Besetzung einer festen Semantemstelle* geliefert
Zeit, Dauer	⌒Er⌒ blieb ⌒dort⌒ ⌒den ganzen Tag⌒	⌒Er⌒ verbrachte ⌒dort⌒ ⌒den ganzen Tag⌒
Ort, Raum	⌒Sie⌒ wanderten ⌒durch große Wälder⌒	⌒Sie⌒ durchwanderten ⌒große Wälder⌒
Erstreckung	⌒Er⌒ begleitete ⌒sie⌒ ⌒einen Kilometer⌒	⌒Die Strecke⌒ maß ⌒einen Kilometer⌒
Preis	⌒Sie⌒ kaufte ⌒es⌒ ⌒für hundert Franken⌒	⌒Es⌒ kostete ⌒sie⌒ ⌒hundert Franken⌒

«Er blieb dort – Sie wanderten – Er begleitete sie – Sie kaufte es» sind allein möglich und sinnvoll, nicht aber «Er verbrachte – Sie durchwanderten – Die Strecke maß – Es kostete sie».

Insgesamt ist es weder sinnvoll noch überhaupt möglich, überall klare Grenzen ziehen zu wollen zwischen den in einem verbalen Semantem *festgelegten* Stellen und den *freier einfügbaren* Stellen (im Gegensatz zu den Annahmen, die der Unterscheidung zwischen «präpositionalem Objekt» und «Adverbiale» in der traditionellen deutschen Grammatik zu Grunde liegen, siehe Ziff. 6.09, und auch in starker Relativierung des Begriffs «complément circonstanciel» und der dabei angesetzten Bedeutungsgruppen in der französischen Grammatik, siehe Ziff. 6.16). Eine Gesamtsicht auf alle freier und ganz frei einfügbaren Bedeutungsstellen läßt sich erst gewinnen im Rahmen der Behandlung aller Bedeutungsbeziehungen zwischen ganzen Propositionen, die in den Teilen 10, 11 und 12 versucht wird.

6.60 Wie wichtig ist das Erkennen des jeweiligen formalen Satzgliedtyps für die Sprachpraxis?

Aus allem bis hierher Erarbeiteten läßt sich nun auch die (für die Grammatik im Schulunterricht oft gestellte) Frage beantworten, *wie wichtig* für die Sprachpraxis das Erkennen des jeweiligen formalen Satzgliedtyps ist. Die Antwort ist je nach Satzgliedtyp verschieden.

Nützlich für die formale Korrektheit der Texte ist oft das Erkennen des *Subjekts* (wegen der Forderung der Kongruenz der Verb-Personalform mit dem Subjekt, Ziff. 3.18). Unerläßlich für korrektes Schreiben des *Französischen* ist das Erkennen eines *complément d'objet direct*, wenn es dem Verb *vorausgeht*, wegen des accord du participe passé («Il nous a *vus*, aber «Il nous a *parlé*»). Wichtig ist auch das Erkennen des *attribut* (du sujet et du complément direct), z.B. in «Je le trouve *bon*, ce récit – je la trouve *bonne*, cette description»). Sonst aber kommt es primär auf das *Erfassen der Bedeutungen*, d.h. der *verbalen Semanteme* an, und eine Identifikation der verwendeten formalen Satzgliedtypen ist gar nicht erforderlich.

7 Nichtverbale Gefüge, Formalstrukturen, Bedeutungsaufbau

7/I   Überblick über die Möglichkeiten, am Beispiel des Deutschen

    7.01   Drei Typen von festen Gefügen 278
    7.02   Gleichrangiges Nebeneinander, summativ oder alternativ, oder
           als Nachtrag 279
    7.03   Kombinationen von Gefügebildung und gleichrangiger Reihung ... 280
    7.04   Einbau von Verbteilen mit zugehörigen Satzgliedern in ein
           Begleitgefüge 281
    7.05   Begleitgefüge oder Kerne solcher Gefüge aus mehreren Nomen ... 281
    7.06   Weitere Möglichkeiten zur Bildung von Gefügen; offene Übergänge
           zu eigenem Satzglied 282
    7.07   Voranstellung eines Anschluß-Genitivs als Stilmittel, vor allem
           in Versen 283
    7.08   Zur Behandlung der Gefüge in der traditionellen deutschen
           Grammatik; der Begriff «Attribut» 283

7/II   Gefügebildung im Französischen und die dafür vorhandenen Begriffe

    7.09   Wie die deutschen Begleitgefüge: déterminant + nom, oft mit
           adjecitf épithète 285
    7.10   Ein nachgestellter Gefügeteil oder der Kern einer neuen
           Proposition? 286
    7.11   Wie die deutschen Anschlußgefüge: complément du nom, du
           pronom, de l'adverbe 287
    7.12   Wie die deutschen Vorschaltgefüge: adverbe + adjectif qualificatif /
           adverbe de manière 288
    7.13   Einige Spezialfälle, Ähnlichkeiten und Verschiedenheiten dabei ... 289
    7.14   Mehrere Nomen direkt hintereinander 290

7/III   Gefügebildung im Englischen und dafür vorhandene Begriffe

    7.15   «Begleitgefüge»: determiner + Nomen, auch mit Adjektiv/Partizip
           vor oder hinter dem Nomen 291
    7.16   Der Platz der begleitenden Adjektive und Partizipien; Übergänge
           zu neuen Propositionen 292
    7.17   Begleitgefüge in gesprochenem Englisch, Anteil der begleitenden
           Adjektive bzw. Partizipien 292

	7.18	«Anschlußgefüge»: Nomen/Pronomen + prepositional phrase etc. oder possessive case + Nomen 294
	7.19	«Vorschaltgefüge»: adverb/pronoun etc. + adjective/adverb/pronoun etc. 295
	7.20	Zwei oder mehr Nomen hintereinander, ohne Kennzeichnung einer Gefüge-Struktur 295
	7.21	Verschiedene Fachausdrücke für das Erfassen der gleichen sprachlichen Erscheinungen 296
7/IV	\multicolumn{2}{l	}{Bedeutungsaufbau in Begleitgefügen, Beiträge der verschiedenen Teile, speziell der Begleitpronomen}
	7.22	Grundsätzliches zur Darstellung von «jemand – etwas» durch Nomen, Pronomen, Adjektive 298
	7.23	Aufrufen durch einen Eigennamen oder durch nennend/charakterisierende Darstellung 299
	7.24	Verschiedene Arten des Aufrufens/Hinstellens durch verschiedene Begleitpronomen 300
	7.25	Verbindlichkeit und stilistische Freiheit beim Setzen von Begleitpronomen 301
	7.26	Kein bestimmter Artikel vor einem Personennamen – mögliche Gründe dafür 303
	7.27	Französisch: vor Verwandtschaftsnamen nicht article défini, sondern adjectif possessif 304
	7.28	Bedeutungsbeiträge von begleitenden Adjektiven, verschieden enge Beziehung zum Nomen 304
7/V	\multicolumn{2}{l	}{Bedeutungsbeziehungen in Anschlußgefügen, Bedeutungsbeiträge der Anschlußteile}
	7.29	Vielfalt der Bedeutungsbeziehungen zwischen Anschlußteilen und ihren Grundteilen 306
	7.30	Zugehörigkeit zu jemand/etwas, in einem weiten Sinn gefaßt 306
	7.31	Mengen und ihre Elemente – Umfang/Maß/Zahl und Gemessenes/ Gezähltes 307
	7.32	Lage, Herkunft, Erstreckung, Ziel, Zweckbestimmung, Ursache ... 308
	7.33	Nennung durch Appellativ + Nennung durch Eigennamen 308
	7.34	Speziellere Beziehungen: Anschlußgefüge mit dem Inhalt ganzer verbaler Propositionen 308
	7.35	Übergänge von verbalen Propositionen zu Anschluß- und Begleitgefügen mit gleichem Inhalt 309
	7.36	Ein Gefüge mit Anschluß-Präpokasus oder zwei hintereinander gestellte Satzglieder? 309
	7.37	Weniger Propositionen – aber höhere Ansprüche an das Verstehen 310
7/VI	\multicolumn{2}{l	}{Bedeutungsaufbau in Vorschaltgefügen, Beiträge von Vorschaltteil und Kern}
	7.38	Grundsätzliches, Verschiedenheiten gegenüber den Anschlußgefügen und Begleitgefügen 312

Inhaltsübersicht zu Teil 7 277

    7.39   Zusammenstellung der verschiedenen Bedeutungsbeziehungen 312
    7.40   Anforderungen an das Verstehen 315

7/VII Begleitgefüge, Anschlußgefüge und Vorschaltgefüge im Lateinischen; formale Möglichkeiten, Freiheit der Wortstellung, Bedeutungsbeziehungen

    7.41   Grundsätzliches: Freiheit der Stellung für viele als Gefügeteile zu verstehende Wörter 316
    7.42   Präsentationsweisen von Entitäten nicht so vollständig durch Begleitpronomen signalisiert 317
    7.43   Bedeutungsbeiträge verschiedener Pronomen und damit verwandter Adjektive in Begleitgefügen 318
    7.44   Besonders typisch: Begleitgefüge im Ablativ, als Satzglieder oder absolut gesetzt 319
    7.45   Bedeutungsbeziehungen in Anschlußgefügen 320
    7.46   Vorschaltgefüge, Bedeutungsbeziehungen dabei 321
    7.47   Wichtig beim Lesen: auch weit auseinanderstehende Wörter als Gefüge-Teile zusammengreifen 322

7/VIII Gesamtanalyse eines kurzen Sachtextes Englisch – Deutsch – Französisch

    7.48   Ziel dieses Kapitels, nötige Vorgriffe auf spätere Kapitel 324
    7.49   Der zu betrachtende Textausschnitt und sein Zusammenhang 324
    7.50   Vergleichende grammatische Analyse für den ersten Schritt, den ersten Satz 325
    7.51   Analyse des zweiten Satzes in der englischen und deutschen Fassung 326
    7.52   Analyse des französischen Textes, Vergleich mit dem englischen ... 329

7/I Überblick über die Möglichkeiten, am Beispiel des Deutschen

7.01 Drei Typen von festen Gefügen

Ein Satzglied besteht oft nicht aus einem einzigen Wort, sondern aus einem zwei- oder mehrwortigen Ausdruck (über die auch schon zweiwortige Verbindung von Präposition + Nomen/Pronomen hinaus). Dabei sind die Wörter oft nicht einfach gleichrangig nebeneinander gestellt, sondern sie bilden ein *Gefüge*, innerhalb dessen jeder Teil eine gewisse Funktion zu übernehmen hat, in einer Art «Arbeitsteilung». Es gibt drei prinzipielle Möglichkeiten, in allen vier Sprachen, für solche Gefügebildung. Sie werden hier zunächst an deutschen Beispielen gezeigt und je mit einem möglichst knappen, neugebildeten Fachausdruck benannt.

A Begleitgefüge – die häufigste Art der Gefügebildung, vor allem in den modernen Sprachen:

SG m	*der* Wunsch *dieser neue* Gedanke *sein früherer* Vorschlag *ein* solcher	SG f	*die* Bitte *diese neue* Idee *seine frühere* Absicht *eine* solche	SG n	*das* Bedürfnis *dieses neue* Bedürfnis *sein früheres* Projekt *ein* solches
PL m, f, n	*die* Wünsche, *die* Bitten, *die* Bedürfnisse *diese neuen* Gedanken, *diese neuen* Ideen, *diese neuen* Modelle *seine früheren* Vorschläge, *seine früheren* Absichten, *seine früheren* Projekte				

Also: Begleitpronomen + Nomen, dazwischen eingefügt oft begleitendes Adjektiv/Partizip; auch nur begleitendes Adjektiv/Partizip + Nomen («*glänzende* Ergebnisse») oder auch ein Pronomen als Kern («*die* einen, *ein* solcher»); das ganze Gefüge immer im gleichen grammatischen Geschlecht, gleicherweise Singular oder Plural, und im gleichen Fall.

B Anschlußgefüge, aus einem Grundteil und einem Anschlußteil, ebenfalls recht häufig:

der Brief/die Briefe (N) für den Brief/die Briefe (A) in dem Brief/den Briefen (D) wegen des Briefs/der Briefe (G)	*ihres Partners/ihrer Partner*	ANSCHLUSS-GENITIV
	an seinen Partner/seine Partner *mit dem Bericht/den Berichten* *wegen des Defekts/der Defekte*	(Präpo-*Akkusativ*, Präpo-*Dativ*, Präpo-*Genitiv*)

Also: Ein *Grundteil*, in beliebigem Fall, auch mit Präposition, Singular oder Plural + *ein Anschlußteil*, Anschlußgenitiv oder Anschluß-Präpokasus; für weitere mögliche Formen siehe Ziff. 7.06.

Einen Anschlußgenitiv kann man auch *voranstellen*, dann fällt das Begleitpronomen des Grundteils weg: «der Charakter *eines Menschen* – *eines Menschen* Charakter». Die

Voranstellung ist obligatorisch bei «dessen/deren», z. B. «die Frau, *deren* Bild wir hier sehen».

C **Vorschaltgefüge**, aus einem Vorschaltteil und einem Kern, nicht ganz so häufig:

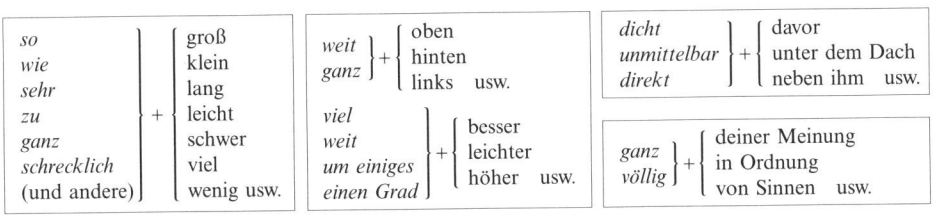

so *wie* *sehr* *zu* *ganz* *schrecklich* (und andere)	+	groß klein lang leicht schwer viel wenig usw.		*weit* *ganz*	+	oben hinten links usw.		*viel* *weit* *um einiges* *einen Grad*	+	besser leichter höher usw.		*dicht* *unmittelbar* *direkt*	+	davor unter dem Dach neben ihm usw.		*ganz* *völlig*	+	deiner Meinung in Ordnung von Sinnen usw.

Also: ein *Vorschaltteil* (Partikel, unflektiertes Adjektiv, Adverbialkasus, Präpokasus) in *fester Bindung vor* einem Wort oder ganzen Ausdruck *für etwas als abstufbar Gesehenes* (d. h. vor einem Adjektiv, einer Partikel, einem Adverbialkasus wie «deiner Meinung», einem Präpokasus wie «von Sinnen»). Einen *nachgestellten* Bestandteil mit gleicher Bedeutungsbeziehung («groß *genug*, unklug *im höchsten Grad*») kann man (trotz des Fachausdrucks) auch als Vorschaltteil auffassen (oder als Anschlußteil).

7.02 Gleichrangiges Nebeneinander, summativ oder alternativ, oder Anfügen als Nachtrag

Nicht selten setzt man an der *gleichen* Satzgliedstelle in einer verbalen Proposition (hie und da auch an der gleichen Funktions-Stelle innerhalb eines nichtverbalen Gefüges) nicht nur *einen einzigen* (in sich ein- oder mehrwortigen) Ausdruck, sondern *zwei, drei* oder noch mehr. Diese Ausdrücke stehen dann *gleichrangig* nebeneinander, sie sind unter sich nicht grammatisch unter- oder übergeordnet.

Das kann *rein summierend* erfolgen, oft mit Kennzeichnung durch beiordnende Konjunktionen, aber auch ohne solche Kennzeichnung: «Er sprach mit A, mit B *und* mit C» oder «Er suchte Rat bei A, bei B, bei C, aber immer umsonst». Es kann mit besonderer Markierung von Zusätzlichkeit oder Gegensätzlichkeit erfolgen, durch Verwendung von beiordnenden Konjunktionen oder Satzpartikeln: «Er sprach mit A, *aber auch* mit B *und sogar* mit C – sehr lange, *jedoch* ohne Erfolg». Für Genaueres über diese sehr generellen Möglichkeiten siehe Ziff. 9.27–9.34.

Eine besondere Möglichkeit ist das gleichrangige Hinsetzen von zwei oder mehr *zu wählenden* Möglichkeiten, das Formulieren von *Alternativen*: «*Entweder* mit ihm *oder* mit ihr *oder* auch mit beiden». Für Genaueres siehe Ziff. 9.24–9.25. Als eine *Widerlegung*, eine Ablehnung möglicher Alternativen kann man die *gleichrangige Verneinung* betrachten («*Weder* A *noch* B *noch* C») oder auch das *betont gleichrangige Hinsetzen*: «*Sowohl* A *wie* B *wie* C – *Nicht nur* A, *sondern auch* B und C» (Ziff. 9.15 und 9.26).

Auf diese Weise entstehen oft mehrwortige, ja vielwortige Ausdrücke, ohne daß eine Gefügebildung vorliegt.

Ebenfalls grundsätzliche Gleichrangigkeit, aber in einer spezielleren Beziehung, liegt vor beim Anfügen eines *Nachtrags* an eine *erste Besetzung* einer Satzgliedstelle (hie und da auch einer Stelle in einem nichtverbalen Gefüge):

Er brachte Material für das Buch, *fertige Kapitel, grob Skizziertes, Zettel mit Stichwörtern*
Das ist etwas für meinen Nachbarn, *den Zoologen und Verhaltensforscher*

Durch solche Nachträge, aber auch durch summatives oder alternatives Hinstellen mehrerer gleichrangiger Ausdrücke werden nicht selten die *Grenzen* zwischen den *Propositionen überspielt* (siehe schon Ziff. 2.13, zur Kommasetzung, und Ziff. 8.44–8.45).

7.03 Kombinationen von Gefügebildung und gleichrangiger Reihung

Oft *kombiniert* man zwei oder mehr der oben im Grundsatz dargestellten Möglichkeiten von Gefügebildung und gleichrangiger Reihung, um möglichst viel Information in einen einzigen nichtverbalen Ausdruck hineinzupacken und dann mit diesem ganzen, vielwortigen Ausdruck *eine einzige Stelle* in einer verbalen Proposition zu besetzen (sehr oft: die erste Stelle, vor der Verb-Personalform, oft als Subjekt). Dabei sind sehr oft die *Bestandteile* eines Anschlußgefüges schon in *sich* als *Begleitgefüge* aufgebaut:

```
⌈Die genauere Untersuchung   dieser komplizierten Prozesse⌉   war  ⌈besonders  anspruchsvoll⌉
Begl. begl. Adj. Nomen als Kern   Begl.  begl. Adj.   Nomen            Vorschalt-  Adjektiv als Kern
pron.                             pron.                als Kern        teil
        Grundteil                        Anschlußgenitiv
                         Subjekt                                              Satzadjektiv
```

```
⌈Die geeigneten Geräte  für  die genauen  Messungen⌉   mußten  ⌈eigens⌉  entwickelt werden⌉
Bgl.- bgl. Partizip Kern   Prp. Bgl. bgl. Adj.  Kern
pron.                           pr.
       Grundteil                  Anschluß-Präpokasus
                     Subjekt                                        Satzpartikel
```

Man kann an den gleichen Grundteil eines Anschlußgefüges *mehrere parallele* Anschlußteile (Anschluß-Genitive, Anschluß-Präpokasus) anfügen:

```
⌈Das Isolieren solcher Stoffe   in den Laboratorien   in den letzten Jahren⌉  war  ⌈kostspielig⌉
Grundteil          1. A.-teil         2. Anschlußteil      3. Anschlußteil
                   A.-Genitiv         A.-Präpokasus        Anschluß-Präpokasus
                                    Subjekt                                        Satzadjektiv
```

Auflösung in drei Propositionen, in denen jeder Anschlußteil als eigenes Satzglied auftritt:

```
Man isolierte solche Stoffe – Das tat man in Laboratorien – Es erfolgte in den letzten Jahren.
```

Man kann an einen Anschlußteil *wieder* einen Anschlußteil anfügen, so daß der gleiche Bestandteil *zugleich* als Anschlußteil zu einem vorhergehenden Grundteil und als Grundteil für einen nachfolgenden Anschlußteil dient – und das kann mehrfach erfolgen:

```
Die erforderlichen Meßstationen   zur Erfassung   der Größe   der verschiedenen Immissionen ...
Grundteil                         Anschlußteil    Anschlußteil  Anschlußteil
                                  1. Grades       2. Grades     3. Grades
```

Beides kombiniert (zwei parallele Anschlußteile 1. Grades, zu jedem ein Anschlußteil 2. Grades):

```
⌈Die Überprüfung   der Rechnungen   für die Materialien   durch zwei Mitglieder   der Kontrollstelle⌉
Grundteil          1. Anschlußteil  Anschlußteil 2. Grades  2. Anschlußteil        Anschlußteil 2. Grades
```

7/I Überblick über die Möglichkeiten, am Beispiel des Deutschen

Dieses ganze zwölfwortige Anschlußgefüge kann nun als Subjekt in eine Proposition eingesetzt werden («Die Überprüfung ... *ergab*») oder als Akkusativobjekt («*Die Kommission verlangte* die Überprüfung...»).

Man kann vor einen Vorschaltteil noch ein weiteres abstufendes Wort und evtl. nochmals ein weiteres setzen, so daß ein zwei- oder dreistufiger Vorschaltteil entsteht:

| *etwas zu* schnell – *viel zu wenig* klar |

Ganzes Vorschaltgefüge mit zweistufigem Vorschaltteil als begleitendes Adjektiv in ein Präpositionalgefüge eingebaut, dieses als Anschluß-Präpokasus an einen Nominativ angeschlossen und das ganze Anschlußgefüge als Subjekt in einer Proposition mit im übrigen ganz kurzen Satzgliedern:

| *Der* Preis *für dieses ganz besonders schöne Exemplar* war ⌐eigentlich⌐gar nicht⌐hoch⌐ |

7.04 Einbau von Verbteilen mit zugehörigen Satzgliedern in ein Begleitgefüge

Man kann oft den Informationsgehalt einer *ganzen verbalen Proposition* in einem Begleitgefüge unterbringen, indem man ein geeignetes Satzglied dieser Proposition (Subjekt oder Akkusativobjekt) als Kern des Gefüges wählt und das Verb als begleitendes Partizip (I oder II) vor diesen Kern setzt, samt den noch vor das Partizip gesetzten zugehörigen Satzgliedern.

Darstellung durch zwei Propositionen, mit ziemlich kurzen Satzgliedern:

| ⌐Diese Ziele⌐ scheinen ⌐uns⌐heute⌐noch⌐utopisch⌐ |
| ⌐aber⌐durch gemeinsame Arbeit⌐ werden ⌐wir⌐sie⌐sicher⌐ erreichen⌐. |

Nur die zweite Proposition verbal gesetzt, der Informationsgehalt der ersten Proposition als Begleitgefüge in das Subjekt eingebaut:

| ⌐Diese uns heute noch utopisch erscheinenden Ziele⌐ werden ⌐wir⌐durch gemeinsame Arbeit⌐sicher⌐ erreichen⌐ |

Beispiel mit Partizip II, zuerst in zwei Propositionen formuliert, dann in einer einzigen:

| ⌐Ergebnisse⌐ ⌐auf denen⌐wir⌐ gut⌐ weiterbauen können⌐ hat ⌐vor allem⌐die Gruppe zwei⌐ erzielt⌐ |
| ⌐Gut⌐ weiterbauen können ⌐wir⌐vor allem⌐auf den durch die Gruppe II erzielten Ergebnissen⌐ |

7.05 Begleitgefüge oder Kerne solcher Gefüge aus mehreren Nomen

Als Kern eines Begleitgefüges setzt man gewöhnlich ein einziges Nomen, auch wenn damit zwei oder mehr Begleitpronomen sowie begleitende Adjektive oder Partizipien verbunden sind:

| *alle diese* seltsamen, unbegreiflichen, sie immer mehr beängstigenden *Ereignisse* |
| Begl. pron.   begleitende Adjektive und Partizip mit Satzgliedern   Kern |

Es gibt aber einige Typen von Nomen, die man so mit anderen Nomen oder untereinander verbinden kann, daß zwei- oder mehrwortige Ausdrücke *aus lauter Nomen* entstehen.

Es sind vor allem Bezeichnungen für Geschlecht, Beruf, Rang usw. in Verbindung mit Personennamen, Bezeichnungen für Städte, Landschaftsformationen usw. in Verbindung mit geographischen Namen, Einheiten des Maßes in Verbindung mit Namen von Stoffen usw. Dabei kann man offen lassen, ob man in solchen Konstruktionen das letzte Nomen als Kern und die andern als begleitend betrachten oder einen Kern aus zwei oder mehr Nomen annehmen will: «Herr Friedrich *Ritter*» oder «*Herr Friedrich* Ritter», und entsprechend für: «Frau Madeleine Sommerhalder – der Stadtpräsident Dr. iur Emil Vogt – in der Stadt Genf – auf dem Berg Ararat – das Zürcher Dorf Glattfelden – zwei Stück Brot – ein Liter Milch – eine Tafel Schokolade – drei Flaschen Wein» usw.

Bei Maßbezeichnungen kann das zweite Nomen im Plural stehen, nach einem ersten Nomen im Singular: Wir kauften ein Körbchen *Heidelbeeren* («ein Körbchen» Singular, «Heidelbeeren» Plural).

Teilweise kann man frei wählen zwischen Darstellung durch Begleitgefüge oder durch Anschlußgefüge, so neben «ein Körbchen Heidelbeeren» auch «*ein Körbchen voll* Heidelbeeren» (hier ist «voll» als Präposition zu betrachten) oder «*ein Körbchen mit* Heidelbeeren».

Besonders oft besteht diese Wahlmöglichkeit bei Nomen wie «Art, Typ» als ersten Bestandteilen einer Charakterisierung von jemand oder etwas:

Auf der Straße lag *eine Art grober Schotter*	Begleitgefüge
eine Art von grobem Schotter	Anschlußgefüge mit Präpo-Anschlußteil
eine Art groben Schotters	Anschlußgefüge mit Anschlußgenitiv
Sie ist nicht *der Typ Mensch,* der Typ *eines Menschen,* der Typ *von einem Menschen,*	mit dem man so etwas machen kann

7.06 Weitere Möglichkeiten zur Bildung von Gefügen; offene Übergänge zu eigenem Satzglied

Man kann auch einen Zuordnungskasus («wie/als») oder eine Satzpartikel oder ein Satzadjektiv so eng mit einem vorangehenden Ausdruck verbinden, daß sie als Anschlußteile und nicht als eigene Satzglieder zu verstehen sind:

⌜Ein Ereignis *wie dieses*⌝ ist ⌜doch⌞eher⌞selten⌝   ⌜Das Haus *dort*⌝ gehört ⌜ihm⌝
⌜Die Arbeit *von früh bis spät*⌝ hielt ⌜er⌞nicht⌞lange⌝ aus⌝

Belege für die Zusammengehörigkeit zu einem Gefüge liefert die Verschiebeprobe. Man kann nicht sagen *«Ein Ereignis ist doch eher selten wie dieses»; eine Proposition «Dort gehört das Haus ihm» hat eine andere Bedeutung als «Das Haus dort gehört ihm»; auch eine mögliche Umstellung «Diese Arbeit war sehr streng von früh bis spät in die Nacht» hat eine etwas andere Bedeutung.

Insgesamt gibt es manchmal fließende Übergänge zwischen Anschlußteil und eigenem Satzglied, vor allem auch beim Anfügen einer zweiteiligen Partikel (eines «Pronominaladverbs»): «*Der Haken dabei* ist nur … Der Haken ist *dabei* nur …» oder «*Durch das Tal hindurch* führte eine Straße – *Durch das Tal* führte eine Straße *hindurch*».

Dagegen liegt eindeutig ein Gefüge vor (Begleitgefüge), wenn die Personalpronomen «Ich – du – wir – ihr» mit einem nachfolgenden Adjektiv oder Nomen oder beidem verbunden werden. Dabei ist das Personalpronomen als Kern des Gefüges zu betrachten, es bedingt die Form des Verbs:

| Ich *armer Kerl* habe gar nichts davon | Ihr *Anfänger* wollt immer alles besser wissen |

7.07 Voranstellung eines Anschluß-Genitivs als Stilmittel, vor allem in Versen

Eine besondere Anforderung an das Verstehen kann sich gelegentlich ergeben, wenn ein Anschluß-Genitiv *vor* den zugehörigen Grundteil gestellt wird und dann zugleich ein Begleitpronomen «der/die/das» ersetzt, das sonst den Grundteil einleiten müßte. Man findet das vor allem in Versen:

GOETHE:	*Des Menschen* Seele = die Seele *des Menschen*
	Gleicht dem Wasser
C. F. MEYER:	Aufsteigt der Strahl und fallend gießt
	Er voll *der Marmorschale* Rund = das Rund *der Marmorschale*
	Die sich verschleiernd überfließt
	In *einer zweiten Schale* Grund = in den Grund, auf den Boden *einer zweiten Schale*

Die 20 Langverse (achttaktig) des erzählenden Gedichts «Mit zwei Worten» von C. F. Meyer enthalten insgesamt zehn Anschlußgefüge mit Genitiv, und dabei steht der Anschluß-Genitiv sechs Mal vor dem Grundteil und nur vier Mal (der gewöhnlichen Stellung gemäß) dahinter. Vier typische Verse daraus:

| «Gilbert». «Hört, das wird der weiland Pilger Gilbert Becket sein – |
| Den gebräunt in Sklavenketten *glüher Wüste* Sonnenschein, – = der Sonnenschein *der glühen Wüste* |
| Dem die Bande löste heimlich *eines Emirs* Töchterlein, –» = das Töchterlein *eines Emirs* |
| «Pilgrim Gilbert Becket!» dröhnt es, braust es längs *der Themse* Strand = längs dem Strand *der Themse* |

7.08 Zur Behandlung der Gefüge in der traditionellen deutschen Grammatik; der Begriff «Attribut»

In der herkömmlichen deutschen Grammatik hat man für alle Bestandteile, die in einem Gefüge mit einem Kern bzw. einem Grundteil verbunden sind, nur den Begriff «Attribut». Dieser Begriff muß also gleicherweise für die folgenden zwölf Typen von Gefüge-Teilen gelten:

BEGLEITPRONOMEN		*ein* Werk, *der* Erfolg	*alle diese* Bedenken
BEGLEITENDES ADJEKTIV/PARTIZIP		sein *großes* Werk, *kleine* Preise	*zunehmende* Bedenken
ANSCHLUSS-GENITIV		*Goethes* Werke	die Aufnahme *dieser Werke*
ANSCHLUSS-PRÄPOKASUS		die Werke *von Goethe*	ihre Wirkung *auf die Leser*
ANSCHLUSS-ZUORDNUNGSKASUS		der Leser *als Partner*	eine Wirkung *wie diese*
ANSCHLUSS-PARTIKEL		das Gedicht *hier*	der Name *dafür*
ANSCHLUSS-ADJEKTIV		Lektüre *von früh bis spät*	ein Vorsatz *für später*
ADJEKTIV/PARTIZIP	in einem Vorschaltgefüge	*großartig* einfach	*überraschend* wirksam
PARTIKEL		*so* schön, *wie* gut	*zu* anspruchsvoll
PRONOMEN		*etwas* anders	*viel* umfangreicher
ADVERBIALKASUS		*manches Jahr* später	*einen Tag* zu früh
PRÄPOKASUS		*in hohem Grad* wirksam	*um einen Tag* zu spät

Dazu hat man den Begriff «*Apposition*» (für seinen Gebrauch in der lateinischen Grammatik siehe Ziff. 6.22, für den Gebrauch in der französischen Grammatik Ziff. 7.33). Dieser Begriff «Apposition» wird aber oft für zwei recht verschiedene Erscheinungen gebraucht:
- für ein nachgestelltes dekliniertes Adjektiv mit eigenem Begleitpronomen (aber ohne Pause angehängt) oder für ein vorangestelltes Nomen im gleichen Kasus:

Karl *der Große* – *der Kaiser* Karl

- für ein nachgetragenes Satzglied im gleichen Fall (in der Regel durch Komma abgetrennt):

Berlin, *die wiedervereinigte Stadt* – in einem alten Auto, *einer richtigen Klapperkiste*

Beide Arten von Apposition betrachtet man traditionell als eine Untergruppe zu «Attribut».

Ältere Auffassung von «Attribut»: Bis vor einigen Jahrzehnten betrachtete man «Attribut» überhaupt nicht als *Teil* eines Satzglieds, sondern als ein *eigenes Satzglied* neben Subjekt, Objekt und Adverbialien (zum Begriff «Adverbiale» siehe Ziff. 6.09). Man hatte dann mit dem Begriff «Prädikat» zusammen (zur Fassung dieses Begriffs siehe Ziff. 6.01) *fünf* Satzglieder. Diese Auffassung ist aber heute allgemein aufgegeben, auch bei sonst sehr konservativen Grammatikern.

7/II Gefügebildung im Französischen und die dafür vorhandenen Begriffe

7.09 Wie die deutschen Begleitgefüge: déterminant + nom, oft mit adjectif épithète

Den deutschen Begleitgefügen entsprechen im Französischen die Kombinationen aus *déterminant und Nomen*, oft mit einem *adjectif épithète* zwischen dem déterminant und dem Nomen oder hinter dem Nomen. Derartige Kombinationen sind noch häufiger als die Begleitgefüge im Deutschen, weil man auch besondere déterminants setzt für Präsentationsweisen des im Nomen Dargestellten, die im Deutschen nicht durch Begleitpronomen («Artikel») eigens signalisiert werden:

des occasions (SG: *une* occasion)	manger *du* pain	boire *de l'*eau
Gelegenheiten (SG: *eine* Gelegenheit)	Brot essen («von dem Brot»)	Wasser trinken («von dem Wasser»)

Markante Verschiedenheiten bestehen aber bei den *adjectifs épithètes*, die grundsätzlich den deutschen begleitenden Adjektiven entsprechen. Viel *einfacher* als im Deutschen ist, daß die verschiedenen déterminants *keine Lautungsveränderungen* bei den anschließenden Adjektiven bewirken. Es heißt einheitlich «un *grand* succès – ce *grand* succès» gegenüber deutsch «ein *großer* Erfolg – dieser *große* Erfolg – einen/diesen *großen* Erfolg».

Besondere Lautungen gibt es nur bei den Adjektiven «vieux (alt) – beau (schön, hübsch) – nouveau (neu)», wenn sie im masculin singulier vor einem Nomen stehen, das mit Vokal oder mit einem «stummen h» beginnt:

un *vieux* camarade – un *vieil* ami	ce *beau* costume – ce *bel* habit
un essai nou*veau* – un nou*vel* essai	

Komplizierter als im Deutschen sind aber die Regelungen für die *Plätze* der adjectifs épithètes.

Die Stellung vor dem Nomen, die der Stellung im Deutschen entspricht, gibt es nur für eine begrenzte Reihe von kurzen, häufigen Adjektiven:

un *beau* livre	son *bon* caractère	cette *grande* salle	un *gros* nez	une *haute* tour
schönes Buch	guter Charakter	großer Saal	dicke Nase	hoher Turm
un *joli* village	une *longue* route	un *mauvais* tour	les *petits* enfants	un *vilain* temps
hübsches Dorf	lange Straße	schlechter Streich	die kleinen Kinder	ein häßliches Wetter

Auch ein solches kurzes Adjektiv stellt man aber meistens *hinter* das Nomen, wenn es mit einem *vorangehenden adverbe* verbunden ist (entsprechend einem Vorschaltteil im Deutschen, siehe Ziff. 7.01'C):

| une route *si longue* | des enfants *encore très petits* | un tour *tellement mauvais* |
| eine so lange Straße | noch sehr kleine Kinder | ein dermaßen schlechter Streich |

Manchmal sind beide Stellungen möglich, vor allem bei Vergleichsformen:

| notre *plus belle* expérience – notre experience *la plus belle* unsere schönste Erfahrung |
| une *si bonne* idée – une idée *si bonne* eine so gute Idee |

Nicht selten signalisiert die verschiedene Stellung eines Adjektivs eine verschiedene *Bedeutung*:

un *pauvre* homme «ein armer Mann»	bemitleidenswert, obwohl er vielleicht reich ist
un homme *pauvre*	er hat kein Geld, ist aber vielleicht doch ganz glücklich
une étoffe *rude* ein grober Stoff	des mains *sales* beschmutzte Hände, äußerlich
un *rude* travailleur ein harter Arbeiter	une *sale* affaire eine unsaubere Affäre, moralisch

Solche Verschiedenheiten sind bei ziemlich vielen Adjektiven möglich. Als *Normalstellung* betrachtet man immer am besten die Stellung *hinter* dem Nomen – und wenn man keinen Fehler machen will, wählt man im Zweifelsfall diese Stellung und nicht die (dem Deutschen entsprechende) Voranstellung. Das gilt besonders für längere Adjektive und kurze Nomen:

| une question *délicate* | un cas *difficile* | cette opération *compliquée* | le mot *juste* |
| eine heikle Frage | ein schwieriger Fall | diese komplizierte Operation | das richtige Wort |

Hie und da kann man das eine Adjektiv vor das Nomen stellen und das andere dahinter:

| une *petite* porte *étroite* | cette *jolie* maison *blanche* | ces *beaux* habits *brodés* |
| eine kleine, enge Tür | dieses hübsche weiße Haus | diese schönen gestickten Kleider |

7.10 Ein nachgestellter Gefügeteil oder der Kern einer neuen Proposition?

Ein an ein Nomen angefügtes Partizip (oder auch Adjektiv), zu dem eigene Satzglieder gehören, läßt sich *zugleich* als Gefügeteil zu diesem vorangehenden Nomen wie als Kern einer neuen Proposition (ohne Verb-Personalform) verstehen. Man muß hier eine breite Übergangszone anerkennen. Insgesamt entstehen *viel weniger lange* und oft unübersichtlich verklammerte Gebilde als im Deutschen.

| Voici la somme *demandée*. – Voici la somme *demandée* par toi. |
| Voici la somme *demandée* par toi lors de notre entrevue la semaine passée. |

Im Deutschen hat dagegen ein solches Partizip, solange es flektiert ist, seinen festen Platz *vor* dem Nomen, wie jedes gewöhnliche begleitende Adjektiv. Die zugehörigen Satzglieder gehen alle diesem Partizip *voraus* (entsprechend ihrer Stellung in der zugrundeliegenden verbalen Wortkette). So muß man oft eine ganze Folge von Satzgliedern im Kopf behalten, bis man beim Lesen (oder Hören) zu dem Partizip vorgedrungen ist, auf welches sich alle diese Satzglieder beziehen – und dann erst zu dem Nomen, zu dem das Partizip gehört und auf das man schon seit dem Lesen/Hören des ganz am Anfang stehenden Begleitpronomens wartet:

> ⸢Da⸥ hast ⸢du⸥ ⸢die⸣ von dir anläßlich unserer Zusammenkunft letzte Woche *verlangte* Summe⸣

Man wählt daher meistens besser die Darstellung durch einen Anschluß-Relativsatz (Grundsätzliches zu diesem Begriff in Ziff. 12.52):

> ⸢Hier hast du die Summe⸣, ⸢*die du* anläßlich unserer Zusammenkunft letzte Woche *verlangt hast*⸣

Ein entsprechendes Beispiel für Adjektiv mit Satzgliedern:

> ⸢Eine solche für ihn in dieser Absolutheit *völlig neue Forderung*⸣
> ⸢Eine solche Forderung⸣, ⸢*die* für ihn in dieser Absolutheit *völlig neu war*⸣

7.11 Wie die deutschen Anschlußgefüge: complément du nom, du pronom, de l'adverbe

Den deutschen Anschlußgefügen entsprechen im Französischen die folgenden Kombinationen:

le grand débat *parmi les savants*	plusieurs *d'entre eux*	beaucoup *de malentendus*
nom + complém. de nom	pronom + cpl. du pron.	adverbe + cpl. de l'adverbe
[die große Debatte unter den Gelehrten]	[mehrere von ihnen]	[viele Mißverständnisse]

Die Kombinationen dieser Art sind im Französischen noch wesentlich häufiger als im Deutschen, denn vieles, was im Deutschen durch ein einziges Wort gesagt wird, stellt man im Französischen durch ein Nomen mit complément de nom dar: «Friedensvertrag/*traité de paix* – Staatspräsident/*président de la république* – Appellationsgericht/*cour d'appellation* – Milchtopf/*pot au lait* – Eisenbahn/*chemin de fer*» usw.

Recht häufig ergeben sich dabei auch *mehrstufige* Gefüge, indem an ein erstes complément de nom ein weiteres angehängt wird usw., wie in dem folgenden Untertitel des in den 30er Jahren dieses Jahrhunderts in der Fachwissenschaft viel diskutierten Buches «Histoire sincère de la nation française» von Charles Seignobos: «Essai *d'une histoire de l'évolution du peuple français*». Schon der Haupttitel ist ein Gefüge aus nom + complément de nom, wobei jeder Bestandteil in sich ein Begleitgefüge ist, nämlich «histoire *sincère*» (Nomen «histoire, Geschichte» + adjectif qualificatif «sincère, aufrichtige») und «la nation *française*» (article défini «la» + Nomen «nation» + adjectif qualificatif «français»). Der Untertitel ist folgendermaßen aufgebaut:

Essai	*d'une histoire*	*de l'évolution*	*du peuple français*
nom	cpl. de nom	cpl. de nom	cpl. de nom
	zu «essai»	zu «histoire»	zu «évolution»
Versuch	*einer Geschichte*	*der Entwicklung*	*des französischen Volkes*
Grundteil	Anschlußgenitiv	Anschlußgenitiv	Anschlußgenitiv
	1. Grades	2. Grades	3. Grades

Im *formalen Aufbau* gibt es weniger Variationen als im Deutschen, weil das Französische keinen Genitiv kennt und daher auch jedem deutschen Anschlußgenitiv ein angeschlossenes Präpositionalgefüge («un groupe prépositionnel») entspricht. Auch die Voranstellung, die beim deutschen Genitiv grundsätzlich immer möglich ist, gibt es im Französischen nur bei dem Relativ «dont»:

> ⸢Voilà un pays⸣ ⸢*dont* le climat⸣ est ⸢vraiment agréable⸣
> Da ist ein Land, dessen Klima wirklich angenehm ist

Auch den deutschen Kombinationen von Grundteil + Anschluß-Zuordnungskasus entsprechen compléments de noms mit der so häufigen Präposition «de»:

| Das dauerte mehr *als ein Jahrhundert* | Cela durait plus *d'un siècle* |

Wie im Deutschen besteht die Möglichkeit, ein *adverbe* als complément de nom etc. zu verwenden:

| le jour *avant* | la maison *là-haut* | celui-*là*, non pas celui-*ci* |
| am Tag *vorher* | das Haus *dort oben* | der *dort*, nicht der *hier* |

Zu den Fachausdrücken: Der Fachausdruck «complément de nom» ist zwar allgemein verbreitet, aber er wird uneinheitlich gebraucht. Bei G. Mauger, Grammaire pratique du français d'aujourd'hui, 1968, werden auch die déterminants und die adjectifs épithètes zu den compléments du nom gerechnet (S. 74). Dagegen wurde schon in der Grammaire Larousse du XXe siècle (1936) klar unterschieden: «Dans un sens très large, l'article, les divers adjectifs pronominaux et qualificatifs jouent auprès du nom *le rôle de véritables compléments* ... Mais le complément de nom *proprement dit* désigne un nom qui est en rapport avec un autre nom par le *moyen habituel* d'une *préposition* et qui ne s'accorde pas avec le nom complété» (S. 71). Das entspricht genau den in Ziff. 7.01 gegebenen Beschreibungen von Begleitgefügen und Anschlußgefügen. In der «Nouvelle grammaire du français» von Dubois und Lagane (1973, Verlag Larousse) findet man «complément de nom» nur im Sachregister. Im Text sprechen die Verfasser von «groupe prépositionnel» als «complément du groupe du nom» (S. 139). Im sehr verbreiteten «Précis de grammaire française» von Grevisse (1. Aufl. 1939, 28. Aufl. 1969) findet man «complément de nom» auch nur im Sachregister, und im Text wird der Fachausdruck «complément déterminatif» verwendet, z. B. in der Proposition «Paris est la capitale *de la France* – Paris ist die Hauptstadt *von Frankreich*» (S. 45).

7.12 Wie die deutschen Vorschaltgefüge: adverbe + adjectif qualificatif / adverbe de manière

Den deutschen Vorschaltgefügen, mit einfachem oder mehrstufigem Vorschaltteil, entsprechen im Französischen die Kombinationen folgender Art:

C'était *une femme si intelligente*	Elle a *si bien* parlé	Cela me va *beaucoup trop vite*
Es war eine *so intelligente* Frau	Sie sprach *so gut*	Das geht mir *viel zu schnell*
Ce serait *terriblement ennuyeux*	Il a déclaré *la nature humaine foncièrement mauvaise*	
Das wäre *schrecklich langweilig*	Er erklärte die Menschennatur als *grundlegend schlecht*	
Il est parti *dix minutes plus tard*	et c'était *exactement cinq minutes trop tard*	
Er ging *zehn Minuten später*	und das war *exakt fünf Minuten zu spät*	

Diese Gefüge sind formal teilweise klarer signalisiert als im Deutschen, weil die aus einem Adjektiv gebildeten Vorschaltteile durch die Formung als *adverbe* («-ment») klarer gekennzeichnet sind. Zum Vergleich:

| C'est *extrême* – c'est *extrêmement dangereux* |
| Das ist *extrem* – das ist *extrem gefährlich* |

Die *Häufigkeit* solcher Gefüge ist im Französischen etwas höher als im Deutschen, weil auch die allermeisten Vergleichsformen so gebildet werden (siehe schon Ziff. 4.41). Insgesamt sind aber die Gefüge dieser Art seltener als die Gefüge mit complément du nom etc., und sehr viel seltener als die Gefüge aus déterminant + nom, ohne oder mit adjectif épithète.

Die französische Grammatik hat für diesen Gefügetyp, im Gegensatz zu den andern zwei Typen, keinen eigenen Fachausdruck; man muß daher zur Umschreibung «adverbe + adjectif qualificatif / adverbe de manière» greifen. Fast alle als Vorschaltteil verwendbaren Wörter (Ausnahme: «très») können auch in andern Funktionen dienen:

Il pleut *terriblement*	Es regnet schrecklich
Tu as bu *trop*	Du hast zuviel getrunken
Cet argent l'a corrompu *foncièrement*	Dieses Geld hat ihn grundlegend verdorben

7.13 Einige Spezialfälle, Ähnlichkeiten und Verschiedenheiten dabei

Besondere Kombinationsweisen gibt es für das Adjektiv «tout/toute/tous/toutes», sie entsprechen teilweise den im Deutschen vorhandenen Kombinationsweisen.

Man stellt «tout» usw. *vor das ganze* Gefüge aus déterminant + Nomen (und evtl. + adjectif épithète avant le nom). Dabei entspricht dem *Plural* «tous les ..., toutes ces ...» im Deutschen «*all-, sämtliche*»; dagegen entspricht dem *Singular* «tout le ..., toute cette ...» das deutsche Adjektiv «*ganz*»:

tous ces grands projets	*toutes ces* grandes entreprises	*toutes mes* belles idées
alle diese großen Projekte	alle diese großen Unternehmungen	alle meine schönen Ideen
tout ce projet	*toute cette* entreprise	*toute ma* famille
dieses ganze Projekt	diese ganze Unternehmung	meine ganze Familie

Wenn man dagegen «tout/toute» ohne déterminatif mit einem Nomen verbindet, entspricht die Bedeutung dem deutschen Pronomen «jeder/-e/-es»:

tout grand projet	*toute* grande entreprise	*tout* père de famille
jedes große Projekt	jede große Unternehmung	jeder Familienvater

Ähnlich wie im Deutschen besteht die Möglichkeit, den Plural «tous, toutes» vom Nomen zu *trennen*, zu dem er gehört, und ihn erst an späterer Stelle in der Proposition zu setzen. Im Französischen bedingt das allerdings, daß man das vorausgenommene Nomen durch Komma vom Subjekt abgrenzt und daß man es dann nochmals durch ein pronom conjoint aufnimmt:

J'ai interrogé *tous* ces témoins	Ces témoins, je les ai interrogés *tous*	«tous» gesprochen [tu:s],
Ich habe alle diese Zeugen befragt	Diese Zeugen habe ich alle befragt	nicht [tu]

Die gleiche Möglichkeit besteht auch für «plusieurs – quelques-uns – ne ... aucun», wie für deutsch «manche – mehrere –einige – keine»; nur muß man dann das vorausgenommene Nomen hinter dem Subjekt durch «en» wieder aufnehmen:

J'ai vu *plusieurs agents* de police	Ich habe mehrere Polizisten gesehen
Agents de police, j'*en* ai vu *plusieurs*	Polizisten habe ich mehrere gesehen

Schließlich kann man «tout/toute» auch wie ein Adverb vor einen nachfolgenden Ausdruck stellen, genau wie das deutsche Adjektiv «ganz, völlig», als Vorschaltteil:

Il est *tout* content, *tout* heureux	Elle est *toute* contente, *tout(e)* heureuse, *tout* simplement
Er ist ganz zufrieden, ganz glücklich	Sie ist völlig zufrieden, ganz glücklich, ganz einfach

Die Schreibung «toute» vor einem Adjektiv im féminin mit einem Konsonanten am Anfang dient offensichtlich dazu, die Aussprache [tut] sicherzustellen, sie ist daher vor einem Adjektiv im féminin, das mit Vokal beginnt, fakultativ (weil dort durch die «liaison» ohnehin [tut] gesprochen wird).

7.14 Mehrere Nomen direkt hintereinander

Ein direktes Hintereinander mehrerer Nomen (vgl. Ziff. 7.05) ist nicht so weitgehend möglich wie im Deutschen. Es gibt diese Kombinationsweise bei Bezeichnung von Funktionen, Graden, Rängen, in Verbindung mit Personennamen, auch für besondere mit einer Person verbundene Angelegenheiten:

| le *capitaine Dreyfus* |
| [Hauptmann Dreyfus, 1894 auf Grund gefälschter Papiere wegen Landesverrats verurteilt, erst 1906 nach heftigen politischen Kämpfen rehabilitiert] |
| l'*affaire Dreyfus* |
| [die Dreyfusaffäre, die Auseinandersetzung in der Öffentlichkeit über das Fehlurteil, die schließlich zur Korrektur des Urteils führte] |

Dagegen setzt man, anders als im Deutschen, hinter «monsieur, madame» den article défini:

| Monsieur *le* président – Madame *la* présidente |

In Verbindung mit den Namen von Städten usw. ist die Präposition «de» obligatorisch:

| République et Canton *de Genève* | la ville *de Paris* | l'île *de Ré* |
| Republik und Kanton Genf | die Stadt Paris | die Insel Ré |

Auch Mengenangaben kann man nicht wie im Deutschen durch reines Hintereinanderstellen machen, sondern nur mit Hilfe der Präposition «de»:

| beaucoup *de visiteurs* | une foule *de visiteurs* | quelque chose *de nouveau* |
| viele Besucher | eine Menge Besucher, *von* Besuchern | etwas Neues |

7/III Gefügebildung im Englischen und dafür vorhandene Begriffe

7.15 «Begleitgefüge»: determiner + Nomen, auch mit Adjektiv/Partizip vor oder hinter dem Nomen

Den deutschen Begleitgefügen entsprechen die Kombinationen aus determiner + Nomen, oft mit Adjektiv oder Partizip (auch mehreren davon) zwischen determiner und Nomen oder hinter dem Nomen.

Der formale Aufbau ist an sich einfacher als im Deutschen und Französischen, weil es keine grammatischen Geschlechter gibt und damit keine Anpassung der Adjektive und der determiners nötig wird.

Dagegen ist teilweise eine Übereinstimmung in *Singular oder Plural* erforderlich, indem man bestimmte determiners (oder verschiedene Formen des gleichen determiners) nur mit Nomen im Singular oder nur mit Nomen im Plural verbinden kann. Viele häufige determiners kann man aber in gleicher Form für Nomen im Singular oder im Plural brauchen. Insgesamt gibt es eine beträchtliche Zahl von Kombinationsmöglichkeiten, die man kennen muß, wenn man korrekt sprechen und schreiben will.

Nur mit Nomen im *Singular* verbindbar: *a/an – one – another – either – neither – much – little – a little – each – every*; in Beispielen:

> *A* man – *a* thing – *an* idea – *one* man (nur einer) – *one* idea – *another* idea
> You should not favour *either* side – *Neither* statement was true – There was *much* trouble
> I had only *little* time – He knows *a little* French

Nur mit Nomen im *Plural* verbindbar: *few – a few – several – both – two, three* etc.; in Beispielen:

> He is a man of *few* words – We are going away for *a few* days – I want *both* these books
> There were *several* good occasions – We saw there *two* boys and *three* girls

Gleiches Wort, aber *besondere Wortformen* für Singular und Plural: *this/these – that/those*; in Beispielen:

> *This* good idea – *these* good ideas – Look at *that* man there, at *those* men there

In *gleicher Form* für Singular und Plural (aber zum Teil mit verschiedener Bedeutung, verschiedenen Entsprechungen im Deutschen): *the – my/our/your/his/her/their – what – such – any – many – some – no – all – each – every*; in Beispielen:

> *the* old woman, *the* old men – *my* brother and *my* sisters – *their* house, *their* new rooms –
> *What* time is it? *What* books have you read on the subject? – *such* a word, *such* words –
> Have you *any* statement to make? Have you had *any* difficulties? –
> for *many* a man; She has *many* good ideas. – The poor boy had *no* money. She had *no* friends. –
> *all* his life, *all* five men – on *each* side; The houses *each* have their own garages. –
> *every* boy in the class, *every* ten minutes

Anmerkung: Die gleiche Voranstellung im Gefüge wie für «all, many, such» (in «such an idea») gilt auch für «half», z.B. «*half* an hour».

Einige von den hier vorgeführten Wörtern können nicht nur als determiners, sondern auch als pronouns dienen:

> *Many* of us – *Some* of these books are quite useful – I don't want *any* of these – I know *all*

7.16 Der Platz der begleitenden Adjektive und Partizipien; Übergänge zu neuen Propositionen

Die begleitenden Adjektive und oft auch begleitende Partizipien stehen in der Regel *vor* dem Nomen, zu dem sie gehören. Sie sind also (wie im Deutschen) in das Gefüge eingebaut, zwischen dem determiner und dem Nomen, oder sie bilden den Anfang des Gefüges, wenn kein determiner steht. Beispiel für die Häufigkeit (8 solche Gefüge, 31 Wörter umfassend, in den ersten drei Sätzen eines Zeitschriftenartikels über italienische Politik, insgesamt 75 Wörter):

> the *popular* Socialist prime minister – a *legislative* setback – by the *fifth* day –
> a *political* relapse – the *bitter* coalition squabbling – an *unbridgeable* gap –
> the *powerful* Christian Democrats – an *expedient*, if *uninspired* compromise

Es ist aber auch Stellung *hinter* dem Nomen möglich, wenn zu dem Adjektiv oder Partizip weitere Satzglieder gehören:

> That's a *useful* piece of information.   That's a piece of information *useful* for all members.
> There is a *written* report.   There is a report *written* immediately after the accident.

Dieses letzte Beispiel kann man auch als eine Folge von zwei Propositionen betrachten:

> There is a report. *written* immediately after the accident.

7.17 Begleitgefüge in gesprochenem Englisch, Anteil der begleitenden Adjektive bzw. Partizipien

In gesprochener Alltagssprache sind Begleitgefüge mit Adjektiven viel weniger häufig als in der geschriebenen Sprache der Politik, der Wissenschaft usw. Beispiel: Szene 4 von «Betrayal» von Harold Pinter. Das Gespräch umfaßt insgesamt 925 Wörter, es dauert etwa fünf Minuten. Robert, Jerry und Emma sprechen über das Weinen von kleinen Kindern in der Nacht, über das Squash-Spielen, über einen Schriftsteller und dessen Romane, über eine Reise von Jerry. Das Gespräch enthält 84 Begleitgefüge, davon 70 nur aus determiner + Nomen, 8 aus determiner + Adjektiv + Nomen, 6 aus Adjektiv + Nomen ohne vorhergehenden determiner.

Die verwendeten determiners sind (teilweise zwei im gleichen Gefüge kombiniert):

| *the* (35mal) | *a/an* (21mal) | *my/our/your/his/her/their* (12mal) | *both/three/ten* (5mal) |
| *this/that* (3mal) | *what* (2mal) | *such* (1mal) | *no* (1mal) |

Die Gefüge mit *Adjektiv* sind (zweimal auch mit Vorschaltteil vor dem Adjektiv, siehe Ziff. 7.19):

bad nights	*Good* God!	on *the other* side
in *a big* house	his *last* novel	*the best* thing he's written (2mal)
he's *a brutally honest* squash player	*Good* Lord!	without fear of *improper* interruption
next week (2mal)	*a further* assertion	one of my *more celebrated* writers

Man findet also im Zeitschriftenartikel über politische Vorgänge auf 75 Wörter 8 Begleitgefüge mit einem oder mehreren Adjektiven, dagegen im Alltagsgespräch (und den Ton solcher Gespräche dürfte Pinter recht gut getroffen haben) auf 925 Wörter nur 14 Gefüge mit Adjektiven.

Probleme der *Abgrenzung von Propositionen* (clauses) ergeben sich nicht selten bei Kombinationen mit present participle. Grundsätzlich kann auch ein solches Partizip zwischen determiner und Nomen eingefügt werden, z. B. in der folgenden Aussage über die Venezianer (aus «Betrayal», Szene 5, Robert beklagt sich über die legere Lebensauffassung der Italiener): «in their *laughing Mediterranean* way – in ihrem lachenden mittelmeerischen Verhalten».

Wenn aber ein present participle *hinter* dem Nomen oder Pronomen steht, zu dem es gehört, kann man es meistens ebensogut als einen Gefügebestandteil im Rahmen der Proposition wie als infiniten verbalen Kern einer neuen Proposition betrachten. In dem fünfminütigen Gespräch aus «Betrayal» finden sich drei derartige Beispiele.

1 Jerry führt die Angst des kleinen Ned in der Nacht auf das Trauma des männlichen Babys beim Verlassen des Mutterleibs zurück; Robert fragt, wie es denn bei weiblichen Babys sei, und Jerry gibt zu, darüber spreche eben kaum jemand:

Nobody talks much about girl babies *leaving* the womb
oder
Nobody talks much about girl babies *leaving* the womb

2 Emma hat gefragt, ob sie nicht beim Squash-Spiel von Robert und Jerry zusehen und dann die beiden zum Mittagessen einladen könne. Robert wehrt ab, weil Squash für ihn eine Sache unter Männern ist, wo eine Frau keinen Platz hat:

You don't want a woman *buying* you lunch
oder
You don't want a woman *buying* you lunch

3 Jerry und sein Erfolgsautor aus London sollten mit Partnern aus New York verhandeln; der erste Teil von clause 1 («It was a question of») ist auch für clause 2 bzw. clause 3 dazuzunehmen (Weitergeltung von Teilen einer Proposition für die nächste):

> It was a question of them *coming* over here or us *going* over there,
> oder
> It was a question of them *coming* over here or us *going* over there

7.18 «Anschlußgefüge»: Nomen/Pronomen + prepositional phrase etc. oder possessive case + Nomen

Den deutschen Anschlußgefügen und den französischen Kombinationen mit complément du nom etc. entsprechen im Englischen die Kombinationen von Nomen oder Pronomen mit anschließendem präpositionalem Ausdruck (prepositional phrase, prepositional group) oder adverb sowie die Kombination von possessive case mit nachfolgendem Nomen. Wie im Deutschen, fällt dann der determiner vor dem Nomen weg:

> the brother *of Anne Sullivan* – *Anne Sullivan's* brother
> these new ideas *of our friend* – *our friend's* new ideas
> the most famous place *of Switzerland* – *Switzerland's* most famous place

Aber ohne Voranstellung des Anschlußteils (kein possessive case möglich):

> the access *to higher education*   a letter *for you*
> his report *from yesterday*   one *of them*
> two years *after*   the day *before* usw.

Der possessive case entspricht grundsätzlich dem deutschen Anschlußgenitiv, aber er kann, anders als im Deutschen, *nur vor* dem zugehörigen Grundteil stehen; bei Stellung des betreffenden Nomens nach dem Grundteil ist die Präposition «of» obligatorisch:

> *our friend's* new ideas   the new ideas *of our friend*

Zur *Häufigkeit*: In den ersten drei Sätzen des Berichts über italienische Politik, die in Ziff. 7.16 für die Häufigkeit von begleitenden Adjektiven herangezogen wurden, finden sich nur drei Belege für Anschlußgefüge, davon zwei mehrstufig, und insgesamt zweimal possessive case. Die Belege sind:

> *Italy's* politicians
> a return *to the bitter coalition squabbling of the past*
> an unbridgeable gap *between Craxi's Socialists and the powerful Christian Democrats*
>   hier: possessive case innerhalb des Anschlußteils

Im Gespräch zwischen Robert, Jerry und Emma (925 Wörter) finden sich 16 zum Teil mehrstufige Gefüge, die den deutschen Anschlußgefügen entsprechen. Sieben Beispiele daraus, die zugleich die Vielfalt der Formalstrukturen und der Bedeutungsbeziehungen zeigen können:

> the difference *between the sexes*
> Why do you assert that boy babies find leaving the womb more *of a problem* than girl babies?
> a novel *about a man* who ...   the one *about the man* who ...   that novel *of his*
> she gave a dissertation ... *about dishonesty in Casey* with reference to his last novel
> You don't actually want a woman within a mile *of the place, any of the places*

7.19 «Vorschaltgefüge»: adverb/pronoun etc. + adjective/adverb/pronoun etc.

Den deutschen Vorschaltgefügen entsprechen im Englischen die Kombinationen folgender Art:

very nice	*so* good	*much* better	*as good as* there	*totally* new
so many	*how* often	*absolutely* necessary	*quite* easy	*ten minutes* later
so large an audience		He is not *so* clever a boy as his brother		*five minutes* too late

Der Aufbau der Gefüge entspricht weitgehend dem, was man im Deutschen hat. Nur die Stellung von «so» in «*so* large *an* audience» usw. ist anders.

Formal sind die Gefüge oft *klarer* signalisiert als im Deutschen, weil sich das Adjektiv und das adverb of manner durch die Endung «-ly» meistens deutlich unterscheiden.

Die Gefüge sind, wie im Deutschen, etwas seltener als die Anschlußgefüge und viel seltener als die Begleitgefüge, aber wo sie vorkommen, sind sie wichtig für das Verstehen.

In den drei ersten Sätzen (mit 75 Wörtern) des Zeitschriftenartikels über italienische Politik findet sich ein einziges derartiges Gefüge, es liefert aber eine markante Einschränkung dessen, was man sonst aus dem nachfolgenden Adjektiv entnehmen würde:

Faced with a *seemingly* unbridgeable gap between Craxi's Socialists and the powerful Christian Democrats ...

Wenn man hier das «seemingly» überliest, erhält man eine viel zu absolute Information.

In dem Gespräch aus «Betrayal» mit seinen 925 Wörtern finden sich die folgenden Beispiele:

more anxious (zweimal)	*bloody* dishonest	*most* stimulating
Very well	You're *too* good	He's a *brutally* honest squash player
You were *rather* good	Yes, I was *quite* good	one of my *more* celebrated writers
A week, or *at most* ten days	to be *brutally* honest	

Mehrstufige Vorschaltteile sind nicht so häufig wie im Deutschen, kommen aber durchaus vor:

He was *just as* stubborn as the other
Er war *genau so* hartnäckig wie der andere

7.20 Zwei oder mehr Nomen einfach hintereinander, ohne Kennzeichnung einer Gefüge-Struktur

Sehr viel mehr als im Deutschen stellt man im Englischen *zwei Nomen einfach hintereinander*, ohne irgend eine Kennzeichnung einer Gefüge-Struktur. Man tut das nicht nur bei Nomen für Geschlecht, Stand usw. mit Personennamen («Mister John G. Stuart – professor Sigmund Freud – prime minister Harold Macmillan» usw.), sondern oft dort, wo im Deutschen ein zusammengesetztes Wort vorhanden ist – oder im Moment neu gebildet wird. Zum Vergleich können die folgenden 14 Beispiele aus einer Nummer von «Time, The Weekly News Magazine» dienen (aus «A Letter from the Publisher», etwa eine Drittelseite umfassend, ziemlich klein gedruckt, 389 Wörter, die Nummer befaßt sich in ihrem Hauptartikel mit Eisenbahnen in aller Welt):

this weeks *cover story* die Titelgeschichte dieser Woche	Time London Correspondent Steven Holmes der Londoner Korrespondent von «Time», Steven Holmes
two *crew members* zwei Besatzungsmitglieder	the *vintage cars* of the Royal Scotesman die Old-timer-Wagen des Royal Scotesman
Nairobi Bureau chief James Wilde der Büro-Chef von Nairobi, James Wilde	a *cover story* on *mistery writers* eine Titelgeschichte über Kriminalschriftsteller
the *Orient Express* der Orientexpress	such inconveniances as *rail strikes* solche Unannehmlichkeiten wie Eisenbahnerstreiks
a major *work stoppage* eine größere Arbeitsniederlegung	*supervisory personnel* a man in a *pinstripe suit* Aufsichtspersonal ein Mann im Nadelstreifen-Anzug
He pulled out a large *brass key* ... and put on an ill-fitting *French national railways hat* Er zog einen großen Messingschlüssel hervor ... und setzte einen schlecht passenden Französische-Eisenbahnen-Hut auf	

Daß derartige Ausdrücke aus zwei Nomen (mit feststehender Bedeutung oder mit im Moment geschaffener Bedeutung) auch in Alltagsgesprächen vorkommen, wenn auch nicht so häufig wie in Zeitschriften-Texten, zeigen die Beispiele aus dem nun zum letzten Mal herangezogenen Gespräch zwischen Robert, Jerry und Emma aus «Betrayal», mit den deutschen Gegenstücken:

boy babies, girl babies männliche Neugeborene, weibliche Neugeborene	a *squash player* ein Squash-Spieler	the *squash court* der Squash-Spielplatz	for her *night shift* für ihre Nachtschicht

Insgesamt gibt es eben im Englischen *längst nicht* die scharfen Unterscheidungen zwischen Einzelwort und grammatisch aufgebautem Gefüge aus verschiedenen Wörtern, an die man vom Deutschen, Französischen und Lateinischen her gewöhnt ist – so wie auch die verschiedenen Wortarten viel mehr ineinandergehen als in den andern Sprachen. Für vieles, was man im Deutschen durch zusammengesetzte Wörter und im Französischen durch Gefüge mit complément de nom darstellt, hat man im Englischen einfach zwei hintereinander stehende Wörter, ohne irgend eine Gefüge-Kennzeichnung:

Stadthaus – Town Hall – Hôtel de Ville
Niveauübergang – level crossing – passage à niveau
Widerstandsbewegung – resistance movement – mouvement de résistance usw.

7.21 Verschiedene Fachausdrücke für das Erfassen der gleichen sprachlichen Erscheinungen

In den älteren englischen Grammatiken hat man zur Benennung der verschiedenen in diesem Kapitel vorgeführten Gefüge-Teile (oder «Gefüge-Stellen») nur die Wortartbegriffe «definite article – indefinite article – possessive adjective» usw. sowie «adjective of quality – adverb – preposition». Der heute allgemein anerkannte Fachausdruck «determiner» fehlt noch in einer sonst sehr guten Grammatik von 1970. In einer andern Grammatik von 1970 steht im Text eine große Überschrift «Determinatives and pronouns», aber im Sachregister sucht man «determinatives» umsonst.

In der University Grammar of English von Quirk und Greenbaum (1973) findet man neben «determiner» die Fachausdrücke «head» (für den Kern eines Gefüges), «premodifier» (für alles dem «head» Vorausgehende, das nicht determiner ist) und «postmodifier» (für alles dem «head» Folgende). Die «English Grammar» von

Scott/Bowley/Brockett/Brown/Goddard (1968) hat «headword», dazu «modifier» für alles dem headword Vorausgehende und «qualifier» für alles dem headword Folgende. Dazu hat sie «submodifier» für das einem modifier vorausgehende adverb (z. B. «a *very* pleasing result»), also ein genaues Gegenstück zum deutschen «Vorschaltteil». In mehr als einer modernen Grammatik findet man auch die Fachausdrücke «quantifier» und «intensifier» und ähnliche. Diese gehen aber nur teilweise auf bestimmte Stellen in den *Formal*strukturen; teilweise meint man damit die *Bedeutungsbeiträge*, die durch die Wörter an diesen Stellen erbracht werden, und der *Unterschied* zwischen Formalstrukturen und Bedeutungsbeiträgen wird gar nicht immer klar. Hier ist also insgesamt noch vieles offen.

7/IV Bedeutungsaufbau in Begleitgefügen, Beiträge der verschiedenen Teile, speziell der Begleitpronomen

7.22 Grundsätzliches zur Darstellung von «jemand – etwas» durch Nomen, Pronomen, Adjektive

Als *generellsten Bedeutungsbeitrag* von Nomen, Pronomen und den mit ihnen verbundenen Adjektiven kann man es betrachten, daß mit Hilfe dieser Wörter ein *«jemand»* oder *«etwas»* gedanklich aufgerufen und vor die Hörenden/Lesenden wie vor die Sprechenden/Schreibenden selbst hingestellt wird: eine Person – ein anderes Lebewesen – ein Land, eine Stadt – ein Berg, ein See usw. – irgend etwas Gegenständliches – eine Stelle in Raum oder Zeit – irgend eine Beziehung oder irgend eine Situations-Eigenschaft, die als ein «etwas» gefaßt wird, als eine gedanklich gefaßte und umgrenzte Größe, als eine «*Entität*».

Um den Gebrauch dieses neu herangezogenen, für spätere Kapitel wichtig werdenden Begriffs ganz deutlich zu machen: mit «Entität» ist hier *nicht eine reale Person*, eine *in der Wirklichkeit* sichtbare/hörbare/anzutreffende Erscheinung gemeint, sondern das *sprachlich-gedankliche Bild*, die «Vorstellungs-Einheit», durch die man das in der Realität Vorhandene oder rein in Gedanken Ausgemalte als einen «jemand» oder ein «etwas» faßt.

Dieses Aufrufen eines *sprachlich/gedanklichen Bildes* für jemand/etwas, durch Verwendung eines vorhandenen Ausdrucks (z. B. Namens) oder Bilden eines neuen Ausdrucks kann *direkt* auf etwas in der äußeren, materialen Situation Vorhandenes gehen, indem etwas jetzt gerade Sichtbares/Hörbares usw. sprachlich/gedanklich gefaßt und eingeordnet wird. Es kann aber auch *rein in den Vorstellungen* erfolgen, ohne jeden Ansatzpunkt in der äußeren, materialen Situation – ausschließlich durch das Text-Schaffen der Sprecher/Schreiber und durch das Text-Verstehen (den «Text-Nachvollzug») der Hörenden/Lesenden.

Die hier ablaufenden sprachlich-gedanklichen Prozesse (etwas als dieses oder jenes *identifizieren* – das *Ergebnis* dieser Identifikation, das aufgerufene gedankliche Bild, *kombinieren* mit andern gedanklichen Bildern, die man aus dem Sprachgedächtnis und dem gesamten «Weltwissen» abruft – *Aussagen* über solche Identifikations-Ergebnisse, solche gedankliche Bilder machen – eine hier mögliche Aussage *relativieren*, in Frage stellen usw.) sind der eigentliche Gegenstand der «höheren Grammatik», die vor allem in den Teilen 9, 10, 11 und 12 aufgebaut wird (knappste Zusammenfassung in Ziff. 12.64–12.71, kognitive Grundlagen aller grammatischen Phänomene, und Ziff. 12.75–12.81, Aufbau und hörend/lesender Nachvollzug von «Text-Kohärenz»). Das Grundphänomen, das Aufrufen, das sprachlich-gedankliche Hinstellen eines «jemand» oder eines «etwas» ist aber hier schon zentral, wenn die Bedeutungsbeiträge der verschiedenen Teile in Begleitgefügen (und dann in Kapitel 7/V auch in Anschlußgefügen) herauszuarbeiten sind.

7.23 Aufrufen durch einen Eigennamen oder durch nennend/charakterisierende Darstellung

Wenn man nun irgend ein(en) «Jemand/Etwas» nicht nur in globalem Hinweis aufrufen will (wie durch Pronomen in eigenständigem Gebrauch, z. B. «das – es – ich – er»), sondern eine *ausdrückliche Nennung* geben möchte, kann man das auf zwei Arten tun:

A Für alle Personen, Länder, Städte, Objekte, Erscheinungen usw., die einen *Namen* für sich allein haben (einen *Eigennamen*, der nur für sie gilt und für nichts anderes), kann man diesen Eigennamen verwenden (aussprechen, schreiben). Dadurch wird in den Hörenden/Lesenden ein (wenn auch oft äußerst ungenaues, unvollständiges, schattenhaftes) *gedankliches Bild* der betreffenden Person, des Landes, der Stadt, des Objekts, der Erscheinung usw. aufgerufen, oder die Hörenden/Lesenden werden mindestens angeregt, sich ein ganz grobes gedankliches Bild, das im Textzusammenhang passen könnte, selber zu machen. Beispiele:

> *Cäsar* (gemeint ist ausschließlich Gajus Julius Caesar, 100–44 vor Christus, römischer Politiker und General, der Gallien eroberte, dabei die Helvetier schlug und sie zum Rückmarsch in ihre schweizerischen Wohngebiete zwang und der dann die Macht in Rom an sich riß und das Kaisertum begründete)
>
> *Niklaus von Flüe*, «Bruder Klaus» (der Bergbauer, Richter, Ratsherr in Flüe bei Sachseln, Kanton Obwalden, geboren 1417, der 1467–87 als Einsiedler im Ranft lebte, aus seiner Einsiedelei heraus einen großen politischen Einfluß hatte und 1486 für die Tagsatzung in Stans den Kompromiß vorschlagen ließ, dessen Annahme dann den Weiterbestand der damaligen Eidgenossenschaft sicherte)
>
> *Lago Maggiore/Langensee/Lac Majeur* (der See, der sich von Locarno im Norden bis vor Sesto Calende im Süden hinzieht) usw.

B Für alles, was *keinen* Eigennamen hat (oder dessen Namen man *nicht kennt* oder an der betreffenden Stelle nicht verwenden möchte) braucht man *Appellative*, d. h. Nomen, die *nicht ein bestimmtes* Individuum, ein Land usw. nennen, sondern die ein *allgemeineres gedankliches Bild*, eine *generellere Vorstellung* aufrufen. Solche Nomen verwendet man meistens nicht als einwortige Satzglieder, sondern als Kerne in Begleitgefügen. Dabei nimmt man meistens beim *erstmaligen* Erwähnen in einem Text die Begleitpronomen «*ein/eine – un/une – a/an*», vom *zweiten* Auftreten an jedoch (auch für nicht gleiche, aber bedeutungsähnliche Nomen) die Begleitpronomen «*dieser/-e/-es – ce/cette – this, that*» und dann bald die häufigsten und neutralsten Begleitpronomen «*der/die/das – le/la – the*». Beispiel:

> Da war *eine* Schwierigkeit – Wir diskutierten *diese* Schwierigkeit – *Das* Problem war ...
> Il y avait *une* difficulté – Nous avons discuté *cette* difficulté – *Le* problème était ...
> There was *a* difficulty – We discussed *that* difficulty – *The* problem was ...

Eine *klare Unterscheidung* zwischen Eigennamen und Appellativen (auch «Gattungsnamen» genannt) ist grundlegend für die Konstruktion von *Logiken*, wie man sie z. B. für den Aufbau von Computer-Programmen braucht. Die Unterscheidung ist oft auch hilfreich für das Verständnis rein sprachlicher Ersscheinungen, bis zur Korrektheit in der Rechtschreibung: in einem Eigennamen werden *alle* wichtigen Bestandteile groß geschrieben, also auch Adjektive:

> das *Rote* Meer – die *Französische* Revolution – der *Zweite* Weltkrieg – the *National Assembly* usw.

So wichtig und einleuchtend aber die Unterscheidung im Grundsätzlichen ist, so ist es doch nicht möglich, *immer eine scharfe Grenze* zwischen Eigennamen und Appellativen (appellativen Nomen, appellativ verwendeten Nomen) zu ziehen. So kann man in einem historischen Roman unter Umständen das Nomen «Cäsar» auch als Bezeichnung für einen andern, viel späteren römischen Kaiser lesen:

> *Der Cäsar* entschied durch eine Handbewegung, daß der besiegte Gladiator am Leben gelassen werden sollte

Hier signalisiert das Begleitpronomen «der», daß das Wort «Cäsar» nicht als Eigenname, sondern appellativ zu verstehen ist.

Und in einer historisch-politischen Abhandlung kann man lesen:

> In dieser Situation fehlte den streitenden Parteien *ein Bruder Klaus*

Diesen Satz versteht man:

> Es fehlte ihnen ein Mann wie Bruder Klaus

7.24 Verschiedene Arten des Aufrufens/Hinstellens durch verschiedene Begleitpronomen

Durch verschiedene Begleitpronomen (oder durch das Nicht-Setzen eines Begleitpronomens) kann man nun den Hörenden/Lesenden zusätzliche Signale geben, was sie sich aus dem Umkreis des durch das betreffende Nomen Darstellbaren vorstellen sollen und wie sie es in den Zusammenhang der Situation und des bisherigen Textes einordnen sollen. Die Möglichkeiten sind, im Überblick gezeigt:

A *Wählbarkeit* eines Exemplars, oder mehrerer, durch die Hörenden/Lesenden; das Nomen gibt nur den Typ an, die «Klasse» oder «Menge» der Elemente, aus welchen zu wählen ist:

| *eine* gute Idee | *une* bonne idée | *a* good idea |
| gute Ideen | *de* bonnes idées | good ideas |

B *Offenheit des Anteils*, bei an sich *Unbegrenztem*; Umfang je nach Situation zu denken:

| Das braucht Ausdauer | Il faut *de la* persévérance | It needs tenacity |

C *Festgelegtheit neutral*, ohne besonderen Situationshinweis; die Hörenden/Lesenden sollen sich ein bestimmtes Exemplar (Individuum) oder eine bestimmte Mehrzahl von solchen vorstellen, gemäß der schon von den Sprechenden/Schreibenden getroffenen Festlegung:

| Er kennt *die* Ziele | Il connaît *les* objectifs | He knows *the* objectives |

D *Besonderer Hinweis* auf ein ganz bestimmtes Exemplar (oder eine Mehrzahl von solchen), das/die man vor Augen hat oder von dem/denen schon die Rede war; dadurch *besonders eindeutige* Festgelegtheit (wie C – oft auch ähnliche oder gleiche Begleitpronomen wie für C):

| *Der* Mann kennt *diese* Ziele | *Cet* homme connaît *ces* objectifs | *This* man knows *these* objectives |

E *Zugehörigkeit* zu jemand/etwas (zu dem/den Sprechenden oder Angesprochenen, zu einer dritten Person oder Sache, Erscheinung) und damit *zugleich Festgelegtheit* (wie C):

| Das sind *unsere* Ziele | Ce sont *nos* objectifs | These are *our* objectives |

F *Entscheidung gefordert*, ein bestimmtes Exemplar (oder ein Exemplar mit bestimmten Eigenschaften) soll von den Hörenden/Lesenden (auch für die Sprechenden) *gewählt* werden:

| *Welches* Ziel? *Was für ein* Ziel? | *Quel* objectif? | *Which* objective? *What* objective? |

G *Besonderes Hervorheben* von *Qualität* und *Intensität*, positiv oder negativ:

| *Welcher* Erfolg! *Ein solcher* Erfolg! | *Quel* succès! *Un tel* succès! | *What a* success! *Such a* success! |

H *Menge, Anzahl*; *vollständiges* Vorhandensein aller denkbaren Exemplare – oder *völliges Fehlen*:

mehrere Wege	*plusieurs* voies	*many* ways
alle Wege	*toutes les* voies	*all these* ways
jeder Weg	*toute* voie	*each* way
kein Weg	*aucune* voie	*no* way

7.25 Verbindlichkeit und stilistische Freiheit beim Setzen von Begleitpronomen

Die Wahl bestimmter Begleitpronomen hängt *grundsätzlich* von der Stellung der betreffenden Nennungen im Text und von der Einmaligkeit oder Wiederholung usw. ab – aber sie ist *keineswegs im einzelnen* durch die darzustellenden Inhalte und ihre Folge im Text festgelegt. Recht oft hat man z. B. die Wahl zwischen «ein» und «der» oder «der/dieser» und «sein» usw., und man kann sich dann je nach stilistischer Absicht für das eine oder andere entscheiden (nicht zuletzt manchmal aus rein rhythmischen Gründen).

Ein Aufsatz mit dem Titel «Die Stammesgeschichte des menschlichen Gehirns und der menschlichen Sprache» von Carsten Niemitz (in einem Sammelband «Erbe und Umwelt, zur Natur von Anlage und Selbstbestimmung des Menschen») beginnt mit folgendem Satz (hier mit graphischer Kennzeichnung und Numerierung aller Begleitpronomen und aller Stellen, an welchen Begleitpronomen zwar nicht vorhanden, aber möglich sind; die leichte Verfremdung des Textes durch diese Präsentation ist hier in Kauf zu nehmen):

> (1) *Die* Evolution
> (2) *des* Menschen
>   war
> (3) *ein* Prozeß
> (4) *der* ständigen Auseinandersetzung
> (5) *der* Erbsubstanz
> (6) *unserer* Vorfahren
>   mit
> (7) Bedingungen
>   oder
> (8) Geschehnissen
>   in
> (9) *der* Umwelt.

Am klarsten festgelegt und kaum ersetzbar oder weglaßbar sind hier die bestimmten Artikel (1) und (2), «*die* Evolution − *des* Menschen», und das Possessiv (6) «*unserer* Vorfahren». Mit starker stilitischer Änderung und in etwas ungewohnter Form könnte man allerdings auch sagen «Evolution von Menschen war ...», und mit leichter Abschwächung oder Verstärkung könnte man sagen «Erbsubstanz *der* Vorfahren» oder «Erbsubstanz *aller* (sämtlicher) Vorfahren».

Ohne weiteres austauschbar sind der unbestimmte Artikel (3) und der bestimmte Artikel (4): «... war *der* Prozeß *einer* ständigen Auseinandersetzung». Das Weglassen des bestimmten Artikels (5) würde den Sinn leicht ändern, indem dann nicht mehr unbedingt an die gesamte Erbsubstanz, sondern auch an bloße Bereiche in ihr gedacht werden könnte: «... *der/einer* ständigen Auseinandersetzung von Erbsubstanz» ... An den Stellen (7) und (8) − oder nur an (7), mit Weiterwirkung auch auf das mit (8) beginnende Nomen − könnte ohne fühlbare Sinn-Änderung ein bestimmter Artikel gesetzt werden: «... Auseinandersetzung ... mit *den* Bedingungen und *(den)* Geschehnissen ...». Schließlich ist an Stelle (9) der bestimmte Artikel ohne weiteres ersetzbar durch das etwas deutlichere und eindeutigere Possessiv: «... Bedingungen und Geschehnissen in *ihrer* Umwelt».

Entsprechende Beobachtungen lassen sich oft auch an Übersetzungsvergleichen machen, z. B. an den zwei folgenden Sätzen aus dem Erfolgsbuch «The Naked Ape» von Desmond Morris:

Facial expressions and vocalisations had to become more complicated.	Les expressions faciales et vocales sont devenues plus compliquées. (Hier leichte Sinn-Änderung: Prozeß nicht als damals erforderlich, sondern einfach als abgelaufen hingestellt).	Die «Signale» im Gesichtsausdruck und in den Lautäußerungen hatten komplizierter zu werden.

Aus «facial expressions and vocalisations» sind also Begleitgefüge der Festgelegtheit (Ziff. 7.24'C) geworden: «*les* expressions ... *die* Signale» (zugleich ist das englische bzw. französische Adjektiv durch ganzen Anschlußteil ersetzt, wieder mit Begleitgefügen «expressions *faciales et vocales* – Signale *im Gesichtsausdruck und in den Lautäußerungen*).

With *the* new weapons to hand, he had to develop powerful signals that would inhibit attacks within *the* social groupe.	Avec *des* armes nouvelles à manier, il a dû mettre au point *des* signaux impératifs susceptibles d'arrêter *les* attaques à l'intérieur *du* groupe social.	Und nun, da er Waffen in der Hand trug, bestand auch die Notwendigkeit zu besonders wirkungsvollen, sofort einleuchtenden Signalen, die *alle* Angriffshandlungen innerhalb *des* Sozialverbandes hemmten.

Verschiedenheiten:
«*the* new weapons» (Festgelegtheit, C) – «*des* armes nouvelles, Waffen» (Wahlfreiheit, A), «attacks» (Wahlfreiheit, A) – «*les* attaques» (Festgelegtheit, C) – «*alle* Angriffshandlungen» (vollständiges Vorhandensein, H)

Übereinstimmungen:
«powerful signals – *des* signaux impératifs – wirkungsvolle, sofort einleuchtende Signale» (also überall: Wahlfreiheit für die Vorstellungen der Lesenden, Gruppe A)
«within *the* social group – à l'intérieur *du* groupe social – innerhalb *des* Sozialverbandes» (also überall: Festgelegtheit, Gruppe C – als in einem solchen Buch selbstverständlich).

7.26 Kein bestimmter Artikel vor einem Personennamen – mögliche Gründe dafür

Bei *Personennamen* ist das Kriterium «festgelegt, individuell bekannt und vertraut» (Ziff. 7.24'C), das bei den Appellativen den Gebrauch des bestimmten Artikels begründet, ganz eindeutig gegeben. Man kann es daher als erklärungsbedürftig betrachten, daß in der deutschen Standardsprache wie im Französischen wie im Englischen vor einem Personennamen *kein* bestimmter Artikel gesetzt werden darf. Ein solcher wird nur gesetzt, wenn dem Namen ein begleitendes Adjektiv vorausgeht, und auch das nur im Deutschen und Französischen: «Man sprach über Goethe – Man sprach über *den* jungen Goethe» oder «J'ai rencontré Henri – J'ai rencontré *le* pauvre Henri» (aber englisch: «Henry was alone – Poor Henry was alone»).

Der Grund könnte darin liegen, daß man beim Sprechen über eine mit Namen genannte Person eine gewisse Höflichkeit und Zurückhaltung zeigen möchte – daß man das Kriterium «festgelegt, bekannt, vertraut» gerade *nicht* in den Vordergrund gerückt haben will.

Man könnte eine solche Zurückhaltung zugleich als eine Eigentümlichkeit der gepflegten Standardsprache betrachten. In schweizerischen und süddeutschen Mundarten ist es allgemein üblich, auch vor Personennamen den (lautlich meist sehr unauffälligen) Artikel zu setzen, z. B. «*de* Friedolin, *d* Annemarie und *s* Vreni». Auch in standarddeutscher Alltagssprache kann man einen bestimmten Artikel vor einen Personennamen setzen, das kann aber etwas herablassend wirken: «*Die* Marie soll das tun, *der* Georg hat keine Zeit» oder «*Der* Strauß war natürlich dagegen, aber *der* Stoltenberg war dafür und *der* Kohl auch».

7.27 Französisch: vor Verwandtschaftsnamen nicht article défini, sondern adjectif possessif

Auf ein Streben nach Höflichkeit und Respekt (im Gegensatz zu «allzu gleichgültiger Nähe») könnte man es auch zurückführen, daß im Französischen vor *Verwandtschaftsnamen* das possessif und nicht der article défini verlangt wird: «*Mon* père a dit ... *Ma* mère a répondu» und nicht «*Le* père ... *la* mère ...» (während im Deutschen nicht als unhöflich empfunden wird «*Der* Vater hat gesagt ..., *die* Mutter hat geantwortet»).

7.28 Bedeutungsbeiträge von begleitenden Adjektiven, verschieden enge Beziehung zum Nomen

Ein begleitendes Adjektiv liefert meistens eine zusätzliche Information zu der Person, Sache, Erscheinung usw., die durch das als Kern des Gefüges gesetzte Nomen aufgerufen wird. Man darf aber weder aus dem deutschen Fachausdruck «Eigenschaftswort» noch aus «adjectif *qualificatif*» noch aus «adjective of *quality*» herauslesen wollen, daß es dabei immer um eine *Eigenschaft*, eine Qualität gehen muß. Ein begleitendes Adjektiv kann auch die *Intensität* des durch das Nomen Dargestellten angeben («Er gab sich *große* Mühe» oder «Ce n'était qu'une *petite* différence» oder «We had a *little* interruption»). Das Adjektiv kann die *Herkunft* angeben, ohne daß damit irgend eine Aussage über Qualität gemacht wird: «der *ministerielle* Erlaß» (der Erlaß kommt vom Minister, vom Ministerium) – «his *presidentiel* adress» (sein Vortrag als Präsident, z. B. bei der Jahresversammlung einer Vereinigung) usw. Das Adjektiv kann, vor allem im Deutschen, die *Lage* des im Nomen Genannten angeben: «die *vorderen* Zimmer, der *hintere* Ausgang, auf der *linken* statt auf der *rechten* Seite».

Ein begleitendes Adjektiv kann auch *fester Bestandteil* einer Nennung sein, und oft hat es dann nicht die gleiche Bedeutung, wie wenn es frei hinzugefügt wird. Die «*kritische* Temperatur» ist die Temperatur, bei der ein bestimmter physikalisch-chemischer Prozeß einsetzt – «kritisch» heißt hier also etwas anderes als in «ein *kritischer* Bericht» oder auch «eine *kritische* Lage».

Schließlich kann man zu einem einzigen Nomen, das den Kern des Gefüges bildet, zwei, drei oder noch mehr Adjektive setzen. Im Französischen kann man sie zum Teil auf die Plätze vor und hinter dem Nomen verteilen, z. B. «ses *grands* yeux *bleus*» gegenüber deutsch «seine *großen blauen* Augen».

Dabei können die Beziehungen der verschiedenen Adjektive zum Nomen verschieden eng sein. Man kann im groben sagen: die Beziehung ist umso *enger*, je *näher* das Adjektiv beim Nomen steht. Adjektive der Dimension oder der Reihenfolge stehen daher vor den im engeren Sinn charakterisierenden Adjektiven: «*große* strahlende blaue Augen – *weitere* wirkungsvolle parlamentarische Vorstöße» usw.

Betonte *Gleichrangigkeit* von zwei Adjektiven kann man im Deutschen signalisieren, indem man ein Komma zwischen sie setzt (Ziff. 2.12'D): «andere, kostspielige Versuche» (man hat von *Versuchen* geredet, kommt jetzt auf andere Versuche und setzt hinzu, daß diese kostspielig sind) gegenüber «andere kostspielige Versuche» (man hat schon vorher von *kostspieligen* Versuchen geredet, jetzt spricht man von *anderen gleicherweise kostspieligen*). Man sollte aber diese Möglichkeit nicht überschätzen – maßgeblich für das Verstehen ist immer der ganze Textzusammenhang, ob nun zwischen zwei solchen Adjektiven ein Komma steht oder nicht.

7/V Bedeutungsbeziehungen in Anschlußgefügen, Bedeutungsbeiträge der Anschlußteile

7.29 Vielfalt der Bedeutungsbeziehungen zwischen Anschlußteilen und ihren Grundteilen

Die Bedeutungsbeziehungen, die durch die Formalstruktur «Grundteil mit zugehörigem Anschlußteil» signalisiert werden können, sind erheblich vielfältiger als diejenigen zwischen Begleitpronomen, begleitendem Adjektiv und Kern in Begleitgefügen; sie sind daher auch nicht so leicht in einer System-artigen Übersicht zusammenzustellen, wie es bei den Begleitgefügen möglich ist. Einige Beispiele:

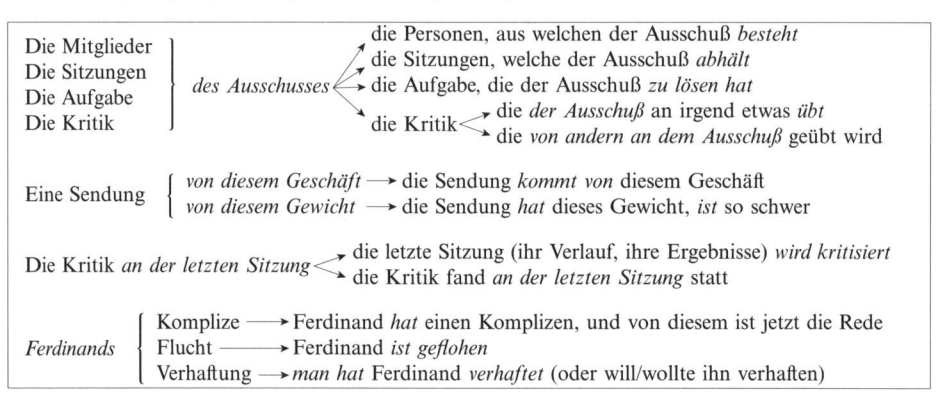

```
Die Mitglieder          die Personen, aus welchen der Ausschuß besteht
Die Sitzungen           die Sitzungen, welche der Ausschuß abhält
Die Aufgabe    des Ausschusses   die Aufgabe, die der Ausschuß zu lösen hat
Die Kritik                       die Kritik     die der Ausschuß an irgend etwas übt
                                                die von andern an dem Ausschuß geübt wird

Eine Sendung   { von diesem Geschäft  → die Sendung kommt von diesem Geschäft
               { von diesem Gewicht   → die Sendung hat dieses Gewicht, ist so schwer

Die Kritik an der letzten Sitzung   die letzte Sitzung (ihr Verlauf, ihre Ergebnisse) wird kritisiert
                                    die Kritik fand an der letzten Sitzung statt

               { Komplize   → Ferdinand hat einen Komplizen, und von diesem ist jetzt die Rede
Ferdinands     { Flucht     → Ferdinand ist geflohen
               { Verhaftung → man hat Ferdinand verhaftet (oder will/wollte ihn verhaften)
```

7.30 Zugehörigkeit zu jemand/etwas, in einem weiten Sinn gefaßt

Eine erste Gruppe von häufigen Bedeutungsbeziehungen zwischen Anschlußteilen und ihren Grundteilen läßt sich unter dem Stichwort «Zugehörigkeit» fassen, in einem weiten Sinn: Verbundenheit in sozialen Rollen – Besitzer und sein Besitz – Bestandteil und Ganzes – Eigentümlichkeit und das dadurch Charakterisierte. Hier sind oft auch Begleitgefüge mit Possessiv möglich. Man kann manche Begleitgefüge mit Possessiv geradezu als Kurzformen von Anschlußgefügen betrachten. Die Possessivpronomen sind ja aus Genitiven von Personalpronomen entstanden – das sieht man noch besonders gut im Englischen, wo sich «his, her» ebensogut als reine determiners in die Reihe «my – our – your – their» stellen lassen wie als possessive cases zu «she, he»: «*her letter, his answer*» wie «*the girl's* letter, the answer *of her father*». Man kann unterscheiden:

Soziale Verbundenheit:

Frau Werners Nachbar der Nachbar *von Frau Werner* (*ihr* Nachbar)	le voisin *dem Mme. Werner* (*son* voisin)	Ms. Werner's neigbour the neighbour *of Ms. Werner* (*her* neighbour)

Besitz und Besitzer:

das Haus von Herrn Smith Herrn Smiths Haus (*sein* Haus)	la maison *de M. Smith* (*sa* maison)	the house *of M. Smith* M. Smith's house (*his* house)

Bestandteil und Ganzes:

das schönste Zimmer *in diesem Haus (dieses Hauses)* (*sein* schönstes Zimmer)	la plus belle chambre *dans (de) cette maison* (*sa* plus belle chambre)	the most beautiful room *of (in) this house* (*its* most beautiful room)

Eigentümlichkeit:

der Ritter *von der traurigen Gestalt* (Don Quichotte) (–) ein Buch *dieses Typs* *von diesem Typ*	le chevalier *de la Triste Figure* (–) un livre *de ce type*	the knight *of the woeful counten- ance* (–) a book *of this type*

Nicht selten hat man bei Bedeutungsbeziehungen dieser Art im Deutschen ein zusammengesetztes Wort, im Englischen ein Wort mit Bindestrich und im Französischen ein Anschlußgefüge («nom + complément de nom»): *Liebes*gedicht – *love*-poem – poème d'amour.

7.31 Mengen und ihre Elemente – Umfang/Maß/Zahl und Gemessenes/Gezähltes

Eine nächste Gruppe von Bedeutungsbeziehungen in Anschlußgefügen läßt sich unter die Stichwörter «Mengen und ihre Elemente – Umfang/Maß/Zahl und Gemessenes/Gezähltes» bringen, ohne Anspruch auf eine scharfe Abgrenzung von der oben charakterisierten Gruppe:

eine Gruppe *von Experten* eine Menge *neuer Projekte* das größte *von ihnen* ein Projekt *dieser Größe* eine Tasse *von diesem Kaffee* (aber: eine Tasse Kaffee) ein Ferienaufenthalt *von zehn Tagen*	un groupe *d'experts* une foule *de nouveaux projets* le plus grand *parmi ces projets* un projet *de cette envergure* une tasse *de ce café* une tasse *de café* un séjour de vacances *de dix jours*	a group *of experts* a lot *of new projects* the biggest *of them* a project *of this size* a cup *of this coffee* a cup *of coffee* a holiday *of ten days*

Für die gleichen Bedeutungsbeziehungen sind – vor allem im Deutschen – auch *Begleitgefüge* möglich, mit Angabe der Menge durch Begleitpronomen oder begleitendes Adjektiv («*viele* neue Projekte – *zahllose* aufregende Möglichkeiten») oder Angabe des Umfangs durch begleitendes Adjektiv («ein *zehntägiger* Ferienaufenthalt») oder Angabe der Gesamtheit und der Beteiligten durch zwei einfach hintereinandergestellte Nomen («eine Gruppe Experten – ein Schwarm Vögel» statt «eine Gruppe *von Experten*, ein Schwarm *von Vögeln*»). Man hat aber auch im Französischen «*plusieurs* visiteurs, de *nombreux* visiteurs» usw., im Englischen «*many* visitors» usw.

7.32 Lage, Herkunft, Erstreckung, Ziel, Zweckbestimmung, Ursache

Eine dritte Gruppe von Bedeutungsbeziehungen in Anschlußgefügen kann man kennzeichnen – wieder ohne Anspruch auf scharfe Grenzziehungen – durch Stichwörter wie «Lage – Herkunft – Erstreckung von ... bis ... – Ziel, Zweckbestimmung – Ursache». Hier werden oft auch Partikeln (des adverbes, adverbs) als Anschlußteile verwendet:

dieser Turm *dort oben*	cette tour *là-haut*	this tower *up there*
der Zug *von Genf*	le train *de Genève*	the train *from Geneva*
die Autostraße *bis zur Grenze*	l'autoroute *jusqu'à la frontière*	the high-way *to the frontier*
das Material *für den Bau*	le matériel *pour la construction*	the material *for the construction*
der Ärger *wegen der Verzögerung*	l'ennui *à cause du retard*	the irritation *because of the delay*

7.33 Nennung durch Appellativ + Nennung durch Eigennamen

Eine kennzeichnende Verschiedenheit zwischen Deutsch auf der einen und Französisch sowie Englisch auf der andern Seite besteht bei der Kombination von Appellativ + Eigennamen bei Ländern, Städten usw.: im Deutschen verwendet man Begleitgefüge aus zwei einfach hintereinandergestellten Nomen, in den beiden andern Sprachen verwendet man Anschlußgefüge. Diese werden aber kennzeichnenderweise in der französischen Grammatik nicht als «nom + complément du nom» klassifiziert, sondern als «apposition». Englische Grammatiker sprechen von «appositive genitive»:

das Königreich Dänemark	le royaume *du Danmark*	the kingdom *of Denmark*

7.34 Speziellere Beziehungen: Anschlußgefüge mit dem Inhalt ganzer verbaler Propositionen

Sehr oft, vor allem in der Sprache der Wissenschaft, der Politik, der Verwaltung usw. verwendet man Anschlußgefüge als *Kurz-Ausdrücke* für den *Inhalt ganzer verbaler Propositionen*, indem man aus dem Verb ein *Nomen* («nomen actionis» oder «Nennung eines Handelns») bildet. Dann sind *im Inneren* des Anschlußgefüges sämtliche Bedeutungsbeziehungen möglich, die in verbalen Propositionen zwischen den verschiedenen Satzgliedern und dem Verb bestehen.

Zu dieser Materie wird von der Kommission ein neuer Vorschlag vorgelegt werden
Subjekt

Die Vorlage	eines neuen Vorschlags	der Kommission zu dieser Materie ...
Grundteil aus dem Verb der zugrundeliegenden Proposition	Anschlußteil aus dem Subjekt der zugrundeliegenden Proposition	zwei Anschlußteile 2. Grades aus den zwei Präpokasus der zugrundeliegenden Proposition

Durch solche Konzentration in einen nichtverbalen Ausdruck können ziemlich hohe Ansprüche an das Verstehen zustandekommen.

7.35 Übergänge von verbalen Propositionen zu Anschluß- und Begleitgefügen mit gleichem Inhalt

Die *Übergänge* von einer verbalen Proposition zu einem den gleichen Inhalt darstellenden Anschlußgefüge (mit darin enthaltenen Begleitgefügen) können verschieden laufen.

Aus dem im *Verb* Dargestellten ergibt sich oft der *Grundteil* des Gefüges und aus dem im *Subjekt* Dargestellten ein (erster) *Anschlußteil*. Etwas durch ein *Satzadjektiv* zum Verb (adverbe de manière – adverb of manner) Dargestelltes wird nun durch *begleitendes* Adjektiv (adjectif épithète – adjective as a premodifier) dargestellt:

```
⌈Das Publikum⌉ applaudierte ⌈enthusiastisch⌉        ⌈das überraschte uns nicht⌉
⌈Der enthusiastische Applaus⌉ { des Publikums /
                                 durch das Publikum /
                                 von Seiten des Publikums } überraschte ⌈uns⌉nicht⌉

⌈Les spectateurs⌉ applaudissaient ⌈frénétiquement⌉  ⌈cela⌉ ne ⌈nous⌉ a pas surpris⌉
⌈Les applaudissements frénétiques⌉ { des spectateurs /
                                      par les spectateurs } ne nous ont pas surpris⌉

⌈The audience⌉ applauded ⌈enthusiastically⌉ and ⌈it⌉ didn't surprise ⌈us⌉
⌈The enthusiastical applause of the audience⌉ didn't surprise ⌈us⌉
```

Das im *Subjekt* und im *Akkusativobjekt* Dargestellte kann durch *zwei parallele* Anschlußteile zum gleichen (die Tätigkeit darstellenden) Grundteil dargestellt werden:

```
⌈Alle Preisrichter⌉ bewunderten ⌈das präzise Spiel⌉
⌈Die Bewunderung⌉ { aller Preisrichter für das präzise Spiel /
                    des präzisen Spiels durch alle Preisrichter } kannte keine Grenzen⌉
```

Bei sehr allgemeinen Verben wie «sein, haben» kann die Wiedergabe des Verb-Inhalts durch ein als Grundteil gesetztes Nomen wegfallen, und man kann durch den Grundteil das darstellen, was in der verbalen Proposition durch das Subjekt oder das Akkusativobjekt dargestellt ist:

```
⌈Der Betrieb⌉ bekommt/hat ⌈einen neuen Chef⌉    ⌈der neue Chef⌉ { dieses Betriebes /
                                                                    für diesen Betrieb }
⌈Der neue Chef⌉ ist ⌈sehr gewandt⌉               ⌈die Gewandtheit des neuen Chefs⌉
```

7.36 Ein Gefüge mit Anschluß-Präpokasus oder zwei einfach hintereinander gestellte Satzglieder?

Oft ist es für das Erfassen der Gesamtbedeutung völlig gleichgültig, ob man zwei Ausdrücke (meistens Begleitgefüge, oft mit Präposition) als je eigene Satzglieder oder als Grundteil und Anschlußteil in einem Anschlußgefüge (also einem einzigen Satzglied) auffaßt:

```
⌈Die Verärgerung bei den Anwohnern⌉ war ⌈groß⌉    ⌈Die Verärgerung⌉ war ⌈groß⌉bei den Anwohnern⌉
```

Es kann aber auch sein, daß sich bei der Auffassung als Anschlußgefüge eine andere Bedeutung ergibt als bei der Auffassung als Folge von zwei eigenen Satzgliedern:

```
⌈Tatsächlich kam *sein Entscheid für unsere Gruppe* ganz überraschend⌉
```

Bedeutung A: *Sein Entscheid für unsere Gruppe* kam ganz überraschend (Er entschied sich für unsere Gruppe, und zwar ganz überraschend)

Bedeutung B: *Sein Entscheid* kam *für unsere Gruppe* ganz überraschend (Er entschied sich für irgendetwas, vielleicht gerade zu Gunsten einer andern Gruppe, und das kam für unsere Gruppe ganz überraschend)

Das jeweils passende, von den Sprechenden/Schreibenden gemeinte Verständnis ergibt sich allermeistens aus dem vorhergehenden oder folgenden Text und aus dem ganzen Situationszusammenhang, ohne langes Überlegen.

7.37 Weniger Propositionen – aber höhere Ansprüche an das Verstehen

Durch die Verwendung mehrfach gestufter Anschlußgefüge, die als Teile oft Begleitgefüge mit mehreren begleitenden Adjektiven haben, kann man eine *Vielzahl* von darzustellenden Sachverhalten *in eine einzige verbale Proposition* hineinpacken.

⌜Die gestrige erste Sitzung *der Arbeitsgruppe zur Vorbereitung eines neues Vertrags zwischen den an dem modifizierten Projekt interessierten Gemeinden*⌝ führte ⌜zu einer weitgehenden, in diesem Ausmaß kaum mehr für möglich gehaltenen Einigung⌝

Die Proposition hat auf der Ebene von *Verb und Satzgliedern* nur drei Teile: ein *Subjekt* aus 19 Wörtern (von «die gestrige ...» bis zu «... Gemeinden») – die *Verb-Personalform* «führte» – einen *Präpokasus* aus 12 Wörtern, von «zu ...» bis «... Einigung»).

Aufbau des Subjekts: Anschlußgefüge, vierfach gestuft

Grundteil («Die gestrige Sitzung»):
Begleitgefüge, Präsentationsweise «festgelegt» (Ziff. 7.24'C) – man geht davon aus, daß die Leser (oder Nachrichten-Hörer) schon darüber orientiert sind, daß eine solche Kommission existiert und daß sie Sitzungen abhält, man präsentiert also auch die «gestrige erste Sitzung» als etwas schon Bekanntes; durch die beiden begleitenden Adjektive teilt man mit, daß die Sitzung gestern stattfand und daß es die erste war;

Anschlußteil 1. Grades («der Arbeitsgruppe», durch Genitiv angefügt):
Begleitgefüge, Präsentationsweise «festgelegt, als schon bekannt zu betrachten»;

Anschlußteil 2. Grades («zur Vorbereitung», durch «zu» angefügt):
Begleitgefüge, Präsentationsweise «festgelegt», die Aufgabe der Arbeitsgruppe wird als bekannt hingestellt;

Anschlußteil 3. Grades («eines neuen Vertrags», durch Genitiv angefügt):
Begleitgefüge, Präsentationsweise «noch nicht festgelegt, es kann irgend eine Form eines Vertrags sein» (Ziff. 7.24'A); das begleitende Adjektiv «neu» macht deutlich, daß schon vorher ein Vertrag vorgelegt, aber nicht akzeptiert worden war;

Anschlußteil 4. Grades («zwischen den an dem modifizierten Projekt beteiligten Gemeinden», durch «zwischen» angefügt):
Begleitgefüge, Präsentationsweise «schon festgelegt»; in dieses Begleitgefüge hineingenommen (mit Hilfe des Partizips «interessiert»): «an einem/dem modifizierten Projekt *interessiert sein*»; man entnimmt aus dem begleitenden Partizip «modifiziert», daß ein erstes Projekt vorhanden war, aber auf Kritik stieß; bei der Präsentation als «festgelegt» (durch «an *dem* ... Projekt») geht man davon aus, daß der Leser/Hörer schon über die Existenz eines solchen modifizierten Projekts orientiert ist.

Aufbau des Präpokasus hinter dem Verb:
Begleitgefüge mit darin eingebauten Satzgliedern

rahmengebendes Begleitgefüge («eine ... Einigung»):
Präsentationsweise «noch nicht festgelegt», verschiedene Formen von Einigung, auch von weitergehender, vorstellbar;

eingefügte Satzglieder:
aus der verbalen Wortkette «etwas in diesem Ausmaß kaum mehr für möglich halten»; das Verb jetzt in Form des Partizips II «gehalten»; dabei Begleitgefüge mit Präposition «in diesem Maß» in der Präsentationsweise «besonders deutlicher Hinweis» (Ziff. 7.24'D); man will das (unerwartete) Ausmaß besonders eindringlich vor die Leser/Hörer hinstellen.

Man braucht also für die Darstellung aller dieser Sachverhalte und Ereignisse *nur eine einzige* Proposition – aber man verlangt von den Lesenden/Hörenden sehr viel mehr an *Auflösungsfähigkeit von Gefügen*, an *Behaltensfähigkeit* von einem Begleitpronomen am Anfang bis zum Nomen am Schluß eines Gefüges, insgesamt sehr viel mehr *Verstehens-Fähigkeit* und *Lese-Training* (oder Hör-Verstehens-Training), als wenn man dasselbe durch eine Folge viel kürzerer Propositionen in mehreren Sätzen darstellt. Eine Möglichkeit solcher Darstellung:

- Gestern war eine erste Sitzung einer Arbeitsgruppe.
- Sie hatte einen neuen Vertrag vorzubereiten (ein vorheriger Vertragsentwurf war abgelehnt worden).
- Es soll ein Vertrag sein zwischen den Gemeinden, die an einem modifizierten Projekt (ein vorhergehendes war abgelehnt worden) interessiert sind.
- Die Sitzung führte zu einer Einigung, die so weit ging, wie man es vorher kaum mehr für möglich gehalten hätte.

7/VI Bedeutungsaufbau in Vorschaltgefügen, Beiträge von Vorschaltteil und Kern

7.38 Grundsätzliches, Verschiedenheiten gegenüber den Anschlußgefügen und Begleitgefügen

Die Vorschaltgefüge unterscheiden sich in verschiedener Beziehung von den beiden andern Gefügetypen:
- Sie sind weniger häufig als die Anschlußgefüge und viel weniger häufig als die Begleitgefüge.
- Es geht hier nicht um die Darstellung eines «Jemand/Etwas», also um die Schaffung von Entitäten (vgl. Ziff. 7.22), sondern um *abgestufte Charakteristiken*, die sich sowohl auf Entitäten wie auf reine Vorgänge, Abläufe usw. beziehen können.
- Es zeigen sich, sobald man über die häufigsten Beispiele hinausgeht, viel größere Unterschiede in den möglichen *Formen*, dafür liegen die *Bedeutungsbeziehungen* zwischen den Teilen der Gefüge viel näher beisammen als bei den beiden andern Gefügetypen.
- Die Bedeutungsbeiträge von Vorschaltteilen und den zugehörigen Kernen berühren sich oft mit den Bedeutungsbeiträgen entsprechender eigener Satzglieder und deren Beziehungen zum Verb in verbalen Propositionen – viel mehr, als das bei den Anschlußgefügen und vor allem bei den Begleitgefügen der Fall ist. Es bleibt daher oft offen – und ist für das Erfassen des Bedeutungszusammenhangs ohne Belang – ob ein Wort oder ein ganzes Begleitgefüge als Vorschaltteil oder als eigenes Satzglied aufzufassen ist.
- Die Bedeutungsmodifikationen einer durch den Kern dargestellten Charakteristik mit Hilfe verschiedener Vorschaltteile berühren sich mit den *generellen* Bedeutungsmodifikationen der *Einschränkung* und der *Verneinung* (Genaueres über diese in Ziff. 9.10–9.22).
- Es fällt oft nicht sofort ins Auge, ob eine Partikel vor einem Adjektiv als Vorschaltteil zu verstehen ist (z. B. «Das ist *ebenso gut*») oder als beiordnende Konjunktion («Das ist *auch gut*», umstellbar zu «*Auch das* ist gut», also «auch» nicht als Vorschaltteil, sondern als beiordnende Konjunktion zu betrachten).

7.39 Zusammenstellung der verschiedenen Bedeutungsbeziehungen

Generell kann man die Bedeutungsbeziehungen zwischen einem Vorschaltteil und dem auf ihn folgenden Kern so beschreiben: Zu einer *Charakteristik* (für irgend eine Person, Erscheinung, irgend einen Ablauf), die durch ein Adjektiv, eine Partikel, einen ganzen Präpositionalausdruck, einen ganzen Zuordnungs-Ausdruck gegeben wird, kommt noch eine *Angabe der Intensität*, des *Ausmaßes*, des *Genauigkeitsgrades*, so daß eine *komplexe* (zwei- oder mehrstufige) Charakteristik entsteht. Man kann die Möglichkeiten folgendermaßen übersichtlich zusammenstellen:

A   Hinweis auf Grad, Intensität usw., ohne ausdrückliches Heranziehen eines Vergleichspunktes

A 1   *Generelles Lenken* der Aufmerksamkeit auf die *Intensität*; oft will man besonders betonen, *wie zutreffend* gerade *diese* Charakteristik für gerade *diese* Erscheinung ist:

| Es ist *so* leicht. *Wie* hübsch! | C'est *si* facile.   Que c'est joli! | It's *so* easy.   *How* lovely! |

A 2   *Vollständiges Zutreffen* der genannten Charakteristik, maximale jeweils mögliche Geltung:

| ganz / völlig / durchaus } neu | tout / complètement } neuf/nouveau | quite / totally / completely } new |

A 3   *Stärkere Intensität, höherer Grad* als der «Normalwert», an den man jeweils denken kann:

| recht / sehr / überaus } kostspielig | bien / très / fort } coûteux | very / most } expensive |

Hier verwendet man als Vorschaltteile oft auch Ausdrücke, die als eigene Satzglieder (Satzadjektive) den Kern einer besonderen beurteilenden Proposition ausmachen können:

| Er war *wahnsinnig* verliebt – Es *ist wahnsinnig*, wie verliebt er war | Il était *follement* amoureux – *C'est fou* qu'il était amoureux | He was *madly* in love – *It's mad* how he was in love |

A 4   Die Intensität *entspricht einem Normwert* oder *übersteigt* einen Normwert, nach oben oder nach unten (wobei der Normwert nicht ausdrücklich genannt wird, sondern nur vorschwebt):

| *genügend* { groß \| groß / klein \| klein } *genug* | *assez* { grand / petit } | big / small } enough |
| *zu* { groß / klein } | *trop* { grand / petit } | too { big / small } |

B   Vergleichendes Absetzen von der Intensität von etwas anderem – auch wenn der Vergleichspunkt nicht immer genannt wird

B 1   *Betont gleiche* Charakteristik für Verschiedenes (Entitäten oder Abläufe):

| *ebenso* / *(ganz)* / *genau so* } { intelligent / neugierig / lang } wie… | *(tout)* / *aussi* { intelligent / curieux / long } que… | *(exactly) as* { intelligent / curious / long } as… |

B2 *Verschiedenheit des Grades* (nicht einfach durch «nicht so ...» dargestellt), teilweise in Konkurrenz oder Ergänzung des Systems der Vergleichsformen, Ziff. 4.39–4.43):

[länger, komplexer] *weniger* { lang, komplex } (als...)	*plus* *moins* } { long, complexe } (que...)	[longer] *more* complex *less* { long, complexe } than...

B3 *Ausmaß* der Verschiedenheit bei Vergleich bzw. der *Abweichung von einem Normwert*, je nach dem zu Charakterisierenden nur global oder durch Zahlen und Maßeinheiten:

viel *weitaus* } { schwieriger / weniger schwierig / zu schwierig	*bien* *beaucoup* } { plus / moins / trop } difficile	*much* *far* } { more / less / too } difficult
etwas *zwei Stunden* *einen Tag* } { vorher / später / nach dem Fest / zu spät	*un peu* *deux heures* *un jour* } { avant / plus tard / après la fête / trop tard	*a little* *two hours* *one day* } { before / later / after the festival / too late

B4 Die Intensität von etwas, die auch die Intensität von etwas anderem festlegt:

Je mehr er hat, *umso mehr* will er	*Plus* on a, *plus* on veut	*The more* he has, *the more* he wants

C Genauigkeit oder bloße Annäherung, bei Angaben von Zeit, Lage, Maß, Zahl

C1 *Betonen der Genauigkeit*:

genau *exakt* *präzis* *gerade* } { hier / in der Mitte / um diese Zeit / sieben Meter / drei Stunden	*exactement* *précisément* } { ici / au milieu / à cette heure / sept mètres / trois heures	*just* *exactly* *precisely* } { here / in the middle / this time / eleven yards / three hours

C2 *Globalität, Annäherung, Schätzung*:

fast *beinahe* *nahezu* } { alles / immer / fehlerfrei / erfolglos	*à peu près* *presque* } { tout / toujours / sans fautes / pour rien	*almost* *nearly* } { all / always / perfect / in vain
etwa *ungefähr* } { um sieben Uhr / an dieser Stelle / auf diese Art	*approximativement* } { à sept heures / à ce point / de cette façon	*nearly* *roughly* *approximately* } { at seven / at this point / this way

Insgesamt finden sich im Gebrauch von Vorschaltteilen nicht immer genaue Entsprechungen in den drei Sprachen. Hie und da kann der genau gleiche Vorschaltteil je nach Kern und Situation Verschiedenes signalisieren, z. B. «*ganz* schön» für «durchaus annehmbar, passablement bien» im Gegensatz zu «*ganz* hervorragend» für «wirklich ausgezeichnet».

7.40 Anforderungen an das Verstehen

Bei Vorschaltgefügen muß das Verstehen immer *zuerst* vom Vorschaltteil *zum Kern* laufen und erst von dort aus zum Verb und den weiteren Satzgliedern. Das ist besonders wichtig im Deutschen, wo einige Adjektive in genau gleicher Form als Vorschaltteile und als Kerne dienen können, dann aber mit ganz verschiedener Bedeutung:

Das Kleid ist noch	*ganz* schön	in befriedigendem Maße schön – aber keineswegs sehr schön
	schön ganz	völlig ganz, ohne Risse und Löcher – keine Aussage über «schön»

Es kann daher Mißverständnisse geben, wenn man ein Wort *nicht* als Vorschaltteil erkennt:

Er war *wahnsinnig nett* zu mir	Il a travaillé *trop peu*	He is very *ill at ease*
Er ist *nicht* etwa wahnsinnig!	«Il a travaillé *trop*» wäre gerade das Gegenteil des Gemeinten	«Er ist in unangenehmer Lage» nicht etwa «wirklich *krank*»

7/VII Begleitgefüge, Anschlußgefüge und Vorschaltgefüge im Lateinischen; formale Möglichkeiten, Freiheit der Wortstellung, Bedeutungsbeziehungen

7.41 Grundsätzliches: Freiheit der Stellung für viele als Gefügeteile zu verstehende Wörter

Die grundlegenden Möglichkeiten für die Darstellung von Entitäten und von komplexen Charakteristiken durch Kombination mehrerer Wörter oder ganzer mehrwortiger Ausdrücke, die in Ziff. 7.01–7.21 für das Deutsche, Französische und Englische beschrieben sind, gibt es zum größten Teil auch im Lateinischen. Der große Unterschied gegenüber den modernen Sprachen ist aber, daß die Wörter, die man zu einer solchen engeren Einheit innerhalb des Aufbaus der verbalen Proposition zusammenzunehmen hat, oft an ganz verschiedenen Plätzen stehen. Das gibt es vor allem für die Begleitgefüge und Anschlußgefüge, weniger für die (an sich schon selteneren) Vorschaltgefüge.

Beispiel für Begleitgefüge:

⌈Habent *sua fata* libelli⌉	«Es haben ihre Schicksale die Bücher», Bücher haben ihre Schicksale
Objektsakk. Subjekt	

Das Possessivpronomen «sua» und das Nomen/Substantiv «fata» sind als ein Gefüge zu verstehen (Präsentation der «fata», der «Schicksale» als zugehörig zu den «libelli», zu Büchern/den Büchern», Ziff. 7.24'E). Die beiden Wörter können aber auch getrennt voneinander stehen:

⌈*Sua* habent *fata* libelli⌉	⌈*Sua* libelli habent *fata*⌉	⌈*Fata* habent libelli *sua*⌉

Mit solchen verschiedenen Stellungen sind oft *verschiedene stilistische* Wirkungen verbunden, aber die Gesamtbedeutung bleibt immer gleich.

Beispiel für Anschlußgefüge:

⌈*Humani nil*	a me	alienum	puto⌉	(Terenz)
Objektsakkusativ (+ attrib. Gen.)	Präpos. + Ablativ	prädikatives Adjektiv, Akkusativ		

Der Genitiv Singular «*humani*» (Adjektiv «humanus/-a/-um») und das Pronomen «*nil/nihil*» sind *als festes Gefüge* zu verstehen: «nil» ist der Grundteil, «humani» ist Anschlußgenitiv (attributiver Genitiv, speziell «genetivus partitivus», Ziff. 6.27'A). Das ganze Gefüge ist als Objektsakkusativ in die Verbalstruktur einzusetzen «aliquid ab aliquo alienum putare – etwas als von jemand/etwas anderem entfernt, als jemand/etwas anderem fremd betrachten». Ein direkter Bezug des Genitivs «humani» auf «putare, alienum putare» ist ausgeschlossen; man muß «*humani*» zuerst mit «*nil*» verknüpfen und *dann* das Ganze mit «a me alienum puto» verbinden. Das verhindert aber nicht, daß die beiden Wörter an verschiedenen Stellen in der Proposition stehen können:

Humani a me *nil* alienum puto	*Humani* a me alienum *nil* puto	*Nil* puto a me alienum *humani*

Auch hier kann mit verschiedener Stellung eine verschiedene stilistische Wirkung verbunden sein, und man kann eine solche durch verschiedene Übersetzung zu verdeutlichen versuchen, z. B.: «Nichts Menschliches halte ich für mir fremd – An Menschlichem halte ich nichts für mir fremd».

7.42 Präsentationsweisen von Entitäten nicht so vollständig durch Begleitpronomen signalisiert

Eine oft noch wichtigere Andersartigkeit des Lateinischen gegenüber dem Deutschen, Französischen und Englischen liegt darin, daß *nicht alle* in diesen modernen Sprachen klar unterscheidbaren *Präsentationsweisen für Entitäten* im Lateinischen durch Begleitpronomen signalisiert werden. Man muß daher manches, was in den modernen Sprachen ausdrücklich signalisiert würde, als Leser lateinischer Texte *selber* dazutun, aus dem Zusammenhang – oder es kann überhaupt offen bleiben.

Beispiel aus dem Geschichtswerk von Livius (49 vor bis 17 nach Chr.), Buch 30, 19:

Melior tutiorque	est	*certa pax*	*quam sperata victoria*
zwei koordinierte Adjektive, als Prädikatsnomen, Nominativ		Subjekt	Zuordnungs-Nominativ
Besser und zuverlässiger *Etwas* Besseres und Zuverlässigeres *Das* Bessere und Zuverlässigere	ist	sicherer *ein* sicherer *der* sichere ⎬ Friede als	erhoffter *ein* erhoffter *der* erhoffte ⎬ Sieg

Beispiele für *eindeutiges* Vorliegen der Präsentationsweise «*festgelegt, bekannt*» (und damit Setzen von «der/die/das» oder sogar Possessiv in der Übersetzung) *oder Offenbleiben verschiedener* Präsentationsweisen liefern die ersten drei Verse aus dem Prolog zur Komödie «Phormio» von Terenz:

Postquam	*poeta vetus*,	*poetam*,	non potest / retrahere	*a studio*,
	der alte Stückeschreiber	unsern Stückeschreiber	nicht vermag abzuhalten	vom Eifer (zu schreiben)
et transdere	*in otium*, /	*maledictis*,	deterrere	*ne scribat*	*parat*
und ihn zu versetzen in Untätigkeit		durch Schmähungen	(ihn) abzuschrecken	daß er nicht (mehr) schreibe	macht er Anstalten

Als die theaterkundigen Zuschauer bei den Aufführungen des «Phormio» diese Verse gesprochen hörten, waren sie über die hier gemeinten Personen durchaus orientiert. Mit dem «poeta vetus» war *Lucius Lanuvinus* gemeint, der den (jüngeren) Terenz nicht aufkommen lassen wollte und schlecht über ihn sprach und schrieb. Mit dem durch den Objektsakkusativ aufgerufenen Stückeschreiber ist entsprechend *Terenz selbst* gemeint. In der Übersetzung ist also «*der*» oder sogar das (zugleich die Zugehörigkeit zur jetzigen Aufführung kennzeichnende) «*unser*» zu setzen. Auch die durch «studium» aufgerufene Einstellung und Tätigkeit («Eifer für das Schreiben, Geschäft des Schreibens») ist durch den Zusammenhang eindeutig festgelegt, hier bleibt nichts zu wählen, daher Übersetzung mit bestimmtem Artikel oder mit Possessiv «*vom* Eifer, von *seinem* Geschäft».

Dagegen kann man bei «otium» an die beabsichtigte, bestimmte Untätigkeit oder an irgend eine Form von Untätigkeit denken, daher ist sowohl ohne Artikel möglich «*in Untätigkeit* versetzen» wie mit Artikel «*zur Untätigkeit* verdammen». Bei «maledictis» (Ablativ von «maledictum») sind offenbar «Schmähungen» in verschiedener Zahl und von im einzelnen verschiedener Art denkbar, daher *kein* bestimmter Artikel; wenn man einen Singular wie «Schmähschrift» verwenden wollte, müßte man den unbestimmten Artikel setzen «*eine* Schmähschrift». Man könnte allerdings in der gleichen Situation auch ein Possessiv setzen, wenn man besonders deutlich machen will, *von wem* diese Schmähungen hier ausgehen; dann hieße es «durch *seine* Schmähungen».

Daß solche Text-Eigenschaften maßgeblich sind für das Setzen oder Nicht-Setzen dieses oder jenes Begleitpronomens bei der Übertragung in eine moderne Sprache – nicht nur ins Deutsche – belegt die englische Übersetzung (von John Sargeaunt, erstmals publiziert 1912): «*The* old playwright, being unable to divert *our* playwright from *his* calling and consign him to leisure, tries hard words to scare him from writing». Das ist, so wörtlich wie möglich zurückübersetzt ins Deutsche: «*Der* alte Stückeschreiber, unfähig, *unseren* Stückeschreiber abzubringen von *seinem* Geschäft (seiner Berufung), versucht harte Worte, um ihn abzuschrecken von Schreibtätigkeit».

7.43 Bedeutungsbeiträge verschiedener Pronomen und damit verwandter Adjektive in Begleitgefügen

Gerade weil *nicht* fast automatisch die meisten Nomen ein Begleitpronomen (déterminant, determiner) als Einleitung bekommen, wie in den modernen Sprachen, haben die in Begleitgefügen verwendeten Demonstrative, Possessive, Interrogative/Relative, Indefinitpronomen und damit verwandten Adjektive (wie «multi, viele – pauci, wenige – omnes, alle») oft ein besonderes Gewicht. Die Bedeutungsbeiträge entsprechen insgesamt denen in den modernen Sprachen (siehe Ziff. 7.24'D–'H). Ein Beispiel aus einem Brief von Cicero an seinen Bruder:

| Quapropter incumbe *toto* animo et studio *omni* in *eam* rationem͡ ͡qua adhuc usus es͡ |
| Darum verlege dich mit *ganzem* Geiste und *allem* Eifer auf *diejenige* Vorgehensweise, die du (in der Verwaltung der Provinz Asia) bisher praktiziert hast |

Dabei kann auch das betont und herausgestellt werden, was im Deutschen durch unbestimmten Artikel im Singular und Artikellosigkeit im Plural signalisiert wird, nämlich die Freiheit, sich irgend ein Exemplar der betreffenden Klasse vorzustellen:

| *Quaedam* mulier dixit ... | ... *aliqua* ratione, *aliqua* parte ... |
| *Eine* (nicht näher zu bestimmende) Frau sagte ... | aus *irgend einem* Grund, von *irgend einer* Seite |

Besonders praktisch sind die drei Paare «quantus/-a/-um – tantus/-a/-um — qualis/-e – talis/-e — quot – tot» (die «Korrelativpronomen») für Umfang/Intensität/Qualität (die Bedeutungen sind nicht immer so klar voneinander abgegrenzt, wie man es von der modernen Entgegensetzung «Quantität – Qualität» her meinen könnte):

7/VII *Begleitgefüge, Anschlußgefüge und Vorschaltgefüge im Lateinischen*   319

Quanta pecunia	Wieviel Geld	
Tantae irae	So viele und große Zorneswallungen	
Quales legati exierunt	Was für Legaten gingen / Was für Leute gingen als Legaten	
Talia argumenta	Derartige Argumente	
Quot capita, *tot* sententiae	Wie viele Köpfe, so viele Meinungen	

Verschiedene Möglichkeiten gibt es auch für die Signalisierung von *Vollzähligkeit* und *Vollständigkeit*.

– Vollständigkeit im Blick auf die *Gesamtzahl*:

omnes homines	opera *omnia*	*cunctae* gentes	*ambo* consules
alle Menschen	gesammelte Werke	sämtliche Volksstämme	beide Konsuln

– Vollständigkeit im Blick auf das *einzelne Element*:

omnis virtus	*omne* animal	*utraque* fortuna	
jede Art von Tüchtigkeit	jegliches Lebewesen	jeder von zwei denkbaren Glückszuständen, d. h. Glück und Unglück	

– «*Innere Vollständigkeit*»:

totus ager	*tota* nocte	naves *totae* robore factae
das *gesamte* Ackerland	die *ganze* Nacht *durch*	Schiffe *als ganze* aus Kernholz gebaut
cunctus populus	Gallia *omnis*	timor *omnem* exercitum occupavit
das *gesamte* Volk	*ganz* Gallien, Gallien *als Ganzes*	Furcht ergriff *das ganze* Heer

7.44 Besonders typisch: Begleitgefüge im Ablativ, als Satzglieder oder absolut gesetzt

Eine besonders kennzeichnende Darstellungsmöglichkeit des Lateinischen, ohne direkte Entsprechungen in den modernen Sprachen, liegt in den verschiedenen Verwendungsweisen des Ablativs (siehe schon Ziff. 6.26), und ganz besonders in der Verwendung von *Begleitgefügen im Ablativ*.

Eine mit dem Ablativ verbundene Präposition oder auch ein ganzes anderes Satzglied kann zwischen das Begleitpronomen und das Nomen oder zwischen das begleitende Adjektiv und das Nomen eingefügt werden:

iisdem in *locis*	*summa* cum *laude*	*Quo* tandem *modo*?
an denselben Orten	mit höchstem Lob	Auf welche Weise denn?

Beim *Übersetzen* muß man oft ganz verschiedene deutsche Formulierungen wählen, nicht selten mit ganzen verbalen Propositionen.

Beispiele (alle aus einem Abschnitt von 11 Zeilen aus der Verteidigungsrede Ciceros für Milo, der angeklagt war, er habe seinen Konkurrenten Clodius ermorden lassen):

vivo P. Clodio	als Publius Clodius noch lebte – zu Lebzeiten des P. Clodius
hoc summo viro consule	unter diesem hervorragenden Mann (Pompeius) als Konsul
compressa hominum *licentia*	nun da die Zügellosigkeit der Menschen unter Kontrolle gebracht ist
cupiditatibus confractis	nachdem die Begehrlichkeiten eingedämmt sind
legibus et iudiciis constitutis	da Gesetze erlassen und Richter in ihr Amt eingesetzt sind
dominante homine furioso	unter der Herrschaft eines wahnsinnigen Mannes (nämlich des Clodius, wenn er Konsul geworden wäre)

7.45 Bedeutungsbeziehungen in Anschlußgefügen

Für die durch Anschlußgenitiv darstellbaren Bedeutungsbeziehungen gibt es die in Ziff. 6.27'A zusammengestellten Begriffe und Fachausdrücke (in den Beispielen ist oft der Grundteil oder der Anschlußteil schon selbst ein Begleitgefüge):

Genetivus *possessivus*	domus *patris mei* das Haus meines Vaters
	in *eorum* finibus in ihrem Gebiet, «innerhalb der Grenzen derer»
Genetivus *qualitatis*	puer *novem annorum* ein Knabe von neun Jahren
Genitivus *partitivus*	aliquid *terroris* «etwas von einem Schrecken», ein gewisser Schreck
	horum omnium fortissimi von diesen allen die tapfersten
Genetivus *definitivus*	virtus *iustitiae* die Tugend der Gerechtigkeit – sie besteht darin
	nomen ipsum fati das Wort «fatum» selbst
Genetivus *subiectivus*	nullius *agricolae* cultu «durch keines Landwirts pflegende Tätigkeit»
	actio *tribuni plebis* die Klage des Volkstribunen [dreistufig]
Genetivus *obiectivus*	spe *amplissimorum praemiorum* durch die Hoffnung auf reichsten Lohn, man hofft darauf
	cura *boum* die Wartung der Rinder – man besorgt sie

Alle lateinischen Grammatiken machen auch darauf aufmerksam, daß die genau gleiche Konstruktion je nach Textzusammenhang als genetivus *subiectivus* oder *obiectivus* auffaßbar ist («amor *patris*» – die Liebe *des Vaters* zu den Kindern – die Liebe der Kinder *zum Vater*).

Für Anschlußgefüge, in denen der Anschlußteil durch *Präposition* angefügt ist, hat die lateinische Grammatik keine Begriffe und Fachausdrücke entwickelt – wohl deswegen, weil hier meistens keine Verstehensprobleme auftreten: «oratio in Verrem (Anklagerede *gegen Verres*) – oratio pro Milone (Verteidigungsrede *für Milo*) – actio de vi (Anklage *wegen Gewaltanwendung*) – ex lege duodecim tabularum de pastu pecoris (gemäß dem Gesetz aus den zwölf Tafeln *über das Weiden des Viehs*)» usw.

Insgesamt gilt also auch für das Lateinische, was in Ziff. 7.34–7.35 für die modernen Sprachen festgestellt wurde: ein Anschlußgefüge ist oft als *Kurz-Ausdruck* für den Inhalt einer ganzen verbalen Proposition zu sehen. Für ein angemessenes Verständnis geht man daher insgesamt besser nicht von einem fixen Katalog einzelner begrifflicher Möglichkeiten aus, sondern vom *Sinnzusammenhang im Text*. Wenn man sich die Verhältnisse ausdrücklich bewußt machen will, kann man die in Ziff. 7.30–7.34 vorgeführten generellen Möglichkeiten als eine Art von gedanklichem Raster benutzen:

- *Zugehörigkeit*, in einem weiten Sinn (mit Einschluß von Qualität, Merkmal usw.)
- *Mengen und ihre Elemente*, Umfang/Maß/Zahl und Gemessenes/Gezähltes
- *Lage, Herkunft, Erstreckung, Ziel*, Zweckbestimmung, Ursache
- *Nennung* durch *Appellativ* und *spezielleren* Namen
- *Kurz-Ausdruck* für den Inhalt ganzer verbaler Propositionen verschiedener Art.

Dabei kann es hilfreich sein, wenn man aus einem längeren Anschlußgefüge wieder eine verbale Proposition entwickelt; das gilt besonders, wenn in einem Anschlußteil ein Gerundiv enthalten ist, zu dem wieder eigene Satzglieder gehören. Beispiel von Cicero, Pro Milone, 5:

Numquam existimavi spem ullam esse habituros Milonis inimicos
Niemals glaubte ich daß die Feinde von Milo irgend eine Aussicht hätten
ad eius non modo *salutem exstinguendam* sed etiam *gloriam* per talis viros *infringendam*
zur Zerstörung nicht nur seiner Existenz sondern auch (zur) Beeinträchtigung seines Ruhms durch solche schlechte Bürger

7/VII Begleitgefüge, Anschlußgefüge und Vorschaltgefüge im Lateinischen 321

Der ganze aus 13 Wörtern bestehende Ausdruck, der mit «ad» beginnt und (neben einem eingefügten possessiven Genitiv «eius» und dem präpositionalen Ausdruck «per talis viros») je ein an «ad» gebundenes Nomen + Gerundiv im Akkusativ enthält, ist als *Anschlußteil* zu betrachten zum Nomen «*spes* – Hoffnung, Aussicht auf»; dieses Nomen ist seinerseits als Objektsakkusativ eingebaut in den Akkusativ mit Infinitiv «inimicos Milonis *habituros esse spem ullam*», und dieser Akkusativ mit Infinitiv hängt ab von «*numquam existimavi*, nie glaubte ich». Eine Rekonstruktion des im Akkusativ mit Infinitiv und im Anschlußteil mit «ad ...» Enthaltenen in finiten verbalen Propositionen kann etwa sein:

Inimici Milonis *non habent ullam spem*	Die Feinde Milos haben keinerlei Aussicht
non exstinguent salutem eius	sie werden seine Existenz nicht vernichten
neque infringent gloriam eius per tales viros	noch werden sie seinen Ruhm beeinträchtigen können durch solche schlechte Bürger

7.46 Vorschaltgefüge, Bedeutungsbeziehungen dabei

Die Möglichkeit, vor ein Adjektiv, Partizip usw. einen *Vorschaltteil* zu setzen und dadurch eine *komplexe Charakteristik* zu bilden, gibt es im Lateinischen genau so wie in den modernen Sprachen. Auch die Möglichkeit, das gleiche Wort einmal als eigenes Satzglied zum Verb und einmal als Vorschaltteil zu einem Adjektiv usw. zu setzen, ist gleicherweise vorhanden.

Das häufigste Wortpaar für die Bildung von Vorschaltgefügen ist «*tam – quam*»; es war auch die Grundlage für die Bildung von «tantus/-a/-um – quantus/-a/-um (Ziff. 7.43) und entspricht dem deutschen Paar «so – wie».

Im «Selbstbestrafer» von Terenz gibt Chremes seiner Verwunderung über den selbstquälerischen Arbeitseifer des Mendemus so Ausdruck:

Numquam *tam mane* egredior neque *tam vesperi* revortor quin te in fundo conspicer ...
Nie gehe ich *so früh* hinaus und komme *so spät abends* zurück, daß ich dich nicht auf dem Feld sehe

Der Sohn des Menedemus, Clitipho, beginnt seinen Monolog über die verständnislose Haltung der Väter gegenüber den Söhnen folgendermaßen (zugleich ein Beispiel für getrennte Stellung der zwei Teile eines Begleitgefüges – zwischen «iniqui» und «iudices» stehen 5 andere Wörter):

Quam iniqui sunt patres in omnis adulescentis iudices
Wie ungerechte Beurteiler sind Väter gegenüber allen Heranwachsenden – oder «wie ungerecht als Beurteiler ...»

Überblick über die so verwendbaren Wörter (nach dem Raster von Ziff. 7.39):

A 1 *Genereller Hinweis*, daß die betreffende Charakteristik hier *besonders gut paßt*:

«*tam – quam*», Beispiele siehe oben; seltener «*ita*», z. B. «*ita attente* officia eorum fungi, so aufmerksam deren Aufgaben versehen».

A 2 *Vollständiges Zutreffen* der genannten Charakteristika:

«*ex toto, ex omni parte*», z. B. «*ex toto* tutus esse, ganz sicher sein – *ex omni parte* beatus, völlig [«gänzlich»] glücklich»; auch durch Begleitgefüge «*totus tuus sum* – ich bin ganz dein».

A 3 *Stärkere Intensität, höherer Grad*:

> «*sane*» (von «sanus, gesund, vernünftig», also «bei vernünftiger Beurteilung»), ferner «*plane*» (von «planus, deutlich, klar») – «*valde*» (von «validus, gültig»), also z. B. «res *sane difficilis*, eine recht schwierige Angelegenheit» oder «*valde graviter*, sehr schwerwiegend» Für die Darstellung eines besonders hohen Grades verwendet man aber auch außerhalb von Vergleichen den *Superlativ* («res difficillimae, äußerst schwierige Angelegenheiten») oder zusammengesetzte Adjektive wie «perlongus, sehr lang – perfacilis, sehr leicht – permulti, sehr viele».

A 4 *Einem Normwert* entsprechend oder einen Normwert *übersteigend*:

> «*satis*, genug – *nimis*, zuviel, zu sehr – *parum*, zu wenig», z. B. «pabuli *satis magna* copia, von Getreide ein genügend großer Vorrat» oder «ne *nimis diligenter* inquiras – daß du es nicht allzu genau erfragen sollst» oder «*parum diligenter*, zu wenig sorgfältig und genau».

B 1 *Betont gleiche* Charakteristik für *Verschiedenes*:

> «*aeque*, gleich», z. B. «trabes *aeque longae*, gleich lange Balken».

B 2 *Verschiedenheit des Grades*, auch in Ergänzung zu fehlenden einwortigen Vergleichsformen:

> «*magis, maxime*, mehr, am meisten – *minus, minime*, weniger, am wenigsten», z. B. «*magis necessarium*, notwendiger – *maxime idoneus*, am allergeeignetsten – *minus claris* verbis, in weniger klaren Worten».

B 3 *Ausmaß* von Verschiedenheiten von Charakteristiken:

> «*longe*, weit, weitaus – *multo*, um vieles – *paulo*, wenig, etwas», z. B. «*longe ante*, weit früher, lange vorher – *multo facilius*, viel leichter – *paulo maiora*, um einiges größere [Dinge]».

B 4 Die *Intensität von etwas* legt die *Intensität von etwas anderem* fest:

> «*quo – eo*» oder «*quanto – tanto*» oder «*quo –tanto*», für «je … – umso/desto», z. B. «*Quo plura* homines habent, *eo amplius* cupiunt, Je mehr die Menschen haben, desto Umfänglicheres begehren sie» oder «*Quanto superiores* sumus, *tanto* nos geramus *submissius*, Je höher wir stehen, umso bescheidener sollen wir uns aufführen».

C 1 Betonen der *Genauigkeit*:

> Für diese Bedeutungsbeziehung verwendet man kaum Vorschaltteile, sondern verbale Ausdrücke, z. B. «*accurate versari* in ea re, in dieser Sache genau verfahren».

C 2 *Globalität, Annäherung, Schätzung*:

> «*fere*, so ziemlich, etwa, fast, beinahe – *paene*, fast, beinahe – *prope*, nahe, beinahe», z. B. in «*eodem fere* tempore, etwa zu dieser Zeit – Flumen *paene totum* oppidum cingit, Der Fluß umschließt fast die ganze Stadt – *prope nemo*, beinahe niemand, *prope aequalis*, beinahe gleichwertig».

7.47 Wichtig beim Lesen: auch weit auseinanderstehende Wörter als Gefüge-Teile zusammengreifen

Ein Hauptproblem beim Lesen kunstvoller lateinischer Texte ist oft gar nicht, daß schwer zu erfassende Bedeutungszusammenhänge zwischen Teilen eines Gefüges vorliegen, sondern daß man die oft weit voneinander entfernten Wörter *überhaupt als Teile eines Gefüges erkennt* und in Gedanken zusammennimmt.

Zwei Beispiele aus Cicero, De fato (im ersten zugleich ein Vorschaltgefüge):

1	... quodam liberiore	quam solebat	et	magis vacuo,	ab interventoribus,	die, ...
	... an einem freieren	als es sonst war		und mehr unbelasteten	von Besuchern	Tage ...

Das weit auseinandergezogene Begleitgefüge ist «*quodam liberiore et vacuo die*»; zu «vacuo» gehören zugleich der Vorschaltteil «*magis* und der Anschluß-Ablativ mit Präposition «ab interventoribus»; an den Komparativ «liberiore» schließt sich die kurze Proposition «quam solebat». Baier übersetzt: «... an einem Tage, der mehr Muße bot als gewöhnlich und weniger von störenden Besuchern in Anspruch genommen war ...»

2	... hanc	Academicorum	contra propositum	disputandi	consuetudinem ...	(suscepisti)
	... diese	der Akademiker	gegen eine These	des Disputierens	Gewohnheit	hast übernommen

Das Begleitgefüge, das als Objektsakkusativ zum Verb «suscipere» gehört, ist «*hanc consuetudinem*»; an das Nomen/Substantiv «consuetudinem, Gewohnheit» sind zwei parallele Anschlußteile im Genitiv angefügt, nämlich «*Academicorum*» (nennt diejenigen, die diese Gewohnheit haben) und «*disputandi*», als Gerundiv zugleich Anschlußgenitiv und Verb, und dazu gehört der Akkusativ mit Präposition «contra propositum – gegen etwas Vorgelegtes, gegen ein These». Übersetzung von Baier: «... daß du dir diese akademische Gepflogenheit, gegen eine vorgelegte These zu disputieren, angeeignet hast».

Zwei Hexameter von Vergil (Verse 4 und 5 aus der vierten Ekloge der «Bucolica»):

V. 4:	Ultima Cumaei	venit iam	carminis aetas
	Die letzte des Cumäischen	kommt schon	Gedichtes Zeit

Hier gehören zu einem *Begleitgefüge* zusammen «*ultima aetas*, die letzte Zeit (das letzte Weltzeitalter)»; dieses Begleitgefüge ist zugleich Grundteil eines *Anschlußgefüges*, mit dem Begleitgefüge «*Cumaei carminis*, des Cumäischen Gedichtes» als Anschlußteil. Das als Grundteil dienende Begleitgefüge *rahmt* den ganzen Vers *ein*, das als Anschlußteil gesetzte bildet einen *inneren Rahmen*, und darin ist eingefügt «iam venit, schon kam». Übersetzt und verdeutlicht: «Das letzte Weltzeitalter gemäß dem Gedicht der Cumäischen Sibylle ist angebrochen».

V. 5:	magnus	ab integro	saeclorum	nascitur	ordo
	ein großer	von neuem	der Jahrhunderte	wird geboren	Ordnungszustand

In fließendem Deutsch: «die große Ordnung der Jahrhunderte beginnt von neuem». Auch hier sind aber alle Wörter kunstvoll verschränkt: die Gefügeteile «magnus» und «ordo» rahmen den ganzen Vers ein, und das gewichtige «saeclorum» bildet die Mitte zwischen «ab integro» und «nascitur».

Solche Verse mit so kunstvoller Verschränkung aller Wörter liebten die Römer – aber auch der gebildetste Römer konnte sie nur lesen und genießen, weil er *anders las*, als man es heute meistens tut: Er las *langsam* – Er las *oft mehrmals die gleiche Stelle* – Er las so gut wie immer *laut* und *hörte* den gelesenen Text, auch wenn er niemandem vorlas.

7/VIII Gesamtanalyse eines kurzen Sachtextes Englisch – Deutsch – Französisch

7.48 Ziel dieses Kapitels, nötige Vorgriffe auf spätere Kapitel

Zum Abschluß der Behandlung der drei formalen Typen von nichtverbalen Gefügen und der verschiedenen durch sie signalisierbaren Bedeutungsstrukturen soll nun versucht werden, das Zusammenwirken der verbalen Semanteme (gemäß Ziff. 6.52–6.59) und der Bedeutungsstrukturen in den nichtverbalen Gefügen, die in die Semantemstellen eingesetzt sind, zu zeigen, an einem Übersetzungsvergleich Englisch – Deutsch – Französisch. Dabei sind zum Teil Vorgriffe zu machen auf erst später (vor allem in Teil 10, dominante Teile und inhaltliche Teile) genauer zu Behandelndes.

7.49 Der zu betrachtende Textausschnitt und sein Zusammenhang

1969 erschien in «Reader's Digest» (englische, deutsche und französische Fassung praktisch gleichzeitig) ein Artikel von J. D. Rockefeller 3rd (Enkel des Milliardärs Rockefeller) über die Jugendprobleme in den Vereinigten Staaten. Der Artikel geht zurück auf einen Vortrag, den Rockefeller im Oktober 1968 gehalten hatte. Die ersten zwei Sätze des zweiten Abschnitts lauten – in allen drei Publikationssprachen etwas verschieden gestaltet:

| Today's youth revolution puzzles many of us. We wonder if it really is new and different – or merely the same youthful idealism and protest present in every generation. | Der Aufstand der heutigen Jugend gibt vielen von uns Rätsel auf. Wir fragen uns, ob wir hier wirklich etwas Neues, Anderes vor uns haben oder einfach den Idealismus und Widerspruchsgeist jeder jungen Generation. | La révolution de la jeunesse d'aujourd'hui déconcerte bon nombre d'entre nous. S'agit-il réellement d'un phénomène nouveau et sans précédent ou d'une simple poussée d'idéalisme et de protestation juvénile, marquant le conflit classique des générations? |

Thema
Angemessene Einschätzung der Jugendprobleme 1968 in den Vereinigten Staaten

Einbettung in den Gesamttext
Rockefeller sagt im ersten Abschnitt, daß er sich seit einiger Zeit bemüht, die Haltung der Jungen und insbesondere der studentischen Aktivisten zu verstehen (es war die Zeit des Vietnam-Krieges) und daß er dabei zwei Hindernisse überwinden mußte: sein eigenes Alter und seine eher konservative Gesamthaltung. Er betont aber, daß es wichtig und durchaus möglich sei, mit den Jungen ins Gespräch zu kommen.

Aufbau des Textausschnitts, Gedankengang, Sätze, Propositionen
In einem ersten Schritt wird festgestellt, daß die Entwicklungen, vor allem an den Universitäten, manche von den Erwachsenen beunruhigen. Dieser Gedankenschritt wird durch eine einzige Proposition formuliert, und diese Proposition ist als einfacher Satz gesetzt.

In einem zweiten Schritt wird nun gefragt, ob es sich um etwas wirklich Neues handelt oder um eine in jeder Generation auftretende Erscheinung. Dieser Gedankenschritt wird durch einen Satz mit Teilsätzen dargestellt, und zwar sind es in der englischen Fassung vier Propositionen/clauses (man könnte auch nur drei ansetzen), in der deutschen Fassung drei und in der französischen Fassung ebenfalls drei Propositionen.

7.50 Vergleichende grammatische Analyse für den ersten Schritt, den ersten Satz

In diesem ersten Gedanken- und Darstellungsschritt wird die *Wirkung* beschrieben, die von *einer Entität* ausgeht und auf eine *andere Entität übergreift*, diese berührt, in Mitleidenschaft zieht – nämlich die Wirkung des Jugendaufstands (der in Berkeley 1967 begann) auf die Erwachsenen, die Gesellschaft, das «Establishment» im Lande.

Für diese Darstellung werden die folgenden Verben mit den durch sie gegebenen Bedeutungsstellen für Entitäten verwendet, d. h. die folgenden verbalen Semanteme (Ziff. 6.52):

- to *puzzle* someone (cause somebody to be perplex, make hard thought necessary to somebody);
- jemandem Rätsel *aufgeben* (in übertragenem Sinn, nicht als verbal formulierte Rätsel);
- *déconcerter* quelqu'un (jemanden verwirren, stören, aus der Fassung bringen).

Dazu wird nun an der *Subjektsstelle* die *Entität* genannt, von der die Wirkung *ausgeht* (genauer: ausgehend zu sehen ist), und zwar:

- im *englischen* Text durch ein Anschlußgefüge, doppelter possessive case und nachfolgender Grundteil «*today's youth revolution*»;
- im *deutschen* Text durch Anschlußgefüge mit nachgestelltem Anschlußgenitiv, wobei die im englischen Text durch den ersten possessive case «today's» gelieferte Information durch das begleitende Adjektiv im als Anschlußteil gesetzten Begleitgefüge gegeben wird «*der Aufstand der heutigen Jugend*»;
- im *französischen* Text durch zweistufiges Anschlußgefüge (nom + complément de nom + complément de nom»), nämlich «*la révolution de la jeunesse d'aujourd'hui*».

Today's youth revolution	puzzles many of us.
subject	direct object,
doppelter posessive case + head,	head + postmodifier,
«festgelegt»	«wählbar»

Der Aufstand der heutigen Jugend	gibt	vielen von uns	Rätsel auf.
Subjekt		Dativobjekt	Akk.obj.
Anschlußgefüge, aus Begleitgefüge als Grundteil und Begleitgefüge mit Adjektiv als Anschlußteil, «festgelegt»		Anschlußgefüge, «wählbar»	«wählbar»

La révolution de la jeunesse d'aujourd'hui déconcerte bon nombre d'entre nous.	
sujet	complément d'objet direct
déf. art. + nom + cpl. du nom (aus prép. + def. art. + nom) + cpl. du nom (aus prép. + adverbe)	adj.qual. + nom + cpl. du nom, sans article

Dabei werden in allen drei Fassungen die beiden Hauptkomponenten, aus denen die hier gemeinte Entität aufzubauen ist, als *festgelegt, bekannt, vertraut* gekennzeichnet, durch bestimmten Artikel («*Der* Aufstand, *La* révolution») bzw. durch vorangestellten possessive case («*Today's* youth revolution = *The* revolution of the youth of today»).

Die Nennung der von der *Wirkung* berührten Personen (des Verfassers und aller Lesenden, als «we – wir – nous» zusammengenommen) erfolgt im englischen Text durch das Anschlußgefüge «*many of us*», im deutschen Text genau entsprechend durch «*viele von uns*», im französischen Text noch etwas gewichtiger durch «*bon nombre d'entre nous*» (also: Nennung + Mengenangabe, Ziff. 7.31). Die gemeinte Menge von Personen wird als *offen* dargestellt, die «wir –we – nous» sind beliebig wählbar aus der Gesamtheit aller Lesenden und aller Zeitgenossen insgesamt.

Diese Nennung der von der Wirkung berührten Personen ist im *englischen* Text als *direct object* mit dem Verb verbunden, im *französischen* Text als *complément d'objet direct*, im *deutschen* Text dagegen als *Dativobjekt* – weil im deutschen Semantem «jemandem Rätsel aufgeben» der Platz des Akkusativobjekts besetzt ist durch «Rätsel» (und zwar beliebig wählbare Beispiele von Rätseln, in beliebiger Zahl). Eine Verschiedenheit der mitgeteilten *Information*, der aufgerufenen *Vorstellungen* ist durch diese formalgrammatische Verschiedenheit in keiner Weise gegeben.

7.51 Analyse des zweiten Satzes in der englischen und deutschen Fassung

Im *zweiten* Gedanken- und Darstellungsschritt wird eine *Alternative* aufgebaut (Genaueres zum Phänomen «alternatives Hinsetzen» in Ziff. 9.24–9.25). Es werden zwei sich widersprechende Verständnis- und Einordnungsmöglichkeiten für das im ersten Schritt genannte Phänomen «Jugendaufstand» nebeneinandergestellt, zur Entscheidung, nämlich:

A Der Jugendaufstand ist *etwas Neues*, von allem bisher Bekannten *zu Unterscheidendes*.

B Der Jugendaufstand ist *nichts Neues*, sondern der gleiche jugendliche Idealismus und Widerspruchsgeist, den man in jeder Generation festgestellt hat.

Im einzelnen ist diese Alternative in den drei Text-Versionen etwas verschieden in Worte gefaßt. Es empfiehlt sich daher, zuerst nur den englischen und den deutschen Text zu betrachten, weil daran auch einiges Grundsätzliche zu zeigen ist.

Wenn man nämlich auf den *gedanklichen Ablauf* in diesem Satz 2 im englischen und deutschen Text achtet, erkennt man einen *dreistufigen* Aufbau:

Zuerst wird der *gedankliche Akt als solcher* dargestellt, nämlich daß der Verfasser und mit ihm die Lesenden über etwas *verwundert* sind, daß sie sich etwas *fragen*. Das erfolgt in der Proposition 2.1 «We wonder» bzw. «Wir fragen uns». Diese *gedanklich übergeordnete* (dominante) Proposition ist zugleich als *Hauptsatz* gesetzt, und daran angeschlossen sind durch das «if – ob» die als *Nebensätze* geformten Propositionen, die den *Inhalt* des gedanklichen Aktes angeben, den «Gegenstand» des sich Wunderns, sich Fragens (für Genaueres zur Darstellung durch dominante Teile und zugehörige inhaltliche Teile, also «Darstellung auf verschiedener gedanklicher Ebene», siehe Ziff. 10.01–10.12 und 10.21–10.33).

Die als inhaltliche Teile gesetzten Propositionen sind nun als *alternativ* zu verstehen, der Verfasser und mit ihm die Lesenden sollen sich im Fortgang des Textes *entscheiden*, ob die durch Proposition 2.2 dargestellte Einschätzung angemessen ist oder die durch die Propositionen 2.3 und 2.4 dargestellte:

2.1	⸌We wonder⸍	*dominanter* Teil
2.2	⸌if it really is new and different⸍	*erster inhaltlicher* Teil
2.3	⸌or (if it is) merely the same youthful idealism and protest⸍	*zweiter inhaltlicher* Teil
2.4	⸌present in every generation⸍	

Genaueres zum Phänomen «Weitergeltung von Bestandteilen einer Proposition auch für eine folgende Proposition (wie hier «if it is» aus 2.2 auch für 2.3) ist in Ziff. 8.38–8.41 gesagt. Der Ausdruck «present in every generation» könnte auch als nachgestelltes Adjektiv mit zugehörigem Satzglied zu «protest» genommen werden, dann hätte man im ganzen nur drei Propositionen, eine für den dominanten Teil und je eine für die zwei inhaltlichen Teile.

Im *gedanklichen Ablauf* kommt man aber *gar nicht direkt* von der intellektuellen Tätigkeit «sich wundern, sich fragen» zu den beiden Einordnungsmöglichkeiten «new and different» gegenüber «the same youthful idealism and protest» bzw. «etwas Neues, Anderes» gegenüber «der Idealismus und Widerspruchsgeist jeder jungen Generation». Man erhält vielmehr zuerst noch eine *weitere gedankliche Beleuchtung* der zwei Einordnungsmöglichkeiten, also eine Art von *innerem Rahmen*, durch die Struktur «is it *really* this – or *merely* this» bzw. «haben wir *wirklich* das vor uns – oder *einfach* das». Dadurch wird die Einordnungsmöglichkeit A als «sehr weitreichend, bedenklich, daher auch besonders beweisbedürftig» hingestellt, die Möglichkeit B dagegen als «schlichter, näher liegend, daher auch wahrscheinlicher».

Die *Wörter*, die diese gedankliche Beleuchtung der zwei alternativ gegebenen Einordnungsmöglichkeiten signalisieren, stehen zwar *formal* als *Satzglieder* im Rahmen der Propositionen 2.2 und 2.3 (als adverbial bzw. als Satzadjektiv); aber *gedanklich* sind sie den im Grundbestand dieser beiden Propositionen dargestellten Einordnungsmöglichkeiten *übergeordnet* (als «disjunct», Ziff. 6.20, bzw. als «dominant», Ziff. 10.24–10.25).

Es zeigt sich also der folgende dreistufige Aufbau:

III	*dominant* zu allem Folgenden	We wonder ... Wir fragen uns ...	
II	*dominant* zu *je einem* der *inhaltlichen* Teile	..., if ... really ... ..., ob ... wirklich ...	..., or if ... merely ... ... oder ob ...einfach ...
I	*die zwei* alternativ angebotenen *inhaltlichen* Teile	new and different etwas Neues, anderes	the same youthful idealism and protest present in every generation der Idealismus und Widerspruchsgeist jeder jungen Generation

Für den *Aufbau* der als inhaltliche Teile gesetzten Propositionen, d. h. für die Darstellung der zwei möglichen Einordnungen der durch «it» wieder aufgerufenen Entität «today's youth revolution» werden nun zwei sehr eng benachbarte Semanteme mit «be» als Kern verwendet:

«*Sein 3*» (Genaueres dazu in Ziff. 12.37), nämlich: die als Subjekt genannte Entität ist zu sehen als *Träger* eines bestimmten *Merkmals* (und damit zugleich als ein Element aus der Klasse/Menge aller denkbaren Träger dieses Merkmals);

«*Sein 1*» (in Ziff. 12.37), nämlich: die als Subjekt genannte Entität ist zu sehen als ein *bestimmter, einmaliger*, mit einem *eigenen Namen* versehener Vertreter der durch das betreffende Nomen genannten Gattung, Klasse, Menge von Entitäten.

Der Unterschied liegt in der *Füllung* der Bedeutungsstelle «*subject complement*», nämlich einmal mit einem *Adjektiv* (bzw. hier einem Paar von Adjektiven: «*new and different*») und einmal durch einen *nominalen* Ausdruck, der als *Name* des betreffenden Phänomens auffaßbar ist, hier das Begleitgefüge mit doppeltem Kern und eingefügtem Adjektiv «*the same youthful idealism and protest*» mit der (als eigene Proposition oder als angefügtes Adjektiv auffaßbaren) Charakteristik «present in every generation».

Der ganze Satz mit dem dominanten Teil «We wonder», den dominanten Satzgliedern «really» und «merely» und grammatischen Markierungen der Satzglieder und ihres innern Aufbaus:

2.1	We wonder		
	subj.		
2.2	if	it	really	is new and different
		subj.	adverbial	subject complement
				zwei Adjektive
2.3	or	merely	the same youthful idealism and protest	
		adverbial	subject complement, Begleitgefüge mit	
			zwei Kernen und begleitendem Adjektiv	
2.4	present	in every generation		
	adjective	adverbial, aus prepos. +		
		indef. adject. + noun		

Im *Deutschen* stünden an sich die beiden verbalen Semanteme «Sein 3» und «Sein 1» auch zur Verfügung, sie sind sogar formal noch klarer voneinander unterschieden, indem in «Sein 1» ein Prädikativ, d. h. ein *nominaler* Ausdruck im *Nominativ* einzusetzen ist, der sich von der Füllung der entsprechenden Stelle durch *Satzadjektiv* in «Sein 3» klar abhebt.

Damit hätte sich die folgende Übersetzung formulieren lassen: «Wir fragen uns, ob das wirklich neu und andersartig ist oder einfach der gleiche jugendliche Idealismus und Protest, der in jeder Generation vorhanden ist». Dem Hersteller der hier gedruckten Fassung war aber offenbar das Wieder-Aufrufen des in Satz 1 genannten Phänomens «Jugendaufstand» durch ein bloßes kurzes Pronomen («*das*» oder auch «*das alles*», entsprechend dem Wieder-Aufrufen von «today's youth revolution» durch «*it*» in der englischen Fassung) zu wenig nachdrücklich. Er wählte daher das verbale Semantem «*jemand hat etwas vor sich*, vor seinem geistigen Auge» (vgl. dazu das Semantem «Haben 2» in Ziff. 12.34). Damit konnte er den Anschluß an das in Satz 1 thematisierte Phänomen «Jugendaufstand» nachdrücklicher gestalten und zugleich das «*wir/uns*» aus der dominanten Proposition 2.1 wieder aufrufen und auch für die Proposition 2.2 (und durch Weitergeltung auch für 2.3) verwenden. Er verstärkte die Verbindung mit 2.1 noch, indem er ein verdeutlichendes «hier» einfügte.

Dafür war aber keine formgleiche Wiedergabe des englischen «new and different» mehr möglich, denn im Semantem «jemand hat etwas vor sich» (vor allem: vor seinem geistigen Auge) ist keine reine Nennung eines Merkmals durch Satzadjektiv möglich, sondern nur die Nennung eines Merkmals, das schon als «*an einer Entität haftend*» präsentiert wird. So trat in dieser deutschen Fassung an die Stelle des englischen «*new and different*» ein Begleitgefüge, als Akkusativobjekt gesetzt, mit zwei parallelen Kernen aus den Adjektiven «neu» und «anders», also «*etwas Neues, Anderes*» (möglich wäre auch gewesen «etwas Neues und Anderes»).

Auch in Proposition 2.3 (für welche ja «ob wir ... vor uns haben» weiterhin als Rahmen dient) mußte nun das Gegenstück zum englischen subject complement «the same youthful idealism and protest» als *Akkusativobjekt* gesetzt werden. Dazu fand es der Hersteller dieser Fassung offensichtlich besser, die im Englischen durch eine «reduced clause» gegebene Charakteristik «*present in every generation*» durch Anschlußgenitiv wiederzugeben «Widerspruchsgeist *jeder jungen Generation*». So ergab sich die folgende, hier mit untergesetztem grammatischem Kommentar versehene Fassung:

2.1	⌐Wir¬ fragen ⌐uns⌐				
	Subj.	A.obj. refl.			
2.2	⌐ob ⌐wir⌐	⌐hier⌐	⌐wirklich⌐	⌐etwas Neues, Anderes⌐	⌐vor uns⌐ haben⌐
	Subj.	Satz-partikel	Satz-adjektiv	Akk.-obj., Begleitgefüge mit 2 parallelen Kernen	Präpokasus
2.3	⌐oder	⌐einfach⌐	⌐den Idealismus und Widerspruchsgeist jeder jungen Generation⌐		
	beiord. Konj.	Satz-adjektiv	Akkusativobjekt; Anschlußgefüge, der Grundteil ein Begleitgefüge «festgelegt» mit zwei Kernen, der Anschlußteil ein Begleitgefüge «vollständig festgelegt», + begleitendes Adjektiv		

7.52 Analyse des französischen Textes, Vergleich mit dem englischen

Der Hersteller des *französischen* Textes faßt den gleichen Inhalt nochmals etwas anders in Worte. Er verzichtet darauf, die gedankliche Aktivität «sich etwas fragen, etwas wissen wollen» durch eine eigene Proposition darzustellen (entsprechend dem dominanten «we wonder – wir fragen uns»); er formuliert dafür eine *direkte Frage* – die er als Schreiber des Textes sich selber stellt und die sich in gleicher Weise die Lesenden stellen sollen.

Als *Rahmen* für die Darstellung der beiden Einordnungsmöglichkeiten wählt er das verbale Semantem «*il s'agit de ...*» (es entspricht genau dem deutschen «es handelt sich um ...» und ist für solche Zwecke sehr geeignet). Die Alternativen selbst werden dann durch Nomen und Adjektive genannt, so daß dem englischen «new and different» nun «*d'un phénomène* nouveau et sans précédent» gegenübersteht, und dem englischen «the same youthful idealism and protest» ein Anschlußgefüge, wobei der Grundteil wie der zweite Anschlußteil je aus einem Begleitgefüge bestehen: «*d'une simple poussée* d'idéalisme et de protestation juvénile».

In dieser Darstellung ist nun allerdings die Präsentationsweise «*festgelegt*, als geschichtliche Erscheinung *bekannt*» noch nicht deutlich (wie im englischen und deutschen Text durch «*the same ...*» bzw. «*der* Idealismus und Widerspruchsgeist»). Das wird nachgeholt und besonders verdeutlicht durch die Proposition 2.3, die an das lange complément indirect «... poussée de ...» anschließt: mit dem participe présent «*marquant*» und dem dazu gehörigen complément d'objet direct «*le conflit classique* des générations» – in sich aufgebaut als Anschlußgefüge aus article défini «le», Nomen «conflit», nachgestelltem adjectif épithète «classique» und dem complément de nom «des générations» (auch einem Begleitgefüge mit article défini, wie ein Ersatz zeigt: le conflit *des* générations – le conflit *entre les* générations»).

Die *gedankliche Beleuchtung* der zwei alternativen Einordnungsweisen (nämlich A als «weitreichend, bedenklich», B als «näherliegend, weniger gewichtig», siehe oben die Darstellung des «äußeren und inneren Rahmens») wird für die Einordnungsweise *A* strukturgleich geliefert wie im englischen und deutschen Text: «*réellement*» (entsprechend «*really – wirklich*»), als circonstanciel gesetzt. Bei Einordnungsmöglichkeit B ist es aber anders: da hier nicht das *Gesamtphänomen* «the same youthful idealism and protest» in den Blick genommen wird (als etwas aus der Geschichte Bekanntes und damit Festgelegtes) sondern nur *eine einzelne Verwirklichung* dieses Phänomens (mit Wählbarkeitshinweis «*une* poussée de ...»), kann die gedankliche Beleuchtung als «einfach, naheliegend» durch das *adjectif épithète «simple»* gegeben werden, so daß sich das aus 10 Wörtern bestehende complément d'objet indirect ergibt «*d'une simple poussée d'idéalisme et de protestation juvénile*». In schematischer Darstellung, mit untergesetzter Markierung des formalen Aufbaus:

2.1	S'agit-il	réellement	d'un phénomène nouveau et sans précédents
	Sujet	circonstanciel adverbe	compl. d'objet indirect, art. indéf. + nom + adj. épith. + conjonction de coord. + prépos. + nom
2.2	ou (s'agit-il)		d'une simple poussée d'idéalisme et de protestation juvénile
			compl. d'objet indirect, art. indef + adj. épith. + nom. + doppeltes complément du nom, ohne Artikel, zweiter Kern aus nom + adj. épithète
2.3	marquant		le conflit classique des generations?
	participe présent		compl. d'obj. direct, art. déf. + nom + adjectif épithète + compl. du nom (auch art. déf.)

Die vorgeführten Analysen der vier bzw. fünf englischen, deutschen und französischen Propositionen erweisen sich zweifellos als etwas kompliziert und erfordern einige Geduld, aber eines sollte sich dabei klar gezeigt haben: *wie wichtig* es für das Verstehen oft ist, daß man *nicht nur* den Aufbau aus Verb + Satzgliedern erfaßt (und die Bedeutungsbeiträge der Satzglieder *als ganzer*), sondern auch die Bedeutungsbeiträge der verschiedenen *Bestandstücke in den nichtverbalen Gefügen*, die man so oft an den einzelnen Satzglied-Stellen findet und deren Beschreibung das Thema dieses Teils 7 war.

8 Formalstrukturen für ganze Folgen und spezielle Paare von Propositionen/clauses, Reihung und Hauptsatz-Nebensatz-Fügung

8/I   Formalstrukturen für die Verknüpfung von Propositionen im Deutschen

       8.01   Zum Ziel dieses Teils 334
       8.02   Propositionen als gereihte einfache Sätze, als gereihte Teilsätze, als Haupt- und Nebensätze 334
       8.03   Verschiedene Kennzeichnung einer verbalen Proposition als Nebensatz 335
       8.04   Propositionen, die man sowohl als gereihte Teilsätze wie als Nebensätze auffassen kann 336
       8.05   Anreden, Grußformeln, einfachste Ausdrücke für Bejahung, Verneinung, Dank, Kummer usw. 337
       8.06   Verb nicht oder nicht vollständig gesetzt, aber dazuzudenken 337
       8.07   Begriff «Hauptsatz» heute enger, aber präziser gefaßt als früher . . . 338
       8.08   Nebensätze zu Nebensätzen – Nebensätze 2. Grades usw. 338
       8.09   Nebensätze ohne Hauptsätze? 338
       8.10   Ineinandergreifen von Reihung und H-N-Fügung 339
       8.11   Klar unterscheiden zwischen Formalstrukturen und Bedeutungsbeziehungen 339

8/II   Formalstrukturen für die Verknüpfung von Propositionen im Französischen

       8.12   Finite Propositionen als gereihte Teilsätze und als Hauptsätze und Nebensätze 341
       8.13   Ineinandergreifen von Reihung und H-N-Fügung; Nebensätze zweiten Grades usw. 342
       8.14   In literarischer Sprache: Spitzenstellung eines imparfait du subjonctif als Nebensatz-Kennzeichen 343
       8.15   Nebensätze mit «que» nicht an der Spitze, sondern im Innern der Proposition 343
       8.16   Nebensätze mit Infinitiv als Kern (subordonnées infinitives) 343
       8.17   Nebensätze mit participe présent als Kern 345
       8.18   Propositionen mit participe passé als Kern 346
       8.19   Propositionen ohne Verb – außerhalb des Formunterschieds «H-N-Fügung – bloße Reihung» 347

8/III Formalstrukturen für die Verknüpfung von clauses im Englischen

    8.20 Finite Propositionen als independent clauses und als main und subordinate clauses 348

    8.21 Verschiedene Kennzeichnung einer finiten Proposition als subordinate clause 348

    8.22 Propositionen mit Infinitiv als Kern (infinitive clauses, Untergruppe 1 der «non-finite clauses») 349

    8.23 Propositionen mit ing-form als Kern (Untergruppe 2 der «non-finite clauses») 349

    8.24 Propositionen mit past participle als Kern (Untergruppe 3 der «non-finite clauses») 350

    8.25 Propositionen ohne Verb (verbless clauses) – teilweise zu den Nebensätzen zu rechnen 351

    8.26 Das Komma im Englischen: viel mehr stilistische Freiheit 351

    8.27 Propositionen können auch inhaltliche Einheiten sein, aber sie müssen es nicht 352

8/IV Formalstrukturen für die Verknüpfung von Propositionen im Lateinischen

    8.28 Finite Propositionen als gereihte Teilsätze und als Haupt- und Nebensätze (H-N-Fügung) 353

    8.29 Infinitiv mit Satzgliedern als Teil einer finiten Proposition oder als eigene infinite Proposition 354

    8.30 Textbeispiele für die vier Verwendungsweisen von Infinitiven, allein und mit Satzgliedern 355

    8.31 Infinitive als Objekte für die ihnen übergeordneten Verben? 357

    8.32 Infinitive und verbale Wortketten im Infinitiv an der Stelle von Subjekten 358

    8.33 Akkusativ mit Infinitiv als Nebensatz oder als bloßes Satzglied? .. 359

    8.34 Supinum, Gerundium, Gerundiv: Kern eigener Proposition – als Teil in Proposition eingefügt 360

    8.35 Propositionen mit Partizip als Kern – Übergänge zu Partizip als Satzglied oder Satzglied-Teil 361

    8.36 Propositionen ohne Verb – zahlreicher und mannigfaltiger als in den andern Sprachen 363

    8.37 Unauffälligkeit der Abgrenzung von Propositionen und der Formalstrukturen ihrer Verknüpfung 365

8/V Verknüpfung von Propositionen durch Weitergeltung von Bestandteilen aus vorhergehenden oder Vorausnahme aus erst kommenden Propositionen

    8.38 Weitergeltung einmal gesetzter Bestandteile auch für weitere Propositionen, im Deutschen 367

    8.39 Weitergeltung schon gesetzter Bestandteile für neue Propositionen im Französischen 368

    8.40 Weitergeltung schon gesetzter Bestandteile im Englischen 369

    8.41 Weitergeltung schon gesetzter Bestandteile im Lateinischen 370

8.42 Geltung eines in einer folgenden Proposition gesetzten Bestandteils schon für eine vorhergehende 372
8.43 Der traditionelle Fachausdruck «zusammengezogene Sätze» 373
8.44 Mehrfach-Besetzung von Stellen im Rahmen einer einzigen Proposition 374
8.45 Grenzen der Eindeutigkeit bei der Einteilung der Texte in Propositionen 375

8/I Formalstrukturen für die Verknüpfung von Propositionen im Deutschen

8.01 Zum Ziel dieses Teils

Nach den Beispiel-Analysen am Ende von Teil 7 mit ihren vielen Vorgriffen auf die Teile 9 bis 12 läge es nahe, sogleich zu den *Bedeutungsbeziehungen* zwischen *ganzen Propositionen* (und entsprechenden Bedeutungsbeziehungen zwischen dem Kernbestand von Propositionen und freier eingefügten Satzgliedern) überzugehen. Es dient aber der Klarheit, wenn man zuerst die *reinen Formalstrukturen* für die Verknüpfung von Propositionen sauber herausarbeitet. Grundsätzlich hängen ja *alle* Propositionen eines Textes irgendwie zusammen, auch im längsten Buch, und dieser Zusammenhang ergibt sich vor allem aus dem *Inhalt*, aus den dargestellten Sachverhalten, Gedankenfolgen usw. Im einzelnen werden solche Zusammenhänge oft verdeutlicht durch aufgreifende Pronomen (wie «das, es») und aufgreifende Partikeln (wie «so, nun, dagegen, auch, aber, außerdem» usw). Das alles ist in den Teilen 9 bis 12 einzubeziehen. Es gibt aber (*unterhalb* der inhaltlichen Zusammenhänge) eine Reihe von *grammatischen Formalstrukturen* für die speziellere Verknüpfung von Propositionen, und ihre Beschreibung ist das Thema dieses Teils 8.

8.02 Propositionen als gereihte einfache Sätze, als gereihte Teilsätze, als Haupt- und Nebensätze

Man kann, wenn man will, praktisch *jede* Proposition als *eigenen* (einfachen) Satz hinstellen:

> 1 ⌢Er hat recht⌢. 2 ⌢Ich weiß *es* schon⌢. 3 ⌢*Aber* was soll ich tun⌢?
> 2 mit 1 verknüpft durch «es», 3 mit 2 verknüpft durch «aber»

Man kann aber auch *mehrere Propositionen* ohne irgend eine sonstige Veränderung zu *einem einzigen Satz* zusammennehmen; dann ist jede Proposition ein *Teilsatz*, man hat *gereihte Teilsätze* (Fachausdruck dafür «Teilsatz-Reihung»; ein älterer Fachausdruck ist «Satzverbindung»):

> ⌢Er hat recht⌢, ⌢ich weiß *es* schon⌢ – ⌢*aber* was soll ich tun⌢?
> Verknüpfungen durch «es» und «aber» wie oben

Eine *schon in der Form* besonders *enge* Verbindung von zwei verbalen Propositionen kann man herstellen, indem man die eine Proposition als *Nebensatz* kennzeichnet (Formen dafür Ziff. 8.03), so daß dann die nicht besonders gekennzeichnete Proposition als

8/I Formalstrukturen für die Verknüpfung von Propositionen im Deutschen 335

Hauptsatz dient. Für eine Kombination aus Nebensatz + Hauptsatz verwendet man in vielen Grammatiken die Fachausdrücke «Fügung, Satzgefüge». In diesem Buch wird zwecks größerer Deutlichkeit der Fachausdruck «H-N-Fügung» gebraucht. Alle drei Verknüpfungsmöglichkeiten in Beispielen (mit möglichst ähnlichen, z. T. wörtlich gleichen Propositionen, Markierungen «H» und «N»):

⌒Es ist die junge Frau⌒. ⌒Sie (Die) kommt zwei Tage zu uns⌒. ⌒Er arbeitet streng⌒. ⌒Das bestreitet niemand⌒. ⌒Wir müssen gehen⌒. ⌒Sonst wird es einfach zu spät⌒. ⌒Ganz vorsichtig anfangen⌒. ⌒Nur nichts forcieren⌒!	Je zwei verbale Propositionen (finit und infinit) als *gereihte einfache Sätze*
⌒Es ist die junge Frau⌒, ⌒sie (die) kommt zwei Tage zu uns⌒. ⌒Er arbeitet streng⌒, ⌒das bestreitet niemand⌒. ⌒Wir müssen gehen⌒, ⌒sonst wird es einfach zu spät⌒. ⌒Ganz vorsichtig anfangen⌒, ⌒nur nichts forcieren⌒!	Je zwei verbale Propositionen (finit und infinit) als *gereihte Teilsätze*, «Teilsatz-Reihung»
⌒Es ist die junge Frau⌒ᴴ, ⌒die zwei Tage zu uns *kommt*⌒ᴺ ⌒Daß er streng *arbeitet*⌒ᴺ ⌒(das) bestreitet niemand⌒ᴴ ⌒Wir müssen gehen⌒ᴴ ⌒weil es sonst einfach zu spät *wird*⌒ᴺ ⌒Ganz vorsichtig anfangen⌒ᴴ ⌒ohne irgend etwas *zu* forcieren⌒ᴺ	Je zwei verbale Propositionen (finit und infinit) als *Hauptsatz und Nebensatz* verknüpft, «H-N-Fügung»

8.03 Verschiedene Kennzeichnung einer verbalen Proposition als Nebensatz

Eine verbale Proposition kann im Deutschen auf *vier verschiedene* Arten eindeutig als Nebensatz gekennzeichnet sein:

A Finite Propositionen

A 1 Als *Einleitung* dient ein *Relativpronomen* («der, wer» usw., Ziff. 1.16–1.17) oder eine *Relativpartikel* («wo» usw.); die Verb-Personalform steht *am Ende* (Ziff. 3.25'B). Das als Relativ gesetzte Wort dient zugleich als Satzglied (z. B. als Subjekt, Objekt, Satzpartikel) oder als Teil eines Satzglieds (Kern eines Präpokasus, Anschlußgenitiv) in der Proposition:

⌊Wir⌋ kennen ⌊den Betrieb⌋ ᴴ	⌊der (welcher)⌋₁ihn₁ eingestellt hat ᴺ ⌊in dem (in welchem)⌋₁er₁jetzt₁ *arbeitet* ᴺ ⌊dessen Leitung₁er₁jetzt₁ hat ᴺ
⌊Wer₁ihm₁die Stelle⌋ verschafft hat ᴺ	⌊(das)⌋₁ wissen ⌊wir₁nicht⌋ ᴴ
⌊Das⌋₁ ist ⌊doch⌋ ⌊der Ort⌋ ᴴ	⌊wo₁er₁bis vor einem Jahr⌋ gewohnt hat ᴺ
⌊Wie⌋ ⌊das⌋₁damals₁ war ᴺ	⌊(so)⌋ist ⌊es₁offenbar⌋₁noch heute⌋ ᴴ

Zur Unterscheidung von w-Relativ im engern Sinn («*Wer* das kann, ist willkommen») und w-Pronomen als Einleitung eines Inhaltssatzes («*Wer* das kann, weiß ich nicht») siehe Ziff. 8.28'B, 10.09, 10.56, 12.58.

A 2 Als *Einleitung* dient eine *unterordnende Konjunktion* («daß, wenn» usw., Ziff. 1.27), die Verb-Personalform steht *am Ende* (bei «als» im Typ «Er tat, als schlafe er» direkt hinter der Konjunktion); das als Konjunktion dienende Wort dient *nicht* gleichzeitig als Satzglied:

⌐Das⌐ ist ⌐so klein⌐ ᴴ ⌐daß ⌐man⌐es⌐schlecht⌐ *sieht* ᴺ
⌐Daß ⌐man⌐es⌐schlecht⌐ *sieht*, ᴺ ⌐(das)⌐ hängt ⌐an seiner Kleinheit⌐ ᴴ
⌐Wenn ⌐es⌐nötig⌐ *ist*, ᴺ ⌐schicken ⌐wir⌐euch⌐die Unterlagen⌐ ᴴ
⌐Er⌐ tat ᴴ ⌐*als wisse* ⌐er⌐überhaupt⌐nichts⌐ ᴺ

A 3 Verb-Personalform *an der Spitze* – man kann aber bei gleichem Sinn die Proposition auch mit «wenn» oder «weil» anfangen, dann rückt die Verb-Personalform ans Ende:

⌐*Gilt* ⌐die Behauptung A⌐ ᴺ ⌐*so (dann)*⌐ gilt ⌐auch⌐die Behauptung B⌐ ᴴ
⌐Ich⌐ bin ⌐jetzt⌐sehr froh⌐ ᴴ ⌐*hat*⌐er⌐doch⌐gestern⌐endlich⌐den Vertrag⌐ *unterschrieben* ᴺ

Hier ist noch erkennbar, daß einmal einfache Sätze vorlagen, nämlich Frage und auf deren Beantwortung gestützte Behauptung bzw. Feststellung und anschließender Ausruf: «Gilt A? Dann gilt auch B» bzw. «Ich bin froh. Hat er doch gestern den Vertrag endlich unterschrieben!»

B Infinite Propositionen

Die als Nebensatz dienende Proposition besteht aus einer verbalen *Wortkette im Infinitiv*, der Anschluß an den Hauptsatz wird signalisiert durch eine *Infinitivkonjunktion* («*zu*» bzw. «*um ... zu*» usw., Ziff. 1.27'C3):

⌐Eine solche Diagnose *zu stellen* ᴺ ⌐war keine große Kunst ᴴ
⌐Wir sollten alles tun ᴴ ⌐*um* ihm schnell auf die Beine *zu helfen* ᴺ

Was als *Subjekt* für den Infinitiv zu denken ist, muß aus dem *Zusammenhang* entnommen werden:

⌐Er⌐ versprach ⌐ihr⌐ ᴴ ⌐den Auftrag⌐ *zu übernehmen* ᴺ	⌐Er ermöglichte ihr ᴴ ⌐den Auftrag *zu übernehmen* ᴺ
Er versprach, daß *er* übernehmen wolle	Er ermöglichte, daß *sie* übernehmen konnte

Eine verbale Wortkette im Infinitiv mit «zu» dient aber nicht immer als eigene Proposition (und damit als Nebensatz), sie kann auch bloßer Bestandteil im Rahmen einer umfassenderen Proposition sein, z. B. «Da ist nichts *zu machen*» oder «Er versuchte zwischen den beiden *zu vermitteln*» usw., siehe schon Ziff. 2.11, Übergangszonen und Freiheitsbereiche der Komma-Setzung bei zu-Infinitiven.

8.04 Propositionen, die man sowohl als gereihte Teilsätze wie als Nebensätze auffassen kann

Neben den (sehr viel häufigeren) finiten verbalen Propositionen und Propositionen mit Infinitiv als Kern, bei denen man eindeutig zwischen Teilsatz-Reihung und H-N-Fügung unterscheiden kann (siehe Ziff. 8.03) gibt es einige Typen von Propositionen, die sich ebensogut als gereihte Teilsätze (R) wie als Nebensätze (N) auffassen lassen:

A Propositionen mit einem Partizip als Kern:

⌐Dort stand eine Frau⌐, ⌐in einen Pelzmantel *gehüllt*⌐	sie *war* in einen Pelzmantel gehüllt (R) *die* in einen Pelzmantel gehüllt *war* (N)
⌐Wir näherten uns ihr⌐, ⌐auf eine Reaktion *wartend*⌐	und *warteten* auf eine Reaktion (R) *indem* wir auf eine Reaktion *warteten* (N)

B Propositionen aus Satzgliedkombinationen ohne Verb – man kann aber in Gedanken leicht ein Verb ergänzen:

⁀Sie sah uns an⁀, ⁀ein Lächeln *auf den Lippen*⁀	sie hatte ein Lächeln auf den Lippen (R)
	wobei sie ein Lächeln auf den Lippen *hatte* (N)

C Propositionen mit unflektiertem Adjektiv (Satzadjektiv) als Kern:

⁀Er stand dabei⁀, ⁀*neugierig* auf meinen Bericht⁀	er war neugierig auf meinen Bericht (R)
	weil er neugierig war auf meinen Bericht (N)

Man kann hier oft nicht entscheiden, ob ein nachgetragenes Satzglied oder eine eigene, neue Proposition anzunehmen ist, es gibt fließende Übergänge, z.B. «Sie setzte sich *müde* auf die Bank – Sie setzte sich auf die Bank, *sehr müde* – Sie setzte sich auf die Bank, *müde von dem langen Aufstieg*».

D Nominativ als eigene Proposition (als Beurteilung, auf höherer gedanklicher Ebene, Ziff. 10.45):

⁀Sein Vater ist das Problem⁀, ⁀klarer Fall⁀	das *ist* für mich ein klarer Fall (R)
	was für mich ganz klar *ist* (N)

Zur Auffassung solcher Gebilde als Satzglieder, nicht als Propositionen siehe Ziff. 6.08

8.05 Anreden, Grußformeln, einfachste Ausdrücke für Bejahung, Verneinung, Dank, Kummer usw.

Anreden, Grußformeln, Ausdrücke wie «ja – nein – ach» sind als eigene nichtverbale Propositionen aufzufassen, nicht als Satzglieder – aber bei ihnen hat es keinen Sinn, nach Teilsatz-Reihung oder H-N-Fügung zu fragen. Sie können unverknüpft als Teilsätze und manchmal auch als eigene einfache Sätze aufgefaßt werden:

⁀Nein⁀, ⁀vielen Dank⁀. ⁀Das tue ich nicht⁀, ⁀mein Herr⁀. ⁀Adiö⁀. ⁀Ach⁀, ⁀du bist enttäuscht⁀?

Zur Auffassung von Anreden als Satzglieder eines besonderen Typs («Anrede-Nominativ», früher auch in Anlehnung an das Lateinische «Vokativ» genannt) siehe Ziff. 6.08

8.06 Verb nicht oder nicht vollständig gesetzt, aber dazuzudenken

Von den oben behandelten nichtverbalen Propositionen sind diejenigen zu unterscheiden, in denen zwar aus Gründen der Kürze keine Verb-Personalform oder überhaupt kein Verb gesetzt ist, grundsätzlich aber eine Bedeutungsbeziehung aufgerufen wird, für die man sonst eine Proposition mit Verb verwendet

⁀Klar⁀, ⁀er hat sich hier etwas unklar ausgedrückt⁀	Es ist klar	er *hat* sich ... (R)
		daß er sich ... (N)
⁀Wir machen das erst nächste Woche⁀, ⁀*wenn* überhaupt⁀	= wenn *wir* es überhaupt *machen* (N)	

Notizen über vergangene Handlungen formuliert man oft nur mit Partizip II als Kern einer Proposition, ohne Verb-Personalform – hie und da auch nur mit Verbzusatz oder Satzpartikel als Kern, oder ganz ohne Kern:

⁀7 Uhr *auf*⁀, ⁀*sofort* ins Labor⁀. ⁀Versuch *angesetzt*⁀. ⁀9 Uhr erste Kontrolle der Temperatur⁀ usw.

8.07 Begriff «Hauptsatz» heute enger, aber präziser gefaßt als früher

In deutschen Grammatiken älteren Typs geht man meistens davon aus, daß jeder «Satz» als grammatische Einheit (d. h. jede Proposition) *entweder* ein Hauptsatz *oder* ein Nebensatz sein müsse. Dazu definiert man gelegentlich den Hauptsatz einfach durch die Zweitstellung der Verb-Personalform (oder die Erststellung, in einer Frage). Man nennt dann auch jeden einfachen Satz einen «Hauptsatz», und bei Teilsatz-Reihung spricht man nicht von «gereihten Teilsätzen», sondern von «gereihten Hauptsätzen» (oder von einer «Satzverbindung»).

Nach dieser Begriffsfassung und Bezeichnungsweise besteht also das folgende Textstück aus sechs Hauptsätzen und einem Nebensatz:

> 1 ⌢Er öffnete ein Fenster⌢. 2 ⌢Draußen war böses Wetter⌢. 3.1 ⌢Es schneite⌢, 3.2 ⌢der Wind blies heftig,⌢ 3.3 ⌢man konnte kaum sehen⌢, 3.4 ⌢und er überlegte daher⌢, 3.5 ⌢ob er nicht im Haus bleiben wolle.⌢ ᴺ

Man nennt dann die vier Hauptsätze 3.1, 3.2, 3.3 und 3.4 zusammen eine «Satzverbindung»; das aus Hauptsatz 3.4 und Nebensatz 3.5 gebildete Paar nennt man «Satzgefüge», und den ganzen Satz 3 nennt man, weil in ihm sowohl eine Satzverbindung wie ein Satzgefüge enthalten ist, eine «Periode».

Im vorliegenden Buch wird eine engere und präzisere Definition von «Hauptsatz» verwendet:

Hauptsatz = jede Proposition, die *mit einem Nebensatz verbunden* ist (d. h. mit einer Proposition, die nach Ziff. 8.03 eindeutig als Nebensatz gekennzeichnet ist oder nach Ziff. 8.04 als Nebensatz aufgefaßt wird).

Diese engere und präzisere Definition, die die Qualität «Hauptsatz» an das Vorhandensein eines Nebensatzes bindet, wird seit 1984 auch in der Duden-Grammatik verwendet. Sie ist in der französischen Grammatik seit je geläufig und gilt heute auch in der englischen Grammatik.

Nach dieser Begriffsfassung ist das Textstück so aufgebaut: die Propositionen 1 und 2 sind als einfache Sätze hingesetzt; die Propositionen 3.1, 3.2, 3.3 und 3.4 sind gereihte Teilsätze, und die Proposition 3.4 ist zugleich Hauptsatz für Proposition 3.5, die als Nebensatz zu ihr gehört.

8.08 Nebensätze zu Nebensätzen – Nebensätze 2. Grades usw.

Eine Proposition, die als Nebensatz mit einem Hauptsatz verbunden ist, kann zugleich als Hauptsatz für einen weiteren Nebensatz zu verstehen sein. Man spricht dann von Nebensätzen zweiten Grades, dritten Grades usw.:

> 1 ⌢Er ist glücklich⌢ ᴴ, 2 ⌢daß er jemand hat,⌢ ᴺ, 3 ⌢der verstehen kann,⌢ ᴺ 4 ⌢warum er hier ausziehen will.⌢ ᴺ
>
> Hauptsatz | Nebensatz 1. Grades | Nebensatz 2. Grades | Nebensatz 3. Grades
> also: 1 = H zu 2 | 2 = { N zu 1 / H zu 3 } | 3 = { N zu 2 / H zu 4 } | 4 = N zu 3

8.09 Nebensätze ohne Hauptsätze?

Eine Proposition, die gemäß ihrer Form (siehe Ziff. 8.03 und 8.04) als Nebensatz dienen kann, wird manchmal ohne einen Hauptsatz hingesetzt und ist dann als einfacher Satz oder als gereihter Teilsatz zu betrachten:

«*Was* du nicht *sagst*! *Ob* er den Termin *vergessen hat*, oder *ob* er absichtlich *wegbleibt*?»

Manchmal liegt es nahe, zu einer solchen als Nebensatz möglichen Proposition einen passenden Hauptsatz in Gedanken zu ergänzen, zum obigen Beispiel «Ob er ... oder ob er ...» etwa: «das möchte ich doch wissen». Oft denkt man aber in keiner Weise an einen solchen zu ergänzenden Hauptsatz, z. B. in der folgenden Proposition mit unterordnender Konjunktion und Endstellung der Verb-Personalform: «*Daß* du mir aber rechtzeitig *heimkommst*!»

8.10 Ineinandergreifen von Reihung und H-N-Fügung

Das Prinzip «Reihung», das sich beim Hintereinander von gereihten Teilsätzen oder auch gereihten ganzen Sätzen zeigt, reicht *viel weiter* als das Verhältnis Hauptsatz-Nebensatz, also die H-N-Fügung.

Aneinandergereiht sind *alle* Sätze eines Textes, ob es einfache Sätze sind oder Sätze mit vielen Teilsätzen, wobei die Teilsätze unter sich gereiht oder als Hauptsätze und Nebensätze zusammengefügt sein können. Aneinandergereiht können auch Satzglieder und Bestandteile von Satzgliedern sein, innerhalb einer Proposition, z. B. bei Aufzählungen («Er sammelte Bücher, Bilder, Briefmarken, alles Mögliche» oder «diese freundliche, aufgeschlossene, immer hilfsbereite, unglaublich geduldige Frau»).

Auch beim Zusammennehmen mehrerer Propositionen zu einem Satz, d. h. bei der Folge und Verbindung von Teilsätzen, spielen Teilsatz-Reihung und H-N-Fügung vielfach ineinander. Man kann grundsätzlich zwei Möglichkeiten unterscheiden:

A Jeder gereihte Teilsatz kann *zugleich* als Hauptsatz mit einem Nebensatz verbunden sein; es können also nach Bedarf ganze Paare von Haupt- und Nebensatz aneinandergereiht werden oder H-N-Paare und einfache Teilsätze, in verschiedener Reihenfolge:

> Ich bearbeite also, ᴴ *was* heute *vorliegt,* ᴺ (und) *was* morgen *anfällt*, ᴺ übernimmst dann du. ᴴ
> Ein Paar aus Haupt- und Nebensatz, daran angereiht eines aus Neben- und Hauptsatz
>
> *Wenn* es Probleme *gibt*, ᴺ setzt ihr euch zusammen, ᴴ dann geht es sicher. ᴴ
> Paar aus Nebensatz + Hauptsatz, an den Hauptsatz angereiht ein weiterer Teilsatz

B *Innerhalb* von H-N-Fügung können zum *gleichen* Hauptsatz *zwei oder mehr Nebensätze* gehören. Solche Nebensätze sind unter sich parallel, es sind *gereihte Nebensätze*. Hie und da, obwohl seltener, gehören zum gleichen Nebensatz zwei parallele, gereihte Hauptsätze:

> Ich muß wissen, ᴴ *wo* sie das *machen,* ᴺ *wann* sie *anfangen* ᴺ und *wer* die Leitung *hat* ᴺ.
> Ein Hauptsatz, dazu drei gereihte Nebensätze, vorletzter und letzter durch «und» verbunden
>
> *Wenn* wir es so *regeln,* ᴺ hast du den Vorteil, ᴴ für mich wird es schwerer. ᴴ
> Ein Nebensatz und zwei gleicherweise mit ihm verbundene Hauptsätze; auch die Proposition «für mich wird es schwerer» gilt nämlich nur in Kombination mit der als Nebensatz gesetzten Proposition «wenn wir es so regeln»

8.11 Klar unterscheiden zwischen Formalstrukturen und Bedeutungsbeziehungen

Die Verknüpfungsmöglichkeiten «Teilsatz-Reihung» und «H-N-Fügung» sind als *Formalstrukturen* zu betrachten, sie sind nicht automatisch mit einere lockereren oder engeren Bedeutungsbeziehung zwischen den Propositionen verbunden. Zwei gereihte Teilsätze können eine ebenso enge Bedeutungsbeziehung signalisieren wie ein Hauptsatz mit Nebensatz:

> ⌈Ich weiß, ᴴ⌉ ⌈daß du das nicht *gewollt hast* ᴺ⌉   ⌈Ich *weiß*, ᴿ⌉ ⌈du *hast* das nicht gewollt ᴿ⌉

Umgekehrt kann ein Nebensatz in einer sehr lockeren Bedeutungsbeziehung zu seinem Hauptsatz stehen, genau wie ein gereihter Teilsatz zum vorangehenden Teilsatz:

> ⌈Er rauchte ständig, ᴴ⌉ ⌈*was* mich sehr *störte* ᴺ⌉.   ⌈Er rauchte ständig, ᴿ⌉ ⌈*das störte* mich sehr. ᴿ⌉

Noch viel weniger darf man (wie man es früher gelegentlich tat) den Hauptsatz als «für sich allein möglich, Hauptsache» betrachten und den Nebensatz als «nur zusammen mit dem Hauptsatz möglich, Nebensache»:

> ⌈Er tat, ᴴ⌉ ⌈*als* wisse er von nichts, ᴺ⌉   ⌈*Was* ich nicht *weiß*, ᴺ⌉ ⌈macht mir nicht heiß ᴴ⌉
> Sowohl «Er tat» wie «macht mir nicht heiß» sind ohne die zugehörigen Nebensätze sinnlos

8/II Formalstrukturen für die Verknüpfung von Propositionen im Französischen

8.12 Finite Propositionen als gereihte Teilsätze und als Hauptsätze und Nebensätze

A Finite Propositionen können als *gereihte Teilsätze* (propositions indépendantes) oder als *Hauptsätze und Nebensätze* (propositions prinicipales et propositions subordonnées) gesetzt werden.

Als gereihte Teilsätze können sie einfach hintereinandergestellt sein (propositions juxtaposées):

> ⌈La maison était triste⌉, ⌈les volets étaient toujours fermés⌉, ⌈la cheminée ne fumait jamais⌉.
> Das Haus sah traurig aus, die Läden waren immer geschlossen, das Kamin rauchte nie.

Die gereihten Teilsätze können durch *beiordnende Konjunktionen* wie «et, car» (conjonctions de coordination) verknüpft werden; man spricht dann auch von «propositions coordonnées»:

> ⌈La maison était triste⌉, ⌈*car* les volets étaient toujours fermés⌉ ⌈*et* la cheminée ne fumait jamais⌉.

B Finite Propositionen können als *Hauptsätze und Nebensätze* (propositions principales et propositions subordonnées) miteinander verbunden sein. Ein Nebensatz (man sagt meistens einfach «une subordonnée») kann eingeleitet werden durch eine *unterordnende Konjunktion* (une conjonction de subordination, z. B. «*que, parce que, comme, si*») oder durch ein *Relativ* (un relatif, z. B. «*qui, que, dont, auquel*»):

> ⌈La maison était triste ʰ ⌈*parce que* les volets étaient toujours fermés ᴺ
> Das Haus sah traurig aus, weil die Läden immer geschlossen waren
>
> ⌈On croyait au village ʰ ⌈*que* c'était la maison d'une sorcière ᴺ
> Man glaubte im Dorf, daß es das Haus einer Hexe sei
>
> ⌈*Comme* ils avaient peur de la sorcière ᴺ ⌈les enfants ne regardaient la maison que de loin ʰ
> Da sie Angst hatten vor der Hexe, schauten die Kinder das Haus nur von weitem an
>
> ⌈Mais la femme ⌈*qui* habitait ici ᴺ n'était point une sorcière ʰ
> Aber die Frau, die hier wohnte, war keineswegs eine Hexe
>
> ⌈C'était une pauvre femme ʰ ⌈*que* les gens d'un village voisin avaient chassée ᴺ
> Es war eine arme Frau, welche die Leute eines benachbarten Dorfes vertrieben hatten

Der Vergleich von Französisch und Deutsch zeigt sofort, daß die proposition subordonnée sich *viel weniger auffällig* von der proposition principale oder einer proposition indépendante *abhebt* als der deutsche Nebensatz von seinem Hauptsatz oder von einem gereihten Teilsatz.

Die Stellung der *Verb-Teile* ist nämlich im Französischen für einen gereihten Teilsatz, einen Hauptsatz und einen Nebensatz *genau gleich*; der Unterschied liegt nur in der Einleitung (unterordnende Konjunktion oder Relativ vorhanden oder nicht). Auch in einem Hauptsatz, der seinem Nebensatz folgt, behalten die Satzglieder ihre Stellung (das Subjekt bleibt vor dem Verb).

Nur wenn ein vorausgehender Nebensatz (mit Relativ) zugleich als Subjekt für den Hauptsatz dient, kann auf den Nebensatz *direkt* die Verb-Personalform des Hauptsatzes folgen, wie im Deutschen. Das gibt es besonders bei Sprichwörtern:

Qui parle ᴺ *sème* ᴴ, *qui* écoute ᴺ *recueille* ᴴ	*Qui* paie ses dettes ᴺ *s'enrichit* ᴴ
Wer spricht, sät wer hört, erntet	Wer seine Schulden zahlt, wird reicher

Für die *Kommasetzung* ist zu beachten, daß nur zwischen *gereihten* Teilsätzen (propositions indépendantes) generell ein Komma zu setzen ist – so wie auch zwischen gereihten Bestandteilen aller Art innerhalb von Propositionen (siehe schon Ziff. 2.17). Zwischen einem Hauptsatz und einem an ihn anschließenden Nebensatz setzt man nur dann ein Komma, wenn der Nebensatz als etwas *Zusätzliches* vom Hauptsatz abgehoben werden soll (und von seinem Inhalt her kann). Dagegen setzt man meistens ein Komma nach einem Nebensatz, der seinem Hauptsatz vorausgeht. In Beispielen:

Je ferai ᴴ *ce que* tu veux ᴺ	Je partirai ᴴ *si* tu le veux ᴺ
Je resterai ᴴ *si* tu veux ᴺ	*Si* tu le veux ᴺ, je reste ᴴ

8.13 Ineinandergreifen von Reihung und H-N-Fügung; Nebensätze zweiten Grades usw.

Zum gleichen Hauptsatz können zwei oder mehr Nebensätze gehören, wie im Deutschen, und diese können einfach hintereinandergestellt oder durch beiordnende Konjunktionen verknüpft werden:

Il a dit ᴴ *qu'*il ne viendrait pas, ᴺ *qu'*il n'etait pas libre ᴺ, *que* ce serait pour une autre fois ᴺ
Er sagte, daß er nicht kommen werde, daß er nicht frei sei, daß es dann ein anderes Mal möglich sei

C'est une décision ᴴ *que* je comprends bien ᴺ *et que* j'approuve pleinement ᴺ
Das ist ein Entscheid, den ich verstehe und dem ich vollkommen zustimme

Zu einem Nebensatz kann wieder ein Nebensatz gehören, in mehrfacher Stufung. Ein Beispiel aus einem Kinderbuch (es geht um die Verbreitung einer Nachricht über eine mißliebige Dorfbewohnerin, um die Wirksamkeit eines Dorf-Klatsches):

*Avez-*vous vu ça? dit la crémière à l'épicier ᴴ *qui* le dit au forgeron ᴺ, *qui* le dit au curé ᴺ, *qui* le dit au pasteur ᴺ, *qui* le dit au comité des dames de la couture ᴺ *qui* le répètent partout ᴺ.
Haben Sie das gesehen? sagt die Milchfrau zum Kolonialwarenhändler, der es dem Schmied sagt, der es dem katholischen Pfarrer sagt, der es dem reformierten Pfarrer sagt, der es den Damen der Frauenkommission für den Mädchen-Handarbeitsunterricht sagt, die es dann überall wiederholen.

Hier sind an den Hauptsatz, der zugleich anführender Teilsatz für die direkte Rede ist, nicht weniger als *fünf* Nebensätze mit dem Relativ «*qui*» angeschlossen, also Nebensätze 1., 2., 3., 4. und 5. Grades. Dabei kann man es als besondere Raffinesse betrachten, daß der erste und der letzte von diesen Nebensätzen *ohne Komma* an ihren

Hauptsatz anschließen, während der zweite, der dritte und der vierte Nebensatz durch das Komma als zusätzliche Aussage gekennzeichnet sind. Man könnte das daher auf Deutsch auch durch gereihte Teilsätze wiedergeben: «... sagt die Milchfrau zum Kolonialwarenhändler, der es dem Schmied sagt, der sagt es dem katholischen Pfarrer, der sagt es dem reformierten Pfarrer, der sagt es den Damen der Frauenkommission für den Mädchen-Handarbeitsunterricht, die es (dann) überall wiederholen».

8.14 In literarischer Sprache: Spitzenstellung eines imparfait du subjonctif als Nebensatz-Kennzeichen

In literarischer Sprache verwendet man gelegentlich Propositionen mit Spitzenstellung eines imparfait du subjonctif in der Bedeutung eines Nebensatzes (wie im Deutschen im Indikativ und Konjunktiv noch heute geläufig, siehe Ziff. 8.03'A3):

> Non, non, je ne partirai pas ⁽ᴴ⁾ dût-il m'en couter la vie ⁽ᴺ⁾.
> Nein, nein, ich werde nicht weggehen, und wenn es mich das Leben kosten sollte («und sollte es mich das Leben kosten»)
>
> Le méchant, fût-il un prince ⁽ᴺ⁾ n'est qu'un gueux ⁽ᴴ⁾.
> Der Niederträchtige – und wäre er ein Prinz – ist nichts als ein Lump

8.15 Nebensätze mit «que» nicht an der Spitze, sondern im Innern der Proposition

Gelegentlich verwendet man Nebensätze, bei denen die unterordnende Konjunktion «que» nicht an der Spitze, sondern im Innern der Proposition steht:

> Quelque bons *que* vous soyez tous deux ⁽ᴺ⁾, on vous craint ⁽ᴴ⁾ («quelque» unveränderlich)
> So gütig ihr beide auch seid (sein mögt), man fürchtet euch
>
> Quelques efforts *qu'*elle fasse, ⁽ᴺ⁾ il ne suffira pas ⁽ᴴ⁾ («quelque» veränderlich, hier mit Plural-s,
> So große Anstrengungen sie auch macht, es genügt nicht angepaßt an «efforts»)

Bei allen derartigen Konstruktionen mit «quelque» ist der *subjonctif* obligatorisch. Dagegen kann man nach «tout ... que» auch den Indikativ, die Normalform des Verbs, setzen. In einem Theaterstück von Giraudoux (von 1931) sagt die zwanzigjährige Judith zum König Holophernes, der sie als «la juive» anspricht und sie fragt, ob dieses Wort nicht eine Beleidigung für sie sei:

> Tout roi *que* tu es ⁽ᴺ⁾, il me fait ton égale ⁽ᴴ⁾.
> So sehr du ein König bist (sein magst), es [dieses Wort] macht mich dir gleichwertig

8.16 Nebensätze mit Infinitiv als Kern (subordonnées infinitives)

Noch häufiger als im Deutschen verwendet man *Nebensätze mit Infinitiv als Kern* (subordonnées infinitives), d.h. man setzt die verbalen Wortketten im Infinitiv als eigene Propositionen; meistens schließt man sie ohne Komma an den Hauptsatz an, gelegentlich kann man sie durch Komma etwas vom Hauptsatz abheben:

⌐Je tiens ⌐H ⌐à les *voir* avant leur départ ⌐N	⌐Qu'as-tu ⌐H ⌐à t'*agiter* ainsi ⌐N?
Ich lege Wert darauf, sie vor ihrer Abreise zu sehen	Was hast du, daß du dich so aufregst?
⌐Il nous propose ⌐H ⌐de l'*accompagner* ⌐N	⌐Tu dis cela si simplement ⌐H, ⌐sans y avoir *réfléchi* ⌐N?
Er schlägt uns vor, ihn zu begleiten	Du sagst das so einfach, ohne darüber nachgedacht zu haben?
⌐Elle fera tout ⌐H ⌐pour vous *aider* ⌐N	⌐Pour vous *aider* ⌐N, ⌐elle fera tout ⌐H ⌐ce qu'elle pourra ⌐N
Sie wird alles tun, um euch zu helfen	Um euch zu helfen, wird sie alles tun, was sie kann

Es gibt eine Reihe von Bedeutungsbeziehungen, die man im Französischen durch subordonnée infinitive darstellen kann, während man im Deutschen einen finiten Nebensatz verwenden muß:

⌐*Après avoir achevé* ce grand travail⌐N, ⌐tu dois te reposer un peu ⌐H
Nachdem du diese große Arbeit abgeschlossen hast, mußt du dich etwas ausruhen

⌐Il faut examiner soigneusement la situation ⌐H ⌐*avant de prendre* de telles mesures ⌐N
Man muß die Situation genau prüfen, bevor man derartige Maßnahmen ergreift

⌐Il y arrivera très vite ⌐H ⌐*à moins de recourir* à des tactiques de retardement ⌐N
Er wird sehr schnell soweit sein, wenn er nicht besondere Verzögerungstaktiken anwendet

Die Verbindungsteile für die subordonnées infinitives («à, de, par, sans, pour, afin de, avant de, après, au lieu de») werden meistens zu den prépositions gerechnet (man spricht daher auch von «infinitifs prépositionnels»), sie entsprechen aber genau den deutschen Infinitivkonjunktionen und lassen sich klar unterscheiden von den prépositions in Verbindung mit Nomen oder Pronomen.

Dem deutschen «zu» kann dabei sowohl «de» wie «à» entsprechen, je nach dem entsprechenden Wort des Hauptsatzes und hie und da beim gleichen Verb je nach Konstruktion: «forcer quelqu'un à se retirer» (jemanden zwingen, sich zurückzuziehen), aber «être forcé de se retirer» (gezwungen sein, sich zurückzuziehen).

Was als *Subjekt* für den Infinitiv zu denken ist, muß aus dem *Bedeutungszusammenhang* entnommen werden – bei genau gleicher Formalstruktur kann als Subjekt etwas Verschiedenes gemeint sein:

⌐Elle nous a { ⌐*promis*⌐ sie versprach uns / ⌐*permis*⌐ sie gestattete uns } ⌐de le *faire*⌐ es zu tun { sie wird es tun / wir dürfen es tun }

Ein Infinitiv kann auch im Rahmen *einer einzigen* Proposition mit nur zu ihm gehörigen, nicht von der Verb-Personalform aus zu sehenden Satzgliedern verbunden sein:

⌐On les a vu *mettre* ces objets dans leurs sacs⌐
(On les a vus, ils ont mis ces objets dans leurs sacs)
Man sah sie diese Gegenstände in ihre Säcke packen

Ein Infinitiv kann auch (ohne Verbindungsteil) im Rahmen einer einzigen Proposition als sujet oder gelegentlich als attribut du sujet oder als complément direct dienen:

⌐*Gouverner*⌐ c'est ⌐*prévoir*⌐   ⌐*Tout comprendre*⌐ ne veut pas dire ⌐*tout pardonner*⌐
Regieren ist vorausschauen   Alles verstehen heißt keineswegs alles verzeihen

Auch bei sehr häufigen Kombinationen *mit* besonderem Verbindungsteil («de, à, par») liegt es oft nahe, das Ganze nicht als Paar von principale + subordonnée aufzufassen, sondern als eine einzige Proposition mit mehrteiligem Verb; das gilt besonders, wenn die Personalform einen speziellen, nur für diese Kombinationsweise typischen Bedeutungsbeitrag liefert:

Elle *vient de partir*	Il *aura* son mot *à dire*	C'est encore *à faire*	Ils finiront *par se séparer*
Sie ist soeben abgereist (passé immédiat, Ziff. 5.24)	Er wird sein Wort dazu zu sagen haben	Das ist noch zu tun	Sie werden sich am Ende trennen

8.17 Nebensätze mit participe présent als Kern

Viel mehr Möglichkeiten als im Deutschen gibt es für die Bildung von Propositionen mit einem participe présent als Kern; sie werden generell zu den Nebensätzen (propositions subordonnées) gerechnet, obwohl man sie im Deutschen oft nicht durch einen Nebensatz, sondern durch ein Satzglied im Rahmen einer einzigen Proposition wiedergibt.

A Subordonnée participe eingeleitet durch «en ...» oder «tout en ...» (gérondif)

L'appétit vient [H] *en mangeant* [N]	Tout en marchant [N] il observait les maisons autour de lui [H]
Der Appetit kommt mit dem Essen («im Lauf des Essens, sobald man ißt»)	Während er marschierte («beim Marschieren») beobachtete er zugleich die Häuser rings um ihn

Die Kombination des participe présent mit «en» wird auch «gérondif» genannt. Eine solche subordonnée participe kann dem Hauptsatz (der principale) vorausgehen oder folgen, bei gleicher Bedeutungsbeziehung:

En le *regardant* [N] elle éclata de rire [H]	Elle éclata de rire [H] *en le regardant* [N]
Als sie ihn anschaute («bei seinem Anblick») brach sie in Lachen aus	Sie brach in Gelächter aus bei seinem Anblick.

Die genaue *Bedeutungsbeziehung* muß aus dem *Zusammenhang* entnommen werden (bei der Übersetzung ins Deutsche muß sie dann manchmal durch besondere Mittel verdeutlicht werden):

En vous *mettant* ici [N] vous la verrez [H]	Tout en vous *approuvant*, [N] je ne vous imite pas [H]
Wenn Sie sich hier hinstellen, werden Sie sie sehen	Obwohl ich Ihnen zustimme (bei aller Zustimmung) handle ich nicht so wie Sie (ahme ich Sie nicht nach)

B Subordonnée participe ohne einleitendes «en»

B 1 Das participe présent kann auf ein im Hauptsatz vorhandenes Satzglied zu beziehen sein (dieses kann direkt vorausgehen oder weiter vorn im Hauptsatz stehen, oder die ganze proposition participe kann dem Hauptsatz vorausgehen):

C'était une histoire [H] *émouvant* tous les auditeurs [N]
Das war eine Geschichte, die alle Hörer bewegte (rührte)
[aber als épithète, dem Nomen anzupassen, in einer einzigen Proposition: «C'était une historie *émouvante*», eine rührende Geschichte]

Il sortit brusquement [H] *bousculant* les chaises et la table [N]
Er ging plötzlich hinaus, wobei er die Stühle und den Tisch umwarf (wegstieß)

Se *penchant* toujours sur ce problème [N] il ne *voyait* plus rien d'autre [H]
Da er sich immer auf dieses Problem konzentrierte, sah er nichts anderes mehr

Ayant obtenu de si beaux résultats [N] nous continuerons ces travaux [H]
Nachdem (da) wir so schöne Resultate erzielt haben, werden wir diese Arbeiten fortführen

B2 Das participe présent kann *direkt* mit dem als Subjekt zu denkenden Satzglied verbunden sein:

> Nous nous sommes rencontrés par hasard, ⁽ᴴ⁾ lui *sortant* de chez lui ⁽ᴺ⁾ et moi d'une maison voisine ⁽ᴺ⁾
> Wir trafen uns zufällig, als er aus seinem Haus herauskam und ich aus einem benachbarten Haus
>
> La pluie *ayant détruit* le pont ⁽ᴺ⁾, il leur fallut passer par la rivière ⁽ᴴ⁾
> Da der Regen die Brücke zerstört hatte, mußten sie durch den Fluß hindurch

Diese Konstruktionen mit participe présent werden vor allem in *geschriebenem* Französisch verwendet, z. B. in analysierenden, wissenschaftlichen Texten oder auch Romanen; im gesprochenen Französisch sind sie seltener.

Aber participe présent nicht als Kern einer eigenen Proposition: Cette histoire était *touchante* (attribut du sujet) – La situation *allait se détériorant*, die Situation wurde zusehends schlimmer.

8.18 Propositionen mit participe passé als Kern

Mehr Möglichkeiten als im Deutschen gibt es auch für die Verwendung eines *participe passé* als Kern einer eigenen Proposition. Man kann sich hier oft fragen, ob man noch ein Verhältnis von Hauptsatz und Nebensatz annehmen soll oder einfach Reihung von Teilsätzen, daher wird in den folgenden Beispielen das «H–N» in der graphischen Kennzeichnung weggelassen.

A Das participe passé bezieht sich auf ein *Satzglied* in der *vorhergehenden* oder auch in der *anschließenden* Proposition, und das wird verdeutlicht durch accord (Anpassung an fém./plur.):

> Je vous apporte *des cadeaux offerts* par la direction de l'entreprise
> Ich bringe euch Geschenke, die von der Unternehmungsleitung angeboten werden («angeboten von…»)
>
> *Parties* dès l'aube, *elles* sont arrivées à midi
> Bei Tagesgrauen aufgebrochen, sind sie am Mittag angekommen
>
> La soirée, *réunis* dans le grand salon, *ils* se racontaient des histoires
> Am Abend, versammelt im großen Salon, erzählten sie sich Geschichten

Wenn ein participe passé *direkt* an ein Nomen anschließt, kann man oft schwanken, ob man es als Teil der gleichen oder als Kern einer neuen Proposition auffassen soll:

> Nous discuterons toutes les *questions soulevées* ici
> Wir werden alle hier aufgeworfenen Fragen diskutieren
>
> Nous discuterons toutes *les questions soulevées* par ces nouvelles évolutions scientifiques
> Wir werden alle Fragen diskutieren, die durch diese neuen wissenschaftlichen Entwicklungen aufgeworfen werden

B Das participe passé hat *ein Satzglied* bei sich, das als Subjekt zu denken ist:

> Le village *dépassé*, l'auto roula plus vite
> Nachdem das Dorf passiert war, fuhr das Auto schneller
>
> Cette *résolution prise*, elle se sentait mieux
> Nachdem dieser Entschluß gefaßt war, fühlte sie sich wohler

8.19 Propositionen ohne Verb – ganz außerhalb des Formunterschieds «H-N-Fügung – bloße Reihung»

Bei Propositionen ohne Verb hat die Frage, ob H-N-Fügung oder bloße Reihung anzunehmen ist, noch weniger Sinn als bei den Propositionen mit participe passé als Kern. Man kann unterscheiden:

A *Anreden* aller Art, *Ausrufe*, einfachste Ausdrücke für *Bejahung* oder *Verneinung*:

| ⁀Oui ⁀mon cher⁀, ⁀tu viens trop tard⁀ | ⁀Non⁀, ⁀ce n'est pas elle⁀, ⁀hélas⁀ |
| Ja, mein Lieber, du kommst zu spät | Nein, es ist nicht sie, o weh |

B *Kombinationen von Satzgliedern*, ohne Verb, oft ist ein Partizip ergänzbar:

⁀Il les regardait⁀, ⁀son verre à la main⁀ («en tenant son verre à la main»)
Er sah sie an, sein Glas in der Hand (haltend)

C Als *Kommentar* aufzufassende nominale Ausdrücke:

| ⁀Et alors, ⁀fait remarquable⁀, il accepta l'invitation⁀ | ⁀Elle y sera aussi⁀, ⁀quelle surprise⁀ |
| Und da, ein bemerkenswertes Ereignis, nahm er die Einladung an | Sie wird auch da sein, welche Überraschung |

Als eine Art Übergang zwischen eigener Proposition und lockerer angefügtem Satzglied zu einer andern (schon gesetzten – erst kommenden) Proposition lassen sich auch die «adjectifs épithètes disjoints» ansehen:

⁀Elles attendaient, très inquiètes⁀ oder ⁀Elles attendaient⁀ ⁀très inquiètes⁀
Sie warteten, sehr unruhig (beunruhigt)

⁀Vieil ami de l'auteur, il suivait la lecture sans perdre un mot⁀
⁀Vieil ami de l'auteur⁀ («*Etant* un vieil ami de l'auteur»), ⁀il suivait la lecture sans perdre un mot⁀
(Als) alter Freund des Autors folgte er der Lesung, ohne sich ein einziges Wort entgehen zu lassen

8/III Formalstrukturen für die Verknüpfung von clauses im Englischen

8.20 Finite Propositionen als independent clauses und als main und subordinate clauses

Den deutschen *gereihten Teilsätzen* entsprechen im Englischen die *independent clauses*. Den deutschen *Hauptsätzen und Nebensätzen* entsprechen die *main clauses* und *subordinate clauses*.

Independent clauses, einfach hintereinandergestellt («asyndetic») oder verbunden durch beiordnende Konjunktionen (durch coordinating conjunctions, coordinators):

| ⌒She likes John⌒, ⌒John likes her⌒ | ⌒She likes John⌒, *and* John likes her⌒ |

Main clauses (Hauptsätze) und *subordinate clauses* (Nebensätze):

| ⌒John knows ᴴ ⌒*that* she likes him ᴺ | ⌒She knows ᴴ ⌒*how* he likes her ᴺ |
| ⌒If he is happy ᴺ ⌒she is happy too ᴴ | |

8.21 Verschiedene Kennzeichnung einer finiten Proposition als subordinate clause

Eine finite Proposition (a finite clause) kann auf die folgenden drei Arten als Nebensatz (als subordinate clause) gekennzeichnet werden:

A Die Proposition wird *eingeleitet* durch ein Wort, das als *unterordnende Konjunktion* dient (subordinating conjunction, «subordinator», z. B. *that, if, as, because, for, before*) oder durch ein Wort, das als *Relativ* dient (relative pronoun, relative adverb, z. B. *who, which, that, where, how*); die Stellung von Subjekt und Verb bleibt *unverändert* (anders als im Deutschen):

| ⌒She knows very well ᴴ ⌒*that* I am her friend ᴺ | ⌒This is the man ᴴ ⌒*who* did it ᴺ |
| ⌒If I could ᴺ ⌒I would help you ᴴ | ⌒You must tell me ᴴ ⌒*where* you are tomorrow ᴺ |

B Die als Nebensatz dienende Proposition *schließt direkt* an ein Nomen oder Pronomen des Hauptsatzes an, und dieses Nomen oder Pronomen ist zugleich als ein Satzglied des Nebensatzes zu verstehen; diese Möglichkeit (Fachausdruck dafür: «contact clauses») ist eine Besonderheit des Englischen und wird sehr häufig verwendet, wo man im Deutschen und im Französischen einen Nebensatz mit Relativ verwenden muß:

8/III   *Formalstrukturen für die Verknüpfung von clauses im Englischen*   349

> These are the problems ⁽ʰ⁾ ⁽we had with him ⁽ᴺ⁾ (= the problems *which* we had with him)
>
> We shall now consider the way ⁽ʰ⁾ ⁽these phenomena are perceived by the human senses ⁽ᴺ⁾
>
> He isn't the man ⁽ʰ⁾ ⁽he seems to be ⁽ᴺ⁾   This is all ⁽ʰ⁾ ⁽we can do for you ⁽ᴺ⁾

C   Gelegentlich (nur in eher literarischer Sprachgebung, nicht so allgemein wie im Deutschen) verwendet man *Spitzenstellung* der Verb-Personalform; solche Nebensätze lassen sich umformen in Nebensätze mit der unterordnenden Konjunktion «if, wenn»:

> ⁽Had there *been* conflicting viewpoints ⁽ᴺ⁾ ⁽there *would have been* real difficulty ⁽ʰ⁾

Insgesamt wichtig: Der *Form*unterschied «independent clauses – main clause and subordinate clause» *verliert* alle Bedeutung, sobald es sich um *indirekte Rede*, angeführte Gedanken und Gefühle handelt («reported speech»). Hier steht vollkommen gleichwertig nebeneinander:

> ⁽He knew ⁽ʰ⁾ ⁽that he was wrong ⁽ᴺ⁾   ⁽He knew ⁽ʰ⁾ ⁽he was wrong ⁽ᴺ⁾
> Er wußte, *daß er im Fehler war*   Er wußte, *er war im Fehler*

8.22   Propositionen mit Infinitiv als Kern (infinitive clauses, Untergruppe 1 der «non-finite clauses»)

Den deutschen Propositionen mit Infinitiv als Kern (Ziff. 8.03'B) stehen die *infinitive clauses* gegenüber, die eine erste Gruppe der *non-finite clauses* (infiniten Propositionen) bilden. Das «to» entspricht dem deutschen «zu» und steht wie dieses direkt vor dem Infinitiv – aber der Infinitiv samt dem «to» bildet *den Anfang* der ganzen Proposition und nicht, wie im Deutschen, den Schluß. Zum Vergleich:

> ⁽He was forced ⁽ʰ⁾ ⁽*to make* a compromise ⁽ᴺ⁾   ⁽It is your task ⁽ʰ⁾ ⁽*to find* a better solution ⁽ᴺ⁾
> Er war gezwungen, einen Kompromiß zu machen   Es ist deine Aufgabe, eine bessere Lösung zu finden
>
> ⁽It would be dangerous ⁽ʰ⁾ ⁽*to frustrate* him ⁽ᴺ⁾   ⁽*To answer* this question ⁽ᴺ⁾ ⁽we will go back to the origins ⁽ʰ⁾
> Es wäre gefährlich, ihn zu enttäuschen   Um diese Frage zu beantworten, wollen wir auf die Anfänge zurückgehen
>
> ⁽*To leave* the matter there ⁽ᴺ⁾ ⁽would overstate the case ⁽ʰ⁾
> Die Sache dabei bewenden zu lassen, würde zu einer Überschätzung des Falles führen
>
> ⁽He expected her ⁽ʰ⁾ ⁽*to act* otherwise ⁽ᴺ⁾
> Er erwartete von ihr, *daß* sie anders handeln würde

Der Infinitiv mit «to» kann aber, wie der deutsche zu-Infinitiv, auch als bloßer Bestandteil im Rahmen einer einzigen Proposition dienen:

> ⁽He *had to follow* them⁾   ⁽She *seems to be* tired⁾   ⁽The work *started to go* really wrong⁾
> Er hatte ihnen zu folgen   Sie scheint müde zu sein   Die Sache begann entschieden falsch zu laufen

8.23   Propositionen mit ing-form als Kern (Untergruppe 2 der «non-finite clauses»)

Außerordentlich häufig und vielfältig ist der Gebrauch von Propositionen mit einer *ing-form* (grob dem deutschen Partizip I entsprechend, oft je nach Gebrauch als «present participle» oder als «gerund» bezeichnet) *als Kern*. Bei der Übersetzung ins Deutsche verwendet man teils finite Nebensätze, teils gereihte (finite) Teilsätze, teils nichtverbale Gefüge:

They found a good-looking woman ᴴ	just *making* herself tea in a small sitting room ᴺ
Sie fanden eine gut aussehende Frau,	sie *machte* sich gerade Tee in einem kleinen Wohnzimmer
	die sich gerade Tee *machte* in einem kleinen Wohnzimmer
	beim Zubereiten ihres Tees in einem kleinen Wohnzimmer
Putting the problem this way ᴺ	we will find a better solution ᴴ
Wenn wir die Aufgabe so *stellen*	werden wir eine bessere Lösung finden
Durch eine solche Aufgabenstellung	
Having finished his work ᴺ	he went for a walk ᴴ
Nachdem er seine Arbeit *beendet hatte*	ging er weg für einen Spaziergang
Nach Beendigung seiner Arbeit	

Das Besondere an dieser Art von infiniten Propositionen im Englischen ist, daß man sie auch durch eine *Präposition* an irgend einer Stelle an den Hauptsatz anschließen kann, wie ein Satzglied aus einem Nomen + Präposition, aber mit Erhaltung der verbalen Struktur:

She raised the money ᴴ	*by selling* her jewellery ᴺ	*After viewing* the results ᴺ he continued ᴴ
Sie brachte das Geld auf	indem sie ihren Schmuck verkaufte	Nachdem er die Resultate betrachtet hatte
	(*durch* Verkaufen ihres Schmucks)	(nach dem Betrachten der Resultate) machte er weiter
What's the good ᴴ *of doing* that ᴺ?	It will be useful for them ᴴ *in drawing* their own reform plans ᴺ	
Was hilft es, das zu tun?	Es ist nützlich für sie beim Entwerfen ihrer eigenen Reformpläne	

Eine ing-form kann aber auch als bloßes Bestandstück im Rahmen einer Proposition dienen:

He *is working*	They started *talking* about it	He *keeps* the fire *burning*
Er ist an der Arbeit	Sie begannen darüber *zu sprechen*	Er *bringt* das Feuer *zum Brennen*
(progressive form)		

8.24 Propositionen mit past participle als Kern (Untergruppe 3 der «non-finite clauses»)

Als Kern einer infiniten Proposition, meistens als Nebensatz (subordinate clause) aufgefaßt, kann auch ein *past participle* (dem deutschen Partizip II entsprechend) verwendet werden. Solche Propositionen sind aber lange nicht so häufig wie diejenigen mit Infinitiv oder mit ing-form als Kern.

Das Partizip bezieht sich meistens auf das Subjekt des Hauptsatzes, wie sich bei der Umformung und bei Übersetzungen ins Deutsche zeigt. Dabei sind ganz verschiedene Stellungen der non-finite clause möglich:

Crispin, *delighted* at the news ᴺ, rushed to the telephone ᴴ	Crispin, entzückt von diesen Nachrichten, stürzte zum Telephon – oder ... der entzückt war von diesen Nachrichten ...
Crispin rushed to the telephone ᴴ, *delighted* at the news ᴺ	
Delighted at the news ᴺ, Crispin rushed to the telephone ᴴ	

Es sind aber auch andere Zuordnungen zu Satzgliedern des Hauptsatzes möglich:

These refugees were in paradise ᴴ	Diese Flüchtlinge waren im Paradies
compared with those ᴺ	verglichen mit denjenigen (Anschluß an Subjekt)
temporarily housed in the *huge warehouse* ᴺ	die zeitweise im großen Warenhaus untergebracht waren (Anschluß an Präpositional-Ausdruck), das normalerweise dazu diente
normally used ᴺ for storing cargo ᴺ	(Anschluß an Präpositional-Ausdruck), Fracht zu speichern

Das als Subjekt oder Objekt zu Verstehende kann aber auch in der gleichen Proposition genannt sein wie das Partizip (Beispiel aus der Beschreibung eines Marktes in Afrika):

> The traders sat on the red earth of the market square ⁽ᴴ⁾, their wares neatly set out on the ground ⁽ᴺ⁾
> Die Händler saßen auf der roten Erde des Marktplatzes, ihre Waren säuberlich ausgebreitet auf dem Boden – oder mit finitem Nebensatz und «Waren» als Akkusativobjekt übersetzt: «… wobei sie ihre Waren auf dem Boden ausgebreitet hatten» oder mit gereihtem Teilsatz mit «Waren» als Subjekt: «… dabei lagen ihre Waren säuberlich ausgebreitet auf dem Boden»

Ein Beispiel, wie man es nicht selten in Erörterungen findet:

> All things considered ⁽ᴺ⁾ he has done very well ⁽ᴴ⁾
> Alles in Betracht gezogen (Wenn man alles in Betracht zieht) hat er völlig richtig gehandelt

8.25 Propositionen ohne Verb (verbless clauses) – teilweise zu den Nebensätzen zu rechnen

Bei den Propositionen *ohne Verb* (verbless clauses) kann man die gleichen Gruppen unterscheiden wie im Französischen (Ziff. 8.19) und im Deutschen (Ziff. 8.04'C'D und 8.05).

A Anreden, Ausrufe, kurze Bejahungen und Verneinungen (Beispiele aus einem Stück von Shaw):

> O not again dear. Is it my fault ⁽ᴴ⁾ that I'm married to you ⁽ᴺ⁾? No dear, that is my fault.

B Kombinationen von Satzgliedern ohne Verb («reduced clauses»):

> The prime minister at the helm for the past eight years evoked a very different nation
> Der Premierminister, am Ruder seit acht Jahren, zeichnete ein ganz anderes Bild der Nation
>
> Afraid of the dark she switched on all the lights
> Ängstlich wegen des Dunkels, drehte sie alle Lichter an
>
> Without his shoes on he slipped on the polished floor
> Ohne Schuhe an (Weil er seine Schuhe nicht an hatte), glitt er aus auf dem glatten Boden

C Als Kommentar aufzufassende Ausdrücke (andere gedankliche Ebene):

> Unemployment among blacks is running at more than 20% double the rate for whites
> Die Arbeitslosigkeit geht bei den Schwarzen über 20%, (und das ist) das Doppelte des Prozentsatzes für die Weißen (des Anteils der Arbeitslosen an der weißen Bevölkerung).

8.26 Das Komma im Englischen: viel mehr stilistische Freiheit

Das Setzen der *Kommas* ist grundsätzlich anders geregelt als im Deutschen. Man kann, wenn man will, eine ganze Reihe von Propositionen aneinanderhängen, ohne Komma – man kann aber auch durch ein Komma einen leichten Einschnitt im Text signalisieren, als Hilfe für die Lesenden, und zwar zwischen Propositionen wie innerhalb von Propositionen. Zwei Beispiele, zum Vergleich.

Ein Satz aus dem Buch des amerikanischen Linguisten Martin Joos «The English Verb», 1958, bestehend aus sechs Propositionen, mit nur zwei Kommas, die innerhalb der ersten Proposition das Satzglied «then» leicht abheben:

> ⌒One purpose of this book, then, is⌒ ⌒to please some readers⌒ ⌒and annoy others⌒ ⌒by showing⌒
> Ein Zweck dieses Buches ist es also, einigen Lesern zu gefallen und andere zu ärgern, indem gezeigt wird,
>
> ⌒what happens⌒ ⌒when the philosophy of natural history is applied to native language⌒.
> was passiert, wenn die Denkweise der Naturwissenschaften angewendet wird auf die von klein an erlernte Sprache

Drei Sätze aus «Betrayal», von Harold Pinter, aus insgesamt acht Propositionen bestehend, mit insgesamt 11 Kommas (Robert erklärt seiner Frau, warum zwei Männer lieber ohne ihre Frauen Squash spielen und nachher auch ohne sie im Restaurant zu Mittag essen):

> 1 ⌒You don't actually want a woman within a mile of the place, any of the places, really⌒.
> 2 ⌒You don't want her in the squash court⌒, ⌒you don't want her in the shower, or the pub, or the restaurant⌒.
> 3 ⌒You see⌒, ⌒at lunch you want⌒ ⌒to talk about squash, or cricket, or books, or even women, with your friend⌒, ⌒and to be able⌒ ⌒to warm to your theme without fear of improper interruption⌒.

Also: kein Komma vor einer infinitive clause, im Gegensatz zum Deutschen, und Komma gestattet vor «or» innerhalb einer Proposition, was beim deutschen «oder» gegen die Regeln wäre.

8.27 Propositionen können auch inhaltliche Einheiten sein, aber sie müssen es nicht

Grundsätzlich muß man sehen, daß Propositionen in erster Linie *formale, grammatische* Einheiten sind. Sie *können* auch inhaltliche Einheiten sein, und sie sind es oft. Aber sie können – auch wenn sie grammatisch vollständig sind, mit eigenem Verb und Satzgliedern – auch nur als *Teile größerer inhaltlicher Einheiten* dienen. Oft bildet z. B. der erste Teil eines Hauptsatzes eine inhaltliche Einheit, und ein Satzglied des Hauptsatzes mit einem daran anschließenden Nebensatz bildet eine zweite inhaltliche Einheit. Zur Illustration ein weiteres Stückchen aus «Betrayal», mit Markierung der Propositionen und der inhaltlichen Einheiten (Robert ist mit seiner Frau in Venedig, sie reden von vergangenen Ausflügen nach Torcello):

⌒How many times have we been to Torcello⌒?	⌒Twice⌒	
Frage	Antwort	(hier also jede Proposition auch inhaltliche Einheit)
⌒I remember⌒ ⌒how you loved it,	the first time⌒ ⌒I took you there⌒.	⌒You fell in love with it⌒
Aufrufen einer Erinnerung, durch main clause für den *Akt* des Erinnerns und Grundbestand der subordinate clause für den *erinnerten Inhalt*	Zeitpunkt, durch freier eingefügtes Satzglied und daran anschließende contact clause	Weiterer erinnerter Inhalt (hier die independent clause zugleich eine inhaltliche Einheit)
⌒That was ten years ago⌒ ⌒wasn't it⌒?	⌒About six months⌒ ⌒after we were married⌒	
Zeitpunkt genauer erfragt, durch zwei gereihte clauses, eine für den Zeitpunkt selbst und eine für verstärkende «tag question»	«Zeitpunkt emotional», in Relation zur Dauer der (jetzt ja zerbrechenden) Ehe – durch nichtverbalen Ausdruck mit angefügter subordinate clause	

8/IV Formalstrukturen für die Verknüpfung von Propositionen im Lateinischen

8.28 Finite Propositionen als gereihte Teilsätze und als Haupt- und Nebensätze (H-N-Fügung)

Auch im Lateinischen gibt es, wie in den andern drei Sprachen, *Reihung* von Propositionen (d. h. gereihte Teilsätze) und *H-N-Fügung* (d. h. Verknüpfung von Propositionen als Hauptsatz und Nebensatz). Die beiden Möglichkeiten sind aber *viel weniger scharf* voneinander abgehoben als im Deutschen, weil für einen Nebensatz keine bestimmte Wortstellung verlangt wird. Dazu kann das Einleitungswort für den Nebensatz (Relativ bzw. Interrogativ oder unterordnende Konjunktion) auch an zweiter oder dritter Stelle erscheinen, es braucht nicht den Anfang des Nebensatzes zu bilden.

A Gereihte Teilsätze, unverbunden oder durch beiordnende Konjunktionen verknüpft

⌐Homo sum⌐, ⌐humani nil a me alienum puto⌐.	(Terenz, Mendemus im «Selbstbestrafer» zu seinem Nachbarn Chremes): Ein Mensch bin ich, nichts Menschliches halte ich für mir fremd
⌐Ego istuc aetatis non amori operam dabam⌐, ⌐sed in Asiam hinc abii propter pauperiem⌐ ⌐atque ibi rem et gloriam armis belli repperi⌐.	(Menedemus in der Tadelsrede an den verliebten Sohn): Ich, in diesem Alter, verschwendete keine Mühe auf Liebessachen, sondern zog von hier weg nach Asien, und dort gewann ich Vermögen und Ruhm durch die Waffen des Kriegs

Gereihte Teilsätze finden sich in den lateinischen Texten in ihrer modernen Interpunktion nicht so oft – man muß dabei bedenken, daß die Einteilung in Sätze (das Setzen von Punkten) nicht aus den Originalmanuskripten der Textverfasser überliefert ist, sondern von den Herausgebern vorgenommen wurde, etwa vom 16. Jahrhundert an. Dabei neigen viele Herausgeber dazu, alle als einfache Sätze *möglichen* Propositionen auch als einfache Sätze zu *kennzeichnen*, d. h. durch Punkt abzuschließen, und nicht mehrere solche Propositionen als gereihte Teilsätze zu einem Satz zusammenzunehmen, wenn nicht beiordnende Konjunktionen vorhanden sind. Wie die *Verfasser selbst* solche Propositionen-Folgen zu Sätzen zusammennahmen oder nicht (und von den Hörern/Lesern zusammengenommen haben wollten, hörend, laut lesend oder still lesend), das läßt sich nicht nachweisen, sondern nur aus dem Stil erschließen (siehe schon Ziff. 2.19–2.21).

B Hauptsätze und Nebensätze, H-N-Fügung

Die Nebensätze können angefügt sein durch Pronomen oder Partikeln mit «*qu-*» (z. B. «*qui, quod, quando*» – dazu auch «*cur, ubi*» und andere) oder durch *unterordnende Kon-*

junktionen, die oft auch aus qu-Partikeln entstanden sind («*quam, tamquam, cum*»). Wörter wie «*qui, quod, ubi*» in Nebensätzen werden in den lateinischen Grammatiken nicht generell als Relative bezeichnet, sondern in der indirekten Rede als Interrogative (zu den Bedeutungsunterschieden, die hier vorliegen, siehe Ziff. 10.09, 10.56, 12.58). Auffällig beim Blick von den modernen Sprachen her ist, daß alle Einleitungswörter für Nebensätze auch im Innern der Proposition stehen können, nicht nur an der Spitze.

Beispiele aus dem Monolog des Clitipho im «Selbstbestrafer», nachdem sein Vater Chremes ihm das Unglück des verliebten Sohns von Menedemus als warnendes Beispiel vorgehalten hat:

⌐Ex sua lubidine moderantur⌐ᴴ ⌐nunc *quae* est ⌐ᴺ ⌐non *quae* olim fuit ⌐ᴺ

⌐mihi *si* umquam filius erit ⌐ᴺ ⌐ne ille facili me utetur patre ⌐ᴴ.

⌐Nam et cognoscendi et ignoscendi dabitur peccati locus⌐;

⌐non ut meus ⌐ᴴ ⌐*qui* mi per alium ostendit suam sententiam ⌐ᴺ.

⌐Perii! ⌐Is mi *ubi* adbibit plus paulo ⌐ᴺ sua *quae* narrat facinora ⌐ᴴ.

Aus ihrem Bedürfnis («ihrer Antriebsstruktur») heraus halten sie uns im Zaum, so wie es (das Bedürfnis) jetzt ist, nicht wie es einst (auch bei ihnen) war; wenn mir jemals ein Sohn zuteil werden wird, sicher wird er mit mir als einem nachgiebigen Vater umgehen können. Denn es wird Gelegenheit sein, Fehler zwar zu erkennen, aber auch zu verzeihen; nicht wie meiner, welcher mir durch einen andern sein Urteil (über mich) zeigt. Ich bin verloren [«Zum Teufel»]! Er, wenn er etwas mehr als gewöhnlich getrunken hat, was für von ihm geleistete Übeltaten er mir erzählt! (oder mit zusätzlichem Nebensatz: «Er erzählt mir ... seine Übeltaten, wie groß sie waren»)

8.29 Infinitiv mit Satzgliedern als Teil einer finiten Proposition oder als eigene infinite Proposition

Infinitive mit Satzgliedern, d. h. verbale Wortketten im Infinitiv, werden im Lateinischen noch häufiger und in noch vielfältigeren Kombinationen gebraucht als in den modernen Sprachen. Einige davon sind vom Deutschen und überhaupt den modernen Sprachen her leicht nachzuvollziehen, andere dagegen erscheinen fremdartig, vor allem oft der «Akkusativ mit Infinitiv».

Daher wird hier zuerst ein Überblick über die ganze Verwendungsbreite von Infinitiven und ganzen verbalen Wortketten im Infinitiv geboten, an Hand der schematisch durchgezogenen verbalen Wortkette «Satiram scribere – eine Satire schreiben» (das Nomen «satira» wird auf dem -a- betont, im Gegensatz zur Betonung des deutschen Nomens «Satire»).

A Infinitiv als Verb-Teil im Rahmen einer finiten Proposition; das für die Verb-Personalform gesetzte oder zu erschließende *Subjekt* gilt auch für den Infinitiv; komplexe verbale Wortkette im Infinitiv bildbar («scribere velle, legere posse – schreiben wollen, lesen können»)

⌐Ille satiram *scribere vult*⌐ et vero *scribit*⌐.
Jener will eine Satire schreiben – und er schreibt (sie) tatsächlich.

⌐Omnes *legere volunt*⌐ et *legent*⌐.
Alle wollen sie lesen – und werden (sie) lesen.

8/IV Formalstrukturen für die Verknüpfung von Propositionen im Lateinischen 355

B Verb-Personalform im Passiv (nur für wenige Verben wie «videtur, wird betrachtet als ...» oder «dicitur, wird bezeichnet als ...»); sonst wie bei A, Infinitiv als Verb-Teil zu betrachten, mit gleichem Subjekt wie die Personalform; Fachausdruck: Nominativ mit Infinitiv, *nominativus cum infinitivo*

> Ille satiram *scripsisse videtur* – vero *scripsit*?
> Jener scheint eine Satire geschrieben zu haben – hat er (wirklich eine) geschrieben?
>
> Multi *legisse dicuntur* – multi *legerunt*?
> Viele sollen sie gelesen haben – viele haben sie gelesen? (wörtlich nachgebildet: «Viele gelesen haben, sie werden so bezeichnet»)

C Infinitiv als *Subjekt* für die Personalform aufzufassen; Subjekt für den Infinitiv entweder offen bleibend (vom Hörer/Leser frei wählbar) oder aus einem andern zur Personalform gehörigen Satzglied zu entnehmen; Übergänge von Infinitiv als Satzglied zu verbaler Wortkette als Nebensatz

> *Scribere* difficile *est*
> (Zu) schreiben ist schwierig [für jedermann, kein bestimmtes Subjekt]
>
> Satiram *scribere* tibi *licet*
> Eine Satire zu schreiben steht dir frei («Daß du eine Satire schreibst, ...»)

D *Subjekt* für den Infinitiv festgelegt durch ein *Satzglied im Akkusativ*, das *enger* mit dem Infinitiv als mit dem Verb des Hauptsatzes zusammengehört; daneben auch Akkusativ als Objekt möglich; Infinitiv auch im Passiv möglich; Fachausdruck: Akkusativ mit Infinitiv, *accusativus cum infinitivo*

> Illum satiram *scripsisse* [N] *dicunt* [H] – ille *scripsit*?
> Daß jener eine Satire geschrieben habe, sagen sie; hat er (eine) geschrieben?
>
> Ab illo *satiram scriptam esse* [N] *credo* [H]
> Daß von jenem (diese) Satire geschrieben worden ist, (das) glaube ich

E Verbale Wortkette als *Hauptsatz*, an den ein Nebensatz angefügt ist; Subjekt aus dem Zusammenhang zu entnehmen

> Non *scribere* satiram [H] *quae* illos *offenderet* [N]!
> Nicht eine Satire schreiben, die jene kränken könnte!

F Verbale Wortkette als *einfacher Satz* oder als *gereihter Teilsatz*, Subjekt aus dem Redezusammenhang zu entnehmen

> Satiram *scribere*?
> Eine Satire schreiben?
>
> Non *tacere* [R], satiram *scribere* [R]!
> Nicht schweigen, eine Satire schreiben!

G Verbale Wortkette im *Infinitiv* mit einem *Subjekt* verbunden, als besonderes Stilmittel für einen Ausruf oder beim Erzählen (dann «historischer Infinitiv» genannt)

> Tu satiram *scribere*!
> Du – eine Satire schreiben!
>
> Ille satiram *scribere*, omnes *legere*, omnes *gaudere*
> Jener hat eine Satire geschrieben, alle haben sie gelesen, alle haben Spaß daran gehabt (Wörtlich: «Jener – eine Satire schreiben; alle: sie lesen; alle: Spaß daran haben»)

8.30 Textbeispiele für die vier Verwendungsweisen von Infinitiven, allein und mit Satzgliedern

A Infinitiv als reiner Verb-Teil, gleiches Subjekt wie für die Verb-Personalform

Diese Kombination ist sehr häufig, vor allem mit Verben wie *posse* (können), *velle/nolle/malle* (wollen/nicht wollen/lieber wollen), *coepisse* (beginnen), *incipere* (anfangen), *audere* (wagen). Je drei Beispiele aus Terenz (Selbstbestrafer, Szene 1) und Cicero (De legibus, Buch 3):

Scire hoc *vis*?	*Eius filiam ille amare coepit perdite*	*Nec tibi ille est credere ausus*
Wissen willst du das?	Deren Tochter begann er toll zu lieben	Und dir zu glauben hat er nicht gewagt
Nec laudare possum	*Dux enim suo periculo progredi cogitat*	
Nicht loben kann ich	Der Anführer bedenkt nämlich, daß er unter persönlicher Gefahr vorgeht	
Philosophi hoc facere debent		
Die Philosophen sollen das tun		

B Infinitiv als reiner Verb-Teil bei Personalform im Passiv («Nominativ mit Infinitiv»)

Diese Kombination ist seltener (in Szene 1 des «Selbstbestrafers» ein einziges Beispiel, in Buch 3 von «De legibus» 5 Beispiele – gegenüber 25 für A und 40 für D):

Mihi videris praeter aetatem tuam *facere*	*Scipione auctore haec lex lata esse dicitur*
Mir scheinst du über dein Alter hinaus zu arbeiten	Auf Antrag von Scipio sei dieses Gesetz erlassen worden, wird gesagt

C Infinitiv als Subjekt für die Personalform, Subjekt für Infinitiv aus Hauptsatz zu entnehmen

Diese Kombination ist häufiger als B, aber weniger häufig als A und D (in Szene 1 von Terenz 1 Beispiel, in «De legibus» 14 Beispiele; Übergänge von *einer* Proposition zu Paar aus Hauptsatz + Nebensatz):

C 1 *Einfache Infinitive*, als *Subjekt* (gelegentlich als *Prädikativ*) zur Personalform zu sehen:

Errare humanum *est*	(Loquor de docto homine) *cui vivere* est *cogitare*
Irren ist menschlich	(Ich spreche von einem gebildeten Menschen), für welchen *zu leben* heißt *zu denken* (also: «vivere» Subjekt, «cogitare» Prädikativ zu «est»)

C 2 Infinitiv als *Kern einer eigenen Proposition*, Subjekt zu entnehmen aus einem Satzglied des Hauptsatzes, das dort nicht Subjekt ist:

Sapientis civis fuit [H] *causam ita popularem perniciose populari civi non relinquere* [N]
Aufgabe eines so weisen Bürgers war es, eine so volkstümliche Angelegenheit nicht einem in gefährlicher Weise volkstümlichen Bürger zu überlassen («..., daß er ... nicht überließ»)
Est senatori necessarium [H] *nosse* rem publicam [N] ... *tenere* consuetudinem decernendi [N] ...
Es ist für einen Senator unerläßlich, das Staatswesen zu kennen ... die Praxis der Beschlußfassung zu beherrschen ... («..., daß er ... kennt ... beherrscht»)

D Akkusativ mit Infinitiv, der Akkusativ ist als Subjekt für den Infinitiv zu sehen

Diese Kombination ist besonders häufig, in Texten aller Art (in den 121 Versen der Szene 1 von Terenz 15 Beispiele, in Buch 3 von «De legibus» von Cicero 40 Beispiele).

Beispiel aus Terenz mit Ineinandergreifen von finiten und infiniten Propositionen (Menedemus schildert seinen Entschluß, Buße für seine harte Haltung zu tun, sieben Propositionen):

[1]*Decrevi* [H] [2]*tantisper me minus iniuriae* [3]*Chreme meo gnato facere* [N] [4]*dum fiam miser* [N] [5]*nec fas esse* [N] [6]*ulla me voluptate hic frui* [N] [7]*nisi ubi ille huc salvus redierit meus particeps* [N]
Ich beschloß («kam zum Ergebnis»), daß ich solange (doch) weniger Unrecht, Chremes, meinem Nachkommen antue, wie ich (selber) elend werde, und daß es nicht recht sei, daß (wenn) ich hier irgend eine Freude genieße, wenn (solange) nicht jener gesund hierher zurückgekehrt sein wird als mein Teilhaber (an allem, was ich habe und genieße).

(1) Hauptsatz – (2) Nebensatz (a. c. i.) zu (1), unterbrochen durch die Anrede (3) – (4) Nebensatz (im Konjunktiv) zu (2), also Nebensatz 2. Grades zu (1) – (5) weiterer Nebensatz (a. c. i.) zu (1), also parallel zu (2) – (6) Nebensatz (a. c. i.) zu (5), also Nebensatz 2. Grades zu (1) – (7) Nebensatz zu (6) (Futur II), also Nebensatz 2. Grades zu (5) und 3. Grades zu (1).

Vier Beispiele (von den 40 vorhandenen) aus Cicero, De legibus, Drittes Buch:

> Ex his autem ... populare sane ⁽ᴴ⁾ neminem in summum locum nisi per populum *venire* ⁽ᴺ⁾
> Aus dem heraus erscheint es als richtig demokratisch, daß niemand auf die höchste Stelle (in das höchste Amt) komme außer durch das Volk (d. i. durch demokratische Wahl)
>
> Ista sententia *te fuisse* semper ⁽ᴺ⁾ scio ⁽ᴴ⁾
> Daß du immer dieser Meinung gewesen bist, weiß ich
>
> In privos homines *leges ferri* ⁽ᴺ⁾ noluerunt ⁽ᴴ⁾
> Daß für einzelne Männer Gesetze gegeben würden (nämlich im Senat, nicht in einer Vollversammlung des Volkes) wollten sie (nämlich: die Vorfahren) nicht
>
> Quis autem non sentit ⁽ᴴ⁾ auctoritatem omnem optimatium *tabellariam legem abstulisse* ⁽ᴺ⁾?
> Wer aber merkt nicht, daß der Beschluß zur geheimen Stimmabgabe («tabellariam», nämlich durch Stimmtäfelchen) allen Einfluß der Vornehmen weggenommen hat?

E und F Verbale Wortkette als Hauptsatz, einfacher Satz, gereihter Teilsatz

Diese sehr einfachen («primitiven») Formalstrukturen werden in den ausformulierten Texten ziemlich selten gebraucht, es ist daher nicht erforderlich, hier über den grundsätzlichen Nachweis hinaus weitere Beispiele zu geben.

G Verbale Wortkette im Infinitiv mit einem Subjekt kombiniert

Diese Formalstruktur wird als stilistische Möglichkeit beim lebhaften Erzählen von Caesar nicht selten angewendet. Ein Beispiel (Bellum gallicum, 16), in welchem er die Trägheit der Häduer in der Lieferung des versprochenen Getreides beschreibt:

> Diem ex die *ducere* Aedui ⁽ᴿ⁾: conferri ⁽ᴺ⁾ comportari ⁽ᴺ⁾ adesse ⁽ᴺ⁾ dicere ⁽ᴴ⁾
> Einen Tag um den andern ließen die Häduer verstreichen: es (das Getreide) werde zusammengetragen, transportiert, sei schon da, sagten sie

Die drei nur aus je einem Infinitiv bestehenden Propositionen «*conferri*, zusammengetragen werden – *comportari*, transportiert werden – *adesse*, da sein» sind mit einem schon vorher genannten «frumentum» oder «frumenta» zu verbinden und als Akkusativ mit Infinitiv zu «*dicere*» zu verstehen. Vervollständigt und mit Umsetzung der historischen Infinitive in 3. P. Plural: «Diem ex die *ducebant* Haedui: frumenta conferri, comportari, adesse *dicebant*».

8.31 Infinitive als Objekte für die ihnen übergeordneten Verben?

In den meisten Latein-Grammatiken von deutschsprachigen Verfassern wird ein Infinitiv vom Typ A (gleiches Subjekt für Verb-Personalform und Infinitiv, Beispiele «Nec laudare possum, ich kann nicht loben» oder «Philosophi hoc facere debent, die Philosophen sollen das tun») als *Objekt* zu dem als Personalform gesetzten Verb betrachtet. Das kommt daher, daß diese Grammatiken von der traditionellen deutschen Satzgliedertheorie ausgehen (siehe Ziff. 6.02) und daß diese Satzgliederlehre den Begriff «mehrteiliges

Verb – verschiedene Verbteile» (Ziff. 3.01 und 3.02) gar nicht kennt. In dieser traditionellen deutschen Satzgliedertheorie steht daher für *alles*, was neben dem Subjekt *direkt* verbunden ist mit einem Verb wie «posse, velle, debere – können, wollen, sollen» nur der Begriff «*Objekt*» zur Verfügung, verstanden als «Ergänzung» zu einem «Verb mit unvollständiger Aussage». In einer Proposition wie «Philosophi *hoc facere debent*» gehören dann zu «debent» *zwei* Objekte, nämlich «facere» und «hoc».

Dadurch wird aber der Satzgliedbegriff «Objekt» so ausgeweitet, daß er sich überhaupt nicht mehr klar fassen läßt. Die Beziehung zwischen einem Verb und dem zugehörigen Akkusativobjekt (z. B. «*discipulum laudare* – den/einen Schüler loben») ist etwas grundsätzlich anderes als die Beziehung zwischen einem gefügebildenden Verb und dem mit ihm verbundenen Infinitiv (z. B. «eum *laudare velle* – ihn loben wollen» oder «*fieri posse* – geschehen können»).

Es ergibt sich daher eine viel klarere Beschreibung der tatsächlichen Verhältnisse, im Lateinischen wie im Deutschen, wenn man den Begriff «*Objekt*» konsequent auf die *fallbestimmten Satzglieder mit bestimmter Ersetzbarkeit* beschränkt (wie in Ziff. 6.06 für das Deutsche gezeigt und in der feineren Kasuslehre der lateinischen Grammatiken seit je üblich, siehe Ziff. 6.24) und wenn man für die Kombination eines Infinitivs (oder anderer infiniter Verbformen) mit einem gefügebildenden Verb den *besonderen Begriff* «*Verb-Teile*» (Ziff. 3.01 und 3.02) verwendet. Man kann dann auch die komplexen verbalen Wortketten (mit zwei oder sogar mehr Infinitiven) besser verstehen, z. B. im folgenden Satz aus einem Brief Ciceros an seinen Bruder Quintus:

> Senatus fuit frequentior quam *putabamus esse posse* mense Decembri sub dies festos
> Der Senat war besser besucht, als wir *glaubten*, es *könne sein* im Dezember so nahe bei den Festtagen
> wörtlich nachgebildet «... als wir *ihn glaubten sein zu können*»

8.32 Infinitive und verbale Wortketten im Infinitiv an der Stelle von Subjekten

Gut begründet ist, im Gegensatz zu der in Ziff. 8.31 kritisierten Auffassung des Infinitivs als (Akkusativ)-Objekt, die ebenfalls in allen Grammatiken vertretene Auffassung, ein Infinitiv (oder eine ganze verbale Wortkette im Infinitiv) könne die Stelle eines *Subjekts* (im Rahmen der Proposition oder als Nebensatz für den Hauptsatz) einnehmen:

Ridiculum est *istuc me admonere*	Est senatori necessarium *nosse rem publicam*
Lächerlich ist, mich daran zu mahnen	Für einen Senator ist unerläßlich, das Staatswesen zu kennen

Das *Subjekt* steht eben in einer *anderen, freieren* Beziehung zur Verb-Personalform als das Akkusativobjekt. Der Begriff «Subjekt» ist *nicht* durch den *Kasus* definiert, sondern durch die *Auflösbarkeit* einer finiten Proposition in verbale Wortkette im Infinitiv und zu dieser hinzugetretenes (und dabei eine bestimmte Verb-Personalform forderndes) Satzglied, siehe Ziff. 3.12 und folgende. Die Beziehung zur Verb-Personalform (und damit zum ganzen übrigen Bestand der Proposition) kann damit *wesentlich gleich* sein für ein Subjekt aus einem *Infinitiv* oder einer ganzen verbalen Wortkette und für ein Subjekt aus einem *Nominativ* eines Nomens oder Pronomens. Zwei Fassungen einer Proposition mit dem gleichen Sachgehalt – links mit verbaler Wortkette im Infinitiv als Subjekt, rechts nominaler Ausdruck im Nominativ als Subjekt:

Me istuc monere ridiculum est	*Haec admonitio* ridicula est
Mich daran zu mahnen ist etwas Lächerliches	Diese Ermahnung ist lächerlich

8/IV Formalstrukturen für die Verknüpfung von Propositionen im Lateinischen

Für das *Verstehen* kommt es aber viel weniger darauf an, daß man den Infinitiv bzw. die verbale Wortkette als Besetzung der Stelle des Subjekts (im Rahmen der Proposition oder für den Hauptsatz) erkennt, sondern daß man erfaßt, was *für den Infinitiv als Subjekt* zu denken ist (im obigen Beispiel «ridiculum est istuc me monere»: daß *der angesprochene* Partner den Sprecher gemahnt hat und daß *das* als lächerlich bezeichnet wird). Der Infinitiv nimmt ja gelegentlich nicht nur die Stelle des Subjekts ein, sondern auch die des Prädikatsnomens («cui *vivere cogitare* est –für den leben denken ist», Cicero). Ebenso kann ein Akkusativ mit Infinitiv oft *als ganzes* als Subjekt oder als Objekt für den Hauptsatz betrachtet werden, je nach dem Verb des Hauptsatzes, ohne daß die Bedeutungsbeziehung irgendwie anders wird:

⁀Nobis late *patet*⁀	⁀auctoritatem optimatium *hanc legem abstulisse*⁀
Uns ist völlig klar	daß dieser Beschluß den Einfluß der Vornehmen weggenommen hat
⁀Quis autem non *sentit*⁀	
Wer merkt nicht	

8.33 Akkusativ mit Infinitiv als Nebensatz oder als bloßes Satzglied?

In Latein-Grammatiken von deutschsprachigen Verfassern wird manchmal die Meinung vertreten, ein Akkusativ mit Infinitiv sei gar nicht als Nebensatz (d. h. als eigene Proposition), sondern nur als Satzglied zu betrachten. Eine sonst sehr gute Grammatik gibt dazu die etwas naive Begründung, der Akkusativ mit Infinitiv werde ja auch nicht durch Komma abgetrennt.

Eine solche Auffassung liegt nahe bei denjenigen Beispielen, in denen der Akkusativ, der das Subjekt für den Infinitiv liefert, zugleich (auch ohne den Infinitiv) als Objekt zum übergeordneten Verb gesehen werden kann:

| ⁀Video alios *festinare*⁀ | ⁀lectos *sternere*⁀ | ⁀cenam *parare*⁀ | (Video alios: *festinant*, lectos *sternunt* etc.) |
| Ich sehe andere eilen | Liegebetten aufstellen | die Mahlzeit bereiten | (Ich sehe andere: sie eilen, sie ...) |

Im Deutschen und im Französischen ergibt sich aus der Wortstellung, daß derartige Kombinationen nicht als Paare von Propositionen, sondern als geschlossene Propositionen aufgefaßt werden, wobei vom eingefügten Infinitiv eigene Satzglieder abhängig sein können:

| ⁀Ich *sehe* sie in die Küche *eilen*⁀ | ⁀In die Küche *sehe* ich sie *eilen*⁀ | ⁀Je les *vois* y *courir*⁀ etc. |

Die Auffassung als eine einzige Proposition wird aber *schwierig*, wenn der Akkusativ, der das Subjekt für den Infinitiv liefert, *nicht ohne diesen Infinitiv* mit dem übergeordneten Verb verbindbar ist:

| ⁀Illum tibi salvum *adfuturum esse* hic⁀ ⁀confido⁀ |
| Daß jener gesund wieder bei dir sein wird, darauf vertraue ich |

Man kann nicht sagen «illum confido» – das Verb «confidere» ist intransitiv; man kann es nur mit dem *ganzen* Akkusativ mit Infinitiv «illum tibi salvum adfuturum esse» verbinden.

Da es nun zwischen diesen beiden Arten von Akkusativ mit Infinitiv keineswegs eine klare Grenze gibt, erscheint es zweckmäßiger, *jeden* Akkusativ mit Infinitiv als *Nebensatz* (d. h. als eigene Proposition) aufzufassen, und die Proposition mit dem Ausdruck, von dem der Akkusativ mit Infinitiv abhängt, als den Hauptsatz. Auch die französischen Latein-Grammatiker rechnen praktisch jeden Akkusativ mit Infinitiv zu den «propositions infinitives». Dabei ist unbestritten, daß hier eine besonders enge Beziehung zwischen Hauptsatz und Nebensatz besteht und daß die beiden oft ineinander geschoben, ja richtig verschachtelt sind.

8.34 Supinum, Gerundium, Gerundiv: Kern eigener Proposition – als Teil in Proposition eingefügt

Fließende Übergänge von Kern einer eigenen infiniten Proposition über zusätzlichen Verb-Teil bis zu gewöhnlichem Satzglied finden sich beim Supinum, beim Gerundium und beim Gerundiv.

A Die beiden Formen des *Supinums* faßt man am besten als *zusätzliche Verb-Teile* auf. Was dabei als Subjekt zu denken ist, ergibt sich zum Teil aus der Personalform, zum Teil muß es aus dem Zusammenhang erschlossen werden:

⌐Tibi laudem *is quaesitum*⌐	⌐*Mansum* tamen *oportuit*⌐	⌐*Id* autem difficile *factu est*⌐
Du gehst dir Lob suchen (Subjekt aus Personalform zu entnehmen)	Zu bleiben war trotzdem erforderlich (Subjekt aus dem Zusammenhang zu entnehmen, hier: der Sohn von Menedemus)	Das aber ist schwer zu machen (Subjekt zu ergänzen: «... von jedem, der es versucht»)

B Das *Gerundium* präsentiert den (sonst durch Infinitiv dargestellten) *reinen Verbinhalt* als *fallbestimmtes Wort* und ermöglicht dadurch die verschiedenen Anschlüsse, die man durch die Kasus außerhalb des Nominativs signalisieren kann.

B 1 Gerundium eindeutig als Kern einer eigenen infiniten Proposition
Terenz, Menedemus spricht über seinen Sohn:

⌐Adulescentulus ⌐saepe eadem et graviter *audiendo*⌐ victus est⌐
Der junge Mann, oft dasselbe und gewichtig (vorgetragen) *hörend*, wurde überzeugt

«audiendo» = Gerundium im Ablativ, mit dem Objektsakkusativ «eadem» und den Adverbien «saepe, graviter»

B 2 Gerundium als Kern einer eigenen Proposition oder als bloßer Bestandteil auffaßbar:

⌐... quibus ius sit cum populo *agendi*⌐	oder:	⌐... quibus ius sit⌐ ⌐cum populo *agendi*⌐
... welchen das Recht des Verhandelns mit dem Volk zukommen solle		... welchen das Recht zukommen solle, mit dem Volk zu verhandeln (Subjekt aus «quibus» zu entnehmen)

⌐Opus est oratione vel *ad hortandum* vel *ad docendum*⌐
⌐Opus est oratione⌐ ⌐vel ad *hortandum*⌐ ⌐vel ad *docendum*⌐
Es bedarf der Rede für Ermahnung oder für Belehrung – um zu ermahnen oder um zu belehren

B 3 Gerundium eindeutig als gewöhnliches fallbestimmtes Satzglied (hier: Ablativ-Instrumental); Terenz, Chremes spricht dem Menedemus gut zu:

⌐Aut *consolando* aut *consilio* aut *re* iuvero⌐
Entweder *durch Trösten* oder *durch Rat* oder *durch Tat* werde ich bald geholfen haben

Das Gerundium im Ablativ «consolando» ist parallel zu den Nomen im Ablativ «consilio» und «re»

C Das *Gerundiv* enthält den besonderen Bedeutungsbeitrag «das als Verbinhalt Dargestellte *soll* ausgeführt werden, *ist auszuführen*.» Es steht dadurch in der Nähe des Passivs (siehe Ziff. 6.41): «Liber *legendus* est – Das Buch *ist zu lesen*, soll gelesen werden». In der *Lautung* ist das Gerundiv oft genau gleich wie das Gerundium, aber es kann wie ein Adjektiv mit einem Nomen-Substantiv oder Pronomen verbunden werden und paßt sich diesem an (Kongruenz).

C 1 Gerundiv als Verb-Teil, in Kombination mit Personalform oder Infinitiv:

Nec *est* umquam longa oratione *utendum*	(cogitare) brevi tempore sibi *esse parendum*
Nie ist von langer Rede Gebrauch zu machen	(bedenken), daß er in kurzer Zeit (auch) werde gehorchen müssen

C 2 Gerundiv fest in ein Satzglied eingebaut:

Quam ob rem aut *exigendi reges* non fuerunt aut plebi re, non verbo, *danda libertas*
Daher waren entweder die Könige nicht zu vertreiben (wörtlich: «nicht zu vertreibende») oder (es war) dem Volk tatsächlich, nicht nur in Worten, die Freiheit zu geben

Quod *in opere faciundo* operae consumis tuae si sumas *in illis exercendis* plus agas
Was du für das hier zu Leistende an Anstrengung aufwendest – wenn du es aufwenden wolltest in der Anleitung jener («in jenen – den Sklaven – als zu trainierenden») würdest du mehr erreichen

8.35 Propositionen mit Partizip als Kern – Übergänge zu Partizip als Satzglied oder Satzglied-Teil

Wie in den modernen Sprachen, so gibt es auch im Lateinischen Propositionen mit einem *Partizip als Kern*. Solche Propositionen werden in den lateinischen Grammatiken allgemein als Nebensätze betrachtet – man kann aber nicht selten schwanken, ob H-N-Fügung oder bloße Reihung vorliegt, daher sind in den folgenden Beispielen keine Markierungen durch «N» und zugehöriges «H» gegeben.

A Die *Form* des Partizips (Kasus, grammatisches Geschlecht, Zahl) signalisiert den *Anschluß* an das nicht als Satzglied gesetzte, sondern nur aus der Verb-Personalform und dem Zusammenhang zu entnehmende *Subjekt* des Hauptsatzes.

Menedemus erzählt von seinem Sohn:

Clam me profectus mensis tris abest
Ohne mein Wissen weggegangen, ist er schon drei Monate abwesend

Eine Übersetzung durch Nebensatz und Hauptsatz: «*Nachdem* er ohne mein Wissen weggegangen ist, ist er schon drei Monate abwesend»; mit gereihten Teilsätzen: «*Ohne mein Wissen* ist er weggegangen, jetzt ist er schon drei Monate fort». Wenn man das Ganze als eine einzige Proposition auffassen will, kann man «clam me profectus» als Subjekt betrachten, also etwa «*Der ohne mein Wissen Weggegangene* ist schon seit drei Monaten abwesend»).

Menedemus dann über sein eigenes Verhalten, seine Selbst-Kasteiung aus Reue:

Interea usque illi de me supplicium *dabo* laborans parcens quaerens illi serviens
Bis dahin werde ich jenem Buße leisten, (hart) arbeitend, sparend, erwerbend, ihm dienend

Oder mit Wiedergabe durch finite Nebensätze: «..., indem ich arbeite, spare ...», oder wenn man das Ganze als eine einzige Proposition und die vier Partizipien als bloße Satzglieder (Prädikativa) auffassen will: «... werde ich Buße leisten als ein hart Arbeitender, Sparender ...», oder dann mit Wiedergabe durch deutsche Präpokasus: «... Buße leisten durch harte Arbeit, Sparen, ...»).

Cicero beginnt das dritte Buch von «De legibus» mit der Aussage, er wolle hier einem von ihm besonders bewunderten Mann folgen (nämlich Platon, wie dann der Gesprächspartner Atticus ergänzt):

> ⸢Sequar ... divinum illum virum⸣ ⸢quem quadam admiratione *commotus*⸣
> ⸢saepius fortasse *laudo*⸣ ⸢quam necesse est⸣
> Ich werde mich anschließen an jenen göttergleichen Mann, welchen ich, von einer gewissen Bewunderung bewegt, vielleicht öfter lobe, als es notwendig ist

Man könnte «quadam admiratione commotus» auch als eingeschobenen gereihten Teilsatz betrachten und das durch die folgende Übersetzung verdeutlichen: «... welchen ich – ich werde dabei von einer gewissen Bewunderung bewegt – vielleicht häufiger lobe ...». Möglich ist auch eine Auffassung des Partizips mit dem zugehörigen Ablativ als bloßes Satzglied (Prädikativum mit vorangestelltem attributivem Teil), verdeutlicht durch folgende Übersetzung: «... welchen ich als ein von einer gewissen Bewunderung Bewegter vielleicht häufiger lobe ...».

B Das Partizip ist zu beziehen (gemäß seinem Kasus usw.) auf ein *im Hauptsatz gesetztes* Satzglied, gleichgültig ob Subjekt oder ein Satzglied aus der verbalen Wortkette. Drei Beispiele für Beziehung zum *Subjekt* (eines von Terenz, zwei von Cicero):

Menedemus über die Dauer seiner Selbst-Kasteiung:

> ... ⸢dum *ille* vitam illam colet inopem⸣ ⸢*carens* patria ob meas iniurias⸣
> ... solange jener jenes elende (weil mittellose) Leben führen wird, die Heimat entbehrend wegen meiner Ungerechtigkeiten

Cicero in «De legibus» über frühere Staatsdenker und die Staatsform «Königsherrschaft»:

> ⸢Theophrastus vero *institutus* ab Aristotele⸣ ⸢habitavit in eo genere rerum⸣
> Theophrast sodann, unterrichtet von Aristoteles, war heimisch in diesem Wissenschaftsgebiet

Oder, wenn man das Partizip als bloßen Bestandteil des Subjekts und das Ganze als eine einzige Proposition auffassen will: «Der von Aristoteles unterrichtete Theophrast sodann ...».

> ... ⸢regale civitatis *genus*⸣ ⸢*probatum* quondam⸣ ⸢postea repudiatum est⸣
> ... der königliche Typ eines Staates, seinerzeit bewährt, wurde später (von den Römern) abgelehnt

Oder: «der seinerzeit bewährte Staatstyp ... wurde später abgelehnt» oder mit Hineinlegen einer besonderen gedanklichen Beziehung: «der Staatstyp, obwohl seinerzeit bewährt, wurde später abgelehnt».

Ein Beispiel für Beziehung eines Partizips auf einen (dreifach gesetzten) vorangehenden *Dativ*:

Cicero über die Schaffung des Amtes der Tribunen:

> ... ⸢attulit auxilium reliquis non modo magistratibus, sed etiam *privatis*⸣ ⸢consuli non *parentibus*⸣
> ... brachte Unterstützung nicht nur den übrigen (nachgeordneten) Behörden, sondern auch den Privaten, welche dem Konsul nicht gehorchten (nicht gehorchen wollten – wenn sie dem Konsul nicht gehorchen wollten)

Zwei Beispiele für Anschluß eines Partizips an einen vorhergegangenen *Akkusativ*. Anfang eines Widmungsgedichts von Catull, dann ein Vers, der sich auf die Kriegslist der Griechen mit dem trojanischen Pferd bezieht:

> ⌢Cui dono lepidum novum *libellum*⌢ ⌢Arida modo pumice *expolitum*⌢?
> Wem widme ich die hübsche neue Buchrolle, die eben mit dem trockenen Bimsstein geglättet worden ist?
> (Oder: «... die eben mit dem trockenen Bimsstein geglättete hübsche neue Buchrolle»
> Oder «... die hübsche neue Buchrolle, sie ist eben ... geglättet worden»)
>
> ⌢Timeo *Danaos*⌢ ⌢et dona *ferentes*⌢
> Ich fürchte die Danaer, auch (und gerade), wenn sie Geschenke bringen
> («gerade auch als Geschenke bringende» oder «ich fürchte gerade auch die Geschenke bringenden Danaer»)

C Ein Partizip ist *fest* mit seinem Bezugswort (aus dem auch das zu denkende Subjekt zu entnehmen ist) verbunden, beide stehen im *Ablativ* und bilden zusammen eine eigene, oft sehr kurze Proposition. Zwei Beispiele aus Cicero:

> ⌢Ista potestate nata⌢ ⌢gravitas optimatium cecidit⌢
> Nachdem diese politische Macht (nämlich das Tribunat) einmal entstanden war, brach der bestimmende Einfluß («das Gewicht») der Vornehmen zusammen
>
> ... ⌢quod ego consul ...⌢ ⌢approbante senatu frequentissimo⌢ ... ⌢sustulissem⌢
> ... was ich als Konsul, *wobei der sehr zahlreich versammelte Senat mir zustimmte*, beinahe hätte aufheben können
> (wenn nicht ein Volkstribun durch seinen Einspruch das verhindert hätte)

Wiedergabe durch deutschen Präpokasus mit angeschlossenem attributivem Teil: «... was ich als Konsul mit der Zustimmung des sehr zahlreich versammelten Senates hätte aufheben können».

Es gibt aber auch Kombinationen von Nomen + Partizip im Ablativ, die eindeutig als *Satzglieder* und nicht als eigene Proposition aufzufassen sind, wie sich aus dem Zusammenhang ergibt.

Beispiel aus Terenz (Menedemus schildert seine Heimkehr, nachdem er erfahren hat, daß sein Sohn nach Kleinasien in den Kriegsdienst gegangen ist):

> ⌢Domum revortor maestus atque *animo fere turbato atque incerto* prae aegritudine⌢
> Ich kehre traurig und *mit vor Kummer verwirrtem und unsicherem Kopf* nach Hause zurück

Anmerkung zur Häufigkeit: Propositionen mit Partizip als Kern – und die damit oft verbundene Möglichkeit, eine verschiedene Abgrenzung von Propositionen vorzunehmen – sind lange nicht so häufig wie die Propositionen mit Infinitiv als Kern. Das Partizip Perfekt steht oft (und das Partizip Futur praktisch ausschließlich) in Kombination mit «esse» und ist dann eindeutig *als Verb-Teil* im Rahmen einer Proposition mit mehrteiligem Verb zu identifizieren:

> ⌢Hunc agrum *mercatus sum*⌢   ⌢Quod si *esset factum*⌢...   ⌢Lex *recitata est*⌢
> Dieses Feld habe ich gekauft   Wenn das gemacht worden wäre ...   Das Gesetz ist vorgelesen worden
>
> ⌢Illum tibi salvum *esse adfuturum*⌢ ⌢confido⌢   ⌢sperare⌢ ⌢se aliquo tempore *imperaturum (esse)*⌢
> Daß jener dir gesund zurückkehren wird, darauf baue ich   hoffen, daß er zu einer bestimmten Zeit auch selbst befehlen (ein Befehlender sein) wird

8.36 Propositionen ohne Verb – zahlreicher und mannigfaltiger als in den andern Sprachen

Propositionen *ohne Verb* werden im Lateinischen (noch) häufiger gebraucht und sind formal vielfältiger als in den andern Sprachen.

A Wenn ein *Adjektiv* nicht als Prädikatsnomen, sondern als Prädikativum (und damit als zusätzliches Satzglied) gesetzt ist, kann man es oft auch als Kern einer eigenen, nichtverbalen Proposition betrachten:

> Domum revortor *maestus* atque animo fere perturbato atque incerto prae aegritudine
> Nach Hause kehre ich zurück, *traurig* und mit ziemlich verwirrtem und unsicherem Kopf vor Kummer

B Ein *Ablativus absolutus* kann auch aus zwei Nomen/Substantiven oder aus Nomen/Substantiv + Pronomen bestehen und ist doch (im Gegensatz zu Ablativen des Mittels, der Trennung usw.) als eigene Proposition zu betrachten:

> *Natura duce* felix eris
> Wenn die Natur dich führt, wirst du glücklich (deutsch auch durch Satzglied wiederzugeben «unter der Führung der Natur»)
>
> *Me invito* hoc fecisti
> Gegen meinen Willen hast du das getan («Obwohl ich es nicht wollte, ...)

C Grundsätzlich ohne Verb stehen, wie in den andern Sprachen, die *Anreden*. Dafür steht ja auch ein besonderer Kasus zur Verfügung, der sich oft auch lautlich klar vom Nominativ abhebt (siehe Ziff. 4.34). Nicht nur in den Gesprächen in den Komödien, sondern auch in den philosophischen Dialogen des Cicero gehören häufige Anreden an die Gesprächspartner zum Stil:

> Faciam, *Attice*, ut vis   Vitia quidem tribunatus praeclare, *Quinte*, perspicis
> Ich werde tun, Atticus, wie du (es) willst   Die schweren Nachteile des Tribunats, Quintus, durchschaust du sehr klar

D Als eigene Propositionen oder als Kerne von Propositionen, in Verbindung mit Dativ oder Akkusativ, können einige *Partikeln* dienen, die man zur Gruppe «Interjektionen» rechnet:

> *Vah* nunc demum intellego   *Hem* hoc speras?   *Vae* misero mihi!   *Heu* me miserum!
> Ah, jetzt endlich verstehe ich   Hm, das hoffst du?   Ach mir armem!   Ach ich armer!

E Die Vorliebe für knappe Ausdrucksweise, die im Lateinischen besteht (und durch die Deutlichkeit der Kasus bei den Nomen/Substantiven, Adjektiven und Pronomen besser möglich ist als oft in den modernen Sprachen) führt oft auch zu Propositionen ohne Verb, bei denen man in Gedanken spontan ein *Verb ergänzen* soll – besonders oft das Verb «esse»:

> Vita *brevis* ars *longa*   Nulla dies *sine linea*   Usus *magister optimus*
> Das Leben ist kurz, die Kunst ist lang   Kein Tag (sei, vergehe) ohne eine Zeile   Die Erfahrung ist der beste Lehrmeister
>   (ohne daß du eine Zeile schreibst)
>
> *Quot* capita *tot* sententiae   *Ubi* bene *ibi* patria   Per aspera *ad astra*
> Soviel Köpfe (vorhanden sind), soviele   Wo es mir gut geht, habe ich eine Heimat   Durch harte (Wege) kommt man zu den
> (verschiedene) Meinungen   Sternen (in die Höhe, zum gewünschten
>   Erfolg)

Nicht selten werden Propositionen ohne Verb und finite Propositionen als gereihte Teilsätze kombiniert, so in der berühmten Aufforderung an einen Aufschneider, der sich rühmte, auf der Insel Rhodos besonders große Leistungen im Springen erbracht zu haben:

> Hic *Rhodus* hic *salta*
> Hier ist (jetzt für dich) Rhodos, hier spring (zeige deine Leistung)

Zu den zahlreichen Propositionen ohne Verb, für die ein Verb aus einer vorangegangenen Proposition weiterhin gilt oder ein Verb aus einer erst kommenden Proposition zu entnehmen ist, siehe Ziff. 8.41.

8.37 Unauffälligkeit der Abgrenzung von Propositionen und der Formalstrukturen ihrer Verknüpfung

Insgesamt fällt beim Vergleich der vier Sprachen auf, daß im Lateinischen die *Grenzen* der Propositionen *am unauffälligsten* sind, am wenigsten eindeutig signalisiert, und daß der formale Unterschied zwischen Hauptsätzen und Nebensätzen *am geringsten* ist. Dazu kommt, daß besonders oft zwei oder sogar mehr Propositionen ineinander hineingeschoben, ja verschachtelt sind.

A Bei einer Proposition, die als Nebensatz dient, steht im Französischen immer, im Deutschen meistens und im Englischen oft eine unterordnende Konjunktion beziehungsweise ein Relativ *am Anfang*, und dadurch wird der *Beginn* des Nebensatzes klar signalisiert. Im Deutschen ist dazu der Nebensatz durch die Endstellung der Verb-Personalform klar gekennzeichnet. Im Lateinischen kann die unterordnende Konjunktion bzw. das Relativ *auch im Innern* der Proposition stehen, die Verb-Personalform steht im Hauptsatz wie im Nebensatz oft am Ende; man muß dann beim Hören/Lesen gewissermaßen rückwirkend erkennen, wo ein Nebensatz begonnen hat, und Nebensatz und Hauptsatz sind sich insgesamt viel ähnlicher:

> ⌒Tantumne ab re tua est otii tibi ᴴ ⌒aliena *ut* cures ᴺ⌒? [Normalform: ... *ut* aliena cures⌒]
> Soviel bleibt dir von deinem eigenen Geschäft an freier Zeit, daß du fremde Dinge betreiben magst?
>
> ⌒Haec forma *ubi* immutata est ᴺ ⌒illi suum animum alio conferunt ᴴ [*Ubi* haec forma immutata est, ...⌒]
> Wenn diese Körpergestalt (einer Frau) verändert (verschlechtert) worden ist, wenden jene (die Männer) ihren Sinn anderswohin
>
> ⌒Concurrunt multa ᴴ ⌒opinionem hanc *quae* mi in animo exaugeant ᴺ
> [... ⌒quae mi hanc opinionem in animo exaugeant⌒]
> Es kommen viele Dinge zusammen, welche mir diese Auffassung in meinem Kopf wohl bestärken können
>
> ⌒Ego ibo hinc intro ᴴ ⌒*ut* videam ᴺ ⌒nobis *quid* in cena siet ᴺ⌒ [... ⌒quid nobis in cena siet⌒]
> Ich will hier hineingehen, damit ich sehen kann, was uns wohl zum Abendessen bereit sein mag

B In einem Nebensatz mit *Infinitiv* als Kern bildet im Französischen und Englischen der Infinitiv mit der Infinitivkonjunktion «à – de – pour» etc. bzw. «to» den *Anfang*, und man merkt dadurch sogleich, wo eine solche Proposition beginnt; im Deutschen gilt dasselbe bei den zweiteiligen Infinitivkonjunktionen «um ... zu, ohne ... zu» usw. Im Lateinischen gibt es *keine* Infinitivkonjunktionen, und man muß daher oft rein aus dem Zusammenhang entnehmen, wo eine Proposition mit Infinitiv als Kern (speziell: ein Akkusativ mit Infinitiv) beginnt.

Nicht selten wird die Identifikation einer Folge von Wörtern als eigene, infinite Proposition *zusätzlich* erschwert durch die Verschachtelung der Propositionen ineinander, durch das Weglassen von «esse» in einem Akkusativ mit Infinitiv und durch die Tatsache, daß oft Bestandstücke eines Satzglieds getrennt voneinander stehen können (Ziff. 7.41 und 7.47). Es ist daher manchmal nützlich, für das genaue Verstehen eine Art «Normal-Ablauf» zu rekonstruieren. Ein Beispiel von Terenz und zwei von Cicero, zuerst in originaler Fassung und dann in einem rekonstruierten Normal-Ablauf, mit Markierung der Grenzen der Propositionen:

Terenz: Tibine haec diutius speras facere me vivo patre amicam ut habeas prope lam in uxoris loco?
⌢Sperasne⌢ ⌢tibi haec diutius *licere* ⌢me vivo patre⌢ ⌢*facere*⌢ ⌢ut amicam prope iam in uxoris loco *habeas*⌢?
Hoffst du denn, dir sei es länger erlaubt, zu Lebzeiten von mir, deinem Vater, so zu tun, daß du eine Freundin sozusagen schon in der Stellung einer Ehefrau haben könnest?

Cicero: Et me hercule ego me cupio non mendacem putari
⌢Et me hercule⌢ ⌢ego *cupio*⌢ ⌢non *putari*⌢ ⌢me mendacem *esse*⌢
Und bei Hercules, ich begehre, daß nicht gedacht wird, ich sei ein Lügner

Intellego te, frater, alias in historia leges observandas putare, alias in poemate
⌢Frater⌢, ⌢*intellego*⌢ ⌢te *putare*⌢ ⌢in historia alias leges *obsèrvandas* *esse* et in poemate alias⌢
Bruder, ich verstehe, du denkst, in der Geschichtsschreibung seien andere Gesetze zu befolgen und in der Dichtung andere

8/V Verknüpfung von Propositionen durch Weitergeltung von Bestandteilen aus vorhergehenden oder Vorausnahme aus erst kommenden Propositionen

8.38 Weitergeltung einmal gesetzter Bestandteile auch für weitere Propositionen, im Deutschen

Nicht selten läßt man einen Bestandteil, den man bei der Formulierung einer ersten Proposition gesetzt hat, auch noch für eine oder mehrere anschließende Propositionen gelten. Diese Möglichkeit gibt es in allen vier Sprachen. Hier werden zuerst Beispiele für das Deutsche zusammengestellt, dann in Ziff. 8.39 für das Französische, in Ziff. 8.40 für das Englische und in Ziff. 8.41 für das Lateinische, wo die Bedingungen etwas anders sind (weil man das Subjekt oft ohnehin nur aus der Verb-Personalform entnehmen kann).

Solche anschließende Propositionen, in die ein Bestandteil einer vorhergehenden Proposition einzubeziehen ist, können bei schematischer Betrachtung als «unvollständig» erscheinen. Sie sind aber keineswegs unvollständig, weil für das Verständnis der betreffende Bestandteil aus der vorhergehenden Proposition immer noch vorhanden ist und mitwirkt.

Oft wird der Zusammenhang der durch Weitergeltung von Bestandteilen verknüpften Propositionen noch zusätzlich verdeutlicht durch eine *beiordnende Konjunktion*; bei mehreren anschließenden Propositionen steht eine solche Konjunktion manchmal erst in der letzten Proposition.

Solche Verknüpfung durch Weitergeltung eines einmal gesetzten Bestandteils, mit beiordnender Konjunktion oder ohne solche, gibt es für alle unter sich gereihten Propositionen, also für gereihte Nebensätze und gereihte Hauptsätze (die seltener vorkommen) wie für gereihte Teilsätze außerhalb einer H-N-Fügung. Die jeweils gemeinsamen (aus einer ersten Proposition weiter geltenden) Bestandteile können sehr verschieden sein: ein Satzglied, besonders häufig das Subjekt – eine Verb-Personalform, zu der dann in den folgenden Propositionen je ein anderer Infinitiv oder ein anderes Partizip II gehören kann – eine unterordnende Konjunktion – eine Kombination mehrerer Bestandteile. Hier können daher nur einige besonders typische Möglichkeiten an Beispielen gezeigt werden.

A Ein Subjekt gilt weiter (auch wenn in einem Nebensatz zugleich als Relativ dienend):

> *Die Touristen* stiegen aus dem Bus, verteilten sich in der Umgebung, packten Proviant aus und begannen zu essen.
>
> Es gab einige, *die* sogar Tischtücher bei sich hatten, diese auf den Steinblöcken ausbreiteten und dann ihre Teller und Becher aus Karton darauf stellten.

B Eine unterordnende Konjunktion gilt weiter:

> *Wenn* er das tun will und sie sich einverstanden erklärt hat, ist ja alles in Ordnung.
>
> Wir verstehen ja, *daß* das schwer ist und du etwas Mühe damit hast.

C Subjekt und Verb-Personalform gelten weiter:

> *Sie wollen* heute nachmittag in die Stadt fahren und dort einige Besorgungen machen.

D Ein Verb (auch mehrteilig) gilt weiter:

> Da *müssen* die Eltern ihre Kinder *zu verstehen versuchen* und ebenso die Kinder ihre Eltern.

E Akkusativobjekt und Verb-Personalform gelten weiter:

> *Diesen Vorschlag werden* die einen sehr begrüßen und die andern indigniert ablehnen.

F Eine Satzpartikel, die Verb-Personalform und das Subjekt gelten weiter:

> *Hier können Sie* dem bequemen Weg folgen oder die etwas steilere Abkürzung nehmen.

Die hier vorgeführten Kombinationen sollten das Prinzip deutlich genug gezeigt haben – es gibt daneben noch eine ganze Reihe weiterer Möglichkeiten.

8.39 Weitergeltung schon gesetzter Bestandteile für neue Propositionen im Französischen

Die wichtigsten im Deutschen vorhandenen Möglichkeiten gibt es auch im Französischen. Am häufigsten ist dabei, daß man das *Subjekt* einer Proposition auch für mehrere weitere Propositionen gelten läßt, auch wenn ein «qui» als Subjekt in einem Relativsatz steht, und auch über eingeschaltete andere Propositionen hinweg. Man kann das als besonderes Stilmittel beim Erzählen benutzen, weil es eine *unmittelbarere Folge* der dargestellten Handlungszüge usw. suggeriert, als wenn jedesmal ein «il» oder «elle» als Subjekt neu gesetzt würde. Gelegentlich läßt man auch Subjekt und Verb und sogar eine Präposition weiter gelten (Teilsatz 1.8 im folgenden Beispiel). Die Weitergeltung einer unterordnenden Konjunktion ist dagegen, obwohl nicht völlig ausgeschlossen, viel seltener als im Deutschen. (Nebensätze 2.9 und 2.10 im folgenden Beispiel).

Das Beispiel – zwei Sätze mit insgesamt 22 Propositionen – stammt aus dem Roman «La modification» von Michel Butor. Beschrieben wird das Verhalten eines jungen Ehepaars in einem Eisenbahnabteil, in welchem neben dem vom Erzähler als «vous»

8/V Verknüpfung von Propositionen durch Weitergeltung oder Vorausgeltung von etwas 369

angesprochenen Leser noch ein Ordensgeistlicher sitzt. Das Subjekt «qui» im Teilsatz (Relativsatz) 1.5 gilt auch für die Teilsätze 1.6 bis 1.11. Das «elle» in Teilsatz 2.1 gilt auch für 2.2 und 2.4–2.8:

> 1.1a Le contrôleur, 1.2 en sortant du compartiment, 1.1b rencontre le jeune mari
> 1.3 qui s'apprêtait 1.4 à y rentrer, 1.5 *qui* se trouble légèrement, 1.6 fait un signe à sa femme,
> 1.7 cherche dans une poche, 1.8 puis l'autre, 1.9 trouve enfin, 1.10 se libère, 1.11 s'excuse auprès de vous.
> 2.1 *Elle* referme son journal, 2.2 le pose à côté d'elle, 2.3 recouvrant ainsi le guide bleu et l'assimil italien,
> 2.4 ramène une mèche de ses cheveux, 2.5 prend son sac 2.6 et se lève, 2.7 croise son époux entre les
> banquettes, 2.8 vous sourit, 2.9 *tandis que* son bas de soie frotte contre votre pantalon
> 2.10 et *que* lui s'assied à la place 2.11 qu'elle vient de quitter, près de la fenêtre, en face de l'ecclésiastique.

Eine Wiedergabe der zwei Sätze im Deutschen, mit Beibehaltung des Aufbaus aus je 11 Propositionen, zur Erleichterung des Vergleichs mit eingefügter Bezifferung der Teilsätze:

> (1.1 a) Der Kondukteur, (1.2) eben aus dem Abteil heraustretend, (1.1 b) begegnet dem jungen Ehemann, (1.3) der eben daran war, (1.4) wieder einzutreten, (1.5) *der* jetzt leicht verwirrt ist, (1.6) seiner Frau ein Zeichen gibt, (1.7) in einer Tasche sucht, (1.8) dann (in) einer andern, (1.9) endlich die Fahrkarte findet, (1.10) damit seine Pflicht dem Kondukteur gegenüber erfüllt hat, (1.11) sich bei Ihnen entschuldigt. (2.1) *Sie* faltet ihre Zeitung wieder zusammen, (2.2) legt sie neben sich, (2.3) damit den blauen Reiseführer und den italienischen Sprachführer «Assimil» zudeckend, (2.4) wischt sich einige Haare aus der Stirn, (2.5) nimmt ihre Handtasche (2.6) und steht auf, (2.7) kreuzt ihren Mann zwischen den beiden Sitzbänken, (2.8) lächelt Ihnen zu, (2.9) *während* ihr seidener Strumpf Ihre Hose berührt (2.10) und der Mann sich an den Platz setzt, (2.11), den sie eben verlassen hat, am Fenster, gegenüber dem Geistlichen.

Ein Beispiel für Weitergeltung von Subjekt und Verb-Personalform, aus einem Roman von 1976:

> Dix années d'une semi-paralysie lui *avaient* fait vivre le dur apprentissage de l'immobilité,
> mais enseigné aussi l'art du mouvement.
> Zehn Jahre einer Halb-Lähmung hatten sie eine harte Lehrzeit der Unbeweglichkeit durchleben lassen, sie aber auch die Kunst gelehrt, sich trotzdem zu bewegen.

Gelegentlich läßt man auch nur das Verb weitergelten und setzt in einer anschließenden Proposition ein neues Subjekt dazu (auch im Plural möglich):

> Le poète *n'ignore* aucune de ces tentations, ses personnages *non plus*
> Dem Dichter ist keine dieser Versuchungen fremd, seinen Personen auch nicht

Wenn dagegen die gleiche unterordnende Konjunktion für zwei oder mehr Nebensätze gelten soll, setzt man sie meistens in jedem neuen Nebensatz neu; mindestens greift man aus einer zweiwortigen Konjunktion wie «tandis que» (oder auch aus dem einwortigen «lorsque») das «que» wieder auf: «*Lorsque* je m'approchais d'elle et *que* mon regard croisait le sien, ...».

.40 Weitergeltung schon gesetzter Bestandteile im Englischen

Die Möglichkeiten, einen in einer Proposition gesetzten Bestandteil auch für anschließende Propositionen gelten zu lassen, entsprechen ungefähr denen im Deutschen. Am häufigsten ist, wie im Deutschen und Französischen, die Weitergeltung eines *Subjekts*. Ein Beispiel aus dem Buch «In the Shadow of Man», in welchem die Verhaltensforscherin Jane van Lawick-Goodall erstmals das Verhalten von Schimpansen in der freien Natur beschreibt. Ein großes Schimpansen-Männchen reagierte in folgender Art auf einen heftigen Regen:

> ¹*He* ran some thirty yards ²ᵃ and then ³ swinging round the trunk of a small tree
> ⁴ to break his headlong rush ²ᵇ leapt into the low branches ⁵ and sat motionless.

Das Subjekt «He» in clause 1 gilt auch für die clause 3 (mit «swinging» als Kern), für 4 (mit dem Infinitiv «break») und für die finiten clauses 2 und 5.

Im Gegensatz zum Französischen kann man auch *unterordnende Konjunktionen* wie «when, if, as» für einen nächsten, parallelen Nebensatz mitbenutzen. Drei solche Nebensätze aus «The Judges Story» von Charles Morgan:

> *When* the gate clicked during his father's consulting hours ᴺ and a patient came up the gravel ᴺ and rang the Surgery bell ᴺ ...

Ein Alltagsbeispiel für «if»:

> I thought *if* I started things off ᴺ and Robbie came over ᴺ, then he'd take over ᴺ

Beispiel für Weitergeltung des Verbs, bei neuem Subjekt und neuem indirect object (oder: adverbial):

> The south *voted* for the government, the north for the opposition

8.41 Weitergeltung schon gesetzter Bestandteile im Lateinischen

Im Lateinischen spielt die Weitergeltung von Bestandteilen einer Proposition für weitere Propositionen eine besonders große Rolle.

Zunächst je ein Beispiel für die häufigsten auch im Deutschen benutzten Möglichkeiten.

Weitergeltung des *Subjekts*, aus einem Nomen bestehend (aus einem Brief von Cicero über eine Senatssitzung):

> Commorat (= commoverat) exspectationes *Lupus*
> Egit causam agri Campani sane accurate. Auditus est magno silentio
> (Unsere) Erwartungen geweckt hatte *Lupus*. Er behandelte die Frage der Ländereien in Kampanien sehr genau. *Er* wurde unter großer Stille angehört [was offenbar im Senat nicht immer der Fall war].

Weitergeltung eines als *Subjekt* gesetzten *Relativs* «qui» (drei Verse von Vergil):

> Felix ᴿ *qui* potuit rerum cognoscere causas ᴺ
> atque metus omnes et inexorabile fatum /subiecit pedibus strepitumque Acherontis avari ᴺ
> Glücklich derjenige, *welcher* die Gründe der Dinge zu erkennen vermochte und alle Ängste und das unerforschliche Schicksal überwand («seinen Füßen unterwarf») und das Getöse des gierigen Acheron (der Unterwelt, des Todes).

Weitergeltung eines *Objektsakkusativs* und eines *Objektsdativs* (aus einem Brief von Cicero):

8/V Verknüpfung von Propositionen durch Weitergeltung oder Vorausgeltung von etwas 371

> *Multos tibi* commendabo et commendem necesse est
> Viele Männer werde ich *dir* empfehlen, und daß ich (sie dir) empfehle, ist nötig

Die Weitergeltung eines schon gesetzten Bestandteils auch für folgende Propositionen, auch in neuen Sätzen, ist im Lateinischen deswegen noch viel häufiger als in den modernen Sprachen, weil die in den modernen Sprachen so gut wie immer übliche Wieder-Aufnahme eines als Nomen gesetzten Subjekts durch Pronomen («anaphorische Pronomen») weithin fehlt.

In den folgenden zwei Sätzen aus dem «Bellum Gallicum» (Situation: Caesar hat vernommen, daß sein Gegner Ariovist sich in seinem Lager zurückhält, und das will er für einen Angriff ausnützen) gilt das Subjekt «Caesar» für nicht weniger als sechs Propositionen, nämlich für 1.1, 1.3, 1.4, 1.6 und 2.3. Gesetzt ist es aber nur in 1.1, und für die weiteren fünf Propositionen muß man es als Lesender im Kopf behalten und jeweils dazudenken. Die zwei Sätze lauten:

> 1.1a Ubi 1.2 eum castris se tenere 1.1b *Caesar* intellexit 1.3 ne diutius commeatu prohiberetur 1.4a ultra eum locum 1.5 in quo loco Germani consederant 1.4b circiter passus sexcentos ab his castris idoneum locum delegit 1.6 acieque triplici instructa ad eum locum venit.
> 2.1 Primam et secundam aciem in armis esse, 2.2 tertiam castra munire 2.3 iussit.

In einer deutschen Fassung müßte man an mindestens drei Stellen ein aufgreifendes «er» setzen:

> Als Caesar erkannte, daß Ariovist sich untätig in seinem Lager hielt, wählte *er*, damit *er* nicht länger von seiner Nachschubbasis ferngehalten blieb, etwa 600 Schritte von der Stelle, an welcher die Germanen sich festgesetzt hatten, einen für ein Lager geeigneten Ort und zog mit seinem in drei Kampfeinheiten gegliederten Heer an diesen Ort. Der ersten und zweiten Kampfeinheit befahl *er*, unter den Waffen zu bleiben, und der dritten, ein befestigtes Lager zu errichten.

Ein französischer Übersetzer (J. Marouzeau) gibt die Proposition 1.3 durch subordonnée participe wieder (und braucht daher hier kein Subjekt zu nennen), und ebenso die Proposition 1.6. Dadurch braucht er nur zweimal das «César» aus 1.1 durch ein «il» aufzunehmen:

> Lorque *César* vit que son adversaire se tenait enfermé dans son camp, ne voulant pas être plus longtemps être privé de ravitaillement, *il* choisit, au delà de la position qu'avaient occupée les Germains, à environ 600 pas de ceux-ci, un endroit propre à l'établissement d'un camp, et *il* y conduisit son armée, marchant en ordre de bataille sur trois rangs.

Den Inhalt des zweiten lateinischen Satzes stellt Marouzeau von den Befehlsempfängern her dar und braucht daher keinen neuen Hinweis auf Caesar als den Handelnden:

> *Les deux premières lignes* reçurent l'ordre de rester sous les armes, tandis que la troisième fortifierait un camp.

Ein englischer Übersetzer (H. J. Edwards) löst die beiden lateinischen Sätze in drei englische auf und setzt insgesamt dreimal «he». Das sieht so aus:

> When *Cesar* observed that Ariovistus kept to his camp, to prevent further interruption of supplies *he* chose a suitable spot for a camp beyond that in which the Germans had pitched and about six hundred paces distant. Thither *he* marched in triple-line formation. The first and second line *he* ordered to keep under arms, the third to entrench a camp.

8.42 Geltung eines in einer folgenden Proposition gesetzten Bestandteils schon für eine vorhergehende

Nicht selten hat man beim Formulieren sogleich *zwei* oder sogar mehr Propositionen im Kopf, und wenn für zwei von diesen Propositionen *das gleiche Verb* gelten soll, kann man im Deutschen und Lateinischen die erste Proposition ohne dieses Verb setzen – die Hörenden/Lesenden müssen dann für das Verständnis dieser ersten Proposition selber ein geeignetes Verb dazudenken oder warten, bis das Verb in der zweiten Proposition kommt.

Im *Deutschen* geht das allerdings nur, wenn ein *Verbgefüge* vorliegt und man in der ersten Proposition schon einmal eine Personalform setzen kann, während die zugehörigen infiniten Teile erst in der zweiten Proposition kommen:

> Bei der nächsten Kreuzung *muß* dann die Gruppe A nach links, die Gruppe B nach rechts *gehen*

(Also: *Weitergeltung* des Präpokasus «Bei der nächsten Kreuzung», der Personalform «muß» und der Satzpartikel «dann», *Vorausgeltung* des Infinitivs «gehen»; man wählt allerdings auch in solchen Fällen meistens die einfachere Form, indem man alles Nötige schon in der ersten Proposition sagt und für die zweite weitergelten läßt, also hier «Bei der nächsten Kreuzung *muß* dann die Gruppe A nach links *gehen*, die Gruppe B nach rechts»).

Im *Lateinischen* besteht die Notwendigkeit, schon in der ersten Proposition einen finiten Verb-Teil zu setzen, gar nicht – man kann die erste Proposition ganze ohne Verb hinsetzen und die Verb-Personalform erst in der zweiten bringen. Das gestattet eine besonders knappe Formulierung, ohne daß ein besonderer stilistischer Nachdruck bezweckt wird. Ein Beispiel findet sich im ersten Kapitel des «Bellum Gallicum», wo die Topographie des von Caesar dem römischen Reich eingegliederten Gallien geschildert wird:

> *Gallos* ab Aquitanis Garunna flumen, a Belgis Matrona et Sequana *dividit*

(Also: Weitergeltung des Objektsakkusativs «Gallos», und Vorausgeltung der Verb-Personalform «dividit», diese kennzeichnenderweise Singular, wie es zum Subjekt «Garunna flumen» paßt, und nicht im Plural, wie er von «Matrona et Sequana» gefordert würde).

Eine Nachbildung im Deutschen, durch Verwendung des (ja immer zweiwortigen) Passivs:

> *Die Gallier* sind von den Aquitaniern durch die Garonne, von den Belgiern durch die Marne und die Seine *getrennt*.

Zwei Beispiele für Voraus-Geltung als besonderes stilistisches Mittel in deutscher klassischer Verssprache, beide aus dem «Tell» (beim ersten geht es um den Vorsitz in der heimlichen Versammlung auf dem Rütli, den die Schwyzer wie die Urner für sich beanspruchen; beim zweiten Beispiel betont Rudenz, der Edelmann, seine Gleichstellung mit dem Bauern Melchtal):

> ROESSELMANN Den edlen Wettstreit laßt mich freundlich schlichten:
>   Schwyz *soll* im Rat, Uri im Felde *führen*.

Und in Szene 2/IV, Gespräch am Sterbelager von Attinghausen:

MELCHTAL	Der Arm, Herr Freiherr, der die harte Erde
	Sich unterwirft und ihren Schoß befruchtet,
	Kann auch des Mannes Brust beschützen.
RUDENZ	*Ihr sollt* meine Brust, *ich will* die eure *schützen*.

Dazu noch ein Prosabeispiel, wie man es heute ohne weiteres hören und lesen kann, mit Vorausgeltung nicht nur eines Infinitivs, sondern eines zugehörigen Akkusativobjekts:

⌢Hier *müssen* eben die Eltern mit ihren Kindern⌒ ⌢und die Kinder mit ihren Eltern *Geduld haben*⌒.

8.43 Der traditionelle Fachausdruck «zusammengezogene Sätze»

In den meisten deutschen Grammatiken wird für Propositionen, die durch Weitergeltung eines in einer ersten Proposition gesetzten Bestandteils verknüpft sind, der besondere Fachausdruck «*zusammengezogene Sätze*» verwendet.

Dieser Fachausdruck kann aber irreführend wirken. Man könnte nämlich daraus entnehmen, daß *zuerst* alle so verknüpften Propositionen *vollständig* formuliert worden seien und daß man sie dann «zusammengezogen» habe, indem man in der zweiten, dritten Proposition usw. etwas wegließ. Man hätte also zuerst gehabt: «Er ging nach links, *er* überquerte eine kleine Brücke, *er* kam auf eine Alpweide und *er* rastete dort etwas» – und aus diesen vier «vollständigen Sätzen» wäre dann erst die geläufige Folge entstanden «Er ging nach links, überquerte eine kleine Brücke, kam auf eine Alpweide und rastete dort etwas».

Das entspricht nun kaum den *wirklichen* Abläufen beim Sprechen und Schreiben. Man denkt sich nicht zuerst die «vollständigen Sätze» aus, um sie dann «zusammenzuziehen». Vielmehr benutzt man *von Anfang an* die generelle sprachliche Möglichkeit, einen in einer Proposition schon gesetzten Bestandteil auch für eine anschließende Proposition oder mehrere gelten zu lassen.

Ein besonders gutes Beispiel bieten hier die *Antworten* aller Art. Auf eine Frage «Wo hast du das geholt?» antwortet jedermann geläufig: «In der Küche». Nur wenn jemand der Antwort einen ganz besonderen Nachdruck geben will, wiederholt er auch das Verb und das Akkusativobjekt und setzt dazu das neue Subjekt «ich», also: «*Das habe ich in der Küche geholt*». Bei solchen Zusammenhängen einer Antwort ohne Verb mit einer vorhergehenden Frage mit Verb hat man auch in der traditionellen Grammatik nie von «zusammengezogenen Hauptsätzen» gesprochen, obwohl genau so eine Weitergeltung eines Bestandteils aus dem vorangegangenen «Satz» vorliegt wie bei den sonstigen «zusammengezogenen Sätzen».

Es gibt denn auch weder in der französischen noch in der englischen noch in der lateinischen Grammatik ein Gegenstück zum deutschen Fachausdruck «zusammengezogene Sätze» – im Lateinischen müßte man dann nämlich oft lange Folgen von Propositionen als «zusammengezogene Sätze» ansprechen (siehe das Cäsar-Beispiel in Ziff. 8.41).

Eine gewisse Berechtigung hätte dieser Fachausdruck nur bei den – insgesamt allerdings viel selteneren – Verknüpfungen mit Voraus-Geltung eines erst kommenden Bestandteils, also «Er hat das eine schon früh, das andere aber erst sehr spät *gelernt*» (Ziff. 8.42). Aber auch hier spricht man wohl besser von «verklammerten Propositionen», wenn man überhaupt einen besonderen Fachausdruck haben will.

8.44 Mehrfach-Besetzung von Stellen im Rahmen einer einzigen Proposition

Mit der Weitergeltung oder Voraus-Geltung von Bestandteilen in verschiedenen Propositionen verwandt, aber doch davon zu unterscheiden ist es, wenn im Rahmen einer einzigen Proposition eine Stelle (meistens eine Satzgliedstelle, gelegentlich die Stelle eines Verb-Teils) *mehrfach besetzt* ist.

Am häufigsten ist der *Nachtrag* zu einem schon gesetzten Satzglied, in allen vier Sprachen: man hat das Bedürfnis, zu einem Satzglied noch ein weiteres, gleichartiges als Erläuterung, als genauere Nennung zu setzen, oder man plant von vornherein eine Proposition mit mehrfacher Besetzung der gleichen Satzgliedstelle. Im Deutschen und Lateinischen muß dabei das nachgetragene Satzglied im gleichen Fall stehen wie das zuerst gesetzte:

Sie bewunderten	{ Herakles, *den Sohn von Zeus und Alkmene*. { die Taten des Herakles, *des Sohns von Zeus und Alkmene*.	
Admirabantur	{ Herculem, *filium Iovis et Alcumenae* { res gestas Herculis, *filii Iovis et Alcumenae*.	
Ils admiraient	{ Héraclès { les exploits d'Héraclès	} *(le) fils de Jupiter et d'Alcmène*.
They admired	{ Heracles { the exploits of Heracles	} *the son of Zeus and Alcmena*.

Die Verwendung solcher Nachträge kann auch aus einer besonderen *emotionalen Spannung* heraus erfolgen, wie in den folgenden Versen aus dem «Faust» (3348–3351, in der Szene «Wald und Höhle»; Faust denkt an Gretchen und hat das Bedürfnis, bei ihr Schutz zu finden («Laß mich an ihrer Brust erwarmen», in V. 3346; die englische Übersetzung stammt von W. Arndt):

Bin ich der Flüchtling nicht? *der Unbehauste?* *Der Unmensch ohne Zweck und Ruh',* *Der wie ein Wassersturz von Fels zu Felsen brauste,* *Begierig wütend, nach dem Abgrund zu?*	Am I not fugitive, *the homeless rover,* *The man-beast void of goal or bliss,* Who roars in cataracts from cliff to boulder In avid frenzy for the precipice?

In der französischen Übersetzung von G. de Nerval:

Ne suis-je pas le fugitif ... *l'exilé? Le monstre sans but et sans repos ...*
qui, comme un torrent mugissant de rochers en rochers, aspire avec fureur à l'abîme?

Und wenige Verse später, im Blick auf Gretchen (V. 3360–3361, in der französischen Übersetzung ganz anders gefaßt, bei Arndt nur mit einem Nachtrag zu «she»):

Sie, *ihren Frieden* mußt ich untergraben! Du, *Hölle,* mußtest dieses Opfer haben!	No, she, *her sweet composure,* must be shattered too! This victim, Hell, must needs be profferred you!

Mehr in den modernen Sprachen gebräuchlich ist die *Vorausnahme* eines betonten Satzglieds, mit anschließender Wiederaufnahme im Kernbestand der Proposition:

⌢Dieses Wort, *das* hasse ich doch⌢   ⌢Ce mot, je *le* déteste⌢

Die Wiederaufnahme ist obligatorisch und als reiner grammatischer Mechanismus zu betrachten bei vielen *fragenden* Propositionen im Französischen:

⌢Sa femme est-*elle* d'accord⌢?   ⌢Und *seine Frau*, ist *sie* einverstanden⌢?

Gelegentlich wird ein Verb mehrfach gesetzt, ohne daß dabei der Rahmen einer Proposition überschritten werden soll:

> Es *wollte und wollte* nicht vorwärtsgehen ⌐ Das ist jetzt *gemacht und erledigt* ⌐

8.45 Grenzen der Eindeutigkeit bei der Einteilung der Texte in Propositionen

Die Propositionen (clauses) sind die *formalen* Einheiten, aus denen sich alle Texte aufbauen. Dementsprechend ist es für die grammatische Analyse eines Textes meistens ein nützlicher erster Schritt, die Propositionen abzugrenzen.

Die formalen Einheiten «Proposition/clause» können natürlich *auch* Einheiten der Bedeutung sein, manchmal Einheiten bei der Textplanung, im Sprechen und im Schreiben, und Einheiten des Auffassens, beim Hörverstehen und beim Lesen. Das ist aber *keineswegs immer* so. Oft bilden zwei aufeinander bezogene Propositionen *eine* Einheit bei der Sprech- bzw. Schreibplanung und entsprechend für das Hörverstehen und Leseverstehen. Das gilt keineswegs nur für Kombinationen aus Hauptsatz + Nebensatz (bzw. Nebensatz + Hauptsatz), sondern oft auch für gereihte Teilsätze, grammatisch unverbundene Propositionen/clauses. Beispiele dafür haben sich in den Textanalysen dieses Teils immer wieder gezeigt (z. B. in Ziff. 8.27, Textstück aus «Betrayal» von Pinter, oder der Cäsar-Text in Ziff. 8.41, die Verse aus dem «Tell» in Ziff. 8.42).

Die Gliederung eines Textes in Propositionen ist ja auch *keineswegs ein Selbstzweck*. Die Propositionen und ihre Abgrenzung voneinander *ergeben* sich bei allem Sprechen/Schreiben aus der Wahl der jeweils geeignet erscheinenden verbalen Semanteme und der Besetzung der darin gegebenen bzw. möglichen Satzgliedstellen. Dabei ist meistens *gar keine bewußte* Abgrenzung im Spiel. Die Aufmerksamkeit der Sprechenden/Schreibenden richtet sich in erster Linie auf die Wahl und Kombination der geeigneten *Bedeutungen* aller Art, und die *Ausformulierung* der dabei möglichen Propositionen (im Deutschen speziell auch die Stellung der Verb-Teile) gehört weitestgehend zum *automatisierten* Teil bei allem Formulieren, allem Produzieren von Texten.

Jeder Hörer/Leser nimmt seinerseits eine Einteilung in Propositionen vor, denn er *versteht* die meisten Wörter und Wortgruppen erst richtig, wenn er sie als Bestandstücke einer Proposition mit dieser oder jener grammatischen Funktion, als Besetzung dieser oder jener Stelle im verbalen Semantem erkennt. Auch beim Hören/Lesen läuft aber der Prozeß des Abgrenzens von Propositionen *weitestgehend automatisiert* ab – ins Bewußtsein tritt er nur gelegentlich, wenn man irgendwo stolpert und genauer hinsehen muß.

Es ist auch keineswegs erforderlich, daß sich bei der (praktisch völlig automatisiert ablaufenden) Identifikation aller Wörter und ihrem Einordnen in Propositions-Strukturen bei allen Hörenden/Lesenden *genau die gleiche* Einteilung ergibt (und genau diejenige, die beim Sprechenden/Schreibenden anzunehmen ist). Erforderlich ist nur, daß sich eine Einteilung ergibt, die *verträglich* ist mit dem Wortbestand, den dahinterstehenden Formalstrukturen und dem Bedeutungszusammenhang, dem Sinn des Textes.

Es wird daher auch niemand erwarten, daß sich bei der Abgrenzung der Propositionen in einem Text zwecks grammatischer Analyse eine 100%ige Einigkeit ergibt. Man wird auf 100 Propositionen immer auf etwa 5 bis 10 Fälle treffen, wo sich so oder so abgrenzen läßt, mit gleich guten Gründen (z. B. bei Propositionen mit Partizip oder Adjektiv als Kern, bei Nachträgen aller Art, Ziff. 8.44).

Die Klarheit und Nützlichkeit der Begriffe «Proposition/clause – Reihung und H-N-Fügung von Propositionen/clauses» wird dadurch nicht berührt. Alle diese Begriffe beziehen sich ja, um es hier nochmals zu betonen, auf *Formalstrukturen*, und diese können vielfach überspielt werden durch die *Bedeutungsbeziehungen*, von denen in den Teilen 10, 11 und 12 Rechenschaft zu geben ist.

9 Fragen – Verneinungen – Alternativen – parallele Geltung, gleichgewichtig, gegensätzlich, zusätzlich, neutral signalisiert

9/I Fragendes Darstellen: Grundphänomen – Arten von Fragen und ihre Zwecke – verschiedene Formen, innerhalb von Sprachen und je nach Sprache

 9.01 Fragen als Grundhaltung; Ja-Nein-Fragen, Ausfüllfragen, Globalfragen 379

 9.02 Aufforderung, Tadel, Klage in Frage-Form; «rhetorische Fragen» . . 380

 9.03 Fragen ohne Sprache: «Anfrageverhalten», fragender Blick, unterstützende Gesten 381

 9.04 Kennzeichnung als Frage rein durch die Satzmelodie 382

 9.05 Kennzeichnung als Ja-Nein-Frage durch Vorausnahme der Verb-Personalform 383

 9.06 Der Hinweis auf die als Antwort gewünschten Angaben in Ausfüllfragen 384

 9.07 Frage-Wörter in Ausfüllfragen und beleuchtende Partikeln in Ja-Nein-Fragen im Lateinischen 387

 9.08 Deutlichmachen der Erwartungen für die Antwort, durch verschiedene Betonung in der Frage 388

 9.09 Angefügte Fragen ohne eigenen Inhalt, rein zur Bestätigung, für Behebung möglicher Zweifel 388

9/II Verneinungen, total oder partiell; Einschränkungen

 9.10 Verneinung, Negation: etwas zugleich darstellen und für ungültig erklären 390

 9.11 Überblick über die Negations-Möglichkeiten für Propositionen . . . 390

 9.12 Negations-Charakter als fester Bedeutungsbestandteil in Wörtern, mit oder ohne Signalisierung 392

 9.13 Globalverneinungen 392

 9.14 Vielfältig verschiedene Gebrauchsweisen von Propositionen mit Negations-Elementen; zur Ursprungs-Frage 393

 9.15 Verneinung von etwas Unzutreffendem als Folie für die Darstellung des Zutreffenden 395

 9.16 Zum Verhältnis von Frage und Verneinung, generell und bei besonderen Stimmführungs-Gestalten 396

 9.17 Annähernde Verneinung 397

9.18 Einschränkung, als partielle Verneinung: etwas aussondern aus
einem größeren Gesamt 398
9.19 Gleichgewichtiges Hervorheben durch Vorausnahme einer
verneinten Einschränkung 401
9.20 Verschiedene formale Ansatzpunkte für die Negationselemente –
meistens äquivalent 402
9.21 Besonderes Betonen von Teilen in einer verneinten Proposition,
im Deutschen, «Sondernegation» 403
9.22 Begrenzen einer Einschränkung auf ein einzelnes Bestandstück
innerhalb einer Proposition 404
9.23 Verschiedenes Gewicht von Einschränkungen und Verneinungen,
je nach Situation 404

9/III Alternativen, zwingend oder frei – parallele Geltung, gleichgewichtig oder
gegensätzlich oder betont zusätzlich oder einfach betontes Verknüpfen

9.24 Hinstellen einzelner Ausdrücke oder ganzer Propositionen für
wahlweise Geltung 407
9.25 Alternativen generell – einfachste formale Mittel zu ihrer
Signalisierung 409
9.26 Als Widerlegungen denkbarer Alternativen auffaßbar:
weder ... noch – sowohl ... wie/als 410
9.27 Gegensätzliches sowie Zusätzliches überhaupt, als
Ergänzung/Korrektur hingestellt 411
9.28 Gegensätzlichkeit überhaupt, zum Begriff «adversativ» 413
9.29 Charakterisierung «betont zusätzlich, auch steigernd»:
auch/sogar – aussi/même – also/too/even – etiam 414
9.30 Werte von «und – et – and – et/atque/-que» innerhalb und
zwischen Propositionen 415
9.31 Beispiele für «und – et – and» zwischen Propositionen als
Stilmittel 419
9.32 Fließende Übergänge von neutraler Verknüpfung zu vergleichendem
Nebeneinanderstellen 421
9.33 Zum Nebeneinander von «et – atque/ac» und angefügtem «-que»
im Lateinischen 421
9.34 Ergebnisse, grundsätzliche Relativierungen 423

9/I Fragendes Darstellen: Grundphänomen – Arten von Fragen und ihre Zwecke – verschiedene Formen, innerhalb von Sprachen und je nach Sprache

9.01 Fragen als Grundhaltung; Ja-Nein-Fragen, Ausfüllfragen, Globalfragen

Der Mensch ist von Grund auf ein Wesen, das *neugierig* ist und *Fragen* stellt – Fragen an andere und Fragen an sich selbst. Das gilt für alle Lebensbereiche, von den Fragen nach dem Sinn des Lebens und des Menschseins bis zu den vielen bald wichtigen, bald ganz beiläufigen Fragen in jedem Alltagsgespräch.

Der häufigste *Zweck* beim Stellen von Fragen ist es, daß man seine *Sicherheit* im Denken und Handeln *festigen* will (oft auch: die Sicherheit wiederherstellen, wenn sie durch irgend eine Erfahrung erschüttert worden ist) und daß man dafür sein *Wissen* über irgend etwas sichern, klären, erweitern will, für den Moment oder auf Dauer, durch die Antworten, die man von den angesprochenen Partnern erhält oder die man sich selber gibt. Dabei sind zu unterscheiden:

A *Ja-Nein-Fragen.* Man will die *Gültigkeit* einer *Annahme*, die man in sich gebildet hat (auf Grund aller bisherigen Beobachtungen in der Umwelt und der Erfahrungen mit ihr), *bestätigt* oder gegebenenfalls *korrigiert* bekommen (so daß man dann, wenn nötig, andere Annahmen bilden kann). Man verlangt also ein «Ja» oder ein «Nein» vom angesprochenen Partner, oder man will selber (bei Fragen im Selbstgespräch, gleichgültig ob laut werdend oder nur in «innerem Sprechen», in «person-interner Sprachverwendung») zu einem begründeten Ja oder Nein kommen, indem man durch die Bildung der Frage die betreffende Annahme ganz deutlich vor sich hinstellt. Drei Beispiele für viele:

| Ist das jetzt so? | Soll ich so handeln? | Werde ich damit Erfolg haben, oder nicht? |

Der traditionelle deutsche Fachausdruck ist «*Entscheidungsfrage*»; in den lateinischen Grammatiken spricht man von «*Satzfragen*», in den englischen Grammatiken mit einem sehr einleuchtenden Fachausdruck von «*yes-no-questions*». Eine moderne französische Grammatik (Dubois-Lagane, 1973, S. 155) hat «interrogation *totale*» (gegenüber «interrogation *partielle*» für den unter B zu beschreibenden Typ).

B *Ausfüllfragen.* Man will für einen vorhandenen, aber *noch nicht vollständigen* Wissenskomplex an einer bestimmten Stelle (die meistens in der Frage schon markiert ist durch ein Wort wie «wer, was, wo – qui, que, où – who, what, where – quis, quid, ubi») ein *noch fehlendes Bestandstück* bekommen, durch die Antwort des Partners oder auch hier dadurch, daß man nach der Verdeutlichung des Problems, die durch die Frage erreicht wurde, das fehlende Stück selber findet. Auch hier nur drei Beispiele:

| Wer beteiligt sich? | Was brauche ich jetzt noch? | Wo finde ich es? |

Der traditionelle deutsche Fachausdruck ist «*Ergänzungsfrage*», aber das hier verwendete Wort «*Ausfüllfrage*» dürfte leichter aus dem Wortaufbau heraus verständlich sein. In den lateinischen Grammatiken spricht man von «*Wortfragen*» (im Blick auf das Vorhandensein von «Fragewörtern» wie «quis/wer – quid/was –ubi/wo» usw.). In den englischen Grammatiken hat man (im Blick auf die Schreibung und Lautung von «who – what – where» usw.) den Fachausdruck «*wh-questions*». In der französischen Grammatik von Dubois-Lagane wird «interrogation *partielle*» gebraucht.

C *Globalfragen.* Man will nur die *Frage-Haltung an sich* zum Ausdruck bringen, für den (die) Gesprächspartner und/oder für sich selbst, *ohne daß* man schon eine Alternative vorlegt (also eine Ja-Nein-Frage formuliert) oder schon den Umriß eines Wissenskomplexes gibt mit dem Hinweis auf die Stelle, an welcher man zusätzliches Wissen haben möchte (also eine Ausfüllfrage formuliert).

Man verwendet hier lautliche Gebilde, die an der Grenze zwischen Wörtern und unartikulierten Lautäußerungen liegen und an denen dann gar keine Wortbedeutung, sondern *nur die Frage-Melodie* wichtig ist: «hm? he? hä?» oder auch «na?». Im Französischen gibt es «*hein?*», im Lateinischen die zwei vieldeutigen Interjektionen «*hem, ehem*». Auch eine *Anrede* mit markanter Frage-Melodie kann man als eine Globalfrage betrachten, als «*Vor-Anmeldung einer Frage*». Kinder verwenden zu diesem Zweck oft ein sehr expressives «*Du?*», man reagiert darauf mit «*Was?*» (oft mit ebenso expressiver Fragemelodie), und dann kommt eine Frage wie «Darf ich …?» Ein Übergang zu Ausfüllfragen liegt vor in der Frage «*Na und?*» – zu verdeutlichen durch «Und ist das für dich so tragisch?» oder noch anders. Auf der andern Seite kann man hier auch Übergänge sehen zu «Fragen ohne Sprache» (Ziff. 9.03). Ein überlieferter Fachausdruck besteht nicht, die Bezeichnung «Globalfrage» ist ein Vorschlag des Verfassers dieses Buches.

Anmerkung zu *Prüfungsfragen*: Es gibt Sprachtheoretiker und Didaktiker, welche die im Rahmen von Prüfungen gestellten Fragen (größtenteils Ausfüllfragen) nicht als «echte Fragen» gelten lassen wollen, weil hier der Fragende alles, was er frage, schon selber wisse, und zwar viel besser als der Befragte. In den Rahmen der Wesenskennzeichnung «Fragen dienen dem Festigen, Klären, Erweitern von Wissen» passen aber auch alle in Prüfungssituationen gestellten Fragen durchaus. Auch jeder Prüfer will durch solche Fragen sein Wissen erweitern (evtl. auch nur das Wissen, das er aus bisherigen Leistungen des Prüflings schon besitzt, festigen, bestätigen, belegen) – nur nicht sein *sachliches* Wissen im geprüften Bereich, sondern sein *Wissen über das Wissen* und über die Fähigkeiten des *Prüflings*.

9.02 Aufforderung, Tadel, Klage in Frage-Form; «rhetorische Fragen»

Die Form einer Frage kann man auch verwenden, wenn man als Reaktion gar keine Antwort in sprachlicher Form will, sondern eine «Antwort durch *Handeln*», wenn man also die gefragten Personen zu etwas *auffordern* will. Als Paradebeispiele dienen hier oft Aufforderungen von Lehrern in Schulstunden, z. B. bei Unruhe in der Klasse «*Wollt ihr jetzt endlich still sein?*» oder zu einem Schüler, der offensichtlich mit seinen Gedanken anderswo ist «*Kannst du eigentlich nicht aufpassen*». Die angesprochenen Schüler verstehen das denn auch eindeutig als Aufforderung oder als Tadel – aber der Lehrer sollte sich auch nicht allzusehr wundern, wenn ein aufgeweckter Schüler die Frage-Form einer solchen Aufforderung ernst nimmt und mit einer *verbalen* Antwort reagiert anstatt mit einer Veränderung seines Verhaltens oder einem Hinnehmen des Tadels und z. B. sagt: «Nein, das kann ich leider heute nicht».

Es gibt denn auch stufenlose *Übergänge* von «echter Frage» (nach der Möglichkeit und Zusage eines Handelns des Partners) zu Frage als reiner Aufforderung. Auf eine Frage «Können Sie mir vielleicht sagen, wie spät es ist» kann der Gefragte zugleich sachlich und sprachlich antworten, indem er auf seine Uhr blickt und die erbetene Antwort gibt – oder indem er sagt «Ich habe leider auch keine Uhr bei mir». Aber eine ganz entsprechend gebaute Frage «Können Sie mir vielleicht sagen, was Sie sich bei dieser Sache gedacht haben» kann rein als Tadel aufzufassen sein – und als Aufforderung, keine solchen «Sachen» mehr zu machen.

In diesen Zusammenhang gehört auch, daß man eine *Klage*, einen *Seufzer* in die Form einer Frage kleiden kann – einer Frage, die man sich selbst stellt und auf die man keine oder nur eine negative Antwort weiß. Ein Beispiel bieten die berühmten Verse von Goethe «Ach, ich bin des Treibens müde, / *Was soll* all der Schmerz und Lust?»

Allgemein bekannt sind die sogenannten «rhetorischen Fragen». Diese Fragen formuliert man nicht, um durch die Antwort irgend etwas zu erfahren, sondern um das in der Frage Dargestellte ganz *betont zu verneinen*. Wenn also ein Redner mit leidenschaftlicher Stimme fragt: «Wollen wir das wirklich, meine lieben Mitbürgerinnen und Mitbürger?», so ist das gleichwertig mit einer betonten Ablehnung: «Das können wir doch nicht wollen». Der Redner will damit in den Köpfen seiner Zuhörer die gleiche ablehnende Antwort suggerieren, die er selbst nachher gibt. Ein entsprechendes Beispiel mit Ausfüllfrage: «Wer soll denn das alles bezahlen?» – mit dem Sinn «Das kann ja niemand bezahlen, also ist das Projekt abzulehnen».

Auch hier gibt es aber keinerlei scharfe Abgrenzung von den «echten Fragen». Wenn jemand in einem Gespräch fragt «Wollt ihr das wirklich?», so kann das *gleichzeitig* eine «rhetorische Frage» sein (nämlich daß der Sprechende es für unsinnig hält, so etwas zu wollen) wie eine «echte Frage» (indem der Sprechende doch mit der Möglichkeit rechnet, daß die Gefragten das wollen und eine entsprechende Antwort «Ja, wir wollen es wirklich» geben).

9.03 Fragen ohne Sprache: «Anfrageverhalten», fragender Blick, unterstützende Gesten

Das Grundphänomen «Fragen, für Informationsgewinnung und Handlungssteuerung» läßt sich schon bei höher entwickelten Tieren beobachten und auch bei kleinen Kindern, die noch nicht sprechen können. Man kann es so charakterisieren:

Eine bestimmte Aktivität wird *angestrebt*, d. h. der Entschluß dazu ist gefaßt, der Antrieb vorhanden. Aber es ist zugleich ein *Wissen* vorhanden (jedenfalls eine Annahme, eine Erwartung), daß die angestrebte Aktivität ein anderes Lebewesen zu *störendem Eingreifen* veranlassen könnte oder sonst eine Störung zu befürchten wäre. Es wird daher geprüft, ob solche Hinderungsgründe vorhanden sind, vor allem ob andere Lebewesen vorhanden sind, in einem Abstand, der ihnen ein Bemerken und Stören der angestrebten Aktivität erlaubt; oft wird das durch vorsichtige Anfänge der betreffenden Aktivität richtiggehend getestet, und erst wenn nichts dagegen spricht, setzt die Aktivität in vollem Umfang ein.

Solches «Anfrageverhalten», wie es von Verhaltensforschern genannt wird, zeigt sich auch sehr früh bei kleinen Kindern – lange bevor sie sprechen können. Wichtigste Erscheinungsform: der *prüfende Blick* auf die Umgebung, vor allem auf die im Raum befindlichen Erwachsenen, bevor das Kind irgend etwas tut, von dem es weiß, daß die Erwachsenen es nicht wollen (z. B. daß es einen Gegenstand nimmt, den es nicht nehmen sollte und den ihm die Erwachsenen wieder wegnehmen würden).

Der «fragende Blick» (das rein visuelle Anfrageverhalten) zeigt sich aber nicht nur bei manchen Tieren (z. B. bei einem Hund, einer Katze) und bei kleinen Kindern, die noch nicht sprechen können, sondern er zeigt sich auch bei voller Sprachbeherrschung, bei Erwachsenen. Sehr oft wird dann dieser fragende Blick begleitet von einer Verbalisierung, d. h. von einer als Frage gekennzeichneten Proposition, einer Ja-Nein-Frage. Man kann aber auch auf eine solche Verbalisierung verzichten: manchmal bekommt man rein auf einen «fragenden Blick» hin (evtl. mit hinweisender Geste) einen zustimmenden, ermutigenden bzw. einen ablehnenden, warnenden Blick eines Partners und erkennt daraus, ob man das beabsichtigte Handeln durchführen kann/soll oder nicht.

9.04 Kennzeichnung als Frage rein durch die Satzmelodie

In allen vier Sprachen gibt es die elementare Möglichkeit, eine Proposition (gleichgültig ob finit, infinit oder ohne Verb) *rein durch fragende Satzmelodie* als Frage zu kennzeichnen, und zwar zunächst als eine Ja-Nein-Frage:

´Sie kommt alleín`? ´Wírklich`?	´Elle vient seúle`? ´Vraimént`?
´She is coming alóne`? ´Reálly`?	´Sola venít`? ´Re verá`?

Von Caesar wird berichtet, er sei, als er unter seinen Mördern den von ihm vorher sehr geschätzten Brutus sah, in die klagende Frage ausgebrochen: «Et tu, Brute?» – in die drei modernen Sprachen übersetzt «Auch du, Brutus? – Toi aussi, Brutus? – You too, Brutus?».

Nicht nur eine Ja-Nein-Frage, sondern auch eine Ausfüllfrage kann man rein mit Hilfe von fragender Satzmelodie bilden, wenn man aus einer neutral («rein aussagend») hingestellten Proposition das Verb und ein oder mehrere Satzglieder *weiterhin gelten* läßt und ein *anderes Subjekt* (oder eine ganze Satzglied-Kombination) als *neue Proposition mit Frage-Melodie* folgen läßt. Beispiele für Ja-Nein-Fragen:

´Er ist beréit`. ´Und *dú*`?	´Il est prêt`. ´Et *toí*`?
´He's réady`. ´And *yoú*`?	´Paratus est`. ´Et *tú*`?

Man vervollständigt in Gedanken die jeweils zweite Proposition durch Rückgriff auf das Verb und das Satzadjektiv (bzw. das adjectif attribut etc.) der ersten Proposition: «Und du *bist auch bereit*? – Et toi, tu es prêt aussi?» usw. Für Grundsätzliches über die jederzeit mögliche Weitergeltung von Bestandteilen einer Proposition auch für eine daraufolgende Proposition siehe Ziff. 8.38–8.41.

9/I *Fragendes Darstellen* 383

Weitere Beispiele für Ausfüllfragen:

| ´Er kommt morgen`, ´das weiß ich`. ´Aber *sie*`? | ´Il viendra demain`, ´je le sais`. ´Mais *sa femme*`? |
| ´He'll come tomorrow`, ´I know`. ´But *she*`? | ´Ille cras veniet`, ´scio`. ´Sed *mulier*`? |

Man vervollständigt als Hörer, mit Rückgriff auf die jeweils erste Proposition, und bildet Ausfüllfragen: «Aber wann kommt sie? – Mais elle, quand viendra-t-elle? – But when will she come? – Sed quando mulier veniet?»

In die *Frage*-Melodie wird oft auch die *Anrede* an den (die) gefragten Partner einbezogen:

| ´Ihr seid alle einverstanden`, ´meine Freunde`? | ´Vous êtes tous d'accord`, ´mes amis`? |
| ´You are all in agreement with me`, ´my friends`? | ´Omnes mecum consentitis`, ´amici mei`? |

Zur Verwendung einer Anrede mit Fragemelodie als Globalfrage (oder: als Ankündigung einer kommenden Frage, als Ausdruck der Frage-Haltung) siehe Ziff. 9.01'C.

9.05 Kennzeichnung als Ja-Nein-Frage durch Vorausnahme der Verb-Personalform

Im Deutschen, Französischen und Englischen kann man eine finite Proposition dadurch als Ja-Nein-Frage kennzeichnen, daß man die Verb-Personalform ganz an die Spitze nimmt. Dann braucht man oft auch gar keine fragende Satzmelodie.

Im *Deutschen* ist diese Art der Frage-Kennzeichnung *durchgehend* möglich, bei Verben aller Art und bei Subjekten aller Art. Die Verb-Personalform bildet den Anfang der Proposition (VP-Spitzenstellung, siehe schon Ziff. 3.25'C). Nur beiordnende Konjunktionen können noch vor die Personalform gesetzt werden:

| ´Wirst du bis Freitag Abend fertig`? ´Oder *ist* doch noch mehr Zeit nötig`? |
| ´Und *sind* dann die Räume sofort benutzbar`, ´oder *muß* die Farbe noch einen Tag nachtrocknen`? |

Im *Französischen* gibt es keine so absolute Spitzenstellung der Personalform. Alle compléments, die aus pronoms conjoints bestehen, bleiben an ihren gewöhnlichen Plätzen, vor der Verb-Personalform, und ebenso der erste Teil der Verneinung («ne»):

| ´Tu les as vus`? ´Les *as*-tu vus`? | ´Il ne vous en a rien dit hier`? | ´Ne vous en *a-t-il* rien dit hier`? |
| Du hast sie gesehen? Hast du sie gesehen? | Er hat euch nichts davon gesagt, gestern? | Hat er euch gestern nichts davon gesagt? |

Dazu ist auch diese beschränkte Spitzenstellung der Verb-Personalform nur möglich bei Subjekten, die man durch einen Bindestrich an die Verb-Personalform anschließen kann, also «je – tu – il/elle – nous – vous – ils/elles – on – ce»:

| ´*Est-il* parti`? | ´*Est-ce* vrai`? | ´*Etes-vous* sûrs`? | ´N'y *a-t-il* rien d'autre`? |
| Ist er gegangen? | Ist das wahr? | Sind Sie sicher? | Gibt es da nichts anderes? |

Alle andern Subjekte müssen an ihrem Platz vor der Verb-Personalform *bleiben*, und die Kennzeichnung als Frage muß dann durch zusätzliche Wörter erfolgen:

A Man fügt direkt hinter der Personalform ein zusätzliches «il/elle/ils/elles» ein, als eine Art «Hilfssubjekt», das das vorne stehende «eigentliche Subjekt» nochmals aufnimmt:

| ´Cette décision *est-elle* prise en effet, maintenant`? | ´Et ton père l'*a-t-il* acceptée`? |
| Wurde dieser Entscheid tatsächlich getroffen, jetzt? | Und dein Vater, hat er ihn akzeptiert? |

B Man beginnt die Proposition mit der Frageformel «Est-ce que», in welcher die allgemeinste mögliche Verb-Personalform «est» an der Spitze steht, das allgemeinste mögliche Subjekt «ce» daran angeschlossen ist und der Übergang zum «eigentlichen Bestand» der fragenden Proposition durch das «que (daß)» signalisiert wird. Der eigentliche Bestand der Proposition kann dann genau so bleiben, wie er es auch außerhalb einer Frage wäre:

> *Est-ce que* cette décision est prise en effet, maintenant? *Est-ce que* ton père l'a acceptée?

Die Verwendung von «Est-ce que ...» ist aber nicht auf Propositionen mit nichtpronominalen Subjekten beschränkt, sie ist jederzeit auch bei Subjekten wie «je, tu, il» möglich. Oft ergeben sich durch die Wahl der einen oder andern Möglichkeit auch stilistische Nuancen, die kaum zu systematisieren sind:

> *Est-ce* vrai? *Est-ce que* c'est vrai?   *L'avez-vous* vu? *Est-ce que* vous l'avez vu?

Im *Englischen* ist die Vorausnahme der Verb-Personalform zwecks Kennzeichnung einer clause als Ja-Nein-Frage nur bei einer ganz kleinen Reihe von Verben möglich, nämlich bei «be – have – will – shall – can – may – must – dare – ought» und ganz besonders bei «do». Bei allen andern Verben (den «ordinary verbs» der englischen Grammatiker) muß man ein zusätzliches «do/does/did» an den Anfang stellen, so daß dann das Subjekt vor dem eigentlichen Verb (dem «Hauptverb») stehen bleiben kann:

> *Is* she *coming* tomorrow?   *Did* you *see* her?   *Do* they all *agree*?

Dafür kann aber das Subjekt *immer* zwischen «do/does/did» und dem Hauptverb stehen, ohne Rücksicht auf seine Länge. Ein Beispiel dazu von G. B. Shaw (aus «Candida»):

> *Does* that prove you wrong? *Does* your complacent superiority prove that I am wrong?

9.06 Der Hinweis auf die als Antwort gewünschten Angaben in Ausfüllfragen

Die meisten Ausfüllfragen enthalten ein *besonderes Wort*, das die im schon vorhandenen Wissenskomplex noch offene Stelle angibt – die Stelle, die man durch die Antwort ausgefüllt haben möchte.

Nur in wenigen, stark typisierten Situationen verwendet man oft Fragen *ohne* einen solchen Hinweis. Das gibt es z. B., wenn man in einen Verkaufsraum oder an einen Schalter tritt und dann gefragt wird: «*Sie wünschen?*» (daneben aber auch ebenso häufig mit Fragewort «Was wünschen Sie – Womit kann ich Ihnen dienen?»). Beim Ausfüllen von Formularen aller Art (z. B. Antragsformularen) fragt oft der betreffende Beamte (oder Versicherungsvertreter usw.): «*Sie heißen?*» oder «Ihr Name?» Oft wird auch schon eine Präposition eingesetzt: «*Sie wohnen in ...?* Dort wohnhaft seit ...?»

Allermeistens markiert man aber die offene Stelle, die man durch die Antwort ausgefüllt haben möchte, durch ein *Interrogativpronomen* oder eine *Interrogativpartikel*. Derartige «Frage-Wörter», wie man diese Pronomen und Partikeln zusammenfassend nennen kann, gehören offenbar zum ältesten Bestand in allen indoeuropäischen Sprachen. Sie haben im Deutschen alle den Anlaut «w-», in «*wer – was – wie – wo – wann*» und den vielen Zusammensetzungen «*warum – wofür*» usw. sowie dem als Kern eines Satzglieds oder als Einleitepronomen verwendbaren «*welch-*».

Die *englischen* Frage-Wörter haben teils ein «*w*» (so «*what – where – when – why – which*»), teils ein «*h*» (so «*who/whom – how*»).

Im *Lateinischen* hat man ein «*qu*» (so in «*quis*, wer – *quid/quod*, was – *qualis*, wie beschaffen – *quot/quantus*, wieviel – *quando*, wann»), dagegen ein «*u*» in «*ubi*, wo» und ein «*ku*» in «*cur*, warum».

Dem entspricht im *Französischen* das *[k]* in «*qui*, wer – *que/quoi*, was – *quel*-, welch – *combien*, wieviel – *comment*, wie».

In den modernen Sprachen werden ja alle diese Wörter auch als *Relative* gebraucht (im Lateinischen die meisten), siehe für Deutsch schon Ziff. 1.17 und Ziff. 8.03'A, für Französisch Ziff. 8.12'B, für Englisch Ziff. 8.21'A, für Lateinisch Ziff. 8.28'B. Zum Gebrauch in Nebensätzen als inhaltlichen Teilen («abhängige Fragesätze») siehe Ziff. 10.09, zu den «w-und qu-Wörtern» insgesamt Ziff. 12.61–12.62.

Diese Fragewörter setzt man meistens *ganz an die Spitze* der Proposition, noch vor die Verb-Personalform, jedenfalls im Deutschen, Französischen und Englischen (zur grundsätzlich freien Stellung auch der Fragewörter im Lateinischen siehe Ziff. 9.07).

Nur gelegentlich stellt man auch in den modernen Sprachen ein Fragewort *hinter* die Verb-Personalform (also dorthin, wo auch die erfragte Angabe zu stehen hätte): «Du gehst also *wann*? Und kommst *wann* zurück?» Beispiel für gesprochenes Französisch, aus «La guerre de Troie n'aura pas lieu», von Giraudoux. Hektor fragt Helena: «Vous doutez-vous que vous insultez l'humanité, ou est-ce inconscient?» Helena fragt zurück: «J'insulte *quoi*?»

Diese Stellung eines Fragewortes im Innern der Proposition ist aber insgesamt eine Ausnahme. Der Normalfall ist eindeutig die *Spitzenstellung*, und damit tritt im Französischen und Englischen jedes Fragewort, das nicht zugleich Subjekt ist, in *Konkurrenz* mit dem Subjekt – denn für dieses ist ja sonst der Platz vor der Personalform reserviert. Man braucht hier also zum Teil gleiche oder ähnliche Hilfs-Mechanismen zur Frage-Kennzeichnung, wie sie in Ziff. 9.05 für die Ja-Nein-Fragen gezeigt sind.

Im *Englischen* ist die Regelung recht einfach, sie entspricht genau derjenigen für die Ja-Nein-Fragen. Überall, wo ein Verb der Reihe «be – have – will – shall – can – may – must – dare – ought – do» dabei ist, wird das Subjekt *hinter* die Personalform dieses Verbs gestellt. Dabei kommt es nicht darauf an, ob das «be, have» usw. das einzige Verb in der Proposition ist oder ob ein Gefüge mit dem Infinitiv oder Partizip eines «ordinary verb» vorliegt. In allen andern Fällen fügt man *zwischen* Fragewort und Subjekt ein «*do – does – did*» ein, und hinter dem Subjekt kommt dann das «eigentliche Verb» (als Infinitiv, also ohne «-s» in der 3. Person Singular):

| Where *is* he? | When *will* he *be* back? | Why *should* this man *leave* our country? |
| Whom / Who } *did* you *see* there? | What *do* you *think* about it? | Why *doesn't* she *know* it? |

Eine besondere Möglichkeit des Englischen besteht darin, daß man bei Kombination eines Frage-Worts mit einer Präposition das Fragewort allein an die Spitze der Proposition stellen kann und die Präposition an den Schluß:

| What are you looking *for*? | Where did he come *from*? | Whom / Who } did you give the present *to*? |

Die gleiche Proposition in zwei Fassungen, links mit Präposition + Fragewort vorn, in formellem Stil – rechts das Fragewort allein vorn, die Präposition am Schluß, im Gesprächsstil (aber keineswegs als nachlässig oder gar unkorrekt betrachtet):

| *On what* do you base your prediction? | *What* do you base your prediction *on*? |

Im *Französischen* ist die Regelung komplizierter. Dafür kann man oft zwischen zwei oder sogar drei Formen für die gleiche Frage *wählen* und dadurch auch stilistische Wirkungen erzielen (Kürze des Ausdrucks – Nachhaltigkeit, Nachdruck – verschiedene rhythmische Gestalt überhaupt).

Bei «*qui*» und «*que*» muß man unterscheiden, ob sie als *Frage-Wörter* oder als *Relative* gebraucht sind. Mit «*qui*» als *Fragewort* meint man eine *Person* (oder eine Mehrzahl von Personen), und zwar kann ein solches fragendes «qui» für sich allein (ohne «est-ce que») sowohl als Subjekt wie als complément d'objet direct wie als attribut du sujet dienen. Mit «*que*» als Fragewort meint man etwas *Nicht-Personales* (eine «Sache»), und ein solches «que» kann *nur* als complément d'objet direct oder als attribut du sujet, aber nicht als Subjekt gesetzt werden. Man hat also:

| *Qui* est là? | *Qui* vois-tu là? | *Qui* est-ce? | *Que* vois-tu là? | *Qu'est-ce donc*? |
| Wer ist dort? | Wen siehst du dort? | Wer ist es? | Was siehst du dort? | Was ist es denn? |

Wenn dagegen «qui» oder «que» als *Relativ* gebraucht ist, dient «*qui*» als Subjekt und «*que*» als complément d'objet direct oder (was allerdings seltener vorkommt) als attribut du sujet. Beispiele dafür:

Le bon garçon	qui nous a salués hier		der uns gestern grüßte
	que nous avons salué hier	Der gute Bursche	den wir gestern grüßten
	qu'il est sans doute		der er ohne Zweifel ist

So erklären sich die mit Hilfe von «est-ce que» (bzw. «est-ce qui») gebildeten Frageformeln (siehe schon Ziff. 3.33'A). Eine solche Formel *muß* man benützen, wenn man «was» als *Subjekt* haben will: «*Qu'est-ce qui* te dérange? *Was stört dich?*»

Die *Wahl* hat man zwischen «*Qui* vient?» und «*Qui est-ce qui* vient?», zwischen «*Qui vois-tu?*» und «*Qui est-ce que* tu vois?» sowie zwischen «*Que* fais-tu?» und «*Qu'est-ce que* tu fais?».

Eine besondere Fragekennzeichnung ist nötig, wenn man ein fragendes «qui» als *complément d'objet direct* haben will: «*Qui* Pierre *a-t-il* salué?» oder «*Qui est-ce que* Pierre a salué?» für «Wen hat Peter gegrüßt?» Ein einfaches «Qui a salué Pierre?» hieße «*Wer hat ihn gegrüßt?*» Ziemlich freie Wahl hat man auch bei «où – quand – comment – pourquoi» als Fragewörtern: «*Où* ira Pierre? *Où* Pierre ira-t-il? *Où est-ce que* Pierre ira?» – «*Quand* partira Renée? *Quand* Renée partira-t-elle? *Quand est-ce que* Renée partira? – *Comment* a réagi Roger? *Comment* Roger a-t-il réagi? *Comment est-ce que* Roger a réagi?» Wenn man sich nach dem Ergehen eines Partners erkundigen will, kann man auch ganz ohne Umstellung oder andere Fragehilfe sagen (wie bei den rein durch Frage-Melodie signalisierten Ja-Nein- Fragen): «*Comment ça va? Wie geht es?*»

Im gesprochenen Alltagsfranzösisch (français parlé populaire) werden oft auch «est-ce que ...» und das Einschieben von «il/elle» hinter der Verb-Personalform *kombiniert*: «*Pourquoi est-ce que* ces hommes *ont-ils* fait tout cela (Warum haben diese Männer das alles getan)?» Diese Kombination gilt aber für gepflegte Sprache als unkorrekt.

Über die *stilistischen* Wirkungen der verschiedenen Frage-Formen läßt sich nichts Absolutes sagen. Das einfache Nachstellen eines Subjekts, das nicht nur aus «tu, il» usw. besteht, kann undeutlich wirken – die Kombination mit «est-ce que», wo sie nicht unumgänglich ist, kann umständlich und schwerfällig wirken – am wenigsten fehlgehen dürfte man mit dem Einfügen eines zusätzlichen «il/elle/ils/elles» hinter der Verb-Personalform.

9.07 Frage-Wörter in Ausfüllfragen und beleuchtende Partikeln in Ja-Nein-Fragen im Lateinischen

Zu der freien Reihenfolge aller Wörter in den lateinischen Propositionen gehört es, daß auch die Frage-Wörter «quis –quid/quod – quando – cur» usw. zwar oft an der Spitze stehen, daß diese Stellung aber *keineswegs obligatorisch* ist. Umso weniger ergeben sich aus dem Vorhandensein eines Frageworts Konsequenzen für die Stellung der Subjekte und weiterer Satzglieder.

Zwei Beispiele, in originaler Fassung und mit einer «normalisierten» Wortfolge (aus «Phormio», von Terenz):

1 Der Sklave Geta fragt sich, wie er den Zorn seines heimkehrenden Herrn abwenden könne, wenn dieser erfährt, daß sein Sohn Antipho in seiner Abwesenheit eine mittellose Frau geheiratet hat:

> Quod cum audierit *eius quod* remedium inveniam iracundiae?
> «*quod* remedium iracundiae eius inveniam»
> Wenn er das hören wird – welches Heilmittel gegen seinen Zorn soll ich finden?

2 Geta erblickt am Ende der Straße einen alten Mann, der sich dann als sein Herr erweist:

> Sed hic *quis* est senex quem video in ultima platea?
> «Sed *quis* est hic senex» oder «Sed hic senex – *quis* est?»
> Aber wer ist der alte Mann, den ich am Ende der Straße sehe?
> (Das Begleitgefüge «hic senex» ist Subjekt, das Fragewort «quis» ist Prädikatsnomen.)

Kennzeichnend für das Lateinische ist ferner, daß bei *Ja-Nein-Fragen* oft *Partikeln* angehängt oder vorangestellt werden und daß dadurch ein Hinweis gegeben wird, ob als Antwort ein «*Ja*» oder ein «*Nein*» erwartet wird. Man hat dafür die folgenden Partikeln:

A An das Verb angehängtes «*ne*», deutsch etwa zu verdeutlichen als «wohl» oder «oder nicht», reine Verstärkung des Frage-Charakters, ohne Hinweis auf die Art der erwarteten Antwort:

> Loquar*ne*?
> Soll/werde ich wohl sprechen, oder besser nicht?
> Vis*ne* mecum ambulare?
> Willst du vielleicht mit mir spazieren gehen?
> Est*ne* quisquam tam desipiens ut hoc credat?
> Ist wohl jemand so dumm, daß er das glaubt?

B An die Spitze gestelltes oder eingefügtes «*nonne*», wenn man auf eine bejahende Antwort rechnet, oder «*num*», wenn man eine verneinende Antwort erwartet:

Quid, canis *nonne* similis est lupo?
Was, ein Hund soll nicht einem Wolf ähnlich sein? Erwartete Antwort: Doch, natürlich
Num dubias?
Zweifelst du etwa – Du zweifelst doch nicht etwa? Erwartete Antwort: «Natürlich nicht»

C Bei *Doppelfragen* (wenn der Fragende schon selbst eine Alternative ausformuliert) kennzeichnet man die *zweite* Frage durch «an» und oft auch schon die erste durch «utrum» oder ans Verb angehängtes «ne»:

Utrum verum an falsum est?	
Verum*ne* an falsum est?	Ist es wahr oder falsch?
Verum *an* falsum est?	

Anmerkung zu «*indirekten Fragesätzen*»: In den meisten Grammatiken werden im Zusammenhang mit den hier behandelten Arten und Formen von Fragen auch sogleich die «indirekten Fragesätze» behandelt – also die Nebensätze in Kombinationen wie «*Ob das zutrifft*, möchte ich nicht entscheiden» oder «*Wann sie komme*, fragte er» oder «Sie will wissen, *wer da war*». Es handelt sich aber dabei gar nicht immer um den Inhalt einer *Frage*, sondern oft generell um «Inhalt eines *Wissens*». Der Fachausdruck «indirekter Fragesatz» kann daher irreführen. Für Genaueres siehe Ziff 10.09.

9.08 Deutlichmachen der Erwartungen für die Antwort, durch verschiedene Betonung in der Frage

Zum Teil kann man auch in den modernen Sprachen einen Hinweis geben, wie man sich die Antwort vorstellt, und zwar durch *verschiedene Betonung* der Wörter in der Frage:

Verneinungs-Wort *unbetont*, Hauptton *nachher*	Verneinungswort *betont*, nachher *kein* Hauptton
Hat Lena damit nicht *recht*?	Hat Lena damit *nicht* recht?
N'a-t-elle pas *raison*?	N'a-t-elle *pas* raison?
Man ist *selbst* der Meinung, daß sie *recht* hat – man kleidet die eigene Meinung in eine Frage, um *zustimmende* Antworten zu erhalten wie «Doch – Natürlich – Ich finde auch»	Man stellt die Frage als *offen* hin und rechnet ebenso mit einer Verneinung wie mit einer Bejahung; evtl. macht man sich bereit, Gründe zu hören für das Urteil «Sie hat nicht recht» und diese Gründe dann zu widerlegen oder zu akzeptieren

Englisch:

Is she not *coming*? («coming» betont, «not» nur ganz beiläufig), erwartete Antwort: «*Yes*»
Is she *not* coming? (Nachdruck auf «not»), erwartete Antwort: «*No*, I'am sorry»

9.09 Angefügte Fragen ohne eigenen Inhalt, rein zur Bestätigung, für Behebung möglicher Zweifel

In allen drei modernen Sprachen kann man an eine Aussage eine kurze Ja-Nein-Frage anfügen, mit welcher man nichts Neues vorlegen will, sondern nur das vorher Gesagte durch den Partner ausdrücklich bekräftigt haben möchte, ggf. auch zur Behebung eines möglichen eigenen Zweifels. Dabei bleibt oft offen, ob zuerst eine Aussage hingestellt und erst dann eine Frage angefügt wird oder ob das Ganze, von Anfang an, als Frage aufzufassen ist.

Im *Deutschen* dient dazu ein im Frageton angeschlossenes «*oder?*», oft auch «*oder nicht?*», manchmal auch einfaches fragendes «*nicht?*». An beliebiger Stelle kann man die Kurz-Frage «*nicht wahr*» einschalten oder anhängen (ein solches «nicht wahr» kann man mit Fragezeichen oder Punkt oder – im Inneren eines Satzes mit Teilsätzen – mit Komma abschließen).

| Du kommst morgen auch, | ⎧ ⌢*oder*?
 ⎨ ⌢*oder nicht*?
 ⎩ ⌢*nicht wahr*? | Das ist doch abgemacht, | ⎧ ⌢*nicht*?
 ⎨ ⌢*oder*? |

Im *Französischen* verwendet man die Kurz-Frage «*n'est-ce pas?*», übersetzbar durch «nicht wahr – ist es nicht so? – ich denke es jedenfalls».

Ein Beispiel aus «La guerre de Troie n'aura pas lieu». Hektor malt im Gespräch mit Helena (die er zur Rückkehr bewegen will, um den Krieg zu verhindern) die Schrecken des Krieges für die Stadt aus, und Helena bestätigt unerschüttert, daß sie das in ihrer eidetischen Phantasie auch so sieht:

| ⌢Et la ville s'effondre ou brûle⌢ *n'est-ce pas*? – ⌢Oui⌢. ⌢C'est rouge vif⌢. |
| Und die Stadt bricht zusammen oder verbrennt, nicht wahr? | Ja. Das ist ganz rot (Helena sieht die Ereignisse, die eintreten werden, in ihrer Phantasie hellrot) |

Besonders häufig und beliebt sind solche Kurzfragen, mit denen man einfach eine Bestätigung des vorher Gesagten (oder fragend Hingestellten) wünscht, im *Englischen*. Man hat dafür den Fachausdruck «*tag questions*» oder «*question tags*» (wörtlich «Anhängerfragen»). Die Regel ist, daß auf eine Feststellung oder Frage *ohne* Verneinung eine tag question *mit* Verneinung folgt, und umgekehrt:

| ⌢He *saw* her yesterday⌢, ⌢*didn't he*⌢? gegenüber ⌢He *didn't see* her there⌢, ⌢*did* he⌢? |

Drei Beispiele aus «Betrayal» von Harold Pinter (Emma spricht mit Jerry, nachdem sie in der vergangenen Nacht ihrem Mann Robert erzählt hat, daß sie ein Verhältnis mit Jerry hatte):

| EMMA | ⌢Well *it's* nice sometimes⌢ ⌢to think back⌢. ⌢*Isn't* it⌢? |
| JERRY | *Absolutely*. |

| JERRY | ⌢She (Emmas Tochter) *doesn't* know ... about us⌢, ⌢*does* she⌢? |
| EMMA | *Of course not*. |

| JERRY | ⌢You *didn't* tell Robert about me last night⌢, ⌢*did* you⌢? |
| EMMA | *I had to*. (Jerry hatte natürlich auf ein «No, I didn't» gehofft) |

9/II Verneinungen, total oder partiell; Einschränkungen

9.10 Verneinung, Negation: etwas zugleich darstellen und für ungültig erklären

Das *Grundphänomen* bei den meisten Verneinungen – der gedankliche Prozeß, der dabei abläuft – läßt sich so charakterisieren: Es wird *zugleich* etwas *dargestellt* (in Sprache gefaßt, gedanklich aufgerufen) und *als nicht-gültig* erklärt.

Um das leicht einsehbar zu machen, kann man eine verneinte Proposition so in zwei Propositionen umformen, daß der zu verneinende Sachverhalt als Ja-Nein-Frage formuliert wird und die Verneinung durch die darauf folgende Antwort gegeben wird:

Sachverhalt und Verneinung in der gleichen Proposition	Sachverhalt als Ja-Nein-Frage	Verneinung als negative Antwort, global oder explizit
⌒Das wird er *nicht* tun⌒ ⌒Er hat *keine* Pläne dafür⌒	⌒Wird er das tun⌒? ⌒Hat er Pläne dafür⌒?	⌒Nein⌒ ⌒es ist *nicht* so⌒ ⌒es *stimmt nicht*⌒

Man kann auch die *Verneinung* als *dominante* Proposition *voraus*nehmen (als Hauptsatz oder als gereihten Teilsatz) und den zu verneinenden Sachverhalt als inhaltlichen Teil folgen lassen (als Nebensatz oder als gereihten Teilsatz):

Sachverhalt und Verneinung in der gleichen Proposition	Verneinung durch dominante Proposition (H oder R)	Sachverhalt als inhaltlicher Teil (N oder R)
⌒Er kommt morgen *nicht*⌒ ⌒Gestern war er auch *nicht* da⌒	⌒Ich *verneine* die Möglichkeit⌒, ⌒Ich *bestreite* die Behauptung⌒,	⌒daß er morgen kommt⌒ ⌒er sei gestern da gewesen⌒

Ein entsprechender Aufbau findet sich auch in der Zeichen-Schrift («Begriffs-Schrift») von formalen Logikern, indem ein «Negator» vorangestellt wird, durch die Figur ¬, und der verneinte Sachverhalt darauf folgt (eine Behauptung, ein «Satz» im logischen Sinn, repräsentiert durch Großbuchstaben):

¬ (A)	Es *ist nicht* so,	daß der Satz A gilt
¬ (A ∧ B)	es *trifft nicht* zu	daß sowohl der Satz A wie der Satz B gilt
¬ (A ∨ B)		daß entweder der Satz A oder der Satz B gilt

9.11 Überblick über die Negations-Möglichkeiten für Propositionen

Negationen im Rahmen von ganzen verbalen Propositionen und von Begleitgefügen oder Anschlußgefügen gibt es in allen vier Sprachen. Zum Teil klingen sie sogar ähnlich – aber insgesamt ist der Bestand und die Gebrauchsweise fühlbar verschieden, so

9/II Verneinungen, total oder partiell; Einschränkungen 391

daß man gar nicht immer strukturgleich übersetzen kann. Das Folgende ist daher nur als eine Art «Ideal-Überblick» zu sehen – es ist gar nicht leicht, überall äquivalente Beispiele zu finden.

A Verneinung neutral, in finiter oder infiniter Proposition:

nicht	ne ... pas, ne pas, non pas	not, n't	non, ne (für Ablehnen)
Gestern sprach sie *nicht*		(Ihr Entschluß) *nicht* zu sprechen	
Hier, elle *n'a pas* parlé		(Sa résolution) de *ne pas* parler	
Yesterday, she did*n't* speak		(Her resolution) *not* to speak	
Heri locuta *non* est		(Consilium) *non* loquendi	
		(Spezialfall Aufforderung: *Ne* abeas, «Geh nicht»)	

B Vorläufige Verneinung – abschließende Verneinung (mit Anerkennen vorheriger Geltung):

noch nicht / nicht mehr	(ne) pas encore / ne ... plus	not yet / no more	nondum / non iam
Er hat es *noch nicht* und ich habe es *nicht mehr*			
Il *ne* l'a *pas encore* et moi, je *ne* l'ai *plus*			
He has it *not yet* and I, I have it *no more*			
Ille hoc *nondum* habet et ego *non iam* habeo			

C Nicht-Vorhandensein von Personen oder anderem als Entität Gesehenem:

niemand, nichts kein/keine	ne ... personne, ne ... rien ne { ... pas de ... / aucun/-une ... }	nobody, nothing not/n't ... any no ...	nemo, nihil/nil non ... nullus/-a/-um
Niemand kommt, Ich sehe { niemand / nichts }		Sie fand *keine* Lösung	
Personne ne vient, Je ne vois { *personne* / *rien* }		Elle { *n'a pas* trouvé *de* / *n'a* trouvé *aucune* } solution	
Nobody is coming, I can see { *nobody* / *nothing* }		She { did*n't* find *any* / found *no* } solution	
Nemo venit { *Neminem* / *Nihil* } video		Illa solutionem { *non* / *nullam* } repperit	

D Verneinung von zwei oder mehr gleichrangig gesetzten Ausdrücken oder ganzen Propositionen:

weder ... noch	ni ... ni	neither ... nor	nec/neque ... nec/neque
Weder du *noch* ich *noch* irgendjemand weiß die Antwort			
Ni toi *ni* moi *ni* aucun autre *ne* connaît la réponse			
Neither you, *nor* I, *nor* anyone knows the answer			
Neque tu *neque* ego *neque* quispiam responsum scit			

E Nicht-Gültigkeit total, unter zeitlichem oder unter räumlichem Aspekt gesehen:

nie/niemals nirgends/nirgendwo	ne ... jamais nulle part	never nowhere	numquam nusquam/nullo loco
Ich werde dich *nie* vergessen		Ich sehe es *nirgends*	
Je *ne* t'oublierai *jamais*		Je *ne* vois cela *nulle part*	
I shall *never* forget you		I see it *nowhere*	
Numquam te obliviscar		Id *nusquam* video	

9.12 Negations-Charakter als fester Bedeutungsbestandteil in Wörtern, mit oder ohne Signalisierung

Wenn man den Gesamtbereich «Verneinung» zureichend sehen will, muß man auch die *Wortbedeutungen* in den Blick nehmen, in denen ein Aspekt «Negation, Verneinung von etwas Gegensätzlichem» *schon enthalten* ist. Das kann auch im Aufbau des Wortes sichtbar sein, oder es kann nur im Verhältnis der betreffenden Bedeutung zu entgegengesetzten Bedeutungen begründet sein.

Wörter mit *fest eingebautem* Verneinungs-Signal, gegenüber Wörtern mit gleichem Stamm, aber ohne das Verneinungs-Signal, sind zum Beispiel (ohne Anspruch auf Vollständigkeit der in den verschiedenen Sprachen vorhandenen Verneinungssignale):

*un*angenehm (zu: angenehm) – *dés*agréable (zu: agréable) – *un*comfortable (zu: comfortable) – *in*commodus (zu: commodus, wörtlich: «unangemessen, unpassend»)

Es gibt aber auch eine kaum überschaubare Menge von Bedeutungs-Paaren, in welchen die eine Bedeutung einen totalen oder partiellen *Gegensatz* zur andern darstellt, ohne daß das durch das Vorhandensein bzw. Fehlen eines Negations-Elements im Wort signalisiert wird:

oben – unten	en haut – en bas	above – below	supra – infra
mit ... – ohne ...	avec ... – sans ...	with ... – without ...	cum ... – sine ...
hell – dunkel	clair – obscur	clear – dark	clarus/-a/-um – obscurus/-a/-um
Wahrheit – Lüge	vérité – mensonge	truth – falsehood	veritas – mendacium

9.13 Globalverneinungen

Das deutsche Wort «nein» kann man als «*Globalverneinung*» bezeichnen: es signalisiert *rein die Tatsache* des Verneinens, ohne jede Darstellung dessen, was jeweils verneint wird. Man setzt es daher grundsätzlich als eigene Proposition (außer wenn es mit einem Ausdruck des Sprechens zusammen in eine verbale Proposition eingebaut ist, z. B. «Ich sage nein»). Man kann durch ein solches «nein» etwas vorher Gesagtes als ungültig erklären (oder in Frage stellen, bei «Nein?») oder man kann damit einen ganzen Text anfangen, wie im Gedicht «Der Kampf» von Schiller:

Nein, länger werd' ich diesen Kampf *nicht* kämpfen,
 Den Riesenkampf der Pflicht.
Kannst du des Herzens Flammentrieb *nicht* dämpfen
 So fordre, Tugend, dieses Opfer *nicht*.

Man kann sagen, daß ein solches einen ganzen Text eröffnendes «Nein» die *erst nach langem Zögern laut werdende* Signalisierung ist für einen wichtigen Verneinungs-Akt, den man in Gedanken schon lange erwogen und schließlich als richtig erkannt hat. Im Text, den man mit einem solchen «Nein» angefangen hat, liefert man dann sogleich diesen Gedankengang nach. So schildert Schiller in den weiteren fünf Strophen von «Der Kampf» seinen ursprünglichen Schwur (oder besser: den ursprünglichen Schwur des hier sprechenden «lyrischen Ich»), sich von jeder Leidenschaft für Frauen fernzuhalten und entsagungsvolle Tugend zu üben – und dann schildert er die schwer erkämpfte Zurücknahme dieses Schwurs und die Annahme der ihm dargebotenen Liebe einer Frau. Es ist auch kennzeichnend, daß die erste Strophe neben der Globalnegation «nein» und der Anrede-Proposition «Tugend» nur Propositionen mit Negationselement enthält («... *nicht* kämpfen – kannst du ... *nicht* dämpfen – fordre ... *nicht*»), während in den fünf weiteren Strophen (mit 28 verbalen und nur zwei nichtverbalen Propositionen) keine einzige Verneinung mehr vorkommt.

Natürlich gibt es solche Globalverneinungen auch in den andern Sprachen, nur ist dort jeweils kein Wort vorhanden, das *allein* zu diesem Zweck dient. Das französische «*non*» (z. B. in «*Non*, je ne veux pas») dient auch in Kombination mit «pas» als gewöhnliche Negation, entsprechend deutschem «nicht», z. B. in «C'est pour ma femme, *non pas* pour toi – Das ist für meine Frau, nicht für dich». Das englische «*no*» (z. B. in «*No*, we aren't») dient auch als Begleitpronomen (determiner) bei Nicht-Vorhandensein von etwas, z. B. «There was *no* end to our troubles». Es kann auch äquivalent sein zu deutschem «nicht», z. B. in «The task is *no* easy one». Für ein «no» als Globalnegation hat die «University Grammar of English» von Quirk und Greenbaum (1973) im Sachregister die Kennzeichnung «*reaction signal*». Das lateinische «*non*», das zugleich dem deutschen «nein» und «nicht» entspricht, braucht man in einer Antwort selten allein (also als «Nein»), man wiederholt in der Regel das Verb der Ja-Nein-Frage, z. B. «Possumusne tuti esse? *Non possumus* (Können wir sicher sein? Wir *können nicht*)».

9.14 Vielfältig verschiedene Gebrauchsweisen von Propositionen mit Negations-Elementen; zur Ursprungsfrage

Durch Propositionen mit Negations-Elementen kann man sehr verschiedene Gesamtbedeutungen darstellen und übermitteln, in verschiedenen Situationen, für sehr verschiedene Zwecke. Dabei stehen oft für den gleichen Zweck (und oft mit praktisch gleicher Bedeutung) Propositionen mit verschiedenartigen Negations-Elementen und manchmal auch Propositionen ohne Negation zur Verfügung.

Den Ursprung, die stammesgeschichtlichen Wurzeln des Phänomens «Verneinung» kann man wohl im *Bestreben* sehen, ein *störendes*, die eigene gewünschte Existenzweise gefährdendes Verhalten/Handeln eines andern Lebewesens *abzuwehren, auszuschalten*. Hierher gehören wohl viele Ablehnungs-Bekundungen bei kleinen Kindern, die noch nicht sprechen können, und bei manchen Tieren, durch Körperhaltungen und Gebärden wie durch akustische Signale (Schreien usw.). Mit dem Erlernen der Erstsprache und dem Hineinwachsen in Sprachverwendung kommen dazu alle Akte des *Widersprechens*, des Ablehnens nicht nur einer Forderung, sondern auch einer Feststellung, einer Behauptung von andern. Dabei lassen sich Widerspruch gegen Aufforderungen (also «materiale

Ablehnung») und Widerspruch gegen Behauptungen (also «kommunikative, sprachlich-gedankliche Ablehnung») gar nicht immer scharf trennen.

Ein Alltagsbeispiel: Man sitzt am Tisch, und ein Kind will etwas nicht essen, an das es nicht gewöhnt ist. Man redet ihm zu: «Iß das doch, das ist doch gut, du hast es nur noch nie probiert!» Darauf das Kind (Beispiel in Schweizer Mundart):

> *Neĩ*, d̃as isch *nöd* guet̃, d̃as wott ich *nööd*̃

Linguistischer Kommentar zu diesen drei Propositionen, mit denen das Kind die Aufforderung von Seiten der Erwachsenen ablehnt: zuerst *Globalnegation* («nein»), dann *sprachlich-gedanklicher Widerspruch* (andere Einschätzung der betreffenden Speise «das ist *nicht gut*»), dann *materiale Zurückweisung* (Bekundung des Nicht-Wollens «das will ich nicht»).

Ein sehr elaboriertes Beispiel: Aufstellen einer These durch einen «Proponenten» in der dialogischen Logik, Angriff des «Opponenten» durch Verneinung der These, Verteidigung des Proponenten durch Heranziehen von Argumenten, usw.

Neben dieser elementaren Verwendung von Propositionen mit Negations-Elementen stehen aber vielfältige andere Verwendungsweisen, die gar nichts mit Widerspruch oder Ablehnung zu tun haben.

Man kann z.B. ganz neutral das *Fehlen von irgend etwas* darstellen, was sonst in der gegebenen Situation erwartbar wäre, z.B. «Wir haben bisher *noch keinen einzigen Nachtfrost* gehabt». Man kann auch mit offenkundiger Befriedigung feststellen, daß ein *Prozeß aufgehört* hat, der vorher im Gange war und einen auf die Dauer gestört hat, so wenn man nach einigen Regentagen sagt: «Heute regnet es *wenigstens nicht*» – «Ja, es hat *seit gestern abend nicht mehr geregnet*». Darstellungen des gleichen Befundes ohne Negations-Elemente: «Heute *ist es wenigstens wieder trocken*» – «Ja, der Regen *hat schon gestern abend aufgehört*».

Man kann durch Propositionen mit Negations-Element einen *Verzicht* auf etwas darstellen – auch einen Verzicht, auf den man stolz ist. So kann jemand, der biologische Landwirtschaft betreibt, mit Anspruch auf besondere Anerkennung sagen: «Wir verwenden hier *gar keinen* chemischen Dünger und spritzen *kein* Mittel gegen die Schädlinge – wir kommen *ohne* chemischen Dünger und giftige Schädlingsbekämpfung aus».

Man kann jemanden *trösten* wollen, indem man etwas ihn Störendes, Bedrückendes verneint oder mindestens herabstuft, relativiert: «Das ist doch *nicht so schlimm*, das mußt du *nicht so tragisch nehmen*» oder, wenn jemand sich Vorwürfe wegen irgend etwas macht: «Da bist du doch *nicht schuld* gewesen, du mußt dir *gar keine Vorwürfe* machen».

Ein *Wechselspiel* von positiven und von verneinenden Feststellungen ergibt sich oft bei der *Analyse einer Situation*, der *Klärung eines Problems* – von Alltagsproblemen bis zu zentralen Fragen der menschlichen Erkenntnis (im «philosophischen Diskurs», wie heute oft gesagt wird). Man hat dabei ja immer einen bestimmten «gedanklichen Raster» im Kopf, man hat bestimmte Erwartungen, geht von bestimmten Erfordernissen aus, und nun prüft man, wie weit diese Erwartungen zutreffen, die Erfordernisse erfüllbar sind usw. Ein Beispiel von Kant (aus dem Brief vom 21.2.1772 an den 23 Jahre jüngeren Mediziner Marcus Herz, seinen liebsten Schüler):

1.1	⌐Allein unser Verstand ist durch seine Vorstellungen *weder* die Ursache des Gegenstandes¬,
1.2	⌐außer in der Moral von den guten Zwecken¬
1.3	⌐*noch* der Gegenstand die Ursache der Verstandesvorstellungen (in sensu reali)¬.
2.1	⌐Die reine Verstandesbegriffe müssen also *nicht* von den Empfindungen der Sinne abstrahiert sein¬,
2.2	⌐*noch* die Empfänglichkeit der Vorstellungen durch Sinne ausdrücken¬,
2.3	⌐*sondern* in der Natur der Seele *zwar* ihre Quellen haben¬,
2.4	⌐*aber* doch *weder* insoferne sie vom Objekt gewirkt werden¬
2.5	⌐*noch* das Objekt selbst hervorbringen.¬

Also von 8 Propositionen 6 verneinte; positiv dargestellt nur 1.2 und 2.3 («sondern ...»), und auch hier eine Verneinung angemeldet durch «zwar»

Von heute aus kommentiert: «Man darf die Existenz der Gegenstände nicht aus den logischen Begriffen ableiten (wie es in einer sich auf Platon berufenden Metaphysik gefordert werden konnte), und man darf ebenso wenig diese Begriffe rein als Abstraktionen aus den sinnlichen Erfahrungen betrachten (obwohl sie mit diesen Erfahrungen auf eine gewisse Weise zusammenhängen).»

Die wirkliche Fundierung aller menschlichen Begriffe versuchte dann Kant in seiner «Kritik der reinen Vernunft» zu geben, deren Aufbau er in diesem (über 7 Druckseiten umfassenden) Brief an Marcus Herz erstmals einem Gesprächspartner skizzierte.

9.15 Verneinung von etwas Unzutreffendem als Folie für die Darstellung des Zutreffenden

Nicht selten beginnt man einen Satz mit der Darstellung von etwas, das hier *nicht* zutrifft, um die nachfolgende Darstellung dessen, was *zutrifft*, umso mehr *hervorzuheben*:

⌐Sie lehnen *nicht* die Elterngeneration an sich ab¬
  ⌐*sondern* das, was sie als die Heuchelei dieser Generation empfinden¬
⌐They are *not* rejecting their parents themselves¬
  ⌐*but rather* what they see as their parent's hypocrisy¬
⌐Ce *n'est pas* contre leurs parents¬ ⌐qu'ils se dressent¬
  ⌐*mais* contre ce qui leur apparaît comme l'hypocrisie des parents¬

Es ist bemerkenswert, daß man im Deutschen für einen solchen Anschluß einer betonten Feststellung an die Verneinung von etwas Gegensätzlichem meistens ein besonderes Wort braucht, das überhaupt *nur* in dieser Funktion dienen kann, nämlich «*sondern*». In allen andern Sprachen kann man die gleichen Partikeln (beiordnenden Konjunktionen) brauchen wie für einen entgegensetzenden Anschluß an eine beliebige Feststellung: «C'est vrai, *mais* il ne le sait pas – It's true, *but* he doesn't know it – Verum est, *sed* ille ignorat» (im Deutschen wäre das immer durch «*aber*» wiederzugeben, nicht durch «sondern»).

Man kann aber auch die *umgekehrte* Reihenfolge wählen, nämlich *zuerst* die positive Feststellung, *dann* die Verneinung des dieser Feststellung Entgegengesetzten. Für den Anschluß kann man die reine beiordnende Konjunktion verwenden («und – et – and») oder man kann die verneinende Proposition einfach folgen lassen, ohne ausdrückliches Verknüpfungssignal:

> ⌐They (the males) *had to play a central role*⌐
> ⌐and they could *not be thrust* to the periphery of society⌐.
> ⌐Tous les mâles *joueraient* un rôle⌐,
> ⌐(et) on *ne rejetterait plus* les plus faibles hors de la société⌐.
> ⌐Alle (männlichen Individuen) *spielten* eine wesentliche Rolle⌐,
> ⌐(und) *keiner durfte beiseite gestoßen* werden, an den Rand der Gemeinschaft⌐.

9.16 Zum Verhältnis von Frage und Verneinung, generell und bei besonderen Stimmführungs-Gestalten

Bei Fragen (insbesondere bei Ja-Nein-Fragen) *und* bei Verneinungen geht es um die *Gültigkeit* dessen, was in der betreffenden Proposition dargestellt ist. Bei der *Ja-Nein-Frage* wird diese Gültigkeit *offen* gelassen, und der Entscheid darüber wird von der Antwort erwartet. Bei der *Verneinung* wird die Gültigkeit *insgesamt zurückgewiesen* und die Ungültigkeit behauptet. Es ist daher von einem gewissen Interesse, theoretisch wie praktisch, das Verhältnis dieser beiden grundlegenden Darstellungsmöglichkeiten zu klären, und die besonderen Möglichkeiten, die in ihrer Kombination in ein und derselben Proposition liegen.

An sich kann man durch fragendes Hinstellen einer Proposition *mit* Negations-Element *genau die gleiche* Information verlangen, vom Partner oder von sich selbst (in weiterem Nachdenken) wie mit einer Proposition *ohne* Negations-Element – und zwar *ohne* eine schon durch die Fassung der Frage angedeutete Erwartung für die Antwort. Man kann ja auch die sachlich gleiche Proposition in beiden Fassungen nebeneinanderstellen, sowohl für Ja-Nein-Fragen wie für eine (allerdings seltener vorkommende) Ausfüllfrage:

> ⌐Gilt das jetzt⌐ ⌐oder *gilt es nicht*⌐? ⌐Was hat er *gewußt*⌐ ⌐und was hat er *nicht gewußt*⌐?

In beiden Fällen kann man die Offenheit für jede Art von Antwort noch unterstreichen durch eine angefügte dominante Proposition wie «Ich muß es wissen – Das ist wichtig für mich» oder auf gleicher gedanklicher Ebene: «Je nachdem werde ich mich verhalten».

Der Gefragte kann nun der in der Ja-Nein-Frage hingestellten *Verneinung zustimmen*, indem er die Geltung des in der betreffenden Proposition Dargestellten *ebenfalls verneint*, oder er kann der Verneinung *widersprechen* und damit die *Gültigkeit* der Proposition, *ohne* Negations-Element, behaupten. Nicht selten tut er das *doppelt*, sowohl durch eine zustimmende Globalverneinung oder eine globale Zurückweisung der Verneinung wie durch eine eigene verneinende oder bejahende Proposition, meistens mit dem gleichen Verb:

Fragen:	Antworten:	andere Möglichkeiten:
⌐Ist das nicht wahr⌐?	⌐Nein⌐, ⌐es ist nicht wahr⌐ ⌐Doch⌐, ⌐es ist wahr⌐	⌐Nein⌐, ⌐sicher nicht⌐ ⌐Ich glaube auch nicht⌐ ⌐Natürlich ist es wahr⌐
⌐N'est-ce pas vrai⌐?	⌐Non⌐, ⌐ce n'est pas vrai⌐ ⌐Si⌐ ⌐c'est bien vrai⌐	⌐D'accord⌐, ⌐ce n'est pas vrai⌐ ⌐Mais si ...⌐, ⌐Mais oui ...⌐
⌐Isn't this true⌐?	⌐No⌐ ⌐it isn't true⌐ ⌐Yes indeed it is true⌐	⌐Certainly not ...⌐ ⌐But of course ...⌐

Wie man durch eine *andere Stimmführung* das Gewicht eines Negations-Elements zurücknehmen und dadurch die ganze Ja-Nein-Frage als Aufforderung zu einer bejahenden Antwort hinstellen, ja als Mittel zu betont positiver Aussage verwenden kann, ist schon in Ziff. 9.08 gezeigt. Hier noch ein literarisches Beispiel dafür (Verse 656–657 aus dem «Faust», französisch von Gerard de Nerval, englisch von Philippe Wayne; Faust seufzt über die Menge der Bücher und Apparate in seinem Studierzimmer, die ihn alle nicht zu der von ihm gewünschten Erkenntnis zu führen vermochten):

⌢Ist es *nicht* Staub⌢, ⌢was diese hohe Wand / Aus hundert Fächern mir verenget⌢?
⌢N'est-ce donc *point* la poussière même⌢, ⌢tout ce que cette haute muraille me conserve sur cent tablettes⌢?
⌢Is it *not* dust⌢, ⌢that fills my hundred shelves / And walls me in like any pedant hack⌢?

Die Antwort, die Faust sich selbst gibt: *Natürlich* ist es Staub, nützt es nichts – daher dann am Schluß dieser Gedankenfolge (Verse 684–685) die vielzitierte Feststellung: «Was man *nicht* nützt, ist eine schwere Last; / *Nur* was der Augenblick erschafft, das kann er nützen.»

Zu diesem Typ der als Ja-Nein-Fragen mit Negations-Element formulierten Aufforderungen zu Bestätigung (und gar nicht zu offener Entscheidung für ja oder nein) gehören auch alle «Anhänger-Fragen» oder «tag questions» mit Negations-Element (siehe Ziff. 9.09). Es ist kennzeichnend, daß im Englischen zur Bekräftigung einer *positiven* Aussage eine tag question mit «n't» verwendet wird, dagegen zur Bekräftigung einer *Aussage mit Verneinungs-Element* eine tag question *ohne* «n't» oder «not»: «That's true, *isn't it*?» – aber «That's *not* true, *is it*?».

Bei der ganzen Diskussion der verschiedenen Erwartungen, die man bei Ja-Nein-Fragen mit Negationselement durch verschiedene Betonung signalisieren kann, muß aber auch ganz klar gesagt werden: Es handelt sich hier *nicht* um *eindeutige* kommunikative Mittel mit scharfer Abgrenzung voneinander, sondern *nur um Tendenzen*. Man kann mit einer als Ja-Nein-Frage hingestellten negierten Proposition auch bei ganz neutraler Betonung eindeutig eine *positive* Antwort hervorrufen wollen. Die *gesamte Situation* ist hier viel wichtiger als alle Einzelheiten der Formulierung und Betonung. Eine Frage wie «Wäre das *nicht* ebenso gut» kann auch bei alleiniger Betonung des «nicht» gleichwertig sein wie eine Feststellung «Das wäre doch *sicher* ebenso gut».

9.17 Annähernde Verneinung

Manchmal ist man nicht sicher, nimmt aber mit großer Wahrscheinlichkeit an, daß etwas nicht wahr ist, nicht eintreten wird usw. Dann kann man mit Hilfe der Wörter «kaum – ne ... guère – hardly/scarcely – vix» eine *annähernde Verneinung*, oft auch eine *vermutete Verneinung* signalisieren. Den engen Zusammenhang dieser Wörter mit der Verneinung zeigen Wörterbucheinträge wie «almost not» (bei «scarcely») oder «negation in meaning» (bei «hardly»), im Französischen das Vorhandensein des «ne». Vier ganze einfache Beispiele:

⌢Das ist *kaum* wahr⌢	⌢Ce n'est *guère* vrai⌢	⌢This is *hardly* / *scarcely* true⌢	⌢*Vix* verum est⌢

Anmerkung zu anderem Gebrauch von «kaum – hardly – vix»: Es ist eine frappante Übereinstimmung von Deutsch, Englisch und Lateinisch, daß die für eine annähernde

Verneinung verwendbaren Partikeln auch verwendet werden können, um eine *sehr schnelle Aufeinanderfolge* von zwei Handlungen, Ereignissen usw. zu signalisieren:

> ⌒*Kaum* waren wir aufs Land hinausgekommen⌒, ⌒*so* begann es zu regnen⌒.
> ⌒*Hardly* had we got into the country⌒ ⌒*when* it began to rain⌒.
> ⌒*Vix* agmen processerat⌒ ⌒*cum* Galli flumen transire non dubitant⌒.
> Das Heer war kaum vorgerückt, als die Gallier den Fluß zu überschreiten nicht zögern.

9.18 Einschränkung, als partielle Verneinung: etwas aussondern aus einem größeren Gesamt

Eine *Einschränkung* läßt sich auffassen als eine *teilweise Verneinung*, eine partielle Negation: man geht (in Gedanken oder ausdrücklich) von *etwas Umfangreicherem* aus, dessen Geltung für den Sprecher/Schreiber wie für den Hörer/Leser gleicherweise naheliegt; man betrachtet einen Teil dieses größeren Bestandes als (jetzt, hier) *nicht gültig*, und man hebt dadurch den *übrig bleibenden, hier gültigen* Bereich *besonders hervor*.

Der *Zusammenhang* von Einschränkung und (völliger) Verneinung wird oft auch in der Form der dafür verwendeten Wörter sichtbar: die normale französische Entsprechung zu deutsch «nur» ist «*ne ... que*»; englisch kann man (in eher formeller Sprechweise) ein «nur» wiedergeben durch «*nothing but*».

Insgesamt fällt auch auf, daß die Wörter zur Signalisierung einer Einschränkung in allen vier Sprachen *zahlreicher* und unter sich verschiedener sind als die Wörter für völlige Verneinung und daß oft die gleichen Wörter nicht nur zur Signalisierung einer Einschränkung dienen, sondern auch für ganz andere Bedeutungen (z. B. lateinisch «modo» auch für «eben, gerade noch» oder «tantum» auch für «so sehr, so viel, in dem Grade»).

Es lohnt sich daher, hier eine Reihe von Beispielen nicht nur für sich allein, sondern in ihrem Textzusammenhang zu betrachten, mit Einbezug der Situation und der Absicht der jeweils Sprechenden (bzw. Schreibenden).

Französisch Vier Beispiele für «*ne ... que*» und Kombinationen damit aus Giraudoux, La guerre de Troie n'aura pas lieu; drei Beispiele mit den selteneren «*exclusivement – seul/seulement*» aus Flaubert, L'éducation sentimentale (1869); natürlich gäbe es bei Flaubert auch viele Beispiele für «ne ... que».

1 Ulysse begrüßt Hélène als Königin (von Sparta), und diese antwortet:

> ⌒J'ai rajeuni ici⌒, ⌒Ulysse⌒. ⌒Je *ne suis plus que princesse*⌒.
> Ich habe mich hier verjüngt, Odysseus. Ich bin *nur noch (nichts anderes mehr* als) Prinzessin.

2 Es geht darum, ob die Trojaner unter Führung von Hektor den Griechen Helena unberührt zurückgeben und so den Krieg vermeiden können; Odysseus zweifelt an der Unberührtheit, weil ja Paris Helena geraubt habe, als sie badete; darauf sagt Paris verteidigend, eine nackte Königin sei genügend bekleidet durch ihre Würde, und Helena fügt vieldeutig hinzu:

> ⌒Elle *n'a qu' à ne pas s'en dévêtir*⌒.
> Sie muß/darf diese *nur nicht selbst ablegen*.

3 Die Schiffsmannschaft des Paris soll darstellen, was auf dem Schiff geschah; der Ausguck-Matrose und ein Matrose namens Olpidès haben schon gesprochen, ein dritter fährt weiter:

Et il *n'y a pas que le gabier et Olpidès* qui les aient vus, Priam.
Und *nicht nur* der Ausguckmann und Olpides haben sie gesehen, Priamus.

4 Gleicher Zusammenhang, aber ein Beispiel, bei welchem die Einschränkung speziell eine *Zeitspanne* betrifft und daher ein deutsches «nur» als Übersetzung zu schwach wäre:

Et il *n'y avait pas deux minutes* qu'ils étaient à bord ...
Und sie waren *noch nicht* zwei Minuten (keine zwei Minuten) an Bord ...

5 Eine Diskussion über Kunst, Paris 1848. Einer sagt, hier könne man verschiedene Meinungen haben, aber der leidenschaftliche Sénécal will das nicht gelten lassen:

Sénécal protesta. L'art devait *exclusivement* viser à la moralisation des masses.
Sénécal protestierte. Die Kunst dürfe *ausschließlich* zur moralischen Besserung der Volksmassen dienen.

6 Gleiches Gespräch; einige kritisieren den «Bürgerkönig», Louis-Philippe:

Martinon *seul* tâchait de défendre Louis-Philippe.
Martinon *allein* versuchte Louis-Philippe zu verteidigen.

7 Es geht um die Einladungen zu einem Nachtessen, das Deslauriers für seinen Freund Frédéric geben will; jeder der beiden hat schon auf die Einladung eines gerade ihm naheliegenden Gastes verzichtet:

Ils emmenèrent *seulement* Hussonnet et Cisy avec Dussardier.
Sie nahmen *nur* Hussonnet und Cisy mit Dussardier mit.

Es ist bemerkenswert, daß in allen vier Sprachen das gleiche Wort sowohl für die Bedeutung «allein, ohne die Gesellschaft anderer» wie für die Bedeutung «nur» verwendet werden kann. «*Solus* venit» heißt «Er kam *allein*», aber «*solus homo* ratione praeditus est» heißt «*Nur der Mensch, allein der Mensch* ist mit Vernunft begabt» (und zwar gerade nicht «der Mensch ohne die Gesellschaft seinesgleichen», sondern «von allen Lebewesen allein der Mensch»). Im Französischen, Englischen und Deutschen kann man sogar sehr zugespitzt sagen: «*Lui seul* n'était *pas seul* – He *alone* was *not alone* – Er *allein* (nur er) war *nicht allein*».

Englisch Das bei weitem häufigste Wort, daher auch das neutralste in der Wirkung, ist «only»; man findet es in Texten aller Art, von Alltagsgesprächen bis zu sehr speziellen wissenschaftlichen Analysen:

She's *only* coming up for a few days	I *only* saw Mary	He's *only* a fool
These items are regarded as cohesive *only* in their anaphoric use		Er ist einfach ein Narr

Das Wort «only» dient aber auch für die *Einbettung in den Zeitablauf* (deutsch «erst») und für deutsch «einzig»:

Work of this kind on English texts is *only just* beginning	That's *the only way* we can go
beginnt gerade erst	der einzige Weg

Eine etwas speziellere Tönung haben «*mere, merely*»; sie signalisieren oft ein betontes Zurückstufen von etwas, oder auch ein (oft auch nur gespieltes) Zurücknehmen aus Bescheidenheit. Vier Beispiele aus «Candida» von G. B. Shaw:

1 Eine Frau über etwas, was ein Mann zu ihr sagt:

> ... *mere* phrases that you cheat yourself and others with every day
> «bare Phrasen, reine Phrasen»

2 Spott einer Frau über einen Mann:

> to be a man and have a fine penetrating intellect instead of *mere emotions* like us
> «bloße Emotionalität»

3 Etwas später, der Mann über etwas an den Frauen Positives, das er im Gegensatz zu einer Reihe von Frauen immer anerkannt hat:

> though they didn't appreciate it I, *a mere man*, did
> «ich, der ja bloß ein Mann ist»

4 Die Frau spottet über die Bewunderung des Mannes für eine andere Frau:

> ... raved about ... *merely* because she's got good hair and a tolerable figure

Für die Signalisierung von Einschränkungen dient auch das vielfältig verwendbare, vom Deutschen her gesehen vieldeutige «*but*» – manchmal allein, manchmal nach Negation:

> We can *but* try   He's *but* a boy   I can do *nothing but* cry with rage when ...
>   «doch nur ein Bub»
>
> God has given us a world that *nothing but* our own folly keeps from being a paradise

Neben den oben angeführten gibt es noch eine Reihe weiterer Möglichkeiten, die aber insgesamt seltener benutzt werden: *solely* – *simply* («einfach, schlicht») – *exclusively* («ausschließlich») – *alone* (siehe schon die Bemerkung oben) – *barely* (zu «bare», vergleiche «ein *barer* Zufall»).

Lateinisch   Auch hier gibt es sehr verschiedene Wörter und Konstruktionen, mit denen man eine Einschränkung signalisieren kann.

Am eindeutigsten und am leichtesten faßbar sind die Kombinationen aus einem Negationswort und «nisi», also «*nihil aliud* nisi (nichts anderes als) – *nec ... nisi* (nicht ... wenn nicht)» und ähnliche.

Im «Phormio» von Terenz erzählt der Aufsichts-Sklave Geta, daß der junge Phaedria sich – in Abwesenheit seines Vaters und seines Onkels – in eine Flötenspielerin verliebt hat, daß er aber kein Geld hat, um diese von ihrem Eigentümer loszukaufen; er beschreibt nun Phaedrias Verhalten sehr anschaulich:

> Restabat *aliud nil nisi* oculos pascere, sectari in ludum ducere et reducere
> Blieb ihm *nur* (*nichts anderes als*) seine Augen an ihr zu weiden, ihr überallhin zu folgen, sie in die Musikschule zu begleiten und wieder zurück zu begleiten

Cicero wird von seinem Freund Atticus gedrängt, eine Geschichte Roms zu schreiben; er wendet ein, dazu müßte er mehr freie Zeit haben, als ihm zur Verfügung steht:

> Historia vero *nec* institui potest *nisi* praeparato otio *nec* exiguo tempore absolvi
> Ein Geschichtswerk kann *nur* unternommen werden bei Aussicht auf eine genügende nicht anderswie beanspruchte Zeit, und (es kann) *nicht* in einer knapp bemessenen Zeit vollendet werden

Eine Einschränkung kann auch festgemacht werden an einer Entität, die durch ein Nomen dargestellt wird; dann verwendet man «unus/-a/-um» oder «solus/-a/-um».

Atticus zählt im Gespräch mit Cicero die bisherigen römischen Historiker auf und kritisiert sie scharf; vom relativ besten, Sisenna, sagt er ebenfalls tadelnd:

> ... ⌐ut *unum Clitarchum* neque praeterea quemquam de Graecis legisse videatur⌐
> daß er *einzig (nur)* den Klitarch und außer ihm keinen von den Griechen gelesen zu haben scheine

Weitere Beispiele dieser Art:

> ⌐Ego *solus* vidi⌐   ⌐Ego *unus* vidi⌐
> Ich allein, nur ich sah es

Ein eher amtlich oder gelehrt wirkendes Wort, das auch zum Signalisieren einer Einschränkung dienen kann, ist «*dumtaxat*» (wörtlich: dum taxat − wenn einer genau abschätzt):

> ⌐Potestatem *dumtaxat* habet annuam⌐
> Die Amtsgewalt hat er lediglich (nur) für ein Jahr («nur als einjährige»)

Die beiden Einschränkungs-Wörter, die man in den meisten Latein-Anfängerbüchern als erste lernt, sind «*modo*» und «*tantum*»:

> ⌐Res *delectationem modo* habet⌐, ⌐non salutem⌐   ⌐Duo *tantum* mortales effugerunt⌐
> Dies bietet *nur Vergnügen*, nicht (wahres) Heil   *Zwei Sterbliche nur* entflohen

Beide Wörter dienen aber sehr oft für andere Bedeutungen, z. B. «*Modo* litteras accepi − *Soeben* erhielt ich einen Brief» oder «*Tantum* mihi interest − Mir liegt *soviel* daran», und noch andere.

9.19 Gleichgewichtiges Hervorheben durch Vorausnahme einer verneinten Einschränkung

Eine sehr häufige rhetorische Technik besteht darin, daß man *zuerst* etwas Näherliegendes darstellt, zugleich aber die *Beschränkung* auf dieses Näherliegende *verneint* und damit das Anschließende, evtl. nicht so Naheliegende besonders hervorhebt. Dafür hat man im Lateinischen die Formeln «*non modo / non tantum / non solum − sed etiam*», im Französischen «*non seulement − mais (aussi)*», im Englischen «*not only − but also*», im Deutschen «*nicht nur / nicht allein − sondern auch*».

Ein lateinisches Beispiel (aus Cicero, De deorum natura − Vom Wesen der Götter):

> ⌐Res enim nulla est⌐ ⌐de qua tantopere *non solum* docti, *sed etiam* indocti dissentiant⌐
> Es gibt nämlich keinen Bereich, über welchen so sehr *nicht nur* die Laien (die «Ungelehrten»), *sondern auch* die Fachleute (die «Gelehrten», die Philosophen) verschiedener Meinung sind

Ein weiteres Beispiel, aus der folgenden Seite der gleichen Schrift − etwas komplizierter, weil Cicero zuerst eine *generelle* Hervorhebung durch Einschränkung/Aussonderung formuliert (durch «*nulla ratione melius* − quam si ...») und dann durch «*non modo − sed etiam*» eine *auch schon fruchtbare* und dann eine *noch viel fruchtbarere* Tätigkeit nebeneinanderstellt:

> ⌜Ea vero ipsa *nulla ratione melius* frui potui⌝
> Aus dieser (ihn tröstenden Gedanken-Entwicklung) konnte ich *auf keine Weise* besser Frucht ziehen
> ⌜quam si me *non modo* ad legendos libros
> als wenn ich mich *nicht nur zu* den zu lesenden Büchern
> *sed etiam* ad totam philosophiam pertractandam dedissem⌝
> *sondern auch* zu der als ganze zu behandelnden Philosophie wandte

Beispiele für Englisch, Französisch und Deutsch, aus dem Aufsatz von Rockefeller über die Jugendprobleme in Amerika (aus «Reader's Digest», siehe Ziff. 7.49):

> ⌜I am convinced⌝ ⌜that *not only* is there tremendous vitality there⌝
> ⌜*but also* great potential for good⌝.
>
> ⌜Je suis convaincu⌝ ⌜qu'il y a *non seulement* une vitalité prodigieuse⌝
> ⌜*mais* d'immenses forces susceptibles d'être orientées dans un sens bénéfique⌝.
>
> ⌜Meiner Ansicht nach finden wir dort *nicht nur* eine ungeheure Vitalität⌝
> ⌜*sondern auch* bedeutende Möglichkeiten zum Guten⌝.

9.20 Verschiedene formale Ansatzpunkte für die Negationselemente – meistens äquivalent

Die *Ansatzpunkte* für die Negationselemente im Rahmen von verbalen Propositionen können verschieden sein. In den weitaus häufigsten Fällen ist das Negationselement *direkt auf das Verb* zu beziehen, es wirkt auf das Verb und durch dieses hindurch auf den ganzen Inhalt der Proposition. Die direkte Beziehung zum Verb kann bis zur Verschmelzung von Negation und Verb zu einem einzigen Wort gehen: englisch «*don't, isn't*» usw., lateinisch «*nolle*» neben «velle» (also «nicht-wollen») und «*nescire*» neben «scire» (also «nicht-wissen»). Im Französischen wird die direkte Beziehung auf die Verb-Personalform durch die umklammernde Stellung von «*ne ... pas*» usw. sehr klar sichtbar, im Englischen durch die bei allen «ordinary verbs» obligatorische Hilfskonstruktion «*don't, doesn't, didn't*».

Im *Deutschen* liegt eine *spezielle* Situation vor, weil hier die generelle Regel gilt: «*je enger* ein Wort *gedanklich* mit dem Verb zusammenzunehmen ist, *umso mehr* hat es Anspruch auf den *Endplatz* in der Proposition». Eine direkte räumliche Nähe von Negationselement und Verb besteht also nur bei Verb-Teilen in Endstellung, z. B. «Daß er das *nicht sieht* – Er will es offenbar *nicht sehen* – Andere haben es auch *nicht gesehen*». Das «nicht» kann natürlich auch vor einem andern eng zum Verb gehörigen Bestandteil stehen, z. B. «Diese Angelegenheit wird morgen sicher *nicht zur Sprache kommen*» (fester verbaler Ausdruck «zur Sprache kommen», gleichbedeutend mit «behandelt werden, diskutiert werden»).

Das Negationselement kann aber auch in einem *Pronomen* enthalten sein wie «*niemand, nichts – nobody, nothing – personne, rien* (mit hinzugedachtem, wenn auch nicht immer gesetztem «ne») – *nemo, nihil*». Sehr häufig ist der Gebrauch von *Begleitpronomen* (déterminants, determiners), die eine Negation enthalten: «*kein/keine – aucun/aucune – nullus/-a/-um*» und englisch «*no*» als determiner (zu unterscheiden von «no» als Globalnegation, trotz gleicher Form: «*No, no further* commentaries – *Nein, keine* weiteren Kommentare»). Schließlich kann das Negationselement in eine Partikel (Adverb) bzw.

einen fixen adverbialen Ausdruck eingebaut sein: «*nie, nirgends* – *nulle part* – *never, nowhere* – *numquam, nusquam*».

Alle diese Verschiedenheiten des formalen Ansatzpunktes heben aber die Tatsache nicht auf, daß grundsätzlich die *Proposition als ganze* verneint ist. Zum Vergleich: «Ich weiß *nicht*, ich habe *keine blasse Ahnung* – Je *ne sais pas*, je *n'ai aucune idée* – I *don't know*, I have *not the faintest idea*». Auch in der Algebra wird ja durch *einen* negativen Faktor das *ganze* Produkt negativ: a · b · -c = a · -b · c = -abc.

9.21 Besonderes Betonen von Teilen in einer verneinten Proposition, im Deutschen, «Sondernegation»

Die Verschiebbarkeit des deutschen «nicht» und die freie Hervorhebbarkeit beliebiger Bestandteile in einer Proposition bringen es mit sich, daß man das *Hauptgewicht* einer Verneinung auf *einen einzelnen Bestandteil* der Proposition konzentrieren (und damit vom Verb wegnehmen) kann. In manchen Grammatiken wird für solche Erscheinungen der Begriff «*Sondernegation*» gebraucht, gegenüber dem Normalfall der «*Satznegation*». Zum Vergleich:

Ich *habe* ihn gestern *nicht* getroffen	«Satznegation», neutral
Ich habe ihn *nicht gestern* getroffen	«Sondernegation» (in der Regel Widerspruch zu einer vorherigen Aussage eines Partners oder zu einer bei ihm vermuteten Annahme)

Im Französischen nimmt man hier das hervorzuhebende «gestern» in einer eigenen Proposition voraus («mise en relief»), während man für die «Satznegation» nur *eine* Proposition braucht:

Ce *n'était pas hier* que je l'ai rencontré	anstatt: Je ne l'ai *pas* rencontré hier

Der Begriff «Sondernegation» bietet aber manche Schwierigkeiten. Die dafür in den Grammatiken vorgeführten Beispiele wirken oft etwas konstruiert, in tatsächlichen Gesprächen (gehört oder geschrieben) begegnet man ihnen eher selten. Und auch wenn ein Negationselement eindeutig in ein Satzglied eingebaut ist, wird eben meistens durch dieses Satzglied die *Proposition als ganze* verneint, z. B. in «Wir haben leider *noch nicht alle nötigen Informationen*» (Verneinung des gewünschten Zustandes «alle nötigen Informationen haben»). Die folgenden drei Fassungen eines Satzes sind praktisch gleichbedeutend, trotz verschiedener Stellung der Satzpartikel «nicht» und des Präpokasus «an der Versammlung»:

Sie nahm offenbar *nicht an der Versammlung teil.*
Sie nahm offenbar *an der Versammlung nicht teil.*
An der Versammlung nahm sie offenbar *nicht teil.*

Man muß hier anerkennen, daß es oft zwei oder mehr gleichwertige, evtl. stilistisch etwas verschiedene Möglichkeiten gibt. In einem Buch für Deutsch als Fremdsprache kann es sinnvoll sein, genauere Empfehlungen für die Wahl der einen oder andern Stellung zu geben; im vorliegenden Buch, das sich an Leser mit Deutsch als Erstsprache wendet, ist das überflüssig.

9.22 Begrenzen einer Einschränkung auf ein einzelnes Bestandstück innerhalb einer Proposition

Im Gegensatz zu den Wörtern und Konstruktionen für völlige Negation verbinden sich die Wörter zum Signalisieren einer Einschränkung nicht so eng mit den Verben; dazu kann man durch besondere Betonung, manchmal auch durch besondere Stellung deutlich machen, ob das *ganze durch die Proposition Dargestellte* als eingeschränkt gesehen werden soll oder nur ein *einzelnes Bestandstück* daraus:

| ⌐Er möchte nur mit dir *sprechen*⌐ | ⌐Er möchte *nur mit dir* sprechen⌐ |
| ⌐Il ne veut que te *parler*⌐ | ⌐Il *ne* veut parler *qu'à toi*⌐ ⌐Ce *n'est qu'à toi* ⌐qu'il veut parler⌐ |

In der «University Grammar of English» von Quirk und Greenbaum wird gesagt, daß ein Satz wie «John only phoned Mary today» mehrdeutig ist, je nach der Betonung («the meaning varying with the intonation we give the sentence») und daß in «more formal English» die meisten von diesen Bedeutungen auch durch verschiedene Stellung verdeutlicht werden können. Die Beispiele sind (hier mit etwas anderer graphischer Verdeutlichung der Betonung):

⌐John *only* phoned Mary today⌐	=	⌐*Only John* phoned Mary today⌐	(nobody but John)
⌐John only phoned *Mary* today⌐	=	⌐John phoned *only Mary* today⌐	(he phoned nobody else)
⌐John only *phoned* Mary *today*⌐	=	⌐John phoned Mary $\begin{Bmatrix} \text{only today} \\ \text{today only} \end{Bmatrix}$⌐	(not at any other time)

Im Deutschen signalisiert man Entsprechendes teilweise ebenfalls durch verschiedene Betonung, teilweise durch verschiedene Wortstellung:

| ⌐*Nur er* telephonierte heute mit ihr⌐ | ⌐Er telephonierte heute *nur mit ihr*⌐ |
| ⌐Er telephonierte *nur heute* mit ihr⌐ | ⌐Er *telephonierte nur* mit ihr, heute⌐ |

9.23 Verschiedenes Gewicht von Einschränkungen und Verneinungen, je nach Situation

Propositionen mit Einschränkungen und verneinte Propositionen kann man *in sehr verschiedener Absicht* formulieren, und sie können auf die Partner (die Hörer, evtl. auch die Leser, z. B. bei einem Brief) *sehr verschieden wirken*. Die folgenden Beispiele stammen aus dem Lustspiel «Der Schwierige» von Hugo von Hofmannsthal.

Der «Schwierige» ist Graf Hans Karl Bühl, ein Mann zwischen 30 und 40, der oft Mühe hat mit dem, was die andern von ihm erwarten und fordern. Sein Neffe Stani (Sohn von Crescence, der verwitweten älteren Schwester von Hans Karl) ist ein ziemlich forscher junger Mann, von seinen eigenen Qualitäten sehr überzeugt.

Am Abend soll eine große Soirée beim Grafen Altenwyl stattfinden. Helene, die Tochter von Altenwyl, hat seit langem den «schwierigen» (und auch erheblich älteren) Hans Karl als den richtigen Mann für sich erkannt, und das hat auch Crescence bemerkt. Sie sagt es Hans Karl, dieser hält sich aber für zu alt. Darauf denkt Crescence, ihr Sohn Stani solle Helene heiraten. Hans Karl soll an der Soirée mit Stani reden und ihn von seiner gegenwärtigen Liaison mit Antoinette Hechingen abbringen – Hans Karl war selbst eine Zeit lang eng befreundet mit Antoinette. In Szene 7 führt Hans Karl ein längeres Gespräch mit seinem Sekretär, Neugebauer, und kaum ist dieses zu Ende, so erscheint Stani (Szene 8):

STANI (im Frack) Pardon nur um dir guten Abend zu sagen, Onkel Kari, wenn man dich nicht stört	*Generelle Entschuldigung* für das Eindringen in Hans Karls Bereich – zuerst durch die verblose Proposition «Pardon», dann durch die infinite Proposition mit Einschränkung «nur um zu ...» (in Gedanken ergänzt «Ich komm ja nur um ... zu ...»), dann durch das Einbetten der möglichen Reaktion Hans Karls (sich gestört fühlen) in eine *Annahme* («wenn man ...»), deren Geltung Stani aber vorsorglich schon *selber verneint*
HANS KARL Aber gar nicht (bietet im Platz an und eine Zigarette)	Hans Karl liefert die von Stani gewünschte Bestätigung durch die *Verneinung* der fragend hingesetzten verneinten Proposition («störe ich dich nicht – Nein, du störst mich gar nicht»)
STANI (nimmt die Zigarette) Aber natürlich chipotierts dich wenn man unangemeldet hereinkommt	Stani *widerspricht* Hans Karls Bestätigung, aus Höflichkeit: er wisse natürlich genau, daß Hans Karl sich durch jeden nicht vorher angemeldeten Besucher gestört fühle. Aber das ist nur ein verbaler Widerspruch, Stani bleibt ja. Seine Einschränkungen und Verneinungen sind also ein bloßes Höflichkeits-Spiel.

In Szene 16 erscheint Stani wieder bei Hans Karl und will ihm melden, er werde jetzt selber Helene heiraten.

STANI (aufs neue in der Mitteltür) Ist es sehr unbescheiden Onkel Kari?	Er weiß genau, wie unbescheiden er ist, in seinem ganzen Verhalten – aber er *kleidet* das in eine *fragend hingestellte verneinende Proposition* («unbescheiden» = «nicht bescheiden»), und er *suggeriert* damit zugleich, daß Hans Karl ihm *widersprechen* und sein Verhalten als «nicht unbescheiden», d. h. als völlig richtig bezeichnen soll.

Der *zweite Akt* spielt im Palais Altenwyl, dem Elternhaus von Helene. Die Soirée ist im Gang. Hans Karl spricht lange mit Helene (Szene 14). Er fühlt sich verpflichtet, sie gewissermaßen freizugeben – für Stani – und merkt nicht, daß er sie selbst liebt und diese Liebe nicht wahr haben will. Helene sieht mit Verzweiflung, wie wenig er sie und sich selbst versteht. Hans Karl geht weg, Helene taumelt – und die eben dazu tretende Crescence meint, das sei die fassungslose Freude über die Aussicht, Stani zu heiraten.

Im *dritten Akt* hat sich Helene wieder gefaßt, und sie beschließt, dem aus ihrer Nähe geflohenen Hans Karl einfach nachzugehen, ohne jede Rücksicht auf die Konventionen und das, was die Leute sagen werden. Sie ist eben im Begriff, das Palais zu verlassen, als sie Hans Karl sieht – er ist zurückgekommen, ohne es eigentlich zu wollen und zu wissen. In einem langen Gespräch (Szene 8) macht nun die junge Frau dem viel älteren Mann klar, wer er eigentlich ist, was er möchte und was er bei einer Frau braucht. «Wie du mich kennst!» ruft Hans Karl staunend aus, und nach einem weiteren Stück Analyse von ihrer Seite: «Wie du alles weißt!»

Darauf sagt Helene in zwei knappen Propositionen (jede als einfacher Satz hingestellt), in denen die markant gesetzten Einschränkungen durch «nur» und «allein» gar nichts mit bloßer Höflichkeit zu tun haben, sondern volles Gewicht als Darstellung der ganzen Liebe, ja der Existenz dieser jungen Frau beanspruchen:

HELENE
⌈*Nur darin* hab ich existiert⌉.
⌈*Das allein* hab' ich verstanden⌉.

9/III Alternativen, zwingend oder frei – parallele Geltung, gleichgewichtig oder gegensätzlich oder betont zusätzlich oder einfach betontes Verknüpfen

9.24 Hinstellen einzelner Ausdrücke oder ganzer Propositionen für wahlweise Geltung

Es gehört zu den Grunderfahrungen aller Menschen und wohl auch der höheren Tiere, daß man immer wieder vor *Entscheidungen* steht: Man kann oder muß *wählen* zwischen vorhandenen Möglichkeiten, gemachten Angeboten, anzustrebenden Zielen und dafür tauglichen Mitteln und Wegen, oft auch zwischen Bewertungen wie «wahr oder falsch – gut oder schlecht – förderlich oder hinderlich» usw., und der Entscheid für die eine oder die andere oder eine dritte Möglichkeit kann mehr oder weniger zwingend sein und kann mehr oder weniger gewichtige Folgen haben oder in der Sache praktisch belanglos sein.

Nicht selten versucht man dann, zwei oder mehr Angebote *gleicherweise* zu berücksichtigen, zwei oder mehr Vorgehensmöglichkeiten zu kombinieren, oft auch mit Betonung der Gleichgewichtigkeit – oder man kann zwei oder mehr Angebote, Möglichkeiten usw. gleicherweise ausschalten.

Demgemäß behandeln praktisch alle Grammatiken in den Abschnitten «beiordnende Konjunktionen, conjonctions de coordination, coordinating conjunctions/coordinators» Wörter wie «*oder – ou – or – aut/vel/an*» und mehrwortige verbindende Ausdrücke wie «*entweder ... oder – ou ... ou – either ... or*» und die Ausdrücke für Verneinung beider Möglichkeiten «*weder ... noch – ni ... ni – neither ... nor*». Die deutschen Grammatiken und die deutschsprachigen Lateingrammatiken haben hier den besonderen Fachausdruck «disjunktive Konjunktionen» gegenüber den «kopulativen Konjunktionen» wie «und, sowie».

Beim Aufbau formaler Sprachen, die ein logisches Schließen (ein «Rechnen») gestatten müssen, spielen «und, oder» als «logische Partikeln» eine zentrale, genau definierte Rolle («Konjunktion» gegenüber «Disjunktion»).

Die Präsentationsweise «Hinstellen als Angebot zur Wahl, das eine oder das andere möglich» ist aber *keineswegs* an den Gebrauch von beiordnenden Konjunktionen wie «oder – ou – or – aut/vel/an» gebunden. Man kann das in zwei, drei oder mehr Textstücken Dargestellte auch als frei wählbar hinstellen, ohne daß man diese Wählbarkeit ausdrücklich durch «oder» usw. signalisiert. Als Beleg mögen die folgenden vier Verse aus dem «Faust» dienen, die gleich zwei Beispielgruppen enthalten und wo anschließend das Moment «Wahl» ausdrücklich verbalisiert ist (Faust ist von Mephisto gebeten worden, den soeben mündlich abgeschlossenen Pakt auch durch etwas Geschriebenes zu bestätigen, und er setzt sich ironisch dagegen zur Wehr):

> Was willst du, böser Geist, von mir? / *Erz, Marmor, Pergament, Papier*?
> Soll ich mit *Griffel, Meißel, Feder* schreiben? / Ich gebe *jede Wahl* dir frei.

Der französische Übersetzer (de Nerval) fügt in der zweiten Reihung von Möglichkeiten vor dem letzten Bestandteil ein «ou» hinzu – dieses «ou» wäre aber ohne weiteres weglaßbar, ohne jede Störung des Verständnisses:

> Esprit malin, qu'exiges-tu de moi? *Airain, marbre, parchemin, papier*?
> Faut-il écrire avec *un stylo, un burin ou une plume*? Je t'en laisse *le choix libre*.

Der englische Übersetzer (Arndt) fügt dagegen in der ersten Reihung zwischen den beiden ersten Nomen ein «or» ein – und auch dieses wohl mehr aus rhythmischen Gründen als weil es unerläßlich wäre:

> What, evil spirit, say your rules? / *Parchment or paper*? *Marble*? *Brass*? / What tools, *The stylus, chisel, pen*? How shall I write it?

Ein besonders aufschlußreiches Beispiel bietet Vers 175 im «Phormio» von Terenz, weil hier verschiedene Handschriften je eine andere Lesart haben und sich damit ein Stück «Ersatzprobe» durch spätere Herausgeber rekonstruieren läßt – auch wenn man nicht sagen kann, welche Fassung die ursprüngliche, von Terenz stammende war. Daß solche Änderungen gar nicht immer zufällig und reine Varianten der Abschreiber sind, sondern auf einem Willen zur Verdeutlichung durch einen Herausgeber beruhen können, belegt eine Anmerkung des Grammatikers Donat (4. Jhdt. nach Christus), der eine Terenz-Ausgabe besorgte und Kommentare dazu schrieb.

Die Situation: Phädria tröstet seinen Freund Antipho, er solle doch froh sein über seine (in Abwesenheit des Vaters vollzogene und vom heimkehrenden Vater scharf mißbilligte) Heirat mit einem Mädchen ohne Mitgift, auf diese Weise habe er jetzt eine gute, frei geborene Frau mit tadellosem Leumund. Antipho widerspricht und findet die Situation von Phädria, der eine Zitherspielerin (also eine Sklavin) liebt, viel besser: Phädria könne noch in voller Freiheit entscheiden, was er wolle, nämlich «*retinere, amare, amittere*», also «an ihr festhalten und mit ihr in Liebe leben oder sie aufgeben». Das wird in der französischen Fassung (J. Marouzeau) ebenfalls durch drei unverbundene Infinitive wiedergegeben: «*posséder, aimer, renoncer*».

Die von Donat stammende Fassung hat nur zwei Infinitive, für die zwei sich ausschließenden Möglichkeiten, aber auch diese ohne Verdeutlichung durch ein «aut», nämlich: «*amare, retinere*». Die englische Übersetzung, die dieser Lesart folgt (von J. Sargeaunt) gibt das wieder durch «*keep or drop your love*». Andere Herausgeber (viel später als Donat) haben vorgeschlagen «*amare an mittere*» oder «*retinere an amorem amittere*».

Für die Echtheit des Verbs «retinere» am Anfang spricht Vers 176, wo Antipho von sich selber resignierend sagt «ut neque sit mihi *amittendi nec retinendi* copia – während für mich *weder zum Wegschicken noch zum Behalten* die Möglichkeit besteht». Und wenn ursprünglich nach «retinere» auch «amare» stand, mußten die römischen Theaterbesucher bzw. Leser verstehen «*retinere (et amare) – aut amittere*», d. h. «behalten und ihre Liebe genießen – oder fahrenlassen».

9/III Alternativen – parallele Geltung, gleichgewichtig, gegensätzlich, zusätzlich

Als ein Gegenstück zu der durch die Beispiele belegten Möglichkeit, Alternativen auch ohne Verwendung von «oder – ou – or – aut/an» darzustellen, kann man die Tatsache betrachten, daß das lateinische «*aut*» auch eine *gleichgewichtige Geltung* signalisieren kann, wie ein «und» im Deutschen. In Vers 192 im «Phormio» fragt sich der Sklave Geta, wo er den jungen Herrn Antipho finden könnte:

> Sed *ubi* Antiphonem reperiam? *Aut qua* quaerere insistam *via*?
> Mais *où* trouver Antiphon, *et par quel chemin* entreprendre de le chercher?
> But *where* can I find Antipho? *(And) Where* shall I start the search?
> Aber *wo* könnte ich Antipho finden? *(Und) Wo* soll ich mit dem Suchen beginnen?

Man kann hier auch in den modernen Sprachen ein «oder» einfügen, wenn man durch einen besonderen dominanten Teil erläutert: «Wo könnte ich Antipho finden, *oder anders gefragt*, wo soll ich mit dem Suchen anfangen?».

Daß ein solches rein additives «aut» keineswegs selten ist, belegt Vers 234 (Demipho fragt sich, wie wohl Antipho und Geta ihm gegenüber ihr verwerfliches Handeln begründen und entschuldigen wollen):

> Quid mihi *dicent aut* quam causam *reperient*?
> Qu'est-ce qu'ils *vont* me *dire*? Quelle excuse vont-ils *trouver*?
> What *will* they *say* to me? What excuse *will* they *find*?
> Was *werden* sie mir *sagen*, welchen Vorwand sich *austüfteln*?

Auch hier wäre mit gleicher Bedeutung möglich:

> Quid mihi dicent quam*que* causam reperient?
> Qu'est-ce qu'ils vont me dire *et* quelle excuse vont-ils trouver?
> What will they say to me *and* what excuse will they find?
> Was werden sie mir sagen *und* welche Ausrede bringen?

9.25 Alternativen generell – einfachste formale Mittel zu ihrer Signalisierung

Die Beispiele in Ziff. 9.24 haben wohl deutlich genug gezeigt, daß man die Präsentationsweise «Hinstellen von zwei oder mehr Möglichkeiten zur Wahl» als eine *generelle Möglichkeit* beim Aufbau von Texten sehen muß. Der Alternativ-Charakter *kann* durch beiordnende Konjunktionen wie «oder – ou – or – aut/vel/an» auf sehr einfache und rationelle Art signalisiert, er kann aber auch durch andere Mittel deutlich gemacht werden, und nicht selten bleibt er völlig unsignalisiert, so daß man beim Hören/Lesen rein aus dem Textzusammenhang entnehmen muß, ob man zwei oder mehr Nennungen, Propositionen oder längere Textstücke als einfach nebeneinander geltend oder als alternativ hingestellt zu sehen hat.

Ein Beispiel für eine sehr klare, zwingende Alternative, die ganz anders signalisiert ist als durch «oder – ou – or –aut/an» bieten die Verse 115–116 aus «Phormio» (die Betreuerin des von Antipho geliebten Mädchens stellt ihn vor die Wahl – im Text indirekte Wiedergabe):

> ... si uxorem velit / Lege id licere facere; *sin aliter*, negat.
> ... s'il la veut pour femme, il lui est loisible de *procéder selon la loi; autrement*, elle refuse.
> ... if he wants to marry her, he may *do it the lawful way; if something else*, then no.
> ... begehre er sie zur Frau, dann *nur nach dem Gesetz, sonst nicht!*

Für Genaueres zur hier verwendeten Bedeutungsbeziehung «wenn – dann, Annahme/Voraussetzung und an ihr Zutreffen Gebundenes» siehe Ziff. 10.34–10.36.

Als rationellste formale Mittel für die Signalisierung von Alternativen sind aber doch die beiordnenden Konjunktionen «*oder – ou – or – aut/vel/an*» zu betrachten; eine schematische Zusammenstellung für die vier Sprachen:

| auf diesem Weg *oder* auf einem andern | par ce chemin *ou* par un autre |
| this way *or* another way | per hanc viam *aut/vel/an* per alteram |

Eine besonders freie Alternative signalisieren die Kombinationen mit «*sei/soit/be*», im Lateinischen mit «*sive*» (sie können allerdings etwas altertümlich wirken):

| *sei es* heute, *sei es* später | *soit* aujourd'hui, *soit* plus tard |
| *be it* today, *be it* later | *sive* hodie, *sive* post aliquot annos |

Bei der besonders nachdrücklichen Signalisierung durch mehrfaches Setzen der grundsätzlich gleichwertigen Konjunktion ist bemerkenswert, daß das Deutsche und das Englische eine *besondere Lautung* für die *erste* der beiden (drei usw.) Konjunktionen haben:

| *entweder* morgen *oder* Anfang Februar *oder* dann erst im Herbst |
| *either* tomorrow *or* in the first days of February *or* only next year |

Im Französischen und Lateinischen setzt man immer die gleiche Lautung:

| *ou* demain *ou* en février *ou bien* l'année prochaine seulement |
| *aut* cras *aut* ineunte mense Februario *aut* modo proximo anno (ebenso «vel» möglich) |

Dabei ist für das Deutsche zu bemerken, daß «*entweder*» sowohl als beiordnende Konjunktion gesetzt werden wie als Satzglied den ersten Platz, vor der Verb-Personalform, einnehmen kann: «*Entweder du gehst* jetzt oder ich gehe – *Entweder gehst du* jetzt oder ich gehe». Der Formalunterschied «beiordnende Konjunktion – verbindende Satzpartikel» (oder traditionell «Adverb») spielt hier für die Praxis überhaupt keine Rolle; (das akzeptiert auch die Duden-Grammatik 1984, Ziff. 657, letzter Absatz; genau das Gleiche gilt für «aber», Ziff. 9.27).

9.26 Als Widerlegungen denkbarer Alternativen auffaßbar: weder ... noch – sowohl ... wie/als

Nicht selten verneint man gleichzeitig zwei oder mehr Möglichkeiten, und das kann als eine (vorausgreifende) Widerlegung einer bei den Hörern/Lesern möglichen Auffassung als Alternative betrachtet werden:

| *weder* diese *noch* irgend eine andere | *ni* celle-ci *ni* aucune autre |
| *neither* this one *nor* any other | *neque/nec* illa *neque/nec* quaevis altera |

Eine solche vorgreifende Widerlegung einer möglichen Auffassung als Alternative, aber nun positiv gewendet, kann man auch im betont gleichgewichtigen Hinstellen von zwei oder mehr Möglichkeiten sehen – solches Nebeneinanderstellen dient daher nicht selten als besonderes stilistisches und rhetorisches Mittel:

| *sowohl* die Frauen *wie/als (auch)* die Männer | *both* women *and* men |
| les femmes *comme/tout aussi bien que* les hommes | *et* mulieres *et* viri |

Es ist bemerkenswert, daß hier der Aufbau der Formalstrukturen und die Häufigkeit ihrer Verwendung in den vier Sprachen recht verschieden sind, wie das folgende Übersetzungsbeispiel aus Cicero zeigt (De deorum natura, 1, über die Wichtigkeit der Klärung der Frage nach dem Wesen der Götter):

> ... quae *et* ad cognitionem animi pulcherrima est
>   *et* ad moderandam religionem necessaria.
> ... which is *both* highly interesting in relation to the theory of the soul
>   *and* fundamentally important for the regulation of the religion.   J. Rackham
> ... Elle est nécessaire à la découverte de l'âme
>   *et* au conditionnement de la religion.   M. van den Bruwaere
> ... die in hervorragendem Maße der Erkenntnis unseres Geistes dient
>   *und* für das rechte Maß in der Verehrung der Götter unerläßlich ist.   W. Gerlach und K. Bayer

Natürlich muß bei jedem derartigen Vergleich offen bleiben, wie weit die (hier in der französischen und der deutschen Fassung sehr geringe) Nutzung der in den Sprachen vorhandenen Möglichkeiten für betont gleichgewichtiges Hinstellen vom Stilwillen des Übersetzers bedingt ist. Im Deutschen wäre hier ohne weiteres auch möglich: «die ... *sowohl/ebenso* der Erkenntnis unseres Geistes dient, *wie* sie unerläßlich ist für das rechte Maß in der Verehrung der Götter».

Man stößt bei diesem betont gleichgewichtigen Hinstellen auch immer wieder auf die elementare gedankliche Operation «zwei an sich voneinander unabhängige Größen *zugleich* in den Blick nehmen», welche die Grundlage für alles *Vergleichen* ist (Ziff. 10.53–10.54).

9.27 Gegensätzliches sowie Zusätzliches überhaupt, als Ergänzung/Korrektur hingestellt

Zu den Grunderfahrungen von Menschen beim Wahrnehmen und denkenden Durchdringen ihrer Welt (oder: ihrer Welten) gehört nicht nur, daß immer wieder Alternativen auftreten und man sich für eine Möglichkeit unter mehreren entscheiden muß (Ziff. 9.24–9.25) oder die Alternative als nichtbestehend erkennen muß (durch Verneinen oder durch gleichgewichtiges Anerkennen von Möglichkeiten, die vielleicht zuerst als alternativ gesehen werden könnten, Ziff. 9.26). Man stößt vielmehr überhaupt immer wieder auf *Gegensätzliches* oder *jedenfalls Zusätzliches*, es tritt immer wieder *etwas bisher noch nicht Gesehenes* (oder noch nicht Berücksichtigtes) in den Gesichtskreis, manchmal mehr oder weniger erwartet und erwartbar, manchmal auch gar nicht – und das alles verlangt jetzt eine Berücksichtigung, im Denken und in der Sprachverwendung.

Nicht selten *arbeitet* man ja zur Klärung von Situationen systematisch mit dem *Auflisten verschiedener Aspekte* und oft mit dem ausdrücklichen *Aufstellen von Gegensätzen*, ob diese dann zu Alternativen und damit zur Unausweichlichkeit einer Wahl führen oder ob sie sich als nebeneinander gültig erweisen.

Wenn man nun aber die Ergebnisse solcher gedanklicher Verarbeitung und generell etwas, was man «im Kopf» hat (auch Erlebnis-Abläufe usw.) *in einen Text* fassen will, sprechend oder schreibend, muß man das *im Kopf simultan* Vorhandene in eine *lineare Ordnung* bringen, aus einem «Zugleich» ein «Hintereinander» machen. Man muß *eines nach dem andern* nehmen, und die Hörer/Leser müssen eines nach dem andern aufnehmen und die aufgenommenen Stücke, Handlungs- und Darstellungszüge usw. laufend miteinander verbinden. Man sagt ja oft etwas oder schreibt etwas hin und merkt dann sofort, noch im Sprechen/Schreiben, daß das in dieser Form noch zu wenig vollständig, vielleicht zu einseitig, vielleicht mißverständlich ist – und man fügt daher sogleich etwas Weiteres an, als zusätzlich oder auch als mehr oder weniger gegensätzlich, und das will man den Hörern/Lesern auch ausdrücklich signalisieren.

In diesem Rahmen sind also die Partikeln zu sehen (gleichgültig ob als beiordnende Konjunktionen oder als Satzpartikeln/Adverbien zu klassieren), durch welche man Bestandstücke in nichtverbalen Gefügen, ganze Propositionen und oft auch größere Textstücke als etwas *Zusätzliches* oder als etwas *Gegensätzliches, Korrigierendes*, jedenfalls *Relativierendes* an das bisher sprechend oder schreibend Hingesetzte *anknüpft* (Genaueres zu den Prozessen beim Sprechen in Ziff. A.23–A.27, beim Hörverstehen Ziff. A.28–A.30, beim Schreiben A.37, beim Leseverstehen A.38–A.42).

Dabei ist die Präsentation als gegensätzlich wohl häufiger, die Präsentation als rein zusätzlich weniger häufig – das kann aber je nach Textsorte und Stil verschieden sein.

Die häufigsten Partikeln für die Präsentation als *gegensätzlich* (im Deutschen und Lateinischen besonders viele äquivalente Möglichkeiten, dazu im Deutschen verschieden für Anknüpfen an neutrale Aussage und an Verneinung, oft auch fühlbarer Zusammenhang mit dem Phänomen «Einschränkung», Ziff. 9.18 und 9.23) sind – dazu ein Übersetzungsbeispiel für die drei modernen Sprachen (Faust, erster Monolog, beim Anblick des Zeichens für den Makrokosmos im Buch «von Nostradamus'eigner Hand»):

aber/allein, doch/jedoch sondern, vielmehr	mais	but, yet	sed, at/atqui, vero, autem
Welch Schauspiel! *aber ach*, ein Schauspiel nur! Quel spectacle! *Mais, hélas*, ce n'est qu'un spectacle! O endless pageant! *But* a pageant still ... Wayne What glorious show! *Yet* but a show, alas! Arndt			

Ein Beispiel für korrigierendes Anknüpfen an einen Gesprächsbeitrag des Partners (Faust hat gegenüber Wagner die Wichtigkeit des philologisch-historischen Arbeitens bezweifelt, und Wagner verteidigt diese Art von Wissenschaft):

Allein die Welt! des Menschen Herz und Geist! Möcht'jeglicher doch was davon erkennen.   zu diesem «doch» siehe Ziff. 10.28 *Mais* le monde! le cœur et l'esprit des hommes! Chacun peut bien désirer d'en connaître quelque chose. *But* take the world of man – his heart and mind! We all seek some perception of the same.   Arndt *And yet* the world, the human heart and mind – To understand these things must be our aim.   Wayne

Bei den lateinischen Entsprechungen zu «aber/sondern – mais –but» fällt auf, daß «sed» und «at» nur am Anfang stehen (also nur «sed tu», gegenüber «aber du/du aber»), während «autem» und «vero» nur im Anschluß an ein erstes Glied stehen («tu autem, ille vero»). Eine Stichprobe zur Häufigkeit, an den ersten 4 Kapiteln (7 Seiten) des langen Briefes von Cicero an seinen Bruder Quintus aus dem Jahr 59 vor Christus:

sed

17mal, fast immer für einen Gegensatz zu einer vorausgegangenen Verneinung (dazu siehe schon Ziff. 9.15), dabei 3mal in der Formel für gleichgewichtiges Hervorheben «non modo/non solum ..., sed etiam» (dazu siehe schon Ziff. 9.19). Zwei markante Beispiele: «difficile est, sed tamen ... es ist schwer, aber trotzdem ... il est bien difficile, cependant ... it is indeed hard, but for all that... und «non ut cum aliis, sed ut tecum ipse certes – nicht daß du mit andern wetteiferst, sondern mit dir selbst (dich selbst übertriffst) – ne te contentant plus de l'emporter sur tes émules, mais essayant de te surpasser toi-même» – not in order to rival others, but to be henceforth your own rival».

autem
4mal, davon 3mal als Anfang eines neuen Abschnitts («His autem in rebus – In diesen/solchen Angelegenheiten aber/nun ... In these matters, however ... Mais ... en pareille matière»), 1mal für ein besonderes Lob von Quintus («id autem sit difficile ceteris, tibi ... semper facillimum – das nun/aber mag für andere schwierig sein, für dich war und ist es immer besonders leicht zu leisten»).

vero
3mal, davon 2mal «nunc vero»; markantes Beispiel: «nunc vero tertius hic annus habeat integritatem eandem quam superiores – nun zeige dieses dritte Jahr die gleiche untadelige Haltung wie die vorhergehenden».

at
1mal, nach einem Kapitel mit vor allem positiven Feststellungen («At enim inter hos ipsos existunt graves controversiae – Aber eben, auch unter diesen bestehen schwere Interessenkonflikte).

9.28 Gegensätzlichkeit überhaupt, zum Begriff «adversativ»

Die Häufigkeit des Anschlusses durch «aber/sondern – mais – but, yet – sed/autem/vero/at» sollte aber nicht zu der Auffassung führen, daß hier eine feste, einheitliche, wohlabgegrenzte Bedeutungsbeziehung vorliege (vergleichbar mit den in Teil 10 zu behandelnden Bedeutungsbeziehungen «konditional – konzessiv – kausal – final»). Es ist eine generelle, sehr offene Variante zum einfachen Nebeneinanderstellen, und sie wird auch durch andere Partikeln/Adverbien, durch präpositionale Ausdrücke und gelegentlich durch ganze überleitende Propositionen signalisiert. Einige Möglichkeiten für die drei modernen Sprachen, ohne weitere Kommentare:

dazu, dagegen – anderseits, auf der andern Seite – im Gegensatz dazu – allerdings, freilich, immerhin – Dazu kommt natürlich noch – Das ist insofern zu korrigieren, als ...
cependant, pourtant, néanmoins – toutefois, en tout cas – de l'autre côté – au contraire – Il faut y ajouter que...
however, anyhow – at any rate – at least – on the other side – And that's not all – After all, we must see ... It's true though that ...

Es gibt hier auch fließende Übergänge zur Bedeutungsbeziehung «konzessiv» (nämlich: betonte Unabhängigkeit von einer Annahme oder einer gegebenen Voraussetzung, mit besonders im Deutschen sehr vielfältigen Formalstrukturen, Ziff. 10.38). Das zeigt sich auch bei der Entgegensetzung durch «zwar/wohl ... aber/doch» – dazu das folgende Übersetzungsbeispiel (Selbsteinschätzung Wagners, nach seinem nächtlichen Gespräch mit dem skeptischen Faust):

> *Zwar* weiß ich viel, *doch* möcht ich alles wissen
> ... je sais beaucoup, *il est vrai; mais* je voudrais tout savoir
> *Though* I know much, I would know everything   Arndt – rein konzessiv

Zu den besonders vielfältigen Verwendungsmöglichkeiten der deutschen Partikel «doch» (auch als «Modalpartikel») siehe die Übersetzungsbeispiele in Ziff. 10.28.

Man kann fragen, ob es sinnvoll ist, für den ganzen Bereich der Entgegensetzungen und Einschränkungen einen Begriff «adversative Konjunktionen» aufzustellen, wie es in den deutschen Grammatiken und in den deutsch geschriebenen lateinischen Grammatiken geschieht. Die französischen und englischen Grammatiker kennen keinen solchen Begriff, und es ist wohl besser, ganz generell von einem «Charakterisieren als gegensätzlich» zu sprechen und ein solches Charakterisieren nicht in Parallele zu setzen mit den spezielleren Bedeutungsbeziehungen wie «konditional – konzessiv – kausal – final».

9.29 Charakterisierung «betont zusätzlich, auch steigernd»: auch/sogar – aussi/même – also/too/even – etiam

Die Charakterisierung «rein zusätzlich» wird offensichtlich etwas weniger häufig verwendet als die Charakterisierung «Gegensatz». Sie wird jedenfalls weniger häufig eigens signalisiert – wohl weil an sich ja jede neue Proposition und jeder neue, gleichrangige Bestandteil in einem nichtverbalen Gefüge als «zusätzlich zum Bisherigen» angesprochen werden kann. Man kommt hier in die Nähe der neutralsten additiven Konjunktionen «und – et – and – atque/ac/-que/et», deren Setzen, jedenfalls zwischen ganzen Propositionen, keine Forderung der Grammatik oder Logik ist, sondern meistens ein rein stilistisches Mittel (Ziff. 9.31).

Die Zahlen aus zwei wenn auch ganz kleinen Stichproben: Auf den 7 Seiten des Briefes von Cicero (Ziff. 9.27), mit seinen insgesamt 25 Signalisierungen von Entgegensetzung, findet sich gerade 6mal eine Signalisierung von neutraler Zusätzlichkeit (natürlich ohne die drei Beispiele mit «non solum/modo ... sed etiam», die eine Gleichgewichtigkeit betonen, Ziff. 9.19). Auf den 5 ersten Seiten des Kapitels «Glückswandel» im «Grünen Heinrich» finden sich 10 Beispiele für Entgegensetzung («aber/allein»), und 9 davon sind in der französischen Übersetzung durch «mais» und in der englischen durch «but» wiedergegeben. Dagegen findet man nur 5 Beispiele für reine Zusätzlichkeit (4mal «auch», 1mal «gar»), und die Wiedergaben in den Übersetzungen sind stärker verschieden, wie die folgenden vier Belege zeigen (Situation: Gespräch zwischen dem Grafen und Heinrich, vor allem über die Studien, die Heinrich dem Trödler verkauft und der Graf von diesem gekauft hat):

> (ich) suchte *auch* die Quelle direkt zu erfahren
> je cherchai à connaître directement l'auteur   also: keine Wiedergabe
> and I tried *too* to find out the source of them direct
>
> so erzählte ich *auch noch* den gestrigen Scherz (mit dem Waldhüter)
> je lui fis *en plus* le récit du bon tour que j'avais joué la veille au garde-forestier
> I told the story of the joke I had played ... on the previous day *as well*

9/III   Alternativen – parallele Geltung, gleichgewichtig, gegensätzlich, zusätzlich

> Darf man es (das Buch mit Heinrichs Geschichte) aufmachen oder *gar* darin lesen?
> Peut-on l'ouvrir ou *même* en lire quelques pages?
> Might one open it, or *even* read it?
>
> Sind diese Gebilde wirklich *auch* von Ihnen?
> Est-ce que ces dossiers sont bien de vous *également*?
> Are these pictures really by you *too*?

Dazu noch ein Beispiel lateinisch – deutsch – französisch – englisch (aus dem in Ziff. 9.27 auf die Entgegensetzungen hin untersuchten Brief von Cicero an Quintus, der ein drittes Jahr als Prätor in der Provinz Kleinasien zubringen mußte):

> (cum id commiserim) ut ille alter annus *etiam* tertium posset adducere
> (da ich schuld bin) daß dieses zweite Jahr *auch noch* ein drittes nach sich ziehen konnte
> ... que cette seconde année en entraînât *encore* une troisième
> (by my mistake I made it possible) for that second year to bring a third *also in its train*

Bemerkenswert ist die Verschiedenheit der Formalstrukturen bei der Kombination «auch + Verneinung», gegenüber positivem «auch», im Französischen und Englischen:

> A sah sie nicht, *B auch nicht* (oder: *ebenso wenig* B)
> A ne l'a pas vue, *B non plus*
> A didn't see her, *nor did B* (*neither* B)

9.30 Werte von «und – et – and – et/atque/-que» innerhalb und zwischen Propositionen

Die bei weitem häufigsten beiordnenden Konjunktionen sind in den drei modernen Sprachen die Partikeln «*und – et – and*», im Lateinischen die praktisch gleichwertigen Partikeln «*et, atque/ac*» und das angehängte «*-que*». Ihre Verwendung wird in den meisten Grammatiken nur ganz knapp behandelt, vor allem für die modernen Sprachen, weil man die Gebrauchsregularitäten und die Bedeutungsbeiträge als selbstverständlich betrachtet.

Bei genauerem Zusehen erkennt man aber, daß deutlich unterschieden werden muß zwischen der Verwendung dieser Konjunktionen *innerhalb von* Propositionen (zwischen parallelen Bestandstücken nichtverbaler Gefüge, parallel gesetzten Ausdrücken an der gleichen Satzgliedstelle, parallel gesetzten Verb-Teilen) und der Verwendung der gleichen Konjunktionen *zwischen ganzen Propositionen*. Der Unterschied läßt sich am besten sichtbar machen, wenn man in ausgewählten Textstücken jedes «und – et – and» wegzulassen versucht und dabei prüft, wie gut das möglich ist und welche Auswirkungen auf das Verständnis der durch «und» usw. verknüpften Textbestandteile es hat.

Im Buch von Michail Gorbatschew «Perestroika» (erstmals erschienen 1987, heute allerdings durch die rasanten Entwicklungen im Raum der ehemaligen UdSSR überholt) liest man im Abschnitt «Die Wahrung des Rechts – Le respect de la loi – Observance of law» als ersten Satz die folgenden zwei Propositionen:

> **D 1.1** Die Wahrung des Rechts ist für uns eine Grundsatzfrage,
> **D 1.2** *und* wir haben zu dieser Frage ausgiebig *und* grundsätzlich Stellung genommen.
>
> **F 1.1** Observer la loi est pour nous une question de principe,
> **F 1.2** *et* nous avons procédé à un examen large *et* informé de la question.
>
> **E 1.1** Observance of law is a matter of principle for us
> **E 1.2** *and* we have taken a broad *and* principled view of the issue.

Ergebnisse aus dem ersten Satz

Das «und – et – and», das die *ganze* zweite Proposition mit der ersten verknüpft, kann man *problemlos weglassen*, in allen drei Sprachen. Am Verständnis ändert sich dabei gar nichts: die zweite Proposition stellt ein Handeln dar, das im Anschluß an die in der ersten Proposition gemachte Feststellung durchgeführt wurde.

Wenn man aber *innerhalb* dieser zweiten Proposition liest «*ausgiebig grundsätzlich* Stellung genommen» (also ohne «und», und ohne Komma zwischen den beiden Adjektiven), ergibt sich ein etwas anderes Verständnis, nämlich «grundsätzlich Stellung genommen, und zwar ausgiebig (intensiv, längere Zeit)». Die beiden Satzadjektive «ausgiebig – grundsätzlich» stehen nun *nicht mehr gleichberechtigt* nebeneinander, sondern «*grundsätzlich*» erscheint als *Hauptsache*, es nennt die Art und den Tiefgang des Handelns, und «ausgiebig» nennt dazu die Intensität, die aufgewendete Zeit und Mühe. Bei Verbindung durch «und» kann man die Reihenfolge auch problemlos *umkehren*: «... *grundsätzlich und ausgiebig* Stellung genommen», und das Verständnis bleibt praktisch gleich. Wenn man aber liest «... *grundsätzlich ausgiebig* Stellung genommen», ist «*ausgiebige Stellungnahme*» die Hauptsache, und «*grundsätzlich*» fügt hinzu, daß immer, bei allen wichtigen Fragen, so vorgegangen wurde.

Eine Fassung *«un *examen large informé*» ist überhaupt nicht möglich, dagegen ist die Umkehrung der Reihenfolge mit «et» bei gleichem Verständnis möglich «un examen *informé et large*».

Eine Fassung «a *broad principled view*» ist möglich, mit ähnlicher Veränderung des Verständnisses wie im Deutschen: «a *principled* view, and a *broad one*». Das begleitende Adjektiv (der premodifier) «principled» hängt dann enger zusammen mit dem Kern (dem «head») des Begleitgefüges, dem Nomen «view», als der vorhergehende premodifier «broad».

Ergebnisse aus zwei weiteren Sätzen

Die nächsten zwei Sätze dieses Abschnitts, aufgebaut aus insgesamt fünf Propositionen, enthalten drei «und», vier «et» und fünf «and», sie eignen sich daher besonders gut für die hier durchzuführenden Proben. Dazu kann man hier auch umgekehrt verfahren, nämlich an einer geeigneten Stelle ein «Und – Et –And» einfügen und die Wirkung dieses Einfügens beurteilen:

> **D 2** Es kann keine Wahrung des Rechts ohne Demokratie geben.
> **D 3.1** Ebensowenig kann Demokratie Bestand haben *und* sich entwickeln ohne die Herrschaft der Gesetze,
> **D 3.2** denn die Gesetze sind dazu da,
> **D 3.3** die Gesellschaft vor Machtmißbrauch zu schützen
> **D 3.4** *und* die Rechte *und* Freiheiten der Bürger, ihrer Arbeitskollektive *und* Organisationen zu garantieren.

> F 2 Il ne peut y avoir respect de la loi sans démocratie.
> F 3.1 En même temps, la démocratie ne saurait exister *et* se développer sans les règles de la loi,
> F 3.2 car la loi a pour but
> F 3.3 de protéger la société des abus du pouvoir
> F 3.4 *et* de garantir aux citoyens, à leurs organisations *et* à leurs collectivités de travail droits *et* libertés
>
> E 2 There can be no observance of law without democracy.
> E 3.1 At the same time, democracy cannot exist *and* develop without the rule of law,
> E 3.2 because law is designed
> E 3.3 to protect society from abuses of power
> E 3.4 *and* guarantee citizens *and* their organisations *and* work collectives their rights *and* freedoms.

Das «und» in Proposition D 3.1 kann man weglassen («... *Bestand haben, sich entwickeln* ohne die Herrschaft der Gesetze»); eine solche Fassung klingt allerdings etwas ungewöhnlich, und man ist dann geneigt, die wichtige durch den Präpositionalkasus (mit Anschlußgefüge) gegebene Bedingung *nur auf den zweiten Infinitiv* «sich entwickeln» zu beziehen; wenn dagegen «Bestand haben *und* sich entwickeln» durch das «*und*» ausdrücklich als parallel hingestellt werden, bezieht man die Bedingung «ohne die Herrschaft ...» eher auf beide. Entsprechendes gilt für die Fassungen von F 3.1 und E 3.1 ohne «et/and», also «... ne *saurait exister, se développer* sans les règles de la loi – *cannot exist, develop* without the rule of law: die Fassungen klingen ungewöhnlicher als diejenigen mit «et/and», und man verknüpft «sans les règles, without the rule» eher nur mit «développer/develop» als mit beiden Verben.

Ohne jede Änderung des Verständnisses kann man das «und/et/and» am Anfang der Propositionen 3.4 weglassen; um das zu beurteilen, muß man die Propositionen 3.3 noch dazunehmen: «die Gesellschaft vor Machtmißbrauch *zu schützen, die Rechte und Freiheiten* ... zu garantieren – de protéger la société *des abus du pouvoir, de garantir aux citoyens* ... – to protect society *from abuses of power, guarantee citizens* ... *their rights and freedoms*».

Kaum weglaßbar ist das «und/et/and» im zweiteiligen Grundteil des Akkusativobjekts bzw. dem zweiteiligen complément direct bzw. direct object in 3.4; eine Fassung «*Rechte, Freiheiten* garantieren – garantir *droits, libertés* – guarantee *rights, freedoms*» wirkt sehr ungewöhnlich, und sie erschwert das Verständnis, wenn sie nicht überhaupt als unkorrekt empfunden wird.

Ohne Störung weglaßbar ist dagegen das «et» im dreiteiligen complément indirect von 3.4, vor allem wenn man aus rhythmischen Gründen vor «droits et libertés» noch ein «leurs» einfügt: «garantir *aux citoyens, à leurs organisations, à leurs collectivités de travail* leurs droits et libertés». Im ebenfalls dreiteiligen indirect object kann man beide «and» weglassen, wenn man vor «work collectives» ein «their» einfügt und dadurch einen klaren Parallelismus mit «their organisations» herstellt: «guarantee *the citizens, their organisations, their work collectives* their rights and freedoms». Das ist zwar stilistisch nicht so gut wie die Fassung mit zwei «and» (wegen der fehlenden Parallelität des zweiten und des dritten «their»), aber es ist möglich.

In der *deutschen* Fassung (sie hat statt der zwei Objekte der andern Fassungen nur ein langes Akkusativobjekt, bestehend aus einem Anschlußgefüge mit zweiteiligem Grundteil und dreiteiligem Anschlußteil) kann man die drei Bestandstücke des Anschlußteils ohne «und» aufeinander folgen lassen, wenn man vor «Organisationen» ein «ihrer» einfügt und so den Parallelismus der drei Genitive deutlich macht: «die Rechte und Freiheiten *der Bürger, ihrer Arbeitskollektive, ihrer Organisationen* zu garantieren».

Nun die hier naheliegende *umgekehrte* Probe: Man kann ohne jede inhaltliche Änderung und jeden stilistischen Anstoß die Propositionen 3.1 mit einem «*Und – Et – And*» anfangen und sie dadurch noch deutlicher, als es sich schon vom inhaltlichen Zusammenhang her ergibt, als parallel und eng zusammengehörig mit der vorhergehenden Proposition (2) kennzeichnen: «Es kann keine Wahrung des Rechts ohne Demokratie geben. *Und ebensowenig* kann Demokratie Bestand haben ... – Il ne peut y avoir respect de la loi sans démocratie. *Et en même temps*, la démocratie ne saurait exister ... – There can be no observance of law without democracy. *And at the same time*, democracy cannot exist and develop without the rule of law.»

Man kann solche Proben ohne Mühe vervielfachen; die vorgeführten Beispiele dürften aber schon genügen, um über die Verbindlichkeit oder Freiheit des Setzens eines «und – et –and» die folgenden Aussagen zu machen:

A *Innerhalb* von Propositionen ist bei Ausdrücken aus *zwei* parallelen Bestandstücken (vor allem: Adjektiven, Nomen und ganzen nichtverbalen Gefügen, Verb-Teilen) die Signalisierung dieser Parallelität durch «und – et – and» *so gut wie obligatorisch*. Das Fehlen einer solchen Signalisierung läßt die Zusammenstellung der zwei Bestandstücke als ungewöhnlich erscheinen, und man versteht diese Bestandstücke leicht als nicht parallel, sondern als gestuft, hierarchisch aufeinander bezogen, evtl. wird das zweite Bestandstück als Nachtrag zum ersten aufgefaßt. Also *nur mit* «und – et – and»:

Sie plauderten *und* sangen, altbekannte *und* neue Lieder
Ils causaient *et* chantaient, des chansons bien connues *et* des chansons nouvelles
They could chat *and* sing, old songs *and* new ones

Sobald aber *drei oder mehr* parallele Bestandstücke vorhanden sind – vor allem wenn ihre Parallelität durch den Inhalt und den formalen Aufbau schon nahegelegt wird – ist das Verdeutlichen des Zusammenhangs durch ein «und – et – and» zwischen allen Bestandstücken oder nur vor dem letzten Bestandstück *fakultativ*. In Beispielen:

Wir werden plaudern, singen, tanzen	... plaudern *und* singen *und* tanzen
	... plaudern, singen *und* tanzen
Nous allons causer, chanter, danser	... causer *et* chanter *et* danser
	... causer, chanter *et* danser
We will chat, sing, dance	... chat *and* sing *and* dance
	... chat, sing *and* dance

B *Ganze sich folgende Propositionen* werden *ohnehin* als *parallel geltend* aufgefaßt, wenn sie nicht zu zweit (oder zu dritt usw.) in spezielleren Bedeutungsbeziehungen zueinander hingesetzt sind (dazu siehe die Teile 10 und 11) – und *wenn* das der Fall ist, gelten die *ganzen Paare* bzw. *Dreiergruppen* usw. als die Textbestandstücke, die grundsätzlich als parallel aufzufassen sind.

Bei allen diesen grundsätzlich parallel zueinander (bzw. hintereinander) geltenden Textbestandstücken *kann* man nun eine engere Zusammengehörigkeit (und dadurch zugleich eine besonders klare Parallelität) signalisieren, indem man ein jeweils nachfolgendes Textbestandstück durch «und – et – and» *ausdrücklich* mit dem vorhergehenden *verknüpft.* Ein an solchen Stellen gesetzes «und – et – and» ist also ein *Stilmittel,* vor allem auch, weil sich dadurch oft eine etwas andere rhythmische Gestalt des Textes ergibt als ohne die Setzung dieses an sich so unauffälligen Wortes.

9.31 Beispiele für «und – et – and» zwischen Propositionen als Stilmittel

Als erstes sei hier ein Beispiel für die bekannte (von Lehrern oft bekämpfte) Erzählweise mit *«und dann ... und dort ... und nachher ...»* usw. vorgeführt. Solches Erzählen findet sich besonders oft bei Kindern, vor allem wenn sie sehr lebhaft erzählen und mit Leib und Seele dabei sind – man hört es aber oft auch von Erwachsenen in entsprechenden Situationen, und nicht ganz selten kann man es bei zwanglosem Erzählen auch an sich selbst beobachten. Ein solcher Kindertext kann etwa so aussehen:

> *Und* dann gingen wir zum Schiffssteg, *und* dann kam bald das Schiff, *und* es war schon ganz voll, ganz voll, *und* wir hätten gar keinen Platz mehr gehabt, *und* da gingen wir eben nicht auf das Schiff, *und* wir fuhren mit dem Zug, *und* dort war es auch lustig, *und* es ging erst noch schneller ...

Es gibt aber auch berühmte Texte aus der Weltliteratur, bei denen die ausdrückliche Betonung der parallelen Geltung durch «und» viel häufiger ist, als wir es heute für angemessen halten, so in der althebräischen Poesie und speziell im Schöpfungsbericht in der Genesis:

> Da sprach Gott: Es werde Licht! *Und* es ward Licht. *Und* Gott sah, daß das Licht gut war, *und* Gott trennte das Licht von der Finsternis. *Und* Gott nannte das Licht Tag, die Finsternis aber nannte er Nacht. *Und* es wurde Abend *und* wurde Morgen, der erste Tag. Übersetzung von E. Kautzsch, 1896

Man sieht denn auch bei Übersetzungsvergleichen nicht selten, daß ein «und» eines deutschen Originals in der französischen und/oder englischen Fassung nicht wiedergegeben ist, oder umgekehrt, daß in diesen Fassungen ein «et» bzw. «and» eingefügt ist, wo das deutsche Original kein «und» hat (also zwei gleichrangige Propositionen «asyndetisch» verbunden sind).

In Gottfried Kellers Beschreibung des Rittes von Heinrich und Anna über die besonnten Höhen neben dem tief eingeschnittenen Fluß liest man:

> ... rechts unter uns zog der Fluß,
> wir blickten seine glänzende Bahn entlang;
> jenseits erhob sich das steile Ufer mit dunklem Walde
> *und* darüber hin sahen wir über viele Höhenzüge weg im Nordosten ein paar schwäbische Berge, einsame
>   Pyramiden, in unendlicher Stille und Ferne.

> ... Sur notre droite, la rivière coulait à nos pieds,
> *et* nos yeux suivaient son cours étincelant.
> De l'autre côté, c'était la rive escarpée, avec sa forêt sombre;
> au delà nos regards franchissaient de nombreuses lignes de hauteurs
> *et* découvraient, au nord-est, quelques montagnes de Souabe, pyramides isolées, dans un calme et un
>   éloignement infini.

Also zuerst ein «et» eingefügt, das «wir» ersetzt durch «nos yeux»; dann das «und» vor «darüber hin» weggelassen, wohl weil der Übersetzer aus der inhaltsreichen deutschen Proposition zwei Propositionen macht, mit «nos regards» als Subjekt, und dann für die Verknüpfung dieser zwei Propositionen ein «et» braucht.

Ein Beispiel Deutsch-Englisch, aus dem gleichen Kapitel, einige Seiten weiter hinten (Heinrich und Anna haben sich umarmt und geküßt, und sie sind darüber tief erschrocken):

> Endlich wurden mir die Arme locker
> *und* fielen auseinander,
> beschämt *und* niedergeschlagen standen wir da
> *und* blickten auf den Boden.

> Finally my arms grow limp
> *and* fell apart,
> *and* we stood there confused *and* downcast,
> looking at the ground.

Also vor der dritten Proposition ein «and» eingefügt, dafür die abschließende Proposition durch eine non-finite clause wiedergegeben, mit «ing-form» (Ziff. 8.23), dadurch muß das die finite deutsche Proposition einleitende «und» wegfallen.

Ein Beispiel aus einem Sachtext, englisches Original, französische und deutsche Parallel-Fassung (Nachweise in Ziff. 7.49):

> Many persons feel today
> that another of our fundamental institutions – the family – is in trouble,
> that its increasing permissiveness is responsible for many of the ills of today's youth.

> Nombreux sont aujourd'hui ceux
> qui croient constater la décadence d'une autre institution fondamentale, la famille
> *et* imputent à l'indulgence toujours plus grande des parents nombre des maux
> dont souffre la jeunesse.

> Viele Menschen haben heutzutage den Eindruck,
> daß eine weitere fundamentale Einrichtung, nämlich die Familie, nicht intakt ist
> *und* von ihrem zunehmenden Verfall viele Übel unserer Jugend herrühren.

Also im englischen Original die zwei parallelen Nebensätze («Inhaltssätze») mit «that» ohne ein (mögliches) «and» hintereinandergestellt, in der französischen Parallelfassung vor dem zweiten Relativsatz (für den das «qui» aus dem ersten Relativsatz weiter gilt) ein verdeutlichendes «et», und in der deutschen Parallelfassung vor dem zweiten Nebensatz/Inhaltssatz (für den das «daß» aus dem vorhergehenden Inhaltssatz weiter gilt) ein verdeutlichendes «und».

Ein Beispiel, in welchem das lateinische Original *dreimal «et»* hat, die englische Übersetzung *zweimal «and»*, die französische Übersetzung dagegen *gar keine* beiordnende Konjunktion (Cicero, im Exil in Saloniki, sich sehr elend fühlend, bittet Quintus, sofort nach Rom zu gehen und sich dort für ihn einzusetzen, und er formuliert die folgenden Hoffnungen für einen Erfolg):

> Spero ... tibi *et* integritatem tuam *et* amorem in te civitatis *et* aliquid etiam misericordia nostri
> praesidii laturam

> I hope ... that your own integrity, *and* the love the state bears to you, *and* to some extent even pity
> for me, will prove a protection to you

> J'espère ... que ta probité, l'affection de tes concitoyens, peut-être aussi la pitié que j'inspire te seront
> de quelque secours.

Eine Übersetzung des dreimaligen «et» durch «sowohl ... als ... als auch» wäre hier offensichtlich unangemessen.

Man kann ja auch eine als völlig alleinstehender Satz hingestellte Proposition mit einem «und» anfangen und dadurch einen Zusammenhang mit etwas nur Gedachtem, nicht Gesagtem, das man sich als vorhergehend vorstellt, suggerieren, so im Titel eines Romans von Heinrich Böll (1953): «*Und* sagte kein einziges Wort». Berühmt ist der Ausspruch von Galilei über die Bewegung der Erde um die Sonne, nachdem er diese Auffassung als ketzerisch hatte abschwören müssen: «*E* pur si muove – *Und* sie bewegt sich doch – *Et* pourtant elle tourne».

9.32 Fließende Übergänge von neutraler Verknüpfung zu vergleichendem Nebeneinanderstellen

Die *Offenheit* der Darstellung von Verknüpfungen, von Zusammengehörigkeit (die oft auch nur momentan besteht) durch «und – et – and» zeigt sich auch darin, daß man nicht selten *die Wahl* hat, ob man die Geltung einer Aussage für zwei oder mehr Personen oder andere Entitäten durch «und – et – and» signalisieren will oder durch «wie – comme –as»:

für euch { und / wie } für uns	pour vous { et / comme } pour nous	for you { and / as } for us

Als etwas stärkere Variante zu «und» kann man «*sowie*» verwenden, und man kann dadurch auch eine interne Gruppierung deutlich machen: «für die Mitglieder *sowie* ihre Angehörigen *und* Freunde» (die Mitglieder werden als besondere Gruppe gesehen, gegenüber den Angehörigen und Freunden).

Es gibt auch beliebige Übergänge zu stärkerer Betonung des Moments «Vergleich, Gleichartigkeit», etwa in folgender Art: «Das gilt für die negativen *und* die positiven Zahlen – für die negativen *wie* für die positiven Zahlen – für die negativen *genau so wie* für die positiven Zahlen – für die negativen Zahlen *nicht anders (nicht weniger) als* für die positiven».

9.33 Zum Nebeneinander von «et – atque/ac» und angefügtem «-que» im Lateinischen

Von den modernen Sprachen her hält man es leicht für selbstverständlich, ja für naturgegeben, daß eine Sprache *ein einheitliches Wort* hat zur Signalisierung von paralleler Geltung von Bestandstücken innerhalb einer Proposition und zur Betonung der parallelen Geltung ganzer Propositionen, eben «*und – et – and*». Daß das keineswegs selbstverständlich ist, sondern viel eher das Ergebnis einer gewissen Rationalisierung im Lauf der Geschichte der Sprachen, zeigt das Nebeneinander der drei «und-Partikeln» im Lateinischen, nämlich «et – atque/ac» und angehängtes «-que» (dabei «ac» nur vor Konsonanten außer «h», sonst «atque»). Beispiele für diese Partikeln *innerhalb* von Propositionen (aus dem schon in Ziff. 9.27 für die Beurteilung der Häufigkeit von Gegensatz-Signalisierung herangezogenen Brief von Cicero an seinen Bruder Quintus):

et zwischen *zwei* zu verknüpfenden Bestandstücken:

bellum aliquod magnum *et* periculosum
irgend ein großer *und* gefahrvoller Krieg
quelque guerre importante *et* pleine de dangers
some great *and* dangerous war

Ebenso zwischen *drei* Bestandstücken (Quintus' Mitarbeiter ragt hervor durch ...):

honore *et* dignitate *et* aetate	
durch seinen Rang *und* seine Verdienste *und* sein Alter	
par le rang, par le mérite, par l'âge	hier also reines Hintereinander
in rank, position, *and* age	

atque/ac zwischen zwei Bestandstücken:

(est) sapientiae *atque* humanitatis tuae
(es liegt nun) an deiner Weisheit *und* Menschlichkeit
(il t'appartient), sage *et* bon comme tu es
(it lies with you), in your wisdom *and* humanity

tuis institutis *ac* praeceptis (obtemperare)
deinen Anordnungen *und* Vorschriften (folgen)
(se conformer) à tes instructions générales *et* particulières
(comply) with your policy *and* instructions

-que an den zweiten Bestandteil *angehängt*:

(te deducere) ab summa integritate continentia*que*
(dich abbringen) von der höchsten Korrektheit *und* Selbstbeherrschung
(te détourner) de l'intégrité la plus parfaite *et* la plus scrupuleuse
(to deviate) from the path of strict integrity *and* sobriety of conduct

Alle drei «und»-Partikeln zur *Anknüpfung ganzer Propositionen* (dabei «*atque*» und «*et*» am *Anfang* der anzuknüpfenden Proposition, «*-que*» an den ersten Bestandteil *angehängt*) finden sich in den ersten vier Versen des folgenden Gedicht-Anfangs bei Catull:

Vivamus, mea Lesbia, *atque* amemus	Wir wollen leben, meine Lesbia, *und* lieben
Rumores*que* senum severiorum	*Und* die Sprüche strenger alter Leute
Omnes unius aestimemus assis.	Alle einen einzigen Pfennig wert erachten.
Soles occidere *et* redire possunt:	Sonnen können untergehen *und* wieder aufgehen:
Nobis, cum semel occidit brevis lux,	Für uns, wenn einmal das kurze Licht untergeht,
Nox est perpetua una dormienda.	Wird es Nacht, immerdauernde, zum Schlafen.

Durch die Partikel «et» kann man aber nicht nur neutral-parallele Anknüpfung signalisieren, sondern auch ausgesprochene Zusätzlichkeit, wie durch deutsch «auch», so in dem klassischen Ausruf für einen Glückszustand «*Et ego in Arcadia* –(Jetzt bin) *auch ich* in Arkadien (dem idealen Land).

Durch *paarig* gesetztes «et» (schon *vor* dem ersten Bestandteil, siehe auch Ziff. 9.26) signalisiert man die *betonte Gleichgewichtigkeit*, z. B. wenn Cicero die Freude aller Bewohner der von Quintus verwalteten Provinz beschreibt, sobald dieser irgendwohin kommt: «*et* publice *et* privatim maximam laetitiam – l'allégresse publique *et* la joie de chacun sont à leur comble – an ecstasy of joy, *both* in public *and* in private – die größte Freude, *sowohl* in der Öffentlichkeit *als* in privaten Kreisen».

Durch «ac/atque» kann man auch signalisieren, daß man etwas *zum Vergleich* heranzieht, z. B. im gleichen Brief «libertis suis non multo secus *ac* servis imperabant – ils (leur) donnaient des ordres à peu près *comme* à leurs esclaves – they exercised much the same authority (over them) *as* over their slaves – sie gaben ihren Freigelassenen Befehle, kaum anders *als* ihren Sklaven» (zur Nähe von neutral-parallelem Hinstellen und Hinstellen zum Vergleich siehe schon Ziff. 9.32, Genaueres zu vergleichendem Zuordnen in Ziff. 10.53–10.54).

Ein «-que», das dem frei anfügbaren «-que» äußerlich vollkommen gleicht, findet sich in einer Reihe von Pronomen und Partikeln als *fester Wortbestandteil*, z. B. «quisque, jeder – quicumque, jeder beliebige – quoque, auch – ubique, überall».

Besonders häufig ist die Verbindung des «-que» mit der Negation «ne-», zu «neque, nec». Durch ein solches «neque/nec» kann man einen ganz neuen Satz anfangen, mit einem neuen Gedanken, z. B. im Brief an Quintus: «*Neque* enim mihi sane placet ... – *Und* es gefällt mir gar nicht – Je ne suis pas du tout d'avis, *en effet* – For it does not at all commend itself to me ...». Durch paarig gesetztes «neque ... neque ...» kann man die *gleichgewichtige Verneinung* signalisieren (siehe schon Ziff. 9.11'D, und 9.26), z. B. im gleichen Brief an Quintus: *neque* praetores suis opibus *neque* nos nostro studio – *weder* die Prätoren mit ihren Möglichkeiten *noch* wir (= ich) mit unserem Bemühen – *ni* l'influence des préteurs *ni* notre zèle – *neither* the praetors with all their influence, *nor* I with my zeal ...» (deutsch wäre aber auch möglich: «die Prätoren *nicht*, mit allen ihren Mitteln, *und* ich selber *nicht*, mit all meinem Bemühen ...».

9.34 Ergebnisse, grundsätzliche Relativierungen

Die vorgeführte Vielfalt der Gebrauchsweisen von «und»-Partikeln im Lateinischen läßt es als plausibel erscheinen, daß die relativ klaren Unterscheidungen zwischen den Charakterisierungen «neutral/parallel angeknüpft – gegensätzlich – betont zusätzlich – betont gleichgewichtig» *gar nicht so selbstverständlich* sind, wie man es von den modernen Sprachen her sehen könnte – daß sich vielmehr das alles *erst langsam entwickelt hat*, im Lauf der Geschichte der Sprachen, aus den Bedürfnissen nach Ordnung und Klarheit in der Sprachverwendung, und daß daher zuerst *ganz verschiedene formale Mittel* für die Signalisierung *gleicher* Präsentationsweisen und besonderer Verknüpfungsweisen in ihnen herangezogen und nutzbar gemacht wurden, und umgekehrt *gleiche* formale Mittel für das *neutrale* Nebeneinanderstellen *und* für das Hinstellen in der Bedeutungsbeziehung «Zuordnen *zwecks Vergleich*».

Ganz Ähnliches gilt nun, wenn man genauer hinsieht, teilweise auch noch in den modernen Sprachen; man muß nur an die verschiedenen Gebrauchsweisen von «*auch*» oder «*doch*» im Deutschen denken (Ziff. 10.38 «auch wenn / selbst wenn / sogar wenn ...» und Ziff. 10.28). Ein zugespitztes Beispiel: «Er hat es *doch* dann *doch* getan». Dazu kommt die verschiedene Bedeutung bei verschiedener Stimmführung «Wenn er *auch* dagegen ist (= ebenfalls) – Wenn er auch *dagegen* ist (= auch wenn, obwohl)». Man kann auch an die verschiedenen Verwendungsweisen und die in ihnen erbrachten Bedeutungsbeiträge von «même» im Französischen oder von «but» im Englischen denken.

Aber auch der Unterschied «nur alternativ geltend – gleicherweise geltend» ist oft *gar nicht so eindeutig*, wie man meinen könnte. Nicht umsonst liest man heute oft «Mit ihm *und/oder* mit einem andern». Und nicht selten hängt es von der individuellen Einschätzung einer Situation und der eigenen Möglichkeiten ab, ob man sagen muß «*entweder* das eine *oder* das andere» oder ob man sagen kann «*sowohl* das eine *wie* das andere» – je nach den Ansprüchen, die man stellt, den Zielen, die man verfolgt, den Mitteln, die man hat.

Für Genaueres zum Zusammenhang aller Propositionen in einem Text, gleichgültig ob eigens signalisiert und wie («Textkohärenz») siehe Ziff. 12.73–12.81.

10 Bedeutungsbeziehungen, vor allem zwischen ganzen Propositionen, auf verschiedener oder auf gleicher gedanklicher Ebene

10/I Verteilung auf zwei verschiedene gedankliche Ebenen, dominante Teile und inhaltliche Teile, Überblicks-Tafel

    10.01 Dominante Teile: sprachlich-gedankliche Prozesse hinter etwas Dargestelltem eigens formuliert 429
    10.02 Mehrstufigkeit: inhaltlicher Teil selbst wieder dominant für anderes 430
    10.03 Übergänge von Verteilung auf dominante und inhaltliche Teile zu Darstellung auf gleicher Ebene 431
    10.04 Versuch einer Synopse der Bedeutungsbeziehungen, auf verschiedener und auf gleicher Ebene 431

10/II Angeführte Rede, angeführte Gedanken und Gefühle, direkt präsentiert oder indirekt, mit Anpassung an die Wiedergabe-Situation

    10.05 «Direkte Rede, style direct, oratio recta» und «indirekte Rede, style indirect, oratio obliqua» 434
    10.06 Spielraum bei indirekter Anführung – Übergänge zu reinem Erzählen 435
    10.07 Formalstrukturen für indirekt angeführte Aussagen, Wissensinhalte, Gefühle 436
    10.08 Indirekt angeführte Propositionen mit Offenheit der Geltung 439
    10.09 Indirekt angeführte Propositionen mit Offenhalten einer einzelnen Stelle 441
    10.10 Angeführte Proposition im grammatischen Rahmen der anführenden Proposition – oder nicht 442
    10.11 Angeführte Proposition direkt vor der Personalform der anführenden 443
    10.12 Kennzeichnen von direkter Anführung durch besondere Satzzeichen 443

10/III Zur Markierung von direkter und indirekter Rede, besondere Probleme im Deutschen («gemischter Konjunktiv»)

    10.13 Grundlegend: Erkennen aus Inhalt und Situation 445
    10.14 Konjunktiv bei indirekter Anführung – Signal der Relativierung . . 445
    10.15 Ersatz von Konjunktiv I durch Konjunktiv II («gemischter Konjunktiv») 446

10.16 Wie genau wird in der Sprachpraxis die Regelung des «gemischten Konjunktivs» beachtet? 447
10.17 Wie verbindlich ist überhaupt das Setzen eines Konjunktivs bei indirekter Anführung? 450
10.18 Textvergleich D – F – E, an einem Stück aus dem «Grünen Heinrich» 452
10.19 Lateinisch: obligatorischer Konjunktiv – oder Infinitiv-Konstruktion 453
10.20 Textbeispiel von Caesar, mit Übersetzungsvergleich 454

10/IV Unmittelbare Wahrnehmung und ihre Inhalte – Sicherheitsgrade von Information – «Modalpartikeln» – Angst, Hoffnung, Mut

10.21 Verschwinden des Unterschieds von direkter und indirekter Anführung 457
10.22 Unmittelbare Wahrnehmungsakte und ihre Inhalte 458
10.23 Grade der Sicherheit bei Aussagen über Wissens- und Denkinhalte 459
10.24 Hinweise auf Herkunft und Glaubwürdigkeit des Dargestellten ... 462
10.25 Entschiedenheit von Beurteilungen, Reichweite, Tiefgang 463
10.26 Verstärkung von Verneinungen – Vorschaltteile und Negationspartikeln als dominante Teile 464
10.27 Beiläufige Signale für den Einbau des Gesagten in vorhandene Wissens- und Denkzusammenhänge, «Modalpartikeln» 465
10.28 Vergewisserndes Betonen der Tatsächlichkeit des jetzt Gesagten ... 467
10.29 Hinstellen als Erklärung, als Begründung, oft auch entschuldigend 469
10.30 Präsentation als Folgerung, als Ergebnis 471
10.31 Intensivierung von Fragen und Aufforderungen 472
10.32 Hinstellen als Korrektur früherer Einschätzungen 473
10.33 Existenzielles Einschätzen von Situationen: Angst, Furcht – Hoffnung, Zuversicht 474

10/V Annahme/Voraussetzung und daran Gebundenes oder davon betont Unabhängiges – Beurteilen auf Annehmlichkeit, Wert usw. – Zuordnung zwecks Vergleich, kombiniert mit Annahme oder generell – Offenheit von Nennungen, beliebige Erstreckung

10.34 Annahme/Voraussetzung und an deren Zutreffen Gebundenes 477
10.35 Möglichkeit des Nicht-Eintretens einbezogen – Eintreten erwartet, nur Zeitpunkt offen 478
10.36 Relativierung des Unterschieds «konditional – temporal» 479
10.37 Bindung an das Nicht-Zutreffen von Annahmen/Voraussetzungen .. 480
10.38 Hinstellen als unabhängig von an sich entgegenstehenden Annahmen oder Gegebenheiten 482
10.39 Nebeneinanderstellen als gleichgewichtig, betont unabhängig voneinander 484
10.40 Bedeutungsbeziehung «Annahme und daran Gebundenes» als Mittel zur Hervorhebung 485

10.41 Rückwirkendes Kennzeichnen als Annahme/Voraussetzung 486
10.42 Annahme/Voraussetzung ohne Verbalisieren des daran Gebundenen 486
10.43 Beurteilung auf Wert, Erfreulichkeit, Nutzen usw. – für Annahmen und für Gegebenheiten 486
10.44 Zum Stellenwert der Unterscheidung «Annahme – Gegebenheit» .. 488
10.45 Anfügen einer Beurteilung, rückwirkend 489
10.46 Semantische Bereiche bei dominanten Teilen mit «wenn/daß»-Anschluß 490
10.47 Bewertend-dominanter Teil als ein Satzglied – Kernbestand der Proposition als inhaltlicher Teil 491
10.48 Bewertend-dominanter Teil und bewertet-inhaltlicher Teil in einem einzigen verbalen Semantem 493
10.49 Kombinationen von Annahme und Vergleich 494
10.50 «Als ob» zur Charakterisierung ohne Blick auf den «Realitätsgehalt» 496
10.51 «Als ob» für Vermutungen und für Kritik und Widerspruch 497
10.52 Zuordnen ohne Hinweis auf Realitätsgehalt oder dessen Fehlen ... 498
10.53 Vergleichendes Zuordnen generell; Abstufen in Grad und Ausprägung, auch ohne Vergleich 499
10.54 Umkehrbarkeit bei Vergleichen für die Logik – für die Sprachen nicht 502
10.55 Kurz-Ausdrücke für Annahmen/Voraussetzungen 502
10.56 Annahme-Charakter durch Offenhalten einer Bedeutungsstelle 504
10.57 Beliebige Erstreckung für etwas als Annahme Präsentiertes 505

10/VI Handlungsantriebe – Durchführbarkeit – Handlungsmodalitäten, Stadien, Aspekte, Erfolg, Risiko

10.58 Antriebe, von «innen» und «außen» – und das, wozu man angetrieben wird 507
10.59 Kombination mit sprachlicher Übermittlung; zum «zu-Anschluß» .. 509
10.60 Antriebe aus dem Blick auf den Zeitablauf und die Situation gesehen 509
10.61 Durchführbarkeit des intendierten Handelns – verschiedene Faktoren 510
10.62 Durchführbarkeit im Blick auf die Situation 510
10.63 Durchführbarkeit vom Zustand des Handelnden abhängig 512
10.64 Fähigkeit schon durch die Verbform mitsignalisiert – Übergangszonen 513
10.65 Ineinandergreifen von Antrieb und Durchführbarkeit 513
10.66 Gewohnheit, feste Handlungsbahnen, Üblichkeit 514
10.67 Handlungsmodalitäten, Stadien usw. und das jeweilige Handeln ... 515
10.68 Entschluß, Willensakt – zugleich eine Vorstellung des Handelns .. 516
10.69 Zögern, zaudern – sich beeilen, drängen 516
10.70 Beginnen mit einem Handeln, Einsetzen eines apersonalen Prozesses 517
10.71 Etwas beenden, aufhören mit etwas 518

10.72 Platz von Teilhandlungen in einer umgreifenden Handlung;
Gewichtungen 519
10.73 Versuchen, sich Mühe geben – Erfolg und Mißerfolg 520
10.74 Gefahr laufen mit etwas, Risiko – Mut, Kühnheit, Wagnis 521

10/VII Grund-Folge-Zusammenhänge, in verschiedener Perspektive gesehen:
Zwecke, Folgen, Ursachen – Steuerungshandeln und spezielleres
Handeln – Abweichungen vom Erwartbaren; Erprobung an literarischem
Text Deutsch – Französisch – Englisch

10.75 Allgemeines: Traditionelle Behandlung, neue Ansätze, Überblick .. 523
10.76 Nicht-Eintreten erwartbarer Folgen – Unerwartetes 525
10.77 Ein Handeln/einen Ablauf steuern, kontrollieren, auslösen/
verhindern 527
10.78 Ein konkretes Handeln und der Zweck, der damit erreicht werden
soll 528
10.79 Bewertung der Intensität von Zuständen, Verhaltensweisen,
Handlungsweisen durch Angabe von Folgen 530
10.80 Etwas erklären durch Zurückführen auf eine Ursache 533
10.81 Die Formalstrukturen für «Erklären durch Aufweisen einer
Ursache» 534
10.82 Fließende Übergänge zwischen den Gruppen von
Bedeutungsbeziehungen 535
10.83 Offenheit der Fragen «warum – pourquoi – why – cur/quare/qui» 536
10.84 Grundsätzliche Unschärfen sprachlicher Darstellung 537
10.85 Kombinationen mit der Darstellung als Inhalt von Sprechen/
Denken 538
10.86 Folge-Beziehungen zur Beleuchtung der Haltung bei einer Aussage .. 539
10.87 Generelles Nennen von Mitteln, Wegen, Instrumenten 540
10.88 Verknüpfung durch «so, daß ...» zur Hervorhebung 541
10.89 Grund-Folge-Zusammenhang – Bindung an Annahme/
Voraussetzung – rein zeitlich gesehene Folge 541
10.90 Verzicht auf das Einbetten in Grund-Folge-Zusammenhänge,
Zufälligkeit 542
10.91 Beispiel für das Zusammenspiel der verschiedenen
Bedeutungsbeziehungen im Textaufbau 542
10.92 Grund-Folge-Zusammenhänge zwischen den ganzen
Darstellungsschritten 547

10/I Verteilung auf zwei verschiedene gedankliche Ebenen, dominante Teile und inhaltliche Teile, Überblicks-Tafel

0.01 Dominante Teile: sprachlich-gedankliche Prozesse hinter etwas Dargestelltem eigens formuliert

Ein sprachlich-gedanklicher Prozeß, eine kognitive Verarbeitung (oft auch: Beurteilung) ist bei *jedem* Schaffen und jedem Verstehen eines Textes und jedes einzelnen Textstücks im Gange. Wenn jemand sagt «*Die Glocken läuten*», hat er schon eine akustische Wahrnehmung (verursacht durch die von den Glocken bis zu seinen Ohren dringenden Schallwellen) im Hörzentrum des Gehirns verarbeitet, er hat den Gehörseindruck als «Läuten von Glocken» identifiziert, und das Ergebnis dieser gedanklichen Verarbeitung ist nun die Aussage (eine verbale Proposition, als einfacher Satz möglich): «Die Glocken läuten». Dabei wird durch das Begleitpronomen «*die*» zugleich signalisiert, daß die Glocken als etwas Bekanntes, etwas selbstverständlich Vorhandenes zu betrachten sind (Ziff. 7.24'C, Festgelegtheit neutral).

Man kann nun die *Art der gedanklichen Verarbeitung* (hier das sinnliche Aufnehmen und das Verarbeiten mit Hilfe von Gedächtnis und Wissen) *auch durch eigene Bestandstücke im Text* darstellen, indem man für das obige Beispiel etwa sagt: «*Ich höre die Glocken läuten*», oder, wenn man in Gesellschaft eines anderen ist «*Hörst du*, wie die Glocken läuten?» Beispiel für etwas, was man durch die Augen aufnimmt: «Auf einmal sprang er auf – Auf einmal *sah ich* ihn aufspringen» oder «… *sah ich*, wie er aufsprang».

Besonders oft gibt es eine solche gesonderte Darstellung des sprachlich-gedanklichen Aktes und des mitgeteilten Inhalts im ganzen Bereich der *sprachlichen Kommunikation*. Eine Beispielsituation dazu: Der Gesprächspartner A hat eine Absicht dargestellt, einen Plan entwickelt, und der Gesprächspartner B möchte ihn vor der Verwirklichung dieser Absicht warnen. B kann nun eine solche Warnung aussprechen, indem er *nur das* als Text hinstellt, was sich bei Verwirklichung dieser Absicht, bei der Durchführung des Geplanten *ergeben könnte*:

⌈Da bekommst du Ärger⌉. ⌈Sie werden es dir übelnehmen⌉.

B kann aber auch *seinen Kommunikationsakt selbst* in die Darstellung einbeziehen:

⌈Ich warne dich⌉: ⌈da bekommst du Ärger⌉. ⌈Sie werden es dir übelnehmen⌉, ⌈das sage ich dir⌉.

Beispiele für eine *Bitte* und für das *Aufrufen einer Verpflichtung*:

Nur der Inhalt dargestellt	*Auch der Akt* des Bittens, der Verpflichtungs-Charakter dargestellt
⌈Bleib heute bei uns⌉	⌈Wir bitten dich⌉, daß du heute bei uns bleibst⌉
⌈Laß uns nicht allein⌉	⌈Du wirst uns doch nicht allein lassen⌉, *das geht doch nicht*⌉

Zur Kennzeichnung der so unterscheidbaren Textbestandteile werden nun in diesem Buch zwei besondere Fachausdrücke verwendet, nämlich «*inhaltliche Teile*» und «*dominante Teile*». Einige Beispiele, in zwei Propositionen und im Rahmen einer einzigen Proposition:

inhaltliche Teile	*dominante* Teile	*inhaltliche* Teile
⌒Das sei heute so⌒	⌒sagte er⌒	
«⌒Ich sehe es genau so⌒»	⌒bestätigte sie⌒	
⌒Woher es kommt⌒	*ist mir unklar*	
	⌒Ich weiß nur⌒	⌒daß es existiert⌒
⌒Es ist	*offensichtlich*	eine Zeiterscheinung⌒

10.02 Mehrstufigkeit: inhaltlicher Teil selbst wieder dominant für anderes

Nicht selten ist ein Textstück *zugleich* als *inhaltlicher Teil* an einen dominanten Teil *anzuschließen* und *selber* als *dominanter* Teil für einen *weiteren inhaltlichen* Teil zu sehen:

¹⌒Ich weiß genau⌒   ²⌒er hatte die Absicht⌒   ³⌒an unserer Tagung teilzunehmen⌒

Die Proposition 1 ist dominant zu 2 «die Absicht haben»; diese Proposition 2 ist *zugleich inhaltlicher* Teil zu «Ich weiß genau» und *dominanter* Teil zu «an unserer Tagung teilzunehmen».

Ein vielstufiges englisches Beispiel (aus Pinter, Betrayal, Szene 2). Jerry spricht ganz verstört mit seinem Freund Robert, nachdem seine Geliebte, Roberts Frau Emma, in der vergangenen Nacht ihrem Mann alles über ihr langjähriges Liebesverhältnis erzählt hat:

¹⌒The fact is⌒   ²⌒I can't understand⌒…   ³⌒why she thought it necessary … after all these years⌒ … ⁴⌒to tell you … so suddenly … last night⌒   ⁵⌒…⌒

Die clause 1 («The fact is») ist dominant zu 2 («I can't understand»). Diese clause 2 (in sich auch schon gestuft, indem «can't» dominant ist zu «understand») ist zugleich inhaltlicher Teil zu 1 und dominanter Teil für 3 («why she thought it necessary … after all these years»). Diese clause 3 ist also inhaltlicher Teil zu 2, und sie ist zugleich dominanter Teil für 4 («to tell you … so suddenly … last night»). Die clause 4 ist inhaltlicher Teil zu 3, damit inhaltlicher Teil zweiten Grades zu «understand» in 2, damit inhaltlicher Teil dritten Grades zu «can't», ebenfalls in 2, und inhaltlicher Teil vierten Grades zur «absolut dominanten» clause 1, zu der Aussage «The fact is». Dabei ist schließlich die jetzt den Abschluß bildende clause 4 («to tell you …») in der ursprünglichen Redeabsicht von Jerry selbst wieder dominanter Teil zu einem (dann nicht mehr ausgesprochenen) vorschwebenden inhaltlichen Teil, der etwa hätte lauten können «that we have been lovers for so many years».

Zu den Begriffen «Objektsprache – Metasprache»: Wenn man das bei manchen Linguisten beliebte Begriffspaar «Objektsprache – Metasprache» verwenden will, kann man sagen, daß jeweils der *inhaltliche* Teil «*objekt*sprachlich» und der *dominante* Teil «*meta*sprachlich» ist. Man hat also dann im Beispiel aus «Betrayal» eine fünffache Stufung vom Einsetzen mit «Metasprache» bis zum nur noch vorschwebenden letzten «objektsprachlichen» Stück.

10.03 Übergänge von Verteilung auf dominante und inhaltliche Teile zu Darstellung auf gleicher Ebene

Die Verteilung auf verschiedene gedankliche Ebenen, nämlich auf dominante Teile und inhaltliche Teile, ist *im ganzen* ziemlich klar von der Darstellung auf gleicher gedanklicher Ebene unterscheidbar. Das Kennzeichnende an der Verteilung ist, daß als *dominante* Teile nur Propositionen (oder Satzglieder) *aus bestimmten Bedeutungsbereichen* dienen können, während für die *inhaltlichen* Teile *keinerlei* Beschränkung besteht.

Es gibt aber neben den Zonen mit eindeutiger Unterscheidung auch eine ganze Reihe von *fließenden Übergängen*. Solche finden sich vor allem bei inhaltlichen Teilen mit Offenhalten einer Bedeutungsstelle (durch w-Wörter «wer, was, wie» usw., siehe Ziff. 10.09), bei als Annahmen formulierten inhaltlichen Teilen (mit «wenn», Ziff. 10.43–10.44) und im ganzen Bereich der Grund-Folge-Beziehungen (Ziff. 10.04'4, Einzelbehandlung Ziff. 10.75–10.92).

10.04 Versuch einer Synopse der Bedeutungsbeziehungen, auf verschiedener und auf gleicher Ebene

Auf der folgenden Doppelseite wird versucht, die in den Teilen 10 und 11 zu behandelnden Bedeutungsbeziehungen übersichtlich zusammenzustellen, mit ganz knappen Beispielen. Es sind die Bedeutungsbeziehungen zwischen Propositionen und zwischen freier eingefügten Satzgliedern und dem Kernbestand der betreffenden Propositionen (für die Bedeutungsbeziehungen im Kernbestand der verbalen Semanteme siehe Teil 12). In der Darstellung wird keine schematische Gleichförmigkeit der Beispiele angestrebt (Paare von finiten Propositionen – einzelne finite Propositionen –verbale Wortketten im Infinitiv – nur gerade die als freie Satzglieder einsetzbaren Ausdrücke), und ebensowenig eine Gleichförmigkeit im Beigeben graphischer Verdeutlichungen; beides hätte zu einem größeren Umfang geführt und damit den Überblicks-Charakter beeinträchtigt.

Grundsätzlich kommt es bei dieser Übersicht *nicht* auf *scharfe Grenzziehungen* zwischen den Untergruppen und den ganzen Gruppen an – solche sind im Bereich der Semantik kaum möglich – wohl aber soll ein gewisses *Gefühl* entstehen können für den *Grundcharakter* der jeweils zu einer Gruppe zusammengenommenen Bedeutungsbeziehungen bzw. Bedeutungsbeiträge und für ihre Verwurzelung im Denken und Handeln von Menschen.

1 Elementare Bedeutungszusammenhänge, primär zwischen ganzen Propositionen, oft mit Hilfe von w-Wörtern und Verwandtem signalisiert

A *Annahme/Voraussetzung* als *Grundlage* für die *Geltung* von etwas – *Binden* der Geltung an das Zutreffen einer Annahme, das Vorhandensein einer Voraussetzung («konditionales Verhältnis»):

> ⌈Wenn p gilt⌉
> ⌈Gilt p⌉ } ⌈so (dann) gilt auch q⌉
> ⌈Falls p zutrifft⌉ ⌈trifft auch q zu⌉

B Voraussetzungen, schon gegeben oder erst erwartet, die *keinen Einfluß* auf die Geltung von etwas haben («Konzessivverhältnis», Irrelevanz»):

> ⌈Auch wenn⌉
> ⌈Wenn auch⌉ } ⌈p gilt⌉ ⌈(so) gilt q (doch) nicht⌉
> ⌈Obwohl etwas da ist⌉ ⌈bin ich nicht zufrieden⌉
> ⌈Was auch geschieht⌉
> ⌈Ob es so oder so läuft⌉ } ⌈ich mache weiter⌉

C *Gleichheit und Verschiedenheit*, Zuordnung zum *Vergleich* – das dafür Herangezogene kann wirklich sein oder nur gedacht, nur vorgestellt:

> ⌈Es ist bei ihm genau so⌉ ⌈wie es bei mir war⌉
> ⌈Die neue Fassung gefällt mir besser als die alte⌉
> ⌈Er führte sich auf⌉ ⌈als sei er hier der Chef⌉

D *Präzisierung* von schon in einer Proposition Genanntem *durch neue Proposition* (meist Nebensatz), von völliger Integration bis zu einem rein reihenden Weiterführen:

> ⌈Er kauft nur Bilder⌉ ⌈die signiert sind⌉
> ⌈Er kauft Bilder⌉ { ⌈die er dann weiterverkauft⌉
> ⌈und verkauft sie dann weiter⌉

E *Besetzung* einer Bedeutungsstelle *durch ganze Proposition* (mit w-Relativ, oft auch «Stützwort» im Hauptsatz), oft mit Gewicht auf der *Beliebigkeit des Umfangs* des Dargestellten:

> ⌈Er liefert (alles)⌉ ⌈was man wünscht⌉
> ⌈Wer ihn kennt⌉ ⌈(der) schätzt ihn⌉
> ⌈Was er anfängt⌉ ⌈(das) führt er auch zu Ende⌉

2 Einbettung, Beleuchtung, Bewertung von Inhalten von Information, in Kommunikation oder allein, gedanklich oder rein gefühlsmäßig

A *Sprachliches Mitteilen und Aufnehmen*, auch bitten, versprechen, etwas aushandeln:

> ⌈Er⌉ { ⌈sagt, hört⌉ ⌈«Das ist so» – das sei so⌉
> ⌈schreibt, liest⌉ ⌈was, wie, wo es ist⌉
> ⌈Er fragt⌉ ⌈wie spät es ist⌉ ⌈Er bittet uns⌉ ⌈zu gehen⌉

B *Unmittelbarer Erwerb und Besitz* von Information, Umgang damit:

> ⌈Er sieht/fühlt/weiß⌉ ⌈daß es so ist⌉, ⌈wie es läuft⌉
> ⌈Er überlegt⌉ ⌈warum es so ist⌉, ⌈ob er etwas tun soll⌉

C *Sicherheitsgrade* von Informationsbesitz, *Entschiedenheit, Tiefgang* usw.:

> ⌈Er denkt, ist überzeugt⌉
> ⌈Es ist wahrscheinlich, kann sein⌉ } ⌈daß das so ist⌉
> ⌈Es ist sicher/tatsächlich so⌉ ⌈Eigentlich hat er recht⌉

D *Erwartungen*, Rechnen mit … Angst, Hoffnung:

> ⌈Er rechnet damit⌉
> ⌈Sie ist darauf gefaßt⌉ } ⌈kritisiert zu werden⌉
> ⌈Er fürchtet⌉ ⌈zu unterliegen⌉ ⌈Sie hofft⌉ ⌈so gehe es⌉

E *Evaluierende Betrachtung*, von emotionaler Reaktion bis zu kühlem Abwägen:

> ⌈Er freut sich, schätzt es⌉ ⌈wenn/daß es so läuft⌉
> ⌈Es ist vorteilhaft (oder: nachteilig)⌉ ⌈so zu handeln⌉
> ⌈Ich war leider, dummerweise, zu spät⌉

3 Generelles bei Handlungen/Abläufen: Antriebe – Durchführbarkeit – Stadien – Erfolg – Risiko

A *Antriebe*, von innen oder von außen, ihre Annahme oder Zurückweisung:

> ⌈A will das tun⌉ ⌈Er hat Lust⌉ ⌈das zu tun⌉
> ⌈B muß warten⌉ ⌈Er ist gezwungen⌉ ⌈zu warten⌉
> ⌈Sie willigt ein (oder: weigert sich)⌉ ⌈das zu tun⌉

B *Durchführbarkeit*: Erlaubnis, Gelegenheit usw.:

> ⌈Er kann/darf das tun⌉ ⌈Sie hat die Kraft⌉ ⌈es zu tun⌉
> ⌈Es ist leicht (schwer)⌉ ⌈so etwas zu tun⌉

C *Handlungsmodalitäten, Stadien, Erfolg – Risiko*:

> ⌈Er beginnt / hört auf⌉ ⌈daran zu arbeiten⌉
> ⌈Sie riskiert⌉ ⌈zu fallen⌉ ⌈Es gelingt ihr⌉ ⌈sich zu halten⌉

4 Grund-Folge-Zusammenhänge, unter verschiedenen Perspektiven gesehen

A *Nicht-Eintreten erwartbarer Folgen* oder Eintreten von *Unerwartetem* an seiner Stelle:

> ⌈Er ging⌉ ⌈ohne etwas zu sagen⌉ ⌈anstatt zu warten⌉

B *Steuerungshandeln und Gesteuertes*:

> ⌈Er sorgt dafür⌉ ⌈daß alles richtig läuft⌉
> ⌈Die Kontrolle verhindert⌉ ⌈daß Fehler passieren⌉

C *Handeln und damit beabsichtigter Zweck*:

> ⌈Er erzählt das⌉ { ⌈um sein Handeln zu begründen⌉
> ⌈damit wir ihn besser verstehen⌉

D *Zustand/Verhalten/Handeln und damit gegebene Folge, Auswirkung*:

> ⌈Er ist so klug (klug genug)⌉ ⌈daß er das merkt⌉
> ⌈Je größer X wird⌉ ⌈umso kleiner wird Y⌉

E Man *erklärt* etwas, indem man es *auf eine Ursache zurückführt*:

> ⌈Ich sah ihn nicht⌉ { ⌈weil alles so schnell ging⌉
> ⌈es ging alles so schnell⌉
> ⌈Er ging sofort zu Bett⌉ ⌈er war wohl sehr müde⌉

10/I   Verteilung auf zwei verschiedene gedankliche Ebenen

5   Einbettung in den Fluß der Zeit, über das durch die grammatischen Zeiten Signalisierte hinaus

A   *Markieren eines «jetzt»* oder *Absetzen als «früher»*:

> *Jetzt* ist es so – *früher* war es anders

B   *Zeitangaben*, kalendarisch oder relativ zu «heute»:

> *Freitag 22. 10. 1943* – *heute in acht Tagen*

C   *Tageszeit, Wochentag, Jahreszeit*:

> *am Mittag* – *jeden Freitag* – *im Frühling*

D   *Bewertungen* von Zeitpunkt oder Dauer:

> Sie kam *schon früh* – Er ging *erst spät*

E   *Eintretensweisen* von etwas:

> Es geschah *plötzlich* – Es kam *nach und nach*

F   *Einmaligkeit – Wiederholung – Häufigkeit*:

> Es geschah *einmal – wieder – oft – immer*

G   *Reihenfolge, Ordnung*, in der Zeit:

> *Zuerst* A, *dann* B, *dann* C   B *vor* C, aber *nach* A

H   Zeitliche Situierung *durch andern Handlungszug*:

> Wart doch *bis ich da bin*   Sie ging *als ich kam*
> *Als er das schrieb* lebte er in Rom

6   Räumliche Situierung, Lage und Bewegungen im anschaulichen Raum oder in abstrakten Räumen

A   *Lagen und Bewegungen*, vom Körperbau und den Behausungen von Menschen her gesehen:

> *Hier – dort*   *innen – außen*   *vorn – hinten*
> *unten – oben*   *links – rechts*   *hinein – heraus*
> *von unten*   *nach oben*   *aufwärts* usw.

B   *Ausmaß, Erstreckung*, anschaulich oder abstrakt:

> *große* Strecken   *hohe* Berge   *breite* Erfahrungen

C   *Aufbau abstrakter Räume*, als Ordnungshilfe:

> *Soweit ich sehe*, stimmt es   Das gilt *in der Politik*
> Probleme *im Finanzsektor*   die *unteren* Instanzen

D   *Bleibend-Identisches* («Inneres») und *verschiedenes Aussehen*, verschiedene Kleider, Rollen:

> *Der Kern* der Sache – der *äußere Eindruck*
> Sie ist *in jedem Kleid* und *jeder Rolle* dieselbe

7   Genauere Angaben zu Abläufen, Zuständen usw., weitgehend wertfrei möglich

A   *Ablaufgeschwindigkeit* von etwas:

> Sie fuhr *schnell*   *Langsam* entwickelte sich etwas

B   *Stärke, Intensitätsgrad*:

> Jemand/Etwas reagiert auf etwas *stark/schwach*
> Wir froren *sehr, bitterlich*

C   *Vollständigkeitsgrad, Genauigkeitsgrad*:

> A beherrscht das *völlig*, B nur *teilweise*
> Ich weiß es *sehr genau*   Das stimmt *ungefähr*

8   Vorgehensweisen, Mittel und Wege, Unterlagen Aufwand, Beteiligung anderer oder nicht

A   *Vorgehensweise generell*, gewählte *Wege*:

> *So / Auf diesem Wege* geht es gut   Und *anders*?

B   *Werkzeug, Hilfsmittel*, material oder gedanklich:

> Etwas *mit den Händen, mit einer Zange* ergreifen
> Etwas *nach einem Plan, einer Anleitung* tun

C   *Mittel im kommunikativen, sozialen Handeln*:

> Jemanden *durch einen Brief* zu etwas veranlassen
> Jemandem *mit etwas* eine große Freude machen

D   *Aufwand, Krafteinsatz, Mühe*:

> Man erreicht es *nur mit Mühe* – Es geht *von selbst*

E   *Handeln mit andern oder allein, persönlich*:

> Etwas *mit andern zusammen* tun – es *allein* tun
> Etwas *selber, persönlich* tun/erfahren

9   Personale Verfassung von Beteiligten, äußere und innere Zustände/Haltungen

A   *Körper- und Gemütszustände*:

> Er kam *krank* nach Hause – Sie sang *fröhlich*

B   *Bewußtheitsgrad beim Handeln*:

> Etwas *bewußt* tun – es *ganz automatisch* tun

C   *Einstellung zu andern*, die sich im Handeln/Verhalten zeigt oder zu ihm geführt hat:

> Etwas *dankbar* tun   *Bescheiden* zurücktreten
> Etwas *hochnäsig* ablehnen   *Spöttisch* antworten

D   *Auffälligkeit für andere*, Streben nach Bemerktwerden oder nach Unauffälligkeit:

> Etwas *leise, unauffällig* oder *mit großem Lärm* tun
> Etwas *feierlich* erklären, *beiläufig* etwas sagen

10   Bewertungen, auf gleicher gedanklicher Ebene, innerhalb einer Proposition, und reine zusätzliche Beschreibung

A   *Bewertungen, nach verschiedenen Kriterien*:

> Er orientierte uns *richtig / falsch*
> A verstand alles *gut*, B dagegen *schlecht*
> Sie sang *sehr schön, sehr ausdrucksvoll*
> Er kaufte das Haus *billig / sehr teuer*

B   *Reine charakterisierende Beschreibung*:

> Die Sonne schien *warm* durch die Stämme
> Der Waldboden schimmerte *rötlich*

11   Nennung eines Handelnden bei Verb im Passiv (im Aktiv an der festen Bedeutungsstelle «Subjekt» erfolgend)

> Ich wurde *von ihr* darum gebeten
> Das wird *durch seinen Assistenten* erledigt

10/II Angeführte Rede, angeführte Gedanken und Gefühle, direkt präsentiert oder indirekt, mit Anpassung an die Wiedergabe-Situation

10.05 «Direkte Rede, style direct, oratio recta» und «indirekte Rede, style indirect, oratio obliqua»

Bei allen Bedeutungsbeziehungen der Gruppe 2A, Ziff. 10.04 und bei vielen aus den Gruppen 2B und 2C können die *zwei verschiedenen Präsentationsweisen* eine Rolle spielen, die man als «*direkte* Rede – *indirekte* Rede» bezeichnet und die in den Grammatiken aller vier Sprachen eine oft wichtige Rolle spielen (siehe schon Ziff. 5.06'D, Konjunktiv I oder II für indirekte Rede im Deutschen – Ziff. 5.22, Grammatische Zeiten in der indirekten Rede im Französischen – Ziff. 5.73'B, Konjunktiv im Lateinischen für Präsentation als Inhalt von Sehen, Denken, Fragen usw.).

Das Begriffspaar gehört zum alten Bestand der europäischen Grammatik. Die deutschen Fachausdrücke «direkte Rede –indirekte Rede» gehen zurück auf französisch «discours direct –discours indirect» (neben den neutraleren und treffenderen Bezeichnungen «style direct – style indirect»). Im Englischen hat man «direct speech – indirect speech», manchmal auch «reported speech» (wörtlich «berichtete Rede»). Die französischen wie die englischen Fachausdrücke gehen ihrerseits zurück auf die lateinischen Fachausdrücke «oratio recta» (wörtlich: «gerade Rede/Darstellung») und «oratio obliqua» (wörtlich «schräge, abgelenkte Ausdrucksweise»).

Man darf aber nicht aus den Benennungs-Bestandteilen «Rede – discours – speech – oratio» schließen wollen, daß es hier nur um das Anführen der Inhalte von *Sprach*kommunikation ginge. Es geht genau so und mit den selben formalen Möglichkeiten um das Anführen von *rein gedanklichen* Inhalten, von Gefühlsinhalten, von Gewußtem, Vermutetem usw.

Um diese oft auftretende verengte Auffassung zu vermeiden, wird in diesem Buch von «angeführter Rede, angeführten Gedanken/Gefühlen» gesprochen, und zwar «direkt angeführt, wörtlich präsentiert» oder «indirekt angeführt, mit Anpassung an die Sprech-Denk-Situation der dominanten Teile formuliert». Für die dominanten Teile im Rahmen solcher Bedeutungsbeziehungen zwischen ganzen Propositionen dient der Fachausdruck «anführender Teil, anführende Teile».

Der Unterschied zwischen «direkt angeführt» und «indirekt angeführt» liegt nun darin, daß bei «direkter» Präsentation im *gleichen* Text Bezug genommen werden kann (nicht: muß!) auf *zwei verschiedene* Gesprächs- bzw. Denk-Situationen, in welchen eine verschiedene Verteilung von Sprecher – Hörer – Drittem bzw. von Urheber des Gedankens usw. und jetzigem Wiedergebendem vorhanden sein kann, dazu oft auch eine verschiedene Lage in der Zeit.

So kann einem «*ich*» aus der Originalsituation ein «*er/sie*» oder auch ein «*du*» in der Wiedergabesituation entsprechen, und umgekehrt (Fachausdruck dafür: «Pronominalverschiebung»). Bei *direkter* Anführung (wörtlicher Präsentation) bleibt nun die *Originalsituation* von Sprechendem/Denkendem, Angesprochenem und Drittem (Dritten) *erhalten* – bei *indirekter* Anführung dagegen wird *alles* an die in der *Wiedergabe-Situation bestehende* Verteilung angepaßt:

direkte Anführung (Rede-Inhalt, Gedanken-Inhalt usw. *wörtlich* präsentiert, *unabhängig* von der Situation, die für die anführende Proposition gilt)	*indirekte* Anführung (Rede-Inhalt, Gedanken-Inhalt usw. von der Situation her präsentiert, die *für die anführende Proposition* gilt – daher ggf. mit *verändertem* Wortlaut)
Er { sagte, schrieb / dachte / wußte } : «Ich bin ganz allein»	Er { sagte, schrieb / dachte / wußte } , daß *er* ganz allein *war*
(Zum fakultativen Charakter des Setzens von Anführungszeichen siehe Ziff. 10.12)	(nach «sagte/schrieb/dachte» auch möglich: «..., er sei ganz allein»; in lockerer Umgangssprache auch generell «Er sagte/schrieb/dachte/wußte, er war ganz allein»)
direkte Anführung	*indirekte* Anführung
Er fragte: «Darf ich das tun?»	Er fragte ob *er* das tun *dürfe*
Kommt sie überhaupt? Ich weiß es nicht	Ob sie überhaupt kommt, weiß ich nicht

10.06 Spielraum bei indirekter Anführung – Übergänge zu reinem Erzählen

Die beiden Präsentationsmöglichkeiten für Gesagtes, Gedachtes, Gefühltes «direkte Anführung, wörtlich» und «indirekte Anführung, angepaßt an Situation der anführenden Proposition» sind *grundsätzlich* aufeinander beziehbar. Sie sind aber *keineswegs so streng parallel*, wie es bei der Ableitung der «indirekten Rede» aus der «direkten Rede» in manchen Grammatikbüchern (vor allem für Schulen) oft den Anschein hat.

Ein Text mit indirekt angeführten Aussagen, Fragen, Gedanken, Gefühlen *kann* sich weitgehend anlehnen an eine vorhergegangene direkte Formulierung dieser Aussagen, Fragen, Gedanken, Gefühle – oft an einen ganzen vorhergegangenen «Originaltext». Man kann sich aber auch völlig von vorhergegangenen originalen Formulierungen *lösen* oder auch *von vornherein* in *indirekter* Anführung darstellen, ganz ohne vorausgegangenen «Originaltext». Beispiele dafür:

Originale Formulierung, z. B. in einer Rede oder auch in «innerem Sprechen»	Dasselbe in *indirekter Anführung*, z. B. in einem Zeitungsbericht oder in einer Rechenschaft über das eigene vergangene Denken und Fühlen in dieser Sache	
Darf ein Politiker so handeln?	Der Redner fragte / Ich stand vor der Frage	ob ein Politiker so handeln darf/dürfe
Das hätte schlimme Folgen, hier ist Widerstand nötig	Der Redner betonte / Ich sah sofort	daß das schlimme Folgen hätte und daß hier Widerstand nötig sei/ist

Entsprechendes in *rein erzählender* Darstellung des Rede-Inhalts bzw. des Denkens
⌐Der Redner fragte nach der Berechtigung eines solchen Handelns bei einem Politiker¬
⌐Er befürchtete schlimme Folgen¬ und forderte einen entschiedenen Widerstand¬
⌐Für mich stellte sich die Frage nach dem Recht eines Politikers zu solchem Handeln¬
⌐Ich sah die schlimmen Folgen¬, ⌐die sich einstellen könnten¬
⌐und daraus ergab sich die Forderung nach entschiedenem Widerstand¬

Wie stufenlos die Übergänge von direkter Anführung über verschiedene Formen indirekter Anführung bis zu rein erzählender Darstellung (oft auch mit Verwendung gleicher Verben) oft sein können, zeigen auch die folgenden Beispiele:

dominante Teile	inhaltliche Teile, wörtlich («direkt») und mit Anpassung («indirekt»)	Wiedergabe in rein berichtender Form
⌐Du siehst¬	⌐Ich bin müde¬ ⌐daß ich müde bin¬	⌐Du siehst meine Müdigkeit¬
⌐Ich überlege¬	⌐Soll ich heimgehen¬? ⌐ob ich heimgehen soll¬	⌐Ich denke ans Heimgehen¬
⌐Ich hoffe¬	⌐du verstehst mich¬ ⌐daß du mich verstehst¬	⌐Ich hoffe auf dein Verständnis¬ ⌐Hoffentlich verstehst du mich¬

10.07 Formalstrukturen für indirekt angeführte Aussagen, Wissensinhalte, Gefühle

Bei den *Formalstrukturen* für indirekt angeführte Aussagen, Wissensinhalte, Gefühle (ohne diejenigen mit Offenhalten einer Bedeutungsstelle oder der gesamten Geltung – dafür siehe Ziff. 10.08–10.09) zeigt sich ein bemerkenswertes *Ineinander* von *Ähnlichkeiten* und *Verschiedenheiten* zwischen den vier Sprachen. Zum Teil sind die Möglichkeiten verschieden je nach speziellerem Bedeutungsbereich (z. B. für die Verben des Fürchtens gegenüber denen des Hoffens), zum Teil auch je nach dem verwendeten Verb. Teilweise tritt der Unterschied zwischen indirekter Anführung und direkter Anführung stark zurück oder verschwindet völlig (Ziff. 10.21).

Deutsch

A *Anführende* Proposition als *Haupt*satz, *angeführte* Proposition als *Neben*satz mit «daß», bei manchen Verben auch als infiniter Nebensatz mit «zu»; in der finiten angeführten Proposition Konjunktiv meistens möglich, aber nicht erforderlich (Genaueres in Ziff. 10.14)

⌐Sie {sagt / sagte}¬ daß sie mir helfen {wird / werde (würde)}¬

⌐Sie {verspricht / versprach}¬ ⌐mir zu helfen¬

⌐Ich {weiß / wußte}¬ daß sie da {ist / war (sei)}¬

⌐Ich {hoffe / hoffte}¬ daß sie ihr Wort halten {wird / werde (würde)}¬

Der Hauptsatz (also hier: die anführende Proposition) geht in der Regel voraus; umgekehrte Reihenfolge ist möglich, bei besonderer Gewichtung oder besonderem Anschluß

10/II *Angeführte Rede, angeführte Gedanken und Gefühle*   437

an etwas Vorhergehendes: «*Daß sie mir helfen will*, hat sie ja gesagt – *Daß sie hier ist*, weiß ich – *Daß sie ihr Wort halten wird*, hoffe ich natürlich».

B Die angeführte wie die anführende Proposition *gleicherweise* als *gereihter Teilsatz*; dabei wird in der *angeführten* Proposition für gepflegte Sprache meistens *Konjunktiv* verlangt, heute ist aber auch der Indikativ allgemein möglich

$$\text{Sie} \begin{Bmatrix} \text{sagt/verspricht} \\ \text{sagte/versprach} \end{Bmatrix} \text{sie} \begin{Bmatrix} \text{wird} \\ \text{werde (würde)} \end{Bmatrix} \text{mir helfen}$$

$$\text{Ich} \begin{Bmatrix} \text{weiß} \\ \text{wußte} \end{Bmatrix} \quad \text{sie} \begin{Bmatrix} \text{ist} \\ \text{war (sei)} \end{Bmatrix} \text{hier}$$

$$\text{Ich} \begin{Bmatrix} \text{hoffe} \\ \text{hoffte} \end{Bmatrix} \quad \text{sie} \begin{Bmatrix} \text{wird} \\ \text{werde (würde)} \end{Bmatrix} \text{ihr Wort halten}$$

C Gereihte Teilsätze wie bei B, aber die *angeführte* Proposition geht voraus und die ihr folgende anführende Proposition erscheint als *rückwirkendes Kennzeichnen* des Zusammenhangs, oft fakultativ, oft auch ganz lose angeschlossen.

$$\text{Sie wird mir helfen} \quad \text{(das)} \begin{Bmatrix} \text{sagt/verspricht} \\ \text{sagte/versprach} \end{Bmatrix} \text{sie}$$

$$\text{Sie} \begin{Bmatrix} \text{ist} \\ \text{war} \end{Bmatrix} \text{hier} \quad \text{(das)} \begin{Bmatrix} \text{weiß} \\ \text{wußte} \end{Bmatrix} \text{ich}$$

Sie wird ihr Wort halten (das, so) hoffe ich

Französisch

A *Anführende* Proposition als *Hauptsatz* (also wie im Deutschen), *angeführte* Proposition als *Neben*satz mit «*que*» (oft «subordonnée complétive» genannt); *kein* subjonctif (außer bei Verben des Fürchtens), wohl aber *concordance des temps* (siehe Ziff. 5.22); bei dazu geeigneten Verben auch *Anschlußinfinitiv* mit «de»

$$\text{Elle} \begin{Bmatrix} \text{dit} \\ \text{a dit} \end{Bmatrix} \text{qu'elle m'} \begin{Bmatrix} \text{aidera} \\ \text{aiderait} \end{Bmatrix}$$

$$\text{Elle} \begin{Bmatrix} \text{promet} \\ \text{a promis} \end{Bmatrix} \text{de m'aider}$$

$$\text{Je} \begin{Bmatrix} \text{sais} \\ \text{savais} \end{Bmatrix} \text{qu'elle} \begin{Bmatrix} \text{est} \\ \text{était} \end{Bmatrix} \text{là}$$

$$\text{J'} \begin{Bmatrix} \text{espère} \\ \text{espérais} \end{Bmatrix} \text{qu'elle} \begin{Bmatrix} \text{tiendra} \\ \text{tiendrait} \end{Bmatrix} \text{sa promesse}$$

B Angeführte wie anführende Proposition als *gereihte Teilsätze*, aber nur, wenn die *angeführte* Proposition *vorausgeht* (also wie C im Deutschen, eine Entsprechung zu B gibt es im Französischen nicht)

$$\text{Elle m'aidera} \quad \begin{Bmatrix} \text{dit-elle} \\ \text{a-t-elle dit} \end{Bmatrix}$$

$$\text{Elle} \begin{Bmatrix} \text{est} \\ \text{était} \end{Bmatrix} \text{là} \quad \text{je (le)} \begin{Bmatrix} \text{sais} \\ \text{savais} \end{Bmatrix}$$

Elle tiendra sa promesse j'espère / je l'espère

Englisch

A *Anführende* Proposition als *Hauptsatz*, *angeführte* Proposition als *Nebensatz* mit «*that*», bei geeigneten Verben auch als non finite clause mit «*to*»; also soweit eine sehr genaue Entsprechung zum Deutschen – aber *kein Konjunktiv* und dafür *Anpassung der grammatischen Zeit*

She $\begin{Bmatrix} \text{says} \\ \text{said} \end{Bmatrix}$ that she $\begin{Bmatrix} \text{will} \\ \text{would} \end{Bmatrix}$ help me

She promised to help me

I $\begin{Bmatrix} \text{know} \\ \text{knew} \end{Bmatrix}$ that she $\begin{Bmatrix} \text{is} \\ \text{was} \end{Bmatrix}$ here

I $\begin{Bmatrix} \text{hope} \\ \text{hoped} \end{Bmatrix}$ that she $\begin{Bmatrix} \text{will} \\ \text{would} \end{Bmatrix}$ keep her word

B *Anführende* Proposition als *gereihter Teilsatz, vorausgehend*, *angeführte* Proposition ebenfalls als *gereihter Teilsatz, folgend* (insofern entsprechend dem heute häufigen deutschen Gebrauch ohne Konjunktiv – dafür aber mit Anpassung der grammatischen Zeit); das bei weitem Häufigste und Bequemste

She $\begin{Bmatrix} \text{says} \\ \text{said} \end{Bmatrix}$ she $\begin{Bmatrix} \text{will} \\ \text{would} \end{Bmatrix}$ help me

I $\begin{Bmatrix} \text{know} \\ \text{knew} \end{Bmatrix}$ she $\begin{Bmatrix} \text{is} \\ \text{was} \end{Bmatrix}$ here

I $\begin{Bmatrix} \text{hope} \\ \text{hoped} \end{Bmatrix}$ she $\begin{Bmatrix} \text{will} \\ \text{would} \end{Bmatrix}$ keep her word

C Gereihte Teilsätze wie bei B, aber die *angeführte* Proposition geht voraus und die anführende folgt, oft weglassbar, mit dem Charakter des rückwirkenden Kennzeichnens, entsprechend C im Deutschen und B im Französischen

She will help me (so) she $\begin{Bmatrix} \text{says} \\ \text{said} \end{Bmatrix}$

She $\begin{Bmatrix} \text{is} \\ \text{was} \end{Bmatrix}$ here I $\begin{Bmatrix} \text{know} \\ \text{knew} \end{Bmatrix}$

She will keep her word I hope

D *Anführende* Proposition als *Hauptsatz* im *Passiv, vorausgehend*, und *angeführte* Proposition als *non finite clause* mit «*to*» + Infinitiv; insgesamt nicht so allgemein verwendbar wie A, B und C

She $\begin{Bmatrix} \text{is} \\ \text{was} \end{Bmatrix}$ said to be your friend

They $\begin{Bmatrix} \text{are} \\ \text{were} \end{Bmatrix}$ expected to come tomorrow

Lateinisch

A *Anführende* Proposition als *Hauptsatz*, *angeführte* Proposition als *Akkusativ mit Infinitiv* (also als *infiniter Nebensatz*, Ziff. 8.29'D), Reihenfolge frei. Dieser Akkusativ mit Infinitiv ist kennzeichnend für klassisches Latein. Der bekannte Ausspruch des Sokrates «Ich weiß, *daß ich nicht weiß*» (griechisch: «Oida *hoti ouk oida*») wurde übersetzt durch «Scio *me nescire*» – im mittelalterlichen Latein dann, nach einem in der Volkssprache schon verbreiteten Muster «Scio *quod nescio*» (entsprechend «Je sais *que ...* – I know *that ...*»).

```
Dicit  ⎫
       ⎬  me adiuturam esse
Dixit  ⎭
Sie gibt an, eine mir helfen werdende zu sein

        ⎧ adesse   ⎫  scio
Eam    ⎨           ⎬
        ⎩ adfuisse ⎭  sciebam

Spero    ⎫
         ⎬  eam fidem praestaturam esse
Sperabam ⎭
```

B Anführende Proposition (sehr oft nur ein Verb) wie angeführte Proposition als *gereihter Teilsatz*, Reihenfolge frei.

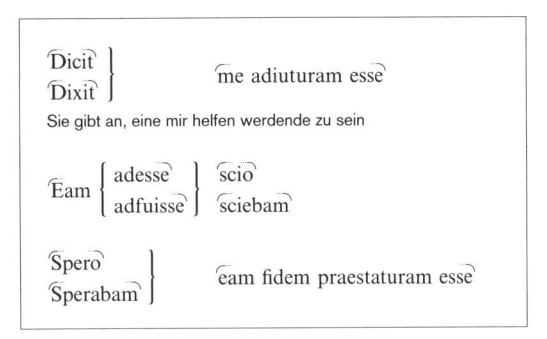

```
Mihi usus venit  hoc scio     (Terenz)
So war es mit mir, ich weiß schon

Ei  credo  munus hoc conraditur   (Terenz)
Für sie, glaube ich, wird dieses Geld gesammelt
```

In allen vier Sprachen auffällig ähnlich

Man kann irgend eine Aussage usw. *genauer situieren*, betonen oder auch relativieren, indem man eine *anführende* (dominante) Proposition als *Nebensatz* mit «wie ... – comme ... – as ... – ut ...» dazusetzt und dadurch das im Hauptsatz Hingestellte gedanklich einordnet. Ein Beispiel aus Cicero, De legibus, Attikus beklagt das Fehlen einer zureichenden Geschichtsdarstellung:

```
Abest enim historia litteris nostris ᴴ  ut et ipse intelligo ᴺ  et ex te persaepe audio ᴺ
Es fehlt Geschichte in unserer Literatur ᴴ  wie ich selber sehe ᴺ  und von dir sehr oft höre ᴺ
...  comme je l'aperçois moi-même ᴺ  et comme tu me dis souvent ᴺ
...  as I see myself ᴺ  and as I hear very often from you ᴺ
```

0.08 Indirekt angeführte Propositionen mit Offenheit der Geltung

Der größere Spielraum, die Vielfalt von Bedeutungsbeziehungen bei indirekter Anführung gegenüber denen bei direkter Anführung (siehe schon Ziff. 10.06) zeigt sich besonders deutlich, wenn man die angeführten Propositionen mit *Offenheit der Geltung* betrachtet.

Die *Formalstrukturen* sind in allen vier Sprachen grundsätzlich gleich: die *anführende* Proposition wird als *Haupt*satz gesetzt, die *angeführte* Proposition als *Neben*satz, mit den einleitenden Konjunktionen (bzw. Frage-Partikeln) «ob ...» – «si ...» – «whether ...» – «num ..., an ..., utrum ... an ...». Im Deutschen ist dazu gelegentlich Spitzenstellung der Verb-Personalform möglich: «Er weiß nicht, *soll er jetzt gehen*».

10.08 Indirekt angeführte Propositionen mit Offenheit der Geltung

Die *anführenden Propositionen* können aber *aus viel weiteren Bedeutungsbereichen* entnommen werden, als das bei direkter Anführung der Fall ist:

direkte Anführung		*indirekte* Anführung	
⌐Ich frage dich⌐ ⌐Sage mir⌐	: ⌐Ist er daheim⌐?	⌐Ich frage dich⌐ ⌐Sage mir⌐ ⌐Ich weiß nicht⌐ ⌐Der Zweifel ...⌐ ⌐Ich sehe sogleich nach⌐	⌐ob er daheim ist⌐.
⌐Je te demande⌐ ⌐Dis-moi⌐	: ⌐Est-il chez lui⌐?	⌐Je te demande⌐ ⌐Dis-moi⌐ ⌐Je ne sais pas⌐ ⌐Le doute ...⌐ ⌐Je vais voir tout de suite⌐	⌐s'il est chez lui⌐.
⌐I ask you⌐ ⌐Tell me⌐	: ⌐Is he at home⌐?	⌐I ask you⌐ ⌐Tell me⌐ ⌐I don't know⌐ ⌐The incertainty ...⌐ ⌐I'll see immediately⌐	⌐whether he is at home⌐.
⌐Quaero ex te⌐ ⌐Dic mihi⌐	: ⌐Est-ne domi⌐?	⌐Quaero ex te⌐ ⌐Dic mihi⌐ ⌐Haud scio⌐ ⌐Dubitatio ...⌐ ⌐Visam⌐	⌐num⌐ ⌐an⌐ ⌐domi sit⌐ ⌐utrum domi sit⌐ ⌐an ruri⌐.

Gelegentlich kommt im Lateinischen auch die unterordnende Konjunktion «si» für eine derartige Bedeutungsbeziehung vor. So liest man bei Terenz: «Visam *si domi est* (Ich werde nachsehen, ob er im Haus ist)». Hier liegt wohl auch der Ursprung für den Gebrauch der französischen Konjunktion «si» nicht nur für deutsches «wenn», sondern auch für «ob». In klassischem Latein ist ein solches «si» nur möglich, wenn die anführende Proposition darstellt, daß jemand etwas *erwartet* oder *probiert*; dabei ist der Konjunktiv in der angeführten Proposition obligatorisch: «Hostes exspectabant *si nostri paludem transirent* (Die Feinde warteten ab, ob die unsrigen den Sumpf durchqueren würden)» oder «Tentata res est, *si oppidum primo impetu capi posset* (Es wurde probiert, ob die Stadt im ersten Ansturm genommen werden könne/könnte)».

Es liegt also gar nicht immer eine *Frage* vor (d. h. ein *Wunsch* nach *Entscheidung* über die Gültigkeit oder Nicht-Gültigkeit einer Annahme, siehe Ziff. 9.01'A), sondern oft auch ein *reines Feststellen*, daß eine Alternative vorhanden ist, oder ein ausdrückliches *Angebot*, die Grundlagen für die Entscheidung der Alternative *selber zu beschaffen*. In diesem Lichte erweisen sich daher die traditionellen Fachausdrücke «indirekter Fragesatz, abhängige Frage» oft als zu eng und irreführend, und sie werden deshalb in diesem Buch gar nicht verwendet.

Zu den möglichen Formalstrukturen ist zu beachten, daß neben den oben dargestellten typischen Formen immer auch eine enger oder lockerer angeschlossene rückwirkende Kennzeichnung möglich ist: «Ist er daheim? *Das sollte ich wissen!*» oder: «Ob er daheim ist? *Ich sehe gleich nach*» usw.

10.09 Indirekt angeführte Propositionen mit Offenhalten einer einzelnen Stelle

Die Vielfalt von Möglichkeiten bei indirekter Anführung, vor allem bei Gedanken und Gefühlen, wird noch größer, wenn nun die angeführten Propositionen mit *Offenhalten einer einzelnen Bedeutungsstelle* zu behandeln sind. Es sind die Propositionen, in welchen durch ein w-Pronomen oder eine w-Partikel eine einzelne Bedeutungsstelle *ausdrücklich offen gehalten* wird (zur Ausfüllung durch eine Antwort) oder *nur global besetzt* wird (zur Ausfüllung aus dem Kontext und/oder der Situation). Ein solches w-Wort («wer, was, warum, wie» usw.) kann bei *indirekter* Anführung einen *ganz andern Bedeutungsbeitrag* zum Ganzen der Proposition liefern als bei direkter Anführung. Das läßt sich an deutschen Beispielen besonders gut sichtbar machen, weil hier eine indirekt angeführte Proposition genau so wie eine direkt angeführte *vor* der jeweils anführenden Proposition stehen kann.

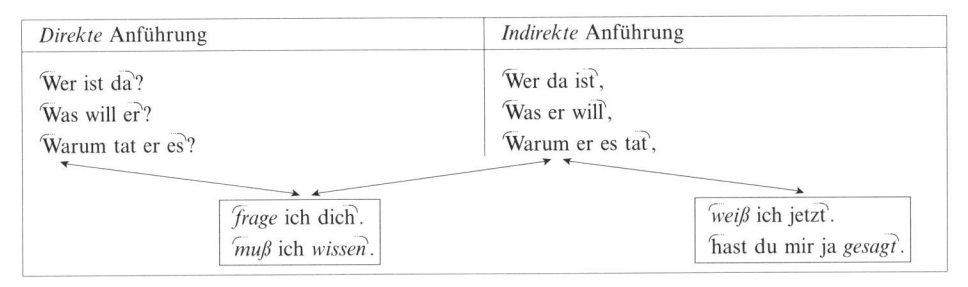

Direkte Anführung	*Indirekte* Anführung
⸢Wer ist da⸣?	⸢Wer da ist⸣,
⸢Was will er⸣?	⸢Was er will⸣,
⸢Warum tat er es⸣?	⸢Warum er es tat⸣,
⸢frage ich dich⸣.	⸢weiß ich jetzt⸣.
⸢muß ich wissen⸣.	⸢hast du mir ja gesagt⸣.

Die *anführende* Proposition stellt eine *Frage* dar, ein *Bedürfnis* nach einem Stück Information.
Das *w-Wort* markiert die *Stelle* an der das gewünschte Stück Information *fehlt* – die Stelle, die man durch eine *Antwort ausgefüllt* haben möchte.

Die *anführende* Proposition stellt das *Vorhandensein eines Wissens* dar, den *Besitz* von Information.
Das *w-Wort* markiert *eine Stelle*, deren Anteil an dem vorhandenen Wissen hier *speziell thematisiert* werden soll, auf die die *Aufmerksamkeit gelenkt* werden soll.

Der *verschiedene Bedeutungsbeitrag* des w-Wortes hängt also *nicht* an der Art der Anführung (er kann bei indirekter Anführung genau gleich sein wie bei direkter Anführung, aber er muß nicht), sondern er ist bedingt durch die *Verschiedenheit* der *gedanklichen und kommunikativen Akte*, die jeweils durch den dominanten Teil dargestellt werden: bei Akten des *Fragens*, des Wissen-wollens markiert das w-Wort die Stelle, an welcher in der vorhandenen Information etwas *fehlt* – aber bei Akten des *Hinstellens als Wissensbesitz* markiert das gleiche w-Wort die *Stelle* in einem *vollständig vorhandenen* Stück Information, die hier *besonders thematisiert* werden soll.

Beispiel für alle vier Sprachen, Original lateinisch (Terenz), so daß zugleich sichtbar wird, wo der Konjunktiv erforderlich oder möglich und eine Anpassung der grammatischen Zeiten (consecutio temporum, concordance des temps) erforderlich ist:

⸢Vide⸣ ᴴ ⸢quantum huic credendum *sit* ᴺ	⸢Vidimus⸣ ᴴ ⸢quantum huic credendum *esset* ᴺ
⸢Sieh zu⸣ ᴴ ⸢wieviel ihm zu glauben ist⸣ ᴺ	⸢Wir haben gesehen⸣ ᴴ ⸢wieviel ihm zu glauben ist/sei ᴺ / war ᴺ⸣

Prends garde ᴾ⌐dans quelle mesure on peut s'y fier ⌐ᴺ	Nous avons vu ᴾ⌐dans quelle mesure on pouvait/peut s'y fier ⌐ᴺ
Take care ᴾ⌐how far you give him your confidence ⌐ᴺ	We have seen ᴾ⌐how far we could/can give him our confidence ⌐ᴺ

Zur Verwendung von w-Wörtern für Anschlüsse auf *gleicher gedanklicher Ebene*, bei genau gleicher Lautung wie für Anschluß auf verschiedener gedanklicher Ebene, siehe Ziff. 12.56–12.60. (Beispiele wie «Er tut, *was ich sage*», Umformung «... alles das, was ich sage», gegenüber «Er weiß, *was ich sage*», Umformung «... was ich alles sage»).

Zur Signalisierung der *Offenheit von Intensität* durch w-Wörter siehe Ziff. 10.53 und 10.57 (Beispiele wie «*Wie ist* das schön – *Wie schön* ist das – *Wie schön das ist*»; der Hörer/Leser soll den hier angebrachten Intensitätsgrad *selber* bestimmen, aus *seiner eigenen* Vorstellung heraus).

10.10 Angeführte Proposition im grammatischen Rahmen der anführenden Proposition – oder nicht

Eine angeführte Proposition – gleichgültig ob direkt oder indirekt angeführt – füllt oft in dem verbalen Semantem, das man für die anführende Proposition verwendet, eine *feste Bedeutungsstelle* aus und übernimmt damit zugleich die Funktion eines Satzglieds, meistens eines Akkusativobjekts. Man hat daher in der traditionellen Lehre von den Nebensätzen hier von «Objektsätzen» gesprochen (jedenfalls wenn die angeführte Proposition die Form eines Nebensatzes hatte «Er sagte mir, *daß er jetzt zufrieden war/sei*»). Man konnte das dadurch stützen, daß bei Verwendung des betreffenden Verbs ohne eine angeführte Proposition die Bedeutungsstelle «Inhalt des Sagens» durch ein Satzglied ausgefüllt wird, das sich als Akkusativobjekt identifizieren läßt, z. B. «Er sagte *etwas* – Er sagte *wenig* – Er sagte nur *einen einzigen Satz*».

Wenn man nun mit der traditionellen Theorie der Nebensätze davon ausgeht, daß jeder Nebensatz eine «Entfaltung» eines Satzglieds sei, müßte man Propositionen wie «Er sagte *das – so* sagte er – Il me l'a dit – He said *so* – *Hoc* dixit» als das *Primäre* auffassen und die Verknüpfungen mit einer anführenden Proposition («Er sagte mir, *er wisse es* – Il m'a dit *qu'il le savait* – He said me *that he knew* – Dixit mihi *se non ignorare*») als «*Entfaltungen*» aus dieser primären Gestalt.

Es ist aber offensichtlich viel befriedigender, wenn man die Herleitung *gerade umgekehrt* vornimmt: in den verbalen Semantemen wie «etwas sagen – dire quelque chose – to say something – dicere aliquid» ist *nur die Subjektsstelle* auf eine Füllung im Rahmen der gleichen Proposition angelegt (nämlich für die Nennung dessen, der jeweils etwas sagt). Für die Bedeutungsstelle *«Inhalt des Sagens»* ist *von vornherein* eine Füllung *durch ganze verbale Propositionen* vorgesehen – oft durch ganze Folgen solcher Propositionen, oft auch in vielen neuen Sätzen.

Es hat daher wenig Sinn, hier den traditionellen Begriff «Objektsätze» überhaupt heranzuziehen. Man müßte sonst oft lange Textstücke, die in sich wieder anführende und angeführte Propositionen enthalten, als «lauter Objektsätze» klassifizieren. Daß die Füllung durch ganze angeführte Propositionen das Primäre ist, und die Füllung durch bloße Satzglieder etwas Sekundäres, zeigt sich auch im Nebeneinander von «das» (also einem Akkusativobjekt, einem fallbestimmten Satzglied) und «so» (also einer Satzpartikel, einem fallfremden Satzglied).

Dazu gibt es viele verbale Semanteme, in denen eine Bedeutungsstelle für «Nennung des Inhalts des betreffenden Sagens-Fühlens-Denkens» *möglich* ist, aber *nicht* zum *festen, obligat auszufüllenden* Bestand an Bedeutungsstellen gehört. Solche verbale Semanteme kann man daher ebenso gut für eigene, für sich bestehende Aussagen verwenden wie für anführende Propositionen. Oft kann eine Proposition in genau gleicher Form für beides dienen:

> Nun begann er zu erzählen. Wir hörten gespannt zu.
> Nun begann er zu erzählen: Ich habe letztes Jahr eine große Reise gemacht. Ich war ... usw.

Eine solche Proposition kann auch *in sich* schon ein Akkusativobjekt enthalten:

> Jetzt erklärte er uns *den Hergang*, und darauf verstanden wir auf einmal seine Handlungsweise.
> Jetzt erklärte er uns *den Hergang*: Ich habe eben gestern ... und darauf ... usw.

Schließlich ist darauf hinzuweisen, daß die genau gleiche angeführte Proposition durch sehr verschiedene formalgrammatische Mittel an die anführende Proposition angeschlossen sein kann: «*Er behauptete*, er sei dabei gewesen – Man bestritt *seine Behauptung*, er sei dabei gewesen» usw.

10.11 Angeführte Proposition direkt vor der Personalform der anführenden

Im Deutschen und Französischen und teilweise im Englischen kann eine vorausgenommene angeführte Proposition besonders eng mit der anführenden Proposition verbunden sein, indem sie in dieser *den ersten Platz* einnimmt und die übrigen Satzglieder (im Französischen auch das sonst obligat vor der Personalform stehende Subjekt) *hinter* die Personalform gerückt werden:

> Das ist richtig, rief er   C'est juste, s'écria-t-il
> (Aber: Er rief: Das ist richtig   Il s'écria: C'est juste)

Im Englischen gibt es eine solche Verschiebung des Subjekts hinter die Verb-Personalform nur gelegentlich, und nur für Nomen, nicht für Pronomen:

> I am your friend, said John / John said   Aber nur: I am your friend, he said

10.12 Kennzeichnen von direkter Anführung durch besondere Satzzeichen

In *geschriebenen* Texten ist oft der Unterschied zwischen direkter Anführung und indirekter Anführung viel deutlicher als in entsprechenden gesprochenen Texten, weil man die direkt angeführten Propositionen durch besondere Satzzeichen kenntlich machen kann.

Den sichersten Hinweis darauf, daß eine angeführte Proposition als *wörtliche Wiedergabe* von etwas Gehörtem, Gelesenem usw. zu verstehen ist, liefern die *Anführungszeichen*. Im Deutschen und im Englischen werden sie sogar gesetzt, wenn eine anführende Proposition in eine angeführte oder eine Folge von angeführten Propositionen eingeschoben ist. Im Französischen verzichtet man hier auf schließende und nachher wieder eröffnende Anführungszeichen – und man wird damit der Unauffälligkeit solcher eingeschobener anführender Propositionen in der gesprochenen Sprache wohl besser gerecht als gemäß der deutschen und englischen Zeichensetzung. Aus dem Inhalt wird ja sogleich klar, wie weit der angeführte Text geht, wo eine anführende Proposition beginnt und wo sie wieder endet und der angeführte Text weitergeht:

> «Ja», *sagte er*, «morgen».   «Yes», *he said*, «tomorrow».   «Oui», *dit-il*, «demain».

Das Setzen von Anführungszeichen ist aber insgesamt längst nicht so allgemein üblich und nicht so verbindlich, wie man meinen könnte, wenn man den Schulunterricht betrachtet und das Gewicht sieht, das dort oft auf das durchgehende und peinlich korrekte Setzen von Anführungs- und Schlußzeichen gelegt wird. Wenn der Beginn einer direkt angeführten Proposition schon durch andere graphische Mittel deutlich gemacht ist (eigener Abschnitt, im Französischen und Englischen oft ein Gedankenstrich), verzichten gerade gepflegte und sprachlich besonders sensible Autoren häufig auf die besondere Markierung durch Anführungszeichen. Man reserviert diese dann oft für angeführte Propositionen, die besonders hervorgehoben werden sollen oder die direkt auf ein Stück rein erzählenden Textes folgen, ohne anführende Proposition. Drei Beispiele, auf Zufall herausgegriffen, mit einer Spannweite von 120 Jahren:

Aus «Das wilde Schaf», von Manfred Maurer, München 1989, hier im Vorabdruck aus «NZZ», 11./12. März 1989:

> Klingt gut, sagte Sender, nur, was soll es bedeuten?
> Wenn du in New York um einen Häuserblock gehst, sagte Lukas, hast du sämtliche Rassen der Welt getroffen. Das Problem ist ...

Aus «Ulysses», von James Joyce, erstmals gedruckt 1922 (ed. 1937, Penguin, S. 109):

> – That's all done with a purpose, Martin Cunningham explained to Hymes.
> – I know, Hymes said, I know that.

Aus «L'éducation sentimentale», von Gustave Flaubert, erstmals gedruckt 1869 (ed. 1965, Gallimard, p. 193–199) – hier durch die Anführungszeichen besondere Hervorhebung der Aufforderung «Travaillez! mariez-vous!»:

> – D'ailleurs, il l'aimait éperdument. Elle ajouta:
> Mon Dieu, il m'aime encore! à sa manière! ...
> – Il était bien jeune cependant. Pourquoi désespérer? Et elle lui donnait de bons conseils:
> «Travaillez! mariez-vous!» Il répondait par des sourires amers ...

10/III Zur Markierung von direkter und indirekter Rede, besondere Probleme im Deutschen («gemischter Konjunktiv»)

10.13 Grundlegend: Erkennen aus Inhalt und Situation

Das *Erkennen* einer Bedeutungsbeziehung «Akt des Sprechens/Denkens/Fühlens usw. mit dem jeweils Gesagten/Gedachten/Gefühlten usw.» beruht in erster Linie auf dem *Erfassen der Inhalte* der beteiligten Propositionen, in der jeweiligen Situation. Alle *formalen* Signale – soweit überhaupt vorhanden – spielen erst in zweiter Linie eine Rolle. Das gilt für die direkte wie für die indirekte Anführung (soweit sich diese beiden überhaupt unterscheiden lassen – Genaueres über das Zurücktreten oder völlige Verschwinden dieses Unterschieds in Ziff. 10.21).

Man darf sich hier bei der *direkten* Anführung nicht vom *Schriftbild* täuschen lassen. Im *geschriebenen* Text sind die direkt angeführten Propositionen meistens durch besondere graphische Mittel (Doppelpunkt, Gedankenstrich, Anführungs- und Schlußzeichen) abgehoben von den anführenden Propositionen (und den nachher auf gleicher Ebene wie die anführenden Propositionen geltenden weiteren Propositionen). Aber in *gesprochener* Sprache ist das oft gar nicht so deutlich. Anführende und angeführte Proposition (jedenfalls eine erste angeführte Proposition) stehen meistens unter dem *gleichen* Satzmelodie-Bogen, ohne Pause: «Ich sehe du kennst das – Je vois tu connais cela – I see you know it – Hoc credo non ignoras».

Bei *indirekter* Anführung ist der Zusammenhang noch enger als bei direkter Anführung, weil die anführenden Propositionen nicht mehr aus einer möglicherweise anderen Originalsituation heraus formuliert sind, sondern schon von der jetzt bestehenden Sprech-Denk-Situation her. Alle Besonderheiten bei den verwendeten Verbformen (Konjunktiv, andere grammatische Zeiten, Infinitiv) sind daher *nicht nur* von der *angeführten* Proposition her zu sehen und zu verstehen, sondern sogleich *im Rahmen* der *ganzen, umgreifenden Bedeutungsbeziehung*.

10.14 Konjunktiv bei indirekter Anführung – Signal der Relativierung

Im Deutschen bietet das Setzen eines Konjunktivs (primär Konjunktiv I, ersatzweise Konjunktiv II) eine sozusagen universale Möglichkeit, eine Proposition *besonders deutlich* als indirekt angeführt zu kennzeichen und ihren *Inhalt* zu *relativieren*, ihn als «von andern gehört, nicht unbedingt die eigene Meinung» hinzustellen, manchmal sogar als «frühere eigene Meinung, heute nicht mehr so».

Das Setzen eines Konjunktivs mit diesem Bedeutungsbeitrag ist *grundsätzlich unabhängig* von der *formalsyntaktischen* Einbettung. Es ist gleicherweise möglich bei der Formalstruktur «Hauptsatz + Nebensatz» wie bei der Formalstruktur «anführende wie angeführte Proposition als gereihter Teilsatz»; es ist sogar bei besonderer Betonung der Sicherheit des betreffenden Sprech-Denk-Aktes möglich:

| *Er behauptet steif und fest* | daß er unschuldig *sei* | (Formalstruktur: Hauptsatz + Nebensatz) |
| | er *sei* unschuldig | (Formalstruktur: gereihte Teilsätze) |

Man kann auf diese Weise lange Folgen von Propositionen, auch in eigenen Sätzen, als indirekt angeführt kennzeichnen, als abhängig von einer anführenden Proposition, die mehrere Propositionen weit zurückliegt oder erst nach mehreren angeführten Propositionen kommt:

⸌Die Behörde *sei* informiert⸍, ⸌man *werde* die Sache untersuchen⸍ ⸌erklärte der Sprecher⸍.
⸌Es *könne* aber noch längere Zeit dauern⸍, ⸌bis man in der Lage *sei*⸍, ⸌Ergebnisse vorzulegen⸍.
⸌Die Probleme *seien* sehr komplex⸍ und man *müsse* daher die Initianten um Geduld bitten⸍.

Man kann durch einen solchen Konjunktiv sogar einen sonst auf *gleicher* gedanklicher Ebene zu sehenden Nebensatz zugleich als eine indirekt angeführte Aussage relativieren:

⸌Er zeigte mir ein Buch⸍ ⸌das er damals gekauft *habe*⸍
Explizit formuliert: «*...und sagte, das habe* er damals gekauft»

10.15 Ersatz von Konjunktiv I durch Konjunktiv II («gemischter Konjunktiv»)

Es ist eine der Seltsamkeiten des Deutschen, daß man bei gepflegter Sprech- und Schreibweise für die *genau gleiche* semantische Kennzeichnung einer indirekt angeführten Proposition (nämlich: «das darin Mitgeteilte ist nicht einfach als jetzige eigene Meinung des Sprechers/Schreibers zu sehen», Ziff. 10.14) nicht nur den Konjunktiv I, sondern auch den *Konjunktiv II* verwendet, daß man also einen «gemischten Konjunktiv» hat.

Der Grund dafür liegt in den *Lautungen* (siehe die Tabelle in Ziff. 5.12). Eine durchgehende lautliche Unterscheidung zwischen dem Konjunktiv I und dem Indikativ (als der «Normalform») besteht nur bei «sein» («ich *bin* – ich *sei*» usw.). Bei den Modalverben und «wissen» besteht die Unterscheidung nur im Singular («ich *kann, weiß* – ich *könne, wisse*» usw.). Bei «haben» gibt es klar unterschiedene Lautungen in der 2. und 3. Person («du *hast*, er *hat* – du *habest*, er *habe*»), bei allen andern Verben aber ist *nur* in der *3. Person Singular* der Konjunktiv I klar vom Indikativ zu unterscheiden.

Nun ist eine solche Gleichheit von Lautungen für klar unterschiedliche grammatische Funktionen alles andere als selten, in allen Sprachen. Im Deutschen kann z. B. ein Partizip II die genau gleiche Lautung haben wie ein Infinitiv («Er *wird* sie *verlassen* – Er *hat* sie *verlassen*» usw.), ohne daß sich daraus Konsequenzen für den Gebrauch und spezielle Ersatz-Phänomene wie beim «gemischten Konjunktiv» ergeben. Im Französischen ist der subjonctif bei den so häufigen Verben auf -er nur in der (relativ selten gebrauchten) 1. und 2. Person Plural lautlich vom Indikativ unterschieden (Ziff. 5.36, erster Abschnitt). Im Englischen hat der (allerdings ohnehin selten gebrauchte) subjunctive nur in der 3. Person Singular eine eigene Lautung, indem das sonst obligate «-s» fehlt (Ziff. 5.44). Dadurch fühlt sich überhaupt kein Sprecher/Schreiber und kein Hörer/Leser gestört.

10/III Zur Markierung von direkter und indirekter Rede

Der subjonctif bzw. subjunctive bringt zwar dort, wo er lautlich erkennbar ist, ein *besonders deutliches Signal* für die betreffende Bedeutungsbeziehung – aber er ist *nicht unerläßlich* für die Bedeutungsbeziehung, er ergibt sich gewissermaßen automatisch, sobald man diese Bedeutungsbeziehung verwenden will (Ziff. 5.25 bzw. 5.44). Man kann sogar sagen: ein gebildeter Franzose hört in «travailles» in einer Kombination «Il faut que tu *travailles* plus soigneusement» genau so einen subjonctif wie in «Il faut que tu le *fasses*» usw., gegenüber «tu *travailles* – tu le *fais*».

In diesem Bereich ist nun die Sprachentwicklung im Deutschen *anders gelaufen* als im Französischen und Englischen. Die Sprecher (und vor allem die Schreiber) hatten offensichtlich das Bedürfnis, die indirekte Anführung *immer deutlich machen zu können* – auch wenn das nicht schon durch die syntaktische Formalstruktur (Hauptsatz + Nebensatz mit «daß» oder «ob» oder w-Wort, mit Endstellung der Verb-Personalform) gewährleistet war. Durch das Setzen des *Konjunktivs* konnte man nun diesem Bedürfnis gut gerecht werden, auch wenn man die bequeme Formalstruktur «angeführte Proposition wie anführende Proposition als gereihter Teilsatz» benützte, und dazu ergab sich die Möglichkeit, die Relativierung der Geltung (Ziff. 10.14) über lange Textpassagen hinweg durchzuhalten.

Nun war aber der Konjunktiv I bei den allermeisten Verben *nur für die 3. Person Singular* klar vom Indikativ unterscheidbar. Dazu kam, daß in den Mundarten und in der lockeren Umgangssprache der Konjunktiv I bald *überhaupt verschwunden war* und man generell neben dem Indikativ *nur noch den Konjunktiv II* hatte (das gilt nicht nur für die nördlichen, östlichen und westlichen Mundarten, sondern auch für Süddeutschland, sobald man einige Kilometer von den in diesem Punkt besonders altertümlichen schweizerdeutschen Mundarten mit ihrem durchgehend sehr deutlichen Konjunktiv I wegrückt). Man sagte daher geläufig «Ich *dachte*, das *wüßtest* du – du *wärest* nicht so dumm, *nahm* ich an». Damit verwendete man nun aber den genau gleichen Konjunktiv II für *zwei ganz verschiedene* Bedeutungsbeziehungen, nämlich «*indirekt angeführt*» und «*nur vorgestellt, nur in Gedanken ausgemalt*, oft konditional oder rein irreal» (Ziff. 5.06'A).

Aus diesen Gegebenheiten heraus bildete sich nun offenbar der *Ersatzmechanismus*, den manche Grammatiker als «gemischten Konjunktiv» bezeichnen und dessen Faustregel lautet: «*Überall da*, wo man den *Konjunktiv I* lautlich *nicht unterscheiden* kann vom *Indikativ*, braucht man für das Kennzeichnen von indirekter Anführung den *Konjunktiv II*.» Das ergibt also schematisch das folgende Bild:

Er { sagt / sagte / hat / hatte } gesagt	{ ich *hätte* (Kjv. II) / du *habest* (Kjv. I) / sie *habe* (Kjv. I) / wir *hätten* (Kjv. II) / ihr *hättet* (Kjv. II) / sie *hätten* (Kjv. II) }	geschlafen,	{ ich *müsse* (Kjv. I) / du *müssest* (Kjv. I) / sie *müsse* (Kjv. I) / wir *müßten* (Kjv. II) / ihr *müßtet* (Kjv. II) / sie *müßten* (Kjv. II) }	besser aufpassen

10.16 Wie genau wird in der Sprachpraxis die Regelung des «gemischten Konjunktivs» beachtet?

Die Regeln für den «gemischten Konjunktiv» (gemäß der in der obigen Tabelle gegebenen Verteilung) – in sich eine Art Kompromiß zwischen norddeutsch/ostdeutsch/westdeutscher und süddeutsch/schweizerischer Sprech- und Schreibweise – werden in den Schulen nicht selten als sehr wichtig betrachtet, und manche Lehrer halten systematische Umsetz-Übungen aus direkter in indirekte Anführung für unerläßlich. In der *Sprachpraxis* werden aber diese Regeln längst nicht überall und durchgehend so genau beachtet, auch nicht bei anerkannten Schriftstellern der Vergangenheit und Gegenwart – und das unabhängig von der geographischen Herkunft und dem damit vorhandenen Hintergrund von verschiedenen Mundarten oder Umgangssprachen.

Zunächst zwei Beispiele von Theodor *Fontane*. In «Effi Briest» (geschrieben und gedruckt 1893/94) liest man in einem Brief, den die junge Effi von ihrer Hochzeitsreise an die Eltern schreibt (die Rede ist von Effis Mann, dem Baron Innstetten):

> ... und war überrascht, als er von mir vernahm, daß ich diese Worte noch nie gehört *hätte*. Schließlich aber sagte er, es sei eigentlich ganz gut und ein Vorzug, daß ich nichts davon *wüßte*.

Der Konjunktiv II Perfekt «gehört *hätte*» widerspricht der Regel, da «er *habe* gehört» vollkommen deutlich wäre, und statt des Konjunktivs II «*wüßte*» wäre «*wisse*» zu setzen gewesen.

Nun kann man argumentieren, Fontane wolle hier die Sprech- und Schreibweise der preußischen Aristokratentochter kennzeichnen, die in ihrer Umgangssprache nur den Konjunktiv II verwende. Man findet aber ganz Entsprechendes auch in einem Zeitungsartikel von 1849, in welchem Fontane das Vorgehen der Regierung in einem Prozeß gegen den demokratischen Abgeordneten Waldeck geißelt:

> Im Laufe der Sommermonate hörte man hier und da, es *seien* neue Briefe Waldecks aufgefunden, die sein hochverräterisches Treiben außer allen Zweifel *setzten*; seine Teilnahme an einer weitverzweigten Revolutionsverbindung, deren Paragraphen mit Blut geschrieben *seien*, *ginge* aus diesen Briefen unleugbar hervor, und die Regierung *sei* in ihrem Rechte gewesen, als sie diesen Komplottmacher par excellence, diesen allgemeingefährlichen Menschen durch schleunige Verhaftung unschädlich gemacht *habe*. Es waren das mit kluger Absicht verbreitete Gerüchte, ...

Von den sechs hier für die indirekte Anführung verwendeten Verbformen entsprechen fünf der Regel, nämlich viermal der Konjunktiv I «*seien* aufgefunden – *seien* geschrieben – *sei* in ihrem Rechte gewesen – *habe* unschädlich gemacht» und der Konjunktiv II «*setzten* außer Zweifel» (weil der Konjunktiv I «*setzen*» als Präsens Indikativ verstanden würde). Dagegen ist der Konjunktiv II «*ginge*» regelwidrig, denn «es *gehe* hervor» wäre deutlich genug.

Der folgende Textausschnitt stammt von Max *Frisch*, aus «Stiller» (geschrieben 1953/54), die Rede ist von Julika, Stillers Frau:

> Andere Verehrer hatten ihr schon Vorwürfe gemacht, daß sie nichts anderes im Kopf *hätte* als Klatsch. Nicht so Stiller. Er gab sich viel Mühe hinzuhören, zeigte ab und zu auf eine besonders schöne Aussicht, die aber Julika nicht abzulenken vermochte, Stiller schämte sich dann, daß er von der Kunst des Balletts so wenig *verstünde*.

Hier steht zweimal Konjunktiv II («sie *hätte* – er *verstünde*») entgegen der Regel, denn der Konjunktiv I («sie *habe* – er *verstehe*») ist vollkommen deutlich und damit von der Regel gefordert.

Interessant ist der Befund bei Gottfried *Keller*. In seinen *Briefen* verwendet er überall, wo das nach der Regel zulässig ist, den Konjunktiv I, und gelegentlich setzt er diesen Konjunktiv I auch entgegen der Regel (z. B. «Ich hoffe, ihr *werdet* euch zusammen das

Leben so angenehm machen, als Eure Lage es gestattet» – die Regel würde «ihr *würdet*» verlangen). Dagegen liest man in den literarischen Texten gar nicht selten einen Konjunktiv II, wo gemäß Regel ein Konjunktiv I hingehört – sogar in so deutlichen Fällen wie «*wäre*» anstatt «*sei*» und «*müßte*» anstatt «*müsse*». Man hat hie und da den Eindruck, daß Keller mit den zwei Formen des Konjunktivs spielt, vielleicht auch, daß er eine Wiederholung vermeiden will. Dazu ein Beleg aus dem «Grünen Heinrich» (1854, aus der Geschichte vom ersten Schultag, die Rede ist von dem verständnislosen Lehrer) und ein Beleg aus «Pankraz der Schmoller» (1856, Gedanken der Mutter des seit fünfzehn Jahren verschwundenen Pankraz):

| … während ich anhörte, wie der Mann, der mir im Heiligtum unserer Stube doppelt fremd und feindlich erschien, eine ernsthafte Unterredung mit der Mutter führte und versichern wollte, daß ich schon durch irgendein böses Element verdorben sein *müßte*. | Es war ein Adler aus Amerika; und die fernen blauesten Länder, über denen er in seiner Freiheit geschwebt, kamen der Witwe in den Sinn und machten sie um so trauriger, als sie gar nicht wußte, was das für Länder *wären*, noch wo ihr Söhnchen *sei*. |

Besonders häufig findet man generell den Konjunktiv I, obwohl er mit dem Indikativ lautgleich ist und daher gemäß Regel durch den Konjunktiv II ersetzt werden müßte, in der *1. Person Singular* bei den regulären t-Verben.

Wenn das bei einem Deutschschweizer erfolgt, so kann man argumentieren, er höre eben diese Lautung als Konjunktiv (obwohl sie auch Indikativ sein könnte), weil er von seiner Mundart her an das Vorhandensein eines deutlichen Konjunktivs auch für die 1. Person Singular gewöhnt sei: «Er *sagte*, ich *komme* doch immer zuletzt» (mundartlich: «Er *hät gseit*, ich *chöm* doch immer zletscht» – dabei ist «*chöm*» eindeutig Konjunktiv I, der Indikativ lautet «ich *chum*» oder «ich *chume*»). Man findet aber genau Entsprechendes auch bei Theodor *Storm*, dem wohl niemand den Charakter eines ausgesprochen norddeutschen Schriftstellers absprechen wird. Drei Beispiele aus «Pole Poppenspäler», erschienen 1876.

Im ersten Textstück will der Vater den kleinen Paul erst ganz kurz vor dem Glockenschlag in das Puppentheater gehen lassen, das der Vater der etwa gleichaltrigen Lisei betreibt; im zweiten Textstück sitzen die beiden Kinder beisammen, und Paul («Pole») nimmt zwei Heissewecken hervor, die er in seiner Tasche hat. Das dritte Textstück liegt 12 Jahre später, Paul ist als Handwerker auf der Wanderschaft und findet Lisei, die vor einem Gefängnis steht, in welchem ihr Vater unrechtmäßigerweise eingesperrt ist, und er verschafft sich Zugang in die Zelle des Vaters:

| Er meinte, eine Übung in der Geduld *sei* sehr vonnöten, damit ich im Theater still*esitze*. |

Gemäß der Regel: «still*sässe*», weil «*sitze*» auch Indikativ sein kann.

| Ich steckte Lisei den einen in ihre kleinen Hände; sie nahm ihn schweigend, als verstehe es sich von selbst, daß ich das Abendbrot *besorge*, und wir schmausten eine Weile. |

Gemäß der Regel: «daß ich das Abendbrot *besorgte*» – aber das würde eindeutig als Präteritum und damit als Indikativ aufgefaßt.

| Da erzählte ich ihm, wie ich vorhin sein Lisei aufgefunden *habe*, und jetzt sah er mich mit offenen Augen an. |

Gemäß der Regel «gefunden *hätte*» – aber das würde zu sehr den Charakter «nur vorgestellt, nur in Gedanken ausgemalt» mit sich bringen.

Es ist, wie wenn für die 1. Person Singular eine *generelle Abneigung* gegen den Ersatz von Konjunktiv I durch Konjunktiv II bestünde, weil ein solcher Konjunktiv II zu sehr den Charakter von «nur vorgestellt, nur in Gedanken ausgemalt» mit sich brächte und man das für die beabsichtigte relativierende Wiedergabe eigener Erlebnisse und Gedanken gar nicht haben will.

Ausgesprochen beliebt ist der Konjunktiv II in der *Zweiwortform* («würde» + Infinitiv), wenn es um etwas geht, was man *erst erwartet*, was *erst kommen wird* bzw. kann. Auch hier besteht aber keinerlei feste Vorschrift, sondern nur eine oft gerne genutzte Möglichkeit. Ein Beleg für das Nebeneinander von «würde»-Form, Konjunktiv I (der Regel gemäß) und Konjunktiv II (entgegen der Regel) aus «Pankraz der Schmoller» – geschildert wird die Entwicklung der Schwester von Pankraz, nachdem dieser ohne Abschied verschwunden ist:

> Das war ein langes und gründliches Schmollen, und Estherchen, welches eine schöne Jungfrau geworden, wurde darüber zu einer hübschen und feinen alten Jungfer, welche nicht nur aus Kindestreue bei der alternden Mutter blieb, sondern ebensowohl aus Neugierde, um ja in dem Augenblicke da zu sein, wo der Bruder sich endlich *zeigen würde*, und zu sehen, wie die Sache eigentlich *verlaufe*. Denn sie war guter Dinge und glaubte fest, daß er eines Tages *wiederkäme* und daß es dann etwas Rechtes auszulachen *gäbe*.

Bei unbesehener Anwendung der Regel müßte hier stehen: «wo er sich endlich zeigen *werde* – daß er eines Tages wieder*komme* und es dann etwas Rechtes auszulachen *gebe*».

Es ist daher offensichtlich sehr begründet, wenn man es in der ganzen Frage «gemischter Konjunktiv, Ersatz von undeutlichem Konjunktiv I durch Konjunktiv II» mit der Formulierung hält, die in der Duden-Grammatik 1984 (Ziff. 285) gegeben wird:

Folgende Grundregel ist anzusetzen:
– Wenn der Sprecher/Schreiber sich für den Konjunktiv in der indirekten Rede entscheidet, dann wählt er normalerweise den Konjunktiv I: ...
– Nicht selten begegnet jedoch an Stelle des Konjunktivs I auch der Konjunktiv II oder die würde-Form. Feste Regeln lassen sich auch dafür nicht angeben, sondern nur Gebrauchstendenzen.

10.17 Wie verbindlich ist überhaupt das Setzen eines Konjunktivs bei indirekter Anführung?

Wenn Sprachpfleger den «korrekten Konjunktiv in indirekter Rede» verlangen und wenn Lehrer ihre Schüler Übungen dazu machen lassen, denken sie allermeistens gar nicht an den vollen Umfang des Phänomens «indirekte Anführung», sondern nur an die Formalstruktur «indirekt angeführte Proposition als gereihter Teilsatz gesetzt, nicht als Nebensatz gekennzeichnet» (Deutsch Ziff. 10.07'B). Sobald die indirekt angeführte Proposition die Form eines *Nebensatzes* hat, findet man auch ein Verb im Indikativ vollkommen korrekt. Man akzeptiert also genau gleich:

Er hat mir gesagt	daß er einverstanden *ist* ᴺ	Ich fragte sie	was sie dazu *meint* ᴺ
	daß er einverstanden *sei* ᴺ		was sie dazu *meine* ᴺ

Man findet denn auch in der Duden-Grammatik 1984 die Angabe, daß in Nachrichtentexten 35 bis 40 von 100 indirekt angeführten Propositionen, die die Form eines

Nebensatzes aufweisen (Einleitung durch «daß» oder «ob» oder w-Wort) ein *Verb im Indikativ*, nicht im Konjunktiv haben.

Gleich anschließend wird allerdings für alle indirekt angeführten Propositionen, in denen die Konjunktion «daß» fehle, sehr absolut der Konjunktiv gefordert, «weil er – neben der Pronominalverschiebung – das einzige Merkmal für indirekte Rede bildet» (Duden 1984, Ziff. 284).

Leider werden zu dieser sehr entschieden vorgetragenen Regel keinerlei Zahlen aus Textuntersuchungen angegeben. Es mag durchaus sein, daß in ausgesprochenen *Nachrichtentexten* (geschrieben oder gesprochen) der Konjunktiv in derartigen indirekt angeführten Propositionen ziemlich konsequent durchgehalten wird. In *Gesprächen im Alltag* ist das aber keineswegs so, auch bei durchaus gebildeten Sprechern, wie dem Ingenieur Walter und der Archäologin Dr. phil. Hanna in den zwei folgenden Gesprächsausschnitten aus «Homo Faber» von Max Frisch (erschienen 1957):

> «Ich habe immer gemeint, du *bist* wütend auf mich», sage ich, «wegen damals.»

Nach der Forderung in der Duden-Grammatik: «Ich habe immer gemeint, du *seist* wütend...»

> «Du meinst, einer Frau im Klimakterium *bleibt* nichts anderes übrig.»

Nach der Forderung in der Duden-Grammatik: «Du meinst, ihr *bleibe* nichts anderes übrig».

Ein Beispiel von Günter *Grass*, aus «Hochwasser», uraufgeführt 1957:

> Du hast gedacht, du *bekommst* vielleicht ein Kind, weil ...

Nach Grammatik-Forderung: «Du hast gedacht, du *bekommest/bekämest* ...»

Und aus der gleichen Szene ein Beispiel für indirekt angeführte Proposition mit Offenhalten einer Bedeutungsstelle, durch das w-Pronomen «was» – aber nicht als Nebensatz, sondern als gereihter Teilsatz und trotzdem im Indikativ, nicht im Konjunktiv:

> – oder wenn du auf dem Tisch rumtrommelst oder mit deinen Zähnen in einen Apfel beißt, oder wenn du nichts tust, einfach da bist, – jedenfalls muß ich immer denken, was *denkst* du dabei.

Anführende Proposition «jedenfalls muß ich immer denken», angeführte Proposition «was denkst du dabei» – also beide als gereihte Teilsätze.

Es dürfte daher dem wirklichen, heutigen Sprachgebrauch besser gerecht werden, wenn man auch hier *nicht die kategorische* Forderung aufstellt «Konjunktiv auf jeden Fall», sondern eine ähnlich offene Haltung einnimmt, wie sie die Duden-Grammatik selbst bei der Frage «Wenn nun Konjunktiv – dann Konjunktiv I oder II» vertritt (siehe Zitat in Ziff. 10.16, Schluß).

Man kann so formulieren: Durch den Gebrauch eines Konjunktivs *kann* man jederzeit das in einer indirekt angeführten Proposition Dargestellte ausdrücklich *relativieren*, kann es als Meinung von andern hinstellen oder als eigene frühere, jetzt nicht mehr gültige Meinung (jedenfalls, wenn der in der anführenden Proposition dargestellte Sprech-Denk-Akt eine solche Relativierung nicht ausschließt). Aber dieses Relativieren ist eine *Möglichkeit* und *keine Verpflichtung*.

Man sollte das daher auch den Schülern so zeigen, beim Lesen entsprechend formulierter Texte, und man sollte auch von den Schülern den Konjunktiv-Gebrauch verlangen, wenn sie Texte einer solchen Textsorte schreiben – man sollte aber nicht einfach die Handhabung des «gemischten Konjunktivs» drillen, ohne Blick auf die Textsorten, in denen dieser überhaupt üblich und zu verlangen ist.

10.18 Textvergleich D – F – E, an einem Stück aus dem «Grünen Heinrich»

Im *Französischen* liegt eine grundsätzlich andere Regelung vor. Es gibt *keine wählbare Relativierung*, wie sie der deutsche Konjunktiv bietet. Die *Anpassung der grammatischen Zeiten* ist *obligatorisch*, wenn die anführende Proposition einen vergangenen Sprech-Denk-Akt darstellt; die Umwandlung von présent der direkten in imparfait der indirekten Anführung (Ziff. 5.22) entfällt nur, wenn für das in der indirekt angeführten Proposition Dargestellte ausdrücklich auch eine Geltung in der Gegenwart behauptet wird, nicht nur in der durch die anführende Proposition signalisierten Vergangenheit. Der *subjonctif* wird nur gesetzt – dann aber obligatorisch, nicht frei wählbar – wenn in der anführenden Proposition eine *Unsicherheit*, ein *Zweifel*, ein *Staunen*, eine *Angst* dargestellt ist (Ziff. 5.25'D'E). Man kann sich durchaus vorstellen, daß für einen gebildeten und sprachbewußten Franzosen auch ein solcher subjonctif eine bestimmte Wirkung hat – er *verstärkt* den durch die anführende Proposition schon dargestellten Zweifel, die Unsicherheit, die Angst; aber das dürfte viel eher eine individuelle Ausdeutung und nicht eine generell mögliche Bedeutungsnuance sein, wie bei der Relativierung durch den deutschen Konjunktiv.

Was sich alles ändert, wenn ein deutscher Text mit vielen indirekt angeführten und durch Konjunktiv leicht relativierten Propositionen ins Französische und ins Englische übertragen wird, mag der folgende Vergleich zeigen (Gedanken des kleinen Heinrich Lee nach den Erlebnissen mit seinem Lehrer am ersten Schultag, französische Fassung von G. La Flize, 1981, englische Fassung von A. M. Holt, 1960):

So hatte ich an diesem ersten Tag schon viel gelernt	Ainsi, dans ce premier jour, j'avais déjà beaucoup appris Thus on this first day of school I certainly learnt a great deal
Zwar nicht was der Pumpernickel *sei*	Je savais, non pas certes *ce que c'est* que le pumpernickel It is true I still did not know what Pumpernickel *was*
wohl aber daß man in der Not einen Gott anrufen *müsse*	mais qu'il *faut*, dans la détresse, invoquer un Dieu but I did learn that in distress one *should* call upon God
daß derselbe gerecht *sei*	que ce Dieu *est* juste that He *was* just
und uns zu gleicher Zeit *lehre*	et nous *enseigne* en même temps and that He *taught* us at the same time
keinen Haß und keine Rache in uns zu tragen	à ne porter en nous aucun esprit de haine et de vengeance to bear within us no hatred and no desire for revenge

Was hier auch bei der besten Übertragung alles *verloren gehen muß*, weil es weder im Französischen noch im Englischen die durch den deutschen Konjunktiv ermöglichte *leichte Relativierung* der Geltung gibt (und damit die den deutschen Text kennzeichnende *Bescheidenheit* in der Darstellung des von dem Kind Gelernten) – das kann man noch deutlicher machen, indem man von den beiden Übertragungen her eine Rückübersetzung versucht, ohne Blick auf die ursprüngliche deutsche Fassung:

> ... zwar nicht, was der Pumpernickel *ist* (*war*), aber ich lernte, daß man in der Not einen Gott anrufen *muß* (zu Gott beten *sollte*), daß dieser Gott gerecht *ist* (daß Er gerecht *war*) und uns zu gleicher Zeit *lehrt* (*lehrte*), in uns keinen Geist des Hasses und der Rache zu tragen (keinen Haß und keinen Wunsch nach Rache).

10.19 Lateinisch: obligatorischer Konjunktiv – oder Infinitiv-Konstruktion

Kennzeichnend für die Formalstrukturen bei indirekt angeführten Propositionen im *Lateinischen* ist die klare *Unterscheidung* zwischen denjenigen angeführten Propositionen, in denen eine Bedeutungsstelle oder die gesamte Geltung *offen gehalten* werden soll und denjenigen, in denen *keine solche Offenheit* vorliegt.

In allen drei modernen Sprachen ist für *alle* diese Bedeutungsbeziehungen die Formalstruktur «Hauptsatz + finiter Nebensatz» möglich, nur mit verschiedener unterordnender Konjunktion bzw. mit w-Wort als Einleitung:

mit Offenhalten *einer Bedeutungsstelle*	*mit* Offenhalten *der Geltung überhaupt*	*kein Offenhalten*
Du weißt nicht *wo* sie ist	Du fragst *ob* ich es weiß	Du weißt doch *daß* ich es weiß
Tu ne sais pas *où* elle est	Tu demandes *si* je le sais	Mais tu sais bien *que* je le sais
You don't know *where* she is	You ask *whether* I know	But you know *that* I know
Lateinisch: Wie in den modernen Sprachen, aber mit *obligatorischem Konjunktiv*:		*Lateinisch*: Akkusativ mit *Infinitiv*, (und gar kein finiter Nebensatz)
Ignoras *ubi sit*	E me quaeris *an sciam*	Sed haud ignoras *me scire*

Der *Konjunktiv* (der zugleich, im Gegensatz zum Deutschen, an die grammatische Zeit der anführenden Proposition anzupassen ist, siehe Ziff. 5.72) ist also hier *nicht eine zusätzliche* Möglichkeit mit eigenem, über die indirekte Präsentation hinausgehendem Bedeutungsbeitrag, sondern er gehört *als festes Bestandstück* zur Signalisierung der Bedeutungsbeziehung «indirekt angeführt, mit Offenhalten einer Bedeutungsstelle oder der Geltung überhaupt».

Dazu sind nun aber auch *alle Nebensätze*, die auf *gleicher* gedanklicher Ebene an eine indirekt angeführte Proposition angeschlossen sind, *ebenfalls in den Konjunktiv* zu setzen. Der Konjunktiv erweist sich also als eine Art *General-Kennzeichnung für indirektes Anführen überhaupt*. Das paßt zusammen mit dem Grundcharakter «stärkeres Betonen eines subjektiven Anteils an der Aussage» (siehe die Bedeutungsbeiträge des Konjunktivs in seinen verschiedenen Gebrauchsweisen, Ziff. 5.73).

Besonders «offen», gewissermaßen «schwebend» ist aber auch die Darstellung der Inhalte von Sprechen/Denken/Fühlen durch *Infinitiv*, wie sie *überall dort* eintritt, wo *nicht* ein spezielles Offenhalten (einer Bedeutungsstelle oder der gesamten Geltung) vorliegt und *nicht* eine Bitte oder Aufforderung (also nicht ein besonderer Willensakt – für Genaueres siehe Ziff. 10.58–10.60).

So werden *insgesamt* die indirekt angeführten Propositionen samt allem, was mit ihnen zusammenhängt, besonders deutlich vom *übrigen* Text (von der «direkten, neutralen Darstellung») *abgehoben*. Die auf diese Weise in indirekter Anführung präsentierten Berichte über Zustände, Handlungen usw. werden *ausdrücklich* in der *Subjektivität derjenigen Personen belassen*, die in den anführenden Propositionen als hier redend/denkend/fühlend genannt sind.

10.20 Textbeispiel von Caesar, mit Übersetzungsvergleich

Lateinische Autoren verwenden nicht selten längere Folgen von indirekt angeführten Propositionen, und sie erreichen dadurch oft besondere stilistische Wirkungen. Diese lassen sich bei einer Übersetzung ins Deutsche zum Teil ziemlich genau wiedergeben, wenn auch mit andern grammatischen Mitteln (Konjunktiv an Stelle von Infinitivkonstruktionen); dagegen verzichten französische und englische Übersetzer sehr oft überhaupt auf eine solche Nachbildung (sie wäre in diesen beiden Sprachen nur auf sehr umständliche Weise möglich), und sie geben im Blick auf die leichte Verständlichkeit die berichteten Inhalte in viel direkterer Weise wieder.

Beispiel: Caesar, Bellum Gallicum, aus Kapitel 17 von Buch 1.
Situation: Caesar hat die in seiner unmittelbaren Umgebung lebenden Häduer-Fürsten heftig getadelt, weil die Häduer das ihm versprochene Getreide für die Verpflegung seiner Truppen nicht lieferten – und er habe doch den Krieg gegen die Helvetier nicht zuletzt auf ihre, der Häduer, Bitten hin unternommen.

---

¹ Tum demum Liscus ² oratione Caesaris adductus ᴺ ³ quod antea tacuerat ᴺ proponit ᴺ:
⁴ esse nonnullos ᴺⁱⁿᶠ ⁵ quorum auctoritas apud plebem plurimum *valeat* ᴺ
⁶ qui privatim plus *possint* quam ipsi magistratus ᴺ.
⁷ Hos seditiosa atque improba oratione multitudinem *deterrere* ᴺⁱⁿᶠ ⁸ ne frumentum *conferant* ᴺ
⁹ quod debeant ᴺ
¹⁰ *praestare* ᴺⁱⁿᶠ ¹¹ si iam principatum Galliae obtinere non *possint* ᴺ
¹² Gallorum quam Romanorum imperia perferre ᴺ
¹³ neque *dubitare* ᴺⁱⁿᶠ ¹⁴ᵃ quin, ¹⁵ si Helvetios *superaverint* ᴺ
¹⁴ᵇ una cum reliqua Gallia Aeduis libertatem *erepturi sint* ᴺ.

(«Ninf = Nebensatz mit Infinitiv als Kern»)

Der Text ist aufgebaut aus 15 Propositionen. Nr. 1, 2 und 3 bilden *zusammen* den *anführenden Teil* für das ganze Kapitel (es umfaßt neben den hier abgedruckten noch weitere neun Propositionen), wobei der Hauptsatz im Präsens («Liscus ... proponit») den Nebensatz mit Partizip «adductus» und den Relativsatz mit Plusquamperfekt («tacuerat») umschließt. *Alle drei* Propositionen stehen auf der *obersten* gedanklichen Ebene, als *unmittelbare Mitteilung* des Verfassers (Caesar, der von sich selbst in der 3. Person spricht) an die Lesenden. Auf einer *nächsten* gedanklichen Ebene folgen nun, untereinander parallel, die vier Propositionen 4, 7, 10 und 13, alle im Infinitiv; sie stellen die Möglichkeiten, Handlungen und Gedanken derjenigen Häduer dar, die den Römern mißtrauen und daher die von Caesar mit ihren Behörden getroffenen Abmachungen boykottieren. Anschließend an Prop. 4, die erst die Existenz von «nonnulli» nennt, werden in den Relativsätzen 5 und 6 (auf gleicher gedanklicher Ebene wie 4) die Möglichkeiten dieser «nonnulli» genannt. An Prop. 7 («deterrere») schließt sich in Prop. 8 der Zweck dieses «deterrere» an (dazu Ziff. 10.78), und der an «frumentum» anzuschließende Relativsatz 9 kennzeichnet das durch die «nonnulli» erzwungene Handeln der meisten Häduer als Pflichtverletzung. Die Prop. 10, «praestare» (angeführter Teil zu Prop. 1) ist zugleich selber anführender Teil zu Prop. 12 «perferre», und diese Prop. 12 nennt das in 10 als «besser» beurteilte, nämlich die Herrschaft anderer Gallier derjenigen der Römer vorzuziehen, nachdem in Prop. 11 gesagt ist, daß die Häduer selbst (leider) die Vorherrschaft in Gallien nicht erlangen können. Schließlich bringt Prop. 13 mit der (wieder auf anderer gedanklicher Ebene zu sehenden) Prop. 14 und der als offene Annahme eingeschalteten Prop. 15 die genauere Begründung für das in 10 bis 12 Gesagte, nämlich die sichere Voraussicht der «nonnulli», daß ein Sieg der Römer auch den Häduern die Freiheit rauben würde.

Die *ganze Folge* der angeführten Propositionen und der auf gleicher Ebene mit ihnen verknüpften oder wieder auf anderer Ebene an sie anschließenden Propositionen steht nun *entweder* im *Infinitiv* oder im *Konjunktiv*, und dasselbe gilt für die noch folgenden 9 Propositionen. So ist das ganze Kapitel sehr klar gegliedert in einen *generellen anführenden Bestandteil*, der *direkt* den Bericht von Caesar enthält, und in einen angeführten und in sich wieder Anführungen enthaltenden Teil, der die von Liscus endlich mitgeteilten Gedanken und Handlungen der einflußreichen Häduer *gewissermaßen aus der Subjektivität des berichtenden Liscus heraus* darstellt.

Bei einer *Über*tragung *ins Deutsche* kann man den Aufbau aus Propositionen so gut wie unverändert beibehalten, nur mit etwas anderer Stellung von Proposition 3, und man kann das «Schwebende», das im Lateinischen durch die Infinitivkonstruktionen erreicht wird, durch die Fassung der indirekt angeführten Propositionen als gereihte Teilsätze mit Konjunktiv erreichen:

> (1 a) Da endlich legt Liscus, (2) durch Caesars Rede bewogen, (1. b) offen dar, (3) was er vorher verschwiegen hatte: (4) es seien da manche, (5) deren Beeinflussungskraft beim Volk sehr viel vermöge, (6) die als Privatleute viel mächtiger seien als die Behörden selber. (7) Diese schreckten durch aufrührerische und nichtswürdige Reden die Menge davon ab, (8) daß die Leute das Getreide brächten, (9) das sie schuldig seien; (10) es sei [nach dem Urteil dieser Mächtigen] besser, (11) wenn sie schon die Herrschaft in Gallien nicht erlangen könnten, (12) die Herrschaft von Galliern [zu denen sie auch die Helvetier rechneten] als diejenige der Römer zu ertragen (13) und sie zweifelten nicht, (14 a) daß, (15) wenn sie [die Römer] die Helvetier überwältigt hätten, (14 b) sie ebenso wie dem übrigen Gallien den Häduern die Freiheit rauben würden.

Bei Übersetzungen ins *Französische* und *Englische* findet man oft stärkere strukturelle Änderungen, und die Übersetzer nehmen dann auch eine mehr oder weniger andere stilistische Wirkung in Kauf – im berechtigten Bestreben, dem Leser einen möglichst glatt laufenden, gut verständlichen französischen bzw. englischen Text zu bieten.

Eine französische Übersetzung von L. A. Constans, 1947 (in der zweisprachigen Ausgabe der Collection Guillaume Budé, hier mit eingefügter Numerierung der Propositionen) lautet:

> (1) Ces paroles de César *décident* Liscos (2) à dire enfin (3) ce que jusqu'alors il avait tu: «(4) Il y *a* un certain nombre de personnages (5) qui *ont* une influence prépondérante sur le peuple, (6) et qui, simples particuliers, *sont* plus puissants que les magistrats eux-mêmes. (7) Ce *sont* ceux-là (8) qui, par leurs excitations criminelles, *détournent* la masse des Héduens (9) d'apporter le blé (10) qu'ils *doivent*: (11) ils leur *disent* (12) qu'il *vaut* mieux, (13) s'ils ne *peuvent* désormais prétendre au premier rang dans la Gaule, (14) *obéir* à des Gaulois qu'aux Romains; (15) ils se *déclarent* certains (16 a) que, (17) si les Romains *triomphent* des Helvètes, (16 b) ils *raviront* la liberté aux Héduens en même temps qu'au reste de la Gaule.

Hier ist also der gesamte Bericht von Liscus in *direkter Anführung* gegeben, wie wenn Liscus das wörtlich so gesagt hätte – und sogar gekennzeichnet durch

Anführungszeichen (das Schlußzeichen, das dem vor Prop. 4 gesetzten Anfangszeichen entspricht, steht erst am Ende des Kapitels, nach der Wiedergabe der weiteren 9 lateinischen Propositionen). Im Rahmen dieses als wörtlicher Bericht hingestellten Textteils findet sich dann wieder indirekte Anführung, nämlich Proposition 11 «ils leur disent» mit der dadurch angeführten Prop. 12, die eine Beurteilung enthält, und in Prop. 14 das dadurch Beurteilte; auch die in Prop. 13 dargestellte Annahme, welche die in 1 formulierte Beurteilung begründet, erscheint im Indikativ Präsens und dadurch entschiedener und mehr aus dem Bericht herausgelöst als die lateinische Prop. 11 mit ihrem Konjunktiv. Entsprechendes gilt für die anführende Prop. 15 und die dadurch angeführte entscheidende Prop. 16 samt der sie begründenden konditionalen Prop. 17.

Eine englische Übersetzung (H. J. Edwards, London 1917, Loeb Classical Library, [12]1963) ebenfalls mit eingefügter Bezifferung der Propositionen bzw. clauses, lautet:

> (1) Then, and not till then, the remarks of Cesar induced Liscus (2) to reveal a fact (3) concealed before: (4a) There *were*, (5) he *said*, (4b) certain persons, of paramount influence with the common folk, and of more power in their private capacity than the actual magistrates. (6) These persons, by seditious and insolent language, were intimidating the population against the collection of corn (7) as required, (8) on the plea (9) that it *was* better for the Hedui, (10) if they *could* not now enjoy the primacy of Gaul, (11) to *submit* to the commands of Gauls rather than of Romans; (12) for they *did* not *doubt* (13a) that, (14) if the Romans *overcame* the Helvetii, (13b) they *meant* to *deprive* the Aedui of liberty, in common with the rest of Gaul.

Hier wird der Bericht des Liscus (den Caesar sorgfältig in indirekt angeführte Propositionen im Infinitiv und damit verbundene Propositionen im Konjunktiv verpackt hatte) *neutral* wiedergegeben, und zwar so, daß man sowohl direkte Anführung wie indirekte darin sehen kann. Zu Beginn ist ein zusätzliches verdeutlichendes «he said» in 5 eingefügt, und die lateinische Prop. 10 «praestare» ist verdeutlicht durch «on the plea» (wörtlich: «unter dem Vorwand»). Ferner kann auffallen, wie die lateinischen Prop. 4, 5 und 6 durch die einzige lange clause 4 übersetzt ist, wobei das im Lateinischen durch die verbalen Propositionen 5 und 6 Dargestellte durch präpositionale Ausdrücke im Rahmen von 4 wiedergegeben wird. Entsprechendes gilt für die Zusammenfassung der lateinischen Propositionen 7, 8 und 9 zu den nur zwei englischen clauses 6 und 7 (wobei erst noch offen ist, ob man «as required» überhaupt als eigene clause abgrenzen soll). Dagegen ist die Wiedergabe der konditionalen lateinischen Proposition 11 und 15 durch die englischen clauses 10 und 14 wieder näher am Original mit seinen Konjunktiven als in der französischen Übersetzung. Insgesamt hat sich aber auch in dieser englischen Übersetzung die stilistische Wirkung des Originals wohl stärker verändert als in der oben gegebenen deutschen Übersetzung.

10/IV Unmittelbare Wahrnehmung und ihre Inhalte – Sicherheitsgrade von Information – «Modalpartikeln» – Angst, Hoffnung, Mut

10.21 Verschwinden des Unterschieds von direkter und indirekter Anführung

Die ausführliche Darstellung des Phänomens «Anführung, direkt und vor allem indirekt» in den Kapiteln II und III erschien erforderlich, weil gerade diese Erscheinungen (vor allem: der Gebrauch der Konjunktive und der grammatischen Zeiten dabei) in den Schulen oft mit besonderem Gewicht behandelt und gelegentlich auch in der Öffentlichkeit diskutiert werden. Das soll aber nicht dazu führen, daß nun der Stellenwert der Unterscheidung «direkt angeführt – indirekt angeführt» überschätzt wird.

Die Unterscheidung tritt schon bei angeführten Aussagen und Fragen oft stark zurück (vor allem im Englischen mit den indirekt angeführten clauses ohne «that», Ziff. 10.07'B, und im Deutschen, wenn bei indirekter Anführung in gereihten Teilsätzen kein Konjunktiv gesetzt wird, Ziff. 10.17). Es kann ja auch schon bei angeführter Rede vorkommen, daß für die anführende wie für die angeführte Proposition *genau die gleiche* Sprech-Denk-Situation besteht und damit eine Anpassung der angeführten Proposition (Ziff. 10.05) von der Sache her gegenstandslos wird. Bei angeführten Gedanken und Gefühlen ist das fast immer der Fall.

Ein Indiz für das Verschwinden des Unterschieds kann man darin sehen, daß das Setzen von *Anführungszeichen* stören würde, obwohl die Form von direkter Anführung vorhanden ist (und man einen Doppelpunkt vor der angeführten Proposition ohne weiteres akzeptiert):

Also wohl: ⌈Ich weiß schon⌉: ⌈Ich bin träg⌉.   Aber kaum: *⌈Ich weiß schon⌉: «⌈Ich bin träg⌉».

Die Unterscheidung ist meistens auch gegenstandslos, wenn die anführende Proposition eingeschoben ist oder erst folgt und damit rückwirkend das Vorhergehende als angeführte Rede gekennzeichnet ist:

⌈Er willigt ein⌉, *denke ich*   ⌈Il accepte⌉, *je pense*   ⌈He agrees⌉, *I think*   ⌈Assentitur⌉, *credo*

Solche Darstellungsweisen sind in der Sprachwirklichkeit erheblich häufiger, als man nach dem geringen Gewicht, das ihnen in den meisten Grammatiken zugestanden wird, erwarten könnte. Man kann allerdings im Deutschen auch bei solcher Nachstellung der anführenden Proposition in der angeführten Proposition einen Konjunktiv setzen und sie dadurch von vornherein in einer Relativierung als «nur referierend» zeigen (Ziff. 10.14): Er *komme* morgen nicht, (das) hat er mir schon gestern gesagt.

Mit diesem Zurücktreten, ja Verschwinden der Unterscheidung «direkt – indirekt» erübrigt es sich auch, immer von «*anführender* Proposition – *direkt oder indirekt angeführter* Proposition» zu sprechen – umso mehr, als für die jetzt zu behandelnden Bedeutungsbeziehungen oft eine Darstellung in *einer einzigen* Proposition möglich ist, indem ein Verb-Teil oder ein Satzglied dominant ist und dadurch der Kernbestand der Proposition zum inhaltlichen Teil wird.

10.22 Unmittelbare Wahrnehmungsakte und ihre Inhalte

Als eine besonders elementare Möglichkeit kann man es betrachten, wenn in einem dominanten Teil (eigene Proposition oder nur Teil einer Proposition) durch die Verben «sehen – hören – fühlen» ein *Akt der unmittelbaren Wahrnehmung* dargestellt wird und in einem zugehörigen inhaltlichen Teil der *Inhalt* dieser Wahrnehmung, das *Gesehene/Gehörte/Gefühlte selbst*. Man findet hier auch besonders oft die Unterscheidung zwischen «global angeschlossen» (Anschluß durch «daß») und «als Prozeß gesehen» (Anschluß durch «wie»):

| Ich sehe daß/wie er weggeht | Je vois qu'il part / Je le vois qui part | I see that/how he's going away |

Daneben steht, ebenfalls sehr häufig, die Darstellung im Rahmen einer einzigen Proposition, durch Verwendung eines direkt angeschlossenen Infinitivs (bzw. einer ing-Form):

| Ich *sehe ihn weggehen* | Je *le vois partir* | I *see him going away* |

Im Lateinischen gibt es, im Rahmen einer einzigen Proposition oder in zwei Propositionen:

| *Video eum abire* | *Video eum abeuntem* | Video quemadmodum abeat |

Der *Sachgehalt* kann genau gleich sein bei Darstellung mit Hilfe von «daß – que – that» wie von «wie – comment – how». Bei Darstellung des inhaltlichen Teils durch Infinitiv fallen ohnehin beide Beleuchtungsweisen des im inhaltlichen Teil Dargestellten zusammen. Man kann aber doch sagen, daß bei Anschluß durch «wie» *ausdrücklich* eine *Leerstelle* «am Prozeß des Weggehens beobachtbare Art und Weise» offengehalten wird und daß jeder Hörer/Leser diese Leerstelle *gemäß seinem eigenen Vorstellungsvermögen* ausfüllen kann/soll. *Konjunktiv* im inhaltlichen Teil ist im Deutschen bei dieser Bedeutungsbeziehung ausgeschlossen. Er erscheint zwar möglich bei «hören», aber dann ist nicht gemeint «durch direktes Hören feststellen», sondern «einen andern sagen hören», z. B. «Ich hörte, daß er weggehe / er gehe weg». Im *Lateinischen* ist dagegen der Konjunktiv generell für solche Nebensätze verbindlich.

Bei Verwendung der *ing-Form* im Englischen bzw. des *Partizip Präsens* im Lateinischen kann man vielleicht die Nuance sehen, daß dann der Wahrnehmungsinhalt noch enger als an der Person haftend gesehen wird, die man die betreffende Handlung ausführen sieht. Das dürfte aber wirklich nur eine Nuance sein.

10.23 Grade der Sicherheit bei Aussagen über Wissens- und Denkinhalte

Oft hat man das Bedürfnis, bei Aussagen über Wissens- und Denkinhalte einen *Sicherheitsgrad* anzugeben – das Gesagte hinzustellen als «sicher, Tatsache, außer Zweifel» oder als «persönliche Einschätzung», ggf. recht vorsichtig, auch bei guten Unterlagen und klarer subjektiver Überzeugung, oder dann als «bloße Möglichkeit, gedanklicher Entwurf», und zwar neutral präsentiert oder mit einem Hinweis auf den Wahrscheinlichkeitsgrad.

Das alles gibt es z. B. immer wieder, wenn man *Vergangenes* darstellen will, sei es als Historiker vom Fach oder sei es im Alltag. Für diesen Zweck kann man nun *alle Bedeutungsbeziehungen* verwenden, in welchen ein *Akt* der Informationsübermittlung, der Wahrnehmung, des Denkens verbunden wird mit dem *Inhalt dieses Aktes*, der übermittelten Information selbst, dem Wahrgenommenen, dem Gedachten – samt den verschiedenen hier zur Verfügung stehenden Formalstrukturen (siehe Ziff. 10.07–10.12).

Man kann aber auch *absehen* von der Nennung dieser Akte (und damit auch der Personen, welche die Akte vollzogen haben) und nur den beanspruchten *Sicherheitsgrad als solchen* angeben. Dafür gibt es besonders viele (und häufig gebrauchte) Formalstrukturen, in denen der dominante Teil gar nicht als eigene Proposition formuliert, sondern *mit dem inhaltlichen Teil zusammen* in einer *einzigen* Proposition untergebracht ist. Die folgenden Beispiele sind so angeordnet, daß jeweils *links* eine Formulierung in zwei Propositionen steht (besser: eine Verteilung von dominantem Teil und inhaltlichem Teil auf je eine eigene Proposition) und *rechts* eine inhaltlich möglichst gleichwertige Formulierung in einer einzigen Proposition. Diese Anordnung nach Formalstrukturen kann natürlich durchaus quer stehen zu möglichen Gruppierungen nach den Bedeutungsbeziehungen, und es gibt zwar oft, aber keineswegs immer beide Formal-Möglichkeiten für die gleiche Bedeutungsbeziehung.

1 Betontes Hinstellen als sicher, der Wirklichkeit entsprechend, tatsachengetreu
– ohne Hinweis auf einen (letztlich doch immer dahinter stehenden) individuellen Einschätzungsakt:

Es { ist { sicher / eine Tatsache / wirklich so } / steht außer Zweifel }	daß { dieses Phänomen existiert / so war es / dieses Phänomen existiert / es so war }	Dieses Phänomen existiert / So war es	{ wirklich / in der Tat / tatsächlich / ohne Zweifel }
Il / C' } est { certain / un fait / la réalité } / Il n'y a aucun doute	que { ce phénomène existe / il était/fut ainsi / ce phénomène existe / il était/fut ainsi }	Ce phénomène existe / C'était/Ce fut ainsi	{ certainement / en effet / en réalité / sans doute }
It { is sure / certain / a matter of fact } / There is no doubt	that { this phenomenon exists / it was so / this phenomenon exists / it was so }	This phenomenon exists / It was so	{ certainly / really / in fact / undoubtedly }
Constat / Factum est / Haud dubitandum est / Dubium non est	hanc rem exstare / hoc sic fuisse	Certo / Profecto / Reapse / Sine dubio	haec res exstat / sic fuit/erat

2 Hinstellen als Ergebnis individueller Beurteilung, mit oder ohne Hinweis auf die hinter dieser Beurteilung stehende Person; nicht selten aus einer Haltung der Bescheidenheit, Vorsicht, Selbstkritik heraus, auch bei guten und sorgfältig geprüften Unterlagen:

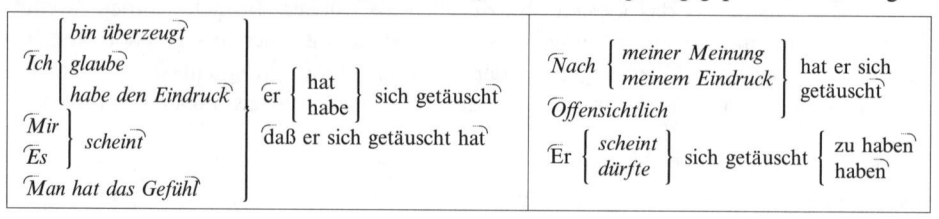

Ich	{ bin überzeugt‿ / glaube‿ / habe den Eindruck‿ }	er { hat / habe } sich getäuscht‿	Nach { meiner Meinung / meinem Eindruck }	hat er sich getäuscht‿
Mir / Es	scheint‿	daß er sich getäuscht hat‿	Offensichtlich			
Man hat das Gefühl‿			Er { scheint / dürfte } sich getäuscht { zu haben‿ / haben‿ }

Anmerkung zu «scheinbar – anscheinend»: Es gibt Sprachkritiker und Lehrer, die einen scharfen Unterschied haben wollen zwischen «*scheinbar*» und «*anscheinend*»: nämlich «Er hat sich *scheinbar* getäuscht» = aber in Wirklichkeit *nicht*, ich glaube es *nicht* – gegenüber «Er hat sich *anscheinend* getäuscht» = Ich *glaube* es, er hat sich *wirklich* getäuscht. Diese Feinheit wird aber von vielen – auch sehr gepflegten – Schreibern meistens gar nicht beachtet, und es gibt kein Gegenstück dazu in den andern Sprachen:

Je { suis persuadé‿ / crois‿ }	qu'il s'est trompé‿	A mon avis / Visiblement / Ostensiblement	il s'est trompé‿
Il { semble‿ / paraît‿ }	qu'il se soit trompé‿		
Il me semble‿ / J'ai l'impression‿	qu'il s'est trompé‿	Il *semble* s'être trompé‿	
I { am convinced‿ / think‿ / suppose/presume‿ }	he was in error‿ / that he was in error‿	To my mind / According to me	he was in error‿
It seems (to me)‿		He *seems* to have been in error‿	
(Mihi) videtur‿	animum eum fefellisse‿	(Mihi) erravisse videtur‿	

Ein *Hinweis auf eine beurteilende Person* kann auch in eine im übrigen beliebig formulierbare Proposition eingefügt werden, mit Hilfe der Formalstrukturen «*Dativobjekt*» (der «dativus ethicus» oder «dativus iudicantis» der lateinischen Tradition, Ziff. 6.25'B, Schluß) oder «*für + Akkusativ*:

Das ist { mir / für mich } ein seltsames Urteil‿	Dieser Brief war *ihm* verdächtig‿

Dabei gibt es *fließende Übergänge* von *reiner Beurteilung* zu *auch sachlicher* Betroffenheit durch das Beurteilte, so daß oft die (formal) genau gleiche Proposition recht verschieden verstanden werden kann:

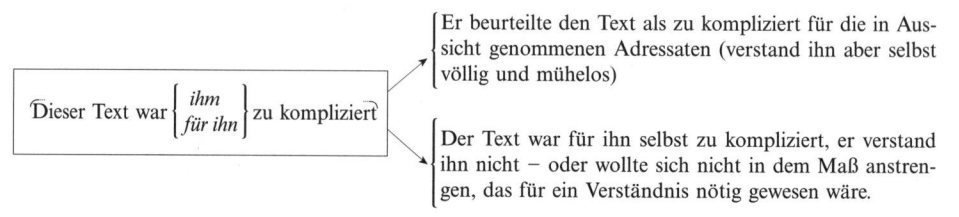

Dieser Text war { ihm / für ihn } zu kompliziert‿

⟶ Er beurteilte den Text als zu kompliziert für die in Aussicht genommenen Adressaten (verstand ihn aber selbst völlig und mühelos)

⟶ Der Text war für ihn selbst zu kompliziert, er verstand ihn nicht – oder wollte sich nicht in dem Maß anstrengen, das für ein Verständnis nötig gewesen wäre.

10/IV   Unmittelbare Wahrnehmung und ihre Inhalte   461

Entsprechend «*Pour lui*, ce texte était trop compliqué» bzw. «*For him*, this text was too difficult».

3   Hinstellen als Denkmöglichkeit, als Entwurf
– neutral oder mit Wahrscheinlichkeits-Hinweis:

Es {*ist möglich* / *kann* *sein* / *mag*} daß sie es schon getan hat	{*Möglicherweise* / *Vielleicht* / *Allenfalls* / *Unter Umständen*} hat sie es schon getan
Ich vermute {sie hat es schon getan / daß sie es schon getan hat}	Sie hat es *vermutlich* schon getan Sie *wird* es schon *getan haben*
Es ist {*wahrscheinlich* / *wenig wahrscheinlich*} daß sie es schon getan hat	Sie hat es {*wohl* / *kaum*} schon getan
Es drängt sich auf daß sie davon gewußt hat	Sie hat {*jedenfalls* / *mindestens*} davon gewußt
Il {*est possible* / *se peut*} qu'elle l'ait déjà fait	*Peut-être* l'a-t-elle déjà fait Elle l'a *peut-être* déjà fait
Il {*est probable* / *peu probable*} qu'elle {l'a / l'ait} déjà fait	*Probablement* elle {l'a déjà fait / ne l'a pas encore fait}
Il est à peu près sûr qu'elle en ait su quelque chose	{*Au moins* / *En tout cas*} elle en a su quelque chose
It's probable that she did it already *She is likely* to have done it already	{*Maybe* / *Perhaps*} she did it already She *may have done* it already *In any case* she was informed about it
{*Verisimile* / *Probabile*} (non) est id eam fecisse	{*Fortasse* / *Forsitan*} {fecit / fecerit / fecisset} *Probabiliter* (non) fecit {*Certe* / *Profecto*} non ignorabat

Den Charakter «ausdrücklich als gedanklicher Entwurf hingestellt» kann man auch durch die *Verbform allein* signalisieren:

Im *Deutschen* durch den *Konjunktiv II* (auch zweiwortig), Ziff. 5.06–5.07

> Das *wäre* schön   Das *würde* mir *gefallen*

Im *Französischen* durch *conditionnel*
(bzw. *imparfait* nach «si») Ziff. 5.20

> Ce *serait* beau si tu le *faisais*!
> Cela me *plaîrait*

Im *Lateinischen* gibt es sogar *zwei Stufen* des Abhebens von der «neutralen Aussage» durch Verwendung von Konjunktiv-Formen:

Konjunktiv Präsens bzw. Perfekt (dieser dann ohne Vergangenheitswert, «potentialis», Ziff. 5.69 und 5.72)

> Quis hoc *credat*?
> Wer mag/soll das glauben?
> *Dixerit* aliquis
> Es mag einer sagen, sagt vielleicht einer

Konjunktiv Imperfekt bzw. Plusquamperfekt («irrealis»; der Konjunktiv Plusquamperfekt mit dem Sinn «damals denkbar gewesen, aber nicht erfolgt»)

> Sine duce *errares*
> Ohne Führer würdest du dich verirren
> (Fortasse) *dubitavisses*
> Du hättest (vielleicht) gezweifelt

10.24 Hinweise auf Herkunft und Glaubwürdigkeit des Dargestellten

Nicht selten will man auf eine *Quelle* verweisen, aus der man das in der betreffenden Proposition oder im ganzen Text Dargestellte geschöpft hat. Das kann bestätigend oder auch kritisch-relativierend geschehen:

Wie die Untersuchung gezeigt hat / Wenn man seinem Bericht glauben kann	war es so	Gemäß dieser Untersuchung / Nach seinem Bericht	war es so
Comme l'examen l'a montré / Si l'on se fie à son rapport	la chose était/fut ainsi	D'après cet examen / Selon son rapport	la chose était/fut ainsi
As the investigations have shown / If we can trust his report	it was so	According to these investigations / his report	it was so
Ut inquisitio demonstravit / Si his relationibus credamus	res se sic habet/habuit	Secundum inquisitionem / Relationibus eorum	ita erat/fuit/fuerit

Manchmal beruft man sich auf ein *Wissen*, von dem man annimmt, daß es *beim Hörer/Leser genau so besteht* (und verbindlich ist) wie beim jetzt Sprechenden/Schreibenden:

Er war sehr reich *wie jedermann weiß* / Comme tout le monde sait *il était très riche* / He was very rich *as is well known* / Constat (inter omnes) *eum divitissimum fuisse*	Er war *bekanntlich* sehr reich

Man kann sich auch auf eine unspezifische, diffuse «*allgemeine Meinung*» berufen, auf ein «*Hörensagen*»:

So war es *wie man* sagt/hört / It was so, *as they say* [vor «as» eine kleine Pause] / Id ita fuisse *dicunt*	Es *soll* so gewesen sein / Ita fuisse *dicitur*

Hie und da charakterisiert man eine Aussage als die *befriedigendste* von *möglichen Erklärungen*, die man sich selber gibt, aber nicht belegen, nicht verifizieren kann:

Er *muß* sie gesehen haben / Il *doit* les avoir vus / He *must have seen* them	Er *hat* sie *offenbar* gesehen

Man kann aber auch etwas als *stark zu bezweifelnde* Aussage von jemand hinstellen, ja als eindeutigen *Täuschungsversuch* (nicht nur durch Worte, sondern auch durch Verhalten/Handeln):

Er { behauptet / gibt vor } { ⌐er sei dort gewesen⌐ / ⌐daß er dort gewesen ist/sei⌐ / ⌐dort gewesen zu sein⌐ } ⌐Er tut dergleichen⌐ ⌐als sei er dort gewesen⌐	⌐Er *will* dort *gewesen sein*⌐ ⌐Er ist *angeblich* dort gewesen⌐
Il { prétend / fait semblant } ⌐d'y avoir été⌐	⌐Il *veut* y avoir été⌐
⌐He pretends⌐ ⌐to have been there⌐	–
⌐Simulat⌐ ⌐se ibi fuisse⌐	–

10.25 Entschiedenheit von Beurteilungen, Reichweite, Tiefgang

In besonderen Situationen hat man nicht ganz selten das Bedürfnis, die *Entschiedenheit* einer Beurteilung zum Ausdruck zu bringen. Das kann man in allen drei modernen Sprachen auf entsprechende Weise tun, indem man das Satzadjektiv «einfach» bzw. die Adverbien «simplement, simply» als dominante Teile in die betreffende Proposition einfügt. Im Deutschen und Französischen ist daneben auch «schlicht – bonnement» möglich, mit einem etwas spöttischen Ton:

⌐Das ist { einfach / schlicht } ein Fehler⌐	⌐C'est { tout simplement / tout bonnement } une faute⌐	⌐This is *simply* a mistake⌐

Daß ein solches «einfach» usw. als dominanter Teil zu sehen ist, kann man dadurch demonstrieren, daß man im Kernbestand der Proposition (also im inhaltlichen Teil) ein Satzglied mit genau entgegengesetzter Bedeutung setzen kann:

⌐Das ist *einfach zu kompliziert*⌐	⌐C'est *simplement trop compliqué*⌐	⌐This is *simply too complicate*⌐

Dabei kann man mit einem solchen «einfach» je nach Situation eine etwas verschiedene Absicht oder Haltung signalisieren: daß man *keine weitere Diskussion* einer so gekennzeichneten Feststellung wünscht, eine solche Diskussion für nutzlos hält – daß man *selber keine* genauere Erklärung hat und im Moment finden kann und nun nur den Globalbefund hinstellt («Ich bin *einfach* immer so müde – woher das wohl kommt?») oder auch in einer Frage «Bist du *einfach* erschöpft oder bist du am Ende (vielleicht, wirklich) krank?»

Recht häufig stellt man etwas als «natürlich» hin – als etwas, was nach dem bekannten Lauf der Dinge nicht anders zu erwarten ist, als selbstverständlich. Hier sind die Signalisierungen z. T. recht verschieden, innerhalb der Sprachen und zwischen ihnen:

⌐Das war *natürlich* ein Fehler⌐ *selbstverständlich* *klarerweise* *klar, sicher*	⌐C'était une faute, *naturellement*⌐ *évidemment* *sans aucun doute*
⌐*Of course*, this was a mistake⌐ ⌐*Naturally*⌐ ⌐*To be sure*⌐	–

Als eine besondere Form von Entschiedenheit kann man es betrachten, wenn ein *Anspruch auf vollständige Berücksichtigung* aller im betreffenden Fall wichtigen Aspekte erhoben wird – manchmal erst im Anschluß an verschiedene im Gespräch schon vorgebrachte oder in Gedanken erwogene Beurteilungen, mit denen man noch nicht zufrieden war/ist und die man jetzt durch eine *zusammenfassende, abschließende* Feststellung ersetzt:

| Das ist *überhaupt* ein Irrtum | *Après tout*, c'est une erreur | This is *altogether* an error |

Zum besonderen Bedeutungsbeitrag des deutschen «überhaupt» in Fragen und zur Verstärkung von Verneinungen siehe Ziff. 10.26.

Manchmal möchte man nicht den Anspruch auf besonders *umfassende* Betrachtung und eine deswegen besonders gültige, besonders entschiedene Beurteilung erheben, sondern denjenigen auf besondere *Gründlichkeit*, besonderen *Tiefgang*, auf das «*Herausholen des wahren Wesens* von etwas» durch die gemachte Feststellung:

| Das ist { *eigentlich* / *im Grund* } ein Irrtum | { *Au fond* / *A vrai dire* } c'est une erreur | *In reality* this is an error |

Ein solches «eigentlich» benutzt man besonders auch bei der Beurteilung der «Richtigkeit von Namen»; dabei kann das dominant gesetzte Wort auch als begleitendes Adjektiv in ein Satzglied einbezogen werden:

| { Er heißt *eigentlich* / Sein *eigentlicher* Name ist } Smith | { *En réalité*, il s'appelle / Son *vrai nom* est } Smith | { *In fact*, his name is / His *true name* is } Smith |

Zum Teil werden hier die gleichen Wörter verwendet wie für die Signalisierung der Sicherheitsgrade (Ziff. 10.23'1). Insgesamt handelt es sich um die *ebensosehr emotionale wie gedankliche* Einbettung und Beleuchtung von Aussagen, von Beurteilungen, oft mit feinen Bedeutungsschattierungen. Die *Verteilung* der möglichen Bedeutungsbeiträge auf die zur Verfügung stehenden *Wörter* (oder umgekehrt: die *Zuordnung* der Wörter zu den gewünschten Bedeutungsbeiträgen) ist zum Teil *von Sprache zu Sprache recht verschieden*, und auch innerhalb einer Sprache dienen oft *gleiche* Wörter für *markant verschiedene Bedeutungsbeiträge*. Das zeigt sich auch, wenn man von der Verwendung in bejahenden Aussagen zur Verwendung in *Verneinungen* und besonders in *Fragen* übergeht.

10.26 Verstärkung von Verneinungen – Vorschaltteile und Negationspartikeln als dominante Teile

Im Rahmen einer *Verneinung* kann der Anspruch auf Vollständigkeit der Beurteilung auch *rein als Verstärkung* des Verneinens dienen, und es gibt fließende Übergänge von Darstellung durch *zwei* Satzglieder zu Darstellung durch *Vorschaltgefüge* mit dem Negationswort als Kern. Man kann es als eine Besonderheit des Deutschen betrachten, daß hier auch «überhaupt» gebraucht werden kann – im Französischen und Englischen verwendet man ganz andere Wörter als die dortigen Gegenstücke zu «überhaupt», nämlich Kombinationen mit «tout – all»:

| Das geht *überhaupt nicht* | Cela *ne* va *pas du tout* | It *doesn't* work *at all* |

Man kann hier das «überhaupt» noch als eigenes Satzglied betrachten, wegen der Verschiebungsmöglichkeit «Überhaupt geht das nicht» (obwohl zu diskutieren wäre, ob dann noch der gleiche Bedeutungsbeitrag vorliegt); aber bei praktisch gleichwertigem «gar nicht, absolut nicht» liegt ein Vorschaltgefüge vor, mit «gar, absolut» als Vorschaltteil und «nicht» als Kern (zum Begriff «Vorschaltgefüge» siehe schon Ziff. 7.01 und 7.38–7.39).

Wenn ein «*einfach*» mit dem oben dargestellten Bedeutungsbeitrag mit einem Adjektiv oder einer Partikel kombiniert wird, kann man auch hier ein Vorschaltgefüge annehmen und z. B. «einfach» durch «völlig» oder «ganz» ersetzen: «Das ist *einfach schief* – es ist *völlig schief*» oder «Das trifft *einfach daneben* – es trifft *ganz daneben*».

Dagegen ist «*eigentlich*» nur als eigenes Satzglied, nicht als Vorschaltteil verwendbar, und es verhält sich auch im Rahmen von Negationen ganz anders als «überhaupt»:

> Das ist *eigentlich* gar nicht dumm⌒ (man könnte es bei oberflächlicher Betrachtung als dumm einstufen)
> Das ist *überhaupt* nicht dumm⌒ (es wäre völlig verkehrt, es als dumm einzustufen)

Man gewinnt von hier aus auch einen *vertieften Blick* auf den Begriff «*Vorschaltgefüge*». Man kann sagen, daß in einem solchen Gefüge *im Rahmen* eines geschlossenen nichtverbalen Ausdrucks ein *dominanter* Teil und ein *inhaltlicher* Teil *fest verbunden* sind. Dem entspricht die Tatsache, daß auch in einem Vorschaltgefüge als Vorschaltteil ein Wort gebraucht werden kann, das dem als Kern gesetzten Wort inhaltlich völlig widerspricht, z. B. «Das ist *richtig falsch*» (also eben gar nicht richtig, sondern in jeder Beziehung falsch) oder «Das Kleid war *ganz zerrissen*» (und daher eben gar nicht «ganz»).

Darüber hinaus zeigt sich, daß eine *Negation* generell als *dominanter Teil* aufgefaßt werden kann, und der dadurch negierte Bestand der Proposition bzw. des nichtverbalen Ausdrucks als inhaltlicher Teil (siehe schon Ziff. 9.10). Man kann die Negation aus der betreffenden Proposition herausnehmen und sie als eigene Proposition vorausgehen lassen:

> Sie kommt morgen *nicht*⌒   Es ist nicht so⌒ daß sie morgen kommt⌒
> Sie ist *noch nicht* bereit⌒   Es stimmt nicht⌒ daß sie schon bereit ist (wäre)⌒

0.27 Beiläufige Signale für den Einbau des Gesagten in vorhandene Wissens- und Denkzusammenhänge, «Modalpartikeln»

Manchmal will man nur gerade durch ein beiläufiges Signal das, was man sagt, *situieren* in den *Wissens-* und *Denk*zusammenhängen, die man selber hat und die man beim Hörer/Leser als vorhanden annimmt oder schaffen will.

Dafür gibt es in jeder der vier Sprachen bestimmte Wörter, z. T. auch mehrwortige Ausdrücke – aber gar nicht überall gleich viele und mit genau gleicher Bedeutungsnuance. Im Deutschen hat man besonders viele solche Signale, und man benützt sie häufiger als in andern Sprachen, oft auch zur Signalisierung von Nuancen, die man in den andern Sprachen unausgedrückt läßt.

Die so verwendeten Wörter und Ausdrücke kann man als beiläufige dominante Teile betrachten – dominant, d. h. auf anderer gedanklicher Ebene, obwohl sie in aller Regel unbetont sind und an unauffälliger Stelle in die Proposition eingefügt werden (meistens direkt hinter der an zweiter Stelle stehenden Verb-Personalform oder jedenfalls wenig weiter hinten). Sie liefern in diesem Gebrauch meistens deutlich andere Bedeutungsbeiträge als im Gebrauch auf gleicher gedanklicher Ebene. Die Unterschiede lassen sich demonstrieren durch Beispiele wie «Er sagte *ja* zuerst *nein*» oder «Sie tat es *doch* dann *doch*».

Solche beiläufige dominante Teile (wie «eben – ja – doch –also») sind meistens weglaßbar, und zwar ohne daß sich die gedanklichen Verknüpfungen im Text ändern – aber für die Verdeutlichung des jeweils Gemeinten und für den kommunikativen Kontakt können auch solche «eben – ja – doch – also» recht nützlich und wichtig sein.

Anmerkung «*Modalpartikeln*»: Die im *Deutschen* vorhandenen Wörter dieser Art sind in den letzten Jahrzehnten speziell beachtet und untersucht wurden, und es hat sich ein Spezialgebiet der germanistischen Linguistik herausgebildet, das man «Partikelforschung» nennt. Dabei wird unter «Partikel», anders als in diesem Buch und in der Duden-Grammatik, nicht eine Wortart verstanden, sondern eben diese besondere Funktion: beiläufige gedanklich-gefühlsmäßige Einbettung des Gesagten durch einfache, unbetonte Wörter der Wortart «unveränderliche Wörter». Für die Funktion auf gleicher gedanklicher Ebene braucht man dann meistens die Bezeichnung «Adverb» (also auch diese anders als sonst in der Grammatik – vgl. Ziff. 1.24–1.31). Ein Beispiel für diese Benennungsweise:

Sie hat es *doch* [= Modalpartikel] dann *doch* [= Adverb, «dennoch, trotzdem»] getan

Insgesamt ist aber der Umfang dessen, was als «Modalpartikeln» anzusprechen ist, gar nicht klar. Die Bezeichnungsweise (die Verwendung des alten und sonst heute klar definierten Fachausdrucks «Partikeln» für Wörter in dieser besonderen Verwendungsweise) hat den großen Nachteil, daß dadurch der Unterschied zwischen Formalstrukturen und Bedeutungsbeiträgen verwischt wird; dazu wirkt die Benennung «Adverb» störend bei den Möglichkeiten «*Am Ende* sind wir hier noch gar nicht *am Ende*» oder «Er hat *ja* sofort *ja* gesagt».

Anmerkung zum *Satzgliedbegriff*: Auch bei Grammatikern, die nicht zur speziellen Gruppe «Partikelforschung» gehören, werden oft derartige unbetont gesetzte dominante Teile nicht als Satzglieder anerkannt – weil sie sich nicht direkt auf das Verb der betreffenden Proposition beziehen, sondern auf die Proposition als ganze. Auch diese halb formale, halb semantische Bestimmung des Satzgliedbegriffs hat aber den Nachteil, daß der Unterschied zwischen Formalstrukturen und Bedeutungsbeiträgen verwischt wird – daher wird in diesem Buch der klar formal definierte Satzgliedbegriff verwendet, der in Ziff. 3.02 und dann noch genauer in Ziff. 6.01–6.07 vorgeführt ist.

Die *Bedeutungsbeiträge*, die durch solche unbetont gesetzte dominante Teile in den Hörenden/Lesenden aufgerufen werden, sind oft *sehr offen*. Zum Teil sind sie zwar gedanklich recht klar faßbar (z. B. «Folgerung» bei «also/nämlich – ergo» usw.), zum Teil sind es aber eher nur *flüchtige Beleuchtungen* der emotionalen wie gedanklichen Abläufe, die sich im Sprecher/Schreiber abspielen. Bei eher formellen Texten werden solche Abläufe daher überhaupt nicht sichtbar gemacht – dagegen oft in mündlichen Texten, und ebenso in geschriebenen Texten, die sich stark an direktes Sprechen anlehnen.

Man kann daher auch oft *keine scharfen Grenzen* zwischen dem einen und dem andern derartigen Bedeutungsbeitrag ziehen; manche solche Bedeutungsbeiträge überlappen sich, und demgemäß sind im gleichen Zusammenhang und mit praktisch gleicher

Redeabsicht oft *mehrere verschiedene* Wörter bzw. Ausdrücke möglich, ggf. mit leichter stilistischer Verschiedenheit. Es gibt hier auch besonders wenig klare Entsprechungen zwischen den vier Sprachen – nicht selten ist gar keine einigermaßen äquivalente Übersetzung möglich.

Dazu stehen die jetzt zu behandelnden Bedeutungsbeiträge in einer *Übergangszone* von Darstellung auf *verschiedener* gedanklicher Ebene zu Darstellung auf *gleicher* Ebene, sie nähern sich oft der generellen Verknüpfung durch beiordnende Konjunktionen wie «aber» oder (betontes) «doch». Es kann daher auch in diesem Buch nur eine sehr offene, zum Teil erst tastende Darstellung gegeben werden, und für die Beispiele ist manchmal ziemlich viel Kontext nötig.

10.28 Vergewisserndes Betonen der Tatsächlichkeit des jetzt Gesagten

Man will sich *vergewissern*, daß das jetzt Gesagte *tatsächlich* gilt, daß es *erwartbar* war und daher *jetzt zu anerkennen* ist – sei es gegenüber Partnern, die die Zusammenhänge vielleicht zu wenig gesehen haben, sei es gegenüber eigener vorheriger Sehweise, die man jetzt als zu wenig zutreffend erkennt und korrigiert.

Im Deutschen hat man dafür vor allem «ja» und (unbetontes) «doch». Das «ja» ist neutraler, es kann auch den Aspekt «Aufrufen als bekannt» mitsignalisieren; im «doch» ist stärker eine (aber immer noch leichte) Korrektur fühlbar. Bei Übersetzung ins Französische oder Englische verschwinden solche Unterschiede zum Teil.

Beispiele aus Gottfried Keller, Der grüne Heinrich, französische Übersetzung von G. La Flize, 1981, englische Übersetzung von A. M. Holt, 1960. Heinrich ist nach dem großen Fest mit Tell-Aufführung von seiner (viel älteren) Cousine Judith in ihre Wohnung mitgenommen worden. Sie fragt ihn, warum er sie so lange nicht mehr besucht habe, und er entschuldigt sich, sie verkehre ja auch nicht im Haus seines Onkels und er sei daher schicklicherweise nicht veranlaßt, sie zu sehen.

> Ach was sagte sie Ihr seid *ja* ebensogut mein Vetter
> (und könnt mich von Rechts wegen wohl besuchen, wenn ihr wollt)

Dieses «ja», das die Begründung deutlich machen soll, könnte ebensogut durch «doch» ersetzt werden: «Ihr seid *doch* ebensogut mein Vetter».

Im Französischen wird das durch «en» + Negation + «moins» wiedergegeben:

> Ah bah fit-elle vous *n'en* êtes *pas moins* mon cousin
> (et vous avez bien le droit de venir me voir, quand il vous plaît)

Im Englischen wird «*just*» eingesetzt, was man aber auch als Übersetzung des «ebensogut» sehen kann (deutsch «Ihr seid *gerade so gut* mein Vetter wie ihrer»):

> Bah she said You are *just* as much my cousin as theirs
> (and of course you'd have a right to call on me if you wanted to)

Etwas später erzählt Heinrich seiner älteren Cousine die ganze Geschichte seiner Liebe zu Anna, der zarten, gleichaltrigen Cousine, und Judith fragt ihn, was er sich eigentlich dazu denke, daß er jetzt bei ihr sei. Heinrich ist beschämt und sucht nach Worten:

> ... dann sagte ich endlich zaghaft: Du hast mich *ja* mitgenommen

Auch hier wäre möglich «Du hast mich *doch* mitgenommen», doch wäre dann der entschuldigenden Begründung etwas wie ein *leiser Vorwurf* beigemischt.

In den Übersetzungen werden hier die beiordnenden Konjunktionen «*mais*» und «*but*» verwendet, die man sonst in erster Linie mit dem deutschen «aber» zusammenbringt, und dazu wird das «Du» durch mise en relief hervorgehoben:

⌐je lui dis enfin, en hésitant⌐: ⌐*Mais c'est toi*⌐ ⌐qui m'as entraîné⌐
⌐in the end I said, irresolutely⌐: ⌐*But it was you*⌐ ⌐who took me with you⌐

Judith fragt ihn dann, ob er ihr nicht auch ein wenig gut sei, und er betont, das sei er, aber nicht so, wie er Anna liebe. Sie ist enttäuscht, und er sagt betrübt:

⌐*Aber* ich könnte *doch* nicht dein ernsthafter Liebhaber oder gar dein Mann sein⌐

Hier wäre «ja» offensichtlich zu schwach; die Gegensätzlichkeit wird gleicherweise durch «aber» wie durch «doch» ausgedrückt. Der französische Übersetzer gibt das «doch» durch das wohl noch stärkere «pourtant» wieder, der englische begnügt sich mit dem einleitenden «but», das hier genau dem deutschen «aber» entspricht, und mit einer angefügten «tag question»:

⌐*Mais* je ne pourrais *pourtant* pas être sérieusement pour toi un amoureux, ni certes un mari⌐
⌐*But* I could not be your lover in earnest, or your husband either⌐, ⌐could I⌐?

Hier noch ein Beispiel mit *vollem* «ja», als *Zustimmung*, und *betontem* «doch», gleichwertig mit «aber» oder zur Verstärkung mit diesem kombiniert. Heinrich antwortet auf die Frage von Judith, ob er ihr nicht auch ein bißchen gut sei:

| Ja – aber doch nicht so, wie der Anna | Oui, lui dis-je, mais ce n'est pas comme pour Anna |
| Yes – but not as I love Anna | |

Die Bedeutungsbeiträge von unbetontem, dominant gesetztem «doch» (ersetzbar durch «ja») und von vollem, meistens betontem «doch» (gleichwertig mit «aber», oft auch mit ihm kombiniert) liegen verhältnismäßig nahe beisammen – hie und da kann man beim Lesen schwanken, ob das eine oder das andere vorliegt. Die Bedeutungsbeiträge von «ja» in den so verschiedenen Gebrauchsweisen dieses Wortes sind meistens eindeutig verschieden; es gibt aber auch hier Übergänge, z. B. beim «ja», mit dem man einen höheren Grad ankündigt: «Es ist schon spät, *ja* (sogar) sehr spät». Dazu ein Beispiel aus dem gleichen Kapitel des «Grünen Heinrich», der Erzähler beschreibt seine Gefühle bei diesem Zusammensein mit Judith:

⌐*Ja* ⌐dieser Augenblick schien so sehr seine Rechtfertigung in sich selbst zu tragen⌐, (daß ...)

Hier kann man das «ja» als volle Bejahung zu einer in Gedanken möglichen Frage betrachten, und man kann das durch Fassung in eine eigene Proposition noch verdeutlichen:

⌐*Ja* ⌐das ist die hier zutreffende Aussage⌐ ⌐dieser Augenblick schien ...⌐

Ein *volles* «ja», bejahende Beantwortung einer Frage, die man sich in Gedanken gestellt hat, hat offensichtlich der französische Übersetzer an dieser Stelle gesehen, wenn er schreibt:

⌐*Oui* ⌐cette minute me semblait tellement porter sa justification en elle-même⌐ (que ...)

Man kann das gleiche deutsche «ja» des Textes aber auch als eine *reine Betonung der Tatsächlichkeit* auffassen (siehe Ziff. 10.23'1) – so faßt es offensichtlich der englische Übersetzer:

> *Indeed*, this moment seemed so much to carry with him its own justification (that ...)

10.29 Hinstellen als Erklärung, als Begründung, oft auch entschuldigend

Manchmal will man das, was jetzt kommt, als eine *Erklärung*, eine *Begründung* anschließen an das vorher Gesagte – gelegentlich auch *entschuldigend* für etwas, was man vorher gesagt oder getan hat und für das man kritisiert wurde oder kritisiert zu werden erwartet.

Für diesen Bedeutungsbeitrag dienen im Deutschen «eben», mit stärker logischem Anspruch «nämlich», in süddeutscher, schweizerischer und österreichischer Sprechweise auch «halt», generell hie und da «nun einmal»:

Das ist *eben* so	Ich habe *nämlich* diese Aufgabe übernommen	(neutral erklärend)
halt	Ich habe das *eben* übernommen	(mit entschuldigendem Nebenton)
nun einmal	halt	

Beispiele aus lebhaftem Fachgespräch, in klassischer deutscher Prosa («Grüner Heinrich», Band 3, Kapitel 11, «Die Maler», mit französischer und englischer Übersetzung):

> Genie? Wo ist es? Das ist *eben* die Frage.
> Du génie? Où est le génie? Voilà *bien* la question (also: Wiedergabe durch «bien»)
> Genius? Where is it? That's the question (also gar keine Wiedergabe es «eben»)

Und in der Tadelsrede von Lys gegen die allegorischen Maler, die die ehrliche Arbeit nach der Natur scheuen:

> Das Herausspinnen einer fingierten, künstlichen, allegorischen Welt ...
> ist *eben* nichts anderes als jene Arbeitsscheu ...

Hier könnte man das «*eben*» ersetzen durch «*doch*» oder (aber mit deutlich schwächerer Wirkung) durch «*ja*» – auch als neutrale, stärker logisch klingende Betonung von Kausalität durch «*nämlich*» (aber *nicht* durch «*halt*»). Der französische Übersetzer wählt als noch stärkere Verknüpfung mit den vorhergehenden Aussagen von Lys das (auch rein temporal auffaßbare) «encore une fois», in betonter Weise nachgestellt. Bemerkenswert ist dabei auch die Wiedergabe des deutschen substantivierten Infinitivs «das Herausspinnen» usw.:

> Le fait de tirer tout fabriqué de son imagination un monde fictif, artificiel et allégorique, ce n'est pas autre chose, *encore une fois*, que de l'aversion pour le travail

Der englische Übersetzer greift auch hier auf das Signalisieren eines hohen Sicherheitsgrades zurück (Ziff. 10.23), und auch er betont den Rückgriff auf vorher Gesagtes:

> The fabrication of a fictitious, artificial, allegorical universe by means of one's inventive faculty ...
> is *really* nothing but this aforementioned dread of work

Besonders beliebt ist solcher zugleich erläuternder und begründender Anschluß im *Lateinischen*, durch das (meistens hinter dem Verb eingefügte) «*enim*». In der Abhandlung von Cicero «De deorum natura» finden sich gleich auf der ersten Seite zwei schöne Beispiele – und sie zeigen zugleich verschiedene Möglichkeiten der Wiedergabe in den modernen Sprachen. Cicero beginnt seine Abhandlung, indem er zeigt (an den Gesprächspartner Brutus gewendet), wie schwierig die Frage nach dem Wesen der Götter sei – die Vertreter der Philosophen-Schule «Akademie» (auf Platon und damit auf Sokrates zurückgehend) hätten daher gerade bei dieser Frage betont, der Ausgangspunkt aller Philosophie sei das Eingeständnis des eigenen Nicht-Wissens, und man müsse sich grundsätzlich von der Zustimmung zu unsicheren Aussagen zurückhalten. Dann wird durch «enim» eine allgemeine Betrachtung angeschlossen:

> Quid est *enim* temeritate turpius⌒
> aut quid tam temerarium⌒ tamque indignum sapientis gravitate aque constantia⌒
> quam aut falsum sentire⌒
> aut quod non satis explorate perceptum sit et cognitum⌒ sine ulla dubitatione defendere⌒?

In der Übersetzung von Wolfgang Gerlach und Karl Bayer (München 1978) wird das «enim» des Originals durch die beiordnende Kausal-Konjunktion «denn» wiedergegeben:

> *Denn* was bringt mehr Schande als ein unüberlegtes Urteil⌒
> oder was ist so unüberlegt und unvereinbar mit dem folgerichtigen Urteil eines Philosophen⌒
> wie eine falsche Meinung zu vertreten⌒ oder ohne Bedenken zu verteidigen⌒
> was nicht deutlich genug erfaßt und erkannt ist⌒?

In der französischen Übersetzung von M. van den Bruwaere (Brüssel 1970) wird das «*enim*» durch «*en effet*» wiedergegeben (also durch Anspruch auf einen hohen Sicherheitsgrad, Ziff. 10.23'1):

> Qu'est-il *en effet* de plus dégradant que l'étourderie⌒
> ou qu'y-a-t-il d'aussi sot et d'aussi indigne du sérieux et de l'autorité d'un sage⌒
> que ou bien de penser faux⌒ ou bien de défendre sans hésitation⌒
> ce qui n'a pas été assez profondément examiné et connu⌒?

In der englischen Übersetzung (von H. Rackham) steht «*For*», hier als Kausalkonjunktion wie das deutsche «denn»:

> *For* what is more unbecoming than ill-considered haste⌒?
> And what is so unconsidered or so unworthy of the dignity and seriousness proper to a philosopher⌒
> as to hold an opinion⌒ that is not true⌒ or to maintain with unhesitating certainety a proposition⌒
> not based on adequate examination, comprehension and knowledge⌒

Cicero zeigt nun, wie verschieden verschiedene Philosophen über die Existenz von Göttern gedacht haben, und er stellt als Kernfrage hin, ob die Götter sich um die Menschen überhaupt kümmern oder nicht. Wenn diese Frage nicht beantwortet werden könne, müßten die Menschen im größten Irrtum und völliger Unwissenheit leben. Nun schließt er mit «enim» die Darstellung der Antworten verschiedener Philosophen auf diese Kernfrage an:

> Sunt *enim* philosophi et fuerunt
> qui omnino nullam habere censerent rerum humanarum procurationem deos

Der deutsche Übersetzer verwendet hier «ja» (Ziff. 10.28) für den Anschluß:

> Es gibt *ja* Philosophen und hat sie immer gegeben
> nach deren Meinung sich die Götter auch nicht im geringsten um die Angelegenheiten der Menschen kümmern

Der französische Übersetzer kennzeichnet die Anschlußweise überhaupt nicht, er stellt einfach das Faktum dar (auch ohne Wiedergabe des lateinischen «omnino – überhaupt»):

> Il y a des philosophes et il en fut
> pour penser que les dieux n'avaient nul gouvernement des choses humaines

Der englische Übersetzer wählt auch hier, wie im ersten Beispiel, das als unterordnende Konjunktion gebrauchte, der deutschen beiordnenden Konjunktion «denn» entsprechende «for»; das «omnino» gibt er wieder durch das entsprechend pauschalierende «whatever»:

> *For* there are and have been philosophers
> who hold that the gods exercise no control over human affairs *whatever*

Für ausführliche Behandlung der Bedeutungsbeziehung «etwas erklären durch Zurückführen auf etwas anderes, als Ursache zu Sehendes, Kausalität» siehe Ziff. 10.80–10.81.

0.30 Präsentation als Folgerung, als Ergebnis

Gewissermaßen die Umkehrung des Hinstellens als *Erklärung/Begründung* ist es, wenn man das jetzt zu Sagende als *Folgerung, als Ergebnis* an das vorher Gesagte anschließt oder damit einen ganzen Text als Ergebnis aus vorhergehenden Gesprächen, Gedanken, Überlegungen hinstellt.

Dafür dienen im Deutschen «also», hie und da auch «demnach», in schwächster Form (allerdings oft etwas veraltet klingendes) «denn», mit einleitendem «so»:

Er hat es *also* getan	So hat er es *denn* getan	Demnach hat er es getan
Alors il l'a fait	Il l'a *donc* fait	
He did it, *then*	Well he did it	

Im Lateinischen verwendet man vor allem «ergo» und «igitur» – und zwar von Alltagssituationen bis zum Signalisieren streng logischer Gedankenführung. Allgemein bekannt ist das Trinklied von Goethe «Ergo bibamus» (geschrieben 1810), das zugleich im zweiten Vers eine deutsche Entsprechung zum lateinischen «ergo» enthält:

Ergo bibamus	Hier sind wir versammelt zu löblichem Tun;
Also trinken wir	*Drum* Brüderchen! Ergo bibamus!

Entsprechend der Anfang des bekannten Studentenliedes:

| Gaudeamus *igitur* Wir wollen uns *also* freuen | Juvenes dum sumus in der Zeit, in der wir jung sind |

Für klassische deutsche Prosa ein Beispiel aus dem Gespräch von Heinrich und Judith im «Grünen Heinrich» (siehe Ziff. 10.28); Judith fragt Heinrich, ob er mit jeder anderen hübschen Frau ebenso gegangen wäre, wie jetzt mit ihr; er verneint entschieden, und sie fährt fort:

Also bist du mir auch ein bißchen gut.
Alors, c'est que tu as pour moi aussi une petite affection.
Then you do love me too a little (im Original vor und nach «too» keine Kommas)

Ein klassisches Beispiel für *Gesprächseröffnung* mit einer Aussage, die durch «also» als nun eingetretenes, mehr oder weniger erwartetes Ergebnis aus früheren Entwicklungen hingestellt wird, bietet die Fabel «Der Menschenmaler» von Pestalozzi, aus seinen «Figuren zu meinem ABC-Buch», 1797 (in der dritten Ausgabe, 1823, ist dieser Text ganz an die Spitze gerückt, mit einem längeren, grundsätzlichen Kommentar):

Er stand da – sie drängten sich um ihn her und einer sagte:
Du bist *also* unser Maler geworden? Du hättest wahrlich besser getan, uns unsere Schuhe zu flicken.

Schließlich kann als Beleg für den streng logischen Gebrauch des durch «ergo – also – donc» aufrufbaren Bedeutungsbeitrags der bekannte Satz von Descartes genannt werden, der zu einer der Grundlagen in der Entwicklung der neuzeitlichen europäischen Philosophie geworden ist (Descartes, Principia Philosophiae, 1644, 7):

| Cogito *ergo* sum | Ich denke *also* bin ich | Je pense *donc* j'existe | I think *therefore* I am |

Man kommt hier klar in den Bereich der *Grund-Folge-Zusammenhänge*, der *Kausalität* (Ziff. 10.75–10.92): «Ich denke, *folglich* bin ich» oder «*Aus* der Tatsache, daß ich denke, *folgt die Tatsache*, daß ich existiere» oder «*Weil* ich denken kann, ist klar, daß ich wirklich existieren muß» oder sehr umgangssprachlich: «*Wenn* es mich nicht gäbe, könnte ich *ja* auch gar nicht denken – und ich denke doch, das sieht jeder».

10.31 Intensivierung von Fragen und Aufforderungen

In *Fragen* werden Wörter wie «eigentlich – überhaupt – denn – donc – enim» oft als Zeichen für *Intensivierung* (oder auch: Relativierung) verwendet – teilweise in markantem Unterschied zu den andern durch diese Wörter signalisierten Bedeutungsbeiträgen, oft auch kombiniert mit unbetont eingeschobenem «nicht» (dazu schon Ziff. 9.16):

Was will er { *denn*? / *eigentlich*? / *überhaupt*? }   Ist das *(denn)* nicht { *eigentlich* / *überhaupt* } sinnlos?
Man fragt sich, was er *denn* { *eigentlich* / *überhaupt* } will.

Im Lateinischen dient für diesen Zweck oft «enim», im Französischen «donc»:

| Quid *enim*? | Pourquoi *donc*? | Warum *denn*? |

Im Deutschen kann man auch «wohl» in ähnlichem Sinn brauchen:

⌈Was meint er ⎰ ⌈denn⌉ ⎱ ?
           ⎱ ⌈wohl⌉ ⎰

Hier ist aber meistens eine Umformung und Verdeutlichung im Sinn von Ziff. 10.23'3 möglich: «*Was denkst du, daß* er meint?»

Zur leichten Verstärkung von *Aufforderungen* (oder: zu deutlicherer Motivierung) verwendet man im Deutschen oft unbetontes, dominant gesetztes «doch» (übrige Verwendungsweisen in Ziff. 10.28), mit stärkerem Anschluß an Vorhergehendes auch «also». Im Französischen dient dafür oft «donc». Dazu nochmals ein Beleg aus dem Kapitel über Heinrich und Judith im «Grünen Heinrich» (Ziff. 10.28). Situation: Die vier Männer, mit denen Judith und Heinrich an diesem Abend vorher zusammen waren, kommen vors Haus und begehren Einlaß:

⌈So macht *doch* auf⌉ ⌈schöne Judith⌉ ⌈und wartet uns mit einer Tasse heißen Kaffees auf⌉
⌈Ouvrez *donc*⌉ ⌈belle Judith⌉ ... ⌈et offrez nous une tasse de café chaud⌉
⌈*Do open* the door⌉ ⌈lovely Judith⌉ ⌈and serve us with a cup of hot coffee⌉
(also zweiteiliges «do open» statt des ebenso möglichen einfachen «open»)

0.32 Hinstellen als Korrektur früherer Einschätzungen

Manchmal will man deutlich machen, daß das jetzt Gesagte als *Korrektur vorheriger anderer* Einschätzungen zu verstehen ist, evtl. generell als wahrscheinlichste von verschiedenen erwogenen Möglichkeiten. Dafür verwendet man im Deutschen «*schließlich*» oder «*am Ende*», und zwar nicht mit rein zeitlichem Sinn, sondern zur Beleuchtung der Urteilsqualität an sich.

Der Unterschied zwischen rein zeitlichem «am Ende» und dem Gebrauch zur Kennzeichnung der Aussagesicherheit (oder hier besser: der «Erkenntnis-Sicherheit») läßt sich illustrieren durch Kombination von zwei «am Ende» in der gleichen Proposition:

⌈Wir sind *am Ende* noch gar nicht *am Ende*⌉   ⌈*Am Ende* hat er *am Ende* etwas gepfuscht⌉

Daß solcher Gebrauch von «am Ende» schon in klassischer deutscher Prosa möglich war, belegt folgende Stelle aus dem Kapitel «Judith» am Ende des zweiten Bandes im «Grünen Heinrich» (siehe schon Ziff. 10.31). Judith hat die vier Männer nicht eingelassen; als einer versuchte, beim Schein eines Blitzes in das Zimmer hineinzusehen, hat sie sich mit Heinrich versteckt und ein Leintuch über den Stuhl gelegt, auf dem sie gesessen hatte; das Gesangbuch, in dem sie die früher von Heinrich gemalten Bildchen aufbewahrt, hat sie auf dem Tisch liegen lassen. Als nun einer der Männer beim Schein eines noch stärkeren Blitzes ins Innere der Stube zu sehen vermag, sagt er enttäuscht zu seinen Kumpanen:

⌈Sie ist es nicht⌉, ⌈es ist nur ein weißes Tuch⌉; ⌈das Kaffeegeschirr steht auf dem Tisch⌉
⌈und das Kirchenbuch liegt dabei⌉. ⌈Der Himmelteufel ist *am Ende* frömmer⌉ ⌈als man glaubt⌉

In der französischen Übersetzung ist gar nichts mehr von zeitlicher Einordnung spürbar (wie sie bei «am Ende» mitklingt), sondern die reine Gegensätzlichkeit:

⌈Ce n'est pas elle⌉! ⌈ce n'est qu'une toile blanche⌉. ⌈Il y a la cafetière sur la table⌉
⌈et le livre de prières à côté⌉. ⌈La diablesse est *tout de même* plus pieuse⌉ ⌈qu'on ne le croit⌉

In der englischen Übersetzung wird rein der *Vermutungs-Charakter* des Urteils «frömmer als man glaubt» hingestellt, durch «must» (Ziff. 10.24, befriedigendste von möglichen Erklärungen):

⌐It's not she⌐ ⌐it's only a white cloth⌐; ⌐the coffee set is on the table⌐
⌐and her prayer-book is lying beside it⌐. ⌐The divine she-devil *must be* more godly⌐ ⌐than we imagined⌐

10.33 Existenzielles Einschätzen von Situationen: Angst, Furcht – Hoffnung, Zuversicht

Jeder Mensch (wie weitgehend überhaupt jedes höhere Lebewesen) *reagiert* mit seinem *Auffassungs- und Willenszentrum* ständig auf das, was er *um sich herum*, in seinem engeren oder weiteren Lebensbereich, sieht, hört, erfährt, und er reagiert ebenso ständig auf Signale *über seinen eigenen* (ihm normalerweise nicht bewußten) Körperzustand, z. B. auf Signale «Hunger – zu hohe oder zu geringe Temperatur um den Körper herum» – usw. Man stellt gewissermaßen ständig die Frage (unterhalb der Schwelle des Bewußtseins oder in voller Bewußtheit): «*Wie steht es mit mir, wie geht es weiter* – was sollte ich haben, was muß ich gewärtigen, was kann ich erhoffen?»

Am elementarsten sind hier wohl die beiden Erwartungszustände «Angst, Furcht» einerseits und «Hoffnung, Zuversicht, Mut» anderseits. Beide werden sehr oft durch dominante Teile dargestellt, und man nennt dann im zugehörigen inhaltlichen Teil dasjenige, auf das sich der betreffende Erwartungszustand bezieht, wodurch die Angst ausgelöst wird, worauf man hofft.

Bei den *verfügbaren Formalstrukturen* findet man ein besonders bemerkenswertes Ineinander von Entsprechungen und markanten Verschiedenheiten. Es empfiehlt sich daher, zuerst die Entsprechungen zu zeigen und dann die Verschiedenheiten für jede Sprache gesondert darzustellen.

Generelle Entsprechungen bestehen, wenn man den inhaltlichen Teil *vorausnimmt* und den dominanten Teil folgen läßt, vor allem in gesprochener Sprache:

⌐Wir sind zu spät⌐	⌐fürchte ich⌐ / ⌐wie ich fürchte⌐	⌐Sie ist bereit⌐	⌐hoffe ich⌐ / ⌐wie ich hoffe⌐
⌐Nous sommes en retard⌐	⌐je le crains⌐	⌐Elle est prête⌐	⌐je l'espère⌐
⌐We are too late⌐	⌐I fear⌐	⌐She is ready⌐	⌐I hope⌐
⌐Seri sumus⌐	⌐timeo⌐	⌐Parata est⌐	⌐spero⌐

Sehr oft stellt man aber den dominanten Teil voran, und hier zeigen sich nun markante Verschiedenheiten zwischen den vier Sprachen – vor allem wenn der dominante Teil als Hauptsatz und der inhaltliche Teil als Nebensatz gesetzt wird.

Im *Deutschen* kann man teilweise die gleichen Formalstrukturen verwenden wie bei indirekter oder auch direkter Anführung von Gedanken und Gefühlen (Ziff. 10.07), nämlich «daß» oder «zu». Wenn der inhaltliche Teil als finite Proposition formuliert ist, tritt auch der *Konjunktiv* auf, vor allem wenn keine Verknüpfung durch «daß» vorliegt. Der Konjunktiv ist zwar selten, wenn der dominante Teil im Präsens steht, aber er ist häufig, ja oft erforderlich, wenn der dominante Teil eine *vergangene Haltung* des Fürchtens bzw. Hoffens darstellt:

10/IV Unmittelbare Wahrnehmung und ihre Inhalte

Ich fürchte { daß er zu spät *ist* / er *ist* zu spät	Ich fürchtete { daß er zu spät { *war* / *sei* } / er *sei* zu spät
Ich hoffe { daß sie noch *kommt* / sie { *kommt* / *(komme)* } noch	Ich hoffte { daß sie noch { *komme* / *kommen würde* } / sie { *komme* noch / *würde* noch *kommen* }

Durch einen solchen Konjunktiv betont man die *Subjektivität* des Fürchtens bzw. Hoffens (vgl. die generelle Darstellung des Konjunktivgebrauchs in Ziff. 10.14–10.18), aber die *objektive* Wahrscheinlichkeit wird dadurch *nicht verringert*. Auf «Ich fürchtete, er sei zu spät» kann ebenso folgen «und er war wirklich zu spät» wie «aber zum Glück kam er rechtzeitig».

Wenn für den inhaltlichen Teil das gleiche Subjekt gilt wie für den dominanten, ist auch ein zu-Infinitiv möglich:

| Er { *fürchtet* / *fürchtete* } zu spät zu sein | Sie { *hofft* / *hoffte* } ihn noch zu treffen | usw. |

Im *Englischen* ist es wie im Deutschen, nur steht bei Vergangenheit des dominanten Teils nicht der subjunctive, sondern eine Kombination mit «would/should»:

| I { *fear* / *feared* } (that) he { is / would be } to late | I { *hope* / *hoped* } (that) he { will / would } come in time |

Und bei gleichem Subjekt für dominanten und inhaltlichen Teil:

| I fear (feared) to be too late | I hope (hoped) to meet him there |

Bei «to be afraid» verwendet man die ing-form:

| She was afraid of waking her husband |
| Sie fürchtete (durch ihr Handeln) ihren Mann zu wecken |

Im *Französischen* wird zwischen «fürchten» und «hoffen» ein grundsätzlicher Unterschied gemacht, indem nach «craindre que ...» der *subjonctif* obligatorisch ist und ein «ne» eingefügt wird, das keineswegs zur Verneinung dient («ne explétif»):

Je crains / J'ai peur } qu'il *ne* le *fasse*	J'espère qu'il y *renoncera*
Ich fürchte, daß er es tut	Ich hoffe, er wird darauf verzichten, es nicht tun
Aber mit «normalem», negierendem «ne»: «Je crains qu'il *n'*y renonce *pas* – ich fürchte, daß er *nicht* darauf verzichtet»	

Im *Lateinischen* sind die Formalstrukturen bei «*fürchten*» noch viel stärker verschieden von denen für «hoffen» und für indirekte Anführung: man setzt als unterordnende Konjunktion (mit obligatorischem Konjunktiv) nicht das sonst übliche «*ut*» sondern ein «*ne*»:

| Timeo / Metuo } *ne* faciat | Timebam / Metuebam } *ne* faceret |
| Ich fürchte, er tue es | Ich fürchtete, er tue es |

Dagegen heißt «metuere ut ..., vereri ut ...» soviel wie «fürchten, daß nicht ...» oder auch «voll Angst bezweifeln, daß ...»:

> ⁀Veremur⁀ ⁀ut hoc natura patiatur⁀
> Wir fürchten, die Natur werde das nicht zulassen – Wir bezweifeln, daß sie es zulassen wird

«*Timere*» oder «*vereri*» kann man auch mit einem Infinitiv verbinden, aber dann bedeutet es «nicht wagen ..., sich scheuen ...» z. B. – «*vereor id facere, ich wage das nicht* zu tun – *timeo id postulare, ich scheue mich, das zu verlangen*».

Bei «*hoffen*» bestehen – ganz anders als bei den Verben des Fürchtens – generell die gleichen Möglichkeiten wie bei der indirekten Anführung von Aussagen, Gedanken usw., d. h. vor allem Infinitivkonstruktionen:

> ⁀Spero⁀ illud *tolerare posse*⁀   ⁀Spero⁀ ⁀eam illud *tolerare posse*⁀
> Ich hoffe das ertragen zu können   Ich hoffe, daß sie das ertragen kann

Generell muß man sehen, daß es *fließende Übergänge* gibt von den zwei elementaren (und einander klar entgegengesetzten) Erwartungshaltungen «Angst» und «Hoffnung» zur Darstellung von *Denk- und Wissens-Inhalten überhaupt*, samt ihren Sicherheits- oder Unsicherheitsgraden:

> *fürchten*: Bedenken haben – darauf gefaßt sein, daß ... – damit rechnen müssen, daß ...
> *hoffen*: zuversichtlich sein – darauf rechnen, daß ... – davon ausgehen können, daß ...
> *craindre*: s'attendre à ... être préparé à ...
> *espérer*: y compter que ...

Auf der andern Seite gibt es Übergänge zur *Beurteilung* auf *Wert, Erfreulichkeit, Nutzen* usw., bei denen neben dem Anschluß durch «*daß*» auch ein Anschluß durch «*wenn*» möglich ist, z. B.: «Ich fürchte, *daß* ich dann völlig allein bin – Ich fürchte *es* / habe Angst *davor, daß/wenn* ich dann völlig allein bin – *Es bedrückt* mich, *daß/wenn* ich völlig allein bin» usw. (Ziff. 10.43–10.46).

10/V Annahme/Voraussetzung und daran Gebundenes oder davon betont Unabhängiges – Beurteilen auf Annehmlichkeit, Wert usw. – Zuordnung zwecks Vergleich, kombiniert mit Annahme oder generell – Offenheit von Nennungen, beliebige Erstreckung

10.34 Annahme/Voraussetzung und an deren Zutreffen Gebundenes

Es gehört zum Kern des Verhaltens jedes Menschen, daß er immer wieder *Annahmen* macht, *gedankliche Entwürfe* über die Partner, über die ihn umgebende Situation und Welt wie über sich selbst, über mögliche Entwicklungen und eigene Handlungen dabei – und daß er immer wieder die *Voraussetzungen* studiert und überprüft, von deren Vorhandensein der Erfolg seiner Handlungen usw. abhängen kann.

Zur Darstellung dieser grundlegenden Bedeutungsbeziehung gibt es im Deutschen – und teilweise auch in den andern Sprachen – *sehr elementare* Formalstrukturen, die einen auffälligen Zusammenhang zeigen mit den Formalstrukturen, die man oft für die Formulierung von Fragen verwendet.

⌢Bleibst du dabei⌢ ⎫ ⌢so bleibe ich auch⌢.	⌢Bleibst du dabei⌢? ⌢Dann bleibe ich auch⌢.
⌢Wenn du dabei bleibst⌢ ⎭	
⌢Gilt p⌢ ⎫ ⌢so gilt auch q⌢.	⌢Gilt p⌢? ⌢Dann gilt auch q⌢.
⌢Wenn p gilt⌢ ⎭	

Die elementare Formalstruktur «Verb-Personalform an der Spitze» ist auch im Französischen und Englischen vorhanden, aber sie wird nur in sehr beschränktem Maß verwendet, nur bei wenigen, sehr generellen Verben und meistens nur in literarischer Sprache:

⌢N'*était* cette difficulté⌢ ⎫ ⌢tout serait déjà réglé⌢
⌢Si cette difficulté n'existait pas⌢ ⎭
Wäre nicht diese Schwierigkeit, alles wäre schon geregelt

⌢N'*eût été* votre sang-froid⌢ ⎫ ⌢nous aurions tous péri⌢
⌢Si vous n'aviez gardé votre sang-froid⌢ ⎭
Hätten Sie nicht ihre Kaltblütigkeit bewahrt, wir wären alle umgekommen

⌢*Should* it be necessary⌢, ⌢I would come too⌢
Sollte es nötig sein, so würde ich auch kommen

⌢*Had* he known⌢, ⌢he would not have gone⌢
Hätte er das gewußt, er wäre nicht gegangen

Im Lateinischen gibt es wegen der freien Wortstellung keine Signalisierung von «Annahme/Voraussetzung» einfach durch Spitzenstellung des Verbs, man sieht aber auch hier die Verwandtschaft dieser Bedeutungsbeziehung mit einer Folge von Frage und daran anschließender Feststellung oder Aufforderung:

⌐Si quid scriptum sit obscure⌐, ⌐dubites de re⌐
Wenn etwas etwa unklar geschrieben ist, magst du an der (dargestellten) Sache zweifeln

⌐Aliquid ne scriptum est obscure⌐? { ⌐Dubitabis⌐ / ⌐Dubita⌐ } de re⌐
Es ist unklar geschrieben? Da zweifelst du/Zweifle an der Sache

Ein klassisches deutsches Beispiel bietet das Epigramm von Schiller «Der Schlüssel». Es lautet mit der originalen Zeichensetzung:

⌐Willst du dich selber erkennen⌐, ⌐so sieh⌐, ⌐wie die andern es treiben⌐;
⌐Willst du die andern verstehn⌐, ⌐blick' in dein eigenes Herz⌐.

Mit anderer Interpunktion, die das im Original als *Annahme* hingestellte Ziel als *Frage* hinstellt – ohne Änderung eines einzigen Wortes:

⌐Willst du dich selber erkennen⌐? ⌐So sieh⌐, ⌐wie die andern es treiben⌐.
⌐Willst du die andern verstehn⌐? ⌐Blick' in dein eigenes Herz⌐.

10.35 Möglichkeit des Nicht-Eintretens einbezogen – Eintreten erwartet, nur Zeitpunkt offen

Im Rahmen der Grund-Beziehung «Annahme/Voraussetzung und an das Eintreten des Angenommenen Gebundenes» sind nun *zwei Möglichkeiten* zu unterscheiden, die man im Deutschen *beide* durch «wenn» signalisieren kann, während in den andern Sprachen *verschiedene* unterordnende Konjunktionen vorhanden sind:
– Es ist *völlig offen*, ob das jetzt in Gedanken Entworfene überhaupt eintreten wird, ob die Voraussetzung gegeben ist oder sein wird oder nicht – und ob also das an dieses Eintreten des Angenommenen, an das Vorhandensein des Vorausgesetzten Gebundene *überhaupt eintreten wird*.

Und bei Darstellung von *Vergangenem*: das als Annahme/Voraussetzung Entworfene war *seinerzeit möglich*, aber es ist dann *nicht* eingetreten, und damit natürlich das daran Gebundene auch nicht (siehe schon zu Konjunktiv II Perfekt, Ziff. 5.06'B, 5.23, 5.45, 5.70):

Traditionelle Einordnung und Benennung: KONDITIONALSATZ + HAUPTSATZ
⌐Geht seine Frau dorthin⌐   { ⌐Wenn⌐ / ⌐Falls⌐ / ⌐Sofern⌐ } seine Frau dorthin geht⌐ } ⌐(so) geht er ebenfalls hin⌐
⌐Wäre seine Frau dorthin gegangen⌐   { ⌐Wenn⌐ / ⌐Falls⌐ } seine Frau dorthin gegangen wäre⌐ } ⌐so wäre er auch gegangen⌐   (aber: sie ging *nicht*, und daher *er auch nicht*)

10/V Annahme/Voraussetzung und daran Gebundenes oder davon Unabhängiges 479

Si sa femme y va / En cas / Supposé	qu'elle y aille	il y ira à son tour
If / On the condition that		his wife goes there / he will go there too
Naturam *si* sequemur ducem		numquam aberrabimus
Wenn wir der Natur als Führerin folgen, werden wir nie fehlgehen		

– Man rechnet *zuversichtlich* mit dem Eintreten des jetzt gedanklich Entworfenen, mit dem Vorhandensein des als Voraussetzung Dargestellten, aber man *weiß* noch nicht, *wann* es soweit sein wird und wann daher das daran Gebundene eintreten wird.

Bei Darstellung von *Vergangenem*: das als Annahme/Voraussetzung Hingestellte *ist eingetreten*, und damit das daran Gebundene, aber der *Zeitpunkt dafür* war *damals offen* (für Genaueres über die Unterscheidung «*Als* er das tat ... – *Wenn* er es [jeweils] tat ...» siehe Ziff. 11.14):

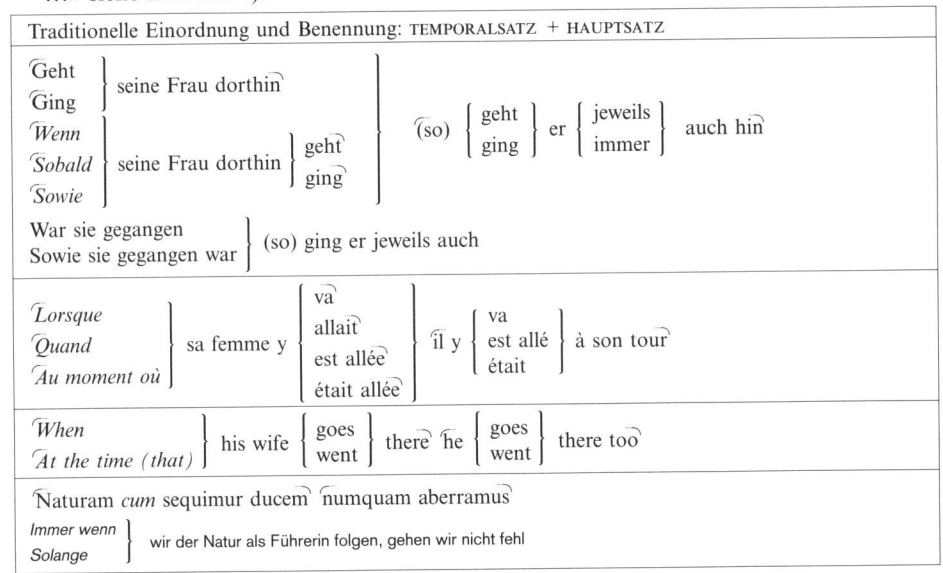

Traditionelle Einordnung und Benennung: TEMPORALSATZ + HAUPTSATZ				
Geht / Ging / Wenn / Sobald / Sowie	seine Frau dorthin / seine Frau dorthin	geht / ging	(so) geht / ging er jeweils / immer auch hin	
War sie gegangen / Sowie sie gegangen war	(so) ging er jeweils auch			
Lorsque / Quand / Au moment où	sa femme y	va / allait / est allée / était allée	il y va / est allé / était	à son tour
When / At the time (that)	his wife	goes / went	there he goes / went there too	
Naturam *cum* sequimur ducem	numquam aberramus			
Immer wenn / Solange	wir der Natur als Führerin folgen, gehen wir nicht fehl			

10.36 Relativierung des Unterschieds «konditional – temporal»

Die zwei in Ziff. 10.35 vorgeführten Möglichkeiten wurden in den meisten traditionellen Grammatiken scharf getrennt, als «*Konditionalsatz* + Hauptsatz» (bei *Offenheit* auch des *Eintretens an sich*) und «*Temporalsatz* + Hauptsatz» (wenn man mit dem Eintreten rechnet und *nur der Zeitpunkt* dafür noch *offen* ist).

Die Unterscheidung ist tatsächlich wichtig für das feinere Verstehen, aber sie ist nicht immer so absolut, wie es die traditionelle Ansicht nahelegen kann. Es gibt Sachverhalte, für deren sprachliche Fassung *nur die eine* oder *nur die andere* Spielart der Grund-Beziehung «Annahme/Voraussetzung und an deren Zutreffen Gebundenes» das Richtige ist. Es gibt aber anderseits auch Sachverhalte, bei deren Darstellung *beides* möglich ist und bei denen der Sprecher/Schreiber die eine oder die andere *Beleuchtung* des grundlegenden Zusammenhangs wählen kann. Man sollte daher die Anschlußmöglichkeiten «si –lorsque/quand» bzw. «if – when» nicht so scharf trennen, wie es im Anfänger-Fremdsprachunterricht nicht selten geschieht (aus dem an sich berechtigten Streben heraus, Fehler zu vermeiden, die durch unreflektiertes Ausgehen von deutschem «wenn» eintreten können).

Beispiele für das Französische:

| Vous me comprenez sans doute { *si* / *quand* } je vous raconte tout ce que je sais | wenn ich es tue / sobald ich es jetzt tue |

Wenn man sie *wirklich* fragt ...

{ Si l'on / Lorsque } on leur demande comment c'était possible ils donnent des réponses très diverses

Wenn man sie *dann/jeweils* fragt ...

{ Si l' / Quand } on envisage les services que ces financiers rendirent au gouvernement on est frappé ...

Wenn man in der Tat / Sobald man nun die Dienste betrachtet, welche diese Finanzmagnaten der Regierung erwiesen, ist man verblüfft ...

Beispiele für das Englische (Aus G. B. Shaw, Candida)

Der verzweifelte junge Dichter Marchbanks beklagt seine Unfähigkeit, anderen sein Liebesbedürfnis mitzuteilen – seine Schüchternheit, die ihn immer wieder daran hindert:

I find it [love] in unmeasured stores in the bosoms of others
But *when* I try to ask for it this horrible shyness strangles me

Hier markiert das «when» den *Augenblick*, in dem er es jeweils versucht («immer wenn ...»).

Es wäre aber auch «*if*» möglich, und dann läge der Akzent auf der *Möglichkeit*: «Aber *wenn ich wirklich versuche*, darum zu bitten, ...».

Morell erklärt Marchbanks, daß Candida eben viel Arbeit hat im Haushalt und daß daher alle etwas mithelfen müssen – anders als in der Familie, in der Marchbanks aufwuchs und wo eine zahlreiche Dienerschaft vorhanden war:

When there's anything coarse-grained to be done
you just ring the bell and throw it on to somebody else eh?

Auch hier markiert das «*when*» ein «immer wenn, sobald» – aber auch «*if*» wäre möglich, wenn die Annahme, es sei eine solche Arbeit zu verrichten, grundsätzlich hingestellt wird «*If* there's anything coarse-grained to be done ... Wenn nun eben eine gröbere Arbeit zu verrichten ist ...»

Zur Verschiedenheit von unterordnenden Konjunktionen bei der reinen Einbettung in den Zeitablauf (französisch «*lorsque*», englisch «*when*» bei *Einmaligkeit* durch deutsch «*als* ...» wiederzugeben, dagegen bei *mehrmaligen* Ereignissen durch «*wenn*») siehe Ziff. 11.14'1.

10.37 Bindung an das Nicht-Zutreffen von Annahmen/Voraussetzungen

Besondere Formalstrukturen hat man in allen vier Sprachen, wenn man die Bindung von etwas an das *Nicht-Zutreffen* einer Annahme, an das *Nicht-Vorhandensein* einer

Voraussetzung darstellen will. Die Grund-Beziehung «Annahme/Voraussetzung und an deren Zutreffen Gebundenes» überschneidet sich hier mit der ebenfalls als ein Grundverhältnis zu betrachtenden Bedeutungs-Beziehung «*Ausnahme* von einer im übrigen gültigen Feststellung»:

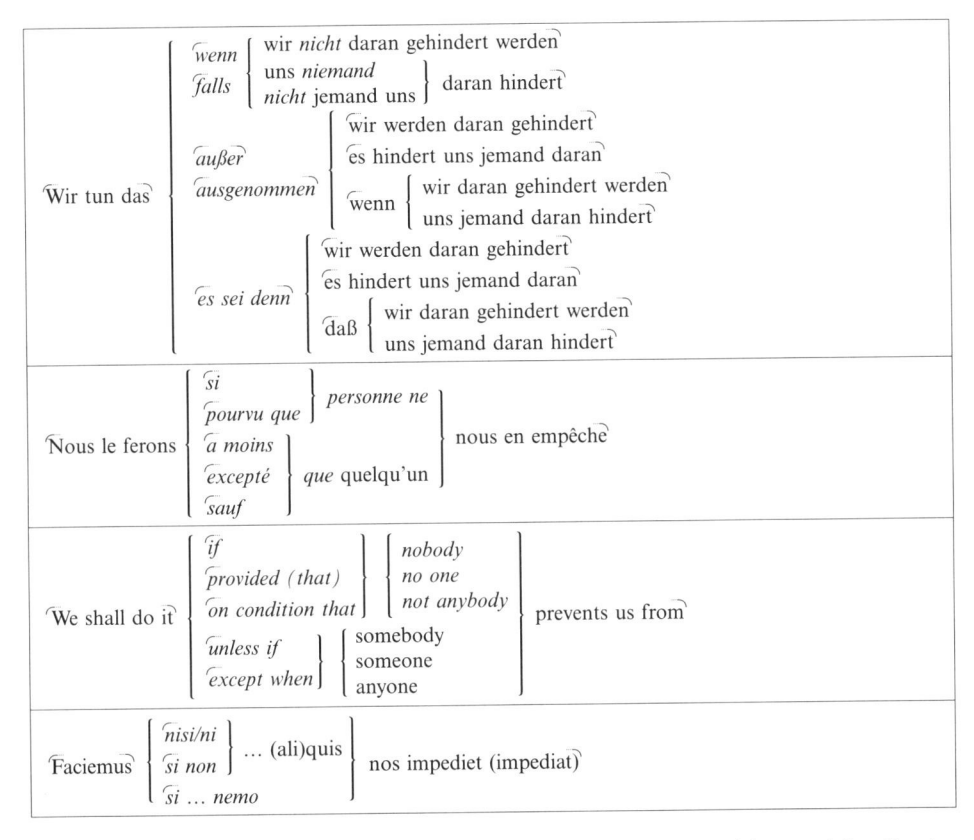

⌢Wir tun das⌢	⌢wenn⌢ / ⌢falls⌢	⌢wir *nicht* daran gehindert werden⌢ / ⌢uns *niemand* daran hindert⌢ / ⌢*nicht* jemand uns daran hindert⌢	
	⌢außer⌢ / ⌢ausgenommen⌢	⌢wir werden daran gehindert⌢ / ⌢es hindert uns jemand daran⌢ / ⌢wenn⌢	⌢wir daran gehindert werden⌢ / ⌢uns jemand daran hindert⌢
	⌢es sei denn⌢	⌢wir werden daran gehindert⌢ / ⌢es hindert uns jemand daran⌢ / ⌢daß⌢	⌢wir daran gehindert werden⌢ / ⌢uns jemand daran hindert⌢

⌢Nous le ferons⌢	⌢si⌢ / ⌢pourvu que⌢ / ⌢à moins⌢ / ⌢excepté⌢ / ⌢sauf⌢	*personne ne* / *que* quelqu'un	⌢nous en empêche⌢

⌢We shall do it⌢	⌢if⌢ / ⌢provided (that)⌢ / ⌢on condition that⌢ / ⌢unless if⌢ / ⌢except when⌢	*nobody* / *no one* / *not anybody* / *somebody* / *someone* / *anyone*	⌢prevents us from⌢

⌢Faciemus⌢	⌢nisi/ni⌢ / ⌢si non⌢ / ⌢si ... nemo⌢	... (ali)quis	⌢nos impediet (impediat)⌢

Es geht hier also *gar nicht primär* um die *Verneinung* der Proposition, welche die *Annahme/Voraussetzung* enthält – diese wird ja hoffentlich nicht eintreten, *könnte* aber eintreten und würde dann das daran gebundene Handeln verhindern. Es geht vielmehr um die *Bindung* des geplanten Verhaltens/Handelns *an das Nicht-Zutreffen* einer durchaus möglichen Annahme. Demgemäß kann man – bei genau gleicher inhaltlicher Beziehung – die Verneinung auch in die Proposition einfügen, die das *geplante Verhalten/Handeln* darstellt:

⌢Wir tun das *nicht*⌢ ⌢wenn wir irgendwie (entgegen unserer Hoffnung) daran gehindert werden⌢

Natürlich sind die hier zusammengestellten Formalstrukturen nicht alle gleich häufig, und sie sind auch stilistisch nicht gleichwertig. Aber das *Grundverhältnis* ist bei allen dasselbe, und es ist ein im Leben immer wieder wichtiges Grundverhältnis: etwas ist *daran gebunden*, daß eine nicht erwartete, hoffentlich nicht eintretende, aber eben doch mögliche *Annahme/Voraussetzung* tatsächlich *nicht* zutrifft.

10.38 Hinstellen als unabhängig von an sich entgegenstehenden Annahmen oder Gegebenheiten

Als eine *grundsätzliche Umkehrung* der in Ziff. 10.34–10.36 beschriebenen und auch in Ziff. 10.37 zugrundeliegenden Bedeutungsbeziehung ist es zu betrachten, wenn eine *Bindung* eines geplanten Verhaltens/Handelns (oder auch eines beobachteten Zustands) an mögliche hindernde Annahmen oder vorhandene entgegenstehende Voraussetzungen (oder Zustände, die sonst solche Folgen haben) *ausdrücklich abgelehnt* wird – wenn also das betreffende Verhalten/Handeln usw. als *unabhängig* von möglichen oder gegebenen Hindernissen oder sonst erwartbaren negativen Folgen hingestellt wird.

Natürlich handelt es sich dabei nicht um x-beliebige mögliche Annahmen/Gegebenheiten, sondern um solche, die in der betreffenden Situation *naheliegen*, mit denen man *rechnen muß* und die evtl. *von den Hörenden/Lesenden* als entscheidende *Hindernisse* für das vom Sprecher/Schreiber geplante Verhalten betrachtet werden könnten – das ist meistens die Motivation dafür, daß man solche Annahmen/Voraussetzungen *ausdrücklich nennt* und sie *als unwirksam erklärt*.

Es fällt auf, daß hier *besonders viele* und *recht verschiedene* Formalstrukturen vorhanden sind, die zum Teil die grundlegende Bedeutungsbeziehung «Unabhängigkeit eines Zustands/Verhaltens/Handelns von möglichen hindernden Annahmen oder entgegenstehenden Voraussetzungen» etwas verschieden nuancieren. Manche von diesen Formalstrukturen werden allerdings eher selten verwendet (nur für besondere Intensität, ggf. bei besonderer Erregung) – aber es ist doch aufschlußreich, die ganze Palette der hier möglichen Formalstrukturen im Zusammenhang zu betrachten:

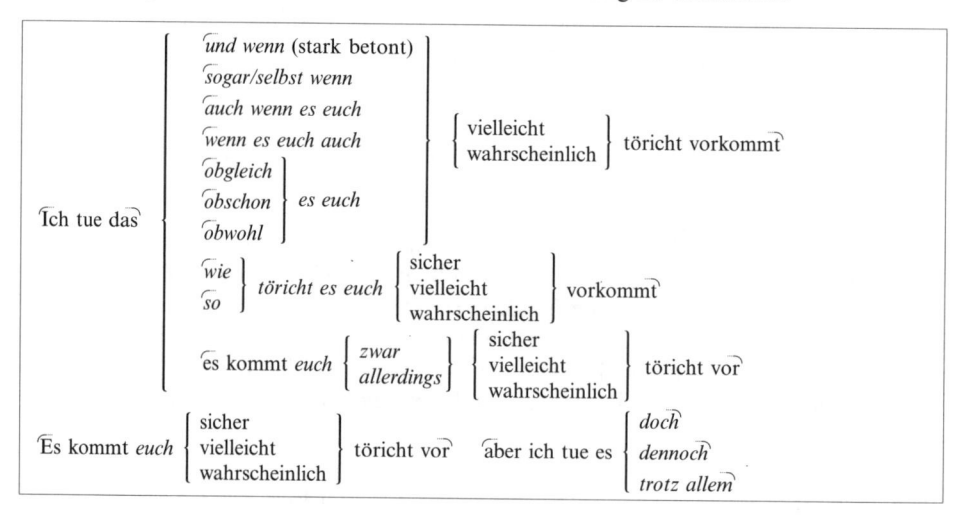

Ich tue das	*und wenn* (stark betont) *sogar/selbst wenn* *auch wenn* es euch *wenn* es euch *auch* *obgleich* / *obschon* / *obwohl* es euch	vielleicht / wahrscheinlich	töricht vorkommt
	wie / *so* töricht es euch	sicher / vielleicht / wahrscheinlich	vorkommt
	es kommt euch {zwar / allerdings}	sicher / vielleicht / wahrscheinlich	töricht vor
Es kommt euch	sicher / vielleicht / wahrscheinlich	töricht vor	aber ich tue es {doch / dennoch / trotz allem}

Zur Stimmführung: bei «*sogar/selbst wenn …*» und bei «*obgleich/obschon/obwohl*» ist neutrale Stimmführung oder besondere Hervorhebung möglich; dagegen ist bei «*und wenn*» das «*wenn*» stark hervorgehoben; bei «*wie/so töricht*» (also: Satzadjektiv, aus Vorschaltgefüge, durch den Vorschaltteil zugleich als Relativ gekennzeichnet) ist besondere Hervorhebung des «*töricht*» oder auch des «*wie*» oder des ganzen Gefüges «*wie töricht*» wichtig für das sichere Verstehen.

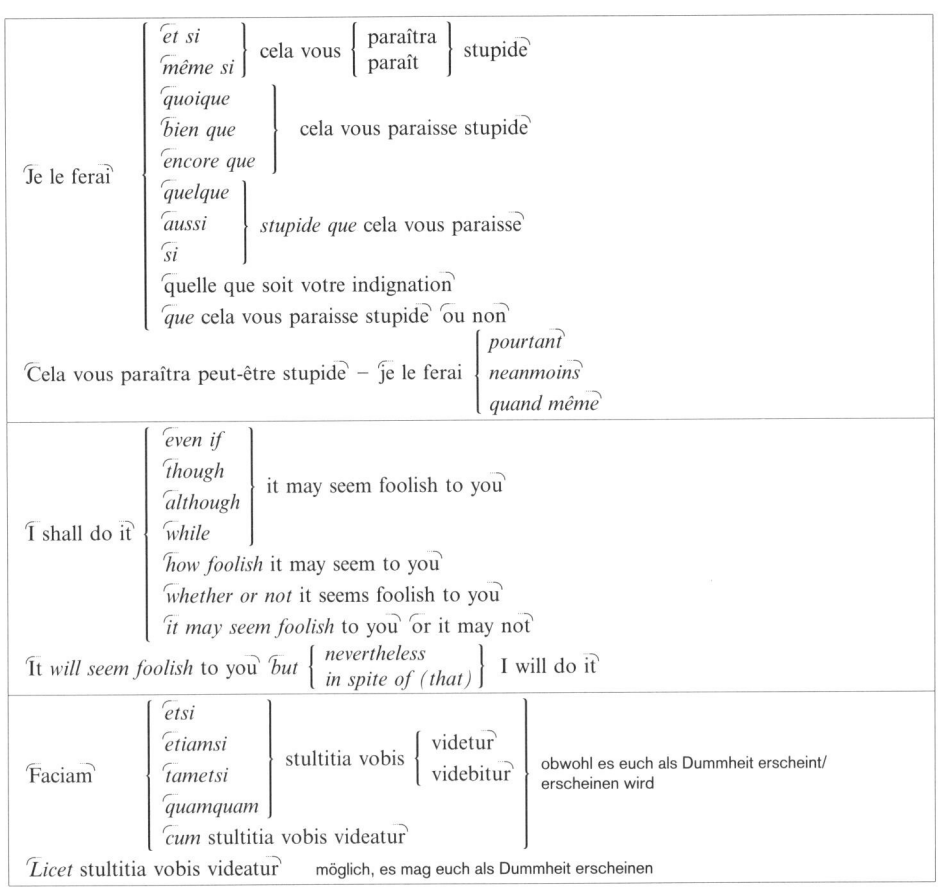

Je le ferai	et si / même si	cela vous	paraîtra / paraît	stupide
	quoique / bien que / encore que	cela vous paraisse stupide		
	quelque / aussi / si	stupide que cela vous paraisse		
	quelle que soit votre indignation			
	que cela vous paraisse stupide ou non			
Cela vous paraîtra peut-être stupide – je le ferai	pourtant / neanmoins / quand même			
I shall do it	even if / though / although / while	it may seem foolish to you		
	how foolish it may seem to you			
	whether or not it seems foolish to you			
	it may seem foolish to you or it may not			
It will seem foolish to you but	nevertheless / in spite of (that)	I will do it		
Faciam	etsi / etiamsi / tametsi / quamquam	stultitia vobis	videtur / videbitur	obwohl es euch als Dummheit erscheint/ erscheinen wird
	cum stultitia vobis videatur			
Licet stultitia vobis videatur	möglich, es mag euch als Dummheit erscheinen			

Anmerkung «*Konzessivbeziehung – Irrelevanzbeziehung*»: Man kann sagen, daß bei «*obgleich/obschon/obwohl*» die als unwirksam betrachtete entgegenstehende Voraussetzung als *tatsächlich gegeben* hingestellt wird, während sie bei «*wenn auch, sogar wenn*» und noch mehr bei «*wie/so töricht ...*» als *erst möglich*, nicht unbedingt als schon vorhanden gesehen wird.

Man hat daher neben dem traditionellen Fachausdruck «*konzessiv*» von einer «*Irrelevanzbeziehung*» gesprochen (also: «*nicht direkt sachlich entgegenstehend*, sondern *einfach nicht ins Gewicht fallend*»).

Zu dieser «Irrelevanzbeziehung» rechnet man dann vor allem auch die Propositionen mit beliebiger Weite des als Annahme/Voraussetzung Hingestellten (siehe Ziff. 10.57). Man kann aber (wie in den Beispielen geschehen) durch Einfügen von «sicher/vielleicht/wahrscheinlich» auch jeder durch «obgleich/obschon/obwohl» eingeleiteten Proposition den Charakter «noch nicht gegeben, noch offen» verleihen. Es liegt daher nahe, *keine scharfe Grenze* zwischen «Konzessivbeziehung» und «Irrelevanzbeziehung» anzusetzen, sondern beide als Spielarten der Bedeutungsbeziehung «Ablehnen einer Bindung an bestimmte Annahmen/Voraussetzungen» zu betrachten – und diese Bedeutungsbeziehung ist wieder im Rahmen des Grund-Verhältnisses «Annahme/Voraussetzung und daran Gebundenes» zu sehen, gewissermaßen als ihre Umkehrung.

In *gehobener Sprache* ist im Deutschen auch Spitzenstellung der Verb-Personalform möglich, genau wie bei gewöhnlicher Bindung an das Zutreffen einer Annahme/Voraussetzung. Beispiel aus «Faust» (Verse 718–719, Faust ist durch die Aussicht auf eine rein geistige Existenz so fasziniert, daß er seinem Leben ein Ende machen will, in freiem, heiterem Entschluß):

⁀Zu diesem Schritt sich heiter zu entschließen⁀ ⁀Und wär es⁀ mit Gefahr⁀ ⁀ins Nichts dahinzufließen⁀

In der französischen Prosa-Übersetzung von G. de Nerval:

⁀... ose d'un pas hardi aborder ce passage⁀ ⁀au risque même⁀ ⁀d'y rencontrer le néant⁀
Wage mit kühnem Schritt diesen Durchgang anzugehen, auch auf die Gefahr hin, dort das Nichts anzutreffen

In der englischen Übersetzung von Ph. Wayne – die natürlich mit Rücksicht auf Versmaß und Reim oft sehr frei mit dem grammatischen Aufbau des deutschen Originals umgehen muß:

⁀This step I take in cheerful resolution⁀ ⁀*Risk* more than death⁀, ⁀yea⁀, ⁀dare my dissolution⁀
Diesen Schritt tue ich in heiterer Entschloßenheit, Riskiere mehr als den Tod, ja nehme meine Auflösung in Kauf

10.39 Nebeneinanderstellen als gleichgewichtig, betont unabhängig voneinander

Als eine schwächere Variante der Bedeutungsbeziehung «Ablehnen der Bindung von etwas an evtl. entgegenstehende Annahmen/Voraussetzungen» (Ziff. 10.38) kann man es betrachten, wenn zwei Erscheinungen als *gleichgewichtig* und *betont voneinander unabhängig* (d. h. nicht die eine aus der andern ableitbar) hingestellt werden. Man verwendet dafür gelegentlich die genau gleichen unterordnenden Konjunktionen wie für die Bedeutungsbeziehung «Annahme/Voraussetzung und an deren Zutreffen Gebundenes», also «wenn – si – if» – und die Hörenden/Lesenden müssen *aus dem Zusammenhang* erkennen, daß hier gerade nicht «Implikation, wenn–dann» gemeint ist, sondern im Gegenteil «Unabhängigkeit, Unableitbarkeit»:

⁀Wenn der Frühling reich an Blumen ist⁀ ⁀so ist dafür der Herbst die Jahreszeit der Früchte⁀
⁀Si le printemps abonde en fleurs⁀ ⁀l'automne est la saison des fruits⁀
⁀If spring is abounding in flowers⁀ ⁀autumn is the season of fruits⁀

Oft verwendet man aber auch unterordnende Konjunktionen, die sonst für die Einbettung in den Zeitablauf dienen, nämlich zur Signalisierung von Gleichzeitigkeit – und auch hier muß man als Hörer/Leser *aus dem Inhalt* entnehmen, daß es nur um gleichgewichtige Entgegensetzung geht, keineswegs um Gleichzeitigkeit:

⁀*Während* Gruppe A schon fertig ist⁀, ⁀benötigt Gruppe B noch mehrere Tage⁀
⁀*Pendant*⁀
⁀*Tandis*⁀ } que le groupe A a achevé son travail⁀, ⁀il faudra encore quelques jours pour le groupe B⁀
⁀*Alors*⁀
⁀*While* group A finished the work in three days⁀, ⁀group B took a whole week⁀

Verschieden auffassen kann man die Bedeutungsbeziehung in den bekannten Versen aus dem «Faust», in welchen Faust seiner Enttäuschung über die Ablehnung durch den Erdgeist Ausdruck gibt (Verse 623–625):

⌐Nicht darf ich dir zu gleichen mich vermessen⌐
⌐Hab ich die Kraft dich anzuziehn besessen⌐
⌐So hatt'ich dich zu halten keine Kraft⌐

Der französische Übersetzer (G. de Nerval) hat offensichtlich den ersten dieser Verse etwas anders aufgefaßt, als es ein Deutschsprachiger tun würde (die Selbstbeschränkung von Faust kommt zu wenig heraus), aber die Entgegensetzung von «Kraft, dich anzuziehn – keine Kraft, dich zu halten» tritt doch klar hervor:

⌐N'ai-je pas prétendu t'égaler⌐? Habe ich nicht versucht, dir gleich zu sein? Aber wenn
⌐Mais *si* j'ai possédé assez de force⌐ ⌐pour t'attirer à moi⌐ ich genug Kraft hatte, um dich zu mir heranzuziehen, so
⌐il ne m'en est plus resté⌐ ⌐pour t'y retenir⌐ blieb mir keine Kraft, dich dabei zu halten

Insgesamt sehr treffend erscheint die englische Übersetzung von Ph. Wayne:

⌐I dare not ⌐Spirit⌐ count me in your sphere⌐ Ich wag' nicht, Geist, in deine Sphäre mich zu rechnen, denn, ob-
⌐For *though* I had the power to call you here⌐ wohl ich die Kraft hatte, dich zu mir zu rufen, keine Kraft habe ich,
⌐No force have I⌐ ⌐that binds you and retains⌐ die dich bindet und bei mir hält

Alle hier aufgezählten Möglichkeiten gehören aber eher einer *argumentativ zugespitzten* Sprachgebung an als dem Alltag, sie haben etwas Rhetorisches an sich. In einfacher Ausdrucksweise benützt man meistens einfach den Anschluß durch leicht entgegensetzende Satzglieder (traditionell «adversativ» genannt, siehe schon Ziff. 9.28):

⌐Gruppe A ist schon fertig⌐ ⌐Gruppe B *dagegen* braucht noch mehrere Tage⌐
⌐J'ai eu la force de t'attirer⌐ ⌐*mais* pas la force de te retenir⌐
⌐In spring we admire the flowers⌐ ⌐*but* in autumn we enjoy the fruits⌐ usw.

Die Duden-Grammatik 1984 spricht hier von «Konfrontationsbeziehung» (in Ziff. 1254).

10.40 Bedeutungsbeziehung «Annahme und daran Gebundenes» als Mittel zur Hervorhebung

Gelegentlich verwendet man die Bedeutungsbeziehung «Annahme/Voraussetzung und an deren Zutreffen Gebundenes» *rein als Mittel der Hervorhebung* von etwas, ohne daß wirklich nur eine Annahme oder die Offenheit einer Voraussetzung gemeint sein muß:

Neutrale Darstellung	*Hervorhebung* des Zwecks oder der Ursache, indem man das dafür dienende Handeln bzw. das dadurch Verursachte als *Annahme/Voraussetzung vorausnimmt*
⌐Er {tut / tat} das nur wegen des Geldes⌐	⌐Wenn er das {tut / tat} ⌐dann nur wegen des Geldes⌐
	⌐S'il {le fait / l'a fait} ⌐ce n' {est / était} qu'à cause de l'argent⌐
	⌐If he {does / did} it ⌐it {is / was} only to make more money⌐
	⌐Si hoc {facit / fecit} ⌐pecuniae auferendae causa fecit⌐
⌐Aus diesen Gründen entwickelte sich das so schnell⌐	⌐Wenn sich das so schnell entwickelte⌐ ⌐dann aus diesen Gründen⌐

10.41 Rückwirkendes Kennzeichnen als Annahme/Voraussetzung

Man kann auch etwas zunächst (scheinbar) unabhängig Formuliertes (vor allem: eine Aufforderung, eine Darstellung eines bevorstehenden Handelns) *rückwirkend* als eine Annahme/Voraussetzung charakterisieren, von der man ausgeht und bei deren Nicht-Zutreffen eine andere Lage entsteht:

Du gehst / Ich gehe	also morgen dorthin	sonst / andernfalls / wenn nicht	gibt es Schwierigkeiten
Vas-y / J'y vais	donc demain	autrement / sinon	il y aura des difficultés
You will / I shall	go there tomorrow	otherwise / if not	there will be much trouble
Cras	ibis / ibo	illuc	aliter / si non	magnam difficultatem habebimus

10.42 Annahme/Voraussetzung ohne Verbalisieren des daran Gebundenen

Nicht selten, vor allem in affektiver Sprachgebung, setzt man *nur eine Annahme/Voraussetzung* hin, und das an deren Zutreffen *Gebundene* ist aus dem Zusammenhang zu erschließen. Oft hat eine solche Annahme den Charakter eines Wunsches:

Wenn dein Vater das sähe!	Wenn wir dieses Ziel endlich erreichen!
Si ton père pouvait voir cela!	Si / Quand nous atteindrons enfin ce but!
If your father knew that!	If / When at last we arrive / we have arrived at this goal!
Pater *si* cognovisset!	Utinam tandem terminum hunc attingemus! / attigerimus!
Für Abwehr: Wenn ich doch schon zu spät bin! [... ich kann das nicht auch noch tun]	

10.43 Beurteilung auf Wert, Erfreulichkeit, Nutzen usw. – für Annahmen und für Gegebenheiten

Das Grundverhältnis «Annahme/Voraussetzung und an deren Zutreffen Gebundenes» spielt noch in einem anderen Bereich von Redeabsichten eine Rolle: bei der *Bewertung* von Informationsinhalten aller Art, also *Beurteilung* von etwas im Blick auf *Vorteil* oder Nachteil, *Erfreulichkeit* oder ihr Gegenteil, *Angemessenheit* oder Unangemessenheit usw.

Es geht dann *nicht* um die Bindung einer *nach außen* gerichteten Aktivität oder Haltung, eines *materialen* Handelns/Verhaltens/Zustands an das Zutreffen einer Annahme oder einer Voraussetzung; vielmehr wird ein *Gefühlszustand*, eine *Wert-Empfindung*, eine *innere Gestimmtheit* an das *Zutreffen einer Annahme*, das *Vorhandensein* einer *Voraussetzung* gebunden.

Anders gesagt: ein Verhalten/Handeln, ein Zustand usw. wird *thematisiert*, damit man das so Thematisierte *beurteilen* kann, es als *gut* oder *schlecht* hinstellen, als *erfreulich* oder *störend*, als *gerecht* oder *ungerecht* usw.

Diese Thematisierung kann nun, wenn man das Thematisierte in einer finiten Proposition hinstellt, auf *zwei Arten* erfolgen. Man kann nämlich das Thematisierte als *Annahme* hinstellen, oder man kann es als *gegeben*, als *vorhanden* hinstellen:

Es ist doch schön *Ich freue mich so* *Ich bin richtig glücklich*	{ *wenn* / *daß* } es ihm jetzt so gut *geht*	Beurteiltes { als *Annahme* / als *gegeben* } gesehen

Damit kommt man zugleich von der Darstellung auf *gleicher* gedanklicher Ebene, die sonst für die Bedeutungsbeziehung «Annahme/Voraussetzung und daran Gebundenes» gilt, zur *Verteilung* auf *zwei verschiedene* gedankliche Ebenen (siehe Ziff. 10.01): der *Akt* des Beurteilens, des Bewertens wird als *dominanter Teil* gesetzt, und das *jeweils Beurteilte, Bewertete* ist der zugehörige *inhaltliche Teil*:

dominante Teile	inhaltlicher Teil, als *Annahme* oder als *gegeben* hingestellt
Es ist ein Jammer *Wie schade* *Ich bedaure es so*	{ *wenn* / *daß* } ein solcher Mensch einen solchen Abstieg *hat erleben müssen*

Man kann aber in der *genau gleichen* Bedeutungsbeziehung den *inhaltlichen* Teil nicht nur in der Form einer *finiten* Proposition hinstellen, mit der Wahl zwischen «wenn» und «daß», sondern man kann auch eine Proposition mit *Infinitiv als Kern* verwenden – und dann wird die Unterscheidung «als Annahme gesehen – als schon Gegebenes gesehen» in der *Formalstruktur nicht mehr* signalisiert. Sie wird als unnötig betrachtet, ggf. entnimmt man sie aus dem Sachzusammenhang im Text:

Es ist doch schön *Ich freue mich so* *Ich bin richtig glücklich*	ihn jetzt (wieder) in so guter Verfassung zu { *sehen* / *wissen* }
Es ist ein Jammer *Wie schade*	*für einen solchen Menschen* einen solchen Abstieg *erleben zu müssen*

Alle drei dargestellten Formalstrukturen für die gleiche Bedeutungsbeziehung sind auch in den andern Sprachen vorhanden, wenn auch nicht immer so leicht am gleichen Beispiel zu illustrieren:

Ce serait *Ce fut*	si beau	{ *si* / *que* } nous { *pouvions* / *ayons pu* } vous voir { *demain* / *hier* } *de* pouvoir vous voir { *demain* / *hier* }
It { *would be* / *was* }	very *nice*	{ *if* / *that* } we could see you { *tomorrow* / *yesterday* } *to* see you { *tomorrow* / *yesterday* }

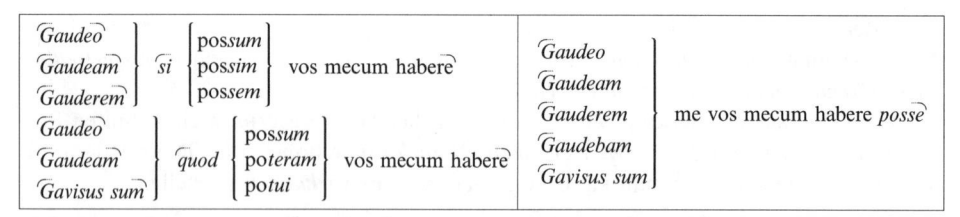

Gaudeo Gaudeam Gauderem	si	possum possim possem	vos mecum habere
Gaudeo Gaudeam Gavisus sum	quod	possum poteram potui	vos mecum habere

Gaudeo Gaudeam Gauderem Gaudebam Gavisus sum	me vos mecum habere *posse*

Bei bestimmten dominanten Teilen kann der inhaltliche Teil auch durch die besondere Verbform «Supinum» dargestellt werden (siehe schon Ziff. 5.56):

Mirabile *Incredibile*	au*ditu*	*Facile* *Difficile*	fac*tu*	*Horribile* dic*tu*	
Wunderbar/Unglaublich zu hören		Leicht/Schwer zu tun		Schrecklich zu sagen, auszusprechen	

10.44 Zum Stellenwert der Unterscheidung «Annahme – Gegebenheit»

Das Signalisieren des Unterschieds «als Annahme zu sehen – als schon gegeben zu sehen» durch das «wenn» bzw. «daß» im inhaltlichen Teil kann in bestimmten Situationen wichtig sein – sehr oft erscheint es aber auch als eine bloße Nuance, die ja dann bei den als Infinitiv formulierten inhaltlichen Teilen ohnehin verschwindet.

Beim Übersetzungsvergleich konstatiert man daher nicht selten einen Übergang zu einer anderen Formalstruktur, ohne daß die Auffassung des Inhalts als fühlbar verändert erscheint.

Ein Beispiel aus dem Kapitel «Kindheit – Erste Theologie – Schulbänklein» aus dem «Grünen Heinrich» (für die Übersetzer siehe Ziff. 10.18). Die Mutter sagt zu dem Lehrer, der wegen des Zusammenstoßes mit seinem kleinen Schüler zu ihr nach Hause gekommen ist, ihr Heinrich sei sonst ein durchaus stilles Kind und habe bis jetzt keine groben Unarten gezeigt – worauf der Lehrer mit einigem Mißtrauen sagt, daß stille Wasser gewöhnlich tief seien. Daran knüpft Keller eine grundsätzliche Betrachtung über die Behandlung stiller Menschen durch diejenigen, welche immer das große Wort führen, und er sagt zum Schluß:

Im Umgange mit stillen Kindern aber kann es *ein wahres Unglück werden* *wenn* die großen Schwätzer sich nicht anders zu helfen wissen als mit dem Gemeinplatz: Stille Wasser sind tief
… s'ils sont en rapport avec des enfants silencieux cela peut *être un réel malheur* *que* les grands bavards en viennent à ne se tirer d'affaire qu'avec le lieu commun: Il n'est pire eau que l'eau qui dort
In dealing with quiet children, however, it can *be a real misfortune for them* *if* the talkers are at a loss to account for them except with the commonplace: Still waters run deep

Also für das deutsche «wenn» im Englischen «if», im Französischen dagegen das sonst dem deutschen «daß» entsprechende «que».

Ein Beispiel aus dem Kapitel «Die Maler» (im dritten Band): Heinrich und Erikson sind zu Besuch bei Lys und möchten seine Bilder sehen. Lys lehnt zunächst ab, er habe heute überhaupt keinen Pinsel anfassen mögen, und darum möchte er die Bilder gar nicht sehen:

10/V Annahme/Voraussetzung und daran Gebundenes oder davon Unabhängiges

> «... unter solchen Umständen *sei es wohl verzeihlich*, *daß* er nicht gern ins Atelier hinübergehe»

In beiden Übersetzungen wird das in den deutschen inhaltlichen Teil eingefügte *Willens-Moment* «*nicht gern*» durch eine eigene verbale Proposition wiedergegeben, so daß «n'avoir point le goût – he had no wish» zugleich inhaltliche Teile zu «pardonner – excusable» sind und dominante Teile zu «passer –go over». Im Französischen sind beide inhaltlichen Teile als Infinitiv-Propositionen formuliert, im Englischen ist das deutsche «daß» durch «if» wiedergegeben – und beides empfindet man wohl kaum als fühlbare Änderung:

> aussi pouvait-on *lui pardonner* *de* n'avoir point *le goût* *de* passer dans l'atelier
> and in the circumstances it *was surely excusable* *if* he had no *wish* *to* go over to the studio

Zu dem mit «nicht gern» berührten großen Komplex «Wille, Antriebe usw.» siehe Ziff. 10.58–10.60

10.45 Anfügen einer Beurteilung, rückwirkend

Gelegentlich läßt man eine Beurteilung *nicht vorausgehen*, sondern dem Inhalt, auf den sich das Urteil bezieht, *folgen*. Auf diese Weise erscheint das Beurteilte *zunächst als selbständig* hingestellt, als unabhängige Aussage, und erst nachträglich wird es in Verbindung mit dem Akt des Beurteilens gezeigt und damit als inhaltlicher Teil gekennzeichnet.

Dabei sind verschiedene Formalstrukturen möglich – sie zeigen in allen Sprachen frappante Ähnlichkeiten.

Am häufigsten ist, daß man den dominanten Teil als *gereihten Teilsatz* anfügt und dabei mit einem Pronomen auf den inhaltlichen Teil zurückgreift; oft setzt man auch ein verbindendes «und»:

Sie hat jetzt ein eigenes Atelier *(und) das ist ein großer Vorteil*		
Es ist ein großer Vorteil	wenn/daß man ein eigenes Atelier hat	
	ein eigenes Atelier *zu* haben	
Elle a maintenant un atelier à elle seule *(et) c'est un grand avantage*		
C'est un grand avantage (que) d'avoir un atelier pour soi seul		
She now has her own workshop *(and) that is a great advantage*		
It is a great advantage	to have his own workshop	
	if/that you have your own workshop	
Officinam propriam nunc habet *(et) hoc ei utilitati valde est*		gereicht ihr sehr zum Vorteil
Utilitati valde est	officinam propriam habere	
	si quis officinam propriam habet	

Manchmal verzichtet man auf die Einbettung in eine verbale Proposition und setzt *nur* den als Beurteilung dienenden *nichtverbalen Ausdruck* hin (meistens als Begleitgefüge, oft auch als Anschlußgefüge):

Sie hat jetzt ihr eigenes Atelier – *ein großer Vorteil für ihre Arbeit*
Elle a maintenant un atelier à elle seule – *un grand avantage pour son travail*
She now has her own workshop – *a great advantage for her work*
Officinam propriam nunc habet – *labori suo emolumentum magnum*

Schließlich kann man die dominante Proposition auch als *Nebensatz* anschließen, wobei das auf das Beurteilte zurückweisende Pronomen als *Relativ* gesetzt wird:

⌐Sie hat jetzt ihr eigenes Atelier ⌐ ⌐was von großem Vorteil ist für ihre Arbeit⌐
⌐Elle a maintenant son atelier à elle seule ⌐ ⌐ce qui est de grand prix pour son travail⌐
⌐She now has her own workshop ⌐ ⌐which is a great advantage for her work⌐
⌐Officinam propriam nunc habet ⌐ ⌐quod labori suo est utilitati valde⌐

Der Unterschied zwischen derartigen «kommentierenden Relativsätzen» (Relativsätze als dominante Teile) von Relativsätzen auf gleicher gedanklicher Ebene (Relativsätze, die an ein einzelnes Stück aus dem Hauptsatz anknüpfen) wird sofort deutlich, wenn man statt des Neutrums «Atelier» ein Maskulin wie «Arbeitsraum» einsetzt:

⌐Sie hat jetzt einen eigenen Arbeitsraum⌐	⌐was leider sehr teuer ist⌐	(einen solchen Raum *zu haben*)
	⌐der leider sehr teuer ist⌐	(der *Raum als solcher* ist teuer)

Eine Beurteilung zu etwas schon Dargestelltem kann aber auch durch einen neuen Satz, ja durch einen ganzen neuen Abschnitt gegeben werden. Die Bedeutungsbeziehung «Etwas zu Beurteilendes, als Annahme oder als Faktum hingestellt, und die dazu gehörige Beurteilung» spielt nicht nur zwischen einzelnen Propositionen (oder innerhalb einer Proposition, Ziff. 10.47–10.48), sondern ist eine *Grund-Möglichkeit für den Textaufbau überhaupt* – wie das wohl für alle grundlegenden Bedeutungsbeziehungen gilt (Genaueres in Ziff. 10.46, 12.70'Q und 12.80).

10.46 Semantische Bereiche bei dominanten Teilen mit «wenn/daß»-Anschluß

Bei der *generellen* Bedeutungsbeziehung «Annahme/Voraussetzung und an deren Zutreffen Gebundenes» besteht *keinerlei Beschränkung* für die Sach-Inhalte, die in dieser Bedeutungsbeziehung miteinander verbunden werden können, und dasselbe gilt für die Beziehung «Betonte Unabhängigkeit von einer an sich hindernden Annahme/Voraussetzung/Gegebenheit». Es ist also ganz generell möglich «Wenn X, dann Y» oder «Auch wenn A, so trotzdem nicht B».

Dagegen ist es ein Kennzeichen der Darstellung auf *verschiedener* gedanklicher Ebene, daß die *dominanten* Teile *nur aus bestimmten Bereichen gedanklich-sprachlichen Handelns* genommen werden können. Für die Bereiche «Angeführte Gedanken und Gefühle» sowie «Sicherheitsgrade, Entschiedenheitsgrade» lag das auf der Hand. Bei den hier zu behandelnden Bedeutungsbeziehungen «Thematisieren von Annahmen/Gegebenheiten zwecks Beurteilung/Bewertung» ist es nicht so einfach, weil bei der Thematisierung als Annahme (durch «wenn»-Anschluß) *fließende Übergänge* zu Darstellung auf *gleicher gedanklicher Ebene* bestehen. Es ist daher nützlich, wenn man sich einen Überblick über die gedanklichen Bereiche zu verschaffen versucht, aus welchen derartige dominante Teile genommen werden können. Dabei geht es auch hier (wie schon bei der Gesamt-Übersicht, Ziff. 10.04) nicht um scharfe Grenzziehungen, sondern um das Gewinnen eines gewissen gedanklichen Rasters, dessen gelegentliche Anwendung dann oft auch zum Fragen nach der jeweiligen genauen Bedeutung und damit zu tieferem Textverstehen führt. Die Beurteilung/Bewertung in den Bedeutungsbeziehungen mit «wenn/daß»-Anschluß eines inhaltlichen Teils kann gerichtet sein auf:

10/V   Annahme/Voraussetzung und daran Gebundenes oder davon Unabhängiges   491

A   Die *Übereinstimmung* bzw. *Nicht-Übereinstimmung* mit den *eigenen Wünschen und Hoffnungen* des Sprechers/Schreibers, ggf. auch mit den *eigenen jetzigen Einsichten*, und die durch diese Übereinstimmung bzw. Nicht-Übereinstimmung bedingten, ausgelösten *Gefühle*:

Es ist ein Glück ... Ich bin glücklich ... Ich finde es erfreulich ... Es ist eine Freude ... Es gefällt mir ... Es sagt mir zu ... Ich bin damit einverstanden ... Ich bin zufrieden ... Es ist schon Pech ... Ich bedaure es sehr... Es ist schade ... Ich leide darunter ... Es stört mich ... Ich ärgere mich ... Es reut mich/Ich bereue es ... Ich bin beschämt ...	wenn ... daß ...

B   Die *Übereinstimmung* bzw. *Nicht-Übereinstimmung* mit den *überpersönlichen Werten*, den *Normen*, in welchen der Sprecher/Schreiber lebt, und mit den damit verbundenen, dadurch gegebenen *Erwartungen*:

Es ist gerecht ... Ich finde es in Ordnung ... Ich begrüße es ... Es ist mir lieber ... Es ist seltsam ... Ich staune darüber ... Ich verstehe es nicht recht ... Ich finde es eine Schande ... Es ist ein Jammer ...	wenn ... daß...

C   Die *Eignung* bzw. *Nicht-Eignung* des Beurteilten *für bestimmte Zwecke/Ziele*, der Wert bei *zweckrationalem Verhalten/Handeln*, für das Befriedigen bestimmter Bedürfnisse:

Es ist gut für deine Gesundheit ... Zu diesem Zweck ist es besser ... Es ist ein Vorteil ... Ich finde es sinnvoll ... Es ist praktisch ... Es erweist sich als zweckdienlich ... Es ist dumm ... Es ist falsch ... Du machst einen Fehler ... Du schadest dir selbst ...	wenn ... daß ...

Grundsätzlich ist zu sagen: Die Beurteilung/Bewertung durch dominante Teile mit Anschlußmöglichkeit der inhaltlichen Teile durch «wenn–daß» hat immer einen gewissen *verallgemeinernden*, einen *ausgesprochen gedanklich-analytischen* Charakter. Wenn es um *reines Aufnehmen* von etwas geht, sei es aus Texten oder aus direkter Erfahrung (Kapitel 10/II, 10/III, 10/IV) ist nur Anschluß mit «daß» möglich (daneben oft auch mit «wie» und andern w-Wörtern, dazu siehe Ziff. 10.22):

Ich höre {daß / wie} er auf diese Kritik reagiert hat͡   *Ich sehe* {daß / wie sehr} die Kritik ihn getroffen hat͡

Aber bei den an sich gleichen Aufnahme- und Erkenntnis-Prozessen in etwas genereller er, stärker analytischer Art:

Ich höre es immer {wenn / daß} jemand kommt͡   *Ich sehe es doch selber* {wenn / daß} eine Kritik so wirkt͡

Zu den Übergängen «Ich habe es gern, wenn/daß ...», aber nur «ich möchte gern, daß ...» siehe Ziff. 10.58.

10.47   Bewertend-dominanter Teil als ein Satzglied – Kernbestand der Proposition als inhaltlicher Teil

Eine Beurteilung auf den «Glücks-Charakter» (den «Willkommenheits-Grad»), auf Normgerechtheit (und entsprechende Erfüllung von Erwartungen) oder auf Zweckdienlichkeit erfolgt hie und da auch *im Rahmen einer einzigen* verbalen Proposition, indem man einen dazu geeigneten dominanten Ausdruck als *Satzglied* einfügt und dadurch den *gesamten übrigen Bestand* der Proposition als *inhaltlichen Teil* zu diesem dominant-beurteilenden Teil hinstellt (vgl. die sehr häufig auf diese Weise erfolgende Kennzeichnung von Sicherheitsgraden, Bekanntheits-Charakter, Entschiedenheit usw., Ziff. 10.23–10.28).

Die Möglichkeiten für eine solche Zusammenfassung von Dominantem und Inhaltlichem in den Rahmen einer einzigen Proposition sind nun aber im Bereich «Glücks-Charakter, Willkommenheitsgrad – Normgerechtheit, Erwartungserfüllung – Zweckdienlichkeit» (siehe Ziff. 10.46) keineswegs in allen vier Sprachen in gleichem Maß vorhanden, und wo sie vorhanden sind, werden sie nicht gleich häufig gebraucht. Dazu handelt es sich dann meistens nur noch um die Beurteilung von etwas als *schon gegeben* Betrachtetem – nur gelegentlich ist bei der Umformung in ein Propositionen-Paar neben dem Anschluß durch «daß» auch der Anschluß durch «wenn» möglich.

Am meisten Möglichkeiten hat man hier im *Deutschen*:
- durch die *Satzpartikeln*, die man aus vielen Adjektiven durch Anfügen der Endung «*-weise*» gewinnen kann;
- durch einen *Präpokasus* mit «zu» (oder «bei»), mit einem beurteilenden Nomen als Kern und einem Person-Hinweis durch Possessiv oder durch Anschlußteil;
- hie und da durch spezielles Wort wie «*leider*».

Beispiele dafür, mit Umformung in ein ganzes Propositionen-Paar:

Glücklicherweise / *Zu unserm Glück* } geschieht das nur selten	*Es ist ein Glück (für uns)* daß das nur selten geschieht	
Erfreulicherweise / *Zur Freude seiner Eltern* } hat er viel Erfolg	*Es freut seine Eltern* daß er viel Erfolg hat	
Gerechterweise / *Bei richtiger Einschätzung* } ist das zu begrüßen	*Es ist gerecht* { wenn / daß } man das begrüßt	
Ihr fangt besser ganz unten an	*Es ist besser* { wenn / daß } ihr ganz unten anfangt	
Dummerweise / *Leider* / *Zu unserem Ärger* } ist er oft zu spät	*Es ist nur dumm* / *Uns ärgert es natürlich* { wenn / daß } er oft zu spät ist	

Im *Englischen* kann man einige Adverbien auf «-ly» so verwenden, z. B. *fortunately, luckily – understandably – curiously – wisely*, dazu «*better*»; ferner gibt es einige präpositionale Ausdrücke mit «to» oder «by» (ähnlich wie im Deutschen), z. B. «*by good luck*» oder «*to my regret*»:

Luckily / *By good luck* } I was there	*She is wisely staying at home today*	*To my regret* I was too late
Understandably they were all annoyed	*You'd better begin here*	It would be better to begin here

In der «University Grammar of English» von Quirk und Greenbaum wird auch ein besonderer Begriff für solche dominant gesetzte Satzglieder angeboten, nämlich «attitudinal disjuncts» (zum Begriff «disjuncts» siehe schon oben Ziff. 6.20).

10/V Annahme/Voraussetzung und daran Gebundenes oder davon Unabhängiges 493

Im *Französischen* verwendet man «heureusement – malheureusement» in dieser Weise:

Heureusement elle est assez riche	*Malheureusement* il n'y comprend rien
Zum Glück ist sie ziemlich reich	Leider/Dummerweise versteht er nichts davon

Sonst formuliert man den dominanten Teil als eigene Proposition und schließt den inhaltlichen Teil als Proposition mit Infinitiv als Kern (proposition infinitive) an:

Tu ferais mieux de faire comme cela	*Je regrette beaucoup* de ne pas pouvoir vous voir
Du würdest es besser so machen	Leider/Bedauerlicherweise kann ich euch nicht besuchen

Im *Lateinischen* gibt es derartige frei einfügbare Satzglieder für bewertend-dominante Teile fast gar nicht. So findet man im deutsch-lateinischen Teil des Taschenwörterbuchs von Langenscheidt unter «*glücklicherweise*» die zwei Paare von finiten Propositionen «*contigit, ut…*» (wörtlich: «es glückte, daß …») und «*bene accidit, ut …* (wörtlich «es trifft sich gut, daß …»). Beim Stichwort «*leider*» findet man den Hinweis «*meistens unübersetzt, selten durch dolere …*», und auch hier kommen finite Propositionen: «*id quod doleo … dolendum est …* (also «was ich bedaure … es ist zu bedauern»). Bei Cicero findet sich einmal an hervortretender Stelle «prudenter» als dominanter Teil (De deorum natura, I, 1):

… *prudenter* Academicos a rebus incertis adsensionem cohibuisse
daß die Akademie-Philosophen *klugerweise* bei ungeklärten Fragen ihre Zustimmung zurückhielten

Aber das gleiche Adverb «prudenter» nicht als dominanter Teil, sondern auf gleicher gedanklicher Ebene im Spruch «Quidquid agis, *prudenter* agas, et respice finem – Was du auch tust, tue es *klug* (und nicht etwa «klugerweise») und schau auch auf das Ende».

0.48 Bewertend-dominanter Teil und bewertet-inhaltlicher Teil in einem einzigen verbalen Semantem

Die Bedeutungsbeziehung «etwas zu Beurteilendes und die dazu gehörige Beurteilung» kann nicht nur durch ein Propositionen-Paar oder durch den Kernbestand einer Proposition und ein frei eingefügtes dominantes Satzglied erfolgen, sondern auch *im Rahmen des Kernbestandes* einer Proposition, d. h. im Rahmen eines einzigen verbalen Semantems.

Man kann das besonders gut an einigen verbalen Semantemen zeigen, die in jeder lateinischen Grammatik bei der Behandlung des Genitivs vorgeführt werden und für die die alten Lateinlehrer den Merkvers bildeten «*Piget – pudet –paenitet / taedet atque miseret*» (deutsch etwa «es ärgert mich – es macht mich beschämt – es reut mich – es ekelt mich – es erbarmt mich»).

Hier bilden *Verb* und *Akkusativobjekt* den *dominanten* Teil, sie stellen die *Beurteilung* dar; der *inhaltliche* Teil, nämlich das als ärgerlich, als beschämend usw. *beurteilte Verhalten*, wird durch ein *Nomen im Genitiv* dargestellt. In den modernen Sprachen können solche lateinische Genitiv-Konstruktionen durch ganz verschiedene Satzglied-Kombinationen wiedergegeben werden.

Von den folgenden Beispielen stammen die ersten zwei (samt der vielleicht zunächst überraschenden französischen Übersetzung) aus einer französischen Latein-Grammatik von 1932, die andern sind aus deutschsprachigen Latein-Grammatiken entnommen und durch französische und englische Fassungen ergänzt:

⌐Eos paenitet culparum suarum⌐	⌐Ils se repentent de leurs fautes⌐	
⌐Sie bereuen ihre Fehler⌐	«Es *bedrückt* sie im Blick auf ihre Fehler.	
	Es *reut* sie, daß/wenn sie Fehler gemacht haben»	
⌐They	*are sorry* for *repent of*	their faults⌐

⌐Patrem tui pudet⌐	⌐Ton père a honte de toi⌐	⌐Your father feels ashamed of you⌐
⌐Dein Vater schämt sich deiner⌐ («Den Vater ergreift Scham wegen deiner»)		

⌐Me non solum piget stultitiae meae⌐	⌐sed etiam pudet⌐	
⌐Ich ärgere mich nicht nur über meine Dummheit⌐	⌐sondern ich fühle Scham deswegen⌐	
⌐Je ne suis pas seulement fâché de ma bêtise⌐	⌐j'en ai honte⌐	
⌐My folly not only annoys me⌐	⌐but I am ashamed of it⌐	

⌐Taedet te vitae⌐	⌐Tu es dégoûté de ta vie même⌐	⌐Life *fills* you *with horror*⌐
⌐Du bist lebensüberdrüssig⌐	⌐Dich *erfaßt Ekel* vor dem Leben⌐	⌐Dein Leben *widert* dich *an*⌐

Man kommt hier also mitten in die Diskussion der *Bedeutungsbeiträge von Satzgliedern* im Rahmen der verschiedenen verbalen Semanteme (dazu siehe Ziff. 12.03–12.41), und zwar Bedeutungsbeiträge von Subjekten, von Akkusativobjekten, von Präpokasus, auch von Satzadjektiven in Kombination mit «sein» usw., compléments directs, compléments indirects «de», subject complements usw. und im Deutschen auch Bedeutungsbeiträge von Wortbestandteilen im Rahmen zusammengesetzter Adjektive («lebens*über*drüssig») – diese Übersetzung stammt aus der betreffenden lateinischen Grammatik).

Nicht ganz in die Bedeutungs-Reihe paßt das letzte unpersönliche lateinische Verb «*miseret*»: hier wird durch den Genitiv die *Person* genannt, mit der man Mitleid empfindet. Man kann aber auch hier umformen, um den Beurteilungs-Charakter deutlich zu machen «*Me miseret huius viri* – Es erbarmt mich *dieses Mannes* – Es erbarmt mich, wenn/daß ein Mann so ist».

10.49 Kombinationen von Annahme und Vergleich

Das ausdrückliche Hinstellen als (bloße) *Annahme* – mehr oder weniger scharf abgesetzt vom jeweils durch den Text als Wirklichkeit Darzustellenden, das ja auch insgesamt fiktional sein kann – wird nicht selten *kombiniert* mit der ebenfalls grundlegenden Möglichkeit zum *Vergleich*, d. h. zum *Zusammenrücken*, «*Zusammen-Sehen*» von zwei Erscheinungen, die im übrigen nichts miteinander zu tun haben müssen und die man jetzt unter einem bestimmten Gesichtspunkt nebeneinanderstellt.

Daß es sich hier um eine Kombination von *zwei sprachlichen Grund-Verhältnissen* handelt, spiegelt sich auch in den dafür benützten unterordnenden Konjunktionen – diese sind fast überall zweiteilig, und sie enthalten dann zunächst ein Signal für «zum Vergleich heranzuziehen» und dann eines für «als (bloße) Annahme hingestellt»; dabei wird die Geltung der Annahme oft durch Konjunktiv (bzw. im Französischen durch imparfait nach «si») zusätzlich relativiert:

⌢Als ob ⌉ ⌢Wie wenn⌋ sie da ⌢wäre⌉ ⌢Als wäre sie da⌉ [In diesem «als», das ja auch auffällt durch die Zweitstellung der Verb-Personalform bei eindeutigem Nebensatz-Charakter, ist gewissermaßen das Vergleichs-Signal mit dem Annahme-Signal verschmolzen]	⌢Comme si⌉ elle *était* présente⌉ ⌢As if ⌉ she *were* here⌉ ⌢As though⌋ ⌢Quasi (aus «*quam si*»⌉ ⌢Velut si ⌋ adesset/adsit⌉ ⌢Tamquam (si)⌋

Ein Beispiel aus einem für die europäische Geistesgeschichte folgenreichen Text, nämlich der zweiten der «Meditationen über die Grundlagen der Philosophie» von René Descartes, Original lateinisch, 1641, französische Übersetzung durch Descartes Freund de Luynes, von Descartes selbst überprüft und korrigiert, deutsche Übersetzung von Ludwig Fischer, 1926, englische Übersetzung von John Veitch, 1912/1986.

Descartes beschreibt die Folgen des systematischen Zweifels an allem seinem bisherigen Wissen und Denken, den er sich vorgenommen hat:

⌢*tamquam* in profundum gurgitem ex improviso delapsus ᴺ ⌢*ita* turbatus sum ᴴ ⌢*ut* nec possim in imo pedem figere ᴺ ⌢nec enatare ad summum ᴺ
⌢*comme si* tout à coup j'étais tombé dans une eau très profonde ᴺ ⌢je suis *tellement* surpris ᴴ ⌢*que* je ne puis ni assurer mes pieds dans le fond ᴺ ⌢ni nager pour me soutenir au-dessus ᴺ
⌢Mir ist ᴴ ⌢*als* sei ich unversehens in einen tiefen Strudel geraten ᴺ ⌢und *so* herumgewirbelt ᴺ ⌢*daß* ich auf dem Grunde keinen Fuß fassen ᴺ ⌢aber auch nicht zur Oberfläche emporschwimmen kann ᴺ
⌢… and, *just as if* I had fallen all of a sudden into a very deep water ᴺ ⌢I am *so greatly* disconcerted ᴴ ⌢*as to* be made unable ᴺ ⌢either to plant my feet firmly on the bottom ᴺ ⌢or sustain myself by swimming on the surface ᴺ

Die deutsche Übersetzung demonstriert hier zugleich die in allen drei modernen Sprachen bestehende Möglichkeit, den Anschluß durch «als ob/als … – comme si … – as if/as though» für eine *Darstellung auf verschiedener gedanklicher Ebene* zu benützen, nämlich mit «*Es ist/war, als ob … C'est/C'était comme si … It is/was as if…*». Ein solches «Es ist/war – C'est/C'était – It is/was» ist als *dominanter* Teil zu betrachten, und die mit «als ob/als … – comme si … – as if …» eingeleitete Proposition als *inhaltlicher* Teil; das belegt die Umformungsmöglichkeit mit «scheinen – sembler – to seem»: *Es schien mir, als sei ich in einen tiefen Strudel geraten – Il semblait que j'étais tombé dans une eau profonde – It seemed to me as if I had fallen in a deep whirlpool* (zu den verschiedenen gerade bei «scheinen/sembler/to seem» möglichen Formalstrukturen siehe Ziff. 10.23'2).

Die *Kombination von Annahme und Vergleich* kann aber auch *ohne* jedes Zurücknehmen der Geltung erfolgen (also ohne den «als-ob-Charakter») – das zeigt die Darstellung des von Descartes praktizierten Erkenntnisweges, nämlich systematisch an allem nicht ganz Gewissen zu zweifeln, in den «Prinzipien der Philosophie» (lateinisches Original von 1644):

… ⌢multis praejudiciis a veri cognitione avertimur ᴴ ⌢quibus *non aliter* videmur posse liberari ᴺ ⌢*quam si* semel in vita de iis omnibus studeamus dubitare ᴺ ⌢in quibus vel minimum incertitudinis suspicionem reperiemus ᴺ.
… ⌢von der Erkenntnis des Wahren werden wir abgehalten durch viele vorgefaßte Urteile ᴴ ⌢von denen wir uns offensichtlich *nicht anders* befreien können ᴺ ⌢*als wenn* wir einmal im Leben an ihnen allen (d. h. allen Urteilen) uns zu zweifeln bemühen ᴺ

In der französischen Übersetzung durch Picot, die ebenfalls von Descartes überprüft wurde (in der Rechtschreibung des Druckes von 1647):

> ⌜plusieurs jugemens ainsi precipitez nous empêchent de parvenir à la connoissance de la verité⌝ ᴿ
> ⌜et nous préviennent *de telle sorte*⌝ ᴴ
> ⌜qu'il n'y *a point d'apparence*⌝ ᴺ ⌜*que* nous puissions nous en délivrer⌝ ᴺ
> ⌜*si* nous *n*'entreprenons⌝ ᴺ ⌜de douter une fois en nostre vie, de toutes les choses⌝ ᴺ
> ⌜où nous trouverons le moindre soupçon d'incertitude⌝ ᴺ

10.50 «Als ob» zur Charakterisierung ohne Blick auf den «Realitätsgehalt»

Man kann das «*als ob*» wie seine Entsprechungen in den andern Sprachen generell als ein *Fiktionalitätssignal* bezeichnen: etwas wird als *Annahme* hingestellt, und zugleich wird die *Geltung* dieser Annahme mehr oder weniger stark *eingeschränkt*, bis zu reiner Vorstellung (reiner «Erfindung», reinem Gedankenspiel) ohne jeden Anspruch auf Realitätsgehalt, ja manchmal mit ausdrücklicher Verneinung des Realitätsgehalts.

Dieses Fiktionalitätssignal kann man nun für *recht verschiedene Redeabsichten* brauchen, und je nach Redeabsicht hat die Frage nach dem Realitätsgehalt einen Sinn oder wird gar nicht gestellt. Wohl die häufigste Verwendungsweise ist, daß man mit Hilfe einer solchen «als-ob-Darstellung» irgend etwas *besonders eindrücklich charakterisieren* will: einen Sinneseindruck – eine Einstellung von jemand – ein Verhalten/Handeln von jemand. Dazu vier Beispiele aus dem frühen Roman «Une vie» von G. de Maupassant (1883) und dem Erfolgsroman von Anita Brookner «Family and Friends» (1985):

Beschreibung eines Sonnenuntergangs auf dem Meer, ein leichter Wind kräuselt das Wasser:

> … ⌜*comme si* l'astre *eût jeté*⌝ sur le monde un soupir d'apaisement⌝
> wie wenn das Gestirn – die Sonne – einen Seufzer der Befriedung über die Welt hingeworfen hätte

Jeder Leser weiß, daß die Sonne keine Person ist, die so etwas tun kann.

Alfred sucht leidenschaftlich nach einem Haus auf dem Land, das ihm die Befriedigung seiner Lebenswünsche bringen sollte; nach einer von vielen erfolglosen Besichtigungen gibt er seiner Enttäuschung Ausdruck:

> ⌜No good⌝, ⌜he utters⌝, ⌜*as if* it *were* the end of the world⌝
> Nicht gut, sagt er, als wäre hier das Ende der Welt

Natürlich gibt es kein Ende der Welt, und schon gar nicht hier mitten in der englischen Landschaft, das Bild vom Ende der Welt soll die Tiefe der Enttäuschung von Alfred deutlich machen.

Die junge, weltunerfahrene Jeanne sieht den Vicomte de Lamare eintreten, mit dem sie schon ein oder zweimal gesprochen hat:

> ⌜Jeanne, ⌜stupéfaite⌝, le regardait⌝ ⌜*comme si* elle ne l'*avait* point encore vu⌝
> Jeanne, verblüfft, betrachtete ihn, als hätte sie ihn noch nie gesehen

Dieser im Widerspruch zur Realität stehende Eindruck soll die Harmlosigkeit und Tiefe ihres Gefühls und die Größe ihrer Erwartungen kennzeichnen.

Mimi behandelt ihre alt gewordene, kranke Mutter Soffka sehr rücksichtsvoll – diese sieht darin ein schlimmes Anzeichen:

> 'My poor girl', 'she thinks'. 'You are beginning to treat me' *as if* I *were* your child'
> 'Then it must be nearly over with me'
>
> Mein armes Kind, denkt sie, du beginnst mich zu behandeln als ob ich dein Kind wäre. Dann muß es beinahe schon am Ende sein mit mir

Bei allen diesen Beispielen fragt man sich als Leser gar nicht, ob das mit «comme si – as if» Präsentierte irgendwelche Realität hat – man nimmt es *als ein Bild*, eine zwecks Charakteristik einer Erscheinung, eines Verhaltens hingestellte *rein gedankliche Konstruktion*.

10.51 «Als ob» für Vermutungen und für Kritik und Widerspruch

Im Gegensatz zu den in Ziff. 10.50 vorgeführten Verwendungsweisen hat die Frage nach dem Realitätsgehalt der mit «als ob» hingestellten Annahme *sehr wohl einen Sinn*, wenn eine *Vermutung* dargestellt werden soll oder wenn etwas ausdrücklich als *Täuschung* (ggf.: als durchschauter Täuschungsversuch eines andern) hingestellt werden soll.

Beispielfolge (konstruiert) für Vermutung:

> 'Es ist' *als sei* jemand in diesem Raum' – 'ich will doch gleich einmal nachsehen'
> 'C'est' *comme s'il* y avait quelqu'un dans cette pièce' – 'je vais vite voir' 'ce que c'est'
> 'It is' *as if* there were someone in this room' – 'I'll go and see' 'what it is'

In allen diesen Fällen ist ja auch eine Darstellung mit «Es scheint» usw. möglich (Ziff. 10.23'2).

Eine ganz andere Redeabsicht besteht bei der folgenden Beispielreihe:

> 'Wie wenn du das selbst *gesehen hättest*! (aber du *hast es ja gar nicht gesehen*)
> 'Comme si tu l'*avais* vu toi-même'! (mais tu *ne l'as pas vu du tout*)
> 'As if you *had seen* it yourself'! (but actually you *didn't see it*)
> 'Quasi id ipse *vidisses*' (sed re vera *non vidisti*)

Hier stellt man etwas als *Annahme eines anderen* hin, und zwar als ein *falsche* Annahme. Der andere hat sich *getäuscht*, oder er hat einen *bewußten Täuschungsversuch* unternommen, und diesen Täuschungsversuch hat man *durchschaut* und macht das jetzt deutlich, oft mit ironischem Ton.

Ein Beispiel aus *Terenz*, Hecyra, mit sehr strukturähnlicher französischer Übersetzung (durch J. Marouzeau, 1949) und recht freier englischer Übersetzung (durch J. Sargeaunt, 1912). Philotis möchte vom Sklaven Parmeno wissen, wie sich die Ehe seines jungen Herrn Pamphilus mit Philumena entwickelt hat (Pamphilus war durch seinen Vater zu dieser Ehe überredet worden, vorher war er der Liebhaber der mit Philotis befreundeten Bacchis). Parmeno will nicht reden, und Philotis fordert ihn in folgender Weise dazu auf:

> 'Ah noli' 'Parmeno'. 'Quasi tu non multo *malis* narrare hoc mihi' 'quam ego 'quae percontor' scire'
> 'Ach geh' 'Parmeno'. 'Als ob' dir nicht viel mehr daran *läge* 'mir das zu erzählen'
>   'als mir' 'das was ich dich frage' zu wissen'
> 'Ah laisse' 'Parménon'. 'Comme si tu n'*avais* pas beaucoup plus *envie* de me raconter la chose'
>   'que moi de savoir' 'ce que je te demande'
> 'Now don't say that', 'Parmeno'. 'I am sure' 'your *eagerness* 'to tell me' *is much greater*'
>   'than mine' 'to hear the facts'

10.52 Zuordnen ohne Hinweis auf Realitätsgehalt oder dessen Fehlen

Eine Charakteristik durch Zuordnen von etwas irgendwie Vergleichbarem gibt man oft auch *ohne Hinweis* auf den Realitätsgehalt bzw. das Fehlen des Realitätsgehalts des zwecks Charakterisierung Herangezogenen. Dazu dienen vor allem die Partikeln «*wie – comme – as, like – ut, velut*», die dann nicht als unterordnende Konjunktionen zu klassieren sind (wegen des Fehlens einer Verb-Personalform), sondern als Satzglied-Konjunktionen (Ziff. 1.27'C4).

Der Hörer/Leser entnimmt dann *aus seinem eigenen* Sach- und Weltwissen, ob das zur Charakterisierung Herangezogene aus der *Realität* entnommen ist (jetziger oder früherer Realität) oder ob es *rein als Annahme*, als gedankliche Konstruktion, als Erfindung zu betrachten ist:

Wir leben hier *wie in unsern glücklichsten Zeiten* (solche «glücklichste Zeiten» gab es in der Realität, man kann sich an sie erinnern)	Wir leben hier *wie in einem Märchen, wie in einem Traum* («Märchen» und «Traum» sind Erfindungen, reine gedankliche Bilder)

Beispiele für den *Wechsel* von der einen sprachlichen Möglichkeit zur andern, bei durchaus *gleicher Charakterisierungs-Leistung*, findet man nicht selten bei Übersetzungsvergleichen. So liest man im Kapitel «Abendlandschaft – Berta von Bruneck» im «Grünen Heinrich» und der französischen und englischen Übersetzung (Nachweise in Ziff. 10.18) im Lauf von nur zwei Seiten, bei der Beschreibung des Ritts von Heinrich und Anna durch die Vorfrühlings-Landschaft:

> ... ⌐*wie ein unendlicher Kranz* schien sich die weite Welt um uns zu drehen⌐
> ... ⌐Le vaste monde semblait nous entourer *comme une couronne infinie*⌐
> ... ⌐the wide world seemed to revolve around as *like an endless garland*⌐

Also: Kombination von «scheinen – sembler – seem» und «wie – comme – like» im Rahmen einer einzigen Proposition; einen «Kranz» gibt es auch in der Realität, einen «unendlichen Kranz» aber nur im bildlichen Sinn.

> ⌐Aber es *war uns nur* ⌐*als ob* wir im Traum in einen geträumten Traum *träten*⌐ ⌐als wir ...⌐
> ⌐Mais ce *fut pour nous*⌐ ⌐*comme si* notre rêve nous *avait ouvert* les portes d'un autre rêve⌐ ⌐quand ...⌐
> ⌐But it just *seemed to us like* a dream within a dream⌐ ⌐when we ...⌐

Also: dominante Proposition mit «war – fut» und Proposition mit «als ob – comme si» als inhaltlicher Teil; dagegen im Englischen eine einzige Proposition mit «seem» als Verb-Personalform und Präsentation des «Traums in einem geträumten Traum» durch «like» + Anschlußgefüge aus zwei gleichlautenden Begleitgefügen («a dream within a dream»); Absetzen von der Realität sowohl durch die syntaktische Struktur wie durch die Wortbedeutungen.

Die beiden reiten nun über moosigen Boden zwischen hohen Tannen durch:

> ... ⌐bald trennten wir uns⌐ ⌐und bald drängten wir uns nahe zusammen zwischen zwei Säulen durch
>   ⌐*wie durch eine Himmelspforte*⌐
> ... ⌐tantôt nous nous séparions⌐ ⌐tantôt nous nous serrions tout près l'un de l'autre entre deux piliers⌐
>   ⌐*comme pour franchir une porte du ciel*⌐
> ... (among the firs), ⌐now separated by them⌐ ⌐now pressed close together between two pillars⌐
>   ⌐*as if we were going through one of the gates of Heaven*⌐

Also: Im Deutschen ein zugeordneter Präpokasus «wie durch eine Himmelspforte»; im Französischen eine infinite Proposition, durch «comme» angeschlossen, mit breiterer Ausführung der zugleich stärker als zweckhaft gesehenen Bewegung der beiden «comme pour franchir une porte du ciel»; im Englischen eine finite Proposition mit «as if», also ausdrücklich auch dadurch als «bloße Annahme» hingestellt: «as if we were going through one of the gates of Heaven»; das Bild «Himmelspforte» (in sich schon fiktional) ist also im französischen Text breiter ausgeführt als im deutschen Original, und im englischen Text noch breiter und gewichtiger – mit Einschluß der Großschreibung von «Heaven».

⌐Eine solche Pforte fanden wir aber gesperrt durch den quergezogenen Faden einer frühen Spinne⌐
⌐er schimmerte in einem Streiflichte mit allen Farben, blau, grün und rot, *wie ein Diamantstrahl*⌐.
⌐Nous vîmes une de ces portes barrée obliquement par le fil d'une araignée précoce⌐.
⌐Il chatoyait dans une échappée de lumière, bleu, vert et rouge, *comme les feux d'un diamant*⌐.
⌐One such gate, however, we found barricated by the thread which an early spider had spun across it⌐
⌐a beam of light⌐ ⌐that fell on it⌐ ⌐was making it shimmer with every colour, blue and green and red,
   like a diamond-ray⌐.

Also: zur Charakterisierung des «Schimmerns» herangezogene Nennung «Diamantstrahl» (ein aus der Realität genommener Vergleich), in allen drei Sprachen durch «wie – comme – like» angeschlossen; dazu im englischen Text Wiedergabe des Anschlußgefüges aus zwei Begleitgefügen «quergezogener [Faden] einer frühen Spinne» durch den Relativsatz «… which an early spider had spun across it» und Verdeutlichung des Subjekts «er» zu «in einem Streiflichte schimmern» durch «a beam of light that fell on it» sowie des «schimmern» durch «was making it shimmer».

0.53 Vergleichendes Zuordnen generell; Abstufen in Grad und Ausprägung, auch ohne Vergleich

Zwei oder mehr Größen, die an sich voneinander unabhängig sind, *zusammen* in den Blick nehmen und sie unter einem bestimmten *Gesichtspunkt*, von einem bestimmten *Interesse* aus miteinander *vergleichen* – das ist eine grundlegende gedankliche Tätigkeit von Menschen, und wohl nicht nur von Menschen, sondern auch schon von manchen Tieren. Man tut das nicht nur für Menschen und Gegenstände («Der eine/das eine ist größer – der andere/das andere ist kleiner» usw.), sondern auch für komplexere Erscheinungen, für Handlungsweisen aller Art, und man interessiert sich dabei nicht nur für Verschiedenheiten, sondern auch für Gleichheiten, für Entsprechungen.

Man kann hier auch eine gewisse *Verwandtschaft* mit dem Bilden und Beurteilen von Annahmen sehen. Wenn man in Gedanken zwei Verhaltensweisen, zwei Handlungsmöglichkeiten nebeneinander stellt und unter einem bestimmten Gesichtspunkt vergleicht, so *macht man Annahmen* über den Ablauf der betreffenden Handlungsweisen und vor allem auch über ihre Konsequenzen. Das läßt sich besonders gut an Sprichwörtern zeigen:

⌐Wie man sich bettet⌐ ⌐so liegt man⌐
⌐Comme on fait son lit⌐ ⌐on se couche⌐
⌐As you make your bed⌐ ⌐so must you lie on it⌐

In die Form von Annahmen und daran Gebundenem gebracht: «*Wenn* du dich *sorgfältig* bettest, *dann* liegst du nachher auch gut – Wenn du dir *zu wenig Mühe* dabei gibst, hast du *nachher* den *Nachteil*» usw. Man kann also in einer solchen Wie-So-Zuordnung eine Art *Verallgemeinerung* verschiedener einzelner Paare von Annahme/Voraussetzung und daran Gebundenem sehen.

Ein Beispiel, bei dem es nicht um Entsprechung und Gleichheit, sondern um Verschiedenheit und entsprechend verschiedene Beurteilung geht (ein bewertend-dominanter Teil und zwei miteinander verglichene Teile):

⌒Besser⌒ mit dem Fuß ⌒straucheln⌒ ⌒als⌒ mit der ⌒Zunge⌒
⌒Better⌒ ⌒that⌒ the feet *slip*⌒ ⌒than⌒ the ⌒tongue⌒
⌒Il vaut mieux⌒ ⌒glisser⌒ du ⌒pied⌒ ⌒que⌒ de la ⌒langue⌒
⌒Melius est⌒ ⌒labi pede⌒ ⌒quam⌒ ⌒lingua⌒

Verdeutlichung in Form von Annahmen und daran Gebundenem: «*Wenn* man beim Gehen eine *ungeschickte Bewegung* macht, hat man gewisse *Nachteile* – aber wenn man etwas *sagt*, was man *nicht sagen sollte*, hat man *noch viel mehr* Nachteile – also ist das Straucheln beim Gehen besser (viel weniger schlimm) als das Aussprechen von etwas, das die andern nicht hören sollten».

Anmerkung zur Einteilung in Propositionen: Bei den vergleichenden Zuordnungen wird besonders deutlich, *wie fließend* die Übergänge von Fassung in eine Proposition zu Fassung in zwei Propositionen sind (ein «als – que – than –quam» als Satzgliedkonjunktion in einem zugeordneten Satzglied auffaßbar oder als unterordnende Konjunktion in einer neuen Proposition, für die das gleiche Verb zu ergänzen ist, siehe Ziff. 8.45 sowie 8.38–8.41). Man kann daher in der französischen, englischen und lateinischen Fassung des obigen Sprichworts auch nur zwei Propositionen sehen statt der für die graphische Markierung angenommenen drei Propositionen.

Man kann daher auch in einem «*so* – *ainsi* – *thus* –*sic/ita*» den *kürzesten Ausdruck* für eine *Annahme/Voraussetzung* sehen, an deren Zutreffen das im Kernbestand der betreffenden Proposition Dargestellte gebunden werden soll:

So Auf diese Weise Wenn man es so macht	geht es gut hat man Erfolg	Ainsi Comme cela En procédant de la sorte Si nous suivons ce chemin	la chose ira bien nous réussirons
So Thus Doing it If you do it	in this way	it will work you will have success	Sic Ita Illo modo Hac ratione	bene eveniet res succedet

Ein «so» ist also nicht nur ein Kurz-Ausdruck für eine *Qualitäts*-Angabe, wie man es gelegentlich auffaßt, sondern man meint damit oft *ein ganzes Verhalten*, eine *ganze Handlungsweise*. Dieses Verhalten *kann* als eine *Annahme* hingestellt sein, noch offen: «*So* hat man Erfolg» (= *wenn* man es so macht); es kann aber auch hingestellt sein als *Voraussetzung*, die vorhanden war, d.h. vom eingetretenen Erfolg her als Ursache: «*So* hatte er Erfolg» (= *indem* er es so machte, *weil* er es so machte). Durch «indem» kann man dabei beides signalisieren: die noch offene Annahme, wenn das betreffende Handeln noch bevorsteht – die Voraussetzung, die das Handeln ermöglicht hat, also die Ursache (genauer: *eine* Ursache).

Entsprechend wird durch ein «*wie*» oft nicht nur eine Stelle offen gehalten für die Nennung einer *Qualität*, sondern für die *Darstellung irgend eines Ablaufs*, irgend einer Verhaltens- und Handlungsweise. Das gilt ja schon bei der indirekten Anführung von Gedanken/Gefühlen (Ziff. 10.09) und bei unmittelbaren Wahrnehmungsakten und ihren Inhalten (Ziff. 10.22) – wegen der Wichtigkeit dieser Sehweise hier noch eine Beispielgruppe:

| ⸂Er hat uns erzählt⸃ { ⸂daß⸃ / ⸂wie⸃ } er diese Stelle erhalten hat⸃ |
| ⸂Ich { ⸂sehe⸃ / ⸂höre⸃ } { ⸂daß⸃ / ⸂wie⸃ } das geschehen ist⸃ |
| ⸂Ich fühle⸃ { ⸂daß⸃ / ⸂wie⸃ } mich diese Sache bewegt⸃ |

Beim Anschluß mit «*daß*» nimmt man das Erzählte/Gesehene/Gehörte *sogleich als Ganzes* in den Blick, als *globales* Faktum – bei Anschluß mit «*wie*» dagegen achtet man nicht nur auf das Faktum, sondern *zugleich* auf den *Ablauf*, den *Prozeß*, der zu dem Faktum führte.

Nicht primär um einen Vergleich, sondern mehr um eine *Abstufung* (auch wenn diese letztlich auch auf der gedanklichen Tätigkeit «Vergleichen» beruht) geht es beim Gebrauch von «so – si – so – ita» in *Vorschaltgefügen* (Ziff. 7.39'A). Man lenkt die Aufmerksamkeit auf die *besondere Intensität* des im Kern Dargestellten, gegenüber einer als «normal» oder «durchschnittlich» anzunehmenden Intensität:

| *So* aufmerksam | *Si* attentif | *So* attentive | *Ita* attente |

Noch etwas anders ist es bei den Vorschaltgefügen mit «*wie*» und dem entsprechenden Gebrauch von «wie» als Satzglied. Hier geht es um ein besonderes Betonen der *Offenheit*, der *Weite der Erstreckung* für die jeweils gegebene Charakterisierung:

| ⸂Wie *fern* von ihm wir sind⸃! ⸂Wie sind wir *fern* von ihm⸃! ⸂Wie wir *fern* von ihm sind⸃! | ⸂Comme / Que} nous sommes *loin* de lui⸃! | ⸂How *far* we are from him⸃. ⸂Quam *remoti* sumus ab eo⸃! |

Hier sind gewissermaßen *alle Hörenden/Lesenden* eingeladen, sich den *Grad* der Intensität, die *Weite* der Erstreckung *selber auszudenken*, aus der eigenen Vorstellung heraus. Die gleiche Bedeutungsbeziehung kann man aber auch durch w-*Pronomen* darstellen («*welch – quel – which*») und oft auch durch «*so*». Man findet das alles kennzeichnenderweise oft bei stärker emotionalem Sprechen, z. B. in der Klage der Philotis in «Hecyra» von Terenz über die Treulosigkeit von Pamphilus gegenüber Bacchis:

| Vel hic Pamphilus iurabat *quotiens* Bacchidi *quam sancte* |
| Ainsi ce Pamphile, *combien* jurait-il à Bacchis, et avec *quelle solennité* |
| For instance Pamphilus here, *how often* he swore to Bacchis, *so solemnly* |
| So dieser Pamphilus, *wie oft* schwor er ihr *so feierlich*.... |

Häufig ist solche offene Intensität auch in lyrischen Texten: «*Wie herrlich* leuchtet/Mir die Natur/*Wie* glänzt die Sonne/*Wie* lacht die Flur» (Goethe) – «Oh! *comme* l'herbe est odorante ...» (V. Hugo) – «*Qu*'il est doux, d'écouter des histoires ... (A. de Vigny) – «*How many* loved your moments of glad grace ...» (W. B. Yeats).

10.54 Umkehrbarkeit bei Vergleichen für die Logik – für die Sprachen nicht

Wenn man von der *Logik* ausgeht, sind Vergleiche *grundsätzlich umkehrbar*. Wenn A gleich ist wie B, dann ist auch B gleich wie A. Wenn x größer ist als y, so ist entsprechend y kleiner als x, usw. Diese Umkehrbarkeit besteht aber für den *konkreten Gebrauch* (für die «Pragmatik») allermeistens *nicht*. Hier hat man primär ein Interesse an *einer* Erscheinung, *einem* Menschen, *einem* Gefühl usw., und um diese Erscheinung, diesen Menschen, dieses Gefühl zu beschreiben, genauer darzustellen *zieht* man etwas anderes (eine andere Erscheinung, einen anderen Menschen, ein anderes Gefühl) *heran* und stellt dieses andere nun als *Vergleichpunkt*, als *Vorstellungshilfe*, zur *Präzisierung* neben dasjenige, was primär interessiert.

Einen auch formalen Beleg für diese Nicht-Umkehrbarkeit kann man darin sehen, daß im Lateinischen das zu einem Adjektiv im Komparativ als Vergleich herangezogene Nomen nicht wie in den modernen Sprachen im *Nominativ* steht (wie die Nennung dessen, der/das dadurch genauer gekennzeichnet werden soll), sondern im *Ablativ* gesetzt wird (ablativus comparationis, Ziff. 6.26'B5). Also nicht «Wer ist glücklicher *als ich* – Qui est plus fortuné *que moi* – Who is more fortunate *than I*», sondern «Quis est *me* fortunatior?»

10.55 Kurz-Ausdrücke für Annahmen/Voraussetzungen

Als Kurz-Darstellungen für Annahmen/Voraussetzungen, an deren Zutreffen das im Kernbestand der Proposition Gesagte gebunden sein soll, kann man nicht nur Partikeln und pronominale Ausdrücke wie «so – thus – comme cela» verwenden (Ziff. 10.53), sondern auch Präpokasus, in denen die betreffende Annahme/Voraussetzung in Form eines Nomens genannt ist:

Bei einer genügenden Anzahl von Teilnehmern organisieren wir einen Extrazug
(= wenn sich genug Teilnehmer melden)

Das ist besonders häufig – in allen vier Sprachen – bei *Zuständen* der umgebenden Welt oder des eigenen Innern, die als *Voraussetzungen* für irgend ein Handeln hingestellt werden sollen; es kommt aber auch vor bei Nennung von Orten oder von *Zeitpunkten* (Genaueres zur gesamten Einbettung in den Zeitablauf in Ziff. 11.01–11.22), bei Nennung von *Wegen*, die zu einem Ziel führen und auch bei Nennung beliebiger, als Annahme/Voraussetzung gesehener Handlungen, wenn man Nomen aus Verben verwendet («Verbal-Abstrakta») oder einfach die Verben als Nomen braucht, im Rahmen von Präpokasus:

Bei gutem Wetter machen wir morgen eine Wanderung
Wenn das Wetter gut ist, ...
Auf diesem Gipfel hat man eine prächtige Aussicht
Wenn man auf diesem Gipfel steht ...
Im Herbst wird das noch viel schöner
Wenn der Herbst gekommen ist
Durch eine solche Aufführung verscherzt er sich alle Sympathien
Wenn er sich so aufführt ...
Bei zureichender Beachtung aller Sicherheitsvorschriften kann hier wirklich nichts passieren
Wenn man alle Sicherheitsvorschriften genügend betrachtet

Man trifft hier «von der andern Seite» auf das Phänomen, das schon im Rahmen der Behandlung der Anschlußgefüge (Ziff. 7.34–7.35) gezeigt wurde: daß sehr oft der Inhalt einer ganzen verbalen Proposition in ein Anschlußgefüge konzentriert wird. Dabei ergibt sich gewöhnlich aus dem in der finiten Proposition durch das Verb Dargestellten der nominale Kern des Grundteils, und aus den Satzgliedern ergeben sich zum Teil begleitende Adjektive im Grundteil, zum Teil Anschlußteile. Am obigen Beispiel gezeigt: «Wenn man alle Sicherheitsvorschriften genügend beachtet ... Bei genügender Beachtung aller Sicherheitsvorschriften ...».

Durch Präpokasus von genau gleicher Art kann man aber in Kombination mit Satzpartikeln wie «*auch, sogar*» eine Annahme/Voraussetzung darstellen, die *an sich* als *Hindernis* zu betrachten wäre, hier aber gerade *keine* Auswirkung haben soll («Konzessivbeziehung – Irrelevanzbeziehung», Ziff. 10.38):

Die Wanderung wird *auch bei Regen* durchgeführt
... auch wenn es regnen sollte ...

Er behält *sogar im größten Durcheinander der Meinungen* seine Ruhe und seinen Humor
... auch wenn man vermuten könnte, daß dieses Durcheinander der Meinungen ihn aus seiner Ruhe bringt

In den andern Sprachen bestehen auch viele Möglichkeiten der Darstellung durch *infinite Propositionen* (mit fließenden Übergängen von Satzglied zu infiniter Proposition), z. B. durch das lateinische Gerundium, durch ablativus absolutus, im Französischen durch gérondif, im Englischen durch -ing-Formen:

Natura duce non errabimus
Mit Natur als Führerin – *Wenn wir uns* von der Natur *führen lassen*, werden wir nicht fehlgehen

Also genau gleicher Inhalt wie im Beispiel in Ziff. 10.35 «Naturam si sequemur ducem, non errabimus».

A force de forger on devient forgeron
En s'efforçant de forger / Si l'on s'efforce à forger ...;
durch das Praktizieren des Schmiedens / wenn man sich bemüht, zu schmieden, wird man ein (guter) Schmied

Putting it this way we'll find a better solution

In «Amphitryon 38», von Giraudoux sagt Alkmene zu ihrem Mann (Szene II/7) daß sie ihn nach allem, was sie jetzt erlebt hat (und was er großenteils gar nicht weiß) ganz anders sieht als früher:

Je ne sais ce que tu as, mon ami, mais *à te voir* j'éprouve un vertige ...

Die Proposition mit Infinitiv als Kern «*à te voir*» ließe sich ersetzen durch eine mit Partizip «en te voyant, en te regardant» oder durch eine finite Proposition mit «si» conditionnel: «si je te regarde ...».

Die zitierte Stelle aus Giraudoux bietet einen besonders eindrücklichen Beleg für die auch bei andern Verben vorhandene Möglichkeit des Französischen, eine Annahme/Voraussetzung durch «à» + Infinitiv darzustellen: «*A l'en croire*, il est le plus honnête homme du monde – *Wenn man ihm glaubt/glauben will/glauben könnte*, ist/wäre er der ehrlichste Mensch der Welt» oder «*Nach seinen Worten* wäre er ...»

Generell gilt für solche Darstellungen des Grundverhältnisses «Annahme/Voraussetzung und daran Gebundenes» durch infinite Propositionen und durch bloße Satzglieder, was schon in Ziff. 7.37 über die Wiedergabe des Inhalts ganzer verbaler Propositionen durch Anschlußgefüge zu sagen war: die *knappere* Darstellung ist *ökonomischer*, oft *eleganter*, aber sie ist oft *nicht so eindeutig* und sie stellt *höhere Ansprüche an das Verstehen* als die explizite Darstellung durch finite Propositionen als Nebensätze mit «wenn – si – if».

10.56 Annahme-Charakter durch Offenhalten einer Bedeutungsstelle

Als besonders anschaulich kann man es betrachten, wenn etwas als Annahme/Voraussetzung zu Sehendes *direkt* als *mögliches Handeln einer Person* hingestellt wird, mit Hilfe der als Relativ gesetzten w-Pronomen «*wer – qui – he who (he that) – qui*». Das ist vor allem in volkstümlichem Sprechen beliebt, viele Sprichwörter sind so gebaut. Die als Nebensatz gesetzte Proposition mit «wer» usw. dient dann oft als Subjekt für den Hauptsatz (siehe schon Ziff. 3.21):

⌐Wer schnell gibt ⌐N, ⌐gibt doppelt ⌐H
Wenn jemand *schnell gibt*, gibt er doppelt

⌐Qui tôt donne ⌐N, ⌐donne deux fois ⌐H
En donnant *tôt* tu donnes deux fois

⌐He that gives quickly ⌐N ⌐gives twice ⌐H
Giving quickly you give twice

⌐Bis dat ⌐H ⌐qui cito dat ⌐N
Si/Cum quis dat cito, bis dat

Die Person, die das als Annahme/Voraussetzung hingestellte Verhalten/Handeln zeigt, dient aber gar nicht immer als Subjekt des Hauptsatzes:

⌐Wem nicht zu raten ist ⌐N ⌐dem ist auch nicht zu helfen ⌐H

Ein Beispiel von Cicero mit «cuius» und «huius», beide als Anschlußgenitiv gesetzt:

⌐Cuius aures veritati clausae sunt ⌐N ... ⌐huius salus desperanda est ⌐H
Wessen Ohren der Wahrheit unzugänglich sind ... an *dessen seelischer Gesundheit* (und Lebenserfolg) muß man verzweifeln

Sehr verschiedene Formalstrukturen im gleichen Sprichwort in den vier Sprachen:

⌐Wer viel redet ⌐N ⌐lügt viel ⌐H
⌐Grand parleur, grand menteur⌐
⌐A great talker is a great liar⌐
⌐Exigua his tribuenda fides ⌐H ⌐qui multa loquuntur ⌐N
Geringes Zutrauen ist denen entgegenzubringen, die viel reden

Man kann aber auch eine Stelle für *Nicht-Personales* offen halten und dadurch die *Handlung selbst* als Annahme/Voraussetzung in den Mittelpunkt rücken, durch «*was – ce qui/que – what – quod*», und auch hier kann der Nebensatz Subjekt oder Objekt im Hauptsatz sein:

Was	einer hier sagt ᴺ hier gesagt wird ᴺ	muß	er dann auch beweisen ᴴ dann auch bewiesen werden ᴴ	«Wenn	einer hier etwas sagt ...» hier etwas gesagt wird ...»
Ce	qui est dit que l'on dit	ici ᴺ	doit être prouvé ᴴ il faut le prouver ᴴ		
What	you will declare will be declared	here ᴺ	you must prove it must be proved	then ᴴ	
Quod	quis dicit dictum est	hic ᴺ	probare debes ᴴ probandum est ᴴ		

0.57 Beliebige Erstreckung für etwas als Annahme Präsentiertes

Bei der Präsentation als Annahme/Voraussetzung durch Offenhalten der Stelle für den Handelnden oder für den Handlungsinhalt (durch «wer, qui» bzw. «was, ce qui/que» usw.) ist immer auch *ein Stück Beliebigkeit* gegeben für das, was man sich als Handelnden oder als genaueren Handlungsinhalt vorstellen soll. «*Wer so etwas tut ...*» heißt immer auch «*Wenn irgend jemand so etwas tut, gleichgültig wer, ...*» – und die *Beurteilung* des als Annahme Hingestellten (bei Darstellung auf verschiedener gedanklicher Ebene) bzw. das an das Zutreffen der Annahme/Voraussetzung gebundene *Handeln* (bei Darstellung auf gleicher gedanklicher Ebene) bleiben *gleich*. Entsprechende Weite der Erstreckung gilt für «*Was* er auch sagt, *was* er hier tut – *ich bleibe bei meiner Haltung*».

Bei der offengehaltenen Stelle für eine *Person* besteht diese Weite der Erstreckung auch ohne jedes ausdrückliche Beliebigkeits-Signal. Dagegen treten bei Offenhalten der Stelle für den *speziellen Handlungsinhalt* (also «was ...») meistens besondere Beliebigkeits-Signale dazu, im Deutschen vor allem durch eine besondere Stimmführung, in den andern Sprachen meistens durch eine besondere Form der w-Pronomen («*whatever – quodcumque*» usw.) oder zusätzliche Satzpartikeln.

Man findet hier oft ein bemerkenswertes *Ineinander* von *Bindung* an Annahme/Voraussetzung und von *Ablehnen* solcher Bindung: *Bindung* an das *Eintreten* einer durch den Handlungsrahmen beschriebenen Handlung, *Ablehnen* der Bindung an einen *besonderen Charakter*, eine besondere Art der eintretenden Handlung.

Beispiel mit Darstellung auf *verschiedener* gedanklicher Ebene, inhaltlicher Teil und bewertend-dominanter Teil:

Was hier auch geschieht ᴺ es ist bedenklich ᴴ

«*Es ist bedenklich, wenn* hier etwas von dem Geplanten (oder Befürchteten) geschieht, gleichgültig um welches einzelne Ereignis des ganzen Komplexes es sich dann handelt».

Beispiel mit Darstellung auf *gleicher* gedanklicher Ebene:

Was hier auch geschieht ᴺ ich beteilige mich nicht daran ᴴ

«Es wird etwas geschehen, und das wird mich zur Stellungnahme nötigen – aber diese Stellungnahme wird auf jeden Fall negativ sein, ob nun im einzelnen dieses oder jenes geschieht».

Ein Beispiel (Darstellung auf gleicher gedanklicher Ebene) aus klassischer deutscher Verssprache, nämlich dem «Tell» von Schiller. Situation: Tell wird von Stauffacher gefragt, ob auch auf ihn gerechnet werden könne beim Versuch, die Herrschaft der habsburgischen Vögte abzuschütteln, und er antwortet zuerst ausweichend. Auf die enttäuschte

Feststellung Stauffachers, dann sei also mit seiner Hilfe nicht zu rechnen, sagt nun Tell (Hervorhebung von «*was – Rat – Tat*» im Originaltext vorhanden – als Hinweis für die Stimmführung):

> ⌒Der Tell holt ein verlornes Lamm vom Abgrund⌒
> ⌒Und sollte seinen Freunden sich entziehen⌒?
> ⌒Doch *was* ihr tut⌒ ⌒laßt mich aus eurem *Rat*⌒
> ⌒Ich kann nicht lange prüfen oder wählen⌒.
> ⌒Bedürft ihr meiner zu bestimmter *Tat*⌒
> ⌒Dann ruft den Tell⌒ ⌒es soll an mir nicht fehlen⌒.

Die *Beliebigkeit* der *einzelnen kommenden Handlungen* für Tells Entschluß (nämlich sich von der Beratung fernzuhalten, aber bei der Durchführung mitzuhelfen) wird *ausschließlich* durch die Stimmführung signalisiert: starke Hervorhebung des offenhaltenden «*was*» und ebenso starke Hervorhebung der beiden Nomen «*Rat*» (an dem er nicht teilnehmen will) und «*Tat*» (zu der er auf jeden Fall bereit ist).

In den andern Sprachen setzt man für das Kennzeichen solcher Offenheit meistens deutlichere Signale (die an sich auch im Deutschen möglich, aber nicht so verpflichtend sind, weil die expressive Stimmführung meistens genügt): «*Quoi que* vous décidiez ... *Whatever* you decide ... *Quodcumque* facturum sit ...».

10/VI Handlungsantriebe – Durchführbarkeit – Handlungsmodalitäten, Stadien, Aspekte, Erfolg, Risiko

10.58 Antriebe, von «innen» und «außen» – und das, wozu man angetrieben wird

Zu den häufigsten Bedeutungsbeziehungen, die auf verschiedener gedanklicher Ebene spielen, gehört das Nennen eines *Antriebs* durch einen *dominanten* Teil und das Nennen des *Handelns/Verhaltens*, zu *welchem* man angetrieben wird, durch den zugehörigen *inhaltlichen* Teil.

Es ist nützlich für das Gewinnen einer Übersicht, daß man unterscheidet zwischen Antrieben «von innen» und «von außen». Unter «Antriebe von innen» sollen hier alle diejenigen verstanden sein, die aus dem *eigenen Personzentrum*, dem «*Ich*» eines Menschen kommen (oder aus einem Willensbildungs-Zentrum einer Menschengruppe, einer Institution, oder auch aus dem in Analogie zum Menschen aufgefaßten Willens-Zentrum eines Tiers). Die Antriebe «von außen» sind dann alle diejenigen, die nicht aus diesem eigenen Willenszentrum kommen, sondern von einem *andern* Willen oder aus Gegebenheiten der *materialen Umwelt* oder auch aus Antrieben *aus dem eigenen Körper*, die dem «Ich» gewissermaßen als *von ihm unabhängige* Bedürfnisse usw. gegenüberstehen.

Selbstverständlich darf man diese beiden Möglichkeiten nicht scharf voneinander abgegrenzt sehen wollen. Fließende Übergänge gibt es vor allem, wenn Sprechende/Schreibende etwas *über sich selbst* aussagen; dann kann ein «ich *muß* jetzt …» in der Sache durchaus gleichwertig sein mit einem «ich *will* jetzt …, es ist jetzt *meine Absicht* …».

Dazu wird in diesem ganzen Bereich sehr vieles auch *ohne Verteilung* auf zwei verschiedene gedankliche Ebenen dargestellt: so ein Antrieb «von innen» oft durch ein Futur oder eine im Präsens gegebene Handlungsankündigung überhaupt («ich *werde* jetzt … Jetzt *beginne* ich …»). Ein Antrieb «von außen» kann auf die gleiche Art dargestellt werden, z. B. «Jetzt *gehst du sofort nach* …» oder «*Du wirst jetzt sofort anfangen*» oder durch die besonders elementare Verbform «Imperativ», z. B. «*Geh jetzt nach … Fang jetzt sofort an*».

Im Gegensatz zu den Verhältnissen bei angeführten Aussagen/Gedanken/Gefühlen (Ziff. 10.07) ist hier insgesamt die Darstellung in *einer einzigen* Proposition sehr häufig, in allen vier Sprachen, und es gibt auch besonders offene und kaum merkliche Übergänge von Darstellung in einer einzigen Proposition zu klarer Aufteilung auf zwei Propositionen:

⌈Ich { *will* / *möchte* } hier bleiben⌉   ⌈Ich { *soll* / *muß* } dorthin gehen⌉, ⌈*darf nicht* bleiben⌉

Ich {bleibe/bliebe} {gerne/lieber} hier	Ich habe dorthin zu gehen
Ich zöge es vor ʰ / Es wäre mein Wunsch ʰ } {hier zu bleiben ᴺ / daß ich bleiben kann ᴺ}	Mein Auftrag ist ʰ / Man empfiehlt mir ʰ / Ich bin gezwungen ʰ / Es ist nötig ʰ } {dorthin zu gehen ᴺ / daß ich dorthin gehe ᴺ}
Je {veux/voudrais} rester ici	Je dois / Il me *faut* } y aller
J'aimerais rester ici / Je resterais *volontiers*	Je suis obligé ʰ / Ils m'obligent ʰ / C'est mon devoir ʰ } d'y aller ᴺ
C'est mon plus grand désir ʰ de rester ici ᴺ	Il { faut bien ʰ / est { nécessaire ʰ / inévitable ʰ } } que j'y aille ᴺ
I {would like ʰ / want ʰ} to stay here ᴺ I won't go there	I have to go there I must go there
It is my wish ʰ to stay here ᴺ	They *make* me go there
I would stay here *willingly*	It is my duty ʰ { to go there ᴺ / that I go there ᴺ }
Volo / Velim / Vellem } hic stare	Debeo abire Mihi abeundum est / Necesse / Opus / Opportet ʰ } est ʰ {me abire ᴺ / me abiturum esse ᴺ}
Nolo abire Malo stare Ich will nicht weggehen, lieber bleiben	cogor abire werde/bin gezwungen zu gehen

Grundsätzlich ist auch Nachstellung des dominanten Teils möglich, also *rückwirkendes* Kennzeichnen des Vorhergehenden als inhaltlicher Teil; oft hebt man den dominanten Teil durch «mise en relief» besonders hervor:

Hier bleiben *das will ich*	Rester ici *c'est* ʰ *ce que je veux* ᴺ
To stay here *that's* ʰ *what I want* ᴺ	Hic stare *hoc volo*

Wie eng die Antriebe «von innen» und «von außen» ineinander greifen, zeigt nicht zuletzt das Nebeneinander von «will» und «shall» bei der Bildung des Futurs im Englischen. Entsprechendes zeigen auch die folgenden Übersetzungs-Varianten für einen Vers aus der «Zueignung» im «Faust» (deutsches Original – Arndt – Jarell – Fairley):

Versuch' ich wohl euch diesmal festzuhalten?
Will now I *seek* to grant you definition?
Shall I *try*, this time to hold fast to you?
I wonder *should I try* to hold on to you this time?

Also für die deutsche Verbform mit Modalpartikel «Versuch' ich *wohl* ...» einmal «*Will* now I seek», einmal «*Shall* I try» und einmal (wohl speziell im Blick auf das deutsche «wohl») «I wonder *should* I try».

10.59 Kombination mit sprachlicher Übermittlung; zum «zu-Anschluß»

Bei den Antrieben «von außen» gibt es stufenlose Übergänge zwischen «*reiner Darstellung*» (nur der Antrieb an sich) und Kombination mit *sprachlicher* Übermittlung (Antrieb + Mitteilungsakt, durch den er dem davon Betroffenen zugeleitet wird):

reine Darstellung	Antrieb + Mitteilungsakt		
Ich *muß* das tun Je *dois* le faire	Er { befiehlt mir bittet mich } das zu tun	Il { m'ordonne me prie } de le faire usw.	
	Er { rät mir schlägt mir vor } so zu handeln	[in «raten, vorschlagen» steckt zugleich ein Antrieb]	
	Er verspricht mir zu helfen	[darin ist ein späterer Antrieb für ihn selbst enthalten]	
	Sogar bei einer reinen Mitteilung: Er { behauptet gibt vor } das genau zu wissen	[in «behaupten, vorgeben» steckt zugleich der Antrieb, daß der Hörer das glauben soll]	

Vielleicht kann man generell annehmen, daß der «zu-Anschluß» des inhaltlichen Teils immer dann naheliegt (falls er vom Verhältnis der zu nennenden oder zu denkenden Subjekte her überhaupt möglich ist), wenn zum *reinen Mitteilen* oder *Denken* noch ein Aspekt des *Handelns* im weitesten Sinn kommt. Das würde dann auch gelten für «Er *fürchtet* entdeckt zu werden – Sie *hofft* das noch zu erleben – Wir *beschlossen* sofort zu gehen – Wir *einigten uns*, wenigstens einen Versuch zu machen». Entsprechendes würde dann gelten für den Anschluß eines Infinitivs durch «to» im Englischen und durch «de» oder «à» im Französischen. Im Lateinischen gibt es – kennzeichnenderweise – keinen solchen Anschluß durch Infinitivkonjunktionen, und insgesamt ist die Verwendung von Infinitiven noch weit vielfältiger als in den modernen Sprachen.

10.60 Antriebe aus dem Blick auf den Zeitablauf und die Situation gesehen

Nicht selten wird die Notwendigkeit, etwas zu tun (die «Fälligkeit eines Handelns», sei es aus einem Antrieb «von außen» oder «von innen») aus dem Blick auf den *Zeitablauf* und generell auf die *Situation* gesehen und formuliert.

Das gibt es in allen vier Sprachen. Gelegentlich ist es auch kombiniert mit einer direkten Signalisierung des Antriebs-Charakters durch die Verbform, z. B. das lateinische Gerundiv oder Gerundium, wie in folgenden Versen von Horaz:

> *Nunc est bibendum* / *Nunc pede libero* / *Pulsanda tellus*
> Nun soll man trinken Nun mit gelösten Gliedern tanzen
> [wörtlich: «Nun ist zu trinken, nun mit freiem Fuß die Erde zu schlagen/stampfen»]

Oder mit Gerundium:

> { *Tempus*
 Hora } *est discedendi*   Es ist Zeit sich zu trennen Es ist Zeit für eine/die Trennung

Die Nomen «Zeit – temps – hour – time – moment» findet man in den Versen 714–715 im «Faust» und den Übersetzungen von Nerval (1828), Wayne (1949), Jarell (1959), Arndt (1978):

Hier ist es *Zeit* durch Taten zu beweisen⌐
Daß Manneswürde nicht der Götterhöhe weicht⌐
Voici *le temps* de prouver par des actions⌐
Que la dignité des hommes ne le cède point à la grandeur d'un dieu⌐
The hour is come⌐ as master of my fate
To prove in man the stature of a god⌐
Now is *the time* to prove by deeds⌐
That man's worth need not yield to the gods⌐
That manhood does not yield to god's high state⌐
Now is *the moment* to affirme by deed⌐

Kombination von Antrieb und Einbettung in den Zeitablauf liegt auch vor, wenn man etwas als «dringlich» hinstellt:

Es ist dringlich daß man ihn benachrichtigt⌐
Il est urgent de l'en avertir⌐
It is really urgent to inform him⌐
Magni momenti est aliquem eum certiorem facere⌐

Man kann das ja auch in einer einzigen Proposition darstellen: «Man *muß* ihn möglichst schnell benachrichtigen – Il *faut* l'en avertir aussi vite que possible» usw.

10.61 Durchführbarkeit des intendierten Handelns – verschiedene Faktoren

Von den *Antrieben* zu einem bestimmten Verhalten/Handeln kommt man direkt zur Frage nach der *Durchführbarkeit* dessen, was man tun will oder tun soll. Dabei lassen sich verschiedene Faktoren unterscheiden, von denen die Durchführbarkeit abhängt (bzw. bei deren Fehlen das betreffende Verhalten/Handeln nicht durchgeführt werden kann).

Man kann diese Faktoren danach gruppieren, ob sie die *äußere* Situation betreffen, die dem Handelnden die Durchführung des Beabsichtigten gestattet oder nicht gestattet, oder ob es *Faktoren im Handelnden selbst* sind (seine Fähigkeiten, sein Wissen, seine Kräfte).

Die Verschiedenheit dieser Faktoren bedingt zum Teil die Wahl *verschiedener Wörter* in den verschiedenen Sprachen. So ist deutsch «*können*» je nach der Art der Durchführbarkeit einmal durch französisch «*pouvoir*» und einmal durch «*savoir*» wiederzugeben. Gegenüber deutsch «Sie *können* jetzt heimgehen» steht im Englischen «You *may* go home», wenn es sich um «*soziale* Möglichkeit, Erlaubnis» handelt, und «You *can* go home», wenn es sich um die *materiale* Möglichkeit handelt (in lockerem Englisch aber auch «You *can* go home» für die «soziale Möglichkeit»). Insgesamt sind oft bei *verschiedenen* Faktoren der Durchführbarkeit die *gleichen* Wörter möglich – im Vordergrund steht dann nur die Frage «durchführbar oder nicht».

10.62 Durchführbarkeit im Blick auf die Situation

Im Blick auf die «äußere Durchführbarkeit», die unabhängig von den Fähigkeiten des Handelnden besteht, kann man zwei Gruppen von einzelnen Faktoren bilden:

– die *soziale Möglichkeit* (Zulässigkeit – Erlaubnis – keine Hinderung durch andere Personen oder durch Institutionen zu erwarten)
– die *materiale Möglichkeit* (Vorhandensein von Raum, Zeit, geeignetem Medium für eine besondere Bewegungsweise, von Werkzeug für das Herstellen von etwas).

Eine Übersicht über häufige dabei verwendbare Formalstrukturen – notgedrungen etwas schematisch:

A Soziale Möglichkeit

Wir {*dürfen* / *können*} diesen Raum betreten	Es { steht uns frei ᴴ / ist { erlaubt ᴴ / unser Recht ᴴ } } Wir { sind berechtigt ᴴ / haben das Recht ᴴ }	{ diesen Raum zu betreten ᴺ / daß wir diesen Raum betreten ᴺ }
Nous *pouvons* y entrer	Nous avons { la permission ᴴ / le droit ᴴ } Il nous est permis ᴴ C'est notre droit ᴴ Nous sommes autorisés ᴴ	d'y entrer ᴺ à y entrer ᴺ
We {*may* / *can*} go there We *dare* (to) go there	We { are { allowed ᴴ / entitled ᴴ } / have { the permission ᴴ / the right ᴴ } } It is our right ᴴ	to go there ᴺ
Inire *possumus*	*Licet* nobis inire	*Licet* ᴴ nos inituros esse ᴺ

B Materiale Möglichkeit

Sie *kann* ihren Plan verwirklichen	Sie ist { imstande ᴴ / in der Lage ᴴ } Es ist ihr möglich ᴴ Die Umstände erlauben ihr ᴴ	ihren Plan zu verwirklichen ᴺ
Es *ist leicht* ᴴ das zu tun ᴺ	Sie hat die { Möglichkeit ᴴ / Gelegenheit ᴴ / nötige Zeit ᴴ }	(um) ihren Plan zu verwirklichen ᴺ
Elle *peut* réaliser son plan	Elle est { en état ᴴ / à même ᴴ } Il lui est possible ᴴ Les circonstances lui permettent ᴴ Elle a l'occasion ᴴ	de réaliser son plan ᴺ
Il *est facile* ᴴ de faire cela ᴺ	Elle a le temps nécessaire ᴴ	pour réaliser son plan ᴺ
She *can* realize her plan	She is able ᴴ The situation permits her ᴴ	to realize her plan ᴺ

It is easy ᴴ *to do it* ᴺ	*She has the* $\begin{Bmatrix} \text{opportunity}\ ^ᴴ \\ \text{chance}\ ^ᴴ \\ \text{time}\ ^ᴴ \end{Bmatrix}$ $\begin{Bmatrix} \text{to realize} \\ \text{for realising} \end{Bmatrix}$ *her plans* ᴺ	
Potest perficere propositum suum *Facile est* factu	$\begin{Bmatrix} \textit{Potestas} \\ \textit{Opportunitas} \\ \textit{Facultas} \end{Bmatrix}$ ei $\begin{Bmatrix} est\ ^ᴴ \\ datur\ ^ᴴ \end{Bmatrix}$ perficiendi propositum eius ᴺ	

10.63 Durchführbarkeit vom Zustand des Handelnden abhängig

Die Durchführbarkeit eines beabsichtigten Verhaltens/Handelns kann auch bedingt sein durch den Zustand *der betreffenden Person selbst* – ihre Fähigkeiten, ihre «Begabung», die ihr verfügbare Information (das «know how»), ihre Kräfte.

Bei Darstellung im Rahmen *einer einzigen* Proposition kann man im Deutschen und Englischen das gleiche Verb «können, can» verwenden, das auch zur Kennzeichnung der sozialen oder materialen Möglichkeit dient. Daneben verwendet man im Deutschen auch Verben, die primär einen *Informationsbesitz* signalisieren (Informationsbesitz auch ohne Blick auf seine Verwendung für ein konkretes Handeln). Man hat also nebeneinander:

Er *kann* mit einem solchen Gerät umgehen	Er *versteht/weiß* mit solchen Geräten umzugehen

Im Französischen und meistens auch im Lateinischen *muß* man solche Verben des Informationsbesitzes verwenden – auch wenn es sich nicht um ein «Wissen» im engeren Sinn handelt, sondern um ein «Handlungswissen», um eine erlernte Technik:

Elle *sait* peindre *Pingere scit*	Il *sait* monter à cheval *Equitandi peritus est*
Sie kann etwas malend darstellen, sie versteht diese Kunst	Er kann reiten – aber lateinisch auch: Equo bene uti potest

Wenn das *Fehlen* einer Fähigkeit darzustellen ist, kann als dominante Proposition auch «non habere» dienen (inhaltlicher Teil als eigene Proposition, im Konjunktiv):

Non habet ᴴ quemadmodum se defendat ᴺ	Er kann sich nicht verteidigen/Er weiß sich nicht zu verteidigen

Insgesamt gibt es bei Darstellung durch zwei Propositionen (Signalisieren der Durchführbarkeit durch eine eigene dominante Proposition) stufenlose Übergänge zur generelleren, neutralen Bedeutungsbeziehung «Zustand von jemand/etwas und mit diesem Zustand schon gegebene Folge» (entsprechende Übergänge gibt es schon bei der Darstellung der materialen Möglichkeit, z. B. «Er hat jetzt Zeit, das zu tun» und «Er hat die nötige Zeit, um es zu tun», Ziff. 10.62):

Er ist $\begin{Bmatrix} \text{imstande}\ ^ᴴ \\ \text{fähig}\ ^ᴴ \end{Bmatrix}$ sich zu wehren ᴺ	Er hat $\begin{Bmatrix} \text{die nötige Kraft}\ ^ᴴ \\ \text{Kraft genug}\ ^ᴴ \end{Bmatrix}$ um sich zu wehren ᴺ
Il est $\begin{Bmatrix} \text{capable}\ ^ᴴ \\ \text{en état}\ ^ᴴ \end{Bmatrix}$ de se défendre ᴺ	Il possède assez de forces ᴴ pour se défendre ᴺ
He is able ᴴ to defend himself ᴺ	He has the strength ᴴ $\begin{Bmatrix} \text{to defend himself}\ ^ᴺ \\ \text{for defending himself}\ ^ᴺ \end{Bmatrix}$
Ei facultas est defendendi se ipsum	*Habet vires* ad defendendum se ipsum

Als eine Besonderheit des Deutschen kann man es betrachten, daß bei «imstande sein» neben der Darstellung durch Haupt- und Nebensatz der inhaltliche Teil auch durch einen gereihten Teilsatz mit «und» dargestellt werden kann – vor allem wenn es sich um etwas Unerwartetes, negativ zu Sehendes handelt:

| Er ist imstande ohne uns zu gehen | Er ist imstande und geht ohne uns |

Man hat hier offenbar zugleich einen Übergang von Darstellung auf *verschiedener* gedanklicher Ebene zu Darstellung auf *gleicher* Ebene – wie es generell im Bereich «Zustände/Vorgänge und damit schon gegebene Folgen» zu beobachten ist. Zur ganzen Breite dieser Bedeutungsbeziehung (auch wenn es nicht um die Durchführbarkeit beabsichtigter Handlungen, sondern um Folgen aus unbelebten Zuständen usw. geht) und zu den dabei verfügbaren Formalstrukturen siehe Ziff. 10.75'D und 10.79.

10.64 Fähigkeit schon durch die Verbform mitsignalisiert – Übergangszonen

Wie bei den Antrieben, so ist auch bei der Darstellung von Durchführbarkeit gelegentlich ein Hinweis schon in der Verbform enthalten, und es gibt stufenlose Übergänge zur Angabe eines Sicherheitsgrades für Aussagen überhaupt (Ziff. 10.23'3):

| Wir *könnten* vielleicht das Ziel auch auf diesem Weg erreichen | Es *wäre* auch so erreichbar |
| Es *wäre* auch möglich das Ziel auf diesem Weg zu erreichen | |

Die Verben «können – pouvoir – can – posse» werden ja auch häufig für die reine Signalisierung von Wahrscheinlichkeit, Sicherheitsgrad usw. verwendet. Der Unterschied zu dem in Ziff. 10.23'3 Dargestellten liegt darin, daß es dort um die Angabe von *Sicherheitsgraden überhaupt* geht, ohne den Blick auf die Auswirkung auf ein konkretes, jetzt beabsichtigtes Handeln. Der Bedeutungsunterschied ist noch stärker, wenn der begrenzte Sicherheitsgrad durch Verben signalisiert wird, die primär zur Darstellung von Antrieben dienen («Das *dürfte* falsch sein – Er *soll* es gestern gesagt haben – Sie *will* schon einmal dort gewesen sein»).

10.65 Ineinandergreifen von Antrieb und Durchführbarkeit

Daß gelegentlich das *gleiche Wort* einmal einen *Antrieb* (vor allem: «von außen») und einmal die *Durchführbarkeit* (die materiale Möglichkeit) signalisieren kann, zeigen die folgenden vier Verse aus dem «Faust» mit ihren verschiedenen Übersetzungen (Klage Wagners über die politische Ohnmacht des Intellektuellen). Die englischen Übersetzungen zeigen zugleich, wie das deutsche «wenn» sowohl durch «if» wie durch «when» wiedergegeben werden kann, ohne fühlbare inhaltliche Verschiedenheit:

| Ach, *wenn* man so in sein Museum gebannt ist   [Museum=Studierzimmer]
Und sieht die Welt kaum einen Feiertag,
Kaum durch ein Fernglas, nur von weitem,
Wie *soll* man sie durch Überredung leiten? |
| Ah! *quand* on est ainsi relégué dans son cabinet,
et qu'on voit le monde à peine les jours de fête
et de loin seulement, à travers d'une lunette,
comment *peut-on aspirer à* la conduire un jour par la persuasion?   (Nerval) |

But, Sir, *if* learning ties us, winter, summer, With holiday so rare, that we see men As through a glass, remote and ill-defined, How *shall* our counsel serve to lead mankind?	(Wayne)
Alas, *when* one is shut up in one's study And barely sees the world on holidays, Through a spyglass – always from so far away – How *can one ever* guide it by persuasion?	(Jarell)
Oh, dear me. *When* a man is stuck in his study all the time and only sees the world on holidays from far away, through a telescope, you might say, hardly that, how *is he to* persuade them of anything?	(Fairley)

Hier stehen also für die gleiche Bedeutungsbeziehung als Verb-Personalformen in Kombination mit einem Infinitiv: «soll – peut – shall – can – is to».

Dazu stimmt auch die Doppeldeutigkeit der deutschen Konstruktion «ist zu ...», die einmal einen Antrieb signalisieren kann und einmal die Durchführbarkeit, die materiale Möglichkeit:

Dieses Problem *ist* nun mit den heutigen Mitteln zu *lösen* { es *soll/muß* gelöst werden / es *kann* gelöst werden } { mit den heutigen Mitteln

Oder, Antrieb + soziale Möglichkeit:

Für euch *gibt* es hier nichts zu *tun* { Hier *sollt/müßt* ihr nichts tun / Hier *dürft* ihr nichts tun

10.66 Gewohnheit, feste Handlungsbahnen, Üblichkeit

Etwas vom Wichtigsten bei allem Handeln und generell bei allem beabsichtigten Verhalten von Menschen (und auch von höheren Tieren), ist, daß sich *Gewohnheiten* bilden: feste Formen für die beabsichtigten Handlungen bzw. Verhaltensweisen, feste Folgen von Teilhandlungen dabei. In der Psychologie und Soziologie spricht man auch von «Ritualen». Man betont, daß dadurch das Handeln entlastet wird, weil man nicht in jedem Moment neu prüfen muß, wie es ablaufen bzw. weitergehen soll.

«Gewohnt sein» hat auch einen wichtigen *sozialen Aspekt* und gehört damit in die Bereiche «Durchführbarkeit» und «Antriebe» hinein: was *üblich* ist, das kann man als Mitglied der betreffenden Gruppe ohne weiteres tun – und oft besteht der *Zwang*, sich beim Handeln an das «Übliche» zu halten.

Bei der *sprachlichen Darstellung* findet man stufenlosen Übergang von *Verteilung* auf zwei verschiedene gedankliche Ebenen (dominante Teile und inhaltliche Teile) zu Darstellung auf *einer einzigen* gedanklichen Ebene, nämlich der *Einbettung in den Zeitablauf*. «Ich bin *gewohnt*, es so zu machen – Ich mache es *immer* so». Es zeigen sich auch Auffälligkeiten an den verwendeten Verben: im Deutschen «Er *pflegt* es so machen», mit einer besonderen (manchen Sprachteilhabern wohl etwas altertümlich vorkommenden) Bedeutung von «pflegen», und im Englischen das Verb «*use*», zu dem es kein Präsens gibt («He *used to* do it this way – Er *pflegte* es so zu tun»). Einige Beispiele für die vielfältigen Möglichkeiten:

Er { *hat die Gewohnheit* ᴴ / *ist gewohnt* ᴴ } { *es so zu machen* ᴺ / *daß er es so macht* ᴺ }	*Er pflegt es so zu machen*	
Er macht es { *gewöhnlich* / *in der Regel* } *so*	*Er macht es* { *meistens* / *immer* } *so*	
Es ist bei uns üblich ᴴ { *es so zu machen* ᴺ / *daß man es so macht* ᴺ }	{ *Üblicherweise* / *Normalerweise* } *wird das bei uns so gemacht*	
Il { *est habitué* ᴴ / *a la coutume* ᴴ } / *C'est sa coutume* ᴴ { *à* / *de* } *faire cela ainsi* ᴺ	*Il le fait toujours ainsi*	
Chez nous il est { *normal* ᴴ / *d'usage* ᴴ } *de le faire comme ça* ᴺ		
He is accustomed ᴴ *to doing it* ᴺ	*He is accustomed to it*	
Consuetudo nobis est ᴴ *id ita facere* ᴺ	*Sic agere consuevit*	

In den Bereich «individuelle Fähigkeit» (Ziff. 10.63) gehören «Übung haben in … geübt sein, etwas zu tun» usw.:

Er ist geübt ᴴ *mit solchen Leuten umzugehen* ᴺ	*Er hat Übung im Umgang mit solchen Leuten*

Sachlich-logisch ist die *Gewohnheit*, etwas zu tun oder zu erfahren/erleben natürlich auch die Grundlage für die *Erwartbarkeit* bestimmter Erscheinungen, Ereignisse, Handlungen von anderen (Ziff. 10.33, Schluß, als neutrale Mitte zwischen «Angst» und «Hoffnung»).

10.67 Handlungsmodalitäten, Stadien usw. und das jeweilige Handeln

Das *Handeln* und generell das beabsichtigte, intendierte Verhalten von Menschen läuft größtenteils *nicht automatisiert* ab und *nicht in gleichförmigem Fortgang*, im Gegensatz zu den anorganischen Prozessen rings in der Natur und auch zu den unbewußt ablaufenden Körperfunktionen wie Blutkreislauf, Stoffwechsel usw. (die Atmung steht oft in der Mitte zwischen automatisiertem und bewußt geführtem Ablauf, und die Nahrungsaufnahme und -ausscheidung – Essen, Trinken, Harnlassen und Stuhlgang – erfolgt allermeistens im vollen Lichte des Bewußtseins).

Bei allen diesen Handlungen und bewußt gesteuerten Abläufen lassen sich die folgenden Aspekte unterscheiden (es brauchen nicht immer alle wichtig oder überhaupt im Spiel zu sein):
– Ein *Entschluß*, ein *Willensakt* (in gewissem Maß mit gedanklichem Vorwegnehmen des ganzen Handlungsablaufs)
– Vor dem Entschluß oder zwischen Entschluß und Durchführung oder im Lauf der Durchführung manchmal ein *Zögern, Verlangsamen, Abwarten* oder umgekehrt ein *Eilen, Drängen*
– Bei der Durchführung der *Anfang*, manchmal ein *Unterbruch* und darauf ein *Wiederaufnehmen*, ein *Fortführen*, schließlich das *Beenden*, der Abschluß, oder einfach das *Aufhören*
– Bei allen Handlungen und Verhaltensweisen, die aus einer *Folge* verschiedener Handlungsschritte oder Verhaltenszüge aufgebaut sind: die *Reihenfolge* dieser Handlungsschritte oder Verhaltenszüge (was nimmt man zuerst – was dann – mit welchem Gewicht)

– Bei vielen Handlungen, deren Ablauf und Ergebnis nicht so sicher vorhergesehen werden können: der *Versuchs-Charakter*, das *Probieren*, und dann das *Gelingen* oder eben *Mißlingen*

Bei der Darstellung durch zwei Propositionen oder im Rahmen einer Proposition durch Verb-Personalform und Infinitiv läßt sich meistens eine klare Unterscheidung von dominantem Teil und inhaltlichem Teil machen, indem der *dominante* Teil die Handlungs*modalität*, das *Stadium* usw. angibt und der *inhaltliche* Teil das jeweilige Handeln nennt. Bei Darstellung dieses jeweiligen Handelns durch ein nominales Satzglied verschwindet die klare Unterscheidbarkeit zusehends; man kann dann sagen, daß dominanter und inhaltlicher Teil *fest im Rahmen eines einzigen verbalen Semantems* enthalten sind und ein Auseinandernehmen wenig Sinn hat.

10.68 Entschluß, Willensakt – zugleich eine Vorstellung des Handelns

Jeder Entschluß zu einem Handeln enthält zugleich in gewissem Maß eine gedankliche Vorausnahme des betreffenden Handelns, sei es nur global, sei es schon mit genaueren Vorstellungen vom Ablauf dessen, wozu man sich entschließt.

Sie	hat { beschlossen ᴴ / sich entschlossen ᴴ / den Entschluß gefaßt ᴴ } / ist zum Entschluß gekommen ᴴ	dieses Buch jetzt endlich zu lesen ᴺ	Jetzt lese ich *endlich* dieses Buch
Elle	a { décidé ᴴ / pris la résolution ᴴ } / s'est { décidée ᴴ / résolue ᴴ }	{ de / à } lire enfin ce livre ᴺ	Je vais lire *enfin* ce livre
She	{ has decided ᴴ / made up her mind ᴴ / has come to the resolution ᴴ }	to read the book ᴺ	Now I'll read the book
	Decrevit ᴴ / Consilium cepit ᴴ / Constituit ᴴ / Animo proposuit ᴴ	{ legere hunc librum ᴺ / hunc librum legendum esse ᴺ / se hunc librum lecturam esse ᴺ }	Nunc legam hunc librum

10.69 Zögern, zaudern – sich beeilen, drängen

Zwischen dem *Entschluß* und dem *Handeln selbst* (wie auch bei längeren Handlungsfolgen vor jedem neuen Handlungszug) sind *verschiedene Haltungen* möglich:

zögern, zaudern	hésiter, tarder	hesitate, delay	cunctari, morari

Man ist nicht sicher, ob man den richtigen Entschluß gefaßt hat, man schiebt den Beginn (den nächsten Schritt) etwas hinaus

sich beeilen, drängen	se presser/dépêcher/hâter	hasten, hurry (up)	properare, festinare, maturare

Man ist ungeduldig, den Entschluß in die Tat umzusetzen, das Handeln zu beginnen bzw. fortzuführen, man schiebt mögliche Bedenken beiseite

Beispiele für die zwei Haltungen, in verschiedenen Formalstrukturen dargestellt:

⌈Er zögert ᴴ zu antworten ᴺ⌉ ⌈Er zögert mit der Antwort⌉	⌈Er $\begin{Bmatrix} \text{beeilt sich } ^{ᴴ} \\ \text{hat es eilig } ^{ᴴ} \end{Bmatrix}$ zu antworten ᴺ⌉ ⌈Er beeilt sich damit⌉
⌈Il tarde ᴴ à répondre ᴺ⌉	⌈Il se hâte ᴴ de répondre ᴺ⌉
⌈Il dépêche sa réponse⌉	
⌈He hesitates ᴴ to answer ᴺ⌉ ⌈He delayed his answer⌉	⌈He is in a hurry ᴴ to answer ᴺ⌉
⌈Cunctatur respondere⌉ ⌈Cunctatur ᴴ an respondeat ᴺ⌉	$\begin{Bmatrix} \text{⌈statim} \\ \text{⌈confestim} \end{Bmatrix}$ respondet⌉

0.70 Beginnen mit einem Handeln, Einsetzen eines apersonalen Prozesses

Besondere Ansprüche bei allem intendierten, beabsichtigten Handeln stellt nicht selten der *Anfang*. Man hat in jeder von den vier Sprachen ein Sprichwort dafür:

⌈Aller Anfang ist schwer⌉	⌈Beginnings are always hard⌉
⌈Il n'y a si difficile que *le commencement*⌉	⌈*Omne initium* difficile (grave) est⌉

Für den *inhaltlichen* Teil (die *Nennung* des Handelns, dessen Einsetzen man darstellen will, oft mit dem durch das Handeln herzustellenden Gegenstand) kann man in allen vier Sprachen eine *verbale Wortkette im Infinitiv* verwenden; man kann aber allermeistens auch ein *bloßes Satzglied* verwenden, in welchem das Handeln durch ein Nomen genannt wird («nomen actionis») oder nur der herzustellende Gegenstand genannt wird:

⌈Er $\begin{Bmatrix} \text{beginnt } ^{ᴴ} \\ \text{fängt an } ^{ᴴ} \\ \text{macht sich daran } ^{ᴴ} \end{Bmatrix}$ ein neues Buch zu schreiben ᴺ⌉	⌈Er $\begin{Bmatrix} \text{beginnt mit dem} \\ \text{macht sich an das} \end{Bmatrix}$ Schreiben eines neuen Buches⌉ ⌈Er $\begin{Bmatrix} \text{beginnt} \\ \text{macht sich an} \end{Bmatrix}$ ein neues Buch⌉
⌈Il $\begin{Bmatrix} \text{commence } ^{ᴴ} \\ \text{se met } ^{ᴴ} \end{Bmatrix}$ à écrire un nouveau livre ᴺ⌉	⌈Il $\begin{Bmatrix} \text{commence} \\ \text{se met à} \end{Bmatrix}$ la composition d'un nouveau livre⌉ ⌈Il commence un nouveau livre⌉
⌈He $\begin{Bmatrix} \text{begins } ^{ᴴ} \\ \text{starts } ^{ᴴ} \end{Bmatrix}$ to write a new book ᴺ⌉	⌈He starts writing a new book⌉ ⌈He begins the composition of a new book⌉
$\begin{Bmatrix} \text{⌈Coepit} \\ \text{⌈Incipit} \\ \text{⌈Exorditur} \end{Bmatrix}$ librum novum scribere⌉	⌈Incipit $\begin{Bmatrix} \text{compositionem libri novi} \\ \text{librum novum} \end{Bmatrix}$⌉

Für die Darstellung des *Einsetzens a-personaler* Prozesse verwendet man zum Teil die gleichen Verben, insgesamt gibt es hier weniger Möglichkeiten:

⌈Es beginnt zu regnen⌉	⌈Il se met à pleuvoir⌉	⌈It begins to rain⌉	⌈Pluere incipit⌉

10.71 Etwas beenden, aufhören mit etwas

Das Gegenstück zum *Beginnen* eines Handelns, zum *Einsetzen* eines Prozesses ist das *Beenden* des betreffenden Handelns/Verhaltens, das *Aufhören* des Prozesses. Ein Bedürfnis, ein solches Aufhören darzustellen, ergibt sich naturgemäß vor allem bei Verhaltensweisen, deren Dauer an sich unbegrenzt ist, und bei solchen, die einen anwesenden Partner stören können – von denen er möchte, daß sie aufhören:

⸂Sie *hört auf* zu { rauchen⸃ / weinen⸃ }	⸂Elle *arrête* de { fumer⸃ / pleurer⸃ }
⸂She *stops* { smoking⸃ / weeping⸃ }	⸂*Desinit* { (fumare) / lacrimare⸃ } [«fumare» für Tabak rauchen, natürlich noch nicht im klassischen Latein]

⸂Es *hört auf zu* regnen⸃ ⸂Der Regen *hört auf*⸃	⸂Il { cesse / arrête } de pleuvoir⸃ ⸂La pluie *cesse*⸃
⸂It *stops* raining⸃ ⸂The rain *stops*⸃	⸂Imber *cessat*⸃

Man muß hier besonders klar sehen, wie die *gleiche* Bedeutungsbeziehung, mit völlig gleicher Formalstruktur, für *sachlich sehr verschiedene* Arten des «Aufhörens» verwendet werden kann – das genaue Verständnis ergibt sich ggf. erst aus der Situation:

⸂Er *hört* jetzt *auf* zu trinken⸃	Er trinkt heute / in der nächsten Zeit nicht mehr
	Er gibt die Gewohnheit (viel) zu trinken überhaupt auf

Es sind auch viele verschiedene Darstellungsmöglichkeiten vorhanden, neben der «positiven» Darstellung vor allem auch die Verwendung von Negationen (Ziff. 9.11). Besonders vielfach sind die Möglichkeiten, wenn das Aufhören als *Forderung* formuliert ist, wie im folgenden Vers aus «Faust» (Rat Mephistos an Faust) mit sechs Übersetzungen:

⸂*Hör auf* mit deinem Gram zu spielen⸃ ⸂Der wie ein Geier dir am Leben frißt⸃
⸂*Cesse enfin* de te jouer de cette tristesse⸃ ⸂qui, comme un vautour, dévore ta vie⸃
⸂*Cesse enfin* de jouer avec ton noir ennui⸃ ⸂C'est un vautour⸃ qui ronge⸃. ⸂Allons!⸃ ...
⸂*Veux-tu toujours* te plaire à cette mélancolie⸃? ⸂Caresser ce vautour sur ta vie acharné⸃?
⸂*Leave off* this traffic with your groping grief⸃ ⸂That like a vulture feeds upon your mind⸃
⸂*Don't go on* playing with your misery⸃ ⸂It eats at your life like a vulture⸃
⸂*Be done with* nursing your despair⸃ ⸂Which, like a vulture, feeds upon your mind⸃

Also: die direkten Aufforderungen «hör auf – cesse enfin – leave off – don't go on», das eher unpersönliche «be done with ...» und die Frage «veux-tu toujours?». An sich wäre auch im Deutschen (natürlich ohne den Reim) eine Darstellung durch Negation + Zeitangabe möglich: «Spiel doch nicht stets mit deinem Gram» oder noch anders.

Etwas anders ist es, wenn ein Handeln oder Verhalten *von vornherein* auf eine bestimmte Dauer angelegt ist, wenn es gemäß Absicht an einem bestimmten Punkt, mit einem gewissen von Anfang an ins Auge gefaßten Abschluß endet. Dann verwendet man Verben und verbale Wortketten wie «beenden, abschließen – finir, achever, terminer – finish, bring to an end, conclude – finire, finem facere, ad exitum adducere, conficere». Das betreffende Handeln wird dann oft nicht durch einen Infinitiv genannt, sondern durch ein nomen actionis («den Lauf beenden») oder durch direktes Nennen eines materialen Handlungsziels («einen Brief beenden = ihn fertig schreiben» usw.).

| Er *beendet* die Lektüre des Stücks | Il *finit* de lire | Il *finit* la lecture de la pièce |

Dabei ist auch Mehrdeutigkeit bei Verwendung der an sich genau gleichen Bedeutungsbeziehung möglich:

| Ich *beendete* heute das Buch | ich beendete das *Schreiben*, schloß das Buch ab |
| | ich beendete die *Lektüre*, kam bis zum Ende des Buches |

10.72 Platz von Teilhandlungen in einer umgreifenden Handlung; Gewichtungen

Manchmal will man den *Platz* eines Handlungszuges, einer Teilhandlung im Ablauf einer umgreifenden Handlung darstellen. Dazu kann man oft die gleichen Verben verwenden wie für die Darstellung von Einsetzen bzw. Aufhören überhaupt, aber es handelt sich doch um fühlbar verschiedene Bedeutungsbeziehungen, und das wird oft auch durch eine andere Konstruktion mit dem gleichen Verb deutlich gemacht:

| Er *begann* { *damit*[H] *daß* / *nun*[H] *indem* } er das Ziel seines Unternehmens darstellte [N] |
| Er *begann mit* der Darstellung des Ziels seines Unternehmens |
| Er *schloß damit*[H] *daß* er uns zur Mitarbeit einlud [N] |
| Er *schloß mit* einer Einladung zur Mitarbeit |
| Il *commença par* démontrer le but de son entreprise |
| Il *finit par* nous inviter[H] à coopérer avec lui [N] |

Im Deutschen ist dabei bei isolierter Betrachtung eine Doppeldeutigkeit möglich:

| Er *begann mit einem Überblick* über die Forschungslage | Er begann *sein Referat damit, daß* er einen solchen Überblick gab |
| | Er begann, *für sich selbst* einen solchen Überblick zu erarbeiten |

Im *Französischen* ist eine solche doppeldeutige Formulierung praktisch ausgeschlossen.

Gewichtungen kombiniert man oft mit einer *Antriebs-Charakteristik* (Ziff. 10.58):

Wir *müssen* { *in erster Linie* / *vor allem* } ...	Dann *können* wir { *beiläufig* ... / *auch noch* ... }
Il *faut* { *en première ligne* ... / *avant tout* ... }	Ensuite nous *pouvons en passant* ...
In the first place / First of all / Above all } it is necessary to ...	Then we'll *by the way* ...

Aber auch ohne solche Antriebs-Charakteristiken:

| Das Buch richtet sich { *in erster Linie* / *vor allem* } an Studenten und Lehrer der Sprachen und Literaturen |

Man kommt hier offensichtlich aus dem in diesem Kapitel zentralen Bereich «Handlungsmodalität» hinüber in den Bereich «Situierung in Räumen und Bewegungs-Systemen, oft von sehr abstrakter Art», der in Kapitel 11/III zu behandeln ist (Ziff. 11.56).

Detaillierte Angaben über die *Ordnung* von Teilhandlungen gibt man mit den Mitteln, die grundsätzlich im Kapitel 11/I, «Einbettung in den Zeitablauf» zu zeigen sind: «zuerst … dann/darauf/nachher, nachdem man …, dazwischen … am Ende» usw. (Ziff. 11.13).

Eine besondere Situation besteht, wenn eine *Handlung im Gang* ist und eine andere (meistens unerwartet) in sie eingreift:

Er war im Begriff wegzugehen ᴴ/ᴿ	als plötzlich X eintrat ᴺ / da trat plötzlich X ein ᴿ
Il était en train de partir ᴴ	lorsque tout à coup X entra ᴺ
He was { going / about / on the point } to leave ᴴ	when suddenly M. X entered ᴺ
Abiturus erat ᴴ	cum subito X intravit ᴺ

Auch diese Darstellungsweisen führen hinüber zu «Einbettung in den Zeitablauf», Ziff. 11.14.

10.73 Versuchen, sich Mühe geben – Erfolg und Mißerfolg

Sehr oft weiß man am Beginn eines Handelns nicht, ob man damit Erfolg haben wird, und man sieht Schwierigkeiten, Probleme, Anforderungen, die das Handeln an einen stellt. Dann ist man in der Haltung des *Versuchens*, man «*gibt sich Mühe*»:

Er { versuchte ᴴ / probierte ᴴ / bemühte sich ᴴ / gab sich Mühe ᴴ }	mich zu überzeugen ᴺ	Il { essaya/essayait ᴴ / tâcha/tâchait ᴴ / s'efforça/s'efforçait ᴴ / se donna de la peine ᴴ }	{ de / pour }	me persuader ᴺ
He { attempted ᴴ / tried ᴴ }	to convince me ᴺ	Temptavit / Conatus est		me convincere, persuadere

Man kann hier auch noch einen andern Aspekt unterscheiden: daß der Handelnde durch vorsichtiges Hineingehen in die Handlung *feststellen* will, *ob und wie* er dabei zum gewünschten Ziel kommt, wie ein Partner (eine Institution – oder auch ein Material) auf das probeweise angesetzte Handeln reagiert. Dieser Aspekt des «Versuchens, Ausprobierens, Prüfens» berührt sich mit der Informationsaufnahme überhaupt («sehen, ob/wie … erfahren wollen, ob/wie …», Ziff. 10.22):

Wir probieren aus ᴴ	ob es so geht ᴺ / wie es am besten geht ᴺ	Nous mettrons à l'épreuve ᴴ	si … ᴺ / comment … ᴺ	
We shall { try out ᴴ / test ᴴ }	{ whether … ᴺ / how … ᴺ }	Experiemur	si … ᴺ / quomodo … ᴺ	

Für die Bedeutungsbeziehung «*Erfolg haben mit einem Handeln*» gibt es in den vier Sprachen zum Teil besonders verschiedene formale Möglichkeiten. Manchmal drückt man den Erfolg auch rein durch die Verbform aus, oft kombiniert mit einer Zeitangabe wie «endlich, schließlich»:

Es gelang ihr ᴴ / Sie erreichte es ᴴ / Sie schaffte es ᴴ	ihn zu überzeugen ᴺ	Sie konnte ihn überzeugen / Endlich überzeugte sie ihn

Elle a réussi ᴴ à le persuader ᴺ	Elle *put* le *persuader* *Enfin*, elle le *persuada*
She { succeeded ᴴ / was successful ᴴ } in convincing him ᴺ	Finally she *convinced* him
Succedit Contigit Fauste evenit } ei ᴴ illum convincere ᴺ	Convincere eum *potuit* *Postremo* eum *persuasit*

Für die *Darstellung eines Mißerfolgs* gibt es nicht nur die einfache Negation aller oben vorgeführten Verben und verbalen Wortketten («Es gelang ihr *nicht* ... Elle *n'a pas* réussi ... She *didn't* succeed ... *Non* potuit ...»), sondern auch spezielle Ausdrücke wie «*scheitern – échouer – fail*». Dabei kommen «scheitern – échouer» ursprünglich aus der Praxis der Seefahrt, nämlich vom Schiffbruch – aber beim Gebrauch dieser Verben denkt wohl kaum jemand an diesen Ursprung (während man «mit diesem Versuch *erlitt er Schiffbruch*» wohl noch eindeutig als bildliche Redeweise empfindet):

Es mißlang uns ᴴ Wir { verfehlten unser Ziel ᴴ / scheiterten mit dem Versuch ᴴ }	ihn umzustimmen ᴺ
Nos efforts pour le faire changer d'humeur ᴺ ont échoué ᴴ	
We failed ᴴ { to make / in making } him change his mind ᴺ	
Impediti sumus ᴴ quin eius animum flecteremus ᴺ	

0.74 Gefahr laufen mit etwas, Risiko – Mut, Kühnheit, Wagnis

Nicht nur beim geplanten, beabsichtigten Handeln/Verhalten, sondern generell, in der gesamten Existenz muß man immer wieder damit rechnen, daß man *nicht nur* ein angestrebtes Ziel *nicht* erreicht, sondern *darüber hinaus* störende, negative *Rückwirkungen auslöst*, ja daß einem auch ganz ohne eigenes Handeln oder geplantes Verhalten etwas Unerwünschtes zustößt, bis zum Verlust des Lebens durch irgend eine Verkettung unglücklicher Umstände.

Mit diesem Handeln In dieser Situation Durch dein Anders-Sein	{ läufst du Gefahr ᴴ / riskierst du ᴴ }	{ daß sie dich aus ihrer Gruppe ausschließen ᴺ / aus ihrer Gruppe ausgeschlossen zu werden ᴺ }
En agissant de la sorte Dans cette situation Vu ton caractère	{ tu risques ᴴ / tu cours le risque ᴴ }	{ qu'ils ne veuillent plus de toi ᴺ / d'être exclu de leur groupe ᴺ }
By doing so In this situation Out of your nature	{ you run the risk ᴴ / you risk ᴴ }	{ that they exclude you from their group ᴺ / to be no more admitted in their group ᴺ }

⌈Sic agendo
⌈Rebus sic stantibus ⎬ in periculum te committis ⁻ᴴ ⌈ne te excludent e societate eorum ⁻ᴺ
⌈Sola natura tua

Für die Haltung, daß man *trotz Gefahr und Risiko* etwas tut oder an einer Stelle ausharrt, hat man die Verben und verbalen Wortketten «*wagen – den Mut haben – so mutig sein*» und ihre Entsprechungen in den andern Sprachen:

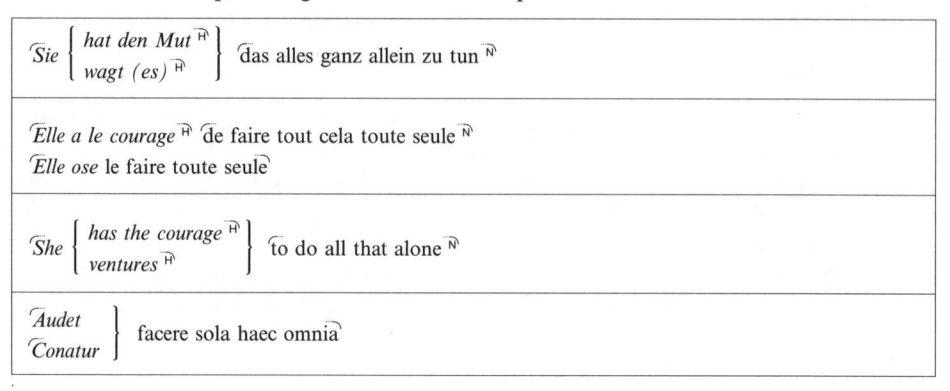

⌈Sie ⎨ hat den Mut ⁻ᴴ ⎬ ⌈das alles ganz allein zu tun ⁻ᴺ
　　　 wagt (es) ⁻ᴴ

⌈Elle a le courage ⁻ᴴ ⌈de faire tout cela toute seule ⁻ᴺ
⌈Elle ose le faire toute seule⁻

⌈She ⎨ has the courage ⁻ᴴ ⎬ ⌈to do all that alone ⁻ᴺ
　　　 ventures ⁻ᴴ

⌈Audet
　　　 ⎬ facere sola haec omnia⁻
⌈Conatur

Natürlich wird dasjenige, was man wagt (der «Inhalt» des Wagnisses) oft gar nicht durch eine ganze verbale Proposition oder durch einen Infinitiv dargestellt, sondern durch ein Nomen oder Pronomen, das als Satzglied gesetzt wird, oder durch gar nichts. Eine ganze Palette von Möglichkeiten zeigt Vers 1671 aus dem «Faust» in drei französischen und drei englischen Übersetzungen (Mephisto zu Faust, im Gespräch über den abzuschließenden Pakt):

⌈In diesem Sinne *kannst du's wagen⁻* / ⌈Verbinde dich⁻; ⌈du sollst ...⁻	
⌈Dans un tel esprit tu *peux te hasarder⁻*, ⌈engage-toi⁻ ...	(de Nerval)
⌈Puisque tu tiens pareil langage⁻, ⌈*Risque l'aventure⁻* et t'engage⁻	(Monnier)
⌈Courage donc⁻! ⌈*Tente l'affaire⁻*	(Pradier)
⌈Now that's *the very spirit for the venture⁻*	(Wayne)
⌈So minded⁻, ⌈you *may dare* with fitness⁻. ⌈Engage yourself⁻ ...	(Arndt)
⌈If that's the way you feel⁻, ⌈you *can risk it⁻* / ⌈Come⁻, ⌈bind yourself⁻ / ...	(Jarell)

10/VII Grund-Folge-Zusammenhänge, in verschiedener Perspektive gesehen: Zwecke, Folgen, Ursachen – Steuerungshandeln und spezielleres Handeln – Abweichungen vom Erwartbaren; Erprobung an literarischem Text Deutsch – Französisch – Englisch

Allgemeines: Traditionelle Behandlung, neue Ansätze, Überblick

Von den *Antrieben* zum Handeln, den Aspekten der Durchführbarkeit, den Modalitäten beim Ablauf und dem Versuchs- und Wagnis-Charakter alles Menschseins ist nun überzugehen zu den *Folgebeziehungen*, in denen dieses Handeln und alles auf der Welt steht – von den erkennbaren und formulierbaren Kausalzusammenhängen bis zur zu akzeptierenden, wenn auch oft unbegreiflichen Zufälligkeit vieler Zustände und Ereignisse.

Die *Wichtigkeit* der hierfür vorhandenen Bedeutungsbeziehungen wurde auch in der traditionellen Grammatik klar gesehen, und sie wurden seit je im Zusammenhang behandelt (im Gegensatz zur meistens wenig systematischen Behandlung der Antriebe usw.), nämlich in der Lehre von den Nebensätzen mit den Begriffen «Konsekutivsatz – Finalsatz – Kausalsatz». Damit beschränkte man sich aber zugleich auf eine einzige (wenn auch häufig verwendete und oft besonders deutliche) Formalstruktur. Man hat daher in den letzten Jahrzehnten versucht, die hier vorhandenen Bedeutungsbeziehungen über *alle* dafür möglichen Formalstrukturen hin zu sehen (z. B. in «Deutsche Grammatik III», von Boettcher/Sitta 1972 und im Syntax-Teil der Duden-Grammatik 1984, von Sitta). Auf diesem Wege soll hier fortgefahren werden, mit Ausweitung des Blicks vom Deutschen auf das Französische, Englische und Lateinische. Die Frage «Darstellung auf verschiedener oder auf gleicher gedanklicher Ebene» tritt dabei notwendigerweise in den Hintergrund, weil diese Unterscheidung hier – anders als bei den angeführten Aussagen, Gedanken, Gefühlen, bei den Sicherheitsgraden und bei der gesamten Handlungsmodalität – von den Bedeutungsbeziehungen völlig überspielt wird. Man kann die Übergänge feststellen, man kann daraus Hinweise gewinnen auf die Entwicklung der Sprachen, die Sprachgeschichte sehr früher Zeiten, und gelegentlich kann die Wahl einer Darstellungsweise auf verschiedener oder auf gleicher gedanklicher Ebene für den Stil bedeutsam werden – aber für die Bedeutungsbeziehungen selbst und ihren heutigen Gebrauch ist das unerheblich.

Man kann die *verschiedenen Perspektiven*, unter denen das Grundphänomen «Folge-Zusammenhänge, gemäß Gewohnheit oder gemäß Kausalverknüpfungen» durch die einzelnen Bedeutungsbeziehungen in den Sprachen gefaßt wird, folgendermaßen charakterisieren:

A Es wird betont, daß ein an sich *erwartbarer*, naheliegender, jedenfalls denkbarer Folgezusammenhang (gemäß Gewohnheit, gemäß Verpflichtung, gemäß objektiver kausaler Wahrscheinlichkeit) gerade *nicht* besteht, indem etwas Erwartbares *nicht* eintritt oder *statt* seiner *etwas anderes* eintritt:

> ⌈Er verließ den Unfallort⌉ ᴴ ⎰ ⌈ohne sich um den Verletzten *zu kümmern*⌉ ᴺ
> ⎱ ⌈ohne daß er sich um den Verletzten *kümmerte*⌉ ᴺ
>
> Er kümmerte sich *nicht* um den Verletzten, wie es seine Pflicht gewesen wäre, *sondern* verließ einfach den Unfallort
>
> ⌈Diese Therapie verschlimmerte seinen Zustand⌉ ᴴ ⎰ ⌈anstatt ihn *zu verbessern*⌉ ᴺ
> ⎱ ⌈anstatt daß es besser wurde⌉ ᴺ
>
> ... verschlimmerte seinen Zustand und verbesserte ihn nicht, wie man gehofft hatte

B Es wird ein *auslösendes* (oder auch: ein *verhinderndes*) Handeln dargestellt, meistens sehr generell, und dazu *dasjenige, was* durch dieses «Rahmenhandeln» ausgelöst oder verhindert wird (bzw. ausgelöst oder verhindert werden soll). Die gleiche Beziehung ist auch zwischen einem a-personalen Zustand oder Vorgang und etwas dadurch Bewirktem bzw. Verhinderten möglich:

> ⌈Er ⎰ veranlaßt ᴴ ⎱ ⌈daß das und das geschieht⌉ ᴺ   ⌈Er verhindert⌉ ᴴ ⌈daß wir etwas anderes tun⌉ ᴺ
> ⎱ sorgt dafür ᴴ ⎰
>
> ⌈Dieser Thermostat sorgt dafür⌉ ᴴ ⌈daß die Temperatur gleich bleibt⌉ ᴺ
>
> ... verhindert, daß sie zu sehr steigt oder fällt

Man kann hier praktisch stufenlose Übergänge sehen zu den Haltungen des *Versuchens, Probierens* (Ziff. 10.73) und ebenso zu den *Antrieben als solchen* (Ziff. 10.58).

C Ein Handeln/Verhalten (von konkreter Natur, nicht nur Steuerungs-Handeln) wird *begründet*, indem man den *Zweck* angibt, zu dem es führen soll – das *Ziel*, das der Handelnde dabei im Auge hat:

> ⌈Er tut das⌉ ᴴ ⎰ ⌈um uns *zu beeindrucken*⌉ ᴺ
> ⎱ ⌈weil er uns beeindrucken will⌉ ᴺ   ⌈Er tut es *in der Absicht*⌉ ᴴ, ⌈uns *zu beeindrucken*⌉ ᴺ

Man kann auch *primär* den Zweck hinstellen (durch einen Hauptsatz, oder in einem einfachen Satz) und dann das dazu verwendete Mittel nennen:

> ⌈Er will uns imponieren⌉ ᴴ ⎰ ⌈indem ⎱ er das tut⌉ ᴺ   ⌈Er will uns imponieren durch dieses Verhalten⌉
> ⎱ wenn ⎰

Über die fließenden Übergänge zwischen dieser Gruppe C und der Gruppe B wie den Gruppen D und E siehe Ziff. 10.82.

D Die *Darstellung* (und damit oft auch: die Bewertung) eines Zustands, Verhaltens, Handelns wird *ergänzt* und *verdeutlicht* durch die *Angabe einer Folge*, die sich aus dem betreffenden Zustand, Verhalten, Handeln ergibt – und zwar oft ohne den Willen eines Handelnden, eine positive oder auch eine negative Folge; oft ist ein Hinweis auf diese Folge schon in der Darstellung des Zustands/Verhaltens/Handelns selbst enthalten:

> ⌈Die Erscheinung A ist *so* ⎰ stark ᴴ ⎱ ⌈daß sich daraus die Folge B ergibt⌉ ᴺ
> ⎱ schwach ᴴ ⎰

10/VII Grund-Folge-Zusammenhänge, in verschiedener Perspektive gesehen

Er ist *viel zu klug* ᴴ	um so etwas zu tun ᴺ		Er *ist so klug* ᴿ und tut das *nicht* ᴿ
als daß er so etwas	tut ᴺ	
	täte ᴺ	

Ohne einen schon in der Darstellung der «Ausgangserscheinung» enthaltenen Hinweis:

| Die Erscheinung A ist sehr stark (schwach) ᴴ so daß sich daraus die *Folge B ergibt* ᴺ |
| Er ist ein kluger Mensch ᴴ so daß er *so etwas nicht tut* ᴺ |

Mit *verfeinerter* Darstellung der *Abhängigkeit im Grad* – die *Folge* wird als *stufenlos veränderbar* gesehen («Einflußgröße und davon Beeinflußtes»):

| Je *mehr* du das übst ᴺ umso besser geht es ᴴ | Es wird umso schwerer ᴴ je *länger* du zuwartest ᴺ |

Man hat hier eine Kombination des Grundverhältnisses «Folge aus etwas» mit dem Grundverhältnis «Zuordnung zwecks Vergleich» (siehe schon Ziff. 10.53–10.54).

E Irgend etwas (ein Zustand, ein Handeln usw.) wird *erklärt*, indem man es als *Folge* aus bestimmten (noch vorhandenen oder schon vergangenen) *andern* Zuständen, Handlungen usw. erkennt und hinstellt - und zwar von Handlungen usw. *außerhalb eines individuellen Willens* (zur Erklärung durch Berufung auf einen individuellen Willensakt dienen die Bedeutungsbeziehungen unter C, zweckgeleitetes Handeln):

| Der Wagen schleuderte ᴴ | da / weil | ich plötzlich auf *Glatteis* geriet ᴺ | wegen des Glatteises |

| Ich fuhr ganz langsam ᴿ denn die Sichtweite war sehr gering ᴿ |

| So etwas darfst du nicht tun ᴿ (denn) *es würde* deine Partner zu sehr belasten ᴿ |

Man kann diese Bedeutungsbeziehungen oft als eine *Umkehrung* der unter D genannten Bedeutungsbeziehungen betrachten:

| Der Wagen geriet auf Glatteis ᴴ so daß er *schleuderte* ᴺ |

Sicht *vom verursachenden* Zustand her, Gruppe D

| Der Wagen *schleuderte* ᴴ weil er auf Glatteis geriet ᴺ |

Sicht von der eingetretenen Folge her, auf die dafür verantwortlich zu machende Ursache

Zur Verschiedenheit bzw. Gleichheit der gedanklichen Ebene: In *Gruppe D* ist bei den *oberen* Beispielen eine klare *Verteilung* auf verschiedene gedankliche Ebene feststellbar (Hauptsatz mit «so ..., zu ...» dominant, Nebensatz als inhaltlicher Teil). Dagegen liegt bei den *unteren* Beispielen («..., so daß ...») und bei der ganzen *Gruppe E* eindeutig *gleiche* gedankliche Ebene vor.

0.76 Nicht-Eintreten erwartbarer Folgen – Unerwartetes

Für diese zwei Bedeutungsbeziehungen (Ziff. 10.75'A) gibt es in allen drei modernen Sprachen je eine sehr ähnliche Formalstruktur, bestehend aus Hauptsatz und Nebensatz. Dasjenige, zu dem man die dann nicht eintretende Folge *erwarten* würde, wird im *Hauptsatz* genannt, und die dann *nicht eintretende Folge* im *Nebensatz*:

Er ging hinaus ᴴ	ohne sich zu verabschieden ᴺ ohne daß sie es wußte ᴺ
Il sortit ᴴ	sans prendre congé ᴺ sans qu'elle le sût ᴺ
He left ᴴ without taking leave of her ᴺ	

Beim Eintreten einer *unerwarteten* Folge steht dagegen die *eigentlich erwartbare* Folge im *Nebensatz* mit «anstatt – au lieu de – instead of», und die *tatsächlich eingetretene* Folge wird durch den *Hauptsatz* genannt:

Anstatt endlich die Wahrheit zu sagen ᴺ tischte er uns neue Lügen auf ᴴ
Au lieu de dire enfin la vérité ᴺ il produisit de nouveaux mensonges ᴴ
Instead of telling finally the plein truth ᴺ he produced new lies ᴴ

Der gleiche Inhalt ohne Verwendung der speziellen dafür vorhandenen Bedeutungs- und Formalstrukturen:

Er ging hinaus ᴿ	aber unhöflicherweise verabschiedete er sich gar nicht ᴿ und sie merkte/wußte gar nichts davon ᴿ
Il sortit ᴿ et ne prit même pas congé ᴿ	
He left simply, ᴿ he didn't take leave at all ᴿ	
Er sagte immer noch nicht die Wahrheit ᴿ sondern tischte uns nur neue Lügen auf ᴿ	
Une fois de plus il ne dit pas la vérité ᴿ mais produisit de nouveaux mensonges ᴿ	
Once more he didn't tell the plein truth ᴿ he produced only new lies ᴿ	

Im *Lateinischen* gibt es überhaupt keine speziellen sprachlichen Mittel für diese in allen drei modernen Sprachen parallel vorhandenen Bedeutungsbeziehungen, sondern nur Darstellung mit Hilfe genereller Möglichkeiten und mit Einbau von Negationen:

Abiit *ne vale dicens quidem* Er ging weg nicht einmal lebewohl sagend	Vera nobis celavit *modo nova mendacia dicens* Er verbarg die wahren Verhältnisse vor uns nur neue Lügen sagend

Auch in den modernen Sprachen werden die Möglichkeiten «ohne etwas zu sagen – sans rien dire – without saying something» bzw. «anstatt das zu tun – au lieu de faire cela – instead of doing that» gar nicht so häufig gebraucht. Man kann oft viele Seiten lesen, bis man ihnen begegnet. Ein eindringliches Beispiel, in welchem sie in enger Verbindung miteinander und mit andern Folgebeziehungen auftreten (Gottfried Keller) ist in Ziff. 10.91 geboten und analysiert.

Nicht so selten ist dagegen die Darstellung im Rahmen *einer einzigen* verbalen Proposition, dabei kann man im Deutschen und Englischen oft auch mit einem einzigen Wort auskommen, nämlich mit einem zusammengesetzten Adjektiv «tränenlos – tearless» usw.:

Er ging *ohne ein Wort des Abschieds* – Il partit *sans un mot d'adieu*
Er sah mich *bewegungslos* an – He looked at me *motionless*

0.77 Ein Handeln/einen Ablauf steuern, kontrollieren, auslösen/verhindern

Manchmal unterscheidet man bei der sprachlichen Darstellung eines (insgesamt durchaus einheitlich gesehenen) Handelns oder a-personalen Ablaufs nicht nur eine besondere Handlungsmodalität («anfangen», Ziff. 10.70) oder die Haltung des Versuchens, Probierens (Ziff. 10.73) vom eigentlichen Handeln bzw. dem Ablauf selbst, sondern unterscheidet gedanklich zwischen einem *generellen* und einem *speziellen* Aspekt. Man faßt *zuerst* etwas sehr Generelles ins Auge, nämlich das *Steuern und Kontrollieren*, und bei der Durchführung durch andere auch das *Auslösen* bzw. das *Verhindern*, und dann nennt man in einer besonderen Proposition das jeweilige speziellere Handeln bzw. den zu steuernden, auszulösenden, zu verhindernden Ablauf selbst.

Nur das jeweilige speziellere Handeln dargestellt (evtl. zusammen mit einem Antrieb):

Die Untersuchung muß sorgfältig durchgeführt werden
Das Vergrößern macht die Struktur sichtbar

Aufgeteilt auf *Steuerungs-Handeln* und *spezielleres Handeln/Verhalten*:

Er/Sie { paßt auf ᴴ / sorgt dafür ᴴ } daß { er/sie / ein anderer } die Untersuchung sorgfältig durchführt ᴺ / die Untersuchung sorgfältig durchgeführt wird ᴺ
Das Vergrößern bewirkt ᴴ daß die Struktur sichtbar wird ᴺ

Der *Unterschied* zur *reinen* Darstellung von *Antrieben* (Ziff. 10.58) liegt darin, daß bei den hier zu betrachtenden Bedeutungsbeziehungen immer auch ein *Element des eigenen materialen Handelns* im Spiel ist, oft auch ein Element des Überprüfens, Kontrollierens (und dann nötigenfalls wieder neuen Einwirkens).

Die ganze Gruppe von Bedeutungsbeziehungen «Steuerungshandeln + spezielleres Verhalten/Handeln» ist offensichtlich *sehr elementar* und in den Sprachen besonders tief verwurzelt. Man verwendet dafür verhältnismäßig wenige und ebenfalls sehr elementare Verben wie «machen» und «sehen», und diese dafür recht häufig.

Ein Beispiel aus Terenz mit französischer, englischer und deutscher Übersetzung (Ende des Prologs zu «Die Brüder»; der Prolog-Sprecher bittet die Theaterbesucher um gerechte, wohlwollende Beurteilung, durch welche auch der Verfasser des Stücks zum Schreiben neuer Stücke ermutigt werden soll). Im lateinischen Original ist hier auch die besonders elementare Möglichkeit verwendet, die Nennung des Inhalts zum Hauptsatz «facite» durch einen Nebensatz ohne einleitendes «ut» zu geben, so daß die Verknüpfung nur durch den Konjunktiv «augeat» verdeutlicht wird:

Facite ᴴ aequanimitas poetae ad scribendum *augeat* industriam ᴺ
Faites en sorte ᴴ que votre bienveillance redouble chez le poète l'empressement ᴺ à écrire ᴺ
See ᴴ that your candour stimulates the poet's zeal in his calling ᴺ
Macht ᴴ / Seht zu ᴴ } daß euer Wohlwollen den Eifer des Dichters, neue Stücke zu schreiben ᴺ vermehrt ᴺ

Ein Beispiel für die Vielfalt von Möglichkeiten zur Darstellung des gleichen Inhalts in den drei modernen Sprachen bieten die Verse des Direktors (aus dem «Vorspiel auf dem Theater», mit dem heute altertümlich wirkenden Konjunktiv I «sei») in fünf Übersetzungen:

> *Wie machen wir's* ᴴ *daß* alles frisch und neu / Und, mit Bedeutung, auch gefällig sei ᴺ?
> *Il leur faut à présent* / Quelque chose à la fois de fort et d'amusant (de Nerval)
> *S'agit* ᴴ *que* tout soit frais et vif / Plaisant et significatif ᴺ (Pradier)
> *How can we manage* something brisk and new / Not only smart, bud edifying too? (Wayne)
> *How can we see* ᴴ *that* all is fresh and new / And with significance engaging too ᴺ? (Arndt)
> *What can we do* ᴴ *to* have things fresh and new / Significant, but entertaining too ᴺ? (Jarell)

10.78 Ein konkretes Handeln und der Zweck, der damit erreicht werden soll

Oft will man nicht in erster Linie ein *Steuerungs*-Handeln darstellen mit dem von ihm eingeleiteten, gesteuerten (oder verhinderten) spezielleren Handeln, sondern man will ein bestimmtes, *konkretes* Handeln *zusammen mit seinem Zweck* darstellen. Man kann auch sagen: man möchte das jeweilige Handeln *erklären*, indem man den *Zweck* angibt, zu welchem es dienen soll und wegen dessen es überhaupt unternommen wird.

Es sind die Bedeutungsbeziehungen, die man in den deutschen und lateinischen Grammatiken unter dem Titel «*Finalsätze*» findet, in einer modernen französischen Grammatik (Mauger, 1968) unter «*compléments de but, d'intention, de destination*», in der «University Grammar» von Quirk und Greenbaum (1973) unter «*clauses of purpose*».

Beispiele aus der Duden-Grammatik 1984 (Ziff. 1252 mit Unterscheidung von zwei Varianten):

1 Zweck, Absicht, Motivation:

> Sie ließ die Rolladen hinunter ᴴ *um das Licht zu dämpfen* ᴺ

Umgeformt in einen «modalisierten Kausalsatz»:

> ... *weil sie das Licht dämpfen wollte* ᴺ

2 Eignung:

> Einen Lastwagen *um das Holz aus dem Wald abzufahren* ᴺ haben wir nicht ᴴ

Für den korrekten Gebrauch mit der Infinitiv-Konjunktion «um ... zu ...» wird darauf hingewiesen, daß man diese nur brauchen sollte, wenn sich das zu denkende *Subjekt* klar aus dem Hauptsatz ergibt:

> Er ging auf die Universität ᴴ *um Medizin zu studieren* ᴺ
>   = *und studierte* dort Medizin
> Man sandte ihn dorthin ᴴ *um Medizin zu studieren* ᴺ
>   = *damit er* dort Medizin studierte

Als Fehlerbeispiel wird angeführt: «Man bezahlt Angestellte, *um zu arbeiten*» [statt etwa: «... *die dann für einen arbeiten*» oder «*damit sie für einen arbeiten*»].

Beispiel aus Mauger, Grammaire pratique du français d'aujourd'hui, 1983, S. 333:

> Il économise ʰ⁾ *pour acheter une maison* ᴺ⁾
> Er spart, um ein Haus zu kaufen

Zu diesem Beispiel nennt Mauger als weitere Möglichkeiten: «... *en vue d'*acheter – *dans le but d'*acheter – *afin d'*acheter» [also: mit der Absicht, dem Ziel, zum Zweck, das zu erreichen].

Dann gibt er weitere Beispiele (drei mit subjonctif, eines mit Infinitiv):

> *Pour*
> *Afin* } *que les passagers fussent à l'aise*ᴺ⁾ le capitaine réduisit la vitesse du bâteau ʰ⁾
> Damit die Passagiere sich wohl fühlten, verminderte der Kapitän die Schnelligkeit des Schiffes
>
> *Viens* ʰ⁾ *que je te donne mes instructions* ᴺ⁾   Je veux quelqu'un ʰ⁾ *qui me soit une compagnie* ᴺ⁾
> Komm, daß ich dir meine Instruktion geben kann.   Ich brauche jemand, der mir Gesellschaft leistet
>
> *Donnez-moi un coin* ʰ⁾ *où me reposer* ᴺ⁾
> Gebt mir eine Ecke, wo ich mich ausruhen kann («um mich auszuruhen»?)

In der «University Grammar» von Quirk und Greenbaum (1973, S. 328) findet man unter «clauses of purpose»:

> I left early ʰ⁾ *to catch the train* ᴺ⁾   They left the door open ʰ⁾ *in order for me to hear the baby* ᴺ⁾
>
> John visited London ʰ⁾ { *in order that* [«formal»]
>   *so*
>   *so that* } [«informal»] } he could see his MP ᴺ⁾

Für die Darstellung einer *zu vermeidenden* Folge steht das folgende Beispiel:

> They left early ʰ⁾ *for fear (that) they would meet him* ᴺ⁾

In einer französischen Lateingrammatik für Schulen (L. Debeauvais, 1946) steht unter «proposition finales, à un mode personnel (subjonctif) et impersonnel (gérondif, adjectif verbal)»:

> Legatos misit ʰ⁾ *ut pacem peterent* ᴺ⁾   Legatos misit ʰ⁾ *qui pacem peterent* ᴺ⁾
> Er schickte Gesandte, *damit sie* um Frieden bäten   ... Gesandte, *die* um Frieden bitten sollten
> Legatos misit *ad pacem petendam*   Equites misit *ad pabulandum*, *pabulandi causa*
> ... wegen des zu erbittenden Friedens   Er sandte Reiter aus um zu fouragieren, zum Zweck des ...

Bemerkenswert ist, daß in der lateinischen Grammatik von Rubenbauer/Hofmann/Heine (1977, S. 275–280) im Abschnitt «Finalsätze» nicht nur die traditionellen Finalsätze behandelt sind, sondern auch die Bedeutungsbeziehungen, die hier als Gruppe B «Steuerungshandeln» gesondert aufgeführt sind. Der Unterschied wird von der Form her aufgefaßt, indem «finale Objekt- und Subjektsätze» und «finale Adverbialsätze» (mit «ut» und «ne») unterschieden werden.

Zur besseren Vergleichbarkeit nach den Grammatiker-Beispielen zwei Stellen aus *Terenz*, französische Übersetzung von J. Marouzeau, englische von J. Sargeaunt. Beide Stellen stammen aus dem *Prolog* zu «Hecyra» – es gehört ja zu den Charakteristiken der Textsorte «Prolog», daß man darin die *Absichten* darlegt, die man mit dem betreffenden Stück hat. Der Prolog wurde für die dritte (endlich erfolgreiche) Aufführung geschrieben, nachdem zwei vorhergehende Versuche hatten abgebrochen werden müssen. Der Sprecher erklärt, daß er schon früher einmal durchgefallene Stücke nochmals aufgeführt hat, und warum:

> ⌈Easdem agere coepi ʰ⌉
> ⌈Ich unternahm es, ʰ⌉ ⌈die gleichen wieder aufzuführen ᴺ⌉
> ⌈Je me remis ʰ⌉ ⌈à jouer les mêmes pièces ᴺ⌉
> ⌈... setting myself ʰ⌉ ⌈to produce the same plays ᴺ⌉
>
>> ⌈ut ab eodem alias discerem novas ᴺ⌉
>> ⌈damit ich vom Autor andere, neue erhalten kann ᴺ⌉
>> ⌈afin de pouvoir monter de nouvelles du même auteur ᴺ⌉
>> ⌈in order to secure new ones from the same hand ᴺ⌉
>
>>> ⌈studiose ʰ⌉ ⌈ne illum ab studio abducerem ᴺ⌉
>>> ⌈mit dem Ziel ʰ⌉ ⌈daß jener nicht etwa von seinem Schreiben abläßt ᴺ⌉
>>> ⌈prenant à tâche ᴺ/ʰ⌉ ⌈de ne pas le détourner de la tâche ᴺ⌉
>>> ⌈and did it zealously ʰ⌉ ⌈that his efforts might not be discouraged ᴺ⌉

Der Prolog endet mit der Bitte an das Publikum, still und aufmerksam zuzuhören, damit durch den Erfolg dieses Stücks andere Autoren ermutigt werden, Stücke für dieses Theater zu schreiben:

> ⌈Mea causa accipite ᴿ⌉ ⌈et date silentium ᴿ/ʰ⌉
> ⌈Um meinetwillen nehmt diese Darstellung gut auf ᴿ⌉ ⌈und hört in Ruhe zu ᴿ/ʰ⌉
> ⌈Faites à cause de moi bon accueil à sa cause ᴿ⌉ ⌈et accordez-nous le silence ᴿ/ʰ⌉
> ⌈For my sake listen to my plea ᴿ⌉ ⌈and make a silent audience ᴿ/ʰ⌉
>
>> ⌈ut libeat scribere aliis ᴺ⌉
>> ⌈damit es andern Lust macht ᴺ⌉ ⌈zu schreiben ᴺ⌉
>> ⌈en sorte que d'autres après cela se montrent disposés ᴺ⌉ ⌈à écrire ᴺ⌉
>> ⌈that other playwrights may catch the desire ᴺ⌉ ⌈to write ᴺ⌉
>
>>> ⌈mihique ut discere novas expediat posthac pretio emptas meo ᴿ/ᴺ⌉
>>> ⌈und daß es mir möglich wird ᴿ/ᴺ⌉ ⌈neue auf meine Kosten gekaufte (Stücke) aufzuführen ᴺ⌉
>>> ⌈et que je trouve mon compte ᴿ/ᴺ⌉ ⌈à monter des pièces nouvelles ᴺ⌉ ⌈acquises à mes frais ᴺ⌉
>>> ⌈and that it may be well for me in the future ᴿ/ᴺ⌉ ⌈to present new plays ᴺ⌉ ⌈bought at my expense ᴺ⌉

10.79 Bewertung der Intensität von Zuständen/Verhaltensweisen, Handlungsweisen durch Angabe von Folgen

Als die deutlichste Formalstruktur für eine Bedeutungsbeziehung «eine *Bewertung* von etwas und eine *Folge*, die sich gemäß dieser Bewertung ergibt» kann man die Verwendung eines Gefüges aus Hauptsatz + Nebensatz betrachten: im *Hauptsatz* wird das *jeweils Bewertete* dargestellt, und im *Nebensatz* wird die *Folge* genannt, die sich daraus ergibt. Dabei enthält der Hauptsatz oft schon einen besonderen Hinweis auf den *Umfang*, die *Intensität* des hier Dargestellten. Ein Beispiel aus Kapitel 1 von Ciceros Schrift «De natura deorum». Cicero spricht über die Philosophen, die sich in ihren Schriften mit der Natur der Götter beschäftigt haben, und er sagt dazu (hier etwas gekürzt):

10/VII Grund-Folge-Zusammenhänge, in verschiedener Perspektive gesehen

> ⌜...tanta sunt in varietate et dissensione ᴴ⌝
>   ⌜ut eorum infinitum sit enumerare sententias ᴺ⌝
> ⌜... ils sont dans *une telle* variété et *une telle* contradiction ᴴ⌝
>   ⌜qu'il est impossible ᴺ⌝ ⌜de dénombrer leurs opinions ᴺ⌝
> ⌜... they differ and disagree *so widely* ᴴ⌝
>   ⌜that it would be a troublesome task ᴺ⌝ ⌜to recount their opinions ᴺ⌝
> ⌜Es gibt hier *soviel* Verschiedenheit und Widerspruch ᴴ⌝
>   ⌜daß es eine endlose Sache wäre ᴺ⌝ ⌜ihre Lehrmeinungen aufzuzählen ᴺ⌝

Es ist bemerkenswert, daß ein Nebensatz von diesem Typ *immer hinter* seinem Hauptsatz stehen muß, im Gegensatz zur Angabe von Zwecken und Begründungen, wo man die Reihenfolge von Hauptsatz und Nebensatz frei wählen kann: «Er tut das alles, *um uns zu beeindrucken – (Nur) um uns zu beeindrucken*, tut er das alles» oder «Ich komme zu spät, *weil ich den Zug verpaßt habe – Da ich den Zug verpaßt habe*, komme ich zu spät».

Man kann die *sachliche* Reihenfolge durchaus umkehren, aber dann muß man gereihte Teilsätze (oder eine Folge einfacher Sätze) verwenden:

> ⌜Die Aufzählung dieser Ansichten wäre eine Sache ohne Ende ᴿ⌝ –
>   ⌜*soviel* Verschiedenheit und Widerspruch gibt es hier ᴿ⌝
> ⌜Il serait impossible ᴴ/ᴿ⌝ ⌜de dénombrer leurs opinions ᴺ⌝ ⌜tant il y a ici de variété et de contradiction ᴿ⌝
> ⌜It would be a troublesome task ᴴ/ᴿ⌝ ⌜to recount their opinions ᴺ⌝ ⌜they differ and disagree *so much* ᴿ⌝
> ⌜Eorum sententias enumerare infinitum esset ᴿ⌝ ⌜tanta in varietate et dissensione sunt ᴿ⌝

Als besonders elementar (und direkt aus Handlungssituationen und Erfahrungen herausgewachsen) kann man es betrachten, wenn im Hauptsatz ein *geeignetes, förderliches* Ausmaß für das Eintreten der Folge genannt wird – oder aber ein *Übermaß* (nach oben oder nach unten, «zuviel oder zu wenig»), so daß die dann genannte Folge gerade nicht eintritt:

> ⌜Das ist *so schön* ᴴ⌝ ⌜daß alle es haben möchten ᴺ⌝   ⌜C'est *si beau* ᴴ⌝ ⌜que tout le monde voudrait l'avoir ᴺ⌝
> ⌜This is *so beautiful* ᴴ⌝ ⌜that everybody would enjoy it ᴺ⌝   ⌜Tam pulchrum est ᴴ⌝ ⌜ut omnes eo frui velint ᴺ⌝

> ⌜Der Motor hat *genügend* Kraft (Kraft *genug*) ᴴ⌝ ⌜um diese Geschwindigkeit *zu* gewährleisten ᴺ⌝
> ⌜Le moteur a *assez de force* ᴴ⌝ ⌜pour que cette vitesse soit garantie ᴺ⌝
> ⌜The engine has got power *enough* ᴴ⌝ ⌜to reach this speed ᴺ⌝

Aber mit einem *Übermaß*, das sich als negativ erweist (Slogan aus einem deutschen Schlager der 20er Jahre):

> ⌜Das ist *zu schön* ᴴ⌝ ⌜um wahr *zu* sein ᴺ⌝
> Es ist so schön, daß es nicht wahr ist – weil es so schön ist, erweist es sich als unwahr
> ⌜C'est *trop beau* ᴴ⌝ ⌜pour être vrai ᴺ⌝
> ⌜This ist *too beautiful* ᴴ⌝ ⌜to be true ᴺ⌝
> ⌜Pulchrius est ᴴ⌝ ⌜quam ut verum sit ᴺ⌝

Hier stellt also der infinite Nebensatz mit «um ... zu – pour – to» gerade eine Folge dar, die *nicht* eintritt – ganz anders als in der Verwendung der gleichen Infinitivkonjunktionen in Finalsätzen («Er tut das, *um uns zu beeindrucken*» – siehe Ziff. 10.78).

Der Hauptsatz im Rahmen einer solchen Bedeutungsbeziehung braucht aber *keineswegs* immer einen *offenen* Hinweis auf Intensität zu enthalten (also ein «so ..., solch ... si ... tant ...» usw.); der Aspekt «Ausmaß» kann schon in einem Adjektiv oder Nomen enthalten sein. Dann wird der Konsekutivsatz im Deutschen durch «so daß» eingeleitet, im Französischen durch «de sorte que», im Englischen durch «so that». Im Lateinischen hat man immer das gleiche «ut» mit obligatorischem Konjunktiv:

⌜Sie war { eine *schöne* Frau ⌝ᴴ / eine *Schönheit* ⌝ᴴ } ⌜*so daß* sie von allen bewundert wurde ⌝ᴺ

⌜Elle était *belle* ⌝ᴴ ⌜*de sorte que* tout le monde l'admirait ⌝ᴺ

⌜She was a *beautiful* woman ⌝ᴴ ⌜*so that* everybody admired her ⌝ᴺ

⌜*Pulchra* erat ⌝ᴴ ⌜*ut* omnes admiratione afficerentur ⌝ᴺ

Eine besondere Möglichkeit bietet sich durch die *Kombination* von *Folge-Beziehung* und *vergleichendem Nebeneinanderstellen* mit *Offenhalten des beiderseitigen Grades*, durch Verwendung von Mengen-Pronomen oder Adjektiven im *Komparativ*. Dabei gibt es im Deutschen eine klare Verteilung auf Nebensatz + Hauptsatz, indem diejenige Intensität, von der die Folge *abhängt* (die «Einflußgröße») durch den *Nebensatz* dargestellt wird und dasjenige, dessen Intensität sich nach der Intensität dieser «Einflußgröße» *richtet*, durch den *Hauptsatz*:

⌜*Je mehr* er lernt ⌝ᴺ { ⌜*desto* ⌝ / ⌜*umso* ⌝ } bescheidener wird er ⌝ᴴ

Im *Französischen und Englischen* gibt es keine so deutliche Verteilung, man verwendet *zweimal die gleiche* Grad-Angabe und kann die beiden Propositionen als gereihte Teilsätze auffassen – obwohl inhaltlich klar ist, daß die eine Proposition die «Einflußgröße» nennt und die andere das davon Beeinflußte:

⌜*Plus* il apprend ⌝ ⌜*plus* il devient modeste ⌝

⌜*The more* he learns ⌝ ⌜*the more* he becomes moderate ⌝

Dagegen zeigt sich im *Lateinischen* auch formal eine deutliche Verschiedenheit der beiden Propositionen, indem man sie durch «quo ... eo» bzw. «quanto ... tanto» einleitet. Wenn es um Eigenschaften von Personen geht, wählt man eine ganz andere Formalstruktur:

⌜*Ut quisque* doctissimus est ⌝ᴺ ⌜*ita* modestissimus est ⌝ᴴ
In dem Maß, in dem jemand sehr sachkundig ist, ist er sehr bescheiden

Alle in diesem Abschnitt dargestellten Folge-Beziehungen können natürlich auch mit Hilfe von *generelleren* Bedeutungsbeziehungen und Formalstrukturen dargestellt werden, oft ausdrücklich umschreibend. Möglichkeiten für das Beispiel aus Cicero: «Die Lehrmeinungen der Philosophen sind hier sehr zahlreich, sehr verschieden und widersprechen sich oft, *und das hat zur Folge*, daß es ein *Ding der Unmöglichkeit* ist, sie hier alle zu behandeln». Man kann oft auch ganz auf das Signalisieren der Bedeutungsbeziehung verzichten und darauf bauen, daß die Hörenden/Lesenden aus ihrer Sachkenntnis heraus die Bedeutungszusammenhänge selber aufbauen. Beispiel: «*Es gibt* hier sehr verschiedene und sich widersprechende Meinungen, *ich kann* sie auf dem hier verfügbaren Raum gar nicht alle behandeln».

10.80 Etwas erklären durch Zurückführen auf eine Ursache

In der letzten der in Ziff. 10.75 aufgestellten fünf Gruppen sind nun diejenigen Bedeutungsbeziehungen und zugehörigen Formalstrukturen zusammengefaßt, die man in der traditionellen «Lehre von den Nebensätzen» meistens an den Anfang gestellt hat, nämlich die «Kausalsätze im engeren Sinn» und die zugehörigen Hauptsätze.

Man kann diese Art der Darstellung als die *am stärksten «analytische»*, am meisten rein gedankliche und *am wenigsten am direkten Handeln* orientierte Möglichkeit für das sprachliche Fassen des sachlogischen Zusammenhangs «Ursache/Grund und daraus Folgendes» betrachten. Das wurde schon deutlich beim in Ziff. 10.79 gezeigten Übergang von der Bedeutungsbeziehung «etwas und was als Folge schon darin enthalten ist» zur Bedeutungsbeziehung «etwas und das, was man als Ursache dafür erkennt». Ein noch stärker verallgemeinertes Beispiel dazu:

⌐Der Vorteil V ist *so groß* ᴴ¬ ⌐*daß* ich den Nachteil N in Kauf nehme ᴺ¬	(Reihenfolge *festgelegt*)
⌐*Da*⌝ / ⌐*Weil*⌝ der Vorteil V *so groß* ist ᴺ¬ ⌐nehme ich den Nachteil N in Kauf ᴴ¬	(Reihenfolge *frei wählbar*)
⌐Ich nehme den Nachteil N in Kauf ᴴ¬ ⌐*da*⌝ / ⌐*weil*⌝ der Vorteil V *so groß* ist ᴺ¬	

Entsprechende Umformungen mit Übergang zu einer andern Bedeutungsbeziehung für den gleichen sachlogischen Zusammenhang sind auch möglich bei den Bedeutungsbeziehungen «Steuerungshandeln + spezielleres Handeln» bzw. «Bewirken + Bewirktes»; nur muß man dann manchmal die Einbettung in den Zeitablauf verdeutlichen:

⌐A *sorgte dafür* ᴴ¬ ⌐*daß* B informiert war ᴺ¬	⌐B war informiert ᴴ¬ ⌐*weil* A *dafür gesorgt* hatte ᴺ¬
	⌐*Weil* A dafür *gesorgt hatte* ᴺ¬ ⌐war B informiert ᴴ¬
⌐Der Stromausfall *bewirkte* ᴴ¬ ⌐*daß* die Uhr stehen blieb ᴺ¬	
⌐Sie blieb stehen ᴴ¬ ⌐*weil* der Strom ausfiel ᴺ¬	⌐*Weil* der Strom ausfiel ᴺ¬ ⌐blieb sie stehen ᴴ¬

Die gedankliche Tätigkeit «Grund-Folge-Zusammenhänge aufdecken und formulieren» (im naturwissenschaftlichen Bereich wie im menschlichen Zusammenleben) ist für die Lebensführung und das Selbstverständnis jedes Menschen so wichtig, daß es sich lohnt, einen Blick zu werfen auf den *Zusammenhang* der hier vorhandenen *sprachlichen* Bedeutungsbeziehungen samt den zu ihnen gehörenden Formalstrukturen mit den *gedanklichen Abläufen*, die dahinter stehen, beim Formulieren wie beim Verstehen.

Man kann wohl sagen, ohne in die Gefahr bloßen Spekulierens zu verfallen: Bei den Bedeutungsbeziehungen «etwas und eine darin schon enthaltene Folge – Steuerungshandeln und spezielleres Handeln – Wirkungen eines apersonalen Prozesses und das dadurch Bewirkte» kann man *gedanklich* einem *Ablauf folgen*, der *auch real beobachtbar* ist. Man geht nämlich dabei *von einem Zustand zu der* sich daraufhin zeigenden Folge, *von einem Steuerungshandeln zum* dadurch beeinflußten spezielleren Handeln – *von einem apersonalen Prozeß zu dem* dadurch Bewirkten ggf. Veränderten. Bei der Bedeutungsbeziehung «etwas erklären durch Zurückführung auf Ursachen» läuft dagegen die gedankliche Arbeit gewissermaßen *rückwärts*: man hat *etwas vor sich*, was man *erklären möchte/sollte*, und zu diesem Zweck *geht man zurück* auf eine (noch beobachtbare – mögliche – plausible, obwohl nicht beobachtbare) *Ursache* dafür.

Natürlich darf man diese psycholinguistische und handlungstheoretische Erklärung nicht etwa pressen. Man kann ja in der Praxis ebenso gut den Nebensatz mit «da/weil» vorausgehen lassen, damit die erkannte Ursache hinstellen und erst nachher, im Hauptsatz, das dadurch Erklärte (zu Erklärende) nennen. Die gedankliche Struktur wird dabei gewissermaßen simultan erfaßt. Eine Entwicklung *vom* Ablauf «Ausgangszustand bzw. Handeln und seine Folge» *zum* Ablauf «Erklärung von etwas durch Rückgriff auf Ursachen» kann man aber wohl auch in der *Geschichte* der Sprachen annehmen – soweit so etwas noch aus Texten rekonstruierbar bzw. aus vorhandenen Formalstrukturen erschließbar ist. Für ein solches *Vorausgehen* der «*Konsekutiv*beziehung» vor der «*reinen Kausalbeziehung*» spricht:
– die *Stellungsfestigkeit* in der Struktur «Hauptsatz + Konsekutivsatz»
– die *Verteilung* auf *verschiedene gedankliche Ebenen* und das Vorhandensein entsprechender besonderer Bedeutungskomponenten im Hauptsatz («so – genug – zu ...»), während bei der reinen Kausalbeziehung Hauptsatz und Nebensatz *auf der gleichen* gedanklichen Ebene stehen
– die Verwendung der elementaren und vieldeutigen unterordnenden Konjunktionen «*daß – que – that – ut*» gegenüber den oft nachweisbar jüngeren Konjunktionen wie «*weil – puisque – since – quoniam* [= cum iam]» usw.

10.81 Die Formalstrukturen für «Erklären durch Aufweisen einer Ursache»

Es gibt hier besonders viele verschiedene Formalstrukturen für teilweise äquivalente, teilweise auch etwas verschieden nuancierte Bedeutungsbeziehungen, und manchmal kann ein einzelner Sprachteilhaber bei einem besonders deutlichen Unterschied in der Formalstruktur auch für sich, individuell, eine etwas verschiedene Nuance der Bedeutungsbeziehung sehen.

A Ursache in anschließendem gereihtem Teilsatz oder neuem Satz genannt

Wir brauchen einen langen Atem	. Denn , denn	es gibt hier so viele Probleme
Il nous faut de la persévérance	. Car , car	il y a tant de problèmes
We shall need much tenacity	. For , for	there ar so many problems
Opus est maxima assiduitate	. Permultae , permultae	enim quaestiones sunt

Insgesamt nicht so häufig gebraucht, «car» und «for» eher in formeller Sprache. Kausale Verknüpfung oft als *lockerer* empfunden als bei Verwendung von Haupt- und Nebensatz (wie in B).

B Ursache in finitem Nebensatz dargestellt, vor oder nach dem Hauptsatz

Da / Weil	hier so viele Probleme sind ⁿ brauchen wir viel Ausdauer ʰ
Comme / Puisque / Parce que	il y a tant de problèmes ⁿ il nous faut beaucoup de persévérance ʰ
Because / Since / As	there are so many problems ⁿ we shall need much tenacity ⁿ
Quod / Quia / Quoniam	quaestiones permultae *sunt* ⁿ opus est nobis maxima assiduitate ʰ
Cum quaestiones permultae *sint* ⁿ	

Kann als *Normalfall* betrachtet werden. Deutsch «da» nicht überall möglich (nach Frage «Warum?» nur «Weil ...», nicht «Da ...»). Gelegentlich auch «indem» oder «zumal» (für «besonders weil»), z. B. «Das ist eine exponierte Lage, indem (zumal) hier oft Lawinen niedergehen».

C Ursache in infinitem Nebensatz dargestellt
(hier sind nicht immer Beispiele aus dem genau gleichen Sachzusammenhang möglich)

Mit so vielen Problemen *konfrontiert* ⁿ verlor er den Mut ʰ
Les problèmes *étant* si complexes ⁿ / Vu la complexité de ces problèmes ⁿ   il nous faut beaucoup de patience ʰ
Pour avoir attaqué tous les problèmes à la fois ⁿ il risqua de faillir ʰ
Il est complètement essoufflé ʰ d'avoir trop *couru* ⁿ
Being there / Faced with   so many problems ⁿ we shall need much tenacity ʰ

Nicht so häufig gebraucht; kann besonders elegant und konzentriert wirken, kann aber auch schwerer zu verstehen sein, manchmal auch nicht so eindeutig (auch als Annahme/Voraussetzung oder als Zeitangabe verstehbar).

D Ursache durch Satzglied dargestellt, innerhalb einer Proposition

Bei / Wegen	der Vielzahl von Problemen brauchen wir viel Geduld
En face de tant de problèmes il nous faudra beaucoup de patience	
Because of the great number of problems, we shall need a good deal of tenacity	

In deutscher Fachsprache oft ziemlich beliebt, aber oft auch umständlich und gar nicht eindeutig.

0.82 Fließende Übergänge zwischen den Gruppen von Bedeutungsbeziehungen

Die aufgestellten Gruppen von Bedeutungsbeziehungen (vor allem B, C, D und E in der Übersicht von Ziff. 10.75) dürfen nicht als klar abgegrenzte Kästchen oder Schubladen aufgefaßt werden, sondern als verschiedene mögliche Perspektiven auf den ganzen Bereich «Grund-Folge-Beziehungen», ja auf den ganzen Bereich «Handeln, mit seinen Modalitäten, den Antrieben dazu, der Durchführungsweise».

Das gilt ganz besonders für «Steuerungshandeln» und «Handeln zu einem speziellen Zweck» und für «Angabe eines Zweckes – Angabe einer sich einfach ergebenden Folge». Dazu einige speziell konstruierte Beispiele:

| *Mach* ᴴ *daß du* | gut vorbereitet bist ᴺ | *Steuerungshandeln* (mit Antrieb) + spezielleres Handeln |
| | auf alle ihre Fragen antworten kannst ᴺ | |

| *Du mußt* dich gut vorbereiten ᴴ *damit* du Erfolg hast ᴺ | spezielleres Handeln (mit Antrieb + damit zu erreichender *Zweck*) |

| *Du mußt* dich *so gut* vorbereiten ᴴ *daß* du ihnen keine Antwort schuldig bleibst ᴺ | spezielleres Handeln (mit Antrieb) + darin schon *enthalten gesehene Folge* |

Eine durch «um ... zu ...» global darstellbare Beziehung kann gelegentlich durch die Wahl zwischen «damit» und «so daß» verdeutlicht und präzisiert werden.

Globale Darstellung:

| *Er hat sich das genau überlegt* ᴴ *um* auf alles *gefaßt zu sein* ᴺ (Erstrebte Fähigkeit erst als *Ziel* gesehen) |

Differenzierte Darstellung:

| *Er hat sich das genau überlegt* ᴴ { *damit* / *so daß* } er auf alles *gefaßt ist* ᴺ (Fähigkeit schon als *erreichte Folge* gesehen) |

Oder in Beispielen für a-personale Prozesse, die aber letztlich auf Absichten, auf personalem vorausgegangenem Handeln beruhen:

| *Oben* { *ist ein Filter* / *hat man einen Filter* } *eingebaut* ᴴ { *damit* / *so daß* } kein Sand ins Leitungswasser kommt ᴺ |

Aber nur mit «daß»:

| *Ein Filter sorgt dafür* ᴴ *daß* kein Sand ins Leitungswasser kommt ᴺ |

Oder mit der Bedeutungsbeziehung «Erklären durch Zurückführen auf eine Ursache», indem man das vorher als Zweck gesehene schon als Ursache für einen als erreicht gesehenen Zustand hinstellt:

| *Oben* { *ist ein* / *hat man einen* } *Filter eingebaut* ᴴ *weil dann* kein Sand ins Leitungswasser gelangt ᴺ |

10.83 Offenheit der Fragen «warum – pourquoi – why – cur/quare/qui»

Die *Wörter*, mit denen man Grund-Folge-Beziehungen beschreibt oder mit denen man nach ihnen fragt oder auf sie hinweist, sind großenteils in ihrer Bedeutung *sehr offen* – und keineswegs für eine einzige der fünf in Ziff. 10.75 aufgestellten Gruppen von Bedeutungsbeziehungen spezialisiert. Mit «*warum – pourquoi – why – cur/quare/qui*» kann man ebenso nach einer a-personalen Ursache wie nach einem Handlungsgrund, einem Motiv fragen:

⌒Warum sank das Schiff⌒?	⌒Weil ein Sturm aufkam⌒	
⌒Pourquoi le bateau coula-t-il⌒?	⌒Parce qu'une tempête survint⌒	(Ursache, a-personal, hat nichts mit
⌒Why did the ship sink⌒?	⌒Because there was a terrible storm⌒	einer Absicht zu tun)
⌒Cur navis mersa est⌒?	⌒Quod tempestas orta est⌒	
⌒Warum war er auf dem Schiff⌒?	⌒Weil er nach Rom fahren wollte⌒	
⌒Pourquoi était-il en mer⌒?	⌒Pour aller à Rome⌒	(Zweck, Absicht mit der Reise,
⌒Why was he on the ship⌒?	⌒In order to go to Rome⌒	zugrundeliegender Antrieb)
⌒Cur in nave erat⌒?	⌒Quia Romam ire voluit⌒	

Entsprechendes gilt für den Anschluß einer Ursache bzw. eines Beweggrundes an etwas, das man vorher konstatiert hat:

⌒Die andern hielten ihn zurück⌒ ⌒Er wollte noch etwas bleiben⌒ }	⌒darum/daher kam er erst so spät heim⌒
⌒Ses amis l'y ont retenu⌒ ⌒Il voulait y rester encore un peu⌒ }	⌒c'est pourquoi il est rentré si tard⌒
⌒They would not let go him⌒ ⌒He wanted to stay there ...⌒ }	⌒that's why he got back so late⌒

0.84 Grundsätzliche Unschärfen sprachlicher Darstellung

Man kann für die gleiche Art, eine Ursache oder einen Beweggrund an eine vorangegangene Darstellung anzuschließen, natürlich auch *Nomen* wie «Ursache, Grund, Anlaß» usw. verwenden:

⌒Die andern hielten ihn zurück⌒ ⌒Er wollte noch etwas bleiben⌒ }	{	, ⌒aus diesem Grund kam er zu spät⌒		
		. Das war { ⌒der Grund⌒ / ⌒die Ursache⌒ }	{ ⌒daß er⌒ / ⌒warum er⌒ }	zu spät kam
		. Das war { ⌒der Grund für sein Zuspätkommen⌒ / ⌒die Ursache seines Zuspätkommens⌒ }		

Bei grundsätzlicher Betrachtung muß man aber auch sehen, daß die Bedeutungen dieser für das Denken so wichtigen Wörter nicht nur *ebenso offen* (und oft unscharf) sind wie beim einfachen «warum – darum», sondern daß oft das *gleiche* Wort für *ganz verschiedene* Bedeutungen dienen muß. Relativ eindeutig ist das deutsche «Ursache» – aber sehr vieldeutig ist «Grund»: mit «Grund» kann man dasselbe meinen wie mit «Ursache», aber unter Umständen ist hier zu unterscheiden zwischen «*Realgrund*» (wie in «Es gab viele Verspätungen, *der Grund war der plötzliche Wintereinbruch*») und «*Erkenntnisgrund*» (wie «Er verhielt sich so auffällig, *das war der Grund meines Mißtrauens*»). Dann kann «Grund» auch der «*Beweggrund*» sein (wie «Das ist der Grund, *warum ich das tun will*»), und schließlich dient das gleiche Wort «Grund» auch für Bedeutungen wie in «*Grund* und Boden – Das Schiff lief *auf Grund* – *Im Grund* ist alles ganz einfach».

Ganz Entsprechendes gilt für die französischen Wörter «cause» und «raison» und ganz besonders für das lateinische Wort «causa», wie man bei jedem Blick in ein einigermaßen ausführliches Wörterbuch erkennen kann.

An sich hat der Bereich «sachlogische Grund-Folge-Zusammenhänge und die dafür in den Sprachen vorhandenen Bedeutungsbeziehungen» wohl von allen in diesem Kapitel behandelten Bereichen die *größte Nähe* zu *Logik und rationalem Denken* – aber trotzdem darf man auch hier die verschiedenen in den Sprachen vorhandenen Bedeutungsbeziehungen und vor allem die dafür verwendeten Formalstrukturen *nicht eindeutiger* sehen wollen, *als sie eben sind*.

Das ist auch der Grund, warum in diesem Buch die in der traditionellen deutschen und lateinischen Grammatik üblichen Fachausdrücke «Kausalsatz – Finalsatz – Konsekutivsatz» *nicht* verwendet werden – weil sie geeignet sind, eine Präzision der Unterscheidungen zu suggerieren, die nicht besteht.

Es erscheint viel besser, wie in der englischen und französischen Grammatik Umschreibungen mit Hilfe allgemeinsprachlicher Wortbedeutungen zu verwenden, z. B. «purpose – reason» (das im Englischen eindeutiger ist als das französische «raison»); solche Umschreibungen kann man je nach Bedarf den beobachteten Phänomenen *anpassen*, ohne das Korsett einer doch immer wieder zu engen fixen Terminologie. Auch bei diesem für rationales Denken und Logik so wichtigen Bereich der Sprache wurden eben die Bedeutungsbeziehungen und noch mehr die dafür verwendeten Wörter *nicht* von einem *universalen Geist* gemäß den Forderungen mathematischer Klarheit und Eindeutigkeit geschaffen, sondern sie wurden entwickelt *aus dem Handeln ganz alltäglicher Menschen* heraus, von den *praktischen Bedürfnissen* her, und daher oft in recht elementarer, globaler, je gelegentlich recht «grober» Sehweise.

10.85 Kombinationen mit der Darstellung als Inhalt von Sprechen/Denken

Im Deutschen wie im Lateinischen kann man das Nennen einer Ursache *zugleich* als *subjektive Einschätzung* kennzeichnen, indem man den *Konjunktiv* verwendet:

⌐B fühlt sich erschöpft⌐ ⌐weil er schlecht geschlafen { hat⌐ / habe⌐ }

(Mit «*hat*»: Ursache *objektiv* gesehen)
(Mit «*habe*» ist die Ursache *als von B genannt*, als *sein Eindruck* zu sehen)

⌐Te laudant⌐ ⌐quod amicos non *deseruisti*⌐
Sie loben dich, weil (daß) du deine Freunde nicht im Stich gelassen *hast*

⌐Socrates accusatus est⌐ ⌐quod iuventutem *corrumperet*⌐
Sokrates wurde angeklagt, weil (daß) er die Jugend *verderbe* (nach der Meinung seiner Ankläger)

Bei dominanten Teilen in der Bedeutungsbeziehung «Akt des Bewertens + in diesem Akt Bewertetes» (Ziff. 10.43–10.46) ist hie und da der Übergang zu reiner Kausalbeziehung (Hinstellen als Ursache) möglich:

⌐Ich { bin zufrieden⌐ / freue mich sehr⌐ } { ⌐wenn⌐ / ⌐daß⌐ / ⌐weil⌐ } es jetzt geklappt hat⌐

Das Eintreten des Bewerteten:
– wird erst einmal *angenommen* («wenn»)
– wird *als sicher* betrachtet («daß»)
– wird *als Ursache* für die Art der Bewertung gesehen («weil»)

Man kann auch eine *Ursache* als *nur vermutet* hinstellen, durch Kombination mit den Bedeutungsbeziehungen «Angabe von Sicherheitsgraden für Wissens- und Denkinhalte» (Ziff. 10.24):

> ⌈Er *muß* zu spät *gewesen sein* ʰ⌉ } ⌈daß er noch nicht da ist ᴺ⌉
> ⌈Er *hat wohl* den Zug *verpaßt* ʰ⌉

Zur beiläufigen Signalisierung eines Grund-Folge-Zusammenhangs durch dominant gesetzte Partikeln wie «eben, halt, ja» siehe Ziff. 10.29.

10.86 Folge-Beziehungen zur Beleuchtung der Haltung bei einer Aussage

Nicht selten kennzeichnet man die Offenheit, Ehrlichkeit usw. einer Aussage, indem man die Haltung «ehrlich sein» als Ziel hinstellt, dann aber sogleich den Inhalt des betreffenden Rede-Aktes bringt:

> ⌈Um ehrlich zu sein ᴺᵈᵒᵐ⌉ ⌈ich weiß es nicht ʰ⌉
> ⌈Pour parler franchement ᴺᵈᵒᵐ⌉ ⌈je ne le sais pas ʰ⌉
> ⌈To be honest ᴺᵈᵒᵐ⌉ ⌈I don't know ʰ⌉

Explizit formuliert, nicht nur der Nebensatz, sondern auch der Hauptsatz des dominanten Teils ausgesprochen:

> ⌈Um ehrlich zu sein ᴺ⌉ ⌈muß ich gestehen ᴴᵈᵒᵐ⌉ ⌈ich weiß es nicht ᴺⁱⁿʰ⌉
> ⌈Pour parler franchement ᴺ⌉ ⌈il me faut avouer ᴴᵈᵒᵐ⌉ ⌈que je ne le sais pas ᴺⁱⁿʰ⌉
> ⌈To be honest ᴺ⌉ ⌈I must confess ᴴᵈᵒᵐ⌉ ⌈I don't know ᴺⁱⁿʰ⌉

Oder im Gespräch von Robert und Emma über das Liebesverhältnis von Emma mit Jerry in Pinters «Betrayal»:

> ⌈He's got two kids ʰ⌉ ⌈not to mention a wife ᴺ⌉
> ⌈Er hat zwei Kinder ʰ⌉ ⌈um zu schweigen (davon) ᴺᵈᵒᵐ⌉ ⌈daß er auch eine Frau hat ᴺⁱⁿʰ⌉

Oder lateinisch, in der Kritik an einer als falsch beurteilten Handlungsweise:

> ⌈Perverse ⌈*ne dicam*: ᴺᵈᵒᵐ⌉ ⌈*impudenter* ᴿⁱⁿʰ⌉ agunt ii⌉ ⌈qui ...
> Verkehrt, daß ich nicht sage: unverschämt handeln diejenigen welche ...

Durch Umschreiben der Haltung verdeutlicht: «Sie handeln verkehrt – *ich müßte eigentlich sagen, daß sie schamlos handeln*, aber ich verzichte auf dieses starke Wort.»

Man kann ja auch in einer Diskussion noch etwas anfügen und das so einleiten:

> ⌈Da ich gerade das Wort habe ᴺᵈᵒᵐ⌉ ⌈ich stimme der Meinung von Frau Z völlig zu ᴿⁱⁿʰ⌉

Explizit formuliert: «Da ich gerade das Wort habe, *sage ich noch etwas zum Votum von Frau Z, nämlich*, daß ich ihrer Meinung völlig zustimme.»

Man sieht an diesen Beispielen auch besonders deutlich, wie sehr die Verknüpfungsweise «Hauptsatz + Nebensatz» als eine *reine Formalstruktur* zu betrachten ist, *ohne jeden nur ihr eigenen* semantischen Wert.

10.87 Generelles Nennen von Mitteln, Wegen, Instrumenten

Das Verhältnis von *Mitteln* und *Zwecken* ist zentral in den Bedeutungsbeziehungen «konkretes Handeln und der Zweck, der damit erreicht werden soll» (Ziff. 10.75'C). Man kann das gleiche sachlogische Verhältnis aber auch *unabhängig* von einem konkreten Handeln darstellen, in verallgemeinerter, für *jedes* Handeln gültiger Form:

Vom *jeweiligen konkreten Handeln* und der dabei bestehenden Absicht her gesehen	Von der *generellen Durchführbarkeit* und den dazu *geeigneten Mitteln* her gesehen
Er { tut T ᴴ / benützt Weg W ᴴ / wählt Instrument I ᴴ } «um Z zu erreichen ᴺ»	{ Indem / Dadurch daß } man { T tut ᴺ / W benützt ᴺ / I wählt ᴺ } «erreicht man Z ᴴ»
Er will Z erreichen ᴿ { darum / daher } { tut er T ᴿ / benützt er Weg W ᴿ / wählt er I ᴿ }	{ Durch T / Über Weg W / Mit Hilfe von I } { erreicht man Z / wird Z erreichbar }

Es ist bemerkenswert, daß für diese generalisierte Bedeutungsbeziehung «Nennung von Wegen, Mitteln, Werkzeugen für etwas» deutlich *weniger* (oder jedenfalls: *noch* weniger) klar faßbare und spezialisierte Formalstrukturen vorhanden sind als für die konkretere Bedeutungsbeziehung «ein Handeln und der damit verfolgte Zweck» und auch für die übrigen Gruppen von Bedeutungsbeziehungen im Bereich der Grund-Folge-Zusammenhänge. Am deutlichsten ist deutsch «*dadurch daß* ...», bei welchem «*dadurch*» als dominanter Teil und «*daß* ...» als inhaltlicher Teil aufgefaßt werden kann. «*Indem*» ist äußerst vieldeutig, es kann auch die Beziehung «Annahme/Voraussetzung und daran Gebundenes» signalisieren: «*Indem/Wenn man* T tut, kann man Z erreichen».

In den andern Sprachen verwendet man infinite Propositionen (mit Infinitiv, mit participe présent bzw. gérondif, mit ing-form, mit Gerundium oder Gerundiv); dabei gibt es, vor allem im Englischen und Lateinischen, fließende Übergänge zu Darstellung durch Satzglied, im Rahmen nur einer Proposition – und das ist auch im Deutschen sehr häufig:

Durch Lehren lernt man	Man lernt beim Lehren
A enseigner ᴺ on s'instruit ᴴ By teaching we learn ourselves Docendo discimus	On s'instruit ᴴ en enseignant ᴺ
Wir überprüfen alles { mit Hilfe dieses Apparats / mit diesem Apparat } Nous examinons tout à l'aide de cet appareil We can test it all ᴴ by using this apparatus ᴺ Hoc instrumento / Huius instrumenti gratia } examinamus omnia	... ᴴ en nous servant de cet instrument ᴺ

Weiteres zu «Nennung von Hilfsmitteln» in Ziff. 11.70–11.74.

10.88 Verknüpfung durch «so, daß ...» zur Hervorhebung

Die Formalstruktur «*so ..., daß ...*» kann auch als *reine Rahmenstruktur* verwendet werden: man kann durch diese Verteilung auf zwei Propositionen etwas *hervorheben*, es als *gewichtiger* hinstellen, als das im Rahmen einer einzigen Proposition der Fall ist. Dabei liegt, in einem sehr generellen Sinn, eine Verteilung auf zwei verschiedene gedankliche Ebenen vor: im dominanten Teil (Hauptsatz) wird eine Art Rahmen gegeben, und im inhaltlichen Teil (Nebensatz) wird dieser Rahmen durch etwas spezieller Darzustellendes ausgefüllt

In *einer einzigen* Proposition	*Verteilt* auf dominanten Teil und inhaltlichen Teil
⌒Dort hat *nur einer* Platz⌒	⌒Es ist so ^{Hdom} ⌒daß dort *nur einer* Platz hat ^{Ninh}
⌒There *isn't* room for more than one⌒	⌒It is so ^{Hdom} ⌒that there *isn't* room for more than one ^{Ninh}
⌒*Alle* hatten schon gegessen⌒	⌒Es war so ^{Hdom} ⌒daß *alle* schon gegessen hatten ^{Ninh}
⌒*A cause de la pluie* nous ne sortons pas⌒	⌒*C'est à cause de la pluie* ^{Hdom} ⌒que nous ne sortons pas ^{Ninh}

Zur Hervorhebung durch Hauptsatz + Relativsatz auf gleicher gedanklicher Ebene («Genau das wollte ich wissen – Das ist genau das, was ich wissen wollte») siehe Ziff. 12.55 und 12.60.

10.89 Grund-Folge-Zusammenhang – Bindung an Annahme/Voraussetzung – rein zeitlich gesehene Folge

Man kann nun fragen, wie die ganze Palette der in diesem Kapitel behandelten Grund-Folge-Beziehungen sich verhält zu der grundlegenden Bedeutungsbeziehung «*Annahme/Voraussetzung* und an deren Zutreffen Gebundenes» (Ziff. 10.34) und zu den Bedeutungsbeziehungen für *reine Einbettung in den Zeitablauf* (Hintereinander von zwei Handlungen/Zuständen/Ereignissen).

Es kommt hier offenbar darauf an, ob ein Zusammenhang zwischen *möglichen* Handlungen, Zuständen usw. und den daran geknüpften Folgen dargestellt werden soll oder aber ein entsprechender Zusammenhang zwischen *schon vollzogenen* Handlungen, *schon eingetretenen* Ereignissen und dadurch verursachten anderen Ereignissen, anderen Zuständen usw. In ganz grober Gegenüberstellung, für einen sachlogisch identischen Zusammenhang:

⌒*Wenn*⌒ man die Schleuse S *öffnet* ^N ⌒sinkt der Wasserstand W ^H
⌒*Sobald*⌒

⌒*Weil* ich *jetzt* die Schleuse S ⌒ *öffne* ^N ⌒ ⌒sinkt der Wasserstand W ^H
                                   geöffnet habe ^N

Man kann aber die Offenheit des betreffenden Handelns bzw. des Eintretens eines Zustandes auch signalisieren durch dominant gesetzte Verben wie «können», und dann sind verschiedene Bedeutungsbeziehungen aus dem Bereich «Grund-Folge-Zusammenhänge» verwendbar:

⌒Wir *können* die Schleuse S *öffnen* ^H⌒	⌒*so daß*⌒ *damit*	der Wasserstand W sinkt ^N	(Handeln und damit gegebene Folge) (Handeln und der damit erstrebte Zweck)

Man kann die sehr generelle Bedeutungsbeziehung verwenden «etwas wird von der Durchführbarkeit und den dazu geeigneten Mitteln her gesehen» (Ziff. 10.87); diese ist neutral gegenüber der Unterscheidung «Eintreten noch offen – Eintreten als schon erfolgt gesehen»:

Indem Dadurch daß	man er	die Schleuse S	öffnet ^{N} öffnete ^{N}	senkt man senkte er	den Wasserspiegel W ^{N}	(noch offen) (schon eingetreten)

Oder im Rahmen einer einzigen Proposition dargestellt:

Durch das Öffnen der Schleuse S	senkt man senkte er	den Wasserspiegel W.

Die gleiche Offenheit besteht in den andern Sprachen durch Verwendung von Propositionen mit Partizip als Kern:

En faisant F ^{N}	on parvient à P ^{H} il est parvenu à P ^{H}	
	By doing this ^{N}	you will ... ^{H} he has ... ^{H}

Die fließenden Übergänge zwischen dem Konstatieren einer Grund-Folge-Beziehung und dem reinen Konstatieren eines zeitlichen Hintereinanders sind auch die Grundlage für die lateinische Formulierung «*Post hoc, ergo propter hoc – Nach* diesem, also *wegen* diesem».

10.90 Verzicht auf das Einbetten in Grund-Folge-Zusammenhänge, Zufälligkeit

Manchmal will man ausdrücklich signalisieren, daß man etwas *nicht* in einem Grund-Folge-Zusammenhang sieht und daß daher auch der Hörer/Leser keinen solchen Zusammenhang suchen soll, man betont die *Zufälligkeit*:

Es ist ein Zufall ^{H} daß ich dort war ^{N}	Zufällig Durch Zufall war ich gerade auch dort
Par hasard j'y étais présent	
By chance I was there too	I happened to be there
Casu adveni Durch Zufall kam ich dazu	Fortuito aderam Zufällig war ich anwesend

Auf die wissenschaftstheoretischen und philosophischen Probleme von Zufälligkeit («Kontingenz») gegenüber Notwendigkeit, Kausalität, kausaler Determination kann hier nur eben hingewiesen werden.

10.91 Beispiel für das Zusammenspiel der verschiedenen Bedeutungsbeziehungen im Textaufbau

Ein besonders eindrückliches Stück Erzählung, in welchem auf engstem Raum nicht weniger als vier von den fünf in diesem Kapitel behandelten Bedeutungsbeziehungen für Grund-Folge-Zusammenhänge verwendet sind, findet sich im Kapitel «Kindheit –

Erste Theologie – Schulbänklein» im «Grünen Heinrich» von Gottfried Keller. Die Schulanfänger sollen an ihrem ersten Schultag die an der Tafel stehenden großen Buchstaben benennen. Der kleine Heinrich Lee kommt beim P an die Reihe, und er sagt spontan: «*Dieses ist der Pumpernickel*».

Die Herkunft dieser für den Lehrer so unerwarteten und für das Kind so verhängnisvollen Benennungsweise läßt sich vielleicht so rekonstruieren, daß der Kleine einmal den Kinderreim «*Bin ein kleiner Pumpernickel, bin ein kleiner Bär...*» gehört und in einem Buch gesehen hat. Keller selbst sagt nichts über diese Herkunft, er scheint das Wort nur als Namen für ein westfälisches Schwarzbrot zu kennen. Er betont aber, daß die Verbindung des an der Tafel stehenden P mit dem Wort «Pumpernickel» für ihn ein «Aha-Erlebnis» war – er leitet die Aussage des kleinen Heinrich ein durch die zwei dominanten Propositionen «... und es *ward in meiner Seele klar* und ich *sprach mit Entschiedenheit*: ...» Dann liest man weiter (französische Fassung von G. La Flize, 1981, englische Fassung von A. M. Holt, 1960; Verteilung der Propositionen auf die durch Buchstaben gekennzeichneten Zeilen nur zwecks übersichtlicher Präsentation, zum Teil rein durch die verfügbare Zeilenlänge bedingt; die Ziffern am linken Rand kennzeichnen die sieben Darstellungsschritte, in die man den Text im Blick auf seinen inhaltlichen Ablauf untergliedern kann):

1	A	Ich hegte keinen Zweifel, weder an der Welt, noch an mir, noch am Pumpernickel,
	B	und war froh in meinem Herzen;
	A	Aucun doute n'habitait en moi, ni sur le monde, ni sur moi-même, ni sur Pumpernickel,
	B	et il n'y avait que joie en mon coeur.
	A	I entertained no doubts at all, neither of the world, nor of myself, nor of Pumpernickel,
	B	and my heart was glad;
2	C	aber *je ernsthafter und selbstzufriedener* mein Gesicht in diesem Augenblicke war,
	D	*desto mehr* hielt mich der Schulmeister für einen durchtriebenen und frechen Schalk,
	E	dessen Bosheit sofort gebrochen werden müßte,
	C	Mais *plus* l'expression de mon visage, en cet instant, était *sérieuse et satisfaite*,
	D	*plus* le maître me considéra comme un rusé et impertinant petit drôle
	E	dont la malice devait être immédiatement brisée,
	C	but *in proportion to the gravity and self-satisfaction* of my expression in that moment
	D	was my schoolmaster's conviction that I was a sly, bold young rascal
	E	whose naughtiness must be dealt with at once,
3	F	und er fiel über mich her und schüttelte mich eine Minute lang *so wild* an den Haaren
	G	*daß* mir Hören und Sehen verging.
	F	et il se jeta sur moi et, pendant une minute, il me secoua par les cheveux *si brutalement*
	G	*que* je n'entendis et ne vis plus rien.
	F	and he fell upon me and pulled my hair and shook me *so violently* for a whole minute
	G	*that* hearing and sight left me.

Die Beschreibungszüge (A) und (B) sind durch «und/et/and» verbunden. Einteilung von (A) in vier Propositionen, weil durch «weder ... noch» eine neue Negation gegeben wird, zusätzlich zu «kein» (nur *eine* Proposition läge vor bei «Ich zweifelte weder an ... noch an ...» usw.). Aus dem in (C) dargestellten Gesichtsausdruck des Kindes ergibt sich als genau proportionale Folge («in proportion to ...» im englischen Text) die in

(D) genannte Beurteilung durch den Lehrer, und aus dieser ergibt sich der in (E) dargestellte Antrieb zur Bestrafung (diesen Bedeutungszusammenhang entnimmt man nur aus dem Inhalt, er ist nicht eigens sprachlich signalisiert). Dagegen ist der Übergang zur Ausführung der Strafe in (F) durch «und/et/and» verdeutlicht (Ziff. 9.30), und für den Übergang von (F) zu (G) ist die Bedeutungsbeziehung «Intensität von etwas und sich daraus ergebende Folge» verwendet:

4
H	⌐Dieser Überfall kam mir seiner Fremdheit und Neuheit wegen wie ein böser Traum vor⌐,
I	⌐und ich machte mir augenblicklich [hier = «im Augenblick»] *nichts daraus*⌐,
J	⌐*als daß* ich stumm und tränenlos, aber voll innerer Beklemmung den Mann ansah⌐.
H	⌐Ce soudain assaut me fit l'effet d'un mauvais rêve⌐, ⌐par ce qu'il avait d'effarant et de nouveau pour moi⌐
I	⌐et je ne fis *pas autre chose*⌐
J	⌐*que de* regarder cet homme⌐ ⌐sans mot dire⌐ ⌐et sans pleurer⌐ ⌐mais le coeur plein d'angoisse⌐.
H	⌐This attack ⌐being something strange and new to me⌐ was like a bad dream⌐,
I	⌐for a moment I could make *nothing of it*⌐
J	⌐*and could only* stare at the man⌐ ⌐silent and tearless⌐ ⌐but oppressed with a secret anxiety⌐.

Innere Verarbeitung des erfahrenen Schocks (H) und daraus sich ergebender körperlicher Ausdruck (I, J). Für diese innere Verarbeitung ist zugleich eine *Charakterisierung* des Erfahrenen gegeben («wie ein böser Traum») und eine für diesen Eindruck aufweisbare *Ursache* («Fremdheit, Neuheit»). Diese Ursache ist im deutschen Original durch einen Präpokasus mit doppeltem Kern gegeben («seiner Fremdheit und Neuheit wegen»), in der französischen Fassung durch circonstanciel und daran angeschlossenen Relativsatz («par ce qu'il avait de ...»), in der englischen Fassung durch non-finite clause («being something strange and new to me»). Die körperlich sichtbar werdende Reaktion wird besonders herausgestellt durch die betonte Einschränkung («nichts ... als daß ...», und die damit gegebene Verteilung auf zwei Propositionen). Die französische Fassung hat für die deutschen Satzadjektive «stumm und tränenlos» die zwei Infinitiv-Propositionen «sans mot dire – sans pleurer» und für den Präpokasus «voll innerer Beklemmung» die Proposition ohne Verb «le coeur plein d'angoisse». Abgrenzung von «silent and tearless» als eigene Proposition im englischen Text, weil für glattes Einbeziehen als Satzglied das Adverb «silently» stehen müßte – und zu «tearless» gibt es gar kein Adverb.

Keller schaltet nun einen Exkurs ein über zwei verschiedene Arten der Reaktion von Kindern auf eine erfahrene Aggression: ein leidenschaftliches Geschrei schon bei der geringsten Berührung – oder überhaupt keine sichtbare Reaktion, keine Tränen; er sagt, daß er selbst zu dieser zweiten Gruppe gehört und daß dieses Fehlen von Tränen sich für seine Beurteilung durch Erwachsene immer sehr negativ ausgewirkt hat. Dann erzählt er weiter:

5
K	⌐*Als* daher der Schulmeister *sah*⌐,
L	⌐*daß* ich nur erstaunt nach meinem Kopfe langte⌐, ⌐*ohne zu* weinen⌐,
M	⌐fiel er noch einmal über mich her⌐,
N	⌐*um* mir den *vermeintlichen* Trotz und die Verstocktheit gründlich *aus*zutreiben⌐.

K	⌢Aussi ⌢*lorsque* le maître *vit*⌣
L	⌢*que* dans ma surprise, je me tâtais simplement la tête⌣, ⌢*sans* pleurer⌣,
M	⌢il se jeta encore une fois sur moi⌣,
N	⌢*pour* me débarasser à fond de ce⌣ ⌢*qui lui semblait être* bravade et obstination⌣.

K	⌢So, ⌢*when* the schoolmaster *saw*⌣
L	⌢*that* I only felt my head in astonishment⌣,
M	⌢he fell upon me anew⌣,
N	⌢*in order* thoroughly *to* drive out of me⌣ ⌢*what he took to be* defiance and stubborness⌣.

Der temporale Nebensatz (K) ist dominanter Teil (unmittelbares Wahrnehmen) zum Nebensatz 2. Grades (L), der das vom Lehrer Wahrgenommene darstellt, nämlich das unerwartete Verhalten des Kindes, und dazu in einem weiteren Nebensatz das eigentlich erwartete Verhalten. Mit dem Hauptsatz (M) geht es wieder auf der Ebene von (K) weiter, Darstellung der auf die Wahrnehmung folgenden (durch sie verursachten) nochmaligen Körperstrafe, und im Nebensatz (N) wird der mit dieser Strafe verfolgte Zweck ausführlich dargestellt. Dabei geben beide Übersetzer das lange Begleitgefüge «den vermeintlichen Trotz und die Verstocktheit» durch Auflösung in zwei Propositionen wieder, wobei der Bedeutungsbeitrag von «vermeintlich» verbal signalisiert wird («qui lui semblait ...» bzw. «what he took to be ...»). Bemerkenswert ist das Einschieben von «thoroughly» zwischen die zwei Bestandteile der unterordnenden Konjunktion «in order to ...».

6	O	⌢Ich litt nun wirklich⌣;
	P	⌢*anstatt aber* in ein Geheul auszubrechen⌣, ⌢rief ich flehentlich in meiner Angst⌣:
	Q	⌢«Sondern erlöse uns von dem Bösen!»⌣
	R	⌢und hatte dabei Gott vor Augen⌣,
	S	⌢von dem man mir so oft *gesagt hatte*⌣, ⌢*daß* er dem Bedrängten ein hilfreicher Vater sei⌣.
	O	⌢Il me fit réellement mal⌣;
	P	⌢*mais au lieu de* me répandre en hurlements⌣ je *criai* d'une voix suppliante, dans mon angoisse:
	Q	⌢Mais délivre-nous du mal!⌣
	R	⌢Et c'est dieu⌣ ⌢*que* j'avais alors devant les yeux⌣,
	S	⌢Dieu⌣, ⌢*dont* on m'*avait dit* si souvent⌣ ⌢*qu*'il est pour l'opprimé un père secourable⌣.
	O	⌢Now I really suffered⌣,
	P	⌢*but instead of* breaking out in a howl⌣ ⌢I *exlaimed* imploringly⌣:
	Q	⌢«But deliver us from evil!»⌣
	R	⌢having before my eyes the God⌣
	S	⌢of whom people had so often *told* me⌣ ⌢*that* he was the Father⌣, ⌢always ready⌣ ⌢to succour the oppressed⌣.

Der gereihte Teilsatz (O) beschreibt den Zustand des Kindes, der sich nach dem zweiten Angriff des Lehrers [(M), mit der Motivation (N)], ergeben hat. Daraufhin könnte man nun die Verhaltensreaktion «Schreien» erwarten – sie wird durch den Nebensatz in (P) genannt mit dem betonten Hinweis, daß sie *nicht* eingetreten ist, und die wirklich eingetretene Reaktion wird im zugehörigen Hauptsatz genannt und in dem an ihn anschließenden Stück direkte Rede (Q). Diese erstaunliche Reaktion wird in (R) und (S) begründet. Der Charakter als Begründung ist aber nur aus dem Inhalt zu entnehmen, da ein Signal wie «nämlich» oder «denn» fehlt: das Aussprechen dieser Bitte in dieser

Situation hat sich sehr plausibel ergeben aus allem, was die Erwachsenen dem Kind über Gott gesagt haben.

Auf diesen Höhepunkt mit der Bitte «Sondern erlöse uns von dem Bösen» folgt eine gewisse Ernüchterung des Lehrers, der jetzt offensichtlich versucht, die Sache in Ordnung zu bringen. Keller beschreibt das so:

7		
	T	Für den guten Lehrer aber war dies zu stark;
	U	der Fall war nun zum außerordentlichen Ereignis gediehen
	V	und er ließ mich daher stracks los, mit aufrichtiger Bekümmernis darüber *nachdenkend*
	W	*welche Behandlungsart* hier angemessen *sei*.
	X	Wir wurden für den Vormittag entlassen, der Mann führte mich selbst nach Hause.
	T	C'en était trop pour ce brave magister;
	U	le cas avait pris les proportions d'un évènement extraordinaire.
	V	Il me lâcha donc incontinent, *réfléchissant*, avec une affliction sincère,
	W	*au traitement* qui serait mieux approprié.
	X	Nous fûmes licenciés pour l'après-midi et l'homme me conduit en personne à la maison.
	T	This was too much for the good schoolmaster;
	U	the matter had assumed alarming proportions,
	V	and he therefore let go of me immediately, *considering* with genuine concern
	W	*what manner of treatment* would best meet this case.
	X	We were dismissed for that morning; the man himself took me home.

In (T, U) wird *der Eindruck* des unerwarteten Kinder-Ausspruchs auf den Lehrer geschildert, in (V, W) die *sich ergebende Folge*, nämlich zuerst ein materiales Handeln (das Kind loslassen) und dann ein gedankliches Handeln und dessen Inhalt/Gegenstand (darüber nachdenken, welche Behandlungsweise hier angemessen sei). Der Folge-Zusammenhang wird nur beiläufig signalisiert durch «daher – donc – therefore». Formal kann man ein Gefüge aus Haupt- und Nebensatz annehmen (siehe schon Ziff. 8.04), Verdeutlichung «... ließ mich los, indem er zugleich darüber nachdachte» oder zwei gereihte Teilsätze («ließ mich los und dachte darüber nach ...»). In der französischen Fassung ist der Gegenstand des Nachdenkens noch in die dominante Proposition hineingenommen, als complément indirect («réfléchissait *au traitement*) und durch den Relativsatz «qui serait ...» genauer charakterisiert; die Formalstruktur der englischen Fassung entspricht der im Deutschen verwendeten. Die *zwei gereihten Teilsätze* von (X) nennen nun das materiale Handeln, das sich aus dem vorher geschilderten Nachdenken ergeben hat – dieser Zusammenhang wird aber nicht formal signalisiert.

Damit ist die Szene in der Schule abgeschlossen, Keller schildert dann die Fortsetzung daheim, das Gespräch zwischen dem Lehrer und der Mutter (etwas daraus ist in Ziff. 10.44 als Beispiel verwendet). Frage zur französischen Übersetzung von «für den Vormittag» durch «pour l'après-midi»: Ist das zu verstehen als «bis zum Nachmittag», oder liegt einfach ein Versehen des Übersetzers vor?

Überblick über die verwendeten Bedeutungsbeziehungen

Wenn man nun alle hier verwendeten Bedeutungsbeziehungen – samt der verschiedenen Deutlichkeit ihrer Signalisierung durch Formalstrukturen – nicht nur in der Reihenfolge ihres Auftretens im Text betrachtet, sondern sie nach Bereichen und innerhalb der Bereiche nach der Häufigkeit ordnet, kommt man zu folgendem Bild (Beispiele so gekürzt und teilweise verallgemeinert, daß sie sich gut vergleichen lassen):

– Verhalten/Handeln, oft mit besonderer Intensität, und sich daraus ergebende Folge (Ziff. 10.79):

C, D	*Je ernsthafter* das Kind aussah, *umso mehr* hielt es der Lehrer für frech
F, G	Er schüttelte das Kind *so wild, daß* diesem Hören und Sehen verging
U, V	Die letzte Reaktion des Kindes beunruhigte den Lehrer, er ließ es *daher* sofort los
Implizit in (D, E):	*Diese Frechheit mußte* sofort gebrochen werden (Folge aus der Einschätzung des Verhaltens als frech)

– Nicht-Eintreten von Erwartetem oder Eintreten von etwas anderem (Ziff. 10.76):

L	das Kind griff nur an seinen Kopf, *ohne* zu weinen
J	Es sah den Lehrer *stumm und tränenlos* an (Französisch verbal formuliert: *sans* mot dire, *sans* pleurer)
P	*Anstatt* in ein Geheul auszubrechen, brachte das Kind nur eine flehentliche Bitte hervor

– Etwas und die zu seiner Erklärung herangezogene Ursache (Ziff. 10.80–10.81):

H	Der Überfall kam dem Kind seiner Fremdheit und Neuheit *wegen* wie ein böser Traum vor
K, N	*Als* der Lehrer die ungerührte Haltung des Schülers sah, fiel er nochmals über ihn her (hier bleibt offen, ob man auf die sachlich vorliegende Grund-Folge-Beziehung achtet oder nur auf den rein zeitlichen Ablauf, siehe Ziff. 11.14)
Implizit in (R, S):	Das Verhalten des Kindes *wird erklärt* durch die *Tatsache*, daß die Erwachsenen ihm Gott als den jederzeit hilfsbereiten Vater hingestellt hatten

– Ein Handeln und der damit verfolgte (dafür genannte) Zweck (Ziff. 10.78):

M, N	Er fiel nochmals über das Kind her, *um* ihm den Trotz ... auszutreiben
Implizit in (E, F):	Die Bosheit *muß gebrochen* werden und der Lehrer *fällt über das Kind her*

– Sprechen/Denken/Wahrnehmen und das Gesagte/Gedachte/Wahrgenommene (Ziff. 10.05, 10.22):

P, Q	Das Kind *rief* flehentlich: «Sondern erlöse uns von dem Bösen».
S	Die Erwachsenen *hatten* ihm *gesagt*, daß Gott dem Bedrängten ein hilfreicher Vater *sei*
V, W	Der Lehrer *dachte* bekümmert *darüber* nach, welche Handlungsweise hier angemessen *sei*
K, L	Der Lehrer *sah, daß* das Kind nur erstaunt nach seinem Kopfe langte, ohne zu weinen

– Etwas betonen durch Herausheben aus einer Mehrzahl von denkbaren Möglichkeiten (Ziff. 9.18):

I, J	Das Kind zeigte zunächst *keine andere* Reaktion, *als daß* es den Lehrer stumm und tränenlos ansah

10.92 Grund-Folge-Zusammenhänge zwischen den ganzen Darstellungsschritten

Mit den am Schluß von Ziff. 10.91 zusammengestellten Bedeutungsbeziehungen sind aber noch *keineswegs alle* Sinnzusammenhänge erfaßt, vor allem auch nicht alle Grund-Folge-Zusammenhänge, die in diesem Erzählstück vorhanden und von den Lesenden zu erfassen und nachzuvollziehen sind. Vor allem spielen alle in der Tabelle geordneten

Bedeutungsbeziehungen (insgesamt 17, davon 14 ausdrücklich signalisiert, 3 nur implizit gegeben) praktisch ausschließlich *innerhalb* der sieben Darstellungsschritte. Das fordert nun dazu heraus, in einem zweiten Analyse-Durchgang die *ganzen Darstellungsschritte* (Ziffern am linken Rand) als in sich relativ geschlossene Einheiten in den Blick zu nehmen und die Grund-Folge-Beziehungen herauszuarbeiten, die *nicht innerhalb*, sondern *zwischen* den ganzen Darstellungsschritten bestehen. Oder ganz einfach gefragt: *Wie hängt der jeweils neue Darstellungsschritt mit dem jeweils vorhergegangenen zusammen?* Wie weit ist ein solcher Zusammenhang *ausdrücklich signalisiert*, wie weit muß er von den Lesenden selbst, aus ihrer allgemeinen «Welt-Kenntnis» heraus hergestellt werden?

Inhalt, stärker gerafft, interne Zusammenhänge nur noch angedeutet	*Zusammenhang* mit dem jeweils Vorhergehenden	*Signalisierung* des Zusammenhangs mit dem Vorhergehenden
1 *Große Zufriedenheit* des Kindes über das erfolgreiche Zuordnen des Namens «Pumpernickel» zum an der Tafel stehenden großen P	*Folge* aus dem vorher beschriebenen Benennungsakt (siehe Vorbemerkung zu Ziff. 10.91)	*Kein formales Signal*, Erschließen des Zusammenhangs durch die Lesenden und ihre Kenntnis von Kinder-Reaktionen
2 Der Lehrer (der die Leistung des Kindes nicht versteht) *deutet* den Zufriedenheits-Ausdruck *als Bosheit* und fühlt sich verpflichtet, sofort *strafend einzugreifen*	*Folge* (für das Kind äußerst negativ und unverständlich) aus dem in 1 Beschriebenen	Hinweis, daß etwas *Unerwartetes* kommt, durch das eröffnende «*aber – mais – but*»
3 *Grobe Körperstrafe* (aus der in 2 beschriebenen Reaktion heraus) und *Auswirkung* dieser Strafe auf das völlig ahnungslose Kind	*Ausführung* des in 2 als erforderlich gesehenen Handelns	Anschluß durch die beiordnenden Konjunktionen «*und – et – and*».
4 *Verarbeiten* der als Angriff erfahrenen Strafe durch das Kind, zunächst durch inneres Abblocken – und dadurch Nicht-Zeigen einer vom Lehrer erwarteten Reaktion	*Folge* aus dem in 3 beschriebenen Handeln des Lehrers	*Zusammenfassung* des Handelns von 3 durch die einleitenden Satzglieder «*Dieser Überfall – Ce soudain assaut – This attack*»
5 Das *Nicht-Eintreten* der erwarteten Zerknirschtheit bzw. eines Tränen-Ausbruchs wird vom Lehrer *als Trotz* interpretiert und löst eine *nochmalige Bestrafung* aus, wobei das pädagogische Motiv ausdrücklich genannt wird	*Folge* aus der in 4 beschriebenen, vom Lehrer falsch interpretierten Reaktion des Kindes auf die erste Strafe	*Lockerer Anschluß* an den zwischen 4 und 5 eingeschalteten Exkurs (dazu siehe Vorbemerkung zu 5, S. 544 unten) durch eingefügtes «*daher*» bzw. eröffnendes «*Aussi – So*»
6 *Tiefer Eindruck* dieser zweiten harten Strafe auf das Kind, und *Verarbeitung durch sprachliches Handeln*, nämlich das flehentliche Aussprechen der Bitte aus dem Unservater, mit Begründung für dieses Aussprechen	*Folge* aus der in 5 beschriebenen zweiten Strafe	Anschluß an das in 4 Beschriebene durch «*nun – now*» und das *Betonen* des jetzt registrierten (nicht mehr abgeblockten) Schmerzes («*litt ... wirklich – Il me fit réellement mal – I really suffered*»)
7 *Verarbeitung* des unerwarteten Verhaltens des Kindes durch den Lehrer: Verblüffung – Einsetzen von *Nachdenken*, Antriebe für klärendes, evtl. versöhnendes Handeln, und Beginn solchen Handelns	*Folgen*, auch in sich gestuft, aus dem in 6 Beschriebenen	*Zusammenfassung* des in 6 Beschriebenen durch «*dies – Ce – This*», dazu im deutschen Original *Absetzen* von den *vorherigen* Reaktionen des Lehrers durch «*aber*»

Es zeigt sich also nochmals eine *ganze Serie* von *Grund-Folge-Zusammenhängen* manchmal recht komplexer Natur, teils recht genau signalisiert, teils nur global, teils gar nicht – und auf jeden Fall *von den Lesenden* auf Grund *eigener Kenntnis* möglicher Reaktionen von Kindern und Lehrern *nachzuvollziehen*.

Zur Einbettung aller dieser Zusammenhänge in den *Zeitablauf* als allgemeinsten Rahmen menschlichen Erlebens siehe Ziff. 11.19–11.20.

Zu «Sprachverwendung und Stabilisierung des Ich, der Person-Identität» siehe Ziff. A.70 und A.80.

11 Freier einfügbare Bedeutungsbeiträge, auf gleicher gedanklicher Ebene

11/I Einbettung in den Fluß der Zeit – Reihenfolgen – speziellere zeitliche Zusammenhänge – Einmaligkeit, Wiederholung, Häufigkeit – Zuweisung zu Vergangenheit, Gegenwart, Zukunft

    11.01 Zu Stellung und Aufgabe dieses Kapitels; erstes Textbeispiel 555
    11.02 Situierung im Tagesablauf: Tag und Nacht – Stunden, Minuten, Sekunden 556
    11.03 Stärker handlungsbezogene Tages-Einteilungen: die Tageszeiten ... 558
    11.04 Zeitliche Festlegung in größerem Rahmen: Monate, Jahre, Wochen .. 559
    11.05 Erlebnis- und handlungsbezogene Jahres-Einteilung: die Jahreszeiten 560
    11.06 Verschiedene Formalstrukturen, teilweise wahlfrei, für gleiche Bedeutungen 562
    11.07 Relative Zeitangaben: gestern – heute – morgen – in acht Tagen usw. 563
    11.08 Erstreckungen in der Zeit, neutral oder mit Blick vorwärts oder zurück 564
    11.09 Bewertungen von Zeitpunkten bzw. Zeitstrecken, situativ bedingt, zum Teil ganz individuell 565
    11.10 Arten des Eintretens/Aufhörens von etwas: plötzlich – allmählich .. 568
    11.11 Einmaliges Auftreten – wiederholtes Auftreten; Häufigkeit 569
    11.12 Zeitliche Situierung von Handlungen, Ereignissen usw. durch andere 570
    11.13 Zeitliche Situierung in offener Folge, durch freie Satzglieder mit isolierbarem Bedeutungsbeitrag 571
    11.14 Feste Bedeutungsbeziehungen für relative zeitliche Situierung («Temporalsatz + Hauptsatz») 573
    11.15 Zeitlich Situierendes und dadurch Situiertes in einer einzigen Proposition 575
    11.16 Kombination von Zeitangabe im engeren Sinne und zeitlich situierenden Handlungen, Ereignissen usw. 576
    11.17 Besonders schnelle Übergänge von einem Handlungszug zum andern 577
    11.18 Gleiche Form für Mittel-Zweck-Beziehung und für rein zeitliche, gar nicht bezweckte Folge 577
    11.19 Vergangenheit – Gegenwart – Zukunft: nicht fixe Zeiträume, sondern Lage-Einschätzungen 578
    11.20 Der Vergangenheits-Anteil an einer Gegenwart und das chronologisch-kalendarische Alter 579

11.21 Die Zeit als Kontinuum auch in der alltäglichen Sprachpraxis 580
11.22 Verzicht auf eine Einbettung in den Zeitablauf 580

11/II Situierung im Raum, Lagen und Bewegungen – besondere Raumqualitäten, besondere Perspektiven, verwurzelt in der Körperlichkeit des Menschen

11.23 Grundsätzliches, Verhältnis zur Einbettung in den Zeitablauf, Überblick 581
11.24 Maß-Systeme für Räumliches: erst spät einheitlich festgelegt 584
11.25 Direkt-praktische Raumangaben, global oder durch Entität; Raumqualitäten und -perspektiven 585
11.26 Tabelle A, globale Raumangaben, oft durch zeigende Gebärde verdeutlicht 586
11.27 Tabelle B, Raumangabe durch Nennen von Entität mit Lagehinweis 587
11.28 Vielfältige Kombinationen; ganze Propositionen als Raumangaben . 588
11.29 Bewegungen aller Art – etwas besonders Elementares 589
11.30 Darstellungsmittel für die «Bewegungen von ...» und die «Bewegungen zu ...» im Deutschen 590
11.31 Verkürzte Formen, mundartlich teilweise ganz andere Lautungen .. 592
11.32 Darstellung der zwei Bewegungsweisen im Französischen 592
11.33 Darstellung der zwei Bewegungsweisen im Englischen 593
11.34 Darstellung der zwei Bewegungsweisen im Lateinischen 594
11.35 Bewegungen an sich (ohne Betonen von Ausgangspunkt oder Ziel) 596
11.36 Darstellung von Lage und Bewegungsziel durch Verb + Nomen/ Pronomen, ohne Präposition 597
11.37 Verschiedener Bedeutungsbeitrag der gleichen Präposition schon im anschaulichen Raum 598
11.38 Grundsätzlicher Ertrag: immer aus dem Ganzen heraus verstehen .. 599

11/III Von anschaulichen zu abstrakten Räumen – Räumliches als Bildhintergrund beim Darstellen von Wissen, Gestimmtheit, Absichten, sozialen Positionen und ihren Veränderungen – Räumliches in der Herkunft von heute ganz «abstrakten» Wörtern

11.39 Erstreckungen im anschaulichen Raum, meßbar 600
11.40 Gleiche Bedeutungen für Ausmaß im anschaulichen Raum und Grad einer Intensität/Qualität 601
11.41 Von Meßbarem, im anschaulichen Raum, bis zu reinem Fortfahren in einem Handeln 602
11.42 Intensität, also abstrakter Raum, anschaulicher Raum als Bildhintergrund 603
11.43 Ansetzen beliebiger abstrakter Räume als Hilfe für ordnendes Denken 604
11.44 Eingeschränkte Geltungsbereiche, als abstrakte Räume gesehen ... 605
11.45 «Oben – unten» und «vorn» in sozialen Räumen (in der Gesellschaft, in Machtstrukturen) 606
11.46 Räumliche Bildhintergründe bei Verben für soziales Handeln 608

11.47	Räumliche Bildhintergründe bei Lebensprozessen und personalen Gestimmtheiten	608
11.48	Absichten, Wissen, Annahmen als abstrakte Räume, «innen» oder «außen» lokalisierbar	610
11.49	Zur Verwurzelung der Paare «innen/außen – oben/unten – vorn/hinten» im Menschsein	611
11.50	Gefühlswerte bei «innen/außen – Kern/Schale – Grund/Oberfläche»	612
11.51	Bleibend-Identisches und verschiedene Kleider, Formen, Rollen	613
11.52	Textbeispiel Descartes: gedanklich-emotionaler Raum – anschaulicher Raum als Vergleich	614
11.53	Organe und ihre Bewegungen rein im anschaulichen Raum – Handeln/Verhalten usw. überhaupt	617
11.54	Freiheit im Auffassen oder der Nicht-Beachtung von Bildhintergründen	618
11.55	Nennen eines Themas usw.: verschiedener Bildhintergrund für gleichen gedanklichen Raum	619
11.56	Darstellung von Prioritäten – Zeitliches und Räumliches ineinander	619
11.57	Ineinander von Zeit, anschaulichem Raum und abstrakten Räumen bei gespeicherten Texten	620
11.58	Simultanes, gleichzeitig im Raum vorhanden – Diskursives, nur im zeitlichen Ablauf erfahrbar	621

11/IV Weitere je nach Semantem einfügbare Bedeutungsbeiträge: Ablaufstempo – Intensität – Vollständigkeit – Genauigkeitsgrad – Arten des Vorgehens, Einsatz von Organen, Hilfsmitteln – gemeinsam oder allein handeln – personale Verfassung beim Handeln – Haltung gegenüber anderen – Auffälligkeit – ausdrückliches Bewerten

11.59	Darstellung durch verbale Proposition oder durch bloßes Satzglied	623
11.60	Gleiches Wort als Satzglied im Kernbestand, als hinzugefügtes Satzglied oder als Satzglied-Teil	624
11.61	Grenzen der Einfügbarkeit auch bei zusätzlichen Satzgliedern	624
11.62	Ablaufsgeschwindigkeit bei Bewegungen und generell bei Veränderungen	625
11.63	Intensität, Stärke bzw. Schwäche bei Handlungsweisen, Zuständen, Charakteristiken	627
11.64	Grad der Vollständigkeit des Gegebenseins bei Zuständen, Haltungen usw.	628
11.65	Trennbare Satzglieder für Vollständigkeitsgrad bei Entitäten	629
11.66	Angaben des Genauigkeitsgrads: meistens durch Vorschaltteile	630
11.67	Zusammenfassender Bezug auf Situationen, Abläufe, Vorgehensweisen: «so – ainsi – thus – sic/ita»	631
11.68	Speziellere Bedeutungsbeiträge bei der Darstellung von Handlungen	633
11.69	Materiale Hilfsmittel für zielgerichtetes Handeln	634

11.70 Hilfsmittel für einen Kampf, Waffen 635
11.71 Benutzen von Spielgeräten, Spielen auf Musikinstrumenten usw. ... 636
11.72 Sprachlich-gedankliche Hilfsmittel für das Handeln 637
11.73 Mittel und Wege beim kommunikativen Handeln, beim Beeinflussen von Gestimmtheiten 637
11.74 Krafteinsatz, aufgewendete Mühe; von selbst – künstlich hergestellt 639
11.75 Etwas gemeinsam mit oder in Gesellschaft von andern tun oder allein 641
11.76 Betonen des direkten, persönlichen Handelns bzw. Betroffenseins, des Kerns einer Sache 642
11.77 Personale Verfassung der Handelnden/Betroffenen, körperlich und seelisch 643
11.78 Bewußtheitsgrad beim Handeln, kognitive Verfassung der im Kernbestand genannten Personen 644
11.79 Einstellung zu anderen, die zum Handeln/Verhalten geführt hat oder sich darin zeigt 646
11.80 Auffälligkeit des Handelns/Verhaltens oder ihr Gegenteil, gewollt oder in Kauf genommen 646
11.81 Nennen eines Agens bei Verb im Passiv 647
11.82 Generelles Bewerten, auf gleicher gedanklicher Ebene, durch frei eingefügten Bedeutungsbeitrag 648
11.83 Übersetzungsbeispiele für Wertungen, verschiedene Darstellung, Ineinandergreifen der Kriterien 650
11.84 Ein Ertrag für die Strukturierung des Wortschatzes im Adjektiv-Bereich 651

11/I Einbettung in den Fluß der Zeit – Reihenfolgen – speziellere zeitliche Zusammenhänge – Einmaligkeit, Wiederholung, Häufigkeit – Zuweisung zu Vergangenheit, Gegenwart, Zukunft

1.01 Zu Stellung und Aufgabe dieses Kapitels; erstes Textbeispiel

Die Bedeutungsbeziehungen für rein zeitliche Zusammenhänge werden in den Grammatiken allermeistens im gleichen Rahmen betrachtet wie die Bedeutungsbeziehungen für Annahme und daran Gebundenes, Grund und Folge usw. (die «Temporalsätze» gleichgewichtig neben den «Konditionalsätzen, Kausalsätzen, Konsekutivsätzen, Finalsätzen» usw.). Die mögliche Darstellung durch Satzglieder im Rahmen einer einzigen Proposition wird dann bei den «Adverbialien, circonstanciels, adverbials» behandelt.

Tatsächlich haben sich im Teil 10 immer wieder Ansatzpunkte gezeigt, die direkt auf die gedankliche Operation «etwas einbetten in den Fluß der Zeit» hinführten: das enge Nebeneinander von «konditional» und «temporal» (Ziff. 10.35–10.36) – die Übergänge von Handlungsmodalität, Gewichtung von Teilhandlungen usw. zu rein zeitlicher Situierung (Ziff. 10.71–10.72) – die fließenden Übergänge zwischen «kausal» und «rein temporal» (Ziff. 10.89). Zuerst bestand daher auch die Absicht, das Kapitel «Einbettung in den Fluß der Zeit» als letztes Stück in den Teil 10 einzufügen.

Bei der Ausarbeitung zeigte sich aber immer deutlicher, daß die Einbettung in den Zeitablauf (und in ähnlicher Weise auch die Situierung im Raum) einen *besonderen Stellenwert* hat und ein besonderes Gewicht beansprucht: hier werden *nicht nur speziellere* gedankliche Beziehungen dargestellt, sondern es werden *elementare* Koordinatensysteme aufgerufen (und zum Teil auch immer wieder neu aufgebaut), *in deren Rahmen* alle in Teil 10 behandelten spezielleren Bedeutungsbeziehungen überhaupt spielen. Das sprach dafür, mit diesem Kapitel den Teil 11 zu beginnen und an die Einbettung in den Zeitablauf direkt die Situierung in anschaulichen und abstrakten Räumen anzuschließen und dann die spezielleren Bedeutungsbeiträge, die traditionell in der sehr unscharf gefaßten Gruppe «Adverbialien der Art und Weise» untergebracht wurden. Für Teil 12 bleibt dann ein Blick auf den Innenbau der verbalen Semanteme und das Problem «Relativsätze», das schon in Ziff. 10.09, 10.56 und 10.57 berührt wurde, so daß dann mit den Teilen 9, 10, 11 und 12 eine vollständige «höhere Grammatik» gegeben ist.

Das *Einbetten in den Zeitablauf* ist grundlegend für das *gedankliche Ordnen* von *Handlungsabläufen, die verschiedene einzelne Handlungszüge* umfassen, und damit oft grundlegend für *Kooperation* mit *Partnern*: «Ich mache *jetzt* das – *Anschließend* machst du … *und dann* können wir …» usw. Entsprechendes gedankliches Ordnen ist grundlegend, wenn man *vergangene* Handlungen, vergangene Ereignisse *vergegenwärtigen* will, beim

Erzählen: «*Zuerst* war also ... *Dann* kam *plötzlich* ..., Und *als das vorbei war*, kam *erst noch* ...» usw.

Generell ist solches Einbetten in den Zeitablauf grundlegend für das *Festlegen von Geltungen* aller Art, speziell auch für das *Eröffnen von Möglichkeiten* des *Handelns*. Ein Beispiel – mit Blick auf das ganze noch kommende Leben von Faust – bieten die Verse 315–317 aus dem «Prolog im Himmel»: Mephisto bietet dem Herrn die Wette an, daß er Faust ohne weiteres vom richtigen Wege abbringen könne, wenn der Herr ihm hier Handlungsfreiheit gebe, und der Herr gewährt ihm ausdrücklich diese Handlungsfreiheit:

> *So lang* er auf der Erde lebt,
> *So lange* sei dirs nicht verboten.
> Es irrt der Mensch, *so lang* er strebt.

Die dreimalige gleichartige Getrenntschreibung «So lang – So lange – so lang» gemäß dem Original von 1808, entgegen der erst nach 1900 aufgekommenen Duden-Vorschrift «Solang ... So lange ... solang ...»

> *Aussi longtemps qu*'il sera sur la terre
> Il t'est permis de l'induire en tentation.
> Tout homme qui marche peut s'égarer.
>   (de Nerval, 1838)

> J'accepte. *Aussi longtemps qu*'il sera sur la terre
> Rien ne t'est défendu. L'homme s'égare, il erre
> *Aussi longtemps qu*'il marche au but avec effort.
>   (M. Monnier, um 1880)

> *As long as* on the earth he lives
> *So long* it shall not be forbidden.
> Man ever errs *the while* he strives.
>   (Arndt, 1976)

> *So long as* he shall live on earth,
> *For that long* I forbid you nothing.
> A man makes mistakes, *as long as* he keeps trying.
>   (Jarell, 1959)

11.02 Situierung im Tagesablauf: Tag und Nacht – Stunden, Minuten, Sekunden

Wohl die elementarste Zeit-Erfahrung der Menschen (und die Grundlage für unbewußte Verhaltenssteuerung bei vielen Tieren, ja auch Pflanzen) ist der *Wechsel* von *Tag* und *Nacht*, nämlich von «heller Zeit», vom Aufgang bis zum Untergang der Sonne, und von «dunkler Zeit», vom Untergang der Sonne bis zum nächsten Sonnenaufgang.

Beide Zeitspannen sind bekanntlich, wenn man sich nicht gerade am Äquator aufhält, je nach Jahreszeit verschieden lang. Es gibt daher in allen vier Sprachen die praktisch bedeutungsgleichen Wörter «*Tag – jour – day – dies*» und «*Nacht – nuit – night – nox/noctis*». Dabei besteht in allen vier Sprachen die *gleiche Doppeldeutigkeit*, daß man mit «Tag – jour – day – dies» sowohl die Zeit von Sonnenaufgang bis Sonnenuntergang meinen kann (also die «helle Zeit», den «Tag» im engeren Sinn) wie die Zeit von Sonnenaufgang *bis zum nächsten* Sonnenaufgang (also den «Tag im engeren Sinn» *zusammen* mit der darauf folgenden Nacht, die «helle Zeit» und die «dunkle Zeit» als ein zusammengehöriges Ganzes gesehen).

Ein Ergebnis *messender und zählender* Durchdringung (erarbeitet durch Mathematik und Astronomie im alten Ägypten und Babylonien, 3. Jahrtausend vor Christus) ist die Einteilung in zweimal zwölf oder einmal vierundzwanzig gleichrangige, meßbare Einheiten, die *Stunden* – les *heures* – the *hours* – *horae*. Dabei ist bemerkenswert, daß es sich zunächst um eine Einteilung der «hellen Zeit» (des «Lichttages») handelte, so daß die «Stunden» (teilweise zehn, teilweise zwölf) je nach Jahreszeit verschieden lang waren. Bei den Römern war eine «hora, Stunde» jeweils der zwölfte Teil eines von Sonnenaufgang bis Sonnenuntergang reichenden Tages, also im Winter kürzer als im Sommer. Noch heute hat man in allen drei modernen Sprachen für die (jetzt unabhängig von der Jahreszeit gleich langen) Stunden *zwei* Zählungen nebeneinander, nämlich die *zweimalige* Zählung von 1 bis 12, von Mitternacht bis Mittag und dann von Mittag bis Mitternacht, und daneben das *Durchzählen* von 1 bis 24, von Mitternacht bis Mitternacht.

Mit beiden Zählverfahren kann man nun, wenn man noch die Unterteilung in Minuten und Sekunden dazunimmt, beliebige Zeitpunkte oder Zeitstrecken beliebig genau angeben: *«um ein Uhr zehn nachmittags»* oder *«13.10 h»*. Man kann auch ausdrücklich signalisieren, ob man einen *hohen Genauigkeitsgrad* beansprucht oder nur eine *grobe, geschätzte* Zeitangabe macht:

Der Zug fährt	gegen halb elf um halb elf herum genau um halb elf 10.30 – zehn Uhr dreißig	Le train part	vers dix heures et demie à dix heures et demie environ à dix heures et demie précises 10.30 – dix heures trente
The train leaves	about around } half past ten at 10.30 – ten thirty		—

Im Deutschen kann hier eine Doppeldeutigkeit auftreten. Man kann in einer Zeitangabe wie «um sieben Uhr» die Präposition «um» als rein formalgrammatisches Signal auffassen, entsprechend dem «à» bzw. «at» in «à sept heures – at seven o'clock». Mit *«um sieben Uhr»* kann man also meinen *«genau um sieben Uhr, 19.00»)*. Man kann die formal genau gleiche Präposition «um» aber auch als Signal für eine nur geschätzte, bewußt unscharf gehaltene Zeitangabe auffassen, nämlich «um sieben Uhr» als Kurzfassung für *«um sieben Uhr herum»*.

Die Wörter für «Tag, Stunde» (weniger häufig auch «Nacht») werden aber auch verwendet für Bedeutungen, bei denen die genaue, meßbare Dauer *überhaupt keine Rolle* spielt und einfach «eine besonders charakterisierte, besonders bedeutungsvolle Zeit» gemeint ist.

Das geschieht sehr oft im Rahmen von Nominalgefügen (Anschlußgefügen und Begleitgefügen, Ziff. 7.01), im Deutschen auch durch Einbau in ein zusammengesetztes Wort: «Der *Tag des Abschieds* – Das *Ereignis des Tages* – Die *Stunde der Wahrheit* – Die *Gunst der Stunde* – Das war *seine große Stunde* – Eine *Gedenkstunde* – Ein *Freudentag* – Die *Opfernacht* (die Nachtsitzung der französischen Nationalversammlung, in welcher die Abgeordneten aller drei Stände die Privilegien der Geistlichkeit und des Adels abschafften und damit die Gleichheit aller Bürger vor dem Gesetz begründeten, 4. 8. 1789).

Verbale Wortketten für die Kennzeichnung einer sorglosen Art zu leben, mit Verwendung von «Tag – jour – hora», in verschiedener formalgrammatischer Einbettung: «*in den Tag hinein* leben – vivre *au jour le jour – in horam* vivere».

Verbale Konstruktionen, in denen «Tag» einen Bedeutungsanteil «Klarheit, Erkennbarkeit» signalisiert: «etwas *an den Tag* bringen, etwas *zu Tage* fördern, es kommt *an den Tag*».

Französisch «jour» für den Bedeutungsanteil «aktueller Stand»: les nouvelles *du jour* (die letzten Nachrichten) – *mettre à jour* les livres de compte [die Buchhaltung nachführen, sie «*à jour bringen*»).

11.03 Stärker handlungsbezogene Tages-Einteilungen: die Tageszeiten

Neben der messend-zählenden Einteilung von Tagen in Stunden (und ggf. in Halbstunden, Viertelstunden, Minuten) gibt es in allen vier Sprachen eine Einteilung, die viel stärker auf die *Qualität*, auf den «*Erlebnis-Charakter*», auf die «*Handlungs-Eignung*» der betreffenden Tageszeit geht: «*Morgen – Vormittag – Mittagszeit – Nachmittag – Abend – Nacht*».

Diese Einteilung ist oft Grundlage und jedenfalls Bezugspunkt für das Ansetzen von Essenzeiten, von Tätigkeitsphasen («Arbeit» wie «Freizeit»), von Erholungsphasen innerhalb der Wach-Zeit, für das Schlafen. Die Einteilung ist grob an der messenden Einteilung orientiert, indem die Grenze des «Mittags» wichtig ist – aber sie ist im einzelnen *weitgehend unabhängig* von der Einteilung in Stunden und überhaupt von klar festlegbaren Zeitpunkten. Ein «Vormittag» kann nicht nur bis zum Mittag gehen (bis 12.00), sondern bis 13 Uhr oder 13.30 (z. B. ein «Schulvormittag» bei «Vormittagsunterricht»). Den «Nachmittag» kann man um 13 Uhr oder um 14 Uhr oder erst um 15 Uhr beginnen lassen. Dazu kommt oft eine weitere Differenzierung, ebenfalls ganz ohne scharfe Grenzen, durch Verwendung der wertenden, auf Erwartungen bezogenen Kennzeichnungen «früh» und «spät»: am späten Vormittag usw. (Ziff. 11.09).

Zu der hier bestehenden grundsätzlichen Unschärfe (sie ist kennzeichnend für die lebenspraktische, nicht primär auf mathematisch genaue Festlegung ausgerichtete allgemeine Sprache) paßt auch die Tatsache, daß man nicht selten für ein und denselben gemeinten Zeitbereich zwei verschiedene Wörter verwenden kann und daß der Umfang der Bedeutungen und die Verteilung der Wörter auf sie nicht in allen vier Sprachen genau gleich ist. Man kann das approximativ durch die folgende Figur darstellen:

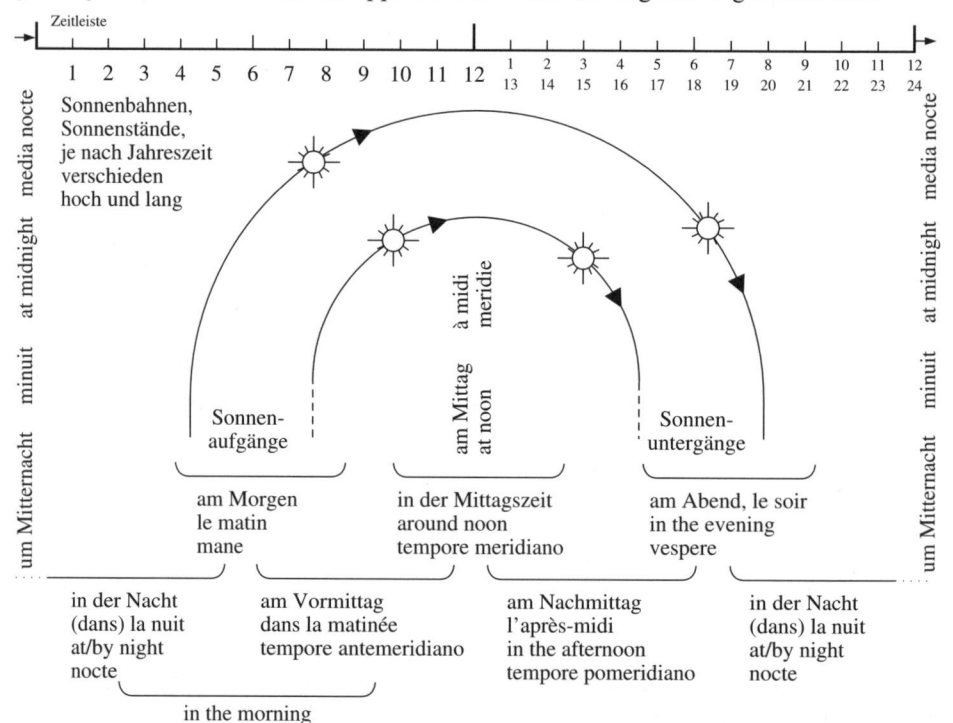

1.04 Zeitliche Festlegung in größerem Rahmen: Monate, Jahre, Wochen

Wenn man etwas nicht nur im Rahmen eines gegebenen Tages, sondern darüber hinaus zeitlich festlegen will, braucht man einen *Kalender*, das heißt eine Ordnung der Tage im Lauf eines Jahres, mit Unterteilung des Jahres in Monate. Und wenn man beim Festlegen über das jeweilige Jahr hinausgehen will, braucht man eine *Zählung* der Jahre von einem einmal gewählten Fixpunkt aus, das heißt eine *Zeitrechnung*.

Die Abgrenzung einer Einheit «Jahr» – nämlich der Zeitspanne zwischen zwei genau gleichen Positionen der Sonne und der Sterne – war einst eine sehr große wissenschaftliche Leistung, erbracht von den altägyptischen und babylonischen Astronomen und Mathematikern, vor nun etwa fünf Jahrtausenden. Dasselbe gilt für die Einteilung in Monate, die zuerst an den Mondumlauf gebunden war und dann in eine genaue Beziehung gebracht wurde zur Dauer des Sonnen-Jahres, durch verschiedene Zahl der Tage für die Monate und durch Einfügen eines zusätzlichen Tages alle vier Jahre. Es ist hier nicht der Ort, diese Entwicklung nachzuzeichnen (ägyptisch-vorderasiatisch-griechische Grundlagen, dann «Julianischer Kalender» mit einem Schalttag alle vier Jahre, eingeführt von Caesar 46 v. Chr., dann «Gregorianischer Kalender», eingeführt von Papst Gregor XIII. 1582, mit Rückgängigmachen der seit Caesar eingetretenen Verschiebung um 10 Tage gegenüber dem genauen Jahreslauf und Weglassen von 3 Schalttagen in 400 Jahren). Aber man sollte doch sehen, wieviel wissenschaftliche Leistung in dieser heute jedem Schulkind vertrauten Einteilung des Jahres enthalten ist.

Wie wenig selbstverständlich unsere Zählung der Tage in den Monaten einst war, zeigt noch der Kalender des alten Rom: man zählte nicht kontinuierlich vom ersten Monatstag an, sondern man hatte drei Fixpunkte, nämlich den ersten Tag (Kalendae), den 15. oder 13. Tag, je nach Monat (Idus, die Iden) und den 5. bzw 7. Tag (Nonae, nämlich «9 Tage vor den Iden»). Für alle übrigen Tage zählte man vom nächsten dieser drei Fixpunkte aus rückwärts, z. B. für den 31. Januar «pridie Kal. Febr.», also «der Vortag vor dem ersten Tag im Februar» oder für den 11. Februar «a. d. III id. Febr.», also «am vierten Tag vor den Iden des Februar» oder noch etwas wörtlicher «... vor den zum Februar gehörigen Iden» (weil «Januarius, Februarius» grammatisch als Adjektive zu betrachten sind).

In den drei modernen Sprachen gibt es nur noch die formale Verschiedenheit, daß man für den Monatstag im Deutschen und Englischen durchgehend eine Ordnungszahl verwendet, im Französischen dagegen vom zweiten Monatstag an eine Grundzahl. Dazu wird im Englischen die Zahl nicht vor, sondern hinter den Monatsnamen gestellt. In Beispielen: der 14. Oktober (der vierzehnte Oktober, «der vierzehnte Tag im/des Oktober») – le 14 octobre (le quatorze octobre, «der Tag Nummer 14 im/des Oktober») – on Oct. 14 (on October the fourteenth – «im Oktober am 14. Tag»).

Ebenso wenig selbstverständlich wie die Einteilung des Jahres in Monate mit verschiedener Zahl von Tagen ist das heute allgemein gebrauchte System der *Zählung der Jahre*, durch Angabe einer Grundzahl, bezogen auf das (de facto nicht ganz genau bekannte) Datum der Geburt von Jesus Christus in Israel. In Rom zählte man vom Jahr der Staatsgründung an («ab urbe condita – von der begründeten Stadt an gerechnet», für uns 753 vor Christus; der Ansatz beruht auf Kombinationen von M. T. Varro, 116–27 vor Chr.).

Die *Woche* als zentrale lebenspraktische Zeiteinheit («Arbeitstage – freie Tage, Feiertage – Wochenend, weekend») stammt aus der jüdisch-christlichen Welt, nicht aus der klassisch-antiken, obwohl auch dort eine Zahl von 7 Tagen eine gewisse Bedeutung hatte (lat. hebdomas, griechisches Lehnwort, Anzahl von sieben Tagen, besonders der siebente [kritische] Tag bei Krankheiten). Es gibt daher auch keine klassisch-lateinischen Gegenstücke zu «*Sonntag/dimanche/Sunday* – *Montag/lundi/Monday* – *Dienstag/mardi/Tuesday* – *Mittwoch/mercredi/Wednesday* – *Donnerstag/jeudi/Thursday* – *Freitag/vendredi/Friday* – *Samstag-Sonnabend/samedi/Saturday*».

Die Siebenzahl der Wochentage *steht insgesamt quer* zur Numerierung der Tage in den Monaten, so daß z. B. der 22. Oktober im einen Jahr auf einen Freitag fallen kann, im nächsten (Schaltjahr) auf einen Sonntag, im nächsten auf einen Montag usw.

Die verschiedenen *Etymologien* der Wochentags-Namen sind von Interesse für die Sprach- und Kulturgeschichte, z. B. «Sonntag/Sunday» als «Tag der Sonne, des Sonnengottes», dagegen «dimanche/domenica» als «Tag des Herrn», christlich gesehen, oder «Sonnabend» als «Vorabend des Sonntags». Für das Bewußtsein der heutigen Sprachteilhaber haben aber solche Herkunftsgeschichten keine Bedeutung – man *fragt in der Regel gar nicht* nach der Herkunft der Wörter für so selbstverständlich gewordene Begriffe.

11.05 Erlebnis- und handlungsbezogene Jahres-Einteilung: die Jahreszeiten

Von ganz anderem Charakter als die Einteilung in Monate – nämlich nicht auf zählendes Festlegen gerichtet, sondern auf das Fassen von Erlebnis-Qualitäten, von Natur-Abläufen und damit gegebenen Möglichkeiten des Handelns – ist die Einteilung in die vier *Jahreszeiten*, also:

> Frühling/Frühjahr – printemps – spring – ver
> als die Zeit des Grünens und Blühens und Pflanzens
>
> Sommer – été – summer – aestas
> als die Zeit der größten Wärme, der Ernte des Getreides
>
> Herbst – automne – autumn – autumnus
> als die Zeit des Reifens der Baumfrüchte, des fallenden Laubes, des Kürzerwerdens der Tage
>
> Winter – hiver – winter – hiems
> als die Zeit der Kälte, des Schnees und Eises, der kurzen Tage und langen Nächte, heute auch des Wintersports

Dabei denkt man allermeistens überhaupt nicht an den kalendarisch definierten Beginn dieser Jahreszeiten (daß z. B. der Sommer genau am 21. Juni beginnt und am 23. September durch den Herbst abgelöst wird), und man denkt auch nicht an eine gleichmäßige Dauer aller vier Jahreszeiten. Man geht viel mehr von den jeweiligen Natur-Erscheinungen aus, und demgemäß können sich die Einschätzungen «noch Frühling – schon Sommer» usw. *überlappen*, ganz ähnlich wie «Morgen – Vormittag – Mittagszeit – Nachmittag – Abend» bezogen auf die Stunden des Tages:

janvier Ianuarius	février Februarius	mars Martius	avril Aprilis	mai Maius	juin Iunius	juillet Iulius	août Augustus	septembre September	octobre October	novembre November	décembre December
Januar January	Februar February	März March	April April	Mai May	Juni June	Juli July	August August	September September	Oktober October	November November	Dezember December

| Winter hiver winter hiems | | Frühling, Frühjahr printemps spring (time) ver | | Sommer été summer aestas | | | Herbst automne autumn autumnus | | | Winter hiver winter hiems | |

Der Überblick zeigt zugleich, wie sinnvoll es war, daß die Römer ihr Jahr ursprünglich mit dem März beginnen und mit dem Februar enden ließen (daher die Bezeichnungen «September – October –November – December» als «der siebte – achte – neunte – zehnte Monat»).

Die *Möglichkeiten zur Überlappung* von «Frühling» und «Sommer», «Sommer» und «Herbst» usw. sind in Wirklichkeit noch erheblich größer, als es die notwendigerweise schematische Figur zeigt, weil in allen vier Sprachen noch *Abstufungen* der vier «Grund-Jahreszeiten» durch Zusatzkennzeichnungen wie «Vor-, Früh-, Spät-, précoce, arrière-, early, late, novus, adultus, praeceps» möglich sind. Die so entstandenen Kennzeichnungen (nicht in allen Sprachen genau parallel vorhanden) sind wohl noch offener in ihrer Abgrenzung und ggf. auch in ihrem Gefühlswert als es schon die «Grund-Jahreszeiten» sind. Es stehen zur Verfügung, gemäß Auskunft der Wörterbücher:

Vorfrühling – Vorsommer, Frühsommer, Hochsommer, Spätsommer – Frühherbst, Spätherbst – Vorwinter, Nachwinter
printemps précoce – plein été, arrière-saison – arrière-automne
early spring – (early summer), midsummer, Indian summer – early autumn, end of the season, late autumn
ver novus (primo/ineunte vere) – aestas nova, aestas adulta, aestas praeceps – autumnus novus, autumnus adultus, autumnus praeceps

Einen hübschen Beleg für die verschiedene Zuweisung eines kalendarischen Datums (nämlich Anfang September) zu «Sommer» oder «Herbst» bietet Szene 3 von «Betrayal», von Pinter. Jerry und Emma erinnern sich, wann sie zum letztenmal in der eigens für ihre geheimen Zusammenkünfte gemieteten Wohnung waren:

JERRY *In the summer*, was it? EMMA Well, was it? JERRY I know it seems – EMMA It was *the beginning of September*.	JERRY Well, *that's summer*, isn't it? EMMA It was actually extremely cold. It was *early autumn*.

11.06 Verschiedene Formalstrukturen, teilweise wahlfrei, für gleiche Bedeutungen

Beim Vergleich der formalgrammatischen Mittel für Zeitangaben und speziell für das Nennen von Tageszeiten, Wochentagen und Jahreszeiten zeigt sich, daß das *Deutsche* am *meisten* Verschiedenheiten und Wahlmöglichkeiten hat, also am wenigsten «durchsystematisiert» ist, während die andern Sprachen mit viel weniger verschiedenen Formal-Möglichkeiten auskommen. Hier kann allerdings nur das Grundsätzliche daran dargestellt werden, ohne Eingehen auf einzelne zusätzliche Möglichkeiten.

Im *Deutschen* ist *immer* eine *Präposition mit Dativ* möglich, und zwar «*an*» für die Tageszeiten und Wochentage und «*in*» für die Jahreszeiten und die Nacht:

| *am* / *an* { nächsten / letzten / einem / diesem / manchem / jedem } | { Abend / Sonntag / Werktag / Donnerstag usw. } | *im* / *in* { nächsten / letzten / diesem / manchem / jedem } | { Frühling / Sommer / Spätherbst usw. } | *in* { der { (nächsten) / (letzten) } / einer / dieser usw. } | Nacht |

Daneben kann man bei den Begleitpronomen mit besonderem Bedeutungsbeitrag («dieser, jeder, viele, alle» usw.) auch einfach das Gefüge aus Pronomen + Nomen im Akkusativ hinsetzen, ohne Präposition (*Adverbialakkusativ*, Ziff. 6.05'B3 und 6.06'A3):

| Das { tut / tat } er | { *diesen* / *manchen* / *jeden* / *einen einzigen* } | Nachmittag Abend Sonntag Sommer usw. | So { geht / ging } es | { *einige* / *mehrere* / *viele* / *alle* } | Tage Abende Sonntage Sommer usw. |

In Kombination mit «ein» ist auch *Adverbialgenitiv* möglich (Ziff. 6.05'D3 und 6.06'A3):

| *Eines* { (schönen) *Tages* / *Abends* / *Sonntags* } traf ich ihn an. | Da geschah *eines Nachts* etwas Sonderbares.
(Endung «-s» trotz des Feminins)
Dieser Tage kam so einer.
(Ein Einzelfall im Plural) |

Schließlich gibt es bei den Tageszeiten und Wochentagen auch das *reine Hinsetzen* des *Nomens* im *Genitiv*, ohne Begleitpronomen (in der Rechtschreibung werden solche Wörter allerdings nicht als Nomen anerkannt, sie müssen daher klein geschrieben werden):

| *Abends* / *Sonntags* usw. war er meistens bei ihr. | Einige kamen schon { *morgens* / *mittags* usw. } |

Ein Spezialfall (Präposition + Nomen ohne Begleitpronomen) ist «*Bei Tag, bei Nacht*» (neben auch möglichem «*am* Tag, *in der* Nacht»).

Im *Englischen* ist die Lage einfacher, weil es bei den Nomen keine Kasus mit der Gebrauchsweite des deutschen Akkusativs und Genitivs gibt (siehe Ziff. 4.33). So entspricht den deutschen Adverbialakkusativen «*diesen* Abend, *jeden* Morgen» das neutrale Hinsetzen des Gefüges aus determiner + noun «*this* evening, *every* morning». Den deutschen Adverbialgenitiven «*eines Tages, eines schönen Morgens, dieser Tage*» entsprechen die auch als Subjekt oder direktes Objekt verwendbaren neutralen Ausdrücke «*one day, one fine morning, these days*». Eine genaue Entsprechung zu «*bei Tag, bei Nacht*» ist «*by day, by night*».

11/I Einbettung in den Fluß der Zeit 563

Man verwendet aber auch Ausdrücke aus *Präposition + Nomen*, und dabei sind für bestimmte Nomen (oder Gruppen von solchen) bestimmte Präpositionen festgelegt:

at { noon / night	*in* / *during* } the morning, the afternoon usw.	The day *on* which he told me all that...

Im *Französischen* ist das einfache Hinsetzen des nominalen Ausdrucks, ohne Präposition (analog den deutschen Adverbialakkusativen) die Regel: «Il est arrivé *lundi* (am Montag) – Elle dîne chez lui *le lundi* (jeden Montag, regelmäßig) – Il travaille *le soir* – Je vais les voir *cet après-midi* – *Cet hiver*, elle était très malade». Man kann aber auch Präpositionen verwenden, für genauere Darstellung: «*Dans l'après-midi*, elle recommença ses promenades – *En hiver*, il est à Paris». Der Wechsel der Präposition bei den Jahreszeiten («*en été, en automne, en* hiver», aber «*au* printemps») ist wohl rein klangästhetisch motiviert, damit bei «printemps» nicht noch ein dritter Nasalvokal auftritt.

Die klarste Regelung hat das *Lateinische*: für alle Zeitangaben dient der *Ablativ* (ablativus temporis, Ziff. 6.26'B1): *nocte* (nachts) – *prima luce* (am Morgen früh) – *aestate* (im Sommer) usw.

1.07 Relative Zeitangaben: gestern – heute – morgen – in acht Tagen usw.

In allen vier Sprachen gibt es in grundsätzlich übereinstimmender Weise (in den drei modernen Sprachen besonders gut ausgebaut) die Möglichkeit, die grobe Zeitspanne eines Tages zu kennzeichnen durch *Bezug auf den jeweiligen Tag* und die diesem Tag jeweils folgenden bzw. vorhergegangenen Tage und Wochen:

heute	morgen	übermorgen	heute morgen usw.	in { acht Tagen, vierzehn Tagen / einer Woche, zwei Wochen } über { acht Tage, vierzehn Tage / eine Woche, zwei Wochen } vor { acht Tagen, vierzehn Tagen / einer Woche, zwei Wochen }
	gestern	vorgestern		
aujourd'hui	demain le lendemain	après-demain le surlendemain	dans { huit jours, quinze jours / une semaine, deux semaines } aujourd'hui en huit (jours) il y a { huit jours, quinze jours / une semaine, deux semaines }	
	hier	avant-hier		
today } tonight }	tomorrow	the day after tomorrow	today } tomorrow } a week, two weeks a week ago, two weeks ago	
	yesterday	the day before yesterday		
hodie	cras, crastino die	perendie nudius tertius, quartus [«der dritte, vierte Tag», den heutigen mitgerechnet]	[keine Begriffe «Woche, Wochentage» üblich, siehe Ziff. 11.04]	
	heri, hesterno die			

In einer Tabelle dargestellt und auf Tage mit 24 Stunden bezogen, vom jeweiligen «heute» aus:

(heute) vor ... Tagen vor ... Wochen	vorgestern	gestern	**heute**	morgen	übermorgen	(heute) in ... Tagen in ... Wochen
-xmal 24 Std. bzw. -xmal 7mal 24 Std.	- 48 Std.	- 24 Std	0 bis 24 h	+ 24 Std.	+ 48 Std.	+xmal 24 Std bzw. +xmal 7mal 24 Std.

Dabei verschiebt sich das «heute» laufend auf der Zeitlinie, von links nach rechts, indem jeweils um 24 h bzw. um 0 h aus dem «heute» ein «gestern» wird, aus dem «morgen» ein «heute» usw.

Solche Zeitangaben benützt man vor allem für die *Planung* (bzw. rückblickende Beurteilung) der vielen Handlungen, Ereignisse, Zustände im *Alltagsleben*:

⸢Damit müssen wir *heute* fertig werden⸣ ⸢denn *morgen* bekommen wir Besuch⸣
⸢Hätten wir diesen Ausflug nur *gestern* gemacht⸣ ⸢*heute* ist nicht mehr so gutes Wetter⸣
⸢*Morgen in acht Tagen* ist also unser Fest⸣ – ⸢es sollte eigentlich *schon vor vierzehn Tagen* sein⸣

Die Wörter «gestern – heute – morgen» dienen aber auch zur Bezeichnung *viel größerer Zeitspannen*, als es der jeweilige Tag bzw. der Tag davor oder der Tag danach sind; sie sind dann sozusagen gleichwertig wie «früher, in der Vergangenheit – in der Zeit, in der wir leben – in einer späteren Zeit, die erst kommen wird»:

⸢Er lebt noch in einer Welt *von gestern*⸣
⸢Wir müssen die *Welt von heute* ins Auge fassen⸣ ⸢Wir wollen uns vorbereiten für *die Welt von morgen*⸣

So ist auch «heute» und «morgen» in Sprichwörtern wie den folgenden zu verstehen:

⸢Was du *heute* kannst besorgen⸣ ⸢das verschiebe nicht *auf morgen*⸣.
⸢Ne remets pas *au lendemain*⸣ ⸢ce que tu peux faire *le jour même*⸣.

Morgen ist auch ein Tag.　　　　　　　⸢*Heute* rot⸣ , ⸢*morgen* tot⸣.
There is always *tomorrow*.　　　　　　⸢*Aujourd'hui* en fleurs⸣ , ⸢*demain* en pleurs⸣.
　　　　　　　　　　　　　　　　　　⸢Here *today*⸣, ⸢gone *tomorrow*⸣.

11.08 Erstreckungen in der Zeit, neutral oder mit Blick vorwärts oder zurück

Manchmal will man nicht einen mehr oder weniger genauen oder global gesehenen Zeit*punkt* oder Zeit*rahmen* geben, sondern man will für irgend einen Ablauf (Handeln, Vorgang, Zustand) die *Erstreckung in der Zeit* deutlich machen. Dafür kann man alle Maßeinheiten für Zeit verwenden, in verschiedenen semantisch gleichwertigen Formalstrukturen – zum Teil mit verschiedener Nachdrücklichkeit. Man kann aber auch Anfangs- und Endpunkt mit beliebiger Genauigkeit angeben:

Er arbeitete daran { den ganzen Tag
einen ganzen Tag lang
zehn Stunden
vom Morgen bis zum Abend
von acht Uhr morgens bis Mitternacht

Im Französischen gibt es zu «matin – soir – jour – an» die besonderen Wortformen «matinée – soirée – journée – année», die die Dauer betonen:

11/I Einbettung in den Fluß der Zeit

Il a travaillé	toute la journée toute une journée une journée entière du matin au soir de huit heures du matin jusqu'à minuit
He was working	all day long all the day from morning till night from eight a. m. till midnight
Laborabat	omnem diem a mane usque ad vesperum ab hora prima usque ad mediam noctem

Man kann aber auch den *Endpunkt offen lassen*. Dann hat man primär die Erstreckung bis zum jeweiligen «heute» oder genauer bis zum jeweiligen «jetzt» im Auge – über die weitere Erstreckung kann man meistens ohnehin nichts Sicheres sagen. Dabei sind die zu verwendenden Formalstrukturen zum Teil von Sprache zu Sprache markant verschieden:

Es regnet *seit heute morgen* It has been raining *since the early morning*	Il pleut $\begin{Bmatrix} depuis \\ dès \end{Bmatrix}$ *ce matin* Pluit *ex tempore matutino*
Ich warte $\begin{Bmatrix} seit\ einer\ Stunde \\ schon\ eine\ Stunde\ (lang) \end{Bmatrix}$ I am waiting *an hour ago*	J'attends *il y a une heure* Il y a une heure *que j'attends* Exspecto *abhinc horam (integram)*
Diese Regelung gilt *vom 1. Mai an* This regulation ist valuable *from Mai 1th*	Cette régulation est valable *à partir du 1^{ier} mai* Hoc praeceptum valet *ex kalendis Maii*

Ebenso kann man den *Anfangspunkt offen lassen* und *nur einen Endpunkt* angeben, der dann oft noch in der Zukunft liegt (beim Erzählen aber selbst auch schon in der Vergangenheit liegen kann):

Ich warte noch $\begin{Bmatrix} eine\ Stunde \\ bis\ zehn\ Uhr \end{Bmatrix}$	J'attendrai encore $\begin{Bmatrix} une\ heure \\ jusqu'a\ dix\ heures \end{Bmatrix}$
I'll be waiting still $\begin{Bmatrix} for\ one\ hour \\ till\ ten\ o'clock \end{Bmatrix}$	Exspectabo $\begin{Bmatrix} horam\ unam \\ usque\ ad\ horam\ quartam \end{Bmatrix}$

Sehr oft gibt man aber *gar keine* bestimmte Zeit an, sondern knüpft den Beginn bzw. das Ende von etwas *an das Einsetzen* bzw. *Aufhören* von *etwas anderem* – dazu siehe Ziff. 11.12–11.13.

1.09 Bewertungen von Zeitpunkten bzw. Zeitstrecken, situativ bedingt, zum Teil ganz individuell

Für die gesamte Einbettung der jeweils darzustellenden Handlungsakte, Verhaltensweisen, Zustände usw. in den Zeitablauf sind nun nicht nur die *kalendarischen* Zeitangaben wichtig (absolut oder relativ, mehr oder weniger genau oder global, siehe Ziff. 11.02–11.07), sondern auch *Einschätzungen*, die sich nur aus der *jeweiligen Situation* heraus verstehen lassen und *zum Teil ganz individuell*, von den eigenen Gewohnheiten und Erwartungen, dem eigenen Lebensrhythmus her bedingt sind.

Die anschaulichsten Beispiele dafür sind «*früh*» und «*spät*». So kann der Beginn einer Veranstaltung um 9 Uhr morgens für die einen «früh» sein, für andere dagegen schon «spät», und ein Ende einer Veranstaltung um 22.30 für die einen «spät» und für die andern «noch früh». In gewissem Maß gilt das sogar für «rechtzeitig» oder «pünktlich»: eine Verspätung von einer Viertelstunde auf die vereinbarte Zeit kann vom einen als «noch durchaus pünktlich» taxiert werden, vom andern als «schrecklich unpünktlich».

Die Bedeutungen und zugehörigen Wörter in den vier Sprachen lassen sich in einer Art «Feld» ordnen (aber ohne jeden Anspruch, daß die konkreten Bedeutungen durch ihre Stellung in diesem «Feld» festgelegt und konstruierbar wären). Dabei sind jeweils zuerst die generellen Kennzeichnungen vorgeführt und dann diejenigen, die sich auf das Verhältnis zu jeweils festgelegten oder plausibel erwartbaren Zeitpunkten beziehen:

früh, zeitig, frühzeitig vor der Zeit, zu früh	zur (rechten) Zeit pünktlich	spät zu spät, verspätet, mit Verspätung
tôt, de bonne heure en avance	à temps à l'heure	tard trop tard, en retard
early too early	in time, on time punctually	late too late, belated, behind time
mane mature ante tempus	in tempore ad tempus	sero, tarde post tempus, tardissime

Zu den formalgrammatischen Unterschieden («tôt» und «tard» sind adverbes, «früh» und «spät» Adjektive, «early» und «late» können beides sein, «mature, sero, tarde» sind Adverbien, «mane» kann als Adverb oder als Ablativus temporis aufgefaßt werden) siehe Ziff. 1.29–1.31 bzw. Ziff. 6.26'B. Zur Darstellung durch Präposition + Nomen siehe Ziff. 4.24–4.26 und 4.32.

Ebenfalls in einer Art «Feld» – es ist aber noch weniger symmetrisch und geschlossen als dasjenige bei «früh – spät», und zwar aus einsichtigen lebenspraktischen Gründen – lassen sich die folgenden Bedeutungen ordnen und überblicken. Sie betreffen die zeitliche Lage direkt vor und direkt nach einem jeweils angenommenen (von den Hörenden/Lesenden nachzuvollziehenden) «Jetzt-Punkt» und die Zeitspanne bis zu etwas als kommend Gesehenem, die «Warte-Zeit»:

soeben, vor kurzem vor einem Moment		sofort, sogleich, direkt unmittelbar, im Augenblick augenblicklich ohne Verzug	bald, binnen kurzem, in Kürze in kurzer Zeit demnächst, nächstens
à l'instant (même), justement, «... il vient d'arriver» (Ziff. 5.24)	**Jetzt-Punkt**	tout de suite, sans délai sur le champ immédiatement	bientôt, sous peu avant/dans peu de temps prochainement
just (now) a moment ago	●→ Zeitachse	immediately, instantly forth-with, straight away at once	soon, shortly, in a short time quickly, before long in the near future
modo, proxime commodum recens a/ex ...		statim, actutum, ilico confestim, continuo exemplo, e vestigie protinus, sine (ulla) mora	mox, brevi tempore paulo post brevi spatio interiecto propediem

Mit Ausdrücken wie «binnen *kurzem*, in *kurzer* Zeit, in a *short* time, before *long, brevi tempore*» kommt man zu einem grundlegenden Paar von Bedeutungen für eine große oder kleine Erstreckung, in der Zeit oder im Raum (siehe auch Ziff. 11.39).

Auch bei «*kurz – lang / bref – long / short – long / brevis/-e – longus/-a/-um*» hängt es nämlich sowohl vom *jeweiligen Sachbereich* wie zum Teil von *ganz persönlicher Einschätzung* ab, *wieviel* oder *wie wenig* Zeit damit jeweils gemeint ist. Eine «kurze Unterbrechung» kann z.B. im Rahmen einer Sitzung zehn Minuten, eine halbe Stunde, eine Stunde dauern – aber im Rahmen von komplizierten diplomatischen Verhandlungen kann auch eine Unterbrechung von mehreren Tagen oder sogar Wochen als «kurze Unterbrechung» bezeichnet werden. Jedermann weiß auch, daß eine physikalisch genau gleich lange Zeitspanne von z.B. 15 Minuten oder einer Stunde bei bestimmter Gemütsverfassung als «*lang, unendlich lang*» erlebt werden kann und in anderer Gemütsverfassung, wenn man z.B. in einer angenehmen Beschäftigung ist, als «*sehr kurz – im Hui vorbei*».

Entsprechend ist es bei den zwei einander ebenso entgegengesetzten wie aufeinander bezogenen Bedeutungen «*alt – neu / vieux – neuf/nouveau / old – new / vetus – novus/-a/-um*». Auch diese Bedeutungen sind ja im wesentlichen *durch Zeit* bestimmt: «alt» ist, was *seit langem vorhanden* ist, woran man *gewöhnt* ist – und «neu» ist, was *erst seit kurzer Zeit* vorhanden ist, was *eben erst entsteht* (oder erst geplant ist). Daher ist z.B. eine Fliege schon nach einem Sommer «alt», ein Hund nach 15–18 Jahren – ein Mensch oder ein Elefant oder ein Baum dagegen ist mit 25 Jahren noch «jung».

Oft bewertet man den Zeitpunkt des Eintretens bzw. Aufhörens von etwas aus *den Erwartungen heraus*, die man im Blick auf dieses Eintreten bzw. Aufhören hatte. Wenn etwas *länger* andauert, als man gedacht hat oder denken könnte, kann man das markieren durch «*noch – encore – still – adhuc, ad hoc tempus, etiam*»:

Er ist *noch* tätig	Il est *encore* actif	He is *still* busy	$\left.\begin{array}{l}Adhuc\\Etiam\end{array}\right\}$ occupatus est

Für die Kombination «noch nicht» für *nur vorläufiges Verneinen* (und die ihr gegenüberstehende abschließende Verneinung, mit Anerkennen vorheriger Geltung, «nicht mehr») siehe Ziff. 9.11.

Wenn etwas *früher eintritt*, als man es erwartet hat, markiert man das – oft mit einer gewissen Befriedigung – durch «*schon – déjà – already – iam*»:

Ich sehe es *schon*	Je le vois *déjà*	I see it *already*	*Iam* video

Als mögliches Gegenstück zu «schon» kann man «*erst*» betrachten – in den andern Sprachen stellt man seinen Bedeutungsbeitrag einfach durch eine Einschränkung dar (vgl. Ziff. 9.18). Dadurch kann man einen objektiv genau gleichen Zeitpunkt verschieden beleuchten (ggf. mit Befriedigung, oder im Gegensatz dazu mit Ungeduld):

Es ist *schon* zehn Uhr	Es ist *erst* zehn Uhr
Wir sind *schon* halb oben	Wir sind *erst* halb oben
Sie kam *schon* heute vormittag	Sie kam *erst* heute vormittag
Il est *déjà* dix heures	Il $\left\{\begin{array}{l}\text{est }seulement\\n'est\ que\end{array}\right\}$ dix heures
Nous sommes *déjà* à mi-chemin	Nous $\left\{\begin{array}{l}\text{sommes }seulement\\ne\ sommes\ encore\ qu'\end{array}\right\}$ à mi-chemin

Elle arriva ce matin *déjà*	Elle *n'arriva que* ce matin
It is *already* ten o'clock	It is $\begin{Bmatrix} not\ yet \\ only \end{Bmatrix}$ ten o'clock
We are *already* half-way up	We *aren't more than* half way
She came *already* this morning	She came *only* this morning
Iam quarta hora est	*Modo* quarta hora est
Iam medio in monte sumus	*Modo* medio in monte sumus
Venit *iam* tempore matutino	Venit *modo* tempore matutino

11.10 Arten des Eintretens/Aufhörens von etwas: plötzlich – allmählich

Zum menschlichen Zeit-Erleben und zum Einschätzen und Beurteilen von Handlungsakten, Prozessen usw. gehört auch die *Art*, wie sich Veränderungen *einstellen*, wie etwas *eintritt* bzw. *aufhört* und *wie schnell* bzw. *langsam* irgend ein Prozeß *abläuft*. Dabei kann es ebenso um objektive, meßbare Verschiedenheiten gehen wie um Verschiedenheiten des Auffassens, des gedanklichen Registrierens:

Die Katze saß *längere Zeit* unbeweglich, dann nahm sie *plötzlich* einen Satz...

Das Wasser stieg *allmählich*, und *plötzlich* merkte ich, daß der Vorplatz überflutet war.

Der Bestand an Ausdrücken und teilweise auch an Nuancen der Bedeutung variiert etwas von Sprache zu Sprache, und die formalgrammatische Zugehörigkeit ist teilweise verschieden:

Plötzlich Auf einmal Unvermittelt	} erschien etwas ...	Allmählich Langsam Nach und nach	} wurde es größer ...
Tout à coup Soudain Brusquement	} se montra ...	Peu à peu Lentement Doucement	} il grandissait ...
At once Sudden	} there appeared a ...	Slowly Little by little	} it grew larger ...
Subito Repente Improviso	} aliquid apparuit ...	Paulatim Leniter Placide	} auxit ...

Speziell auf die *Bemerkbarkeit* des Eintretens von Veränderungen (genauer: von Ereignissen, die eine Veränderung eines Zustands hervorrufen) sind die folgenden Bedeutungen gerichtet:

fühlbar merklich	unmerklich	sensible(ment)	imperceptible(ment) insensible(ment)
sensible/-sibly perceptible/-tibly	insensible/-bly imperceptible/-bly	sensim	«quod vix sentiri, sensibus percipi potest»

11/I Einbettung in den Fluß der Zeit 569

Es gibt hier *gleitende Übergänge* von Kennzeichnung des *Eintretens oder Aufhörens* zu Darstellung der *Ablaufsgeschwindigkeit* von Bewegungen oder von Veränderungs-Prozessen überhaupt (Ziff. 11.62):

⁀Etwas kommt { *schnell, rasch* / *langsam* ⁀	⁀Cela survient quelquefois *très vite* ⁀ / ⁀Cela ne se passe que *très lentement* ⁀
⁀It comes { *rapidly* / *slow(ly)* ⁀	⁀Evenit { *cito, celeriter, velociter* ⁀ / *tarde, lentissime* ⁀

Im Deutschen kann man eine auf den ersten Blick paradoxe Proposition bilden, indem man das Wort «schnell» oder «langsam» *einmal* für die *Ablaufsgeschwindigkeit* einer Bewegung verwendet und einmal für das *Eintreten von Veränderungen* in dieser Ablaufsgeschwindigkeit:

⁀Er wurde *schnell schneller* ⁀	= er steigerte rasch sein Tempo
⁀Sie wurde *langsam schneller* ⁀	= steigerte ihr Tempo nur langsam
⁀Dann wurde er *sehr schnell langsam* ⁀	= dann kam sehr schnell der Übergang zu langsamer Bewegung
⁀Sie wurde *nur langsam langsamer* ⁀	= ihr Tempo verminderte sich nur langsam

Für «sofortige Reaktion, schnelle Reaktion» gibt es in allen drei modernen Sprachen ein fast gleichlautendes Wort:

⁀Sie antwortete *prompt* ⁀	⁀Elle répondit *promptement* ⁀	⁀She answered *promptly* ⁀

Das *lateinische* Adjektiv «promptus/-a/-um» mit dem Adverb «prompte» signalisierte dagegen viel mehr und verschiedenere Bedeutungen: «willfährig, bereitwillig – schlagfertig, entschlossen, rasch, gewandt (davon gingen wohl die Bedeutungen in den modernen Sprachen aus) – unmittelbar vorhanden, zur Hand (*sagittae promptae*, bereitliegende Pfeile) – leicht, bequem».

1.11 Einmaliges Auftreten – wiederholtes Auftreten; Häufigkeit

Zu den Elementar-Erfahrungen jedes Menschen – von den allerersten Lebensjahren bis in die Berufsarbeit und die tägliche private Lebensführung im Erwachsenen-Alter – gehört nicht zuletzt auch die Unterscheidung, ob etwas *nur einmal* auftritt, als *einmalig erlebt* wird (auch wenn es vielleicht objektiv gesehen gar nicht einmalig ist) oder ob man es als «*Wiederkehr von Gleichem*» erkennt und erlebt – als zweites, drittes, x-tes Auftreten von etwas, das man schon kennt. Und sobald man etwas als wiederkehrend erkennt und erlebt, also als «neues Auftreten von grundsätzlich Gleichem, schon einmal oder oft Erlebtem», stellt sich die Frage nach der *Häufigkeit* des Auftretens von etwas überhaupt: von «nie» über «selten – gelegentlich – häufiger – oft – meistens» bis zu «immer» (bezogen auf die sich bietenden Gelegenheiten, Möglichkeiten).

Die in den vier Sprachen vorhandenen Bezeichnungen für einen Bedeutungsbeitrag «*einmal*» bzw. «*wieder*» kann man grob in der folgenden polaren Entgegenstellung ordnen. Als formale Mittel dienen Partikeln, Adjektive, Nomen in adverbial gebrauchten Begleitgefügen oder in präpositionalen Ausdrücken.

einmal, ein einziges Mal (bei besonderer Entschlossenheit: für einmal)	wieder, wiederum, noch einmal, nochmals, von neuem ein zweites, drittes, x-tes (zum zweiten, dritten, x-ten) Mal usw.
une fois (pour une fois)	encore une fois, une nouvelle fois, de (à) nouveau une deuxième, troisième etc. fois
once, for one time	once more, again, another time, anew (for) the first / another time
semel	iterum, denuo, rursus/rursum, identidem de/ex/ab integro

Für die Wiederholung von *Tätigkeiten* verwendet man in allen vier Sprachen sehr oft *Verben* mit *Vorsilben*:

wiederaufnehmen	reprendre	resume	recipere, resumere, ad propositum reverti

Für die Darstellung der *Häufigkeit* des Auftretens von etwas (im Rückblick konstatiert oder für die erst kommende Zeit vermutet, erwartet) gibt es einen besonders reichen Bestand an Bedeutungen, die sich oft nicht scharf voneinander abgrenzen und daher auch nicht eindeutig linear ordnen lassen – eindeutig sind nur die zwei Grenzwerte «*nie*» auf der einen Seite und «*immer*» auf der andern Seite. Als formale Mittel dienen Partikeln, Adjektive, präpositionale bzw. adverbiale Ausdrücke mit Nomen als Kern:

(gar) nie niemals zu keiner Zeit kaum je	selten, bei Gelegenheit gelegentlich, von Zeit zu Zeit ab und zu, hie und da hin und wieder	manchmal öfter(s) oft häufig	meistens wieder und wieder immer wieder	immer allzeit stets
ne ... jamais ne ... guère	rarement, parfois, des fois quelquefois de temps en temps par occasion, de loin en loin	souvent le plus souvent bien des fois fréquemment	généralement	toujours
never at no time	rarely, seldom from time to time off and on, now and then at times, on occasion occasionally	often frequently repeatedly	again and again generally	ever, always all the time every time perpetually
numquam nullo tempore	raro, interdum per occasionem occasione data	saepe multum crebro, vulgo	fere, saepius saepissime plurimum	semper omni tempore numquam non

11.12 Zeitliche Situierung von Handlungen, Ereignissen usw. durch andere

Oft will man eine Einbettung in den Zeitablauf nicht durch Zeitangaben im engeren Sinn deutlich machen (kalendarisch, nach Stunden, Tagen usw., oder bewertend, situativ-offen durch «früh – spät» usw.), sondern man will das *zeitliche Verhältnis* dieser Handlungszüge usw. *zueinander* zeigen, ihr zeitliches *Hintereinander* oder *Nebeneinander*, also eine *relative* zeitliche Situierung.

Das kann *vorausblickend* erfolgen, für die Planung von Handeln und überhaupt die Einstellung auf erst Kommendes, oder *rückblickend*, in einem Bericht, beim Erzählen. Mit dem rein zeitlichen Ordnen ist, wenn es sich um eine Reihenfolge handelt, oft auch ein Ordnen nach *Gewichtigkeit* verbunden – daher wurde dieser Aspekt der zeitli-

11/I Einbettung in den Fluß der Zeit 571

chen Situierung schon in Kapitel 10/VI angesprochen, bei den Handlungsmodalitäten, Ziff. 10.72.

Dabei macht es einen Unterschied, ob man eine zeitliche Situierung für eine *beliebig erweiterbare* Reihe von Handlungszügen usw. geben will (im Folgenden «Fall A» genannt, Behandlung in Ziff. 11.13) oder ob man *zwei* Handlungszüge, Abläufe usw. (oder zwei Gruppen von solchen) als *besonders eng zusammengehörig* sieht und ihr zeitliches Verhältnis angeben will («Fall B», Genaueres dazu in Ziff. 11.14–11.15). Bei diesem «Fall B» (Ziff. 11.14) besteht die angegebene zeitliche Beziehung *immer innerhalb* eines Darstellungsschritts (zu diesem Begriff siehe Ziff. 10.92). Im «Fall A» dagegen *kann* zwar die zeitliche Beziehung auch innerhalb eines Handlungsschritts bestehen, aber allermeistens besteht sie *zwischen ganzen Darstellungsschritten*, die nicht selten auch in sich schon zeitlich strukturiert sind.

Es liegen auch etwas verschiedene *Bedingungen für das Verstehen* vor. Im «*Fall A*» ist praktisch in *jeder* der beteiligten Propositionen eine Zeitangabe vorhanden, als freies Satzglied, mit einem isolierbaren Bedeutungsbeitrag. *Jede* beteiligte Proposition ist daher gewissermaßen *für sich selbst* in den Zeitablauf eingebettet, auch wenn die Zeitangabe in jeder von ihnen natürlich immer erst im Zusammenhang mit den Zeitangaben in den anderen richtig verstanden wird (und oft auch rein aus der Reihenfolge im Text hervorgeht): «*Zuerst* P, *dann* Q und *gleichzeitig damit* auch R, *nachher* S und *zuletzt* T». Im «*Fall B*» dient dagegen praktisch eine *ganze Proposition*, mit ihrem *ganzen* Inhalt, als *Zeitangabe* für die jeweils eng mit ihr verbundene *andere* Proposition. Das wird meistens auch durch die Formalstruktur deutlich, indem die als Zeitangabe zu verstehende Proposition als *Neben*satz gesetzt ist und die durch sie zeitlich situierte Proposition als *Haupt*satz: «*Nachdem* wir P getan haben, tun wir Q» oder «*Bevor* man Q tut, muß man P tun». Beide Propositionen sind also in eine *feste Bedeutungsbeziehung* eingebaut, nicht nur durch *isolierbare* Bedeutungsbeiträge in jeder Proposition verknüpft, und die zeitliche Situierung wird nicht (oder jedenfalls: nicht nur) durch *freie Satzglieder* signalisiert, sondern durch die den Nebensatz einleitende *unterordnende Konjunktion*.

1.13 Zeitliche Situierung in offener Folge, durch freie Satzglieder mit isolierbarem Bedeutungsbeitrag

In den folgenden Tabellen sind die häufigsten Wörter und mehrwortigen Ausdrücke in den vier Sprachen zusammengestellt, mit denen man freie Satzglieder zur Signalisierung von Reihenfolge oder Gleichzeitigkeit bilden kann. Es sind, formalgrammatisch gesehen: Partikeln bzw. Adverbien, Adjektive und Partizipien, Präpositionalausdrücke; im Deutschen kann auch ein zugeordneter Adverbialakkusativ so verwendet werden («als erstes»), im Lateinischen auch ablativus temporis («una, eodem tempore»):

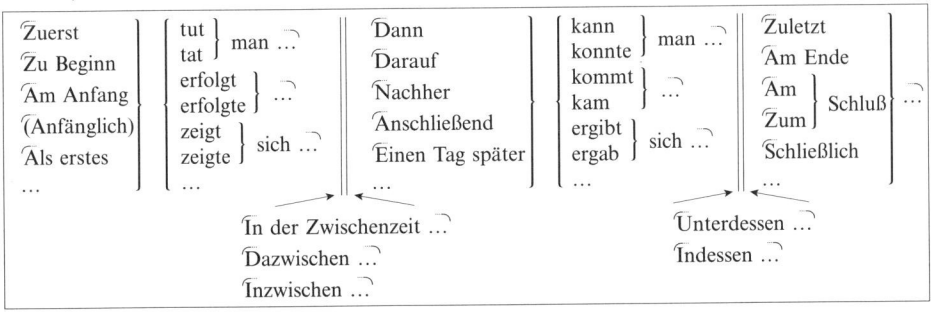

Zuerst Zu Beginn Am Anfang (Anfänglich) Als erstes …	tut tat } man … erfolgt erfolgte } zeigt zeigte } sich … …	Dann Darauf Nachher Anschließend Einen Tag später …	kann konnte } man … kommt kam } ergibt ergab } sich … …	Zuletzt Am Ende Am Zum } Schluß Schließlich …

In der Zwischenzeit …   Unterdessen …
Dazwischen …   Indessen …
Inzwischen …

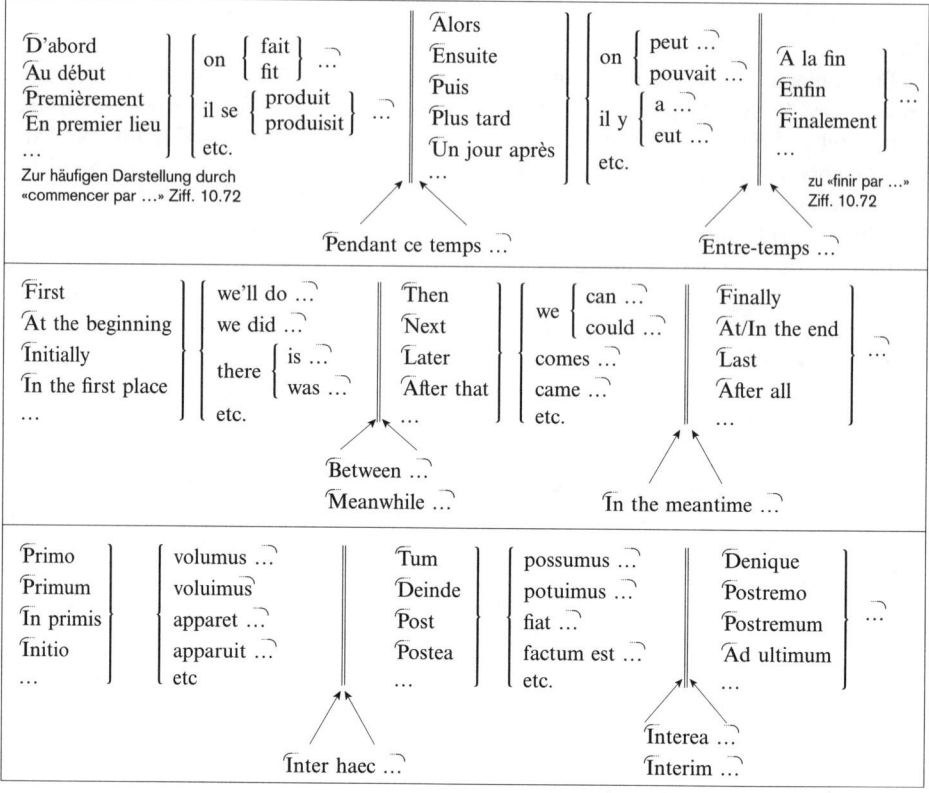

D'abord Au début Premièrement En premier lieu … Zur häufigen Darstellung durch «commencer par …» Ziff. 10.72	on { fait / fit } … il se { produit / produisit } … etc.	Alors Ensuite Puis Plus tard Un jour après …	on { peut … / pouvait … } il y { a … / eut … } etc.	A la fin Enfin Finalement … zu «finir par …» Ziff. 10.72
		Pendant ce temps …		Entre-temps …
First At the beginning Initially In the first place …	we'll do … we did … there { is … / was … } etc.	Then Next Later After that …	we { can … / could … } comes … came … etc.	Finally At/In the end Last After all …
		Between … Meanwhile …		In the meantime …
Primo Primum In primis Initio …	volumus … voluimus apparet … apparuit … etc	Tum Deinde Post Postea …	possumus … potuimus … fiat … factum est … etc.	Denique Postremo Postremum Ad ultimum …
		Inter haec …		Interea … Interim …

Jeden schon durch irgendein Mittel angegebenen Zeitpunkt oder Zeitraum kann man in einer neuen Proposition wieder aufgreifen durch Ausdrücke wie:

Zugleich … Zur gleichen Zeit … Dazu … Gleichzeitig … – En même temps … Simultanément … –
At the same time … Together … – Simul … Uno tempore … Una … Eodem tempore …

Man kann eine Reihenfolge auch rückblickend deutlich machen, indem man zuerst den primär interessierenden Handlungszug hinstellt und dann den vorher erforderlichen:

Du kannst Q tun *aber vorher* P	Tu peux faire Q *mais avant* il faut faire P
You may do Q *but first* you have to do P	Facias Q *sed antea* P

Einige häufige hier aufgeführte Partikeln können *auch für andere* Bedeutungsbeiträge verwendet werden (als «Modalpartikeln», Ziff. 10.30), so «dann – alors – then» für *Folgerungen*:

Dann gehen wir jetzt sofort.	Alors allons-y tout de suite.	Let's go straight away, *then*.

Deutsch «dann» kann auch *Beiläufigkeit* signalisieren oder *Überraschung, Bewunderung*:

Pia ist *dann* anderer Meinung als du (= ich bemerke beiläufig, daß sie anderer Meinung ist)
Das ist *dann* etwas Schönes (= ich konstatiere freudig überrascht, daß das sehr schön ist)

Ein «dann» als Zeitangabe und eines für Folgerung in ein und derselben Proposition:

Dann kommst du also *dann* (= ich gehe also davon aus, daß du zur besprochenen Zeit kommst)

11.14 Feste Bedeutungsbeziehungen für relative zeitliche Situierung («Temporalsatz + Hauptsatz»)

Die *festen Bedeutungsbeziehungen* für die zeitliche Situierung von zwei Handlungszügen, Ereignissen, Zuständen usw. (oder von zwei Gruppen solcher Handlungszüge usw., der «Fall B» der Analyse in Ziff. 11.12) sind seit je in den Grammatiken aller vier Sprachen ausgiebig behandelt worden, im Rahmen der Beziehungen zwischen Nebensätzen und den zugehörigen Hauptsätzen. Man ordnete die «Temporalsätze» oft nach den Kriterien «Vorzeitigkeit – Gleichzeitigkeit – Nachzeitigkeit» (so vor allem in der lateinischen Grammatik), manchmal auch einfach nach den verwendeten unterordnenden Konjunktionen, in modernen französischen und englischen Grammatiken auch nach den Formen der Satzglieder, durch die sich solche Temporalsätze ersetzen lassen.

Im vorliegenden Buch wird ein neuer Angang versucht, indem nicht nur von den zeitlichen Verhältnissen im engeren Sinn ausgegangen wird (Hintereinander oder Nebeneinander, Zeitpunkt oder Zeitdauer), sondern systematisch die folgenden Fragen gestellt werden:
- *Wie weit* läßt sich die jeweilige Kombination von Hauptsatz + Temporalsatz, mit den in den vier Sprachen vorhandenen unterordnenden Konjunktionen und ggf. zusätzlichen freien Satzgliedern, *für alle Zeitbereiche* verwenden, also für Gegenwärtiges/Zukünftiges wie für Vergangenes (wobei manchmal die faktisch immer vorhandene Einbettung in den Zeitablauf völlig ausgeblendet wird)? Für die Entgegensetzung von «Gegenwärtiges/Zukünftiges gegenüber Vergangenem» im Gegensatz zur traditionellen Dreiheit «Vergangenheit – Gegenwart – Zukunft» siehe Ziff. 11.19–11.20.
- *Was* steht dabei *jeweils im Vordergrund*, worauf richtet sich das *primäre Interesse*? Und inwiefern bleibt diese Verteilung der Aufmerksamkeit, die Lage des primären Interesses, *für alle Zeitbereiche gleich* oder *verändert sich*, wenn es um die Darstellung von *schon Erfolgtem, schon Vergangenem* geht?

Von diesen Gesichtspunkten aus kann man nun, zur Gewinnung von möglichst viel Übersichtlichkeit, die folgende Verteilung auf vier Gruppen vornehmen (wobei natürlich zwischen den Gruppen keine scharfen Grenzen zu ziehen sind, sondern immer Übergangsbereiche bestehen):

1   Für beide Zeitbereiche verwendbar, dabei aber etwas verschiedene Verteilung der Aufmerksamkeit, eine etwas andere Lage des Primär-Interesses.
Bei Verwendung für *Gegenwärtiges/Zukünftiges* (mit Einschluß des «Zeitlosen» oder «Überzeitlichen») steht im *Vordergrund* des Interesses die *Offenheit des Zeitpunktes*, zu dem das im Hauptsatz Dargestellte eintritt bzw. gelten soll (einmal oder mehrmals). Das *zeitliche Verhältnis selbst* (Hintereinander mit kurzem Abstand oder sozusagen Gleichzeitigkeit) tritt in den Hintergrund. Es handelt sich hier um die generelle Bedeutungsstruktur «Annahme/Voraussetzung und an deren Eintreten/Zutreffen Gebundenes», in ihrer temporalen Spielart (Eintreten schon als sicher betrachtet, nur Zeitpunkt noch offen, Ziff. 10.35, Kasten auf S. 479 Mitte).
Bei Verwendung für *schon Erfolgtes, jetzt Vergangenes* ist dagegen der Zeitpunkt des Eintretens *nicht mehr offen*, er ist schon bekannt und wird daher nicht mehr thematisiert. Man achtet nun in erster Linie darauf, daß das im Nebensatz Dargestellte *vor dem* im Hauptsatz Dargestellten erfolgt ist, und oft sieht man es als den *Auslöser* für das

im Hauptsatz Dargestellte an; manchmal sieht man mit der *rein zeitlichen* Reihenfolge *zugleich* ein Verhältnis von *Grund und Folge*, Ursache und Wirkung (Ziff. 10.89). Dazu wird im Deutschen der Unterschied zwischen einmaligem und mehrmaligem Auftreten des im Hauptsatz Dargestellten teilweise durch die verschiedene unterordnende Konjunktion deutlich gemacht («als» gegenüber «wenn»; bei «sobald, sowie, nachdem» wie generell in den andern Sprachen spielt dieser Unterschied keine Rolle):

Wenn/Sobald/Sowie wir das Resultat haben ᴺ werden wir uns entscheiden ᴴ					
Als / *Nachdem/Sobald/Sowie* / *Wenn*	} wir { *diesmal* / *jeweils* } das Resultat hatten ᴺ entschieden wir uns ᴴ				
Quand/Lorsque/Dès que nous { aurons / eûmes } le résultat ᴺ, nous { déciderons ᴴ / avons décidé ᴴ }					
Quand/Lorsque/Toutes les fois que nous { aurons / avions } le résultat ᴺ, nous { déciderons ᴴ / décidions ᴴ }					
When/As soon as we { have / had } the result ᴺ we { shall decide ᴴ / decided ᴴ }					
Ubi / *Quando* } ad exitum { pervenimus ᴺ decernemus ᴴ / pervenerimus ᴺ decrevimus ᴴ }					

2 Für *beide Zeitbereiche* verwendbar, mit *gleicher* Verteilung der Aufmerksamkeit, *gleicher* Lage des Interesses (im Gegensatz zu Gruppe 1): Man achtet in erster Linie auf die *zeitliche Folge*, auf das *Hintereinander*. Das *Eintreten selbst* wird als *gegeben* betrachtet und nicht thematisiert; man denkt auch kaum an einen kausalen Zusammenhang (anders als bei Darstellung von Vergangenem in Gruppe 1). Bemerkenswert ist, daß man jeden der beiden zeitlich zu situierenden Handlungszüge durch Nebensatz oder durch Hauptsatz darstellen kann (mit Verwendung von «bevor» oder «nachdem»):

Sie { prüft / prüfte } alles ᴴ bevor sie { entscheidet ᴺ / entschied ᴺ }	*Nachdem* sie alles { hat ᴺ / hatte ᴺ } geprüft { entscheidet / entschied } sie ᴴ
Elle { examinera / examina } tout ᴴ avant de décider ᴺ	*Après* avoir tout examiné ᴺ elle { décidera ᴴ / a décidé ᴴ }
She { will examine / examined } all ᴴ before she { will decide ᴺ / decided ᴺ }	*After* having examined all ᴺ she { will decide ᴴ / has decided ᴴ }
Spectaverit / *Spectavit* } omnia ᴴ antequam { decernet ᴺ / decrevit ᴺ }	*Postquam* { spectaverit / spectavit } omnia ᴺ { decernet ᴴ / decrevit ᴴ }

3 Speziell für eine *zeitliche Erstreckung*, eine *Dauer*, und zwar in *beiden Zeitbereichen*, mit *gleicher* Lage des Primärinteresses: es geht um die *Dauer* eines dargestellten Zustands oder um die *Zeitstrecke bis zum Eintreten* eines erwarteten Ereignisses oder Zustands oder *seit dem Eintreten* eines vergangenen Ereignisses, eines Zustands, der schon in der Vergangenheit begonnen hat; Angabe der Erstreckung durch den Nebensatz, des so Gekennzeichneten durch den Hauptsatz (siehe schon Beispiel in Ziff. 11.01):

11/I Einbettung in den Fluß der Zeit

Solange das so {ist[N], war[N]} {warten, warteten} wir zu[H] *Bis* wir klarer {sehen[N], sahen[N]}	*Während* er {wacht[N], wachte[N]} {schlafen[H], schliefen[H]} wir *Seit* sie {schläft[N], schlief[N]} {bin, war} ich beruhigt[H]
Aussi longtemps que {ce sera, c'était} ainsi[N] *Jusqu'à ce que nous* {voyions, ayons vu} plus clair[N] nous {attendrons[H], attendions[H]}	*Pendant qu'il* {veille[N], veillait[N]} nous {dormons[H], dormions[H]} *Depuis qu'elle* {dort[N], dormait[N]} {je suis, j'étais} tranquille[H]
As long as that {will be, was} so[N] *Until* we {shall see, saw} clear[N] we {shall wait[H], waited[H]}	*While* he {is, was} on guard[N] we {sleep[H], slept[H]} *As* he slept[N] I was calm[H]
Dum hoc sic {erit[N], erat[N]} *Quoad* {viderimus, vidimus} omnia[N] {manebimus[H], mansimus[H]}	*Dum ille vigilat*[N] nos {dormimus[H], dormivimus[H]} *Ex quo tempore illa* {dormit[N], dormiebat[N]} quietus {sum[H], eram[H]}

4 *Nur* für die Darstellung von *Vergangenem*, als *Stilmittel*: wenn zwei *faktisch gleichzeitige* und *gleichrangige* Handlungszüge, Zustände usw. darzustellen sind, kann man *den einen oder den andern* als *primär* präsentieren, indem man ihn durch den *Haupt*satz darstellt; der *jeweils andere*, im *Neben*satz dargestellte Handlungszug usw. (mit der die Gleichzeitigkeit signalisierenden unterordnenden Konjunktion) tritt dann *eher etwas zurück* und erscheint als *sekundär*:

Das geschah[H] {als, während} er noch in Rom wohnte[N]	*Als* das geschah[N] wohnte er noch in Rom[H]
Cela se passa[H] {lorsqu', pendant qu'} il *vivait* encore à Rome[N]	*Lorsque* cela se passa[N] il *vivait* encore à Rome[H]
It happened[H] *when* he *lived* still in Rome[N]	*When* it happened[N] he *lived* still in Rome[H]
Hoc evenit[H] *cum* Romae habitabat[N]	*Cum* hoc evenit[N] habitabat Romae[H]

11.15 Zeitlich Situierendes und dadurch Situiertes in einer einzigen Proposition

Die in Ziff. 11.14 zusammengestellten festen Bedeutungsbeziehungen für relative zeitliche Situierung kann man grundsätzlich auch im *Rahmen einer einzigen Proposition* darstellen, nicht nur durch Nebensatz + Hauptsatz, soweit nämlich für das im Nebensatz dargestellte Handeln/Ereignis usw. eine *Fassung durch ein Nomen* vorhanden ist («nomen actionis»). Dann kann man den Nebensatz durch ein Satzglied aus einem solchen nomen actionis und einer die zeitliche Situierung angebenden Präposition ersetzen:

Zu den Beispielen von 11.14'1:

⁀Sogleich nach Kenntnisnahme der Resultate { werden wir uns entscheiden⁀
haben wir uns entschieden⁀

⁀Dès la proclamation des résultats nous { prendrons / avons pris } notre décision⁀

⁀After this failure we shall have to change our plans⁀

⁀Re cognita decernemus⁀

Zu den Beispielen von 11.14'2:

⁀Sie prüft alles *vor dem Entscheid*⁀ ⁀*Erst nach Prüfung aller Möglichkeiten* entscheidet sie⁀

⁀*Avant toute décision*, elle réfléchit à tout⁀

⁀*Before each decision* she thought of all the problems⁀

⁀*Omnibus probatis* decernit⁀

Zu den Beispielen von 11.14'3:

⁀Für die Dauer dieser Ungewißheit / Bis zu einer Klärung der Situation } { warteten / warten } wir noch zu⁀

⁀Nous { attendrons / avons attendu } *le temps de cette incertitude*⁀

⁀*During this uncertainety* we will have to wait⁀

Zu den Beispielen von 11.14'4:

⁀Das geschah noch *während seiner Zeit in Rom*⁀   ⁀*Zur Zeit dieser Ereignisse* wohnte er noch in Rom⁀

⁀Ceci se passa *pendant son séjour à Rome*⁀   ⁀{ Pendant / Au cours } *de ces évènements* il habitait encore à Rome⁀

⁀It happened *during his stay in Rome*⁀   ⁀*At the time of these events* he was still in Rome⁀

⁀Hoc evenit *eo Romae habitante*⁀   ⁀*Hoc tempore* habitabat Romae⁀

11.16 Kombination von Zeitangabe im engeren Sinne und zeitlich situierenden Handlungen, Ereignissen usw.

Oft *kombiniert* man eine Zeitangabe im engeren Sinn (kalendarisch oder stärker erlebnisbezogen oder zu «heute» relativ oder bewertend, Ziff. 11.02–11.09) mit der Darstellung eines Handlungszugs, eines Ereignisses, dem Vorhandensein oder Eintreten eines Zustands, die insgesamt ebenfalls der zeitlichen Situierung von etwas anderem dienen:

⁀*Tagsüber*, ⁀*solange er mit den andern arbeitete*⁀, fühlte er sich recht wohl⁀.
⁀*Aber am Abend*, ⁀*als er in die leere Wohnung zurückkehrte*⁀, packte ihn die Verzweiflung⁀.

⁀*Pendant la journée*, ⁀*lorsqu'il était occupé ...*⁀ il ne se sentait pas si mal⁀.
⁀*Mais le soir*, ⁀*quand il rentra dans son appartemen vide*⁀, le désespoir le saisit⁀.

⁀{ *In the daytime* / *During the day* }, ⁀*as long as he worked with the others*⁀ he felt not so bad⁀.
⁀*But in the evening* ⁀*when he turned in the empty flat*⁀ the dispair came over him⁀.

Ganz entsprechend natürlich auch die Kombination einer Zeitangabe im engeren Sinn mit der Angabe einer zeitlich situierenden Handlung, eines Ereignisses usw. durch bloßes Satzglied, ohne Verb:

> ⌜Tagsüber, während der Arbeit, …⌝ ⌜Aber am Abend, bei der Rückkehr in seine leere Wohnung, …⌝

11.17 Besonders schnelle Übergänge von einem Handlungszug zum andern

In allen vier Sprachen hat man besondere Möglichkeiten, um einen *sehr schnellen Übergang* von einem Zustand bzw. Handlungszug zu einem daran anschließenden (ggf. daraus resultierenden oder darauf reagierenden) andern Zustand bzw. Handlungszug darzustellen. Dabei werden z. T. Formalstrukturen verwendet, die auch für Einschränkungen generell gebraucht werden (Ziff. 9.18):

> ⌜Sie war *kaum* angekommen ᴿ/ᴴ⌝ { ⌜*da* überschütteten sie sie mit Fragen ᴿ⌝
> ⌜*als* sie sie (schon) mit Fragen überschütteten ᴺ⌝
>
> ⌜*A peine* était-elle arrivée ᴴ⌝
> ⌜Elle était *à peine* arrivée ᴴ⌝ } ⌜*qu*'ils lui posaient mille questions ᴺ⌝
> ⌜*Il n'y avait pas deux minutes* ᴴ⌝ ⌜*qu*'elle était arrivée ᴺ⌝
>
> ⌜*No sooner* had she ⌝ arrived ᴴ ⌜*than* she was asked a thousand questions ᴺ⌝
> ⌜She had *no sooner* ⌝
>
> ⌜*Vix* advenerat ᴴ⌝ ⌜*cum* multissima ex ea quaesiverunt ᴺ⌝

Entsprechend mit nichtverbaler Darstellung der Direktheit des Übergangs: «*Unmittelbar/Direkt nach ihrer Ankunft* wurde sie … *Immédiatement après son arrivée* ils la comblèrent de questions».

11.18 Gleiche Form für Mittel-Zweck-Beziehung und für rein zeitliche, gar nicht bezweckte Folge

Auffällig ist, daß in mehr als einer Sprache die Formalstruktur für «Handeln und *damit Bezwecktes*» auch verwendet werden kann für das Anschließen von *etwas gar nicht Bezwecktem* (man könnte sagen: hier ist ein Stück ironischer Gebrauch grammatisch fest geworden):

> ⌜Er studierte tausend Bücher ᴴ⌝ ⌜*um am Ende so wenig zu wissen wie vorher* ᴺ⌝
> ⌜Il essaya tout ᴴ⌝ ⌜*pour échouer partout* ᴺ⌝ (= et finalement, il échoua partout)

Gelegentlich erkennt man erst aus dem Inhalt des mit «um … zu …» angeschlossenen Nebensatzes, welche Bedeutungsbeziehung wirklich gemeint ist («Zweck» oder «enttäuschende Folge»):

> ⌜Er versuchte es an vielen Stellen ᴴ⌝ { ⌜*um wenigstens an einem Ort Erfolg* zu haben ᴺ⌝
> ⌜*um schließlich doch keinen Erfolg* zu haben ᴺ⌝

11.19 Vergangenheit – Gegenwart – Zukunft: nicht fixe Zeiträume, sondern Lage-Einschätzungen

Erst gegen Ende dieses Kapitels ist nun die Frage zu stellen, die manche Leser vielleicht schon für den Beginn des Kapitels erwartet haben: was ist nun eigentlich «*Vergangenheit*», was ist «*Gegenwart*», was ist «*Zukunft*»?

Die drei Begriffe werden nicht nur im Alltag laufend gebraucht («Das liegt nun *in der Vergangenheit* – Wir leben *in der Gegenwart* – Die Zukunft ist ungewiß» usw.), sondern sie werden auch in den Grammatiken meistens recht unreflektiert verwendet. Man denkt sich dann irgendwie drei Bereiche oder Räume, aus denen sich «die Zeit» insgesamt zusammensetzt, und man ist sich klar, daß «Zukunft» laufend zu «Gegenwart» und «Gegenwart» zu «Vergangenheit» wird. Wenn man aber genauer zusieht, ergeben sich Schwierigkeiten, und zwar vor allem für «Gegenwart» und «Zukunft»: Was ist «*schon Gegenwart*», was liegt *noch in der* «*Zukunft*»? Die Beantwortung dieser Fragen hängt offenbar *gar nicht von der absoluten* Zeit ab, sondern von der *Einschätzung* für das *Erleben* und *Handeln*. Solange ein jetzt bestehender Zustand *andauert*, solange sich *nichts daran verändert*, so lange ist man geneigt, von «*Gegenwart*» zu sprechen, von «*jetzt*», von «*heute*». Wenn dagegen *etwas Neues* beginnt, wenn man sich ausdrücklich auf *kommende* Entwicklungen und Veränderungen einstellt, spricht man von «*Zukunft*» (sagt: «Dann ...»).

Dazu einige Alltagsbeispiele. Wenn bei der Abschlußfeier einer Schule ein Redner sagt: «In euch, den jungen Leuten von heute, liegt *die Zukunft unserer Welt*», so beginnt für diesen Redner diese «Zukunft» wohl erst etwa in 10–15 Jahren, wenn die jetzt vielleicht Zwanzigjährigen in die entsprechenden Positionen und Verantwortungen der Wissenschaft, Kultur, Wirtschaft und Politik hineingewachsen sind. Wenn dagegen an einer Hochzeitsfeier ein Redner dem Hochzeitspaar «*eine glückliche gemeinsame Zukunft*» wünscht, so beginnt diese Zukunft *jetzt*, im Moment des Aussprechens, ja sie *hat* schon im Augenblick der Trauung *begonnen*. Wenn sich bei irgend einer Tätigkeit etwas nicht bewährt hat und man es das nächste Mal (bzw. bei den weiteren Gelegenheiten) anders machen will, kann man praktisch gleichbedeutend formulieren: «*Das nächste Mal* mache ich es so und so – *Von jetzt an* mache ich es so und so – *In Zukunft* mache ich es so und so».

Diese Offenheit der Grenzen zwischen «Gegenwart» und «Zukunft» ist auch der Grund, warum bei der Analyse der festen Bedeutungsbeziehungen für relative zeitliche Situierung (Ziff. 11.14) nur mit der Unterscheidung von *zwei* Zeitbereichen gearbeitet wird, nämlich «*Gegenwärtiges/Zukünftiges, mit Einschluß von Zeitlosem, als überzeitlich Gesehenem*» gegenüber «*schon Erfolgtem, jetzt Vergangenem*».

Hier, zwischen «*noch offen für Handlungen,* jetzt und weiterhin» und «*schon vorbei, schon erfolgt,* jetzt als Vergangenheit gesehen» läßt sich nämlich mindestens im Grundsatz eine *klare Grenze* ziehen. Das gilt jedenfalls für alle *Handlungsakte* und alle *Ereignisse*, die *zu einem bestimmten Zeitpunkt* bzw. in einer bestimmten abgegrenzten Zeit eintreten bzw. ablaufen. *Wenn* ein solches Ereignis *erfolgt ist*, wenn ein Handlungsakt *vollzogen worden ist*, so ist das *unwiderruflich*. Man muß es als Faktum akzeptieren; man kann evtl. nachher eine korrigierende Handlung durchführen, aber zurücknehmen kann man den einmal erfolgten Handlungsakt nicht mehr. Ein Alltagsbeispiel dazu: Es geschieht nicht selten, daß man in einem Gespräch etwas sagt, was man eigentlich nicht sagen sollte und wollte – aber es *ist* nun einmal gesagt worden, man kann es evtl.

im weiteren Gespräch abzuschwächen, zu korrigieren versuchen, aber *ungesagt machen kann man es nicht.*

Wenn man nun aber nicht nur zeitlich festlegbare Handlungsakte und Ereignisse in den Blick nimmt, sondern auch *ganze Zustände*, ganze *Gegebenheiten* in der Natur, im sozialen Leben, im je individuellen Leben, so *verliert* hier auch die *Grenze zwischen* «noch bevorstehend, noch offen für Handeln» und «schon erfolgt, schon geschehen, jetzt vergangen» *ihre Eindeutigkeit.* Jedes Ereignis hinterläßt *seine Spuren*, es bleiben davon *bestimmte Wirkungen*, die zum Teil vernachlässigenswert klein, zum Teil aber auch sehr groß und für das gegenwärtige/zukünftige Leben und Handeln ausschlaggebend sind. Jedes Lebewesen und jede Gemeinschaft von Lebewesen, jede soziale Gruppe, bis hin zu den Staaten und Staatengruppen, in denen die Menschheit organisiert ist, stellt ein *zeitliches Kontinuum* dar. Dieses zeitliche Kontinuum reicht *in die Vergangenheit zurück*, und seine *jeweilige Gegenwart* umgreift daher nicht nur den Moment des «Jetzt» und ein Stück der unmittelbar kommenden Zeit, sondern *auch alles das* aus der Vergangenheit, was *in seinen Auswirkungen heute noch besteht* und zu einem schönen Teil das *heutige und kommende Handeln* des betreffenden Lebewesens bzw. «Sozialkörpers» *steuert.* Zur Wichtigkeit der gesamten Sprachverwendung für den Aufbau der Person-Identität, die Stabilisierung des «Ich» durch die ständig weiterlaufende Zeit hindurch siehe Ziff. A.70 und die Beispiel-Analyse in Ziff. A.80.

1.20 Der Vergangenheits-Anteil an einer Gegenwart und das chronologisch-kalendarische Alter

Jede Gegenwart, jedes «*jetzt*» enthält also *ein Stück Vergangenheit*, hat eine *geschichtliche Tiefe* – ob es nun um den biologischen Zustand eines Lebewesens in einem bestimmten «Jetzt-Punkt» geht oder um die in einem Jetzt-Punkt vorhandene Geistes- und Gemütsverfassung eines Menschen, seine Antriebs-Struktur, sein «Ich», oder um die Verfassung, das Selbstverständnis, die Hierarchie der Werte in einem Volk und Staat, einer Gesellschaft, einer Kultur.

Es ist aber *grundsätzlich kaum möglich*, diesen Vergangenheits-Anteil, diese geschichtliche Tiefe einer Gegenwart *chronologisch-kalendarisch zu fixieren.* Man kann nämlich *überhaupt nie genau* feststellen und angeben, *was* aus dem riesigen Gesamt der vergangenen Ereignisse, Entschlüsse, Handlungen, Gewohnheiten usw. *heute völlig abgetan ist* (auch wenn es vielleicht chronologisch noch gar nicht so weit zurückliegt), was also heute *keine Auswirkungen* mehr hat – und *was* (obwohl es vielleicht chronologisch viel älter ist, viel weiter zurückreicht als das heute völlig Abgetane) *immer noch wirksam* ist, *immer noch zur Gegenwart* gehört (oder was sogar, durch erneutes Aufgreifen aus dem Wissensbestand um Vergangenes, *neu wirksam gemacht* worden ist).

Zur Illustration an einem Detail ein Beispiel aus der Geschichte der deutschen Wortlautungen und -schreibungen. Die Lautung der 3. Person Plural von «*sein*» ist heute eindeutig «sie *sind*». Nun trifft man gelegentlich, z. B. in einer Hausinschrift oder in einem Lied, die Lautung «sie *seind*» an, und man empfindet diese Lautung als ausgesprochen altertümlich, als heute völlig veraltet. In Tat und Wahrheit ist aber «sie *seind*» um *viele Jahrhunderte später* aufgekommen als «sie *sind*». Dieses «sind» ist schon im Mittelhochdeutschen, im 12. Jahrhundert, allgemein üblich, die Lautung «seind» dagegen ist erst im 15. Jahrhundert entstanden, sie war im 16. und 17. Jahrhundert recht häufig, verschwand aber dann wieder völlig. In den folgenden zwei Versen von Georg Weckherlin (1584–1653), die als Beleg für «seind» dienen sollen, finden sich dazu noch mehrere Schreibweisen von Wörtern, die heute völlig altertümlich wirken, aber erst im 15./16. Jahrhundert eingeführt (um nicht zu sagen: erfunden) wurden und dann später wieder völlig aufgegeben worden sind:

> Ja, *seelig, seelig seind dreymahl* / Die, so *auff* diesen felsen *bawen*.

11.21 Die Zeit als Kontinuum auch in der alltäglichen Sprachpraxis

Auch in der Sprachpraxis, im täglichen Gespräch, Hören, Lesen und (wenn auch meist seltener) Schreiben *trennt man daher keineswegs schematisch* zwischen «Vergangenheit – Gegenwart – Zukunft». Man sieht vielmehr das Stück Welt und Leben, um das es jeweils geht, durchaus *als Kontinuum*, in welchem man sich frei hin und her bewegt. Wenn man ein Stück Gegebenheit darzustellen hat, kann man daher oft *wählen*, ob man ein *vergangenes Handeln* nennen will, das zur gegenwärtigen Lage geführt hat, oder ob man *direkt diese gegenwärtige Lage* anspricht. Ein Beispiel für viele:

> A Wo *ist* denn mein schönes Manuskript? Jetzt *habe* ich das doch wieder *verlegt*!
> B Das *liegt* doch im Fach neben dem Schreibtisch du *hast* es gestern selbst dort *versorgt*.

Wie genau man sich jeweils die zeitliche Situation vergegenwärtigt, auch *absolut*, und wie weit man sich *nur für die relative* zeitliche Situierung aller dargestellten Handlungszüge, Ereignisse, Zustände usw. interessiert, das hängt völlig ab von *dem, was man jeweils* – im Gespräch, beim Lesen, beim Fernsehen oder Radiohören – *erreichen möchte*: Sachinformation zur Befriedigung kurzzeitiger Wissensbedürfnisse, ggf. reine Neugier – Analyse einer Situation, gesellschaftlich oder privat, um Klarheit für kommendes Verhalten/Handeln zu gewinnen – reine Kenntnisnahme von Abläufen irgendwelcher Art, ob sie einmal real erfolgt sind oder mehr oder weniger erfunden sind, weil man dadurch Spannung und Entspannung erlebt, z. B. den Abend am Fernsehen auf angenehme Weise zubringt (dazu siehe auch Ziff. A.66, Ziele bei der Sprachverwendung).

11.22 Verzicht auf eine Einbettung in den Zeitablauf

Man kann aber die (faktisch immer vorhandene) Einbettung in den Zeitablauf auch *offenhalten* oder *ausdrücklich ausblenden*. Das tut man z. B. oft bei mathematischen Überlegungen und Beweisführungen, und man signalisiert es dann oft durch die Form des Verbs: «Es *sei* M die Menge aller Punkte, welche ...». Generell kann man sagen, daß man durch den Gebrauch des deutschen Konjunktivs II, des französischen conditionnel, der englischen would-should-Konstruktionen, des lateinischen Konjunktivs *etwas als reinen Gedankeninhalt* hinstellen und *von einer Einbettung in den Zeitablauf* (vorläufig oder grundsätzlich) *absehen kann*. Das zeigte sich schon bei der Behandlung dieser Verbformen in Teil 5 (Ziff. 5.06–5.07 für Deutsch, 5.20 für Französisch, 5.45–5.46 für Englisch, 5.69–5.78 für Lateinisch).

11/II Situierung im Raum, Lagen und Bewegungen – besondere Raumqualitäten, besondere Perspektiven, verwurzelt in der Körperlichkeit des Menschen

1.23 Grundsätzliches, Verhältnis zur Einbettung in den Zeitablauf, Überblick

Zu den elementarsten Bedürfnissen jedes Menschen (und wohl auch der meisten Tiere) gehört die *Orientierung im Raum*, das *sich-zurecht-Finden* im Bereich von *Lagen* und *Bewegungen*: «*Wo* ist etwas? *Wo* bin ich? – *Wohin* bewegt es sich, *wohin* gerate ich? – *Woher* kommt das, *woher* komme ich? – *Wie groß/lang/breit* usw. ist es? *Wie nahe oder entfernt* ist es?»

Dieses Bedürfnis ist ebenso grundlegend wie dasjenige, sich im Zeitablauf zurechtzufinden, Geplantes und schon Gelaufenes zeitlich zu situieren, und man kann sogar annehmen, daß die Rechenschaft von der *räumlichen* Lage und den darin möglichen Bewegungen *leichter* ist als das bewußte Erfassen des Zeitablaufs. Kleine Kinder verwenden meistens zuerst elementare Kennzeichnungen von Raumbereichen, Bewegungszielen und -richtungen, z. B. «*Da*» wenn das Kind auf etwas zeigt, als Verstärkung der Zeig-Gebärde, oder «*Hinauf*» (in schweizerdeutscher Mundart «*ufe*»), wenn das Kind irgendwo hinaufgehoben werden will. Mit einer Äußerung «*Weiter*» oder «*Noch mehr*» (wenn eine Bewegung oder generell eine Tätigkeit weitergeführt oder wiederholt werden soll) liegt schon ein Übergang zu einer elementaren Einbettung in den Zeitablauf vor, und mit einem «*Bald*» (als Trost zu sich selbst gesagt, wenn das Kind auf etwas wartet) ist man voll im Bereich der zeitlichen Situierung (Genaueres zum ersten Spracherwerb in Ziff. A.45–A.50).

Daß *Raum*kennzeichnungen und *Zeit*kennzeichnungen in ihren *Grundzügen zusammenhängen* – gemeinsam fundiert im *Erfahren von Bewegungen*, die ebenso einen zeitlichen wie einen räumlichen Aspekt haben – zeigt sich eindrücklich beim Blick auf den *Wortbestand*. Eine ganze Reihe von Partikeln, als Präpositionen fungierend, kann sowohl für räumliche wie für zeitliche Situierung verwendet werden, in allen vier Sprachen:

in diesem Zimmer – *in* dieser Stunde *vor* der Tür – *vor* der Zeit	*bis zur* Decke – *bis zum* Abend
à Paris – *à* neuf heures du soir	*dans* cette maison – *dans* le passé
on the table – *on* a sunny day in July	going *from* place *to* place – *from* Saturday *to* Monday
in urbe vivere – *in* sex mensibus in der Stadt leben im Lauf von sechs Monaten	*ad* forum proficisci – *ad* multam noctem sich auf den Weg zum bis tief in die Nacht Forum machen

Nun muß man aber auch die *großen Unterschiede* sehen, die zwischen der Situierung im Raum und der Einbettung in den Zeitablauf bestehen:

1   Ein lebenspraktischer Raum liegt simultan vor einem, beliebig durchschreitbar

Bei den Bedeutungen und Bedeutungsstrukturen für Räumliches, die nun für die vier Sprachen zu betrachten sind, geht es nicht primär um den «Raum an sich» oder etwa um den Weltraum, in welchem sich heute so viele mit Raketen hinaufgeschossene Satelliten bewegen, sondern um das, was man «*lebenspraktische Räume*» nennen kann: ein *Stück Raum* – sei das nun ein Zimmer oder ein Eisenbahnabteil oder ein Stadtquartier oder eine weite, von einem Berg aus überblickte Landschaft – *in welchem man lebt*, in welchem man *Wirkungen erfährt* und *selber handelt*. Einen solchen lebenspraktischen Raum hat man nun grundsätzlich *auf einmal, als Ganzes* vor sich, und man kann sich darin (im Rahmen der körperlichen Möglichkeiten und der verfügbaren technischen Mittel) *in beliebigen Richtungen bewegen*, vorwärts und rückwärts, hinauf und hinunter, hin und zurück. Man kann auch von *einem* lebenspraktischen Raum *in einen andern*, benachbarten *hinüberwechseln* und wieder zurück. Der *Lauf der Zeit* dagegen *ereignet* sich fortwährend und gleichförmig, er ist jeweils *nur als Moment real gegeben*, und er ist *unumkehrbar*: in allem jetzt schon *Vergangenen* kann man *nur in Gedanken* hin und her, vorwärts und rückwärts gehen – im *Raum* kann man es *real*.

2   Jeder lebenspraktische Raum ist immer schon gefüllt durch materiale Gegebenheiten

Jeder Raum, mit dem man es im praktischen Leben zu tun hat, ist *schon weitgehend ausgefüllt* mit *Konfigurationen der Landschaft* (Berge, Täler, Flüsse, Seen usw.), mit verschiedener *Vegetation* (Wälder, Wiesen, Ackerland, Rebberge usw., sie sind entstanden durch ein Wechselspiel von Natur-Abläufen und menschlichen Eingriffen, menschlicher Bebauung – Schaffung von «Kulturlandschaften» im Lauf der Geschichte) – und vor allem ist der Raum weitgehend gegliedert durch die verschiedenen *menschlichen Behausungen*, von Einzelhöfen oder kleinen Siedlungen bis zu den größten Städten und Agglomerationen, und durch die *Verkehrswege*, die alle diese Siedlungen verbinden und die heute oft die sichtbarste Strukturierung des Raumes darstellen, für die «Verkehrsteilnehmer» aller Art, in unserer Zeit hoher Mobilität. Die *Zeit* dagegen ist, trotz allen festgelegten Zeitplänen, aller Terminierung geplanter Abläufe usw. insgesamt *viel weniger vorstrukturiert*, viel weniger sichtbar und greifbar gegliedert.

3   Zu den materialen Gegebenheiten tritt die Prägung durch die im Raum lebenden Menschen

Allermeistens wird ein lebenspraktischer Raum nicht nur charakterisiert und strukturiert durch die Landschaftsformen mit ihrer Vegetation und durch die material vorhandenen Siedlungen und Verkehrswege, sondern er wird strukturiert durch die *Menschen*, die sich darin aufhalten, die darin miteinander umgehen, handeln, planen usw. Insofern ist jeder «natürliche» Raum zugleich ein *sozialer Raum*, in welchem bestimmte *Verhaltensregeln* gelten, bestimmte *Machtverhältnisse* bestehen und dadurch ggf. die Handlungsmöglichkeiten des einzelnen weitgehend bestimmt sind. Diese Strukturierung ist zwar oft viel weniger sichtbar, aber nicht weniger wirksam und wichtig als die materiale Strukturierung. Hier spielt nun auch die *Zeit* in oft verdeckter, aber nicht weniger grundlegender Weise mit hinein, nämlich durch die *soziale Prägung* aller in diesem Raum lebenden Menschen – durch das *Stück Vergangenheit*, das ein wirksamer Teil der Gegenwart aller Handelnden ist (Ziff. 11.19, Schluß, und 11.20). Ferner kommt man von diesen relativ festen und dauerhaften materialen und sozialen Räumen ohne eine scharfe Grenze zu den jeweiligen besonderen Konstellationen, material und personal, unter denen alles Handeln im Einzelfall abläuft.

4 Höhere Ansprüche als bei der Zeit für das objektive, maßgestützte Festlegen von Punkten

Für das *objektive, auf Maßsysteme gestützte* Festlegen von Punkten im Raum sind *erheblich komplizertere* Koordinatensysteme erforderlich als für das Festlegen eines Datums in der Zeit. Daher werden solche Raumangaben fast nur von Fachleuten in besonderen Situationen vorgenommen, mit Hilfe des Gradnetzes der Erde (Ziff. 11.24) – während der Umgang mit der Zeitrechnung von jedermann jeden Tag praktiziert wird.

5 Direkt-praktische Raumangaben, Unterscheidbarkeit von Qualitäten und Perspektiven

Man verwendet also außerhalb spezieller Fach-Situationen meistens gar keine auf das Gradnetz der Erde gestützten Raumangaben, sondern solche, die man als «*direktpraktisch*» charakterisieren kann. Dabei lassen sich neben generell-neutralen Angaben («hier, dort, an dieser/jener Stelle») verschiedene *besondere Qualitäten und Perspektiven* unterscheiden, und diese sind sehr elementar und gehen grundsätzlich vom *Standort* und der *Haltung* des *Menschen* (oder eines Gegenstandes) aus, von dem jeweils die Rede ist. Eine *besondere Qualität* liegt vor beim Gegensatzpaar «*innen – außen*» (Ziff. 11.25 und 11.49–11.50). Besondere *Perspektiven* liegen vor bei «*vorn – hinten / oben – unten / links – rechts – neben*». Dazu kann eine Angabe von *Nähe* oder *Entfernung* treten (also pragmatisch gesehen: die *Erreichbarkeit*, durch den Blick oder durch materiale Bewegung). Zur Übertragbarkeit auf soziale Räume siehe Ziff. 11.45, zum Zurücktreten, ja Verschwinden dieser Perspektiv-Unterschiede Ziff. 11.54–11.56.

6 Bewegungen: auf etwas hin – von etwas her – neutral; Übergänge zu speziellerem Handeln

Die *Bewegungen* aller Art machen einen Großteil des Umgangs von Menschen (und Tieren) mit den verschiedenen lebenspraktischen Räumen aus. Man kann unterscheiden: *Bewegung auf etwas hin*, in Richtung auf etwas, oft bis zu einem Ziel- oder Endpunkt, und *Bewegung von einem Punkt oder Bereich weg* bzw. aus einem «Innen» *heraus*. Diese beiden Bewegungsarten sind oft auch unter den oben genannten Qualitäten und Perspektiven zu sehen: «*hinein – hinaus / herauf – herunter*» usw. Von «*inhärenter Bewegung*» kann man sprechen, wenn die Bewegung in einem bestimmten Bereich *bleibt*, oft mit Wechsel der Richtung («*hin und her, ein und aus*» usw.).

Von den «reinen Bewegungen» (= Verschiebungen im Raum) kommt man aber auch ohne faßbare Grenze zu *speziellerem* zielgerichtetem Handeln, gedanklich wie material («jemand/etwas *sehen*, mit dem *Blick erfassen* – sich ihm *nähern* – ihn/es *erreichen, berühren, festhalten, wieder loslassen*» usw., Ziff. 12.30–12.31). Von der Bewegung *von einem Punkt/Bereich weg*, aus einem «*Innen*» heraus, kommt man zu den Bedeutungsbeziehungen «*Ursache von ...*» (Ziff. 10.80) und «*Urheber einer Handlung*» (Ziff. 11.81, 12.03, 12.26, 12.29–12.30).

11.24 Maß-Systeme für Räumliches: erst spät einheitlich festgelegt

Maß-Systeme für Räumliches (Strecken/Entfernungen, Inhalte von Flächen und Hohlkörpern usw.) wurden schon früh entwickelt, schon in altägyptischer Zeit (3. Jahrtausend vor Christus); aber sie beschränkten sich zunächst auf dasjenige, das man für die Landvermessung (Größe von Parzellen des zu bebauenden und abgabenpflichtigen Landes) brauchte. Die *Längenmaße* orientierten sich, in allen Kulturen, zunächst am *menschlichen Körper*: ein *Fuß* (lat. pes/pedis) maß etwa 30 cm, ein *passus* (Doppelschritt) fünf Fuß, also 1,5 m, eine *römische Meile* 5000 pedes, also 1,5 km. Noch bis weit in die Neuzeit hinein war aber das *genaue* Maß der jeweiligen Maßeinheiten *verschieden*, zunächst nach verschiedenen Städten, dann nach Ländern; so maß z. B. eine *Elle* in Preußen nach heutigem Maßsystem 0,6669 m, in Österreich dagegen 0,78 Meter.

Einen Niederschlag solcher Verschiedenheiten hat man noch heute in der Redensart «*mit verschiedener Elle messen*», für «nicht immer/überall für die Beurteilung von Verhalten den gleichen Maßstab anlegen». Entsprechend gibt es zum alten französischen Längenmaß «une *aune*» (etymologisch verwandt mit dem ahd. «elina», von dem die deutsche «Elle» kommt) die Redeweise «*mesurer les autres à son aune – juger les autres d'après soi*». Das englische Gegenstück zur «Elle» ist «*yard*» (0,914 m), eingeteilt in 3 «*feet*» zu je zwölf «*inches*». Auch dieses – heute noch gebrauchte – Längenmaß wird in manchen Redeweisen benützt, z. B. «*He came within an inch of being struck by a falling tile* – Er wurde *beinahe* von einem herabfallenden Ziegelstein getroffen» oder «*not yield an inch* – not give way *at all*».

Das *metrische System*, das uns heute in Mitteleuropa so selbstverständlich vorkommt, wurde erst 1792–1799 durch die französische Akademie der Wissenschaften entwickelt, veranlaßt durch ein Dekret der Konstituante (Verfassunggebenden Versammlung) von 1790. Es wurde 1801 eingeführt, 1840 für ganz Frankreich als obligatorisch erklärt und erst im Lauf der zweiten Hälfte des 19. Jahrhunderts von den meisten Ländern übernommen («Meterkonvention», 1875), aber noch heute werden die Flughöhen allgemein in Fuß (feet) und nicht in Metern angegeben.

Auch das heutige Koordinatensystem für die Festlegung beliebiger Punkte auf der ganzen Erdoberfläche («*Gradnetz*», nördliche und südliche Breite – östliche und westliche Länge) ist *lange nicht so alt* wie die recht genauen Bestimmungen der Dauer von *Jahren* in der Antike. Es wurde erst denkbar, als man die Kugelgestalt der Erde erkannt hatte: Eratosthenes, alexandrinischer Mathematiker und Astronom, ca. 276–200 vor Christus, berechnete als erster den Erdumfang einigermaßen genau und stellte ein Gradnetz für die bewohnten Gebiete der Erde auf. Dann blieben aber diese Ansätze für mehr als tausend Jahre liegen. Erst der holländische Mathematiker Snellius, 1580–1626, entwickelte trigonometrische Methoden für die Berechnung der Abstände zwischen Breitenkreisen und Längenkreisen – und in der heutigen Zählung der Längenkreise wird als Nullmeridian derjenige verwendet, der durch die Sternwarte von Greenwich (am Südufer der Themse) läuft, und diese Sternwarte wurde erst 1675 gegründet. Im Französischen und Englischen werden (im Gegensatz zu den auch alltagssprachlich häufigen Wörtern «Breite» und «Länge») die aus dem Lateinischen stammenden Wörter «latitude, longitude» verwendet – französisch wie englisch gleich geschrieben, nur verschieden ausgesprochen. Im Deutschen ist der Gebrauch von «Breite» im geographischen Sinn auch alltagssprachlich: «*in diesen Breiten – in unseren Breiten*» für «in dieser/unserer Weltgegend, Klimazone» usw.

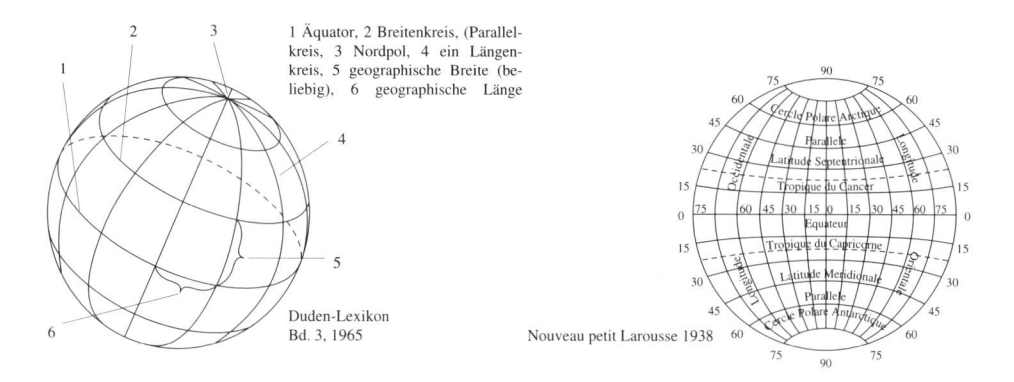

11/II   Situierung im Raum, Lagen und Bewegungen   585

1 Äquator, 2 Breitenkreis, (Parallelkreis, 3 Nordpol, 4 ein Längenkreis, 5 geographische Breite (beliebig), 6 geographische Länge

Duden-Lexikon Bd. 3, 1965

Nouveau petit Larousse 1938

Generell kann man aber wohl sagen, daß das Festlegen von Raumpunkten durch Angabe der geographischen Länge und Breite in Grad, Minuten, Sekunden *primär* eine *Sache von Fachleuten* ist (Geographen, Kapitäne, Piloten, Fluglotsen), kaum von Laien im Alltag. Auch die für das Gebiet der Schweiz mögliche bequeme Festlegung durch die Zahlen eines Kilometer-Koordinatennetzes (es ist auf den Landeskarten aufgedruckt) ist wohl auf spezielle Tätigkeiten beschränkt, im zivilen wie im militärischen Leben. So sagt man z. B., wenn man beim Erzählen eine Stelle im Gelände angeben will, nicht etwa «*am Punkt 680.400/256.850*», sondern man sagt mit Verwendung von Siedlungsnamen und annähernder Angabe von Himmelsrichtung und Distanz: «*etwa anderthalb Kilometer westnordwestlich von Rümlang*». Dagegen zögert man auch als Laie keinen Moment, für die Angabe des *Zeitpunkts* die *objektive* Zeitmessung zu verwenden, wenn es einem wichtig ist («*am 14. Oktober 1943, am späteren Nachmittag, etwa halb sechs Uhr*»).

1.25 Direkt-praktische Raumangaben, global oder durch Entität; Raumqualitäten und -perspektiven

Direkt-praktische Raumangaben werden allermeistens in den Rahmen einer einzigen Proposition eingebaut, durch frei einfügbare Satzglieder, hie und da auch durch entsprechende Füllung einer Bedeutungsstelle im Kernbestand der Proposition (z. B. im verbalen Semantem «Sein 4, sich irgendwo befinden», Ziff. 12.37). Man kann solche Raumangaben unter zwei Gesichtspunkten ordnen:
– *neutrale* Angaben (an die sich auch diejenigen für mehrfaches bzw. durchgehendes Vorhandensein oder völliges Fehlen anschließen lassen) *gegenüber* Angaben mit *Hinweis* auf eine besondere *Raumqualität* («innen» gegenüber «ringsum» und «außen»), die *Erreichbarkeit* für den Blick und durch Bewegung («nahe – fern»), eine besondere *Perspektive*, nämlich seitliche Lage, auf gleicher Höhe («neben, rechts oder links»), Lage in Höhe/Tiefe («oben – unten») oder Lage für die Sichtbarkeit und das Ergreifen mit den Händen («vorn – hinten»). Zur anthropologischen Verwurzelung dieser Qualitäten und Perspektiven (die aber für das heutige Verstehen auch völlig irrelevant sein kann) siehe Ziff. 11.49–11.50.
– *globale* Raumangaben, oft durch zeigende Gebärde verdeutlicht oder aus dem vorhergehenden Text heraus genauer zu verstehen (Tabelle A, Ziff. 11.26) *gegenüber* Raum-

angaben durch *Nennung einer Entität* (durch appellatives Nomen oder durch Eigennamen) *als Bezugspunkt*, wobei die räumliche Lage dieser Entität als bekannt vorausgesetzt wird (Tabelle B, Ziff. 11.27).

11.26 Tabelle A, globale Raumangaben, oft durch zeigende Gebärde verdeutlicht

neutral, auch quantitativ	+ Raumqualität	+ Erreichbarkeit	+ Lage seitlich, gleiche Höhe	+ Lage in Höhe/Tiefe	+ Lage für Sichtbarkeit
hier, da, dort an dieser/jener Stelle anderswo an vielen Stellen irgendwo überall – nirgends	innen, inwendig ringsum außen, außerhalb	(ganz) nah fern weit weg in der Nähe/Ferne dort drüben	daneben rechts links diesseits jenseits	oben in der Höhe unten am Grund	vorn, vorne gegenüber, vis-à-vis hinten im Rücken
				dazwischen, in der Mitte	
ici, là, y à cette place en ce lieu (par) ailleurs en maints lieux quelque part partout – nulle part	en/au dedans à l'intérieur tout autour en/au dehors à l'extérieur	tout près au loin dans le lointain	à côté à { droite / gauche } en/au/par { deçà / delà }	en haut là-haut en bas là-bas	(par) devant en avant en face, vis-à-vis en/à l'arrière derrière
				entre les deux, au milieu	
here, there in/at this/that place elsewhere somewhere in/at many place(s) everywhere – nowhere	within, inside on the inside all around on all sides out, outside on the outside speziell: indoors, outdoors	near far (off) over there	beside alongside on/to the { right / left } (on) { this side / the other side } beyond	above overhead at the top below, beneath at the root/the bottom spez.: upstairs downstairs	ahead, in front facing, face to face vis-à-vis, opposite behind, beyond (at the) back in the rear
				between, in the middle	
hic, ibi, illic, istic hoc } loco illo isto alibi, alio loco alicubi variis/multis locis ubique, ubi vis ubicumque, undique omnibus locis nusquam, nullo loco	intus, intra circum extra speziell: domi, «im Haus» foris, «vor den Türen, draußen»	prope in propinquo procul longe	iuxta, propter (a) dextra ad dextram (a) sinistra ad sinistram citra ultra	supra superiore loco infra inferiore loco	in/a fronte [«stirnseits»] a pectore [«brustseits»] adversus, contra a tergo, post tergum [«im Rücken»]
				in medio, media parte	

1.27 Tabelle B, Raumangabe durch Nennen von Entität mit Lagehinweis

Oft formuliert man eine Raumangabe, indem man eine *Entität nennt* (durch appellatives Nomen oder durch einen Eigennamen) und die räumliche Lage des jeweils zu

ohne spezielle Perspektive, mit beliebiger Präzisierung der Lage und Raumqualität, auch Entfernung	+ Lage seitlich, auf gleicher Höhe	+ Lage in Höhe/Tiefe	+ Lage für die Sichtbarkeit
in seinem so schönen Hause rings um den prächtigen Garten herum zwei Kilometer von unserem Haus am südlichen Abhang des Hügels	neben dem/beim Eingang rechts der Tür links von der Halle diesseits des Weges jenseits der Straße zwischen zwei Bäumen	auf dem Dach unter einem Vordach oberhalb des Gartens auf dem Boden	vor dem Tor hinter mir in einem hinteren Teil des Gartens gegenüber dieser Säule vor diesem Hintergrund
à l'intérieur de *sa maison splendide* tout autour du *grand jardin* à deux kilomètres de *notre maison* du côté sud *de la colline*	près/à côté de *l'entrée* à droite *de la porte* du côté gauche *de la galerie* au delà *de la rue* entre *deux arbres*	sur *le toit* sous *un avant-toit* au dessus *du jardin* par terre	devant *le portail* derrière *moi* au fond *du jardin* vis-à-vis de *cette colonne* vu contre *ce fond*
in *his beautiful house* all around *the magnificent garden* (at) a mile from *our house* on the sunny side *of the hill*	at/near *the entrance* on the right side of *the door* on the left of *the portico* on this side of *the footpath* beyond *the street* between *two trees*	on *the roof* under *a penthouse* above *the garden* on *the ground*	in front of *the gate* behind *me* in the remote part of *the garden* facing *this column* against *this background*
in *domo sua pulcherrima* circum *hortum magnificum* mille passus a *domo nostra* (in) clivo meridiano *collis*	prope *aditum* ad dextram *portae* a sinistra *porticus* citra ⎫ trans ⎬ *viam* inter *duas arbores*	super *tectum* sub *protecto* supra *muris horti* *humi*	ante *portam* in fronte *portae* post *me* in parte remota *horti* contra *hanc columnam*

Situierenden *in Bezug auf diese Entität* durch einen *Lagehinweis* verdeutlicht. Als derartige Lagehinweise dienen in allen drei modernen Sprachen *Präpositionen* und ganze, wie Präpositionen fungierende Präpositionalgefüge (z. B. «in der Nähe von ...»). Im Lateinischen ergibt sich der Lagehinweis oft rein aus dem verwendeten Kasus (Ablativ).

Durch diese *Aufteilung* auf Nennung von Entität und zugefügten Lagehinweis wird nun die Bildung *beliebig vieler* und *beliebig genauer* Raumangaben möglich, weit über das durch globale Raumangaben Darstellbare hinaus, und es sind oft feine Bedeutungsschattierungen möglich. Dabei ist der Aspekt «Raumqualität» oft kaum von einer neutralen Raumangabe «in ...» zu trennen (z. B. «in der Stadt – in der Stadt *drin* – *innerhalb* der Stadt – *im Innern* der Stadt – im *Stadtinnern*, in der *Innenstadt*»). Dafür ist der Aspekt «außen, außerhalb» oft kombiniert mit einer der drei besonderen Perspektiven («*draußen neben* der Garderobe – *draußen auf* der Straße – *draußen vor* der Tür» usw.). Dazu wird eine solche neutrale Raumangabe oft auch durch das *Nennen einer Entfernung* weiter präzisiert. Es ist daher sinnvoll, für die hier zu gebende Tabelle (s. S. 587) nur vier Spalten zu bilden. Auch kann die Füllung dieser vier Spalten nur die Grundlinien für den Aufbau solcher Raumangaben zeigen (hier an Beispielen aus dem anschaulichen Bereich «Haus – Garten – Straße») ohne jeden Anspruch auf auch nur annähernde Vollständigkeit.

11.28 Vielfältige Kombinationen; ganze Propositionen als Raumangaben

Globale Raumangaben und Raumangaben durch Entität + Lagehinweis werden oft *kombiniert*, in vielfältiger Art, besonders in den modernen Sprachen und ganz besonders häufig im Deutschen:

| unten am See | là-bas, près du lac | down by the lake | infra, ad lacum |

Ein literarisches Beispiel für die modernen Sprachen, aus dem «Grünen Heinrich» und den zugehörigen Übersetzungen (aus dem Kapitel «Abendlandschaft – Berta von Bruneck», Heinrich reitet mit Anna über waldige Höhen nach Hause, sie kommen sich nahe und küssen sich und sind nachher erschrocken und bekümmert deswegen):

⌐Ein gewaltiges Rauschen *in den Baumkronen ringsumher* weckte uns aus unserer melancholischen Versenkung,⌐ ⌐die eigentlich schon wieder an eine andere Art von schönem Glück streifte⌐.

⌐Un fort bruissement *dans les cimes des arbres, tout autour de nous*, nous tira de cette mélancolique torpeur⌐ qui, à la vérité, confinait déjà à une suave impression de bonheur d'une autre sorte⌐.

⌐A tremendous rustling *in the tree-tops round about us* roused us out of the melancholy⌐ ⌐into which we had sunk⌐, ⌐which really was already bordering upon a wonderful happiness of a different kind⌐

Man kann aber auch *ganze verbale Propositionen* als *reine Raumangaben* verwenden, in Form von Nebensätzen mit dem offenhaltenden Relativ «wo/wohin – où – where – ubi», wobei das Relativ entweder absolut gesetzt werden kann oder in Kombination mit einem «dort/dorthin – là – there – ibi»; nicht selten ist ein solches Relativ auch verallgemeinernd zu verstehen, als «überall, wo ... partout, où ...». Dabei sind sehr verschiedene Stellungen möglich:

11/II Situierung im Raum, Lagen und Bewegungen 589

ⁿ⌈Wo es mir gut geht ⁿ⌉ ⌈(dort, da)⌉ ist mein Vaterland ꜛ⌉ ⌈Mein Vaterland ist ⌈(da, dort)⌉ ꜛ ⌈wo es mir gut geht⌉ ⁿ ⌈Dort ⌈wo es mir gut geht ⁿ⌉ist mein Vaterland ꜛ⌉	⌈La patrie est (partout) ꜛ⌉ ⌈où l'on est bien ⁿ⌉ ⌈Où je me sens bien ⁿ⌉ ⌈(là)⌉ c'est ma patrie ꜛ⌉ ⌈Là ⌈où je me sens bien ⁿ⌉c'est ma patrie ꜛ⌉
⌈Where he does well ⁿ⌉ ⌈(there)⌉ is a man's country ꜛ⌉ ⌈A man's country is (there) ꜛ⌉ ⌈where he does well ⁿ⌉ ⌈There ⌈where he does well ⁿ⌉there is a man's country ꜛ⌉	⌈Ubi bene ⁿ⌉ ⌈ibi patria ꜛ⌉ ⌈Patria est ꜛ⌉ ⌈ubicumque est bene ⁿ⌉

Wenn man die hier vorhandene Bedeutungsbeziehung allgemein formulieren will, kann man sagen: Darstellung eines Ortes, eines Raumes mit bestimmten Eigenschaften und Nennung dessen, was für diesen Ort (an diesem Ort) zutrifft. Man kann darin eine speziell auf Räumliches bezogene Ausprägung des Grundverhältnisses «Annahme/Voraussetzung und daran Gebundenes» sehen (Ziff. 10.34), und man kann Umformungen vornehmen wie: «*Wo es mir gefällt, da* bleibe ich – *Wenn/Sobald es mir an einem Ort gefällt,* bleibe ich *dort*».

Es ist bemerkenswert, daß im *Lateinischen* durch «ubi» oft *zeitlich* situierende Propositionen eingeleitet werden («Temporalsätze», z. B. bei Terenz «*Ubi* comperi ex iis qui ei fuere conscii, domum revortor maestus» oder «*ubi* video, haec coepi cogitare», Ziff. 5.64). Einen entsprechenden Gebrauch von «wo» gibt es in manchen Mundarten und manchmal auch in umgangssprachlichem Standarddeutsch: «*Wo* ich das gehört hab, hab ich sofort gesagt ...» bzw. «*Wo* n ich das ghöört ha, han ich sofort gseit ...» Für Generelles zu allen offenhaltenden Relativen («was – wo – wie» usw.) siehe Ziff. 12.58–12.63, speziell auch über die «qu-Wörter» im Lateinischen.

1.29 Bewegungen aller Art – etwas besonders Elementares

Bewegungen *auszuführen*, in verschiedenen Richtungen und von verschiedenen Punkten aus, und Bewegungen zu *erkennen*, ihre Richtung oder ihren Ausgangspunkt zu identifizieren, an Partnern, an andern Lebewesen, in der Umwelt überhaupt: das gehört zu den täglichen Tätigkeiten jedes Menschen. Daher sind auch in allen Sprachen vielfältige Bedeutungsbeziehungen und zugehörige formale Mittel vorhanden, mit deren Hilfe solche Bewegungen sprachlich gefaßt und dargestellt werden können.

Der Zusammenhang mit dem Thema dieses Kapitels «Situierung im Raum» liegt auf der Hand: alle Bewegungen laufen im anschaulichen, dreidimensionalen Raum ab, und die *Konstitution* von «Raum» für einen Menschen hängt eng zusammen mit den *Bewegungen*, durch die er den jeweils faktisch vorhandenen Raum «*erfahren*» konnte und immer wieder kann, ganz wörtlich («durch eigene Bewegung erleben»).

Man kann zunächst zwei Arten von Bewegung unterscheiden, die einander mehr oder weniger spiegelbildlich entgegengesetzt sind:

A «**Bewegung her/von/aus**» – Bewegung, die *an* einem bestimmten Raumpunkt oder in einem Raumbereich *beginnt*, dort ihren *Ursprung* hat und dann meistens in den Bereich führt, von dem in der Situation bzw. im Textzusammenhang primär die Rede ist; es kann auch ein Zielpunkt angegeben werden, aber dieser ist weniger entscheidend als der Ausgangspunkt.

B «**Bewegung hin/zu/nach**» – Bewegung *in Richtung auf etwas*, hin zu einem Punkt oder Bereich, den man *erreichen*, dem man *mindestens näherkommen* möchte; dabei kann auch ein Ausgangspunkt der Bewegung genannt werden, aber er ist weniger entscheidend als der Zielpunkt.

Davon kann man nun als dritte Möglichkeit abheben:

C «**Bewegung an sich**» − wichtig ist nicht ein Ausgangspunkt oder ein Zielpunkt, sondern die *durchlaufene Bahn selbst* («Wir gingen *durch den ganzen Park*»), oft ist auch keine einsinnige Bahn gegeben, sondern die Richtung wechselt («*hin und her, auf und ab*» usw.).

Diese drei Arten von Bewegungen kann man in allen vier Sprachen *gleicherweise* unterscheiden − aber die *sprachlichen Mittel* für ihre Fassung und Darstellung sind zum Teil je nach Sprache *markant verschieden*. Man trifft hier auf stärkere Unterschiede als bei so gut wie allen andern in diesem Buch behandelten und verglichenen Bedeutungsbereichen; das mag mit dem besonders elementaren Charakter dieser primären Lebensäußerungen und Identifikationsakte zusammenhängen.

11.30 Darstellungsmittel für die «Bewegungen von ...» und die «Bewegungen zu ...» im Deutschen

Eine Besonderheit des Deutschen für die Darstellung von «Bewegungen von/aus» und «Bewegungen zu/nach» sind die Wörter und Wortbestandteile «*her*» und «*hin*». Sie begegnen oft als Bestandteile zweiteiliger Partikeln wie «woher − daher − dorther» bzw. «wohin − dahin − dorthin» usw. Sie können aber auch als eigene Wörter gesetzt sein, getrennt vom «wo − da − dort» usw., und zwar mit genau gleicher Bedeutung: «*Woher* kommst du − *Wo* kommst du *her*?» oder «*Dorthin* eilt sie − *Dort* eilt sie *hin*». Dabei ist «hin» markant häufiger als «her».

Speziell für zielgerichtete Bewegungen in Verbindung mit besonderen Raumqualitäten und besonderen Perspektiven gibt es eine mehr oder weniger offene Reihe von *zweiteiligen Partikeln* mit «-wärts, -ab, -an, -auf, -ein, -aus»:

einwärts − auswärts	aufwärts − abwärts	vorwärts − rückwärts	seitwärts
talein − talaus	bergan, bergauf − bergab	voran	
querfeldein	bergaufwärts − bergabwärts		
	talauf, talaufwärts − talabwärts		

Auch derartige Partikeln können aber als reine Raumangaben dienen, ohne Bewegungsanteil: «Er verpflegt sich diese Woche *auswärts* (= nicht zuhause)» oder «Die Hütte liegt *bergaufwärts* von der Seilbahnstation». Als einfachste und schlagendste Darstellungsmittel für «aufwärts − abwärts» kann man, vor allem in Aufforderungen, auch die einfachen Partikeln «*auf − ab*» verwenden; ein «auf» kann aber auch verwendet werden für «aufmachen», ein «ab» für «fort» oder «ausschalten».

Sowohl ein einfaches «her − hin» wie ein zweiteiliges «heraus − hinein» usw. stellt man oft als *zusätzliches* Signal, zwecks größerer Nachdrücklichkeit, *hinter* einen präpositionalen Ausdruck, der an sich die gemeinte Bewegung *schon zureichend klar* signalisiert (siehe schon Ziff. 4.28, Zusatzpartikeln):

| *vom* Wald *her* | *aus* dem Tal *herauf* | *zum* Dorf *hin* | *in* das Dorf *hinein* | *zu* dir *hinüber* |

Für nachdrückliches Darstellen einer Bewegung «her/von/aus» hat man mit einer besonderen Bedeutungsnuance auch die feste Kombination der zwei Partikeln «von» und «aus», die man als zweiwortige Präposition oder als einwortige Präposition + Zusatzpartikel auffassen kann (siehe schon Ziff. 4.28):

⌜Von dieser Hütte aus⌝ machten ⌞wir⌟ mehrere sehr schöne Wanderungen⌝

Insgesamt dienen als relativ eindeutige Signale (jedenfalls wenn ein Verb der Bewegung vorhanden ist) für die Bewegungen «von/aus/her» die zwei Präpositionen «von» und «aus», beide mit Dativ. Für die Bewegungen «zu/nach/hin» ist das Angebot erheblich reicher, und hier spielen die verschiedenen Perspektiven (Ziff. 11.27) eine große Rolle: man hat die Präpositionen «*in – an – auf – über – unter – vor – hinter – neben – zwischen*» in Kombination mit *Akkusativ* (in Kombination mit *Dativ* signalisieren sie *neutrale* Raumangabe, siehe schon Ziff. 4.26), dazu die nur mit Akkusativ verbindbare Präposition «*gegen*» und die beiden mit Dativ zu verbindenden Präpositionen «*zu*» und «*nach*».

Besondere Probleme (die man in Stilschulen manchmal sehr tragisch nimmt) kann die *Wahl* zwischen «her» und «hin» machen (zur Häufigkeit: «hin» ist etwa anderthalb mal häufiger als «her»). Grundsätzlich kann man «*hin*» als Signal für eine Bewegung *in Richtung auf* einen *Zielpunkt/Zielbereich* auffassen, und «her» als Signal für eine Bewegung *von einem Punkt* oder einem Bereich *aus*. Bei der Wahl der einen oder andern von diesen zwei Partikeln kann aber nicht nur der Zielpunkt bzw. Ausgangspunkt der betreffenden *Bewegung selbst* eine Rolle spielen, sondern auch der *jeweilige Standpunkt* der *Sprechenden* (bzw. derer, zu denen oder von denen man spricht).

Übereinstimmung der zwei Kriterien besteht in einem Beispiel wie «Komm zu mir *her*» – der Zielpunkt der Bewegung ist zugleich der Standpunkt des/der hier Sprechenden. Anders ist es aber bei einem Beispiel wie «Jetzt ging sie zu ihm *herein*» – hier ist der Zielpunkt der Bewegung zugleich der Standpunkt dessen, von dem man spricht, und weil dieser «innen» ist (während der/die Sprechende durchaus «außen» sein kann), kann man hier ebensogut «*herein*» verwenden wie «*hinein*». Auch in der zweiteiligen Partikel «*hierher*» kann das «*her*» den *Ziel*punkt einer Bewegung darstellen, etwa in einer Aufforderung «Kommt jetzt alle *hierher*». In einem Beispiel wie «Ach, *hier* kam der Lärm *her*, *hierher* kam der Lärm» markiert aber das gleiche «-her» ganz klar den *Ausgangspunkt* der hier identifizierten Bewegung.

Ein Versuch einer tabellarischen Übersicht (Spalten-Einteilung etwas vereinfacht, jeweils links die Bewegung «von/aus/her», rechts «zu/nach/hin», Ziff. 11.29):

	neutral, auch seitlich		+ innen/außen		+ oben/unten		+vorn/hinten	
	A →	→ B	A →	→ B	A →	→ B	A →	→ B
global	daher	dahin	heraus	hinein	herauf	hinauf		nach vorne
	dorther	dorthin	[hinaus]	[herein]		[herauf]		gegen vorne
	von da	hierhin		einwärts		aufwärts	von vorn(e)	vorwärts
	von dort			hinaus		nach oben		
	von hier			[heraus]	herab	hinab		nach hinten
				auswärts	herunter	[herab]		gegen hinten
	von der Seite	nach der/			von oben	abwärts	von hinten	rückwärts
	von rechts	gegen die	von innen	nach innen	von unten	nach unten		
	von links	Seite (hin)	von außen	nach außen				
		seitlich						
mit Nennen von Entitäten	von Rom (her) aus Rom	nach Rom gegen Rom	aus der Stadt (heraus)	in die Stadt (hinein)	vom Berg (herab, herunter) aus dem Tal (herauf)	auf den Berg (hinab, herauf) ins Tal nach dem Tal (hinunter)	von der Spitze des Zuges (her) vom Schluß des Zuges (her)	an die Spitze, an den Schluß des Zuges

Es fällt auf, daß für die Bewegungen «hin/zu/nach» *mehr* formale Möglichkeiten und auch *mehr Bedeutungsdifferenzierungen* vorhanden sind als für die Bewegung «von/aus/her»: neben «*in*» + Akkusativ auch «*zu, nach, gegen, an*» und Kombinationen wie «*in die Nähe von ...*», gegenüber «von, aus, aus der Gegend von». Ferner fällt auf, daß die Perspektive «vorn – hinten» nicht so konsequent eingehalten wird (und vielleicht auch nicht so häufig ist) wie die Perspektive «oben/unten» und vor allem die Raumqualität «innen/außen».

11.31 Verkürzte Formen, mundartlich teilweise ganz andere Lautungen

Im Alltag verwendet man sehr oft nicht die vollen Lautungen für die zweiteiligen Partikeln «hinein, heraus, herauf, herüber» usw., sondern *Kurzformen* wie «*rein, raus, rauf, runter, rüber*», oder auch «*nein*(gehen), *nüber*(kommen)» und Ähnliches. Der Gebrauch dieser Kurzformen (im Sprechen wie im Schreiben) für nicht formelle Situationen gehört durchaus zur deutschen Standardsprache von heute und hat nichts Tadelnswertes an sich – obwohl Lehrer, speziell in der deutschsprachigen Schweiz, manchmal Mühe bekunden, solche Formen in den Texten ihrer Schüler zu akzeptieren und nicht schematisch auf den vollen Formen zu bestehen.

In den *schweizerdeutschen Mundarten* hat man für die *gleichen* Bedeutungen *ganz andere Lautungen* als in der Standardsprache – manchmal sind sie nicht nur verschieden von einer Mundart zur andern, sondern man hat in der gleichen Mundart zwei oder mehr frei wählbare Varianten («ufe – ue» usw.):

hinein	hinaus	hinauf, aufwärts	hinab, abwärts	vorwärts	rückwärts
ine, ie	use	ufe, ue, obsi	abe, absi	füre, fürsi	hindere, hindertschi
ieche	ussi	uehhi, duruuf	ahhi, duraab	fürschi	hindertsi, hindersi, rettuur

Auffällig (und hie und da eine Fehlerquelle beim Erlernen der Standardsprache) ist auch der Gebrauch von «*uf*» (= «auf») für standardsprachlich «*nach*» bei Ortsnamen. Mit diesem «uf» ist keinerlei Aufwärtsbewegung gemeint, es kann sogar eine Bewegung abwärts sein: «*uf* Bern – *uf* Davos *ue* – *uf* Glaris *hindere* – *uf* Basel *abe* («nach Basel hinunter»).

11.32 Darstellung der zwei Bewegungsweisen im Französischen

Im *Französischen* stellt man die gleichen Bewegungsweisen auf *sehr viel einfachere und rationellere* Art dar, dabei können allerdings die *Ansprüche* an das *Verstehen* aus dem Ganzen der betreffenden Proposition und des Textes *etwas höher* sein (richtiges Erfassen des Bedeutungsbeitrags von «de»).

Markiert wird nämlich *nur* die *Bewegung «von/aus»*, und man verwendet dabei in Kombination mit globaler Raumangabe oder mit Nennung von Entität immer die universale Präposition «*de*»:

de dehors	*de* par là	*de* chez lui	*de* cette montagne	*du* train
von außen	von dort	von zuhause	von diesem Berg herab	aus dem Zug

Den Hörenden/Lesenden obliegt es dann, aus dem Ganzen der Proposition und ggf. des Textes zu entnehmen, *welche* Beziehung durch «de» signalisiert wird:

11/II Situierung im Raum, Lagen und Bewegungen

Herkunft, Bewegung von ... her («circonstanciel d'origine», Ziff. 6.16)	Gegenstand eines (gedanklichen) Handelns («complément d'objet indirect», Ziff. 6.14)	Unbestimmte Mehrzahl («pluriel indéfini», Ziff. 1.08 und 4.02)
Il rentre de Paris Er kommt von Paris heim, kehrt von Paris zurück	*Il parle de son voyage* Er erzählt von seiner Reise	*Il a fait de belles photos* Er hat schöne Fotos gemacht
Elle descend du train Sie steigt aus dem Zug	*Elle se souvient des vieux jours* Sie erinnert sich an die alten Zeiten	*Ce sont des objets précieux* Das sind kostbare Gegenstände

Wenn *schon* von der betreffenden Entität *die Rede war*:

Ersatz des circonstanciel d'origine durch «*en*» (genannt «en adverbe»)	*Ersatz* des complément d'objet indirect oder auch eines complément d'objet direct mit pluriel indéfini bzw. partitif durch «*en*» (genannt «en pronom personnel invariable»)	
Il en rentre	*Il en parle*	*Il en a fait de très belles*
Elle en descend	*Elle s'en souvient*	*En voilà de très précieux*

Für die Bewegungen «*zu, nach, hin*» hat man *gar kein besonderes Signal*. Man setzt eine Raumangabe für den Zielpunkt bzw. Zielbereich, und daß es sich hier *nicht* um *neutrale* Raumangabe handelt, sondern eben um eine *Bewegung auf ein Ziel* bzw. in einer Richtung, das muß man *aus dem sonstigen Inhalt* der Proposition entnehmen – allermeistens wird es schon aus dem Verb klar:

Bewegung auf ... hin	Neutrale Raumangabe, ohne Bewegungsanteil
Il va au lit Er geht ins Bett, zu Bett	*Il est au lit* Er ist/liegt im Bett
J'irai à Berne Ich werde nach Bern gehen	*Je resterai trois jours à Berne* Ich werde drei Tage in Bern bleiben

Mit Ersatz durch «*y*», wenn schon von der betreffenden Entität die Rede war oder das Ziel bzw. der Ort selbstverständlich mitverstanden wird:

Il y va	*J'y irai* demain	*Il y est*	*J'y resterai* trois jours

Ein deutlicherer Hinweis auf «Bewegung hin ... zu» liegt vor bei gewissen Präpositionen oder als Präpositionen gebrauchten Wendungen: «*vers* la montagne – *en direction de* la ville» usw. Aber auch hier ist ein Verständnis als reine Raumangabe möglich: «*Vers la montagne*, on voyait de gros nuages ...»

Oft kennzeichnet man ein Bewegungsziel durch die Präposition «pour», z. B. «Voilà le train *pour l'Italie*. Da ist der Zug *nach Italien*». Aber auch «Ces paquets sont *pour l'Italie* – *für* Italien bestimmt».

1.33 Darstellung der zwei Bewegungsweisen im Englischen

Im *Englischen* kann man einen besonders großen *Gegensatz* konstatieren zwischen der *Einfachheit* der formalen Mittel für die Darstellung der Bewegung «*von/aus*» und dem *Reichtum* und der *Vielfalt* der Darstellungsmittel für die Bewegung «*nach/zu/hin*».

Für die Bewegungen «*von/aus*» verwendet man generell die Präposition «*from*»:

from here	*from* above	*from* inside	*from* behind me	*from* you	*from* London usw.

Für die Bewegungen «zu/nach/hin» mit Nennung von Entität dient, als generelles Gegenstück zu «from», die Präposition «*to*»:

| *to* the railway station | from here *to* the next house usw. |

Wenn *nur die Richtung* auf jemand/etwas gemeint ist, ohne Erreichen des Zielpunktes, hat man die Präposition «*towards*»:

| We *galloped* (descending the slope) *towards* the river |

Wenn das *Ziel* der Bewegung *zugleich ein «Innen»* ist, verwendet man die Präposition «*into*»:

| They went | *to* the house | zum Haus |
| | *into* the house | ins Haus hinein |

Für *globale Angabe der Richtung*, in den verschiedenen Perspektiven gesehen, gibt es die Reihe der adverbial particles mit «-wards» (dem deutschen «-wärts» entsprechend):

| upwards – downwards | forwards – backwards | inwards – outwards | sidewards, sideways |

Nur literarisch braucht man «*hither*» für deutsch «hierher».

Sehr oft hängt es aber, wie im Französischen, *rein vom verwendeten Verb* ab, ob durch eine Präposition + Nomen/Pronomen oder durch eine Partikel *nur ein Ort* im Raum dargestellt werden soll oder *zugleich* eine *Bewegung auf diesen Ort hin*:

| to go / to sit | in this room | hinein, *in den* Raum / drin, *in diesem* Raum | to go / to live | upstairs, downstairs | ins / im | Obergeschoß/ Untergeschoß |

Entsprechendes gilt für «on – at – up – down – between – beneath» und für die beiden Partikeln «*where – there*». Ein «*where*» entspricht also je nach dem verwendeten Verb einmal einem deutschen «*wo*» und einmal einem «*wohin*», und entsprechend ein «*there*» bald einem «*da, dort*», bald einem «*dahin, dorthin*».

Abstrakt formuliert, für Englisch wie für Französisch: der Bedeutungsanteil «Bewegung zu dem signalisierten Ort hin» wird sehr oft *nicht* durch einen Ausdruck mit *festem Bedeutungsbeitrag* geliefert, sondern muß *aus dem Gesamtinhalt der Proposition* entnommen werden. Man kann das für das Deutsche gut nachvollziehen, wenn man an den aus dem Englischen übernommenen Ausdruck «an Bord» denkt:

| Morgen *gehen wir an Bord* (Bewegung hinein) | Übermorgen *sind wir an Bord* (reine Raumangabe) |

11.34 Darstellung der zwei Bewegungsweisen im Lateinischen

Im *Lateinischen* frappiert die *Vielfalt* der formalen Mittel für die Darstellung der zwei Bewegungsweisen und die besonders enge Verwandtschaft mit dem *Aufbau des Kernbestandes* verbaler Semanteme (Verwendung reiner Kasus für Ausgangspunkt oder Ziel von Bewegungen).

Für *globale Angaben* hat man viele kurze (obwohl etymologisch oft auch auf Zusammensetzung zurückführbare) Partikeln, besonders für Zielpunkt oder Richtung einer Bewegung, zum Teil auch für den Ausgangspunkt. In einer Tabelle präsentiert:

neutral		+ Raumqualität		+ Höhe/Tiefe		+ Lage seitlich		+vorn/hinten	
A →	→ B	A →	→ B	A →	→ B	A →	→ B	A →	→ B
unde [woher]		quo/quorsum [wohin]	domo [von daheim]	domum [nach Hause, heim]	—	sursum [hinauf]	—	citro [nach, diesseits, hierher]	—	protinus [vorwärts]
		eo [da-/dorthin]		intro [hinein]		deorsum [hinunter]		ultro [hinüber, nach der andern Seite]		retro retrorsum [rückwärts]
hinc [von hier aus, hierher]		huc [hierhin]		foras [hinaus, vor die Tür]						
illinc [von dort her]		illuc [dorthin]								
istinc [von deiner/ eurer Seite her]		istuc [nach deiner/ eurer Seite hin]								

Auffällig ist hier die starke Besetzung der Spalten B («Bewegungen auf einen Punkt/Bereich hin») und die zentrale Rolle des Begriffs «Haus, mit (verschließbaren) Türen» für die Bewegungen «hinein – hinaus».

Dazu können in Verbindung mit bewegungsdarstellenden Verben auch einige Partikeln, die an sich als *reine Raumangaben* dienen (Ziff. 11.26) zur Angabe eines *Bewegungsziels* verwendet werden: «extra» kann also nicht nur heißen «außerhalb» (etwa in «in corpore et *extra*, im Körper und außerhalb»), sondern auch «*hinaus*», etwa in «*extra* excedere, hinausragen». Ein «*intus*» kann nicht nur heißen «innen», sondern auch «*hinein*», z. B. in der (allerdings nur dichterisch bezeugten) Wendung «aliquem *intus* ducere, jemanden hineinführen».

Bei Darstellung durch *Nennen einer Entität* als Bezugsgröße können nicht nur präpositionale Ausdrücke, sondern *auch reine Kasus* verwendet werden, und zwar der *Ablativ* (allein oder mit «ex/a/de») für die Bewegung *von* einem Punkt/Bereich *her* und der *Akkusativ* (allein oder mit «in, ad, versus» usw.) für Bewegung *auf* einen Punkt bzw. Bereich *hin* (siehe dazu schon Ziff. 6.26'B4 für den Ablativ und Ziff. 6.24'E für den Akkusativ).

Beispiele für *Ablativ*, rein und mit Präposition, für Bewegungen von ... her:

Romā discedere von/aus Rom weggehen	*ab urbe* discedere aus der (Haupt-)Stadt weggehen	aliquem *de civitate* eicere jemanden aus dem Bürgerverband ausstoßen	aliquid alicui *manibus* extorquere jemandem etwas aus den Händen reißen

Ein Vers von Vergil, Bucolica, 4, 7, mit Übersetzungen in die drei modernen Sprachen:

Iam nova progenies *caelo* demittitur *alto*
Now a new generation descends *from heaven in high*
Déjà *du haut des cieux* descend une nouvelle race
Schon kommt *vom Himmel herab* ein neues Geschlecht

Beispiele für *Akkusativ*, allein oder mit Präposition, für Bewegungen zu ... hin:

iter *Romam* facere einen Marsch nach Rom/ auf Rom machen	*in urbem* redire in die (Haupt-)Stadt zurückkehren	*sub tectum* ire unter das Dach gehen	*in Graeciam* proficisci nach Griechenland verreisen

Es gibt aber auch Präpositionen mit Akkusativ, durch die man je nach Verb das Ziel einer Bewegung oder einfach den Ort von etwas angeben kann:

ad { caelum *tendere* zum Himmel *streben* aram *stare* am Altar *stehen*	*extra* muros { ducere nach außerhalb der Mauern ziehen habitare außerhalb der Mauern wohnen

11.35 Bewegungen an sich (ohne Betonen von Ausgangspunkt oder Ziel)

Zur Darstellung einer *Bewegung an sich*, bei der weder ein Ausgangspunkt noch ein Zielpunkt wichtig ist, braucht man außer dem jeweiligen Verb bzw. ganzen verbalen Ausdruck gar keine besonderen sprachlichen Mittel. Meistens gibt man aber einen *Raum* an, innerhalb dessen sich die betreffende Bewegung vollzieht, hie und da gibt man auch die *Bewegungsbahn* an. Den Charakter einer *Bewegung als Selbstzweck* betont man oft dadurch, daß man Partikeln für zielgerichtete Bewegungen so kombiniert, daß der *Wechsel* der Richtungen (und damit die *Beliebigkeit der jeweiligen Richtung*) deutlich wird. Dafür gibt es vor allem im Deutschen eine reiche Auswahl von Partikel-Paaren.

Beispiele für *reines Nennen* der Bewegung und für Bewegung + *Nennen des Raums:*

spazieren	*im Garten* spazieren *dem Fluß entlang* spazieren	se promener	se promener *dans le jardin* se promener *le long de la rivière*
take a walk	take a walk *in the garden* take a walk *along the river*	ambulare	*in horto* ambulare *secundum (praeter) fluvium* ambulare

Beispiele für *Kombination von Richtungspartikeln*, so daß man einen – oft beliebigen – Richtungswechsel vor sich sieht und damit die *Bewegung als Selbstzweck*, nicht als Mittel zum Erreichen eines räumlichen Ziels erfaßt:

hin und her auf und { ab nieder	(nur «de long en large», in übertragenem Sinn und die Wendung «faire les cent pas»)	to and fro	ultro citroque
		up and down	sursum et deorsum
ein und aus		here and there	susque deque
hinüber und herüber		in and out	huc et illuc
vor- und rückwärts			modo huc, modo illuc

Es gibt hier *sehr offene Übergänge* (ob man das Erreichen eines Ziels, das Durchlaufen einer Bahn oder einfach die Bewegung selbst als das Wichtige betrachten soll) und besonders viele *Kombinationsmöglichkeiten*.

Eine klassisch konzentrierte Kombination von Angabe eines *Ausgangsbereichs*, einer *zu durchlaufenden Bahn* und einer *Erstreckung* bis zu einem dem Ausgangsbereich *entgegengesetzten* Extrembereich bieten die beiden Schlußverse des «Vorspiels auf dem Theater» im «Faust» (Übersetzungen von de Nerval, Arndt, Jarell):

⁀Und wandelt, mit bedächt'ger Schnelle	Vom Himmel *durch* die Welt *zur* Hölle⁀
⁀Et passez, d'un pas tranquille,	*du* ciel *à travers* la terre *jusqu'à* l'enfer⁀
⁀And walk with leisured speed your spell	From Heaven *through* the world *to* Hell⁀
⁀And travel with deliberate speed	

11.36 Darstellung von Lage und Bewegungsziel durch Verb + Nomen/Pronomen, ohne Präposition

Allen in Ziff. 11.26–11.35 vorgeführten sprachlichen Mitteln für die Darstellung von Lagen und Bewegungen im anschaulichen, dreidimensionalen Raum ist gemeinsam, daß die Bedeutungsmomente «räumliche Lage, Richtung usw.» durch einen nichtverbalen Ausdruck *mit* einem mehr oder weniger expliziten *Lagehinweis* (Partikel, Präposition + Nomen/Pronomen) signalisiert werden, mehr oder weniger vollständig und auch ohne Kombination mit einem Verb verständlich (das allerdings kaum beim reinen Akkusativ oder Ablativ im Lateinischen, Ziff. 11.34).

Dabei kann das als Lageangabe, Zielangabe usw. dienende Satzglied zum *Kernbestand* der jeweiligen verbalen Proposition gehören, d. h. eine feste Stelle im verbalen Semantem ausfüllen, ohne deren Besetzung das Verb nicht (oder nicht in dieser Bedeutung) verwendbar ist. So kann man sagen «Er *wohnt/lebt in einem alten Haus*», aber nicht *«Er *wohnt*», und «Er *lebt*» bedeutet «Er *ist am Leben*». Man kann sagen «Die Kälte *dringt bis in die Häuser*», aber nicht *«Die Kälte *dringt*». Die Angabe des Ortes, Ziels usw. kann aber auch *zusätzlich* eingefügt sein, nicht schon vom verbalen Semantem her erforderlich: «Die Kälte *dringt bis in die Häuser ein* – Die Kälte *dringt ein*» oder «Er *hat eine schöne Wohnung in Bern* – Er *hat eine schöne Wohnung*».

Nun gibt es aber auch verbale Semanteme, in welchen eine Lage oder der Zielpunkt einer Bewegung *rein* durch ein *dafür spezialisiertes Verb* + Nennung der betreffenden Entität signalisiert wird, *ohne* daß zu dem Nomen/Pronomen für die Entität noch eine Präposition als Lagehinweis treten muß. Solche verbale Semanteme sind vor allem im Deutschen vorhanden, in gewissem Maß aber auch in den andern Sprachen, und gelegentlich hat man dann die Wahl zwischen einer Darstellungsmöglichkeit mit Präposition beim Nomen und einer mit direkter Verknüpfung von Verb und Nomen (Nomen als Akkusativobjekt), bei praktisch gleicher Bedeutung:

Er *stieg auf den Berg*	Er *bestieg den Berg*
Er *kletterte über die Mauer*	Er *erkletterte die Mauer*
He *climbed over the wall*	He *climbed the wall*
Sie *wohnen in einer einsamen Gegend*	Sie *bewohnen eine einsame Gegend*
In loco deserto habitant	*Locum desertum (in)habitant* (nur nachklassisch)
Er *kam/gelangte in den Hafen*	Er *erreichte den Hafen*
In portum pervenit	*Portum cepit*
Sie *ging gegen die Tür*	Sie *näherte sich der Tür* (Nomen als Dativobjekt)
Elle *marcha vers la porte*	Elle *s'approcha de la porte*
Sub tectum eamus Wir wollen unter das Dach gehen	*Tectum subeamus* Wir wollen unter das Dach gehen

Die Beispiele zeigen schon, daß keineswegs immer ein Paar von Konstruktionen mit gleicher oder fast gleicher Bedeutung vorhanden ist. Am ehesten gibt es solche Paare im Deutschen, und manche Stilschulen raten dann, nach Möglichkeit die Formulierung mit Verb + Akkusativobjekt zu wählen (also «*den Raum betreten*» statt «*in den Raum treten*»), weil das «kräftiger» wirke. Tatsache ist, daß mit einem Verb mit «er-»manchmal die *Vollendung* der betreffenden Bewegung mitsignalisiert wird, während das einfache Verb auch für den *bloßen Versuch*, die *bloße Tätigkeit* gebraucht wird: «Er *kletterte auf den* Baum – Er *erkletterte den* Baum». Man sollte aber diese Bedeutungsnuance nicht überschätzen – mit einem «Sie *klommen auf die Höhe*» kann genau so das Erreichen des Ziels gemeint sein wie mit «Sie *erklommen die Höhe*». Bei der Wahl der einen oder der andern Darstellungsmöglichkeit kann auch rein die gewünschte *Abfolge von betonten und unbetonten Silben* ausschlaggebend sein:

Ganz erregt *trat er in mein Zimmer*	Ganz erregt *betrat er mein Zimmer*

Diese Zusammenhänge haben in der vergleichenden historischen Sprachwissenschaft zur Frage geführt, ob nicht *alle Objektskasus* letztlich aus der Verwendung der Kasus für *räumliche Beziehungen* entstanden und zu erklären seien. Das sind interessante Hypothesen, aber für ihre Bestätigung oder Widerlegung fehlt weitestgehend das Material. Das gilt noch mehr für alle Versuche, den deutschen und überhaupt den indogermanischen Kasus so etwas wie eine «Grundbedeutung» zuschreiben zu wollen, z. B. den Akkusativ als den «Zielkasus», den Genitiv (im Deutschen) bzw. den Ablativ als «Herkunftskasus», usw. Es *können* sich durch die Wahl der Kasus (genauer: der verbalen Semanteme mit bestimmten Kasus) durchaus in speziellen Fällen stilistische Wirkungen ergeben – aber das *kann* gelegentlich eintreten, es muß nicht.

11.37 Verschiedener Bedeutungsbeitrag der gleichen Präposition, schon im anschaulichen Raum

Man hat in den Grammatiken und Wörterbüchern seit je gesehen und betont, daß die *gleiche* Präposition für die Signalisierung *recht verschiedener* Bedeutungs-Momente gebraucht werden kann. Das gilt nicht nur für gleiche Präposition einmal als Zeitangabe und einmal für räumliche Lage («Also *in einer Stunde in meiner Wohnung* ...»), und es gilt nicht nur für Bewegungsziel oder reine Ortsangabe je nach Verb im Französischen und Englischen und hie und da auch im Deutschen («*aller au lit – rester au lit // to go on board – to be on board // an Bord gehen – an Bord sein*»). Der Bedeutungsbeitrag des ganzen präpositionalen Ausdrucks ist auch wesentlich von der durch das Nomen/Pronomen *aufgerufenen Entität* abhängig – dadurch relativiert sich auch das Gewicht der Verschiedenheit von Präpositionen für gleiche Bedeutungsbeziehungen in verschiedenen Sprachen oder sogar innerhalb einer Sprache. Beispiele mit den so eng miteinander verwandten und so lebenswichtigen Elementen «Wasser» und «Luft»:

in/dans/in/in

im Wasser, Bach, Fluß, See usw. *dans* l'eau, le fleuve, le lac etc. *in* the water, the river, the lake etc. *in* aqua, flumine, lacu etc.	Vom Wasser *umgeben*, ganz oder teilweise; dabei Kontakt mit festem Boden möglich («*Im Wasser* lag ein großer Felsblock – Der Mann stand bis zu den Hüften *im Wasser*»), aber auch Getragenwerden durch das Wasser («*Im Wasser* schwammen kleine Fische – *Im Fluß* trieb ein Stück Holz»)

in der Luft *dans* l'air *in* the air *in* aere, caelo	Nicht nur von der Luft *umgeben*, sondern meistens auch von ihr *getragen*, ohne Kontakt mit festem Boden (oder Wasseroberfläche); oft ausdrücklich die Entfernung betont («Hoch *in der Luft* flogen die Schwalben – Das Segelflugzeug blieb eine Rekordzeit *in der Luft*»)

an/à/in/sub

an/in der frischen Luft *au* grand air *in* the open air *sub* divo [im Freien], libero aere	Von der frischen Luft *umgeben*, so daß man gut und frei atmen kann – aber *nicht* von der Luft *getragen* oder «in der Nachbarschaft der Luft», wie bei «*am* Wasser, *am* Fluß»

an, bei/près/on/prope

am/beim Wasser, Fluß, See usw. *près/au bord de* l'eau, du fleuve, du lac etc. *on* the bank, *of/by* the river *prope* aquam, flumen, lacum etc.	*Am Rande* des Wassers, des Flußes, des Sees, in seiner *unmittelbaren Nachbarschaft*, also ganz andere Bedeutungsbeziehung als bei «*an* der frischen Luft, *am* Wind» usw.

bei, in, durch/par/in

bei/in/durch Wind und Wetter *par* tous les temps *in* all weathers	Von starkem Wind und schlechtem Wetter *umgeben* und ggf. beeinträchtigt, gestört, aber trotzdem im Freien aushaltend, seinen Marsch ausführend usw.

Gleiche Präposition «*an*», Bewegung *auf einen Zielbereich* hin – aber *ganz verschiedene Situation*, ganz *verschiedener Zweck* der dargestellten Bewegung, und auch andere Art der Bewegung:

an das Wasser gehen	= sich dem Wasser nähern, ans Ufer des Flusses usw. gehen
an die Luft gehen	= ins Freie gehen, einen Innenraum verlassen, um bessere Luft zu atmen

1.38 Grundsätzlicher Ertrag: immer aus dem Ganzen heraus verstehen

Ergebnis aus solchen Beispielen, die sich beliebig vermehren ließen: Man kann den Bedeutungsbeitrag eines präpositionalen Ausdrucks *nicht einfach* aus der Kenntnis der Präposition und der verwendeten Nomen *aufbauen*, sondern muß die *Ausdrücke als Ganze* verstehen, im *Rahmen* der *ganzen verbalen Propositionen*; die Präposition *kann* einen «Anschaulichkeitsbeitrag» liefern, aber sie muß nicht; oft ist die Wahl einer bestimmten Präposition so etwas wie ein grammatischer Mechanismus (deutsch «*auf* der Straße», französisch «*dans* la rue» – deutsch «*bei* schönem Wetter» – französisch «*par* le beau temps» usw.).

11/III Von anschaulichen zu abstrakten Räumen – Räumliches als Bildhintergrund beim Darstellen von Wissen, Gestimmtheit, Absichten, sozialen Positionen und ihren Veränderungen – Räumliches in der Herkunft von heute ganz «abstrakten» Wörtern

11.39 Erstreckungen im anschaulichen Raum, meßbar

In allen vier Sprachen gehört zu den häufigsten Wörtern ein Adjektiv für «beträchtliche lineare Erstreckung, sowohl in der Zeit wie im Raum, grundsätzlich meßbar»; die Lautungen dieser Adjektive sind überraschend ähnlich (es handelt sich um ein aus indoeuropäischer Zeit ererbtes Wort):

ein *langer* Tag	une journée *longue*	a *long* day	dies *longa*
eine *lange* Straße	une route *longue*	a *long* road	via *longa*

Als Gegenstück dazu hat man in den drei modernen Sprachen, ebenfalls mit lautlicher Ähnlichkeit (weil auf lateinisch «curtus, abgeschnitten» zurückgehend) je ein Adjektiv für «geringe lineare Erstreckung, zeitlich oder räumlich»:

ein *kurzer* Augenblick	un *court* moment	a *short* moment	*breve* momentum temporis
ein *kurzer* Weg	un chemin *court*	a *short* way	via *brevis*

Für Verbindungen mit *Maßangabe* verwendet man aber *nur* «lang» usw., auch für etwas sehr Kurzes (gleiches Phänomen wie bei «ganz jung, erst einen Tag alt», Ziff. 11.09). Dabei sind ganz verschiedene Formalstrukturen möglich, vor allem im Deutschen – auch ohne ein besonderes Wort für die Dimension «lang»:

eine *zehn Meter lange* Wand eine Wand *von zehn Metern (Länge)*	Die Wand { ist *zehn Meter (lang)* hat { *zehn Meter* (Länge) eine *Länge von zehn Metern*
un mur { (*long*) *de dix mètres* *d'une longueur de dix mètres*	Ce mur a { *une longueur de dix mètres* *dix mètres de long*
a wall *of 30 yards*, a *30 yard (long)* wall	The wall *is 30 yards (long)*
murus *triginta pedes longus*	Murus *triginta pedes longus est*

Die Adjektive «lang – long/longue – long – longus/-a/-um» stehen aber noch in anderen Paaren von Bedeutungen, sie signalisieren dann oft eine besondere *Richtung* bzw. *Lage*:

| lang – breit – hoch – tief | long/longue – large – haut/haute –profond/-e |
| long – broad – high – deep | longus/-a/-um – latus/-a/-um – altus/-a/-um |

Hier spielt also die *Lage* (Erstreckung horizontal oder vertikal) und damit die *Perspektive «oben – unten»* (Ziff. 11.26) eine Rolle, dazu das *Verhältnis der Erstreckungen* in einer geometrischen Figur. Dabei ist die Wahl des einen oder andern Wortes ziemlich kompliziert geregelt, schon innerhalb einer Sprache und noch mehr zwischen den Sprachen.

Spricht man von einer Fläche von 7x4 m auf dem *Boden, horizontal*, so sagt man: «*Sieben* Meter *lang* und *vier* Meter *breit*» (also die *größere* Erstreckung im Rechteck als «*lang*», die *kleinere* als «*breit*» bezeichnet). Wenn man aber von außen her in ein Zimmer dieser Größe hineinsieht, kann man auch sagen «Vier Meter *breit* und sieben Meter *tief*» (also die «*Erstreckung vom Betrachter weg*» als «*tief*» bezeichnet). Bei einer *vertikalen* Fläche spricht man bei einer Erstreckung *nach oben* von «*hoch*», bei Erstreckung *nach unten* von «*tief*». Man sagt also (beim Blick *von oben*): «Diese Baugrube ist vier Meter *tief*» – aber beim Blick *von unten* (wenn man in der Grube drin steht): «Diese Wand hier ist vier Meter *hoch*».

Dagegen hat man im *Lateinischen* für «hoch» und «tief» *nur ein einziges* Wort: «*altus /-a/-um*» (nämlich «Abstand von der Erdoberfläche her gesehen»), also z.B. für einen Turm und einen Graben: «*Turris* viginti pedes *alta*» (20 Fuß hoch) und «*Fossa* septem pedum *alta*» (7 Fuß *tief*).

Ist eine vertikale Erstreckung *sehr gering* im Verhältnis zu den horizontalen Erstreckungen (und damit zur Fläche), so verwendet man nicht das Adjektiv «hoch» oder «tief», sondern «dick», mit dem Gegenstück «dünn». So kann z.B. eine geologische Schicht, die sich über viele Quadratkilometer erstreckt, einen Meter *dick* (und damit *sehr dünn*) oder auch zehn oder dreißig Meter *dick* sein.

1.40 Gleiche Bedeutungen für Ausmaß im anschaulichen Raum und Grad einer Intensität/Qualität

Zu den häufigsten deutschen Adjektiven gehören «groß» und «klein», für die Bedeutungen «von beträchtlichem Ausmaß – von geringem Ausmaß», und beides kann gleicherweise verwendet werden für ein Ausmaß im jeweilgen *anschaulichen* Raum wie für die Größe eines *Geldbetrages* wie für den *Grad* einer *Intensität* und *Qualität* – also für Ausmaße, die nicht mehr den anschaulichen Raum betreffen, sondern einen abstrakten («qualitativen») Raum:

eine *große Wohnung*	anschaulicher Raum, Größe in m² angebbar
eine *große Summe*	Zahlenraum, Betrag bezifferbar
eine *große Freude/Überraschung/Heftigkeit*	Gestimmtheiten und Reaktionsstärken also Intensität/Qualität, nicht bezifferbar

Eine entsprechende Serie mit «klein»: ein *kleines Büchlein* (anschaulicher Raum, Höhe/Breite/Dicke in mm angebbar) – ein *kleiner Betrag* (zählbar, bezifferbar) – ein *kleines* Versehen, ein *kleines* Ungemach (Handlungsraum, «Störungsstärke», nicht bezifferbar).

Einen knappsten Beleg, daß man «groß – klein» im *gleichen* Text *ebenso* als Angabe im anschaulichen Raum (Körpergröße) wie in abstrakten Räumen (Grad des Ausgewachsenseins, Grad von Schwierigkeiten) auffassen kann, liefert das Sprichwort «*Kleine* Kinder, *kleine* Sorgen – *große* Kinder, *große* Sorgen».

Im *Französischen* dienen «grand/grande – petit/petite» in entsprechender Weise zur Kennzeichnung eines beträchtlichen bzw. eines geringen Ausmaßes bei Meßbarem, im anschaulichen Raum, wie bei Nicht-Meßbarem, in abstrakten Räumen: un *grand appartement* – une *grande/grosse somme* – une *grande joie*, une *grande surprise*, une *grande ardeur* — un *petit livre* – une *petite somme* – une *petite erreur*, un *petit ennui*.

Im *Englischen* stehen mehrere Adjektive zur Verfügung, und man wählt zwischen ihnen je nach der zu kennzeichnenden Entität: «a *tall man* (ein großgewachsener Mann) – a *large flat* – a *great pleasure*, a *great surprise*, a *great vehemence* – a *big error* [«ein dicker Fehler»]. Auf der Gegenseite hat man «*little, small*»: a *small book* – a *small sum* – a *little error*, a *little mistake* – a *little trouble*.

Im *Lateinischen* hat man «magnus/-a/-um» für Meßbares und Zählbares wie für stark Fühlbares: «*aedificium magnum – magna summa pecuniae – magnum gaudium*». Ein generelles Nomen für «Überraschung» fehlt, man sagt «improvisa/necopinata res» und kennzeichnet dann die Intensität durch das Adverb «valde». Für «Heftigkeit» hat man eine Reihe von Wörtern, die durch «magnus» gekennzeichnet werden können: *magnus ardor – magnus aestus – magna violentia* u. a. m. Auch «*parvus*» ist entsprechend zu «klein» für geringes Ausmaß im anschaulichen Raum wie in abstrakten Räumen verwendbar: *parvus libellus – parva summa pecuniae – parvus error, parvum peccatum, parvum incommodum, parvum malum*.

11.41 Von Meßbarem, im anschaulichen Raum, bis zu reinem Fortfahren in einem Handeln

Das vierthäufigste deutsche Adjektive (nach «groß – ganz – andere» und noch vor «gut/besser») ist «*weit/weiter*»; ein Gegenstück dazu, nicht so vielfach verwendbar und viel weniger häufig, ist «*eng*».

Wenn man «weit – eng» als Gegensatzpaar ins Auge faßt und an Beispiele denkt wie «weite oder enge Kleider, weite oder enge Öffnungen», kann man die beiden Bedeutungen als Ausdruck eines *je besonderen Körpergefühls* auffassen:
- «*Weit*» als Kennzeichnung eines *Freiheitsgefühls* im Blick auf das körperlich Umgebende (durch eine «weite Öffnung» kommt man mühelos hindurch, man wird nicht gebremst).
- «*Eng*» als Ausdruck für ein *Gefühl des dichten Umgebenseins*, des *Eingeschlossenseins* (wenn eine Öffnung eng ist, kommt man nur mit Mühe oder gar nicht durch sie hindurch).

«*Weit*» (jetzt ohne «eng» als Gegenpol) ist aber auch Ausdruck für das *freie, ungehinderte Sehen*, durch das man auch *Entferntes*, sonst manchmal *Verhülltes* in den Blick bekommt («eine *weite Aussicht*, ein *weiter Horizont*»); das kann sich auf den anschaulichen Raum beziehen («Man sah *über 100 Kilometer weit*») oder auf rein gedankliches

Sehen («Sie hat einen *weiten* Blick, einen *weiten* Horizont» = sie ist frei und souverän im Beobachten und Denken, sie ist in keiner Weise «beschränkt»).

Reiner, neutraler Bezug auf den *anschaulichen* Raum liegt vor, wenn man z. B. sagt «*Einen Kilometer weit* war die Fahrbahn schlecht» oder «*Hundert Meter weiter rechts* siehst du unser Haus». Ein *reiner Bezug auf Handeln* (also auf einen abstrakten «Handlungsraum») liegt dagegen vor, wenn man z. B. sagt: «Jetzt sind wir *so weit*, wie wir es uns für heute vorgenommen haben; morgen *fahren* wir mit unsern Besprechungen/mit unserer Arbeit *weiter*».

Solcher Bezug auf einen abstrakten Handlungsraum liegt sehr oft vor, und «*weiter*» ist dann oft einfach äquivalent mit «*ander*». Man kann also sagen «ein *weiteres* Problem» wie «ein *anderes* Problem» und denkt dabei keineswegs an ein «*weiter gefaßtes* Problem».

Schließlich ist «*weit*» als *Vorschaltteil* (Ziff. 7.39'B3) völlig gleichbedeutend mit «*viel*», und dasselbe gilt für «*weitaus*»:

| Das ist { viel / weit/weitaus } *schwerer* als das andere | So ist es { viel / weit } *besser* |

Fühlbarer Bezug auf den anschaulichen Raum liegt vor bei «*weithin*» oder «*von weit her*», aber auch diese Wörter können für Erstreckungen in *abstrakten* Räumen dienen («Ich bin *weithin* mit dir einverstanden – Dieses Argument ist doch etwas *weit hergeholt*»). Rein auf die Zeit bezieht sich dagegen «*weiterhin*» (z. B. «Wenn du *weiterhin* so ungeduldig bist, müssen wir wohl aufhören»).

Ein berühmter bildhafter Ausdruck für das Urteil «Darüber könnte/müßte man noch viel sagen, und das können/wollen wir jetzt nicht tun» ist der Lieblingsausdruck des alten Herrn von Briest, mit dem der Roman «Effi Briest» von Fontane schließt: «Ach, Luise, laß ... das ist *ein zu weites Feld*».

In den andern drei Sprachen sind die Bedeutungen, die man im Deutschen durch «weit/weiter» signalisieren kann, großenteils auf verschiedene Wörter verteilt. So sind z. B. «*weite* Kleider» im Französischen «*des vêtements amples*», im Englischen «*loose clothes*», im Lateinischen «*laxa vestimenta*». Eine *weite* Reise ist «*un long voyage* – a *long* journey – *longum iter*».

Es ist hier nicht der Ort, um das im einzelnen auszubreiten – aber das Grundphänomen, um das es in diesen Abschnitten geht, besteht auch in den drei andern Sprachen: daß man mit *ein und derselben* Bedeutung, signalisiert durch ein und dasselbe Wort, *sowohl* Erscheinungen im *anschaulichen* Raum wie in *speziellen, abstrakten Räumen* charakterisieren kann. Noch je ein Beispiel:

une *plaine étendue*		des *connaissances étendues*	große, breite Kenntnisse
a *wide plain*	eine weite Ebene	a man with *wide interests*	mit *weitgespannten* Interessen
planities lata		*quaestio lata*	eine *weitreichende* Frage

11.42 Intensität, also abstrakter Raum, anschaulicher Raum als Bildhintergrund

Ein bemerkenswertes Ineinander von *Intensität/Qualität*, als *abstrakter Raum* auffaßbar, und einem *Bildhintergrund* aus dem *anschaulichen* Raum findet man bei der Angabe von *Meßwerten*, ob diese nun rein physikalische Größen oder physiologische Größen betreffen. Man spricht hier nämlich nicht von «groß» und «klein» (obwohl große und kleine Zahlen genannt werden), sondern von «*hoch*» und «*tief*», und als Bildhintergrund dafür kann man *Meßinstrumente* wie ein Thermometer oder ein Barometer betrachten, auf denen eben ein *größerer* Grad der jeweils gemessenen Intensität/Qualität durch ein *Ansteigen* des im Instrument vorhandenen Quecksilbers bzw. der sich ausdehnenden Flüssigkeit usw. angezeigt wird, und ein *geringerer* Grad durch das *Fallen* der im Instruent enthaltenen Meß-Substanz. Diese Art der Bezeichnung von Meßwerten als «hoch» oder «tief» wird dann offensichtlich auch übertragen auf Meßwerte, bei denen die Skala auf den Instrumenten nicht von unten nach oben, sondern von links nach rechts geht (Voltmeter usw.). Solche Verwendung von «hoch» und «tief» findet sich in allen drei modernen Sprachen:

hohe / niedrige } *Temperatur*	hoher / niedriger } *Luftdruck, Blutdruck*	hohe / niedrige } *Spannung, Frequenz*
température { haute / basse	{ haute / basse } *pression* { *atmosphérique* / *artérielle/vasculaire*	{ haute / basse } *tension/voltage, fréquence*
high / low } *temperature*	high / low } { *atmospheric* / *blood* } *pressure*	high / low } *tension/voltage, frequency*

Von «hoch» und «niedrig, tief» (und entsprechend von «Steigen» oder «Fallen») spricht man aber auch sehr oft im *Wirtschaftsleben* (und stellt die Daten entsprechend in Graphiken dar):

hohe / niedrige/tiefe } *Preise – Löhne – Zinsen – Produktionskosten – Aktienkurse – Entschädigungen*
des *prix – salaires – intérêts – coûts de production – cours des actions – indemnités* { hauts/hautes / bas/basses
high / low } *prices – salaries/wages – interests – costs of production – quotations of shares – indemnities*

11.43 Ansetzen beliebiger abstrakter Räume als Hilfe für ordnendes Denken

Für die Orientierung und das Handeln im anschaulichen, dreidimensionalen Raum ist es immer wieder wichtig, daß bestimmte Dinge *ihren festen Platz* haben, wo man sie *sofort finden* kann.

Entsprechendes gilt nun auch für *gedankliche* Größen, für *Begriffe* aller Art: man erleichtert sich den Umgang mit ihnen, wenn man sie an *einem bestimmten Ort* innerhalb einer Mehrzahl (oft: einer Vielzahl) anderer, mit ihnen mehr oder weniger eng zusammenhängender Begriffe sieht. Man baut also *einen abstrakten, rein gedanklichen Raum* auf, als *Ordnungsrahmen* für die einzelnen Begriffe. Dabei operiert man sehr oft mit dem Bildhintergrund «Höhenlage, Niveau» oder «Ebene».

Das heute wohl bekannteste Beispiel sind die Verhandlungen zwischen Staaten. Hier gibt es ja Unterhändler und Entscheidungsberechtigte auf ganz verschiedenen Stufen der politischen Hierarchie. Wenn die *obersten* Entscheidungsberechtigten zusammenkommen, spricht man von «*Gipfel*konferenz, *Gipfel*gespräch – rencontre *au sommet*

11/III Von anschaulichen zu abstrakten Räumen 605

– *summit* talks». An solchen Gipfelkonferenzen wird aber nur noch die letzte Hand an schon weitgehend fertig ausgehandelte Vertragswerke usw. gelegt. Die Ausarbeitung selbst erfolgt «*weiter unten*», und dabei unterscheidet man verschiedene «*Ebenen – plans, niveaux – levels*»; es gibt «Verhandlungen auf *hoher Ebene* – *des négotiations sur un plan élevé* – *high-level talks*»; die «Gipfelgespräche» erfolgen dann «*auf höchster Ebene – au niveau le plus élevé, au sommet – at the highest level*».

Das Ordnen von Begriffen durch Ansetzen von verschiedenen «Ebenen» findet man aber auch bei jedem Theorie-Aufbau in den Humanwissenschaften, z.B. sehr oft in der Linguistik. So unterscheiden die Autoren des von D. Nerius herausgegebenen Bandes «Deutsche Orthographie» (Berlin 1987) nicht weniger als sieben verschiedene «Ebenen», nämlich die *semantische* Ebene, die *phonologische* Ebene, die *graphische* Ebene, und als «bilaterale Ebenen» die *Textebene*, die *syntaktische Ebene*, die *lexikalische Ebene*, die *morphematische* Ebene. Hier denkt man als Leser wohl kaum mehr an den Bildhintergrund «Ebene = Fläche», sondern man denkt ganz neutral an einen «Bereich», an einen «*Ort bestimmter Phänomene*».

Abstrakte Räume mit ganz genau definierten Eigenschaften und Möglichkeiten sind in der *Mathematik* aufgebaut worden. Hier ist «Raum» zu verstehen als «Bereich, in welchem bestimmte Gesetzlichkeiten gelten, bestimmte Operationen möglich sind». Das beginnt mit dem «Zahlenraum», in welchem die natürlichen Zahlen definiert sind, bis zu speziellen Räumen, die oft nach dem Mathematiker benannt sind, der sie entwickelt hat, z.B. euklidischer Raum, Hilbert-Raum, Riemannscher Raum.

11.44 Eingeschränkte Geltungsbereiche, als abstrakte Räume gesehen

Man kann abstrakte Räume nicht nur als dauernde Ordnungs-Rahmen und Orientierungshilfen aufbauen und verwenden, sondern auch *in jedem Augenblick* einen jeweils benötigten abstrakten Raum *ansetzen*, wenn man für irgend eine Aussage angeben will, daß sie *nicht unbegrenzt* und allgemein gilt und zu verstehen ist, sondern daß sie nur *im Blick auf einen bestimmten Bereich* gesehen (und verstanden – und evtl. kritisiert) werden soll. Es gibt dafür sehr verschiedene Formalstrukturen, mit denen teilweise auch Bedeutungsnuancen und oft eine größere oder geringere Eindeutigkeit verbunden ist:

Was mich betrifft hat er recht *Für* { *meinen Fall* / *mich* } hat er recht	*Theoretisch* / *In der Theorie* } geht das *Wenn man es (nur) theoretisch sieht* geht das
En ce qui me concerne il a raison *Dans mon cas* / *Pour moi* } il a raison	*Théoriquement* / *En théorie* / *Du point de vue de la pure théorie* } c'est possible
As far as I am concerned he is right *For my case* / *For me* } he is right	*Theoretically* / *In theory* } this is possible
Quod ad me attinet recte loquitur	*Ratione* perfici potest

Es gibt hier Übergänge zu Darstellung auf verschiedenen gedanklichen Ebenen («*Nach meinem Gefühl* ist das so – *Ich habe das Gefühl, daß* das so ist», Ziff. 10.23) und auch Berührungen mit dem Grundverhältnis «Annahme/Voraussetzung und an deren Zutreffen Gebundenes» (z.B. «*Politisch* war das eine Dummheit – *Wenn man es von der Politik her beurteilt, war es dumm*» Ziff. 10.34). Vollständig formuliert wäre das: «*Wenn man es von der Politik her sieht, kommt man zum Urteil, daß es dumm war*».

11.45 «Oben – unten» und «vorn» in sozialen Räumen (in der Gesellschaft, in Machtstrukturen)

Als ein Stück eines größeren bis sehr großen abstrakten Raums, nämlich des «*sozialen Raums*» kann man das *Gesamt der Beziehungen zu andern Menschen und zu Institutionen* betrachten, in welchen jeder Mensch steht (oder: eingebettet ist – oder: vielfach beschränkt ist): die Beziehungen zu seinen Angehörigen, seinen Nachbarn, seinen Freunden, den Arbeitskollegen, seine Stellung in der wirtschaftlichen Einheit, in der er seinen Lebensunterhalt verdient, die Position als Untergebener oder als Vorgesetzter (und zwar meistens beides zugleich), die Bindungen, die durch die politischen Körperschaften gegeben sind, denen er angehört (Gemeinde, Staat, und dieser letztere auf verschiedenen Stufen, vor allem in föderativen Staatsgebilden) usw.

Man kann hier von einem «*sozialen Raum*» oder von *verschiedenen*, aber sehr schwer voneinander abgrenzbaren «*sozialen Räumen*» sprechen, und die Möglichkeiten sowie die Bindungen, ja Zwänge in diesen sozialen Räumen sind für die Lebensführung und Selbstverwirklichung jedes Menschen von größter Wichtigkeit – auch wenn sie den Menschen nicht restlos bestimmen, sondern ihm immer wieder eigene Entscheidungen in möglichen Alternativen offen lassen.

Für die *Benennung* der verschiedenen *Positionen* in solchen sozialen Räumen und der verschiedenen *Veränderungsmöglichkeiten*, die von einer Position zu einer anderen («besseren» oder «schlechteren») führen, verwendet man nun nicht selten formale Mittel, die *auch* (und wohl: primär) für *Lagen und Bewegungen im anschaulichen, dreidimensionalen Raum* verwendet werden, und zwar besonders oft in den beiden Perspektiven «*oben – unten*» und «*vorn, vorwärts – rückwärts, hinten*». Dabei wird sowohl «*oben*» wie «*vorn*» für die Positionen mit *größerer* Macht, größerem Prestige usw. verwendet, und dementsprechend «unten» für die Positionen mit geringerer Macht, die «schlechteren» Positionen. Demgemäß spricht man von «*aufsteigen*», wenn jemand eine *bessere* (eine «höhere») Position gewinnt, und bei einem *Verlust* einer vorher innegehabten «guten» Position spricht man von «*absteigen*» oder auch «*zurückfallen*».

Dabei muß betont werden, zur Abwehr einer schiefen Auffassung von historischer Entwicklung, wie man sie häufig in deutschen Wörterbüchern aus dem letzten Jahrhundert antrifft: die *Bedeutungen in sozialen Räumen*, für welche diese aus dem anschaulichen Raum stammenden sprachlichen Mittel verwendet werden, sind *nicht etwa* aus diesem anschaulichen Raum «*herausgewachsen*» und in den betreffenden sozialen Raum «*hineingewachsen*». Sie sind *im sozialen Raum selbst entstanden*, aus Bedürfnissen nach gedanklicher Fassung und Ordnung, und zur *Signalisierung* dieser *originär sozialen* Bedeutungen hat man sprachliche Mittel *herangezogen*, die es für den *anschaulichen* Raum *schon gab* und die man für die neuen Bedeutungen *als geeignete Träger* betrachtete.

Ein Beispiel aus der Gegenwart: In unserer Zeit haben manche, vor allem jüngere Menschen das Bedürfnis, sich nicht mehr an der anspruchsvollen Arbeitswelt zu beteiligen, diesen sozialen Raum mit seinen Zwängen einfach zu verlassen, und man hat dafür das für Bewegungen im anschaulichen Raum häufig gebrauchte Verb «*aussteigen*» (z. B. «aus einem Auto aussteigen») herangezogen und dazu ein Nomen «*ein/der Aussteiger*» gebildet.

Diese *Herkunft* der sprachlichen Mittel aus den Bezeichnungen für Lagen und Bewegungen im *anschaulichen* Raum *kann* nun noch einen ganz deutlichen «*Bild-Hintergrund*» bei der Verwendung der betreffenden Bedeutung liefern – sie kann aber auch *völlig unwichtig* geworden sein und nur dem Sprachforscher, speziell dem Etymologen noch präsent sein, z. B. daß ein «*Vorgesetzter*» einer ist, der «*vor andere gesetzt*, an ihre Spitze gestellt ist, mit Weisungsbefugnis gegenüber diesen anderen». Aber mit ganz deutlicher Wirkung des Bildhintergrundes, wenn jemand vor einer Wahl usw. sagt «*Die da oben* machen ja doch was sie wollen» (also: die Politiker, diejenigen, die in den Behörden sitzen und entscheiden). Oder: «Sie haben ihm einen ganz unerfahrenen Projektleiter *vor die Nase gesetzt*» (und er muß nun tun, was dieser will).

Derartige sprachliche Mittel für Bedeutungen im sozialen Raum gibt es in allen vier Sprachen, aber keineswegs überall parallel, und neben den Ausdrucksweisen mit Bildhintergrund aus dem anschaulichen Raum gibt es solche mit anderem Bildhintergrund oder ganz ohne einen solchen.

Beispiele «*oben – unten*»:

> Der britische König bzw. die Königin kann jemanden in den Adelsstand *erheben* – *raise/elevate* him to the peerage (französisch nur das Verb «anoblir» zum Adjektiv «noble»).
> Ein Beispiel aus Geschichtsbüchern: «Caesar *unterwarf* Gallien – César a *subjugué* la Gaule – Caesar *subjugated* Gaul – Caesar Galliam *subiecit, sub* imperium Romanorem redegit.
> In Soziologie und Politik spricht man von einer *Oberschicht* oder *Oberklasse* (schon in biblischer Zeit: «die *oberen* Zehntausend»), von einer *Mittelschicht* und einer *Unterschicht* – les *classes supérieures, les classes moyennes* – the *upper* classes, the *middle* class, the *lower* classes. Für die gleichen Bedeutungen verwendet man aber auch Wörter mit einem anderen Bildhintergrund: «die *regierenden* Klassen – les classes *dirigeantes* – the *ruling* classes», und für die große Zahl der zur Unterschicht gerechneten: die *Arbeiter*klasse – la classe *ouvrière* – the *working* class (wobei als «Arbeit» vor allem die *manuelle* Tätigkeit gesehen wird, das *Ausführen* des von anderen Geplanten und Angeordneten, das im Ertrag meistens auch primär diesen andern zugutekommt).
> Eine Arbeit, eine Expedition steht *unter* der Leitung von jemand – *sous* la direction de ... – *sub dicione* alicuius. Wer in leitender Stellung ist, der hat die *Aufsicht* über die Ausführenden, die ihm *untergeben* sind, er *überwacht* die Ausführung – il *surveille* l'exécution, die Ausführungen sind «placés *sous la surveillance* de ...», usw.

Beispiele «*vorn, an der Spitze*»:

> Jemand steht *an der Spitze* eines Unternehmens, er *stellt sich an die Spitze* einer politischen Bewegung – Il est *à la tête* de cette entreprise, il *se met à la tête* de ce mouvement – He is *the head* of the administration. *Primum locum* obtinet (Er nimmt den ersten, vordersten Platz ein). Exercitui *praeest* («Er steht dem Heere vor», er kommandiert es). Caput huius coniurationis erat (Er war *der Kopf/das Haupt* dieser Verschwörung).

Beispiele «*vorwärts – zurück*»:

> Jemand *kommt vorwärts* in seinem Beruf, er *macht seinen Weg* – Il *avance*, il *fait son chemin* – He *gets on, makes his way*; aber lateinisch mit Bildhintergrund «oben»: Locum *altiorem* ascendit (er steigt in eine höhere Stellung auf). Hier dient oft auch der sportliche Wettkampf im Laufen als Bildhintergrund: Jemand *überholt* die anderen – quelqu'un *dépasse/devance* les autres – he *surpasses* the other concurrents – *antecedit* alios. Diejenigen, die dadurch in eine schlechtere Stellung geraten, *bleiben zurück* oder *fallen zurück* oder *bleiben auf der Strecke* – Ils *restent en arrière*, ils *restent en chemin* – They *fall behind, are left behind* (aber mit Bildhintergrund «unten»: they *break down*).

11.46 Räumliche Bildhintergründe bei Verben für soziales Handeln

Zu den häufigsten deutschen Verben gehören «geben» und «nehmen» (11. bzw. 15. Stelle in der Häufigkeitsliste). Sie sind zugleich prototypisch für den Aufbau verbaler Semanteme mit Akkusativobjekt und Dativobjekt (Ziff. 6.06'A1) bzw. complément d'objet direct et indirect (Ziff. 6.14) bzw. direct and indirect object (Ziff. 6.17), Gesamtbetrachtung Ziff. 12.29–12.30. Verbale Semanteme dieses Typs werden daher auch in erster Linie herangezogen, wenn man bei diesen formalen Satzgliedtypen semantische Aspekte nachweisen will.

Hier ist es nun immer möglich, daß der Sprecher/Schreiber wie der Hörer/Leser einen *räumlichen Bildhintergrund* sieht. Wenn ein Mensch einem andern etwas *gibt*, so läuft eine *Bewegung* vom Gebenden zum Nehmenden hin ab, und das, was gegeben wird, führt (passiv) eine Bewegung, einen Ortswechsel aus. Das kann man im gedanklich-sozialen Bereich genau so sehen, wenn z. B. jemand einem andern *eine Antwort gibt*, wenn er *einem andern etwas vorschlägt*, ihm *etwas zeigt*, ihm *ein Handeln ankündigt* usw. Und entsprechende Bewegungen kann man sehen, real oder gedanklich, wenn jemand einem andern etwas *wegnimmt*, etwas *raubt*, oder ihm etwas *abnimmt*, ihm etwas *glaubt* usw. (Genaueres zu den Semantemen mit «geben» und «nehmen» in Ziff. 12.29–12.30).

Ein elementares Paar von Verhaltensweisen, im anschaulichen Raum bei Bekleidung, Pflege usw. wie bei körperlichen Auseinandersetzungen und vor allem im gedanklich-sozialen Raum wird signalisiert durch die verbalen Semanteme «jemanden *decken*, ihn *schützen*, ihm *helfen*, ihm *beistehen* – ihn *abdecken*, ihn *entblößen*, ihm *den Schutz entziehen*» usw.

Bei Menschen, Tieren und Sachen, im anschaulichen Raum und dann auch im sozialen Raum, sind die Verhaltensweisen wichtig «jemanden/etwas (an etwas) *binden* – etwas an etwas anderem *befestigen*, jemanden *fesseln* (und dadurch bewegungsunfähig machen) – jemanden *losbinden*, aus etwas heraus *lösen*, ihn von einer Sorge, einem Druck, von etwas ihn Störendem *befreien*».

Dabei können die *Formalstrukturen* sehr *verschieden* sein, schon innerhalb einer Sprache und vor allem zwischen den Sprachen (*jemandem* helfen/beistehen, also *Dativobjekt* – aider *quelqu'un*, also *complément d'object direct*) usw.

11.47 Räumliche Bildhintergründe bei Lebensprozessen und personalen Gestimmtheiten

Heute ist wohl jedermann davon überzeugt, daß Lebensprozesse und personale Gestimmtheiten (wie Freude – Angst – Wut) Erscheinungen *im Inneren* des betreffenden Menschen sind. Es ist daher bemerkenswert, wenn in der *sprachlichen* Darstellung solche Erscheinungen *auch außerhalb des Menschen* gesehen werden. Das gilt z. B. für die universale Erscheinung «*Schlaf*» (Bedeutung definierbar als «regelmäßige Regenerationsphase zur Wiederherstellung der verbrauchten Kräfte eines Lebewesens, mit zeitlicher Blockierung aller Außen-Reize»). *Sprachlich* wird das oft so dargestellt, als ob «Schlaf» etwas *außerhalb* des betreffenden Menschen wäre: Man *fällt* oder *versinkt* in einen tiefen Schlaf, man wird vom Schlaf *übermannt, überwältigt* – On est *plongé* dans un profond sommeil (als ob der Schlaf ein flüssiges Medium wäre) – Someone *falls* asleep (Schlaf als etwas, in das man fallen kann) – Somno *vincitur* (Schlaf als etwas von außen kommendes, von dem man besiegt wird).

Verschiedene Sehweisen gibt es auch bei der Verwendung des wohl ältesten Wortes für eine Krankheit, nämlich «*Fieber*». Wenn man sagt «Das Fieber *bricht aus* – La fièvre *éclate*» und auch «He *has* a high fever», so sieht man das Fieber als eine Erscheinung *im Inneren*. An ein *Eindringen* des Fiebers «*von außen*» denkt man schon eher bei «Fieber *bekommen* – febrim *nancisci*». Völlig als etwas von außen Kommendes erscheint das Fieber, wenn man die Wendungen ernst nimmt «Das Fieber *packte ihn, es warf ihn nieder* – La fièvre *le gagna, le saisit* (et *ne le quitta plus*) – In febrim *incidit,* febri *corripitur*» oder wenn man von einem «Fieber*anfall*» spricht («angefallen» wird man ja sonst von außen), von «*an attack* of fever».

Noch viel deutlicher als bei den rein körperlichen Erscheinungen ist das *Nebeneinander* von «*im Innern* des Menschen gesehen» und «*außerhalb* gesehen» (als etwas, das den betreffenden Menschen nicht nur *erfüllen/ausfüllen*, sondern auch *einhüllen* kann) bei allem dem, was man «*personale Gestimmtheit*» nennen kann: auf der positiven Seite «Glück, Zufriedenheit» usw., auch «Hoffnung, Zuversicht», auf der negativen Seite «Angst, Unglück, Kummer, Sorge», aber auch «Ärger, Zorn, Wut» und «Verzweiflung»:

> Man kann sagen: «Sein Herz war *voller Glück* – Ein Glücksgefühl *erfüllte* ihn, *durchfuhr ihn*», aber auch «Ein Glücksgefühl *kam über ihn, durchdrang ihn*»; man kann sogar sagen «Er *schwamm* richtig *in seinem Glück*». Auf der andern Seite hat man die Ausdrucksweisen «Er hatte einen Zorn, eine Wut *in sich*» (oder sehr drastisch «*eine Wut im Bauch*»); man sagt «Der Zorn, die Wut *stieg in ihm hoch*» (also wohl: aus einem tief liegenden, sonst versteckten Bereich in seinem Innern). Aber man sagt auch «Eine Wut *kam über ihn* – Der Zorn *packte ihn*» oder «Der Kummer *drückte ihn nieder, lastete auf ihm*».
>
> *Französisch*: Courir *après le bonheur* (also «Glück», als etwas außerhalb Befindliches, dem man *nachjagen* kann) – être *plongé dans son chagrin* (Kummer als etwas, das einen wie das Wasser den Tauchenden umgibt) – *exhaler sa rage* (die Wut als etwas gesehen, was man in sich hat und aus sich heraus befördern kann) – La rage *s'empara de lui* («Die Wut bemächtigte sich seiner» – die Wut als etwas außen Existierendes) – *tomber dans le désespoir* (die Verzweiflung als etwas gesehen, in das man fallen kann).
>
> *Englisch*: To be *filled with anger* (voll Zorn, gefüllt mit Zorn sein) – *fly into a rage* (in einen heftigen Zorn geraten, in äußerst schneller Bewegung) – to *be Fortunes favorite* («dem Glück *im Schoß* sitzen», vom Glück verwöhnt werden, mit Verwendung der mythologischen Figur der Fortuna, der Glücksgöttin).
>
> *Lateinisch*: Felicitati eius *accedit cumulus* (zu seinem Glück tritt noch der Höhepunkt, sein Glück wird vollkommen) – Aegritudine (sollicitudine) *affectus* est (Er ist von Kummer betroffen, Kummer als etwas von außen Kommendes) – *Furore incenditur, inflammatur* (Er gerät in Wut, «wird von einer Wut angezündet») – *Ad desperationem inductus est* (Er geriet in Verzweiflung, «wurde in die Verzweiflung hineingeführt») – *Spes mihi iniecta est* eam tamen adventuram esse («Hoffnung ist in mich hineingelegt worden, daß sie doch kommen werde»).

Bemerkenswert ist auch die Darstellung des *Grund-Folge-Verhältnisses* (dazu siehe schon Ziff. 10.75–10.90), wenn eine solche Gestimmtheit als *Ursache* für einen *Akt des Verhaltens/Handelns* hingestellt und anerkannt werden soll. Ein Verteidiger vor Gericht, der eine Tat als affektverursacht (und damit verständlicher und weniger hart zu bestrafen) anerkannt haben will, kann daher genau gleichwertig sagen: «Der Angeklagte handelte *aus* einem äußerst starken Affekt *heraus*» (also: Affekt im Innern des Angeklagten) wie «Er handelte *in* einem äußerst starken Affekt, dem er nicht widerstehen konnte» (also: Affekt als etwas, das nicht nur im Angeklagten drin zu sehen ist, sondern auch *außer ihm*, ihn gewissermaßen *umgebend* – als *Raum, in welchem* er handelt).

Man kann sich fragen, wie diese Erscheinungen zu bewerten sind. Man kann hier *räumliche Bildhintergründe* für *rein abstrakte, nicht-räumliche* Bedeutungen sehen, wobei oft als spezielle Bildhintergründe die Verhaltensweisen «kämpfen – siegen – unterliegen, besiegt werden» im Spiel sind. Man kann aber auch sagen, daß durch solche Lebensprozesse und vor allem durch solche personale Gestimmtheiten *ein eigener abstrakter Raum*, nämlich ein *Raum des Verhaltens/Handelns und des Erlebens überhaupt* konstituiert wird und daß in einem solchen abstrakten Raum die Unterscheidung «*innen –außen*», die sonst oft so zentral ist (siehe auch Ziff. 11.49) ihre *Geltung völlig verlieren* kann.

11.48 Absichten, Wissen, Annahmen als abstrakte Räume, «innen» oder «außen» lokalisierbar

Absichten und *Wissensbestände* sowie *Überzeugungen* und *Annahmen* (als «speziell bewußt gemachte Wissensbestände») sieht man gewöhnlich *im Inneren* des betreffenden Menschen, und zwar heute weitgehend im «*Kopf*», aber auch im «*Herz*» oder unspezifiziert im «*Sinn*».

> Typische Wendungen im *Deutschen*: «Das mußt du *im Kopf behalten* – Ich habe Mühe, das alles *in meinen Kopf hineinzubringen* – Er hat das alles *im Kopf*, er hat *einen guten Kopf*». Aber auch für Absichten: «Was er *im Kopf hat*, das führt er auch durch – Er will einfach immer *seinen Kopf durchsetzen* – Das müßtest du dir endlich *aus dem Kopfe schlagen*». Daneben mit «Herz» und «Sinn»: «Hier kann jeder tun, was *sein Herz* begehrt, wonach ihm *der Sinn* steht».

> Entsprechendes in den zwei andern modernen Sprachen: «Avoir *une bonne tête* (neues Wissen leicht aufnehmen und behalten können) – Avoir *la tête dure* (Mühe haben, etwas von andern zu übernehmen, schwer von Begriff sein) – Faire toujours *à sa tête* (immer nach dem eigenen Kopf handeln, seinen Kopf durchsetzen).» – «He has *a good head* for business (er kann die für sein Geschäft wichtigen Informationen gut aufnehmen und verarbeiten) – I *cannot get it out of my head* (ich kann es nicht aus meinem Kopf herausbringen, es nicht vergessen, es mir nicht 'aus dem Kopf schlagen').» Wendungen mit «Herz», und zwar nicht nur für Absichten, sondern auch für Wissensbestände: «Do something *to one's heart's content* (es nach Herzenslust tun) – to *get/learn/know by heart* (etwas im Kopf, im Gedächtnis haben, deutsch mit einem kaum je realisierten Bildhintergrund 'etwas *auswendig* wissen')».

> Im *Lateinischen* sind die Bildhintergründe, die man für die verschiedenen Ausdrucksweisen erkennen kann, nicht so eindeutig wie in den modernen Sprachen. Dem deutschen «am Herzen liegen» entspricht «*mihi cordi est*». Häufig braucht man das vieldeutige «*animus*», z. B.: «*In animo mihi est* (ich bin willens, beabsichtige, habe im Sinn) – *hoc animo, ut* … (in der Absicht, daß …) – *aliquid bono animo dicere* (etwas in guter Absicht sagen)». Aber auch der Sitz des Wissens, der körperliche Ort der «*mens*» (Denken, Denkvermögen, Verstand, Einstellung, und noch anderes) und des «*ingenium*» (natürlicher Verstand, Denkkraft, Scharfsinn, und manches andere) ist nicht speziell im Kopf («*caput*») gesehen, sondern *im Innern des Menschen insgesamt*.

Es ist aufschlußreich für archaische Vorstellungen vom Sitz der Gemütskräfte, einen Blick auf das *Griechische* zu werfen. Hier ist der «*thymos*» ein Inbegriff des Empfindens und Wollens und damit zum Teil auch des ausdrücklichen Denkens, so wenn bei Homer ein Held «*zu seinem Thymos sprach*» (phrazeto tō thymō). Dieser thymos ist also als etwas *nicht einfach mit dem Menschen Identisches* gesehen, sondern als *etwas Eigenes*, im Menschen oder außerhalb, mit dem man *sprechen* kann, um eine Situation zu klären und zu einem Entschluß zu kommen.

An solche archaische Vorstellungen kann man sich erinnert fühlen, wenn man Wendungen betrachtet wie «etwas *in bester Absicht* tun, es *im Wissen* um die möglichen Folgen tun» und wenn man grundsätzlich annimmt, daß *auch* durch einen *Wissensbestand*, eine *Absicht* usw. ein *abstrakter Raum konstituiert sein kann* und daß ein solcher abstrakter Raum ebenso gut als «den Menschen *umgebend*» wie «*im Menschen drin*» aufgefaßt werden kann.

Ein Bildhintergrund «Wissen/Absicht als etwas außerhalb des Menschen» ist besonders sinnvoll, wenn es um ein *gemeinsames Handeln* verschiedener Personen geht; dann ist das *gemeinsame* Wissen, die *gemeinsame* Absicht, eine *gemeinsame* Überzeugung ja wirklich etwas, was *alle* an diesem Handeln Beteiligten *umgreift*. So versteht man die formelhaften Wendungen, die oft in der Präambel eines Staatsvertrags verwendet werden, z. B. im Vertrag BRD – UdSSR von 1970:

> Die hohen vertragschließenden Parteien
>
> *in dem Bestreben*, zur Festigung des Friedens ... beizutragen
>
> *in der Überzeugung*, daß ...
>
> *in Würdigung der Tatsache*, daß ...
>
> *in dem Wunsche*, ... zu ...
>
> sind wie folgt übereingekommen: ...

11.49 Zur Verwurzelung der Paare «innen/außen – oben/unten – vorn/hinten» im Menschsein

Die Einzelbehandlung der Lagen und Bewegungen, im anschaulichen, dreidimensionalen Raum und in vielen verschiedenen abstrakten Räumen, hat mit aller Deutlichkeit gezeigt, *in wie vielen Bereichen* die Raumqualität «*Innen*» gegenüber einem «*Außen*» eine Rolle spielt (das schwächste und oft abstrakteste Signal für «Innen», die Präposition «in», ist das häufigste deutsche Wort). Es ist aber auch deutlich geworden, welch große Rolle gerade in abstrakten Räumen (im sozialen Raum, Ziff. 11.45 – dazu dann auch beim Umgang mit gespeicherten Texten, Ziff. 11.57) die beiden Perspektiven «*oben – unten*» und «*vorn – hinten*» spielen. Das fordert dazu heraus, der Verwurzelung dieser drei elementaren Bedeutungs-Paare in elementaren Gegebenheiten des menschlichen Lebens etwas nachzugehen.

Für «*innen – außen*» kann man zunächst auf eine *physiologische* Tatsache hinweisen. Beim Menschen wie bei den allermeisten Tieren ist ein «*Innen*», nämlich Skelett, Muskulatur und «innere Organe» abgegrenzt und geschützt gegenüber einem «*Außen*», und zwar durch eine *Haut*, ein *Fell* (entsprechend bei den Pflanzen durch eine *Rinde*). Dieses «Innen» ist zum Teil zugänglich durch besondere Körperöffnungen (Nase, Mund usw.), zum Teil ist es verborgen und kann nur durch Zerstörung der schützenden Hüllen zugänglich gemacht werden (z. B. ein inneres Organ bei einer Operation). Dieses «Innen» des Körpers ist zugleich der *Ort der zentralen Lebensvorgänge*, und aus ihm heraus kommt die gesamte *Handlungssteuerung* (die «*Ausführbefehle*» für die äußeren Organe, für die Augen, die Fortbewegungs- und Greiforgane und nicht zuletzt für den Mund).

Noch viel wichtiger als diese physiologische Verwurzelung dürfte aber die *soziologische* sein. So wie viele Tiere sich *Nester* bauen, so sucht oder baut sich der Mensch eine *Behausung*, als einen Ort, in den er *sich zurückziehen* kann, um auszuruhen, um neue Kräfte zu sammeln.

Diese Behausung ist *gegen außen abgegrenzt* durch *Wände* – solche Wände waren ursprünglich einmal aus Flechtwerk (das Wort «Wand» hängt zusammen mit «winden»,

d. h. «flechten»). Dann wurde die Abgrenzung, der Schutz gegen das «Außen» durch die aufwendigeren Mittel von Mauern aus Lehm oder Stein vorgenommen, bis zum heutigen Betonbau. Dazu gehört auch, daß seit frühen Zeiten auch die *ganzen Komplexe von Behausungen* (Dörfer, Städte) durch *Zäune, Wälle, Gräben, Mauern* vom umgebenden «Außen» *abgegrenzt* und gegen feindliche Einwirkungen aus diesem «Außen» *geschützt* wurden.

Zu diesem Schaffen eines «Innen» als eines geschützten Bereichs durch Wände, Mauern usw. gehörte und gehört noch heute, daß *Eingänge/Ausgänge* geschaffen werden, als *Verbindungen* von «innen» nach «außen» und umgekehrt, und zwar als Verbindungen, die man je nach Bedarf *offenhalten* oder *blockieren* kann, durch *Schließen* der Eingänge. Hier haben die Bedeutungen «*Tür, Tor, Eingang*» usw. und «*Schloß – Schlüssel*» und alles, was mit ihnen zusammenhängt, ihren Ursprung (ihren «Sitz im Leben», um einen in der Theologie gebräuchlichen Fachausdruck zu verwenden); das reicht von archaischen Schließanlagen durch vorgelegte Balken usw. bis zu modernen elektronischen Schließ- und Sicherungssystemen für «Innen-Bereiche» aller Art.

Man versteht von hier aus, daß «innen» und «außen» im Lateinischen mit Vorliebe *gar nicht durch neutrale* Partikeln wie «intus, intra – extra» dargestellt wurde, sondern durch «*domi*, im Hause» gegenüber «*foris*, vor den Türen». Noch heute heißt der Innenminister im britischen Englisch «*Home Secretary*» (gegenüber «Secretary of the Interior» im amerikanischen Englisch), und die «Innenpolitik» heißt «*domestic policy, home policy*». Man weiß auch, wie sorgfältig alle Staaten ihren «inneren Bereich» zu schützen versuchen gegen Einwirkungen von anderen Staaten her. Man verbittet sich solche Einwirkungen sehr energisch als unstatthafte «*Einmischung* in die *inneren Angelegenheiten*» – auch wo eine solche Einmischung sachlich sehr gerechtfertigt wäre, z. B. wegen Verletzungen der Menschenrechte in einem Staat.

Der Ursprung des Paars «*oben – unten*» und der *Vorrang* des «*oben*» (Ziff. 11.45) liegt auf der Hand: der Mensch geht nicht wie seine tierischen Vorfahren auf allen vieren, sondern hat den *aufrechten Gang* entwickelt, und dabei sind die *Steuerungsorgane* (Augen, Gehirn) sowie die *Greiforgane* (Hände) eben im *oberen* Bereich (und *unten* sind die *Fortbewegungsorgane* – mit einem spöttischen Ausdruck «das Fahrgestell»). Mit der Lage der Steuerungs- und Greiforgane und ihrer Ausrichtung ist auch das Paar «*vorn – hinten*» gegeben sowie der *Vorrang* des «*vorn*»: es ist *der für das Handeln offene* Raum. Das «*Hinten*» aber ist oft ein *besonders verletzlicher* Raum – weil nicht durch die Augen kontrolliert –, und daher ist es so wichtig, daß man *jemanden «im Rücken»* hat, der diesen Rücken *verteidigt*, daß man «*jemanden hinter sich weiß*», als Hilfe und Unterstützung usw., und daß man im Blick auf mögliche Gegner «*den Rücken freihalten*» kann.

11.50 Gefühlswerte bei «innen/außen – Kern/Schale – Grund/Oberfläche»

Mit der Kennzeichnung als «innen» oder «außen» im grundlegenden sozialen Bereich (Behausung, Siedlung, auch «Kulturlandschaft» überhaupt) können als Gefühlswerte verbunden sein:

11/III   Von anschaulichen zu abstrakten Räumen

Innen	Außen
Heimat, Vertrautheit, Gewöhnung, berechenbar Schutz, Sicherheit aber auch: Enge, Langweiligkeit, Gefühl des Gefangenseins	Fremde, Andersartigkeit, schlecht berechenbar Risiko, Gefahr aber auch: Freiraum, unbegrenzte Möglichkeiten für neues Erleben und Handeln

Im Bereich des *personalen Lebens* können aber auch folgende Gefühlswerte auftreten:

Das «*Innen*» (das «Innenleben») ist das *Eigene*, es ist von außen *nicht einsehbar* und kritisierbar, es ist ein *Raum der Freiheit* für *Fühlen, Denken, Beurteilen* (vgl. das Volkslied «Die Gedanken sind frei …»)	Bei *jeder Äußerung* der Gefühle, Gedanken usw. (durch Sprache, durch Gebärden, durch Verhalten überhaupt) wird alles Geäußerte *den andern zugänglich*, es wird ihrer *Kritik* ausgesetzt (und verliert dadurch ggf. seinen Wert auch für den sich Äußernden selber), oder es wird für ihn *gefährlich*

Wenn es um die Unterscheidung von «wichtig, ausschlaggebend, das Eigentliche» und «als Rahmen zu betrachten, bei Sicht von außen» geht, verwendet man oft Ausdrücke mit dem Bildhintergrund «*Schale – Kern*» (wobei man wohl am ehesten an Nüsse denkt, bei denen man die Schale knacken muß, um an den Kern heranzukommen, den man essen will). Man verwendet aber wohl ebenso oft Ausdrücke aus einem Spezialfall der Perspektive «oben – unten», nämlich «*Grund*» gegenüber «*Oberfläche*». Beispiele aus der Beurteilung von Menschen:

> ⌢Außen fix,⌢ ⌢innen nix⌢

[Bildhintergrund «*außen – innen*»; kommentierbar als «Ein gefälliges, gewandtes Benehmen verdeckt einen völligen Mangel an menschlicher Substanz»]

> ⌢Er hat einen *goldenen Kern* in *rauher Schale*⌢

[Bildhintergrund «*Schale – Kern*», kommentierbar als «Ein zuerst störendes, polterndes Benehmen verdeckt den vorhandenen inneren Wert, die menschliche Zuverlässigkeit»]

Aber auch für negative Beurteilung:

> ⌢Er hat ja sicher *einen guten Kern*⌢, ⌢aber er führt sich oft so schlecht auf⌢
> ⌢Ich habe große Mühe mit ihm⌢, ⌢obwohl er im *Grund* ein guter Mensch ist⌢

Bei der Beurteilung irgendwelcher Situationen und Zusammenhänge kann man sagen:

> ⌢Das ist *nur ein Außen*phänomen⌢. ⌢Das sieht *bei oberflächlicher Betrachtung* so aus⌢.
> ⌢Aber *im Grund* liegt etwas ganz anderes vor⌢. ⌢*Der Kern der Sache* ist nämlich⌢ ⌢daß …⌢

1.51 Bleibend-Identisches und verschiedene Kleider, Formen, Rollen

Ein besonders enger Zusammenhang von «Innen» und «Außen» liegt vor, wenn von der verschiedenen *Bekleidung*, dem verschiedenen *Auftreten*, den verschiedenen *Rollen und Funktionen* ein und desselben Menschen gesprochen wird:

Ein «*absolutes Innen*», konstant, vom Wandel des «Außen» unabhängig; der *Kern der Person*, der *Charakter*.	Ein «*Außen*», das *besonders eng* mit dem «Innen» verbunden ist, aber *variabel*, oft *frei wählbar*, vom *Personenkern* klar zu *unterscheiden*.

Ein literarisches Beispiel für die Konstanz eines «Ich», eines «Innen» auch in beliebig verschiedenen Kleidern (Antwort von Faust an Mephisto, der ihm anbietet, er wolle ihn jetzt «erfahren lassen, was das Leben sei» – zugleich Beispiel für verschiedene sprachliche Mittel bei der Darstellung, nämlich «*in* jedem Kleid – *sous* quelqu'habit que ce soit –*with* this or that attire», Vers 1544):

In jedem Kleide werd' ich wohl die Pein / Des engen Erdelebens fühlen
Sous quelqu' habit que ce soit je n'en sentirai pas moins les misères de l'existence humaine (de Nerval)
The pain of life that haunts our narrow way / I cannot shed *with this or that attire* (Wayne)

Ähnliches gilt aber auch bei *gleicher Substanz* in *verschiedenen Formen*, z. B. verschiedenen Aggregatzuständen: «Der Niederschlag fiel teils *als Regen*, teils *in Form von Schnee*».

11.52 Textbeispiel Descartes: gedanklich-emotionaler Raum – anschaulicher Raum als Vergleich

Die zweite von den sechs «Meditationen über die Grundlagen der Philosophie» von Descartes beginnt mit dem radikalen Zweifel, in welchem sich Descartes nach den in der ersten Meditation beschriebenen erkenntniskritischen Gedankengängen sieht. Dabei wird zuerst der Zweifel *direkt* dargestellt, als ein abstrakter, gedanklich-emotionaler Raum, in dem sich Descartes befindet, und dann wird die Unerträglichkeit dieses Raums verdeutlicht durch eine *als Vergleich* hingestellte Bewegung und daraus resultierende Lage im *anschaulichen, dreidimensionalen* Raum. Im lateinischen Originaltext (erschienen 1641) wird dieser abstrakte gedanklich-emotionale Raum und die Unmöglichkeit, aus ihm herauszukommen, durch die zwei folgenden Propositionen dargestellt:

In tantas dubitationes hesterna meditatione *coniectus sum* [H]   ut nequeam amplius eorum oblivisci [N]
In so große Zweifel bin ich durch das gestrige Nachdenken *geworden* | daß ich sie nicht mehr vergessen (= mich von ihnen lösen) kann

In der französischen Übersetzung, die ebenfalls 1641 erschien (erstellt durch den Herzog von Luynes, von Descartes selber durchgesehen und daher als autorisiert zu betrachten) ist der gleiche abstrakte, gedanklich-emotionale Raum samt der Unmöglichkeit, aus ihm herauszukommen, so dargestellt:

La méditation que je fis hier [N] m'a *rempli l'esprit de tant de doutes* [H]
Die Meditation, die ich gestern anstellte, hat mir meinen Kopf mit so vielen Zweifeln erfüllt
qu'il n'est plus désormais dans ma puissance [N] de les oublier [N]
daß es seitdem nicht mehr in meiner Macht liegt   sie zu vergessen

Im *lateinischen* Text wird also dieser abstrakte gedanklich-emotionale Raum «Zweifel» dargestellt durch einen Ausdruck mit dem Bild-Hintergrund «*Man wird in etwas geworfen*», und dieses «etwas» wird gesehen als *außerhalb des Individuums* existierend, es *umgibt* gewissermaßen das Individuum und hindert dieses daran, nach seinem Bedürfnis diesen peinigenden Raum zu verlassen – im *französischen* Text hat man dagegen für den *gleichen* gedanklich-emotionalen Raum einen Ausdruck mit dem Bildhintergrund «*Man* (d. h. das eigene Denkvermögen, das eigene Ich) *wird von etwas erfüllt*», und man kann sich der Wirkung dieses «etwas, das *ins eigene Innere gedrungen* ist» nicht mehr entziehen.

Man hat hier also *zwei* Ausdrucksweisen mit *ganz verschiedenen Bildhintergründen* – aber offensichtlich als Darstellung des *sachlich genau Gleichen*, also *gedanklich-logisch äquivalent*.

Die *englische* Übersetzung von John Veitch (1912) folgt sehr genau dem französischen Text:

> The meditation of yesterday *has filled my mind with so many doubts* ʰ
>   that it is no longer in my power ᴺ to forget them ᴺ

Die *deutsche* Übersetzung von Ludwig Fischer (1891) folgt der lateinischen Fassung, sie setzt für das lateinische Passiv «coniectus sum» (mit dem verursachenden Moment «das gestrige Nachdenken» als Ablativ, «hesterna meditatione») die *aktive* Konstruktion mit «stürzen», wobei das verursachende Moment als *Subjekt* erscheint; dazu verdeutlicht sie das «oblivisci, vergessen» durch das anschaulichere, stärker handlungsbezogene «*loswerden*»:

> Die gestrige Betrachtung *hat mich in so mächtige Zweifel gestürzt* ʰ
>   daß ich dieselben *nicht mehr loswerden kann* ᴺ

Diese direkte Darstellung der Gestimmtheit «Zweifel», die man nicht mehr los wird (durch «in diese Zweifel gestürzt werden» bzw. «von diesen Zweifeln erfüllt werden», also als abstrakter gedanklich-emotionaler Raum) scheint nun aber dem Stilisten Descartes noch nicht eindrücklich genug zu sein. Er fügt noch eine *direkte* Darstellung der *Ausweglosigkeit* an, und dann gibt er einen ausführlichen *Vergleich* mit Bewegung und daraus resultierender Lage im *anschaulichen, dreidimensionalen* Raum, mit dem Element «*Wasser*» (erste Proposition als Nebensatz, parallel zu «ut nequeam ...», S. 614):

> nec videam tamen ᴺ   qua ratione (hae dubitationes) solvendae sint ᴺ
> und daß ich doch nicht sehe auf welchem Denkwege sie (diese Zweifel) aufzulösen sind
>
> sed *tamquam in profundum gurgitem* ex improviso *delapsus* ᴺ   ita turbatus sum ʰ
> sondern wie unversehens in einen tiefen Wasserstrudel hinuntergeglitten   bin ich so herumgewirbelt (und verwirrt) worden
>
> ut nec possim *in imo pedem figere* ᴺ   nec enatare ad summum ᴿ/ᴺ
> daß ich weder am Boden den Fuß fest aufset-   noch hinausschwimmen kann an die Oberfläche
> zen kann

In der französischen und der englischen Fassung sind die betreffenden Propositionen bzw. clauses als Anfang eines neuen Satzes präsentiert:

> Et cependant je ne vois pas ʰ   de quelle façon je les pourrai résoudre ᴺ
>   et *comme si tout à coup j'étais tombé dans une eau très profonde* ᴺ   je suis tellement surpris ʰ
>   que je ne puis ni *assurer mes pieds dans le fond* ᴺ   ni nager ᴿ/ᴺ pour me *soutenir au-dessus* ᴺ

> Nor do I see, meanwhile, any principle ʰ   on which they can be resolved ᴺ
>   and *just as if I had fallen* all of a sudden *into very deep water* ᴺ   I am so greatly disconcerted ʰ
>   as to be made unable ᴺ either to *plant my feet* firmly *on the bottom* ᴺ
>   or *sustain* myself by *swimming on the surface* ᴿ/ᴺ

Der *deutsche Übersetzer* zieht die zwei Propositionen über das Fehlen einer Lösungsmöglichkeit in eine einzige zusammen und nimmt diese noch in den ersten

Satz hinein. Dann betont er den Vergleichs-Charakter der Bewegung und Lage im anschaulichen Raum, indem er mit einer besonderen, dominanten Proposition beginnt («Mir ist, als sei ...»):

> ... ⌐und doch auch sehe ich keinen Weg zu ihrer Lösung⌐ !
> ⌐Mir ist⌐ ᴴ ⌐als sei ich unversehens *in einen tiefen Strudel geraten* ᴺ ⌐und *so herumgewirbelt* ᴿ/ᴺ
> ⌐daß ich *auf dem Grunde keinen Fuß fassen* ᴺ ⌐aber auch *nicht zur Oberfläche emporschwimmen* kann ᴿ/ᴺ

Hier ist also das gleiche Bild von Bewegung und daraus resultierender Lage im Raum in den Fassungen in allen vier Sprachen *durchgehalten* (in tiefes Wasser fallen – weder mit den Füßen auf dem Grund Halt finden noch an die Oberfläche schwimmen können). Dabei ist in der lateinischen und der ihr genau folgenden deutschen Fassung das Durchhalten des Bildes noch konsequenter, wenn man «turbare» im wörtlichen Sinn von «herumwirbeln» nimmt, während «surpris» sowie «disconcerted» eher als direkte Darstellungen erscheinen, ohne bildhafte Anknüpfung (im französischen Text ist ja auch der «gurges – Strudel, Wirbel, reißende Strömung» durch das bewegungsmäßig neutrale «une eau profonde» ersetzt).

Insgesamt ist aber diese durchgeführte Darstellung von Bewegung und Lage im anschaulichen, dreidimensionalen Raum *ausdrücklich abgehoben* von der direkten Darstellung der *gedanklichen* Bewegung und Gestimmtheit, indem es durch «tamquam – comme si – just as – mir ist» als *möglicher Vergleich* hingestellt wird (siehe schon Ziff. 10.50, «als ob» usw. als «Fiktionalitätssignal»).

Gleich anschließend zeigt aber Descartes, wie er doch seine tiefen Zweifel auflösen konnte (wenn auch nicht so, wie naiverweise erwartet), indem er sich aufrafft, den in der gestrigen Meditation gegangenen Weg der systematischen Erkenntniskritik doch noch weiter zu gehen:

> ⌐Enitar tamen⌐ ⌐et *tentabo* rursus *eandem viam*ᴿ/ᴴ ⌐quam heri fueram ingressus, ᴺ ...
> ⌐pergamque porro ᴿ/ᴴ ⌐donec aliquid certi ... cognoscam. ᴺ

> ⌐Je m'efforcerai néanmoins⌐ ⌐et *suivrai* derechef *la même voie* ᴿ/ᴴ ⌐ou j'étais *entré* hier ᴺ ... ⌐et je continuerai toujours *dans ce chemin,* ᴿ/ᴴ ⌐jusqu'à ce que *j'aie rencontré* quelque chose de certain ... ᴺ

> ⌐I will, nevertheless, make an effort,⌐ ⌐and try anew *the same path* ᴿ/ᴴ ⌐on which I *had entered* yesterday ᴺ ... ⌐and I will continue always *in this track* ᴿ/ᴴ ⌐until I shall *find* something ᴺ ⌐that is certain ... ᴺ

> ⌐Doch ich will den Mut nicht *sinken* lassen⌐ ⌐und noch einmal *denselben Weg* versuchen, ᴿ/ᴴ ⌐den ich gestern *gegangen war...* ᴺ, ⌐ich will *vorwärts dringen* ᴿ/ᴴ ⌐bis ich etwas Gewisses erkenne... ᴺ

Er vermag also, wenn man das Bild vom Wasserstrudel nochmals aufgreifen will, doch «an die Oberfläche zu schwimmen» (lateinisch «eniti» kann auch heißen «sich im anschaulichen Raum aufwärts bewegen»). Die Ausdrücke «via – voie – path – Weg» und «ingredi, pergere porro» sind aber nun nicht mehr als Darstellung von Bahnen und Bewegungen im *anschaulichen, dreidimensionalen* Raum zu verstehen, sondern gehören *rein in den abstrakten* Raum «*Gedankenbahnen, Gedankenbewegungen*» – und durch diese Bewegungen kommt Descartes dann zu dem bekannten Satz, der schon in Ziff. 10.30 als Beispiel für die Signalisierung einer Grund-Folge-Beziehung durch «Modalpartikel» betrachtet wurde: «*Cogito, ergo sum – Ich denke, also bin ich*».

11.53 Organe und ihre Bewegungen rein im anschaulichen Raum – Handeln/Verhalten usw. überhaupt

Die Betrachtung der sprachlichen Mittel für Positionen und Veränderungen im sozialen Raum und der Blick auf die besondere Verwurzelung von «innen – außen // oben – unten // vorn –hinten» in elementaren Gegebenheiten des Menschseins sowie der Aufweis der mit diesen Bedeutungspaaren verbundenen Gefühlswerte haben hinübergeführt aus dem Bereich der *Grammatik* (als der Rechenschaft von den ganzen sprachlichen Strukturen) in die Rechenschaft von den *einzelnen Ausdrucksweisen*, d. h. in Untersuchungen des *Wortschatzes*, in die Lexikologie.

Es liegt nun nahe, hier noch etwas weiter zu gehen und kurz die vielen *spezielleren* sprachlichen Mittel zu betrachten – Verben und ganze verbale Semanteme – die sich anschließen an die *Darstellung von Haltungen und Bewegungen* vor allem der *Sinnes-, Greif- und Fortbewegungsorgane* im anschaulichen Raum.

Zunächst eine Klärung anhand deutscher Beispiele. Wenn man sagt «Er *warf einen Blick* auf das Haus», so versteht man das als reine Sinnestätigkeit im anschaulichen Raum, als Bewegung des Sehorgans in Richtung auf das Haus – wie weit man dabei den «Blick» als etwas irgendwie Stoffliches sieht, das man auf etwas «werfen» kann (wie man einen Stein wirft), das ist nicht zu entscheiden. Wenn man nun aber sagt: «Der X hat *ein Auge auf dieses Haus geworfen*», so steht hier *nicht mehr* die reine Sinnestätigkeit im Vordergrund, sondern eine *Absicht*, jedenfalls eine *Überlegung* von X, die sich auf dieses Haus bezieht. Er hat nämlich das Haus wohl auch betrachtet (d. h. es mit den Augen untersucht), wichtig ist aber, daß er sich nun *überlegt*, ob er das Haus kaufen soll/kann. Einen Bildhintergrund «das Auge wie etwas Losgelöstes auf das Haus werfen/schleudern» kann man hier wohl ausschließen; wenn ein Bildhintergrund wirksam wird, dann wohl nur «*Bewegung auf etwas hin*», und zwar hier «*emotionale* Bewegung, *Willensrichtung*».

Ein Beispiel für materiales Handeln mit den Händen/Armen. Wenn man sagt «Der Mann und die Frau *fielen sich in die Arme*», so ist damit primär eine Bewegung im rein anschaulichen Raum gemeint, auch wenn diese Bewegung der Arme und der ganzen Oberkörper zugleich eine starke emotionale Bewegtheit signalisiert (z. B. wenn die beiden sich lange nicht mehr gesehen haben). Wenn ein Mann aber z. B. beim Einrichten einer neuen Wohnung zu seiner Frau sagt (auf eine Kritik der Frau hin, etwas sei nicht gut): «Ich wollte es ja genau so machen, wie du jetzt sagst, *aber da bist du mir in den Arm gefallen*», so heißt «in den Arm gefallen sein» in erster Linie «Du *hast das nicht zugelassen*, du hast mich daran *gehindert*». Ob damit auch ein körperliches «dem Mann in den Arm fallen» verbunden war oder ob die Verhinderung der Tätigkeit des Mannes nur durch sprachliche Signalisierung, Mißfallenskundgebung usw. erfolgte, ist Nebensache. Zentral ist die «*abstrakte* Bedeutung», nämlich «jemanden an etwas *hindern*, sein Handeln *wirkungsvoll unterbrechen*».

Auch solches Heranziehen körperlicher Bewegungen, im anschaulichen Raum, zur Signalisierung von Handelns- und Verhaltensweisen an sich (im «abstrakten Raum der *Kooperation*», der *Abstimmung* von Absichten, Willenshaltungen, Handlungen usw.) gibt es in allen vier Sprachen, gelegentlich in allen vier parallel, manchmal aber auch nur in drei Sprachen oder nur zwei oder nur einer.

Beispiele mit «*Auge*»: Jemandem *Sand in die Augen streuen* (und ihn dadurch am genauen Erkennen hindern, ihn täuschen) – lui *jeter de la poudre aux yeux* – *throw dust in his eyes* – aliquid alicui *quasi pulverem*

> *ob oculos aspergere* // Ein Auge für etwas haben (etwas schnell erkennen und richtig einschätzen können) – *avoir le coup d'oeil sûr* – have an eye for these things // Jemandem *die Augen öffnen* (ihn veranlassen, einen Tatbestand richtig zu erkennen und einzuschätzen) – *ouvrir les yeux* à quelqu'un – open the eyes of somebody, make him open his eyes // Das *fällt doch in die Augen* (wird sofort bemerkbar, auch intellektuell) – *cela saute aux yeux* –*in oculos cadit.*

> Beispiele mit «*Hand*»: Etwas *unter den Händen haben* (gerade daran arbeiten) – avoir quelque chose *entre les mains* – habere aliquid *in manibus/inter manus.* // Etwas *in die Hand/Hände nehmen* (sich von jetzt an darum kümmern, die Leitung übernehmen) – take something in hands. // Die *letzte Hand* an ein Werk *legen* (es vollenden, abschließen) – *mettre la dernière main.* // *Aus der Hand in den Mund leben* (immer sogleich verbrauchen, was man verdient hat) – live from hand to mouth. // Sich *die Hände reiben* (erfreut sein) – se *frotter les mains.* // *Seine Hände in Unschuld waschen* (die Verantwortung für etwas ablehnen) – *s'en laver les mains* – I wash my hands of it.

> Ein Beispiel mit «*Fuß*»: Er *geht in den Fußstapfen* seines Vaters (handelt genau so wie dieser) – He *follows in his fathers footsteps* – Il *marche sur les pas de son père* –*Vestigia patris sequitur.*

Für Grundsätzliches zum Verhältnis von «bildhaftem, übertragenem, metaphorischem Verstehen» und «wörtlichem Verstehen, reiner, abstrakter Bedeutung» siehe Ziff. A.64.

11.54 Freiheit im Auffassen oder der Nicht-Beachtung von Bildhintergründen

Bei allem Nachweis von Bildhintergründen für spezielle, nicht-anschauliche Bedeutungen muß man immer beachten: solche Bildhintergründe *können* für die Sprechenden/Schreibenden und für die Hörenden/Lesenden wirksam sein, aber sie *müssen es nicht*. Man kann auch ausschließlich auf die *signalisierte Bedeutung selbst* achten und den (historisch jedenfalls vorhandenen) Bildhintergrund gar nicht zur Kenntnis nehmen. Das gilt vor allem auch für die Präpositionen, bei deren Gebrauch manchmal Wahlfreiheit besteht (ggf. mit besonderen Bedeutungsnuancen), wo aber anderseits bei einem bestimmten Nomen eine und nur eine Präposition üblich ist:

> Man tut etwas {*in* / *mit*} {*großer Eile* / *guter Absicht* / *tiefer Dankbarkeit*}
>
> Man tut es / Es vollzieht sich {*in einer bestimmten* / *auf eine bestimmte*} *Art, Weise*
>
> Etwas gehört {*in* / *unter*} *die selbe Rubrik*
>
> {*In* / *An*} *mir wirst du immer einen Freund haben*

Wohl gar kein Bildhintergrund mehr wirksam:

> {*Unter* / *Von*} *diesen Bewerbern* sind einige für uns besonders {*interessante Leute* / *interessant*}

Je nach Nomen nur *eine einzige* Präposition:

> *Unter diesem Aspekt* / *In dieser Beziehung* / *Bei nüchterner Betrachtung*} ist die gewählte Lösung *richtig*

Bedeutungsbeitrag, auf den es hier allein ankommt: Beschränkter Geltungsbereich der ganzen Aussage, siehe Ziff. 11.44.

1.55 Nennen eines Themas usw.: verschiedener Bildhintergrund für gleichen gedanklichen Raum

Für das *Nennen des Gegenstands*, des *Themas* in einem Gespräch, in einem Buch, für eine Verhandlung usw. kombiniert man in allen vier Sprachen die betreffenden Nomen oder Nominalkomplexe (Begleitgefüge) mit Präpositionen, die im *anschaulichen* Raum für *recht Verschiedenes* verwendet werden: «von − de − of − de» (im anschaulichen Raum für die *Herkunft* einer Bewegung, Ziff. 11.30−11.34) und «über − sur − on − super» (im anschaulichen Raum für Bewegungsbahnen in der Perspektive *oben − unten*), dazu im Englischen generell «about» (im anschaulichen Raum für Bewegungen ohne spezielle Richtung) und im Deutschen «um» in den Wendungen «es geht um ..., es handelt sich um ...» (im anschaulichen Raum für Lage oder Bewegung rings um etwas herum).

Dabei kann man (vor allem im Deutschen) teilweise mehr oder weniger frei zwischen zwei Präpositionen wählen, meistens ist aber die Wahl der Präposition schon durch das betreffende Verb (genauer: durch das verbale Semantem) festgelegt:

Man { *redet / spricht / hört etwas* } { *von diesem / über dieses* } Problem	Man { *unterhält sich / führt ein Gespräch / berät, verhandelt* } über eine neue Lösung
{ *On parle / Il s'agit* } de ce problème bien connu	Un discours *sur* ce problème et sa solution ...

(aber bei «discours» in Buchtiteln sowohl «Discours *de* la méthode» wie «Discours *sur* le style»)

to { *speak / talk / dream* } *of* a new solution	to { *speak / lecture / write* } *on* these problems	to { *deliberate / discuss / quarrel* } *about* these things

Eine *Bedeutungsverschiedenheit* zwischen «von, de» usw. und «über, sur» usw. läßt sich kaum allgemein angeben − vielleicht eine *Nuance*, daß bei «über, sur» noch etwas mehr von einem räumlichen «darüber» (ggf. mit Auswahl aus dem «unter einem Liegenden») spürbar ist bzw. vom Sprecher/Schreiber hineingelegt und/oder von den Hörenden/Lesenden herausgeholt werden kann.

Im *Lateinischen* gilt einheitlich «de» + *Ablativ*, also «dicere/scribere/disserere *de aliqua re* − sprechen/schreiben/diskutieren *über etwas*». Ein möglicher Bildhintergrund wäre hier etwa: «sprechen usw. *von* etwas *Vorschwebendem*, etwas (für alle) *Gegebenem aus*».

1.56 Darstellung von Prioritäten − Zeitliches und Räumliches ineinander

Bei der Darstellung von *Prioritäten* für das Handeln (dazu schon Ziff. 10.72) und generell für die Angabe von größerer oder kleinerer *Wichtigkeit* von etwas verwendet man sprachliche Mittel, die ebenso als Einbettung in den Zeitablauf wie als Situierung in einem abstrakten «Raum von Handlungen usw.» verstehbar sind. Dabei ist unter «Handeln» gleicherweise ein materiales wie ein rein gedankliches Handeln (z. B. Planen) zu verstehen:

In erster Linie Zu allererst Vor allem andern An erster Stelle	muß man ...	Dann Darauf Nachher Anschließend	...	Beiläufig Daneben	...	Schließlich Am Ende Zum Schluß	...
En { première ligne { premier lieu D'abord Avant tout	il faut ...	Après Ensuite	...	En passant ...		A la fin Finalement Après tout cela	...
In the first place First of all Above all Primarily	you have to ...	Then After that	...	By the way In passing Incidentally	...	Finally Last	...
Ante omnia Omnium primum Imprimis Primo loco	necesse est...	Tum Deinde	...	In transitu Quasi prae- teriens	...	Ad extremum Denique	...

Man trifft also auch hier wieder auf den *elementaren Zusammenhang von Raum und Zeit*, neben allem differenzierten Ausbau in den beiden Bereichen (siehe schon Ziff. 11.23).

11.57 Ineinander von Zeit, anschaulichem Raum und abstrakten Räumen bei gespeicherten Texten

Ein besonders bemerkenswertes *Ineinander* von zeitlichem Ablauf, Verteilung im anschaulichen Raum und Schaffung von abstrakten Räumen findet man bei allen *gespeicherten Texten*, vor allem wenn sie einen gewissen Umfang haben.

Jeder Text ist zunächst ein *zeitlich geordnetes* Gebilde. Man kann nicht alles auf einmal sagen (und entsprechend hören), sondern muß *eines nach dem andern* nehmen. Bei jeder Art der *Speicherung* wird dagegen dieses *zeitliche* Gebilde auf etwas *Räumliches* «abgebildet»: beim geschriebenen Text durch die Wortbilder, die sich von links nach rechts in den Zeilen folgen und durch die Zeilen, die von oben nach unten auf den Seiten angeordnet sind – beim elektronisch gespeicherten Text durch die Spuren auf dem Tonband, der Platte usw. – und bei der ältesten Art der Speicherung, dem Auswendiglernen, durch die entsprechenden Vernetzungen von Gehirnzellen.

Man findet daher auch bei den *Bezugnahmen* auf geschriebene Texte in *äquivalenter* Weise sprachliche Mittel, die im Bereich des *anschaulichen* Raums etwas *Verschiedenes* darstellen. Das beginnt schon bei den verbalen Semantemen für die *Rückgewinnung* des *zeitlich geordneten* Textes und damit auch seines Inhalts *aus der im anschaulichen Raum verteilten* Speicherung, d. h. für das *Lesen*. Man kann «*ein Buch lesen*» (global, auf das ganze Buch bezogen) und «*in einem Buch lesen*» (dann denkt man speziell an die Stellen, die man jeweils gerade liest). Man kann auch *ausgewählte* Kapitel *in einem* Buch oder *aus einem* Buch lesen – beides ist äquivalent.

Entsprechendes in den andern Sprachen: «*lire un livre – lire dans un livre*» – «He *read the letter through six times* (las den Brief sechs mal durch) – She *read out the letter to all of us* (las uns allen aus dem Brief vor)» – «*Epistulam legere* (einen Brief lesen) – *Homerum legere* (den Homer/im Homer lesen) – *legimus apud scriptorem* (wir lesen bei diesem Schriftsteller)».

Hier sind im Deutschen und Englischen auch «*in*» und «*auf, on*» oft äquivalent: «*in diesem Kapitel, in/auf diesen Seiten – in this chapter, in/on these pages*». Bei *Verweisen* auf eine frühere bzw. spätere Stelle heißt «*oben, supra*» dasselbe wie «*weiter vorn, in einem früheren Abschnitt*», und «*unten, infra*» heißt entsprechend «*weiter hinten, in einem späteren Abschnitt*».

Man kann in diesem «*supra – infra*» einen Reflex des antiken Buchwesens sehen, wo die Zeilen des Textes für ein ganzes Buch auf einer Rolle untereinander standen, nicht auf die sich folgenden Seiten auf der Vorder- und Rückseite von Blättern verteilt (daher auch die häufige Einteilung in «Erstes Buch – Zweites Buch – Drittes Buch», weil eben der Umfang eines «Buches» sich nach dem richtete, was auf einer Rolle Platz hatte).

1.58 Simultanes, gleichzeitig im Raum vorhanden – Diskursives, nur im zeitlichen Ablauf erfahrbar

Am Prozeß des *Lesens und Verstehens* längerer Text läßt sich auch ein Grundphänomen deutlich machen, das bei *räumlich* Vorhandenem und *nur zeitlich, hintereinander Erfahrbarem* besteht.

Die *Zeit* ist ja ein universaler Rahmen für alles Dasein in der Welt, auch für alles Räumliche, im anschaulichen Raum oder in abstrakten Räumen; dem Ablauf der Zeit kann sich niemand und nichts entziehen.

Aber *innerhalb* dieses Rahmens ist es oft wichtig, daß man unterscheidet: Hat man es mit etwas zu tun, das *gleichzeitig als Ganzes* vorhanden und gegeben ist (und natürlich als Ganzes im Zeitablauf drinsteht und sich mit ihm langsamer oder schneller, unmerklich oder fühlbar verändert) – oder hat man es mit etwas zu tun, das *wesenhaft einem Zeitablauf folgt*, das *nur in einem solchen Ablauf existiert*? Man hat für das eine den Fachausdruck «*simultan*» (gleichzeitig als Ganzes gegeben) und für das andere «*diskursiv*» (nur in einem Ablauf, in zeitlicher Gestalt gegeben).

Ein *Buch* liegt als *simultanes Gebilde* vor Augen. Alles darin ist *gleichzeitig* gegeben und verfügbar, räumlich verteilt auf den vielleicht sehr vielen Seiten, vom ersten Wort bis zum letzten. Wenn man nun aber das Buch (oder in dem Buch) *lesen* will, kann das *nur in einem diskursiven, in der Zeit ablaufenden* Prozeß erfolgen. Man liest zwar als geübter Leser keineswegs ein Wort nach dem andern (und schon gar nicht, abgesehen von dem Entziffern eines schwierigen, unbekannten Wortes, einen Buchstaben nach dem andern); man faßt vielmehr ganze Wortgruppen, ganze nicht allzulange Propositionen *auf einmal* ins Auge und entnimmt die darin enthaltene Informations-Portion *auf einen Schlag* aus dem Text. Aber auch der geübteste Leser, der ein «überfliegendes Lesen» oder «diagonales Lesen» trainiert hat, muß *insgesamt* wieder *eines nach dem andern nehmen*, er muß den Text «lesend durchwandern» – und wenn er zum Vergnügen liest, so hat er auch *gar keinen Anlaß*, sich bei diesem Durchwandern allzusehr zu beeilen.

Aus diesem grundsätzlich und unaufhebbar diskursiven Prozeß ergibt sich nun *wieder ein simultaner Bestand*, gespeichert im *Gedächtnis*, d. h. im *Gehirn*, nämlich eine geraffte Zusammenfassung des dem Buch im einzelnen Entnommenen – im besten Fall eine knappe Inhaltsübersicht, vielleicht mit spezieller Erinnerung an diese oder jene Einzelheit, sehr oft aber auch nur ein sehr genereller und vager Eindruck vom Inhalt des Buches (und bei Sachbüchern ggf. ein Gedächtniseintrag, zu welchen Sachfragen man im Bedarfsfall in diesem Buch eine Behandlung, eine Antwort finden kann). Genaueres zu den Lese-Prozessen findet sich in Ziff. A.38–A.40.

Man kommt also *von* einem materiell vorhandenen Simultan-Bestand *über einen* grundsätzlich diskursiven und primär gedanklichen Prozeß (auch wenn daran die Augen wesenhaft beteiligt sind) *zu einem* im Gedächtnis gespeicherten (und dort auch räumlich organisierten), wenn auch sehr knappen, ungefähren *neuen, individuellen Simultanbestand*. Und als ein *Simultanbestand* ist auch der *gesamte Sprach- und generelle Gedächtnisbesitz* zu betrachten, den man «im Kopf hat» und den man laufend für das Lesen, das Verstehen, das Einordnen und ggf. das spontane Zusammenfassen verwendet (wobei er sich auch ständig etwas verändern kann).

Auch dieser gesamte Sprachbesitz, der gesamte Gedächtnis-Inhalt ist aber, obwohl simultan vorhanden (in den Einträgen und Vernetzungen in den -zig Milliarden von «Schaltungen» im Gehirn) *nur in einem diskursiven Prozeß (wieder) abrufbar*, sei es in beliebigen Akten des Hörverstehens und Leseverstehens, sei es im Aufrufen von Erinnerungen, im Ordnen von Gedanken überhaupt, sei es beim Schaffen von neuen Texten, mündlich oder schriftlich (und hier hat man ja im Deutschen die Bildhintergründe aus dem anschaulichen Raum und dem Handeln in ihm, daß einem «etwas *einfällt*», daß man etwas jetzt «*erfaßt, packt*» usw.). Für Genaueres über die Speicherung des Sprachbesitzes im Gehirn (plausible Hypothesen dafür) siehe Ziff. A.01–A.21.

11/IV Weitere je nach Semantem einfügbare Bedeutungsbeiträge: Ablaufstempo – Intensität – Vollständigkeit – Genauigkeitsgrad – Arten des Vorgehens, Einsatz von Organen, Hilfsmitteln – gemeinsam oder allein handeln – personale Verfassung beim Handeln – Haltung gegenüber anderen – Auffälligkeit – ausdrückliches Bewerten

1.59 Darstellung durch verbale Proposition oder durch bloßes Satzglied

An dieser Stelle ist nochmals auf eine Grund-Anschauung der traditionellen deutschen Grammatik zurückzukommen, die schon bei der Betrachtung der Verben des Redens/Denkens (Ziff. 10.10) kritisch zu beleuchten war: daß nämlich jeder Nebensatz als die «*Entfaltung*» eines *Satzglieds* zu sehen sei. In dieser Betrachtungsweise (sie entstand in der Zeit um 1830, im Anschluß an die Hochblüte der deutschen idealistischen Philosophie) sah man also den «einfachen Satz» (d. h. die verbale Proposition, Verb und Besetzung der festen vom Verb aus bestimmten Semantemstellen) als das Grundlegende an und leitete den Aufbau des Propositionen-Paares «Hauptsatz-Nebensatz» strikt aus dem «eigentlichen Aufbau» des Hauptsatzes ab.

Demgegenüber betonte man in der historisch-vergleichenden Grammatik immer wieder, daß die Beziehungen zwischen *Hauptsatz* und *Nebensatz* («Unterordnung – Hypotaxe») aus entsprechenden Beziehungen zwischen *zwei gereihten Teilsätzen* entstanden seien (aus «Nebenordnung – Parataxe»).

Die Betrachtung der Bedeutungsbeziehungen zwischen Propositionen auf verschiedener gedanklicher Ebene (Ziff. 10.01–10.33, 10.43–10.52) und der daran anschließenden Beziehungen auf gleicher gedanklicher Ebene (Ziff. 10.75–10.90 sowie 11.01–11.56) hat gezeigt, daß hier *keine einsinnige «Ableitung»* des einen aus dem andern sinnvoll ist. Eine als Nebensatz gesetzte Proposition *kann* rein als ausführlichere, deutlichere Fassung für etwas dienen, das auch durch ein bloßes Satzglied dargestellt werden kann, z. B. «Jetzt geht es dir *wie mir* – Jetzt geht es dir, *wie es mir ergangen ist*». Ein Satzglied *kann* aber auch als Kurz-Signalisierung eines Teilbestandes in einer speziellen Bedeutungsbeziehung dienen, wo die Darstellung durch ganze als Nebensatz gesetzte verbale Proposition den *Hintergrund* für das *richtige Verstehen* abgibt: «*Bei Nichtgefallen* Rückgabe möglich – *Wenn Ihnen der Artikel nicht gefallen sollte*, können Sie ihn zurückgeben» oder «*Bei allem Verständnis für Sie* müssen wir das ablehnen – *Obwohl wir sehr viel Verständnis für Sie haben*, müssen wir das ablehnen».

In dieser Gesamt-Optik sind nun zum Abschluß des Teiles 11 noch die Bedeutungsbeiträge von Satzgliedern zu behandeln wie «*schnell* arbeiten – etwas *eigenhändig* tun – *selber* hingehen – etwas *auffällig* oder *unbemerkt* tun – etwas *fröhlich* tun – etwas *zusammen mit andern* oder *allein* tun – etwas *gut* oder *schlecht* tun». Es ist der große Bereich derjenigen Satzglieder, die in der traditionellen deutschen Grammatik mehr schlecht als recht in dem Sammeltopf «*Adverbialien der Art und Weise*» untergebracht waren, zum Teil auch bei den «*präpositionalen Objekten*» gesehen (so die Nennung des Handelnden bei Verb im Passiv) – siehe schon die Kritik an der traditionellen Begriffsbildung «Adverbiale – präpositionales Objekt» in Ziff. 6.09.

11.60 Gleiches Wort als Satzglied im Kernbestand, als hinzugefügtes Satzglied oder als Satzglied-Teil

Bei den jetzt zu betrachtenden Bedeutungsbeiträgen im Rahmen einer verbalen Proposition ist nun besonders zu beachten, daß vom Bedeutungs-Aufbau her gesehen die Unterschiede «Besetzung einer Stelle im Kernbestand – freier hinzugefügt – in einem Satzglied als Teil eingefügt» zwar keineswegs verschwinden, wohl aber sich stark relativieren. Es ist daher auch auf manches zurückzugreifen, was in Teil 7 für den Aufbau nichtverbaler Gefüge schon gezeigt werden konnte.

Einige Beispiele, zum Teil mit den genau gleichen Wörtern, zum Teil mit bedeutungsähnlichen oder praktisch gleichbedeutenden, aber anders lautenden Wörtern:

Satzglied im Kernbestand	freies eingefügtes Satzglied	Als Teil in Satzglied eingebaut
⌐Alles⌐ ging ⌐langsam⌐	⌐Es⌐ veränderte ⌐sich⌐ ⌐langsam⌐	⌐Man⌐ sah ⌐langsame Veränderungen⌐
«Alles ging» würde die Bedeutung aufrufen«Alles war möglich», und das ist hier gar nicht gemeint	«Es veränderte sich» ist für sich allein sinnvoll und wird durch «langsam» nur genauer charakterisiert	«langsam» ist in ein Begleitgefüge eingebaut, als begleitendes Adjektiv, franz. «adjectif épithète»
⌐Die Überraschung⌐ war { ⌐vollständig⌐ / ⌐perfekt⌐ }	⌐Er⌐ überraschte ⌐uns⌐ { ⌐völlig⌐ / ⌐total⌐ / ⌐im vollsten Sinn des Wortes⌐ }	⌐Er⌐ kam ⌐völlig überraschend⌐
verbales Semantem «jemand/etwas ist so», das «vollständig, perfekt» füllt also die feste Stelle für «so» aus	verbales Semantem «jemand/etwas überrascht jemand», die Satzglieder «völlig, total im vollsten Sinn des Wortes» sind also freier hinzugefügt	verbales Semantem «kommen//jemand// etwas» (dazu genauer Ziff. 12.19) «völlig» als Vorschaltteil zum als Satzadjektiv gesetzten «überraschend»

11.61 Grenzen der Einfügbarkeit auch bei zusätzlichen Satzgliedern

Wenn hier von «freier einfügbaren Bedeutungsbeiträgen, zusätzlich möglichen Satzgliedern» gesprochen wird, muß klar gesagt werden, daß keineswegs *jeder* zusätzliche Bedeutungsbeitrag mit *jedem* Semantem verbunden werden kann, sondern daß oft auch die Möglichkeiten für solche zusätzliche Bedeutungsbeiträge vom jeweiligen verbalen Semantem her *festgelegt* sind – nur nicht als *feste, immer zu besetzende* Stellen, wie für den Kernbestand, sondern als *mögliche, einbaubare* Stellen.

Die *Abhängigkeit* vom verbalen Semantem kann *je nach der Art* der zusätzlichen Bedeutungsbeiträge *sehr verschieden weit* gehen. Eine *Einbettung in den Zeitablauf* (Ziff. 11.01–11.22) ist praktisch für jedes verbale Semantem möglich, sie erfolgt ja in gröbster Form schon durch die Wahl der jeweiligen grammatischen Zeit. Auch das *Zurückführen auf eine Ursache* (in der Form eines Satzglieds: «*wegen* dieser Erscheinung, *infolge* des extremen Druckes» usw.) ist wohl grundsätzlich für alles durch den Kernbestand einer Proposition Dargestellte möglich. Dagegen ist die Nennung eines *Zwecks* nur für Semanteme möglich, die ein *Handeln/Verhalten* willensfähiger Wesen darstellen (also z. B. nicht *«Es war sehr kalt, damit er so handelte», usw.). Eine Darstellung der *räumlichen* Lage kann wohl fast überall gegeben werden, jedenfalls in abstrakten Räumen («sieben + fünf gibt zwölf, *im Zehnersystem*»). Dagegen ist das Nennen von *Bewegungszielen* oder *Herkunft von einem Ort* (Ziff. 11.29–11.34) nur bei Semantemen möglich, die eine Bewegung darstellen oder als Bewegung in einem abstrakten Raum verstanden werden können.

Diese Abhängigkeit vom verbalen Semantem wird nun immer größer, wenn man von den *elementaren* Bedeutungsbereichen «Zeit –Raum – als Erklärung herangezogener Grund» zu den vielen *speziellen* Bedeutungsbeiträgen kommt, die durch die traditionellen «Adverbialien der Art und Weise» dargestellt werden – und sie wird noch viel größer bei den «präpositionalen Objekten» (hier liegt auch die sachliche Rechtfertigung für eine Unterscheidung der «Adverbialien» von den «präpositionalen Objekten», nur ist diese in ihrer traditionellen Form zugleich zu fein und viel zu grob, siehe schon Ziff. 6.09).

Einige erste Beispiele für die Abhängigkeit der Kombinierbarkeit von der Art des jeweiligen zusätzlichen Bedeutungsbeitrags:

Mit dem Semantem «*etwas machen // jemand*» kann man nicht nur Angaben von Raum und Zeit, sondern auch eine Angabe des Genauigkeitsgrades verbinden: «Er macht das *heute* – Er macht es *hier* – Er macht es *sehr genau*» (oder: «*ganz unpräzis*»). Mit dem Semantem «*schlafen // jemand*» kann ebenfalls eine Zeitangabe und eine Ortsangabe verbunden werden («Er schläft *lange* – Er schläft *auf der Couch*»); dagegen ist keine Angabe der Genauigkeit möglich (*«Er schläft *sehr genau*»), dafür aber eine Angabe der *Intensität* («Er schläft *tief*», oder mit einer etwas andern Formalstruktur «Er hat einen *leichten* Schlaf»).

1.62 Ablaufsgeschwindigkeit bei Bewegungen und generell bei Veränderungen

Der *Wichtigkeit* von Bewegungen und von Veränderungen aller Art bei allem, was man beobachtet, denkend verarbeitet und sprachlich darstellen will, entspricht das Vorhandensein besonderer sprachlicher Mittel für die Darstellung von *Geschwindigkeit* bzw. *Langsamkeit* bei allem, was man tut und was um einen herum geschieht. Der Bestand an Bedeutungen und die Differenziertheit ihrer Verwendungsbedingungen ist aber erheblich größer als bei den Bedeutungen für Erstreckung im anschaulichen Raum («groß – klein usw., Ziff. 11.39), und die Verschiedenheiten zwischen den Sprachen sind größer.

Die einfachsten Verhältnisse und die beste Vergleichbarkeit findet man, wenn man die Geschwindigkeit von Bewegungen und Veränderungen im anschaulichen Raum betrachtet – zahlenmäßiges Erfassen von Geschwindigkeiten ist ja nicht nur in der Physik, sondern auch im alltäglichen Straßenverkehr immer wieder erforderlich.

Der Luftballon Das Thermometer Der Druck	steigt oder sinkt, fällt	schnell langsam	mit	großer geringer	Geschwindigkeit, mit ... m/sec
L'aérostat Le thermomètre La pression	monte ou baisse, tombe	vite, rapidement lentement	à	grande petite	vitesse, ... m par seconde
The balloon The thermometer The pressure	rises or falls	fast, quickly slow(ly)	at a	high low	speed, at a speed of ... m a seconde
Machina aerobatica Thermometrum Pressura	ascendit aut cadit	celeriter lentissime	celeritate	maxima minima	

Sobald man aber zu *Bewegungen von Menschen* kommt (oder auch zu entsprechend gesehenen Bewegungen in der unbelebten Natur), werden die Verhältnisse komplizierter. Man kann *ruhig und gemächlich* von einem Punkt zu einem anderen *gehen* – man kann aber auch *ruhig und gemächlich* irgendwo *sitzen*. Bei Schiller liest man (Tell, Vers 1791), daß im ebenen Land «Die Flüsse *ruhig und gemächlich ziehn*». In einem deutsch-französischen Wörterbuch findet man für «gemächlich» zwei verschiedene Gegenstücke, je nach Bedeutung: «(ruhig, gemütlich) *nonchalant, à son aise*», (langsam) *lentement*». In einem deutsch-englischen Wörterbuch: «*comfortable, easy; leisurely* ... gemächlich *leben*: live *at ease* or *comfortably*.» In einem deutsch-lateinischen Wörterbuch stehen nach den Adjektiven «*commodus, bonus, mollis*» und «*vita tranquilla*» die Adverbien «*commode; placide. quieto et placido gradu* procedere/sequi». Ein Übersetzungsbeispiel aus dem «Grünen Heinrich» (Kapitel 6 des ersten Buches), wo zunächst eindeutig eine Bewegung im anschaulichen Raum beschrieben wird, aber zugleich und vor allem das *Gefühl*, das die zwei Menschen erfüllt, während sie langsam durch den Wald und die von den locker stehenden Stämmen gebildeten Durchgänge reiten:

... wir *ritten gemächlich* zwischendurch ...	... nous *allions sans encombre* à travers le bois ...
	... we *rode at our ease* among the firs ...

Es gibt auch fließende Übergänge von Darstellung der *Geschwindigkeit* von Bewegungen oder generell Veränderungen zur *Art des Eintretens* von etwas – auch einer Bewegung oder einer Veränderung der Geschwindigkeit in ihr, wo «*schnell*» äquivalent ist mit «*sofort, unverzüglich*» und «*langsam*» mit «für die Veränderung eine längere Zeit beanspruchend» (siehe Ziff. 11.10, Arten des Eintretens/Aufhörens von etwas).

Speziell zur Darstellung des Aspekts «*Stufen unterscheidbar* bei der Bewegung/Veränderung, oder *Stufenlosigkeit, Gleichförmigkeit*» gibt es Bedeutungen und sie signalisierende Wörter wie die folgenden:

stufenweise, gradweise	par degrés	gradually	gradatim («schrittweise»)
stufenlos, kontinuierlich	par intervalles	continuous	motu aequabili
gleichmäßig/gleichförmig	continu, suivi		

1.63 Intensität, Stärke bzw. Schwäche bei Handlungsweisen, Zuständen, Charakteristiken

Sehr viele Handlungsweisen, Zustände, Charakteristiken können in *verschiedener Intensität* gegeben sein. Es kann sich daher das Bedürfnis einstellen, die Intensität, die Stärke bzw. Schwäche bei der jeweiligen Handlungsweise, dem Zustand, der Charakteristik *eigens anzugeben*. Wie oft dieses Bedürfnis auftritt, hat sich schon bei Betrachtung der Grund-Folge-Beziehungen gezeigt («*so* groß, daß ..., *zu* schnell, um ...», Ziff. 10.79).

Wird der Zustand, die Charakteristik usw. durch ein *Adjektiv* oder eine *Partikel* dargestellt, so setzt man die Angabe der Intensität als *Vorschaltteil*: «*erstaunlich* groß – *überaus* wertvoll – *sehr* allein – *wenig* attraktiv» usw., (Ziff. 7.38, 7.39'A'B und 7.46'A'B).

Hier geht es nun um die Angabe der Intensität bei Abläufen, Zuständen, Charakteristiken usw. *im Rahmen ganzer verbaler Semanteme*. Eine solche Intensitätsangabe erfolgt in der Regel durch ein eingefügtes Satzglied. Gelegentlich ist das gleiche Wort sowohl als Vorschaltteil wie als eigenes Satzglied möglich: «Das ist *sehr* hübsch, es gefällt mir *sehr*». Manchmal muß man aber eine andere Wortform oder ein ganz anderes Wort verwenden: «Es war *bitter* kalt – Wir froren *bitterlich*», oder französisch «C'est *très* beau, il me plaît *beaucoup*». Es gibt auch fließende Übergänge zur Angabe von Vollständigkeitsgrad und Genauigkeitsgrad (Ziff. 11.64–11.66) und zur Nennung von Quantität überhaupt: «Er leidet *sehr*, er hat *viel* Kummer» oder «Das interessiert mich *enorm*, du mußt mir *viel* darüber erzählen, ich möchte *alles* genau wissen».

Die Möglichkeit, mit einem verbalen Semantem eine solche Angabe der Intensität zu kombinieren, gibt es in allen vier Sprachen, und die Ausdrücke dafür lassen sich überall in drei Reihen ordnen:

Große Intensität, *über* einem anzunehmenden «*Normalwert*» gesehen	*Ausreichend* intensiv für einen *bestimmten* Zweck	*Geringe* Intensität, *unterhalb* eines «*Normalwerts*» gesehen
so, sehr, überaus, mächtig, enorm besonders	genug, ausreichend	wenig ein wenig, ein bißchen ein (ganz) klein wenig
tellement, beaucoup, énormément, infiniment, particulièrement	assez, suffisamment	peu, un peu, un petit peu un tout petit peu
so much, very much, greatly, exceedingly, especially	enough, sufficiently	little, a little
valde, vehementer, maxime, singulariter, egregie, eximie, praesertim	satis	paullum/paullulum

Einen *störend hohen Grad* kann man im Französischen und Lateinischen durch ein einziges Wort signalisieren: «*trop – nimis/nimium*». Im Deutschen und Englischen muß man *Vorschaltgefüge* verwenden: «*zu sehr – too much*». Für einen *störend niedrigen* Grad hat nur das Lateinische ein eigenes Wort, nämlich «*parum*», in den drei andern Sprachen muß man Vorschaltgefüge verwenden: «*zu wenig – trop peu – too little*». Als *Extremwert* für *geringe* Intensität kann man die *Negation* betrachten (Ziff. 9.10–9.17): «Er arbeitet *wenig – sehr wenig – gar nicht*». Das lateinische «*minime*» (Superlativ in der Reihe «*parum –minus – minime*» kann deutsch wiedergegeben sein durch «*am wenigsten – sehr wenig – keineswegs – nicht im mindesten*».

Für eine *besonders große* Intensität verwendet man in allen drei modernen Sprachen bei stark affektivem Sprechen auch Wörter, die mit *Geisteszuständen von Menschen* oder entsprechender Charakteristik von etwas zusammenhängen und die daher auch dominante Teile bilden können:

Er liebt diese Frau *wahnsinnig* («*Es ist wahnsinnig, wie* er sie liebt»)	Er verwöhnt sie *schrecklich*
Il l'aime *follement* («*C'est fou comme* il l'aime»)	Il la gâte *terriblement*
He loves her *madly* (*It is mad how* he loves her)	He spoils her *horribly*

Man kann aber keineswegs *jedes* eine große Intensität signalisierende Wort mit *jedem* verbalen Semantem kombinieren, oft sind für bestimmte verbale Semanteme nur bestimmte Wörter zur Angabe großer Intensität möglich. Man kann z. B. etwas *sehr intensiv studieren* und dabei *hart arbeiten* oder *schwer arbeiten*, aber man kann nicht *«hart studieren»* oder *«schwer studieren»*. Man kann *schwer unter etwas leiden*, aber nicht *«hart unter etwas leiden»*. Man kann etwas *sehr begrüßen*, aber kaum «es *sehr* ablehnen». Man kann *sehr* oder *von Herzen* für etwas *danken*, aber nicht *«intensiv/schwer/hart dafür danken»*. Dazu kommen formale Besonderheiten, z. B. im Englischen die Verwendung eines adjective auch als adverb of manner: «to work *hard*».

Die *genaue Rechenschaft* von allen diesen Verwendungsregularitäten (speziell: den *Einschränkungen* für die Verwendung) von Wörtern für große Intensität kann nicht generell in der Grammatik erfolgen, sie gehört in die Artikel über die betreffenden Verben in den Wörterbüchern, speziell auch den einsprachigen Wörterbüchern.

11.64 Grad der Vollständigkeit des Gegebenseins bei Zuständen, Haltungen usw.

Mit den Angaben der Intensität verwandt, aber doch als eigene Gruppe zu betrachten sind die Angaben, ob etwas *vollständig* gegeben ist oder *nur teilweise*. Auch hier ist als unterer Extremwert die Negation zu betrachten: «Es gelang ihm *vollkommen* – *nur teilweise* – *gar nicht*».

Wenn der betreffende Zustand, die Haltung usw. durch ein *Adjektiv*, eine *Partikel*, einen *präpositionalen Ausdruck* dargestellt wird, signalisiert man den Vollständigkeitsgrad durch einen *Vorschaltteil* (siehe schon Ziff. 7.39'A2 und 7.46'A2):

⌈Sie‿ist ‿*völlig* gesund⌉	⌈Sie‿ fühlt ‿sich‿*ganz* wohl⌉	⌈Die Sache ist ‿*vollkommen* in Ordnung⌉

Manchmal wird nun ein solcher Zustand, eine Haltung usw. durch ein *Verb* als Kern eines eigenen verbalen Semantems signalisiert, und dann kann man für das Nennen des Vollständigkeitsgrads ein *besonderes Satzglied* einfügen.

Einige nach dem Vollständigkeitsgrad ihres Zutreffens charakterisierbare verbale Semanteme: Etwas *gelingt* oder *mißlingt* – Etwas *trifft zu*, *stimmt* – Man *täuscht sich*, man *geht fehl* – Es *fehlt an etwas* – Man *vertraut* oder *mißtraut jemandem* – Man *kennt* etwas, *weiß* etwas, *hat* etwas *gelernt*, *beherrscht* eine Technik – Man *hat* etwas *vergessen* oder etwas *versäumt*.

Eine Sammlung von Ausdrücken für «betonte Vollständigkeit des Gegebenseins von etwas»:

> *völlig, vollkommen, total, in allen Teilen, ganz, gänzlich, durch und durch, von Grund aus*
>
> *tout à fait, complètement, parfaitement, entièrement, totalement, à fond*
>
> *fully, completely, entirely, totally, thoroughly, quite, radically, fundamentally*
>
> *perfecte, plane, prorsus, omnino, penitus, funditus*

Bei einigen dieser Ausdrücke ist ein *räumlicher Bildhintergrund* (Ziff. 11.42, 11.54) mehr oder weniger deutlich erkennbar: bei «von *Grund* aus – à *fond* – *fundamentally* – *funditus*» ein «*unten, grundlegend*», bei «*prorsus*» ein «*vorn*», bei «*penitus*» ein «*innen*».

Auch hier ist aber, wie bei der Intensität (Ziff. 11.63), keineswegs *jeder* Ausdruck der Vollständigkeit mit *jedem* verbalen Semantem kombinierbar. Einige Beispiele:

> Man kann etwas *völlig – vollkommen – von Grund aus – durch und durch* beherrschen, verstehen, sich zu eigen gemacht haben. Aber schon etwas fraglich ist «Ich *verstehe* dich *ganz*», und völlig ausgeschlossen ist *«Ich *verstehe* dich *gänzlich*». Dagegen kann man jemanden *gänzlich – vollkommen – völlig – von Grund aus* mißverstehen.
> Man kann sagen «*Sein Wissen genügt vollkommen – vollauf*», aber nicht *«*Er weiß es vollauf*». Entsprechend: «*Cela suffit largement, parfaitement*», aber nicht *«*Il le sait largement*».
> Man kann sagen «He *knows* it *fully – completely – entirely – thoroughly*», aber fraglich «He *knows* it *totally*», und ausgeschlossen *«He *knows* it *radically – fundamentally*».
> Man kann sich *völlig – vollkommen – durchaus – gänzlich* täuschen, aber «sich *durch und durch* täuschen»? Lateinisch «*Errant plane – omnino*», aber kaum *«*Errant penitus – funditus – perfecte*».

Besondere Bedingungen bestehen bei der Partikel «*durchaus*». Sie kann eindeutig und positiv die Vollständigkeit signalisieren, so wenn Faust sagt «Habe nun, ach, Philosophie ... *durchaus* studiert, mit heißem Bemühn». Oft ist aber mit «*durchaus*» schon eine Relativierung, eine Einschränkung verbunden: «Das trifft alles *durchaus* zu, *aber trotzdem* ...». Manchmal signalisiert es auch eine leichte Herablassung: «Er weiß das (ja) *durchaus*, aber er handelt nicht danach».

Sehr viel weniger Ausdrücke, dafür praktisch unbeschränkte Kombinierbarkeit gibt es für die Angabe, daß etwas *nur teilweise* gegeben ist:

| *teilweise, zum Teil* | *partiellement, en partie* | *partly, in part* | *per partes, partim* |

Hier kann sich eine genaue Kennzeichnung der jeweiligen Intensität *durch Zahlen* anschließen: «Der Wind bläst *stark* – mit einer *Stärke von 13*» oder «Er arbeitet *ganz – halb – zu 30%*».

Übergänge zu Angaben der *Genauigkeit* (Ziff. 11.66) bestehen bei der Kennzeichnung eines *nur annähernden* Zutreffens:

| *fast, beinahe* | *à peu près, peu s'en faut* | *nearly, almost* | *paene, prope, propemodum* |

1.65 Trennbare Satzglieder für Vollständigkeitsgrad bei Entitäten

Beim Nennen von *Entitäten* (Personen, Institutionen, materiale Erscheinungen generell) hat man offensichtlich besonders oft das Bedürfnis, die Vollständigkeit des Vorhandenseins zu kennzeichnen (natürlich immer: vollständiges Vorhandensein der hier überhaupt in Frage kommenden Entitäten, nicht etwa eine absolute, logische Vollständigkeit). Das erfolgt allermeistens im Rahmen eines *Begleitgefüges* (Ziff. 7.24'H). Dabei ist nun bemerkenswert, daß im Deutschen und im Französischen die Pronomen bzw. Adjektive, die eine solche Vollständigkeit signalisieren, auch vom *Kern* des betreffenden *Satzglieds getrennt* stehen können. Für das Französische wurde das schon in Ziff. 7.13 gezeigt:

J' ai interrogé tous ces témoins	Ces témoins, je les ai interrogés tous

Im Deutschen ist diese Erscheinung, die an die grundsätzliche Stellungs-Freiheit der zu einem Satzglied zusammengehörigen Wörter im Lateinischen erinnert, noch ausgeprägter, weil manchmal noch eine besondere Anpassung des Falls dazu kommt:

Sie sind *alle* erschienen	Diese Kollegen habe ich *alle* gekannt	Denen habe ich es *allen* gesagt

Das ist auch bei Pronomen wie «kein – viel – wenig» möglich:

Ich sah *keine* neuen Resultate	Neue Resultate sah ich *keine*
Sie hat *viele* Bewunderer, *wenig* Freunde	Bewunderer hat sie *viele*, Freunde aber nur *wenige*

Man kann sich fragen, ob hier ein – sehr spezieller – besonderer formaler Satzgliedtyp anzusetzen wäre (vgl. Ziff. 6.05–6.06). Das hat aber wenig Sinn, und es ist befriedigender, wenn man für diese Kennzeichnung von Vollständigkeit oder Menge eine *Ausnahme* von der sonst durchgehenden Erscheinung zuläßt, daß *alle* zu einem Satzglied gehörenden Wörter *unmittelbar aufeinander folgen* und das *ganze Satzglied nur geschlossen verschiebbar* ist (Ziff. 3.02–3.06).

Die Vollständigkeit oder Menge kann aber auch durch ein ganz «normales» Satzglied dargestellt werden (Satzadjektiv, Präpokasus, Satzpartikel), nur manchmal mit etwas beschränkter Verschiebbarkeit (Voranstellung nicht überall möglich). Beispiele dafür: «Sie erschienen *vollzählig* – Sie kamen *in großen Mengen, in Scharen, in hellen Haufen* – Sie waren *sämtlich/insgesamt* mit unserm Vorschlag einverstanden – *Meistenteils/Großenteils* stimmten sie dafür».

Bei manchen Verben ist die Nennung von Menge bzw. Vollständigkeit auch als *Akkusativobjekt* (complément d'objet direct, direct complement) möglich, also an einer festen Semantemstelle. Als Beleg kann man den berühmten Wissens-Anspruch Wagners im «Faust» heranziehen:

Zwar weiß ich *viel*, doch möcht' ich *alles* wissen
Je sais *beaucoup*, c'est vrai, mais je voudrais *tout* savoir
Of course, I do know *a great deal* / but it is not enough, I want to know *all*
Though I know *much*, I would know *everything*
I know *a lot*, but I want to know *everything*

11.66 Angaben des Genauigkeitsgrads: meistens durch Vorschaltteile

Mit den Angaben der *Vollständigkeit* verwandt sind die Angaben des *Genauigkeitsgrads*. Solche Angaben werden allermeistens, in direkter Verbindung mit Maßangaben usw., durch *Vorschaltteile* gegeben: «Es war *genau* sieben Uhr – Die Strecke maß *etwa/ungefähr* 700 Meter» (Ziff. 7.39'C). Gelegentlich wird aber eine derartige Angabe der Genauigkeit durch ein eigenes Satzglied dargestellt, also direkt mit dem verbalen Semantem verknüpft, und sie kann dann in der Sache äquivalent sein mit einer Angabe der Vollständigkeit:

11/IV Weitere je nach Semantem einfügbare Bedeutungsbeiträge   631

| Das trifft { völlig, vollkommen / genau, exakt } zu | C'est { tout à fait / exactement } ce que je souhaitais |
| This is { quite, perfectly / exactly, precisely } what I wanted | Hoc { plane / accurate, diligenter } petebam |

Eine Zusammenstellung hier möglicher Wörter, für Genauigkeit wie für Annäherung:

| *genau, exakt*
 – *etwa, ungefähr* | *exactement, précisément*
 – *à peu près, approximativement* |
| *exactly, precisely*
 – *approximately, sketchily* | *accurate, diligenter*
 – *fere, ferme* |

11.67 Zusammenfassender Bezug auf Situationen, Abläufe, Vorgehensweisen: «so – ainsi – thus – sic/ita»

Manchmal hat man das Bedürfnis, im Rahmen einer Proposition beliebigen Inhalts *Bezug zu nehmen* auf den Ablauf eines Handelns, die Entwicklung eines Zustands, den Gang einer Argumentation oder auf eine bestimmte Situation *generell, rückblickend* auf *schon Gelaufenes* wie *vorausblickend* auf *Kommendes*, Geplantes oder einfach Erwartetes. Als einfachste formale Mittel dafür hat man in allen vier Sprachen die Partikeln «*so – ainsi – thus – sic/ita*», die man als Satzglieder in die betreffende Proposition einfügt, oft sogleich am Anfang. Daneben hat man, speziell für Ablaufsweisen, Handlungsstrategien usw. die deutlicheren mehrwortigen Ausdrücke «*auf diesem Weg, in dieser Weise – de cette façon, de cette manière – in this/that way*».

Bei der Untersuchung dieser sprachlichen Möglichkeiten kommt man (wie schon beim Verhältnis von dominanten Teilen und inhaltlichen Teilen, Ziff. 10.01–10.02) aus der Analyse des Aufbaus einer *einzelnen* Proposition oder eines Propositionen*paares* zur Betrachtung *des Zusammenhangs ganzer Folgen* von Propositionen, zum *Textaufbau an sich*. Das «*so – ainsi – thus – sic/ita*» leistet dabei oft Ähnliches wie die Pronomen «*das, dies – ce, cela – this, that – hoc*» usw. Man findet daher auch bei Übersetzungen oft sehr freie Wiedergaben. Zwei Beispiele für die Wiedergabe von deutsch «so» im Französischen und Englischen (aus «Faust», zuerst die Empfehlung der «Lustigen Person» im Vorspiel, wie der Theaterdichter sein Stück schreiben solle, Verse 170–173, und dann das Lob des Mephisto für Faust, daß dieser ihn mit dreimaligem «Herein» in die Studierstube bittet):

In bunten Bildern wenig Klarheit, Viel Irrtum und ein Fünkchen Wahrheit, *So* wird der beste Trank gebraut, Der alle Welt erquickt und auferbaut.	Mettez un peu de vrai parmi beaucoup d'images, D'un seul rayon de jour colorez vos nuages, *Alors*, vous êtes sûr d'avoir tout surmonté; *Alors*, votre auditoire est ému, transporté! (de Nerval)
In colorful show less light than dark, Much error, and of truth a spark, *Thus* is the headiest mixture brewed to slake and edify the multitude. (Arndt)	Qu'en de riches tableaux où peu de clarté brille Un grain de vérité parmi l'erreur scintille, *Et voilà* fabriqué le meilleur élixir, Qui va restaurer tout un monde, à plaisir. (Pradier)
A little light and lots of color, Much error and a spark of truth – *That's how* the best of beers is brewed, That cheers and fortifies us all. (Jarell)	Give chequered scenes, though meaning may grow dimmer, A chain of errors and of truth a glimmer; *This* is refreshing, *here you have* the brew that quickens all the world and sees us through. (Wayne)

Und das Kompliment von Mephisto für Faust (V. 1532):

| So gefällst du mir! | Tu me plais *ainsi*; | That's the welcome I desired |

Das «*so*» faßt im ersten Beispiel den in Stichwörtern gegebenen *Inhalt* der Empfehlung («In bunten Bildern wenig Klarheit, Viel Irrtum und ein Fünkchen Wahrheit») *zusammen* für die Aussage, daß *auf diese Weise* der Erfolg des zu schreibenden Stücks garantiert wird.

Im zweiten Beispiel faßt das «*So*» die *bisherige Handlungsweise Fausts* zusammen, um sie ausdrücklich zu loben (Faust hatte zuerst die Störung durch den angemeldeten Besuch beklagt, dann aber Mephisto doch empfangen und sein Einverständnis sogar bekräftigt durch das für den Teufel notwendige dreimalige «Herein»).

In den *französischen* Fassungen findet sich für «So» einmal «*Alors*», einmal «*Voilà que*» und einmal ein am Schluß der Proposition stehendes «*ainsi*». In den *englischen* Fassungen steht einmal die auch im Wörterbuch zu findende Entsprechung «*thus*», einmal die Umschreibung «*That's how*», einmal das Pronomen «*This*» und einmal die verdeutlichende Umschreibung mit einem «*That's the welcome*».

Zwei Beispiele für die Übersetzung des lateinischen «sic» in die drei modernen Sprachen, und zwar aus «Die Brüder» von Terenz, Verse 128, 133 und 143–145. Die beiden Brüder Micio und Demea streiten sich um die richtige Erziehungsmethode für einen Sohn. Der unverheiratete Micio hat den einen Sohn seines Bruders adoptiert und erzieht ihn äußerst freiheitlich, er gibt Raum (und Geld) für die Trinkereien und Liebesabenteuer des jungen Mannes. Demea findet das verwerflich, er fühlt sich eben auch immer noch als Vater und verantwortlich. Micio erklärt, körperlich sei wirklich Demea der Vater, in Bezug auf die Erziehung jedoch er, Micio («*Natura tu illi pater es, consiliis ego*»). Demea macht sich über diese Formulierung lustig, und Micio droht, er werde das Gespräch abbrechen («Ah, si pergis, abiero – Ah, wenn du so weiterredest, gehe ich weg»). Daraufhin fragt Demea voll Empörung:

| Sicine agis? sicine = «sic» + die Bekräftigungspartikel «ne» | Is *that the way* ᴿ you treat me ᴺ? |
| C'est *ainsi* ᴿ que tu le prends ᴺ? | So handelst du? |

Das «*Sic*», mit dem Demea das vorher angedrohte Weggehen von Micio aufgreift, um es durch eine tadelnde Frage als schlechten Stil zu kennzeichnen, wird also in der *deutschen* Fassung durch die engste lexikalische Entsprechung «*So*» wiedergegeben, in der *französischen* als «*ainsi*» in den Hauptsatz bei der «mise en relief» eingebaut und in der *englischen* (auch mit mise en relief) verdeutlicht durch «*Is that the way*».

Micio schlägt dann vor, sie wollten sich doch einigen, er erziehe seinen (Adoptiv)Sohn in der ihm gut erscheinenden Weise, und Demea seinen Sohn so, wie er es wolle. Das will Demea nicht gelten lassen (weil er sich immer noch auch für den zur Adoption weggegebenen Sohn verantwortlich fühlen will). Er drückt seinen Protest zuerst durch die Interjektion «Ah» und dann durch das vorwurfsvolle Ansprechen mit dem Namen «Micio» aus. Das sieht im Original und in den Übersetzungen so aus:

| Ah! Micio! | Ah, Micion! | No, no, Micio | Ha, Micio |

Micio betont demgegenüber, daß das von ihm Vorgeschlagene eben seine Ansicht sei:

| Mihi *sic* videtur wörtlich «Mir erscheint es *so*» |

Der französische Übersetzer führt das in zwei Propositionen aus (mit mise en relief):

| ⌒C'est ainsi ᴿ ⌒que je vois la chose ᴺ |

Der englische Übersetzer braucht einfach die sehr gebräuchliche Wendung mit «think»:

| ⌒I think so⌒ |

Der deutsche Übersetzer schließlich vereinfacht zu einer lapidaren Bekräftigung der eigenen Meinung durch ein «Jawohl».

In der Fortsetzung dieses Dialogs und im anschließenden kurzen Monolog von Micio finden sich nun auch gleich zwei Beispiele für die Verwendung des andern Gegenstücks zum deutschen «so», nämlich *ita*. Demea entscheidet sich nun, sich auf die Erziehung des ihm verbliebenen Sohns zu beschränken. Er will das umso eher, als dieser Sohn sich ganz nach seinen Wünschen entwickelt:

| ... ⌒est dis gratia ᴿ ⌒cum *ita* ⌒*ut volo* ᴺ est ᴺ |
| ... ⌒je rends grâce aux dieux ᴿ ⌒de ce qu'il soit ᴺ ⌒*comme je le désire* ᴺ |
| ... ⌒I thank god ᴿ ⌒he is *a son after my heart* ᴿ |
| ... ⌒den Göttern Dank ᴿ⌒: ⌒Er führt sich auf nach *meinem Willen* ᴿ |

Durch das «ita» im lateinischen Original wird hier auf eine *anschließende Charakteristik* verwiesen, es wird gewissermaßen ein (abstrakter) Raum dafür geöffnet; das «ita» könnte auch weggelassen werden («est dis gratia *cum ut volo est*»). Der französische Übersetzer verdeutlicht den Zusammenhang der beiden Propositionen durch den subjonctif in «de ce qu'il soit», dem «ut volo» entspricht ziemlich wörtlich *comme je le désire*; ein dem «ita» genau entsprechendes (durchaus mögliches) «ainsi» steht nicht. Der englische Übersetzer wählt für den Inhalt des «ut volo» den präpositionalen Ausdruck «*after my heart*» (auch deutsch möglich: «ein Sohn *nach meinem Herzen*»). Der deutsche Übersetzer schließlich wählt das besondere verbale Semantem «sich nach dem Willen von jemand aufführen» (also der Inhalt «wollen» durch das Nomen «Wille» gefaßt, und das mit dem «est/esse» Gemeinte durch «sich aufführen» spezifiziert).

In einem kurzen anschließenden Monolog erklärt nun Micio seine eigene Handlungsweise und reflektiert die Reaktionen seines Bruders. Micio ist nämlich auch bekümmert über die letzte Missetat seines Adoptivsohns, aber er wollte das gegenüber Demea nicht zugeben, weil dieser sonst noch viel ärgerlicher über seine, Micios, Erziehungsweise geworden wäre. Er beginnt diese Analyse der Verhaltensweise seines Bruders mit einer rahmengebenden Proposition mit «ita»:

| ⌒Nam *ita* est homo⌒... | Car l'individu est *ainsi* fait⌒... |
| ⌒This is the nature of the man⌒... | ⌒Denn *so* ist der Mann⌒... |

Hier leiten also die Ausdrücke «*ita – ainsi – the nature of ... – so*» in feierlich-ironischer Weise die in den nächsten vier Propositionen gegebene genauere Analyse von Demeas Charakter ein.

1.68 Speziellere Bedeutungsbeiträge bei der Darstellung von Handlungen

Unter dem umgreifenden Gesichtspunkt «Ablauf von Handlungen, Art ihrer Durchführung, verwendete Mittel aller Art, personale Verhältnisse beim Handeln» ist nun nach der (immer möglichen) zusammenfassenden Nennung durch «so – ainsi – thus/so – sic/ita» eine *Reihe von speziellen Bedeutungsbeiträgen* in den Blick zu nehmen – Bedeutungsbeiträge, die im Gegensatz zu «so» usw. meistens keine Auswirkung auf den Textaufbau insgesamt haben, sondern im Rahmen der jeweiligen Proposition bleiben und teilweise nur mit speziellen Gruppen von verbalen Semantemen kombinierbar sind.

Um eine gewisse Übersicht zu gewinnen, kann man die hier möglichen Bedeutungsbeiträge in die folgenden sieben Gruppen einordnen:
- *Materiale Hilfsmittel*, verwendete Körperorgane, Werkzeuge, Maschinen, verwendetes Material usw.
- Bei der besonderen Handlungsweise «Spielen»: *Spielgeräte, Musikinstrumente* usw.
- *Sprachlich-gedankliche Hilfsmittel*, verwendete Pläne, Anleitungen usw.
- *Mittel und Wege beim kommunikativen Handeln*, beim Beeinflussen von Gestimmtheiten usw.
- *Einsatz an Kraft, aufgewendete Mühe* – oder Betonen der Mühelosigkeit
- *Beteiligung anderer oder nicht* («mit ... zusammen – allein»)
- *Betonen des direkten Handelns bzw. Betroffenseins* (bei Menschen: «persönlich»; generell «selbst»)

11.69 Materiale Hilfsmittel für zielgerichtetes Handeln

Das erste und auch bei aller heutigen Technik immer noch Grundlegende beim menschlichen Handeln ist der *Einsatz des eigenen Körpers*, mit den Armen und Händen zum Greifen, den Beinen und Füßen zum Gehen, Laufen usw. und den Sinnesorganen, in erster Linie den Augen, für die laufende Kontrolle des Handelns und seines Erfolges – und das alles gesteuert von den entsprechenden Zentren im Gehirn, diesem Wunderwerk für Informationsverarbeitung und Informationsspeicherung. Das galt nicht nur in grauer Vorzeit, als unsere frühen Vorfahren noch alles «von Hand» machten, sich nur mit Hilfe ihrer eigenen Körperorgane bewegten, allmählich auch Werkzeuge entwickelten, das Feuer in ihren Dienst stellten, sich Haustiere heranzogen, auf deren Rücken sie reiten und von denen sie einen Wagen ziehen lassen konnten.

Auch heute noch *geht* man zur Bahn (wenn auch innerhalb des Hauses oft mit dem Lift und auf der Straße mit Bus oder Tram) oder man *steigt* ins Auto oder man *schwingt* sich aufs Fahrrad und *fährt* dann mit diesen Verkehrsmitteln an die Orte, wo man arbeitet oder spielt oder einfach zum Vergnügen ist. Bei der Arbeit löst man oft komplizierte Prozesse aus und steuert sie, indem man mit dem Zeigefinger der rechten (ggf. der linken) Hand auf einen bestimmten Knopf drückt, mit zwei Fingern einen Schalter dreht, mit einer Hand («einhändig») oder mit beiden Händen ein Steuerrad dreht, einen Hebel umlegt usw. Man fixiert Information, indem man die Tasten eines elektronischen Schreibgeräts leicht anschlägt (mit zehn Fingern, wenn man das gelernt hat, sonst mit zwei, drei, vier, links und rechts) und indem man den entstehenden Text laufend überprüft, auf dem Papier oder auf einem Bildschirm. Man kann auch Information fixieren, indem man etwas auf Band spricht und das Ergebnis durch (laufendes oder nachheriges) Hören überprüft, usw. Die gesamte Technik läßt sich ja verstehen als eine *Fortsetzung und ungeheure Verstärkung und Erweiterung* dessen, was die Menschen einst mit ihren eigenen Organen und Körperkräften und ersten, elementaren Werkzeugen (sowie bald auch durch die Kraft von Haustieren) auszurichten vermochten.

Man hat daher auch heute noch *weitgehend die gleichen* sprachlichen Mittel, um bei der Darstellung von Handlungen aller Art die dabei eingesetzten materialen Hilfsmittel zu nennen. Man stellt das Handeln dar, indem man ein passendes verbales Semantem verwendet, und man fügt als freier dazutretenden Bedeutungsbeitrag die *Nennung* des Körperorgans, des Werkzeugs, des Materials usw. ein. Einige wenige Beispiele aus unübersehbar vielen:

etwas *mit der Hand* (der rechten/linken Hand, beiden Händen) fassen, ergreifen
saisir quelque chose *de (avec) la main droite, la main gauche, des/avec les deux mains*
take, grasp, catch something *with the (right, left) hand*
prehendere aliquid *manu dextra, manu laeva, manibus duabus*

etwas *mit einem Messer* ausschneiden	eine Mauer *aus Backsteinen* bauen/errichten
cut (out) something *with a knife*	build/construct a wall *of bricks*
découper quelque chose *avec (à l'aide d') un couteau*	bâtir/construire un mur *en briques*
cultro aliquid secare	*lateribus* murum exstruere

Neben der in diesen Beispielen gezeigten Darstellung durch frei einfügbare Satzglieder gibt es auch die Möglichkeit, das Werkzeug an einer *festen Bedeutungsstelle* eines geeigneten Semantems einzusetzen (als Akkusativobjekt usw.):

Man *nimmt*/verwendet/gebraucht *das Werkzeug W, die Maschine M*, bedient sich des Werkzeugs W
On *prend*, on emploie *l'outil OU, la machine M*, on se sert *de l'outil OU*
You *employ*, utilise, use *the tool T, the machine M*
Utuntur instrumento I, machina M (Zu «nehmen/prendre» usw. siehe auch Ziff. 12.30)

Man kann an dieser Stelle einen Zusammenhang sehen mit der grundsätzlich *zwei* Handlungszüge umgreifenden Bedeutungsbeziehung «*Steuerungs*handeln und *spezielleres* Handeln» (Ziff. 10.75'B und 10.77 im Bereich «Grund-Folge-Beziehungen»). Bei den hier gezeigten Beispielen steht aber das *speziellere Handeln* im *Zentrum*, und der Aspekt «Steuerung» wird als freier eingefügter Bedeutungsbeitrag «Mittel, Instrument» *im Rahmen* dieses spezielleren, konkreten Handelns gesehen. Man könnte auch eine Verbindung sehen mit der Bedeutungsbeziehung «ein konkretes Handeln und der dadurch zu erreichende Zweck» (Ziff. 10.78), also etwa «Er *benützt* das Werkzeug W, *um* die Handlung H *auszuführen*».

1.70 Hilfsmittel für einen Kampf, Waffen

Eine besondere Rolle bei allem zielgerichteten Handeln von Menschen spielte und spielt noch immer der *Kampf*: sei es der Wettkampf mit friedlichen Mitteln, auf dem Sportplatz, dem Fußballfeld, der Skipiste usw. (dazu Ziff. 11.71), sei es der blutige Kampf in den Kriegen, die es in so großer Zahl gab und in manchen Erdgegenden immer noch gibt, mit den ständig weiterentwickelten und immer zerstörerischen Waffen, die auch in allen im Frieden lebenden Staaten immer noch in den Arsenalen bereitliegen. Man kämpft *mit bestimmten Waffen*, man verwundet oder tötet einen Feind (oder auch: ein Jagdtier) *mit einem/durch einen* Gewehrschuß usw.

Ein Beispiel aus Beschreibungen der Kämpfe von Römern:

Lapidibus, telis, gladiis pugnabant	Ils combattaient *avec des pierres, des javelots, des épés*.
They fought *with stones, javelins, swords*	Sie kämpften *mit Steinen, Wurfspeeren, Schwertern*

Oder mit Verb im Passiv:

Sagitta feritus est	Il fut blessé *par une flèche*
He was hurt *by an arrow*	Er wurde *durch einen Pfeil* verwundet

11.71 Benutzen von Spielgeräten, Spielen auf Musikinstrumenten usw.

Eine besondere Gruppe von menschlichen Handlungen bilden die *Spiele* aller Art. Sie haben sich zum Teil aus dem Kampf im Krieg entwickelt (Ziff. 11.70), und die Wertung z. B. von Erfolgen in Fußball-Länderspielen erinnert manchmal noch stark an die Wertung von Siegen oder Niederlagen in einem Krieg.

Bei allen *Spielen* liegt ein *Ineinander* von *zielgerichtetem* Handeln und doch *zweckfreier* (nicht für den Lebensunterhalt erforderlicher) Tätigkeit vor. Für die *Nennung* von Spiel*geräten*, von *Instrumenten* für musikalisches Spiel usw. findet man denn auch zwischen den Sprachen stärkere formale Unterschiede als bei der Nennung von Werkzeugen und besonders offene *Übergänge* von Darstellung durch *freier eingefügtes* Satzglied zu Nennung durch Besetzen einer *festen Bedeutungsstelle*:

Ball spielen, *mit einem Ball* spielen	*Würfel* spielen	*Karten* spielen
jouer *à la balle*	jouer *aux dés*	jouer *aux cartes*
play *with a ball*	play *dice*	play *cards*
pila ludere	*alea/aleam* ludere	(mittelalterl.) *paginis* ludere
	tesseras/aleam iacere	

Besonders verschiedene Formalstrukturen, mit denen teilweise auch verschiedene Bedeutungsnuancen verbunden sein können, bestehen für das Spielen von *Musikinstrumenten*. Im Deutschen kann man generell sagen (mit Akkusativobjekt): «*Klavier* spielen, *Flöte* spielen», daneben auch «*auf dem Klavier/der Flöte* (etwas) spielen». Dem entspricht im Englischen «She was playing *the piano(forte), the flute*». Französisch «Elle jouait *du piano, de la flûte*». Im Lateinischen muß man *verschiedene Verben* verwenden: «*cithara psallere* (auf der Zither/Laute spielen) – *Tibiā* (oder *tibiis*, bei einer Doppelflöte) *canere*». Zum Teil hat man aber auch im Deutschen besondere Verben: «(die) Flöte *blasen*, auf der Flöte *blasen*» oder «die Laute *schlagen*».

Man kann das Instrument auch *im Subjekt* nennen, und auch dann sind verschiedene Verben möglich. Beispiele aus der Frage des Trödlers, dem Heinrich Lee in München in seiner Geldnot seine Flöte verkauft (der Trödler spricht leicht mundartlich) und der nachherigen Anerkennung, daß die Flöte in Ordnung ist:

⌐Aber *tönt* sie auch, die Flöt¬?	⌐Die Flöten *geht* ja ganz ordentlich¬
⌐Mais est-ce qu'elle *chante*, cette flûte¬?	⌐La flûte *va* à merveille¬
⌐But does it *play*, this flute¬?	⌐The flute certainly *works* perfectly well¬

11.72 Sprachlich-gedankliche Hilfsmittel für das Handeln

Für die Durchführung sehr vieler *Handlungen* muß man ein *Ablaufschema* im Kopf haben, das man jeweils abrufen kann. Nicht selten *verbalisiert* man wichtige Einzelschritte *ausdrücklich*, um sich ganz deutlich zu machen, was jetzt zu tun ist. Solches Verbalisieren kann in «innerem Sprechen» erfolgen, es kann aber auch laut werden – ganz ohne Bezug auf einen Partner, rein in person-interner Sprachverwendung.

Für alles, was man nicht in dieser Weise im Kopf hat (und nicht einfach durch Probieren richtig hinbekommt), verwendet man *schriftlich vorliegende Beschreibungen* des betreffenden Handlungsablaufs, *Bedienungsanleitungen* für ein Gerät, *Montagevorschriften* für etwas, was man aus den gekauften Einzelteilen zusammenbauen will. Einige wenige Beispiele zur Verdeutlichung:

etwas *nach einem genauen Plan* tun	einen Apparat *mit Hilfe der Anleitung* in Betrieb setzen
faire quelque chose *selon un plan exact*	faire marcher un appareil *à l'aide d'un manuel*
to achieve something *according a plan*	to start an engine *with the help of an instruction*

Oft stellt man die Tatsache, daß man einem Plan folgt, durch eine eigene infinite oder finite Proposition dar: «*Gestützt auf die Betriebsanleitung* brachte ich es fertig – Ich schaffte es, *indem ich genau der Betriebsanleitung folgte* – *En suivant exactement l'instruction de service* j'ai enfin réussi – *Following exactly the operating instructions* finally I got it».

Ein Übersetzungsbeispiel, das bei aller Verschiedenheit der sonstigen Wiedergabe (diese ist oft stark von den Möglichkeiten für Vers und Reim bestimmt) für den Bedeutungsbeitrag «etwas nach einem Rezept tun» sehr ähnliche formale Mittel zeigt. Faust erzählt Wagner, wie sein Vater und dessen alchemistische Freunde in ihrem Geheimlabor Medizinen herzustellen versuchten (Verse 1038–1041):

... Der in Gesellschaft von Adepten Sich in die schwarze Küche schloß Und *nach unendlichen Rezepten* Das Widrige zusammengoß.	
Il avait coutume de s'enfermer avec une société d'adeptes dans un sombre laboratoire où, *d'après des recettes infinies*, il opérait la transfusion du contraire. (de Nerval)	*By secret recipes unending* Locked up in the black kitchen with retorts, He brew away with adepts, blending Contrariness of every sort. (Arndt)
In company of choice practitioners He tended cauldrons of the midnight crew. *From countless recipes* these sirs concocted fearful things of foulest brew. (Wayne)	He locked himself in the black kitchen With the others then, *with interminable Recipes*, compounded incompatibles. (Jarell)

1.73 Mittel und Wege beim kommunikativen Handeln, beim Beeinflussen von Gestimmtheiten

Als eine besondere Gruppe, neben dem direkten Handeln (material oder gedanklich, aber ohne kommunikative Absicht) und dem spielenden Handeln, kann man das *kommunikative Handeln* betrachten. Hier geht es nicht darum, etwas Materiales herzustellen (z. B. einen Kuchen zu backen) oder etwas material zu verändern (z. B. etwas zu verzieren) oder für sich zu spielen (z. B. Klavier zu spielen). Es geht vielmehr darum, *anderen* etwas *mitzuteilen*, sie zu etwas zu *motivieren*, ihre *innere Gestimmtheit zu beeinflussen*. Daher sind hier auch die Mittel und Wege meistens von sprachlicher Art, auch wenn Materialisiertes mitspielt (etwa in: «*Mit diesem Brief* haben Sie mir eine große Freude gemacht»). Wesentlich ist dabei nicht das materiale Produkt «Brief», sondern sein sprachlich-gedanklicher Gehalt – man kann ja auch sagen: «*Mit dieser Mitteilung* haben Sie mir eine große Sorge vom Herzen genommen».

Die *sprachlichen Mittel* sind in allen vier Sprachen relativ einheitlich, und man konstatiert eine große Nähe zur Darstellung von handelnden Personen überhaupt, wenn diese *nicht* an der Subjektsstelle genannt sind. Man kann es daher sehr oft so sehen, daß das jeweils genannte sprachlich-gedankliche Hilfsmittel *nicht nur* in seiner Anwendung durch die jeweils handelnde Person etwas bewirkt, sondern *schon an und für sich* eine *gewisse Wirkkraft* hat (und daher in geeigneten verbalen Semantemen auch als Subjekt gesetzt werden kann).

Verwendete kommunikative Mittel und Wege *in frei einfügbaren Satzgliedern* genannt, in den drei modernen Sprachen mit Hilfe von Präpositionen, im Lateinischen durch Ablativ	Verwendete kommunikative Mittel und Wege *durch die Subjekte* genannt, daher in gewisser Weise als *eigene Wirkungsquellen* gesehen, ohne die jeweils handelnde Person
⌈*Mit diesem Brief*⌉ ⌈haben Sie mir einen⌉ ⌊*Durch diese Worte*⌋ ⌊großen Dienst erwiesen⌋	⌈*Ihr freundlicher Brief* hat⌉ ⌈mir sehr geholfen⌉ ⌊*Ihre gestrigen Worte* haben⌋
—	⌈*Votre aimable lettre*⌉ m' ⌈a⌉ ⌈aidé⌉ ⌊*Vos paroles d'hier*⌋ ⌊ont⌋ ⌊énormément⌋
⌈*With your letter* you rendered me a great service⌉	⌈*Your letter*⌉ ⌈helped me enormously⌉ ⌊*Your kindly words*⌋
⌈*Litteris tuis*⌉ ⌈magnas mihi praebisti utilitates⌉ ⌊*His verbis*⌋	⌈*Litterae tuae*⌉ mihi ⌈salutem tulerunt⌉ ⌊*Verba tua*⌋ ⌊subsidio venerunt⌋

Als Übergang kann man es betrachten, wenn die durch das kommunikative Handeln *veränderte Person* durch das Subjekt genannt wird, das kommunikative Mittel durch ein frei eingefügtes Satzglied, und keine Nennung eines Handelnden erfolgt:

⌈*Durch diesen Brief* bin *ich* von einer großen Sorge befreit⌉
⌈*Dank Ihrem gestrigen Zuspruch* fühle *ich mich* heute viel freier⌉ usw.

Alle drei Möglichkeiten bestehen auch für gewisse materiale Hilfsmittel, z. B. für Medikamente, für Maschinen – aber kaum für einfache Werkzeuge:

⌈*Der Arzt* bekämpfte das Fieber *durch ein Medikament*⌉
⌈*Das Fieber* kann *durch das Medikament* M bekämpft werden⌉
⌈*Das Medikament M* bekämpft/senkt das Fieber⌉

⌈*Diese Abläufe* kannst *du* heute *mit einem Computerprogramm* steuern⌉
⌈*Diese Abläufe* werden heute *durch einen Computer* gesteuert⌉
⌈Heute steuert *ein Computer* diese Abläufe⌉

Weitere verbale Semanteme für kommunikatives Handeln und dafür verwendete Mittel und Wege, sprachlich-gedanklicher und manchmal auch materialer Art:
– Jemanden *mit einem Argument überzeugen*, ihn *durch einen Einwand aus der Fassung bringen*
– Jemanden *mit einem Geschenk erfreuen*, ihn *durch einen Hinweis auf ... trösten*

– Jemandem *durch anerkennende Worte Mut machen*, ihn *durch einen Zuspruch ermutigen*

Man darf den Begriff «kommunikatives Handeln» hier nicht zu eng fassen. Er umfaßt nicht nur das Sprechen mit jemand oder Schreiben an jemand, sondern auch das *Hören/Lesen* sowie die gesamte *person-interne Sprachverwendung* (wobei man hier auch einen «abstrakten Raum» sehen kann): «*Durch diese Gedanken, in diesem Gespräch* mit mir selbst faßte ich mich wieder».

Es gibt natürlich auch fließende Übergänge von Darstellung der verwendeten kommunikativen Mittel durch *frei eingefügtes Satzglied* zur Darstellung durch *eigene verbale Proposition*, wie z. B. im folgenden Übersetzungsbeispiel (Terenz, Hecyra, 123, kommunikatives Einwirken des Vaters Laches auf seinen Sohn Pamphilus, dieser solle die Tochter eines Nachbarn heiraten):

Tundendo et odio denique effecit senex

Ablativ des Gerundivs von «tundere, stoßen, bestürmen» und des Nomens «odium, Haß, Unausstehlichkeit», also verbaler und nominaler Ausdruck innerhalb eines Satzglieds.

Marouzeau: *A force de le harceler et de le tracasser* le vieillard réussit enfin

Infinite Proposition, harceler = durch dauerndes Reizen zermürben, tracasser = plagen, quälen.

Sargeaunt: *By dinning at him till the lad was sick of it* the old man at last carried his point

Din = jemandem etwas einhämmern, dauernd vorpredigen; also halb verbaler, halb nominaler Ausdruck, und Darstellung der Intensität nicht durch zweites, paralleles Wort, sondern durch den Effekt «krank werden», der sich am Ende längerer Zeit daraus ergibt.

Ebener: Schließlich setzte sich der Alte *mit seinem unausstehlichen Gequängel* durch

Also Satzglied aus Verbalnomen + Adjektiv, das auch ein kommunikatives Handeln enthält.

Insgesamt zeigt sich immer wieder, *wie grundlegend* das Gedankenverhältnis «ein Handeln, ein Mittel und das damit verfolgte, erreichte Ziel» im ganzen Aufbau der Sprachen ist (siehe schon Ziff. 10.78).

11.74 Krafteinsatz, aufgewendete Mühe; von selbst – künstlich hergestellt

Daß zu jedem Handeln ein gewisser Einsatz von Kraft und Mühe, eine kleinere oder größere Anstrengung nötig ist, geistig wie körperlich, hält man für selbstverständlich, man gibt es daher meistens auch nicht eigens an. Gelegentlich will man aber doch eine entsprechende Angabe machen, man will den *Krafteinsatz* (oder das Erreichen von etwas *ohne* Krafteinsatz) ausdrücklich nennen:

Er stemmte sich *mit ganzer Kraft* gegen die Tür	*Nur mit großer Mühe* hielt ich mich aufrecht
Il poussait contre la porte *de toutes ses forces*	Je ne me tenais debout *qu'à grand peine*
He pushed the door *with all his might*	I could *hardly* keep myself upright
In fores/Foribus obnixus est *omnibus viris suis*	*Maximo labore* me sustinebam

Man kann verdeutlichen durch Verteilung auf zwei Propositionen (Bedeutungsbeziehung «Handeln und damit erstrebter Zweck», Ziff. 10.78), auf gleicher oder verschiedener gedanklicher Ebene:

⌜Er setzte alle Kraft ein⌝ᴴ ⌜um die Tür aufzudrücken⌝ᴺ	⌜Ich hatte Mühe,⌝ᴴ ⌜mich aufrecht zu halten⌝ᴺ
⌜Il employa toutes ses forces⌝ᴴ ⌜pour ouvrir la porte⌝ᴺ	⌜J'avais de la peine⌝ᴴ ⌜à me tenir debout⌝ᴺ

Man kann hier also eine «vereinfachte Darstellung» sehen (auf gleicher gedanklicher Ebene) für das, was in elementarer Form durch das Nennen einer Handlungsmodalität («sich Mühe geben», Ziff. 10.73) dargestellt wird, mit Nennen des spezielleren Handelns im inhaltlichen Teil.

Manchmal möchte man betonen, daß etwas *ohne fühlbaren Krafteinsatz* oder überhaupt ohne Anwendung von Kraft vor sich geht:

⌜Das Fenster läßt sich *ohne Mühe* öffnen⌝	⌜Diese Türen schließen sich⌝ { ⌜automatisch⌝ / ⌜von selbst⌝
⌜La fenêtre s'ouvre *sans peine*⌝	⌜Ces portes se ferment⌝ { ⌜automatiquement⌝ / ⌜toutes seules, de soi-même⌝
⌜This window opens *without trouble*⌝	⌜These doors close⌝ { ⌜automatically⌝ / ⌜of itself⌝

Ein Beispiel von Cicero (aus einem Brief vom Februar 55 an seinen Bruder Quintus; Cicero möchte etwas erreichen und spricht darüber mit Pompeius und Crassus; Crassus sagt, das sei ohne weiteres möglich, wenn Cicero ihm in einer Sache mit Clodius freie Hand gebe):

… ⌜putare se⌝ᴴ ⌜si ego eum non impedirem⌝ᴺ ⌜posse me adipisci *sine contentione*⌝ᴺ ⌜quod vellem⌝ᴺ
… ⌜er denke⌝ᴴ ⌜wenn ich ihn nicht hinderte⌝ᴺ ⌜könne ich *ohne Mühe* erreichen,⌝ᴺ ⌜was ich wolle⌝ᴺ
… ⌜si je n'y mettais pas obstacle⌝ᴺ ⌜je pourrais,⌝ ⌜pense-t-il⌝ᴿ, ⌜arriver de mon côté *sans effort* à mes fins⌝ᴴ
… ⌜and he thought⌝ᴴ ⌜if I did not thwart Clodius' scheme⌝ᴺ ⌜I would secure⌝ ⌜what I wanted⌝ᴺ *without a fight*⌝ᴴ

Anmerkung zu «etwas künstlich herstellen, synthetisch»: Unter dem Gesichtspunkt «aufgewendete Mühe, Anwendung besonderer Verfahren» ist hier auch der Bedeutungsbeitrag einzuordnen «etwas *künstlich* herstellen, *synthetisch – artificiellement, synthétiquement, par synthèse – artificially, synthetically*». Grundlage für diesen Bedeutungsbeitrag ist die Erfahrung der Chemie, daß in der Natur gewisse Stoffe vorhanden sind (oder im Körper von Lebewesen produziert werden), deren chemische Zusammensetzung man erkannt hat, bei denen man aber den in der Natur ablaufenden Herstellungsprozeß nicht direkt nachahmen kann, sondern andere (eben «synthetische») Herstellungsverfahren entwickeln muß.

Ein entsprechendes Wort kommt schon im Lateinischen vor, nämlich «*artificialiter, artificiose*». Beide bedeuten aber meistens «kunstvoll, kunstreich» und nur gelegentlich «durch die Kunst, die technische Fähigkeit von Menschen gemacht, und nicht von Natur vorhanden» («naturaliter» oder mit dem Ablativ «naturā»); ein nicht schon von Natur vorhandener, sondern von Menschen erbauter Hafen heißt «*portus artificiosus*». Das deutsche Wort «künstlich» (von mittelhochdeutsch «kunsteclich») bedeutet ebenfalls in erster Linie «kunstvoll, mit großem Kunstverstand». Immerhin ist die Bedeutung «nicht von Natur, sondern durch menschliches Handeln» schon im Spätmittelhochdeutschen belegt. Im «buch der natur» des Konrad von Megenberg (geschrieben um 1350 herum, erstmals gedruckt in Augsburg 1482) findet man den ausdrücklichen Gegensatz «naturleich – kunstleich» (wobei das «-leich» damals häufige Schreibung für «-lich» ist).

Zum Bedeutungsbereich «etwas erwerben *zu einem bestimmten Preis*», den man auch hier unter dem Gesichtspunkt «Aufwand» ansprechen könnte, siehe Ziff. 11.82'F.

11.75 Etwas gemeinsam mit oder in Gesellschaft von andern tun oder allein

Für alles menschliche Handeln ist oft die Unterscheidung wichtig, ob man etwas *mit andern zusammen* (in Kooperation mit ihnen) oder jedenfalls in Gesellschaft von andern (in ihrer Anwesenheit) oder ob man es ohne Hilfe oder überhaupt *ohne Anwesenheit von anderen* tut.

Was hier jeweils gilt, ergibt sich meistens schon aus den dargestellten Handlungen und Verhaltensweisen selbst und der ganzen Situation. Manchmal möchte man aber einen solchen Aspekt besonders betonen, besonders hervorheben. Als grammatische Mittel dafür hat man in allen vier Sprachen präpositionale Ausdrücke, auch kombiniert in ganzen Anschlußgefügen, und daneben je nach Sprache verschieden Satzadjektive, Satzpartikeln, adjectifs attributs, prädikativ gesetzte und dem jeweiligen Nomen in Zahl, grammatischem Geschlecht und Fall anzupassende Adjektive, sowie den Ablativ Feminin von «unus», also «una»:

| Er tut das *zusammen* mit anderen, sie tun es *zusammen* – er tut es *in Gegenwart von andern* |
| Er tut es (ganz) *allein*, ohne Hilfe von anderen, ohne Gegenwart anderer |
| Il fait cela *avec d'autres*, ils le font *ensemble* – il le fait *en présence d'autres* |
| Il le fait *tout seul*, elle le fait *toute seule*, sans aucune aide, sans présence d'autres |
| He does it *together with others*, they do it *together* – he does it *in the presence of others* |
| He does it (quite, completely) *alone* |
| Agit *una cum aliis*, agunt *una* – hoc facit *praesentibus aliis, coram aliis* |
| Agit *solus/sola*, agunt *soli/solae*, video eum *solum*, eam *solam* |

Zum Darstellen von *Einschränkungen generell*, für die man zum Teil die gleichen Wortstämme braucht («seulement, solus, solum, unus») siehe Ziff. 9.18.

Mit «allein» usw. braucht aber keineswegs immer gemeint zu sein «nur eine Person». Ein Mann und eine Frau können z.B. nach der Verabschiedung eines Besuchs sagen (traurig oder zufrieden): «Nun sind *wir zwei* wieder *allein*». Eine Proposition «Das machen *wir zwei allein*» kann daher doppeldeutig sein: «Das machen wir beide zusammen ohne Hilfe oder auch nur Gegenwart anderer» oder «Das macht jedes von uns für sich allein».

Man begnügt sich aber längst nicht immer mit den oben dargestellten einfachsten sprachlichen Mitteln für «zusammen» bzw. «allein», wie die folgenden zwei Übersetzungsbeispiele aus Terenz, Hekyra zeigen.

Parmeno erzählt, wie elend sich sein Herr Pamphilus nach der vom Vater erzwungenen Heirat mit der (zunächst ungeliebten) Philumena fühle (V. 130–131):

| Ubicumque datum erat *spatium solitudinis* Ut colloqui *mecum una* posset «Parmeno perii...» |
| Dès qu'il lui était accordé *un moment de solitude* en sorte qu'il pût causer *avec moi* «Je suis perdu ...» |
| Whenever he had *time to steal away* and talk it over *with me* «Parmeno I'm lost...» |
| Stets wenn er sich *ohne Zeugen* mir erklären durfte, brach er in Klagen aus: «Was habe ich getan» |

Und etwas später in der Erzählung des Parmeno (V. 143–145):

| Diebus sane pauculis post Pamphilus *me solum* deducit *foras* narratque ut ... |
| A très peu de jours de là, Pamphile me prend *à part au dehors*, il me raconte comment ... |
| Only a day or two later Pamphilus took me *aside out here* and explained how ... |
| Nach ein paar Tagen hat Pamphilus mir *außer Haus und wiederum ganz ohne Zeugen* erklärt... |

11.76 Betonen des direkten, persönlichen Handelns bzw. Betroffenseins, des Kerns einer Sache

Wenn man ein Handeln/Verhalten von jemand darstellt, geht man im allgemeinen davon aus, daß die genannte Person *selber* handelt, sich *selber* so verhält, *selber* von einem Handeln anderer betroffen wird.

Nicht selten hat man aber das Bedürfnis, die *Direktheit* des Handelns bzw. Erfahrens *durch ein eigenes sprachliches Signal* zu *betonen*, zu *bekräftigen*. Zum Vergleich der Wirkung: «Er *ist gekommen* – Er ist *persönlich* gekommen. Ich habe *mit ihm gesprochen* – Ich habe mit ihm *selbst* gesprochen». In ganz ähnlicher Weise kann man betonen, daß man beim Nennen von etwas den *Kern* der Sache meint: Es geht uns *um die Sache* – Es geht uns *um die Sache selbst*».

Als *Darstellungsmittel* für diesen Bedeutungsbeitrag «Betonen der Direktheit des Handelns» kann man in allen drei modernen Sprachen Ausdrücke verwenden, die mit «*Person*» zusammenhängen:

| *persönlich* / *in Person* } teilnehmen | prendre part } *personnellement en personne* | take part } *personally in person* |

Bei allen Tätigkeiten, die mit den Händen ausgeführt werden, gibt es die Ausdrücke:

| *eigenhändig* | *de sa (ses) propre(s) main(s)* | *with one's own hand(s)* | *manu sua* |

Die bei weitem häufigsten Darstellungsmittel sind, für Personen und Sachen:

| *selber/selbst* | *lui-même, elle-même* etc. | *himself, herself, itself* etc. | *ipse/ipsa/ipsum* |

Eine Besonderheit des Englischen ist die Verwendungsmöglichkeit von «very» in diesem Sinn: «He knows our *very* thoughts = our thoughts *themselves*, our *innermost* thoughts».

Das Deutsche hat hier also die bei weitem *einfachste* Darstellungsweise – dafür gibt es nicht selten Mehrdeutigkeiten: «*Das habe ich ihr selbst gesagt*» kann zu verstehen sein «*Ich selbst* habe es ihr gesagt» oder «Ich habe es *zu ihr selbst* gesagt, nicht nur zu ihrer Sekretärin».

Die *reichsten* formalen Kennzeichnungen hat man im *Lateinischen* durch «*ipse*»:

| *Ipse* / *Ipsa* } fecit [er selbst] [sie selbst] | *ipsi* / *ipsae* } fecerunt { (pueri) (puellae) | *ipsum* / *ipsam* } vidi etc. |

11/IV Weitere je nach Semantem einfügbare Bedeutungsbeiträge 643

Es gibt aber bei «selbst» und teilweise auch bei «ipse» auch *fließende Übergänge* zu *reiner Hervorhebung*, umschreibbar als «es kommt noch mehr als bisher gesagt oder erwartet»; im Deutschen ist das auch durch die besondere Partikel «sogar» darstellbar: «Vidimus milites et *ipsum imperatorem*, Wir sahen die Soldaten und *sogar den Oberkommandierenden*». Für die verschiedene Wiedergabe des deutschen «selbst» = «sogar» das folgende Übersetzungsbeispiel aus dem «Faust» (Höhepunkt und Abschluß der Schilderung der belebten Landschaft durch Faust auf seinem Osterspaziergang mit Wagner, V. 935–936):

Selbst von des Berges fernen Pfaden Blinken uns farbige Kleider an	
Les sentiers les plus lointains de la montagne brillent *aussi* de l'éclat des habits (de Nerval)	La foule bigarrée abonde *Même* la-bas sur le coteau (Monnier)
From the very hilltops far off winking Bright-colored dresses strike our eyes (Arndt)	*Even* the distant mountain track Signals its spots of colour back (Wayne)

Zwei Übersetzungsbeispiele aus Vergil, Bucolica, erste Ekloge. Tityrus lobt sein friedvolles Hirtenleben, das er dem Schutz des Augustus verdankt (V. 9–10):

Ille meas errare boves, ut cernis, *et ipsum* ludere quae vellem calamo permisit agresti	C'est lui qui permit à mes génisses d'errer, comme tu vois, *et à moi-même* de jouer sur un chalumeau rustique (Victor Glachant, ca. 1930)
Of his grace my kine roam, as you see, *and I*, their master, play what I will on my rustic pipe (H. R. Fairclough, 1932)	Jener erlaubte meinen Rindern, wie du siehst, frei zu weiden, und *mir selbst* zu spielen, was ich will, auf meiner Hirtenflöte

In betontem Gegensatz dazu steht die Klage des Meliboeus über sein Elend (V. 13–14):

... en, *ipse* capellas protinus aeger ago ...	Vois, *moi-même*, las et soucieux, je chasse devant moi mes chèvres
See, heartsick, *I myself* am driving my goats along	Sieh, *ich selbst* treibe meine Ziegen elend vor mir her

Durch «ipse» kann aber auch signalisiert werden, daß etwas *von selbst* geschieht (Ziff. 11.74), ohne daß ein handelnder Mensch sich anstrengen muß. Dafür zwei Übersetzungsbeispiele aus der berühmten vierten Ekloge in den «Bucolica» (V. 21–23):

Ipsae lacte domum referent distenta capellae ubera ... *ipsa* tibi blandos fundent cunabula flores	*D'elles-mêmes*, les chèvres rapporteront au logis leurs mamelles gonflées de lait ... *de lui même*, ton berceau se parera de suaves fleurs
Uncalled, the goats shall bring home their udders swollen with milk ... *unasked*, thy cradle shall pour forth flowers for thy delight	*Von sich aus* werden die Ziegen ihre von Milch geschwellten Euter heimtragen ... *von sich aus* wird dir deine Lagerstätte reizende Blumen bringen

11.77 Personale Verfassung der Handelnden/Betroffenen, körperlich und seelisch

Nicht selten hat man das Bedürfnis, nicht nur ein Handeln/Verhalten von jemand (oder ein Handeln an jemand) darzustellen, durch den Kernbestand einer Proposition, sondern auch die *personale Verfassung des/der* jeweils Handelnden, sich so und so Verhaltenden, oder eines/einer von einem Handeln anderer Betroffenen.

Für das Einfügen solcher Bedeutungsbeiträge besteht zwischen dem Deutschen und den drei anderen Sprachen ein gewichtiger formaler Unterschied. Im *Deutschen* kann man solche Kennzeichnungen der personalen Verfassung von Handelnden bzw. Betroffenen genau so durch ein Satzadjektiv darstellen wie die Kennzeichnung eines Handlungsablaufs selbst. In den andern Sprachen muß man – im Gegensatz zur Kennzeichnung des Ablaufs selbst durch ein (Adjektiv-)Adverb – ein *reines Adjektiv* verwenden, und im Französischen und noch ausgedehnter im Lateinischen muß man dieses Adjektiv seinem *Bezugs-Satzglied anpassen*. Dazu kann ein solches Adjektiv im Französischen und Englischen oft nicht so glatt in die Proposition hineingenommen werden wie im Deutschen, sondern es muß an den *Anfang* oder an den *Schluß* gesetzt werden, oft durch eine kleine Pause (signalisiert durch Komma) *abgehoben* vom Kernbestand der Proposition. Nicht selten kann man statt eines Adjektivs auch einen *präpositionalen Ausdruck* mit einem Nomen für den äußeren oder inneren Zustand von jemand/etwas verwenden: «Du liegst *zufrieden* da / *voll Zufriedenheit* da» oder «Er kam *krank* von der Reise nach Hause – Er kam *mit einer Krankheit* von der Reise nach Hause».

Ein illustrative Folge von Belegen läßt sich gleich aus dem Übersetzungsbeispiel von Vergil in Ziff. 11.76 (Verse 13–14 der ersten Ekloge) herauslösen, nur hier vom Deutschen ausgehend präsentiert:

⌐Ich treibe *elend* meine Ziegen vor mir her⌐	⌐*Las et soucieux*, je chasse devant moi mes chèvres⌐
⌐*Heartsick*, I am driving my goats along⌐	⌐Capellas protinus *aeger* ago⌐ [wenn hier eine Hirtin spräche, müßte es heißen «aegra ago»]

Ein Übersetzungsbeispiel findet sich auch in den Versen 4–5, wo Meliboeus den Tityrus anspricht, der es so viel besser hat als er:

⌐Nos patriam fugimus⌐: ⌐tu Tityre,⌐ ⌐*lentus in umbra* Formosam resonare doces Amaryllida silvas⌐	Nous, exilés, nous fuyons la patrie: toi, Tityre, *paisible sous l'ombrage*, tu apprends aux bois à retentir du nom de la belle Amaryllis!
We are outcasts from our country; you, Tityrus, *at ease beneath the shade*, teach the woods to re-echo «fair Amaryllis»	Wir fliehen aus unserm Vaterland: du, Tityrus, liegst *behaglich im Schatten* und lehrst die Wälder vom Namen der schönen Amaryllis wiederklingen

Ein Beispiel, in welchem der Träger der betreffenden Gestimmtheit (oder: Verhaltensweise – auch bei Ziff. 11.78 einreihbar) durch ein Satzglied im Akkusativ dargestellt ist und daher auch die Adjektive im Akkusativ erscheinen. Demea klagt über den von Micio verwöhnten Aeschinus (Terenz, Die Brüder, Verse 94–95):

... ⌐non *fratrem* videt rei dare operam⌐ ⌐ruri esse *parcum et sobrium*⌐? ... ⌐ne voit-il pas son *frère* prendre soin de son bien,⌐ ⌐vivre à la campagne, *économe et frugal*⌐? ... ⌐doesn't he see⌐ ⌐how *his brother* attends to business⌐ ⌐and leads a *thrifty and sober life*⌐? ... ⌐sieht er *seinen Bruder* nicht mit Fleiß für sein Vermögen sorgen,⌐ ⌐auf dem Lande leben, *bescheiden, sparsam*⌐?

11.78 Bewußtheitsgrad beim Handeln, kognitive Verfassung der im Kernbestand genannten Personen

Manchmal möchte man den *Bewußtheitsgrad* bei den Handelnden bzw. bei den etwas Erfahrenden, Erlebenden ausdrücklich darstellen, und das kann man im Rahmen einer

Proposition durch das Einfügen eines Satzglieds für den gewünschten Bedeutungsbeitrag. Zum Teil kann man dabei auch abstrakte Räume sehen (Ziff. 11.47):

⌒Sie sagte/tat das ⎰⌒*ganz bewußt*⌒ ⎱
⎱⌒*im vollen Bewußtsein der Tragweite für ihren Partner*⌒⎰

⌒Elle a dit / a fait cela *en pleine conscience*⌒ ⌒*de ce qui pourrait en résulter pour son ami*⌒

⌒She said/did it *fully conscious*⌒ ⌒*of what it could mean for her friend*⌒

⌒Hoc dixit/fecit⌒ ⎰⌒*bene sciens*⌒⎱ ⌒*quanti momenti fieret amico suo*⌒
⎱⌒*non ignorans*⌒⎰

⌒Andere handeln *völlig gedankenlos*⌒

⌒D'autres agissent *sans aucune réflexion*⌒

⌒Others do such things *quite inconsideratly*⌒

⌒Alii agunt *temerarie*⌒

Man findet hier besonders oft Übergänge von Darstellung durch Satzglied zu Darstellund durch eigene Proposition, oft infinit, z. B. französisch: «Elle l'a fait *tout en sachant ce qui pourrait en résulter pour son ami*». Dazu das folgende Beispiel aus Terenz, Hecyra, Vers 1 und 2 der Inhaltsangabe, in welcher der Kern der nachherigen Verwicklungen dargestellt ist:

⌒Uxorem ducit Pamphilus Philomenam⌒ ⌒Cui quondam *ignorans* virgini vitium obtulit⌒

⌒Pamphile prend pour femme Philumène,⌒ ⌒que jadis jeune fille il avait violée⌒ ⌒*ignorant*⌒ ⌒*qui elle était*⌒

⌒Pamphilus has married Philumena⌒ ⌒whom he had before wronged⌒ ⌒*without knowing*⌒ ⌒*who she was*⌒

⌒Pamphilus heiratet Philumena⌒ ⌒die er einige Zeit vorher vergewaltigt hat⌒ *ohne eine Ahnung von ihrer Herkunft*⌒

Man kann sich hier überall fragen, ob man das participe présent bzw. die ing-form bzw. das Partizip Präsens als Kern einer eigenen Proposition abgrenzen soll – für das Verstehen spielt das keine Rolle.

Ein etwas umfangreicheres Beispiel aus Cicero, De deorum natura (französisch von M. van den Bruwaere, englisch von H. Rackham), Cicero tadelt das Fehlen eines kritischen Bewußtseins bei Leuten, die Philosophen sein wollen:

... ⌒quid (est) tam temerarium tamque indignum sapientis gravitate atque constantia⌒
⌒quam aut falsum sentire⌒ ⌒aut quod non satis explorate perceptum sit et cognitum⌒
sine ulla dubitatione defendere⌒?

... ⌒qu'y a-t-il d'aussi sot et d'aussi indigne du sérieux et de l'autorité d'un sage⌒
⌒que ou bien de penser faux⌒ ⌒ou bien de défendre *sans hésitation*⌒
⌒ce qui n'a pas été assez profondément examiné et connu⌒?

... ⌒what is so ill-considered or so unworthy of the dignity and seriousness of a philosopher⌒
⌒as to hold an opinion⌒ ⌒that is not true⌒ ⌒or to maintain *with unhesitating certainty*
a proposition not based on adequate examination, comprehension and knowledge⌒?

> ... Was ist so unüberlegt und so unvereinbar mit dem Ernst und der Besonnenheit eines Philosophen als entweder Falsches zu denken oder *ohne jeden selbskritischen Zweifel* zu verteidigen was noch nicht klar genug aufgefaßt und erkannt ist?

11.79 Einstellung zu anderen, die zum Handeln/Verhalten geführt hat oder sich darin zeigt

Als eine besondere Gruppe von seelischen Zuständen, von Gestimmtheiten kann man diejenigen betrachten, die zugleich eine *Einstellung zu anderen* (zu Menschen oder auch zu anderen Entitäten) enthalten: die Haltungen des *Danks*, der *Bitte*, des *Fragens*, aber auch der *Liebe* und des *Hasses*. Auch solche Gestimmtheiten können durch die Bedeutungsbeiträge von zum Kernbestand hinzugefügten Satzgliedern dargestellt werden. Auch hier sind die formalen Mittel zum Teil von Sprache zu Sprache verschieden, vor allem der Unterschied zwischen Adjektiven und Adjektivadverbien im Französischen, Englischen und Lateinischen.

Er blickte sie	{ *liebevoll, zärtlich* / *dankbar* / *vertrauensvoll* / *flehend* / *mißtrauisch* / *verächtlich* / *voll Haß* } an	Il la regardait	{ *tendrement* / *reconnaissant* / *plein de confiance* / *d'un air implorant* / *plein de défiance* / *dédaigneusement* / *plein de haine* }
He looked at her	{ *tenderly, lovingly, affectionate* / *gratefully, thankfully* / *trustfully, trustingly* / *imploringly* / *distrustfully, diffidently* / *contemptuously* / *in anger* }	Spectabat {in/ad} eam	{ *plenus amoris, amantissime* / *gratus, grate, grato animo* / *fiduciae plenus* / *suppliciter* / *diffidenter, suspiciose* / *contemptim* / *odium prae se ferens* }

Ein ganz knappes Beispiel von Cicero (im Brief vom Februar 55 a. c.):

(Pompeius) *per* mihi *benigne* respondit	Il m'a répondu *avec la plus grande bienveillance*
He responded *with remarkable kindness*	Er antwortete mir *ganz besonders wohlwollend*

Weitere Bedeutungsbeiträge, die man in diese Gruppe einordnen kann (der Kürze halber nur deutsch und in verbalen Wortketten gegeben):

jemandem *freundlich* zunicken	jemandem *ablehnend, ja feindlich* gegenüberstehen
sich *friedlich* trennen	im Streit auseinandergehen
neidisch auf die anderen *blicken*	sein Geld *geizig* zusammenhalten

11.80 Auffälligkeit des Handelns/Verhaltens oder ihr Gegenteil, gewollt oder in Kauf genommen

Manchmal möchte man angeben, ob das im Kernbestand der Proposition dargestellte Handeln/Verhalten *auffällig* erfolgt, ob es von der *Umwelt bemerkt* wird, eventuell aus-

11/IV Weitere je nach Semantem einfügbare Bedeutungsbeiträge

gesprochen *stört*, oder ob es *unbemerkt* abläuft. Man kann das durch das Anfügen einer neuen Proposition tun, z. B. «Sie stiegen auf die Mauer, *wobei sie einen riesigen Lärm machten*» oder «..., *dabei machten sie einen riesigen Lärm*». Man kann aber auch den gewünschten Bedeutungsbeitrag durch ein in die Proposition eingefügtes Satzglied signalisieren:

Sie stiegen { *lärmig, lärmend* / *unter großem Lärm* } auf die Mauer	Ich stand *still und unbemerkt* im Hintergrund
Ils montèrent *bruyamment* sur le mur	Je me tenais à l'écart, *silencieux et inaperçu*
They climbed on the wall { *noisily* / *with a lot of noise* }	I remained *silent an unnoticed* in the background
Murum ascenderunt *magno* { *strepitu* / *clamore* }	Ego stabam a tergo, *tranquillus et nulli cernendus*

Darstellung der Auffälligkeit durch infinite Proposition (deutsch eher selten):

Ils montèrent sur le mur *en faisant un bruit terrible*	They mounted on the wall *making much noise*
Murum ascenderunt *clamantes et tumultuantes*.	—

Eine andere Spielart der Auffälligkeit oder Unauffälligkeit, verbunden mit dem *Anspruch auf Beachtung* oder dem *Wunsch, nicht beachtet zu werden*:

feierlich { die Tür öffnen / etwas verkünden }	etwas { *beiläufig* / *unauffällig* } sagen, tun [hier Übergänge zu Prioritäten, Ziff. 11.56]
ouvrir la porte / proclamer quelque chose } *solennellement*	faire / dire } quelque chose { *en passant* / *entre parenthèses* }
open the door / announce something } *solemnly, ceremoniously*	do / say } something { *in passing* / *by the way* }
aperire/reserare portam / pronunciare aliquid } *sollemniter*	facere / dicere } aliquid *in transitu, quasi praeteriens*

Weitere Bedeutungsbeiträge, die man zu dieser Gruppe rechnen kann:

laut/leise sprechen / talk *loud/law*	parler *à haute/à basse voix* / dicere aliquid *clare, distincte/summisse, summissa voce*
etwas *offen* zeigen / show *openly* something	montrer quelque chose *franchement* / monstrare (aliquid) *aperte*
etwas *diskret, in aller Heimlichkeit* tun / do it *unobtrusively*	faire quelque chose *en cachette* / facere aliquid *palam*

1.81 Nennen eines Agens bei Verb im Passiv

Als frei einfügbarer Bedeutungsbeitrag ist auch die Nennung eines Agens bei Verb im Passiv zu betrachten, d. h. die Nennung einer Entität, *von welcher* die jeweils durch das Verb im Passiv dargestellte Wirkung *ausgeht* («complément d'agent», Ziff. 6.15):

Das Haus wurde 1937 gebaut, *von der Mutter der heutigen Besitzer*
La maison fut construite en 1937, *par la mère des propriétaires actuels*
The house was built in 1937 *by the mother of the actual owners*
Haec domus aedificata est *a matre eorum qui nunc eam possident*

Die Darstellung erfolgt also sehr einheitlich durch einen präpositionalen Ausdruck mit «*von, durch — par, de — by — a/ab*». Die Propositionen im Passiv bilden aber insgesamt eine *kleine Minderheit* im Rahmen aller Propositionen für die Darstellung eines Handelns, und bei der Darstellung durch *Verb im Aktiv* ist das Agens durch das *Subjekt* zu nennen, also an einer festen Semantemstelle. Besondere dabei mögliche Bedeutungsbeiträge sind daher dort zu betrachten, wo der Innenbau der verbalen Semanteme behandelt wird, die Bedeutungsbeiträge der festen Semantemstellen insgesamt und dabei besonders für die Subjekte (Ziff. 12.03, Subjekt für jeweils sprechende Person oder für das jeweils Mitgeteilte – Ziff. 12.26 sowie 12.29, Subjekt für die material handelnde Person – Ziff. 12.34. Subjekt für eine in einer besonderen Sozialbeziehung stehende Person oder eine kommentierte Sache – Ziff. 12.37, Subjekt für eine zu identifizierende oder zu charakterisierende Person oder nichtpersonale Entität).

11.82 Generelles Bewerten, auf gleicher gedanklicher Ebene, durch frei eingefügten Bedeutungsbeitrag

Für die Darstellung von *Bewertungen*, nach oft polar entgegengesetzten Kriterien («gut – schlecht» usw.) bestehen *spezialisierte* Semanteme, bei denen die Wertung *an einer festen* Semantemstelle gegeben wird («Die Lösung *war gut*», Semantem «Sein 3», oder «Es *war eine gute Lösung*», Semantem «Sein 2», Ziff. 12.37). Auf der andern Seite erfolgt eine Wertung nicht selten durch *Kombination* von *dominantem* und *inhaltlichem* Teil («Es war *gut, daß* er das getan hat», Ziff. 10.43–10.44). Hier ist nun die Möglichkeit zu betrachten, daß eine Wertung *als zusätzlicher Bedeutungsbeitrag* zum Kernbestand einer Proposition hinzugefügt wird, und dabei können auch einige Grundprobleme von «Wertung» genauer betrachtet werden.

Zum Begriff «Bewerten, Bewertung», wie er hier gebraucht wird: Man kann natürlich auch bei den in Ziff. 11.62–11.63 und 11.68–11.79 betrachteten Bedeutungsbeiträgen immer ein Stück Wertung sehen, aber diese Wertung hängt stark *vom Zusammenhang* ab. So kann z. B. sowohl «*schnell*» wie «*langsam*» ein *positiver* Wert sein, je nach Situation. «Schnell» ist positiv und «langsam» ist negativ, wenn man z. B. sagt: «A erholte sich *schnell*, B dagegen *nur langsam*». Dagegen ist «langsam» positiv und «schnell» negativ, wenn man z. B. sagt: «Zum Glück *wuchs der Tumor nur langsam*» oder «Jetzt *ging es schnell abwärts mit seinem Geschäft*». Oder mit einem noch einfacheren Beispiel: eine *große* Freude ist *besser* als eine *kleine* Freude – aber ein *großer* Fehler ist *schlimmer* als ein *kleiner* Fehler. Im Gegensatz zu dieser entscheidenden *Abhängigkeit vom Zusammenhang* sind nun Ausdrücke wie «richtig – gut – schön – in angemessener Weise» *immer* als *positive Wertung* gesehen, und Ausdrücke wie «falsch, fehlerhaft, voll Fehler – schlecht, schlimm – häßlich – in unverhältnismäßiger Weise» sind *immer negativ*, sie enthalten immer einen Tadel.

Als *gedankliche Grundlagen* für ein derartiges Bewerten von Handlungen und Verhaltensweisen lassen sich verschiedene Kriterien namhaft machen: *Normvorstellungen* verschiedener Art und dahinterstehende Lebenssituationen – *gesellschaftliche Ansprüche* usw. insgesamt. Diese Kriterien sind aber oft nicht präzis faßbar, und sie sind keineswegs so scharf voneinander geschieden, daß es sinnvoll wäre, feste Untergruppen von hier möglichen Bedeutungsbeiträgen zu bilden. Die folgenden sechs Situationsbeschreibungen mit zugeordneten möglichst typischen Beispielen bieten den Versuch einer Übersicht.

A Es sind *Fakten* über Zustände, Abläufe usw. bekannt oder bei Nachprüfung aufweisbar, und die Aussagen, Berichte usw. werden an dem gemessen, was man von diesen Fakten *weiß* und wie man generell die *Wahrheit* von etwas einschätzt.

Er hat in dieser Sache $\begin{Bmatrix} wahr \\ falsch \end{Bmatrix}$ ausgesagt

Sie schilderte alles $\begin{Bmatrix} richtig, zutreffend \\ falsch, verzerrt \end{Bmatrix}$

B Jeder Mensch hat gewisse *Vorstellungen* («innere Muster», erworben durch Erfahrungen seit frühester Kinderzeit, z. T. auch rein physiologisch fundiert) von der jeweils möglichen und erforderlichen *Deutlichkeit*, der *Unterscheidbarkeit* jeweils wichtiger Einzelzüge bei allem, was er sieht, hört, aus den Berichten anderer entnimmt und insgesamt kognitiv verarbeitet; bewertet wird die Deutlichkeit, die Sicherheit für das Erkennen.

Wir sahen alles $\begin{Bmatrix} gut, klar, deutlich \\ nur verschwommen \end{Bmatrix}$

Er beschrieb es uns $\begin{Bmatrix} gut, genau \\ nur grob \end{Bmatrix}$

Das Vorgehen war $\begin{Bmatrix} sehr klar \\ ganz unklar \end{Bmatrix}$ dargestellt

C Oft gibt es *Vorschriften*, ein verbindliches, mehr oder weniger starres *Muster* für das Handeln/Verhalten bzw. das herzustellende Produkt; *Abweichungen* lassen sich weitgehend objektiv feststellen, und man *bewertet* die jeweils vorliegende Realisierung nach ihrer *Übereinstimmung* mit dem Muster bzw. nach den *Abweichungen* vom Muster, nach den «*Fehlern*».

Er führte den Prozeß $\begin{Bmatrix} fair, korrekt \\ mangelhaft \end{Bmatrix}$

Sie lasen die Meßwerte $\begin{Bmatrix} richtig \\ korrekt \\ falsch \\ fehlerhaft \end{Bmatrix}$ ab

D Oft gibt es aber auch *kein* festes Muster für das Handeln/Verhalten bzw. ein herzustellendes Produkt; es sind *verschiedene Lösungen* möglich, auch ganz neue, unerwartete. Man hat aber bestimmte Vorstellungen von der *Angemessenheit* eines Handelns/Verhaltens bzw. eines Produkts, und generell von jeweils *geeigneten*, erfolgreichen (und sozial akzeptierten) Handlungsweisen, von *erfreulichen* Entwicklungen (oder deren Gegenteil), und danach wertet man.

Sie handelten hier $\begin{Bmatrix} klug, geschickt \\ dumm, töricht \end{Bmatrix}$

Er reagierte $\begin{Bmatrix} angemessen, richtig \\ seltsam \\ unverhältnismäßig \end{Bmatrix}$

Die Sache läuft $\begin{Bmatrix} gut, erfreulich \\ schlecht, miserabel \end{Bmatrix}$

E Jeder Mensch hat bestimmte Vorstellungen, *was «schön» ist* und was nicht; diese Vorstellungen können auch sinnesphysiologisch begründet sein – oft beruhen sie aber rein auf Gewohnheit, daher gibt es *so verschiedene* ästhetische Wertungen.

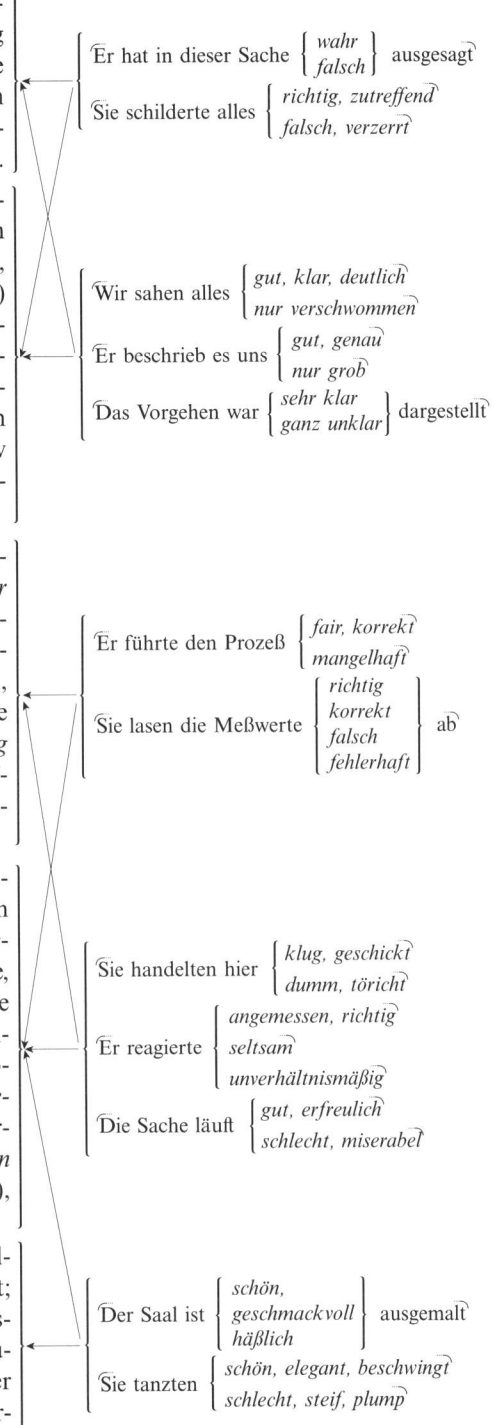

Der Saal ist $\begin{Bmatrix} schön, \\ geschmackvoll \\ häßlich \end{Bmatrix}$ ausgemalt

Sie tanzten $\begin{Bmatrix} schön, elegant, beschwingt \\ schlecht, steif, plump \end{Bmatrix}$

F Man hat bestimmte *Preisvorstellungen* für Objekte bestimmter Art und Größe, für Dienstleistungen aller Art, für alles das, was man für Geld kaufen kann, und danach bewertet man im jeweiligen Fall. ⟵ ⌜Er kaufte das Haus⌝ ⌜teuer, zu übersetztem *Preis*⌝ ⌜billig, preiswert⌝

11.83 Übersetzungsbeispiele für Wertungen, verschiedene Darstellung, Ineinandergreifen der Kriterien

Die folgenden Übersetzungsbeispiele zeigen, wie sehr die oben umschriebenen Kriterienkomplexe ineinandergreifen und ebenso die Darstellung durch frei eingefügten Bedeutungsbeitrag oder durch Besetzung einer festen Semantemstelle.

Descartes spricht im ersten Teil seines «Discours de la méthode» (1637, Original französisch, dazu eine von Descartes selbst durchgesehene lateinische Übersetzung) von seinem unwiderstehlichen Bedürfnis, das *Wahre* vom *Falschen* zu unterscheiden, und zwar aus *lebenspraktischen* Gründen, für die nötige Sicherheit im Handeln (Kriterienkomplex A und B, Ziff. 11.82 eng verknüpft):

⌜Et j'avais toujours un extrême désir⌝ ⌜d'apprendre à distinguer *le vrai* d'avec *le faux*⌝
⌜Ac semper scientiam *verum a falso* dignoscendi summo studio quaerebam⌝
... ⌜I had always a most earnest desire⌝ ⌜to know how to distinguish *the true from the false*⌝
... ⌜ich hatte immer ein unwiderstehliches Bedürfnis⌝ ⌜*das Wahre vom Falschen* zu unterscheiden⌝

⌜pour voir *clair* en mes actions⌝	⌜et marcher *avec assurance* en cette vie⌝
⌜ut rectum iter vitae *clarius* viderem⌝	⌜et maiori *cum securitate* persequerer⌝
... ⌜*clearly* to discriminate the right path in life⌝	⌜and proceed in it *with confidence*⌝
⌜*klar* zu sehen in allen meinen Handlungen⌝	⌜und *mit Sicherheit* meinen Weg zu gehen im Leben⌝

Quintilian betont in seiner Institutio oratoria (um Christi Geburt), daß der zukünftige gute Redner schon von seiner Amme *nur korrekte Sprache* hören dürfe («ne sit *vitiosus sermo* nutricibus», Buch 1, 1,4), also Kriterienkomplex C, D oder sogar E, Ziff. 11.82 (wegen der «Schönheit» korrekter Sprache); er betont dann sogleich, die Hauptsache sei natürlich die moralische Zuverlässigkeit der Ammen, aber er kommt nochmals auf die sprachliche Korrektheit zurück:

| ⌜*recte* tamen loquantur⌝ | ⌜mais il faut cependant⌝ ⌜qu'elles parlent *correctement*⌝ |
| ⌜but they should speak *correctly* as well⌝ | ⌜aber sie müssen doch *richtig (korrekt)* sprechen⌝ |

In einem weiteren Abschnitt der «Institutio» (I, 5, 15) findet sich ein Reflex von Diskussionen über die Frage, was korrektes Latein sei und was nicht. Quintilian verteidigt hier den vorhandenen Sprachgebrauch gegenüber den Normierungswünschen von Puristen, und er nennt als Zeugen den berühmten Redner Messala (Staatsmann, Freund von Tibull, Ovid, Horaz und andern). Quintilian sagt nämlich, daß «dua» und «tre» (für «duo» und «tres») Barbarismen seien, d. h. schlechter Sprachgebrauch, wie man ihn von den «Barbaren», den Nicht-Lateinern, den «Fremden» hörte; die zwei Wendungen «dua pondo, tre pondo» für «zwei Pfund Geld, drei Pfund Geld» seien aber vollkommen gebräuchlich, so sage man allgemein; hier führt er nun das Urteil von Messala an (Kriterienkomplex C, evtl. D, Ziff. 11.82):

| ⌐et *recte* dici⌐Messala confirmat⌐ | ⌐et Messala confirme⌐que ces formes sont *correctes*⌐ |
| ⌐and Messala shows⌐that the practice is *correct*⌐ | ⌐und Messala bestätigt,⌐daß das *korrektes* Latein ist⌐ |

Terenz, Die Brüder, 91–92; Aeschines hat die von ihm geliebte Lautenspielerin mit Gewalt aus dem Haus des Frauenhändlers Sannio herausgeholt und diesen verprügelt; darüber klagt Demea (sein Vater, der ihn aber seinem Bruder Micio zur Adoption freigegeben hat, siehe Beispiele in Ziff. 11.67) gegenüber Micio (Kriterienkomplex D, Ziff. 11.82):

| ⌐Clamant omnes⌐*indignissime* factum esse⌐ |
| ⌐Tout le monde crie⌐qu'il s'est conduit *de la façon la plus indigne*⌐ |
| ⌐All the town is crying out at it *as a most scandalous business*⌐ |
| ⌐Alle schreien⌐es sei *auf die ungehörigste Weise* erfolgt⌐ |

Terenz, Die Brüder, 191–192; Aeschines will Sannio die Summe erstatten, die dieser für die Lautenspielerin bezahlt hat (Kriterienkomplex F, Ziff. 11.82, der ohnehin eine gewisse Sonderstellung einnimmt, weil nicht nur «teuer» gegenüber «preiswert» usw. eine Wertung darstellt, sondern auch jede konkrete Angabe eines Kaufpreises):

| ⌐Minis viginti tu illam emisti⌐ | ⌐You gave *a hundred pounds* for her⌐ |
| ⌐Tu l'as achetée *vingt mines*⌐ | ⌐Für zwanzig Minen hast du sie gekauft⌐ |

1.84 Ein Ertrag für die Strukturierung des Wortschatzes im Adjektiv-Bereich

Beim Aufbau einer «höheren Grammatik» in den Teilen 10 und 11 haben sich zugleich für eine Reihe von häufigen *Adjektiven* (samt benachbarten Pronomen und Partikeln und den aus diesen Adjektiven entwickelten Nomen und Verben) besondere *Anschauungs- und Denkzusammenhänge* gezeigt, in denen diese Wörter ihren *besonderen Ort* haben, in denen sie (neben mancherlei anderer «Vernetzung») primär verwurzelt sind. Die Nummern in der folgenden Übersicht sind keine Rangordnung, sie sollen nur ein erprobendes Anwenden beim Lesen erleichtern.

Generelle Charakteristik	**Beispiele, Ziffer der Behandlung**	
1 Aussagen und Wissensinhalte nach ihrem Sicherheitsgrad einschätzen	*sicher, vermutlich, vielleicht, wahrscheinlich, wohl, scheinbar, offensichtlich* usw.	Z. 10.23
2 Zwei oder mehr Phänomene zusammensehen zwecks Vergleich	*gleich, identisch – verschieden, andere – gleich groß wie ... größer als ...*	Z. 10.53
3 Antriebe zu Verhalten/Handeln, von «innen» und von «außen»	*gern, willig – fleißig – faul, träg – Pflicht, Zwang, obligatorisch, freiwillig* usw.	Z. 10.58– 10.60
4 Durchführbarkeit von Handeln, vom Handelnden und von der Sache her gesehen	*fähig, in der Lage, imstande – leicht, schwer/schwierig, anspruchsvoll* usw.	Z. 10.61– 10.64
5 Einbettung in den Zeitablauf	*früh, zeitig – spät; alt – neu/jung* usw.	Z. 11.09

6 Besondere Raumqualitäten und Raumperspektiven, bei Lage und Bewegung	*innen – außen; offen – geschlossen/zu;* Z. 11.26–11.34, *oben, vorn – unten, hinten; links –* Z. 11.49–11.50 *rechts* usw.
7 Ausmaß, im anschaulichen Raum oder in abstrakten Räumen	*groß, lang, breit, weit, dick – klein,* Z. 11.39–11.42 *kurz, schmal, eng, dünn* usw.
8 Ablaufstempo bei Bewegungen oder generell bei Veränderungen	*schnell, geschwind, rasant – langsam,* Z. 11.62 *träg* usw.
9 Intensität von etwas beim Handeln bzw. Erfahren/Erleben	*stark, heftig, gewaltig, sehr – schwach,* Z. 11.63 *wenig* usw.
10 Vollständigkeitsgrad und Genauigkeitsgrad	*ganz, völlig, teilweise – genau, präzis* Z. 11.64–11.66
11 Handeln in Kooperation oder allein	*gemeinsam – allein; selbst, persönlich* Z. 11.75–11.76
12 Personale Verfassung, körperlich und seelisch, bei Handlungen aller Art	*gesund – krank; froh, glücklich, zufrieden – traurig, elend, niedergeschlagen* Z. 11.77
13 Bewußtheitsgrade beim Handeln	*aufmerksam, bewußt – zerstreut* usw. Z. 11.78
14 Einstellung zu anderen, die zu Handeln führt oder sich beim Handeln zeigt	*liebevoll, dankbar, zutraulich – verächtlich, voll Haß; großzügig – kleinlich, neidisch* usw. Z. 11.79
15 Auffälligkeitsgrad bei Handlungen	*laut, mit großem Lärm – leise, still* Z. 11.80 usw.
16 Wertungen, nach verschiedenen Komplexen von Kriterien, auch für Kaufpreise	*gut, schön, klar, richtig, korrekt, wahr* Z. 11.82–11.83 *– schlecht, häßlich, fehlerhaft, falsch; billig – teuer*

Das lädt dazu ein, eine solche Strukturierung des Wortschatzes noch etwas weiterzuführen:

17 Optische, durch die Augen aufnehmbare Qualitäten von etwas	*hell, weiß; durchsichtig; dunkel, trüb; gelb, rot, grün* usw., *gerade, krumm, viereckig, rund* usw.
18 Stoffliche Eigenschaften, Oberflächenstruktur, Verformbarkeit usw.	*glatt – rauh; dicht – porös; weich – hart; elastisch – zäh; spröd* usw.
19 Geruchs- und Geschmackseindrücke	*süß – sauer, bitter, salzig, beißend* usw.
20 Meßbare stoffliche Eigenschaften	*schwer – leicht; warm, heiß – kühl, kalt*
21 Verwendetes Material, Herkunft	*hölzern, aus Holz, aus Eisen, aus ...* usw.

Solche rein beschreibende Bedeutungsbeiträge werden meistens an fester Semantemstelle eingesetzt («Es *war heiß*») oder in Begleitgefüge eingebaut («*Das heiße Wetter*»). Gelegentlich setzt man sie aber auch als freie Bedeutungsbeiträge zum Kernbestand, wie in folgendem Beispiel aus dem «Grünen Heinrich» (Beschreibung des heimatlichen Tales, in «Flucht zur Mutter Natur»):

> Die Abendsonne lag *warm* auf dem Tale
> The evening sunshine lay *warm* on the valley
> Les *chauds* rayons du soleil couchant inondaient la vallée [«chaud» als adjectif épithète im Subjekt]

12 Bedeutungsaufbau im Kernbestand der Propositionen, Semanteme – Einbau von Relativsätzen, eng oder locker – Kognitives hinter der Grammatik – Textaufbau, Textkohärenz

12/I Semanteme für Sprachverwendung, direktes Wahrnehmen, Informationsbesitz, Sicherheitsgrade dabei, personale Gestimmtheiten, Bewertungen

- 12.01 Ziel des ganzen Teils, Beschränkung auf Exemplarisches 657
- 12.02 Semanteme und mit ihrer Hilfe gebildete Propositionen, grundsätzlich 658
- 12.03 Funktionsstellen und Bedeutungsstellen bei den Semantemen für Sprachverwendung 659
- 12.04 Direkte Aufnahme, Speicherung, weitere Verarbeitung von Information 662
- 12.05 Kennzeichnung des Sicherheitsgrads von vorhandenem Wissen . . . 664
- 12.06 Personale Gestimmtheiten: Hoffnung – Angst, Freude – Ärger usw. 665
- 12.07 Bewertungen, von Emotionalem bis zu rein Kognitivem 666

12/II Semanteme für Antriebe, Durchführbarkeit von Handlungen, Handlungsmodalitäten, Folgebeziehungen, Einbettung in den Zeitablauf, räumliche Situierung

- 12.08 Bildung komplexer Semanteme durch Kombination mit Gefügeverben 668
- 12.09 «Modalverben» als eigene Semanteme mit Akkusativobjekten 670
- 12.10 Verschiedener Aufbau der Semanteme für Antriebe und Durchführbarkeit 670
- 12.11 Bedeutungsstellen in den Semantemen für Handlungsmodalitäten . . 671
- 12.12 Hinweis auf den inhaltlichen Teil durch «Stützpronomen/Stützpartikel» im dominanten Teil 672
- 12.13 Folge-Beziehung «Steuerungshandeln und dadurch Gesteuertes» . . 672
- 12.14 Einbettung in den Zeitablauf: Semanteme für neutrale Angaben von Erstreckung oder Zeitpunkt 673
- 12.15 Einstellungen zum Zeitablauf: warten, zögern oder drängen, sich beeilen 674
- 12.16 Semanteme für generelle zeitlich/räumliche Situierung: Existenz, Auftreten – Verschwinden 675
- 12.17 Zeitliches, Räumliches und Bewegungsablauf ineinander – gleiche Semanteme oder verschiedene? 676

12.18 «Kommen – gehen»: deutbar als zwei elementare Sehweisen auf
      Bewegungen/Veränderungen 676
12.19 Semanteme mit «kommen/venir/come/venire» als Kern 677
12.20 Semanteme mit «gehen/aller/go/ire» als Kern 680
12.21 «Kommen/venir/come/venire» und «gehen/aller/go/ire» als
      Gefügeverben 682
12.22 Haltungen/Lagen im Raum und zu ihnen führende Bewegungen .. 683
12.23 Lage/Haltung/Bewegung in anderen tragenden Medien 685
12.24 Ort, Aufenthalt, momentan oder dauernd, Sitz von Institutionen
      usw. 685
12.25 Darstellung von Bewegungen bei/zwecks Ortsveränderung 686

12/III Semanteme für speziellere Handlungs- und Verhaltensweisen und Zustände:
       – etwas herstellen, verändern – jemandem etwas geben oder nehmen –
       etwas fassen, ergreifen, halten – jemanden/etwas haben

12.26 Pragmatische Rollen («Funktionsstellen») beim Schaffen, Herstellen,
      Verändern von etwas 689
12.27 Generelle Semanteme mit «machen/tun – faire – make/do – facere»
      als Kern; zur Häufigkeit 689
12.28 Weitere Semanteme mit «machen/tun – faire – make/do – facere» . 694
12.29 Grundverben für sozialen Austausch – aber auch anders verwendet:
      «geben – donner – give – dare» 696
12.30 Semanteme mit «nehmen – prendre – take – sumere», Situationen
      dabei 699
12.31 Semanteme mit «fassen, ergreifen – saisir – seize, grip, grasp –
      prehendere, capere» 701
12.32 «Bringen, schicken/senden – holen, kommen lassen». 704
12.33 Ein weiteres Grundverhalten von Lebewesen: etwas festhalten, nicht
      loslassen 705
12.34 Semanteme mit «haben – avoir – have – habere» als Kern,
      Parallelen in den vier Sprachen 708
12.35 Besondere Semanteme mit «habere» im Lateinischen 710
12.36 Kombinationen mit festen nichtverbalen Teilen 711

12/IV Semanteme mit «sein – être – be – esse» für die Darstellung grundlegender
      Denkakte – «sein/haben/werden, être/avoir, be/have, esse» als Gefügeverben
      – Namen-Gebung und Wort-Schaffung an sich

12.37 Semanteme mit «sein – être – be – esse», Darstellung von
      Denk-Akten an sich 712
12.38 Semanteme mit «sein» und festen anderen Bestandteilen –
      Grundsätzliches zum Semantem-Besitz 717
12.39 Ein Spezialfall, lateinisch und deutsch: «Quid tibi est –
      Was ist (mit) dir?» 719

12.40 Betonen der Konstanz einer Einordnung, einer Charakteristik 719
12.41 Das Eintreten eines Zustands bzw. der Zugehörigkeit zu einem Typ 720
12.42 «Sein/être/be/esse» und «werden» als Gefügeverben in Passivformen 722
12.43 Zur Häufigkeit von «sein/être/be/esse» als Gefügeverb zur
Passivbildung, auch im Lateinischen 723
12.44 «Be» als Gefügeverb zur Bildung der «progressive tenses» 725
12.45 «Haben/avoir/have» und «sein/être/be» als Gefügeverben mit
«zu/à/to» + Infinitiv 726
12.46 «Esse» + Gerundiv im Lateinischen – vielfältig verwendbar 727
12.47 Zum Verständnis der Gefügeverben in den mehrwortigen
grammatischen Zeiten 729
12.48 Ansätze zur Bildung eines «haben-Perfekts» im Lateinischen 731
12.49 Namen-Gebung und Namen-Verwendung – Semanteme dafür
neben «Sein 1 – Sein 2 – Sein 3» 732

12/V Darstellung von Personen oder andern Entitäten durch ganze Propositionen,
Relativsätze als grammatische Elementarstruktur

12.50 Zusammenhänge zwischen Innenbau von Propositionen und
Verknüpfung mit andern Propositionen 735
12.51 Grundsätzliches zum Nennen und Charakterisieren von Entitäten
durch ganze Propositionen 736
12.52 Eine Elementarstruktur: Anschluß-Relativsätze, eng oder lockerer
an ein Bezugswort angefügt 736
12.53 Textzusammenhang durch Nennen und Wieder-Aufrufen von
Entitäten; Relativsätze dabei 740
12.54 Oft äquivalent: Anschluß-Relativsätze und Propositionen mit
Partizip oder Adjektiv als Kern 742
12.55 Verteilung auf Hauptsatz und Anschluß-Relativsatz als Mittel zur
Hervorhebung 743
12.56 Satzglied-Relativsätze, Grundsätzliches und Beispiele für Nennung
von Nicht-Personalem 744
12.57 Satzglied-Relativsätze zur Darstellung von Personen – oft als
Annahme/Voraussetzung verstehbar 746
12.58 Neutraler Satzglied-Relativsatz, auf gleicher gedanklicher Ebene,
oder inhaltlicher Teil? 746
12.59 Gleich geschriebenes Propositionen-Paar – drei verschiedene
mögliche Verständnisse 748
12.60 Verteilung auf Satzglied-Relativsatz und Hauptsatz zwecks
Hervorhebung und bei Gegensätzen 748
12.61 Die als Relative dienenden Wörter 749
12.62 Bedeutungsbeiträge einfacher qu-Pronomen im Lateinischen 751
12.63 Die Reichweite eines Semantems über die direkt damit gebildete
Proposition hinaus 755

12/VI Blick auf die hinter den Bedeutungsbeziehungen und vielen Erscheinungen
der Elementargrammatik stehenden gedanklichen Verhaltensweisen,
kognitive Grundlagen der Grammatik

12.64 Zum Ziel dieses Kapitels, Problemstellung 756
12.65 Gruppe 1, vor allem für den Bedeutungsaufbau im Kernbestand
von Propositionen und in Begleitgefügen, auch in Anschlußgefügen 758
12.66 Gruppe 2, vor allem für Bedeutungsaufbau im Zusammenwirken
von Kernbestand und freier eingefügten Bedeutungsbeiträgen in
den Propositionen 760
12.67 Gruppe 3, vor allem für das Nuancieren der Geltung und des
Stellenwertes von grundsätzlich parallelen Bestandstücken, auf
allen Komplexitätsstufen 761
12.68 Gruppe 4, vor allem für Bedeutungsaufbau durch Kombination
ganzer Propositionen, im Blick auf «besonderes Zusammen-
Gegebensein» 762
12.69 Gruppe 5, dominante Teile und inhaltliche Teile im Rahmen einer
Proposition oder in zwei eng verbundenen Propositionen, vor allem
für Handlungsmodalität 763
12.70 Gruppe 6, dominante Teile und inhaltliche Teile auf allen Komplexitätsstufen, vor allem für Sprechen/Denken/Wahrnehmen, Hoffen/
Fürchten, Bewerten/Beurteilen 764
12.71 Gruppe 7, auf allen Komplexitätsstufen, mit fließenden
Übergängen von Grammatikalisiertem zu rein Kommunikativ-
Pragmatischem 765
12.72 Die Grammatik insgesamt und das kommunikativ-pragmatische
Handlungswissen 766

12/VII Anteile von Grammatik und «Weltwissen» am Aufbau von
Textzusammenhängen und dem nachvollziehenden Erfassen von
«Textkohärenz» beim Hören/Lesen

12.73 Grundsätzliches, Ziel dieses Kapitels 768
12.74 Zusammenhänge innerhalb von Sätzen und zwischen ganzen
Sätzen, Abschnitten usw. 769
12.75 Verknüpfung durch Wieder-Aufrufen schon einmal genannter
Personen und anderer Entitäten 770
12.76 Verknüpfungen durch Einbettung in den Zeitablauf 772
12.77 Kohärenz durch Situieren im anschaulichen, dreidimensionalen
Raum 774
12.78 Kohärenz durch Aufbauen abstrakter Räume; Angaben von
Prioritäten, Ordnen durch Zahlen 775
12.79 Kohärenz durch die Beziehung «zu Charakterisierendes – als
Vergleich Herangezogenes» 775
12.80 Kohärenz durch Benutzung speziellerer Bedeutungsbeziehungen
auch für größere Textstücke 776
12.81 Ansprüche an das Erfassen der Kohärenz bei Darstellung auf
verschiedener gedanklicher Ebene 778

12/I Semanteme für Sprachverwendung, direktes Wahrnehmen, Informationsbesitz, Sicherheitsgrade dabei, personale Gestimmtheiten, Bewertungen

2.01 Ziel des ganzen Teils, Beschränkung auf Exemplarisches

Nach den Bedeutungsbeziehungen auf *verschiedener* gedanklicher Ebene (Teil 10) und den auf *gleicher* gedanklicher Ebene spielenden, mit *allen* Semantemen oder doch mit größeren Gruppen von ihnen kombinierbaren *freier einfügbaren* Bedeutungsbeiträgen (Teil 11) ist nun zur Vollständigkeit der hier angestrebten höheren Grammatik noch eine Betrachtung der *Bedeutungsbeziehungen innerhalb der verbalen Semanteme* fällig, eine Analyse der Beziehungen zwischen den *Verb*bedeutungen und den *festen zu besetzenden* Bedeutungsstellen, ganz besonders der Subjektsstelle; oft sind auch die Beziehungen *zwischen* den festen Bedeutungsstellen wichtig, mehr oder weniger losgelöst von der jeweiligen Verbbedeutung.

Es ergibt sich aus der Natur der Sache, daß hier von vornherein auf jeglichen Vollständigkeitsanspruch verzichtet werden muß – in betontem Gegensatz etwa zur Darstellung der «Satzbaupläne» in den Duden-Grammatiken seit 1959 (diese erhoben einen Vollständigkeitsanspruch, waren aber noch viel zu sehr an den formalen Satzgliedtypen orientiert) und gleicherweise in betontem Gegensatz zu den Versuchen der von Fillmore begründeten und von anderen weiterentwickelten «Kasus-Grammatik» oder «Kasus-Theorie» (die mit einem knappen Dutzend von «Tiefen-Kasus» wie «Agent – Experiencer – Object – Instrumental – Causal – Source – Goal – Place – Time» und einigen weiteren auszukommen versucht).

Es gibt in jeder Sprache eine fünfstellige Zahl von Verben, und da nicht selten ein und dasselbe Verb als Kern in mehreren, oft sehr verschiedenen verbalen Semantemen dient (siehe Ziff. 6.50 «Finden» und in diesem Teil Ziff. 12.34 «Haben» und Ziff. 12.37 «Sein»), muß man mindestens mit einer fünfstelligen, eher noch mit einer sechsstelligen Zahl von einzelnen verbalen Semantemen rechnen.

Diese Semanteme im einzelnen zu buchen ist eine Aufgabe der großen Wörterbücher, vor allem auch der einsprachigen. Man muß daraufhin nur einen Artikel wie «machen» oder «faire» oder «make» oder «facere» aufmerksam durchlesen. Im letzten Jahrzehnt sind auch besondere «Valenz-Lexika» entwickelt worden, z. B. von H. Schumacher im Institut für deutsche Sprache in Mannheim. Aber auch diese Lexika behandeln erst eine relativ beschränkte Zahl von häufigen Verben.

Eine gewisse Gesamt-Orientierung ergibt sich aus dem Versuch des Überblicks über die großen und wichtigen Bedeutungsbereiche am Anfang von Teil 10 (Ziff. 10.04 – mit allen Reserven, die dort ausdrücklich gemacht sind). Dazu wird für einige häufige

Verben («sein – haben – machen» und die oft an ihrer Stelle möglichen spezielleren Verben) versucht, *alle* verbalen Semanteme aufzuweisen, in denen das betreffende Verb als Kern dient. Es geht aber insgesamt hier *nicht* um *lexikalische* Vollständigkeit. Auch bei diesen speziell behandelten Verben kann es immer noch einzelne verbale Semanteme geben, die in der hier gegebenen Behandlung zu wenig oder gar nicht berücksichtigt sind.

Angestrebt ist aber eine gewisse «*typologische Vollständigkeit*», daß nämlich *alle wichtigen Bedeutungsgruppen* und *alle verschiedenen in ihnen möglichen Formalstrukturen* angesprochen werden. Davon und von allem in den Teilen 10 und 11 und schon in Teil 7 Behandelten ausgehend sollten sich dann die *Bedeutungszusammenhänge in Texten überhaupt* angemessen erfassen lassen, der *Bedeutungs-Aufbau* durch die *Sprechenden bzw. Schreibenden* und der (grundsätzlich besser und objektiver beobachtbare) *Bedeutungs-Nachbau*, den die *Hörenden bzw. Lesenden* an Hand der im Text gegebenen Wörter und Formalstrukturen aller Art zu vollziehen haben – mit einem individuell sehr verschieden möglichen Anteil von *bewußter* Führung und einem größeren oder kleineren, aber grundsätzlich nie ausschaltbaren Anteil von *unbewußtem, gefühlsmäßigem, intuitivem* Vorgehen. Auch ein solches *beruht* grundsätzlich auf dem Besitz an verbalen Semantemen und übergreifenden Bedeutungsstrukturen, aber das *Abrufen* dieser Semanteme usw. erfolgt *unterhalb* der Schwelle der bewußten Aufmerksamkeit, und bewußt wird erst das mehr oder weniger endgültige *Produkt* des Formulierens bzw. des Verstehens – siehe auch Ziff. A.79, Verstand und Gefühl beim Textverstehen.

12.02 Semanteme und mit ihrer Hilfe gebildete Propositionen, grundsätzlich

Vor der Einzelbehandlung der möglichst repräsentativen Auswahl von verbalen Semantemen und der Bedeutungsbeiträge ihrer festen Stellen ist es nützlich, die Begriffe «Semantem» und «verbale Proposition» (nochmals) ausdrücklich zu einander in Beziehung zu setzen.

Jeder verbalen Proposition (und auch mancher Proposition ohne Verb, z. B. «Jedem das Seine», zu verstehen als «Jedem *gehört* das Seine, ist das Seine *zu geben*») liegt ein verbales Semantem zu Grunde. Dieses Verhältnis darf man aber *nicht umkehren*. Bei allen Semantemen, die man für *dominant* gesetzte Propositionen verwenden kann («sagen, denken, glauben, annehmen» usw.) ist eine feste Bedeutungsstelle *von vornherein* auf eine Füllung durch eine ganze andere Proposition, ja durch längere und lange Folgen von andern Propositionen angelegt (Ziff. 10.05–10.10 und weiterhin), und eine Füllung dieser Stellen durch nichtverbale Ausdrücke ist von vornherein sekundär. Hier wirkt also ein Semantem weit über die mit seiner Hilfe gebildete Proposition hinaus.

Etwas anders ist es bei den Semantemen, deren Stellen primär auf *Besetzung auf gleicher gedanklicher Ebene* hin angelegt sind (z. B. «etwas machen – etwas haben – etwas sein»). Hier sind die Bedeutungsstellen vor allem für nicht-verbale Füllung vorgesehen, für das Einsetzen von Nomen/Pronomen und ganzen nichtverbalen Gefügen. Auch hier *kann* aber eine Bedeutungsstelle *durch eine ganze verbale Proposition* ausgefüllt werden (siehe schon Ziff. 3.21 für Propositionen als Subjekte anderer Propositionen und generell das Kapitel 12/V, «Relativsätze»). Hier *wirkt das dem Hauptsatz* zugrundeliegende Semantem selbstverständlich *auch* über die *als Nebensatz gesetzte* Proposition hin. Die ganze Frage, *wie weit* man ein Hinauswirken eines Semantems über die primär mit seiner Hilfe gebildete Proposition hinaus *überhaupt feststellen* kann, ist am Schluß des Kapitels 12/V (Ziff. 12.63) nochmals grundsätzlich zu stellen.

12.03 Funktionsstellen und Bedeutungsstellen bei den Semantemen für Sprachverwendung

Bei aller Darstellung von sprachlichem Hervorbringen, sprechend oder schreibend, lassen sich neben der durch das *Verb* dargestellten *Art* des sprachlichen Handelns *drei Funktionsstellen* unterscheiden (man könnte auch von «pragmatischen Rollen» sprechen):
1 Eine Stelle für die *Nennung* der *Person, welche jeweils spricht oder schreibt*, mitteilend, warnend, auffordernd, fragend usw.
2 Eine Stelle für den *jeweiligen Inhalt*, für das Gesagte oder Geschriebene, den Inhalt der Warnung, der Aufforderung, das als Frage Hingestellte usw.
3 Eine Stelle für die *jeweils angesprochene Person*, für den Adressaten, den zu Warnenden, den zu etwas Aufgeforderten, den Gefragten usw.

Die Stelle (2), für den jeweiligen *Inhalt*, ist meistens durch eine *ganze verbale Proposition* oder eine *Folge* von verbalen Propositionen besetzt, diese Propositionen dienen als *inhaltlicher Teil*. Die Stellen (1) und (3), für den Sprechenden/Schreibenden und für den Adressaten, sind die zentralen Stellen in der *zugehörigen dominanten* Proposition. Dabei kann der inhaltliche Teil *direkt* oder *indirekt* präsentiert sein (zu dieser Unterscheidung siehe Ziff. 10.05–10.12):

```
Ich habe ⎰ ihm gesagt⌒     : «⌒Wenn du das tust⌒, ⌒bekommst du Schwierigkeiten⌒».
         ⎱ ihn gewarnt⌒    , ⌒wenn er das tue⌒, ⌒bekomme er Schwierigkeiten⌒.
```

Der mitgeteilte Inhalt kann aber auch durch ein *Satzglied* im *Rahmen der gleichen Proposition* wie die Nennung des Mitteilenden und ggf. des Adressaten dargestellt werden, und dann auf *gleicher* gedanklicher Ebene. Das erfolgt vor allem, wenn schon vorher von dem betreffenden Inhalt die Rede war, durch aufnehmende Pronomen wie «es, das»; es kann aber auch eine ggf. recht detaillierte Darstellung durch einen nominalen Ausdruck gegeben werden, auch mit daran durch Relativ angeschlossener verbaler Proposition auf gleicher Ebene:

```
Ich habe ⎰ ihm das gesagt, es ihm gesagt⌒
         ⎱ ihn davor gewarnt⌒

Ich habe ihn gewarnt ⎰ vor den hier für ihn auftretenden Schwierigkeiten⌒
                     ⎱ vor den Schwierigkeiten⌒, ⌒die sich hier für ihn ergeben werden⌒

Ich habe ihn gefragt⌒ ⌒wie man am besten zum Bahnhof kommt⌒
Ich habe ihn nach dem besten Weg zum Bahnhof gefragt⌒
```

Bei der Darstellung von sprachlichem *Aufnehmen*, Text*rezeption*, hörend oder lesend, ist entsprechend eine Funktionsstelle (1) vorhanden für die *Person, die etwas hört oder liest*, eine Funktionsstelle (2) für den *Inhalt, das Gehörte/Gelesene*, und bei Bedarf eine Funktionsstelle (3) für die *Person, die gesprochen* bzw. *den Text geschrieben* hat. Für die

Formulierung an der Stelle (2), das Gehörte/Gelesene, gilt dasselbe wie beim sprachlichen *Hervorbringen*, der Text*produktion*: Besetzung durch besondere verbale Propositionen, als inhaltlicher Teil, mit Stelle (1) und (3) im dominanten Teil – aber auch mögliche Besetzung durch Satzglieder, auf gleicher gedanklicher Ebene (und ggf. durch an diese Satzglieder anschließende weitere auf gleicher Ebene zu sehende Propositionen):

⌈Ich hörte von einem Kursteilnehmer⌉ { ⌈daß sie großen Erfolg hatte⌉ ⌈und alle begeistert waren⌉
⌈welchen Erfolg sie hatte⌉ ⌈und wie begeistert alle waren⌉ }

⌈Ich hörte von den Kursteilnehmern *von dem großen Erfolg*⌉ ⌈den sie hatte⌉

Wenn man nun von diesen Funktionsstellen (also von der «Pragmatik») her die vorhandenen verbalen Semanteme und die in ihnen gegebenen Bedeutungsstellen betrachtet, ergibt sich ein teilweise recht einheitliches, teilweise aber auch sehr vielfältiges Bild.

Einheitlich ist, daß beim Gebrauch aller Semanteme im *Aktiv* die *Funktionsstelle (1)*, Nennen der sprechenden/schreibenden oder auch der hörenden/lesenden Person, mit der *Subjektsstelle* zusammenfällt (und daher im Lateinischen oft gar nicht durch besonderes Wort signalisiert ist):

Er sagt/schreibt ...	*Er* warnt ...	*Er* fordert dazu auf ...	*Er* fragt ...	*Ich* höre/lese ...
Il dit/écrit ...	*Il* nous avertit...	*Il* demande de ...	*Il* nous demande ...	*J'*écoute/*Je* lis ...
He tells/writes ...	*He* warns ...	*He* requests ...	*He* asks ...	*I* hear/read ...
Dic*it*/scrib*it* ...	Mon*et* ...	Postul*at* ...	Quaer*it* ...	Audi*o*/leg*o* ...

Dagegen wird für die *Funktionsstelle (3)* bei hervorbringender Sprachverwendung, Nennung des Adressaten, im Deutschen, Französischen und Lateinischen bei *an sich äquivalenten* Bedeutungsstellen teilweise eine *formal verschiedene Füllung* verlangt, je nach dem gewählten Semantem:

dem .../ihm/ihr erzählen	raconter *à (aux)* ..., *lui (leur)* raconter	narrare *alicui*
den .../ihn/sie warnen	avertir *les* ... *les* avertir	monere *aliquem*
den .../ihn/sie fragen	demander *à* ..., *lui/leur* demander	interrogare *aliquem*
		quaerere *ex aliquo*
		[«aus ihm herausholen wollen»]

Für die *Funktionsstelle (2)*, *Inhalt*, ist bei *Darstellung durch nichtverbalen Ausdruck* ebenfalls eine formal verschiedene Füllung möglich, aber hier oft bei gleichem Semantem und mit *faßbarer Bedeutungsverschiedenheit*, nämlich *Akkusativobjekt* (complément d'objet direct) mit der Bedeutungsnuance «*vollständig*», und *präpositionaler Ausdruck* (bzw. im Deutschen eine entsprechende komplexe Satzpartikel) mit der Bedeutungsnuance «*als Ausschnitt zu sehen*»:

⌈Er‿erzählte ‿mir‿*alles, den ganzen Ablauf*⌉	⌈Er‿erzählte ‿mir‿*von der Geschichte/davon*⌉
⌈Il‿me‿raconta ‿*toute cette histoire*⌉	⌈Il‿me‿parla ‿*de cette histoire*⌉ ⌈il‿m'*en*‿parla⌉
⌈Narravit ‿mihi‿*omnem rem*⌉	⌈Narravit ‿mihi‿*de hac re*⌉

(dazu auch Ziff. 11.55, Nennen eines Themas)

Bei der Darstellung von *Schreib*prozessen kann man durch verschiedene Füllung der Funktionsstelle (2) *besonders deutliche* Bedeutungsnuancen darstellen:

| ⌈Sie‿schreibt⌉/schrieb⌉ | ⌈Sie‿schreibt /schrieb ‿*an einem Brief*⌉ | ⌈Sie‿schreibt/schrieb ‿*einen Brief*⌉ |
| [Neutral, *rein die Tätigkeit* gemeint] | [Die *lange Dauer* des Prozesses betont, die Schreibende ist bzw. war noch mitten in der Arbeit] | [Neutral mit *Nennung des Produkts*, bei Präsens «schreibt» ist die Tätigkeit noch im Gang, bei Präteritum «schrieb» ist sie abgeschlossen, der Brief fertig] |

Bei der Darstellung von *Lese*prozessen kann man durch fast gleiche formale Verschiedenheiten (nur die Präposition «in» statt «an») *andere Bedeutungsnuancen* deutlich machen:

⸢Sie₁liest/las⸣	⸢Sie₁liest/las ₍in einem Buch₎⸣	⸢Sie₁liest/las ₍ein Buch₎⸣
[*Neutral*, reines Nennen der *Tätigkeit*]	[Man betont das *Diskursive* des Leseprozesses (siehe Ziff. 11.58 man liest *im Moment* immer nur *eine bestimmte* Stelle); hier kann auch gemeint sein, daß die Lesende *überhaupt nur einzelne* Stellen aus dem Buch *herausgreift*]	[Sie liest bzw. las vermutlich *das ganze Buch*, auch wenn das *grundsätzlich diskursiv* verläuft und daher beim Präsens «liest» der Prozeß noch im Gang ist – beim Präteritum «las» *kann* der Prozeß schon abgeschlossen sein, er *kann* aber auch für den Zeitpunkt des «las» *als im Gang befindlich* aufgefaßt werden]

Ähnliches ist im Französischen möglich: «Elle lisait – Elle lisait un livre – J'ai lu ça *dans un vieux livre*».

Durch die Verwendung von Präpositionen wie «in, bei» kann man aber auch rein die *Quelle* angeben, aus der man durch Lesen eine Information entnommen hat: «Man liest Ähnliches schon *bei Cicero* – Legimus *apud Homerum*, wir lesen *bei/im Homer*» und Ähnliches.

Sehr fühlbare formale Verschiedenheiten zeigen sich, oft ohne faßbare Bedeutungsverschiedenheit, wenn man verbale Semanteme für hervorbringende Sprachverwendung *im Passiv* braucht (was zwar nicht so häufig vorkommt, aber durchaus möglich ist). Dann wird nämlich in vielen verbalen Semantemen durch das *Subjekt* die *Funktionsstelle (2)*, dargestellt, der mitgeteilte *Inhalt*, bei andern verbalen Semantemen aber die *Funktionsstelle (3)*, der *Adressat*.

Funktionsstelle (2) durch das Subjekt dargestellt:

⸢Was sie gefunden hatten⸣ ⸢wurde mir erst später mitgeteilt⸣
⸢Der Befund⸣ wurde mir erst später mitgeteilt⸣
⸢Ce qu'ils avaient trouvé⸣ ⸢ne m'a été communiqué que plus tard⸣
⸢Le résultat de ces analyses⸣ ne m'a été communiqué que plus tard⸣
⸢Daß hier Unregelmäßigkeiten vorkommen⸣ ⸢wurde schon früher immer wieder behauptet⸣
⸢Derartiges⸣ wurde schon früher immer wieder behauptet⸣
⸢Was da passiert war⸣ ⸢wurde uns einfach verschwiegen⸣ (= nicht gesagt, nicht mitgeteilt)
⸢Diese Fakten⸣ wurden uns einfach verschwiegen⸣

Funktionsstelle (3) durch das Subjekt dargestellt:

⸢Ich wurde informiert⸣ ⸢daß sie erst morgen kämen⸣
⸢J'ai été informé⸣ ⸢qu'ils ne viendraient que demain⸣
⸢Er wurde aufgefordert⸣ ⸢sich daran zu beteiligen⸣
⸢Il fut invité⸣ ⸢à y prendre part⸣
⸢Sie wurde gefragt⸣ ⸢warum sie sich nicht gemeldet habe⸣
(hier ist im Französischen wegen des complément indirect «lui demander» kein Passiv möglich)

Im *Englischen* ist ein solches Nennen des Adressaten durch das Subjekt bei im Passiv verwendetem Verb auch bei dem Gegenstück zum deutschen «*erzählen*» möglich:

> We were told that they would come tomorrow

Vergleichbar ist hier die (allerdings veraltende) im Deutschen mögliche Wendung «Wenn *ich recht berichtet bin ...*», für geläufigeres «Wenn *ich richtig informiert bin, ...*».

12.04 Direkte Aufnahme, Speicherung, weitere Verarbeitung von Information

Nach den Semantemen für die Darstellung von Informationsübermittlung durch Sprache sind nun die Semanteme zu betrachten, mit welchen man die *direkte Aufnahme von Information* und die daran anschließende mehr oder weniger dauerhafte Speicherung darstellen kann (Ziff. 10.04'2B).

Dabei greifen *rein sinnliches Wahrnehmen*, ausgelöst z. B. durch den physischen Anblick bzw. die Berührung von materialen Objekten, und *gedankliches Verarbeiten*, wie z. B. bei der Beobachtung menschlicher Handlungen und Zustände, *unlösbar ineinander*. Man weiß heute, wieviel Tätigkeit des Gehirns erforderlich ist, bis aus den optischen Reizen, die auf die Netzhaut treffen, das dreidimensionale Bild wird, das man als Mensch sieht. Es ist daher kein Zufall, daß man verbale Semanteme wie «etwas fühlen, etwas sehen» *genau gleich* auf etwas *material* Vorhandenes, *sinnlich direkt Wahrnehmbares* und auf etwas aus Beobachtungen aller Art (oft intuitiv, unbewußt) *Erschlossenes* anwenden kann: «Ich sehe *sein Gesicht, die Farbe seiner Haut* – Ich sehe *seine Verlegenheit in dieser Situation*» oder «Ich fühle *die Kälte des Schnees* durch meine Schuhe hindurch – Ich fühle *die menschliche Wärme*, die mir hier entgegenkommt».

«Fühlen, sehen, wissen» dienen daher oft als dominante Teile (siehe schon Ziff. 10.22), wobei der inhaltliche Teil in einer eigenen Proposition dargestellt sein kann («Ich fühle, *daß diese Frau mich durchschaut*») oder durch ein Bestandstück in der gleichen Proposition («Ich fühle *mich von dieser Frau durchschaut*») oder mit einem andern Beispielpaar «Ich sehe, *wie er weggeht* – Ich sehe *ihn in seinen Wagen steigen*».

Darstellung auf *gleicher* gedanklicher Ebene ist dagegen anzusetzen – ähnlich wie bei den verbalen Semantemen für Sprachverwendung – wenn der Inhalt der Wahrnehmung *nur global durch Pronomen* wie «das, es» dargestellt ist oder wenn es sich um das reine *Wahrnehmen material vorhandener* Objekte handelt, also z. B. «Ich sehe *sein Auto* – Ich fühle *den kalten Luftzug* in meinem Gesicht».

Der *innere Aufbau* dieser Semanteme ist insgesamt *einfacher* als derjenige der Semanteme für das Darstellen von Sprachverwendung. Man hat nicht *drei* «pragmatische Rollen», wie dort, sondern nur *zwei*: eine für die Nennung der *Person*, die den Wahrnehmungsakt *vollzieht*, und eine für *das dabei Wahrgenommene*. Dazu ist die Verteilung dieser «pragmatischen Rollen» auf die Bedeutungsstellen der Semanteme sehr einfach: die *Person* wird an der *Subjektsstelle* genannt, das *Wahrgenommene* durch ein *Akkusativobjekt*, bei Verwendung im *Passiv* wird demgemäß das *Wahrgenommene* durch das *Subjekt* genannt:

> Im AKTIV: Diesen Notstand fühlten alle   Im PASSIV: Dieser Notstand wurde von allen gefühlt

Man kann daher hier von der *Differenzierung* «Funktionsstellen, pragmatische Rollen – Bedeutungsstellen», die bei den Semantemen für Sprachverwendung nützlich war, *absehen* und *direkt* vom Darzustellenden zu den Bedeutungsstellen der Semanteme und den in sie einzusetzenden Satzgliedern gehen.

Eine andere Zuordnung von Bedeutungsstellen und formaler Kennzeichnung hat man nur bei der plötzlich eintretenden, unplanbaren Verfügung über eine (meistens sehr erwünschte) Information, die man durch die Semanteme «*Jemandem fällt etwas ein – Jemandem kommt etwas in den Sinn*» darstellt. Hier wird die *Person* durch das *Dativobjekt* genannt, und der *Inhalt* des Einfalls (z. B. eine mögliche Lösung eines Problems) durch das *Subjekt*. Entsprechend gibt es im Lateinischen «*Venit mihi in mentem*». Dagegen tritt die «normale» Verteilung sofort wieder ein beim fast äquivalenten Semantem «Jemand *hat einen Einfall*», z. B. in «*Sie hatte den guten Einfall, ganz hinten nachzusehen, und dort fand sich das gewünschte Stück*».

Eine kurze vergleichende Betrachtung ist nützlich bei den verbalen Semantemen für «über gespeicherte Information verfügen», nämlich deutsch «Er *weiß etwas*, er *kennt jemand/etwas*», französisch «Il *sait quelque chose*, il *connaît quelqu'un*, il *connaît cela*», lateinisch «*Scit de aliqua re*», aber «*cognoscit aliquem/aliquid*», und im Englischen das globale «He *knows someone*, he *knows all of it*, he *knows that*».

«*Wissen, savoir, scire*» geht nur auf komplexe Informationsbestände *unpersonaler Art*; für die Fähigkeit, *Personen* oder *materiale Objekte* zu identifizieren, hat man «*kennen, connaître, cognoscere*».

Dazu sind «wissen, savoir, scire» auch als dominante Teile im Bereich «*Fähigkeit zu etwas haben*» verwendbar (Ziff. 10.04'3B), neben «können». Bemerkenswert ist die *verschiedene mögliche Besetzung* der Stelle für den *Inhalt* des «Wissens»: im Deutschen kann man «*etwas* wissen – *von etwas* wissen – *um etwas* wissen», mit gewissen Bedeutungsnuancen («geringere Genauigkeit im einzelnen»), aber ohne scharfe Grenzen. Im Französischen gibt es nur die Nennung des Inhalts durch complément d'objet direct («savoir *quelque chose*»). Dagegen hat man im Lateinischen «*Nihil certum* scire» (nichts Sicheres wissen, Akkusativobjekt) – «scire *potestates herbarum*» (die Eigenschaften, die Kräfte der Pflanzen kennen, Akkusativobjekt) – «*de omnibus rebus* scire» (über alles Bescheid wissen, Ablativ mit «de») – «*Graece* scire» (Griechisch sprechen können, mit Adverb).

In allen vier Sprachen gibt es auch verbale Semanteme für die Bedeutung «einem andern *ermöglichen*, ihn *veranlassen, daß* er etwas sieht, daß er bestimmte Informationen *aufnimmt* bzw. aufnehmen kann», und daß er nachher die entsprechenden Informationen *besitzt*, daß er etwas *weiß*. Es sind die Semanteme mit Verben wie «*zeigen, vorweisen – montrer – show, demonstrate – demonstrare, ostendere*». In den modernen Sprachen verwendet man oft auch komplexe verbale Wortketten mit einem dominanten Verb und einem als inhaltlicher Teil gesetzten Verb: «jemanden *etwas sehen lassen – faire voir quelque chose à quelqu'un, laisser quelqu'un voir quelque chose* (z. B. durch Wegziehen einer verdeckenden Hülle) – *let see someone something*». Dabei bestehen die gleichen drei Bedeutungsstellen wie bei den Semantemen für sprachliches Mitteilen: an der *Subjektsstelle* wird die *handelnde Person* genannt oder auch eine *andere auslösende Entität* (z. B. eine auslösende Beobachtung), durch *Dativobjekt* oder *Akkusativobjekt* nennt man denjenigen, bei dem das «Sehen» ausgelöst wird, und durch *Akkusativobjekt* oder *ganze Proposition* nennt man den *Inhalt, das, was* gesehen werden soll:

Sie zeigte *ihm ihren Goldschmuck*	*Sie* ließ *ihn ihren Goldschmuck* sehen
Elle lui montra *ses bijoux*	*Elle lui* fit voir *ses bijoux*
She showed *him her jewellery*	*She* let *him* see *her jewellery*
Monstravit/Ostendit *ei aurum suum*	

> *Dieser Vorfall* zeigte *mir* *was ich* zu tun hatte
> *Cet évènement me* montra *ce que j'avais à faire*
> *This incident* showed *me* *what I* had to do

Als *eigene, spezielle* verbale Semanteme sind dann Wendungen zu betrachten wie «jemandem *die kühle Schulter zeigen*» (= ihn abweisend behandeln) oder «jemandem *den Meister zeigen*» (= ihm zeigen, daß man Verfügungsgewalt hat und er sich fügen muß) und weitere ähnliche.

In eine andere große Gruppe von Bedeutungen («Haben 2c», Ziff. 12.34) gehören die Semanteme, die den Propositionen der folgenden Art zu Grunde liegen: «Die Mauer *zeigte schadhafte Stellen* – sie *wies große Löcher auf*» oder «Seine Haut *zeigte eine seltsame Rötung*».

Nur zwei Bedeutungsstellen, von denen oft nur eine wichtig und zu besetzen ist, bestehen bei den Semantemen für das *Verarbeiten*, das *Umorganisieren* vorhandener Information, für das Auffinden bisher verdeckter Zusammenhänge in ihr, also für die eigentlichen *Denkprozesse*:

Er denkt nach	*Er* denkt nach *über die Situation*	*Er* überlegt *wie es wohl weitergehen wird*
Il réfléchit	—	*Il se* demande *comment* …
He meditates	*He* thinks *about the situation*	—

Drei Stellen hat man *formal* bei den *reflexiven Verben*, z. B. in «*Er* denkt *sich einen neuen Weg* aus – *Ich* will *mir die Sache* überlegen». Das Reflexiv ist aber hier nur eine Verstärkung der Nennung der Person, es signalisiert eine besondere persönliche Beteiligung (Ziff. 6.45–6.46) und ist nicht als eigene Bedeutungsstelle aufzufassen.

Das *einfache «denken»* benutzt man meistens zur Kennzeichnung des *Sicherheitsgrads* von vorhandenem Wissen, siehe Ziff. 12.05.

12.05 Kennzeichnung des Sicherheitsgrads von vorhandenem Wissen

Der *Besitz an Information* ist in vielfältiger Weise *Grundlage* für das *Verhalten/Handeln*, und dabei hat man oft das Bedürfnis, sich selbst und den Partnern Klarheit zu verschaffen über den *Sicherheitsgrad* der betreffenden Wissensbestände. Die Darstellung solcher Sicherheitsgrade erfolgt zu einem beträchtlichen Teil durch *frei eingefügte, dominante Satzglieder* (Ziff. 10.23–10.24, jeweils Spalte rechts). Es ist sinnvoll, hier von dominanten Satzgliedern zu sprechen, trotz der Einfügung in den Rahmen einer einzigen Proposition, im Gegensatz zu den festen Stellen für mitgeteilte Inhalte usw., die man vorteilhafterweise auf gleicher gedanklicher Ebene sieht wie die Nennung der jeweils Sprechenden/Schreibenden, bzw. Hörenden/Lesenden (Ziff. 12.03).

Man kann aber auch den Sicherheitsgrad in einer *eigenen, dominanten Proposition* darstellen (Ziff. 10.23–10.24, jeweils Spalte links), und dafür gibt es neben den Semantemen für Sprachverwendung («*Wie ich gehört habe*, ist er fort – *Man sagt allgemein*, das sei gefährlich») auch mehr oder weniger spezialisierte Semanteme. Dabei kann man unterscheiden:

– Semanteme mit *Nennung einer beurteilenden Person* durch das *Subjekt* und Angabe des Sicherheitsgrads durch das Verb allein («Ich *denke, vermute, nehme an*, daß – Je *pense*, je *suppose*, je *suis d'avis que* – I *mean*, I *think*, I *assume that* – Puto …)» oder durch Verb + nominaler oder adjektivischer Ausdruck («Ich *halte es für eine Tatsache, halte es für sicher, daß* …» usw.).

– Semanteme mit Nennung des *Sicherheitsgrads* durch ein *Prädikativ* bzw. ein *Satzadjektiv* und Nennung des *bewerteten Wissensbestandes* durch das *Subjekt*, sehr oft durch eine ganze Proposition an der Subjektsstelle («*Sein Verzicht* ist *eine Tatsache / ist sehr wahrscheinlich – Es ist eine Tatsache / sehr wahrscheinlich, daß* er verzichtet»). Dabei dient das Verb oft nur als formales Verbindungsstück («*Es ist unzweifelhaft, daß das so war – Dubium non est* sic fuisse». Das Verb kann aber auch *selber* ein *Stück Beurteilung* oder die ganze Beurteilung enthalten, und dazu ist eine *zusätzliche* Nennung der beurteilenden *Person* durch ein Satzglied im *Dativ* bzw. *mit Präposition* möglich: «Es scheint *mir* eine Tatsache, Es scheint *mir* sicher, daß ... – Il *me* paraît un fait indubitable que ... It seems *to me* an undeniable fact» oder «*Für mich* ist das sicher – *Pour moi*, il n'y a pas de doute – *For me*, it is clear that ...»

Man kommt damit in den großen Bereich der verbalen Semanteme mit «Sein» als Kern hinein, siehe Ziff. 12.37, speziell «Sein 2» und «Sein 3».

12.06 Personale Gestimmtheiten: Hoffnung – Angst, Freude – Ärger usw.

Personale Gestimmtheiten wie Hoffnung oder Angst, Freude oder Ärger (Ziff. 10.04'2E) werden meistens durch eigene verbale Propositionen dargestellt, eher selten durch eingefügte dominante Satzglieder (wie «*Hoffentlich* sehe ich dich noch vorher – *Ärgerlicherweise* hatte unser Zug Verspätung).

Man kann die hier vorhandenen Semanteme in ähnlicher Weise in Gruppen einteilen wie bei der Einschätzung von Sicherheitsgraden (Ziff. 12.05): Meistens wird die *Person*, die sich in der betreffenden Gestimmtheit befindet, durch das *Subjekt* genannt; die *Gestimmtheit selbst* wird dargestellt durch das *Verb* oder durch *Verb + eng verbundenes Satzglied* z. B. «Ich *habe Angst* – *I'm afraid*»), und der *Inhalt* der Gestimmtheit, das *Erhoffte* oder *Gefürchtete* (hier auch: der *Auslöser* der Angst) wird gezeigt durch *ganze verbale Proposition*, als inhaltlicher Teil angeschlossen, oder durch *Objekt* oder *Satzglied mit Präposition*, dann auf gleicher gedanklicher Ebene zu sehen (diese Darstellung durch bloßes Satzglied ist aber nicht immer möglich):

Ich hoffe ᵈᵒᵐ *das Wetter wird schön* ⁱⁿʰ	Ich hoffe *auf gutes Wetter*
J'espère ᵈᵒᵐ *qu'il fera beau temps* ⁱⁿʰ	—
I hope ᵈᵒᵐ *we'll have a fine weather* ⁱⁿʰ	—
Spero ᵈᵒᵐ *nos caelum serenum habituros (esse)* ⁱⁿʰ	—
Ich fürchte ᵈᵒᵐ *er wird zornig* ⁱⁿʰ	Ich fürchte *seinen Zorn*
Je crains ᵈᵒᵐ *qu'il ne se mette en colère* ⁱⁿʰ	Je crains *sa colère*
I fear ᵈᵒᵐ *he will be angry* ⁱⁿʰ	I fear *his anger*
Timeo ᵈᵒᵐ *ne irascat* ⁱⁿʰ	Timeo *iram eius*

Für die möglichen Bildhintergründe «innen gesehen» oder «außen gesehen» siehe Ziff. 11.47.

Daneben gibt es aber, vor allem im Deutschen und teilweise im Lateinischen, verbale Semanteme, in welchen die in dieser Gestimmtheit befindliche *Person* durch *Akkusativobjekt* oder *Dativobjekt* genannt wird. Im Lateinischen ist dabei überhaupt kein Subjekt vorhanden («verba impersonalia»), im Deutschen kann an der Subjektsstelle der *Inhalt* der Gestimmtheit stehen oder ihr *Anlaß*, oder auch nur ein globales, bei anderer Wortstellung weglaßbares «es»:

Diese Sache *ärgert mich* [dom]	*Me paenitet* [dom] *a me ipse descivi* [inh]
Es ärgert mich [dom] *daß das so ist* [inh]	Es reut mich, daß ich mir selbst untreu geworden bin
Daß das so ist [inh] *ärgert mich* [dom]	*Me piget* stultitiae meae
Es reut mich [dom] *soviel auszugeben* [inh]	Mich verdrießt meine eigene Dummheit, daß ich so dumm war
Mich reut das viele Geld	*Nobis pudendum est* consilii nostri
Mir ist angst und bang	Wir müssen uns schämen, diesen Rat gegeben zu haben

12.07 Bewertungen, von Emotionalem bis zu rein Kognitivem

Zum Teil in engstem Zusammenhang mit den personalen Gestimmtheiten, zum Teil in der Nachbarschaft der Beurteilung von Sicherheitsgraden, zum Teil aber auch als ganz eigene Gruppe sind die *Bewertungen aller Art* zu sehen, die *Einschätzungen* auf erfreulich oder störend, wünschenswert oder abzulehnen, gut oder schlecht, schön oder häßlich, korrekt oder unkorrekt. Die Bedeutungsbereiche bei neutraler, von den bewertenden Personen losgelöster Darstellung sind schon in Ziff. 11.82–11.83 behandelt, als Abschluß der Betrachtung der mehr oder weniger frei einfügbaren Bedeutungsbeiträge.

Es gibt aber auch hier Semanteme, welche nicht nur eine Stelle für das Bewertete und eine für die Bewertung haben, sondern auch eine *für die bewertende Person*. Diese wird teilweise durch das Subjekt, teilweise aber auch durch ein Akkusativobjekt oder Dativobjekt dargestellt. Auch hier kann das Bewertete durch ganze verbale Proposition dargestellt werden, als inhaltlicher Teil gesetzt, mit der wertenden Proposition als dominantem Teil, oder das Bewertete kann durch nominalen Ausdruck gegeben oder durch Pronomen global aufgerufen werden, dann im Rahmen einer einzigen Proposition, auf gleicher gedanklicher Ebene.

Die bewertende (und oft auch: die von dem dargestellten Gefühlswert erfüllte) *Person wird genannt*:

durch das SUBJEKT, ggf. auch durch ein als Objekt gesetztes Reflexiv	durch ein AKKUSATIV- oder DATIVOBJEKT bzw. complément direct oder indirect
Ich freue mich [dom] *Ich finde* es gut [dom] } daß es so *Ich habe* großen Spaß [dom] gegangen ist [inh] *Ich freue* mich über diesen Ausgang der Sache	*Mich freut* (es) [dom] *Mir gefällt* (es) [dom] } daß es so *Mir macht* (es) großen Spaß [dom] gegangen ist [inh] *Mich freut* dieser Ausgang der Sache
Er hat es gern [dom] { daß / wenn } wir kommen [inh]	*Es ist ihm* lieb [dom] { daß / wenn } wir kommen [inh]

⌈J'ai grand plaisir ᵈᵒᵐ⌉ ⌉ ⌈de vous voir ici ⁱⁿʰ⌉ ⌊Je suis heureux ᵈᵒᵐ⌋ ⌋	⌈Cela me fait grand plaisir ᵈᵒᵐ⌉ ⌉ ⌈de vous voir ici ⁱⁿʰ⌉ ⌊Cela me rend heureux ᵈᵒᵐ⌋ ⌋
⌈I am happy ᵈᵒᵐ⌉ ⌈to see you here ⁱⁿʰ⌉	⌈It makes me happy ᵈᵒᵐ⌉ ⌈to see you here ⁱⁿʰ⌉
⌈Gaudeo ᵈᵒᵐ⌉⌈me vos mecum habere posse ⁱⁿʰ⌉	⌈Mihi placet ᵈᵒᵐ⌉ ⌉ ⌈me vos mecum habere posse ⁱⁿʰ⌉ ⌊Me delectat ᵈᵒᵐ⌋ ⌋

Für Genaueres über die vielfältigen Semanteme mit «Machen» siehe Ziff. 12.27–12.28, mit «Sein» Ziff. 12.37.

12/II Semanteme für Antriebe, Durchführbarkeit von Handlungen, Handlungsmodalitäten, Folgebeziehungen, Einbettung in den Zeitablauf, räumliche Situierung

12.08 Bildung komplexer Semanteme durch Kombination mit Gefügeverben

Die Verben zur Darstellung von *Antrieben* zu einem Verhalten/Handeln und zur Darstellung der *Durchführbarkeit* findet man ganz oben in den Häufigkeitswörterbüchern. Zu den zehn häufigsten deutschen Verben gehören nicht nur «sein, werden, haben, machen», sondern auch «können, müssen, wollen, sollen, lassen», und auch «mögen, dürfen» finden sich noch auf den Plätzen 19 und 26. In den andern Sprachen bestehen ganz ähnliche Häufigkeiten, z. B. französisch «être – avoir –faire – dire – aller – voir – savoir – pouvoir – falloir – vouloir».

Alle diese Verben lassen sich praktisch mit *jedem* andern verbalen Semantem *kombinieren*, als Gefügeverben, und teilweise sind sie sogar untereinander kombinierbar («Du *mußt nur wollen* – Kein Mensch *muß müssen*»). Dadurch wird das betreffende Semantem insofern verändert, als die an der *Subjektsstelle* genannte Entität nun *primär* auf das *Gefügeverb* zu beziehen ist und erst zusammen mit diesem Gefügeverb (oder: «durch dieses hindurch») auch die entsprechende Bedeutungsstelle für das Hauptverb besetzt – daher tritt dieses Hauptverb dann im *Infinitiv* auf, im Deutschen oft weit vom Gefügeverb getrennt («Er *wollte* das alles lange Zeit einfach *nicht wahr haben*»).

Man kann daher hier von der *Bildung komplexer Semanteme* sprechen, die dann oft auch in Form fester verbaler Wortketten faßbar sind, wie z. B. «*glücklich sein wollen – sich sehr anstrengen müssen – nichts von seinen Zielen aufgeben können – einfach keine Schwäche zeigen dürfen*». Diese komplexen Semanteme müssen aber größtenteils *nicht als fertige* Einheiten im Sprachbesitz im Gehirn gespeichert sein (im Gegensatz zu den «gewöhnlichen» Semantemen), sondern sie lassen sich aus den Bedeutungsstrukturen der Gefügeverben und der mit ihnen kombinierten «einfachen» Semanteme *aufbauen*. Im Deutschen ist es dabei möglich und weitgehend üblich, daß man bei den Semantemen, die das *Ziel einer Bewegung* enthalten, in der Kombination mit «wollen, sollen, können, müssen, dürfen» das *Hauptverb wegläßt*, so daß «wollen, sollen» usw. als Hauptverben erscheinen: «Ich *muß hinauf*(gehen) – Er *will ins Haus hinein* – Ich *kann nicht hinein* – Du *darfst morgen zu ihr* – Wir *müssen hier weg*» usw.

Besondere komplexe Semanteme sind dagegen dort anzusetzen, wo durch die Kombination nicht nur die an der Subjektsstelle genannte Person oder andere Entität zuerst auf das Gefügeverb und erst durch dieses hindurch auf das Hauptverb zu beziehen ist, sondern *vom Gefügeverb selber* eine Stelle für ein *Akkusativobjekt* (complément d'objet direct, direct object) gesetzt ist – die an dieser Stelle genannte Entität ist dann *zugleich* als Besetzung der *Subjektsstelle* für das *Hauptverb* zu verstehen.

Das gilt im *Deutschen* für «lassen», das dann sehr verschiedene Bedeutungsbeiträge liefern kann, so daß hier verschiedene komplexe Semanteme mit gleicher Lautung des Gefügeverbs anzusetzen sind: jemanden *irgendwohin gehen lassen* (= nicht verhindern, daß er dorthin geht) – etwas *sein lassen* (= eine Tätigkeit aufgeben oder gar nicht aufnehmen) – *einen Monteur kommen lassen* (= veranlassen, daß ein Monteur kommt). Die Gesetzlichkeiten für die deutsche Wortstellung bringen es mit sich, daß unmittelbar hintereinander *zwei* Stellen für ein Akkusativobjekt besetzt sein können: das Akkusativobjekt *zum Gefügeverb*, das zugleich als Subjekt für das Hauptverb zu verstehen ist, und ein *Akkusativobjekt zu diesem Hauptverb*: «Sie ließen *ihn diesen Versuch wagen*» (= sie ließen es zu, daß er den Versuch wagte) – Man *läßt diese Leute die schwierigsten Arbeiten machen* (entweder: man läßt es zu, daß sie diese Arbeiten machen, oder: man veranlaßt sie, man stellt sie dazu an, diese Arbeiten zu machen)». Weitere Beispiele zu «lassen» finden sich in Ziff. 12.09.

Vor allem aber dienen als Kerne solcher komplexer Semanteme die zentralen Verben für *direkte Informationsaufnahme*, die schon in Ziff. 12.04 in den Blick zu nehmen waren, nämlich «*sehen/hören/fühlen*», etwa in Beispielen wie «Ich *sah das kommen* (ich sah, daß/wie es kam) – Wir *hörten ihn die Haustür zuschlagen* – Er *fühlte seine Kräfte schwinden*» usw.

Im *Französischen* hat man die klare Unterscheidung zwischen «laisser» und «faire» (z. B. in «Elle *les laissa partir* – Il *nous fit travailler* toute la journée»), dazu «voir, sentir, entendre» (z. B. in «Je *les ai vu partir*, ich sah sie weggehen – Il *sentit renaître sa colère*, er fühlte, wie in ihm der Zorn wieder aufstieg – Il *entendait ces gens parler*, er hörte diese Leute sprechen»).

Im *Englischen* hat man «*He let her go*, sie ließ sie gehen, gestattete ihr zu gehen – *They made me work hard*, sie ließen mich hart arbeiten, ich mußte hart arbeiten – *I saw her put the key in the lock and open the door*, ich sah sie den Schlüssel ins Schloß stecken und die Tür öffnen». Dazu gibt es hier die besonderen Kombinationen von *Gefügeverb + ing-form*, vor allem mit «feel, keep», z. B. «*He felt his heart beating wildly*» (deutsch nicht wiederzugeben durch ein an sich mögliches «Er fühlte *sein heftig schlagendes Herz*», sondern «Er *fühlte sein Herz heftig schlagen*») – «Please *keep the fire burning*, sorge bitte dafür, daß das Feuer (weiterhin) brennt – I'm sorry *I've kept you waiting*, es tut mir leid, daß ich dich warten ließ». Dazu kommt das für anderssprachige Lernende so schwierige «get», wo das Hauptverb zum Teil in der ing-form und zum Teil im Infinitiv mit «to» angeschlossen wird, etwa in «We'll soon *get things going*, wir werden die Dinge schnell zum Laufen bringen, es schnell dazu bringen, daß die Sache läuft – Can you really *get that old car going again*, schaffst du es wirklich, dieses alte Auto wieder zu reparieren, so daß es läuft – *I can't get her to talk*, ich bringe sie nicht zum Reden, ich kann sie nicht dazu veranlassen, zu sprechen».

Ganz besonders häufig und beliebt sind solche komplexe Semanteme im *Lateinischen*, wo man nicht nur die Verben für *direkte Informationsaufnahme*, sondern auch praktisch *alle Verben für Sprachverwendung und Denken* mit einem «Akkusativ mit Infinitiv» verbinden kann – siehe die ausführliche Behandlung in Ziff. 8.29–8.33.

12.09 «Modalverben» als eigene Semanteme mit Akkusativobjekten

Die Verben «können, müssen, wollen, sollen, dürfen, mögen» (die «Modalverben») werden allermeistens als *dominante Gefügeverben* gebraucht, mit einem Hauptverb im Infinitiv, das den Kern des inhaltlichen Teils bildet. Im Deutschen und Französischen *kann* dieser inhaltliche Teil durch ein zusammenfassendes neutrales Pronomen als Akkusativobjekt (complément d'objet direct) ersetzt werden, dann auf gleicher gedanklicher Ebene:

Kann Darf } ich *die Pläne sehen*?	Du *kannst es*	(oder einfach: Du kannst)
Soll Muß } ich *sie zurückgeben*?	Das *sollst/mußt du*	(oder einfach: Du sollst – du mußt)
Je *peux voir les plans*?	Tu *peux*	
Faut-il te *les rendre*?	Il *(le) faut*	

Eigene Semanteme sind anzusetzen für «*können*» mit der Bedeutung «*verstehen, beherrschen*» und für «*mögen*» in der Bedeutung «*gern haben, schätzen, lieben*»:

Die kleine Eisläuferin *kann diese Figur schon ganz perfekt*	
Er *kann mehrere Sprachen*	Wir *mögen solche Veranstaltungen gar nicht*

Je ein eigenes Semantem ist anzusetzen für «*nichts dafür können*» und für «*es (gut) mit jemandem können*».

Eigene Semanteme sind auch anzusetzen für französisch «*savoir*» mit der Bedeutung «*verstehen, beherrschen*» (etwa in «Elle *sait plusieurs langues*») und mit der Bedeutung «*wissen, kennen*» (in «Je *sais un secret*»).

Besonders schwierig sind die Entscheidungen, wie viele Semanteme anzusetzen sind, offensichtlich bei den in allen drei Sprachen vorhandenen, lautlich und inhaltlich ähnlichen, aber im einzelnen doch für verschiedene Bedeutungen gebrauchten Verben «lassen – laisser – let» (mit Satzgliedern, nicht als Gefügeverb). Es ist hier nicht der Raum, um eine Lösung zu geben, aber es sollen doch einige Beispiele vorgeführt und kommentiert werden:

seine Kinder zu Hause lassen laisser ses enfants à la maison let the children alone	Jemand (oder etwas) *nicht mitnehmen*, wenn man sich selbst von *einem Ort entfernt*
alle Besucher zugleich in den Saal lassen frische Luft in das Zimmer lassen	Gestatten oder *eigens etwas vorkehren*, daß jemand oder etwas *in einen Raum hineinkommen* kann
etwas (sein, stehen, liegen) lassen Laissez cela, Lassen Sie das	Irgend ein Handeln/Verhalten *aufgeben* oder *gar nicht anfangen*, sich *nicht darauf einlassen*

12.10 Verschiedener Aufbau der Semanteme für Antriebe und Durchführbarkeit

Die Konzentration auf die «Modalverben» in Ziff. 12.08 und 12.09 darf nicht etwa zu der Vorstellung führen, daß die begehrende, zu etwas verpflichtete, zu etwas autorisierte, zu etwas fähige *Person* immer (oder auch nur: «normalerweise») durch das *Subjekt* genannt werde. Die Beispiele in Ziff. 10.58–10.65 zeigen mit aller Deutlichkeit, an *wie verschiedenen Stellen* diese Person genannt werden kann und daß sie manchmal überhaupt nicht genannt wird. Eine kurze Zusammenstellung unter diesem Blickwinkel:

Nennung der Person durch *Akkusativobjekt*, als *Subjekt* ein «*es*» oder «*man*» oder eine *Situationsnennung:*

⌐Es lockt/drängt mich ᵈᵒᵐ⌐ ⎫ ⌐hier etwas zu unternehmen ⁱⁿʰ⌐	
⌐Die Lage fordert mich heraus ᵈᵒᵐ⌐ ⎭	
⌐Man hat sie verpflichtet ᵈᵒᵐ⌐ ⌐das zu tun ⁱⁿʰ⌐	⌐On les a obligés de faire cela⌐

Nennung durch *Dativobjekt/complément d'objet indirect* (also an fester Semantemstelle):

⌐Man hat ihm aufgetragen ᵈᵒᵐ⌐ ⌐das zu tun ⁱⁿʰ⌐	⌐Il lui faut faire cela⌐	
⌐Es steht ihm frei ᵈᵒᵐ⌐ ⌐uns zu folgen ⁱⁿʰ⌐	⌐Il lui est permis ᵈᵒᵐ⌐ ⌐de nous suivre ⁱⁿʰ⌐	⌐Licebit ei sequi⌐

Nennung durch *Possessiv* mit einem Nomen wie «*Wunsch, Pflicht*» usw.:

⌐Es ist *meine Pflicht* ᵈᵒᵐ⌐ ⌐euch zu helfen ⁱⁿʰ⌐	⌐C'est *mon devoir* ᵈᵒᵐ⌐ ⌐de vous aider ⁱⁿʰ⌐
⌐It is *my duty* ᵈᵒᵐ⌐ ⌐to help you ⁱⁿʰ⌐	⌐*Meum est* ᵈᵒᵐ⌐ ⌐vos adiuvare ⁱⁿʰ⌐

Nennung gar nicht erforderlich, aber *zusätzlich einfügbar:*

⌐Es ist Zeit (für mich) ᵈᵒᵐ⌐ ⌐Abschied zu nehmen ⁱⁿʰ⌐	⌐(Pour moi) il est temps ᵈᵒᵐ⌐ ⌐de partir ⁱⁿʰ⌐
⌐(For me) the time is come ᵈᵒᵐ⌐ ⌐to go ⁱⁿʰ⌐	⌐Oportet/Necesse est ᵈᵒᵐ⌐ ⌐(me) discedere ⁱⁿʰ⌐

12.11 Bedeutungsstellen in den Semantemen für Handlungsmodalitäten

Bei den Semantemen für *Handlungsmodalitäten* (sich zu etwas *entschließen* – evtl. noch *zögern* – *anfangen* – *weiterfahren*, evtl. *unterbrechen* – *beenden*, Erfolg oder Mißerfolg haben) kann man generell *zwei* Bedeutungsstellen unterscheiden: eine für die *Person*, (oder das Lebewesen überhaupt), von der das Verhalten/Handeln ausgeht, an der es sich vollzieht und die dabei Erfolg oder Mißerfolg erfährt, und eine für die *Nennung* des *betreffenden Verhaltens/Handelns selbst*.

Die *Person* bzw. das Lebewesen überhaupt wird in der Regel durch das *Subjekt* genannt, bei deutsch «*Es gelingt ihm*» und lateinisch «*Succedit/Contigit/Fauste evenit ei*» dagegen durch *Dativobjekt*. Das *Verhalten/Handeln* (der *Inhalt* des Entschlusses – *das wovor* man zögert – *was* man versucht, beginnt usw.) wird durch einen inhaltlichen Teil dargestellt, sehr oft infinit mit «*zu*», oder durch ein Akkusativobjekt, auf gleicher gedanklicher Ebene. Da in Ziff. 10.67–10.74 schon zahlreiche Beispiele für beide Möglichkeiten gegeben sind, kann hier auf weitere verzichtet werden. Zu betonen ist, daß *besonders viele stufenlose Übergänge* zwischen Darstellung durch *zwei* Propositionen und Darstellung durch (oder: Auffassung als) *eine einzige* Proposition bestehen. Vom Gesichtspunkt «Bedeutungsbeitrag von Subjekten» her ist zu betonen, daß die hier genannten Personen usw. je nach dem Semantem als *handelnd*, für das Verhalten/Handeln verantwortlich *oder* als dem Ablauf dieses Verhaltens/Handelns *ausgesetzt* zu verstehen sind. Bei der (existenziell oft so zentralen) Darstellung eines *Mißerfolgs* durch die Semanteme «*scheitern* – *échouer* – *fail*» kann an der Subjektsstelle sowohl die Person wie das betreffende Handeln genannt werden:

⌜Er scheiterte⌝	⌜Er scheiterte *mit diesem Unternehmen*⌝	⌜*Dieses Unternehmen* scheiterte⌝
⌜Il a *échoué*⌝	⌜Il a échoué *dans cette entreprise*⌝	⌜*Cette entreprise* a échoué⌝
⌜He *failed*⌝	⌜He failed *in this matter*⌝	⌜*His plan* failed⌝

Aber auch bei der Darstellung eines *Erfolgs* kann im Französischen und Englischen an der Subjektsstelle sowohl die erfolgreiche Person wie das erfolgreiche Handeln selbst genannt werden:

| ⌜*Cette femme*⌝ } réussit à merveille⌝ | ⌜*She*⌝ } was a great success⌝ |
| ⌜*Cette entreprise*⌝ | ⌜*This enterprise*⌝ |

12.12 Hinweis auf den inhaltlichen Teil durch «Stützpronomen/Stützpartikel» im dominanten Teil

Nicht selten hat man das Bedürfnis, und manchmal ist es auch erforderlich für die formale Korrektheit, daß man im dominanten Teil einen Hinweis (Voraus-Hinweis oder Rückverweis) auf den inhaltlichen Teil einfügt:

⌜Ich weiß *(es/das)* ᵈᵒᵐ⌝ ⌜daß du so krank gewesen bist ⁱⁿʰ⌝
⌜Je *(le)* sais bien ᵈᵒᵐ⌝ ⌜que tu étais malade ⁱⁿʰ⌝ usw.

Bei der Darstellung von Antrieben, Durchführbarkeit und Handlungsmodalitäten, wo der inhaltliche Teil sehr oft als infinite Proposition (infiniter Nebensatz) mit «zu» formuliert ist, treten dabei die zweiteiligen Partikeln («Pronominalpartikeln») ein, die oft als Kombination einer Präposition mit einem Pronomen zu verstehen sind:

⌜Er ist *(dazu)* bereit ᵈᵒᵐ⌝ ⌜mit uns zu verhandeln ⁱⁿʰ⌝
⌜Wir müssen *daran* denken ᵈᵒᵐ⌝ ⌜sie zu benachrichtigen ⁱⁿʰ⌝
⌜Ich habe einige Hemmungen *(davor)* ᵈᵒᵐ⌝ ⌜mich hier zu exponieren ⁱⁿʰ⌝

Die speziellen Gesetzlichkeiten in diesem Bereich können hier nicht ausgebreitet werden, doch muß auf die Erscheinung als solche hingewiesen werden. Durch Verwendung der hier enthaltenen Partikeln in der Rolle von Präpositionen ist oft Darstellung *in einer einzigen Proposition* möglich, mit Nennung des jeweils erstrebten, gestatteten, möglichen Verhaltens/Handelns durch ein Nomen auf «-ung» oder durch einen Infinitiv als Nomen:

⌜Jeder hat ein Recht *(darauf)* ᵈᵒᵐ⌝ ⌜sich zu *verteidigen* ⁱⁿʰ⌝
⌜Jeder hat ein Recht *auf Selbstverteidigung*⌝
⌜Es besteht ein Bedürfnis *(danach)* ᵈᵒᵐ⌝ ⌜*mehr zu wissen* ⁱⁿʰ⌝
⌜Es besteht ein Bedürfnis *nach genauerem Wissen*⌝

12.13 Folge-Beziehung «Steuerungshandeln und dadurch Gesteuertes»

Im Bereich der *Folge-Beziehungen*, der nun zu betrachten ist, spielt die Verteilung auf verschiedene gedankliche Ebenen *praktisch keine Rolle* mehr, wenn sie auch in Ansätzen noch vorhanden ist (siehe die grundsätzlichen Betrachtungen in Ziff. 10.80, Schluß). Die beiden als Bestandstücke einer Folge-Beziehung hingestellten Propositionen stehen grundsätzlich *gleichberechtigt* nebeneinander, und es kann daher jede von ihnen auf einem praktisch beliebigen verbalen Semantem beruhen.

Speziellere verbale Semanteme gibt es nur für die Beziehung «ein Handeln/einen Ablauf steuern, kontrollieren, ggf. auslösen oder verhindern» (Ziff. 10.04'4B). Man kann zwei Kombinationen von Bedeutungsstellen unterscheiden:

1 Nennen einer handelnden, steuernden *Person* durch das *Subjekt* und Nennen eines gesteuerten, beeinflußten Ablaufs, Prozesses (oder auch eines Handelns anderer) durch ein *weiteres Satzglied*, oft mit Präposition, gelegentlich auch einfach Akkusativobjekt, Beispiele:

⌐*Ein Arbeiter* beaufsichtigt, kontrolliert *das Funktionieren* einer *Maschine*⌐.
⌐*Ein Werkmeister* sorgt *für zweckmäßige Verteilung der Arbeit*⌐.

Für französische, englische und lateinische Semanteme siehe die Beispiele in Ziff. 10.77.

2 Nennen eines steuernden, auslösenden, verhindernden *Geräts* oder *Prozesses* durch das Subjekt und eines gesteuerten, ausgelösten, verhinderten Prozesses durch weiteres Satzglied, Beispiele:

⌐*Ein Thermostat* steuert *eine Heizung*,⌐ ⌐*er* sorgt *für gleichbleibende Temperatur*.⌐
⌐*Die Berieselung der Felder* verhindert *ein Austrocknen*⌐, ⌐sorgt *für genügende Feuchtigkeit im Boden*.⌐

In diesem Bereich sind also Semanteme zu sehen wie «Jemand/etwas *löst* etwas *aus* – Etwas *führt zu* etwas anderem – Jemand/etwas *bewirkt* etwas – Etwas *hat* etwas *zur Folge*».

Dabei gibt es natürlich fließende Übergänge zur Darstellung von *Antrieben* aller Art (jemanden zu etwas *veranlassen*, ihn etwas *tun lassen*, französisch «*faire faire*») und zum ausdrücklich als sprachliche Kommunikation gesehenen Steuerungshandeln (jemandem etwas *befehlen*, ihm etwas *auftragen* usw.).

12.14 Einbettung in den Zeitablauf: Semanteme für neutrale Angaben von Erstreckung oder Zeitpunkt

Um die *Einbettung in den Zeitablauf* darzustellen, verwendet man großenteils *frei einfügbare Satzglieder* (Ziff. 11.02–11.13), manchmal auch ganze verbale Propositionen («Temporalsätze», Ziff. 11.14 und 11.16–11.17). Solche Zeitangaben kann man mit praktisch allen verbalen Semantemen verbinden, bei Bedarf.

Es gibt aber auch in allen vier Sprachen Semanteme, mit denen man speziell eine *Erstreckung in der Zeit* oder ein *Eintreten* bzw. *Aufhören* oder ein *Vorhandensein* überhaupt darstellen kann. Oft dienen die gleichen Verben nicht nur in solchen Semantemen als Kern, sondern noch in andern, manchmal recht vielen. Allermeistens ist nur *eine* feste Bedeutungsstelle vorhanden, nämlich die Subjektsstelle.

Erstreckung in der Zeit, meistens *mit genauerer Angabe*. An der Subjektsstelle kann irgend ein Zustand, eine Erscheinung, ein Prozeß genannt werden:

⌐*Der Krieg* { *währte, dauerte* / *ging* } sieben *Jahre*⌐	⌐*La guerre dura* sept *ans*⌐
⌐*The war lasted* seven *years*⌐	⌐*Bellum duravit* septem *annos*⌐

Fortdauer, nicht aufhören; an der Subjektsstelle kann eine spezielle Tätigkeit genannt werden, aber auch ein klimatischer Zustand:

⸂Die Konferenz { dauert noch an / geht noch weiter⸃	⸂La conférence { continue / est encore en cours⸃
⸂The conference is still going on⸃	⸂Imber non destitit cessit per totam noctem⸃

Eintreten, Geschehen, abgehalten werden, stattfinden, sich ereignen, sich zutragen; an der Subjektsstelle kann ein vereinbartes, organisiertes, oft soziales Handeln genannt werden, aber auch ein unerwartetes, unplanbares Ereignis. Oft ist die Wahl des einen oder andern Semantems durch die *gewünschte Besetzung der Subjektsstelle festgelegt* (etwas *Geplantes*, Organisiertes *erfolgt* – ein *Unfall passiert, ereignet sich*):

⸂Die Abstimmung { ist, erfolgt / findet statt } am 2.12.⸃	⸂Le vote aura lieu le 2 décembre⸃
⸂The poll { will be, happens / takes place } on December 2.⸃	⸂Suffragium erit a.d. IV Nonas Decembres⸃
⸂Der Unfall { passierte / ereignete sich } vorgestern⸃	⸂Cet accident eut lieu avant-hier⸃
⸂The accident { happened / occured } the day before yesterday⸃	⸂Casus { accidit / evenit } nudius tertius⸃

12.15 Einstellungen zum Zeitablauf: warten, zögern oder drängen, sich beeilen

Eine Grunderscheinung im menschlichen Leben ist das *Warten*: Warten, bis etwas gedanklich schon Vorausgenommenes (eben: «Erwartetes») wirklich geschieht, wenn man warten *muß*, bzw. die *gewollte* Verzögerung, das bewußte Zuwarten, bis man einen schon gefaßten Entschluß in die Tat umsetzt. Das Gegenstück dazu ist dann das *Drängen*, das Geplante wirklich in die Tat umzusetzen, und das Streben nach schnellem Tempo bei der Durchführung.

Beispiele für «zögern, zaudern – drängen, sich beeilen» sind schon in Ziff. 10.69 gegeben, im Zusammenhang mit den Handlungsmodalitäten überhaupt. Dabei ist an der Subjektsstelle die Person genannt, für die das zu nennende Verhältnis zum Zeitablauf zutrifft, und an einer weiteren Stelle dasjenige, bei dem man zögert oder sich beeilt.

Das elementare Semantem «*warten*» ist dort noch nicht einbezogen, da man damit sehr oft keine Handlungsmodalität (für *eigenes* Handeln) darstellt, sondern einen inneren Zustand im Blick auf etwas vom eigenen Handeln *Unabhängiges*. Auch hier wird an der Subjektsstelle die Person genannt, für die dieses besondere Verhältnis zum Zeitablauf zutrifft. Dazu kann an einer weiteren Bedeutungsstelle dasjenige genannt werden, worauf man wartet:

⸂Wir warten immer noch⸃,	⸂wir warten auf gutes Wetter⸃
⸂Nous attendons toujours⸃,	⸂nous attendons le beau temps⸃
⸂We are still waiting⸃,	⸂we are waiting for better weather⸃
⸂Manemus semper⸃,	⸂exspectamus sudum⸃

Dabei muß man manchmal für die gleiche Kombination von Verb + Akkusativobjekt zwei verschiedene verbale Semanteme ansetzen, z. B. für deutsch «etwas erwarten»:

Wir erwarten mit Ungeduld *seine Rückkehr*   (= wir *warten auf* seine Rückkehr)

Wir erwarten schwierige Verhandlungen   (= wir *rechnen mit* schwierigen Verhandlungen)

12.16 Semanteme für generelle zeitlich/räumliche Situierung: Existenz, Auftreten – Verschwinden

Manchmal hat man das Bedürfnis, *einfach die Existenz* von jemand oder etwas darzustellen, noch ohne jede genauere zeitliche oder räumliche Situierung (abgesehen natürlich von der zeitlichen Einbettung durch die grammatische Zeit des Verbs).

Dafür sind in den vier Sprachen besonders verschiedene verbale Semanteme vorhanden – mit Verben, die noch in ganz andern Semantemen dienen (etwa in «*Es gibt ...*», wo niemand an ein «*geben*» denkt, oder in «*There is ...*» wo das «*there*» keinerlei räumliche Hinweisqualität hat und daher noch mit einem «eigentlichen there» kombiniert werden kann, z. B. «*There was there a man ...*», siehe dazu das Semantem «Sein 6», Ziff. 12.37):

Es gibt / *Man hat* / *Wir haben*	{ mehrere Zeugen dafür / einige Arbeiten darüber }	*Es sind*	{ mehrere Zeugen dafür / einige Arbeiten darüber }	*vorhanden*
		Es existieren mehrere Zeugen / einige Arbeiten dazu		
Il { *y a* / *existent* } / *Nous avons*	{ plusieurs témoins / plusieurs travaux à ce sujet }	*Sunt*	{ testes nonnulli / plures libri de hac re }	
There are / *We have*	{ several witnesses / several papers on this subject }	*Habemus*	{ testes nonnullos / plures libros de hac re }	

Ein deutlicherer Zeit-Aspekt ist vorhanden, wenn nicht die reine Existenz, sondern das *Auftreten*, das *Erscheinen* bzw. das *Vergehen*, das *Verschwinden* von etwas darzustellen ist; dabei wird die Entität, die erscheint bzw. verschwindet, an der *Subjekts*stelle genannt:

Auf einmal	{ entstand / war da / zeigte sich } ein Problem	*Tout à coup, un problème*	{ surgit / se montra / se posa }
At once there	{ was / arose } a problem	*Repente quaestio/problema*	{ emersit / apparuit }

Die Wolken	{ verschwanden / lösten sich auf }	*Les nuages*	{ se dissipèrent / disparurent }
The clouds	{ disappeared / faded away }	*Nubes*	{ evanuerunt / latae sunt }

Hier kann man dann die Darstellung *reiner Entstehungsprozesse, zeitlicher Veränderungen und Vergehensprozesse* anschließen, also «*geboren werden, wachsen, altern, sterben – être né, croître, vieillir, mourir – be born, grow, grow/get old, die – nasci, crescere, senescere, mori*» bei Lebewesen, und bei Zuständen und Intensitäten irgendwelcher Art «*zuneh-*

men, sich vergrößern, abnehmen, sich verringern – grandir, s'aggrandir, augmenter, monter, diminuer, baisser – increase, rise, decrease, diminish, drop – augeri, augescere, accrescere, minui, decrescere, remittere».

12.17 Zeitliches, Räumliches und Bewegungsablauf ineinander – gleiche Semanteme oder verschiedene?

Bei allem *Entstehen und Vergehen, Erscheinen und Verschwinden*, ja generell bei allen *Bewegungen* greifen *Zeitliches und Räumliches* so eng ineinander, daß man weitgehend die gleichen Verben dafür hat und dann oft fragen muß, ob für den Gebrauch für Zeitliches und für Räumliches je ein eigenes Semantem anzusetzen ist oder ob die jeweilige Bedeutung rein durch die verschiedene Füllung der festen und zusätzlich möglichen Stellen zustandekommt.

Das gilt vor allem im Deutschen, in gewissem Maß aber auch für die andern Sprachen, vor allem bei «kommen» und den zugleich für Handlungsmodalität gebrauchten «anfangen, beginnen – aufhören, enden», schon etwas weniger für «gehen». Beispiele:

Zeit:	⌐Jetzt *kommt/beginnt* eine neue Zeit⌐, ⌐heute *fängt* eine neue Zeit *an*⌐	
Raum:	⌐Hier *kommen* schon *die ersten Häuser der Stadt*⌐, ⌐hier *beginnen die Außenquartiere*⌐	
Zeit:	⌐Sie *fing an* ^{dom}⌐von ihren Erlebnissen *zu erzählen* ^{inh}⌐ ⌐Sie *begann zu erzählen*⌐	
Raum:	⌐Hier *fängt* die neue Straße *an*⌐ ⌐An dieser Stelle *beginnt* unser Wanderweg⌐	
Zeit:	⌐Wir *nähern uns* dem *Abschluß dieser Veranstaltung*⌐	
Raum:	⌐Wir *nähern uns* dem *Ziel unserer Wanderung, einem schönen Aussichtspunkt*⌐	
Zeit:	⌐So *endete* diese große *Unternehmung*⌐ ⌐Damals *endete* eine *Epoche*⌐	
Raum:	⌐Hier *endet der Bergweg*⌐ ⌐Hier *hört* der markierte *Weg auf*⌐	
Zeit:	⌐Die *Verhandlungen* wurden/sind für einige Tage *unterbrochen*⌐	
Raum:	⌐Die beiden Bahnlinien sind wegen der Lawinen für einige Tage *unterbrochen*⌐	

Beispiele für Entsprechendes in den andern Sprachen:

Zeit:	⌐C'est le *troisième acte*⌐ ⌐qui *commence*⌐	⌐L'opéra *finit par un choeur magnifique*⌐
Raum:	⌐C'est *ici*⌐ ⌐que *commence le petit sentier*⌐	⌐Son chemin *finit* dans *le néant*⌐
Zeit:	⌐L'heure *approche*⌐	
Raum:	⌐Nous *approchons du but*⌐	

Zeit:	⌐Christmas is *near*⌐	
Raum:	⌐The post office is *quite near*⌐	
Zeit:	⌐The conference *begins* at seven⌐	⌐The meeting will *end* tomorrow⌐
Raum:	⌐Here *begins* your way⌐	⌐The road *ends* here⌐

12.18 «Kommen – gehen»: deutbar als zwei elementare Sehweisen auf Bewegungen/Veränderungen

Die beiden häufigsten Verben, die man zur Darstellung von Ortsveränderungen einer Person oder einer nicht-personalen Entität verwenden kann, sind in allen vier Sprachen: «*kommen – venir – come – venire // gehen – aller, s'en aller – go – ire, abire*». Man kann die dabei zu Grunde liegende Sehweise durch die folgende Gegenüberstellung charakterisieren (es liegt aber keineswegs eine durchgängige, logische Polarität vor, siehe die Einzelbehandlung der Semanteme in Ziff. 12.19 «Kommen» und der Semanteme in Ziff. 12.20 «Gehen»):

kommen	**gehen**
Jemand/etwas *tritt in den Gesichtskreis* von jemand, *nähert sich* dem Aufmerksamkeitszentrum im jeweiligen (konkreten oder abstrakten) Raum, *erreicht* eine *vorgesehene, erstrebte* (oder auch: *befürchtete*) Stelle, ebenfalls im konkreten oder in einem abstrakten Raum, z. B. einem emotionalen oder kognitiven Zustand.	Jemand/etwas *entfernt sich aus dem Gesichtskreis* von jemand, *verläßt* die im Moment innegehabte Stelle, *rückt weg* vom jeweiligen Aufmerksamkeitszentrum, um eine andere (meistens: erstrebte) Stelle im Raum zu erreichen, oder das betreffende «etwas» verschwindet ganz, ist dann nicht mehr vorhanden.

In besonders deutlicher Entgegensetzung benützt man die beiden Verben in den im Deutschen und Französischen möglichen Paarbildungen «*kommen und gehen* – *un va-et-vient*» oder auch «Elle ne fait *qu'aller et venir*» (= elle est toujours en mouvement).

Ein Übersetzungsbeispiel für Verwendung in verschiedenen Propositionen, nicht als strenge Paare zu sehen, aber im gleichen Rede- und Denkzusammenhang, aus Terenz, Selbstbestrafer, V. 170; Chremes will sich vergewissern, ob sein Nachbar Phania zum Essen zu ihm kommt (monere me hunc vicinum Phaniam / meinen Nachbarn Phania daran erinnern):

⌢ad cenam ut *veniat*⌢	⌢*ibo*⌢ ⌢*visam*⌢ ⌢si domi est⌢
⌢daß er zum Essen *kommen* soll⌢	⌢ich *will gehen*⌢ und sehen ⌢ob er daheim ist⌢
⌢qu'il *vienne* pour le dîner⌢	⌢je *vais* voir⌢ ⌢s'il est chez lui⌢
⌢here to *come* to dinner⌢	⌢I'll *go*⌢ and see ⌢if he's in⌢

Also: Phania soll *in den* jetzt von Chremes ins Auge gefaßten Bereich «gemeinsames Essen» *eintreten*	Also: Chremes will sich *von seinem jetzigen* Standort zu *einem andern bewegen*, wo er Phania sehen kann

Die Verschiedenheit der zwei Grundcharaktere wird besonders gut sichtbar in einem Beispiel, in welchem Ausgangspunkt und Zielpunkt der Bewegung durch je ein Satzglied genannt werden und das Verb nur noch den «Bewegungs-Charakter» anzugeben hat:

⌢Von Paris $\begin{Bmatrix} kam \\ ging \end{Bmatrix}$ sie *nach* Marseille⌢	⌢De Paris elle est $\begin{Bmatrix} venue \\ allée \end{Bmatrix}$ à Marseille⌢
⌢From Paris she $\begin{Bmatrix} came \\ went \end{Bmatrix}$ *to* Marseille⌢	⌢Lutetiā Parisiorum $\begin{Bmatrix} venit \\ iit \end{Bmatrix}$ Massili*am*⌢

Bei Verwendung von «ging» usw. sieht man gedanklich eher die Tatsache, daß sie sich *auf den Weg nach Marseille* machte, bei «kam» usw. eher, daß sie *in Marseille eintraf*, nun *in Marseille war*.

12.19 Semanteme mit «kommen/venir/come/venire» als Kern

Nach dem Blick auf den Grundcharakter sind nun die einzelnen Semanteme zu betrachten, als deren Kerne «kommen/venir/come/venire» dienen. Es gibt in jeder der vier

Sprachen eine Reihe solcher Semanteme, sie lassen sich zum Teil als Parallelen einander zuordnen, zum Teil aber auch nicht. Die folgende Zusammenstellung geht vom Deutschen aus und fügt die Entsprechungen in den andern Sprachen an, soweit solche bestehen. Vollständigkeit kann nicht angestrebt werden, und auch die Abgrenzung der einzelnen Semanteme ist oft noch in anderer Weise möglich als in der hier gewählten.

Kommen 1 Hineintreten in den Gesichtskreis von jemand, von Personen oder andern Entitäten, konkret oder ganz abstrakt, diese Entitäten (Personen, Personengruppen, Unbelebtes) als Subjekt gesetzt:

Das Schiff / Der Wind } kam von Westen	Le bateau / Le vent } venait de l'ouest
The ship / The storm } came from the west	Navis / Ventus } ab occidente venit

Zu allem bisher Behandelten *kommt* nun noch etwas

Kommen 2 soziale, historische Herkunft, Personen oder andere Entitäten als Subjekt:

Die *Familie kommt aus* Genf	La *famille vient de* Genève	The *family comes from* Geneva
Das *Wort kommt aus* dem Lateinischen	Le *mot vient du* latin	The *word comes from* Latin

Kommen 3 an die Reihe kommen, für einen Handelnden oder etwas zu Behandelndes:

Jetzt *kommt Sandra* (sie steht schon bereit, muß nicht mehr eigens «Kommen» nach Semantem «Kommen 1»)	
Jetzt *kommt die nächste Aufgabe*	Jetzt *kommen* wir *zu einem andern Problem*
C'est le tour de Sandra	Nous *abordons un autre problème*
It's the turn of Sandra	We *come* now to another problem

Kommen 4 Verlauf von Verkehrswegen, Verkehrsweg an der Subjektsstelle:

Die Straße *kommt von* Mailand	Cette route *vient de* Milan	The road *comes from* Milan

Kommen 5 Grundlage, Kausalität (oder hier zwei Semanteme ansetzen?) Irgend eine Erscheinung als Subjekt:

Die Gewalt *kommt vom* Volk	Le pouvoir *vient du peuple*
Das *kommt vom vielen Rauchen*	Cela *vient du fait* que tu fumes trop

Kommen 6 an etwas heranreichen, rein räumlich, Person oder andere Entität als Subjekt, dazu eine Person als Dativobjekt:

Er / Das Wasser } *kommt mir* bis zum Hals	Il / L'eau } me *vient* à l'épaule

Kommen 7 in einen Zustand gelangen, oft ungewollt, beliebige Entität als Subjekt:

Die Sache *kommt in Bewegung*	Das Korn *kommt zur Reife*
Das Auto *kam ins Schleudern* (begann zu ...)	Le blé *vient à la maturité* / L'herbe *vient bien*

Kommen 8 sich bei jemandem einstellen, als *kognitive* oder *emotionale Veränderung*, diese als Subjekt, Person als Dativobjekt oder Präpokasus:

Mir *kommt eine Idee* Da *kam* mir in den *Sinn*, daß ...	Mihi *venit in mentem* ... Il *me vient une idée*
Eine *wilde Freude* Eine *große Angst* } *kam* über ihn	(dazu auch Ziff. 11.47, räumliche Bildhintergründe bei der Darstellung personaler Gestimmtheiten)

Eine besondere Gruppe bilden die deutschen Kombinationen mit «kommen», die man durch ein einfaches Passiv ersetzen kann – man spricht hier in der deutschen Grammatik seit etwa zwei Jahrzehnten von «Funktionsverben». Manche Stillehrer lehnen solche Wendungen als «gestelzt» ab (Ziff. 6.57): «Das Stück *kommt* morgen *zur Aufführung* = Es *wird* morgen *aufgeführt* – Das Geld *kam zur Verteilung* = *wurde verteilt*.» Allgemein üblich und stilistisch einwandfrei sind aber die Wendungen (bzw.: die speziellen Semanteme, mit fixen nichtverbalen Bestandteilen) «*zur Sprache kommen* (besprochen werden)» und «*in Frage kommen*» (als möglich, als durchführbar betrachtet werden)».

Einige weitere Beispiele für Semanteme mit fixen nichtverbalen Bestandteilen, ohne jeden Anspruch auf Vollständigkeit, nur zur Illustration der Möglichkeiten: «Es *kam* mir etwas *zu Ohren* (ich hörte etwas) – Jetzt *komme* ich *draus* (jetzt verstehe ich) – Er ist *dahinter, hinter das Geheimnis gekommen* (hat das Geheimnis entdeckt, etwas Verborgenes erkannt) – Ils en sont *venus aux mains* (sie wurden handgemein)».

Zu all den Semantemen mit *einfachem* «kommen/venir/come/venire» kommen nun noch die Semanteme mit den mit «kommen» usw. *zusammengesetzten* Verben, wobei es sich im *Deutschen* vor allem um *Verben mit Verbzusatz* («trennbare Verben») handelt:

abkommen	Er *kam* vom Wege *ab*
ankommen	Sie *kam* bald am Ziel *an* – Jetzt *kommt* es darauf *an*, genau zu unterscheiden
aufkommen	So etwas *kommt* bei uns nicht *auf* – Sie *kam* für alle Auslagen *auf*
auskommen	Die zwei *kommen* gut miteinander *aus* – Man muß mit seinem Geld *auskommen* – Das Geheimnis *kam* schließlich doch *aus*
beikommen	«Dem Volk *kommt* weder Wasser *bei* noch Feuer» = es kann ihm nichts anhaben
dazukommen	Es *kommt* noch einer *dazu* – Dazu *kommt* jetzt noch ein Problem
durchkommen	Mit so etwas *kommst* du hier nicht *durch*
entgegenkommen	Er erwies sich als völlig ablehnend, er *kam* mir gar nicht *entgegen*
fortkommen	Mach daß du *fortkommst*, verschwindest
mitkommen	Du kannst *mitkommen* oder allein gehen
übereinkommen	Wir *kamen überein*, kamen zu einer Übereinkunft, einer Einigung
umkommen	Er *kam* bei dem Unfall *um*, kam ums Leben
zukommen	Sie *kam* auf mich *zu* – Das *kommt* mir nicht *zu*, gehört sich nicht für mich

Im *Französischen* und *Lateinischen* hat man geschlossene Wörter:

convenir	Ils *sont convenus* de ne plus en parler – Cet emploi lui *conviendrait* bien
parvenir	Ils *sont* bientôt *parvenus* au haut de la montagne – Cette lettre m'*est parvenue* hier
provenir	Ces désordres *sont provenus* d'un manque de surveillance vgl. «Kommen 5»
revenir	Ils *sont revenus* hier – Je *reviendrai* sur ce point dans mon chapitre 2
advenire	hora *advenit*, die Stunde ist gekommen
convenire	In senatum *convenerunt*, sie kamen zur Senatssitzung zusammen – De ea re inter nos *convenimus*, in dieser Sache haben wir uns unter uns geeinigt
provenire	Malum propalam *provenit*, das Übel trat klar hervor, wurde öffentlich bekannt – Frumentum angustius *provenit*, das Korn wuchs spärlicher

Im *Englischen* gibt es die große Zahl der *«phrasal verbs»* mit «come». Eine Auswahl von solchen Verben, bei denen man die Gesamtbedeutung nicht ohne weiteres aus der Bedeutung der Teile aufbauen kann:

come about	happen, How does it *come about* that ...
come across	I *came across* this old brooch in a curio shop – The thought *came across* my mind that ... also wie «Kommen 8, sich einstellen»
come along	try harder, make more effort – The garden is *coming along* quite nicely – When the right opportunity *comes along*, he'll take it
come apart	The tea pot *came apart* in my hands
come by	Jobs were hard to *come by*, schwer zu finden – How did you *come by* that cut on your wrist?
come in	When did women's trousers *come in*, became seasonable? There's no much money *coming in* at present – Don't throw it away, it may *come in* handy one day – She has *come in* for a fortune, sie hat ein Vermögen geerbt
come on	*Come on*, we'll go – The baby is *coming on* well, entwickelt sich gut – When does the case *come on* for trial? It *came on* to rain
come through	How did you manage to *come through* without even a scratch – A message is just *coming through* for you

12.20 Semanteme mit «gehen/aller/go/ire» als Kern

Noch zahlreicher und vielfältiger als die Semanteme mit «kommen» usw. sind diejenigen mit «gehen» usw. Die folgende Zusammenstellung soll als Illustration dienen, ohne Vollständigkeitsanspruch – auch hier wären nicht selten andere Abgrenzungen von Semantemen möglich.

Gehen 1 Ortsveränderung, von *einem Punkt weg* oder *zu einem Punkt hin*:

⌒Sie *ging*⌒	⌒Elle s'*en alla*⌒	⌒She *went*⌒
⌒Wir *gehen* morgen dorthin⌒	⌒Nous y *irons* demain⌒	
⌒*We'll go* there tomorrow⌒	⌒*Ibimus* illuc cras⌒	

Gehen 2 personale Verfassung, Lebensumstände, Zustand:

⌒Wie *gehts*⌒? ⌒Wie *geht* es dir⌒?	⌒Comment *ça va*⌒? ⌒Comment *vas-tu*⌒?
—	⌒*Incipit melius ire*⌒ (geht bald besser)

Gehen 3 Funktionieren von etwas, reine Möglichkeit für Handeln mit Erfolg:

⌒Das Geschäft *geht* gut⌒	⌒Cette montre va bien⌒	⌒How it's *going*, the gallery⌒
⌒So *wird* es *gehen*⌒ (= auf diese Weise kommen wir zum Erfolg)	⌒Comme ça, ça *ira*⌒	⌒This way it *will go*⌒
⌒In dieses Gefäß *gehen* zwei Liter⌒ (= es haben zwei Liter darin Platz)		

Gehen 4 spezieller Gegenstand von Handeln/Denken, Einsatz bei etwas (nur mit «um» und mit Subjekt «es»):

⌒Es *geht um die Zukunft* unseres Unternehmens⌒	⌒Es *geht um Leben und Tod*⌒

Gehen 5 Verlauf von Verkehrswegen (Gegenstück zu «Kommen 4», Ziff. 12.19):

| Der Fahrweg geht bis zur Alp | Cette route va à Paris | This road goes to London |

Gehen 6 Dauer, beanspruchte Zeit:

| Diese Arbeit ging zwei Stunden | Das Konzert ging sehr lange |

Gehen 7 Zustandsänderung (Gegenstück zu «Kommen 7», Ziff. 12.19, nur mit beschränkt variierbaren fixen Bestandteilen; im Englischen genereller):

| Beim Umsteigen ging das Kind *verloren* | Das kostbare Glas
Die Freundschaft } ging { kaputt
entzwei
in die Brüche |

| I thought I'd go mad | I thought I was going to go mad | (JERRY in «Betrayal», von Pinter) |

Neben den aufgewiesenen Semantemen mit einfachem «gehen/go/ire» als Kern sind nun im Lateinischen, Deutschen und Englischen noch die Semanteme mit *zusammengesetztem* Verb zu sehen – sie sind oft noch vielfältiger als diejenigen mit einfachen Verben.

Im *Lateinischen* hat man (wie bei «venire») *feste* Zusammensetzungen:

abire	weggehen – von einem Amt zurücktreten – in einer Rede abschweifen, u. a. m.
adire	herangehen, einen Raum betreten, jemanden mit einer Bitte angehen, jemanden feindlich angehen, mit ihm zu kämpfen beginnen
exire	hinausgehen – an Land gehen – *navis exit*, das Schiff *läuft aus* – hervorwachsen, aus etwas anderem hervorgehen
inire	hineingehen – anfangen – einen Vertrag abschließen – einen Plan fassen u. a. m.
prodire	heraustreten, hervortreten, sich zeigen – vorrücken, vorausgehen auf dem Marsch

Im *Deutschen* sind es die «trennbaren Verben» (die Verben mit Verbzusatz), von denen die meisten als Kerne für sehr verschiedene Semanteme dienen können; Beispiele zur Illustration:

abgehen	Die Farbe *geht ab* – Er *geht* von der Schule *ab* – Der Zug *ging* mit Verspätung *ab*
angehen	Das *geht* nicht *an*, ist unzulässig – Das Licht *ging an* – Er *ging* seinen Gegner rücksichtslos *an*
aufgehen	Die Sonne *geht auf* – Die Rechnung *geht auf* – Der Koffer *ging auf*, öffnete sich
ausgehen	Er *geht* jeden Abend *aus* – Das Geld *ging* ihm *aus* – Diese Flecken *gehen* beim Waschen nicht *aus*
durchgehen	Das Temperament *ging* mit ihm *durch* – Wir *gingen* die Liste zusammen *durch* – Das lassen wir natürlich nicht *durchgehen*, tolerieren wir nicht
eingehen	Sie *ging* auf seine Probleme *ein* – Die Post *geht ein*, sie ist jetzt verfügbar – Diese Poststelle *geht* Ende dieses Jahres *ein*, sie wird geschlossen – Der Pullover *ging* bei der Wäsche *ein*, wurde kleiner – Er *ging* einen Vertrag mit mir *ein* u. a. m.
fortgehen	Er *ging fort*, entfernte sich – Das *geht* immer so *fort*, hört nicht auf
übergehen	Er *ging* zu den Gegnern *über* – daneben untrennbar: Wir *übergehen* das
umgehen	Ein Gespenst *geht um*, eine Krankheit *geht um*; daneben untrennbar: Wir *umgingen* diese Fragen bewußt, behandelten sie nicht, hielten uns nicht dabei auf
zugehen	Es *ging* lustig *zu* – Auf einmal *ging* die Tür *zu* – Er *ging* strahlend auf uns *zu*

Im *Englischen* gibt es mit «go» eine besonders große Zahl von «phrasal verbs», ganz ähnlich wie im Deutschen. Eine Auswahl davon:

go about	move from place to place, I *don't go about* much anymore – A rumour *is going about* («geht um») – We'll have to *go about* it more carefully («es sorgfältiger anpacken») – He's *going about* with her (spends regularly time with her, in public)
go ahead	make progress, He's *going ahead* fast – May I start now? Yes, *go ahead*
go along	I'll *go along* with you as far as the main road – I *can't go along* with you on that point, I can't agree with you
go back	His family *goes back* to the time of the Norman Conquest – He is not the sort of man to *go back* on his word («von seinem Versprechen abrücken»)
go by	Time *went by* slowly – Have we enough evidence to *go by* («um uns darauf zu verlassen»)
go down	The sea *goes down*, becomes calm – He *went down* from University for vacation – This history of Europe *goes down* to 1970 (geht bis 1970) – The new teacher doesn't *go down* well with his pupils
go off	The gun *went off* by accident («ging durch Zufall los») – Meat and fish *go off* quickly in hot weather («verderben schnell») – The concert *went off* well («lief gut ab») – He's *gone off* to Edinburgh with his neighbour
go on	As the months *went on*, he became impatient – If you *go on* like this («dich so aufführst») you'll be thrown out – The captain told Snow to *go on* next – What evidence have we *got to go on* – He's *going on* for seventy – *Go on* with your work, continue – *Go on*! (don't expect me to believe that)
go over	I wonder wether this new play will *go over*, will impress the public – We must *go over* the accounts carefully before we settle them – Let's *go over* the main facts again («noch einmal durchgehen»)
go up	New office blocks are *going up* everywhere – The whole building *went up* in flames – When will you *go up* to Cambridge?

12.21 «Kommen/venir/come/venire» und «gehen/aller/go/ire» als Gefügeverben

In allen vier Sprachen verwendet man die vier elementaren Bewegungsverben «kommen/venir/come/venire» und «gehen/aller/go/ire» auch als *Gefügeverben*, zum Teil voll integriert in das System der grammatischen Zeiten und allgemein verwendbar, zum Teil nur mit spezielleren Hauptverben oder spezielleren Formen von Hauptverben.

Im *Deutschen* kann man «*kommen*» mit einem Partizip II verbinden, das die Art der Bewegung genauer angibt: «Sie *kamen gelaufen* – Es *kam ein Vogel geflogen* – Da *kam ein großer Fisch geschwommen*» usw. Man würde hier vom Gesamtsystem des verbalen Formenbaus her eher ein Partizip I erwarten, und ein solches tritt auch ein, sobald nicht nur die Bewegung genauer charakterisiert, sondern eine Begleiterscheinung dazu genannt werden soll: «Er *kam schreiend* und heftig *gestikulierend* aus dem Haus» (paraphrasierbar: «Er kam aus dem Haus und schrie und gestikulierte dabei heftig»). Das «kommen» *behält* in allen diesen Kombinationen den vollen Bedeutungsgehalt, den es auch als Vollverb hat.

Ein «*gehen*» kombiniert man oft mit einem Infinitiv, der ebenfalls eine Bewegung, aber auch eine beliebige Tätigkeit darstellen kann: «Ich *gehe spazieren* – Am Nachmittag *ging er Ski laufen* – Ich *will baden gehen* – Wir *gehen zusammen einkaufen*» usw. Auch hier behält das «gehen» seinen vollen Bedeutungsgehalt.

Im *Französischen* bildet man mit «*venir*» das sogenannte «passé immédiat» (siehe schon Ziff. 5.24, «Il *vient d'arriver* – Er ist soeben angekommen»). Hier hat das «venir» nichts mehr von der Bedeutung, die es als Vollverb hat, es signalisiert nur rein zeitlich «erst vor kurzer Zeit erfolgt». Man kann daher auch Kombinationen bilden wie «Il *vient de passer une semaine chez nous* – Elle *vient de partir, il vient de quitter la maison*», wo das Hauptverb einen Zustand oder eine Bewegung des Weggehens, des Verlassens signalisiert («Er *hat soeben* eine Woche bei uns zugebracht – Sie *ist gerade* weggegangen, er *hat diesen Augenblick* das Haus verlassen»).

Dagegen ist bei «*aller*» mit einem Infinitiv, dem «futur proche» (Ziff. 5.24) sehr oft noch ein klarer Bedeutungsbeitrag «gehen, um eine Tätigkeit auszuführen» vorhanden: «Je *vais voir* s'il y est, Ich gehe hin und sehe, ob er dort ist – Nous *sommes allés nous baigner*» (interpretierbar: «Wir sind hingegangen, um zu baden»). Daneben kann aber auch nur der Bedeutungsbeitrag «in kurzer Zeit, sogleich» vorliegen: «Je *vais partir* dans un instant».

Zum Teil kann man je nach der jeweiligen Situation sowohl «*aller*» wie «*venir*» als Gefügeverb mit einem Hauptverb im Infinitiv verwenden, so «*aller chercher, venir chercher*» als Gegenstück zum deutschen Verb «holen» (dazu speziell Ziff. 12.32) oder «*aller voir / venir voir*» als Gegenstück zu «besuchen».

Im *Englischen* gibt es als Entsprechung zu dem deutschen «Er kam gelaufen» die Kombination von «come» mit einer ing-form (also das, was man vom System her auch im Deutschen erwarten könnte, siehe oben): «The children *came running* (= ran) to meet us» oder «He *came hurrying* (= he hurried) to her bedside as soon as he heard she was ill». Entsprechend auch mit andern ein «kommen» begleitenden Verhaltensweisen: «She *came smiling* up to me».

Besonders vielfältig ist der Gebrauch von «*go*», meistens in der progressive form «*be going*», mit dem Infinitiv eines Hauptverbs, angeschlossen durch «to». Die folgenden fünf Beispiele finden sich in den ersten vier Szenen von «Betrayal», von Pinter. Sie sind geordnet nach abnehmendem Anteil eines Bedeutungsbeitrags «Ortsveränderung an einen Ort hin»:

1	When *were we going to get* another electric fire? [gehen, um einen Elektroofen zu kaufen]
2	When *are we going to play* squash? [zu der Halle gehen, wo Squash gespielt wird]
3	I think we *were going to separate* [«daß es dazu kommt, daß wir uns trennen»]
4	I thought I *wasn't going to be* able to see you	[reines Intensivieren der Darstellung des betreffenden
5	I thought I was *going to go* mad	Zustands – man liest auch «I thought I'd go mad»]

Im *Lateinischen* gibt es die Kombination von «venire» mit Supinum («*Venio* auxilium *postulatum*, ich komme um um Hilfe zu bitten», Ziff. 5.56).

Das Passiv von «ire», nämlich «*iri*» verwendet man ebenfalls in Kombination mit einem Supinum, um den fehlenden Infinitiv Futur Passiv zu ersetzen: «Spero litteras *missum iri*, ich hoffe daß der Brief geschickt wird» (wörtlich wiedergegeben: «daß ans Schicken des Briefes gegangen wird»).

2.22 Haltungen/Lagen im Raum und zu ihnen führende Bewegungen

Sehr viel stärkere Unterschiede zwischen den vier Sprachen als bei «kommen/gehen» usw. konstatiert man bei den Verben und den auf sie gestützten Semantemen für Haltungen/Lagen im Raum und für Bewegungen, die zu einer solchen Haltung/Lage führen.

Grundlegend ist zwar, wenn man von Personen spricht, die *Orientierung am menschlichen Körperbau* und an den eingespielten (und sozial akzeptierten) Haltungen/Lagen für die verschiedenen Tätigkeiten und Verhaltensweisen. Man kann Gegenüberstellungen in der folgenden Art aufbauen:

Nur die Füße auf der tragenden Unterlage	Ich *stand* eine volle Stunde	Je *suis resté debout* une heure entière
	I *stood* there a whole hour	*Stabam* horam integram
Bewegungen dafür	aufstehen, sich erheben	se lever
	stand up, get up, rise	surgere, exsurgere, consurgere
Gesäß auf tragender Unterlage, evtl. auch Füße aufgestützt	Sie *saß* neben mir	Elle *était assise* près de moi
	She *sat* near me	*Sedebat* apud me
Bewegungen dafür	sich setzen, Platz nehmen	s'asseoir, prendre place
	sit down, take a seat	considere, assidere
Ganzer Körper auf der tragenden Unterlage, besonders entspannt	Er *lag* { auf dem / im } Bett	Il *était couché* { sur son / au } lit
	He *lay* { on / in } the bed	*Cubabat, iacebat* in lectulo
Bewegungen dafür	sich hinlegen, sich ablegen	se coucher
	(süddt. «abliegen»)	decumbare, recubare
	lie down	

Diese schöne Gegenüberstellung gilt aber nur für relativ wenige, spezielle Aussagesituationen. Vor allem «être debout» wird *nur* bei besonderer *Betonung «stehen, nicht sitzen oder liegen»* gebraucht. Ein Übersetzungsbeispiel aus «Faust», Vers 358:

Hier *steh* ich nun, ich armer Tor	Et maintenant *me voici là,* pauvre fou	(de Nerval)
And here, poor fool, I *stand* once more (Arndt)	And *stand* here now, poor fool that I am	(Jarell)

Daneben gibt es speziellere bis sehr spezielle Semanteme, für *Unbelebtes* als Subjekt:

Links { *stand* / *erhob sich* } ein { Baum / Turm }	A gauche { il y avait / se dressait/levait } { un arbre / une tour }

Das Kleid *sitzt* gut, es *steht* ihr gut	Mitten auf dem Dach *sitzt* ein Türmchen
Das Übel *sitzt/liegt* tiefer	Dieser Satz *steht* ganz vorn in dem Buch
Jetzt *steht* unser Plan	[= wir haben ihn fertig ausgearbeitet, er sollte sich bewähren]

Dazu dient «stehen» als Gefügeverb in einem komplexen Semantem «Es *steht* geschrieben – Hier *steht* es ja gedruckt».

Für die Darstellung von *geographischer Lage* einer Stadt usw. hat man im Deutschen «liegen», im Englischen «lie» oder einfach «be», im Französischen «être situé, im Lateinischen «situs/-a/um esse»:

Die Stadt Köln *liegt (ist)* am Rhein	Cologne *est situé* sur le Rhin
Cologne *is/lies* on the Rhine	Colonia apud Rhenum *sita est*

Besonders verschieden ist in den vier Sprachen der Bestand an Semantemen zur Darstellung von Bewegungen, mit denen man irgend ein *Objekt* in eine bestimmte Lage bringt. Im Deutschen *legt* man die Messer, die Gabeln und die Löffel auf den Tisch, aber man *stellt* nicht nur die Gläser, sondern auch die flachen Teller und Platten auf den Tisch. Im Französischen kann man für das alles «*mettre, poser*» verwenden, im Englischen «*put*». Im Deutschen muß man beim Anziehen von Mantel und Hut differenzieren, einen *Mantel* zieht man *an*, den *Hut* setzt man *auf*, Im Französischen heißt es «*mettre son manteau et son chapeau*». Auf alle diese Verschiedenheiten von Semantemen kann hier nur eben hingewiesen werden.

12.23 Lage/Haltung/Bewegung in anderen tragenden Medien

Ziemlich klare Entsprechungen, aber doch keineswegs eine durchgehende Systematik findet man bei den Semantemen, mit denen man Lagen, Haltungen, Bewegungen in andern tragenden Medien, d. h. praktisch in der Luft und im Wasser darstellt.

Bei Lage/Haltung in der *Luft* unterscheidet man, ob ein *Antrieb* (durch Flügelschlag, Antriebsaggregat) vorliegt oder nicht. Ein Vogel kann *fliegen* (wenn er mit den Flügeln schlägt) oder *schweben* (ohne Bewegung der Flügel) – Les oiseaux *volaient* – ils planaient au dessus du lac – The birds *fly*, or they *hover* – Aves *volant*, aut in aere *librantur*. Ein Flugzeug mit eigenem Antrieb *fliegt*: fällt der Antrieb aus, so kann es zum Boden *schweben*. Aber auch ein Stein, den man geworfen hat, «*fliegt*» durch die Luft. Dazu verwendet man «fliegen/voler/flie/volare» oft auch für schnelle Bewegungen *auf dem Boden* oder *auf dem Wasser*: «Navis *volat* – Sowie er von ihrer Ankunft hörte, *flog* er zu ihr».

Bei Lage/Bewegung im *Wasser* dient «*schwimmen/nager/natare*» (aber *nicht* «swim») für die Bewegung *mit Antrieb*, durch Schwimmbewegungen, *und* für das reine Getragenwerden im Wasser. Daneben gibt es für das bloße Getragenwerden (und Fortgetragenwerden) auch die besonderen Semanteme «*treiben/flotter/fluctuare*», englisch im Gegensatz zu «swim» das (auch für viele andere Semanteme dienende) «*drive*»: «Ein Mensch *schwimmt*, ein Stück Holz *schwimmt/treibt* auf den Wellen – Les garçons *nageaient*, le bois *nage* sur l'eau, *flotte* dans l'eau – The boys *swim*, the ship *drove* on the rocks – Pisces *natant*, lignum *natat*». Alle diese Semanteme werden aber auch (in «übertragenem Sinn») für *Zustände von Menschen* gebraucht, die mit «Wasser» (oder bei «hover», mit «Luft») nichts zu tun haben: «Er *schwamm im Glück* – Il *nageait dans l'opulence* – Il *flottait entre l'espérance et la crainte* (sehr literarisch) – *Fluctuabat inter spem metumque* – He *hovered between life and death*».

2.24 Ort, Aufenthalt, momentan oder dauernd, Sitz von Institutionen usw.

Manchmal möchte man einfach sagen, wo jemand/etwas sich befindet, wo jemand sich aufhält, wo er/sie in diesem Moment oder für einige Zeit ist. Dafür gibt es sehr verschiedene Semanteme, in allen vier Sprachen, und die betreffende Person oder andere Entität und die Angabe der Stelle im Raum kann an ganz verschiedenen festen oder zusätzlichen Bedeutungsstellen genannt werden:

Da / *Hier* } sind wir («Sein 4», Ziff. 12.37) *Wir sind da / am Ort*	*Hier* { *ist* / *steht* } sein Haus	*Er wohnt* / *Seine Wohnung ist* } im 3. Stock

Nous voilà / Nous y sommes	Voilà/Voici / C'est } sa maison	Il habite / Son appartement est } au 3ième étage
Here we are	Here/There / This } is his house	His apartment is on the third floor
Hic sumus	Ecce / Haec est } domus eius	Habitat in contignatione tertia

Grundsätzlich dienen hier gleiche Semanteme für sehr verschiedene Dauer eines Aufenthalts. Man kann auch für wenige Tage in einem Hotel «wohnen». Verschiedene Formalstrukturen bei praktisch gleicher Bedeutung liegen vor in «Sie *wohnt in einem* alten Haus – Sie *bewohnt ein* altes Haus» und ähnlich «Elle *demeure/habite dans* une vieille maison – Elle *habite une* vieille maison». Daneben dient aber «demeurer» auch generell im Sinn von deutsch «bleiben», z. B. «*demeurer* longtemps à table, lange am Tisch *sitzen bleiben*» oder «La question *demeure indécise*, die Frage *bleibt unentschieden*».

Mehrere markant verschiedene Semanteme gibt es mit dem Verb «aufhalten», etwa in «Sie *hielt sich mehrere Tage hier auf* – Wir wollen uns nicht länger *bei diesen Nebenfragen aufhalten* – Sie *hielt sich über seine Unordnung auf* [ärgerte sich darüber, tadelte die Unordnung] – Er *hielt den Demonstrationszug auf*, indem er sein Auto quer über die Straße stellte».

Für Personen, denen man einen *besonderen sozialen Status* zuschreibt (ursprünglich: Fürsten, Könige) hat man «*residieren in ... résider à ...*» (aber auch für abstrakten Raum: «Ici *réside la difficulté*»). Dagegen dient das lautlich entsprechende «reside» im Englischen gar nicht für diese spezielle Bedeutung, sondern heißt einfach «wohnen», auch nur zeitweilig: «He *resides* at 10 Railway Terrace» oder «The students are not yet *in residence*» (sind noch in den Ferien, nicht im College). Das übliche einfache Wort für einfaches «wohnen» ist «*live*» (auch deutsch: «Die beiden *leben* in Berlin»). Im Lateinischen gibt es neben dem gewöhnlichen «*habitare*» auch «*incolere*», vor allem für ganze Völker: «*Germani incolunt* trans Rhenum», wohnen jenseits des Rheins».

Besondere Semanteme gibt es für die Angabe des *Sitzes* von *Institutionen*, *Firmen* usw. (hier kann die räumliche Situierung auch gewichtige Rechtsfolgen haben, z. B. in der Steuerpflicht): «Das Bundesverfassungsgericht *hat seinen Sitz* in Karlsruhe – Die Firma produziert in Hongkong, aber sie *hat ihren Sitz* in Liechtenstein». Lateinisch hat man für Personen wie für Institutionen «*sedem habere, domicilium habere* aliquo loco». Man kann aber auch im Deutschen von einer Privatperson sagen, ganz neutral: «Sie/Er *hat ihr/sein Domizil* in ...».

12.25 Darstellung von Bewegungen bei/zwecks Ortsveränderung

Neben den Semantemen mit «kommen/gehen» usw. und den damit zusammengesetzten Verben (Ziff. 12.19–12.21) gibt es in allen vier Sprachen einen reichen Bestand an Semantemen, mit denen man *Bewegungen zwecks Ortsveränderung* (oder mit ungewollter Ortsveränderung) darstellen kann. Auch hier sind starke Verschiedenheiten von Sprache zu Sprache zu konstatieren. Um eine grobe Übersicht zu gewinnen, kann man zunächst nach den besonderen Raumqualitäten und -perspektiven ordnen (Ziff. 11.26–11.27) und dann nach weiteren Kriterien:

Bewegung nach innen oder nach außen (z. T. mit Hilfe von «gehen/go/ire» dargestellt):

Sie *treten ein* – Sie *gehen hinaus*	Ils *entrent* – Ils *sortent*
They *enter* – They *go out*	*Intrant* – *Exeunt*

Bewegung nach oben oder nach unten, bei Personen und andern Lebewesen:

Wir *steigen* drei Stunden bis zur Hütte	und *steigen* dann *hinab* ins andere Tal
Nous *montons* trois heures jusqu'à la cabane	et ensuite nous *descendons* dans l'autre vallée
We *ascend (mount, go up)* three hours	and then we *descend (go down)* in the other valley
Scandimus horas tres usque ad iugum	et postea *descendimus* in aliam vallem

Bewegung nach unten oder oben bei Unbelebtem, vor allem bei *Flüssigem* oder bei Zuständen, physiologisch oder seelisch:

Der Wasserspiegel *steigt* und *sinkt/fällt*	Le niveau de l'eau *monte* et *baisse*
The water-level *rises* and *sinks/falls*	Speculum aquae *crescit* et *decrescit/minuitur*

Bewegung nach vorn oder zurück (oft zugleich: Überlegenheit – Unterlegenheit):

Die Truppen *rücken/marschieren vor* oder *ziehen sich zurück (gehen zurück)*
Les troupes *avancent* ou elles *se replient / se retirent / reculent*
Milites *procedunt, incedunt, progrediuntur* aut *recedunt, se recipiunt*

Störung bei begonnenen Bewegungen, *Verlust* einer *innegehabten Position*:

Er *strauchelt*, *stolpert*, *tut* einen Fehltritt, *rutscht*, *gleitet aus*, *stürzt*, *fällt*
Il *trébuche*, *bronche*, *fait un faux pas*, *glisse*, *tombe*
He *stumbles*, *slips*, *makes/takes a false step*, *falls*
Pedem offendit, *vestigio fallitur*, *labitur*, *ruit*, *cadit*

Bewegungen mit Hilfsmitteln, verschieden *schnell*, verschieden *auffällig*:

Er *geht zu Fuß*, *reitet*, *fährt mit der Bahn, dem Wagen* usw.; er *läuft*, *trabt*, *galoppiert* – er *kriecht*, *schleicht*
Il *va à pied*, *va a cheval*, *va en chemin de fer, en voiture* etc.; il *court*, *trotte*, *galoppe* – il *rampe*, *se glisse dans* ...
He *walks*, *goes on foot*, *rides*, *travels by train, by car* etc.; he *runs*, *trots*, *gallops* – he *creeps*
Vadit, *graditur*, *equitat*, *equo vehit*, *curru/rheda vehit* etc.; *currit*, *festinat*, *citat* – *reptat*

Unbelebtes in bestimmte Bewegungen versetzen:

Einen *Karren ziehen* – *stoßen* – *schieben* – *schleppen*	einen *Stein werfen, schleudern*
Tirer – *traîner* – *pousser un chariot*	*jeter, lancer une pierre*
Pull or *push a carriage*	*throw, cast, fling a stone*
Carrum trahere – *movere* – *moliri*	*iacere/iactare lapidem*

Andere Lebewesen zu Bewegungen veranlassen, ihre *Bewegungen leiten, steuern:*

Menschen oder Tiere *führen, treiben, leiten*	verjagen
Mener, diriger, guider	*chasser* des hommes ou des animaux
Lead, conduct, guide	*drive away* men or animals
Homines vel animalia *ducere, agere, pellere, abigere*	*expellere, eicere*

Zum Teil die gleichen Verben, zum Teil speziellere Verben braucht man oft für die Darstellung von *leitendem, steuerndem Handeln an sich* («Bewegungen in abstrakten Räumen» usw.):

Eine *Arbeit, eine Unternehmung* usw. *leiten, führen, dirigieren, organisieren, kontrollieren*
Conduire, diriger, organiser, contrôler des *travaux*, une *entreprise*
Lead, manage, run an enterprise
Ducere *exercitum*, opera *dirigere*

Aus der ganzen in diesem Abschnitt gegebenen Zusammenstellung von Semantemen darf man aber nicht etwa entnehmen wollen, es sei damit auch nur annähernde Vollständigkeit beansprucht. Die Zusammenstellung soll einen *gewissen Überblick* geben, so etwas wie eine *Typologie*, aber nicht ein Inventar. Man kann zu allen vorgeführten Gruppen noch weitere Semanteme stellen, und insbesondere ist zu beachten, daß gerade die hier aufgeführten Verben als Kerne in vielen andern Semantemen dienen können, wobei diese Semanteme den hier aufgestellten Bedeutungsgruppen mehr oder weniger benachbart sein, aber auch in grundsätzlich andere Gruppen gehören können. So gibt es mit «*ducere*» neben dem zentralen Semantem «führen, leiten, steuern» auch:

Sortem ducere	ein Los aus der Urne ziehen
arcum ducere	einen Bogen spannen
vultum ad suspiria ducere	das Gesicht verziehen, zu einem Seufzer
murum ducere	eine Mauer ziehen, bauen
choros ducere	Reigen tanzen
principium/originem/genus ducere ab aliquo	den Ursprung, das Geschlecht von jemand/etwas herleiten, vgl. deutsch «es auf jemand/etwas *zurückführen*»
aliquid parvi ducere	etwas gering achten
aliquem in hostium numero ducere	jemanden zu den Feinden rechnen
rationem alicuius rei ducere	Rücksicht auf etwas nehmen

Auch das hier zentral genannte «*agere*» dient keinesfalls nur für das Veranlassen einer Bewegung von Lebewesen, wie in «*capellas agere*, die Ziegen vor sich her treiben», sondern es dient auch in einem generellen Semantem für «*Handeln, Tätigsein an sich*» (ganz ähnlich ist es ja bei deutsch «*treiben*», etwa in einer Frage «*Was treibst du da?*»).

12/III Semanteme für speziellere Handlungs- und Verhaltensweisen und Zustände:
– etwas herstellen, verändern
– jemandem etwas geben oder nehmen
– etwas fassen, ergreifen, halten
– jemanden/etwas haben

2.26 Pragmatische Rollen («Funktionsstellen») beim Schaffen, Herstellen, Verändern von etwas

Bei allem Handeln, das ein *Schaffen, Herstellen, Verändern von etwas* zum Ziele hat, kann man die drei folgenden Funktionsstellen oder pragmatischen Rollen unterscheiden (und diese können verschieden auf die Bedeutungsstellen der Semanteme verteilt sein):

1 Nennen der *Person oder andern Entität*, die hier *handelt*, von der *eine Wirkung ausgeht*
2 Nennen der Person oder andern Entität, die *durch das Handeln* in *einen andern Zustand* gebracht, in eine *andere Rolle* versetzt oder *überhaupt erst geschaffen* wird
3 Nennen des *neuen Zustands*, der *neuen Gestalt*, der *neuen Funktion*, in welche die unter (2) genannte Person oder andere Entität durch das Handeln gebracht wird.

Man sieht sofort, daß die Funktionsstelle (3) nur vorliegt, wenn jemand oder etwas *verändert, in eine neue Gestalt* gebracht wird; wenn durch das Handeln einfach eine Entität *geschaffen* wird (materiales Objekt oder sozialer usw. Zustand), sind nur die Funktionsstellen (1) und (2) gegeben.

2.27 Generelle Semanteme mit «machen/tun – faire – make/do – facere» als Kern; zur Häufigkeit

Die Verben «faire – do» gehören zu den drei häufigsten französischen bzw. englischen Verben; «machen» steht an 7. Stelle in der Häufigkeitsliste der deutschen Verben, und wenn man «tun» noch dazu nimmt, steht es an 5. Stelle, also direkt nach «sein – werden – haben – können».

Die Semanteme mit «machen/tun – faire – make/do – facere» stellen einen besonders aufschlußreichen, aber auch einen für wissenschaftliche Klärung besonders schwierigen Komplex im Rahmen verbaler Semanteme überhaupt dar. Die Verben «machen – faire – make – facere» gelten weithin als prototypisch für das den *Menschen* charakterisierende «*herstellende Handeln*», das *Schaffen* von *Werkzeugen* und von *Produkten*, mit Hilfe dieser Werkzeuge. Man assoziiert zu «facere» spontan den «*homo faber*» (auch wenn die

Etymologie etwas anders ist). Man spricht von einem «*Macher*» und meint damit einen Menschen, der etwas *fertig bringt*, der *sichtbare*, meist auch materielle *Erfolge* hat, der eben «etwas macht» und nicht nur redet oder untätig bleibt.

Bei genauerer Betrachtung zeigt sich aber, daß die Gebrauchs-Weite dieser Verben *viel größer* ist, daß man sie nämlich auch verwenden kann für «*Tätigsein generell*», ja für «*Verhalten generell*» – also auch dort, wo es gar nicht um «Tätigkeit» in einem engeren Sinne geht, sondern um «Aktivitäten», zu denen auch «essen – ruhig dasitzen – sich ausruhen – schlafen» usw. gehören. Eine zusätzliche Komplikation besteht darin, daß man im Deutschen manchmal frei zwischen «machen» und «tun» wählen kann, manchmal aber nur das eine oder das andere möglich ist.

Man kann zunächst fünf relativ generelle Semanteme ansetzen (oder müßte man von Semantem-Gruppen sprechen?):

Machen 1 Tätigsein generell:

⌜Was soll ich ⎧ *machen*⌝? ⎩ *tun*⌝?	⌜Qu'est-ce que je dois *faire*⌝?	⌜What shall I *do*⌝?	⌜Quid *faciam*⌝?

Auf eine solche Frage kann ohne weiteres geantwortet werden «*Bleib noch ein wenig sitzen – Geh doch schlafen*» oder ausdrücklich «*Wart doch noch ab*, wie sich die Sache entwickelt» – man kann also ein Verhalten empfehlen, das gar kein «Handeln» im engeren Sinn ist, und zwar ohne daß der Fragende das Gefühl hat, der Antwortende habe seine Frage falsch verstanden.

Nicht selten ruft man durch «machen, faire» usw. in Verbindung mit «das, es, so» usw. eine *vorher genannte speziellere* Tätigkeit *nochmals auf* (fast so, wie man eine schon durch Nomen usw. genannte Entität durch ein Pronomen wieder aufgreifen kann), z. B. «Er sucht Holz im Wald, *das macht/tut er jeden Herbst*». Ein Beispiel aus Cicero (Brief an den Bruder Quintus, Februar 55. Bericht über ein Gespräch mit Pompeius, durch das Cicero Unterstützung sucht in einer Frage von Denkmälern und Inschriften, an denen Quintus interessiert ist):

⌜cum Crasso⌝ ⌜se dixit⌝ *loqui velle* ⌜mihique⌝ ⌜ut idem *facerem*⌝ suasit⌝

⌜il m'a dit⌝ ⌜qu'il désirait *s'en entrenir avec Crassus*⌝ ⌜et m'a conseillé⌝ ⌜d'en *faire autant*⌝

⌜he said⌝ ⌜he wanted⌝ ⌜*to have a talk with Crassus*⌝ ⌜and urged me⌝ ⌜to *do the same*⌝

⌜er sagte⌝ ⌜er wolle *mit Crassus sprechen*⌝ und riet mir⌝ ⌜dasselbe zu *tun* (es ebenso zu *machen*)⌝

Die genaue Nennung des Handelns durch «loqui – s'en entretenir – have a talk – sprechen» wird also *wieder aufgerufen* durch das generelle «idem *facere* – en *faire* autant – *do* the same – dasselbe *tun* / es ebenso *machen*».

Ein Übersetzungsbeispiel aus Terenz, in welchem die Art des «facere» nicht spezifiziert, wohl aber *generell qualifiziert* wird, als «Ergreifen geeigneter Maßnahmen» (Menedemus im «Selbstbestrafer» wiederholt gegenüber Chremes die Tadelsrede, die er seinem Sohn gehalten hat, mit der Drohung, ihn nur solange als Sohn zu anerkennen, als der Sohn nach den Wertmaßstäben des Vaters handelt, V. 106–108):

⌜Ego te meum esse⌝ ⌜tantisper volo⌝ ⌜dum⌝ ⌜quod te dignumst⌝ *facies*⌝

⌜Ich will dich nur so lange als meinen Sohn anerkennen⌝, ⌜als du *tust/machst*⌝, ⌜was deiner würdig ist⌝

… ⌜aussi longtemps que tu *feras*⌝ ⌜ce qui est digne de toi⌝

… ⌜just so far as yo *do*⌝ ⌜what befits you⌝

> ⌢si id non *facis*⌢ ⌢ego⌢ ⌢quod me in te *facere* dignum⌢ ⌢invenero⌢
> ⌢wenn du das nicht *tust*,⌢ ⌢werde ich schon finden,⌢ ⌢was für mich dir gegenüber zu *tun* richtig ist⌢
> ⌢si tu ne le *fais* pas⌢ ⌢j'aurai vite *fait* de trouver, moi⌢ ⌢ce qui est digne⌢ ⌢que je *fasse* à ton égard⌢
> ⌢if you *act* otherwise⌢ ⌢you will see me find the fitting way⌢ ⌢to *deal* with you⌢

Man hat also im lateinischen Original dreimal «*facere*» als das Grundverb für Handeln/Verhalten, französisch ebenso dreimal «*faire*» (dazu ein «*faire*» für Steuerungshandeln, dominant zu sehen: j'aurai vite *fait* de trouver ...»), in der englischen Fassung aber einmal «*do*», einmal das nachdrücklichere «*act*» und einmal für «*in te facere*» das spezielle Semantem «*deal with you*».

Man erkennt sofort, daß von diesem grundlegenden Semantem mit «do» her auch die Verwendung von «*do» als Gefügeverb* einzuordnen ist – Gefügeverb zur Bildung von Fragen («*Did* he come?», Ziff. 9.05) und zur Verneinung («He *didn't* come», Ziff. 9.11). Ebenso ergibt sich von hier aus der für das Englische so typische Gebrauch von «do» für *verstärkend angefügte Fragen* (tag questions, Ziff. 9.09, Schluß) nach einem Verb des Handelns: «She *doesn't* know about us, *does* she?» oder «You saw her yesterday, *didn't* you». Schließlich kann man ja «do» auch *rein zur Verstärkung* einer Aussage verwenden, für größeres Gewicht, dabei wird das «do» besonders betont: «That's exactly what he *did* say» oder «*Do stop* that noise».

Ebenso kann man hier den häufigen Gebrauch von «tun» als Gefügeverb in deutschen Umgangssprachen und Mundarten und speziell in der Kindersprache anschließen: «Ich *tu* halt arbeiten – Er *tut* schlafen» und ähnlich.

Dieses «*Machen/facere 1, Tätigkeit an sich*» wird vor allem im Lateinischen recht häufig gebraucht; in den modernen Sprachen wählt man dafür nicht selten speziellere Semanteme, die zwar auch in sich recht generell sind, aber *mehr Gewicht* signalisieren, so (Terenz 135) «Malo quovis me dignum deputem, si *id faciam* – Ich verdiene jede Art von Strafe, wenn ich so *weiterleben* wollte – Je me considérerais comme digne de n'importe quel châtiment si je *continuais ainsi* – I should account myself deserving indeed of any punishment if I *acted in that way*» – also für das lateinische «*facere*» deutsch «*so weiterleben*», französisch «*continuer*», englisch «*act in that way*» (obwohl durchaus möglich wäre «wenn ich das *täte/machen* wollte – si je *faisais* ça – if I *did* so»).

Ein Gegenbeispiel, Wiedergabe eines *speziellen deutschen* Semantems durch generelles «*faire – do*» bei der Übersetzung eines literarischen Textes. Im «Grünen Heinrich» läßt Gottfried Keller im Kapitel «Glückswandel» den Grafen zu Heinrich sagen: «Was gedenken Sie denn jetzt mit sich selbst *anzufangen*?», und dafür schreibt der französische Übersetzer: «Que pensez-vous désormais *faire* de vous-même» und der englische «What do you intend to *do* with yourself now».

Machen 2 Steuerungshandeln für ein spezielleres Verhalten/Handeln:

In der mit «machen» gebildeten Proposition wird *nur die Besetzung der Stelle (1)* gegeben, die Besetzung der andern Stellen ergibt sich aus dem in der folgenden Proposition genannten spezielleren Verhalten/Handeln. Das Semantem ist im Deutschen, Französischen und Lateinischen gebräuchlich. Im Englischen verwendet man «see» (auch lateinisch «videre», deutsch «sieh zu, daß...»). Ein Übersetzungsbeispiel aus dem Schluß des Prologs zu «Die Brüder» von Terenz:

> *Facite* aequanimitas poetae ad scribendum augeat industriam
> *Faites en sorte* que votre bienveillance redouble chez le poète l'empressement à écrire
> *See that* your candor stimulates the poet's zeal in his calling
> *Macht (Seht zu)* daß euer Wohlwollen Fleiß und Lust des Dichters zum Schreiben vermehre

Ein Beispiel mit «videre – voir – take care – sehen/aufpassen» (Selbstbestrafer, Vers 352): «Nequid accusandus sis *vide – Vois* à ne pas devenir accusé – *Take care* you don't get into the dock – *Sieh/Paß auf* daß du nicht zum Angeklagten wirst».

Man kann vom Semantem «Machen 2, Steuerungshandeln» her auch den Gebrauch von «machen – faire – make» als *Gefügeverb mit Infinitiv* gut verstehen: «Das *macht* mich lachen – Cela *me fait rire* – It *makes me laugh*» oder im Kompliment des Mephisto für Faust, nachdem dieser ihn gezwungen hat, die Gestalt des Pudels abzulegen und als Person aufzutreten: «Ihr habt mich *weidlich schwitzen machen* –Vous m'avez *fait suer rudement*. – Englisch mit «have»: You really *had* me *swealing*».

Machen 3 jemanden/etwas verändern, ihm eine besondere Funktion zuweisen, etwas ganz neu schaffen, herstellen:

Die *Person* bzw. die nicht-personale Entität, von welcher jeweils eine *Wirkung ausgeht* (Funktionsstelle 1), wird hier *immer* durch das *Subjekt* genannt. Dagegen bestehen für die Besetzung der Funktionsstellen (2) und (3) *verschiedene* formale Möglichkeiten, und es empfiehlt sich daher, hier fünf Untergruppen («Varianten») anzusetzen.

Machen 3a:

Das *macht* mir *Freude, Spaß – Kummer*	Cela me *fait plaisir – de la peine*
It *makes* me much *fun*	—

Hier werden also die Entitäten für *Funktionsstelle (2)* durch ein *Dativobjekt*, für *Funktionsstelle 3* durch ein *Akkusativobjekt* genannt.

Machen 3b:

Du *machst mich glücklich*	Tu me *rends* heureux	You *make me happy*	Me beatum *facis*

Also: Die durch das «machen» beeinflußte *Person* (Funktionsstelle 2) durch ein *Akkusativobjekt* genannt, der in dieser Person bewirkte *innere Zustand*, die andere personale Gestimmtheit (Funktionsstelle 3) durch Satzadjektiv/adj. attribut/präd. Adj.

Machen 3c:

Sie machte *mir die Situation klar*	She made *it clear to me* that ...

Also: Nennen der *Person* für Funktionsstelle (2) durch *Dativobjekt*, Nennen des *neuen Zustands* (Funktionsstelle 3) durch Kombination von *Akkusativobjekt und Satzadjektiv*, wobei die veränderte Entität durch einen Nebensatz eigens genannt werden kann («machte mir klar, daß ..., made me clear, that ...»).

Machen 3d:

Ich mache *dich zum Schiedsrichter*	Je te fais *mon juge*	I make *you my judge*	Te iudicem facio

Also: Person für Funktionsstelle (2) durch Akkusativobjekt genannt, die neue Funktion (Funktionsstelle 3) deutsch durch Präpokasus «zu», französisch durch attribut du complément direct, englisch durch object complement, lateinisch durch Prädikatsakkusativ.

Machen 3e:

Er *macht* ein *Kleid*, einen *Ring*, ein *Verzeichnis*	Sie *machen* einen *Vertrag, Frieden mit …*
Il *fait* un *habit*, un *anneau*, une *liste*	Ils *font* un *traité*, la *paix avec …*
He *makes* a *cloth*, a *ring*, a *list*	They *make* a *treaty, peace with …*
Facit vestem, anulum, tabulam	*Faciunt pactum, pacem cum …*

Also: Die durch das Handeln geschaffene Entität (Funktionsstelle 2) durch Akkusativobjekt genannt, keine Notwendigkeit einer Besetzung von Funktionsstelle (3).

Die Variante (bzw. das Semantem) «Machen 3 e» ist schon in den ältesten Belegen für lateinisch «facere» verwendet, nämlich in Inschriften, mit denen ein Kunsthandwerker seinen Namen auf das von ihm Verfertigte setzte: «Manlius *fecit* – Das hat Manlius *gemacht*».

An dieses «Machen 3 e» kann man nun inhaltlich die große Zahl von *speziellen Semantemen* anschließen, mit denen man die verschiedenen handwerklichen und industriellen Hervorbringungsweisen darstellt, die der «homo faber» im Lauf seiner Geschichte entwickelt hat – für Gegenständliches wie für gedankliche Produkte individueller oder sozial verbindlicher Art:

- Kunstwerke *schaffen*, ein Bild *malen*, einen Roman *verfassen*, ein Musikstück *komponieren*, Geräte und Maschinen *bauen, konstruieren*, ein Gesetz *erlassen*, jemanden zum Präsidenten *wählen* usw.
- *créer* des oeuvres d'art, *esquisser et exécuter* un tableau, *composer* un roman ou une symphonie, *bâtir/construire* des maisons, *construire* des machines, *promulguer* une loi etc.
- *create* a work of art, *compose* a speech, a poem, an opera, *build* a house, *construct* an aircraft, *enact* a law etc.

Das generelle «*Machen/facere 3 e*» wird im *Lateinischen* sehr häufig gebraucht, während man in den Übersetzungen in die modernen Sprachen oft *speziellere* Semanteme findet. Speziell im Deutschen wird in Stilschulen und von manchen Lehrern ein «machen» in dieser Verwendung als «Allerweltswort» abqualifiziert, und man empfiehlt «*treffendere Verben*». Entsprechenden Ersatz findet man aber auch in französischen und englischen Übersetzungen. So liest man bei Caesar, Bellum Gallicum, I/8, daß die Helvetier die Rhone zu überqueren versuchten «ratibus compluribus *factis* – auf vielen von ihnen *hergestellten* Flößen», in der französischen Übersetzung «à l'aide de radeaux qu'ils *construisirent* en grand nombre». Und in I/10 liest man «munitioni quam *fecerat* T. Labienum praefecit – mit dem Kommando über die Befestigungslinie, die er *gebaut hatte*, betraute er den Labienus», und französisch «… de la ligne fortifiée qu'il *avait établi*».

Man findet aber auch Beispiele einer Wiedergabe eines im deutschen Text verwendeten spezielleren (für die Stilschulen: «treffenderen») Verbs durch generelles «faire» in der französischen, durch «make» in der englischen Übersetzung – auch bei ausgesprochen literarischer Sprachgebung in diesen Übersetzungen. So beschreibt Gottfried Keller im Kapitel «Glückswandel» im «Grünen Heinrich», wie Heinrich Lee beim kunstverständigen Grafen seine Zeichnungen nach gewichtigeren, gelungenen und schwächeren, oft fast wertlosen sortiert: «Ich *errichtete* nun zwei Haufen (von Blättern) – Je *fis* donc deux tas – I *made* two heaps now».

Machen 4 Bewegungen durchführen, Haltungen annehmen, Ergebnisse daraus:
Hier ist von den in Ziff. 12.26 genannten Funktionsstellen nur eine wichtig und zu besetzen, nämlich die Nennung dessen, der die Bewegung *ausführt*, die Körperhaltung

einnimmt (durch das *Subjekt*). Die Bewegung bzw. Haltung *selbst* wird durch das *Akkusativobjekt* (complément d'objet direct, direct object) genannt; das «machen/tun – faire – make – facere» liefert nur den Bedeutungsbeitrag «*Ausführung* des im Objekt usw. Genannten». Dabei ist gleicherweise Bewegung im anschaulichen wie in einem abstrakten Handlungsraum darstellbar:

Er *machte (tat) einen großen Schritt*	Il *a fait un grand pas*
He *made an important step*	*Gradum magnum fecit*
Sie *machten einen Angriff*	Ils *firent une contre-attaque*
They *made an attack*	*Impetum fecerunt*

Hier wohl auch anzuschließen «sich *auf den Weg machen* – sich *an die Arbeit machen*».

Hierher sind auch zu rechnen: «*eine Verbeugung* machen – *einen Buckel* machen – *ein fröhliches Gesicht* machen – Ich *machte gute Miene zum bösen Spiel*, Il me fallait *faire bonne mine à mauvais jeu*». Dabei ist aber zu beachten, daß *keineswegs überall* entsprechende Wendungen in allen vier Sprachen vorhanden sind.

Der Aspekt «*Ergebnis*» tritt in den Vordergrund bei «*Beobachtungen* machen – faire *des observations* – make *observations*» und «*Erfahrungen* machen – faire *des expériences*».

Als Grenzfälle, die auch unter «speziellere Semanteme» eingeordnet werden könnten, lassen sich betrachten: «*Fortschritte* machen – faire *des progrès* – make *a great progress* – *progressum* facere» und in einer andern Richtung «*das große Geld* machen – se faire *une fortune* – make *a lot of money* – *pecuniam magnam* facere» (hier wäre ein Verstehen nach «*Machen 3*» klar *unzureichend*, weil man das Geld nicht «*herstellt*», sondern bei andern vorhandenes Geld *verdient, an sich reißt*).

12.28 Weitere Semanteme mit «machen/tun – faire – make/do – facere»

Mit den vier generellen Semantemen (oder teilweise: Gruppen von Semantemen) sollten die Grundzüge der Verwendung dieser so häufigen Verben und der von ihnen gelieferten Bedeutungsbeiträge einigermaßen klar geworden sein. Damit ist aber noch keineswegs die ganze Verwendungsbreite dieser Verben in den Blick gekommen. Die folgenden Verwendungsmöglichkeiten lassen sich allerdings noch weniger eindeutig ordnen als die in Ziff. 12.27 behandelten, und es gibt immer weniger durchlaufende Parallelen in den vier Sprachen.

Machen 5 kommunikatives Handeln:

eine *Bemerkung* machen	faire une *remarque*	make a *remark*
einen *Vorschlag* machen	faire une *proposition*	make an *offer*
jemandem *Komplimente* machen	faire *des compliments* à quelqu'un	

Machen 6 Vorgehen beim Rechnen, Resultate nennen, Quantität einschätzen überhaupt:

eine *Rechnung* machen	7 mal 7 macht 49	*Das macht zusammen Fr. 237.-*
faire *un calcul*	7 fois 7 font 49	*Cela fait 237.- frs.*
		It makes the total about £ 80.-
How large do you *make the audience*? Wie groß schätzen Sie die Zuhörerzahl?		
What do you make *the time*?		

Machen 7 Bewertung:

Er *macht einen Fehler*	Il *fait une faute*	He *makes a mistake*
Das *macht keinen Sinn*		It *doesn't make sense*
Das *macht keinen Unterschied*	Cela ne *fait aucune différence*	It *doesn't make any difference*

Machen 8 ein Stück aufführen, eine Rolle spielen (auf der Bühne oder im Leben):

Nächstes Jahr *machen sie hier den Hamlet*	
Frau XY *macht die Ophelia* (umgangssprachlich)	
Er *macht immer den Großzügigen*	Il *fait toujours le généreux*

Machen 9 Handlungsmodalitäten, mehrwortig dargestellt:

| einen Anfang
ein Ende
eine Pause
einen Unterbruch } *machen* | *faire une fin* | *make an end* | *initium
finem* } *facere* |

Machen 10 Tätigsein in verschiedenen Situationen, Bedeutung aus Gegenstand und Situation zu entnehmen, daher oft Mehrdeutigkeit bei gleicher Form:

die *Betten machen*	sie zurechtmachen, die Bettücher erneuern, richtig falten usw.
die *Wäsche machen, faire la lessive*	
die *Küche machen, faire la cuisine*	die in der Küche anfallenden Arbeiten aller Art
Jurisprudenz machen, faire le droit	dieses Fach studieren
seine Examen machen, faire ses examens	sich den Examen stellen, sie bestehen

Es handelt sich hier um eine ganz besonders weite, offene Möglichkeit, vor allem im Deutschen und im Französischen. Man könnte sie auch direkt anschließen an «Machen 4, Bewegungen ausführen»; als Übergang ist z. B. zu betrachten «*ein Spiel machen*», nicht im Sinn von «ein Spiel *herstellen*, entwerfen, entwickeln» (das wäre möglich nach «Machen 3 e», Ziff. 12.27), sondern «ein Spiel *spielen*, die dabei vorkommenden *Spielzüge*, oft auch mit körperlicher Bewegung, *durchführen*». Wenn in einem Hotel die Hausbeamtin anordnet «Zuerst die *Zimmer 377 und 378 machen*», meint sie «diese Zimmer *saubermachen*». Wenn aber im Hotel eine Innenrenovation gemacht wird, kann die gleiche Aufforderung bedeuten «Zuerst *in den Zimmern 377 und 378 die Wände streichen, die Böden erneuern*» usw.

Etwas anders zu beurteilen, weil meistens eine eindeutige Gesamtbedeutung vorliegt, sind die Verbindungen von «machen – faire – make» *mit ganz bestimmten Nomen* an der Objektstelle. Hier sind denn auch die Verschiedenheiten zwischen den Sprachen besonders groß, wie die folgenden Beispiele zeigen:

| make a decision – prendre une décision – einen Entschluß fassen |
| (hier könnte man argumentieren, daß mit «*prendre – fassen*» ein etwas «kräftigerer» Bedeutungsbeitrag geliefert wird, eine etwas stärkere Eigentätigkeit) |
| faire *un choix* – make *a choice* – eine Wahl *treffen*   («treffen» in ganz «blasser» Bedeutung) |
| *faire preuve de courage*   Mut zeigen, seinen Mut unter Beweis stellen |
| *faire état de ce document*   dieses Dokument berücksichtigen, in die Beurteilung einbeziehen |
| make allowance for...   sich bewerben um ... allow for..., take into consideration |
| make an application for ... |
| make a request   etwas verlangen |

Parallelen deutsch und französisch:

| Schulden machen – faire *des dettes* |

Aber englisch:

| *get into* debts, *run up* debts |

Es gibt aber auch *feste Kombinationen mit Adjektiven* (bzw. Adverbien):

| *faire de son mieux*   s'efforcer, sich Mühe geben, auch bei geringem Erfolg, «Sein Bestes tun» |

Kombinationen mit Nomen und/oder Adjektiv hat man im *Französischen* bei der Darstellung von *Witterungserscheinungen*, mit unpersönlichem Subjekt «il», Beispiele:

| *Il fait jour, il fait nuit* | Il *fait chaud, il fait froid* | *Quel temps fait-il? Il fait beau temps* |

Parallen «tun – do»: die deutsche Wendung «Das *tut es*» für «Das ist genug», englisch «*That will do*» – aber auch «It will *not do any longer* – das kann nicht so weitergehen». Deutsch mit fixem Bestandteil «Es *tut mir leid*», aber analog zu «Machen 3 a», Ziff. 12.27, verstehbar «Das *tut mir weh*, und das *tut mir gut*».

Eine Proposition «*Es tut nichts/macht nichts*» kann zwei ganz verschiedene Bedeutungen signalisieren: «Es *schadet nichts*, hat *keinen störenden Einfluß*», aber auch «*Es/das Kind arbeitet nichts, unternimmt nichts, ist untätig*».

Besonders zu beachten sind die *Doppeldeutigkeiten*, die sich im Deutschen bei der Verwendung von «Machen 3 b», Ziff. 12.27 ergeben können, vor allem wenn an der Funktionsstelle (2) eine nichtpersonale Entität genannt wird. Ein von diesem Semantem her zu verstehendes Satzadjektiv (für Funktionsstelle 3) kann nämlich oft auch als Satzadjektiv zum Verb aufgefaßt werden, also als eine Angabe der *Handlungsweise insgesamt*, nicht des durch die Handlung zu schaffenden Zustands:

| ⌐Ich will das *anders machen*⌐ | { ich will, daß es *anders wird*, nachher *anders ist* als jetzt
ich will *anders vorgehen*, meine Arbeit anders anpacken |
| ⌐Jetzt *macht* sie alles *gut*⌐ | { sie macht, daß alles wieder gut ist, korrigiert ihr vorheriges Verhalten
sie führt alles gut aus, beherrscht die nötigen Techniken |

In lockerer deutscher Alltagssprache dient «tun» mit der Angabe eines räumlichen Ziels als *Universalverb* für «etwas/jemand an einen bestimmten Ort bringen», z.B. in «Diesen Ordner *tun* wir ganz unten in den Schrank – Das mußt du auch noch in deine Liste *tun* (oder: auf deine Liste nehmen) – Kann man den Jungen nicht einfach in eine andere Klasse oder in eine ganz andere Schule *tun*?»

Zum Abschluß ein besonderes Semantem mit lateinisch «*facere*» als Kern, nämlich (als *dominanter* Teil gesetzt), «*eine Annahme treffen*», z.B. für eine Diskussion», etwa in «*Fac deos non esse* – Nimm einmal an, daß es keine Götter gibt».

12.29 Grundverben für sozialen Austausch – aber auch anders verwendet: «geben – donner – give – dare»

Nach «machen/tun, faire» usw. sollen nun die Verben «*geben – donner – give – dare*» betrachtet werden, die man als Grundverben für sozialen Austausch betrachten kann und die in allen vier Sprachen als Kerne weitgehend äquivalenter Semanteme dienen.

Bekannt ist die lapidare lateinische Formulierung für Austausch von Gaben, Leistungen usw. «*Do ut des* − Ich gebe (dir), *damit du* (mir) *gibst*». Die gleichen Verben dienen aber auch als Kerne in Semantemen, die mit «Güteraustausch» nichts zu tun haben.

Man kann für allen Austausch von Gütern, seien sie materialer oder gedanklicher, emotional/kognitiver Art, *drei Funktionsstellen* unterscheiden − teils ähnlich wie bei «Schaffen, Herstellen» (Ziff. 12.26), teils aber auch etwas anders, nämlich:

1 Eine Person oder nichtpersonale Entität, die *über etwas verfügt* und von der aus nun (bei Personen: mit Willen − bei Nichtpersonalem: durch Hervorrufen von Reaktionen) dieses «etwas» (ein Stück materialer Besitz oder kognitiver Besitz, eine Eigentümlichkeit) *auf eine andere* Entität *übertragen* wird; bei Personen und materialem Besitz geht dann die Verfügung *ganz* auf den Empfänger, Funktionsstelle (3), über − bei *kognitivem* Besitz liegt die Verfügung von jetzt an *bei beiden*; bei materialen Wirkungen spielt diese Unterscheidung meistens gar keine Rolle;

2 Dasjenige, das bei diesem Handeln, diesem Prozeß auf die andere Person oder nichtpersonale Entität *übertragen* (oft auch: in ihr *hervorgerufen*) wird;

3 Die Person oder nichtpersonale Entität, *bei der nun die Verfügung über das in (2) Genannte* liegt, die nun von dem in (1) Genannten etwas *übernommen*, eine *Wirkung erfahren* hat.

Dabei können sehr enge Berührungen mit «handeln, herstellen, verändern» (also mit «Machen 3», Ziff. 12.27) vorliegen, die bis zu völliger Äquivalenz von zwei Semantemen gehen können, z. B. «Das *gibt* mir neuen Mut − Das *macht* mir neuen Mut» oder bei nichtpersonaler Entität an Funktionsstelle (1): «Saffran *gibt* dem Reis eine schöne gelbe Farbe − Saffran *macht* den Reis schön gelb».

Man kann hier zunächst ein sehr generelles Semantem ansetzen, das sich in paralleler Weise in allen vier Sprachen findet:

Geben 1 Übergang von etwas von einer Person zu einer andern:

Jemandem ein Buch geben, *Geld* geben	donner *un livre, de l'argent à quelqu'un*
give *someone a book, some money*	alicui librum dare, *pecuniam* dare

Die ganz konkreten Bedeutungen (wird etwas als Geschenk gegeben oder als Leihgabe oder zur Aufbewahrung usw.) ergeben sich aus dem Kontext und der Situation:

jemandem zu trinken geben	*lui* donner *à boire*
give *him to drink*	ei bibere dare
jemandem die Freiheit geben	*lui* donner *la liberté*
give *him liberty*	ei libertatem dare
jemandem zwei Stunden geben (*für eine Arbeit* usw.)	*lui* donner *deux heures*
give *him two hours*	ei horas duas dare
ein Beispiel geben, *einen Rat* geben	donner *un exemple*, donner *un conseil*
give *an example*, give *an advice*	exemplum dare, consilium dare

Auch hier sind die genauen Bedeutungsbeiträge von «geben» usw. teilweise recht verschieden, und man verwendet, vor allem im Deutschen, oft speziellere Semanteme, z. B. «jemandem eine Frist *einräumen*» anstatt einfach «... geben»; aber aus der durch das Objekt (bzw. bei «zu trinken geben» durch den Infinitiv) genannten Nennung für die Funktionsstelle (2) geht die Art des «Gebens» so klar hervor, daß man alle diese Gebrauchsweisen als Anwendung *eines* generellen Semantems einordnen kann.

Neben der gewissermaßen prototypischen Formalstruktur «*Dativobjekt* für *Funktionsstelle (3)*, *Akkusativobjekt* für *Funktionsstelle (2)*» findet man bei manchen spezielleren Verben auch andere Formalstrukturen, z. B. «*jemanden mit allem Nötigen versehen, ihn damit ausrüsten* – *pourvoir, munir* quelqu'un *de tout* ce qui est nécessaire – *provide* somebody *with all* what is needed – *aliquem omnibus necessariis ornare, instruere*» (also Akkusativobjekt für Funktionsstelle 3, Präpokasus bzw. Ablativ für Funktionsstelle 2).

Häufig gebraucht und tief in der Entwicklung des Sozialverhaltens verwurzelt, aber nicht in allen vier Sprachen parallel vorhanden ist:

Geben 2 körperliches Kontakthandeln:

jemandem die Hand geben, den Arm geben	lui donner la main, le bras
shake hands with … him/her, offer his arm	manum dare
jemandem einen Stoß geben lui donner un coup	give him a push, a kick

Hier ist der Bedeutungsbeitrag von «geben» recht speziell: Hinstrecken, Anbieten der Hand bzw. des Arms für eine Kontakthandlung, evtl. auch für eine Sicherung, einen Schutz («Ich gebe *dem Kind die Hand*, bis wir *dieses gefährliche Wegstück hinter uns haben*»). Das «geben» kann auch in störender, feindlicher Absicht erfolgen («ihm einen Stoß geben / versetzen») – aber ein «Anstoß» kann auch erwünscht sein: «Diese Feststellung gab *mir den nötigen Stoß/Anstoß, daß* ich endlich an die Fertigstellung meiner Arbeit ging».

In der speziellen Lebens- und Handlungssituation «Theater» – auch für alle vier Sprachen gibt es:

Geben 3 ein Bühnenstück aufführen:

ein neues Stück geben	donner une nouvelle pièce
give a new play, a new piece	fabulam novam dare

Es ist nun noch eine ganze *Reihe von spezielleren Verwendungsmöglichkeiten* zu nennen, auch von solchen, die es nur in einer einzigen Sprache gibt; dabei wird keinerlei Vollständigkeitsanspruch erhoben, und es wird auf eine Numerierung verzichtet:

Geben = tragen, ergeben, liefern, konkret und abstrakt:

Diese Orangen *geben besonders viel Saft*	Ces oranges *donnent beaucoup de jus*
Die chemische Analyse *gab keine Hinweise* –	Notre analyse *n'a donné aucun résultat*

Geben = Körpergefühle wecken, personale Zustände in jemand schaffen:

Das *gibt Durst*	Das *gibt mir Mut* (oder das zu «Geben 1»?)	Cela *donne soif* Cela me *donne chaud*	Cela me *donne du courage* (zu «Geben 1»?)

Im Deutschen sehr häufig: «*Es gibt* …» – mit verschiedenen Bedeutungen, die sich jeweils aus der Situation ergeben. Beispiele «Es *gibt* eben *solche Leute*» (= sie *sind vorhanden*) – «Morgen *gibt es* hier *ein Fest*» (= wir *machen ein Fest*, es «steigt» ein Fest) – umgangssprachlich auch «Es *hat etwas gegeben*» für «Es *ist ein Unfall passiert*» (zu «es gibt» siehe auch «Sein 6», Ziff. 12.37).

Speziell bei Kartenspielen: die Karten geben = die Karten *austeilen*; in schweizerischem Sprachgebrauch auch mit «geben» allein, ohne Objekt: «Du *mußt geben*».

12/III Semanteme für speziellere Handlungs- und Verhaltensweisen und Zustände 699

Vor allem englisch:

give *a sigh / a yell / a groan / a laugh*
(= diese Geräusche *von sich geben*, deutsch «Er *gab einen gewaltigen Schrei von sich*»)

Deutsch, französisch und lateinisch:

sich *Mühe geben*	se *donner de la peine*	dare operam

Lateinisch und deutsch:

locum dare	*Raum* geben
aliquid famae dare	etwas *auf seinen Ruf* geben
Tertium non datur	Eine *dritte Möglichkeit ist nicht gegeben* (gibt es nicht)
epistulam dare	einen Brief senden (aus der konkreten Situation: den Brief dem Sklaven geben, der ihn dem Empfänger bringen soll; daher deutsch «Datum», und altertümlich «*Gegeben* in unserem Schloß den ...»)

Nur lateinisch:

vela in altum dare Segel setzen, in See stechen	*se in viam* dare sich auf den Weg begeben
aliquem ad terram dare zu Boden schleudern	*inimicos in fugam* dare in die Flucht jagen
aliquid alicui laudi dare ihm als Lob anrechnen	*id ei vitio* dare ihm als Fehler ankreiden
Iudices se dant die Richter *fügen sich* (vergleichbar deutsch «Das *wird sich schon geben*»)	

2.30 Semanteme mit «nehmen – prendre – take – sumere», Situationen dabei

Wenn jemand ein Gegenstück nennen soll zum deutschen Verb «geben», kommt er wohl am ehesten auf «*nehmen*», etwa wenn er an den Spruch «*Geben* ist seliger denn *Nehmen*» denkt oder an eine Mahnung zu angemessenem Verhalten bei heftigen Auseinandersetzungen: «Wenn du so hart bist im *Geben*, mußt du eben im *Nehmen* ebenso hart sein».

Der *Bereich* elementarer Verhaltens- und Handlungsweisen, der mit «nehmen – prendre – take – sumere» angesprochen ist, erweist sich aber als *erheblich größer* und differenzierter und oft noch zentraler im Leben als der Bereich, in welchem «geben – donner – give – dare» als Grundverb dient. Zugleich sind hier die Verschiedenheiten zwischen den Sprachen besonders groß, und dazu kommen besonders viele Semanteme mit solchen Verben, die in andere Bedeutungsgruppen und Situationen einzuordnen sind. Es kann daher hier nur eine Skizze gegeben werden, die die wichtigen Verwendungssituationen herauszuholen versucht, vom Deutschen ausgeht und, soweit vorhanden, die Parallelen in den drei andern Sprachen daran anschließt.

Als *Funktionsstellen* («Pragmatische Rollen») kann man dabei betrachten:
1 Nennen einer Person (manchmal auch einer andern Entität), die irgendetwas *in ihren Nutzungsbereich einbezieht*, mehr oder weniger exklusiv, auf kürzere oder längere Dauer, oder die etwas ausdrücklich *in ihren Handhabungsbereich* (und damit auch: Verstehens- und Durchdringens-Bereich) *hineinnimmt*.
2 Nennen der Entität (meistens nichtpersonal, manchmal aber auch eine Person), die auf diese Weise in den *Nutzungsbereich* bzw. den *Handlungsbereich* von jemand *hineingenommen* wird, oder auch in einen entsprechenden Wirkungsbereich einer nichtpersonalen «Macht» (oft eines «es»).

12.30 Semanteme mit «nehmen – prendre – take – sumere», Situationen dabei

Als typische Verwendungssituationen kann man nennen:

A Gegenstände, Werkzeuge usw. in Gebrauch nehmen und dann oft auch mit sich tragen:

sein Notizbuch nehmen	prendre son carnet	take his note-book	libellum, tabulam sumere
⌒Nimm dieses Geld⌒	⌒Prends cet argent⌒	⌒Take this money⌒	⌒Sumito hoc argentum⌒
⌒Nimm nicht viel mit dir⌒	⌒Ne prends pas ce lourd paquet⌒	⌒Don't take so much baggage⌒	
⌒Nimm einen warmen Mantel⌒	⌒Prends un manteau chaud⌒	⌒Take a warm coat⌒	

B Sich für etwas entscheiden, etwas auswählen, oft aus einem größeren Angebot:

diese Speisen / dieses Zimmer / ein anderes Medikament } nehmen	prendre { ce menu / cette chambre / un autre médicament
take { this menu / this room / another medecine	sumere { hos cibos / hoc cubiculum / alium medicamentum

C Einen Weg, eine Richtung wählen, ein Hilfsmittel für Ortsveränderung benutzen:

diesen Weg, diese Richtung / den Wagen, die Bahn } nehmen	prendre { ce chemin, cette direction / la voiture, le chemin de fer
take { a course, a route / …	–

D Besondere Möglichkeiten für Verhalten/Handeln wahrnehmen:

ein Bad nehmen	prendre un bain	take a bath
einen Kurs / Privatstunden } nehmen	prendre { des cours / des leçons en …	

E Jemanden als Hilfe heranziehen oder dauernd mit sich verbinden:

einen Anwalt, Verteidiger / eine Frau } nehmen	prendre { un défenseur / femme
take { legal advice / a wife (eher formelhaft)	liberos sumere Kinder zu sich nehmen, adoptieren

F Etwas in seinen Wissensbesitz hineinnehmen, es gedanklich und/oder emotional einordnen:

etwas { zur Kenntnis / als Zeichen guten Willens / als eine Herausforderung } nehmen	prendre connaissance de … / prendre quelque chose pour un signe de bonne volonté – pour un défi
take { note of something / something as a mark of good-will	aliquid pro certo sumere
keinen Anstoß nehmen, zu …	not take offence at …
etwas { leicht / ernst } nehmen	prendre quelque chose { à la légère / au sérieux
take it { easy / seriously	–
⌒Du mußt mich nehmen⌒ ⌒wie ich bin⌒	⌒You must take me⌒ ⌒as I am⌒

G Verhalten der Zeit gegenüber, Handlungsmodalitäten:

sich Zeit nehmen *für alles* take *enough time for ...*	prendre *assez de temps pour toute chose* sumere *tempus*
sich die Mühe nehmen, *zu ...* take *care to ...*	prendre *peine à ...* laborem sumere
ein Ende nehmen (Subjekt: etwas)	prendre *fin*
sich die Freiheit nehmen, *zu ...* take *the liberty to ...*	prendre *la liberté de ...* libertatem sumere *aliquid faciendi*

H Beteiligung der Hände (oder anderer Greiforgane), auch als reines Kontaktsignal:

etwas { *mit der rechten* Hand / *in beide Hände* } nehmen take *something with the right hand*	prendre *quelque chose* { *de la main droite* / *dans ses mains, en main* } aliquid dextra sumere mit der Rechten ergreifen
die Hand von jemand / *jemanden bei der Hand* } nehmen take *somebody by the hand*	prendre { *la main de quelqu'un* / *quelqu'un par la main* } sumere/prehendere *manum alicuius*

Für andere Greiforgane: «Der Elefant nahm *den Ast mit dem Rüssel*» usw.

Mit diesen neun Situationen, in welchen in allen vier Sprachen mehr oder weniger parallele Semanteme vorhanden sind, ist natürlich die Verwendungsbreite von «nehmen – prendre – take – sumere» noch keineswegs vollständig dargestellt. Jeder Blick auf die entsprechenden Artikel in einem größeren Wörterbuch liefert weitere Möglichkeiten, und oft bestehen dann keine oder jedenfalls keine genaueren Parallelen, z. B. beim lateinischen Ausdruck «*togam virilem* sumere» (die Toga anziehen, die ihren Träger als erwachsenen Bürger kennzeichnet – aber «*mettre la toga virilis, put the toga virilis*») oder «*jemandem etwas* nehmen (aber «lui *enlever* quelque chose») oder «prendre *feu* – Feuer fangen» oder «prendre *en considération* (aber «in Betracht *ziehen*»).

Besonders viele Semanteme ohne Entsprechung in den andern Sprachen (genauer: die man in den andern Sprachen mit Semantemen mit andern Verben wiedergibt) gibt es bei «take», z. B. «*Which newspapers* do you take – Welche Zeitungen *halten* Sie, *haben Sie abonniert*» oder «*I'm not taking anymore of your insults* – Ich weigere mich, *deinen Beleidigungen weiter zuzuhören*» oder «*This novel did not take* – Dieser Roman hielt sich *nicht*, hatte wenig Erfolg».

Die vorgeführten Situationen können aber doch einen *Grundcharakter* verdeutlichen, den man in allen vier Sprachen bei vielen Semantemen mit «nehmen – prendre – take – sumere» findet und bei vielen speziellen Semantemen in diesem Bedeutungsbereich.

2.31 Semanteme mit «fassen, ergreifen – saisir – seize, grip, grasp – prehendere, capere»

An die Semanteme mit «nehmen – prendre – take – sumere» schließen sich in allen vier Sprachen speziellere Semanteme an, die ein *intensiveres* «Nehmen» usw. darstellen, oft auch die Beteiligung der Greiforgane verschiedener Art assoziieren lassen. Auch hier findet man stufenlose Übergänge von materialem «Fassen, Ergreifen», in anschaulichen, dreidimensionalen Räumen, zu einem «Fassen, Ergreifen, Packen» durch rein gedankliches Handeln, in abstrakten Räumen verschiedener Art (dazu schon Ziff. 11.46).

Beispiele für das Deutsche: «Der Saal konnte *die Menge der Konzertbesucher* kaum *fassen* – Der Mann konnte *diese glückliche Wendung seines Schicksals* kaum *fassen*» (= er konnte das kaum mit seinem sonstigen Wissen und seinen Erwartungen in Einklang bringen).

Beispiele für die andern Sprachen: Im Französischen sagt man «saisir *un outil par la manche*, ein Werkzeug am Griff fassen (also Situation «Nehmen A» in Ziff. 12.30), auch «saisir *quelqu'un au collet*, jemanden am Kragen packen» (Situation «Nehmen H»), aber auch «*Il n'a pas saisi mon problème*, er hat mein Problem gar nicht verstanden» (Situation «Nehmen F» in Ziff. 12.30, etwas in seinen Wissensbesitz hineinnehmen). Dazu enthält das zentrale französische Verb für «Verstehen», nämlich «*comprendre*», in sich den Wortbestandteil «*prendre*», und dasselbe gilt für lateinisch «*comprehendere*», das neben «intelligere» oder «mente amplecti, complecti» für «Verstehen» gebraucht wird, und für das englische «*comprehend*», neben dem häufigeren «understand» oder auch «grasp». Alle drei ein solches «prehendere» enthaltenden Verben können aber auch in Semantemen des *rein räumlichen Umfassens* als Kerne dienen: «Hoc oppidum *comprehendit quinque partes*, die Stadt umfaßt fünf Quartiere – Paris *comprend vingt arondissements*, umfaßt zwanzig Bezirke». Zugleich räumliches wie rein organisatorisches «Umfassen» liegt vor in der englischen Bezeichnung «*comprehensive school*», nämlich «a school *comprehending all types* of secondary education».

Zum Intensitätsunterschied zwischen lateinisch «prehendere» und generellerem «sumere»: man kann sagen «*aliquid* manibus sumere, *etwas* in die Hände nehmen» (Situation «Nehmen H», Ziff. 12.30), aber mit «prehendere» auch «*aliquem* manu prehendere, *jemanden* mit der Hand anfassen, packen»; die Wendung «*servum fugitivum* prehendere» bedeutet «einen entlaufenen Sklaven erwischen, einfangen» (deutsch «zu fassen bekommen»). Auch für «erobern» kann man nur «prehendere» verwenden, etwa in «*arcem* prehendere, die Burg erobern», und nicht «sumere». *Rein gedankliches* Handeln wird dargestellt, wenn jemand sagt: «Eum *hoc facientem prehendi* – ich *sah/erkannte, wie er das tat*» (oder: «... daß er das tat»).

Sehr verschiedene Intensität der Darstellung (genauer: ein deutlich verschiedener Bedeutungsbeitrag des Verbs im Rahmen des ganzen Semantems) liegt vor bei «*capere*». *Große* Intensität hat man etwa bei «*cervos* capere, Hirsche jagen» oder «*castra hostium* capere, das Lager der Feinde erobern» oder auch «*montem capere*, die Höhe des Berges erreichen, gewinnen». An der Funktionsstelle (1) (siehe Ziff. 12.29) kann hier auch ein *personaler Zustand*, eine *unverfügbare «Macht»* genannt werden: «Senatum *metus* cepit, den Senat befiel, packte die Angst». *Eher geringe* Intensität ist dagegen anzunehmen in Wendungen wie «*praemium* capere, eine Belohnung erhalten – *laetitiam* capere, Freude empfinden, *quietem* capere, Ruhe genießen, *magnam infamiam* capere, sich einen schlechten Ruf zuziehen». Darstellung eines *rein räumlichen* Umfassens: «*Portus ingentem vim navium* capit – Der Hafen ist groß genug für eine ungeheure Zahl (Streitmacht) von Schiffen». *Rein gedankliches* Erfassen und Durchdringen: «*Unus veram speciem Romani senatus* cepit – Er erfaßte als einziger die wahre Natur des römischen Senats».

Es ist hier nicht möglich, die Semanteme mit «fassen, ergreifen – saisir – seize, grip, grasp» im einzelnen vorzuführen – und noch weniger die vielen daran anschließenden spezielleren Semanteme wie «fangen – attraper – catch» usw. Stattdessen sollen zur Illustration der Vielfalt der Möglichkeiten einige Übersetzungsvergleiche gegeben werden – und zwar wieder einmal aus dem «Faust», weil hier besonders knappe und treffende

Beispiele vorhanden sind, für materiales wie für rein gedankliches oder emotionales «Fassen, Ergreifen».

Materiales Fassen (Faust sieht in seiner Verzweiflung die Phiole mit dem Gift, er holt sie herunter und beschreibt, was dabei in ihm vorgeht, Verse 691 und 696–697):

… Die ich mit Andacht nun *herunterhole*	… que je *saisis* avec un pieux respect (de Nerval)
… Which now with veneration I *fetch down* (Arndt)	… I *take* you *down* with reverence (Jarell)

Mit Fortschreiten vom *Sehen*, mit den *Augen erfassen*, zum *Ergreifen* mit den *Händen*:

Ich *sehe* dich, es wird der Schmerz gelindert	Ich *fasse* dich, das Streben wird gemindert
Je te *vois* et ma douleur s'apaise	Je te *saisis* et mon agitation diminue (de Nerval)
I *see* you and the agony decreases	I *grasp* you and the striving half releases (Arndt)
I *see* you and my pain is soothed	I *grasp* you and my struggles die away (Jarell)

Gedankliches Fassen, zureichendes Wissen über etwas erwerben (Vers 455):

Wo *faß* ich dich, unendliche Natur?	Où te *saisir*, nature infinie? (de Nerval)
How boundless nature *seize* you in my clasp? (Arndt)	Where shall I *grasp* you, infinite nature? (Jarell)

Man findet aber oft auch *andere Entsprechungen*, so zu Vers 1772:

Mit meinem Geist das Höchst- und Tiefste *greifen*
Je veux, par mon esprit, *atteindre* à ce qu'elle [l'humanité] a de plus élevé et de plus secret (de Nerval)

Eine Gelegenheit wahrnehmen, die sich bietet (Verse 2017–2018):

Doch der den Augenblick *ergreift*, Das ist der rechte Mann
Celui qui *sait profiter* du moment, c'est là l'homme avisé (de Nerval)
He who *will seize* the moment, where he may, He is the proper man (Arndt)
But he who *can seize* the instant, There is your man (Jarell)

Erfaßt werden von etwas Überpersonalem, das zu einem *besonderen personalen Zustand* führt (Verse 473–475, in den Übersetzungen zum Teil andere Verteilung auf Verse):

Es weht / Ein Schauer vom Gewölb' herab / Und *faßt* mich *an*
Il tombe de la voûte un frisson qui me *saisit* et m'oppresse (de Nerval)
There wafts / A tremor down the vaulting / And *seizes* me (Arndt)
A shudder breathes down from the vault, it *seizes* me (Jarell)

Zwei Stellen aus der «Zueignung» (französische Übersetzung ad hoc, da bei Nerval nicht vorhanden):

Und mich *ergreift* ein längst entwöhntes Sehnen	Ein Schauer *faßt* mich
Un vieux désir oublié me *saisit*	Un frisson me *saisit*
And I *am seized* by long-unwonted yearning	A shudder *grips* me (Arndt)
And a long-forgotten yearning *seizes* me	A shudder *wrenches* me (Jarell)

Manchmal will man *nicht den erfolgreichen* Akt des Greifens/Fassens darstellen, sondern den *Versuch* dazu, das *Ansetzen der Bewegung*. Das kann man im Deutschen auf sehr knappe Weise tun, indem man die Funktionsstelle (2) durch einen Präpokasus mit «nach» besetzt:

> ⸢Das Kind *griff nach dem Ball*⸣
> (mit gleicher Formalstruktur auch: «*nach etwas tasten, die* Hand *nach etwas ausstrecken*»)

Im Englischen verwendet man hier das Verb «*reach*», mit dem man oft eine Bewegung, ein Erreichen von etwas darstellt, und man nimmt die Präposition «*for*» statt des deutschen «nach»:

> ⸢The child *reached for the ball*⸣

Französisch mit «essayer» als dominantem Teil:

> ⸢L'enfant *essaya⸣ ⸢de saisir* la balle⸣

Im Lateinischen ist möglich «*manus adhibere, manus afferre alicui rei*». Im Französischen kann man explizit umschreiben: «Il *étendit sa main pour saisir* cet objet qui l'intéressait tellement».

12.32 «Bringen, schicken/senden – holen, kommen lassen»

Zwei besondere Spielarten von «geben» und «nehmen, fassen» usw. werden dargestellt durch die deutschen Verben «*bringen*» und «*holen*». Wenn man nur das Deutsche betrachtet (und im Deutschen aufgewachsen ist), hält man es leicht für völlig natürlich und sachgerecht, daß diese zwei Verhaltensweisen durch je ein einfaches Verb dargestellt werden. Man kann die Verhaltensweisen umschreiben durch «sich *zu jemandem hinbewegen, um ihm etwas zu geben*» und «sich *an einen Ort begeben* (oder ein *Greiforgan* zu einem Ort bewegen), wo man *etwas nehmen*, in den eigenen Verfügungsbereich bringen will». Wenn man dieses «bringen» nicht selber durchführen kann, sondern jemanden damit beauftragen muß/will, hat man die zwei hier äquivalenten Verben «*schicken/senden*», und für ein nicht selber, direkt ausführbares, sondern durch andere vermitteltes «holen» hat man die Kombination «*jemanden/etwas kommen lassen*».

Dieses Gefühl von Natürlichkeit und über-einzelsprachlichem Vorhandensein kann sich noch verstärken, wenn man die *englischen* Semanteme mit «*bring, send, fetch*» betrachtet, vor allem weil bei «bring» und «send» auch die Lautungen so ähnlich sind.

Man wird dann schon etwas nachdenklich, wenn man *die Verwendungsbreite* von «bringen – bring» ins Auge faßt und dabei feststellt, daß man ja auch beim «holen» etwas *in seinen Besitz* «*bringt*» und daß man äquivalent sagen kann «*Hol* mir doch schnell den Brief – *Bring* mir doch schnell den Brief» oder «*Fetch* the letter – *Bring* me the letter». Dazu liegt bei Semantemen wie «etwas *in Ordnung bringen*» ja gar keine Ortsveränderung zu einem Empfänger hin vor, sondern «*bringen*» signalisiert hier rein ein *Herstellen/Verändern*, ein «*Machen*». Man kann ja sagen «Ich *bringe* jetzt das Manuskript *in Ordnung* und dann *bringe* ich es *in die Druckerei*». Es heißt denn auch im Englischen «*put* something in order» und nicht *«bring in order».

Man wird ebenso nachdenklich, wenn man im *Französischen* kein einfaches Verb für «holen» antrifft (abgesehen vom seltenen «quérir», und auch dieses wird nur im Infinitiv in Kombination mit «aller, venir, envoyer» verwendet), sondern *variable Verbgefüge*, nämlich «*aller/venir* chercher, *aller/venir* prendre» oder eben «*aller/venir* quérir».

Völlig erschüttert wird die Vorstellung von der «Natürlichkeit» eines Gegensatzpaares «bringen – holen», wenn man die Verhältnisse im *Lateinischen* betrachtet und dabei feststellt, daß die Verben «*ferre, portare, ducere*» und die daraus mit «ad-» gebildeten Zusammensetzungen «*afferre, apportare, adducere*» *sowohl* für deutsch «*bringen*» wie für deutsch «*holen*» verwendet werden (und dazu diese drei häufigen Verben noch in mancherlei andern Semantemen als Kerne dienen, z. B. «*nomen ferre*, einen Namen tragen» oder «*Omnia mea mecum porto*, ich trage alles mit mir, was mein ist» oder «*vallum ducere*, einen Wall um etwas ziehen»). Daneben bestehen freilich besondere Semanteme für «holen», aber nur für *Personen*, nämlich «*arcessere, accire*, jemanden holen, kommen lassen, veranlassen daß er kommt» – wobei noch die Nuance besteht, daß man bei «*arcessere*» *fest* mit dem Kommen der gerufenen Person *rechnet*, während das bei «*accire*» *offen* bleibt. Schließlich hat man für «etwas holen» noch «*petere*», z. B. in «*aquam* petere, Wasser holen, *pabulum* petere, Futter (für die Tiere) holen». Aber das sehr häufige «petere» dient allermeistens als Kern in Semantemen, die *nichts* mit «holen» zu tun haben, z. B. «*alium cursum* petere, eine andere Richtung, einen anderen Weg einschlagen» (vgl. die entsprechende Situation bei «nehmen», Ziff. 12.30'C) oder «*consulatum* petere, sich um das Konsulat bewerben» und noch vieles mehr.

Es ist hier weder möglich noch erforderlich, alle Semanteme vorzuführen und zu vergleichen, mit denen man in den verschiedenen Sprachen ein «Holen» und ein «Bringen» darstellen kann – und noch weniger die vielen andern Semanteme, in welchen die gleichen Verben als Kerne dienen wie für «holen – bringen». Wichtig ist der *grundsätzliche* Befund, daß hier die Bedeutungsstrukturen der vier Sprachen *sich in komplizierter Weise teils decken, teils überschneiden* und daß man *keine* einfachen Entsprechungen annehmen darf. Und als noch schwieriger dürfte es sich sehr oft erweisen, den *Bedeutungsbeitrag* solcher in verschiedenen Semantemen verwendeten Verben einigermaßen genau zu erfassen.

12.33 Ein weiteres Grundverhalten von Lebewesen: etwas festhalten, nicht loslassen

An das Grundverhalten «nehmen, fassen, ergreifen, sich bemächtigen» schließt sich ein weiteres Grundverhalten von Lebewesen, von dem aus man dann oft auch Erscheinungen an materialen Objekten einordnen kann: etwas, was man gefaßt hat oder was einem ohne eigenes Zutun zugekommen ist, *nicht loslassen* – machen, daß es *im eigenen Verfügungsbereich bleibt*. Hier kann man die Verben «*halten – tenir – hold – tenere*» verwurzelt sehen, die im Deutschen und Englischen und anderseits im Lateinischen und Französischen auch eine auffällige lautliche Ähnlichkeit zeigen.

Man findet auch bei den Semantemen, in denen diese Verben als Kerne dienen, einige frappante Entsprechungen in allen vier Sprachen; diese sind noch zahlreicher, wenn man auch die verdeutlichenden zusammengesetzten Verben einbezieht wie «behalten, festhalten, zusammenhalten, zurückhalten – retenir – hold fast – retinere, continere». Man findet aber auch viele Verschiedenheiten, z. B. für die folgende Wendung aus einem Brief Ciceros an seinen Bruder, der als römischer Statthalter in Kleinasien regierte:

> iuris aequabilem *tenere* rationem   *faire* que la justice soit égale pour tous
> *maintaining* a consistently uniform policy in legal proceeding
> für eine einheitliche Rechtspflege *sorgen*, eine einheitliche Rechtspflege *gewährleisten*

Der Bedeutungsbeitrag des gleichen Verbs «halten – tenir – hold –tenere» kann ebenfalls, wie in allen bisher betrachteten Semantemgruppen, sehr verschieden sein, von *vollem «Festhalten, Festlegen»* bis zu einem *reinen, abstrakten* Moment *gedanklichen Handelns*, z. B. in «etwas *für gut halten – große Stücke* auf jemanden *halten*».

Man kann zwei Funktionsstellen ansetzen:
1 eine *Person oder andere Entität*, von der eine *bindende, festlegende* Wirkung ausgeht
2 die Person oder andere Entität, die *durch diese bindende, festlegende* Wirkung in einer Lage (anschaulich oder abstrakt) *fixiert wird*.

Von hier aus lassen sich nun die folgenden Verwendungssituationen zusammenstellen:

A Die festlegende Wirkung geht *von einer Person oder einem andern Lebewesen* aus, durch ein körperliches Greiforgan oder durch eine nichtmateriale, z. B. emotionale oder soziale Bindekraft, und sie *trifft auf eine andere* Person oder nichtpersonale Entität:

Sie *hielt* ein Kind *in den Armen*	Elle *tenait* un enfant *dans ses bras*
She *held* a child *in her arms*	Infantem *manibus tenebat* [manus = Hand + Arm]
Der Rabe *hielt* einen Käse *im Schnabel*	Le corbeau *tenait en son bec* un fromage
The raven *held* a bit of cheese *in his beak*	Corvus caseum *in rostro tenebat*

Ein Übersetzungsbeispiel aus dem «Faust»: Faust hat durch magische Technik Mephisto gezwungen, die Gestalt des Pudels zu verlassen und als Teufel in Person aufzutreten, und nun ist der Teufel gefangen, weil er die Schwelle mit dem magischen Zeichen («Drudenfuß») nicht überschreiten kann. Er bittet um Entlassung, aber Faust will das nicht und sagt vieldeutig:

Den Teufel *halte* wer ihn *hält*	Celui qui *tient* le diable le *tienne* bien
Who *holds* Old Nick has best *hang on* to him	If you've *got hold* of the Devil *hand on* right!

Mephisto schläfert dann Faust durch den Geisterchor ein, läßt eine Ratte das magische Zeichen auf der Schwelle wegbeißen und spottet nun:

Du bist noch nicht der Mann den Teufel *festzuhalten*
Tu n'es pas encore l'homme à *bien tenir* le diable
You are not yet the man to *hold on* to the Devil

Hier läßt sich auch eine Reihe besonderer Wendungen einordnen:

seinen *Rang halten*, seine *Stellung halten*, die *Stadt halten* = erfolgreich verteidigen
tenir sa position, tenir son rang, tenir la ville
hold one's position, hold one's ground
locum *tenere*, castra *tenere*, oppidum *tenere*
jemanden *gefangen halten* – *tenir* quelqu'un *à distance*
jemanden *in Atem halten* – *tenir* quelqu'un *en haleine*
causam tenere den Prozeß gewinnen

B Die Bindung geht aus *von einer emotionalen Gestimmtheit* oder einem *Wissensbesitz* und sie *richtet* sich auf das *Willenszentrum der gleichen Person* (siehe schon Ziff. 11.47, Gestimmtheiten als abstrakte Räume). Ein Übersetzungsbeispiel aus «Faust», Ende der ersten Studierzimmerszene, Faust trinkt den Giftbecher nicht:

> *Erinnerung hält* mich nun *mit kindlichem Gefühle* / Vom letzten, ernsten Schritt *zurück*
> *Now memory, with its childlike feelings* / *Holds me back* from this last solemn step   (R. Jarell, 1959)

Im Französischen verwenden alle drei Übersetzer (de Nerval, Monnier, Pradez) gleicherweise das speziellere Verb «arrêter», also «Le *souvenir* ... m'*arrête* au dernier pas».

Für das Lateinische ein Beispiel aus einem Brief von Cicero an seinen Bruder:

> *Me quaedam* tenet *propter singularem amorem infinita in te aviditas gloriae*
> Mich erfüllt, in meiner Liebe zu dir, ein unersättliches Streben nach Ruhm für dich

An diese Verwendungssituation B kann man auch die festen Wendungen anschließen «seine *Tränen zurückhalten – retenir ses larmes – hold back the tears – tenere lacrimas*» und «den *Mund halten – tenir sa langue – hold his tongue*», wenn man etwas Vorschwebendes nicht sagen will, aus Vorsicht.

C Die Festlegung, die Bindung *geht aus* vom *Willenszentrum der Person* und richtet sich auf das *kommende Handeln dieser Person selbst*, das einer jemandem gegebenen *Zusage* oder einem für sich selber gefaßten *Plan* entsprechen soll:

sein Wort, sein Versprechen halten	tenir *sa parole, sa promesse*
keep *one's word, one's promise*	*quod promissum est* tenere (*fidem servare, praestare, solvere*)
seinen Kurs, seine Linie halten	maintenir *son cours, sa position*
take *one's line*, keep *his course*	*cursum* tenere

D Es handelt sich um ein *Festlegen im eigenen Gedankensystem*, ein *Identifizieren, Bewerten*, auch um *Willensbekundung*:

Ich hielt ihn für meinen besten Freund	*Je le tenais pour meilleur ami*
I hold him to be my best friend	*Eum amicissimum meum* tenui (siehe auch «habere» Ziff. 12.35)
Sie hält das für eine Gefahr, gefährlich	*Elle tient cela pour un danger/pour dangereux*
Er hält darauf, das selber zu tun	*Il y tient*
Viel *von jemandem/auf jemandem* halten, *große Stücke auf ihm* halten	

E Das Verb liefert *nur den Bedeutungsbeitrag «Aktivität einer Person»*, und die *Art* dieser Aktivität ist aus dem zu entnehmen, was durch das *Akkusativobjekt* genannt wird:

einen *Vortrag* halten, *Schule* halten, *Rat* halten, *offene Tafel* halten
tenir *conseil*, tenir *une classe*, tenir *table ouverte*, tenir *la caisse, les livres*   die Buchhaltung führen
hold *office*, hold *court*
iter tenere   den Weg einschlagen – allerdings unklassisch

F Die Bindung, Festlegung besteht *zwischen materialen Objekten* und *einer materialen Grundlage* usw., oder *innerhalb mehrteiliger materialer Objekte*, vor allem wenn der Zusammenhalt eigens hergestellt werden mußte:

Der Anker hält	*L'ancre* tient *bon*	*The anchor* holds *fast*	*Ancora subsistit*
Jetzt hält es	*Maintenant cela tient*	*It holds*	*Tenet*

Die gleichen Verben dienen aber auch als Kerne in Semantemen, die in andere Bedeutungsbereiche gehören – dazu hier nur wenige Hinweise:

- Deutsch «halten» auch für «*anhalten*, eine *Bewegung beenden*», etwa in «Der Zug hielt auf offener Strecke» oder auch «*Halt einen Moment still – Hold still for a moment*».
- Deutsch und Französisch «*links/rechts halten – tenir à droite/à gauche*» (dabei «hält» man ja nicht, sondern bewegt sich entsprechend; man «hält» aber das *Steuer*, das *Lenkrad* (oder mit den Zügeln *die Pferde*).

12.34 Semanteme mit «haben – avoir – have – habere» als Kern, Parallelen in den vier Sprachen

«Haben» ist das dritthäufigste Verb des Deutschen, nach «Sein» und «Werden», und «avoir, have» sind die zweithäufigsten Verben im Französischen und Englischen. Diese Häufigkeit ist allerdings zu einem großen Teil durch die Verwendung aller drei Verben als *Gefügeverben* bedingt («Hilfsverben, auxiliaires, auxiliaries, siehe schon Ziff. 5.10), für die Bildung der zusammengesetzten grammatischen Zeiten und für die Konstruktionen «Er *hat* viel zu tun – Il *a* beaucoup à faire – We *have* to wait til tomorrow» (dazu Ziff. 12.45).

Alle vier Verben dienen aber auch als *Kerne besonderer Semanteme*. Dabei stehen die Bedeutungsbereiche «Besitz, Zugehörigkeit zu jemand oder etwas» im Vordergrund – die zentrale Stellung dieser Bedeutungsbereiche in allen vier Sprachen zeigte sich schon bei der Behandlung der Pronomen (Possessivpronomen, Ziff. 1.15) sowie den Bedeutungen bei Begleitgefügen (Ziff. 7.24) und bei Anschlußgefügen (Ziff. 7.30).

Die *Funktionsstellen* oder pragmatischen Rollen, die man hier sehen kann, sind *abstrakter* als bei allen bisher in diesem Teil behandelten Semantemen, nämlich:

1 Eine Person oder nichtpersonale Entität, *von der aus* ein *Besitz*, ein *Zugehörigkeitsverhältnis*, eine *Verfügungsgewalt* von jemand/etwas über jemand/etwas anderes gesehen wird.
2 Die Person oder nichtpersonale Entität, die *als der Besitz*, als gegenüber dem in (1) Genannten *in einem Zugehörigkeits- oder Verfügungsverhältnis* stehend gesehen wird.

Dafür zeigt sich eine recht eindrückliche Parallelität in allen vier Sprachen, und man kann zur Erleichterung des Überblicks die folgenden Gruppen und Untergruppen aufstellen (für besondere, nur bei lateinisch «habere» vorhandene Verwendungsweisen siehe Ziff. 12.35).

Haben 1 Verfügen über besondere soziale Beziehungen, ein «Besitz» im sozialen Raum, grundsätzlich wechselseitig (die Person, die *ich* als Ehepartner habe, hat auch *mich* als Ehepartner; Ausnahmen möglich bei «geliebte Person» und vor allem bei «Feind»):

Er *hat eine Frau*	Sie *hat einen Mann und Kinder*	Sie *haben viele Freunde, wenig Feinde*
Il *a une femme*	Elle *a un mari et des enfants*	Ils *ont beaucoup d'amis, peu d'ennemis*
He *has a wife*	She *has a husband and children*	They *have many friends, few enemies*
Ille *uxorem habet*	Ea *maritum et liberos habet*	*Multos amicos habent, paucos inimicos*

Haben 2 Verfügen über Güter, Besitz von Werten usw., material, in den Händen, an und in sich selber, im sozialen Raum, in gedanklichen Räumen:

12/III Semanteme für speziellere Handlungs- und Verhaltensweisen und Zustände

Haben 2a *Instrumente, Objekte, Vermögenswerte, Einfluß, soziale Positionen*:

Er *hat einen Stift* in der *Hand*	Sie *hat ein schönes Haus*, viel *Geld*, eine gute *Position*
Il *a un crayon* à la *main*	Elle *a une belle maison*, beaucoup *d'argent*, une bonne *position*
He *has a pencil* in his *hand*	She *has a beautiful house*, a lot of *money*, a good *position*
Stilum in manu *habet*	Illa *habet domum pulchram*, magnam *pecuniam*, egregium *locum*

Haben 2b *Kleidungsstücke, Schmuck*:

Er *hatte einen Hut* auf dem *Kopf*	Sie *hatte seinen Ring* am *Finger*
Il *avait un chapeau* sur la *tête*	Elle *avait son anneau* au *doigt*
He *had a hat* on his *head*	She *had his ring* on her *finger*
Pilleum in *capite habebat*	Illa *anulum eius* in *digito habebat*

Haben 2c *Organe, Eigenschaften, körperlich und geistig, gespeicherte Informationen*:

Sie *hat blaue Augen*, ein *gutes Gedächtnis*, einen *klaren Verstand*, ausgebreitete *Kenntnisse*
Elle *a des yeux bleus*, une *bonne mémoire*, une *intelligence remarquable*, des *connaissances* étendues
She *has blue eyes*, a *good memory*, a *remarkable intelligence*, a great *knowledge*
Illa *habet oculos caeruleos*, *memoriam singularem*, *magnum ingenium*, *scientiam* de multis rebus
(daneben *Ei sunt oculi caerulei*, *ei est memoria singularis* etc., siehe «Sein7», Ziff. 12.37)

Haben 3 Jeweils aktuelle kommunikative Beziehungen, persönliches Erleben und Erfahren, Gestimmtheiten, Haltungen, auch körperliche Zustände:

Haben 3a   *Teilhabe an Kommunikationsprozessen* und an *erwähnenswerten, besonders zu charakterisierenden Abläufen* und *Zuständen überhaupt*:

Wir *hatten ein langes Gespräch* mit *ihm*	Sie *hat* um 9 Uhr eine *Vorlesung*	sowohl selber halten wie hören möglich
Nous *avons eu* une longue *conversation* avec *lui*	Elle *a un cours* à neuf *heures*	
We *had several conversations* with *him*	She *has a course* at nine	
Multos sermones cum eo *habebamus*	*Lectionem habet* hora tertia	

Ich *hatte eine gute Überfahrt*, einen *schönen Tag*, viel *Spaß* an ..., *schöne Ferien*
J'ai eu une *bonne traversée*, une *belle journée*, beaucoup de *plaisir*, de *belles vacances*
I *had a good passage*, a *beautiful day*, great *fun*, a *good holiday*
Habuimus traiectum bonum, *diem pulcherrimum*, *magnum gaudium*, *bonas ferias*

Haben 3b   *Gedankliche* und *emotionale Zustände*, *Gestimmtheiten*, *Betroffensein* von etwas, *Möglichkeit zu* etwas, *Begründungen* (die Möglichkeit solcher Kombinationen besteht an sich in allen vier Sprachen, aber sie wird in den modernen Sprachen viel mehr ausgenutzt):

Wir *haben Vertrauen* zu *ihm*	Nous *avons confiance* en *lui*
We *have confidence* in *him*	*Fidem* in eum *habemus*
Was *hast du im Sinn*?	—
What *do you have in mind*?	*Quid in animo habes*?
Sie *hatten Fieber*	Ils *avaient la fièvre*
They *had temperature*	*Febrim habebant*

Wir *hatten* die Gelegenheit *sie zu sehen*	Nous *avions l'occasion* de *les voir*
We *had* the opportunity *to see them*	*Occasionem/opportunitatem habebamus* eos *videndi*
Welchen Grund *hast du*?	Quelle raison *as-tu*?
What reason *do you have*?	Qualem rationem *habes*?

die *Güte haben*	*avoir* la *bonté*	*have* the *kindness*
viel *Ärger haben*	*avoir* beaucoup d'*ennui*	*have* much *trouble*
neue *Ideen haben*	*avoir* de nouvelles *idées*	*have* new *ideas*
kalt/heiß *haben*	*avoir froid/chaud*	[feel cold/hot]

Haben 3c *Konfrontation* mit etwas, sich davon *Rechenschaft geben können/müssen*:

Omnem rem habes (Terenz, Hecyra, 279)	Voilà que tu *as tout ce qui s'est passé*
Here you *have the whole story*	Da *hast* du die ganze Geschichte

Haben 4 Enthaltensein kleinerer Einheiten in einer größeren Einheit, *Zugehörigkeit* als Bestandteil zu etwas als Hauptsache, als Kern Betrachtetem:

Ein Tag *hat vierundzwanzig Stunden*	Le jour *a vingt-quatre heures*
A day *has twenty-four hours*	Dies *horas viginti et quatuor habet*
Das Haus *hat drei Wohnungen*	La maison *a trois appartements*
The house *has three apartments*	Domus *tres partes habet*

Haben 5 Räumliche Lage:

Wir *hatten* den Fluß *rechts*	Nous *avions* le fleuve *à droite*
We *had* the river *on the right*	Fluvium *a dextra habebamus*

12.35 Besondere Semanteme mit «habere» im Lateinischen

Habere 6 Jemanden in einer gewissen Art *behandeln,* so und so *betrachten* und *einordnen*:

Numquam secus illam *habui ac si esset ex me gnata* (Terenz, Hecyra, 279)
Ich behandelte sie *nie anders* als wenn sie mein eigenes Kind wäre

Hier kann man «habere» (im Gegensatz zu «haben – avoir – have») auch im *Passiv* brauchen:

Cato *clarus atque magnus habetur*	Ille *habebatur magnae auctoritatis*
Cato wurde für einen großen und berühmten Mann gehalten	Jener galt als Mann von großer Autorität

Habere 7 Jemanden/etwas bekommen/erhalten, behalten, bewahren:

Res tuas tibi *habe*	*Uxorem* non potuit *domi habere*	Omnia *clam habebat*
Nimm deine Sachen (römische Scheidungsformel)	Er konnte seine Frau nicht zuhause behalten	Er hielt alles geheim

Habere 8 Etwas beherrscht jemanden, füllt sein Fühlen/Denken aus («hat ihn im Griff»):

Terror pectora *habebat*	*Somnus* eum *habet*
Schreck erfüllte die Gemüter	Der Schlaf hält ihn umfangen

Habere 9 Bedeutungsbeitrag des Verbs aus dem im Akkusativobjekt Genannten zu entnehmen (vgl. «Haben 3a», Ziff. 12.34):

orationem habere	*consilia* habere	*senatum* habere	*iter* habere
eine Rede halten	Rat halten	Senatssitzung abhalten	eine Reise machen

Habere 10 Sich so und so befinden, in einem Zustand sein (anschließbar an «Haben 3b», Ziff. 12.34):

Se bene habet	*Sic* res *se habet*	*Haec res* me non minus male *habet* quam te
Er ist gut dran	So steht die Sache	Das belastet mich nicht weniger als dich

Habere 11 Jemandem dankbar sein, ihm Dank abstatten, ihm gratulieren (mit «Habere 10» zusammennehmen?):

Dis gratiam habeo	alicui *gratulationem* habere
Ich danke den Göttern	jemandem gratulieren

Habere 12 Eine Eigenschaft haben, aufweisen (könnte auch von «Haben 4», Ziff. 12.34 aus verstanden werden):

Caesar hoc habebat ut ...	*Virtus hoc habet ut* ...
Caesar hatte die Eigenschaft, zu ...	Die Tüchtigkeit hat es in sich, daß sie ...

2.36 Kombinationen mit festen nichtverbalen Teilen

Französisch sehr häufig, deutsch gelegentlich (vgl. «Sein 6, Vorhandensein», Ziff. 12.37):

Il y a ...	*Es hat* ...

Also das jeweils als vorhanden Genannte durch Akkusativobjekt bzw. complément d'objet direct dargestellt.

Französisch und *englisch*:

avoir quelque chose *bon marché*, au prix de ...	*have* something *at a low price*

(deutsch eher «bekommen», obwohl «haben» nicht ganz ausgeschlossen ist)

Speziell *deutsch*:

Es *gut/schlecht haben* bei ..., in ...	aber nicht: *«Es häßlich haben»
Es *eilig haben*	aber nicht: *«Es schnell haben, in Eile haben»

Speziell *englisch*:

He *had* me *in that argument*	er schlug mich mit diesem Argument

Dazu «particle verbs» wie:

have out with somebody – reach an understanding about something by frank discussion		
have somebody *over*, have him *round* – be visited at home by him		
have somebody *up* – receive him as a visitor also wie «have somebody in»		
He was *had up* (prosecuted) for exceeding the speed limit		
have somebody *in* – receive him in the house		
have somebody *down* – entertain him as a guest	*have* something *out* – cause to be taken out	
have somebody *on* – play a trick on him	*have* a tooth *out* einen Zahn gezogen bekommen	
have something *on* – be wearing (clothes)	*have* one's sleep *out* ausschlafen	

12/IV Semanteme mit «sein – être – be – esse» für die Darstellung grundlegender Denkakte – «sein/haben/werden, être/avoir, be/have, esse» als Gefügeverben – Namen-Gebung und Wort-Schaffung an sich

12.37 Semanteme mit «sein – être – be – esse», Darstellung von Denk-Akten an sich

In allen vier Sprachen ist «sein – être – be – esse» das häufigste Verb. Es wird auch für die Formulierung logischer Urteile häufig gebraucht, z. B. im grundlegenden Satz von Aristoteles «Anthropos *zoon politikon estin* – Der Mensch *ist ein geselliges Lebewesen*». Man hat dann oft von «Kopula» gesprochen (als dem «Bindeglied», zwischen dem Subjekt und dem Prädikatsnominativ), und dieses Herauslösen des Verbs «sein» aus dem Kreis aller übrigen Verben hat gerade in der Entwicklung der deutschen Grammatik eine eher unheilvolle Rolle gespielt (Ziff. 6.02, traditioneller deutscher Begriff von «Prädikat»). Es ist daher hier besonders wichtig und besonders fruchtbar, daß man eine Übersicht über die verschiedenen verbalen Semanteme gewinnt, in welchen dieses oft so kleine, «blaße», manchmal weglaßbare, aber doch grundlegende Verb «sein» als Kern dient. Dabei läßt sich eine recht weitgehende Übereinstimmung in allen vier Sprachen konstatieren: man kann durchgehend *sieben* Semanteme aufstellen, auch wenn diese im einzelnen etwas verschieden ausgestaltet sind (vor allem «Sein 2» und «Sein 3») und zum Teil verschieden häufig gebraucht werden. Man kann hier anschließen an die vergleichende Analyse, die schon am Schluß von Teil 7 vorgelegt ist (an «if it really is new and different or merely the same youthful idealism and protest present in every generation», Ziff. 7.51–7.52).

Sein 1 Individuelles Identifizieren, Erkennen/Präsentieren als dieses oder jenes Individuum

Eine durch das Subjekt signalisierte Person oder andere Entität wird *identifiziert* als *ein bestimmtes Individuum* bzw. als *ein bestimmtes Exemplar* der betreffenden Gattung von Entitäten, und zwar durch einen *Eigennamen* oder durch *genügend eindeutige* nennend-charakterisierende Darstellung (zu dieser Unterscheidung siehe Ziff. 7.22–7.23), z. B. durch Zugehörigkeitspronomen «mein ...» oder durch Anschlußteil «der ... von ...».

Häufigste Situation für die Verwendung dieses Semantems (die insgesamt nicht so häufig ist): man *erblickt* jemanden/etwas, körperlich oder in einem Bild, und man will erfahren bzw. andern mitteilen, «*wer/was das ist*»:

Wer ist diese Frau?	Qui est cette femme?	Who is this woman?	Quis est haec mulier?
Es ist Hanna	C'est Jeanne	This/It is Jeane	Est Johanna
Es ist { die Frau des X / seine Frau }	C'est { la femme de X / sa femme }	It/That's { the wife of X / his wife }	Est uxor { ... -i/is / eius }

Und auf die Frage «*Was ist das* für ein Berg – *Quelle est* cette montagne – *What is the name* of this mountain – *Quid est nomen* huius montis» können die Antworten lauten:

Das ist der Tödi	C'est le Tödi	This is the Tödi	Mons Tödi est

Zur *Bestätigung*, als *Bekräftigung* verwendet man dann oft nur sehr globale Pronomen als Satzglieder, im Lateinischen auch nur das Verb allein:

Sie *ist* es Das *ist* sie	C'est elle Elle l'*est*	She *is* it That's her	Illa *est* *Est*

Sein 2 Subsumieren unter einen Typ, Einordnen als Element einer Klasse

Eine im Subjekt genannte Person oder andere Entität wird *subsumiert* unter diesen oder jenen *allgemeineren Begriff*, also als ein *wählbares* (nicht individuell festgelegtes) Element einer Klasse (logisch: einer Menge) gesehen. Dabei kann diese Menge fest (und mehr oder weniger auf Dauer) konstituiert oder nur für den Moment angesetzt sein:

Er *ist ein* { Genie / Betrüger }	C'est un { génie / trompeur }	He *is a* { genius / swindler }	(Ille) { vir magni ingenii / fraudator } *est*
Das *ist* { ein Apfel / eine Birne }	C'est { une pomme / une poire }	That's { an apple / a pear }	(Hoc) *est* { malum / pirum }
Das *ist* eine Gelegenheit	C'est une chance	That's a good chance	Occasio *est*

Beispiele *mit lauter Pronomen*, für etwas *im Moment* als Entität Aufgefaßtes und in eine momentan angesetzte Menge Eingeordnetes – in Alltagsgesprächen sehr häufig:

Das ist es	*C'est cela*	*That's it*	*Hoc est*

«Das» kann hier z. B. signalisieren: ein durchgeführtes Handeln, einen Lösungsvorschlag für ein Problem; durch das als Prädikativ (attribut du sujet, subject complement) aufzufassende «es/cela/it» wird dieses Handeln als abgeschlossen, der Vorschlag als geeignet bezeichnet usw.

Nach diesem Semantem lassen sich auch Propositionen verstehen wie «*Das war's*» oder «*Das wär's*» oder «*Das wär's gewesen*», um den Abschluß irgend eines Handelns zu bekunden (z. B. im Laden, wenn man die ganze Einkaufsliste erledigt hat), oder das «*That's all*, thank you» am Ende einer Durchsage.

Sein 3 Jemanden/etwas charakterisieren, nach Beschaffenheit, Form, Umfang, Wert usw.

Hier wird die durch das Subjekt signalisierte Person oder andere Entität *nicht als Exemplar* einer Klasse/Menge hingestellt (also nicht mit einem Element dieser Menge gleichgesetzt), sondern *einfach charakterisiert* – gewissermaßen *neutral*, durch reines *Zuschreiben einer Beschaffenheit*, eines Zustands, eines Werts usw. (rein logisch kann man natürlich sagen, daß diese Person oder andere Entität in die «Menge aller Träger des betreffenden Merkmals» eingeordnet wird):

Er ist sehr beredt	Il est très éloquent	He is very eloquent	Valde disertus est
Sie ist glücklich	Elle est heureuse	She is happy	Beata est

Hier finden sich die *größten formalen Unterschiede* zwischen den vier Sprachen:
- im *Deutschen* ein *Satzadjektiv*, unveränderlich («Er/Sie ist *glücklich*, Sie sind *glücklich*»)
- im *Französischen* ein *adjectif attribut du sujet*, im grammatischen Geschlecht und in der Zahl dem Subjekt anzupassen («Il est *heureux* – Elle est *heureuse* –Ils sont *tranquilles*»)
- im *Englischen* ein *adjective als subject complement*, unveränderlich («He/She is / They are *happy*»)
- im *Lateinischen* ein *Prädikatsnomen*, dem Subjekt (auch wenn dieses nur gedacht wird) anzupassen («Ille *beatus* est, Illa *beata* est, *Beati* sunt, *Beatae* sunt»).

Ein solches Prädikatsnomen kann bei der Wiedergabe in den modernen Sprachen oft auch nach dem Semantem «Sein 2» aufgefaßt werden: «*Beatus* est, Er ist *ein Glücklicher* – *Beata* est, Sie ist *eine Glückliche* – Valde *disertus* est, Er ist *ein sehr beredter Mann*». Die jeweils zu gebende Charakteristik kann *auch durch andere Formalstrukturen* dargestellt werden:
- in allen drei modernen Sprachen durch einen *präpositionalen Ausdruck*, Beispiele siehe unten;
- im Deutschen manchmal auch durch *Adverbialgenitiv* («Er war *guten Mutes*»);
- im Lateinischen durch *reinen Ablativ* («Hoc *magno argumento* est – das ist *von großem Gewicht*») oder durch *reinen Genitiv* («Vir bonus *summae pietatis* ergo deos est – ein guter Mensch ist *von höchstem Pflichtgefühl* gegenüber den Göttern»).

Beispiele mit äquivalenter Darstellung durch Adjektiv und durch präpositionalen Ausdruck:

Er ist { gesund, bei guter Gesundheit / krank }	Il est { en bonne santé / malade }	He is { in good health / ill }	{ Sanus / Aegrotus } est
Das Buch *ist sehr kostbar / von großem Wert*	Ce livre *est très précieux / de grande valeur*		
This book *is very precious / of great value*	Hic liber *pretiosus / magni pretii est*		

Besonders verschiedene Formalstrukturen finden sich – im Rahmen des Semantems «Sein 3» – bei den Angaben von *Ausmaß* oder *Preis*. Hier schwankt man im Deutschen manchmal zwischen Nominativ (also: Prädikativ) und Adverbialakkusativ:

Die Länge *ist ein (einen) Meter fünfzig*	Das Stück *ist einen (ein) Franken*

Meistens dient als Maßangabe ja ein Nomen im Plural, und dann ist (zum Glück, kann man sagen) kein Unterschied zwischen Nominativ und Akkusativ vorhanden, wie ohnehin auch im Französischen und Englischen:

Die Distanz *ist zehn Kilometer*	La distance *est de dix kilomètres*
The distance *is six milles*	Spatium *sex milium est*

Oft wählt man auch das Semanteme «Sein 2» mit einem globalen «es – ce – it», also: «*Es ist eine Distanz* von zehn Kilometern – *C'est une distance* de dix kilomètres – *It's a distance* of six miles».

Sein 4 Jemanden/etwas im Raum situieren, Lage, Herkunft (oder auch Ziel)

Es wird angegeben, *wo* sich die durch das Subjekt genannte Person oder andere Entität befindet, hie und da auch, *woher* sie kommt/stammt oder *wohin* sie gegangen ist:

Wo ist sie?	*Où est*-elle?	*Where is she*?	*Ubi est* (ea)?
Sie ist oben	*Elle est en haut*	*She's upstairs*	*In parte superiore* (est)
Er ist bei mir	*Il est chez moi*	*He is with me*	*Ille mecum est*
Wir sind bald dort	*Nous y serons bientôt*	*We'll be soon there*	*Mox illuc erimus*

Für *Herkunft* (dreidimensionaler Raum oder abstrakter, sozialer Raum wie bei «Kommen 2», Ziff. 12.19):

Er ist von/aus Mailand	*Il est de Milan*	*He is from Milan*	*E(x) Mediolano est*
Sie ist aus einer alten Familie	*She is from an old family*		*E vetere familia est*

Im Deutschen und Englischen kann man in gewissen Grenzen durch «sein – be» sogar eine in Richtung auf einen *Zielpunkt* erfolgte *Bewegung* darstellen (zu «Bewegungen» siehe Ziff. 11.29–11.30 und 11.33):

Er ist gestern nach Paris	*She has been to Paris*	*I've been to see her*

Für *Einstellungen*, also Beziehungen im *sozialen Raum*:

Wer nicht wider uns ist *ist für uns*	*Qui n'est pas contre nous* *est pour nous*
Who is not against us *is for us*	*Qui non est contra nos* *pro nobis est*

Sein 5 Etwas (einen Ablauf, ein Ereignis, eine Veranstaltung) in der Zeit situieren

Im Subjekt wird der betreffende *Ablauf*, das *Ereignis*, die *Veranstaltung* genannt (es ist also, anders als bei allen andern Semantemen mit «sein», *keine* Nennung einer *Person* oder einer *materialen Entität* durch das Subjekt möglich). Für andere Semanteme, mit denen man einen Ablauf usw. zeitlich situieren kann, siehe Ziff. 12.14:

Das war gestern	*C'était / Ce fut hier*	*That was yesterday*	*Heri erat / fuit*
Das Fest ist morgen	*La fête sera demain*	*It will be tomorrow*	*Cras erit*

Sein 6 Vorhandensein generell, Existenz von jemand oder etwas

Durch das Subjekt kann eine Person, eine Institution, ein Objekt, irgend eine Erscheinung genannt werden, dazu fügt man oft noch eine Zeitangabe. Im Unterschied zu «Sein 5» wird aber *nicht* etwas zeitlich situiert, von dem *schon die Rede war*, sondern es wird *etwas Neues genannt*, oft für nachherige genauere Beschreibung *thematisiert*.

Das Semantem wird im *Lateinischen* und im *Englischen* allgemein gebraucht – dabei ist im Englischen ein vorangestelltes «There» obligatorisch, und das Subjekt erscheint dann erst nach dem Verb.

Im *Deutschen* und *Französischen* ist das Semantem *möglich*, aber allermeistens verwendet man ein anderes, nämlich die feste Formel «Es gibt ...» (zu den zentralen Semantemen mit «geben» siehe Ziff. 12.29) bzw. «Il y a ...» (zu den Semantemen mit «avoir» siehe Ziff. 12.34). Neben «Es gibt ...» kann man im Deutschen auch verwenden «Es hat ...» – obwohl es Stillehrer gibt, die diese Ausdrucksweise als Übernahme aus dem Französischen ablehnen.

Ein Übersetzungsbeispiel aus Terenz, Hecyra, Prolog, Vers 43. Der Prologsprecher hat erzählt, daß frühere Aufführungen des Stücks nicht zu Ende geführt werden konnten, weil in der Nähe Gladiatorenspiele stattfanden und das Publikum unter großem Lärm dorthin strömte:

⌒Nunc *turba non est*⌒	⌒*otium et silentium est*⌒
⌒Aujourd'hui *il n'y a point de désordre*⌒	⌒*c'est le calme et le silence*⌒
⌒Now *there is no disturbance*⌒	⌒but (there is) *leisure and silence*⌒
⌒Heute *ist kein Lärm*⌒	⌒sondern es *ist Ruhe und (aufmerksames) Schweigen*⌒

Das «ce» bzw. «es» in der jeweils zweiten Proposition ist nicht Subjekt, sondern dient nur zur Besetzung der ersten Satzgliedstelle, ohne eigenen Bedeutungsbeitrag.

Ein Beispiel aus Cicero, de Deorum natura, 2, wo es um das Vorhandensein von Personen geht und der französische Übersetzer gleich das mögliche Nebeneinander von «Il y a ...» und «Sein 6», nämlich mit «il en fut» demonstriert:

⌒Sunt enim *philosophi*⌒ *et fuerunt*⌒	⌒qui ... censerent⌒ ⌒...⌒
⌒Il y a *des philosophes*⌒ et *il en fut*⌒	⌒pour penser⌒ ⌒que ...⌒
⌒For *there are and have been philosophers*⌒	⌒who held⌒ ⌒that ...⌒
⌒Es gibt ja *Philosophen*⌒ *und gab sie immer*⌒	⌒nach deren Meinung ...⌒
⌒Da sind ja *und waren immer Philosophen*⌒	

Das Semantem «Sein 6» ist auch die Grundlage für die bekannte Einleitung einer Geschichte mit Nennung der Hauptperson und anschließender genauerer Darstellung:

⌒*Es war einmal eine Frau*⌒ ⌒die ...⌒	⌒*Il était une fois* une femme⌒ ⌒qui ...⌒
⌒*There was once a woman*⌒ ⌒which ...⌒	⌒*Erat/Fuit olim* mulier⌒ ⌒quae ...⌒

Aber auch für ganz alltägliche Nennungen:

⌒*Da ist doch ein Spezialgeschäft*⌒ ⌒dort ...⌒	⌒*Mais il est en ville* un magasin spécialisé⌒ ⌒là ...⌒
⌒But *there is a one-line shop* there⌒ ⌒...⌒	⌒Sed *est* taberna specialis⌒ ⌒et illuc ...⌒

Auf diesem Semantem beruht auch die zweite Proposition in der schon in Ziff. 10.30 herangezogenen und in 11.52 wieder aufgegriffenen zentralen Aussage von Descartes «Cogito, *ergo sum* – Je pense, *donc je suis* – I think, *therefore I am* – Ich denke, *also bin ich*» (obwohl hier die Person, deren Existenz betont wird, schon vorher immer wieder genannt worden war, durch das «Ich» in der ganzen Meditation).

Sein 7 Besitz, Zugehörigkeit – eine besondere Beziehung im sozialen Raum

Durch das Subjekt kann *irgend eine* Sache, Erscheinung oder auch eine Person genannt werden, und durch den Dativ oder durch ein Possessivpronomen oder durch einen Genitiv wird die *Person* signalisiert, *welcher* (oder. *zu welcher*) das im Subjekt Genannte *gehört*.

Das Semantem wird oft als kennzeichnend betrachtet für das Lateinische («dativus possessivus»):

⌒*Mihi* filius *est*⌒	⌒*Opes ei sunt*⌒	⌒*Mercatoribus* nullus *erat* aditus ad Nervios⌒
Ich habe einen Sohn	Er hat Vermögen	Händler hatten keinen Zutritt zu den Nerviern

Im Deutschen, Französischen und Englischen ist das Semantem nur für Sachen anwendbar. Im Deutschen kann man dabei das unflektierte Possessivpronomen wie ein

Satzadjektiv verwenden, im Englischen kann der Besitzer durch possesive case genannt werden:

⁀Dieses Haus *ist* $\begin{cases} \text{mir / me⁀in} \\ \text{meinem Brud⁀er} \end{cases}$	⁀Cette maison *est* $\begin{cases} \text{à mo⁀i} \\ \text{à mon frèr⁀e} \end{cases}$	⁀This house *is* $\begin{cases} \text{mi⁀ne} \\ \text{my brother'⁀s} \end{cases}$

Meistens verwendet man aber speziellere Verben wie «Es *gehört* mir – Elle *appartient* à mon frère – It *belongs* to my brother».

Die Konstruktion «mihi est ...» ist aber auch im Lateinischen keineswegs die einzige Möglichkeit zur Darstellung eines solchen Besitz- oder Zugehörigkeitsverhältnisses. Man findet auch «habere», im Sinn von «Haben 1» und «Haben 2» (Ziff. 12.34), so im «Selbstbestrafer» von Terenz in den Versen 93–94 gleich viermal hintereinander (Menedemus klagt über den Verlust seines Sohnes): «Filium unicum adulescentulum *habeo* – ah, quid dixi *habere*? Immo *habui* ... Nunc *habeam* an necne incertum est» (das Beispiel wurde schon in Ziff. 5.63 für die grammatischen Zeiten herangezogen).

Für die Verschiedenheit der Wiedergabe eines dativus possessivus in den modernen Sprachen ein Beispiel aus Terenz; der erste Prolog zu «Hecyra» beginnt mit der Nennung des Namens:

⁀Hecyra *est* huic nomen fabula⁀e	⁀Hecyre *est* le nom de cette pièc⁀e
⁀This play *is* styled «The Mother-in-law⁀»	⁀Das Stück hier *hat* den Namen «Die Schwiegermutter⁀»

2.38 Semanteme mit «sein» und festen anderen Bestandteilen – Grundsätzliches zum Semantem-Besitz

Es gibt im Deutschen, Englischen und Lateinischen weitere Semanteme mit «sein», über die oben behandelten sieben generellen Semanteme hinaus, in denen die Gesamtbedeutung *nicht nur* vom Verb «sein – be – esse» und den eingesetzten verschiedenartigen Satzgliedern abhängt, sondern von der *Kombination* von «*sein*» usw. mit einem *festen nichtverbalen Bestandteil*, und das ist von Sprache zu Sprache weitgehend verschieden. Es kann hier nicht eine erschöpfende Aufzählung aller derartigen «Sein»-Semanteme gegeben werden, sondern nur eine Verdeutlichung an Hand einiger typischer und häufiger Beispiele.

Das *Kriterium* für das Ansetzen eines eigenen Semantems ist ja überall die Beantwortung der Frage: Sind die betreffenden Propositionen *verstehbar* auf Grund der Bedeutungsstruktur von «Sein 3 – Sein 4 – Sein 5», Ziff. 12.37 und der Kenntnis der nichtverbalen Bestandteile aus anderen Zusammenhängen? Wo man diese Frage mit «Nein» beantworten muß, ist ein *eigenes* Semantem «*sein + bestimmter nichtverbaler Bestandteil*» anzusetzen.

So ist eine lateinische Proposition «*Nunc necesse est ...*» zureichend zu verstehen aus dem Semantem «Sein 3» und der Kenntnis von Wörtern wie «necessarius/-a/-um, necessitas» sowie der Kenntnis von «nunc», so daß sich ergibt: «*Jetzt ist es nötig, erforderlich ...*».

Dagegen ist für «*opus est*» das Verstehen aus «Sein 3» und den Bedeutungen des Nomens «opus» als «Werk, Arbeit, Anstrengung» usw. *nicht* konstruierbar. Die Kombination «*opus esse*» muß daher als *eigenes* Semantem gelernt werden, als «nötig sein, erforderlich sein, zweckmäßig sein». Das schließt keineswegs aus, daß man *nach* der

Kenntnisnahme dieser Bedeutung auch einen Zusammenhang mit «opus» als frei einsetzbarem Wort aufbauen kann, gewissermaßen als Merkhilfe. Und wenn man z. B. als eigenes Semantem gelernt hat «*in rem esse alicuius*, vorteilhaft sein für jemanden», kann man den zunächst als fixer Bestandteil betrachteten Präpokasus «*in rem*» verknüpfen mit der Bedeutung von «*res*» als «*Vermögen, Besitz*», und dann kann man das Semantem in seinem Aufbau gedanklich zurechtlegen (und daher besser behalten) als «*zum Besitz* von jemandem *hinzutreten*, diesen Besitz vermehren».

Zwei deutsche Beispiele: Die Bedeutung von «*in Form sein*» kann man ohne weiteres aufbauen aus «Sein 3» und der davon unabhängigen Kenntnis von «Form» als «Leistungsfähigkeit», etwa in «Er hat *seine frühere Form* noch nicht wieder gefunden» oder «Er zeigte eine *blendende Form*». Dagegen muß man «*im Bild sein*» als eigenes Semantem mit dem festen Bestandteil «im Bild» auffassen, denn «Bild» ist selbständig kaum als «Informationsbesitz» gebräuchlich – und entsprechend ist dann als eigenes Semantem mit ganz ähnlichem festem Bestandteil aufzufassen «*jemanden ins Bild setzen*» für «ihn orientieren».

Eigene Semanteme sind auch anzusetzen für «*auf sein*» (aber nicht für «wach sein», dessen Bedeutung man aus «Sein 3» und «wach» aufbauen kann) und ebenso für «*zu sein*», etwa in «*Das Fenster war zu*» (aber nicht für «offen sein», das zureichend aufbaubar ist). Entsprechendes gilt für «*aus sein*», etwa in «*Das Spiel ist aus*». Dagegen kann man als aufbaubar betrachten «*im Gang sein*», wenn man «Gang» mit «gehen» verbindet (vgl. «Gehen 3», Ziff. 12.20) und schon andere Semanteme mit «Gang» kennt, etwa «etwas *in Gang setzen* – etwas *im Gang halten*» (zu «halten» generell Ziff. 12.33). Ein eigenes Semantem ist wohl auch anzusetzen für «*an etwas sein, daran sein*» mit der Bedeutung «in einer Tätigkeit begriffen sein, an etwas arbeiten».

Eine Proposition «*Dort ist etwas los*», die man recht häufig hört und liest, kann auf *drei verschiedene Arten* zu verstehen sein:

A Dort ist etwas *nicht befestigt, nicht fixiert* (z. B. eine Schraubenmutter, oder das Ende eines Seils); das versteht man zureichend auf Grund des Semantems «Sein 3» und der Kenntnis von «los» aus Ausdrücken wie «eine *lose* Schraube, ein *lose* herabhängendes Seil».

B Dort *ist etwas passiert*, dort liegt *eine besondere, ungewöhnliche Situation* vor.

C Dort *gibt es viel Unterhaltung*, man kann sich gut amüsieren.

Man muß also für B und C je ein besonderes Semantem «los sein» ansetzen, eines mit der Bedeutung «etwas *hat sich ereignet*, eine Situation verlangt besondere Aufmerksamkeit» und eines mit der Bedeutung «*Vorhandensein vieler Unterhaltungsmöglichkeiten* und *vieler Leute*, daher *Anziehungskraft* eines so charakterisierten Ortes auf diejenigen, die Unterhaltung suchen».

Ein Beispiel für die fließenden Übergänge, die man hier überall findet: die Wendungen «Das *ist kein Pappenstiel*» und «Das *ist keine Kleinigkeit*» (für «das» einsetzbar: «ein solches Unternehmen, ein derartiger Versuch» usw.). Das Wort «Pappenstiel» kennen wohl die meisten deutschen Sprachteilhaber nur gerade in dieser Wendung, es ist also als fester nichtverbaler Bestandteil zu betrachten. Dagegen ist das praktisch gleichbedeutend einsetzbare «keine Kleinigkeit» mit hoher Wahrscheinlichkeit aus anderen Zusammenhängen bekannt (etwa «Wir wollen noch *eine Kleinigkeit* essen» oder «Ich habe etwas anzumerken, aber es ist *nur eine Kleinigkeit*».

Verschiedene Semanteme sind auch bei vielen «*particle verbs*» des Englischen anzusetzen, z. B. «*be in*», etwa in «The harvest *is safely in*» (geerntet, in Sicherheit) oder

«The liberal candidate *is in*» (= has been elected) oder «You *are in for* an unpleasant surprise» (du mußt dich darauf gefaßt machen) oder englisch und deutsch «Long skirts *are in again* – Lange Röcke *sind wieder in*» (= in Mode).

Grundsätzlich muß man hier *immer wieder* mit *völlig offenen Übergängen* rechnen, auch von *einem individuellen Sprachteilhaber zum andern*, indem der eine sich die Bedeutung einer solchen Wortfolge aus dem Semantem «Sein 3» und dem gesonderten Besitz der Bedeutung des jeweiligen nichtverbalen Bestandteils *aufbaut* und der andere das Ganze als *eine* semantische Einheit, als ein verbales Semantem «Sein + fixer nichtverbaler Bestandteil» auffaßt und im Kopf speichert, bewußt oder unbewußt.

2.39 Ein Spezialfall, lateinisch und deutsch: «Quid tibi est – Was ist (mit) dir?»

Als ein besonderes Semantem oder als eine Variante von «Sein 3» kann man die Kombinationsmöglichkeit mit *Dativ der Person* betrachten, mit der man im Lateinischen und Deutschen nach der personalen Verfassung einer Person fragen kann, wenn man aus dem Gesicht entnimmt, daß diese Person irgendwelche Probleme hat – und natürlich auch die entsprechende generelle Antwort:

Quid *est tibi*?	Mihi $\begin{Bmatrix} bene \\ male \end{Bmatrix}$ *est*	Was *ist (mit) dir*?	Mir *ist* (es) $\begin{Bmatrix} ganz\ wohl \\ übel,\ schlecht \end{Bmatrix}$

Die deutsche Frage kann auch als Kurzform betrachtet werden zu «Was *ist mit dir los*?» oder «Was ist *dir passiert*?».

Dagegen sind im Englischen die Frage «*How are you*?» und die entsprechende Antwort «*I'm fine*» (oder auch: «Well, *I'm not at all that well*») ohne weiteres aus «Sein 3» zu verstehen. Entsprechendes gilt für das im Französischen mögliche «Comment *êtes-vous*?» – während das üblichere «Comment *allez-vous*?» auf Grund von «Gehen 2» (Ziff. 12.20) verstanden wird.

2.40 Betonen der Konstanz einer Einordnung, einer Charakteristik

Eine gewisse *Konstanz*, eine *Dauerhaftigkeit* der Einordnung in eine Klasse, der Subsumption unter einen Typ oder des Vorhandenseins eines Zustands, einer Charakteristik usw. ist bei «Sein 2» wie bei «Sein 3», Ziff. 12.37 immer anzunehmen. Sie kann *betont* werden durch eine besondere *Angabe* der Dauer (Ziff. 11.08): «Sie ist *für die ganze Zeit* unsere Reiseleiterin – Sie ist *immer* sehr freundlich».

Man kann aber diese Konstanz auch betonen durch die Wahl eines *besonderen verbalen Semantems*, nämlich «bleiben/rester/remain/manere» anstatt «sein/être/be/esse», bei genau gleicher Formalstruktur und grundsätzlich gleicher Bedeutungsbeziehung, gleichem Wert der zwei Semantemstellen. Im Deutschen, Englischen und Lateinischen kann man die beiden eng verwandten Verben direkt hintereinander setzen, im Rahmen der gleichen Proposition. Im Französischen bildet man für das verstärkende «rester» meistens eine eigene Proposition, in welcher das attribut du sujet der vorhergehenden Proposition mit «être» durch «le» wieder aufgegriffen wird:

Das $\begin{Bmatrix} ist \\ ist\ und\ bleibt \end{Bmatrix}$ für uns *ein Vorteil*	Es $\begin{Bmatrix} ist \\ ist\ und\ bleibt \end{Bmatrix}$ *günstig* für uns

C'est $\begin{Bmatrix} \text{un avantage} \\ \text{avantageux} \end{Bmatrix}$ pour nous et cela *le reste*	(Natürlich auch im Deutschen möglich: «Es *ist* günstig für uns *und bleibt es*»)
It $\begin{Bmatrix} \text{is} \\ \text{is and remains} \end{Bmatrix}$ an advantage	This $\begin{Bmatrix} \text{is} \\ \text{is and remains} \end{Bmatrix}$ favorable to us
Hic modus nobis *commodus est et manet*	

Ein eigenes Semantem, allerdings eng benachbart (und mit «Sein 4» zusammen zu sehen) ist anzusetzen, wenn «bleiben – rester – remain – manere» mit *nur einer* festen Semantemstelle auftreten, d. h. nur mit einem Subjekt:

Er *bleibt* (= geht nicht weg)	Il *reste*	He *remains* (here)	(Nobiscum) *manet*

Ganz parallel zu «Sein 4, Situierung im Raum» ist «bleiben» etwa in der Kombination «Er ist jetzt in Zürich – er bleibt einige Zeit in der Schweiz».

12.41 Das Eintreten eines Zustands bzw. der Zugehörigkeit zu einem Typ

Neben «Sein 3» und «Sein 2» (Ziff. 12.37), gelegentlich auch neben «Sein 1» stehen die entsprechenden verbalen Semanteme mit «werden» – man könnte «werden» auch umschreiben als «*zu sein beginnen*».

Der Zusammenhang ist *am engsten im Deutschen*, wo «sein» und «werden» mit den gleichen Bedeutungsbeiträgen auch ins Verbalsystem integriert sind, für die Bildung der beiden Passivformen (zur Integration von «sein/être/be/esse», «werden» und «haben/avoir/have», gelegentlich auch «habere» ins Verbalsystem siehe Ziff. 12.42–12.48). Etwas loser ist der Zusammenhang bei «être – devenir» und «esse – fieri». Noch loser ist er im Englischen, wo dem deutschen «werden» die vier Verben «become – turn – grow – get» entsprechen können.

Für alle vier Sprachen gibt es also die grundsätzliche Möglichkeit, gegenüber dem *Bestehen* eines Zustands, einer Zugehörigkeit zu einem Typ usw. auch das *Eintreten* eines (oft: eines anderen) Zustands darzustellen:

Er *war Dozent* dann *wurde* er *Professor*	Il *était lecteur* ensuite il *est devenu professeur*
He *was (a) lecturer* then he *became professor*	*Lector erat* deinde *professor factus est*

Wenn man das Eintreten erst erwartet, kann man auch einfach das Futur verwenden:

Ihr *seid* arm ihr *werdet* reich $\begin{Bmatrix} \text{sein} \\ \text{werden} \end{Bmatrix}$	Vous *êtes* pauvres vous $\begin{Bmatrix} \text{serez} \\ \text{deviendrez} \end{Bmatrix}$ riches
You *are* poor you will $\begin{Bmatrix} \text{be} \\ \text{become} \end{Bmatrix}$ rich	Pauperes *estis* divites *eritis*

Es gibt aber auch *fühlbare Verschiedenheiten* zwischen den vier Sprachen (mehr als bei den Semantemen mit «sein»), in den möglichen Formalstrukturen und in Nuancen der Verbbedeutungen.

So findet man im *Englischen* als Gegenstück zu deutsch «werden» und französisch «devenir» nicht nur «*become*», sondern auch «*turn – grow – go*» und das vielfältig verwendbare «*get*». Dabei kann man «*become*» als das neutralste betrachten:

It's *becoming* much more expensive to travel abroad	The custom *has now become* a rule

In der Verwendung von «turn» kann man ein stärkeres Betonen der Veränderung sehen:

| His hair *turned grey* | He *has turned traitor* |

Bei der Verwendung von «go» kann man oft ein Stück *Unumkehrbarkeit* sehen, so in dem schon in Ziff. 5.47 zitierten Beispiel: «I thought *I was going to go mad*».

Bei der Verwendung von «grow» kann man ein Betonen der *stufenweisen* Veränderung sehen (wie eben bei «wachsen» generell):

| It began to *grow dark* | My friendship with him *grew to be considerable* [by degrees became considerable] |

Mit «get» kann man vor allem persönliche Zustände darstellen:

| He *got excited* | She *got tired* | We *got wet* | He *went out* and *got drunk* |

Eine Parallele zu «grow» + Adjektiv, in deutscher Dichtersprache, bietet der letzte Vers von Hölderlins Gedicht «Da ich ein Knabe war», nämlich: «Im Arme der Götter *wuchs ich groß*».

Im *Lateinischen* hat man das vieldeutige «*fieri*», das auch als Passiv von «facere» dient:

| Ille *dominus fit* | Fortis ex timido *fit* | Quid illo argento *fiet*? |
| Er wird Herr | Aus einem Furchtsamen wird ein Tapferer | Was wird aus dem Geld werden? |

Das Verb «fieri» dient aber nicht nur als Entsprechung zu deutsch «werden» in den beiden Semantemen «jemand/etwas *wird ein …*» und «jemand/etwas *wird so und so*», sondern auch in den noch generelleren Semantemen «etwas *entsteht*» und «etwas *geschieht, ereignet sich*».

Mit dem Beispiel «*fortis ex timido* fit» kommt man zu dem Spezialfall, daß der *vorherige Zustand* der betreffenden Person bzw. nichtpersonalen Entität nicht nur stillschweigend angenommen wird (als «noch nicht so, wie es dann wird»), sondern daß er *ausdrücklich genannt* wird. Hier finden sich besonders viele formale Möglichkeiten, die inhaltlich völlig äquivalent sind, ggf. gewisse Nuancen signalisieren können. Die dreifach verschiedene mögliche Formalstruktur im Deutschen «Jemand/etwas *wird jemand/etwas* – … wird *zu jemand/etwas* – *Aus* jemand/etwas wird *jemand/etwas*» wurde schon in Ziff. 6.11 behandelt, am Beispiel «Sein früherer Feind wurde sein bester Freund – … wurde zu seinem besten Freund – Aus seinem früheren Feind wurde sein bester Freund» (also: Subjekt + Prädikativ // Subjekt + Präpokasus «zu» // Präpokasus «aus» + Subjekt).

Im Französischen kann man sagen: «*L'ennemi d'hier devint un fidèle ami*» (also: sujet + attribut du sujet) oder (wenn auch eher literarisch) «*D'ennemi d'hier, il devint fidèle ami*» (also complément indirect/circonstanciel + sujet «il» + attribut du sujet, ohne article défini). Man kann auch mit genau entsprechender Struktur, nur nach dem «de» ein adjectif qualificatif anstatt eines Nomens, sagen «*De riche il devint pauvre*», also etwas ausführlicher umschrieben «Aus einem reichen Mann, der er vorher war, wurde er ein armer».

Insgesamt kann überraschen, wenn man von der sachlich-logischen Gleichgewichtigkeit von «Sein» und «Werden» ausgeht, daß die beiden (den Semantemen «Sein 2» und «Sein 3» entsprechenden) Semanteme mit «werden» *viel seltener* gebraucht werden als «Sein 2» und «Sein 3». So findet sich in den ersten 53 Dialogversen in der «Hecyra» von Terenz neben einer zweistelligen Zahl von Beispielen mit «esse – sein» nur ein einziges mit «fieri – werden». Philotis fragt Parmeno, ob er nur deswegen schweige, weil er Angst habe, die Sache mit Pamphilus könnte öffentlich bekannt werden:

| ea causa ⁀ut ne *fiat palam*⁀? | pour la raison ⁀que la chose *pourrait devenir publique*⁀? |
| for fear ⁀it *should become public property*⁀? | aus Angst ⁀es *könnte allgemein bekannt werden*⁀? |

Ein Übersetzungsbeispiel Deutsch-Französisch-Englisch, mit «*werden/become*» gegenüber «*être*» («Grüner Heinrich», Kapitel «Glückswandel»; Heinrich betont gegenüber dem Grafen die Endgültigkeit seines Entschlusses, auf die Malerei als Beruf zu verzichten):

ich *würde* auch unter günstigeren Verhältnissen höchstens *ein dilettantischer Akademiker werden*

je *ne saurais être tout au plus qu'un dilettante* animé de prétentions académiques

even in more favorable conditions *I should* at the most *become a dilettante academician*

Durch wie verschiedene verbale Semanteme im Französischen und Englischen die deutschen Semanteme mit «werden» wiedergegeben werden können (vor allem auch bei Nennung der Person im Dativ und wenn auf möglichste Wiedergabe von Versmaß und Reimen geachtet wird) zeigen die folgenden Übersetzungsbeispiele zum «Faust». Dabei wird auch deutlich, *wie verschieden* die *Nennungen* der *gleichen* Personen und weiteren Entitäten *auf die Bedeutungsstellen verteilt* sein können, je nach dem gewählten Semantem – und das kontrastiert besonders stark mit der völlig gleichartigen Wiedergabe des Semantems «Sein 2» in der ersten Proposition von Vers 439. Die Übersetzungen stammen von de Nerval, Arndt und Jarell:

379–80	⁀Ob mir durch Geistes Kraft und Mund / *Nicht manch Geheimnis würde kund*⁀ ...
	... ⁀si la force de l'esprit et de la parole me *dévoilait les secrets*⁀ *que j'ignore*⁀ ...
	... ⁀if by spirit's mouth and might / *Many a secret may come to light*⁀ ...
	⁀The speech and power of the spirit / *Can reach me, surely, many secrets*⁀ ...
439	⁀Bin ich ein Gott⁀?	⁀Mir *wird so licht*⁀ ...
	⁀Suis-je moi-même un dieu⁀?	⁀Tout me *devient si clair*⁀ ...
	⁀Am I a god⁀?	⁀I *feel such light* in me⁀ ...
	⁀Am I a god⁀?	⁀Within me *all grows bright*⁀ ...
519	⁀Es *wird* mein schönstes Glück *zunichte*⁀ ...	⁀My fairest hour of luck *is spoiled*⁀ ...
	⁀Et *voilà* tout l'éclat de ma félicité *réduit à rien*⁀ ...	⁀My one best chance *is gone*⁀ ...

12.42 «Sein/être/be/esse» und «werden» als Gefügeverben in Passivformen

Die *Häufigkeit* von «sein/être/be/esse» in allen vier Sprachen und die Häufigkeit von «werden» im Deutschen ist dadurch mitbedingt, daß diese vier Verben nicht nur als Hauptverben dienen, als Kerne verbaler Semanteme, sondern auch als *Gefüge*verben zur Bildung mehrwortiger Verbformen. Man spricht traditionell von «Gebrauch als Hilfsverb» gegenüber «Gebrauch als Vollverb»; diese Benennungsweise kann aber zu der irrigen Auffassung führen, diese Verben hätten in der Kombination mit Partizip bzw. mit Infinitiv nicht mehr ihre «volle» Bedeutung – und das *kann* der Fall sein (vor allem beim Gebrauch zur Bildung des Perfekts usw. in den modernen Sprachen), aber es *muß keineswegs* der Fall sein und trifft z. B. bei der Bildung von *Passivformen* durch «sein/être/be/esse» und im Deutschen durch «werden» *gar nicht* zu.

Bei der *Bildung der Passivformen* besteht auch die *größte Übereinstimmung* zwischen allen vier Sprachen: «être/be» im Französischen und Englischen für sämtliche Passivformen, «sein» für das deutsche Sein-Passiv («Zustandspassiv»), und «esse» für die lateinischen Passivformen der Perfekt-Zeiten, mit vollem Einschluß des Futurs («auditurus es – du bist einer, der hören wird»).

Die *Formen* für das Passiv in allen vier Sprachen (bzw. die zwei Passive im Deutschen) und die *grundlegenden Bedeutungs-Aspekte* sind vorgeführt in Ziff. 6.29–6.31 (Deutsch), 6.33 (Französisch), 6.34 (Englisch), 6.35–6.37 (Lateinisch – mit Einschluß des Problems der «Deponentien»). In Ziff. 6.32 ist auch schon darauf hingewiesen, daß es *fließende Übergänge* gibt von den *Passiv*formen («sein» bzw. «werden» als *Gefügeverb* verwendet) zur *Kombination mit Satzadjektiven* (bzw. adjectifs attributs etc.), also Verwendung von «sein» bzw. «werden» als *Hauptverb*.

Wenn man nun das Semantem «Sein 3» für alle vier Sprachen in den Blick nimmt (Ziff. 12.37) und für das Deutsche das dem «Sein 3» entsprechende Semantem mit «werden» (Ziff. 12.41), erkennt man sogleich, daß der *Bedeutungsaufbau* bei allen mehrwortigen Passivformen sich *bruchlos ergibt* aus dem Bedeutungsaufbau bei der Verwendung von «sein» und «werden» als *Hauptverb*, nämlich als Kern des Semantems «Sein 3» und des ihm entsprechenden Semantems mit «werden». In *beiden* Verwendungsweisen wird durch das «sein» bzw. «werden» der im Subjekt genannten Person oder andern Entität ein bestimmter *Zustand zugeschrieben* (der sich aus einem Handeln, meist von andern, ergeben hat), eine *Eigenschaft*, eine *Charakteristik*, die jetzt für die betr. Person oder andere Entität gilt.

Dabei kann man sagen, daß das *Deutsche* mit seiner Unterscheidung von Werden-Passiv und Sein-Passiv ein *besonders deutliches* Darstellungsmittel hat, indem *schon* aus dem *Gefügeverb* deutlich wird, ob es sich um einen *bestehenden Zustand* handelt oder um das *Eintreten*, das *Zustandekommen* eines Zustands. Im *Französischen* und *Englischen* muß man diese Unterscheidung aus der *Bedeutung* des betreffenden Partizips und manchmal überhaupt erst aus dem Textzusammenhang entnehmen («passif d'action» und «passif de résultat», Ziff. 6.33, Schluß, und Entsprechendes im Englischen, Ziff. 6.34, Schluß). Im *Lateinischen* ergibt sich die Unterscheidung dadurch, daß für Präsens, Futur und Imperfekt einwortige Passivformen bestehen (Übersicht in Ziff. 6.35) und daher aus dem *Zeitaspekt* «Perfekt, Plusquamperfekt» schon klar wird, daß es sich um einen (erreichten, geschaffenen) *Zustand* handelt. Beim Futur II wird aus dem Vorliegen der besonderen Partizipform auf «-urus» sofort klar, daß es sich um etwas erst Kommendes, und zwar um ein Handeln, einen Vorgang handelt («facturus es – du bist einer, der handeln wird»).

12.43 Zur Häufigkeit von «sein/être/be/esse» als Gefügeverb zur Passivbildung, auch im Lateinischen

Wenn man die *Anfänger-Lateinbücher* betrachtet, könnte man oft zu der Meinung kommen, daß das Lateinische sozusagen völlig mit einwortigen Verbformen auskommt und daß die Kombinationen von «esse» + Partizip eine Randerscheinung sind und nur eine geringe Rolle spielen. Wenn man *Originaltexte* daraufhin ansieht, ergibt sich ein etwas anderes Bild, so z. B. aus dem Anfang des Briefs von Cicero an seinen Bruder Quintus vom Beginn des Jahres 59 vor Chr. (Quintus muß ein drittes Jahr als Statthalter in der Provinz Asia Minor aushalten, statt nach Rom zurückkehren zu können, und Cicero mißt sich mindestens teilweise die Schuld daran zu; er entschuldigt sich ausdrücklich und beginnt den Brief damit, daß Quintus wohl durch die «Fama», die anonyme Nachrichtenverbreitung, schon vor diesem Brief Kenntnis von der Sachlage erhalten hat bzw. erhalten haben wird).

Latein
In den zwei ersten Abschnitten dieses Briefes (aus insgesamt 29 Propositionen bestehend, 204 Wörter) sind insgesamt *30 Hauptverben* gebraucht (in einer Proposition ein Verbenpaar), davon 1 mal «esse»; mit 12 von diesen Hauptverben ist je ein Gefügeverb kombiniert, davon 6 mal «esse», 3 mal «posse», 2 mal «oportere» und 1 mal «debere». Die sechs Propositionen mit «esse» als Gefügeverb sind:

1	[non dubitabam] quin hanc epistolam ... fama denique *esset* ipsa sua celeritate *superatura* [ich zweifelte] nicht, daß diesen Brief ... auch die Fama selbst in ihrer Schnelligkeit überholen werde
2	tuque ante ab aliis *auditurus esses* [annum tertium accessisse desiderio nostro ...] und du schon vorher durch andere hören werdest [daß noch ein drittes Jahr dazukomme ...] (also: Partizip Futur + «esse», für jetzt zwar wohl schon vergangene, im Moment des Schreibens aber erst bevorstehende, erst erwartete Vorgänge)
3	cum iam ab aliis *desperata* res *esset* als die Sache von andern schon aufgegeben worden war (also: vergangenes Handeln/Verhalten dieser andern)
4	[ea molestissime ferre homines debent] quae ipsorum culpa *contracta sunt* [daß man das wohl am schwersten erträgt] was man sich durch eigene Schuld zugezogen hat (also: durch vergangenes Handeln geschaffene Lage)
5	*est* quiddam in hac re mihi molestius *ferendum* quam tibi ... ist einiges an dieser Sache für mich schwerer zu ertragen als für dich (also: «esse» + Gerundiv, Genaueres dazu wie zu «ist zu ... hat zu ...» in Ziff. 12.46)
6	*factum est* enim mea culpa [ut priore anno non succederetur] es geschah nämlich durch einen Fehler von mir [daß nicht im letzten Jahr die Nachfolge geregelt wurde] (also: Perfekt von «fieri», bzw. Perfekt Passiv von «facere», für «Geschehen»)

Französisch
In der *französischen* Fassung von L.-A. Constans, 1934 (356 Wörter, 40 Hauptverben, davon 4 mal «être», insgesamt 19 Kombinationen eines Hauptverbs mit einem oder zwei Gefügeverben) finden sich die folgenden 4 Verwendungen von «être» zur Bildung eines Passivs:

1	qu'elle [la lettre] ne *doive être devancée* par maint messager
2	que cette nouvelle te *fût annoncée* par moi aussi
3	il est difficile de ne pas *être affligé* de la chose
4	[des âmes] qui *ont été trempées* par l'action et par la responsabilité ...

Englisch
In der *englischen* Fassung von Mary Henderson, 1954 (248 Wörter, 36 Hauptverben, 13 mal kombiniert mit Gefügeverben, bei den Hauptverben 8 mal «be») finden sich die folgenden Belege für Passiv mit «be»:

1	to *be told*
2	our minds, *trained* as they *have been* in the management of ...
3	they *should be crushed and weakened* by ...?
4	what *has been brought about* by their own fault
5	that you *were* not *given* a successor

Deutsch

In einer möglichst strukturähnlichen (dadurch oft etwas umständlichen) *deutschen* Übersetzung (303 Wörter, 31 Hauptverben, 17 mal kombiniert mit Gefügeverben, von den Hauptverben 2 mal «sein») finden sich die folgenden 6 «werden»-Passive:

1	daß dir ... noch ein drittes Jahr *abverlangt werden würde*
2	daß dir die Botschaft von mir selber *übersandt werden müsse*
3	als die Sache von andern schon *aufgegeben worden war*
4	weil soviel Anstrengung ... *aufgewendet wurde*
6	unseren Mut nicht *gebrochen oder geschwächt werden zu lassen*
7	daß nicht schon letztes Jahr ein Nachfolger *bestellt wurde*

Eine der im deutschen Text vorhandenen Propositionen kann als «sein»-Passiv oder als Kombination von «Sein 3» mit Satzadjektiv aufgefaßt werden:

8	... ist es schwierig, darüber nicht *betrübt zu sein* («traurig zu sein»)

2.44 «Be» als Gefügeverb zur Bildung der «progressive tenses»

Vom Semantem «Sein 3», Ziff. 12.37 her läßt sich auch die Verwendung von «*be*» zur Bildung der «*progressive tenses* oder *continuous tenses*, dieser für das Englische so charakteristischen Erscheinung, problemlos einordnen (zu present und futur progressive gegenüber simple present, simple futur siehe Ziff. 5.39, zu past progressive und perfect progressive Ziff. 5.42).

Durch die Wahl der ing-form kombiniert mit «be» wird sehr anschaulich gemacht, daß die betreffende Handlung, der durch das Verb signalisierte Vorgang *nicht nur als Ganzes* aufgefaßt, sondern in *seiner zeitlichen Erstreckung*, in seinem *sukzessiven Ablauf* gesehen werden soll: als etwas wie ein *Zustand*, eine *Charakteristik*, die der im Subjekt genannten Person oder andern Entität für eine *beschränkte Zeit zugeschrieben* wird. Man kann hier auch das Begriffspaar «diskursiv gegenüber simultan» heranziehen (Ziff. 11.58) und die relative zeitliche Situierung von Handlungen und Zuständen überhaupt (Ziff. 11.12–11.14).

Im oben untersuchten Anfang des Briefes von Cicero hat die englische Fassung einmal ein past progressive, nämlich «both the praetors and I *were making* such strenuous efforts» – hier soll offenbar die *Dauer* dieser Anstrengungen besonders betont werden.

Für die Beurteilung der *Häufigkeit* können die folgenden Beispiele aus einer Seite moderner amerikanischer Erzählprosa dienen (Deborah Eisenberg, Transactions in Foreign Currency, 1986, S. 96 bis S. 97 Mitte; sehr knappe clauses; insgesamt 58 simple tenses, dabei 9mal «be» als Hauptverb und 1mal «be» als Gefügeverb für Passiv):

> 1 So I figured he and Johanna *had been fighting* before we got there
>   (also: pluperfect continuous)
> 2 und 3 Tom *was making* an effort, I suppose, because I *was leaving*
>   (also: past continuous, 2mal)
> 4 «Hey», he said to Lee, having completed his effort, «*are you going* to see Miles?»
>   (also: present continuous)
> 5 His eyes when he'*s been thinking* about something else are like a blaze in an empty warehouse
>   (also: perfect continuous)
> 6 You'*re creating* pain for yourself by trying to make it something more
>   (also: present continuous)

12.45 «Haben/avoir/have» und «sein/être/be» als Gefügeverben mit «zu/à/to» + Infinitiv

Neben dem System der grammatischen Zeiten gibt es in allen drei modernen Sprachen die Möglichkeit, durch die Kombination von «haben/avoir/have» oder «sein/être/be» mit einem durch «zu/à/to» angeschlossenen Infinitiv ein «*Sollen/Müssen*», einen «*Antrieb von außen*» zu signalisieren. Bei «sein/être/be» ist gelegentlich auch die *Durchführbarkeit* gemeint: eine Proposition «Das *ist* durchaus in einem Tag *zu leisten*» bedeutet «Es *kann* in einem Tag *geleistet werden*».

Die Verwendungsmöglichkeiten im einzelnen, die Wahl von «haben/avoir/have» oder «sein/être/be» und die dabei möglichen Bedeutungsnuancen sind von Sprache zu Sprache etwas verschieden. Das sieht man am besten im Übersetzungsvergleich.

Im Kapitel «Glückswandel» im «Grünen Heinrich» und der zugehörigen französischen und englischen Übersetzung findet man die folgenden Beispiele (das Kapitel umfaßt 16 Seiten, der Graf und Heinrich sprechen über die Bilder, Zeichnungen und – jetzt zerschnittenen – großformatigen Kartons, die Heinrich in seiner finanziellen Not einem Trödler verkauft und die der Graf bei diesem aufgekauft hat):

> 1 und alles *ist* vergnüglich *zu besprechen* / nous *aurons à parler* de tout cela à notre aise
>   (englische Fassung mit «can» + Passiv: «everything *can be discussed* in comfort»)
> 2 they [die Kartons] *are to hang* above the book-cases here
>   (deutsch: «über den Bücherschränken hier *sollen* sie *hängen*»,
>   französisch «on les *suspendra* ici, au-dessus des armoires-bibliothèques»)
> 3 wie der Rest des Tages *zuzubringen sei* how the rest of the day *was to be spent*
>   («comment on *passerait* le reste de la journée»)
> 4 die Blendrahmen für die *wiederherzustellenden* Kartons (die Kartons, die *wiederherzustellen waren*)
>   les chassis pour les cartons *à restaurer* («qui *étaient à restaurer*»)
>   the frames for the mounted drawings which *had to be put together again*
> 5 die Unterlage für die *zusammenzufügenden* Fragmente
>   the foundations for the fragments which *were to be joined together*
>   (la toile de fond sur laquelle *seraient juxtaposées* les fragments)
> 6 it *has to be* a firm cloth material
>   (es *muß* ein festes Tuch *sein* – il me *faut* une toile solide)
> 7 (Dorothea sagt zu Heinrich, den sie auf der Terrasse getroffen hat:)
>   But now you'*ll have to shake hands* with people like us too, when we meet
>   (Aber nun *müssen* sie unsereinem auch die Hand *geben*, wenn man sich begegnet)
>   (Mais il *faut* maintenant que vous nous *donniez* la main quand nous nous rencontrons)

Zwei typische Beispiele für «être à», da im obigen Text keine solchen vorkommen:

> Il *est à craindre*   Es ist/steht zu befürchten
> C'est (chose) *à prendre ou à laisser*   Das ist etwas, was man jetzt packen oder ganz lassen muß

Kennzeichnend für das *Deutsche* ist die Möglichkeit (Beispiele 4 und 5 auf S. 726) das Hauptverb als Partizip I mit dem «*zu*» *in ein Begleitgefüge einzubauen*, so daß die Gefügeverben «sein» und «haben» wegfallen und die Bedeutung, der Antriebscharakter, *nur noch* durch das «*zu*» signalisiert wird: «die *wiederherzustellenden* Kartons – die *zusammenzufügenden* Fragmente».

Einige spezielle Verwendungsmöglichkeiten im Englischen:

> If it *were to rain* – wenn es regnen sollte   (also nicht Antrieb, sondern Annahme)
> The telegram *was to say* that she had been delayed   (es sollte sagen, daß sie verspätet komme)

Ein Spezialfall ist «*c'est à dire – that is to say*» zur Einführung einer Paraphrase, einer Verdeutlichung, manchmal auch einer Relativierung. Hier kann man einen «Antrieb von innen» sehen, etwa wie «*ich möchte/muß* das erläutern, verdeutlichen, relativieren» – im Deutschen zu signalisieren durch «*das heißt*». Ein Beispiel aus «Glückswandel»:

> ... ich wünschte die Sammlung so chronologisch genau als möglich geordnet zu sehen, *das heißt*, dasjenige vorbehalten, was wir überhaupt darüber noch beschließen werden
> ... and I wanted to see the collection arranged as accurately as possible in chronological order, *that is to say*, with a reservation as to any decision we may eventually come to
> ... et j'aimerais voir cette collection classée, le plus exactement possible, selon l'ordre chronologique, sous la réserve, *bien entendu*, de ce que nous pourrons encore décider à ce sujet

Hier entsprechen sich also das deutsche «*das heißt*», das englische «*that is to say*» und das französische «*bien entendu*», das zwischen «sous la réserve» und «de ce que ...» eingeschoben ist.

Ein Beispiel für *reine Erklärung*, ohne jede Relativierung: «Sie kommen also am Freitag, *das heißt* übermorgen – Vous viendrez donc vendredi, *c'est à dire* après-demain – Well, you'll come friday, *that's to say* the day after tomorrow».

12.46   «Esse» + Gerundiv im Lateinischen – vielfältig verwendbar

Als *Vorbild* für die Kombination «Du hast das so zu machen – Das *hat so zu sein*» bzw. «Vous *avez à faire cela – c'est à reprendre demain*» bzw. «You *have to do it* – It *has to be done*» ist zweifellos das lateinische *Gerundiv* in der Kombination mit «esse» zu erkennen.

Die Verbformen auf «... -ndus/-nda/-ndum» (Ziff. 5.56) gehören zu den am vielfältigsten verwendbaren lateinischen Verbformen überhaupt, sie *überspielen* die Grenze zwischen Passiv und Aktiv und zwischen Partizip und Infinitiv.

Die häufigste und bekannteste Verwendungsweise ist diejenige für die Kennzeichnung der *Erforderlichkeit* eines Handelns, für den Ausdruck eines *Sollens/Müssens*, so in dem bekannten Ausspruch Catos: «Ceterum censeo Carthaginem *delendam esse* – Ich bin der Meinung, daß Karthago *zu zerstören ist*». Bekannt ist auch der fundamentale rechtlich-ethische Grundsatz «Pacta *sunt servanda* – Verträge *sind zu halten*».

Durch Gerundiv kann aber auch die *Durchführbarkeit* eines Verhaltens/Handelns signalisiert werden: «Hoc mihi molestius *ferendum est* quam tibi – Das ist für mich schwerer *zu ertragen* als für dich» (oder: «Es *kann* von mir nur mehr Mühe und Pein *ertragen werden* als von dir»).

Schließlich kann die gleiche Lautung auf «-nd-» im Genitiv Neutrum auch das *betreffende Handeln an sich* darstellen, dann spricht man von «*Gerundium*»:

ars *amandi*	venia *docendi*	quam cupida eram huc *redeundi*
die Kunst *des Liebens*	Befugnis *zu lehren*	wie begierig war ich, *hierher zurückzukehren*

Auch der *Einbau eines Gerundivs in ein Begleitgefüge* findet sich häufig:

in *rebus gerendis*	in den *zu führenden* Geschäften (Geschäften, die *zu führen sind/waren*)

Auch bei solchen Gerundiv-Konstruktionen kann aber die Darstellung der *Tätigkeit als solcher* die *Hauptsache* sein, und der Aspekt «müssen/sollen» (und noch mehr der andere mögliche Aspekt «können/dürfen») kann zurücktreten oder völlig verschwinden, wie in der folgenden Stelle aus dem Brief Ciceros an seinen Bruder Quintus vom Anfang des Jahres 59 (zu diesem Brief siehe schon Ziff. 12.43):

⌜Nostri animi exercitati *maximis in rebus et gerendis et sustinendis*⌝...
... ⌜des âmes⌝ ⌜qui ont été trempés par l'*action* et par la *responsabilité des plus grandes affaires*⌝
our minds, ⌜trained as they have been *in the management and maintenance of affairs of the utmost importance*⌝
unser Gemüt ⌜geübt in *den größten von uns* { *zu führenden und zu bewältigenden* / *geführten und bewältigten* } *Staatsgeschäften*⌝

Das *Nebeneinander* der Darstellung von Erforderlichkeit durch *Gerundiv mit «esse»* und durch *«debere» mit Infinitiv* zeigt sich in den folgenden drei Propositionen aus dem gleichen Brief von Cicero (in der französischen Fassung auf 5 Propositionen verteilt, in der englischen auf 4 clauses):

⌜Et quoniam molestissime *ferre* homines *debent*⌝ ⌜quae ipsorum culpa contracta sunt⌝ ⌜est quiddam in hac re mihi *molestius ferendum* quam tibi⌝
⌜Und weil die Menschen das am schlechtesten *zu ertragen vermögen*,⌝⌜was sie sich durch ihren eigenen Fehler zugezogen haben⌝ ⌜ist in dieser Sache etwas für mich *schwerer zu ertragen* als für dich⌝
⌜Et s'il est vrai⌝ ⌜que les maux ⌜qui *doivent causer* le plus de chagrin⌝sont ceux⌝ ⌜que l'on s'est attirés par sa propre faute⌝ ⌜il y a [ici] quelque chose⌝ ⌜qui *doit me chagriner* plus que toi⌝
⌜And since men *ought to feel* most annoyed⌝ ⌜with what has been brought about by their own fault⌝ ⌜there is an element (in this business) which *should cause me* more annoyance than you⌝

Alle hier aufgeführten Verwendungsweisen von «esse» + Gerundiv lassen sich nun einleuchtend zusammenbringen mit dem Semantem «Sein 3», Ziff. 12.37: eine *Aufgabe, zu handeln,* oder eine *Möglichkeit, zu handeln,* oder einfach *das Handeln an sich* wird der im *Subjekt* genannten *Person* oder andern *Entität zugeschrieben,* als eine *jetzt geltende Charakteristik,* als etwas jetzt zu dieser Person bzw. andern Entität oder zu einer bestimmten Situation *Gehörendes.*

12.47 Zum Verständnis der Gefügeverben in den mehrwortigen grammatischen Zeiten

Im Anschluß an die Betrachtung der Semanteme mit «sein – werden – haben» als Kern und die Untersuchung der Gefüge «haben zu ..., sein zu ...» für die Darstellung von Erforderlichkeit oder Durchführbarkeit ist es sinnvoll, einen Blick zu werfen auf die Verwendung dieser Verben bei der *Bildung der grammatischen Zeiten*.

Eine Besonderheit des *Deutschen* ist die Verwendung von «werden» für das *Futur* und das Futur zum Perfekt (Ziff. 5.02 und 5.04). Eine Verbindung mit dem Bedeutungsbeitrag von «werden» im Semantem «werden 2» erscheint an sich als möglich, erfordert aber recht starke und umständliche Umformungen (ganz im Gegensatz zum Gebrauch von «werden» zur Bildung des Passivs, Ziff. 12.42). Man müßte dann etwa «*Er wird kommen*» deuten als «Er *wird zu einem Menschen, dessen Kommen man erwartet*», oder ähnlich. Es ist daher wohl besser, wenn man für das Futur gar nicht nach einer Verknüpfung mit den sonstigen Gebrauchsweisen von «werden» sucht, sondern dieses «werden» als völlig grammatikalisiert betrachtet, mit dem abstrakten Bedeutungsbeitrag «erst erwartet oder nur vermutet».

Bei der Bildung der *Perfektzeiten* fällt im Sprachvergleich sofort auf, daß man im Deutschen und Französischen sowohl «sein/être» wie «haben/avoir» verwendet, im Englischen dagegen konsequent *nur* «have», und im Lateinischen (bei den Passivformen und den Deponentien) ebenso konsequent *nur* «esse», auch wenn mit dem betreffenden Deponens ein eindeutig «aktives» Handeln dargestellt wird, z. B. in «Pater *filium consolatus est*, der Vater *tröstete* seinen Sohn».

Betrachtet man nun die *Verteilung* von «sein» und «haben» im Deutschen, so zeigt sich «sein» vor allem bei Verben der Bewegung und Veränderung, bei denen man sagen kann, daß *durch den Vollzug* des im Verb dargestellten Handelns bzw. Ablaufs die *Lage* oder der *Zustand* der im Subjekt genannten Person oder andern Entität *verändert worden* ist und daß man das mit den Semantemen «Sein 4, räumliche Situierung» und «Sein 3, Charakterisierung», Ziff. 12.37 in Verbindung bringen kann. Wer «*gekommen ist*», der *ist jetzt da* – wer «*auf den Berg gestiegen ist*», der *ist jetzt oben* – wenn irgendwo «*etwas entstanden ist*», so *ist* dieses «etwas» jetzt *vorhanden* – wenn etwas «*gewachsen ist*», so *ist es jetzt größer* als vorher, usw.

Diese Deutung muß aber sofort *sehr stark relativiert* werden, wenn man Verben der Veränderung betrachtet, deren Perfekt mit «haben» gebildet wird, z. B. «Er *hat* sehr gealtert» (dann *ist* er ja alt geworden) – Das Gewicht *hat abgenommen* (dann *ist* das Gewicht geringer) usw. Man hat ja auch bei den reinen «Existenzverben» nebeneinander «Das *ist* einmal vorhanden *gewesen* –Das *hat* einmal *existiert*».

Einer Verknüpfung mit «Sein 3» widerspricht auch der Gebrauch des gleichen «ist» in einem Perfekt Aktiv und einem Präsens des Zustandspassivs, mit sehr verschiedener Bedeutung trotz genau gleichem Verb:

| Er *ist gestürzt* | *er stürzte*, tat einen Sturz |
| | man *hat ihn gestürzt*, er ist jetzt nicht mehr an der Macht |

Für alle Verben, die ein *Handeln*, ein *Fassen, Ergreifen, Halten* und auch ein reines «*Haben*» darstellen, material oder rein gedanklich, wird das Perfekt mit «*haben*» gebildet: «Er *hat* das *gemacht*, wir *haben* etwas Neues *entwickelt*, ich *habe* es *gesehen*, wir *haben* auch einmal so etwas *gehabt*» usw. Hier kann man gelegentlich eine gedankliche

Verbindung herstellen mit «Haben 2, Verfügen über Güter, Besitz» (Ziff. 12.34) und man kann argumentieren, wer etwas *gemacht habe*, der *habe* es jetzt als Produkt vor sich, oder ähnlich.

Das Paradebeispiel für eine solche Verknüpfung von «haben» als Perfektsignal und «haben» als Hauptverb, im Rahmen des Semantems «Haben 2» liefern die bekannten Verse 682–683 aus dem «Faust» mit der doppelten Verständnismöglichkeit bei Vers 682:

⌜Was du *ererbt* von deinen Vätern *hast*⌝ { was du *erben konntest* / was du *als dein Erbteil im Besitz hast* }
⌜Erwirb es,⌝ ⌜um es zu besitzen⌝

Die doppelte Auffassungsmöglichkeit ist auch in der *französischen* Übersetzung von Nerval nicht ausgeschlossen:

⌜Ce que tu as hérité de ton père⌝ { ce que tu *héritas* / ce que tu *as comme héritage* } de ton père
⌜acquiers-le⌝ ⌜pour le posséder⌝

Eindeutig den *Prozeß* des Erbens, nicht das Resultat stellt *Arndt* in seiner Übersetzung dar (mit dem Verb «receive» im past tense):

⌜What you *received* but as your father's heir⌝
⌜Make it your own⌝ ⌜to gain possession of it⌝

Jarell übersetzt das deutsche Perfekt sogar durch ein Präsens, wohl um den Charakter einer Lebensweisheit, die generelle Gültigkeit deutlich zu machen:

⌜That which you *inherit* from your fathers⌝
⌜You must earn⌝ ⌜in order to possess⌝

Man kann also wohl generell festhalten, daß eine Ausdeutung eines «haben-Perfekts» durch Heranziehen von «haben» als Hauptverb (im Semantem «Haben 2») zwar *gelegentlich möglich* und reizvoll ist, daß aber *grundsätzlich* das «haben» in den Perfektzeiten als ein *reines grammatisches Mittel* zu betrachten ist, als *völlig abstraktes Signal* für «schon gemacht, schon erfolgt, schon vorbei».

Im *Französischen* ist der Anteil von «être» an der Bildung des passé composé usw. (noch) geringer als im Deutschen und derjenige von «avoir» entsprechend größer: «*J'ai été*» gegenüber «Ich *bin gewesen*» – «Il *a marché* très vite» gegenüber «Er *ist* sehr schnell *gegangen*» usw.

Im *Englischen* ist «*have*» das *einzige* Gefügeverb für die Bildung von perfect und pluperfect, was den vom Deutschen her kommenden Englisch-Anfängern zunächst sonderbar vorkommen kann: «It *has been* – It *has become*» usw. gegenüber «Es *ist gewesen*, Es *ist* so *geworden*».

Bemerkenswert ist die Verteilung bei den *reflexiven* Verben. Im *Deutschen* verwendet man ausschließlich «haben», auch wenn durch den Vollzug des im Verb dargestellten Handelns der *Zustand* der im Subjekt dargestellten Person eindeutig *verändert worden* ist: «Er *hat sich geärgert* – Er *ist ärgerlich*» oder «Ich *habe mich erkältet* – Ich *bin heute erkältet*».

Dagegen hat man im *Französischen* (in seiner Standardform, in manchen volkstümlichen Varianten ist es anders) durchgehend «être», und das ist in Beispielen wie «*je me suis levé*» (= je suis debout) oder «*Je me suis lavé*» (et maintenant je suis bien lavé, bien propre) durchaus mit dem Semantem «Sein 3, Charakteristik des im Subjekt Genannten» (Ziff. 12.37) zusammenzubringen. Das geht natürlich gar nicht mehr, wenn ein nominales complément direct vorhanden ist wie «*Je me suis lavé le visage*».

Am freiesten ausdeutbar ist wohl «esse» in den Perfektzeiten im Lateinischen, im Passiv ohnehin, aber auch oft bei den Deponentien – denn das Partizip Perfekt Passiv ist ja gar nicht von Grund auf ein «Passiv». So kann man wohl durchaus paraphrasieren: «*Locutus est*, er *ist ein Sprechender gewesen*, ist als Sprecher aufgetreten» oder «Id *consecutus sum* – ich *bin einer, der das erreicht hat*».

12.48 Ansätze zur Bildung eines «haben-Perfekts» im Lateinischen

Auch in der Bildung der Vergangenheitszeiten ist das Lateinische gar nicht so durchgehend eine «synthetische» Sprache, die mit einwortigen Formen auskommt, wie man es vor allem im Anfängerunterricht hie und da den Schülern erklärt. Man findet durchaus Beispiele für die Kombination von «habere» mit Partizip Perfekt zur Darstellung des Vergangenseins von etwas, des Vollzogen-Seins von etwas, und von solchen Ansätzen ist dann offensichtlich die Entwicklung der Perfektformen mit «avoir» wie mit «have» (und auch im Deutschen mit «haben») ausgegangen.

In der «Hecyra» finden sich in den 30 Stellen, in denen «habere» vorkommt, gleich drei Kombinationen dieser Art.

1 Pamphilus sagt über die Entwicklung seiner Liebe von der Kurtisane Bacchis weg und hin zu der zuerst so unwillig geheirateten Philumena (Vers 254):

| Priusquam hanc uxorem duxi *habebam* alibi *animum amori deditum* |

Hier kann man durchaus eine Darstellung von Vorzeitigkeit sehen (einen Vorläufer unseres Plusquamperfekts): «Vorher *hatte* ich mein Herz anderswo der Liebe *ergeben*, mich anderswo gebunden» – man kann aber auch einfach einen vergangenen Zustand sehen: «Vorher *hatte* ich anderswo eine Liebesbindung».

Die französische Fassung läßt sich auf zwei Arten verstehen:

| *J'avais le coeur occupé* d'un autre amour | ich hatte mein Herz anderswo gebunden
ich hatte ein Herz, das anderswo gebunden war |

Die englische Fassung verwendet das Semantem «Haben 3 b» (Ziff. 12.34):

| My heart *had a devotion* elsewhere |

2 Sostrata dankt ihrem Sohn Pamphilus, daß er die Bindung an sie, seine Mutter, höher gewertet hat als diejenige zu seiner Frau, die er doch so liebt:

| Pater me narravit quo pacto *me habueris praepositam* amori tuo
Der Vater hat mir erzählt, wie du *mich* deiner Liebe (zu deiner Frau) *vorgezogen hast* |

Hier haben sowohl die französische wie die englische Übersetzung ein passé composé bzw. simple past:

> (Il m'a raconté) ⌢comment tu *m'as préférée* à ton amour⌢
> (He told me) ⌢how you *set me before* your love⌢

3 Bacchis beteuert gegenüber Laches, daß sie sich völlig von Pamphilus gelöst, diesen freigegeben hat (Vers 752):

> ... ⌢me *segregatum habuisse* ⌢uxorem ut duxit⌢ a me Pamphilum⌢
> ... ⌢daß ich Pamphilus *von mir getrennt gehalten* habe⌢, ⌢als er eine Frau genommen hatte⌢
> ... ⌢j'ai *éloigné de moi* Pamphile⌢ ⌢depuis qu'il a pris femme⌢
> ... ⌢ever since Pamphilus married⌢ ⌢I *have kept* him *at a distance*⌢

Auf der andern Seite gibt es auch im Englischen, Französischen und Deutschen Kombinationen aus «have/avoir/haben» + Partizip II, die *keine Vergangenheit* darstellen, sondern ein «*Bekommen, Erhalten*»:

> ⌢He would *have his hair cut*⌢ ⌢Il voudrait *avoir ses cheveux coupés*⌢ ⌢Er möchte *die Haare geschnitten haben*⌢

Im Deutschen kann man das Verb «stehen», das allermeistens als Hauptverb dient, in der besonderen Kombination mit «geschrieben, gedruckt» als Gefügeverb verwenden:

> ⌢Hier *steht* es ja *geschrieben*⌢   ⌢Es *steht* hier sogar *gedruckt*⌢ («Es steht ja im Text»)

Es gibt also *neben* aller klaren Grammatikalisierung von Gefügeverben, vor allem zur Bildung der grammatischen Zeiten, auch *Übergangszonen*, wo sich der Unterschied zwischen Gefügeverb und Hauptverb nicht mehr eindeutig fassen läßt.

12.49 Namen-Gebung und Namen-Verwendung – Semanteme dafür neben «Sein 1 – Sein 2 – Sein 3»

Mit der Verwendung von «sein – être – be – esse» für das *individuelle Identifizieren* («Sein 1») und das *Einordnen als wählbares Exemplar* eines Typs, einer Menge («Sein 2») – in gewissem Sinn auch mit dem *Zuschreiben einer Charakteristik* («Sein 3»), Ziff. 12.37 sind *zentrale intellektuelle Akte* angesprochen, und alle drei Verwendungsweisen dieses häufigsten Verbs in allen vier Sprachen spielen daher auch in der Entwicklung von *Logiken* seit jeher eine zentrale Rolle.

Grundsätzlich ist der intellektuelle Akt «dasjenige in sich aufrufen und gedanklich vor sich hin stellen, was durch einen Eigennamen oder generell durch ein nennendes Wort in der jeweiligen Sprache bezeichnet wird» *bei allem* Textschaffen und Textverstehen beteiligt. Aber in den hier betrachteten verbalen Semantemen «Sein 1 – Sein 2 – Sein 3» ist ein solcher Akt gewissermaßen *in reiner Form* zu vollziehen, er ist der *Zweck* bei der Verwendung dieser Semanteme, *nicht nur* die (unerläßliche) *Voraussetzung*, wie bei der Verwendung aller andern Semanteme. Das gilt sowohl bei der Benutzung von Eigennamen wie bei der Verwendung (und oft: Neuschaffung) einer nennend-charakterisierenden Darstellung der betreffenden Person oder andern Entität (zu diesem Unterschied siehe schon Ziff. 7.22 und 7.23). Ein grobes Paar von Beispielen, zur Illustration:

> ⌢Das *ist der Schalter für die Heizung*⌢

Das *Identifizieren* der Entität «*Schalter für die Heizung*» ist der *Zweck* bei der Formulierung, der Verwendung dieser ganzen Proposition

| Ich *drehe jetzt den Schalter für die Heizung* | Das Identifizieren, die Kenntnis von «Schalter» usw. ist die *Voraussetzung* für das *Verstehen des ganzen* dargestellten Handelns, nämlich «Der *Schalter wird gedreht*, und zwar *durch mich*» |

Wenn man nun nicht primär den (an sich fundamentalen) logischen und verstehenstheoretischen *Unterschied in der Funktion* des intellektuellen Akts «Identifizieren, Einordnen als ...» ins Auge faßt, sondern den *konkreten Aufbau der Sprachen*, so stellt man fest: eine klare *Unterscheidung* von Namen-*Gebung*, Namen-*Zuweisung* (als ein erstmaliger, einmaliger Akt) und von *Namen-Verwendung* (auf Grund früher erfolgter Namen-Gebung – als jederzeit neu zu vollziehender Akt) ist *allermeistens überhaupt nicht vorhanden*. Man kann mit den *gleichen* spezielleren Semantemen darstellen, in allen vier Sprachen, daß jemand/etwas einen Namen *erhält*, daß ihm ein Name *gegeben* («verliehen») wird und daß er (von einem an sich nicht mehr interessierenden früheren Benennungsakt her) diesen Namen *trägt*, daß man diesen Namen *für ihn verwendet*. Die Unterscheidung von «Namen*gebung*, primär» und «Namen*verwendung*, beliebig später» wird, wenn sie überhaupt eine Rolle spielt, durch die verwendete grammatische Zeit oder besondere Zeitangaben deutlich gemacht:

⁀Man *taufte* ihn (auf den Namen) *Johannes*⁀	⁀Ich *bin* (auf den Namen) *Johannes getauft*⁀
⁀On l'*a baptisé Jean*⁀	⁀J'ai été baptisé Jean⁀
⁀The child *was christened John*⁀	⁀I *am christened John*⁀

Dazu ist bei den Verben «taufen – baptiser – baptize/christen – (spätlat.) baptisare» immer auch die Aufnahme in eine christliche Kirche mitgemeint, und in der übertragenen Verwendungsweise «The ship was baptized Joan» spielt auch noch eine Art von Aufnahme in eine «Gemeinschaft von Entitäten» mit.

Noch offener sind die Semanteme mit den Verben, die direkt mit «*Name – nom – name – nomen*» verknüpft sind: «*nennen – nommer – name – nominare*»:

⁀Man *nannte* ihn den Vater des Vaterlandes⁀	Man denkt an den *Akt*, in welchem ihm dieser Ehrenname verliehen wurde, *oder* an die *fortdauernde Geltung* dieses Ehrennamens für ihn
⁀On *le nommait* / l'*a nommé* le père de la patrie⁀	
⁀They *named* him «pater patriae»⁀	
⁀Patrem patriae *eum nominaverunt / nominabant*⁀	

Alle vier Verben, und noch mehr die besonders häufigen «*heißen – appeler / s'appeler – call / be called – dicere / dici*» dienen ohnehin als Kerne in ganz verschiedenen Semantemen, die im einzelnen zu behandeln hier nicht der Ort ist:

| Sie *nannten* dich für diesen Posten (= Sie schlugen dich vor) |
| Il *a été nommé* profeseur   Er wurde zum Professor ernannt |
| Can you *name* all the plants in this garden?   Kannst du sie nennen, aufzählen? |
| Fabium dictatorem *nominaverunt / dixerunt*, Fabius dictator *dictus est*   Sie wählten ihn, er wurde gewählt |

| Man *hieß* ihn warten   (man forderte ihn auf, «Antrieb von außen») |
| On *a appelé le médecin*   man hat ihn gerufen, geholt (vgl. Ziff. 12.32) |
| She *called to her father for help*   Sie rief ihn zu Hilfe |
| Diem *nuptiis dixit*   Er setzte den Tag für die Hochzeit fest |

Eine feste Wendung ist «*Let's call it a day*» («Das war ein Tag – genug getan für diesen Tag»)

Man kann aber die Semanteme «so heißen – s'appeler – be called» auch verwenden, um die *Angemessenheit* einer Benennung zu diskutieren oder das *dadurch Benannte selbst* als problematisch zu kennzeichnen. Ein schönes Beispiel dafür bietet die Klage Fausts über sein mit Büchern und Instrumenten vollgestopftes Studierzimmer (Vers 410, übersetzt von de Nerval, Arndt, Jarell):

⌜*Das ist* deine Welt⌝! ⌜*das heißt* eine Welt⌝!	⌜Et *c'est* là ton monde⌝, ⌜et *cela s'appelle* un monde⌝!
⌜*This is* your world⌝! ⌜*Call this* a world⌝!	⌜*That is* your world⌝, ⌜*that's called* a world⌝!

Hier wird sowohl die *Angemessenheit der Bezeichnung* «Welt» wie die *Existenz* dieser engen Welt, das *Gefangensein in ihr* kritisiert; man kann paraphrasieren: «Dieses enge Mauerloch *nennst du* deine Welt – Eine schöne Welt *ist das* – *Mach ein Ende* mit dem Eingeschlossensein in dieser dich unerträglich einengenden Welt» oder noch anders.

12/V Darstellung von Personen oder andern Entitäten durch ganze Propositionen, Relativsätze als grammatische Elementarstruktur

12.50 Zusammenhänge zwischen Innenbau von Propositionen und Verknüpfung mit andern Propositionen

Im Anschluß an die Untersuchung des Innenbaus von Semantemen und auf ihnen basierenden verbalen Propositionen – Bedeutungsbeiträge von verbalem Kern und festen Stellen für Satzglieder, wie hier an den Semantemen mit den häufigsten Verben in den vier Sprachen gezeigt – sind nun zur Vervollständigung des gewonnenen Bildes noch einige Aspekte zu beleuchten, die gleicherweise den *Innenbau* einer Proposition *und* ihre *Verknüpfung* mit *andern* Propositionen betreffen.

Es geht dabei vor allem um das Problem der *Relativsätze,* die auf *gleicher gedanklicher Ebene* zu sehen sind wie ihre Hauptsätze – die Nebensätze mit Relativ (bzw. im Lateinischen mit Interrogativ) als *inhaltliche Teile* oder auch als *dominante* Teile sind in Teil 10 behandelt (Ziff. 10.09 und 10.45 zweite Hälfte), die Nebensätze (oder einfachen Sätze in Nebensatzform) mit dem auch als Relativ auffaßbaren «wie – comment – how – quam» in Ziff. 10.53, zweite Hälfte. In Ziff. 10.56 werden auch schon die Nebensätze mit «wer, was» usw. auf gleicher gedanklicher Ebene einbezogen, und das ist jetzt wieder aufzugreifen.

Es können hier durch die gleichen Formalstrukturen recht verschiedene Bedeutungsbeziehungen signalisiert sein. Diese sind jetzt im größeren Zusammenhang zu betrachten, und damit ebenso die oft für die gleichen Bedeutungsbeziehungen möglichen Propositionen mit Adjektiv oder Partizip als Kern (z. B. «Un riche laboureur, *sentant sa mort prochaine,* fit venir ses enfants ...») und gelegentlich die Propositionen mit «zu-Infinitiv» als Kern auf gleicher gedanklicher Ebene, auffaßbar als Zweck oder als reine Folge oder einfach als Fortführung und Verdeutlichung (z. B. «Wer Ohren hat *zu hören,* der höre» – paraphrasierbar als «*um zu* hören, *damit* er hören *kann* – *so daß* er hören kann – *mit deren Hilfe* er hören kann».

Zum Abschluß soll dann nochmals die schon in Ziff. 12.02 ausgesprochene Frage aufgegriffen werden, *wie weit* die strukturierende Wirkung eines Semantems über die direkt mit seiner Hilfe gebildete Proposition *hinausgeht* und wie man von der Betrachtung des Zusammenhangs zwischen *benachbarten* Propositionen zur Untersuchung des *Textaufbaus überhaupt* gelangt.

12.51 Grundsätzliches zum Nennen und Charakterisieren von Entitäten durch ganze Propositionen

Für das Nennen und Charakterisieren der *Personen und andern Entitäten*, von denen man sprechen will, dienen in erster Linie die *nichtverbalen Wörter*, nämlich *Nomen, Pronomen, Adjektive*, sehr oft eingebaut in Begleitgefüge und Anschlußgefüge, und diese Wörter und Wortkomplexe fügt man dann an den betreffenden Bedeutungsstellen der verbalen Semanteme ein.

Manchmal findet man aber für dieses Nennen und Charakterisieren *nicht die geeigneten* nichtverbalen Wörter, auch wenn man die Möglichkeiten der Darstellung durch oft vielwortige Begleitgefüge und Anschlußgefüge und die Verwendung von Partizipien (im Deutschen auch die Möglichkeit, jeden Infinitiv als Nomen zu brauchen) voll ausnützt. Manchmal will man auch *von vornherein* in *eine* Semantemstelle nicht nur eine Nennung und eventuell erste Charakteristik, sondern einen *ganzen diese Entität noch genauer beschreibenden Ablauf*, ein *Handeln* im Blick auf die Entität usw. hineinnehmen. In beiden Fällen greift man zur *Kombination* von nichtverbalem Wort und daran eng angeschlossener verbaler Proposition (im Deutschen, Französischen und Lateinischen mit Hilfe eines Relativs, im Englischen auch ohne Relativ, in einer «contact clause»), oder man bildet eine Proposition mit Relativ, die *für sich allein* die betreffende Satzgliedstelle ausfüllen kann. Insgesamt kann durch diese Möglichkeiten der – an sich schon große – Bestand an Bedeutungen zur Darstellung von Entitäten, den es in jeder Sprache gibt, *praktisch unbegrenzt erweitert* werden, und die stilistischen Möglichkeiten können sich geradezu vervielfachen.

12.52 Eine Elementarstruktur: Anschluß-Relativsätze, eng oder lockerer an ein Bezugswort angefügt

Ein Problem für das zureichende Erfassen des Zusammenhangs zwischen dem Hauptsatz mit dem «Bezugswort» und der durch Relativ angeschlossenen Proposition (traditionell: «attributiver Relativsatz», hier etwas knapper und griffiger «Anschluß-Relativsatz» genannt) ergibt sich aus der Tatsache, daß die *gleiche* grammatische Elementarstruktur «nichtverbales Bezugswort im Hauptsatz – durch Relativ angeschlossener Nebensatz» einen *sehr engen* und einen *ganz losen* Zusammenhang signalisieren kann, ohne scharfe Grenzen zwischen beiden.

Ein Anschluß-Relativsatz kann *so eng* mit seinem Bezugswort und durch dieses mit dem Hauptsatz zusammengehören, daß man den *Hauptsatz ganz falsch verstehen* könnte, wenn man nicht die durch den Relativsatz gelieferte genauere Charakteristik zum im Hauptsatz vorhandenen Bezugswort *sofort dazunimmt*. Ein solcher Anschluß-Relativsatz ist also «*notwendig*» schon für das ganz elementare Verständnis. In den englischen Grammatiken spricht man von «*restrictive*» oder mit einer wohl treffenderen Bezeichnung «*defining*» relative clause. Ein Anschluß-Relativsatz kann aber auch, ohne daß man das an einer andern Formalstruktur ablesen kann, eine *zusätzliche Kennzeichnung* des im «Bezugswort» schon zureichend Dargestellten liefern, so daß man den Hauptsatz *auch ohne den Relativsatz* schon durchaus richtig und zutreffend versteht. Man hat dafür in der deutschen Grammatik den Fachausdruck «weiterführender Relativsatz» eingeführt, in den englischen Grammatiken sind das die «non-restrictive» oder «non-defining» relative clauses. Ein Beispiel aus der «Current English Grammar» von Sylvia Chalker, 1984, Ziff. 11.27, mit französischer und deutscher Wiedergabe:

| I would hate to have *a car* { *that* / *which* } kept breaking down |
| Ça m'ennuierait terriblement d'avoir *une voiture* qui tombe en panne immédiatement |
| Es würde mich stören einen *Wagen* zu haben der/welcher nächstens zusammenbricht |

Wer das sagt oder schreibt, den stört *keineswegs* die Tatsache, einen *Wagen zu haben* – im Gegenteil, er möchte sehr wohl einen haben. Was hier stört, ist die Aussicht, einen Wagen *mit der schlechten Eigenschaft*, die im Anschluß-Relativsatz genannt ist, zu bekommen.

Ein literarisches Beispiel (aus Max Frisch, Biographie, englisch von H. Bullock, 1969):

| Sie will ihr eigenes Leben, sie *sucht keinen Mann*, der meint, daß sie ohne ihn nicht leben kann. |
| She wants a life of her own; she *isn't looking for a man* who thinks she can't live without him |

Antoinette, von der hier die Rede ist, *sucht sehr wohl* einen Mann – aber eben *keinen*, der *ohne sie nicht leben zu können glaubt* und sie daher viel zu sehr vereinnahmt. Nun aus der gleichen Grammatik-Seite von S. Stalker wie das erste Beispiel eines für *non-defining* relative clause:

| I don't like *the Grant's dog*, which barks all night |
| Je déteste *le chien des Grant*, qui aboie toute la nuit (= parce qu'il aboie toute la nuit) |
| Ich hasse *den Hund der Grants*, der (welcher) die ganze Nacht bellt/heult (= weil er ...) |

Hier gilt die Feststellung «I don't like the Grant's dog – Je déteste le chien des Grant – Ich hasse den Hund der Grants» *auf alle Fälle*. Man versteht diesen Hauptsatz schon völlig richtig, *bevor* man den Anschluß-Relativsatz gelesen und das darin beschriebene Verhalten des Hundes zur Kenntnis genommen hat. Man könnte daher statt des Anschluß-Relativsatzes einen gereihten Teilsatz folgen lassen oder hier auch einen begründenden Nebensatz (gemäß Ziff. 10.81):

I don't like the Grant's dog, *he barks all night*	oder:	*for he barks all night*
Je déteste le chien des Grant, *il hurle toute la nuit*	oder:	*car il hurle toute la nuit*
Ich hasse den Hund der Grants, *er heult die ganze Nacht*	oder:	*denn er heult* die ganze Nacht / *weil er* die ganze Nacht *heult*

Der Unterschied zwischen den beiden Arten von Anschluß-Relativsätzen schlägt sich im Englischen und Französischen auch in der Regelung für das *Komma* nieder (siehe schon Ziff. 2.17 und 2.18): der *notwendige* Relativsatz, die «*defining* relative clause» wird *nicht* durch ein Komma abgegrenzt, wohl aber der *weiterführende* Relativsatz, die «*non-defining* relative clause». Im Deutschen macht man diesen Unterschied in der Kommasetzung nicht (und die Kommasetzung in den lateinischen Texten stammt ohnehin erst von den modernen Herausgebern und richtet sich weitgehend nach der Sprache dieser Herausgeber, siehe Ziff. 2.21).

Die Unterscheidung ist auch *längst nicht immer so eindeutig* vorzunehmen wie in den Beispielsätzen der Grammatiken – und sie hat allermeistens für das Verstehen wenig bis gar kein Gewicht, weder für das Leseverstehen noch für das Hörverstehen. Zur

Überprüfung der Frage «notwendig oder nicht, defining oder nicht» (im Englischen und Französischen ohne Komma oder mit Komma) zwei Übersetzungsbeispiele, eines aus Catull und eines aus Rousseau, Confessions, Buch 12, gegen Ende.

Catull baut in seinem Gedicht (Nr. IV der Sammlung) eine Gesprächssituation auf, in der er seinen Gästen ein leichtes Schiff zeigt und ihnen die hervorragenden Fahreigenschaften dieses Schiffes rühmt:

⌐Phaselus⌐ ille ⌐quem videtis⌐ ⌐hospites⌐ ait⌐ ⌐fuisse navium celerrimus⌐

⌐Das Boot⌐ dort, ⌐das ihr seht⌐, ⌐Freunde⌐, erklärt , ⌐es sei das schnellste von allen Schiffen gewesen⌐

⌐Ce *fameux* cotre ⌐que vous voyez⌐, ⌐mes amis⌐, dit⌐ ⌐avoir été le plus rapide des bateaux⌐

⌐The pinnace ⌐you see⌐, ⌐my friends⌐ says⌐ ⌐that she was once the fleetest of ships⌐

Der Anschluß-Relativsatz «*quem videtis – que vous voyez – you see*» ist im französischen und im englischen Text nicht durch Komma abgegrenzt (das Komma am Ende ist durch die als eigene Proposition zu betrachtende Anrede «mes amis – my friends» bedingt): es liegt also ein «notwendiger Relativsatz» vor, eine defining clause. Das wird im Englischen auch durch die Form der «contact clause», ohne Relativ, klar. Die durch den Relativsatz gegebene Kennzeichnung der Lage (vor den Augen der Freunde, ihnen sichtbar) ist aber für ein angemessenes Verstehen *keineswegs unentbehrlich*, sie ist also nicht im strengen Sinn «defining». Wenn man das «ille» im lateinischen Original ernst nimmt, sind auch die folgenden Fassungen ohne den Anschluß-Relativsatz durchaus sinnvoll und keineswegs unvollständig oder das Verstehen in eine andere, hier unzutreffende Richtung führend: «*Phaselus ille, hospites, ait* fuisse navium celerrimus – *Das Boot dort, meine Gäste, erklärt,* es sei das schnellste von allen Schiffen gewesen – *Ce cotre-là, mes amis, dit* avoir été le plus rapide des bateaux – *The pinnace there, my friends, says* she was once the fleetest of ships».

Rousseau spricht im 12. Buch seiner «Confessions», gegen den Schluß, von der Muße, die er zu finden hofft auf der St. Petersinsel im Bielersee, auf die er mit Erlaubnis der gnädigen Herren von Bern 1765 gekommen ist. Er charakterisiert dann diese «Muße», die «oisiveté»:

⌐L'oisiveté ⌐que j'aime⌐ n'est pas celle *d'un fainéant*⌐
⌐qui reste là les bras croisés⌐ dans une inaction totale⌐ ⌐et ne pense pas plus⌐ ⌐qu'il n'agit⌐

⌐The idleness ⌐I love⌐ is not that *of an insolent fellow*⌐
⌐who stands with folded arms⌐ in perfect inactivity⌐, ⌐and thinks as little⌐ ⌐as he acts⌐

⌐Die Muße, ⌐die ich liebe⌐, ist nicht diejenige *eines Nichtstuers*⌐,
⌐der mit gekreuzten Armen dasitzt⌐, in völliger Untätigkeit⌐, ⌐und weder etwas denkt noch etwas tut⌐

Hier liegt zweifellos zunächst ein eng angeschlossener Relativsatz vor, eine defining clause (englisch als contact clause, ohne Relativ). Man muß, um richtig zu verstehen, die «oisiveté», die «Muße», die «idleness» *auf den hier sprechenden Rousseau* beziehen, sie als *seine persönliche Haltung* erfassen. Wenn man den Anschluß-Relativsatz weglassen wollte, müßte man dafür die persönliche Beziehung durch ein betontes Possessiv signalisieren, etwa: «*Meine* Muße ist nicht ... *Mon oisiveté* à moi, ce n'est pas ... *My idleness*, that is not ...».

Aber die zwei folgenden Relativsätze («*qui reste... et ne pense pas ...*» – «*who stands ... and thinks as little ...*»), die das Verhalten eines «fainéant» charakterisieren, sind keineswegs «notwendig» (trotz der fehlenden Kommas); sie liefern eine zusätzliche Beschreibung desjenigen Verhaltens, das mit der hier gelobten «*oisiveté – Muße*» gerade *nicht* gemeint ist.

Im nächsten ganzen Satz läßt nun Rousseau der negativen Beschreibung (dem, was seine «oisiveté» *nicht* ist) eine positive Kennzeichnung folgen:

> C'est à la fois celle *d'un enfant* ⌒qui est sans cesse en mouvement⌒ ⌒pour ne rien faire⌒
> ⌒et celle *d'un radoteur* ⌒qui bat la campagne⌒ tandis que ses bras sont en repos⌒.
>
> ⌒It is the idleness *of a child* ⌒who is incessantly on the move⌒ ⌒without ever doing anything⌒,
> ⌒and at the same time it is the idleness *of a rambling old man* ⌒whose mind wanders⌒
> ⌒while his arms are still⌒.
>
> ⌒Es ist die Muße *eines Kindes*⌒, ⌒das immer in Bewegung ist⌒, ⌒ohne eigentlich etwas zu betreiben⌒,
> ⌒und diejenige *eines Plauderers und Phantasten*⌒, ⌒der durch das Land streift⌒,
> ⌒ohne dabei irgendwo Hand anzulegen⌒.

Auch hier steht weder im französischen Original noch in der englischen Fassung vor dem «qui» bzw. «who, whose» ein Komma – aber trotzdem kann man die mit den beiden Relativsätzen gegebenen Charakteristiken zu «enfant / child» und «radoteur / rambling old man» auch als neues Stück Information in einem gereihten Teilsatz anfügen:

> ... l'oisiveté d'un enfant – *(car) un enfant est toujours en mouvement* pour ne rien faire
> ... celle d'un radoteur – *un tel homme peut battre la campagne* tandis que ses bras sont en repos

Ob man nun solche Umformungen im einzelnen akzeptiert oder nicht, sie können doch eines deutlich machen: Es handelt sich bei «defining/restrictive» gegenüber «non-defining, non-restrictive» *nicht* um verschiedene *Bedeutungsbeziehungen an sich*, sondern um eine *verschiedene Bildung von Einheiten* beim *Textaufbau*, durch *den Verfasser*, und daher auch *Verschiedenheit* der Einheiten, die man *beim Hören/Lesen* nur *als Ganze* richtig auffaßt. Man hat hier *keine* Erscheinung der *Grammatik*, sondern eine Erscheinung des *Textaufbaus überhaupt*. Es ist auch bei ganz andern Formalstrukturen und Bedeutungsbeziehungen möglich, daß man das in einer Proposition Gesagte erst richtig versteht, wenn man eine nächste Proposition (oder sogar mehrere) gehört bzw. gelesen hat. Ein Beispiel (Gespräch, in welchem es um eine Erlaubnis für jemanden geht, oder jedenfalls um eine Zustimmung):

> ⌒Natürlich kannst du zu dem Fest gehen⌒ { ⌒Ich freue mich sogar⌒, ⌒wenn du das tust⌒.(A)
> ⌒Du *mußt aber wissen*⌒, ⌒*daß* es mich *stört*⌒.(B)

Bei der Fortsetzung (A) wird das Verständnis, das sich aus der ersten Proposition gebildet hat, gesichert und verstärkt: der Angesprochene kann *wirklich* gehen. Bei Fortsetzung (B) dagegen wird das zuerst gebildete Verständnis wesentlich *eingeschränkt*, wenn nicht völlig *umgedreht*: der Angesprochene kann *nicht* gehen, jedenfalls nicht ohne schlechtes Gewissen.

Alle drei Propositionen, diejenige für die Zusage und die beiden folgenden für die Einschränkung, gehören also eng zusammen, sie bilden *eine* Texteinheit, die nur als ganze zureichend verstanden werden kann – auch wenn die Zusage als einfacher Satz dasteht und die Einschränkung als neuer Satz, bestehend aus Haupt- und Nebensatz.

Solche Bildung von Einheiten (Einheiten im gesamten durch einen Text darzustellenden und von den Hörenden/Lesenden dem Text zu entnehmenden Informations-

Komplex) läßt sich nun aber *nicht schematisieren*, und sie läßt sich *nicht* an bestimmten *grammatischen Strukturen festmachen*, auch nicht an vorhandenen Bedeutungsbeziehungen. Sie läuft *weitgehend unbewußt* ab, sowohl beim Schaffen eines Textes wie beim Hören/Lesen, und sie kann in gewissen Grenzen bei *verschiedenen Hörern/Lesern etwas verschieden* erfolgen, *ohne daß* dadurch Mißverständnisse entstehen und dem Text irgendwie Gewalt angetan wird.

In diesem Rahmen ist nun auch die grammatische Elementarstruktur «Bezugswort + Anschluß-Relativsatz» zu sehen; sie läßt sich generalisiert so beschreiben: Eine in einer vorangehenden Proposition *schon genannte* Person oder andere Entität wird *wieder aufgerufen*, und zwar nicht durch ein «gewöhnliches» Satzglied, sondern durch eines, das *den Zusammenhang besonders stark betont* (wozu im Deutschen die Endstellung des finiten Verbs gehört). Die ganze Erscheinung ist daher erst zureichend zu erfassen, wenn man das *Wieder-Aufrufen* einer schon genannten Person oder andern Entität im Rahmen einer neuen Proposition *insgesamt* ins Auge faßt – und damit einen zentralen Aspekt dessen, was man «*Textzusammenhang, Textkohärenz*» nennt (zu diesem ganzen Bereich siehe auch speziell das Kapitel 12/VII, Ziff. 12.73–12.81).

12.53 Textzusammenhang durch Nennen und Wieder-Aufrufen von Entitäten; Relativsätze dabei

Der große Bericht *Caesars* zu Handen der römischen Öffentlichkeit über seine zehnjährige erfolgreiche Kriegführung in Gallien (durch die der bis heute wirkende Einfluß römischer Sprache, Verwaltung und Kultur in diesem zentralen Bereich Mitteleuropas begründet wurde) beginnt mit dem *Nennen und Charakterisieren der Völkerschaften*, die damals im heutigen Frankreich und Benelux und in der heutigen Schweiz wohnten.

Caesar verwendet für seine Beschreibung insgesamt 21 Propositionen (zum Teil mit Weitergeltung eines Bestandteils auch für folgende Propositionen, Ziff. 8.38–8.41, und mit Setzen eines für eine Proposition gedachten Bestandteils erst in der folgenden Proposition, Ziff. 8.42). Im folgenden wird versucht, die *Art und Weise des Textaufbaus*, die Schaffung der *inneren Zusammenhänge* durch die graphische Präsentation des Textes und zugehörige Kommentare durchsichtig zu machen und speziell den *Anteil von Relativsätzen* zu zeigen (sowohl Anschluß-Relativsätze wie Relativsätze, die ohne Bezugswort eine Satzgliedstelle ausfüllen und die im einzelnen in Ziff. 12.56 genauer zu behandeln sind):

1	*Gallia* est *omnis* divisa in *partes tres* Gallien als Ganzes ist unterteilt in drei Teile	Erstes Nennen der «*Gallia omnis*» und ihrer für die nachher zu gebende Beschreibung wichtigen *Gliederung in drei Teile*
2	*quarum unam* incolunt *Belgae* deren einen die Belgae bewohnen	*Wieder-Aufrufen* von «*partes*» aus (1), durch das Relativ «*quarum*», für das jetzt erfolgende Nennen der Bewohner der «*una pars*»
3	*alteram Aquitani* [incolunt] einen zweiten die Aquitanier	*Anknüpfen* an «*unam partem*» aus (2) durch «*alteram*» – Verknüpfung (durch «*quarum*» und Verb «*incolunt*») aus (2) zu entnehmen

12/V Darstellung von Entitäten durch ganze Propositionen; Relative   741

4	⌐tertiam⌐ [incolunt] den dritten [bewohnen]	Anknüpfen an das aus (2) und (3) präsente «*unam* partem – *alteram* partem» durch «*tertiam* (partem)», und nun Nennen der Bewohner dieser «pars» durch die als Subjekt zum weitergeltenden «incolunt» dienenden Propositionen (5) und (6) (in denen das schon für die erste Proposition geltende «appellantur» erst in der zweiten und das auch für die zweite geltende Relativ «qui» nur in der ersten gesetzt ist). Genauere Behandlung der Relativsätze dieses Typs in Ziff. 12.56–12.57.
5	⌐qui ipsorum lingua *Celtae*⌐ die in ihrer eigenen Sprache Kelten	
6	⌐nostra *Galli* appellantur⌐. in der unsrigen Gallier genannt werden	
7	⌐Hi omnes lingua, institutis, legibus inter se differunt⌐ Diese alle unterscheiden sich in Sprache, Gebräuchen und Gesetzen voneinander	Wieder-Aufrufen *aller drei* Bevölkerungsgruppen durch das Demonstrativ «*hi*» und das Mengenpronomen (oder Adjektiv) «*omnes*»
8	⌐Gallos ab *Aquitanis Garunna flumen*⌐ [dividit]	*Spezielles* Wieder-Aufrufen der *Gallier*, durch ihren Namen, zwecks Nennung ihrer Abgrenzung von den Aquitaniern und den Belgae, mit erneuter Nennung auch von deren Namen (Akkusativobjekt «Gallos» in (8) auch für (9) weitergeltend, und Verb «dividit» in (9) schon für (8) mitgeltend)
9	⌐a *Belgis Matrona et Sequana* dividit⌐ Die Gallier trennt von den Aquitaniern die Garonne, von den Belgiern die Marne und die Seine	
10	⌐Horum omnium fortissimi sunt *Belgae*⌐ Von diesen allen sind die tapfersten die Belgae	Nochmaliges Vergegenwärtigen aller *drei* Völkerschaften durch «horum omnium» zwecks Nennung der *besonderen Kriegstüchtigkeit* der (eigens nochmals genannten) *Belgae*
11	⌐propterea quod a cultu atque humanitate provinciae longissime absunt⌐ weil sie von der Kultur und verfeinerten Lebensweise unserer Provinz am weitesten weg sind	*Erster Grund* für die besondere Kriegstüchtigkeit der Belgae; daß «Belgae» als Subjekt zu denken ist, folgt aus (10)
12	⌐minimeque ad eos mercatores saepe commeant⌐ und (da) am wenigsten oft Händler zu ihnen gehen	*Zweiter Grund* für die Kriegstüchtigkeit, erste Hälfte; *Beziehung* des Gesagten auf die «*Belgae*» durch das Pronomen «eos» signalisiert; «quod» aus (11) weitergeltend
13	⌐atque ea ... apportant⌐	*Zweiter Grund* für die Kriegstüchtigkeit, *zweite Hälfte*; das Subjekt für (13) sind die «mercatores» aus (12); zum hier vorliegenden Übergang von Anschluß-Relativsätzen zu allein satzgliedbildenden Relativsätzen siehe Ziff. 12.56.
14	⌐quae ad effeminandos animos pertinent⌐ und das, was zur Verweichlichung der Gemüter führt, herbeibringen	
15	⌐proximique sunt *Germanis*⌐ und (da) sie am nächsten bei den Germanen sind	*Dritter Grund* für die Kriegstüchtigkeit, in (15) generell angedeutet, in (16) und (17) genauer dargestellt; «Belgae» als Subjekt zu «proximi *sunt*» aus (10) bis (12) hervorgehend, Kausalkonjunktion «*quod*» aus (11) und (12) weitergeltend; die hier neu ins Spiel kommenden «*Germani*» werden in (15) durch den *Dativ* genannt und in (16) durch das Anschlußrelativ «qui» wieder aufgerufen, ebenso in (17) durch «quibus»; daß für (17) wieder «*Belgae*» als Subjekt zu verstehen ist, hat man aus (10), (11), (12) und (15) zu entnehmen
16	⌐qui trans Rhenum incolunt⌐ die jenseits des Rheins wohnen	
17	⌐quibuscum continenter bellum gerunt⌐ (und) mit denen sie immer Kriege führen	

18 ⌐Qua de causa Helvetii quoque reliquos Gallos *virtute praecedunt*⌐ Aus diesem gleichen Grund überragen auch die Helvetier in der Kriegstüchtigkeit die übrigen Gallier **19** ⌐*quod* fere cotidianis proeliis cum Germanis contendunt⌐ weil sie in fast täglichen Gefechten mit den Germanen kämpfen **20** ⌐cum aut suis finibus *eos prohibent*⌐ wenn sie entweder diese von ihrem Gebiet fernhalten **21** ⌐*aut ipsi* in *eorum finibus* bellum gerunt⌐ oder selber in deren Gebiet Krieg führen	*Nennen* einer *besonderen gallischen Volksgruppe*, nämlich der *Helvetier* (durch die Namen von Volksgruppe und Gesamtvolk) und *Betonen* der *Kriegstüchtigkeit* gerade *dieser* Volksgruppe (die Helvetier haben ja durch ihren Zug nach Südgallien das ganze Eingreifen von Caesar ausgelöst); Übergang von der vorhergehenden Beschreibung zu diesem besonderen Aspekt durch das besondere Stilmittel «*relativer Anschluß*», in welchem man sich mit einem «qu-Wort» auf eine ganze vorangehende Textpassage beziehen kann, hier in Kombination mit «causa». Daß die Helvetier auch in (19), (20) und (21) als Subjekt – als *Handelnde* – zu denken sind, entnimmt man aus (18). Das «cum» in (20) (temporal oder konditional auffaßbar, vgl. Ziff. 10.36) gilt auch für (21). Das Nachbarvolk «*Germani*», in (19) eigens genannt, wird in (20) durch «*eos*», in (21) durch «*eorum*» wieder aufgerufen.

12.54 Oft äquivalent: Anschluß-Relativsätze und Propositionen mit Partizip oder Adjektiv als Kern

Nicht selten kann man zur Darstellung einer Charakteristik frei *wählen* zwischen dem Bilden eines *Anschluß-Relativsatzes* und der Verwendung einer *Proposition mit Partizip*, gelegentlich auch mit Adjektiv als Kern (zu den Formen solcher infiniter Propositionen siehe Ziff. 8.04 für Deutsch, 8.17–8.18 für Französisch, 8.23–8.24 für Englisch, 8.35 sowie 8.36'A für Lateinisch). Beispiel für Wiedergabe eines lateinischen Anschluß-Relativsatzes durch non-finite clause mit «ing-form» in einer englischen Übersetzung des oben vorgeführten Caesar-Textes:

15 und 16:	⌐proxime sunt *Germanis*⌐ ⌐*qui* trans Rhenum incolunt⌐ ⌐they are nearest *to the Germans*⌐ ⌐*dwelling* beyond the Rhine⌐

Der Anwendungsbereich solcher non-finite clauses ist aber an sich erheblich breiter als derjenige der Anschluß-Relativsätze. So werden auch die finiten Nebensätze (20) und (21) des lateinischen Textes, die durch temporal/konditionales «cum» eingeleitet sind, in der englischen Übersetzung durch non-finite clauses wiedergegeben:

⌐cum *aut suis* finibus eos *prohibent*⌐ ⌐*aut ipsi* in *eorum finibus* bellum gerunt⌐
⌐either *endeavouring*⌐ ⌐*to keep them out* of Gallic territory⌐ ⌐or *waging an aggressive warfare* in *German territory*⌐

Umgekehrt wird in der englischen Übersetzung der folgenden Stelle ein *lateinischer Partizipialsatz* durch einen *Hauptsatz* und der zugehörige *lateinische Hauptsatz* durch einen *Nebensatz mit Infinitiv als Kern* wiedergegeben:

⌐Is (Orgetorix) … ⌐*regni cupiditate inductus* [N] coniurationem nobilitatis fecit [H]
… ⌐*his desire for the kingship led him* [H] ⌐to form a conspiracy of the nobility [N]

Dagegen behält der französische Übersetzer die Struktur «Partizipialsatz + Hauptsatz» bei:

12/V Darstellung von Entitäten durch ganze Propositionen; Relative

... *séduit par le désir* ᴺ *d'être roi* ᴺⁱⁿʰ il forma une conspiration de la noblesse ᴴ

Ein Fächer von Möglichkeiten für die Wiedergabe dieser Stelle im Deutschen:

| Dieser { *durch die Gier nach dem Königsrang angetrieben* ᴺ / *den die Gier nach dem Königsrang antrieb* ᴺ } zettelte eine Adelsverschwörung an ᴴ |
| Dieser zettelte *in seiner Gier nach dem Königsrang* eine Adelsverschwörung an |
| *Seine Gier nach dem Königsrang führte ihn dazu* ᴴᵈᵒᵐ eine Adelsverschwörung anzuzetteln ᴺⁱⁿʰ |

Ein Beispiel in deutscher Gegenwartssprache mit englischer Übersetzung (im Stück von Max Frisch «Biographie» wird in der ersten Szenenanweisung das Wohnzimmer beschrieben, in welchem Kürmann mit Antoinette sitzt und der ganze Lebensrückblick beginnt):

| In der Mitte stehen *die Möbel* ᴴ *die bei Spiellicht ein modernes Wohnzimmer darstellen* ᴺ |
| In the centre stands *the furniture* ᴴ *representing a modern living room* ᴺ *when the stage is lit for action* ᴺ |

Also für den deutschen Anschluß-Relativsatz eine non-finite clause mit ing-Form, für den deutschen Präpokasus «bei Spiellicht» ein englischer finiter Temporalsatz (auch im Deutschen möglich: «... *wenn das Spiellicht an ist*», vgl. Ziff. 10.55, Kurz-Ausdrücke für Annahme, Voraussetzung).

12.55 Verteilung auf Hauptsatz und Anschluß-Relativsatz als Mittel zur Hervorhebung

Wenn man bei der Darstellung eines an sich als einheitlich betrachteten Handelns/Verhaltens *eine* von den daran beteiligten Personen oder andern Entitäten *besonders hervorheben* will, kann man die betreffende Nennung *vorausnehmen* in einem Hauptsatz mit dem Semantem «Sein 1», Ziff. 12.37 und einem «es, das – ce – it, that» (das man teils als Subjekt, teils als Prädikativ betrachten kann – die genaue Klassierung ist hier völlig unwichtig); das *Hauptverb* mit allen andern besetzten Bedeutungsstellen läßt man dann *als Anschluß-Relativsatz* folgen.

Diese Art der Hervorhebung ist besonders beliebt im *Französischen*, wo man nicht einfach durch besondere Betonung oder durch Voranstellen eines Satzglieds, wie das im Deutschen möglich ist, etwas herausheben kann. Man hat dafür den besonderen Fachausdruck *«mise en relief»*. Man verwendet aber die grundsätzlich gleiche Technik auch im Deutschen und Englischen – dort sprechen die Grammatiker von «cleft sentences» (wörtlich: «gespaltene Sätze»), und sie haben dann manchmal einige Mühe, die so verwendeten Anschluß-Relativsätze in ihrem sonstigen System der Beziehungen zwischen Teilsätzen unterzubringen.

In einer einzigen Proposition	Verteilt auf Hauptsatz und Anschluß-Relativsatz
Dich suchen sie	*Du* bist es ᴴ *den* sie suchen ᴺ
Ils te cherchent	*C'est toi* ᴴ *qu'ils* cherchent ᴺ
They are looking *for you*	*That's you* ᴴ they are looking *for* ᴺ
Hier fehlt { *das Geld* / *es am Geld* }	*Das Geld ist es* ᴴ { *das* / *woran es* } hier fehlt ᴺ
L'argent fait défaut	*C'est l'argent* ᴴ *qui* fait défaut ᴺ

Einige speziell französische Beispiele (aus Mauger, Grammaire pratique du français d'aujourd'hui):

⌐C'est mécontent ᴴ⌐ qu'il est ᴺ	⌐C'est premier ᴴ⌐ que je voudrais être ᴺ	⌐C'est accepter ᴴ⌐ qu'il faut ᴺ
Für: Il *est mécontent*	Je *voudrais être premier*	Il *faut accepter*

12.56 Satzglied-Relativsätze, Grundsätzliches und Beispiele für Nennung von Nicht-Personalem

Nach den Anschluß-Relativsätzen ist nun die andere Variante der grammatischen Elementarstruktur «Propositionen mit einem Relativ als Einleitung» zu betrachten, nämlich diejenigen Relativsätze, die *nicht* an ein Bezugswort in einer vorangegangenen Proposition anschließen, sondern *ohne* Bezugswort stehen oder in sich selbst eine Art von globalem Bezugswort enthalten, z. B. französisch «*ce qui / ce que* ...». Ein offener Übergang zu den Anschluß-Relativsätzen liegt vor, wenn im Hauptsatz ein globales und oft ohne Informationsverlust weglaßbares Bezugswort steht (in deutschen Grammatiken auch «Stützwort» genannt), z. B. «Er tut, *was* ich ihm sage – Er tut *das, was* ich ihm sage – Er tut *alles, was* ich ihm sage».

Solche Relativsätze können daher für sich allein zur Besetzung einer Bedeutungsstelle eines Semantems dienen, das heißt den Platz eines Satzglieds ausfüllen, meistens denjenigen des Subjekts oder eines Akkusativobjekts, aber auch denjenigen eines Prädikativs. Daher wird hier die Bezeichnung «Satzglied-Relativsatz» verwendet, in Parallele zu den «Anschluß-Relativsätzen». Das bedeutet aber nicht, daß Satzglied-Relativsätze immer den Platz eines Satzglieds in einem zugehörigen Hauptsatz einnehmen müssen; sie können auch als gereihte Teilsätze oder als einfache Sätze gesetzt werden, zum Beispiel in den bekannten Gedichtzeilen von Eichendorf «Ach, *wer da mitreisen könnte / In der prächtigen Sommernacht*» oder in einem Ausruf der Verwunderung «*Was du nicht sagst!*».

Durch Verwendung eines Satzglied-Relativsatzes kann nun das *Bedeutungspotential* einer *ganzen verbalen Proposition*, nicht nur eines nichtverbalen Ausdrucks (Begleitgefüge, Anschlußgefüge) an einer Stelle oder sogar an zwei Stellen des verbalen Semantems, das dem Hauptsatz zu Grunde liegt, *eingebaut werden*, und zwar in allen vier Sprachen in entsprechender Art, auch wenn kleinere formale Unterschiede vorliegen. Ein Beispiel, in welchem sowohl die Stelle für das Subjekt wie diejenige für das Prädikativ durch Satzglied-Relativsätze ausgefüllt sind:

⌐Was er mir erzählte ᴺ ⌐war genau ᴴ ⌐was ich erwartet hatte ᴺ
⌐Ce qu'il m'a raconté ᴺ ⌐était exactement ᴴ ⌐ce que j'avais attendu ᴺ
⌐What he told me ᴺ ⌐was exactly ᴴ ⌐what I had expected him to tell ᴺ
⌐Quod mihi narravit ᴺ ⌐plane erat ᴴ ⌐quod exspectaveram ᴺ

Aufbau überall: Relativsatz als Subjekt + Kern des Hauptsatzes + Relativsatz als Prädikativ bzw. attribut du sujet bzw. subject complement bzw. Prädikatsnomen

Ein lateinisches Sprichwort mit strukturgleichen Übersetzungen:

⌐Quod differtur ᴺ ⌐non aufertur ᴴ	⌐Ce qui est différé ᴺ ⌐n'est pas perdu ᴴ
⌐What is delayed ᴺ ⌐isn't lost ᴴ	⌐Was aufgeschoben wird ᴺ ⌐ist nicht aufgehoben ᴴ

(Geläufigere Fassungen im Englischen und Deutschen sind: «All is not lost *that is delayed* – *Aufgeschoben* ist nicht aufgehoben»)

Nebeneinander von Stützwort (grundsätzlich weglaßbar) direkt vor dem Relativ im lateinischen Original, globalem Stützwort (nicht weglaßbar) im Innern der entsprechenden französischen Proposition und verdeutlichendem Nomen in der englischen Übersetzung zeigt sich in den Propositionen (13) und (14) des Caesar-Textes, der in Ziff. 12.53 als Beispiel für Textzusammenhänge analysiert ist:

> ⌜(minimeque saepe) *ea* ⌜*quae* ad effeminandos animos pertinent⌝ apportant⌝
>
> ⌜(les marchands) n'y introduisent pas⌝ ⌜*ce qui* est propre⌝ ⌜à amollir les coeurs⌝
>
> ⌜(least often visited) by merchants⌝ ⌜introducing *the commodities*⌝ ⌜*that* make for effeminacy⌝
>
> ⌜(am seltensten besucht) von Händlern⌝ ⌜die (*das*) herbeibringen⌝, ⌜*was* zur Verweichlichung führt⌝

Ein Beispiel mit aufnehmendem «id – le» im nachgestellten Hauptsatz aus Terenz, Phormio, Vers 43–45 (Davos klagt über die ungerechte Belastung der Armen durch die Reichen, weil sein Freund Geta Geld beschaffen muß für ein Geschenk für die Frau des Sohnes seines Herrn – Konstruktion schon in Ziff. 6.23'B diskutiert, bei «Prädikativum»):

> ⌜*Quod* ille unciatim vix de demenso suo ... compersit miser⌝ ᴺ ⌜*id* illa universum abripiet⌝ ᴴ
>
> ⌜*Ce qu*'il a, le pauvre, once par once, économisé avec peine sur ses rations⌝ ᴺ
> ⌜elle va *le* lui enlever en bloc⌝ ᴴ
>
> ⌜*What* my friend has struggled to save, farthing by farthing, from his rations⌝ ᴺ
> ⌜she'll swallow down with a bite⌝ ᴴ
>
> ⌜*Was* dieser Arme unzenweise mit Mühe von seinen Rationen zusammengespart hat⌝ ᴺ
> ⌜(*das*) wird diese Frau einfach schlucken⌝ ᴴ

Ein Übersetzungsbeispiel für die drei modernen Sprachen (Fausts Klage über das immer wieder fehlende Wissen über die Natur, Verse 1066–1167, de Nerval, Arndt, Jarell):

> ⌜*Was* man nicht weiß⌝ ᴺ ⌜*das* eben brauchte man⌝ ᴴ, ⌜Und *was* man weiß⌝ ᴺ ⌜kann man nicht brauchen⌝ ᴴ
>
> ⌜On use⌝ ᴴ ⌜*de ce qu*'on ne sait point⌝ ᴺ ⌜et *ce qu*'on sait⌝ ᴺ ⌜on n'*en* peut faire aucun usage⌝ ᴴ
>
> ⌜*What* we know not⌝ ᴺ ⌜*of that* our need is dire⌝ ᴴ ⌜And *what* we know⌝ ᴺ ⌜lacks application⌝ ᴴ
>
> ⌜*What* we don't know⌝ ᴺ ⌜is just⌝ ᴴ ⌜*what* we could use⌝ ᴺ ⌜And *what* we do know⌝ ᴺ ⌜is no use to us⌝ ᴴ

Offene Übergangszonen zwischen *Satzglied*-Relativsätzen und *Anschluß*-Relativsätzen gibt es besonders bei der Kombination mit Negationen. Ein Beispiel aus Cicero, De natura deorum, in knappem Ausschnitt aus einem längeren Satz:

> ⌜si ... nec est⌝ ⌜*quod* ab iis [deis] ad hominum vitam permanare possit⌝ ... (Satzglied-Relativsatz)
>
> ⌜s'il n'y a *rien*⌝ ⌜*qui* puisse aboutir de chez eux *jusqu'à la vie humaine*⌝ ... (Anschluß-Relativsatz zum Bezugswort «rien»)
>
> ⌜wenn es *nichts* gibt⌝ ⌜*das/was* von ihnen bis ins Leben der Menschen hineinreichen kann⌝
>
> Der *englische* Übersetzer bildet *eine einzige* Proposition: «if they *can exert no possible influence* upon the life of men»

12.57 Satzglied-Relativsätze zur Darstellung von Personen – oft als Annahme/Voraussetzung verstehbar

Mit dem *inhaltlichen Offenhalten* der durch ein w-Relativ besetzten Stelle ist, vor allem bei der Darstellung von Personen, oft auch der Charakter einer *Annahme*, einer *Voraussetzung* für die Geltung der im Hauptsatz gemachten Aussage verbunden, siehe schon die Beispiele und den Kommentar in Ziff. 10.56 und die Beispiele für ganze Propositionen als Subjekte für andere Propositionen in Ziff. 3.21.

Ein schon für die Illustration des Semantems «Sein 4», Situierung in Räumen, auch in sozialen Räumen (Ziff. 12.37) verwendetes Beispiel aus der Bibel:

Wer nicht wider uns ist ᴺ *ist für uns* ᴴ	*Qui n'est pas contre nous* ᴺ *est pour nous* ᴴ
Who is not against us ᴺ *is for us* ᴴ	*Qui non est contra nos* ᴺ *pro nobis est* ᴴ

Das läßt sich zwanglos auch interpretieren als Annahme/Voraussetzung und daran Gebundenes: «*Wenn jemand nicht wider uns ist*, ist er für uns» oder mit einem Mengenpronomen als Bezugswort und Anschluß-Relativsatz: «*Jeder, der nicht gegen uns ist*, ist für uns».

Ein Sprichwort mit Verknüpfung von zwei als Annahme hingestellten Verhaltensweisen bzw. ihren Folgen, die Verhaltensweise signalisiert durch Satzglied-Relativsatz mit «wer – qui – he that», die Folge durch Satzglied-Relativsatz mit «was – ce que – the thing + contact clause»:

Wer immer *sagt* ᴺ *was* er *will* ᴺ *muß oft hören* ᴴ *was* er *nicht will* ᴺ
Qui dit toujours ᴺ *ce qu'il veut* ᴺ *entendra* souvent ᴴ *ce qu'il ne veut pas entendre* ᴺ
He that speaks the thing ᴺ *he should not* ᴺ *will hear the thing* ᴴ *he would not* ᴺ

Lateinisch mit «cum iterativum» und direkter Anrede:

Cum dixeris ᴺ *quod vis* ᴺ *audies* ᴴ *quod non vis* ᴺ
Wenn du einfach sagen wirst, was du willst, wirst du oft hören, was du nicht willst

Zur Verwendung von Satzglied-Relativsätzen mit «was» für die Darstellung beliebiger Erstreckung eines Handelns ohne Auswirkung, ohne Folge für ein anderes Handeln siehe Ziff. 10.57 mit dem Beispiel aus dem Tell: «*Was ihr auch tut*, laßt mich aus eurem *Rat* ...». Zu verschiedenem möglichem Verstehen einer genau gleich geschriebenen Proposition mit «was» siehe Ziff. 12.58 und 12.59.

12.58 Neutraler Satzglied-Relativsatz, auf gleicher gedanklicher Ebene, oder inhaltlicher Teil?

Neben den Satzglied-Relativsätzen, die grundsätzlich auf *gleicher* gedanklicher Ebene stehen wie ihre Hauptsätze, kann es gleichlautende Propositionen geben, die als *inhaltliche Teile* in *indirekter Anführung* mit *Offenhalten einer Bedeutungsstelle* dienen (Ziff. 10.09). Auch diese können, rein äußerlich gesehen, den Platz eines Satzglieds ausfüllen und werden daher in der traditionellen deutschen Grammatik als «Subjektsätze, Objektsätze» usw. klassiert, genau wie die Satzglied-Relativsätze auf gleicher gedanklicher Ebene.

In der *Bedeutungsbeziehung* besteht aber ein *ganz klarer Unterschied*. Der Satzglied-Relativsatz füllt einfach *eine Semantemstelle* des für den Hauptsatz gewählten Semantems aus, eventuell mit der zusätzlichen Bedeutungsbeziehung «Annahme/Voraussetzung und daran Gebundenes» (Ziff. 10.56) oder «Annahme/Voraussetzung, die als unerheblich zu betrachten ist, die sich nicht störend auswirkt» (Ziff. 10.57, zweiter Teil). Die als inhaltlicher Teil gesetzte Proposition mit w-Wort (bzw. französisch und lateinisch mit qu-Wort) füllt dagegen eine *spezielle* Semantemstelle aus; sie gibt nicht die Darstellung einer Entität, die grundsätzlich auch nichtverbal formuliert werden könnte, sondern sie stellt *ein Stück Information* dar, in welchem *eine Bedeutungsstelle* entweder *offen gehalten* wird (im «indirekten Fragesatz» im vollen Sinn dieses oft irreführenden Fachausdrucks, z. B. «Ich *frage ihn*, was er über die Sache denkt») oder zwar nicht mehr offen, aber *besonders thematisiert*, in einer Art Hervorhebung («Ich *weiß schon*, was er über die Sache denkt»). Ein speziell zugespitztes Beispiel für die verschiedene Bedeutungsbeziehung, bei genau gleicher Schreibung und durchaus möglicher gleicher Stimmführung (neben möglicher Verstehenshilfe durch verschiedene Stimmführung):

Ich weiß was er weiß	*Was er weiß*, das *weiß ich alles auch*; ich verfüge über das *genau gleiche Wissen* wie er – wir haben beide das gleiche Sachwissen	Die Proposition «was er weiß» steht auf *gleicher* gedanklicher Ebene, sie ist *Satzglied-Relativsatz* zum Hauptsatz «Ich weiß» und füllt in diesem Hauptsatz die Objektsstelle aus
	Ich weiß, *was er alles weiß* (und damit auch, was er *nicht weiß*); ich besitze ein *Wissen über sein Wissen*, über das, was er als Information in seinem Kopf gespeichert hat	Die Proposition «was er weiß» ist *inhaltlicher Teil*, und «Ich weiß» ist *dominanter Teil*. Daß zugleich ein Verhältnis von Hauptsatz und Nebensatz vorliegt, spielt hier keine Rolle – die gleiche Bedeutungsbeziehung kann auch unter gereihten Teilsätzen spielen, z. B. «*Ich weiß, er weiß Bescheid*»

Ein Beispiel, bei dem die doppelte Verstehensmöglichkeit auch in der praktischen Kommunikation von Gewicht sein kann:

Leider habe ich *vergessen*, *was ich dir mitbringen sollte*

Verdeutlichung, wenn *gleiche* gedankliche Ebene vorliegt:

Ich *sollte dir doch etwas mitbringen*, und *das* (den mitzubringenden *Gegenstand*) habe ich *vergessen*
(ich wußte ja, was es war, aber ich vergaß es einzupacken)

Verdeutlichung, wenn *verschiedene* gedankliche Ebene vorliegt, «was ich dir mitbringen sollte» als *inhaltlicher Teil*:

Was sollte ich dir denn mitbringen? Das habe ich leider *vergessen*
(ich wußte es nicht mehr und konnte es darum natürlich nicht bringen, und ich weiß es auch jetzt noch nicht)

Die Beispiele sollen aber nicht etwa suggerieren, daß hier eine sehr häufige Verstehensschwierigkeit vorliegt, sie sollen nur die Möglichkeit an sich demonstrieren und die verschiedenen durch Propositionen mit w-Wörtern und Verb-Endstellung darstellbaren Bedeutungsbeziehungen. In der Praxis ergibt sich die Unterscheidung meistens mit genügender Eindeutigkeit aus dem Textzusammenhang, und es gibt auch Beispiele für Doppeldeutigkeit, bei denen beide Verstehensweisen sachlich sozusagen äquivalent sind, etwa «Du siehst doch, *was sich hier abgespielt hat*».

12.59 Gleich geschriebenes Propositionen-Paar – drei verschiedene mögliche Verständnisse

Wenn man nur die geschriebene Fassung gibt, kann man sogar ein völlig gleich lautendes Propositionenpaar konstruieren, das (allerdings dann mit verschiedener Stimmführung) drei verschiedene, sich zum Teil direkt widersprechende Verstehensweisen hat:

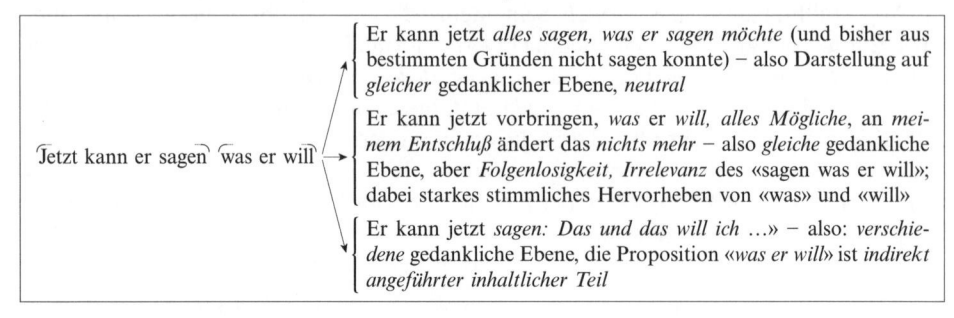

Jetzt kann er sagen⌒ was er will⌒ →
- Er kann jetzt *alles sagen, was er sagen möchte* (und bisher aus bestimmten Gründen nicht sagen konnte) – also Darstellung auf *gleicher* gedanklicher Ebene, *neutral*
- Er kann jetzt vorbringen, *was er will*, alles Mögliche, an *meinem Entschluß* ändert das *nichts mehr* – also *gleiche* gedankliche Ebene, aber *Folgenlosigkeit, Irrelevanz* des «sagen was er will»; dabei starkes stimmliches Hervorheben von «was» und «will»
- Er kann jetzt *sagen: Das und das will ich ...»* – also: *verschiedene* gedankliche Ebene, die Proposition «*was er will*» ist *indirekt angeführter inhaltlicher Teil*

12.60 Verteilung auf Satzglied-Relativsatz und Hauptsatz zwecks Hervorhebung und bei Gegensätzen

Recht häufig ist die Verwendung der «was – das»-Beziehung, um eine *Bewertung* von etwas *hervorzuheben* (dargestellt z. B. durch das Semantem «Sein 3», Ziff. 12.37):

In *einer einzigen* Proposition	*Verteilt* auf *Satzglied-Relativsatz* und *Hauptsatz*
⌒Ganz neu ist hier die Idee ...⌒	⌒Was hier ganz neu ist⌝ ᴺ ⌒ist die Idee ...⌝ ᴴ
⌒L'idée de ... est *complètement nouvelle*⌒	⌒Ce qui est complètement nouveau⌝ ᴺ ⌒c'est l'idée de ...⌝ ᴴ
⌒The idea of ... is *quite new*⌒	⌒What is quite new here⌝ ᴺ ⌒is the idea of ...⌝ ᴴ

In englischen Grammatiken spricht man auch hier von «cleft sentences», wie bei der Hervorhebung durch Verteilen auf Hauptsatz und Anschluß-Relativsatz (Ziff. 12.55). Weil hier ein etwas anderes Verfahren für den gleichen Zweck «Hervorhebung» dient, unterscheidet man es dann von gewöhnlichen «cleft sentences» und spricht von «*pseudo-cleft sentences*», z. B. «*What you need most is a good rest* – Was du in erster Linie brauchst, ist eine rechte Erholungszeit».

Beliebt ist die Verwendung von «was ... das ...» aber auch für die anschauliche Darstellung von *Gegensätzen*, wobei *von Anfang an zwei* Aussagen gemacht werden sollen, also zwei Propositionen (oder noch mehr) vorschweben und oft in beiden Propositionen gleiche Verben oder sonstige gleiche Bestandstücke auftreten. Ein erstes Beispiel – mit genau gleicher Struktur in der französischen und englischen Wiedergabe wie im deutschen Original – bieten die bekannten kritischen Faust-Verse (de Nerval, Wayne):

⌒Was ihr den Geist der Zeiten *heißt*⌝ ᴺ
⌒Das ist im Grund der Herren eigner *Geist*⌝ ᴴ

| ⌒Ce que vous appelez l'esprit des temps,⌝ ᴺ | ⌒And *what you call* the spirit of the Ages⌝ ᴺ |
| ⌒(ce) n'est au fond que l'esprit même des auteurs⌝ ᴴ | ⌒*Is but* the spirit of your learned sages.⌝ ᴴ |

Ein Prosa-Beispiel aus dem «Grünen Heinrich», Kapitel «Glückswandel» (Heinrich teilt dem Grafen seine Absicht mit, auf eine weitere Karriere als Maler zu verzichten, und der

Graf mahnt, einen solchen Entschluß dürfe man nicht aus bloßer Verärgerung fassen, sondern nur in ganz freier, wohl erwogener Wahl):

⌜Auch *was wir aufgeben* ⁿ⌝ ⌜müssen wir *mit freier Wahl aufgeben* ʰ⌝ ⌜*nicht* wie der Fuchs die Trauben ʀ⌝
⌜Ce à quoi *nous renonçons* ⁿ⌝ ⌜nous devons *y renoncer par libre choix* ʰ⌝ ⌜*et ne pas* imiter le renard et les raisins ʀ⌝
⌜Even *what we renounce* ⁿ⌝ ⌜we must *renounce of our own free will* ʰ⌝ ⌜*not* like the fox with the grapes ʀ⌝

12.61 Die als Relative dienenden Wörter

Im Anschluß an die Behandlung der Zusammenhänge von Relativsätzen aller Art mit ihren Hauptsätzen und die mehrfache Verstehbarkeit lautlich gleicher Propositionen erscheint es sinnvoll, die *Lautungen* für die als Relative dienenden Pronomen und Partikeln für alle drei modernen Sprachen nochmals zu betrachten, in übersichtlicher Zusammenstellung, zur Ergänzung der notwendigerweise eher globalen Darstellung in den Teilen 1 und 8 (Wortarten – Formalstrukturen zur Verknüpfung von Propositionen):

Pronomen und Partikeln für *Anschluß-Relativsätze* (zuerst jeweils die Beispiele für Anschluß an beliebige Bezugswörter, dann an Bezugswörter aus speziellen Bedeutungsbereichen wie «Ort, Art und Weise, Zeit, Grund/Zweck)		Pronomen und Partikeln für *Satzglied-Relativsätze* (diese sind insgesamt viel weniger häufig als die Anschluß-Relativsätze)
der Mann der Gedanke der Punkt	*der/welcher* … *den/welchen* … für *den/welchen* … *dem/welchem* … mit *dem/welchem* … *dessen* …	*Wer* das tut (tut auch anderes)
die Frau die Auffassung die Situation	*die/welche* … für *die/welche* … mit *der/welcher* … *deren* …	*Was* er kann (kann ich auch) (Er tut) *was* er will / *wozu* er Lust hat
das Kind das Verhalten das Problem	*das/welches* … mit *dem/welchem* … *dessen* …	(Er fängt an) *wo* er will / *wie* er will / *wann* er will
der Ort die Stelle	*wo* … (an *dem/der//welchem/welcher* …) *wohin* … (an *den/die//welchen/welche* …) *woher* … (von *dem/der//welchem/welcher* …)	(Er spricht) *worüber* er will
die Art, *wie* … (in/mit *der/welcher* …)		Aber die gleichen Pronomen und Partikeln für Gebrauch auf *verschiedener* gedanklicher Ebene, in *inhaltlichen Teilen* mit *Offenhalten* einer Bedeutungsstelle: «*Wer* das tut, weiß ich nicht – Es ist unklar, *wo* er bleibt» usw.
der Grund *warum/weshalb* … (aus *dem/welchem* …)		
das Ziel *wofür* … (für *das/welches* …)		

Dabei ist «*der/die/das*» (mit den Dativ- und Genitiv-Lautungen «*denen – dessen/deren*») bei weitem das Häufigste. Bei «*welch-*» ist der im fragenden oder thematisierenden Gebrauch vorhandene Bedeutungs-Anteil «Wahlfreiheit» (oder auch «Offenheit der Intensität») *völlig ausgeschaltet*. Wenn man einen Anschluß-Relativsatz durch «*welcher, welche*» einleitet statt durch «*der, die*», tut man das meistens aus Gründen des Rhythmus oder um ein Zusammentreffen von zwei einsilbigen «d-Wörtern» zu vermeiden, also z. B. «Ich bin für *die, welche* wirklich etwas tun» und nicht «für *die, die* wirklich etwas tun».

Eine besondere Bedeutungs-Nuance wird greifbar (und zugleich ein Übergang von Anschluß-Relativsatz zu Satzglied-Relativsatz), wenn man an eine *Mengenangabe* einen Relativsatz mit «*was*» anschließt, und nicht mit «*das*», z. B. «Alles, *was* du tust – Vieles, *was* hier geschah» oder «Das ist *das, was* ich auch haben möchte». Manchmal kann man frei wählen: «Das Beste, *das* es hier gibt / *was* es hier gibt».

Wenn man von dieser deutschen Regelung herkommt, erscheint die Regelung im Französischen erheblich einfacher:

l'homme la femme la situation	*qui* se présente à nos yeux ... *que* je vois devant moi ... *dont* je vous parlerai ... *auquel/à laquelle* je pense ... *pour lequel/laquelle* je présente mes propositions ...	*Qui* agit ainsi (court le risque ...) (Il fait) *ce qu'*il veut (Il s'arrête) *où* il veut (Il va) *où* il veut
les endroits *où* ...		(Il agit) *comme* il veut et *quand* il veut
la manière *comme* il a traité cette femme ...		(Il parle) *de ce qu'*il veut etc.

Man verwendet «lequel/laquelle» etc. vor allem in Verbindung mit Präpositionen; bei Personen hat man dabei die Wahl: «La femme *de qui / de laquelle* il a reçu ce beau cadeau». Ein «lequel», wo auch einfaches «qui/que» möglich wäre, kann ein gewisses besonderes Gewicht mit sich bringen, wie in folgendem Beispiel (aus einem Artikel von Alain Peyrfitte über die Maastrichter Europa-Verträge, 15. 4. 92):

Sa ratification ne peut relever du referendum direct au titre de l'article 11, *lequel* prévoit la ratification d'un «traité *qui* ... aurait des incidences sur le fonctionnement des institutions».

Die *englischen* Relativpronomen und Relativpartikeln erinnern in ihrer Lautung öfters an die deutschen, aber die Regelung ist insgesamt wesentlich *einfacher* (schon weil keine Kasus zu berücksichtigen sind, außer bei «who/whom/whose»):

the man the woman the idea the problem	*who/whom/whose* ... (nur für Personales) *that* ... (für Personales oder anderes) *which* ... (für Nicht-Personales)	*Who* does such things (...) (He does) *what* he wants (to) (He stops) *where* he wants (to) (He goes) *where* he wants (to)
(dazu der *direkte* Anschluß in einer *contact clause*: the *man I saw* there – the *problems we have* with him)		(He does it) *how* he wants and *when* he wants (to)
the place(s) *where* ...		
the manner *how* ...		(He speaks) *about what* he wants (to)
the time *when* ...		Give me *what* books you have on the subject
the reason *why* ...		

Man trifft hier also insgesamt auf Wörter, die sich als *aufeinander bezogene* «w-Wörter» und «d-Wörter» verstehen lassen, in den deutschen Reihen «wer – der // was – das // usw. und in den lateinischen Paaren «*Qualis – talis // quantus – tantus // quot – tot*». In manchen regionalen Varianten des Deutschen geht der Gebrauch von w-Wörtern für Anschluß-Relativsätze noch erheblich weiter: «Das kleine Haus, *was* du hier siehst» oder «Die Leute, *wo* das sagen», schweizerdeutsch «Die Lüt *wo* das säged». Umgekehrt ist in gehobener Sprachgebung im Deutschen auch als Einleitung für einen Satzglied-Relativsatz ein «*der*» möglich anstatt des normalen «*wer*», etwa in einem Ausruf: «*Der* das getan hat, der soll es mir büßen». Ein Beispiel für die Kombination von d-Relativ mit Personalpronomen, zur Einleitung eines Satzglied-Relativsatzes, bietet Fausts Anrede an den Erdgeist (V. 510−511):

⌜Der du die weite Welt umschweifst⌝, / ⌜Geschäft'ger Geist⌝, ⌜wie nah fühl' ich mich dir⌝

In den Übersetzungen wird hier ein «normales» Bezugswort *voran*gestellt, *vor* das Relativ, so bei Jarell: «*You who* encircle the whole world / Busy spirit, how near to you I feel». Nerval setzt sogar «Geist» als Bezugs-Nomen voran: «*Esprit créateur, qui* ondoies autour du vaste univers, combien je me sens près de toi».

2.62 Bedeutungsbeiträge einfacher qu-Pronomen im Lateinischen

Im *Lateinischen* findet sich der *reichste Bestand* an *qu-Pronomen*, einfachen und zusammengesetzten, und an *qu-Partikeln* bzw. zusammengesetzten Partikeln, die ein qu-Wort als Bestandteil enthalten. Man konstatiert hier auch den *differenziertesten Gebrauch* schon der einfachen qu-Pronomen. Es sind teilweise Gebrauchsweisen, die man vom Begriff «Relativpronomen» der modernsprachlichen Grammatiken her leicht als etwas sonderbar betrachten könnte (vor allem der «relative Anschluß»), die aber für den Textaufbau oft wichtig sind und die daher teilweise *offenere Begriffe* für die Funktionen von «quis/quid – qui/quae/quod» erfordern, als sie in den modernsprachlichen Grammatiken für «wer/was – qui/que/quoi – who/what» usw. angemessen sind.

Zentral ist zunächst das Paar «*quis – quid*», für Ausfüllfragen und für indirekt angeführte inhaltliche Teile mit offengehaltener Bedeutungsstelle (auch wenn keine «indirekte Frage» vorliegt, sondern ein Stück Information speziell thematisiert wird, Ziff. 10.09), aber auch als Indefinitpronomen. Ebenso zentral ist «*qui/quae/quod*», gleicherweise für Anschluß-Relativsätze wie für Satzglied-Relativsätze verwendbar, dazu für besonderen Hinweis auf Qualität oder Intensität. In allen Deklinationsformen außer dem Nominativ Singular Maskulin und Feminin und dem Nominativ und Akkusativ Singular Neutrum fallen «*quis/quid*» und «*qui/quae/quod*» ohnehin *lautlich zusammen* (bzw. besteht *keine* Differenzierung), und alle diese Formen kann man daher gleicherweise für die verschiedenen Funktionen verwenden.

Diese einfachen qu-Pronomen werden denn auch entsprechend häufig gebraucht. So findet man im Prolog zum «Phormio» von Terenz (34 Verse, 52 Propositionen) nicht weniger als 14 einfache qu-Pronomen, also eines in jedem dritten Vers bzw. jeder vierten Proposition (neben insgesamt 12 «qu-Partikeln», deren genauere Behandlung, mit Blick auf ihren Zusammenhang mit den qu-Pronomen, hier aus Raumgründen unterbleiben muß).

Das *Thema* des Prologs ist zunächst die Abwehr von Angriffen, die ein älterer römischer Bühnen-Autor, Luscius Lanuvinus, gegen Terenz gerichtet hatte und noch richtet (der «poeta vetus» in Vers 1 – die möglichst strukturähnlichen deutschen Übersetzungen sind nur als Verstehenshilfen gedacht):

1 ⌜Postquam *poeta vetus* poetam non potest⌝	Nachdem der alte Stückeschreiber (unseren) Stückeschreiber nicht kann
2 ⌜Retrahere a studio⌝ ⌜et transdere hominem in otium⌝	Abhalten von seinem Eifer (zu schreiben) und den Menschen in Untätigkeit versetzen
3 ⌜Maledictis deterrēre⌝ ⌜ne scribat⌝ ⌜parat⌝;	Durch Schmähungen (ihn) abzuschrecken, damit er nicht (mehr) schreibe, probiert er;
4 ⌜*Qui* ita dictitat⌝ ⌜*quas* antehac fecit⌝ ⌜fabulas⌝	Welcher nun immer wieder sagt, die er (Terenz) vorher gemacht habe, die Stücke
5 ⌜Tenui esse oratione et scriptura levi⌝	Seien ärmlich in der Dialogführung und von schwachem Stil

Mit dem «*qui*» am Beginn von Vers 4 wird also der «*poeta vetus*» wieder aufgerufen, der in Vers 1 genannt wurde, als Subjekt zu «non potest» und dann am Ende von Vers 3 als (weitergeltendes) Subjekt zu «parat». Es liegt also nicht einfach ein Anschluß-Relativ vor (dazu ist das Bezugswort «poeta vetus» zu weit entfernt), sondern ein *Neu-Einsatz* – demgemäß findet man in den Übersetzungen kein Relativpronomen, sondern ein Personalpronomen: «*Il va répétant ...*» – «*He keeps declaring that ...*» – «Zur Verleumdung greift *er* jetzt, behauptet ...» (Ebener 1988). Es ist der sogenannte «*relative Anschluß*» (auch «relativische Anknüpfung», in französischen Lateingrammatiken «relatif de liaison» genannt): man kann durch ein solches Relativ *in freier Weise* etwas aus dem vorherigen Textzusammenhang wieder *aufrufen*, hier die Person des «poeta vetus» (ein Beispiel für Zusammenfassung des Inhalts von 8 vorhergehenden Propositionen durch relativen Anschluß war auch «*Qua de causa ...*» im Caesar-Text in Ziff. 12.53).

Bemerkenswert ist auch das *zweite* qu-Pronomen in diesem Vers, nämlich «*quas*», zu beziehen auf das erst nach zwei anderen Wörtern folgende «*fabulas*». Man könnte hier von einem «vorausgenommenen Anschluß-Relativ» sprechen, oder von einem Satzglied-Relativ, mit dem man schon auf ein kommendes erläuterndes Bezugswort zielt. In der französischen und deutschen Übersetzung (Marouzeau, Ebener) ist das Bezugswort vorangestellt und ein Anschluß-Relativsatz gebildet: «... les *pièces qu'il a faites* jusqu'ici – ... *Stücke, die* der junge (Autor) früher schrieb». In der englischen Übersetzung ist ein Anschlußgefüge verwendet: «... our man's plays».

In den *Versen 6-8* wird nun ironisch festgestellt, der Tadel des «poeta vetus» beruhe vielleicht einfach darauf, daß Terenz nie so unwahrscheinliche Szenen beschrieben habe wie offenbar der «poeta vetus». Dann folgt in Vers 9 ein «*quod*», das man als relativen Anschluß an den Inhalt der Verse 6–8 (die «Antikritik») oder als Voraus-Hinweis auf die in den folgenden Propositionen zu beschreibende Tatsache auffassen kann:

9 ⸀Quod si intellegeret⸁ ⸀cum stetit olim nova⸁	Wenn er das alles begriffen hätte, (und) daß als seinerzeit sein neues Stück Erfolg hatte,
10 ⸀Actoris opera magis stetisse quam sua⸁	Das viel mehr auf der Kunst des Schauspielers beruht habe als auf der seinen:
11 ⸀Minus multo audacter ⸀quam nunc laedit⸁ ⸀laederet⸁	Viel weniger kühn, als er jetzt verletzend angreift, würde er angreifen

Gleich zwei einfache qu-Pronomen finden sich in Vers 12, und ebenso in Vers 15:

12 ⸀Nunc si *quis* est⸁ ⸀*qui* hoc dicat⸁ ⸀aut sic cogitet⸁:	Nun, wenn jemand da ist, der etwa das sagt oder so denkt:
13 «⸀Vetus si poeta non lacessisset prior⸁	«Wenn der alte Stückeschreiber nicht als erster (den neuen) verlästert hätte,
14 ⸀Nullum invenire prologum potuisset novus⸁	Hätte der neue (also Terenz) keinen Prolog erfinden (schreiben) können
15 ⸀Quem diceret⸁ ⸀nisi haberet⸁ ⸀cui male diceret⸁»	Den er sprechen könnte, wenn er nicht jemanden hätte, von dem er Schlechtes sagen könnte»

Das «*quis*» in Vers 12 dient als *Indefinit*pronomen (wie «aliquis», vergleichbar dem Gebrauch von «wer» in einem Beispiel «Wenn nun *wer* da sein sollte ...»), und das «*qui*» leitet die zwei Anschluß-Relativsätze ein, in denen nun das Handeln eines solchen denkbaren «quis – jemand» beschrieben wird (das «qui» aus der Proposition «*qui hoc dicat*» gilt auch für die anschließende Proposition «aut sic cogitet»).

Mit dem «*quem*» in Vers 15 wird ein Anschluß-Relativsatz zu «*nullum prologum novum* (invenire posse)» eingeleitet, und mit dem «*cui*» ein Satzglied-Relativsatz, der an «*nisi haberet*» anschließt. Man könnte verdeutlichend ein «aliquem» einfügen, dann würde

12/V Darstellung von Entitäten durch ganze Propositionen; Relative

aus dem Satzglied-Relativsatz ein Anschluß-Relativsatz: «nisi haberet *aliquem, cui* male diceret».

Das nächste qu-Pronomen findet sich in Vers 17, im zweiten Bestandstück der Antwort, die auf die in den Versen 12–15 genannte mögliche Kritik gegeben wird, und zwar leitet es einen Anschluß-Relativsatz zu «omnibus» (in Vers 16) ein:

16 Is sibi responsum hoc habeat: in medio omnibus	Dieser nehme als Antwort das Folgende: in der Mitte für alle (allen zugänglich)
17 Palmam esse positam *qui* artem tractant musicam	Sei die Siegespalme (Anerkennung) – allen, die die Kunst des Stückeschreibens («die musische Kunst») praktizieren.

In den Versen 18–20 wird betont, daß Terenz mit der vorgetragenen Anti-Kritik keineswegs seinen älteren Kollegen *verletzen*, sondern sich nur gegen dessen Angriffe verteidigen wolle, und daß er auf eine *höfliche* Kritik auch *höflich* reagiert hätte. Dann folgt in Vers 21 ein «quod», das für eine betonte, gleichgewichtige Gegenüberstellung dient, wieder aufgenommen durch «id»:

21 *Quod* ab illo adlatum est, sibi esse *id* rellatum putet	Was von jenem vorgebracht worden ist, *(genau) das* betrachte er nun eben als ihm zurückgegeben

In den gedruckten Übersetzungen findet man hier freiere bis sehr freie Wiedergaben:

Qu'il considère qu'on n'a fait que lui resservir ce qu'il avait servi lui-même
As it is the old playwright must reckon that he is paid in his own coin
Jetzt soll er spüren, daß sein Hieb ihn selber trifft

Mit den Versen 22–23 beendet nun der Prologsprecher die Verteidigung (bzw. den Gegen-Angriff) und geht zur Vorstellung des jetzt bevorstehenden Stücks über sowie zur Betonung der Wichtigkeit eines inneren Mitgehens der Zuschauer, und auch in diesen 6 Versen (24–29) sind 4 einfache qu-Pronomen verwendet:

24 Nunc *quid* velim animum attendite: adporto novam	Nun, *was* ich (eigentlich) will, darauf richtet eure Aufmerksamkeit: ich bringe eine neue
25 Epidicazomenon *quam* vocant comoediam	Komödie, *die* Epidicazomenon nennen,
26 Graeci Latini Phormionem nominant	Die Griechen, die Lateiner nennen sie Phormio,
27 Quia primas partes *qui* aget is erit Phormio	Weil, *wer* die Hauptrolle spielt, das wird Phormio sein,
28 Parasitus, per *quem* res geretur maxime	Der «Parasit» (oder «Lebenskünstler»), durch *den* die Handlung wesentlich vorangetrieben werden wird
29 Voluntas vostra si ad poetam accesserit	Wenn euer guter Wille zum Autor (zur Leistung des Autors) hinzutreten wird

Das «quid» in Vers 24 dient als Einleitung für einen inhaltlichen Teil (zum dominanten Teil «animum attendite» – also keineswegs «indirekter Fragesatz»). Das «quam» in Vers 25 ist Anschlußrelativ zum auf die zwei Vers-Enden verteilten Bezugsausdruck «novam comoediam», also «*novam comoediam, quam* Graeci Epidicazomenon vocant». Man kann das gleiche «quam» auch noch für «Latini Phormionem nominant» gelten lassen, man kann diese Proposition aber auch als selbständig folgend auffassen.

Das «qui» in Vers 27 kennzeichnet die Proposition als *Satzglied-Relativsatz*, Subjekt zu «*erit*», nochmals aufgegriffen durch das «*is*» als «Stützwort». Das «quem» in Vers 28 schließlich ist Anschluß-Relativ zu «*Phormio Parasitus*».

Der Prolog endet mit der Bitte um Aufmerksamkeit und einer Erinnerung an einen früheren Mißerfolg, der hoffentlich dieses Mal nicht eintreten wird – und auch in dieser Darstellung ist nochmals ein qu-Pronomen verwendet:

30 Date operam adeste aequo animo per silentium	Gebt euch Mühe, sitzt in ruhiger Aufmerksamkeit da, in Schweigen
31 Ne simili utamur fortuna atque usi sumus	Damit wir nicht ein ähnliches (Miß-)Geschick erleben wie wir erlebt haben
32 Cum per tumultum noster grex motus loco est	Als durch einen Tumult unsere Truppe von der Bühne vertrieben wurde
33 *Quem* actoris virtus nobis restituit locum	Welchen Ort (die Bühne) uns die Tüchtigkeit unseres Direktors wieder verschafft hat
34 Bonitasque vestra adiutans atque aeqanimitas	Und eure Güte, die mithilft, und eure wohlwollende Geisteshaltung

Das «quem» im vorletzten Vers kann man als Anschluß-Relativ zu «loco» auffassen, es ist zugleich Begleitpronomen zum am Ende des Verses nochmals genannten «locum», also «*welchen Ort* (nämlich: die Bühne) uns die Tüchtigkeit unseres Direktors wieder verschafft hat». Wenn man will, kann man auch hier eine Art «relativen Anschluß» (oder «relatif de liaison») sehen: «*und diesen Ort* hat uns ...».

Soweit die 14 qu-Pronomen in den 34 Versen dieses Prologs, und ihre Funktion im Textaufbau. Damit sind aber noch *gar nicht alle* Verwendungsweisen dieser Wörter erfaßt. Ein einfaches «*quid*» kann nicht nur «was» bedeuten, sondern auch «warum» (wie im Deutschen in einer Frage «*Was* stehst du da herum?»).

Mit «qui/quae/quod» als Begleitpronomen kann man auch das signalisieren, was man im Deutschen durch «*welch-*» oder durch «*was für ein*» darstellt. Beispiele aus Vers 983– 984 des Stücks «Die Brüder», Micio wundert sich über die völlig veränderte Handlungsweise seines Bruders Demea:

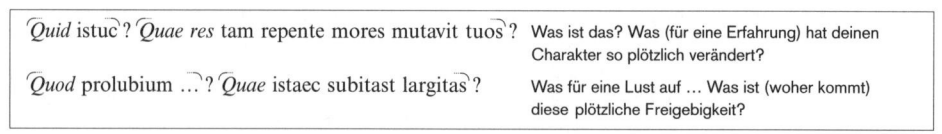

Quid istuc? Quae res tam repente mores mutavit tuos?	Was ist das? Was (für eine Erfahrung) hat deinen Charakter so plötzlich verändert?
Quod prolubium ...? Quae istaec subitast largitas?	Was für eine Lust auf ... Was ist (woher kommt) diese plötzliche Freigebigkeit?

Dazu stehen ja neben den einfachen qu-Pronomen die vielen *Zusammensetzungen* wie «*quisque*, jeder – *quivis*, ein beliebiger – *quidam*, ein gewisser» usw., und es zeigen sich auch Zusammenhänge mit den einfachen *Partikeln* mit «qu...», wie «*quo*, wohin – *quando*, wann – melius *quam*..., besser als ...». Schließlich ist auch auf den Gebrauch von «*-que*» für neutral-paralleles Anknüpfen hinzuweisen (Ziff. 9.33).

Das alles legt es nun nahe, *nicht nur bei den verdeutlichenden Zusammensetzungen* (wie «quidvis – was du willst»), sondern *schon bei den einfachen* qu-Wörtern gar nicht eine «*ursprüngliche*» Bedeutung als *Fragewörter/Interrogative* anzunehmen (wie sich das bei der Präsentation in den Grammatiken für die Anfänger leicht darbieten kann), sondern hier einen *ganz generellen* und elementaren *Grund-Charakter* anzunehmen, nämlich «*Hinweis* auf eine *Person* oder *andere Entität*, in *sehr verschiedenen* Denk- und Redesituationen verwendbar und *je nach* dieser Situation *etwas verschieden* aufzufassen» – als *Interrogativ* für das *Offenhalten* oder auch das *besondere Thematisieren* einer Bedeutungsstelle, als *Relativ* für das *Wieder-Aufrufen* einer vorher genannten Person oder andern Entität oder auch als neutraler, unbestimmter Hinweis auf einen «*jemand*» oder ein «*etwas*».

Von hier aus kann sich auch ein neues Interesse ergeben für die *historische* Frage, wie es zu diesem Vorhandensein von Wortpaaren mit gleichem Bedeutungskern, aber verschiedenem Offenheits- bzw. Hinweis-Charakter wie «*quot – tot // was – das // what – that*» usw. *überhaupt gekommen ist*. Solche Wortpaare finden sich in verschiedenem Umfang und mit verschiedenen lautlichen Entsprechungen in allen indoeuropäischen Sprachen. Das Phänomen ist offenbar sehr alt, denn die lautlichen Entsprechungen in den verschiedenen Sprachen sind von Anfang an sehr verschieden, man führt sie zurück auf die sogenannten «Labio-Velare», d. h. einigermaßen komplizierte Laute, die zugleich mit den Lippen und am Hintergaumen gebildet wurden. Man muß aber auch mit *Neu-Systematisierungen* in den verschiedenen Sprachen rechnen. Das ist besonders deutlich bei den deutschen zweiteiligen Partikeln (aus Präposition + Pronomen oder Präposition + anderer Partikel), wie «womit/damit – worauf/darauf – wozu/dazu – wohin/dahin – woher/daher», dazu auch die Kombinationen mit «hier», wie «hierauf, hiermit» usw.

2.63 Die Reichweite eines Semantems über die direkt damit gebildete Proposition hinaus

Wenn nun zum Abschluß der ganzen Betrachtung des Innenbaus verbaler Semanteme und der Bedeutungsbeiträge ihrer festen Stellen (nichtverbal oder durch eigene Propositionen auf Grund eigener Semanteme ausgefüllt) nochmals auf die Frage zurückzukommen ist, *wie weit* die strukturierende Wirkung eines Semantems über die direkt damit gebildete Proposition *überhaupt reicht*, muß ehrlicherweise eine Antwort gegeben werden, die manchen Grammatikern und «Text-Linguisten» vielleicht gar nicht lieb ist: Man kann *keine scharfen Grenzen* ziehen, wie weit eine solche strukturierende Wirkung reicht und wo sie ein Ende hat.

Für Beispiele kann auf die Diskussion über die Anschluß-Relativsätze verwiesen werden («defining oder non-defining», Ziff. 12.52) und die Analyse des Textaufbaus insgesamt am ersten Stück aus dem «Bellum gallicum» von Caesar (Ziff. 12.53, auch 12.54) sowie auf den Terenz-Prolog.

Es wird aber auch immer wieder deutlich, daß das Wieder-Aufrufen schon genannter Personen und anderer Entitäten *keineswegs* auf das Verhältnis von Hauptsatz und Anschluß-Relativsatz *beschränkt* ist, sondern *über viele formalsyntaktisch selbständige Propositionen hin weitergehen kann*. Dann könnte man argumentieren, daß auch das Semantem, in dessen Rahmen die erste Nennung dieser jeweils wieder aufgerufenen Person oder andern Entität erfolgt, in irgend einer Weise noch weiterwirkt. Die Frage nach der Reichweite eines Semantems über die (erste) mit seiner Hilfe gebildete Proposition hinaus *kann* daher zu einer vertieften Betrachtung des Textaufbaus anregen, aber eben *nur als Frage*, nicht mit der Forderung, daß es eine genaue und eindeutige Antwort auf diese Frage geben müsse.

12/VI Blick auf die hinter den Bedeutungsbeziehungen und vielen Erscheinungen der Elementargrammatik stehenden gedanklichen Verfahrensweisen, kognitive Grundlagen der Grammatik

12.64 Zum Ziel dieses Kapitels, Problemstellung

Zum Abschluß der «höheren Grammatik», die in den Teilen 7 und 9 bis 12 entwickelt wurde, soll nun ein Versuch gemacht werden, die *gedanklichen Verfahrensweisen* zusammenzustellen, die man hinter all den aufgewiesenen Bedeutungsstrukturen, Präsentationsweisen und übergreifenden Bedeutungsbeziehungen annehmen muß. Das führt ganz von selbst auch zurück bis in zentrale Begriffe der Elementargrammatik, soweit es sich auch dort nicht nur um *Formal*strukturen handelt, sondern um *elementare Bedeutungs-Fassungen*, z. B. bei den drei großen Wortarten Verb, Nomen/Substantiv und Adjektiv und auch bei der Sammel-Wortart «Pronomen». Dadurch ergibt sich zugleich eine ganz globale Zusammenstellung alles bisher Erarbeiteten. Es dürfte wohl unmittelbar plausibel sein, daß es sich hier erst einmal um einen Versuch handeln kann, vor allem auch in der Anordnung und in den einzelnen Formulierungen.

Die Präsentation ist geordnet nach den folgenden Aspekten/Gesichtspunkten (die eben auch teilweise ineinandergreifen, nicht scharf voneinander abgrenzbar sind):

1 Vor allem für den Bedeutungsaufbau im Kernbestand der Propositionen und in den nichtverbalen Gefügen:

    A Begriffe für *Personen* und *andere Entitäten*, für *Zugehörigkeiten*, für *Quantifizierung*

    B Muster/Typen für *Handlungsabläufe, Verhaltensweisen, Prozesse* aller Art, *mit* den Stellen für die *Nennung* der daran *beteiligten Personen* und andern Entitäten, in ihren verschiedenen Rollen

    C Begriffe für *Charakteristiken, Merkmale*, als etwas *Eigenes* gefaßt, *ablösbar* von den Personen und andern Entitäten, an denen sie sich zeigen

2 Vor allem für Bedeutungsaufbau im Zusammenwirken von Kernbestand der Propositionen und freier eingefügten Bedeutungsbeiträgen:

    D *Einbetten in den Zeitablauf*, Zeitpunkte, Dauer, zeitliche Zusammenhänge von ganzen Handlungen, Abläufen usw.

    E *Situierung in Räumen*, anschaulich-dreidimensionale Räume und von ihnen aus aufgebaute abstrakte Räume

    F Verknüpfung von Handlungen/Abläufen mit Hinweisen auf besondere *Intensität*, auf verwendete *Hilfsmittel, Werkzeuge*, auf besondere *Begleiterscheinungen* sachlicher oder personaler Art

3 Vor allem für das Nuancieren der Geltung und des Stellenwertes von grundsätzlich parallelen Bestandstücken in Propositionen bzw. von ganzen parallel gesetzten Propositionen, auf verschiedenen Komplexitätsstufen:

    G Hinstellen als *alternativ*, mit Möglichkeit oder Unausweichlichkeit von *Wahl*, von *Entscheidung*

    H Hinstellen als *summativ*, als *gleicherweise geltend*, mit verschiedenen Nuancierungen

    I Hinstellen als mehr oder weniger *gegensätzlich*, als *Korrektur* zum bisher Gesagten

4 Vor allem für Bedeutungsaufbau durch Kombination ganzer Propositionen, im Blick auf «besonderes Zusammen-Gegebensein»:

    J *Voraussetzungen* und an ihr *Zutreffen Gebundenes* oder *betont nicht Gebundenes*

    K *Kausalität*, in einem weiten Sinn, unter verschiedenen Perspektiven gesehen

5 Dominante Teile und inhaltliche Teile im Rahmen einer Proposition oder in zwei eng verbundenen Propositionen, vor allem für Antriebe und Handlungsmodalitäten:

    L *Antriebe* von «innen» und von «außen» und das, *wozu* man angetrieben wird

    M *Durchführbarkeit, Stadien, Erfolg* und *das, was* durchführbar ist, in einem bestimmten Stadium ist, sich als erfolgreich erweist

6 Dominante Teile und inhaltliche Teile auf allen Komplexitätsstufen, vor allem für Sprechen/Denken/Wahrnehmen, Hoffen-Fürchten, Bewerten-Beurteilen:

    N *Sprechen/Schreiben* und *Hören/Lesen*, Denken, Kombinieren

    O *Reines Wahrnehmen*, Wissensbesitz, *Sicherheit/Qualität* vorhandener *Information*

    P *Fürchten/Hoffen*, gerichtete («getönte») *Erwartungen* überhaupt

    Q *Ausdrückliches Beurteilen, Werten*, oft mit Unterscheidung «als *Faktum* gesehen» oder «als *möglich* gesehen, erst eine *Annahme*»

7 Auf allen Komplexitätsstufen, mit fließenden Übergängen von Grammatikalisiertem zu rein Kommunikativ-Pragmatischem:

    R Etwas *verneinen*, als direktes Ziel von Sprachverwendung und als reines Darstellungsmittel

    S *Darstellen durch Einschränkung*; etwas profilieren, indem man es aus einem umgreifenderen Gegebenen (oder Gedachten) heraushebt, es als Teilbestand präsentiert

    T *Fragen stellen*, Ja-Nein-Fragen und Ausfüllfragen, verschiedene Zwecke dabei

Die in der Spalte rechts hinzugefügten Beispiele sollen rein als grobe Illustration und als Verstehenshilfe für das links möglichst allgemein Formulierte gesehen werden, eine auch nur annähernde Vollständigkeit und eine durchgehend gleichartige Präsentationsweise sind weder angestrebt noch überhaupt möglich bzw. sinnvoll.

    Zum Abschluß des Kapitels soll dann ein Blick geworfen werden auf das Verhältnis von Grammatik (und Wortschatz) und kommunikativ-pragmatischem Handlungswissen insgesamt.

12.65 Gruppe 1, vor allem für den Bedeutungsaufbau im Kernbestand von Propositionen und in Begleitgefügen, auch in Anschlußgefügen

A Begriffe für Personen und andere Entitäten, Zugehörigkeiten, Quantifizierungen

1 Bildung von Begriffen für *Personen*, aus direktem Kontakt mit ihnen oder aus durch Texte und ggf. Bilder vermittelter Information über sie, und zwar solche Personen sowohl *als Individuen* gesehen, einmalig, mit einem zu ihnen gehörenden *Eigennamen*, wie als *Vertreter von Typen* gesehen, als Exemplare/Elemente ganzer Klassen/Mengen (wobei dann jeweils offen bleibt, an was für einen konkreten Vertreter des Typs die/der jeweils Sprechende/Schreibende denkt und wie die Zuhörenden/Lesenden sich diesen Vertreter des betreffenden Typs jeweils vorstellen).

Nomen/Substantive – noms – nouns – nomina substantiva, als Eigennamen und als Gattungsnamen (Ziff. 7.22–7.23)

Personalpronomen, Demonstrative, Indefinitpronomen – pronoms personnels, démonstratifs, indéfinis – personal pronouns, demonstratives, indefinite pronouns (Ziff. 1.11–1.18)

2 Entsprechend, ohne scharfe Abgrenzung von den Personen, Aufbau von Begriffen für *nicht-personale Entitäten*, von den Tieren und Pflanzen («Pferd – Baum – Blume» usw.) über die Gegebenheiten in Landschaften («Berg – Tal – See» usw.), die aus der Natur zu gewinnenden Produkte («Korn – Milch» usw.), die materialen, von Menschen hergestellten Gebilde aller Art («Häuser – Straßen –Geräte – Fabrikate» usw.) bis zu den abstrakten, aber oft so wichtigen und wirksamen Entitäten, die nur durch Fühlen und Denken erfahrbar und faßbar sind, wie z. B. Zustände und menschliche Haltungen («Wärme – Fieber – Freundlichkeit – Entgegenkommen» usw.), mathematische Begriffe («Zahl – Dreieck – geometrischer Ort» usw.), sozial-kulturelle Begriffe («Gesellschaft – Staat – Recht – Kultur») und speziell linguistisch-kommunikative Begriffe («Wort – Sprache – Verständnis» usw.).

Begleitgefüge mit *Wählbarkeitssignal* (Begleitpronomen «ein/eine» – déterminants «un/une» – determiner «a/an», Ziff. 7.24'A)

Satzglied-Relativsätze «wer/was» (Ziff. 12.56–12.57)

3 Erfassen von besonderen *Bekanntheits-Qualitäten* bei begegnenden Personen und andern Entitäten, seien diese als Individuen, seien sie als Vertreter von Typen gesehen; Unterscheiden, bis zu welchem Moment eine Wahl eines *beliebigen* Exemplars aus einer Klasse/Menge vorliegt und von wann an eine größere *Bekanntheits-Qualität* gegeben ist (so daß auch zunächst grundsätzlich frei wählbare Exemplare einer Menge/Klasse in gewissem Sinn zu einmaligen, festen, individuellen Größen werden).

Begleitgefüge mit *Bekanntheitssignal* (Begleitpronomen «der/die/das, dieser/diese» usw. – déterminants «le/la, ce/cette» – determiners «the, this, that» usw. – pronomina «hic, ille, iste» usw., Ziff. 7.24'C'D)

4 Erfassen der *Zusammengehörigkeiten* von Personen untereinander, von nicht-personalen Entitäten untereinander, von Personen und nicht-personalen Entitäten; Aufbau von *generellen Relationen* der *Zugehörigkeit* von Entitäten zu andern, dabei auch die speziellen Relationen «Entität A ist *zugleich Teil* von Entität B» bzw. «Entität B *umfaßt auch* Entität A».

Possessive, eigenständig («pronoms, pronouns») oder in Begleitgefügen («déterminants, determiners», Ziff. 7.24'E)

Anschlußgefüge mit *Genitiv* oder *«von …»* (compléments de noms «de/à …» – postmodifiers «of …», premodifier «possessive case», Ziff. 7.30–7.31, 4.33)

5 Im Zusammenhang mit der Zugehörigkeit zu Personen Entwicklung der speziellen Begriffe für *nicht nur faktische*, sondern *rechtliche Zugehörigkeit* und damit verbundene *Verfügungsgewalt*: «Besitz/Eigentum – etwas erhalten, erwerben, verlieren, etwas kaufen oder verkaufen» usw.

Verbale Semanteme mit *«geben/donner/ – nehmen/prendre/take/sumere»* etc. (Ziff. 12.29–12.33) und vor allem mit *«haben/ avoir/have/habere»*, Ziff. 12.34–12.35, sowie *«Sein 7»*, Ziff. 12.37 und die zugehörigen abstrakten Nomen/Substantive

6 Aufbau von *Ordnungsbegriffen* für das *Quantifizieren*, das *Vorhandensein in verschiedener Zahl* und bei jeder einzelnen Entität in *verschiedenem Umfang*; Entwicklung der intellektuellen Verfahren des *Zählens*, des *Messens* und dann des *Rechnens*; im Zusammenhang damit dann auch die Fähigkeit, das *vollständige* Vorhandensein einer Entität (bezogen auf ein «gedankliches Muster») bzw. die Unvollständigkeit, die bloße Annäherung zu erkennen und zu beurteilen (bis hin zur Bewertung des Genauigkeitsgrades bei mathematisch erfaßbaren Objekten, Abläufen usw.).

Mengen- und Zahlpronomen (eigenständig oder in Begleitgefügen, Ziff. 1.18–1.19 sowie 7.24'H), *Nomen für Zahlen*, für *Maßeinheiten* usw., Adjektive wie «*ganz, vollständig* – tout, complet» usw.

Wortformen *Singular – Plural* bei den Nomen Pronomen, Adjektiven (und indirekt auch bei den Verben) Ziff. 4.01–4.07.

7 *Bewußtmachen* der *intellektuellen Akte* der *Namen-Gebung* (für Individuelles wie für Typen) und des *Identifizierens* als Person oder andere Entität, sei es als Individuum, sei es als Vertreter eines Typs. Dadurch dann auch die gedankliche Technik, *jedes beliebige Verhalten/Handeln* (dazu Genaueres unter B) *auch als ein «Etwas»* zu sehen, als eine *Entität*, in *neutraler* Zugehörigkeit zu Personen und andern Entitäten (*nicht primär* als Kern einer Darstellung mit diesen Personen und andern Entitäten *in speziellen Handlungsrollen* und des ganzen Verhaltens/Handelns *in spezieller Zeitlichkeit*).

Verben «*sein* – *être* – *be* – *esse*» in den verbalen Semantemen «*Sein 1*» und «*Sein 2*», Ziff. 12.37;

speziellere Semanteme für *Namen-Gebung* und *Namen-Verwendung* («nennen/heißen – s'appeler – call – nominare, appellare» usw. Ziff. 12.49)

B Muster/Typen für **Handlungen, Verhaltensweisen, Haltungen, Bewegungen, Prozesse und Zustände** aller Art, in konstitutivem Zusammenhang mit den daran beteiligten Personen und/oder nicht-personalen Entitäten

1 Aufbauen und Fixieren von Mustern/Typen («gedanklichen Modellen») für *Handlungen, Verhaltensweisen, Haltungen, Bewegungen, Zuständen*, von *Personen ausgehend*, sich *an ihnen zeigend*, sehr oft auf andere Personen und/oder auf nicht-personale Entitäten *wirkend*; dabei gleicherweise materiales Handeln und material faßbare Zustände wie rein gedankliches Handeln, emotionale Bewegungen, personale Gestimmtheiten und ihre Veränderungen.

2 Entsprechendes Aufbauen und Fixieren von Mustern/Typen für alle Prozesse, Abläufe, Zustände, Veränderungen usw., die *von nicht-personalen Entitäten ausgehen* oder *von ganzen Situationen* oder die sich *primär* an *nichtpersonalen* Entitäten oder ganzen Situationen *zeigen*, ohne daß ein personales Handeln (und insbesondere eine Absicht einer Person) zugrundeliegt; generell «alles in der Welt, was *primär als Vorgang*, als *Ablauf* aufgefaßt und dargestellt wird, in *konstitutivem* Zusammenhang mit *nicht-personalen Entitäten*»

3 Im Rahmen von (1) und (2) auch Entwickeln von *verschiedenen möglichen Rollenverteilungen* auch für im *Ergebnis äquivalente* Handlungen, Verhaltensweisen, Prozesse; Abheben solcher typischer Rollenverteilungen von den jeweiligen speziellen Handlungen und Verhaltensweisen usw.

4 Entwickeln der besonderen Sehweise, daß alle diese Handlungen, Verhaltensweisen, Abläufe *eine gewisse Zeit* für ihre Verwirklichung erfordern, daß sie insgesamt *eingebettet* sind in *Zeit-Abläufe* (hier Übergänge zu D, Einbettung in den Zeitablauf, Ziff. 12.66).

Wortart «*Verben – verbes – verbs – verba*» generell

Die *Hauptmasse* der verbalen Semanteme, für Bewegungen und Haltungen/Lagen im Raum (Ziff. 12.18–12.25), für gezielte Tätigkeiten, generell und speziell («machen/tun – faire – make/do – facere» und Anschließendes, Ziff. 12.26–12.33), aber auch für Sprachverwendung, Wahrnehmen, Denken, Bewerten, Wollen/Müssen, zeitliches und räumliches Situieren (Ziff. 12.03–12.17)

Dazu die gesamte *Morphosyntax der Satzglieder*, das *Formale* bei der Füllung der Bedeutungsstellen in den Semantemen (Ziff. 6.01–6.28)

Passiv, auch differenziert in Vorgangspassiv und Zustandspassiv, neben dem Aktiv, Ziff. 6.29–6.38; reflexive Verben, Ziff. 6.39–6.46

Die teilweise etwas verschiedenen *Systeme der grammatischen Zeiten*, Ziff. 5.01–5.05, 5.20–5.24, 5.38–5.43, 5.63–5.68, 5.72

C Charakteristiken, Merkmale, als etwas **Eigenes** gefaßt, von den Personen und andern Entitäten wie von den Abläufen/Prozessen, an denen sie sich zeigen, **abgelöst**

1   Bildung von Begriffen für *Charakteristiken*, für *Merkmale*, zunächst wohl als an Personen oder andern Entitäten haftend oder als feste Aspekte bestimmter Abläufe/Prozesse gesehen, aber dann *gedanklich abgelöst* von den Personen oder andern Entitäten bzw. den global gesehenen Prozessen und Abläufen, ihnen im *Bedarfsfall eigens zuschreibbar*, als für sie konstitutiv oder als nur zeitweise, länger oder kürzer an ihnen haftend; dabei diese Charakteristiken/Merkmale jederzeit auch als Entitäten sui generis auffaßbar, wie in A7 für die ganzen Verhaltensweisen erwähnt.

Generell die Wortart «*Adjektive* – adjectifs qualificatifs et adverbes de manière – adjectives and adverbs of manner – nomina adiectiva und zugehörige Adverbien» (Ziff. 1.06–1.10) *Partikeln* für *globale Charakterisierung* (wie «so – ainsi – thus – sic/ita» und zugehörige w-Wörter (Ziff. 11.67)

2   Entwickeln der Operation «*Vergleichen*», abgehoben vom reinen Erkennen/Identifizieren (das ja auch immer auf einem Vergleichen mit einem gespeicherten Muster beruht), und von solchem *bewußtem Vergleichen* her die Entwicklung von *Gradbegriffen* und *Graduierbarkeit an sich*, als Kennzeichen vieler von den Entitäten bzw. Abläufen abgelösten Charakteristiken, Merkmale. Von hier aus auch Verknüpfen mit den Ordnungs-Mustern für das Quantifizieren, das Messen und Zählen, nach A6.

Vergleichsformen bei Adjektiven und Pronomen (Ziff. 4.39–4.43)
Graduierende Partikeln und ganze mehrwortige Ausdrücke und ihr Einbau als Vorschaltteile in Vorschaltgefüge (Ziff. 7.39 und 7.46)

12.66 Gruppe 2, vor allem für Bedeutungsaufbau im Zusammenwirken von Kernbestand und freier eingefügten Bedeutungsbeiträgen in den Propositionen

D Einbetten in den Zeitablauf; Zeitpunkte, Zeitdauern, **zeitliche Stufungen** von Abläufen

1   Entwickeln von *Zeitbegriffen* überhaupt: «schon vorbei, jetzt nur erinnert – jetzt und weiterhin so – erst erwartet, für kommende Zeit geplant oder vermutet»

Nomen wie «*Tag, Stunde – jour, heure – day, hour – dies, hora*» oder «*Frühling – printemps – spring – ver*», (Ziff. 11.02–11.04), Adjektive/Partikeln wie «*spät – tard – late – sero*» und ihre Einbaubarkeit in freie Bedeutungsstellen der Semanteme (Ziff. 11.09)

2   Aufbauen und Speichern von *Charakteristiken* für *bestimmte Zeitabschnitte* (Tageszeiten, Jahreszeiten) und von *Maßeinheiten* und *Ordnungssystemen* für das genaue *Erfassen von Zeitabläufen*, zuerst rein praktisch und dann abstrahierend-mathematisch

3   Entwickeln von Begriffen für *zeitliche Relationen* zwischen *ganzen* (erst geplanten bzw. erwarteten oder schon erfolgten, jetzt nur erinnerten) *Handlungen, Verhaltensweisen, Abläufen überhaupt*

Partikeln wie «*vor, bevor, vorher – avant – before – ante, antea*» und ihr Gebrauch als Satzglieder oder als Präpositionen (in Satzgliedern) oder als (unterordnende) Konjunktionen (Ziff. 11.13–11.17)

E Situierung in Räumen, anschauliche, dreidimensionale Räume und von ihnen aus aufgebaute **abstrakte** Räume verschiedener Art, für das Überblicken von Sozialbeziehungen und für reines Denken/Rechnen

1   Gedankliches Herausheben und Fixieren *bestimmter Stellen, Zielpunkte, Herkunftspunkte* im *Kontinuum von Bewegungen*, das man ständig um sich herum sieht und selber erfährt; dabei *Ordnen* des räumlich Erfahrenen von der *eigenen Person* und ihrem «*Heim-Gefühl*» aus, unterscheiden von «*oben/unten – vorn/hinten – links/rechts*» und speziell auch «*innen, inwendig – außen, äußerlich*».

Partikeln und ganze Präpositionalgefüge wie «*hier, dort, an dieser Stelle – ici, là, à ce point – here, there, in this place – hic, illic, hoc loco*». Semanteme wie «*nach/zu ... gehen, von ... kommen – aller à... , venir de ...* usw., Nomen wie «*Platz, Raum, Punkt – place, espace, point* usw. (Ziff. 11.25–11.36)

2 *Übertragen* von im anschaulichen Raum Erfahrenem auf *andere, an sich nicht räumlich strukturierte Lebensbereiche,* Aufbau *abstrakter Räume,* vom Ordnen und Überblicken von Sozialbeziehungen bis zu rein geometrisch-gedachten Räumen, Erfassen entsprechender Gegebenheiten als abstrakte Entitäten

Nomen wie «*Oberbefehl* – commandement supérieur – supreme command – summum imperium», Semanteme wie «sich *an die Spitze von ... setzen,* se mettre à la tête de ... – put oneself at the head of ... – primum locum obtinere (Ziff. 11.45–11.55)

Adjektive wie «gerade, krumm, parallel, reckteckig, senkrecht», Nomen wie «Punkt, Bereich, Kreis, Fläche, Dreieck» usw.

F Verknüpfen von Handlungen/Abläufen «**an sich**» mit Hinweisen auf **besondere Intensität**, verwendete **Hilfsmittel**, Werkzeuge, Geräte, **besondere Begleiterscheinungen**

1 *Spezifizieren* des Ablaufs von Handlungen und generell von Prozessen durch Unterscheiden der *Handlung/des Prozesses selbst* und *variablen Erscheinungen dabei* (verschiedene Intensität, verschiedene Vollständigkeit)

Adjektive und Partikeln wie «*schnell* – vite – fast – celer/celeriter» oder «*ganz, vollständig* – tout, tout à fait, complètement – wholly, quite – totus, omnis, ex toto» (Ziff. 11.62–11.65)

2 Entwicklung eines Begriffs «*Instrumentalität*», Unterscheiden von *Mitteln* und *Zwecken*; für ein generalisiertes und auf das Verhältnis ganzer Handlungen/Abläufe bezogenes Verständnis siehe K, in Gruppe 3, «Finalität» (Ziff. 12.67)

Präpositionalgefüge (bzw. Ablative) wie «*mit einem Messer* – avec/à l'aide d'un couteau – with a knife – (cum) cultro» (Ziff. 11.69)

3 Unterscheiden von «*eigentlichem Handeln*», dem gedanklichen Kern eines (intendierten oder einfach erfahrenen) Ablaufs und den *Begleiterscheinungen* aller Art, objektiv und in den personalen Gestimmtheiten der verschiedenen beteiligten Personen, verschiedenen Sozialformen des Handelns

Ausdrücke wie «*ohne Mühe* – sans peine – effortless – nullo negotio» oder «*mit großem Lärm* – avec un grand bruit – with a great noise – magno (cum) clamore» und «freudig – joyeux/-euse – glad – laetus/-a/-um» und «selber/selbst – ipse/ipsa/ipsum» u.a.m., (Ziff. 11.74–11.80)

12.67 Gruppe 3, vor allem für das Nuancieren der Geltung und des Stellenwertes von grundsätzlich parallelen Bestandstücken, auf allen Komplexitätsstufen

G Hinstellen als alternativ

Entwickeln einer Haltung im Handeln, Planen, Denken: «Ich *muß wählen* zwischen zwei oder mehr Möglichkeiten, zu verwirklichenden Absichten usw.» oder auch «ich *kann* von den Möglichkeiten *mehr als eine wählen,* mehrere oder sogar alle wahrnehmen/verwirklichen»

Beiordnende Konjunktionen wie in «A *oder* B, *entweder* B *oder* C – A ou B ou C – A or B, either A or B or C – aut A aut B»

Nomen wie «*Wahl* – choix – choice – delectus» (Ziff. 9.24–9.25)

H Hinstellen als summativ, als gleicherweise geltend, mit verschiedenen Nuancierungen

1 Entwickeln eines Gefühls für das *Nebeneinander* nicht nur von Personen und andern Entitäten (Zugehörigkeit, Ziff. 12.65'A4), sondern auch von *ganzen Aussagen*, ganzen *zugleich geltenden* Bedeutungskomplexen (oder parallel gesetzten Bestandteilen in ihnen).

2 Entwickeln einer Beurteilungsfähigkeit für die *jeweilige Vollständigkeit* von Aussagenkomplexen: wie weit ist jeweils das Gemeinte/Mitzuteilende *schon zureichend dargestellt* durch das bis jetzt Gesagte, im Blick auf das gewünschte Verständnis und die gewünschten Reaktionen der Hörenden/Lesenden, und wie weit muß ich es *nicht nur* noch vervollständigen, sondern den *engen Zusammenhang* des jetzt noch zu Hörenden/Lesenden mit dem bisher Aufgenommenen *eigens signalisieren*.

Partikeln (als beiordnende Konjunktionen oder als Satzglieder gebraucht) wie «*und, auch, dazu, ferner*» – et, aussi, de même, de (en) plus – and, also, too – et, etiam, praeterea» (Ziff. 9.29–9.31, auch 9.26)

I Hinstellen als mehr oder weniger gegensätzlich, als Korrektur zum bisher Gesagten

Entwickeln des Gefühls (und dann auch der analytischen Beurteilungskraft), wie weit etwas weiterhin zu Sagendes *in gleicher Richtung geht* wie das bisher Gesagte, wie weit also glatter, nicht zu signalisierender Anschluß besteht und wie weit eine gewisse *Gegensätzlichkeit* besteht und zu *signalisieren* ist (z. B. zur Korrektur einer möglichen zu einfachen, zu groben Auffassung des bisher Gesagten durch die Hörenden/Lesenden).

Partikeln, als beiordnende Konjunktionen oder als Satzglieder gesetzt, wie «*aber, doch, jedoch, immerhin* – mais, cependant, pourtant, toutefois – but, however – sed, autem, at, vero» (Ziff. 9.27–9.28)

12.68 Gruppe 4, vor allem für Bedeutungsaufbau durch Kombination ganzer Propositionen, im Blick auf «besonderes Zusammen-Gegebensein»

J Voraussetzungen und an ihr Zutreffen Gebundenes oder **betont nicht Gebundenes**

1 Aufbauen des Begriffs «*Voraussetzung* und *an ihr Zutreffen Gebundenes*», generell formulierbar als «mit dem Gegebensein von A ist zugleich auch B gegeben, tritt auch B ein» (logisch: «Implikation»). Man kann den Aufbau eines Begriffs «Voraussetzung» in Zusammenhang bringen mit dem Aufbau der Begriffe für *zeitliche Relationen* (Ziff. 12.66'D3) oder ganz generell mit dem Entwickeln von Begriffen für «*Zusammengehörigkeit überhaupt*» (Ziff. 12.65'A4).

Paare aus Nebensatz + Hauptsatz wie «*Wenn das wahr ist*, bin ich zufrieden – Si c'est vrai, je suis content – If this is true, I'm contented – Si verum est, contentus sum». Aber auch mit w-Relativ: «*Wer das sagt*, ist ein Lügner – Qui dit cela est un menteur» usw., oder bloßes Satzglied wie «*Bei schlechtem Wetter* gehen wir nicht» usw., Ziff. 10.34–10.37 und 10.55–10.56

2 Einsicht, daß man oft geneigt ist, solche Voraussetzungs-Zusammenhänge *anzunehmen*, wo sie *gerade nicht bestehen* – so daß sich das Bedürfnis ergibt, das *Nicht-Bestehen* einer Beziehung «Annahme/Voraussetzung und daran Gebundenes» *ausdrücklich zu signalisieren*.

Paare (oft mit besonderer Stimmführung) wie «*Und wenn es dir töricht vorkommt*, ich tue es – Même si cela vous paraît stupide, je le ferai – Even if it may seem foolish, I will do it – Etsi stultitia vobis videtur, faciam» Ziff. 10.38, 10.55, (S. 503 oben), 12.59

K Kausalität, in einem weiten Sinn, **unter verschiedenen Perspektiven** gesehen

1 Weiterentwicklung des elementaren Begriffs «Voraussetzung und daran Gebundenes» zu verschiedenen, vor allem lebenspraktisch orientierten *Spielarten von Kausalität*:

- rein *beobachtbare Folge* von *etwas* aus *etwas anderem* (Vorhergehendem), «konsekutiv»
- *beabsichtigte Folge*, ein Handeln und sein Zweck, «final»
- *Nennen einer Ursache* im Rückblick auf einen Ablauf, zur Erklärung, «kausal i. e. S.»
- *Aufgliedern* eines komplexen Handlungsablaufs in auslösendes, steuerndes Handeln und den *Ablauf speziell*, den ausgelösten, gesteuerten Prozeß
- *Nicht-Eintreten* von etwas an sich als Folge Erwartbarem oder *Eintreten* von etwas anderem an dessen Stelle
- Betonen einer *völlig fehlenden* (oder jedenfalls nicht aufweisbaren) Kausalität, d. h. *Zufälligkeit* (in der Ausdrucksweise mancher Philosophen: «Kontingenz»).

2 Auch die verschiedenen Ausprägungen von Kausalitätsbegriffen kann man mit dem Aufbau von *speziellen zeitlichen Relationen* zusammenbringen (Ziff. 12.66'D3, «*post* hoc, ergo *propter* hoc – B *nach* A eintretend, also wohl durch A *verursacht*»).

Konsekutiv: «so schön, daß... – si beau que ... – So beautiful that ... – Tam pulchrum ut ...» oder auch «sehr schön, *so daß* ... – très beau, de sorte que ...», usw. (Ziff. 10.79)

Final: «X tun, *um y zu erreichen* – faire X pour parvenir à y – do X in order to obtain Y» usw. (Ziff. 10.78)

Reine Kausalität: «Er tat das, *weil* ... Il le fit parce que ... He did it because ... Fecit quia ...» oder «Er erreichte sein Ziel, *denn* ...» usw. (Ziff. 10.80)

Fehlen erwarteter Folgen usw.: «ohne *daß/ohne zu* ... Sans que ... without doing so – *anstatt daß* ... au lieu de ... instead of ...» (Ziff. 10.76)

Steuerungshandeln + Gesteuertes: «*Macht, daß* endlich etwas läuft – Faites en sorte que ... See that ... Facite (ut) hoc fiat» (Ziff. 10.77)

12.69 Gruppe 5, dominante Teile und inhaltliche Teile im Rahmen einer Proposition oder in zwei eng verbundenen Propositionen, vor allem für Handlungsmodalität

L Antriebe, von «innen» und von «außen», und **das, wozu** man angetrieben wird

Bewußtmachen und Abheben der *Willensakte* bzw. der «*Verpflichtungs-Momente*», die zu bestimmten Handlungen und Verhaltensweisen führen, von diesen Handlungen/Verhaltensweisen selbst; dabei zunehmend klareres und feineres begriffliches Fassen der verschiedenen Arten von Antrieben und der oft feinen Nuancen dabei.

Er *will, sollte, muß* es tun, er hat die *Absicht*/die *Pflicht*, es zu tun – Il veut, il doit le faire, il a l'intention de le faire, est obligé à le faire – He wants to do it, he must do it – Facere vult, debet, necesse est eum id facere (Ziff. 10.58–10.60)

M Durchführbarkeit, Stadien, Erfolg und **das, was** durchführbar ist, in einem bestimmten Stadium ist, sich als erfolgreich erweist

Gedankliches Abheben des Aspekts «*Durchführbarkeit* eines Handelns/Verhaltens» von diesem *Handeln/Verhalten selbst*, begriffliches Fassen verschiedener Arten und Bedingungen dabei; gedankliches Abheben (in engem Zusammenhang mit der Einbettung in den Zeitablauf) verschiedener *Ablaufsstadien* von dem, was jeweils «sachlich» abläuft; entsprechendes gedankliches Abheben von Aspekten wie «*Üblichkeit, Erfolg-Mißerfolg*»

Sie *kann* ... es *ist ihr möglich, zu* ... sie *ist in der Lage, zu* ... – Elle peut/sait ... elle est en état de ... – She can ... she is able to ... Potest ...
Sie *versucht, beginnt zu* ... Es *gelingt ihr, zu* ... – Elle essaie de ... elle commence à ... Elle réussit à ... – She tries to ..., begins to ... She succeeds in doing so – contigit ei ... (Ziff. 10.61–10.63, 10.74)

12.70 Gruppe 6, dominante Teile und inhaltliche Teile auf allen Komplexitätsstufen, vor allem für Sprechen/Denken/Wahrnehmen, Hoffen/Fürchten, Bewerten/Beurteilen

N Sprechen/Schreiben und Hören/Lesen, Denken, Kombinieren

1 *Bewußtes Zusammen-Sehen* der *Akte* des sprachlichen Hervorbringens und Aufnehmens (Semanteme dafür gemäß Ziff. 12.65'B1) und ebenso der (in «innerem Sprechen» ablaufenden *Akte* des Denkens und Kombinierens) mit den jeweils hervorgebrachten bzw. *gehörten/gelesenen* sprachlichen *Gebilden*, mit den *Inhalten* des Denkens/Kombinierens.

Sie sagt: «*Ich bin bereit*» / *Sie sagt, sie sei bereit* – Elle dit: «Je suis prête» / Elle dit qu'elle est prête – She says: «I'm ready» / She says she is ready – Dicit: «Parata sum» / Dicit se paratam esse (Ziff. 10.05–10.20)

2 Bei diesem Zusammen-Sehen auch unterscheiden, ob es sich um *wörtliche Wiedergabe* von Gesagtem/Gedachtem handelt oder um eine etwas *umformende, raffende* Wiedergabe, die das Wiedergegebene aus der *originalen* Sprech-Denk-Situation *herauslöst* und es in die *jetzige Sprechsituation* einbaut (die «indirekte Rede», der «style libre», der «reported speech», die «oratio obliqua»)

Ich hörte, er sei krank – J'ai entendu dire qu'il était malade – I heared he was ill – Audivi eum aegrotum esse (Ziff. 12.03)

O Reines Wahrnehmen, Wissensbesitz, Sicherheit/Qualität vorhandener **Information**

Bewußtes *Zusammen-Nehmen* der *Akte* des Wahrnehmens, der Informationsaufnahme und der *Tatsache* des Informationsbesitzes sowie seiner *Sicherheit* bzw. Unsicherheit *mit den* in diesem oder jenem Sicherheitsgrad (je nach Quelle) *zur Zeit vorhandenen, verfügbaren* Informationen selbst

Ich sehe, erkenne, hier ist etwas – Je vois, je sens qu'il y a quelque chose ici – I see, I feel there is something here – Video, sentio hic aliquid esse.
Vielleicht ist es ... – Peut-être c'est ... – Perhaps ... – Fortasse est (Ziff. 10.21–10.32)

P Fürchten/Hoffen, gerichtete («getönte») **Erwartungen überhaupt**

Zusammen-Sehen der elementaren personalen Einstellungen zu allem, was einem widerfährt, was einem bevorsteht, *mit* den *erwarteten*, befürchteten/erhofften *Ereignissen*, *Veränderungen usw. selbst*

Ich fürchte, er ist verärgert – Je crains qu'il ne soit fâché – I fear he will be angry – Timeo ne irascatur (Ziff. 10.33)

Q Ausdrückliches **Beurteilen, Werten**, oft mit Unterscheidung «als **Faktum** gesehen» oder «als **möglich** gesehen, erst eine **Annahme**»

1 *Gedankliches Aufspalten* des *generellen* Nennens von Merkmalen, Charakteristiken usw. (dieses fundiert durch die in Ziff. 12.65'C beschriebene gedankliche Arbeit) durch *Unterscheiden* der charakterisierenden, bewertenden, beurteilenden *Akte* und des *Inhalts* dieser Akte, des jeweils Charakterisierten, Bewerteten, Beurteilten

Also von «Diese Tat war verhängnisvoll» (mit Semantem «Sein 3», Ziff. 12.37) zu «*Es war verhängnisvoll, daß* er das tat» (Ziff. 10.43–10.45)

2 Dabei zunehmend schärferes begriffliches Fassen der *eigenen personalen Gestimmtheiten*, die sich in den beurteilenden, wertenden Akten zeigen, und zunehmend bewußtes Achten auf die *Vorteile oder Nachteile*, die mit allem verbunden sind, was man im Leben antrifft, was einem widerfährt

Ich freue mich, daß ... – Er ist *glücklich, zu* ... – *Es ist günstig, daß* ... – *Es ist ein Nachteil, daß* ... usw. (Ziff. 10.46)

3 Oft auch zusätzliches Unterscheiden (in Anlehnung an die Unterscheidung «Annahme/Voraussetzung und an ihr Zutreffen Gebundenes, Ziff. 12.68'J), ob das Beurteilte *(schon) als Faktum* zu sehen ist oder (erst) als Möglichkeit

Ich freue mich, daß/wenn du teilnimmst – Je suis très content que/si tu peux y prendre part – I am pleased that/if you will take part (Ziff. 10.44)

12.71 Gruppe 7, auf allen Komplexitätsstufen, mit fließenden Übergängen von Grammatikalisiertem zu rein Kommunikativ-Pragmatischem

R Etwas verneinen, als **direktes Ziel** von Sprachverwendung und als **reines Darstellungsmittel**

Entwickeln der Fähigkeit, das *Nein-Sagen* nicht nur *direkt* als Möglichkeit zum Ablehnen von etwas an einen Herangetragenem zu sehen und zu verwenden, sondern auch als *Darstellungsmittel für Beliebiges*, indem man *etwas hier als Gegensatz Mögliches verneint* und dadurch das *Gegenteil betont* hinstellt. Dadurch auch wachsendes Bewußtsein, *wie viele Arten* von *Gegensätzen* es gibt

Also statt «gut – très bon – very good» Ausdrücke wie «*nicht schlecht – pas mal – not bad*»; oder «nicht so schnell» statt «etwas langsamer» usw., «nonnulli momenti est» (es ist nicht unwichtig) für «magni momenti est» Für Genaueres und weitere Beispiele siehe Ziff. 9.10–9.17

S Darstellen durch Einschränkung; etwas **profilieren**, indem man es aus einem umgreifenderen Gegebenen (oder Gedachten) **heraushebt**, es als **Teilbestand** präsentiert

Weiterentwickeln der Fähigkeit, in allem Begegnenden, Gegebenen, Gedachten *Erscheinungen von verschiedenem Umfang* zu sehen, und *Verwenden* dieser Denkstruktur nicht nur in *direktem Handeln*, sondern *zur Profilierung beliebiger Aussagen/Feststellungen*

Sie wird *nur für wenige Tage* kommen – Elle *ne viendra que pour quelques jours* – She's *only* coming up for a few days – Breve tempus *modo* nobiscum erit (Ziff. 9.18–9.19)

T Fragen stellen, Ja-Nein-Fragen und Ausfüllfragen, **verschiedene Zwecke dabei**

1 *Weiterentwickeln* der elementaren Frage-Haltung (die als «Anfrageverhalten» schon bei ganz kleinen Kindern und auch bei höheren Tieren vorhanden ist) im Blick auf das *jeweils erforderliche* und *das schon vorhandene Wissen*, für beabsichtigtes Handeln und für «Weltkenntnis» überhaupt.

Kommst du? – Viendras-tu? – Will you come – Veniesne?

2 Dabei bewußt unterscheiden, ob die schon vorhandene Information *in ihrem Sachgehalt schon vollständig genug* ist, aber ihr *Sicherheitsgrad* zweifelhaft oder ihre *Geltung* für den jeweils vorliegenden Fall überhaupt *fraglich* ist – das führt zum Stellen von *Ja-Nein-Fragen* – oder ob die vorhandene Information *auch im Sachgehalt noch Lücken* hat, die man gerne ausgefüllt haben möchte – das führt zu *Ausfüllfragen*.

Wann? – A quelle heure? – What time? – Quando?

Ausführliche Beispiele für die verschiedenen Formalstrukturen in Ziff. 9.04–9.09

Die *Fragen* mit ihren verschiedenen Arten leiten *hinüber* aus dem Bereich der *Grammatik* (= der Zusammenstellung der grammatikalisierten Bedeutungsstrukturen, der sie signalisierenden formalen Mittel und der hinter allem dem aufzuweisenden rein kognitiven Leistungen) in den Bereich der *Zwecke bei der Sprachverwendung*, also der *Pragmatik*. Man *kann* mit einer Frage eine rein sprachliche Reaktion des/der Angesprochenen hervorrufen wollen, z. B. «*Wann fährt der letzte Zug?*», mit der Antwort «Um 0 Uhr 13, am Samstag auch um 0 Uhr 31». Man kann aber mit einer Frage von grundsätzlich gleicher Form auch einen Zweck erreichen wollen, der *weit über eine rein sprachliche Reaktion des/der Angesprochenen hinausgeht*, man kann damit z. B. einen Tadel aussprechen: «*Wann wirst du das endlich begreifen?*» Auf diese Frage will man gar keine Antwort haben, man will vielmehr den Angesprochenen veranlassen, in sich zu gehen, sich Mühe zu geben und wenn möglich (mit der Zeit) sein Verhalten zu ändern und sich so zu entwickeln, wie der/diejenige es haben möchte, der/die in dieser Form einen Tadel ausspricht. Entsprechende Beispiele für eine Ja-Nein-Frage: «*Bist du krank?*» (erwartete Antwort «ja» oder «nein») – «*Bist du eigentlich verrückt?*» (keine Antwort erwartet, sondern ein Abgehen des/der Angesprochenen von einer bisher eingenommenen Haltung, eine Einstellungs-Veränderung im Sinne dessen, was der/die Sprechende als richtiges Handeln, als richtige Haltung betrachtet).

Das führt hinüber zum letzten Abschnitt dieses Kapitels, dem Verhältnis der Grammatik zum Sprach-Handeln im weiteren Sinn, zu den durch die Sprachverwendung angestrebten Wirkungen.

12.72 Die Grammatik insgesamt und das kommunikativ-pragmatische Handlungswissen

Man muß grundsätzlich unterscheiden zwischen dem *Sprachbesitz* (im engeren Sinn: der Grammatik, als Elementargrammatik und als höhere Grammatik, samt dem Wortschatz) und dem «*Handlungswissen*», mit welchem man *die gesamte Sprachverwendung steuert: Beurteilen* von *Situationen, Entscheide* für in der Situation fälliges Handeln/Verhalten, und zwar materiales Handeln und sprachliches Handeln, *Durchführung* dieses materialen und speziell auch des sprachlichen Handelns, *Auswahl* der jeweils geeigneten Textmuster, Bedeutungsbeziehungen und sprachlichen Formalstrukturen. Dieses Handlungswissen ist oft gar nicht bewußt, vor allem wird es meistens gar nicht verbalisiert, sondern es wirkt «direkt». Man kann hier von einem «*kommunikativ-pragmatischen Handlungswissen*» sprechen. Es geht weit über den Sprachbesitz im engeren Sinn hinaus, es umfaßt auch die *Lernstrategien* aller Art und die Strategien für materiales Handeln (und oft seine Kombination mit sprachlichem Handeln).

«Klar unterscheiden» heißt dabei *keineswegs*: «scharf *voneinander trennen*». Manche Bereiche des Sprachbesitzes im engeren Sinn hängen eng mit entsprechenden Handlungs-Strategien zusammen (siehe die Bereiche «Fragen stellen» und «Etwas verneinen, als direktes Ziel von Sprachverwendung und als reines Darstellungsmittel», Ziff. 12.71'T'R).

Man kann sagen: *Alles*, was in der Grammatik und im Wortschatz vorhanden ist, *entstand einmal* in engstem Zusammenhang mit (wenn auch erst rudimentärem) kommunikativ-pragmatischem Handlungswissen. Solche Zusammenhänge sind z. B. offensichtlich gegeben zwischen der Verbform «Imperativ» und dem Handlungsziel «jemanden zu etwas auffordern» oder zwischen den grammatischen Zeiten und dem Handlungsziel «jemandem von früher erzählen». Die elementare Begriffsbildung «Nomen, als Namen für Personen oder andere Entitäten» (Ziff. 12.65'A) und auch die Schaffung eines Verbs «sein/être/be/esse» und der Semanteme «Sein 1 – Sein 2» hängen aufs engste zusammen mit dem Handlungsziel «Personen oder andere Entitäten identifizieren» usw.

Solche Zusammenhänge sind aber wohl grundsätzlich *nicht als «1 zu 1-Beziehungen»* zu sehen. Der *Imperativ* in den Sprachen hat sicher mit der Sprechhandlung «auffordern» *zu tun*, aber man kann für diese Sprechhandlung *auch sehr viele andere sprachliche Strukturen* wählen, also: «*Geh* jetzt − Du *mußt jetzt* gehen − Jetzt *gehst* du (mit entsprechender Stimmführung) − *Sofort gehen* jetzt» und noch anderes. Und das Ziel «Information erhalten von einem Partner», für das man sehr oft die Möglichkeit «Fragen» verwendet, kann man auch erreichen durch anders geformte Aufforderungen zum Sprechen, z.B. anstatt «*Kommst du morgen?*» etwa «Ich *gehe also davon aus, daß du morgen kommst* − wenn nicht, mußt du es sagen».

Vor allem gibt es eine ganze Reihe wichtiger Sprechhandlungsziele, für die *keine einigermaßen festgelegten* grammatischen Mittel (Bedeutungsstrukturen und zugehörige Formalstrukturen) bestehen, so z.B. für «jemanden *warnen* − sich mit jemandem *einigen wollen* − jemandem etwas *versprechen* − jemanden *trösten* − jemanden *tadeln*». Die gelegentlich erhobene Forderung nach einer «kommunikativ-pragmatischen Grammatik» dürfte daher illusionär sein, weil man von den allermeisten Sprechhandlungszielen her jeweils *eine ganze Palette* von grammatischen Möglichkeiten zusammenstellen müßte, und so ergäbe sich nie eine übersichtliche, ökonomisch aufgebaute, stimmige Grammatik. Man muß vielmehr die *beiden* Bereiche «Grammatik» und «kommunikativ-pragmatisches Handlungswissen» *je für sich* erforschen und darstellen, aber dann auch immer wieder sehen, *wie sie an so vielen einzelnen Stellen zusammenhängen*.

Eine Systematik für ein Ordnen der Ziele, die man durch Sprachverwendung anstreben kann, in verschiedenen Arten von Kommunikation, ist in Ziff. A.66 gegeben.

12/VII Anteile von Grammatik und «Weltwissen» am Aufbau von Textzusammenhängen und dem nachvollziehenden Erfassen von «Textkohärenz» beim Hören/Lesen

12.73 Grundsätzliches, Ziel dieses Kapitels

Die «Textkohärenz» ist ein Zentralbegriff in der Forschungsrichtung, die sich seit dem Ende der 60er Jahre gebildet hat und die man «Textlinguistik» nennt. Das Entstehen einer solchen «Textlinguistik» ist zum großen Teil verstehbar als Reaktion auf eine bloße «Satzlinguistik», nämlich das Vorgehen in zeitweise sehr einflußreichen linguistischen «Schulen», in denen man sich vor allem auf das Entwickeln von Regelsystemen für den Aufbau von Einzelsätzen und auf die «Grammatizität» aller möglichen Einzelsätze konzentrierte – im Gegensatz zur Methodik, die der ganzen in diesem Buch vorgeführten Grammatik zu Grunde liegt, nämlich *von vornherein* von ganzen Texten in ihren Verwendungssituationen auszugehen und erst in diesem Rahmen Begriffe wie «Proposition» und «Satz» zu definieren und alle spezielleren grammatischen Begriffe zu klären und wo nötig neu zu bestimmen, von den Wortarten bis zu den Bedeutungsbeziehungen zwischen Propositionen und der Darstellung auf verschiedener gedanklicher Ebene.

Man kann sagen: «Textkohärenz» ist ein *Sammelname* für alle Hinweise, mit deren Hilfe die Zuhörenden (und ganz besonders die Lesenden) aus den Propositionen, die zusammen den Text bilden, *einen Sinn* aufbauen, einen *inneren Zusammenhang* herstellen – einen Zusammenhang, der möglichst dem entspricht, was der/die Sprechende/Schreibende dachte und durch den Text darstellen wollte.

Die *Situation* der *Sprechenden/Schreibenden* und die der *Hörenden/Lesenden* ist hier eben grundsätzlich *verschieden*. Wer etwas *sagt* oder *schreibt*, dem *schwebt* schon mehr oder weniger klar *vor, was er* in seinen Text fassen, durch seinen Text darstellen will. Das «Thema» ist vorhanden, der Aufbau im Ganzen mehr oder weniger selbstverständlich oder im Lauf des Schreibens systematisch entwickelt, wenn auch oft erst tastend und in vielen Versuchen. Die Kohärenz des (spontan gesprochenen oder in mehr oder weniger langem Entwicklungsprozeß geschriebenen) Textes hat sich *fortlaufend ergeben*, durch den Herstellungsprozeß selbst.

Dagegen wissen die *Zuhörenden/Lesenden* allermeistens *nicht so genau* (und manchmal noch gar nicht), *was* die Sprechenden/Schreibenden mit den jeweiligen Texten darstellen wollten, *was* hier nachvollziehend aufgefaßt werden soll. Sie müssen also, im Rahmen der schon bekannten Themen, Situationen usw., aus den aufeinanderfolgenden Propositionen laufend *selber* den Zusammenhang *aufbauen*, der den Sprechenden/Schreibenden mehr oder weniger selbstverständlich war bzw. sich im Prozeß des Sprechens/Schreibens ergeben hat. Beispiele für die einzelnen psycholinguistischen

Abläufe beim Hörverstehen, an ganz kurzen Texten, sind im Abschlußteil gegeben (Ziff. A.28–A.30) und entsprechende Beispiele für die Abläufe beim Leseverstehen in Ziff. A.38–A.41. Im vorliegenden Kapitel – es könnte auch als «abschließender Exkurs» bezeichnet werden – soll im Überblick gezeigt werden, welche *grammatischen Phänomene* in erster Linie für den Aufbau und den verstehenden Nachvollzug von Textkohärenz dienen. Damit wird dann auch deutlich, wie oft für das Verstehen, über die benutzbaren grammatischen Phänomene hinaus, *andere Wissensbestände* aufgerufen werden müssen: die *Bedeutungen* aller in den grammatischen Strukturen usw. verwendeten *Wörter* und festen mehrwortigen Ausdrücke und das mit ihnen eng zusammenhängende, aber keineswegs mit ihnen identische und auf sie beschränkte *Sachwissen* – man könnte auch sagen, das erforderliche «*Weltwissen*». Auch dieses Wissen ist wohl zu großen Teilen in verbalisierter Form gespeichert, zum Teil aber auch als «Handlungswissen» *ohne* ausdrückliche Verbalisierung. Schließlich spielt auch für das nachvollziehende Aufbauen der Textkohärenz, vor allem bei längeren und langen Texten, das schon in Ziff. 12.72 angesprochene *kommunikativ-pragmatische Handlungswissen* eine nicht unwichtige Rolle, der Besitz genereller Verstehens-Strategien und Lern-Strategien.

Alle diese über die grammatischen Phänomene hinausgehenden Aspekte können hier nur genannt und global in ihrer Wichtigkeit gezeigt, nicht im einzelnen behandelt werden. Das Ziel der folgenden Abschnitte ist eine knappe Zusammenstellung der (vorher notwendigerweise an verschiedenen Orten behandelten) für den Aufbau der Textkohärenz dienenden *grammatischen* Mittel und ihre Illustration an einigen wenigen Beispielen.

12.74 Zusammenhänge innerhalb von Sätzen und zwischen ganzen Sätzen, Abschnitten usw.

Auszugehen ist also insgesamt von der Tatsache, auf die schon mehrmals hinzuweisen war (und die allerdings bei der Suche nach ausdrücklichen «Kohärenz-Signalen» gelegentlich vergessen wurde), daß grundsätzlich *alle Propositionen*, die zusammen einen Text ausmachen, *nebeneinander* und *gleicherweise* gelten (soweit nicht ihre Geltung durch besondere Signale ausdrücklich aufgehoben wird, z. B. durch einen an ein Stück Erzählung anschließenden Satz «Diese Darstellung der Ereignisse ist aber falsch»). Wo für die Verknüpfung *keine* ausdrücklichen Signale vorliegen, wird sehr oft der Zusammenhang mit Hilfe des aufgerufenen *Sachwissens* (des «Weltwissens») und aus dem umgreifenden Aufbau des Textes mit genügender Eindeutigkeit erfaßt.

Für die Beurteilung der *Häufigkeit* und der *Rolle* grammatischer Verknüpfungs-Signale ist es nun oft nützlich, wenn man unterscheidet, ob es um den Zusammenhang von Propositionen *im Rahmen* von *Sätzen mit Teilsätzen* geht (Signalisierung des Umfangs der Sätze beim Hören durch die Satzmelodien, für das Lesen durch die Satzschlußzeichen, bei Texten ohne Satzzeichen Umfang durch die Lesenden selber gewählt, wie im Text von Heissenbüttel in Ziff. 6.10 und allgemein in den originalen lateinischen Texten, Ziff. 2.19–2.20) – oder ob es um die *Zusammenhänge zwischen ganzen Sätzen* und *ganzen*, oft viele Sätze umfassenden *Abschnitten* usw. geht.

Innerhalb der als Sätze hingestellten Komplexe aus zwei oder mehr Propositionen sind die besonderen Beziehungen, die Anschlüsse der jeweils hinzukommenden Propositionen an die jeweils schon gesetzten Propositionen (oder Teile von Propositionen) allermeistens durch grammatische Mittel deutlich gemacht – siehe die ausführlichen Darlegungen in den Teilen 8 bis 12 und die knappe Übersicht in Ziff. 12.67–12.70.

Zwischen den *ganzen Sätzen* und den aus einer Mehrzahl von Sätzen bestehenden Textbestandteilen gibt es dagegen *nur gelegentlich* solche ausdrückliche Verknüpfungen – am meisten noch in argumentierenden Texten, indem der erste Teilsatz eines neuen Satzes an das Bisherige angeschlossen (bzw. vom Bisherigen abgesetzt) wird durch Satzglieder wie «*Daher ... Pour cette raison ... Therefore ...*» oder «*Immerhin ... Cependant ... Anyhow ...*» oder durch ganze verknüpfende Propositionen wie «*Ich muß hinzufügen, daß ... Je tiens à ajouter que ... I will continue with a remark on ...*» usw. Dazu kommen dann alle Möglichkeiten der Verknüpfung durch ein System von Titeln, Untertiteln usw., oft auch mit Numerierung (also: Einbettung in abstrakte Räume, Reihenfolge usw., Ziff. 12.78).

12.75 Verknüpfung durch Wieder-Aufrufen schon einmal genannter Personen und anderer Entitäten

Die wohl wichtigste und am meisten durchlaufende Verknüpfung, gleicherweise innerhalb von Sätzen wie zwischen ganzen Sätzen und ganzen Textstücken beliebiger Länge spielend, ergibt sich durch das *Wieder-Aufrufen* einer schon ein erstes Mal genannten *Person* oder *anderen Entität* (in der Textlinguistik: «Referenz-Identität»).

Man spricht und schreibt ja oft *über Personen* – die *Handlungen* usw. bestimmter Personen sind das «*Thema*» des Textes, und daher werden diese Personen auch im *Verlauf* des Textes immer wieder *ausdrücklich aufgerufen*. Man spricht und schreibt aber auch *über nicht-personale Entitäten*, seien das materiale Entitäten oder komplizierte Handlungs- und Ablaufzusammenhänge, die insgesamt als ein «etwas» gefaßt sind, als abstrakte Entität, wie z. B. «Der Güterverkehr von Nord- nach Südeuropa» oder «Die Friedensbemühungen im Rahmen der KSZE», und auch dann werden diese Entitäten als ganze oder einzelne in ihnen wichtige Entitäten oft nicht nur einmal genannt, sondern mehrmals wieder aufgerufen.

Am *einfachsten* ist dieses Wieder-Aufrufen bei *Personen*, und hier wieder am einfachsten für die *jeweils Sprechenden* und die *jeweils direkt Angesprochenen*, durch die Personalpronomen der 1. und 2. Person und die zugehörigen Possessive. Im Lateinischen braucht man nicht einmal Personalpronomen, sondern ruft die jeweils gemeinte Person rein durch die Endungen der Verb-Personalformen auf. Zur Illustration ein Satz aus einem Brief von Cicero an seinen Bruder Quintus (in der französischen Übersetzung in zwei Sätzen präsentiert), aus der Verbannung in Thessalonich im Jahre 58 vor Christus, mit deren Elend er zuerst seinen Bruder gar nicht belasten zu können glaubte, so daß dieser meinte, er wolle ihm aus Zorn oder Ärger nicht schreiben:

> ⌐Sed tamen ⌐quoque modo *potui*⌐ scrip*si*⌐ ⌐et *dedi* litteras Philogono liberto *tuo*⌐
> ⌐quas *credo tibi* postea redditas esse⌐ ⌐in quibus idem *te hortor* et *rogo*⌐
> ⌐quod pueri *tibi* verbis *meis* nuntiarunt⌐ ⌐ut Romam *pergas* et *properes*⌐.
>
> ⌐Malgré tout cela, *je t'ai* écrit⌐ ⌐comme *j'ai* pu⌐ ⌐et *j'ai* remis une lettre pour *toi* à Philogone, *ton* affranchi⌐
> ⌐elle se sera croisée avec la *tienne*⌐. ⌐Je *t'y* adresse le même conseil, la même prière⌐ ⌐que *mes* eclaves
> *t'*ont transmis oralement de ma part⌐: ⌐que *tu ailles* à Rome tout droit et en toute hâte⌐

> But for all that *I* wrote to *you* as best *I* could and gave the letter to Philogonus, *your* freedman to deliver to *you*, and *I* believe that it was so delivered later on; in it *I* urge and entreat *you* to do exactly what *my* slaves repeated to *you* as from *myself* that *you* should proceed on *your* journey to Rome and make haste about it.

> Trotz allem *habe ich* so wie *ich* konnte geschrieben und *ich* habe den Brief *deinem* Freigelassenen Philogonus gegeben
> und *ich* denke er ist *dir* dann übergeben worden, darin *ermahne ich dich* und *erbitte* dasselbe
> was *dir* schon die Sklaven mit *meinen* Worten gemeldet hatten, daß *du* unverzüglich nach Rom *fährst*
> und *dich beeilst*.

Die Fassung in Propositionen und vor allem der Innenbau dieser Propositionen ist im Original und den drei Übersetzungen zum Teil recht *verschieden* – aber die Verknüpfung durch das *Wiederaufrufen* der *sprechenden* Person (Cicero) und der *angesprochenen* (Quintus) ist wesentlich gleich, wie die durch Kursivdruck hervorgehobenen Personalpronomen und Possessive und die Verb-Personalformen deutlich machen.

Natürlich ist dadurch noch keineswegs die *ganze* Kohärenz beschrieben, sondern erst einmal ein wichtiger «Kohärenz-Strang». Ein zweiter solcher Strang wird gebildet durch das Wiederaufrufen der nicht-personalen Entität «*Brief*»: im lateinischen Original «litteras ... quas ... in quibus ...», in der deutschen Fassung «Brief ... er ... darin ...», französisch «lettre ... elle ... y ...», englisch «letter ... it ... in it ...». Entsprechend wird das «*idem ...*» (für den Inhalt der im Brief ausgesprochenen Mahnung und Bitte) wieder aufgerufen durch «quod ...», deutsch «dasselbe ..., was ...», französisch «le *même conseil*, la *même prière* ... que ...», englisch dagegen nur durch den die Objektsstelle zu «do» ausfüllenden Satzglied-Relativsatz *what my slaves repeated to you as from myself*.

Das *Prinzip* des Aufbaus solcher Kohärenz-Stränge (und ihres Nachbaus beim Lesen/Verstehen) dürfte damit deutlich genug gezeigt und illustriert sein. In einem etwas längeren Text können vier, fünf, sechs und mehr solche durch Wieder-Aufrufen einer einmal genannten Entität konstituierten «Kohärenz-Stränge» *nebeneinander laufen*, und sie können in der einen Textpassage stark hervortreten und in andern eher zurücktreten. Die formalen Mittel dafür sind neben den Personalpronomen vor allem die *d-*Pronomen und *w-*Pronomen, als *Relative* (das in den modernen Sprachen fast nur *innerhalb* von Sätzen) oder als *Demonstrative* (das sehr oft auch in *neuen* Sätzen), Ziff. 12.52–12.62. Daneben werden aber auch andere Pronomen in dieser wieder-aufrufenden Funktion verwendet («Jetzt kamen zwei Männer, *einer* sprach mich an ...» oder «Es war ein überwältigendes Schauspiel, *so etwas* hatte ich noch nie gesehen»).

Solches Wieder-Aufrufen kann auch *unsignalisiert* erfolgen bei *Weitergeltung* eines nominalen oder pronominalen Satzglieds auch für eine folgende Proposition, so oben in der deutschen Fassung für die dritte Proposition, in welcher das «ich habe» aus der ersten Proposition als weitergeltend mitverstanden werden muß («Trotz allem *habe ich ... geschrieben* und den Brief deinem Freigelassenen Philogonus *gegeben*»). Für die ausführliche Behandlung solcher Weitergeltung (und ihres selteneren Gegenstücks, der «Voraus-Geltung») siehe Ziff. 8.38–8.43, über die «zusammengezogenen Sätze» der traditionellen deutschen Grammatik. Wieder-Aufnahme durch Weitergeltung, ohne eigene, neue Signalisierung, liegt auch vor in den «*contact clauses*» (den «Relativsätzen ohne Relativ»), Ziff. 8.21'B, z. B. «These were *the problems we had* with him».

12.76 Verknüpfungen durch Einbettung in den Zeitablauf

Eine andere Art von Kohärenzsträngen – manchmal wichtig, oft aber auch nur beiläufig oder überhaupt nicht beachtet – ergibt sich aus der Einbettung der in den aufeinanderfolgenden Propositionen dargestellten Handlungen, Abläufe, Zustände usw. in den *Zeitablauf*, siehe dazu generell das Kapitel 11/I, Ziff. 11.01–11.22. Diese Kohärenzstränge spielen aber so gut wie immer nur in Verbindung mit Kohärenz durch Wieder-Aufrufen der betreffenden Personen oder andern Entitäten, Ziff. 12.75.

Eindeutige Kohärenz solcher Art findet sich vor allem in *erzählenden* Textpassagen oder auch in der Fixierung der Ergebnisse von Experimenten, in Folgen wie «Zuerst ... Bald ... Nach drei Minuten ... Um 11.37 ... Nachher ... Am Schluß ...».

Hier besteht auch ein recht klarer Unterschied zwischen Zusammenhängen von Propositionen *innerhalb* eines Satzes und Zusammenhängen *zwischen ganzen Sätzen*. Die Verwendung von unterordnenden Konjunktionen («*Als er das sah ...* – *Nachdem sie gegangen war, ...* – *Bevor ich dazu Stellung nehme, ...*») findet sich praktisch *nur innerhalb* von Sätzen (siehe dazu Ziff. 11.14, Hauptsätze und «Temporalsätze»). Dagegen verwendet man für die zeitlichen Verhältnisse *zwischen ganzen* Sätzen fast ausschließlich freier eingefügte *Satzglieder*, also im Deutschen Satzpartikeln und Satzadjektive wie «*Nachher ... – Bald ... – Später ...*» oder Präpokasus wie «*In der Nacht ... – Am nächsten Morgen ...*» oder Adverbialkasus wie «*Den ganzen Tag ... – Eines Abends ...*». Im Französischen hat man hier die adverbes de temps und die circonstanciels «*Après ... – Bientôt ... – Le jour suivant ... – Toute la semaine ...*», im Englischen adverbials/adjuncts (Ziff. 6.20) wie «*Tomorrow ... – In the evening ...*». Eine Zusammenstellung der häufigsten derartigen Satzglieder findet sich in Ziff. 11.07.

Einen Beitrag zur zeitlichen Einordnung liefern auch die *grammatischen Zeiten*, wenn sie in Opposition zueinander gesetzt sind, z. B. ein Perfekt nach einem Präsens, wie in «Ich *weiß*, sie *hat angerufen*». Dagegen ist aus einer Folge von Propositionen in gleichen oder inhaltlich äquivalenten grammatischen Zeiten allermeistens kaum etwas für die genauere zeitliche Situierung zu entnehmen.

Insgesamt dürfte die Präsentation von dargestellten Handlungen, Abläufen, Zuständen usw. in einer eindeutigen chronologischen Folge doch *eher eine Ausnahme* sein. Meistens bleibt die zeitliche Einordnung der in den sich folgenden Propositionen dargestellten Handlungszüge, Abläufe, Charakteristiken usw. *unsignalisiert*, sie wird von den Hörenden/Lesenden rein aus den dargestellten Inhalten entnommen, auf Grund des Sachwissens oder «Weltwissens» über das betreffende Gebiet. Sehr oft macht man sich wohl *überhaupt keine solche zeitliche Ordnung bewußt*, sondern läßt die dargestellten Abläufe usw. *simultan gelten*, als ganzen Komplex miteinander verbundener Erscheinungen – und im Fortschreiten des Hörens/Lesens verblaßt dann dieser Komplex schnell, er wird nur noch global erinnert, und an seine Stelle tritt ein neuer, aus den neu gehörten/gelesenen Propositionen aufgebauter Komplex von Vorstellungen, usw. Man stößt hier auf die Grundphänomene des Gegebenseins und der Aufnahme von Texten:

– beim *Hörverstehen* Gegebensein *in zeitlicher Folge*, in dieser Folge alle einzelnen Propositionen *nacheinander aufgenommen*, das Verstandene mehr oder weniger genau oder global als Erinnerung *gespeichert*, also als ein *jetzt simultan vorhandener* Bestand;

– beim *Leseverstehen ein simultanes* Gegebensein des ganzen Textes, räumlich verteilt auf den Buchseiten usw., aber beim *Lesen diskursiv aufgenommen*, eine Proposition nach der andern, grundsätzlich ähnlich wie beim Hörverstehen, und auch hier eine mehr oder weniger genaue oder globale *Speicherung* der lesend aufgenommenen Inhalte im Gedächtnis, so daß am Ende des Lesens (wieder) ein *simultaner Bestand* vorhanden ist, im Kopf des Lesenden, neben dem ja bestehenbleibenden simultanen Bestand des sichtbar, räumlich vorhandenen gedruckten oder geschriebenen Textes (siehe auch Ziff. 11.57–11.58 sowie Ziff. A.28–A.30 und A.38–A.40).

Ein Beispiel für den *sehr verschiedenen Spielraum* der Lesenden bei der zeitlichen Einordnung der in einer Folge von Propositionen dargestellten Handlungszüge, Zustände, Charakteristiken usw., je nach dem Charakter der betreffenden Textstelle, bietet die erste Szene von «Betrayal» von Harold Pinter.

Hier findet sich auf einem Vorsatzblatt vor «Scene one» lapidar die Jahreszahl «1977». Das ist für das richtige *Verstehen wichtig*, denn vor der zweiten Szene liest man «1977 Later», dagegen vor der dritten Szene «1975», vor der vierten «1974» und so in ständigem «Zurückblättern» von dem in Szene 1 dargesellten Zustand bis zu «1968», vor der neunten und letzten Szene.

Auf der ersten Textseite der Szene 1 liest man dann, bevor man den Dialog zu lesen beginnt:

Pub. 1977. Spring.
Noon.
EMMA is sitting at a corner table.
JERRY approaches with drinks, a pint of bitter for him, a glass of wine for her.
He sits. They smile, toast each other silently, drink.
He sits back and looks at her.

Die Zeitangabe «Noon – Mittagszeit» ist offensichtlich nicht von Belang für ein chronologisches Einordnen (Szene 2 schließt zeitlich nicht direkt an, sondern ist nur global als «Later» gekennzeichnet). Dagegen kann diese Nennung der Tageszeit wichtig sein als *Indiz* für den *inneren Zustand* der beiden Gesprächspartner, vor allem für die innere Spannung von Jerry – weil 12 Uhr Mittags eine eher ungewöhnliche Zeit sein dürfte für ein Treffen in einem Pub, das nicht zu einem anschließenden gemeinsamen Essen führt, sondern («nur») zu einem Gespräch, und zwar zu einem sehr intensiven, bohrenden, wie sich sehr bald im Dialog zeigt.

Im folgenden ersten Teil der eigentlichen «Szenenangabe» (dem ersten Regiehinweis) ist eine *zeitliche Folge* entnehmbar aus den *Verbformen*: «*is sitting*» (progressive form, gibt oft einen zeitlichen Rahmen für nachher genanntes Handeln) und «*approaches*» (für das Handeln von Jerry, nämlich das Bringen der Getränke). Die Realisierung dieser zeitlichen Folge dürfte aber für ein angemessenes inhaltliches Verstehen kaum von Gewicht sein – man kann sich sogar fragen, ob man als Regisseur zuerst die am Ecktisch sitzende Emma allein auf der Bühne haben will und dann erst Jerry eintreten läßt oder ob beides praktisch gleichzeitig vom Zuschauer aufgenommen werden soll: daß Emma am Tisch sitzt und Jerry im Begriff ist, die Getränke zu bringen.

Eine *eindeutige zeitliche Folge*, aber *ohne* Signalisierung, nur aus den mitgeteilten Handlungen zu entnehmen, besteht bei den fünf folgenden Propositionen: *Zuerst* muß sich Jerry (nachdem er die Getränke auf den Tisch gestellt hat) hinsetzen («He *sits*» als Bewegung/Handlung, gegenüber «she *is sitting*» als Zustand, als Rahmen). *Nachdem* Jerry sich gesetzt hat, lächeln sich die beiden zu, stoßen schweigend an und trinken –

eine recht eindeutige zeitliche Folge, indem das Zulächeln («smile») in aller Regel dem Anstoßen *vorangeht*, gewissermaßen als nonverbale Signalisierung des Einverständnisses, das dann mit dem Anstoßen demonstriert wird.

Die *zwei letzten* in der Szenenangabe beschriebenen Handlungen, nämlich «He *sits back* – Er lehnt sich im Sessel zurück» und «(he) *looks at her* – (er) blickt sie an» sind in ihrer *Gesamtheit* zeitlich *später* als das vorher beschriebene Lächeln, Anstoßen und Trinken, das entnimmt man eindeutig aus diesen Handlungen selbst. *Offen* bleibt aber, ob sie auch *unter sich* als zeitlich gestuft gesehen werden sollen (*zuerst* zurücklehnen, *dann* aus dieser Stellung den Blick intensiv auf die Frau richten) oder ob sie als *gleichzeitig* aufgefaßt werden sollen – das ist wieder eine Stelle, wo ein Regisseur auch bei ganz genauem Achten auf den Text die beiden Bewegungen von Jerry hintereinander oder genau gleichzeitig ablaufen lassen kann.

Diese kurze Analyse mag zeigen, *wie fein* die Kohärenzstränge sein können, die sich aus der Einbettung in den Zeitablauf ergeben, und *wie eng* sie mit den (viel deutlicheren) Kohärenzsträngen durch *Wieder-Aufrufen* der beteiligten *Personen* zusammenhängen. Beim alltäglichen Verstehen wird das alles *intuitiv* mit-aufgenommen, *unterhalb* der Bewußtseins-Schwelle – aber es ist deswegen nicht weniger wichtig, nicht weniger konstitutiv für den Aufbau und die Wirkung der Texte.

12.77 Kohärenz durch Situieren im anschaulichen, dreidimensionalen Raum

Neben den Verknüpfungen durch das Wieder-Aufrufen schon einmal genannter Personen und anderer Entitäten und durch die Einbettung in den Zeitablauf spielt auch die *räumliche Situierung* der dargestellten Handlungszüge, Abläufe, Zustände, Charakteristiken usw. oft eine wichtige Rolle, und die auf diese Weise konstituierten Kohärenz-Stränge werden oft *leichter* erfaßt (und eher auch *bewußt* wahrgenommen) als die Feinheiten der Einbettung in den Zeitablauf (siehe dazu insgesamt das Kapitel 11/II, Ziff. 11.23–11.38, vor allem die Abschnitte über Lagen, Haltungen, Bewegungen).

Zur Illustration kann hier gleich nochmals das kurze Stück aus Pinter dienen, das im vorigen Abschnitt zur Demonstration der zeitlichen Kohärenz-Stränge herangezogen wurde. Wenn man diese Szenenangaben liest, *baut* man in sich ein mehr oder weniger klares *räumliches Bild* auf: irgend ein Ecktisch in irgendeinem Restaurant (die Besonderheiten eines «Pub» mehr oder weniger genau, je nach der Vertrautheit mit englischen Lebensverhältnissen). Man stellt sich *in* diesem Raum die *Haltungen und Bewegungen* der zwei Personen vor: die schon dasitzende Emma, den sich nähernden Jerry. Man *ergänzt* das direkt aus dem Text Entnommene durch die Vorstellung, wie Jerry die Getränke auf den Tisch stellt – man *folgt* der Bewegung von Jerry (er setzt sich auch an den Tisch) – man sieht die zwei Personen jetzt *einander gegenübersitzen* – man sieht, wie sie sich anlächeln, anstoßen, einen ersten Schluck trinken; dann sieht man Jerry sich in seinem Sessel zurücklehnen, den Blick auf Emma richten, und nun erwartet man den Beginn des Gesprächs – man ist durch das stumme Spiel der beiden auch schon ein Stück weit in den «*inneren Raum*», den «*emotionalen Raum*» hineingekommen, in welchem die beiden sich befinden und zu dessen Klärung sich jetzt ein Gespräch ergeben wird (zu abstrakten Räumen, «räumlichen Bildhintergründen» bei Lebensprozessen, personalen Gestimmtheiten usw. siehe Ziff. 11.47–11.48, 11.52, 11.53).

Auch hier werden also *laufend Kohärenzstränge* aufgebaut – von jedem Raumpunkt aus, der genannt wird und auch für das Kommende wichtig bleibt (hier: der Ecktisch), von jeder im jetzt vorgestellten Raum ablaufenden Bewegung aus (hier: wie Jerry sich nähert, wie er sich setzt, wie er sich nach dem Anstoßen und dem ersten Schluck zurücklehnt).

Die *Genauigkeit* und *Konsequenz*, mit der man beim Hören/Lesen solche räumlich konstituierte Kohärenz wahrnimmt und in sich nachbaut, kann *sehr verschieden* sein. Sie kann *sehr hoch* sein, wenn sich die Handlungen usw., von denen man hört/liest, in *einem genau bekannten Raum* abspielen – wenn z. B. berichtet wird von Wanderungen in einem Gebiet, das man genau kennt und in dem man selber oft gewandert ist. Wenn man aber z. B. von einem Gang der Hauptperson eines Romans durch die Straßen einer wenig oder gar nicht bekannten Stadt liest, baut man in sich nur das Bild auf: «Jetzt bewegt sich die Frau auf komplizierten, mir im einzelnen nicht bekannten (und mich nicht interessierenden) Wegen durch diese Stadt – aber jetzt kommt sie zu einem bestimmten Punkt, sie trifft jemanden an, und es wird sich etwas ereignen, das ich mir nun wieder recht genau vorstellen kann und will».

12.78 Kohärenz durch Aufbauen abstrakter Räume; Angaben von Prioritäten, Ordnen durch Zahlen

Oft, vor allem in argumentierenden Texten, juristischen Texten usw., werden Kohärenzstränge (oft sehr weitreichend) *bewußt und systematisch* hergestellt, indem man einen *geeigneten abstrakten Raum* aufbaut. Das beginnt in noch nicht formalisierter Weise mit Kennzeichnungen von zu Sagendem wie «*Einerseits ... Anderseits ... Demgegenüber ... Von einem solchen Gesichtspunkt aus ...*». Auch alle in Texten hergestellten Ordnungen durch *Bezifferung* von Teilen, Kapiteln, Abschnitten, Paragraphen kann man als Situierungen in einem abstrakten Raum auffassen, einem Zahlenraum (oder mehreren in sich verschachtelten Zahlenräumen). Man kann das Aufbauen (und das Benutzen/Nachbauen beim Lesen bzw. beim Konsultieren so geordneter Texte) als ein spezielles Bestandstück des kommunikativ-pragmatischen Handlungswissens betrachten, das in seiner Wichtigkeit zu sehen, aber hier nicht genauer darzustellen ist (siehe schon Ziff. 12.72 und 12.73).

12.79 Kohärenz durch die Beziehung «zu Charakterisierendes – als Vergleich Herangezogenes»

Die Bedeutungsbeziehung «etwas zu Charakterisierendes – etwas zu diesem Zweck als Vergleich Herangezogenes» (Ziff. 12.65'C2) spielt *meistens innerhalb von Sätzen*, zwischen den Teilsätzen oder sogar innerhalb eines Teilsatzes. Gelegentlich wird aber etwas scheinbar als selbständiges, unverbundenes Textbestandstück hingestellt, und man erfaßt erst beim Weiterlesen einen *besonderen Kohärenz-Strang*, nämlich daß der eben gelesene Satz nicht für sich allein aufzunehmen und frei in den Zusammenhang einzubauen ist, sondern daß er als *Vergleich* dienen soll, durch welchen das jetzt weiterhin zu Lesende anschaulich charakterisiert wird.

Ein sehr klares Beispiel ist die dritte Strophe des «Harfenspielers» von Goethe, dessen erste Strophe beginnt «Wer sich der Einsamkeit ergibt, / Ach, der ist bald allein»:

> Es schleicht ein Liebender lauschend sacht,
> Ob seine Freundin allein?
> *So überschleicht bei Tag und Nacht*
> *Mich Einsamen die Pein ...*

Schwierigkeiten beim Durchhalten des Kohärenzstrangs «Zum Vergleich Herangezogenes und durch diesen Vergleich zu charakterisierendes eigentliches Ereignis» haben manche Leser zunächst bei den folgenden 12 Versen, mit denen der 7. Gesang von «Hermann und Dorothea» von Goethe beginnt:

> Wie der wandernde Mann, der vor dem Sinken der Sonne
> Sie noch einmal ins Auge, die schnellverschwindende, faßte,
> Dann im dunkeln Gebüsch und an der Seite des Felsens
> Schweben siehet ihr Bild, wohin er die Blicke nur wendet,
> Eilet es vor und glänzt und schwankt in herrlichen Farben:
> So bewegte vor Hermann die liebliche Bildung des Mädchens
> Sanft sich vorbei und schien dem Pfad ins Getreide zu folgen.
> Aber er fuhr aus dem staunenden Traum auf, wendete langsam
> Nach dem Dorfe sich zu und staunte wieder; denn wieder
> Kam ihm die hohe Gestalt des herrlichen Mädchens entgegen.
> Fest betrachtet' er sie; es war kein Scheinbild, sie war es
> Selber. ...

Hier wird zwar durch das einleitende «Wie ...» sogleich signalisiert, daß das jetzt unmittelbar zu Lesende als etwas *zum Vergleich* Herangezogenes aufzufassen ist. Dann wird aber das herangezogene Phänomen aus der Farbenlehre (für Goethe ein Zentralphänomen nicht nur der Ästhetik, sondern der Naturwissenschaft: daß man nach dem Blick auf eine sehr helle Stelle, wenn man nun dunklere Stellen ins Auge faßt, an diesen Stellen sehr schöne Farben sieht) *so breit* in fünf Hexametern ausgemalt, daß man es als Leser *beinahe als Selbstzweck* auffaßt, als *direkte* Aussage. Erst im Vers 6 wird man dann durch das aufgreifende «So ...» wieder darauf zurückgelenkt, daß das ganze Farb-Phänomen *nur als Vergleich* dienen soll: Hermann sieht Dorothea zuerst auch wie ein Traumbild, also als etwas, was *aus seiner eigenen Auffassungsweise und Sehnsucht heraus* ihm vorschwebt (wie die Farben nach Goethes Auffassung *vom Auge des Betrachters* geschaffen werden), und erst dann erkennt er, wieder staunend, daß er nicht ein Traumbild («Scheinbild») auf sich zu kommen sieht, sondern die ersehnte und so lebhaft innerlich vorgestellte Dorothea *selbst*, in ihrer vollen Wirklichkeit.

Durch aufgreifendes (oder vorausweisendes) «So – Ainsi – Ita» usw. kann aber nicht nur von etwas zum Vergleich Herangezogenem auf das dadurch zu Charakterisierende *zurückgelenkt* werden, sondern es kann auch ein *direkter Kohärenzstrang* hergestellt werden, indem man mit dem «So» usw. eine ganze vorangegangene Handlungsfolge zusammenfassend wieder aufruft oder eine erst kommende genauere Darstellung anmeldet – Beispiele dafür sind in Ziff. 11.67 gegeben und kommentiert.

12.80 Kohärenz durch Benutzung speziellerer Bedeutungsbeziehungen auch für größere Textstücke

Auch die meistens zwischen Propositionen innerhalb von Sätzen spielenden spezielleren Bedeutungsbeziehungen «Annahme/Voraussetzung und daran Gebundenes oder ausdrücklich nicht Gebundenes» (Ziff. 10.34–10.36) und «Kausalität, Folgebeziehungen, unter verschiedenen Perspektiven gesehen» (Ziff. 10.75–10.90) werden nicht selten zur Herstellung von Kohärenzsträngen zwischen *größeren* Textstücken benutzt, vor allem in argumentierenden Textpassagen.

Ein Beispiel für die *Folgebeziehungen* ist in Ziff. 10.91 vorgeführt und in Ziff. 10.92 auf die Zusammenhänge zwischen den ganzen Darstellungsschritten hin untersucht (dort noch ohne Verwendung des Wortes «Kohärenz»). Dabei sind die Folge-Zusammenhänge weitgehend nicht eigens signalisiert, sondern von den Lesenden selbst einzubringen, aus ihrem «Weltwissen» heraus – aus der Kenntnis von Reaktionen von Kindern und möglichen ungeschickten Reaktionen von sich provoziert fühlenden Lehrern (Gottfried Keller schildert in dem Text, aus der Rückschau des Erwachsenen heraus, einen für ihn folgenschweren Zusammenstoß mit seinem Lehrer, am ersten Schultag. Heute würde man vielleicht von einem «Kommunikationskonflikt» sprechen).

Ein Beispiel für die Schilderung einer *zentralen Annahme* und damit gegebene existenzielle Fragen und resignierte Befunde, im Lateinischen durch einen einzigen langen Satz, in allen drei modernen Sprachen durch drei Sätze wiedergegeben, findet sich in der zweiten der sechs «Meditationen» von Descartes (erstmals gedruckt 1641, französische Fassung praktisch gleichzeitig und von Descartes selbst durchgesehen; englische Fassung von J. Veitch 1912, deutsche Fassung von L. Fischer 1891). Die dominanten Teile, welche den Charakter «Annahme» deutlich machen, sind graphisch hervorgehoben:

Suppono igitur omnia quae video falsa esse,   *Je suppose donc* que toutes les choses que je vois sont fausses;   *I suppose, accordingly,* that all the things which I see are false (fictitious);   *Ich nehme also an,* alles, was ich um mich sehe, sei falsch;
credo nihil umquam extitisse eorum quae mendax memoria repraesentat   *je me persuade* que rien n'a jamais été de tout ce que ma mémoire remplie de mensonges me représente;   *I believe* that none of those objects which my fallacious memory represents ever existed;   *ich glaube,* daß nichts von alledem, was mir meine trügerische Erinnerung vorführt, je existierte;
nullos plane habeo sensus;   *je pense* n'avoir aucun sens;   *I suppose* that I possess no senses;   *ich habe* überhaupt keine Sinne;
corpus, figura, extensio, motus, locusque, sunt chimerae;   *je crois* que le corps, la figure, l'étendue, le mouvement et le lieu ne sont que des fictions de mon esprit.   *I believe* that body, figure, extension, motion, and place are merely fictions of my mind.   Körper, Gestalt, Ausdehnung, Bewegung und Ort sind Chimären!
quid igitur *erit verum*?   Qu'est-ce donc qui *pourra être éstimé* véritable?   What is there, then, that *can be esteemed* true?   Was *soll da noch* wahr sein?
fortassis hoc unum nihil esse certi.   *Peut-être* rien autre chose, sinon qu'il n'y a *rien au monde de certain*.   *Perhaps* this only, that there is *absolutely nothing certain*.   *Vielleicht* dieses Eine, daß es *nichts Gewisses gibt*.

Beachtenswert sind die *Verdeutlichungen* des *Annahme-Charakters* in der französischen und englischen *Übersetzung*. Im lateinischen Original steht nur «*Suppono – credo*», in der französischen Fassung dagegen «*Je suppose – je me persuade – je pense – je crois*», in der englischen Fassung zweimal «*I suppose*» und zweimal «*I believe*». Beim französischen wie beim englischen Übersetzer besteht also offenbar das Bedürfnis (obwohl die Übersetzungen über 300 Jahre auseinanderliegen), den *Kohärenz-Strang* «Annahme und sich daraus Ergebendes» *für die Lesenden deutlicher* zu machen, als es im lateinischen Original der Fall ist.

12.81 Ansprüche an das Erfassen der Kohärenz bei Darstellung auf verschiedener gedanklicher Ebene

Besondere Ansprüche an das Erfassen von Kohärenz-Strängen können sich ergeben, wenn in den Texten *Darstellung auf verschiedener gedanklicher Ebene* vorliegt, wenn also die einen Propositionen und ganzen Sätze als *dominante* Teile, die andern als *inhaltliche* Teile gesetzt sind (Ziff. 10.01) und vor allem, wenn *mehrfache Stufung* von verschiedenen gedanklichen Ebenen vorliegt («Ich *glaube*, er *denkt*, daß sie *meint*, er *sei ihr Feind*», Ziff. 10.02).

Dann muß man nämlich *nicht nur* darauf achten und richtig nachvollziehen, *was* gesagt wird, sondern auch, *von wem* es jeweils gesagt wird. Wenn man auf gleicher gedanklicher Ebene hintereinander zwei Propositionen hat wie «Er hat richtig entschieden – Er hat falsch entschieden», so konstatiert man einen *Widerspruch im Text*, man vermißt die Konsequenz und damit die Kohärenz und fragt sich, was nun gelten soll, das «richtig» oder das «falsch». Wenn aber die genau gleichen Propositionen als *inhaltliche Teile* gesetzt sind und zu *verschiedenen dominanten* Teilen gehören, wenn es sich also um Aussagen, Auffassungen usw. *verschiedener Personen* handelt, so bleibt zwar ein Widerspruch zwischen den *Auffassungen* dieser Personen, *sachlich* – aber der *Text*, der diesen Widerspruch darstellt, ist *völlig kohärent*: «*Sie ist überzeugt*, er hat richtig entschieden, aber *ich bestreite das* und sage, er *hat falsch* entschieden».

Solche inhaltliche Teile, vor allem in der Bedeutungsbeziehung «Akte des Sprechens/Denkens und das jeweils Gesagte/Gedachte» sind eben gewissermaßen «*Texte im Text*», und *innerhalb* eines solchen «Textes im Text» können *andere Kohärenz-Stränge* bestehen als im umgreifenden Text – und sie können mindestens *anders signalisiert* sein.

Das ganze Phänomen «Text im Text, mit oft andern und anders signalisierten Kohärenzsträngen» zeigt sich besonders deutlich, wenn ein (oft umfangreicher, viele Sätze oder sogar viele Seiten umfassender) inhaltlicher Teil als *direkte Rede* präsentiert ist, also wörtlich so, wie er von der jeweils sprechenden (denkenden, «innerlich sprechenden») Person formuliert wurde (Ziff. 10.05 und 10.12). Dann entspricht ein «*ich*» im inhaltlichen Teil oft einem «*er/sie*» im dominanten Teil, oder dem «*sie/er* im dominanten Teil entspricht ein «*du, Sie*» im inhaltlichen Teil usw.

Die *Ansprüche*, die sich daraus für das Erfassen der Kohärenzstränge «Wieder-Aufrufen einer schon genannten Person» ergeben können, zeigen sich besonders deutlich bei Texten, in welchen die literarische Technik «*Rahmenerzählung*» verwendet ist. Eine besonders raffinierte Verwendung dieser (sehr alten) Technik findet sich in der bekannten Novelle von Theodor Storm «Der Schimmelreiter» (abgeschlossen 1888, kurz vor Storms Tod), die hier als abschließende Illustration für die Kohärenzstränge «Wiederaufrufen schon genannter Personen» kurz analysiert werden soll.

Storm hat hier einen *mehrstufigen Rahmen* geschaffen, durch welchen der geheimnisvolle Charakter des Erzählten besonders deutlich gemacht werden soll. In einem ersten Abschnitt stellt er sich selbst als «*Berichtenden*» vor, in der Ich-Form:

> *Was ich zu berichten beabsichtige*, ist mir vor reichlich einem halben Jahrhundert im Hause meiner Urgroßmutter, der alten Frau Senator Feddersen, kund geworden, während ich, an ihrem Lehnstuhl sitzend, mich mit dem Lesen eines in blaue Pappe eingebundenen Zeitschriftenheftes beschäftigte; ich vermag mich nicht mehr zu entsinnen, ob von den ›Leipziger‹ oder von ›Pappes Hamburger Lesefrüchten‹.

Dann betont er, für die *Wahrheit* der mitgeteilten Tatsachen könne er sich natürlich nicht verbürgen – aber sie hätten sich seinem *Gedächtnis unverlierbar* eingeprägt. Wie weit das tatsächlich so war, ob es sich um eine eigene Erinnerung von Storm handelt oder ob dieses «berichtende Ich» auch schon eine fiktionale Figur ist – das läßt sich kaum schlüssig entscheiden, und es spielt für die Analyse der Kohärenzstränge auch gar keine Rolle.

Mit diesem Auftreten eines «Berichtenden» ist also ein *erster Rahmen* gegeben. Im zweiten Abschnitt liest man nun:

> Es war im dritten Jahrzehnt unseres Jahrhunderts, an einem Oktobernachmittag – *so begann der damalige Erzähler* –, als ich bei starkem Unwetter auf einem nordfriesischen Deich entlang ritt.

Mit der Figur dieses «Verfassers/Erzählers» (weil es sich ja um einen gedruckten Text handelte) ist ein *zweiter Rahmen* eröffnet. Der Verfasser/Erzähler sieht nun auf dem Deich beim Schein des halben Mondes eine gespenstische Gestalt auf einem hageren, hochbeinigen Schimmel an sich vorbei brausen, hört aber weder einen Hufschlag noch das Keuchen des Pferdes. Er kommt dann in ein Wirtshaus auf halber Höhe des Binnendeichs, er erzählt von der seltsamen Begegnung, die Zuhörer erschrecken, einer ruft «Der Schimmelreiter!», und ein kleiner, hagerer Mann in einem schwarzen Röcklein, der alte Schulmeister, wird aufgefordert, dem Fremden die Geschichte zu erzählen. Er erklärt sich bereit, setzt aber sogleich hinzu, es sei viel Aberglaube in der Geschichte und eine Kunst, sie ohne diesen zu erzählen. Der fremde Gast (der Verfasser/Erzähler) bittet ihn, diese Stellen nicht etwa auszulassen, er werde als Zuhörer schon selbst die Spreu vom Weizen sondern können.

Der Schulmeister, der «Alte» beginnt nun zu erzählen, und damit befindet man sich als Leser der Novelle in einem *dritten Rahmen*. Man kommt aber gelegentlich in den *zweiten* Rahmen *zurück*, wenn nämlich der Verfasser/Erzähler wieder selbst das Wort ergreift, indem er etwas zur Erzähl-Haltung des «Alten» sagt oder indem er beschreibt, wie sich die übrigen Gäste auf einmal zum Fenster wenden und er selber für einen Moment den gespenstischen Reiter durch das Fenster zu sehen glaubt, oder wenn er darstellt, wie der Deichgraf hinausgerufen wird, alle andern Gäste ihm folgen und er selber mit dem «Alten» in dessen Zimmer hinaufsteigt und dort den Fortgang der Geschichte erzählen hört.

Es ist also *wichtig* für das Auffassen der Textzusammenhänge in der ganzen Novelle, daß man sich *als Leser* immer Rechenschaft gibt (und wenn das unbewußt erfolgt), *in welchem* von den beiden *Rahmen* man sich jeweils *befindet*. Ein «*ich*» im *Rahmen 2* ist zu verstehen als «*der Verfasser/Erzähler*», dagegen im *Rahmen 3* als «*der alte Schulmeister, der Alte*». Durch ein «ich» kann aber *innerhalb* des Rahmens 3 auch *eine der handelnden Personen* signalisiert werden, weil der erzählende Schulmeister diese oft selber sprechen läßt, in direkter Rede, manchmal auch ganz ohne anführende Teile.

Entsprechendes gilt auch für erneute Nennungen durch *Nomen* und ganze Begleitgefüge. Wenn man *innerhalb des Rahmens 2* liest «*der Alte*», muß man das verstehen als «der *erzählende alte Schulmeister*». Liest man aber ein genau gleiches «der Alte» *innerhalb des Rahmens 3*, so meint diese Nennung *den Vater* des hochbegabten *Hauke Haien*, des späteren Deichgrafen, der als Autodidakt Geometrie und Wasser-Mechanik lernte, auf Grund seiner Einsichten einen Deich mit einem ganz neuen Profil bauen ließ, es aber nicht durchsetzen konnte, daß der alte Deich, der nun einen erhöhten Druck aushalten mußte, im nötigen Maß verstärkt wurde. Dieser alte Deich brach dann in einer Sturmflut (für die der Schulmeister das Jahr 1756 angibt). Hauke Haien, der sich die Schuld daran zurechnete, stürzte sich auf seinem Schimmel mitten in die durchbrechenden Fluten, und auch seine Frau und sein Kind, die ihn suchen gekommen waren, wurden vom Wasser verschlungen – und von da an sah man eben nach der Meinung vieler in Sturmnächten den gespenstischen «Schimmelreiter» über die Deiche brausen.

Ganz am Schluß der Novelle wird man dann wieder aus dem Rahmen 3 in den Rahmen 2 *zurückgelenkt*, indem der Verfasser/Erzähler (der im zweiten Abschnitt der Novelle eingeführt worden war), kurz beschreibt, wie er am folgenden Tag beim schönsten Wetter über den einst von Hauke Haien erbauten Deich zur Stadt hinunter geritten sei. Der *äußerste Rahmen* wird gar nicht mehr geschlossen, der im ersten Abschnitt in Ich-Form sprechende (schreibende) «Berichtende» (den man sich als naiver Leser wohl als identisch mit Storm selber vorstellt) nimmt nicht mehr das Wort.

A   Abschlußteil: Sprachen lernen, sie im Kopf speichern, mehrere Sprachen im gleichen Kopf – Sprachverwendung, Handeln, Stabilisieren des «Ich»

A/I   Annahmen über die Speicherung von Sprachbesitz im Gehirn, Abläufe beim Sprechen und beim Hörverstehen

    A.01   Die Einlagerung des Sprachbesitzes im Gehirn, zur Forschungslage   785
    A.02   Wenig plausible Hypothesen – Wege zu plausiblerem Hypothesen-Gebäude 787
    A.03   Grundgestalten der Stimmführung, Fragen, besondere emotionale Beteiligung am Gesagten 788
    A.04   Verneinen, Ablehnen – Bejahen, Zustimmung 788
    A.05   Partikeln und Adjektive für freier einfügbare Bedeutungsbeiträge .. 789
    A.06   Präpositionen und ganze Präpositional-Strukturen – besonders vielfältig 789
    A.07   Die Bildungsmöglichkeiten von Anschlußgefügen 790
    A.08   Vorschaltgefüge für komplexere Charakteristiken, Abstufung, Vergleichsformen 790
    A.09   Nomen insgesamt, Eigennamen und appellative Nomen, «Faden-Bindung» 790
    A.10   Begleitgefüge, verschiedene Präsentationsweisen für Personen und andere Entitäten 792
    A.11   Verbale Semanteme: kernbildende Verben, infinit oder schon finit, und feste Stellen um sie herum 792
    A.12   Modalverben, zur Bildung komplexer Semanteme und als Kerne eigener Semanteme 793
    A.13   Die Ausgestaltung der Reihenfolge aller Bestandstücke in den fertigen Propositionen, «Wortstellung» 794
    A.14   Die Formen der Verben, einwortig und mehrwortig, Lautungen und Bedeutungsbeiträge 794
    A.15   Die Deklinationsformen, bei den Nomen, Pronomen und Adjektiven 795
    A.16   Ein Ertrag solcher Betrachtungen für die Praxis, das Einschätzen der «formalen Korrektheit» 796
    A.17   Ein Beispiel für die Abläufe beim Bilden eines einfachen Textes .. 797
    A.18   Fertig gespeicherte Texte, unverändert abrufbar und verwendbar .. 800

A.19 Beispiel für Textbildung im Gespräch mit Verwendung eines fertig gespeicherten Textstücks 800
A.20 Verknüpfungsmöglichkeiten für ganze Propositionen, soweit sie «grammatikalisiert» sind 801
A.21 Zusammenhänge mit der Speicherung des reinen Sachwissens, des «Weltwissens» 802
A.22 Sprachbesitz, im engeren Sinn, und kommunikativ-pragmatisches Handlungswissen 803
A.23 Vom Sprachbesitz zur hörbar werdenden Äußerung im Gespräch – Bewußtes und Automatisiertes 803
A.24 Mögliche Beobachtungen bei langsamem oder stockendem Sprechen oder bei Fehlleistungen 804
A.25 Mögliche Beobachtungen beim «inneren Sprechen» 806
A.26 Vorplanung von zu führenden Gesprächen in «innerem Sprechen» . 807
A.27 Rückblickende Verarbeitung von Momenten aus gelaufenen Gesprächen 808
A.28 Abläufe beim Verstehen gesprochener Äußerungen, Hörverstehen überhaupt 808
A.29 Rekonstruktion der Verstehens-Abläufe bei zwei Äußerungs-Anfängen 810
A.30 Speicherungsphänomene beim Hörverstehen insgesamt, auf allen Stufen 812

A/II Sprache und Schrift, Speicherung von Wortbildern – Abläufe beim Schreiben und beim Lesen

A.31 Grundsätzliches zum Verhältnis von gesprochener und geschriebener Sprache 814
A.32 Die Grundleistung von Schriften: sprachlich gefaßte Information aufbewahrbar machen 815
A.33 Sprache mit Schrift als Herrschaftsinstrument; besonderes Prestige geschriebener Sprache 816
A.34 Weiterleben älterer Wörter, Wendungen, Formen auf Grund des Lesens 817
A.35 Stärkere Regularisierung durch Grammatiken und bewußte Sprachpflege 817
A.36 Zur neuronalen Speicherung graphischer Wortgestalten neben den Wortlautungen und Bedeutungen 818
A.37 Vom Sprachbesitz im Kopf zum Text schwarz auf weiß, Abläufe und Handlungen beim Schreiben 822
A.38 Vom schwarz auf weiß vorliegenden Text über die Augen zum Verstehen, Prozesse beim Lesen 825
A.39 Lautes Lesen als Hilfe für das Verstehen – nicht nur bei Anfängern 829
A.40 Erwartungen bilden, sie bestätigt finden oder korrigieren, das Gelesene raffend speichern 831

A.41 Aufrufen graphischer Textgestalten auch beim Hörverstehen 831
A.42 Rückblick auf die drei Zuordnungsweisen der Wortgestalten 832

A/III Sprachen lernen, Erstsprache und Fremdsprachen – was wird getrennt eingelagert, was ineinander verzahnt, was gilt gleicherweise für alle Sprachen – wörtliches und übertragenes Verstehen, »Metaphern«

A.43 Bedeutungen und zugehörige Wortgestalten als überpersönlicher Bestand und als Individualbesitz 834
A.44 Bedeutungen lernen – Lautungen lernen: verschieden in Ablauf, Einheitlichkeit, Überprüfbarkeit 835
A.45 Spontan-Verstehen und erste Ansätze von Bedeutungsbildung in der Kommunikation Mutter-Kind 836
A.46 Eindeutigkeitsgrad des für die Bedeutungsbildung Vorgegebenen .. 838
A.47 Verstehen aus Situation und Handlungsablauf, mit Erschließen/ Erraten der Einzelbedeutungen 840
A.48 «Wörter» oder «Sätze»? Einzel-Bedeutungen oder ganze semantische und formale Strukturen? 841
A.49 Die Einteilung der ersten Wörter der Kinder in Wortarten 842
A.50 Bedeutungen auch als reines «Handlungswissen» gespeichert, ohne Fassung in Wörter 844
A.51 Bedeutungen erwerben, klären, berichtigen durch sprachbenutzende Kommunikation mit andern 845
A.52 Erworbener Sprachbesitz und täglicher Gebrauch – festigend, erweiternd, leicht verändernd 847
A.53 Bedeutungen erstmals schaffen oder sie von andern übernehmen – beides erfordert Kreativität 848
A.54 Verschiedener Einheitlichkeitsgrad «gleicher» Bedeutungen in verschiedenen Köpfen 848
A.55 Ausnützen von Regularitäten, generell oder partiell, für das Erfassen und Behalten der Wörter 850
A.56 Zur Ausnützung der in der «Wortbildung» gegebenen partiellen Regularitäten in der Praxis 853
A.57 Der schon vorhandene Sprachbesitz beim Lernen einer neuen Sprache – Hilfe oder Störung? 856
A.58 Wortgestalten, phonisch und graphisch, sowie Stimmführungsgestalten: klar getrennte Einlagerung 857
A.59 Grammatischer Bau, formal und semantisch: Vorhandenes aktivieren, für Einbau oder für Umbau 859
A.60 Einzelbedeutungen und verbale Semanteme: komplizierte Verzahnungen, daher oft «Interferenzen» 864
A.61 Rückwirkungen neu erlernter Sprachen auf die Erstsprache 866
A.62 Einheitliche Bedeutungen – umstrittene Anwendung im Einzelfall . 867
A.63 Für alle vier Sprachen weitgehend gleich: kommunikativ-pragmatische Strategien, literarische Muster 867
A.64 Wörtliche Bedeutung, wörtliches Verstehen – übertragenes Verstehen, bildlich, metaphorisch 868

A/IV Sprachverwendung und Kommunikation, Arten von Kommunikation –
Ziele bei der Sprachverwendung – relative Wichtigkeit von Teilbereichen,
je nach Ziel – Wahrheitsansprüche, auch bei fiktionalen Texten – Komponenten beim Textverstehen – Sprachverwendung und Person-Identität,
abschließende Beispiel-Analyse

 A.65 Arten von Kommunikation, auch ohne Sprachverwendung 871
 A.66 Eine Systematik der möglichen Ziele von Sprachverwendung,
    erstrebte «Erträge» 872
 A.67 Relative Wichtigkeit normgerechter Verwendung in den Teilbereichen, je nach Ziel und Situation 874
 A.68 Leben in mehreren Sprachen – Sprachverluste – Ausweichen
    auf andere Sprachen 882
 A.69 Bereicherungen durch das Lernen anderer Sprachen, auch bei sehr
    beschränkter Perfektion 887
 A.70 Die Sprachverwendung und der Aufbau der Person-Identität,
    die Stabilisierung des «Ich» 890
 A.71 Ich-Aufbau an vorhandenen Realitäten vorbei, Wahn-Systeme,
    auch im Rahmen ganzer Gruppen («Massen-Hysterien») 894
 A.72 Systematisch hervorgelocktes Erzählen als Therapie; Psychoanalysen 897
 A.73 Tatsachentreue, Übertreibung, Untertreibung, Ironie;
    Wahrheitsansprüche der Hörer/Leser 901
 A.74 Fiktionale Texte, Unterhalten/Belehren als Ziel – Tatsachengetreues und Erfundenes dabei 903
 A.75 Drei Komponenten beim Textverstehen: Textanteil – Situationsanteil – zusätzlicher Eigenbeitrag 906
 A.76 Wörtliches und übertragenes, metaphorisches Verstehen
    nebeneinander 907
 A.77 Wege zur Gewinnung einheitlicher Verständnisse, wo nötig:
    Textprinzip und Pluralitätsprinzip 910
 A.78 Bekannte Autoren über die Verschiedenheit von Verständnissen des
    gleichen fiktionalen Textes 912
 A.79 Verstand und Gefühl beim Textverstehen; Anteile der rhythmischen
    Gestaltung, des Versbaus 912
 A.80 Ein «Ich» und seine Sprachen – ein Versuch, ausgehend von einer
    Dramen-Figur 914

A/I Annahmen über die Speicherung von Sprachbesitz im Gehirn, Abläufe beim Sprechen und beim Hörverstehen

A.01 Die Einlagerung des Sprachbesitzes im Gehirn, zur Forschungslage

Zu verstehen, wie die Menschen ihre Sprachen *lernen* und wie der erworbene Sprachbesitz *gespeichert* ist in den verschiedenen Köpfen, so daß die für das Verstehen und das Sprechen/Schreiben erforderlichen Einheiten und Strukturen in Sekundenschnelle abgerufen (bewußt gemacht) werden können – das ist eine der faszinierendsten Aufgaben, die sich heute der Wissenschaft stellen, der Linguistik wie der Hirnforschung.

Grobe Kenntnisse über die Speicherung von Sprachbesitz hat man schon seit längerer Zeit. Der französische Chirurg Paul Broca (1824–1880) entdeckte den Zusammenhang von Sprechstörungen (Fehlen der Satzmelodien, verstümmelte Lautungen von Wörtern) mit Schädigungen des nach ihm benannten «motorischen Sprachzentrums» (in der dritten linken Hirnwindung, im Großhirn). Der deutsche Psychiater Carl Wernicke (1848–1905) entdeckte das sogenannte «sensorische Sprachzentrum», bei dessen Schädigung sich vor allem Ausfälle im Verstehen ergeben. Man spricht daher bei entsprechenden Störungen (die oft durch Unfälle bedingt sind) von «Wernicke-Aphasie» (bei Verstehensstörungen) und von «Broca-Aphasie» (bei Sprechstörungen).

Man schätzt heute die Zahl der Nervenzellen (der Neuronen) im Gehirn eines erwachsenen Menschen auf etwa 100 Milliarden. Von jedem dieser Neuronen gehen Tausende von «Leitungen» aus, die zu andern Neuronen führen (die Axone, Nervenfasern), und diese Nerven-Leitungen können recht lang sein (bis zu 100 cm), sie führen zu einer großen Zahl von gar nicht unmittelbar benachbarten Neuronen.

Die Neuronen sind zu einem Teil schon genetisch «programmiert», d.h. spezialisiert für die Verarbeitung ganz bestimmter Reize, z. B. für das Registrieren von Helligkeiten, Farben, Formen, auf Grund der Lichtwellen, die von den Augen aufgenommen und in chemische Reize umgewandelt und dann über die Sehnerven ins Sehzentrum des Gehirns geleitet werden, oder auch für das Registrieren von Zuständen/Gefühlen im eigenen Körper (in der «Körperfühlsphäre» der Hirnrinde, dem somatosensorischen Cortex).

Ein sehr großer Teil aller Neuronen und der zwischen ihnen laufenden Axone ist aber bei der Geburt *noch keineswegs* programmiert, sondern *offen* für die Programmierung, die sogleich mit dem Leben außerhalb des Mutterleibes beginnt, in Verarbeitung aller Außenreize, die nun auf das Kind treffen. Zu diesen gehört ganz wesentlich auch das *Angesprochen werden* durch die Mutter und die weiteren Kontaktpersonen, bei allen Pflegehandlungen und weit über diese hinaus (dazu Ziff. A.45–A.47). Die ersten Lebensjahre sind insgesamt *die wichtigste Zeit* für die «Programmierung» des Gehirns und damit für die Entwicklung des betreffenden Menschen überhaupt. Werden sie versäumt (d. h. treffen zu wenig Reize auf das Kind, wird es nicht genügend in die Kommunikation mit seiner Umgebung hineingezogen), so ergeben sich oft schwere Entwicklungsstörungen. Das heißt aber nicht, daß mit dem Ende der Kinderzeit die Programmierbarkeit aufhört – eine gewisse weitere Programmierung ein «Fein-Ausbau» (und manchmal auch ein «partieller Umbau») erfolgt immer wieder, solange der betreffende Mensch überhaupt bewußt lebt, hört, spricht und denkt. Das hängt aufs engste zusammen mit der *stets neuen Stabilisierung des «Ich»*, die ein Grundzug alles Menschenlebens ist (Genaueres dazu in Ziff. A.70–A.72 und A.80).

Wie man sich diese Programmierung im einzelnen vorzustellen hat (Veränderungen im chemischen Zustand und in den elektrischen Potentialen in den Neuronen, dadurch Spezialisierung, und vor allem Aufbau von vielfältigen Verknüpfungen, «Einschleifen» von Nervenbahnen oft über verschiedene Bereiche hinweg, insgesamt eine «Verschaltung» zu einem hochkomplizierten Netzwerk) – das ist heute ein zentraler Forschungsbereich der Neurobiologie. Dazu gehören vor allem auch genauere Vorstellungen, wie die Weiterleitung der Signale von einem Neuron zum anderen erfolgt (durch chemische «Botenstoffe» und/oder durch elektrische Reizung).

In diesem riesigen Netzwerk wird nun im Rahmen des Gedächtnis-Aufbaus überhaupt *auch aller Sprachbesitz* «eingelagert», gespeichert und möglichst bequem abrufbar gehalten. Man darf sich dabei die Speicherung nicht als strenge Lokalisation in klar abgrenzbaren kleinen Bereichen vorstellen (so daß etwa jede Bedeutung in einem Neuron oder einem kleinen Komplex von Neuronen eingelagert wäre, etwa wie die Ersatzteile in einer Automobilwerkstatt in den Fächern eines Gestells). Man muß vielmehr mit Speicherungen *an verschiedenen Orten* rechnen und mit x-fachen «Verschaltungen» oder «Vernetzungen», so daß beim Zugriff auf ein gespeichertes Stück Sprachbesitz (beim Abrufen der Bedeutungen und ganzen Bedeutungsstrukturen) oft auf einen Schlag *eine Mehrzahl* von Nervenbahnen aktiviert wird (in «Parallelverarbeitung»), mit vielfachen Assoziationen, und das alles nicht nur in den «Sprachzentren» im engeren Sinn (Broca-Areal und Wernicke-Areal, in der linken Hirnhälfte), sondern über beide Hemisphären des Gehirns laufend und vielfach mit dem «reinen Sachwissen», mit dem allgemeinen Gedächtnisbesitz verknüpft.

Wenn man nun heute versucht, sich ein genaueres Bild über die Einlagerung verschiedener Bestandstücke und Bereiche des gesamten Sprachbesitzes zu machen (vor allem auch: das Nebeneinander mehrerer Sprachen im gleichen Kopf), hat man dazu verschiedene Möglichkeiten:

– Systematisches Beobachten der sprachlichen Leistungen (Verstehen und eigenes Sprechen/Schreiben) bei Patienten mit Hirnverletzungen, dabei auch systematisches «Hervorlocken» bestimmter sprachlicher Reaktionen, z. B. durch gezeigte Bilder, Gegenstände usw. Wichtige Beobachtungen wurden auch gemacht bei Patienten, denen wegen schwerer Epilepsie bestimmte Teile des Gehirns herausoperiert wurden. Ein Beispiel einer rein psychisch verursachten Aphasie bei einer sprachlich besonders hochbegabten Patientin (Verlust der Erstsprache, nur noch Verfügung über eine bevorzugte Fremdsprache) wird in Ziff. A.68 referiert.

– Sichtbarmachen der jeweils aktivierten Hirn-Regionen durch Positron-Emissions-Tomographie, auch an gesunden Versuchspersonen, wobei diesen Personen möglichst genormte Aufgaben für Identifizieren/Verstehen/Sprechen/Denken gestellt werden.

Alle hier zu gewinnenden Resultate sind natürlich auch mitbedingt durch den *gesamten linguistisch-sprachtheoretischen Hintergrund* (nicht zuletzt durch die grammatischen Begriffe, die die betreffenden Forscher von klein auf gelernt und immer, wenn auch ggf. kaum bewußt «im Hinterkopf» haben), denn das alles bildet den *Rahmen*, in welchem die Versuchs-Anordnungen entwickelt und die Ergebnisse erwartet und dann gesehen und analysiert werden.

Es ist hier nicht der Ort, um den heutigen Stand dieser Forschungen im einzelnen zu referieren. Dagegen dürfte es sinnvoll sein, wenn auf Grund alles in den Teilen 1 bis 12 Entwickelten eine *Reihe von Annahmen* entwickelt wird, wie die aufgewiesenen Einheiten und Strukturen, auf den verschiedenen Ebenen, *in Bereichen* gespeichert und querverknüpft sein könnten. Es wird also versucht, ein Gebäude von möglichst plausiblen Annahmen aufzubauen – Annahmen, die möglichst gut *zusammenpassen* mit all dem, was man beim Sprechen und Schreiben *beobachten* kann (auch wenn das oft nur in Selbstbeobachtung möglich ist) und ebenso mit allem, was man beim Hörverstehen und beim Leseverstehen an sich selbst und gelegentlich in gewissem Maß, auch an andern beobachten kann. So ergibt sich dann auch eine Art «Orientierungs-Rahmen», in welchem man versuchen kann, die *Prozesse* beim *Sprechen und Schreiben* und beim *Hörverstehen* und *Leseverstehen* einigermaßen nachzuzeichnen, wie es für die *Praxis* nützlich ist, auch ohne das Eindringen in die chemischen und elektrischen Prozesse im Gehirn, die allen diesen sprachlichen Leistungen letztlich zugrundeliegen.

A.02 Wenig plausible Hypothesen – Wege zu plausiblerem Hypothesen-Gebäude

Am wenigsten plausibel ist wohl eine Annahme, die man an sich auf die Unterscheidung von Grammatiken und Wörterbüchern stützen könnte, daß es nämlich auf der einen Seite einen reinen «Wortspeicher» gäbe, in welchem alle einzelnen Wortbedeutungen und die zugehörigen Lautungen (bzw. Schreibungen) eingelagert wären, und auf der andern Seite einen Speicher für alle Verknüpfungsmöglichkeiten, die Bedeutungsbeziehungen und die zu ihnen gehörenden Formalstrukturen so verschiedener Art, vor allem auch für alle Abwandlungsmöglichkeiten von Wörtern (Formen der Verben und der Nomen, Pronomen und Adjektive) und die zugehörigen Bedeutungsbeiträge.

Bei einer solchen Annahme müßte man *komplizierte Erklärungen* dafür finden, wie ein Hörer bei jedem Wort, das er akustisch identifiziert, und ein Leser bei den Wörtern, die er optisch und akustisch identifiziert (und oft innerlich akustisch nachvollzieht, innerlich «hört») aus den oft sehr verschiedenen Bedeutungen dieses Wortes *gerade diejenige* herausfiltert, die an der betreffenden Stelle des Textes vom Sprecher bzw. vom Schreiber gemeint war, die durch das gesprochene oder geschriebene Wort in den Hörenden bzw. Lesenden aufgerufen werden sollte. Mit einem gelehrten Fachausdruck dafür: man steht dann immer wieder vor dem Problem der «*Uni-Semierung*», der «*Desambiguierung*», des Ausschaltens aller an sich mit dem Wort verbundenen, aber an der betreffenden Stelle im Text eben nicht zutreffenden, nicht gemeinten Bedeutungen.

Völlig verfehlt dürfte eine Annahme sein, die sich aus gewissen extremen Positionen amerikanischer Linguisten in den 40er und 50er Jahren herleiten ließe, nämlich daß alle «Sätze» fertig gespeichert wären oder mindestens alle «einfachen Sätze, grundlegenden Sätze». Es ist eine der gesichertsten Feststellungen der Sprachwissenschaft (die allerdings gelegentlich in Vergessenheit geraten ist und dann jeweils wieder neu betont werden mußte), daß jeder Sprachteilhaber auf Grund seines Sprachbesitzes auch *neue*, von ihm *noch nie gehörte* (und natürlich auch noch nie selber formulierte) «Sätze» verstehen und selber bilden kann (wobei unter «Sätzen» in der hier verwendeten Terminologie, z. B. bei Chomsky, das gemeint ist, was in diesem Buch als «Propositionen und enge Verknüpfungen von Propositionen» bezeichnet wird).

Zu einem plausiblen Hypothesengebäude kann man kommen, wenn man die offensichtlich vorhandenen Bestände zu ordnen versucht nach der *Komplexität* der *Operationen*, welche ablaufen zwischen dem *einfach Abrufbaren* und den *fertigen Propositionen* und ganzen Folgen von Propositionen. Diese Operationen kann man zum Teil beim eigenen Sprechen und vor allem beim eigenen Schreiben beobachten (siehe das Beispiel in Ziff. A.17), oder man kann sie jedenfalls heranziehen, rekonstruieren, zur Erklärung gemachter Beobachtungen. Dazu ist als weiteres Kriterium für eine plausible Anordnung die Frage hilfreich, was man *als Hörer* in einer *Fremd*sprache *zu allererst versteht*, auch bei noch mangelhafter Kenntnis der grammatischen Strukturen und noch sehr geringem Besitz an Wörtern. Auf diese Weise ergeben sich die Gruppen oder Bereiche, von relativ Einfachem bis zu immer Komplizierterem, die in Ziff. A.03–A.15, A.18 und A.20–A.21 dargelegt und diskutiert sind.

A.03 Grundgestalten der Stimmführung, Fragen, besondere emotionale Beteiligung am Gesagten

Als besonders elementar, beim Lernen der Erstsprache im Kleinkindalter besonders früh gespeichert und hörend wie sprechend schon sehr bald richtig eingesetzt, sind wohl die *Grundgestalten der Stimmführung* zu betrachten, die «Satzmelodien» zur Signalisierung von Fragen (dazu Ziff. 9.01'C, Globalfragen, und 9.04, Kennzeichnung als Frage rein durch die Satzmelodie), sowie die *Druckverteilung* und die *Klangfarben* zur Signalisierung besonderer Intensität, besonders starker emotionaler Beteiligung, besonderer Wichtigkeit des zu Sagenden. Diese Sonderstellung der Stimmführungsgestalten, in die man beim Sprechen alle Wörter, Wortkomplexe und ganzen Propositionen einbettet, erweist sich auch im Licht der Aphasie-Forschung als sehr wahrscheinlich (Verlust der Sprechmelodien auch bei Erhaltung des Wort- und Strukturbesitzes möglich).

A.04 Verneinen, Ablehnen – Bejahen, Zustimmung

Ebenfalls sehr elementar und früh erworben, weil direkt mit den Äußerungen des eigenen Willens schon des kleinen Kindes verknüpft, dürfte die *Möglichkeit des Verneinens* sein, das *Ablehnen* von etwas, das «von außen» an einen herankommt (Ziff. 9.10, 9.13, 12.71'R). Hier ist allerdings schon nicht mehr ein eindeutiges Signalisieren durch reine Stimmführungsgestalt möglich (abgesehen vom «Protestgeschrei» eines kleinen Kindes), sondern man muß *Wörter* zur Verfügung haben, *Wörter wissen*, wenn auch sehr einfache wie «*nein, nicht – non, pas – no – non*». Für den gegenteiligen Fall, das ausdrückliche Akzeptieren, reicht ebenfalls ein «Zustimmungsbrummen» nicht aus, sondern man muß Wörter haben wie «*ja, doch – oui, si – yes, well – sic, bene*» (aber für deutsch «ja» hier nur die Bedeutung «zustimmen», nicht die Bedeutung «beiläufiges vergewissernds Betonen der Tatsächlichkeit» wie in «Er hat *ja* recht», Ziff. 10.28, und bei «doch, si» ebenfalls nur die Bedeutung «Zustimmung im Gegensatz zu möglicher Verneinung», noch nicht das «doch» für «trotzdem» und noch viel weniger das «si» für deutsch «wenn», Ziff. 10.34–10.35 und für deutsch «ob», Ziff. 10.08).

Die Wörter «nein – ja» usw. sind ja großenteils *gar nicht auf einen Einbau* in eine *verbale Proposition hin* angelegt, sondern sie dienen als *eigene nichtverbale* Propositionen. Dagegen sprechen auch nicht die möglichen Formulierungen «Sie sagte ja, er sagte nein» oder «Elle a dit oui, il a dit non», denn hier sind «ja, nein – oui, non» als inhaltliche Teile aufzufassen, als grundsätzlich eigene Propositionen, auch wenn sie die Stelle für ein Akkusativobjekt zu «sagen» bzw. complément d'object direct zu «dire» ausfüllen.

A.05 Partikeln und Adjektive für freier einfügbare Bedeutungsbeiträge

Jeweils eine *Querverbindung* zu großen Gruppen verbaler Semanteme, aber *keine feste Bindung* an *ein bestimmtes* Semantem, sondern Speicherung als eigene, weitgehend frei verwendbare Einheit ist plausiblerweise anzunehmen bei den Partikeln und Adjektiven, die man zur *Signalisierung freierer Bedeutungsbeiträge* in verbale Propositionen einbauen, teilweise auch als eigene nichtverbale Propositionen ohne Beziehung zu einem verbalen Semantem setzen kann.

Es handelt sich hier um eine insgesamt begrenzte, aber doch recht beträchtliche Zahl von Wörtern und zum Teil von zweiwortigen Ausdrücken, die man auch zu den präpositionalen Ausdrücken (Ziff. A.06) rechnen kann (z. B. französisch «*au-dessus, au-dessous, par-dessus, là-dessus – en dehors, en dedans, au-dedans*»). Im Deutschen spielen hier die zweiteiligen Partikeln («Pronominaladverbien») eine besondere Rolle – man könnte ihre Speicherung fast als diejenige eines Wortes mit regulärer Variation von Lautung und Bedeutung betrachten, also «*damit, womit, hie(r)mit – darauf, worauf, hierauf – dazu, wozu, hierzu – dabei, wobei, hierbei*» usw., aber auch «*vorher – nachher – dahin, wohin, hierhin*» usw.

Semantisch geht es bei dieser ganzen Gruppe von Wörtern für freiere Bedeutungsbeiträge zunächst um die *Einbettung in den Zeitablauf* (Ziff. 11.07–11.13, «*heute, bald, früh, spät*» usw., mit den Gegenstücken in den andern Sprachen) und die *Situierung im Raum*, das Nennen von Lage, Bewegungsziel, Bewegungsursprung usw. (Ziff. 11.26–11.35, «*da, hier, dort, innen, außen, oben, unten, links, rechts, überall*» usw.). Besonders häufig und wohl sehr elementar gespeichert sind auch die einfachen Wörter für zusammenfassenden Bezug auf Situationen, Abläufe, Vorgehensweisen («*so – ainsi – so, thus – sic, ita*», Textbeispiele Ziff. 11.67). Dann sind hier aber auch viele Wörter für speziellere frei einfügbare (aber manchmal auch in feste Semantemstellen einsetzbare) Bedeutungsbeiträge zu sehen (eine Übersicht in Ziff. 11.84).

A.06 Präpositionen und ganze Präpositional-Strukturen – besonders vielfältig

Ein besonders kompliziertes Nebeneinander von *Einzelspeicherung* und *Speicherung als Strukturkern* mit offener Stelle für Hinzufügen verschiedener Bedeutungsbeiträge bestimmter Art, möglicherweise auch verschieden von einem Sprachteilhaber zum andern, ist wohl anzunehmen für die *Präpositional-Strukturen* in allen diesen Bereichen freier einfügbarer Bedeutungsbeiträge (während in vielen verbalen Semantemen eine durch präpositionalen Ausdruck zu besetzende Stelle schon fest eingebaut ist, mit ganz fester Präposition). Die Kompliziertheit wird noch erhöht durch die Tatsache, daß in den drei modernen Sprachen oft die genau gleich lautenden Wörter nicht nur als Präpositionen dienen, in Verbindung mit Nomen/Pronomen als Kern, sondern auch als Infinitivkonjunktionen, in fixen oder auch recht offenen Kombinationen («Das ist noch *zu* leisten – C'est encore *à* faire, je viens *de* lui en parler – We have *to* do it» usw.). Dazu dienen im Deutschen und Englischen oft die lautlich genau gleichen Wörter sowohl als Präpositionen wie als Verbzusätze (in den «particle verbs»), z.B. «Er bemüht sich *um* die Kranken – Es geht eine Grippe *um*» oder «*in* the railway station – to go *in*». So ist wohl anzunehmen, daß so einfache Wörter wie «*in, zu, aus – en, de, à – in, to, out*» usw. *an ganz verschiedenen Stellen gespeichert* sind, als Bestandteile ganz verschiedener Bedeutungs-Strukturen (z.B. «*zu* einer Stelle im Raum – *zu* diesem Problem etwas sagen – er versucht es *zu* formulieren – das ist viel *zu* kompliziert»).

A.07 **Die Bildungsmöglichkeiten von Anschlußgefügen**

An verschiedenen Stellen eingelagert, in verschiedenen Bedeutungszusammenhängen, sind wohl auch die Strukturen für *Anschlußgefüge* zu sehen: zum Teil zusammen mit der Speicherung von Präpositional-Strukturen, zum Teil im Zusammenhang mit ganzen verbalen Semantemen (also z.B. «*Zugriff auf ..., Verwendung von ...*» zusammen mit «*auf etwas greifen, etwas erfassen, etwas verwenden*»), zum Teil auch im Zusammenhang mit Namen (etwa: Bildung von Namen durch Kennzeichnung der Herkunft, «Das Mädchen *von ...*» oder «... *aus* ...»). Die vielfältigen Bedeutungsbeziehungen, die hinter der formal einfachen Struktur «Anschlußgefüge» stehen können, sind zusammengestellt in Ziff. 7.29–7.35.

A.08 **Vorschaltgefüge für komplexere Charakteristiken, Abstufung, Vergleichsformen**

Eine sehr einfache und elementare Formalstruktur, die man aber für recht verschiedene Bedeutungsbeziehungen verwenden kann, ist die Bildung von *Vorschaltgefügen* (Zusammenstellung der hier darstellbaren Bedeutungsbeziehungen in Ziff. 7.39 für die modernen Sprachen, 7.46 für Lateinisch). Auch hier ist wohl *Speicherung an verschiedenen Stellen* anzunehmen, zum Teil zusammen mit den freieren Bedeutungsbeiträgen generell (Ziff. A 05), zum Teil mit den Möglichkeiten für die Abstufung von Charakteristiken, durch Adjektive wie durch Partikeln darstellbar, besonders auch durch die Reihe der Vergleichsformen (dazu Ziff. 4.39–4.43 und 12.65'C).

A.09 **Nomen insgesamt, Eigennamen und appellative Nomen, «Faden-Bindung»**

Als je eigene Einheiten gespeichert, trotz ihrer ungeheuren Zahl und der ständigen Neubildung auf so vielen Gebieten, sind wohl alle *Namen* für jemand/etwas, *Eigenna-*

men, einteilig und mehrteilig, und *appellative Nomen*, die gelegentlich auch mehrteilig sein können (zur Unterscheidung von «Eigennamen – appellatives Nomen» Ziff. 7.22–7.23).

Dabei läßt sich speziell bei den Eigennamen beobachten, daß offenbar die *Namen* (die Lautungen sowie die Schreibungen, dazu speziell Ziff. A.36) gar nicht in unmittelbarer Nachbarschaft mit den «Inhalten» gespeichert sind, d.h. *nicht direkt zusammen* mit allem dem, was man über die betreffenden Personen *weiß*, mit den «gedanklichen Bildern» der Personen, die man im Gedächtnis hat. Diese Inhalte (die gedanklichen Bilder und der gesamte zugehörige Gedächtnisbesitz über das bisherige Handeln usw. dieser Personen) scheinen vielmehr mit den Lautungen nur gewissermaßen durch «*Fäden*» verbunden zu sein, durch dünne (und auch leicht störbare) Nervenleitungen. Als Beleg dafür kann man eine Erscheinung betrachten, die wohl jedermann schon an sich selbst beobachtet hat, ganz besonders in vorgerücktem Alter, wenn man sehr viele Personen mit Namen kennt: Hin und wieder ist einem plötzlich ein Name «entfallen», er ist einfach im Moment, und manchmal für kürzere oder längere Zeit, *nicht aus dem Gedächtnis abrufbar*. Man weiß dabei genau, um welche Person es sich handelt, man weiß unter Umständen sehr viel über sie, man könnte sie beschreiben, man sieht in Gedanken ihr Bild vor sich – aber der *Name* ist *nicht mehr verfügbar*. Das kann besonders peinlich wirken, wenn man die betreffende Person antrifft, wenn man sie leibhaftig vor sich hat, wenn sie einen grüßt, einen anspricht. Dabei ist der Name *keineswegs absolut verloren*, er ist noch «irgendwo im Gedächtnis» vorhanden; manchmal weiß man sogar, daß es z.B. ein dreisilbiger Name ist, daß darin an ein oder zwei Stellen der Laut «a» vorkommt usw. Und manchmal fällt einem dann auf einmal der Name ganz spontan wieder ein, ohne daß man ihn von jemand anderem (z.B. vom Namensträger selbst) gehört hat. Hie und da kann man dieses «Wieder-Einfallen» auch systematisch herbeizuführen versuchen, indem man sich *eine Reihe ähnlicher Namen vorsagt* (mit dem Zusatz: «nicht ..., nicht ..., aber vielleicht so etwas wie ...»).

Ähnliches wie das hier für Personen Beschriebene gibt es wohl auch für appellative Nomen, vor allem für Fachausdrücke mit einem oft komplizierten lautlichen Aufbau, mit fremdsprachlichen Bestandteilen. Man sagt dann gelegentlich, wenn man z.B. für eine Formulierung ein solches Wort haben sollte und im Kontakt mit einem Partner ist: «Du, dafür gibt es doch ein besonderes Wort, wie heißt es schon?» Und wenn der Partner dann das Wort nennt (z.B. für die Bildung neuer Knochensubstanz an ungeeigneten Stellen nach einer Verletzung oder Operation den Fachausdruck «heterotrope Ossifikation»), so sagt man erlöst: «Ja natürlich, das ist es, jetzt weiß ich es auch wieder». Man kann hier in Selbstbeobachtung einiges von der *Kompliziertheit* der Speicherung sprachlicher Einheiten – Bedeutungseinheiten und zugehörige Lautgestalten – im Gehirn erkennen. Eine solche Sicht des Zusammenhangs von Bedeutungen und zugehörigen Lautungen/Schreibungen (in markantem Gegensatz zu manchen landläufigen «Zeichen-Modellen») paßt auch sehr gut zusammen mit allem, was man beim ersten Spracherwerb eines kleinen Kindes über den Aufbau von Bedeutungen beobachten und erschließen kann (Ziff. A.45–A.47): Bedeutungen *nicht* in erster Linie als *logische* Einheiten intendiert und an logischen Kalkül-Möglichkeiten orientiert, sondern als «*Fixpunkte beim Erleben und Handeln*», als «Knotenpunkte» im pragmatischen Netz von Gedächtnisinhalten, das sich jeder Mensch von den ersten Tagen seines Lebens an aufbaut. Daß darin die gedanklichen Bilder der ersten und wichtigsten Kontaktpersonen, vor allem der *Mutter* besonders früh aufgebaut werden, paßt ebenfalls genau ins Bild –

wobei zu diesen gedanklichen Bildern unablösbar auch die visuellen, akustischen, taktilen Gedächtniseinträge gehören (Gesicht, Stimme, Geruch, eigene Körpergefühle beim Gepflegtwerden, Gefüttertwerden, Liebkostwerden).

A.10 Begleitgefüge, verschiedene Präsentationsweisen für Personen und andere Entitäten

In besonders engem Zusammenhang mit der Speicherung der *Nomen* aller Art, Eigennamen und appellative Nomen, ist offensichtlich auch die Speicherung der Möglichkeit zur *Bildung von Begleitgefügen* zu sehen, und das gilt nicht nur für die modernen Sprachen mit ihrer reichen Entwicklung der «Artikelwörter», der Begleitpronomen, déterminants, determiners, sondern auch für das Lateinische. Das richtige Erfassen solcher Gefüge und ihrer jeweiligen Bedeutungsbeiträge ist nicht selten sehr wichtig für das Aufbauen und Nachvollziehen von Textzusammenhängen (für den formalen Aufbau von Begleitgefügen im Deutschen siehe Ziff. 7.01'A, im Französischen Ziff. 7.09−7.10, im Englischen Ziff. 7.15−7.17; Bedeutungsaufbau, spezielle Bedeutungsbeiträge bestimmter Begleitpronomen in allen drei modernen Sprachen Ziff. 7.24−7.27, im Lateinischen Ziff. 7.42−7.44; kognitive Grundlagen dafür Ziff. 12.65'A).

A.11 Verbale Semanteme: kernbildende Verben, infinit oder schon finit, und feste Stellen um sie herum

Als je eigene komplexe Einheiten (gewissermaßen: «Halbfabrikate») sind wohl auch die *verbalen Semanteme* gespeichert, die es in so großer Zahl gibt (siehe schon Ziff. 6.50−6.54, Zusammenstellungen für besonders häufige Verben in Ziff. 12.02−12.41), und zwar sind sie wohl nach *Bedeutungsähnlichkeiten* geordnet, aber immer *zugleich* mit den formalen Bedingungen für die Besetzung ihrer festen Stellen (z. B. die zu verwendende Präposition, im Deutschen und vor allem im Lateinischen der jeweils zu verwendende Kasus). Insgesamt ist für den größten Teil des Bestandes wohl *infinite Speicherung* anzunehmen, also das als Kern dienende Verb im Infinitiv und die festen Bedeutungsstellen (manchmal auch die Stellen für freier einfügbare Bedeutungsbeiträge) durch typische Pronomen bzw. Partikeln markiert. Man kann hier auch von mehr oder weniger «generalisierten verbalen Wortketten» sprechen (siehe schon Ziff. 3.09−3.11, Darstellungsweise in den großen Wörterbüchern und nützliche Lerntechnik).

Die *am freisten* besetzbare Stelle ist dabei fast immer diejenige für das *Subjekt* – die Wahl hängt meistens nur von der inhaltlichen Verträglichkeit mit der Bedeutung des Verbs bzw. der ganzen verbalen Wortkette ab. Klare Beschränkungen (wie daß «bellen» nur für Hunde gilt, «wiehern» nur für Pferde, abgesehen von einem immer möglichen «metaphorischen» Gebrauch) sind wohl eher die Ausnahme als die Regel.

Für einige sehr häufige Semanteme ist aber wohl nicht nur infinite, sondern *schon finite* Speicherung anzunehmen, also Speicherung eines *festen Teils des Kernbestandes* einer fertigen finiten Proposition, z. B. «*Es gibt ... Il y a ... There are ...*» oder «*Est ..., Sunt ...*» (oder schon mit eingefügter räumlicher Situierung «*Hier/Da/Dort gibt es ...*» usw.), vgl. dazu «Sein 4, räumliche Situierung» und «Sein 6, Vorhandensein überhaupt», in Ziff. 12.37. Ein weiteres im Deutschen und Französischen häufiges Beispiel «*Es handelt sich um ... Il s'agit de ...*». Dabei ist beim Gebrauch durchaus auch *Umwandlung in infinite* Form möglich, z. B. «Es *soll* dort ... geben – Il *doit* y avoir ... There *must* be ...» – aber das ist eher als Rückverwandlung für bestimmte Kombinationen zu betrachten, nicht als die einfache Form der Speicherung.

Neben der Speicherung jedes Semantems als einer eigenen Einheit ist aber hier mit besonders vielen und verschiedenartigen *Querverbindungen* zu rechnen, mit einer «*Vernetzung*» sehr raffinierter Art, nach verschiedenen Gesichtspunkten, so daß sich kleinere oder größere «Bündel» von Semantemen ergeben – Bündel von inhaltlich mehr oder weniger verwandten Semantemen, verwendbar, wahlweise, für gleiche oder ähnliche Sachzusammenhänge; hie und da gibt es auch praktisch äquivalente Semanteme, die dann ein besonders «enges» Bündel bilden, wie z. B. «jemandem *etwas anbieten / ihm ein Angebot machen*» oder «jemand*en antreffen /* jemand*em begegnen*». Solche «Bündel» lassen sich dann mehr oder weniger auf einen Schlag abrufen, oder anders gesagt, die dazu gehörigen Semanteme fallen einem fast gleichzeitig ein, oder sehr schnell hintereinander, bei kurzem Nachdenken, wenn man zur Darstellung von irgend etwas ein geeignetes Semantem braucht. Man kann das (vor allem beim Schreiben, wo der Text-Produktionsprozeß viel langsamer abläuft als beim Sprechen, Ziff. A.37) nicht selten an sich selber beobachten. Dabei ist *nicht etwa* anzunehmen, daß die so «gebündelten» Semanteme in *jeder Situation äquivalent* verwendbar seien, daß die Bündelung alle ihre Aspekte gleichmäßig erfasse. Man muß vielmehr davon ausgehen, daß solche Äquivalenz *nur jeweils* für eine *bestimmte Anwendungssituation* besteht und daß für andere Anwendungssituationen, andere Aussage-Bedürfnisse, wieder andere Bündelungen aktiviert werden oder sich sogar *erst im Moment, ad hoc*, ergeben (und nachher vielleicht auch mehr oder weniger fest gespeichert werden).

A.12 Modalverben, zur Bildung komplexer Semanteme und als Kerne eigener Semanteme

Sehr tief und elementar gespeichert sind wohl, im Rahmen des Besitzes an verbalen Semantemen überhaupt, die *Modalverben* wie «können – müssen – wollen – sollen – lassen – dürfen – mögen» und ihre Entsprechungen in den andern Sprachen, zur Darstellung der *Durchführbarkeit* eines Handelns/Verhaltens oder der *Antriebe* dazu (Ziff. 10.58–10.65). Solche Darstellung erfolgt sehr oft durch Kombination des Modalverbs mit einem beliebigen «spezielleren» Semantem, also durch Bildung eines komplexen Semantems (Ziff. 12.08) wie «etwas sofort *tun können* – nicht mehr länger auf die andern *warten wollen*» oder durch Modalverb als Kern einer eigenen Proposition (mit Hinweis auf das speziellere Verhalten/Handeln durch Pronomen als Akkusativobjekt, Ziff. 12.09), wie etwa «*Das können* wir» oder «Ich *will es* aber nicht», oder in dem etwas boshaften französischen Sprichwort «*Ce que* femme *veut*, Dieu *le veut*». Dabei ist gelegentlich auch finite Speicherung anzunehmen, mit Variationsmöglichkeit an einer Bedeutungsstelle, wie z. B. «*Es lockt mich – Es drängt ihn – Es gehört sich*», oft dann für Darstellung des spezielleren Verhaltens/Handelns durch einen als eigene Proposition gesetzten inhaltlichen Teil, wie «Es lockt mich, *das einmal zu probieren* – Es gehört sich, *daß man ihn benachrichtigt* – Es gelingt ihm, *die Krise zu meistern*».

A.13 Die Ausgestaltung der Reihenfolge aller Bestandstücke in den fertigen Propositionen, «Wortstellung»

In engem Zusammenhang mit der Speicherung der Semanteme insgesamt ist auch die Speicherung der *Regularitäten* zu sehen, welche für die *Ausgestaltung der Reihenfolge* aller Bestandstücke in den fertigen Propositionen maßgeblich sind, also für die «Wortstellung».

Man muß hier von «Ausgestaltung» sprechen, denn eine *Grund-Reihenfolge* für das Verb (bzw. die Verb-Teile) und die Satzglieder außer dem Subjekt ist nach allen Beobachtungen, die man machen kann, mit dem jeweils gespeicherten verbalen Semantem schon gegeben, jedenfalls für die drei modernen Sprachen, weniger klar für das Lateinische. Man hat im *Deutschen* das Verb *ganz am Schluß*, bei mehrteiligem Verb das *Gefügeverb hinter* dem Hauptverb, und die Satzglieder *davor*; dabei ist aber die Reihenfolge der Satzglieder untereinander oft noch nicht fest, sie hängt vom Umfang des jeweiligen Satzglieds ab, und auch die «Ausklammerung» (Ziff. 3.30) vor allem von präpositionalen Satzgliedern ist wohl schon bei den gespeicherten Semantemen (oder «generalisierten verbalen Wortketten») anzunehmen (also «*bei jemandem* Rat *holen wollen*» neben «Rat *holen wollen bei jemandem*»). Im *Französischen* und *Englischen* steht dagegen das *Verb* vorn, bei komplexem verbalem Semantem das *Gefügeverb* vor dem Hauptverb («*vouloir demander conseil* à quelqu'un, *prendre l'avis* de quelqu'un – *want to take advice* from somebody» oder «*sich aufführen als ... / sich als ... aufführen – se conduire en ... behave like a ...*»).

Bei der Bildung einer *finiten Proposition* auf Grund eines verbalen Semantems, wenn ja in aller Regel auch ein *Subjekt* zum Verb und den übrigen Satzgliedern tritt, werden nun *besondere Stellungs-Regularitäten* wirksam, und zwar im Deutschen, Französischen und Englischen *je verschiedene* (siehe für Deutsch schon Ziff. 3.25–3.30, für Französisch Ziff. 3.31–3.35, für Englisch Ziff. 3.37–3.40).

Am wenigsten derartige Regularitäten (oder, jedenfalls für poetische Texte, überhaupt keine) gibt es offenbar im *Lateinischen*, und dort dürfte auch bei den infinit gespeicherten Semantemen die Reihenfolge von Verb und Satzgliedern am offensten sein («pueros *ad amicum cum litteris* mittere – pueros *cum litteris* mittere *ad amicum*» usw.). Die *Wahl* einer Reihenfolge ist also hier in weitestem Ausmaß *den jeweils Sprechenden oder Schreibenden überlassen*, als *stilistisches Mittel*, auch zur verschiedenen *Gewichtung* von Bestandstücken innerhalb der Proposition – man kann ja hier sogar die Bestandteile eines *nichtverbalen Gefüges* weit voneinander getrennt setzen, während in allen drei modernen Sprachen bei den nichtverbalen Gefügen insgesamt die verbindlichste Reihenfolge besteht (erste Beispiele für die freie lateinische Wortstellung und ihre Konsequenzen für das Verstehen schon in Ziff. 3.41–3.42, Beispiele aus Cicero und Vergil in Ziff. 7.47).

A.14 Die Formen der Verben, einwortig und mehrwortig, Lautungen und Bedeutungsbeiträge

Besonders kompliziert organisierte und ineinandergreifende Speicherungen dürften bei dem anzusetzen sein, was man im weitesten Sinn «*Konjugationsformen* nennen kann (und was beim Lernen von Fremdsprachen einen besonderen Einprägungs-Aufwand erfordert, siehe die Darstellung der Lautungen für die Verbformen in den vier Sprachen, Ziff. 5.11–5.19, 5.27–5.37, 5.49–5.62).

Die *Lautungen* der Verben dürften zum Teil direkt zusammen mit der Lautung des betreffenden Verbs im Infinitiv gespeichert sein, jedenfalls die «Stammformen», die man sich eigens einprägen muß, und andere unregelmäßige Formen wie deutsch «*hast*» neben «*habe, haben*» oder französisch «*vous dites*» neben «*dire*» oder englisch «I *am* – you/we/they *are*» oder lateinisch «*fers, fert* neben «*ferre*». Dagegen dürften alle Lautungen, die man *mit Hilfe* durchlaufender *Regeln* bzw. *Muster* aus den Stammformen «*bilden*» kann, *nicht einzeln* gespeichert sein, sondern von Fall zu Fall mit Hilfe der gespeicherten Regeln bzw. Muster *aufgebaut* werden. Zwischen diesen beiden Bereichen dürfte für die deutschen und französischen Verben auch mehr oder weniger detailliert eingelagert sein, ob man die Perfektzeiten mit «sein/être» oder mit «haben/avoir» bildet.

Für die *Bedeutungsbeiträge* ist dagegen wohl eine nach *Bedeutungsbereichen* organisierte Speicherung anzunehmen: die Bedeutungsbeiträge der *grammatischen Zeiten* zusammen mit den Mitteln für Einbettung in den Zeitablauf überhaupt (Ziff. 11.01–11.22), die Bedeutungsbeiträge der *Konjunktive* teils bei «Antriebe, Durchführbarkeit» (Ziff. 10.64–10.65, und direkt daneben auch die Bedeutungsbeiträge des Imperativs), zu andern Teilen aber auch bei «Aussagesicherheit» (Ziff. 10.23) und generell bei der indirekten Anführung von Gesagtem/Gedachtem/Gefühltem (Ziff. 10.07–10.10, für das Lateinische speziell Ziff. 10.19–10.20, mit Caesar-Beispiel, für die besonders komplizierten Ersatzmechanismen beim deutschen Konjunktiv I und II Ziff. 10.13–10.18). Im Umkreis der Bedeutungsbeziehungen für «Antriebe, Durchführbarkeit» und «Sicherheitsgrade für Aussagen» dürften auch die Bedeutungsbeiträge der fixen *Kombinationen mit zu-Infinitiv* usw. gespeichert sein (vgl. Ziff. 12.45–12.46 über «ist zu …, hat zu …» und Gerundiv-Konstruktionen überhaupt).

Die Bedeutungsbeiträge der *Passivformen* dürften zusammen mit den verbalen Semantemen insgesamt und den zugehörigen Formalstrukturen für die einzusetzenden Satzglieder gespeichert sein (siehe schon Ziff. 6.29–6.38), und Entsprechendes dürfte für die (möglichen) eigenen Bedeutungsbeiträge von *Reflexiven* und die besonderen Bedeutungen reflexiver Verben gelten (Ziff. 6.39–6.46).

Insgesamt dürfte also für das, was man in der Elementargrammatik als *einen* Komplex «Konjugation» betrachtet, eine *sehr komplizierte und differenzierte Verteilung* auf verschiedene «Speicherungs-Bereiche» und eine raffinierte «Vernetzung» vorliegen, mit besonders vielen und vielfältigen «Querverbindungen».

A.15 Die Deklinationsformen, bei den Nomen, Pronomen und Adjektiven

Eine kaum weniger komplizierte Verteilung ist offenbar auch anzunehmen für die Speicherung der verschiedenen Wortformen und der durch diese Verschiedenheiten signalisierbaren Bedeutungsbeiträge in dem Bereich, den man traditionell als «*Deklination*» zusammenfaßt.

Die Unterscheidung von *Singular und Plural* und der Gebrauch als *Kollektiv* (Ziff. 4.01–4.07) dürfte *direkt* bei den einzelnen Wortbedeutungen und den zugehörigen Lautungen gespeichert sein, mit Einschluß der oft unregelmäßigen Plural-Lautungen (wobei auch hier damit zu rechnen ist, daß Bedeutungen und Lautungen nicht unmittelbar «aneinandergeheftet» oder «aneinandergeklebt» sind, sondern nur durch etwas wie «Fäden», durch besondere, auch leicht störbare Nerven-Leitungen verbunden, siehe Ziff. A.09, «Entfallen» von Eigennamen bei vollem Besitz aller Kenntnisse über die betreffende Person).

Die Speicherung der *Fallformen und ihrer Funktionen* (Ziff. 4.15–4.38) dürfte *verteilt* sein auf die entsprechenden «Einträge» bei den verbalen Semantemen (Ziff. A.11–A.12), bei den Anschlußgefügen (Ziff. A.07), sehr oft zusammen mit Präpositionen (Ziff. A.06) – im Deutschen teilweise auch im Bereich «Lage und Bewegung» (Ziff. 11.25–11.31 und schon 4.26, für das Lateinische auch Ziff. 6.24'E und 6. 26'B1'B4).

Vielleicht noch komplizierter muß man sich wohl die Speicherung der *grammatischen Geschlechter* und ihrer lautlichen Signalisierungen vorstellen (Ziff. 4.08–4.14): zum Teil zusammen mit *elementaren Erfahrungen* über die Existenz aller Menschen und der allermeisten andern Lebewesen als *männliche* und als *weibliche* Individuen – zu einem andern Teil als *reine grammatische Mechanismen*, je nach Wort oft verschiedene Lautungsänderung bedingend, vor allem beim *Einbau* von Nomen in *Begleitgefüge* sowie im Deutschen, Französischen und Lateinischen beim *Wieder-Aufrufen* von Personen oder andern Entitäten in neuen Propositionen, z. B. «*Ein* Acker ..., *er* ... – *Eine* Wiese ..., *sie* ... – Ein Feld ..., *es/das/dieses* ...». Die speziellen Verschiedenheiten im Deutschen («*ein* groß*er* Wurf – *der* große Wurf» oder «bei dies*em* heftig*en* Wind – bei heftig*em* Wind» sind wohl zusammen mit den Formalstrukturen für Begleitgefüge überhaupt eingelagert (Ziff. A.10, genaue Darstellung Ziff. 4.18–4.23).

Die grundsätzliche Möglichkeit der Bildung von *Vergleichsformen* ist wohl im Zusammenhang mit den *Vorschaltgefügen* und generell der Kennzeichnung von *Abstufungen* eingelagert zu sehen (Ziff. A.08), die unregelmäßigen Lautungen dafür (z. B. «bon/bonne – *meilleur*, bien – *mieux*» oder «gut – *besser*, hoch – *höher*») dürften *direkt* bei den betreffenden Adjektiven eingelagert sein.

A.16 Ein Ertrag solcher Betrachtungen für die Praxis, das Einschätzen der «formalen Korrektheit»

Die dargestellten Annahmen über die Speicherung, vor allem in Ziff. A.13–A.15, können sich unmittelbar als nützlich erweisen, wenn man *Lernerfolge* beim Spracherwerb einzuschätzen hat, sei es bei kleinen Kindern im ungesteuerten Erstsprach-Erwerb, sei es bei älteren Kindern und bei Erwachsenen beim vertieften Lernen der betreffenden Standardsprache und immer wieder beim Lernen und Handhaben von Fremdsprachen.

Ein Beispiel: Ein Kind (in Mundart als Erstsprache aufgewachsen, Erwerb der Standardsprache vom 1. Schuljahr an) schrieb im 3. Schuljahr in einem freien Aufsätzchen zum Thema «Angst» den Satz «Ich *rufte* meine Mutter». Teilnehmer an einem Kurs für Linguisten stellten dazu fest: «Das Kind hat Probleme mit der grammatischen Zeit, mit der Darstellung von Vergangenem». Tatsächlich *verfügt* das Kind aber sehr wohl über das Präteritum zur Kennzeichnung einer Aussage als «vergangen, jetzt nur erzählt», und es verfügt ebenso über *Regularitäten (Muster)*, mit deren Hilfe man aus dem Infinitiv einer sehr großen Zahl deutscher Verben (nämlich aller regulären t-Verben oder «schwachen Verben», Ziff. 5.13'A) das Präteritum *bilden kann*. Es wendet diese Bildungsmöglichkeit nur «falsch» an, nämlich bei einem Verb, das nicht zur Gruppe der regulären t-Verben, sondern zu den Ablautverben, unregelmäßigen Verben gehört (Ziff. 5.13'C). Die *Verständlichkeit* für die Lesenden (oder bei entsprechender mündlicher Darstellung: für die Hörenden) ist *in keiner Weise beeinträchtigt*. Man realisiert sofort, daß das vom Kind geschriebene (gesagte) Wort als das Präteritum von «rufen» zu verstehen ist. Man hat aber *selber* die spezielle, ablautende Präteritums-Lautung «rief» so fest gespeichert, daß man das «rufte» als eine *Abweichung* vom «korrekten» (d. h. einfach: vom heute im Deutschen üblichen) Gebrauch empfindet und gefühlsmäßig ablehnt, daß man dem Kind sofort sagen möchte: «Es heißt nicht *rufte*, sondern *rief*».

Entsprechende Beobachtungen lassen sich immer wieder machen bei allem Lernen von *Fremdsprachen*, auch beim ungesteuerten Lernen, etwa bei Anderssprachigen, die durchaus verständlich Deutsch sprechen, aber mit «abweichender» Wortstellung und mit Verwendung von Verben im Infinitiv statt in der jeweils erforderlichen Personalform, und oft mit Verwendung von Nomen und dazugehörigen Adjektiven im «falschen» grammatischen Geschlecht, z. B. «Ich haben gesehen deine Kollege».

Es ist also überall sehr hilfreich für das Einschätzen des *Stellenwertes* solcher «Fehler», wenn man die *vorhandene Verfügung* über *Bedeutungsstrukturen* aller Art anerkennt und klar sieht, daß die «Anstöße» (oder «Verstöße») *nur im rein formalgrammatischen Bereich* liegen, daß nämlich für die vorhandenen Bedeutungen und ganzen Bedeutungsstrukturen *nicht die jeweils sprachüblichen* Lautungen und die *übliche lineare Anordnung* der Bestandstücke in den Propositionen (die übliche Wortstellung) verwendet werden.

A.17 Ein Beispiel für die Abläufe beim Bilden eines einfachen Textes

Es sind nun noch die Speicherungen für die *Verknüpfung* ganzer Propositionen zu betrachten und die Tatsache, daß jedermann in seinem Sprachbesitz auch *fertige finite Propositionen*, ja *fertige Texte* aus oft einer ganzen Reihe von Propositionen hat. Vorher dürfte aber ein Beispiel am Platz sein für das *Zusammenwirken* verschiedener aus dem Sprachbesitz abgerufener Bedeutungsstrukturen und -einheiten und ihre *Anreicherung* und zum Teil *Umwandlung* durch *Operationen*, deren Möglichkeit ebenso aus dem Sprachbesitz abgerufen wird.

Situation: Jemand überlegt sich ein kommendes Handeln und faßt einen Entschluß, in «innerem Sprechen». Dabei lassen sich nun schematisch drei Stufen auf dem Weg vom gespeicherten Besitz an Einheiten bis zum fertigen (hier: innerlich gesprochenen und gehörten) Text unterscheiden, bei verschiedenen Ansprüchen an den zu bildenden Text.

A Für Darstellung durch *infinite Propositionen*

Aus dem Sprachbesitz im Kopf abgerufen

- *drei verbale Semanteme* (Ziff. A.11), nämlich «auf Bescheid warten – jemanden fragen – einen Entscheid treffen»;
- *eine Stimmführungsgestalt* (Ziff. A.03) für «neutrales Hinsetzen, unter leichter emotionaler Beteiligung, für drei gereihte Propositionen», und zugleich *Geltung* dieser hingesetzten Propositionen *für den Sprechenden selbst*, als Darstellung seines eigenen geplanten Handelns;
- die *Einbettung* der drei Handlungszüge in den *Zeitablauf* (Ziff. A.05, spezieller Ziff. 11.07–11.13) durch «jetzt – noch bis morgen – dann»;
- die *genauere Charakterisierung* des zweiten Handlungszuges durch einen freier eingefügten Bedeutungsbeitrag (Ziff. A.05, spezieller Ziff. 11.77 und 11.80), nämlich «Handeln ohne schonende Zurückhaltung, auch auf das Risiko eines Anstoßes», durch die Satzpartikel (Vorschaltgefüge) «rund heraus»;

– die *Präsentation von Entitäten* durch Einbau des betreffenden Nomens in ein *Begleitgefüge* (Ziff. A.10, spezieller Ziff. 7.24'C) als «*neutral festgelegt*» durch Begleitpronomen «den – die – den», in ihrer Form an das grammatische Geschlecht und den Kasus von «Bescheid – Entscheid» und den Plural «beide» angepaßt (Ziff. A.15);
– der *Bezug auf zwei schon bekannte Personen* durch das Mengenpronomen «beide», eingebaut in das Begleitgefüge «die beiden», das Ganze an der Stelle des in der Speicherung durch «jemanden» repräsentierten Akkusativobjekts im Semantem «jemanden fragen» (Ziff. A.11, spezieller Ziff. 12.03);
– der Bedeutungsbeitrag «*Anpassung* an eine *verschieden mögliche kommende Reaktion/Situation*» (Ziff. A.05, spezieller Ziff. 11.79–11.80, Bewußtheitsgrad beim Handeln, Einstellung zu anderen) durch den Präpokasus «je nach Antwort».

Die auf diese Weise entstandenen fertigen Propositionen

1	⌒Jetzt noch bis morgen auf den Bescheid *warten*⌒
2	⌒dann die beiden rund heraus *fragen*⌒
3	⌒und je nach Antwort den Entscheid *treffen*⌒

Bemerkungen

Diese Formulierungsweise ist bei gepflegtem Sprechen/Schreiben *beschränkt* auf Situationen, in denen *ohne weiteres klar* ist, *wer* als *Handelnder* gesehen und daher als Subjekt für die infiniten verbalen Propositionen zu denken ist. Wer eine Fremdsprache erst bruchstückhaft beherrscht, bildet aber nicht selten solche infinite Propositionen und setzt, wo nötig, das Subjekt einfach dazu, also z.B. «*Du* jetzt heimgehen, *ich* noch etwas hier bleiben».

Eine *direkte* Kombination eines Subjekts mit einer verbalen Wortkette im Infinitiv, ohne Verwendung der Personalform des betreffenden Verbs, ist aber auch in sehr gepflegter, ja artifizieller Sprachgebung möglich, als besonderes *Stilmittel*, wie schon in Ziff. 3.23 gezeigt, mit dem Beispiel aus dem «Tell» von Schiller: «*Wir* Oestreich *huldigen* nach solcher Schmach! / *Wir* uns *abtrotzen lassen* durch Gewalt, was wir der Güte weigerten» und dem Beispiel mit «infinitivus historicus» aus Cicero: «Interea *Catilina* Romae multa simul *moliri*, insidias *tendere*, *parare* incendia, opportuna loca armatis hominibus *obsidere*, ipse cum telo *esse*, item alios *iubere*» (deutsch etwa: «*Catilinas Taten* unterdessen in Rom: vieles zugleich *unternehmen*, Fallen *stellen*, Brände *anlegen*, geeignete Orte mit Bewaffneten *besetzen*, selber mit der Waffe in der Hand *sein*, dasselbe anderen *befehlen*»).

B Für Darstellung durch *finite* Propositionen mit *Hilfe von Gefügeverben*

Aus dem Sprachbesitz im Kopf abgerufen, über das schon in A Aufgeführte hinaus

– Darstellung eines *Antriebs* «*von innen*» für den *ersten* Handlungszug und eines *Antriebs* «*von außen*» für den *zweiten und dritten* Handlungszug, durch die als Gefügeverben gesetzten Modalverben «wollen – müssen» (Ziff. A.12, Bildung komplexer Semanteme, spezieller Ziff. 10.58, Antriebe) und zugleich *ausdrücklicher Hinweis* auf die *eigene Person*, die hier handeln will/muß, durch das als Subjekt gesetzte Personalpronomen «ich» – es ist anzunehmen, daß die Kombinationen «ich will – ich muß» schon fertig gespeichert sind (Ziff. A.14) und daher die Personalformen nicht erst vom Infinitiv her gebildet werden müssen;

- *Ausgestaltung der Reihenfolge* der Bestandstücke (Ziff. A.13), nämlich in *Proposition 1* das Subjekt «*Ich*» voraus, dann die Personalform «will» und dann die ganze schon nach A gebildete und angereicherte verbale Wortkette in unveränderter Form, mit allen Satzgliedern, Infinitiv am Schluß, so daß sich die typische deutsche Klammerstellung (Ziff. 3.28 und 3.30) ergibt; dagegen für *Proposition 2* eine *Vorausnahme* des «*dann*» aus der gemäß A vorhandenen verbalen Wortkette, für *Proposition 3* entsprechende Vorausnahme von «*je nach Antwort*», und dadurch das Subjekt «ich» jetzt *hinter* der Personalform «muß» gesetzt; übrige Satzglieder der verbalen Wortkette und abschließender Infinitiv an das «ich» anschließend, ohne weitere Veränderung;
- *Betonen des Zusammenhangs* von 3 mit 1 und 2 durch Voranstellen der beiordnenden Konjunktion «*und*» vor die ganze Proposition 3 (Ziff. 9.30).

Die auf diese Weise entstandenen fertigen Propositionen

1	*Ich will* jetzt noch bis morgen auf den Bescheid *warten*
2	*dann muß ich* die beiden rund heraus *fragen*
3	*und je nach Antwort muß ich* den Entscheid *treffen*

Bemerkungen

Durch die Verwendung von *Gefügeverben* kann man oft *ganze verbale Wortketten unverändert* in finite Propositionen einbauen, indem man durch die Personalform des Gefügeverbs und das Subjekt den nötigen finiten Rahmen schafft. Das kann sehr praktisch sein in den ersten Stadien des *Lernens einer Fremdsprache*, wenn man die (so oft irregulären, gesondert einzuprägenden) Personalformen der «spezielleren Verben» noch zu wenig beherrscht. So ist es im Anfänger-Französischunterricht sehr nützlich, daß man die Schüler sofort *das ganze présent* der Gefügeverben «*aller, venir, être, avoir*» lernen läßt, und bald darauf auch «*vouloir, pouvoir, savoir*» und «*il faut*». Wenn man dann bei jedem «spezielleren Verb» sogleich den *Infinitiv* und das *participe passé* zusammen lernen läßt, kann man schon X finite Propositionen bilden und hat zugleich schon *grammatische Zeiten* zur Verfügung für die Darstellung von erst Kommendem («*Je vais sortir* tout de suite», futur proche, überall verwendbar, bis man das einwortige futur beherrscht), für die Darstellung von soeben Vergangenem («Il n'est pas là, *il vient de sortir*», passé immédiat) und vor allem für die sehr häufige Darstellung von Vergangenem durch passé composé, wobei sich bei «sortir» auch sogleich der transitive Gebrauch neben dem intransitiven einprägen läßt, etwa in «*Nous sommes sortis* tout de suite, et *Jean a sorti* nos valises».

C Für Darstellung durch finite Propositionen *ohne Benutzung von Gefügeverben*

Aus dem Sprachbesitz im Kopf abgerufen, über das in A und B schon Aufgeführte hinaus

- Bildung der *Personalformen* für die *1. Person* der drei Verben «warten, fragen, treffen», teilweise nach dem regulären Muster möglich, durch Weglassen des «-n»; für die 2. und 3. Person wäre dann bei «treffen» das irreguläre «triffst, trifft» zu beherrschen und für das Partizip die irreguläre (ablautende, «starke») Lautung «getroffen» (Ziff. A.14, spezieller Ziff. 5.13'C und 5.14).
- Anwendung der *Regularitäten für die Verbstellung* für die Personalformen dieser drei Verben (Ziff. A.13, wie unter B schon für «will, muß»).

Die auf diese Weise entstandenen fertigen Propositionen

1 ⁀*Ich warte* jetzt noch bis morgen auf den Bescheid⁀
2 ⁀*dann frage ich* die beiden rund heraus⁀
3 ⁀*und je nach Antwort treffe ich* den Entscheid⁀

Bemerkungen

Hier sind die benötigten Propositionen *direkt* aus den verbalen Semantemen und den in sie eingefügten Anreicherungen entwickelt, ohne Zuhilfenahme von Gefügeverben. Das ergibt oft eine *schlankere Formulierung* und kann weithin als der *Normalfall* betrachtet werden.

In den Beispielen wären praktisch äquivalent auch andere lineare Anordnungen möglich gewesen, z. B. «Jetzt warte ich noch *bis morgen* auf den Bescheid» oder «Jetzt warte ich noch *auf den Bescheid* bis morgen» oder in 3 mit Weitergeltung des in 2 nochmals gesetzten Subjekts «dann frage ich die beiden rund heraus *und treffe* je nach Antwort den Entscheid», oder mit nur einmaliger Setzung des Subjekts «ich», in Proposition 1, und Weitergeltung für 2 und 3, also: «Jetzt *warte ich* noch bis morgen auf den Bescheid, *frage* dann die beiden rund heraus *und treffe* je nach Antwort den Entscheid».

A.18 Fertig gespeicherte Texte, unverändert abrufbar und verwendbar

Neben den «Rohmaterialien» und «Viertelsfabrikaten, Halbfabrikaten, Dreiviertelsfabrikaten» im Sprachbesitz und den für ihre Kombination, Veränderung, Anpassung gespeicherten Möglichkeiten und Regularitäten, wie sie in Ziff. A.03–A.15 im Überblick zusammengestellt sind, hat nun wohl jeder Sprachteilhaber in seinem Kopf auch *ausgesprochene «Fertigfabrikate»* gespeichert – nämlich nicht nur *ganze Wendungen*, die oft auch in «Bündeln» vorliegen, z. B. «*Wie geht es dir – Wie fühlst du dich*» oder «*Comment vas-tu – Comment ça va*» oder «*How are you*» usw. sondern auch *ganze kürzere oder längere Texte*. Alle derartigen «Fertigfabrikate» kann man einfach abrufen und unverändert verwenden, man kann sie aber auch variieren. Als Beispiele kann man hier vor allem Sprichwörter nennen, Zitate, Versgruppen aus Gedichten:

⁀Wer einmal *lügt*⁀ ⁀dem *glaubt* man nicht⁀ ⁀und wenn er gleich die Wahrheit *spricht*⁀	
⁀Wer allzuviel *bedenkt*⁀ ⁀wird wenig *leisten*⁀	
⁀Qui trop *embrasse*⁀ ⁀mal *étreint*⁀	⁀Jacobin ministre n'*est* pas ministre Jacobin⁀
⁀My home *is* my castle⁀	⁀Right or wrong⁀ ⁀my country⁀
⁀Quidquid *agis*⁀ ⁀prudenter *agas*⁀ ⁀et *respice* finem⁀	
⁀Früher ⁀da ich unerfahren	⁀Später *traf* ich auf der Weide
Und bescheidner *war* als heute⁀	Außer mir noch mehre Kälber⁀
Hatten meine höchste Achtung	⁀Und nun *schätz'* ich sozusagen
Andre Leute⁀	Erst mich selber⁀ Wilhelm Busch

A.19 Beispiel für Textbildung im Gespräch mit Verwendung eines fertig gespeicherten Textstücks

Situation: A hat sich mit B für 18 Uhr verabredet und hat gesagt, er wolle vorher noch bei Frau C vorbeigehen. B weiß, daß A sehr gerne bei Frau C ist. Als nun A tatsächlich länger bei Frau C bleibt als geplant und darum bei B erst mit einer halben Stunde Verspätung eintrifft, möchte B diese Verspätung und ihren Grund entsprechend kommentieren. Er hat in seinem Sprachbesitz das Sprichwort gespeichert «*Dem Glücklichen schlägt keine Stunde*», und dieses gespeicherte Sprichwort benützt er nun.

Eine *erste* Möglichkeit: B setzt einfach das gespeicherte Sprichwort als Text hin, mit entsprechender Stimmführung, und er fügt eine Art «Nutzanwendung» an. Das ergibt den Text:

> ⌢Dem Glücklichen schlägt keine Stunde⌢ – ⌢das gilt offenbar auch für dich,⌢ ⌢wenn du bei Frau C bist⌢

Eine *zweite* Möglichkeit: B variiert das Sprichwort, indem er statt des Einleitepronomens «*dem*» das Personalpronomen «*dir*» einfügt und damit *direkt* auf A Bezug nimmt. Das kann dann einen kommentierenden Gesprächsbeitrag in folgender Art ergeben:

> ⌢Es war sicher sehr schön bei Frau C,⌢ ⌢Ja,⌢ ⌢*dir Glücklichem schlägt keine Stunde*,⌢ ⌢wenn du bei ihr bist⌢

Das sind nur zwei Möglichkeiten aus vielen – auf die detaillierte Herleitung der dabei ad hoc gebildeten, an das Sprichwort anschließenden oder es umrahmenden Propositionen, die man sich in ähnlicher Weise vorstellen muß wie bei Ziff. A.17´C, kann hier wohl verzichtet werden (zur Speicherung der hier auch verwendeten Bedeutungsbeziehungen zwischen ganzen Propositionen siehe den folgenden Abschnitt).

A.20 Verknüpfungsmöglichkeiten für ganze Propositionen, soweit sie «grammatikalisiert» sind

Erst *zuletzt* in der ganzen Betrachtung von Möglichkeiten, wie man sich die Speicherung von Sprachbesitz im Gehirn plausibel vorstellen kann, sind nun die *Verknüpfungsmöglichkeiten für ganze Propositionen* in den Blick zu nehmen, jedenfalls soweit sie «grammatikalisiert» sind, d. h. sich nicht einfach aus den dargestellten *Sachzusammenhängen* ergeben, mit Hilfe des einschlägigen *Sachwissens* oder «*Weltwissens*» (dazu Ziff. 12.73, vorletzter Abschnitt, und A.21). Mit der Kennzeichnung «Verknüpfungsmöglichkeiten für ganze Propositionen» wird dabei nur die Hauptmasse (mit den deutlichsten Erscheinungsformen) der hier vorhandenen Verknüpfungsmöglichkeiten charakterisiert. Neben der Verteilung auf zwei Propositionen gibt es für die meisten derartigen Bedeutungsbeziehungen auch die Darstellung im Rahmen einer einzigen Proposition, wobei die Bedeutungsbeziehung zwischen dem Kernbestand der Proposition und einem freier eingefügten Satzglied spielt. Diese Darstellungsweisen sind aber meistens als ausgesprochene «Kurzfassungen» einzuschätzen, für deren Verständnis die dahinterstehende Fassung in zwei Propositionen (allermeistens: Hauptsatz und Nebensatz) grundlegend ist. Ein Beispiel:

> In der Proposition «*Bei solcher Behandlung muß einer ja rebellisch werden*» liefert der Präpokasus «*bei solcher Behandlung*» nur einen groben Hinweis auf die gemeinte Bedeutungsbeziehung «Annahme und an deren Zutreffen Gebundenes». Die Bedeutungsbeziehung ist sehr viel leichter auffaßbar, wenn die gleiche Aussage als Nebensatz + Hauptsatz formuliert ist, also «*Wenn man einen Menschen so behandelt, so muß er ja rebellisch werden*». Ein genau gleich geformter Präpokasus kann nämlich auch zur Darstellung einer *gerade umgekehrten* Bedeutungsbeziehung dienen, nämlich für die *betonte Unabhängigkeit* eines Verhaltens/Handelns von einer gegebenen oder möglichen Annahme/Voraussetzung, z. B. «*Bei allem Verständnis für eine solche Verhaltensweise muß ich mich doch klar davon distanzieren*». Auch hier wird das Verständnis viel schneller hergestellt, das Gemeinte viel leichter faßbar, wenn eine

Formulierung durch Nebensatz + Hauptsatz gewählt wird: «*Auch wenn ich sehr viel Verständnis* für eine solche Handlungsweise habe / *Obwohl ich eine solche Handlungsweise* gut verstehen kann, muß ich mich doch ganz klar davon distanzieren».

Insgesamt sprechen viele Anzeichen dafür, daß *alle* grammatikalisierten Verknüpfungsmittel zwischen Propositionen in *einem* «Speicherungs-Areal» eingelagert oder doch sehr eng benachbart sind – auch wenn zu diesen Bedeutungsbeziehungen oft sehr verschiedene Formalstrukturen gehören. Also *nicht* die unterordnenden Konjunktionen (Ziff. 1.27) für sich, die Relative (Ziff. 1.16–1.17) für sich, die verknüpfenden Satzpartikeln und Präpokasus für sich (wie z. B. «auch, dazu, immerhin, in diesem Fall» usw.). Man muß vielmehr sehr wahrscheinlich die *verschiedenen* für eine Bedeutungsbeziehung vorhandenen Möglichkeiten *beisammen gespeichert* denken, also die in den folgenden Beispielen verwendeten Formalstrukturen: «*Tut er das*, so ... *Wenn er das tut*, so ... *Angenommen daß er das tut*, so ... *Angenommen er tut das*, so ...». Dabei sind wohl die erforderlichen bzw. möglichen *Formalstrukturen* (im Deutschen besonders verschieden ausgeprägt mit der Endstellung der Verb-Personalform in Propositionen mit unterordnender Konjunktion oder Relativ) einfach als «*Zusatzmarkierungen, Zusatzvorschriften bzw. -möglichkeiten* für den Gebrauch» an die gespeicherten Bedeutungsbeziehungen angefügt zu denken.

Ein *eigener Speicherungsbereich* (oder jedenfalls: Unter-Bereich) ist vielleicht anzunehmen für diejenigen beiordnenden Konjunktionen (auch mehrwortig), die man *gleicherweise* (und zum Teil sogar in erster Linie) *zwischen Bestandteilen innerhalb* von Propositionen oder sogar innerhalb von nichtverbalen Gefügen wie zwischen *ganzen* Propositionen verwenden kann, wie «*und – aber – oder – sowohl ... als auch – weder ... noch ...*» (siehe die ausführliche Behandlung in Ziff. 9.24–9.32; speziell zum Nebeneinander von «et, atque/ac, –que» für die *gleiche* Verknüpfungsweise im Lateinischen Ziff. 9.33). Hier fällt ja auch auf, daß «atque, ac» nicht nur zur *summierenden* Verknüpfung, sondern auch zum Anschluß von *Vergleichen* dienen können, z. B. «Non aliter scribo *ac sentio* – ich schreibe nicht anders *als ich es empfinde*» (vielleicht auch interpretierbar «Ich *schreibe und empfinde nicht verschieden*»).

Alle hier vorhandenen Bedeutungs-Momente können ja *auch auf andere Weise dargestellt* werden, im Rahmen des Textaufbaus überhaupt, also z. B. für «*Wir können diesen oder jenen Weg wählen*» auch: «*Es gibt zwei Wege. Wir können diesen hier wählen – wir können aber ebensogut diesen andern wählen*».

Insgesamt kommt man im ganzen Bereich der durch grammatische Mittel herstellbaren Verknüpfungen zwischen Propositionen *ohne jede scharfe Grenze* von den Zusammenhängen *zwischen zwei, drei, vier usw. unmittelbar aufeinander folgenden* Propositionen zu entsprechenden Zusammenhängen zwischen *ganzen Sätzen mit oft vielen Teilsätzen*, zwischen *ganzen Abschnitten* usw. (dazu Ziff. 12.73–12.81, Aufbau und Nachvollzug von «Textkohärenz»).

A.21 Zusammenhänge mit der Speicherung des reinen Sachwissens, des «Weltwissens»

Besonders schwer zu beantworten ist wohl die Frage, wie man sich die Zusammenhänge zwischen dem gespeicherten *Sachwissen* (z. B. der Kenntnis wissenschaftlicher Begriffe, der «Weltkenntnis» überhaupt) und der Speicherung des *Sprach*besitzes vorstellen kann.

Man muß wohl hier sehr vieles in unmittelbarer Verbindung mit den gespeicherten Bedeutungen der *Nomen insgesamt* sehen (Ziff. A.09), und auch hier dürften sehr oft reine «Faden-Bindungen» zwischen dem wissenschaftlichen Begriff und der zugehörigen lautlichen bzw. graphischen Signalisierung bestehen. Grundsätzlich sind ja alle wissenschaftlichen Begriffe, auch in der reinen Mathematik, als «*gereinigte, in durchlaufende Systeme eingepaßte, durch Definitionen festgelegte Bedeutungen*» zu betrachten. Man muß aber auch anerkennen, daß Sachwissen – praktischer und wissenschaftlicher Art – *auch in nichtverbalisierter Form* gespeichert sein kann, als reines «Handlungswissen». Und wie man sich die Speicherungs-Zusammenhänge zwischen diesem nichtverbalisierten Sachwissen, dem auf Wortgestalten, graphische Symbole usw. gestützten Sachwissen und dem eigentlich *sprachlichen* Bedeutungs-Wissen vorstellen soll, ist eine sehr schwierige Frage. Sie kann daher hier nur gestellt und in ihrer Wichtigkeit gezeigt, aber nicht plausibel beantwortet werden.

A.22 Sprachbesitz, im engeren Sinn, und kommunikativ-pragmatisches Handlungswissen

Genau so schwierig oder noch schwieriger dürfte es sein, plausible Vorstellungen zu entwickeln für die *Zusammenhänge* zwischen der Speicherung der *Verknüpfungsmöglichkeiten zwischen Propositionen* (Ziff. A.20) und der Speicherung des *Gesamts von Strategien* für *Textaufbau, Lernen und Handeln überhaupt*, also dem in Ziff. 12.72 angesprochenen «kommunikativ-pragmatischen Handlungswissen». Das ist besonders auch dadurch bedingt, daß hier bei den meisten Sprachteilhabern ein zwar sehr wirksames und oft genutztes, aber *kaum bewußt gemachtes* (kaum «verbalisiertes») Handlungswissen vorhanden ist. Die heute aktuellen Richtungen der Linguistik, die unter Stichwörtern wie «Pragmalinguistik – Gesprächsanalyse – Interaktionsanalyse» laufen, haben ihre liebe Mühe, dieses so tief verwurzelte und so wichtige, aber meistens so wenig reflektierte Handlungswissen zureichend bewußt zu machen und darzustellen. Man kann vielleicht sagen, daß gerade *dieses Handlungswissen* in einer sehr «*tiefen», elementaren* Schicht des Gehirns eingelagert ist, mindestens teilweise, in der Nähe der Grundgestalten der Stimmführung (Ziff. A.03) und der Möglichkeiten des Verneinens, Ablehnens und ihnen gegenüber des ausdrücklichen Bejahens, Zustimmens (Ziff. A.04). Auch hier kann aber nur das Problem gezeigt und seine Wichtigkeit betont werden.

Einen *etwas* festeren Boden bekommt man nun unter die Füße – weil mehr Beobachtungen möglich sind, auch wenn noch sehr vieles einfach erschlossen werden muß – bei der Betrachtung der Frage, wie es *vom Sprachbesitz zur hörbar werdenden Äußerung* im Gespräch kommt und wie es umgekehrt *von einer gehörten Äußerung zum Verstehen* kommt.

A.23 Vom Sprachbesitz zur hörbar werdenden Äußerung im Gespräch – Bewußtes und Automatisiertes

In Ziff. A.17 und A.19 wurde schon versucht, Rechenschaft zu geben von den *Prozessen*, durch die in Kombination und Veränderung der aus dem Sprachbesitz abrufbaren gespeicherten Einzelbedeutungen und Bedeutungsstrukturen *die fertigen Propositionen* gebildet werden. Das ist jetzt wieder aufzugreifen, und zwar unter der Fragestellung:

was *setzt* diese ganzen Prozesse *in Gang*, und *was* im ganzen Ablauf des Produzierens mündlicher Texte erfolgt *im Licht des Bewußtseins*, was ergibt sich mehr oder weniger oder völlig *automatisiert*, so daß, wenn überhaupt, *erst im nachhinein* eine gewisse bewußte Kontrolle und Überprüfung stattfindet?

Wenn man in einem Gespräch etwas sagen, etwas beitragen will, steht man ja in einer ganz bestimmten *Situation*: man ist in einem anschaulichen, lebenspraktischen Raum (Ziff. 11.23), in einer bestimmten Tageszeit, Jahreszeit usw. (Ziff. 11.02–11.05), es bestehen bestimmte personale Beziehungen zu den andern Gesprächsteilnehmern, engere oder lockerere, man steht in bestimmten Abhängigkeiten usw. Dazu ist meistens schon ein bestimmter *inhaltlicher Zusammenhang* gegeben, der sich aus der Vorgeschichte und dem bisherigen Verlauf des Gesprächs ergeben hat und jetzt für alle am Gespräch Beteiligten mehr oder weniger gleich und bekannt ist.

In dieser äußeren und inneren Lage *möchte* man nun etwas *sagen*, sich am Gespräch *beteiligen*, nicht nur zuhören. Es *schwebt* einem also etwas *vor*, evtl. fühlt man sich *herausgefordert* durch etwas, was andere gesagt haben, evtl. möchte man einen *Wunsch* anbringen, evtl. ist durch das Gehörte etwas *Selbsterlebtes aufgerufen* worden, und das *drängt* nun oft geradezu danach, daß man es *sagt*, daß man es *hörbar hinstellt* – man will es durch das Aussprechen *gleichzeitig* den andern *mitteilen* und es *sich selber* intensiv (oder jedenfalls: intensiver als durch reines Denken) *vergegenwärtigen*. Dieses «Vorschwebende» – der beizutragende Inhalt, der anzubringende Wunsch usw. – ist dabei mehr oder weniger deutlich *bewußt*. Evtl. ist einem auch schon eine *Formulierung* eingefallen für das Darstellen, jedenfalls für einen Anfang. Aber *insgesamt* laufen die *Prozesse* des *Abrufens* der benötigten sprachlichen Mittel aus den im Gehirn gespeicherten Beständen (Ziff. A.03–A.15, A.18, A.20–A.21) *ohne Beteiligung des Bewußtseins* ab, *automatisiert*, und das gilt insbesondere für die *Umwandlungs-Operationen*, die von den abgerufenen infinit vorhandenen Semantemen zu den fertigen verbalen Propositionen führen, mit eingesetztem Subjekt, eingefügten freieren Bedeutungsbeiträgen, Bildung der finiten Verbform, linearer Anordnung (Ziff. A.13 und das Beispiel in Ziff. A.17).

Bewußt wird also in aller Regel immer erst *das Ergebnis*, der fertige Gesprächsbeitrag, den man *gleichzeitig* mit dem Sprechen *auch selber hört*. Die Formulierungen «fallen einem zu», unter dem Druck des Aussagewillens, manchmal «rutschen» sie geradezu «heraus», und ggf. sogar in einer Form, die man sofort nach dem Aussprechen als nicht ganz passend, nicht beabsichtigt empfindet und lieber wieder zurückgenommen hätte.

Das gilt jedenfalls für die *Erstsprache* eines Menschen, aber auch für jede Fremdsprache, die man einigermaßen fließend spricht. Nur bei Sprechversuchen in Fremdsprachen, die man erst bruchstückweise besitzt, laufen solche Aufbau-Prozesse evtl. stärker im Licht des Bewußtseins ab, indem man sich die Möglichkeiten ausdrücklich vergegenwärtigt (oft in vorbereitendem «innerem Sprechen», Ziff. A.26).

A.24 Mögliche Beobachtungen bei langsamem oder stockendem Sprechen oder bei Fehlleistungen

Wenn man *sehr langsam* spricht, ohne sich gedrängt zu fühlen, und «die Worte sucht», kann man einiges am Aufbauprozeß von Propositionen auch an sich selber beobachten: daß man oft zuerst *ein Stück* einer Proposition hinsetzt, als eine Art Rahmen, und dann einen Moment überlegen kann, wie man die dabei noch offene, oft wichtige Stelle am besten besetzt. Ein Beispiel, bei der Beschreibung von etwas Seltsamem, das man gesehen hat: «*Ich sah dort ... einen so merkwürdig gekleideten Mann ...*». Oder ein ganz entsprechender Inhalt in einer andern Formalstruktur, so daß nicht die Objektsstelle, sondern die Subjektsstelle für den besonders wichtigen, aber schwer zu findenden Ausdruck offen bleibt: «*Dort auf der andern Straßenseite stand ... ein so merkwürdig gekleideter Mann ...*». Nicht selten fängt man dann auch schon ein Begleitgefüge an, das an die zu besetzende Stelle kommen soll, und man sucht noch weiter, während man das Begleitpronomen schon ausgesprochen hat. Beispiel:

> Ein Kind hat am Fernsehen einen Bericht über die Aufräumarbeiten nach einem Unwetter gesehen, die dabei eingesetzten Maschinen haben ihm einen großen Eindruck gemacht, und es möchte jetzt anderen davon erzählen: «Da war *so ein* ... Da hatten sie *so einen* ... weißt du, damit können sie die Steine und die Felsbrocken einfach wegschieben, und ganz oben hockt der Mann, der es bedient ...». Wenn jetzt der Partner ergänzt: «Einen *Bulldozer*, meinst du?» bestätigt das Kind: «Ja, jetzt weiß ich das Wort auch wieder, es ist aber ein so schweres Wort».

Eine besonders häufig genutzte Möglichkeit, schon einmal anzufangen und während des Sprechens die Suche nach den einzusetzenden Wörtern (d. h. das Abrufen geeigneter Bedeutungen und ihrer Lautungen) noch fortzusetzen, bietet sich bei allen *Gefügeverben*, sowohl bei mehrwortigen grammatischen Zeiten (etwa: «Ich *habe* eben gestern ...») wie bei komplexen Semantemen (etwa: «Ich *wollte* doch ... Ich *sollte* eben ... Und jetzt *möchte* ich ...»).

Entsprechende Möglichkeiten bietet das *Anfangen eines Nebensatzes*, indem man die unterordnende Konjunktion schon einmal hinsetzt, z. B.: «Ich bin gekommen, *weil* ... *weil ich euch* ...» oder «Und jetzt möchte ich dich eben fragen, *ob* ...» oder «Ich muß dir sagen, so leid es mir tut, *daß ich* ...».

Manchmal läßt man dann, wenn einem die gesuchten Formulierungen nicht einfallen wollen, eine solche angefangene Proposition einfach stehen und hofft darauf, daß der zuhörende Partner/die Partnerin sie in Gedanken von sich aus ergänzt. Ein Beispiel aus dem «Schwierigen» von Hofmannsthal (aus dem zentralen Gespräch, in welchem es Helene schließlich gelingt, Hans Karl die Augen zu öffnen für das, was er eigentlich will, aber nicht zu denken und noch weniger zu sagen wagt; Helene sagt, sie wäre ihm nachgegangen, und er fragt, wie sie das meine):

HELENE	Hier bei der Tür auf die Gasse hinaus. Ich hab Ihnen doch meinen Mantel gezeigt, der dort hinten liegt.
HANS KARL	Sie wären mir −? Ja, wohin?
HELENE	Ins Kasino oder anderswo − was weiß ich, bis ich Sie halt gefunden hätte.
HANS KARL	Sie wären mir, Helen −? Sie hätten mich gesucht? Ohne zu denken, ob −?
HELENE	Ja, ohne an irgend etwas sonst zu denken. Ich geh dir nach − Ich will, daß du mich −
HANS KARL	[mit unsicherer Stimme] Sie, du, du willst? ...

Solche Beispiele, an sich selbst oder an andern beobachtet, in realen Kommunikationssituationen oder in literarischen Texten, gestatten immer auch ein Stück weit einen *Einblick* in die *Prozesse des Abrufens* der benötigten Bedeutungen und ganzen Bedeutungsstrukturen aus dem Sprachbesitz und des *laufenden Aufbauens* gesprochener Äußerungen. Dabei muß man aber klar sehen, daß ein solches Zögern, Stocken, unvollständiges Sprechen *keineswegs auf mangelnden Sprachbesitz* oder mangelnde Formulierungsfähigkeit an sich zurückgeführt werden muß, sondern oft auch durch *emotionale Widerstände* verursacht sein kann − oder gerade durch das *Bedürfnis*, sich *sehr genau* (und oft zugleich: *schonend genug*) auszudrücken – oder nicht zuviel von sich selbst preiszugeben. Man kann auch bei sehr lebhaften und sprachbegabten Kindern nicht selten beobachten, daß sie sehr stockend sprechen, weil sie *viel zu viel auf einmal* sagen möchten, weil viel zu viel *gleichzeitig* nach *Ausdruck drängt*, so daß man als Hörer geradezu den Eindruck eines Durcheinanders hat oder sogar eine Art Stottern konstatiert.

Einige Schlüsse auf den Ablauf der Aufbau-Prozesse lassen sich manchmal auch aus *Fehlleistungen* ziehen. So hört man in nachlässigem Alltagsgespräch nicht ganz selten Anfänge von Propositionen wie «*Da hat* der dumme Kerl *hat gemeint* ...». Hier *fiel* offenbar aus dem Kurzzeitgedächtnis *heraus*, daß schon eine situierende Angabe «Da» und ein Gefügeverb «hatte» *gesetzt wurde* und erst dann das Subjekt, so daß nun nach dem Subjekt diese beiden Bestandteile nochmals als erforderlich erscheinen und gesetzt werden. Ein Beispiel aus einer Fernsehdiskussion unter Politikern:

> «Ich möchte daran erinnern daß *Herr Bundesrat Egli hat einmal eine Vorlage gebracht* ...». Hier ist offenbar der dominante Teil «Ich möchte *daran erinnern*» samt der unterordnenden Konjunktion für den inhaltlichen Teil «*daß* ...» schon aus dem Kurzzeitgedächtnis verschwunden, und nach dem (dreiwortigen, gewichtigen) Subjekt wird daher *sogleich die Verb-Personalform* wie in einer nicht als Nebensatz geformten Proposition gebracht.
>
> Ein anderes Beispiel aus der gleichen Diskussion: «Der *gesellschaftliche Umbruch*, der in den letzten 20 Jahren *ausgebrochen* ist ...». Hier schwebte offenbar zuerst ein Semantem vor, in das ein Subjekt wie «der gesellschaftliche *Konflikt*» gepaßt hätte, denn ein *Konflikt* kann *ausbrechen*, ein *Umbruch* dagegen kann *eintreten, sich ereignen* usw. Dann wurde wohl das andere Subjekt gewählt «der gesellschaftliche *Umbruch*», aber das *Verb* des zuerst abgerufenen Semantems *lag noch zu nahe*, und so wurde es anstatt eines jetzt passenden Verbs gesetzt.
>
> Auf *gleichzeitiges* Abrufen (bzw.: gleichzeitiges *Einfallen*) von zwei verschiedenen Möglichkeiten, die sich dann mischen, sind manche «Stilblüten» zurückführbar, z. B. in einem Bericht über eine Verabschiedung: «Dem scheidenden Mitarbeiter wurden vom Direktor *warme und verdiente Lorbeeren* gespendet» (Semanteme «jemandem *warmes Lob* spenden» und «jemand hat *Lorbeeren verdient*»).
>
> Es braucht wohl hier nicht eigens betont zu werden, daß solche Rückschlüsse auf den Ablauf von Formulierungsprozessen beim Sprechen *immer nur Vermutungen* sein können; es liegen Erklärungen dieser Art nahe – aber *ob es genau so gelaufen ist*, läßt sich allermeistens gar nicht mehr feststellen, nicht einmal vom Sprecher selbst.

Generell muß man wohl konstatieren: Die *Wege* vom Sprachbesitz im Gehirn zum fertigen hörbaren Gebilde (zur «Äußerung») sind in einem *Gesprächsablauf*, besonders wenn das Gespräch einigermaßen lebhaft ist, *sehr schwer zu beobachten*. Man hat meistens *gar keine Zeit* dazu, weil das Gespräch ja weitergeht, und so erkennt man solche Prozesse meistens nicht einmal bei sich selbst und natürlich noch weniger bei den andern, bei den Partnern und Partnerinnen des Gesprächs, auch wenn man noch so sorgfältig darauf achtet, wie diese sprechen, und wenn man gelegentlich schon aus ihrem Gesicht ablesen zu können glaubt, was sie jetzt dann sagen werden.

A.25 Mögliche Beobachtungen beim «inneren Sprechen»

Etwas besser ist die Beobachtbarkeit manchmal beim «*inneren Sprechen*», wenn kein Zeitdruck besteht, keine Erwartungen von andern Menschen her, wenn man allein ist und «seinen Gedanken nachhängen» kann, oder auch «seinen Gedanken freien Lauf lassen».

Die *Kombinationsprozesse selbst* treten allerdings auch hier kaum ins Bewußtsein, was einem «einfällt», sind meistens schon fertige Propositionen, die man gleichzeitig bildet und innerlich hört, manchmal sind es vielleicht auch nur Stichworte, die auftreten und wieder entfallen.

Eine sehr entspannte Situation, in welcher man manchmal das Kommen spontaner Formulierungen an sich selbst beobachten kann, ist eine Eisenbahnfahrt, bei welcher man allein in einer Fensterecke sitzt, keine Zeitung und kein Buch liest, sondern bald aus dem Fenster sieht, bald einfach seine Gedanken laufen läßt. Ein ganz privates Beispiel:

> «Inneres Sprechen» auf einer Fahrt von Singen über Donaueschingen nach Offenburg, mit der wegen ihrer Kehrtunnels und Brücken besonders reizvollen Schwarzwaldbahn. Beim Hinaussehen zwischen Donaueschingen und St. Georgen: *«Schön, wie sich hier der Fluß durch die Wiesen schlängelt»*. Bei der Talfahrt, hinter St. Georgen – in Gedanken an das, was man abends am Telefon oder nach der Heimkehr erzählen wird: *«Und immer wieder die schönen Schwarzwaldhäuser mit ihren breiten Dächern»* oder spontan korrigiert *«... breit gelagerten Dächern»*. Bei einem nächsten Hinaussehen: *«Jetzt ist der Fluß wieder auf dieser Seite»*. Als der Zug sich Offenburg nähert: *«Da ist ja schon der Burda-Turm, jetzt sind wir dann gleich in Offenburg»* (bei früheren Autofahrten aus dem Ruhrgebiet in die Schweiz und umgekehrt, als die Autobahn noch nicht bis Offenburg gebaut war, sah man immer schon von weitem das Hochhaus des Burda-Verlags). Und bei der Einfahrt in Offenburg, beim Blick auf den Geleisestrang, der von links gekommen ist: *«Da kommt ja schon die andere Linie»* (von Basel-Freiburg her).

Man kann bei solchen Gelegenheiten auch in einem gewissen Maß beobachten, unter welchen Bedingungen solche fertige Formulierungen am ehesten auftreten: bei einem bestimmten Anblick, wenn einem etwas besonders gefällt (oder auch: mißfällt) – wenn man an Angehörige denkt, mit denen man vielleicht die gleiche Strecke schon gefahren ist und denen man nachher erzählen will – wenn man sich einfach für alles offen hält, was sich im Kopf gerade einstellen will.

A.26 Vorplanung von zu führenden Gesprächen in «innerem Sprechen»

Eine besonders häufige Situation des «inneren Sprechens» ergibt sich, wenn man irgend ein Gespräch *vor sich hat*, auch ein ganz banales, wenn man z. B. etwas kaufen will, ein Paar Schuhe, einen Anzug, ein Gerät, eine Musikkassette – irgendetwas, das man nicht einfach in Selbstbedienung aus dem Regal nehmen und an der Kasse vorweisen kann, sondern bei dem man mit dem Verkaufspersonal sprechen muß. Da legt man sich meistens vorher im Kopf zurecht, wenn man sich dem Geschäft nähert, wie man anfangen will: *«Ich hätte gern ... Ich suche ... Haben Sie vielleicht zufällig ... auf Lager ... Ich sollte ... haben, es sollte aber eben so und so sein ...»*.

Besonders sorgfältig und ausführlich erfolgen solche Vorbereitungen in «innerem Sprechen» – bis zu ausführlichen Planungen, Festlegen von Formulierungen für besonders Problematisches, ggf. Festhalten in Notizen – wenn man ein *schwieriges Gespräch* vor sich hat, wenn man z. B. jemanden von etwas überzeugen, zu etwas motivieren oder umgekehrt jemanden von etwas abhalten möchte, wenn man eine personale Beziehung klären, eine eingetretene Entfremdung korrigieren will. In einem solchen Fall überlegt man sich manchmal sogar schon, ob man *bestimmte Wörter* für bestimmte Tatbestände brauchen oder eben nicht brauchen und möglichst durch andere ersetzen will, wenn sich durch den Gebrauch solcher Wörter schon einmal Mißverständnisse oder Verstimmungen beim Gesprächspartner ergeben haben.

A.27 Rückblickende Verarbeitung von Momenten aus gelaufenen Gesprächen

Auch wenn man ein Gespräch noch so sorgfältig vorbereitet und geplant hat, kommt es doch oft vor, daß man nachher nicht zufrieden ist mit dem Verlauf, daß man z. B. etwas vergessen hat, was man unbedingt hatte sagen wollen, oder daß man etwas gesagt hat, in spontaner Reaktion auf von andern Gesagtes, das man nicht hätte sagen wollen und sollen – so daß man sofort bereut, es gesagt zu haben. Oder man war in einem ganz ungeplanten Gespräch an irgend einer Stelle nicht schnell und schlagfertig genug, man steckte z. B. eine Kritik ein, einen Tadel, weil einem die geeignete Abwehr im Moment gar nicht in den Sinn kam. Sehr oft sagt man sich dann *hinterher*, im *Rückblick* (und alles immer in «innerem Sprechen»), daß man darauf hätte anders reagieren sollen; oft fällt einem dann spontan ein, was man hätte sagen können, wie man etwas, was man als Angriff empfinden mußte, hätte parieren können usw. – aber es ist einem nun eben zu spät eingefallen, nicht im richtigen Moment, und evtl. ärgert man sich richtig darüber. Man nimmt sich vor, bei einer andern Gelegenheit angemessener zu reagieren, das Nötige sofort zu sagen – und vielleicht gelingt es einem dann bei der nächsten Gelegenheit wirklich, vielleicht aber auch nicht.

Insgesamt ist diese *rückblickende Verarbeitung* von Gesprächs-Erfahrungen, und von Erfahrungen bei gelaufenem Handeln überhaupt, *etwas vom Wichtigsten* für das *Selbstverständnis*, manchmal sogar für die Erhaltung oder Wieder-Herstellung der «Ich-Identität», der *Selbst-Achtung*, wenn diese zeitweise in Gefahr geraten ist. Und allermeistens läuft eine derartige rückblickende Verarbeitung in «innerem Sprechen» ab, evtl. führt sie dann dazu, daß man die Ergebnisse schriftlich festhält, in einer Tagebuchnotiz oder ganz banal in einem Merkzettel. Zur entlastenden Funktion auch des Schreibens in solchen Situationen siehe auch Ziff. A.70.

A.28 Abläufe beim Verstehen gesprochener Äußerungen, Hörverstehen überhaupt

Von ganz besonderem Interesse – und in Sprachtheorie und Sprachdidaktik wie in der Unterrichtspraxis nicht immer genügend beachtet – sind die inneren Abläufe beim *Hörverstehen*, sei es das Verstehen der Äußerungen anderer Gesprächsteilnehmer, in direktem Kontakt, sei es das Hörverstehen in Gesprächen am Telefon, sei es das Hörverstehen bei Vorträgen, direkt gehört oder über Rundfunk, sei es (heute wohl besonders häufig) das Verstehen der gesprochenen Anteile an Fernsehsendungen. Alle Menschen – auch die beruflich oft selber sprechenden (und schreibenden) – sind ja insgesamt sehr viel mehr in der Situation von Hörenden, Zuhörenden als in der Situation von Sprechenden.

In einer ersten, groben Annäherung kann man wohl davon ausgehen, daß beim Hörverstehen insgesamt die *umgekehrten Prozesse* ablaufen als beim Sprechen: *gegeben* sind die *gesprochenen Äußerungen*, dazu meistens auch die Gesprächssituation, die Einbettung in Handlungszusammenhänge, und aus diesen Äußerungen, das heißt aus den ans Ohr dringenden *akustischen Gestalten*, der *Kette* der *Wortlautungen*, eingebettet in *Stimmführungsgestalten*, wollen/sollen nun die Zuhörenden mit Hilfe ihres gespeicherten Sprachbesitzes die *Gesamt-Bedeutungen der Propositionen* entnehmen, die von dem/der

Sprechenden gebildet und durch die hörbar gewordenen Lautungsgestalten signalisiert wurden. Man sollte wohl besser sagen: Die Zuhörenden müssen die Gesamtbedeutungen der sich folgenden Propositionen, die dadurch dargestellten Inhalte, *in ihren eigenen Köpfen nachbauen*, und aus der ganzen Folge des durch die (oft sehr vielen) einzelnen Propositionen Dargestellten müssen sie dann *das von dem/der Sprechenden Gemeinte* (das Mitgeteilte, Erfragte, Verlangte, die beabsichtigte Kritik an etwas usw.) entnehmen.

Wenn man genauer hinsieht, erweisen sich aber die Abläufe beim Hörverstehen *gar nicht überall* als einfache Umkehrungen der Abläufe beim (hörbar werdenden oder inneren) Sprechen. Zwar geht es bei *beiden* sprachlich-gedanklichen Tätigkeiten um dasjenige, was in der Psychologie und Neurologie als im Gehirn gespeicherte «Muster» bezeichnet wird: im psychologisch-neurologischen Sinn können nicht nur die gespeicherten *Strukturen* für die Bildung nichtverbaler Gefüge (Ziff. A.06–A.08 und A.10), für die Bildung verbaler Propositionen (Ziff. A.11–A.14) und für die Verknüpfung der ganzen Propositionen und Propositionengruppen (Ziff. A.20) als «Muster» betrachtet werden, sondern auch *jede gespeicherte Wortbedeutung* und *zugehörige Wortlautung* (Nomen, Ziff. A.09 und Partikeln und Adjektive, Ziff. A.05, Wörter für Verneinen und Zustimmen, Ziff. A.04) sowie *jede Grundgestalt der Stimmführung* (Ziff. A.03).

Der *Unterschied* zwischen Sprechen und Hörverstehen kann dann so beschrieben werden: beim *Sprechen* sind *auf Grund* der gespeicherten Muster hörbare Gebilde zu *produzieren*, und zwar sehr oft *neue* Gebilde, durch bisher *noch nie benützte* Kombinationen. Beim *Hörverstehen* müssen dagegen auf Grund der über die Ohren aufgenommenen akustischen Gestalten in sehr kurzer Zeit (und ohne die Möglichkeit, eine Pause einzulegen, wie es beim eigenen Sprechen erfolgen kann) die verwendeten Muster *erkannt, identifiziert*, mit den im Gehirn *gespeicherten verglichen* werden.

Das *Erkennen* von Mustern und das Identifizieren als «schon bekannt» oder als «zwar aus bekannten Bestandstücken aufgebaut, aber als Ganzes neu, besonders reizvoll oder auch beunruhigend) *kann* nun *erheblich leichter* sein als das eigene Bilden, das eigene Schaffen. Man kann ja auch Bilder «verstehen», kann darin die Farben, die Komposition usw. schätzen, man kann in Musikstücken Ordnungen erkennen und Abläufe mindestens gefühlsmäßig mitvollziehen, während man völlig außer Stande wäre, *selber* solche Bilder zu malen, solche Musikstücke zu komponieren (und sie ggf. auswendig zu spielen bzw. zu dirigieren). Insofern kann Hörverstehen erheblich leichter sein als eigenes, durch Sprechen erfolgendes Textschaffen.

Dazu kommt, daß sehr oft die *Deutlichkeit* der Speicherung, die Verfügbarkeit, der mögliche Zugriff auf das Gespeicherte für das *Erkennen* und hörend/gedankliche Nachvollziehen auch an Stellen ausreicht, wo das alles für *eigenes Schaffen* von Gebilden *nicht* ausreichen würde. So könnte man z. B. manche Gedichte oder Partien aus Versdramen nur noch bruchstückhaft oder gar nicht auswendig sprechen, wenn man sie aber *hört*, erkennt man sie sofort und weiß auch meistens schnell, wie es jetzt dann weitergeht. Es ist also mit hoher Plausibilität anzunehmen, daß der für das Hörverstehen abrufbare *Besitz* auch an *fertigen, oft längeren* Texten *erheblich größer* ist als der auch für eigenes Sprechen verwendbare.

Auf der andern Seite ist zu sehen, daß die Identifikations- und Kombinationsprozesse, die beim Hörverstehen erforderlich sind (z. B. wenn jemand undeutlich spricht usw.) *außerordentlich kompliziert* sind, auch wenn sie weitestgehend automatisiert und oft in Bruchteilen von Sekunden ablaufen. Man kann hier das heranziehen, was die

Neurologen nachgewiesen haben über die Umwandlungsprozesse (oder geradezu «Verrechnungsprozesse», wie bei einem raffinierten Computer), die ablaufen müssen, damit aus den *optischen Reizen*, die auf die Netzhaut der Augen treffen, *im Gehirn* die *Bilder* entstehen, die man dann «sieht». Das «Sehen» erweist sich hier ganz klar als eine Tätigkeit, die gar nicht in fertiger Form genetisch gespeichert ist, sondern in den ersten Lebensjahren richtig «*gelernt*» wird.

A.29 Rekonstruktion der Verstehens-Abläufe bei zwei Äußerungs-Anfängen

Es soll nun versucht werden, die anzunehmenden Verstehens-Abläufe bei zwei lautlich sehr ähnlichen Äußerungs-Anfängen von je sieben Wörtern aufzudecken – direkt beobachten lassen sie sich nicht, man kann nur eine plausible Folge von Annahmen aufbauen für die Art und Reihenfolge dessen, was in der Zeit von wenigen Sekunden im Gehirn der Zuhörenden vor sich gehen muß, damit am Ende ein Gesamtverständnis des Gehörten ins Bewußtsein treten kann.

Situation: In einem Gespräch über Drogenmißbrauch und Suchtgefahren möchte eine Gesprächsteilnehmerin auf das Problem der frei käuflichen Schmerzmittel hinweisen. Sie kann ihren Gesprächsbeitrag so anfangen (hier nur zwei Möglichkeiten aus vielen, für eine exemplarische Untersuchung der erforderlichen Abläufe beim Verstehen):

> A Viele brauchen doch heute frei käufliche Schmerzmittel ...
>
> B Viele heute in Apotheken frei käufliche Schmerzmittel ...

In den Köpfen der andern Gesprächsteilnehmer, der jetzt Zuhörenden, laufen nun in kürzester Zeit (3–4 Sekunden, je nach Sprechtempo der Sprecherin) *Reaktionen von zwei Arten* ab:

1 Einschätzen des *Tones* des Gesprochenen, mit Wahrnehmung des *Melodieverlaufs* und der *Druckverteilung* (der *verschiedenen Lautheit* an verschiedenen Stellen), also der Wahl und Ausformung der *Gestalten des Grundstimmstroms* (Ziff. A.03), in welche alle einzelnen Wortlautungen eingebettet werden, und aus dieser ganzen Gesamt-Klanggestalt oft auch Erkennen *besonderer kommunikativer Absichten* (z. B. daß etwas *gefragt* wird, Ziff. 9.04) sowie generell Schlüsse auf den *emotionalen Zustand*, die *Gestimmtheit* der Sprecherin.

2 Abgrenzen der *Wortlautungen* und *Identifizieren der Wörter*, durch Vergleich mit den gespeicherten Mustern, mit *Abrufen* der durch diese Wortlautungen signalisierten *Bedeutungsbeiträge* aller Art: Einzelbedeutungen, z. B. von Nomen und Adjektiven, und ganze Bedeutungsstrukturen, für nichtverbale Gefüge und für verbale Semanteme, in welche jeweils die Einzelbedeutungen einzubetten sind, als Besetzung bestimmter Bedeutungsstellen.

Zu den Verstehensabläufen der *Gruppe 1* kann für ein Beispiel, das nur schriftlich und nicht hörbar vorliegt, nur einiges Grundsätzliche gesagt werden: Schon vom ersten Wort an schätzt man als Hörer die *Gestimmtheit* der Sprecherin ein, ob sie neutral spricht oder sehr engagiert, ruhig oder aufgeregt usw. Zugleich stellt man im Verlauf des Hörens fest, daß das *Hauptgewicht* auf «*viele*» und auf «*frei käufliche Schmerzmittel*» liegt und daß die Sprecherin hier eine Aussage machen will, evtl. eine Warnung formulieren, aber (jedenfalls im Moment) *keine Frage* stellen.

Die Verstehensabläufe der *Gruppe 2* lassen sich dagegen genauer rekonstruieren. Wenn man sie gewissermaßen in Zeitlupe herausholt (noch ohne Berücksichtigung der Tatsache, daß oft zunächst zwei oder mehr Wortlautungen im Kurzzeitgedächtnis «zwischengelagert» werden und dann ein Bedeutungsbeitrag gleich für den ganzen Komplex abgerufen wird, siehe Ziff. A.30), sieht das so aus:

Die *erste* identifizierbare Lautfolge (in phonetischer Schrift: fi:le) läßt sich theoretisch sowohl als Plural des Pronomens «viele» einordnen wie als Konjunktiv II des Verbs «fallen, er/sie fiele». Das *erste* hier mögliche Verständnis ist aber *sehr viel häufiger* als das zweite, so daß hier wohl sofort der Plural von «viel» verstanden wird, mit der Bedeutung «eine Mehrzahl von Personen, frei wählbar aus der Gesamtmenge von Personen, an die man hier denken kann». Diese Personen sind nun als *Besetzung der Subjektsstelle* zu verstehen, wenn ein Verb in der 3. Person Plural folgt, oder als Besetzung der Stelle eines *Akkusativobjekts*, wenn ein entsprechendes Verb folgt (also etwa «*Viele findest du nicht, die …*»). Die Verwendung als Subjekt ist aber *sehr viel häufiger* als diejenige an der Objektstelle, so daß hier wohl sofort verstanden wird: «Personen, in unbestimmter Zahl, *als Subjekt* für das jetzt kommende Verb».

Die geschaffene Erwartung, daß jetzt ein Verb kommt, wird auch sogleich bestätigt durch das Identifizieren von «*brauchen*». Damit ist ein *Kern einer Proposition* verstanden, wobei aber noch offen bleibt, ob für «brauchen» die Bedeutung «verwenden, konsumieren» zu wählen ist oder die modale Bedeutung «müssen» (wie in «viele *brauchen* gar nicht zu warten»). Zugleich liegt schon fest, daß die ganze hier angefangene Proposition *für einen bestimmten «Jetzt-Bereich»* gilt (Ziff. 5.04 und 11.19–11.22).

Durch die *nächste* identifizierbare Lautfolge «*doch*» wird wohl sogleich abgerufen, daß der ganze Gesprächsbeitrag *im Rahmen* des bisher gelaufenen Gesprächs zu sehen ist, sei es als *Bestätigung*, sei es als *leichte Modifikation* (Ziff. 10.27). Ein Entscheid über die für «brauchen» hier anzusetzende *Bedeutung* ist mit dem «doch» noch nicht gegeben, das bleibt noch offen.

Die nächste identifizierbare Lautfolge «*frei*» wird wohl sogleich als Adjektiv erkannt, und als Bedeutung wird abgerufen «ungebunden, ohne Zwang, ohne Einengung». Dagegen ist hier *noch offen*, ob diese Bedeutung als *freier eingefügter* Bedeutungsbeitrag *zur ganzen Proposition* aufzufassen ist («etwas *frei* brauchen», wobei für «brauchen» die Bedeutung «*verwenden*» immer wahrscheinlicher wird) oder ob man «frei» als *Vorschaltteil* für ein noch kommendes Adjektiv aufzufassen hat (nach dem Muster «*frei* beweglich», Ziff. 7.01'C).

Die durch den abgerufenen Bedeutungsbeitrag von «frei» eröffnete Alternative (freier eingefügter Bedeutungsbeitrag oder Vorschaltteil) wird nun *sogleich entschieden*, indem die Lautung «*käufliche*» als *Adjektiv* identifiziert wird: das «frei» ist als *Vorschaltteil* zu «käuflich» zu betrachten. Zugleich liefert aber die Lautung «käufliche», mit dem an das gespeicherte Wort «käuflich» angefügten «-e» den Hinweis, daß das Adjektiv und damit das ganze Vorschaltgefüge als *Bestandteil eines Begleitgefüges* aufzufassen ist und daß jetzt ein *Nomen* kommen wird, das als *Kern* dieses Begleitgefüges dienen wird (in der Präsentationsweise «Wählbarkeit beliebig vieler Exemplare des durch das einzusetzende Nomen Genannten», Ziff. 7.24'A).

Die Identifikation der nächsten Lautfolge «*Schmerzmittel*» liefert nun sogleich die Nennung des als «frei käuflich» zu Betrachtenden, nämlich als «Mittel zur Schmerzbekämpfung». Jetzt kann auch der ganze dreiwortige Komplex (Vorschaltgefüge + Begleitgefüge, in unbestimmtem Plural) als *Akkusativobjekt zu «brauchen»* eingeordnet werden, man hat das Semantem «etwas brauchen, bestimmte Mittel brauchen», für «diese Mittel anwenden, sie einnehmen», und die zu Beginn noch offene Möglichkeit, «brauchen» als Modalverb aufzufassen, ist ausgeschaltet.

Soweit die rekonstruierbaren Einzel-Abläufe bei Fassung A. Bei Fassung B gilt für die Bedeutungen von «viele» und «frei käufliche Schmerzmittel» rein semantisch, abgesehen vom Einbau in die verbale Proposition mit «brauchen» dasselbe.

Der Aufbau und die mögliche Einordnung in den Rahmen eines verbalen Semantems ist aber anders. Nach «viele» kommt keine Verbform, für die das Pronomen als Subjekt dienen könnte. Es folgt vielmehr die identifizierbare Lautfolge «*heute*», dadurch wird abgerufen «in der Gegenwart, ohne genauere Eingrenzung» (Ziff. 11.07), und es liegt nahe, daß dieses «heute» nicht als zeitliche Situierung für etwas in einer ganzen verbalen Proposition Dargestelltes aufzufassen ist, sondern im Rahmen eines Begleitgefüges zu sehen ist, wobei durch «viele» schon die Präsentationsweise «frei wählbar, in beliebiger Zahl» gegeben ist, daß aber noch ein Bestandteil des Begleitgefüges folgen muß, auf den man das «heute» als freier einfügbaren Bedeutungsbeitrag beziehen kann, etwa nach dem Muster «viele *heute verfügbare* Techniken» – wobei auch dieses Muster letztlich zu verstehen ist als Konzentration aus einer verbalen Proposition wie «*heute sind* viele Techniken *verfügbar* ...».

Die durch «heute» geweckte Erwartung wird aber zunächst noch nicht erfüllt, vielmehr kommt eine Lautungsfolge, die man wohl sogleich als den Präpokasus *«in»* + *«Apotheken»* erkennt, also als Situierung im Raum, durch Abrufen des Bedeutungsbeitrags «*Orte, wo man etwas holen kann*». Dann kommt erst noch, wie schon für Fassung A beschrieben, das unflektierte Adjektiv *«frei»*, das als Vorschaltteil zu erkennen ist, dann das seit dem «heute» erwartete flektierte Adjektiv *«käufliche»*, das eine zeitlich situierbare Möglichkeit nennt (auf die man das «heute» jetzt bezieht) und dann ganz am Schluß das Nomen im Plural «*Schmerzmittel*», wie schon für A beschrieben.

Der *ganze Komplex* von sieben Wörtern ist also *als ein einziges Satzglied* zu erkennen, ein Begleitgefüge mit eingebauten freieren Bedeutungsbeiträgen «heute – in Apotheken», mit dem Adjektivteil + Vorschaltteil «frei käufliche» und dem Kern «Schmerzmittel».

Wie dieser ganze Komplex, diese ganze Nennung *in eine Proposition einzubauen* ist, geht aus dieser Sequenz noch nicht hervor; das Wahrscheinlichste ist die Funktion als Subjekt (etwa in einer möglichen Fortsetzung *«sind doch auch eine Art Drogen»*), es ist aber auch Einbau in ein Semantem wie «etwas als etwas betrachten» möglich, und damit wird dann «viele ... Schmerzmittel» als *Akkusativobjekt* eingebaut und zugleich charakterisiert durch den Zuordnungs-Akkusativ «*als eine Art Drogen*», so daß das Ganze dann etwa lautet: «Viele heute in Apotheken frei käufliche Schmerzmittel *muß man doch auch als eine Art Drogen betrachten*».

A.30 Speicherungsphänomene beim Hörverstehen insgesamt, auf allen Stufen

Die ganze in Ziff. A.29 rekonstruierte Folge von Akten des Identifizierens von Wortlautungen, des Abrufens von Bedeutungen und ganzen Strukturen und vor allem des Aufbauens und erst nachherigen Auflösens von Alternativen kann nun ein Stück weit relativiert – und fühlbar vereinfacht – werden, wenn man bedenkt, daß vermutlich recht oft mehrere Wortlautungen, evtl. auch ganze Stücke einer Proposition mit «Klammerbildung» (Ziff. 3.30) zunächst *ohne weitere Bearbeitung* im Kurzzeitgedächtnis «zwischengelagert» und erst beim Vorliegen genügender Hinweise für ein klares Verständnis von dort wieder hervorgeholt werden, worauf dann sofort ein mehr oder weniger umfangreiches Stück «*Gesamt-Bedeutung*» abgerufen bzw. aufgebaut werden kann. Ein solches Arbeiten mit «Zwischenspeicherung» wird sehr wahrscheinlich bei verschiedenen Sprachteilhabern verschieden weit praktiziert, und es kann auch bei ein und demselben Menschen verschieden sein je nach dem, was er jetzt hört und verstehen will, je nach der Situation, in welcher er dabei steht und je nach dem Grad der jeweiligen Konzentration bzw. der Ermüdung.

Sehr wichtige – und ebenfalls je nach Individuum und Situation sehr verschiedene – Speicherungsprozesse gibt es aber auch für die *jeweiligen Gesamtbedeutungen* von Propositionen und Propositionenfolgen, die (auf Grund der automatisierten Abläufe) *ins Bewußtsein getreten* sind und nun für kurze Zeit in vollem Umfang bewußt verfügbar sind (so daß man z. B. die betreffende Proposition wiederholen, eine Frage dazu formulieren, einen Widerspruch gegen ein bestimmtes Stück daraus anmelden kann).

Man kann solche Speicherung des Inhalts einer Proposition, *noch bevor* er ins eigene Bewußtsein getreten ist, gelegentlich an sich selbst beobachten, wenn man z. B. an etwas anderes denkt, dabei eine Bemerkung, eine Frage usw. hört, ihren Inhalt in automatisierten Verarbeitungsprozessen registriert, ihn aber wegen der anderweitigen Beanspruchung der Aufmerksamkeit zuerst gar nicht ins Bewußtsein aufnimmt. Wenn dann dieser Inhalt mit kleiner Verspätung doch ins Bewußtsein dringt, löst man sich plötzlich aus der anderweitigen Beanspruchung der Aufmerksamkeit, wendet sich dem jetzt erst bewußt gewordenen Inhalt und damit dem Partner zu und sagt z. B.: «*Wie, was sagst du da? Sie ist schon weggegangen?*» oder ähnlich.

Eine weitere Situation, in welcher der Inhalt von etwas Gehörtem erst mit Verspätung ins Bewußtsein tritt: Man erwartet eine *Frage* in einer bestimmten Form, man legt sich schon die Antwort bereit, z. B. ein «*Nein*», weil man erwartet «*Du bleibst doch sicher* noch etwas länger?». Wenn nun die Frage formuliert wird «Du *gehst doch um fünf Uhr auch* weg, wie ich?», produziert man zuerst auf Grund der Erwartung die vorbereitete Antwort «*Nein*», dann realisiert man, daß der andere ja umgekehrt gefragt hat – man sagt also: «*Nein … ja, doch, ja natürlich*» oder etwas in dieser Art.

Auch abgesehen von diesen insgesamt doch eher seltenen Verzögerungsphänomenen spielt aber die laufende kurzzeitige Speicherung des ins Bewußtsein Getretenen, des Verstandenen, eine oft sehr große Rolle. Zunächst werden die verstandenen Propositionen für kurze Zeit wohl *integral* gespeichert, mit Bedeutung und Wortlaut, bis zu vier, fünf, sechs Propositionen hintereinander. Man kann das an sich selbst ganz gut beobachten, wenn man z. B. einem Fernsehspiel zusieht und immer wieder prüft, wie weit man das von den Personen Gesagte noch genau im Kopf hat.

Aber sobald etwas Zeit vergangen ist, und vor allem wenn immer neues Verstandenes dazukommt, wie etwa beim Hören eines Vortrags oder auch nur eines längeren Diskussionsbeitrags oder auch einer längeren Sequenz in beiläufiger Alltags-Unterhaltung, wird die *integrale* Speicherung wieder *aufgegeben* (die genaue Form des Gespeicherten «*wieder fallen gelassen*»), und es bleibt nur ein mehr oder weniger gerafftes *Gesamtverständnis* im Gedächtnis, etwa «Sie hat von ihrer Reise nach Amerika erzählt» oder «Dieser Kollege ist offenbar gar nicht mit dem Vortragenden einverstanden» oder auch «Er ist ja ein brillanter Debattierer, aber auch ziemlich eingebildet».

Solche gespeichert bleibende Bestände (oft ein «Fazit» aus dem Gehörten/Verstandenen) werden dann oft auch ausdrücklich in «innerem Sprechen» formuliert bzw. stellen sich wie von selbst ein – und nach einiger Zeit verblassen auch sie und man hat nur noch eine ganz diffuse Erinnerung an das, «was da war, was gesagt wurde».

Über die ganz entsprechende, wenn nicht noch wichtigere Speicherung der verstandenen Propositionen beim *Lesen*, zuerst integral und dann immer mehr gerafft und vereinfacht, ist in Ziff. A.40 zu sprechen.

A/II Sprache und Schrift, Speicherung von Wortbildern, Abläufe beim Schreiben und beim Lesen

A.31 Grundsätzliches zum Verhältnis von gesprochener und geschriebener Sprache

Zum Rahmen-Wissen, das man für die Einschätzung vieler Sprachphänomene und damit auch zur Beurteilung des Stellenwertes von Grammatiken braucht, gehört auch der Einblick in die *möglichen Verschiedenheiten* von *mündlich* verwendeter Sprache und *geschriebener* Sprache, und damit ein Einblick in das Verhältnis der *Sprachen* und der für das graphische Festhalten und Aufbewahren ihrer Texte entwickelten, *zunächst sekundären*, dann aber auf die Sprachen selbst *vielfach zurückwirkenden* Zeichensysteme, nämlich der *Schriften*.

Zunächst muß man sehen, daß *Sprachen* in ihrer *mündlichen* Form *viel älter und elementarer* sind als die für diese Sprachen entwickelten *Schriften*. Die ältesten *Schriftsysteme* (in grober Raffung des Entwicklungsgangs: zunächst Bilderschriften, dann Silbenschriften, dann Buchstabenschriften) wurden vor etwa 6000 Jahren entwickelt, im Vorderen Orient (Mesopotamien, Ägypten), aber auch in China. Für die *Sprachen selbst*, in deren Rahmen zum Festhalten sprachlich übermittelbarer Information diese graphischen Darstellungssysteme entwickelt wurden, muß man aber ein *vielfach höheres Alter* annehmen, da die ältesten erhaltenen geschriebenen Texte schon einen komplizierten Aufbau der betreffenden Sprachen zeigen – einen Aufbau, der sich nur vernünftig erklären läßt, wenn man eine lange vorausgehende Enwicklung annimmt, mit vielen Veränderungen, die sich ergeben haben müssen durch langen Gebrauch, durch kulturelle Veränderungen, durch Wanderungen der betreffenden Stämme, Völker oder ganzen Völkergruppen in Gegenden mit anderen Lebensbedingungen, und wohl weitgehend auch durch Kontakt von Menschengruppen mit verschiedenen Sprachen, der bis zu eigentlicher Sprachmischung führen konnte. Wie viele tausend oder zehntausend Jahre man für diese Entwicklungen ansetzen soll, ist ein reines Spiel von Annahmen. Und ebenso wenig ist entscheidbar, ob man an einen *einheitlichen Ursprung* zu denken hat, daß also in *einer* Menschengruppe die erste Sprache aufgebaut wurde und diese dann von andern Gruppen übernommen wurde, oder ob sich Sprachen aus dem Sozialverhalten der vormenschlichen Primatengruppen an *mehreren*, ja an *vielen* Stellen *zunächst unabhängig voneinander* entwickelt haben.

Unzweifelhaft ist aber, daß sich Sprachen in *rein mündlicher Form* und Verwendung *um Jahrtausende früher* entwickelt haben als die *Schriften*, die dann für diese Sprachen geschaffen wurden und sogleich wieder auf die Sprachen selbst zurückwirkten – wie jede von Menschen geschaffene Gestalt, jedes Werkzeug unweigerlich zurückwirkt auf diejenigen, die es geschaffen haben und verwenden, vom Steinbeil bis zur Atomtechnik und dem Computer.

Der *grundsätzliche Vorrang* der *Sprachen* vor den zur graphischen Fixierung ihrer Texte dienenden *Schriften* zeigt sich auch ganz klar, wenn man die *individuelle Entwicklung* betrachtet, die «Ontogenese». Die Sprache in *rein mündlicher Form* beginnt *jeder* Mensch als *kleines Kind* zu erlernen, praktisch vom ersten Lebenstag an, zunächst *hörend-erlebend*. Die *Mutter* wie alle weiteren Kontaktpersonen *sprechen* ja vom ersten Moment an mit dem kleinen Kind; sie *begleiten* alle ihre Pflegehandlungen mit den dazu passenden gesprochenen Sätzen bzw. Folgen von Sätzen – auch wenn sie genau wissen, daß das Kind ja noch kein einziges Wort «versteht». Solches «Verstehen» in elementarster Form beginnt aber sehr schnell. Das Kind *reagiert* sehr bald auf die besondere Komponente «*hörbare Aspekte* der pflegenden Zuwendung», die es von seinen Pflegepersonen erfährt; z. B. beruhigt es sich oft schon nur durch die Tatsache, daß es angesprochen wird. Sicher handelt es sich dabei erst um ein ziemlich grobes Wahrnehmen der *Stimmführungsgestalten*, der Klangfarben (z. B.: zärtlicher Ton – oder bei Ungeduld der Pflegepersonen abweisender, tadelnder Ton), und das alles noch ganz fest eingebaut in das Wahrnehmen des *Gesamthandelns* der Pflegepersonen, der rein körperlichen Zuwendungen und Kontakte, vor allem auch des Angebotes von Trinken und Essen. Daran schließt sich dann in nur sehr schwer beobachtbarer Weise recht bald auch das *erste Auffassen von Bedeutungen* – besser: der erste *Aufbau, Nachbau* von *gedanklichen Speicherungen im Gehirn*, der zur Entwicklung der x-tausend *Wortbedeutungen* führt, die schon ein relativ kleines Kind beherrscht (Genaueres zum Lernen von Bedeutungen in Ziff. A.45–A.51). Die gesamte Entwicklung *potenziert* sich, sobald sich das Kind nicht mehr damit begnügt, die anderen mehr oder weniger global oder genau zu *verstehen*, sondern *selber hörbare Signale auszusenden*, die nicht mehr nur aus einem Schreien oder Lallen usw. bestehen, sondern aus (zuerst ganz grob und ungenau) nachgeahmten *Wortlautungen* – also aus «besonders geformten Signalen, mit denen man bei den Kontaktpersonen etwas erreichen kann, was man erstrebt» (zum Thema «Was will/kann man durch Sprachverwendung alles erreichen» siehe Ziff. A.66).

Das alles läuft nun bis in fünfte, sechste Lebensjahr in *rein mündlicher* Sprachverwendung ab, und erst dann beginnt (auf eigenen Antrieb oder in der Schule) *auch* die Aneignung von Sprache in *geschriebener Form*, indem das Kind *lesen* lernt und *schreiben* lernt. Dabei kann ebenso der Wunsch, *schreiben* zu können, am Anfang stehen wie der Wunsch, *lesen* zu lernen. Man kann hier auch eine interessante Parallele konstatieren zwischen der individuellen Aneignung des Schreibens und der historischen Entwicklung des Schriftwesens, also zwischen der «Ontogenese» und der «Phylogenese»: das Schreiben von *Wörtern* durch *Buchstabenkombinationen* ist um Jahrtausende *älter* als das Markieren von *Satz-Abgrenzungen* durch *Satzzeichen*, und auch bei der Schreibung der Wörter spielen die *Wortgrenzen* zunächst *noch gar keine Rolle* – und auch Kinder schreiben oft zuerst alles hintereinander, ohne Zwischenräume zwischen den Wörtern, wie in der «scriptura continua», die z. B. im Lateinischen noch einige Jahrhunderte nach Christus galt (siehe die Abbildung in Ziff. 2.19).

A.32 Die Grundleistung von Schriften: sprachlich gefaßte Information aufbewahrbar machen

Die Propositionen, die einen *mündlichen* Text ausmachen, *verklingen* in Sekundenschnelle, nachdem sie gebildet und hörbar geworden sind. Sie bleiben noch einige Zeit im Gedächtnis aufbewahrt, vollständig oder in raffender Zusammenfassung (Ziff. A.30), und für ausgewählte, besonders geformte Texte wurden sie in schriftlosen Zeiten auch praktisch vollständig im Gedächtnis aufbewahrt, auswendig gelernt von besonders Sprachkundigen, die für solches Auswendiglernen besondere Techniken entwickelten und die meistens auch in den damaligen Gesellschaften ein besonderes Prestige besaßen.

Wenn nun aber solche ausgewählte Sprachteilhaber die *Kunst des Schreibens* gelernt (bzw. in sich entwickelt) hatten, und wenn sie entsprechend das Geschriebene auch wieder *lesen* konnten, noch nach Tagen, Wochen, Monaten, ergaben sich ganz andere Möglichkeiten des *Aufbewahrens über beliebige Zeiträume* und des *Transportierens über beliebige Entfernungen* (unter der einzigen Voraussetzung, daß am Zielort ein Empfänger war, der die so geschriebenen Texte *lesen*, sie wieder in gesprochene Form *zurückverwandeln* und damit die in ihnen enthaltene *Information aufnehmen* konnte).

Dabei kam es gar nicht darauf an, daß die Wortlautungen *in allen Einzelheiten* geschrieben und genau identisch von den Lesenden reproduziert wurden. Es reichte völlig, wenn die Lesenden *erkannten*, um *welches Wort* es sich hier handelte – auch wenn sie es ggf. ziemlich anders aussprachen. Die Speicherung durch Schrift verwendete man auch gar nicht in erster Linie (wie das in gewissen romantischen Auffassungen angenommen wird) für *poetische* Texte (die oft auch «heilige Texte» waren), sondern für *Verzeichnisse, Inventare, Listen* zu erbringender Abgaben, also für sehr «lebenspraktische» Zwecke, im Rahmen der Verwaltung der nun entstehenden großräumigen Reiche, etwa im vorderen Orient. Natürlich *orientierte* sich dabei die Schreibung am Aufbau der Wortlautungen, sobald man von Bilderschriften über Silbenschriften zu Buchstabenschriften kam. Man kann geradezu sagen, daß an der Wurzel der Buchstabenschriften eine Art phonologischer Analyse entstand, aus praktischen Gründen – und daß dadurch mit der Zeit wohl auch *die Wortlautungen selber genauer festgelegt* wurden, vorher vorhandene Varianten abgebaut, in einer Art «Sprechen nach der Schrift», jedenfalls bei den Schriftkundigen, die wohl bald eine Elite in der Bevölkerung bildeten und Vorbild-Wirkung hatten.

A.33 Sprache mit Schrift als Herrschaftsinstrument; besonderes Prestige geschriebener Sprache

Sprache hat zweifellos immer (auch) als *Herrschafts-Instrument* gedient, als ein Mittel, durch welches ein Einzelner viele andere *beeinflussen*, bei ihnen seinen *Willen durchsetzen* konnte. Sobald man nun aber Anordnungen, Aufträge usw. durch *Fassung in geschriebene* Texte über beliebige Entfernungen transportieren und damit vom staatlichen Machtzentrum an ausführende Organe in andern Gegenden übermitteln konnte, wurde Macht-Ausübung (und Macht-Konzentration) in *einem ganz andern Ausmaß* möglich als in schriftlosen Gesellschaften. Dabei spielte es nur eine sekundäre Rolle, ob die jeweiligen Inhaber der Macht *selber* schreiben und lesen konnten (herausragendes Beispiel dafür: Julius Caesar) oder ob sie *nicht selber* schrieben und lasen, aber *über Schreib- und Lesekundige verfügten*, sich ihrer bedienen konnten (zum Beispiel Karl der Große).

> Ein Beispiel dafür, wie schriftkundig gewordene Angehörige einer minderberechtigten, jetzt aufstrebenden Schicht eine stärkere Kontrolle der Rechtsprechung erreichten (diese war vorher von der Aristokratie, den Priestern usw. auf Grund mündlicher Überlieferung gehandhabt worden), bildet die von den Plebejern in Rom durchgesetzte *schriftliche Fixierung* und *öffentliche Zugänglichkeit* der altrömischen *Gesetze*, die als «Zwölftafelgesetz» bekannt ist (um 450 vor Christus). Durch diese Art der Publikation konnte sich von jetzt an jeder Schriftkundige *selber* über den Wortlaut der Bestimmungen orientieren.
>
> Ein Beispiel für das Erreichen größerer Einheitlichkeit in einem revolutionierten Staat durch das Durchsetzen der Sprache der politisch zentralen Region als Einheitssprache für das ganze Land: die verpflichtende Ausbreitung der im Raum Paris entwickelten *französischen Standardsprache* des 18. Jahrhunderts (die sehr stark schriftgestützt war und es bis heute ist) *in ganz Frankreich* von etwa 1791 an und das dadurch verursachte *Zurückdrängen* regionaler Sprachen (vor allem: des Provençalischen im ganzen Süden) sowie das praktisch vollständige *Ausschalten der lokalen Mundarten*.

Es ergab sich daher auch von Anfang an, daß die *geschriebenen* Texte und generell die *geschriebenen* Formen der Sprachen ein *höheres Prestige* gewannen als das, was «nur gesprochen» wurde, nur im Gedächtnis aufbewahrt wurde, so daß die geschriebene Sprache grundsätzlich *mehr galt* als die gesprochene Sprache, daß die *geschriebene* Sprache die *Norm* wurde, an welcher sich der mündliche Gebrauch der Sprache orientierte. Entsprechend ergab sich auch lange Zeit für die Schreib- und Lesekundigen ein höheres Prestige gegenüber den «Ungebildeten».

A.34 Weiterleben älterer Wörter, Wendungen, Formen auf Grund des Lesens

In rein mündlich überlieferten Sprachen *verschwinden* ältere Wörter, die man nicht mehr braucht, bald vollständig (wenn die letzten Sprachteilhaber, die diese Wörter noch gehört und verstanden haben, gestorben sind). In einer *schriftgestützten* Sprache bleiben aber auch Wörter, Wendungen, Formen noch erhalten, wenn man sie im mündlichen Gebrauch dieser Sprache längst aufgegeben hat – weil man ihnen beim *Lesen älterer Texte* immer wieder begegnet und sie aus dem Zusammenhang heraus spontan versteht (wenn man nicht sogar in einem Wörterbuch nachsieht).

> Ein Beispiel: Das Weglassen der Personalformen von «sein/haben» im Perfekt und Plusquamperfekt im Deutschen in Nebensätzen, Typ «Sobald er *gekommen*, begann er zu erzählen – Nachdem er alles *gesagt*, verließ er uns». Diese Möglichkeit, im 18. und noch im 19. Jahrhundert sehr beliebt, ist aus dem mündlichen Sprachgebrauch praktisch verschwunden. Man liest sie aber immer noch, etwa bei Goethe in dem Merkspruch "Mit einem Herren steht es gut, / Der, *was er befohlen*, selber tut». So greift gelegentlich ein Schriftsteller der Gegenwart diese Möglichkeit wieder auf (so in einem Band «Verse und Prosa» von 1975: «*Seitdem ich den Eichen zugehört*, habe ich keine Angst mehr um unser Volk»).
>
> Ein Beispiel für Wieder-Aufnahme einer älteren Wortform für einen speziellen Zweck bietet «*Obrist*» für «Oberst». Dieses Wort «Obrist» gab es bis 1967 nur in älteren Büchern, oder in Romanen, deren Handlung im 16. und 17. Jahrhundert spielt. In der gesprochenen Sprache hatte man ausschließlich «Oberst». Mit der Übernahme der Macht durch eine Militär-Junta in Griechenland (1967) wurde «Obrist» wieder in die heute geschriebene Sprache eingeführt, wohl zuerst durch Journalisten, als Bezeichnung für die führenden Offiziere in dieser Militär-Junta, und seither kann man «*die Obristen*» als gebräuchliches Wort der Zeitungssprache betrachten, mit der Bedeutung «höhere Offiziere, die die Macht in einem Staat an sich gerissen haben oder an sich zu reißen versuchen».

Besonders stark zeigt sich die bewahrende Wirkung des schriftlichen Sprachgebrauchs im *Französischen*, wo man daher auch besonders genau unterscheidet zwischen «français *parlé*, langue *parlée*» und «français *écrit*, langue *écrite*». Das *imparfait du subjonctif* (qu'il parlât, Ziff. 5.25) gehört ausschließlich der geschriebenen Sprache an. Wer es im Gespräch verwenden wollte, würde sich lächerlich machen (Anekdote von einem deutschen Professor, der nach einem conditionnel regelgetreu ein imparfait du subjonctif setzen wollte und daher die Frage formulierte «*Permettriez*-vous que je *passasse*», worauf sein ebenso schlagfertiger wie höflicher französischer Partner antwortete, mit einem Verb, das es gar nicht gibt: «Mais oui, monsieur, *passassez*»). Auch das *passé simple* (Ziff. 5.21) hat sich nur dank seiner häufigen Verwendung in der geschriebenen Sprache erhalten – auch wenn man es, etwa in einer formellen Rede, durchaus auch hören und nicht nur lesen kann. Zur bewahrenden und unterscheidenden Wirkung der *Rechtschreibung* der Wörter, vor allem im Französischen und Englischen, siehe Ziff. A.41 (Notwendigkeit, sich auch beim Hörverstehen die geschriebene Form der betreffenden Propositionen vorzustellen, damit man zureichend genau versteht).

A.35 Stärkere Regularisierung durch Grammatiken und bewußte Sprachpflege

Grammatiken wurden bis vor etwa 150 Jahren ausschließlich für *schriftgestützte* Sprachen entwickelt, nicht für nur mündlich existierende Sprachen. Man ging dabei auch in erster Linie von *geschrieben vorliegenden* Texten aus – sie waren viel besser überblickbar und analysierbar als rein mündliche Äußerungen –, auch wenn naturgemäß die damalige gesprochene Form der zu untersuchenden Sprache auch eine wichtige Rolle spielte. Das galt vor allem für die Verwendung von Operationen (Probierverfahren) für die Aufstellung der grammatischen Begriffe (siehe schon Einleitung, Ziff. E.7). Man kann aus einer Stelle im Dialog «Sophistes» von Platon (262 B) ein Beispiel für die Verwendung einer Ersatzprobe für die Aufstellung der Begriffe «Nomen, onoma» und «Verb, rhema» rekonstruieren.

Die Orientierung der Grammatiker an der *geschriebenen* Gestalt der jeweils zu erfassenden Sprache *verstärkte sich*, wenn man bei der Ausarbeitung einer Grammatik für die eigene Sprache unkritisch die grammatischen Begriffe aus einer als *Vorbild* betrachteten Grammatik einer *andern* (schon früher grammatisch erfaßten) Sprache übernahm, ohne ihre Eignung für die jetzt zu erfassende Sprache durch Operationen zu überprüfen (Einleitung, Ziff. E.8). Das taten zunächst manche römische Grammatiker, als sie lateinische Grammatiken aufzubauen begannen, und es brauchte einen gewissen Loslösungsprozeß vom griechischen Vorbild, bis man zu einer wirklich lateinischen Grammatik kam. In noch viel größerem Ausmaß wiederholten sich solche Anlehnungen, die man dann erst nach Jahrzehnten, wenn nicht nach Jahrhunderten korrigierte, als (seit dem 15. Jahrhundert) auch Grammatiken für die modernen Sprachen (damals «die Volkssprachen» genannt) ausgearbeitet wurden und dafür zunächst einfach die lateinischen Paradigmen, z. B. für die Konjugation, in die betreffende moderne Sprache übersetzt wurden.

Nicht direkt an die Erarbeitung einer Grammatik gebunden, aber doch im gleichen geistigen und politischen Umfeld zu sehen sind die vielen Ansätze zu bewußter Regulierung, Festlegung *einer* Möglichkeit aus *mehreren* an sich äquivalenten, und insgesamt zu möglichst klarer *Systematisierung*, die man unter dem Stichwort «*Sprachpflege*» zusammenfaßt. Ansätze zu solcher Sprachpflege konnte es wohl auch in rein mündlich überlieferten Sprachen geben (heute z. B. im Rahmen des «Rein-Erhaltens» lokaler Mundarten), aber insgesamt wirkte Sprachpflege zweifellos in schriftgestützten Sprachen viel stärker als in rein mündlichen Sprachen.

Solche Sprachpflege gab es im *Lateinischen* in großem Ausmaß, und sie führte zu der als klassisch zu betrachtenden (geschriebenen wie von den sprachbewußten Römern auch gesprochenen) Form des Lateinischen in der Zeit von Cicero, Caesar, Augustus (einen kleinen Beleg dafür bietet das Beispiel aus Quintilian in Ziff. 11.83). Für das *Französische* ist vor allem auf das 17. Jahrhundert zu verweisen, mit Gestalten wie Malherbes, Vaugelas und mit der Gründung der Académie Française. Für das *Englische* ist das 17. und 18. Jahrhundert zu nennen, mit Namen wie Samuel Johnson (1709–1784), für das *Deutsche* ebenfalls das 17. Jahrhundert mit den «Sprachgesellschaften» und dem Grammatiker Schottelius, sowie das 18. Jahrhundert mit dem Rhetorik-Professor Gottsched (1700–1766) und dem Grammatiker Adelung (1732–1806) – dazu im 19. und 20. Jahrhundert viele «Stilschulen», z. B. das oft etwas possierlich wirkende Buch «Sprachdummheiten» von Wustmann, das viele Auflagen erlebte, aber doch (zum Glück, muß man sagen) auf die Länge so gut wie wirkungslos blieb.

A.36 Zur neuronalen Speicherung graphischer Wortgestalten neben den Wortlautungen und Bedeutungen

Es ist nun zu fragen, wie man sich die *Speicherung* der graphischen Wortgestalten (der Buchstabenkombinationen für die Wörter, der «Wortbilder») im Gehirn vorstellen kann, und wie die *Verbindungen* zwischen diesen *graphischen* Wortgestalten zu den

Wort*lautungen* (Fachausdruck: phonische Wortgestalten) und zu den *Bedeutungen der Wörter* laufen und funktionieren. Das läßt sich freilich (genau so wie die detaillierte Art der Einlagerung von Sprachbesitz insgesamt, Ziff. A.01) *nicht direkt beobachten* und nur mit großem Aufwand experimentell wahrscheinlich machen. Es ist aber wichtig, daß man *plausible Annahmen* dafür entwickelt, weil das sehr nützlich werden kann für das Verständnis der *Abläufe* beim *Schreiben* und beim *Lesen* und ebenso für das Entwickeln rationeller Verfahren für das *Lernen der Rechtschreibung* durch die Kinder in den Schulen.

Die gesuchten Zusammenhänge sind offenbar *verschieden* anzunehmen für die Sprache (oder: die Sprachen), in die ein Mensch zuerst und oft längere Zeit *rein durch Teilhabe an mündlicher Kommunikation* hineinwächst und die er erst später lesen und schreiben lernt (im folgenden «Fall A» genannt, vor allem gegeben beim Erwerb der Erstsprache in den ersten 5–6 Lebensjahren, Ziff. A.31) und für die Sprachen, bei deren Erlernung man *schon in der Erstsprache lesen und schreiben kann* und in denen man daher meistens *von Anfang an* die Wörter *gleichzeitig hörend und lesend* kennenlernt und direkt anschließend lernt, sie sprechend und sehr bald auch schreibend zu reproduzieren (im folgenden «Fall B», in der Regel gegeben im Fremdsprachunterricht der Schulen aller Art, nachdem ein zeitweise propagierter rein audiovisueller Angang sich als wenig ergiebig erwiesen hat – er beruhte auch auf sehr zweifelhaften lerntheoretischen Annahmen).

Für den *Fall A* bestehen offensichtlich die *direkten* Verbindungen zwischen dem, was man die *Bedeutungsseite* des betreffenden Wortes nennen kann, und der *Lautung*, der *phonischen* Wortgestalt. Diese Verbindungen haben sich durch Jahre hindurch eingespielt, und die Zuordnung einer *weiteren* Signalisation, durch eine *graphische* Wortgestalt, tritt jetzt neu dazu und muß sich erst durch den wiederholten Gebrauch festigen. Man kann das durch die folgenden Figuren symbolisieren (Wörter «ich – schlief – Strom», graphische Wortgestalt repräsentiert durch Trapez, phonische durch kleineres Kreissegment, Bedeutungsseite durch größeres Segment mit Stichwörtern):

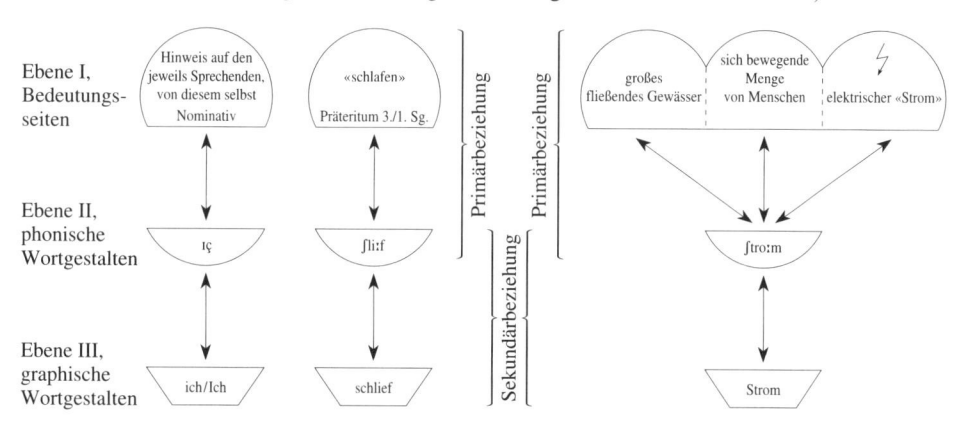

Sobald aber die *Prozesse des Lesens* sich einigermaßen eingespielt haben und es immer selbstverständlicher wird, von einer identifizierten graphischen Wortgestalt (wenn auch zunächst noch auf dem Weg über die zugehörige phonische Wortgestalt) die Bedeutungsseite des betreffenden Wortes abzurufen, liegt es nahe, eine *direkte Verbindung* auch von der *graphischen* Wortgestalt zur Bedeutungsseite anzunehmen, *neben* der Verbindung zwischen phonischer Wortgestalt und Bedeutungsseite, und *gleichberechtigt, gleich leicht*

zu durchlaufen wie diese. Das kann man durch die folgende Anordnung der Figuren und der sie verbindenden Pfeile symbolisieren:

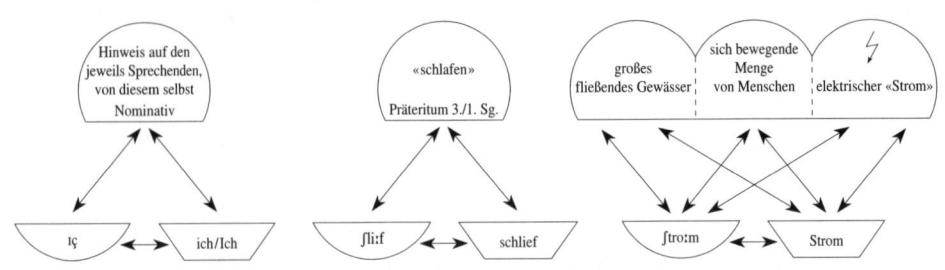

[Diagramm mit drei Wortgruppen:
– „Hinweis auf den jeweils Sprechenden, von diesem selbst Nominativ" ↔ ɪç / ich/Ich
– „«schlafen» Präteritum 3./1. Sg." ↔ ʃliːf / schlief
– „großes fließendes Gewässer / sich bewegende Menge von Menschen / elektrischer «Strom»" ↔ ʃtroːm / Strom]

Diese Zuordnungsweise 2, die sich für die *Erstsprache* (Fall A) wohl erst langsam herausbildet und (wohl nur für häufigere Wörter) die Zuordnungsweise 1 *ersetzt*, ist wohl *von Anfang an* anzunehmen für den *Fall B*, Fremdsprachenlernen mit *gleichzeitiger* Darbietung der Wörter (natürlich immer im Zusammenhang der Texte und Situationen) in gesprochener und geschriebener Form. Dabei spielt ja überall das Lernen der korrekten Aussprache eine große Rolle, besonders in den modernen Fremdsprachen mit ihren großen Unterschieden zwischen phonischer und graphischer Lautgestalt, aber auch für das Lateinische, wo man sich die Länge oder Kürze der Vokale einprägen muß, die durch die graphische Wortgestalt nicht signalisiert wird. Dabei muß man bei der Einschätzung der Lernresultate und des dafür erforderlichen Aufwandes immer im Auge behalten, daß dieser Aufwand *grundsätzlich verschieden* ist für das *Hören/Lesen*, wo nur *Identifikation* erforderlich ist, auf Grund des jeweils neu gespeicherten Musters, und für das *eigene Sprechen und Schreiben*, wo man vom neu gespeicherten Muster aus *selber* eine Lautung und vor allem eine Schreibung, eine phonische und eine graphische Wortgestalt *produzieren* muß.

Es ist nun aber noch eine *Zuordnungsweise 3* möglich, daß nämlich die *Primärbeziehung* zwischen der *Bedeutungsseite* und der *graphischen* Wortgestalt besteht und die *phonische* Wortgestalt (die «Aussprache» des primär geschrieben gelernten Wortes) *erst sekundär angehängt* ist an die «Primär-Kopplung» von Bedeutungsseite und graphischer Wortgestalt. Das kann man so symbolisieren:

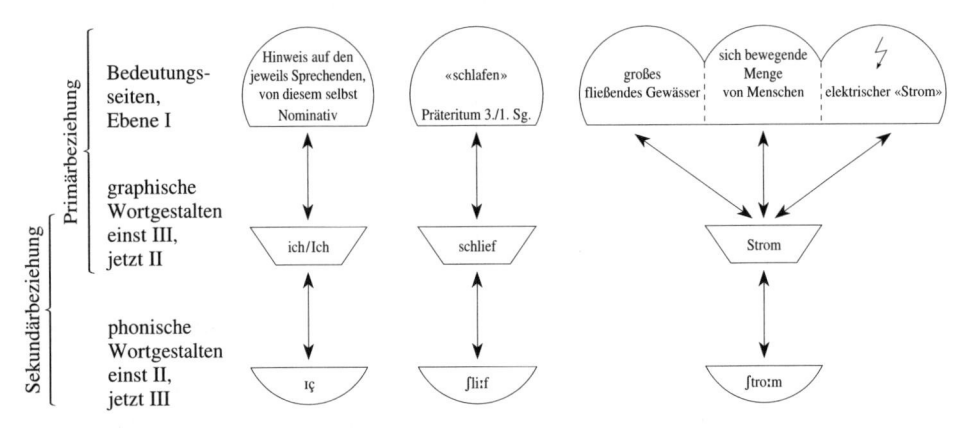

[Diagramm mit drei Ebenen:
Primärbeziehung:
– Bedeutungsseiten, Ebene I
– graphische Wortgestalten einst III, jetzt II: ich/Ich, schlief, Strom
Sekundärbeziehung:
– phonische Wortgestalten einst II, jetzt III: ɪç, ʃliːf, ʃtroːm]

Diese Zuordnungsweise 3 kann sich aus *recht verschiedenen Gründen* einstellen, als Veränderung aus den vorher bestehenden Zuordnungsweisen 1 und 2 oder von Anfang an, weil für bestimmte Verwendungssituationen besonders praktisch oder aus bestimmten Aspekten der «Lern-Geschichte» herausgewachsen:

– Wenn man in der Fremdsprache *vor allem liest* und nur selten in die Lage kommt, an mündlicher Kommunikation in dieser Sprache teilzunehmen, in welcher man hörend verstehen und selber sprechen können muß;
– Wenn man keine Gelegenheit hatte, durch *Aufenthalte* im *betreffenden Sprachgebiet* eine zureichende Sicherheit vor allem auch im Hörverstehen zu entwickeln;
– Wenn die phonischen Wortgestalten in der betreffenden Fremdsprache *lautlich sehr nahe beieinander* liegen, so daß schon kleinste Lautungsunterschiede beachtet werden müssen, wenn man nicht falsch verstehen will. Beispiel: In einem linguistischen Vortrag in amerikanischem Englisch erkannte ein deutschsprachiger Teilnehmer erst nach einiger Zeit, daß von «*signs* language» (= Zeichensprache) die Rede war und nicht von «*science* language» («Wissenschaftssprache») – wie er vorher geglaubt hatte. Das lag daran, daß er zuerst nach dem Diphthong einen ganz leichten Murmelvokal zu hören glaubte, was ihn auf «science» führte statt auf «signs». Ganz ähnlich: In einer Theateraufführung erkannte dieser Zuschauer/Zuhörer lange nicht, ob die Schauspielerin von «my red *lines*» oder von «my red *lions*» sprach.

Die Zuordnungsweise 3 stellt sich aber wohl *auch in der Erstsprache* ganz automatisch ein, wenn aus der phonischen Wortgestalt *nicht* hervorgeht, *welche Bedeutungsseite* (welches «Wort») gemeint ist, die *graphische* Wortgestalt aber eine klare Unterscheidung und damit eine handfeste Hilfe für das Verstehen bietet. Zwei Beispiele für das Deutsche:

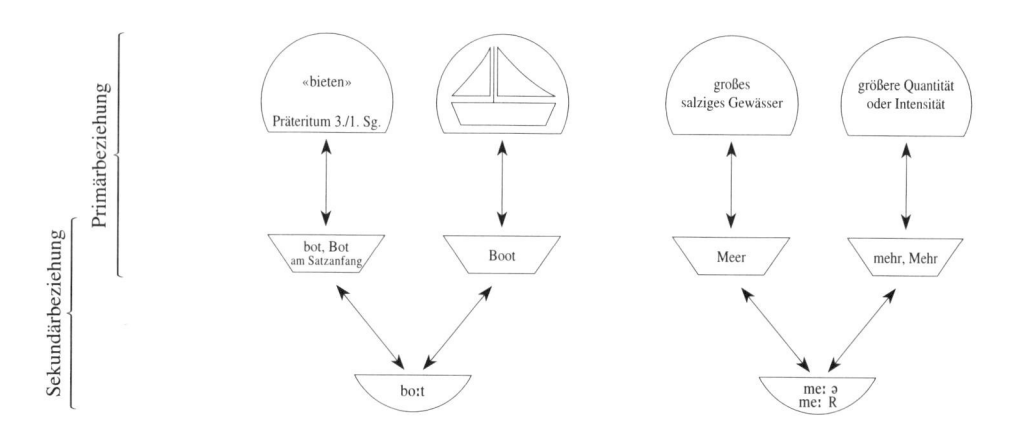

Die Zuordnungsweise 3 dürfte sich auch automatisch einstellen, in Erstsprache oder Fremdsprache, wenn für ein Wort in verschiedenen Regionen *verschiedene Aussprachen* üblich sind. In einem solchen Fall dient die einheitliche graphische Wortgestalt der Erfassung der Einheit dieses Wortes, trotz verschiedener Lautungen. Zwei Beispiele für das Deutsche («Stein» und «ruhig») und eines für das Englische («ask» in britischem Englisch mit langem [a:], in USA und Kanada als [æ]):

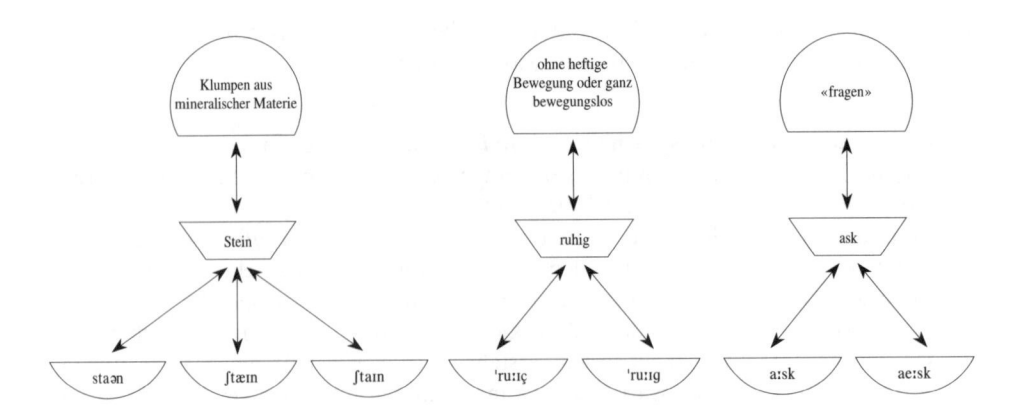

```
      Klumpen aus                  ohne heftige
    mineralischer Materie        Bewegung oder ganz            «fragen»
                                   bewegungslos


          Stein                        ruhig                     ask


    staən    ʃtæɪn    ʃtaɪn      'ruːɪç      'ruːɪg        aːsk       aeːsk
```

Dieses Phänomen – graphische Wortgestalt als der eigentliche, sinnliche Repräsentant der Bedeutungsseite (des «Begriffs»), phonische Wortgestalten als «verschiedene Aussprachen in verschiedenen Gegenden» – ist in einem gewissen Sinn besonders typisch für das *Deutsche*. Dieses war nämlich in seiner Entwicklung lange Zeit gar nicht in erster Linie eine gemeinsame *Sprech*sprache (das war für das Französische mit dem Zentrum Paris und das Englische mit dem Zentrum London viel mehr der Fall), sondern eine *gemeinsame Schreib- und Lese*sprache, und die gleich geschriebenen Wörter wurden dann schon beim lauten Lesen und besonders beim freien Sprechen je nach Gegend verschieden ausgesprochen, z. B. «*Er sprang über Stock und Stein*» in Hamburg mit dem gleichen scharfen s-Laut wie in «*List, ißt*», einem deutlich hörbaren h nach dem t, einem geschlossenen e bei «*er*» und einem Murmelvokal, ohne konsonantisches r, als Abschluß bei «*er, über*» – gegenüber «*är schprang über Schtockk und Schtein*» in Zürich, mit s-Laut wie in «*Schere, scharf*», mit glattem t ohne nachschlagendes h, mit einem offenen e-Laut in «*er*», einem deutlich hörbaren «*r*» als Abschluß von «*er, über*» und vor allem mit einem kratzenden, ganz hinten gesprochenen k-Laut.

Das Vorhandensein markanter Lautungsunterschiede zwischen dem britischen und dem amerikanischen *Englisch* hängt wohl mit der enormen räumlichen Ausbreitung dieser Sprache zusammen: schon die ersten Siedler hatten wohl zum Teil nicht «reines», gepflegtes Englisch mitgebracht, sondern regionale Aussprachegewohnheiten, und die Ausbreitung über den ganzen nordamerikanischen Kontinent wirkte weiter im Sinn einer Differenzierung.

Durch alle derartigen Erscheinungen wird natürlich das *besondere Prestige* der *geschriebenen Sprache* gegenüber der gesprochenen (Ziff. A.33), das Gefühl, die *geschriebene* Form sei die *eigentliche* Sprache, und die gesprochenen Gestalten seien davon her zu beurteilen, noch viel stärker. Zum Vorrang der Zuordnungsweise 3, der zentralen Stellung der graphischen Wortgestalten, im *Französischen* siehe Ziff. A.41.

A.37 Vom Sprachbesitz im Kopf zum Text schwarz auf weiß, Abläufe und Handlungen beim Schreiben

Beim *Schreiben* müssen *zwei Gruppen* von gedanklichen Prozessen und daran anschließenden körperlichen Ausdruckshandlungen, die man *idealerweise gleichzeitig* erfolgen lassen möchte, *zeitlich mehr oder weniger stark auseinandergezogen* werden, gegenüber einem fast synchronen Ablauf beim Sprechen. Bei diesem, beim mündlichen Darstellen, liegen nur Sekunden oder sogar nur Sekundenbruchteile zwischen den Akten des *Abrufens* (bzw. des «sich-einfallen-Lassens») der zur Darstellung des vorschwebenden Gemeinten gesuchten *Wortbedeutungen*, Gefügestrukturen, Semantemen und inhaltlichen Verknüpfungsmöglichkeiten und dem *Produzieren* der zu allen diesen Wortbedeutungen usw. gehörigen *Lautungen* und linearen Abfolgen, eingebettet in dazu geeignete Gestalten der Stimmführung.

Beim *Schreiben* dagegen treten an die Stelle der hochgradig automatisierten Tätigkeiten der *Sprech*organe (Lunge, Kehlkopf, Zunge, Mund- und Nasenhöhlen) – oder mindestens *neben* diese Tätigkeiten, wenn man zugleich ausspricht, was man schreiben will –, recht komplizierte und anspruchsvolle *Tätigkeiten mit der Hand* oder mit beiden Händen, und diese Tätigkeiten verlangen *materiale Hilfsmittel*, von einem einfachen Schreibstift und einer Fläche, auf die man schreiben will, bis zu komplizierten Maschinen, bei denen die benötigten graphischen Wortgestalten in der gewünschten Folge durch das Bedienen einer Tastatur auf das Papier gesetzt werden oder zuerst auf einem Bildschirm erscheinen, so daß man sie überprüfen und ggf. noch verändern kann, bevor man sie auf Papier ausdrucken läßt.

Dieses Herstellen der jeweils erforderlichen graphischen Wortgestalten, von Hand oder mit Maschine, läuft nun auch bei geübten Schreibern *erheblich langsamer* ab als die ihm zugrundeliegenden Akte des Abrufens und Kombinierens der Bedeutungen und des gedanklichen (von «innerem Sprechen» oder hörbarem Sprechen begleiteten) Aufbauens der gewünschten Propositionen. Man muß daher oft eine *gedanklich schon fertig aufgebaute* Proposition oder sogar mehrere solche Propositionen *im Kurzzeitgedächtnis gespeichert* behalten, bis man mit dem *Schreiben* der für sie benötigten graphischen Wortgestalten zu Rande gekommen ist. *Schreiben können* beruht also wesentlich auch auf der Fähigkeit, *einerseits* die gedanklich und lautlich fortlaufend verfertigten Propositionen im Kurzzeitgedächtnis zu behalten, bis man sie fertig geschrieben hat, und *anderseits* bei dieser Tätigkeit immer *das Gesamt des Darzustellenden* im Hinterkopf zu behalten, so daß man nicht über den Schwierigkeiten der Herstellung im einzelnen den Faden des Ganzen verliert.

Dieses *zeitliche Auseinandertreten* der *gedanklichen* Textbildungsprozesse und des *Herstellens* der *graphischen Signalisierungen* dafür, das man nicht selten beklagt («Warum kann ich nicht so schnell schreiben, wie ich denke?») bringt aber auch *klare Vorteile*:

A Man hat *viel mehr Zeit*, um zu überlegen und nach den besten Formulierungen und der besten Reihenfolge zu suchen, weil man *keine Rücksicht nehmen* muß auf Gesprächspartner, die sich gestört fühlen können, wenn man sehr langsam und stockend spricht, wenn man sich korrigiert, nochmals von vorne anfängt usw. Man kann sich einfach *so viel Zeit* nehmen, *wie man braucht*.

B Man braucht *nicht schon im ersten Durchgang* zum fertigen Text zu kommen. Man kann einen *Entwurf* machen, diesen Entwurf ggf. anderen zum Lesen geben und ihn je nach den Reaktionen überarbeiten, man kann den Text mehrmals ändern, Teile einfügen, Teile umstellen, an den Formulierungen feilen, die Länge der Sätze überprüfen und optimieren (Ziff. 2.07), und *erst am Schluß*, wenn man mit allem zufrieden ist, stellt man eine *Reinschrift* her (oder läßt eine herstellen), bei der man dann auch für Korrektheit der Rechtschreibung sorgt.

C Auch gegenüber dem Diktieren auf Band, das an sich ja ebenfalls in individuellem Tempo und mit beliebigen Unterbrechungen und Neu-Anfängen möglich ist, besteht ein Vorteil, indem man *alles bisher Formulierte* immer *schwarz auf weiß vor sich* hat und überblicken kann; man muß daher *viel weniger im Kopf behalten* und kann sich besser auf das jeweils neu zu Formulierende konzentrieren.

Die *grundlegenden gedanklichen Prozesse* bei der Textbildung, das *Ordnen* des oft zuerst ungeordnet Vorschwebenden (des Gedachten, Erinnerten, Geplanten usw.), das *Auffinden* einer plausiblen Reihenfolge oder das *Hereinlegen* einer solchen und das *laufende Bilden und Verknüpfen* der zur Darstellung geeigneten Propositionen – das alles ist beim Schreiben *grundsätzlich nicht anders* als beim Sprechen, beim mündlichen Darstellen.

Es gibt wohl auch *keinen* einheitlichen, für alle Schreibenden und für alle Zwecke geeigneten Weg des Vorgehens, keine «Wunder-Technik» für die Textbildung – trotz der vielen gerade heute angebotenen Bücher, Kurse usw. wie «Der Weg zum erfolgreichen Schreiben – Garantiert schreiben lernen» und ähnlich.

> Man kann wohl in bestimmten Fällen gewisse Hilfen brauchen, man kann sich z. B. sehr lebhaft in die Situation des angesprochenen Lesers zu versetzen versuchen, man kann einen Zettel vor sich hin legen mit der Mahnung «Eins nach dem andern» oder «Nicht so lange Sätze»; man kann zuerst einen Plan in Stichworten notieren, man kann eine detaillierte Inhaltsübersicht aufbauen und dann erst die Punkte ausformulieren usw. Aber keine dieser Hilfen läßt sich *unbedingt* und *für alle Schreibenden* empfehlen. Es gibt Schreibende, die besser schreiben, wenn sie sich auf Notizen, eine Gliederung usw. stützen können – und es gibt andere, die die Gedanken an das zu Schreibende längere Zeit mit sich herumtragen, bis sich dann ein Text schon so gut wie vollständig in ihrem Kopf gebildet hat und sie nur noch niederschreiben müssen, fast wie unter dem Diktat einer inneren Stimme.
>
> Wie weit es hilfreich, ja nötig ist, zuerst zu planen und dann erst auszuarbeiten, ist natürlich auch abhängig vom *Umfang* des zu schreibenden Textes und vom *Schwierigkeitsgrad* des Darzustellenden. Je größer der Umfang ist, desto eher wird sich eine Planung empfehlen und dann ein Ausarbeiten nach dieser Planung – aber meistens ist es dann an dieser oder jener Stelle doch besser, von der Planung abzuweichen, die anfängliche Planung rückwirkend mehr oder weniger zu korrigieren. Und es gibt auch Autoren, die ein ganzes Buch einfach einmal angefangen und dann in einem Zug geschrieben haben, zum Teil vielleicht selber erstaunt über das, was sich ihnen schreibend ergab.
>
> Unter Umständen wirkt solches Schreiben ohne vorherige Planung, mit laufender Reflexion und Selbstkorrektur, ähnlich klärend für einen ganzen vorschwebenden Gedanken-Komplex, wie es Kleist für das spontane Gespräch als Mittel zur Problemlösung beschreibt, in seinem Text (von 1805/1806) «Über die allmähliche Verfertigung der Gedanken beim Reden». Es bestätigt sich auch hier, daß die *grundlegenden gedanklichen Prozesse* für die Textbildung beim *Schreiben* grundsätzlich *nicht anders* laufen als beim *Sprechen*, wenn auch die Ausführung im einzelnen durch das Schreiben zugleich verlangsamt, vertieft und bereichert werden kann.

Zum Schluß ist nun noch auf einen Aspekt hinzuweisen, der oft vernachlässigt wird, weil man glaubt, es handle sich um eine reine «Äußerlichkeit»: auf den engen Zusammenhang zwischen dem *Fluß der Gedanken* und der *Formulierungsprozesse* einerseits und der *Flüssigkeit* und Leichtigkeit *des rein Motorischen* beim Schreiben andererseits. Wer nämlich mit verkrampften Bewegungen schreibt, wer ängstlich seine Wörter aus den Buchstaben aufbaut, einen Strich nach dem andern, der wird leicht *auch im Fluß seiner Gedanken* behindert, er hat mehr Mühe mit dem Abrufen der geeigneten Bedeutungen und dem Aufbau seiner Propositionen. *Körperliche* Verkrampftheit, und wenn sie nur von der schreibenden Hand ausgeht, führt leicht auch zu *emotionaler und gedanklicher* Verkrampftheit. Man kann ja auch als erwachsener und geübter Schreiber immer wieder erfahren, wie sehr man durch eine Störung im *reinen graphischen Herstellungsprozeß* auch aus dem *inhaltlichen Fluß* des Schreibens herausgerissen wird – wenn z. B. irgend etwas an der Schreibmaschine nicht in Ordnung ist und wenn im dümmsten Moment, wenn man grad gut im Zug wäre, ein neues Korrekturband eingesetzt werden muß.

Es ist daher eine der vornehmsten Aufgaben der *Schule*, alle Kinder von Anfang an zu einem möglichst entspannten, lockeren, rhythmischen Umgang mit den Schreibgeräten aller Art *anzuleiten*, seien das Bleistifte, Buntstifte, Kreiden, Federn oder Kugelschreiber. Die freie, rhythmische Art des Schreibens, die den Kindern erfahrungsgemäß auch immer *Freude* macht, muß *Vorrang* haben vor der absoluten Korrektheit des entstandenen graphischen Gebildes, vor der Genauigkeit und Gleichartigkeit aller Buchstabenformen. Und wer einmal in seiner *Handschrift* locker und entspannt schreiben gelernt hat, der wird eher auch einen entsprechenden gelösten Umgang mit allen *elektronischen Geräten* zur Herstellung geschriebener Texte erreichen, als wer sich schon in seiner Handschrift in der Schule gehemmt fühlen mußte.

A.38 Vom schwarz auf weiß vorliegenden Text über die Augen zum Verstehen, Prozesse beim Lesen

Das *Leseverstehen* hängt sehr eng zusammen mit dem Hörverstehen, dem es ja in der Entwicklung der Kinder auch erst im Abstand von 5–6 Jahren folgt. Manches ist aber auch anders. Man muß nun nämlich *nicht* eine *hörbare* Kette von Lautungen aufnehmen, über die *Ohren*, als Grundlage für das Abrufen der Bedeutungsseiten, sondern eine *Folge von graphischen Wortgestalten*, über die *Augen*. Dabei *fällt* eine Leistung *weg*, die beim Hörverstehen zuerst zu erbringen ist, nämlich das *Abgrenzen* der *Wörter* voneinander (Ziff. A.28–A.29). Das ist eine Erleichterung, die man gar nicht so gering veranschlagen darf – um sich das klar zu machen, muß man nur versuchen, einen Text in scriptura continua, ohne Wortabgrenzung, zu lesen (Beispiel aus Terenz, Handschrift des 2. oder 3. Jahrhunderts nach Christus, in Ziff. 2.19). Man kann auch auf *Fehlleistungen des Hörverstehens* bei Kindern verweisen, vor allem wenn Wörter vorkommen, die den Kindern nicht geläufig sind, so daß sich dann z. B. ein Versanfang ergibt «Nie *Kanone* Wonne», in dem Lied «Goldne Abendsonne / Wie bist du so schön / Nie *kann ohne* Wonne / Deinen Glanz ich sehn». Ein Beispiel aus dem Französischen: Ein Junge hörte oft das Gebet «O père qu'adore mon père … O Vater (im Himmel), den mein Vater verehrt», und der Junge verstand dann, hier sei von einem «*père Cador*» die Rede, dieser «Vater» heiße «Cador».

In der heute allgemein geübten Schreibpraxis mit Markierung der Wortgrenzen durch Zwischenräume («blanks») liegen nun die graphischen Wortgestalten schon so vor Augen, wie sie im Kopf gespeichert sind. Sie sind daher, soweit es sich nicht um neue oder irgendwie unvertraute Wörter handelt, *sogleich identifizierbar*, und man kommt sofort zum Abrufen der Bedeutungsseiten. Dieses Abrufen geht natürlich besonders leicht und schnell, wenn für die betreffenden Wörter die *Zuordnungsweise 2 oder 3* vorliegt. Bei *Zuordnungsweise 1* muß von der graphischen Wortgestalt her *zuerst die phonische* Wortgestalt abgerufen werden, und *erst über diese* dann die Bedeutungsseite.

Ein kleines Beispiel für das Abrufen der Bedeutungsseite beim Vorliegen von Zuordnungsweise 1 (die ja für alle Lese-Anfänger zunächst das Normale ist), also für den Weg *von der graphischen* Wortgestalt *zur phonischen* Wortgestalt und *erst von dieser aus* (oder: zusammen mit dieser) zur *Bedeutungsseite*. Ein Junge, 5 Jahre 8 Monate alt, Mundartsprecher, hatte sich die Kenntnis der Buchstaben (vor allem der Großbuchstaben) schon erworben, ausgehend von der Schreibung seines Namens und von verschiedenen Aufschriften, die er sich (alles in Großbuchstaben) von seinen älteren Schwestern oder der Kindergärtnerin auf seine Zeichnungen setzen ließ.

Als er nun eines Tages mit seinem Vater am Rundfunkempfänger saß und die Namen der Sender betrachtete, die in Großbuchstaben auf der beleuchteten Plexiglasscheibe standen, begann er auf einmal zu lesen (ohne jede Aufforderung): «B – BA – BAS – BASE (mit langem, geschlossenem e) – BASEL (ebenfalls mit langem, geschlossenem e, also «EL» nicht als Nachsilbe erkannt) – und dann sagte er sofort: «*Aha, Basel*» (mit kurzem a und silbischem l am Schluß, wie in der mundartlichen Aussprache des Jungen üblich). Er war also durch das Aufbauen einer *möglichen* Lautung, einer *möglichen* phonischen Wortgestalt (mit Hilfe der identifizierten Buchstaben) *zum Aufrufen* der im Kopf *schon gespeicherten phonischen* Wortgestalt gekommen, und von *dieser aus* im gleichen Augenblick *auch* zum Aufrufen der Bedeutungsseite, daß dieses Wort nämlich der Name der Stadt sei, in der er schon einmal einige Tage bei Bekannten hatte verbringen dürfen. Diesen Moment des erfolgreichen Aufrufens nicht nur der phonischen Wortgestalt, sondern zugleich der Bedeutungsseite (also des «ganzen Wortes») markierte er durch seinen erfreuten Ausruf *«Aha»*, bevor er als Bestätigung (und als Korrektur der vorher tastend aufgebauten, nicht ganz passenden) die «richtige» Lautung produzierte – die phonische Wortgestalt, die dem in seinem Kopf gespeicherten Muster für den Namen der ihm bekannten Stadt entsprach.

Nun kann man wohl davon ausgehen, daß bei allen einigermaßen im Lesen Geübten – auch schon in den mittleren und oberen Schulklassen – nicht (mehr) die Zuordnungsweise 1 vorliegt, sondern die Zuordnungsweise 2 oder 3, schon für die Erstsprache, jedenfalls in ihrer Standardform, und umso mehr für die sogleich über Hören *und* Lesen gelernten Fremdsprachen. Anders ist es wohl beim Lesen von *Mundarttexten*, das auch Mundartsprechern viel schwerer fällt als das Lesen standardsprachlicher Texte, weil eben die Mundart zwar den ganzen Tag gesprochen und gehört, aber nur selten geschrieben und gelesen wird, so daß sich hier meistens die Zuordnungsweisen 2 und 3 noch gar nicht ausbilden konnten.

Man kann also beim Lesen in aller Regel *direkt* von den identifizierten (wiedererkannten) graphischen Wortgestalten aus die Bedeutungsseiten der gelesenen Wörter abrufen. Hier besteht nun ein weiterer wesentlicher *Unterschied* zwischen Leseverstehen und Hörverstehen.

Es ist ja sehr oft gar nicht praktisch, wenn *sogleich* für jede identifizierte Wortgestalt die (oder vielmehr: *eine mögliche*) Bedeutungsseite abgerufen wird, weil dann immer wieder Alternativen aufgebaut werden müssen, und das ist (auch wenn es in völlig automatisierten Abläufen erfolgt) recht aufwendig. Es ist daher schon für das Hörverstehen anzunehmen, daß sehr oft zwei, drei oder noch mehr identifizierte Wortgestalten *im Kurzzeitgedächtnis* gespeichert («zwischengelagert», Ziff. A.30) werden und das Abrufen der *Bedeutungsseiten* (bzw.: der Bedeutungsbeiträge, z. B. in einem nichtverbalen Gefüge oder bei einer Proposition mit Klammerbau der Verb-Teile) *erst* erfolgt, wenn *alle* wesentlichen Wortgestalten schon gespeichert sind und keine Alternativen (keine «Mehrdeutigkeiten») mehr auftreten.

Ein solches «Zwischenlagern» ist nun beim *Lese*verstehen *viel weniger* erforderlich, weil ja die Wortgestalten nicht eine nach der andern auftreten und sogleich wieder verklingen, sondern von Anfang an *der ganze* Text *vor Augen* liegt und für die *ganze Dauer* des Lesens *gleicherweise verfügbar* bleibt (wieviel anstrengender das Lesen wird, wenn die Schriftzeilen nur kurze Zeit erscheinen und dann wieder verschwinden, kann man an sich selbst beobachten, wenn am Anfang oder am Ende eines Fernsehfilms oder Theaterstücks die Rollen und die Namen der Schauspieler auf einem Streifen von unten nach oben vor den Augen vorbeiziehen und man manchmal gar keine Zeit hat, alles so genau zu erfassen, wie man es jeweils möchte).

Man kann also beim Lesen sogleich eine *ganze Folge* von Wortgestalten mit *einem Blick* erfassen und zugleich die Gesamtbedeutung dieser Folge abrufen oder in kürzester Zeit aufbauen. Das Kurzzeitgedächtnis wird sehr viel weniger beansprucht, weil man immer sogleich eine ganze kürzere oder längere «Leseportion» *auf einmal* aufnimmt und dann meistens nur noch die von dieser Leseportion her aufgerufene Gesamtbedeutung kurz speichern muß, bis man einen ganzen längeren Satz oder einen ganzen Abschnitt mit der jeweils genügenden (jeweils gewünschten) Genauigkeit verstanden hat.

Und wenn im Fortgang des Lesens irgend ein Problem auftritt, wenn irgend etwas vorher Gelesenes und Verstandenes nicht zum jetzt neu Gelesenen passt, so kann man jederzeit *zurückgreifen*, die vorausgehenden Folgen von Wortgestalten nochmals überblicken und damit, evtl. in Korrektur von vorherigen Verständnissen, das gewünschte befriedigende Gesamtverständnis aufbauen.

Die *Länge* solcher Leseportionen ist natürlich individuell außerordentlich verschieden, und sie *variiert* wohl auch *beim gleichen Leser* je nach der Vertrautheit oder der Schwierigkeit des Textes und des darin Dargestellten.

Ein Beispiel (aus einem Artikel über nötige Reformen des Regierungssystems in der Schweiz, erschienen in einer großen Tageszeitung), links der unveränderte Text, rechts in gleicher Verteilung auf die Zeilen, aber mögliche Leseportionen durch Schrägstriche signalisiert:

Bundesratsreform – ein Dauerthema	Bundesratsreform – ein Dauerthema
Der Ruf nach *Reform des Bundesrates* ist fast so alt wie der Bundesstaat selbst. Bereits in den *1860er Jahren* plädierte Bundesrat *Jakob Dubs* dafür, daß man zwischen Regierung und Verwaltung besser unterscheiden solle. 1878, nunmehr Bundesrichter, schrieb Dubs: Auch in der Schweiz mache sich das Bedürfnis geltend, «daß man die Regierung in zwei Elemente ausscheiden muß, in ein *kleines Kollegium* vielleicht von drei bis fünf Mitgliedern, welches sich nur mit der Leitung des Ganzen befaßt, die Gesetzgebung fortentwickelt, die Verwaltung kontrolliert und überwacht und für die politische Direktion nach außen und nach innen tonangebend ist, und in eine Anzahl von *Einzeldirektoren* der hauptsächlichsten Verwaltungszweige».	/ Der Ruf nach *Reform des Bundesrates* / ist fast so alt wie der Bundesstaat selbst. / Bereits in den *1860er Jahren* plädierte Bundesrat *Jakob Dubs* dafür, / daß man zwischen Regierung und Verwaltung / besser unterscheiden solle. / 1878, nunmehr Bundesrichter, schrieb Dubs: / Auch in der Schweiz mache sich das Bedürfnis geltend, / «daß man die Regierung in zwei Elemente ausscheiden muß, / in ein *kleines Kollegium* vielleicht von drei bis fünf Mitgliedern, / welches sich nur mit der Leitung des Ganzen befaßt, / die Gesetzgebung fortentwickelt, / die Verwaltung kontrolliert und überwacht / und für die politische Direktion nach außen und nach innen / tonangebend ist, / und in eine Anzahl von *Einzeldirektoren* / der hauptsächlichsten Verwaltungszweige».

Die Leseportionen sind also *nicht etwa* durch die *graphische Verteilung* motiviert, sondern sie beruhen auf dem *Bedürfnis, gut verstehbare* und *als ganze leicht kombinierbare Textstücke je als eine Einheit* zu erfassen. Es spielt dabei auch keine Rolle, ob *die Augen* für die Dauer des Erfassens einer Leseportion ruhig bleiben, auf die Mitte dieser Portion fixiert, oder ob die Portion in zwei oder drei aufeinanderfolgenden Fixierungen wahrgenommen wird. Solches Bewegen der Augen von einer Fixierung zur andern liegt nahe (oder ist bei etwas längeren Zeilen absolut erforderlich), wenn eine Portion (oder sogar ein Wort) auf einer Zeile *angefangen* und erst auf der *nächsten* Zeile *abgeschlossen* ist. Das Bilden von Leseportionen ist also *keine Sache der Augen* an sich, sondern eine Sache der *gedanklichen Verarbeitung*, der Schnelligkeit des Aufrufens und Kombinierens ganzer Bedeutungs-Sequenzen. An sich kann man mit der gleichen Augeneinstellung zwei oder drei Zeilen einer solchen Zeitungsspalte auf einmal überblicken.

> Ein weniger geübter (aber doch genügend an der Sache interessierter) Leser würde hier wohl mehr und kürzere Portionen bilden, etwa «Der Ruf / nach Reform des Bundesrates / ist fast so alt / wie der Bundesstaat selbst». Dagegen würde ein sehr geübter Leser, der möglichst schnell den Inhalt des ganzen Artikels erfassen will, wohl den ganzen ersten Satz (1 3/4 Zeilen) als eine einzige Portion zusammennehmen, usw.

Wenn man sich nun vorstellt, wie der gleiche Text, wenn man ihn *vorgelesen* bekommt, durch das *Hörverstehen* aufgenommen würde und wieviel «Zwischen-Speicherung» dabei nötig würde, versteht man leicht, warum geübte Leser einen einigermaßen anspruchsvollen Text meistens viel lieber (und schneller und sicherer) *selber lesen*, als daß sie ihn sich vorlesen lassen.

Die *Geschwindigkeit* des lesenden Aufnahmens (des «Durchwanderns mit den Augen» und des Aufrufens, Aufbauens, Kombinierens der entsprechenden «Bedeutungs-Portionen») hängt also in hohem Maß von der Geübtheit des Lesers ab – aber sie wird nach oben begrenzt durch das Bedürfnis (und oft sogar durch die Notwendigkeit, wenn man genau genug verstehen will), die mit den Augen aufgenommenen Textstücke *nicht nur inhaltlich* zu erfassen, sondern auch die dazu passenden, dafür geeigneten *Stimmführungsgestalten* aufzubauen, in «*innerem Hören*».

> Man kann sich die Wichtigkeit dieses «inneren Hörens» gut klar machen, wenn man eine extrem schnelle Form des Lesens betrachtet, nämlich das sogenannte «*überfliegende Lesen*» oder «*diagonale Lesen*». Bei diesem Lesen geht man den Text sehr schnell durch, man faßt auf jeder Seite oder halben Seite nur einige wichtig scheinende Stellen kurz ins Auge, mit besonderer Aufmerksamkeit auf Fachausdrücke, Namen von Autoren usw., und auf diese Weise verschafft man sich sehr schnell einen gewissen Gesamteindruck von dem, was in dem betreffenden Text gesagt wird, was in ihm enthalten ist.
>
> Nun wissen aber alle, die in ihrem Beruf öfter solches diagonales Lesen praktizieren (und praktizieren müssen, um sich in vertretbarer Zeit zu orientieren), daß diese Form des «Lesens» *einerseits recht anstrengend* und *anderseits sehr oft irgendwie unbefriedigend* ist. Es fehlt gewissermaßen der «sinnliche Anteil» im Auffassen des Textes. Wenn man daher einigermaßen genau lesen will, wird man immer *nur so schnell* lesen, daß man *nicht* nur alle *Stimmführungsgestalten* für die Teilsätze und Sätze innerlich genügend hört, sondern daß man *auch* die *Wortlautungen* ganz kurz in sich klingen lassen kann. Auch dieses «innere Hören» der Wortlautungen kann *sehr viel schneller* ablaufen, als es bei lautem Sprechen oder auch bei nur halblautem Sprechen möglich wäre – aber man *vermißt* es, wenn es *gar nicht mehr* erfolgt.

Dieses innere Nachbauen nicht nur aller erforderlichen Stimmführungsgestalten, sondern auch aller phonischen Wortgestalten, aller Wort-Lautungen, ist noch viel wichtiger, wenn man *zum Vergnügen* liest. Dann will man nämlich *Spannung und Entspannung* erfahren, man will sich *in innere Bewegung* versetzen und diese Bewegung wieder *zu einem Ende bringen*, und das erfolgt *nicht nur* durch die Aufnahme des jeweils *Gemeinten*, der durch den Text mitgeteilten Informationen (im weitesten Sinn), sondern *auch* durch das *Erfahren der sprachlichen Form*, der *Art*, wie alles hier Mitgeteilte gesagt wird. Das gilt schon für Bücher in Prosa, die man nicht nur wegen ihres Inhalts, sondern auch wegen ihrer Sprache, ihres Stils liest, und es gilt in besonderem Maß für alles Lesen von *Verstexten*. Versmaß, Reime, insgesamt der Rhythmus – das alles wird erst recht erfahrbar, wenn man Vers um Vers *auch innerlich hört*, wenn man die *Übereinstimmung* (oder gerade den *Kontrast*) des mitgeteilten, vorgeführten *Inhalts* und seiner *sprachlichen Form* erfährt und innerlich nachvollzieht.

Dieses Betonen der *Wichtigkeit* auch der *rein klanglichen* Seite für ein befriedigendes Lesen (auch wenn man ganz still und für sich allein liest) mag dem einen oder andern etwas übertrieben erscheinen. Daher seien hier noch die Unterlagen für einige kleine Selbstversuche gegeben, durch die man diese Wichtigkeit deutlich machen kann. Man muß nur die folgenden Verszeilen einmal mit dem ihnen innewohnenden Rhythmus sprechen oder innerlich hören und einmal die darunter angegebenen Umformungen vornehmen – Umformungen, die an den dargestellten Inhalten gar nichts ändern, wohl aber einiges an der klanglichen Gestalt.

Waldlied, von *Gottfried Keller*, erste Strophe:

> *Arm* in *Arm* und *Kron*' an *Krone*   steht der *Eichenwald* ver*schlungen*;
> *Heut* hat *er* bei *guter Lau*ne   *mir* sein *altes Lied* ge*sungen*.

(Der Eichenwald steht Arm in Arm verschlungen und Krone an Krone, heute hat er mir bei guter Laune sein altes Lied gesungen)

Racine, Bérénice, Akt 3, Szene 5; Bérénice will Rom verlassen, weil sie nicht mit Titus leben kann, wegen der römischen Gesetze; sie sagt zu Titus, der mit ihr sprechen will:

> Pour*quoi* ve*nir* en*core*   aig*rir* mon *dés*es*poir*?
> N'*êtes*-vous *pas* con*tent*?   Je *ne* veux *plus* vous *voir*

(Diese Verse entgegen der französischen Versbetonung lesen, in Vers 1 keine Zäsur vor «aigrir», sondern glatt durchgezogen; in Vers 2 die als Hebungen dienenden «e muets» in «êtes» und «ne» nicht aussprechen, also «*je n veux plus* vous voir»).

Pastoral, von *William Carlos Williams*, (1883–1963), erste sieben Zeilen:

The little sparrows	with sharp voices
hop ingenuously	over those things
about the pavement	that interest them.
quarreling	

(Die sieben Gedichtzeilen als durchlaufende Prosa lesen: The little sparrows hop ingenuously about the pavement quarreling with sharp voices over those things that interest them.)

Lateinischer Merkspruch:

> *Quod* semel e*miss*um est   volat irrevo*ca*bile *ver*bum

(Als Hexameter lesen, mit Elision des «-um», also «emiss*umst*» – und dann mit anderer Wortstellung als glatte Prosa lesen: *Ver*bum *quod* semel e*miss*um est volat irrevo*ca*bile – Eine Bemerkung, die einmal geäußert wurde, fliegt unwiderrufbar davon.)

A.39 Lautes Lesen als Hilfe für das Verstehen – nicht nur bei Anfängern

Wenn man sich die Wichtigkeit des «*inneren Hörens*» für die Steuerung des Lesetempos und überhaupt für einen befriedigenden Ablauf der Leseprozesse klar gemacht hat, versteht man auch, warum das *laute* Lesen sowohl in der historischen Entwicklung wie beim Lesenlernen auch jedes heutigen Menschen eine so große Rolle spielte und spielt. Das *innere* Hören, das sich heute bei jedem geübten Leser ganz von selbst einstellt, hat sich entwickelt als Folgeform, durch «Internalisierung» der Erfahrungen beim «*vollen Hören*», über die *Ohren*, sei es durch das Hören der Stimme von Vorlesenden, während man selbst mit den Augen dem Text folgte, sei es durch das Hören der eigenen Stimme bei den eigenen Lese-Versuchen.

Nach allem, was man über die Entwicklung des Lesens weiß, wurde bis vor wenigen Jahrhunderten *generell laut* oder jedenfalls *halblaut* gelesen. Das *Aussprechen* der gelesenen Wörter, das *Einbetten* in eine *selber aufgebaute, passende Stimmführungsgestalt*, das war als Hilfe bei den damaligen Manuskripten (ohne Wortabstände, siehe das Beispiel in Ziff. 2.19) unentbehrlich.

> Einen anschaulichen Beleg dafür findet man in Kapitel 8 der Apostelgeschichte (die vermutlich von Lukas um 75–95 nach Christus in Alexandria geschrieben wurde). Ein vornehmer Hofbeamter der

Königin von Äthiopien war nach Jerusalem gereist, um dort anzubeten, hatte sich eine Handschrift des Propheten Jesaias gekauft und las nun auf der Heimfahrt, auf seinem (offenen) Wagen sitzend, darin. Nun heißt es in Vers 30: «Der hinzulaufende Philippus hörte, daß er (der Hofbeamte) den Propheten Jesaias las». Philippus konnte also *hören*, daß der auf dem Wagen sitzende Fremde etwas *las*. Er fragte ihn dann: «*Verstehst* du, was du *liest*» (griechisch mit dem gleichen Verb «ginoskein, erkennen», nur für die Bedeutung «lesen» mit der Partikel «ána» kombiniert, also «ginōskeis hā ánaginōskeis» – interpretierbar als «Erkennst du auch gedanklich, was du hier mit den Augen zu erkennen und sprechend nachzuvollziehen versuchst»). Der Fremde verneinte, und er bat Philippus, sich zu ihm auf den Wagen zu setzen und ihm zu helfen. Philippus tat es (es war die Stelle «Wie ein Schaf zur Schlachtbank geführt wird und wie ein Lamm vor seinem Scherer verstummt, so tut er seinen Mund nicht auf», Jesaia 53,7, vom unschuldigen Gottesknecht, der freiwillig Leiden und Verkennung auf sich nimmt, um vielen zu helfen). Philippus erklärte diese Stelle, bezog sie auf Jesus und dessen Heilswerk, und als sie an ein Wasser kamen, ließ der Fremde halten und sich von Philippus taufen.

Wie weit nun diese Begebenheit historisch treu erzählt oder rekonstruiert oder überhaupt zur Belehrung und Erbauung erfunden ist, kann hier offen bleiben. Eindeutig ist, daß man damals *hören* konnte, wenn jemand etwas *las*.

Man kann ja noch heute beobachten, an sich selbst oder an andern, daß man halblaut oder ganz laut *spricht*, wenn man z. B. einen Brief in schwer leserlicher Handschrift oder eine verwitterte Inschrift vor sich hat und entziffern will. Man geht dabei oft automatisch dazu über, das man alles schon Entzifferte *vorweg ausspricht*, es *laut werden läßt*, weil man es dann besser für die nötige Zeit im Kurzzeitgedächtnis behalten kann (wenn man nicht sogar, etwa beim Entziffern von Inschriften, die entzifferten Buchstaben selber hinschreibt und die zugehörigen Laute dabei auch ausspricht). Bei manchen Lesern kann man auch heute noch beobachten, daß sie beim Lesen *die Lippen bewegen* oder sogar ganz leise vor sich hin sprechen.

Es gibt Propagandisten des «Schnell-Lesens», die ein solches gedämpftes Hörbarmachen der Wortlautungen als *hinderlich* betrachten und es ihren Kursteilnehmern *abgewöhnen* möchten. Das dürfte insgesamt eine kurzsichtige «Lese-Förderung» sein – wenn man nicht ganz deutlich macht, daß es eben auf das *innere* Hören ankommt und man, wenn man *dieses* bewußt entwickelt, die Verstehenshilfe durch Lippenbewegungen usw. *nicht mehr braucht*. Damit kann tatsächlich dann ein schnelleres Lesen möglich werden, weil das reine, innere Vorstellen der Wortlautungen im Rahmen der ganzen Stimmführungsgestalten zweifellos noch schneller ablaufen kann als auch das schnellste halblaute Sprechen.

Für eine möglichst gute Entwicklung des «inneren Hörens» ist es auch sehr wichtig, daß die *Kinder* in den Schulen immer wieder *Gelegenheit* bekommen, *laut zu lesen* – auch Texte, an die sie *ganz neu* herantreten und die ihnen *noch nicht* (vom Lehrer oder von einem/einer besonders gut Lesenden in der Klasse) «mustergültig vorgetragen» worden sind. Gerade dadurch lernen sie, nicht nur Stimmführungsgestalten anderer zu *imitieren*, sondern *selber* solche aufzubauen, *gleichzeitig* mit dem Erfassen der Inhalte und als *Bekräftigung*, daß man diese Inhalte *erfaßt hat*.

Man darf das nicht verwechseln mit einer Forderung, unvorbereitet «vom Blatt vorzulesen». Das laut-werden-Lassen ist hier *kein Vorlesen für andere*, das von Anfang an perfekt sein müßte, bei dem man sich keine Blöße geben (z. B. nicht anstoßen) dürfte. Es ist vielmehr ein *Vergewissern des Wortlauts für sich selber*; man darf dabei stocken, sich unterbrechen, auch zurückgreifen und den Satz usw. nochmals anfangen. Eine auch ästhetisch voll befriedigende klangliche Gestaltung steht dann *am Schluß* der Erarbeitung eines Textes, in Inhalt und Klang, und sie wird dadurch auch als eine *eigene* Leistung *jedes Kindes* und der *ganzen* am erarbeitenden Lesen beteiligten Klasse *erlebt*.

A.40 Erwartungen bilden, sie bestätigt finden oder korrigieren, das Gelesene raffend speichern

Wenn man einen Text zur Hand nimmt, um ihn zu lesen, hat man in aller Regel schon eine gewisse *Erwartung* – ausgelöst z. B. durch eine Überschrift, durch eine Erinnerung an etwas, das man über diesen Text schon gehört hat, bei einem Privatbrief auch durch die Kenntnis des Briefverfassers und seiner Situation.

Mit dieser Erwartung *beginnt man nun zu lesen*, und nach jedem gelesenen Textstück (nach jeder nicht ganz kurzen Leseportion) bilden sich automatisch *Erwartungen für das*, was jetzt *kommen wird*, was man jetzt dann sogleich liest. Diese Erwartungen werden nun laufend entweder *bestätigt* oder *modifiziert* (oder als unzutreffend völlig beiseite geschoben).

Solche Erwartungsbildung aus allem Bisherigen, die die Aufnahme des jeweils Neuen laufend steuert, gibt es natürlich auch beim Hörverstehen. Sie kann sich aber dort meistens nicht so frei entwickeln, weil man *keine Zeit* dafür hat (weil man im Tempo der Sprechenden weiterhören muß) – und weil es auch *nicht so wichtig* ist, für das noch Kommende einen gedanklichen Rahmen zu schaffen, weil es einem ja ohnehin *in direkt verstehbarer Form angeboten* wird.

Beim *Lesen* investiert man, im Vergleich zum Hören, *mehr Eigentätigkeit*; man muß *mehr selber entwerfen* (z. B. aus den abgerufenen Bedeutungen und Verknüpfungsphänomenen auch den *Ton* des im Text Mitgeteilten entnehmen), und man hat auch im Bedarfsfall *mehr Zeit*, in der sich genauere Erwartungen entwickeln können. Alle geübten Lesenden können wohl dieses Spiel der Erwartungen an sich selbst beobachten – z. B. beim Lesen eines spannenden Romans.

Es ist daher auch im Leseunterricht der Schulen sehr fruchtbar, wenn man Texte, die ein solches Lesen lohnen, *schrittweise* liest (bzw. *durch die Schüler erlesen* läßt) und nach wichtigen Schritten (z. B. am Ende eines Abschnitts) *kurz innehalten* und *Erwartungen* für das *jetzt Kommende* laut werden läßt. Wenn man das mit dem nötigen Fingerspitzengefühl macht, d. h. das *Tempo* soviel wie möglich *von den Schülern selber* bestimmen läßt, ergibt sich daraus keineswegs ein «Zerhacken» des Textes, sondern im Gegenteil ein *viel lebendigeres Aufnehmen* und *gedankliches Nachvollziehen* des im Text Dargestellten.

Das Gegenstück zu diesem laufenden Bilden und nötigenfalls Berichtigen von Annahmen ist, daß man das Gelesene/Verstandene *laufend speichert*, zunächst über eine Reihe von Propositionen hin mehr oder weniger wörtlich, dann zunehmend in geraffter Form, so daß man am Schluß eine Art knappe Inhaltsangabe im Kopf hat. Auch hierin sind Leseverstehen und Hörverstehen *grundsätzlich gleich*, nur ist solches Speichern beim Lesen oft *noch wichtiger* als beim Hören, und man kann es erforderlichenfalls stützen, indem man nochmals im Text zurückgreift.

A.41 Aufrufen graphischer Textgestalten auch beim Hörverstehen

Beim Vorliegen von Zuordnungsweise 3 in einer Fremdsprache, die man mehr liest als hört (Ziff. A.36, Seite 821 oben) kann es oft vorkommen, daß das *Hörverstehen schwieriger* ist als das *Lese*verstehen und daß man daher von einer gehörten Wortgestalt her *zuerst* die zugehörige graphische Wortgestalt aufrufen muß (also umgekehrt als beim Lesen der Lese-Anfänger in der Erstsprache, Ziff. A.38, Beispiel «Basel») und dann erst identifizieren kann «Ach, das ist dieses oder jenes Wort, und das bedeutet ja ...».

Eine besondere Situation, die oft beim Hörverstehen nicht nur den Rekurs auf eine einzelne graphische Wortgestalt erfordert, sondern das *Rekonstruieren* der *graphischen Gestalt ganzer gehörter Propositionen*, besteht im *Französischen*. Einmal gibt es hier sehr viele *Homonyme*, die man geschrieben viel besser behalten und unterscheiden kann, als wenn man sie nur hört, z. B. «*cette fois*, dieses Mal» und «*cette foi*, dieser Glaube, dieses Vertrauen» (und dazu erst noch «*le foie*, die Leber») oder «tous *ces* efforts, alle *diese* Anstrengungen» und «tous *ses* efforts, alle *seine/ihre* Anstrengungen».

Aber auch viele und oft wichtige *grammatische* Kennzeichnungen sind *nur in der geschriebenen* Textgestalt deutlich, z. B. Singular und Plural bei den Verben («*il/elle parle – ils/elles parlent*»), oder Singular und Plural bei Nomen («pas de *récompense* – pas de *récompenses*, keine Belohnung, Entschädigung / keine Belohnun*gen*, Entschädigun*gen*»). Diese mangelnde Eindeutigkeit der phonischen Wortgestalten wird manchmal ausgeglichen durch die Phänomene der «liaison», z. B. «il/elle entre / ils/elles entrent», wo das bei «ils, elles» hörbar werdende s den Plural auch des Verbs signalisiert. Insgesamt versteht man wohl allermeistens aus dem Zusammenhang und der Situation, was mit den jeweils gehörten Lautungen von Propositionen gemeint ist. Man kann aber doch annehmen, daß alle gebildeten Französisch-Sprecher *auch beim Hörverstehen* praktisch *gleichzeitig* die *geschriebene Gestalt* des jeweils Gehörten im Kopf aufrufen – also gewissermaßen *Zuordnungsweise 2* (Nebeneinander von phonischer und graphischer Wortgestalt, beide gleich direkt mit der Bedeutungsseite verbunden, Ziff. A.36, S. 820 oben) nicht nur für die einzelnen Wörter, sondern für *ganze Propositionen*, ja für *ganze Texte* geltend oder mindestens angestrebt.

> Diese besondere Situation macht es auch verständlich, daß in allen französischen Schulen *das Diktat* («la dictée») einen so großen Stellenwert hat – mit Recht, während im *deutschen* Schulwesen allzuoft der Nutzen von Diktaten viel zu hoch veranschlagt und dem Diktat viel zu viel Zeit geopfert wird, die man für sinnvolleres Schreiben verwenden könnte und sollte. Im *Französischen* ist eben jedes Schreiben nach Diktat *nicht nur* eine Prüfung der korrekten Rechtschreibung, sondern ein *Training* im *Erfassen der grammatischen Strukturen* die durch Hörverstehen aufgenommen, und das Schreiben nach Diktat *sichert* daher neben der reinen Rechtschreibung immer auch *das Textverstehen* überhaupt, es führt manchmal erst zu einem zureichend genauen Eindringen in den Text, und es schult den *spontanen Übergang* von den *gesprochenen* zu den *geschriebenen* Textgestalten. *Ohne* die ständige Schulung dieses spontanen Übergangs bei möglichst vielen Sprachteilhabern würde wohl das Französische in kürzester Zeit seine insbesondere seit dem 17. und 18. Jahrhundert entwickelte, fein ausgebaute grammatische Struktur (und damit ein Stück seiner kulturellen Identität) völlig verlieren. Das bedeutet keineswegs, daß nicht auch im Französischen gewisse maßvolle Rechtschreibreformen, die Beseitigung unnötiger Spitzfindigkeiten möglich wäre, ohne jede Gefahr eines «Kulturbruchs».

A.42 Rückblick auf die drei Zuordnungsweisen der Wortgestalten

Es ist nun noch zu betonen, zur Vermeidung möglicher Mißverständnisse, daß die drei Zuordnungsweisen der Wortgestalten zu den Bedeutungsseiten der Wörter *nicht einfach*, wie man nach der Darstellung in Ziff. A.36 vielleicht annehmen könnte, *als Stadien* in der individuellen Entwicklung der Lese- und Schreibfähigkeit verstanden werden dürfen. Es ist wohl unbestreitbar, daß sich die Zuordnungsweisen 2 und 3 *erst bei größerer Vertrautheit* mit dem Lesen entwickeln und daß die Zuordnungsweise 1 typisch ist für das Erlernen des Lesens in der *Erstsprache* (in *allen* Sprachen). *Nachher* muß man aber annehmen, daß *alle drei* Zuordnungsweisen *nebeneinander* bestehen können, je nach der

Häufigkeit bzw. Seltenheit der Wörter, je nach der *Struktur der Sprache* (siehe oben für Französisch) und teilweise auch je nach dem Charakter und den individuellen Auffassungsweisen *jedes einzelnen* an der betreffenden Sprache mehr oder weniger tief und genau teilhabenden *Menschen*.

A/III Sprachen lernen, Erstsprache und Fremdsprachen – was wird getrennt eingelagert, was ineinander verzahnt, was gilt gleicherweise für alle Sprachen – wörtliches und übertragenes Verstehen, »Metaphern«

A.43 Bedeutungen und zugehörige Wortgestalten als überpersönlicher Bestand und als Individualbesitz

Sprachen, mit Schrift oder ohne Schrift, existieren in einer *doppelten* Weise:
– Als *überpersönlicher Bestand*, überliefert von einer Generation zur nächsten, bei Sprachen *mit Schrift* auch vielfach festgelegt und geregelt durch *Beschreibungen* des Wortschatzes und der Verknüpfungsmöglichkeiten, in Wörterbüchern und Grammatiken, und in einer oft sehr wirksamen Weise auch durch *alle in dieser Sprache geschriebenen Texte*, die *noch gelesen* werden und nicht selten als *Muster* betrachtet werden. Es ist selbstverständlich, daß sich dieser Bestand einer Sprache im Lauf der Zeit allmählich wandelt, wie der Bestand aller von Menschen geschaffenen gedanklichen Ordnungen und Festsetzungen.
– Als *individueller Besitz*, als Einprägung im Kopf jedes Menschen, der *an dieser Sprache Anteil* hat, der sie einmal *gelernt* hat, wenn auch in ganz verschiedener Vollständigkeit, mit verschiedener Sicherheit, mit verschiedenem Tiefgang. Man bezeichnet diesen individuellen Sprachbesitz auch als die *Kompetenz* (genauer: die *Sprach*kompetenz, für die jeweilige Sprache) des betreffenden Menschen. In einer etwas anderen Sehweise bezeichnet man den individuellen Sprachbesitz auch als «*Idiolekt*», als «*Eigensprache*», und zwar vor allem für die Erstsprache, bei der jeder Sprachteilhaber gewissermaßen als Mit-Besitzer (oder mindestens: «Mit-Verwalter») des überpersönlichen Bestandes betrachtet werden kann. Mit dem Fachausdruck «Idiolekt» soll zugleich signalisiert werden, daß der Sprachbesitz jedes Menschen gegenüber dem jedes andern Teilhabers dieser Sprache *gewisse Eigenheiten* haben kann, z. B. eine etwas verschiedene Ausprägung oft wichtiger Bedeutungen (Genaueres dazu in Ziff. A.54).

Bei *Sprachen ohne Schrift* kann man als den überpersönlichen Bestand nur das *Gesamt dessen* bezeichnen, was in den *Köpfen aller heute lebenden* Teilhaber dieser Sprache gespeichert ist (mit Einschluß der gespeicherten fertigen Texte, z. B. Sprichwörter, in alten mündlichen Hochkulturen auch ganze Versfolgen, Lieder, Götter-Mythen usw.). Bei *Verschiedenheiten* von Idiolekten umfaßt dann der überpersönliche Bestand alles das, was in den Idiolekten *genügend gleichartig* ist, was sich praktisch *deckt* («Sprache» als ein «*Deckungsbereich von Idiolekten*»).

Bei den Sprachen *mit Schrift*, also auch bei den vier Sprachen, um die es in diesem Buch geht, ist der überpersönliche Bestand *in ganz anderer Weise gefaßt und geregelt* als bei den Sprachen ohne Schrift. Hier sind die heutigen Sprachteilhaber nicht im gleichen Maß «Mitbesitzer» und für das Weiterbestehen der Sprache verantwortlich wie bei den Sprachen ohne Schrift. Sie sehen sich daher sehr oft nur in der Rolle von «Benützern» einer völlig unabhängig von ihnen gegebenen Sprache. Es gibt auch *viel mehr Normen* für die «*richtige* Benutzung», den «*korrekten* Gebrauch», in feinerer Form für die unüberschaubar große Zahl von Bedeutungen aller Art (z. B. verbalen Semantemen), in schon härterer Form für die Formalstrukturen, die «grammatischen Mechanismen» (z. B. die Einteilung aller Nomen in die drei grammatischen Geschlechter, im Lateinischen und Deutschen, Ziff. 4.08–4.14, und manche Gebrauchsweisen der vier bzw. sechs Fälle, Ziff. 4.15–4.37). *Besonders rigid* geregelt ist in allen vier Sprachen der Bereich der *graphischen* Wortgestalten, die *Rechtschreibung* (zum oft überhöhten Prestige der Rechtschreibung siehe Ziff. A.67, S. 875).

Wenn nun in diesem Kapitel die *Lernprozesse* betrachtet werden sollen, die Aufbau- und Speicherungsprozesse, durch welche aller individuelle Sprachbesitz, alle Sprachkompetenzen *erworben* werden (vom Hineinwachsen in die Erstsprache im Kleinkindalter bis zur Erlernung von Fremdsprachen als Heranwachsender oder Erwachsener), muß immer sorgfältig *unterschieden* werden, ob es um den Bereich der *Bedeutungen* und ganzen Bedeutungsstrukturen geht oder um den Bereich der *Formalstrukturen* (der Elementargrammatik) oder um den Bereich der *phonischen Wortgestalten* («Aussprache») oder schließlich um den gesamten Bereich der *graphischen* Fixierung von Texten, um das Erlernen der *graphischen Wortgestalten* und der Gliederung der Texte durch *Satzzeichen* verschiedener Art.

A.44 Bedeutungen lernen – Lautungen lernen: verschieden in Ablauf, Einheitlichkeit, Überprüfbarkeit

Für das Lernen von *Bedeutungen* und das Lernen der zugehörigen *Lautungen* bestehen einige Gemeinsamkeiten, aber daneben wichtige und weitreichende *Verschiedenheiten*.

Gemeinsam ist, daß bestimmte neuronale Strukturen gebildet werden müssen, bestimmte «Bahnen» im Gehirn eingespielt, ja «eingeschliffen». Gemeinsam ist auch, daß die Fähigkeit zur Aktivierung dieser Strukturen für das *Verstehen* (Identifizieren der Wortlautungen beim Hören, Abrufen der Bedeutungsseiten) wohl insgesamt schneller entwickelt wird und weiter reicht als für das *eigene Bilden* von Texten, das eigene Sprechen (siehe schon Ziff. A.28).

Verschieden ist dagegen die *Art* (und wohl auch das *Areal* im Gehirn) der neuronalen Speicherung. Bei den *Lautungen* handelt es sich um «Programme» für die *Innervation* der *Sprechorgane*, die fein zu koordinierenden Bewegungen, Spannungen, Entspannungen der Lunge (Luftstrom), der Stimmbänder (Stimmhaftigkeit oder Stimmlosigkeit), des Zäpfchens, der Zunge, des Unterkiefers (Bilden der verschiedenen «Resonanzräume», durch welche dem Grundstimmstrom die verschiedenen vokalischen und konsonantischen Merkmale aufgeprägt werden). Dadurch werden zugleich auch die entsprechenden «Gedächtnis-Einträge» gebildet für die *rein akustisch-physikalischen* Merkmale und Charakteristiken, die durch diese Bewegungen der eigenen Sprechorgane entstehen und auf die man dann reagiert, wenn sie durch das Sprechen anderer erzeugt und über die eigenen Ohren aufgenommen werden.

Wer jemals auf Lern-Prozesse geachtet hat, bei sich selbst, bei kleinen Kindern, bei Anfängern im Unterricht der modernen Fremdsprachen, der weiß, daß hier insgesamt *recht große Leistungen* zu erbringen sind, z. B. wenn deutschsprachige Lernende die Unterscheidung zwischen «je *joue* – le *chou*» erst einmal hören und dann selber produzieren müssen, oder für das Englische die Unterscheidung zwischen «*back*» und «*buck*», oder wenn bestimmte Satzmelodien, die anders sind als in der Erstsprache, eingeschliffen werden sollen. Die Prozesse des *allmählichen Angleichens* der reproduzierten, selbst gesprochenen Lautungen an die in der betreffenden Sprache (bzw. Variante einer Sprache, Mundart) *übliche* Lautung kann man bei Kindern in den ersten Lebensjahren immer wieder beobachten, besonders bei den s- Lauten und bei l und r («Das ist eine *söne Bume*» für «*schöne Blume*» oder «*buch i na*» für «*bruch i na*, brauche ich noch»). Die meisten solchen Angleichungen erfolgen übrigens bemerkenswerterweise ganz ohne systematische Belehrung durch die erwachsenen Kontaktpersonen; nur der Übergang von gelispelten s- Lauten zu klaren s-Lauten erfordert oft einige Hilfe.

Das *Erbringen* aller dieser Leistungen wird aber dadurch *erleichtert*, daß man die Ergebnisse *sofort überprüfen* kann, weil man sie *hört* und sie spontan mit den «Mustern» vergleicht (auch wenn im Fremdsprachunterricht nicht selten zuerst das *Hören* von in der Erstsprache nicht vorhandenen oder nicht wichtigen Lautungsunterschieden eigens gelernt werden muß). Insgesamt ist durch diese Hörbarkeit auch das Gewinnen der *erforderlichen Einheitlichkeit der Lautungen* recht leicht zu kontrollieren und erforderlichenfalls durch Übungen zu unterstützen, wenn man Wert auf «idiomatisches Sprechen» legt. Zur ohne Störung möglichen Verschiedenheit von Lautungen für ein und dasselbe Wort in Sprachen mit weiter geographischer Verbreitung siehe Ziff. A.36, S. 822.

Die leichte Beobachtbarkeit und die spontane Identifikation von «Sprache» mit «Sprechen» führt dazu, daß man oft den Beginn der Sprachentwicklung eines Kindes mit dem «*ersten Wort*» des Kindes beginnen läßt. Von Sprachforschern wurde zum Teil angenommen, daß die verschiedenen *Laute* bei allen Kindern, in allen Sprachen, *in einer bestimmten Reihenfolge* erworben würden, und es wurde versucht, eine solche Reihenfolge nachzuweisen. Dabei unterschätzte man aber sehr wahrscheinlich die Verschiedenheiten der individuellen Entwicklungen und auch die immer möglichen *Zufälligkeiten* im Hervortreten erster Lautungen und erster «Wörter».

Vor allem aber zeigt sich bei jeder genaueren Betrachtung, daß die *Sprachentwicklung* eines Menschen *keineswegs* mit dem ersten von ihm *gesprochenen* Wort beginnt, sondern mit dem ersten Aufbau einer *Bedeutung* im Kopf dieses Menschen, daß also die Entwicklung der *Bedeutungsseiten* der Wörter *Vorrang hat* vor der Entwicklung der *phonischen* Wortgestalten. Dieses erste Entwickeln von Bedeutungen ist allerdings *nur sehr schwer zu beobachten* und wohl grundsätzlich *nie zeitlich genau festzulegen*, weil man nicht in den Kopf eines Menschen hineinsehen kann, und am allerwenigsten in den Kopf eines kleinen Kindes, das noch gar nicht spricht. Man kann aber doch gewisse *Schlüsse* auf Aufbau-Prozesse von Bedeutungen ziehen, wenn man das *Verhalten/Handeln* des kleinen Kindes ganz genau beobachtet.

A.45 Spontan-Verstehen und erste Ansätze von Bedeutungsbildung in der Kommunikation Mutter-Kind

Die erste Voraussetzung für allen Spracherwerb und dabei ganz besonders für den Aufbau von Bedeutungen ist zweifellos, daß das Kind in *Kommunikation hineingenommen* wird mit seinen Kontaktpersonen, vor allem in der Regel mit dem Vater und der Mutter. Diese Kommunikation muß von den Kontaktpersonen *ausgehen*, sie müssen das Kind nicht nur pflegen, sondern auch mit ihm *sprechen*.

Das geschieht in aller Regel wohl auch spontan, besonders von der Mutter her. Sie *redet* immer mit dem Kind, wenn sie ihm zu trinken und zu essen gibt, wenn sie es wickelt, wenn sie es in den Armen hält, wenn sie es schlafen legt, wenn sie es aus dem Bettchen holt. Und allermeistens *reagiert* das Kind auch sehr bald auf diese Zuwendung – nicht nur auf die materiale Pflege, sondern auch auf das Sprechen. Es «versteht» schon sehr bald einiges von dem, was die Mutter sagt – auch wenn es das noch *keineswegs* aus den *Wortlautungen* entnimmt, sondern erst auf den *Grundstimmstrom* des mütterlichen Sprechens reagiert, auf die *Tatsache*, daß es *angesprochen wird*, und zwar mit einem freundlichen, ermunternden, liebevollen *Ton* der Stimme.

Als Beleg dafür, daß hier wirklich Kommunikation vorliegt, und zwar *wechselseitige* Kommunikation zwischen der Mutter und dem Kind schon dieses Alters, mögen die folgenden Auszüge aus einem Verhaltensprotokoll dienen (unpubliziert, die Familie wohnte in Aachen):

> 3. Tag Georgia wird zum ersten Mal zum Stillen gebracht. Sie ist wach, ihre Augen blicken ziellos ins Weite, obwohl sie hin und her wandern. Heftiges Schielen ist zu beobachten, wenn man den Eindruck hat, daß sie einem ins Gesicht schaut, d. h. sich anstrengt, Umrisse zu fixieren.
>
> 4.–12. Tag ... Wird Georgia noch auf dem Arm der Schwester von mir angesprochen, so habe ich auf Grund des Augenausdrucks (Augen wandern seitlich nach oben, verharren einen Augenblick in gleicher Stellung) den Eindruck, daß sie aufhorcht.
>
> 12.–21. Tag ... Am 21. Tag lächelt Georgia zum ersten Mal auf meinem Arm, während ich sie anschaue und mit ihr spreche. ... Wenn sie aufwacht, ist sie meistens hungrig, d. h. sie beginnt langsam mit einem unzufriedenen [əh, əh, əh] sich zu melden, welches sich langsam zum Schreien steigert ... Ist sie beim Wickeln satt und zufrieden, äußert sie ihr Wohlbefinden durch eifriges Strampeln, zufriedenen, ententspannten Gesichtsausdruck und manchmal mit einem wohligen [əh].
>
> 6. und 7. Woche ... In den letzten Tagen ist ein weinerliches Herunterziehen der zusammengekniffenen Mundwinkel (Schippe ziehen) zu beobachten. Es bedeutet durchaus nicht nur den bloßen Übergang zum Schreien, sondern gepaart mit einem eindringlichen Augenausdruck scheint es sagen zu wollen: «Diese Situation gefällt mir so nicht mehr, ändere sie» (z. B. wenn man sie vor sich auf den Schoß gesetzt hat und ihr die Haltung langsam unbequem wird oder wenn sie von einer Person zur andern gereicht wird).
>
> Über diese besonders hervorstechenden Ausdrucksmöglichkeiten hinaus gibt es jedoch eine Vielzahl subtilerer, teils einmaliger Mienenspiele, die schon eine echte face-to-face-Kommunikation zustande kommen lassen. Mund und Augen reagieren dabei so sensibel auf jede Äußerung ihres Gegenübers, daß man fast den Eindruck hat, sie verstünde ganz genau, was zumindest emotional gemeint ist, und versuchte, darauf angemessen zu reagieren.
>
> Neu sind jetzt teils glucksende, ja sogar schon jauchzende kurze Wohllaute, wenn sie sich wohlig rekelt oder ihr Gegenüber sie anlacht. Diese Laute sind nur schwer wiederzugeben, man könnte sie kaum nachahmen. Es dominieren dabei jedoch [əh, ai] und [ah]. Ein kurzes [əh] ist ebenfalls zu vernehmen, wenn sie ungeduldig darauf wartet, angelegt zu werden (schon in meinen Armen) oder beim Trinken abgefallen ist und fast erschrocken hastig nach der Brustwarze sucht.

Als ein weiterer Beleg für «Führen von Gesprächen» schon vor jedem gesprochenen Wort der folgende Auszug aus einem Bericht über ein Kind von nicht ganz 8 Monaten in Aachen, gestützt auf Tonbandaufnahmen (die Mutter spricht mit den gleichen Lauten, die sie vom Kind hört). Die Mutter schreibt dazu, das Kind (Karsten) habe offenbar das Gefühl, ein Gespräch in der Art zu führen, wie er es bei den Erwachsenen beobachten kann:

Ein Hinweis darauf könnte darin zu finden sein, daß er mir sehr genau zuhört, mich aussprechen läßt, ehe er selbst einsetzt, und daß er eine Pause macht, in der er mich auffordernd ansieht, sobald er mit Erzählen fertig ist.

Im Blick auf die Fragestellung «Erwerb von phonischen Wortgestalten – Aufbau von Bedeutungen» läßt sich aus diesem Protokoll erkennen: *Laute* werden vom Kind spontan geäußert, aber als *reine Ausdrucksbewegungen*; sie sind noch keineswegs als phonische Wortgestalten zu betrachten, auch wenn sie mit bestimmten Gefühlen oder Strebungen verbunden sind (gleicher Murmellaut [ə:] für Zufriedenheit und Unzufriedenheit, je nach Ton). Dagegen kann man es als Ansatz zum Aufbau einer *Bedeutung* sehen, wenn das Kind ein *inneres Bild von der Mutter als identischer, bekannter Person* zu schaffen versucht (genaues *Ansehen*, sich *angesprochen Fühlen*, auf die *vertraute Stimme hören* – man nimmt ja heute an, daß die mütterliche Stimme dem Kind schon vertraut wird, wenn es noch im Mutterleib ist). Hier liegen also schon in den ersten Lebenstagen die Anfänge dessen, was später als oft so reiche, vielfältige gedankliche Speicherung die *Bedeutungsseiten* zu *Eigennamen* vertrauter Personen (und Orte) ausmacht, oder auch die Bedeutungsseite von appellativen Nomen wie «Mutter, Heimat» oder Adjektiven wie «vertraut, innig» oder einer Partikel wie «daheim» oder einem präpositionalen Ausdruck wie «chez nous».

Schwer zu sagen ist, ob auch schon Ansätze zum Aufbau von zwei globalen Bedeutungen «*Wohlbefinden*» gegenüber «*Unzufriedenheit*» vorhanden sind, verbunden mit den entsprechenden Charakteristiken des Grundstimmstroms alles dessen, was die Mutter zu dem Kind sagt («einladende» Klangfarbe, die eine Teilhabe am freudigen, liebevollen Fühlen der Mutter in Aussicht stellt – oder abweisender Ton, der erschreckt und dazu führt, daß sich das Kind spontan in sich selbst zurückzieht). Hier können auch schon genetisch kodierte Körper-Empfindungen mitspielen: ein plötzlicher zu lauter Ton, der an die Ohren dringt, kann ebenso erschrecken wie ein unvermittelter Guß von kaltem Wasser, wenn man wohlig an der Sonne liegt.

A.46 Eindeutigkeitsgrad des für die Bedeutungsbildung Vorgegebenen

Bei allem Aufbauen von Bedeutungen muß etwas Vorliegendes, etwas mehr oder weniger klar Gegebenes *als eine gedankliche Einheit erfaßt* und diese Einheit im Gedächtnis gespeichert werden. Dieser Charakter einer gedanklichen Einheit kann nun durch dasjenige, das man fassen möchte/sollte (oder sogar: dem man ausgesetzt ist, das man gedanklich-sprachlich zu bewältigen hat) in *sehr verschiedenem Grad* gegeben sein. Damit sind natürlich auch *sehr verschiedene Freiheitsgrade* für die gedankliche Verarbeitung im Prozeß des Aufbauens von Bedeutungen gegeben, und das kann dann dazu führen, daß in *verschiedenen Sprachteilhabern* mehr oder weniger *verschieden abgegrenzte* (und vor allem auch: verschieden *getönte*) Bedeutungsseiten aufgebaut werden, für die *gleichen Wörter*.

Der rein gedankliche («definitorische») Eindeutigkeitsgrad ist *maximal hoch* bei allem, was mit einem *Eigennamen* erfaßt werden soll (natürlich nur der *gedankliche* Eindeutigkeitsgrad, nicht die möglichen damit verbundenen Gefühlstönungen), und prototypisch für alles mit einem Eigennamen zu Versehende sind die *Personen*, mit denen man es zu tun hat. Schon bei *Örtlichkeiten* kann dieser Eindeutigkeitsgrad geringer werden (was gehört z. B. alles zu einer geographischen Einheit wie «Matterhorn» oder «Atlantischer Ozean»). Evident ist der *maßgebliche Anteil* der *namengebenden Menschen* bei allen *Tier-* und *Pflanzennamen*, von den ältesten in der Geschichte der Sprachen rekonstruierbaren Benennungen bis zur heutigen zoologischen und botanischen Systematik mit den mehrteiligen lateinischen Wortgestalten.

Dieser *Freiheitsgrad* bei der *gedanklichen Verarbeitung* des Vorgegebenen, des vor Augen (und vor der zugreifenden Hand) Liegenden wird nun *umso größer*, je weiter man *wegkommt* vom «*Eigennamen-Charakter*» eines Wortes, also bei den appellativen Nomen, den Verben und Adjektiven und den meisten Pronomen und Partikeln. Eindeutigkeit des Vorgegebenen scheint uns heute wohl vorhanden bei der *Nennung der eigenen Person* («ich – moi/je – I – ego»). Aber schon der Tatbestand «Nennen einer *angeredeten* Person» ist im Deutschen und Französischen anders zu Bedeutungen verarbeitet als im Englischen (Unterscheidung der «privaten, vertrauten» Anrede gegenüber der «höflichen, stärker distanzierten», als «du – Sie // toi – vous» gegenüber dem einheitlichen «you» des heutigen Englisch). Und auch die *Zugehörigkeit* von etwas zu einer nicht mit dem Sprechenden oder dem Angesprochenen identischen Person ist ja im Deutschen und Englischen anders dargestellt, mit Differenzierung in «zugehörig zu *einem Mann* – zugehörig zu *einer Frau*» in «*sein* Gesicht, *his* face – *ihr* Gesicht, *her* face» gegenüber dem hier undifferenzierten «*son* visage» im Französischen. Zur Unterscheidung von «domus *sua* – domus *eius*» gegenüber dem uns von den modernen Sprachen her so selbstverständlichen «*sein/ihr* Haus – *sa* maison – *his/her* house» siehe schon Ziff. 1.23.

Die komplizierten Abstufungen zwischen *Festgelegtheit des Auffassens* durch das vor Augen (und vor den übrigen Sinnen) Liegende und *Freiheit in der gedanklichen Verarbeitung*, beim Aufbauen einer *sprachlichen* Einheit, die dann gespeichert wird, wirkt sich natürlich ganz besonders aus beim Bilden von Bedeutungen in der *allerersten Entwicklungszeit* des kleinen Kindes, wenn ihm noch keine Erklärungen durch Verwendung anderer, schon erworbener Bedeutungen zugänglich sind (zur immer wachsenden Rolle solcher Erklärungen, je größer der schon erworbene Sprachbesitz ist, siehe Ziff. A.51). Einige Beispiele:

Ein Mädchen (erstes Kind, sehr genau und selbstkritisch, wollte nichts tun, bei dem es nicht vollkommen sicher war) besaß schon mit einem Jahr eine nicht genauer bestimmbare Zahl von Wortbedeutungen für das Hörverstehen (wie man entnehmen konnte aus seinen Reaktionen auf Aufforderungen und Fragen, die mit Hilfe dieser Wörter formuliert waren), aber selber sagte es erst sehr wenig, vor allem «*da*». Hier ist das «*Vorgegebene*» für die Bedeutungs-Bildung klar: die *Lage im Raum*, das *Zeigen* auf einen Ort, an dem sich etwas jetzt Interessierendes befindet (z. B. als das Kind Brotrinde, die es gar nicht mag, wieder aus dem Mund nimmt, der Mutter auf die Hand legt und sagt «*da*»). Mit etwa 16 Monaten sagte es neben «*da*» auch «*det*» (mundartlich für «dort»), dazu «*acke*» (für «danke»), ferner «*abe*» (für »hinab, abwärts», genau die in der Mundart übliche Lautung des Wortes) und «*eiß*» (für «heiß»).

Das Wort «*eiß*» wurde im Zusammenhang mit dem Essen erworben. Die Mutter sagte oft: «Paß uuf, es *isch na heiß*, mer müend zeersch blase» (Paß auf, es *ist noch heiß*, wir müssen zuerst blasen, um den Bissen zu kühlen). Hier konnte die Bedeutungsseite also direkt aus der sinnlichen Erfahrung heraus aufgebaut werden, wenn das Kind einen Bissen zu früh in den Mund steckte und dann das «heiß» auf der Zunge sehr unangenehm empfand. Das Wort konnte (wie das «*da*», aber im Gegensatz zum gleich zu besprechenden «*mmm*») im Sprachbesitz ohne weitere Entwicklung bestehen bleiben, nur mit Anpassung der phonischen Wortgestalt durch Hinzufügen des «h» am Anfang, das das Kind zuerst noch nicht hatte sprechen können (oder noch *gar nicht gehört* hatte – oder auch *einfach als ein unnötiges Detail wegließ*).

Nun kam als auffälliges neues Wort «*mmm*». Dieses «*mmm*» äußerte das Kind, wenn es vor dem Vater oder der Mutter stand, seine Händchen ausstreckte und emporgehoben werden wollte. Die Bedeutungsseite entsprach dem Inhalt einer ganzen verbalen Proposition «*Nimm mich hinauf*» oder «*Ich will hinaufgenommen werden»*. Das Vorgegebene war hier die *Situation*, die wohlbekannte, immer mit einem Jauchzen quittierte *Handlung* des Emporhebens bzw. Emporgehobenwerdens. Daß für diese Bedeutung gerade die Lautung «mmm» verwendet wurde, kann man dadurch erklären, daß vor allem der Vater bei diesem Spiel immer sagte: «*Mmm, bisch du scho schwer*» (= bist du schon schwer). Das Wort verschwand dann später, als genauere Ausdrucksmöglichkeiten verfügbar wurden, wieder völlig aus dem Sprachbesitz.

Bald darauf wurde das Wort «*nomee*» oder auch «*nomi*» das Lieblingswort, oft sehr expressiv als «*nnnomee*». Bedeutungsseite: das *Fortsetzen irgend einer* Tätigkeit, «*noch mehr*». Die Bedeutungsseite entsprach also einem zentralen Wunsch, den bei angenehmen Erscheinungen wohl alle Menschen haben, nämlich «*nicht aufhören*»; die Zuordnung der phonischen Wortgestalt zu dieser Bedeutungsseite wurde offensichtlich aus dem entnommen, was die Eltern bei einer solcher Gelegenheit oft sagten (z. B. wenn sie das Kind ein zweites und drittes Mal emporhoben, mundartlich «*no mee*» oder «*na mee*», für «*noch mehr*»).

A.47 Verstehen aus Situation und Handlungsablauf, mit Erschließen/Erraten der Einzelbedeutungen

Man muß wohl gerade für die erste Zeit des Spracherwerbs annehmen, daß das kleine Kind *sehr vieles* aus der *Situation* und dem *beobachtbaren Handeln* heraus versteht und daß dabei zwar einzelne schon verstandene Wörter aus dem ganzen Redefluß der Kontaktpersonen mithelfen, daß aber das ganze Verstehen wesentlich ein *Erschließen* ist, oft einfach ein *Erraten*.

Dabei grenzt das Kind wohl auch immer wieder *neue*, jetzt wichtig erscheinende (klanglich besonders hervortretende) Bestandstücke aus dem gehörten Fluß von Lautungen ab, es betrachtet sie als *Wörter*, die eine Bedeutung haben müssen, und es *ordnet* ihnen tastend, erschließend oder auch einfach erratend *eine* in diesem Handlungszusammenhang *passende Bedeutung* zu.

Wie das alles im Kopf des Kindes abläuft (vor allem: wie weit es schon bewußt wird) läßt sich nicht sagen, man kann es nur mit einiger Plausibilität erschließen. Man kann aber ein ganz entsprechendes Vorgehen *an sich selbst* beobachten, wenn man Äußerungen eines erst mit angedeuteten Wörtern sprechenden Kindes zu *verstehen* versucht.

Ein Beispiel für solche erschließende, interpretierende Prozesse bei Erwachsenen, die das vom Kind Gesagte verstehen wollen. Das Mädchen, dessen «*da – abe – acke – eiß – mmm – nomee*» oben betrachtet wurden, gab einmal (1 Jahr 10 Monate alt) seinem Vater eine Zeitung. Der Vater sagte «*Danke*», darauf brachte das Kind noch weitere Zeitungen, streckte sie dem Vater hin und sagte: «*Nomee acke*».

Der Vater dachte (und notierte) zuerst, daß das Kind die Person-Bestimmtheit beim Gebrauch von «danke» noch nicht erfaßt habe – denn nicht das Kind, sondern er war ja in der Rolle dessen, dem etwas gegeben wurde und der «danke» zu sagen hatte. Dann fragte er sich, ob hier zu verstehen gewesen wäre «Hier hast du noch mehr Zeitungen». Das schien ihm aber doch sehr unwahrscheinlich, weil das Kind schon oft das «danke» in den richtigen Situationen gebraucht hatte. Erst nach längerem Nachdenken merkte er, im Rückblick an Hand seiner Notizen, daß das Kind sein «acke–danke» vollkommen zutreffend gebraucht hatte und sein Gedankengang zu rekonstruieren war: *Da habe ich dir noch mehr* Zeitungen, *jetzt kannst du noch mehr «danke» sagen*.

Gleich anschließend an sein «nomee acke» nahm dann das Kind die Zeitung wieder selber und sagte, an sich selbst gerichtet: «*se – Bäbi, Bäbije – se – Bäbi – Bäbije*». Das «*se*» verstand der Vater sofort (mundartlicher Ausdruck, wenn man jemandem etwas gibt, standardsprachlich etwa wiederzugeben als «*Da, nimm*»). Diese Bedeutung war dem Kind offenbar völlig vertraut, es wendete sie nur etwas zu weitgehend an, indem es auch sich selbst so anredete (üblicherweise sagt man «se» nur zu demjenigen, dem man etwas gibt, nicht zu sich selbst, wenn man etwas nimmt). Das «*Bäbi, Bäbije*» war der eigene Name («*Bärbeli*»).

Die Zeitung fiel dann zu Boden, und das Kind kommentierte sofort: «*abessitie – abe, zitie – abezitie*». Das verstand der Vater aus der Situation und den Lautungen mühelos: «*ssitie*» war die kindliche Wiedergabe des mundartlichen Wortes «*Ziitig*» für «Zeitung», und das «*abe*» war schon lange im Gebrauch und entsprach auch völlig der üblichen mundartlichen Lautung.

Eine phonische Wortgestalt, zu der beide Eltern die Bedeutungsseite erst nach längerer Zeit erkannten, trotz ziemlich eindeutigen Situationen, war ein schon mit einem Jahr von diesem Kind geäußertes «*Chabeli Chabeli*» – das war nichts anderes als der Versuch des Kindes, seinen Namen «*Bärbeli*» selber zu sagen.

Man kann wohl annehmen, daß auch beim kleinen Kind solches Erkennen einer Bedeutungsseite (oder: solcher tastender eigener Aufbau, eigener Nachbau einer Bedeutungsseite) oft *erst im Rückblick auf gelaufene Gesprächssituationen* erfolgt, nicht anders als bei den Erwachsenen mit ihrem «inneren Sprechen».

Einen sehr anschaulichen Beleg für die Annahme, daß die Kinder *ganze Stimmführungsgestalten global* aufnehmen und darin *einzelne zentrale Wörter* schon als *Teil-Bedeutungsträger* erkennen, lieferte ein Junge (1 Jahr 5 Monate), als er im Laufgitter unermüdlich für sich allein sang: «He he he he *Ängg*i / he he he he *hee* / he he he he *hee he* / i a e o ee.» Das war seine Speicherung des Liedchens «Alli mini Äntli / schwümed uf em See / s Chöpfli hönds is Wasser / ich has sälber gseh» (= Alle meine *Entchen* / *schwimmen* auf dem *See* / das *Köpfchen* haben sie im *Wasser* / ich habs selber *gesehen*). Das Wort «*Änggi, Äntli,* Entchen» war schon klar da, und der Aufbau der abschließenden Proposition aus den Wörtern «*ich has sälber gseh*» wurde lautlich schon einigermaßen repräsentiert durch die Vokalfolge «*i a e o ee*» (oder manchmal auch «*o i e o ee*»).

A.48 «Wörter» oder «Sätze»? Einzel-Bedeutungen oder ganze semantische und formale Strukturen?

Mit den Beispielen «mmm – nomee – eiß» und vor allem mit «nomee acke – se Bäbi – abessitie» tritt zugleich ein Problembereich in den Blick, der in der Kindersprachforschung immer wieder diskutiert wurde, wobei sich verschiedene Auffassungen gegenüberstanden und immer noch gegenüberstehen: Spricht dieses Kind hier «*Wörter*», oder sind es «*Sätze*», nämlich zuerst «Einwortsätze» und dann auch «Zweiwortsätze»?

Es ist hier nicht möglich, die verschiedenen Auffassungen und die experimentellen Ansätze zu ihrer Überprüfung darzustellen und ggf. Kritik daran zu üben, doch müssen die Fragestellungen kurz geklärt werden.

Nach der in Ziff. 2.04 vorgestellten Definition von «Satz» gegenüber «Proposition» ist das, was dieses Kind gesagt hat, jeweils eindeutig ein *Satz*, nämlich eine *Mitteilungseinheit*, unter einem *eigenen Melodiebogen* stehend, meistens auch als *eigene Äußerung abgegrenzt*. Ob dafür ein einziges Wort verwendet wird oder mehrere Wörter unter sich verknüpft sind und wie weit schon eine grammatische Strukturierung als Proposition vorhanden ist, mit Verb oder sogar mit Subjekt oder nichtverbal, das spielt für die Einschätzung als «Satz» grundsätzlich *keine Rolle*. Dazu haben diese Sätze erst noch eine zusätzliche Eigenschaft (die einige Linguisten schon generell für einen «Satz» im vollen Wortsinn fordern), sie sind nämlich *Sprechakte*, sie werden in einer bestimmten Situation geäußert, das Kind *will* etwas damit. Im Rückblick auf eine traditionelle Satzdefinition kann man sogar mit gutem Gewissen sagen, daß zur Darstellung des vom Kind Gewollten, Beabsichtigten ein «*vollständiger Gedanke*» geäußert wird, wenn auch oft ohne die formalen Eigenschaften einer Verteilung auf Verb, Subjekt usw..

Damit ist zugleich die Frage angeschnitten, wie weit hier jeweils eine «Einzel-Bedeutung» vorliegt und wie weit schon eine *ganze semantische Struktur*, der ggf. auch schon eine nachweisbare *grammatische Formalstruktur* entspricht.

Hier muß man nun unterscheiden, ob man von *Einheiten der Speicherung* im *Gehirn* spricht, also von einem Stückchen *Sprachbesitz*, oder ob man *eine konkrete Äußerung* meint, die mit Hilfe dieses Stückchens Sprachbesitz gemacht wurde (und aus der wir als von außen Beobachtende dann auf den zugrundeliegenden Sprachbesitz schließen).

Wenn man den hier sichtbar werdenden *Sprachbesitz* ins Auge faßt, liegt bei «eiß» sicher eine *Einzelbedeutung* vor, die nicht zugleich die Einbettung in eine ganz bestimmte Struktur nahelegt, sondern in verschiedene Strukturen eingebaut werden kann. Bei «nomee» ist die Frage schon etwas schwerer zu entscheiden: soll man hier *ein* Wort sehen oder eine *Kombination* von *zwei* Wörtern, als Vorschaltgefüge auffaßbar («*noch mehr*»)? Und soll man die *ganze* Kombination als *unabhängige* Einheit sehen oder schon als *Kern* eines möglichen *Begleitgefüges* (also «nomee acke» als «noch mehr Dankes-Äußerungen») oder sogar als Kern eines *Anschlußgefüges* (also: «noch mehr *von diesen* Handlungen, noch mehr *davon*»). Hier muß man wohl ehrlicherweise sagen: diese Fragen lassen sich weder bejahen noch verneinen, man kann *einfach nicht wissen*, wie weit im Kopf des Kindes schon derartige Strukturen aufgebaut sind, und wenn ja, wie weit sie noch ganz global sind oder schon so ausdifferenziert, wie sie es dann in den Typen der nichtverbalen Gefüge in der entwickelten Sprache werden.

Bei «*nomee acke – se Bäbi – abessitie*» liegen offensichtlich *je zwei* gespeicherte Wörter vor (oder bei «nomee acke» drei, siehe oben), und sie sind wohl als *frei kombinierbare* Einzelbedeutungen aufzufassen, ganz besonders der Name «Bäbi» und «ssitie, zitie», aber wohl auch «acke», das globale «se» und die Bewegungsangabe «abe». Zur Frage, wie weit man hier schon eine Ausdifferenzierung in Wortarten sehen kann bzw. soll, siehe Ziff. A.49.

Wenn man nun die Äußerungen als vom Kind *hingesetzte Sätze* betrachtet, ist die Frage nach schon vorhandener Bedeutungsstruktur wieder anders zu beantworten. Bei «*abessitie*» kann wohl angenommen werden, daß dem Kind schon vertraut ist, zu *irgend einer Bewegung* werde oft auch *das «etwas»* genannt, *das sich bewegt* – das wäre dann die Bedeutungsstruktur «eine Bewegung und dasjenige, das sich bewegt», formal: eine als *Verb-Teil* auffaßbare Partikel und ein *Subjekt* dazu. Bei «*se Bäbi*» muß man sich fragen, ob hier im Grund schon *zwei* Propositionen vorliegen, eine mit einer auch verbal auffaßbaren Partikel «*se*», (nimm) und eine mit dem *Namen*, mit dem sich das Kind hier selber anspricht.

A.49 Die Einteilung der ersten Wörter der Kinder in Wortarten

Es gibt Kindersprachforscher, die davon ausgehen, daß man die von den Kindern produzierten Wörter von Anfang an problemlos als Verben, als Nomen, als Adjektive usw. klassieren kann und soll. Hier dürfte einige Vorsicht angebracht sein, damit man nicht in diese Wörter der Kinder etwas hineinlegt, das sich bei genauerem Zusehen noch gar nicht darin nachweisen läßt. Man muß mindestens die Frage für jede Wortart gesondert betrachten.

Am frühesten läßt sich wohl eine Einordnung als *Nomen/Substantiv* annehmen, nämlich bei allen *Eigennamen* (siehe schon Ziff. A.45, sehr früher Aufbau eines inneren Bildes von der Mutter als identischer, bekannter Person, auch wenn noch lange keine feste phonische Wortgestalt mit diesem inneren Bild verbunden ist). Für das frühe Vorhandensein solcher Bedeutungen, das sich bei den entsprechenden Reaktionen auf Fragen oder Aufforderungen zeigt, noch zwei Belege. Eine Mutter schreibt über entsprechende Reaktionen ihrer Tochter Birte:

> Auf die Frage «*Wo* ist der Papa?» folgt Birtes Kopfwendung zu ihm hin. Birte hat ein festes Verhaltensmuster als Reaktion auf die Frage gespeichert und möglicherweise schon jetzt die Bedeutung «Papa – Vater» erworben.
>
> Mit 10 Monaten haben «mama» und «papa» eine feste Bedeutung: die Eltern werden damit gerufen. In solchen Situationen taucht ab und zu auch «papma» oder «mapa» auf. Ich vermute, daß es sich hier nicht um Versprecher handelt, sondern daß Birte dabei an Vater und Mutter als die Einheit denkt, in der sie ja oft auftreten.

«Mama/Mutter» und «Papa/Vater» sind hier noch durchaus als Eigennamen zu betrachten – erst viel später lernen die Kinder, daß andere Kinder eine andere Frau als Mama haben usw., und damit werden die *zuerst als Eigennamen* zu klassierenden Wörter zu *appellativen Nomen*.

Der frühe Erwerb dieser beiden Wörter hängt natürlich damit zusammen, daß die Eltern hier oft mehr oder weniger sanft nachhelfen, indem sie den Kindern diese beiden Wörter besonders oft vorsprechen, mit entsprechenden Zeige-Gebärden, und oft eigentliche Spiele durchführen «Wo ist die Mama – Wo ist der Papa».

Wie vorsichtig man beim Zuschreiben von Bedeutungen zu den gehörten Lautungen sein muß, zeigen zwei Beobachtungen der Mutter von Thomas:

> Sinnvoll verwendete Thomas «papa» mit knapp 8 Monaten, indem er bei der Produktion der Lautung seinen Vater ansah. ... Im Alter von 9 Monaten verstand Thomas Fragesätze von der Form: «Wo ist die Oma? Wo ist die Uhr, die Lampe etc.?»
>
> Im Alter von 13 Monaten ließen sich bei Thomas eigenartige, von ihm selbst vorgenommene Bedeutungserweiterungen registrieren: die bis dahin nur für die Mutter gebrauchte Bezeichnung «mama» dehnte er plötzlich auf *alle* jungen Frauen aus, ähnlich «papa» auf *alle* jungen Männer, «ma» (Oma) auf *alle* älteren Frauen und «pa» (Opa) auf *alle* älteren Männer. Diese Erscheinung war aber nur von kurzer Dauer.

Das Beispiel «Uhr, Lampe» von Thomas (im Verstehen) und das Beispiel «ssitie» von Bärbeli (im eigenen Sprechen) zeigen schon, daß auch die *Nennungen von nicht-personalen Entitäten* eindeutig als *Nomen/Substantive* betrachtet werden können.

Das Wort «eiß» kann man wohl im Blick auf die Entsprechung zur Wortart in der entwickelten Sprache wie im Blick auf die Bedeutung mit guten Gründen als *Adjektiv* betrachten, auch wenn die Identifikations-Operation (siehe Ziff. 1.07) noch nicht möglich ist.

Es ist wohl auch sinnvoll, die Wörter «da» und «abe» (Ziff. A.46 und A.47) als Partikeln zu klassieren – die Partikeln bilden ja per definitionem eine Sammel- und Restgruppe (Ziff. 1.24–1.28).

Am spätesten erscheinen im allgemeinen diejenigen Wörter, die man einwandfrei als *Verben* klassieren kann. Zwar werden – wohl von Anfang an – *Handlungen* dargestellt, z. B. Bewegungen, die das Kind ausgeführt haben oder selber ausführen möchte; aber das erfolgt oft mit Hilfe von Wörtern, die eher als Partikeln zu klassieren sind. Man darf hier allerdings gar nicht eine strenge Abfolge von für alle Kinder gültigen Phasen finden wollen. Im gleichen Alter, als Bärbeli das Herunterfallen der Zeitung durch die Partikel «abe» darstellte («abessitie», Ziff. A.47) brauchte es auch schon die Verben «ess» (essen) und «titz» (sitzen), und in der gleichen Beobachtungsfolge sagte es, als es den Vater Notizen machen sah «*iibe, iibe, Vati*» («schreiben, schreiben tut Vati»).

Die Verben erscheinen fast immer zuerst und für einige Zeit in der Form des *Infinitivs* (wenn auch lautlich oft ziemlich «verstümmelt», besser: nur sehr global nachgeahmt). Das ist bei Kindern nicht anders als bei vielen Erwachsenen, die eine Fremdsprache erst bruchstückhaft beherrschen, und es bestätigt die zentrale Stellung der verbalen Wortketten im Infinitiv (Ziff. 3.08–3.11, mit Wörterbuch-Beispiel) und die Annahme, daß die meisten verbalen Semanteme im Gehirn im Infinitiv gespeichert sind (Ziff. A.11 und A.12). Bei Thomas notierte die beobachtende Mutter mit 15 Monaten die folgenden Wörter: «*habe – arbei – tra – pije – reibe*» (also: *haben – arbeiten – tragen – spielen – schreiben*).

Bald treten die Verben aber auch in der Form des *Partizips II* auf, und dieses Partizip dient dann oft zur Darstellung einer *schon vollzogenen, schon durchgeführten* Handlung.

Mit einem Jahr und 7 Monaten verwendete Thomas die folgenden Verben in der Form des Partizips II: «*um-e-fallt – raus-e-schmeißt – macht – bracht*» (das «macht» nicht als 3. Person Singular verwendet, sondern als vom Kind verkürzte Lautung von «gemacht»).

Die *Personalformen der Verben* erscheinen insgesamt deutlich *später* als der Infinitiv und das Partizip II. Zuerst kommt meistens (der Häufigkeit auch in der entwickelten Sprache gemäß) die Form «*ist, is*». Die Mutter von Thomas beobachtete diese Form zuerst in Fragen wie «*as is das denn?*» (Was ist das denn?) und «*is n das?*» (wohl: ist das nicht so?). Dann brauchte Thomas aber auch «machen» in der 3. Person Singular, nicht nur im Partizip II, in einer Frage «*macht der?*» (= «Was macht der?»).

Natürlich kann ein «*ist, is*» gelegentlich auch schon *sehr früh* auftreten. Ein Mädchen, das alles ausgesprochen ganzheitlich auffaßte und anpackte (es lernte später auch das Lesen direkt von ganzen Texten her, auf eigenen Antrieb, mit fünf Jahren) produzierte schon mit etwas mehr als einem Jahr, als es auf dem Arm der Mutter am Fenster war und den Vater auf das Haus zu kommen sah, die Äußerung «*Det is Vati*». Das war aber vermutlich nicht als eine Kombination von drei gesondert gespeicherten Wörtern aufzufassen, sondern als eine als Ganzes gespeicherte und jetzt produzierte Reaktion auf das Erscheinen des Vaters, so daß man hier wohl noch nicht von der Verwendung eines Verbs in der 3. Person Singular sprechen sollte.

Das gleiche Mädchen lieferte kurze Zeit später auch einen sehr schönen Beleg für die enge Zusammengehörigkeit und zugleich die verschiedenen Bedeutungsbeiträge von Infinitiv und Partizip II, und zwar beim gleichen Verb. Das Mädchen stand auf einem Schemel und rief «*Abebumpe*» (= «abegumpe», mundartlich für «hinunterspringen, runterspringen»). Es wollte damit auf eine *Handlung* aufmerksam machen, die es *sogleich ausführen* würde. Kaum hatte es das «abebumpe» fertig ausgesprochen, so *sprang es wirklich*, und dann rief es, stolz auf die gezeigte Leistung des Springens: «*Abebumpet*» (= «abeggumpet, runtergesprungen»).

A.50 Bedeutungen auch als reines «Handlungswissen» gespeichert, ohne Fassung in Wörter

Man hat in der Sprachwissenschaft zeitweise die Auffassung vertreten, eine Begriffsbildung ohne sofortiges Fassen in ein Wort (also ohne Zuordnen einer phonischen Wortgestalt als «Träger», als «Repräsentant») sei nur in sehr rudimentärer Form möglich. Diese Auffassung dürfte aber viel zu eng sein. Alle Beobachtungen zeigen, daß nicht nur kleine Kinder, sondern auch ältere Kinder und Erwachsene viele «*Programme*» für *Handlungen* gespeichert haben, *ohne daß* diese Programme je in Worte gefaßt werden. Solche «Programme» sind aber nichts anderes als Komplexe von aufeinander bezogenen Bedeutungen, auf einander bezogenen gedanklichen Bildern und in ihrem Rahmen gegebenen Handlungsmöglichkeiten.

> Ein Beispiel für einen solchen Komplex von als «Handlungswissen» gespeicherten Bedeutungen bei einem Kind, aufgebaut und oft verwendet in der Zeit zwischen dem 12. und dem 16. Lebensmonat. Das Kind spielte öfters in dem Raum, in dem auch der Schreibtisch des Vaters stand – ein massives Möbelstück aus hellem Eichenholz, mit drei Türchen und einer Schublade, und zu den damit gegebenen vier Schlüssellöchern waren nur noch zwei Schlüssel vorhanden.
>
> Es wurde nun bald ein beliebtes Spiel, daß das Kind einen Schlüssel herauszog, ihn in ein leeres Schlüsselloch steckte und wieder zurück, immer wieder abwechselnd mit den verschiedenen vorhandenen Möglichkeiten. Als es dann bei der Großmutter und bei Bekannten andere Möbel sah, in welchen

Schlüssellöcher mit Schlüsseln in Griffhöhe vorhanden waren, begann es dort sofort das gleiche Spiel – obschon sowohl die Möbel wie die Schlüssel ganz anders aussahen als am Schreibtisch daheim.

Wörter für die hier offensichtlich vorhandenen Bedeutungen (also etwa «Schlüssel – Schlüsselloch – herausziehen – hineinstecken») wurden dabei *gar nicht gebraucht*, und man hatte insgesamt den Eindruck, daß diese Wörter auch für das reine Hörverstehen noch nicht vorhanden waren, sie traten erst ziemlich viel später auf. Die *Bedeutungen*, ohne welche das ganze Spiel nicht möglich gewesen wäre, mußten also *in «reiner Form»* gespeichert sein, *ohne Stützung* durch ihnen zugeordnete phonische Wortgestalten. Wenn man diese Bedeutungen durch eine Definition erfassen wollte, müßte man etwa sagen: «Stelle(n) an etwas in manchen Zimmern Vorhandenem, wo man etwas Kleines, frei Bewegliches von besonderer Form herausziehen und wieder hineinstecken kann». Das Moment «verschließen, Bewegung der Tür bzw. der Schublade blockieren, oder aber öffnen, Bewegung ermöglichen» spielte dabei noch gar keine Rolle (während bei andern Kindern dieses Alters gerade das Öffnen und Schließen von Türen an Möbelstücken, das Herausziehen und Wiederhineinschieben von Schubladen oft ein beliebtes Spiel ist). Der *Erwerb* dieser Bedeutungen wurde offenbar *direkt* von der *Beobachtung* und dem *probierenden Handeln* gesteuert, kaum durch Entnehmen von etwas aus gehörten Äußerungen der Eltern oder anderer Personen.

A.51 Bedeutungen erwerben, klären, berichtigen durch sprachbenutzende Kommunikation mit andern

Je größer nun der Besitz an Bedeutungen und Bedeutungsstrukturen wird und *je besser* das Kind das in seinem Sprachbesitz Gespeicherte in neuen Kombinationen verwenden kann, durch Sprechen wie durch Hörverstehen, *umso leichter* wird der Erwerb *weiterer Bedeutungen* und wo nötig das *Klären* und ggf. *Berichtigen* von schon vorhandenen, noch nicht zutreffenden (das heißt: sich in der Kommunikation mit den andern nicht bewährenden, zu Mißverständnissen oder Korrektur-Erlebnissen führenden) Bedeutungen.

Das Kind ist nämlich nun immer weniger darauf angewiesen, die offensichtlich von den andern verwendeten Bedeutungen *nur aus der Situation* und dem *beobachtbaren Handeln* zu entnehmen, mit nur gelegentlicher Hilfe durch schon verstandene Bedeutungen beim Hörverstehen (Ziff. A.47). Vielmehr kann sich das Kind nun von seinen Kontaktpersonen *erklären lassen*, was dieses heißt, was jenes Wort bedeutet – und dazu kommen als eine kaum überschätzbare Hilfe für das Ordnen und «Vernetzen» der erworbenen Bedeutungen und damit für eine immer sicherere und rationellere Speicherung alle Antworten, die das Kind auf seine jetzt immer häufiger geäußerten *Fragen «Warum ...?»* von seinen verschiedenen Kontaktpersonen erhält (man spricht ja geradezu von einem «Frage-Alter»).

So erklärt sich das geradezu *explosionsartige Wachstum des Besitzes* an Bedeutungen und an Strukturen und Kombinationsmöglichkeiten aller Art, das man so oft von der Mitte oder dem Ende des zweiten Lebensjahres an feststellt und das im Lauf weniger Jahre zu einer *praktisch vollständigen*, obwohl im Wortschatz und im Tiefgang der Bedeutungen oft noch etwas beschränkten *Beherrschung der Erstsprache* führt (bei Mundartsprechern: der in der Familie gesprochenen Mundart). Solche Sprachbeherrschung setzt man ja auch praktisch voraus, wenn das Kind in den Kindergarten und dann ins erste Schuljahr kommt.

Dieses Vorgehen zur Klärung schon im Ansatz vorhandener und zum Erwerb völlig neuer Bedeutungen wird so allgemein praktiziert, im Alltagsleben, in den Schulen aller Art, bei jedem Eindringen in eine Technik oder in eine Wissenschaft, daß es hier nicht lange beschrieben werden muß. Ein ganz kleines Beispiel bietet ja schon der Versuch, das in Ziff. A.50 behandelte «Handlungswissen» eines noch nicht zweijährigen Kindes beim Umgang mit Schlüssellöchern und Schlüsseln in eine Definition zu fassen (Ende von Ziff. A.50).

Dagegen soll hier noch hingewiesen werden auf einen Aspekt, der manchmal auch Fachleuten im Erziehungs- und Schulwesen nicht deutlich genug bewußt ist: auf die zentrale Rolle der *Kommunikation in der Schulklasse* oder in der *Gruppe* innerhalb dieser Schulklasse. Gerade diese Kommunikation ist nämlich immer wieder der *Königsweg* zur *Klärung, Berichtigung, Erweiterung* der gesamten individuellen Sprachkompetenz, indem *jedes* Kind, *jeder* Schüler und *jede* Schülerin dabei erfährt: «*Die andern sprechen nicht immer genau so wie ich*, sie haben *andere Wörter*, die ich zunächst nicht oder nur ungenau verstehe. Ich muß mir von ihnen *erklären lassen*, was sie genau meinen, und ich muß *ihnen meinerseits erklären*, was *ich* genau meine, wenn sie das nicht sofort so verstehen, wie ich es mir gedacht habe». In linguistischer Terminologie ausgedrückt: bei der Kooperation und Kommunikation in der Klasse bzw. in der Gruppe treffen *die verschiedenen Idiolekte aufeinander*, und durch die dadurch herausgeforderten erklärenden Gespräche erweitert sich *jeder* beteiligte Idiolekt, es bildet sich mehr und mehr ein *Deckungsbereich* heraus (Sprache als Deckungsbereich von Idiolekten, Ziff. A.43).

Und bei den *schriftgestützten* Sprachen, die man in der Schule mit wachsendem Alter der Kinder immer mehr verwendet, tritt zu den Idiolekten aller beteiligten Kinder noch das, was man den «*Text-Idiolekt*» nennen kann, nämlich der Sprachbesitz, der zur Formulierung gerade dieses Textes *geführt hat* (mit manchmal andern Bedeutungen von Wörtern als in der von den Lesenden gesprochenen Sprache). Auch diese «Text-Idiolekte» muß man ja immer wieder *in seinen eigenen Sprachbesitz hineinnehmen* (für das *Leseverstehen*, viel weniger für das eigene Sprechen und Schreiben, obwohl auch dieses durch solchen Umgang mit den gelesenen Texten immer wieder gefördert wird).

Hier machen nämlich alle Beteiligten (der Lehrer oder die Lehrerin nicht ausgenommen) immer wieder die Erfahrung, daß die *gleichen* gelesenen Wörter *nicht von allen* am Lesen Beteiligten *genau gleich verstanden* werden. Man muß also möglichst alle hier auftretenden verschiedenen Verständnisse *vergleichen*, ja sie richtig *konfrontieren*. Es geht hier gerade *nicht* darum, «falsche» Verständnisse nach Möglichkeit *von vornherein auszuschalten* (zum Beispiel durch ein dem Lesen vorausgehendes Behandeln der «schwierigen Wörter»). Vielmehr ist das Ziel, daß *alle verschiedenen* Verständnisse sich *allen zeigen*, daß sie «*auf dem Tisch liegen*», für alle gleicherweise *sichtbar* und *beurteilbar* geworden. Nun kann man sie *klären*, man kann *Deckungsbereiche* herausarbeiten, man kann offensichtliche Fehl-Verständnisse *berichtigen*. Man darf nur solche Fehl-Verständnisse *nicht* im landläufigen Sinn als «*Fehler*» erscheinen lassen (also als etwas, was es eigentlich nicht geben sollte, was man vermeiden und ggf. sorgfältig vor dem Lehrer/der Lehrerin und den andern in der Klasse verstecken müßte). Das *offene Vorlegen* solcher Fehl-Verständnisse muß vielmehr immer *begrüßt werden*, als *Anlaß* zu *Klärungen* und insgesamt zu *Lernprozessen* verschiedenster Art.

Es ist hier nicht der Ort, um ein solches Vorgehen im Sprachunterricht (und speziell im Lese- und Gesprächsunterricht) im einzelnen zu zeigen, doch sollen die wichtigsten Punkte skizziert werden: Erstrebt wird ein *gemeinsames, schrittweises* «*Durchwandern*» des betreffenden Textes, wobei das *Tempo* (Verweilen und Vertiefen – oder zügiges Vorwärtsgehen, wenn der Text spannend zu werden beginnt) nach Möglichkeit *durch die lesende Klasse* bestimmt wird und nicht vom Lehrer/der Lehrerin vorgegeben. Dabei wird, nicht nur in den untern Klassen, sondern bis hinauf in den Universitätsunterricht immer wieder eine wichtige Textstelle *laut gelesen* (nicht unter dem Erwartungsdruck: «Jetzt muß ich besonders schön lesen, ich darf keinen Fehler machen, nicht anstoßen», sondern unter der Fragestellung: *Wie hört* jeder von uns diese Stelle, welche Stimmführung scheint *ihm* geeignet, um das durch die Propositionen und Sätze Dargestellte möglichst gut hervortreten zu lassen). Solches *probierendes Lesen* mit Vergleich von Stimmführungen schafft dann auch immer wieder die nötige *Zeit*, damit alle Beteiligten sich das hier Gemeinte *möglichst anschaulich in Gedanken ausmalen* können. Entscheidend ist dabei, daß man das gerade für diese lesende Klasse oder Gruppe geeignete *Tempo* findet (vielmehr *von den Lesenden selber angeben läßt*) und weder verzögert, wenn die Lesenden gern schneller vorwärts gehen möchten, noch antreibt, wenn sie Zeit zu kurzem Verweilen (und auch: zum Nachdenken, ggf. unter völligem Schweigen in der Klasse) haben möchten.

> Solches Anregen eines möglichst aktiven, von den Lesenden selber mindestens *mit*gesteuerten Lesens in einer Klasse oder Gruppe ist gewiß nicht ganz leicht. Es verlangt eine vorausgehende *eigene Auseinandersetzung* mit dem Text, nicht auf Grund von Sekundärliteratur, sondern von der eigenen Person aus, und es verlangt einiges Fingerspitzengefühl für die Bedürfnisse und die Reaktionen der Lesenden. Wenn aber solche Lesestunden nur einigermaßen gelingen, sind sie für alle Beteiligten die weitaus schönste und ertragreichste Form von Unterricht, die man sich denken kann. Eine solche Stunde wird nie langweilig, auch wenn man einen Text liest, den man schon zehnmal mit früheren Klassen gelesen hat – weil jede Klasse ja *neu* an diesen Text herangeht und sich gelegentlich neue Aspekte des Verstehens ergeben, die man bisher überhaupt noch nie so gesehen hat. Zum systematischen Einbeziehen *literarhistorischer* und *allgemeinhistorischer* Aspekte und Möglichkeiten in den mittleren und oberen Klassen siehe Ziff. A.76.

A.52 Erworbener Sprachbesitz und täglicher Gebrauch – festigend, erweiternd, leicht verändernd

Ein *Wort lernen*, ein *gedankliches Bild aufbauen* und festhalten, sei es für etwas schon klar abgegrenzt vor Augen Liegendes, sei es durch eigenes Hineinlegen einer Abgrenzung in den Strom der Eindrücke, in denen man mitten drin steht – und dieses gedankliche Bild *auch in andern aufrufen können*, indem man das Wort *ausspricht*, seine hörbare Gestalt *sinnlich* vor sich und die andern hinstellt: das ist für ein kleines Kind gleicherweise eine große *Leistung* und ein großes *Ereignis*. Es verwundert daher nicht, daß Kinder ein neu erworbenes Wort oft viele Male vor sich hinsagen, gewissermaßen um den neu erworbenen Besitz zu sichern, zu bestätigen und sich auch immer wieder daran zu *freuen*.

Man kann das als Erwachsener am besten nachvollziehen, wenn man sich an eine Situation erinnert, wo einem etwas *erstmals klar geworden* ist, man etwas endlich verstanden hat, was einem lange Zeit verschlossen geblieben war.

Durch den *täglichen Gebrauch* verlieren dann die Wörter langsam ihren «Ersterwerbs-Wert», sie werden selbstverständlich, und das gilt für den gesamten Sprachbesitz mit seinen Zehntausenden von Bedeutungen, Abwandlungsmöglichkeiten und Verknüpfungsmöglichkeiten. Solcher täglicher Gebrauch ist aber auch die Bedingung dafür, daß der Sprachbesitz *lebendig bleibt*, daß er nicht versteinert oder sogar allmählich verschwindet, aus dem Gedächtnis herausfällt, sondern immer wieder bestätigt und gefestigt, immer wieder in seiner Lebenswichtigkeit erfahren wird. So gesehen geht der *Erwerb* und die ggf. *leichte Veränderung* von Bedeutungen *immer weiter*, durch das ganze Leben eines Menschen hindurch, und mit dieser ständigen Weiterentwicklung des individuellen Sprachbesitzes aller lebenden Teilhaber einer Sprache ergibt sich immer auch ein Stückchen Weiterentwicklung *der betreffenden Sprache selbst*, in ihrem überpersönlichen Bestand (Ziff. A.43, Sprache als individueller Besitz und als überpersönlicher Bestand).

A.53 Bedeutungen erstmals schaffen oder sie von andern übernehmen – beides erfordert Kreativität

Es ist unmittelbar einzusehen, daß das *erstmalige* Schaffen einer Bedeutung, in der *Geschichte* der Sprachen, des Denkens und der Wissenschaften eine *höhere* gedankliche Leistung, eine *stärkere Kreativität* erfordert als das Übernehmen (das «Nachbauen im eigenen Kopf», gestützt auf verschiedene Hilfen) einer *schon von einem andern* geschaffenen und erprobten und dann in der Sprache üblich gewordenen und überlieferten Bedeutung. Das gilt jedenfalls dann, wenn man sich als Lernender die Bedeutung von jemandem, der schon souverän mit ihr umgeht, erklären lassen kann (Ziff. A.51).

Man kann das besonders gut beobachten bei den systematisch aufgebauten und kombinierbaren Bedeutungen, die heute jedem Schüler als *mathematische Grundbegriffe* vertraut sind: die natürlichen Zahlen, die gewöhnlichen Brüche und die Dezimalbrüche, die Operationen der Addition und Subtraktion, der Multiplikation und Division, dazu auch noch das Potenzieren und Wurzelziehen.

> Alle diese Begriffe waren einmal, vor Jahrtausenden, bei der Entwicklung der Mathematik in Kleinasien, Ägypten und Griechenland *bahnbrechende* Leistungen *hochbegabter* Menschen, und sie waren bis vor wenigen Jahrhunderten nur einem Bruchteil aller heranwachsenden Menschen zugänglich. Noch in der ersten Hälfte des 19. Jahrhunderts war das Rechnen für manche Lehrer und Schüler (wie Jeremias Gotthelf, 1797–1854, aus eigener Erfahrung als Schulinspektor erzählt) ein Geheimwissen, das nur wenige beherrschten. Die Entwicklung der Differential- und Integralrechnung durch *Newton* (1643–1727) und *Leibniz* (1646–1716) war eine kreative mathematische Leistung ersten Ranges – heute verlangt man einen mehr oder weniger gekonnten Umgang mit diesen Begriffen und Verfahren von jedem Maturanden und jedenfalls von jedem Ingenieur.
>
> Für Beispiele aus der Zeitmessung siehe Ziff. 11.02–11.04, aus der Entwicklung von Maßsystemen für Räumliches Ziff. 11.24. Oder ein Beispiel aus der Politik: die klare Unterscheidung der *drei Gewalten* im Staatsleben durch *Montesquieu* («Séparation des pouvoirs», in «L'esprit des lois», 1748, nämlich *gesetzgebende* Gewalt, pouvoir législatif, *ausführende* Gewalt, pouvoir exécutif, und *richterliche* Gewalt, pouvoir judiciaire) war eine bahnbrechende Leistung eines Staatsdenkers – heute ist diese Unterscheidung jedem in der Politik einigermaßen bewanderten Menschen vertraut.

Es ist aber ebenso unmittelbar einzusehen, daß bei allen Unterschieden in Grad und Rang der gedanklichen Leistungen bei den *Schöpfern* von Bedeutungen und bei den «Übernehmern» dieser Bedeutungen *gedankliche Tätigkeiten grundsätzlich gleicher Art* ablaufen, und zwar vom Verstehen- und Sprechenlernen im ersten und zweiten Lebensjahr (Ziff. A.47–A.50) an und bei allem weiteren Erwerb von Bedeutungen im Lauf des ganzen Lebens (Ziff. A.51). Man kann hier fast wie bei der körperlichen Entwicklung sagen, daß jedes Individuum in seiner Entwicklung (der Ontogenese) gewisse Stufen des Entwicklungsganges der ganzen Gattung (Phylogenese) in Abkürzung noch einmal durchläuft.

A.54 Verschiedener Einheitlichkeitsgrad «gleicher» Bedeutungen in verschiedenen Köpfen

Es folgt aus allem über den Erwerb von Bedeutungen Ausgeführten (Ziff. A.44–A.51), daß nicht selten die *grundsätzlich «gleiche»* Bedeutung eines Wortes (oder ganzen Wortkomplexes) in den verschiedenen individuellen Kompetenzen *mehr oder weniger verschieden ausgeprägt* sein kann. Man geht zwar in der Kommunikation immer davon aus, daß die andern unter dem gleichen Wort der verwendeten Sprache «das Gleiche verstehen», das man auch selbst darunter versteht. Man weiß aber auch aus Erfahrung, daß diese grundsätzlich geforderte Gleichheit (die ja an sich als Voraussetzung für erfolgreiche Kommunikation betrachtet werden kann) eine *Idealforderung* darstellt, die manchmal, auch für wichtige, zentrale Bedeutungen, nicht erfüllt ist.

Bei aller Sprachverwendung in den *Wissenschaften* versucht man daher, für alle hier wichtigen Bedeutungen eine klare *Definition* zu erarbeiten und sie zu vereinbaren: man schafft *genormte* Bedeutungen, *Begriffe*, und man verlangt dann von jedem, der in dieser Wissenschaft mitarbeiten und ernstgenommen werden will, daß er diese Bedeutungen/Begriffe genau in der festgelegten Form verwendet.

> Das einfachste Beispiel für genormte Bedeutungen bilden die *Zahlen* und insgesamt die in der Mathematik aufgebauten Begriffe, und man kann daher nicht nur in wissenschaftlichen Diskussionen, sondern auch im Alltag davon ausgehen, daß unter «zwei – sieben – drei Achtel» usw. alle am Gespräch Beteiligten das genau Gleiche verstehen. Das wird hier dadurch erleichtert, daß alle diese Bedeutungen *zu Systemen verknüpft* sind, daß z. B. jede einzelne Zahl eine *Stelle* in der gesamten Zahlenreihe einnimmt und daß man diese Stelle eindeutig angeben (und durch bestimmte *Operationen überprüfen*) kann.
>
> Diese Eindeutigkeit und Einheitlichkeit ist keineswegs dadurch gegeben (wie man vielleicht zunächst meinen könnte), daß man sich hier im Bereich des *Quantifizierbaren*, des Zählbaren und Meßbaren bewegt. Auch die Mengenpronomen «einige – mehrere – manche – viele – die meisten» beziehen sich auf Zählbares, und doch sind die Bedeutungsseiten dieser Wörter keineswegs scharf definiert und bei allen Sprachteilhabern gleich; es gibt Leute, für welche «mehrere» heißt «mehr als zwei» oder «mehr als drei»; es gibt Leute, für welche «einige» und «mehrere» gleichbedeutend sind, und es gibt andere, für welche «mehrere» eine leicht größere Zahl meint als «einige».
>
> Markante Beispiele für weltweit genormte und als gleich anerkannte Bedeutungen bieten die Begriffe der *chemischen Elemente* im periodischen System, insgesamt die in der Chemie und Physik verwendeten Begriffe oder die Einteilungen der Pflanzen und Tiere in der botanischen bzw. zoologischen Systematik.

Nach Einheitlichkeit, so daß alle Anwendenden immer genau die gleiche Bedeutung im Kopf haben, strebt man auch in der *Rechtswissenschaft*, für die Gesetzessprache und für die Praxis der Gerichte, der Rechtspflege überhaupt. Hier gibt es allerdings oft keine internationalen Vereinbarungen, sondern (mindestens zunächst) Festsetzungen innerhalb *eines* Rechtssystems, *eines* Staates. Hier lassen sich auch keine so klaren Systeme aufbauen wie in der Mathematik, man muß mit Umschreibungen, mit Vergleich von Fallbeispielen arbeiten, z. B. für *«fahrlässige Körperverletzung – Tötung in Notwehr – Totschlag (im Affekt begangen) – Mord (aus einem Vorsatz heraus, geplant)».* Hier geht daher oft auch die Bedeutungsschärfe im juristischen Gebrauch und im Alltagsgebrauch auseinander. So ist für viele Nicht-Juristen der «*Besitzer*» von etwas zugleich der «*Eigentümer*», während für den Juristen auch ein Dieb die Sache «*besitzt*», die er gestohlen hat (weil sie jetzt in seiner Verfügungsgewalt ist), aber «Eigentümer» ist er gar nicht.

Besonders häufig – und nicht selten auch besonders folgenreich – sind solche verschieden ausgeprägte Bedeutungen bei Wörtern, die eine Art «*Programm für Verhalten/Handeln*» darstellen, ein *Idealbild*, nach welchem man das konkrete Verhalten und Handeln durchgeführt sehen möchte. Das gilt für Wörter wie «*Gerechtigkeit – Gleichberechtigung – Demokratie – Freiheit*» und ähnliche.

> Auch verhältnismäßig kleine Unterschiede in der Ausprägung der Bedeutungsseiten von «Handlungswörtern» bei zwei Partnern können zu Mißverständnissen und ggf. zu Verärgerung führen. Ein Beispiel: Jemand kommt zu einem Partner, der an einem kommenden Handeln beteiligt sein wird, und sagt zu ihm: «Jetzt habe ich *die Planung abgeschlossen* und möchte sie dir zeigen», und dabei versteht er unter «Planung», daß die Durchführung eines Handelns so weit *gedanklich vorbereitet* wird, daß die einzelnen Phasen des Gesamthandelns klar vor einem liegen und man den entworfenen Ablauf *beurteilen* und ggf. *verändern*, evtl. ganz umbauen kann. Der *Partner* dagegen versteht unter «Planung»,

daß ein Handlungsablauf *festgelegt* worden ist und daß man nun dazu nur noch ja oder nein sagen kann. Er sagt daher verärgert: «*Warum hast du mir nicht früher gesagt, daß du diese Planung machst? Jetzt ist es doch nicht mehr interessant, darüber zu reden, wenn schon alles abgeschlossen und festgelegt ist*». Dieses Mißverständnis kann geklärt und der Ärger abgebaut werden, wenn die beiden Partner sich klar machen, was der eine und was der andere unter «*Planung – Planung abschließen*» versteht.

Ein Beispiel aus einer akademischen Prüfung. Man sprach von der Entwicklung der Dramentheorie; der Student referierte die Übernahme der aristotelischen «drei Einheiten» (Einheit der Handlung, des Ortes und der Zeit) durch die französische Klassik und später durch Gottsched und sagte dann, diese Übernahmen seien *unhistorisch* gewesen. Der prüfende Professor protestierte und sagte, beide Übernahmen seien doch *quellenmäßig belegbar*, sie seien also «*historisch*». Der *Professor* hatte für «*unhistorisch*» die Bedeutung gespeichert «*nicht wirklich in der Geschichte erfolgt, sondern später, rückblickend, in sie hineingelegt*», wie z. B. eine erfundene Gestalt in einem historischen Roman. Der *Student* dagegen verstand «*unhistorisch*» (gemäß einer damals unter seiner Studenten-Generation verbreiteten Geschichtsauffassung) «*nicht in einer Weise erfolgt, die den wahren, objektiven Interessen und Bedürfnissen der betreffenden Zeit entsprach*» (also etwas spitz formuliert: «nicht dem historischen Prozeß gemäß, *wie er hätte sein sollen*»). Im «Wörterbuch der deutschen Gegenwartssprache» (der betreffende Band war damals noch nicht erschienen) liest man: «die historischen Bedingungen, die historische Entwicklung außer Acht lassend», und als Beispiele: «eine *unhistorische Darstellung* vergangener Geschehnisse, Ereignisse; an ein Problem *unhistorisch* herangehen» und als Beleg aus einer Tageszeitung von 1955: «Es liegt uns natürlich fern, *auf unhistorische Weise* in das Leben und Schaffen des Dichters Tendenzen hineinzutragen, die sich in seiner Epoche noch nicht entwickelt haben».

Man kann hier auch die «schöpferischen Mißverständnisse» anführen, die es in der Geistesgeschichte immer wieder gegeben hat, indem jemand mit einer *Wortgestalt*, die er las, eine *neue*, ihm besonders wichtige und einleuchtende Bedeutung verband und diese Bedeutung dann folgenreich wurde.

Man stößt also immer wieder auf die gleiche Grund-Tatsache: bei den *Wortgestalten*, der phonischen wie der graphischen Wortgestalt, ist die *Einheitlichkeit* sofort *überprüfbar*, jede *Abweichung fällt auf*, beim Hören der phonischen Wortgestalt wie beim Lesen der graphischen Wortgestalt – sogar wenn man gar nicht darauf achtet, ja solche Verschiedenheiten bewußt zurückschieben will. Eine andere Auffassung der *Bedeutungsseite* eines Wortes *hört* man dagegen *nicht* und *sieht* man *nicht*, sie *zeigt sich erst* im Lauf der *weiteren Verwendung* dieses Wortes in Gesprächen, in geschriebenen und von andern gelesenen Texten; manchmal zeigt sie sich überhaupt nicht; und unter Umständen *beharrt* ein Sprachteilhaber auf der *von ihm* mit dem Wort verbundenen Bedeutung, auch wenn sie von den meisten andern nicht akzeptiert wird.

Zur in manchen Situationen wichtigen Unterscheidung, ob eine Verschiedenheit von Bedeutungen vorliegt oder ob eine einheitliche Bedeutung im jeweiligen Fall verschieden angewendet wurde, siehe Ziff. A.62.

A.55 Ausnützen von Regularitäten, generell oder partiell, für das Erfassen und Behalten der Wörter

Viele Bedeutungen werden durch *einfache*, semantisch nicht analysierbare Wortgestalten signalisiert, so z. B. «*Katze – chat – cat – felis*» (dieses «felis» auch für «Marder, Iltis») oder «*machen – faire – make – facere*» oder «*kurz – court – short – brevis*». Hier liefert also die Wortgestalt *überhaupt keinen* Hinweis auf die Bedeutungsseite, man muß sich die Zugehörigkeit *gerade dieser* Bedeutung zu *gerade dieser* Wortgestalt (oder besser umgekehrt: die Zugehörigkeit gerade dieser Wortgestalt zu gerade dieser Bedeutung) *einfach einprägen*.

Sehr viele Bedeutungen werden aber nicht durch solche einfache, nicht analysierbare (bzw.: nur rein lautlich analysierbare) Wortgestalten signalisiert, sondern durch Wortgestalten, die sich *schon in sich* mehr oder weniger deutlich *semantisch analysieren* und mit andern Wortgestalten in sinnvolle Verbindung bringen lassen.

Eine erste große Gruppe solcher Wortgestalten bilden die *Konjugationsformen eines Verbs*. Hier bleibt ein Teil der Wortgestalt (in der Regel der größte Teil) *konstant* und signalisiert die Bedeutung des Verbs *an sich*, und kleinere, damit verbundene Teile *wechseln* und signalisieren, ob ein *Infinitiv* vorliegt (und im Lateinischen: welcher Infinitiv) oder ob ein *Partizip* vorliegt, und welches Partizip, oder ob eine *Personalform* vorliegt und in welcher *grammatischen Zeit* die Verbbedeutung daher hier zu sehen ist und ggf. ob *Konjunktiv* oder *Imperativ* vorliegt und ob das Verb mit einem *Subjekt* im *Singular* oder *Plural* zu verbinden ist und in der (häufigsten) *dritten* Person oder in der *ersten* oder in der *zweiten* Person.

Hier sind ja auch die *Bedeutungsseiten selbst* schlüssig *aufbaubar, konstruierbar*. Wenn man die Bedeutung eines Verbs erfaßt und gespeichert hat und wenn man die Bedeutungsbeiträge der verschiedenen grammatischen Zeiten usw. kennt, kann man die Bedeutungsseite auch jeder konjugierten Verbform mit zureichender Sicherheit konstruieren. Es liegt eine *generelle Regularität* vor, und dadurch wird eine kaum zu überschätzende *Rationalisierung* des Sprachbesitzes und eine *Ökonomie* für das Lernen, das Speichern und das leichte Abrufen des Gespeicherten erreicht.

Im Gegensatz zu dieser *durchlaufenden, generellen* Regularität der möglichen *Bedeutungsbeiträge* der verschiedenen Verbformen (für ihre Beschreibung siehe Ziff. 5.02–5.10 für Deutsch, 5.20–5.26 für Französisch, 5.38–5.48 für Englisch, 5.54 sowie 5.63–5.77 für Latein) bestehen nun bei den zugehörigen Wort*gestalten* nur *partielle* Regularitäten, manchmal für eine größere oder sehr große, manchmal aber auch nur für eine kleine Zahl von Verben (siehe Ziff. 5.11–5.14 für das Deutsche, 5.27–5.37 für das Französische, 5.49–5.53 für das Englische, 5.55–5.62 für das Lateinische).

So *partiell* aber diese Regularitäten sind (vor allem bei den «verbes irréguliers – irregular verbs» und in besonderem Maß bei den lateinischen Verbformen mit ihren verschiedenen «Stammformen»), so sind sie doch auch so eine *kaum zu überschätzende Hilfe* für die *Ökonomie* des Lernens, des Erfassens und Behaltens, und für die *Leichtigkeit*, mit der sich die gelernten Wortgestalten im Bedarfsfall wieder *abrufen lassen*, für das Identifizieren beim Hörverstehen und Leseverstehen und für das eigene Produzieren beim Sprechen und Schreiben. Um das gebührend einzuschätzen, muß man sich nur einmal vorstellen, daß es *überhaupt nur* Verben gäbe, bei denen für die Vergangenheitsformen *ganz andere Wortgestalten* gelernt werden müssen als für das Präsens, wie etwa bei «ich *bin* – ich *war* // je *suis* – j'*étais* // I *am* – I *was* // *sum* – *fui*» oder «they *go* – they *went*» oder «Omnia *ferunt* – omnia *tulerunt*» für «Sie *ertragen* alles – sie *ertrugen* alles, *haben* alles *ertragen*».

Wie früh und wie systematisch sich die *kleinen Kinder* diese Regularitäten zunutze machen, erkennt man an den so häufigen und typischen «Fehlern» bei den Lautungen von Partizip II, die man beobachten kann, z. B. bei einem in schweizerdeutscher Mundart aufwachsenden Kind «*ässe –ässed*» (für «*ggässe*, gegessen») oder «*ga –ganged*», (gehen – gegangen) oder bei einem in der Nähe von Aachen aufwachsenden Kind «*auf-e-esst*» (für «aufgegessen») oder «*um-e-fallt*» (für «umgefallen»). Die Beispiele ließen sich beliebig vermehren. Gelegentlich beobachtet man eine derartige Analogiebildung (die an sich einen *klugen, aktiven* Umgang mit der zu lernenden Sprache zeigt und nur leider für das betreffende Verb gerade nicht zutrifft, nicht der üblichen Wortgestalt entspricht) auch noch in den ersten Schuljahren, z. B. «ich *rufte*» für «ich *rief*» oder «sie *schreite*» für «sie *schrie*» oder «Die Sonne *scheinte* hell» für «... schien hell».

Ein ähnliches Nebeneinander partieller Regularitäten findet man auch bei den *Vergleichsformen* der Adjektive (Ziff. 4.39–4.43), z. B. «flach – *flacher*», aber «scharf – *schärfer*» oder «gut – *besser*» neben «schlecht – *schlechter*», und ganz ähnlich in den andern Sprachen.

Teilweise ebenfalls ähnlich, teilweise aber *grundsätzlich anders* zu beurteilen sind die vielen zum Teil weitreichenden, zum Teil aber auch sehr partiellen Regularitäten, die man als «Wortbildung» zusammenfaßt:
- bei den sogenannten *Ableitungen* wie «Freiheit, befreien, Befreiung, unfrei» zum Adjektiv «frei», oder «väterlich, mütterlich, kindlich» zu den Nomen «Vater, Mutter, Kind» oder «lernbar» zum Verb «lernen»
- bei den *Zusammensetzungen* wie «Freihandelszone – Mutterbindung – Kinderpflege, Kinderbuch – Lernschritte, Lernverfahren, Lernerfolge, Lernkontrolle» usw.

An die Zusammensetzungen sind gleichgewichtig anzuschließen, obwohl in den «Wortbildungslehren» oft nicht behandelt, die *festen Wortkomplexe* wie «*kritische Temperatur, schwarze Liste, blaue Zone*» und dann vor allem im Englischen «*chief justice, cover story, night shift, squash court*» (siehe schon Ziff. 7.20).

Alle derartigen Regularitäten sind sehr wichtig für die *Speicherung* im *Gehirn*, im Sinne einer «*möglichst rationellen Lagerung*», in welcher Ähnliches möglichst nahe beieinander gelagert wird oder jedenfalls, wenn getrennt gelagert, durch Querverbindungen vom einen zum andern verwiesen wird. So kann man wohl annehmen, daß die folgenden Wörter in unmittelbarer Nachbarschaft gelagert oder sonstwie eng verbunden sind: das Nomen «*Schmerz*» – das Verb «*schmerzen*» (und dabei vor allem das Partizip I «*schmerzend*») – die Adjektive «*schmerzlich, schmerzhaft, schmerzlos*» – die zusammengesetzten Nomen «*Schmerzempfindung, Schmerzempfindlichkeit, Schmerzbekämpfung, Schmerzmittel*», aber auch «*Kopfschmerzen, Rückenschmerzen*» usw.

Dabei spielt es offensichtlich *keine* Rolle, ob nach den in der Wortbildungslehre gemachten Unterscheidungen eine «*Ableitung*» oder eine «*Zusammensetzung*» vorliegt. So sind «*schmerzlich, schmerzhaft*» Ableitungen, dagegen ist das zweifellos direkt benachbarte «*schmerzlos*» eine Zusammensetzung; «*friedlich*» ist eine Ableitung, dagegen «*friedevoll*» eine Zusammensetzung.

Der *große Unterschied* gegenüber den Konjugationsformen und den Vergleichsformen liegt aber darin, daß hier *auch* für die *Bedeutungs*seiten *keine* durchgehenden, generellen Regularitäten vorliegen, sondern *nur sehr partielle Regularitäten*. Man kann daher sehr oft *nicht* aus der Kenntnis der Bestandteile und des Kombinationsmusters die Bedeutung der ganzen Ableitung bzw. Zusammensetzung bzw. des festen Wortkomplexes konstruieren. Man muß diese Bedeutung *unmittelbar als Ganzes* erfassen, sei es durch direkte Erfahrung, sei es durch Erklärungen von andern, sei es durch Nachschlagen in einem Wörterbuch.

Einige Beispiele für die *Nicht-Konstruierbarkeit* der Bedeutung eines «abgeleiteten» oder jedenfalls «ableitbaren» Wortes, auch wenn man die Bedeutung des Wortes, das von der Ableitung her als «Grundwort» aufgerufen werden kann, genau kennt.

«*Gefährlich*» ist eine Situation, die *Gefahren mit sich bringen* kann, die *in Gefahren führen* kann, oder auch ein Mensch oder Tier, von dem solche Gefahr ausgehen kann. «*Sträflich*» ist dagegen nicht ein Verhalten, das *Strafe mit sich bringen* kann (das wäre «*strafbar*»), sondern ein Verhalten, das *zu tadeln* ist, z. B. «*sträflicher Leichtsinn*». Als «*lieblich*» bezeichnet man etwas, was einen angenehmen Eindruck macht, sanft ist, gut gefällt, und als «*häßlich*» etwas, was einem nicht gefällt, was man als abstoßend empfindet – aber weder muß das eine zu «*Liebe*» führen oder Liebe hervorrufen noch muß das andere «*Haß*» auslösen (es kann auch Mitleid erregen). Wenn man hört oder liest «Es ging noch *leidlich* gut», kann man dieses «leidlich» überhaupt nicht sinnvoll mit «*Leid*» (oder gar mit «*Leiden*») verbinden, und ebensowenig kann man bei «*eigentlich*» in irgend einer sinnvollen Weise an «*eigen*» denken.

«*Dangereux*» wird im Wörterbuch charakterisiert als «qui *offre du danger*», dagegen «*paresseux*» nicht «qui offre de la paresse», sondern «*qui éloigne du travail, de l'effort*». «*Douloureux*» ist «qui *cause de la douleur*», dagegen «*joyeux*» nicht einfach «qui *cause* de la joie», sondern «qui *a de la joie, qui l'inspire*». «*Vicieux*» ist nicht «qui *cause* du vice», sondern «qui *a rapport au vice, qui est adonné au mal*». Das Adjektiv «*sérieux*» hat überhaupt keine Beziehung zu «*série*», und «*heureux*» war einmal verbindbar mit dem Nomen «*heur*», im Wörterbuch erklärt als «événement heureux», aber veraltet und nur noch vorkommend in der Wendung «heur et malheur, Glück und Unglück».

«*Dangerous*» ist erklärt als «likely to *cause* danger or to *be* a danger», dagegen ist «*industrious*» erklärt als «*hard working, diligent*» (also nicht etwas, das zu «industry» *führt*, sondern jemand, der «industry» *besitzt*). Ebenso ist «*zealous*» nicht etwas, was zu «zeal» (nämlich «Eifer, Hingabe» *führt*, sondern jemand, der «*zeal*» *besitzt* («*acting with* zeal, *showing* zeal»). Das Adjektiv «*serious*» ist überhaupt nicht sinnvoll verbindbar mit «*series*», und zu «*homogeneous*» gibt es kein «homogene» (wie im Deutschen «homogen»), das man als Grundwort heranziehen könnte.

«*Periculosus/-a/-um*» ist «*gefährlich, mit Gefahr verbunden, in Gefahr führend*», also leicht zu verstehen von «*periculum, Gefahr*» aus. Aber «*formosus/-a/-um*» ist *nicht*, was zu einer «*forma*, Gestalt» *führt* (und schon gar nicht «formal» oder «förmlich»), sondern «*schön, wohlgestaltet*». «*Ingeniosus/-a/-um*» ist *nicht*, was zu «ingenium, Charakter, Verstand, Scharfsinn, Phantasie» *führt*, sondern jemand, der diese Eigenschaften *besitzt*. «*Gloriosus/-a/-um*» kann man von «gloria» her verstehen, z. B. «factum *gloriosum*, eine ruhmvolle Tat, eine Tat, die Ruhm *verdient* und Ruhm *gebracht hat*». Manchmal bedeutet es aber auch «*ruhmsüchtig, ehrgeizig*» (also nicht zu Ruhm *führend*, sondern «Ruhm *erstrebend*»), und manchmal muß man es mit «*gloriari*, sich rühmen, prahlen» in Verbindung bringen und als «*prahlerisch*» verstehen.

Solche Zusammenhänge, mit ihrem *Ineinander* von *Entsprechungen* und *Nicht-Entsprechungen* in den Bedeutungen von semantisch analysierbaren Wörtern und den Bedeutungen der durch die Analyse abgrenzbaren Teilstücke lassen sich beliebig weiter aufweisen, durch den ganzen Wortschatz aller vier Sprachen hindurch. Die *Nicht-Konstruierbarkeit* wird besonders deutlich bei vielen Verben mit Verbzusatz bzw. im Englischen mit verbal particle, z. B. bei «*aufgeben*» in Semantemen wie «eine *Tätigkeit aufgeben* (sie nicht weiterführen) – auf der Post eine *Sendung aufgeben* (einliefern) – jemandem *ein Rätsel aufgeben* (vorlegen mit der Aufforderung, es zu lösen)» oder bei «phrasal verbs» wie «*go about – go back – go by*» usw. (Ziff. 12.20, S. 682).

A.56 Zur Ausnützung der in der «Wortbildung» gegebenen partiellen Regularitäten in der Praxis

Die festgestellte *Nicht-Konstruierbarkeit* der genauen Bedeutungen aus den Hinweisen, die sich aus den semantisch analysierbaren Wortgestalten ergeben, bedeutet nun *keineswegs*, daß man solche Hinweise *gering achten* oder sogar bewußt von sich weg schieben sollte (das gelingt ohnehin kaum). Ganz im Gegenteil: Die Zusammenhänge unter Wörtern, die sich auf Grund solcher partieller Regularitäten zeigen (und gelegentlich geradezu aufdrängen), bieten sehr oft eine *schätzbare Hilfe* für das *Einprägen* der einmal erfaßten Bedeutung, für den «Einbau» in den schon vorhandenen Besitz an Bedeutungsseiten und Wortgestalten. Man darf sie nur *nicht als direkte Grundlagen* für das *Aufbauen* einer *bisher noch nicht bekannten* Bedeutung mißverstehen und verabsolutieren (wie das in den Schulen zeitweise getan wurde, indem man die Lernenden aufforderte «in das Wort hineinzusehen» und aus dem Aufbau des Wortes seine Bedeutung «*abzuleiten*»).

Das *erste*, wenn man auf ein Wort stößt, dessen Bedeutung man noch nicht oder noch nicht genau genug kennt, muß immer die *Klärung der Bedeutung selbst* sein: aus der genauen Betrachtung des *Textzusammenhangs* (Frage: «Was *kann* hier als Bedeutung gemeint sein, was *paßt* zu allen andern Bedeutungen, die ich schon kenne und erfaßt habe?»), bei allem Lernen in einer Klasse oder Gruppe durch *Fragen* an die andern Lernenden oder an die Lehrenden, (Ziff. A.51) und beim Lesen ohne die Möglichkeit zu direkten Fragen durch *Nachschlagen* in einem Wörterbuch (jedenfalls wenn das genaue Erfassen *gerade dieser* Bedeutung an *gerade dieser Stelle* für das Gesamtverstehen *so wichtig* ist, daß sich die *Unterbrechung* des Leseprozesses *lohnt* – sonst liest man besser sofort weiter und behält ggf. im Hinterkopf, daß man das betreffende Wort doch bei passender Gelegenheit einmal nachschlagen sollte).

Von den *Lehrenden aus* gesehen ist zu sagen: *Erste Priorität* hat das zureichende Klären der *jeweils im Text gemeinten Bedeutung*. Manchmal muß man die Lernenden zuerst darauf aufmerksam machen, daß ihnen eine Bedeutung vielleicht nicht so genau bekannt ist, wie das hier erforderlich wäre – in einem guten Unterrichtsklima sollten Fragen nach nicht oder nicht genau genug bekannten Bedeutungen spontan kommen. Nicht selten kommen auf solche Fragen auch *spontane Antworten* von andern Lernenden, und zwar sowohl genau treffende Antworten wie solche, die sich auf Hinweise aus den Wortgestalten stützen und hier gerade *nicht* die im Text verwendete (oder generell: die übliche, in der Sprache festgelegte) Bedeutung treffen. Solche Antworten sollte man zunächst *einfach kommen lassen*, ohne sie sogleich nach «richtig» oder «falsch» zu bewerten, und erst wenn alle hier möglichen Assoziationen «*auf dem Tisch liegen*», holt man dann die zutreffenden heraus und zeigt auch, welche Assoziationen hier *nicht* zutreffen und warum. Ein Beispiel:

> Die Fabel von Lessing «Der Besitzer des Bogens» (erstmals erschienen 1759, aber noch heute ein Musterstück deutscher Prosa und, abgesehen von der Rechtschreibung, noch in keiner Weise veraltet) beginnt mit dem folgenden Satz: «*Ein Mann hatte einen trefflichen Bogen von Ebenholz, mit dem er sehr weit und sehr sicher schoß, und den er ungemein werth hielt.*»
>
> Wenn man diesen Text liest, mit Schülern oder mit Erwachsenen, und kurz das Wort «*trefflich*» mit Frageton hinstellt, kommen fast immer Verstehensreaktionen wie «Damit konnte er gut *treffen* – Wenn er mit diesem Bogen schoß, hat er immer genau *getroffen*». Damit ist aber die (damalige wie heutige) Bedeutung von «trefflich» gerade nicht getroffen, denn dieses Wort ist keineswegs auf die Charakterisierung von Schußwaffen beschränkt, sondern bedeutet generell «sehr gut, ausgezeichnet, *vortrefflich*». Man kann es als einen *zusätzlichen Reiz* dieses ersten Satzes betrachten, daß die hohe Qualität dieses Bogens gerade durch ein Adjektiv betont wird, das in seiner Wortgestalt an «treffen» anklingt. Doch sollte man das nicht soweit ausdeuten, wie es ein Literaturwissenschafter faßte (1991), indem er schrieb: «Der Besitzer hält den Bogen «wert», seines treffsicheren Gebrauchswerts wegen. Wozu er taugt, hat sich sprachlich schon als Wert an ihm niedergeschlagen und verdinglicht: er ist trefflich» (hier wäre erst noch zu fragen, ob ein «Gebrauchswert» treffsicher sein kann).
>
> Man sollte also den Lernenden hier deutlich sagen: «*Trefflich*» heißt generell «*sehr gut, vorzüglich*», es gibt ja auch das gleichbedeutende Wort «*vortrefflich*». Wenn man das «*trefflich*» hier *zu eng* an den «Bogen» bindet, kann sich in den Köpfen der Lernenden eine zu enge Bedeutung dieses Wortes ergeben.

Ein ganz entsprechendes Vorgehen (nicht nur im Blick auf mögliche Kurzschlüsse durch das Ausnützen partieller Regularitäten, sondern im Blick auf das genaue Erfassen von Bedeutungen überhaupt) empfiehlt sich auch beim Lesen im *Fremdsprachunterricht*. Gerade wenn man *Originaltexte* liest, die nicht eigens für Schulzwecke zurecht gemacht und auf den (vermutlich) bei den Lernenden vorauszusetzenden Wortschatz abgestimmt sind, ergibt sich nicht selten die folgende Situation: die Lesenden stoßen auf ein Wort, das ihnen unbekannt ist und das sich auch nicht aus seiner Ähnlichkeit mit bekannten Wörtern erschließen läßt – der durch dieses Wort gelieferte Bedeutungsbeitrag läßt sich aber in diesem Textzusammenhang *leicht ersetzen* durch einen allgemeineren, globaleren Bedeutungsbeitrag, so daß die Lernenden *gar nicht merken*, daß sie hier nach der Bedeutung eines Wortes fragen, sich diese Bedeutung erklären lassen müßten. Ein Beispiel für diese Situation liefert oft der erste Satz aus der Fabel «*Le corbeau et le renard*» von La Fontaine (von 1668):

> «Maître corbeau, sur un arbre *perché*, / Tenait en son bec un fromage». Auch wenn «maître» hier ohne große Probleme als «Meister» und nicht als «Lehrer» erfaßt wird, bietet das ziemlich seltene Verb «*percher/perché*, auf einer Stange, einem Zweig sitzen, von einem Vogel gesagt*» erfahrungsgemäß meistens Schwierigkeiten. Da nun der Satz auch *ohne* die genaue Bedeutung von «perché» *völlig befriedigend verstehbar* ist, nehmen manche Lesende harmlos an, mit «perché» sei einfach «sitzend» gemeint, und sie merken nicht, daß hier eine Nachfrage nach der genauen Bedeutung und den Gebrauchsbedingungen des Wortes fällig wäre. In solchen Situationen ist es dann *an den Lehrenden*, das betreffende Wort, hier also «perché» kurz anzutippen, die *Lernenden* die Bedeutungen, die sie sich hier zurechtgelegt haben, *nennen* zu lassen, und dann eine genaue Beschreibung der sehr speziellen Bedeutung dieses Verbs zu geben, evtl. auch mit Hinweis auf das Nomen «perche» für «Stange, Rute, Stab» (für den Ast oder Zweig, auf welchem ein Vogel sich festgekrallt hat).

Mit *scheinbaren* partiellen Regularitäten hat man es zu tun, wenn die Lernenden in der neuen Sprache auf ein Wort treffen, dessen *Wortgestalt* ihnen aus ihrer Erstsprache oder aus einer schon gelernten Fremdsprache vertraut ist, das aber in der neuen Sprache eben *eine andere Bedeutung* hat. Es sind die sogenannten «false friends», die Wörter, die man schon zu kennen glaubt, aber eben nicht so kennt, wie sie in der neuen Sprache zu verwenden sind, und die man dann leicht falsch verwendet, wenn man sich den Unterschied nicht ausdrücklich klar macht. Beispiele für *Deutsch* und *Französisch*:

> Für einen *Briefumschlag* braucht man in den schweizerdeutschen Mundarten allgemein das französische Nomen «*Couvert*» (in der Standardsprache «*Kuvert*» geschrieben und gesprochen, dort eher veraltend, in den Mundarten aber noch ganz lebendig). Im Französischen hat aber «couvert» *nichts* mit einem Briefumschlag zu tun; dieser heißt «une *enveloppe*», und «un *couvert*» ist ein *Gedeck* auf dem für das Essen vorbereiteten Tisch.
>
> Im Deutschen verwendet man «-*rat*» sowohl für eine Behörde als ganze wie für ein einzelnes Mitglied einer Behörde: im «Nationalrat» sitzen zweihundert «National*räte*», männlichen und weiblichen Geschlechts. Wenn ein Schweizer Französisch-Anfänger nun lernt, daß der «Nationalrat» im Französischen «*conseil* national» heißt, kann es passieren, daß er auch sagt bzw. schreibt «le *conseil* national», wenn er einen *einzelnen Nationalrat* meint, französisch «le *conseiller* national».

Beispiele für *Deutsch sowie Französisch* gegenüber *Englisch*:

> Das deutsche Wort «*aktuell*», nämlich «für die Gegenwart bedeutsam, zeitgemäß, zur Zeit im Mittelpunkt des Interesses stehend» läßt sich problemlos zusammenbringen mit dem französischen «*actuel/actuelle*» für «présent, contemporain». Wenn man nun aber im *Englischen* auf die fast gleiche graphische Wortgestalt «*actual*» trifft, muß man sich klar machen und einprägen, daß zu dieser so vertraut erscheinenden graphischen Wortgestalt nicht nur eine andere *phonische* Wortgestalt gehört (eine andere «Aussprache»), sondern auch eine *ganz andere Bedeutungsseite*, nämlich «*existing in fact, real*», also dem deutchen «tatsächlich, wirklich» entsprechend.
>
> Wenn man für eine *Wohnung* die Wortgestalt «*Appartement*» kennt, kann man von hier aus das französische Wort «*appartement*» problemlos verstehen und richtig verwenden; beim Übergang zum Englischen muß man sich aber merken, daß hier «*apartment*» nicht nur etwas anders ausgesprochen wird, sondern *nur ein «-p-»* hat, gegenüber «-pp-» im Deutschen und Französischen (daß ein apartment/Appartement auch nur aus einem einzigen Raum bestehen kann, gilt auch im Deutschen und Französischen).
>
> Ein Beispiel, bei welchem die Ähnlichkeit der Wortgestalt im Deutschen und Englischen schon zu einer Erweiterung der Bedeutung im Deutschen geführt hat (obwohl diese von manchen Sprachkritikern moniert und bekämpft wird), bietet «*Kontrolle, kontrollieren*» gegenüber «*control*» als Nomen

und als Verb. Im Deutschen heißt «kontrollieren» primär «*überprüfen*, die Identität von jemand/etwas feststellen, die Vollständigkeit einer Zusammenstellung überprüfen und damit gewährleisten». Dagegen bedeutet das englische Nomen «control» primär «*power or authority* to direct, order, or restrain – *management, guidance* – means of regulating, restraining, keeping in order, check*», und erst im Rahmen dieser umfassenden Bedeutung steht beim Verb «control» auch als dritte Bedeutung «*check, verify*». Das Französische hat hier eine weit engere, präzisere Bedeutung; bei «*contrôle*» liest man im «Larousse élémentaire»: état nominatif des personnes qui appartiennent à un corps – *vérification, inspection* – marque de l'état sur les ouvrages d'or ou d'argent – *surveillance, examen – censure, critique*. Im Deutschen kann man aber heute schon oft lesen: «Die Finanzgruppe X *übernahm die Kontrolle* der Firma Z», und das heißt nicht, daß von jetzt an die Finanzgruppe X die Buchhaltung der Firma Z überprüft und ihre Richtigkeit bestätigt, sondern daß sie die Firma Z *insgesamt übernommen* hat, daß *sie* bestimmt, was fortan in der Firma Z geschieht.

Man kommt hier von den vielleicht peripher erscheinenden «false friends» direkt in die zentrale Frage, wie sich die *Bedeutungen*, die man in seiner Erstsprache oder auch in einer ersten Fremdsprache *erworben* hat, *auswirken*, wenn man eine *neue* (eine weitere) Sprache zu lernen beginnt. Diese Frage ist aber als ein Hauptstück im Zusammenhang der generellen Fragestellung zu behandeln «Auswirkungen des gesamten schon erworbenen Sprachbesitzes auf das Lernen einer neuen Sprache, im schulischen Unterricht oder direkt in der Sprachpraxis».

Zum Abschluß der Diskussion der «partiellen Regularitäten» soll nun noch ein Spezialfall aufgeführt werden, in welchem in «unhistorischer» Weise aus einer Übereinstimmung von Wortgestalten auch ein Zusammenhang der Bedeutungen herausgeholt wurde (also eine Art «Volks-Etymologie», aber hier nicht vom «Volk», sondern von Spezialisten eines Fachs). Man liest heute nicht selten, wenn über die Tätigkeit von Schriftstellern und ihre besondere Aufgabe gesprochen wird, daß der «*Dichter*» dasjenige, das er darstellt «*verdichte*», daß es unter seiner Hand eine besondere «*Dichte*», eine besondere Prägnanz und Eindringlichkeit gewinne. Daß die gekonnte sprachliche Fassung und Formung von irgend etwas eine solche Prägnanz und Eindringlichkeit für die Leser und Hörer schaffen kann, ist unbestritten. Man sollte aber dann nicht sagen, daß «dichten» und «dicht» *schon als Wörter* in ihrem Wesen zusammengehören und daß daher hier *schon die Sprache* die besondere Rolle des «Dichters» anzeige. Das deutsche Wort «*dicht*» läßt sich eindeutig zurückführen auf das althochdeutsche Wort «*thihan*» für «*wachsen, gedeihen, austrocknen; fest, dicht werden*»; aus dem gleichen vorauszusetzenden germanischen Wort ist auch das heutige englische «*tight*» entstanden, für «*fastened, fixed, fitting, held, closely – closely or firmly put together*» usw. Dagegen entstand «*dichten*», althochdeutsch «*tihtôn*» aus dem lateinischen «*dictare*», einer «Intensivbildung» zu «dicere, sprechen», für «*beständig sagen oder nennen, zum Nachschreiben vorsagen, diktieren*». Die Übereinstimmung der Wortgestalten von «dicht» und von «dichten, Dichter» ist also nicht etwas tief in der deutschen Sprache Begründetes, sondern gewissermaßen eine *historische Zufälligkeit*, aus der man keine Beweise für die besondere Aufgabe und Würde von Schriftstellern ziehen sollte.

A.57 Der schon vorhandene Sprachbesitz beim Lernen einer neuen Sprache – Hilfe oder Störung?

Eine Beantwortung der Frage, wie sich der gesamte *schon vorhandene* Sprachbesitz eines Menschen *auswirkt*, wenn dieser Mensch *eine neue Sprache lernen* will, ist zentral für das Verständnis aller Sprachaneignung, und je mehr sich mehr- und vielsprachige Gesellschaften und politische Organisationen bilden, umso wichtiger wird sie. Die Auffassungen, zu denen man hier gelangt, können erhebliche Auswirkungen haben für die Organisation alles Sprachunterrichts in den Schulen und der Erwachsenenbildung, und offensichtlich hängen die hier zu findenden Antworten auch eng zusammen mit den Vorstellungen, die man sich von der *Speicherung* der verschiedenen Sprachen im Kopf eines einzigen Menschen machen kann, von der *Einlagerung* der phonischen und graphischen Wortgestalten, der grammatischen Formalstrukturen, der Bedeutungen und

Bedeutungsstrukturen und ihrer gesamten Kombinationsmöglichkeiten im Gehirn (dazu siehe schon Ziff. A.01–A.21, ferner A.36, neuronale Speicherung der graphischen Wortgestalten neben den phonischen Wortgestalten und den Bedeutungen).

Man begegnet hier *sehr verschiedenen* Auffassungen. Nicht selten wird argumentiert, wer eine neue Sprache wirklich lernen wolle, müsse sich so weit wie irgend möglich von der von ihm bisher gesprochenen Sprache *lösen*, er müsse diese Erstsprache *bewußt zurückschieben*, sie im Extremfall bis zur genügenden Beherrschung der zu lernenden neuen Sprache gar nicht mehr sprechen.

> Es gab exklusive Gelehrtenschulen, in welchen ein Schüler eine Strafe oder mindestens einen Tadel riskierte, wenn er in den Pausen mit den andern Schülern deutsch sprach und nicht lateinisch. Es gab auch entsprechende Verbote, in den Pausen die lokale Mundart zu sprechen, z. B. Plattdeutsch. Von Schweizer Schauspielern, die in Deutschland lebten und arbeiteten, hört man nicht selten, daß sie einige Zeit ihre schweizerische Mundart gar nicht mehr sprachen, um ganz in die Lautungen und Stimmführungsgestalten der deutschen Standardsprache (früher einfach «des Hochdeutschen») hineinzukommen. Als Kinder einer deutschschweizerischen Familie in Nordrhein-Westfalen in die Schulen kamen, sagte mehr als ein Lehrer zu den Eltern: «Mit der Sprache geht das schnell, wenn sie dann nichts anderes mehr hören». Daß in der betreffenden Familie weiterhin konsequent schweizerdeutsch gesprochen wurde und daß das der standardsprachlichen Ausdrucksfähigkeit der Kinder in der Schule überhaupt nicht schadete, wußten die Lehrer größtenteils gar nicht.

Soweit zur Auffassung, man müsse den schon vorhandenen Sprachbesitz nach Möglichkeit zurückdrängen, damit man die neue Sprache so korrekt und so schnell wie möglich lerne. Nun gibt es aber auch die *genau entgegengesetzte* Einstellung. Die *Lateinlehrer* legen seit je großen Wert darauf, daß ihre Schüler im *Erstsprachunterricht* die *nötigen grammatischen Grundbegriffe* erworben haben, und Entsprechendes gilt von manchen Lehrern der modernen Fremdsprachen, vor allem an Gymnasien. Ein Argument für den Nutzen des Lateinunterrichts war nicht selten, daß man vom Lateinischen aus rückwirkend *auch das Deutsche* besser beherrsche (zu solcher Rückwirkung einer Fremdsprache, vor allem wenn sie hohes Prestige hat, auf die Erstsprache siehe Ziff. A.61). Bildungsfachleute fordern eine Koordination des Unterrichts in den verschiedenen Sprachen – so daß alle Lernenden *alles* in einer Sprache Gelerntes *auch im Unterricht der andern* Sprachen einbringen können, weil *jeder lernende Mensch eine Einheit* ist und daher auch *alles*, was er lernen soll, *aufeinander beziehen* und koordinieren können muß.

Die Widersprüche zwischen den beiden Auffassungen *lösen sich aber auf*, sobald man die Frage *nicht mehr global* stellt und zu beantworten sucht, sondern für *jeden der Bereiche* im Aufbau der Sprachen *gesondert* – dann kommt man zu einem differenzierten Bild, zu einem «sowohl – als auch», je nach dem speziellen Lernbereich, und daraus ergeben sich dann auch plausible Annahmen über die verknüpfte, verzahnte oder eben klar getrennte Speicherung, die Einlagerung des in den und für die verschiedenen Sprachen Gelernten im Gehirn.

A.58 Wortgestalten, phonisch und graphisch, sowie Stimmführungsgestalten: klar getrennte Einlagerung

Wenn man nun zunächst die *phonischen Wortgestalten* und die *Stimmführungsgestalten* ins Auge faßt (speziell: die Satzmelodien, die Betonungen in den Wörtern) kann man durch Selbstbeobachtung wie durch Beobachtung der Lernprozesse an andern leicht feststellen: *hier sind die Speicherungen sehr wahrscheinlich klar getrennt*. Wenn man

z. B. als Deutschsprachiger Französisch lernt, muß man *ganz andere Innervationsmuster für die Sprechorgane* entwickeln: schärfere Aussprache z. B. bei den *s-Lauten* – Unterscheiden von «*J'ai* fait une visite *chez* les Dupont» – großenteils andere Aussprache, schärfere Unterscheidungen bei den *Vokalen* – Erlernen der *Nasallaute*, vor allem auch des Unterschieds zwischen «*brin*» und «*brun*». Vor allem muß man die *andersartigen Satzmelodien* «ins Ohr bekommen» und reproduzieren können, und man muß die deutsche Wortbetonung (Druckgipfel auf der Stammsilbe des Wortes) *ersetzen* durch eine *gleichmäßig schwebende* Betonung, wobei oft die letzte Silbe durch leichtes Steigen der Melodie, aber keineswegs durch einen Druckgipfel hervorgehoben wird.

Wieder andere Innervations-Muster für die Sprechorgane sind nun für das *Englische* erforderlich: auch hier geht es primär um die Satzmelodien (die verschiedenen «tunes»), dann um das dem Deutschen fremde «*th*» in «the, this, a bath», um die Unterscheidung zwischen «*cat*» und «*cut*» etc.

> Man kann bei einiger Übung in der Selbstbeobachtung geradezu erkennen, wie man beim Übergang vom Deutschen zum Französischen oder zum Englischen gewissermaßen *ein «anderes Programm»* einschaltet und damit zugleich das «Programm» für die *Erst*sprache *ausschaltet*. Man kommt dann auch bald so weit, daß man ein in den französischen Text eingeschaltetes deutsches Wort so ausspricht, wie es sich aus den französischen Aussprachegewohnheiten ergibt.

Dieses Aufbauen neuer Innervationsmuster für die Sprechorgane und zugleich neuer Identifikationsmuster für die Ohren wird nun natürlich sehr erleichtert, wenn die Lernenden *möglichst ausschließlich* französisch bzw. englisch sprechen hören, auf Aufforderungen in der neuen Sprache reagieren müssen usw., und es wird erleichtert, wenn sie diese neue Sprache nicht nur aus dem Mund der Lehrenden hören, sondern auch von verschiedenen andern Sprechenden, wie das heute durch die Verwendung elektronischer Tonträger so leicht möglich ist. Es ist dabei auch gar nicht nötig, die Aussprachegewohnheiten der Erstsprache *zurückzuschieben* oder gar sich abzugewöhnen – die beiden «Register» müssen sich einfach *als parallele Möglichkeiten* einspielen, wobei man je nach Bedarf das eine oder das andere wählt. Daß der ganze Prozeß noch sehr viel besser ablaufen kann, wenn man eine längere Zeit nur die Fremdsprache hört und selber zu sprechen versucht (ohne Angst vor «Fehlern») ist klar, aber es ist keineswegs so, daß ohne solchen Aufenthalt im Sprachgebiet (bzw. durch «Immersion», wie heute eine didaktische Möglichkeit genannt wird) kein erfolgreiches und relativ schnelles Erlernen auch der gesamten Klangseite der neuen Sprache möglich wäre.

Den *geringsten* Aufwand für das Übernehmen der phonischen Wortgestalten der neu zu lernenden Sprache verlangt wohl der *Lateinunterricht* – dort besteht nur die Schwierigkeit, daß die *Länge* oder *Kürze* von *Vokalen* in der Schrift nicht signalisiert wird und daher bei jedem neuen Wort eigens mitgespeichert werden muß. Insgesamt wird ja in jedem Gebiet einer modernen Sprache das Lateinische mehr oder weniger nach den Sprechgewohnheiten der betreffenden Sprache ausgesprochen – das erkennt man sofort, wenn man einen französischsprachigen oder einen englischsprachigen Altphilologen nur ein paar Sätze lateinisch sprechen hört.

> Eine spezielle Situation besteht beim Erstsprachunterricht in Gegenden, wo allgemein eine *Mundart* der betreffenden Sprache gesprochen, aber in der Standardform der Sprache gelesen und geschrieben wird und wo daher auch der Sprachunterricht in der Schule grundsätzlich in der Standardsprache erteilt wird, aber mit gelegentlichem Einbezug der Mundart, wenn das dem Verstehen oder dem wirklich spontanen Sprechen dienen kann. Auch hier müssen zum Teil neue Lautungs-Gewohnheiten erworben werden (z. B. in der deutschsprachigen Schweiz für die K- und Ch-Laute, in manchen Gegenden auch für Vokale). Das bedingt aber insgesamt *sehr viel weniger* Änderung der Innervationsmuster und

A/III   Sprachen lernen, Erstsprache und Fremdsprachen

Identifikationsmuster als etwa beim Erlernen des Französischen oder Englischen. Dazu kommt, daß das Deutsche nicht so verbindliche und einheitliche Aussprache-Normen hat wie diese Sprachen und daß die Kinder gar nicht lernen sollen, eine deutsche Bühnensprache zu sprechen (das würde auf die meisten ihrer Gesprächspartner geradezu komisch, gestelzt wirken), sondern eine helvetisch getönte, aber sorgfältig ausgesprochene Standardlautung. Auch hier gilt natürlich die Regel: wie die Lehrenden, so sprechen die Kinder, und insofern ergeben sich einige Ansprüche an die *eigene Sprechweise* der Lehrerin bzw. des Lehrers, auch wenn diese außerhalb der Schulstunden und bei informellen Situationen in der Schule (z. B. bei Gruppenunterricht) sich selbstverständlich ihrer schweizerdeutschen Mundart bedienen. Die Situation wird noch komplizierter, wenn *Kinder mit andern Erstsprachen* und Familiensprachen in der Klasse sind, was heute in den meisten Gegenden keine Ausnahme (mehr) ist.

Wenn man die *graphischen* Wortgestalten und ihren *Zusammenhang* mit den *phonischen* Wortgestalten ins Auge faßt, so zeigt sich sofort, daß *ganz andere Zuordnungen* bestehen, daß sich also auch hier *insgesamt andere Programme* einspielen müssen. Solche Programme bilden sich aber sehr rasch in den Köpfen der Lernenden, weil ja auch die graphischen Wortgestalten der Erstsprache viel weniger tief im Unbewußten verankert sind und daher jedes Kind leicht einsieht, daß eben im Französischen bzw. Englischen viele Laute durch ganz andere Buchstaben bzw. Buchstabenkombinationen wiedergegeben werden als im Deutschen – und daß es hier *insgesamt wenig durchlaufende*, einheitliche Regeln gibt, sondern man die Zuordnungen *oft von Wort zu Wort einzeln* lernen muß. Die neuen Zuordnungen spielen sich denn auch ohne besondere Probleme ein, wenn im Unterricht auf eine lange rein audiovisuelle Einstiegsphase verzichtet wird und die fremdsprachlichen Sätze und ganzen Texte von Anfang an sowohl in gesprochener wie in geschriebener Form angeboten werden, gleichzeitig für die Ohren und für die Augen, und auf diese Weise immer das über den einen «Eingangs-Kanal» Aufgenommene das über den andern Kanal Aufgenommene festigt und sichert. Auf eine bewußte Analyse der «*Phonem-Graphem-Zuordnungen*» wird dabei wohl am besten ganz verzichtet, evtl. kann man einige Hilfen erarbeiten lassen. Eine Randerscheinung ist, daß man hie und da bei in beiden (oder allen drei) Sprachen grundsätzlich gleichartig vorhandenen Wörtern auf bestehende Unterschiede hinweisen muß (Beispiel «Appartement – appartement – apartment» in Ziff. A.56). Zu den andern Regelungen für das Setzen der Kommas siehe schon Ziff. 2.17 sowie 8.26 – auch diese andern Regelungen spielen sich aber vom Lesen (und Abschreiben) her wohl fast von selbst ein.

A.59   Grammatischer Bau, formal und semantisch: Vorhandenes aktivieren, für Einbau oder für Umbau

Wenn man nun den *grammatischen Bau* ins Auge faßt, kommt man zu einer ganz anderen Beurteilung des Verhältnisses von «vorhanden – neu zu erwerben» als bei den Lautgestalten insgesamt und den graphischen Wortgestalten. Die ganze vergleichende Darstellung in den Teilen 1 bis 12 hat gezeigt, wie weit hier *gemeinsame Grundlinien* vorhanden sind und an *welchen* Stellen *Modifikationen* nötig sind, *wo* gewissermaßen «*andere Unter-Programme*» eingebaut werden müssen, die dann die betreffenden Unter-Programme für die Erstsprache (und insgesamt für die bisher erworbenen Sprachen) *ersetzen*.

Hier ist also *keineswegs* ein *globales Wegschieben und Ausschalten* des schon vorhandenen Sprachbesitzes am Platz, sondern im Gegenteil ein *bewußtes Aufrufen*, damit immer *sofort eine* von den *zwei* folgenden Haltungen als jeweils zweckmäßig erkannt werden kann:

A In dem Bereich, den wir *jetzt* vor uns haben, ist die neu zu lernende Sprache *grundsätzlich gleich* gebaut wie deine Erstsprache (bzw. die schon gelernte Fremdsprache), bei aller Verschiedenheit der Wortgestalten und der ganzen Aussprache. Du kannst also *alles Strukturwissen*, alle in der Erstsprache erworbenen grammatischen Begriffe, Reihenbildungen usw. *als Hilfe* einsetzen für das Verstehen und Handhaben der neuen Sprache.

B In *diesem anderen* Bereich aber, zu dem wir jetzt kommen, ist die neu zu lernende Sprache *anders gebaut* als die Erstsprache (bzw. die erste Fremdsprache). Hier mußt du daher *neue* Gewohnheiten erwerben, *neue* grammatische Begriffe aufbauen, dir *neue* Veränderungsmöglichkeiten, neue Kombinationsvorschriften, neue Bedeutungsbeiträge einprägen – und dafür mußt du das, was dir aus einer Erstsprache hier geläufig ist, *bewußt zurückschieben*, es nach Möglichkeit *ausschalten*, solange du dich in der *neuen* Sprache bewegst. Wenn du dann *wieder deine Erstsprache* sprichst und schreibst, kommt das alles selbstverständlich wieder an den ersten Platz.

Wie nahe dabei die Bereiche *beisammenliegen*, in denen die Haltung A und in denen die Haltung B einzunehmen ist, versucht die folgende knappe Zusammenstellung zu zeigen.

1 In allen vier Sprachen gibt es *Verben*, sie sind überall die *syntaktisch dominierende* Wortart, und sie kommen überall sowohl in *infiniter* Form vor, als Infinitive oder *Partizipien*, wie in *finiter* Form, als *Personalformen*. Hier können also die Lernenden, wenn sie z. B. vom Deutschen her an das Französische, das Englische oder auch das Lateinische herantreten, in den ihnen dargebotenen gesprochenen und geschriebenen Äußerungen und ganzen längeren Texten *sehr schnell identifizieren*: hier *ist ein Verb* verwendet – hier steht es im *Infinitiv* – hier ist es *Partizip* (vor allem: Partizip II) – hier gilt es für «*ich*», hier für «*er*» und auch für «*sie, eine Frau*», hier gilt es für «*wir*» usw. Das bedeutet *keineswegs*, daß man einen Sprachunterricht von der Grammatik statt von der lebendigen Kommunikation her macht – man *beleuchtet* aber *alles* in der *Kommunikation Erfahrene* und auch schon selber Gesprochene/Geschriebene von den *Einsichten* in Sprachbau und Sprachstrukturen her, die man *schon im Erstsprachunterricht* gewonnen hat.

Und hier wird nun auch sogleich der Einbau neuer «Unterprogramme» fällig, durch die das *genaue Verstehen* und der *eigene Gebrauch* dieser Verbformen *gefestigt* und *gesichert* wird:

– im *Englischen* viel *geringere* Unterschiede zwischen den Wortgestalten für die verschiedenen als Subjekt gemeinten Personen; die vom Deutschen her selbstverständliche Unterscheidung von «du» und «ihr» und «Sie» in der Anrede nur noch in altertümlicher Sprache anzutreffen, sonst einheitlich «you» (Ziff. 1.04 und 5.49).

– im *Französischen* sehr viel *genauere* Unterscheidung der Personalformen als im Deutschen, aber sehr oft nur in der graphischen Wortgestalt, nicht in der «Aussprache», z. B. «*il travaille – ils travaillent*», und sehr oft Unterscheidung von *Infinitiv* und *Partizip* nur in der graphischen Wortgestalt faßbar, z. B. «*travailler – travaillé*»; dabei aber diese Unterscheidungen in den graphischen Wortgestalten *sehr oft wichtig* für das Verstehen, und beim eigenen Schreiben *unerläßlich*, wenn man *korrekt* schreiben will; keine Verbzusätze, die im Deutschen so häufig sind (Ziff. 1.03).

– im *Lateinischen* sehr *deutliche* Unterscheidung aller Personalformen, dafür sehr oft das *Subjekt gar nicht gesetzt*, sondern aus der Personalform und dem Zusammenhang zu entnehmen (Ziff. 1.05 und 5.58–5.62).

– Dazu nun andere Unterprogramme für die *Stellung* der Verbteile im Ablauf der Propositionen, nämlich keine Klammerbildung wie im Deutschen, keine Endstellung im Nebensatz, insgesamt in den zwei modernen Fremdsprachen die Stellung sehr viel genauer festgelegt (Ziff. 3.31–3.35 für Französisch, 3.37–3.38 für Englisch), im Lateinischen dafür gar keine feste Stellung, auf die man sich beim Lesen verlassen kann, daher Verben oft eigens aufzusuchen (Ziff. 3.41–3.42).

2 Dafür wieder *grundsätzliche Übereinstimmung*, daß alle Texte aus *Propositionen (clauses)* aufgebaut sind, daß dabei die *verbalen* Propositionen bei weitem die *häufigsten* sind und daß in diesen *verbalen* Propositionen sehr oft ein *Subjekt* als besonderes Satzglied auftritt – dabei sogleich Einbau der Subjekte in die neuen Unterprogramme für die Stellung der Bestandteile in den Propositionen und für die Systematik der Wortgestalten bei den Personalformen (siehe oben).

Volle Übereinstimmung, keinerlei neues Unterprogramm nötig für die Unterscheidung von *Propositionen und Sätzen* und für die *Wichtigkeit* der Einteilung in Sätze für den *Stil* (Ziff. 2.05–2.07 und 2.19–2.20).

3 In den *Grundzügen* ebenfalls gleich und daher leicht aufeinander zu beziehen, aber zum Teil markant *verschieden ausgeprägt* und daher den Einbau besonderer Unterprogramme bedingend: die Unterscheidung der vier *nicht-verbalen Wortarten Nomen – Adjektive – Pronomen – Partikeln* mit der im Deutschen nicht vorhandenen Unterscheidung besonderer *Adjektiv-Adverbien* neben den Adjektiven in allen drei Fremdsprachen und der *gleichartigen Struktur* der Nomen und der Adjektive im Lateinischen (Ziff. 1.08–1.10) sowie der Unterscheidung von «*pronoms*» und «*déterminants*» im Französischen bzw. «*pronouns*» und «*determiners*» im Englischen (Ziff. 1.21–1.22).

Partikeln mit ihren Untergruppen (Verwendung als Satzglied oder Satzgliedkern oder als Präposition oder als Konjunktion) gibt es dagegen *in allen vier* Sprachen (Ziff. 1.24–1.31), auch der Gebrauch zum Teil gleicher Partikeln in verschiedener Funktion und damit die Unschärfe der Grenzen zwischen den Untergruppen zeigt sich in allen vier Sprachen, und Entsprechendes gilt für die immer möglichen Übergangszonen zwischen allen Wortarten (Ziff. 1.32–1.33)

4 *Volle Übereinstimmung* und damit *Übertragbarkeit* («Speicherung im genau gleichen Zusammenhang») besteht für die Unterscheidung von *Singular und Plural* bei den Nomen, Pronomen und deklinierten Adjektiven (Ziff. 4.01–4.07), wobei allerdings teilweise recht verschiedene Wortgestalten gelernt und mit den jeweiligen Wörtern zusammen gespeichert werden müssen (im Französischen vor allem als graphische Wortgestalten).

5 Markante Verschiedenheiten bestehen bei den *grammatischen Geschlechtern* – hier müssen aber keine neuen Unterprogramme aufgebaut werden, sondern nur im Deutschen vorhandene Unterprogramme *ausgeschaltet* werden (und das kann im Anfang bewußte Aufmerksamkeit verlangen, daß nämlich «*he/she*» nur für *Personen und Personifiziertes* zu verwenden ist, und für den Verweis auf Nomen für *Sachen* immer «*it*», entgegen der Neigung, gemäß dem Deutschen auch bei diesen Nomen immer noch das Feminin oder Maskulin des betreffenden Wortes im Hinterkopf zu haben).

6 *Ganz andere Unterprogramme* müssen dagegen aufgebaut werden für fast alles, was im Deutschen durch die Verschiedenheit von *Fällen* dargestellt wird: im Lateinischen für den viel weiter gehenden Gebrauch der Fälle und das Vorhandensein des Ablativs und des Vokativs (Ziff. 4.34–4.38) und speziell für die richtige Formgebung bei den Satzgliedern neben dem Subjekt (Ziff. 6.21–6.28), in den modernen Fremdsprachen ebenfalls neue, aber insgesamt doch leichtere Unterprogramme (Ziff. 4.32–4.33 sowie 6.12–6.20).

7 *Weitgehende Übertragbarkeit* besteht bei den *Vergleichsformen*, auch im Vorhandensein von «unregelmäßigen» Wortgestalten (Ziff. 4.39–4.43).

Eine *Entlastung* ergibt sich, indem für das Englische *keine Pluralformen* für die *Adjektive* gelernt werden müssen und insgesamt, für alle andern Sprachen, die komplizierte Regelung der Endungen der deutschen Adjektive in den verschiedenen Fällen und grammatischen Geschlechtern *einfach wegfällt*.

8 *Grundsätzliche Übereinstimmung* zwischen Deutsch und den zwei modernen Fremdsprachen besteht im häufigen Gebrauch *mehrwortiger, ja vielwortiger Gefüge* aus Nomen, Pronomen, Adjektiven und Partikeln (in den Fremdsprachen auch: den Adjektiv-Adverbien), hier sind daher nur begrenzt neue Unterprogramme erforderlich (Begleitgefüge, Anschlußgefüge und Vorschaltgefüge auch im Französischen und Englischen, Ziff. 7.09–7.21, Parallelität in den Bedeutungsbeiträgen, Ziff. 7.22–7.40). *Bewußtes Ausschalten* der im Deutschen vertrauten Verteilung von Bedeutungsbeiträgen auf Begleitpronomen ist oft erforderlich für das Einprägen des korrekten Gebrauchs der determiner «*few – many*» und anderer (Ziff. 7.15). Kein neues Unterprogramm, aber *Übung* im Zusammengreifen oft weit voneinander entfernter Wörter zu einem Begleitgefüge oder Anschlußgefüge ist erforderlich für das *Lateinische* (Ziff. 7.41–7.47). Dabei müssen auch immer die *Grenzen der möglichen Genauigkeit* beachtet werden, viel mehr als in den modernen Sprachen.

9 Ein *kompliziertes Ineinander* von *Gleichartigkeit* und damit Übertragbarkeit und von *Andersartigkeit*, die neue Unterprogramme bedingt, besteht bei den *grammatischen Zeiten* der Verben: oft *Wählbarkeit* von *Perfekt oder Präteritum* im Deutschen (Ziff. 5.05), dagegen *klarer Unterschied* von *imparfait* und *passé composé* bzw. passé simple im Französischen (Ziff. 5.21) und von *Imperfekt und Perfekt* im Lateinischen (Ziff. 5.63–5.65) sowie der «*concordance des temps*» im Französischen (Ziff. 5.22) und der consecutio temporum im lateinischen Konjunktiv (Ziff. 5.72).

10 Der *Konjunktiv insgesamt* ist in den vier Sprachen so verschieden ausgeformt und wird in so verschiedener Weise benutzt (man nennt ihn daher auch im Französischen und Englischen «subjonctif – subjunctive»), daß hier jede Übertragung mehr Nachteile als Vorteile mit sich bringt und für jede Fremdsprache ein besonderes Unterprogramm aufgebaut werden muß (Ziff. 5.25 für Französisch, Ziff. 5.44 für Englisch, Ziff. 5.69–5.76 für Lateinisch).

11 Für das Darstellen der *bloßen Denkmöglichkeit*, mit verschiedener Wahrscheinlichkeit des Eintretens, sind teilweise auch neue Unterprogramme erforderlich: im Französischen der Gebrauch des *conditionnel* bzw. nach «*si*» des *imparfait* (Ziff. 5.23), im Englischen die *conditional tenses* bzw. der subjunctive nach «if» (der aber allermeistens gleich lautet wie der Indikativ, Ziff. 5.44–5.46), im Lateinischen das Nebeneinander von Konjunktiv *Präsens* (bzw. *Perfekt*) und Konjunktiv *Imperfekt* (bzw. *Plusquamperfekt*), Ziff. 5.73'C.

12 *Weitgehende Übertragbarkeit* besteht bei den *Passivformen* (Ziff. 6.29–6.36); die nur im Deutschen klar ausgeprägte Unterscheidung «Handlungspassiv – Zustandspassiv» stört beim Erlernen des einheitlichen Passivs in den andern Sprachen überhaupt nicht. Weitgehende Übertragbarkeit besteht für die *Reflexivkonstruktionen* (Ziff. 6.39–6.46).

13 Gut aufeinander beziehbar sind die *Formalstrukturen* für die *Verknüpfung von Propositionen*, als gereihte Teilsätze und als Haupt- und Nebensätze (Ziff. 8.12, 8.20, 8.28); das Ausschalten der speziell deutschen Endstellung der Personalform im Nebensatz ist erfahrungsgemäß überhaupt kein Problem. Einige Mühe kann dagegen erforderlich sein, bis man die typisch lateinische Struktur «*Akkusativ mit Infinitiv*» nicht nur grob inhaltlich versteht, sondern sie *innerlich von der Erstsprache her nachvollziehen* kann. Dazu können gelegentlich auch wörtliche Übersetzungsversuche hilfreich sein, im vollen Bewußtsein, daß man dann nicht «gutes Deutsch» produzieren will, sondern sich die Struktur des lateinischen Originals durchsichtig machen. Auch hier ist also *keineswegs* ein «*Ausschalten*» der Erstsprache gefordert, sondern im Gegenteil ein *bewußtes Vergleichen und in-Beziehung-Setzen*.

14 Als *grundsätzlich über den Einzelsprachen stehend*, als *allgemein-menschlich* sind die Phänomene des *Fragens* zu betrachten (Ziff. 9.01–9.02) und auch die Möglichkeit, eine Frage rein durch die Melodieführung zu signalisieren (Ziff. 9.04). Auch die Signalisierung der Ja-Nein-Frage durch Spitzenstellung der Verb-Personalform ist in allen vier Sprachen möglich, mit den Einschränkungen für das Englische (Ziff. 9.05). Hier kann sich also überall das in der Erstsprache Vertraute mehr oder weniger nahtlos mit dem in der neuen Sprache Geltenden verbinden. Ein größerer und systematisch-bewußtmachender Lernaufwand ist dagegen wohl erforderlich für die richtige Einschätzung (und ggf. eigene Handhabung) der *Fragepartikeln* im *Lateinischen* (Ziff. 9.07), weil man beim Lesen den Frage-Charakter meistens ohnehin erfaßt und daher den Bedeutungsbeitrag dieser Partikeln («*num – an – ne*») leicht vernachlässigt.

15 Als *generelle Möglichkeit, über* den Einzelsprachen stehend, ist wohl auch die *Verneinung* aufzufassen (Ziff. 9.10–9.13). Hier sind aber die Darstellungsmöglichkeiten in den vier Sprachen stärker verschieden als bei der Frage, und man muß sich daher bemühen, die *Verneinungsformen* in der neuen Sprache nicht einfach als genaue Übersetzungen der in der Erstsprache vertrauten zu sehen. Dazu können probeweise verdeutlichende Wiedergaben in der Erstsprache dienen, z. B. «*Pas d'argent*» nicht einfach als «Kein Geld», sondern etwa «*Nichts von/an Geld*». Ähnlich ist das Ineinander von Entsprechung und Verschiedenheit bei den *Einschränkungen*, die man als partielle Verneinungen auffassen kann (Ziff. 9.18–9.19).

16 Die für das Verständnis insgesamt immer wieder grundlegenden *Bedeutungsbeziehungen zwischen ganzen Propositionen* (manchmal auch zwischen dem Kernbestand einer Proposition und einem freier eingefügten Satzglied – oft aber auch zwischen längeren und sehr langen Textstücken) sind in allen vier Sprachen *praktisch völlig äquivalent* vorhanden (Einzelbehandlung in den Teilen 10 und 11, knappe Übersicht in Ziff. 12.68–12.70), dazu das wohl als universal zu betrachtende Prinzip des *Wieder-Aufrufens* einmal genannter Personen und anderer Entitäten (Ziff. 12.75 und 12.81).

Natürlich ist auch hier mit einer besondern formalen Möglichkeit in einer Sprache oft eine Bedeutungsnuance verbunden, die man in den andern Sprachen nicht mit dieser Deutlichkeit signalisieren kann; das gilt vor allem im Bereich «indirektes Anführen von Inhalten des Redens und Denkens» (dazu speziell die Textvergleiche in Ziff. 10.18 und 10.20). Jedenfalls kann man aber *alle hier vorhandenen Bedeutungsbeziehungen* gerade vom Deutschen als Erstsprache her sehr gut erkennen und unterscheiden, und dann kann man von hier aus die entsprechenden Beziehungen in der jeweils neuen Sprache *auch «von innen»* erfassen, samt den dafür vorhandenen Formalstrukturen (bei denen im Lateinischen vor allem die Propositionen mit Infinitiv als Kern wichtig sind und die Setzung von Konjunktiv oder Indikativ in Nebensätzen).

17 Ganz Entsprechendes gilt auch von der Möglichkeit, eine *Person* oder *andere Entität* statt durch Nomen bzw. Begleitgefüge oder Anschlußgefüge durch eine *ganze verbale Proposition* darzustellen, nämlich durch einen *Satzglied-Relativsatz* (Ziff. 12.56–12.60) und die noch viel häufiger genutzte Möglichkeit, eine schon durch einen *nichtverbalen* Ausdruck *im Umriß* dargestellte Person oder andere Entität durch eine *anschließende* verbale Proposition *genauer zu charakterisieren*, manchmal *überhaupt erst eindeutig darzustellen*, durch *Anschluß-Relativsätze* (Ziff. 12.52–12.55). Auch hier können also die in der neuen Sprache zu verwendenden Formalstrukturen *problemlos neben die* in der Erstsprache schon vertrauten Formalstrukturen gestellt werden, und der bisherige Sprachbesitz wird dadurch erweitert, aber in keiner Weise, auch nicht temporär, als störend zurückgeschoben und außer Kraft gesetzt.

A.60 Einzelbedeutungen und verbale Semanteme: komplizierte Verzahnungen, daher oft «Interferenzen»

Die Situation wird nun noch erheblich komplizierter, wenn man vom *grammatischen Bau* zu den *Einzelbedeutungen* und den *einzelnen verbalen Semantemen* übergeht. Die Frage «Was kann dem in der Erstsprache Vorhandenen *praktisch gleichgesetzt* werden – wo muß man das Neue *ausdrücklich* vom in der Erstsprache Vertrauten *abheben*, um es nicht zu verfälschen» ist jetzt *nur noch punktuell* beantwortbar, und die Antwort kann *bei ein und demselben Wort verschieden* sein.

So ist z. B. von den Bedeutungen der deutschen Wörter «Jahr – Tag – Stunde» aus (siehe dazu schon Ziff. 11.02) recht leicht zu erfassen und zu speichern, was «une année – un jour – une heure» bedeutet, bzw. «a year – a day – an hour» bzw. «annus – dies – hora». Dann muß man aber zu «année» sogleich auch lernen, daß man beim Zählen von Jahren *nicht* sagt «sept années» sondern «sept ans» und für «Sie *ist 18 Jahre* alt» nur «Elle *a 18* ans». Sonst wird das Wort «an» nur wenig gebraucht, etwa noch in «le jour de l'an» für «Neujahr(stag)».

Beim genau entsprechenden Nebeneinander von zwei Wortgestalten für «Tag», nämlich «un jour – une journée» ist es aber anders. Hier wird allermeistens das einfache Wort gebraucht, und nur bei besonderer Betonung der Dauer, der Erstreckung wählt man «journée», z. B. «*toute la journée*, den ganzen Tag hindurch» oder «*une journée bien remplie*, ein sehr ausgefüllter Tag» (oder «... Tageslauf»). Daneben gibt es aber auch «*des jours entiers*, ganze Tage hindurch» und kaum *«des journées entières». Ferner verwendet man «*jour*» auch für «*Licht, Helligkeit*», z. B. «Deux fenêtres *laissent entrer le jour* – ... lassen *viel Licht* herein» oder «présenter quelque chose *sous un jour favorable* – sous un *mauvais jour*, etwas in einem *günstigen* oder einem *falschen Licht* hinstellen».

Mit dem deutschen «*Stunde*» kann auch eine *Unterrichtsstunde* gemeint sein, z. B. eine Klavierstunde (und diese dauert oft nicht 60 Minuten, sondern nur 45 oder 30 Minuten). Dafür muß man nun im Französischen das Wort «*leçon*» wählen, «Stunden nehmen» heißt also «prendre des leçons» – und «Cela prend des heures» heißt «Das *beansprucht* Stunden». «De bonne heure» entspricht nicht einem deutschen «zu guter Stunde», sondern heißt «*früh am Tag, zeitig*». Der englische Ausdruck «*after hours*» bedeutet nicht «nach Stunden», sondern «*after the period of regular business*, nach der (durch die vorgeschriebene Anzahl von Stunden fixierten) Arbeitszeit, und «*out of hours*» ist erklärt als «*outside* (before or after) *regular* hours (of duty etc.)». Lateinisch «*hora*» kann auch «*Uhr*» bedeuten (Sonnenuhr, Wasseruhr), z. B. in einer Wendung «mittere aliquem *ad horas*, ihn zu den Sonnen- oder

Wasseruhren schicken» oder «*horae* machinatione *moventur*, die Uhren werden durch eine Maschinerie angetrieben».

Was sich hier schon für verhältnismäßig leicht isolierbare *Einzelbedeutungen* zeigt, bei ganz einfachen Wörtern, gilt noch viel mehr für die Wörter *als feste Bestandstücke* in *verbalen Semantemen*, und zwar nicht nur für die Verben, die den Kern bilden, sondern auch für die Nomen und manchmal auch für die bei einem Präpositionalgefüge schon im Semantem festgelegte Wahl einer bestimmten Präposition.

Auch hier einige Beispiele mit französisch «*jour*»: dem deutschen Semantem «ein Kind *zur Welt bringen*» entspricht das französische Semantem «*donner le jour* à un enfant», und dem deutschen Semantem «*das Licht der Welt erblicken*» für einfaches «geboren werden» entspricht das französische Semantem «*voir le jour*» für «naître». Wie verschieden die Bedeutungsbeiträge ein und desselben Verbs in verschiedenen verbalen Semantemen sein können, zeigt sich besonders anschaulich bei den Semantemen mit «*kommen/venir/come/venire*» (Ziff. 12.19) und mit «*gehen/aller/go/ire*» (Ziff. 12.20), aber auch bei den Semantemen mit «*machen/tun – faire – make/do – facere*» (Ziff. 12.27–12.28) oder mit «*geben/donner/give/dare*» und «*nehmen/prendre/take/sumere*» sowie mit «*fassen, ergreifen – saisir – seize, grip, grasp – prehendere, capere*» (Ziff. 12.29–12.31).

Hier kann sich daher oft ein Übertragen aus der Erstsprache *störend* auswirken, indem man dann zu Formulierungen gelangt, die zwar meistens *verständlich*, aber eben doch *unüblich* oder ausgesprochen *unkorrekt* sind und die daher französischen bzw. englischen Hörern (oder Lesern) mehr oder weniger unangenehm auffallen können (oder sie auch belustigen). Das sind die «*Interferenzen*», die in den Diskussionen der Fremdsprachlehrer seit langem bekannt sind.

Das «Störungsmoment» dabei läßt sich in einem Buch für deutschsprachige Leser am besten zeigen, wenn man nicht nur Beispiele betrachtet, in welchen sich eine unübliche bzw. unkorrekte französische oder englische Formulierung ergeben hat, sondern auch unübliche *deutsche* Formulierungen bei Französisch- oder Englischsprachigen, die Deutsch sprechen. So kann sich bei einem Französischsprachigen z. B. ergeben, wenn er ein Zimmer beschreibt: «Die Fenster *geben* auf den Garten», vom französischen Semantem aus «*donner sur le jardin*» – und ein Deutschsprachiger kann umgekehrt große Heiterkeit erregen, wenn er das deutsche «Sie *gehen* auf den Garten» wiedergibt durch «*Les fenêtres vont au jardin*». Oder noch ein Beispiel mit «*jour* – Tag»: eine Formulierung «Sie hat dieses Werk erstmals *zu Tage gebracht*» (oder «... *zum Tage gebracht*») ausgehend vom französischen Semantem «*mettre un ouvrage au jour*», das gleichbedeutend ist mit «*publier* cet ouvrage».

Es erübrigt sich wohl, hier noch Beispiele von Englischsprachigen vorzuführen – man muß sich nur Fernsehdiskussionen mit Teilnehmern bzw. Teilnehmerinnen aus andern Sprachgebieten aufmerksam anhören und auf die eigenen spontanen Reaktionen dabei achten.

Solches Zustandekommen unüblicher Ausdrucksweisen, die im schlechtesten Fall das Verstandenwerden erschweren, meistens aber harmlos sind und oft die kompetenten Sprachteilhaber belustigen, durch «Interferenzen», d.h. durch störende Auswirkungen des in der Erstsprache Vorhandenen und Vertrauten, läßt sich *sehr schwer vermeiden*, jedenfalls wenn man einigermaßen lebendig und flüssig sprechen will (Genaueres zu diesem ganzen Problem in Ziff. A.67, «Was ist wie wichtig»). *Am allerwenigsten* lassen sich aber die Interferenzen beseitigen durch ein einfaches *Wegschieben*, ein *Ignorieren* des jeweils wirksamen Sprachbesitzes aus der Erstsprache. *Im Gegenteil*: wenn man Interferenzen so weit wie möglich vermeiden will, muß man den jeweils einschlägigen Bereich des Erstsprachbesitzes *ausdrücklich aufrufen* und die in der einen und in der andern Sprache übliche, korrekte Ausdrucksweise *klar nebeneinanderstellen*, die beiden Sprachen hier ausdrücklich *konfrontieren*. Das erfolgt meistens am besten nicht in isolierendem, vorausnehmendem Lernen von «Wörtern» und «Ausdrucksweisen», sondern im Anschluß an das *Lesen* von Texten in der Fremdsprache und im Anschluß an alle *Fehler*, die die Lernenden machen. Solche «Fehler» dürfen *auf keinen Fall negativ* beurteilt werden, sondern als *Zeichen* natürlicher, lebendiger Aneignung der neuen Sprache *begrüßt* – zugleich aber auch durch entsprechende Klärungen für das weitere Sprechen/Schreiben *nach Möglichkeit ausgeschaltet*.

Eine *Produktion* von Interferenzen und damit Störungen (im Verstehen und im eigenen Sprechen/Schreiben der Lernenden) kann sich besonders leicht ergeben, wenn man die *Wörter* der neuen Sprache *isoliert* lernt und in einem Wörterheft *nur jeweils ein Wort* der neuen Sprache mit einem oder zwei Wörtern der Erstsprache verbindet, also z. B. beim Französischlernen «*sortir – ausgehen*» oder beim Lateinlernen «*agere, treiben, handeln*». Viel ertragreicher (wenn auch im Anfang etwas aufwendiger) ist es, wenn man *sofort ganze verbale Wortketten* oder auch ganze finite Propositionen aufschreibt und sich einprägt (siehe schon Ziff. 3.10 und 3.11), also z. B.: «*sortir de la maison*, aus dem Haus gehen – *sortir un cheval de l'écurie*, ein Pferd aus dem Stall holen» oder schon im Anfänger-Lateinunterricht: «*asellum agere*, ein Eselchen (vor sich hin) treiben – *nihil agere*, nichts tun («nichts treiben») – *fabulam agere*, ein Theaterstück («eine dramatisierte Fabel») aufführen (daher «Akt» als Einheit in Theaterstücken) – *cum plebe de reditu agere*, mit den Plebeiern über ihre Rückkehr (in die Stadt) verhandeln, *ille iuste agit/egit*, jener handelt/handelte gerecht». Auf diese Weise prägen sich die Lernenden *sogleich ganze verbale Semanteme* ein (auch wenn man noch keineswegs diesen Fachausdruck verwendet), und die Zuordnungen der neuen Wörter und ganzen Wortketten zu den in der Erstsprache dafür vorhandenen werden *sehr viel besser* und *sicherer*.

Ein Klären und Lernen *eines einzelnen* Wortes, *ohne Einbettung* in ein verbales Semantem, kann aber *sehr sinnvoll* sein, wenn es sich um Nomen (oder auch Adjektive) handelt, die in der betreffenden Sprache *besonders eng* mit der *Gesamtkultur*, dem Staatsleben, den Idealen des (damaligen oder heutigen) Sprachvolkes verbunden sind. Beispiele wären etwa «*humanitas*» im Lateinischen, oder «*otium*», nämlich «Zeit für freie, selbstgewählte Tätigkeit» gegenüber «*negotium*», nämlich «pflichtgemäß ausgeführte Tätigkeit, Geschäft» usw.

> Beispiele aus dem Englischen: «*gentleman*, man who shows consideration for the feelings of others, who is honourable and courteous» oder «*gentry*, people of good social position next below the nobility» (mit Hinweis auf die englische Gesellschaftsstruktur). Beispiel aus dem Französischen: «*les sciences*, die Naturwissenschaften, *sciences exactes*, les différentes branches des mathématiques, *sciences humaines*, sciences qui ont pour objet de connaissance les différents aspects de l'homme et de la société, comme l'histoire, la sociologie etc.» Ein Beispiel aus dem Bereich der politischen Institutionen ist «*senatus – sénat – senate – Senat*»; hier hängt die verschiedene Bedeutung *gar nicht von der Sprache* ab, sondern ist *von Staat zu Staat* verschieden und je nach Institution (römischer Senat – Senat in USA – Senat in Italien – Senat=Stadtregierung in Berlin, Hamburg, Bremen, Senate bei Gerichten, in Universitäten und andern wissenschaftlichen Einrichtungen).

A.61 Rückwirkungen neu erlernter Sprachen auf die Erstsprache

Von jeder neu erlernten Sprache gehen gewisse *Rückwirkungen* auf die Erstsprache (bzw. die bisher erlernten Sprachen) in den betreffenden Sprachteilhabern aus. Man faßt vielleicht einzelne Bedeutungen etwas anders auf, man bevorzugt oder meidet gewisse Ausdrucksweisen, man sieht insgesamt die Erstsprache mit etwas anderen Augen.

Solche Rückwirkungen sind im einzelnen *sehr schwer nachzuweisen*, sie *existieren* aber, und man muß mit ihnen rechnen. In der Entwicklung gerade der modernen europäischen Sprachen haben die Rückwirkungen aus den Latein-Kenntnissen, die die meisten Angehörigen der kulturell führenden Schichten besaßen, eine nicht zu vernachlässigende Rolle gespielt, weil das Lateinische als Sprache der höheren Bildung ein besonderes Prestige besaß. Die Entwicklung des Deutschen in althochdeutscher Zeit und auch wieder im 16. und 17. Jahrhundert ist ohne eine Rechenschaft von solchen Rückwirkungen nicht zu verstehen, und Entsprechendes gilt für das Französische (wo die Rechtschreibung mancher Wörter noch heute daran erinnert, z. B. «doigt» für «Finger», wegen des lateinischen «digitus») und im Englischen, besonders im 16. und 17. und noch im 18. Jahrhundert. Der *Nachweis* solcher Rückwirkungen ist eine Sache der Sprachgeschichtsschreibung, aber die *Einsicht in diese Möglichkeit* gehört grundsätzlich dazu, wenn man sich ein klares Bild vom Erwerb von Bedeutungen und Wortgestalten machen will, in der Erstsprache und in den anschließend gelernten Fremdsprachen.

A.62 Einheitliche Bedeutungen – umstrittene Anwendung im Einzelfall

Wenn man von der Einheitlichkeit oder Verschiedenheit, der klaren Begrenzung oder der Offenheit von Bedeutungen spricht, muß man in allen Sprachen (im individuellen Sprachbesitz wie in der Sprache als überpersönlichem Bestand) nicht selten *unterscheiden*, ob eine jeweils verwendete *Bedeutung* nicht einheitlich ist (wie etwa «Planung» und «unhistorisch» in Ziff. A.54, S. 849–850) oder ob die *Bedeutung klar* und einheitlich ist, aber die *Anwendung* auf den jeweiligen Einzelfall umstritten. Wenn z. B. jemand sagt: «Dort sieht man weit oben *drei* Häuser» und ein anderer ihn korrigiert «Nein, es sind nur *zwei* Häuser», so geht das rein auf die nicht genau genug mögliche Wahrnehmung zurück – die *Bedeutungen* von «drei» und «zwei» sind für beide Gesprächspartner absolut *gleich und identisch*.

Eine sehr große Rolle spielt diese Unterscheidung im gesamten *Rechtswesen*. In den Gesetzen, auf Grund deren die Richter urteilen, sind alle zu bewertenden Tatbestände so genau festgelegt, wie es eben in einem nicht unendlich langen Text geht. Wenn also ein *Staatsanwalt* eine Tat als «*Mord*», ein *Verteidiger* aber die gleiche Tat als «*Totschlag im Affekt*» bezeichnet, so sind die *Bedeutungen* dieser zwei Fachausdrücke bei beiden *genau dieselben*. Aber die *Anwendung auf den Einzelfall* ist verschieden (und das ergibt sich oft aus der verschiedenen *Aufgabe*, die Staatsanwälte und Verteidiger in der Rechtspflege wahrzunehmen haben).

Solche Erscheinungen sind hier nicht weiter zu behandeln, aber man muß sie bedenken, wenn man den Erwerb und die Verwendung von Bedeutungen, in Erstsprache und Fremdsprachen, angemessen beurteilen will.

A.63 Für alle vier Sprachen weitgehend gleich: kommunikativ-pragmatische Strategien, literarische Muster

Die *Strategien für das Textschaffen* und die damit gegebenen *Verstehensgewohnheiten*, speziell auch *Lesegewohnheiten* sind *nichts für eine Einzelsprache Typisches*, sie fußen auf *kulturellen Erfahrungen* und *kulturellem Austausch*, und sie sind daher, jedenfalls für alle modernen Sprachen im Rahmen der von Europa ausgehenden Zivilisation, *dieselben*. Sie sind freilich großenteils *im Rahmen einer Sprache entstanden*: z. B. in der griechischen Kultur der Begriff des Epos und ebenso der Begriff der Fabel, der kurzen Lehr-Erzählung in Prosa, seit dem sagenhaften Äsop, dann in der athenischen Hochkultur das Drama, in der Zeit des Hellenismus der Roman.

Entsprechendes gilt für die Weiterentwicklung der *literarischen Formen*, der *Metrik*, der *Stile*, seit der ersten Übernahme und Weiterentwicklung des griechischen Erbes in der lateinischen Literatur. Um nur ganz wenige Namen zu nennen, durch die Jahrhunderte und die verschiedenen Sprachen hindurch: Chrétien de Troyes (ca. 1150−1190), Dante Alighieri (1265−1321), Francesco Petrarca (1304−1374), William Shakespeare (1564−1616), Joost van den Vondel (1587−1679), Pedro Calderón della Barca (1600−1681), Pierre Corneille (1606−1684), Jean de la Fontaine (1621−1695), Jean Racine (1639−1699), Gotthold Ephraim Lessing (1729−1781), Johann Wolfgang Goethe (1749−1832), Friedrich Schiller (1759−1805), Gustave Flaubert (1821−1880), Henrik Ibsen (1828−1906), Arthur Schnitzler (1862−1931), James Joyce (1882-1941), Bertolt Brecht (1898−1956), Max Frisch (1911−1991), Eugène Ionesco (1912), Friedrich Dürrenmatt (1922−1991). Alle diese Autoren schrieben *in einer bestimmten Sprache*, aber ihre Texte, vor allem die dramatischen, wurden sehr schnell in die andern Sprachen *übersetzt*, und was sie an neuen Darstellungs- und Ausdrucksmitteln entwickelt hatten, wurde damit bald zum *Gemeingut aller Literaturen*.

Alle diese Darstellungsmöglichkeiten sind auch nahtlos anzuschließen an die *grundlegenden Verknüpfungsmöglichkeiten* für Propositionen und größere und große Textstücke, die in Ziff. 12.75−12.81 zusammengestellt sind. Sie bilden damit, in größerem oder kleinerem Maß, je nach den literarischen Interessen und Erfahrungen, einen *wichtigen Teil* der *individuellen Sprachkompetenzen* aller heutigen Leser, Theaterbesucher, Filmbesucher und Fernsehzuschauer, wenn auch nicht für deren eigenes Sprechen und Schreiben, sondern primär für das Hörverstehen und Leseverstehen.

An diese zum Teil ziemlich festen, zum Teil aber auch sehr offenen «Textmuster» schließen sich nun ohne scharfe Abgrenzung die *Strategien für Textaufbau und Gedankenführung überhaupt*, die ihrerseits in engstem Zusammenhang stehen mit den Strategien für *Handeln überhaupt* (das Denken hat sich weitgehend aus dem Handeln und handelnden Probieren entwickelt) und auf der andern Seite mit den *Strategien des Verstehens*, Strategien für die *Beurteilung von Situationen* in den verschiedenen Lebens-Bereichen.

Alles das ist für die gesamte Sprachverwendung *zentral*, und es ist für alle vier Sprachen, die in diesem Buch behandelt sind, *praktisch völlig gleich* vorhanden und wirksam. Zum Zusammenhang solcher Strategien («eingespielten Denk- und Handlungsmöglichkeiten») mit dem *Person-Kern überhaupt*, mit dem «Ich» der Personen, die jeweils ihre Sprachen in den verschiedenen Situationen verwenden, siehe Ziff. A.70 und A.80.

A.64 Wörtliche Bedeutung, wörtliches Verstehen − übertragenes Verstehen, bildlich, metaphorisch

Eine Unterscheidung, die im Einzelfall oft nicht leicht zu machen ist, die aber in allen Sprachen wichtig ist, vom Auffassen einzelner Wörter und Wendungen bis zum

Verständnis ganzer Texte, ist die Unterscheidung zwischen «*wörtlich*» und «*bildlich, metaphorisch*». Sie ist hier zunächst für das Verständnis von Wörtern und Wendungen zu behandeln – für ihre Auswirkungen beim Textverstehen insgesamt, im großen, siehe Ziff. A.76, Nebeneinander von wörtlichem und von bildlichem, metaphorischem Verständnis.

Die Unterscheidung ist am leichtesten faßbar bei den sogenannten «bildlichen Wendungen», z. B. «zum Rückzug *blasen – battre* en retraite – *sound* the retreat». Diese drei Wendungen sind einmal entstanden aus der Gewohnheit, daß bei kriegerischen Unternehmungen die Soldaten durch Signale mit Trompete oder Trommel aufgefordert wurden, jetzt den Rückzug anzutreten, sich vom Feind zu lösen. Heute denkt man aber kaum mehr an diesen bildlichen Hintergrund, also an das *Blasen* von Trompeten oder das *Rühren* von Trommeln, wenn man etwa als Kommentar zu einem Rechtsstreit formuliert: «Daraufhin mußte die Gegenpartei *zum Rückzug blasen*» oder «Sur cela, il leur fallait *battre en retraite*».

> In allen modernen Sprachen finden sich Hunderte, wenn nicht Tausende solcher Wendungen. Sie stammen keineswegs alle aus früherer Zeit, sondern auch aus noch heute aktueller Technik, z. B. «*Gas geben*» für «das Tempo bei einer Arbeit, einer Unternehmung beschleunigen» oder «*auf die Bremse treten*» für «eine unerwünschte Entwicklung zu verhindern oder mindestens zu verlangsamen versuchen».
>
> Solche «bildlichen Wendungen» werden sehr oft *ganz automatisch richtig verstanden*, aus dem *Zusammenhang* heraus, und das lernende Kind denkt dann ebenso wenig an die wörtliche Bedeutung wie ein Erwachsener, wenn er etwa sagt: «Die haben den armen Mann mächtig *übers Ohr gehauen*» für «sie haben ihn *schamlos betrogen*». Es kann aber durchaus sein, daß ein Schulkind, das in einem Gespräch von Erwachsenen eine solche Wendung hört, das zunächst wörtlich versteht und dann etwa fragt: «*Mit was* haben sie ihn über die Ohren gehauen? Mit einem *Stecken*?»

Oft kann man sich fragen, *wie weit* eine solche Wendung noch als «bildlich gesprochen», als «metaphorisch» aufgefaßt wird und wie weit man sie einfach als einen mehrwortigen, zusammengesetzten Ausdruck ansieht, einen Ausdruck, dessen *semantischen Innenbau* man *gar nicht* (oder: gar nicht *mehr*) beachtet.

Für das *Verstehen des jeweils Gemeinten* ist es allermeistens *völlig unerheblich*, ob jemand z. B. bei «Sie hat hier *den kürzeren gezogen*» an das Ziehen von Losen denkt (wobei der längere Stab oder Papierstreifen gleich «Erfolg» ist und der kürzere gleich «Mißerfolg») oder ob einfach verstanden wird: «Sie hat *nicht erreicht*, was sie gern erreicht hätte (und vielleicht auch verdient hätte)» oder auch (was an sich auch metaphorisch ist, aber wohl von den meisten ganz neutral verstanden wird, nicht als ein räumliches «Wegkommen»): «Sie ist hier *schlecht weggekommen*».

Ein anderes Beispiel: Bei «Hier müssen wir *Alarm schlagen*» können die Verstehenden aus dem Verb «schlagen» und aus ihren geschichtlichen Kenntnissen das Bild einer Trommel entnehmen, mit der früher im Militärwesen die ausruhenden, oft zerstreuten Soldaten zu sofortiger Sammlung aufgerufen wurden. Der gleiche Satz kann aber auch einfach verstanden werden als: «Hier müssen wir *die andern aufmerksam machen*, daß eine Gefahr besteht und daß etwas unternommen werden muß, um dieser Gefahr zu begegnen». Noch einige Beispiele für das Vorhandensein eines *relativ eindeutigen* Bildhintergrunds, der wohl von den meisten Sprachteilhabern gesehen/empfunden wird:

> «*Im Trüben fischen*» (wenn das Wasser trüb ist, können die Fische die Gefahr nicht sehen) – «*sich aufs hohe Roß setzen*» (eine Imponier-Haltung annehmen wie jemand, der hoch auf einem Pferd sitzt und auf die Fußgänger heruntersieht) – «*die Zügel schleifen lassen*» (beim Reiten oder Fahren die Zügel nicht mehr richtig in der Hand halten).

Dagegen ein Beispiel, bei welchem sich erfahrungsgemäß verschiedene Sprachteilhaber (wenn überhaupt) recht verschiedene Handlungs-Hintergründe ausmalen:

«*Mit der Stange im Nebel herumfahren*» (für: sich auf irgend einem Gebiet tastend bewegen, ohne klare Sicht nach etwas suchen). Hier können Bildhintergründe auftreten (und bei Befragung genannt werden) wie «Jemand *geht* im Nebel in zerklüftetem Gelände und *tastet mit einer Art Sondierstange* den vor ihm liegenden Bereich ab» oder «Jemand *fährt* im Nebel mit einem Schiff auf einem engen Wasserweg und *tastet mit einer Stange das Ufer* ab» oder «Jemand versucht im Kampf einen andern mit einem Speer, einer Lanze zu treffen, aber wegen ungenauer Sicht kann er nur aufs Geratewohl zustoßen».

Man kommt hier also zu einem ganz ähnlichen Ergebnis wie bei der Betrachtung der Situierung im Raum und in Bewegungs-Netzen und dem Übergang vom anschaulichen, dreidimensionalen Raum zu abstrakten Räumen: Bei der *Darstellung von Lebensprozessen* und *Gestimmtheiten* ist oft ein «*räumlicher Bildhintergrund*» aufweisbar, nämlich eine Situierung «*innen*» oder «*außen*» (Ziff. 11.47–11.49), ebenso bei der Situierung in *sozialen* Räumen, in «*Herrschafts-Räumen*» mit Hilfe von Kennzeichnungen wie «*oben – unten*» oder «*vorn*» (Ziff. 11.45), und auch bei Verben wie «geben/nehmen//decken/entblößen//binden/befreien» ist oft ein solcher räumlicher Bildhintergrund aufweisbar (Ziff. 11.46). Aber *alle diese Bildhintergründe* sind zwar *aufweisbar*, aber *nicht verbindlich*. Sie *können* für Sprecher/Schreiber wie für Hörer/Leser wirksam sein, sie *müssen* es aber *nicht*. Man kann auch *ausschließlich* auf die signalisierte (die «reine») *Bedeutung selbst* achten und den *möglichen* Bildhintergrund aus dem anschaulichen Raum und den anschaulichen Bewegungen *gar nicht beachten, gar nicht wahrnehmen* (Ziff. 11.54).

So gesehen kann man vielleicht annehmen (beweisen läßt sich das nicht, weil unsere ältesten Texte längst nicht so weit zurückgehen), daß (jedenfalls außerhalb von Eigennamen) in einem Anfangsstadium der Sprachentwicklung *nur* die Bedeutungen für *räumliche Situierung* und für *Darstellung von Bewegungen* «*wörtlich*» aufzufassen waren und *die meisten andern* Bedeutungen mit Hilfe dieser ersten, raumbezogenen Bedeutungen *aufgebaut* wurden und also zunächst «*bildlich, metaphorisch*» waren, bis sie dann allmählich diesen metaphorischen Charakter *verloren*, in einem *Abstraktionsprozeß*, und zu «*reinen*» Bedeutungen wurden.

Wie dem auch sei, *etwas* von «Metaphorik» *durchzieht* offenbar den ganzen Sprachbau, und eine *scharfe Grenze* zwischen «übertragen, metaphorisch» und «rein, abstrakt, wörtlich» läßt sich *nicht ziehen* – ja es hat *wenig Sinn, das auch nur zu versuchen*.

A/IV Sprachverwendung und Kommunikation, Arten von Kommunikation – Ziele bei der Sprachverwendung
– relative Wichtigkeit von Teilbereichen, je nach Ziel
– Wahrheitsansprüche, auch bei fiktionalen Texten
– Komponenten beim Textverstehen
– Sprachverwendung und Person-Identität, abschließende Beispiel-Analyse

A.65 Arten von Kommunikation, auch ohne Sprachverwendung

Man kann wohl sagen, daß das erste Ziel alles Spracherwerbs, im Kleinkindalter und später, in Erstsprache und Fremdsprachen darin besteht, daß man mit andern *in Kommunikation treten* möchte: man möchte den andern etwas *mitteilen*, sie zu etwas *auffordern*, sie etwas *fragen*, sie von etwas *abhalten*, und man möchte *verstehen*, was andere zu einem sagen oder was sie geschrieben haben.

Dabei kann man unterscheiden zwischen *Wechselkommunikation* und *Einwegkommunikation*:

– *Wechselkommunikation* liegt vor, wenn ein *Hörender* jederzeit auch *zum Sprechenden* werden kann und dann der vorher Sprechende zum Zuhörer wird; eine «verzögerte Wechselkommunikation» ergibt sich bei einem *Briefwechsel*, wenn jeder Beteiligte *einmal* der *Schreibende* ist und *einmal* der *Lesende* dessen, was der andere geschrieben hat.

– *Einwegkommunikation* liegt vor, wenn ein solcher «Rollenwechsel» *nicht möglich* ist. Wenn jemand den Fernsehapparat einstellt oder das Rundfunkgerät und eine Sendung hört, kann er zwar auch etwas zu dem sagen, was er hört, z. B. zu andern Anwesenden, die mit ihm zusammen die gleiche Sendung sehen/hören, oder auch zu sich selbst – aber *diejenigen*, die in dieser Sendung *gesprochen haben*, werden durch solches Sprechen beim Hören/Sehen *nicht erreicht*; sie sitzen (oder saßen) weit weg im Studio. Wenn man sie erreichen will, muß man ihnen einen Brief schreiben. Und wenn man etwas *liest*, in der Zeitung, einer Zeitschrift, einem Buch (oder auch beim Fernsehen die eingeblendeten Textstreifen, Namen usw.), kann man sprechend auf das Gelesene *reagieren*, aber die *Verfasser* der geschriebenen/gedruckten/gesendeten Texte erreicht man durch das Sprechen *nicht*; bei manchen Büchern, die man liest, leben die Verfasser ohnehin schon lang nicht mehr.

– *Einwegkommunikation durch Schreiben* (als «Sender») liegt generell bei der Tätigkeit von Schriftstellern, Journalisten, Autoren von Sachbüchern usw. vor. Zwar stellt man sich als Autor auch bei solchem Schreiben oft die Leser vor, oder sogar einen bestimmten Leser oder eine bestimmte Leserin. Man führt vielleicht sogar in «innerem Sprechen» ein Gespräch mit solchen Lesern/Leserinnen, aber *wirklich* kommunizieren kann man mit ihnen *nicht* – vielleicht erfolgt das dann viel später, wenn das betreffende Buch erschienen und gelesen worden ist. Ganz ebenso führt man *beim Lesen* als Leser/Leserin nicht selten eine Art «inneres Gespräch» mit dem Autor (z. B. wenn man mit etwas Gelesenem nicht einverstanden ist) – aber davon *merkt* der Autor, mit dem man in «innerem Sprechen» ein Gespräch führt, *gar nichts*.

Insgesamt darf man aus dem Fachausdruck «Einwegkommunikation als Leser» *nicht* irgend eine *Passivitität* herauslesen wollen – Lesen kann etwas außerordentlich *Aktives* sein.

Kommunikation ist grundsätzlich auch *ohne Sprachverwendung* möglich, und oft ist ein nichtsprachliches Kommunizieren mit sprachlichem *verbunden*, z. B. wenn man in einem Gespräch das Gesagte durch *Gesten* begleitet und unterstützt. Durch das *Wechseln von Blicken* ist aber auch eine manchmal recht intensive Wechselkommunikation ganz ohne Sprache möglich. *Nichtsprachliche Einwegkommunikation* als *Aufnehmender* (rein als «Empfänger») liegt vor, wenn man Verkehrszeichen, Piktogramme usw. «*liest*» und insgesamt, wenn man durch *Sehen/Hören/Beobachten ohne Sprachvermittlung* Informationen aus der Umwelt aufnimmt.

Neben dem ganzen Gebrauch von Sprache (oder besser: von Sprachen) in der *Kommunikation* steht nun mit oft nicht geringerem Gewicht der Gebrauch von Sprache in «*person-interner Sprachverwendung*», im «*inneren Sprechen*» (dazu schon Ziff. A.25–A.27 und weiterhin Ziff. A.66, A.70). Man könnte hier auch von «*Kommunikation mit sich selbst*» sprechen, aber dadurch würde der Begriff «Kommunikation» wohl doch etwas zu sehr ausgedehnt.

A.66 Eine Systematik der möglichen Ziele von Sprachverwendung, erstrebte «Erträge»

Man kann die *Ziele*, die sich durch die verschiedenen Akte der Sprachverwendung anstreben und erreichen lassen, in der folgenden Systematik ordnen. Dabei ist schon im voraus zu bemerken, daß oft durch den *gleichen* Sprachverwendungs-Akt *zwei oder mehr* der unten systematisch unterschiedenen Ziele *zugleich* angestrebt (und ggf. erreicht) werden.

Die *Formulierungen* für die Ziele (die «erstrebten Erträge») sind in Ich-Form gegeben, weil das am einfachsten und eindeutigsten ist. Mit «ich» ist also im folgenden immer *die Person* gemeint, die den jeweiligen Sprachverwendungs-Akt *vollzieht*, d. h. die etwas sagt, innerlich spricht, dem Sprechen anderer zuhört, etwas schreibt, etwas Geschriebenes/Gedrucktes zur Hand nimmt und zu lesen beginnt, einen Fernseh-Sender einstellt usw.

1 Ich möchte das *Verhalten/Handeln* der von mir (mündlich oder schriftlich) Angesprochenen *beeinflussen, steuern, verändern*; ich möchte, daß die Angesprochenen etwas Bestimmtes *tun* oder *unterlassen*, daß sie etwas in *dieser oder jener Weise* tun, daß sie sich *so oder so verhalten*.

Ob und wie weit ich dieses Ziel erreiche, wird weitgehend «*von außen*» feststellbar, indem sich das gewünschte Verhalten usw. bei den Angesprochenen *wirklich einstellt*; daher die Wahl des Fachausdrucks: «*Außenertrag* bei *andern*, den *Angesprochenen*».

2 Ich möchte (nur) *im Innern* der von mir Angesprochenen etwas bewirken, den *Wissensbesitz* und/oder die *Gestimmtheit* usw. verändern oder bestätigen, festigen. Ich möchte also, daß die Angesprochenen *Kenntnis nehmen* von dem, was ich sage, daß sie etwas in ihren *Informationsbesitz aufnehmen*, daß sie an *meinem* Denken, *meiner* Gestimmtheit *Anteil nehmen*, daß sie *ihre eigene* Gestimmtheit von mir *bestätigen, festigen* oder *verändern* lassen (z. B.: sich von mir *trösten* lassen) oder daß sie *zur Kenntnis* nehmen, daß ich mit ihrem Verhalten/Handeln *nicht einverstanden* bin (auch wenn ich keineswegs eine materiale Veränderung verlange oder auch nur erwarte).

Ob und wie weit ich dieses Ziel erreiche, wird *meistens nicht direkt sichtbar*. Ich muß es aus *Anzeichen* erschließen (z. B. aus dem Gesichtsausdruck), evtl. erfahre ich etwas davon durch sprachliche Reaktionen der Angesprochenen.

Fachausdruck, der hier geeignet erscheint: «*Innenertrag* bei *andern*, den *Angesprochenen*».

3 Ich möchte durch meine Sprachverwendung *ein eigenes Handeln steuern*, kontrollieren, besser ablaufen lassen. Ich *begleite* also mein Handeln durch mein Sprechen (laut werdend, auch und gerade wenn ich allein bin, oder nur in «innerem Sprechen»), indem ich z. B. *laufend verbalisiere*: «Jetzt kommt *dieser* Handgriff, jetzt muß ich *das und das* tun, damit alles richtig läuft» usw. Ein besonders gut beobachtbares Beispiel: das *laute Zählen*, wenn man eine bestimmte Summe Geld zurechtlegen, jemandem auszahlen, in Empfang nehmen soll. Wenn das in Wechselkommunikations-Kontakt erfolgt (z. B. durch einen Bankkassier oder Postbeamten) dient das laute Zählen *gleichzeitig* der *eigenen* Kontrolle der bereitzustellenden Summe wie der Kontrolle/Bestätigung *durch den Empfänger*.

Wie weit ich dieses Ziel erreiche, merke ich *an mir selbst* (ob/daß mir z. B. etwas, das ich tue, *leichter von der Hand geht*, wenn ich es sprechend begleite), und oft erkenne ich es aus dem Handlungs*erfolg*, also «von außen».

Ein geeignet erscheinender Fachausdruck dafür: «*Außenertrag* für *mich selbst*»

4 Ich möchte *meine eigene Gestimmtheit* beeinflussen. Ich möchte eine *positive* Gestimmtheit, ein Glücksgefühl usw. *bestätigen und festigen*, indem ich z. B. einen erfreulichen Brief nochmals lese. Oft möchte ich mich einfach *unterhalten*, möchte durch Teilhabe an etwas, das ich durch Lesen oder Hören (oder Fernsehen) erfahre, *Spannung und Entspannung* erleben. Oder ich möchte meinen *Informationsbesitz vermehren*, indem ich etwas *lese* – oder ich möchte aus einer *gedrückten Stimmung herauskommen*, indem ich sie *verbalisiere*, mir ihre *Ursachen* klar mache, indem ich «mir selber zurede» usw.

Ob und wie weit ich diese Ziele erreiche, merke ich *an mir selber* (wenn ich Wert darauf lege, mir das überhaupt bewußt zu machen).

Ein geeignet scheinender Fachausdruck dafür: «*Innenertrag* für *mich selbst*», für *das eigene «Ich»*.

Mit vielen Sprachverwendungsakten werden, wie schon einleitend gesagt, im *gleichen Moment verschiedene* von diesen Zielen angestrebt. Wenn ich jemanden bitte, das und das zu tun, muß ich zuerst einen *Innenertrag* in ihm erreichen, nämlich daß er meine

Bitte akzeptiert und sich zum Handeln entschließt, und daran schließt sich dann sein tatsächliches Handeln, also der von mir erstrebte *Außenertrag*. Daß es *mir gelingt*, die Erfüllung meiner Bitte zu erreichen, bringt zugleich einen *Innenertrag für mich selbst* mit sich, nämlich daß ich zufrieden bin, und einen *Außenertrag* für mich, nämlich daß geschieht, was ich gewünscht habe.

Ferner kann *jedes* der hier genannten Ziele durch *verschiedene Arten von Kommunikation* angestrebt werden. Einen Innen- und *Außenertrag* bei den *andern*, den Angesprochenen, kann ich durch *Wechselkommunikation* erreichen oder durch *Einwegkommunikation-schreibend* (z. B. durch ein Inserat, einen Aufruf in der Zeitung usw.) oder durch *Einwegkommunikation-sprechend* (z. B. durch eine öffentliche Rede, in der ich zu etwas auffordere). Für einen *Innenertrag für mich selbst* verwende ich wohl allermeistens *Einwegkommunikation-aufnehmend*, indem ich z. B. eine Anleitung lese oder bei einem Ausstellungs-Besuch mir die gewünschten Informationen durch Kopfhörer ab Tonband geben lasse. Für den Innenertrag «*Unterhaltung, Zeitvertreib, Spannung und Entspannung erfahren*» verwende ich ebenfalls sehr oft Einwegkommunikation-aufnehmend, indem ich etwas *lese* oder *Fernsehen* oder *Radio* einschalte. Ich kann aber alle diese Ziele *auch in Wechselkommunikation* zu erreichen versuchen, indem ich von andern *Auskunft* erbitte, eine *Anleitung* erbitte oder indem ich einfach mit andern in ein Plauder-Gespräch komme, oder indem ich sie motiviere, mir etwas zu erzählen, was sie erlebt haben usw. Wenn ich von meiner schlechten inneren Verfassung spreche, kann ich in Wechselkommunikation auch den Ertrag «mich trösten lassen» erreichen. *Innen-* und *Außen*erträge *für mich selbst* erreiche ich ferner sehr oft durch *person-interne Sprachverwendung*, durch «inneres Sprechen», indem ich mein Handeln durch laufendes begleitendes Sprechen erleichtere und kontrolliere, indem ich mir selber zurede usw. Sehr wichtig für Innenerträge für mich selbst, denen dann oft nach kürzerer oder längerer Zeit auch ggf. sehr wichtige Außenerträge folgen, für mich und ggf. für andere, ist das *Rekapitulieren* gelaufener Gespräche und gelaufener Handlungen in «innerem Sprechen» (Ziff. A.26) und das *Vorbereiten kommender* Gespräche und ganzer kommender Handlungsreihen, indem ich diese in «innerem Sprechen» schon einmal entwerfe, sie in Gedanken ablaufen lasse, sie dadurch strukturiere und ggf. im Detail vorbereite und ggf. auch durch Notizen («schreiben für mich selbst») festhalte (Ziff. A.27).

A.67 Relative Wichtigkeit normgerechter Verwendung in den Teilbereichen, je nach Ziel und Situation

Für das *Erreichen* der verschiedenen Ziele ist nun der «*Perfektionsgrad*» in den verschiedenen Teilbereichen der Sprachen *keineswegs gleicherweise* wichtig, und der *Normierungsgrad selbst* ist je nach Teilbereich *sehr verschieden*. Er ist *am höchsten* bei den *graphischen Wortgestalten* (in der «Rechtschreibung»), am *wenigsten hoch* bei den grundlegenden Verknüpfungsweisen für Propositionen und längere Textstücke (Ziff. 12.75–12.81) und bei den *Strategien* des Textschaffens, den Textmustern, die grundsätzlich oberhalb der Einzelsprachen zu sehen sind (Ziff. A.63).

Es ist daher nützlich, wenn man sich klar macht, für *welche* Bereiche jeweils eine *möglichst hohe* Perfektion angestrebt werden soll und in welchen Bereichen die Perfektion für den gewünschten Erfolg *zweit-* oder *drittrangig* ist oder im Extremfall *überhaupt keine Rolle* spielt.

Rechtschreibung
Man beginnt diese Analyse am besten mit dem Teilbereich, der in der geschichtlichen Entwicklung der Sprachen wie im individuellen Spracherwerb *zuletzt* zu den andern Bereichen tritt und zugleich den höchsten Normierungsgrad aufweist: das ist der Teilbereich «Graphische Wortgestalten», bei dem die Normierung schon im Namen «*Recht*-Schreibung» ganz deutlich wird.

Heute hat nämlich nicht nur die *Sprache als solche* in *geschriebener* Gestalt ein besonderes Prestige (siehe Ziff. A.33), sondern speziell auch die *Schreibung der Wortgestalten* und das normgerechte Setzen der *Kommas* und weiteren Satzzeichen innerhalb der Sätze (Ziff. 2.09–2.16). In der Öffentlichkeit besteht weitgehend das Vorurteil – trotz der immer wieder neuen relativierenden Aussagen aller Fachleute –, daß ein *Nicht*-Beherrschen der *Rechtschreibung* ein Anzeichen von *intellektueller Schwäche*, von *Dummheit* sei und daß man daher nicht nur die gesamte Sprachfähigkeit, sondern geradezu die Intelligenz eines Menschen danach beurteilen könne, wie weit er Texte ohne Rechtschreibfehler zu schreiben in der Lage ist.

> Die Hoch- und Überschätzung einer «korrekten», einheitlichen Rechtschreibung hat sich für das *Deutsche* vor allem in der Zeit seit etwa 1870 entwickelt, im Zusammenhang mit der staatlichen Einigung Deutschlands (zweites Kaiserreich, proklamiert in Versailles nach dem Sieg über Frankreich im deutsch-französischen Krieg), mit der wachsenden *Industrialisierung*, die lauter genau gleiche Produkte lieferte und für die Bedienung der Maschinen lauter gleichartige, weitgehend genormte Handgriffe erforderte, und nicht zuletzt mit der beherrschenden Rolle des gesamten *Militärwesens*, mit der Betonung des korrekten Tragens der Uniform und der Einheitlichkeit aller Bewegungen, welche die Soldaten auszuführen hatten (totale Einheitlichkeit der «Griffe» in einer ganzen Kompanie als Gradmesser für die Disziplin und die Tüchtigkeit dieser Kompanie).

Nun ist eine *einheitliche Schreibung aller Wörter* tatsächlich aus verschiedenen Gründen *sehr praktisch* und sehr wichtig – und sie wurde im Französischen und Englischen, aber auch für das Lateinische schon erheblich früher erreicht als für das Deutsche. Das *automatisierte Identifizieren* aller graphischen Wortgestalten und das ebenso automatisierte *Abrufen* der *Bedeutungsseiten* (Ziff. A.38), sei es direkt oder auf dem Weg über die phonischen Wortgestalten (siehe die drei Zuordnungsweisen in Ziff. A.36) wird jedesmal in geringerem oder stärkerem Grad *beeinträchtigt* und *verlangsamt*, wenn man *nicht auf die gewohnten* graphischen Wortgestalten trifft, nicht auf die «Wortbilder», die man seit so langer Zeit gespeichert hat, sondern auf kleinere oder größere *Abweichungen* davon. Und ebenso wichtig ist es, daß für das Anlegen aller alphabetisch geordneten Verzeichnisse, Wörterbücher, Lexika, Bibliothekskataloge usw. die aufzunehmenden Wörter immer gleich geschrieben sind.

Aus diesen Gründen hat man seit je für alle *gedruckten* Texte, die *vielen Lesenden* vorgelegt werden sollen, großes Gewicht auf eine einheitliche Rechtschreibung gelegt. Bei solchen Texten lohnt sich auch der *Aufwand* des Korrigierens durch die dazu ausgebildeten Fachleute, die Korrektoren und Verlagslektoren, und das entsprechende Bereinigen der Druckplatten bzw. Filme. Wie weit das aber auch für *Privatbriefe* in einem vertrauten Kreis wichtig ist, darüber kann man streiten.

> In der *Zeit der deutschen Klassik* war man in diesem Punkt sehr viel toleranter als heute. Auch führende Autoren dieses Zeitalters überließen die Einheitlichkeit der Druckgestalt ihrer Texte den Fachleuten in den Druckereien, und im privaten Briefverkehr nahmen sie sich ihre Freiheiten und beharrten dabei teilweise auch auf älteren Schreibweisen, die der im Moment gültigen Schreibung (z. B. gemäß den Wörterbüchern von Adelung) nicht mehr entsprachen. Beispiele findet man auf jeder Seite, wenn man die Briefe Goethes an Frau von Stein liest. Goethe schreibt z. B. die Anrede an die geliebte Frau

einmal groß, nämlich «*meine Beste*», und einmal klein, also «*meine beste*», ohne daß irgendein Bedeutungsunterschied faßbar würde. Im Brief vom 30. 11. 1779, geschrieben in Zürich, liest man: «Also *meine beste* – Verzeihen Sie mir diese Rodomondate», und gegen den Schluß des Briefs «Adieu *meine Beste*». Im Brief vom 31. 12. 1780, in Weimar geschrieben, steht dagegen: «Dancke *meine Beste*» und etwa 10 Zeilen weiter unten «*Adieu beste*». Die Wörter «*dancke, dicktiren, dencken, düncken, Werck*», die Goethe mit großer Regelmäßigkeit mit -ck- schreibt, wurden damals schon lange mit einfachem -k- geschrieben und gedruckt. Und ein Beispiel für die Kommasetzung aus dem Brief vom 5. 6. 1780, geschrieben in Gotha: «Es ward würcklich warm als ich von Ihnen wergritt, und ein Pferd das nur Schritt geht, merck ich wohl muß ich im Leben nicht reiten».

Aber eben, das war die Toleranz unter sehr gebildeten, gepflegten Schreibenden zu Goethes Zeiten. Heute sind wir an eine korrekte, den Normen der Rechtschreib-Wörterbücher genau entsprechende Schreibung so sehr gewöhnt, daß wir etwa in einem Brief, den wir erhalten, alle einigermaßen deutlichen Rechtschreibfehler (nicht gerade in der Getrennt- und Zusammenschreibung, wohl aber im Buchstabenbestand der Wörter oder bei Kleinschreibung eines Nomens oder Großschreibung einer Verb-Personalform oder eines unflektierten Adjektivs) *sofort und automatisch registrieren*. Und bei manchen Leuten ist dann auch sofort das Urteil da: «Dieser Schreiber/Diese Schreiberin beherrscht ja nicht einmal die deutsche Orthographie – was solche Leute in einem Brief schreiben, das brauche ich daher gar nicht so ernst zu nehmen».

Wenn es in der *Lehrer-Ausbildung* um das Beurteilen von Schülertexten geht, muß man daher geradezu empfehlen, daß die Lehrerinnen und Lehrer einen Kindertext mit vielen Rechtschreibfehlern *zuerst selber* in korrekter Rechtschreibung auf das Papier bringen (am besten mit der Schreibmaschine) und *erst dann* den Inhalt und Stil dieses Textes beurteilen – weil sonst die Beurteilung durch die sofort ins Auge springenden Rechtschreibfehler ganz oder teilweise verfälscht wird.

Ein Wichtigkeits-Profil für die orthographische Korrektheit
Aus dieser Situation ergibt sich also das folgende «Wichtigkeitsprofil»: Wenn ich zur Erreichung irgend eines Ziels jemandem einen *geschriebenen Text vorzulegen* habe, muß ich ganz besonders auf korrekte Rechtschreibung und insgesamt auf saubere graphische Präsentation achten. Tue ich das nicht, so riskiere ich meistens Nachteile, ich werde als «mangelhaft gebildet» eingeschätzt, oder die Briefempfänger haben mindestens den Eindruck, daß ich mir nicht genug Mühe gegeben habe, und das schafft eine negative Einstellung mir und meinem Anliegen gegenüber. Ich werde also für ein Schriftstück, auf dessen gute Wirkung es mir ankommt, zuerst einen *Entwurf* machen (dazu schon Ziff. A.37, S. 823), dann diesen Entwurf sorgfältig durchlesen, im Bedarfsfall jemanden, dessen Rechtschreibsicherheit ich kenne, um kontrollierende Durchsicht bitten, und *erst dann* werde ich dieses Schriftstück ins reine schreiben und vorlegen bzw. absenden.

Wenn ich aber *für mich selber schreibe*, z. B. eine Notiz mache, oder wenn ich Kummer oder Glück meinem Tagebuch anvertraue, dann spielt die orthographische Korrektheit eine *sehr viel geringere* Rolle. Ich werde zwar wohl, schon aus Gründen der Selbstachtung und der Ästhetik, eine gewisse Korrektheit und Sauberkeit der äußeren Form anstreben, aber längst nicht so peinlich genau und mit soviel Aufwand wie bei Schriftstücken, die an andere, «nach außen» gehen. Zur besonderen Bedeutung der nur in den graphischen Wortgestalten sichtbar werdenden grammatischen Informationen im *Französischen*, die oft auch für das Hörverstehen erforderlich sind, siehe Ziff. A.41; zum Aufrufen der korrekten graphischen Wortgestalt auch als Hilfe beim Hörverstehen etwa in andersartig ausgesprochenem *Englisch* siehe Ziff. A.36, S. 821 oben.

Für eine angemessene Einschätzung des sinnvollen Aufwandes für orthographische Korrektheit spielt auch die Frage eine Rolle, ob meine Texte für Leser bestimmt sind, die die betreffende Sprache *als Erstsprache* gelernt haben oder erst später, als Fremdsprache. Für Leser mit der betreffenden *Erstsprache* kann ich mir manche Nachlässigkeit, Wort-Zusammenziehung usw. gestatten, ohne daß das Lesen gestört wird, weil die Leser ohne weiteres merken, welche Wörter jeweils gemeint sind. *Je weniger* die Leser die Sprache meiner Texte verstehen, umso wichtiger ist es, daß sie die Wörter *genau in ihrer korrekten Form* vor sich haben (und im Bedarfsfalle in dieser Form auch in einem Wörterbuch finden).

Aussprache, Stimmführung

Bei den *phonischen Wortgestalten* ist der Normierungsgrad schon *nicht mehr so hoch* wie bei den graphischen Wortgestalten. Es gibt, in allen vier Sprachen, Wörter, die *genau gleich geschrieben*, aber je nach Gegend (oder je nach der Herkunft der Sprechenden) *verschieden ausgesprochen* werden. Einige Beispiele für Deutsch und Englisch sind in Ziff. A.36 gegeben, bei der Zuordnungsweise 3. Für das Französische ist auf die so verschiedenen Möglichkeiten zu verweisen, ein «e muet» auszusprechen oder nicht.

Eine besondere Situation besteht in Gebieten, wo *verschiedene Mundarten* mit zum Teil recht verschiedenen Wortlautungen nebeneinander gesprochen und *auf die gleiche geschriebene und gelesene Standardform* der betreffenden Sprache bezogen werden. Hier haben die meisten Sprachteilhaber für das *gleiche* Wort (besonders auch: für die gleiche Verbform) *zwei oder mehr verschiedene* Lautungen gespeichert, und jeder weiß: so spreche *ich* das Wort aus, so spricht man es *in dieser oder jener anderen Gegend* aus, so sprechen es meine Nachbarn aus, die dort und dort aufgewachsen sind. Ein Beispiel aus den schweizerdeutschen Mundarten:

> Für die 3. Person Singular des Verbs «gehen» haben praktisch alle Mundartsprechenden nebeneinander die folgenden Lautungen gespeichert, und sie verstehen sie alle, auch wenn sie nur eine einzige selber sprechen: «er *gaat* – er *goot* (mit offenem o) – er *goot* (mit geschlossenem o) – er *geit*», und alles das wird problemlos verstanden als «er *geht*». Hier kann also nur in einem sehr weiten Sinn von «Normierung» gesprochen werden; die Verwendung ganz bestimmter Lautungen ist nur in dem Maße wichtig, in welchem man als «Sprecher dieser oder jener Mundart», als «dazugehörig» anerkannt werden möchte.

Etwas anders ist die Situation in den *modernen Fremdsprachen* mit ihren oft so anderen Lautungsgewohnheiten (siehe Ziff. A.58). Hier ist eine zureichende Angleichung an die fremdsprachliche Norm unerläßlich, wenn man ohne Schwierigkeiten verstanden werden will (Beispiele «*J'ai* tout – *chez* vous» oder «*cut*» gegenüber «*cat*» usw.). Man muß hier gewissermaßen mit einer *gespaltenen inneren Einstellung* an das Problem der Korrektheit herangehen: Wenn ich einen Angehörigen einer *andern* Sprache *meine Erstsprache* sprechen höre, muß ich für viele kleinere oder größere Abweichungen von den üblichen und mir vertrauten Lautungen *Verständnis* haben, ich muß zufrieden sein, wenn ich die jeweils gemeinten *Wörter* überhaupt *erkenne*. Wenn ich dagegen mit Angehörigen anderer Sprachen *in ihrer Sprache* reden möchte, muß ich mich sehr um genaue, «idiomatische» Aussprache bemühen – ich kann *nicht voraussetzen*, daß man mich auch in einer von meiner Erstsprache her getönten fremdsprachlichen Aussprache so versteht, wie ich verstanden werden möchte.

Ganz Entsprechendes gilt nun auch für die *ganzen Stimmführungsgestalten*, bei denen oft der Unterschied zwischen «völlig normgerecht – weniger normgerecht, aber sofort verständlich» – «das Verständnis gefährdend, also wenn immer möglich zu vermeiden» gar nicht so leicht zu machen ist.

Insgesamt dürfte in diesem ganzen Bereich die *Rücksicht auf die Zuhörenden*, von denen man verstanden werden möchte, der wichtigste Gesichtspunkt sein. Das betrifft nicht nur die Aussprache der einzelnen Wörter und die Satzmelodien, sondern auch die *Einteilung in Mitteilungseinheiten* («Sätze» der gesprochenen Sprache, Ziff. 2.04), das *Sprechtempo*, die *Lautheit* des Sprechens insgesamt, im Blick auf die gesamte Situation, in der die Wechselkommunikation ablaufen soll. Hier geht es insgesamt *nicht* um *Normgerechtheit*, sondern um *mitmenschliche Rücksichtnahme*.

Solche Rücksicht auf die Kommunikationspartner *entfällt* nun natürlich bei *aller person-internen* Sprachverwendung, beim «inneren Sprechen». Dort muß man daher nur jeweils eine phonische Wortgestalt *hören*, sie braucht *nicht* mit den mehr oder weniger normierten Lautungen übereinzustimmen. Und für die Stimmführungsgestalten gilt Entsprechendes: Es ist wichtig, daß man passende Stimmführungsgestalten innerlich *hört* – ob sie nun den in der Sprache üblichen genau entsprechen oder nicht, das spielt keine Rolle.

Diese Erleichterung wirkt sich natürlich primär für die *Erstsprache* aus (Mundart oder auch Standardform), weil das «innere Sprechen» fast ausschließlich in der Erstsprache erfolgt. Inneres Sprechen in einer *Fremdsprache* tritt wohl nur bei Personen ein, die die betreffende Fremdsprache schon recht gut und geläufig auch in der Wechselkommunikation sprechen und sie häufig lesen und auch hören, und dort wird sich daher auch fast von selbst eine innerlich gehörte oder laut werdende idiomatische Lautung und Stimmführung einstellen.

Lautungen der grammatischen Formen
Ein *sehr hoher Normierungsgrad* besteht in allen vier Sprachen für die *Lautungen der Verbformen*, die sich teils regulär bilden lassen, teils in geringerem oder höherem Maß unregelmäßig sind und daher eigens eingeprägt werden müssen (Ziff. A.55, partielle Regularitäten bei den Lautungen der Verben, und Einzeldarstellung in Ziff. 5.11–5.14 bzw. 5.27–5.37 bzw. 5.49–5.53 bzw. 5.55–5.62). Die mangelnde Beherrschung aller dieser Lautungen, d.h. die Bildung von zwar als Analogien verständlichen, aber eben doch «falschen» Verbformen *fällt sehr stark auf*, in mündlicher wie in schriftlicher Sprachverwendung, und sie führt sogleich bei allen kompetenten Sprechern der betreffenden Sprache zum Urteil «mangelnde Beherrschung der (unserer) Sprache». Für die *Verständlichkeit* sind aber diese Mängel gar nicht immer so schlimm; man *versteht*, was ein Kind meint, wenn es sagt «*gegangt*» statt «*gegangen*» (siehe die Beispiele in Ziff. A.49, S. 843–844). Wenn ein Deutschsprachiger mit geringen Englischkenntnissen sagt «she *teached* me» statt «she *taught* me», so werden alle kompetenten Englisch-Sprecher lächeln, aber sie werden sofort verstehen, daß hier das Verb «teach» im simple past gemeint ist. Hier liegt auch der Grund dafür, daß Personen mit nur rudimentären Kenntnissen einer Fremdsprache so oft *Infinitive* statt der Verb-Personalformen verwenden («Du jetzt *heimgehen*, ich noch hier *bleiben*»). Im *Lateinischen* kann die mangelnde Identifikation einer gelesenen Buchstabenfolge als die und die Form dieses oder jenes Verbs eine beträchtliche Erschwerung des Verstehens mit sich bringen, sogar wenn man das Verb und dessen Bedeutung(en) an sich durchaus kennt.

Einen *hohen Normierungsgrad*, daher starke *Auffälligkeit* von *Abweichungen*, und das bei einem recht verwinkelten Ineinander partieller Regularitäten, findet man bei den

Lautungen für die verschiedenen *grammatischen Formen der Nomen, Pronomen und Adjektive*, mit der Signalisierung von *Singular und Plural* (Ziff. 4.01–4.07), der Verteilung aller Nomen auf die drei (bzw. im Französischen zwei) *grammatischen Geschlechter* und die entsprechenden Anpassungen der jeweils zugehörigen Pronomen und Adjektive (Ziff. 4.08–4.14) und den vielfach verschieden genutzten *vier Fällen* des Deutschen bzw. *sechs Fällen* des Lateinischen und den Restbeständen von Fällen im Französischen und Englischen, sehr oft in enger Verbindung mit Präpositionen (Ziff. 4.15–4.38). Entsprechend ist es bei den *unregelmäßigen Vergleichsformen* von Adjektiven, die es bei einigen häufigen Adjektiven in allen vier Sprachen gibt (Ziff. 4.39–4.43).

Auch hier, wie bei den Lautungen der Verbformen, besteht ein eklatanter *Gegensatz* zwischen der *Auffälligkeit* und damit der «*Stör-Wirkung*» von Abweichungen und der oft *sehr geringen Auswirkung* für das *Verstehen*. Wenn jemand mit schwachen Deutschkenntnissen sagt «Sie haben drei *Kind*» statt «drei *Kinder*», so versteht das jeder Deutschsprechende problemlos aus dem Zusammenhang, und ebenso wenn ein Anfänger im Englischen sagt «They have three *childs*» oder ähnlich. Aber *wie gering* auch die Störung des Verstehens sein mag, die *Abweichung* in den *Lautungen* ruft unwiderstehlich beim kompetenten Teilhaber der betreffenden Sprache *den Eindruck* hervor: «Der Sprecher/Die Sprecherin kann noch nicht recht deutsch bzw. englisch».

<small>Gerade wenn man in einer Fremdsprache mit einigem Aufwand alle die erforderlichen Lautungen gelernt hat, reagiert man belustigt auf jemanden, dem dieses Lernen offensichtlich nicht gelungen ist; so brach die überwältigende Mehrheit der Professoren in einer Fakultätssitzung in unbändiges Lachen aus, als ein des Lateinischen nicht so recht kundiger Kollege sagte (als man von «Usus» und nötigen Veränderungen sprach): «Dann muß man solche *Usi* halt ändern», anstatt des hier (nach der 4. Deklination) geforderten Plurals «die *Usus*», mit langem -u-.</small>

Es ergibt sich also ein ganz ähnliches Wichtigkeits-Profil wie bei der Korrektheit der graphischen Wortgestalten: «Das alles *wäre* an sich *nicht so wichtig* für das Verstandenwerden, aber man muß es sich genau einprägen und sich daran halten, *wenn man als kompetenter Sprecher* dieser Sprache *anerkannt werden will*». Im *Lateinischen* ist eine entsprechende Beherrschung aller dieser Lautungen aber oft auch Voraussetzung für das *Verstehen* beim Lesen (Ziff. 5.57).

Syntaktische Formalstrukturen, Fälle, Präpositionen
Ein *Nebeneinander* von hohem Normierungsgrad und Vorhandensein recht offener Wahlmöglichkeiten konstatiert man, wenn man nun die *verbalen Semanteme* in den Blick nimmt und die *Anforderungen* an die *Formalstrukturen* der hier einzusetzenden *Satzglieder* betrachtet. *Hohen Normierungsgrad* – und damit große Auffälligkeit von Abweichungen – findet man für die nominalen oder pronominalen Satzglieder ohne Präposition, also die Akkusativobjekte und Dativobjekte (samt den seltenen Genitivobjekten) bzw. die compléments d'objet directs et indirects bzw. die direct and indirect objects bzw. im Lateinischen die Verwendung der vier obliquen Kasus Akkusativ – Dativ – Ablativ –Genitiv.

Abweichungen wie «Das stellte *ein großer Fehler* dar» (offenbar besonders naheliegend wegen der fast bedeutungsgleichen Kombination von «sein» + Prädikativ, also «Das *war ein großer Fehler*») liest und hört man zwar heute gar nicht so selten, aber man reagiert darauf spontan mit dem Eindruck «Grammatikfehler, mangelnde Sprachbeherrschung». Man sagt deutsch «*die Wäsche* wechseln», aber französisch «changer *de* *linge».* Man sagt deutsch *«eine Gelegenheit* nutzen, benutzen, ausnützen», mit Akkusativobjekt, aber lateinisch nur mit Ablativ *«occasione* uti» (und nicht etwa *«occasionem uti»). Im Norden und Westen Deutschlands macht man sich lustig über Leute, die «mir und mich verwechseln», also z. B. sagen «Gib *mich* mal das Ding» (während man es im *Englischen* normal findet, daß *«me»* sowohl dem deutschen *«mir»* wie dem deutschen *«mich»* entspricht).

Sehr enge Normierung besteht bei den deutschen *Präpositionen* mit festem Dativ oder festem Akkusativ, z. B. *«mit ihr* oder *ohne sie»*, gegenüber französisch *«avec elle ou sans elle»* und englisch *«with her or without her»*. In Verbindung mit bestimmten Verben sind an bestimmten Satzgliedstellen ganz bestimmte Präpositionen vorgeschrieben. Man kann z. B. *«an* etwas denken» oder *«über* etwas nachdenken» oder *«auf* Rache sinnen», aber Kombinationen wie *«auf* etwas denken – *an/auf* etwas nachdenken – *an* Rache sinnen» werden als unmöglich, als Fehler empfunden.

Gewisse Wahlmöglichkeiten für die Formalstrukturen gibt es bei manchen freier einfügbaren Satzgliedern (siehe die Einzeldarstellungen in Teil 11). Man kann z. B. sagen «Er reagierte *sofort / augenblicklich / im nächsten Augenblick»* oder «Sie stand *genau hier / genau an dieser Stelle»* oder «Wir bleiben *einen Tag / einen Tag lang / für einen Tag»* oder «Das entwickelte sich alles *sehr schnell / mit größter Schnelligkeit»* usw.

Auch hier sind aber die *Grenzen des Möglichen* im jeweiligen Einzelfall sehr schnell erreicht. Einige Beispiele für Freiheit oder feste Norm bei «an/in/bei» bietet Ziff. 11.37.

Insgesamt fällt auch hier überall auf, daß die *Störwirkung* der meisten Abweichungen von den Normen *keineswegs* eine entsprechende *Behinderung des Verstehens* mit sich zu bringen braucht. Man versteht durchaus, vor allem auch aus der ganzen Situation und dem ganzen Textzusammenhang heraus – und doch registriert man ganz automatisch: «Grammatikfehler, nicht ganz korrekte Ausdrucksweise».

Wortstellungen
Noch markanter ist im Deutschen und in den modernen Fremdsprachen das Nebeneinander von hohem Normierungsgrad und Wahlfreiheit im ganzen Bereich der *linearen Abfolge der Bestandteile* in den Propositionen, in der *«Wortfolge»* oder *«Wortstellung»* (siehe für das Deutsche Ziff. 3.25–3.30, für das Französische und Englische, mit der viel stärkeren Normierung für die Stellung der Subjekte, Ziff. 3.31–3.40).

Es ergibt sich also fast überall ein ähnliches «Wichtigkeitsprofil» wie schon bei den graphischen und phonischen Wortgestalten: Wenn man *nur verstanden werden* will, ohne Anspruch auf Anerkennung als kompetenter Sprecher der betreffenden Sprache, kann man *sehr vieles* an den vorhandenen Normierungen *unbeachtet* lassen – aber eben nur, wenn man die *Einschätzung* als «Anfänger in dieser Sprache – beherrscht die Sprache (noch) nicht richtig» *in Kauf nimmt.* Und gerade in der heutigen Zeit, wo infolge der starken Mobilität immer mehr Leute mehrsprachig sind (mehrsprachig werden müssen), aber mit oft nur rudimentärer Kenntnis der jeweils zu sprechenden Sprache, sollten daher alle kompetenten Sprecher der betreffenden Sprache die *«gespaltene Einstellung zur Korrektheit»* entwickeln, die oben schon für die Lautungsprobleme beim Übergang von der Erstsprache zu einer modernen Fremdsprache charakterisiert wurde: «Wenn ich *einen Angehörigen einer andern Sprache* meine *Erstsprache* sprechen höre und dabei so und so viele Abweichungen vom korrekten Gebrauch konstatiere, muß ich *großzügig* sein und mich damit begnügen, daß ich das von ihm Gemeinte *verstehe.* Wenn ich dagegen *selber* eine Fremdsprache spreche und dabei *nicht* als *«Fremder»,* als *«Anfänger»* taxiert werden möchte, muß ich mich um *möglichst genaue Einhaltung* aller dort bestehenden Normierungen bemühen – auch wenn ich es oft nur teilweise schaffen werde».

Bedeutungen insgesamt, Textaufbau
Nun ist aber nach all diesen notwendigen Klärungen des Normierungsgrades, der Auffälligkeit von Abweichungen und der relativen Wichtigkeit der graphischen und phonischen Wortgestalten, der Satzmelodien und der grammatischen Formalstrukturen verschiedener Art erst die *Hauptfrage* zu stellen: Wie ist es mit dem Normierungsgrad, der Auffälligkeit von geeigneter oder ungeeigneter Verwendung usw. bei den *Bedeutungen* insgesamt, den Einzelbedeutungen, den Bedeutungsbeiträgen der nichtverbalen Gefüge und den ganzen verbalen Semantemen, die ich zum Aufbau der Propositionen für meine Texte wähle und kombiniere? Und wie ist es bei den *grundlegenden Verknüpfungsweisen* für Propositionen und längere Textstücke (Übersicht in Ziff. 12.75–12.81), mit deren Hilfe ich aus allen von mir gebildeten Propositionen einen *sinnvollen, schlüssigen* Text aufbaue, mündlich oder schriftlich – den Text, durch welchen ich dann die von mir gewünschten Innenerträge und Außenerträge bei meinen Partnern erreichen möchte, oder auch bei person-interner Sprachverwendung den erstrebten Innenertrag für mich selbst?

Hier ist nun das *Verhältnis* zwischen der *Wichtigkeit* für das jeweils angestrebte Ziel und der *Auffälligkeit einer Abweichung* von den bei den Partnern vorhandenen, von ihnen im Verstehensprozeß aufgerufenen Bedeutungen *gerade umgekehrt* als bei den «dienenden» Teilbereichen. Ob ich eine für die Darstellung meines Anliegens wichtige Bedeutung wirklich so gespeichert habe und daher so brauche, wie es der bei meinen Partnern vorhandenen Bedeutung entspricht, oder ob in meiner Bedeutungsfassung eine «Abweichung» vorliegt (Ziff. A.54, Beispiele «Planung» und «unhistorisch»), das wird *nicht hörbar* und *beim Lesen nicht sichtbar*. Es zeigt sich *erst im Lauf* des *Verstehensprozesses* und an den daran anschließenden kognitiven und emotionalen *Reaktionen*. Insgesamt kann man hier gar nicht im gleichen Sinn wie bei den «dienenden Teilbereichen» von «Normierung» und von «normgerechtem Gebrauch» sprechen, sondern von einem für den jeweiligen Zweck *geeigneten* oder eben weniger geeigneten Gebrauch, von *«treffender»* Formulierung oder eben weniger treffender, vielleicht sogar irreführender, jedenfalls mißverständlicher Formulierung. Der hier vorliegende Unterschied zeigt sich für die geschriebenen/gedruckten Texte bis in die Setzung der Satzzeichen hinein: die *Kommas* sind nach bestimmten *Normen* zu setzen (Ziff. 2.08–2.16), und diese Normen sind für das Französische und das Englische teilweise anders als für das Deutsche (Ziff. 2.17–2.18 und 8.26). Aber für die *Länge der Sätze* und damit für das Setzen eines *Punktes* als Satzabschluß, mit nachfolgender Großschreibung, gibt es *keine* Norm (genauer: nur eine «*negative Norm*» – man setzt *keinen* Punkt *innerhalb* einer Proposition und nur ausnahmsweise einen zwischen Hauptsatz und Nebensatz). Ob ich *viele kurze* Sätze mache, die oft nur aus einer einzigen Proposition bestehen, oder ob ich *lange* Sätze mache, mit vielen Teilsätzen, das ist eine Frage des *Stils*, der *Angemessenheit* für das Darzustellende, auch der *Rücksicht auf die Lesenden* (oder beim Sprechen: auf die *Hörenden*), *nicht* eine Sache irgendwelcher «Norm».

Und wenn nun die Frage nach der *Wichtigkeit* dieses Teilbereichs «Bedeutungen, ganze Bedeutungsstrukturen, grundlegende Verknüpfungsmöglichkeiten, Textaufbau und Textgliederung insgesamt» gestellt wird, so fällt hier die Antwort leicht: Dieser Teilbereich ist *bei weitem der wichtigste*, auf *ihn* kommt es letztlich an. Ob ich die *geeigneten Formulierungen* finde und festhalten kann, ob ich einen *geeigneten, überzeu-*

genden Aufbau und Ablauf meines ganzen (kürzeren oder längeren, mündlichen oder geschriebenen) Textes entwickeln und den Hörern/Lesern deutlich machen kann – *das* ist ausschlaggebend dafür, ob ich das mit dem Text angestrebte Ziel *erreiche* oder eben verfehle.

Das heißt nun *nicht* etwa, daß alle vorher betrachteten «dienenden» Bereiche *unwichtig* wären – aber sie sind *in ihrer relativen Wichtigkeit* zu erkennen. Ich darf für sie *immer nur soviel* Aufmerksamkeit und Sorgfalt einsetzen, wie es *ohne Nachteil* für die *Konzentration* auf den *wichtigsten*, den *zentralen Teilbereich* möglich ist. Ich kann mir hier ja auch alle *Hilfen* und *Stufungen* zu Nutze machen, die das Vorhandensein einer *Schrift* bietet (A.37, skizzieren in Stichwörtern – entwerfen – überarbeiten – ggf. mit andern durcharbeiten – ins reine schreiben bzw. schreiben lassen). Für *mündliches* Darstellen kann ich mich in «innerem Sprechen» beliebig genau vorbereiten (Ziff. A.26), und auch hier kann ich das jeweils Gefundene durch Stichwörter, Notizen, ja durch ausformulierte niedergeschriebene Passagen festhalten. Denn *bei aller zentralen Wichtigkeit* des Teilbereichs «Bedeutungen, Verknüpfungsweisen, Textaufbau insgesamt» ist eben doch auch immer zu bedenken, daß *alles* in diesem Teilbereich Erreichte für meine Partner, für die Hörer und vor allem für die Leser *erst richtig wirken* kann, wenn ich *auch* das in den «*dienenden* Teilbereichen» Wichtige *genügend berücksichtige*, wenn ich die *dort erforderliche* Normen-Gerechtheit *in genügendem Grad erreicht habe* (beim Schreiben) bzw. sie, bei mündlicher Kommunikation, im *Moment des Sprechens* in genügendem, von meinen Partnern akzeptiertem Grad *erreiche*.

A.68 Leben in mehreren Sprachen – Sprachverluste – Ausweichen auf andere Sprachen

Manche Betrachtungen über das Verhältnis von Mensch und Sprache gehen mehr oder weniger selbstverständlich davon aus, daß ein Mensch *eine* Sprache habe, in der er lebe, und daß ein Leben in zwei oder mehr Sprachen ein Spezialfall sei, für eine eher kleine Gruppe besonders Gebildeter.

Demgegenüber ergibt sich bei jeder genaueren Beobachtung, daß ein Leben in nur einer Sprache (vor allem wenn man sich eine solche als ein schön geschlossenes System, als einen «Organismus» vorstellt) *eine Fiktion* sein dürfte, die es in der Wirklichkeit kaum gibt. Jede historische und jede heute vorhandene Sprache existierte und existiert in verschiedenen Varianten, die sich in vielen Punkten mehr oder weniger decken, in andern Punkten aber verschieden sind, auch wenn die Unterschiede nicht immer so deutlich sind wie etwa heute im Deutschen zwischen der Standardform und den verschiedenen Mundarten. Neben den primär räumlich bedingten Unterschieden zwischen verschiedenen Mundarten oder Regionalsprachen gibt es wohl in jeder Gesellschaft auch teilweise verschiedene Sprechweisen in verschiedenen sozialen Schichten, die sogenannten «Soziolekte», und man kann davon ausgehen, daß jeder Mensch in seinem individuellen Sprachbesitz, in seinem «Idiolekt» (dazu schon Ziff. A.43) Anteil an *verschiedenen Soziolekten* hat, dazu meistens Anteil an einer überregionalen *Standardform* seiner Sprache *und* an besonderen *regionalen Ausprägungen*, oft an einer Mundart oder sogar an mehreren Mundarten, und daß *alles das zusammen* seine «Erstsprache» im entwicklungspsychologischen und linguistischen Sinn ausmacht.

Man darf aber auch das *Nebeneinander von zwei oder mehr verschiedenen* Sprachen (ggf. samt ihren Varianten) im *gleichen* Menschen *nicht* als einen *Spezialfall* ansehen, sondern wohl eher als den Normalfall. Das gilt insbesondere heute bei der großen Mobilität weiter Bevölkerungskreise (Auswanderung aus dem geographischen Bereich einer Sprache, Einwanderung in andere Bereiche); es galt aber wohl auch früher in viel größerem Maß, als man in der traditionellen Geschichtsschreibung oft annahm. Mehrsprachigkeit war nicht nur immer ein Kennzeichen von Adligen, die überregionale Interessen und Besitzungen hatten und viel reisten, sondern auch von Leuten aus dem «Volk»; im alten Rom waren nicht nur die Herren sehr bald mehrsprachig (indem sie neben dem Lateinischen das Griechische verstanden), sondern auch sehr viele Sklaven, die in Weltgegenden mit andern Sprachen aufgewachsen waren, dann aber in den vielen Kriegen gefangen genommen und als Sklaven nach Rom gebracht wurden. Und Ähnliches wie für Rom galt wohl für viele alte Völker.

Heute ist es erklärtes Ziel der Politiker und Schulfachleute, daß jedermann *neben seiner Erstsprache mindestens eine Fremdsprache* (die im gleichen Land oder in einem Nachbarland gesprochen wird) lernen sollte, und zwar soweit, daß er die Sprecher dieser andern Sprache *verstehen* und mit ihnen, wenn auch oft unvollkommen, *reden* kann und daß er geschriebene/gedruckte Texte oder Fernsehsendungen in dieser Sprache jedenfalls im Umriß *verstehen* kann.

Solche Bestrebungen wecken allerdings manchmal auch Bedenken. Man befürchtet, durch ein zu tiefes «Eintauchen» in eine *andere* Sprache könnte die *Sicherheit* in der *Beherrschung der Erstsprache* beeinträchtigt werden, es ergebe sich dann ein «Sprach-Mischmasch» oder jedenfalls die Gefahr, daß man sich in keiner Sprache mehr «richtig zu Hause» fühle. Diese Bedenken sollen hier nicht leichthin zur Seite geschoben, sondern im Licht der gesamten in diesem Buch vorgetragenen Sprachauffassung geprüft werden.

Zum Bedenken «mangelhafte Beherrschung der Erstsprache»: Zweifellos kann es, wenn zwei oder mehr Sprachen praktisch gleich häufig und intensiv verwendet werden, zu «Interferenzen» kommen, indem eine nur in der einen Sprache vorhandene Möglichkeit auch für die andere genutzt wird und dadurch unkorrekte, mindestens unübliche Ausdrucksweisen zustandekommen. Das dürfte sich aber insgesamt meistens auf die Formalstrukturen beschränken; der Besitz an Bedeutungen wird vielleicht im einen oder andern Einzelfall berührt, insgesamt dürfte aber die Verfügung über Bedeutungen durch den Umgang mit zwei oder mehr Sprachen eher gesichert und erweitert werden als durch ein reines Verbleiben in einer einzigen Sprache. Behinderungen in der Kommunikation und Missverständnisse dürften nur selten auftreten.

Dazu zwei kleine Beispiele (aus Gesprächen auf dem Schiff bei der Rückfahrt von New York nach Europa, 1962, als noch regelmäßig Schiffe auf der Atlantik-Strecke fuhren):

Eine junge Frau aus Süddeutschland, die ein Vierteljahr in den USA bei Verwandten verbracht hatte, plauderte auf Deutsch mit dem Verfasser dieses Buches. Bei einem Sirenensignal, das die Mittagszeit ankündigte, sagte sie: «S'isch *Noon*», weil ihr die englische Lautung «noon» jetzt geläufiger war als die deutsche «Mittag, Mittagszeit». Für den Kommunikationserfolg, das Verstandenwerden, spielte das überhaupt keine Rolle. Und wenn die Frau das im Gespräch mit Nicht-Englischsprechenden gesagt hätte, hätte einer von diesen nachgefragt: «Was sagst du?», und dann hätte sie die deutsche Lautung produziert.

Als man dann über die Gemütlichkeit einer Schiffsreise sprach (gegenüber dem Fliegen) sagte die Frau: «Ja, wenn mer gnug Zeit hat, das mer's *afforde* kann». Hier produzierte sie das englische Verb «to afford» in der Lautung eines deutschen Infinitivs (süddeutsch nur mit «-e» statt mit «-en»). Aber das verbale Semantem «sich etwas leisten können – afford something» war ganz klar da, und der Satz wurde entsprechend verstanden. Es kann wohl mit Sicherheit angenommen werden, daß die Frau, nachdem sie wieder voll im deutschen Sprachgebiet war, keine solchen «lexikalischen Ersatzphänomene» mehr produzierte.

Zum Kritikpunkt «Mischmasch von Sprachen» (der gerade auch für die beiden Beispiele auf dem Schiff sicher zutraf): Dieses Bedenken ist für «normale Situationen» wohl kaum von Gewicht. Es stammt in erster Linie aus einer gewissen Idealisierung der Einheitlichkeit und Geschlossenheit einer Sprache, ihrer «Reinheit von fremden Einsprengseln». Man könnte auch von einer «romantisierenden Idealisierung» sprechen. In Tat und Wahrheit wurden nämlich in jeder Epoche der deutschen Sprachgeschichte viele Wörter und ganze Ausdrücke aus andern Sprachen bedenkenlos in mündlichen und schriftlichen Texten verwendet – längst nicht nur die üblichen «Fremdwörter».

Wer den Roman «Buddenbrooks» von Thomas Mann zu lesen beginnt, der wird gleich zu Beginn, schon im zweiten Satz, sowohl mit Lübecker Platt wie mit Französisch konfrontiert (der Roman erschien erstmals 1901, die beschriebene Szene ist um 1836 herum zu denken): «Ja, *den Düwel ook, c'est la question, ma très chère demoiselle.*» In Fachgesprächen verschiedener Art kann man noch heute nicht selten lateinische Ausdrücke und ganze Sätze hören, z. B. «Das ist doch eine *petitio principii* – ihr setzt voraus, was hier erst zu beweisen wäre», oder in einem Gespräch über Gebrauch und Mißbrauch von Genußmitteln: «Hier muß ich doch sagen, *Abusus non tollit usum*, der Mißbrauch von etwas hebt den vernünftigen, maßvollen Gebrauch nicht auf».

Wie viele englische Ausdrücke heute allgemein verwendet werden, z. B. in Berichten über Sportereignisse oder über Jazz- und Rockmusik oder bei den Informatikern, braucht wohl nicht lange belegt zu werden. Auch französische Ausdrücke sind zwar nicht mehr so häufig wie früher, aber keineswegs ausgestorben. Ethnologen reden z. B. von *«rites de passage»*, Ritualen für den Eintritt in eine neue Lebensphase (auch: «Initiationsriten» genannt). Und beim Bericht über ein gelungenes Fest sagt man spontan «Und dann kam der *Clou*» für «der Höhepunkt».

Es bleibt noch der Punkt «Gefahr einer sprachlichen Heimatlosigkeit – sich in keiner Sprache so frei bewegen können, daß man sich in ihr zuhause fühlt». Hier ist zu sagen: die emotionale Beziehung zu einer Sprache, das «Heimatgefühl» in ihr, ist *nicht* an perfekte Beherrschung gebunden und auch nicht unbedingt an die Erstsprache (die «Muttersprache»). Sehr oft wird zwar die Erstsprache die vertrauteste Sprache und damit die emotionale Heimat sein, besonders weil dort auch das Gefühl dazukommen kann, daß man nicht nur «Benutzer», sondern «Mitbesitzer» ist. Es kann aber auch eine andere Sprache als «Heimat» dienen, als das emotional-gedankliche Gehäuse, in dem man sich am wohlsten fühlt, in dem man am liebsten lebt. In der deutschen Geistesgeschichte war das wohl sehr oft das Lateinische. Für Friedrich II von Preußen war es eindeutig das Französische, und heute ist es wohl am meisten das Englische, in welchem man sich besonders «weltläufig» fühlen kann.

Ein besonders eindrückliches Beispiel für «Leben in mehreren Sprachen», wobei in Zeiten besonderer psychischer Belastung die Erstsprache nicht nur nicht mehr genutzt wurde, sondern gar nicht mehr verfügbar war, bietet das Leben von Bertha Pappenheim (1859–1936).

Bertha Pappenheim wuchs als Tochter reicher jüdischer Eltern in einem sehr gepflegten, aber auch puritanisch-patriarchalisch geprägten Bürgerhaus in Wien auf. Sie war sehr intelligent, wissensdurstig und entschlußkräftig. Sie sprach fließend Englisch, Französisch und Italienisch, dazu konnte sie Jiddisch und etwas Hebräisch lesen. Aber sie konnte nicht die Bildung erwerben und die Tätigkeit entfalten, die sie sich gewünscht hätte, weil das für ein Mädchen ihres Standes als unpassend galt.

Die Zustände und Ereignisse, die diese außergewöhnliche Frau in schwere Krankheit führten, die aber schließlich auch wieder eine Gesundung und ein Leben in weitgespannter literarischer, sozialer und politischer Tätigkeit gestatteten, sind sehr gut dokumentiert:

- Durch eine Krankengeschichte in zwei Fassungen: eine knappere, oft stichwortartige, die der behandelnde Hausarzt Josef Breuer (1842–1925) im Sommer 1882 beim Eintritt Berthas in das Nervensanatorium in Kreuzlingen an dessen Leiter Robert Binswanger sandte und an die auch die Krankengeschichte der Kreuzlinger Ärzte anschließt, und eine ausführliche Fassung, die nur die Behandlung durch Breuer enthält und dazu aus Diskretionsgründen manche Hinweise auf die familiäre Verursachung der Störungen wegläßt (publiziert, als erste der fünf Krankengeschichten, mit Verwendung des Pseudonyms «Frl. Anna O.» in den 1895 von Josef Breuer und Sigmund Freud gemeinsam herausgegebenen «Studien über Hysterie»).
- Durch eine Reihe von Briefen von Familienangehörigen, besonders des Vetters Fritz Homburger, mit dem sich Bertha sehr gut verstand.
- Durch eine kurze Darstellung von Bertha selbst, kennzeichnenderweise nicht deutsch, sondern englisch geschrieben, in einem Brief an Robert Binswanger nach Abschluß des Kreuzlinger Aufenthalts.

Dazu kommt eine Fülle von Publikationen der wieder gesundeten Bertha, von «Kleine Geschichten für Kinder» (1888 anonym erschienen) über weitere fiktionale Texte zu vielen Vorträgen, Aufsätzen und ganzen Büchern zur Fürsorgeerziehung und speziell zur Lage der jüdischen Frauen. Die «Kreuzlinger Krankengeschichte» und die Briefe sind abgedruckt bei A. Hirschmüller, «Physiologie und Psychoanalyse im Leben und Werk Josef Breuers», 1978; dazu gibt es das Buch von Ellen M. Jensen «Streifzüge durch das Leben von Anna O./ Bertha Pappenheim, Ein Fall für die Psychiatrie – Ein Leben für die Philanthropie», 1984. Im folgenden werden primär die Phänomene des Verlusts der Erstsprache und des Ausweichens auf eine Fremdsprache und die dafür erkennbaren Ursachen dargestellt. Die Entwicklung einer schweren Persönlichkeitsspaltung wird als eindrückliches Beispiel für «Ich-Aufbau an vorhandenen Realitäten vorbei, Wahn-Systeme» in Ziff. A.71 nachgezeichnet. Der lange Weg zur Heilung und der zentrale Anteil eines «heilenden Erzählens» bilden das Hauptstück in Ziff. A.72, Systematisch hervorgelocktes Erzählen als Therapie, Psychoanalyse. Dazu wird in Ziff. A.74 (beim Thema «Einfließen von realen Erlebnissen und Wünschen in fiktionale Texte») ein Text aus den «Geschichten für Kinder» herangezogen.

In der Krankengeschichte von 1882 liest man über das Einsetzen von Sprachstörungen und das Ausweichen auf eine Fremdsprache (Hirschmüller S. 351–354):

> Ein Streit, in dem sie ihre Antwort unterdrückte, gab ihr einen Glottiskrampf. Dieser wiederholte sich bei jeder ähnlichen Veranlassung. Bei solcher Gelegenheit von ihrem Bruder hart geschüttelt, wurde sie vorübergehend taub; Wiederholung durch jedes Schütteln.
>
> Einmal tief abwesend erkannte sie ihren Vater nicht und verstand seine Frage nicht; erst als er in Scherz fragte: Na, how are you, Miss Bertha, war sie soweit erwacht; seitdem häufiges Nichterkennen von Menschen und nicht verstehen.
>
> ...

> Nicht lesen können (erstes im Theater, weil sie selber zu Hause sein sollte, und die Thräne sie am Lesen hinderte).
> Hören: Taub sein (wie schon erwähnt).
> Nicht verstehen, nicht zuhören, wenn mehrere zusammen sprechen; den Vater etwas sagen oder rufen hören (die einzige Gehörshallucination, die überhaupt auftrat, hervorgegangen aus einem überhörten Anruf des Vaters).
> ...
> Während dieses Verlaufs wurde nun auch zuerst beobachtet, daß ihr Worte fehlten. Allmählig nahm das zu. Dann trat die typische grammatische Veränderung der Aphasiker auf. Sie verlor die ganze Conjugation des Verbums, sprach schließlich nur falsch gebildet[e], meist aus einem schwachen Partic[ipium] praeter[iti] gemachte Infinitive; gar keine Syntax, kein Artikel. In weiterer Entwicklung fehlten ihr auch die Worte fast ganz, sie suchte dieselben mühsam aus 5 oder 6 Sprachen zusammen und war dabei kaum mehr verständlich. Bei Versuchen zu schreiben schrieb sie, Anfangs, so lange die Hand es erlaubte, denselben Jargon. Nachdem sie einmal, vom Vater gekränkt, beschlossen hatte, nicht mehr nach ihm zu fragen, war die Hemmung am stärksten, und sie war etwa 2 Wochen lang völlig aphasisch.
> Nachdem ich dieses geändert und sie gezwungen, von ihm zu sprechen, war sie dann besser im Stande zu sprechen, aber nur englisch. Es fiel das zeitlich zusammen mit dem Wiederbeweglichwerden der linksseitigen Extremitäten.

In der Krankengeschichte von 1895 ist dieses Ausweichen auf das Englische noch genauer beschrieben (bei den Erscheinungen, die sich nach dem Tod des Vaters einstellten – dieser Tod war für sie ein gewaltiger Schock, umsomehr, als man ihn ihr zuerst zu verheimlichen suchte):

> Sie sprach nun nur Englisch und verstand nicht, was man ihr deutsch sagte. Ihre Umgebung mußte Englisch mit ihr sprechen; selbst die Wärterin lernte sich einigermaßen so verständigen. Sie las aber Französisch und Italienisch; sollte sie es vorlesen, so las sie mit staunenerregender Geläufigkeit, fließend, eine vortreffliche Übersetzung des Gelesenen vom Blatte.

Über die Art, wie sie vom Tode ihres Vaters endlich unterrichtet wurde, erzählt Breuer (Krankengeschichte von 1882, Hirschmüller S. 356) sehr anschaulich (Breuer wollte nichts verschweigen, aber auch nicht gegen das Schweigegebot der Mutter von Bertha handeln):

> Ich hielt mich ohne eine positive Versicherung; nächsten Abend fand ich sie nach mir rufend und in ärgster Aufregung mit den andern balgend. Als ich eintrat, ließ sie sich ruhig in's Bett legen und sagte endlich: Lügen Sie nicht mehr, ich weiß, mein Vater ist todt.
> Nächsten Tag stuporöser Zustand, Abends nach längerem englisch sprechen plötzliches Erwachen. «Buona sera, dottore!» – plötzlich aufschnellend – «E Vero il mio padre è morto?» Als ich nun behauptete, sie wisse es schon lange, sagte sie endlich, ja, es müsse wohl so sein, sie habe die Empfindung, als müßte sie es schon gewußt haben, es sei nicht so in ihr, als wäre sie jetzt erst darauf gekommen.

Über eine Sprachstörung, die nicht wie die vorher beschriebenen psychisch bedingt war, sondern grob-somatisch, berichtet Berthas Mutter in einem Brief vom 27.8.1882 an Robert Binswanger (es ging um den Vorschlag, zur Behebung der schweren Neuralgien eine Gehirnoperation durchzuführen, und Frau Pappenheim warnte):

> Ich kann mir die Anwendung einer so radicalen Kur nicht ohne Rückwirkung auf jenes Organ denken, das doch immer noch nicht normal functionirt, wie d[ie] allabendlich sich wiederholende Willenshemmung (das Nicht Deutsch sprechen Können) beweist. – Ueberdies erinnere ich mich, d[a]ß, im M]ona]t Februar, bei Gelegenheit einer Zahnoperation im linken Oberkiefer, augenblicklich eine Sprachenmischung bei d[er] Patientin eintrat, wo sie, ohne es zu wissen, alle ihr zu Gebote stehenden mit Ausnahme d[er] Muttersprache 2 Tage lang gemischt redete. –

Soweit die Schilderungen der Sprachstörungen bei dieser außerordentlich begabten Patientin durch ihren – ebenfalls außergewöhnlich kompetenten – Arzt. Im Blick auf den Fragenkomplex «Leben in mehreren Sprachen – Ausweichen, Aussteigen aus der

Erstsprache und Wahl einer Fremdsprache als «emotionale Heimat» kann man hier festhalten: Bertha *wollte*, wenn sie überhaupt sprach und für sprachbenutzende Kommunikation zugänglich war, nicht mehr in ihrer von klein auf vertrauten Erstsprache leben – wohl weil das die Sprache des Hauses und der Familie war, also die Sprache der Umgebung, unter der sie litt, der sie zu entfliehen versuchte. Sie wich aus auf die Fremdsprachen, die sie beherrschte, und zwar primär auf das Englische, um auf diese Weise die gewünschte Distanzierung von ihrem bisherigen Leben zu erreichen. Sie tat das so intensiv, daß dadurch für einige Zeit nicht nur das Sprechen, sondern auch das Verstehen der Erstsprache völlig blockiert wurde und daß auch beim Lesen italienischer und französischer Texte das Verstandene sogleich in englischer Fassung präsentiert (für die andern hörbar gemacht) wurde.

Zum Fragenkomplex «Speicherung der von einem Menschen erlernten Sprachen in seinem Gehirn» zeigt sich hier die ganz intensive «Vernetzung» speziell der Bedeutungen und ganzen Bedeutungsstrukturen (Ziff. A.60), die es ermöglicht, daß von einem französischen oder italienischen «Input» sogleich ein «Output» auf Englisch erscheinen kann, ohne daß die einzelnen Akte des Identifizierens der gelesenen graphischen Wortgestalten, des Aufrufens der zugehörigen Bedeutungsseiten, des Kombinierens im Textzusammenhang (Ziff. A.38 und A.40) und dann des Aufrufens und Kombinierens der englischen Wortgestalten (Ziff. A.23) überhaupt ins Bewußtsein treten. Die Fähigkeit, einen Text mit den Augen zu lesen und sogleich sprechend in einer andern Sprache vorzutragen, läßt sich bei vielen Personen beobachten, die eine Fremdsprache intensiv gelernt haben. Sie wird von Simultanübersetzern immer wieder praktiziert.

Schließlich kann man in dem von Breuer geschilderten Abbau der Grammatik (keine Konjugationsformen, genauer: keine Personalformen mehr, sondern nur noch ein Infinitiv, und zwar in der Lautung des Partizips der regulären t-Verben) das genaue Gegenstück dessen erkennen, was sich beim Erwerb der Verbformen gezeigt hat (Ziff. A.49, S. 843–844): Die Kinder beginnen großmehrheitlich mit Verben im Infinitiv; auch das Partizip II (oft analogisch gebildet und dadurch «unkorrekt») erscheint bald darauf, und dann erst kommen die Personalformen sowie ihre Kombinationen mit Partizip II oder Infinitiv und damit das ganze System der grammatischen Zeiten und der Konjunktive.

A.69 Bereicherungen durch das Lernen anderer Sprachen, auch bei sehr beschränkter Perfektion

Nach der Diskussion der Sprachstörungen und des völligen Verdrängtwerdens der Erstsprache durch das als Fremdsprache erlernte Englisch bei der hochbegabten Bertha Pappenheim ist nun der «Normalfall» des Lebens in zwei oder mehr Sprachen zu betrachten: die *Bereicherungen*, die sich durch das Erlernen von andern Sprachen ergeben, auch wenn dieses Erlernen nur bei einer Minderheit von Menschen bis zu einer völligen Beherrschung der Zweitsprache, Drittsprache usw. führt und sich bei den meisten auf bestimmte Sachbereiche, bestimmte Ausschnitte beschränkt, und oft auch vorwiegend auf die Verstehensfähigkeit (Hörverstehen und vor allem Leseverstehen). Für das Lateinische ist ja seit zwei bis drei Jahrhunderten (seit auf den Universitäten und in den gelehrten Gesellschaften nicht mehr Lateinisch als Verkehrssprache dient) das Leseverstehen, das Erfassen der Texte und der dahinter stehenden Kultur das erklärte Hauptziel.

Eine sehr große Bereicherung und speziell eine Förderung von *Kritikfähigkeit* und *Denken* ergibt sich schon rein aus der Einsicht, daß in andern Sprachen *andere Bedeutungen* existieren, daß die Erstsprache *nicht* die selbstverständliche und einzig mögliche Auffassung der Welt darstellt, sondern daß daneben *andere Auffassungen* stehen, wo nicht nur *gleiche* Erscheinungen *anders benannt* werden, sondern die *Erscheinungen auch anders eingeteilt, anders aufgefaßt, anders geordnet* sind. Dadurch wird eine Art von «naivem Sprachrealismus» überwunden und eine reflektiertere und kritischere Betrachtung des eigenen Besitzes, der eigenen Situation möglich. Ein in seiner harmlos-wohlwollenden Naivität geradezu ergreifendes Beispiel für Verabsolutierung der eigenen Sprache und Situation bietet Jeremias Gotthelf, wenn er in einem seiner Romane eine Frau sagen läßt, die «Welschen» (die Französischsprachigen, die im gleichen Kanton Bern wohnen), seien doch arme Leute, sie könnten nicht einmal in ihrer eigenen Sprache zu Gott beten ...

Man kann hier ein Beispiel aus dem Mathematikunterricht heranziehen. Wenn man den Schülern die Notation von *Zahlen* in einem *andern Zahlensystem* zeigt, z. B. in einem Sechsersystem oder im dualen System, das für die elektronische Datenverarbeitung zentral ist, erkennen diese Schüler wohl erst richtig, daß das Rechnen mit Zehnern, Hunderten usw. *gar nichts Selbstverständliches, Naturgegebenes* ist, sondern eben die *Wahl* eines Notationsverfahrens und der zugehörigen Rechenvorschriften, und daß hier auch *andere Wahlen möglich* sind.

Man hat daher seit je das *Erlernen einer Fremdsprache* oder mehrerer Fremdsprachen als eine unerläßliche *Propädeutik* für alle Beschäftigung mit den *Wissenschaften* betrachtet und praktiziert – nicht nur damit die so Befähigten Texte, die für ihre Wissenschaft wichtig sind, in den betreffenden Sprachen lesen können (was auch dann fruchtbar ist, wenn es Übersetzungen dieser Texte in die Erstsprache der betreffenden Wissenschafter gibt), sondern weil das *Vertrautwerden* mit *andern* Bedeutungs-Abgrenzungen, mit *andern* Tempussystemen, mit *andern* Darstellungssystemen für indirekt angeführte Aussagen, Fragen, Gedanken, Gefühle und der *Vergleich* mit dem jeweils in der Erstsprache Entsprechenden (dazu z. B. der Caesar-Text mit Übersetzungen in Ziff. 10.20) *an sich* eine *Übung im Denken und Unterscheiden* und im entwerfenden Nachvollzug von Bedeutungszusammenhängen ist und die *innere Aufgeschlossenheit* und die *Kreativität* fördert, die für wissenschaftliches Arbeiten unerläßlich sind.

Eine *völlige Beherrschung* einer modernen Fremdsprache, so wie sie diejenigen haben, die diese Sprache als Erstsprache sprechen, ist schwer zu erreichen und verlangt sehr viel Lernen und Übung, nach Möglichkeit mit langen und wiederholten Aufenthalten im betreffenden Sprachgebiet. Eine vollständige Zweisprachigkeit, so daß man sich mit gleicher Leichtigkeit, Sicherheit und Selbstverständlichkeit in zwei oder sogar mehr Sprachen bewegt und jeder dieser Sprachen in gleicher Weise emotional verbunden ist – das gibt es wohl nur für eine relativ kleine Gruppe von Menschen. Für die meisten dürfte es die beste Lösung sein, daß sie sich in *einer* Sprache primär *zu Hause fühlen*, sich hier als «*Mitbesitzer*» sehen; das kann für Mundartsprecher auch verschieden sein für die mündliche Alltagskommunikation und für das Lesen und Schreiben sowie eher formelle mündliche Sprachverwendungssituationen, für die dann ganz selbstverständlich die Standardform der betreffenden Sprache gilt. Diese Rolle der Sprache, in der man zu Hause ist und die man am liebsten verwendet, kann aber auch einer Sprache zukommen, die man zuerst als Fremdsprache gelernt hat. Man kann auch eine andere Sprache sehr schön finden und bewundern, ohne sie geläufig sprechen zu können – hier sind ganz verschiedene Kombinationen möglich, mit verschiedenen emotionalen Einstellungen und

Abstufungen (man könnte auch sagen: mit verschiedenen Konkurrenz-Verhältnissen) und mit ganz verschiedenen Ansprüchen an die Perfektion im eigenen Sprechen und ggf. eigenen Schreiben.

Was sich praktisch *beliebig weit* entwickeln läßt, *ohne* daß die Sicherheit und das selbstverständliche Zuhausesein in der jeweiligen Erstsprache (samt ihren Varianten) bzw. in der vom betreffenden Menschen als zentral gewählten andern Sprache irgendwie beeinträchtigt würden, ist wohl das *Verstehen* von Texten in den andern Sprachen. Dabei kann das *Leseverstehen* leichter sein als das Hörverstehen, weil man beim *Hören* an das oft sehr schnelle Sprechtempo der jeweils Sprechenden gebunden ist und sich keinen Moment besinnen kann, ohne daß man Gefahr läuft, den «Faden» zu verlieren, während man beim *Lesen beliebig viel Zeit* hat, das Lesetempo also nach den eigenen Fähigkeiten und Bedürfnissen regeln kann, und weil die ganz genaue Aussprache der jeweils gelesenen Wörter ja gar nicht so wichtig ist (Ziff. A.67, relative Wichtigkeit normgerechter Verwendung in den verschiedenen Teilbereichen der Sprachen).

Es kommt für diesen ganzen wichtigen Lernbereich für so viele Menschen (und heute für mehr Menschen als je früher) offensichtlich entscheidend darauf an, *wie* sich *der einzelne Mensch* zu seinen Anteilen an Erstsprache und andern Sprachen *einstellt*, wie er seine Lernresultate und Fähigkeiten *einschätzt*, und vor allem: *welche Ansprüche* an *Umfang* und *Perfektion* in der Verwendung der betreffenden Sprache man an sich selbst stellt und an diejenigen, mit denen man jeweils in Kommunikation tritt. Ein hoher Perfektionsgrad kann auch nur für einen bestimmten, ggf. eng umrissenen Bereich wichtig sein und daher angestrebt werden, z. B. für die Briefmuster und Wendungen in der Handelskorrespondenz oder für Texte aus einem bestimmten Fachgebiet.

Von den *Schulen* aller Art muß man verlangen, gerade heute, daß sie nicht nur das Erlernen der Fremdsprachen *an sich* möglichst gut ermöglichen, sondern daß sie *anleiten* zu einem *fruchtbaren Nebeneinander* von *Fremdsprachen* und *Erstsprache* – und zwar nicht generell und abstrakt, sondern im Blick auf die individuellen Fähigkeiten, Situationen und Ansprüche jedes/jeder einzelnen von ihren Schülern und Schülerinnen. Dann läßt es sich erreichen, daß durch das Lernen von Fremdsprachen – auch wenn die Lernenden zeitweilig ganz in diese andern Sprachen «eintauchen» – die Handhabung der Erstsprache und die Sicherheit in ihr *nicht gefährdet*, sondern im Gegenteil *gefördert, gesichert und vertieft* wird.

> Wie das alles im einzelnen gemacht werden kann, ist hier nicht mehr weiter auszuführen. Grundlagen und Beispiele dafür sind in den Teilen 1 bis 12 dieses Buches angeboten. Es wird sich dabei auch nicht nur um den Vergleich der Fremdsprache mit der Erstsprache handeln, sondern auch um Erleichterungen des Einprägens z. B. bestimmter Wörter einer zweiten Fremdsprache, indem man sie an entsprechende Wörter in der schon vorher gelernten Fremdsprache anschließt (z. B. italienisch «Non è facile trovare ...» an französisch «Il n'est pas facile de trouver...» oder spanisch «Cuando pienso ...» an französisch «Quand je pense ...» oder spanisch «todas las cosas» an französisch «toutes les choses» u. a. m.

Nur auf einen Aspekt soll noch einmal ausdrücklich hingewiesen werden: auf die große Rolle des *unbewußt gewordenen* Besitzes der Bedeutungen und Bedeutungsstrukturen und der formalgrammatischen Mittel und auf den *spontanen, völlig automatisierten Umgang* mit ihnen.

Es ist daher durchaus möglich, daß ein *bewußtes Vergleichen*, wie es in diesem Buch immer wieder durchgeführt wird, auch eine gewisse *Beeinträchtigung* des spontanen Umgangs mit einer der Fremdsprachen mit sich bringen kann. Das kann vor allem bei Lernenden eintreten, welche stärker vom Gefühl her lernen als von Reflexion und

Analyse her, und solche Lernende gibt es viele. Hier kann daher das Interesse des Praktikers in der Schule, der die verschiedenen Lerntypen in seinen Klassen kennt, etwas anders sein als das Interesse des analysierenden Linguisten, der sich die verschiedenen Bestände und Möglichkeiten z. B. bei den verbalen Semantemen in den verschiedenen Sprachen möglichst klar bewußt machen möchte und immer wieder nach übergreifenden Ordnungen sucht (wie z. B. in der Aufstellung der 10 Gruppen von Semantemen mit «machen/faire/make/facere», Ziff. 12.27–12.28). Gerade solches Suchen nach Gruppen und Analogien kann natürlich hie und da zu einer *leichten Verunsicherung* führen, ob jetzt diese oder jene Ausdrucksmöglichkeit in der jeweils vor Augen stehenden Fremdsprache *auch wirklich besteht* und «idiomatisch» ist.

Auf der andern Seite kann sich aber gerade durch solches Bewußtmachen von Gesetzlichkeiten («partiellen Regularitäten», Ziff. A.55 und A.60) etwa bei den verbalen Semantemen auch ein fühlbarer *Gewinn* ergeben, auch für die mehr vom Gefühl als von der Analyse her Lernenden, sobald es *nicht mehr* um das korrekte *Sprechen und Schreiben* der betreffenden Fremdsprache geht, sondern um das *spontane Verstehen* beim Hören und Lesen, gerade auch wenn man Ausdrucksweisen begegnet, die man noch nicht oder noch nicht genau kennt. Dann kann sich solche im Sprachvergleich gewonnene *Beweglichkeit* im Aufsuchen von übergreifenden Zusammenhängen und im Entwerfen von Gruppen-Charakteristiken sehr förderlich auswirken.

A.70 Die Sprachverwendung und der Aufbau der Person-Identität, die Stabilisierung des «Ich»

Sehr oft wird die Hauptleistung des Besitzes von Sprachen für die Menschen darin gesehen, daß durch Sprachverwendung eine besonders intensive *Kommunikation*, eine *Verständigung*, ein *Austausch* von Erfahrungen, Gefühlen, Absichten usw. möglich wird (verglichen mit den durchaus vorhandenen Möglichkeiten für Kommunikation ohne Sprache). In Darstellungen aus den 70er Jahren wurde dazu der Begriff von Kommunikation stark verengt und vergröbert, indem man von einem in der Nachrichtentechnik üblichen (und dort durchaus zureichenden) «Kommunikationsmodell» ausging, mit einem «Sender» und einem genau auf diesen Sender abgestimmten «Empfänger» und einem für Sender und Empfänger völlig einheitlichen Speicher von Signalen, einem «Repertoire» oder «Code».

Unter einem anderen, den wirklichen Verhältnissen besser gerecht werdenden Aspekt wurde betont, daß das *Festhalten und Fixieren* von *Erfahrungen* durch *sprachliches Darstellen*, durch *Fassen in Texte*, und das *Austauschen* solcher sprachlicher Fassungen eine Grundvoraussetzung für die *Entwicklung der spezifisch menschlichen Kultur* ist, und zwar in potenzierter Form, seit es *Schriften* gibt, durch welche man die Texte dauerhaft und beliebig transportierbar und speicherbar machen kann (Ziff. A.32).

Das ist sicher alles richtig und wichtig, aber es ist *noch nicht das Ganze* der menschlichen Sprachverwendung. Wie sehr die Kommunikation, und zwar die von den Kontaktpersonen ausgehende Kommunikation schon mit dem ganz kleinen Kind die Bedingung dafür ist, daß Sprachentwicklung und Spracherwerb überhaupt in Gang kommt, wurde schon ausgeführt und belegt (Ziff. A.45). *Neben* der Wichtigkeit dieser Wechselkommunikation und dann auch der Einwegkommunikation-aufnehmend, durch Hören und vor allem durch Lesen, für den Aufbau des gesamten individuellen Sprachbesitzes im Kind und im Heranwachsenden ist nun aber auch die *Sprachverwendung an sich, ohne Kommunikationsabsicht*, in ihrer Wichtigkeit zu sehen, die «person-interne Sprachverwendung», ob sie nun durch «inneres Sprechen» erfolgt oder durch Schreiben und nachheriges (Wieder-)Lesen für sich selbst. Hauptziel ist hier nicht der Ertrag bei Partnern, sondern ein Ertrag für mich selbst, ein Ertrag für das «Ich», für die *Stabilisierung* des «Ich».

In schlagwortartiger Verkürzung formuliert: Man *erfährt* zwar sein «Ich» und die Unterscheidung von den «andern» erstmals in Kommunikation und Kooperation mit andern, mit den ersten und den späteren Kontaktpersonen, und dabei ist nicht zuletzt wichtig, daß man einen *Namen* hat, der zu einem gehört, der dieses eigene «Ich» für alle andern repräsentiert. Aber der *Ausbau* dieser zuerst noch sehr diffusen Person-Identität und die *Stabilisierung* des «Ich» in den immer neuen Erfahrungen und Wechselfällen des Lebens, durch den Ablauf der Jahre und Jahrzehnte hindurch, das erfolgt großenteils (wenn auch oft *im Anschluß* an Wechselkommunikation oder an Einwegkommunikation aufnehmend) in *person-interner Sprachverwendung*, in «Sprechen für und mit sich selbst» oder in entsprechendem Schreiben und nachherigem Lesen.

Etwas genauer ausgeführt, mit Rückgriff auf die Diskussion der landläufigen Begriffe von «Vergangenheit – Gegenwart – Zukunft» in Ziff. 11.19–11.21: Das «Ich» eines Menschen, sein Selbstgefühl und Selbstverständnis, ist *in jedem Moment* ein *Ergebnis* seines ganzen bisherigen Lebens, der darin von ihm gemachten Erfahrungen, der damit verbundenen Emotionen, positiv wie negativ, der *immer wieder neuen gedanklichen Verarbeitung* (und damit immer wieder neuen Vergegenwärtigung) alles als wichtig Betrachteten, das man einmal erfahren hat. In diesem Sinn umgreift die «*Gegenwart*» eines Menschen auch sehr große Stücke seiner *Vergangenheit*, oft bis zurück in die frühe Kinderzeit (auch wenn all dieses Vergangene oft im Lauf der Zeit uminterpretiert, umorganisiert worden ist durch immer wieder neues Aufrufen), und die «Gegenwart» umgreift zugleich immer auch schon ein Stück «*Zukunft*», nämlich in den *Zielen*, die man vor sich sieht, in den *Hoffnungen*, die man hegt.

Und wenn man nun in seinem Selbstgefühl irgendwie *erschüttert* wird, wenn man *Enttäuschungen erlebt*, wenn man von Menschen, deren Verständnis und Zustimmung einem wichtig ist, entgegen allen Wünschen und Hoffnungen *nicht verstanden, zurückgestoßen, abgelehnt* wird, dann fragt man sich: «Was kann und soll ich jetzt tun? Wie kann ich überhaupt weiterleben? Habe ich bisher etwas falsch gemacht, und was? Und wie soll ich mich jetzt verhalten, wie soll ich mein Handeln einrichten?»

Alle diese Fragen stellt man sich in «*innerem Sprechen*», in person-interner Sprachverwendung. Und ebenfalls in person-interner Sprachverwendung *ruft* man dann vielleicht frühere Erlebnisse, frühere Erfahrungen (Erfolgsmomente, Glücksgefühle, oder auch damalige Mißerfolge und die Art ihrer Überwindung) *ausdrücklich in sich auf*, um die Gegenwart zu *klären* und besser erträglich zu machen und ein Verhalten/Handeln zu *entwerfen*, zu *planen* (d. h. es in Gedanken schon einmal ablaufen zu lassen, «Denken als Probe-Handeln»), durch welches man dann die momentanen Schwierigkeiten und Enttäuschungen zu überwinden, sein Selbstverständnis zu bestätigen oder nötigenfalls zu modifizieren, insgesamt sein inneres Gleichgewicht wieder zu finden hofft.

Alles das wird in der oben geschilderten dramatischen Form wohl besonders in Krisensituationen deutlich, an Wendepunkten des Lebens, in inneren Umbrüchen oder bei einschneidenden äußeren Ereignissen, dem Verlust nächster Angehöriger, einem finanziellen Zusammenbruch. Es sind die Situationen und inneren Vorgänge, die in den klassischen Dramen durch die *großen Monologe* der Hauptpersonen dargestellt werden (zum Anteil von Erfindung daran und zur Rolle der Verssprache als Dokumentation des fiktionalen Charakters siehe Ziff. A.74), z. B. im bekannten Monolog, den Shakespeare seinem «Hamlet» in den Mund legt (Szene III/1), hier im Original und in der Übersetzung von A. W. Schlegel:

To be, or not to be: that is the question Whether 'tis nobler in the mind to suffer The slings and arrows of outrageous fortune, Or to take arms against a sea of troubles, And by opposing end them? To die, – to sleep, – No more; ...	Sein oder Nichtsein, das ist hier die Frage: Ob's edler im Gemüt, die Pfeil' und Schleudern Des wütenden Geschicks erdulden oder, Sich waffnend gegen eine See von Plagen, Durch Widerstand sie enden. Sterben – schlafen – Nichts weiter! ...

Grundsätzlich Entsprechendes spielt sich aber in einem gewissen, kleinen Ausmaß auch in *kleinen und kleinsten* «Störungssituationen» ab, im Lauf des «ganz normalen Lebens», oft täglich, ja stündlich. Das innere Gleichgewicht, die Stabilität des «Ich» ist eben grundsätzlich *nicht* etwas, was man ein für allemal hat und besitzt und auf dem man sich ausruhen kann. Es muß immer wieder *bewahrt*, gegen Angriffe und Störungen *verteidigt*, ja streng genommen *immer wieder neu erworben* werden.

Auf die hier täglich möglichen kleinen und kleinsten Störungen *reagiert* man mit kleinen und kleinsten *«Ausgleichs-Sprechakten»* oder *«Entlastungs-Sprechakten»* (so wie man bei Gefährdungen des körperlichen Gleichgewichts, etwa beim Radfahren oder beim Skilauf, mit geeigneten Ausgleichsbewegungen reagiert).

Einige wenige Beispiele, der Einfachheit halber in Ich-Form präsentiert:

– Ich habe bei einer Arbeit ein Schächtelchen mit Stecknadeln auf dem Tisch stehen, durch eine ungeschickte Bewegung von mir fällt das Schächtelchen zu Boden, und ich mache meinem Ärger Luft durch den Ausruf: «O du dumme Schachtel – Hat das jetzt noch passieren müssen».

– Ich bin im Begriff das Haus zu verlassen, und stehe schon auf der Straße, als mir in den Sinn kommt, daß ich einige dringende Briefe mitnehmen und im Vorbeigehen bei der Post einwerfen wollte; mein «Entlastungs-Sprechakt»: «Ich bin doch ein Esel – jetzt habe ich die Briefe vergessen, jetzt kann ich grad umkehren und nochmals die drei Treppen hochgehen, die Briefe müssen fort».

Man kann den Vergleich solcher Kleinigkeiten mit grundsätzlichen Person-Krisen lachhaft finden, aber die *helfende, entlastende, korrigierende* Funktion der *Sprachverwendung* ist grundsätzlich *dieselbe*.

Natürlich können solche Entlastungs-Akte auch in *Wechselkommunikation* erfolgen: von Beratungsgesprächen oder Trostgesprächen mit jemandem, dem man vertraut und der zu solchen Gesprächen bereit ist, bis zur Beruhigung und Entspannung durch alltägliches Plaudern, z. B. eingeleitet durch Kommentare zum momentanen (guten oder besonders schlechten) Wetter. Man kann in *Einwegkommunikation-aufnehmend* eintreten und sich ablenken, sich innerlich entlasten, indem man z. B. den *Fernsehapparat* einschaltet und sich von dem in der Sendung Dargestellten mitnehmen, spannen und entspannen läßt, oder man kann etwas *zum Lesen* zur Hand nehmen, von einer Zeitung oder Zeitschrift, deren Lektüre einen von den Problemen ablenkt, bis zu einem Trost-Buch, in welchem man Hinweise für eine Lösung der Probleme zu finden hofft. Man kann auch etwas *mit den Händen* zu tun beginnen, um sich zu beruhigen und abzulenken. Man kann etwas zu essen machen, sich einen Kaffee oder Tee brauen usw.. Man kann sich auch eine weitergehende Bewegung verschaffen, das Haus verlassen, einen Lauf machen, schwimmen gehen usw. In besonderen Fällen und bei besonderen Berufsgruppen kann man auch in eine Kombination von Tätigkeit mit den Händen und Einwegkommunikation-hervorbringend eintreten, indem man etwas zu schreiben beginnt (oder daran weiterschreibt), was für spätere Publikation bestimmt ist. Zum Teil läßt sich ja die Entstehung wichtiger literarischer Werke auf solche Bedürfnisse nach ausgleichender, das eigene «Ich» stabilisierender Sprachverwendung zurückführen.

Bei *allen diesen Akten* der Wechselkommunikation oder Einwegkommunikation oder des (auch) materialen Handelns ist auch immer wieder die *person-interne Sprachverwendung* wichtig, das *«innere Sprechen» neben, vor oder nach* dem hörbar werdenden Sprechen, das der Wechselkommunikation dient. Man kann also ohne Übertreibung sagen, daß *der Mensch kaum je ohne Sprachverwendung* lebt (außer wenn er schläft und dabei nicht träumt), daß er *immer, mindestens person-intern, Sprache* gebraucht, *innerlich spricht* und *innerlich hört*.

Dabei ist es durchaus sekundär, *welche Sprache* (bzw. *welche Variante* einer Sprache) bei solcher person-interner Sprachverwendung gewählt wird. Sehr oft wird es die *Erstsprache* sein, bzw. die vertrauteste Variante der Erstsprache, bei Mundartsprechern also die eigene Mundart. Man kann aber auch *bewußt zu einer Fremdsprache greifen*, wenn man dadurch demjenigen, was man durch «inneres Sprechen» gedanklich vor sich hinstellt, ein *besonderes Gewicht* geben zu können glaubt. Das geht umso leichter, als ja in der ganzen person-internen Sprachverwendung die *Korrektheit* aller grammatischen Konstruktionen und Wortlautungen grundsätzlich *keine Rolle* spielt (Ziff. A.67). Man kann auch, wenn man zur inneren Entlastung in Einwegkommunikation-aufnehmend treten will, eine Sendung bzw. eine Zeitung oder ein Buch in einer Fremdsprache wählen, wenn man sich dadurch z. B. ein *Abheben von der Enge* der eigenen (und besonders eng mit der Erstsprache verbundenen) Verhältnisse verspricht.

Zur Darstellung der *Wichtigkeit* von Sprachverwendung für die Stabilisierung des «Ich» gehört schließlich auch der Hinweis darauf, daß *alle* (bewußten und unbewußten) *Vorstellungen und inneren Bilder*, die jeder Mensch in seinem Kopf hat, letztlich einmal durch *Sprachverwendung* aufgebaut worden sind: die Vorstellungen und inneren Bilder von der *eigenen Stellung* und *Aufgabe* in der Welt, von den *Bedürfnissen* und *Zielen* und *Möglichkeiten*, für sich selbst wie für andere – und *diese Vorstellungen und inneren Bilder* und die dahinterstehenden *elementaren Antriebe* sind wohl im eigentlichen Sinne das, was die *Person-Identität*, das «Ich» *des betreffenden Menschen* ausmacht.

Wie sehr die gesamte entlastende, das eigene «Ich» stabilisierende Sprachverwendung auch mit dem *Ablauf der Zeit* verknüpft ist, mag das folgende Kindersprach-Beispiel zeigen, in dem es nicht um das Aufrufen von *Vergangenem* geht, sondern um die *Vergewisserung* des *Eintretens* von *Erwartetem*, jetzt noch in der Zukunft Liegendem – anders gesagt: wo es darum geht, die *Wartezeit auf ein Ereignis* zu thematisieren, damit das Warten besser erträglich wird.

> Eine Familie verbringt in ihren Sommerferien regelmäßig eine längere Zeit des Tages in einem kleinen Strandbad, hinter dem eine Eisenbahnlinie durchführt. Auf dieser Linie fährt jeden Tag zu einer bestimmten Zeit ein Güterzug vorbei, der von einer Dampflokomotive gezogen wird. Das jüngste von den Kindern, ein zweieinhalbjähriger Junge, wartet immer mit besonderer Spannung auf das Vorbeifahren dieses Zuges mit der Dampflokomotive. Er will schon sehr früh auf den Platz hinter dem Strandbad gehen, um das Ereignis ja nicht zu verpassen. Oft geht der Vater mit, und er sagt gelegentlich tröstend: «Der Zug kommt dann schon». Und dann sagt einmal der Kleine während des Wartens, mehr zu sich

selber als zum danebenstehenden Vater: «*Ssuug chunt er dänn* – Der Zug, er kommt dann schon», und durch diesen Sprachverwendungsakt kann er dann wieder besser und ruhiger auf das *wirkliche* Kommen des Zuges *warten*.

A.71 Ich-Aufbau an vorhandenen Realitäten vorbei, Wahn-Systeme, auch im Rahmen ganzer Gruppen («Massen-Hysterien»)

Durch Sprachverwendung, vor allem in «innerem Sprechen» kann ein Mensch aber nicht nur ein «Ich» aufbauen und stabil erhalten, das *verträglich* ist mit den «Ichs» aller andern Menschen, in deren Mitte er lebt und mit denen er auskommen muß. Es kann auch zum Aufbau eines «Ich» kommen, das mit der ganzen gegebenen sozialen und materiellen Lage *unvereinbar* ist, zu einem *wahnhaften* «Ich», das von den andern nicht akzeptiert wird (das die andern nicht akzeptieren können, ohne sich selbst aufzugeben) und das seinen Träger/seine Trägerin unfähig zum sozialen Zusammenleben macht. Ein solcher Ich-Aufbau führt in Krankheit, oft auch mit schweren körperlichen Störungen, und zu sozialer Ausgrenzung.

Natürlich lassen sich auch hier keine scharfen Grenzen ziehen zwischen «noch gesund, noch normal» und «krankhaft, wahnhaft». Wohl jeder Mensch baut sich gelegentlich ein Bild von seiner eigenen Stellung usw. auf, das nicht übereinstimmt mit den Bildern, die sich die andern von ihm machen (und gemäß denen sie ihn behandeln). Jemand glaubt z.B., daß die andern ihn nicht mögen, und erkennt nicht, daß sie ihm durchaus wohlgesinnt sind – oder jemand glaubt, er sei sehr beliebt, und merkt nicht, daß das eine grobe Selbsttäuschung ist.

Solche Differenzen der Selbst-Einschätzung und der Einschätzung durch die andern sind ungefährlich, solange sie nicht zu groß werden – und zu einem Verhalten führen, das von den andern als «krankhaft» eingestuft wird.

Es kommt aber auch vor, daß jemand neben seinem «sozial akzeptierten Ich» ein «privates Ich» aufbaut und dadurch zu einer *gespaltenen Persönlichkeit* wird, die an sich selber leidet und unter der die andern leiden. Als besonders eindrückliches Beispiel für einen von der Umwelt zunächst gar nicht bemerkten Übergang von harmlosem «Phantasieren zur Unterhaltung» zu einer unter dem Druck traumatischer Erlebnisse eintretenden krankhaften Persönlichkeitsspaltung kann hier die Geschichte von Bertha Pappenheim herangezogen werden (für die Quellen siehe Ziff. A.68, S. 885). Ihr Zustand vor der Erkrankung wird durch den Hausarzt Josef Breuer so beschrieben (Hirschmüller S. 348ff. – Hervorhebungen vom Verfasser des vorliegenden Buches):

> Patientin war körperlich gesund, regelmäßig menstruirt; reagirte auf leichtes Fieber immer mit Subdelirium. Intelligenz bedeutend; ausgezeichnetes Gedächtniß, erstaunlich scharfsinnige Combination und scharfsichtige Intuition, daher Täuschungsversuche immer mißlingen. Kräftige[r] Intellect, der auch solide Nahrung verdauen würde und sie brauchte, aber seit dem Austritt aus der Schule nicht erhielt.
>
> Auffallend langes Fortschleppen einzelner Kindereien, z. B. Opposition gegen ärztliche Anordnung in das erwachsene Alter.
>
> Sehr monotones, ganz auf die Familie beschränktes Leben; Ersatz wird gesucht in leidenschaftlicher Liebe zu dem sie verhätschelnden Vater und im Schwelgen in der sehr entwikelten poetisch-phantastischen Begabung. *Während alle sie anwesend glaubten, lebte sie Märchen durch*, war aber auf Ansprache immer sogleich präsent, so daß *Niemand davon wußte*. Dieses wurde unter dem Namen «Privattheater» Institution ihres geistigen Lebens; um so wichtiger und gefährlicher, als ihre übermäßig bevormundete Lection ihrer Activität nichts bot, und kein irgend bewegtes Leben ihrer geistigen Thätigkeit realen Inhalt gab.

> ...
> Wille energisch, gut und ausdauernd, Eigensinn, der sein Ziel nur aus Güte um anderer willen aufgibt.
> ...
> Ich halte sie für durchaus wahr, wenngleich einzelne falsa in ihrer Krankheit vorkommen. Jedenfalls ist es immer besser, sie für wahrhaft zu halten, oder so zu scheinen, da sie nichts verächtlicheres kennt als Lüge, jede Einwirkung auf sie aber nur durch den Appell an ihre guten Eigenschaften möglich ist.
> Sie ist für Güte und Geduld zugänglich, absolut unzugänglich für Zwang und Schroffheit; noch schlimmer gestaltet sich die Sache, wenn sie irgend ein falsum vermuthet, und wäre es auch nur ein zur Captation gebrauchtes Lob.

Die Zustände in der Krankheit, mit der Trennung in zwei ganz verschiedene Bewußtseinszustände – eben zwei verschiedene «Ichs» – beschreibt Breuer so (Hirschmüller S. 353, Hervorhebungen vom Verfasser dieses Buches):

> Die nun aufmerksamere Beobachtung zeigt den psychischen Zustand schwer erkrankt. Rapidester Stimmungswechsel in Extremen, Heiterkeit, aber nur ganz vorübergehend, sonst Angstgefühl, Sehnsucht nach dem Vater, hartnäckige Opposition gegen alle (gefürchtete) therapeut[ische] Maßnahmen, ängstliche Hallucination der schwarzen Schlangen, als welche ihre Haare, Schnüre und d[e]rgl[eichen] erscheinen. Dabei spricht sie sich immer zu, nicht so dumm zu sein, es seien ja ihre Haare und d[e]rgl[eichen], kommt aber über die Angst nicht hinaus. Aufregungen, die sie als schlechte Ungezogenheiten bezeichnet, wirft Polster auf ihre Umgebung, soweit und wenn es die Contractur der Arme (im späteren Verlauf) erlaubt, schimpft, reißt ihre Knöpfe ab und d[e]rgl[eichen].
> Dazwischen aber klare Zeiten, wo sie über die tiefe Finsterniß ihres Kopfes klagt, wie sie nicht denken könne, blind und taub werde, *zwei Ichs habe*, ihr wirkliches und ein schlechtes, das sie zu schlimmem zwinge u[nd] s[o] f[ort]. Immer deutlicher trat hervor, was schon frisch bemerkt wurde, daß sie *zwei ganz getrennte Bewußtseinszustände* habe, die, je länger die Krankheit dauerte, desto schärfer sich unterschieden. In dem einen erkannte sie ihre Umgebung, war traurig und launisch, aber relativ normal, im andern hallucinirte sie, war «ungezogen»; war nach Ablauf dieser Phase irgend etwas im Zimmer geändert, jemand eingetreten oder hinausgegangen, so klagte sie: ihr fehle die Zeit und bemerkte die Lücke im Ablauf ihrer bewußten Vorstellungen. Da man ihr das wenn möglich ableugnete, auf ihre Klage, sie werde verrückt, sie zu beruhigen trachtete, folgte[n] auf jedes Polsterschleudern, Zerreißen von Objekten und d[e]rgl[eichen] dann noch die Klagen, was man ihr antue, in welcher Unordnung alles sei und d[e]rgl[eichen].
> Zuerst wurden diese Absencen beobachtet, als sie, noch außer Bett, mitten im sprechen stecken blieb, die letzten Worte wiederholte, um nach kurzer Zeit wieder fortzufahren. Nach und nach nahm dieses die geschilderten Dimensionen an, und während der Acme der Krankheit, während die Contractur auch die linke Seite ergriffen hatte, war sie am Tag fast nie halbwegs normal.

An dieser Stelle folgt dann in der Krankengeschichte die Beschreibung des Sprachverlusts, der Aphasie, (Ziff. A.68, S. 886 oben). Der Weg vom «normalen», gesunden Phantasieren (mit dem Bewußtsein, daß man phantasiert) zu einer krankhaften Persönlichkeitsspaltung, verbunden mit schweren körperlichen Störungen, liegt hier offen vor Augen. Dazu noch einige Einzelbeobachtungen Breuers zur Entstehung bestimmter körperlicher Symptome und Hallucinationen (Hirschmüller S. 350–351):

> Sommer 1880 erkrankte ihr adulirter [= von ihr verehrter] Vater an einer Peripleuritis mit sehr hohem Fieber. Nach einiger Zeit berief man einen Chirurgen von Wien, der in der Nacht vom 17.–18. Juli erwartet wurde. In dieser Nacht hatte Patientin einige Stunden allein Wache, da die Mutter erschöpft sich etwas zurückgezogen hatte, und war mit dem somnolenten Kranken und ihrer offenbar schon pathol[ogischen] Angst allein. Sie saß am Bett, den rechten Arm über die Stuhllehne gelegt, und kam allmälig in eine absence. In dieser halluzinirte sie schwarze Schlangen, die aus den Wänden kröchen, und eine, die am Vater hinkroch, ihn zu tödten.
> Ihr rechter Arm war durch die Lage anaesthetisch geworden und ihre Finger verwandelten sich in kleine Schlangen mit Todtenköpfen (Nägel).
> Wahrscheinlich machte sie Versuche, die Schlangen mit dem gelähmten rechten Arm zu verjagen. Als die Hallucination geschwunden war, wollte sie in ihrer Angst beten, aber jede Sprache versagte, sie

konnte keine sprechen, bis sie endlich einen englischen Spruch fand und nur auch in dieser Sprache fortdenken und beten konnte. Der Pfiff der Lokomotive, die Prof. ... brachte, unterbrach den Spuck.

...

Husten erstesmal, als sie beim Vater am Bett saß und die herüberklingende Musik ihr den Wunsch erzeugte, auf der Promenade zu sein, dann immer wiederholt bei stark rhythmischer Musik.

Soviel aus dem Bericht über die Persönlichkeitsspaltung und die Wahn-Vorstellungen bei Bertha Pappenheim.

Es kann nun natürlich auch vorkommen – und für das Zusammenleben nicht nur im privaten Kreis, sondern zwischen ganzen Bevölkerungsgruppen, ja ganzen Völkern verderblich werden – daß die auf die beschriebene Art entstehenden Realitätsverluste und Wahnsysteme nicht nur einzelne Menschen betreffen, sondern bei *allen* Mitgliedern *ganzer Gruppen* gleichartig auftreten. Dann können sich «Kollektiv-Hysterien» bilden, z. B. daß die Angehörigen einer Gruppe sich von allen Nicht-Gruppenmitgliedern angegriffen fühlen, daß sich kollektive Angstvorstellungen und damit auch kollektive Aggressionsbereitschaften, ja Aggressionswünsche bilden.

Auf solchen Wegen kann u. U. eine kleine Zahl machtgieriger Menschen – oder sogar ein einzelner – ganze Bevölkerungsteile fanatisieren, ihnen eine einheitliche Ideologie einpflanzen, und damit kommt oft eine bedingungslose Unterordnung dieser Bevölkerungsteile unter die betreffenden kleinen Gruppen oder den fanatisierenden Einzelnen zustande.

Natürlich ist es auch hier schwierig, klare Grenzen zu ziehen zwischen positiv zu wertendem Aufbau eines Gemeinschaftsgefühls, das auch gewisse Übereinstimmungen im Ich-Aufbau aller Beteiligten verlangt, und der Schaffung eines sektiererischen, elitären, alle Außenstehenden abwertenden Gruppengefühls, mit einer oft wahnhaften Sicht auf alles, was außerhalb der Gruppe geschieht und gilt. Eine gewisse übereinstimmende Auffassung von Leben und Welt, vor allem eine Übereinstimmung in den grundlegenden Wertsystemen muß vorhanden sein, damit ein fruchtbares Zusammenleben gewährleistet ist und nicht ein Krieg aller gegen alle entsteht. Das bedingt auch gewisse Übereinstimmungen im Aufbau aller beteiligten «Ichs».

Die *Grenzen* sind wohl grundsätzlich dort zu ziehen, wo das Zusammengehörigkeitsgefühl *innerhalb* einer Gruppe zu einer *starren Ablehnung* der Werte und Lebensformen *aller nicht* zur Gruppe Gehörigen führt. Da ergibt sich dann fast zwanghaft ein absoluter *Konformitätsdruck* für alle Gruppenmitglieder, mit Bespitzelung aller derer, die ggf. aus dieser Konformität ausbrechen könnten. Das führt dann oft dazu, daß die Möglichkeiten und Qualitäten andersartiger Lebensführung, andersartigen Ich-Aufbaus nicht nur leidenschaftlich abgelehnt, sondern *überhaupt nicht mehr gesehen*, nicht mehr wahrgenommen werden, daß eine «kollektive Blindheit» für alles außerhalb der Gruppe Stattfindende und Geltende eintritt, und damit ein kollektiver Realitätsverlust.

Man muß diese Möglichkeiten (die auch grundlegend mit entsprechender Sprachverwendung zusammenhängen) in ihrer ganzen Gefährlichkeit sehen – wie die Geschichte der Unterwerfung ganzer Völker unter den Willen kleiner Gruppen von rücksichtslosen Machtträgern (und zugehörigen Nutznießern) und der daraus entstehenden Verfolgungen und Kriege gerade in unserem Jahrhundert erschreckend deutlich zeigt. Es gab solche Erscheinungen wohl zu allen Zeiten, aber die zahlenmäßige Größe der beteiligten Völker und die technischen Möglichkeiten zur Indoktrinierung und Fanatisierung durch Sprache und Bilder und damit zum Krieg bis zum Völkermord waren wohl noch kaum je im gleichen Maß gegeben wie im 20. Jahrhundert.

A.72 Systematisch hervorgelocktes Erzählen als Therapie; Psychoanalysen

Als das *Gegenstück* zur in Ziff. A.71 beschriebenen Rolle der Sprachverwendung (vor allem in «innerem Sprechen», person-intern) zum Aufbau eines wahnhaften «Ich», oft mit Persönlichkeitsspaltung, kann es nun betrachtet werden, wenn durch Sprachverwendung in systematisch geführter Wechselkommunikation versucht wird, einen solchen verfehlten Persönlichkeitsaufbau *rückgängig* zu machen, den betreffenden Personen wieder zu einem «normalen», die Realitäten *sehenden* und mit ihnen *verträglichen* «Ich» zu verhelfen und dadurch die Persönlichkeitsspaltung und die oft damit verbundenen körperlichen Störungen zu beheben.

Solche Sprachverwendung ist der Kern der *Psychoanalysen* in ihren verschiedenen heute bestehenden Spielarten. Man kann mit etwas Vergröberung sagen: der Psychiater, der Therapeut versucht die Patienten anzuleiten zu konsequentem, rückhaltlosem *Erzählen* der vergangenen traumatischen Erlebnisse – die oft «verdrängt» waren, aus dem Bewußtsein hinausgeschoben, aber gerade dadurch ihre undurchschauten Auswirkungen hatten, zu psychischen und körperlichen Störungen geführt hatten.

Dieses *Verbalisieren* der vergangenen traumatischen Erlebnisse, der erlittenen psychischen Verletzungen (das oft an das Erzählen von Träumen anschließt) führt nicht nur zum Bewußtmachen von Verdrängtem (von «etwas, das nicht sein durfte» und daher vergessen wurde), sondern zugleich zum nochmaligen, intensiven Durchleben und gedanklichen Verarbeiten (nicht nur rein verstandesmäßig «registrierend», sondern «mit allen Sinnen») des Vergangenen, aber immer noch Wirksamen. Dadurch gelingt es dann oft, diesen vergangenen bösen Erlebnissen, diesen erlittenen Verletzungen die *Macht* und die *Stör-Potentiale* zu nehmen, die sie als unbewußt gewordene («verdrängte») Vergangenheit gehabt hatten. Diese Stör-Potentiale können durch das Verbalisieren und nochmalige intensive innere Durchleben oft aufgelöst werden, das «Ich» kann von ihnen befreit werden.

Wenn dann dazu noch *Veränderungen* in den *zwischenpersonalen* Beziehungen möglich werden (indem auch die «andern» sich anders einstellen) und wenn die *Wege* zu befriedigenderem *Handeln*, zu einer die Patienten bestätigenden und von den andern anerkannten *Tätigkeit* geöffnet werden können, ist oft eine völlige Gesundung erreichbar – oder mindestens eine Besserung, ein akzeptabler «modus vivendi».

Es ist hier nicht der Ort, das Vorgehen in den verschiedenen psychoanalytischen Richtungen im einzelnen zu zeigen. Dagegen dürfte es sinnvoll sein, so knapp wie möglich die Wege zu skizzieren, auf welchen Bertha Pappenheim (Ziff. A.71) ihre Spaltung in zwei «Ichs» überwinden und zu einer reichen («normalen») literarischen, sozialen und politischen Tätigkeit gelangen konnte. Das ist auch wissenschaftsgeschichtlich von Interesse, denn Josef Breuer erzählte seinem jüngeren Freund und Kollegen Sigmund Freud von dem ihn so beschäftigenden Fall. Freud war brennend interessiert, er probierte eine entsprechende «Behandlung durch Anreize zum Erzählen» auch bei andern Patienten (zunächst in erster Linie bei Frauen – die vier Krankengeschichten neben der von Breuer beigesteuerten Geschichte von «Anna O.» betreffen ausschließlich Frauen), und so wurde Bertha Pappenheim zur Auslöserin (um nicht mit einiger Überspitzung zu sagen, «zur Entdeckerin/Erfinderin») der Freudschen Psychoanalyse und damit aller später an diese anschließenden psychoanalytischen Richungen.

In der von Breuer 1882 niedergeschriebenen Krankengeschichte liest man (Hirschmüller S. 354 – für die ganze Dokumentation siehe Ziff. A.68, S. 885):

> Es war bemerkt worden, daß sie in ihren Absencen jeden Tag in einem bestimmten Vorstellungskreis sich bewegt (soweit diese eben nicht ängstliche Hallucinationen brachten).
> Nachmittag lag sie wie somnolent, und Abends klagte sie: «Quälen, quälen». Zuerst zufällig, später, als man darauf achten lernte, mit Absicht, fiel nun vor den andern ein Wort, das mit jenen Vorstellungen zusammenhing, und alsbald «ging sie hinüber», begann, zuerst in ihrem aphas[ischen] Jargon, nach und nach im weiteren Verlauf ihrer Erzählung immer besser und correcter, eine Geschichte in der Art von Andersens Bilderbuch oder ein Märchen zu erzählen, und gegen Schluß dieser Erzählung sprach sie ganz correct. Einige Momente nach Schluß erwachte sie dann, war offenbar beruhigt, oder wie sie sagte «gehäglich» (behaglich). Die Nacht folgte immer unruhiger werdend, und Morgens nach 2 Stunden Schlaf war sie offenbar in einem andern Vorstellungskreis. Man bemerkte z. B., daß am Tage von ihr gelegentlich die Worte Sandwüste und d[e]rgl[eichen] gesprochen wurden; so wie ich dann Abends das Stichwort «Wüste» gab, begann sie eine Geschichte von dem in der Wüste verirrten u[nd] s[o] w[eiter]. Die Geschichten waren alle tragisch, theilweise sehr hübsch, meistens drehten sie sich um die Situation eines bei einem Kranken in Angst sitzenden Mädchens, doch auch ganz andere. Nahm ich ihr einmal Abends die Geschichte nicht ab, so fehlte die abendliche Beruhigung, und am nächsten Abend waren 2 zu erzählen.

Das Erzählen, das sich so positiv auswirkte, war aber offensichtlich gebunden an die intensive emotionale Beziehung Berthas zu ihrem Arzt (und die von ihm geübte Hypnose). Dazu die folgenden Auszüge aus der Krankengeschichte (Hirschmüller S. 357):

> Unglücklicherweise mußte ich auf einige Tage nach Berlin reisen und fand sie dann sehr verschlechtert wieder. – Seit des Vaters Tod hatte sie selbst nichts mehr an Nahrung und Getränk berührt, Wasser nahm sie auch von andern, Essen nur von mir, dabei konnte ich sie doch ziemlich herausfüttern. Als ich zurückkam, hatte sie die ganze Zeit abstinirt, war voll Angstgefühlen, ihre Absencen voll mit Schreckgestalten wie Todtenköpfen und Gerippen, seitdem sie im Hamlet die Clownscene wieder gelesen; ihr Verhältniß zu den ihren immer schlechter; sie behauptete, wenn Mutter in ihre Nähe komme, bekomme sie einen Strom von unangenehmer Wärme, bei ihrem Bruder weniger, und in dem sonderbaren technischen Jargon, der sich bildete, hießen diese beiden «stoves», Öfen. Jedenfalls wußte sie die Gegenwart der Mutter oder spürte sie, wenn ich selbst keine Ahnung davon hatte. Immer aber war noch ihr Sopor Nachmittags, die «cloud» bei Sonnenuntergang, die Erzählung der Geschichte Abends. Diese waren bis zur Consultation [des Psychiaters Krafft-Ebbing, von der Mutter verlangt] immer traurig, natürlich Variationen über das Thema vom Tod ihres Vaters, von da an immer ängstlichere und schrecklichere Gesichter; wir sahen am Tage immer schon, was am Abend erzählt würde, weil sie die Dinge durchlebend sie theilweise tragirte. «Gehörshallucinationen». Frappant war dann der Contrast, wenn sie die Sachen wegerzählt hatte; präsent geworden, war sie ruhig, heiter, setzte sich zur Arbeit, zeichnete oder schrieb die Nacht durch, völlig vernünftig, ging gegen 4 Uhr zu Bett, und am Morgen begann dieselbe Geschichte wieder.

Und über entsprechende Versuche eines andern Arztes (Hirschmüller S. 359):

> Jeder Versuch Dr. Bresslauers [ein Arzt des Sanatoriums Inzersdorf bei Wien, der Bertha während der Abwesenheit von Josef Breuer betreute], sie dazu zu bringen, daß sie ihre Geschichten ihm erzählte, mißlang, auch wenn er ganz dieselben Fragen anwandte wie ich. Oft nämlich mußte auch ich lange arbeiten, bitten, reden und vor allem die stereotype Eingangsformel «And there was a boy» wiederholen, bis sie plötzlich «einschnappte» und zu sprechen anfing. Sie tat das nie, ohne sich vorher durch Betasten meiner Hände davon zu überzeugen, daß wirklich ich es sei. Solchen Widerstand fand ich besonders, wenn sie, über irgend etwas ärgerlich, in Oppositionslaune war; sie wußte, daß sie nach der Talking cure all ihrer Bosheit und Energie ledig sein werde, und wenn sie «nicht gut sein wollte», weigerte sie dieselbe [«talking cure» nannte Bertha selbst das Verfahren].

Ein Stück spontaner Erklärung der Erfolge durch Breuer (Hirschmüller S. 360):

> Aus dem Ganzen war klar, daß jedes Produkt ihrer krankhaften Thätigkeit, ob es nun spontanes Produkt ihrer Phantasie oder ein von dem kranken Theil ihrer Psyche aufgefaßtes Begebniß war, als

psychischer Reiz wirkte und so lange fortwirkte, bis es erzählt, hiermit aber auch die Wirksamkeit völlig beseitigt war.

Beispiele für das Beseitigen einzelner Symptome durch Erzählen der (vorher verdrängten) Entstehungsgeschichte (ebenfalls Hirschmüller S. 360–361):

Zwei einzelne Facta riefen zunächst mein Erstaunen hervor. Patientin hatte, wenn Abends erwacht und zu Bett gebracht, nie geduldet, daß ihr die Strümpfe ausgezogen wurden; erst beim erwachen um 2 oder 3 Uhr that sie das gelegentlich, über die Unordnung klagend, daß man sie mit den Strümpfen schlafen lasse. Eines Abends erzählte sie mir eine längst vergangene wahre Geschichte, wie sie Nachts immer hinein zum Vater geschlichen sei um zu horchen (sie wurde damals nicht mehr bei der Nachtpflege geduldet), wie sie darum in Strümpfen geschlafen habe, dann einmal ihr Bruder sie erwischt und s[o] f[ort]. Alsbald nach Beendigung begann sie einen gelinden Lärm, warum sie mit den Strümpfen zu Bett sei, zog sie aus, und die ganze Strumpf-Caprice war für immer vorbei. 2.) Sie trank während der allerheißesten Zeit durch 6 Wochen keinen Tropfen und stillte ihren Durst mit Obst und Melonen. Dabei klagte sie natürlich über die Durstqual, brachte man aber Wasser an ihre Lippen, so konnte sie nicht bewogen werden, einen Tropfen zu nehmen, ohne daß sie angegeben hätte, warum. Endlich erzählte sie eines Abends, wie sie den kleinen, ihr ekelhaften Hund ihrer Gesellschafterin habe aus einem Glase trinken sehen, nichts gesagt habe, um nicht grob zu werden (vor vielen Wochen). 5 Minuten nachher klagte sie über Durst, trank 1/2 Flasche Wasser aus, und von da an war die Trinkhemmung wieder verschwunden.

Soweit die Auszüge aus der Krankengeschichte von 1882. Durch die von Breuer tastend entwickelte Technik vermochte also die Kranke immer wieder ihre quälenden Zustände und Ängste in Sprache zu fassen und gewissermaßen objektiviert vor sich selbst und vor den Arzt hinzustellen – zuerst in poetischer Verhüllung (dazu auch Ziff. A. 74, fiktionale Texte), dann immer mehr auch durch Erzählen von tatsächlich Erfolgtem. So fand sie – ganz allmählich und mit vielen Rückschlägen – einen Weg, ihre Spaltung in zwei sich bekämpfende «Ichs» zu überwinden (oder: dem «richtigen Ich» zur Herrschaft zu verhelfen). Wie mühsam das oft war und wieviel Energie des Arztes wie der Patientin selbst dafür erforderlich war, dürfte aus den Auszügen aus der Krankengeschichte zur Genüge hervorgegangen sein.

Im Juni 1882 hörte Breuer mit der Behandlung auf, vom 12. Juli bis zum November war Bertha im vornehmen Sanatorium von Robert Binswanger in Kreuzlingen. Breuer hatte schon im November 1881 wegen Bertha mit Binswanger (der damals wohl der modernste Psychiater in weitem Umkreis war) korrespondiert. Bertha fühlte sich in Kreuzlingen offenbar insgesamt sehr wohl, sie ritt täglich aus, badete im See und nahm an der Geselligkeit im Hause teil. Aber geheilt war sie noch keineswegs. Sie war, um ihre Neuralgien zu lindern und schlafen zu können, auf Chloral und dann auf Morphium angewiesen. In der Krankengeschichte von Dr. Laupus in Kreuzlingen (Hirschmüller S. 364) liest man – mit einem negativ getönten Hinweis auf Berthas Sehnsucht nach praktischer Tätigkeit, der sie dann später doch ihre Heilung verdanken sollte:

In psychischer Sphäre hat die Kranke in dem unmotivirten Kommen u[nd] Gehen der Stimmungen echt hysterische Merkmale. Sie war oft von einer geradezu unliebenswürdigen Gereiztheit gegen Angehörige wie andere, ganz im Gegensatz zu ihrer sonstigen altruistischen Art. So beurtheilte sie in abfälliger Weise die Unzulänglichkeit der Wissenschaft gegenüber ihrem Leiden und betonte in bissiger Art die Zwecklosigkeit ihres Kuraufenthaltes hierselbst, um noch häufiger in weinender Depression sich beruhigen zu lassen, damit, daß die Zeit ihre Genesung brächte.

Die fehlende Einsicht in die Schwere ihres stat[us] nervosus verrieth sie in ihrer Projectenmacherei. So beschäftigte sie ihr Vorhaben, sich der praktischen Krankenpflege zu widmen und zwar baldmöglichst, wochenlang, um dann wieder zurückzutreten hinter anderen Plänen.

Die «Projecte» nahmen dann Gestalt an, als Bertha Ende November von Kreuzlingen nach Karlsruhe zu Verwandten ging. Ihr dortiges Leben beschrieb ihr Vetter Fritz Homburger, zu dem sie offensichtlich einen «Draht hatte», in einem Brief vom 4.1.1883 an Robert Binswanger (Hirschmüller S. 380–381):

> Ungefähr 14 Tage nach ihrer Hierherkunft trat Abends, nachdem sie zu Bett gewesen, jeweils Englisch ein [und] zwar auf etwa 1 Stunde; sie schlief fast immer erst um 2 od[er] 3 Uhr ein, dehnte dagegen die Nacht bis ca. 11 Uhr aus. Am Nachmittag besuchte sie den Krankenpflegecursus im Frauenverein, [und] dann war sie häufig im Theater, Concerten od[er] Gesellschaften, wo sie immer heiter war. Die neuralgischen Schmerzen traten zwar stets auf, doch glaubte ich, wenigstens so lange ich sie beobachten konnte, in letzter Zeit eine Besserung zu bemerken, was aber Bertha selbst bestritt.
> ...
> In den letzten Tagen ihres Hierseins verkehrte sie häufiger mit meiner Cousine Anna Ettlinger (Sie kennen dieselbe ohne Zweifel), welcher sie einige selbstverfassten Mährchen vorlas, die sehr gefielen. A[nna] E[ttlinger] rieth ihr zu, die Pflegerei zu unterlassen [und] sich mit litterarischen Arbeiten zu befassen; ich glaube, daß sie diesem Rath früher od[er] später auch Folge geben wird [und] daß sie in ganz kurzer Zeit wieder hierherkömmt, um den Verkehr mit A[nna] E[ttlinger] zu pflegen.

Im Januar 1883 kehrte Bertha nach Wien zurück. Sie mußte sich aber bis 1887 noch dreimal jeweils für mehrere Monate in Inzersdorf pflegen lassen. Warum Breuer sich nicht mehr an der Behandlung beteiligte, ist umstritten (Hirschmüller S. 170–177). Das Wahrscheinlichste ist, daß Bertha eine heftige «Uebertragungsliebe» zu ihm als ihrem Arzt und Helfer entwickelte und daß er sich, als er das erkannte, von den direkten Kontakten mit ihr zurückzog. Er verfolgte aber ihre Entwicklung weiterhin, «à distance», wie aus mehreren Briefstellen hervorgeht.

1888 übersiedelte Bertha nach Frankfurt am Main. Dort begann sie ihre ausgedehnte literarische Tätigkeit («Geschichten für Kinder», 1888) sowie weitgespannte Aktivitäten in der Fürsorge (Gründung und Leitung eines Waisenhauses) und in der Frauenpolitik, und jetzt endlich durfte sie sich als völlig gesundet betrachten.

Auf Erfüllungen in ihrem ganz privaten Leben hat sie offenbar bewußt verzichtet, vor allem auf eine Heirat und eigene Kinder. Das muß ihr schwer gefallen sein – ihre Resignation spricht aus einem kurzen Gedicht, das sie um 1911 schrieb:

> Mir ward die Liebe nicht –
> Drum leb' ich wie die Pflanze,
> Im Keller ohne Licht.
>
> Mir ward die Liebe nicht –
> Drum tön' ich wie die Geige,
> Der man den Bogen bricht.
>
> Mir ward die Liebe nicht –
> Drum wühl' ich mich in Arbeit
> Und leb' mich wund an Pflicht.
>
> Mir ward die Liebe nicht –
> Drum denk ich gern des Todes,
> Als freundliches Gesicht.

Sie gab sich dafür gerne mit kunstgewerblichen Gegenständen ab: Spitzen, selbstgemachten Ketten, Antiquitäten und anderen «Sächelchen», nach denen sie in Frankfurt und auf ihren Reisen die Trödlerläden zu durchstöbern pflegte. Eine Entschädigung für eine eigene Mutterschaft fand sie in Ihrer Arbeit mit den Waisenkindern. «Für eine Frau gibt es keine fremden Kinder» sagte sie einmal. In ihrer Erziehungspraxis war sie sehr streng, und sie war auch sehr streng gegen sich selbst. Einen starken Halt fand sie in einer orthodoxen jüdischen Frömmigkeit. Es wird aber auch berichtet, daß die strenge, unbeugsame, kämpferische Haltung gelegentlich wie eine Maske von ihr abgefallen und dahinter eine ganz andere Bertha Pappenheim zum Vorschein gekommen sei, vor allem im Umgang mit Kindern: voller Milde und Nachsicht, Wärme, tiefer Güte und Zärtlichkeit.

Insgesamt kann man wohl sagen, daß das Leben dieser Frau ein ganz besonders eindrückliches Beispiel ist für die *zentrale Rolle* der *Sprachverwendung beim Aufbau und der Stabilisierung des «Ich»*, in Fehlformen wie in korrigierenden, positiven Formen, neben dem nicht etwa zu vernachlässigenden materialen Handeln (das aber seinerseits so gut wie immer von Sprachverwendung begleitet und oft durch sie gesteuert wird). Daher dürfte auch die ausführliche Darstellung dieses Lebens im vorliegenden Buch über die Sprachen gerechtfertigt sein.

A.73 Tatsachentreue, Übertreibung, Untertreibung, Ironie; Wahrheitsansprüche der Hörer/Leser

Nach dem Themenkomplex «Sprache und Stabilisierung des Ich – Ich-Aufbau an vorhandenen Realitäten vorbei – Wiedergewinnung des für das Leben mit den andern nötigen Realitätsbezugs» ist nun die generelle Frage zu behandeln: *welche Wahrheitsansprüche* stellen die Hörenden/Lesenden überhaupt an das, was gesagt und jetzt gehört wird bzw. was geschrieben wurde und jetzt gelesen wird? Gibt es dabei Unterschiede, je nach Kommunikationssituation und Textsorte, und welche?

In der *Wechselkommunikation* stellt man in aller Regel etwas *Tatsachengetreues* dar, man fragt nach Tatsachen und erwartet tatsachengetreue Antworten. Hie und da will man sich auch ausdrücklich *vergewissern*, ob etwas, was man hört oder liest, wirklich tatsachengetreu ist, z. B. mit der Frage «Aber ist das alles *wahr*?»

Manchmal *weicht* man aber auch mehr oder weniger bewußt in geringerem oder stärkerem Grad von der Tatsachentreue *ab*. Man kann z. B. etwas *übertreiben*, um eine besonders eindrückliche Darstellung zu erreichen, etwa wenn man mit jemandem zusammentrifft, den man seit einem halben Jahr nicht mehr gesehen hat, und dann sagt: «Dich habe ich ja *seit Ewigkeiten* nicht mehr gesehen». Man kann auch *untertreiben* – in der sicheren Erwartung, daß die Hörenden (Lesenden) diese Untertreibung bemerken und das Gesagte entsprechend «nach oben korrigieren». So kann etwa ein Bescheid «Da mußt du noch *ein ganz klein wenig* warten» im Klartext heißen: «Da mußt du noch *sehr lange* warten».

Ganz Ähnliches gilt von der Verwendung des Stilmittels «*Ironie*», wo man ja auch von Abweichungen von der Tatsachentreue sprechen könnte, etwa wenn man eine erwartete Entwicklung als *schlecht* betrachtet und diese Einschätzung durch den Satz kundtut: «Das *wäre ja noch schöner*, wenn es am Ende so herauskäme». Am Hörer (oder Leser) ist es dann, das richtig zu verstehen, nämlich als «Das wäre *noch schlechter*, noch schlimmer, noch gegensätzlicher zu meinen Wünschen». Man kann hie und da die Ironie an *bestimmten sprachlichen Signalen* erkennen, z. B. an einer besonderen (scharfen, schneidenden, spöttischen oder auch einer verzweifelten) *Stimmführung*. Solche Signale sind aber keineswegs immer vorhanden, und oft muß man als Hörer und vor allem als Leser *rein aus dem Zusammenhang* erkennen, ob etwas ernst gemeint oder ironisch so formuliert ist. Es ist zwar nicht ganz selten versucht worden, *sprachliche* Indizien aufzuweisen, durch deren Beachtung sich eine *objektive* Aussage über den «Wahrheitswert» eines Textes gewinnen ließe. Das dürfte aber ein Traum sein, den man am besten ein für allemal vergißt (wie auch den Gedanken, es ließe sich ein «Lügendetektor» entwickeln).

Wichtig ist dagegen die klare Einsicht: die «Wahrheitsansprüche», die Ansprüche an die Tatsachentreue von Gehörtem/Gelesenem, hängen grundsätzlich *von den Zielen* ab, die man durch das Hören/Lesen erreichen möchte.

Bei Texten, die als *Unterlagen für ein Handeln* dienen sollen, verlangt man *Zuverlässigkeit*. Die Texte sollen soweit tatsachengetreu sein, daß man nicht enttäuscht wird, wenn man auf Grund der Texte etwas tut oder etwas unterläßt.

> Eine *restlose* Tatsachentreue und Vollständigkeit ist dabei nicht gefordert. So kann z. B. eine Betriebsanleitung für ein Gerät zugleich ein Stück Werbung und Selbstlob des Herstellers bzw. Verkäufers enthalten («Sie haben hier *das beste ... gerät* in der Hand, das es heute gibt»). Eine solche Behauptung ist meistens nicht tatsachengetreu – aber das stört nicht, wenn die Betriebsanleitung im übrigen zuverlässig, genügend vollständig und genügend klar ist. Daß jeder Hersteller bzw. Verkäufer einer Ware gerade *sein* Produkt als besonders gut, ja als das beste, als unerreicht usw. hinstellt, damit rechnet man als Leser/Hörer eines vom Hersteller/Verkäufer stammenden Textes (Inserates, Prospektes, Fernsehspots) ohnehin. Man zieht in Gedanken einiges von diesen Behauptungen ab und hält sich an die konkreten Angaben (Handhabung, meßbare Leistung, Abmessungen, garantierte Lebensdauer, Preis usw.).
>
> Für *diese* Angaben darf man allerdings den vollen Wahrheitsanspruch erheben, volle Tatsachentreue verlangen. Was einem (auch nur potentiellen) Käufer in dieser Weise mitgeteilt wird, muß stimmen, sich bei Nachprüfung bestätigen, sonst hat der Käufer das Recht zu einer Klage wegen Irreführung (oder ein Konkurrent des Verkäufers das Recht zu einer Klage wegen unlautern Wettbewerbs).

Tatsachentreue und eine jeweils angemessene Vollständigkeit erwartet und verlangt man auch von allen Texten, die der *Orientierung in der Lebenswelt* dienen, auch wenn sie nicht (oder jedenfalls nicht direkt) zu einem Handeln führen. Das verlangt man z. B. als Leser von den Artikeln in einer Zeitung, als Fernsehzuschauer von den Meldungen der Tagesschau und ähnlichen Sendungen. Eltern erwarten es von ihren Kindern, und Kinder sollten es von ihren Eltern (so wie Schüler von ihren Lehrern) erwarten dürfen. Das ganze Zusammenleben mit andern Menschen basiert darauf, daß das, was sie einem sagen oder schreiben, in genügendem Maße «wahr» ist, d. h. den Tatsachen entspricht, daß es nicht «gelogen» ist.

Dabei ist *keineswegs* immer *rückhaltlose* Ehrlichkeit gefordert, ja möglich. Die *Rücksicht* auf einen Partner/eine Partnerin kann gebieten, daß man *nicht alles* sagt, was man weiß, was man über ihn/sie denkt usw. – aber *das, was* man sagt, darf dem, was man weiß und denkt, nicht flagrant *widersprechen*. Ebenso kann die Rücksicht auf eigene Interessen dazu führen, daß man anderen manches *nicht* sagt, was man sagen könnte und was die anderen vielleicht gerade sehr gern wissen möchten. Von einem Diplomaten sagt man bekanntlich, er werde nach Möglichkeit nichts sagen, was nicht wahr sei, aber er werde sich hüten, *alles* zu sagen, was wahr sei. Es gibt hier von der Rücksichtnahme und Herzenshöflichkeit bis zu Manipulation, Verstellung, Notlüge und ganz raffiniertem Lügengebäude alle Grade der Abweichung von völliger und rückhaltloser Tatsachentreue, in Bezug auf das, was sich ereignet hat, wie in Bezug auf das, was man fühlt, denkt, plant usw.

A.74 Fiktionale Texte, Unterhalten/Belehren als Ziel – Tatsachengetreues und Erfundenes dabei

Es gibt nun in der gesamten Geschichte der Weltliteratur eine Gruppe von Texten, die nicht in erster Linie vergangene oder heute vorhandene *Tatsachen* oder *reale Pläne* für Zukünftiges darstellen wollen, sondern die teilweise oder völlig *erfunden* sind. Wenn man einen Roman liest, will man in erster Linie spannende Abläufe und Ereignisse innerlich miterleben, man will dadurch bestimmte Bedürfnisse befriedigen, man will Gefühle in sich wecken oder unangenehme Gefühle oder Bewußtseinsinhalte zurückschieben, zeitweilig ausschalten, man will sich unter Umständen in eine ganz andere Welt versetzen (Ziff. A.66, Innenertrag für mich selbst, und Ziff. A.70, Stabilisieren des «Ich»).

Dabei kommt es *gar nicht darauf an*, ob es sich um einen literarisch anerkannten Roman handelt, um ein anspruchsvolles Werk, mit dem man sich intensiv auseinandersetzt, gedanklich und gefühlsmäßig, oder ob es sich um ein «Heftchen» handelt, am Kiosk gekauft, mit einem Text, der von einem unbekannten Verfasser oder einer Verfassergruppe gewissermaßen fabrikmäßig hergestellt wurde, nach bestimmten, auf Publikumswirksamkeit zielenden Rezepten, und den man als Leser einfach «konsumiert», ohne sich davon tiefer berühren oder zum Nachdenken herausfordern zu lassen.

Diese ganze Gruppe von Texten (vom anspruchsvollsten bis zum anspruchslosesten) führt in der Literaturwissenschaft den Namen «*fiktionale Texte*». Man kann sie in folgender Weise kennzeichnen:

Wenn ein Verfasser seine Leser (Hörer, Zuschauer) in *erster* Linie *unterhalten*, auf ihre *Gefühle* wirken, sie *belehren*, zum *Nachdenken* herausfordern will und zu diesem Zweck eine Geschichte, ein Theaterstück, einen Film aufbaut, und wenn es diesem Verfasser *erst in zweiter Linie* darauf ankommt, wie weit sein Text vergangene oder gegenwärtige *Tatsachen* oder *reale* Pläne wiedergibt und wie weit er etwas *Erfundenes* darstellt – dann schreibt dieser Verfasser einen *fiktionalen* Text (bzw. ein fiktionales Drehbuch, für einen fiktionalen Film, im Gegensatz zu einem Dokumentarfilm).

Dieser Absicht des *Verfassers* entspricht in der Regel auch die *Absicht* und *Haltung* der *Lesenden* bzw. Zuschauenden und Zuhörenden. Wenn man eine Novelle oder einen Roman liest oder auf der Bühne ein Drama aufführen sieht oder einen Spielfilm ansieht, interessiert man sich gar nicht in erster Linie dafür, wie weit hier Tatsächliches (früher wirklich Geschehenes, früher oder heute wirklich Vorhandenes) geschildert wird und wie weit etwas rein Erfundenes vorgeführt wird. Man interessiert sich nur dafür, *was man selber* bei diesem Lesen (Zuschauen, Zuhören) *erlebt, fühlt, denkt*. Man kann sich z. B. weitgehend mit dem Helden oder der Heldin eines Romans, eines Theaterstücks, eines Films *identifizieren* – aber es käme einem nie in den Sinn, diesen Helden bzw. diese Heldin als eine wirkliche Person zu sehen, mit der man Kontakt aufnehmen kann. Als wirkliche Personen, mit denen man unter Umständen Kontakt aufnehmen möchte, sieht man nicht die Roman-bzw. Film*helden* und *-heldinnen*, sondern die *Verfasser bzw. Verfasserinnen* der Romane (falls diese bekannt sind und noch leben) oder die *Schauspieler und Schauspielerinnen*, die auf der Bühne oder im Film die betreffenden Personen darstellen, die betreffenden Rollen spielen.

Fiktionale Texte werden also in einer *grundsätzlich anderen Haltung* gelesen (gehört/gesehen) als nicht-fiktionale. Dabei braucht *keineswegs alles* in den fiktionalen Texten *erfunden* zu sein. Der Fachausdruck «fiktionale Texte» darf nicht etwa dazu verleiten, daß man «*fiktional*» mit «*fiktiv*» (also: «unwirklich, nur ausgedacht») zusammenwirft. Es können in einem Roman oder Theaterstück oder Film viele Ereignisse ganz tatsachengetreu dargestellt (im Film: «nachgestellt») sein, unter Umständen auf Grund sorgfältiger Nachforschungen (Quellenstudien, Recherchen) der betreffenden Verfasser bzw. Verfasserinnen. Der Roman, das Theaterstück, der Film bleibt aber doch, trotz dieses manchmal großen Gehalts an Tatsachengetreuem, *insgesamt* ein *fiktionaler* Text.

Das heißt nun keineswegs, daß fiktionale Texte *keinen Wahrheitsanspruch* erheben können bzw. daß die *Lesenden*/Zuschauenden/Zuhörenden hier keine Ansprüche auf «Wahrheit» oder «Echtheit» erheben können. Auch ein in allen Teilen erfundener fiktionaler Text (z. B. eine Tierfabel, ein Märchen) kann eine *menschliche Wahrheit* darstellen – unter Umständen sogar viel wirksamer und einprägsamer als ein tatsachengetreuer Text (z. B. ein Stück aus einer Biographie oder aus einer historischen Darstellung). Nur heißt «Wahrheit» dann nicht «Tatsachentreue im Detail», sondern «*ehrliche, nicht künstlich geschönte Darstellung* menschlichen Verhaltens, menschlicher Möglichkeiten, gerade auch durch das Mittel *erfundener* Gestalten und Ereignisse».

Bei manchen fiktionalen Texten kann man auch in anderer Hinsicht einen «Wahrheitswert», ein Stück Tatsachentreue erkennen. Die Probleme, die in einem fiktionalen Text dargestellt sind, können realen Problemen des Verfassers/der Verfasserin dieses Textes entsprechen. Unter Umständen kann ein fiktionaler Text eine sehr zuverlässige Auskunft über die tatsächliche Befindlichkeit der Person, die den Text geschrieben hat, geben – das kann man allerdings nur erkennen, wenn man den betreffenden fiktionalen Text zusammen mit allem, was man aus nichtfiktionalen Texten über die betreffende Person weiß, zusammennimmt.

Ein sehr klares Beispiel, bei dem man sich einem «biographischen Lesen» eines ganz klar fiktionalen Textes kaum entziehen kann, bietet das Märchen «Die Weihernixe» von Bertha Pappenheim (das letzte Stücke in ihren «Geschichten für Kinder», 1888). Die Weihernixe ist eine Wasserfrau, der es bei schwerer Strafe verboten ist, den Teich zu verlassen, in welchem sie lebt. Sie wird bewacht von einem in Stein gehauenen, boshaft grinsenden Kopf. Nun erklingt aus einem der gegenüberliegenden Häuser Tanzmusik, und die Nixe fühlt sich mit unwiderstehlicher Gewalt angezogen. Sie verläßt, von einem Bündel Schilf vor den Augen ihres steinernen Bewachers geschützt, den Teich und geht zum Tanzsaal. Dort findet sie einen Tänzer:

> Es war ein großer, schöner Mann; ein langer Bart umrahmte sein Gesicht, und tief dunkelblaue Augen sprachen aus demselben von Liebe und Güte. Sie blickte nicht auf. Er umfaßte sie, und dahin rasten sie nach den Weisen und Tönen, die ihrem Ohr berauschender und berückender klangen denn je. Ob er wohl wußte, mit wem er tanzte?! Ob er wußte, daß sie dem kalten, unnahbaren Elemente angehöre, das sie nicht straflos verlassen durfte!?
>
> Sie hatten lange getanzt, wortlos geruht, sich immer neuerdings in den Reigen gestürzt, bis die Zahl der Paare sich verringerte und die Musik endlich verstummte. Als das Nixchen wieder in der Nähe des Wintergartens war, da wollte es sich ein Herz fassen und seinem Tänzer danken. Sie blickte auf zu ihm, während sie schüchterne Worte sagen wollte – da sah er, daß sie grüne Augen hatte, Augen so grün, wie das Schilf am Weiher. Da fuhr ein Schaudern durch den Mann, und er wandte sich ab, denn er wußte, mit wem er getanzt hatte, und das Nixchen wußte, nun war es vorbei!

Die Nixe kehrt zu ihrem Weiher zurück, dieser ist unterdessen zugefroren, der steinerne Kopf lacht höhnisch. Sie legt sich am Rand des Weihers nieder, Schnee deckt sie zu. Der Schluß lautet:

Als nach Wochen endlich die Sonne Kraft gewann, und die Schneedecke fortschmolz, da sah der steinerne Kopf am Brunnen ein zartes Pflänzchen, das bei dem Stein am Weiher hervorgrünte: ein Schneeglöckchen.

Wenn man diesen Text liest und die Geschichte der Verfasserin kennt, müßte man sich geradezu Gewalt antun, um nicht in dem stattlichen Tänzer den Arzt Josef Breuer zu sehen (er trug einen schönen Vollbart) und in der Nixe die Patientin Bertha, die zu ihrem Arzt und Helfer eine tiefe Liebe gefaßt hat, aber erkennt, daß sie verzichten muß. Zum Todesmotiv (Niederlegen, Zugedecktwerden vom Schnee) paßt auch die letzte Strophe des Gedichts von 1911, das in Ziff. A.72, S. 900 abgedruckt ist.

Das *Aufnehmen* fiktionaler Texte (durch Lesen oder durch direktes Sehen/Hören, oft in reiner «Konsum-Haltung») ist heute für so gut wie alle Menschen ein Bestandteil des täglichen Lebens – mindestens in unserem Kulturkreis. Es beginnt schon mit den Bilderbüchern, die man kleinen Kindern gibt und vorliest, und vielen Geschichten, die man ihnen erzählt. Bei den Erwachsenen erfolgt es großenteils über Zeitschriften (Illustrierte) und über Fernsehen und Kinofilme, aber auch in wohl höherem Maß, als manche Kulturkritiker annehmen, über Bücher.

Alles Aufnehmen (Erzähltbekommen – Lesen – Sehen/Hören) fiktionaler Texte kann nun sehr starke *Auswirkungen* haben für die *Auffassung der realen Welt* und ihrer Möglichkeiten und damit für das praktische Leben, das eigene Verhalten/Handeln. Aus dem, was man hier sieht/hört oder liest und sich vorstellt, bilden sich oft *Vorstellungen* über ein erstrebenswertes Verhalten *im wirklichen Leben*, über das, was man tun und erleben möchte, wie man sich in bestimmten Situationen verhalten kann, wie andere vermutlich darauf reagieren werden usw.

Dabei kann sich ebenso ein *kritisches* Verarbeiten und Durchschauen ergeben (und damit eine *Hilfe* für zweckmäßiges eigenes Verhalten in vergleichbaren Situationen), wie sich ein *schiefes Bild* der Welt ergeben kann, bei unkritischem Konsumieren, und damit unter Umständen ein negativer, ja ein verderblicher Einfluß auf das eigene, tatsächliche Verhalten im Leben. Ein extremes negatives Beispiel bietet die folgende Zeitungsnotiz (dpa/upi, New York, Februar 1979):

Vierjähriger wollte wie Superman fliegen

Ein vierjähriger Junge, der «versucht hatte, wie Superman zu fliegen», ist beim Sturz aus dem siebten Stockwerk eines Mietshauses in New York schwer verletzt worden. Wie die Mutter einem Feuerwehrmann erklärte, unternahm Charles Green täglich Flugversuche, seitdem er in der vergangenen Woche den Film «Superman» gesehen hatte. Das Kind sprang in der Wohnung der Eltern ständig von Tischen und Polstermöbeln. Der Kleine, der sich gerade bei seinen Großeltern aufhielt, kletterte aus dem Fenster und ließ sich mit seinen Armen etwa 20 bis 30 Sekunden vom Fenstersims herabhängen. Warnende Zurufe und das Anlegen der Rettungsleiter kamen zu spät. Der Junge fiel auf den betonierten Gehweg der Straße. In äußerst kritischem Zustand wurde er in das Krankenhaus eingeliefert.

Dieser Junge hatte die fiktionale Text/Bild-Kombination «Superman» als *Grundlage* für *direktes* Handeln *mißverstanden* und für sich eine entsprechende Welt aufgebaut, in der das freie Fliegen möglich war – und dadurch war er verunglückt.

Dieses Extrembeispiel soll aber nicht zu einem billigen Moralisieren oder zu einer Dämonisierung solcher Filme in Massenmedien führen – ebenso sollte man sich vor einer Überschätzung der «hohen Literatur» und der «Dichter» hüten. Bildung, Problembewußtsein, Begeisterung, reine Unterhaltung, Zeitvertreib, bloße Ablenkung – *das alles* kann sich aus dem Lesen und Sehen/Hören fiktionaler Texte ergeben, und manchmal ist wohl beim *gleichen* Text *sehr Verschiedenes* möglich und ist in ein und derselben Person und bei ein und demselben Text von *allen* diesen Möglichkeiten etwas wirksam.

A.75 Drei Komponenten beim Textverstehen: Textanteil – Situationsanteil – zusätzlicher Eigenbeitrag

Es dient der Klarheit, wenn man bei allem Textverstehen (bei gelesenen wie bei gehörten/gesehenen Texten) *drei Komponenten* unterscheidet

1 Was sich *aus dem Text selbst ergibt*, bei sorgfältigem Lesen (bzw. wiederholtem Hören/Sehen), ggf. auch mit Verwendung bewußter, systematischer Analyseverfahren, etwa zur Klärung des Aufbaus und wichtiger verwendeter Bedeutungen; *Textanteil*.

2 Was sich *nicht* aus dem Text, wohl aber *aus der Situation* entnehmen läßt, in welcher der Verfasser stand, als er seinen Text schrieb (oder sprach) – und in welcher er vielleicht heute noch steht; bei manchen Texten, vor allem bei solchen aus früherer Zeit, ist für diesen Anteil am Textverstehen ziemlich viel Fachwissen nötig, aus der Literaturgeschichte und Sprachgeschichte (z. B. über damals geltende Bedeutungen wichtiger Wörter), und oft auch einiges Wissen aus der allgemeinen Geschichte; *Situationsanteil*.

3 Was man *weder* aus dem Text selbst *noch* aus der Situation eindeutig entnehmen kann (auch wenn man sehr sorgfältig liest und die Situation sehr genau kennt), was daher *jeder/jede* Lesende *aus Eigenem dazutun* muß, als *persönliche «Zusatzleistung»*, ggf. auch tastend, entwerfend/erratend und in vollem Bewußtsein der Tatsache, daß hier ein mehr oder weniger starkes *subjektives Moment* in das Gesamtverstehen hineinkommt; *Persönliche Zusatzleistung*.

Die *relativen Anteile* dieser drei Komponenten am Gesamtverstehen können nun je nach Textsorte und Ziel des Lesens/Hörens *sehr verschieden* sein. Einige wenige Beispiele:

Ein *mathematischer* Text (z. B. eine Konstruktionsanleitung in der Geometrie) muß so gefaßt sein, daß der *Textanteil 100%* wird, d. h. daß der Text *von jedem/jeder* Lesenden (seltener: Hörenden) mit genügender Sachkenntnis *vollständig verstanden* wird und *von allen genau gleich* verstanden wird.

Ein *nicht-fiktionaler Text im täglichen Leben* (z. B. ein Hinweistext für Verkehrsteilnehmer oder ein von Fluglotsen an die Piloten zu übermittelnder Text) muß so formuliert werden, daß *Text*anteil *und Situations*anteil (Stellung des Hinweistextes, Lage des Flughafens und der Pisten usw.) *zusammen* 100% ausmachen.

Eine mehr oder weniger große *persönliche Zusatzleistung*, ein ausgesprochener «Eigenbetrag der Lesenden/Hörenden» ist oft möglich, ja wird von manchen Autoren *ausdrücklich herausgefordert* bei *vielen fiktionalen Texten*. Darin liegt oft auch der *besondere Reiz* fiktionaler Texte – und darin ist es begründet, daß nicht selten eine neue Generation die gleichen klassischen Texte etwas anders auffaßt und versteht als die vorhergehenden Generationen.

Es kommt aber auch bei *nicht-fiktionalen Texten im Alltag* gar nicht selten vor, daß Textanteil und Situationsanteil *zusammen noch nicht* ausreichen für das erforderliche Verstehen (das vom Schreibenden/Sprechenden *gewünschte*, vorausgesetzte Verstehen) und daß daher eine *ergänzende*, wenn auch oft *tastende* persönliche Zusatzleistung des/der Verstehenden erforderlich ist.

Ein Beispiel dazu, beobachtet an einem schönen Frühlingsvormittag auf dem Platz hinter dem Rathaus in München. Ein Kind sitzt mit seiner Großmutter auf einer Steinbank an der Sonne, und auf einmal sagt es zur Großmutter: «*Nase putzen, Nase läuft*».

Der *Textanteil* beim Verstehen dieser Äußerung aus zwei Propositionen ist leicht faßbar. Der Bedeutungsbeitrag von «*putzen*» (Semantem «etwas putzen, es reinigen, säubern, von als unpassend Empfundenem befreien») mit dem Akkusativobjekt «*Nase*» ist völlig klar, und auch das Verb «*laufen*», (an sich als Kern vieler Semanteme möglich, wie in «Sie lief die Strecke in weniger als einer Stunde – Die Uhr läuft gut – In dieser Sache läuft zur Zeit gar nichts») kann mit «*Nase*» als Subjekt nur das Semantem signalisieren «*etwas tropft aus einer Öffnung, und zwar störend*», wie in «Das vereiterte Ohr läuft» oder «Der Wasserhahn läuft» (wenn er nicht richtig zugedreht oder die Dichtung defekt ist). Auch die Bedeutungs*verknüpfung* zwischen der beiden Propositionen ist aus dem Zusammenhang klar faßbar, obwohl nicht formal signalisiert (wie in «Die Nase *muß* geputzt werden, *weil* sie läuft und mich das stört» oder «Meine Nase läuft, *darum muß* sie geputzt werden», Ziff. 10.80 bzw. 10.79, Folge aus einem Zustand).

Der *Situationsanteil* ist ebenfalls klar, aus der *Beobachtung*: Die Nase des Kindes «läuft» tatsächlich, und das Kind zieht im gleichen Augenblick ein Taschentuch hervor.

Trotzdem muß hier die Hörerin, die vom Kind angesprochene Großmutter, eine nicht ganz geringe *persönliche Zusatzleistung* erbringen, wenn sie *verstehen* will, was das Kind *meint*. Man kann nämlich aus dem geäußerten Text *und* der Situation *ebenso gut* entnehmen «Meine Nase läuft, *putze sie mir bitte*, hier ist mein Taschentuch» wie «Meine Nase läuft, *nun schau mal, wie ich sie selber* putzen kann (und lobe mich entsprechend)». In diesem Fall erwies sich das *zweite* Verständnis als zutreffend (als der *Sinn* der Äußerung, das vom Kind *Gemeinte*): das Kind streckte das Taschentuch keineswegs der Großmutter hin, sondern putzte sich die Nase selbst und sah dann voll Befriedigung und Stolz die Großmutter an.

Die *persönliche Zusatzleistung* der Hörenden/Lesenden betrifft also oft gar nicht das Textverständnis im *engeren Sinn*, sondern das Erfassen *dessen*, was der Sprecher/Schreiber bzw. die Sprecherin/Schreiberin mit dem Text *will bzw. gewollt hat*, den *erstrebten Innenertrag* bei den jetzt Hörenden/Lesenden. Man könnte daher diese persönliche Zusatzleistung auch als «*Reaktion auf den Text*» vom Verstehen im engeren Sinn unterscheiden. Es ist aber doch ein großer Unterschied, ob ich *nur erfasse*, was mit dem Text *gemeint* ist, welche *Absicht* dahinter steht, oder ob ich *meine eigene Einstellung*, mein eigenes auch äußeres Verhalten/Handeln gemäß der hier erkannten Absicht des/der andern *einrichte, bestätige* oder *modifiziere*. Daher ist es wohl besser, die «persönliche Zusatzleistung» als eine *Komponente* des *Textverstehens an sich* zu betrachten und die *über* das Verstehen *hinausgehenden* Reaktionen klar davon zu *unterscheiden*.

A.76 Wörtliches und übertragenes, metaphorisches Verstehen nebeneinander

Wie tief das *bildliche* Verstehen, «*metaphorische*» Verstehen *neben* dem wörtlichen Verstehen (dem «neutralen, abstrakten») Verstehen im ganzen Bau der Sprachen verwurzelt ist, hat sich schon am Schluß der Betrachtung des *Erwerbs von Bedeutungen* gezeigt (Ziff. A.64). Von noch größerer Bedeutung ist nun das Unterscheiden von wörtlichem Verstehen und übertragenem, metaphorischem Verstehen bei *ganzen Textstücken*, z. B. bei Vergleichen, Gleichnissen in nicht-fiktionalen Texten, etwa in politischen Reden, und ganz besonders bei *allen fiktionalen Texten*, bei denen oft insgesamt ein wörtliches Verstehen *und* ein übertragenes Verstehen *gleicherweise* möglich und wichtig ist.

Ein besonders klares Beispiel für dieses Nebeneinander der zwei Verstehensweisen (oder: Verstehens-Ebenen) bietet das weitherum bekannte Gedicht von Goethe «Gefunden», vom 26.8.1813. Da hier auch das *Zusammenwirken* von *Text*anteil und *Situations*anteil für das Gesamtverstehen besonders deutlich zu zeigen ist (zuerst wörtliches Verstehen und übertragenes Verstehen generell, dann aus der Kenntnis der Entstehungssituation eine besondere Vertiefung dieses übertragenen Verstehens), soll in diesem Abschnitt das Gedicht als ganzes betrachtet werden.

Gefunden	Ich ging im Walde	Im Schatten sah ich		
	So für mich hin,	Ein Blümchen stehn,		
	Und nichts zu suchen,	Wie Sterne leuchtend,		
	Das war mein Sinn.	Wie Äuglein schön.		
		Ich wollt' es brechen,	Ich grub's mit allen	Und pflanzt' es wieder
		Da sagt' es fein:	Den Würzlein aus,	Am stillen Ort;
		Soll ich zum Welken	Zum Garten trug ich's	Nun zweigt es immer
		Gebrochen sein?	Am hübschen Haus.	Und blüht so fort.

Hier wird wohl von jedem/jeder Lesenden zuerst *wörtlich* verstanden: «Jemand ging im Wald spazieren, ohne besondere Absicht, und sah plötzlich eine Blume, die ihm besonders gefiel. Er wollte sie pflücken, aber da kam ihm in den Sinn, daß die Blume dann bald verwelken würde. Er pflückte sie daher nicht, sondern grub sie mit den Wurzeln aus, nahm sie mit sich nach Hause und pflanzte sie dort wieder ein, und nun blüht sie dort immer wieder.»

Dabei ist allerdings *auch schon* ein Stück nicht wörtlichen, sondern übertragenen Verstehens beteiligt: man weiß als Leser, daß eine Blume nicht sprechen kann, und man versteht daher das vom «Blümchen» Gesagte als etwas, was beim *Betrachten* des Blümchens *im Kopf* des hier erzählenden Menschen, *in seinen Gedanken* vorgegangen ist, was ihn zum Entschluß geführt hat, das Blümchen nicht abzureißen, sondern auszugraben und es auf diese Weise «lebendig» und «auf Dauer» zu sich nach Hause zu nehmen.

So weit geht also der «*Textanteil*», das Verständnis, das sich rein aus den 14 Propositionen ergibt und aus den Wörtern, grammatischen Formen usw., aus denen diese Propositionen aufgebaut sind. Es erübrigt sich wohl, hier den Aufbau dieses Verstehens aus den Semantemen und den darin enthaltenen Satzgliedern usw. im einzelnen nachzuzeichnen, wie es für die Äußerung des Kindes in Ziff. A.75 gemacht wurde; nur auf das Verhältnis der 14 Propositionen zu den insgesamt 20 Versen soll kurz hingewiesen werden. Es ergibt sich das folgende Bild (die 14 Propositionen nach ihrem Einbau als Teilsätze in die fünf Sätze numeriert, jede Strophe ist durch die Interpunktion jeweils als ein Satz abgegrenzt):

	Strophe eins	Strophe zwei	Strophe drei	Strophe vier	Strophe fünf
Erster Vers	} 1.1	} 2.1	3.1	} 4.1	} 5.1
Zweiter Vers			3.2		
Dritter Vers	1.2	2.2	} 3.3	} 4.2	5.2
Vierter Vers	1.3	2.3			5.3

Wer als Lesender/Lesende einigermaßen mit dem *Nebeneinander* von wörtlichem und übertragenem, metaphorischem Verstehen vertraut ist, wird sich vielleicht auch schon fragen: Soll hier mit dem «Blümchen» *ein Mensch* gemeint sein, mit dem der hier Sprechende (offenbar ein Mann) zuerst nur eine flüchtige Beziehung anknüpfen möchte, aus der sich dann aber eine dauerhafte Zugehörigkeit ergibt?

Diese Vermutung, die man noch zum «Textanteil» rechnen kann, *bestätigt* sich nun, und es ergibt sich ein sehr genaues und auch biographisches Verständnis, wenn man die

A/IV Ziele bei der Sprachverwendung

Situation ins Auge faßt, in welcher Goethe sein Gedicht geschrieben hat, und die *Adressatin*, für welche es bestimmt war – wenn also zum «Textanteil» auch der erforderliche «*Situationsanteil*» tritt.

> Goethe schrieb das Gedicht auf einer kurzen Reise und sandte es seiner Frau, Christiane geb. Vulpius, zu dem Tag, an welchem er sie 25 Jahre früher in sein Haus aufgenommen hatte. Er hatte Christiane, die als einfaches Mädchen sozial weit unter ihm stand, am 12. Juli 1788 zum ersten Mal gesehen, als sie ihm im Park eine Bittschrift überreichen wollte, und er war sofort sehr beeindruckt von ihr. Im August nahm er sie dann als Geliebte in sein Haus auf, sehr zum Mißvergnügen Charlotte von Steins und der ganzen Weimarer Hofgesellschaft. Am 25. Dezember 1789 gebar Christiane ihm den Sohn August (das einzige von fünf Kindern, das am Leben blieb). Nachdem sie sich bei der Besetzung Weimars durch französische Truppen, 1797, sehr für ihn und seine Sicherheit eingesetzt hatte, machte er sie am 19. Oktober des gleichen Jahres auch durch eine offizielle, kirchliche Heirat zu seiner Frau – was viele Weimarer und auch Verehrer in andern Gegenden Deutschlands maßlos aufregte, weil alle glaubten, eine solche Frau sei doch nicht würdig, von dem großen Dichter und vornehmen Herrn Johann Wolfgang von Goethe geheiratet zu werden und in Zukunft seinen Namen zu tragen.

Man kann nun das Gedicht in seiner Herzlichkeit und gekonnten Einfachheit als *eine Antwort Goethes* an alle betrachten, die ihm das Zusammenleben und dann die Ehe mit Christiane verübelten. Dabei ist es gleichgültig, ob man diesen Aspekt des Gesamtverstehens als «Situationsanteil» betrachtet, der sich aus der Kenntnis der Lebenszusammenhänge einigermaßen schlüssig ergibt, oder ob man darin eine «persönliche Zusatzleistung des/der Lesenden» sieht, die sich bei anderen Lesenden vielleicht nicht einstellt. Jedenfalls liegt insgesamt ein *übertragenes, metaphorisches* Verstehen vor, indem man erkennt, daß mit dem «Blümchen» das Mädchen Christiane und mit «ausgraben – zum Garten tragen – wieder einpflanzen, so daß es immer zweigt und blüht» das Handeln Goethes, die Aufnahme Christianes in sein Haus und 19 Jahre später die formelle Heirat, in symbolischer Verknappung dargestellt ist.

Es wird aber auch sogleich klar, daß durch dieses *übertragene, metaphorische* Verstehen des Gedichts das *wörtliche* Verstehen, das sich *zuerst eingestellt* hatte – mit dem Bild des ohne besondere Absicht im Wald spazierenden, dann von dem Blümchen angezogenen und es behutsam ausgrabenden, nach Hause tragenden und dort wieder einpflanzenden Mannes – *keineswegs entwertet* und *ersetzt, ausgeschaltet* wird. Das *wörtliche* Verstehen bleibt vielmehr *neben* dem *metaphorischen* Verstehen *in voller Gültigkeit* bestehen, und der *Reiz* des Gedichtes liegt gerade darin, daß die *beiden* Verstehensweisen *nebeneinander stehen* und man nach Belieben von der ersten zur zweiten und von der zweiten wieder zur ersten übergehen kann.

Eine *zusätzliche Facette* zu diesem «Situationsbeitrag zum Verstehen», dem Verstehen aus der Kenntnis der Situation heraus, kann nun für den in der Goethe-Philologie einigermaßen Bewanderten noch darin liegen, daß Christiane, das «Blümchen», in der überreichen Literatur zu Goethes Leben meistens sehr von oben herab behandelt wird. Viele spätere Goethe-Verehrer nahmen es, wie so viele Zeitgenossen, dem großen Dichter gewissermaßen *übel*, daß er so lange und insgesamt so zufrieden mit dieser so sinnlichen und völlig «unliterarischen» (oder gar: «ungeistigen») Frau zusammengelebt hatte. Ein angemesseneres Bild vom Verhältnis dieser zwei gewiß so ungleichen Menschen gewinnt man, wenn man den Briefwechsel der beiden liest – und Goethe selbst wußte wohl besser als seine Weimarer Standesgenossen und als die vielen damaligen und späteren Bewunderer des Dichters des «Faust», was er an dieser Frau trotz vieler Schwächen und Fehler in ihrem Wesen hatte.

Das Beispiel, samt seiner zuletzt gezeigten Facette, hat wohl auch deutlich machen können, *wie weit* eine *persönliche Zusatzleistung* zum Verstehen *gehen kann*, ob sie sich nun direkt an den Textanteil anschließt oder an die Fakten, die zum Situationsanteil führen, und ob sie vor allem das wörtliche Verstehen oder, wie hier, das bildliche, übertragene, metaphorische Verstehen betrifft – aber auch, wie sehr man sich *hüten muß*, aus solchen persönlichen Zusatzleistungen eine *für alle verbindliche «Interpretation»* konstruieren zu wollen.

A.77 Wege zur Gewinnung einheitlicher Verständnisse, wo nötig: Textprinzip und Pluralitätsprinzip

Das Betonen der *persönlichen Zusatzleistung* beim Verstehen und der *Offenheit* dieser Komponente des Gesamtverstehens, vor allem beim *übertragenen* Verstehen *fiktionaler* Texte, darf nicht den Eindruck erwecken, als wäre nun *jedes* Textverständnis nur subjektiv und praktisch beliebig.

Man muß als Sprach- und Literaturwissenschafter danach streben, *auch* für das Verstehen fiktionaler Texte *Kriterien* zu entwickeln, nach welchen man einen gewissen *Rahmen* für *angemessene* (im einzelnen immer etwas verschiedene) Verständnisse gewinnen kann, so daß sich dann gewisse davon abweichende Verständnisse als «singulär, aus dem Rahmen fallend» beurteilen lassen.

Nun ist das bei *fiktionalen* Texten und deren übertragenem Verstehen primär eine Angelegenheit der *wissenschaftlichen Durchdringung*; eine *Verbindlichkeit* für das *«private»* Verstehen auch ganz zentraler Texte der Weltliteratur darf man hier nicht postulieren.

Ein möglichst *intersubjektives* Verständnis wird weithin *erreichbar*, wenn man *zwei Verfahrensgrundsätze* beachtet, die man als *«Textprinzip»* und *«Pluralitätsprinzip»* bezeichnen kann, und wenn man in diesem Rahmen vor allem bei älteren Texten oder bei Texten in von der Standardform der betreffenden Sprache abweichenden Varianten besonders sorgfältig danach fragt, *welche Bedeutung* einem bestimmten Wort oder einer Wortkombination *gerade in diesem Text* zuzuschreiben ist – ggf. *abweichend* vom gewohnten Gebrauch.

Das *«Textprinzip»* kann man etwa so erläutern: *Alle Teile* eines Textes stehen in *einem gewissen Zusammenhang*, sie bilden *ein Ganzes*, haben *eine Struktur*. Diese Struktur erfaßt man beim Lesen (bzw.Hören) *zuerst gefühlsmäßig*, bei wiederholtem Lesen/Hören und genauerer Analyse versucht man sie auch bewußt zu machen und zu formulieren. Wenn nun *irgend eine Einzelheit*, das Verständnis einer Proposition, der Bedeutungsbeitrag eines Wortes nicht richtig in dieses Ganze, diese Struktur hineinpassen will, muß man sich *fragen*, ob dieses Einzelverständnis nicht *im Licht* des *Gesamt*verständnisses *zu korrigieren* ist – und sehr oft findet man dann bei genauerer Betrachtung eine entsprechende Korrektur.

Ein Beispiel aus der Barockliteratur. Ein Gedicht von Martin Opitz von 1624 beginnt mit folgenden Versen:

Ach Liebste laß vns eilen	Wir haben Zeit;
Es schadet das verweilen	Vns beider seit.

Hier ist man zunächst erstaunt, daß auf die Aufforderung «laß uns *eilen*» die Feststellung folgt «*wir haben Zeit*», die ja nach dem heutigen Verständnis von «Zeit haben» gerade das Gegenteil von «eilen» nahelegen würde; zum «eilen» paßt dann wieder die anschließende Feststellung «Es *schadet* das *Verweilen* / Uns beiderseit».

Der Widerspruch löst sich auf, sobald man für «*Zeit haben*» eine *Bedeutung aufzubauen* sucht, die zu «*eilen*» *paßt*, und einem dabei die süddeutsch und schweizerisch noch heute gebrauchte Wendung in den Sinn kommt «Er hat Zeit» für «Es ist höchste Zeit für ihn». Nun kann man einen schlüssigen Zusammenhang konstatieren: «Laß uns *eilen* – Es ist *Zeit (höchste Zeit)* dafür – Ein *(weiteres) Verweilen* schadet uns beiden».

Und wenn man die *historische Berechtigung* dieser Bedeutungs-Annahme überprüfen will und das Grimmsche Wörterbuch aufschlägt (15. Teil, Band 31, Spalte 524) findet man dort diese Bedeutung seit dem Mittelhochdeutschen belegt, man findet dazu gerade dieses Beispiel von Opitz und anschließend ein Übersetzungsbeispiel aus einem Wörterbuch deutsch-italienisch von 1438, nämlich: «*ihr habt zeit, wann ihr noch in die stadt wollt / non havete gia tempo da perdere*» (also «Ihr habt *keine Zeit mehr zu verlieren*»).

Das «*Pluralitätsprinzip*» besagt: Man soll nach Möglichkeit die *Verständnisse konfrontieren* und vergleichen, die sich bei *mehreren*, in der betreffenden Sprache *kompetenten* Lesenden (oder Hörenden) ergeben haben, wenn sich alle an das Textprinzip gehalten und sorgfältig gearbeitet haben.

Dabei ist es nützlich, daß zuerst *alle* Beteiligten ihr Verständnis *für sich allein* entwickeln und *schriftlich festhalten*, noch *vor* jedem Gespräch mit andern über den betreffenden Text, damit möglichste *Unabhängigkeit* der einzelnen Verständnisse jedes/jeder einzelnen Beteiligten gewährleistet ist.

Ein Beispiel für solches Vorgehen kann hier nicht gegeben werden, da dazu mehr Raum benötigt würde (ausgeführte Beispiele zu Kurztexten im Band «Textanalyse und Verstehenstheorie I, 1972, 2. Aufl. 1977, und für den Kafka-Text «Kinder auf der Landstraße» in «Textanalyse und Verstehenstheorie II», 1978, S. 49–88 und S. 161–197).

Sehr wichtig ist die Anwendung des Textprinzips und vor allem des Pluralitätsprinzips bei allen Texten, aus deren ggf. verschiedener Auslegung sich *Rechtsfolgen* ergeben, also *Urteile* in Zivil- oder in Strafprozessen.

Das *Vorgehen* ist hier *gesetzlich* geregelt: *Ausbreiten* aller Fakten und Beweise und *Nennen* der einschlägigen Gesetzesparagraphen durch die beiden Parteien bzw. Nennen und Begründen der Anklage durch den Staatsanwalt und Vortragen aller Gegengründe und anderen Einschätzungen der betreffenden Tat durch den Verteidiger, und daraufhin *Beratung und Abstimmung* in einem Gremium von Richtern, wo die *Mehrheit* (in bestimmten Fällen eine qualifizierte Mehrheit) den Ausschlag gibt.

Das *Textprinzip* kommt immer dann zum Zug, wenn der *Sinn* der *einzelnen* Gesetzesbestimmung *im Gesamt* des betreffenden Gesetzes erläutert wird, ggf. mit Rückgriff auf früher ergangene Anwendungen des Gesetzes oder auch auf Beratungen in den gesetzgebenden Gremien, von denen diese Gesetze beschlossen wurden. Das *Pluralitätsprinzip* wirkt, indem eine *Mehrzahl* von Richtern beteiligt ist, die die Akten vorher einzeln und in aller Ruhe studiert haben, indem es auf die *Mehrheit bei Abstimmungen* dieser Richter ankommt und indem durch *Berufung* an eine *höhere* Instanz *nochmals eine Mehrzahl* von als besonders kompetent zu betrachtenden Personen den Fall beurteilt und mit Mehrheit zu einer Entscheidung gelangt.

Bei *Sachtexten technischer Art*, wo ein nicht-einheitliches Verständnis ebenfalls zu verheerenden Folgen führen kann (z. B. das Verständnis von Anweisungen eines Fluglotsen an die Piloten einer anfliegenden Maschine, siehe grundsätzlich Ziff. A.73) sorgt man durch *möglichste Normung* der verwendeten *Bedeutungen* sowie der sie *signalisierenden*

Wortgestalten und durch *entsprechende Schulung aller Beteiligten* die nötige Einheitlichkeit der Verständnisse herzustellen.

A.78 Bekannte Autoren über die Verschiedenheit von Verständnissen des gleichen fiktionalen Textes

Um den *Gegensatz* zwischen der Forderung nach *einheitlichen Verständnissen* bei vielen *nichtfiktionalen* Texten und der *Freiheit* für persönliche Zusatzleistungen beim Verstehen *fiktionaler* Texte ganz deutlich zu machen, sollen hier noch einige Äußerungen bekannter Autoren zusammengestellt werden, in denen die Verschiedenheit der individuellen Verständnisse des gleichen einmal vom Autor publizierten Textes nicht nur in Kauf genommen, sondern *ausdrücklich gewünscht*, ja *herausgefordert* wird (Hervorhebungen natürlich vom Verfasser des hier vorliegenden Buches).

Johann Heinrich Pestalozzi schreibt 1823 im Vorwort zur dritten Auflage seiner 1797 erstmals erschienenen «Fabeln» (bzw. «Figuren»), mit denen er seinen Zeitgenossen lauter kleine Spiegel vor Augen halten und Denkanstöße geben wollte:

> … Ich habe deßnahen, *ohne demjenigen im geringsten vorgreifen* zu wollen, was *ein jeder* beim Lesen dieser Schrift *gerne selber denkt*, dennoch gut gefunden, in dieser neuen Ausgabe hie und da einen Wink zu geben, in welcher Ausdehnung oder in welcher Beschränkung *ich* meine Figuren *selber* ins Aug gefaßt habe. …

Goethe sagt in einem Gespräch 1806 (zu dem jungen Historiker Heinrich Luden):

> … Der Dichter stellt seine Schöpfung in die Welt hinaus; es ist *Sache des Lesers*, des Ästhetikers, des Kritikers, zu *untersuchen, was er mit seiner Schöpfung gewollt* hat …

Und 1831 schreibt Goethe an Heinrich Meyer:

> … so wird es doch gewiß denjenigen erfreuen, der sich auf Miene, Wink und leise Hindeutung versteht. Er wird sogar *mehr finden, als ich geben konnte* …

Franz Kafka läßt im Manuskript der zweiten Fassung seiner Erzählung «Hochzeitsvorbereitungen auf dem Lande» (geschrieben 1907/1908) den 30jährigen Raban in einem Gespräch über Bücher zu einem 60jährigen Herrn sagen:

> … ich meinte nur, Bücher sind nützlich in jedem Sinn und ganz besonders, wo man es nicht erwarten sollte. Denn wenn man eine Unternehmung vorhat, so sind gerade Bücher, deren Inhalt mit der Unternehmung gar nichts Gemeinschaftliches hat, die nützlichsten. Denn der Leser, der doch jene Unternehmung beabsichtigt, also irgendwie (und wenn förmlich auch nur die Wirkung des Buches bis zu jener Hitze dringen kann) erhitzt ist, *wird durch das Buch zu lauter Gedanken gereizt*, die *seine Unternehmung betreffen*. Da nun aber der *Inhalt* des Buches ein *gerade ganz gleichgültiger* ist, wird der Leser in jenen Gedanken *gar nicht gehindert* und er zieht *mit ihnen* mitten durch das Buch, wie einmal die Juden durch das Rote Meer, möchte ich sagen ….

A.79 Verstand und Gefühl beim Textverstehen; Anteile der rhythmischen Gestaltung, des Versbaus

Das in Ziff. A.77 dargestellte Vorgehen zur Gewinnung möglichst einheitlicher und gesicherter Verständnisse erfolgt weitgehend durch *Bewußtmachen* und *Formulieren* von ersten Verständnissen (oder «Vorverständnissen»), die sich schon mehr oder weniger spontan ergeben haben. Aber alle *Einzelprozesse* beim Leseverstehen (Ziff. A.38) wie beim noch elementaren Hörverstehen (Ziff. A.29) laufen *weitgehend automatisiert* ab, und erst ihre *Ergebnisse* treten mehr oder weniger deutlich und für kürzere oder längere Zeit ins Bewußtsein. Es besteht also bei allem Textverstehen eine *ständige Wechselwirkung* von *gefühlsmäßigem* Aufnehmen und Verstehen, *Bewußtmachen* und ggf. *verstandesmäßigem Analysieren* und dann wieder in den *unbewußten* Besitz, als *gespeicherte* Information, *hinuntersinken lassen*.

«Gefühl» ist hier *keineswegs* ein *Gegensatz* zu «Verstand», und «Verstand» ist alles andere als ein «Feind von Gefühl». Das Gefühl, von dem hier die Rede ist, hat sich *gebildet*, in *unzähligen Akten bewußter* oder mehr oder weniger bewußter, *verstandesmäßig kontrollierter* Sprachverwendung und Spracherlernung, und die *verstandesmäßige Kontrolle* erster spontaner Verständnisse *operiert* daher immer auf Grund von *Ergebnissen*, die durch «*Gefühl*» in diesem Sinne erreicht wurden. Diese Grundtatsache, die sich durch die Arbeit im ganzen vorliegenden Buch immer wieder gezeigt hat, sollte hier noch einmal ausdrücklich formuliert werden.

Einen oft nicht genügend gesehenen Beitrag zum Gesamtverstehen, der ganz besonders auf dem Weg über Gefühle zustandekommt, liefert die *gesamte klangliche* Gestaltung, der *Rhythmus*, der sich aus der *Folge* der gewählten *phonischen Wortgestalten* und aus ihrer *Einbettung* in *Gestalten des Grundstimmstroms*, in *Satzmelodien* ergibt (zum Elementar-Charakter dieses Aspekts bei allem Spracherwerb siehe schon Ziff. A.03, für Beispiele für den Verlust, wenn beim Lesen der Versbau nicht beachtet wird, Ziff. A.38, S. 829). Diese klanglichen Gestaltungen werden beim *Hör*verstehen *direkt* aufgenommen, über die *Ohren*, und beim Leseverstehen *selber geschaffen* (bzw. rekonstruiert), in «*innerem Hören*» – und dieses «innere Hören» *reguliert* auch weitgehend das Lese*tempo* (Ziff. A.38, S. 828).

Das alles ist nun bei *fiktionalen* Texten *noch viel wichtiger* als bei den nicht-fiktionalen, den «Sachtexten».

Die *Einordnung* aller phonischen Wortgestalten in *Versmaße*, durch welche sich eine besondere rhythmische Klanggestalt ergibt, ist zwar *keine* integrierende Eigenschaft fiktionaler Texte. Es gibt viele fiktionale Texte in Prosa, und die Übergänge von «reiner, langweiliger» Prosa über rhythmisierte Prosa und freie Rhythmen in Gedichten bis zu voll durchgehaltener Gestaltung in festen Versmaßen sind fließend. Umgekehrt: auch nicht-fiktionale, direkt-appellative Texte, z. B. in Merksprüchen, sind oft in Versform gefaßt und prägen sich dadurch «dem Ohr» und damit auch dem Gedächtnis besser ein, wie z. B. die altdeutsche Maxime für alles Gerichtsverfahren: «*Eines Mannes Rede / ist keines Mannes Rede / man soll sie billig hören beede*». Die biblischen *Psalmen*, Musterstücke althebräischer rhythmischer Sprachführung, sind keine fiktionalen Texte, trotz ihrer Vers-Gestalt. In der *altgriechischen* Literatur wurden auch *philosophische Lehrtexte*, z. B. von Parmenides, in Hexametern verfaßt und gelesen.

Trotz dieser historischen Relativierungen spielt *heute* die rhythmische Gestalt, der Fluß der Sätze und Teilsätze, bei allen Verstexten das verwendete Versmaß und seine verschiedene Füllung in *erster Linie* bei *fiktionalen* Texten eine zentrale Rolle, und so spricht der Text die Lesenden und innerlich Hörenden *oft in erster Linie* über ein *auch körperlich erfahrbares Gefühl* an.

In der französischen Literaturgeschichte weiß man, daß Gustave Flaubert (1821–1880) seine Prosa erprobte, indem er sie laut hallend durch den Raum rief (er nannte seinen Arbeitsraum «*mon gueuloir*», zu gueuler, laut rufen).

Ein Beispiel für deutsche Prosa: die rhythmische Gestalt, die sich ergibt durch den Wechsel längerer und kürzerer Propositionen, unverbunden hintereinandergestellt oder durch «und» verknüpft, mit gelegentlicher Doppelbesetzung wichtiger Satzgliedstellen, in den zwei letzten Sätzen der ersten Fassung von Goethes «Wilhelm Meister», der «*Theatralischen Sendung*». Die Rede ist von Wilhelm, der von Serlo, Aurelie und Philine eingeladen wird, sich ihrer Theatertruppe anzuschließen, und dann plötzlich trotz der Gegenwart dieser drei ihm so nahestehenden Menschen in ein «stilles Nachsinnen» fällt:

> Seine Gedanken schweiften hin und wieder, und auf einmal erfüllte der Waldplatz wieder seine Einbildungskraft. Auf einem Schimmel kam die liebenswürdige Amazone aus den Büschen, nahte sich ihm, stieg ab, ihr menschenfreundliches Bemühen hieß sie gehen und kommen, sie stand, das Kleid fiel von ihren Schultern und deckte den Verwundeten, ihr Gesicht, ihre Gestalt glänzte wieder auf und verschwand.

A.80 Ein «Ich» und seine Sprachen – ein Versuch, ausgehend von einer Dramen-Figur

Zur Abrundung dieses Abschlußteils und des ganzen Buches soll nun noch versucht werden, das *Einheitliche* und das *je nach Sprache Verschiedene* bei der Sprachverwendung an einem kurzen Beispiel deutlich zu machen, nämlich an einigen zentralen Sätzen einer Dramen-Figur von Max *Frisch*, in leicht verschiedener Fassung von 1953 und 1961, und in zwei französischen, drei englischen und einer italienischen Übersetzung (Philippe Pilliod – Henry Bergerot – Michael Bullock – Frederick Rolf – James L. Rosenberg – Enrico Filippini, zum Teil unpubliziert, alle Texte aus dem Frisch-Archiv an der ETH Zürich). Der italienische Text mag zugleich hier das Lateinische vertreten, weil eine lateinische Übersetzung weder vorhanden ist noch sehr sinnvoll wäre. Vom Vergleich dieser verschiedenen Fassungen aus kommt man dann auch zu einer Betrachtung der *Grenzen* für alles *Übersetzen* und ebenso der Grenzen der möglichen (und jeweils erforderlichen) *Genauigkeit des Verstehens* im Rahmen einer *einzigen* Sprache.

Zunächst ist dafür noch einiges von dem in diesem ganzen Teil Entwickelten in kurzer Form zusammenzufassen und zu gewichten.

1 *Leitende Instanz* für alle Sprachverwendung – und selber durch Sprachverwendung im Lauf des ganzen bisherigen Lebens aufgebaut und in jedem Moment durch Sprachverwendung aufrechterhalten und gesichert (Ziff. A.70) – ist das «*Ich*» des betreffenden Menschen, sein *Person-Zentrum* oder *Person-Kern* (mit seinem ganzen «Charakter»); dieses «Ich» ist die *Überprüfungs- und Bewertungsinstanz* bei allem, was man hört und liest (und was man über die verschiedenen Sinne direkt aufnimmt) und die «*Befehlszentrale*», das *Willenszentrum*, von dem alles Handeln, sprachlich und außersprachlich, und alles gewollte, mehr oder weniger bewußt gesteuerte Verhalten ausgeht.

2 An *dieses Person-Zentrum anschließend*, ohne scharfe Grenzen, ist das *Gesamt der Strategien* zu sehen: Strategien für *sprachliches Handeln*, mündlich und schriftlich, in Wechselkommunikation, Einwegkommunikation und person-interner Sprachverwendung (Ziff. A.66), samt den mehr oder weniger festen oder offenen *gespeicherten Textmustern* (Ziff. A.63), und hinunter zu den grundlegenden Möglichkeiten für die *Verknüpfung* größerer Textbestandstücke bis zur Herstellung der Verbindungen *zwischen einzelnen*

Propositionen und manchmal innerhalb von Propositionen (Ziff. 12.75–12.81 und schon 12.67–12.70). Daneben stehen, ebenfalls ohne scharfe Grenzen, entsprechende Strategien für *direktes, materiales* Handeln und ihnen zugeordnete feste Handlungs- und Verhaltensmuster sowie, verbunden mit dem sprachlichen wie dem materialen Handeln, die Strategien für das *Lernen* neuer sprachlicher und außersprachlicher Verhaltensweisen (und damit auch neuer Bedeutungen samt den zugehörigen phonischen und graphischen Wortgestalten, Ziff. A.44–A.61).

Alles das ist für *alle Sprachen*, an denen der betreffende Mensch Anteil hat, *in gleicher Weise* gültig und wirksam, hier liegt noch nichts für die jeweilige Sprache Spezifisches vor.

3 *Teilweise direkt* an die Strategien oder sogar an das Person-Zentrum angeschlossen, als Ausdrucksmöglichkeiten für die gesamte Gestimmtheit und für das Erkennen der Gestimmtheit anderer, zum Teil aber auch schon *mehr oder weniger spezifisch* für eine *Einzelsprache* (Satzmelodien) sind die *Stimmführungsgestalten insgesamt* zu sehen, die *Klangfarben* des Gesprochenen bzw. Gehörten, die *Druckverteilungen* in den phonischen Wortgestalten und ebenso die *Muster für besondere rhythmische Gestaltungen*, die *Versmaße* (auch wenn diese primär für das Aufnehmen und das nachgestaltende innere Hören und meistens nur in sehr beschränktem Maß für eigenes erstmaliges Textschaffen genutzt werden, Ziff. A.79).

4 An diesen ganzen Zentralkomplex *anschließend* (man kann vielleicht sagen: «*rund herum*») ist nun der *Besitz an einzelnen Sprachen* zu sehen, den der betreffende Mensch im Lauf seiner ganzen bisherigen Geschichte, seiner Biographie erworben hat. Hier kann man nun wohl nebeneinander sehen: den Besitz der Erstsprache (oft in verschiedenen Varianten, z. B. Standardform für Lesen und Schreiben und dazu eine Mundart oder verschiedene Mundarten), daneben den mehr oder weniger großen und sicheren Besitz einer ersten Fremdsprache, einer zweiten Fremdsprache und ggf. noch weiterer Fremdsprachen.

5 Dabei kann man wohl *innerhalb* jedes solchen Speicherungsbereichs für *eine* Sprache die *Bedeutungen insgesamt* (verbale Semanteme, Bedeutungsbeiträge grammatischer Formen wie Tempus, Modus, Singular und Plural usw., Bedeutungsbeiträge nichtverbaler Gefüge) als die *innerste* «*Schicht*» betrachten, am *direktesten* an den Zentralkomplex angeschlossen und auch mit den *direktesten* Verbindungen («*Vernetzungen*») zwischen *entsprechenden* Bedeutungen in den *verschiedenen* Sprachen (Ziff. A.59 und A.60, kompliziert verzahnte Speicherungen).

6 Mehr «*gegen außen*» sind dann wohl die sämtlichen *Wortgestalten* zu sehen, und zwar die *phonischen* Wortgestalten zunächst in einer generellen Form (in ihrem «phonologischen Bestand», der für das *Erkennen* unerläßlich ist und der dann ggf. auch nach den Lautungsgewohnheiten der Erstsprache ausgesprochen werden kann) sowie die *graphischen* Wortgestalten, in den drei verschiedenen Zuordnungsweisen zu den Bedeutungsseiten und phonischen Wortgestalten (Ziff. A.36).

7 Ganz «*außen*» kann man dann die *genauen Aussprache-Normen* der betreffenden Fremdsprache sehen, die von der Erstsprache abweichenden «Innervationsprogramme für die Sprechorgane», die alle kompetenten Sprecher «einschalten» (und damit die Programme für die Erstsprache «ausschalten»), wenn sie von der Erstsprache in die betreffende Fremdsprache hinüberwechseln (Ziff. A.58, S. 858).

8 Wohl auch ziemlich weit «*außen*» kann man die *Regularitäten für die lineare Folge* aller Bestandstücke in den verbalen Propositionen sehen, die «Wortstellung» (Ziff. 3.25–3.40), und ebenso gewisse «*grammatische Mechanismen*», die für das Verstandenwerden eher vernachlässigt werden können, z. B. die Verteilung aller Nomen auf die drei grammatischen Geschlechter des Deutschen und die zwei des Französischen. Im *Lateinischen* sind wohl die grammatischen Geschlechter *weiter* «*innen*» zu sehen, für das Verstehen und Verstandenwerden *erheblich wichtiger* als in den zwei modernen Sprachen.

9 Insgesamt kann man nun wohl die Speicherungsbereiche der *einzelnen Sprachen* als verschiedene «*Instrumentarien*» verstehen, mit deren Hilfe das im Zentralkomplex «Vorschwebende», das zunächst oft erst diffus «Gemeinte» *in eine sprachliche Form gegossen*, als *Text gefaßt* wird. Und innerhalb des für die einzelnen Sprachen gespeicherten Besitzes wären dann die phonischen und die graphischen Wortgestalten gewissermaßen die verschiedenen «*Ausgänge*» für das «innen» als Text Konstituierte zu sehen, für den «*Output*» über den akustischen oder den optischen Kanal.

10 Beim gesamten *Textverstehen* fungieren dann die phonischen bzw. graphischen Wortgestalten als der «*Input*», und von dem hier Eingehenden und Identifizierten aus werden alle *Bedeutungsseiten* der betreffenden Wörter *aufgerufen* (Ziff. A.28–A.29 und A 38). Aus *allen diesen* Bedeutungsseiten werden dann in den «inneren» Bereichen des gespeicherten einzelsprachlichen Besitzes und in den für alle Sprachen gültigen «innersten Bereichen» *die Kombinationen* aufgebaut, die *das «Gemeinte» darstellen, das im «Ich» bewußt wird und auf das dieses «Ich» reagiert*, z. B. durch Festigung oder Veränderung der Gestimmtheit, durch antwortendes sprachliches Handeln oder auch durch direktes, materiales Handeln.

Von diesen sprachtheoretischen Grundlagen und Annahmen aus soll nun das folgende Stück aus dem Gespräch Don Juans mit dem Bischof von Cordoba im letzten Akt der Komödie «*Don Juan oder die Liebe zur Geometrie*» (1953/1961) betrachtet werden, und dabei sollen *mögliche Abläufe* bei den *Produktionsprozessen* in den *verschiedenen* Sprachen *nachgezeichnet* werden.

Don Juan sitzt mit dem Bischof auf der Loggia des Schlosses der Herzogin von Ronda, zu welcher die ehemalige Dirne Miranda geworden ist, die beiden warten auf das Essen, zu dem die Herzogin, zum großen Ärger Juans, immer zu spät erscheint. Juan hat sich beklagt, er halte es hier nicht aus, so schön alles um ihn herum sei, weil er seine Bindung an Miranda nicht ertragen könne – und doch erträgt er sie immer wieder, denn er hat nur die Wahl, bei Miranda zu bleiben oder draußen den Tod zu finden. Der Bischof hat daraufhin aus der biblischen Schöpfungsgeschichte zitiert: «Es ist nicht gut, daß der Mann allein sei, drum schuf Gott ihm eine Gefährtin». Darauf setzt Juan zu einer bitteren, ja verzweifelten Replik an:

Und meinte er, dann sei es gut?	And did he think that then it was good?
Et il s'imagina arranger ainsi les choses?	And He thought that would make it good?
Et jugea-t-il que son Œuvre fut bonne?	And did He think then that everything would be fine?
	E pensava che così fosse bene?

A/IV   Ziele bei der Sprachverwendung

Als *Antrieb* im «*Ich*» von Juan ist hier offensichtlich zu erschließen: Er will seine *Skepsis ausdrücken* gegenüber der soeben vom Bischof herangezogenen Bibelstelle über die Erschaffung der Frau als der Gefährtin des Mannes, und er geht dabei von seiner eigenen Bibelkenntnis aus und bezieht sich ironisch auf Gottes befriedigtes Urteil über seine Schöpfung (Genesis 1,31: «Und Gott sah, daß alles, was er gemacht, sehr gut sei»; das gilt allerdings streng genommen nicht für die vom Bischof zitierte Stelle aus Genesis 1,18−25, die Frau als nachträglich geschaffene Gefährtin des Mannes, sondern für die lapidare Aussage in Genesis 1,27: «Und Gott schuf den Menschen nach seinem Bilde, nach dem Bilde Gottes schuf er ihn; *als Mann und Weib schuf er sie*»).

Das *erste*, was sich hier für die Produktion der Äußerung in Juans Kopf einstellt, ist also wohl «*ironischer Ton*», und wohl gleichzeitig «*ironische Frage*». Dazu wird, praktisch gleichzeitig, die *grundlegende Verknüpfungsweise* aufgerufen «Darstellen des fragenden Sprech- oder Denkaktes, durch dominanten Teil, und Darstellung des in Frage Gestellten, durch den zugehörigen inhaltlichen Teil» (Ziff. 12.70).

Erst dann kommt wohl das *Aufrufen* geeigneter *verbaler Semanteme* für den dominanten wie für den inhaltlichen Teil − Semanteme, in welche die hier wichtigen *Nennungen* von Personen und andern Entitäten sowie Beurteilungen als *Subjekte* und als *weitere Satzglieder* eingesetzt werden können. Bei den beurteilenden Semantemen mit dem so häufigen «sein/être/be/essere» und wohl auch bei den Semantemen mit «make» und «arranger» sind wohl schon fertige verbale Wortketten gespeichert, in die nur noch die Subjekte einzusetzen sind:

meinen // Gott	− gut sein // es, alles	*think // God*	− be good // it, all − make it good // that («his action») − be fine // everything
s'imaginer // Dieu *juger // Dieu*	− arranger ainsi les choses être bon // son Œuvre	*pensare // Dio*	− così essere bene // tutto

Diese *Bedeutungskombinationen* werden nun als «*vergangen*» in den *Zeitablauf* eingebettet (nämlich als «damals, nach dem Schöpfungsakt», von dem der Bischof gesprochen hatte), und zwar im Deutschen durch *Präteritum* im dominanten Teil (das auch den inhaltlichen Teil zeitlich festlegt). Bei Pilliod erfolgt diese Einbettung durch *passé simple* im dominanten Teil (das auch für den durch den Infinitiv gegebenen inhaltlichen Teil gilt), bei Bergerot durch *passé simple* im dominanten Teil und im inhaltlichen Teil, bei Bullock durch *simple past* im dominanten und im inhaltlichen Teil, bei Rolf und Rosenberg durch die Kombination von *simple past* im dominanten Teil und *present conditional* (Ziff. 5.46) im inhaltlichen Teil, wobei der dominante Teil die Vergangenheitsbedeutung liefert, bei Filippini im dominanten Teil durch *Imperfekt*, im inhaltlichen Teil durch *Konjunktiv Imperfekt* (der im Italienischen auch in der gesprochenen Sprache gebräuchlich ist, im Gegensatz zum französischen subjonctif de l'imparfait, Ziff. 5.25).

Nach allen diesen mehr oder weniger «innen» zu sehenden Teil-Prozessen werden nun die *Resultate* in die mehr «außen» zu sehende *grammatische Form* gebracht, die in der jeweiligen Sprache erforderlich ist, vor allem auch in die geeignete *lineare Ordnung* («Wortstellung»), und in dieser Ordnung werden die *phonischen Wortgestalten*, die sich ergeben haben (z. B. für die Verbformen) durch die entsprechenden «Befehle» an die Sprechorgane *hörbar* gemacht, für den zuhörenden Bischof wie für den sprechenden Juan selbst. Die so hergestellten Formalstrukturen sind hier:

- im *deutschen Original* Nachstellung des *Subjekts,* hinter die Personalform des Verbs, zusätzlich zur fragenden Satzmelodie, und für den inhaltlichen Teil ein *gereihter Teilsatz,* mit Verb-Zweitstellung, dazu das Verb im Konjunktiv I («sei»);
- bei *Pilliod* der Frage-Charakter rein durch die Satzmelodie signalisiert (Ziff. 9.04), der inhaltliche Teil als Infinitiv mit zugehörigen Satzgliedern *direkt* an die Personalform «imagina» angeschlossen (wobei das Subjekt «il» auch für den Infinitiv zu denken ist, man könnte verdeutlichen «s'imagina-t-il *qu'il pourrait* arranger ainsi les choses?»);
- bei *Bergerot* Frage-Charakter durch *Nachstellung* des *Subjekts* und *Satzmelodie,* Anschluß des inhaltlichen Teils durch die unterordnende Konjunktion «que», dazu die Umwandlung des «bon» in «bonne», wegen der erforderlichen Übereinstimmung («accord») mit dem Subjekt «*son oeuvre*;
- bei *Bullock* und bei *Rosenberg* Frage-Charakter durch *Nachstellung des Subjekts* signalisiert, daher Zuhilfenahme von «do», in der Form des past «did»; bei *Rolf* Frage-Charakter *rein durch die Satzmelodie* signalisiert, daher einfaches past «thought»; Anschluß des inhaltlichen Teils bei Bullock durch die unterordnende Konjunktion «that», bei Rolf und Rosenberg werden die inhaltlichen Teile einfach als *gereihte Teilsätze* angefügt, ohne besondere Signalisierung;
- bei *Filippini* Anschluß des inhaltlichen Teils durch die unterordnende Konjunktion «che» und den Konjunktiv Imperfekt «*fosse*» (wegen «*pensava*»).

Durch diese *ganze* ironische Frage entsteht nun offenbar im kontrollierenden «Ich» Juans, wohl schon während der ca. 3 Sekunden des Aussprechens, das *Bedenken,* der Bischof könnte den ironischen Ton (bei dem es Juan völlig ernst ist), als ein Signal für Scherz auffassen. Das weckt in Juan das Bedürfnis, für das jetzt zu Sagende (das die Hauptsache ist) die Ernsthaftigkeit zu betonen. In der Fassung von 1953 setzt er daher sofort an: «Im Ernst ...».

In der Fassung von 1961 läßt Frisch zuerst noch einen Diener mit einem silbernen Tablett auftreten und von Juan zurückgeschickt werden mit der resignierenden Bemerkung «Wir sind noch nicht soweit». Die Übersetzer, die dieser Fassung folgen, haben hier: «Nous n'en sommes par encore là – We are not ready yet – Non ci siamo ancora». Diese Propositionen sind wohl im jeweiligen Sprachbesitz schon fertig gespeichert, variierbar für verschiedene Subjekte («*Du bist* noch nicht soweit – *Tu n'en es pas* encore là –*Non ci sei* ancora»), zurückführbar auf die Semanteme «Sein 4» oder auch «Sein 5» (Ziff. 12.37), das englische «not be ready yet» auf «Sein 3».

Der *Antrieb* im «Ich» von Juan, der ihn zu dieser formelhaften Zurückweisung des Dieners führt, ist offensichtlich doppelt: Er will sich in seiner Replik auf die Erwähnung des Schöpfer-Gottes durch den Bischof *nicht stören lassen,* will die ihm schon auf der Zunge liegende Betonung der Ernsthaftigkeit seines Redens *sogleich aussprechen,* – und er will auch *nicht mit dem Essen beginnen,* bevor Miranda da ist.

Die für Juan jetzt wichtige *Betonung der Ernsthaftigkeit* erfolgt durch die folgenden Propositionen (alle nichtverbal außer der Fassung von Filippini; Bergerot läßt diesen wichtigen Bestandteil der ganzen Äußerung einfach aus):

Deutsches Original:	*Im Ernst, ...*	Pilliod: *Sérieusement, ...*	Bullock: *Seriously, ...*
Rolf:	*In truth, ...*	Rosenberg: *Seriously, ...*	Filippini: *Parlo sul serio, ...*

Die *Wege* von der einheitlichen Absicht «Betonung der Ernsthaftigkeit des Sprechens» über das Abrufen der geeigneten Wörter und ggf. Konstruktionen bis zum Aussprechen des Abgerufenen kann man nun so nachzeichnen:

A/IV   Ziele bei der Sprachverwendung   919

- Für die *deutsche Fassung* wird vielleicht zuerst das Nomen «Ernst» abgerufen und dann mit «*im*» kombiniert (Präposition «in» + Begleitpronomen «dem», Bedeutungsbeitrag «neutral festgelegt», Ziff. 7.24'C). Man kann aber wohl eher annehmen, daß die ganze Formel «*Im Ernst*» schon *fertig gespeichert* ist. In beiden Fällen kann ein möglicher Bild-Hintergrund wirksam werden (Ziff. 11.43–11.44), nämlich «Raum, in dem das zu Sagende gilt».
- Für «*Sérieusement – Seriously*» kann wohl Speicherung als fertige Einheit angenommen werden, wenn auch in unmittelbarer Nachbarschaft mit den zugrundeliegenden Adjektiven «*sérieux – serious*». Es liegen «*reine, abstrakte*» Bedeutungen vor, ohne Bildhintergrund.
- Auch «*In truth*» ist wohl schon fertig gespeichert (es wird im Duden/Oxford Wörterbuch Englisch-Deutsch als «literary» gekennzeichnet). Im Gegensatz zu «Seriously» kann aber ein *Bildhintergrund* «Raum für die Geltung des zu Sagenden» wirksam werden. Dasselbe dürfte der Fall sein bei der italienischen Wendung «*parlare sul serio*» (wobei man sich fragen kann, ob das mit Präposition «su» und Artikel «il/l» kombinierte «*serio*» als Adjektiv oder als Nomen aufzufassen ist). Ein Wirksamwerden eines räumlichen Bildhintergrundes ist wohl wenig wahrscheinlich.

Nach dieser Betonung der *Ernsthaftigkeit* seiner Aussage (wer Frisch gekannt hat, hört hier etwas von seinem eigenen Tonfall) setzt nun Juan die *eigentliche Aussage* hin, um die es ihm geht, als inhaltlichen Teil zu «Im Ernst – Sérieusement – Seriously – In truth – Parlo sul serio»:

⌒mein Unwille gegen die Schöpfung,⌒ ⌒die uns gespalten hat in Mann und Frau,⌒ ⌒ist lebhafter als je⌒

⌒mon indignation envers la création⌒ ⌒qui nous a faits homme et femme⌒ ⌒est plus vive que jamais⌒

⌒Mon irritation contre la création est plus vive que jamais,⌒ ⌒pourquoi nous a-t-on répartis entre hommes et femmes⌒

⌒my dislike of Creation,⌒ ⌒which has divided us into man and woman⌒, ⌒is more intense than ever⌒

⌒the anger I feel toward⌒ { a creator ⌒who split us up into man and woman⌒ / a Creator ⌒who idiotically split us into Man and Woman⌒ } ⌒grows stronger year by year⌒

⌒la mia ripugnanza per la creazione⌒ ⌒che ci ha distinti in uomini e donne⌒ ⌒è più viva che mai⌒

Juan *benennt* nun also das, was ihn bedrückt, was ihm unerträglich ist; er faßt es als ein «*Etwas*», als eine *Entität*, und er führt die Existenz dieses «Etwas» auf das verkehrte Handeln einer personhaften Macht zurück – und das alles will er nun *in Sätze fassen*, es in geformter, klarer Weise vor den Bischof und vor sich selbst *hinstellen*, um seine Lage verständlich zu machen (erstrebter Innenertrag *beim Partner*, dem Bischof, Ziff. A 66) und zugleich um *selber* die ganze Situation besser ertragen zu können (erstrebter Innenertrag und damit zusammenhängender Außenertrag *für das Ich*, nämlich daß er seinen Aufenthalt in diesem Schloß und seine Bindung an Miranda, der er ja doch nicht entweichen kann, besser bewältigt).

Die *Wege* von der Absicht über wohl zuerst eher diffus vorschwebende Bedeutungskomplexe bis zur fertigen produzierten Textgestalt kann man sich nun so vorstellen (wenn man sich ganz in die Dramenfigur «Don Juan» hineinversetzt, in der speziellen von Frisch geschaffenen Fassung dieser Figur, und wenn man sich nun nicht nur als Deutschsprachiger, sondern auch als Französischsprachiger, Englischsprachiger, Italienischsprachiger sieht – wie es sich beim Sehen/Hören einer Aufführung in diesen Sprachen oder auch beim Lesen mehr oder weniger von selbst ergibt).

- Zunächst schwebt wohl ein *noch wenig gegliederter und ausgeformter Bedeutungskomplex* vor, etwa «Ablehnen der Schöpfung – diese Gespaltenheit der Menschen in Mann und Frau».

– Dieses Vorschwebende wird nun in allen Fassungen außer der sehr freien Wiedergabe durch Bergerot in die folgende *grammatische* (und *zugleich semantische*) Struktur gebracht: *Nennung* durch ein *Anschlußgefüge*, an dessen Anschluß-Teil ein *Anschluß-Relativsatz* angefügt ist, und dieses Ganze als *Subjekt*, so daß dann durch Verb und weitere Satzglieder die *ständig wachsende Gewalt* des im Subjekt dargestellten bedrückenden, unerträglichen Gefühls deutlich gemacht werden kann.

– Im *Grundteil* des Anschlußgefüges wird zuerst die *Zugehörigkeit* des zu nennenden bedrückenden, quälenden Gefühls zur *sprechenden* Person deutlich gemacht, durch das *Possessiv «mein – mon – my – la mia»*, in den Fassungen von Rolf und Rosenberg durch die eng angeschlossene *contact clause «I feel»* (weswegen dann hier vor dem Nomen der definite article «the» erforderlich ist, mit dem Bedeutungsbeitrag «festgelegt neutral», Ziff. 7.24'C).

– Die *Verknüpfung* von *Grundteil* und *Anschlußteil* erfolgt durch die Präpositionen *«gegen* (mit Akkusativ) *– envers – contre – of – toward – per»*. Man sieht hier einmal mehr, wie sehr der *Bedeutungsbeitrag* solcher Präpositionen *abhängig* ist von den durch sie verbundenen *Nennungen* (die ja meistens als Begleitgefüge geformt sind). Man kann den Bedeutungsbeitrag der so verschiedenen Präpositionen (auch in der gleichen Sprache, französisch *«envers»* und *«contre»*) bei den hier zu verbindenden Nennungen einfach fassen als «das in A Genannte *im Blick auf* das in B Genannte».

– Auch der *Anschlußteil* ist ein Begleitgefüge, und zwar im deutschen Original sowie in den französischen und italienischen Fassungen mit dem Bedeutungsbeitrag des Begleitpronomens (bzw. Artikels) *«festgelegt neutral»* (Ziff. 7.24'C). Bullock hat gar keinen Artikel, dadurch *besondere Offenheit* (oder auch *besonders enger Anschluß*) der durch «Creation» aufgerufenen Bedeutung. Rolf und Rosenberg verdeutlichen den im deutschen Original nur mitzuverstehenden, nicht ausdrücklich signalisierten Bezug auf den *«Schöpfer»* (der ja *hinter* der «Schöpfung» steht), indem sie ausdrücklich von *«creator»* sprechen (bei Rosenberg sogar groß geschrieben, wie «Creation» bei Bullock), und zwar wird dieser «Schöpfer» durch den indefinite article «a» als *«frei wählbar unter verschiedenen möglichen»* präsentiert (Ziff. 7.24'A) und damit zugleich *relativiert*, ja *ironisiert, abqualifiziert*.

Ein *sehr viel ungleicheres Bild* als bei der verwendeten Gefüge-Struktur ergibt sich nun, wenn man die zwei *Einzelbedeutungen* betrachtet, die im Grundteil und im Anschlußteil eingesetzt sind.

Große Einheitlichkeit, ja praktisch völlige Übereinstimmung (in den drei Fremdsprachen bis in die Lautungen hinein) ergibt sich für den Anschlußteil: *«Schöpfung – création – Creation – creazione»* sind praktisch gleichbedeutend, und auch der Zusammenhang von «creator» mit dem deutschen «Schöpfung» ist klar: hinter allen steht der biblische Bericht aus Genesis 1 und 2.

Gleichheit nur in der hier wichtigen *«abstrakten»* Bedeutung, aber dabei *verschiedene Intensitätsgrade* und verschiedene Möglichkeit von *Begleitvorstellungen* («Bildhintergründen» aus einem konkreten, materialen Handeln) findet man dagegen bei *«Unwille – indignation – irritation – dislike – anger – ripugnanza»*, durch welche die im Kernteil zu nennende *Gestimmtheit* Juans dargestellt werden soll. Dabei ist offensichtlich auch mehr oder weniger verschiedene individuelle Auffassung möglich.

> Die *individuelle Auffassung* des Autors dieses Buches: «Unwille» wirkt noch eher gemäßigt, beherrscht in diesem Zusammenhang. Bei «*indignation*» schwingt mehr «gefühlsmäßiges Ablehnen», bei «*irritation*» mehr «sich gestört fühlen» mit; wieder ziemlich neutral erscheint «*dislike*», in diesem Sinne sehr gut als Gegenstück zu «Unwille» geeignet; «*anger*» erscheint heftiger, krasser, man denkt mehr an «Zorn», und dieser ist bekanntlich unbeherrscht, im Gegensatz zum «Unwillen»; bei «*ripugnanza*» ist mehr «Widerwille, Abgestoßensein», dabei schwingt das aus dem Lateinischen vertraute «pugnare, kämpfen, streiten» mit.

Eine Art *Gegenprobe* kann man machen, indem man in zweisprachigen Wörterbüchern zunächst die dort aufgeführten *Gegenstücke* zu «Unwille» nachsieht und dann für die in den Übersetzungen *tatsächlich* gewählten Wörter gewissermaßen «*rückwärts*» aufsucht, welche deutschen Gegenstücke gegeben sind. Das ergibt das folgende Bild:

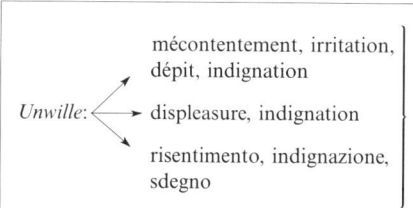

Unwille:	mécontentement, irritation, dépit, indignation	*indignation*: Entrüstung, Empörung, Widerwille
	displeasure, indignation	*irritation*: Ärger, Verärgerung, Entrüstung, Zorn
	risentimento, indignazione, sdegno	*dislike*: Abneigung, Widerwille, nicht-leiden-können
		anger: Zorn, Ärger, Wut
		ripugnanza: Widerwille

Alle diese Ergebnisse können natürlich je nach den verwendeten Wörterbüchern wieder etwas anders aussehen.

Man trifft hier auf die jedem Übersetzer vertraute Tatsache, daß man bei der Wiedergabe in einer andern Sprache vom *Gesamtsinn* des zu Übersetzenden ausgehen muß und nicht von «Wort-Gleichungen», wie sie die Technik der Wörterbuchherstellung unausweichlich mit sich bringt.

Ein ziemlich kompliziertes Bild ergibt sich auch, wenn man nun die *Semanteme und Einzelbedeutungen* ins Auge faßt, die für die Formulierung der *Anschluß-Relativsätze* (bzw. des bei Bergerot hinten angehängten Teilsatzes) in den verschiedenen Sprachen und Fassungen aufgerufen werden.

Vor allem die Semanteme sind teilweise nicht ganz leicht zu bestimmen, sie sind teils ziemlich generell, teils eher spezielle Abwandlungen eines generellen Semantems:

> jemanden/etwas *spalten* («aufspalten») *in zwei oder mehr* Personen bzw. Teile
> *faire* quelqu'un / quelqu'une *un tel / une telle* («le faire homme ou femme»)
> *répartir* (plusieurs) personnes entre (deux ou plusieurs) groupes, types
> *divide / split up / split* someone (something) *into* (two or more) parts
> *distinguere* alcune persone (o cose) *in* diverse parti

Markant verschieden sind die *genaueren Bedeutungsbeiträge* der in den Semantemen verwendeten *Verben*. Die individuelle Auffassung des Autors dieses Buches:

> – «*Spalten*» wird als ein *ziemlich starker Ausdruck* empfunden, er legt Bildhintergründe aus manueller Tätigkeit nahe («Holz spalten») und damit auch eine gewisse Gewaltsamkeit.

- «*Faire*» ist sozusagen das neutralste mögliche Verb für «etwas bewirken, Veränderungen hervorbringen» (dazu schon Ziff. 12.27–12.28), also *rein abstrakter* Bedeutungsbeitrag, kein Aufrufen eines Bildhintergrundes.
- Bei «*répartir*» wird eher ein Bild «verteilen, anders anordnen» aufgerufen, und die spezielle Bedeutung «durch diese Verteilung etwas auseinanderreißen» ergibt sich erst aus dem Semantem als ganzem bzw. aus der fertigen hier damit gebildeten Proposition.
- «*Divide*» weckt in erster Linie die *ziemlich abstrakte* Vorstellung «trennen, voneinander loslösen» (im Hintergrund vielleicht auch die lateinische Devise für Machterhaltung von Kaisern usw. «*Divide et impera* – trenne die Beherrschten voneinander, durch verschiedene Behandlung, und verhindere damit, daß sie sich gegen dich zusammenschließen»).
- Bei «*split*» und «*split up*» stellt sich der gleiche Bildhintergrund ein wie bei deutsch «spalten» (vielleicht gestützt durch die gleicherweise vorhandenen Konsonanten «sp – l – t»), die Auffassung «gewaltsam trennen, auseinanderreißen» wird *verstärkt* durch das krasse von Rosenberg eingefügte Urteil «idiotically».
- Bei «*distinguere*» ergibt sich wieder eher ein *rein abstrakter* Bedeutungsbeitrag «unterscheiden», ohne die Bildhintergründe bei «spalten» oder «split, split up» oder auch bei «répartir».

Die *Gegenprobe* (gleiche Problematik wie oben):

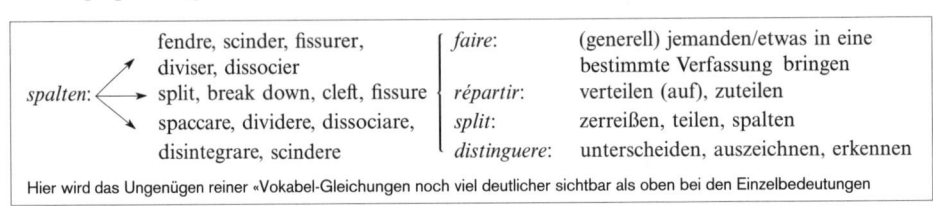

spalten:	fendre, scinder, fissurer, diviser, dissocier split, break down, cleft, fissure spaccare, dividere, dissociare, disintegrare, scindere	*faire*: *répartir*: *split*: *distinguere*:	(generell) jemanden/etwas in eine bestimmte Verfassung bringen verteilen (auf), zuteilen zerreißen, teilen, spalten unterscheiden, auszeichnen, erkennen

Hier wird das Ungenügen reiner «Vokabel-Gleichungen noch viel deutlicher sichtbar als oben bei den Einzelbedeutungen

- Die *Bedeutungsbeiträge der Präpositionen* (mit fast gleichen phonischen Wortgestalten «*in – into – in*») sind durch die *Semanteme* mit «spalten/faire/répartir/split/distinguere» als Kern *eindeutig festgelegt*: nach der Präposition kommt die Nennung der *Entität*, in welche die vorher genannte Entität durch die im Semantem genannte Wirkung *umgewandelt* wird.
- Auch die hier eingesetzten *Einzelbedeutungen* sind völlig eindeutig und einheitlich. Verschieden ist nur, daß diese Nennungen zum Teil als «*je eines*» gefaßt sind, durch den *Singular* («Mann und Frau – homme et femme – man and woman»), zum Teil als *ganze Gruppen von Gleichartigen*, durch den *Plural* («hommes et femmes – uomini e donne»). Ein Bedeutungsunterschied ist damit wohl kaum verbunden – umso weniger, weil Juan als die von dieser «Spaltung» usw. betroffenen Wesen *nicht nur sich selbst* nennt, sondern *die Menschen überhaupt*, mit denen er sich gewissermaßen solidarisch erklärt, indem er als Akkusativobjekt (complément direct usw.) in das Semantem einsetzt: «*uns – nous – us – ci*». Auch diese Nennungen sind völlig einheitlich und teilweise auch lautlich sehr ähnlich («*uns – us*»).

Im Gegensatz zur Nennung durch die Anschluß*gefüge*, in welchen die *Reihenfolge* der Wörter *kein* Problem ist (außer der Kombination von Artikel und Possessiv im Italienischen «*la mia* repugnanza»), ist nun bei den *Anschluß-Relativsätzen*, wie bei allen verbalen Propositionen, noch die *lineare Ordnung* nach den Normen der verschiedenen Sprachen herzustellen – diese Prozesse sind wohl «weiter außen» zu sehen als die Wahl der grammatisch-semantischen Strukturen und das Einsetzen der Einzelbedeutungen. Hier ergibt sich:

- Im *Deutschen* nach dem Relativ «*die*» das Akkusativobjekt «*uns*», dann das Partizip II und die zugehörige Personalform «*gespalten hat*» (mit «Ausklammerung» der gewichtigen Nennung «*in Mann und Frau*», so daß diese an den Schluß des Anschluß-Relativsatzes zu stehen kommt);
- Im *Französischen* bei *Pilliod* nach dem Relativ «*qui*» das complément direct «*nous*», dann der *Verbkomplex* aus Personalform + participe passé und dann das entscheidende «*homme et femme*» – bei *Bergerot* zuerst das Fragewort «*pourquoi*», dann das complément direct «*nous*», dann der Verbkomplex mit eingeschaltetem Subjekt (dazu schon Ziff. 3.33'A) «*a-t-on répartis*» und dann «*hommes et femmes*».
- Im *Englischen* nach dem Relativ bei *Bullock* und *Rolf* sofort der Verbkomplex «*has divided/split (up)*», bei *Rosenberg* zuerst noch das «*idiotically*»; das direct object «*us*» hinter dem Verbkomplex bzw. beim particle verb «*split up*» in ihn *hineingenommen*, und dann das entscheidende «*into man and woman*».
- Im *Italienischen* nach dem Relativ «*che*» das dem «*uns – nous – us*» entsprechende «*ci*», dann der Verbkomplex «*ha distinti*» (mit hörbarer Anpassung des Partizips, das im Singular «*distinto/-a*» lautet, an den Plural «*uomini e donne*») und dann dieses entscheidende «*uomini e donne*».

Völlig übereinstimmend sind in allen vier Sprachen auch die grammatisch-semantischen Strukturen für die *Vervollständigung der Proposition* (des *Hauptsatzes*), als *deren Subjekt* das Anschlußgefüge samt Anschluß-Relativsatz dient: abgerufen wird hier das Semantem «Sein 3» (Ziff. 12.37), wobei Rolf und Rosenberg an der Stelle des neutralen «*be*» das dynamischere «*grow*» verwenden (Ziff. 12.41, Eintreten eines Zustands). Dazu wird in allen Fassungen außer der freien Übersetzung von Bergerot die Möglichkeit «*Vergleichen*» benutzt (Ziff. 10.53–10.54), im Original und bei Pilliod, Bullock und Filippini durch *Vergleichsform* + *Zuordnen* einer Zeit-Angabe als *Bezugspunkt* («lebhafter *als je* – plus vive *que jamais* – more intense *than ever* – più viva *che mai*»), bei Rolf und Rosenberg durch die *generelle* Zeitangabe «stronger *year by year*».

Änderungen in der *linearen Anordnung* der Bestandslücke dieses Hauptsatzes (gegenüber der Anordnung im zugrundeliegenden Semantem bzw. der generalisierten verbalen Wortkette) sind hier *überhaupt nicht* erforderlich.

Nach allem hier Gezeigten erfolgen dann *zuletzt* die Prozesse im «*äußersten*» Bereich der Textproduktion, die entsprechenden *Befehle an die Sprechorgane*, für das «*Hörbarmachen*».

Die nächste Proposition – mit welcher Juan das *Maß* seines Unwillens anschaulich zeigen will – ist in der Fassung von 1961 anders als in der Erstfassung von 1953. In der Erstfassung sowie in den ihr folgenden Übersetzungen von Pilliod und Rosenberg sagt Juan:

⌐Mein Unwille … ist lebhafter als je,⌐	⌐ich speise ihn hier mit jeder Mahlzeit.⌐
⌐Mon indignation … est plus vive que jamais,⌐	⌐je la nourris à chaque repas.⌐
⌐The anger I feel … grows stronger year by year,⌐	⌐I taste it every night at the dinner table.⌐

Man kann das so verstehen, daß durch das «*speisen*» der *Unwille* besonders deutlich als ein «*Etwas*» hingestellt werden soll, ein etwas, das durch «*Nahrung*» *beeinflußbar* ist.

Bei der Bearbeitung von 1961 hat Frisch geändert. Vielleicht störte ihn jetzt die Doppeldeutigkeit von «*speisen*» (sie zeigt sich klar in der Wahl von «*nourrir*» durch Pilliod und von «*taste*» durch Rosenberg). Der gewichtige Satz «Mein Unwille ... ist lebhafter als je» wird jetzt durch Punkt abgeschlossen, und dann folgt ein kurzer neuer Satz:

| ⌢Ich zittere vor jeder Mahlzeit⌢. | ⌢I tremble before every meal⌢. | (Bullock und Rolf genau gleich) |
| ⌢Je tremble avant chaque repas⌢. | ⌢Tremo prima die ogni pasto⌢. | |

Das *Zustandekommen* dieser Propositionen (die sich nicht mehr so direkt auf «Unwille» etc. als eine durch materiales Handeln vergrößerbare Entität beziehen, sondern den Zustand von Juan *genereller* darstellen) läßt sich relativ leicht nachzeichnen:
– *Aufrufen* der Semanteme «*zittern – trembler –tremble – tremere*», in allen vier Sprachen weitestgehend deckungsgleich;
– *in finite Form bringen* für den Sprechenden als Subjekt, mit entsprechender Anpassung der Stellung des Verbs;
– *Einbettung in den Zeitablauf* durch Nennen des Anlasses, bei welchem dieses «Zittern» regelmäßig auftritt («*vor jeder Mahlzeit – avant chaque repas – before every meal – prima di ogni pasto*», Ziff. 11.11–11.13). Diese Ausdrücke, in allen vier Sprachen aufgebaut aus Präposition + Begleitgefüge mit Bedeutungsbeitrag «vollständiges Gegebensein» (Ziff. 7.24'H) sind wohl *schon mehr oder weniger fertig* im jeweiligen Sprachbesitz gespeichert und *als ganze* abrufbar.

Die entsprechenden Prozesse lassen sich auch für das Zustandekommen der Propositionen in der *Erstfassung* und den daran anschließenden Übersetzungen aufweisen, wobei im *Deutschen* die Schwierigkeit besteht, daß das Verb «*speisen*» als Signalisierung für «*jemanden* speisen, *ihm Nahrung geben*» und «speisen, *selber Nahrung aufnehmen*» dienen kann, während «*nourrir*» und «*taste*» hier eindeutig sind. Die *Einbettung in den Zeitablauf*, inhaltlich genau gleich wie bei den oben behandelten Propositionen der Zweitfassung und der zugehörigen Übersetzungen, stellt sich *etwas anders* dar, indem bei «speisen» eine Stelle besetzt wird für «*Anlaß, bei welchem* diese Tätigkeit erfolgt», nämlich «*mit jeder Mahlzeit*», bei «*nourrir*» (neutraler) «*à chaque repas*» und bei «*taste*» die zeitliche Situierung «*every night*» und die räumliche «*at the dinner table*».

Nach dieser Bekräftigung der *Intensität* seines quälenden Zustands versucht Juan nun *nochmals eine grundsätzliche* Darstellung, gewissermaßen «von der andern Seite her»: er faßt jetzt nicht primär den *Schöpfungsakt* ins Auge, den *Akt* der Aufteilung auf Mann und Frau, sondern das *jetzt bestehende Faktum* dieser Aufteilung, und er versucht deutlich zu machen, *warum* dieser Akt so verkehrt war («idiotically» erfolgte, nach Rosenberg), weil er nämlich dem *Bedürfnis nach Ganzheit* in jedem Menschen widerspricht und weil das Herstellen dieser Ganzheit durch *Bindung an einen Partner* (die auch immer wieder *Einschränkung* bedeutet) als *unannehmbar* zurückgewiesen wird – mindestens implizit.

Der *Antrieb* zu diesem weiteren Darstellungsversuch ist also genau derselbe wie für die ganze vorherige Darstellung (siehe oben, S. 917), aber die «*Beweisführung*» ist etwas anders, also die aus dem «Ich» und dem generellen Besitz von Denk- und Verstehensmöglichkeiten aufgerufene «*Strategie*» für die Fassung in eine Folge von Propositionen. Dazu zeigen sich hier besonders auffällige *Verschiedenheiten* zwischen den Übersetzungen, und es sollen daher für dieses Textstück nicht mehr die Prozesse des *Zustandekommens* im einzelnen gezeigt werden, sondern primär die *Gleichartigkeit des Groß-Aufbaus* und die starke *Verschiedenheit der Fassung in Propositionen* im einzelnen,

A/IV   Ziele bei der Sprachverwendung

durch die jeweils gewählten Semanteme und die in ihren Stellen eingesetzten Einzelbedeutungen – und teilweise auch die *Gleichartigkeit* in der Signalisierung der Bedeutung «Mensch» durch die Wortgestalten «homme – man – uomo», bei denen ja generell nicht nur «Mensch» (als Mann *und* Frau) verstanden werden kann, sondern auch *nur «Mann»*, als *Gegenpol* zu «Frau».

Juan nach Frisch 1953 und den daran anschließenden Fassungen von Pilliod und Rosenberg:

⌈Welche Ungeheuerlichkeit⌉, ⌈daß der Mensch allein nicht das Ganze ist⌉, ⌈und je größer seine Sehnsucht wird⌉, ⌈umso verfluchter steht er da⌉, ⌈bis zum Verbluten ausgesetzt dem andern Geschlecht⌉.

⌈Quelle monstruosité⌉, ⌈que l'homme, à lui seul, ne soit pas le tout⌉! ⌈et plus grande est sa nostalgie⌉, ⌈plus il est damné⌉, ⌈livré à l'autre sexe jusqu'à la dernière goutte de son sang⌉.

⌈What a horrible thing⌉, ⌈that man is the only creation⌉ ⌈which is not single and entire⌉, ⌈and the greater his longing becomes⌉, ⌈the more accursed he is⌉, ⌈for ever cut off of the opposite sexe⌉.

Juan nach Frisch 1961 und demgemäß Bergerot, Bullock, Rolf und Filippini, mit *Verdeutlichung* des *Inhalts* von «Sehnsucht – nostalgie – longing – desiderio e brama», indem dieses als *dominanter Teil* gesehen und dazu ein zu-Infinitiv als inhaltlicher Teil gesetzt wird:

⌈Welche Ungeheuerlichkeit⌉, ⌈daß der Mensch allein nicht das Ganze ist⌉! ⌈Und je größer *seine Sehnsucht* ist⌉, ⌈ein Ganzes zu sein⌉, ⌈umso verfluchter steht er da⌉, ⌈bis zum Verbluten ausgesetzt dem andern Geschlecht⌉.

⌈Quelle monstruosité⌉ ⌈que l'être humain ne soit pas un tout en lui-même⌉! ⌈Plus profonde est *sa nostalgie*⌉ ⌈d'être un tout⌉ ⌈et plus grande est *sa malédiction*⌉ ⌈d'être livré à l'autre sexe comme à un vampire⌉.

⌈What a monstrous mistake⌉ ⌈that the individual alone is not a whole⌉! ⌈And the greater *his longing*⌉ ⌈to be a whole⌉ ⌈the greater the curse⌉ ⌈that is upon him⌉, ⌈he is *so much* at the mercy of the opposite sex⌉ ⌈that it can drain the last drop of his blood⌉.

⌈What a monstrous mistake it was⌉ ⌈not to have made man wholly self-sufficient⌉. ⌈The greater *His longing*⌉ ⌈to achieve unity and completeness⌉, ⌈the more is He condemned to partnership with the other sex⌉.

⌈Quale mostruosità⌉ ⌈che l'uomo solo non sia il tutto⌉! ⌈E quanto più grande è *il suo desiderio e la sua brama*⌉ ⌈di essere un tutto⌉, ⌈tanto più maledetto è lì⌉, ⌈esposto ai colpi dell'altro sesso⌉.

Der *Groß-Aufbau* läßt sich schon aus der graphischen Präsentation der Textstücke entnehmen:
– Die *Beurteilung* des Zustandes als «*ungeheuerlich*», und diese Charakteristik als *Entität* hingestellt (Kern eines Begleitgefüges, mit Betonung der Intensität, Ziff. 7.24'G); dieses Begleitgefüge *als dominanter Teil* hingesetzt, und dann die Darstellung des *Inhalts* dieser Beurteilung («*Mensch keine Ganzheit*») als *inhaltlicher Teil*, in allen vier

Sprachen und allen verschiedenen Fassungen als Nebensatz an «Ungeheuerlichkeit» usw. angefügt.
- Dann die *Intensität* des *Bedürfnisses nach Ganzheit* in *direkte Beziehung* gesetzt zur Intensität des *Leidens* (Ziff. 10.79, S. 532, Struktur *«je ..., umso ...»*); die *Größe* des Leidens ergibt sich *direkt proportional* aus dem *Grad* der «*Fähigkeit zu fühlen*», also aus dem *Grad des Menschseins an sich*.

Dabei wird *unausgesprochen* gelassen, nur bei Rolf mehr oder weniger angetönt mit «partnership», daß das Bedürfnis nach Ganzheit *befriedigt werden könnte* und *müßte* durch die *Bindung* an einen Partner/eine Partnerin, hier also an Miranda – daß aber *diese Bindung* ihrerseits das *Selbstverständnis* und *Selbstgefühl* von Juan in unerträglicher Weise beeinträchtigt, ja sein Leben als solches zu zerstören droht, weil er eben *auch* den Anspruch auf *absolute Freiheit und Selbstbestimmung in jedem Augenblick* erhebt, und das ist *nicht vereinbar* mit der für das *Erreichen der Ganzheit* erforderlichen *Bindung*.

Sehr verschieden ist in allen andern Sprachen die Wiedergabe der extremen Charakteristik «*bis zum Verbluten*» für die Intensität des Leidens am «*anderen Geschlecht*»:
- bei *Pilliod* recht genau «*jusqu'à la dernière goutte de son sang*»
- bei *Rosenberg* wohl insgesamt mißverstanden als «*for ever cut off of ...*», also «für immer abgeschnitten von ...»
- bei *Bergerot* durch den Vergleich «(*exposé à ...) comme à un vampire*»
- bei *Bullock* durch die ganze verbale Proposition «*that it can drain the last drop of his blood*» (angeschlossen in der Bedeutungsbeziehung «etwas und die damit gegebene Folge», Ziff. 10.79, an «*so much at the mercy of ...*»).
- bei *Rolf* überhaupt nicht wiedergegeben, und das Ganze sehr global gefaßt (Oder: zu positiv?) durch «*be condemned to partnership* with the other sex».
- bei *Filippini* durch das Einfügen der Bedeutung «*colpi*, Schläge, Hiebe» von Seiten des «*altro sesso*».

Die *verschiedene Deutlichkeit*, mit welcher in den verschiedenen Fassungen der *Zusammenhang* zwischen der *Tiefe* des *Fühlenkönnens* (und damit dem «Grad des Menschseins») und der *Größe* des *Leidens* an der (doch nicht zu entbehrenden) Partnerbindung dargestellt wird – nämlich «Einflußgröße und dadurch Beeinflußtes» – liegt an der Verschiedenheit der in den Sprachen für diese Bedeutungsbeziehung (Ziff. 10.79) vorhandenen *Formalstrukturen*. Im *Deutschen* kann die *Einflußgröße* eindeutig durch «*je ...*» und das *dadurch Beeinflußte* durch «*umso ...*» signalisiert werden. In den *andern Sprachen* gibt es aber dafür *nur* das Setzen von *zwei gleich aussehenden* Komparativen, also «*plus grande / plus profonde est sa nostalgie – plus il est damné / et plus grande est sa malédiction*» bzw. «*the greater his longing ..., the more accursed he is / the greater the curse / the more is He condemned to ...*».

Beim Verstehen des *ganzen* hier betrachteten Textstücks kann nun ein «Schönheitsfehler» in der Zuordnung von Wortgestalten zu Bedeutungen im Französischen, Englischen und Italienischen (von Frauen immer wieder angemerkt) sich störend auswirken: daß die Nomen «*homme – man – uomo*» *gleicherweise* gebraucht werden für die Bedeutung «*Mann*», im Gegensatz zu «*Frau*» und für die Bedeutung «*Mensch*», welche Frauen und Männer *gleicherweise* umfaßt.

Als *Deutschsprechender* verwendet Juan das klare Nomen «Mensch», und auch das aufrufende Pronomen «er» und das Possessiv «sein» sind daher eindeutig als «*der Mensch* – zum *Menschen* gehörig» zu verstehen.

Dagegen kann man als Hörer/Leser des *französisch* sprechenden Juan das «*homme*» (bei Pilliod) durchaus auch *nur* als «*Mann*» verstehen, und genau so beim *englisch* sprechenden Juan das «*man*» (bei Rosenberg und Rolf) und beim *italienisch* sprechenden Juan das «*uomo*» (Filippini) – während man bei Bergerot die eindeutige Umschreibung «*l'être humain*» findet und bei Bullock das ebenso eindeutige Nomen «the *individual*». Der Eindruck, daß *doch nur der Mann* gemeint und zu verstehen sei, kann sich aber ergeben aus der Formulierung «ausgesetzt dem *andern Geschlecht*» und entsprechend «livré à l'autre sexe – esposto ai colpi *dell'altro sesso*»; Rosenberg übersetzt überraschenderweise gerade umgekehrt «for ever *cut off* of the opposite sex».

Man kann auch insgesamt, trotz der deutlichen Kennzeichnungen «Mensch – être humain – individual» zur Auffassung kommen, daß Juan hier *gar nicht* im eigentlichen Sinn vom «*Menschen*» spricht (und die *entsprechenden* Gefühle bei einer *Frau* voll in Rechnung stellt), sondern daß er eben *als Mann* spricht, so sehr er die Frauen verstehen möchte und so sehr er insbesondere Miranda liebt und mit ihr eine Ehe voll gegenseitiger Rücksichtnahme zu führen versucht. Diese Haltung, die Verabsolutierung des Männlichen, liegt schon in der Konstitution der Dramenfigur «Don Juan», dieser «fiktionalen Figur» durch Jahrhunderte der Literaturgeschichte hindurch. Man kann das auch mit persönlichen Haltungen und Schicksalen des Autors Max Frisch zusammensehen, ggf. auch im Licht der Erzählung «Montauk» von 1974/75.

Man *kann*, man *kann*, man *kann* ... denn hier geht es *nicht mehr* um Beweisbares und Widerlegbares in Verständnissen. Alle hier vorgeführten Verschiedenheiten von Auffassungen gehören *nicht* zum «*Textanteil*» beim Verstehen, zum *eindeutig* aus dem Text Entnehmbaren (Ziff. A.75). Man kann sie teilweise zum «*Situationsanteil*» rechnen (insofern als die Existenz einer ziemlich klar umrissenen literarischen Figur «Don Juan» ein Teil der Situation war, in welcher Max Frisch schrieb, und ein Teil der Situation, in welcher die Lesenden bzw. die Theaterbesucher den Text aufnehmen). Zum größten Teil muß man aber alles zuletzt Ausgeführte als *persönliche Zusatzleistung* der Aufnehmenden, der Verstehenden (Ziff. A.75'3) einstufen.

Es ist oft *nützlich*, solche persönliche Zusatzleistungen systematisch bewußt zu machen, man lernt dabei viel, über die Texte wie über die Lesenden gegenüber diesen Texten und über die Konstitution, die Festigkeit und Offenheit von Sprachen überhaupt. Aber man darf hier *keine Gesetze* abzuleiten versuchen, man muß mit der *Unvollkommenheit alles Verstehens* (und alles *Verstandenwerdens* durch die anderen) *leben*.

Don Juan, wie ihn speziell Frisch gezeichnet hat, *zerbricht* an seiner Ideal-Forderung nach *Ganzheit*, Ganzheit in seiner eigenen, individuellen Existenz als *Mann*. Er stellt *zugleich* den Anspruch, das alles mit der *Exaktheit* und *Eindeutigkeit* erfassen zu können, die er an der *Geometrie* liebt, am Denken mit *schlüssigen* Denkmitteln, die ein *Beweisen* oder *Widerlegen* gestatten. Das kann dann in der Konsequenz dazu führen, daß er solche Ansprüche *auch an die Partner* stellt (und speziell: an die Partner*in*, die *Frau*, ohne die er nicht leben kann) – und daß er in die Gefahr gerät, diese Partnerin und die Frauen überhaupt *nur als Komponenten* im *eigenen* Ganzheits-Aufbau zu sehen, und *nicht* in ihrem *jeweiligen Eigenrecht* auf *ihre* (andersartige) Ganzheit, von der aus sie Ansprüche *an ihn* stellen können.

Ein durchaus vergleichbares Verhältnis – auf der einen Seite eine *sehr motivierte Idealforderung*, auf der anderen Seite das unerläßliche *Anerkennen*, daß diese Forderung *nie ganz erfüllbar* ist – hat sich nun durch das ganze vorliegende Buch hindurch für die

Verwendung von Sprachen gezeigt, für das *Schaffen* von Texten, für *andere* und für sich selbst, und für das *Verstehen* der von den *andern* kommenden Texte, ebenfalls im Blick auf diese andern wie auf sich selbst.

Man muß *danach streben*, beim *Sprechen/Schreiben* nach Möglichkeit die Bedeutungen so zu fassen und die Wortgestalten usw. so zu verwenden, wie es in der betreffenden Sprache die mehr oder weniger feste Norm ist und wie sie daher *voraussichtlich* von den Angesprochenen bzw. den Adressaten geschriebener Texte *so* verstanden werden, wie man verstanden werden *möchte*. Man muß aber auch immer klar sehen, daß man das *nie ideal erreichen* wird; man muß im Bedarfsfall immer auch eine *Güterabwägung* vornehmen: «*Was* ist in dieser Situation für den von mir erstrebten Ertrag *wie wichtig*, und *was* kann ich teilweise oder ganz *vernachlässigen*, damit ich mich *ganz auf das Wichtige konzentrieren* kann?» (Ziff. A.67, S. 874–882, relative Wichtigkeiten).

Und bei allem *Verstehen* muß man sich bemühen, möglichst gut zu erfassen, was die Sprechenden (bzw. diejenigen, die geschrieben haben) *mit ihren Texten meinen*, was sie *ausdrücken* möchten, was sie ggf. bei denjenigen, die ihnen zuhören bzw. ihre Texte lesen, auch an *Außenerträgen erreichen* möchten. Solches Erfassen ist oft ebensosehr eine Sache des *Gefühls* wie der bewußten, verstandesmäßigen Analyse (Ziff. A.79). Aber insgesamt muß man auch hier sehen: *Perfektion* gibt es *nicht*, kann es *von der Sache her nicht geben*. Man muß immer mit einem *Rest von nicht Verstandenem* oder *falsch Verstandenem* rechnen – ohne deswegen zu verzweifeln. Man muß die *Unschärfe* so vieler Einzelbedeutungen und die *Offenheit* so vieler Bedeutungsstrukturen und Verknüpfungsweisen *genau so* in Rechnung stellen wie die *klaren Abgrenzungen* und die *eindeutigen Bedeutungszusammenhänge*, die es *auch* gibt.

Für diese grundlegend mitmenschliche, un-ideologische Haltung hat Frisch – um nochmals auf sein Stück «Don Juan oder die Liebe zur Geometrie» zurückzukommen – eine sehr eindrückliche Formulierung gefunden. Sie steht allerdings nur in der Erstfassung, in der Fassung von 1961 fehlt sie, vielleicht aus Resignation des acht Jahre älter gewordenen Autors.

Miranda kommt nämlich nun endlich zum Essen, und der Bischof erzählt, daß in Sevilla ein Theaterstück über Juan mit großem Erfolg aufgeführt werde – das Publikum juble vor Gruseln, wenn Juan (der ja in Tat und Wahrheit hier auf dem prächtigen Schloß Ronda lebt) auf der Bühne zur Hölle fahre.

«Wie ich zur Hölle fahre?» fragt Juan (im vierten Akt ist er ja für die Öffentlichkeit wirklich mit einem theatralischen Knall, samt dem «Steinernen Gast», dem Denkmal des von ihm getöteten Komturs, zur Hölle gefahren, d.h. in der Versenkung im Bühnenboden verschwunden).

«Was bleibt dem Theater anderes übrig?», antwortet der Bischof, «Wahrheit läßt sich nicht zeigen, nur erfinden». Er knüpft eine Betrachtung an über die Klarheit und Eindeutigkeit der literarischen Figur gegenüber der Vielfalt, dem Durcheinander, der Banalität des Lebens und Denkens der wirklichen Menschen, und nun sagt er:

> Daß Gott den Menschen strafte, indem er ihn schuf, wie er ist, nicht wie er sich selber möchte, und daß die Sühne für alles, was wir aus Trotz getan, in unserer Reife liegt, zu leben mit dem Wissen: Es gibt keine Lösung!, zu leben als Geschöpf einer Schöpfung, die nicht unsere Geometrie ist, zu leben ohne zu fluchen – denn solange man flucht, wird selbst das Glück, das einer haben könnte, zu einem Fegefeuer – das alles läßt sich sagen, doch zeigen kann es nur die erfundene Figur, das Spektakel mit der Höllenfahrt.

Im Licht dieser Einsicht und Haltung, darum bittet der Verfasser, sollte auch alles gesehen werden, was in diesem dicken Buch an *Begriffsentwicklungen, Beispielanalysen* und *anthropologischen Perspektiven* angeboten ist, von der Frage, was ein *Nomen* und ein *Verb* und ein *Satz* ist usw. über den Aufbau einer «*höheren Grammatik*» bis zu den hier entwickelten Vorstellungen und Annahmen über die *Zusammenhänge* alles Sprachbesitzes und aller Sprachverwendung mit dem «*Ich*» der betreffenden Menschen, der *zentralen Rolle* der *Sprach*verwendung in ihren verschiedenen Formen für die *Stabilisierung* dieses «*Ich*».

Systematisches Register

Die Zahlen von 1.01 bis 12.81, A.01 bis A.80 und E.1 bis E.12 verweisen auf die so bezifferten Abschnitte in den Teilen 1 bis 12, im Abschlußteil und in der Einleitung. Bei langen Abschnitten ist gelegentlich hinter Schrägstrich eine Seitenangabe angefügt, und die Verweise auf Stellen im Vorwort und im Gesamt-Überblick sind ausschließlich durch Seitenzahlen gegeben (alle Seitenzahlen kursiv).

Die verschiedenen Stichwortgruppen sind folgendermaßen angeordnet:

1 **Wortarten und zugehörige Wortformen: Elementarbegriffe jeder Grammatik**
   1.1 Generelles zur Einteilung aller Wörter in Wortarten
   1.2 Verben, Konjugation: infinite und finite Verbformen, Person und Zahl, grammatische Zeiten, Konjunktive, Imperativ, Aktiv-Passiv, reflexive Verben
   1.3 Nomen / Substantive, Konstitution als Wortart
   1.4 Adjektive, mit Adjektivadverbien und adjektivisch gebrauchten Partizipien
   1.5 Pronomen (mit «Artikeln») – déterminants et pronoms – determiners and pronouns
   1.6 Partikeln, verschiedene Funktionen und dadurch konstituierte Untergruppen (Adverbien – Präpositionen – Konjunktionen – Interjektionen)
   1.7 Grammatische Formen bei den Nomen, Pronomen und Adjektiven: Singular und Plural – grammatische Geschlechter – Fälle / Kasus

2 **Nichtverbale Gefüge (Attributivkonstruktionen, «Nominal- und Adjektivphrasen»)**
   2.1 Drei formale Typen: Begleitgefüge – Anschlußgefüge – Vorschaltgefüge
   2.2 Bedeutungsaufbau, Stilistisches, Ansprüche an das Verstehen

3 **Propositionen / propositions / clauses und Sätze / phrases / sentences, gesprochen oder geschrieben**
   3.1 Propositionen und Sätze, Begriffsklärungen
   3.2 Formaler Aufbau der Propositionen: Verb-Teile und Satzglieder – Subjekte – Satzglieder neben den Subjekten – Wortstellungen

3.3 Bedeutungsaufbau im Kernbestand der Propositionen: verbale Semanteme – Einzelbetrachtung ausgewählter Semanteme, für typische Darstellungsabsichten und mit besonders häufigen Verben als Kern

3.4 Freier einfügbare Bedeutungsbeiträge, auf gleicher gedanklicher Ebene: zeitliche Situierung, räumliche Situierung, weitere Möglichkeiten (nicht als geschlossene Gruppe zu sehen)

3.5 Bedeutungsbeziehungen, für die man primär ganze Paare von Propositionen bildet («modal, kausal» usw., Stichwortgruppe 5.3) schon im Rahmen einer einzigen Proposition dargestellt

3.6 Darstellung auf verschiedener gedanklicher Ebene schon im Rahmen einer einzigen Proposition (dominanter Teil als Satzglied oder als Gefügeverb gesetzt): «Modalpartikeln» – Sicherheitsgrade von Information – Antriebe zu Handeln, von «innen» oder «außen» – Handlungsmodalitäten

4 Elementare Haltungen, innerhalb von Propositionen wirksam werdend oder beim Verknüpfen von Propositionen

4.1 Fragen, ihre Zwecke, mögliche Formen

4.2 Verneinungen; Einschränkungen als partielle Verneinungen

4.3 Generelles Lenken von Erwartungen für jeweils hinzugefügte gleichrangige Bestandteile, gleicherweise innerhalb von Propositionen wie zwischen ihnen («oder – aber, jedoch – auch, sogar – und, sowie»)

5 Texte, als Folgen von Propositionen, hingesetzt als Sätze (oft mit mehreren Teilsätzen) und oft als lange Folgen von Sätzen

5.1 Formalstrukturen für die Verknüpfung von Propositionen (gereihte Teilsätze, Hauptsätze und Nebensätze, verschiedene Formen)

5.2 Einbau ganzer Propositionen in andere, ohne spezielle Bedeutungsbeziehung: Relativsätze als elementare Möglichkeit

5.3 Speziellere Bedeutungsbeziehungen zwischen Propositionen auf gleicher gedanklicher Ebene («konditional / temporal – konzessiv – final – konsekutiv – kausal – modal»)

5.4 Bedeutungsbeziehungen zwischen Propositionen auf verschiedener gedanklicher Ebene (direkte und indirekte Rede – direktes Wahrnehmen und das Wahrgenommene, Informationsbesitz – Angst / Hoffnung und das Befürchtete oder Erhoffte – Beurteilung auf Erfreulichkeit, Vorteil oder Nachteil – Antriebe, Durchführbarkeit, Stadien, Erfolg oder Mißerfolg)

6 Textzusammenhang überhaupt, «Textkohärenz», ihr Nachbau durch die Hörenden / Lesenden

6.1 Das Problem

6.2 Verschiedene «Kohärenz-Stränge», nebeneinander und ineinander laufend

7 Rahmenwissen als Hilfe für das angemessene Einschätzen von Grammatiken und von verschiedenen Bereichen in ihnen

7.1 Methodische Grundlagen von Grammatiken, Operationen, Formales und Bedeutungen

7.2 Zur Speicherung des Sprachbesitzes in den Köpfen der Sprachteilhaber

7.3 Sprache(n) und Schrift(en), Historisches, neuronale Speicherung von «Wortbildern»

7.4 Speicherungsphänomene beim Hinzutreten einer Zweitsprache, Drittsprache usw.

7.5 Spracherwerb, vor allem Erwerb von Bedeutungen, in Erstsprache und weiteren Sprachen

7.6 Abläufe in den Köpfen beim Schaffen und Verstehen mündlicher und schriftlicher Texte

7.7 Haltungen gegenüber Wahrheitsansprüchen, Ironie, fiktionale Texte, verschiedene Verständnisse bei gleichen Texten

7.8 Ziele bei der Sprachverwendung und Kommunikation überhaupt («Pragmatik»), verschiedene Wichtigkeit des Einhaltens sprachlicher Normen

7.9 Sprachverwendung und Person-Aufbau, Stabilisieren des «Ich»

1 Wortarten und zugehörige Wortformen: Elementarbegriffe jeder Grammatik

1.1 Generelles zur Einteilung in Wortarten

Überblick, Zahlenverhältnisse 1.01

Mögliche und sinnvolle Eindeutigkeit beim Einordnen, Übergangszonen 1.33

Was nützt es, wenn man Wortarten unterscheiden kann? 1.34

1.2 Verben, Konjugation

1.2.1 Infinite und finite Formen, Erwerb, Speicherung, Verlust

Infinite Formen und Personalformen, Verbzusätze, verbal particles 1.02–1.05, 12.19 / *679*

Im natürlichen Spracherwerb: Infinitiv und Partizip II zuerst verfügbar A.49 / *843 unten*

Bei Aphasie: oft nur noch Infinitiv und Partizip II verfügbar A.68 / *886 oben*

Kognitive Grundlagen für die Entwicklung einer Wortart «Verb» 12.65'B

Zur neuronalen Speicherung der Verben A.11, A.12, A.14

1.2.2 Die Lautungen der infiniten und finiten Formen (Personalformen)

- **D** Reguläre und spezielle t-Verben («schwach») und Ablaut-Verben («stark») 5.11–5.14
- **F** Conjugaison vivante («-er» und «-ir») und conjugaison morte, verbes irréguliers; Lernhilfen 5.27–5.37
- **E** Sehr einfaches System, aber viele irreguläre Verben 5.49–5.53
- **L** Sehr kompliziertes System, verschiedene Endungen für gleiche grammatische Werte, verschiedene Stämme beim gleichen Verb; Lernhilfen 5.54–5.62

1.2.3 Grammatische Zeiten (Tempora)

Generell: Unterscheiden zwischen der grammatischen Zeit des Verbs und der mit der betreffenden Proposition gemeinten Zeit («wirkliche Zeit») 5.01

- **D** Präsens – Futur – Präteritum – Perfekt – Plusquamperfekt – Futur zum Perfekt; im Konjunktiv I nur Präsens, Futur, Perfekt und Futur zum Perfekt; im Konjunktiv II nur Präsens und Perfekt 5.02, 5.03

  Bedeutungen und Gebrauch, insbesondere oft Wahlmöglichkeit zwischen Perfekt und Präteritum 5.04, 5.05

- **F** Présent – futur – imparfait – passé simple – passé composé – futur antérieur – plus-que-parfait – passé antérieur; im subjonctif nur présent, imparfait, passé composé, plus-que-parfait; im conditionnel nur présent und passé composé 5.20

  Futur proche, passé immédiat, passé surcomposé 5.24

  Bedeutungen und Gebrauch, speziell die Regelungen für imparfait und passé composé bzw. passé simple beim Erzählen von Vergangenem, für indirekte Rede und für imparfait nach «si» bei conditionnel im Hauptsatz 5.21–5.23

E Nebeneinander von simple und progressive (continuous) tenses 5.38

Present simple und progressive, futur simple und progressive 5.39

Past – perfect – futur perfect – past perfect 5.40, 5.43

Past progressive und perfect progressive 5.42

Zum Gebrauch von past und perfect, stilistische Werte 5.41

L Präsens – Futur – Imperfekt – Perfekt – Futur II – Plusquamperfekt; im Konjunktiv weder Futur noch Futur II 5.54

Bedeutungen und Gebrauch, Stilistisches; Präsens, Perfekt und Imperfekt bei der Darstellung von Vergangenem 5.63–5.65, 5.68

Zum Gebrauch von Plusquamperfekt, Futur und Futur II 5.66, 5.67, 5.75

Zum Verständnis von «haben/avoir/have» und «sein/être/be/esse» als Gefügeverben in den mehrwortigen grammatischen Zeiten 12.44, 12.47

Ansätze zur Bildung eines haben-Perfekts **L** 12.48

Grundsätzliches zur Strukturierung von Zeit: Gegenwart – Vergangenheit – Zukunft nicht fixe Zeiträume, sondern Beurteilungen von Lagen; Vergangenheitsanteile an jeder Gegenwart 11.19, 11.20

1.2.4 Konjunktiv – subjonctif – subjunctive

D Konjunktiv I und II, dieser einwortig und zweiwortig («würde-Form») Tabelle in 5.04

Bedeutungen und Gebrauch 5.06, 10.14

Wahl von Einwort- oder Zweiwortform des Konjunktivs II 5.07

«Gemischter Konjunktiv» zur Signalisierung von indirekter Rede: Entstehung, Verbindlichkeit der Regelung heute, Textvergleich **D–F–E** 10.15–10.18

F Subjonctif, seine verschiedenen Gebrauchsweisen; Lautung oft genau gleich wie für den Indikativ 5.20, 5.25

E Subjunctive, ziemlich selten gebraucht, lautlich oft gleich wie Indikativ 5.44

L Konjunktiv viel häufiger als **D–F–E**; Konjunktiv Imperfekt mehr für Gegenwärtiges oder erst Kommendes (nur Gedachtes) verwendet als für Vergangenes 5.69–5.71

Parallelismus von Konjunktiv Präsens mit Konjunktiv Perfekt und von Konjunktiv Imperfekt mit Konjunktiv Plusquamperfekt 5.72

Verschiedene Gebrauchsweisen und darin faßbare Bedeutungsbeiträge des Konjunktivs, Nähe zu Imperativ und Futur 5.73–5.75

Konjunktiv in finiten Nebensätzen in indirekter Rede obligatorisch 10.19, 10.20

1.2.5 Imperativ; Gerundiv, Gerundium, Supinum

Imperativ: in allen vier Sprachen am Rand des ganzen Systems der Verbformen stehend **D** 5.09, 5.15'B, 5.16; **F** 5.26, 5.37; **E** 5.48; **L** 5.62, 5.74

Gerundiv, Gerundium, Supinum, als Besonderheiten **L** 5.56, 8.34

Gerundiv + «esse», vielfältig verwendbar 12.46

Entsprechende Ausdrucksmöglichkeiten in den drei modernen Sprachen («Das *ist* noch *zu tun* – C'*est* encore *à faire* – You *have to do* it» usw.) 12.45

1.2.6 Passiv, zwei Passivformen im Deutschen; transitiv – intransitiv

Grundsätzlich: Akkusativobjekt im Aktiv wird Subjekt im Passiv 6.29

D Werden-Passiv und Sein-Passiv, Stilistisches dabei 6.30–6.32

F «Etre» + participe passé, la voix passive, auch differenzierbar in «passif d'action» und «passif du résultat» 6.33

E «Be» + past participle, passive voice, freier verwendbar als **D–F–L** 6.34

L Teils einwortige Formen, teils «esse» + Partizip Perfekt; stilistische Werte 6.35, 6.36

Spezialproblem «Deponentien»: die Lautungen des Passivs, aber die Bedeutungen des Aktivs; Sprachgeschichtliches dazu (griechisch: Medium neben Passiv) 6.37

«Transitive» und «intransitive» Verben, anderer Gebrauch dieses Terminus **F** 6.38

Gefügeverben bei der Bildung der Passivformen, Häufigkeit der Gefügebildung mit «esse» **L** 12.42, 12.43

Kognitive Grundlagen für die Entwicklung einer Kategorie «Passiv» 12.65'B3

1.2.7 Reflexive Verben, verbes pronominaux

Grundphänomen: im Subjekt Dargestelltes durch ein anderes Satzglied nochmals aufgerufen; **D–F** 6.39, 6.40

Reflexiv – Passiv – Aktiv mit «man» – Satzadjektiv mit «-bar» 6.41

Reflexive Verben **E**, Häufigkeitsvergleich **E–F–D** 6.43

Reflexive Verben **L** 6.44

Bedeutungsbeiträge verschiedener Bestandteile in Propositionen mit Reflexiven 6.45

Lebensbereiche, für deren Darstellung man besonders häufig reflexive Verben verwendet 6.46

1.2.8 «Hilfsverben» und «Modalverben»

Nicht feste Gruppen von Verben, sondern besondere Gebrauchsweisen 5.10

Modalverben als dominante Teile bei der Darstellung von Antrieben und Durchführbarkeit 10.58–10.65

Modalverben als dominante Teile zum Abstufen von Glaubwürdigkeit 10.24 / 462 unten

Modalverben als Kerne eigener Semanteme mit Akkusativobjekten 12.09

Kognitive Grundlagen für die Entwicklung solcher Verben 12.69'L'M, 12.70'O

1.3 Nomen / Substantive, Konstitution als Wortart

Kriterien: Wörter, die ein bestimmtes grammatisches Geschlecht haben (gilt allerdings nur für **D–F–L**) und oft einen Plural **D** 1.06; **F** 1.08; **E** 1.09; **L** 1.10

Nomen als Eigennamen oder als Appellative, keine scharfen Grenzen 7.23

Zum Einbau von Nomen in Begleitgefüge und Anschlußgefüge **D** 7.01, 7.05, 7.07, 7.08; **F** 7.09, 7.11, 7.14; **E** 7.15, 7.17, 7.18, 7.20; **L** 7.42–7.45, 7.47

Kognitive Grundlagen für die Entwicklung einer Wortart «Nomen» 7.22, 12.65'A1'A2

1.4 Adjektive, mit Adjektivadverbien und adjektivisch gebrauchten Partizipien

D Dekliniert und undekliniert vorkommend, in begleitender Funktion anzupassen an das grammatische Geschlecht des Kerns; keine besonderen Adjektiv-Adverbien zu unterscheiden 1.07

Auch undeklinierte Adjektive in begleitender Funktion, altertümlich 4.22

Zum traditionellen Begriff «Attribut» der deutschen Grammatiken 7.08

F Adjectifs qualificatifs, immer an das Nomen/Pronomen anzupassen, dazu oft ein «adverbe de manière» vorhanden (Endung «-ment») 1.08'B

Stellung bei direkter Kombination mit Nomen (als adjectif épithète), teils vor, teils hinter dem Nomen 7.09

E Adjectives, keine Deklination, kein grammatisches Geschlecht, dazu oft ein «adverb of manner» vorhanden (Endung «-ly») 1.09

Stellung in begleitender Funktion (adjectives as modifiers) teils vor, teils hinter dem Kern 7.16, 7.17

L (Nomina) adiectiva, anzupassen an die nomina substantiva, nicht nur in begleitender Funktion, sondern auch an das (manchmal nur gedachte) Subjekt, ein Objekt usw.; dazu oft ein Adjektiv-Adverb vorhanden (Endung «-e, -ter») 1.10

Begleitendes Adjektiv oft weit getrennt vom als Kern dienenden Nomen 7.47

Kognitive Grundlagen für die Entwicklung einer Wortart «Adjektiv» 12.65'C

1.5 Pronomen (mit «Artikeln») – déterminants et pronoms – determiners and pronouns

D Tabelle mit allen Pronomen, zum Fachausdruck, Probleme der Einteilung in Untergruppen 1.11–1.13

Personalpronomen (mit Reflexiven) und Possessive 1.14, 1.15

Bestimmte Artikel, Relative «d», Demonstrative, «solch-» 1.16

Interrogative, Relative «w» 1.17

Unbestimmte Artikel, Indefinitpronomen, Zahlpronomen 1.18, 1.19

«Artikel» und «Zahlwörter» als eigene Wortarten? 1.20

«Pronominaladverbien» 4.29

F Adjectifs et pronoms possessifs, démonstratifs, interrogatifs et relatifs, indéfinis; zwei Reihen Personalpronomen, articles définis et indéfinis als häufigste, schwächste déterminants 1.21

E Determiners and pronouns; definite und indefinite articles sind auch «determiners» 1.22

L Untergruppen ähnlich wie im Deutschen; Sonderregelung beim Possessiv der 3. Person («patrem *suum* videt – patrem *eius* videt») 1.23

Zusammenstellung aller als Relative dienenden Wörter **D–F–E** 12.61

Die qu-Wörter (**L**), Funktionen im Textaufbau, Blick auf die historische Entwicklung 12.62

Bedeutungsbeiträge der Begleitpronomen/déterminants/determiners in Begleitgefügen, verschiedene Präsentationsweisen von Entitäten, Quantifizierung usw. **D–F–E** 7.24; **L** 7.42, 7.43

Verbindlichkeit und Freiheit beim Setzen von Begleitpronomen **D–F–E** 7.25–7.27

Wieder-Aufrufen schon genannter Personen oder anderer Entitäten durch Pronomen, Rolle von Pronomen im Textaufbau generell 12.53, 12.75, 12.81

Kognitive Grundlagen (oder: Hintergründe) für die Entwicklung einer Wortart «Pronomen» mit so offenen Untergruppen und Bedeutungsbeiträgen 12.65'A3'A4'A5'A6'A7

1.6 Partikeln, verschiedene Funktionen und dadurch konstituierte Untergruppen

1.6.1 Überblick, Häufigkeit

D   Die 100 häufigsten Partikeln («Wörter, die weder Verben noch Nomen noch Adjektive noch Pronomen sind») 1.24

Die vier Untergruppen, Zugehörigkeit teils schon durch die Partikel als Wort gegeben, teils nur durch die jeweilige Funktion 1.25–1.28

F   Sammelname «les mots invariables»; Untergruppen ziemlich klar abgrenzbar 1.29

E   Besonders oft gleiche Wörter für verschiedene Funktionen 1.30

L   Erster Überblick, Untergruppen ähnlich wie im Deutschen 1.31

1.6.2 Genaueres zur Untergruppe «Adverbien»

D   Mit dem traditionellen Fachausdruck «Adverb» meint man eine Partikel, die als Bestandstück in einer der vier folgenden Strukturen dient:

(1) Satzpartikel, d.h. eigenes Satzglied oder Kern eines Satzglieds (also: «Er stand *oben* – Er stand ganz *vorn*») 1.25'A1, 6.05'F, 6.06'B1'B2'B3

(2) Anschlußteil (also «Die Ereignisse *dort* erschütterten ihn») 1.25'A2, 7.06

(3) Vorschaltteil oder Kern eines zweistufigen Vorschaltteils (also «*zu* alt – viel *zu* alt») 1.25'A3, 7.01'C, 7.38, 7.39

(4) Zusatzpartikel in präpositionalem Ausdruck («auf den Berg *hinauf*») 4.28 / *106*

F   Die Untergruppe «adverbes» umfaßt viel mehr Wörter als im Deutschen, weil auch alle adverbes de manière dazugehören [1.08]; die adverbes dienen als Bestandstücke in den folgenden drei Strukturen:

(1) Complément circonstanciel («Il arrivera *bientôt*») 6.16

(2) Complément de nom («le jour *après*») 7.11 / *288 oben*

(3) Vorschaltteil oder Kern in mehrstufigem Vorschaltteil («*trop* vite») 7.12

E   Viel größere Wörterzahl, weil auch alle adverbs of manner dazugehören [1.09], die adverbs dienen als Bestandstücke in folgenden Strukturen:

(1) Adverbials (eigene Satzglieder, z.B. «We were *above*») 6.20

(2) Postmodifiers (Anschlußteile, «the day *after*») 7.18 / *294 Mitte*

(3) Premodifiers (Vorschaltteile, «*very* nice») 7.19

L   Alles, was nicht Verb oder Nomen oder Adjektiv oder Pronomen ist und anderseits nicht Präposition, nicht Konjunktion und nicht bloß Interjektion, kein besonderer Satzgliedbegriff 6.21

1.6.3 Präpositionen, kombiniert mit Fällen oder auch mit fallfremden Wörtern

D Präpositionen = Partikeln, die fest mit einem Fall (Dativ, Akkusativ, Genitiv) verbunden sind oder in gleicher Bedeutung mit einem undeklinierten Adjektiv oder einer andern Partikel kombiniert («*auf* ewig – *für* immer») 1.26, 4.24, 4.26

Verschmelzung von Präposition und Begleitpronomen (bestimmtem Artikel, «im, zur» usw.) 4.25

Undeklinierte Adjektive oder Partizipien als Präpositionen 4.27

Verschiedene Stellungen, zweiteilige Präpositionen, Zusatzpartikeln hinter dem Kern in Präpositionalgefügen 4.28

Pronominalstamm + Präposition oder + «her/hin» als geschlossenes Wort, zweiteilige Partikeln, «Pronominaladverbien» 4.29

F Prépositions, immer vor dem zugehörigen Nomen bzw. ganzen Begleitgefüge, «à» und «de» oft verschmolzen mit dem article défini zu «au, aux – du, des») 1.29

E Prepositions, können im Relativsatz auch erst am Schluß kommen, weit entfernt vom als Kern zu verstehenden Nomen («They spoke *about* many things – The things they spoke *about*») 1.30

L Präposition = Partikel, die fest mit Akkusativ oder mit Ablativ verbunden ist, auch nachgestellt («vobis*cum*»); einige Präpositionen auch mit Akkusativ oder mit Ablativ, je nach Bedeutungs-Schattierung 1.31, 4.35, 6.26'B2

1.6.4 Konjunktionen (= Partikeln als reine Verbindungsteile)

D Unterscheidung von vier verschiedenen Arten, je nach dem Einbau in übergeordnete Strukturen:

(1) *Beiordnende* Konjunktionen («und, oder, sondern, sowohl» usw.); fließende Übergänge zu Satzpartikeln («*Aber* er kam – Er kam *aber*»); innerhalb von Propositionen weit häufiger als vor ganzen Propositionen 1.27'C1, 9.24–9.28, 9.30–9.32

(2) *Unterordnende* Konjunktionen («wenn, daß»), bedingen Endstellung der Verb-Personalform 1.27'C2, 8.03'A2

(3) *Infinitivkonjunktionen* («noch *zu* erledigen, *ohne* ihn *zu* benachrichtigen»), bedingen Endstellung des Infinitivs; bei Verben mit Verbzusatz oft mit dem Infinitiv zusammengeschrieben («*ohne* auf*zu*hören») 1.27'C3, 8.03'B

(4) Satzgliedkonjunktionen («genau *wie* bei euch, anders *als* hier»), leiten Zuordnungs-Satzglieder ein 1.27'C4, 6.05'A2'B4'C3'D4'E3'F3, 6.06'A5'B3, 10.52

F Nur zwei Unter-Arten, weil «de, à, pour» usw. mit Infinitiv als besondere Verwendungsweisen von Präpositionen betrachtet werden und für «plus chaud *que* chez nous» kein besonderer Fachausdruck üblich ist; also:

(1) Conjonctions de *coordination* («et, ou» etc.) 1.29, 8.12'A, 9.24–9.28, 9.30–9.32

(2) Conjonctions de *subordination* («si, lorsque» etc.) 1.29, 8.12'B

E Nur zwei Unter-Arten, wie in der französischen Grammatik, also:

(1) Conjunctions of *coordination,* coordinating conjunctions, coordinators («and, or, but» etc.) 1.30, 8.20, 9.24–9.28, 9.30–9.32

(2) Conjunctions of *subordination,* subordinating conjunctions, subordinators («if, because» etc.) 1.30, 8.21'A [das «to» in «He wants *to* go» wird als Präposition betrachtet]

L   Nur zwei Unter-Arten, da Infinitive immer direkt angeschlossen werden und für Vergleiche oft einfach das Nomen/Pronomen im Ablativ gesetzt wird (ablativus comparationis, 6.26'B5), also:

(1) *Beiordnende* Konjunktionen («et, aut» etc.) 1.31, 8.28'A, 9.24–9.28, 9.30–9.32

(2) *Unterordnende* Konjunktionen, viel weniger scharf von den beiordnenden abgehoben, da keine besondere Verbstellung für Nebensätze besteht und die unterordnende Konjunktion auch im Innern des Nebensatzes stehen kann 1.31, 8.28'B

1.6.5 Besondere Funktionen und Bedeutungsbeiträge von w-Partikeln («wo, wie – où, comme – where, how – ubi, quam» etc.)

Markierung offenzuhaltender Stellen in Ausfüllfragen 9.06, 9.07

Entsprechende Markierung bei indirekter Anführung mit Offenhalten einer einzelnen Bedeutungsstelle 10.09

Markierung der Offenheit von Intensitätsgraden, oft sehr emotional, durch «wie» (als Satzglied-Relativ oder als Vorschaltteil), 10.53 / *501 unten*

«Wo» als Universal-Anschlußrelativ in Umgangssprachen und Mundarten 12.61 / *750 unten*

1.6.6 Interjektionen

In allen vier Sprachen eine Randgruppe; Beispiele **D** 1.28; **F** 1.29; **E** 1.30; **L** 1.31

1.7   Grammatische Formen bei den Nomen, Pronomen und Adjektiven

1.7.1 Singular und Plural D–F–E–L

Lautliche Kennzeichnungen des Plurals, gelegentlich verschiedene Kennzeichnung beim gleichen Wort, mit verschiedener Bedeutungsschattierung **D–F–E–L** 4.01–4.05

Kollektiver Singular, eine Mehrzahl zugleich als eine Einheit gesehen 4.06

Unterscheidung semantisch oft sehr wichtig, aber Markierung (auch) an den Nomen oft überflüssig 4.07

Kognitive Grundlagen für Unterscheidung von Singular und Plural 12.65'A6

1.7.2 Grammatische Geschlechter, Genera D–F–L

Verschiedener Bestand in verschiedenen Sprachen (**D** und **L** drei, **F** nur zwei grammatische Geschlechter, **E** gar keine solche Unterscheidung) 4.08

Grammatisches Geschlecht und natürliches, biologisches Geschlecht, besonders bei den Nomen für soziale Rollen usw. von Männern und Frauen 4.09, 4.10

Gleiche Lautung, aber verschiedenes Wort mit verschiedenem grammatischem Geschlecht 4.11

Speziell **D**: gleiches Nomen mit verschiedenem grammatischem Geschlecht, je nach Sprachregion 4.12

Relative Wichtigkeit der grammatischen Geschlechter, wo es sie gibt (**D–F–L**) 4.13, 4.14

1.7.3 Fälle, Kasus, bei den Nomen, Pronomen und Adjektiven, auch mit Präpositionen

D Nominativ – Akkusativ – Dativ – Genitiv; Begründung dieser Reihenfolge 4.15

Lautliche Kennzeichnungen der verschiedenen Fälle 4.16, 4.17

Die lautlichen Kennzeichnungen der Fälle bei den deklinierten Adjektiven, besonders komplizierte Verteilung, mögliche Erklärungen dafür 4.18–4.20

Bindung von Akkusativ, Dativ oder Genitiv an Präpositionen 4.24

Besonderer Bedeutungsbeitrag von Akkusativ und Dativ bei den Präpositionen mit zwei Fällen 4.26

Präpositionen mit schwankender Fallsetzung 4.30

Wie wichtig ist das korrekte Setzen und das genaue Erkennen der Fälle? 4.31

F Wichtigkeit der Stellung und der Präpositionen für das Verstehen, nur Restbestand von Fällen 4.32

E «Possessive case» bei Nomen, «subjective case – objective case» bei Pronomen 4.33

L Sechs Fälle, zu den vier deutschen noch Ablativ und Vokativ; Wichtigkeit des Erkennens des jeweiligen Falls für das Verstehen der Texte 4.34

Möglichkeiten für das rationelle Lernen der vielfältigen Kasus-Kennzeichnungen, geeignete Reihenfolge der Kasus dafür 4.36, 4.37

Mögliche Störstellen für das Erfassen der Kasus beim Lesen 4.38

Fälle beim Aufbau von Anschlußgefügen **D** 7.01'B, 7.03, 7.07; **E** 7.18; **L** 6.27'A, 7.41, 7.45

Fälle und Konstitution der Satzglieder neben dem Subjekt:
D Fälle ein zentrales Kriterium für die Satzgliedrollen 6.03–6.06
F Nur Restbestand von Fällen, bei den Personalpronomen 6.14
E Nur Restbestand von Fällen, bei einigen Pronomen, dazu «possessive case» 6.17, 7.18
L Fälle als Hauptmittel für die Kennzeichnung der Satzgliedrollen 6.23–6.28

1.7.4 Vergleichsformen, bei Adjektiven und einigen Pronomen

Grundsätzliches, Überblick 4.39

Die Lautungen für Komparativ und Superlativ **D** 4.40

Vergleichsformen **F**, sehr rationelles System, andere Verwendung der Bezeichnungen «comparatif» und «superlatif» 4.41

Vergleichsformen **E**, teils einwortig, teils zweiwortig 4.42

Vergleichsformen **L** 4.43

Umkehrbarkeit bei Vergleichen in der Logik – aber nicht vom Interesse der Sprechenden/Schreibenden aus 10.54

Kognitive Grundlagen für die Entwicklung von Vergleichsformen (und generell von Vorschaltgefügen, für Graduierung von Charakteristiken) 12.65'C2

2 Nichtverbale Gefüge (Attributivkonstruktionen, «Nominal- und Adjektivphrasen»)

2.1 Drei formale Typen: Begleitgefüge, Anschlußgefüge, Vorschaltgefüge

2.1.1 Begleitgefüge

D Einleitepronomen («Artikel») + Nomen als Kern (gelegentlich als Kern ein Pronomen oder dekliniertes Adjektiv), vor dem Kern oft ein begleitendes Adjektiv oder mehrere 7.01'A

Einbau eines Partizips mit zugehörigen Satzgliedern zwischen Einleitepronomen und Kern 7.04

Begleitgefüge (bzw. ihre Kerne) aus zwei oder mehr Nomen 7.05

F Déterminant + nom, auch mit eingefügtem oder nachgestelltem adjectif épithète oder participe passé, dieses oft auch als Kern einer neuen Proposition auffaßbar 7.09, 7.10

Mehrere Nomen direkt hintereinander («le maréchal Foch, l'affaire Dreyfus») 7.14

E Determiner + noun, oft mit Adjektiv oder Partizip vor oder nach dem Kern 7.15–7.17

Besonders häufig: zwei oder mehr Nomen direkt hintereinander, ohne Kennzeichnung einer Gefüge-Struktur 7.20

L Grundsätzliche Freiheit der Stellung der Gefügeteile 7.41, 7.47

Setzen von Einleitepronomen nicht generell, sondern nur bei besonderem Ausdruckswillen – daher oft verschiedene Auffassungs- und Übersetzungsmöglichkeiten, Beispiele aus Livius und Terenz 7.42

2.1.2 Anschlußgefüge

D Ein Grundteil (oft ein ganzes Begleitgefüge, in beliebigem Fall) + Anschlußgenitiv oder Anschluß-Präpokasus 7.01'B

Voranstellen eines Anschlußgenitivs als Stilmittel, Beispiele Goethe und C.F. Meyer 7.07

F Ein Grundteil (meist Begleitgefüge) + complément du nom, du pronom, de l' adverbe («*bien* des choses») 7.11

E Ein Grundteil + «prepositional case» oder ein possessive case mit folgendem Nomen als Grundteil 7.18

L Ein Nomen, Pronomen oder Adjektiv als Grundteil + attributiver Genitiv 6.27'A, 7.41, 7.45

2.1.3 Vorschaltgefüge

D Ein Vorschaltteil (Partikel, unflektiertes Adjektiv, Adverbialkasus, Präpokasus) in fester Bindung vor einem Wort oder ganzen Ausdruck für etwas als abstufbar Gesehenes 7.01'C

F Adverbe + adjectif qualificatif oder participe passé oder adverbe de manière 7.12

E Adverbe / pronoun etc. + adjective / adverbe / pronoun etc. 7.19

L Adverb / Adverbialkasus + Adjektiv oder Adjektivadverb oder reinem Adverb 7.46

Sehr verschiedene Behandlung aller drei Gefügetypen in verschiedenen Grammatiken; der deutsche Begriff «Attribut» 7.08

Systematisches Register

Verschiedene Fachausdrücke für die gleiche Struktur in modernen englischen Grammatiken 7.21

2.2 Bedeutungsaufbau, Stilistisches, Ansprüche an das Verstehen

Bedeutungsbeiträge der Einleitepronomen / déterminants / determiners in *Begleitgefügen*:

    das im Kern des Gefüges Genannte als bekannt oder jedenfalls als individuell festgelegt zu betrachten;

    als aus Klasse / Menge frei wählbar zu sehen, oder ausdrücklich ein Exemplar zu wählen;

    als in bestimmter Menge oder Anzahl vorhanden zu sehen;

    als zugehörig zu jemand / etwas anderem zu sehen;

    als besonders offen, unbegrenzt zu sehen;

    als von besonderer Qualität / Intensität zu sehen 7.24, 7.42, 7.43

Stilistische Freiheit und Verbindlichkeit beim Setzen von Begleitpronomen bzw. déterminants 7.25–7.27, 7.42

Bedeutungsbeziehungen in *Anschlußgefügen*, besonders vielfältig:

    Zugehörigkeit des im Grundteil Genannten zu jemand / etwas anderem;

    Mengen und ihre Elemente;

    Umfang, Maß, Zahl;

    Lage, Herkunft, Ziel, Zweck, Ursache;

    Kurzfassungen für den Inhalt ganzer verbaler Propositionen 7.29–7.35, 7.45

Anschlußgefüge als besonders konzentrierte Darstellungsmöglichkeit, aber auch oft mit höheren Ansprüchen an das Verstehen 7.37

Bedeutungsbeiträge von *Vorschaltteilen*:

    Hinweise auf Grad, Intensität der im Kern genannten Charakteristiken;

    vergleichendes Absetzen der Intensität von der Intensität von etwas anderem;

    Genauigkeit oder bloße Annäherung bei den im Kern gemachten Angaben 7.39'A'B'C, 7.46

Die Begleitgefüge und Anschlußgefüge in zwei Sätzen eines Sachtexts aus «Reader's Digest», **E–D–F** 7.50–7.52

Kognitive Grundlagen für Begleitgefüge wie für Anschlußgefüge 12.65'A1'A2'A3'A4'A5'A6, für Vorschaltgefüge 12.65'C2 [weil man die Begleitgefüge und Anschlußgefüge als «höhere Nomen, komplexe Nomen» auffassen kann und die Vorschaltgefüge als «komplexe Adjektive und Partikeln»]

3 Propositionen/propositions/clauses und Sätze/phrases/sentences, gesprochen und geschrieben

3.1 Propositionen und Sätze, Satzzeichen

Propositionen = Einheiten des *grammatischen Aufbaus*, verbal oder nichtverbal;
Sätze = *Mitteilungseinheiten*, markiert durch Melodiebogen beim Sprechen bzw. durch Großschreibung am Anfang und Punkt / Ausrufezeichen / Fragezeichen am Ende 2.02–2.04

Propositionen als einfache Sätze und als Teilsätze 2.05

Einteilung in Sätze, Verständlichkeit, Stil 2.06, 2.07

Satzzeichen, speziell Kommas, zwischen Propositionen und innerhalb einer Proposition **D** 2.08–2.16; **F** 2.17; **E** 2.18, 8.26

Propositionen und Sätze in den seinerzeit ohne Satzzeichen geschriebenen Texten **L** 2.19, 2.20

Unauffälligkeit der Abgrenzung der Propositionen **L** 8.37

Grenzen der Eindeutigkeit beim Abteilen von Propositionen in den gegebenen Texten (in automatisierter Weise bei allem Hören/Lesen erfolgend, **D–F–E–L**) 8.45, 10.53 / *500 Mitte*

3.2 Formaler Aufbau der Propositionen

3.2.1 Verb-Teile und Satzglieder

Die verschiedenen Verb-Teile: Personalformen (finite Formen) – Infinitiv und Partizip II – dazu **D** die Verbzusätze 3.01

Verb-Teile und Satzglieder 3.02, 10.27 / *466 unten*

Abgrenzen der Satzglieder durch Verschiebeproben, **D** allgemein möglich, **F** und **E** nur beschränkt, **L** gar nicht; erreichbare und sinnvolle Genauigkeit bei den Abgrenzungen 3.03–3.06

Lesehemmungen durch falsches Zusammennehmen von Wörtern zu mehrwortigen Satzgliedern 3.07

Ein Spezialfall: trennbare Satzglieder nicht nur **L**, sondern auch **D** und **F** 11.65

3.2.2 Die Subjekte als besondere Satzglieder

Demonstration **D** 3.12–3.14, 3.17, 3.24

Subjekt nur aus der Verb-Personalform zu entnehmen 3.15

Propositionen aus verbalen Wortketten im Infinitiv, ohne Subjekt 3.08, 3.09

«Es» und «il, ce» als rein formale Subjekte, **D** 3.16'B'C; **F** 3.36

Rein formale Subjekte bei reflexiven Verben **D** und **F** 6.42

Übereinstimmung von Subjekt und Verb-Personalform, Kongruenz 3.18–3.20

Ganze Propositionen an der Subjektsstelle 3.21, 3.22, **L** 8.32

Direkte Kombination eines Subjekts mit einer verbalen Wortkette im Infinitiv 3.23

3.2.3 Stellungen der Verb-Teile und Satzglieder, speziell der Subjekte, «Wortfolge»

D Verb-Personalform an zweiter Stelle, am Schluß oder an der Spitze 3.25

Keine feste Bindung von Funktionen (z. B. Nebensatz) an die Stellung der Verb-Personalform 3.26, 3.27

Infinite Verbteile nach Möglichkeit am Schluß, mit interner Rangfolge, gelegentlich auch vor der Verb-Personalform 3.28

Ein Spezialfall bei Partizip II 3.29

Oft weitgespannte Klammerbildung, Satzglieder relativ frei verschiebbar, Möglichkeit des «Ausklammerns» 3.30

F   Immer gleiche Reihenfolge der Verbteile, viel weniger Klammerbildung 3.31

Subjekt und Verb-Personalform als fester Zentralkomplex 3.32

Nachstellung des Subjekts auch **F**, verschieden bedingt 3.33

Vorangestellte pronoms compléments («le / la / les, lui / leur» etc.) 3.34

Stellung der Verneinungs-Bestandteile («ne...pas, ne...plus» etc.) 3.35

E   Subjekt + Verb-Personalform als Zentralkomplex 3.37

Nachstellung des Subjekts, nur sehr begrenzt möglich 3.38, 3.39

Einschieben kurzer Satzglieder zwischen die Verb-Teile bzw. in den Zentralkomplex 3.40

L   Keine festen Stellungen; auch Bestandteile mehrwortiger Satzglieder oft weit getrennt stehend – Konsequenzen für das Verstehen 3.41, 3.42

3.2.4 Die Satzglieder neben dem Subjekt, sehr verschiedene Zahl von Typen

D   Grundsätzliches zu den Satzgliedbegriffen, klar unterscheiden zwischen Formalstrukturen und Bedeutungsbeiträgen 6.01–6.04, 6.09, 6.11

Als Satzglieder neben dem Subjekt werden heute unterschieden:

(1) Prädikativkasus, Prädikativ und Objektsprädikativ 6.05'A1'B5, 6.06'A2

(2) Objektskasus, Akkusativobjekt, Dativobjekt, Genitivobjekt 6.05'B1'C1'D1, 6.06'A1

(3) Adverbialkasus, Adverbialakkusativ und Adverbialgenitiv 6.05'B3'D3, 6.06'A3

(4) Präpokasus, Präpositionaldativ, -akkusativ, -genitiv 6.05'B2'C2'D2, 6.06'A4

(5) Satzadjektive, auch mit Präposition 6.05'E1'E2, 6.06'B1'B2

(6) Satzpartikeln, auch mit Präposition 6.05'F1'F2, 6.06'B1'B2

(7) Zugeordnete Satzglieder 6.05'A2'B4'C3'D4'E3'F3, 6.06'A5'B3

Die traditionellen Satzgliedbegriffe «präpositionales Objekt – Adverbiale» 6.09

Anredenominativ und «absoluter Nominativ» als eigene Propositionen 6.08

Zum Stellenwert einer Analyse nach formalen Satzgliedtypen (an Kurztexten von Brecht und Heissenbüttel) 6.10

F   Überblick, sujet, attributs, compléments du verbe 6.12

Attribut du sujet et attribut du complément direct 6.13

Complément d'objet direct und complément d'objet indirect 6.14

Complément d'agent 6.15

Compléments circonstanciels, mit offener Liste von Bedeutungsbeiträgen 6.16

E   Direct object und indirect object 6.17

Subject complement und object complement 6.18

Adverbials, unterteilbar in adjuncts, disjuncts, conjuncts 6.20

Verschiedener Gebrauch gleicher Fachausdrücke für Satzgliedbegriffe 6.19

L   Keine vollständige Reihe von Begriffen für formale Satzgliedtypen, Fachausdrücke teilweise verschieden je nach Sprache des Grammatikverfassers, «Kasussyntax» nur für die fallbestimmten Satzglieder 6.21, 6.22

Satzglieder im Nominativ, die nicht Subjekt sind 6.23

Satzglieder im Akkusativ, rein und an eine Präposition gebunden 6.24

Satzglieder im Dativ 6.25

Satzglieder im Ablativ, direkt auf das Verb bezogen oder mit Präposition 6.26

Genitiv, als eigenes Satzglied und als Teil eines Satzglieds 6.27

Abschlußbeispiel, alle fünf Kasus in einem Satz von nur 14 Wörtern 6.28

Generelles im Rückblick: Verschiedenheit der Kriterien für die Satzgliedbegriffe in den vier Sprachen 6.49

3.3 Bedeutungsaufbau im Kernbestand der Propositionen, D–F–E–L

3.3.1 Vorbereitendes, Nowendigkeit der gesonderten Betrachtung, «Valenz»

Zu kurz greifende Auffassungen in der älteren deutschen Grammatik 6.01, 6.02, 6.09

Formaler Aufbau, Bedeutungsaufbau, rein logische Struktur 6.11

Bedeutungsbeiträge von Satzgliedern in Passiv-Konstruktionen 6.29–6.36

Die Begriffe «transitiv – intransitiv» 6.38

Bedeutungsbeiträge von Satzgliedern in Reflexivkonstruktionen 6.45

Verschiedene Satzgliedkombinationen für sachlich gleiche Aussagen 6.47, 6.48

Verschiedene Bedeutungen des gleichen Verbs und ihr Zusammenhang mit verschiedenen Bedeutungsbeiträgen gleicher formaler Satzgliedtypen, Beispiel «finden» 6.50, 6.51

3.3.2 Der Begriff «verbales Semantem»

Was ist ein verbales Semantem? 6.52

Zur Speicherung der Semanteme im Gehirn, infinit oder schon finit 6.53

Propositionen verstehen: die in ihnen verwendeten Semanteme erfassen 6.54

Verben und verbale Semanteme beim Lernen von Fremdsprachen 6.55

Verbale Semanteme mit fixen nichtverbalen Bestandteilen; zum Begriff «Funktionsverben, Funktionsverbgefüge» 6.57, 12.19 / 679

Bedeutungsstellen immer zu besetzen oder nur bei besonderem Bedarf 6.58

Feste Bedeutungsstellen und freier einfügbare Bedeutungsbeiträge 6.59

Präzisierungen durch Nachträge, zu allen Bedeutungsstellen (auch innerhalb von nichtverbalen Gefügen) 7.02, 8.44

Im Rückblick auf die formalen Satzgliedtypen: Wie wichtig ist das Erkennen des Satzgliedtyps für die Sprachpraxis? 6.60

3.3.3 Einzelbetrachtung ausgewählter Semanteme, für typische Darstellungsabsichten und mit besonders häufigen Verben als Kern

Nur exemplarische Darstellung möglich, da für jede Sprache eine fünfstellige Zahl von Semantemen anzunehmen ist 12.01

Grundsätzliches zum Verhältnis von Semantemen und mit ihrer Hilfe gebildeten Propositionen 12.02, 12.63

Systematisches Register

Funktionsstellen («pragmatische Rollen») und Bedeutungsstellen bei den Semantemen für Sprachverwendung und für direktes Aufnehmen, Speichern und Weiterverarbeiten von Information 12.03, 12.04

Semanteme für die Kennzeichnung von Sicherheitsgraden von vorhandenem Wissen, für personale Gestimmtheiten, für ausdrückliches Bewerten 12.05–12.07

Bildung komplexer Semanteme durch Kombination mit Modalverben 12.08

Modalverben als Kerne eigener Semanteme, mit Akkusativobjekten 12.09

Semanteme für die Darstellung von Handlungsantrieben, Durchführbarkeit, Handlungsmodalitäten 12.10, 12.11

Hinweis auf einen inhaltlichen Teil durch «Stützpronomen / Stützpartikel» im dominanten Teil 12.12

Semanteme für besondere Folgebeziehungen («Steuern – Gesteuertes») 12.13

Semanteme für Einbettung in den Zeitablauf, zeitlich-räumliche Situierung überhaupt; Ineinander von Zeitlichem, Räumlichem und Bewegungsablauf 12.14–12.17

«Kommen – gehen» als zwei elementare Sehweisen auf Bewegungen bzw. Veränderungen 12.18

Semanteme mit «kommen / venir / come / venire» und mit «gehen / aller / go / ire» als Kern 12.19, 12.20

Von der Verwendung als Kern in Semantemen her neu zu sehen: «kommen / venir / come / venire» und «gehen / aller / go / ire» als Gefügeverben 12.21

Haltungen/Lagen im Raum und zu ihnen führende Bewegungen («stehen – stellen, sitzen – setzen» usw. 12.22, 12.23

Ort, Aufenthalt, Wohnsitz usw. 12.24

Semanteme zur genaueren Darstellung von Bewegungen bei (bzw.: zwecks) Ortsveränderung 12.25

Semanteme mit «machen / tun – faire – make / do – facere» als Kern, pragmatische Rollen dabei 12.26–12.28

Semanteme mit «geben – donner – give – dare», mit «nehmen – prendre – take – sumere», mit «fassen / ergreifen – saisir – seize / grip / grasp – capere / prehendere» 12.29–12.31

«Bringen, schicken / senden – holen, kommen lassen» im Deutschen und in den andern Sprachen 12.32

Semanteme für «etwas festhalten, es nicht loslassen» 12.33

Semanteme mit «haben – avoir – have – habere» als Kern 12.34–12.36

Semanteme mit «sein – être – be – esse» als Kern, oft für die Darstellung grundlegender Denk-Akte («Denk-Akte als solche») 12.37–12.39

Semanteme mit «bleiben – rester – remain – manere» und «werden – devenir – become / turn / grow / get – fieri», eher geringe Häufigkeit 12.40, 12.41

Namen-Gebung und Namen-Verwendung an sich, Semanteme dafür neben «Sein 1 – Sein 2 – Sein 3», kognitive Grundlagen für die Entwicklung dieser sprachlichen Mittel 12.49, 12.65'A7

3.4 Freier einfügbare Bedeutungsbeiträge, auf gleicher gedanklicher Ebene D–F–E–L

3.4.1 Ein Elementarbereich: Situierung in der Zeit, über das schon durch die grammatischen Zeiten Signalisierte hinaus

Generelles, Entsprechungen **D–F–E** 11.01

Situierung im Tagesablauf, durch Zeitmessung oder stärker erlebnis- und handlungsbezogen 11.02, 11.03

Zeitliche Festlegungen in größerem Rahmen, Jahreszeiten, Zeitrechnungen 11.04, 11.05

Verschiedene Formalstrukturen für gleiche Bedeutungsbeiträge 11.06

Relative Zeitangaben («gestern – heute – morgen» usw.) 11.07

Erstreckungen in der Zeit 11.08

Bewertungen von Zeitpunkten bzw. Zeitstrecken 11.09

Arten des Eintretens bzw. Aufhörens, Einmaligkeit, Wiederholung, Häufigkeit 11.10, 11.11

Zeitliche Lage von Ereignissen, Handlungen usw. im Blick auf andere Ereignisse oder Handlungen 11.12, 11.13, 11.15, 11.16

Zur zeitlichen Situierung durch ganze dafür verwendete Propositionen («Temporalsätze») 11.14

Kognitive Grundlagen für das Einbetten in den Zeitablauf und die zeitliche Stufung von Handlungen, Ereignissen usw. 12.66'D

3.4.2 Ebenso elementar; räumliches Situieren, Lagen und Bewegungen, in anschaulichen wie in abstrakten Räumen

Grundsätzliches, «lebenspraktische Räume», kognitive Grundlagen dafür 11.23, 12.66'E

Probleme des messenden Erfassens von Raumpunkten, Strecken usw. 11.24

Direkt-praktische Raumangaben, global oder durch Bezug auf Entität (durch Präposition + Nomen/Pronomen), verschiedene Raum-Qualitäten und Raum-Perspektiven 11.25–11.28

Bewegungen, ihre Herkunft von einem Punkt oder aus einem Bereich, ihre Richtung auf einen Punkt oder in einen Bereich, Bewegungen als Selbstzweck; sehr verschiedene Ökonomie der Darstellung in den verschiedenen Sprachen 11.29–11.36

Abhängigkeit des genauen Bedeutungsbeitrags von der dargestellen Situation als ganzer, auch bei genau gleicher Präposition 11.37

Erstreckungen in anschaulichen Räumen und Grade von Intensität/Qualität in abstrakten Räumen («Räumen für Meßwerte irgend einer Art») 11.39–11.42

Ansetzen abstrakter Räume als Hilfe für das ordnende Denken; eingeschränkte Geltungsbereiche von Aussagen 11.43, 11.44

«Oben-unten» und «vorn» in sozialen Räumen 11.45

Räumliche Bildhintergründe bei der Darstellung von sozialem Handeln, von personalen Gestimmtheiten, von Absichten, von Wissensbeständen, von Annahmen 11.46–11.48

Tiefe Verwurzelung der Paare «innen-außen – oben-unten – vorn-hinten» in der Körperlichkeit der Menschen, Gefühlswerte dabei; Gegensatz «Kern-Schale – Wesen-Kleid – Personkern-Rolle» 11.49–11.51

Systematisches Register

Textbeispiel für das Ineinander von abstraktem, gedanklich-emotionalem Raum und zum Vergleich herangezogenem anschaulichem Raum, im gleichen Satz (Descartes, zweite Meditation, **L–F–E–D**) 11.52

Räumliche Bildhintergründe bei der Darstellung von Handeln und Denken überhaupt, Freiheit im Auffassen oder Nichtbeachten 11.53–11.56

3.4.3 Weitere Möglichkeiten von freier einfügbaren Bedeutungsbeiträgen, nicht als geschlossene Gruppe zu sehen

Grundsätzliches zur Darstellung durch Satzglied oder durch eigene Proposition (traditionelle Theorie der «Entfaltung» von Nebensätzen aus Satzgliedern) 11.59

Gleiches Wort im Kernbestand, als hinzugefügtes Satzglied oder als Satzgliedteil 11.60

Grenzen der Einfügbarkeit auch von freier dazugesetzten Bedeutungsbeiträgen 11.61

Ablaufsgeschwindigkeit bei Bewegungen und generell bei Veränderungen 11.62

Intensität, Stärke / Schwäche bei Handlungsweisen, Abläufen, Charakteristiken 11.63

Vollständigkeitsgrad des Gegebenseins, Genauigkeitsgrad von Angaben 11.64–11.66

Zusammenfassender Bezug auf Situationen, Abläufe, Vorgehensweisen usw. durch «so – ainsi – thus – sic / ita» (Beispiele **D–F–E**, Goethe, und **L–F–E–D**, Terenz) 11.67

Hilfsmittel beim Handeln, Werkzeuge, Waffen, Spielgeräte 11.68–11.71

Sprachlich-kommunikative Hilfsmittel, Mittel und Wege beim Beeinflussen von Gestimmtheiten 11.72, 11.73

Krafteinsatz oder Mühelosigkeit 11.74

Etwas gemeinsam mit andern tun oder allein 11.75

Betonen des direkten, persönlichen Handelns, des Kerns einer Sache («selbst») 11.76

Personale Verfassung der Handelnden bzw. Betroffenen 11.77

Bewußtheitsgrad beim Handeln, Einstellung zu andern Beteiligten 11.78, 11.79

Auffälligkeit oder ihr Gegenteil 11.80

Nennung eines Handelnden, eines Agens bei Verb im Passiv 11.81

Ausdrückliches Bewerten, auf gleicher gedanklicher Ebene, durch frei einfügbares Satzglied 11.82, 11.83

3.5 Bedeutungsbeziehungen, für die man primär ganze Paare von Propositionen bildet («modal, kausal» usw., Stichwortgruppe 5.3) schon im Rahmen einer einzigen Proposition dargestellt, D–F–E–L

Heranziehen von etwas zwecks Vergleich («A war nicht so schnell *wie B*») 10.52

Vergleich kombiniert mit Folgebeziehung («Es gelang *je länger je besser*») 10.79 / *532 Mitte*

Nennen von etwas Erwartbarem, aber nicht Eintretendem («Sie gingen *ohne ihn*») oder von etwas an der Stelle des Erwarteten Eintretendem («zurück *statt vorwärts*») 10.76

Nennen der Ursache von etwas («Wir warteten *wegen des Regens*», kausal) 10.80, 10.81

Nennen des Zwecks von bzw. mit etwas («nachrechnen *zur Kontrolle*» = «um zu kontrollieren», final) 10.78, 10.82, 10.83

Nennen einer Annahme / Voraussetzung («Das geht *bei schönem Wetter*» = «wenn das Wetter schön ist», konditional) oder einer ausdrücklich als unwirksam zu betrachtenden Annahme / Voraussetzung («Er geht *auch bei schlechtem Wetter*» = «mag das Wetter sein wie es will», konzessiv) 10.55

Kognitive Grundlagen für das Entwickeln einer Bedeutungsbeziehung «Annahme / Voraussetzung und daran Gebundenes oder betont nicht zu Bindendes» und für das Aufbauen von Grund-Folge-Beziehungen 12.68'J'K

3.6 Darstellung auf verschiedener gedanklicher Ebene schon im Rahmen einer einzigen Proposition (dominanter Teil als Satzglied oder als Gefügeverb gesetzt) D–F–E–L

3.6.1 Generelles

Das Grundphänomen der Verteilung auf dominante Teile und durch diese gedanklich situierte inhaltliche Teile 10.01, 10.02

Kognitive Grundlagen für die Enwicklung solcher sprachlicher Möglichkeiten 12.69'L'M, 12.70'N'O'P'Q

3.6.2 Darstellung im Rahmen einer einzigen Proposition als primär zu betrachten («Modalpartikeln, Abtönungspartikeln», vor allem D)

Entschiedenheit von Beurteilungen, Tiefgang, Gründlichkeit («Das ist *eigentlich* wahr») 10.25

Vorschaltteile und Verneinungspartikeln als dominante Teile auffaßbar 10.26

Beiläufige Signale für den Einbau des Gesagten in vorhandene Wissens- und Denkzusammenhänge («Da bist du *ja*») 10.27

Vergewisserndes Betonen der Tatsächlichkeit des Gesagten («Ihr kommt *doch* trotzdem?») 10.28

Hinstellen als Erklärung, als Begründung, auch entschuldigend («Er war *eben* gestern nicht dabei») 10.29

Hinstellen als Ergebnis, oft nach Diskussion oder Zweifel («Jetzt bin ich *also* da») 10.30

Intensivierung von Fragen und Aufforderungen durch als dominant auffaßbare Zusätze («Was will er *denn*? So geh do*ch endlich!*») 10.31

Hinstellen als Korrektur früherer Einschätzungen oder als Abschluß verschiedener Beurteilungen («Wir sind *am Ende* noch gar nicht am Ende mit ihm») 10.32

3.6.3 Darstellung im Rahmen einer einzigen Proposition und durch zwei eng verknüpfte Propositionen gleicherweise naheliegend

Sicherheitsgrade von Informationen, von Wissen 10.23

Herkunft und Glaubwürdigkeit («*Nach seinem Bericht* ist das so») 10.24

Antriebe, von «innen» und von «außen», und das, wozu man angetrieben wird («Das *will* ich tun, ich *muß* es tun» oder «Ich tue es *pflichtgemäß*») 10.58–10.60

Durchführbarkeit und das als durchführbar Betrachtete 10.61–10.65

Gewohnheit, feste Handlungsbahnen 10.66

Handlungsmodalitäten, Stadien, Erfolgsgrade («Er protestierte mit *Erfolg*») 10.67–10.73

Gefahr laufen, Risiko – Mut, Wagnis 10.74

Ausdrückliche Bewertungen («Das ist *zum Glück / glücklicherweise* vorbei») 10.47

4 Elementare Haltungen, innerhalb einer Proposition wirksam werdend oder beim Verknüpfen von Propositionen

4.1 Fragen, ihre Zwecke, mögliche Formen D–F–E–L

Fragen als Grundhaltung, Ja-Nein-Fragen («Entscheidungsfragen») – Ausfüllfragen («Ergänzungsfragen») – Globalfragen 9.01

Aufforderung, Tadel, Klage in Frageform; rhetorische Fragen, Prüfungsfragen 9.02

Fragen ohne Sprache 9.03

Kennzeichnung einer Proposition als Frage durch die Satzmelodie und / oder durch andere Wortfolge 9.04, 9.05

Intensivieren von Fragen durch als dominant verstehbare Zusätze («Was hat er *denn*?») 10.31

«Indirekte Fragesätze» – ein irreführender Terminus 10.08 / *440 unten*

Hinweise in Ausfüllfragen auf das als Antwort Gewünschte, spezielle Fragepartikeln **L** 9.06, 9.07

Deutlichmachen von Erwartungen für die Art der Antwort 9.08

Angefügte Fragen ohne eigenen Inhalt, nur zur Bekräftigung («tag questions») 9.09

4.2 Verneinungen; Einschränkungen als partielle Verneinungen D–F–E–L

Grundphänomen, Überblick über die Möglichkeiten 9.10, 9.11

Negation als fester Bestandteil in Wörtern 9.12

Globalverneinungen 9.13

Vielfältig verschiedene Gebrauchsweisen von Propositionen mit Negationselementen, zur Ursprungsfrage, Beispiel von Kant 9.14 / *395*

Verneinung von Unzutreffendem als Folie für das Nennen des Zutreffenden 9.15

Zum Verhältnis von Frage und Verneinung 9.16

Annähernde Verneinungen 9.17

Einschränkungen als partielle Verneinungen 9.18

Verschiedene formale Ansatzpunkte für die Negations-Elemente, «Sondernegation» 9.20, 9.21

Begrenzen einer Einschränkung auf ein einzelnes Bestandstück einer Proposition 9.22

Verschiedenes Gewicht von Einschränkungen und Verneinungen, je nach Situation, Beispiel **D**, Hofmannsthal 9.23

4.3 Generelles Lenken von Erwartungen für jeweils angefügte gleichrangige Bestandstücke, gleicherweise in und zwischen Propositionen D–F–E–L

Hinstellen für wahlweise Geltung («*oder – ou – or – aut/vel*») 9.24, 9.25

Betont gleichgewichtiges Hinstellen, durch Beginn mit verneinter Einschränkung («*nicht nur... – sondern auch... – non seulement... mais aussi...*» etc.) 9.19

Gleichgewichtiges Hinstellen neutral («*sowohl* A *wie/als* B – A *tout aussi bien que* B – *both* A *and* B – *et* A *et* B») oder gleichgewichtiges Ablehnen («*weder* C *noch* D – *ni* C *ni* D – *neither* C *nor* D – *neque* C *neque* D») 9.26

Abheben als gegensätzlich («*aber, jedoch – mais – but – sed/autem*»); zum Begriff «adversativ» 9.27, 9.28

Charakterisieren als «betont zusätzlich» («*auch, sogar – aussi, même – also, too, even – etiam*») 9.29

Reines Betonen der gleichen Geltung, ohne besondere semantische Charakteristik – zwischen ganzen Propositionen unter anderen Bedingungen stehend als zwischen Bestandstücken innerhalb von Propositionen («*und – et – and*»), stilistische Möglichkeiten dabei (demonstriert an Beispielen von Gorbatschow und von G. Keller **D–F–E**) 9.30, 9.31

Fließende Übergänge von neutraler Verknüpfung zu vergleichendem Nebeneinanderstellen 9.32

Zum Nebeneinander von «*et – atque/ac*» und angehängtem «*-que*», «*ac*» auch bei Vergleichen; Grundsätzliches zur ältesten Sprachentwicklung (**L**) 9.33, 9.34

Kognitive Grundlagen für alle diese sprachlichen Mittel zur Verknüpfung gleichrangiger Bestandteile 12.67'G'H'I

5 Texte, als Folgen von Propositionen, hingesetzt als Sätze (oft mit Teilsätzen) und oft als lange Folgen von Sätzen

5.1 Formalstrukturen für die Verknüpfung von Propositionen

5.1.1 Generelles, Reihung und Fügung (Haupt- und Nebensatz)

Reihung von einfachen Sätzen – gereihte Teilsätze – H-N-Fügung, Hauptsätze und Nebensätze 8.02

Begriff «Hauptsatz» heute enger, aber präziser gefaßt als früher 8.07

Nebensätze zu Nebensätzen – Nebensätze auch ohne Hauptsätze möglich (aber nicht umgekehrt) 8.08, 8.09

Ineinandergreifen von Reihung und H-N-Fügung 8.10

Übersetzungsbeispiel **F–D** zu «Ineinandergreifen» 8.13

Klar unterscheiden zwischen Formalstrukturen und Bedeutungsbeziehungen; Propositionen *können* auch inhaltliche Einheiten sein, aber sie müssen es nicht 8.11

Beispiel dazu aus dramatischem Text **E** (H. Pinter) 8.27

5.1.2 Speziell Deutsch

Verschiedene Kennzeichnung einer verbalen Proposition, finit oder infinit, als Nebensatz 8.03

Propositionen, die man sowohl als gereihte Teilsätze wie als Nebensätze auffassen kann 8.04

Propositionen ohne Verb, primär so oder als Ellipsen zu verstehen 8.05, 8.06

5.1.3 Französisch

Propositions indépendantes – propositions principales et subordonnées 8.12

Besondere Formen von subordonnées 8.14, 8.15

Nebensätze mit Infinitiv als Kern (subordonnées infinitives) 8.16

Nebensätze mit Partizip als Kern (subordonnées participes) 8.17, 8.18

Propositionen ohne Verb, außerhalb des Formalunterschieds «H-N-Fügung – bloße Reihung» 8.19

5.1.4 Englisch

Independent clauses – main clauses and subordinate clauses; verschiedene Kennzeichnung einer clause als subordinate 8.20, 8.21

Non-finite clauses mit Infinitiv als Kern (infinitive clauses) 8.22

Non-finite clauses mit ing- Form oder past participle als Kern, vielfältig verwendbar 8.23, 8.24

Verbless clauses, teilweise zu den Nebensätzen (subordinate clauses) zu rechnen 8.25

5.1.5 Lateinisch

Finite Propositionen als gereihte Teilsätze und als Haupt- und Nebensätze; in den Nebensätzen Konjunktion bzw. Relativ nicht immer am Anfang stehend 8.28

Infinitive mit Satzgliedern als Teile in finiten Propositionen oder als eigene infinite Propositionen, Übersicht und Textbeispiele, speziell für Akkusativ mit Infinitiv 8.29, 8.30

Infinitive als Objekte für die ihnen übergeordneten Verben? Akkusativ mit Infinitiv als Nebensatz oder als bloßes Satzglied? 8.31, 8.33

Infinitive und ganze verbale Wortketten im Infinitiv an der Stelle von Subjekten 8.32

Supinum, Gerundium, Gerundiv als Kerne eigener Propositionen oder als Teile in eine Proposition eingefügt 8.34

Propositionen mit Partizip als Kern 8.35

Propositionen ohne Verb 8.36

Unauffälligkeit der Abgrenzung der Propositionen und der Formalstrukturen für ihre Verknüpfung 8.37

5.1.6 Weitergeltung oder Vorausgeltung von Bestandstücken

Verknüpfung von Propositionen durch Weitergeltung eines einmal gesetzten Bestandteils **D–F–E–L** 8.38–8.41

Verknüpfung durch Vorausgeltung eines erst kommenden, aber schon geplanten Bestandteils, **D** und noch mehr **L** 8.42

Kritik des traditionellen deutschen Terminus «zusammengezogene Sätze» 8.43

Mehrfachbesetzung von Stellen im Rahmen einer einzigen Proposition, Nachträge, Grenzen der Eindeutigkeit bei der Einteilung gegebener Texte in Propositionen **D–F–E–L** 8.44, 8.45

5.2 Einbau ganzer Propositionen in andere, ohne spezielle Bedeutungsbeziehung; Relativsätze als elementare Möglichkeit D–F–E–L

Grundsätzliches zum Nennen und Charakterisieren von Personen und andern Entitäten durch eigene verbale Propositionen 12.50, 12.51

Anschluß-Relativsätze, eng oder lockerer angefügt, «defining» und «non-defining», aber keine scharfen Grenzen zwischen den beiden Möglichkeiten; Beispieltexte von Rousseau und von Catull mit zugehörigen Übersetzungen 12.52

Anteil von Relativsätzen am Aufbau von Textzusammenhängen, demonstriert am Anfang des «Bellum Gallicum» von Caesar 12.53

Oft Äquivalenz von Anschluß-Relativsätzen und Propositionen mit Partizip oder Adjektiv als Kern 12.54

Satzglied-Relativsätze, für Personen oder Nicht-Personales, oft auch als Annahme/ Voraussetzung auffaßbar, oft mit Betonen der Beliebigkeit der Erstreckung 10.57, 12.57–12.59

Verteilung auf Hauptsatz und Anschluß-Relativsatz bzw. Satzglied-Relativsatz und Hauptsatz als Mittel zur Hervorhebung («mise en relief – cleft sentences») 12.55, 12.60

Die als Relative dienenden Wörter **D–F–E** 12.61

Bedeutungsbeiträge einfacher qu-Pronomen **L**, gezeigt an einem Prolog von Terenz 12.62

5.3 Speziellere Bedeutungsbeziehungen zwischen Propositionen auf gleicher gedanklicher Ebene D–F–E–L

5.3.1 Annahmen / Voraussetzungen und an ihr Zutreffen Gebundenes oder ausdrücklich nicht zu Bindendes

Das Grundverhältnis, besonders elementare Formalstrukturen dafür 10.34

Möglichkeit des Nicht-Eintretens einbezogen («konditional») oder Eintreten erwartet, aber Zeitpunkt dafür offen («temporal») 10.35, 10.36 [zu den «Temporalsätzen» auch 11.14]

Bindung an das Nicht-Zutreffen von Annahmen, das Nicht-Vorhandensein hindernder Umstände 10.37

Hinstellen als unabhängig von an sich entgegenstehenden Annahmen oder Gegebenheiten («konzessiv», auch «Irrelevanz») 10.38

Nebeneinanderstellen als gleichgewichtig, das eine betont unabhängig vom andern 10.39

Hinstellen als Annahme und daran Gebundenes rein als Mittel zur Hervorhebung («mise en relief») 10.40

Rückwirkendes Kennzeichnen als Annahme / Voraussetzung, von deren Zutreffen man ausgeht («Das müssen wir tun, *sonst...*» = «*Wenn wir es nicht tun...*») 10.41

Hinstellen von etwas als Annahme/Voraussetzung ohne Verbalisieren des daran zu Bindenden 10.42

Unterscheiden von Gegebensein oder bloßer Annahme bei Beurteilungen («daß» oder «wenn» im inhaltlichen Teil), semantische Bereiche dabei 10.43, 10.44, 10.46

Rückwirkendes Beurteilen 10.45

5.3.2 Zu Charakterisierendes und dafür, als Vergleich, Herangezogenes

Vergleichendes Zuordnen generell; Abstufen in Grad und Ausprägung 10.53

Umkehrbarkeit von Vergleichen für die Logik, aber nicht für die Interessen der jeweils Sprechenden/Schreibenden 10.54

Kombinationen von Annahme und Vergleich 10.49

Propositionen mit «*als ob...*» für das Charakterisieren von jemand/etwas, ohne Blick auf den Realitätsgehalt des Herangezogenen 10.50

Propositionen mit «*als ob...*» für Vermutungen und für Kritik und Widerspruch (der Nebensatz als inhaltlicher Teil) 10.51

5.3.3 Grund-Folge-Beziehungen, unter verschiedener Perspektive gesehen («konsekutiv – final – kausal – modal»)

Überblick über die Möglichkeiten 10.75

Nicht-Eintreten erwartbarer Folgen, Eintreten unerwarteter an ihrer Stelle 10.76

Ein Handeln steuern, kontrollieren, ggf. auslösen oder verhindern (Übergänge zu «Antriebe, Handlungsmodalitäten», auf verschiedener gedanklicher Ebene) 10.77

Ein konkretes Handeln und der Zweck, der damit erreicht werden soll («final») 10.78

Intensität von Zuständen, Verhaltensweisen usw. und sich daraus ergebende Folgen («konsekutiv» – auch hier Übergänge zu verschiedener gedanklicher Ebene) 10.79

Etwas erklären durch Zurückführen auf eine Ursache («kausal» i.e.S.) 10.80, 10.81

Übergangszonen, grundsätzliche Unschärfe der sprachlichen Darstellungsmittel auch für diesen besonders «Logik-nahen» Bereich 10.82–10.84, 10.89

Kombination mit Darstellung des Inhalts von Sprechen/Denken und mit besonderen Haltungen dabei 10.85, 10.86

Nennen von Mitteln, Wegen usw. durch eigene Propositionen («modal, instrumental») 10.87 [Für die Darstellung durch Satzglieder, im Rahmen einer einzigen Proposition, siehe 11.68–11.73]

«*Es ist so, daß...*» als reine Rahmenstruktur, zur Hervorhebung von etwas 10.88

Nicht-Vorhandensein von Kausalität, Zufälligkeit 10.90

Ausführliche Beispielanalyse für das Zusammenspiel der verschiedenen Grund-Folge-Beziehungen in einem klassischen Text (Gottfried Keller, **D–F–E**) 10.91, 10.92

5.4 Bedeutungsbeziehungen auf verschiedener gedanklicher Ebene D–F–E–L

5.4.1 Dominante Teile und inhaltliche Teile, oft mehrfach gestuft

Nützlichkeit einer solchen Unterscheidung, sehr schnell bei Textanalyse deutlich werdend (gleichzeitig **E**, **D** und **F** erschienener Text) 7.51, 7.52

Grundsätzliche Demonstration: sprachlich-gedankliche Prozesse hinter etwas Dargestelltem eigens formuliert 10.01

Mehrstufigkeit, inhaltliche Teile wieder dominant gegenüber weiteren inhaltlichen Teilen, Beispiel **E** (H. Pinter) 10.02

Versuch einer Synopse aller Bedeutungsbeziehungen, auf gleicher und auf verschiedener gedanklicher Ebene spielend 10.04

5.4.2 Anführen von Aussagen, Fragen, Gedanken, Gefühlen, direkt oder indirekt

Elementare Beschreibung, «indirekte Rede – style indirect – reported speech – oratio obliqua» (gegenüber «oratio recta») 10.05

Großer Spielraum bei indirekter Anführung, Übergänge zu rein erzählendem Darstellen 10.06

Formalstrukturen für indirekte Anführung 10.07

Indirekt angeführte Propositionen mit Offenheit der Geltung oder Offenheit einer einzelnen Bedeutungsstelle (nicht nur «indirekte Fragesätze»!) 10.08, 10.09

Angeführte Proposition im formalen Rahmen der anführenden Proposition oder nicht (traditioneller Begriff «Objektsätze») 10.10, 10.11

In geschriebenen Texten: Kennzeichnung von direkt Angeführtem durch Anführungszeichen, große Offenheit des Gebrauchs 10.12

5.4.3 Die Verbformen bei indirekter Anführung

D   Konjunktiv oder Indikativ, das Problem des «gemischten Konjunktivs», historische Entwicklung dieses Gebrauchs, große Verschiedenheit je nach Region 10.13–10.16

Wie verbindlich ist überhaupt das Setzen eines Konjunktivs bei indirekter Anführung? 10.17

F   Für indirekte Rede nicht subjonctif, sondern Indikativ mit «concordance des temps» 5.22

D–F–E Textvergleich an einem Stück aus dem «Grünen Heinrich»; Verlorengehen von stilistischen Wirkungen, weil **F** und **E** keine besondere Verbform für indirekte Rede haben 10.18

L   Bei Offenhalten der Geltung oder einer einzelnen Bedeutungsstelle Konjunktiv obligatorisch, sonst nur Akkusativ mit Infinitiv 10.19

L–D–F–E Vergleich eines Caesar-Textes mit den Übersetzungen, abnehmende Deutlichkeit der «Präsentation als reiner Gedankeninhalt von Sprechenden» 10.20

5.4.4 Unmittelbares Wahrnehmen, Informationsbesitz, Angst – Hoffnung

Zurücktreten, ja Verschwinden des Unterschieds zwischen direkter und indirekter Anführung 10.21

Akte des Sehens und Aufnehmens überhaupt und das Gesehene, Aufgenommene 10.22

Grade der Sicherheit von Informationsbesitz, generell 10.23

Hinweise auf Herkunft und Glaubwürdigkeit von Information 10.24

Propositionen mit «*als ob...*» für Vermutungen und für Kritik und Widerspruch 10.51

Fürchten / Hoffen und das Befürchtete / Erhoffte; besonders verschiedene Formalstrukturen in den vier Sprachen 10.33 [Für entsprechende Bedeutungsbeiträge nur durch Satzglied, im Rahmen einer einzigen Proposition, siehe Stichwortgruppe 3.6.2]

5.4.5 Beurteilung auf Erfreulichkeit, Vorteil oder Nachteil usw.

Beurteiltes als Annahme darstellbar («Es ist gut, *wenn* du...») oder als schon gegeben («Es ist gut, *daß* du...») 10.43

Stellenwert der Unterscheidung, Verschwinden bei globalerer Darstellung («Es ist vorteilhaft, *so vorzugehen*») 10.44

Anfügen eines dominant-beurteilenden Teils, dadurch rückwirkend das vorher neutral Hingestellte als entsprechend zu sehender inhaltlicher Teil einzuordnen 10.45

Semantische Bereiche bei dominanten Teilen mit der Möglichkeit zu «wenn / daß» – Anschluß des inhaltlichen Teils 10.46

5.4.6 Antriebe, Durchführbarkeit, Stadien, Erfolg oder Mißerfolg

Handlungsantriebe, von «innen» und von «außen», und dasjenige, wozu man angetrieben wird 10.58–10.60

Durchführbarkeit und das auf Durchführbarkeit beurteilte, intendierte Handeln, verschiedene Faktoren dabei 10.61–10.64

Ineinandergreifen von Antrieb und Durchführbarkeit, gleiche Wörter für beides 10.65

Gewohnheit, feste Handlungsbahnen 10.66

Stadien beim Ablauf, vom Entschluß bis zur völligen Durchführung 10.67–10.71

Platz von Teilhandlungen in einer umgreifenden Handlung, Gewichtungen 10.72

Versuchen, sich bemühen, Erfolg oder Mißerfolg 10.73

Gefahr laufen mit einem Handeln, Risiko – Mut, Kühnheit, Wagnis 10.74

6 Textzusammenhang überhaupt, «Textkohärenz», ihr Nachbau durch die Hörenden / Lesenden

6.1 Das Problem

Die Zusammenhänge zwischen allen Propositionen des Textes (die Strukturen des jeweils Gemeinten) schweben den Sprechenden / Schreibenden mehr oder weniger bewußt vor – sie werden aber keineswegs durchgängig signalisiert und müssen von den Hörenden / Lesenden in eigener Verantwortung «nachgebaut» werden 12.73, 12.74

6.2 Verschiedene «Kohärenz-Stränge», nebeneinander und ineinander laufend

Kohärenz durch Wieder-Aufrufen schon einmal genannter Personen oder anderer Entitäten («Referenz-Identität»), Beispiel aus Brief von Cicero **L–F–E–D** 12.75

Kohärenz durch Einbettung in den Zeitablauf, Beispiel **E**, aus Szenenbeschreibung in einem Stück von H. Pinter 12.76

Kohärenz durch Situierung im anschaulichen, dreidimensionalen Raum 12.77

Kohärenz signalisiert durch Einordnen in abstrakte Räume, mit Hilfe von Ziffern, Paragraphen, numerierten Kapiteln usw. 12.78

Kohärenz durch die Bedeutungsbeziehung «als Vergleich Herangezogenes und das dadurch zu Charakterisierende», Beispiele **D**, Goethe 12.79

Kohärenz durch Benutzen spezieller Bedeutungsbeziehungen auch für größere Textstücke, Beispiel **L–F–E–D**, Descartes (aus der zweiten Meditation) 12.80

Ansprüche an das Erfassen der Kohärenz bei Darstellung größerer Textstücke auf verschiedener gedanklicher Ebene, Beispiel **D**, «Schimmelreiter» von Storm, mit doppelter Rahmen-Erzählung 12.81

7 Rahmenwissen als Hilfe für das angemessene Einschätzen von Grammatiken und von verschiedenen Bereichen in ihnen

7.1 Methodische Grundlagen von Grammatiken, Operationen, Formales und Bedeutungen

Fundierung durch Operationen, intuitiv oder bewußt geführt E.7–E.9

Beispiele für Operationen:

> Begriff «Verb» 1.02
> Begriffe «Nomen» und «Adjektiv» 1.06, 1.07
> Abgrenzen von Satzgliedern 3.03–3.06
> Die Subjekte finden 3.13, 3.14
> Die Bedeutungsbeiträge von «und – et – and» klären 9.30

Grammatische Begriffe oft nicht scharf abgrenzbar, «ausgefranste Ränder»: Vorwort S. *XIII oben*, E.11

Illustrative Beispiele zu den «ausgefransten Rändern»:

> Übergangszonen zwischen den Wortarten, Doppel-Zuweisung möglich 1.33
> Abgrenzen von Propositionen in den gegebenen Texten 8.45

Klar unterscheiden zwischen den Formalstrukturen und dem Bedeutungsaufbau: Vorwort S. *XI unten*, Grundlinien der Darstellung S. *XVIII–XIX*, spezieller 6.01, 6.09, 6.11, 6.50–6.52, 8.01

Illustrative Beispiele für die Notwendigkeit dieser Unterscheidung:

> Keine feste Korrelation zwischen der Spitzenstellung der Verb-Personalform und den Aussage-Absichten «Frage» oder «Wunsch», und ebenso wenig zwischen den verschiedenen Stellungen der Verb-Personalform und dem Begriffspaar «Hauptsatz – Nebensatz» 3.26, 3.27

Systematisches Register 959

Klar unterscheiden zwischen dem grammatischen Begriff und dem zu seiner Bezeichnung verwendeten Terminus E.10

Beispiele für irreführende traditionelle Termini:

«Zusammengezogene Sätze» 8.43

«Indirekte Fragesätze», wo sehr oft gar keine Frage, sondern eine besondere Thematisierung vorliegt 10.08 / *440 unten*

7.2 Zur Speicherung des Sprachbesitzes in den Köpfen der Sprachteilhaber

Sehr beschränkte Beobachtbarkeit (grobe Lokalisierung in verschiedenen Hirn-Arealen), Wege zu plausiblen Hypothesen über die Speicherung im Detail A.01, A.02

Möglichkeit des Gruppierens zu verschiedenen Bereichen, vom Elementarsten (Grundgestalten der Stimmführung, Fragen, Ablehnen / Verneinen) bis zum Elaboriertesten (verbale Semanteme, Regularitäten der Wortstellung, Verknüpfungsweisen für ganze Propositionen, soweit grammatikalisiert) A.03–A.15, A.20

Ein Ertrag für die Praxis (für das Einschätzen der Sprachbeherrschung von jemand); der Stellenwert der formalen Korrektheit A.16

Speicherung fertiger Texte, die unverändert abgerufen und verwendet oder variiert werden können, mit Beispiel A.18, A.19

Zusammenhänge mit der Speicherung des reinen Sachwissens, («Weltwissens») A.21

Sprachbesitz und kommunikativ-pragmatisches «Handlungswissen» A.22

7.3 Sprache(n) und Schrift(en), Historisches, neuronale Speicherung von «Wortbildern»

Sprachen sind älter als ihre Schriften; Grundleistung von Schriften A.31, A.32

Sprache mit Schrift als Herrschaftsinstrument, besonderes Prestige der geschriebenen Sprache und der Schriftkundigen A.33

Auswirkungen des Vorhandenseins von Schriften auf Bestand und Gestalt der betreffenden Sprachen A.34, A.35

Zur neuronalen Speicherung der graphischen Wortgestalten («Wortbilder»), neben den phonischen Wortgestalten («Lautungen, Aussprache»), verschiedene Zuordnungsweisen zu den Wortbedeutungen, unter verschiedenen Bedingungen des Lernens A.36, A.42

Beispiel für das Spielen der elementarsten Zuordnungsweise (direkte Verbindung nur zwischen Bedeutung und Lautung, daher die Bedeutung vom «Wortbild» her nur über das Aufbauen der Lautung erreichbar) bei spontanem Lesen eines Kindes A.38 / *825*

7.4 Speicherungsphänomene beim Hinzutreten einer Zweitsprache, Drittsprache usw.

Schon vorhandener Sprachbesitz als Hilfe oder als Störung für das Einprägen und Handhaben einer neuen Sprache A.57

Klar getrennte Speicherung bei den phonischen und graphischen Wortgestalten und bei besonderen, für gerade diese Sprache typischen Stimmführungsgestalten A.58

Grammatischer Bau, formal und semantisch: Vorhandenes aktivieren, für Benutzung oder für gezielten Umbau A.59 / *860–864*

Einzelbedeutungen und verbale Semanteme: komplizierte Verzahnungen, daher öfters Auftreten von «Interferenzen» A.60

Für alle vier Sprachen weitgehend gleich: Strategien des Textschaffens, kommunikativ-pragmatisch, vorhandene (primär: literarische) Textmuster A.63

Rückwirkungen einer neu erlernten Sprache auf Bestand und Einschätzung der Erstsprache A.61

Leben in mehreren Sprachen – Beeinträchtigungen der Erstsprache – Ausweichen auf eine andere Sprache (Fremdsprache), mit klinischem Beispiel A.68 / *884–886*

Bereicherungen durch das Lernen anderer Sprachen, auch bei sehr beschränkter Perfektion in ihrer Handhabung A.69

7.5 Spracherwerb, vor allem Erwerb von Bedeutungen, in Erstsprache und weiteren Sprachen

Bedeutungen und zugehörige Wortgestalten als überpersönlicher Bestand und als Individualbesitz A.43

Bedeutungen lernen – Lautungen lernen: verschieden in Ablauf, Einheitlichkeit, Überprüfbarkeit A.44

Erstes Aufbauen von Bedeutungen beim ganz kleinen Kind: aus kommunikativer Zuwendung der Kontaktpersonen (primär: der Mutter) heraus ein erstes Verstehen, aus Situation und Handlungsablauf, ein Erraten / Erschließen erster Wortbedeutungen A.45, A.47

Oft wenig Eindeutigkeit des für die Bedeutungs-Schaffung Vorgegebenen 7.22, A.46

Verschiedener Einheitlichkeitsgrad «gleicher» Bedeutungen in verschiedenen Köpfen, auch bei Erwachsenen A.54

Erste von kleinen Kindern gesprochene Gebilde: «Wörter» oder «Sätze»? Schon Wortarten unterscheidbar? A.48, A.49

Infinitiv und Partizip II meistens vor den Personalformen erworben und verwendet A.49 / *843 unten*

Bedeutungen erstmals schaffen oder sie von andern übernehmen, sie im eigenen Kopf nachbauen – beides erfordert Kreativität A.53

Bedeutungen auch als reines «Handlungswissen» gespeichert, ohne Fassung in Wörter, besonders bei Kindern A.50

Sehr bald einsetzend und dann der Hauptweg, durch das ganze Leben hindurch: Bedeutungen neu erwerben und vorhandene klären und wo nötig berichtigen in sprachbenutzender Kommunikation; Wichtigkeit eines entsprechenden Leseunterrichts in allen Schulen A.51 / *845–847*

Ständige Festigung und zugleich Weiterentwicklung, leichte Modifikation des gesamten Sprachbesitzes durch den täglichen Gebrauch A.52

Ausnützen von Regularitäten, generell oder partiell, für das Erfassen und Behalten der Wörter, in ihren Bedeutungen, Lautungen und Schreibungen A.55, A.56

Wörtliche Bedeutung, wörtliches Verstehen, und übertragener Gebrauch, bildlich, metaphorisch A.64 [Zum bildlichen, übertragenen Verstehen ganzer Texte siehe A.78]

7.6 Abläufe in den Köpfen beim Schaffen und Verstehen mündlicher und schriftlicher Texte

Abläufe beim Sprechen, Wege vom Sprachbesitz im Kopf zur hörbar werdenden Äußerung, Fragen der Beobachtbarkeit A.17, A.23–A.25

Abläufe beim Schreiben, teils grundsätzlich gleich, teils markant verschieden von den Abläufen beim Sprechen A.37

Identifizieren der Wörter und Erfassen der ganzen Propositionen beim Verstehen gesprochener Äußerungen, Hörverstehen überhaupt; Erwartungsbildung und Entscheidungen, Speicherungsphänomene dabei, auf allen Stufen A.28–A.30

Aufrufen graphischer Wortgestalten auch beim Hörverstehen, als Hilfe für das genaue Erfassen A.41

Abläufe beim Lesen und Leseverstehen, Regulierung des Tempos («inneres Hören» muß möglich bleiben) A.38

Lautes Lesen als Hilfe zum Verstehen – nicht nur bei Lese-Anfängern A.39

Erwartungen bilden, noch viel mehr als beim Hörverstehen, die Erwartungen bestätigt finden oder korrigieren, das Verstandene raffend speichern A.40

Abschließendes Nachzeichnen der Prozesse beim Sprechen, von den vorschwebenden Inhalten und den Grobstrukturen der zu machenden Aussagen bis zu den hörbar werdenden Sätzen, an der Dramenfigur «Don Juan» bei Max Frisch **D–F–E–It** A.80 / *916–926*

7.7 Haltungen gegenüber Wahrheitsansprüchen, Ironie, fiktionale Texte, verschiedene Verständnisse bei gleichen Texten

Tatsachentreue, Übertreibung, Untertreibung, Ironie; Wahrheitsansprüche beim Hören wie beim Lesen A.73

Fiktionale Texte hören/lesen, Tatsachentreues und Erfundenes in diesen Texten, Erkennen biographischer Hintergründe A.74

Wieso gibt es oft bei genau gleichem Text so verschiedene Verständnisse? Drei Komponenten bei allem Textverstehen: Textanteil – Situationsanteil – persönliche Zusatzleistung der Hörenden/Lesenden A.75

Wörtliches und übertragenes, metaphorisches Verstehen nebeneinander, beim gleichen Text (Beispiel **D**, «Gefunden» von Goethe) A.76

Wege zur Gewinnung möglichst sicherer und einheitlicher Verständnisse, wo solche als erforderlich betrachtet werden: Textprinzip und Pluralitätsprinzip, Beispiel **D**, Opitz; im Rechtswesen das Pluralitätsprinzip auch gesetzlich geregelt A.77

Pestalozzi, Goethe, Kafka über die Wünschbarkeit mehr oder weniger verschiedener Verständnisse bei genau gleichen fiktionalen Texten A.78

Insgesamt: Verstand und Gefühl beim Textverstehen, oft wichtige Anteile der rhythmischen Gestaltung, des Versbaus A.79

Die Beschränktheit alles Verstehens – wie die grundsätzliche Beschränktheit und «Nicht-Idealität» alles sprachlichem Fassens, aller Sprache und des Mensch-Seins überhaupt – bewußt akzeptieren, nicht daran zerbrechen, sondern damit leben A.80 / *928–929*

7.8 Ziele bei der Sprachverwendung und Kommunikation überhaupt, («Pragmatik»), verschiedene Wichtigkeit des Einhaltens sprachlicher Normen

Arten von Kommunikation, auch ohne Sprachverwendung: Wechselkommunikation – Einwegkommunikation hörend / lesend oder sprechend / schreibend; Anteile von Nicht-Sprachlichem dabei A.65

Eine Systematik der möglichen Ziele von Sprachverwendung, erstrebte Erträge bei den Partnern und für das eigene Ich, als «Außenerträge» und «Innenerträge» A.66

Sprachverwendung ohne Kommunikationsabsicht, person-intern (in «innerem Sprechen» oder laut werdend), für ganz verschiedene Ziele A.26, A.27, A.66 / *874*

Relative Wichtigkeit normgerechter Sprachverwendung, in den verschiedenen Teilbereichen, je nach Ziel und Situation (speziell: der Stellenwert einer korrekten Rechtschreibung) A.67 / *875–882*

7.9 Sprachverwendung und Person-Aufbau, Stabilisieren des «Ich»

Sprachverwendung und Aufbau bzw. ständige Stabilisierung des «Ich», vor allem durch «inneres Sprechen», von den alltäglichen kleinen Irritationen bis zu Krisen im ganzen persönlichen und sozialen Leben A.70 / *891–894*

Ich-Aufbau an vorhandenen Realitäten vorbei, Wahn-Systeme, mit klinischem Beispiel; Blick auf die Entstehung von Massen-Hysterien A.71 / *895–896*

Systematisch hervorgelocktes Erzählen als Therapie, an klinischem Beispiel aus den Anfängen der Psychoanalyse (Krankengeschichte «Fräulein Anna O.», in Wirklichkeit Bertha Pappenheim aus Wien) A.72 / *898–900*

Abschlußbeispiel: Ich-Verteidigung, in vier Sprachen, durch die Dramen-Figur «Don Juan», wie sie Max Frisch gezeichnet hat – sein «Don Juan» zerbricht an seinen Absolutheitsforderungen an eine Partnerschaft und an die Berechenbarkeit in der Lebensführung, und der Bischof, sein Gesprächspartner, zeigt einen Weg zum Leben in der Unvollkommenheit des Menschseins, auch in und mit der Verwendung von Sprachen A.80 / *927–929*